Walter Erhardt, Erich Götz,
Nils Bödeker, Siegmund Seybold

Der große
Zander

Enzyklopädie der Pflanzennamen

Band 1: Familien und Gattungen

3 000 Strichzeichnungen
3 600 Gattungsbeschreibungen
inklusive zugehöriger Bestimmungsschlüssel

Übersetzung
Claudia Arlinghaus (ICBN und ICNCP)

Zeichnungsnachweis
Alle Karten wurden von Helmuth Flubacher, Waiblingen, nach Vorlagen der Autoren oder entsprechend vermerkten Quellen gefertigt.

> Die in diesem Buch enthaltenen Empfehlungen und Angaben sind von den Autoren mit größter Sorgfalt zusammengestellt und geprüft worden. Eine Garantie für die Richtigkeit der Angaben kann aber nicht gegeben werden. Autor und Verlag übernehmen keinerlei Haftung für Schäden und Unfälle.

Bibliografische Information der Deutschen Nationalbibliothek
Die Deutsche Nationalbibliothek verzeichnet diese Publikation in der Deutschen Nationalbibliografie; detaillierte bibliografische Daten sind im Internet über http://dnb.d-nb.de abrufbar.

Das Werk einschließlich aller seiner Teile ist urheberrechtlich geschützt. Jede Verwertung außerhalb der engen Grenzen des Urheberrechtsgesetzes ist ohne Zustimmung des Verlages unzulässig und strafbar. Das gilt insbesondere für Vervielfältigungen, Übersetzungen, Mikroverfilmungen und die Einspeicherung und Verarbeitung in elektronischen Systemen.

© 2008 Eugen Ulmer KG
Wollgrasweg 41, 70599 Stuttgart (Hohenheim)
E-Mail: info@ulmer.de
Internet: www.ulmer.de
Umschlagentwurf: Atelier Reichert, Stuttgart
Lektorat: Doris Kowalzik
Herstellung: Thomas Eisele
Satz & XML-Datenverarbeitung: pagina GmbH, Tübingen
Druck und Bindung: Egedsa S.A., Sabadell (Barcelona)
Printed in Spain

ISBN 978-3-8001-5406-7

Inhaltsverzeichnis

Band 1: Familien und Gattungen

Vorwort 5

I   Über die Autoren 6
    1 Der Begründer des *Handwörterbuchs der Pflanzennamen* 6
    2 Die aktuellen Herausgeber der *Zander-Enzyklopädie* 6

II   Einführung in die botanische Namenkunde 8
    1 Bedeutung und sprachliche Behandlung der Gattungsnamen und der spezifischen Epitheta 8
    2 Aussprache- und Betonungsregeln 8
    3 Die wissenschaftlichen Namen 10
    4 Internationaler Code der Botanischen Nomenklatur (ICBN) 11
    5 Die Einteilung des Pflanzenreichs 16
    6 Die Bildung von Vulgärnamen 16

III   Sorten 18
    1 Die Kulturnamen der Pflanzen 18
    2 Der Umgang mit dem Begriff „Hybride" 18
    3 Internationaler Code der Nomenklatur der Kulturpflanzen (ICNCP) 19

IV   Abkürzungen der Heimatgebiete 24

V   Systematische Übersicht über die Farn- und Blütenpflanzen 29

VI   Familien und Gattungen 36
    1 Allgemeines zu Gattungen 36
    2 Aufgenommene Gattungen 36
    3 Fachbegriffe 37
    3.1 Lebensformen 39
    3.2 Blätter 39
    3.3 Blütenstände 40
    3.4 Blüten 41
    3.5 Frucht und Samen 43
    3.6 Apiaceae 44
    3.7 Araceae 44
    3.8 Arecaceae 45
    3.9 Asteraceae 45
    3.10 Brassicaceae 46
    3.11 Cactaceae 46
    3.12 Coniferen 46
    3.13 Fabaceae 47
    3.14 Farne 48
    3.15 Orchidaceae 48
    3.16 Poaceae 49
    3.17 Rosaceae 50
    3.18 Zingiberaceae 50
    4 Schlüssel zu den Hauptgruppen 51
    5 Pteridophyten – Gefäßsporenpflanzen 52
    6 Gymnospermen – Nacktsamer 85

7 Familienschlüssel der Bedecktsamer 106
8 Angiospermen – Bedecktsamer, Diktotyledoneae – Zweikeimblättrige 123
9 Angiospermen – Bedecktsamer, Monokotyledoneae – Einkeimblättrige 891

Band 2: Arten und Sorten 1157

VII Arten und Sorten 1157
    1 Erläuterungen 1157
    2 Lesebeispiel 1158
    3 Winterhärtezonen 1159
    4 Symbole 1160
    5 Abkürzungen 1160
    6 Alphabetische Liste der Arten und Sorten 1162

VIII Deutsche Pflanzennamen 1826

IX Englische Pflanzennamen 1844

X Französische Pflanzennamen 1856

XI Autoren der Pflanzennamen 1870

XII Literaturverzeichnis 2090

XIII Bildquellen 2099

Vorwort

Zeitgleich mit der 18. Auflage des *Handwörterbuchs der Pflanzennamen* erscheint *Der große Zander – Enzyklopädie der Pflanzennamen*. Es stellt sich die Frage, warum ist diese Enzyklopädie nötig und was unterscheidet die beiden Ausgaben? Mit der Herausgabe des *PPP-Index* und dem Aufbau einer botanischen Datenbank wurde ersichtlich, dass längst nicht alle Pflanzen, die im Handel verfügbar sind, auch im *Handwörterbuch der Pflanzennamen* bis zur 15. Auflage aufgeführt worden waren. Es gab deshalb in den letzten beiden Auflagen zahlreiche Neuaufnahmen von Gattungen und Arten. Um jedoch den Umfang des Werkes nicht zu sprengen, mussten Kapitel wie *Artbezeichnungen mit Übersetzungen* gestrichen oder *Autoren der Pflanzennamen* gekürzt werden. Dennoch war es nicht möglich, auf dem Limit von 990 Seiten auch noch Sortennamen mit aufzulisten.

Der Verlag Eugen Ulmer hat sich deshalb entschieden, eine erweiterte Fassung des *Zander* herauszugeben, die es ermöglicht, nicht nur die wichtigsten Sorten aufzunehmen, sondern nahezu alle Spezies, die in Europa mehr als zweimal im Handel angeboten wird. Auch das lange Zeit vermisste Kapitel über die Lebensdaten der Autoren konnte nicht nur in voller Länge wieder aufgenommen, sondern sogar noch erweitert werden. Was jeder schon bei flüchtigem Durchblättern erkennen wird: *Der große Zander – Enzyklopädie der Pflanzennamen* ist jetzt illustriert, was ebenso wie die Gattungsbeschreibungen nebst den dazugehörigen Gattungsschlüsseln vieles verständlicher macht.

Wir möchten an dieser Stelle allen danken, die mitgeholfen haben, die letzten drei Auflagen des *Handwörterbuchs der Pflanzennamen* zu verbessern, denn in irgendeiner Weise ist diese Arbeit auch stets der *Enzyklopädie* zugute gekommen. Gedankt sei deshalb Rafaël Govaerts, Freek Frugtman, Hubertus Nimsch, Steffen Reichel, Dr. Hartwig Schepker, Klaus Urban, Dr. John H. Wiersema und Dr. Wolfgang Wucherpfennig. Für Hinweise auf Fehler und Klärung von Detailfragen danken wir Hans Götz, Prof. Dr. W. Greuter, Hans Hachmann†, Dr. S. A. Hammer, Jürgen Knickmann, Prof. Dr. K. Kubitzki, Dr. M. Lauerer, Prof. Dr. S. Liede-Schumann, Dr. J. D. Nauenburg, Dr. R. K. Rabeler, David Rhodes, Peter Robinson, Prof. Dr. P. A. Schmidt, Thomas Unger und Dr. Rolf Wisskirchen.

Besonderer Dank gilt unserer Lektorin Doris Kowalzik für die gute Zusammenarbeit.

Stuttgart im Sommer 2008

I Über die Autoren

1 Der Begründer des *Handwörterbuchs der Pflanzennamen*

Prof. Dr. Robert Zander
geb. am 26.07.1892, Magdeburg, gest. am 08.05.1969, Berlin

Herausgeber folgender Ausgaben des *Handwörterbuchs der Pflanzennamen*:
1. Aufl. (1927), hierzu Nachtrag 1928; 2. Aufl. (1932); 3. Aufl. (1936); 4. Aufl. (1938); 5. Aufl. (1938); 6. Aufl. (1940); 7. Aufl. (1954); 8. Aufl. (1955); 9. Aufl. (1964).
Zwischen Geburt und Tod dieses Mannes liegt ein reiches, der Botanik und dem Gartenbau verschriebenes Leben, dessen Wirken sich am sichtbarsten niedergeschlagen hat in zahlreichen Schriften und dem Aufbau der Bücherei des deutschen Gartenbaues, mit 35000 Bänden eine der reichhaltigsten Gartenbaubüchereien der Welt. Robert Zander legte seinen Arbeitsschwerpunkt in den letzen Jahren auf die Erfassung des Inhalts gartenbaulicher Zeitschriften. Die Karteikarten, die damals entstanden, zeugen von einer mühsamen Arbeit, deren Ergebnisse noch heute denen zugute kommen, die auf gartenbaulichem Gebiet wissenschaftlich arbeiten.
Das Verzeichnis der wichtigsten Schriften Robert Zanders zeigt seine Vielseitigkeit. Über Jahre prägte er als Schriftleiter einige Zeitschriften, darunter die altberühmte *Gartenflora*, die während des Krieges ihr Erscheinen einstellen musste. Diejenige der Zanderschen Schriften aber, die am stärksten wirkt, ist das *Handwörterbuch der Pflanzennamen*, das heute, wenn auch längst nicht mehr von ihm bearbeitet, in der 18. Auflage vorliegt. Den Anstoß zu dieser Arbeit bekam Zander 1926, als ihn der Reichsverband des deutschen Gartenbaus nach Berlin rief mit dem Auftrag, ein Handwörterbuch der Pflanzennamen als Grundlage für eine einheitliche Benennung gärtnerisch genutzter Pflanzen zu schaffen. Die erste Auflage konnte bereits 1927 erscheinen, ein Nachtrag 1928.
Inzwischen wurde das Handwörterbuch, der *Zander*, wie es von allen seinen Benutzern genannt wird, zum unentbehrlichen Ratgeber für Gärtner, Förster, Pharmazeuten und viele Botaniker, also all derer, die rasch und sicher den korrekten Namen einer wirtschaftlich oder anders genutzten Pflanze feststellen wollen. Die Arbeit an der gartenbaulichen Nomenklatur führte Robert Zander in den Internationalen Gartenbau-Nomenklaturausschuss, dessen Sekretär er auf dem 12. Internationalen Gartenbau-Kongress in Berlin war. Bis zu seinem Tode war er aktives Mitglied des Deutschen Arbeitskreises für Gartenbau-Nomenklatur.
Im Laufe seines Lebens, vor allem als Leiter der heute der Bibliothek der Technischen Universität Berlin angegliederten Gartenbaubücherei, hat er zahllose Menschen an seinem großen Wissen und seiner einzigartigen Literaturkenntnis teilnehmen lassen, sie angeregt und ihnen jede erdenkliche Hilfe bei wissenschaftlichen Arbeiten gegeben. Seine umfangreiche Kartei mit etwa 216000 Karteikarten zur Gartenbauliteratur und mit den persönlichen Daten vieler Gärtner kann heute im Internet eingesehen werden unter http://zander.ub.tu-berlin.de/.

Liste der wichtigsten Veröffentlichungen:
- *Beitrag zur Kenntnis der tertiären Hölzer des Geiseltals.* Dr. Dissertation, in *Braunkohle* Jahrg. XXII, Nr. 2, 1923.
- *Führer durch den Botanischen Garten der Universität Halle/Saale*, 1925
- *Handwörterbuch der Pflanzennamen und ihrer Erklärungen.* Gärtnerische Verlagsgesellschaft Berlin, Berlin. Ab der 7. Auflage: Verlag Eugen Ulmer, Stuttgart.
- *Wunder der Blüten*, in *Weg zum Wissen* Bd. 76, 1927.
- *Schmarotzende Pflanzen*, 1930.
- *Zanders großes Gartenlexikon*, 1934.
- *Wörterbuch der gärtnerischen Fachausdrücke in vier Sprachen*, 1938.
- *Fachwörterbuch der Konservenindustrie in acht Sprachen*, 1939.
- *Die Kunst des Pflanzenbeschreibens*, 1947.
- *Deutsch-Botanisches Wörterbuch*, 1940, 2. Auflage: *Kleines Botanisches Fremdwörterbuch*, 1947.
- *Die Pflanze im Liebesleben der Völker*, 1951.
- *Geschichte des Gärtnertums*, 1952.
- Mitarbeit am Leitfaden *für den gärtnerischen Berufsschulunterricht*, 1929.
- Mitarbeit bei *Kluges Alphabet*, 1934/35.
- In Zusammenarbeit mit CLARA TESCHNER, *Der Rosengarten, eine geschichtliche Studie durch zwei Jahrtausende*, 1939.
- *Geschichte des Obstbaues*, in *Trenkles Lehrbuch des Obstbaus*, 1942 sowie die folgenden Ausgaben.

2 Die aktuellen Herausgeber der *Zander-Enzyklopädie*

Walter Erhardt
geb. am 19.02.1952, Kulmbach

Mitherausgeber folgender Ausgaben des *Handwörterbuchs der Pflanzennamen*:
16. Aufl. (2000), 17. Aufl. (2002), 18. Aufl. (2008).
Walter Erhardt ist Lehrer, medienpädagogischer und informationstechnischer Berater des Landkreises Kulmbach sowie der Leiter des dortigen Medienzentrums. Als Gar-

tenschriftsteller verfasste er zahlreiche Bücher und Artikel. Durch seine intensive Beschäftigung mit Pflanzen und fachschriftstellerische Tätigkeit entstand eine umfangreiche botanische Fachbibliothek, die unter anderem nahezu alle internationalen Sortenregister enthält. Er erfasst die Daten zur Herausgabe des *Handwörterbuchs* und überprüft sie auf ihre nomenklatorische Richtigkeit. Zudem versucht er durch Einbeziehung nationaler und internationaler Fachleute eine Klärung bei strittigen nomenklatorischen Fragen herbeizuführen. Ein weiteres wichtiges Anliegen sind ihm die deutschen Pflanzennamen.

Liste der wichtigsten Veröffentlichungen:
- *Hemerocallis* (Taglilien), 1988; Übersetzung ins Englische, 1992.
- *Pflanzen-Einkaufsführer*, 1990; ab der 2. Auflage mehrsprachig unter dem Titel *PPP-Index*: 2. Aufl. 1995; 3. Aufl. 1997, 4. Aufl. 2000 unter dem Titel *Pflanze gesucht?*
- *Schöne Usambaraveilchen und andere Gesnerien*, 1993.
- *Narzissen, Osterglocken – Jonquillen – Tazetten*, 1993.
- Mitarbeit an dem von der Société Nationale d'Horticulture de France herausgegebenen Buch *35.000 plantes*, 1997.
- *Namensliste der Koniferen – List of Conifer Names*, 2005.

Dr. Erich Götz
geb. am 12.12.1940, München

Mitherausgeber folgender Ausgaben des *Handwörterbuchs der Pflanzennamen*:
16. Aufl. (2000), 17. Aufl. (2002), 18. Aufl. (2008).
Erich Götz war Privatdozent an der Universität Hohenheim. Er lehrte und forschte dort am Institut für Botanik und betreute außerdem die sehr umfangreiche Pflanzensammlung. Er gilt als ein hervorragender Systematiker. Seine Arbeitsgebiete sind die Gartenstauden, Kakteen, europäischen Gehölze und die mitteleuropäischen Wildpflanzen. Er recherchiert vor allem die Angaben über Herkunft und Verwendung der bisherigen und neu aufgenommenen Arten. Außerdem hat er die Gattungsabbildungen zusammengestellt und die Bestimmungsschlüssel und Gattungsbeschreibungen verfasst.

Liste der wichtigsten Veröffentlichungen:
- Die Gehölze der Mittelmeerländer, 1975.
- Mit H. KNODEL: *Erkenntnisgewinnung in der Biologie*, 1980.
- Mit G. GRÖNER: *Kakteen*, 7. Auflage, 2000.
- Sowie eine Reihe von Buchbeiträgen.

Nils Bödeker
geb. am 22.05.1966, Mettmann

Mitherausgeber folgender Ausgaben des *Handwörterbuchs der Pflanzennamen*:
16. Aufl. (2000), 17. Aufl. (2002), 18. Aufl. (2008).
Nach seinem Studium der Landespflege widmete er sich der Softwareentwicklung in diesem Fachbereich. Leicht bedienbare Programme für den Endanwender zu erstellen, ist seine Haupttätigkeit. Auf der Basis seiner gut strukturierten Datenbank ist es möglich die Daten des Handwörterbuchs digital zu erfassen, weiterzuverarbeiten und zu ergänzen.

Liste der wichtigsten Veröffentlichungen:
- *PLANTUS* (CD-ROM), 2. Auflage 1999, in Zusammenarbeit mit PETER KIERMEIER.
- *PLANTUS-SÜD* (CD-ROM), 2000, in Zusammenarbeit mit CHRISTOPH WIESCHUS.
- Sowie weitere Veröffentlichungen zum Thema Datenbanken in verschiedenen Gartenfachzeitschriften.

Prof. Dr. Siegmund Gerhard Seybold
geb. am 05.09.1939, Stuttgart

Mitherausgeber folgender Ausgaben des *Handwörterbuchs der Pflanzennamen*:
10. Aufl. (1972); 11. Aufl. (1979); 12. Aufl. (1980); 13. Aufl. (1984); 14. Aufl. (1993); 15. Aufl. (1994), 16. Aufl. (2000), 17. Aufl. (2002), 18. Aufl. (2008).
Siegmund Seybold ist Botaniker, arbeitete am staatlichen Naturkundemuseum Stuttgart und ist Honorar-Professor der Universität Stuttgart. Sein Hauptarbeitsgebiet war die Flora von Baden-Württemberg und ihre Kartierung.
Er übernimmt in den zukünftigen wie auch in den vergangenen Auflagen die Aktualisierung der Übersetzungen der Artbezeichnungen sowie die Pflege der Liste der Autorennamen mit deren Kurzbiografien.

Liste der wichtigsten Veröffentlichungen:
- Mitherausgeber von *Die Farn- und Blütenpflanzen Baden-Württembergs* in acht Bänden, 1990 bis 1998.
- Mitbearbeiter von SCHMEIL und FITSCHEN, *Flora von Deutschland und angrenzender Gebiete*, seit der 89. Auflage, 1993, ab der 93. Auflage 2006 alleiniger Bearbeiter; Herausgeber dieses Werkes auf CD-ROM, 2001.
- *Die wissenschaftlichen Namen der Pflanzen und was sie bedeuten*, 2002, 2. Auflage 2005.
- Mitglied des Herausgeber-Gremiums bei *Index Holmiensis*, seit 1988.

II Einführung in die botanische Namenkunde

1 Bedeutung und sprachliche Behandlung der Gattungsnamen und der spezifischen Epitheta (Artbezeichnungen)

Grundsätzlich sollte man sich daran halten, dass die Pflanzennamen lediglich Bezeichnungsmittel sind, die wie andere Wörter manchen Bedeutungswandel erfahren haben. Die erste als *Chrysanthemum* bezeichnete Blume war offenbar gelb blühend (*chrysos* = Gold, *anthemon* = Blume). Später wurde das Wort zum Gattungsnamen. Mit einer beträchtlichen Anzahl Ausnahmen lässt sich feststellen, dass die Namen etwas aussagen über:
- die Beschaffenheit der Pflanze oder ihrer Teile, z. B. *Adiantum* = das Unbenetzbare (*a* = nicht, *diainein* = benetzen), *tuberosus* = knollig (*tuber* = Knolle);
- die Herkunft der Pflanze, z. B. *Castanea* = die aus Kastana in Thessalien stammende Pflanze, *bogorensis* = aus Buitenzorg (Java) stammend (holländisch *Buitenzorg* heißt zu deutsch „ohne Sorge" bzw. „außer Sorge"; die Ansiedlung heißt javanisch *Bogor*);
- die Ähnlichkeit mit einer anderen Pflanze, mit Tieren oder Gegenständen: *Bellis – Bellidiastrum* (-*astrum* deutet die Ähnlichkeit an), *Artemisia – artemisiifolius* (artemisiablättrig);
- die Ehrung eines Forschers, Heiligen usw: *Robinia* (nach dem Gärtner Robin, *englerianus* (nach dem Botaniker Engler), *Dianthus* (wörtlich „Zeusblume"), *mariae* (der heiligen Maria geweiht);
- die Verwendung der Pflanze: *Aristolochia* (= das Beste für die Geburt), *tormentalis* (= Kolik lindernd) usw.

Die *Gattungsnamen* bilden das Hauptwort und tragen ein bestimmtes Geschlecht; männlich (-m-), weiblich (-f-) oder sächlich (-n-). Die Regeln, nach denen sich das Geschlecht richtet, sind mit vielerlei Ausnahmen verbunden, sodass es günstiger für das Buch erschien, das Geschlecht jedes Gattungsnamens in der alphabetischen Liste anzugeben, als hier die Regeln mit all ihren Ausnahmen aufzuzählen. Bäume sind für gewöhnlich weiblich, obwohl sie oft auf -*us* enden, daher heißt es die (nicht der) *Taxus*, die *Buxus*, aber u. a. das *Acer* und das *Brosimum* als Ausnahmen. Die spezifischen Epitheta (in der Umgangssprache meist „Artnamen" genannt, obgleich diese Bezeichnung falsch ist, da ein Artname aus der Kombination eines Gattungsnamens mit einem spezifischen Epitheton besteht), stellen meistens Eigenschaftswörter dar, deren Endungen sich dann nach dem Geschlecht der Gattung, zu der sie gestellt werden, ändern.
Die Abänderung für Geschlechter in nachstehender Reihenfolge (von links nach rechts) ist:

männlich	weiblich	sächlich
-us	-a	-um
-er	-a	-um
-er	-is	-e
-is	-is	-e
-or	-or	-us

Daneben gibt es Endungen, die für alle drei Geschlechter gleich sind:
- alle Hauptwörter im ersten Fall (Nominativ). Dies gilt insbesondere, wenn ein Gattungsname als spezifisches Epitheton zu einer anderen Gattung gestellt wird, so bleibt er unverändert. Z. B. wurde zu Tourneforts Gattung *Cichorium* (-n-) die Arten hinzugestellt, die Bauhin als eigene Gattung *Endivia* (-f-) und die Hermann als *Intybus* (-m-) aufführt. Es heißt also: *Cichorium endivia* (nicht *C. endivium*), *Cichorium intybus* (nicht *C. intybum*). Ebenso heißt es *Schinus molle* (nicht *mollis*), denn Molle war bei Tournefort und Linné Gattungsname.
- unverändert bleiben auch die Personennamen oder Gattungsnamen im zweiten Fall (Genitiv) der Einzahl und Mehrzahl, z. B. *engleri*. Dagegen werden z. B. *englerianus*, *dielsianus* oder andere nach Personen lautende Eigenschaftswörter regelmäßig mit -us, -a, -um gebildet.
- unverändert bleiben auch spezifische Epitheta, die aus zwei Wörtern bestehen, z. B. *agnus-castus*.
- alle spezifischen Epitheta fremder Sprachen, die keine lateinischen Endungen haben, z. B. *mono* bei *Acer mono*.
- Die Epitheta der Unterarten (subsp. ...), Varietäten (var. ...), Formen (fo. ...) usw. zeigen, wenn es Eigenschaftswörter sind, dasselbe Geschlecht wie der Gattungsname, z. B.: *Androsace carnea* subsp. *brigantiaca*, *Capsicum baccatum* var. *pendulum*, *Hydrangea macrophylla* fo. *coerulea*. Dies gilt auch, wenn das spezifische Epitheton für die Art ein früherer Gattungsname ist und ein anderes Geschlecht hatte als der Gattungsname, z. B. *Daphne* (-f-) *mezereum* var. *alba*.

2 Aussprache- und Betonungsregeln

Alle wissenschaftlichen Pflanzennamen werden, abgesehen von den Sortennamen, nach den jetzt gültigen Regeln für die lateinische Sprache behandelt, auch wenn sie die rein griechische oder neusprachliche Form behalten haben.
Für eingehendere Studien bedarf es der Unterscheidung von kurz oder lang zu bewertenden Vokalen, wie es im Folgenden erläutert wird.

Zur Erleichterung der Unterschiede, ob ein Vokal kurz oder lang zu sprechen ist, werden nur in diesem Abschnitt – sonst nicht! – zwei verschiedene Akzente verwendet. Der Akut (á) gibt den kurzen Vokal an, der Gravis (à) den langen.
Es ist also zu sprechen:

kurz und betont:	lang und betont:
á wie in Apfel	à wie in Dahlie
é wie in Kelch	è wie in Reseda
í wie in Himbeere	ì wie in Primel
ó wie in Hopfen	ò wie in Mohn
ú wie in Tulpe	ù wie in Blume

Für die Aussprache galten früher *Die Richtlinien für die Lehrpläne der höheren Schulen*, Weidmannsche Taschenausgabe 19. Heft, 1. Band, 8. Aufl., Stand vom 1. Januar 1931. Neuerdings wird die Aussprache in den deutschen Schulen nicht mehr einheitlich gelehrt. Das *c* wird z.T. wieder vor *e, i, y, ae, oe* wie z gesprochen, sonst wie k.

Selbstlaute (Vokale)
- Alle Selbstlaute werden getrennt gesprochen, z.B. *le-i-ánthus* (glattblütig), nicht *lei-ánthus*. Im täglichen gärtnerischen Gebrauch ist gegen die Annäherung an unsere Umgangssprache kaum etwas einzuwenden, also z.B. *lei-ánthus* zu sprechen. In diesem Sinn ist auch für diese Auflage die Konzession gemacht worden, die Umlaute *ae, oe, ue* usw. als einen einzigen Vokal zu werten. Der ausschlaggebendere Punkt ist jedoch der, dass in den wissenschaftlichen Pflanzennamen keine Betonungszeichen verwendet werden und in der lateinischen Sprache auch nicht vorgesehen sind. Außerdem würden solche Sonderzeichen die Arbeit mit der Datenbank sehr erschweren.
- Das *i* wird stets i, niemals wie j gesprochen, z.B. *ionánthus* (veilchenblütig), nicht jonanthus.
- Das zu den Selbstlauten gezählte Y wird am Wortanfang und wenn ein Vokal folgt oder wenn es zwischen zwei Vokalen steht wie j, sonst aber wie ü gesprochen, z.B. *yúlan* (Artbezeichnung einer Magnolie), sprich juhlan; *scotophýllus*, sprich skotofül-lus (dunkelblättrig) – nicht zu verwechseln mit *scotóphilus*, sprich skotofilus (schattenliebend).

Mitlaute (Konsonanten)
- Alle *c* vor *ae, e, i, oe, y* wie z, sonst wie k, z.B. *Caesalpínia, Ácer, Círsium, Coelógyne, Cydónia, Cacália, Cúcumis*, sprich Zäsalpinia, Azer, Zirsium, Zölogyne, Züdonia, Kakalia, Kukumis; *cc* stets wie kz, *coccíneus*, sprich kokzine-us (scharlachrot). (Dem steht noch unentschieden die – wohlbegründete – Lehrmeinung gegenüber, dass alle *c* wie k zu sprechen sind.)
- Das *sch* in rein griechischen Wörtern stets wie sk; in lateinischen wie sch (beachte: alle Pflanzennamen werden nach lateinischen Regeln behandelt!). Für *ch* allein besteht keine Regel. (Vgl. die übliche Aussprache des *ch* in den drei deutschen Namen Eiche, Buche, Buchsbaum!)

- Alle *ti* stets wie ti, nie wie zi; z.B. *lutetiánus* (pariserisch), sprich lutetianus (nicht lutezianus!).
- *gu, qu, su* vor Selbstlauten stets wie gw, qw, sw; z.B. *guineénsis, Quércus, suécicus*, sprich gwine-ehnsis, Kwerkus, swezikus oder swekikus.
- *v* stets wie w; z.B. *Víola*, sprich Wiola.
- alle Doppelmitlaute sind als zwei Laute zu sprechen; z.B. *Scílla*, sprich Szil-la, *serrátus*, sprich ser-ratus.

Der Unterschied in der Aussprache zwischen Erika (Mädchenname) und *Eríca* (Pflanzenname) möge als Muster dafür dienen, dass wir durch die verdeutschte Aussprache ursprünglicher Fremdwörter häufig dazu verleitet werden, auch für die unveränderten Fremdwörter deutsche Betonungsregeln anzuwenden. Einige weitere Beispiele mögen dies zeigen:

Balsamìne	aber *balsàmina*
Gladiòle	aber *Gladíolus*
Platàne	aber *Plátanus*
Textìlien	aber *téxtilis*
sterìl	aber *stérilis*
barbàrisch	aber *bárbarus*
Fòlie	aber *fólius*
ròsig	aber *róseus*
Kámmer	aber *càmmarus*
Glòsse	aber *glòssa*
Tùba	aber *túba*
Thýmian	aber *Thýmus*

Die für uns meist entbehrliche Angabe für lang oder kurz ist andererseits durchaus nicht so unwesentlich, wie sie zuerst erscheinen mag, denn es ergibt sich zuweilen aus anderer Aussprache ein anderer Sinn. Lateinisch *pòpulus* ist die Pappel, aber *pópulus* ist das Volk; *àpis* = Stier, *ápis* = Biene; *làbrum* = Wanne, Becken, *lábrum* = Lippe; *làtus* = breit, *látus* = Seite; *òs* = Antlitz, Gesicht, *ós* = Knochen, Gerippe. In der griechischen Sprache ist es genauso, z.B. heißt *hèlos* der Nagel, *hélos* dagegen der Sumpf. Endlich gibt auch die Verlegung des Tons auf eine andere Silbe einen anderen Sinn; so bedeutet *frigère* von *frígeo* = ich friere; *frígere* von *frígo* = ich röste; *nómos* = Gesetz, *nomós* = Bezirk; *bíos* = Leben, *biós* = Bogen, usw. Das ist auch in der deutschen Sprache so. Gründung mit kurzem „ü" kommt von gründen, mit langem „ü" dagegen bedeutet es Düngung mit grünen Pflanzenteilen; *Pàris* ist Pflanzenname (nach dem Sohn des Priamos und der Hekabe), *Parìs* ist Städtename; umgràben (= um etwas herumgraben), úmgraben (= untergraben); úntergraben (= in die Erde versenken), untergràben (= schädigen, z.B. die Gesundheit).

Alle diese Unterschiede, die vielen Regeln und noch häufigeren Ausnahmen können selbst bei humanistischer Schulbildung nicht vorausgesetzt werden; schreiben doch sogar Sprachwissenschaftler, dass oft ein lang dauerndes Quellenstudium notwendig ist, um die naturwissenschaftlichen Fremdwörter sprachlich zu klären. Dies mögen einige Beispiele zeigen, die Zickgraf in seinem Artikel „Schreibweise und Aussprache der botanischen Namen" (Seite 228) bringt.

inodòrus aber *echinódorus*
opàcus aber *Dìpsacus*
cardáca aber *Portulàca*
chartàceus aber *chalybèus*
Hòrdeum aber *Heraclèum*
gramíneus aber *gigantèus*
caerúleus aber *colossèus*
Juníperus aber *Cypèrus*
seguièri aber *sprèngeri*
sempèrvirens aber *Sempervìvum*
Ácorus aber *decòrus*
Cànnabis aber *Sinàpis*

Endlich ist zu beobachten, dass einige griechische Wörter anders ausgesprochen werden als buchstabenmäßig übertragen zu erwarten wäre. Griechisch αγχω (übertragen *ágcho*) spricht sich *áncho*; γογγυλος (*goggylos*) spricht sich *gongylos* usw. Wir haben deshalb die Übertragung stets so gewählt, wie es die Aussprache erfordert. (Vgl. die moderne zoologische Nomenklatur, die z. B. heute für „Ancistron" die von Amerika eingeführte Form „Agkistron" vorschreibt, usw.)

Als Zweifelsfall tritt immer wieder die Aussprache solcher Pflanzennamen auf, die latinisierten Wörter und Namen lebender Sprachen sind, wie *Decaisnea*, *Pluméria*, *Deschàmpsia*, *Michauxia*, *Duchèsnea*, *Lejeunia*, *Forsýthia*, *Cattleya*, *Downìngia*, *Húmea*, *Leycestéria* usw. An sich muss die lateinische Aussprache gelten, weil diese Pflanzennamen nach lateinischen Sprachregeln zu behandeln sind. Wer aber z. B. „Dekáhnea" aussprechen will, muss auch „Forsseissie" oder „Lestrie" für *Forsýthia* und *Leycestéria* sagen.

Die Regeln für die Betonung richten sich nach der Länge der Vokale. In der lateinischen Sprache unterscheidet man Selbstlaute mit so genannter Naturlänge und andere (durch Position lange), die nur dann lang sind, wenn auf sie ein Doppelmitlaut oder zwei oder mehrere andere Mitlaute (ausgenommen *h*) folgen. Jedoch zählen hier nicht *b*, *c*, *d*, *f*, *g*, *k*, *p*, *t*, *ch*, *ph*, *th* mit nachfolgenden *l* oder *r*, z. B. hat *nígra* ein kurzes *i*, da es vor *gr* steht.

Die Länge der Vokale ist deswegen entscheidend für die Betonung, weil nach der Hauptregel die vorletzte Silbe betont wird; wenn sie jedoch bei drei- und mehrsilbigen Wörtern einen kurzen Vokal enthält, wird der Ton auf die drittletzte Silbe zurückverlegt, z. B. *sempervìvum* (weil in *vìvus* = lebend das *i* lang ist), aber *sempèrvirens* (weil in *vìrens* = grünend das *i* kurz ist).

Ob ein Vokal naturlang ist, lässt sich nicht durch einfache Regeln angeben. Auch ist es häufig notwendig, die Ableitung aus dem Griechischen zu kennen. Stand im griechischen Stammwort ein Doppelvokal (z. B. *ei*), der im latinisierten Wort zu einem einzigen Vokal (z. B. *e*) geworden ist, so ist er lang, z. B. wird aus griechisch *gigánteios* = riesenhaft im Lateinischen notwendig *gigantèus*. Die griechische Sprache unterscheidet auch zwischen kurzem e (ε = epsilon) und langem e (η = eta), kurzem o (o = omikron) und langem o (ω = omega). Die langen griechischen Vokale bedingen ebenfalls Naturlänge im latinisierten Wort. *Antheros* = blühend hat langes e, daher heißt es im Lateinischen *anthèra* (Staubbeutel). *Polygònus* (-a, -um) heißt vielkantig (von griechisch *gonia* = Kante, Winkel usw.), *polýgonus* (-a, -um) heißt vielknieig, vielknotig (von griechisch *gony* = Knie). Da aber im Griechischen gelegentlich aus einem langen e (η) oder ein o (ω) ein kurzes e (ε) bzw. o (o) werden kann, kommen dadurch neue Fehlerquellen der Betonung hinzu. Typisch hierfür sind Fälle wie *Arrhenátherum*. In einigen Büchern wird die vorletzte, in anderen die drittvorletzte Silbe mit Betonung angegeben. Der Name ist nach der Eigenschaft der Pflanze gewählt, bei der die männliche (*àrrhen*) Blüte eine Granne (*athèr*) trägt; *ather* hat ein langes e (η), aber der Genitiv *atheros* (daraus latinisiert *atherum*) hat ein kurzes e (ε). Es zählt also nicht das lange e von *ather*, sondern das kurze von *atheros*. Die vorletzte Silbe ist also kurz und mithin muss es *Arrhenátherum* heißen. Im Lateinischen heißt *compònere* zusammensetzen, aber das davon abgeleitete *compósitus* hat ein kurzes o usw.

Solche und ähnliche Beispiele zeigen, dass die Regeln allein nicht helfen können, die richtige Betonung zu finden, wenn man nicht gleichzeitig den Wortschatz der fraglichen Sprachen genau kennt. Für den praktischen Gebrauch ergibt sich daher als sicherstes Mittel die Gewöhnung an richtige Betonung.

Leider muss gesagt werden, dass es trotz über 150-jähriger Bemühungen im deutschen Gartenbau bisher nicht geglückt ist, immer die richtige Betonung zu erreichen, wie sie z. B. schon in BOSSES *Blumengärtnerei*, fünf Bände, 1840 und früher angegeben worden ist. Schon dort stand *Làthyrus*, *Erìca*, *Urtìca*, *Aspáragus*, *gigantèus*, *Clèmatis* usw. (Vgl. hierzu die Ausführungen von ROBERT ZANDER in Heft 56 und 57 der Schriftenreihe *Grundlagen und Fortschritte im Garten- und Weinbau*, Verlag Eugen Ulmer.)

3 Die wissenschaftlichen Namen

Die Benennung der (Wild- und Kultur-) Pflanzen mit wissenschaftlichen Namen (d.h. botanischen Namen in lateinischer Form) wird durch den *International Code of Botanical Nomenclature* (Vienna Code) aus dem Jahr 2006, kurz ICBN, geregelt. Eine Übertragung ins Deutsche unter dem Titel *Internationaler Code der Botanischen Nomenklatur* gibt es nur vom Tokyo Code, er wurde von Prof. Dr. WERNER GREUTER, Leitender Direktor, und Dr. PAUL HIEPKO, Direktor am Botanischen Garten und Museum in Berlin-Dahlem, gefertigt (Englera 15, Berlin 1995).

Was Prof. Dr. WERNER GREUTER für die deutsche Übersetzung schreibt, gilt gleichermaßen für die französische: „Wie ihr Vorgänger ist diese Übersetzung zwar vollständig und kann ohne weitere Hilfsmittel gebraucht werden. Dennoch ist sie nicht als Surrogat für den offiziellen, englischsprachigen *Code* gedacht. Es ist vielmehr zu empfehlen, sie wenn möglich zusammen mit der englischen Urfassung zu benutzen." Dies gilt umso mehr, da in der *Zander-Enzyklopädie* der ICBN nicht durchgehend zitiert wird. Bei einer eingehenderen Beschäftigung mit der Materie ist es deshalb unabdingbar, sich mit der Originalliteratur auseinanderzusetzen.

4 Internationaler Code der Botanischen Nomenklatur (ICBN)

Die Nummerierung bezieht sich auf das Original des ICBN (2006). Da dieser nicht durchgehend zitiert wird, kann es zu Lücken kommen.

Präambel
1. Die Botanik verlangt ein einfaches, klares, von den Botanikern aller Länder befolgtes System der Nomenklatur, das sich einerseits mit den Fachausdrücken beschäftigt, die zur Bezeichnung der Rangstufen der taxonomischen Gruppen oder Einheiten verwendet werden, und andererseits mit den wissenschaftlichen Namen der einzelnen taxonomischen Pflanzengruppen. Diese Namen bezwecken keine Aussage über die Merkmale oder die Geschichte einer taxonomischen Gruppe, sie sollen lediglich zu deren Bezeichnung dienen und ihre taxonomische Rangstufe anzeigen. Dieser *Code* soll feste Richtlinien geben für die Benennung taxonomischer Gruppen und für die Vermeidung und Verwerfung von Namen, die zu Irrtum oder Zweifel Anlass geben oder die Wissenschaft in Verwirrung stürzen. Wichtig ist ferner das Vermeiden der unnützen Aufstellung von Namen. Sonstige Gesichtspunkte, wie völlige grammatische Korrektheit, Regelmäßigkeit oder Wohlklang der Namen, mehr oder weniger allgemein verbreiteter Gebrauch, Rücksicht auf Personen, usw., sind trotz ihres unbestreitbaren Wertes von verhältnismäßig nebensächlicher Bedeutung.
2. Die Grundsätze (Prinzipien) bilden die Basis des Systems der botanischen Nomenklatur.
3. Die Bestimmungen gliedern sich in Regeln, die in den Artikeln dargelegt werden, und in Empfehlungen. Beispiele (Ex.)* sind den Regeln und Empfehlungen beigefügt, um sie zu erläutern.
4. Den Regeln fällt die Aufgabe zu, einerseits in die Nomenklatur der Vergangenheit Ordnung zu bringen, andererseits der Nomenklatur der Zukunft den Weg zu weisen; Namen, die einer Regel widersprechen, können nicht beibehalten werden.
5. Die Empfehlungen befassen sich mit zusätzlichen Punkten und sollen besonders für die Zukunft mehr Gleichförmigkeit und Klarheit bringen. Namen, die einer Empfehlung widersprechen, müssen nicht aus diesem Grund verworfen werden, sind aber nicht als Vorbilder anzusehen.
6. In der letzten Abteilung dieses *Codes* sind Zusammensetzung, Zuständigkeiten und Aufgaben der Komitees und des Gesamtausschusses geregelt.
7. Die Regeln und Empfehlungen gelten für sämtliche traditionell als Pflanzen behandelte Organismen, ob fossil oder nichtfossil, beispielsweise Blaualgen (Cyanobakterien), Fungi einschließlich Töpfchenpilze (Chytridiomycetes), Eipilze (Peronosporomycetes, früher: Oomycetes) und Schleimpilze (Myxomycetes), Fotosynthese betreibende Protisten sowie taxonomisch mit diesen verwandte, nicht fotosynthetisierende Gruppen. Bestimmungen zur Benennung von Bastarden enthält Anhang 1.
8. Der *Internationale Code der Nomenklatur der Kulturpflanzen* unterliegt der Internationalen Kommission für die Nomenklatur der Kulturpflanzen; in ihm sind Gebrauch und Bildung der Namen besonderer Pflanzenkategorien als acker-, forst- und gartenbauliche Nomenklatur festgelegt.
9. Die allein maßgeblichen Gründe, einen Namen zu ändern, sind entweder eine gründlichere Kenntnis der Tatsachen, die sich aus sachkundiger taxonomischer Forschung ergibt, oder die Notwendigkeit, eine regelwidrige Benennung aufzugeben.
10. Fehlt eine einschlägige Regel oder hätte ihre Anwendung problematische Folgen, ist der vorherrschende Gebrauch maßgebend.

Abteilung I: Grundsätze

Grundsatz I
Die botanische Nomenklatur ist von der zoologischen und bakteriologischen Nomenklatur unabhängig. Dieser *Code* gilt einheitlich für Namen taxonomischer Gruppen, die als Pflanzen behandelt werden, gleichgültig, ob diese Gruppen ursprünglich als solche betrachtet wurden oder nicht.

Grundsatz II
Die Anwendung der Namen taxonomischer Gruppen wird mit Hilfe nomenklatorischer Typen geregelt.

Grundsatz III
Die Nomenklatur einer taxonomischen Gruppe beruht auf der Priorität der Veröffentlichung.

Grundsatz IV
Jede taxonomische Gruppe mit bestimmter Umgrenzung, Stellung und Rangstufe kann, außer in ausdrücklichen Sonderfällen, nur einen korrekten Namen tragen, nämlich den ältesten, der den Regeln entspricht.

Grundsatz V
Die wissenschaftlichen Namen taxonomischer Gruppen werden ungeachtet ihrer Ableitung wie lateinische Namen behandelt.

Grundsatz VI
Die Regeln der Nomenklatur haben rückwirkende Kraft, wenn nicht ausdrücklich eine Einschränkung gegeben ist.

Abteilung II: Regeln und Empfehlungen

Kapitel I: Die Rangstufen der Taxa
1.1 Taxonomische Gruppen jeder beliebigen Rangstufe werden in diesem *Code* als Taxa (Singular: Taxon) bezeichnet.
2.1 Jede einzelne Pflanze wird als zu einer unbestimmten Anzahl von Taxa gehörig behandelt, deren Rangstufen fortlaufend einander untergeordnet

---
* Auf Empfehlungen und Beispiele wird im vorliegenden Werk verzichtet.

sind; unter diesen ist die Rangstufe der Art (species) die Grundrangstufe.

3.1 Die Hauptrangstufen der Taxa sind in absteigender Reihenfolge: Reich (regnum), Abteilung oder Stamm (divisio, phylum), Klasse (classis), Ordnung (ordo), Familie (familia), Gattung (genus) und Art (species). Somit ist jede Art einer Gattung zuweisbar, jede Gattung einer Familie usw.

3.2 Die Hauptrangstufen der Nothotaxa (Bastard-Taxa) sind Nothogenus und Nothospecies. Diese sind Gattung und Art gleichgestellt. Das Präfix Notho- zeigt den Bastardcharakter an.

4.1 Die Nebenrangstufen der Taxa sind in absteigender Reihenfolge: Tribus (tribus) zwischen Familie und Gattung, Sektion (sectio) und Serie (series) zwischen Gattung und Art sowie Varietät (varietas) und Form (forma) unterhalb der Art.

Kapitel II: Legitimität, Typisierung und Priorität der Namen

Abschnitt 1: Definition der Legitimität

6.1 Eine wirksame Veröffentlichung ist eine Veröffentlichung in Übereinstimmung mit Art. 29–31.

6.6 Auf der Rangstufe der Familie und darunter gilt der korrekte Name eines Taxons mit bestimmter Umgrenzung, Stellung und Rangstufe als der legitime Name und muss nach den Regeln für dieses Taxon angenommen werden.

Abschnitt 2: Typisierung

7.1 Die Anwendung der Namen von Taxa auf der Rangstufe der Familie oder darunter wird mittels nomenklatorischer Typen (Typen der Namen von Taxa) geregelt. Die Anwendung der Namen von Taxa höherer Rangstufen ist ebenfalls durch Typen festgelegt, wenn diese Typen letztlich auf Gattungsnamen beruhen.

7.2 Ein nomenklatorischer Typus (typus) ist dasjenige Element, an welches der Name eines Taxons (korrekter Name oder Synonym) dauernd geknüpft ist. Der nomenklatorische Typus braucht nicht der typischste oder repräsentativste Bestandteil eines Taxons zu sein.

7.10 Für die Belange der Priorität ist die Bezeichnung eines Typus nur durch wirksame Veröffentlichung gegeben.

8.1 Der Typus (Holotyp, Lectotyp oder Neotyp) des Namens einer Art oder eines infraspezifischen Taxons ist entweder ein einzelnes Exemplar, das in einem Herbarium oder einer anderen Sammlung oder Institution aufbewahrt wird, oder eine Abbildung.

8.2 Für die Typisierung gilt als Exemplar eine zu einem gewissen Zeitpunkt ganz oder in Teilen gesammelte einzelne Art oder entsprechend ein infraspezifisches Taxon, wobei Fremdbestandteile ignoriert werden. Das Exemplar kann eine individuelle Pflanze sein oder aus Teilen einer oder mehrerer Pflanzen oder einer Anzahl kleiner Pflanzen bestehen. Es ist gewöhnlich auf einen einzelnen Herbarbogen aufgebracht oder als vergleichbares Präparat aufbewahrt, z. B. in einer Kapsel, Schachtel, Flasche oder als mikroskopisches Präparat.

9.1 Der Holotyp des Namens einer Art oder eines infraspezifischen Taxons ist das einzelne Exemplar oder die Abbildung, welche(s) der Autor benutzt oder als nomenklatorischen Typus bezeichnet hat. Solange ein Holotyp vorhanden ist, ist durch ihn die Verwendung des betreffenden Namens festgelegt.

10.1 Der Typus des Namens einer Gattung oder einer Gattungs-Unterabteilung ist der Typus eines Artnamens. Für die Bezeichnung und das Zitieren eines Typus ist der Artname allein ausreichend, d.h. er wird als vollwertiges Äquivalent seines Typus betrachtet.

Abschnitt 3: Priorität

11.1 Jede Familie sowie jedes Taxon niedrigeren Ranges mit bestimmter Umgrenzung, Stellung und Rangstufe kann nur einen einzigen korrekten Namen tragen; besondere Ausnahmen werden bei 9 Familien und 1 Unterfamilie gemacht, für die Alternativen zulässig sind (vgl. Art. 18.5).

11.3 Für jedes Taxon von der Familie bis hinunter zur Gattung ist der korrekte Name der älteste legitime Name auf derselben Rangstufe, außer in Fällen der Prioritätsbeschränkung durch Konservierung (vgl. Art. 14).

11.10 Oberhalb des Familienranges findet das Prioritätsprinzip keine Anwendung.

Abschnitt 4: Einschränkung des Grundsatzes der Priorität

13.1 Als Ausgangspunkte gültiger Veröffentlichungen von Namen für Pflanzen der verschiedenen Gruppen werden folgende Daten anerkannt:
(a) SPERMATOPHYTA und PTERIDOPHYTA: 1. Mai 1753 (Linné, *Species plantarum*, ed. 1); für Namen oberhalb der Rangstufe der Gattung jedoch gilt abweichend der 4. August 1789 (Jussieu, *Genera plantarum*).

14.1 Um nachteilige Veränderungen in der Nomenklatur zu vermeiden, die sich aus einer strengen Anwendung der Regeln und insbesondere des Grundsatzes der Priorität ab den in Art. 13 als Ausgangspunkt gegebenen Daten ergeben, enthält dieser *Code* in Anh. II–IV Listen von Familien-, Gattungs- und Artnamen, die geschützt sind (nomina conservanda)*. Geschützte Namen sind auch dann legitim, wenn sie ursprünglich illegitim waren.

14.11 Ein Name kann geschützt werden, um eine besondere Schreibweise oder sein Geschlecht zu bewahren. Ein so geschützter Name ist ohne Änderung der Priorität dem Autor zuzuschreiben, der ihn gültig veröffentlichte, nicht dem Autor, der später die geschützte Schreibweise oder das geschützte Geschlecht einführte.

14.12 Die Listen geschützter Namen können ständig ergänzt und geändert werden. Jedem Vorschlag für

---
* Siehe hierzu die Originalausgabe des Codes.

einen hinzuzufügenden Namen ist eine detaillierte Darlegung der Gründe für und wider die Konservierung beizufügen. Solche Vorschläge sind dem Allgemeinen Ausschuss vorzulegen, der sie zur Prüfung an die Ausschüsse für die verschiedenen taxonomischen Gruppen verweist.

14.13 Der Eintrag eines geschützten Namens darf nicht gelöscht werden.

Kapitel III: Nomenklatur der Taxa nach ihrer Rangstufe

Abschnitt 1: Namen von Taxa oberhalb des Familienranges

16.1 Der Name eines Taxons oberhalb des Familienranges wird als Substantiv im Plural behandelt und beginnt mit einem Großbuchstaben. Dieser Name ist entweder (a) automatisch typisiert und wird gebildet, indem die Endung -aceae eines legitimen, auf einem Gattungsnamen basierenden Namens einer dem Taxon zugehörigen Familie durch die den Rang des Taxons anzeigende Endung ersetzt wird (wobei vor einer mit einem Konsonanten beginnenden Endung der Vokal -o- eingeschoben wird), wie in Empfehlung 16A.1–3 und Artikel 17.1 dargelegt; oder aber (b) ein beschreibender Name, der nicht auf diese Weise gebildet wurde und in gleich bleibender Form auf verschiedenen Rangstufen verwendbar ist.

17.1 Ein automatisch typisierter Name einer Ordnung oder Unterordnung soll auf -ales (nicht aber -virales) oder auf -inae enden.

17.2 Ein Name, der als Ordnungsname intendiert ist, dessen Rang bei der Veröffentlichung jedoch nicht als Ordnung, sondern als „Cohors", „Nixus", „Alliance" oder „Reihe" bezeichnet wurde, ist zu behandeln, als sei er als Ordnungsname veröffentlicht worden.

Abschnitt 2: Namen von Familien und Unterfamilien, von Tribus und Untertribus

18.1 Ein Familienname ist ein substantivisch gebrauchtes Adjektiv im Plural; er wird aus dem Genitiv Singular des Namens einer zugehörigen Gattung durch Ersetzen der Endung (im Lateinischen -ae, -i, -us oder -is; aus dem Griechischen transliteriert: -ou, -os, -es, -as, -ous oder dessen Äquivalent -eos) durch -aceae gebildet (siehe jedoch Art. 18.5). Bei Gattungsnamen nicht-klassischen Ursprungs wird, wenn nicht die Analogie zu klassischen Namen die Ermittlung eines Genitiv Singular gestattet, die Endung -aceae an das ganze Wort angefügt. Hätte die Ableitung vom Genitiv Singular des Gattungsnamens ein Homonym zur Folge, so darf die Endung -aceae an das Wort im Nominativ angefügt werden. Bei Gattungsnamen mit alternativen Genitivformen muss die vom ursprünglichen Autor implizierte Form beibehalten werden; lediglich der Genitiv von Namen mit der Endung -opsis lautet entsprechend botanischer Tradition grundsätzlich auf -opsidis.

18.5 Die folgenden seit langem gebrauchten Namen werden als gültig veröffentlicht angesehen: Compositae (Asteraceae; Typus Aster L.); Cruciferae (Brassicaceae; Typus Brassica L.); Gramineae (Poaceae; Typus Poa L.); Guttiferae (Clusiaceae; Typus Clusia L.); Labiatae (Lamiaceae; Typus Lamium L.); Leguminosae (Fabaceae; Typus Faba Mill. [= Vicia L.]); Palmae (Arecaceae; Typus Areca L.); Papilionaceae (Fabaceae; Typus Faba Mill.); Umbelliferae (Apiaceae; Typus Apium L.). Werden die Papilionaceae als eine von den übrigen Leguminosae verschiedene Familie angesehen, so ist der Name Papilionaceae gegenüber dem Namen Leguminosae geschützt.

18.6 Der alternative Gebrauch der in Art. 18.5 in Klammern aufgeführten Familiennamen ist zulässig.

19.1 Der Name einer Unterfamilie ist ein substantivisch gebrauchtes Adjektiv im Plural, er wird in der gleichen Weise wie ein Familienname gebildet (Art. 18.1), doch wird die Endung -oideae statt -aceae verwendet.

19.3 Eine Tribus wird auf ähnliche Weise durch die Endung -eae, eine Untertribus durch die Endung -inae (nicht aber -virinae) gekennzeichnet.

Abschnitt 3: Namen von Gattungen und Gattungs-Unterabteilungen

20.1 Ein Gattungsname ist ein Substantiv im Nominativ Singular oder ein so behandeltes Wort und wird mit großem Anfangsbuchstaben geschrieben. Es kann einen beliebigen Ursprung haben und kann sogar willkürlich gebildet sein, darf jedoch nicht auf -virus enden.

20.3 Ein Gattungsname darf nur dann aus zwei Wörtern bestehen, wenn diese mit einem Bindestrich verbunden sind.

22.1 Der Name jeder Gattungs-Unterabteilung, die den Typus des angenommenen, legitimen Namens der Gattung einschließt, der sie zugeordnet ist, wird durch die unveränderte Wiederholung des Gattungsnamens als Epitheton gebildet; dabei entfällt das Autorzitat. Solche Namen werden als Autonyme bezeichnet.

Abschnitt 4: Artnamen

23.1 Ein Artname ist die binäre Kombination von Gattungsname und einzelnem, nachgestelltem Art-Epitheton in Form eines Adjektivs, eines Substantivs im Genitiv, einer Apposition oder auch mehrerer Wörter, nicht jedoch einer Phrase aus einem oder mehreren beschreibenden Substantiven und zugehörigen Adjektiven im Ablativ noch gewisser anderer regelwidrig gebildeter Bezeichnungen. Besteht ein Epitheton aus zwei oder mehr Wörtern, so müssen diese zusammengeschrieben oder durch einen Bindestrich verbunden sein. Ein in der Originalveröffentlichung nicht so zusammengezogenes Epitheton muss nicht verworfen werden, sondern muss bei Gebrauch zusammengeschrieben oder mit Bindestrichen versehen werden.

23.2 Ein Art-Epitheton kann einen ganz beliebigen Ursprung haben und darf sogar willkürlich gebildet sein.

23.4 Ein Art-Epitheton darf den Gattungsnamen nicht unverändert wiederholen, auch nicht bei Zufügung eines als Wort ausgeschriebenen Symbols (das Resultat einer solchen Wiederholung wäre ein Tautonym).

23.5 Ein Art-Epitheton adjektivischer Form, das nicht als Substantiv gebraucht wird, richtet sich grammatisch nach dem Gattungsnamen; ein Epitheton in Form einer Apposition oder eines genitivisch verwendeten Substantivs behält, unabhängig vom grammatischen Geschlecht des Gattungsnamens, sein eigenes Geschlecht und seine Endung bei. Ein dieser Regel nicht entsprechendes Epitheton ist zu korrigieren.

Abschnitt 5: Namen von Taxa unterhalb der Art (infraspezifische Taxa)

24.1 Der Name eines infraspezifischen Taxons ist eine Kombination von Artname und infraspezifischem Epitheton, verbunden durch eine Rangstufenbezeichnung.

24.2 Infraspezifische Epitheta werden wie Art-Epitheta gebildet; sind sie adjektivischer Form und werden nicht als Substantiv gebraucht, so richten sie sich grammatisch nach dem Gattungsnamen.

26.1 Der Name jedes infraspezifischen Taxons, das den Typus des angenommenen, legitimen Namens der Art einschließt, der es zugeordnet ist, wird durch die unveränderte Wiederholung des Art-Epithetons als letztes Epitheton gebildet; dabei entfällt das Autorzitat. Solche Namen werden als Autonyme bezeichnet.

27.1 Das letzte Epitheton im Namen eines infraspezifischen Taxons darf nur dann das Epitheton des korrekten Namens der Art, der das Taxon zugewiesen ist, unverändert wiederholen, wenn die beiden Namen denselben Typus haben.

Kapitel IV: Wirksame und gültige Veröffentlichung
Abschnitt 1: Bedingungen und Daten einer wirksamen Veröffentlichung

29.1 Eine Veröffentlichung ist im Sinne dieses *Codes* nur wirksam bei Verteilung von gedrucktem Material (durch Verkauf, Tausch oder Schenkung) an die Öffentlichkeit oder zumindest an botanische Institutionen mit Bibliotheken, die Botanikern allgemein zugänglich sind. Sie ist nicht wirksam durch Mitteilung neuer Namen in einer öffentlichen Sitzung, durch Anbringen von Namen in öffentlich zugänglichen Sammlungen oder Gärten, durch Ausgabe von Mikrofilmen, die Manuskripte, maschinengeschriebene Texte oder anderes unveröffentlichtes Material wiedergeben, oder durch eine Verteilung allein auf elektronischem Wege oder mittels elektronischer Medien gleich welcher Art.

Abschnitt 3: Autorzitate

46.1 Es kann hilfreich sein, in Veröffentlichungen – vor allem solchen, die sich mit Taxonomie und Nomenklatur befassen – den Autor bzw. die Autoren des betreffenden Namens zu zitieren, selbst wenn der Protolog in der Bibliographie nicht genannt wird. Dabei gelten die im Folgenden dargelegten Regeln.

46.2 Der Name eines neuen Taxons muss dem Autor oder den Autoren zugeordnet werden, denen sowohl der Name selbst als auch die validierende Beschreibung oder Diagnose zugeschrieben wurden, auch bei abweichender Autorschaft der Veröffentlichung. Neue Kombinationen oder *nomina nova* müssen dann dem Autor oder den Autoren zugeordnet werden, denen sie zugeschrieben wurden, wenn in der Veröffentlichung, in der sie erschienen, dessen bzw. deren wie immer gearteter Beitrag ausdrücklich vermerkt ist. Trotz Art. 46.4 (hier nicht zitiert) gilt für das Autorzitat eines neuen Namens oder einer neuen Kombination grundsätzlich die zugeschriebene Autorschaft, auch wenn sie sich von der Autorschaft der Veröffentlichung selbst unterscheidet, wenn wenigstens ein Autor beiden gemeinsam ist.

46.6 Die Zitierung eines Autors, der den Namen vor dem nomenklatorischen Ausgangspunkt der betreffenden Gruppe veröffentlichte, darf durch den Gebrauch des Wortes „ex" angezeigt werden. Wurde bei Gruppen, deren Ausgangspunkt nach 1753 liegt, ein vor dem Ausgangspunkt veröffentlichter Name vom ersten Autor, der ihn gültig veröffentlichte, in der Rangstufe oder taxonomischen Stellung verändert, dann darf der Name des ursprünglichen Autors in Klammern beigefügt werden, gefolgt vom Wort „ex".

49.1 Ändert eine Gattung oder ein Taxon niedrigeren Ranges die Rangstufe, behält aber den Namen oder das letzte Epitheton seines Namens bei, dann muss der Autor des früheren, den Namen oder das Epitheton liefernden legitimen Namens (der Basionym-Autor) in Klammern genannt werden, und danach der Autor, der die Änderung vorgenommen hat (der Autor des neuen Namens). Dasselbe gilt bei der Versetzung eines Taxons niedriger Rangstufe als der Gattung in eine andere Gattung oder Art, mit oder ohne Änderung der Rangstufe.

Kapitel V: Verwerfung von Namen

51.1 Ein legitimer Name darf nicht lediglich deshalb verworfen werden, weil er oder sein Epitheton unpassend oder unangenehm ist, weil ein anderer vorzuziehen wäre oder bekannter ist, weil er seinen ursprünglichen Sinn verloren hat oder weil die von seinem Typus repräsentierte Morphe nicht mit der Morphe des Typus des Gattungsnamens übereinstimmt.

52.1 Sofern ein Name nicht geschützt oder sanktioniert ist, ist er illegitim und muss verworfen werden, wenn er bei seiner Veröffentlichung nomenklatorisch überflüssig war, d.h. wenn das betreffende

Taxon, in der Umgrenzung durch den Autor, eindeutig den Typus eines Namens einschloss, der (bzw. dessen Epitheton) nach den Regeln hätte angenommen werden müssen.

53.1 Der Name einer Familie, Gattung oder Art, der nicht geschützt oder sanktioniert ist, ist illegitim, wenn er ein jüngeres Homonym ist, d.h. wenn er genau so geschrieben wird wie ein älterer, auf einen anderen Typus gegründeter, gültig veröffentlichter Name eines Taxons derselben Rangstufe.

Kapitel VII: Schreibweise und Geschlecht der Namen

Abschnitt 1: Schreibweise

60.1 Die ursprüngliche Schreibweise eines Namens oder Epithetons muss beibehalten werden, außer bei der Berichtigung von Druck- und Rechtschreibfehlern sowie bei den durch die folgenden Artikel vorgeschriebenen Standardisierungen: Art.

60.5 (austauschbar verwendetes u/v und i/j), 60.6 (diakritische Zeichen und Ligaturen), 60.8 (Komposita), 60.9 (Bindestrich), 60.10 (Apostroph), 60.11 (Endungen; siehe auch Art. 32.7) sowie 60.12 (Fungus-Epitheta).

60.2 Der Ausdruck „ursprüngliche Schreibweise" bezeichnet die Schreibweise des Namens bei der gültigen Veröffentlichung. Er bezieht sich nicht auf den Gebrauch großer oder kleiner Anfangsbuchstaben; dies ist eine Frage der Typographie.

60.3 Von der Erlaubnis, einen Namen zu berichtigen, ist zurückhaltender Gebrauch zu machen, insbesondere, wenn die Veränderung die erste Silbe oder gar den ersten Buchstaben eines Namens betrifft.

60.4 Die Buchstaben w und y, die dem klassischen Latein fremd sind, sowie k, der in dieser Sprache selten auftritt, sind in lateinischen Pflanzennamen zulässig. Andere, dem klassischen Latein fremde Buchstaben und Ligaturen, wie das deutsche ß (ss), müssen transkribiert werden.

60.5 Wurde ein Name in einem Werk veröffentlicht, in dem die Buchstaben u und v oder auch i und j austauschbar oder anderweitig mit der modernen Praxis unvereinbar verwendet wurden (indem etwa einer von ihnen gar nicht oder nicht als Versalie auftritt), so müssen diese Buchstaben neuerem botanischem Gebrauch entsprechend transkribiert werden.

60.6 Diakritische Zeichen werden in lateinischen Pflanzennamen nicht gebraucht. In neuen oder bestehenden Namen, die von Wörtern hergeleitet sind, in denen solche Zeichen auftreten, sind diese fortzulassen und die betroffenen Buchstaben soweit nötig umzuschreiben: z. B. ä, ö, ü in ae, oe, ue; é, è, ê in e oder zuweilen ae; ñ in n; ø in oe; å in ao; das Trema, das anzeigt, dass ein Vokal von dem vorhergehenden Vokal getrennt ausgesprochen wird (wie in Cephaëlis und Isoëtes), ist gestattet; die Ligaturen -æ- und -œ-, die anzeigen, dass die Buchstaben eine Klangeinheit bilden, sind durch die getrennten Buchstaben -ae- und -oe- zu ersetzen.

60.7 Werden bei der Aufnahme von geografischen, Personen- oder Volksnamen in die Nomenklatur durch den Autor Änderungen der Schreibweise vorgenommen, die absichtliche Latinisierungen darstellen, so sind diese beizubehalten.

Abschnitt 2: Geschlecht

62.1 Ein Gattungsname behält ohne Rücksicht auf den klassischen Gebrauch oder die Behandlung durch den ursprünglichen Autor das Geschlecht bei, das die botanische Tradition ihm zugewiesen hat. Ein Gattungsname ohne botanische Tradition behält das Geschlecht bei, das sein Autor ihm zugewiesen hat.

62.2 Zusammengesetzte Gattungsnamen haben das gleiche Geschlecht wie der letzte im Nominativ stehende Wortteil. Wird jedoch dessen Endung abgeändert, so ändert sich das Geschlecht entsprechend.

(a) Zusammensetzungen, die auf -botrys, -codon, -myces, -odon, -panax, -pogon, -stemon und andere Maskulina enden, sind Maskulina.

(b) Zusammensetzungen, die auf -achne, -chlamys, -daphne, -glochin, -mecon, -osma (die moderne Transkription des griechischen Femininums οσμή, osmē) und andere Feminina enden, sind Feminina. Eine Ausnahme wird bei den auf -gaster endenden Namen gemacht, die genau genommen Feminina sein müssten, aber in Übereinstimmung mit der botanischen Tradition als Maskulina behandelt werden.

(c) Zusammensetzungen, die auf -ceras, -dendron, -nema, -stigma, -stoma und andere Neutra enden, sind Neutra. Eine Ausnahme wird bei den auf -anthos (oder -anthus), -chilos (-chilus oder -cheilos) und -phykos (-phycos oder -phycus) endenden Namen gemacht, die Neutra sein müssten, da die griechischen Wörter ανθοσ, anthos, χείλοσ, cheilos, und φύκοσ, phykos, Neutra sind, aber in Übereinstimmung mit der botanischen Tradition als Maskulina behandelt werden.

Anhang 1: Namen der Bastarde

H.1.1 Bastardnatur wird durch den Gebrauch des Malzeichens × gekennzeichnet oder dadurch, dass das Präfix Notho- der Bezeichnung der Rangstufe des Taxons beigefügt wird.

H.2.1 Einen Bastard zwischen benannten Taxa kann man dadurch bezeichnen, dass man zwischen die Namen der Taxa ein Malzeichen setzt; die gesamte Bezeichnung wird dann Bastardformel genannt.

H.3.1 Bastarde zwischen Vertretern zweier oder mehrerer Taxa können mit einem Namen versehen werden. Die Bastardnatur eines Taxons zeigt man nomenklatorisch dadurch an, dass man vor den Namen eines intergenerischen Bastards oder vor das Epitheton im Namen eines interspezifischen Bastards das Malzeichen × setzt, oder dadurch, dass man das Präfix Notho- (oder abgekürzt n-) der Bezeichnung

H.6.1 Ein nothogenerischer Name (d.h. der Name im Gattungsrang für Bastarde zwischen Vertretern zweier oder mehrerer Gattungen) ist eine zusammengezogene Formel oder entspricht einer solchen Formel.

H.6.2 Der nothogenerische Name eines bigenerischen Bastards ist eine zusammengezogene Formel, in welcher die angenommenen Namen der Elterngattungen zu einem einzigen Wort kombiniert werden, indem man den ersten Teil oder das Ganze des einen und den letzten Teil oder das Ganze des anderen Namens (aber nicht beide volle Namen) sowie, wenn erwünscht, einen Verbindungsvokal verwendet.

H.11.1 Der Name einer Nothospecies, deren postulierte oder bekannte Elternarten zu verschiedenen Gattungen gehören, ist die Kombination eines nothospezifischen Epithetons mit einem nothogenerischen Namen.

5 Die Einteilung des Pflanzenreichs

Als Grundlage der Einteilung des Pflanzenreichs dient die international festgelegte Reihenfolge der Rangstufen laut Artikel 1–5 des ICBN. Sie lautet:

Regnum*		Reich
Subregnum*		Unterreich
Divisio, Phylum	(Endung -phyta)**	Abteilung, Stamm
Subdivisio	(Endung -phytina)	Unterabteilung
Classis	(Endung -opsida)	Klasse
Subclassis	(Endung -idae)	Unterklasse
Ordo	(Endung -ales)	Ordnung
Subordo*	(Endung -ineae)	Unterordnung
Familia	(Endung -aceae)***	Familie
Subfamilia	(Endung -oideae)	Unterfamilie
Tribus*	(Endung -eae)	Zweig
Subtribus*	(Endung -inae)	Unterzweig
Genus		Gattung
Subgenus*		Untergattung
Sectio*		Sektion
Subsectio*		Untersektion
Series*		Serie
Subseries*		Unterserie
Spezies		Art
Subspezies	(Abkürzung subsp.)	Unterart
Varietas	(Abkürzung var.)	Varietät
Subvarietas*	(Abkürzung subvar.)	Untervarietät
Forma	(Abkürzung fo.)	Form
Subforma*	(Abkürzung subfo.)	Unterform

Das ×-Zeichen steht für Bastarde. Ein Beispiel dafür ist *Dactylorhiza* × *aschersoniana* (= *D. incarnata* × *D. majalis*).

* für die Ausführungen im vorliegenden Buch ohne Bedeutung
** Die Endungen von Divisio bis Subordo sind empfohlene, aber nicht vorgeschriebene Endungen.
*** erlaubte Ausnahmen sind in Artikel 18.5 des ICBN geregelt (siehe Seite 13)

Hierbei wird bei der Angabe der Eltern Artname × Artname in alphabetischer Reihenfolge geschrieben. Sind diese nicht beides Arten sondern z.T. Unterarten oder Varietäten, so spricht man von Nothosubspezies (Abk. = nothosubsp.) oder Nothovarietäten (Abk. nothovar.). So gibt es zu obigem Beispiel eine *Dactylorhiza* × *aschersoniana* nothosubsp. *uliginosa* (= *D. incarnata* subsp. *pulchella* × *D. majalis*). Als Beispiel für die Einordnung einer Pflanze soll die Bleiche Reifrock-Narzisse, *Narcissus bulbocodium* subsp. *bulbocodium* var. *pallidus* dienen.

Divisio	*Spermatophyta*	Samenpflanzen
	Magnoliophytina	
Subdivisio	*(Angiospermae)*	Bedecktsamer
	Liliopsida	Einkeimblättrige
Classis	*(Monocotyledoneae)*	Pflanzen
Subclassis	*Liliidae*	Lilienähnliche
Ordo	*Asparagales*	Spargelartige
Familia	*Amaryllidaceae***	Amaryllisgewächse
Genus	*Narcissus*	Narzisse, Osterglocke
Spezies	*bulbocodium*	Reifrock-Narzisse
Subspezies	subsp. *bulbocodium*	Eigentliche Reifrock-Narzisse
Varietas	var. *pallidus*	Bleiche Reifrock-Narzisse
Cultivar	Kenellis	Sorte 'Kenellis'

6 Die Bildung von Vulgärnamen

Wissenschaftliche Artnamen stammen oft aus dem Griechischen oder Lateinischen oder wurden zumindest latinisiert. Sortennamen enthalten neben dem Gattungs- oder Art-Epitheton einen Namen in beliebiger Sprache, selbst Fantasienamen sind möglich. Vulgärnamen hingegen sind Namen einer bestimmten Pflanze in der jeweiligen Landessprache. Die Prinzipien, denen wir folgen, stimmen überein mit dem Artikel *Die Schreibweise deutscher Pflanzennamen* von Agnes Pahler und Karlheinz Rücker in der Zeitschrift *Gartenpraxis* Heft 12/2001. Konsequent wurden diese Prinzipien zuerst in der *Exkursionsflora von Deutschland* von ROTHMALER durchgeführt, für Zierpflanzen im ZANDER aus dem Jahre 2000.
Die Schreibweise der deutschen Pflanzennamen wird durch die Regeln der deutschen Rechtschreibung festgelegt. Die Duden-Sprachberatung stellt hierzu fest, dass die Verwendung von Bindestrichen nicht als falsch zu bezeichnen sei, sofern in einer fachsprachlichen Nomenklatur dieses Bedürfnis besteht. Auch der Bund deutscher Baumschulen (BdB) hat per Beschluss die Schreibweise mit Bindestrich zwischen Stamm- und Bestimmungswort eingeführt. Es gelten folgende Regeln:

** Ein Beispiel für die wechselnde Klassifikation: In der „World Checklist of Selected Plants" (http://www.kew.org/wcsp/home.do) werden die *Amaryllidaceae* den *Alliaceae* eingegliedert

1. Das Bestimmungswort wird mit Bindestrich vom Stammwort getrennt, wenn das Stammwort ein Taxon, meist eine Gattung, bezeichnet (z. B. Korea-Tanne oder Schnitt-Lauch). Sowohl die Gattung *Abies*, als auch die Art *Abies koreana* stellen ein Taxon dar. Der Deutsche Name Tanne kennzeichnet demnach die Gattung, der Name Korea-Tanne hingegen die Art.
2. Bestimmungswort und Stammwort werden nicht mit Bindestrich getrennt, wenn das Stammwort auf ein unzutreffendes Taxon verweist (z. B. Sicheltanne = *Cryptomeria* oder Stockrose = *Alcea*). Im Gegensatz zum obigen Beispiel handelt es sich bei der Sicheltanne um keine Tanne (= *Abies*), sondern um eine eigene Gattung, ebenso wenig wie die Stockrose eine Rose ist. Hingegen gibt es eine Japanische und eine Chinesische Sicheltanne.
3. Bezieht sich das Stammwort nicht auf ein Taxon, sondern auf eine Lebensform bzw. ein Pflanzenteil, werden Stammwort und Bestimmungswort nicht durch einen Bindestrich getrennt (z. B. Wurmfarn oder Dreiblatt). Solche Bezeichnungen von Lebensformen bzw. Pflanzenteilen sind unter anderem: Baum, Farn, Dorn, Moos, Wurz, Sporn, Kraut, Gras, Blatt, Beere, Blume und Zwiebel.
4. Hat das Stammwort keinen Bezug zur Pflanze, werden Stammwort und Bestimmungswort nicht durch einen Bindestrich getrennt (z. B. Löwenzahn oder Silberkerze).
5. Sind Stammwort und Bestimmungswort ohnehin getrennte Wörter, wird kein Bindestrich eingefügt (z. B. Griechische Tanne oder Schwarzer Nachtschatten).

Das Bestimmungswort sollte grundsätzlich keinen Bindestrich enthalten, außer es würden unsinnige Begriffskombinationen entstehen (z. B. Hängeblut-Buche statt Hänge-Blut-Buche). Zweifelsfälle sind solche Begriffe, die umgangssprachlich zusammen geschrieben werden, hier ist es dem Autor überlassen, wie er verfahren will (z. B. Pfeffer-Minze/Pfefferminze). Weil es den Wortstamm „Knob" nicht gibt, ist die einzige Ausnahme das Wort Knoblauch, das man immer ohne Bindestrich schreiben sollte.

Da manche Gattungen mehrere Pflanzengruppen enthalten, kann strittig sein, welche Arten welchem deutschen Namen zuzurechnen sind. Ein Beispiel dafür ist die Gattung *Prunus* mit deutschen Namen wie Pflaume, Kirsche, Pfirsich, Mandel und Aprikose. In unklaren Fällen ist es erlaubt, einen dieser Begriffe zu verwenden, er würde dann trotzdem als korrekt angesehen werden.

Für Zusammensetzungen aus wissenschaftlichen Namen und deutschen Begriffen gelten die Regeln der deutschen Rechtschreibung. Alle Bestandteile des Namens werden durch Bindestriche verbunden („Durchkoppelung"), also *Rosa-rugosa*-Sorten oder *Rosa-×-richardii*-Hybride.

Im Englischen findet man in unterschiedlichen Werken sehr verschiedene Schreibweisen. Die Namen können klein oder groß geschrieben sein, ebenso mit oder ohne Bindestrich. Da die englischen Vulgärnamen aus unterschiedlichen Quellen stammen, sollen sie im vorliegenden Band einheitlich wiedergegeben werden. Wir haben uns daher für Großschreibung ohne Bindestrich entschieden.

III Sorten

1 Die Kulturnamen der Pflanzen

Im Gegensatz zur wissenschaftlichen Nomenklatur sind in der Praxis einschlägig tätiger Betriebe oft vereinfachte oder verkürzte Namen in Gebrauch. Die folgenden Grundsätze sollen helfen, zwischen den beiden Nomenklaturen zu vermitteln und bei der Benennung von Sorten in der gärtnerischen Praxis Transparenz zu wahren:

1. Eine Sorte ist ausreichend gekennzeichnet durch Gattungs-, Art- und Sortenbezeichnung. Auf den Namenszusatz Subspezies (subsp.) oder Varietät (var.) kann verzichtet werden, wenn ein eindeutiger Sortenname vorliegt, auf Autonyme sollte man verzichten. Sortenbezeichnungen wie 'Alba', 'Rubra' und ähnliche hingegen sind nicht eindeutig, da man diese Namen oft verschiedenen Subspezies oder Varietäten einer Art mehrfach zugeordnet hat, hier ist die Angabe der Supspezies notwendig. Während bei *Heliopsis helianthoides* var. *scabra* die Angabe der Varietät nicht unbedingt notwendig ist, da es keine Sorten der var. *helianthoides* gibt, ist dies bei *Astilbe chinensis* var. *taquetii* hingegen nötig, wenn man die dortigen Hybriden nicht mit denen der var. *chinensis* in einen Topf werfen will.
2. Die Unterscheidung von Auslesen und Hybriden spiegelt sich nicht mehr in der Benennung einer Sorte wider, der Wortstamm -Hybride ist zu verwerfen. Aus *Iris* Sibirica-Hybride 'Caesar's Brother' wird *Iris sibirica* 'Caesar's Brother'.
3. Eine Klassifizierung der Sorte durch Zuordnung einer Gruppe muss nicht erfolgen. Hilfreich ist diese Gliederung, um Eigenschaften übersichtlich darzustellen. In Katalogen ist dieser Namenszusatz meist ein Gewinn. Obwohl die Gruppenbezeichnung in Klammern auch vor den Sortennamen gestellt werden darf, also *Acer palmatum* (Dissectum Grp.) 'Ornatum' empfiehlt es sich die Gruppenbezeichnung hinter den Sortennamen zu setzen (siehe ICNCP Art. 4). Hilfreich sind auch die international gebräuchlichen Abkürzungen im Kapitel VII *Arten und Sorten in alphabetischer Übersicht*.

2 Der Umgang mit dem Begriff „Hybride"

Seit dem Tokio-Beschluss des ICBN von 1996 sollen die Wörter Kreuzung, Hybride, Gruppe, Mutant, Sämling, Selektion, Sport oder Strain (in engl: cross, hybrid, group, mutant, seedling, selection, sport, strain) nicht mehr Bestandteil des Sortennamens sein (siehe hierzu die Regeln 17.16 und 19.10 des ICNCP).

Das Wort Hybride wird also nur noch verwendet, wenn mit diesem Begriff Sortengruppen benannt werden sollen. Man spricht also weiterhin von *Gerbera*-Hybriden oder *Paenonia*-Lactiflora-Hybriden. Der Begriff Hybride wird im deutschen Sprachraum bevorzugt, doch international hat sich die Bezeichnung Cultivar oder Cultivars durchgesetzt. Sie können als Alternative auch im deutschen Sprachgebrauch verwendet werden, obwohl die Bezeichnung Sorten sinnvoller wäre, da viele „Hybriden" gar keine Kreuzungen sind, sondern Auslesen, Mutationen oder Formen einer Art. Eine Tautologie stellt der Begriff „Hybridcultivar" dar, er ist deswegen unzulässig.

Im Sortennamen hingegen darf das Wort Hybride nicht auftauchen, denn das widerspricht eindeutig der Regelung des ICNCP. Werden Sorten namentlich aufgelistet, so entfällt der Namenszusatz Hybride. Man ordnet die Sorte also nur der Art zu und verzichtet darauf, zwischen Form, Auslese und Hybride zu unterscheiden. Die Sorte *Iris Sibirica*-Hybride 'Caesar's Brother' wird deshalb jetzt *Iris sibirica* 'Caesar's Brother' genannt. Dies resultiert daraus, dass zu vielen Gattungen keine Sortenregister geführt werden. Deswegen kann häufig keine Unterscheidung zwischen einer Auslese oder einer Sorte gemacht werden, was mit der Regelung des ICNCP als überflüssig erachtet wird.

Jedoch sind die vereinfachten Sortenbenennungen wie *Delphinium* 'Jubelruf' oder *Delphinium* Astolat Grp. unzureichende Kennzeichnungen: Über den Namen lassen sich keine charakteristischen Merkmale der Sorte ableiten, die oft auch Folgen für die gärtnerische Kultur haben. In solchen Fällen behilft man sich mit einem Namenszusatz, die Merkmale der entsprechenden züchterischen Eingruppierung wiedergibt. *Delphinium* (Elatum Grp.) 'Jubelruf' ist eine vegetativ vermehrte Sorte, die höhere Ansprüche an Luft- und Bodenfeuchtigkeit stellt als zum Beispiel *Delphinium* (Pacific Grp.) Astolat Grp., welche als Sortengruppe geführt wird, vor allem da sie samenvermehrt wird. Entsprechend der Gruppenbezeichnungen können auch die angegebenen Abkürzungen verwendet werden, wenn sie eindeutig und/oder durch eine Legende belegt sind.

Sortennamen können den Wortteil Gruppe – abgekürzt Grp., abgeleitet vom englischen Wort group – enthalten. Zu Gruppen zusammengefasst werden können ähnliche Individuen einer Auslese – oder einer anderen züchterischen Methode, die auf der generativen Vermehrung beruht – und deren vegetativ vermehrte Nachkommen. Je nach Züchtungsziel werden unterschiedliche Merkmale als Gruppenkennzeichnung herangezogen, dies können beispielsweise Frostresistenz, aber auch morphologische Merkmale sein. Es ist unmaßgeblich, ob sich die einzelnen Pflanzen in Form und Farbe nur gering unterscheiden, wie die oben genannten Individuen der *Delphinium* Astolat Grp., oder

in stärkerem Maße, z. B. in Blütenform und -farbe, wie beispielsweise die *Anemone coronaria* St Brigid Grp..
Umbenennungen von Pflanzenarten können zu neuen Gruppierungen führen. Ein Beispiel: *Rhododendron repens* BALF. f. et FORREST wurde auf Grund seiner engen Verwandtschaft umbenannt zu *Rhododendron forrestii* (BALF. f. et FORREST) COWAN et DAVIDIAN. *Rhododendron repens* BALF f. et Forrest ist also ein Synonym zu dem nun gültigen Namen *R. forrestii* (BALF. f. et FORREST) COWAN et DAVIDIAN. Sorten mit den Eigenschaften von *R. repens* werden durch die Zusammenfassung zu einer Gruppe von den übrigen Sortengruppen und Sorten formal unterschieden. Die korrekte Bezeichnung dieser Pflanzengruppe würde nun *Rhododendron forrestii* subsp. *forrestii* Repens Grp.. Gärtnerisch korrekt würde eine Sorte dieser Gruppe dann *R. forrestii* subsp. *forrestii* (Repens Grp.) 'Baden Baden' heißen, denn laut ICNCP dürfen Gruppenbezeichnungen dem Sortennamen vor- oder nachgestellt werden. Da eine solche Bezeichnung wohl kaum mehr auf ein Etikett passen würde, sollte man sinnvollerweise auf Autonyme und Sortengruppen verzichten, beziehungsweise letztere allenfalls als Abkürzung hinter den Sortennamen setzen. Während Sie also in Katalogen immer noch die alte Bezeichnung *R. forrestii* 'Baden Baden' (Repens Grp.) finden, folgen wir der Klassifiaktion des Rhododendron-Registers der RHS und schreiben *R. forrestii* 'Baden Baden'(R-e) = Elepiode Rhododendron.
Viele Gärtner machen wissenschaftliche Umbenennungen nicht immer mit. Dies ist verständlich, da sonst auch neue Etiketten und Kataloge gedruckt werden müssen. Die Sorte, die zuvor als Beispiel angeführt wurde, wird deshalb in der Mehrzahl der Fälle immer noch unter der Bezeichnung Rhododendron repens 'Baden-Baden' gehandelt. Umfangreiche Synonymangaben in diesem Buch und die Kenntnis von einigen wenigen Grundsätzen vermitteln zwischen den beiden nomenklatorischen Gewohnheiten.
Der Begriff „Strain", der vor allem bei Lilien verwendet wird, ist durch die Bezeichnung „Gruppe" überflüssig geworden. Sprach man früher vom *Lilium* 'Bellingham Strain' oder von Bellingham-Hybriden, so lautet die korrekte Bezeichnung nun *L.* Bellingham Grp.
Der Begriff „Serie" – abgekürzt Ser. vom englischen Wort series – benennt Individuen einer Kreuzung mit einheitlichen Eigenschaften, doch unterschiedlichen Blütenfärbungen. Der Begriff wird überwiegend bei einjährigen Pflanzen verwendet. Beispielsweise zeigen alle Sorten der Kablouna-Serie (Kablouna Ser.) von *Calendula officinalis* das typische Merkmal gefüllter Blüten mit eingeschnittenen Blütenblättern, doch es gibt goldgelb gefärbte ('Kablouna Goldgelb'), orangefarbene ('Kablouna Orange') oder goldgelbe Blüten mit schwarzer Mitte ('Kablouna Goldgelb mit schwarzer Mitte'). Eine Serie wird also beispielsweise korrekt *Calendula officinalis* Kablouna Ser. bezeichnet, eine Sorte dieser Serie wird hingegen 'Kablouna Goldgelb' genannt. Zu beachten ist zudem, dass der Name einer Serie ohne Hochkommas geschrieben wird (Kablouna Ser.), der Name einer Sorte hingegen mit ('Kablouna Goldgelb').
Die Bezeichnung „grex" wird nur bei der Klassifizierung von Orchideenzüchtungen verwendet. Die Individuen einer Generation, die einer bestimmten Kreuzungskombination entsprechen – unabhängig davon, ob die Kreuzung einmalig oder bei verschiedenen Züchtern durchgeführt wurde – erhalten alle dieselbe grex-Bezeichnung. Zum Beispiel werden die Nachkommen aus der Kreuzung von *Phalaenopsis stuartiana* × *P. lueddemanniana* mit dem grex Hermione gekennzeichnet. Eine Sorte dieses grex wird dann wie folgt bezeichnet: *Phalaenopsis* Hermione 'Sachsen Anhalt'. Der Begriff „grex" taucht als Namenszusatz bei Sortennennungen niemals auf. Nur der Name des grex wird immer großgeschrieben vor den wie üblich gekennzeichneten Sortennamen gesetzt.

3 Internationaler Code der Nomenklatur der Kulturpflanzen (ICNCP)

Der *Code zur Nomenklatur der Kulturpflanzen* (ICNCP) von 1995 wurde 2004 neu aufgelegt und regelt die Schreibweise von Sortennamen. Bis zur 15. Auflage des Zander war unter der Auflistung der Arten häufig die Bezeichnung „-Hybriden" zu finden. Dies ist kein botanischer Terminus, der vom ICNCP zugelassen ist, sondern eine allgemeine Bezeichnung, für die man ebenso den Begriff „-Cultivar" verwenden könnte. Man kann also nach wie vor von *Fuchsia*-Hybriden oder *Iris-sibirica*-Hybriden sprechen, wenn man eine ganze Gruppe von Pflanzen meint. Die korrekte Schreibweise eines Sortennamens regelt der *Code*.

Die Nummerierung bezieht sich auf das Original des ICNCP (2004). Da dieser nicht durchgehend zitiert wird, kommt es zu entsprechenden Lücken.

Abteilung I: Grundsätze
Grundsatz 1
Ein klares, beständiges, international anerkanntes Benennungssystem für Kulturpflanzen ist für weltweite Verständigung und Informationsaustausch unerlässlich. Mit dem vorliegenden Kodex, dem *Internationalen Code der Nomenklatur der Kulturpflanzen* (ICNCP, „Kulturpflanzen-Code"), sollen Einheitlichkeit, Genauigkeit und Beständigkeit bei der Benennung von acker-, forst- und gartenbaulich genutzten Pflanzen gefördert werden.

Grundsatz 2
Der *Internationale Code der Botanischen Nomenklatur* (ICBN, „Botanischer Code") regelt die Namen in lateinischer Form sowohl für Kultur- als auch für Wildpflanzen, nicht aber für Pfropfchimären; letztere unterliegen vollständig dem ICNCP.
Die Nomenklatur der Kategorien „Sorte" und „Gruppe" unterliegt allein dem ICNCP. An unterscheidbare Pflanzengruppen, deren Ursprung bzw. Selektion in erster Linie auf gezieltes menschliches Eingreifen zurückgeht, dürfen gemäß der Bestimmungen des vorliegenden *Codes* gebildete Namen vergeben werden.

Grundsatz 3
Bei der Namensvergabe an Sorten und Gruppen gilt das Prinzip der Erstveröffentlichung. Außer in besonders ausgenommenen Fällen kann jede Sorte und jede Gruppe mit einer bestimmten Umschreibung nur einen einzigen anerkannten Namen tragen, und zwar den ersten regelmäßig vergebenen.

Grundsatz 4
Ein Pflanzenname muss für jedermann zur Benennung einer unterscheidbaren Pflanzengruppe allgemein und frei verfügbar sein.
In manchen Ländern werden Pflanzen mit Warenzeichen (™, Trademark) in den Handel gebracht. Ein solches Warenzeichen unterliegt der Urheberschaft einer Person oder Körperschaft und steht daher nicht jedermann frei zur Verfügung; dementsprechend ist es nicht als Name zu betrachten. Die Bildung und Verwendung von Warenzeichen unterliegt nicht diesem *Code*.

Grundsatz 5
Dieser *Code* regelt die auf unterscheidbare Gruppen kultivierter Pflanzen anzuwendende Terminologie sowie die Namen, die einzelnen unterscheidbaren Gruppen zu geben sind.
Gewisse nationale und internationale Regelwerke (beispielsweise „Nationale Verzeichnisse" (National Listings) oder das Pflanzenzüchterrecht (Sortenrecht) betreffend) verfügen über eine eigene Terminologie, entsprechend derer unterscheidbare Pflanzengruppen benannt werden dürfen. Der vorliegende *Code* enthält weder Regeln zur Verwendung einer solchen anderen Terminologie noch zur Bildung solcher Namen, erkennt jedoch den Vorrang dieser Namen vor solchen an, die nach den Regeln des ICNCP gebildet werden.

Grundsatz 6
Der Usus, regelmäßig gebildete Namen unterscheidbarer Pflanzengruppen durch der Vermarktung dienende Handelsbezeichnungen zu ersetzen, wird von diesem *Code* nicht mitgetragen; solche Bezeichnungen sind nicht als anerkannte Namen zu akzeptieren.

Grundsatz 7
Die Bildung und Verwendung von umgangssprachlichen, Trivial- oder Dialektnamen von Pflanzen wird von diesem *Code* nicht geregelt.

Grundsatz 8
Die länderübergreifende Erfassung von Sorten- und Gruppennamen sowie die Veröffentlichung und Verbreitung solcher Namenslisten ist von größter Bedeutung für die Förderung der Einheitlichkeit, Genauigkeit und Beständigkeit in der Benennung von Kulturpflanzen.

Grundsatz 9
Die Auswahl, Verwahrung und Veröffentlichung eigens bezeichneter Nomenklatur-Muster ist wichtig, um den zuverlässigen Gebrauch von Sorten- und Gruppennamen zu gewährleisten. Bestimmte Namen werden zur Verdeutlichung ihrer konkreten Verwendung und zur Vermeidung einer Namensduplizierung einem nomenklatorischen Muster beigestellt. Zwar ist die Bezeichnung eines solchen Musters für die Einführung eines Namens nicht Voraussetzung, wird jedoch stark befürwortet.

Grundsatz 10
Dieser *Code* hat keine Gesetzeskraft; seine bindende Wirkung beruht ausschließlich auf der freiwilligen Zustimmung all derer, die mit der Benennung von Kulturpflanzen befasst sind. Jedem für Prägung und Verwendung von Kulturpflanzennamen Verantwortlichen wird dringend geraten, die Regeln und Empfehlungen dieses *Codes* zu übernehmen und anzuwenden.

Grundsatz 11
Die Bestimmungen dieses *Codes* haben, soweit nicht anders festgelegt, rückwirkende Kraft.

Kapitel II: Definitionen
Artikel 2: Die Sorte
2.1 Die Kategorie der Sorte ist die größte Kulturpflanzenkategorie, deren Nomenklatur durch den vorliegenden *Code* geregelt wird. Die Regeln für die Bildung von Sortennamen sind in Art. 19 dieses *Codes* dargelegt.

2.2 Eine Sorte ist ein Pflanzenbestand, der aufgrund eines bestimmten Merkmals oder einer Kombination von Merkmalen ausgelesen wurde, bezüglich dieser Merkmale eindeutig umgrenzt, einheitlich und stabil ist und diese Merkmale bei geeigneter Vermehrung beibehält.

2.3 Weder bei der Anwendung der Artikel dieses *Codes* noch in seinen Übersetzungen darf eine der Bezeichnungen „Varietät", „Form" und „Stamm" (bzw. ihre anderssprachige Entsprechung) an die Stelle der Bezeichnung „Sorte" treten.

Artikel 3: Die Gruppe
3.1 Eine Gruppe ist eine formale Kategorie, in der Sorten, Individuen oder Pflanzenbestände aufgrund genau bezeichneter Gemeinsamkeiten zusammengefasst sind (siehe jedoch Art. 3.3). Die Kriterien für die Bildung und Aufrechterhaltung einer Gruppe variieren entsprechend den jeweiligen Anforderungen der Verwender. Die Regeln zur Bildung von Gruppennamen sind in Art. 20 dieses *Codes* dargelegt.

3.2 Eine taxonomische Einheit auf der Rangstufe der Art oder darunter, deren taxonomische Bedeutung für die Botanik nicht länger anerkannt ist, die jedoch weiterhin in der acker-, forst- oder gartenbaulichen Klassifikation von Bedeutung ist, darf als Gruppe bezeichnet werden.

3.3 Der Begriff „Grex" (Plural: Greges, selten: Grexe) bezeichnet eine spezielle Art der Gruppe, die einzig auf einer bestimmten Art der Abstammung basiert, und ist nur in der Nomenklatur von Orchideen zu verwenden.

Artikel 7: Namen und Epitheta

7.1 Der Name einer Sorte oder Gruppe besteht aus dem Namen der Rangstufe, der die Sorte oder Gruppe angehört (Gattung oder darunter), und einem Sorten- oder Gruppenepitheton. Für die Schreibweise des Namens gibt es mehrere gleichermaßen gültige Möglichkeiten.

Artikel 10: Anerkannte Namen

10.1 Als anerkannter Name gilt der älteste festgelegte und nach den Regeln dieses *Codes* für die Sorte, Gruppe oder intergenerische Chimäre zu verwendende Name (Art. 24.1).

10.2 Ungeachtet Art. 10.1 kann eine Gruppe mehr als einen anerkannten Namen haben. [...] siehe Artikel 29.2.

10.3 Ein den Regeln dieses *Codes* nicht entsprechender, jedoch weit verbreiteter Name darf als anerkannter Name festgelegt werden, sofern die zuständige Internationale Sortenregisterstelle (a) eine Begründung für diesen Entschluss veröffentlicht und (b) diese veröffentlichte Begründung bei der IUBS-Kommission für die Nomenklatur der Kulturpflanzen (I.U.B.S. Commission for the Nomenclature of Cultivated Plants) einreicht.

Artikel 12: Handelsbezeichnungen

12.1 Eine Handelsbezeichnung ist kein Name, sondern ein Hilfsmittel, das anstelle des anerkannten Namens einer Sorte oder Gruppe meist deren Vermarktung dient, wenn der anerkannte Name für diesen Zweck ungeeignet erscheint.

12.2 Handelsbezeichnungen und Synonyme sind zwei verschiedene Dinge. Ein Synonym im Sinne dieses *Codes* ist ein allgemein verbreiteter Name, der jedoch nicht der anerkannte Name ist.

12.3 Eine Handelsbezeichnung ist nie ohne den anerkannten Namen zu nennen, und zwar beide nebeneinander.*

Artikel 13: Der Sortenstatus

13.1 Der Sortenstatus ist durch einfache Hochkommata, die um das Sortenepitheton gestellt werden, zu kennzeichnen. Doppelte Anführungszeichen sowie die Abkürzungen „cv." und „var." dürfen nicht innerhalb eines Namens verwendet werden, um das Sortenepitheton hervorzuheben; wo dies geschah, ist es zu korrigieren.

13.2 Wird eine Sorte für eine Pfropfchimäre gehalten, ist dies dennoch nicht durch ein Plus-Zeichen vor dem Sortenepitheton anzuzeigen.

13.3 Wird eine Sorte für eine Hybride gehalten, ist dies dennoch nicht durch ein Multiplikationszeichen vor dem Sortenepitheton anzuzeigen.

Artikel 14: Der Gruppenstatus

14.1 Der formale Gruppenstatus wird durch Verwendung des Wortes „Gruppe" (oder seiner anderssprachigen Entsprechung) als erstes oder letztes Wort des Gruppenepitheons angezeigt.

14.2 Wird das Wort „Gruppe", aus welchem Grund auch immer, abgekürzt, so ist in sämtlichen Sprachen mit lateinischer Schrift standardmäßig das Kürzel „Grp" zu verwenden, unabhängig davon, wie das Wort in der jeweiligen Sprache lautet.

14.3 In der Nomenklatur von Orchideen (Art. 3.3) darf in einem Namen oder Epitheton standardmäßig die Zusammenziehung das Kürzel „gx" für „Grex" verwendet werden.

14.4 Wird das Gruppenepitheton als Teil eines Sortennamens verwendet, so steht es direkt vor dem Sortenepitheton in runden Klammern.

Artikel 15: Status der Handelsbezeichnung

15.1 Eine Handelsbezeichnung darf nicht durch Anführungszeichen gekennzeichnet werden und muss durch den anerkannten Namen der Sorte oder Gruppe ergänzt werden.

Kapitel V: Die Benennung von Kulturpflanzen

Artikel 18: Namen von Wildpflanzen in Kultur

18.1 Werden Pflanzen aus der Natur entnommen und in Kultur gebracht und später nicht als Sorte oder Gruppe klassifiziert, so behalten sie den Namen, den die Pflanzen in der Natur tragen.

18.2 Werden Pflanzen einer taxonomischen Einheit der Rangstufe der Art oder darunter in Kultur genommen, zeigen sie möglicherweise eine geringere Variationsbreite als dieselbe taxonomische Einheit in freier Natur. Weist eine Sammlung solcher Einzelpflanzen ein oder mehrere Merkmale auf, die eine Unterscheidung von anderen rechtfertigen, kann sie einen Sorten- oder Gruppennamen erhalten.

Artikel 19: Sortennamen
§1: Allgemeine Bestimmungen

19.1 Der Name einer Sorte besteht aus dem korrekten Namen der Gattung oder der dieser untergeordneten taxonomischen Einheit, der die Sorte angehört, zusammen mit einem Sortenepitheton.

19.2 Die Mindestanforderung besteht in dem lateinischen Gattungsnamen oder einem diesem entsprechenden, eindeutig zugeordneten Trivialnamen, dem ein Sortenepitheton beizustellen ist. Lässt sich eine Sorte einer taxonomischen Einheit auf der Rangstufe der Art oder darunter zuordnen, so kann das Sortenepitheton stattdessen dem Namen dieser taxonomischen Einheit (oder dem ihr entsprechenden, eindeutig zugeordneten Trivial-

---

* Nach unserer Meinung ist es auch besser, den Sortennamen in Hochkommas zu setzen und den Handelsnamen ohne solche oder in Kapitälchen zu schreiben und nicht umgekehrt, wie man es jetzt häufig findet, also besser *Cotinus coggygria* 'Smokey Joe' (= Sortenname) und *C. coggygria* LisJo (= Handelsname). Vergleiche hierzu Grundsatz 6 und Artikel 13.1.

namen) beigestellt werden (siehe auch Art. 19.9 (nicht zitiert)).

§2: Die Bildung von Sortennamen lateinischer Form

19.6 Wird eine taxonomische Einheit auf der Rangstufe der Art oder darunter zur Sorte umklassifiziert, so ist das lateinische Schlussepitheton ihres nach ICBN regelmäßig gebildeten Namens als Sortenepitheton zu übernehmen.

19.10 Handelt es sich bei einem Sortenepitheton um ein von einem lateinischen Epitheton abgeleitetes Adjektiv, so muss sein grammatisches Geschlecht dem des Namens der Gattung entsprechen, dem es beigestellt wird.

19.11 Handelt es sich bei einem Sortenepitheton um ein von einem lateinischen Epitheton abgeleitetes Adjektiv und wird dieses einer Gattung mit einem anderen grammatischen Geschlecht beigestellt, so ist das Geschlecht des Epithetons entsprechend anzupassen.

§3: Die Bildung von Sortennamen in nicht lateinischen Sprachen

19.13 Ab dem 1. Januar 1959 muss das Epitheton eines Sortennamens ein oder mehrere Worte in einer beliebigen nicht lateinischen Sprache enthalten, damit der Name anerkannt werden kann (Ausnahmen siehe Art. 19.6, 19.7 und 19.24).

19.15 Ab dem 1. Januar 1996 darf das Epitheton eines Sortennamens nicht mehr als insgesamt 30 Zeichen (lateinische Buchstaben, Zahlen sowie zugelassene Interpunktionszeichen und Symbole) enthalten, damit der Name anerkannt werden kann (Leerstellen und Anführungszeichen ausgenommen).

19.17 Das Epitheton eines Sortennamens muss nicht aus einem oder mehreren bereits existierenden Wörtern bestehen, sondern kann auch eine Neuerfindung sein.

§4: Unzulässige Sortenepitheta

19.18 Das Epitheton eines Sortennamens darf nicht das lateinische Schlussepitheton des gemäß ICBN korrekten Namens der taxonomischen Einheit auf der Rangstufe der Art oder darunter duplizieren, dem es beigestellt wird. Stattdessen benötigt der Sortenname ein besonderes Epitheton gemäß Art. 19.8 (sofern anzuwenden).

19.19 Ab dem 1. Januar 1959 ist ein Name dann ungültig, wenn sein Sortenepitheton das Wort „Form" oder „Varietät", ob ausgeschrieben oder abgekürzt, oder deren anderssprachige Entsprechung enthält.

19.20 Ab dem 1. Januar 1996 ist ein Name dann ungültig, wenn sein Sortenepitheton eines oder mehrere der folgenden Wörter oder deren anderssprachige Entsprechung enthält, sei es im Singular oder Plural: „Sorte", „Grex", „Gruppe", „Hybride", „maintenance", „Mischung", „Auslese", „Spielart" oder „Sport", „Serie", und „Stamm" oder „Strain", sowie die Begriffe „verbessert" oder „improved" und „transformiert".

Kapitel VI: Veröffentlichung und Festsetzung

Artikel 22: Bedingungen für eine gültige Veröffentlichung

22.1 Als Veröffentlichung im Sinne dieses *Codes* gilt nur die Verbreitung (durch Verkauf, Tausch oder Schenkung) von gedrucktem oder ähnlich vervielfältigtem Material, einschließlich in Form nicht radierbarer Handschrift, in der Öffentlichkeit oder zumindest in botanischen, acker-, forst- oder gartenbaulichen Einrichtungen mit für Fachleute der genannten Richtungen allgemein zugänglicher Bibliothek. Nicht gültig ist (a) die Mitteilung neuer Namen auf einer öffentlichen Sitzung, (b) deren Anbringung auf Etiketten in Sammlungen oder Gärten, auch wenn diese allgemein zugänglich sind, (c) die Ausgabe von Manuskripten, maschinenschriftlichen Texten oder anderem unveröffentlichtem Material auf Mikrofilm, (d) die Verteilung auf elektronischem Wege und (e) die Veröffentlichung (Nennung) in vertraulich gehandhabten Katalogen, die der Allgemeinheit nicht zugänglich sind.

Artikel 25: Zitieren von Autoren

25.1 Es ist nicht notwendig, den Namen des Autors zu zitieren, der den Namen einer Sorte oder Gruppe festgesetzt hat.

25.2 Soll der Autor des Namens einer Sorte oder Gruppe zitiert werden, so darf der Name des Autors hinter das Sortenepitheton oder den Gruppennamen gestellt werden; in einem solchen Fall ist der Name des Autors zu zitieren, dem die Festsetzung zugeschrieben wird, ungeachtet der ursprünglichen taxonomischen Einordnung des Epithetons.

Kapitel VII: Übersetzung, Transliterierung und Transkription

Artikel 29: Übersetzung von Epitheta

29.1 Wird ein Epitheton in einer Veröffentlichung genannt, die in einer anderen Sprache verfasst ist als die der Erstveröffentlichung, so darf das Epitheton nicht übersetzt werden (zulässig sind jedoch Transliteration (Art. 30) oder Transkription (Art. 31)).

29.2 Das Epitheton eines Gruppennamens, das in einer nichtlateinischen Sprache festgesetzt wurde, darf übersetzt werden.

Artikel 30: Transliteration von Epitheta

30.1 Muss ein Sorten- oder Gruppenepitheton durch ein anderes Alphabet als das ursprüngliche wiedergegeben werden, so darf es Buchstabe für Buchstabe umgesetzt (transliteriert) werden.

Artikel 31: Transkription von Epitheta

31.1 Die Schriftzeichen des Hochchinesischen (Mandarin) werden entsprechend der Pinyin-Umschrift romanisiert (Grundlage sind die Transskriptionstabellen der American Library Association – ALA-LC Romanization Tables).

Kapitel VIII: Schreibweise
Artikel 32: Schreibweise der Epitheta

32.2 Die korrekte Schreibweise eines Epithetons in nicht lateinischer Sprache ist die bei seiner Festsetzung verwendete.

32.3 Ungeachtet Art. 32.2 ist ein versehentlicher Rechtschreibfehler in der ursprünglichen Schreibweise eines Sorten- oder Gruppenepithetons zu korrigieren.

32.6 Akzente und andere diakritische Zeichen (zusätzlich zum Trema) dürfen in Epitheta verwendet werden, wenn anzunehmen ist, dass den Anforderungen des Sprachgebrauchs dadurch besser gedient ist.

32.8 Der deutsche Buchstabe „ß" in einem Epitheton darf als „ss" wiedergegeben werden; das Et-Zeichen „&" ist in der Sprache der festlegenden Veröffentlichung als „und" bzw. seiner Entsprechung wiederzugeben; das Symbol „#" im Epitheton in der Bedeutung „Nummer" ist entweder durch das Kürzel „No" oder deren anderssprachige Entsprechung wiederzugeben oder aber in der Sprache der festlegenden Veröffentlichung auszuschreiben.

32.11 Aus Konsistenzgründen ist nach einer Abkürzung innerhalb eines Sorten- oder Gruppenepithetons ein Punkt zu setzen, außer es handelt sich um ein Akronym (ein aus mehreren Anfangsbuchstaben gebildetes Wort), eine Wortkreuzung (ein aus Teilen mehrerer Wörter gebildetes neues Wort) oder ein Kürzel (Gp, gx, No) – in diesen Fällen entfällt der Punkt.

32.14 Aus Konsistenzgründen ist, sofern der Sprachgebrauch nichts anderes vorschreibt, in englischsprachigen Sorten- und Gruppenepitheta mit einem Nomen im Genitiv die grammatisch korrekte englische Schreibweise anzuwenden: Im Singular endet dieses Wort auf Apostroph mit folgendem „s", im Plural auf Plural-s und Apostroph.

Abteilung IV: Namensregistrierung

1. Als Registrierung im Sinne dieses *Codes* gilt die Akzeptierung eines Sorten- oder Gruppennamens durch eine für solche Namensregistrierungen zuständige Stelle.

2. Eine Internationale Sortenregisterstelle ist eine durch die ISHS-Kommission für Nomenklatur und Sortenregistrierung (I.S.H.S. Commission for Nomenclature and Cultivar Registration) benannte Organisation, der die Registrierung von Sorten- und Gruppennamen entsprechend diesem *Code* und, falls nötig, deren Durchsetzung obliegt. (Siehe das Verzeichnis Internationaler Sortenregisterstellen in Anhang I.)

3. Eine Internationale Sortenregisterstelle darf auch Warenzeichen sammeln, wenn diese zur Vermarktung von Sorten oder Gruppen eingesetzt wurden. Solche Warenzeichen dürfen, auch wenn sie dort verzeichnet sind, niemals nomenklatorischen Stellenwert erhalten, und dürfen in keiner Veröffentlichung einer Internationalen Sortenregisterstelle auf eine Weise genannt werden, dass man sie für einen Namen oder ein Epitheton halten könnte.

IV Abkürzungen der Heimatgebiete

Verbreitungsangaben
Die Verbreitungsangaben sind, soweit dies möglich ist, einheitlich angegeben. Weltweit werden acht Großräume unterschieden. Sie werden in der Weltkarte deutlich gekennzeichnet (siehe Weltkarte, Band 2 der Enzyklopädie, hintere Umschlaginnenseite).

N-Am. = Nordamerika mit USA, Kanada und Grönland
Lat.-Am. = Lateinamerika, von Mexiko bis Feuerland
Eur. = Europa und Nordafrika
NE-As. = Nord- und Ostasien
Near East = Naher Osten
Afr. = Afrika südlich der Sahara
Trop. As. = Tropisches Asien, von Vorder- und Hinterindien bis zu den Südseeinseln
Austr. NZ = Australien und Neuseeland

Die Großräume werden wiederum in Regionen untergliedert. In manchen Fällen entspricht die Abgrenzung den politischen Grenzen eines Landes. Die Regionen werden in der Übersicht unterstrichen dargestellt. Bis zu dieser Ebene wurde versucht, die Verbreitungsangaben möglichst vollständig wiederzugeben.
Bei Arten, deren Verbreitung auf ein kleineres Gebiet beschränkt ist, werden Bundesstaaten, Provinzen oder kleinere Länder genannt. Das Verbreitungsareal von engräumig vorkommenden Endemiten wird mit entsprechend kleinräumigen Gebietsangaben gekennzeichnet.
Die Verbreitung von Pflanzen nach den politischen Grenzen von Staaten und Provinzen anzugeben, vermittelt oft eine falsche Vorstellung von den tatsächlichen Verbreitungsarealen. Zum Beispiel können Pflanzenarten der Alpen in allen sechs Alpenländern vorkommen. In solch einem Fall wird das Areal zusätzlich eingeschränkt, zum Beispiel durch Alp., Pyr. (Alpen und Pyrenäen). Zu erwarten sind diese Angaben besonders bei Gebirgs- und Küstenarten.

Übersicht der Verbreitungsareale
Für die Bundesstaaten Kanadas und der USA werden die amtlich gebräuchlichen, bei europäischen Ländern die international üblichen Abkürzungen verwendet. Für neun größere Regionen Europas mussten besondere Abkürzungen eingeführt werden (siehe Europakarte, Band 2 der Enzyklopädie, hintere Umschlaginnenseite). Alle Abkürzungen und verwendeten geografischen Bezeichnungen sind in der folgenden Übersicht enthalten.

N-Am.			Nordamerika
Greenl.			Grönland
Alaska			Alaska
Can.			Kanada
Can:W			westl. Kanada
		B. C.	British Columbia
		Alta.	Alberta
		Sask.	Saskatchewan
		Yukon	Yucon
		Mackenzie	District of Mackenzie
Can:E			östliches Kanada
		Man.	Manitoba
		Keewatin	District of Keewatin
		Ont.	Ontario
		Que.	Québec
		Labrador	Labrador
		Nfld.	Neufundland (*mit St. Pierre und Miquelon*)
		N. B.	New Brunswick
		P. E. I.	Prince Edward-Insel
		N. S.	Nova Scotia
USA:NW			USA: Nordwesten
		Wash.	Washington
		Oreg.	Oregon
USA:Calif.			USA: Kalifornien
		Calif.	Kalifornien
USA:Rocky Mts			USA: Rocky Mountains
		Mont.	Montana
		Idaho	Idaho
		Wyo.	Wyoming
		Nev.	Nevada
		Utah	Utah
		Colo.	Colorado
USA:SW			USA: Südwesten
		Ariz.	Arizona
		N.Mex.	New Mexico

Abkürzungen der Heimatgebiete

USA:NC			USA: nördl. Prärie-Staaten	Lat.-Am.		Lateinamerika
	N.Dak.		North Dakota	Mex.		Mexiko
	S.Dak.		South Dakota	C-Am.		Zentralamerika
	Nebr.		Nebraska		Belize	Belize
	Kans.		Kansas		Guat.	Guatemala
USA:SC			USA: südl. Prärie-Staaaten		Hond.	Honduras
	Okla.		Oklahoma		El Salv.	El Salvador
	Tex		Texas		Nicar.	Nicaragua
USA:NE			USA: Nordosten		Costa Rica	Costa Rica
	Maine		Maine		Panama	Panama
	Vt.		Vermont	W.Ind.		Westindien
	N. H.		New Hampshire		Cuba	Kuba
	Mass.		Massachusetts		Hispaniola	Hispaniola *(Haiti und Dominikanische Republik)*
	R. I.		Rhode Island		Jamaica	Jamaika
	Conn.		Connecticut		Puerto Rico	Puerto Rico
	N. Y.		New York		Bahamas	Bahamas,
	N. J.		New Jersey		Lesser Antilles	Kleine Antillen
	Pa.		Pennsylvania	Venez.		Venezuela
	Del.		Delaware	Col.		Kolumbien
	Md.		Maryland	Ecuad.		Ecuador
	Va.		Virginia	Galapagos		Galapagos
	W. Va		West Virginia	Peru		Peru
	Ky.		Kentucky	Bol.		Bolivien
USA:NEC			USA: Nordost-Zentral	Chile		Chile
	Minn.		Minnesota	Arg.		Argentinien
	Wis.		Wisconsin		Patag.	Patagonien *(Neuquén, Río Negro, Chubut, Santa Cruz, Tierra del Fuego)*
	Mich.		Michigan			
	Ohio		Ohio			
	Indiana		Indiana	Falkland		Falklandinseln
	Ill.		Illinois	Urug.		Uruguay
	Iowa		Iowa	Parag.		Paraguay
	Mo.		Missouri	Bras.		Brasilien
USA:SE			USA: Südosten		Amaz.	Amazonien *(Amazonas, Acre, Roraima, Amapá, Pará, Rondônia, Mato Grosso)*
	Ark.		Arkansas			
	La.		Louisiana			
	Miss.		Mississippi			
	Tenn.		Tennessee		Gran Chaco	„Gran Chaco"
	Ala.		Alabama		Rio Grande do Sul	Rio Grande do Sul
	Ga.		Georgia			
	N. C.		North Carolina		Bras.:W	„W-Brasilien" *(„Planalto Brasileiro" mit allen übrigen Bundesstaaten)*
	S. C.		South Carolina			
USA:Fla.			USA: Florida			
	Fla		Florida			

Guyanas			Guyanas
		Guyana	Guyana
		Surinam	Surinam
		French Guiana	Franz. Guyana
Eur.			**Europa u. N-Afrika**
Sk			Nordeuropa
		DK	Dänemark
		IS	Island
		Norw.	Norwegen
		Sweden	Schweden
		FIN	Finnland
BrI			Britische Inseln
		GB	Großbritannien
		IRL	Irland
Ib			Iberische Halbinsel
		P	Portugal (ohne Azoren und Madeira)
		Sp	Spanien (mit Balearen, ohne Kanaren)
Fr			Frankreich und Benelux-Staaten
		F	Frankreich (ohne Korsika)
		NL	Niederlande
		B	Belgien (mit Luxemburg)
Ap			Apenninenhalbinsel
		I	Italien
		Corse	Korsika
		Sard.	Sardinien
		Sic.	Sizilien (mit Malta)
C-Eur.			Zentraleuropa
		D	Deutschland
		CH	Schweiz
		A	Österreich
EC-Eur.			östliches Mitteleuropa
		H	Ungarn
		Slova.	Slowakei
		CZ	Tschechien
		PL	Polen
Ba			Balkanhalbinsel

		Slove.	Slowenien
		Croatia	Kroatien
		Bosn.	Bosnien-Herzegowina
		YU	Jugoslawien (Serbien, Montenegro)
		Maced.	Mazedonien
		AL	Albanien
		GR	Griechenland
		Crete	Kreta
		BG	Bulgarien
		Eur.TR	europäische Türkei
E-Eur.			Osteuropa
	Balt.		Baltikum (Litauen, Lettland, Estland, Kaliningrad)
	RUS.		europ. Russland (Weißrussland (BY), Ukraine (UA), Moldawien (MO) und Krim)
		RO	Rumänien
N-Afr.			N-Afrika
	Maroc.		Marokko
	Alger.		Algerien
	Tun.		Tunesien
	Libya		Libyen
	Egypt		Ägypten
Macaron.			Makaronesien
	Azor.		Azoren
	Canar.		Kanaren
	Madeira		Madeira
NE-As.			**N- und O-Asien**
Sib.			Sibirien
	W-Sib.		Westsibirien (bis zum Jenissei)
	E-Sib.		Ostsibirien
	Kamchat.		Kamtschatka
	Sachal.		Sachalin
C-As.			Mittelasien
	Kasach.		Kasachstan
	Turkm.		Turkmenistan
	Usbek.		Usbekistan
	Kirgi.		Kirgistan
	Tadschik.		Tadschikistan

Abkürzungen der Heimatgebiete

Mong.			Mongolei
China			China
		Tibet	Tibet
		Manch.	Manschurei
		Sinkiang	Sinkiang (Xin-Jiang)
		Sichuan	Setschuan, (Si-Chuan)
		Yunnan	Yunnan
		China:S	Süd-China (südlich des Tsinglingshan (Qin-lin))
		China:N	Nord-China (nördlich des Qin-lin)
		Hainan	Hainan
Taiwan			Taiwan
Korea			Korea
Jap.			Japan
M-East			**Naher Osten**
TR			Türkei *(ohne europ. Türkei)*
Cauc.			Kaukasus *(-länder)*
		Georg.	Georgien
		Armen.	Armenien
		Azerb.	Aserbeidschan
Levant			Levante
		Syr.	Syrien
		Lebanon	Libanon
		Palaest.	Israel, Jordanien
		Cyprus	Zypern
Iraq			Irak
Iran			Iran
Afgh.			Afghanistan
Arab.			Arabien *(mit Kuweit, Arab. Emirate, Oman)*
Yemen			Jemen
Socotra			Sokotra
Afr.			**Afrika**
Cap Ver			Kap Verde
W-Sudan			westl. Sudanländer
		Maur.	Mauretanien
		Seneg.	Senegal *(mit Gambia)*

		Mali	Mali
		Burkina Faso	Burkina Faso
		Niger	Niger
		Chad	Tschad
Sudan			Sudan
W-Afr.			W-Afrika
		Guinea Bis.	Guinea Bissau
		Guinea	Guinea
		Sierra Leone	Sierra Leone
		Liberia	Liberia
		Ivory Coast	Elfenbeinküste
		Ghana	Ghana
		Togo	Togo
		Benin	Benin
		Nigeria	Nigeria
C-Afr.			Zentralafrika
		Cameroun	Kamerun
		Sao Tome	Sao Tomé und Príncipe
		Equat. Guinea	Äquatorial-Guinea
		Gabon	Gabun
		Congo	Kongo
		Zaire	Zaire
		CAfr.Rep.	Zentralafrikanische Republik
		Eth.	Äthiopien, Eritraea
E-Afr.			O-Afrika
		Djibouti	Dschibuti
		Somalia	Somalia
		Kenya	Kenia
		Uganda	Uganda
		Rwanda	Ruanda
		Burundi	Burundi
		Tanzania	Tansania
trop. S-Afr			tropisches Afrika
		Angola	Angola
		Namibia	Namibia
		Zambia	Sambia
		Botswana	Botswana
		Zimbabwe	Simbabwe
		Malawi	Malawi
		Mozamb.	Mosambik

Abk.		Gebiet
S-Afr.		Südafrika (mit Lesotho und Swasiland)
Madag.		Madagaskar (mit Komoren)
Seych.		Seychellen
Mascarene Is.		Maskarenen
St. Helena		St. Helena
Ascension		Ascension
trop. As.		**tropisches Asien**
Indian sub.-C		Vorderindien
	Pakist.	Pakistan
	Ind.	Indien
	Nepal	Nepal
	Bhutan	Bhutan
	Bangladesh	Bangladesh
	Sri Lanka	Sri Lanka
Indochina		Hinterindien
	Myanmar	Myanmar (Birma)
	Thailand	Thailand
	Laos	Laos
	Cambodia	Kambodscha
	Vietnam	Vietnam
Malay. Arch.		Malaiischer Archipel
	Malay. Pen.	Malaiische Halbinsel (Malakka)
	Sumat.	Sumatra
	Java	Java
	Kalimantan	Kalimantan (Borneo)
	Sulawesi	Sulawesi (Celebes)
	Lesser Sunda Is.	Kleine Sundainseln
	Molucca Is.	Molukken
Phil.		Philippinen
N.Guinea		Neuguinea
Salom.		Salomonen
Vanuatu		Vanuatu (Neue Hebriden)
N.Caled		Neukaledonien
Fiji		Fidschi
Hawaii		Hawaii
Polyn.		Polynesien (ohne Hawaii)
Micron.		Mikronesien

Abk.		Gebiet
Austr., NZ		**Australien, Neuseeland**
Austr.		Australien
	W-Austr.	West-Australien
	S-Austr.	Süd-Australien
	N.Terr.	Nord-Territorium
	Queensl.	Queensland
	N.S.Wales	Neusüdwales (mit Bundesdistrikt)
	Victoria	Victoria
	Tasman.	Tasmanien
NZ		Neuseeland
	NZ:N	Nordinsel
	NZ:S	Südinsel
	Norfolk	Norfolk-Insel
Other abbreviations		**Weitere Angaben**
N		Nord
S		Süd
E		Ost
W		West
C		Zentral
M		Mittel
Alp.		Alpen
Pyr.		Pyrenäen
Carp. Mts.		Karpaten
Apenn.		Apennin
Balkan Mts.		Balkan
Altai Mts.		Altai
Him.		Himalaya
And.		Anden
mts.		Gebirge
nat. in		eingebürgert in
orig.?		Heimat unbekannt
cult.		Gartenherkunft
cosmopl.		Kosmopolitisch (alle acht Großräume)
+		Verbreitung unvollständig
*		alle Gebiete (z. B. Eur.*)
exc.		ohne

V Systematische Übersicht über die Farn- und Blütenpflanzen

Eine Übersicht über die verschiedenen Pflanzensystematiken findet man bei Brummitt (1992), beginnend mit BENTHAM & HOOKER (1862–1883), *Genera Plantarum* und endend mit CRONQUIST (1988), *The Evolution and Classification of Flowering Plants*. In den Grundzügen folgen wir letzterem Werk, berücksichtigen jedoch bei den Liliopsida (Monocotyledoneae) DAHLGREN, CLIFFORD & YEO (1985), *The Families of Monocotyledons*. Somit entspricht die Systematik in diesem Werk weitgehend der Einteilung des anfänglich zitierten Werkes von BRUMMIT (1992), *Vascular Plant Families and Genera*. Vor allem die Schreibweise der Gattungsnamen folgt strikt diesem Buch. So wurde aus *Choenomeles* nun wieder *Chaenomeles*.

Es bleibt sicher nicht aus, dass sich bei weiteren Auflagen der Zander-Enzyklopädie kleinere Verschiebungen ergeben, denn neuere Forschungsergebnisse, die wir vor allem KUBITZKI (1990–2007), *The Families and Genera of Vascular Plants* entnehmen, sollen nicht unberücksichtigt bleiben. Dieses Werk liegt bislang in neun Bänden vor und die Teile, die die Liliopsida (Monocotyledoneae) behandeln, zeigen bereits wieder leichte Abweichungen zum bisherigen Status einiger Familien. Die Systematik oberhalb der Rangstufe Gattung ist aber bei weitem nicht so maßgeblich wie die Zuordnung der Sippen zu bestimmten Gattungen, sodass wir hier keine Umstellungen gemacht haben.

- Die sehr zurückhaltende Aufnahme von hauptsächlich molekularbiologisch begründeten Änderungen bei Familien hat eine Reihe von Gründen:
- Die bisherigen Stichproben umfassen nur einzelne Individuen aus etwa 1000 Gattungen des bisherigen, hauptsächlich morphologisch begründeten Systems.
- Untersuchungen beziehen sich auf Ribosomen, Mitochondrien und Plastiden, nicht auf die ungleich mehr genetisches Material enthaltenden Kerne.
- Die mit verschiedenen Programmen gezeichneten Dendrogramme fallen deutlich verschieden aus und wichtige Abzweigungen sind oft nur durch äußerst geringe, eventuell nur zufällige Unterschiede der Ähnlichkeitskoeffizienten getrennt.
- Es werden nur relative „Abstände" zwischen einzelnen Arten ermittelt, nicht die oft viel wichtigeren „Lücken" zwischen den vollständigen Familien.
- Ein konsequent cladistisches System würde eine unübersichtlich große Zahl von Rangstufen erfordern und sollte besser eine Darstellung als Cladogramm oder Stammbaumdarstellung beibehalten, um nicht entscheidend an Information zu verlieren.
- Ein System sollte auch möglichst leicht nachvollziehbar und praktikabel sein. Dazu eignen sich nach wie vor morphologische Merkmale am besten. Sie sind für fast jede Art an Hunderten bis Millionen von Exemplaren überprüft.
- Das natürliche Pflanzensystem der Blütenpflanzen ist seit JUSSIEU 1789 etwas historisch Gewachsenes. Es gibt weit gefasste und sehr eng gefasste Familien wie auch Gattungen. Eine „Bereinigung" all dieser „Fehler" würde die allermeisten Familien stark verändern, aber das System, zumindest für die rezenten Arten, nicht praktikabler machen. Das bisherige System der rezenten Arten lässt sich mit einem Netz mit verschieden großen Maschen vergleichen, das über die Vielfalt geworfen wird. In einer cladistischen Darstellung spielt aber die historische Lage der Abzweigungspunkte eine Hauptrolle. Vereinen lässt sich beides höchstens in einer mindestens dreidimensionalen Darstellung. Versuche nur in einer Richtung tun der anderen gezwungenermaßen Gewalt an.

1. **DIVISIO: PTERIDOPHYTA**
    1. **Classis: Psilotopsida**
        1. **Ordo: Psilotales**
           Psilotaceae [Kanitz 1887]
    2. **Classis: Lycopodiopsida**
        1. **Ordo: Isoetales**
           Isoetaceae [Rchb. 1828]
        2. **Ordo: Lycopodiales**
           Lycopodiaceae [P. Beauv. ex Mirb. 1802]
        3. **Ordo: Selaginellales**
           Selaginellaceae [Mett. 1856]
    3. **Classis: Equisetopsida**
        1. **Ordo: Equisetales**
           Equisetaceae [Michx. ex DC. 1804]
    4. **Classis: Pteridopsida (Filices)**
        1. **Ordo: Ophioglossales**
           Ophioglossaceae [(R. Br.) C. Agardh 1822]
        2. **Ordo: Marattiales**
           Marattiaceae [Bercht. et J. Presl 1820]
        3. **Ordo: Osmundales**
           Osmundaceae [Gérardin et Desv. 1817]
        4. **Ordo: Pteridales**
           Actiniopteridaceae [Pic.Serm. 1962]
           Adiantaceae [(C. Presl) Ching 1940]
           Aspleniaceae [Mett. ex A.B. Frank 1877]
           Blechnaceae [(C. Presl) Copel. 1947]
           Cheiropleuriaceae [Nakai 1928]
           Cyatheaceae [Kaulf. 1827]
           Davalliaceae [Mett. ex A.B. Frank 1877]
           Dennstaedtiaceae [Lotsy 1901]
           Dicksoniaceae [(C. Presl) Bower 1908]
           Dipteridaceae [(Diels) Seward et E. Dale 1901]
           Dryopteridaceae [Ching 1965]
           Gleicheniaceae [(R. Br.) C. Presl 1825]
           Grammitidaceae [(C. Presl) Ching 1940]
           Hymenophyllaceae [Link 1833]
           Hymenophyllopsidaceae [C. Chr. ex Pic.Serm. 1970]

Lomariopsidaceae [Alston 1956]
Lophosoriaceae [Pic.Serm. 1970]
Loxsomataceae [C. Presl 1847]
Matoniaceae [C. Presl 1847]
Metaxyaceae [Pic.Serm. 1970]
Monachosoraceae [Ching 1978]
Nephrolepidaceae [Pic.Serm. 1974]
Oleandraceae [(J. Sm.) Ching ex Pic.Serm. 1965]
Parkeriaceae [Hook. 1825]
Plagiogyriaceae [Bower 1926]
Platyzomataceae [Nakai 1950]
Polypodiaceae [Bercht. et J. Presl 1820]
Pteridaceae [Spreng. ex Jameson 1821]
Schizaeaceae [Kaulf. 1827]
Stromatopteridaceae [(Nakai) Bierh. 1968]
Thelypteridaceae [Pic.Serm. 1970]
Vittariaceae [(C. Presl) Ching 1940]
Woodisiaceae [(Diels) Herter 1949]
5. Ordo: Marsileales
Marsileaceae [Mirb. 1802]
6. Ordo: Salviniales
Azollaceae [Wettst. 1903]
Salviniaceae [T. Lestib. 1826]

2. DIVISIO: SPERMATOPHYTA
  1. SUBDIVISIO: CONIFEROPHYTINA
    1. Classis: Ginkgoopsida
      1. Ordo: Ginkgoales
        Ginkgoaceae [Engl. 1897] *
    2. Classis: Pinopsida (Coniferae)
      1. Ordo: Pinales
        Araucariaceae [Henkel et W. Hochst. 1865] *
        Cephalotaxaceae [Neger 1907] *
        Cupressaceae [Rich. ex Bartl. 1830] *
        Phyllocladaceae [(Pilg.) Keng 1973]
        Pinaceae [Lindl. 1836] *
        Podocarpaceae [Endl. 1847] *
        Sciadopityaceae [Seward 1919]
        Taxodiaceae [Warm. 1884] *
      2. Ordo: Taxales
        Taxaceae [Gray 1821] *
  2. SUBDIVISIO: CYCADOPHYTINA
    1. Classis: Cycadopsida
      1. Ordo: Cycadales
        Boweniaceae [D.W. Stev. 1981]
        Cycadaceae [Pers. 1807] *
        Stangeriaceae [(Pilg.) L.A.S. Johnson 1959]
        Zamiaceae [Horan. 1834]
    2. Classis: Gnetopsida
      1. Ordo: Gnetales
        Ephedraceae [Dumort. 1829] *
        Gnetaceae [Lindl. 1834] *
        Welwitschiaceae [Markgr. 1926] *
  3. SUBDIVISIO: MAGNOLIOPHYTINA
    (ANGIOSPERMAE)
    1. Classis: Magnoliopsida (Dicotyledoneae)
      1. Subclassis: Magnoliidae
        1. Ordo: Magnoliales

Annonaceae [Juss. 1789] *
Austrobaileyaceae [(Croizat) Croizat 1943] *
Canellaceae [Mart. 1832] *
Degeneriaceae [I.W. Bailey et A.C. Sm. 1942] *
Eupomatiaceae [Endl. 1841] *
Himantandraceae [Diels 1917] *
Lactoridaceae [Engl. 1888] *
Magnoliaceae [Juss. 1789] *
Myristicaceae [R. Br. 1810] *
Winteraceae [R. Br. ex Lindl. 1830] *
2. Ordo: Laurales
Amborellaceae [Pichon 1948] *
Calycanthaceae [Lindl. 1819] *
Gomortegaceae [Reiche 1896] *
Hernandiaceae [Blume 1826] *
Idiospermaceae [S.T. Blake 1972]
Lauraceae [Juss. 1789] *
Monimiaceae [Juss. 1809] *
Trimeniaceae [(Perkins et Gilg) Gibbs 1917] *
3. Ordo: Piperales
Chloranthaceae [R. Br. ex Lindl. 1821] *
Piperaceae [C. Agardh 1824] *
Saururaceae [Rich. ex E. Mey. 1827] *
4. Ordo: Aristolochiales
Aristolochiaceae [Juss. 1789] *
5. Ordo: Illiciales
Illiciaceae [(DC.) A.C. Sm. 1947] *
Schisandraceae [Blume 1830] *
6. Ordo: Nymphaeales
Cabombaceae [A. Rich. 1828] *
Ceratophyllaceae [Gray 1821] *
Nymphaeaceae [Salisb. 1805] *
7. Ordo: Nelumbonales
Nelumbonaceae [(DC.) Dumort. 1829] *
8. Ordo: Ranunculales
Berberidaceae [Juss. 1789] *
Circaeasteraceae [Hutch. 1926] *
Glaucidiaceae [(Himmelb.) Tamura 1972]
Lardizabalaceae [Decne. 1839] *
Menispermaceae [Juss. 1789] *
Ranunculaceae [Juss. 1789] *
Sargentodoxaceae [Stapf ex Hutch. 1926] *
9. Ordo: Papaverales
Fumariaceae [DC. 1821] *
Papaveraceae [Juss. 1789] *
2. Subclassis: Hamamelidae
1. Ordo: Trochodendrales
Tetracentraceae [A.C. Sm. 1945] *
Trochodendraceae [Prantl 1888] *
2. Ordo: Hamamelidales
Cercidiphyllaceae [Engl. 1909] *
Eupteleaceae [K. Wilh. 1910] *
Hamamelidaceae [R. Br. 1818] *
Myrothamnaceae [Nied. 1891] *
Platanaceae [T. Lestib. ex Dumort. 1829] *
3. Ordo: Daphniphyllales
Daphniphyllaceae [Müll. Arg. 1869] *
4. Ordo: Didymelales
Didymelaceae [Leandri 1937]

* nomen conservandum

5. **Ordo: Eucommiales**
   Eucommiaceae [Engl. 1909] *
6. **Ordo: Urticales**
   Barbeyaceae [Rendle 1916] *
   Cannabaceae [Endl. 1837] *
   Cecropiaceae [C.C. Berg 1978]
   Moraceae [Link 1831] *
   Ulmaceae [Mirb. 1815] *
   Urticaceae [Juss. 1789] *
7. **Ordo: Leitneriales**
   Leitneriaceae [Benth. et Hook. f. 1880] *
8. **Ordo: Juglandales**
   Juglandaceae [A. Rich. ex Kunth 1824] *
   Rhoipteleaceae [Hand.-Mazz. 1932] *
9. **Ordo: Myricales**
   Myricaceae [Blume 1829] *
10. **Ordo: Fagales**
    Balanopaceae [Benth. et Hook. f. 1880] *
    Betulaceae [Gray 1821] *
    Corylaceae [Mirb. 1815] * siehe Betulaceae
    Fagaceae [Dumort. 1829] *
    Ticodendraceae [Gómez-Laur. et L.D. Gómez 1991]
11. **Ordo: Casuarinales**
    Casuarinaceae [R. Br. 1814] *
3. **Subclassis: Caryophyllidae**
   1. **Ordo: Caryophyllales**
      Achatocarpaceae [Heimerl 1934] *
      Agdestidaceae [(Heimerl) Nakai 1942] *
      Aizoaceae [F. Rudolphi 1830] *
      Amaranthaceae [Juss. 1789] *
      Barbeuiaceae [(H. Walter) Nakai 1942] *
      Basellaceae [Moq. 1840] *
      Cactaceae [Juss. 1789] *
      Caryophyllaceae [Juss. 1789] *
      Chenopodiaceae [Vent. 1799] *
      Didiereaceae [Drake 1903] *
      Gisekiaceae [(Endl.) Nakai 1942] *
      Halophytaceae [A. Soriano 1984] *
      Hectorellaceae [Philipson et Skipw. 1961] *
      Illecebraceae [R. Br. 1810] *
      Molluginaceae [Hutch. 1926] *
      Nyctaginaceae [Juss. 1789] *
      Phytolaccaceae [R. Br. 1818] *
      Portulacaceae [Juss. 1789] *
      Stegnospermataceae [(A. Rich.) Nakai 1942] *
   2. **Ordo: Polygonales**
      Polygonaceae [Juss. 1789] *
   3. **Ordo: Plumbaginales**
      Plumbaginaceae [Juss. 1789] *
4. **Subclassis: Dilleniidae**
   1. **Ordo: Dilleniales**
      Dilleniaceae [Salisb. 1807] *
      Paeoniaceae [F. Rudolphi 1830] *
   2. **Ordo: Theales**
      Actinidiaceae [Hutch. 1926] *
      Asteropeiaceae [(Szyszyl.) Takht. ex Reveal et Hoogland 1990]
      Caryocaraceae [Szyszyl. 1893] *
      Clusiaceae [Lindl. 1836] *
      Diegodendraceae [Capuron 1964]
      Dipterocarpaceae [Blume 1825] *
      Elatinaceae [Dumort. 1829] *
      Guttiferae [Juss. 1789] siehe Clusiaceae
      Marcgraviaceae [Choisy 1824] *
      Medusagynaceae [Engl. et Gilg 1924] *
      Nepenthaceae [Dumort. 1829] *
      Ochnaceae [DC. 1811] *
      Oncothecaceae [Kobuski ex Airy Shaw 1965]
      Paracryphiaceae [Airy Shaw 1965]
      Pellicieraceae [(Triana et Planch.) Beauvis. ex Bullock 1959]
      Pentaphylacaceae [Engl. 1897] *
      Quiinaceae [Choisy ex Engl. 1888] *
      Sarcolaenaceae [Caruel 1881] *
      Scytopetalaceae [Engl. 1897] *
      Sphaerosepalaceae [(Warb.) Tiegh. ex Bullock 1959]
      Strasburgeriaceae [Engl. et Gilg 1924] *
      Tetrameristaceae [Hutch. 1959]
      Theaceae [D. Don 1825] *
   3. **Ordo: Malvales**
      Bombacaceae [Kunth 1822] *
      Elaeocarpaceae [Juss. ex DC. 1824] *
      Malvaceae [Juss. 1789] *
      Sterculiaceae [(DC.) Bartl. 1830] *
      Tiliaceae [Juss. 1789] *
   4. **Ordo: Lecythidales**
      Lecythidaceae [Poit. 1825] *
   5. **Ordo: Sarraceniales**
      Sarraceniaceae [Dumort. 1829] *
   6. **Ordo: Droserales**
      Droseraceae [Salisb. 1808] *
   7. **Ordo: Violales**
      Achariaceae [Harms 1897] *
      Ancistrocladaceae [Planch. ex Walp. 1851] *
      Begoniaceae [C. Agardh 1824] *
      Bixaceae [Link 1831] *
      Caricaceae [Dumort. 1829] *
      Cistaceae [Juss. 1789] *
      Cochlospermaceae [Planch. 1847] * siehe Bixaceae
      Cucurbitaceae [Juss. 1789] *
      Datiscaceae [R. Br. ex Lindl. 1830] *
      Dioncophyllaceae [(Gilg) Airy Shaw 1952] *
      Flacourtiaceae [Rich. ex DC. 1824] *
      Fouquieriaceae [DC. 1828] *
      Frankeniaceae [A. St.-Hil. ex Gray 1821] *
      Hoplestigmataceae [Gilg 1924] *
      Huaceae [A. Chev. 1947]
      Lacistemataceae [Mart. 1826] *
      Loasaceae [Dumort. 1822] *
      Malesherbiaceae [D. Don 1827] *
      Passifloraceae [Juss. ex Kunth 1817] *
      Peridiscaceae [Kuhlm. 1950] *
      Plagiopteraceae [Airy Shaw 1965]
      Scyphostegiaceae [Hutch. 1926] *
      Stachyuraceae [J. Agardh 1858] *

Tamaricaceae [Link 1821] *
Turneraceae [Kunth ex DC. 1828] *
Violaceae [Batsch 1802] *
8. Ordo: Salicales
Salicaceae [Mirb. 1815] *
9. Ordo: Capparales
Brassicaceae [Burnett 1835] *
Capparaceae [Juss. 1789] *
Cruciferae [Juss. 1789] siehe Brassicaceae
Moringaceae [R. Br. ex Dumort. 1829] *
Resedaceae [DC. ex Gray 1821] *
Tovariaceae [Pax 1891] *
10. Ordo: Batales
Bataceae [Mart. ex Meisn. 1842] *
Gyrostemonaceae [Endl. 1841] *
11. Ordo: Ericales
Clethraceae [Klotzsch 1851] *
Cyrillaceae [Endl. 1841] *
Empetraceae [Gray 1821] *
Epacridaceae [R. Br. 1810] *
Ericaceae [Juss. 1789] *
Grubbiaceae [Endl. 1839] *
Monotropaceae [Nutt.] *
Pyrolaceae [Dumort. 1829] *
12. Ordo: Diapensiales
Diapensiaceae [(Link) Lindl. 1836] *
13. Ordo: Ebenales
Ebenaceae [Gürke 1891] *
Lissocarpaceae [Gilg 1924] *
Sapotaceae [Juss. 1789] *
Styracaceae [Dumort. 1829] *
Symplocaceae [Desf. 1820] *
14. Ordo: Primulales
Myrsinaceae [R. Br. 1810] *
Primulaceae [Vent. 1799] *
Theophrastaceae [Link 1829] *
5. Subclassis: Rosidae
1. Ordo: Rosales
Chrysobalanaceae [R. Br. 1818] *
Crossosomataceae [Engl. 1897] *
Neuradaceae [Link 1831] *
Rhabdodendraceae [(Huber) Prance 1968]
Rosaceae [Juss. 1789] *
Stylobasiaceae [J. Agardh 1858]
Surianaceae [Arn. 1834] *
2. Ordo: Fabales [Leguminosae (Juss. 1789)]
Caesalpiniaceae [R. Br. 1814] *
Fabaceae [Lindl. 1836] *
Mimosaceae [R. Br. 1814] *
Papilionaceae [Giseke 1792] siehe Fabaceae
3. Ordo: Proteales
Proteaceae [Juss. 1789] *
4. Ordo: Elaeagnales
Elaeagnaceae [Juss. 1789] *
5. Ordo: Podostemales
Podostemaceae [Rich. ex C. Agardh 1822] *
6. Ordo: Haloragales
Gunneraceae [Meisn. 1842] *
Haloragaceae [R. Br. 1814] *

7. Ordo: Myrtales
Alzateaceae [S.A. Graham 1985]
Combretaceae [R. Br. 1810] *
Crypteroniaceae [A. DC. 1868] *
Lythraceae [J. St.-Hil. 1805] *
Melastomataceae [Juss. 1789] *
Myrtaceae [Juss. 1789] *
Oliniaceae [Harv. et Sond. 1862] *
Onagraceae [Juss. 1789] *
Penaeaceae [Sweet ex Guill. 1828] *
Punicaceae [Horan. 1834] *
Rhynchocalycaceae [L.A.S. Johnson et B.G. Briggs 1985]
Sonneratiaceae [Engl. et Gilg 1924] *
Thymelaeaceae [Juss. 1789] *
Trapaceae [Dumort. 1829] *
8. Ordo: Rhizophorales
Anisophylleaceae [Ridl. 1922] *
Rhizophoraceae [R. Br. 1814] *
9. Ordo: Cornales
Alangiaceae [DC. 1828] *
Aralidiaceae [Philipson et B.C. Stone 1980]
Aucubaceae [J. Agardh 1858]
Cornaceae [(Dumort.) Dumort. 1829] *
Garryaceae [Lindl. 1834] *
Griseliniaceae [(Wangerin) Takht. 1987]
Helwingiaceae [Decne. 1836]
Melanophyllaceae [Takht. ex Airy Shaw 1972]
Nyssaceae [Juss. ex Dumort. 1829] *
Torricelliaceae [(Wangerin) Hu 1934]
10. Ordo: Santalales
Dipentodontaceae [Merr. 1941] *
Eremolepidaceae [Tiegh. ex Nakai 1952]
Loranthaceae [Juss. 1808] *
Medusandraceae [Brenan 1952] *
Misodendraceae [J. Agardh 1858] *
Olacaceae [Mirb. ex DC. 1824] *
Opiliaceae [(Benth.) Valeton 1886] *
Santalaceae [R. Br. 1810] *
Viscaceae [Batsch 1802]
11. Ordo: Balanophorales
Balanophoraceae [Rich. 1822] *
Cynomoriaceae [(C. Agardh) Endl. ex Lindl. 1833] *
12. Ordo: Rafflesiales
Hydnoraceae [C. Agardh 1821] *
Mitrastemonaceae [Makino 1911] *
Rafflesiaceae [Dumort. 1829] *
13. Ordo: Celastrales
Aextoxicaceae [Engl. et Gilg 1920] *
Aquifoliaceae [Bartl. 1830] *
Canotiaceae [Airy Shaw 1965]
Cardiopteridaceae [Blume 1843] *
Celastraceae [R. Br. 1814] *
Corynocarpaceae [Engl. 1897] *
Dichapetalaceae [Baill. 1886] *
Geissolomataceae [Endl. 1841] *
Goupiaceae [Miers 1862]
Hippocrateaceae [Juss. 1811] *

Icacinaceae [(Benth.) Miers 1851] *
Lophopyxidaceae [(Engl.) H. Pfeiff. 1951]
Phelliniaceae [(Loes.) Takht. 1967]
Salvadoraceae [Lindl. 1836] *
Sphenostemonaceae [P. Royen et Airy Shaw 1972]
Stackhousiaceae [R. Br. 1814] *
Tepuianthaceae [Maguire et Steyerm. 1981]
14. Ordo: Euphorbiales
Buxaceae [Dumort. 1822] *
Euphorbiaceae [Juss. 1789] *
Pandaceae [Engl. et Gilg 1913] *
Simmondsiaceae [(Müll. Arg.) Tiegh. ex Reveal et Hoogland 1990]
15. Ordo: Rhamnales
Leeaceae [(DC.) Dumort. 1829] *
Rhamnaceae [Juss. 1789] *
Vitaceae [Juss. 1789] *
16. Ordo: Polygalales
Emblingiaceae [(Pax) Airy Shaw 1965]
Euphroniaceae [Marc.-Berti 1989]
Krameriaceae [Dumort. 1829] *
Malpighiaceae [Juss. 1789] *
Polygalaceae [R. Br. 1814] *
Tremandraceae [R. Br. ex DC. 1824] *
Trigoniaceae [Endl. 1841] *
Vochysiaceae [A. St.-Hil. 1820] *
Xanthophyllaceae [(Chodat) Gagnep. ex Reveal et Hoogland 1990]
17. Ordo: Sapindales
Aceraceae [Juss. 1789] *
Akaniaceae [Stapf 1912] *
Anacardiaceae [Lindl. 1830] *
Balanitaceae [Endl. 1841] *
Bretschneideraceae [Engl. et Gilg 1924] *
Burseraceae [Kunth 1824] *
Cneoraceae [Link 1831] *
Connaraceae [R. Br. 1818] *
Coriariaceae [DC. 1824] *
Hippocastanaceae [DC. 1824] *
Irvingiaceae [(Engl.) Exell et Mendonça 1951] *
Julianiaceae [Hemsl. 1906] *
Meliaceae [Juss. 1789] *
Melianthaceae [Link 1831] *
Meliosmaceae [Endl. 1841] siehe Sabiaceae
Physenaceae [Takht. 1985]
Podoonaceae [Baill. ex Franch. 1889]
Ptaeroxylaceae [J.-F. Leroy 1960]
Rutaceae [Juss. 1789] *
Sabiaceae [Blume 1851] *
Sapindaceae [Juss. 1789] *
Simaroubaceae [DC. 1811] *
Staphyleaceae [(DC.) Lindl. 1829] *
Zygophyllaceae [R. Br. 1814] *
18. Ordo: Geraniales
Balsaminaceae [A. Rich. 1822] *
Ctenolophonaceae [(H. Winkl.) Exell et Mendonça 1951]
Erythroxylaceae [Kunth 1822] *
Geraniaceae [Juss. 1789] *
Humiriaceae [A. Juss. 1829] *
Ixonanthaceae [(Benth. et Hook. f.) Exell et Mendonça 1951] *
Lepidobotryaceae [J. Léonard 1950] *
Limnanthaceae [R. Br. 1833] *
Linaceae [DC. ex Gray 1821] *
Oxalidaceae [R. Br. 1817] *
Tropaeolaceae [Juss. ex DC. 1824] *
19. Ordo: Apiales
Apiaceae [Lindl. 1836] *
Araliaceae [Juss. 1789] *
Umbelliferae [Juss. 1789] siehe Apiaceae
20. Ordo: Saxifragales
Cephalotaceae [Dumort. 1829] *
Crassulaceae [DC. 1805] *
Eremosynaceae [Dandy 1959]
Greyiaceae [Hutch. 1926] *
Grossulariaceae [DC. 1805] *
Parnassiaceae [Gray 1821] *
Penthoraceae [Rydb. ex Britton 1901] *
Saxifragaceae [Juss. 1789] *
Vahliaceae [Dandy 1959]
21. Ordo: Cunoniales
Brunelliaceae [Engl. 1897] *
Bruniaceae [R. Br. ex DC. 1825] *
Cunoniaceae [R. Br. 1814] *
Davidsoniaceae [G.G.J. Bange 1952]
Eucryphiaceae [Endl. 1841] *
22. Ordo: Hydrangeales
Alseuosmiaceae [Airy Shaw 1965]
Columelliaceae [D. Don 1828] *
Escalloniaceae [R. Br. ex Dumort. 1829] *
Hydrangeaceae [Dumort. 1829] *
Montiniaceae [Nakai 1943] *
Pterostemonaceae [Small 1905] *
23. Ordo: Pittosporales
Byblidaceae [(Engl. et Gilg) Domin 1922] *
Pittosporaceae [R. Br. 1814] *
Roridulaceae [Engl. et Gilg 1924] *
6. Subclassis: Asteridae
1. Ordo: Gentianales
Apocynaceae [Juss. 1789] *
Asclepiadaceae [R. Br. 1810] *
Dialypetalanthaceae [Rizzini et Occhioni 1949] *
Gentianaceae [Juss. 1789] *
Loganiaceae [R. Br. ex Mart. 1827] *
Retziaceae [Bartl. 1830]
Saccifoliaceae [Maguire et Pires 1978]
2. Ordo: Solanales
Boraginaceae [Juss. 1789] *
Cobaeaceae [D. Don 1824]
Convolvulaceae [Juss. 1789] *
Cuscutaceae [(Dumort.) Dumort. 1829] *
Duckeodendraceae [Kuhlm. 1950]
Goetzeaceae [Miers ex Airy Shaw 1965]
Hydrophyllaceae [R. Br. 1817] *

Menyanthaceae [(Dumort.) Dumort. 1829] *
Nolanaceae [Dumort. 1829] *
Polemoniaceae [Juss. 1789] *
Solanaceae [Juss. 1789] *
3. Ordo: **Lamiales**
Avicenniaceae [Endl. 1841] *
Cyclocheilaceae [Marais 1981]
Labiatae [Lindl. 1836] siehe Lamiaceae
Lamiaceae [Lindl. 1836] *
Lennoaceae [Solms 1870] *
Nesogenaceae [Marais 1981]
Phrymaceae [Schauer 1847] *
Stilbaceae [Kunth 1831] *
Tetrachondraceae [Skottsb. ex Wettst. 1924]
Verbenaceae [J. St.-Hil. 1805] *
4. Ordo: **Callitrichales**
Callitrichaceae [Link 1821] *
Hippuridaceae [Link 1821] *
Hydrostachyaceae [Engl. 1898] *
5. Ordo: **Plantaginales**
Plantaginaceae [Juss. 1789] *
6. Ordo: **Scrophulariales**
Acanthaceae [Juss. 1789] *
Bignoniaceae [Juss. 1789] *
Buddlejaceae [K. Wilh. 1910] *
Gesneriaceae [Dumort. 1822] *
Globulariaceae [DC. 1805] *
Lentibulariaceae [Rich. 1808] *
Mendonciaceae [Bremek. 1953]
Myoporaceae [R. Br. 1810] *
Oleaceae [Hoffmanns. et Link 1820] *
Orobanchaceae [Vent. 1799] *
Pedaliaceae [R. Br. 1810] *
Scrophulariaceae [Juss. 1789] *
7. Ordo: **Campanulales**
Brunoniaceae [Dumort. 1829] *
Campanulaceae [Juss. 1789] *
Donatiaceae [(Engl.) Chandler 1911] *
Goodeniaceae [R. Br. 1810] *
Pentaphragmataceae [J. Agardh 1858] *
Sphenocleaceae [Mart. ex DC. 1839] *
Stylidiaceae [R. Br. 1810] *
8. Ordo: **Rubiales**
Rubiaceae [Juss. 1789] *
Theligonaceae [Dumort. 1829] *
9. Ordo: **Dipsacales**
Adoxaceae [Trautv. 1853] *
Caprifoliaceae [Juss. 1789] *
Carlemanniaceae [Airy Shaw 1965]
Dipsacaceae [Juss. 1789] *
Morinaceae [Raf. 1820]
Triplostegiaceae [(Höck) Bobrov ex Airy Shaw 1965]
Valerianaceae [Batsch 1802] *
10. Ordo: **Calycerales**
Calyceraceae [R. Br. ex Rich. 1820] *
11. Ordo: **Asterales**
Asteraceae [Dumort. 1822] *
Compositae [Giseke 1792] siehe Asteraceae

2. Classis: **Liliopsida (Monocotyledoneae)**
 1. Subclassis: **Alismatidae**
  1. Ordo: **Alismatales**
   Alismataceae [Vent. 1799] *
   Butomaceae [Rich. 1815] *
   Limnocharitaceae [Takht. ex Cronquist 1981]
  2. Ordo: **Hydrocharitales**
   Hydrocharitaceae [Juss. 1789] *
  3. Ordo: **Najadales**
   Aponogetonaceae [J. Agardh 1858] *
   Cymodoceaceae [N. Taylor 1909] *
   Juncaginaceae [Rich. 1808] *
   Lilaeaceae [Dumort. 1829] *
   Najadaceae [Juss. 1789] *
   Posidoniaceae [Hutch. 1934] *
   Potamogetonaceae [Dumort. 1829] *
   Ruppiaceae [Horan. ex Hutch. 1934] *
   Scheuchzeriaceae [F. Rudolphi 1830] *
   Zannichelliaceae [Dumort. 1829] *
   Zosteraceae [Dumort. 1829] *
  4. Ordo: **Triuridales**
   Triuridaceae [Gardner 1843] *
 2. Subclassis: **Arecidae**
  1. Ordo: **Arecales**
   Arecaceae [Schultz Sch. 1832] *
   Palmae [Juss. 1789] siehe Arecaceae
  2. Ordo: **Cyclanthales**
   Cyclanthaceae [Poit. ex A. Rich. 1824] *
  3. Ordo: **Pandanales**
   Pandanaceae [R. Br. 1810] *
  4. Ordo: **Arales**
   Acoraceae [Martinov 1820]
   Araceae [Juss. 1789] *
   Lemnaceae [Gray 1821] *
 3. Subclassis: **Commelinidae**
  1. Ordo: **Commelinales**
   Commelinaceae [R. Br. 1810] *
   Mayacaceae [Kunth 1842] *
   Rapateaceae [Dumort. 1829] *
   Xyridaceae [C. Agardh 1823] *
  2. Ordo: **Eriocaulales**
   Eriocaulaceae [P. Beauv. ex Desv. 1828] *
  3. Ordo: **Restionales**
   Anarthricaceae [D.F. Cutler et Airy Shaw 1965]
   Centrolepidaceae [Endl. 1836] *
   Ecdeiocoleaceae [D.F. Cutler et Airy Shaw 1965]
   Flagellariaceae [Dumort. 1829] *
   Joinvilleaceae [Toml. et A.C. Sm. 1970]
   Restionaceae [R. Br. 1810] *
  4. Ordo: **Juncales**
   Juncaceae [Juss. 1789] *
   Thurniaceae [Engl. 1907]*
  5. Ordo: **Cyperales**
   Cyperaceae [Juss. 1789] *
  6. Ordo: **Poales**
   Gramineae [Juss. 1789] siehe Poaceae
   Poaceae [(R. Br.) Barnhart 1895] *
  7. Ordo: **Hydatellales**

Hydatellaceae [U. Hamann 1976]
 8. **Ordo: Typhales**
Sparganiaceae [F. Rudolphi 1830] *
Typhaceae [Juss. 1789] *
4. **Subclassis: Zingiberidae**
 1. **Ordo: Bromeliales**
Bromeliaceae [Juss. 1789] *
 2. **Ordo: Zingiberales**
Cannaceae [Juss. 1789] *
Costaceae [(Meisn.) Nakai 1941]
Heliconiaceae [(A. Rich.) Nakai 1941]
Lowiaceae [Ridl. 1924] *
Marantaceae [Petersen 1888] *
Musaceae [Juss. 1789] *
Strelitziaceae [(K. Schum.) Hutch. 1934] *
Zingiberaceae [Lindl. 1835] *
5. **Subclassis: Liliidae**
 1. **Ordo: Liliales**
Alstroemeriaceae [Dumort. 1829] *
Colchicaceae [DC. 1805] *
Iridaceae [Juss. 1789] *
Liliaceae [Juss. 1789] *
 2. **Ordo: Dioscoreales**
Dioscoreaceae [R. Br. 1810] *
Petermanniaceae [Hutch. 1934] *
Rhipogonaceae [Conran et Clifford 1985]
Smilacaceae [Vent. 1799] *
Stemonaceae [Engl. 1887] *
Taccaceae [Dumort. 1829] *
Trichopodaceae [Hutch. 1934] *
Trilliaceae [Lindl. 1846] *
 3. **Ordo: Melanthiales**
Melanthiaceae [Batsch 1802] *
 4. **Ordo: Pontederiales**
Pontederiaceae [Kunth 1816] *
 5. **Ordo: Philydrales**
Philydraceae [Link 1821] *
 6. **Ordo: Haemodorales**
Haemodoraceae [R. Br. 1810] *

 7. **Ordo: Velloziales**
Velloziaceae [Endl. 1841] *
 8. **Ordo: Asparagales**
Agavaceae [Endl. 1841] *
Alliaceae [J. Agardh 1858] *
Aloeaceae [Batsch 1802]
Amaryllidaceae [J. St.-Hil. 1805] *
Anthericaceae [J. Agardh 1858]
Aphyllanthaceae [Burnett 1835]
Asparagaceae [Juss. 1789] *
Asphodelaceae [Juss. 1789]
Asteliaceae [Dumort. 1829]
Blandfordiaceae [R. Dahlgren et Clifford 1985]
Calectasiaceae [Endl. 1837]
Convallariaceae [Horan. 1834]
Cyanastraceae [Engl. 1900] *
Dasypogonaceae [Dumort. 1829]
Doryanthaceae [R. Dahlgren et Clifford 1985]
Dracaenaceae [Salisb. 1866] *
Eriospermaceae [Endl. 1841]
Hanguanaceae [Airy Shaw 1965]
Hemerocallidaceae [R. Br. 1810]
Herreriaceae [Endl. 1841]
Hostaceae [B. Mathew 1988]
Hyacinthaceae [Batsch ex Borkh. 1797]
Hypoxidaceae [R. Br. 1814] *
Ixioliriaceae [(Pax) Nakai 1943]
Lomandraceae [Lotsy 1911]
Philesiaceae [Dumort. 1829] *
Phormiaceae [J. Agardh 1858]
Ruscaceae [Spreng. ex Hutch. 1934] *
Tecophilaeaceae [Leyb. 1862] *
Xanthorrhoeaceae [Dumort. 1829] *
 9. **Ordo: Orchidales**
Orchidaceae [Juss. 1789] *
 10. **Ordo: Burmanniales**
Burmanniaceae [Blume 1827] *
Corsiaceae [Becc. 1878] *
Geosiridaceae [Jonker 1939] *

VI Familien und Gattungen

Hinweise zu den Gattungen finden Sie auch in der Einleitung zum vorherigen Kapitel. So finden Sie die *Palmae* unter *Arecaceae*, die *Gramineae* unter *Poaceae*, die *Cruciferae* unter *Brassicaceae*, die *Leguminosae* unter *Fabaceae*, die *Guttiferae* unter *Clusiaceae*, die *Umbelliferae* unter *Apiaceae*, die *Labiatae* unter *Lamiaceae* und die *Compositae* unter *Asteraceae*. Laut ICBN 18.5 (siehe Kapitel II/4 *Internationaler Code der Botanischen Nomenklatur*, Seite 13) dürfen aber die Familienbezeichnungen alternativ und gleichwertig verwendet werden.

Die Auflistung unter Punkt 4-7 ist weder im Hinblick auf die Familien noch auf die der Gattungen komplett, sondern beinhaltet lediglich die Familien- und Gattungsbeschreibungen, die in der alphabetischen Liste (Kapitel VII *Arten- und Sorten in alphabetischer Übersicht*) aufgeführt werden. Auch auf die Gattungssynonyme wird nicht eingegangen, da diese ebenfalls aus dem Arten- und Sortenteil des Buches ersichtlich sind.

1 Allgemeines zu Gattungen

Gattungen sind keineswegs gleichwertig. Sie nehmen nur die gleiche Rangstufe in der Hierarchie des Systems ein, in dem über ihnen die Familien, unter ihnen die Arten stehen. Aber in ihrem Umfang sind sie äußerst verschieden, von einer Gattung wie dem *Ginkgo* mit der einzigen Art *Gingko biloba* bis zu der Gattung *Euphorbia* (Wolfsmilch) mit etwa 2000 Arten. Auch in der Spannweite ihrer Merkmale unterscheiden sie sich sehr. In manchen Familien, wie etwa den Kreuzblütlern (Brassicaceae) oder den Doldenblütlern (Apiaceae) unterscheiden sie sich nur in winzigen Details. Linné und seine Nachfolger wählten hier enge Gattungen, da in diesen Familien viele bekannte Nutzpflanzen enthalten sind. In anderen Familien sind die Gattungen weiter gefasst, wie bei den Hahnenfußgewächsen (Ranunculaceae). Auch bei sehr artenreichen Familien, z. B. Korbblütlern (Asteraceae) oder Lippenblütlern (Lamiaceae) sind der besseren Übersicht halber die Gattungen sehr eng gefasst.

Dennoch sind die Gattungen verhältnismäßig stabil und der größte Teil der aufgenommenen Gattungen, außer bei den Kakteen (Cactaceae) und Eiskrautgewächsen (Aizoaceae), wurde auch vor 100 Jahren schon unterschieden. Die Gattungsnamen sind ein unentbehrlicher Bestandteil der binären Nomenklatur der Organismen, die sich seit Linné hervorragend bewährt hat.

2 Aufgenommene Gattungen

In die *Enzyklopädie der Pflanzennamen* wurden die in Mitteleuropa im Freiland kultivierten oder wildwachsenden Gattungen praktisch vollständig aufgenommen. Im Haus kultivierte Gattungen sind möglichst umfassend vertreten, mit Ausnahme von Gattungen in Spezialsammlungen der Botanischen Gärten.

Für die aufgenommenen Gattungen wurde versucht, einen **Familienschlüssel** nach möglichst einfachen morphologischen Merkmalen aufzustellen. Dies gelingt aber nicht durchgehend, da z. B. die Plazentation oder die Knospendeckung (siehe Zeichnungen im Kapitel VI/3.4) zur unumgänglichen Definition mancher Familien gehören. Für eine völlig unbekannte Pflanze die Familie zu bestimmen, ist deshalb oft nicht leicht.

Die **Gattungsschlüssel** folgen oft nicht der systematischen Unterteilung, sondern vor allem möglichst einfach feststellbaren morphologischen Merkmalen. Leider werden dabei oft Blüten und Früchte gleichzeitig benötigt. Bei gattungsreichen Familien geht es manchmal nicht ohne schwierigere Merkmale, bei denen man Blüten zerlegen oder mit einer Rasierklinge Längs- oder Querschnitte herstellen muss. Die entsprechenden Merkmale lassen sich gelegentlich nur mit einer Lupe erkennen. Oft sind die Gattungen gerade durch solche schwierigeren Merkmale definiert und diese lassen sich deshalb kaum umgehen.

Die Bestimmungsschlüssel gelten in sehr gattungsreichen Familien nur für die aufgenommenen Gattungen. Das bedeutet, dass nicht aufgenommene Gattungen manchmal zusätzlich in bestimmten Gattungen mit geschlüsselt sein können. Die Schlüssel gelten aber möglichst auch für nicht aufgenommene Arten der einzelnen Gattungen. Bei bestimmten Familien (Asteraceae, Brassicaceae, Apiaceae) und gelegentlich auch bei einzelnen Gattungen anderer Familien wurden jedoch nur die im Buch aufgenommenen Arten berücksichtigt.

Einfache vegetative Merkmale wurden so viel und so weit wie möglich verwendet. Nicht durchgehende Unterscheidungsmerkmale, aber doch oft recht typische Merkmale wurden gelegentlich in Klammern beigefügt. Nicht durchgängige Merkmale mit „fast immer" oder „meist" wurden aber oft in den Gattungsbeschreibungen zusätzlich aufgeführt, wo sie durchaus zur Bekräftigung bei der Bestimmung dienen können. Die Schlüssel wurden so knapp und übersichtlich wie möglich gehalten. Bei manchen großen, gattungsreichen Familien ist jedoch die Bestimmung der Gattungen dennoch nicht leicht. Einige Daten, selbst einfacher morphologischer Merkmale, fehlen für manche Gattungen in der Literatur, sodass in den umfangreichen Schlüsseln sicher auch mancher Fehler steckt.

Die **Gattungsbeschreibungen** (siehe Kapitel VI *Familien und Gattungen*, Seite 36ff.) wurden in vier große Gruppen unterteilt: Farnpflanzen (Pteridophyten), Nacktsamer (Gymnospermen), Zweikeimblättrige (Dikotyle) und Einkeimblättrige (Monokotyle). Farnpflanzen und Nacktsamer sind von den Bedecktsamern (Angiospermae) so verschieden in ihren Merkmalen, dass ihre Gattungen nur untereinander sinnvoll vergleichbar sind. Einkeimblättrige und Zweikeimblättrige sind fast immer leicht erkennbar, sodass auch sie getrennt wurden. Innerhalb der Dikotylen und Monokotylen sind die Familien alphabetisch geordnet, da es eine allgemein anerkannte, lineare natürliche Reihenfolge nicht geben kann und das Alphabet die einfachste und praktischste Reihenfolge darstellt.

In den Gattungsbeschreibungen sind alle allgemein wichtigen beschreibenden Merkmale möglichst vollständig enthalten, außerdem sind in den einzelnen Familien zusätzliche gattungsspezifische Merkmale mit aufgeführt. In gattungsreichen Familien unterscheidet sich eine Gattung sehr oft nur durch ein einziges Merkmal von der nächststehenden Gattung. Oft wurde nämlich von den Systematikern bei der Unterteilung in Gattungen so weit gegangen, bis nur noch ein einziges klar durchgehendes Unterscheidungsmerkmal übrig blieb. Deshalb sind die Gattungsschlüssel gewöhnlich sehr knapp. In den einzelnen Familien wurde aber ein sehr unterschiedlicher Maßstab angelegt, wie bedeutend ein Gattungsmerkmal sein sollte.

Blütenstände sind für sehr viele Gattungen nicht genauer analysiert und oft recht ungenau. Die Lebensform und die Blütenfarbe spielen für die Charakterisierung von Gattungen eine geringe bis fast verschwindende Rolle. Als sehr auffällige, beschreibende Merkmale sind sie aber in den Beschreibungen dennoch immer mit aufgeführt. Bei den Lebensformen ist die Grenze zwischen Baum und Strauch oft sehr unscharf. Bei der Blütenfarbe kommt besonders bei den Rottönen viel subjektives Empfinden hinzu und die Blütenfarbe wurde durch Züchtung besonders oft verändert. Absolute Größenangaben einzelner Teile werden zur Unterscheidung von Gattungen praktisch nie verwendet, auch wenn sie in Schlüsseln gelegentlich auftauchen, wenn sonst nur sehr schwierige Merkmale zur Verfügung stehen.

Es wurde versucht, eine möglichst kleine Kombination von **kennzeichnenden Merkmalen** aufzuführen, durch die eine Gattung unter allen berücksichtigten Gattungen erkennbar ist.

Nur bei sehr großen, einheitlichen Familien oder Gruppen wurden die familientypischen Merkmale nicht jedes Mal aufgezählt, sondern nur einmal bei der Familie erläutert. Diese meist sehr einheitlichen Familien oder größeren Gruppen sind die folgenden:

Acanthaceae	Akanthusgewächse
Aizoaceae	Eiskrautgewächse
Apiaceae	Doldenblütler
Apocynaceae	Hundsgiftgewächse
Arecaceae	Palmen
Asclepiadaceae	Seidenpflanzengewächse
Asteraceae	Korbblütler
Boraginaceae	Raublattgewächse
Brassicaceae	Kreuzblütler
Bromeliaceae	Bromelien
Cactaceae	Kakteen
Coniferae	Nadelgehölze
Fabaceae	Schmetterlingsblütler
Filices	Farne
Lamiaceae	Lippenblütler
Orchidaceae	Orchideen
Poaceae	Gräser
Rubiaceae	Rötegewächse
Scrophulariaceae	Braunwurzgewächse

Allgemein sind für die Bestimmung bis zur Gattung frische Pflanzen bei Weitem das Beste, da sich z. B. auch Knospendeckung und Plazentation (Stellung der Samenanlage, siehe Zeichnungen im Kapitel VI/3.4) bei ihnen nicht allzu schwer feststellen lassen. Die Art ist aber meist auch an getrocknetem Herbarmaterial gut bestimmbar, da hier häufig nur Blattform, Behaarung, Blütengröße etc. ausschlaggebend sind, die beim Trocknen gut erhalten bleiben. Blütenfarbe, Geruch, Milchsaft und andere vergängliche Merkmale und die Zahl und Verwachsung der Blütenorgane sollte man sich aber womöglich an der frischen Pflanze notieren. Um Details zu erkennen, sind oft mit einer scharfen Rasierklinge längs halbierte Blüten besser als das Zerzupfen der Blüten. Skizzen von solchen Blütenlängsschnitten sind meist bei einer nachträglichen Bestimmung sehr hilfreich. Nach Fotos Pflanzen zu bestimmen ist dagegen oft sehr schwer oder unmöglich.

Der größte Teil der Gattungsbeschreibungen wird zusätzlich mit einer **Strichzeichnung** veranschaulicht. Unterschiedliche Zeichenstile und -qualitäten sind bei der großen Anzahl der Quellen nicht zu vermeiden. Leider sind nicht immer die entscheidenden Gattungsmerkmale dargestellt. Auch gibt es Gattungen, die so vielgestaltig sind, dass eine einzelne Art noch keine gute Vorstellung der Gattung gibt. Ein *Bestimmen* allein mit den Abbildungen ist sicher nicht möglich, macht aber oft besondere Merkmale der Beschreibung ohne lange Erklärungen verständlich.

3 Fachbegriffe

Eine nicht allzu große Anzahl botanischer Fachausdrücke ist für Gattungsbeschreibungen und zum Bestimmen unumgänglich notwendig. Ein Großteil an Fehlbestimmungen beruht bei Anfängern auf einer verschwommenen Vorstellung der Fachausdrücke. Es wurde hier bewusst versucht mit so wenig Fachausdrücken wie möglich auszukommen. Alle nur selten auftretenden Fachausdrücke wurden innerhalb der Bestimmungsschlüssel und der Gattungsbeschreibungen nicht verwendet, sondern mit wenigen Worten umschrieben. Am leichtesten und knappsten ist die Bedeutung der beschreibenden Fachausdrücke zu erkennen, wenn sie nach Merkmalsbereichen geordnet bildlich und schematisiert nebeneinander stehen. Auf ein ausführliches Glossar wurde deshalb verzichtet. Die den deutschen Bezeichnungen entsprechenden wissenschaftlichen Bezeichnungen sind nicht unbedingt nötig, auch wenn sie z. B. im Englischen in kaum veränderter Form allgemein verwendet werden.

Behaarung: Feine Behaarung oder der Haartyp, z. B. Sternhaare, sind oft nur mit einer guten Lupe deutlich zu erkennen. Am beständigsten ist die Behaarung meist auf der Blattunterseite und auf den Blattnerven. Drüsenhaare sind an ihrem meist kopfigen Ende mit einer Lupe gut erkennbar. Haare werden bei der Blattentfaltung meist kaum vermehrt. Deshalb sind sie an jungen Blättern fast immer am dichtesten, auch wenn sie später zum größten Teil abfallen.

Knospendeckung der Blüte: Diese spielt für manche Familien und Gattungen eine wichtige Rolle. Am leichtesten ist die Knospendeckung bei größeren Blütenknospen kurz vor dem Aufblühen festzustellen. Durch vorsichtiges Auseinanderbiegen der Kelch- und Kronblätter ist ihre Überlappung meist leicht zu erkennen. Bei voll aufgeblühten Blüten ist dagegen oft nur noch die gedrehte Knospendeckung der Kronblätter an ihrer leichten Asymmetrie deutlich sichtbar. Die Knospendeckung ist stets an mehreren Knospen zu prüfen, da sie oft bei einer Art nicht völlig konstant ist (siehe auch Zeichnungen Punkt 3.4, Seite 41).

Kronblätter, verwachsene: Kronblätter erscheinen in einer längeren Kelchröhre oft verwachsen, z. B. bei Nelkengewächsen. Beim Entfernen des Kelchs ist aber leicht zu erkennen, dass sie bis zum Grund völlig frei sind und sich einzeln abzupfen lassen. Andererseits erscheinen nur am Grund verwachsene Kronblätter auf den ersten Blick als frei. Auch hier hilft am einfachsten das Abzupfen. Bleibt dabei die Krone als Ganzes zusammen, werden die Kronblätter als verwachsen bezeichnet. Leider wurde dies in den meisten Bestimmungsbüchern nicht konsequent durchgeführt. Die als Ganzes abfallende, allerdings nur am Grund verwachsene Krone wird z. B. bei Malvengewächsen fast immer als freikronblättrig geführt, bei Primelgewächsen (z. B. *Lysimachia*, *Anagallis*), die ebenfalls nur am Grund verwachsene Kronblätter besitzen, aber als verwachsen bezeichnet. In solchen etwas zweifelhaften Fällen wurden hier beide Interpretationsmöglichkeiten berücksichtigt (siehe auch Zeichnungen Punkt 3.4, Seite 41).

Milchsaft: Milchsaft ist für einige Familien (z. B. Euphorbiaceae, Apocynaceae, Asclepiadaceae, Moraceae, Teil der Asteraceae) sehr typisch und lässt sich am einfachsten bei frischen Trieben durch Abreißen oder Abschneiden eines Blattes feststellen. Eventuell muss man durch vorsichtiges seitliches Drücken nachhelfen. Gewöhnlich ist Milchsaft weiß, seltener gelb gefärbt. Bei sehr saftigen Pflanzen kann ebenfalls etwas Saft aus der Wunde austreten. Dieser gewöhnliche Saft ist aber meist wasserklar oder nur schwach trüb. In manchen Fällen tritt bei typischen Vertretern Milchsaft führender Familien auch klarer Milchsaft auf, z. B. bei *Vinca* oder *Vincetoxicum*, der aber ebenfalls aus Milchröhren stammt. Er wird aber gewöhnlich nicht als Milchsaft bezeichnet.

Nebenblätter: Nebenblätter sind am leichtesten an den Triebspitzen an ganz jungen Blättern zu sehen. Sie fallen aber oft schon zu einem sehr frühen Zeitpunkt ab. Dann bleiben zwei feine Narben am Trieb neben der Blattbasis, die mit einer Lupe auch später noch gut zu sehen sind (siehe auch Zeichnungen Punkt 3.2, Seite 39).

Ölbehälter und Ölzellen: Ölbehälter (z. B. bei Rutaceae, Clusiaceae, Myrtaceae) sind meist als helle Punkte zu erkennen, wenn man Blätter gegen das Licht hält. Beim Zerreiben sind ätherische Öle leicht am Geruch wahrzunehmen. Ölzellen (z. B. bei Lauraceae, Calycanthaceae, Magnoliaceae, Aristolochiaceae) sind dagegen auch mit einer Lupe meist noch nicht erkennbar, verraten sich aber oft beim Zerreiben der Blätter durch den aromatischen Geruch.

Bei anderen Familien mit aromatisch riechenden Blättern ist das ätherische Öl in Drüsen auf der Blattoberfläche enthalten (z. B. Lamiaceae, Verbenaceae, *Pelargonium*) und der Geruch ist schon beim leichten Darüberstreichen wahrzunehmen.

Plazentation: In kleineren Schlüsseln wird die Plazentation möglichst umgangen, in größeren Schlüsseln ist aber auf sie kaum zu verzichten. Am leichtesten lässt sie sich nach der Blüte an schon etwas vergrößerten Fruchtknoten oder jungen Früchten durch Schnitte mit einer Rasierklinge quer in verschiedener Höhe feststellen, wenn man die Schnittflächen mit einer Lupe betrachtet. Sitzen die Samenanlagen sehr dicht beisammen, kann man durch leichtes seitliches Quetschen oder vorsichtiges Auflockern der Samenanlagen mit einer Nadel die Anheftungsstellen der Samen und eventuelle Scheidewände im Fruchtknoten leichter erkennen. Wenn nur eine Samenanlage vorhanden ist, hilft ein Längsschnitt durch den Fruchtknoten, um festzustellen, ob der Samen eine basale oder apicale Plazentation aufweist (siehe auch Zeichnungen Punkt 3.4, Seite 41).

Schleimzellen: Diese sind z. B. für die Ordnung der Malvales recht typisch und lassen sich oft an Schnittflächen von frischen, jungen Trieben mit einer Lupe gut erkennen, da der Schleim aus größeren Zellen halbkugelig hervorquillt.

Fachbegriffe 39

3.1 Lebensformen

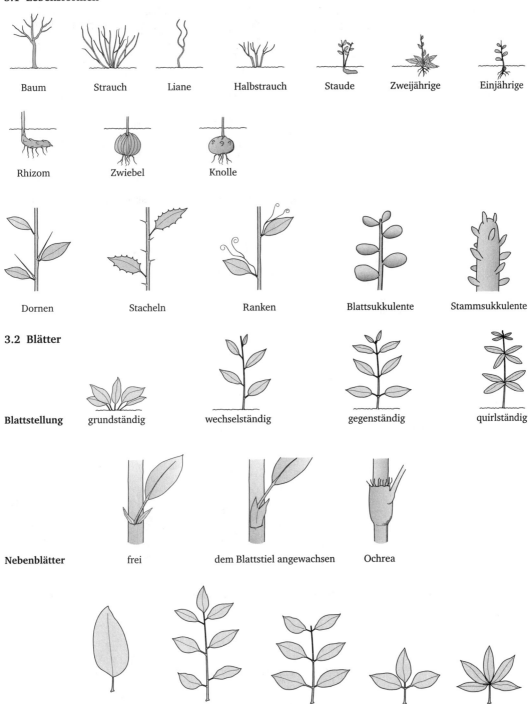

3.2 Blätter

40 Familien und Gattungen

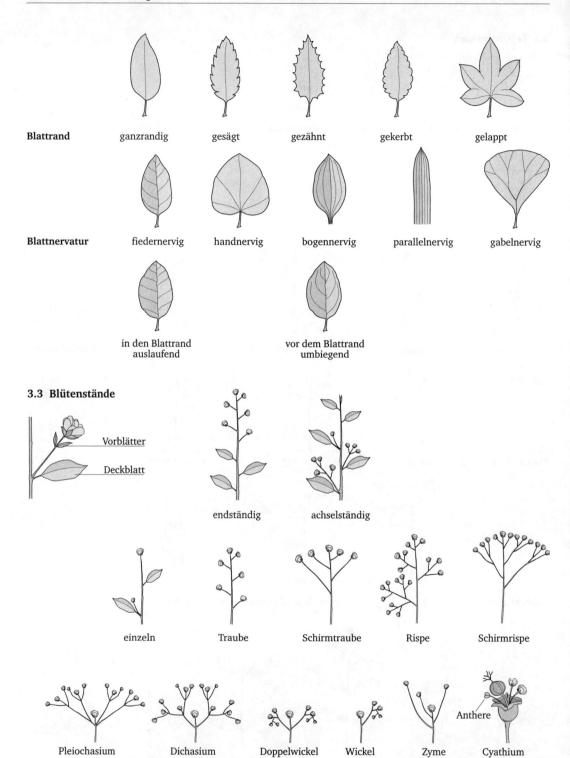

3.3 Blütenstände

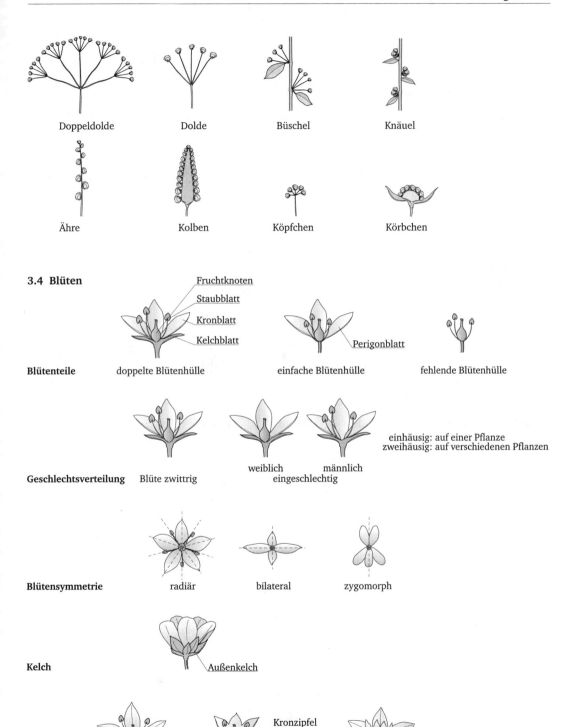

3.4 Blüten

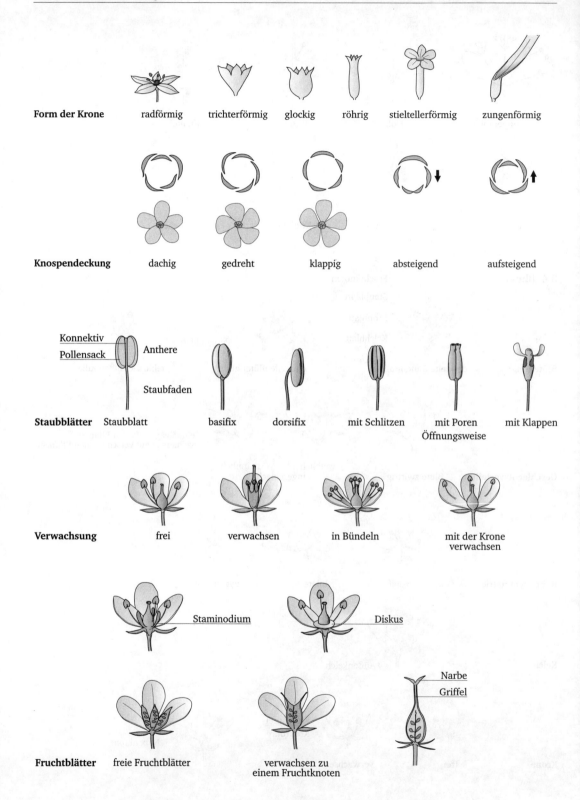

Fachbegriffe

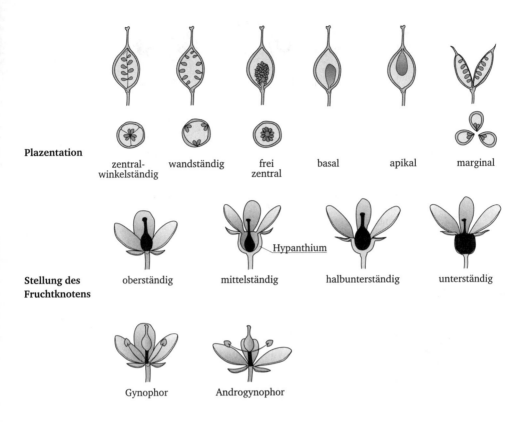

Plazentation: zentral-winkelständig, wandständig, frei zentral, basal, apikal, marginal

Stellung des Fruchtknotens: oberständig, mittelständig (Hypanthium), halbunterständig, unterständig

Gynophor, Androgynophor

3.5 Frucht und Samen

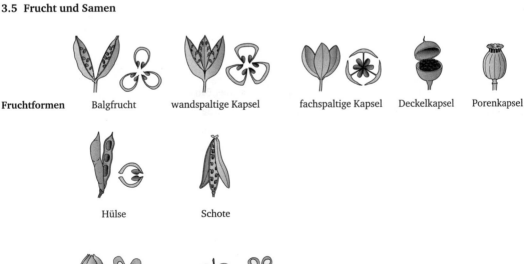

Fruchtformen: Balgfrucht, wandspaltige Kapsel, fachspaltige Kapsel, Deckelkapsel, Porenkapsel, Hülse, Schote, Spaltfrucht, Klausenfrucht

44 Familien und Gattungen

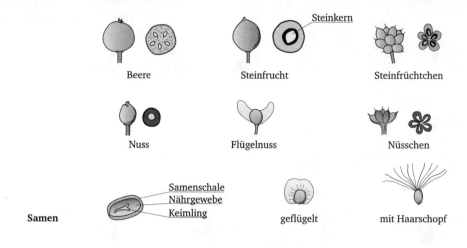

3.6 Apiaceae

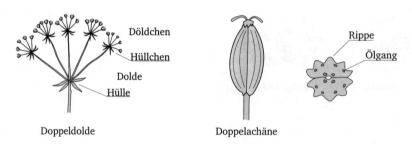

3.7 Araceae

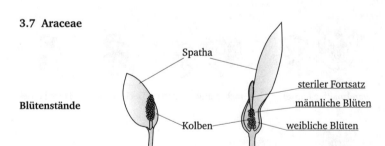

3.8 Arecaceae

Blätter

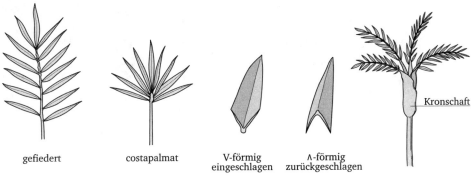

gefiedert   costapalmat   V-förmig eingeschlagen   ∧-förmig zurückgeschlagen   Kronschaft

Fiedern

3.9 Asteraceae

Körbchen

nur mit Zungenblüten   mit Zungen- und Röhrenblüten   nur mit Röhrenblüten

Hüllblätter

mehrreihig   2-reihig gleich lang   2-reihig ungleich   1-reihig   Hüllblätter mit Anhängsel

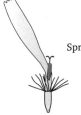 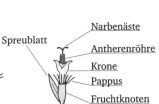

Spreublatt — Narbenäste, Antherenröhre, Krone, Pappus, Fruchtknoten

Zungenblüte   Röhrenblüte   2-lippige Blüte   einfache Haare   gefiederte Haare   Schuppen   Krönchen   ohne Pappus

Pappus

3.10 Brassicaceae

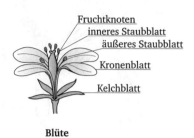

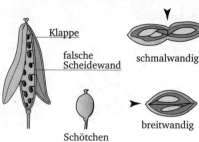

Blüte — Fruchtknoten, inneres Staubblatt, äußeres Staubblatt, Kronenblatt, Kelchblatt

Frucht — Schote, Klappe, falsche Scheidewand, Schötchen

schmalwandig, breitwandig

Keimling

rückenwurzelig notorrhiz | seitenwurzelig pleurorrhiz | längs gefaltet orthoplok | spiralig gerollt spirolob | doppelt quer gefaltet diplecolob | quer gefaltet

3.11 Cactaceae

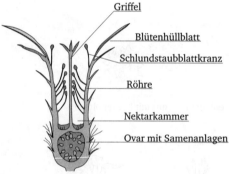
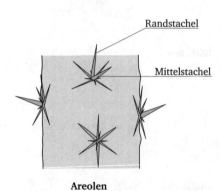

Griffel, Blütenhüllblatt, Schlundstaubblattkranz, Röhre, Nektarkammer, Ovar mit Samenanlagen

Randstachel, Mittelstachel

Areolen

3.12 Coniferen

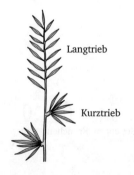

Langtrieb, Kurztrieb

Blätter

mit Polster — herablaufend am Zweig

nadelförmig — schuppenförmig

Fachbegriffe 47

Zapfen

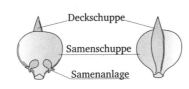

3.13 Fabaceae

Blüte

Frucht

Blattformen

- einfach
- 3-zählig gefingert
- gefingert
- 3-zählig gefiedert
- unpaarig gefiedert
- paarig gefiedert
- paarig gefiedert mit Endranke

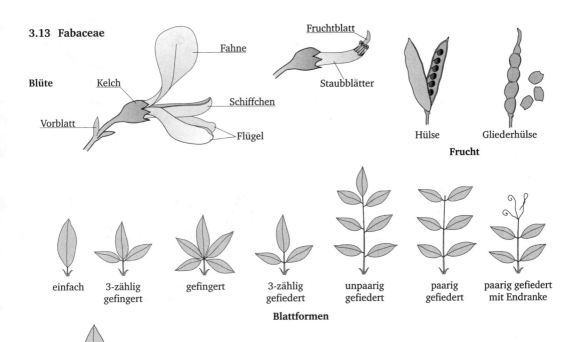

3.14 Farne

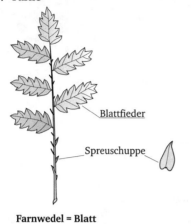
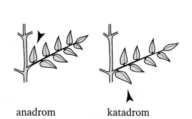
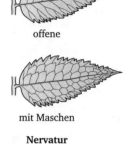

Farnwedel = Blatt anadrom katadrom **Nervatur**

offene

mit Maschen

Blattfieder

Spreuschuppe

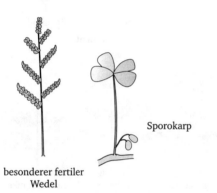

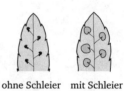

Sporokarp

Sori

besonderer fertiler Wedel

ohne Schleier mit Schleier

randständig auf der Unterseite der Blätter taschenförmig

3.15 Orchidaceae

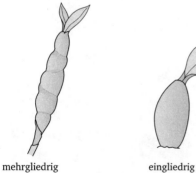

mehrgliedrig eingliedrig sympodial monopodial

Pseudobulben **Wuchs**

Fachbegriffe

3.16 Poaceae

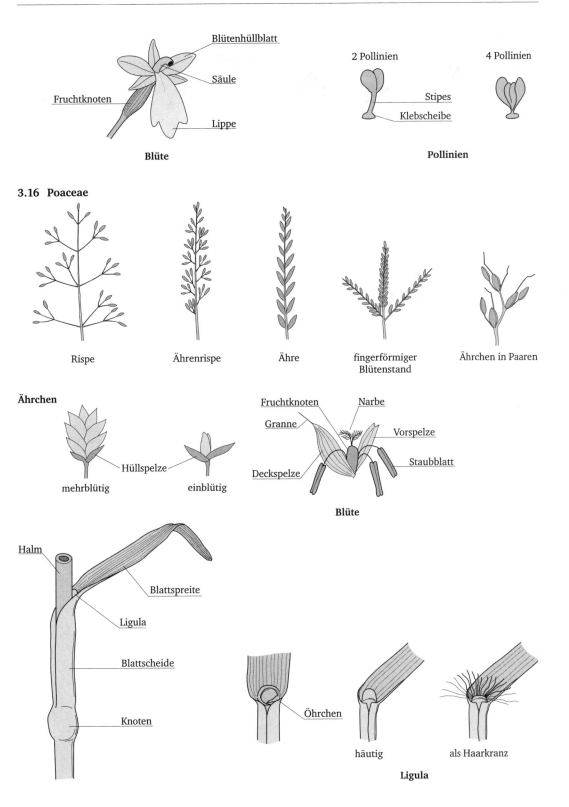

3.17 Rosaceae

Frucht

Bälge Nüsschen Steinfrüchtchen Rosenfrucht Apfelfrucht mit Kernhaus Apfelfrucht mit Steinkernen Steinfrucht

3.18 Zingiberaceae

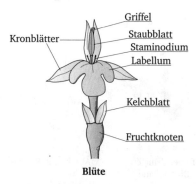

Kronblätter — Griffel — Staubblatt — Staminodium — Labellum — Kelchblatt — Fruchtknoten

Blüte

4 Schlüssel zu den Hauptgruppen

Hinweis: Algen, Pilze, Flechten und Moose sind im Buch nicht aufgenommen.

1 Pflanzen mit staubfeinen Sporen, ohne eigentliche Blüten, (aber mit Leitbündeln und echten Sprossen) . . . . „**Pteridophyten**"
(**Psilotopsida** S. 55, **Lycopodiopsida** S. 55, **Equisetopsida** S. 57, **Pteridopsida** S. 57)

1 Pflanzen mit Samen und echten Blüten . . . . . .
. . . . **Spermatophyta**
2 Samenanlagen nicht in Fruchtblättern oder einem Fruchtknoten eingeschlossen. (ausschließlich Holzpflanzen) . . . . „**Gymnospermen**"
(**Ginkopsida, Pinopsida (Coniferae), Cycadopsida, Gnetopsida**) (S. 85ff.)
2 Samenanlagen in Fruchtblättern oder einem Fruchtknoten eingeschlossen. (Holzpflanzen und Kräuter) . . . . **Angiospermae** (S. 123ff.)

	Dicotyledoneae – Zweikeimblättrige	Monocotyledoneae – Einkeimblättrige
Leitbündel	ringförmig im Stängelquerschnitt	zerstreut im Stängelquerschnitt
Sekundäres Dickenwachstum	häufig	höchstens sehr selten anomales Dickenwachstum
Blattnervatur	fast immer netznervig	meist parallelnervig (aber z.B. Araceae, Trilliaceae)
Blüten	meist 5- oder 4-zählig (aber z.B. Magnoliales, Berberidaceae usw.)	3-zählig oder nur mit 1–2 Spelzen (aber z.B. Paris, Maianthemum)
Wurzeln	Hauptwurzel bleibend	Hauptwurzel früh durch sprossbürtige Seitenwurzeln ersetzt
Vorblätter	2, wenn vorhanden	1 verwachsenes, wenn vorhanden
Keimblätter	2	1
Pollenkörner	dreifurchig oder davon abgeleitet	einfurchig oder einporig (aber einfurchig z.B. Magnoliales)

Es gibt zwar bei allen angeführten Merkmalen Ausnahmen, aber die Zuordnung zu einer der beiden Gruppen ist nirgends fraglich.

5 „Pteridophyten" Gefäßsporenpflanzen

1 Pflanze mit gabelig verzweigten, kantigen, schwach beschuppten Sprossen ohne echte Wurzeln. (Sporangien 3-fächerig) . . . . **Psilotum**
1 Pflanze mit Blättern und Wurzeln
2 Sprosse deutlich gegliedert und hohl. An den Knoten schuppenartige, verwachsene Blätter kurze Scheiden bildend. Wenn vorhanden, auch Seitentriebe quirlig. Sporophyllstände endständig, nur mit schildförmigen Sporophyllen.(Sporen mit Hapteren, d. h. bandförmigen Anhängseln) . . . . **Equisetum**
2 Sprosse undeutlich gegliedert. An den Knoten Blätter nicht quirlständig zu mehreren. Sporophylle ± blattartig
3 Blätter klein, nadel- oder schuppenförmig oder binsenartig. Sporangien einzeln auf den Sporophyllen
4 Blätter nadel- oder schuppenförmig. Sporophylle meist in endständigen Sporophyllständen. Sporangien einzeln auf der Oberseite der Sporophylle
5 Sporangien alle gleich. Blätter ohne Ligula
6 Blätter wechselständig, nadelförmig
7 Sprosse aufrecht und regelmäßig gabelig verzweigt. Sporophylle den Laubblättern sehr ähnlich, in der Nähe der Triebspitzen stehend . . . . **Huperzia**
7 Sprossen mit kriechendem Hauptspross und aufrechten Seitensprossen, nicht regelmäßig gabelig verzweigt. Sporophylle in endständigen Ähren
8 Sporangienähren nicht deutlich abgesetzt. Sporophylle länger als die Laubblätter . . . . **Lycopodiella**
8 Sporangienähren deutlich abgesetzt. Sporophylle kürzer als die Laubblätter und mit häutigem Rand . . . . . **Lycopodium**
6 Blätter gegenständig, schuppenförmig. (Zweige weit abgeflacht. Sporophyllähren deutlich abgesetzt) . . . . . **Diphasiastrum**
5 Sporangien in Mikro- und Makrosporangien mit 4 großen Makrosporen differenziert. Blätter mit Ligula . . . . **Selaginella**
4 Blätter ± grundständig auf einer dicken, knolligen Achse, binsenförmig mit 4 röhrenartigen Hohlräumen und mit Mikro- oder Makrosporangien am Grund der Blätter. (Blätter jung nicht spiralig eingerollt. Ligula deutlich) . . . . **Isoetes**
3 Blätter groß und oft stark zerteilt oder frei schwimmende Wasserpflanzen oder fadenförmige, jung spiralig eingerollte Blätter. Sporangien nicht einzeln, sondern zu Sori oder in Sporokarpien zusammengefasst
8 Pflanzen frei schwimmende Wasserpflanzen (siehe auch Lemnaceae als kaum blühende Samenpflanzen)
9 Pflanze moosartig erscheinend mit kleinen, nur bis 1,5 mm großen, 2-reihigen, 2-lappigen Schuppenblättern. Wurzeln einfach . . **Azolla**
9 Pflanze mit je 2 ovalen Blättern mit großen Papillen und 1 zerteiltem Wurzelblatt je Knoten . . . . **Salvinia**
8 Pflanzen fast Land- oder Sumpfpflanzen
10 Blätter fadenförmig, jung an der Spitze spiralig eingerollt, am Grund mit 1 kugeligem Sporokarp. . . . . **Pilularia**
10 Blätter mit deutlicher Spreite
11 Blätter mit 4 oder 2 Fiedern, am Grund zum Teil mit Sporokarpien
12 Blätter mit 4 kleeblattartigen Fiedern, ± netznervig, am Grund mit 1-mehreren Sporokarpien am Grund. . . . . **Marsilea**
12 Blätter mit 2 Fiedern und ± offener Nervatur und 1 Sporokarp am Grund. . . . . **Regnellidium**
11 Blätter reich gegliedert bis einfach lineal. Keine Sporokarpien . . . . **FILICES**

Filices Farne

1 Blätter einschichtig durchscheinend zwischen den Nerven
2 Teilung der Blätter oder Nervatur anadrom (unterste Seitenblättern der Fiedern bez. entsprechende Nerven nach oben gerichtet. Schleier 2-klappig . . . . **Hymenophyllum**
2 Teilung der Blätter oder Nervatur katadrom (unterste Seitenblättern der Fiedern bez. entsprechende Nerven nach unten gerichtet. Schleier taschenförmig 2-lappig . . **Trichomanes**
1 Blätter mehrschichtig
3 Sporangien derb mehrschichtig, zu Synangien (verwachsene Sporangien) vereint oder in festen Kapseln
4 Blatt mit nebenblattartigen Bildungen. Wedel jung eingerollt. (wenige Sporangien im Sorus)
5 Schleier gefranst . . . . **Angiopteris**
5 Schleier fehlend . . . . **Marattia**
4 Blatt in fertilen und sterilen Teil gegliedert, jung nicht spiralig eingerollt
6 steriler Blattteil ganzrandig, netznervig . . . . **Ophioglossum**
6 steriler Blattteil gelappt bis gefiedert, mit offener Nervatur . . . . **Botrychium**
3 Sporangien einschichtig, ± zu Sori vereint
7 Farn ein geweihartig verzweigter Wasserfarn. . . . . **Ceratopteris**
7 Farn anders
8 Pflanzen Baumfarne mit höherem „Stamm" oder sehr dicker Achse
9 Sori randlich an den Spitzen von Nerven. Schleier 2-klappig
10 Blattspindel oben gefurcht . . . . . **Culcita**
10 Blattspindel oben nicht gefurcht
11 Blattspreite verschmälert am Grund. Äußerer Schleier wenig von der Spreite verschieden . . . . **Dicksonia**
11 Blattspreite nicht verschmälert am Grund. Äußerer Schleier von der Spreite verschieden . . . . **Cibotium**
9 Sori auf der Blattfläche in Nervengabeln. Schleier kugel- bis becherförmig oder fehlend

12	Schleier fehlend . . . . **Cyathea (Alsophila)**		31	Blätter einfach bis doppelt gefiedert (fast immer nur 1 Leitbündel im Blattstiel)
12	Schleier vorhanden . . . . . . **Cyathea incl. Sphaeropteris**		32	Sporangien bei den nicht verbundenen Nervenenden . . . . **Pellaea**
8	Pflanzen kleinere nicht baumartige Farne und Sprosse nicht außergewöhnlich dick		32	Sporangien an dem ± durchgehenden Randnerv . . . . . **Pteris**
13	Sori an besonderen Wedelfiedern oder Wedeln		26	Sori rundlich oder Sporangien einzeln
14	Sori an einzelnen besonderen Fiedern		33	Sporangien einzeln . . . . . . **Lygodium**
15	Sori flächig auf der Unterseite der Fiedern . . . . **Lomariopsis**		33	Sporangien in rundlichen Sori
15	Sori nicht flächig		34	Blattstiel oben 2-rippig . . . . **Adiantopsis**
16	Sori rund. Nur Haare statt Spreuschuppen		34	Blattstiel nicht 2-rippig oben
17	Sporangien ohne Ring . . . . **Osmunda**		35	Farne klein, mit schmalen Blattabschnitten . . . . **Cheilanthes**
17	Sporangien mit Ring. Unterstes Fiederpaar fertil . . . . **Anemia**		35	Farne mittelgroß bis groß. Blattabschnitte oft ± keilförmig . . . . **Adiantum**
16	Sori lineal. Spreuschuppen vorhanden . . . . **Llavea**		22	Sori auf der Wedelunterseite
14	Sori auf vollständig skelettierten Wedeln		37	Schleier zerschlitzt. . . . . . . **Woodsia**
18	Schleier vorhanden		37	Schleier vorhanden oder fehlend
19	Sori hufeisenförmig . . . . . . **Fadyenia**		38	Sori lineal, über 2mal so lang wie breit
19	Sori nicht hufeisenförmig **Onoclea**		39	Nervatur offen
18	Schleier fehlend		40	Schleier fehlend . . . . . **Anogramma**
20	Sporangien ohne Ring . . . . . **Osmunda**		40	Schleier vorhanden
20	Sporangien mit Ring		41	Wedelstiele mit 2 Leitbündeln . . . . **Asplenium**
21	Blätter einfach gefiedert mit endständiger Fieder. Stamm kriechend . . . **Olfersia**		41	Wedelstiele mit mehreren Leitbündeln in U-Form . . . . **Blechnum**
21	Blätter mehr als einfach gefiedert, wenn nur einfach, dann endständiges Fiederblättchen abweichend von den anderen. Stamm meist kletternd . . . **Polybotrya**		39	Nervatur mit geschlossenen Maschen
			42	Blätter höchstens bis zur Blattspindel eingeschnitten. Sori ± parallel zum Rand
13	Sori auf laubartigen Wedeln		43	Farne groß. Sori kettenartig angeordnet . . . . **Woodwardia**
22	Sori randständig		43	Farne klein. Blätter am Rand scharf und fein gezähnt . . . . **Doodia**
23	Schleier taschenförmig		42	Blätter einfach bis doppelt gefiedert . . . . **Diplazium**
24	Spreuschuppen schildförmig		38	Sori rundlich bis oval, bis kommaförmig
25	Schleier am Grund und an der Seite angewachsen . . . . **Davallia und Scyphularia**		45	Schleier vorhanden
			46	Spreuschuppen schildförmig. Blätter einfach ganzrandig . . . . . **Oleandra**
25	Schleier nur am Grund angewachsen . . . . **Humata**		46	Spreuschuppen nicht schildförmig. Blätter zusammengesetzt bis gelappt
24	Spreuschuppen fehlend, nur Haare . . . . **Dennstaedtia**		47	Schleier schildförmig
			48	Nervatur mit Maschen
23	Schleier nicht taschenförmig		49	Fiedern ± ganzrandig . . . **Tectaria**
26	Sori lineal oder U-förmig		49	Fiedern am Rand scharf gezähnt . . . . **Polystichum**
27	Blätter lineal, Nervatur mit 2 Maschenreihen jederseits des Mittelnervs. Schleier fehlend . . . . **Vittaria**		48	Nervatur offen . . . . . **Polystichum**
			47	Schleier nicht schildförmig
27	Blätter zusammengesetzt oder tief gelappt. Schleier vorhanden. Keine Spreuschuppen, nur Haare		53	Nervatur mit Maschen
			54	Sori parallel zum Blattrand. Blätter bis zur Blattspindel eingeschnitten . . . . **Doodia**
28	Blattspreiten dichotom (2-gabelig) zerteilt . . . . **Actiniopteris**		54	Sori nicht parallel zum Blattrand . . . . **Cyclosorus**
28	Blattspreiten nicht 2-gabelig zerteilt		53	Nervatur offen
29	Blätter sehr fein mehrfach gefiedert		55	Wedel sterile laubartig, fertile stark abweichend . . . . . . **Matteuccia**
30	Blätter gleichartig. 2 Leitbündel im Blattstiel . . . . **Onychium**		55	Wedel sterile und fertile gleichartig
30	Blätter fertile länger und aufrecht gegenüber den sterilen. 1 Y-förmiges Leitbündel im Blattstiel . . . . **Cryptogramma**			
29	Blätter einfach bis doppelt gefiedert			
31	Blätter fingerlappig oder spießförmig. (1–2 Leitbündel im Blattstiel) . . . . **Doryopteris**			

56 Ausläufer vorhanden. Fiedern gegliedert an der Basis . . . . **Nephrolepis**
57 Sori länglich bis hakenförmig. Schleier seitlich
58 Blätter sommergrün . . . . **Athyrium**
58 Blätter immergrün . . . . **Diplazium**
57 Sori ungefähr rund
59 Schleier oval, basal angewachsen. (Kleine, zarte Farne). . . . . **Cystopteris**
59 Schleier rund oder nierenförmig
60 Schleier nierenförmig. Blattstiel mit über 3 Leitbündeln . . . . **Dryopteris**
60 Schleier sehr klein oder bald abfallend. Blatstiel mit 2 Leitbündeln
61 Blattspreite lanzettlich, nach unten verschmälert . . . . **Oreopteris**
61 Blattspreite nach unten kaum verschmälert . . . **Thelypteris**
45 Schleier fehlend
62 Sori flächig
63 Blätter einfach
64 Blätter in anliegende nestbildende und abstehende Blätter differenziert . . . . **Platycerium**
64 Blätter gleichartig
63 Blätter gefiedert
65 Nervatur offen. Keine besonderen fertilen Wedel. Nur Haare. . . **Todea**
65 Nervatur mit Maschen. Besondere fertile Wedel. Spreublätter vorhanden
66 Endfieder abweichend schmal lanzettlich . . . . **Bolbitis**
66 Endfieder nicht besonders abweichend
67 Farn mit sehr lang kriechendem Rhizom oder kletternd . . . . **Stenochlaena**
67 Farn mit kurzem Rhizom. Mangrovenfarn . . . **Acrostichum**
62 Sori nicht flächig
68 Sori lineal
69 Blätter einfach . . . . . **Hemionitis**
69 Blätter gefiedert
70 Spreiten meist mehlig . . . . **Pityrogramma**
70 Spreiten nicht mehlig
71 Spreite oberseits dicht schuppig
72 Blätter fiederschnittig **Asplenium**
72 Blätter doppelt gefiedert . . . . **Notholaena**
71 Spreite höchstens behaart . . . . **Coniogramme**
68 Sori rundlich bis oval
73 Nervatur offen
74 Schleier taschenförmig. . . . . **Microlepia**
74 Schleier fehlend
75 Spreuschuppen fehlend, nur Haare
76 Ring den Sporangien fehlend . . . . **Leptopteris**
76 Ring der Sporangien vorhanden . . . .**Hypolepis**
75 Spreuschuppen vorhanden
77 Blätter gabelig. Wenige Sporangien je Sorus . . . . . **Gleichenia**
77 Blätter nicht gabelig. Viele Sporangien je Sorus
78 Blätter bis einfach gefiedert . . . . **Polypodium**
78 Blätter 2- bis 3-fach gefiedert
79 Blätter mit abgewinkelter Spreite. . . . **Gymnocarpium**
79 Blätter mit nicht abgewinkelter Spreite. . . . . . **Phegopteris**
73 Nervatur maschenförmig
81 Blätter mit zwei Typen, ungestielte und gestielte Blätter . . . **Drynaria**
81 Blätter gleichartig
83 Blätter dicht sternhaarig . . . .**Pyrrosia**
83 Blätter nicht sternhaarig
84 Stamm mit löcherigen Knollen. Besondere fertile Wedel. . . . . **Solanopteris**
84 Stamm ohne löcherige Knollen. Keine eigenen fertilen Wedel
85 Speuschuppen schildförmig mit durchscheinendem Rand. (Blätter gefiedert) . . . . **Arthromeris**
85 Spreuschuppen anders
86 Blätter einfach lineal bis lanzettlich
87 Sori in 1 Reihe zwischen den Seitennerven. Schuppen sternförmig . . . **Niphidium**
87 Sori und Schuppen anders
88 Sori 1–3 unter dem Ende blind endigenden Nerven in kleinen Maschen . . . .**Campyloneurum**
88 Sori anders . . **Polypodium, Microsorum**
86 Blätter fiederspaltig bis gefiedert. . . . . **Polypodium**

Psilotaceae Gabelblattgewächse 55

Psilotopsida

Psilotaceae Gabelblattgewächse

Psilotum Sw.

Ableitung: nackte Pflanze
Vulgärnamen: D:Gabelblatt; E:Fork Fern, Whisk Fern
Arten: 2
Lebensform: Staude, Sprosse gabelig verzweigt, kantig, jung mit Protostele, ohne echte Wurzeln
Blätter: kleine Schuppen
Sporangien: 3-fächerig, in den Achseln der Schuppen
Kennzeichen: Staude mit gabelig verzweigten, kantigen Sprossen mit kleinen Schuppen. Sporangien 3-fächerig, in den Achseln der Schuppen

Kennzeichen: Wasser- oder Sumpfpflanzen mit knolliger Achse. Blätter ± grundständig, binsenartig, mit 4 röhrenartigen Hohlräumen. Mikro- oder Makrosporangien in einer Höhlung am Grund der Blätter

Isoetes lacustris

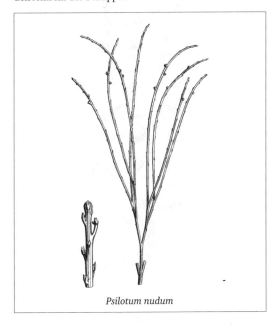
Psilotum nudum

Lycopodiaceae Bärlappgewächse

Diphasiastrum Holub

Ableitung: unechter Diphasium
Vulgärnamen: D:Flachbärlapp; E:Alpine Clubmoss; F:Lycopode
Arten: 16
Lebensform: Straude, Zweige meist abgeflacht
Blätter: ± gegenständig, schuppenförmig, ohne Ligula
Sporangien: Sporophyllstände ährenförmig, deutlich abgesetzt. Sporen alle gleich
Kennzeichen: Staude mit meist abgeflachten Zweigen, mit ± gegenständigen, schuppenförmigen Blättern. Sporophyllstände ährenförmig, deutlich abgesetzt

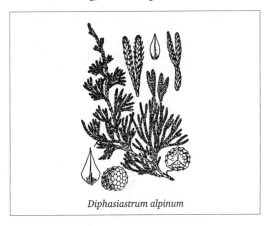
Diphasiastrum alpinum

Lycopdiopsida Bärlappähnliche

Isoetaceae Brachsenkrautgewächse

Isoetes L.

Ableitung: antiker Pflanzenname
Vulgärnamen: D:Brachsenkraut; E:Quillwort; F:Isoètes
Arten: 143
Lebensform: ausdauernde oder einjährige Wasser- oder Sumpfpflanzen mit knolliger Achse
Blätter: ± grundständig, binsenartig, mit 4 röhrenartigen Hohlräumen. Ligula deutlich
Sporangien: Mikro- oder Makrosporangien in einer Höhlung am Grund der Blätter

Huperzia Bernh.

Ableitung: Gattung zu Ehren von Johann Peter Huperz, einem deutschen Botaniker des 18. Jahrhunderts benannt
Vulgärnamen: D:Teufelsklaue; E:Fir Clubmoss; F:Lycopode
Arten: 394
Lebensform: Staude, aufrecht oder hängend, regelmäßig gabelig verzweigt
Blätter: wechselständig, nadelförmig, ohne Ligula
Sporangien: Sporophylle den Laubblättern sehr ähnlich, in der Nähe der Triebspitze. Sporen alle gleich
Kennzeichen: Staude regelmäßig gabelig verzweigt. Blätter wechselständig, nadelförmig. Sporophylle den Laubblättern sehr ähnlich, in der Nähe der Triebspitze

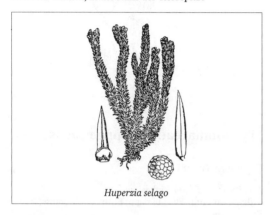

Huperzia selago

Lycopodiella Holub

Ableitung: kleines Lycopodium
Vulgärnamen: D:Sumpfbärlapp; E:Marsh Clubmoss
Arten: 38
Lebensform: Staude, Hauptspross kriechend mit aufrechten Seitensprossen
Blätter: wechselständig, nadelförmig, ohne Ligula
Sporangien: Sporophyllstände ährenförmig, nicht deutlich abgesetzt. Sporen alle gleich
Kennzeichen: Staude mit kriechendem Hauptspross und aufrechten Seitensprossen. Blätter wechselständig, nadelförmig. Sporophyllstände ährenförmig, nicht deutlich abgesetzt

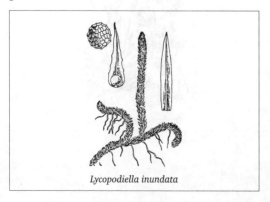

Lycopodiella inundata

Lycopodium L.

Ableitung: Wolfs-Fuß
Vulgärnamen: D:Bärlapp; E:Clubmoss; F:Lycopode
Arten: 38
Lebensform: Staude, Hauptspross kriechend mit aufrechten Seitensprossen
Blätter: wechselständig, nadelförmig, ohne Ligula
Sporangien: Sporophyllstände deutlich abgesetzt. Sporophylle kürzer als die Laubblätter und mit häutigem Rand. Sporen alle gleich
Kennzeichen: Staude mit kriechendem Hauptspross und aufrechten Seitensprossen. Blätter wechselständig, nadelförmig. Sporophyllstände deutlich abgesetzt. Sporophylle kürzer als die Laubblätter und mit häutigem Rand

Lycopodium clavatum

Selaginellaceae Moosfarngewächse

Selaginella P. Beauv.

Ableitung: kleines Selago
Vulgärnamen: D:Moosfarn, Mooskraut; E:Lesser Clubmoss; F:Sélaginelle
Arten: 691
Lebensform: Staude oder Einjährige, moosartig erscheinend
Blätter: wechselständig nadelförmig oder schuppenförmig in 2 äußeren und 2 inneren Reihen, mit Ligula
Sporangien: Mikrosporangien mit vielen, kleinen Sporen und Megasporangien mit meist 4 großen Megasporen
Kennzeichen: Staude oder Einjährige, moosartig erscheinend. Blätter schuppen- oder nadelförmig. Mikrosporangien mit vielen, kleinen Sporen und Megasporangien mit meist 4 großen Megasporen

Equisetaceae Schachtelhalmgewächse

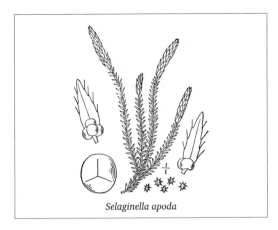
Selaginella apoda

Equisetopsida

Equisetaceae Schachtelhalmgewächse

Equisetum L.
Ableitung: Pferde-Schwanz
Vulgärnamen: D:Schachtelhalm; E:Horsetail; F:Prêle

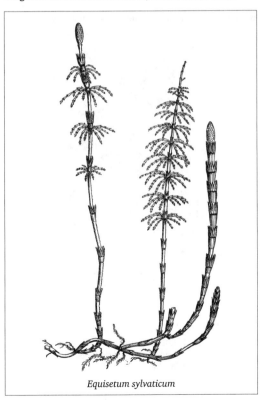
Equisetum sylvaticum

Arten: 16
Lebensform: Staude, ± stark verkieselt, Achse gegliedert, hohl, meist auch quirlig verzweigt
Blätter: quirlständig, schuppenförmig und verwachsene Scheiden bildend
Sporangien: Sporophyllstände endständig, mit schildförmigen Sporophyllen. Sporen mit bandförmigen Anhängseln (Hapteren), die sich trocken um die Spore wickeln

Pteridopsida (Filices) Farne

Actiniopteridaceae

Actiniopteris Link
Ableitung: strahliger Farn
Vulgärnamen: D:Strahlenfarn; F:Actioptéris
Arten: 4
Lebensform: Staude. Rhizom ± kriechend, mit Solenostele
Blätter: grundständig. Blattstiele mit Spreuschuppen. Wedel gabelig, zusammengesetzt, Nervatur offen, fertile verschieden von sterilen oder nicht
Sori: am Blattrand, lineal. Schleier durch den Blattrand gebildet
Kennzeichen: Farn mit gabelig zusammengesetzten Wedeln. Sori am Blattrand, lineal. Schleier durch den Blattrand gebildet

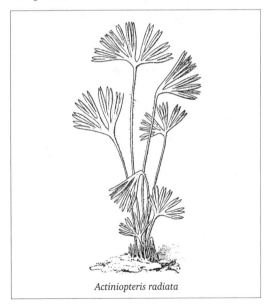
Actiniopteris radiata

Adiantaceae Frauenhaargewächse

Adiantopsis Fée
Ableitung: vom Aussehen eines Adiantum
Arten: 14
Lebensform: Staude. Rhizom kriechend oder aufrecht, mit Dictyostele
Blätter: wechselständig. Blattstiele mit 1 Leitbündel und Spreuschuppen. Wedel gefiedert, anadrom, Nervatur offen, fertile nicht verschieden von sterilen
Sori: am Blattrand, rund. Schleier rund oder mondförmig
Kennzeichen: Farn mit gefiederten Wedeln. Blattstiele mit 1 Leitbündel. Sori am Blattrand, rund. Schleier rund oder mondförmig

Adiantopsis chlorophylla

Adiantum L.
Ableitung: griech.: unbenetzbare Pflanze
Vulgärnamen: D:Frauenhaarfarn; E:Maidenhair Fern; F:Capillaire
Arten: 220
Lebensform: Staude. Rhizom kriechend bis aufrecht, mit Dictyostele
Blätter: wechselständig bis grundständig. Blattstiele mit 2 Leitbündeln, mit Spreuschuppen. Wedel zusammengesetzt, meist anadrom, Nervatur offen oder ± mit Maschen, fertile nicht verschieden von sterilen
Sori: am Blattrand, rund, länglich. Schleier vorhanden, durch den Blattrand gebildet
Kennzeichen: Farn mit zusammengesetzten Wedeln. Blattstiele mit 2 Leitbündeln. Sori am Blattrand, rund, länglich. Schleier vorhanden, durch den Blattrand gebildet

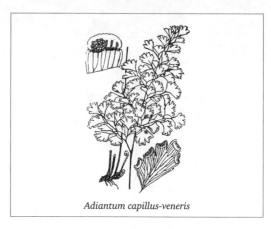
Adiantum capillus-veneris

Anogramma Link
Ableitung: oben mit Linien (Sporenhäufchen)
Vulgärnamen: D:Nacktfarn; E:Jersey Fern; F:Anogramma
Arten: 7
Lebensform: Staude. Rhizom aufrecht, mit Solenostele
Blätter: grundständig. Blattstiele mit 1–2 Leitbündeln und Spreuschuppen. Wedel gefiedert, anadrom, Nervatur offen, fertile nicht verschieden von sterilen
Sori: auf der Blattunterseite in Reihen, lineal. Schleier fehlend
Kennzeichen: Farn mit gefiederten Wedeln. Sori auf der Blattunterseite in Reihen, lineal. Schleier fehlend

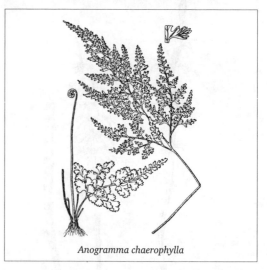
Anogramma chaerophylla

Cheilanthes Sw.
Ableitung: Rand-Blüte (Sporen)
Vulgärnamen: D:Lippenfarn, Pelzfarn, Schuppenfarn; E:Lip Fern; F:Cheilanthès

Adiantaceae Frauenhaargewächse

Arten: 203
Lebensform: Staude. Rhizom aufrecht oder kriechend, mit Dictyostele
Blätter: grundständig. Blattstiele mit 1 Leitbündel, mit Spreuschuppen. Wedel gefiedert, meist anadrom, Nervatur ± offen, fertile verschieden von sterilen, seltener gleich
Sori: am Blattrand, rund. Schleier vom Blattrand gebildet
Kennzeichen: Farn mit gefiederten Wedeln, fertile verschieden von sterilen, seltener gleich. Blattstiele mit 1 Leitbündel. Sori am Blattrand, rund. Schleier vom Blattrand gebildet

Cheilanthes acrostica

Coniogramme Fée

Ableitung: Staub-Strich
Vulgärnamen: D:Goldfarn, Silberfarn; E:Bamboo Fern; F:Fougère-bambou
Arten: 45
Lebensform: Staude. Rhizom kriechend, mit Dictyostele
Blätter: wechselständig. Blattstiele mit Spreuschuppen und 1 Leitbündel. Wedel gefiedert, anadrom bis katadrom, Nervatur offen, selten mit Maschen, fertile nicht verschieden von sterilen

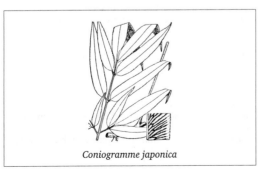
Coniogramme japonica

Sori: auf der Blattunterseite, in Linien, lineal. Schleier fehlend
Kennzeichen: Farn mit gefiederten Wedeln. Blattstiele mit 1 Leitbündel. Sori auf der Blattunterseite, in Linien, lineal. Schleier fehlend

Cryptogramma R. Br.

Ableitung: verborgene Striche
Vulgärnamen: D:Rollfarn; E:Parsley Fern; F:Alosure crépue
Arten: 9
Lebensform: Staude. Rhizom kriechend bis aufrecht, mit Dictyostele
Blätter: grundständig. Blattstiele mit 1 Leitbündel, mit ganzrandigen Spreuschuppen. Wedel gefiedert, anadrom, Nervatur offen, fertile verschieden von sterilen
Sori: ± am Blattrand, lineal. Schleier lineal, vom Blattrand gebildet
Kennzeichen: Farn mit gefiederten Wedeln, fertile verschieden von sterilen. Blattstiele mit 1 Leitbündel, mit ganzrandigen Spreuschuppen. Sori ± am Blattrand, lineal. Schleier lineal, vom Blattrand gebildet

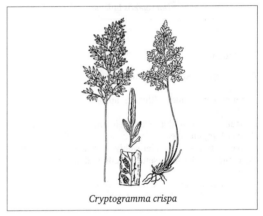
Cryptogramma crispa

Doryopteris J. Sm.

Ableitung: Speer-Farn
Vulgärnamen: D:Speerfarn; F:Fougère
Arten: 56
Lebensform: Staude. Rhizom kriechend bis aufrecht, mit Solenostele
Blätter: grundständig. Blattstiele mit 1-2 Leitbündeln, schwarz, glänzend, mit Spreuschuppen. Wedel zusammengesetzt oder einfach, Nervatur offen, selten mit Maschen, fertile verschieden von sterilen oder nicht
Sori: am Blattrand, lineal, selten rund. Schleier vom Blattrand gebildet
Kennzeichen: Farn mit gefiederten Wedeln. Blattstiele mit 1-2 Leitbündeln, schwarz, glänzend. Sori am Blattrand, lineal, selten rund. Schleier vom Blattrand gebildet

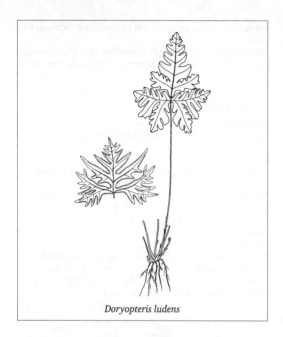
Doryopteris ludens

Hemionitis L.

Ableitung: antiker Pflanzenname
Arten: 6
Lebensform: Staude. Rhizom aufrecht oder kriechend, mit Dictyostele
Blätter: grundständig. Blattstiele mit 1 Leitbündel und Spreuschuppen. Wedel einfach, Nervatur offen oder mit Maschen, fertile nicht oder wenig verschieden von sterilen
Sori: auf der Blattunterseite in Reihen, lineal. Schleier fehlend
Kennzeichen: Farn mit einfachen Wedeln. Blattstiele mit 1 Leitbündel. Sori auf der Blattunterseite in Reihen, lineal. Schleier fehlend

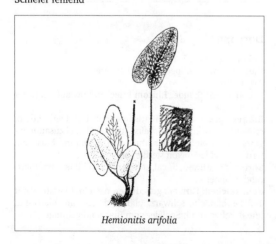
Hemionitis arifolia

Llavea Lag.

Ableitung: Gattung zu Ehren von Pablo de la Llave (1773-1833), einem mexikanischen Botaniker benannt
Arten: 1
Lebensform: Staude. Rhizom kriechend bis aufrecht, mit Dictyostele
Blätter: grundständig. Blattstiele mit 1 Leitbündel und Spreuschuppen. Wedel gefiedert, anadrom, Nervatur offen, fertile Wedelteile verschieden von sterilen
Sori: lineal. Schleier vom Blattrand gebildet
Kennzeichen: Farn mit gefiederten Wedeln. Blattstiel mit 1 Leitbündel. Fertile Wedelteile verschieden von den sterilen. Sori lineal. Schleier vom Blattrand gebildet

Llavea cordifolia

Notholaena

Arten: etwa 40
Lebensform: Staude. Rhizom aufrecht oder kriechend, mit Dictyostele
Blätter: grundständig. Blattstiele mit 1 Leitbündel, mit Spreuschuppen. Wedel gefiedert, oberseits beschuppt, Nervatur offen, fertile und sterile gleich
Sori: auf der Blattunterseite, lineal, ohne Schleier
Kennzeichen: Farn mit gefiederten Wedeln, oberseits beschuppt, fertile und sterile gleich. Blattstiele mit 1 Leitbündel. Sori auf der Blattunterseite, lineal, ohne Schleier

Onychium Kaulf.

Ableitung: kleine Kralle
Vulgärnamen: D:Klauenfarn; E:Claw Fern; F:Fougère
Arten: 10
Lebensform: Staude. Rhizom kriechend, mit Dictyostele

Blätter: wechselständig. Blattstiele mit 2, selten 1 Leitbündel und Spreuschuppen. Wedel gefiedert, anadrom, Nervatur offen, fertile verschieden von sterilen
Sori: am Blattrand, lineal. Schleier vom Blattrand gebildet
Kennzeichen: Farn mit gefiederten Wedeln, fertile verschieden von den sterilen. Sori am Blattrand, lineal. Schleier vom Blattrand gebildet

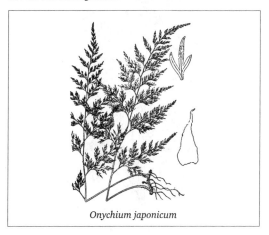

Onychium japonicum

Pellaea Link

Ableitung: dunkle Pflanze
Vulgärnamen: D:Klippenfarn; E:Cliff Brake; F:Pelléa
Arten: 67
Lebensform: Staude. Rhizom kriechend bis aufrecht, mit Dictyostele
Blätter: wechselständig oder grundständig. Blattstiele mit 1 Leitbündel, mit Spreuschuppen. Wedel gefiedert, meist anadrom, Nervatur offen, selten mit Maschen fertile verschieden von sterilen
Sori: am Blattrand, lineal. Schleier vom Blattrand gebildet
Kennzeichen: Farn mit gefiederten Wedeln, fertile verschieden von den sterilen. Blattstiel mit 1 Leitbündel. Sori am Blattrand, lineal. Schleier vom Blattrand gebildet

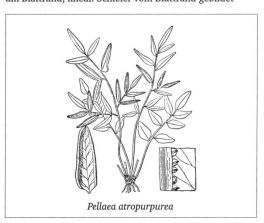

Pellaea atropurpurea

Pityrogramma Link

Ableitung: schorfige Linien (Sporenhäufchen)
Vulgärnamen: D:Goldfarn, Silberfarn; E:Gold Farn, Silver Fern; F:Fougère argentée, Fougère dorée

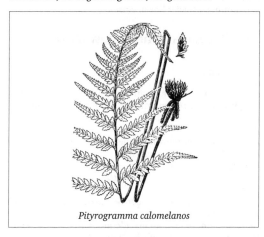

Pityrogramma calomelanos

Arten: 20
Lebensform: Staude. Rhizom kriechend bis aufrecht, mit Dictyostele
Blätter: grundständig. Blattstiele mit 2–3 Leitbündeln, mit Spreuschuppen. Wedel gefiedert, Nervatur offen, fertile nicht verschieden von sterilen
Sori: auf der Blattunterseite in Reihen, lineal. Schleier fehlend
Kennzeichen: Farn mit gefiederten Wedeln. Sori auf der Blattunterseite in Reihen, lineal. Schleier fehlend

Aspleniaceae Streifenfarngewächse

Asplenium L.

Ableitung: Milz-Pflanze
Vulgärnamen: D:Streifenfarn; E:Spleenwort; F:Doradille
Arten: 745
Lebensform: Staude. Rhizom aufrecht, seltener kriechend, mit Dictyostele
Blätter: grundständig. Blattstiele, mit Spreuschuppen. Wedel gefiedert oder einfach, Nervatur offen, selten mit Maschen, fertile selten verschieden von sterilen

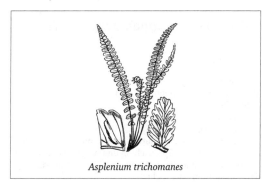

Asplenium trichomanes

Sori: auf der Blattunterseite, an Nerven, lineal bis mondförmig. Schleier lineal, einseitig
Kennzeichen: Farn mit gefiederten oder einfachen Wedeln. Sori auf der Blattunterseite, an Nerven, lineal bis mondförmig. Schleier lineal, einseitig

Azollaceae Algenfarngewächse

Azolla Lam.

Ableitung: nach einem amerikanischen Pflanzennamen
Vulgärnamen: D:Algenfarn; E:Water Fern; F:Fougère aquatique
Arten: 7
Lebensform: frei schwimmende moosartig erscheinende Wasserpflanze. Wurzel einfach
Blätter: 2-reihig, schuppenförmig, bis 1.5mm groß, 2-lappig mit symbiontischen, Luftstickstoff bindenden Cyanobakterien (Anabaena)
Sporokarpien: am Grund der Seitenzweige. Mikro- und Megasporen
Kennzeichen: frei schwimmende moosartig erscheinende Wasserfarne. Wurzel einfach. Blätter 2-reihig, schuppenförmig, bis 1.5mm groß. Sporokarpien

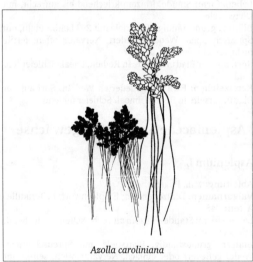

Azolla caroliniana

Blechnaceae Rippenfarngewächse

Blechnum L.

Ableitung: antiker Pflanzenname
Vulgärnamen: D:Rippenfarn; E:Hard Fern; F:Blechnum
Arten: 191
Lebensform: Staude. Rhizom aufrecht oder kriechend, mit Dictyostele
Blätter: grundständig. Blattstiele mit mehreren Leitbündeln in U-Form, mit Spreuschuppen. Wedel gefiedert oder einfach, meist katadrom, Nervatur offen, fertile verschieden von sterilen oder nicht

Sori: auf der Blattunterseite, ± lineal. Schleier lineal
Kennzeichen: Farne mit einfachen oder gefiederten Wedeln, fertile verschieden von sterilen oder nicht. Blattstiele mit mehreren Leitbündeln in U-Form. Sori auf der Blattunterseite, ± lineal. Schleier lineal

Blechnum spicant

Doodia R. Br.

Ableitung: Gattung zu Ehren von Samuel Doody (1656–1706), einem englischen Apotheker und Botaniker benannt

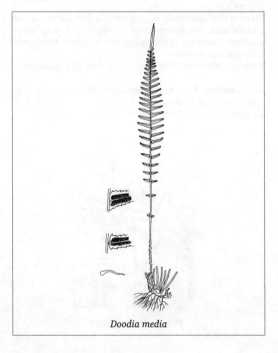

Doodia media

Vulgärnamen: D:Raspelfarn; E:Rasp-Fern; F:Doodia rude
Arten: 17
Lebensform: Staude. Rhizom aufrecht bis kriechend, mit Dictyostele
Blätter: wechselständig. Blattstiele mit Spreuschuppen. Wedel gefiedert oder einfach, meist katadrom, Nervatur mit Maschen, fertile verschieden von sterilen oder nicht
Sori: auf der Blattunterseite in 1-2 Reihen, länglich oder lineal. Schleier länglich
Kennzeichen: Farne mit einfachen oder gefiederten Wedeln. Nervatur mit Maschen. Sori auf der Blattunterseite in 1-2 Reihen, länglich oder lineal. Schleier länglich

Stenochlaena J. Sm.

Ableitung: schmaler Mantel
Arten: 8
Lebensform: Staude, kletternd. Rhizom kriechend, mit Dictyostele
Blätter: wechselständig. Blattstiele mit Spreuschuppen. Wedel gefiedert, anadrom bis katadrom, Nervatur mit 1 Reihe Maschen beiderseits des Mittelnervs, fertile verschieden von sterilen
Sori: auf der Blattunterseite flächig. Schleier fehlend
Kennzeichen: Farn mit gefiederten Wedeln, fertile verschieden von sterilen. Nervatur mit 1 Reihe Maschen beiderseits des Mittelnervs. Sori auf der Blattunterseite flächig. Schleier fehlend

Stenochlaena palustris

Woodwardia Sm.

Ableitung: Gattung zu Ehren von Thomas Jenkinson Woodward (1745-1820), einem englischen Botaniker benannt
Vulgärnamen: D:Grübchenfarn, Kettenfarn; E:Chain Fern; F:Woodwardia
Arten: 14
Lebensform: Staude. Rhizom kriechend bis aufrecht, mit Dictyostele
Blätter: grundständig. Blattstiele mit Spreuschuppen. Wedel gefiedert oder einfach, katadrom, Nervatur mit Maschen, fertile selten verschieden von sterilen
Sori: auf der Blattunterseite in Reihen, lineal bis länglich. Schleier länglich
Kennzeichen: Farn mit gefiederten oder einfachen Wedeln. Nervatur mit Maschen. Sori auf der Blattunterseite in Reihen, lineal bis länglich. Schleier länglich

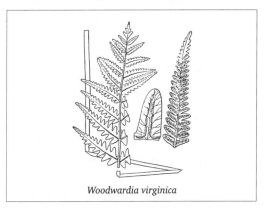

Woodwardia virginica

Cyatheaceae

Cyathea Sm.

Ableitung: Becher-Pflanze
Vulgärnamen: D:Becherfarn; E:Tree Fern; F:Fougère arborescente
Arten: 643
Lebensform: baumförmig, immergrün. Rhizom aufrecht, mit Dictyostele
Blätter: wechselständig. Blattstiele mit Spreuschuppen. Wedel gefiedert, katadrom, Nervatur offen, fertile nicht verschieden von sterilen
Sori: auf der Blattunterseite in Reihen, ± rund. Schleier vorhanden, bis kugelig
Kennzeichen: Baumfarn mit gefiederten Wedeln. Sori auf der Blattunterseite in Reihen, ± rund. Schleier vorhanden, bis kugelig

Cyathea australis

64 Davalliaceae

Cyathea spinulosa

Davalliaceae

Davallia Sm.

Ableitung: Gattung zu Ehren von Edmond Davall (1763–1798), einem schweizerischen Botaniker englischer Herkunft benannt
Vulgärnamen: D:Hasenpfotenfarn, Krugfarn; E:Hare's Foot Fern; F:Davallia
Arten: 29
Lebensform: Staude. Rhizom kriechend, mit Solenostele
Blätter: wechselständig. Blattstiele mit schildförmigen Spreuschuppen. Wedel gefiedert, meist anadrom, Nervatur offen, fertile selten verschieden von sterilen
Sori: am Blattrand, rund. Schleier taschenförmig
Kennzeichen: Farn mit gefiederten Wedeln. Spreuschuppen schildförmig. Sori am Blattrand, rund. Schleier taschenförmig

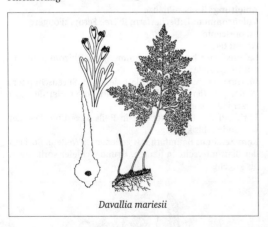
Davallia mariesii

Humata Cav.

Ableitung: beerdigte Pflanze
Arten: 50
Lebensform: Staude. Rhizom kriechend, mit Dictyostele
Blätter: wechselständig. Blattstiele mit schildförmigen Spreuschuppen. Wedel einfach, Nervatur offen, fertile verschieden von sterilen oder nicht
Sori: ± am Blattrand. Schleier taschenförmig
Kennzeichen: Farn mit einfachen Wedeln. Spreuschuppen schildförmig. Sori ± am Blattrand. Schleier taschenförmig

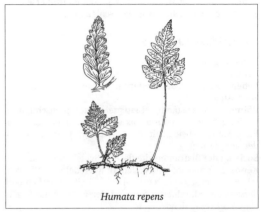
Humata repens

Scyphularia Fée

Ableitung: Becherpflanze
Vulgärnamen: D:Raupenfarn; E:Caterpillar Fern; F:Fougère-chenille

Scyphularia pentaphylla

Arten: 8
Lebensform: Staude. Rhizom kriechend, mit Dictyostele
Blätter: wechselständig. Blattstiele mit schildförmigen Spreuschuppen. Wedel fast immer gefiedert, Nervatur offen, fertile und sterile Wedel
Sori: am Blattrand, rund. Schleier taschenförmig
Kennzeichen: Farn mit fast immer gefiederten Wedeln, fertile und sterile Wedel. Spreuschuppen schildförmig. Sori am Blattrand, rund. Schleier taschenförmig

Dennstaedtiaceae

Dennstaedtia Bernh.

Ableitung: Gattung zu Ehren von August Wilhelm Dennstedt (1776–1826), einem deutschen Botaniker benannt
Vulgärnamen: D:Schüsselfarn; F:Dennstaedtia
Arten: 59
Lebensform: Staude. Rhizom unterirdisch kriechend, mit Solenostele
Blätter: grundständig. Blattstiele mit 1–2 Leitbündeln, nur mit Haaren. Wedel gefiedert, Nervatur offen, fertile nicht verschieden von sterilen
Sori: am Blattrand, rund. Schleier taschenförmig 2-klappig
Kennzeichen: Farn mit gefiederten Wedeln, nur mit Haaren. Sori am Blattrand, rund. Schleier taschenförmig 2-klappig

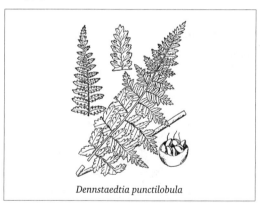
Dennstaedtia punctilobula

Hypolepis Bernh.

Ableitung: darunter mit Schuppen
Vulgärnamen: D:Buchtenfarn; F:Hypolépis
Arten: 63
Lebensform: Staude. Rhizom unterirdisch kriechend, mit Solenostele
Blätter: wechselständig bis grundständig. Blattstiele mit über 3 Leitbündeln, nur mit Haaren. Wedel gefiedert, Nervatur offen, fertile nicht verschieden von sterilen
Sori: auf der Blattunterseite, rund. Schleier fehlend
Kennzeichen: Farn mit gefiederten Wedeln, nur mit Haaren. Blattstiele mit über 3 Leitbündeln. Sori auf der Blattunterseite, rund. Schleier fehlend

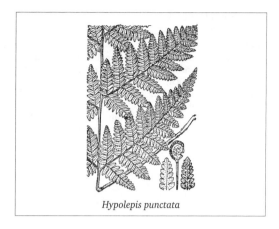
Hypolepis punctata

Lonchitis L.

Ableitung: antiker Pflanzenname
Vulgärnamen: D:Lanzenfarn; F:Fougère, Ptéris
Arten: 6
Lebensform: Staude. Rhizom aufrecht oder kriechend, mit Solenostele
Blätter: grundständig. Blattstiele nur mit Haaren. Wedel gefiedert, Nervatur mit Maschen, fertile nicht verschieden von sterilen. 2 Leitbündel in den Blattstielen
Sori: am Blattrand, lineal oder U-förmig. Schleier vorhanden, aber undeutlich
Kennzeichen: Farn mit gefiederten Wedeln. 2 Leitbündel in den Blattstielen. Nervatur mit Maschen. Sori am Blattrand, lineal oder U-förmig. Schleier vorhanden, aber undeutlich

Lonchitis hirsuta

Microlepia C. Presl

Ableitung: kleine Schuppen
Arten: 101
Lebensform: Staude. Rhizom kriechend, mit Solenostele
Blätter: wechselständig. Blattstiele nur mit Haaren. Wedel gefiedert oder einfach, Nervatur offen, fertile nicht verschieden von sterilen. Sori auf der Blattunterseite, rund. Schleier taschenförmig
Kennzeichen: Farn mit gefiederten oder einfachen Wedeln, nur mit Haaren. Sori auf der Blattunterseite, rund. Schleier taschenförmig

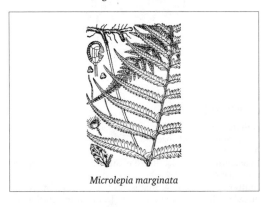
Microlepia marginata

Pteridium Gled. ex Scop.

Ableitung: Pteris-Pflanze
Vulgärnamen: D:Adlerfarn; E:Bracken, Brake; F:Fougère aigle
Arten: 11
Lebensform: Staude. Rhizom unterirdisch kriechend, mit Solenostele
Blätter: grundständig. Blattstiele mit vielen Leitbündeln, nur mit Haaren. Wedel gefiedert, Nervatur offen, fertile nicht verschieden von sterilen
Sori: am Blattrand, lineal. Schleier und umgerollter Blattrand
Kennzeichen: Farn mit gefiederten Wedeln, nur mit Haaren. Sori am Blattrand, lineal. Schleier und umgerollter Blattrand

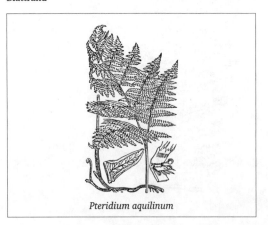
Pteridium aquilinum

Dicksoniaceae

Cibotium Kaulf.

Ableitung: Schachtel
Vulgärnamen: D:Vegetabilisches Lamm, Schatullenfarn; E:Tree Fern; F:Fougère arborescente
Arten: 11
Lebensform: baumförmig oder ± stammlos, immergrün. Rhizom aufrecht bis kriechend, mit Dictyostele oder Solenostele
Blätter: wechselständig. Blattstiele nur mit Haaren. Wedel gefiedert, katadrom, Nervatur offen, fertile nicht verschieden von sterilen
Sori: ± am Blattrand, rund. Schleier 2-klappig
Kennzeichen: Baumfarn oder stammloser Farn mit gefiederten Wedeln, nur mit Haaren. Sori ± am Blattrand, rund. Schleier 2-klappig

Cibotium schiedei

Culcita C. Presl

Ableitung: Kissen
Arten: 2

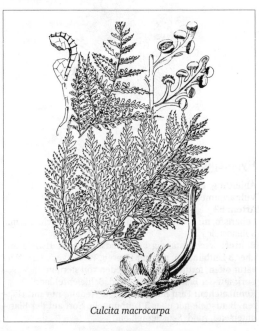
Culcita macrocarpa

Lebensform: Staude. Rhizom aufrecht bis kriechend, mit Dictyostele
Blätter: wechselständig. Blattstiele nur mit Haaren. Wedel gefiedert, katadrom, Nervatur offen, fertile nicht verschieden von sterilen
Sori: am Blattrand, rund. Schleier 2-klappig
Kennzeichen: Farn mit gefiederten Wedeln, nur mit Haaren. Sori am Blattrand, rund. Schleier 2-klappig

Dicksonia L'Hér.

Ableitung: Gattung zu Ehren von James Dickson (1738–1822), einem englischen Botaniker und Gärtner benannt
Vulgärnamen: D:Beutelfarn, Taschenfarn; E:Tree Fern; F:Fougère arborescente
Arten: 22
Lebensform: baumförmig bis stammlos. Rhizom aufrecht, mit Dictyostele
Blätter: wechselständig. Blattstiele nur mit Haaren. Wedel gefiedert, katadrom, Nervatur offen, fertile Wedelteile verschieden von sterilen
Sori: am Blattrand, rund. Schleier 2-klappig
Kennzeichen: Baumfarn bis stammloser Farn mit gefiederten Wedeln, fertile Wedelteile verschieden von sterilen. Sori am Blattrand, rund. Schleier 2-klappig

Dicksonia sellowiana

Dryopteridaceae Wurmfarngewächse

Arachniodes Blume

Ableitung: Spinnweb-ähnlich
Arten: 148
Lebensform: Staude. Rhizom ± kriechend, mit Dictyostele
Blätter: grundständig oder wechselständig. Blattstiele mit über 3 Leitbündeln, mit Spreuschuppen. Wedel gefiedert, Nervatur offen, fertile nicht verschieden von sterilen

Sori: auf der Blattunterseite in 2 Reihen, rund. Schleier rund schildförmig
Kennzeichen: Farn mit gefiederten Wedeln. Blattstiele mit über 3 Leitbündeln. Sori auf der Blattunterseite in 2 Reihen, rund. Schleier rund schildförmig

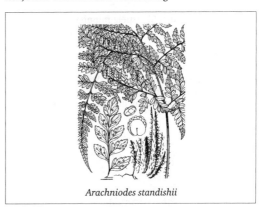
Arachniodes standishii

Didymochlaena Desv.

Ableitung: Zwillings-Mantel
Arten: 1
Lebensform: Staude. Rhizom aufrecht, mit Dictyostele
Blätter: grundständig. Blattstiele mit Spreuschuppen. Wedel gefiedert, Nervatur offen, fertile nicht verschieden von sterilen
Sori: auf der Blattunterseite, rundlich. Schleier bohnenförmig im Umriss
Kennzeichen: Farn mit gefiederten Wedeln. Sori auf der Blattunterseite, rundlich. Schleier bohnenförmig im Umriss

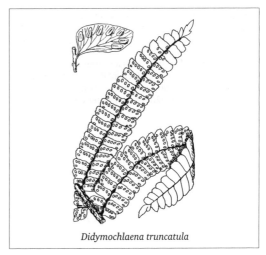
Didymochlaena truncatula

68 Dryopteridaceae Wurmfarngewächse

Dryopteris Adans.

Ableitung: antiker Pflanzenname
Vulgärname: D:Wurmfarn
Arten: c. 250
Lebensform: Staude. Rhizom aufrecht bis ± kriechend, mit Dictyostele
Blätter: grundständig. Blattstiele mit über 3 Leitbündeln, mit Spreuschuppen. Wedel gefiedert, Nervatur offen, fertile nicht verschieden von sterilen
Sori: auf der Blattunterseite, rund oder bohnenförmig. Schleier bohnenförmig, selten fehlend
Kennzeichen: Farn mit gefiederten Wedeln. Blattstiele mit über 3 Leitbündeln. Sori auf der Blattunterseite, rund oder bohnenförmig. Schleier bohnenförmig, selten fehlend

Dryopteris filix-mas

Fadyenia Hook.

Ableitung: Gattung zu Ehren von James Macfadyen (1800–1850), einem schottischen Botaniker auf Jamaica benannt
Arten: 1
Lebensform: Staude. Rhizom aufrecht, mit Dictyostele
Blätter: grundständig. Blattstiele mit Spreuschuppen. Wedel einfach, Nervatur mit Maschen, fertile ziemlich verschieden von sterilen
Sori: rundlich bis länglich. Schleier hufeisenförmig
Kennzeichen: Farn mit einfachen Wedeln, Nervatur mit Maschen, fertile ziemlich verschieden von sterilen. Sori rundlich bis länglich. Schleier hufeisenförmig

Fadyenia prolifera

Olfersia Raddi

Ableitung: Gattung zu Ehren von Ignatz Franz Werner Maria von Olfers (1793–1871), einem deutschen Botaniker und Generaldirektor der königlichen Museen in Berlin benannt
Arten: 1
Lebensform: Staude, zum Teil kletternd. Rhizom kriechend, mit Dictyostele
Blätter: wechselständig. Blattstiele mit Spreuschuppen. Wedel gefiedert, Nervatur offen, fertile verschieden von sterilen
Sori: Schleier fehlend
Kennzeichen: Farn mit gefiederten Wedeln, fertile verschieden von sterilen. Sori Schleier fehlend

Polybotrya Humb. et Bonpl. ex Willd.

Ableitung: mit vielen Trauben
Arten: 35
Lebensform: Staude, kletternd. Rhizom kriechend, mit Dictyostele

Dryopteridaceae Wurmfarngewächse

Polybotrya speciosa

Blätter: wechselständig. Blattstiele mit Spreuschuppen. Wedel gefiedert, Nervatur offen, selten mit Maschen, fertile verschieden von sterilen
Sori: Schleier fehlend
Kennzeichen: Farn mit gefiederten Wedeln, fertile verschieden von sterilen. Sori ohne Schleier

Polystichum Roth

Ableitung: viele Reihen
Vulgärnamen: D:Schildfarn; E:Holly Fern, Shield Fern; F:Polystic
Arten: 409
Lebensform: Staude. Rhizom kriechend, mit Dictyostele
Blätter: grundständig. Blattstiele, mit Spreuschuppen. Wedel gefiedert, Nervatur offen, fertile verschieden von sterilen
Sori: auf der Blattunterseite, rund. Schleier
Kennzeichen: Farn mit gefiederten Wedeln, fertile verschieden von sterilen. Sori auf der Blattunterseite, rund. Schleier

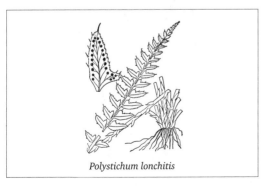
Polystichum lonchitis

Rumohra Raddi

Ableitung: Gattung zu Ehren von Carl Friedrich von Rumohr (1785–1843), einem deutschen Kunsthistoriker und Schriftsteller benannt

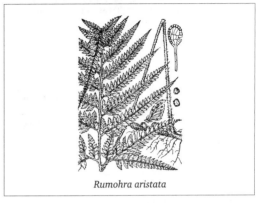
Rumohra aristata

Arten: 7
Lebensform: Staude. Rhizom kriechend, mit Dictyostele
Blätter: grundständig. Blattstiele, mit Spreuschuppen. Wedel gefiedert, Nervatur offen, fertile verschieden von sterilen
Sori: auf der Blattunterseite, rund. Schleier
Kennzeichen: Farn mit gefiederten Wedeln, fertile verschieden von sterilen. Sori auf der Blattunterseite, rund. Schleier

Tectaria Cav.

Ableitung: Dach-Pflanze (Sporenhäufchen)
Arten: 216
Lebensform: Staude. Rhizom kriechend, mit Dictyostele
Blätter: grundständig. Blattstiele, mit Spreuschuppen. Wedel gefiedert, Nervatur offen, fertile verschieden von sterilen
fertile verschieden von sterilen
Kennzeichen: Farn mit gefiederten Wedeln, fertile verschieden von sterilen. fertile verschieden von sterilen

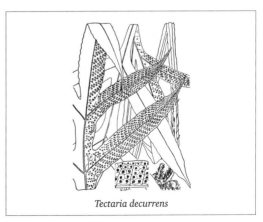
Tectaria decurrens

Gleicheniaceae

Gleichenia Sm.

Ableitung: Gattung zu Ehren von Friedrich Wilhelm von Gleichen-Rußwurm (1717–1783), einem deutschen Adligen und Botaniker benannt

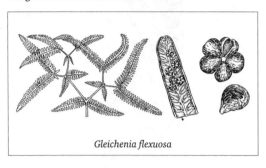
Gleichenia flexuosa

Vulgärnamen: D:Gabelfarn; F:Fougère
Arten: 19
Lebensform: Staude. Rhizom kriechend, mit Dictyostele
Blätter: grundständig. Blattstiele mit Spreuschuppen. Wedel gefiedert, oft gabelig verzweigt, Nervatur offen, fertile verschieden von sterilen
Sori: auf der Blattunterseite in 1 Reihe, rund. Schleier fehlend
Kennzeichen: Farn mit gefiederten Wedeln, oft gabelig verzweigt, fertile verschieden von sterilen. Sori auf der Blattunterseite in 1 Reihe, rund, Schleier fehlend

Hymenophyllaceae
Hautfarngewächse

Hymenophyllum Sm.

Ableitung: häutiges Blatt
Vulgärnamen: D:Hautfarn; E:Filmy Fern; F:Fougère, Hyménophylle

Hymenophyllum tunbrigense

Arten: 349
Lebensform: Staude. Rhizom kriechend, mit Dictyostele
Blätter: grundständig. Blattstiele, mit Spreuschuppen. Wedel gefiedert, hautartig dünn. Nervatur offen, fertile verschieden von sterilen
Sori: auf der Blattunterseite, rund, taschenförmig 2-klappig
Kennzeichen: Farn mit gefiederten Wedeln, hautartig dünn, fertile verschieden von sterilen. Sori auf der Blattunterseite, rund, taschenförmig, 2-klappig

Trichomanes L.

Ableitung: antiker Pflanzenname
Vulgärnamen: D:Dünnfarn, Haarfarn; E:Killearney-Fern; F:Trichomanès
Arten: 183
Lebensform: Staude. Rhizom kriechend, mit Dictyostele
Blätter: grundständig. Blattstiele, mit Spreuschuppen. Wedel gefiedert, hautartig dünn. Nervatur offen, fertile verschieden von sterilen
Sori: auf der Blattunterseite, rund, taschenförmig, 2-lappig
Kennzeichen: Farn mit gefiederten Wedeln, hautartig dünn, fertile verschieden von sterilen. Sori: auf der Blattunterseite, rund, taschenförmig, 2-lappig

Lomariopsidaceae

Bolbitis Schott

Ableitung: Zwiebelpflanze
Vulgärnamen: D:Wasserfarn; F:Fougère aquatique
Arten: 69
Lebensform: Staude. Rhizom kriechend, mit Dictyostele
Blätter: grundständig. Blattstiele, mit Spreuschuppen. Wedel gefiedert, Nervatur offen, fertile verschieden von sterilen
Sori: auf der Blattunterseite, rund. Schleier fehlend
Kennzeichen: Farn mit gefiederten Wedeln, fertile verschieden von sterilen. Sori auf der Blattunterseite, rund, Schleier fehlend

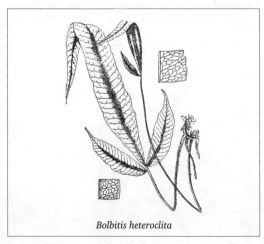
Bolbitis heteroclita

Elaphoglossum Schott ex J. Sm.

Ableitung: Hirsch-Zunge
Vulgärnamen: D:Zungenfarn; F:Fougère-langue
Arten: 651
Lebensform: Staude. Rhizom ± kriechend, mit Dictyostele
Blätter: grundständig. Blattstiele mit Spreuschuppen. Wedel einfach, Nervatur offen, selten mit Maschen, fertile nicht verschieden von sterilen
Sori: auf der Blattunterseite, flächig. Schleier fehlend
Kennzeichen: Farn mit einfachen Wedeln. Sori auf der Blattunterseite, flächig. Schleier fehlend

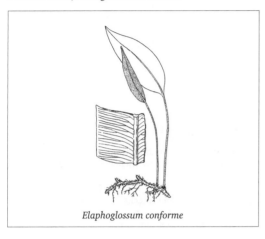

Elaphoglossum conforme

Lomariopsis Fée

Ableitung: vom Aussehen einer Lomaria
Vulgärnamen: D:Saumfarn; F:Fougère grimpante

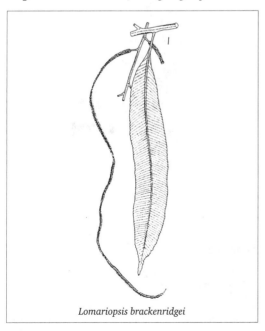

Lomariopsis brackenridgei

Arten: 47
Lebensform: Staude, kletternd. Rhizom kriechend, mit Dictyostele
Blätter: wechselständig. Blattstiele mit über 3 Leitbündeln, mit Spreuschuppen. Wedel gefiedert, Nervatur offen, fertile Teile verschieden von sterilen
Sori: auf der Blattunterseite, flächig. Schleier fehlend
Kennzeichen: Farn mit gefiederten Wedeln. Blattstiele mit über 3 Leitbündeln. Sori auf der Blattunterseite, flächig. Schleier fehlend

Marattiaceae

Angiopteris Hoffm.

Ableitung: Gefäß-Farn
Vulgärnamen: D:Bootfarn; E:Turnip Fern; F:Fougère arborescente
Arten: 146
Lebensform: Staude. Rhizom aufrecht
Blätter: grundständig. Blattstiele am Grund mit nebenblattartigen Auswüchsen, mit Spreuschuppen. Wedel gefiedert, Nervatur offen, fertile nicht verschieden von sterilen
Sori: auf der Blattunterseite, lineal bis länglich aus 2 aneinander liegenden Reihen dickwandiger Sporangien. Schleier gefranst
Kennzeichen: Farn mit gefiederten Wedeln, Blattstiele am Grund mit nebenblattartigen Auswüchsen. Sori auf der Blattunterseite, lineal bis länglich aus 2 aneinander liegenden Reihen dickwandiger Sporangien. Schleier gefranst

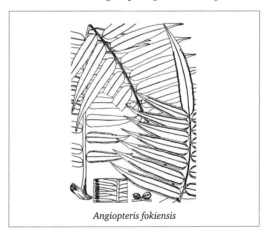

Angiopteris fokiensis

Marattia Sw.

Ableitung: Gattung zu Ehren von Giovanni Francesco Maratti (1697–1777), einem italienischen Abt und Botaniker benannt
Arten: 57
Lebensform: Staude. Rhizom aufrecht
Blätter: grundständig. Blattstiele mit Spreuschuppen. Wedel gefiedert, Nervatur offen, fertile nicht verschieden von sterilen

Sori: Sporangien vereint zu länglichen Synangien auf der Blattunterseite. Schleier fehlend
Kennzeichen: Farn mit gefiederten Wedeln. Sori: Sporangien vereint zu länglichen Synangien auf der Blattunterseite. Schleier fehlend

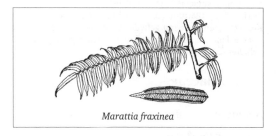
Marattia fraxinea

Marsileaceae Kleefarngewächse

Marsilea L.

Ableitung: Gattung zu Ehren von Graf Luigi Ferdinando Marsigli (1658–1730), einem italienischen Botaniker benannt
Vulgärnamen: D:Kleefarn; E:Pepperwort, Water Clover; F:Marsilée
Arten: 60
Lebensform: Staude. Wasser- oder Sumpfpflanze
Blätter: 2-zeilig an der kriechenden Achse, lang gestielt mit 4 kleeblattartigen Fiedern, ± netznervig
Sporokarpien: 1 bis mehrere am Grund des Blattstiels. Mikro- und Megasporen
Kennzeichen: Farn, Wasser- oder Sumpfpflanze, mit Blättern 2-zeilig an der kriechenden Achse, lang gestielt und mit 4 kleeblattartigen Fiedern. Sporokarpien

Marsilea quadrifolia

Pilularia L.

Ableitung: Pillen-Pflanze
Vulgärnamen: D:Pillenfarn; E:Pillwort; F:Pilulaire
Arten: 5
Lebensform: Staude. Wasser- oder Sumpfpflanze
Blätter: 2-zeilig an der kriechenden Achse, fadenförmig, jung an der Spitze spiralig eingerollt
Sporokarpien: einzeln am Grund des Blattstiels. Mikro- und Megasporen

Kennzeichen: Farn, Wasser oder Sumpfpflanze. Blätter 2-zeilig an der kriechenden Achse, fadenförmig, jung an der Spitze spiralig eingerollt. Sporokarpien

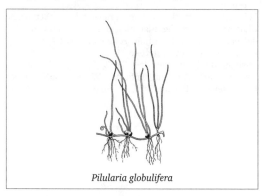
Pilularia globulifera

Regnellidium Lindm.

Ableitung: Gattung zu Ehren von Anders Fredrik Regnell (1807–1884), einem schwedischen Naturforscher benannt
Arten: 1
Lebensform: Staude. Wasser- oder Sumpfpflanze
Blätter: 2-zeilig an der kriechenden Achse, gestielt, mit 2 Fiedern mit ± offener Nervatur
Sporokarpien: einzeln am Gund des Blattstiels. Mikro- und Megasporen
Kennzeichen: Farn, Wasser- oder Sumpfpflanze, mit Blättern 2-zeilig an der kriechenden Achse, lang gestielt und mit 2 Fiedern. Sporokarpien

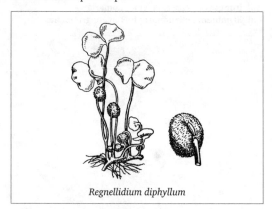
Regnellidium diphyllum

Nephrolepidaceae

Nephrolepis Schott

Ableitung: Nieren-Schuppe
Vulgärnamen: D:Schwertfarn; E:Ladder Fern, Swort Fern; F:Néphrolépis
Arten: 44
Lebensform: Staude. Rhizom ± aufrecht, mit Dictyostele

Blätter: grundständig. Blattstiele mit über 3 Leitbündeln, mit Spreuschuppen. Wedel gefiedert, Nervatur offen, fertile nicht verschieden von sterilen
Sori: auf der Blattunterseite, ± rund. Schleier rund bis bohnenförmig
Kennzeichen: Farn mit gefiederten Wedeln. Blattstiele mit über 3 Leitbündeln. Sori auf der Blattunterseite, ± rund. Schleier rund bis bohnenförmig

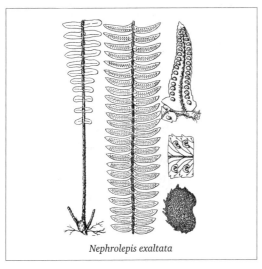

Nephrolepis exaltata

Oleandraceae

Oleandra Cav.

Ableitung: Oleander
Arten: 49

Oleandra articulata

Lebensform: Staude, zum Teil kletternd. Rhizom kriechend, mit Dictyostele
Blätter: wechselständig. Blattstiele mit schildförmigen Spreuschuppen. Wedel einfach, Nervatur offen, fertile verschieden von sterilen oder nicht
Sori: auf der Blattunterseite in Reihen, rund. Schleier bohenförmig
Kennzeichen: Farn mit einfachen Wedeln. Spreuschuppen schildförmig. Sori auf der Blattunterseite in Reihen, rund. Schleier bohnenförmig

Ophioglossaceae
Natternzungengewächse

Botrychium Sw.

Ableitung: Trauben-Stängel
Vulgärnamen: D:Mondraute; E:Moonwort; F:Lunaire
Arten: 61
Lebensform: Staude. Rhizom aufrecht, mit Eustele
Blätter: grundständig, jung nicht spiralig eingerollt. Blattstiele ohne Spreuschuppen oder Haare. Steriler Wedelteil gefiedert bis einfach, Nervatur offen, fertile Wedelteile verschieden von sterilen
Sori: kugelig, Sprangien dickwandig. Schleier fehlend
Kennzeichen: Farn mit jung nicht spiralig eingerollten Blättern ohne Spreuschuppen und Haare. Steriler Wedelteil gefiedert bis einfach, Nervatur offen, fertile Wedelteile verschieden von sterilen. Sori kugelig, Sprangien dickwandig. Schleier fehlend

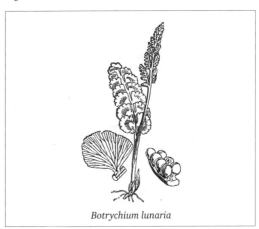

Botrychium lunaria

Ophioglossum L.

Ableitung: Schlangen-Zunge
Vulgärnamen: D:Natternfarn, Natternzunge; E:Adder's-Tongue; F:Langue de serpent, Ophioglosse
Arten: 52
Lebensform: Staude. Rhizom aufrecht, mit Eustele
Blätter: grundständig, jung nicht spiralig eingerollt. Blattstiele ohne Spreuschuppen und Haare. Steriler Wedelteil einfach, Nervatur mit Maschenoffen, fertiler Wedelteile verschieden von sterilen

Sori: Sporangien dickwandig. Schleier fehlend
Kennzeichen: Farn mit jung nicht spiralig eingerollten Blättern ohne Spreuschuppen und Haare. Steriler Wedelteil einfach, Nervatur mit Maschen, fertile Wedelteile verschieden von sterilen. Sori kugelig, Sprangien dickwandig. Schleier fehlend

Ophioglossum vulgatum

Osmundaceae Königsfarngewächse

Leptopteris C. Presl

Ableitung: zarter Farn
Arten: 7
Lebensform: Staude. Rhizom aufrecht
Blätter: wechselständig. Blattstiele nur mit Haaren. Wedel gefiedert, katadrom, Nervatur offen, fertile nicht verschieden von sterilen
Sori: auf der Blattunterseite, rund. Schleier fehlend. Sporangien ohne Ring
Kennzeichen: Farn mit gefiederten Wedeln, nur mit Haaren. Sori auf der Blattunterseite, rund. Schleier fehlend. Sporangien ohne Ring

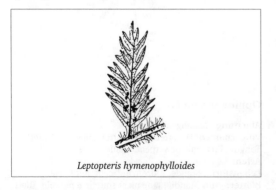

Leptopteris hymenophylloides

Osmunda L.

Ableitung: Herleitung unbekannt
Vulgärnamen: D:Königsfarn, Rispenfarn; E:Royal Fern; F:Fougère royale, Osmonde
Arten: 15
Lebensform: Staude. Rhizom kriechend
Blätter: grundständig. Blattstiele nur mit Haaren. Wedel gefiedert, katadrom, Nervatur offen, fertile verschieden von sterilen oder einzelne abweichende fertile Wedelteile
Sori: rund. Schleier fehlend. Sporangien ohne Ring
Kennzeichen: Farn mit gefiederten Wedeln, nur mit Haaren, fertile verschieden von sterilen oder einzelne abweichende fertile Wedelteile. Sori rund. Schleier fehlend. Sporangien ohne Ring

Osmunda regalis

Todea Willd. ex Bernh.

Ableitung: Gattung zu Ehren von Heinrich Julius Tode (1733-1797), einem deutschen Botaniker benannt
Vulgärnamen: D:Elefantenfarn; E:Crepe Fern; F:Fougère arborescente, Todéa
Arten: 2
Lebensform: Staude oder bis 1m hoher Stamm. Rhizom aufrecht
Blätter: wechselständig. Blattstiele nur mit Haaren. Wedel gefiedert, katadrom, Nervatur offen, fertile nicht verschieden von sterilen
Sori: auf der Blattunterseite, flächig. Schleier fehlend. Sporangien ohne Ring
Kennzeichen: Farn mit gefiederten Wedeln, nur mit Haaren. Sori: auf der Blattunterseite, flächig. Schleier fehlend. Sporangien ohne Ring

Todea barbata

Parkeriaceae Hornfarngewächse

Ceratopteris Brongn.

Ableitung: Horn-Farn
Vulgärnamen: D:Hornfarn; E:Floating Fern, Water Fern; F:Fougère cornue
Arten: 5
Lebensform: Einjährige, Wasserpflanze, mit Dictyostele
Blätter: grundständig. Blattstiele mit Spreuschuppen. Wedel gefiedert, Nervatur mit Maschen, fertile verschieden von sterilen
Sori: ± am Blattrand, flächig. Schleier vorhanden, durch den Blattrand gebildet
Kennzeichen: Farn, einjährige Wasserpflanze, mit gefiederten Wedeln, fertile verschieden von sterilen Sori ± am Blattrand, flächig. Schleier vorhanden, durch den Blattrand gebildet

Kennzeichen: Farn mit einfachen Wedeln, Nervatur mit Maschen. Sori auf der Blattunterseite in Reihen, rundlich bis länglich. Schleier fehlend

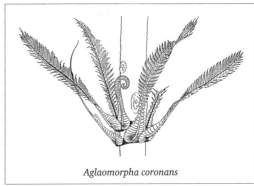
Aglaomorpha coronans

Arthromeris (T. Moore) J. Sm.

Ableitung: mit gegliederten Teilen
Arten: 22
Lebensform: Staude. Rhizom kriechend, mit Dictyostele
Blätter: wechselständig. Blattstiele mit schildförmigen Spreuschuppen. Wedel gefiedert, Nervatur mit Maschen, fertile nicht verschieden von sterilen
Sori: auf der Blattunterseite in 1-2 Reihen, rund. Schleier fehlend
Kennzeichen: Farn mit gefiederten Wedeln. Nervatur mit Maschen. Spreuschuppen schildförmig. Sori auf der Blattunterseite in 1-2 Reihen, rund. Schleier fehlend

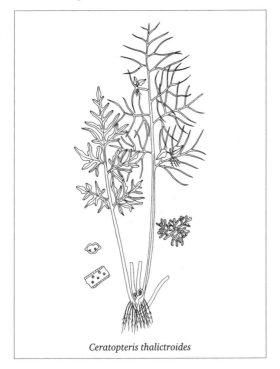
Ceratopteris thalictroides

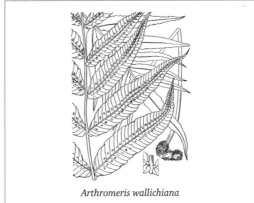
Arthromeris wallichiana

Polypodiaceae Tüpfelfarngewächse

Aglaomorpha Schott

Ableitung: herrliche Gestalt
Arten: 14
Lebensform: Staude. Rhizom kriechend, mit Dictyostele
Blätter: wechselständig. Blattstiele mit Spreuschuppen. Wedel einfach, Nervatur mit Maschen, fertile verschieden von sterilen oder nicht
Sori: auf der Blattunterseite in Reihen, rundlich bis länglich. Schleier fehlend

Campyloneurum C. Presl

Ableitung: mit gekrümmten Nerven
Vulgärnamen: D:Riemenfarn; E:Strap Fern
Arten: 44
Lebensform: Staude. Rhizom kriechend, mit Dictyostele
Blätter: wechselständig. Blattstiele mit ganzrandigen Spreuschuppen. Wedel einfach oder gefiedert, Nervatur mit Maschen, fertile nicht verschieden von sterilen

Sori: auf der Blattunterseite in 2, seltener 3 Reihen, rund. Schleier fehlend
Kennzeichen: Farn mit einfachen oder gefiederten Wedeln. Spreuschuppen ganzrandig. Nervatur mit Maschen. Sori auf der Blattunterseite in 2, seltener 3 Reihen, rund. Schleier fehlend

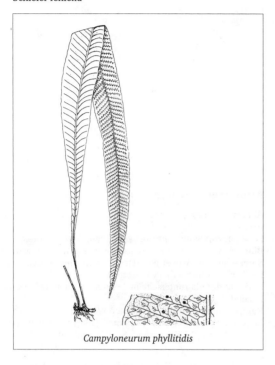

Campyloneurum phyllitidis

Drynaria quercifolia

Drynaria (Bory) J. Sm.

Ableitung: Eichen-Pflanze
Arten: 19
Lebensform: Staude. Rhizom ± kriechend, mit Dictyostele
Blätter: wechselständig. Blattstiele mit Spreuschuppen. Wedel einfach oder gefiedert, fertile und sterile Wedel deutlich verschieden, Nervatur mit Maschen
Sori: auf der Blattunterseite in 1 Reihe, rund. Schleier fehlend
Kennzeichen: Farn mit einfachen oder gefiederten Wedeln, fertile und sterile Wedel deutlich verschieden, Nervatur mit Maschen. Sori auf der Blattunterseite in 1 Reihe, rund. Schleier fehlend

Goniophlebium C. Presl

Ableitung: kantige Ader
Arten: 17
Lebensform: Staude. Rhizom kriechend, mit Dictyostele
Blätter: wechselständig. Blattstiele mit Spreuschuppen. Wedel gefiedert oder einfach, Nervatur mit Maschen, fertile nicht verschieden von sterilen
Sori: auf der Blattunterseite in Reihen, rund. Schleier fehlend
Kennzeichen: Farn mit gefiederten oder einfachen Wedeln. Nervatur mit Maschen. Sori auf der Blattunterseite in Reihen, rund. Schleier fehlend

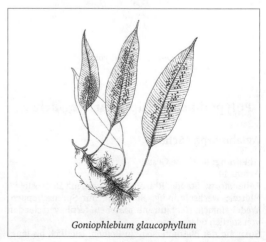

Goniophlebium glaucophyllum

Microsorum Link

Ableitung: mit kleinen Sporenhäufchen
Arten: 95
Lebensform: Staude. Rhizom kriechend, mit Dictyostele
Blätter: wechselständig. Blattstiele mit Spreuschuppen. Wedel einfach, selten gefiedert, Nervatur mit Maschen, fertile nicht verschieden von sterilen
Sori: auf der Blattunterseite, rund oder oval. Schleier fehlend
Kennzeichen: Farn mit einfachen, selten gefiederten Wedeln. Nervatur mit Maschen. Sori auf der Blattunterseite in Reihen, rund oder oval. Schleier fehlend

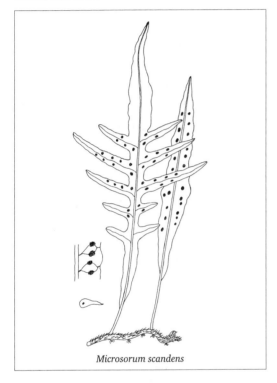

Microsorum scandens

Niphidium J. Sm.

Ableitung: Gattung ähnlich Niphibolus und Pleuridium
Arten: 10
Lebensform: Staude. Rhizom kriechend, mit Dictyostele
Blätter: wechselständig. Blattstiele mit Spreuschuppen. Wedel einfach, Nervatur mit Maschen, fertile nicht verschieden von sterilen
Sori: auf der Blattunterseite in Reihen, rund oder länglich. Schleier fehlend
Kennzeichen: Farn mit einfachen Wedeln. Nervatur mit Maschen. Sori auf der Blattunterseite in Reihen, rund oder länglich. Schleier fehlend

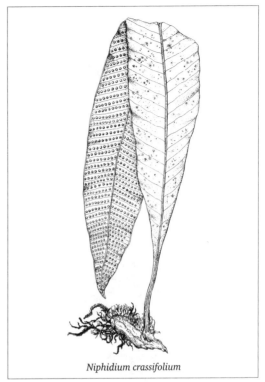

Niphidium crassifolium

Phlebodium (R. Br.) J. Sm.

Ableitung: voller Adern
Vulgärnamen: D:Hasenfußfarn; E:Golden Polypody
Arten: 4
Lebensform: Staude. Rhizom kriechend, mit Dictyostele
Blätter: wechselständig. Blattstiele mit Spreuschuppen. Wedel einfach, Nervatur mit Maschen, fertile nicht verschieden von sterilen
Sori: auf der Blattunterseite, rund. Schleier fehlend
Kennzeichen: Farn mit einfachen Wedeln. Nervatur mit Maschen. Sori auf der Blattunterseite, rund. Schleier fehlend

Polypodiaceae Tüpfelfarngewächse

Phlebodium aureum

Platycerium Desv.

Ableitung: mit breitem Geweih
Vulgärnamen: D:Geweihfarn; E:Elkhorn Fern, Staghorn Fern; F:Corne d'élan
Arten: 16

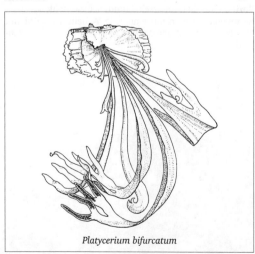

Platycerium bifurcatum

Lebensform: Staude. Rhizom ± kriechend, mit Dictyostele, epiphytisch
Blätter: grundständig. Blattstiele mit Spreuschuppen. Wedel einfach, anliegende „Nestblätter" und laubartige ± gabelige geteilte grüne Blätter, Nervatur mit Maschen, fertile nicht verschieden von sterilen
Sori: auf der Blattunterseite, flächig. Schleier fehlend
Kennzeichen: Farn, epiphytisch, mit einfachen Wedeln, anliegende „Nestblätter" und laubartige, ± gabelige geteilte, grüne Blätter, Nervatur mit Maschen. Sori auf der Blattunterseite, flächig. Schleier fehlend

Polypodium L.

Ableitung: antiker Pflanzenname
Vulgärnamen: D:Tüpfelfarn; E:Polypody; F:Polypode
Arten: 181
Lebensform: Staude. Rhizom kriechend, mit Dictyostele
Blätter: grundständig oder wechselständig. Blattstiele mit Spreuschuppen. Wedel einfach oder gefiedert, Nervatur offen oder mit Maschen, fertile nicht verschieden von sterilen
Sori: auf der Blattunterseite, rund oder oval. Schleier fehlend
Kennzeichen: Farn mit einfachen oder gefiederten Wedeln, Nervatur offen oder mit Maschen. Sori auf der Blattunterseite, rund oder oval. Schleier fehlend

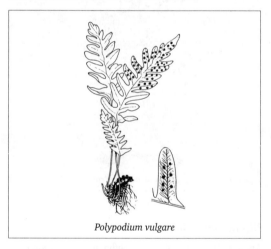

Polypodium vulgare

Pyrrosia Mirb.

Ableitung: Feuerpflanze
Vulgärnamen: D:Schneefarn; E:Felt Fern; F:Fougère
Arten: 74
Lebensform: Staude. Rhizom kriechend, mit Dictyostele
Blätter: wechselständig. Blattstiele mit Spreuschuppen. Wedel einfach, Nervatur ± mit Maschen, fertile verschieden von sterilen oder nicht
Sori: auf der Blattunterseite, rund oder länglich. Schleier fehlend
Kennzeichen: Farn mit einfachen Wedeln, Nervatur ± mit Maschen. Sori auf der Blattunterseite, rund oder länglich. Schleier fehlend

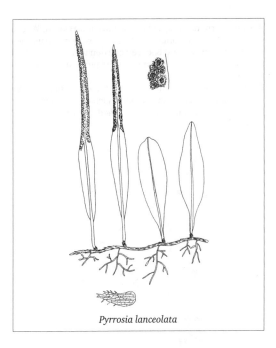
Pyrrosia lanceolata

Solanopteris Copel.

Ableitung: Kartoffel-Farn (Knollen)
Arten: 4
Lebensform: Staude mit Knollen. Rhizom kriechend, mit Dictyostele
Blätter: wechselständig. Blattstiele mit schildförmigen Spreuschuppen. Wedel einfach, Nervatur mit Maschen, fertile verschieden von sterilen
Sori: auf der Blattunterseite, rundlich oder länglich. Schleier fehlend

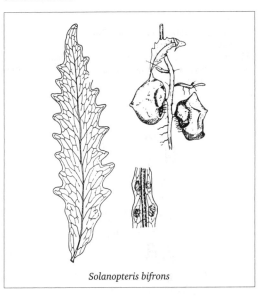
Solanopteris bifrons

Kennzeichen: Farn mit einfachen Wedeln, Nervatur mit Maschen, fertile verschieden von sterilen. Sori auf der Blattunterseite, rundlich oder länglich. Schleier fehlend

Pteridaceae Saumfarngewächse

Acrostichum L.

Ableitung: mit Reihen an der Spitze (Sporenhäufchen)
Vulgärnamen: D:Mangrovefarn; E:Leather Farn; F:Acrostic
Arten: 3
Lebensform: Mangrovenstaude. Rhizom aufrecht oder kriechend, mit Dictyostele
Blätter: grundständig. Blattstiele mit ganzrandigen Spreuschuppen. Wedel gefiedert, Nervatur mit Maschen, fertile ± verschieden von sterilen
Sori: auf der Blattunterseite, flächig mit vielen untermischten Haaren
Kennzeichen: Farn mit gefiederten Wedeln, Nervatur mit Maschen, fertile ± verschieden von sterilen. Sori auf der Blattunterseite, flächig mit vielen untermischten Haaren

Pteris L.

Ableitung: antiker Pflanzenname
Vulgärnamen: D:Saumfarn; E:Ribbon Fern; F:Ptéris
Arten: 330
Lebensform: Staude. Rhizom ± kriechend, mit Dictyostele oder Solenostele

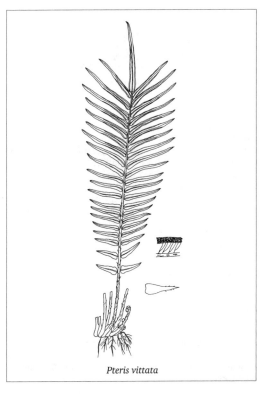
Pteris vittata

Blätter: grundständig. Blattstiele mit ganzrandigen Spreuschuppen. Wedel gefiedert, Nervatur offen oder mit Maschen, fertile kaum verschieden von sterilen
Sori: am Blattrand, lineal. Schleier vorhanden, durch den Blattrand gebildet
Kennzeichen: Farn mit gefiederten Wedeln, Nervatur mit Maschen. Sori am Blattrand, lineal. Schleier vorhanden, durch den Blattrand gebildet

Salviniaceae Schwimmfarngewächse

Salvinia Ség.

Ableitung: Gattung zu Ehren von Antonio Maria Salvini (1633–1729), einem italienischen Botaniker benannt

Salvinia natans

Vulgärnamen: D:Schwimmfarn; E:Floating Fern; F:Fougère flottante, Salvinie
Arten: 12
Lebensform: frei schwimmende Wasserpflanze mit gegenständig erscheinenden, ovalen Blättern
Blätter: zu 3 quirlständig, 2 Blätter mit großen Papillen, 1 zerteiltes, wurzelartiges Blatt
Sporokarpien: Mikro- und Megasporen
Kennzeichen: Farn eine frei schwimmende Wasserpflanze mit gegenständig erscheinenden, ovalen Blättern zu 3 quirlständig, 2 Blätter mit großen Papillen, 1 zerteiltes, wurzelartiges Blatt. Sporokarpien

Schizaeaceae

Anemia Sw.

Ableitung: ohne Hülle
Vulgärnamen: D:Blütenfarn; E:Flowering Fern
Arten: 116
Lebensform: Staude. Rhizom ± kriechend, mit Solenostele oder Dictyostele

Blätter: ± grundständig. Blattstiele nur mit Haaren. Wedel gefiedert, Nervatur offen, selten mit Maschen, fertile Wedelteile, selten ganze Wedel verschieden von sterilen
Sori: fast immer auf besonderen Fiedern, rund. Schleier fehlend
Kennzeichen: Farn mit gefiederten Wedeln mit fertilen Wedelteilen, selten ganze Wedel verschieden von sterilen. Sori fast immer auf besonderen Fiedern, rund. Schleier fehlend

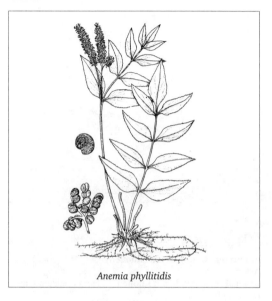

Anemia phyllitidis

Lygodium Sw.

Ableitung: weidenähnliche Pflanze
Vulgärnamen: D:Kletterfarn, Schlingfarn; F:Fougère grimpante
Arten: 34
Lebensform: Staude, kletternd. Rhizom kriechend, mit Protostele
Blätter: wechselständig. Blattstiele nur mit Haaren. Wedel zusammengesetzt, Nervatur ± offen, fertile meist verschieden von sterilen
Sori: am Blattrand in 2 Reihen einzelne Sporangien. Schleier vorhanden

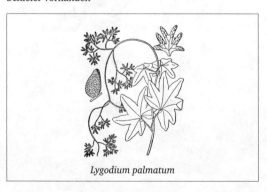

Lygodium palmatum

Thelypteridaceae Sumpffarngewächse 81

Kennzeichen: Farn kletternd, mit zusammengesetzten Wedeln, fertile meist verschieden von sterilen. Am Blattrand 2 Reihen einzelner Sporangien. Schleier vorhanden

Thelypteridaceae Sumpffarngewächse

Cyclosorus Link

Ableitung: mit runden Sporenhäufchen
Arten: c. 775
Lebensform: Staude. Rhizom aufrecht oder kriechend, mit Dictyostele
Blätter: grundständig. Blattstiele mit Spreuschuppen. Wedel gefiedert oder einfach, Nervatur mit Maschen, fertile nicht verschieden von sterilen
Sori: auf der Blattunterseite, rund. Schleier bohnenförmig bis rund
Kennzeichen: Farn mit einfachen oder gefiederten Wedeln. Nervatur mit Maschen. Sori auf der Blattunterseite, rund. Schleier bohnenförmig bis rund

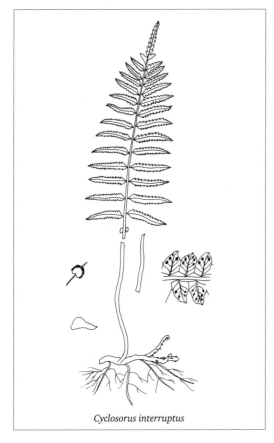

Cyclosorus interruptus

Oreopteris Holub

Ableitung: Berg-Pteris
Vulgärnamen: D:Bergfarn; E:Lemon-scented Fern; F:Fougère des montagnes
Arten: 3
Lebensform: Staude. Rhizom ± aufrecht, mit Dictyostele
Blätter: grundständig. Blattstiele mit Spreuschuppen. Wedel gefiedert, Nervatur offen, fertile nicht verschieden von sterilen
Sori: randnah, rund. Schleier vorhanden
Kennzeichen: Farn mit gefiederten Wedeln. Sori randnah, rund. Schleier vorhanden

Phegopteris Fée

Ableitung: Eichen-Farn
Vulgärnamen: D:Buchenfarn; E:Beach Fern; F:Fougère du hêtre
Arten: 4
Lebensform: Staude. Rhizom kriechend, mit Dictyostele
Blätter: grundständig. Blattstiele mit Spreuschuppen. Wedel gefiedert, Nervatur offen, fertile nicht verschieden von sterilen
Sori: auf der Blattunterseite, länglich bis rund. Schleier fehlend
Kennzeichen: Farn mit gefiederten Wedeln. Sori auf der Blattunterseite, länglich bis rund. Schleier fehlend

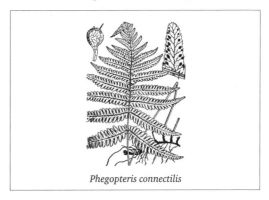

Phegopteris connectilis

Thelypteris Schmidel

Ableitung: antiker Pflanzenname
Vulgärnamen: D:Sumpffarn; E:Marsh Fern; F:Fougère des marais
Arten: c. 280
Lebensform: Staude. Rhizom kriechend oder aufrecht, mit Dictyostele
Blätter: grundständig. Blattstiele mit Spreuschuppen. Wedel gefiedert, Nervatur offen, selten mit Maschen, fertile ± verschieden von sterilen oder nicht
Sori: auf der Blattunterseite, rund, länglich. Schleier vorhanden, oft gelappt
Kennzeichen: Farn mit gefiederten Wedeln. Sori auf der Blattunterseite, rund, länglich. Schleier vorhanden, oft gelappt

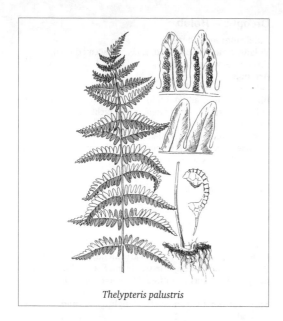
Thelypteris palustris

Vittariaceae

Vittaria Sm.

Ableitung: Band-Pflanze
Vulgärnamen: D:Bandfarn; F:Fougère rubannée
Arten: 62
Lebensform: Staude. Rhizom ± kriechend, mit Solenostele oder Dictyostele
Blätter: grundständig. Blattstiele mit Spreuschuppen. Wedel einfach lineal, Nervatur mit 2 Reihen von Maschen jederseits des Mittelnervs, fertile nicht verschieden von sterilen
Sori: am Blattrand, lineal. Schleier fehlend
Kennzeichen: Farn mit einfachen, linealen Wedeln, Nervatur mit 2 Reihen von Maschen jederseits des Mittelnervs. Sori am Blattrand, lineal. Schleier fehlend

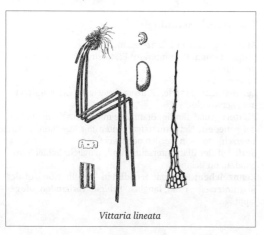
Vittaria lineata

Woodsiaceae = Athyriaceae

Athyrium Roth

Ableitung: ohne Tür (ohne Schleier)
Vulgärnamen: D:Frauenfarn; E:Lady Fern; F:Fougère femelle

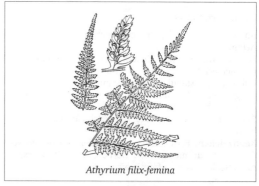
Athyrium filix-femina

Arten: 200
Lebensform: Staude. Rhizom aufrecht bis fast kriechend, mit Dictyostele
Blätter: grundständig. Blattstiele mit 2 Leitbündeln, mit Spreuschuppen. Wedel gefiedert, Nervatur offen, fertile nicht verschieden von sterilen
Sori: auf der Blattunterseite, kommaförmig. Schleier vorhanden, seitlich oder fehlend
Kennzeichen: Farn mit gefiederten oder einfachen Wedeln. Blattstiele mit 2 Leitbündeln. Sori auf der Blattunterseite, kommaförmig. Schleier vorhanden, seitlich oder fehlend

Cystopteris Bernh.

Ableitung: Blasen-Farn
Vulgärnamen: D:Blasenfarn; E:Bladder Fern; F:Cystoptéride
Arten: 23
Lebensform: Staude. Rhizom ± kriechend, mit Dictyostele

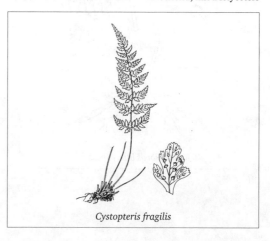
Cystopteris fragilis

Blätter: grundständig. Blattstiele mit 2 Leitbündeln, mit Spreuschuppen. Wedel gefiedert, Nervatur offen, fertile nicht verschieden von sterilen
Sori: auf der Blattunterseite, rund. Schleier oval-lanzetlich
Kennzeichen: Farn mit gefiederten Wedeln. Blattstiele mit 2 Leitbündeln. Sori auf der Blattunterseite, rund. Schleier oval-lanzetlich

Diplazium Sw.

Ableitung: doppelt
Arten: 474
Lebensform: Staude. Rhizom ± aufrecht, mit Dictyostele
Blätter: grundständig. Blattstiele mit 2 Leitbündeln, mit Spreuschuppen. Wedel gefiedert, Nervatur offen, selten mit Maschen, fertile nicht verschieden von sterilen
Sori: auf der Blattunterseite, lineal bis länglich. Schleier lineal, seitlich
Kennzeichen: Farn mit gefiederten Wedeln. Sori auf der Blattunterseite, lineal bis länglich. Schleier lineal, seitlich

Gymnocarpium dryopteris

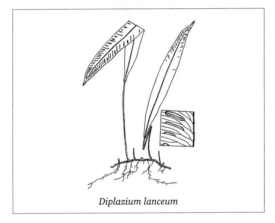
Diplazium lanceum

Gymnocarpium Newman

Ableitung: mit nackter Frucht
Vulgärnamen: D:Eichenfarn, Ruprechtsfarn; E:Oak Fern; F:Fougère du chène
Arten: 9
Lebensform: Staude. Rhizom kriechend, mit Dictyostele
Blätter: grundständig. Blattstiele mit 2 Leitbündeln, mit Spreuschuppen. Wedel gefiedert, Nervatur offen, fertile nicht verschieden von sterilen
Sori: auf der Blattunterseite in Reihen, rund. Schleier fehlend
Kennzeichen: Farn mit gefiederten Wedeln. Sori auf der Blattunterseite in Reihen, rund. Schleier fehlend

Matteuccia Tod.

Ableitung: Gattung zu Ehren von Carlo Matteucci (1811-1868), einem italienischen Naturforscher benannt
Vulgärnamen: D:Straußenfarn, Straußfarn, Trichterfarn; E:Ostrich Fern; F:Fougère plume-d'autruche
Arten: 4
Lebensform: Staude. Rhizom aufrecht, mit Dictyostele
Blätter: grundständig. Blattstiele mit 2 Leitbündeln, mit Spreuschuppen. Wedel gefiedert, Nervatur offen, fertile verschieden von sterilen
Sori: auf der Blattunterseite in 1-2 Reihen, ± rund. Schleier vorhanden und eingerollter Blattrand
Kennzeichen: Farn mit gefiederten Wedeln, fertile verschieden von sterilen. Sori auf der Blattunterseite in 1-2 Reihen, ± rund. Schleier vorhanden und eingerollter Blattrand

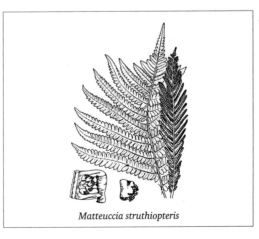
Matteuccia struthiopteris

Onoclea L.

Ableitung: antiker Pflanzenname
Vulgärnamen: D:Perlfarn; E:Sensitive Fern; F:Onocléa sensitive
Arten: 2
Lebensform: Staude. Rhizom kriechend, mit Dictyostele
Blätter: grundständig. Blattstiele mit 2 Leitbündeln, mit Spreuschuppen. Wedel gefiedert oder einfach, Nervatur ± mit Maschen, fertile verschieden von sterilen
Sori: ± rund, vom umgerollten Rand geschützt
Kennzeichen: Farn mit gefiederten oder einfachen Wedeln, Nervatur ± mit Maschen, fertile verschieden von sterilen. Sori, ± rund, vom umgerollten Rand geschützt

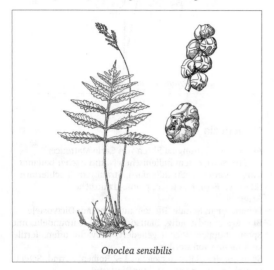

Onoclea sensibilis

Woodsia R. Br.

Ableitung: Gattung zu Ehren von Joseph Woods (1776-1864), einem englischen Architekten und Botaniker benannt
Vulgärnamen: D:Wimperfarn; E:Woodsia; F:Fougère ciliée, Woodsia
Arten: 40
Lebensform: Staude. Rhizom aufrecht oderkriechend, mit Dictyostele
Blätter: grundständig. Blattstiele mit 2 Leitbündeln, mit Spreuschuppen. Wedel gefiedert, Nervatur offen, fertile nicht verschieden von sterilen
Sori: auf der Blattunterseite, rund. Schleier zerschlitzt
Kennzeichen: Farn mit gefiederten Wedeln. Sori auf der Blattunterseite, rund. Schleier zerschlitzt

Woodsia obtusa

6 Gymnospermen Nacktsamer

1 Blätter gefiedert. Pflanzen palmenähnlich erscheinend. (Pflanzen zweihäusig. Samen mit fleischiger Hülle) . . . . **CYADALES** (S. 101)
1 Blätter einfach. Pflanzen nicht palmenähnlich erscheinend
  2a Blätter keilförmig, meist 2-lappig, mit offener, gabeliger Nervatur. Bäume. (Samen mit fleischigem Mantel) . . . . **Ginkgo**
  2b Blätter nur 2 riemenförmige, grundständig von einem holzigen, rübenförmigen Stamm ausgehend. Stammlose Holzpflanzen . . . . **Welwitschia**
  2c Blätter schuppenförmig, gegenständig bis quirlig. Rutensträucher. . . . . **Ephedra**
  2d Blätter einfach, gegenständig, fiedernervig. Blütenstand Ähren mit ringförmig verwachsenen Hochblättern und quirlständigen Blüten. Lianen, Sträucher oder Bäume
  2e Blätter schuppenförmig hinfällig. Blattartige Phyllocladien (blattartige Flachsprosse) . . . . **Phyllocladus**
  2f Blätter anders, lanzettlich, nadelförmig oder schuppenförmig. Bäume oder Sträucher . . . . **CONIFERAE** (S. 85)

Ginkgoatae

Ginkgoaceae Ginkgogewächse

Ginkgo L.

Ableitung: Silber-Aprikose
Vulgärnamen: D:Fächertanne, Ginkgo, Mädchenhaarbaum; E:Ginkgo, Maidenhair Tree; F:Arbre aux quarante écus
Arten: 1
Lebensform: Baum, laubwerfend
Blätter: wechselständig, in Lang- und Kurztrieben, gabelnervig
Blüten: zweihäusig, weibliche gestielt mit 2 nackten Samenanlagen, männliche kätzchenartig mit vielen Staubblättern
Same: steinfruchtartig, mit fleischiger äußerer Schicht
Kennzeichen: Baum, laubwerfend. Blätter in Lang- und Kurztrieben, gabelnervig. Blüten zweihäusig, nackt. Samen steinfruchtartig, mit fleischiger äußerer Schicht

Ginkgo biloba

Coniferae (Pinopsida)

Die Familien der Coniferen sind recht klar hauptsächlich nach ihren Zapfen umrissen. Da diese aber oft nicht zur Verfügung stehen, wurde hier ein Schlüssel gebildet, der so weit wie möglich anhand von beblätterten Zweigen direkt bis zu den Gattungen führt.

1 Blätter schuppenförmig (immer gegen- oder quirlständig)
2 Blätter quirlständig
  3 Blätter quirlig zu 3
    4 Zapfen fleischig mit verwachsenen Schuppen. . . . . **Juniperus**
    4 Zapfen trocken, mit bei der Reife spreizenden Schuppen
     5 Zapfen mit 9 Schuppen in 3 Quirlen, unterste und oberste Schuppen steril. . . . . . **Fitzroya**
     5 Zapfen mit 6–8 ungleichen, quirligen Schuppen, alle fertil . . . . **Callitris**
  3 Blätter quirlig zu 4
    6 Zapfen mit 4 Schuppen . . . . **Tetraclinis**
    6 Zapfen mit etwa 12 schildförmigen Schuppen . . . . **Fokienia**
2 Blätter gegenständig, (meist seitliche verschieden von den anderen)
  7 Zapfenschuppen schildförmig
    8 Zweiglein kaum abgeflacht (Zapfen 2-jährig) . . . . **Cupressus**
    8 Zweiglein abgeflacht mit 2 Typen von Schuppen
     9 Seitliche Schuppenblätter 4–8 mm lang. Zweiglein unterseits leuchtend weiß. Samen 2 je Zapfenschuppe . . . . **Fokienia**
     9 Seitliche Schuppenblätter bis 4mm lang. Zweiglein unterseits höchstens verwaschen weiß. Samen etwa 5 je Zapfenschuppe. Gipfeltrieb überhängend . . **Chamaecyparis und × Cuprocyparis**
  7 Zapfenschuppen nicht schildförmig
    10 Zapfen mit 4 Schuppen, selten mit 6
     11 Schuppenblätter ± gleich
      12 Pflanze zweihäusig **Widdringtonia**
      12 Pflanze einhäusig. Sehr niedriger Strauch mit sehr kleinen Zapfen. . . . . **Microbiota**
     11 Schuppenblätter ungleich, seitliche Nadelschuppen abstehend und vergrößert . . . . **Austrocedrus**
    10 Zapfen mit 6–16 Schuppen
     13 Zweiglein mit fast gleichfarbener Ober- und Unterseite
      14 Schuppen alle scharf zugespitzt, jeweils 4 mit Spitzen in gleicher Höhe, seitliche etwa 4mal so lang wie breit, ohne weiße Punkte unterseits (Lupe!) . . . . **Calocedrus**
      14 Schuppen nicht scharf zugespitzt, seitliche mit nicht abstehenden Spitzen, unterseits weiße Punkte (Lupe!). Zapfen reifgrau bereift, Zapfenschuppen mit hornartigem Fortsatz . . . . **Platycladus**

13 Zweiglein mit deutlich verschiedener Ober- und Unterseite, Unterseite mit ± deutlichen hellen Wachsbereichen
15 seitliche Schuppen mit deutlich abstehenden Spitzen, Wachsbereiche auf der Unterseite flächig und sehr scharf abgegrenzt. Zweiglein etwa 5–6 mm breit. . . . . **Thujopsis**
15 seitliche Schuppen mit ± anliegenden Spitzen. Wachsbereiche auf der Unterseite eher unscharf begrenzt. Zweiglein bis 4 mm breit . . . . **Thuja**
1 Blätter nadelförmig
16 Nadeln quirlständig
17 Nadeln quirlig zu 3 . . . .**Juniperus**
17 Nadeln quirlig zu vielen . . . . . **Sciadopitys**
16 Nadeln wechselständig
18 Nadeln sommergrün, zart
19 Zweige mit Kurz- und Langtrieben
20 Nadeln bis 1 mm breit. Zapfen nicht zerfallend. . . . . **Larix**
20 Nadeln etwa 1,5 mm breit. Zapfen bei der Reife zerfallend. . . . .**Pseudolarix**
19 Zweige nur mit Langtrieben, diese als ganze abfallend
21 Nadeln wechselständig
22 Zapfenschuppen schildförmig. Zapfen kurz gestielt, kugelig . . . .**Taxodium**
22 Zapfenschuppen nicht schildförmig, oben gekerbt. Zapfen länglich, vorn nicht abgerundet . . . . **Glyptostrobus**
21 Nadeln gegenständig. Zapfen lang gestielt
18 Nadeln immergrün
23 Blätter mehrnervig
24 Blätter die Zweige verdeckend. . **Araucaria + Wollemia** (Blätter streng gescheitelt)
24 Blätter die Zweige nicht verdeckend . . . . **Agathis**
23 Blätter einnervig
25 Zweige mit vielnadeligen Kurztrieben ohne Scheide und am Ende mit Langtrieben. (Zapfen aufrecht, bei der Reife zerfallend) . . . . **Cedrus**
25 Zweige nur mit wenignadeligen Kurztrieben oder Nadeln einzeln
26 Nadeln zu 2, 3 oder 5, sehr selten einzeln, zumindest anfangs mit gemeinsamer Scheide . . . . **Pinus**
26 Nadeln einzeln
27 Nadeln nicht am Zweig herablaufend. (Deckschuppen der Zapfen frei)
28 Nadeln mit runder Scheibe dem Zweig aufsitzend, nach dem Abfallen Zweige glatt
29 Zapfen aufrecht, bei der Reife zerfallend. Nadeln oben ± gefurcht, unterseits meist 2 weiße Bänder. Knospen ± stumpf . . . . **Abies**
29 Zapfen aufrecht, nicht zerfallend. Nadeln oben gekielt. . . . . . **Keteleeria**
28 Nadeln gestielt, Zweige mit ovalen, quer stehenden Narben. Knospen zugespitzt . . . . **Pseudotsuga**
27 Nadeln am Zweig herablaufend
30 Nadeln flach
31 Nadeln am Grund deutlich abgegliedert mit einer Querlinie, auf kleinen Höckern stehend. 2-jährige Zweige braungrau, ± behaart. . . . . **Tsuga**
31 Nadeln ohne Querlinie am Grund. 2-jährige Zweige grün
32 Seitenzweiglein alle wechselständig, im Umriss deutlich oben und unten verschmälert. Nadeln oben ohne erhabenen Mittelnerv (unterseits mit sehr deutlichen weißen Spaltöffnungsstreifen). . . . . **Sequoia**
32 Seitenzweiglein viele gegenständig, ± gleich breit der ganzen Länge nach
33 Nadeln unten grün, ohne Spaltöffnungsstreifen, ohne Harzgänge. Samen mit fleischigem Samenmantel. . . . . **Taxus**
33 Nadeln unten mit Spaltöffnungsstreifen, mit Harzgängen
34 Spaltöffnungsstreifen schmäler als grüne Streifen. Nadeln stechend. Samen nussartig. . . . . . . **Torreya**
34 Spaltöffnungsstreifen breiter als Randstreifen oder Mittelnerv. (Unter den Endknospen kleine schuppenartige Nadeln) . . . . **Cephalotaxus**
30 Nadeln nicht flach
35 Nadeln sichelförmig, in 5 Reihen
36 Zapfenschuppen gezähnt **Cryptomeria**
36 Zapfenschuppen abgerundet, Blätter auch schuppenförmig . . . . **Taiwania**
35 Nadeln nicht sichelförmig
37 Nadeln 3-kantig im Querschnitt. . . . .**Sequoiadendron**
37 Nadeln 4-kantig im Querschnitt. . . . . **Picea**

Araucariaceae Araukariengewächse

Agathis Salisb.

Ableitung: Knäuel-Pflanze
Vulgärnamen: D:Dammarabaum, Kaurifichte; E:Kauri Pine; F:Agathis
Arten: 21
Lebensform: Baum, immergrün
Blätter: nur Langtriebe, gegenständig oder wechselständig, in Gruben am Ansatz, mehrnervig
Blütenstand: Zapfen, aufrecht
Blüten: einhäusig, selten zweihäusig. Männliche Blüten mit vielen Staubblättern. Pollenkörner ohne Luftsack. Weibliche Zapfen mit holzigen Schuppen und 1 Same je Schuppe
Zapfen: Samen geflügelt. Keimling mit 2 Keimblättern
Kennzeichen: Nadelbaum, immergrün. Nadeln mehrnervig. Zweige sichtbar. Zapfen aufrecht, mit 1 Samen je Schuppe

Blätter: nur Langtriebe, wechselständig breit, mehrnervig
Blütenstand: Zapfen, endständig**Blüten:** zweihäusig, selten einhäusig. Männliche Blüten mit vielen Staubblättern. Pollenkörner ohne Luftsack. Weibliche Zapfen mit 1-samigen Schuppen
Zapfen: Samen geflügelt oder ungeflügelt. Keimling mit 2, selten 4 Keimblättern
Kennzeichen: Nadelbaum, immergrün. Nadeln breit. Zapfen aufrecht, mit 1 Samen je Schuppe

Wollemia W.G. Jones, K.D. Hill et J.M. Allen

Vulgärnamen: D:Wollemikiefer; E:Wollemi Pine
Arten: 1
Lebensform: Baum, immergrün
Blätter: nur an Langtriebe, wechselständig, 2-zeilig, am Zweig herablaufend, mehrnervig
Blütenstand: Zapfen, endständig
Blüten: einhäusig. Männliche Blüten mit vielen Staubblättern. Weibliche Zapfen mit 1-samigen Schuppen
Kennzeichen: Nadelbaum, immergrün. Nadeln 2-zeilig, am Zweig herablaufend, mehrnervig. Zapfen mit 1 Samen je Schuppe

Cephalotaxaceae Kopfeibengewächse

Cephalotaxus Siebold et Zucc.

Ableitung: Kopf-Eibe
Vulgärnamen: D:Kopfeibe; E:Plum Yew; F:If-à-prunes
Arten: 10
Lebensform: Baum, Strauch, immergrün
Blätter: nur Langtriebe, wechselständig, am Zweig herablaufend, nadelförmig

Agathis philippinensis

Araucaria Juss.

Ableitung: Pflanze aus Arauco, Chile
Vulgärnamen: D:Araukarie, Zimmertanne; E:Monkey Puzzle; F:Araucaria
Arten: 19
Lebensform: Baum, immergrün

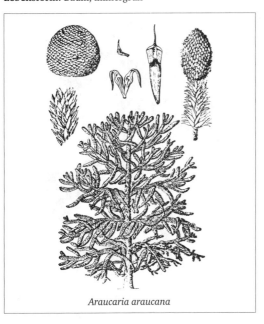

Araucaria araucana

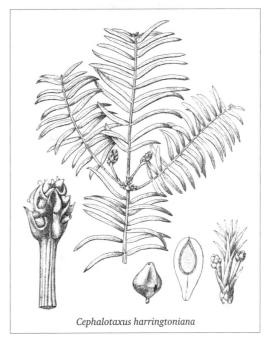

Cephalotaxus harringtoniana

Blütenstand: Zapfen
Blüten: zweihäusig. Männliche Blüten mit 7–12 Staubblättern. Pollenkörner ohne Luftsack. Weibliche Blüten mit gegenständigen 2-samigen Schuppen
Zapfen: Samen mit fleischigem Arillus
Kennzeichen: Nadelbaum oder - stauch, immergrün. Blüten zweihäusig, weibliche Zapfen mit gegenständigen, 2-samigen Schuppen. Samen mit Arillus

Cupressaceae Zypressengewächse

Austrocedrus Florin et Boutelje

Ableitung: Süd-Zeder
Vulgärnamen: D:Chilezeder; E:Chilean Cedar; F:Cèdre du Chili
Arten: 1
Lebensform: Baum, immergrün
Blätter: nur Langtriebe, gegenständig, schuppenförmig, seitliche Schuppen abweichend geformt
Blütenstand: Zapfen
Blüten: ein- oder zweihäusig. Weibliche Zapfen mit 4 gegenständigen 1-samigen Schuppen
Keimblätter 2
Kennzeichen: Nadelbaum, immergrün. Blätter gegenständig, ungleich, schuppenförmig. Zapfen mit 4 gegenständigen, 1-samigen Schuppen

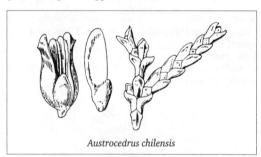
Austrocedrus chilensis

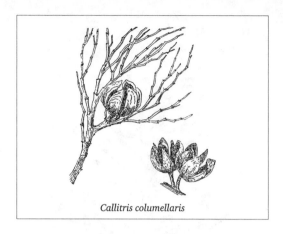
Callitris columellaris

Callitris Vent.

Ableitung: dreifach schön
Vulgärnamen: D:Schmuckzypresse, Zypressenkiefer; E:Cypress-Pine; F:Pin-cyprès
Arten: 15
Lebensform: Baum, Strauch, immergrün
Blätter: nur Langtriebe, zu 3 quirlständig, schuppenförmig
Blütenstand: Zapfen
Blüten: einhäusig. Weibliche Zapfen mit 6(-8) quirlständigen, 2- bis 9-samigen Schuppen
Zapfen: Samen geflügelt
Kennzeichen: Nadelbaum, Strauch, immergrün. Blätter zu 3 quirlständig. Weibliche Zapfen mit 6–8 quirlständigen, 2- bis 9-samigen Schuppen

Calocedrus Kurz

Ableitung: schöne Zeder
Vulgärnamen: D:Flusszeder, Rauchzypresse, Weihrauchzeder; F:Cèdre à encens
Arten: 3
Lebensform: Baum, immergrün
Blätter: nur Langtriebe, gegenständig, schuppenförmig
Blütenstand: Zapfen
Blüten: einhäusig. Männliche Blüten mit 12–16 Staubblättern. Weibliche Zapfen mit 6 gegenständigen 2-samigen Schuppen
Zapfen: Samen geflügelt
Kennzeichen: Nadelbaum, immergrün. Blätter gegenständig, schuppenförmig. Weibliche Zapfen mit 6 gegenständigen, 2-samigen Schuppen

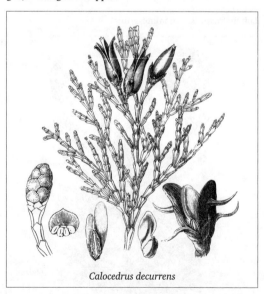
Calocedrus decurrens

Cupressaceae Zypressengewächse 89

Chamaecyparis Spach

Ableitung: Zwerg-Zypresse
Vulgärnamen: D:Scheinzypresse; E:False Cypress; F:Faux-cyprès
Arten: 6
Lebensform: Baum, immergrün, mit überhängendem Wipfeltrieb
Blätter: nur Langtriebe, gegenständig, ungleich, schuppenförmig
Blütenstand: Zapfen
Blüten: einhäusig. Männliche Blüten mit 3–5 Staubblättern. Weibliche Zapfen mit 6–12 gegenständigen, schildförmigen, 2- bis 3-, selten 5-samigen Schuppen. Keimling mit 2 Keimblättern
Zapfen: im 1. Jahr reifend
Kennzeichen: Nadelbaum, immergrün, mit überhängendem Wipfeltrieb. Blätter gegenständig, ungleich, schuppenförmig. Weibliche Zapfen im 1. Jahr reifend, mit 6–12, gegenständigen, schildförmigen, 2- bis 5-samigen Schuppen.

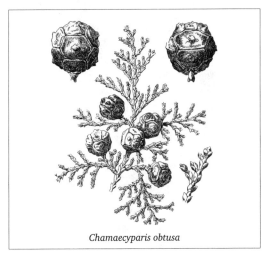

Chamaecyparis obtusa

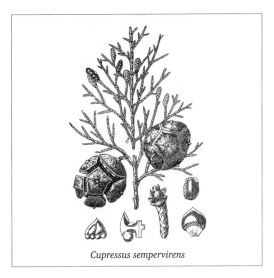

Cupressus sempervirens

Cupressus L.

Ableitung: antiker Name der Zypresse
Vulgärnamen: D:Zypresse; E:Cypress; F:Cyprès
Arten: 16
Lebensform: Baum, immergrün
Blätter: nur Langtriebe, Blätter gegenständig, schuppenförmig, ungleich oder gleich
Blütenstand: Zapfen
Blüten: einhäusig. Männliche Blüten mit 3–5 Staubblättern. Weibliche Zapfen mit 8 gegenständigen, schildförmigen, über 3-samigen Schuppen
Zapfen: im 2. Jahr reifend. Keimling mit 3–4 Keimblättern
Kennzeichen: Nadelbaum, immergrün. Blätter gegenständig, schuppenförmig. Weibliche Zapfen im 2. Jahr reifend, mit 8 gegenständigen, schildförmigen, über 3-samigen Schuppen

× Cuprocyparis Farjon

Ableitung: Hybride aus Cupressus und Xanthocyparis
Vulgärnamen: D:Bastardzypresse; E:Leyland Cypress; F:Cyprès bâtard, Cyprès de Leyland
Lebensform: Baum, immergrün, Wipfeltrieb überhängend
Blätter: nur Langtriebe, gegenständig, schuppenförmig, seitliche Schuppen abweichend geformt
Blütenstand: Zapfen
Blüten: einhäusig. Weibliche Zapfen mit etwa 8 gegenständigen, schildförmigen, etwa 5-samigen Schuppen
Kennzeichen: Nadelbaum, immergrün. Wipfeltrieb überhängend. Blätter gegenständig, schuppenförmig. Weibliche Zapfen mit etwa 8 gegenständigen, schildförmigen, etwa 5-samigen Schuppen

Fitzroya Hook. f. ex Lindl.

Ableitung: Gattung zu Ehren von Admiral Robert Fitzroy (1805–1865), dem englischen Kommandanten der Beagle-Expedition (mit Charles Darwin) benannt
Vulgärnamen: D:Patagonische Zypresse, Alerce; E:Patagonian Cypress; F:Cyprès de Patagonie
Arten: 1
Lebensform: Baum, selten Strauch, immergrün
Blätter: nur Langtriebe, quirlständig zu 3, kurz nadelförmig
Blütenstand: Zapfen
Blüten: zweihäusig. Männliche Blüten mit 15–24 Staubblättern. Weibliche Zapfen mit 9, zu 3 quirligen, 2- bis 6-samigen Schuppen
Zapfen: Samen 2- bis 3-flügelig
Kennzeichen: Nadelbaum oder -strauch, immergrün. Blätter zu 3 quirlständig. Weibliche Zapfen mit 9, zu 3 quirligen, 2- bis 6-samigen Schuppen. Samen 2- bis 3-flügelig

90 Cupressaceae Zypressengewächse

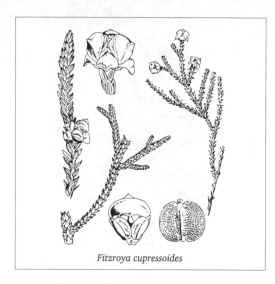

Fitzroya cupressoides

Fokienia A. Henry et H.H. Thomas

Ableitung: nach der chinesischen Provinz Fu-kien benannt
Vulgärnamen: D:Pemouzypresse
Arten: 1
Lebensform: Baum, immergrün
Blätter: nur Langtriebe, gegenständig oder quirlständig, ungleich, schuppenförmig
Blütenstand: Zapfen
Blüten: einhäusig. Weibliche Zapfen mit etwa 12, gegenständigen, ± schildförmigen 2-samigen Schuppen
Zapfen: Samen geflügelt
Kennzeichen: Nadelbaum, immergrün. Blätter gegen- oder quirlständig, ungleich, schuppenförmig. Weibliche Zapfen mit etwa 12, gegenständigen, ± schildförmigen 2-samigen Schuppen. Samen geflügelt

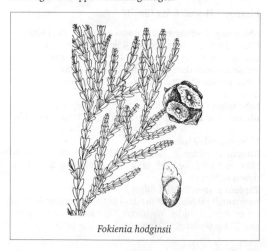

Fokienia hodginsii

Juniperus L.

Ableitung: antiker Pflanzenname
Vulgärnamen: D:Wacholder; E:Juniper; F:Genévrier
Arten: 53
Lebensform: Baum, Strauch, immergrün
Blätter: nur Langtriebe, quirlständig zu 3 oder gegenständig, nadelförmig oder schuppenförmig
Blütenstand: Zapfen
Blüten: zweihäusig, selten einhäusig. Weibliche Zapfen mit 3–8 gegen- oder quirlständigen, fleischigen, 1- bis 2-samigen Schuppen
Zapfen: aus fleischigen Schuppen verwachsener Beerenzapfen. Keimling mit 2–6 Keimblättern
Kennzeichen: Nadelbaum oder -strauch, immergrün. Blätter quirlständig zu 3 oder gegenständig, nadelförmig oder schuppenförmig. Weibliche Zapfen mit 3–8 gegen- oder quirlständigen, fleischigen, 1- bis 2-samigen Schuppen. Beerenzapfen

Juniperus communis

Microbiota Kom.

Ableitung: kleiner Lebensbaum
Vulgärnamen: D:Zwerglebensbaum; F:Thuya nain
Arten: 1
Lebensform: kleiner Strauch, immergrün
Blätter: nur Langtriebe, gegenständig, ungleich, schuppenförmig, zugespitzt
Blütenstand: Zapfen
Blüten: einhäusig. Weibliche Zapfen mit 4 gegenständigen, 1-samigen Schuppen
Zapfen: sehr klein
Kennzeichen: Nadelstrauch, immergrün. Blätter gegenständig, ungleich, schuppenförmig, zugespitzt. Weibliche Zapfen mit 4 gegenständigen, 1-samigen Schuppen

Platycladus Spach

Ableitung: breiter Zweig
Vulgärnamen: D:Morgenländischer Lebensbaum; E:Chinese Arborvitae, Oriental Thuja; F:Thuya d'Orient
Arten: 1
Lebensform: Baum, immergrün
Blätter: nur Langtriebe, gegenständig, ungleich, schuppenförmig
Blütenstand: Zapfen
Blüten: einhäusig. Weibliche Zapfen mit 8-10 Schuppen
Zapfen: wachsig bereift, Zapfenschuppen hornartig ausgezogen
Kennzeichen: Baum, immergrün. Blätter gegenständig, ungleich, schuppenförmig. Weibliche Zapfen mit 8-10 gehörnten Schuppen

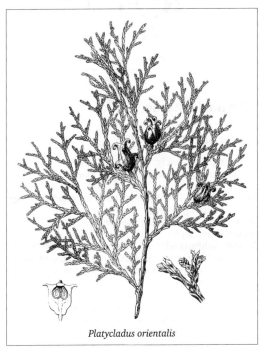

Platycladus orientalis

Tetraclinis Mast.

Ableitung: vier Lager
Vulgärnamen: D:Gliederzypresse, Sandarakbaum; E:Arar Tree; F:Thuya articulé, Thuya d'Algérie
Arten: 1
Lebensform: Strauch, immergrün
Blätter: nur Langtriebe, Blätter quirlständig, schuppenförmig
Blütenstand: Zapfen
Blüten: einhäusig, weibliche Zapfen mit 4 quirlständigen, 2- bis 3-samigen Schuppen
Zapfen: Samen geflügelt
Kennzeichen: Nadelstrauch, immergrün. Blätter quirlständig, schuppenförmig. Weibliche Zapfen mit 4 quirlständigen, 2- bis 3-samigen Schuppen

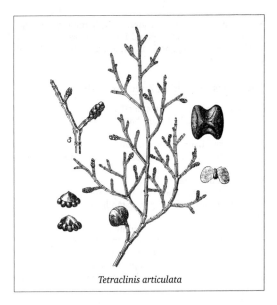

Tetraclinis articulata

Thuja L.

Ableitung: nach einem antiken Pflanzennamen
Vulgärnamen: D:Lebensbaum, Thuja; E:Red Cedar; F:Arbre-de-vie, Biota, Thuya
Arten: 5
Lebensform: Baum, Strauch, immergrün
Blätter: nur Langtriebe, gegenständig, schuppenförmig, ungleich
Blütenstand: Zapfen
Blüten: einhäusig. Männliche Blüten mit 6-12 Staubblättern. Weibliche Zapfen mit 6-16 gegenständigen, 2- bis 3, selten 5-samigen Schuppen
Zapfen: Samen geflügelt

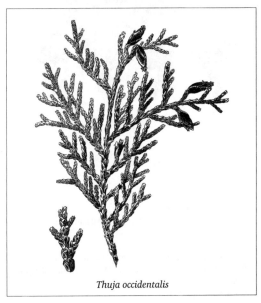

Thuja occidentalis

Kennzeichen: Nadelbaum oder -strauch, immergrün. Blätter gegenständig, schuppenförmig, ungleich. Weibliche Zapfen mit 6–16 gegenständigen, 2- bis 5-samigen Schuppen

Thujopsis Siebold et Zucc. ex Endl.

Ableitung: vom Aussehen einer Thuja
Vulgärnamen: D:Hibalebensbaum; E:Hiba; F:Thuya jiba
Arten: 1
Lebensform: Baum, Strauch, immergrün
Blätter: nur Langtriebe, gegenständig, schuppenförmig, ungleich
Blütenstand: Zapfen
Blüten: einhäusig. Männliche Blüten mit vielen Staubblättern. Weibliche mit 6–10, gegenständigen, schuppenförmigen, 3- bis 5-samigen Samen
Zapfen: Samen geflügelt. Keimling mit 2 Keimblättern
Kennzeichen: Nadelbaum oder -strauch, immergrün. Blätter gegenständig, schuppenförmig, ungleich, unterseits leuchtend weiß. Weibliche Zapfen mit 6–10, gegenständigen, schuppenförmigen, 3- bis 5-samigen Samen. Samen geflügelt

Thujopsis dolabrata

Widdringtonia Endl.

Ableitung: Gattung zu Ehren von Samuel Edward Widdrington (1787-1856), einem englischen Pflanzensammler benannt
Vulgärnamen: D:Afrikazypresse; E:African Cypress; F:Cyprès africain
Arten: 4
Lebensform: Strauch, Baum, immergrün
Blätter: nur Langtriebe, gegenständig, schuppenförmig, nadelförmig
Blütenstand: Zapfen
Blüten: zweihäusig. Weibliche Zapfen mit 4, selten 6, gegenständigen, 5- bis mehrsamigen Schuppen
Zapfen: Samen geflügelt. Keimling mit 2 Keimblättern
Kennzeichen: Nadelstrauch oder -baum, immergrün. Blätter gegenständig, schuppenförmig, nadelförmig. Zweihäusig. Weibliche Zapfen mit 4–6, gegenständigen, 5- bis mehrsamigen Schuppen. Samen geflügelt

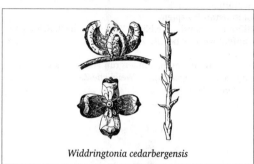

Widdringtonia cedarbergensis

Phyllocladaceae

Phyllocladus Rich. ex Mirb.

Ableitung: Blatt-Zweig
Vulgärnamen: D:Blatteibe; E:Celery Pine
Arten: 4
Lebensform: Baum, Strauch, mit Phyllocladien (abgeflachte, blattartige Triebe)
Blätter: schuppig, hinfällig, wechselständig
Blütenstand: Zapfen
Blüten: einhäusig oder zweihäusig. Männliche Blüten mit vielen Staubblättern. Pollenkörner mit Luftsack. Weibliche Zapfen mit wenigen bis vielen Deckschuppen und 1 Samen je Deckschuppe
Zapfen: Samen mit Samenhülle am Grund
Kennzeichen: Baum, Strauch, mit Phyllocladien. Weibliche Zapfen mit wenigen bis vielen Deckschuppen und 1 Samen je Schuppe. Samen mit Arillus

Pinaceae Kieferngewächse

Abies Mill.

Ableitung: lateinischer Name der Weißtanne
Vulgärnamen: D:Tanne; E:Fir, Silver Fir; F:Sapin
Arten: 48
Lebensform: Baum, immergrün
Blätter: nur Langtriebe, wechselständig, auf polsterförmiger, runder Basis
Blütenstand: Zapfen
Blüten: einhäusig. Pollen mit Luftsäcken. Weibliche Zapfen mit freien Deckschuppen und vielen schraubigen 2-samigen Samenschuppen
Zapfen: aufrecht, bei der Reife zerfallend. Keimling mit 4–10 Keimblättern
Kennzeichen: Nadelbaum, immergrün. Nadeln auf polsterförmiger Basis. Weibliche Zapfen aufrecht, bei der Reife

Pinaceae Kieferngewächse

Abies alba

Blüten: einhäusig. Pollen mit Luftsäcken. Weibliche Zapfen mit vielen, schraubigen 2-samigen Samenschuppen
Zapfen: aufrecht, bei der Reife zerfallend
Kennzeichen: Nadelbaum, immergrün, mit Kurz- und Langtrieben. Weibliche Zapfen aufrecht, bei der Reife zerfallend

Keteleeria Carrière

Ableitung: Gattung zu Ehren von Jean Baptiste Keteleer (1813–1903), einem belgisch-französischen Gärtner benannt
Vulgärnamen: D:Goldtanne, Stechtanne
Arten: 3
Lebensform: Baum, immergrün
Blätter: nur Langtriebe, wechselständig, nicht am Zweig herablaufend
Blütenstand: Zapfen
Blüten: einhäusig. Pollenkorn mit Luftsäcken. Weibliche Zapfen mit freien Deckschuppen und vielen schraubigen, 2-samigen Samenschuppen
Zapfen: aufrecht. Samen geflügelt. Keimling mit 2 Keimblättern
Kennzeichen: Nadelbaum, immergrün. Nadeln nicht herablaufend. Weibliche Zapfen mit freien Deckschuppen. Zapfen aufrecht, nicht zerfallend bei der Reife

zerfallend, mit freien Deckschuppen und vielen 2-samigen Samenschuppen

Cedrus Trew

Ableitung: antiker Pflanzenname
Vulgärnamen: D:Zeder; E:Cedar; F:Cèdre
Arten: 4
Lebensform: Baum, immergrün
Blätter: Lang- und Kurztriebe, am Zweig herablaufend
Blütenstand: Zapfen

Keteleeria davidiana

Cedrus deodara

Larix Mill.

Ableitung: antiker Pflanzenname
Vulgärnamen: D:Lärche; E:Larch; F:Mélèze
Arten: 11
Lebensform: Baum, sommergrün
Blätter: Lang- und Kurztriebe. Nadeln am Zweig herablaufend
Blütenstand: Zapfen
Blüten: einhäusig. Pollenkorn mit Luftsäcken. Weibliche Zapfen mit freien Deckschuppen und vielen schraubigen, 2-samigen Samenschuppen
Zapfen: bei der Reife nicht zerfallend. Samen geflügelt. Keimling mit 5–8 Keimblättern

Pinaceae Kieferngewächse

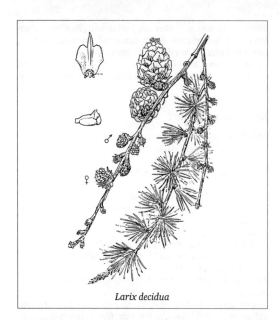

Larix decidua

Kennzeichen: Nadelbaum, sommergrün, mit Lang- und Kurztrieben. Zapfen mit freien Deckschuppen, bei der Reife nicht zerfallend

Picea A. Dietr.

Ableitung: antiker Pflanzenname
Vulgärnamen: D:Fichte; E:Spruce; F:Epicéa
Arten: 34
Lebensform: Baum, immergrün
Blätter: nur Langtriebe. Nadeln wechselständig, nicht gestielt, aber mit am Zweig Basen. Entnadelte Zweige raspelartig
Blütenstand: Zapfen
Blüten: einhäusig. Pollenkorn mit Luftsäcken. Weibliche Zapfen mit vielen schraubigen 2-samigen Samenschuppen
Zapfen: hängend, bei der Reife nicht zerfallend. Keimling mit 4–15 Keimblättern
Kennzeichen: Nadelbaum, immergrün. Nadeln mit am Zweig herablaufenden Stielchen. Zapfen hängend, bei der Reife nicht zerfallend

Picea abies

Pinus L.

Ableitung: antiker Pflanzenname der Pinie
Vulgärnamen: D:Föhre, Kiefer, Spirke; E:Pine; F:Pin
Arten: 109
Lebensform: Baum, Strauch, immergrün
Blätter: nur Kurztriebe wechselständig, mit 5, 3, 2, selten 1 Nadel mit Scheide. Langtriebe nur bei 1-jährigen Pflanzen
Blütenstand: Zapfen
Blüten: Weibliche Zapfen mit vielen schraubigen, 2-samigen Schuppen. Deckschuppen mit Samenschuppen verwachsen
Zapfen: Samen geflügelt, selten ungeflügelt. Keimling mit 7–23 Keimblättern
Kennzeichen: Nadelbaum oder -strauch. Nur Kurztriebe mit 5–2, selten 1 Nadel. Zapfen mit verwachsenen Deck- und Samenschuppen

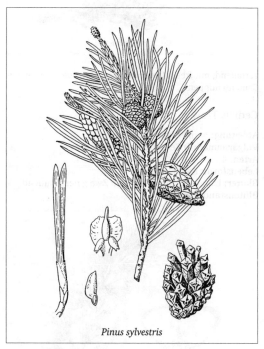

Pinus sylvestris

Pseudolarix Gordon

Ableitung: Schein-Larix
Vulgärnamen: D:Goldlärche; E:Golden Larch; F:Fauxmélèze
Arten: 1
Lebensform: Baum, sommergrün
Blätter: Lang- und Kurztriebe. Nadeln wechselständig
Blütenstand: Zapfen
Blüten: einhäusig. Pollenkorn mit Luftsäcken. Weibliche Zapfen mit vielen schraubigen, 2-samigen Schuppen. Zapfen: bei der Reife zerfallend. Samen geflügelt. Keimling mit 5–7 Keimblättern
Kennzeichen: Nadelbaum, sommergrün, mit Lang- und Kurztrieben. Zapfen bei der Reife zerfallend

Podocarpaceae Steineibengewächse

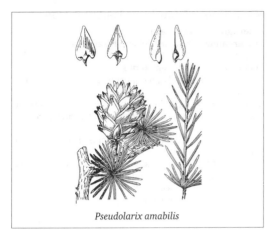
Pseudolarix amabilis

Pseudotsuga Carrière

Ableitung: Schein-Tsuga
Vulgärnamen: D:Douglasfichte, Douglasie
Arten: 4
Lebensform: Baum, immergrün
Blätter: nur Langtriebe, Nadeln wechselständig, mit polsterförmigem Grund dem Zweig aufsitzend
Blütenstand: Zapfen
Blüten: einhäusig. Weibliche Zapfen mit vielen 2-samigen Samenschuppen mit freien, 3-spitzigen Deckschuppen
Zapfen: Samen geflügelt
Kennzeichen: Nadelbaum, immergrün, Nadeln mit polsterförmigem Grund dem Zweig aufsitzend. Weibliche Zapfen mit vielen 2-samigen Samenschuppen mit freien 3-spitzigen Deckschuppen

Pseudotsuga menziesii

Tsuga Carrière

Ableitung: japanischer Pflanzenname
Vulgärnamen: D:Hemlocktanne, Schierlingstanne; E:Hemlock, Hemlock Spruce; F:Pruche
Arten: 9
Lebensform: Baum, immergrün
Blätter: nur Langtriebe. Nadeln wechselständig, mit kurzen Stielchen, Basen am Zweig herablaufend
Blütenstand: kleine Zapfen
Blüten: einhäusig. Weibliche Zapfen mit vielen schraubigen, 2-samigen Samenschuppen mit freien Deckschuppen
Zapfen: Samen geflügelt
Kennzeichen: Nadelbaum, immergrün. Nadeln wechselständig, am Zweig herablaufend. Zapfen klein, mit freien Deckschuppen

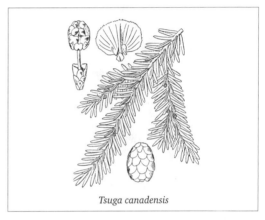
Tsuga canadensis

Podocarpaceae Steineibengewächse

Afrocarpus (J. Buchholz et N.E. Gray) C.N. Page

Ableitung: afrikanische Frucht
Vulgärnamen: D:Afrogelbholz; E:Yellowwood
Arten: 6
Lebensform: Baum, immergrün
Blätter: wechselständig oder gegenständig, lanzettlich-elliptisch, mit Mittelrippe
Blütenstand: Zapfen
Blüten: zweihäusig, männliche mit zahlreichen Staubblättern, weibliche mit mehreren Deckschuppen, 1 Samen je Schuppe. Pollenkörner mit 2 Luftsäcken
Zapfen: Samen mit lederig-fleischiger Samenhülle. Keimblätter 2
Kennzeichen: Baum, immergrün. Blätter mit Mittelrippe. Blüten zweihäusig. Weibliche Zapfen mit mehreren, 1- bis 2-samigen Deckschuppen. Samen mit lederig-fleischiger Samenhülle.

Dacrydium Sol. ex G. Forst.

Ableitung: Harz-Pflanze
Vulgärnamen: D:Harzeibe; E:Rimu; F:Pin Huon, Pin rouge

Arten: 21
Lebensform: Baum, immergrün
Blätter: wechselständig, pfriemlich bis schuppenförmig
Blütenstand: Zapfen
Blüten: zweihäusig, männliche mit zahlreichen Staubblättern, weibliche mit 1 Deckschuppe, 1 Samen je Schuppe. Pollenkörner mit 2 Luftsäcken
Zapfen: Samen mit lederig-fleischiger Samenhülle. Keimblätter 2
Kennzeichen: Baum, immergrün. Blätter pfriemlich bis schuppenförmig. Blüten zweihäusig. Weibliche Zapfen mit einer 1-samigen Deckschuppe. Samen mit lederig-fleischiger Samenhülle.

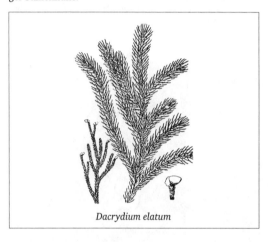
Dacrydium elatum

Microcachrys Hook. f.

Ableitung: kleine Blütenkätzchen
Vulgärnamen: D:Maulbeereibe
Arten: 1
Lebensform: Strauch, immergrün
Blätter: gegenständig, 4-reihig, schuppenförmig
Blütenstand: Zapfen
Blüten: zweihäusig, männliche mit zahlreichen Staubblättern, weibliche mit 10–20 wirteligen Deckschuppen, 1 Samen je Schuppe. Pollenkörner mit 3 Luftsäcken
Zapfen: Samen mit lederig-fleischiger Samenhülle. Keimblätter 2
Kennzeichen: Strauch, immergrün. Blätter. Blüten zweihäusig. Weibliche Zapfen mit 10–20, Deckschuppen 1-samig. Samen mit lederig-fleischiger Samenhülle.

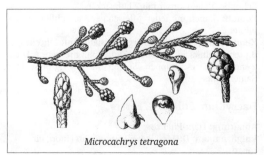
Microcachrys tetragona

Microstrobos J. Garden et L.A.S. Johnson

Ableitung: kleiner Zapfen
Vulgärnamen: D:Zwergstrobe; E:Dwarf Pine
Arten: 2
Lebensform: Baum, immergrün
Blätter: wechselständig, schuppenförmig, 4- bis 5-reihig
Blütenstand: Zapfen
Blüten: zweihäusig, männliche mit zahlreichen Staubblättern, weibliche mit 2–8 Deckschuppen, 1 Samen je Schuppe. Pollenkörner mit 3 Luftsäcken
Zapfen: Samen mit lederig-fleischiger Samenhülle. Keimblätter 2
Kennzeichen: Baum, immergrün. Blätter wechselständig, schuppenförmig. Blüten zweihäusig. Weibliche Zapfen mit 2–8 Deckschuppen, Deckschuppen 1-samig. Samen mit lederig-fleischiger Samenhülle.

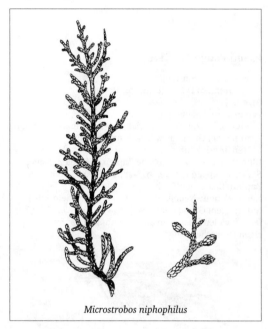
Microstrobos niphophilus

Nageia Gaertn.

Ableitung: nach einem japanischen Pflanzennamen
Vulgärnamen: D:Nagibaum; E:Nagi
Arten: 6
Lebensform: Baum, immergrün
Blätter: wechselständig bis fast gegenständig, breit oval bis lanzettlich, parallelnervig ohne Mittelrippe
Blütenstand: Zapfen
Blüten: zweihäusig, selten einhäusig, männliche mit zahlreichen Staubblättern, weibliche mit 1 Deckschuppe, 1–2 Samen je Schuppe. Pollenkörner mit 2 Luftsäcken
Zapfen: Samen mit lederig-fleischiger Samenhülle. Keimblätter 2
Kennzeichen: Baum, immergrün. Blätter parallelnervig, ohne Mittelrippe. Blüten meist zweihäusig. Weibliche Zapfen mit einer, 1- bis 2-samigen Deckschuppen. Samen mit lederig-fleischiger Samenhülle.

Podocarpus L'Hér. ex Pers.

Ableitung: Frucht mit Fuß
Vulgärnamen: D:Steineibe; E:Podocarp; F:Podocarpus
Arten: 108
Lebensform: Baum, selten Strauch, immergrün
Blätter: wechselständig bis fast gegenständig, lineal bis lineallanzettlich, mit Mittelrippe
Blütenstand: Zapfen
Blüten: zweihäusig, männliche mit zahlreichen Staubblättern, weibliche mit bis vielen Deckschuppen, 1–2 Samen je Schuppe. Pollenkörner mit 2 Luftsäcken
Zapfen: Samen mit lederig-fleischiger Samenhülle. Keimblätter 2
Kennzeichen: Baum, selten Strauch, immergrün. Blätter. Blüten zweihäusig. Weibliche Zapfen mit 1–2 Samen je Deckschuppe. Samen mit lederig-fleischiger Samenhülle.

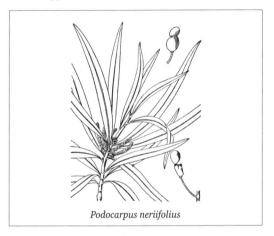

Podocarpus neriifolius

Saxegothaea Lindl.

Ableitung: Gattung zu Ehren von Franz August Karl Albert Emanuel von Sachsen-Coburg und Gotha (1819–1861), dem Prinzgemahl von Königin Victoria von England benannt
Vulgärnamen: D:Patagonische Eibe; E:Prince Albert's Yew; F:If de Patagonie, If du Prince Albert
Arten: 1
Lebensform: Baum, immergrün
Blätter: wechselständig, ± zweizeilig erscheinend, lineal
Blütenstand: Zapfen
Blüten: einhäusig, männliche mit zahlreichen Staubblättern, weibliche mit 18–28 Deckschuppen, 2 Samen je Schuppe. Pollenkörner ohne Luftsäcke
Zapfen: Samen mit fleischiger Samenhülle. Keimblätter 2
Kennzeichen: Baum, immergrün. Blätter lineal. Blüten einhäusig. Weibliche Zapfen fleischig, mit vielen 2-samigen Deckschuppen. Samen mit fleischiger Samenhülle.

Sciadopityaceae Schirmtannengewächse

Sciadopitys Siebold et Zucc.

Ableitung: Schirm-Tanne
Vulgärnamen: D:Schirmtanne; E:Umbrella Pine; F:Pin parasol japonais
Arten: 1
Lebensform: Baum, immergrün
Blätter: Nadeln zu vielen quirlständig (wahrscheinlich Kurztriebe aus 2 verwachsenen Nadeln) und Schuppenblätter zwischen den Quirlen
Blütenstand: Zapfen
Blüten: einhäusig. Weibliche Zapfen mit vielen schraubigen, 5- bis 9-samigen Samenschuppen mit freien Deckschuppen
Zapfen: oval, Keimling mit 2 Keimblättern
Kennzeichen: Nadelbaum immergrün. Nadeln zu vielen quirlständig und mit Schuppenblättern zwischen den Quirlen. Zapfen mit mehrsamigen Samenschuppen und freien Deckschuppen

Sciadopitys verticillata

Taxaceae Eibengewächse

Taxus L.

Ableitung: antiker Pflanzenname
Vulgärnamen: D:Eibe; E:Yew; F:If
Arten: 10
Lebensform: Baum, Strauch, immergrün, ohne Harzgänge
Blätter: nur Langtriebe. Nadeln wechselständig, am Zweig herablaufend
Blütenstand: einzeln
Blüten: zweihäusig. Männliche Blüten mit 5–14 schildförmigen Staubblättern

Samen: einzeln, auf kurzen beschuppten Stielen, mit fleischigem Arillus. Keimling mit 2 Keimblättern
Kennzeichen: Nadelbaum oder -strauch, immergrün. Nadeln am Zweig herablaufend, ohne Harzgänge. Pflanze zweihäusig. Antheren schildförmig. Samen einzeln auf kurzen Stielen, mit fleischigem Arillus

Taxus baccata

Torreya Arn.

Ableitung: Gattung zu Ehren von John Torrey (1796–1873), einem nordamerikanischen Botaniker und Chemiker benannt
Vulgärnamen: D:Nusseibe, Stinkeibe; E:Nutmeg Yew; F:If puant, Muscadier de Californie
Arten: 5
Lebensform: Baum, Strauch, immergrün, ohne Harzgänge
Blätter: nur Langtriebe. Nadeln zugespitzt, ± stechend, am Zweig herablaufend
Blütenstand: einzeln
Blüten: zweihäusig. Männliche Blüten mit vielen Staubblättern.
Samen: einzeln, mit dünnem, grünem bis blauschwarzem Arillus. Keimling mit 2 Keimblättern
Kennzeichen: Nadelbaum oder -strauch, immergrün. Nadeln am Zweig herablaufend, stechend, ohne Harzgänge. Pflanze zweihäusig. Samen einzeln, mit dünnem Arillus

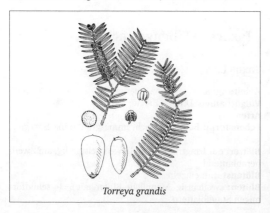

Torreya grandis

Taxodiaceae Sumpfzypressengewächse

Cryptomeria D. Don

Ableitung: Pflanze mit verborgenen Teilen
Vulgärnamen: D:Sicheltanne; E:Japanese Cedar; F:Cèdre du Japon
Arten: 1
Lebensform: Baum, immergrün
Blätter: nur Langtriebe, Nadeln wechselständig, am Zweig herablaufend
Blütenstand: Zapfen
Blüten: einhäusig. Weibliche Zapfen mit schraubigen 2- bis 5-samigen Samenschuppen, die mit den Deckschuppen verwachsen sind
Zapfen: Samen kaum geflügelt. Keimling mit 2–3 Keimblättern
Kennzeichen: Nadelbaum, immergrün. Nadeln am Zweig herablaufend. Zapfen mit mehrsamigen, mit den Deckschuppen verwachsenen Samenschuppen

Cryptomeria japonica

Cunninghamia R. Br.

Ableitung: Gattung zu Ehren von James Cunninghame (?–ca. 1709), einem englischen Botaniker in China benannt
Vulgärnamen: D:Spießtanne; E:China Fir; F:Sapin chinois
Arten: 2
Lebensform: Baum, immergrün
Blätter: nur Langtriebe, Nadeln wechselständig, 3–6 cm lang, am Zweig herablaufend, stechend
Blütenstand: Zapfen
Blüten: einhäusig. Weibliche Zapfen mit schraubigen 3-samigen Samenschuppen, die mit den Deckschuppen verwachsen sind
Zapfen: Samen schmal geflügelt. Keimling mit 2 Keimblättern

Taxodiaceae Sumpfzypressengewächse

Cunninghamia lanceolata

Kennzeichen: Nadelbaum, immergrün. Nadeln am Zweig herablaufend, stechend. Zapfen mit 3-samigen, mit den Deckschuppen verwachsenen Samenschuppen

Glyptostrobus Endl.

Ableitung: geschnitzter Zapfen
Vulgärnamen: D:Wasserfichte; E:Chinese Swamp Cypress
Arten: 1
Lebensform: Baum, nadelwerfend
Blätter: nur Langtriebe, Nadeln wechselständig, am Zweig herablaufend, sehr verschiedenartig, schuppig bis nadelförmig
Blütenstand: Zapfen
Blüten: einhäusig. Weibliche Zapfen mit schraubigen 2-samigen Samenschuppen, die mit den Deckschuppen verwachsen sind
Zapfen: länglich. Samen geflügelt. Keimling mit 4–5 Keimblättern
Kennzeichen: Nadelbaum. Nadeln, im Herbst abfallend, am Zweig herablaufend, schuppenförmig bis nadelförmig. Zapfen länglich, mit 2-samigen, mit den Deckschuppen verwachsenen Samenschuppen

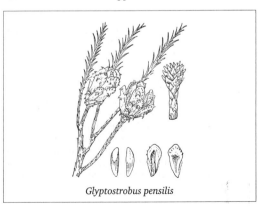
Glyptostrobus pensilis

Metasequoia Hu et W.C. Cheng

Ableitung: spätere Sequoia
Vulgärnamen: D:Urweltmammutbaum; E:Redwood; F:Métaséquoia
Arten: 1
Lebensform: Baum, sommergrün mit im Herbst abfallenden, gegenständigen Langtrieben
Blätter: nur Langtriebe, Nadeln gegenständig, am Zweig herablaufend
Blütenstand: Zapfen
Blüten: einhäusig. Weibliche Zapfen mit gegenständigen 5- bis 8-samigen Samenschuppen, die mit den Deckschuppen verwachsen sind
Zapfen: Samen geflügelt. Keimling mit 2 Keimblättern
Kennzeichen: Nadelbaum, zum Teil mit im Herbst abfallenden Langtrieben. Nadeln gegenständig, am Zweig herablaufend. Zapfen gegenständigen, mehrsamigen, mit den Deckschuppen verwachsenen Samenschuppen

Metasequoia glyptostroboides

Sequoia Endl.

Ableitung: Gattung zu Ehren von Sequoiah (auch George Gist, 1770–1843), der eine Schrift für die Sprache der Cherokee-Indianer erfand, benannt
Vulgärnamen: D:Küstenmammutbaum, Küstensequoie; E:Coastal Redwood; F:Séquoia
Arten: 1
Lebensform: Baum, immergrün
Blätter: nur Langtriebe, Nadeln wechselständig, flach nadelförmig bis schuppenförmig, gescheitelt, am Zweig herablaufend,
Blütenstand: Zapfen
Blüten: einhäusig. Weibliche Zapfen mit schraubigen 5- bis 7-samigen Samenschuppen, die mit den Deckschuppen verwachsen sind
Zapfen: Samen geflügelt. Keimling mit 2–3 Keimblättern
Kennzeichen: Nadelbaum, immergrün. Nadeln flach nadelförmig bis schuppenförmig, am Zweig herablaufend. Zapfen mit mehrsamigen, mit den Deckschuppen verwachsenen Samenschuppen

Sequoia sempervirens

Blütenstand: Zapfen
Blüten: einhäusig. Weibliche Zapfen mit schraubigen 2-samigen Samenschuppen, die mit den Deckschuppen verwachsen sind
Zapfen: Samen geflügelt. Keimling mit 2 Keimblättern
Kennzeichen: Nadelbaum, immergrün. Nadeln wechselständig, am Zweig herablaufend, die meisten schuppenförmig. Zapfen mit 2-samigen, mit den Deckschuppen verwachsenen Samenschuppen

Taiwania cryptomerioides

Sequoiadendron J. Buchholz

Ableitung: Sequoia-Baum
Vulgärnamen: D:Bergmammutbaum, Wellingtonie; E:Wellingtonia; F:Wellingtonia
Arten: 1
Lebensform: Baum, immergrün
Blätter: nur Langtriebe, Nadeln wechselständig, schraubig, am Zweig herablaufend
Blütenstand: Zapfen
Blüten: einhäusig. Weibliche Zapfen mit schraubigen 3- bis 9-samigen Samenschuppen, die mit den Deckschuppen verwachsen sind
Zapfen: Samen geflügelt. Keimling mit 2–3 Keimblättern
Kennzeichen: Nadelbaum, immergrün. Nadeln schraubig, am Zweig herablaufend. Zapfen mit mehrsamigen, mit den Deckschuppen verwachsenen Samenschuppen

Sequoiadendron giganteum

Taiwania Hayata

Ableitung: Pflanze aus Taiwan
Vulgärnamen: D:Taiwanie
Arten: 1
Lebensform: Baum, immergrün
Blätter: nur Langtriebe, Nadeln wechselständig, am Zweig herablaufend, die meisten schuppenförmig

Taxodium Rich.

Ableitung: Eiben-ähnlich
Vulgärnamen: D:Sumpfzypresse; E:Swamp Cypress; F:Cyprès chauve

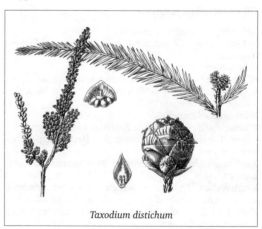
Taxodium distichum

Arten: 2
Lebensform: Baum, sommergrün, mit im Herbst abfallenden, wechselständigen Langtrieben
Blätter: nur Langtriebe, Nadeln wechselständig, nicht am Zweig herablaufend
Blütenstand: Zapfen
Blüten: einhäusig. Weibliche Zapfen mit schraubigen, schildförmigen, 2-samigen Samenschuppen, die mit den Deckschuppen verwachsen sind
Zapfen: Samen 3-flügelig. Keimling mit 4–9 Keimblättern
Kennzeichen: Nadelbaum, sommergrün, mit im Herbst abfallenden, wechselständigen Langtrieben. Nadeln wechselständig, nicht am Zweig herablaufend. Zapfen mit mehrsamigen, mit den Deckschuppen verwachsenen Samenschuppen

Cycadales (Cycadopsida)

Die Gattungen sind hauptsächlich nach den weiblichen Sporophyllständen definiert. Palmfarne sind jedoch zweihäusig und die weiblichen Pflanzen brauchen oft sehr lange Zeit bis zur ersten Blüte. Deshalb wird hier ein Schlüssel versucht nach den Blättern, der in den meisten Fällen zur richtigen Gattung führt.

Schlüssel nach den Blättern:
1 Blätter doppelt gefiedert. (Stamm unterirdisch) . . . . **Bowenia**
1 Blätter einfach gefiedert
  2 Fiedern fiedernervig, Seitennerven gabelig. (Stamm unterirdisch) . . . . **Stangeria**
  2 Fiedern nicht fiedernervig
    3 Fiedern mit 1 kräftigen Mittelnerv ohne Seitennerven. (weibliche Sporophylle locker und mit 8 bis 2Samen und gefiedertem oder gesägtem blattartigen Ende). . . . . **Cycas**
    3 Fiedern parallel- oder undeutlich gabelig längsnervig. (weibliche Sporophylle dicht zapfenartig stehend, mit 2 Samen)
      4 Nebenblattartige Zipfel an der Blattbasis **Zamia**
      4 Nebenblattartige Zipfel an der Blattbasis fehlend §
        5 Fiedern am Grund gegliedert, einzeln abfallend
          6 Fiedern mit ringförmigem Wulst um die Ansatzstelle. Nebenblattartige Zipfel fehlend . . . . **Microcycas**
          6 Fiedern ohne ringförmigen Wulst um die Ansatzstelle. Nebenblattartige Zipfel vorhanden . . . . **Ceratozamia**
        5 Fiedern am Grund nicht gegliedert, nicht einzeln abfallend
          7 Fiedern meist am Rand dornig gezähnt oder mit wenigen großen Zähnen. . . . . **Encephalartos**
          7 Fiedern selten dornig gezähnt
            8 gegenüberliegende Fiedern gemeinsam dicht beisammen aus der Furche der Blattspindel entspringend . . **Lepidozamia**
            8 gegenüberliegende Fiedern am Grund nicht zusammenstoßend
              9 Fiedern einer Blattseite am Grund zusammenstoßend, nicht verschmälert am Grund. . . . . **Dioon**
              9 Fiedern einer Blattseite etwas herablaufend und mit einer hellen Beule am Grund . . . . **Macrozamia**

Schlüssel nach den weiblichen Sporophyllständen für die Gattungen der Zamiaceae:
1 Sporophylle mit schildförmigen Endflächen in senkrechten Reihen
  2 Sporophylle mit 2 Hörnchen am Ende . . . . **Ceratozamia**
  2 Sporophylle gestutzt oder stumpf am Ende
    3 Nebenblattartige Zipfel am Grund der Blätter . . . . **Zamia**
    3 Nebenblattartige Zipfel am Grund der Blätter fehlend . . . . **Microcycas**

1 Sporophylle nicht mit schildförmigen Endflächen in senkrechten Reihen, ± dachig sich deckend
  4 Enden der Sporophylle wollig, verbreitert und aufrecht . . . . **Dioon**
  4 Enden der Sporophylle kahl oder filzig, dicht anliegend dachig
    5 Sporophylle mit 4- oder 6-seitiger Fläche. Zapfen sitzend . . . . **Encephalartos**
    5 Sporophylle sitz oder dornig
      6 Zapfen sitzend oder fast so. Enden der Sporophylle filzig . . . . **Lepidozamia**
      6 Zapfen gestielt. Enden der Sporophylle verkahlend . . . . **Macrozamia**

Boweniaceae

Bowenia Hook.

Ableitung: Gattung zu Ehren von Sir George Ferguson Bowen (1821–1899), einem englischen Gouverneur von Queensland benannt
Vulgärnamen: D:Queenslandpalmfarn; E:Byfield Fern; F:Bowénia, Fougère-palmier
Arten: 2
Lebensform: krautig mit unterirdischem Stamm
Blätter: grundständig, doppelt gefiedert. Nervatur der Fiedern gabelnervig
Blütenstand: Zapfen, endständig
Blüten: zweihäusig. Makrosporophylle 2-samig. Keimblätter 2
Kennzeichen: krautig mit unterirdischem Stamm. Blätter grundständig, doppelt gefiedert. Nervatur der Fiedern gabelnervig. Blüten in endständigen, zweihäusigen Zapfen

Cycadaceae

Cycas L.

Ableitung: nach einem griechischen Pflanzennamen
Vulgärnamen: D:Sagopalmfarn; E:Cycad; F:Cycas
Arten: 46
Lebensform: Schopfbaum, immergrün
Blätter: wechselständig, gefiedert. Fiedern mit Mittelnerv
Blütenstand: Zapfen, endständig, aber nach der Blüte von der Achse durchwachsen
Blüten: zweihäusig. Makrosporophylle locker stehend, am Ende gefiedert bis gezähnt, 8- bis 48-, selten nur 2-samig. Keimblätter 2
Kennzeichen: Schopfbaum, immergrün. Blätter gefiedert, Fiedern mit Mittelnerv. Zapfen zweihäusig. Makrosporophylle fast immer 8- bis 48-samig mit sterilem gefiedertem bis gezähntem Endabschnitt

Cycas revoluta

Stangeriaceae

Stangeria T. Moore

Ableitung: Gattung zu Ehren von William Stanger (1811–1854), einem englischen Arzt und Naturforscher benannt
Arten: 1
Lebensform: Staude mit unterirdischem Stamm
Blätter: grundständig, doppelt gefiedert. Nervatur der Fiedern gabelnervig
Blütenstand: Zapfen, endständig
Blüten: zweihäusig. Makrosporophylle 2-samig. Keimblätter 2
Kennzeichen: Staude mit unterirdischem Stamm. Blätter doppelt gefiedert, Fiedern gabelnervig. Endständige Zapfen, zweihäusig

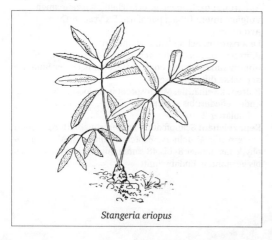
Stangeria eriopus

Zamiaceae

Ceratozamia Brongn.

Ableitung: Horn-Zamia
Arten: 18
Lebensform: kurzstämmiger Schopfbaum, immergrün
Blätter: wechselständig, gefiedert mit voneinander getrennten, parallelnervigen Fiedern
Blütenstand: Zapfen, endständig
Blüten: zweihäusig. Makrosporophylle schildförmig, mit 2 Hörnchen, 2-samig. Keimblätter 2
Kennzeichen: Kurzstämmiger, immergrüner Schopfbaum mit gefiederten Blättern mit parallelnervigen Fiedern. Blüten zweihäusig in Zapfen. Macrosporophylle am Ende schildförmig, mit 2 Hörnchen

Ceratozamia mexicana

Dioon Lindl.

Ableitung: zwei Eier
Vulgärnamen: D:Doppelpalmfarn; E:Fern Palm; F:Dioon, Palmier mexicain
Arten: 11
Lebensform: Schopfbaum, immergrün
Blätter: wechselständig, gefiedert. Nervatur der Fiedern parallelnervig
Blütenstand: Zapfen, endständig

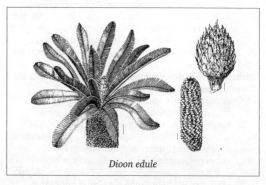
Dioon edule

Blüten: zweihäusig. Makrosporophylle mit langem, keilförmigem Fortsatz, 2-samig. Keimblätter 2
Kennzeichen: Schopfbaum, immergrün mit gefiederten Blättern mit parallelnervigen Fiedern. Blüten zweihäusig in Zapfen. Macrosporophylle mit langem, keilförmigem Fortsatz

Encephalartos Lehm.

Ableitung: auf dem Kopf Brot
Vulgärnamen: D:Brotpalmfarn; E:Cycad; F:Arbre à pain
Arten: 62
Lebensform: niederer bis hoher Schopfbaum, immergrün
Blätter: wechselständig, gefiedert. Fiedern am Rand oft stachelig, am Ende stachelspitzig, mit parallelnerviger Nervatur
Blütenstand: Zapfen, seitlich
Blüten: zweihäusig. Makrosporophylle schildförmig, 2-samig. Keimblätter 2
Kennzeichen: Schopfbaum, immergrün mit gefiederten Blättern mit stachelspitzigen Fiedern. Blüten zweihäusig in Zapfen. Macrosporophylle schildförmigen, 2-samig

Encephalartos hildebrandtii

Lepidozamia Regel

Ableitung: Schuppen-Zamia
Arten: 2
Lebensform: Schopfbaum, immergrün
Blätter: wechselständig, gefiedert. Fiedern am Grund zusammenstoßend mit parallelnerviger Nervatur
Blütenstand: Zapfen, endständig
Blüten: zweihäusig. Makrosporophylle spitz, 2-samig. Keimblätter 2
Kennzeichen: Schopfbaum, immergrün mit gefiederten Blättern mit parallelnervigen Fiedern. Blüten zweihäusig in Zapfen. Macrosporophylle spitz, 2-samig

Macrozamia Miq.

Ableitung: große Zamia
Arten: 38
Lebensform: Schopfbaum, immergrün
Blätter: wechselständig, gefiedert. Fiedern parallelnervig
Blütenstand: Zapfen, seitlich
Blüten: zweihäusig. Makrosporophylle spitz, 2-samig. Keimblätter 2
Kennzeichen: Schopfbaum, immergrün mit gefiederten Blättern mit parallelnervigen Fiedern. Blüten zweihäusig in Zapfen. Macrosporophylle spitz, 2-samig

Macrozamia communis

Microcycas (Miq.) A. DC.

Ableitung: kleine Cycas
Vulgärnamen: D:Zwergpalmfarn; E:Palma Corcho; F:Petit cycas
Arten: 1
Lebensform: Schopfbaum, immergrün
Blätter: wechselständig, gefiedert. Nervatur der Fiedern gabelnervig
Blütenstand: Zapfen, endständig
Blüten: zweihäusig. Makrosporophylle schildförmig, 2-samig. Samen rot. Keimblätter 2
Kennzeichen: Schopfbaum, immergrün mit gefiederten Blättern mit gabelnervigen Fiedern. Blüten zweihäusig in Zapfen. Macrosporophylle schildförmig, 2-samig

Zamia L.

Ableitung: nach einem antiken Pflanzennamen
Arten: 53
Lebensform: Schopfbaum mit knolligem oder kurzem Stamm, immergrün
Blätter: grundständig oder wechselständig, gefiedert, Blattstiel glatt bis stachelig. Nervatur der Fiedern parallelnervig
Blütenstand: Zapfen, endständig
Blüten: zweihäusig. Makrosporophylle schildförmig, in Längsreihen, 2-samig. Keimblätter 2
Kennzeichen: Schopfbaum, immergrün mit gefiederten Blättern mit parallelnervigen Fiedern. Blüten zweihäusig in Zapfen. Macrosporophylle schildförmig, in Längsreihen, 2-samig

Zamia muricata

Gnetatae

Ephedraceae Meerträubelgewächse

Ephedra L.

Ableitung: antiker Pflanzenname
Vulgärnamen: D:Meerträubel; E:Joint Fir; F:Ephèdre, Raisin de mer
Arten: c. 40
Lebensform: Strauch, Baum, Liane, immergrün
Blätter: gegenständig oder quirlständig, schuppenförmig
Blütenstand: Zapfen, seitlich
Blüten: fast immer zweihäusig, männliche mit 2 Hüllblättern und 2–8 Staubblättern, weibliche zu 2 mit taschenförmiger Hülle und 1 Samenanlage
Frucht: Fruchtzapfen mit 2 Samen
Kennzeichen: Strauch, Baum, Liane mit gegen- oder quirlständigen, schuppenförmigen Blättern. Zapfen fast immer zweihäusig, männliche mit 2 Hüllblättern, weibliche mit taschenförmiger Hülle und 2 1-samigen Blüten

Ephedra

Gnetaceae

Gnetum L.

Ableitung: nach einem malaiischen Pflanzennamen
Arten: 28
Lebensform: Liane, Strauch, Baum
Blätter: gegenständig, einfach, fiedernervig. Nebenblätter fehlend
Blütenstand: Ähren mit Blütenquirlen
Blüten: zweihäusig, männliche Blüten mit 2 verwachsenen Perigonblättern und 1, selten 2 Staubblättern, weibliche Blüten mit 2 schlauchförmigen Hüllen und 1 Samenanlage
Samen: mit fleischiger Außenhülle und harter innerer Hülle
Kennzeichen: Liane, Strauch, Baum. Blätter gegenständig. Blüten in Ähren, zweihäusig, männliche Blüten mit 2 verwachsenen Perigonblättern und 1 Staubblatt, weibliche mit 2 schlauchförmigen Hüllen und 1 Samenanlage. Samen steinfruchtartig

Gnetum montanum

Welwitschiaceae Welwitschiengewächse

Welwitschia Hook. f.

Ableitung: Gattung zu Ehren von Friedrich Martin Josef Welwitsch (1806–1872), einem österreichischen Botaniker und Arzt benannt
Vulgärnamen: D:Welwitschie; F:Welwitschia
Arten: 1
Lebensform: holziger, rübenartiger, sehr kurzer Stamm
Blätter: nur 2, gegenständig, riemenförmig, am Grund nachwachsend und am Ende absterbend
Blütenstand: rispenartig mit zapfenartigen Ähren mit gegenständigen dichten Deckschuppen
Blüten: zweihäusig, männliche mit 2 verwachsenen Hüllblättern und 6 unten verwachsenen Staubblättern, weibliche mit 2 verwachsenen Hüllblättern und 1 Samenanlage

Welwitschia mirabilis

Kennzeichen: holziger, sehr kurzer Stamm mit nur 2 riemenförmigen Blättern. Blüten zweihäusig in zapfenartigen Ähren mit 4-zeiligen Deckschuppen, mit 2 verwachsenen Hüllblättern und 6 Staubblättern oder 1 Samenanlage

7 Familienschlüssel der Bedecktsamer

Um auch seltene Ausnahmen zu berücksichtigen, ist ein verhältnismäßig umfangreicher und komplizierter Familienschlüssel notwendig. Die natürliche, aber nach allen Richtungen ausufernde Familie der Rosaceae musste z.B. an 15 Stellen im Schlüssel erscheinen. Andererseits werden in Familienschlüsseln nur etwa zwei Dutzend Merkmale verwendet. Wenn man von etwa 20 großen, einheitlichen Familien die kennzeichnenden Merkmale kennt, ist eine mühselige Bestimmung der Familie bei fast drei Vierteln unbekannter Arten nicht notwendig.

Gruppenschlüssel

Dikotyle

1 Blütenhülle einfach oder fehlend
  2 Fruchtknoten oder Fruchtblätter oberständig oder mittelständig. . . . . **Gruppe A** (S. 106)
  2 Fruchtknoten oder Fruchtblätter unterständig oder halbunterständig. . . . . **Gruppe B** (S. 108)
1 Blütenhülle doppelt aus Kelch und Krone gebildet
  3 Kronblätter frei
    4 Fruchtknoten oder Fruchtblätter oberständig oder mittelständig
      5 Fruchtblätter frei . . . . . . **Gruppe C** (S. 109)
      5 Fruchtblätter zu einem Fruchtknoten verwachsen
        6 Plazentation parietal . . . **Gruppe D** (S. 110)
        6 Plazentation nicht parietal . . . . **Gruppe E** (S. 111)
    4 Fruchtknoten unterständig oder halbunterständig. . . . . . **Gruppe F** (S. 115)
  3 Kronblätter verwachsen
    8 Fruchtknoten oberständig
      9 Krone radiär. . . . . **Gruppe G** (S. 116)
      9 Krone zygomorph. . . . . . **Gruppe H** (S. 119)
    8 Fruchtknoten unterständig oder halbunterständig. . . . . . . **Gruppe I** (S. 121)

Gruppe A
Blütenhülle einfach oder fehlend. Fruchtknoten oder Fruchtblätter oberständig oder mittelständig

1 Fruchtblätter oder Fruchtknoten mittelständig
  2 Fruchtblätter mehrere freie
    3 Pflanzen Holzpflanzen mit gegenständigen Blättern
      4 Blüten eingeschlechtig. Fruchtblätter 2–5. Steinfrüchtchen . . . . . **Monimiaceae** (S. 648)
      4 Blüten zwittrig. Fruchtblätter 11 bis viele. Nüsschen . . . . **Calycanthaceae** Gewürzstrauchgewächse (S. 380)
    3 Pflanzen krautig. Blätter grundständig. Balgfrüchte. Blätter schlauchförmig. . . . . **Cephalotaceae** (S. 409)
  2 Fruchtblatt einzeln oder Fruchtknoten aus mehreren Fruchtblättern verwachsen
    5 Staubblätter 1. (Perigonblätter 4) . . . . **Proteaceae** (S. 716)
    5 Staubblätter 2 bis viele
      6 Fruchtblätter 2. Plazentation zentralwinkelständig . . . . **Lythraceae** Blutweiderichgewächse (S. 608)
      6 Fruchtblätter 1-fächerig. Plazentation basal oder apical
        7 Blätter mit braunen oder silbrigen Schuppenhaaren. . . . . **Elaeagnaceae** Ölweidengewächse (S. 458)
        7 Blätter ohne Schuppenhaare
          8 Griffel endständig . . . . . **Thymelaeaceae** Seidelbastgewächse (S. 867)
          8 Griffel am Grund des Fruchtblatts entspringend . . **Chrysobalanaceae** (S. 416)
1 Fruchtblätter oder Fruchtknoten oberständig oder Blüten ohne Blütenhülle
  9 Fruchtblätter mehrere freie
    10 Blütenhülle fehlend
      11 Frucht aus Flügelnüsschen bestehend . . . . **Eupteleaceae**
      11 Frucht aus Bälgen bestehend
        12 Blätter mit Nebenblättern, sommergrün. Blüten eingeschlechtig. . **Cercidiphyllaceae** Kuchenbaumgewächse (S. 410)
        12 Blätter ohne Nebenblätter, immergrün. Blüten zwittrig . . . . . **Trochodendraceae** Radbaumgewächse (S. 873)
    10 Blütenhülle einfach
      13 Frucht trocken
        14 Staubblätter 3–4. Blüten in kugeligen Köpfchen . . . . **Platanaceae** Platanengewächse (S. 696)
        14 Staubblätter nicht 3–4
          15 Pflanzen krautig
            16 Blütenhülle 4-teilig. 2 Fruchtblätter . . . . **Glaucidiaceae** (S. 556)
            16 Blütenhülle und Fruchtblätter anders. . . . . **Ranunculaceae**
          15 Pflanzen Bäume, Sträucher oder Lianen
            17 Nebenblätter jung tütenförmig verwachsen. Blüten mit langgestreckter Achse. (Fruchtblätter viele) . . . . **Magnoliaceae** Magnoliengewächse (S. 610)
            17 Nebenblätter nicht tütenförmig oder fehlend. Blüten ohne langgestreckte Achse
              18 Teilfrüchte mehrsamig, offen. (Fruchtblätter 4–5) . . . **Sterculiaceae** Kakaogewächse (S. 856)
              18 Teilfrüchte Nüsschen
                19 Nebenblätter fehlend. Fruchtblätter 5 bis viele . . . . . . **Ranunculaceae** (S. 725)
                19 Nebenblätter vorhanden. Fruchtblätter 2–4 . . . . **Rosaceae** Rosengewächse (S. 742)
      13 Frucht fleischig
        20 Blätter zusammengesetzt . . **Lardizabalaceae** Fingerfruchtgewächse (S. 593)

20 Blätter einfach
21 Frucht mit verlängerter Achse . . . .
       Schisandraceae
     Beerentraubengewächse (S. 818)
21 Frucht nicht mit verlängerter Achse
22 Blütenhüllblätter in 3-er-Wirteln . . . . .
  . . . .**Menispermaceae** (S. 638)
22 Blütenhüllblätter 4–5 . . **Phytolaccaceae**
    Kermesbeerengewächse (S. 691)
9 Fruchtblätter 1 oder ein Fruchtknoten aus mehreren Fruchtblättern verwachsen
23 Fruchtblatt 1
24 Pflanze eine untergetauchte Wasserpflanze mit quirlständigen, fein zerteilten Blättern. . .
  . . . . **Ceratophyllaceae**
     Hornblattgewächse (S. 410)
24 Pflanze eine verholzte Landpflanze
25 Frucht trocken
26 Staubblätter 1–2. Milchsaft. . . . .
  . . . .**Cecropiaceae** (S. 406)
26 Staubblätter 10 bis viele . . . . . **Rosaceae**
     Rosengewächse (S. 742)
25 Frucht fleischig (Beere, Steinfrucht, Fleischbalg)
27 Blüten in Ähren, ohne Blütenhülle. . . . .
  . . . . **Piperaceae** (S. 692)
27 Blüten und Blütenhülle anders
28 Blätter gegenständig. Staubblätter 3. (Steinfrucht) . . . .
  . . . . **Chloranthaceae** (S. 416)
28 Blätter und Staubblätter anders
29 Blätter zusammengesetzt
  . . . . **Lardizabalaceae**
    Fingerfruchtgewächse (S. 593)
29 Blätter einfach
30 Antheren mit Klappen. . . . **Lauraceae**
     Lorbeergewächse (S. 595)
30 Antheren mit Schlitzen
  . . . . **Phytolaccaceae**
    Kermesbeerengewächse (S. 691)
9 Fruchtblätter mehrere zu einem Fruchtknoten verwachsen
31 Frucht fleischig
32 Pflanze eine Wasserpflanze mit Schwimmblättern. (Plazentation laminal) . .
  Nymphaeaceae Seerosengewächse (S. 668)
32 Pflanze ein Landpflanze
33 Fruchtknoten mit 2 bis mehr Fächern. Plazentation zentralwinkelständig
34 Blütenstand mit großen weißen Hochblättern und Blütenhülle fehlend. . .
  . . . .**Davidiaceae**
34 Blütenstand ohne große weiße Hochblätter
35 Staubblätter vor den Kronblättern
36 Pflanzen ohne Ranken . . . **Rhamnaceae**
    Kreuzdorngewächse (S. 736)
36 Pflanzen Lianen mit Ranken . . **Vitaceae**
    Weinrebengewächse (S. 890)
35 Staubblätter nicht vor den Kronblättern
37 Griffel 2–3
38 Nebenblätter fehlend . . . . . **Buxaceae**
    Buchsbaumgewächse (S. 337)

38 Nebenblätter vorhanden . . . .
  . . . .**Euphorbiaceae**
    Wolfsmilchgewächse (S. 477)
37 Griffel 1
39 Pflanzen ericaartige Zwergsträucher. .
  . . . .**Empetraceae**
    Krähenbeergewächse (S. 460)
39 Pflanzen Sträucher oder Bäume
40 Staubblätter 1–4 . . . . **Oleaceae**
    Ölbaumgewächse (S. 672)
40 Staubblätter 6–16 . . . . **Sapindaceae**
    Seifenbaumgewächse (S. 797)
33 Fruchtknoten einfächerig. Plazentation parietal, basal oder apical
41 Plazentation parietal mit vielen Samenanlagen
42 Nebenblätter fehlend, aber dornige Areolen vorhanden . . . . . .**Cactaceae**
      Kakteen (S. 339)
42 Nebenblätter vorhanden
43 Staubblätter nicht auf einem Gynophor.
  . . . . **Flacourtiaceae** (S. 532)
43 Staubblätter auf einem Gynophor. . . .
  . . . . **Passifloraceae**
    Passionsblumengewächse (S. 689)
41 Plazentation basal oder apical mit 1 Samenanlage
44 Nebenblätter vorhanden
45 Milchsaft fehlend. Blattspreite am Grund meist asymmetrisch . . . . . **Ulmaceae**
    Ulmengewächse (S. 875)
45 Milchsaft vorhanden . . . . **Moraceae**
    Maulbeergewächse (S. 648)
44 Nebenblätter fehlend
46 männliche Blüten in kätzchenartigen Blütenständen
47 Blätter gegenständig. Plazentation apical. Frucht eine Beere . . **Garryaceae**
      (S. 539)
47 Blätter wechselständig, drüsig punktiert. Plazentation basal. Frucht eine Steinfrucht. . . . .**Myricaceae**
    Gagelgewächse (S. 654)
46 männliche Blüten nicht in kätzchenartigen Blütenständen
48 Blätter zusammengesetzt . . . .
  . . . .**Anacardiaceae**
    Sumachgewächse (S. 154)
48 Blätter einfach
49 Blüten ohne Blütenhülle. (Blüten in Ähren) . . . . . . **Piperaceae** (S. 692)
49 Blüten mit einfacher Blütenhülle
50 Staubblätter 6–12. . . . .
  . . . . **Daphniphyllaceae** (S. 449)
50 Staubblätter bis 5
51 Blütenhüllblätter frei . . . .
  . . . . **Amaranthaceae**
    Amaranthgewächse (S. 151)
51 Blütenhüllblätter verwachsen. . . .
  . . . . . . **Chenopodiaceae** (S. 410)
31 Frucht trocken
52 Blütenhülle fehlend

53 Blätter wechselständig, wenn gegenständig,
  dann ± sukkulent . . . .
  . . . . Chenopodiaceae (S. 410)
53 Blätter gegenständig
54 Pflanze eine krautige Wasserpflanze.
  (Staubblätter 1) . . . . Callitrichaceae
  Wassersterngewächse (S. 379)
54 Pflanze eine verholzte Landpflanze
  55 Blätter schuppenförmig. Staubblatt 1. . .
    . . . . Casuarinaceae
    Kasuarinengewächse (S. 406)
  55 Blätter nicht schuppenförmig. Staubblätter
    2–12
    56 Blätter zusammengesetzt. Staubblätter
      2–4. Frucht eine Flügelnuss . . Oleaceae
      Ölbaumgewächse (S. 672)
    56 Blätter einfach. Staubblätter 10 oder 12.
      Frucht eine Kapsel . . Simmondsiaceae
      Jojobagewächse (S. 843)
52 Blütenhülle einfach
57 Samenanlagen 1–2 je Fach (7)
  58 Griffel 1
    59 Staubblätter 2. (Blätter gegenständig) . .
      . . . Oleaceae Ölbaumgewächse (S. 672)
    59 Staubblätter 4 bis viele
      60 Kelchblätter klappig. (Frucht stachelig
        oder borstig) . . . . Tiliaceae
        Lindengewächse (S. 870)
      60 Kelchblätter nicht klappig . . . .
        . . Sapindaceae mit Aceraceae (S. 797)
  58 Griffel 2–4
    61 Nebenblätter fehlend und Staubblätter 4.
      . . . . Buxaceae
      Buchsbaumgewächse (S. 337)
    61 Nebenblätter und Staubblätter nicht in
      dieser Kombination
      62 Blütenstand sternhaarig und
        Nebenblätter
        . . . . Hamamelidaceae (S. 561)
      62 Blütenstand nicht sternhaarig. (Pflanze
        oft mit Milchsaft und Samen mit
        Samenschwiele (Caruncula) . . . .
        . . . . Euphorbiaceae
        Wolfsmilchgewächse (S. 477)
57 Samenanlagen mehrere bis viele je Fach (8)
63 Blätter krug- oder schlauchförmig
  64 Blätter grundständig, schlauchförmig . .
    . . . . Sarraceniaceae
    Sarrazeniengewächse (S. 809)
  64 Blätter wechselständig, mit blattartiger
    Basis, Stiel und Kanne . . . Nepenthaceae
    (S. 666)
63 Blätter nicht krug- oder schlauchförmig
  65 Pflanzen Bäume oder Sträucher
    66 Staubblätter 4. Nebenblätter fehlend . .
      . . . . Trochodendraceae
      (Tetracentron) (S. 873)
    66 Staubblätter 5 bis viele. Nebenblätter
      vorhanden . . . . Sterculiaceae
      Kakaogewächse (S. 856)
  65 Pflanzen Kräuter

67 Griffel 1. Staubblätter 2 . . . .
  Scrophulariaceae Braunwurzgewächse
  oder Rachenblütler (S. 819)
67 Griffel mehrere oder mehrere sitzende
  Narben
  68 Blätter gegenständig, quirlständig oder
    grundständig. Nebenblätter vorhanden
    . . . . Molluginaceae (S. 647)
  68 Blätter wechselständig
    69 Honigblätter vorhanden. Staubblätter
      viele . . . . . Ranunculaceae (S. 725)
    69 Honigblätter fehlend. Staubblätter 10
      . . . . Penthoraceae (S. 690)

Gruppe B
Blütenhülle einfach oder fehlend. Fruchtknoten unterständig oder halbunterständig

1 Pflanze eine fast immer dornige Stammsukkulente mit Areolen. Blütenhüllblätter nicht deutlich in Kelch und Krone geschieden, schraubig an ± langer Achsenröhre. Plazentation parietal . . . Cactaceae
  Kakteen (S. 339)
1 Pflanze keine Stammsukkulente
  2 Blütenhülle nur aus den verwachsenen Kronblättern bestehend
    3 Blüten in Körbchen. Antheren zu einer Röhre verklebt . . . . Asteraceae Korbblütler (S. 212)
    3 Blüten nicht in Körbchen. Antheren frei
      4 Krone wird als Haube abgesprengt. Staubblätter viele, frei von der Krone. Blätter mit Ölbehältern . . . Myrtaceae (Eucalyptus) (S. 657)
      4 Krone anders. Staubblätter mit der Krone verwachsen
        5 Fruchtblätter 3. Frucht eine Nuss . . . . . .
          . Valerianaceae Baldriangewächse (S. 881)
        5 Fruchtblätter 2. Frucht eine Spaltfrucht oder eine Beere . . . . Rubiaceae (S. 767)
  2 Blütenhülle unscheinbar oder fehlend
    6 Pflanze eine krautige Wasserpflanze
      7 Blütenhülle 2- bis 4-blättrig. Staubblätter 3–8. Fruchtknoten aus 3–4 Fruchtblättern . . . . .
        . Haloragaceae Seebeerengewächse (S. 560)
      7 Blütenhülle fehlend. Staubblätter 1. Fruchtblatt 1 . . . Hippuridaceae Tannenwedelgewächse (S. 565)
    6 Pflanze keine krautige Wasserpflanze
      8 Pflanze eine Holzpflanze mit gefiederten Blättern. Männliche Blüten in Kätzchen . . . .
        . . . Juglandaceae Walnussgewächse (S. 574)
      8 Pflanze anders
        9 Pflanze ein Halbschmarotzer auf Holzpflanzen
          10 Blüten mit kelchartigem Wulst unter der Blütenhülle . . . . Loranthaceae
            Riemenblumengewächse (S. 607)
          10 Blüten ohne kelchartigem Wulst unter der Blütenhülle. (Blüten eingeschlechtig) . . .
            . . . . Viscaceae Mistelgewächse (S. 890)

9 Pflanze kein Halbschmarotzer auf Holzpflanzen
 11 Pflanze mit Milchsaft und Scheinfrüchten . . . **Moraceae Maulbeergewächse** (S. 648)
 11 Pflanze ohne Milchsaft. Keine Scheinfrucht
 12 Pflanze krautig. Staubblätter 1–2 . . . . **Gunneraceae Gunneragewächse** (S. 559)
 12 Pflanze verholzt. Staubblätter 4 bis mehr
 13 Blütenstand auf einem Blatt entspringend . . . . **Helwingiaceae** (S. 565)
 13 Blütenstand nicht auf einem Blatt stehend . . . . **Araliaceae Araliengewächse** (S. 197)
 14 Frucht eine Beere oder Steinfrucht
 15 Blätter zusammengesetzt . . . . **Rosaceae Rosengewächse** (S. 742)
 15 Blätter einfach
 16 Staubblätter viele. Fruchtblätter 10–20 . . . **Sonneratiaceae** (S. 855)
 16 Staubblätter 3–10
 17 Blütenhüllblätter 6. Staubblätter 3 . . . . **Lauraceae Lorbeergewächse** (S. 595)
 17 Blütenhüllblätter 4–5. Staubblätter 4–10. Fruchtblätter 2–5
 18 Frucht eine Steinfrucht. Plazentation apical . . . . **Combretaceae** (S. 422)
 18 Frucht eine Beere. Plazentation zentralwinkelständig . . . . **Onagraceae Nachtkerzengewächse** (S. 676)
 14 Frucht trocken
 19 Frucht eine Doppelachäne . . **Apiaceae Doldenblütler** (S. 162)
 19 Frucht keine Doppelachäne
 20 Männliche Blüten in Kätzchen. (Holzpflanzen mit Nebenblättern. Frucht Nüsse)
 21 Fruchtblätter 2. Griffel 2 . . . . **Betulaceae Birkengewächse** (S. 288)
 21 Fruchtblätter 3, 6–9. Griffel 3–6. Frucht mit Cupula . . . . . **Fagaceae Buchengewächse** (S. 530)
 20 Männliche Blüten nicht in Kätzchen
 22 Pflanzen Wurzelparasiten. (Staubblätter so viele wie Blütenhüllblätter. 1 Griffel. Plazentation basal) . . **Santalaceae Sandelgewächse** (S. 796)
 22 Pflanzen keine Wurzelparasiten
 23 Plazentation parietal. (Kräuter)
 24 Blätter zusammengesetzt. Fruchtblätter 3 . . . **Datiscaceae Scheinhanfgewächse** (S. 449)
 24 Blätter einfach. Fruchtblätter 2 . . . . **Saxifragaceae Steinbrechgewächse** (S. 811)
 25 Plazentation zentralwinkelständig, apical oder basal

 26 Nebenblätter fehlend
 27 Plazentation zentralwinkelständig. Samen viele je Fach . . . . **Aristolochiaceae Osterluzeigewächse** (S. 203)
 27 Plazentation apical oder basal
 28 Griffel 1. Samenanlagen 2–6 je Fach . . . . **Combretaceae** (S. 422)
 28 Griffel mehrere. Samenanlage 1 je Fach . . . . **Chenopodiaceae** (S. 410)
 26 Nebenblätter vorhanden
 29 Staubblätter vor den Kronblättern stehend. (Staubblätter so viele wie Kronblätter. Griffel 1. Samenanlagen 1–2 je Fach) . . . . **Rhamnaceae Kreuzdorngewächse** (S. 736)
 29 Staubblätter auf Lücke zu den Kronblättern stehend
 30 Frucht Nüsschen oder Nuss . . . . **Rosaceae Rosengewächse** (S. 742)
 30 Frucht eine Kapsel oder Bälge
 31 Samenanlagen 1–2 je Fach . . . . . **Hamamelidaceae Zaubernussgewächse** (S. 561)
 31 Samenanlagen viele je Fach
 32 Staubblätter viele. Blätter meist unsymmetrisch . . . . **Begoniaceae Begoniengewächse oder Schiefblattgewächse** (S. 283)
 32 Staubblätter so viele bis doppelt so viele wie Blütenhüllblätter
 33 Blätter zusammengesetzt. Fruchtknoten halbunterständig . . . . . **Saxifragaceae Steinbrechgewächse** (S. 811)
 33 Blätter einfach. Fruchtknoten unterständig . . . . **Onagraceae Nachtkerzengewächse** (S. 676)

Gruppe C
Blüten mit Kelch und Krone. Kronblätter frei. Fruchtblätter frei

 1 Pflanze eine Wasserpflanze mit fein zerteilten Blättern. (Plazentation laminal) . . . . **Cabombaceae Haarnixengewächse** (S. 339)
 1 Pflanze eine Landpflanze
 2 Nebenblätter vorhanden

3   Staubblätter verwachsen. . . . . . **Sterculiaceae**
        Kakaogewächse (S. 856)
3   Staubblätter frei
4   Fruchtblätter mit 1 gemeinsamen Griffel . . .
        . . . . **Ochnaceae** (S. 670)
4   Fruchtblätter ohne gemeinsamen Griffel
5   Blüten ± mit 3-er Wirteln und langgestreckter Blütenachse. Nebenblätter zuerst tütenförmig verwachsen . . . . **Magnoliaceae**
        Magnoliengewächse (S. 610)
5   Blüten nicht mit 3-er Wirteln. Nebenblätter nicht tütenförmig . . . . **Rosaceae**
        Rosengewächse (S. 742)
2   Nebenblätter fehlend
6   Pflanzen Blattsukkulenten. (Staubblätter so viele wie Kronblätter) . . . . **Crassulaceae**
        Dickblattgewächse (S. 428)
6   Pflanzen keine Blattsukkulenten
7   Blüten mit 3-er Wirteln . . . . . . **Annonaceae**
        Anonengewächse (S. 159)
7   Blüten nicht mit 3-er Wirteln
8   Blätter mit Ölbehältern . . . . **Rutaceae**
        Rautengewächse (S. 782)
8   Blätter ohne Ölbehälter
9   Kronblätter tief eingeschnitten . . . .
        . . **Resedaceae Resedagewächse** (S. 735)
9   Kronblätter nicht tief eingeschnitten
10 Samenanlagen 1 je Fach
11 Blätter gegenständig oder quirlständig. Kronblätter fleischig in der Frucht . . . .
        . . . . **Coriariaceae**
        Gerberstrauchgeächse (S. 427)
11 Blätter wechselständig oder grundständig
12 Pflanzen Kräuter. (Staubblätter viele) .
        . . . . **Ranunculaceae** (S. 725)
12 Pflanzen Bäume oder Sträucher
13 Kronblätter 4–5. Fruchtblätter 1 . . .
        . . . . **Anacardiaceae**
        Sumachgewächse (S. 154)
13 Kronblätter 7–20. Fruchtblätter 5–21 . .
        . . . .**Illiciaceae**
        Sternanisgewächse (S. 574)
10 Samenanlagen 2 bis viele je Fach
14 Samenanlagen 2 je Fach und Steinfrüchtchen. (Holzpflanzen. Staubblätter so viele oder doppelt so viele wie Kronblätter . . . .
        . . . . **Simarubaceae** (S. 841)
14 Samenanlagen und Frucht anders
15 Blätter zusammengesetzt
16 Blüten zwittrig . . . . . . **Paeoniaceae**
        Pfingstrosengewächse (S. 681)
16 Blüten zweihäusig und in Rispen . . .
        . **Rosaceae Rosengewächse** (S. 742)
15 Blätter einfach
17 Blätter grundständig. (Fruchtblätter 2. Staubblätter 10) . . . . **Saxifragaceae**
        Steinbrechgewächse (S. 811)
17 Blätter wechselständig
18 Blütenboden verbreitert . . **Rosaceae**
        Rosengewächse (S. 742)
18 Blütenboden nicht verbreitert . . . .
        . . . . **Dilleniaceae** (S. 452)

Gruppe D
Blüten mit Kelch und Krone. Kronblätter frei. Fruchtknoten oberständig. Plazentation parietal

1   Blüten zygomorph
2   Blüten bilateral symmetrisch. Kelchblätter 2. Gliederfrucht . . . .
        . . . .**Fumariaceae Erdrauchgewächse** (S. 536)
2   Blüten zygomorph. Kelchblätter nicht 2
3   Frucht eine Beere. (Blätter zusammengesetzt) .
        . . . . **Capparaceae Kaperngewächse** (S. 391)
3   Frucht eine Kapsel oder Schote
4   Staubblätter 8–20 . . . .**Resedaceae**
        Resedagewächse (S. 735)
4   Staubblätter 3–6
5   Blätter zusammengesetzt . . . . **Moringaceae**
        Meerrettichbaumgewächse (S. 654)
5   Blätter einfach
6   Blüten gespornt. Staubblätter 5 . . . .
        . . . **Violaceae Veilchengewächse** (S. 889)
6   Blüten nicht gespornt. Staublätter nicht 5
7   Staubblätter 3. Frucht eine Kapsel . . . . .
        . . . . **Saxifragaceae**
        Steinbrechgewächse (S. 811)
7   Staubblätter 6. Frucht eine Schote . . . . .
        . . . . **Brassicaceae** (S. 311)
1   Blüten radiär
8   Blüten mit 4 Kelchblättern und 4 Kronblättern, 2 kurzen und 4 langen Staubblättern. Frucht eine Schote mit falscher Scheidewand und 2 Klappen oder geschlossen bleibend . . **Brassicaceae** (S. 311)
8   Blüten und Frucht anders
9   Blüten mit 3-er Wirteln (Staubblätter viele) . . .
        . . . . **Annonaceae Anonengewächse** (S. 159)
9   Blüten nicht mit 3-er Wirteln
10 Nebenblätter vorhanden
11 Pflanze mit Ranken. (Blüten oft mit Androgynophor) . . . . **Passifloraceae**
        Passionsblumengewächse (S. 689)
11 Pflanze ohne Ranken
12 Blüten eingeschlechtig
13 Blüten zweihäusig. Kronblätter mit einer Schuppe . . . . **Flacourtiaceae**
        Flakourtiengewächse (S. 532)
13 Blüten nicht zweihäusig. Kronblätter ohne Schuppe . . . . **Violaceae**
        Veilchengewächse (S. 889)
12 Blüten zwittrig
14 Kronblätter 4. Fruchtknoten ± gestielt . . .
        . **Capparaceae Kaperngewächse** (S. 391)
14 Kronblätter 5
15 Staubblätter 5 . . . . **Violaceae**
        Veilchengewächse (S. 889)
15 Staubblätter viele bis 7
16 Fruchtblätter 3 . . . . **Cistaceae**
        Zistrosengewächse (S. 417)
16 Fruchtblätter 2 . . . . **Bixaceae**
        Orleanstrauchgewäche (S. 300)
10 Nebenblätter fehlend
17 Fruchtknoten mittelständig . . . .
        . . . . **Turneraceae** (S. 874)

17 Fruchtknoten oberständig
18 Staubblätter verwachsen. (Frucht eine Beere) . . . . **Canellaceae** Kaneelgewächse (S. 390)
18 Staublätter frei
19 Blätter schuppenförmig. Samen mit Haarschopf. . . . **Tamaricaceae** (S. 862)
19 Blätter und Samen anders
20 Pflanzen mit Klappfallenblättern oder klebrigen Stieldrüsen. . . . **Droseraceae** Sonnentaugewächse (S. 456)
20 Pflanzen nicht karnivor
21 Blüten mit 5 Staubblättern und 5 drüsigen Staminodien. (Kräuter) . . . . **Parnassiaceae** Herzblattgewächse (S. 688)
21 Blüten anders
22 Kronblätter mit schuppenförmigem Anhängsel (Blätter gegenständig, mit Salzdrüsen) . . . . . . **Frankeniaceae** Nelkenheidengewächse (S. 536)
22 Kronblätter ohne schuppenförmiges Anhängsel
23 Fruchtknoten ± gestielt. (Kelchblätter 4. Kronblätter 4. Fruchtblätter 2) . . . . **Capparaceae** Kaperngewächse (S. 391)
23 Fruchtknoten und Blüten anders
24 Blüten mit Diskus mit 10 drüsenartigen Fortsätzen . . . . **Greyiaceae** Honigbaumgewächse (S. 558)
24 Blüten ohne Diskus
25 Kelchblätter 5 oder 3. Kronblätter 5
26 Kelchblätter am Rand drüsig bewimpert. . . . . **Clusiaceae** (S. 419)
26 Kelchblätter nicht drüsig bewimpert. . . . . **Cistaceae** Zistrosengewächse (S. 417)
25 Kelchblätter 2 oder 4. Kronblätter 4, 6 oder bis 16. (Pflanzen meist mit Milchsaft) . . . **Papaveraceae** Mohngewächse (S. 681)

Gruppe E
Blüten mit Kelch und Krone. Kronblätter frei. Fruchtknoten ober- oder mittelständig. Plazentation nicht parietal

1 Fruchtknoten mittelständig
2 Fruchtblätter ein einziges
3 Blüten in Köpfchen, 4-zählig. (Frucht trocken) . . . . **Thymelaeaceae** Seidelbastgewächse (S. 867)
3 Blütenstand und Blüten anders
4 Griffel basal am Fruchtblatt . . . . **Chrysobalanaceae** (S. 416)
4 Griffel endständig am Fruchtblatt . . . . **Rosaceae** Rosengewächse (S. 742)

2 Fruchtblätter 2–7
5 Frucht eine Steinfrucht. (Nebenblätter vorhanden) . . . . **Chrysobalanaceae** (S. 416)
5 Frucht trocken
6 Blüten einzeln. Antheren mit schlitzartigen Poren. (Sträucher) . . . . **Cunoniaceae** Cunoniengewächse (S. 447)
6 Blütenstand und Antheren anders
7 Griffel 2–5. (Kräuter) . . . . . **Saxifragaceae** Steinbrechgewächse (S. 811)
7 Griffel 1
8 Frucht eine Kapsel . . . . **Lythraceae** Blutweiderichgewächse (S. 608)
8 Frucht nussartig . . . . . **Thymelaeaceae** Seidelbastgewächse (S. 867)
1 Fruchtknoten oberständig
10 Fruchtblätter ein einziges
11 Blüten zygomorph (zumindest die Staubblätter sehr ungleich und dann Krone mit aufsteigender Knospendeckung)
12 Staubblätter 3–4. Antheren mit Poren. (Nebenblätter fehlend. Frucht stachelig) . . . . **Krameriaceae** (S. 576)
12 Staubblätter und Antheren anders
13 Kronblätter absteigend, eine Typische Schmetterlingsblüte bildend mit Fahne, 2 Flügeln und Schiffchen. (Staubblätter 10, selten 5) . . . . **Fabaceae** Schmetterlingsblütler (S. 489)
13 Kronblätter aufsteigend. (Nebenblätter fehlend. Blätter meist unpaarig gefiedert) . . . . **Caesalpiniaceae** Johannisbrotgewächse (S. 370)
11 Blüten radiär
14 Antheren mit Klappen . . . . . **Berberidaceae** Berberitzengewächse (S. 283)
14 Antheren nicht mit Klappen
15 Blätter einfach
16 Pflanze krautig mit schildförmigen oder handnervigen Blättern. Blüten mit 3-er Wirteln. . . . . **Berberidaceae** Berberitzengewäche (S. 283)
16 Pflanze holzig. Blüten nicht mit 3-er Wirteln
17 Blüten in Ähren oder Köpfchen. Krone klappig in der Knospe, unscheinbar klein. Staubblätter eine Pinselblume bildend . . . . **Mimosaceae** Mimosengewächse (S. 641)
17 Blüten nicht in Ähren oder Köpfchen. Kronblätter ansehnlich . . . . . **Rosaceae** Rosengewächse (S. 742)
15 Blätter zusammengesetzt
18 Frucht fleischig
19 Pflanze krautig. Staubblätter viele . . . . **Ranunculaceae** (S. 725)
19 Pflanze strauchig. Staubblätter 6 . . . . **Berberidaceae** Berberitzengewäche (S. 283)
18 Frucht trocken
20 Fruchtblatt mit 1 Samenanlage, sich zu einem Nüsschen entwickelnd. Blätter 3-fach fiederschnittig . . . . . . **Rosaceae** Rosengewächse (S. 742)

20 Fruchtblatt mit mehreren Samenanlagen, zu einer Hülse oder Schließfrucht sich entwickelnd
21 Kronblätter aufsteigend dachig in der Knospe. (Blätter meist einfach paarig gefiedert. Blüten keine ausgesprochenen Pinselblumen) . . . . . **Caesalpiniaceae Johannisbrotgewächse** (S. 370)
21 Kronblätter klappig in der Knospe (Blätter meist doppelt paarig gefiedert. Blüten meist Pinselblumen) . . . . **Mimosaceae Mimosengewächse** (S. 641)
10 Fruchtblätter 2 bis mehr
22 Staubblätter über doppelt so viele wie Kronblätter
23 Pflanze eine Wasserpflanze mit 20–30 Kronblättern und 12–20 in den kreiselförmigen Blütenboden eingesenkten Fruchtblättern . . . . **Nelumbonaceae Lotosblumengewächse** (S. 666)
23 Pflanze keine Wasserpflanze mit diesen Merkmalen
24 Blätter als Klappfallen ausgebildet . . . . **Droseraceae Sonnentaugewächse** (S. 456)
24 Blätter nicht als Klappfallen ausgebildet
25 Blätter schlauchförmig und grundständig . . . .**Sarraceniaceae Sarrazeniengewächse** (S. 809)
25 Blätter nicht schlauchförmig
26 Kelch- und Kronblätter in 3-er Wirteln . . . **Annonaceae Anonengewächse** (S. 159)
26 Kelch- und Kronblätter nicht in 3-er Wirteln
27 Plazentation frei zentral. (Kelchblätter meist 2) . . . . **Portulacaceae Portulakgewächse** (S. 708)
27 Plazentation zentralwinkelständig
28 Blätter gegenständig
29 Frucht eine Spaltfrucht . **Geraniaceae Storchschnabelgewächse** (S. 544)
29 Frucht keine Spaltfrucht
30 Griffel 5–18
31 Blüten einzeln. Kelchblätter 4, haubenartig abfallend. Kronblätter 4 . . . . . . **Eucryphiaceae** (S. 476)
31 Blüten anders . . **Clusiaceae** (S. 419)
30 Griffel 1
32 Nebenblätter vorhanden . . . . **Elaeocarpaceae** (S. 459)
32 Nebenblätter fehlend . . . **Cistaceae Zistrosengewächse** (S. 417)
28 Blätter wechselständig
33 Nebenblätter fehlend
34 Blätter mit Ölbehältern. . . **Rutaceae Rautengewächse** (S. 782)
34 Blätter ohne Ölbehälter
35 Blätter zusammengesetzt. (Kräuter) . . . . . . **Ranunculaceae** (S. 725)
35 Blätter einfach
36 Samenanlagen 1 bis wenige je Fach
37 Blüten eingeschlechtig . . . .**Euphorbiaceae Wolfsmilchgewächse** (S. 477)
37 Blüten gewöhnlich zwittrig. . . . . **Rosaceae Rosengewächse** (S. 742)
36 Samenanlagen viele je Fach
38 Frucht eine Beere . .**Actinidiaceae Strahlengriffelgewächse** (S. 136)
38 Frucht eine Kapsel . . . **Theaceae Teestrauchgewächse** (S. 863)
33 Nebenblätter vorhanden
39 Griffel mehrere
40 Blätter zusammengesetzt. Balgfrüchte . . . . **Rosaceae Rosengewächse** (S. 742)
40 Blätter einfach
41 Kelch klappig in der Knospe und Staubblätter verwachsen. . . . .**Sterculiaceae** (S. 856)
41 Kelch und Staubblätter anders (Blüten eingeschlechtig). . . . .**Euphorbiaceae Wolfsmilchgewächse** (S. 477)
39 Griffel 1
42 Kelch zur Fruchtzeit flügelartig. . . . . **Dipterocarpaceae Flügelnussgewächse** (S. 455)
42 Kelch nicht so
43 Kelchblätter dachig in der Knospe . . . . **Zygophyllaceae Jochblattgewächse** (S. 893)
43 Kelchblätter klappig in der Knospe
44 Staubblätter frei oder höchstens am Grund in Bündel verwachsen und Antheren 2-fächrig
45 Blüten mit Diskus. (Antheren mit Poren. Pflanze ohne Schleimzellen). . . . . **Elaeocarpaceae** (S. 459)
45 Blüten ohne Diskus. Pflanzen mit Schleimzellen . . . . . **Tiliaceae Lindengewächse** (S. 870)
44 Staubblätter verwachsen, selten frei, aber immer nur 1-fächrig
46 Pollen stachelig. (Staubblätter zu einer Röhre verwachsen. Oft Spaltfrüchte, Außenkelch oder Kräuter) . . . . . . **Malvaceae Malvengewächse** (S. 613)
46 Pollen glatt. (Staubblätter frei oder verwachsen. Nie Spaltfrüchte, Außenkelch oder Kräuter) . . . . . **Bombacaceae Wollbaumgewächse** (S. 300)
22 Staubblätter bis doppelt so viele wie Kronblätter
47 Blätter mit Ölbehältern . . . . . . **Rutaceae Rautengewächse** (S. 782)
47 Blätter ohne Ölbehälter
48 Blüten zygomorph
49 Kelch gespornt

50 Staubblätter 5. Fruchtblätter 5. Frucht eine Beere oder Kapsel . . . . . **Balsaminaceae Balsaminengewächse** (S. 281)
50 Staubblätter 8. Fruchtblätter 3. Frucht eine Spaltfrucht . . . . **Tropaeolaceae Kapuzinerkressengewächse** (S. 874)
49 Kelch nicht gespornt
51 Nebenblätter vorhanden. Fruchtblätter 5. . . . . **Melianthaceae Honigstrauchgewächse** (S. 638)
51 Nebenblätter fehlend. Fruchtblätter 2-3
52 Frucht eine Steinfrucht . . . . **Sabiaceae** (S. 795)
52 Frucht eine Kapsel
53 Blätter zusammengesetzt. Fruchtblätter 3 . . **Hippocastanaceae** (S. 565)
53 Blätter einfach. Fruchtblätter 2. 2 seitliche Kelchblätter flügelartig . . . . **Polygalaceae Kreuzblümchengewächse** (S. 702)
48 Blüten radiär
54 Antheren mit Poren
55 Staubblätter so viele wie Kronblätter
56 Frucht eine Steinfrucht. . . . . **Elaeocarpaceae** (S. 459)
56 Frucht eine Kapsel. Blätter mit langen Drüsenhaaren, karnivor
57 Fruchtblätter 2. Samenanlagen viele je Fach . . . . . . **Byblidaceae** (S. 338)
57 Fruchtblätter 3. Samenanlagen 1-4 je Fach . . . . . . **Roridulaceae** (S. 741)
55 Staubblätter doppelt so viele wie Kronblätter
58 Frucht eine Steinfrucht. Nebenblätter vorhanden . . **Elaeocarpaceae** (S. 459)
58 Frucht eine Kapsel. Nebenblätter fehlend
59 Blätter gegenständig (meist bogennervig) . . . . **Melastomataceae Schwarzmundgewächse** (S. 626)
59 Blätter wechselständig, grundständig oder genähert fast quirlständig
60 Fruchtblätter 3. Sträucher oder Bäume . . . . **Clethraceae Scheinellergewächse** (S. 419)
60 Fruchtblätter 5 oder 4. Kräuter oder Kleinsträucher . . . . . . **Pyrolaceae Wintergrüngewächse** (S. 723)
54 Antheren mit Schlitzen
61 Staubblätter vor den Kronblättern stehend
62 Plazentation frei zentral oder basal
63 Staminodien vorhanden . . . . **Corynocarpaceae** (S. 428)
63 Staminodien fehlend
64 Griffel 1. Plazentation frei zentral. . . . . **Myrsinaceae Myrsinengewächse** (S. 656)
64 Griffel 5. Plazentation basal . . . . **Plumbaginaceae Bleiwurzgewächse** (S. 696)
62 Plazentation zentralwinkelständig
65 Nebenblätter fehlend. (Kronblätter klappig. Steinfrucht) . . . . **Olacaceae** (S. 671)

65 Nebenblätter vorhanden
66 Blütenstände gegenüber einem Blatt stehend. Frucht eine Beere . . . . **Vitaceae Weinrebengewächse** (S. 890)
66 Blütenstände blattachselständig. Frucht meist eine Steinfrucht . . . . **Rhamnaceae Kreuzdorngewächse** (S. 736)
61 Staubblätter vor den Kelchblättern stehend
67 Frucht eine Spaltfrucht
68 Blätter mit Ölbehältern. Griffel 3-4 . . **Cneoraceae Zeilandgewächse** (S. 422)
68 Blätter ohne Ölbehälter. Griffel 1
69 Staubblätter zu einer Röhre verwachsen . . . . **Malvaceae Malvengewächse** (S. 613)
69 Staubblätter frei
70 Nebenblätter vorhanden
71 Blüten mit Diskus oder Gynophor . . . . **Zygophyllaceae Jochblattgewächse** (S. 893)
71 Blüten ohne Diskus oder Gynophor . . . . **Geraniaceae Storchschnabelgewächse** (S. 544)
70 Nebenblätter fehlend
72 Pflanzen Kräuter. Samenanlagen 1 je Fach . . . . **Limnanthaceae Sumpfblumengewächse** (S. 602)
72 Pflanzen Holzpflanzen. Samenanlagen 2 je Fach
73 Blätter gegenständig. Fruchtblätter 2 . . . . **Sapindaceae (Aceraceae)** (S. 797)
73 Blätter wechselständig. Fruchtblätter 4-6. . . . . **Simarubaceae** (S. 841)
67 Frucht keine Spaltfrucht
74 Griffel 2 bis mehr
75 Pflanzen Blattsukkulenten mit Balgfrüchten . . . . **Crassulaceae Dickblattgewächse** (S. 428)
75 Pflanzen keine Blattsukkulenten mit Balgfrüchten
76 Blätter zusammengesetzt
77 Blätter wechselständig oder grundständig
78 Fruchtblätter 2. Frucht eine Steinfrucht . . . . . **Euphorbiaceae Wolfsmilchgewächse** (S. 477)
78 Fruchtblätter 5. Frucht eine Kapsel oder Beere . . . . . . **Oxalidaceae Sauerkleegewächse** (S. 680)
77 Blätter gegenständig
79 Staubblätter 10 . . . . **Cunoniaceae Cunoniengewächse** (S. 447)
79 Staubblätter 5 . . . **Staphyleaceae** (S. 855)
76 Blätter einfach
80 Plazentation frei zentral oder basal (Kelchblätter meist 2) . . . . **Portulacaceae Portulakgewächse** (S. 708)

- 80 Plazentation zentralwinkelständig (parietal)
- 81 Blätter gegenständig oder quirlständig
- 82 Blüten eingeschlechtig .... **Euphorbiaceae** Wolfsmilchgewächse (S. 477)
- 82 Blüten zwittrig
- 83 Samenanlagen viele je Fach
- 84 Nebenblätter fehlend. .... **Clusiaceae** (S. 419)
- 84 Nebenblätter vorhanden. .... **Elatinaceae** Tännelgewächse (S. 460)
- 83 Samenanlagen 1-2 je Fach
- 85 Staubblätter 4-5 . . . **Linaceae** Leingewächse (S. 603)
- 85 Staubblätter 10. .... **Malphigiaceae** (S. 611)
- 81 Blätter wechselständig
- 86 Staubblätter doppelt so viele wie Kronblätter
- 87 Blüten eingeschlechtig .... **Euphorbiaceae** Wolfsmilchgewächse (S. 477)
- 87 Blüten zwittrig
- 88 Nebenblätter vorhanden. Holzpflanzen
- 89 Frucht eine Steinfrucht . . . . **Erythroxylaceae** Kokastrauchgewächse (S. 475)
- 89 Frucht eine Kapsel .... **Sterculiaceae** (S. 856)
- 88 Nebenblätter fehlend. Kräuter. .....**Penthoraceae** (S. 690)
- 86 Staubblätter so viele wie Kronblätter
- 90 Blüten eingeschlechtig .... **Euphorbiaceae** Wolfsmilchgewächse (S. 477)
- 90 Blüten zwittrig
- 91 Staubblätter frei
- 92 Pflanze krautig. Fruchtblätter 3-4. Samenanlagen viele. . . .... **Molluginaceae** (S. 647)
- 92 Pflanze holzig. Fruchtblätter 2. .... **Hamamelidaceae** Zaubernussgewächse (S. 561)
- 91 Staubblätter verwachsen
- 93 Samenanlagen 3 bis viele Fach .... **Sterculiaceae** Kakaogewächse (S. 856)
- 93 Samenanlagen 1-2 je Fach . . .. **Linaceae** Leingewächse (S. 603)
- 74 Griffel 1 oder Narbe sitzend
- 94 Nebenblätter vorhanden
- 95 Blätter zusammengesetzt
- 96 Frucht eine Steinfrucht. Nebenblätter fehlend. (Pflanze dornig. Blätter mit 2 Blättchen. Blüten mit Diskus) . . .. **Balanitaceae** (S. 281)
- 96 Frucht eine Kapsel oder Spaltfrucht. Nebenblätter vorhanden
- 97 Staubblätter verwachsen mit der Krone. Antheren 1-fächrig. . . . . **Bombacaceae** Wollbaumgewächse (S. 300)
- 97 Staubblätter frei von der Krone. Antheren 2-fächrig
- 98 Blüten ohne Diskus. (Kapsel mit Warzen, Borsten oder Stacheln) . ... **Tiliaceae** Lindengewächse (S. 870)
- 98 Blüten mit Diskus. .... **Zygophyllaceae** Jochblattgewächse (S. 893)
- 95 Blätter einfach
- 99 Frucht eine Steinfrucht
- 100 Diskus fehlend. Kronblätter dachig in der Knospe . . . **Aquifoliaceae** Stechpalmengewächse (S. 196)
- 100 Diskus vorhanden. Kronblätter klappig in der Knospe . . . . **Zygophyllaceae** Jochblattgewächse (S. 893)
- 99 Frucht eine Kapsel oder Nuss
- 101 Frucht mit 3 Flügeln aus Kelchblättern .... **Dipterocarpaceae** Flügelnussgewächse (S. 455)
- 101 Frucht anders
- 102 Blüten mit Diskus. Kelchblätter dachig .... **Celastraceae** Spindelstrauchgewächse (S. 407)
- 102 Blüten ohne Diskus. Kelchblätter klappig. .... **Tiliaceae** Lindengewächse (S. 870)
- 94 Nebenblätter fehlend
- 103 Staubblätter zu einer Röhre verwachsen .... **Meliaceae** Zederachgewächse (S. 633)
- 103 Staubblätter frei
- 104 Frucht eine Kapsel oder Nuss
- 105 Staubblätter so viele Kronblätter. Blätter einfach. Frucht eine Kapsel
- 106 Samenanlagen 1-2 je Fach . . . . **Cyrillaceae** (S. 449)
- 106 Samenanlagen viele je Fach. . . .. **Pittosporaceae** Klebsamengewächse (S. 693)
- 105 Staubblätter weniger als Kronblätter. Blätter zusammengesetzt. Frucht eine Nuss. .... **Oleaceae** Ölbaumgewächse (S. 672)
- 104 Frucht eine Beere, Steinfrucht oder aus Steinfrüchtchen bestehend
- 107 Frucht eine Beere
- 108 Staubblätter doppelt so viele wie Kronblätter. (Blätter gegenständig) .... **Clusiaceae** (S. 419)

108 Staubblätter so viele wie Kronblätter
109 Samenanlagen 1 je Fach. (Fruchtblätter 4–8). . . . . **Leeaceae** (S. 601)
109 Samenanlagen viele je Fach. (Fruchtblätter 2–5). . . . . **Pittosporaceae Klebsamengewächse** (S. 693)
107 Frucht eine Steinfrucht oder aus Steinfrüchtchen bestehend
110 Frucht aus Steinfrüchtchen bestehend . . . . **Simarubaceae** (S. 841)
110 Frucht eine Steinfrucht
111 Kelchblätter bis 2. (Blätter ± fleischig) . . . . **Basellaceae** (S. 282)
111 Kelchblätter 3 bis mehr
112 Samenanlage 1 basale je Fach . . . . **Anacardiaceae Sumachgewächse** (S. 154)
112 Samenanlagen 2–3 zentralwinkelständig je Fach
113 Staubblätter vor den Kronblättern stehend. (Wurzelparasiten) . . . . **Olacaceae** (S. 671)
113 Staubblätter auf Lücke zu den Kronblättern stehend . . . . **Icacinaceae** (S. 572)

Gruppe F
Blüten mit Kelch und Krone. Kronblätter frei. Fruchtknoten unterständig oder halbunterständig

1 Staubblätter mehr als doppelt so viele wie Kronblätter
2 Pflanze eine Wasserpflanze mit Schwimmblättern. (Plazentation laminal) . . . . . **Nymphaeaceae Seerosengewächse** (S. 668)
2 Pflanze keine Wasserpflanze mit Schwimmblättern
3 Kronblätter viele lineale. (Blattsukkulente mit Beeren) . . **Aizoaceae Eiskrautgewächse oder Mittagsblumengewächse** (S. 137)
3 Kronblätter bis 10
4 Pflanze eine Blattsukkulente mit 2 Kelchblättern . . . . **Portulacaceae Portulakgewächse** (S. 708)
4 Pflanze anders
5 Blätter mit Ölbehältern . . . . . . **Myrtaceae Myrtengewächse** (S. 657)
5 Blätter ohne Ölbehälter
6 Plazentation parietal
7 Blüten eingeschlechtig. Fruchtknoten halbunterständig . . . . **Begoniaceae Begoniengewächse oder Schiefblattgewächse** (S. 283)
7 Blüten zwittrig. Fruchtknoten unterständig . . . . **Loasaceae Loasagewächse** (S. 604)

6 Plazentation zentralwinkelständig
8 Blätter wechselständig
9 Kelch- und Kronblätter 2,4 oder 6. Staubblätter mit der Krone verwachsen. Frucht eine Steinfrucht oder Kapsel. . . . . **Lecytidaceae** (S. 600)
9 Kelch- und Kronblätter 5(4). Staubblätter frei. Frucht anders . . . . **Rosaceae Rosengewächse** (S. 742)
8 Blätter gegenständig
10 Frucht eine Kapsel . . . **Hydrangeaceae Hortensiengewächse** (S. 566)
10 Frucht eine Beere
11 Fruchtknoten unterständig und Hypanthium . . . . **Punicaceae Granatapfelgewächse** (S. 723)
11 Fruchtknoten halbunterständig. Mangrovepflanzen . . **Sonneratiaceae** (S. 855)

1 Staubblätter weniger bis doppelt so viele wie Kronblätter
12 Frucht eine Doppelachäne. (Blüten meist in Doppeldolden. Griffel 2) . . . . . . **Apiaceae Doldenblütler** (S. 162)
12 Frucht keine Doppelachäne
13 Blätter mit Ölbehältern . . . . . . **Myrtaceae Myrtengewächse** (S. 657)
13 Blätter ohne Ölbehälter
14 Samenanlagen 3 bis viele je Fach
15 Blätter sukkulent. Plazentation frei zentral . . . . **Portulacaceae Portulakgewächse** (S. 708)
15 Blätter nicht sukkulent. Plazentation anders
16 Plazentation parietal oder apical
17 Plazentation apical. Frucht 1-samig, 5-flügelig oder 5-rippig . . **Combretaceae** (S. 422)
17 Plazentation parietal. Frucht mehrsamig
18 Frucht eine Beere
19 Pflanze ohne Ranken . . . . **Grossulariaceae Stachelbeergewächse** (S. 559)
19 Pflanze mit Ranken . . . **Cucurbitaceae Kürbisgewächse** (S. 437)
18 Frucht eine Kapsel
20 Blätter gegenständig
21 Griffel mehrere. Krone gedreht bis klappig . . . . **Hydrangeaceae Hortensiengewächse** (S. 566)
21 Griffel 1. Krone eingefaltet-klappig . . . . **Loasaceae Loasagewächse** (S. 604)
20 Blätter wechselständig oder grundständig
22 Griffel 2. . . . . **Saxifragaceae Steinbrechgewächse** (S. 811)
22 Griffel 1. 1 Kreis von drüsigen Staminodien . . . . . . **Parnassiaceae Herzblattgewächse** (S. 688)
16 Plazentation zentralwinkelständig
23 Griffel 2–3

24 Pflanzen krautig. Frucht Kapsel oder
   Bälge . . . . **Saxifragaceae**
   Steinbrechgewächse (S. 811)
24 Pflanze holzig. Frucht eine Nuss. . . . .
   . . . . **Cunoniaceae**
   Cunoniengewächse (S. 447)
23 Griffel 1
25 Staubblätter zu einer Röhre verwachsen
   . . . . **Bombacaceae**
   Wollbaumgewächse (S. 300)
25 Staubblätter frei
26 Staubblätter mit der Krone verwachsen
   . . . . **Styracaceae**
   Storaxgewächse (S. 860)
26 Staubblätter frei von der Krone
27 Antheren mit Poren . . . .
   . . . . **Melastomataceae**
   Schwarzmundgewächse (S. 626)
27 Antheren mit Schlitzen
28 Staubblätter doppelt so viele wie
   Kronblätter
29 Kelch dachig in Knospe . . . .
   . . . . **Hydrangeaceae**
   Hortensiengewächse (S. 566)
29 Kelch klappig in der Knospe . . . .
   . . . . **Onagraceae**
   Nachtkerzengewächse (S. 676)
28 Staubblätter so viele oder weniger als
   Kronblätter
30 Staubblätter 5 . . . . **Escalloniaceae**
   Eskalloniengewächse (S. 475)
30 Staubblätter 4,2 oder 1 . . . .
   . . . . **Onagraceae**
   Nachtkerzengewächse (S. 676)
14 Samenanlagen 1-2 je Fach
31 Pflanze eine Wasserpflanze mit
   Schwimmblättern. (Kronblätter 4. Frucht
   eine große Nuss) . . . . **Trapaceae**
   Wassernussgewächse (S. 873)
31 Pflanze keine Wasserpflanze mit
   Schwimmblättern
32 Staubblätter 1-2. (Kelchblätter 2.
   Kronblätter 2) . . . . **Gunneraceae**
   Gunneragewächse (S. 559)
32 Staubblätter 4-15
33 Staubblätter vor den Kronblättern stehend
   . . . . **Rhamnaceae**
   Kreuzdorngewächse (S. 736)
33 Staubblätter nicht vor den Kronblättern
   stehend
34 Blätter gegenständig oder quirlständig
35 Pflanzen Mangrovepflanzen.
   Nebenblätter vorhanden . . . . . .
   . . . . **Rhizophoraceae**
   Mangrovengewächse (S. 741)
35 Pflanzen keine Mangrovenpflanzen.
   Nebenblätter vorhanden
36 Kronblätter 5 (Samenanlagen 1-2
   basal) . . . . **Caryophyllaceae**
   Nelkengewächse (S. 398)
36 Kronblätter 3-4
37 Griffel 2-4. . . . . . . **Haloragaceae**
   Seebeerengewächse (S. 560)

37 Griffel 1. (Blüten 4-zählig)
38 Blüten zwittrig. . . . . . **Cornaceae**
   Hartriegelgewächse (S. 427)
38 Blüten eingeschlechtig . . . .
   . . . . **Aucubaceae** (S. 281)
34 Blätter wechselständig
39 Frucht eine Trockenfrucht
40 Frucht eine Kapsel . . . .
   . . . . . **Hamamelidaceae** (S. 561)
40 Frucht keine Kapsel
41 Blätter nadelförmig. Frucht nussartig
   . . . . **Bruniaceae** (S. 335)
41 Blätter nicht nadelförmig
42 Kronblätter 5 . . . . **Rosaceae**
   Rosengewächse
   (S. 742)
42 Kronblätter 3-4 . . . **Haloragaceae**
   Seebeerengewächse
   (S. 560)
39 Frucht eine Saftfrucht
43 Pflanze mit Milchsaft . . **Alangiaceae**
   (S. 151)
43 Pflanze ohne Milchsaft
44 Blüten in Dolden oder Köpfchen.
   (Blätter meist zusammengesetzt) . .
   . . . . **Araliaceae**
   Araliengewächse (S. 197)
44 Blüten in anderen Blütenständen
45 Kronblätter 3-4
46 Griffel 1. . . . . **Cornaceae**
   Hartriegelgewächse (S. 427)
46 Griffel 2-4 . . . . . **Haloragaceae**
   Seebeerengewächse (S. 560)
45 Kronblätter 5-10
47 Nebenblätter vorhanden . **Rosaceae**
   Rosengewächse (S. 742)
47 Nebenblätter fehlend
48 Staubblätter 5. Frucht eine Beere
   . . . . . . **Griseliniaceae** (S. 559)
48 Staubblätter 8-12. Frucht eine
   Steinfrucht . . . . . . **Nyssaceae**
   Tupelogewächse (S. 669)

Gruppe G
Blüten mit Kelch und Krone. Kronblätter verwachsen. Krone radiär. Fruchtknoten oberständig

1 Pflanze ein Vollschmarotzer ohne Chlorophyll,
  windend, blattlos . . . . **Cuscutaceae**
  Seidegewächse (S. 448)
1 Pflanze kein Vollschmarotzer
2 Kelchblätter 2. Plazentation frei zentral . . . . .
  . . . . **Portulacaceae**
  Portulakgewächse (S. 708)
2 Kelchblätter und Plazentation anders
3 Staubblätter doppelt so viele bis mehr als
  Kronblätter
4 Kronblätter 3 oder 6. Scheinfrucht . . . .
  . . . . **Annonaceae**
  Anonengewächse (S. 159)
4 Kronblätter und Frucht anders

5 Fruchtblatt 1. Plazentation marginal. Frucht eine Hülse . . . . **Mimosaceae**
Mimosengewächse (S. 641)
5 Fruchtblätter mehrere. Plazentation parietal oder zentralwinkelständig
6 Plazentation parietal
7 Frucht eine Beere
8 Kronblätter 4. Staubblätter 8. Fruchtblätter 4 . . . . **Stachyuraceae**
Perlschweifgewächse (S. 855)
8 Kronblätter 5. Staubblätter 10. Fruchtblätter 5 . . . . **Caricaceae** (S. 397)
7 Frucht eine Kapsel
9 Fruchtblätter 4–12. Deckblätter in krugförmige Nektarträger umgewandelt .
. . . . **Marcgraviaceae**
Honigbechergewächse (S. 625)
9 Fruchtblätter 3 . . . . **Fouquieraceae**
Ocotillogewächse (S. 535)
6 Plazentation zentralwinkelständig
10 Frucht eine Steinfrucht mit flügelartigen Kelchblättern. . . . . . **Dipterocarpaceae**
Flügelnussgewächse (S. 455)
10 Frucht anders
11 Blätter mit Ölbehältern. . . . . **Rutaceae**
Rautengewächse (S. 782)
11 Blätter ohne Ölbehälter
12 Staubblätter ± zu einer Röhre verwachsen
13 Blätter zusammengesetzt. Frucht eine Beere . . . .**Meliaceae**
Zederachgewächse (S. 633)
13 Blätter einfach. Frucht eine Spaltfrucht . . . . **Malvaceae**
Malvengewächse (S. 613)
12 Staubblätter nicht verwachsen in einer Röhre
14 Frucht eine Kapsel
15 Blüten eingeschlechtig und nur männliche Blüten mit verwachsener Krone . . . . **Euphorbia**
15 Blüten anders
16 Antheren mit Poren . . . . **Ericaceae**
(S. 462)
16 Antheren mit Schlitzen . . **Theaceae**
Teestrauchgewächse (S. 863)
14 Frucht eine Beere oder Steinfrucht
17 Samenanlagen 1–2 je Fach
18 Kronblätter 3–5
19 Frucht eine Steinfrucht. (Kronblätter 4–5) . . **Burseraceae**
Balsambaumgewächse (S. 335)
19 Frucht eine Beere. (Kronblätter 3–5) . . . . **Ebenaceae**
Ebenholzgewächse (S. 458)
18 Kronblätter 6 bis viele . . . .
. . . . **Sapotaceae**
Breiapfelgewächse (S. 804)
17 Samenanlagen viele je Fach
20 Antheren mit Poren
21 Staubblätter viele . .**Actinidiaceae**
Strahlengriffelgewächse (S. 136)

21 Staubblätter doppelt so viele wie Kronblätter . . . .
. . . . **Ericaceae** (S. 462)
20 Antheren mit Schlitzen . . **Theaceae**
Teestrauchgewächse (S. 863)
3 Staubblätter so viele oder weniger als Kronblätter
22 Staubblätter vor den Kronblättern stehend
23 Plazentation basal oder apical
24 Frucht eine Nuss oder Kapsel. Plazentation basal. Frucht 1-samig . . . **Plumbaginaceae**
Bleiwurzgewächse (S. 696)
24 Frucht eine mehrsamige Beere. Plazentation apical . . . . **Vitaceae**
Weinrebengewächse (S. 890)
23 Plazentation frei zentral
25 Frucht eine Kapsel . . . . **Primulaceae**
Primelgewächse (S. 710)
25 Frucht eine Steinfrucht
26 Blüten mit 5 Staminodien . . . .
. . . . **Theophrastaceae** (S. 866)
26 Blüten ohne Staminodien . . **Myrsinaceae**
Myrsinengewächse (S. 656)
22 Staubblätter auf Lücke zu den Kronblätter stehend
27 Pflanzen Blattsukkulenten mit Balgfrüchten
. . . . **Crassulaceae**
Dickblattgewächse (S. 428)
27 Pflanzen nicht blattsukkulent und keine Balgfrüchte
28 Fruchtblätter ein einziges und Hülse. (Staubblätter frei von der Krone) . . . . .
. . . . **Mimosaceae**
Mimosengewächse (S. 641)
28 Fruchtblätter 2 bis mehr
29 Staubblätter frei von der Krone
30 Staubblätter verwachsen zu einer Röhre
31 Blätter mit Ölbehältern . . . . **Rutaceae**
Rautengewächse (S. 782)
31 Blätter ohne Ölbehälter . . . .**Meliaceae**
Zederachgewächse (S. 633)
30 Staubblätter frei
32 Antheren mit Poren . **Ericaceae** (S. 462)
32 Antheren mit Schlitzen
33 Fruchtblätter 4–5. Frucht eine Steinfrucht . . . . **Aquifoliaceae**
Stechpalmengewächse (S. 196)
33 Fruchtblätter 2. Frucht eine Kapsel . .
. . . . **Pittosporaceae**
Klebsamengewächse (S. 693)
30 Staubblätter verwachsen mit der Krone
34 Fruchtblätter 2 freie, nur am Ende durch den Griffel verwachsen. (Krone meist gedreht und Pflanze mit weißem Milchsaft)
35 Pollen einzeln. Blüten ohne Nebenkrone, aber oft Kronblätter mit Schüppchen . . . . . . **Apocynaceae**
Hundsgiftgewächse (S. 188)
35 Pollen in Pollinien. Blüten meist mit Nebenkrone . . . . . **Asclepiadaceae**
Seidenpflanzengewächse (S. 203)

34 Fruchtblätter verwachsen, höchstens tief gelappt und mit dem Griffel in der Einsenkung
36 Plazentation parietal
37 Kronblätter klappig in der Knospe. Wasser- und Sumpfpflanzen . . . . **Menyanthaceae** Fieberkleegewächse (S. 640)
37 Kronblätter nicht klappig in der Knospe
38 Blätter wechselständig . . . . **Hydrophyllaceae** Wasserblattgewächse (S. 570)
38 Blätter gegenständig, quirlständig oder grundständig
39 Kronblätter dachig in der Knospe . . . .**Gesneriaceae** Gesneriengewächse (S. 545)
39 Kronblätter gedreht in der Knospe
40 Kelch mit zurückgeschlagenen Zipfeln zwischen den Kelchblättern . . . . **Hydrophyllaceae** Wasserblattgewächse (S. 570)
40 Kelch ohne zurückgeschlagene Zipfel zwischen den Kelchblättern . . . . **Gentianaceae** Enziangewächse (S. 540)
36 Plazentation zentralwinkelständig
41 Fruchtblätter 3–16
42 Blätter zusammengesetzt
43 Frucht eine Beere . . . **Solanaceae** Nachtschattengewächse (S. 843)
43 Frucht eine Kapsel
44 Pflanze eine Liane. Blätter mit Nebenblättern und Endranke. Kapsel wandspaltig . . . . **Cobaeaceae** Glockenrebengewächse (S. 422)
44 Pflanze keine Liane. Kapsel fachspaltig . . . .**Polemoniaceae** Himmelsleitergewächse (S. 699)
42 Blätter einfach
45 Kronblätter 4, trockenhäutig und Blüten in Ähren oder Köpfchen . . . .**Plantaginaceae** Wegerichgewächse (S. 695)
45 Krone und Blütenstand anders
46 Frucht eine Spaltfrucht oder Klausen . . . .**Nolanaceae** Glockenwindengewächse (S. 666)
46 Frucht anders
47 Frucht eine Beere
48 Staubblätter vor den Kronblättern stehend. Pflanze mit Milchsaft . . . . **Sapotaceae** Breiapfelgewächse (S. 804)
48 Staubblätter nicht vor den Kronblättern stehend. Pflanze ohne Milchsaft
49 Blätter gegenständig und stachelig am Rand . . . . **Desfontainiaceae** (S. 450)

49 Blätter anders . . . . **Theaceae** Teestrauchgewächse (S. 863)
47 Frucht eine Kapsel, Spaltfrucht, Klausenfrucht oder Steinfrucht
50 Krone gefaltet-gedreht. (Samen 1–2 je Fach. Pflanze mit Milchsaft) . . . **Convolvulaceae** Windengewächse (S. 424)
50 Krone anders in der Knospe
51 Blüten ohne Diskus. (Krone dachig in der Knospe) . . . . **Diapensiaceae** (S. 450)
51 Blüten mit Diskus
52 Antheren 1-fächrig. Krone dachig oder klappig in der Knospe . . . . .**Epacridaceae** Australheidengewächse (S. 461)
52 Antheren 2-fächrig. Krone gedreht in der Knospe . . . .**Polemoniaceae** Himmelsleitergewächse (S. 699)
41 Fruchtblätter 2
53 Frucht eine Klausenfrucht
54 Blätter wechselständig. Staubblätter 5, so viele wie Kronblätter . . . . **Boraginaceae** Boretschgewächse (S. 303)
54 Blätter gegenständig. Staubblätter 4 oder 2, weniger als Kronblätter . . . . **Lamiaceae** (S. 576)
53 Frucht keine Klausenfrucht
55 Staubblätter weniger als Kronblätter
56 Staubblätter 4 und 1 Staminodium, am Grund verwachsen . . . . . . **Solanaceae** Nachtschattengewächse (S. 843)
56 Staubblätter 4 oder 2
57 Frucht eine Steinfrucht. Staubblätter 5. Blätter durchscheinend punktiert. (Holzpflanzen. Samenanlagen 4–8 je Fach) . . . . . . **Myoporaceae** (S. 654)
57 Frucht keine Steinfrucht oder wenn, dann nur 2 Staubblätter oder Samen nur 1–2 je Fach
58 Blätter wechselständig
59 Frucht eine Kapsel . . . . **Scrophulariaceae** Braunwurzgewächse oder Rachenblütler (S. 819)
59 Frucht keine Kapsel
60 Frucht eine Spaltfrucht oder Staubblätter 4 . . . . **Verbenaceae** Eisenkrautgewächse (S. 883)
60 Frucht weder eine Spaltfrucht noch Staubblätter 4 . . . . **Oleaceae** Ölbaumgewächse (S. 672)

58 Blätter gegenständig oder quirlständig
61 Blüten lang röhrig mit kurzen Lappen. (Staubblätter 2. Frucht eine Kapsel) . . . **Acanthaceae Akanthusgewächse** (S. 123)
61 Blüten anders geformt
62 Samenanlagen viele je Fach.
. . . . . . **Scrophulariaceae Braunwurzgewächse oder Rachenblütler** (S. 819)
62 Samenanlagen 1–2 je Fach
63 Frucht eine Spaltfrucht oder Steinfrucht und Staubblätter 4 . . . .
. . . . **Verbenaceae Eisenkrautgewächse** (S. 883)
63 Frucht anders oder wenn eine Steinfrucht, dann Staublätter 2 . . . **Oleaceae Ölbaumgewächse** (S. 672)
55 Staubblätter so viele wie Kronblätter
64 Samenanlagen viel bis mehrere je Fach
65 Nebenblätter vorhanden. (Blätter gegenständig) . . . **Loganiaceae Brechnussgewächse** (S. 606)
65 Nebenblätter fehlend
66 Frucht eine Spaltfrucht oder Klausenfrucht. (Pflanze ± sukkulent) . . . .**Nolanaceae Glockenwindengewächse** (S. 666)
66 Frucht eine Kapsel oder Beere
67 Blüten zweihäusig . . . . . .
. . . . **Theaceae Teestrauchgewächse** (S. 863)
67 Blüten höchsten eingeschlechtig und einhäusig
68 Kronblätter und Staubblätter 4
69 Blüten unscheinbar, in Ähren oder Köpfchen. . . .
. . . . . .**Plantaginaceae Wegerichgewächse** (S. 695)
69 Blüten ansehnlich, ± gestielt
. . . .**Buddlejaceae Sommerfliedergewächse** (S. 335)
68 Kronblätter und Staubblätter 5 bis mehr
70 Frucht eine Beere. . . . . .
. . . . **Solanaceae Nachtschattengewächse** (S. 843)
70 Frucht eine Kapsel
71 Blätter gegenständig . . .
. . . . . . **Gentianaceae Enziangewächse** (S. 540)
71 Blätter wechselständig

72 Staubfäden wollig. Blätter mit grundständiger Rosette . . . .
. . . . **Scrophulariaceae Braunwurzgewächse oder Rachenblütler** (S. 819)
72 Staubblätter nicht wollig. Blätter nicht in grundständiger Rosette .
. . . . **Solanaceae Nachtschattengewächse** (S. 843)
64 Samenanlagen 1–2 je Fach
73 Blüten eingeschlechtig, in Köpfchen mit einer Hülle. Staubblätter verwachsen. (Pflanze krautig. Frucht eine Nuss) . . .
. . . . . . **Calyceraceae** (S. 381)
73 Blüten zwittrig. Staubblätter frei
74 Blüten in Wickeln
75 Frucht eine Nuss oder Spaltfrucht. Griffel 1 . . . . .
. . . . **Boraginaceae Boretschgewächse** (S. 303)
75 Frucht eine Kapsel. Griffel 2 .
. . . . **Hydrophyllaceae Wasserblattgewächse** (S. 570)
74 Blüten nicht in Wickeln
76 Staubblätter vor den Kronblättern stehend. (Frucht eine Beere) . . . . **Sapotaceae Breiapfelgewächse** (S. 804)
76 Staubblätter auf Lücke zu den Kronblättern stehend
77 Antheren einfächerig mit nur 1 Schlitz. Pflanze ericaartig .
. . . .**Epacridaceae Australheidengewächse** (S. 461)
77 Antheren 2-fächrig. (Krone eingefaltet). **Convolvulaceae Windengewächse** (S. 424)

Gruppe H
Blüten mit Kelch und Krone. Kronblätter verwachsen. Krone zygomorph. Fruchtknoten oberständig

1 Pflanze chlorophyllloser Vollschmarotzer
2 Blüten in allseitswendiger Ähre. . . . .
. . . . **Orobanchaceae Sommerwurzgewächse** (S. 679)
2 Blüten in einseitswendiger Traube . . . .
. . . . .**Scrophulariaceae Braunwurzgewächse oder Rachenblütler** (S. 819)
1 Pflanze keine chlorophyllloser Vollschmarotzer
3 Kronblätter vordere 2 als dicke Drüsenschuppen. Antheren mit Poren. Frucht aus 1 Fruchtblatt, mit widerhakigen Stacheln . . . .
. . . . **Krameriaceae** (S. 576)

3 Kronblätter und andere Merkmale anders
 4 Staubblätter frei von der Krone
  5 Blüten gespornt oder ausgesackt
   6 Blüte mit gespornten Kelchblatt . . . .
    . . . . **Balsaminaceae**
           Balsaminengewächse (S. 281)
   6 Blüte mit ausgesacktem oder gespornten Kronblatt. Staubblätter 3-teilig . . . .
    . . . . **Fumariaceae**
           Erdrauchgewächse (S. 536)
  5 Blüten nicht gespornt
   7 Blätter mit Ölbehältern . . . . . . **Rutaceae**
           Rautengewächse (S. 782)
   7 Blätter ohne Ölbehälter . . . .
    . . . . **Ericaceae** (S. 462)
 4 Staubblätter mit der Krone verwachsen
  8 Staubblätter 8. Seitliche Kronblätter flügelartig
    . . . . **Polygalaceae**
           Kreuzblümchengewächse (S. 702)
  8 Staubblätter 2–5
   9 Frucht eine Klausenfrucht
    10 Blätter wechselständig. Staubblätter 5 . . .
     . . . . **Boraginaceae**
           Boretschgewächse (S. 303)
    10 Blätter gegenständig oder quirlständig. Staubblätter 4 . . . . . **Lamiaceae** (S. 576)
   9 Frucht keine Klausenfrucht
    11 Frucht 1-samig
     12 Blätter gegenständig. Blütenstand eine ährenförmige Traube . . . .
      . . . . **Phrymaceae** (S. 691)
     12 Blätter wechsel- oder grundständig. Blüten in Köpfchen . . . . **Globulariaceae**
           Kugelblumengewächse (S. 557)
    11 Frucht mehrsamig
     13 Plazentation frei zentral
      14 Kelchblätter stechend stachelspitzig. . .
       . . . . **Primulaceae**
           Primelgewächse (S. 710)
      14 Kelchblätter nicht stechend . . . . . .
       . . . .**Lentibulariaceae**
           Wasserschlauchgewächse (S. 602)
     13 Plazentation parietal oder zentralwinkelständig
      15 Plazentation parietal
       16 Frucht mit hornartig verlängerten Schnäbeln . . . . **Martyniaceae** (S. 625)
       16 Frucht ohne hornartig verlängerte Schnäbel
        17 Pflanze eine Liane mit gegenständigen, zusammengesetzten Blättern und geflügelten Samen . . . **Bignoniaceae**
           Trompetenbaumgewächse (S. 290)
        17 Pflanze anders . . . . . . **Gesneriaceae**
           Gesneriengewächse (S. 545)
           ± **Titanotrichum**
      15 Plazentation zentralwinkelständig
       18 Staubblätter so viele wie Kronblätter
        19 Samenanlagen 1–2 je Fach. (Krone eingefaltet-klappig) . . . .
         . . . . **Convolvulaceae**
           Windengewächse (S. 424)
        19 Samenanlagen viele je Fach

        20 Blätter gegenständig. Krone dachig in der Knospe. Kapsel fachspaltig. (Holzpflanzen. Samen geflügelt) . .
         . . . .**Bignoniaceae**
           Trompetenbaumgewächse (S. 290)
        20 Blätter wechselständig, höchstens obere gegenständig. Krone gefaltet-gedreht oder gefaltet-klappig. Kapsel wandspaltig. (Fruchtknoten-Scheidewand schräg stehend) . . . .
         . . . . **Solanaceae**
           Nachtschattengewächse (S. 843)
       18 Staubblätter weniger als Kronblätter
        21 Samenanlagen 1–2 je Fach. (Blätter meist gegenständig oder quirlständig)
         . . . . **Verbenaceae**
           Eisenkrautgewächse (S. 883)
        21 Samenanlagen mehrere Fach (Die folgenden Familien sind schwer zu unterscheiden)
         22 Kapsel elastisch mit Klappen bis zum Grund aufspringend und Samen meist mit hakenförmigen Jakulatoren. (Blätter fast immer gegenständig oder quirlständig, nur bei Acanthus mit 3 Kronblättern wechselständig, oft Cystolithen sichtbar als helle Strukturen. Blüten in Ähren oder Trauben mit oft auffallenden Deckblättern).
         22 Kapsel und andere Merkmale verschieden
          23 Kapsel mit 2 Klappen, die sich von der stehenbleibenden Scheidewand lösen. Samen geflügelt. (fast ausschließlich Holzpflanzen, vor allem Lianen. Blätter meist gegenständig und zusammengesetzt) .
           . . . .**Bignoniaceae**
           Trompetenbaumgewächse (S. 290)
          23 Kapsel und andere Merkmale verschieden
           24 Pflanzen besonders die Blätter mit Schleimdrüsenhaaren, die befeuchtet Schleim abgeben. (Fruchtknoten oft unterteilt und Frucht oft mit Auswüchsen) . . . .
            . . . . **Pedaliaceae**
           Sesamgewächse (S. 689)
           24 Pflanzen ohne Schleimdrüsenhaare
            25 Krone gefaltet in der Knospe. Scheidewand im Fruchtknoten schräg stehend. (Blätter beim Zerreiben meist unangenehm riechend) . . . . **Solanaceae**
           Nachtschattengewächse (S. 843)
            25 Krone dachig in der Knospe. Scheidewand im Fruchtknoten waagrecht stehend . . . .
             . . . . **Scrophulariaceae**
           Braunwurzgewächse oder
           Rachenblütler (S. 819)

Gruppe I
Kronblätter verwachsen.
Fruchtknoten unterständig

1 Blüten in Körbchen und Antheren zu einer Röhre verklebt . . . . . **Asteraceae Korbblütler** (S. 212)
1 Blüten nicht in Körbchen und Antheren zu einer Röhre verklebt
  2 Pflanzen mit Ranken. (Blüten eingeschlechtig) .
     . . . . **Cucurbitaceae Kürbisgewächse** (S. 437)
  2 Pflanzen ohne Ranken
    3 Staubblätter doppelt so viele wie Kronblätter oder mehr
      4 Plazentation parietal . . . . **Loasaceae Loasagewächse** (S. 604)
      4 Plazentation zentralwinkelständig
        5 Blätter gegenständig
          6 Pflanze verholzt. Fruchtknoten unterständig. Frucht eine Beere. Blätter mit Ölbehältern .
             . . . **Myrtaceae Myrtengewächse** (S. 657)
          6 Pflanze krautig. Fruchtknoten halbunterständig. Frucht eine Kapsel . . . .
             . . . . **Hydrangeaceae Hortensiengewächse** (S. 566)
        5 Blätter wechselständig
          7 Frucht nussartig . . . . **Theaceae Teestrauchgewächse** (S. 863)
          7 Frucht eine Beere oder Steinfrucht
            8 Antheren mit Poren . . . **Ericaceae** (S. 462)
            8 Antheren mit Schlitzen
              9 Staubblätter in 1 Kreis. Antheren lineal .
                 . . **Styracaceae Storaxgewächse** (S. 860)
              9 Staubblätter in mehreren Reihen. Antheren rundlich . . . . . **Symplocaceae Rechenblumengewächse** (S. 861)
    3 Staubblätter so viele wie Kronblätter oder weniger
      10 Blüten in Körbchen, mit einem Außenkelch .
         . . . **Dipsacaceae Kardengewächse** (S. 452)
      10 Blüten nicht in Körbchen und ohne Außenkelch
        11 Staubblätter weniger als Kronblätter
          12 Frucht eine Kapsel
            13 Staubblätter 2, vereint mit dem Griffel . .
               . . . . **Stylidiaceae** (S. 860)
            13 Staubblätter 4. (Plazentation parietal) . .
               . . . . **Gesneriaceae Gesneriengewächse** (S. 545)
          12 Frucht eine Nuss
            14 Tragblätter dornig gezähnt . . . .
               . . . . **Morinaceae** (S. 653)
            14 Tragblätter nicht dornig . . **Valerianaceae Baldriangewächse** (S. 881)
        11 Staubblätter so viele wie Kronblätter
          15 Blüten zygomorph. Samenanlagen 1–2 je Fach. Fruchtblätter 2 . . . . **Goodeniaceae Goodeniengewächse** (S. 557)
          15 Blüten anders
            16 Blätter wechselständig
              17 Frucht eine Steinfrucht. 1 Samenanlage je Fach. (Kronblätter 7–12. Fruchtblätter 7–12) . . . . **Araliaceae Araliengewächse** (S. 197)
              17 Frucht eine Kapsel oder Beere
                18 Plazentation frei zentral. Staubblätter verwachsen mit der Krone . . . .
                   . . . . **Primulaceae Primelgewächse** (S. 710)
                18 Plazentation zentralwinkelständig
                  19 Pflanze ein Strauch mit radiären Blüten. Kelchblätter und Kronblätter klappig in der Knospe . . . .
                   . . . . **Escalloniaceae Eskalloniengewächse** (S. 475)
                  19 Pflanze nicht mit allen diesen Merkmalen. (Pflanze mit Milchsaft. Krone meist nach innen gefaltet in der Knospe) . . . **Campanulaceae** (S. 381)
            16 Blätter gegenständig oder quirlständig
              20 Blätter zusammengesetzt
                21 Blüten in Rispen oder Schirmrispen . .
                   . . . . **Caprifoliaceae Geißblattgewächse** (S. 393)
                21 Blüten in Köpfchen. (Zartes kleines Kraut) . . . . **Adoxaceae Moschuskrautgewächse** (S. 137)
            20 Blätter einfach
              22 Fruchtblätter 2, nur mit dem Griffel verwachsen, sich zu 2 Bälgen entwickelnd . . . . **Apocynaceae Hundsgiftgewächse** (S. 188)
              22 Fruchtblätter verwachsen, sich nicht zu Bälgen entwickelnd
                23 Nebenblätter zwischen den Blattstielen stehend und zum Teil wie Blätter erscheinend . . . . **Rubiaceae** (S. 767)
                23 Nebenblätter fehlend oder anders
                  24 Pflanzen mit Milchsaft. (fast immer Kräuter. Krone meist nach innen gefaltet in der Knospe) . . . .
                   . . . . . . **Campanulaceae** (S. 381)
                  24 Pflanzen ohne Milchsaft. (fast immer Holzpflanzen). . . . . **Caprifoliaceae Geißblattgewächse** (S. 393)

Monokotyle

1. Pflanze holzig . . . . **Gruppe M1**
    (Monokotyle Holzpflanzen) (S. 122)
1. Pflanze krautig
    2. Blütenhülle einfach und unscheinbar oder fehlend
        . . . . . **Gruppe M2 (Monokotyle, krautig, mit einfacher unscheinbarer Blütenhülle oder ohne Blütenhülle)** (S. 122)
    2. Blütenhülle ein Perigon aus 2 Wirteln oder aus Kelch und Krone gebildet
        3. Fruchtknoten oberständig bis halbunterständig
            . . . . **Gruppe M3 (Monokotyle krautig, Perigon aus 2 Wirteln oder Blüten mit Kelch und Krone. Fruchtknoten** (S. 123)
        3. Fruchtknoten unterständig . . . .
            . . . . **Gruppe M4** (S. 124)

Gruppe M1
Monokotyle Holzpflanzen

1. Pflanze mit knotigen Halmen. Blüten in Ährchen mit Spelzen . . . **Poaceae (Bambuseae)** (S. 1092)
1. Pflanze nicht mit knotigen Halmen. Blüten nicht in Ährchen
    2. Pflanze einstämmig oder stammlos, selten mehrstämmig, mit endständigem Blattschopf. Blätter nach der Entfaltung ± fiederförmig oder fächerförmig einreißend. Blütenstand mit 1 bis mehreren Spathen. Seltener Lianen mit dornigen Endranken der Blätter. . . . . **Arecaceae Palmen** (S. 935)
    2. Pflanze mit einfachen, nicht zerteilten Blättern
        3. Blätter sukkulent
            4. Innerstes Blatt um die Knospe gerollt. Fruchtknoten unterständig . . . .
                . . . . . . **Agavaceae (und Doryanthaceae) Agavengewächse** (S. 895)
            4. Innerstes Blatt klein, nicht um die Knospe gerollt. Fruchtknoten oberständig
                5. Frucht eine Kapsel . **Aloaceae Aloengewächse** (S. 904)
                5. Frucht eine Beere . . . . **Dracaenaceae Drachenbaumgewächse** (S. 1001)
        3. Blätter höchstens lederig
            6. Pflanze mit Phyllokladien (Flachtrieben) und nur schuppenartigen Blättern
                7. Blüten auf den Phyllokladien oder in endständigen Trauben. . . . . **Ruscaceae Stechwindengewächse** (S. 1138)
                7. Blüten einzeln oder in Büscheln, nicht auf den Phyllokladien . . . . **Asparagaceae** (S. 964)
            6. Pflanze ohne Phyllokladien
                8. Blüten ohne Blütenhülle. Staubblätter viele .
                    . . . . **Pandanaceae Schraubenbaumgewächse** (S. 1089)
                8. Blüten mit Blütenhülle. Staubblätter 5–12
                    9. Fruchtknoten unterständig
                        10. Blüten zygomorph. Blätter fiedernervig, jung eng zusammengerollt . . . .
                            Strelitziaceae siehe auch Musaceae, aber mit krautigem Scheinstamm (S. 1140)
                        10. Blüten ± radiär. Blätter meist schopfartig genähert . . . . . . **Velloziaceae** (S. 1143)
                    9. Fruchtknoten oberständig
                        11. Blüten eingeschlechtig, meist zweihäusig. Pflanzen meist kletternd mit paarigen Ranken am Grund des Blattstiels . . . . .
                            . . . . **Smilacaceae Stechwindengewächse** (S. 1140)
                        11. Blüten zwittrig
                            12. Plazentation parietal . . . . **Philesiaceae** (S. 1090))
                            12. Plazentation zentralwinkelständig
                                13. Blüten mit trocken spelzenartigen Blütenhüllblättern. (meist kleine Schopfbäume)
                                    14. Blüten in Ähren . . . .
                                        . . . . **Xanthorrhoeaceae Grasbaumgewächse** (S. 1144)
                                    14. Blüten in Rispen. (Blätter gesägt) . . .
                                        . . . . **Juncaceae Binsengewächse** (S. 1028)
                                13. Blüten nicht mit trocken spelzenartigen Blütenhüllblättern
                                    15. Blätter 2-zeilig reitend. Antheren mit Poren . . . . . **Phormiaceae** (S. 1091)
                                    15. Blätter nicht 2-zeilig reitend. Antheren mit Schlitzen
                                        16. Perigonblätter ± frei. Staubblätter frei von dem Perigon
                                            . . **Agavaceae (und Doryanthaceae) Agavengewächse** (S. 895)
                                        16. Perigonblätter verwachsen. Staubblätter verwachsen mit dem Perigon
                                            17. Fruchtknotenfächer 1-samig . . . .
                                                . . . . **Dracaenaceae Drachenbaumgewächse** (S. 1001)
                                            17. Fruchtknotenfächer vielsamig . . .
                                                . **Agavaceae (und Doryanthaceae) Agavengewächse** (S. 895)

Gruppe M2
Monokotyle, krautig, mit einfacher unscheinbarer Blütenhülle oder ohne Blütenhülle

1. Pflanze grasartig und mit Blüten in Ährchen
    2. Blätter 2-zeilig, mit langen Blattscheiden. Ährchen mit Hüllspelzen. Blüten mit Deckspelze und Vorspelze . . . . . **Poaceae Gräser** (S. 1092)
    2. Blätter nicht 2-zeilig
        3. Blüten ohne Blütenhülle, mit einer einzigen Spelze am Grund. Blätter 3-zeilig . . . .
            . . . . **Cyperaceae** (S. 993)
        3. Blüten mit 3-blättrigem Perigon, meist zweihäusig . . . . . . **Restionaceae** (S. 1138)
1. Pflanze nicht grasartig
    4. Blütenstand ein Kolben, fast immer mit Spatha. Beeren
        5. Blätter reitend. Spatha als Verlängerung der flachgedrückten Achse erscheinend . . . .
            . . . . **Acoraceae Kalmusgewächse** (S. 895)

5   Blätter nicht reitend. Spaltha seitlich . . **Araceae Aronstabgewächse** (S. 918)
4   Blütenstand wenn ein Kolben, dann ohne Spatha und keine Beeren als Früchte
6   Wasserpflanzen untergetauchte oder frei schwimmende
7   Wasserpflanzen frei schwimmend, mit sehr kleinen sprossenden Gliedern . . . **Lemnaceae Wasserlinsengewächse** (S. 1029)
7   Wasserpflanzen untergetaucht
8   Pflanzen im Meer
9   Staubblätter 3. 1 Fruchtblatt. Steinfrucht . . . . **Posidoniaceae** (S. 1137)
9   Staubblatt 1. 2 verwachsene Fruchtblätter. Nuss . . . . **Zosteraceae Seegrasgewächse** (S. 1149)
8   Pflanze im Süß- oder Brackwasser
10 Blüten über Wasser, mit weißen Deckblättern. Staubblätter 6–18 . . . . **Aponogetonaceae** (S. 917)
10 Blüten unter Wasser
11 Fruchtblatt 1. (Blätter gegenständig) . . . . **Najadaceae Nixkrautgewächse** (S. 1042)
11 Fruchtblätter 2–9
12 Blüten zwittrig. Staubblätter 2. Fruchtblätter 4 . . **Ruppiaceae** (S. 1138)
12 Blüten eingeschlechtig. Staubblatt 1. Fruchtblätter 2–9 . . . . **Zannichelliaceae Teichfadengewächse** (S. 1145)
6   Sumpfpflanzen
13 Blüten in Köpfchen . . . . . . **Sparganiaceae Igelkolbengewächse** (S. 1140)
13 Blüten in Kolben mit getrennten Zonen von männlichen und weiblichen Blüten. **Typhaceae Rohrkolbengewächse** (S. 1143)

Gruppe M3
Monokotyle krautig, Perigon aus 2 Wirteln oder Blüten mit Kelch und Krone. Fruchtknoten oberständig

1   Blüten in Kolben, meist mit Spatha. (Beeren)
2   Blätter reitend . . . . **Acoraceae Kalmusgewächse** (S. 895)
2   Blätter nicht reitend . . . . **Araceae Aronstabgewächse** (S. 918)
1   Blüten nicht in Kolben mit Spatha
3   Blüten mit Kelch und Krone
4   Pflanze epiphytisch, flechtenähnliche Gehänge bildend . . . . **Bromeliaceae Bromeliengewächse** (S. 967)
4   Pflanze mit anderem Aussehen
5   Blätter in trichterförmigen Rosetten oder schopfig am Ende der Triebe, mit Saugschuppen. . . . . **Bromeliaceae Bromeliengewächse** (S. 967)
5   Blätter nicht in trichterförmigen Rosetten
6   Fruchtblätter frei
7   Früchte Nüsschen. . . . . **Alismataceae Froschlöffelgewächse** (S. 898)

7   Früchte mehrsamige Bälge. (Plazentation laminal) . . . . **Limnocharitaceae Wassermohngewächse** (S. 1033)
6   Fruchtblätter verwachsen
8   Blätter quirlständig. (Frucht eine Beere) . . . . **Trilliaceae Einbeerengewächse** (S. 1142)
8   Blätter nicht quirlständig
9   Plazentation zentralwinkelständig . . . . **Commelinaceae Commelinengewächse** (S. 981)
9   Plazentation parietal
10 Kronblätter frei. Blätter wechselständig. Antheren mit Poren. . . . . . **Mayacaceae** (S. 1037)
10 Kronblätter verwachsen. Blätter ± grundständig . . . **Xyridaceae** (S. 1144)
3   Blüten mit Perigon
11 Wasser- und Sumpfpflanzen
12 Fruchtblätter frei oder nur am Grund verwachsen
13 Perigon 6-blättrig. Balgfrüchte
14 Staubblätter 9. Plazentation laminal . . . . **Butomaceae Schwanenblumengewächse** (S. 978)
14 Staubblätter 3–6. Plazentation basal . . . . **Scheuchzeriaceae Blasenbinsengewächse** (S. 1139)
13 Perigon 4-blättrig. Staubblätter 4. Steinfrüchtchen oder Nüsschen . . . . **Potamogetonaceae Laichkrautgewächse** (S. 1137)
12 Fruchtblätter verwachsen
15 Staubblätter 1. (Blüten zygomorph) . . . . **Philydraceae** (S. 1091)
15 Staubblätter 3 oder 6
16 Blüten eingeschlechtig . . . **Eriocaulaceae** (S. 1002))
16 Blüten zwittrig
17 Frucht eine Spaltfrucht . . **Juncaginaceae Dreizackgewächse** (S. 1029)
17 Frucht eine Kapsel
18 Blätter zylindrisch bis flach grasartig. Blüten klein und unscheinbar . . . . **Juncaceae Binsengewächse** (S. 1028)
18 Blätter mit herz- oder pfeilförmigem Spreitengrund. Blüten ansehnlich . . . . **Pontederiaceae Hechtkrautgewächse** (S. 1136)
11 Landpflanzen
19 Pflanzen mit Zwiebeln
20 Stängel beblättert . . . . **Liliaceae Liliengewächse** (S. 1030)
20 Stängel nicht beblättert
21 Blüten in Trauben . . . . . . **Hyacinthaceae Hyazinthengewächse** (S. 1006)
21 Blüten in Dolden mit Hülle . . . . **Alliaceae Lauchgewächse** (S. 899)
19 Pflanzen ohne Zwiebel, aber oft mit Knollen oder verdickten Wurzeln
22 Pflanze mit Phyllokladien und schuppenförmigen Blättern . . . . **Asparagaceae** (S. 964)
22 Pflanze ohne Phyllokladien

23 Pflanze zweihäusig mit Knollen. (Blätter handnervig mit netznervigen Verbindungsnerven) . . . . **Dioscoreaceae Yamswurzelgewächse** (S. 1000)
23 Pflanzen anders
  24 Frucht eine Beere
    25 Blätter quirlständig. . . . . . **Trilliaceae Einbeerengewächse** (S. 1142)
    25 Blätter nicht quirlig
      26 Staubblätter 3 . . . . . **Haemodoraceae** (S. 1004)
      26 Staubblätter 6
        27 Frucht eine Beere
          28 Antheren basifix mit Poren und Anschwellung des Staubbfadens unter ihr. (Blätter 2-zeilig, ± reitend. Perigonblätter frei . . . . **Phormiaceae** (S. 1091)
          28 Antheren mit Schlitzen
            29 Samenanlagen 1 je Fach (Blätter oft sukkulent. Perigonblätter verwachsen) . . . . . **Dracaenaceae Drachenbaumgewächse** (S. 1001)
            29 Samenanlagen mehrere je Fach
              30 Blüten eingeschlechtig. (Pflanzen meist Epiphyten. Staubblätter frei von den Perigonblättern) . . . . **Asteliaceae** (S. 967)
              30 Blüten zwittrig
                31 Blätter derb, immergrün, ± stechend an der Spitze und am Rand oft faserig . **Agavaceae (und Doryanthaceae) Agavengewächse** (S. 895)
                31 Blätter anders . **Convallariaceae Maiglöckchengewäche** (S. 986)
        27 Frucht eine Kapsel
          32 Antheren mit Poren. (Fruchtknoten halbunterständig)
            33 Staubblätter 3 . . . . **Tecophilaeaceae** (S. 1141)
            33 Staubblätter 6 . . . . **Cyanastraceae**
          32 Antheren nicht mit Poren
            34 Blütenhüllblätter häutig oder trocken, grün oder braun, unscheinbar. Plazentation parietal oder basal. (Blütenstand reichblütig, nicht in einfacher Traube oder Rispe) . . . . **Juncaceae Binsengewächse** (S. 1028)
            34 Blütenhülle nicht spelzenartig. Plazentation zentralwinkelständig. Blüten in Rispen, Trauben Ähren oder Dolden
              35 Blütenstand eine Dolde mit 2 Hüllblättern . . . . **Alliaceae Lauchgewächse** (S. 899)
              35 Blütenstand keine Dolde mit 2 Hüllblättern
                36 Blätter 2-zeilig
                  37 Staubblätter frei von der Krone. (Blätter ± reitend) . . . . **Melianthaceae** (S. 638)
                  37 Staubblätter verwachsen mit der Krone
                    38 Antheren basifix. Blätter ± reitend . . . . . **Phormiaceae** (S. 1091)
                  38 Antheren dorsifix. Blätter nicht deutlich reitend
                    39 Kapsel fachspaltig. Samenanlagen 1 je Fach . . . . **Aphyllanthaceae Binsenliliengewächse** (S. 917)
                    39 Kapsel wandspaltig. Samenanlagen viele je Fach . . . . **Blandfordiaceae** (S. 967)
              36 Blätter nicht 2-zeilig
                40 Blüten aus der Knolle entspringend ohne oberirdische Stiele. (Kapsel wandspaltig) . . . . **Colchicaceae Zeitlosengewächse** (S. 979)
                40 Blüten an oberirdischen Stängeln
                  41 Griffel 3
                    42 Blüten in Ähren ohne Deckblätter und Perigonblätter am Grund verwachsen . . . . **Colchicaceae Zeitlosengewächse** (S. 979)
                    42 Blüten nicht mit allen diesen Merkmalen . . . . **Melanthaceae** (S.1037)
                  41 Griffel 1, höchstens an der Spitze 3-teilig
                    43 Antheren basifix oder subbasifix
                      44 Staubblätter frei von dem Perigon
                        45 Perigon bleibend . . . . **Anthericaceae Grasliliengewächse** (S. 915)
                        45 Perigon abfallend. . . . . **Asphodelaceae** (S. 965)
                    44 Staubblätter mit dem Perigon verwachsen
                      46 Staubblätter 3 . . . . **Haemodoraceae** (S. 1004)
                      46 Staubblätter 6
                        47 Blütenstand eine dichte ährenartige Traube. (viele Samen je Fach) . . . . **Melianthaceae**
                        47 Blütenstand eine Traube oder Rispe
                          48 Blüten über 2 cm groß, trichterförmig oder glockig . . . . **Hemerocallidaceae Tagliliengewächse** (S. 1005)

48 Blüten unter 1 cm lang .
. . . . . Convallariaceae
Maiglöckchengewäche (S. 986)
43 Antheren dorsifix
49 Blätter sukkulent . . . . . .
. . . . **Aloaceae**
Aloengewächse (S. 904)
49 Blätter nicht sukkulent
50 Blüten einzeln blattachselständig oder cymös
51 Blattspitzen meist in Ranken auslaufend . . . .
. . . . **Colchicaceae**
Zeitlosengewächse (S. 979)
51 Blattspitzen ohne Ranken
. . . . . . **Convallariaceae**
Maiglöckchengewäche (S. 986)
50 Blüten in deutlich abgesetzten Blütenständen, nicht durchblättert
52 Blüten in sehr dichter Ähre. Blätter mit breiter Basis und lineal xeromorph. Blütenhülle papieren oder häutig. (Samenanlagen 1–2 je Fach) . . . .
. . . . .**Xanthorrhoeaceae**
Grasbaumgewächse (S. 1144)
52 Blüten, Blätter und Blütenhülle anders
53 Blätter derb, mit oft stechender Spitze . . . .
. . . . . **Agavaceae (und Doryanthaceae)**
Agavengewächse (S. 895)
53 Blätter nicht derb
54 Fruchtknoten halbunterständig . . . .
Melanthaceae (S. 1037)
54 Fruchtknoten oberständig
55 Antheren sich nach innen öffnend
56 Staubblätter mit dem Perigon verwachsen. Blätter oft gestielt. Blütenstand meist ± einseitswendig . . .
. . . . . . **Hostaceae**
Funkiengewächse (S. 1005)
56 Staubblätter frei von dem Perigon . . . . .
. . . .**Asphodelaceae** (S. 965)
55 Antheren sich nach innen öffnend . . . . .
. . . . **Melanthaceae** (S. 1037)

Gruppe 4
Monokotyle krautig. Fruchtknoten unterständig

1 Pflanze eine Wasserpflanze. (Blüten radiär. Plazentation parietal oder laminal) . . . .
. . . .**Hydrocharitaceae** (S. 1012)
1 Pflanze eine Landpflanze
2 Blüten mit Säule (verwachsenes Staubblatt und Griffel). Staubblätter 2 oder 1. Blüten zygomorph, mit Lippe. Plazentation fast immer parietal . . .
. . . . **Orchidaceae Orchideen** (S. 1042)
2 Blüten nicht mit Säule
3 Blüten mit Kelch und Krone
4 Staubblätter 6. Blätter meist in Rosetten, parallelnervig, mit Saugschuppen. Blüten meist radiär . . . . **Bromeliaceae**
Bromeliengewächse (S. 967)
4 Staubblätter 5 oder 1. Blätter gerollt, fiedernervig. Blüten zygomorph
5 Staubblätter 5
6 Blätter schraubig stehend. Beere . . . . . .
. . **Musaceae Bananengewächse** (S. 1041)
6 Blätter 2-zeilig. Kapsel
7 Kelchblätter frei
8 Kronblätter frei. Fruchtknotenfächer vielsamig . . . . **Strelitziaceae**
Strelitziengewächse (S. 1140)
8 Kronblätter ± verwachsen. Fruchtknotenfächer 1-samig . . . .
. . . . **Heliconiaceae**
Heliconiengewächse (S. 1005)
7 Kelchblätter röhrig verwachsen. Kronblätter frei, mittleres Kronblatt als Lippe ausgebildet . . . . . .**Lowiaceae** (S. 1034)
5 Staubblätter 1
9 Kelchblätter verwachsen. Anthere 2-fächrig
10 Blätter 2-reihig, mit offenen Scheiden . .
. . . . **Zingiberaceae**
Ingwergewächse (S. 1145)
10 Blätter schraubig mit geschlossenen Scheiden . . . .**Costaceae** (S. 991)
9 Kelchblätter frei. Anthere 1-fächrig
11 Fruchtknotenfächer mit zahlreichen Samenanlagen . . . . **Cannaceae**
Blumenrohrgewächse (S. 979)
11 Fruchtknotenfächer mit 1 Samenanlage .
. . . . **Maranthaceae**
3 Blüten mit Perigon
12 Staubblätter viele . . **Cyclanthaceae** (S. 991)
12 Staubblätter 3 oder 6
13 Staubblätter 3
14 Frucht eine 3-lappige Kapsel mit 2 Samen je Fach. Samen geflügelt. . . . .
. . . . **Haemodoraceae** (S. 1004)
14 Frucht und Samen nicht mit diesen Merkmalen . . . .**Iridaceae** (S. 1016)
13 Staubblätter 6
15 Pflanze mit Zwiebel und Dolde mit Hülle .
. . . . **Amaryllidaceae** (S. 906)
15 Pflanze anders
16 Plazentation parietal. (Beere) . . . .
. . . . **Taccaceae** (S. 1141)

16 Plazentation zentralwinkelständig
17 Blüten stark zygomorph, längs spaltend, außen sehr dicht behaart. . . . .
. . . . . . Haemodoraceae (S. 1004)
17 Blüten anders
18 Blüten mit freien Perigonblättern und Staubblätter frei von der oft ± zygomorphen Krone. . . . .
. . . . . . Alstroemeriaceae (S. 905)
18 Blüten anders
19 Blätter verteilt am Stängel oder am Ende als Blattschopf
20 Blüten in doldenartigem Blütenstand. Pflanze mit beblätterten Stängel behäuteter Knolle. . . . .
. . . . Ixiolirion

20 Blüten nicht in doldenartigem Blütenstand. Blätter schopfartig am Ende der Triebe. . . . .
. . . . Velloziaceae (S. 1143)
19 Blätter ± grundständig
21 Antheren dorsifix . . . .
. Agavaceae (und Doryanthaceae) Agavengewächse (S. 895)
21 Antheren basifix
22 Blüten in endständigem Blütenstand
. . . . . Doryanthaceae (S. 1000)
22 Blüten aus den Blattachseln . . . .
. . . . . . Hypoxidacea (S. 1115)

8 Dikotyledoneae Zweikeimblättrige

Acanthaceae Akanthusgewächse

1 Staubblätter 4 fruchtbare
2 Kelch 4-zählig
  3 Krone fast nur aus der Oberlippe bestehend, Unterlippe klein und 3-lappig. Deckblätter stachelig . . . . **Acanthus**
  3 Krone ± 5-lappig . . . . **Barleria**
2 Kelch 5-15-zählig
  4 Kelch ringförmig mit 5-15 kurzen Zähnen. (Blüten mit 2 blattartigen Deckblättern. Frucht geschnäbelt . . . . **Thunbergia**
  4 Kelchabschnitte 5
    5 Krone 2-lippig
      6 Blätter grundständig. (Krone dachig in der Knospe 2 Samen je Fach) . . . . **Stenandrium**
      6 Blätter gegenständig
        7 Krone gedreht. Samenanlagen 3-20 Samenanlagen je Fach
          8 Kapsel mit 4 Längsfurchen. Deckblätter klein . . . . **Hygrophila**
          8 Kapsel geschnäbelt. Staubblätter in 2 am Grund verwachsenen Paaren . . . . **Ruellia**
        7 Krone dachig in der Knospe
          9 Krone fast radiär. Staubblätter eingeschlossen. Samenanlagen 2 je Fach . . . . **Xantheranthemum**
          9 Krone 2-lippig. Staubblätter herausragend. Samenanlagen 2-1 je Fach. Deckblätter gefärbt. Ähre 4-seitig . . . . . **Aphelandra**
    5 Krone ±5-lappig und radiär
      10 Blütenstand einseitswendig. (Krone dachig in der Knospe) . . . . **Asystasia**
      10 Blütenstand nicht einseitswendig
        11 Krone dachig in der Knospe
          12 Samen mit Schuppen. (Ähre 4-seitig mit großen Deckblättern) . . . . . **Crossandra**
          12 Samen flach, ohne Schuppen. (Blätter oft farbig) . . . . **Chamaeranthemum**
        11 Krone gedreht in der Knospe
          13 Kapsel mit 4 Längsfurchen . . **Hygrophila**
          13 Kapsel ohne Längsfurchen
            14 Blüten sitzend mit großen Deckblättern. . . . . **Hemigraphis**
            14 Blüten gestielt mit nicht auffallend großen Deckblättern
              15 Blüten in endständigen Trauben . . . . **Whitfieldia**
              15 Blüten in anderen Blütenständen
                16 Samenanlagen 3-20 je Fach. . **Ruellia**
                16 Samenanlagen 2 je Fach .**Strobilanthes**
1 Staubblätter 2 fruchtbare
  17 Krone gedreht in der Knospe
    18 Krone ± radiär
      19 Samenanlagen 2-1 je Fach. (Blüten blau, rosa oder weiß) . . . . **Eranthemum**
      19 Samenanlagen 4-3 je Fach. (Blüten gelb, orange, rot oder purpurn mit rötlich gefärbten Deckblättern) . . . . **Sanchezia**
    18 Krone 2-lippig
      20 Kapsel mit 4 Längsfurchen . . . . **Hygrophila**
      20 Kapsel ohne Längsfurchen
        21 Samenanlagen n je Fach . . . . **Brillantaisia**
        21 Samenanlagen 2 oder 1 je Fach. (Blätter häufig in ungleichen Paaren) . . . .**Strobilanthes**
  17 Krone dachig in der Knospe
    22 Staminodien 2-3
      23 Krone ± radiär . . . . **Barleria**
      23 Krone 2-lippig
        24 Samenanlagen 2-1 je Fach. (Kapsel gestielt)
          25 Blütenstand eine Rispe. Antheren mit 2 Theken (Antherenhälften) . . **Odontonema**
          25 Blütenstand eine Ähre. Antheren mit 1 Theke (Antherenhälfte) . . . . **Ruttya**
        24 Samenanlagen 3-5 je Fach. .**Graptophyllum**
    22 Staminodien fehlend
      26 Blüten ± radiär
        27 Kelchzipfel und Deckblätter fädig. (Diskus vorhanden. Samen mit verdicktem ringförmigem Rand) **Ruspolia**
        27 Kelchzipfel und Deckblätter nicht fädig
          28 Kronröhre zylindrisch. **Pseuderanthemum**
          28 Kronröhre trichterförmig bis glockig, gebogen. (Diskus fehlend. Kapsel 2-samig) . . . . **Mackaya**
      26 Blüten 2-lippig
        29 Kelchzipfel und Deckblätter fadenförmig . . . .**Schaueria**
        29 Kelchzipfel nicht fadenförmig
          30 Diskus fehlend . . . . **Justicia**
          30 Diskus vorhanden
            31 Blüten um 180° gedreht (resupinat)
              32 Antheren 1-fächerig . . . . . **Hypoestes**
              32 Antheren mit 2 Fächern
                33 Kapsel eiförmig. Scheidewand sich lösend bei der Reife . . . . . **Dicliptera**
                33 Kapsel keulig. Scheidewand sich nicht lösend bei der Reife . . . . . **Peristrophe**
            31 Blüten nicht gedreht (resupinat)
              34 Blattnerven grün . . . . . . **Pachystachys**
              34 Blattnerven andersfarbig. Deckblätter gewimpert . . . . **Fittonia**

Die Acanthaceen sind eine der großen einander sehr ähnlichen Familien der Ordnung der Scrophulariales. Zygomorphe, zwittrige Blüten mit Kelch und 5-blättriger, verwachsener Krone, nur 4 oder 2 mit der Krone verwachsenen Staubblättern, ein oberständiger Fruchtknoten aus 2 verwachsenen Fruchtblättern mit zentralwinkelständiger Plazentation, der sich zu einer Kapsel entwickelt, sind bei den Scrophulariales weit verbreitet. Die Blätter sind einfach und besitzen keine Nebenblätter.

Besonders von den Scrophulariaceen unterscheiden sich die Acanthaceae durch diese Merkmale nicht. Auch die immer gegenständigen Blätter und die fachspaltigen Kapseln mit fast immer nur 2 oder 1 Samen je Fach reichen nicht völlig aus, um sie von den Scrophulariaceen zu unterscheiden.

128 Acanthaceae Akanthusgewächse

Die eigentlich kennzeichnenden Merkmale der Acanthaceae sind die sehr vielfältigen eigenartigen Pollenkörner, die aber natürlich nur mit dem Mikroskop zu sehen sind. Zumindest häufig auch mit einer Lupe als feine helle Striche in den Blättern sichtbar sind die bei fast allen Acanthaceen vorkommenden Cystolithen, oft merkwürdig geformte Körper mit einem hohen mineralischen Anteil, die wohl als Fraßschutz dienen, z.B. gegen Schnecken. Auffällig viele Acanthaceen besitzen sehr auffällig gemusterte Blätter, vielleicht eine Vorwarnung. Das dritte typische Merkmal der Acanthaceen sind die sogenannten Jakulatoren, ein den Samen umfassender Fortsatz des Funiculus (Stielchen der Samenanlage), der zum Ausschleudern der Samen dient. Für viele Acanthaceen sind große, auffallend gefärbte Deckblätter der ährigen oder traubigen Blütenstände ein Hinweis auf ihre Familienzugehörigkeit. Ein wichtiges Merkmal bei den Acanthaceen sind auch die Antheren mit der Zahl der Theken. Gewöhnlich enthält eine Anthere 2 Hälften (Theken) mit jeweils 2 Pollensäcken. Einige Gattungen der Acanthaceen besitzen aber nur 1 Theke je Anthere.
Alle diese Merkmale werden bei den Gattungsbeschreibungen nicht mehr jedesmal aufgeführt, außer wenn es sich um Ausnahmen oder besondere Ausbildungen handelt.

Acanthus L.

Ableitung: antiker Pflanzenname
Vulgärnamen: D:Akanthus, Bärenklau; E:Bear's Breeches; F:Acanthe
Arten: 30
Lebensform: Staude, Strauch, Baum
Blätter: gegenständig, wechselständig, grundständig, einfach bis zusammengesetzt, ohne Cystolithen
Blütenstand: Ähre, endständig, Deckblätter groß

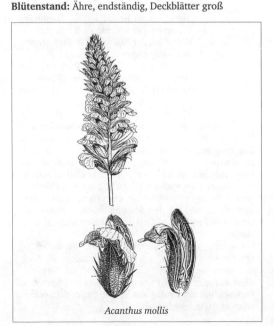

Acanthus mollis

Blüten: Kelchblätter nur 4, Krone 2-lippig, oder Oberlippe fehlend, weiß, bläulich, violett, Staubblätter 4. Antheren mit 1 Theke
Frucht: mit 2–1 Samen je Fach
Kennzeichen: Acanthacee, Staude, Strauch, Baum. Blüten in Ähren mit großen Deckblättern. Kelchblätter nur 4, Krone 2-lippig, oder Oberlippe fehlend.

Aphelandra R. Br.

Ableitung: mit glatten Staubbeuteln
Vulgärnamen: D:Glanzkölbchen; E:Saffron Spike; F:Aphélandra
Arten: 175
Lebensform: Strauch, Halbstrauch, immergrün, Staude
Blätter: gegenständig oder wechselständig, ohne Cystolithen
Blütenstand: Ähre, 4-seitig, endständig, Deckblätter sich deckend, oft farbig
Blüten: Krone 2-lippig, dachig in der Knospe, rot, gelb, braun, weiß, orange, Staubblätter 4. Antheren mit 1 Theke
Frucht: mit 2–1 Samen je Fach
Kennzeichen: Acanthacee, Strauch, Halbstrauch, immergrün, Staude. Blüten in 4-seitiger Ähre mit sich deckenden, oft farbigen Deckblättern. Krone 2-lippig, dachig in der Knospe. Staubblätter 4. Antheren mit 1 Theke

Aphelandra aurantiaca var. *aurantiaca*

Asystasia Blume

Ableitung: Unordnung (fremde Gattung)
Arten: c. 70
Lebensform: Staude, Strauch, immergrün, selten laubwerfend
Blütenstand: Rispe, Traube, Ähre, endständig oder seitlich, einseitig, Deckblätter klein und schmal
Blüten: Krone schwach zygomorph, dachig in der Knospe, Staubblätter 4. Antheren mit 2 Theken
Frucht: gestielt, mit 2–1 Samen je Fach
Kennzeichen: Acanthacee, Staude, Strauch, immergrün, selten laubwerfend. Einseitige Blütenstände mit kleinen, schmalen Deckblättern. Krone schwach zygomorph, dachig in der Knospe. Staubblätter 4

Acanthaceae Akanthusgewächse 129

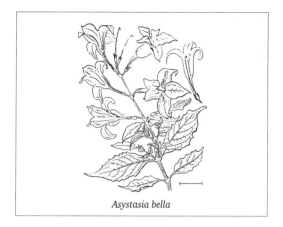
Asystasia bella

Blütenstand: Rispe, Traube, Ähre, endständig
Blüten: Krone 2-lippig, gedreht in der Knospe, rot, violett. Staubblätter 2. Antheren mit 2 Theken
Frucht: mit vielen Samen je Fach
Kennzeichen: Acanthacee, halbstrauchig oder krautig. Krone 2-lippig, gedreht in der Knospe. Staubblätter 2. Frucht mit vielen Samen je Fach

Barleria L.

Ableitung: Gattung zu Ehren von Jacques Barrelier (1606–1673), einem französischen Botaniker benannt
Vulgärnamen: D:Barlerie; E:Barleria; F:Barléria
Arten: 250
Lebensform: Staude, Halbstrauch, Strauch, immergrün
Blütenstand: Traube, Ähre, endständig oder cymös, einzeln, seitlich, Deckblätter oft deckend und trocken
Blüten: Kelchblätter 4. Krone 2-lippig, dachig in der Knospe, weiß, rosa, rot, blau, purpurn, gelb, orange, violett. Staubblätter 2 oder 4. Antheren mit 2 Theken
Frucht: geschnäbelt, mit 2–1 Samen je Fach
Kennzeichen: Acanthacee, Staude, Halbstrauch, Strauch, immergrün. Deckblätter oft sich deckend und trocken. Kelchblätter 4. Krone 2-lippig, dachig in der Knospe. Frucht geschnäbelt

Brillantaisia palisotii

Barleria cristata

Brillantaisia P. Beauv.

Ableitung: Gattung zu Ehren von Brillantais-Morion, einem französischen Reeder des 18. und 19. Jahrhunderts benannt
Arten: 9
Lebensform: Halbstrauch oder krautig

Chamaeranthemum Nees

Ableitung: Zwerg-Eranthemum
Arten: 4
Lebensform: Staude, Halbstrauch
Blütenstand: Rispe, Ähre, selten einzeln. Deckblätter klein
Blüten: Krone schwach zygomorph, dachig in der Knospe, weiß, gelblich. Staubblätter 4. Antheren mit 2 Theken

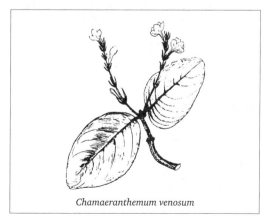
Chamaeranthemum venosum

Frucht: mit 2–1 Samen je Fach
Kennzeichen: Acanthacee, Staude, Halbstrauch. Deckblätter klein. Krone schwach zygomorph, dachig in der Knospe. Staubblätter 4

Crossandra Salisb.

Ableitung: mit gefransten Staubbeuteln
Arten: c. 50
Lebensform: Strauch, immergrün, Staude
Blätter: gegenständig oder quirlständig, ohne Cystolithen
Blütenstand: ährenartig, 4-seitig, endständig, seitlich, Deckblätter groß, sich deckend
Blüten: Krone schwach zygomorph, dachig in der Knospe, gelb, weiß, orange. Staubblätter 4. Antheren mit 1 Theke
Frucht: mit 2–1 Samen je Fach
Kennzeichen: Acanthacee, Strauch, immergrün, Staude. Blütenstand ährenartig, 4-seitig, Deckblätter groß, sich deckend. Krone schwach zygomorph, dachig in der Knospe. Staubblätter 4. Antheren mit 1 Theke

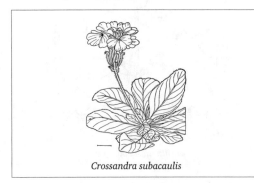

Crossandra subacaulis

Dicliptera Juss.

Ableitung: Pflanze mit 2 Flügeln
Arten: c. 150
Lebensform: Staude, Strauch, Liane, immergrün, laubwerfend
Blütenstand: Ähre, köpfchenartig, einzeln, endständig, seitlich, Deckblätter klein bis groß
Blüten: Krone 2-lippig, Röhre um 180o verdreht, dachig in der Knospe, rot, violett, blau. Staubblätter 2. Antheren mit 2 Theken
Frucht: mit 2 Samen je Fach
Kennzeichen: Acanthacee, Staude, Strauch, Liane, immergrün, laubwerfend. Krone 2-lippig, Röhre um 180° verdreht, dachig in der Knospe. Staubblätter 2

Eranthemum L.

Ableitung: Frühlings-Blüte
Vulgärnamen: D:Frühlingsblume; F:Eranthémum
Arten: 30
Lebensform: Staude, Strauch, Halbstrauch
Blätter: mit farbiger Nervatur
Blütenstand: Ähre, Rispe, endständig, seitlich. Deckblätter groß

Blüten: Krone schwach zygomorph, gedreht in der Knospe, blau, rosa, weiß. Staubblätter 2. Antheren mit 2 Theken
Frucht: mit 2–1 Samen je Fach
Kennzeichen: Acanthacee, Staude, Strauch, Halbstrauch. Deckblätter groß. Krone schwach zygomorph, gedreht in der Knospe. Staubblätter 2

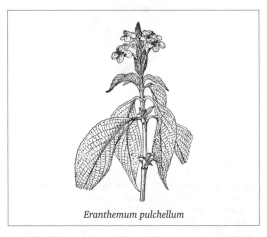

Eranthemum pulchellum

Fittonia Coëm.

Ableitung: Gattung zu Ehren der Schwestern Elizabeth und Sarah Mary Fitton (ca. 1810–1866), zwei englischen Amateurbotanikerinnen benannt

Fittonia albivenis

Vulgärnamen: D:Fittonie, Silbernetzblatt; E:Nerve Plant; F:Fittonia
Arten: 2
Lebensform: Staude
Blütenstand: Ähre, endständig. Deckblätter groß, gewimpert
Blüten: Krone 2-lippig, dachig in der Knospe, gelb. Staubblätter 2. Antheren mit 2 Theken
Frucht: mit 2 Samen je Fach
Kennzeichen: Acanthacee, Staude. Deckblätter groß, gewimpert. Krone 2-lippig, dachig in der Knospe. Staubblätter 2

Acanthaceae Akanthusgewächse 131

Graptophyllum Nees
Ableitung: beschriebenes Blatt
Arten: 10
Lebensform: Strauch, immergrün
Blütenstand: Schirmtraube, Rispe, endständig, seitlich. Deckblätter klein
Blüten: Krone 2-lippig, dachig in der Knospe, purpurn, rot. Staubblätter 2 und 2 Staminodien. Antheren mit 2 Theken
Frucht: mit 3-5 Samen je Fach
Kennzeichen: Acanthacee, Strauch, immergrün. Deckblätter klein. Krone 2-lippig, dachig in der Knospe. Staubblätter 2 und 2 Staminodien. Frucht mit 3-5 Samen je Fach

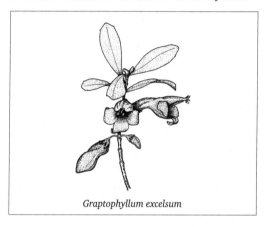
Graptophyllum excelsum

Hemigraphis Nees
Ableitung: halb mit Pinsel (Staubblätter zum Teil behaart)
Vulgärnamen: D:Efeuranke
Arten: c. 90
Lebensform: Einjährige, Staude, Halbstrauch
Blütenstand: Köpfchen, einzeln, zu 2, Ähre, endständig, seitlich. Deckblätter sich deckend
Blüten: Krone schwach zygomorph, gedreht in der Knospe. Staubblätter 4. Antheren mit 2 Theken
Frucht: mit 2-8 Samen je Fach

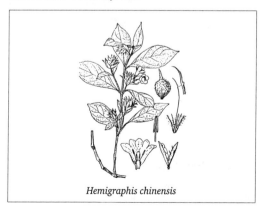
Hemigraphis chinensis

Kennzeichen: Acanthacee, Einjährige, Staude, Halbstrauch. Deckblätter sich deckend. Krone schwach zygomorph, gedreht in der Knospe. Staubblätter 4. Frucht mit 2-8 Samen je Fach

Hygrophila R. Br.
Ableitung: Wasser.-Freund
Vulgärnamen: D:Wasserfreund; F:Hygrophile
Arten: c. 100
Lebensform: Staude
Blütenstand: Traube, Rispe, cymös, einzeln, seitlich. Deckblätter klein
Blüten: Krone 2-lippig, gedreht in der Knospe, Röhre um 180o verdreht, Staubblätter 4 oder 2. Antheren mit 1 Theke
Frucht: mit 10-13 Samen je Fach
Kennzeichen: Acanthacee, Staude. Krone 2-lippig, gedreht in der Knospe, Röhre um 180o verdreht, Staubblätter 4 oder 2. Antheren mit 1 Theke. Frucht mit 10-13 Samen je Fach

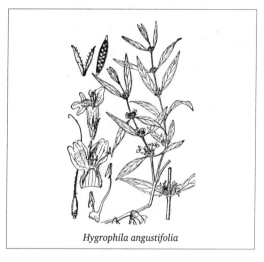
Hygrophila angustifolia

Hypoestes Sol. ex R. Br.
Ableitung: mit Hülle darunter
Vulgärnamen: D:Hüllenklaue; E:Polka Dot Plant; F:Hypoestes
Arten: c. 40
Lebensform: Staude, Strauch
Blütenstand: einzeln, Büschel, Köpfchen, doldenartig, Ähre, seitlich, endständig. Vorblätter den Kelch umschließend
Blüten: Kelchblätter 4 oder 5. Krone 2-lippig, Röhre um 180o verdreht, dachig in der Knospe, weiß, rot, lila, rosa, violett. Staubblätter 2. Antheren mit 2 Theken
Frucht: gestielt, mit 2-1 Samen je Fach
Kennzeichen: Acanthacee, Staude, Strauch. Krone 2-lippig, Röhre um 180° verdreht, dachig in der Knospe. Staubblätter 2

132 Acanthaceae Akanthusgewächse

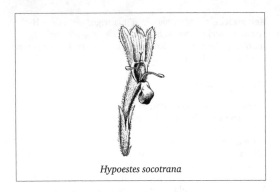
Hypoestes socotrana

Blüten: Krone schwach zygomorph, dachig in der Knospe, lila. Staubblätter 2. Antheren mit 2 Theken
Frucht: gestielt, mit 2 Samen je Fach
Kennzeichen: Acanthacee, Strauch immergrün. Krone schwach zygomorph, dachig in der Knospe. Staubblätter 2

Mackaya bella

Justicia L.

Ableitung: Gattung zu Ehren von James Justice (?–1763), einem schottischen Gärtner benannt
Vulgärnamen: D:Justizie, Purpurschopf, Zimmerhopfen; E:Water Willow; F:Bélopérone, Plante-aux-crevettes
Arten: c. 420
Lebensform: Staude, Strauch, Halbstrauch
Blütenstand: Ähre, Schirmtraube, zu 3, Rispe, Büschel, einzeln, endständig, seitlich. Deckblätter variabel
Blüten: Kelchblätter 4 oder 5. Krone 2-lippig, dachig in der Knospe, weiß, rot, lila, rosa, violett. Staubblätter 2. Antheren mit 2 Theken
Frucht: gestielt, mit 2–1 Samen je Fach
Kennzeichen: Acanthacee, Staude, Strauch, Halbstrauch. Krone 2-lippig, dachig in der Knospe. Staubblätter 2

Odontonema Nees

Ableitung: Zahn-Faden
Arten: 26
Lebensform: Strauch, Staude
Blütenstand: Traube, Rispe, endständig. Deckblätter klein
Blüten: Krone 2-lippig oder schwach zygomorph, dachig in der Knospe, rot, gelb, weiß, purpurn. Staubblätter 2 und 2 Staminodien. Antheren mit 2 Theken
Frucht: gestielt, mit 2–1 Samen je Fach
Kennzeichen: Acanthacee, Strauch, Staude. Krone 2-lippig oder schwach zygomorph, dachig in der Knospe. Staubblätter 2 und 2 Staminodien

Justicia rizzinii

Odontonema schomburgkianum

Mackaya Harv.

Ableitung: Gattung zu Ehren von James Towensend Mackay (1775–1862), einem schottischen Gärtner und Botaniker in Irland benannt
Arten: 1
Lebensform: Strauch, immergrün
Blütenstand: Traube, endständig. Deckblätter klein

Pachystachys Nees

Ableitung: dicke Ähre
Vulgärnamen: D:Dickähre; F:Pachystachys
Arten: 12
Lebensform: Staude, Strauch, immergrün

Blütenstand: Ähre, endständig. Deckblätter groß, deckend
Blüten: Krone 2-lippig, dachig in der Knospe, gelb, purpurn. Staubblätter 2. Antheren mit 2 Theken
Frucht: gestielt, mit 2 Samen je Fach
Kennzeichen: Acanthacee, Staude, Strauch, immergrün. Ähre, endständig. Deckblätter groß, deckend. Staubblätter 2

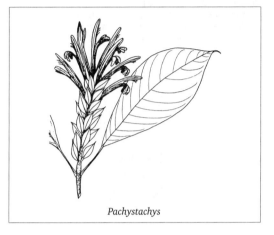

Pachystachys

Peristrophe Nees

Ableitung: Umkehrung
Vulgärnamen: D:Gürtelklaue; F:Péristrophe
Arten: 15
Lebensform: Staude, Halbstrauch, immergrün, kletternd
Blütenstand: einzeln, Büschel, Rispe, Köpfchen, Schirmtraube. Deckblätter groß, eine Hülle bildend
Blüten: Kelchblätter frei. Krone 2-lippig, Röhre um 180o verdreht, dachig in der Knospe, rosenrot, purpurn, Staubblätter 2. Antheren mit 2 Theken
Frucht: gestielt, mit 2–1 Samen je Fach
Kennzeichen: Acanthacee, Staude, Halbstrauch, immergrün, kletternd. Krone 2-lippig, Röhre um 180o verdreht, dachig in der Knospe. Staubblätter 2

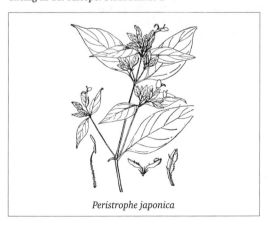

Peristrophe japonica

Pseuderanthemum Radlk.

Ableitung: Schein-Eranthemum
Arten: 60
Lebensform: Strauch, Staude, Halbstrauch, immergrün
Blütenstand: Ähre, Rispe, cymös, endständig, seitlich. Deckblätter klein
Blüten: Krone schwach zygomorph, dachig in der Knospe, weiß, lila, rosa, rot. Staubblätter 2. Antheren mit 2 Theken
Frucht: gestielt, mit 2–1 Samen je Fach
Kennzeichen: Acanthacee, Strauch, Staude, Halbstrauch, immergrün. Deckblätter klein. Krone schwach zygomorph, dachig in der Knospe. Staubblätter 2

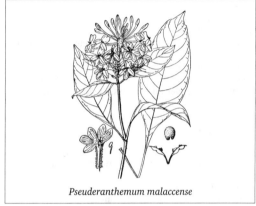

Pseuderanthemum malaccense

Ruellia L.

Ableitung: Gattung zu Ehren von Jean Ruel (1474–1537), einem französischen Arzt und Botaniker benannt
Vulgärnamen: D:Rudel, Ruellie; F:Ruellia
Arten: c. 150
Lebensform: Strauch, Staude, Halbstrauch, immergrün
Blütenstand: einzeln, Büschel, Rispe, seitlich. Deckblätter schmal, nicht deckend

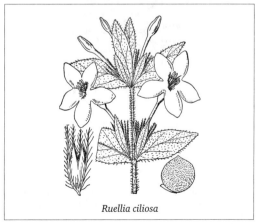

Ruellia ciliosa

Blüten: Krone schwach zygomorph, gedreht in der Knospe, violett, lila, weiß, rot, blau, Staubblätter 4. Antheren mit 2 Theken
Frucht: geschnäbelt, mit 3–20 Samen je Fach
Kennzeichen: Acanthacee, Strauch, Staude, Halbstrauch, immergrün. Deckblätter schmal, nicht deckend. Krone schwach zygomorph, gedreht in der Knospe

Ruspolia Lindau

Ableitung: Gattung zu Ehren von Graf Eugenio Ruspoli (1866–1893), einem italienischen Erforscher Somalias, der von einem wildgewordenen Elefanten getötet wurde, benannt
Arten: 4
Lebensform: Strauch
Blütenstand: Ähre, Rispe, endständig
Blüten: Krone schwach zygomorph, dachig in der Knospe, rot und gelb. Staubblätter 2. Antheren mit 1 Theke
Frucht: gestielt, mit 2 Samen je Fach
Kennzeichen: Acanthacee, Strauch. Krone schwach zygomorph, dachig in der Knospe. Staubblätter 2. Antheren mit 1 Theke

Ruttya Harv.

Ableitung: Gattung zu Ehren von John Rutty (1697–1775), einem englischen Arzt in Irland benannt
Arten: 3
Lebensform: Strauch
Blütenstand: Ähre. Deckblätter lineal
Blüten: Krone 2-lippig, dachig in der Knospe, purpurn. Staubblätter 2. Antheren mit 1 Theke
Frucht: gestielt, mit 2 Samen je Fach
Kennzeichen: Acanthacee, Strauch. Ähre mit linealen Deckblättern. Krone 2-lippig, dachig in der Knospe. Staubblätter 2. Antheren mit 1 Theke

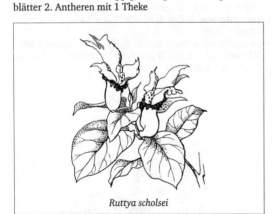
Ruttya scholsei

Sanchezia Ruiz et Pav.

Ableitung: Gattung zu Ehren von José Sánchez, einem spanischen Botaniker des 18. Jahrhunderts in Cadiz benannt
Vulgärnamen: D:Sanchezie; F:Sanchezia
Arten: 20
Lebensform: Staude, Strauch, immergrün
Blätter: mit farbiger Nervatur
Blütenstand: Köpfchen, Ähre, Rispe, Büschel, selten einzeln, endständig. Deckblätter meist gefärbt
Blüten: Krone schwach zygomorph, gedreht in der Knospe, gelb, orange, rot, purpurn. Staubblätter 2 und 2–3 Staminodien. Antheren mit 2 Theken
Frucht: mit 4–3 Samen je Fach
Kennzeichen: Acanthacee, Staude, Strauch, immergrün. Deckblätter meist gefärbt. Krone schwach zygomorph, gedreht in der Knospe. Staubblätter 2 und 2–3 Staminodien

Sanchezia nobilis

Schaueria Nees

Ableitung: Gattung zu Ehren von Johannes Conrad Schauer (1813–1848), einem deutschen Botaniker benannt
Arten: 8
Lebensform: krautig, Halbstrauch
Blütenstand: Ähre, Rispen, endständig. Deckblätter schmal
Blüten: Krone 2-lippig, dachig in der Knospe, orange, gelb, rot. Staubblätter 2. Antheren mit 2 Theken
Frucht: mit 2 Samen je Fach
Kennzeichen: Acanthacee, krautig, Halbstrauch. Deckblätter schmal. Krone 2-lippig, dachig in der Knospe. Staubblätter 2

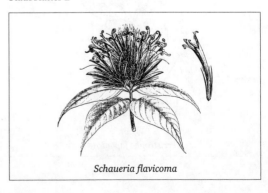
Schaueria flavicoma

Stenandrium Nees

Ableitung: schmale Staubbeutel
Arten: 25
Lebensform: krautig
Blätter: oft grundständig, ohne Cystolithen
Blütenstand: Ähre, Deckblätter meist klein
Blüten: zwittrig oder eingeschlechtig. Krone 2-lippig, dachig in der Knospe. Staubblätter 4. Antheren mit 1 Theke
Frucht: mit 2 Samen je Fach
Kennzeichen: Acanthacee, krautig. Ähre mit meist kleinen Deckblättern. Krone 2-lippig, dachig in der Knospe . Staubblätter 4. Antheren mit 1 Theke

Strobilanthes Blume

Ableitung: Blüten-Zapfen
Vulgärnamen: D:Zapfenblume; F:Strobilanthe
Arten: 250
Lebensform: Staude, Strauch, Halbstrauch, zum Teil kletternd
Blütenstand: Ähre, Rispe, Köpfchen. Deckblätter deckend oder nicht
Blüten: Krone schwach zygomorph, gedreht in der Knospe, violett, weiß, blau, gelb, rosa. Staubblätter 4 oder 2. Antheren mit 2 Theken
Frucht: mit 2 Samen je Fach
Kennzeichen: Acanthacee, Staude, Strauch, Halbstrauch, zum Teil kletternd. Krone schwach zygomorph, gedreht in der Knospe. Staubblätter 4 oder 2

Strobilanthes japonica

Thunbergia Retz.

Ableitung: Gattung zu Ehren von Carl Peter Thunberg (1743–1828), einem schwedischen Botaniker benannt
Vulgärnamen: D:Schwarzäugige Susanne, Thunbergie; E:Thunbergia; F:Suzanne aux yeux noirs, Thunbergie
Arten: 90
Lebensform: Einjährige, Staude, Strauch, Liane
Blätter: ohne Cystolithen
Blütenstand: einzeln, Traube, seitlich, endständig. Vorblätter den Kelch und die Röhre umschließend
Blüten: Krone schwach zygomorph, gedreht in der Knospe, 5- bis 15-zipflig, blau, gelb, orange, weiß, purpurn. Staubblätter 4. Antheren mit 2 Theken
Frucht: geschnäbelt, mit 2 Samen je Fach, ohne Jakulatoren

Kennzeichen: Acanthacee, Einjährige, Staude, Strauch, Liane. Krone schwach zygomorph, gedreht in der Knospe. Staubblätter 4. Frucht geschnäbelt, ohne Jakulatoren

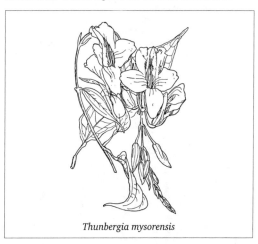

Thunbergia mysorensis

Whitfieldia Hook.

Ableitung: Gattung zu Ehren von Thomas Whitfield, einem englischen Pflanzensammler des 19. Jahrhunderts benannt
Arten: 10
Lebensform: Strauch, immergrün
Blütenstand: Traube, endständig. Deckblätter gefärbt
Blüten: Krone schwach zygomorph, gedreht in der Knospe, weiß, rot. Staubblätter 4. Antheren mit 2 Theken
Frucht: mit 2 Samen je Fach
Kennzeichen: Acanthacee, Strauch, immergrün. Traube mit gefärbten Deckblättern. Krone schwach zygomorph, gedreht in der Knospe. Staubblätter 4

Whitfieldia lateritia

Xantheranthemum Lindau

Ableitung: gelbes Eranthemum
Arten: 1
Lebensform: Staude

Blütenstand: Ähre, endständig. Deckblätter groß, deckend
Blüten: Krone 2-lippig, dachig in der Knospe, gelb. Staubblätter 4. Diskus fehlend
Frucht: mit 2 Samen je Fach
Kennzeichen: Acanthacee, Staude. Ähre mit großen, deckenden Deckblättern. Krone 2-lippig, dachig in der Knospe. Staubblätter 4

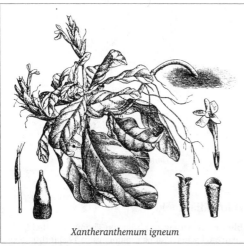
Xantheranthemum igneum

Aceraceae Ahorngewächse

siehe unter Sapindaceae S. 793

Actinidiaceae Strahlengriffelgewächse

1 Bäume oder Sträucher. (Staubblätter viele, Fruchtblätter 3-5) . . . . **Saurauia**
1 Lianen
  2 Staubblätter viele. Fruchtblätter viele. Griffel frei
    . . . . **Actinidia**
  2 Staubblätter 10. Fruchtblätter 5. Griffel vereint .
    . . . . **Clematoclethra**

Actinidia Lindl.

Ableitung: strahlige Pflanze
Vulgärnamen: D:Kiwipflanze, Strahlengriffel; E:Kiwi Fruit; F:Actinidia, Kiwi
Arten: c. 60
Lebensform: Lianen, laubwerfend
Blätter: wechselständig, einfach, ohne Nebenblätter
Blütenstand: cymös oder einzeln
Blüten: zwittrig bis zweihäusig, radiär. Kelchblätter 5. Kronblätter 5 oder 4, frei, weiß. Staubblätter viele, frei, mit Schlitzen. Fruchtblätter viele, verwachsen, oberständig. Plazentation zentralwinkelständig
Frucht: Beere
Kennzeichen: Lianen laubwerfend. Staubblätter viele, mit Poren. Fruchtblätter viele, verwachsen. Beeren

Actinidia latifolia

Clematoclethra (Franch.) Maxim.

Ableitung: aus Clematis und Clethra zusammengesetzt
Arten: 10
Lebensform: Lianen, laubwerfend
Blätter: wechselständig, einfach, ohne Nebenblätter
Blütenstand: Cymös oder einzeln
Blüten: zwittrig, radiär. Kelchblätter 5. Kronblätter 5, frei, weiß. Staubblätter etwa 10-30, frei. Antheren mit Schlitzen. Fruchtblätter 5, verwachsen, oberständig. Plazentation zentralwinkelständig
Frucht: Kapsel
Kennzeichen: Lianen. Kronblätter 5, frei, weiß. Fruchtblätter 5, verwachsen, oberständig. Kapsel

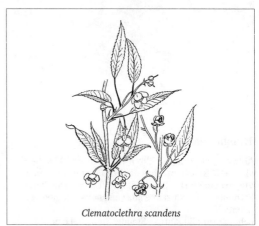
Clematoclethra scandens

Saurauia Willd.

Ableitung: Gattung zu Ehren von Franz Josef Graf von Saurau (1760-1832), einem österreichischen Politiker, der Franz Josef Haydn (1732-1809) zur Komposition der jetzigen deutschen Nationalhymne anregte, benannt

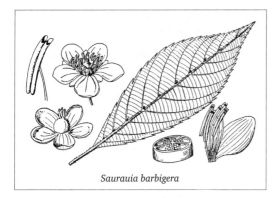
Saurauia barbigera

Arten: c. 300
Lebensform: Bäume und Sträucher
Blätter: wechselständig, einfach, ohne Nebenblätter, Seitennerven 1. und 2. Ordnung auffallend parallel
Blütenstand: Rispen bis einzeln
Blüten: zwittrig, radiär. Kelchblätter 5. Kronblätter 3–9, frei oder am Grund verwachsen, weiß bis rosa. Staubblätter viele, am Grund mit den Kronblättern verwachsen, Antheren mit Poren am Ende. Fruchtblätter 5–3, verwachsen, oberständig. Plazentation zentralwinkelständig
Frucht: Beere
Kennzeichen: Bäume oder Sträucher. Staubblätter viele, am Grund mit den Kronblättern verwachsen, Antheren mit Poren am Ende. Fruchtblätter 5–3, verwachsen. Beeren

Adoxaceae Moschuskrautgewächse

Adoxa L.

Ableitung: unscheinbare Pflanze
Vulgärnamen: D:Moschuskraut; E:Muskroot; F:Adoxa
Arten: 4
Lebensform: Staude, mit Moschusgeruch
Blätter: grundständig, zusammengesetzt, ohne Nebenblätter
Blütenstand: Köpfchen

Adoxa moschatellina

Blüten: zwittrig, radiär. Kelchblätter 2 oder 3. Kronblätter 4 oder 5, grün. Staubblätter meist 4–6. Fruchtblätter 4–5, verwachsen, halbunterständig. Plazentation zentralwinkelständig
Frucht: Steinfrucht
Kennzeichen: Staude mit Moschusgeruch. Blätter grundständig, zusammengesetzt. Blüten in Köpfchen, 4 und 5-zählige. Fruchtblätter 4–5, verwachsen, halbunterständig. Steinfrucht

Aizoaceae Eiskrautgewächse oder Mittagsblumengewächse

Die Gattungen der Aizoaceen wurden hauptsächlich nach dem Bau der reifen Kapseln mit ihrer komplizierten Öffnungsweise definiert. Da aber die Aizoaceen fast immer Fremdbestäuber sind, in Kultur aber meist Klone sind, die keine reifen Kapseln ausbilden, wurde versucht im Schlüssel nur die Lebensform, die Blätter und Blüten zu verwenden, was nicht immer zu einem eindeutigen Ergebnis führt. Wenige Gattungen sind ohne eine nähere Bestimmung zu erkennen, sodass auf die Aufzählung von kennzeichnenden Merkmalen verzichtet wurde.

1 Pflanze mit deutlichem oberirdischem Stamm
  2 Pflanze stammsukkulent . . . **Gruppe 1** (S. 137)
  2 Pflanze blattsukkulent
    3 Blattpaare abwechselnd verschieden . . . .
    . . . . **Gruppe 2** (S. 137)
    3 Blattpaare alle ähnlich
      4 Internodien sichtbar
        5 Pflanze strauchig. Blätter nicht flach . . . . . .
        . . . . **Gruppe 3** (S. 137)
        5 Pflanze krautig und mit flachen, papillösen
        Blättern. . . . . **Gruppe 4** (S. 138)
      4 Internodien nicht sichtbar . . . .
      . . . . **Gruppe 5** (S. 139)
1 Pflanze ohne deutlichen oberirdischen Stamm
  5 Blätter mehrere oder nur 2, dann aber über die
  Hälfte frei . . . . **Gruppe 6** (S. 139)
  5 Blätter immer nur 2 und weniger als zur Hälfte
  frei . . . . **Gruppe 7** (S. 139)

Gruppe 1

Psilocaulon N.E. Br.

Gruppe 2

1 Triebe mit perlschnurartigen Abschnitten,
  Blattpaare ± kugelig . . . . **Monilaria**
1 Triebe nicht mit perlschnurartigen Abschnitten
  2 Sommerblätter zum größten Teil verwachsen,
    Winterblätter ausgebreitet . . . . .**Mitrophyllum**
  2 Sommerblätter und Winterblätter nicht verschieden . . . . **Ruschia**

Gruppe 3

1 Fruchtknoten mittelständig. Frucht mit Deckel. Samen mit Arillus. (Fruchtblätter nur 2–5) . . . .
. . . . **Sesuvium**
1 Fruchtknoten halbunterständig bis unterständig
2 Plazentation apical. Frucht eine Steinfrucht. (Blätter wechselständig, gestielt, flach) . . . . .
. . . . **Tetragonia**
3 Plazentation zentralwinkelständig, parietal oder basal
4 Plazentation zentralwinkelständig. Frucht eine Kapsel
5 Kronblätter und Staubblätter frei von einander
. . . . **Hymenogyne**
5 Kronblätter und Staubblätter am Grund miteinander verwachsen
6 vertrocknete Blätter bis auf die Nerven skelettiert . . . . **Sceletium**
6 vertrocknete Blätter nicht skelettiert
7 Pflanze strauchig
8 Blätter flach . . . . **Prenia**
8 Blätter rund oder halbrund im Querschnitt
. . . . **Aridaria**
7 Pflanze krautig
9 Blätter in der Blütenregion wechselständig. (einjährige Pflanzen) . . . .
. . . . **Mesembryanthemum**
9 Blätter alle gegenständig . . . **Phyllobolus**
4 Plazentation parietal oder basal
10 Blätter mit weißlichen Wärzchen, (am Rand mit 1–2 Zähnen) . . . . . **Chasmatophyllum**
10 Blätter glatt, papillös, behaart oder punktiert
11 Pflanze krautig
12 Blätter flach . . . . **Skiatophytum**
12 Blätter rund, halbrund oder 3-kantig im Querschnitt
13 Nektarien 5. (Fruchtblätter 5) . . **Hereroa**
13 Nektarien zusammen ringförmig
14 Fruchtblätter 5. Deckblätter fehlend . .
. . . . **Disphyma**
14 Fruchtblätter 8–20. Deckblätter vorhanden
15 Pflanze mit Rosette und aufrechtem Trieb. Kronblätter sehr lang und schmal, fein zugespitzt. (Frucht nicht aufspringend . . . . **Conicosia**
15 Pflanze anders. Kronblätter nicht auffällig lang zugespitzt. . . . .
. . . . **Cephalophyllum**
11 Pflanze strauchig oder halbstrauchig
16 Pflanze in Kurztriebe und kleine Langtriebe gegliedert . . . . . **Vanzijlia**
16 Pflanze nicht in Kurz- und Langtriebe gegliedert
17 Kronblätter am Grund weiß, dann lila. Staminodien fädig, kronblattartig . . . .
. . . . **Erepsia**
17 nicht mit dieser Merkmalskombination
18 Fruchtblätter 8–20
19 Frucht eine Beere. (Blüten sehr groß)
. . . . **Carpobrotus**
19 Frucht eine Kapsel
20 Blätter fein punktiert. Brachten vorhanden. Nektarien ringförmig. Plazentation basal . . . .
. . . . **Cephalophyllum**
20 Blätter glatt. Deckblätter fehlend. Nektarien 5. Plazentation parietal . .
. . . . **Malephora**
18 Fruchtblätter 4–7
21 Pflanze mit zum dornigen, alten Blütenständen
22 Pflanze mit knolligem Wurzelstock. Blätter an der Spitze zurückgebogen und mit winzigen Papillen . . . . . .
. . . . **Mestoklema**
22 Pflanze anders. Blätter dunkel punktiert . . . . **Eberlanzia**
21 alte Blütenstände nicht dornig
23 Blätter papillös
24 Nektarien 5. (Blätter frei, mit großen, glänzenden Papillen. Blüten purpurn oder rosa, selten weiß) . .
. . . . **Drosanthemum**
24 Nektarien ringförmig. (Blüten weiß)
. . . . **Jacobsenia**
23 Blätter glatt bis samtig
25 Pflanze strauchig, mit armdicken, liegenden Stämmen. Blätter keulig, dicht gedrängt . . . . **Jensenobotrya**
25 Pflanze anders
26 Staubblätter nach innen geneigt, von Staminodien verborgen . . . .
. . . . **Erepsia**
26 Staubblätter nicht von Staminodien verdeckt
27 Narben breit dreieckig oder oval
28 Narben papillös . . **Delosperma**
28 Narben ohne Papillen
29 Nektarien 5. Staubblätter zu einer Säule vereint . . **Oscularia**
29 Nektarien ringförmig. Staubblätter nicht zu einer Säule vereint . . . **Lampranthus**
27 Narben pfriemlich, lineal oder drahtförmig
30 Fruchtblätter 6 . . . . . . **Astridia**
30 Fruchtblätter 4–5
31 Blüten weiß, rosa oder purpurn
. . . . **Ruschia**
31 Blüten gelb . . . . **Hereroa**

Gruppe 4

1 Pflanze ausdauernd. Kelchblätter 4 . . . . **Aptenia**
1 Pflanze einjährig. Kelchblätter 5
2 Blätter fiederig zerteilt . . . . . . **Aethephyllum**
2 Blätter nicht fiederig, wenn fiederig, dann 5 Nektarien
3 Fruchtblätter 12–20 . . . . **Carpanthea**
3 Fruchtblätter 5–7
4 Nektarien ringförmig . . . . . **Dorotheanthus**
4 Nektarien 5 . . . **Cleretum** (mit **Micropterum**)

Gruppe 5

1 Blätter glatt
2 Pflanzen holzige Sträucher. Blüten rosa bis violett. Nektarien ringförmig. Fruchtknoten unterständig . . . . **Ruschia**
2 Pflanzen Stauden. Blüten gelb. Nektarien 5. Fruchtknoten halbunterständig. . . . .
. . . .**Cylindrophyllum**
1 Blätter warzig
3 Blätter auf der Rückseite gegen die Spitze zu mit 1-2 Zähnen . . . . **Chasmatophyllum**
3 Blätter ohne solche Zähne. . . . . **Rhinephyllum**

Gruppe 6

1 Blätter am Ende abgeflacht, mit durchscheinendem „Fenster"
2 Blätter gegenständig. Kronblätter frei. Fruchtblätter 8-16. (Blüten gelb oder weiß) . . .
. . . . **Fenestraria**
2 Blätter wechselständig. Kronblätter verwachsen am Grund. Fruchtblätter 5. (Blüten rot, lila oder weiß). . . . .**Frithia**
1 Blätter nicht gefenstert
3 Blätter klebrig, ± mit Sand bedeckt . . . .
. . . . **Psammophora**
3 Blätter nicht klebrig
 4 Blätter am Rand gezähnt
  5 Blätter wachsig. (Blüten weiß bis lila oder rot. Nektardrüsen ringförmig. Fruchtblätter 5-13)
. . . . **Juttadinteria**
  5 Blätter nicht auffallend wachsig. (Fruchtblätter 5-6)
   6 Blätter höckerig . . . . **Stomatium**
   6 Blätter glatt
    7 Blüten mit Deckblättern. Nektardrüsen 5
     8 Blüten gelb . . . . **Carruanthus**
     8 Blüten weiß oder rosa. . . . . . **Acrodon**
    7 Blüten ohne Deckblätter. Nektarien ringförmig . . . . **Faucaria**
 4 Blätter am Rand nicht gezähnt
  9 Blätter warzig, körnig, papillös oder mit erhobenen Flecken
   10 Blätter nur 2, halbrund im Querschnitt, papillös . . . .**Dinteranthus**
   10 Blätter zu 4-8
    11 Blätter ± flach, mit sehr groben Warzen . .
. . . . **Titanopsis**
    11 Blätter mit kleinen Wärzchen Papillen oder nur körnig
     12 Deckblätter vorhanden. Fruchtblätter 5-7
      13 Blätter warzig. Blüten weiß, nachtblühend. Nektarien 5. Fruchtblätter 5. . . . . **Neohenricia**
      13 Blätter nur körnig. Blüten gelb. Nektarien ringförmig. Fruchtblätter 6-7 . . . . . .
. . . . **Lapidaria**
     12 Deckblätter fehlend. Fruchtblätter 6-14. Kronblätter in 2-4 Reihen
      14 Blätter eines Blattpaares verschieden. Nektarien 5. (Fruchtblätter 7-14) . . **Rabiea**
      14 Blätter eines Blattpaares gleich. Nektarien ringförmig. (Fruchtblätter 6-14). . . . .
. . . . **Aloinopsis**
  9 Blätter glatt oder punktiert
   15 Fruchtblätter 5
    16 Fruchtknoten halbunterständig. . . . .
. . . . **Glottiphyllum**
    16 Fruchtknoten unterständig
     16 Blätter halbrund im Querschnitt (punktiert)
. . . .**Rhombophyllum**
     16 Blätter 3-kantig oder rund im Querschnitt
      17 Deckblätter fehlend . . . . . . **Faucaria**
      17 Deckblätter vorhanden
       18 Blätter wachsig . . . . **Cerochlamys**
       18 Blätter nicht wachsig
        19 Blüten gelb. . . . . **Acrodon**
        19 Blüten weiß, rosa oder purpurn
         20 Blätter völlig glatt, zur Spitze hin mit wenigen Zähnen . . . . **Acrodon**
         20 Blätter meist punktiert, ohne Zähne .
. . . . **Ebracteola**
   15 Fruchtblätter 6-25
    21 Deckblätter verwachsen
     22 Blätter mehrere . . . . **Dracophilus**
     22 Blätter nur 2-4. . . . . **Cheiridopsis**
    21 Deckblätter nicht verwachsen oder fehlend
     23 Blätter halbrund im Querschnitt
      24 Deckblätter fehlend . . . .**Dinteranthus**
      24 Deckblätter vorhanden. . .**Argyroderma**
     23 Blätter 3-kantig oder rund im Querschnitt
      25 Blätter glatt. Nektarien 5 . . . .
. . . . **Machairophyllum**
      25 Blätter punktiert. Nektarien ringförmig
       26 Blätter im Querschnitt rund . . . .
. . . .**Tanquana**
       26 Blätter 3-kantig im Querschnitt
        27 Blätter mit großen, dunklen Punkten .
. . . . **Pleiospilos**
        27 Blätter nicht auffallend, aber hell punktiert . . . . **Nananthus**

Gruppe 7

1 Blätter am Ende ± abgeflacht und mit durchscheinendem „Fenster"
2 Blüten ohne Hochblätter. Kronblätter frei **Lithops**
2 Blüten mit Hochblättern. Kronblätter verwachsen am Grund . . . . **Ophthalmophyllum**
1 Blätter ohne „Fenster"
3 Kronblätter verwachsen am Grund . **Conophytum**
3 Kronblätter frei
 4 Blüten weiß bis purpurn
  5 Fruchtknoten unterständig. Nektarien 5 . . . .
. . . . **Gibbaeum**
  5 Fruchtknoten halbunterständig. Nektarien ringförmig. (Blätter schnell zu weißer Hülle vertrocknend) . . . . **Oophytum**
 4 Blüten gelb oder orange
  6 Deckblätter fehlend. Fruchtblätter 5 . . . . . .
. . . . **Schwantesia**
  6 Deckblätter vorhanden. Fruchtblätter 8-15 . .
. . . . **Vanheerdea**

140 Aizoaceae Eiskrautgewächse

Folgende Merkmale sind allen Aizoaceen gemeinsam und werden deshalb bei den Gattungsbeschreibungen nicht mehr aufgeführt: Blattsukkulente, ohne Nebenblätter, Blüten radiär, mit Kelch und vielen, linealen Kronblättern, die häufig mit Staminodien in die meist ebenfalls vielen Staubblätter übergehen, Frucht fast immer eine Kapsel.

Acrodon N.E. Br.

Ableitung: mit spitzigen Zahn
Arten: 4
Lebensform: Staude. Stammlos. Internodien nicht sichtbar
Blätter: mehrere gegenständig, verwachsen, im Querschnitt 3-kantig, am Rand oft gezähnt, Oberfläche glatt
Blütenstand: Blüten einzeln. Deckblätter vorhanden
Blüten: Kelchblätter 5-6. Kronblätter frei, weiß oder rosa. Staubblätter viele. Nektarium ringförmig. Fruchtblätter (Fruchtfächer) unterständig, 5. Plazentation parietal
Frucht: Kapsel

Aethephyllum N.E. Br.

Ableitung: mit ungewöhnlichem Blatt
Arten: 1
Lebensform: Einjährige. Internodien sichtbar
Blätter: gegenständig, fiederig, nicht verwachsen, im Querschnitt flach. Oberfläche papillös
Blütenstand: Blüten einzeln. Deckblätter fehlend
Blüten: Kelchblätter 5. Kronblätter frei, gelb. Staubblätter viele. Nektarium ringförmig. Fruchtblätter (Fruchtfächer) unterständig, 5. Plazentation parietal
Frucht: Kapsel

Aloinopsis Schwantes

Ableitung: vom Aussehen einer Aloe
Arten: 8
Lebensform: Staude. Internodien nicht sichtbar
Blätter: gegenständig, nahezu grundständig, im Querschnitt 3-kantig, rund oder flach. Oberfläche papillös oder warzig
Blütenstand: Blüten einzeln, selten zu 2-4). Deckblätter vorhanden
Blüten: Kelchblätter 5-6. Kronblätter frei, in 2-3 Reihen, gelb, lachsfarben oder rosa. Staubblätter viele. Nektarium ringförmig. Fruchtblätter (Fruchtfächer) unterständig, 6-14. Plazentation parietal
Frucht: Kapsel

Aptenia N.E. Br.

Ableitung: flügellos (Kapsel)
Arten: 4
Lebensform: Staude. Internodien sichtbar
Blätter: gegenständig, nicht verwachsen, im Querschnitt flach, selten rund. Oberfläche papillös
Blütenstand: Blüten einzeln bis zu 3, seitlich. Deckblätter fehlend
Blüten: Kelchblätter 4. Kronblätter am Grund verwachsen, rosa, weiß, purpurn. Staubblätter viele. Nektardrüsen 4.

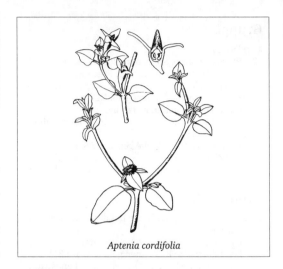

Aptenia cordifolia

Fruchtblätter (Fruchtfächer) unterständig, 4. Plazentation zentralwinkelständig
Frucht: Kapsel

Argyroderma N.E. Br.

Ableitung: Silber-Haut
Vulgärnamen: D:Silberhaut; F:Plante-caillou
Arten: 10
Lebensform: Staude. Internodien nicht sichtbar
Blätter: 2, seltener 4-6, gegenständig, verwachsen am Grund, im Querschnitt halbrund. Oberfläche glatt
Blütenstand: Blüten einzeln, endständig. Deckblätter vorhanden
Blüten: Kelchblätter 6-8. Kronblätter frei, gelb, rosa, purpurn, violett, rot, weiß. Staubblätter viele. Nektarium ringförmig. Fruchtblätter (Fruchtfächer) unterständig, 10-25. Plazentation parietal
Frucht: Kapsel

Aridaria N.E. Br.

Ableitung: Pflanze von Trockenstandorten
Arten: 4
Lebensform: Strauch. Internodien sichtbar
Blätter: gegenständig, frei oder etwas verwachsen, im Querschnitt rund oder halbrund. Oberfläche papillös
Blütenstand: Blüten einzeln oder zu 3. Deckblätter vorhanden
Blüten: Kelchblätter 4-6. Kronblätter am Grund verwachsen, in mehreren Reihen, weiß, gelb, rosa, rot. Staubblätter viele. Nektardrüsen 4-5. Fruchtblätter (Fruchtfächer) unterständig, 4-5. Plazentation zentralwinkelständig
Frucht: Kapsel

Astridia Dinter

Ableitung: Gattung zu Ehren von Astrid Schwantes, der Gattin des Botanikers Gustav Schwantes (1881-1960) benannt
Arten: 12
Lebensform: Strauch. Internodien sichtbar

Blätter: mehrere, gegenständig, verwachsen, im Querschnitt 3-kantig bis nahezu rund. Oberfläche fein papillös
Blütenstand: Blüten einzeln oder zu 3, endständig. Deckblätter vorhanden
Blüten: Kelchblätter 6. Kronblätter frei, weiß, rosa, lila, rot, gelb, orange. Staubblätter viele. Nektarium ringförmig. Fruchtblätter (Fruchtfächer) unterständig, 6. Plazentation parietal
Frucht: Kapsel

Bergeranthus Schwantes

Ableitung: Gattung zu Ehren von Alwin Berger (1871–1931), einem deutschen Botaniker benannt
Arten: 5
Lebensform: Staude. Internodien nicht sichtbar
Blätter: mehrere, gegenständig, am Grund verwachsen, im Querschnitt 3-kantig. Oberfläche punktiert oder glatt
Blütenstand: Blüten einzeln, zu 3 oder cymös. Deckblätter vorhanden
Blüten: Kelchblätter 5. Kronblätter frei, gelb. Staubblätter viele. Nektardrüsen 5. Fruchtblätter (Fruchtfächer) unterständig, 5. Plazentation parietal
Frucht: Kapsel

Bijlia N.E. Br.

Ableitung: Gattung zu Ehren von Deborah Susanna van der Bijl (geb. Malan), einer südafrikanischen Pflanzensammlerin des 20. Jahrhunderts benannt
Arten: 2
Lebensform: Staude
Blätter: meist gegenständig, am Grund verwachsen, 3-kantig im Querschnitt, glatt
Blütenstand: zu (1–)3 gestielt. Deckblätter vorhanden
Blüten: Kronblätter viele, gelb. Staubblätter viele. Fruchtblätter 5, verwachsen
Frucht: Kapsel

Carpanthea N.E. Br.

Arten: 1
Lebensform: Einjährige. Internodien sichtbar
Blätter: gegenständig, verwachsen am Grund, flach, am Rand gewimpert. Oberfläche papillös
Blütenstand: Blüten zu 1–3, endständig. Deckblätter vorhanden
Blüten: Kelchblätter 5. Kronblätter frei, gelb oder weiß. Staubblätter viele. Nektarium ringförmig. Fruchtblätter (Fruchtfächer) unterständig, 12–20. Plazentation parietal
Frucht: Kapsel

Carpobrotus N.E. Br.

Ableitung: mit essbaren Früchten
Vulgärnamen: D:Hottentottenfeige; E:Hottentot-Fig; F:Figue des Hottentots
Arten: 13
Lebensform: Halbsträucher. Internodien sichtbar
Blätter: gegenständig, verwachsen am Grund, im Querschnitt 3-kantig. Oberfläche punktiert
Blütenstand: Blüten einzeln, endständig. Deckblätter vorhanden

Blüten: Kelchblätter 5. Kronblätter frei, purpurn, lila, gelb, weiß. Staubblätter viele. Fruchtblätter (Fruchtfächer) unterständig, 4–20. Plazentation parietal
Frucht: Beere

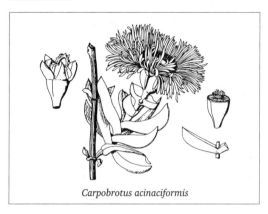

Carpobrotus acinaciformis

Carruanthus (Schwantes) Schwantes

Ableitung: Blüte in der Karroo, einer Landschaft Südafrikas
Arten: 2
Lebensform: Staude. Internodien nicht sichtbar
Blätter: gegenständig, verwachsen am Grund, im Querschnitt 3-kantig, am Rand gezähnt. Oberfläche glatt
Blütenstand: Blüten einzeln oder zu 3. Deckblätter vorhanden
Blüten: Kelchblätter 5. Kronblätter frei, gelb. Staubblätter viele. Nektardrüsen 5. Fruchtblätter (Fruchtfächer) unterständig, 5. Plazentation parietal
Frucht: Kapsel

Cephalophyllum (Haw.) N.E. Br.

Ableitung: Kopf-Blatt
Arten: 32
Lebensform: Strauch. Internodien sichtbar
Blätter: gegenständig, frei oder am Grund verwachsen, im Querschnitt 3-kantig oder nahezu rund. Oberfläche fein punktiert
Blütenstand: Blüten einzeln oder zu 3, endständig. Deckblätter vorhanden
Blüten: Kelchblätter 5. Kronblätter frei, gelb, purpurn, rosa, weiß. Staubblätter viele. Nektarium ringförmig. Fruchtblätter (Fruchtfächer) unterständig, 8–20. Plazentation basal
Frucht: Kapsel

Cerochlamys N.E. Br.

Ableitung: Wachs-Mantel
Arten: 4
Lebensform: Staude. Internodien nicht sichtbar
Blätter: meist 4, gegenständig, am Grund verwachsen, im Querschnitt 3-kantig. Oberfläche glatt, wachsig
Blütenstand: Blüten zu 1–3, endständig. Deckblätter vorhanden

Blüten: Kelchblätter 5. Kronblätter frei, purpurn. Staubblätter viele. Nektardrüsen 5. Fruchtblätter (Fruchtfächer) unterständig, 5. Plazentation parietal
Frucht: Kapsel

Chasmatophyllum (Schwantes) Dinter et Schwantes

Ableitung: Spalt-Blatt
Arten: 8
Lebensform: Strauch. Internodien sichtbar oder nicht
Blätter: gegenständig, verwachsen am Grund, im Querschnitt 3-kantig oder halbrund, am Rand mit 1–2 Zähnen. Oberfläche ± warzig
Blütenstand: Blüten einzeln, endständig. Deckblätter fehlend
Blüten: Kelchblätter 5. Kronblätter frei, gelb. Staubblätter viele. Nektardrüsen 5. Fruchtblätter (Fruchtfächer) unterständig, 5. Plazentation parietal
Frucht: Kapsel

Cheiridopsis N.E. Br.

Ableitung: vom Aussehen eines Goldlack
Arten: 31
Lebensform: Staude. Internodien sichtbar oder nicht
Blätter: 2, 4, seltener 6, gegenständig, verwachsen am Grund, im Querschnitt 3-kantig oder halbrund. Oberfläche behaart, punktiert oder glatt
Blütenstand: Blüten einzeln, endständig. Deckblätter vorhanden, verwachsen
Blüten: Kelchblätter 4–5. Kronblätter frei, gelb, orange, seltener rosa. Staubblätter viele. Nektarium ringförmig. Fruchtblätter (Fruchtfächer) halbunterständig, 10–20. Plazentation parietal
Frucht: Kapsel

Cleretum N.E. Br.

Ableitung: Herleitung unklar
Arten: 3
Lebensform: Einjährige. Internodien sichtbar
Blätter: gegenständig, verwachsen, im Querschnitt halbrund oder 3-kantig, am Rand ganzrandig bis fiederspaltig. Oberfläche papillös
Blütenstand: Blüten einzeln oder cymös, endständig. Deckblätter vorhanden oder fehlend
Blüten: Kelchblätter 5. Kronblätter frei, gelb, weiß, rosa. Staubblätter viele. Nektarium ringförmig. Fruchtblätter (Fruchtfächer) unterständig, 5–7. Plazentation parietal
Frucht: Kapsel

Conicosia N.E. Br.

Ableitung: kegelförmige Pflanze
Arten: 2
Lebensform: Staude, seltener Zweijährige oder einjährige. Internodien sichtbar
Blätter: gegenständig, selten wechselständig, im Querschnitt 3-kantig oder rund. Oberfläche punktiert oder glatt

Blütenstand: Blüten in Dichasien, endständig. Deckblätter fehlend
Blüten: Kelchblätter 5. Kronblätter frei, gelb, weiß. Staubblätter viele. Nektarium ringförmig. Fruchtblätter (Fruchtfächer) unterständig oder halbunterständig, 10–20. Plazentation parietal
Frucht: Kapsel, bei Trockenheit sich öffnend

Conophytum N.E. Br.

Ableitung: Kegel-Pflanze
Arten: 90
Lebensform: Staude. Internodien sichtbar oder nicht
Blätter: 2, gegenständig, verwachsen, im Querschnitt flach. Oberfläche glatt, behaart oder papillös
Blütenstand: Blüten einzeln. Deckblätter vorhanden
Blüten: Kelchblätter 4–7, verwachsen. Kronblätter frei, weiß, gelb, ockerfarben, lachsfarben, rosa, violett, purpurn. Staubblätter viele, verwachsen. Nektarium ringförmig. Fruchtblätter (Fruchtfächer) unterständig, 4–7. Plazentation parietal bis basal
Frucht: Kapsel

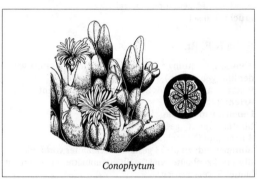

Conophytum

Cylindrophyllum Schwantes

Ableitung: mit walzenförmigen Blättern
Vulgärnamen: D:Walzenblatt
Arten: 5
Lebensform: Staude. Internodien nicht sichtbar
Blätter: gegenständig, verwachsen am Grund, im Querschnitt rund oder etwas 3-kantig. Oberfläche punktiert
Blütenstand: Blüten einzeln, endständig. Deckblätter vorhanden
Blüten: Kelchblätter 5. Kronblätter frei, weiß, rosa, gelblich. Staubblätter etwas verwachsen, viele. Nektarium ringförmig. Fruchtblätter (Fruchtfächer) unterständig, 5–8. Plazentation parietal
Frucht: Kapsel

Delosperma N.E. Br.

Ableitung: deutlich erkennbarer Same
Vulgärnamen: D:Mittagsblume; F:Delosperma, Ficoide
Arten: 154
Lebensform: Strauch, Staude. Internodien ± sichtbar

Blätter: gegenständig, am Grund verwachsen oder frei, im Querschnitt rund, halbrund, selten flach. Oberfläche kahl, manchmal mit langen Haaren am Grund
Blütenstand: Blüten einzeln oder zu 3. Deckblätter vorhanden
Blüten: Kelchblätter 4–6. Kronblätter frei, weiß, rosa, purpurn, selten gelb. Staubblätter viele. Nektardrüsen 5. Fruchtblätter (Fruchtfächer) unterständig, 5, selten 4 oder 6. Plazentation parietal
Frucht: Kapsel

Dinteranthus Schwantes

Ableitung: Dinter-Blüte, Gattung zu Ehren von Moritz Kurt Dinter (1868–1945), einem deutschen Botaniker in Namibia benannt
Arten: 6
Lebensform: Internodien nicht sichtbar
Blätter: 2, gegenständig, verwachsen am Grund, im Querschnitt halbrund. Oberfläche behaart, glatt, selten papillös
Blütenstand: Blüten einzeln, endständig. Deckblätter fehlend
Blüten: Kelchblätter 7 (6–15). Kronblätter frei, gelb. Staubblätter viele, frei oder am Grund verwachsen. Nektarium ringförmig. Fruchtblätter (Fruchtfächer) unterständig, 6–15. Plazentation parietal
Frucht: Kapsel

Disphyma N.E. Br.

Ableitung: zwei Anschwellungen
Vulgärnamen: D:Purpurtaupflanze; E:Purple Dewplant
Arten: 5
Lebensform: Staude. Internodien sichtbar
Blätter: gegenständig, verwachsen am Grund, im Querschnitt 3-kantig oder halbrund. Oberfläche kahl, punktiert
Blütenstand: Blüten einzeln oder zu 3, endständig. Deckblätter vorhanden
Blüten: Kelchblätter 5. Kronblätter frei, weiß, rosa, violett. Staubblätter viele. Nektarium ringförmig. Fruchtblätter (Fruchtfächer) unterständig, 5. Plazentation parietal
Frucht: Kapsel

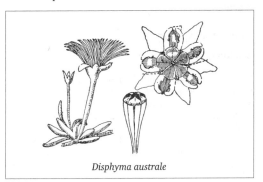
Disphyma australe

Dorotheanthus Schwantes

Ableitung: Dorothea-Blüte, Gattung zu Ehren von Dorothea Schwantes, der Mutter des Botanikers Martin Heinrich Gustav Schwantes (1881–1960) benannt
Vulgärnamen: D:Mittagsblume; E:Iceplant; F:Ficoide, Mésembryanthème
Arten: 6
Lebensform: Einjährige. Internodien sichtbar
Blätter: gegenständig oder wechselständig, verwachsen am Grund oder frei, im Querschnitt flach. Oberfläche papillös
Blütenstand: Blüten einzeln, seitlich oder endständig. Deckblätter fehlend
Blüten: Kelchblätter 5. Kronblätter frei, weiß, gelb, rot, lila. Staubblätter viele. Nektarium ringförmig. Fruchtblätter (Fruchtfächer) unterständig, 5. Plazentation parietal
Frucht: Kapsel

Dracophilus (Schwantes) Dinter et Schwantes

Ableitung: Freund des Drachenfelsen (Namibia)
Arten: 2
Lebensform: Staude. Internodien fehlend
Blätter: mehrere, gegenständig, verwachsen am Grund, im Querschnitt 3-kantig. Oberfläche punktiert
Blütenstand: Blüten einzeln, endständig. Deckblätter vorhanden, verwachsen
Blüten: Kelchblätter 5. Kronblätter frei, rosa. Staubblätter viele. Nektarium ringförmig. Fruchtblätter (Fruchtfächer) unterständig, 8–14. Plazentation parietal
Frucht: Kapsel

Drosanthemum Schwantes

Ableitung: Tau-Blüte
Arten: 107
Lebensform: Strauch. Internodien sichtbar
Blätter: gegenständig, nicht verwachsen, im Querschnitt rund oder 3-kantig. Oberfläche papillös oder mit Blasenhaare
Blütenstand: Blüten einzeln oder zu 3. Deckblätter vorhanden
Blüten: Kelchblätter 5, selten 6. Kronblätter frei, purpurn, rosa, selten weiß. Staubblätter viele. Nektardrüsen 5. Fruchtblätter (Fruchtfächer) unterständig, 4–6. Plazentation parietal
Frucht: Kapsel

Eberlanzia Schwantes

Ableitung: Gattung zu Ehren von Friedrich G. Eberlanz (1879–1966), einem deutschen Naturforscher in Namibia benannt
Arten: 8
Lebensform: Strauch. Internodien sichtbar
Blätter: gegenständig, verwachsen am Grund, im Querschnitt rund oder 3-kantig. Oberfläche punktiert oder papillös
Blütenstand: Blüten in Dichasien, selten einzeln, schließlich verdornend. Deckblätter vorhanden
Blüten: Kelchblätter 5. Kronblätter frei, weiß, rosa, lila, purpurn, violett, oft fehlend. Staubblätter viele. Nektarium ringförmig. Fruchtblätter (Fruchtfächer) unterständig, 5. Plazentation parietal
Frucht: Kapsel

Ebracteola Dinter et Schwantes

Ableitung: ohne Hochblätter
Arten: 4
Lebensform: Staude. Internodien nicht sichtbar
Blätter: mehrere, gegenständig, verwachsen am Grund, im Querschnitt 3-kantig oder rund. Oberfläche punktiert, selten glatt
Blütenstand: Blüten einzeln, selten zu 3. Deckblätter vorhanden
Blüten: Kelchblätter 5. Kronblätter frei, weiß, rosa, purpurn. Staubblätter viele. Nektarium ringförmig. Fruchtblätter (Fruchtfächer) unterständig, 5. Plazentation parietal
Frucht: Kapsel

Erepsia N.E. Br.

Ableitung: Pflanze mit Dach (Staubblätter)
Vulgärnamen: D:Seefeige; E:Lesser Sea-Fig; F:Figuier de mer
Arten: 30
Lebensform: Strauch. Internodien sichtbar
Blätter: gegenständig, verwachsen am Grund, im Querschnitt 3-kantig. Oberfläche glatt
Blütenstand: Blüten einzeln oder bis zu 3. Deckblätter vorhanden
Blüten: Kelchblätter 5. Kronblätter frei, purpurn, gelb, rot, weiß. Staubblätter viele. Nektarium klein . Fruchtblätter (Fruchtfächer) unterständig, 4-7. Plazentation parietal
Frucht: Kapsel

Faucaria Schwantes

Ableitung: Schlund-Pflanze
Vulgärnamen: D:Rachenblatt, Tigerschlund; E:Tiger Jaws; F:Gueule-de-tigre
Arten: 8
Lebensform: Staude. Internodien nicht sichtbar
Blätter: 4-6, gegenständig, verwachsen am Grund, im Querschnitt 3-kantig oder rund. Oberfläche glatt oder punktiert
Blütenstand: Blüten einzeln, endständig. Deckblätter fehlend
Blüten: Kelchblätter 5. Kronblätter frei, gelb, orange, selten rosa oder weiß. Staubblätter viele. Nektardrüsen 5. Fruchtblätter (Fruchtfächer) unterständig, 5-6. Plazentation parietal
Frucht: Kapsel

Faucaria tuberculosa

Fenestraria N.E. Br.

Ableitung: Fenster-Pflanze
Vulgärnamen: D:Fensterblatt
Arten: 1
Lebensform: Staude. Internodien nicht sichtbar
Blätter: wenige, grundständig, verwachsen am Grund, im Querschnitt rund, am Ende „gefenstert"
Blütenstand: Blüten einzeln, seltener zu 3, endständig. Deckblätter vorhanden
Blüten: Kelchblätter 5. Kronblätter frei, weiß, gelb. Staubblätter viele. Nektarium ringförmig. Fruchtblätter (Fruchtfächer) unterständig, 8-16. Plazentation parietal
Frucht: Kapsel

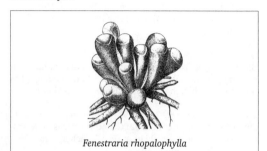

Fenestraria rhopalophylla

Frithia N.E. Br.

Ableitung: Gattung zu Ehren von Frank Frith (1872-1954), einem südafrikanischen Eisenbahn-Gärtner benannt
Vulgärnamen: D:Frithie
Arten: 2
Lebensform: Staude. Internodien nicht sichtbar
Blätter: wenige, wechselständig, rund im Querschnitt, am Ende „gefenstert"
Blütenstand: Blüten einzeln, endständig
Blüten: Kelchblätter 5. Kronblätter verwachsen am Grund, rot, weiß, lila. Staubblätter viele. Nektardrüsen 5. Fruchtblätter (Fruchtfächer) unterständig, 5. Plazentation parietal
Frucht: Kapsel

Gibbaeum N.E. Br.

Ableitung: Höcker-Pflanze
Arten: 26
Lebensform: Staude. Internodien nicht sichtbar
Blätter: 2, gegenständig, verwachsen, im Querschnitt 3-kantig. Oberfläche glatt, behaart
Blütenstand: Blüten einzeln, endständig. Deckblätter fehlend
Blüten: Kelchblätter 5-9. Kronblätter frei, weiß, rosa, purpurn. Staubblätter viele. Nektardrüsen 5. Fruchtblätter (Fruchtfächer) unterständig, 6-7(-9). Plazentation parietal
Frucht: Kapsel

Glottiphyllum N.E. Br.

Ableitung: Zungen-Blatt
Vulgärnamen: D:Zungenblatt

Arten: 16
Lebensform: Staude. Internodien kaum sichtbar
Blätter: meist 4, gegenständig, im Querschnitt halbrund oder rund. Oberfläche glatt, papillös, selten punktiert
Blütenstand: Blüten einzeln. Deckblätter fehlend
Blüten: Kelchblätter 4. Kronblätter frei, gelb, selten weiß. Staubblätter viele. Nektarium ringförmig. Fruchtblätter (Fruchtfächer) unterständig, 8-20. Plazentation parietal
Frucht: Kapsel

Glottiphyllum angustum

Hereroa (Schwantes) Dinter et Schwantes

Ableitung: Gattung zu Ehren des Volkes der Herero in Südwestafrika benannt
Arten: 26
Lebensform: Strauch, Staude. Internodien sichtbar
Blätter: gegenständig, verwachsen am Grund, im Querschnitt 3-kantig oder rund. Oberfläche oft punktiert
Blütenstand: Blüten zu 3, seltener einzeln. Deckblätter vorhanden
Blüten: Kelchblätter 5. Kronblätter frei, gelb, orange. Staubblätter viele. Nektarium ringförmig. Fruchtblätter (Fruchtfächer) unterständig, 8-102. Plazentation parietal
Frucht: Kapsel

Hymenogyne Haw.

Ableitung: hochzeitlicher Griffel
Arten: 2
Lebensform: Einjährige. Internodien sichtbar
Blätter: gegenständig, verwachsen am Grund, im Querschnitt flach. Oberfläche mit Wachsflocken
Blütenstand: Blüten einzeln
Blüten: Kelchblätter 5. Kronblätter frei, gelb, orange. Staubblätter viele. Nektarium ringförmig. Fruchtblätter (Fruchtfächer) unterständig, 8-12. Plazentation zentralwinkelständig
Frucht: Kapsel

Jacobsenia L. Bolus et Schwantes

Ableitung: Gattung zu Ehren von Hermann Johannes Heinrich Jacobsen (1898-1978), einem deutschen Sukkulentenforscher benannt
Arten: 3
Lebensform: Strauch. Internodien sichtbar
Blätter: meist 4, gegenständig, verwachsen am Grund, im Querschnitt rund oder halbrund. Oberfläche papillös
Blütenstand: Blüten einzeln, endständig. Deckblätter vorhanden
Blüten: Kelchblätter 5. Kronblätter frei, weiß. Staubblätter viele. Nektarium ringförmig. Fruchtblätter (Fruchtfächer) unterständig, 5. Plazentation parietal
Frucht: Kapsel

Jensenobotrya A.G.J. Herre

Ableitung: Gattung zu Ehren von Emil Jensen, einem Farmer des 20. Jahrhunderts in Namibia benannt
Arten: 1
Lebensform: Strauch. Internodien meist sichtbar
Blätter: 4-6, gegenständig, verwachsen am Grund, im Querschnitt rund. Oberfläche glatt
Blütenstand: Blüten einzeln, endständig
Blüten: Kelchblätter 5. Kronblätter frei, weiß, am Grund rosa. Staubblätter viele. Nektarium ringförmig. Fruchtblätter (Fruchtfächer) unterständig, 5. Plazentation parietal
Frucht: Kapsel

Juttadinteria Schwantes

Ableitung: Gattung zu Ehren von Jutta Dinter, der Frau des deutschen Botanikers Moritz Kurt Dinter (1868-1945) in Namibia benannt
Arten: 5
Lebensform: Strauch. Internodien nicht sichtbar
Blätter: gegenständig, verwachsen am Grund, im Querschnitt 3-kantig, am Rand gezähnt oder ganzrandig. Oberfläche wachsig
Blütenstand: Blüten einzeln, endständig. Deckblätter fehlend
Blüten: Kelchblätter 4-5. Kronblätter frei, weiß, rot, lila, rosa. Staubblätter viele. Nektarium ringförmig. Fruchtblätter (Fruchtfächer) unterständig, 5-13. Plazentation parietal
Frucht: Kapsel

Lampranthus N.E. Br.

Ableitung: mit leuchtenden Blüten
Vulgärnamen: D:Mittagsblume; E:Dewplant; F:Lampranthus

Lampranthus coccineus

Arten: 241
Lebensform: Strauch. Internodien sichtbar
Blätter: gegenständig, im Querschnitt 3-kantig oder nahezu rund. Oberfläche glatt
Blütenstand: Blüten cymös, einzeln, endständig oder seitlich
Blüten: Kelchblätter 5. Kronblätter frei, weiß, rosa, rot, purpurn, gelb, orange, violett. Staubblätter viele. Nektarium ringförmig. Fruchtblätter (Fruchtfächer) unterständig, 4–7. Plazentation parietal
Frucht: Kapsel

Lapidaria Dinter et Schwantes

Ableitung: Stein-Pflanze
Arten: 1
Lebensform: Staude. Internodien nicht sichtbar
Blätter: 6–8, gegenständig, verwachsen am Grund, im Querschnitt ± 3-kantig. Oberfläche körnig
Blütenstand: Blüten einzeln, endständig. Deckblätter fehlend
Blüten: Kelchblätter 6–8. Kronblätter am Grund verwachsen, 6–8. Staubblätter viele. Nektarium ringförmig. Fruchtblätter (Fruchtfächer) unterständig, 6–7. Plazentation parietal
Frucht: Kapsel

Lithops (N.E. Br.) N.E. Br.

Ableitung: vom Aussehen eines Steins
Vulgärnamen: D:Lebender Stein; E:Flowering Stones, Living Stones; F:Caillou vivant, Plante-caillou
Arten: 37
Lebensform: Staude. Internodien nicht sichtbar
Blätter: 2, gegenständig, verwachsen. Oberfläche glatt, am Ende „gefenstert"
Blütenstand: Blüten einzeln, selten zu 2–3, endständig. Deckblätter fehlend
Blüten: Kelchblätter 4–7. Kronblätter frei, weiß, gelb, orange. Staubblätter viele. Nektarium ringförmig. Fruchtblätter (Fruchtfächer) unterständig, 4–7. Plazentation parietal
Frucht: Kapsel

Machairophyllum Schwantes

Ableitung: Messer-Blatt
Vulgärnamen: D:Säbelblatt
Arten: 6
Lebensform: Staude. Internodien nicht sichtbar
Blätter: gegenständig, verwachsen am Grund, im Querschnitt 3-kantig. Oberfläche glatt
Blütenstand: Blüten einzeln bis zu 3. Deckblätter vorhanden
Blüten: Kelchblätter 5–8. Kronblätter frei, gelb, orange. Staubblätter viele. Nektardrüsen 5. Fruchtblätter (Fruchtfächer) unterständig, 5–15. Plazentation parietal
Frucht: Kapsel

Malephora N.E. Br.

Ableitung: Achselhöhlen-Träger
Arten: 16

Lebensform: Strauch. Internodien sichtbar
Blätter: gegenständig, verwachsen am Grund, im Querschnitt rund oder 3-kantig. Oberfläche glatt
Blütenstand: Blüten einzeln, endständig oder seitlich. Deckblätter fehlend
Blüten: Kelchblätter 4–6. Kronblätter frei, gelb, orange. Staubblätter viele. Nektardrüsen 5. Fruchtblätter (Fruchtfächer) unterständig, 8–11. Plazentation parietal
Frucht: Kapsel

Mesembryanthemum L.

Ableitung: Mittags-Blume
Vulgärnamen: D:Eiskraut; F:Ficoide
Arten: 30
Lebensform: Einjährige, seltener Zweijährige oder Stauden. Internodien sichtbar
Blätter: gegenständig oder wechselständig, im Querschnitt rund, selten flach. Oberfläche papillös oder mit Blasenhaaren
Blütenstand: Blüten einzeln oder in Dichasien. Deckblätter vorhanden oder fehlend
Blüten: Kelchblätter 5–4. Kronblätter am Grund verwachsen, weiß, rosa, gelb, grünlich, lila. Staubblätter viele. Nektardrüsen 5. Fruchtblätter (Fruchtfächer) halbunterständig, 5, selten 4. Plazentation zentralwinkelständig
Frucht: Kapsel

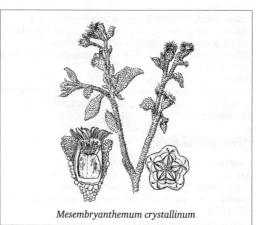

Mesembryanthemum crystallinum

Mestoklema N.E. Br.

Ableitung: voller Ranken
Arten: 6
Lebensform: Strauch. Internodien sichtbar
Blätter: gegenständig, verwachsen am Grund oder frei, im Querschnitt 3-kantig oder nahezu rund. Oberfläche papillös
Blütenstand: Blüten in endständigen Dichasien, schließlich verdornend. Deckblätter vorhanden
Blüten: Kelchblätter 5. Kronblätter frei, gelb, orange, lachsfarben, rosa, purpurn, weiß. Staubblätter viele. Nektardrüsen 5. Fruchtblätter (Fruchtfächer) halbunterständig, 5. Plazentation parietal
Frucht: Kapsel

Meyerophytum Schwantes

Arten: 2
Lebensform: Strauch. Internodien nicht sichtbar
Blätter: gegenständig, aufeinander folgende Blattpaare verschieden, verwachsen, im Querschnitt halbrund. Oberfläche papillös
Blütenstand: Blüten einzeln, endständig. Deckblätter vorhanden
Blüten: Kelchblätter 5. Kronblätter frei, weiß. Staubblätter viele. Nektarium ringförmig. Fruchtblätter (Fruchtfächer) unterständig, 5–7. Plazentation parietal oder basal
Frucht: Kapsel

Mitrophyllum Schwantes

Ableitung: Mützen-Blatt
Arten: 6
Lebensform: Strauch, Staude. Internodien sichtbar oder nicht
Blätter: gegenständig, aufeinander folgende Blattpaare verschieden, verwachsen, im Querschnitt halbrund, 3-kantig. Oberfläche papillös
Blütenstand: Blüten einzeln oder cymös, endständig. Deckblätter vorhanden oder fehlend
Blüten: Kelchblätter 5. Kronblätter frei, weiß, rosa, gelb in mehreren Reihen. Staubblätter viele. Nektarium ringförmig. Fruchtblätter (Fruchtfächer) unterständig, 5–7. Plazentation parietal
Frucht: Kapsel

Monilaria (Schwantes) Schwantes

Ableitung: Perlschnur-Pflanze
Arten: 5
Lebensform: Strauch. Internodien nicht sichtbar
Blätter: gegenständig, aufeinander folgende Blattpaare verschieden, verwachsen, im Querschnitt halbrund. Oberfläche papillös
Blütenstand: Blüten einzeln, endständig. Deckblätter vorhanden
Blüten: Kelchblätter 5. Kronblätter frei, weiß, rosa, selten gelb oder lachsfarben. Staubblätter viele. Nektarium ringförmig. Fruchtblätter (Fruchtfächer) unterständig, 5–7. Plazentation parietal oder basal
Frucht: Kapsel

Nananthus N.E. Br.

Ableitung: Zwerg-Blüte
Arten: 6
Lebensform: Staude mit Knolle. Internodien nicht sichtbar
Blätter: gegenständig, verwachsen am Grund, im Querschnitt 3-kantig. Oberfläche punktiert
Blütenstand: Blüten einzeln. Deckblätter vorhanden
Blüten: Kelchblätter 5. Kronblätter frei, gelb in 2–3 Reihen. Staubblätter viele. Nektarium ringförmig. Fruchtblätter (Fruchtfächer) unterständig, 7–12. Plazentation parietal bis basal
Frucht: Kapsel

Neohenricia L. Bolus

Ableitung: neue Henricia, Gattung zu Ehren von Frau Marguerite Henrici (1892–1971), einer südafrikanischen Botanikerin benannt
Arten: 2
Lebensform: Staude. Internodien nicht sichtbar
Blätter: 4, gegenständig, verwachsen, im Querschnitt 3-kantig bis fast rund. Oberfläche warzig
Blütenstand: Blüten einzeln. Deckblätter fehlend
Blüten: nachtblühend. Kelchblätter 5. Kronblätter frei, weiß. Staubblätter viele. Nektardrüsen 5. Fruchtblätter (Fruchtfächer) unterständig, 5. Plazentation parietal
Frucht: Kapsel

Oophytum N.E. Br.

Ableitung: Ei-Pflanze
Arten: 2
Lebensform: Staude. Internodien nicht sichtbar
Blätter: 2, gegenständig, verwachsen. Oberfläche behaart, papillös
Blütenstand: Blüten einzeln, endständig. Deckblätter vorhanden
Blüten: Kelchblätter 6–7. Kronblätter frei, rosa, seltener weiß. Staubblätter viele. Nektarium ringförmig. Fruchtblätter (Fruchtfächer) unterständig, 6–5. Plazentation basal
Frucht: Kapsel

Ophthalmophyllum Dinter et Schwantes

Ableitung: Augen-Blatt
Arten: 15
Lebensform: Staude, Internodien nicht sichtbar
Blätter: 2, gegenständig, verwachsen, am Ende „gefenstert"
Blütenstand: Blüten einzeln, endständig. Deckblätter vorhanden
Blüten: Kelchblätter 4–7. Kronblätter am Grund verwachsen, weiß, rosa, purpurn, violett. Staubblätter viele. Nektarium ringförmig. Fruchtblätter (Fruchtfächer) unterständig, 4–7. Plazentation parietal
Frucht: Kapsel

Oscularia Schwantes

Ableitung: Pflanze mit Mündchen
Arten: 23
Lebensform: Strauch. Internodien sichtbar
Blätter: gegenständig, im Querschnitt 3-kantig, oft gezähnt. Oberfläche glatt
Blütenstand: cymös
Blüten: Kelchblätter 5. Kronblätter frei, weiß, rosa. Staubblätter viele, zu einer Säule vereint. Nektarien 5. Fruchtblätter (Fruchtfächer) unterständig, 4–7. Plazentation parietal
Frucht: Kapsel

Phyllobolus N.E. Br.

Ableitung: Blätter abwerfend
Arten: 32
Lebensform: Staude. Internodien sichtbar

Blätter: wechselständig oder gegenständig, verwachsen am Grund, im Querschnitt rund oder halbrund. Oberfläche papillös, feinwarzig
Blütenstand: Blüten einzeln (bis zu 6), endständig. Deckblätter vorhanden
Blüten: Kelchblätter 5. Kronblätter frei, weiß, rosa, rot, gelblich, grünlich. Staubblätter viele. Nektardrüsen 5. Fruchtblätter (Fruchtfächer) halbunterständig oder unterständig, 5(4). Plazentation zentralwinkelständig
Frucht: Kapsel

Pleiospilos N.E. Br.

Ableitung: voller Flecken
Vulgärnamen: E:Living Granite, Living Rock
Arten: 4
Lebensform: Staude. Internodien nicht sichtbar
Blätter: 2–8, gegenständig, verwachsen, im Querschnitt nahezu 3-kantig. Oberfläche punktiert
Blütenstand: Blüten einzeln bis zu 4, endständig. Deckblätter vorhanden
Blüten: Kelchblätter (4–)5–6(–8). Kronblätter frei, gelb, weiß, orange, rosa. Staubblätter viele. Nektarium ringförmig. Fruchtblätter (Fruchtfächer) unterständig, 9–15. Plazentation parietal
Frucht: Kapsel

Prenia N.E. Br.

Ableitung: niederliegende Pflanze
Arten: 6
Lebensform: Strauch. Internodien sichtbar
Blätter: gegenständig, verwachsen, im Querschnitt flach. Oberfläche glatt, seltener papillös
Blütenstand: Blüten cymös zu 1–5, endständig. Deckblätter vorhanden
Blüten: Kelchblätter 4–5. Kronblätter am Grund verwachsen, rosa, weiß, gelb. Staubblätter viele. Nektardrüsen 5. Fruchtblätter (Fruchtfächer) halb unterständig, 5. Plazentation zentralwinkelständig
Frucht: Kapsel

Psammophora Dinter et Schwantes

Ableitung: Sand-Träger
Arten: 4
Lebensform: strauchig
Blätter: gegenständig, im Querschnitt 3-kantig oder halbrund. Oberfläche klebrig
Blütenstand: Blüten einzeln, endständig. Deckblätter vorhanden
Blüten: Kelchblätter 4. Kronblätter frei, weiß, rosa. Staubblätter viele. Nektarium ringförmig. Fruchtblätter (Fruchtfächer) unterständig, 5–6. Plazentation parietal
Frucht: Kapsel

Psilocaulon N.E. Br.

Ableitung: nackter Stängel
Arten: 14
Lebensform: Einjährige, Zweijährige, Halbstrauch, Strauch. Internodien sichtbar

Blätter: gegenständig, verwachsen im Querschnitt. Oberfläche klebrig
Blütenstand: Blüten in Dichasien, selten einzeln, endständig oder seitlich.
Blüten: Kelchblätter 4–5. Kronblätter frei, weiß, gelb, rosa, purpurn. Staubblätter viele. Nektardrüsen 5. Fruchtblätter (Fruchtfächer) unterständig, 4–5. Plazentation zentralwinkelständig
Frucht: Kapsel

Rabiea N.E. Br.

Ableitung: Gattung zu Ehren von W. A. Rabie, einem südafrikanischen Pflanzensammler des 20. Jahrhunderts benannt
Arten: c. 4
Lebensform: Staude. Internodien sichtbar
Blätter: 4–6, gegenständig oder grundständig, verwachsen am Grund, aufeinander folgende Blattpaare verschieden, im Querschnitt 3-kantig. Oberfläche warzig
Blütenstand: Blüten einzeln. Deckblätter vorhanden
Blüten: Kelchblätter 5, selten 6–7. Kronblätter frei, gelb, orange in 3–4 Reihen. Staubblätter viele. Nektardrüsen 5. Fruchtblätter (Fruchtfächer) unterständig, 7–14. Plazentation parietal
Frucht: Kapsel

Rhinephyllum N.E. Br.

Ableitung: Feilen-Blatt
Vulgärnamen: D:Feilenblatt; F:Rhinephyllum
Arten: 12
Lebensform: Strauch, Staude. Internodien nicht sichtbar
Blätter: 4–8, gegenständig, im Querschnitt halbrund oder 3-kantig, am Rand zum Teil gezähnt. Oberfläche warzig
Blütenstand: Blüten einzeln, endständig. Deckblätter fehlend
Blüten: Kelchblätter 5. Kronblätter frei, gelb, weiß. Staubblätter viele. Nektardrüsen 5. Fruchtblätter (Fruchtfächer) unterständig, 5. Plazentation basal
Frucht: Kapsel

Rhombophyllum (Schwantes) Schwantes

Ableitung: Rauten-Blatt
Arten: 5
Lebensform: Strauch. Internodien nicht sichtbar
Blätter: gegenständig, verwachsen am Grund, im Querschnitt halbrund. Oberfläche glatt punktiert
Blütenstand: Blüten zu (1–)3–7. Deckblätter vorhanden
Blüten: Kelchblätter 5. Kronblätter frei, gelb. Staubblätter viele. Nektardrüsen 5. Fruchtblätter (Fruchtfächer) unterständig, 5. Plazentation parietal
Frucht: Kapsel

Ruschia Schwantes

Ableitung: Gattung zu Ehren von Ernst Julius Rusch (1867–1957), einem deutschen Farmer in Namibia benannt
Vulgärnamen: D:Straucheiskraut; E:Shrubby Dewplant; F:Ficoïde arbustive

Arten: 220
Lebensform: Strauch. Internodien
Blätter: gegenständig, verwachsen am Grund, im Querschnitt 3-kantig oder halbrund, zum Teil aufeinander folgende Blattpaare verschieden, am Rand zum Teil gezähnt. Oberfläche glatt oder papillös
Blütenstand: Blüten einzeln bis in Dichasien, endständig oder seitlich. Deckblätter meist vorhanden
Blüten: Kelchblätter 5–4. Kronblätter frei, rosa, rot, violett, selten weiß. Staubblätter viele. Nektarium ringförmig. Fruchtblätter (Fruchtfächer) unterständig, 4–5. Plazentation parietal
Frucht: Kapsel

Sceletium N.E. Br.

Ableitung: Skelett-Pflanze
Arten: 8
Lebensform: Strauch. Internodien sichtbar
Blätter: gegenständig, verwachsen am Grund, im Querschnitt flach, Blattnervatur skelettartig übrig bleibend. Oberfläche glatt oder papillös
Blütenstand: Blüten zu 1–3, endständig. Deckblätter vorhanden
Blüten: Kelchblätter 4–5. Kronblätter am Grund verwachsen, 4–5, weiß, gelb, rosa. Staubblätter viele. Nektardrüsen 5. Fruchtblätter (Fruchtfächer) halbunterständig, 4–5. Plazentation zentralwinkelständig
Frucht: Kapsel

Schwantesia Dinter

Ableitung: Gattung zu Ehren von Martin Heinrich Gustav (Georg) Schwantes (1881–1960), einem deutschen Botaniker benannt
Arten: 11
Lebensform: Staude. Internodien nicht sichtbar
Blätter: 2, gegenständig, verwachsen, im Querschnitt 3-kantig. Oberfläche papillös
Blütenstand: Blüten einzeln, endständig. Deckblätter fehlend
Blüten: Kelchblätter 5. Kronblätter frei, gelb, orange. Staubblätter viele. Nektarium ringförmig. Fruchtblätter (Fruchtfächer) unterständig, 5. Plazentation parietal
Frucht: Kapsel

Sesuvium L.

Ableitung: antiker Pflanzenname
Arten: 22
Lebensform: Einjährige, Staude, Strauch. Internodien nicht sichtbar
Blätter: gegenständig oder wechselständig, im Querschnitt ± flach
Blütenstand: Blüten einzeln oder Knäuel, seitlich. Deckblätter vorhanden
Blüten: Kelchblätter 5. Kronblätter frei, grün. Staubblätter viele. Fruchtblätter (Fruchtfächer) mittelständig, 2–5. Plazentation zentralwinkelständig
Frucht: Deckelkapsel

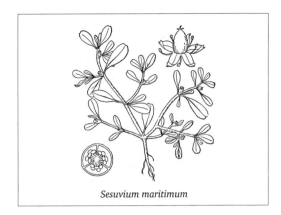

Sesuvium maritimum

Skiatophytum L. Bolus

Ableitung: Schattenpflanze
Arten: 1
Lebensform: Einjährige, Zweijährige, Staude. Internodien sichtbar
Blätter: gegenständig oder wechselständig, im Querschnitt flach. Oberfläche glatt
Blütenstand: Blüten einzeln oder in Dichasien. Deckblätter fehlend
Blüten: Kelchblätter 5. Kronblätter frei, weiß. Staubblätter viele. Nektarium ringförmig. Fruchtblätter (Fruchtfächer) unterständig, 5–7. Plazentation parietal
Frucht: Kapsel

Stomatium Schwantes

Ableitung: kleiner Rachen
Arten: 38
Lebensform: Staude. Internodien nicht sichtbar
Blätter: 4–6, gegenständig, verwachsen am Grund, im Querschnitt 3-kantig, am Rand gezähnt. Oberfläche höckerig
Blütenstand: Blüten einzeln. Deckblätter fehlend
Blüten: Kelchblätter 4–6. Kronblätter frei oder meist am Grund verwachsen, gelb, weiß, rosa. Staubblätter viele. Nektardrüsen 5. Fruchtblätter (Fruchtfächer) unterständig, 5–6. Plazentation parietal
Frucht: Kapsel

Tanquana H.E.K. Hartmann et Liede

Ableitung: Pflanze aus der Tanqua-Karoo
Arten: 3
Lebensform: Staude. Internodien nicht sichtbar
Blätter: gegenständig, im Querschnitt rund. Oberfläche punktiert
Blütenstand: Blüten einzeln. Deckblätter vorhanden
Blüten: Kelchblätter 4–5. Kronblätter frei, gelb. Staubblätter viele. Nektarium ringförmig. Fruchtblätter (Fruchtfächer) unterständig, 10. Plazentation parietal
Frucht: Kapsel

Tetragonia L.

Ableitung: antiker Pflanzenname
Vulgärnamen: D:Neuseelandspinat; E:New Zaeland Spinach; F:Epinard de Nouvelle-Zélande, Tétragone
Arten: 57
Lebensform: Einjährige, Staude, Halbstrauch. Internodien sichtbar
Blätter: wechselständig, nicht verwachsen, im Querschnitt flach. Oberfläche oft papillös
Blütenstand: Blüten einzeln bis zu 3, seitlich. Deckblätter fehlend
Blüten: Kelchblätter (3-)4-5(-7). Kronblätter frei, seltener am Grund verwachsen, grün oder gelb. Staubblätter viele. Nektarium ringförmig. Fruchtblätter (Fruchtfächer) unterständig, selten halbunterständig, 3-10. Plazentation apical
Frucht: Kapsel

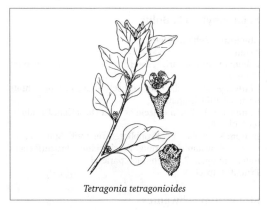
Tetragonia tetragonioides

Titanopsis Schwantes

Ableitung: kalkig aussehend
Vulgärnamen: D:Kalkblatt; F:Plante-caillou, Titanopsis
Arten: 3
Lebensform: Staude. Internodien nicht sichtbar
Blätter: gegenständig, im Querschnitt ± flach. Oberfläche warzig
Blütenstand: Blüten einzeln. Deckblätter fehlend
Blüten: Kelchblätter 5-6. Kronblätter frei, gelb, orange. Staubblätter viele. Nektarium ringförmig. Fruchtblätter (Fruchtfächer) halbunterständig oder unterständig, 5-6(10). Plazentation basal oder parietal
Frucht: Kapsel

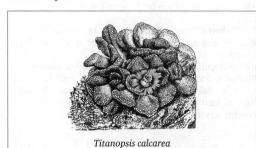
Titanopsis calcarea

Trichodiadema Schwantes

Ableitung: Haar-Diadem
Arten: 34
Lebensform: Strauch
Blätter: gegenständig, verwachsen am Grund, im Querschnitt rund oder halbrund, am Ende mit einem Haarschopf. Oberfläche papillös
Blütenstand: Blüten einzeln. Deckblätter fehlend
Blüten: Kelchblätter 5-8. Kronblätter frei, rosa, purpurn, weiß. Staubblätter viele. Nektardrüsen 5. Fruchtblätter (Fruchtfächer) unterständig, 5-8. Plazentation parietal
Frucht: Kapsel

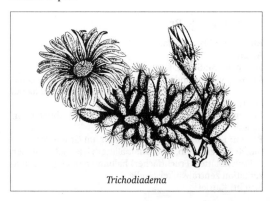
Trichodiadema

Vanheerdea L. Bolus ex H.E.K. Hartmann

Ableitung: Gattung zu Ehren von Pieter van Heerde (1893-1979), einem Pflanzensammler in Namibia benannt
Arten: 2
Lebensform: Staude. Internodien nicht sichtbar
Blätter: 2, gegenständig, verwachsen, im Querschnitt 3-kantig, halbrund. Oberfläche
Blütenstand: Blüten zu 1-2, endständig. Deckblätter vorhanden
Blüten: Kelchblätter 5-9. Kronblätter frei, gelb, orange. Staubblätter viele. Nektarium ringförmig. Fruchtblätter (Fruchtfächer) unterständig, 8-12. Plazentation parietal bis basal
Frucht: Kapsel

Vanzijlia L. Bolus

Ableitung: Gattung zu Ehren von Dorothy van Zijl, der Gattin des südafrikanischen Justizpräsidenten (20. Jahrhundert) benannt
Arten: 1
Lebensform: Staude, kletternd. Internodien sichtbar
Blätter: gegenständig, verwachsen, im Querschnitt 3-kantig. Oberfläche glatt
Blütenstand: Blüten einzeln, endständig. Deckblätter vorhanden
Blüten: Kelchblätter 5. Kronblätter frei, weiß. Staubblätter viele. Nektarium ringförmig. Fruchtblätter (Fruchtfächer) unterständig, 9-10. Plazentation parietal
Frucht: Kapsel

Alangiaceae

Alangium Lam.
Ableitung: nach einem tamilischen Pflanzennamen
Vulgärnamen: D:Alangie; F:Alangium
Arten: 21
Lebensform: Bäume, Sträucher oder Lianen, laubwerfend oder immergrün
Blätter: wechselständig, einfach, ohne Nebenblätter
Blütenstand: cymös
Blüten: zwittrig, radiär, mit Kelch und Krone. Kronblätter 4–10, frei, weiß. Staubblätter 4–30, frei. Fruchtblätter 2–3, verwachsen, unterständig. Plazentation apical
Frucht: steinfruchtartig
Kennzeichen: Bäume, Sträucher oder Lianen. Blüten zwittrig. Kronblätter frei. Fruchtblätter 2–3, verwachsen, unterständig. Plazentation apical. Frucht steinfruchtartig

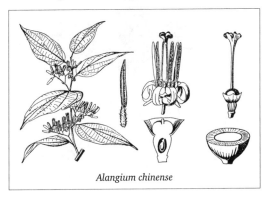
Alangium chinense

Amaranthaceae Amaranthgewächse

1 Blätter wechselständig
  2 Frucht eine Beere. (immergrüne Sträucher) . . .
    . . . . **Bosea**
  2 Frucht eine Kapsel oder Nuss
    3 Frucht 2- bis mehrsamige Deckelkapsel. **Celosia**
    3 Frucht 1-samig
      4 Staubblätter frei. Blüten in Knäueln. (Blüten eingeschlechtig). . . . . **Amaranthus**
      4 Staubblätter verwachsen. Blüten in Ähren oder Köpfchen
        5 Narbe 2-lappig . . . . **Aerva**
          (siehe auch Iresine, aber mit 2-fächrigen Antheren statt 4-fächrigen)
        5 Narbe kopfig . . . . **Ptilotus**
1 Blätter gegenständig
  6 Widerhakige Dornen aus sterilen Blüten . **Pupalia**
  6 Widerhakige Dornen fehlen
    7 Antheren 4-fächrig
      8 Narbe kopfig. . . . . **Achyranthes**
      8 Narbe 2-lappig . . . . **Aerva**
    7 Antheren 2-fächrig
      9 Narben kopfig oder pinselig
        10 Staubblätter eine lange Röhre bildend mit sitzenden Antheren. . . . . . **Alternanthera**
        10 Staubblätter nicht so . . . .**Froelichia**
      9 Narben 2- bis 3-lappig
        11 Vorblätter gekielt oder geflügelt . . . .
        . . . . **Gomphrena**
        11 Vorblätter nicht so . . . . **Iresine**

Achyranthes L.
Ableitung: Spreu-Blüte
Vulgärnamen: D:Spreublume; F:Achyranthes
Arten: 6
Lebensform: Staude, Einjährige
Blätter: gegenständig, einfach. Nebenblätter fehlend
Blütenstand: Ähre, endständig oder seitlich
Blüten: zwittrig, radiär, Perigonblätter 4–5, ± frei, strohig. Staubblätter 5, verwachsen, frei vom Perigon, Antheren 4-fächrig. Pseudostaminodien 5. Fruchtknoten oberständig, verwachsen. Narbe kopfig. Plazentation basal
Frucht: Nuss
Kennzeichen: Stauden oder Einjährige. Blätter gegenständig. Blütenstand Ähren. Perigonblätter 4–5, strohig. Staubblätter 5, verwachsen und 5 Pseudostaminodien. Fruchtknoten oberständig. Plazentation basal. Frucht eine Nuss

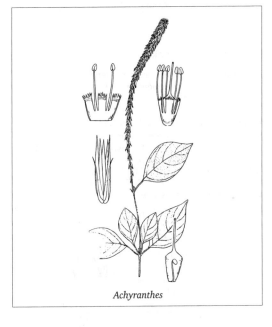
Achyranthes

Aerva Forssk.
Ableitung: wohl nach einem arabischen Pflanzennamen
Arten: 10
Lebensform: Strauch, Staude, Einjährige, Halbstrauch
Blätter: wechselständig oder gegenständig, einfach. Nebenblätter fehlend
Blütenstand: Ähren, endständig oder seitlich
Blüten: zwittrig oder eingeschlechtig, radiär, Perigonblätter 4–5, strohig. Staubblätter 5, verwachsen, frei vom Perigon. Antheren 4-fächrig. Pseudostaminodien vorhanden. Fruchtblätter oberständig, verwachsen, 2. Narben 2. Plazentation basal

152 Amaranthaceae Amaranthgewächse

Frucht: Nuss, Deckelkapsel
Kennzeichen: Sträucher bis Einjährige. Blütenstand Ähren. Perigonblätter 4-5, strohig. Staubblätter 5, verwachsen. Pseudostaminodien vorhanden. Fruchtblätter oberständig, verwachsen, 2. Narben 2. Plazentation basal

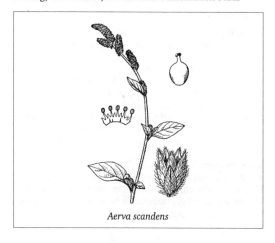

Aerva scandens

Alternanthera Forssk.

Ableitung: Gattung mit alternierenden Staubbeuteln
Vulgärnamen: D:Papageienblatt; E:Copperleaf, Joseph's Coat; F:Alternanthère
Arten: c. 100
Lebensform: Einjährige, Halbstrauch
Blätter: gegenständig, einfach. Nebenblätter fehlend
Blütenstand: Köpfchen, Ähren, seitlich oder endständig
Blüten: zwittrig, radiär, Perigonblätter 4-5, frei oder am Grund verwachsen, strohig. Staubblätter 5-2, verwachsen, frei vom Perigon, Antheren 2-fächrig. Pseudostaminodien vorhanden. Fruchtknoten oberständig, verwachsen. Narbe kopfig. Plazentation basal

Alternanthera pungens

Frucht: Nuss
Kennzeichen: Einjährige oder Halbsträucher. Blätter gegenständig. Blüten in Ähren. Perigonblätter 4-5, frei, strohig. Staubblätter 5-2, verwachsen. Pseudostaminodien vorhanden. Antheren 2-fächrig. Plazentation basal. Frucht eine Nuss

Amaranthus L.

Ableitung: antiker Pflanzenname
Vulgärnamen: D:Fuchsschwanz; E:Amaranth, Pigweed; F:Amaranthe

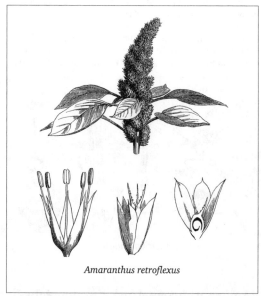

Amaranthus retroflexus

Arten: 60
Lebensform: Einjährige, Stauden
Blätter: wechselständig, einfach. Nebenblätter fehlend
Blütenstand: Knäuel endständig oder seitlich
Blüten: eingeschlechtig, radiär, Perigonblätter 5 bis fehlend, frei oder verwachsen, strohig, weißlich, grün oder rot. Staubblätter 5-2, frei und frei vom Perigon, Antheren 4-fächrig. Pseudostaminodien fehlend. Fruchtblätter oberständig, verwachsen, 2-3. Narben 2-3. Plazentation basal
Frucht: Nuss, Deckelkapsel
Kennzeichen: Einjährige oder Stauden. Blüten eingeschlechtig. Perigonblätter 5-0, strohig. Staubblätter 5-2. Fruchtknoten oberständig. Narben 2-3. Nuss oder Deckelkapsel

Bosea L.

Ableitung: Gattung zu Ehren von Kaspar Bose (?-1700) und G.H. Bose (?-1700), beides Ratsherren in Leipzig, benannt
Arten: 3
Lebensform: Baum
Blätter: wechselständig, einfach. Nebenblätter fehlend
Blütenstand: Rispen, Trauben, Ähren, seitlich

Blüten: zwittrig, radiär, Perigonblätter 5, frei, strohig. Staubblätter 5, verwachsen, frei vom Perigon, Antheren 4-fächrig. Pseudostaminodien vorhanden. Fruchtblätter oberständig, verwachsen, 2-3. Narben 2-3. Plazentation basal
Frucht: Beere
Kennzeichen: Baum. Perigonblätter 5, strohig. Staubblätter 5, verwachsen. Pseudostaminodien vorhanden.. Fruchtknoten oberständig. Narben 2-3. Plazentation basal. Frucht eine Beere

Celosia L.

Ableitung: Herkunft unklar
Vulgärnamen: D:Brandschopf, Hahnenkamm; E:Cockscomb, Woolflower; F:Célosie, Crête-de-coq
Arten: c. 50
Lebensform: Einjährige, Staude, Halbstrauch
Blätter: wechselständig, einfach. Nebenblätter fehlend
Blütenstand: Ähre, Köpfchen, seitlich oder endständig
Blüten: zwittrig, radiär, Perigonblätter 5-3, frei, strohig, weiß, rötlich, rot, gelb. Staubblätter 5, verwachsen, mit Perigon verwachsen, Antheren 4-fächrig. Pseudostaminodien fehlend. Fruchtblätter oberständig, verwachsen, 2-3. Narben 2-3. Plazentation basal (1-)2-viele Samenanlagen
Frucht: Deckelkapsel
Kennzeichen: Einjährige, Staude, Halbstrauch. Perigonblätter 5-3, frei, strohig. Staubblätter 5, verwachsen, verwachsen mit Perigon. Plazentation basal mit (1)2-vielen Samenanlagen. Frucht eine Deckelkapsel

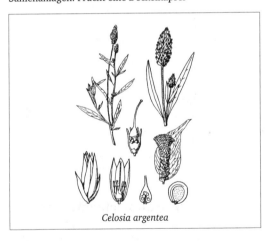
Celosia argentea

Froelichia Moench

Ableitung: Gattung zu Ehren von Joseph Alois von Frölich (1766-1841), einem deutschen Botaniker benannt
Vulgärnamen: D:Schneckenbaumwolle; E:Cottonweed
Arten: c. 20
Lebensform: Einjährige, Staude, Strauch
Blätter: gegenständig, einfach. Nebenblätter fehlend
Blütenstand: Ähre, endständig
Blüten: zwittrig, radiär, Perigonblätter 5, verwachsen, strohig. Staubblätter 5, verwachsen, mit Perigon verwachsen, Antheren 2-fächrig. Pseudostaminodien vorhanden. Fruchtblätter oberständig, verwachsen, 2. Narbe kopfig oder pinselförmig. Plazentation basal
Frucht: Nuss
Kennzeichen: Einjährige, Staude, Strauch. Blätter gegenständig. Blüten in Ähren. Perigonblätter 5, verwachsen, strohig. Staubblätter 5, verwachsen, mit Perigon verwachsen. Pseudostaminodien vorhanden. Fruchtknoten oberständig. Plazentation basal. Frucht eine Nuss

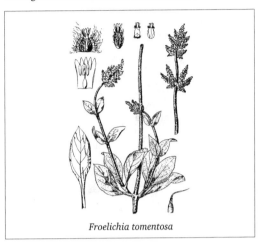
Froelichia tomentosa

Gomphrena L.

Ableitung: nach einem antiken Pflanzennamen
Vulgärnamen: D:Kugelamaranth; E:Globe Amaranth; F:Amarantine
Arten: c. 100
Lebensform: Einjährige, Staude
Blätter: gegenständig, einfach. Nebenblätter fehlend
Blütenstand: Kurze Ähre oder Köpfchen, seitlich
Blüten: zwittrig, radiär, Perigonblätter 5, frei oder verwachsen, strohig, weiß, gelb, braun, rot. Staubblätter 5, verwachsen, mit Perigon verwachsen. Antheren 2-fächrig. Pseudostaminodien vorhanden oder fehlend. Fruchtblätter oberständig, verwachsen, 2-3. Narben 2-3. Plazentation basal
Frucht: Nuss
Kennzeichen: Einjährige oder Staude. Blätter gegenständig. Blüten in Ähren oder Köpfchen. Perigonblätter 5, frei, strohig. Staubblätter 5, verwachsen, verwachsen mit Perigon, Antheren 2-fächrig. Frucht eine Nuss

Iresine P. Browne

Ableitung: wollig umwundener Kranz
Vulgärnamen: D:Iresine; F:Irésine
Arten: 80
Lebensform: Einjährige, Staude, Strauch, Liane, Baum
Blätter: gegenständig, selten wechselständig, einfach. Nebenblätter fehlend
Blütenstand: Ähre, Köpfchen endständig
Blüten: eingeschlechtig oder zwittrig, radiär, Perigonblätter 5, frei, strohig, weiß oder grün. Staubblätter 5, verwachsen, mit Perigon verwachsen. Antheren 2-fächrig.

Pseudostaminodien vorhanden, selten fehlend. Fruchtblätter oberständig, verwachsen, 2–3. Narben 2–3, selten kopfig. Plazentation basal
Frucht: Nuss
Kennzeichen: Einjährige bis Liane oder Baum. Blüten in Ähren oder Köpfchen. Perigonblätter 5, frei, strohig. Staubblätter 5, verwachsen, mit Perigon verwachsen, Antheren 2-fächrig. Fruchtknoten oberständig. Plazentation basal. Frucht eine Nuss

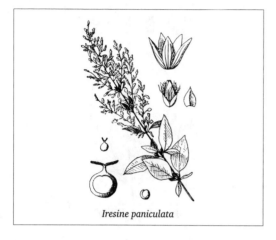
Iresine paniculata

Ptilotus R. Br.

Ableitung: gefedert
Vulgärnamen: D:Haarschöpfchen
Arten: c. 100
Lebensform: Einjährige, Staude, Strauch
Blätter: wechselständig, einfach. Nebenblätter fehlend
Blütenstand: Ähre, Köpfchen
Blüten: zwittrig, radiär, Perigonblätter 5, frei oder verwachsen, strohig, weiß, grün, lila, rosa, purpurn. Staubblätter meist 5, verwachsen, frei vom Perigon, Antheren 4-fächrig. Pseudostaminodien vorhanden oder fehlend. Fruchtknoten oberständig. Narbe kopfig. Plazentation basal
Frucht: Nuss
Kennzeichen: Einjährige, Staude oder Strauch. Blüten in Ähren oder Köpfchen. Perigonblätter 5, strohig. Staubblätter meist 5, verwachsen. Fruchtknoten oberständig. Narbe kopfig. Plazentation basal. Frucht eine Nuss

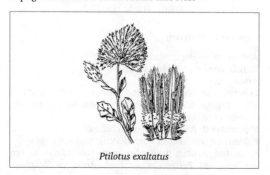
Ptilotus exaltatus

Pupalia Juss.

Ableitung: nach einem Pflanzennamen in Indien
Arten: 4
Lebensform: Einjährige, Staude, Halbstrauch, Strauch, auch kletternd
Blätter: gegenständig, einfach. Nebenblätter fehlend. Blattdornen
Blütenstand: ährenförmig mit in widerhakige Dornen umgewandelten Blüten
Blüten: zwittrig, radiär, Perigonblätter 5, frei, strohig. Staubblätter 5, verwachsen, frei vom Perigon. Pseudostaminodien fehlend, Antheren 4-fächrig. Fruchtknoten oberständig, Narbe kopfig. Plazentation basal
Frucht: Nuss
Kennzeichen: Einjährige bis Sträucher. Blätter gegenständig. Blüten in ährenförmigen Blütenständen mit in widerhakige Dornen umgewandelten Blüten. Perigonblätter 5, frei, strohig. Staubblätter 5, verwachsen. Plazentation basal. Frucht eine Nuss

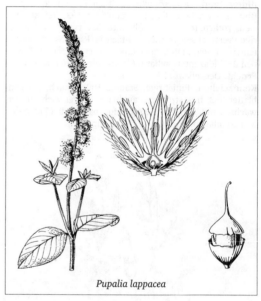
Pupalia lappacea

Anacardiaceae Sumachgewächse

1 Fruchtknoten mit 1 Griffel. (Blätter einfach)
  2 Fruchtstiel stark verdickt . . . . . . **Anacardium**
  2 Fruchtstiel nicht auffällig verdickt
    3 Staubblätter 1–4, ausnahmsweise 5 fruchtbar .
      . . . . **Mangifera**
    3 Staubblätter 5–20. (Kelch mützenförmig. Kronblätter an der Frucht vergrößert) . . **Gluta**
1 Fruchtknoten mit 2 bis mehr Griffeln oder Narben
  4 Fruchtblätter 2–3
    5 Blütenhülle einfach oder fehlend . . . . **Pistacia**
    5 Blütenhülle mit Kelch und Krone
      6 Staubblätter 10–8
        7 Stamm angeschwollen. laubwerfend . . . . .
        . . . .**Pachycormus**

Anacardiaceae Sumachgewächse

```
   7  Stamm nicht angeschwollen. Blätter
      immergrün
      8  Samenanlagen apical. . . . . . . . Schinus
      8  Samenanlagen basal . . . . . . . .Lithraea
   6  Staubblätter 5–6
      9  Steinfrucht geflügelt. . . . . . . . Schinopsis
      9  Steinfrucht ungeflügelt
         10  Fruchtstiele lang behaart. Früchte flach . .
             . . . . . . . . . . . . . . . . . . . Cotinus
         10  Fruchtstiele nicht lang behaart
             11  Blätter einfach. (Samenanlagen apical). .
                 . . . . . . . . . . . . . . . Semecarpus
             11  Blätter zusammengesetzt, selten einfach
                 12  Fruchtboden scheiben- oder kreiselförmig
                     zur Fruchtzeit. (Samenanlagen apical) . .
                     . . . . . . . . . . . . . . Semecarpus
                 12  Fruchtboden nicht scheiben- oder
                     kreiselförmig zur Fruchtzeit
                     13  Kelch an der Frucht flügelartig
                         vergrößert . . . . . . . . . . Astronium
                     13  Kelch nicht vergrößert an der Frucht.
                         (Samenanlagen basal) . . . . . . Rhus
 4  Fruchtblätter 4–12. (Staubblätter 7–10)
    14  Frucht mehrsamig
        15  Krone dachig in der Knospe . Dracontomelon
        15  Krone klappig in der Knospe. (Blätter mit
            durchgehendem Randnerv. Kelch klein,
            abfallend) . . . . . . . . . . . . . Spondias
    14  Frucht 1-samig
        16  Kronblätter 5 . . . . . . . . . . Harpephyllum
        16  Kronblätter 4, selten 6 . . . . . . . . Lannea
```

Anacardium L.

Ableitung: Herz-Pflanze
Vulgärnamen: D:Acajubaum, Cashewnuss, Herznussbaum; E:Cashew; F:Anacardier
Arten: 8
Lebensform: Baum, Strauch
Blätter: wechselständig, einfach. Nebenblätter fehlend
Blütenstand: Rispe, Schirmrispe, endständig
Blüten: eingeschlechtig oder zwittrig, radiär. Kelch und Krone oder nur Kelch. Kronblätter 5 oder 0. Staubblätter 7–10, frei und frei von Kronblättern. Fruchtblatt oberständig, Narben 1. Plazentation basal
Frucht: Steinfrucht mit fleischigem Fruchtstiel
Kennzeichen: Baum oder Strauch. Blüten in Rispen oder Schirmrispen. Frucht 1-samig, auf fleischigem, dickem Fruchtstiel

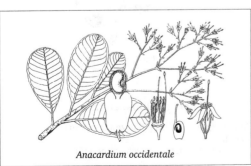

Anacardium occidentale

Astronium Jacq.

Ableitung: Stern-Pflanze
Vulgärnamen: D:Urundayholz
Arten: 15
Lebensform: Baum
Blätter: wechselständig, unpaarig gefiedert. Nebenblätter fehlend
Blütenstand: Rispe
Blüten: eingeschlechtig, radiär. Kelch und Krone. Kronblätter 5. Staubblätter 5, frei und frei von Kronblättern. Diskus ringförmig. Fruchtblätter 2–3, oberständig, verwachsen. Narben 2–3. Plazentation apical
Frucht: Steinfrucht, im Kelch eingeschlossen
Kennzeichen: Baum. Blätter unpaarig gefiedert. Blüten eingeschlechtig. Diskus ringförmig. Plazentation apical. Steinfrucht, im Kelch eingeschlossen

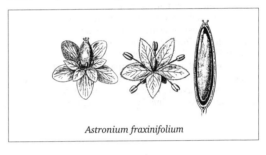

Astronium fraxinifolium

Cotinus Mill.

Ableitung: antiker Pflanzenname
Vulgärnamen: D:Perückenstrauch; E:Smoke Bush, Smokewood; F:Arbre à perruque
Arten: 3
Lebensform: Strauch, Baum, sommergrün
Blätter: wechselständig, einfach. Nebenblätter fehlend
Blütenstand: Rispe, endständig
Blüten: zwittrig, selten eingeschlechtig, radiär. Kelch und Krone. Kronblätter 5, gelb oder grün. Staubblätter 5, frei und frei von Kronblättern. Diskus vorhanden. Fruchtblätter oberständig, verwachsen, 3. Narben 3. Plazentation basal

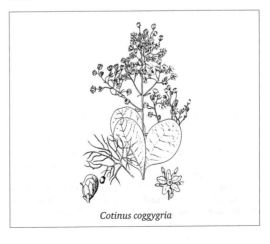

Cotinus coggygria

156 Anacardiaceae Sumachgewächse

Frucht: Steinfrucht. Fruchtstiele lang behaart
Kennzeichen: Strauch oder Baum. Blüten in endständigen Rispen. Kelch- und Kronblätter 5, Staubblätter 5. Diskus vorhanden. Fruchtknoten oberständig mit 3 Narben. Plazentation basal. Frucht eine Steinfrucht. Fruchtstiele lang behaart

Dracontomelon Blume

Ableitung: Drachen-Apfel
Vulgärnamen: D:Drachenapfel; E:Argus Pheasant Tree
Arten: 8
Lebensform: Baum
Blätter: wechselständig, unpaarig gefiedert. Nebenblätter fehlend
Blütenstand: Rispe, seitlich
Blüten: zwittrig, radiär. Kelch und Krone. Kronblätter 5, grünlich. Staubblätter 10, frei und frei von Kronblättern. Diskus vorhanden. Fruchtblätter oberständig, verwachsen, 5–12. Griffel 5. Plazentation apical
Frucht: Steinfrucht mit 5 Gruben am Scheitel
Kennzeichen: Baum. Blätter unpaarig gefiedert. Blüten in seitlichen Rispen. Kelch- und Kronblätter 5. Staubblätter 10. Diskus vorhanden. Fruchtknoten oberständig mit 1 Samenanlage. Frucht eine Steinfrucht mit 5 Gruben am Scheitel

Dracontomelon dao

Gluta L.

Ableitung: klebrige Pflanze
Arten: 30
Lebensform: Baum
Blätter: wechselständig, einfach. Nebenblätter fehlend
Blütenstand: Rispe, seitlich
Blüten: radiär. Kelch mützenförmig. Kronblätter 5–6. Staubblätter 5–20, frei und frei von Kronblättern. Fruchtblatt oberständig, mit 1 Samenanlage. Plazentation basal
Frucht: Steinfrucht
Kennzeichen: Baum. Blüten in Rispen. Kelch mützenförmig. Kronblätter 5–6. Staubblätter 5–20. Fruchtblatt oberständig, mit 1 Samenanlage. Frucht eine Steinfrucht

Harpephyllum Bernh. ex C. Krauss

Ableitung: Sichel-Blatt
Vulgärnamen: D:Kafirpflaume; E:Kaffir Plum; F:Prunier des Cafres
Arten: 1
Lebensform: Baum, immergrün
Blätter: wechselständig, unpaarig gefiedert. Nebenblätter fehlend
Blütenstand: Trauben, Rispe, seitlich
Blüten: eingeschlechtig und zweihäusig, radiär. Kelch und Krone. Kronblätter 5, weißlich. Staubblätter 10–7, frei und frei von Kronblättern. Diskus vorhanden. Fruchtblätter oberständig, verwachsen, 4–5. Griffel 3
Frucht: Steinfrucht
Kennzeichen: Baum. Blätter unpaarig gefiedert. Blüten zweihäusig. Kelch- und Kronblätter 5. Staubblätter 10–7. Diskus vorhanden. Fruchtknoten oberständig mit 3 Narben und 1 Samenanlage. Frucht eine Steinfrucht

Lannea A. Rich.

Ableitung: nach einem Pflanzennamen in Senegambien
Arten: 40
Lebensform: Baum, Strauch
Blätter: wechselständig, unpaarig gefiedert. Nebenblätter fehlend
Blütenstand: Traube
Blüten: zwittrig oder eingeschlechtig, radiär. Kelch und Krone. Kronblätter 4, selten 6. Staubblätter 8, frei und frei von Kronblättern. Diskus ringförmig. Fruchtblätter oberständig, verwachsen, 4. Plazentation apical
Frucht: Steinfrucht
Kennzeichen: Baum, Strauch. Blätter unpaarig gefiedert. Kelch und Kronblätter 4, selten 6. Staubblätter 8. Diskus ringförmig. Fruchtknoten oberständig, aus 4 Fruchtblättern, mit 1 Samenanlage. Frucht eine Steinfrucht

Lannea grandis

Lithraea Miers ex Hook. et Arn.

Ableitung: nach einem Pflanzennamen in Chile
Arten: 3
Lebensform: Baum, Strauch, immergrün

Blätter: wechselständig, einfach oder unpaarig gefiedert mit 3 oder 5 Blättchen. Nebenblätter fehlend
Blütenstand: Rispen seitlich, selten endständig
Blüten: eingeschlechtig oder zwittrig bis zweihäusig, radiär. Kelch und Krone. Kronblätter 5. Staubblätter 10, frei und frei von Kronblättern. Diskus 10-lappig. Fruchtblätter oberständig, verwachsen, 3. Plazentation basal
Frucht: Steinfrucht
Kennzeichen: Baum, Strauch. Blüten in Rispen. Kronblätter 5. Staubblätter 10. Diskus 10-lappig. Fruchtknoten oberständig. Plazentation basal. Frucht eine Steinfrucht

Lithraea molleoides

Mangifera L.

Ableitung: Mangos tragend, nach dem Namen der Pflanze in Indien
Vulgärnamen: D:Mango; E:Mango; F:Manguier
Arten: 40–60

Mangifera indica

Lebensform: Baum, immergrün
Blätter: wechselständig, einfach. Nebenblätter fehlend
Blütenstand: Rispe, endständig oder seitlich
Blüten: eingeschlechtig oder zwittrig, radiär. Kelch und Krone. Kronblätter 4-5. Staubblätter 5(-1), frei und frei von Kronblättern. Diskus vorhanden. Fruchtblatt oberständig, mit 1 Samenanlage. Plazentation basal
Frucht: Steinfrucht
Kennzeichen: Baum. Blüten in Rispen. Kronblätter 4-5. Staubblätter 5(-1). Diskus vorhanden. Fruchtblatt oberständig, mit 1 Samenanlage. Frucht eine Steinfrucht

Pachycormus Coville ex Standl.

Ableitung: mit dickem Stamm
Arten: 1
Lebensform: Baum, regengrün
Blätter: wechselständig, unpaarig gefiedert. Nebenblätter fehlend
Blütenstand: Rispe
Blüten: eingeschlechtig und zweihäusig, radiär. Kelch und Krone. Kronblätter 5, rosa oder rosenfarbig. Staubblätter 10, frei und frei von Kronblättern. Fruchtknoten oberständig, mit 1 Samenanlage. Narben 3
Frucht: Steinfrucht
Kennzeichen: Baum. Blätter unpaarig gefiedert. Blütenstand eine Rispe. Blüten zweihäusig. Kronblätter 5. Staubblätter 10. Fruchtknoten oberständig mit 1 Samenanlage. Frucht eine Steinfrucht

Pachycormus discolor

Pistacia L.

Ableitung: antiker Pflanzenname
Vulgärnamen: D:Pistazie; E:Pistachio; F:Pistachier
Arten: 9
Lebensform: Baum, Strauch, immergrün oder sommergrün
Blätter: wechselständig, gefiedert. Nebenblätter fehlend
Blütenstand: Rispe, Traube, seitlich

Blüten: eingeschlechtig und zweihäusig, radiär. Blütenhülle einfach mit 1–5 Blütenhüllblättern oder fehlend. Staubblätter (3-)4(-8), frei und frei von Kronblättern. Diskus vorhanden. Fruchtblätter oberständig, verwachsen, 3. Narben 3. Plazentation basal
Frucht: Steinfrucht
Kennzeichen: Baum, Strauch. Blätter unpaarig gefiedert. Blüten zweihäusig. Blütenhülle einfach oder fehlend. Diskus vorhanden. Frucht eine Steinfrucht

Pistacia lentiscus

Rhus L.

Ableitung: antiker Pflanzenname
Vulgärnamen: D:Essigbaum, Sumach; E:Sumac, Sumach; F:Sumac
Arten: c. 200
Lebensform: Strauch, Liane, Baum, immergrün oder sommergrün
Blätter: wechselständig, unpaarig gefiedert, selten einfach. Nebenblätter fehlend
Blütenstand: Rispe, Ähre, seitlich oder endständig
Blüten: eingeschlechtig und zweihäusig, selten zwittrig, radiär. Kelch und Krone. Kronblätter 5. Staubblätter 5, frei und frei von Kronblättern. Diskus vorhanden. Fruchtblätter oberständig, verwachsen, 3. Griffel 3. Plazentation basal

Rhus typhina

Frucht: Steinfrucht
Kennzeichen: Strauch, Liane, Baum. Blätter gefiedert. Blüten meist zweihäusig. Kronblätter 5. Staubblätter 5. Fruchtknoten oberständig. Plazentation basal. Steinfrucht

Schinopsis Engl.

Ableitung: vom Aussehen eines Schinus
Arten: 7
Lebensform: Baum, regengrün
Blätter: wechselständig, einfach oder unpaarig gefiedert. Nebenblätter fehlend
Blütenstand: Rispe, seitlich oder endständig
Blüten: eingeschlechtig und zweihäusig oder zwittrig, radiär. Kelch und Krone. Kronblätter 5. Staubblätter 5, frei und frei von Kronblättern. Diskus vorhanden. Fruchtknoten oberständig, mit 1 Samenanlage. Narben 3
Frucht: Steinfrucht
Kennzeichen: Baum, regengrün. Blüten in Rispen. Kronblätter 5. Staubblätter 5. Diskus vorhanden. Fruchtknoten oberständig, mit 1 Samenanlage. Frucht eine Steinfrucht

Schinopsis balansae

Schinus L.

Ableitung: antiker Pflanzenname
Vulgärnamen: D:Pfefferbaum; E:Peppertree; F:Fauxpoivrier
Arten: 27
Lebensform: Baum, Strauch, immergrün
Blätter: wechselständig, einfach oder unpaarig gefiedert. Nebenblätter fehlend
Blütenstand: Rispe, Schirmtraube, seitlich oder endständig
Blüten: zweihäusig, radiär. Kelch und Krone. Kronblätter 5, gelb, grün, weißlich. Staubblätter 10–8, frei und frei von Kronblättern. Diskus 10-lappig. Fruchtknoten oberständig mit 1 Samenanlage. Griffel 3. Plazentation apical
Frucht: Steinfrucht
Kennzeichen: Baum, Strauch. Blüten zweihäusig. Kronblätter 5. Staubblätter 10–8. Fruchtknoten oberständig, Griffel 3. Plazentation apical. Frucht eine Steinfrucht

Annonaceae Anonengewächse

Schinus molle

Semecarpus L. f.

Ableitung: kennzeichnende Frucht
Vulgärnamen: D:Tintenbaum
Arten: c. 60
Lebensform: Baum
Blätter: wechselständig, einfach. Nebenblätter fehlend
Blütenstand: Rispe, endständig, selten seitlich
Blüten: zwittrig oder eingeschlechtig, radiär. Kelch und Krone. Kronblätter 3–6. Staubblätter 5–6, frei und frei von Kronblättern. Diskus ringförmig. Fruchtknoten oberständig, mit 3 Narben. Plazentation apical
Frucht: Steinfrucht mit scheiben- oder kreiselförmigem Fruchtboden
Kennzeichen: Baum. Blüten in Rispen. Kronblätter 3–5. Staubblätter 5–6. Diskus ringförmig. Plazentation apical. Frucht eine Steinfrucht mit scheiben- oder kreiselförmigem Fruchtboden

Semecarpus anacardium

Spondias L.

Ableitung: antiker Pflanzenname
Vulgärnamen: D:Balsampflaume, Mombinpflaume; E:Hog Plum; F:Monbin, Pomme d'or, Prune d'Espagne
Arten: 10
Lebensform: Baum, sommergrün, seltener immergrün
Blätter: wechselständig, unpaarig gefiedert, selten einfach. Nebenblätter fehlend
Blütenstand: Traube, Rispe, endständig oder seitlich
Blüten: zwittrig oder eingeschlechtig, radiär. Kelch und Krone. Kronblätter 4–5. Staubblätter (8–)10 frei und frei von Kronblättern. Diskus vorhanden. Fruchtblätter 4–5, oberständig, verwachsen mit 1 Samenanlage je Fach. Narben 4–5. Plazentation apical
Frucht: Steinfrucht
Kennzeichen: Baum. Kronblätter 4–5. Staubblätter 8–10. Diskus vorhanden. Fruchtblätter 4–5, verwachsen, oberständig, mit je 1 Samenanlage. Frucht eine Steinfrucht

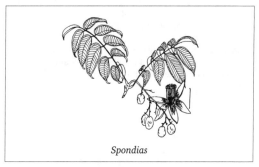

Spondias

Annonaceae Anonengewächse

1 Fruchtblätter von Anfang an verwachsen, Fruchtknoten einfächerig mit wandständiger Plazentation. . . . . **Monodora**
1 Fruchtblätter frei oder verwachsen, aber dann mehrfächerig
  2 Kronblätter mit dachiger Knospendeckung
    3 Blüten zwittrig. Samenanlagen 2–1 je Fruchtblatt. Früchtchen gestielt, 1-samig . . . . **Oxandra**
    3 Blüten zweihäusig. Samenanlagen 5 oder mehr je Fruchtblatt . . . . **Stelechocarpus**
  2 Kronblätter mit klappiger Knospendeckung
    4 äußere Kronblätter viel kleiner als innere, fast wie Kelchblätter . . . . **Cymbopetalum**
    4 äußere Kronblätter ± so groß oder größer als innere Kronblätter
      5 äußere Kronblätter viel größer als innere. (laubwerfender Baum oder Strauch) . . . . **Asimina**
      5 äußere Kronblätter etwa den inneren gleich
        6 Fruchtblätter zur Fruchtzeit verschmolzen zu einer Scheinfrucht. Fruchtblätter 1-samig . . . . **Annona**
        6 Fruchtblätter frei. 2-viele Samenanlagen je Fruchtblatt
          7 Samenanlagen viele je Fruchtblatt. (Blüten hängend) . . . . **Cananga**

7 Samenanlagen 6–2 je Fruchtblatt
8 Blütenstandsstiel verdickt und hakig. Lianen
.... **Artabotrys**
8 Blütenstandsstiele nicht hakig. (Antheren septiert) .... **Xylopia**

Annona L.

Ableitung: nach einem Pflanzennamen auf Haiti
Vulgärnamen: D:Anone, Vanilleapfel, Zimtapfel; E:Custard Apple; F:Anone, Cachiman, Chérimolier, Corossol
Arten: 137
Lebensform: Baum, Strauch, immergrün
Blätter: wechselständig, einfach. Nebenblätter fehlend
Blütenstand: einzeln bis wenige
Blüten: zwittrig, radiär. Kelchblätter 3. Kronblätter 6 oder 3, frei oder verwachsen, klappig in der Knospe. Staubblätter viele, frei. Fruchtblätter viele, frei oder verwachsen, oberständig. Plazentation basal
Frucht: Scheinfrucht aus verwachsenden, fleischigen Fruchtblättern
Kennzeichen: Baum, Strauch, immergrün. Blüte mit 3 Kelchblättern und 6 oder 3 Kronblättern. Staubblätter viele. Fruchtblätter viele, Samenanlagen basal. Fleischige Scheinfrucht

Annona muricata

Artabotrys R. Br.

Ableitung: hängende Trauben
Vulgärnamen: D:Klimmtraube; E:Tail Grape
Arten: c. 100
Lebensform: Liane
Blätter: wechselständig, einfach. Nebenblätter fehlend
Blütenstand: einzeln, Büschel
Blüten: zwittrig, radiär. Kelchblätter 3. Kronblätter 6, frei, klappig in der Knospe, gelb, weiß. Staubblätter viele, frei. Fruchtblätter viele, frei, oberständig. Plazentation basal
Frucht: beerenartige Scheinfrucht

Artabotrys hexapetalus

Kennzeichen: Liane. Blüte mit 3 Kelchblättern und 6 freien Kronblättern. Staubblätter viele. Fruchtblätter bis viele, Samenanlagen basal. Beerenartige Scheinfrucht

Asimina Adans.

Ableitung: Herleitung unbekannt
Vulgärnamen: D:Papau; E:Pawpaw; F:Asiminier
Arten: 8
Lebensform: Baum, Strauch, immergrün oder laubwerfend
Blätter: wechselständig, einfach. Nebenblätter fehlend
Blütenstand: einzeln, Büschel
Blüten: zwittrig, radiär. Kelchblätter 3(–4). Kronblätter 6, selten 8, frei, klappig in der Knospe, weiß oder rötlich. Staubblätter viele, frei. Fruchtblätter 3–15, frei, oberständig. Samenanlagen marginal
Frucht: Beere

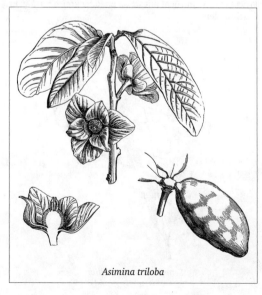
Asimina triloba

Kennzeichen: Baum, Strauch, immergrün oder sommergrün. Blüte mit 3 Kelchblättern und 6, selten 8 Kronblättern, klappig in der Knospe. Staubblätter viele. Fruchtblätter 3–15, frei, oberständig. Beere

Cananga (DC.) Hook. f. et Thomson

Ableitung: nach einem Pflanzennamen in Guayana
Vulgärnamen: D:Ylang-Ylangbaum; E:Ylang Ylang
Arten: 2
Lebensform: Baum
Blätter: wechselständig, einfach. Nebenblätter fehlend
Blütenstand: Büschel
Blüten: zwittrig, radiär. Kelchblätter 3. Kronblätter 6, frei, klappig in der Knospe. Staubblätter viele, frei. Fruchtblätter viele, frei, oberständig. Samenanlagen marginal
Frucht: Beere
Kennzeichen: Baum. Blüte mit 3 Kelchblättern und 6 Kronblättern, in der Knospe klappig. Staubblätter viele. Fruchtblätter viele, frei. Beere

Cymbopetalum penduliflorum

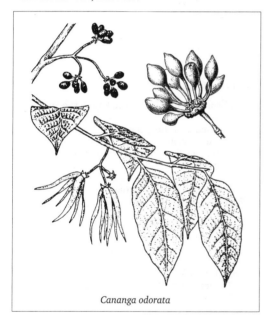

Cananga odorata

Cymbopetalum Benth.

Ableitung: mit kahnförmigen Blütenblättern
Arten: c. 11
Lebensform: Baum, Strauch
Blätter: wechselständig, einfach. Nebenblätter fehlend
Blütenstand: einzeln
Blüten: zwittrig, radiär. Kelchblätter 3. Kronblätter 6, frei, klappig in der Knospe. Staubblätter viele, frei. Fruchtblätter viele, frei, oberständig. Plazentation marginal
Frucht: Bälge
Kennzeichen: Baum, Strauch. Blüte mit 3 Kelchblättern und 6 Kronblättern, in der Knospe klappig. Staubblätter viele. Fruchtblätter viele, frei, oberständig. Bälge

Monodora Dunal

Ableitung: vermutlich: einzeln und duftend (Blüte)
Vulgärnamen: D:Kalebassenmuskat; E:Calabash Nutmeg
Arten: 15
Lebensform: Baum, Strauch, Liane, immergrün
Blätter: wechselständig, einfach. Nebenblätter fehlend
Blütenstand: einzeln, zu 2
Blüten: zwittrig, radiär. Kelchblätter 3. Kronblätter 6, frei, klappig in der Knospe. Staubblätter viele, frei. Fruchtblätter mehrere, verwachsen, oberständig. Plazentation parietal
Frucht: Beere
Kennzeichen: Baum, Strauch, Liane, immergrün. Blüte mit 3 Kelchblättern und 6 Kronblättern, in der Knospe klappig. Staubblätter viele. Fruchtblätter mehrere, verwachsen. Plazentation parietal. Beere

Monodora myristica

Oxandra A. Rich.

Ableitung: mit spitzigen Staubblatt
Arten: 30
Lebensform: Baum, Strauch
Blätter: wechselständig, einfach. Nebenblätter fehlend
Blütenstand: einzeln, Büschel

Blüten: zwittrig, radiär. Kelchblätter 3. Kronblätter 6, frei, klappig in der Knospe. Staubblätter 15–10, frei. Fruchtblätter 1–13, frei, oberständig. Plazentation basal
Frucht: Scheinfrucht
Kennzeichen: Baum, Strauch. Blüte mit 3 Kelchblättern und 6 Kronblättern, in der Knospe klappig. Staubblätter 10–15. Fruchtblätter 1–13, frei. Scheinfrucht

Oxandra laurifolia

Stelechocarpus Hook. f. et Thomson

Ableitung: Frucht am Stamm
Arten: 5
Lebensform: Baum, immergrün
Blätter: wechselständig, einfach. Nebenblätter fehlend
Blütenstand: Büschel
Blüten: zweihäusig, radiär. Kelchblätter 3. Kronblätter 6, frei, dachig in der Knospe. Staubblätter viele, frei. Fruchtblätter viele, frei, oberständig. Plazentation marginal
Frucht: beerenartig
Kennzeichen: Baum, immergrün. Blüten zweihäusig, mit 3 Kelchblättern und 6 Kronblättern, in der Knospe dachig. Staubblätter viele oder Fruchtblätter viele, frei, oberständig. Frucht beerenartige Scheinfrucht

Xylopia L.

Ableitung: bitteres Holz
Vulgärnamen: D:Mohrenpfeffer; F:Malaguette, Maniguette
Arten: c. 160
Lebensform: Baum, Strauch, immergrün
Blätter: wechselständig, einfach. Nebenblätter fehlend
Blütenstand: einzeln, Büschel, Knäuel
Blüten: zwittrig, radiär. Kelchblätter 3. Kronblätter 6, frei, klappig in der Knospe. Staubblätter viele, frei. Fruchtblätter 1–15, frei, oberständig. Plazentation marginal
Frucht: Bälge oder Schließfrucht

Kennzeichen: Baum, Strauch, immergrün. Blüte mit 3 Kelchblättern und 6 Kronblättern, in der Knospe klappig. Staubblätter viele. Fruchtblätter viele, frei. Bälge oder Schließfrucht

Xylopia aethiopica

Apiaceae Doldenblütler

1 Blütenstand einfache Dolden, Köpfchen oder Blüten einzeln. . . . . **Gruppe 1** (S. 163)
1 Blütenstand aus Doppeldolden
  2 Frucht stachelig
    3 Frucht mit Stacheln in senkrechten Reihen
      4 Hüllblätter zerteilt . . . . **Daucus**
      4 Hüllblätter breit weiß hautrandig. Randblüten sehr stark strahlend **Orlaya**
    3 Frucht dicht zerstreut borstig . . . . **Torilis**
  2 Frucht nicht stachelig
    5 Frucht geflügelt. . . . . **Gruppe 2** (S. 163)
    5 Frucht ungeflügelt
      6 Frucht borstig oder behaart . . . .
      . . . . **Gruppe 3** (S. 163)
      6 Frucht ± kahl
        7 Blätter einfach und ganzrandig . . **Bupleurum**
        7 Blätter nicht ganzrandig
          8 Blüten gelb oder gelbgrün . . . .
          . . . . **Gruppe 4** (S. 164)
          8 Blüten weiß bis rosa oder rot
            9 Blüten meist zweihäusig
              10 Frucht kräftig gerippt. . . . . . **Arracacia**
              10 Frucht schwach gerippt. Pflanze mit Wurzelschopf . . . . **Trinia**
            9 Blüten nicht zweihäusig
              11 Grundblätter einfach zerteilt (einfach gefiedert oder 3-zählig) . . . .
              . . . . **Gruppe 5** (S. 164)
              11 Grundblätter mindestens doppelt zusammengesetzt
                12 Pflanze am Grund mit Faserschopf aus abgestorbenen Blättern
                . . . . **Gruppe 6** (S. 164)
                12 Pflanze ohne Faserschopf am Grund . .
                . . . . **Gruppe 7** (S. 164)

Apiaceae Doldenblütler

Die Apiaceen sind ein stark spezialisierter Ast der Araliaceen und nur durch ihre Doppelachänen von diesen verschieden. Dennoch ist aus praktischen Gründen die Beibehaltung der Apiaceen als eigene Familie sinnvoll.

Der größte Teil der Apiaceen ist sehr einheitlich und fast immer Kräuter mit durch meist zusammengesetzte, wechselständige Blätter, Doppeldolden als Blütenstände, 5-zählige, kleine Blüten mit unterständigem Fruchtknoten aus 2 Fruchtblättern gekennzeichnet. Aus dem Fruchtknoten entwickelt sich die besonders typische Doppelachäne. Zumindest die Früchte sind aromatisch, da sie festgelegte Ölgänge mit ätherischen Ölen aufweisen.

Die Gattungen sind sich so ähnlich, dass in einem praktischen Schlüssel nur die aufgenommenen Arten berücksichtigt werden konnten.

Gruppe 1

1 Pflanze stachelig, zumindest die oberen Blätter oder die Hüllblätter. Blüten in Köpfchen. Frucht mit Schuppen bedeckt . . . . **Eryngium**
1 Pflanze ohne diese Merkmalskombination
2 Frucht stachelig, schuppig, borstig oder warzig
3 a Frucht schuppig. (Hülle weiß oder rötlich. Blätter fingernervig) . . . . **Astrantia**
3 b Frucht mit holzigen Borsten. (Blätter fingernervig) **Sanicula**
3 c Frucht warzig. (Blüten blau*) . . **Trachymene**
3 d Frucht stachelig
4 Hüllblätter 3–5. Äußere Kronblätter vergrößert . . . . **Turgenia**
4 Hüllblätter 1 oder fehlend . . . . . . **Caucalis**
2 Frucht ohne Auswüchse
5 Frucht sternhaarig. (Pflanze ausdauernd) . . . . **Bolax**
5 Frucht nicht behaart
6 Blätter horizontal gegliedert . . . . **Lilaeopsis**
6 Blätter anders
7 Blüten in Köpfchen. Blätter 3-fach zerteilt . . . . **Dorema**
7 Blüten in Dolden oder einzeln. Blätter einfach, fingernervig
8 Hüllblätter laubartig . . . . **Hacquetia**
8 Hüllblätter nicht laubartig. (Frucht ohne Fruchtträger (Karpophor))
9 Pflanze harte Polster bildend . . . **Azorella**
9 Pflanze keine harten Polster bildend
10 Nebenblätter deutlich. Frucht ohne sekundäre Rippen . . . . . **Hydrocotyle**
10 Nebenblätter rudimentär. Frucht mit sekundären Rippen . . . . **Centella**

Gruppe 2

1 Blätter mit stacheligen Spitzen. Pflanzen nahezu zweihäusig . . . . **Aciphylla**
1 Blätter ohne stachelige Spitzen. Pflanzen mit Zwitterblüten oder einhäusig
2 Teilfrüchte mit 5 Flügeln
3 Frucht langgestreckt, 20–25 mm lang. Hüllblätter fehlend oder 1 . . . . **Myrrhis**
3 Frucht bis 12 mm lang. Hülle vorhanden
4 Blüten gelbgrün . . . . **Levisticum**
4 Blüten weiß, rosa oder purpurn
5 Hüllblätter fiederschnittig . . **Pleurospermum**
5 Hüllblätter nicht fiederschnittig
6 Frucht mit 5 ungleichen Flügeln. Pflanze mit Faserschopf . . . . **Ligusticum**
6 Frucht 10-flügelig, Blattspitzen mit weißen Grannenspitzen. . . . . **Selinum**
2 Teilfrüchte mit 4 oder 2 Flügeln
7 Teilfrüchte mit 4 Flügeln . . . . . . **Laserpitium**
7 Teilfrüchte mit 2 oder 3 Flügeln
8 Teilfrüchte mit 3 Flügeln
9 Blüten gelb . . . . **Heteromorpha**
9 Blüten weiß . . . . **Molopospermum**
8 Teilfrüchte mit 2 Flügeln
9 Fruchtrand verdickt. (äußere Blüten des Blütenstandes strahlend) . . . . **Tordylium**
9 Fruchtrand nicht verdickt
10 Blüten weiß oder rosa oder etwas gelblich
11 Hüllblätter zerteilt. Hüllchen fehlend. (reife Frucht fast schwarz) . . . . **Melanoselinum**
11 Hüllblätter nicht zerteilt oder fehlend. Hüllchen vorhanden
12 Teilfrüchte mit ihren Flügeln aneinander liegend . . . . **Angelica**
12 Teilfrüchte sich mit ihren Flügeln nicht berührend
13 Pflanzen meist behaart. Ölgänge der Früchte dunkel, sehr deutlich sichtbar und nicht bis zur Basis der Frucht reichend . . . . **Heracleum**
13 Pflanzen kahl. Ölgänge nicht deutlich sichtbar
14 Teilfrüchte am Rücken höchstens 3-rippig . . . . **Peucedanum**
14 Teilfrüchte am Rücken deutlich mit 3 niedrigen Flügeln . . . **Conioselinum**
10 Blüten gelb oder rot
15 Blätter einfach gefiedert . . . . . **Pastinaca**
15 Blätter 2- bis 3-fach gefiedert
16 Blattzipfel lineal bis lanzettlich
17 Hüllblätter 1 oder fehlend
18 Pflanze einjährig mit Anisgeruch. Hüllchen fehlend. . . . . **Anethum**
18 Pflanze ausdauernd. Hüllchen vorhanden . . . . **Peucedanum**
17 Hüllblätter vorhanden . . . . **Ferulago**
16 Blattabschnitte breit, am Rand gesägt
19 Blattnerven mit borstigen, am Ende pinselförmigen Haaren. (Hülle vorhanden) . . . . **Opopanax**
19 Blattnerven ohne solche Haare
20 Hülle und Hüllchen vorhanden . . . . **Angelica**
20 Hülle und Hüllchen fehlend . . **Thapsia**

Gruppe 3

1 Frucht stachelig
2 Hülle zerschlitzt. Teilfrüchte vom Rücken her zusammengedrückt . . . . **Daucus**

164 Apiaceae Doldenblütler

2 Hülle nicht zerschlitzt. Früchte nicht zusammengedrückt
  3 Randblüten des Blütenstands stark strahlend. Hüllblätter hautrandig
    4 Blätter 2- bis 3-fach gefiedert. . . . . . .Orlaya
    4 Blätter einfach gefiedert . . . . . . Turgenia
  3 Randblüten radiär. Hüllblätter nicht hautrandig
    5 Stacheln der Frucht in Reihen . . . . .Caucalis
    5 Stacheln auf der Frucht unregelmäßig verteilt . . . . Torilis
1 Frucht nicht stachelig, sondern borstig oder haarig
  6 Hülle und Hüllchen fiederig. . . . . . Lagoecia
  6 Hülle und Hüllchen nicht fiederig
    7 Frucht geschnäbelt
      8 Frucht lang geschnäbelt. Randblüten strahlend . . . . Scandix
      8 Frucht kurz geschnäbelt . . . . . Anthriscus
    7 Frucht nicht geschnäbelt
      9 Pflanze am Grund mit Faserschopf aus abgestorbenen Blättern . . . . Seseli
      9 Pflanze ohne Faserschopf
        10 Hülle fehlend
          11 Frucht über 3mal so lang wie breit. . . . . .Physocaulis
          11 Frucht weniger lang gestreckt . . . . Pimpinella
        10 Hüllblätter vorhanden
          12 Hülle fiederspaltig . . . . . Ammodaucus
          12 Hülle nicht fiederspaltig
            13 Nebenrippen größer als Hauptrippen. . . . . Cuminum
            13 Nebenrippen fehlend
              14 Blätter fein zerteilt. Teilfrüchte im Querschnitt 5-eckig. . . . . Athamanta
              14 Blätter einfach gefiedert mit ovalen Blättchen. Teilfrucht im Querschnitt mit 5 aufgeblasenen Rippen . . . . Magydaris

Gruppe 4

1 Hüllchen fehlend
  2 Blattabschnitte lineal
    3 Frucht deutlich gerippt. . . . . . . .Foeniculum
    3 Frucht glatt . . . . Ridolfia
  2 Blattabschnitte nicht lineal
    4 Blätter 2- bis 3-fach gefiedert . . . Smyrnium
    4 Blätter einfach gefiedert . . . . . . Pimpinella
1 Hüllchen vorhanden
  5 Blätter einfach gefiedert. . . . . .Zizia
  5 Blätter stärker zerteilt
    6 Frucht lang geschnäbelt . . . . Chaerophyllum
    6 Frucht nicht geschnäbelt
      7 Blattzipfel lineal. . . . . Seseli
      7 Blattzipfel nicht lineal
        8 Frucht rund und Pflanze geruchlos . . Silaum
        8 Frucht seitlich zusammengedrückt und nach Petersilie riechend . . . . .Petroselinum

Gruppe 5

1 Blüten mit deutlichem Kelch . . . . . .Oenanthe
1 Blüten ohne Kelchblätter oder nur sehr kleinen Zipfeln
  2 Frucht lineal. Blätter 3-zählig. . . . Cryptotaenia
  2 Frucht nicht lineal, Blätter gefiedert
    3 Blütenstände seitlich. . . . . .Apium
    3 Blütenstände endständig
      4 Hülle fehlend
        5 Hüllchen fehlend oder stark reduziert . . . . Pimpinella
        5 Hüllchen vorhanden
      4 Hülle vorhanden
        7 Kelch sehr klein. Hüllblätter gezähnt. . . . . .Berula
        7 Kelch fehlend. Hüllblätter nicht gezähnt. . . . . Sison

Gruppe 6

1 Blattabschnitte bandartig, am Rand gleichmäßig fein gesägt. . . . . Falcaria
1 Blattabschnitte nicht gleichmäßig fein gesägt
  2 Blätter 3-zählig
    3 Blätter doppelt 3-zählig. Blättchen rundlich. Frucht mit sekundären Rippen . . . . . . Laser
    3 Blätter 3- bis 4-mal 3-zählig. Blättchen eiförmig. Frucht ohne sekundäre Rippen . . . . .Trochiscanthes
  2 Blätter mit linealen bis haarförmigen Zipfeln
    4 Blätter mit vielen scheinbar wirtelig angeordneten Blattzipfeln . . . . .Carum
    4 Blätter gefiedert
      5 Blattabschnitte haarförmig, nach allen Richtungen stehend. Stängel hohl . . . . Meum
      5 Blattabschnitte flach
        6 Fruchtknoten mit weißen Querwülsten . . . . Saposhnikovia
        6 Fruchtknoten ohne Querwülste . . . . . Seseli

Gruppe 7

1 Pflanze strauchig mit sukkulenten Blättern . . . . Crithmum
1 Pflanze eine Staude bis Einjährige
  2 Frucht geschnäbelt
    3 Kronblätter ganzrandig oder spitz. . Anthriscus
    3 Kronblätter ausgerandet und mit eingeschlagener Spitze. . . . . Chaerophyllum
  2 Frucht nicht geschnäbelt
    4 Blätter doppelt 3-zählig mit eiförmigen Blättchen . . . . Aegopodium
    4 Blätter nicht doppelt 3-zählig
      5 Hüllchen einseitig
        6 Frucht sich nicht spaltend bei der Reife . . . . Coriandrum
        6 Frucht bei der reife in zwei Teilfrüchte zerfallend
          7 Frucht breiter als lang, glatt . . . . . . Bifora
          7 Frucht länger als breit, gerippt
            8 Hüllchenblätter verwachsen, breit. (Stängel hohl). . . . . Conium
            8 Hüllchenblätter frei, pfriemlich . . Aethusa
      5 Hüllchen nicht einseitig
        9 Kronblätter grünlichgelb . . . .Petroselinum
        9 Kronblätter weiß bis rosa
          10 Hüllblätter fiederschnittig . . . . . . Ammi

        10   Hüllblätter nicht zerteilt
        11   Kelchblätter in der Blüte und an der Frucht deutlich
            12   Frucht etwa so lang wie breit. Blattabschnitte gleichmäßig gesägt . . . . Cicuta
            12   Frucht langgestreckt. Blattabschnitte nicht gleichmäßig gesägt. . . . Oenanthe
        11   Kelchblätter fehlend oder rudimentär
            13   Hüllchen fehlend. Am Grund der Blattscheiden lineale Zipfel . . . . Carum
            13   Hüllchen vorhanden
                14   Stängel hohl. (Pflanze mit unterirdischer Knolle. Hülle meist fehlend) . . . . Conopodium
                14   Stängel markig
                    15   Pflanze einjährig. Blätter doppelt gefiedert, im Umriss langgestreckt . . . . Ammoides
                    15   Pflanze ausdauernd, Blätter im Umriss 3-eckig
                        16   Blätter 3-zählig, breit 3-eckig im Umriss. Pflanze mit Knolle . . Bunium
                        16   Blätter gefiedert. Pflanze ohne Knolle . . . . Cnidium

Aciphylla J.R. Forst. et G. Forst.

Ableitung: mit nadelförmigen Blättern
Vulgärnamen: D:Speergras; E:Speargrass; F:Aciphylla
Arten: 40
Lebensform: Staude, dornig
Blätter: wechselständig oder grundständig, Grundblätter 1- bis mehrfach zusammengesetzt
Blütenstand: Doppeldolde mit Hülle und Hüllchen
Blüten: zweihäusig, radiär. Kelchblätter vorhanden. Kronblätter 5, frei, weiß, gelb. Staublätter 5, frei. Fruchtblätter 2, verwachsen, unterständig
Frucht: kurz, mit etwas geflügelten Rippen, kahl, Ölgänge zu 1–3
Kennzeichen: Doldenblütler. Staude, dornig. Blüten zweihäusig. Kelchblätter vorhanden. Frucht mit etwas geflügelten Rippen

Aegopodium L.

Ableitung: Geiß-Fuß
Vulgärnamen: D:Geißfuß, Giersch; E:Goutweed, Ground Elder; F:Aegopode, Herbe-aux-goutteux
Arten: 7
Lebensform: Staude
Blätter: wechselständig, einfach bis doppelt 3-zählig
Blütenstand: Doppeldolde meist ohne Hülle und ohne Hüllchen
Blüten: zwittrig, radiär. Kelchblätter klein. Kronblätter 5, frei, weiß, rosa. Staublätter 5, frei. Fruchtblätter 2, verwachsen, unterständig
Frucht: kurz, ungeflügelt, kahl, Ölgänge fehlend
Kennzeichen: Doldenblütler. Staude. Blätter einfach bis doppelt 3-zählig. Doppeldolde meist ohne Hülle und ohne Hüllchen. Ölgänge fehlend

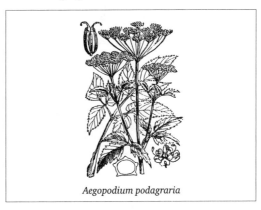

Aegopodium podagraria

Aethusa L.

Ableitung: nach einer Gestalt der griechischen Mythologie
Vulgärnamen: D:Hundspetersilie; E:Foll's Parsley; F:Ethuse, Petite ciguë

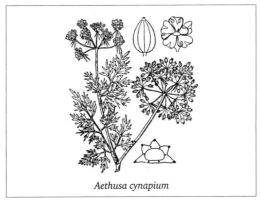

Aethusa cynapium

Aciphylla glacialis

Arten: 1
Lebensform: Einjährige
Blätter: wechselständig, 3-fach zusammengesetzt
Blütenstand: Doppeldolde ohne, selten mit Hülle, Hüllchen vorhanden und äußere Hüllchenblätter verlängert
Blüten: zwittrig, radiär. Kelchblätter fehlend. Kronblätter 5, frei, weiß. Staubblätter 5, frei. Fruchtblätter 2, verwachsen, unterständig
Frucht: ungeflügelt, kahl, Ölgänge einzeln
Kennzeichen: Doldenblütler. Einjährige. Blätter, 3-fach zusammengesetzt. Hülle meist fehlend. Äußere Hüllchenblätter verlängert

Ammi L.

Ableitung: antiker Pflanzenname
Vulgärnamen: D:Knorpelmöhre; E:Bullwort; F:Ammi
Arten: 10
Lebensform: Einjährige, Zweijährige
Blätter: wechselständig, doppelt zusammengesetzt
Blütenstand: Doppeldolde mit gefiederter Hülle. Hüllchen vorhanden
Blüten: zwittrig, radiär. Kelchblätter fehlend oder klein. Kronblätter 5, frei, weiß. Staubblätter 5, frei. Fruchtblätter 2, verwachsen, unterständig
Frucht: kurz, ungeflügelt, kahl, Ölgänge einzeln
Kennzeichen: Doldenblütler. Einjährige, Zweijährige. Hülle gefiedert

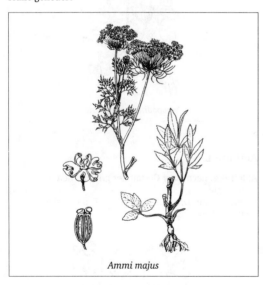

Ammi majus

Ammodaucus Coss.

Ableitung: Sand-Möhre
Arten: 1
Lebensform: Einjährige
Blätter: wechselständig, 2- bis 3-fach zusammengesetzt
Blütenstand: Doppeldolde mit fiederspaltigen Hüllblättern. Hüllchen vorhanden
Blüten: radiär. Kelchblätter vorhanden. Kronblätter 5, frei, weiß. Staubblätter 5, frei. Fruchtblätter 2, verwachsen, unterständig
Frucht: ungeflügelt, borstig behaart, Ölgänge einzeln
Kennzeichen: Doldenblütler. Einjährige. Hüllblätter fiederspaltig. Frucht borstig behaart

Ammoides Adans.

Ableitung: Ammi-ähnlich
Arten: 2
Lebensform: Einjährige
Blätter: wechselständig, doppelt zusammengesetzt, Abschnitte lineal
Blütenstand: Doppeldolde. Hülle meist fehlend. Hüllchen vorhanden
Blüten: zwittrig, radiär. Kelchblätter fehlend. Kronblätter 5, frei, meist weiß. Staubblätter 5, frei. Fruchtblätter 2, verwachsen, unterständig
Frucht: ungeflügelt, kahl, kaum 1 mm groß. Ölgänge einzeln
Kennzeichen: Doldenblütler. Einjährige. Blattabschnitte lineal. Hülle meist fehlend. Frucht kaum 1 mm groß

Anethum L.

Ableitung: antiker Pflanzenname
Vulgärnamen: D:Dill; E:Dill; F:Aneth
Arten: 1
Lebensform: Einjährige, Zweijährige
Blätter: wechselständig, 3- bis 4-fach zusammengesetzt mit linealen Zipfeln, typischer Anisgeruch
Blütenstand: Doppeldolde ohne Hülle und Hüllchen
Blüten: zwittrig, radiär. Kelchblätter fehlend. Kronblätter 5, frei, gelb. Staubblätter 5, frei. Fruchtblätter 2, verwachsen, unterständig
Frucht: kurz, Teilfrucht mit 2 Flügeln, kahl, Ölgänge einzeln
Kennzeichen: Doldenblütler. Einjährige, Zweijährige. Blätter 3- bis 4-fach zusammengesetzt mit linealen Zipfeln, typischer Anisgeruch. Doppeldolde ohne Hülle und Hüllchen. Teilfrucht mit 2 Flügeln

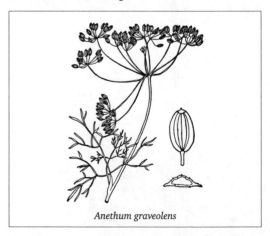

Anethum graveolens

Angelica L.

Ableitung: Engels-Pflanze
Vulgärnamen: D:Engelwurz; E:Archangel; F:Angélique
Arten: c. 110
Lebensform: Staude, Zweijährige
Blätter: wechselständig, einfach bis 3-fach zusammengesetzt, Blattstiele auffällig aufgeblasen am Grund
Blütenstand: Doppeldolde mit oder ohne Hülle. Hüllchen vorhanden
Blüten: zwittrig, radiär. Kelchblätter vorhanden oder fast fehlend. Kronblätter 5, frei, weiß, rosa, grün, gelb. Staublätter 5, frei. Fruchtblätter 2, verwachsen, unterständig
Frucht: Teilfrucht 2-flügelig, Flügel der Teilfrüchte aneinander liegend, kahl, Ölgänge variabel
Kennzeichen: Doldenblütler. Staude, Zweijährige. Blattstiele auffällig aufgeblasen am Grund. Teilfrucht 2-flügelig, Flügel der Teilfrüchte aneinander liegend

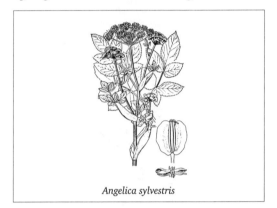

Angelica sylvestris

Anthriscus Pers.

Ableitung: antiker Pflanzenname
Vulgärnamen: D:Kerbel; E:Chervil; F:Cerfeuil
Arten: 12
Lebensform: Einjährige, Staude, Zweijährige
Blätter: wechselständig, 2- bis 3-fach zusammengesetzt
Blütenstand: Doppeldolde mit meist fehlender Hülle. Hüllchen vorhanden

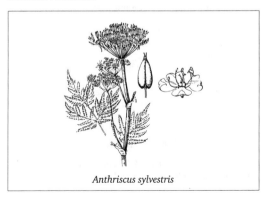

Anthriscus sylvestris

Blüten: zwittrig, radiär. Kelchblätter fehlend oder klein. Kronblätter 5, frei, weiß, ganzrandig oder spitz. Staublätter 5, frei. Fruchtblätter 2, verwachsen, unterständig
Frucht: langgestreckt bis kurz, geschnäbelt, ungeflügelt, kahl oder borstig, Ölgänge einzeln
Kennzeichen: Doldenblütler. Einjährige, Staude, Zweijährige. Kronblätter ganzrandig oder spitz. Frucht langgestreckt bis kurz, geschnäbelt

Apium L.

Ableitung: antiker Pflanzenname
Vulgärnamen: D:Sellerie; E:Marshwort; F:Céleri
Arten: 25
Lebensform: Staude, Zweijährige, Einjährige
Blätter: wechselständig, einfach zusammengesetzt
Blütenstand: meist seitlich. Doppeldolde mit oder ohne Hülle und mit oder ohne Hüllchen
Blüten: zwittrig, radiär. Kelchblätter fehlend oder sehr klein. Kronblätter 5, frei, weiß. Staublätter 5, frei. Fruchtblätter 2, verwachsen, unterständig
Frucht: kurz, ungeflügelt, kahl, Ölgänge einzeln
Kennzeichen: Doldenblütler. Staude, Zweijährige, Einjährige. Blätter einfach zusammengesetzt. Blütenstände meist seitlich

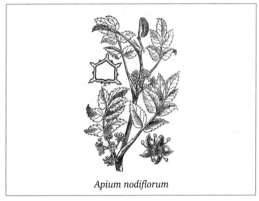

Apium nodiflorum

Arracacia Bancr.

Ableitung: nach einem Pflanzennamen in Mittelamerika
Arten: 55
Lebensform: Staude
Blätter: wechselständig, 3-fach zusammengesetzt
Blütenstand: Doppeldolde ohne Hülle. Hüllchen vorhanden
Blüten: zweihäusig, radiär. Kelchblätter fehlend. Kronblätter 5, frei, weiß, purpurn. Staublätter 5, frei. Fruchtblätter 2, verwachsen, unterständig
Frucht: kurz, ungeflügelt, kahl, Ölgänge einzeln
Kennzeichen: Doldenblütler. Staude. Hülle fehlend. Blüten zweihäusig

168 Apiaceae Doldenblütler

Arracacia atropurpurea

Athamanta L.

Ableitung: vermutlich nach einer Gestalt der griechischen Mythologie
Vulgärnamen: D:Augenwurz; E:Athamanta; F:Athamante
Arten: 5–6
Lebensform: Staude
Blätter: wechselständig, 2- bis 5-fach zusammengesetzt
Blütenstand: Doppeldolde mit Hülle und Hüllchen
Blüten: zwittrig, radiär. Kelchblätter klein. Kronblätter 5, frei, weiß, selten gelb. Staublätter 5, frei. Fruchtblätter 2, verwachsen, unterständig
Frucht: kurz, mit kurzem Schnabel, ungeflügelt, behaart, Ölgänge einzeln bis zu zwei
Kennzeichen: Doldenblütler. Staude. Frucht kurz, mit kurzem Schnabel, behaart

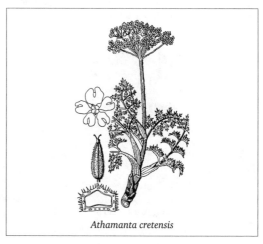

Athamanta cretensis

Astrantia L.

Ableitung: Stern-Pflanze
Vulgärnamen: D:Sterndolde; E:Masterwort; F:Astrance, radiaire
Arten: 10
Lebensform: Staude
Blätter: wechselständig, einfach handförmig gelappt oder gefingert
Blütenstand: einfache Dolde mit gefärbter Hülle
Blüten: eingeschlechtig, radiär. Kelchblätter vorhanden. Kronblätter 5, frei, rosa, weiß, rot. Staublätter 5, frei. Fruchtblätter 2, verwachsen, unterständig
Frucht: beschuppt
Kennzeichen: Doldenblütler. Staude mit einfach handförmig gelappten oder gefingerten Blättern. Blütenstand: einfache Dolde mit gefärbter Hülle. Blüten eingeschlechtig. Kelchblätter vorhanden. Frucht beschuppt

Azorella Lam.

Ableitung: nach einem amerikanischen Pflanzennamen
Vulgärnamen: D:Andenpolster
Arten: 70
Lebensform: Staude, Zwergstrauch
Blätter: wechselständig, einfach und handnervig oder geteilt
Blütenstand: einfache Dolde mit zum Teil am Grund verwachsener Hülle
Blüten: zwittrig, radiär. Kelchblätter gezähnt. Kronblätter 5, frei, braun, gelb. Staublätter 5, frei. Fruchtblätter 2, verwachsen, unterständig
Frucht: kurz, ungeflügelt, kahl
Kennzeichen: Doldenblütler. Staude, Zwergstrauch. Blätter, einfach und handnervig oder geteilt. Blütenstand eine einfache Dolde mit zum Teil am Grund verwachsener Hülle. Kelchblätter gezähnt. Kronblätter braun oder gelb

Berula Besser et W.D.J. Koch

Ableitung: spätlateinischer Pflanzenname
Vulgärnamen: D:Berle, Merk; F:Bérula

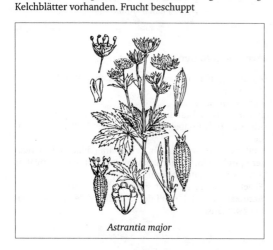

Astrantia major

Berula erecta

Arten: 1
Lebensform: Staude, Wasser- oder Sumpfpflanze
Blätter: wechselständig, einfach gefiedert
Blütenstand: Doppeldolde mit Hülle und Hüllchen. Hüllblätter gezähnt
Blüten: zwittrig, radiär. Kelchblätter klein. Kronblätter 5, frei, weiß. Staubblätter 5, frei. Fruchtblätter 2, verwachsen, unterständig
Frucht: kurz, ungeflügelt, kahl, Ölgänge zu mehreren
Kennzeichen: Doldenblütler. Staude, Wasser- oder Sumpfpflanze. Blätter einfach gefiedert. Hüllblätter gezähnt. Ölgänge zu mehreren

Bifora Hoffm.

Ableitung: mit zwei Flügeln
Vulgärnamen: D:Hohlsame
Arten: 3
Lebensform: Einjährige
Blätter: wechselständig, 2- bis 3-fach zusammengesetzt
Blütenstand: Doppeldolde mit oder ohne Hülle und Hüllchen
Blüten: zwittrig, radiär. Kelchblätter klein bis fehlend. Kronblätter 5, frei, weiß. Staubblätter 5, frei. Fruchtblätter 2, verwachsen, unterständig
Frucht: breiter als lang, ungeflügelt, kahl, Ölgänge fehlend
Kennzeichen: Doldenblütler. Einjährige. Frucht breiter als lang, Ölgänge fehlend

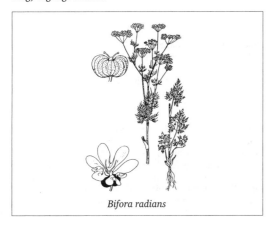
Bifora radians

Bolax Comm. ex Juss.

Ableitung: Erdklumpen
Arten: 2
Lebensform: Staude
Blätter: wechselständig, einfach, sternhaarig
Blütenstand: einfache Dolde ohne Hülle und Hüllchen
Blüten: zwittrig, radiär. Kelchblätter kronblattartig, weißlichgrün. Staublätter 5, frei. Fruchtblätter 2, verwachsen, unterständig
Frucht: kurz, ungeflügelt, sternhaarig
Kennzeichen: Doldenblütler. Staude. Blätter einfach, sternhaarig. Blütenstand eine einfache Dolde ohne Hülle und Hüllchen. Kelchblätter kronblattartig, weißlichgrün. Frucht sternhaarig

Bowlesia Ruiz et Pav.

Arten: 15
Lebensform: Einjährige
Blätter: gegenständig, wechselständig, einfach
Blütenstand: einfache Dolde oder Blüten einzeln, ohne Hülle
Blüten: zwittrig, radiär. Kelchblätter vorhanden. Kronblätter 5, frei, weiß. Staublätter 5, frei. Fruchtblätter 2, verwachsen, unterständig
Frucht: kurz, ungeflügelt, sternhaarig, ohne Rippen, Ölgänge fehlend
Kennzeichen: Doldenblütler. Einjährige. Blütenstand eine einfache Dolde oder Blüten einzeln, ohne Hülle. Frucht sternhaarig, Ölgänge fehlend

Bunium L.

Ableitung: antiker Pflanzenname
Vulgärnamen: D:Erdknolle, Knollenkümmel; E:Great Pignut; F:Cumin tubéreux
Arten: 48
Lebensform: Staude mit Knolle
Blätter: wechselständig, doppelt zusammengesetzt
Blütenstand: Doppeldolde mit oder ohne Hülle. Hüllchen vorhanden
Blüten: zwittrig, radiär. Kelchblätter fehlend oder klein. Kronblätter 5, frei, weiß. Staublätter 5, frei. Fruchtblätter 2, verwachsen, unterständig
Frucht: kurz, ungeflügelt, kahl, Ölgänge einzeln oder zu 3
Kennzeichen: Doldenblütler. Staude mit Knolle.

Bunium bulbocastanum

170 Apiaceae Doldenblütler

Bupleurum L.
Ableitung: antiker Pflanzenname
Vulgärnamen: D:Hasenohr; E:Hare's Ear; F:Buplèvre, Oreille-de-lièvre
Arten: c. 150
Lebensform: Einjährige, Staude, Strauch
Blätter: wechselständig, einfach, meist parallelnervig, ganzrandig
Blütenstand: Doppeldolde mit oder ohne Hülle. Hüllchen vorhanden
Blüten: zwittrig, radiär. Kelchblätter ± fehlend. Kronblätter 5, frei, gelb, purpurn. Staubblätter 5, frei. Fruchtblätter 2, verwachsen, unterständig
Frucht: kurz, ungeflügelt, kahl, Ölgänge einzeln bis zu 5
Kennzeichen: Doldenblütler. Einjährige, Staude, Strauch. Blätter, einfach, meist parallelnervig, ganzrandig. Kronblätter gelb oder purpurn

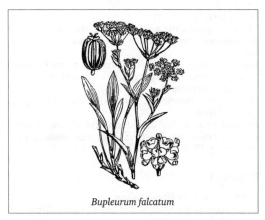
Bupleurum falcatum

Carum L.
Ableitung: antiker Pflanzenname
Vulgärnamen: D:Kümmel; E:Caraway; F:Cumin
Arten: c. 30
Lebensform: Zweijährige, Staude, Einjährige, mit oder ohne Wurzelschopf aus abgestorbenen Blattresten
Blätter: wechselständig, 2- bis 4-fach zusammengesetzt, unterste Fiederabschnitte quirlig erscheinend

Carum carvi

Blütenstand: Doppeldolde mit oder ohne Hülle und Hüllchen
Blüten: zwittrig, radiär. Kelchblätter fehlend oder klein. Kronblätter 5, frei, weiß, rosa. Staubblätter 5, frei. Fruchtblätter 2, verwachsen, unterständig
Frucht: kurz, ungeflügelt, kahl, Ölgänge einzeln oder bis zu 3
Kennzeichen: Doldenblütler. Zweijährige, Staude, Einjährige. Unterste Fiederabschnitte quirlig erscheinend

Caucalis L.
Ableitung: antiker Pflanzenname
Vulgärnamen: D:Haftdolde; F:Caucalis
Arten: 1
Lebensform: Einjährige
Blätter: wechselständig, zusammengesetzt
Blütenstand: Doppeldolde, Hüllblätter 1 oder fehlend. Hüllchen vorhanden
Blüten: zwittrig, radiär. Kelchblätter klein. Kronblätter 5, frei, weiß. Staubblätter 5, frei. Fruchtblätter 2, verwachsen, unterständig
Frucht: ungeflügelt, stachelig, Ölgänge einzeln
Kennzeichen: Doldenblütler. Einjährige. Hüllblätter 1 oder fehlend. Frucht stachelig

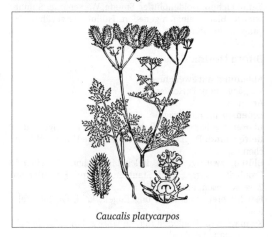
Caucalis platycarpos

Centella L.
Ableitung: Stech-Pflanze
Vulgärnamen: D:Sumpfpfennigkraut; E:Pennywort
Arten: c. 40
Lebensform: Staude, Strauch
Blätter: wechselständig, einfach
Blütenstand: einfache Dolde mit Hülle oder Blüten einzeln
Blüten: zwittrig oder eingeschlechtig, radiär. Kelchblätter fehlend. Kronblätter 5, frei, weiß. Staubblätter 5, frei. Fruchtblätter 2, verwachsen, unterständig
Frucht: kurz, ungeflügelt, kahl, mit sekundären Rippen
Kennzeichen: Doldenblütler. Staude, Strauch. Blätter einfach. Blütenstand eine einfache Dolde mit Hülle oder Blüten einzeln. Frucht mit sekundären Rippen

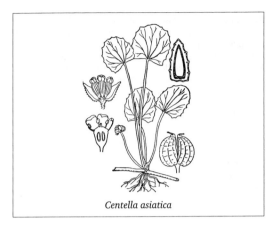
Centella asiatica

Lebensform: Staude, Sumpf und Wasserpflanzen
Blätter: wechselständig, doppelt zusammengesetzt
Blütenstand: Doppeldolde mit oder ohne Hülle. Hüllchen vorhanden
Blüten: zwittrig, radiär. Kelchblätter vorhanden. Kronblätter 5, frei, weiß, rosa. Staubblätter 5, frei. Fruchtblätter 2, verwachsen, unterständig
Frucht: kurz, ungeflügelt, kahl, Ölgänge einzeln
Kennzeichen: Doldenblütler. Staude. Sumpf- und Wasserpflanzen. Kelchblätter vorhanden. Frucht kurz

Chaerophyllum L.

Ableitung: antiker Pflanzenname
Vulgärnamen: D:Kälberkropf, Kerbelrübe; E:Chervil; F:cerfeuil sauvage, Chérophylle
Arten: c. 35
Lebensform: Einjährige, Staude, Zweijährige
Blätter: wechselständig, 1- bis 3-fach zusammengesetzt
Blütenstand: Doppeldolde mit oder ohne Hülle. Hüllchen vorhanden
Blüten: zwittrig, radiär. Kelchblätter fehlend bis klein. Kronblätter 5, frei, 2-lappig, weiß, rosa, selten gelb. Staubblätter 5, frei. Fruchtblätter 2, verwachsen, unterständig
Frucht: langgestreckt mit deutlichem Schnabel, ungeflügelt, kahl, Ölgänge einzeln
Kennzeichen: Doldenblütler. Einjährige, Staude, Zweijährige. Kronblätter 2-lappig. Frucht langgestreckt mit deutlichem Schnabel

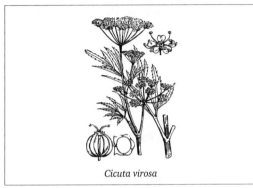
Cicuta virosa

Cnidium Cusson ex Juss.

Ableitung: Bedeutung unbekannt
Vulgärnamen: D:Brenndolde; F:Cnide
Arten: 4–5
Lebensform: Staude, Einjährige, Zweijährige
Blätter: wechselständig, 2- bis 4-fach zusammengesetzt
Blütenstand: Doppeldolde mit oder ohne Hülle. Hüllchen vorhanden
Blüten: zwittrig, radiär. Kelchblätter klein. Kronblätter 5, frei, weiß. Staubblätter 5, frei. Fruchtblätter 2, verwachsen, unterständig
Frucht: kurz, ungeflügelt, aber mit breiten, dachförmigen Rippen, kahl, Ölgänge einzeln
Kennzeichen: Doldenblütler. Staude, Einjährige, Zweijährige. Teilfrucht mit 5 breiten, dachförmigen Rippen

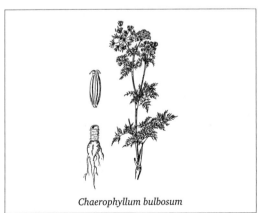
Chaerophyllum bulbosum

Cicuta L.

Ableitung: antiker Pflanzenname
Vulgärnamen: D:Wasserschierling; E:Cowbane; F:Cicutaire, Ciguë aquatique
Arten: 8

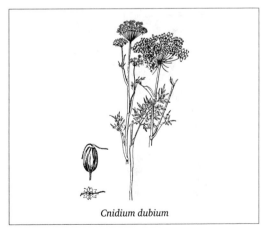
Cnidium dubium

Conioselinum Fisch. ex Hoffm.

Ableitung: aus Conium und Selinum zusammengesetzt
Vulgärnamen: D:Schirlingssilge; F:Coniosélinum
Arten: 10
Lebensform: Staude
Blätter: wechselständig, zusammengesetzt
Blütenstand: Doppeldolde mit oder ohne Hülle. Hüllchen vorhanden
Blüten: zwittrig, radiär. Kelchblätter fehlend. Kronblätter 5, frei, weiß. Staublätter 5, frei. Fruchtblätter 2, verwachsen, unterständig
Frucht: Teilfrüchte 5-flügelig, rückenständige niedriger, kahl, Ölgänge einzeln
Kennzeichen: Doldenblütler. Staude. Teilfrüchte 5-flügelig, rückenständige Flügel niedriger

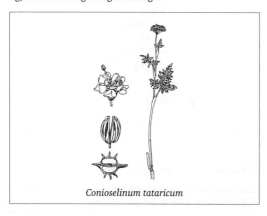

Conioselinum tataricum

Conium L.

Ableitung: antiker Pflanzenname
Vulgärnamen: D:Schierling; E:Hemlock; F:Ciguë
Arten: 6
Lebensform: Zweijährige, Einjährige, mit hohlem Stängel
Blätter: wechselständig, 2- bis 4-fach zusammengesetzt
Blütenstand: Doppeldolde mit Hülle und Hüllchen, deren äußere verlängert sind
Blüten: zwittrig, radiär. Kelchblätter fehlend. Kronblätter 5, frei, weiß. Staublätter 5, frei. Fruchtblätter 2, verwachsen, unterständig
Frucht: kurz, ungeflügelt, kahl, Ölgänge einzeln
Kennzeichen: Doldenblütler. Zweijährige, Einjährige, mit hohlem Stängel. Äußere Hüllblätter verlängert

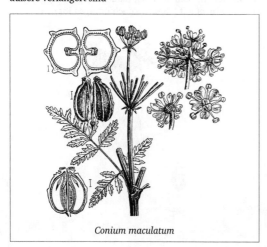

Conium maculatum

Conopodium W.D.J. Koch

Ableitung: Kegel-Füßchen
Vulgärnamen: D:Erdkastanie, Knollenkümmel; E:Pignut; F:Conopode
Arten: 20
Lebensform: Staude mit Knolle und hohlem Stängel
Blätter: wechselständig, 2-fach zusammengesetzt
Blütenstand: Doppeldolde mit einblättriger Hülle. Hüllchen vorhanden
Blüten: zwittrig, radiär. Kelchblätter fehlend bis vorhanden. Kronblätter 5, frei, weiß, rosa. Staublätter 5, frei. Fruchtblätter 2, verwachsen, unterständig
Frucht: ungeflügelt, kahl, Ölgänge zu 2-3
Kennzeichen: Doldenblütler. Staude mit Knolle und hohlem Stängel. Ölgänge zu 2-3

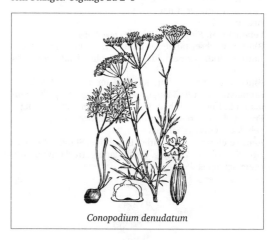

Conopodium denudatum

Coriandrum L.

Ableitung: antiker Pflanzenname
Vulgärnamen: D:Koriander; E:Coriander; F:Coriandre
Arten: 3
Lebensform: Einjährige
Blätter: wechselständig, 1- bis 3-fach zusammengesetzt
Blütenstand: Doppeldolde mit ± fehlender Hülle. Hüllchen vorhanden, deren äußere verlängert sind
Blüten: zwittrig, radiär. Kelchblätter klein. Kronblätter 5, frei, weiß, rosa, lila. Staublätter 5, frei. Fruchtblätter 2, verwachsen, unterständig
Frucht: kurz, rund, nicht in Teilfrüchte spaltend, ungeflügelt, kahl, Ölgänge einzeln
Kennzeichen: Doldenblütler. Einjährige. Äußere Hüllblätter verlängert. Frucht kurz, rund, nicht in Teilfrüchte spaltend

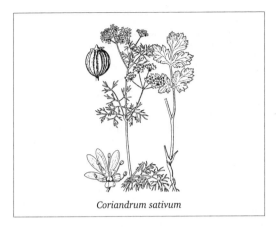
Coriandrum sativum

Crithmum L.

Ableitung: antiker Pflanzenname
Vulgärnamen: D:Meerfenchel; E:Shampire; F:Perce-pierre
Arten: 1
Lebensform: Strauch, ± sukkulent
Blätter: wechselständig, 2- bis 3-fach zusammengesetzt
Blütenstand: Doppeldolde mit Hülle und Hüllchen
Blüten: zwittrig, radiär. Kelchblätter klein. Kronblätter 5, frei, grün, weiß. Staublätter 5, frei. Fruchtblätter 2, verwachsen, unterständig
Frucht: kurz, ungeflügelt, kahl, Fruchtwand schwammig, Ölgänge zu mehreren
Kennzeichen: Doldenblütler. Strauch, ± sukkulent. Fruchtwand schwammig, Ölgänge zu mehreren

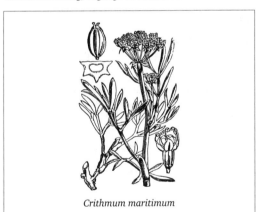
Crithmum maritimum

Cryptotaenia DC.

Ableitung: verborgene Bänder
Vulgärnamen: E:Honewort
Arten: 4
Lebensform: Staude, Einjährige
Blätter: wechselständig, 3-zählig

Blütenstand: Doppeldolde ohne Hülle. Hüllchen vorhanden oder fehlend
Blüten: zwittrig, radiär. Kelchblätter fehlend. Kronblätter 5, frei, weiß. Staublätter 5, frei. Fruchtblätter 2, verwachsen, unterständig
Frucht: lineal, ungeflügelt, kahl, Ölgänge einzeln
Kennzeichen: Doldenblütler. Staude, Einjährige. Blätter 3-zählig. Hülle fehlend. Frucht lineal

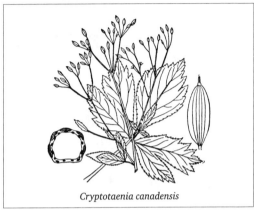
Cryptotaenia canadensis

Cuminum L.

Ableitung: antiker Pflanzenname
Vulgärnamen: D:Kreuzkümmel; E:Cumin; F:Cumin
Arten: 4
Lebensform: Einjährige
Blätter: wechselständig, doppelt zusammengesetzt
Blütenstand: Doppeldolde mit Hülle und Hüllchen
Blüten: zwittrig, radiär. Kelchblätter vorhanden. Kronblätter 5, frei, weiß, rosa. Staublätter 5, frei. Fruchtblätter 2, verwachsen, unterständig
Frucht: kurz, ungeflügelt, Nebenrippen größer als die Hauptrippen, behaart oder borstig, Ölgänge einzeln
Kennzeichen: Doldenblütler. Einjährige. Frucht kurz, Nebenrippen größer als die Hauptrippen, behaart oder borstig

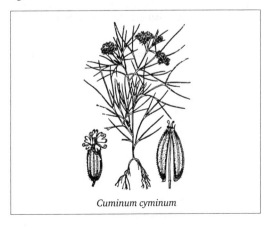
Cuminum cyminum

Daucus L.

Ableitung: antiker Pflanzenname
Vulgärnamen: D:Möhre; E:Carrot; F:Carotte
Arten: 22
Lebensform: Einjährige, Zweijährige, Staude
Blätter: wechselständig, 2- bis 3-fach zusammengesetzt
Blütenstand: Doppeldolde, Hüllblätter zerteilt. Hüllchen vorhanden
Blüten: zwittrig, radiär. Kelchblätter klein bis fehlend. Kronblätter 5, frei, weiß, rosa, selten gelb. Staubblätter 5, frei. Fruchtblätter 2, verwachsen, unterständig
Frucht: ungeflügelt, stachelig, Ölgänge einzeln
Kennzeichen: Doldenblütler. Einjährige, Zweijährige, Staude. Hüllblätter zerteilt. Frucht stachelig

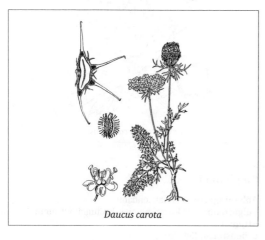

Daucus carota

Eryngium L.

Ableitung: antiker Pflanzenname
Vulgärnamen: D:Edeldistel, Mannstreu; E:Sea Holly; F:Chardon, Panicaut
Arten: 230–250
Lebensform: Zweijährige, Staude, Einjährige
Blätter: grundständig, wechselständig, einfach bis 3-fach zusammengesetzt
Blütenstand: Köpfchen mit stacheliger Hülle
Blüten: zwittrig, radiär. Kelchblätter vorhanden. Kronblätter 5, frei, weiß, blau, lila, grün. Staubblätter 5, frei. Fruchtblätter 2, verwachsen, unterständig
Frucht: kurz, ungeflügelt, beschuppt, ohne Fruchthalter (Karpophor), Ölgänge schwach ausgebildet
Kennzeichen: Doldenblütler. Zweijährige, Staude, Einjährige. Blüten in Köpfchen mit stacheliger Hülle. Kelchblätter vorhanden. Kronblätter weiß, blau, lila, grün. Frucht, beschuppt, ohne Fruchthalter (Karpophor)

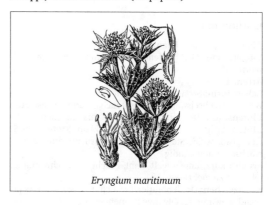

Eryngium maritimum

Dorema D. Don

Ableitung: Geschenk
Vulgärnamen: D:Ammoniakpflanze; E:Gum Ammoniac; F:Doréma, Gomme-ammniaque
Arten: 12
Lebensform: Staude
Blätter: wechselständig, 3-fach zusammengesetzt
Blütenstand: Köpfchen ohne Hülle
Blüten: zwittrig, radiär. Kelchblätter klein. Kronblätter 5, frei, weiß, gelb. Staubblätter 5, frei. Fruchtblätter 2, verwachsen, unterständig
Frucht: kurz, geflügelt, kahl, Ölgänge einzeln
Kennzeichen: Doldenblütler. Staude. Blüten in Köpfchen ohne Hülle. Frucht: kurz, geflügelt

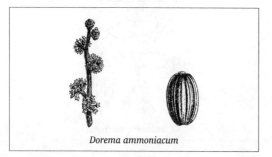

Dorema ammoniacum

Falcaria Fabr.

Ableitung: Sichel-Pflanze
Vulgärnamen: D:Sichelmöhre; E:Longleaf; F:Falcaire
Arten: 1
Lebensform: Einjährige, Zweijährige, Staude
Blätter: wechselständig, doppelt zusammengesetzt, Abschnitte bandartig, am Rand gleichmäßig fein gesägt
Blütenstand: Doppeldolde mit Hülle und Hüllchen

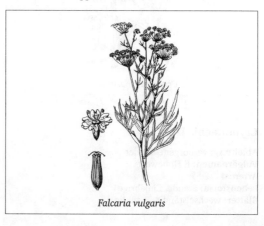

Falcaria vulgaris

Frucht: langgestreckt, ungeflügelt, kahl, Ölgänge einzeln
Blüten: zwittrig, radiär. Kelchblätter klein. Kronblätter 5, frei, weiß oder weißlich. Staublätter 5, frei. Fruchtblätter 2, verwachsen, unterständig
Kennzeichen: Doldenblütler. Einjährige, Zweijährige, Staude. Blätter mit bandartigen, am Rand gleichmäßig fein gesägten Abschnitten. Frucht langgestreckt

Ferula L.

Ableitung: antiker Pflanzenname
Vulgärnamen: D:Riesenfenchel, Steckenkraut; E:Giant Fennel; F:Férule
Arten: 172
Lebensform: Staude
Blätter: wechselständig, 3- bis 4-fach zusammengesetzt
Blütenstand: Doppeldolde ohne Hülle. Hüllchen fehlend oder vorhanden
Blüten: zwittrig oder eingeschlechtig, radiär. Kelchblätter klein bis fehlend. Kronblätter 5, frei, gelb, gelblich weiß. Staublätter 5, frei. Fruchtblätter 2, verwachsen, unterständig
Frucht: Teilfrüchte mit 2 schmalen Flügeln, kahl, Ölgänge zu mehreren bis einzeln
Kennzeichen: Doldenblütler. Staude. Hülle fehlend. Teilfrüchte mit 2 schmalen Flügeln, kahl, Ölgänge zu mehreren bis einzeln

Blüten: zwittrig oder eingeschlechtig, radiär. Kelchblätter sehr klein. Kronblätter 5, frei, gelb. Staublätter 5, frei. Fruchtblätter 2, verwachsen, unterständig
Frucht: Teilfrüchte 2-flügelig, kahl, Ölgänge zu vielen
Kennzeichen: Doldenblütler. Staude. Kronblätter gelb. Teilfrüchte 2-flügelig, kahl, Ölgänge zu vielen

Ferulago nodosa

Ferula communis

Ferulago W.D.J. Koch

Ableitung: Ferula-artig
Vulgärnamen: D:Birkwurz; F:Férule bâtarde, Petite férule
Arten: c. 45
Lebensform: Staude
Blätter: wechselständig, 2- bis 4-fach zusammengesetzt
Blütenstand: Doppeldolde mit Hülle und Hüllchen

Foeniculum Mill.

Ableitung: antiker Name des Fenchels
Vulgärnamen: D:Fenchel; E:Fennel; F:Fenouil
Arten: 1
Lebensform: Staude, Zweijährige
Blätter: wechselständig, 3- bis 4-fach zusammengesetzt mit linealen Zipfeln, mit typischem Fenchelgeruch
Blütenstand: Doppeldolde ohne Hülle und Hüllchen
Blüten: zwittrig, radiär. Kelchblätter fehlend. Kronblätter 5, frei, gelb. Staublätter 5, frei. Fruchtblätter 2, verwachsen, unterständig
Frucht: kurz, ungeflügelt, kahl, Ölgänge einzeln
Kennzeichen: Doldenblütler. Staude, Zweijährige. Doppeldolde ohne Hülle und Hüllchen. Kronblätter gelb

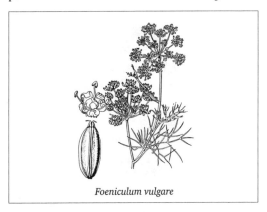

Foeniculum vulgare

Hacquetia Neck. ex DC.

Ableitung: Gattung zu Ehren von Belsazar A. Hacquet (1739–1815), einem österreichischen Arzt und Naturforscher französischer Herkunft benannt
Vulgärnamen: D:Schaftdolde; F:Hacquetia
Arten: 1
Lebensform: Staude
Blätter: grundständig, einfach, handnervig
Blütenstand: einfache Dolde mit blattartigen Hüllblättern
Blüten: zwittrig, radiär. Kelchblätter vorhanden. Kronblätter 5, frei, grüngelb. Staublätter 5, frei. Fruchtblätter 2, verwachsen, unterständig
Frucht: kurz, ungeflügelt, kahl, Ölgänge einzeln
Kennzeichen: Doldenblütler. Staude. Blätter grundständig, einfach, handnervig. Einfache Dolde mit blattartigen Hüllblättern. Kelchblätter vorhanden. Kronblätter grüngelb

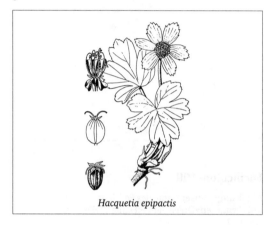

Hacquetia epipactis

Heracleum L.

Ableitung: nach einem antiken Pflanzennamen
Vulgärnamen: D:Bärenklau, Herkulesstaude; E:Hogweed; F:Berce, Berce géante
Arten: 65
Lebensform: Zweijährige, Staude, Stängel hohl
Blätter: wechselständig, einfach bis doppelt zusammengesetzt oder einfach
Blütenstand: Doppeldolde mit oder selten ohne Hülle und Hüllchen
Blüten: zwittrig, radiär. Kelchblätter vorhanden bis klein. Kronblätter 5, frei, weiß, rosa, grünlich, gelblich. Staublätter 5, frei. Fruchtblätter 2, verwachsen, unterständig
Frucht: Teilfrüchte 2-flügelig, kahl oder behaart, Ölgänge einzeln bis mit zusätzlichen, sehr deutlich sichtbar, nicht bis zur Basis reichend
Kennzeichen: Doldenblütler. Zweijährige, Staude, Stängel hohl. Teilfrüchte 2-flügelig, Ölgänge sehr deutlich sichtbar, nicht bis zur Basis reichend

Heteromorpha Cham. et Schltdl.

Ableitung: von verschiedener Gestalt
Arten: 8
Lebensform: Strauch, selten Baum
Blätter: wechselständig, einfach oder einfach zusammengesetzt
Blütenstand: Doppeldolde mit Hülle und Hüllchen
Blüten: zwittrig, radiär. Kelchblätter vorhanden. Kronblätter 5, frei, gelb. Staublätter 5, frei. Fruchtblätter 2, verwachsen, unterständig
Frucht: Teilfrüchte mit 3 Flügeln, kahl, Ölgänge einzeln
Kennzeichen: Doldenblütler. Strauch, selten Baum. Kronblätter gelb. Teilfrüchte mit 3 Flügeln

Hydrocotyle L.

Ableitung: Wasser-Nabel
Vulgärnamen: D:Wassernabel; E:Pennywort; F:Ecuelle d'eau, Hydrocotyle
Arten: c. 130
Lebensform: Staude, Einjährige
Blätter: wechselständig, einfach, ± kreisrund
Blütenstand: einfache Dolde oder Quirle mit oder ohne Hülle
Blüten: zwittrig, radiär. Kelchblätter ± fehlend. Kronblätter 5, frei, weiß, grünlich weiß. Staublätter 5, frei. Fruchtblätter 2, verwachsen, unterständig
Frucht: kurz, am Rücken geflügelt, kahl, ohne Fruchthalter (Karpophor), Ölgänge vorhanden
Kennzeichen: Doldenblütler. Staude, Einjährige. Blätter, einfach, ± kreisrund. Blütenstand eine einfache Dolde oder Quirle. Frucht kurz, am Rücken geflügelt

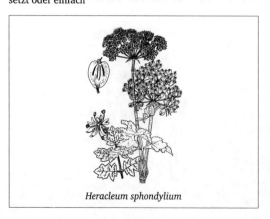

Heracleum sphondylium

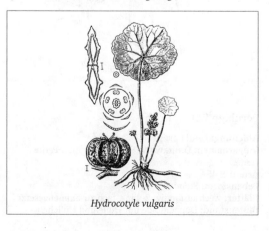

Hydrocotyle vulgaris

Lagoecia L.

Ableitung: Hasen-Nest
Vulgärnamen: D:Hasenkümmel
Arten: 1
Lebensform: Einjährige
Blätter: wechselständig, fiederig
Blütenstand: Doppeldolde mit fiederiger Hülle und Hüllchen
Blüten: zwittrig, radiär. Kelchblätter fiederig. Kronblätter 5, frei, weiß. Staublätter 5, frei. Fruchtblätter 2, verwachsen, unterständig
Frucht: kurz, ungeflügelt, mit keulenförmigen Haaren, Ölgänge vorhanden, unregelmäßig, einzeln
Kennzeichen: Doldenblütler. Einjährige. Doppeldolde mit fiederiger Hülle und Hüllchen. Kelchblätter fiederig. Frucht mit keulenförmigen Haaren

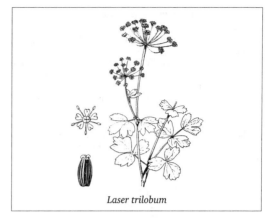

Laser trilobum

Laserpitium L.

Ableitung: antiker Pflanzenname
Vulgärnamen: D:Laserkraut; F:Laser
Arten: 35
Lebensform: Staude, Zweijährige
Blätter: wechselständig, bis 3-fach zusammengesetzt
Blütenstand: Doppeldolde mit Hülle und am Grund verwachsenen Hüllchen
Blüten: meist zwittrig, radiär. Kelchblätter vorhanden. Kronblätter 5, frei, weiß, rosa, gelb, grün. Staublätter 5, frei. Fruchtblätter 2, verwachsen, unterständig
Frucht: kurz, ungeflügelt, kahl, Ölgänge einzeln
Kennzeichen: Doldenblütler. Staude, Zweijährige. Hüllchenblätter am Grund verwachsen.

Lagoecia cuminoides

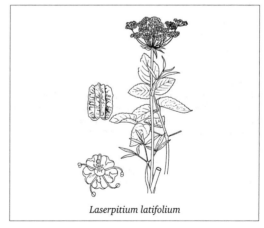

Laserpitium latifolium

Laser G. Gaertn., B. Mey. et Scherb.

Ableitung: antiker Pflanzenname
Vulgärnamen: D:Rosskümmel; F:Cumin des chevaux, Laser
Arten: 1
Lebensform: Staude, mit Wurzelschopf aus abgestorbenen Blattresten
Blätter: wechselständig, doppelt 3-zählig
Blütenstand: Doppeldolde mit Hülle und Hüllchen
Blüten: zwittrig, radiär. Kelchblätter vorhanden. Kronblätter 5, frei, weiß. Staublätter 5, frei. Fruchtblätter 2, verwachsen, unterständig
Frucht: kurz, ungeflügelt, mit sekundären Rippen, kahl, Ölgänge einzeln
Kennzeichen: Doldenblütler. Staude, mit Wurzelschopf aus abgestorbenen Blattresten. Blätter doppelt 3-zählig. Frucht mit sekundären Rippen

Levisticum Hill

Ableitung: nach einem spätlateinischen Pflanzennamen
Vulgärnamen: D:Liebstöckel, Maggikraut; E:Lovage; F:Ache de montagne, Céleri vivace
Arten: 1
Lebensform: Staude, Stängel hohl

Blätter: wechselständig, 2- bis 3-fach zusammengesetzt, mit typischem Maggigeruch
Blütenstand: Doppeldolde mit hautrandiger Hülle und Hüllchen
Blüten: zwittrig, radiär. Kelchblätter fehlend. Kronblätter 5, frei, gelbgrün. Staubblätter 5, frei. Fruchtblätter 2, verwachsen, unterständig
Frucht: Teilfrüchte mit 5 schmalen Flügeln, kahl, Ölgänge einzeln
Kennzeichen: Doldenblütler. Staude, Stängel hohl. Mit typischem Maggigeruch. Doppeldolde mit hautrandiger Hülle und Hüllchen. Kronblätter gelbgrün. Teilfrüchte mit 5 schmalen Flügeln

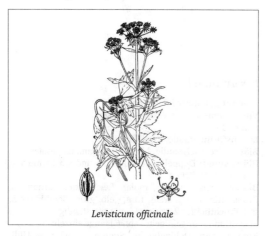
Levisticum officinale

Ligusticum L.

Ableitung: antiker Pflanzenname
Vulgärnamen: D:Mutterwurz; E:Lovage; F:Ligustique
Arten: 25 (–50)
Lebensform: Staude, mit Wurzelschopf aus abgestorbenen Blattresten
Blätter: wechselständig, 2- bis 5-fach zusammengesetzt
Blütenstand: Doppeldolde mit Hülle und Hüllchen
Blüten: zwittrig oder eingeschlechtig, radiär. Kelchblätter klein bis fehlend. Kronblätter 5, frei, weiß, rosa, purpurn. Staubblätter 5, frei. Fruchtblätter 2, verwachsen, unterständig

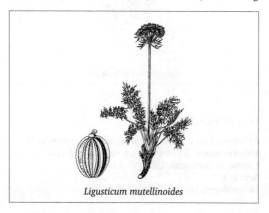
Ligusticum mutellinoides

Frucht: Teilfrüchte mit 5 schmalen, ungleichen Flügeln, kahl, Ölgänge zahlreich
Kennzeichen: Doldenblütler. Staude, mit Wurzelschopf aus abgestorbenen Blattresten. Teilfrüchte mit 5 schmalen, ungleichen Flügeln. Ölgänge zahlreich

Lilaeopsis Greene

Ableitung: vom Aussehen einer Lilaea
Arten: c. 15
Lebensform: Staude
Blätter: grundständig, einfach, horizontal septiert
Blütenstand: einfache Dolde mit oder ohne Hülle
Blüten: zwittrig, radiär. Kelchblätter klein. Kronblätter 5, frei, weiß. Staubblätter 5, frei. Fruchtblätter 2, verwachsen, unterständig
Frucht: kurz, ungeflügelt, kahl, Ölgänge einzeln
Kennzeichen: Doldenblütler. Staude. Blätter grundständig, einfach, horizontal septiert. Einfache Dolde

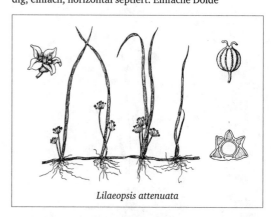
Lilaeopsis attenuata

Magydaris W.D.J. Koch ex DC.

Ableitung: nach einem antiken Pflanzennamen
Arten: 2

Magydaris panacifolia

Lebensform: Staude
Blätter: wechselständig, einfach oder einfach gefiedert
Blütenstand: Doppeldolde mit Hülle und Hüllchen
Blüten: zwittrig, radiär. Kelchblätter klein. Kronblätter 5, frei, weiß. Staubblätter 5, frei. Fruchtblätter 2, verwachsen, unterständig
Frucht: kurz, ungeflügelt, rauhaarig, Ölgänge zu mehreren
Kennzeichen: Doldenblütler. Staude. Frucht rauhaarig, Ölgänge zu mehreren

Melanoselinum Hoffm.

Ableitung: schwarzes Selinum
Arten: 4
Lebensform: Staude, Zweijährige
Blätter: wechselständig, einfach oder zusammengesetzt
Blütenstand: Doppeldolde mit zerteilter Hülle. Hüllchen fehlend
Blüten: radiär. Kelchblätter klein. Kronblätter 5, frei, weiß, rosa. Staubblätter 5, frei. Fruchtblätter 2, verwachsen, unterständig
Frucht: Teilfrüchte fast schwarz, mit 2 gezähnten Flügeln, behaart, Ölgänge zu jeweils 2
Kennzeichen: Doldenblütler. Staude, Zweijährige. Doppeldolde mit zerteilter Hülle. Hüllchen fehlend. Teilfrüchte fast schwarz, mit 2 gezähnten Flügeln, behaart, Ölgänge zu jeweils 2

Melanoselinum decipiens

Meum Mill.

Ableitung: antiker Pflanzenname
Vulgärnamen: D:Bärwurz; E:Spignel; F:Baudremoine, Méum
Arten: 3
Lebensform: Staude, mit Wurzelschopf aus abgestorbenen Blattresten, Stängel hohl

Blätter: wechselständig, 3–4-fach zusammengesetzt, typischer Geruch
Blütenstand: Doppeldolde mit fehlender oder bis 2-blättriger Hülle. Hüllchen vorhanden
Blüten: zwittrig, radiär. Kelchblätter fehlend. Kronblätter 5, frei, weiß, rosa. Staubblätter 5, frei. Fruchtblätter 2, verwachsen, unterständig
Frucht: kurz, ungeflügelt, kahl, Ölgänge zu 3–5
Kennzeichen: Doldenblütler. Staude, mit Wurzelschopf aus abgestorbenen Blattresten, Stängel hohl. Blätter, 3 bis 4-fach zusammengesetzt, typischer Geruch. Ölgänge zu 3–5

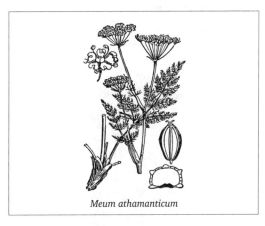
Meum athamanticum

Molopospermum W.D.J. Koch

Ableitung: Striemen-Same
Vulgärnamen: D:Striemensame; F:Moloposperme, Séséli
Arten: 1
Lebensform: Staude
Blätter: wechselständig, zusammengesetzt
Blütenstand: Doppeldolde mit Hülle und Hüllchen
Blüten: zwittrig, radiär. Kelchblätter abfallend. Kronblätter 5, frei, weiß. Staubblätter 5, frei. Fruchtblätter 2, verwachsen, unterständig
Frucht: Teilfrüchte mit 3 Flügeln, kahl, Ölgänge einzeln
Kennzeichen: Doldenblütler. Staude. Kelchblätter abfallend. Teilfrüchte mit 3 Flügeln

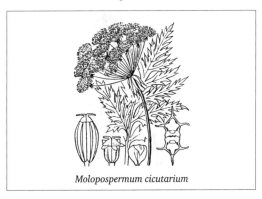
Molopospermum cicutarium

Apiaceae Doldenblütler

Myrrhis Mill.
Ableitung: antiker Pflanzenname
Vulgärnamen: D:Süßdolde; E:Sweet Cicely; F:Cerfeuil vivace
Arten: 1
Lebensform: Staude
Blätter: wechselständig, 2- bis 3-fach zusammengesetzt
Blütenstand: Doppeldolde mit ± fehlender Hülle. Hüllchen vorhanden
Blüten: zwittrig oder eingeschlechtig, radiär. Kelchblätter klein. Kronblätter 5, frei, weiß. Staubblätter 5, frei. Fruchtblätter 2, verwachsen, unterständig
Frucht: groß, lineal, geschnäbelt, Teilfrüchte mit 5 Flügeln, borstig, Ölgänge ± fehlend, Anisgeruch
Kennzeichen: Doldenblütler. Staude. Frucht: groß, lineal, geschnäbelt, Teilfrüchte mit 5 Flügeln, borstig, Anisgeruch

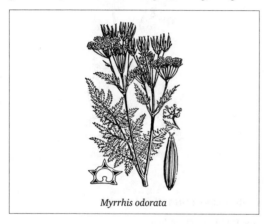
Myrrhis odorata

Oenanthe L.
Ableitung: antiker Pflanzenname
Vulgärnamen: D:Wasserfenchel; E:Water Dropwort; F:Onanthe
Arten: 40
Lebensform: Staude, Einjährige, Zweijährige. Stängel hohl. Meist knollige Wurzeln
Blätter: wechselständig, 1- bis 3-fach zusammengesetzt
Blütenstand: Doppeldolde mit oder ohne Hülle. Hüllchen vorhanden
Blüten: zwittrig, radiär. Kelchblätter vorhanden. Kronblätter 5, frei, weiß, rosa. Staubblätter 5, frei. Fruchtblätter 2, verwachsen, unterständig
Frucht: ungeflügelt, kahl, Fruchtwand meist schwammig. Griffel lang, ± aufrecht. Ölgänge einzeln
Kennzeichen: Doldenblütler. Staude, Einjährige, Zweijährige. Stängel hohl. Wurzeln meist knollig. Kelch deutlich. Griffel an der Frucht lang, ± aufrecht

Opopanax W.D.J. Koch
Ableitung: antiker Pflanzenname
Vulgärnamen: D:Heilwurz; E:Hercules All Heal; F:Opopanax
Arten: 3
Lebensform: Staude
Blätter: wechselständig, gefiedert, unterseits sternhaarig
Blütenstand: Doppeldolde mit Hülle und Hüllchen
Blüten: zwittrig oder eingeschlechtig, radiär. Kelchblätter fehlend. Kronblätter 5, frei, gelb. Staubblätter 5, frei. Fruchtblätter 2, verwachsen, unterständig
Frucht: kurz, Teilfrüchte mit 2 Flügeln, kahl, Ölgänge zu 2-3
Kennzeichen: Doldenblütler. Staude. Blätter unterseits sternhaarig. Teilfrüchte mit 2 Flügeln, Ölgänge zu 2-3

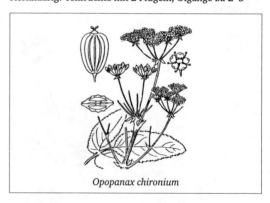
Opopanax chironium

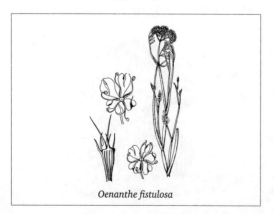
Oenanthe fistulosa

Orlaya Hoffm.
Ableitung: Gattung zu Ehren von Johann Orlay, einem ukrainischen Arzt des 18. und 19. Jahrhunderts in Moskau benannt
Vulgärnamen: D:Breitsame; F:Orlaya
Arten: 3
Lebensform: Einjährige
Blätter: wechselständig, zusammengesetzt
Blütenstand: Doppeldolde mit Hülle und Hüllchen
Blüten: zwittrig oder eingeschlechtig, radiär, äußere Blüten stark strahlend. Kelchblätter klein bis fehlend. Kronblätter 5, frei, weiß, rosa. Staubblätter 5, frei. Fruchtblätter 2, verwachsen, unterständig
Frucht: kurz, ungeflügelt, mit Nebenrippen, stachelig, Ölgänge einzeln
Kennzeichen: Doldenblütler. Einjährige. Äußere Blüten stark strahlend. Frucht, mit Nebenrippen, stachelig

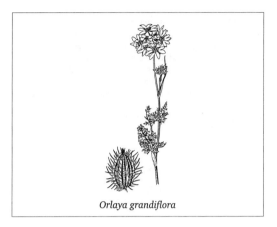
Orlaya grandiflora

Pastinaca L.

Ableitung: antiker Pflanzenname
Vulgärnamen: D:Pastinak; E:Parsnip; F:Panais
Arten: 14
Lebensform: Zweijährige, Staude
Blätter: wechselständig, meist einfach gefiedert
Blütenstand: Doppeldolde mit fehlender bis 2-blättriger Hülle und Hüllchen
Blüten: zwittrig, radiär. Kelchblätter fehlend bis klein. Kronblätter 5, frei, gelb, rot. Staubblätter 5, frei. Fruchtblätter 2, verwachsen, unterständig
Frucht: kurz, Teilfrüchte mit 2 schmalen Flügeln, kahl, Ölgänge einzeln, selten zu 2
Kennzeichen: Doldenblütler. Zweijährige, Staude. Blätter meist einfach gefiedert. Kronblätter gelb oder rot. Teilfrüchte mit 2 schmalen Flügeln

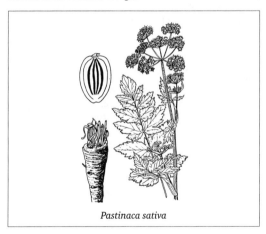
Pastinaca sativa

Petroselinum Hill

Ableitung: antiker Pflanzenname
Vulgärnamen: D:Petersilie; E:Parsley; F:Persil
Arten: 2
Lebensform: Zweijährige mit typischem Petersiliengeruch

Blätter: wechselständig, 1- bis 3-fach zusammengesetzt
Blütenstand: Doppeldolde mit einblättriger Hülle. Hüllchen vorhanden
Blüten: zwittrig, radiär. Kelchblätter fehlend bis klein. Kronblätter 5, frei, grünlich, gelblich, rosa. Staubblätter 5, frei. Fruchtblätter 2, verwachsen, unterständig
Frucht: kurz, ungeflügelt, kahl, Ölgänge einzeln
Kennzeichen: Doldenblütler. Zweijährige mit typischem Petersiliengeruch. Hüllblätter 1. Kronblätter grünlich, gelblich oder rosa

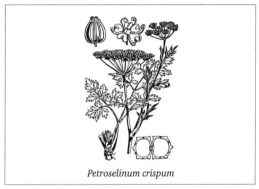
Petroselinum crispum

Peucedanum L.

Ableitung: antiker Pflanzenname
Vulgärnamen: D:Haarstrang, Hirschwurz; E:Hog's Fennel; F:Impératoire, Peucédan
Arten: 100 (-120)
Lebensform: Staude, Zweijährige, Strauch
Blätter: wechselständig, 1- bis vielfach zusammengesetzt
Blütenstand: Doppeldolde ohne oder mit einblättriger Hülle. Hüllchen vorhanden
Blüten: zwittrig, radiär. Kelchblätter fehlend oder vorhanden. Kronblätter 5, frei, weiß, rosa, gelb, selten purpurn. Staubblätter 5, frei. Fruchtblätter 2, verwachsen, unterständig
Frucht: kurz, Teilfrüchte mit 2 Flügeln, kahl, Ölgänge zu 1-3

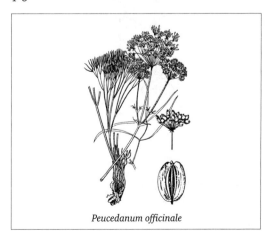
Peucedanum officinale

Kennzeichen: Doldenblütler. Staude, Zweijährige, Strauch. Kronblätter weiß, rosa, gelb, selten purpurn. Teilfrüchte mit 2 Flügeln, Ölgänge zu 1–3

Physocaulis (DC.) Tausch

Vulgärnamen: D:Knotendolde
Arten: 1
Lebensform: Einjährige
Blätter: wechselständig, zusammengesetzt
Blütenstand: Doppeldolde ohne Hülle. Hüllchen vorhanden
Blüten: zwittrig, radiär. Kelchblätter fehlend. Kronblätter 5, frei, weiß. Staublätter 5, frei. Fruchtblätter 2, verwachsen, unterständig
Frucht: ungeflügelt, ± borstig, Ölgänge einzeln. Ohne Nährgewebe
Kennzeichen: Doldenblütler. Einjährige. Doppeldolde ohne Hülle. Frucht, ± borstig, ohne Nährgewebe

Pimpinella L.

Ableitung: mittelalterlicher Pflanzenname
Vulgärnamen: D:Anis, Bibernelle, Pimpinelle; E:Burnet Saxifrage; F:Anis vert, Boucage, Pimpinelle
Arten: c. 150
Lebensform: Staude, Einjährige, Zweijährige
Blätter: wechselständig, 1- bis 3-fach zusammengesetzt
Blütenstand: Doppeldolde meist ohne Hülle. Hüllchen meist fehlend
Blüten: zwittrig, radiär. Kelchblätter fehlend bis klein. Kronblätter 5, frei, weiß, rosa, gelb, purpurn, ganzrandig, außen behaart. Staublätter 5, frei. Fruchtblätter 2, verwachsen, unterständig
Frucht: kurz, ungeflügelt, kahl oder behaart, Ölgänge zu 2–4
Kennzeichen: Doldenblütler. Staude, Einjährige, Zweijährige. Hüllchen meist fehlend. Kronblätter weiß, rosa, gelb, purpurn, außen behaart, ganzrandig. Ölgänge zu 2–4

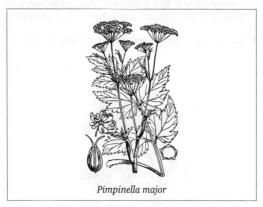
Pimpinella major

Pleurospermum Hoffm.

Ableitung: Rippen-Same
Vulgärnamen: D:Rippensame; F:Pleurosperme
Arten: 3

Lebensform: Staude, Zweijährige
Blätter: wechselständig, 2- bis 3-fach zusammengesetzt
Blütenstand: Doppeldolde mit Hülle und Hüllchen
Blüten: zwittrig, radiär. Kelchblätter klein bis fehlend. Kronblätter 5, frei, papillös, weiß, rosa. Staublätter 5, frei. Fruchtblätter 2, verwachsen, unterständig
Frucht: kurz, Teilfrüchte mit 5 Flügeln, kahl, Fruchtwand schwammig, Ölgänge einzeln
Kennzeichen: Doldenblütler. Staude, Zweijährige. Teilfrüchte mit 5 Flügeln, Fruchtwand schwammig

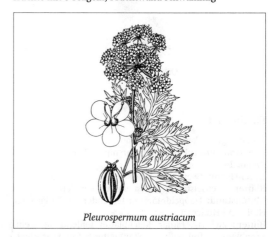
Pleurospermum austriacum

Ptychotis W.D.J. Koch

Ableitung: Falte mit Ohren
Vulgärnamen: D:Faltenohr
Arten: 1–2
Lebensform: Zweijährige
Blätter: wechselständig, 1- bis 2-fach zusammengesetzt
Blütenstand: Doppeldolde. Hülle meist fehlend. Hüllchen vorhanden
Blüten: zwittrig, radiär. Kelchblätter fehlend. Kronblätter 5, frei, weiß, mit einer Querfalte, die den eingeschlagenen Zipfel trägt . Staublätter 5, frei. Fruchtblätter 2, verwachsen, unterständig
Frucht: kurz, ungeflügelt, kahl, Ölgänge einzeln
Kennzeichen: Doldenblütler. Zweijährige. Hülle meist fehlend. Kronblätter mit einer Querfalte, die den eingeschlagenen Zipfel trägt

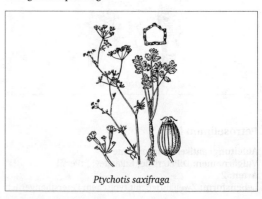
Ptychotis saxifraga

Ridolfia Moris

Ableitung: Gattung zu Ehren von Cosimo Ridolfi (1769–1844), einem italienischen Botaniker benannt
Vulgärnamen: D:Falscher Fenchel, Ridolfie; E:False Fennel; F:Ridolfia
Arten: 1
Lebensform: Einjährige
Blätter: wechselständig, 4-fach zusammengesetzt
Blütenstand: Doppeldolde ohne Hülle und Hüllchen
Blüten: meist zwittrig, radiär. Kelchblätter fehlend. Kronblätter 5, frei, gelb. Staublätter 5, frei. Fruchtblätter 2, verwachsen, unterständig
Frucht: kurz, ungeflügelt, kahl, Ölgänge einzeln
Kennzeichen: Doldenblütler. Einjährige. Blätter, 4-fach zusammengesetzt. Doppeldolde ohne Hülle und Hüllchen. Kronblätter gelb

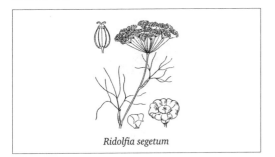
Ridolfia segetum

Sanicula L.

Ableitung: gesundmachende Pflanze
Vulgärnamen: D:Sanikel; E:Sanicle; F:Sanicle
Arten: 37
Lebensform: Staude, Zweijährige
Blätter: wechselständig, handlappig oder gefingert
Blütenstand: einfache Dolde mit Hülle
Blüten: zwittrig oder eingeschlechtig, radiär. Kelchblätter vorhanden. Kronblätter 5, frei, weiß, rosa, purpurn, violett. Staublätter 5, frei. Fruchtblätter 2, verwachsen, unterständig
Frucht: kurz, ungeflügelt, mit hakigen Borsten, Ölgänge vorhanden oder fehlend
Kennzeichen: Doldenblütler. Staude, Zweijährige. Blätter handlappig oder gefingert. Kelchblätter vorhanden. Frucht mit hakigen Borsten

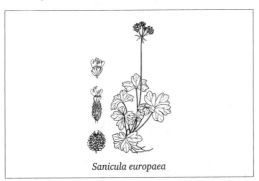
Sanicula europaea

Saposhnikovia Schischk.

Ableitung: Gattung zu Ehren von Vasili Vasilievich Saposhnikow (1861–1924), einem russischen Botaniker in Tomsk und Erforscher Zentralasiens benannt
Arten: 1
Lebensform: Staude, mit Wurzelschopf aus abgestorbenen Blattresten
Blätter: wechselständig, 2- bis 3-fach zusammengesetzt
Blütenstand: Doppeldolde ohne Hülle. Hüllchen vorhanden
Blüten: zwittrig, radiär. Kelchblätter vorhanden. Kronblätter 5, frei, weiß. Staublätter 5, frei. Fruchtblätter 2, verwachsen, unterständig
Frucht: kurz, ungeflügelt, mit weißen Querwülsten, kahl, Ölgänge einzeln
Kennzeichen: Doldenblütler. Staude, mit Wurzelschopf aus abgestorbenen Blattresten. Hülle fehlend. Frucht mit weißen Querwülsten

Saposhnikovia divaricata

Scandix L.

Ableitung: antiker Pflanzenname
Vulgärnamen: D:Nadelkerbel, Venuskamm; F:Scandix
Arten: 15–20
Lebensform: Einjährige
Blätter: wechselständig, zusammengesetzt
Blütenstand: Doppeldolde oder einfache Dolde mit oder ohne Hülle. Hüllchen vorhanden
Blüten: zwittrig oder eingeschlechtig, radiär, äußere strahlend. Kelchblätter fehlend. Kronblätter 5, frei, weiß. Staublätter 5, frei. Fruchtblätter 2, verwachsen, unterständig
Frucht: langgestreckt, mit Schnabel, ungeflügelt, borstig, Ölgänge einzeln
Kennzeichen: Doldenblütler. Einjährige. Äußere Blüten strahlend. Frucht langgestreckt, mit Schnabel, borstig

184 Apiaceae Doldenblütler

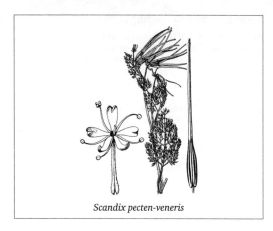
Scandix pecten-veneris

Lebensform: Zweijährige, Staude, Einjährige, mit Wurzelschopf aus abgestorbenen Blattresten
Blätter: wechselständig, 1- bis 4-fach zusammengesetzt, Blattzipfel meist lineal
Blütenstand: Doppeldolde mit oder ohne Hülle. Hüllchen vorhanden
Blüten: zwittrig, radiär. Kelchblätter vorhanden bis fehlend. Kronblätter 5, frei, außen behaart, weiß, selten rosa, gelb. Staubblätter 5, frei. Fruchtblätter 2, verwachsen, unterständig
Frucht: kurz, ungeflügelt, kahl oder behaart, Ölgänge zu 1-4
Kennzeichen: Doldenblütler. Zweijährige, Staude, Einjährige, mit Wurzelschopf aus abgestorbenen Blattresten. Blattzipfel meist lineal. Kronblätter außen behaart. Frucht kahl oder behaart. Ölgänge zu 1-4

Selinum L.

Ableitung: nach einem antiken Pflanzennamen
Vulgärnamen: D:Silge; E:Milk Parsley; F:Sélin
Arten: 6
Lebensform: Staude, mit Wurzelschopf aus abgestorbenen Blattresten
Blätter: wechselständig, 2- bis 3-fach zusammengesetzt. Blattspitzen mit weißen Grannenspitzen
Blütenstand: Doppeldolde mit fehlender bis 5-blättriger Hülle. Hüllchen vorhanden
Blüten: zwittrig, radiär. Kelchblätter klein bis fehlend. Kronblätter 5, frei, weiß, rosa. Staubblätter 5, frei. Fruchtblätter 2, verwachsen, unterständig
Frucht: kurz, Teilfrüchte mit 5 schmalen Flügeln, kahl, Ölgänge einzeln
Kennzeichen: Doldenblütler. Staude, mit Wurzelschopf aus abgestorbenen Blattresten. Blattspitzen mit weißen Grannenspitzen. Teilfrüchte mit 5 schmalen Flügeln

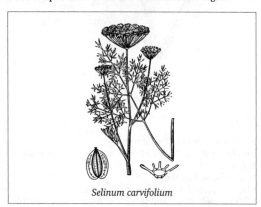
Selinum carvifolium

Seseli L.

Ableitung: antiker Pflanzenname
Vulgärnamen: D:Bergfenchel, Sesel; E:Moon Carrot; F:Séséli
Arten: 100-120

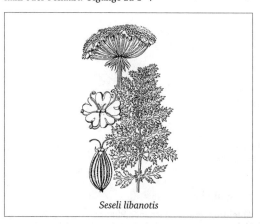
Seseli libanotis

Silaum Mill.

Ableitung: antiker Pflanzenname
Vulgärnamen: D:Wiesensilge; E:Pepper Saxifrage; F:Cumin des prés, Silaüs
Arten: 1
Lebensform: Zweijährige, Staude, mit Wurzelschopf aus abgestorbenen Blattresten, geruchlos
Blätter: wechselständig, 2- bis 4-fach zusammengesetzt

Silaum silaus

Blütenstand: Doppeldolde ohne oder mit bis 3-blättriger Hülle. Hüllchen vorhanden
Blüten: zwittrig, radiär. Kelchblätter fehlend. Kronblätter 5, frei, grüngelb. Staubblätter 5, frei. Fruchtblätter 2, verwachsen, unterständig
Frucht: kurz, ungeflügelt, kahl, Ölgänge einzeln
Kennzeichen: Doldenblütler. Zweijährige, Staude, mit Wurzelschopf aus abgestorbenen Blattresten. Pflanze geruchlos. Kronblätter grüngelb

Sison L.

Ableitung: antiker Pflanzenname
Vulgärnamen: D:Gewürzdolde; E:Stone Parsley; F:Sison
Arten: 2
Lebensform: Zweijährige
Blätter: wechselständig, einfach gefiedert
Blütenstand: Doppeldolde mit Hülle und Hüllchen
Blüten: zwittrig, radiär. Kelchblätter klein. Kronblätter 5, frei, weiß. Staubblätter 5, frei. Fruchtblätter 2, verwachsen, unterständig
Frucht: kurz, ungeflügelt, kahl, Ölgänge einzeln, keulig, nur etwa bis zur Mitte der Frucht herabreichend
Kennzeichen: Doldenblütler. Zweijährige. Blätter einfach gefiedert. Ölgänge keulig, nur etwa bis zur Mitte der Frucht herabreichend

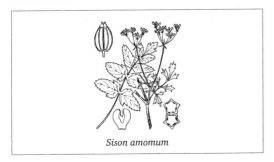
Sison amomum

Sium L.

Ableitung: antiker Pflanzenname
Vulgärnamen: D:Merk; E:Water Parsnip; F:Berle, Chervis

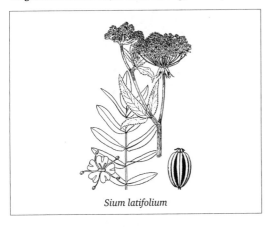
Sium latifolium

Arten: 14
Lebensform: Staude
Blätter: wechselständig, zusammengesetzt
Blütenstand: Doppeldolde mit Hülle und Hüllchen
Blüten: zwittrig, radiär. Kelchblätter klein. Kronblätter 5, frei, weiß. Staubblätter 5, frei. Fruchtblätter 2, verwachsen, unterständig
Frucht: kurz, Teilfrüchte mit 5 schmalen Flügeln, kahl, Ölgänge zu 1–3
Kennzeichen: Doldenblütler. Staude. Teilfrüchte mit 5 schmalen Flügeln, Ölgänge zu 1–3

Smyrnium L.

Ableitung: antiker Pflanzenname
Vulgärnamen: D:Gelbdolde; E:Alexanders; F:Maceron
Arten: 7
Lebensform: Zweijährige
Blätter: wechselständig, 2- bis 3-fach zusammengesetzt, obere einfach
Blütenstand: Doppeldolde ohne Hülle und Hüllchen
Blüten: zwittrig, radiär. Kelchblätter fehlend. Kronblätter 5, frei, gelb. Staubblätter 5, frei. Fruchtblätter 2, verwachsen, unterständig
Frucht: kurz, ungeflügelt, kahl, Ölgänge viele
Kennzeichen: Doldenblütler. Zweijährige. Doppeldolde ohne Hülle und Hüllchen. Kronblätter gelb. Ölgänge viele

Smyrnium perfoliatum

Thapsia L.

Ableitung: antiker Pflanzenname
Vulgärnamen: D:Purgierdolde; F:Thapsia
Arten: 3
Lebensform: Staude
Blätter: wechselständig, zusammengesetzt

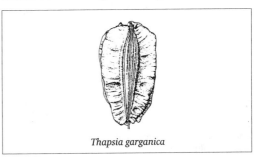
Thapsia garganica

186 Apiaceae Doldenblütler

Blütenstand: Doppeldolde ohne oder selten mit Hülle. Hüllchen fehlend
Blüten: zwittrig, radiär. Kelchblätter klein. Kronblätter 5, frei, gelb. Staubblätter 5, frei. Fruchtblätter 2, verwachsen, unterständig
Frucht: kurz, Teilfrüchte mit 2 Flügeln, Nebenrippen vorhanden, kahl, Ölgänge vorhanden
Kennzeichen: Doldenblütler. Staude. Kronblätter gelb. Teilfrüchte mit 2 Flügeln, Nebenrippen vorhanden

Tordylium L.

Ableitung: antiker Pflanzenname
Vulgärnamen: D:Zirmet; E:Hartwort; F:Tordyle
Arten: 18
Lebensform: Einjährige
Blätter: wechselständig, einfach oder zusammengesetzt
Blütenstand: Doppeldolde mit oder selten fehlender Hülle. Hüllchen vorhanden oder fehlend
Blüten: zwittrig oder eingeschlechtig, radiär, äußere strahlend. Kelchblätter vorhanden. Kronblätter 5, frei, weiß, rosa. Staubblätter 5, frei. Fruchtblätter 2, verwachsen, unterständig
Frucht: kurz, schwach geflügelt mit verdicktem Fruchtrand, kahl oder borstig, Ölgänge meist einzeln
Kennzeichen: Doldenblütler. Einjährige. Äußere Blüten strahlend. Kelchblätter vorhanden. Frucht, schwach geflügelt mit verdicktem Fruchtrand

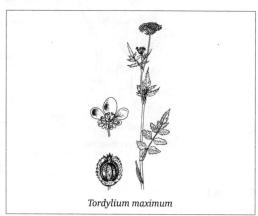

Tordylium maximum

Torilis Adans.

Ableitung: Herleitung unbekannt
Vulgärnamen: D:Borstendolde, Klettenkerbel; E:Hedge Parsley; F:Petit toryle, Torilis
Arten: 15
Lebensform: Einjährige, Staude
Blätter: wechselständig, einfach oder zusammengesetzt
Blütenstand: Doppeldolde mit oder ohne Hülle. Hüllchen vorhanden
Blüten: zwittrig, radiär. Kelchblätter vorhanden. Kronblätter 5, frei, weiß, rosa. Staubblätter 5, frei. Fruchtblätter 2, verwachsen, unterständig
Frucht: kurz, ungeflügelt, mit unregelmäßig verteilten Stacheln, Ölgänge einzeln

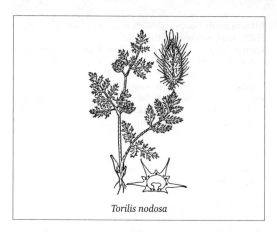

Torilis nodosa

Kennzeichen: Doldenblütler. Einjährige, Staude. Frucht mit unregelmäßig verteilten Stacheln

Trachymene Rudge

Ableitung: raue Haut
Vulgärnamen: D:Blaudolde, Raudolde; E:Lace Flower; F:Trachymène
Arten: 45
Lebensform: Einjährige, Zweijährige, Staude, Strauch
Blätter: wechselständig, einfach
Blütenstand: einfache Dolde mit Hülle
Blüten: zwittrig, radiär. Kelchblätter klein. Kronblätter 5, frei, blau, rot, weiß. Staubblätter 5, frei. Fruchtblätter 2, verwachsen, unterständig
Frucht: kurz, ungeflügelt, warzig
Kennzeichen: Doldenblütler. Blätter einfach. Einfache Dolde. Kronblätter blau, rot, weiß

Trachymene coerulea

Trinia Hoffm.

Ableitung: Gattung zu Ehren von Carl Bernhard von Trinius (1778–1844), einem deutschen Botaniker benannt
Vulgärnamen: D:Faserschirm; E:Honewort; F:Trinia
Arten: c. 10
Lebensform: Zweijährige, Staude, mit Wurzelschopf aus abgestorbenen Blattresten
Blätter: wechselständig, 2- bis 3-fach zusammengesetzt
Blütenstand: Doppeldolde mit oder ohne Hülle und Hüllchen
Blüten: eingeschlechtig, meist zweihäusig, radiär. Kelchblätter fehlend bis klein. Kronblätter 5, frei, weiß, rosa. Staublätter 5, frei. Fruchtblätter 2, verwachsen, unterständig
Frucht: kurz, ungeflügelt, kahl, Ölgänge einzeln
Kennzeichen: Doldenblütler. Zweijährige, Staude, mit Wurzelschopf aus abgestorbenen Blattresten. Blüten meist zweihäusig

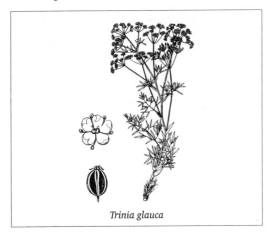
Trinia glauca

Trochiscanthes W.D.J. Koch

Ableitung: Rad-Blüte
Vulgärnamen: D:Radblüte; F:Trochiscanthe
Arten: 1
Lebensform: Staude, mit Wurzelschopf aus abgestorbenen Blattresten
Blätter: wechselständig, 3- bis 4-fach zusammengesetzt
Blütenstand: Doppeldolde ohne Hülle. Hüllchen 3- bis 5-blättrig

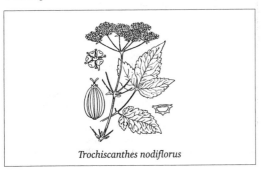
Trochiscanthes nodiflorus

Blüten: zwittrig oder eingeschlechtig, radiär. Kelchblätter vorhanden. Kronblätter 5, frei, grünlich weiß. Staublätter 5, frei. Fruchtblätter 2, verwachsen, unterständig
Frucht: kurz, ungeflügelt, kahl, Ölgänge zu 3–5
Kennzeichen: Doldenblütler. Staude, mit Wurzelschopf aus abgestorbenen Blattresten. Kelchblätter vorhanden. Kronblätter grünlich weiß. Ölgänge zu 3–5

Turgenia Hoffm.

Ableitung: Gattung zu Ehren von Alexander Turgeneff, einem russischen Staatsrat des 18.–19. Jahrhunderts benannt
Vulgärnamen: D:Haftdolde, Turgenie; F:Turgénia
Arten: 2
Lebensform: Einjährige
Blätter: wechselständig, einfach zusammengesetzt
Blütenstand: Doppeldolde mit 3- bis 5-blättriger Hülle. Hüllchen vorhanden
Blüten: zwittrig, radiär, äußere strahlend. Kelchblätter vorhanden. Kronblätter 5, frei, weiß, rosa. Staublätter 5, frei. Fruchtblätter 2, verwachsen, unterständig
Frucht: kurz, ungeflügelt, stachelig, Ölgänge einzeln
Kennzeichen: Doldenblütler. Einjährige. Blätter einfach zusammengesetzt. Äußere Blüten strahlend. Kelchblätter vorhanden

Turgenia latifolia

Zizia W.D.J. Koch

Ableitung: Gattung zu Ehren von Johann Baptist Ziz (1779–1829), einem deutschen Botaniker benannt

Zizia aurea

Vulgärnamen: D:Alexander
Arten: 4
Lebensform: Staude
Blätter: wechselständig, einfach oder einfach zusammengesetzt
Blütenstand: Doppeldolde ohne Hülle. Hüllchen vorhanden
Blüten: zwittrig, radiär. Kelchblätter klein. Kronblätter 5, frei, gelb. Staublätter 5, frei. Fruchtblätter 2, verwachsen, unterständig
Frucht: kurz, ungeflügelt, kahl, Ölgänge einzeln
Kennzeichen: Doldenblütler. Staude. Blätter, einfach oder einfach zusammengesetzt. Kronblätter gelb

Apocynaceae Hundsgiftgewächse

1 Frucht aus Bälgen bestehend
2 Antheren nicht geschwänzt. Samen ohne langen Haarschopf
3 Blätter gegenständig oder quirlständig
4 Kelch drüsig . . . . Tabernaemontana
4 Kelch ohne Drüsen
5 Samen geflügelt oder mit Haaren am Ende
6 Samen geflügelt . . . . Dyera
6 Samen mit Haaren am Ende . . . . . Alstonia
5 Samen ohne Flügel oder Haare
7 Pflanzen mit Ausläufern . . . . Vinca
7 Pflanzen ohne Ausläufer . . . Catharanthus
3 Blätter wechselständig
8 Bäume oder Sträucher
9 Diskus vorhanden . . . . . . Aspidosperma
9 Diskus fehlend (Äste dick fleischig) . . . . .
. . . . Plumeria
8 Stauden
10 Diskus vorhanden . . . . Rhazya
10 Diskus fehlend . . . . Amsonia
2 Antheren geschwänzt. Samen mit langem Haarschopf
11 Krone mit Nebenkrone
12 Antheren herausragend aus der Kronröhre. .
. . . . Prestonia
12 Antheren in der Röhre eingeschlossen
13 Pflanzen krautig . . . . Apocynum
13 Pflanzen Holzpflanzen
14 Staubblätter im Schlund befestigt. Blätter quirlig . . . . Nerium
14 Staubblätter in der Mitte der Röhre befestigt. Blätter meist gegenständig
15 Haarschopf der Samen basal . . Funtumia
15 Haarschopf der Samen endständig . . . .
. . . . Strophanthus
11 Krone ohne Nebenkrone
16 Blätter wechselständig. (Stammsukkulente)
17 Pflanze mit Stacheln . . . . . Pachypodium
17 Pflanze ohne Stacheln . . . . Adenium
16 Blätter gegenständig oder quirlständig
18 Krone stieltellerförmig . . . .
. . . . Trachelospermum
18 Krone trichterförmig
19 Diskus aus 2 Schuppen bestehend . . . .
. . . . Mandevilla
19 Diskus 5-teilig oder ringförmig
20 Diskus 5-teilig. Kelchzipfel blattartig . . .
. . . . Beaumontia
20 Diskus ringförmig. Kelchzipfel nicht blattartig . . . . Mandevilla
1 Frucht eine Steinfrucht, Beere oder Kapsel
21 Frucht eine Kapsel . . . . Allamanda
21 Frucht eine Steinfrucht oder Beere
22 Frucht eine Steinfrucht
23 Blätter gegenständig oder quirlständig
24 Steinfrucht eine einzige . . . . . Hunteria
24 Steinfrüchte 2 . . . . Rauvolfia
23 Blätter wechselständig
25 Blüten stieltellerförmig, weiß oder rot . . .
. . . . Cerbera
25 Blüten trichterförmig, gelb. . . . . Thevetia
22 Frucht eine Beere
26 Plazentation wandständig
27 Pflanze ohne Ranken
28 Blüten in Dichasien
29 Blütenstände endständig . . . . . Couma
29 Blütenstände blattachselständig . . . .
. . . . Hancornia
28 Blüten in Rispen. (Ranken in Kultur selten)
. . . . Landolphia
27 Pflanzen mit Ranken . . . . . Willughbeia
26 Plazentation zentralwinkelständig
30 Blütenstand endständig. Pflanze dornig . .
. . . . Carissa
30 Blütenstand blattachselständig. Pflanze nicht dornig . . . . Acokanthera

Die Apocynaceen sind eine recht einheitliche Familie. Alle Arten enthalten Milchsaft, der allerdings manchmal wässerig und klar sein kann. Die Blätter sind einfach und ganzrandig. Die zwittrigen, radiären Blüten besitzen einen Kelch und eine verwachsene, in der Knospe gedrehte, 5-zipflige Krone, 5 mit der Krone verwachsene Staubblätter und 2 Fruchtblätter. Diese sind fast immer oberständig und oft fast frei und nur durch den gemeinsamen Griffel verwachsen. Die Plazentation wird deshalb meist bei den meisten Gattungen als parietal bezeichnet.

Die oben erwähnten Merkmale werden bei den Gattungsbeschreibungen nicht mehr aufgeführt, wenn es sich nicht um Ausnahmen handelt.

Acokanthera G. Don

Ableitung: mit spitzigen Staubbeuteln
Vulgärnamen: D:Schöngift; E:Poison Bush, Poison Tree; F:Acokanthéra
Arten: 5
Lebensform: Baum, Strauch
Blätter: gegenständig. Nebenblätter fehlend
Blütenstand: cymös, Büschel, seitlich
Blüten: Kelchblätter innen ohne Drüsen. Kronblätter stieltellerförmig, nach links gedreht, ohne Schuppen, weiß. Antheren nicht geschwänzt. Diskus fehlend. Fruchtblätter verwachsen. Plazentation zentralwinkelständig
Frucht: Beere. Samen ohne Haarschopf
Kennzeichen: Apocynacee. Baum, Strauch. Blätter gegenständig. Antheren nicht geschwänzt. Plazentation zentralwinkelständig. Beere

Adenium Roem. et Schult.

Ableitung: nach dem arabischen Namen der Pflanze
Vulgärnamen: D:Wüstenrose; E:Desert Rose, Mock Azalea; F:Lis des impalas, Rose du désert
Arten: 1
Lebensform: Strauch, Baum, Staude, laubwerfend, stammsukkulent
Blätter: wechselständig. Nebenblätter fehlend
Blütenstand: Schirmrispe
Blüten: Kelchblätter innen ohne Drüsen. Kronblätter stieltellerförmig, nach rechts gedreht, rosa, purpurn, weiß, rot. Antheren geschwänzt. Diskus fehlend. Fruchtblätter verwachsen. Plazentation parietal
Frucht: 2 Bälge. Samen mit Haarschopf
Kennzeichen: Apocynacee. Strauch, Baum, Staude, laubwerfend, stammsukkulent. Blätter wechselständig. Antheren geschwänzt. Frucht 2 Bälge. Samen mit Haarschopf

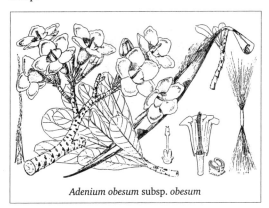

Adenium obesum subsp. *obesum*

Allamanda L.

Ableitung: Gattung zu Ehren von Frédéric Allamand (ca. 1736–1803), einem schweizerischen Botaniker benannt
Vulgärnamen: D:Allamande; E:Allamanda; F:Allamande
Arten: 14
Lebensform: Strauch, Liane
Blätter: gegenständig oder quirlständig. Nebenblätter fehlend
Blütenstand: cymös, endständig, seitlich

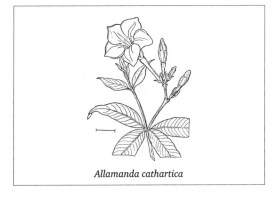

Allamanda cathartica

Blüten: Kelchblätter innen ohne oder mit Drüsen. Kronblätter trichterförmig, nach links gedreht, gelb, violett. Antheren nicht geschwänzt. Diskus ringförmig oder gelappt. Fruchtblätter verwachsen. Plazentation parietal
Frucht: Kapsel stachelig. Samen geflügelt
Kennzeichen: Apocynacee. Strauch, Liane. Blätter: gegenständig oder quirlständig. Antheren nicht geschwänzt. Kapsel stachelig. Samen geflügelt

Alstonia R. Br.

Ableitung: Gattung zu Ehren von Charles Alston (1683–1760), einem schottischen Arzt und Botaniker benannt
Arten: 42
Lebensform: Baum, Strauch, immergrün
Blätter: quirlständig, gegenständig. Nebenblätter fehlend
Blütenstand: Schirmrispe, Büschel, seitlich
Blüten: Kelchblätter innen ohne Drüsen. Kronblätter stieltellerförmig, nach links oder rechts gedreht, Röhre mit Haaren oder fehlend, weiß. Antheren nicht geschwänzt. Diskus vorhanden. Fruchtblätter verwachsen nur durch den Griffel. Plazentation parietal
Frucht: 2 Bälge. Samen mit Haaren am Ende
Kennzeichen: Apocynacee. Baum, Strauch, immergrün. Blätter quirlständig, gegenständig. Frucht 2 Bälge. Samen mit Haaren am Ende

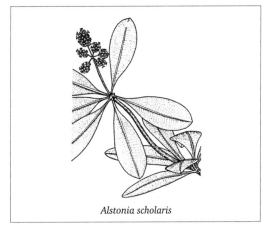

Alstonia scholaris

Amsonia Walter

Ableitung: Gattung zu Ehren von Charles Amson, einem amerikanischen Botaniker des 18. Jahrhunderts benannt
Vulgärnamen: D:Amsonie; E:Blue Star; F:Amsonia
Arten: 18
Lebensform: Staude, Halbstrauch
Blätter: wechselständig, selten ± quirlständig. Nebenblätter fehlend
Blütenstand: Rispe, Schirmrispe, endständig, seitlich
Blüten: Kelchblätter innen ohne Drüsen. Kronblätter stieltellerförmig, nach rechts gedreht, Röhre mit Haaren, blau. Antheren nicht geschwänzt. Diskus fehlend. Fruchtblätter verwachsen durch den Griffel. Plazentation parietal
Frucht: 2 Bälge. Samen ohne Haarschopf

190 Apocynaceae Hundsgiftgewächse

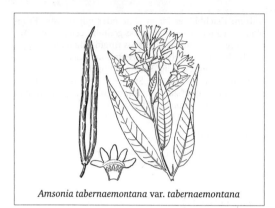
Amsonia tabernaemontana var. *tabernaemontana*

Kennzeichen: Apocynacee. Staude, Halbstrauch. Blätter wechselständig, selten ± quirlständig. Antheren nicht geschwänzt. Frucht 2 Bälge. Samen ohne Haarschopf

Apocynum L.

Ableitung: antiker Pflanzenname: Hunde-Gift
Vulgärnamen: D:Hundsgift; E:Dogbane; F:Apocyn
Arten: 4
Lebensform: Staude
Blätter: gegenständig, quirlständig, selten wechselständig. Nebenblätter fehlend
Blütenstand: Schirmrispe, endständig
Blüten: Kelchblätter innen ohne Drüsen. Kronblätter glockig, röhrenförmig, krugförmig, nach rechts gedreht, Röhre mit Schuppen, weiß, rosa. Antheren geschwänzt. Diskus aus 5 Schuppen. Fruchtblätter verwachsen, halbunterständig. Plazentation parietal
Frucht: 2 Bälge. Samen mit Haarschopf
Kennzeichen: Apocynacee. Staude. Blätter gegenständig, quirlständig, selten wechselständig. Röhre mit Schuppen. Antheren geschwänzt. Fruchtknoten halbunterständig. Frucht 2 Bälge. Samen mit Haarschopf

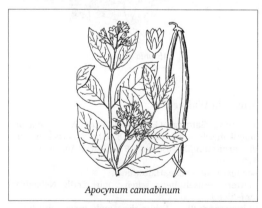
Apocynum cannabinum

Aspidosperma Mart. et Zucc.

Ableitung: Schild-Same
Vulgärnamen: D:Quebrachobaum; E:Quebracho

Arten: 69
Lebensform: Baum
Blätter: wechselständig, selten gegen- oder quirlständig. Nebenblätter fehlend
Blütenstand: Rispe, endständig
Blüten: Kelchblätter innen ohne Drüsen. Kronblätter stieltellerförmig, nach links gedreht, Röhre ohne Schuppen. Antheren nicht geschwänzt. Diskus vorhanden. Fruchtblätter weitgehend frei. Plazentation parietal
Frucht: 2 Bälge. Samen geflügelt
Kennzeichen: Apocynacee. Baum. Antheren nicht geschwänzt. Diskus vorhanden. Frucht 2 Bälge. Samen geflügelt

Aspidosperma quebracho-blanco

Beaumontia Wall.

Ableitung: Gattung zu Ehren von Lady Diana Beaumont (?–1831), einer englischen Pfanzenliebhaberin benannt
Vulgärnamen: D:Heroldstrompete; E:Herald's Trumpet; F:Beaumontia
Arten: 9
Lebensform: Liane, immergrün
Blätter: gegenständig. Nebenblätter fehlend
Blütenstand: Schirmtraube, endständig

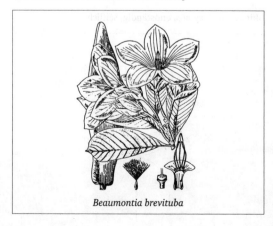
Beaumontia brevituba

Blüten: Kelchblätter innen mit oder ohne Drüsen, Kelchzipfel blattartig. Kronblätter trichterförmig, nach rechts gedreht, weiß, Röhre ohne Schuppen. Antheren geschwänzt. Diskus 5-teilig. Fruchtblätter verwachsen. Plazentation parietal
Frucht: 2 Bälge. Samen mit Haarschopf
Kennzeichen: Apocynacee. Liane, immergrün. Blätter gegenständig. Kelchzipfel blattartig. Diskus 5-teilig. Frucht 2 Bälge. Samen mit Haarschopf

Carissa L.

Ableitung: nach einem indischen Pflanzennamen
Vulgärnamen: D:Wachsbaum; E:Natal Plum; F:Arbre-à-cire, Carisse
Arten: 37
Lebensform: Strauch, Baum, dornig
Blätter: gegenständig. Nebenblätter fehlend
Blütenstand: Dolde, Schirmrispe, cymös, endständig
Blüten: Kelchblätter innen ohne oder selten mit Drüsen. Kronblätter stieltellerförmig, nach links gedreht, weiß, rosa, Röhre ohne Schuppen. Antheren nicht geschwänzt. Diskus fehlend. Fruchtblätter verwachsen. Plazentation zentralwinkelständig
Frucht: Beere. Samen ohne Haarschopf
Kennzeichen: Apocynacee. Strauch, Baum, dornig. Blätter gegenständig. Antheren nicht geschwänzt. Plazentation zentralwinkelständig. Beere

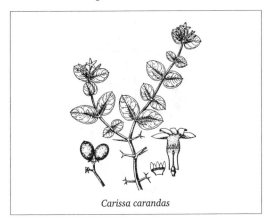

Carissa carandas

Catharanthus G. Don

Ableitung: mit reinen Blüten
Vulgärnamen: D:Catharanthe, Zimmerimmergrün; E:Madagascar Periwinkle; F:Pervenche de Madagascar
Arten: 8
Lebensform: Strauch, Staude, Einjährige
Blätter: gegenständig. Nebenblätter fehlend
Blütenstand: zu 1-2, seitlich
Blüten: Kelchblätter innen ohne Drüsen. Kronblätter stieltellerförmig, nach links gedreht, weiß, rosenrot, Röhre innen mit Haaren. Antheren nicht geschwänzt. Diskus mit 2 Drüsen. Fruchtblätter weitgehend frei. Plazentation parietal
Frucht: 2 Bälge. Samen ohne Haarschopf

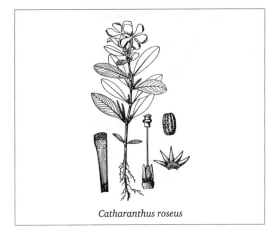

Catharanthus roseus

Kennzeichen: Apocynacee. Strauch, Staude, Einjährige. Blätter gegenständig. Antheren nicht geschwänzt. Frucht 2 Bälge. Samen ohne Haarschopf

Cerbera L.

Ableitung: nach einer Gestalt der griechischen Mythologie: Höllenhund
Arten: 6
Lebensform: Strauch, Baum, immergrün
Blätter: wechselständig. Nebenblätter fehlend
Blütenstand: cymös, endständig
Blüten: Kelchblätter innen ohne Drüsen. Kronblätter stieltellerförmig, nach links gedreht, rot, weiß, Nebenkrone vorhanden. Antheren nicht geschwänzt. Diskus fehlend. Fruchtblätter verwachsen
Frucht: Steinfrucht. Samen ohne Haarschopf
Kennzeichen: Apocynacee. Strauch, Baum, immergrün. Blätter wechselständig. Nebenkrone vorhanden. Steinfrucht

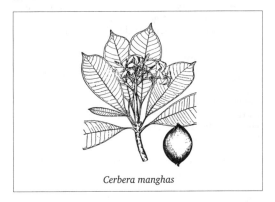

Cerbera manghas

Couma Aubl.

Ableitung: nach einem Pflanzennamen in Südamerika
Vulgärnamen: D:Sorvagummi; E:Sorva Gum
Arten: 5
Lebensform: Baum, immergrün

Blätter: quirlständig oder gegenständig. Nebenblätter vorhanden
Blütenstand: Dichasium, endständig
Blüten: Kelchblätter innen ohne Drüsen. Kronblätter stieltellerförmig, nach links gedreht, Röhre innen mit Haaren. Antheren nicht geschwänzt. Diskus fehlend. Fruchtblätter verwachsen. Plazentation parietal
Frucht: Beere. Samen ohne Haarschopf
Kennzeichen: Apocynacee. Baum, immergrün. Nebenblätter vorhanden. Blüten in endständigen Dichasien. Beere

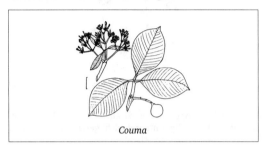

Couma

Dyera Hook. f.

Ableitung: Gattung zu Ehren von Sir William Turner Thiselton-Dyer (1843-1928), einem englischen Botaniker benannt
Arten: 2
Lebensform: Baum, immergrün
Blätter: quirlständig. Nebenblätter fehlend
Blütenstand: Dichasium, endständig, seitlich
Blüten: Kelchblätter innen ohne Drüsen. Kronblätter stieltellerförmig, nach links gedreht, Röhre innen ohne Schuppen. Antheren nicht geschwänzt. Diskus vorhanden. Fruchtblätter weitgehend frei, halbunterständig. Plazentation parietal
Frucht: 2 Bälge. Samen geflügelt
Kennzeichen: Apocynacee. Baum, immergrün. Blätter quirlständig. Antheren nicht geschwänzt. Fruchtblätter weitgehend frei, halbunterständig. Frucht 2 Bälge. Samen geflügelt

Funtumia Stapf

Ableitung: nach einem Pflanzennamen in Afrika
Arten: 2
Lebensform: Baum
Blätter: gegenständig. Nebenblätter fehlend
Blütenstand: Büschel, seitlich
Blüten: Kelchblätter innen ohne Drüsen. Kronblätter stieltellerförmig, nach rechts gedreht. Antheren geschwänzt. Fruchtblätter verwachsen. Plazentation parietal
Frucht: 2 Bälge. Samen mit Haarschopf am Grund
Kennzeichen: Apocynacee. Baum. Blätter gegenständig. Antheren geschwänzt. Frucht 2 Bälge. Samen mit Haarschopf am Grund

Hancornia Gomes

Ableitung: Gattung zu Ehren von Philip Hancorn, einem Seefahrer des 18. Jahrhunderts benannt
Vulgärnamen: D:Mangabeiragummi; E:Mangabeira

Arten: 1
Lebensform: Baum
Blätter: gegenständig
Blütenstand: Dichasium, seitlich
Blüten: Kelchblätter innen ohne Drüsen. Kronblätter stieltellerförmig, nach links gedreht, Röhre innen ohne Haare. Antheren nicht geschwänzt. Diskus fehlend. Fruchtblätter verwachsen. Plazentation parietal
Frucht: Beere. Samen ohne Haarschopf
Kennzeichen: Apocynacee. Baum. Blätter gegenständig. Blüten in seitlichen Dichasien. Antheren nicht geschwänzt. Beere

Hunteria Roxb.

Ableitung: Gattung zu Ehren von William Hunter (1718-1783), einem schottischen Arzt benannt
Arten: 4
Lebensform: Baum, immergrün
Blätter: gegenständig
Blütenstand: Rispe, endständig
Blüten: Kelchblätter innen ohne Drüsen. Kronblätter stieltellerförmig, nach links gedreht, weiß, Röhre innen ohne Schuppen. Antheren nicht geschwänzt. Diskus fehlend. Fruchtblätter weitgehend frei. Plazentation parietal
Frucht: Steinfrucht. Samen ohne Haarschopf
Kennzeichen: Apocynacee. Baum, immergrün. Blätter gegenständig. Antheren nicht geschwänzt. Steinfrucht

Hunteria zeylanica

Landolphia P. Beauv.

Ableitung: Gattung zu Ehren von J. F. Landolphe, einem französischen Kapitän (1765-1825), der eine Expedition in Westafrika leitete, benannt
Arten: 64
Lebensform: Strauch, Liane
Blätter: gegenständig. Nebenblätter fehlend
Blütenstand: Schirmrispe, Rispe
Blüten: Kelchblätter innen ohne Drüsen. Kronblätter trichterförmig, stieltellerförmig, nach links gedreht, weiß, rosa. Antheren nicht geschwänzt. Diskus fehlend. Fruchtblätter verwachsen. Plazentation parietal
Frucht: Beere. Samen ohne Haarschopf
Kennzeichen: Apocynacee. Strauch, Liane. Blätter gegenständig. Antheren nicht geschwänzt. Beere

Apocynaceae Hundsgiftgewächse

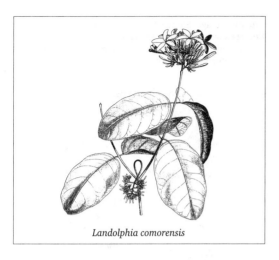
Landolphia comorensis

Mandevilla Lindl.

Ableitung: Gattung zu Ehren von Henry John Mandeville (1773–1861), einem englischen Gesandten in Argentinien benannt
Vulgärnamen: D:Falscher Jasmin; E:Jasmine; F:Fauxjasmin, Jasmin du Chili
Arten: 150
Lebensform: Liane, Strauch, Staude
Blätter: gegenständig oder quirlständig. Nebenblätter fehlend
Blütenstand: Traube
Blüten: Kelchblätter innen mit Drüsen. Kronblätter trichterförmig, nach rechts gedreht, gelb, weiß, selten violett. Antheren geschwänzt. Diskus ringförmig 5-lappig. Fruchtblätter verwachsen. Plazentation parietal
Frucht: 2 Bälge. Samen mit Haarschopf
Kennzeichen: Apocynacee. Liane, Strauch, Staude. Blätter gegenständig oder quirlständig. Diskus ringförmig 5-lappig. Frucht 2 Bälge. Samen mit Haarschopf

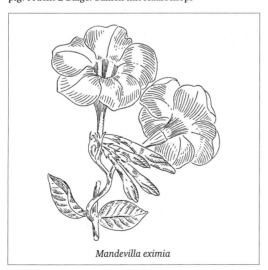
Mandevilla eximia

Nerium L.

Ableitung: antiker Pflanzenname
Vulgärnamen: D:Oleander; E:Oleander, Rose Bay; F:Laurier rose
Arten: 1
Lebensform: Strauch, Baum, immergrün
Blätter: quirlständig zu 3, selten zu 4. Nebenblätter fehlend
Blütenstand: cymös, endständig
Blüten: Kelchblätter innen mit Drüsen. Kronblätter stiel-tellerförmig, nach rechts gedreht, Nebenkrone vorhanden, lila, rosa, weiß, gelb. Antheren geschwänzt. Diskus fehlend. Fruchtblätter verwachsen. Plazentation parietal
Frucht: 2 Bälge. Samen mit Haarschopf
Kennzeichen: Apocynacee. Strauch, Baum, immergrün. Blätter: quirlständig zu 3, selten zu 4. Nebenkrone vorhanden. Antheren geschwänzt. Frucht 2 Bälge. Samen mit Haarschopf

Nerium oleander

Pachypodium Lindl.

Ableitung: dicker Stamm
Vulgärnamen: D:Madagaskarpalme; F:Pachypodium, Palmier de Madagascar
Arten: 20
Lebensform: Strauch, Baum, oft stammsukkulent
Blätter: wechselständig. 2 seitliche oder mehrere achselständige Stacheln
Blütenstand: cymös, endständig
Blüten: Kelchblätter innen ohne Drüsen. Kronblätter trichterförmig, nach rechts gedreht, weiß, gelb, rot, Röhre innen ohne Schuppen. Antheren geschwänzt. Diskus 2- bis 5-schuppig. Fruchtblätter verwachsen. Plazentation parietal
Frucht: 2 Bälge. Samen mit Haarschopf
Kennzeichen: Apocynacee. Strauch, Baum, oft stammsukkulent. Blätter wechselständig. 2 seitliche oder mehrere achselständige Stacheln. Antheren geschwänzt. Frucht 2 Bälge. Samen mit Haarschopf

194 Apocynaceae Hundsgiftgewächse

Peltastes Woodson
Ableitung: Schild-Träger
Arten: 7
Lebensform: Liane
Blätter: gegenständig
Blütenstand: cymös, seitlich
Blüten: Kelchblätter innen ohne Drüsen. Kronblätter trichterförmig, glockig, gedreht, cremefarben. Diskus 5-lappig. Fruchtblätter verwachsen. Plazentation parietal
Frucht: 2 Bälge. Samen mit Haarschopf
Kennzeichen: Apocynacee. Liane. Blätter gegenständig. Frucht 2 Bälge. Samen mit Haarschopf

Plumeria Tourn. ex L.
Ableitung: Gattung zu Ehren von Charles Plumier (1646–1704), einem französischen Botaniker benannt
Vulgärnamen: D:Frangipani; E:Frangipani, Temple Tree; F:Frangipanier
Arten: 8
Lebensform: Strauch, Baum, laubwerfend. Zweige sehr dick
Blätter: wechselständig. Nebenblätter fehlend
Blütenstand: cymös, endständig
Blüten: Kelchblätter innen ohne Drüsen. Kronblätter trichterförmig, nach links gedreht, weiß, gelb, rosa. Röhre innen ohne Schuppen. Antheren nicht geschwänzt. Diskus fehlend. Fruchtblätter weitgehend frei, halbunterständig. Plazentation parietal
Frucht: 2 Bälge. Samen geflügelt
Kennzeichen: Apocynacee. Strauch, Baum, laubwerfend. Zweige sehr dick. Blätter wechselständig. Antheren nicht geschwänzt. Fruchtknoten halbunterständig. Frucht 2 Bälge. Samen geflügelt

Plumeria rubra

Prestonia R. Br.
Ableitung: Gattung zu Ehren von Charles Preston (1660–1711), einem englischen Arzt und Botaniker benannt
Arten: 70
Lebensform: Liane
Blätter: gegenständig. Nebenblätter vorhanden
Blütenstand: Schirmrispe, endständig
Blüten: Kelchblätter innen mit 5 Schuppen. Kronblätter stieltellerförmig, nach links gedreht. Nebenkrone vorhanden. Antheren geschwänzt. Diskus 5-lappig. Fruchtblätter verwachsen. Plazentation parietal
Frucht: 2 Bälge. Samen mit Haarschopf
Kennzeichen: Apocynacee. Liane. Blätter gegenständig. Nebenkrone vorhanden. Antheren geschwänzt. Frucht 2 Bälge. Samen mit Haarschopf

Prestonia quinquangularis

Rauvolfia L.
Ableitung: Gattung zu Ehren von Leonhart Rauwolf (ca. 1540–1596), einem deutschen Botaniker benannt
Vulgärnamen: D:Teufelspfeffer; E:Devil Pepper; F:Rauvolfia, Serpentaire de l'Inde
Arten: 75
Lebensform: Strauch, Baum, immergrün
Blätter: gegenständig oder quirlständig. Nebenblätter fehlend
Blütenstand: Dolde, cymös, Schirmrispe, Traube
Blüten: Kelchblätter innen ohne Drüsen. Kronblätter stieltellerförmig, nach links gedreht, grün, rosa, cremefarben, weiß .Röhre kahl oder behaart. Antheren nicht geschwänzt. Diskus vorhanden. Fruchtblätter weitgehend frei. Plazentation parietal
Frucht: 2 zweisamige Steinfrüchte
Kennzeichen: Apocynacee. Strauch, Baum, immergrün. Blätter gegenständig oder quirlständig. Frucht 2 zweisamige Steinfrüchte

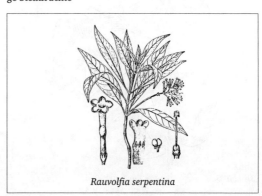
Rauvolfia serpentina

Rhazya Decne.

Ableitung: nach einem arabischen Pflanzennamen
Arten: 2
Lebensform: Staude
Blätter: wechselständig. Nebenblätter fehlend
Blütenstand: Schirmtraube, Rispe, endständig
Blüten: Kelchblätter innen ohne Drüsen. Kronblätter stieltellerförmig, nach links gedreht, weiß, blau. Röhre ohne Schuppen. Antheren nicht geschwänzt. Diskus vorhanden. Fruchtblätter weitgehend frei. Plazentation parietal
Frucht: 2 Bälge. Samen zum Teil geflügelt
Kennzeichen: Apocynacee. Staude. Blätter wechselständig. Antheren nicht geschwänzt. Diskus vorhanden. Frucht 2 Bälge. Samen zum Teil geflügelt

Strophanthus DC.

Ableitung: gedrehte Blüte
Arten: 39
Lebensform: Liane, Strauch, Baum
Blätter: gegenständig, selten quirlständig. Nebenblätter fehlend
Blütenstand: Schirmrispe bis einzeln, endständig, seitlich
Blüten: Kelchblätter innen ohne Drüsen. Kronblätter trichterförmig, nach rechts gedreht, weiß, gelb, orange, rot, purpurn, Röhre mit 10 Schuppen. Antheren geschwänzt. Diskus fehlend. Fruchtblätter weitgehend frei. Plazentation parietal
Frucht: 2 Bälge. Samen mit endständigem Haarschopf
Kennzeichen: Apocynacee. Liane, Strauch, Baum. Blätter gegenständig, selten quirlständig. Kronröhre mit 10 Schuppen. Antheren geschwänzt. Frucht 2 Bälge. Samen mit endständigem Haarschopf

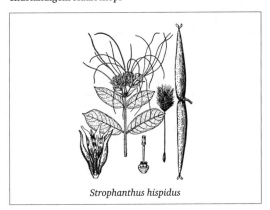
Strophanthus hispidus

Tabernaemontana L.

Ableitung: Gattung zu Ehren von Jakob Theodor genannt Tabernaemontanus (ca. 1520–1590) aus Bergzabern, einem deutschen Botaniker benannt
Arten: 100
Lebensform: Baum, Strauch, immergrün
Blätter: gegenständig. Nebenblätter vorhanden
Blütenstand: Schirmrispe, Rispe, cymös
Blüten: Kelchblätter innen mit, selten ohne Drüsen. Kronblätter stieltellerförmig, nach links gedreht, Röhre ohne Schuppen. Antheren nicht geschwänzt. Diskus meist vorhanden. Fruchtblätter weitgehend frei. Plazentation parietal
Frucht: 2 Bälge. Samen ohne Haarschopf
Kennzeichen: Apocynacee. Baum, Strauch, immergrün. Blätter gegenständig. Antheren nicht geschwänzt. Frucht 2 Bälge. Samen ohne Haarschopf

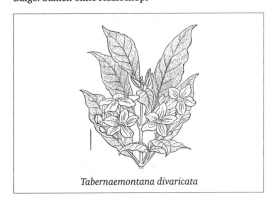
Tabernaemontana divaricata

Thevetia L.

Ableitung: Gattung zu Ehren von André Thévet (1502–1592), einem französischen Mönch und Forschungsreisenden benannt
Vulgärnamen: D:Schellenbaum, Thevetie; E:Luckynut; F:Bois-lait, Thévétia
Arten: 8
Lebensform: Strauch, Baum
Blätter: wechselständig. Nebenblätter fehlend
Blütenstand: einzeln, Schirmtraube, endständig
Blüten: Kelchblätter innen ohne Drüsen. Kronblätter trichterförmig, nach links gedreht, gelb, Röhre mit Schuppen. Antheren nicht geschwänzt. Diskus vorhanden. Fruchtblätter verwachsen. Plazentation parietal
Frucht: Steinfrucht
Kennzeichen: Apocynacee. Strauch, Baum. Blätter wechselständig. Röhre mit Schuppen. Antheren nicht geschwänzt. Steinfrucht

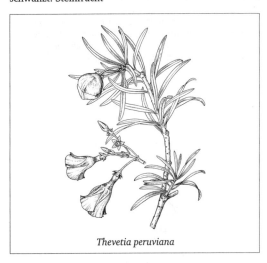
Thevetia peruviana

Trachelospermum Lem.

Ableitung: Hals-Same
Vulgärnamen: D:Sternjasmin; F:Jasmin étoilé
Arten: 14
Lebensform: Strauch, Liane, immergrün
Blätter: gegenständig. Nebenblätter fehlend
Blütenstand: Schirmrispe, endständig, seitlich
Blüten: Kelchblätter innen mit 5–10 Schuppen. Kronblätter stieltellerförmig, nach rechts gedreht, weiß, gelb, Röhre ohne Schuppen. Antheren geschwänzt. Diskus vorhanden. Fruchtblätter verwachsen, halbunterständig. Plazentation parietal
Frucht: 2 Bälge. Samen mit Haarschopf
Kennzeichen: Apocynacee. Strauch, Liane, immergrün. Blätter gegenständig. Antheren geschwänzt. Fruchtknoten halbunterständig. Frucht 2 Bälge. Samen mit Haarschopf

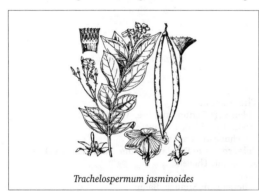

Trachelospermum jasminoides

Vinca L.

Ableitung: nach einem antiken Pflanzennamen
Vulgärnamen: D:Immergrün; E:Periwinkle; F:Pervenche
Arten: 5
Lebensform: Halbstrauch, immergrün, Staude mit Ausläufern. Milchsaft klar
Blätter: gegenständig. Nebenblätter fehlend
Blütenstand: einzeln, seitlich
Blüten: Kelchblätter innen ohne Drüsen. Kronblätter stieltellerförmig, nach links gedreht, blau, selten purpurn, rosa, weiß, Röhre mit Haarring. Antheren nicht geschwänzt. Diskus 2-lappig. Fruchtblätter weitgehend frei. Plazentation parietal
Frucht: 2 Bälge. Samen ohne Haarschopf
Kennzeichen: Apocynacee. Halbstrauch, immergrün, Staude mit Ausläufern. Milchsaft klar. Blätter gegenständig. Blüten einzeln, seitlich.

Willughbeia Roxb.

Ableitung: Gattung zu Ehren von Francis. Willoughby (1635–1672), einem englischen Naturforscher benannt
Arten: 17
Lebensform: Liane mit Ranken
Blätter: gegenständig. Nebenblätter fehlend
Blütenstand: Rispe
Blüten: Kelchblätter innen ohne Drüsen. Kronblätter stieltellerförmig, trichterförmig, nach links gedreht, Röhre mit Schuppen oder ohne. Antheren nicht geschwänzt. Diskus fehlend. Fruchtblätter verwachsen. Plazentation parietal
Frucht: Beere. Samen ohne Haarschopf
Kennzeichen: Apocynacee. Liane mit Ranken. Blätter gegenständig. Antheren nicht geschwänzt. Beere

Aquifoliaceae Stechpalmengewächse

1 Kronblätter am Grund verwachsen. Staubblätter mit den Kronblättern am Grund verwachsen . **Ilex**
1 Kronblätter frei, lineal. Staubblätter frei von den Kronblättern. . . . . **Nemopanthus**

Ilex L.

Ableitung: antiker Pflanzenname
Vulgärnamen: D:Stechpalme, Winterbeere; E:Holly, Winterberry; F:Houx
Arten: c. 400
Lebensform: Sträucher, Bäume, immergrün oder laubwerfend
Blätter: wechselständig, einfach, Nebenblätter vorhanden
Blütenstand: Blüten einzeln oder in Büscheln
Blüten: zwittrig oder eingeschlechtig, radiär. Kelchblätter und Kronblätter 4–5. Kronblätter am Grund verwachsen, weiß oder grünlich. Staubblätter 4–6, verwachsen mit den Kronblättern. Diskus fehlend. Fruchtblätter 4–5, verwachsen, oberständig, mit je 1–2 hängenden Samenanlagen. Plazentation zentralwinkelständig

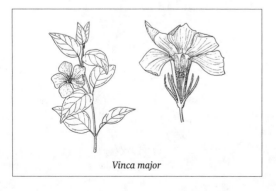

Vinca major

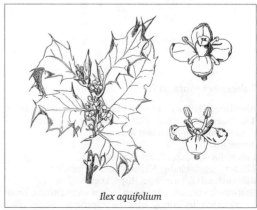

Ilex aquifolium

Frucht: Steinfrucht
Kennzeichen: Sträucher, Bäume, immergrün oder laubwerfend. Kronblätter 4–5, am Grund verwachsen. Staubblätter 4–6, frei. Fruchtblätter 4–5, mit je 1–2 hängenden Samenanlagen. Steinfrucht

Nemopanthus Raf.

Ableitung: Faden-Blüte
Vulgärnamen: D:Berghülse; E:Mountain Holly; F:Faux-houx, Némopanthe
Arten: 2
Lebensform: Strauch, laubwerfend
Blätter: wechselständig, einfach, mit Nebenblättern
Blütenstand: Blüten zu 1–4
Blüten: zwittrig oder eingeschlechtig, radiär. Kelchblätter und Kronblätter 4–5, frei, weiß, lineal. Staubblätter 4–5, frei von der Krone. Diskus fehlend. Fruchtblätter 3–5, verwachsen, oberständig. Plazentation zentralwinkelständig
Frucht: Steinfrucht
Kennzeichen: Strauch, laubwerfend. Blätter wechselständig. Nebenblätter vorhanden. Kronblätter 4–5, frei. Staubblätter 4–5. Fruchtblätter 3–5, verwachsen, oberständig. Steinfrucht

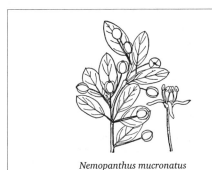

Nemopanthus mucronatus

Araliaceae Araliengewächse

```
1  Pflanzen krautig
  2  Stauden mit quirligen Blättern . . . . . . Panax
  2  Stauden mit wechselständigen Blättern . . Aralia
1  Pflanzen Bäume, Sträucher oder Lianen mit
     wechselständigen Blättern
  3  Blüten in Ähren oder Trauben . . . . . Cussonia
  3  Blüten in Dolden oder Köpfchen
    4  Blüten in Köpfchen . . . . . . . . . Oreopanax
    4  Blüten in Dolden
      5  Blütenstiele gegliedert
        6  Krone dachig in der Knospe. Blütenstiele nur
             schwach gegliedert . . . . . . . . . Aralia
        6  Krone klappig in der Knospe. Blütenstiele
             gegliedert
          7  Blätter gefiedert oder einfach. Griffel
               höchstens am Grund verwachsen . . . . . .
               . . . . . . . . . . . . . . . . . Polyscias
          7  Blätter gefingert, selten einfach. Griffel
               verwachsen . . . . . . . . . . Pseudopanax
      5  Blütenstiele nicht gegliedert
  8  Kronblätter und Staubblätter 7–13 . . Trevesia
  8  Kronblätter und Staubblätter höchstens 6
    9  Blätter sommergrün
      10  Griffel verwachsen. (Fruchtblätter 2) . . .
            . . . . . . . . . . . . . . . . . Kalopanax
      10  Griffel frei oder nur am Grund verwachsen
        11  Blätter gefingert, wenige einfach (Pflanze
              oft stachelig) . . . . . . Eleutherococcus
        11  Blätter einfach. (Pflanze sehr stachelig) .
              . . . . . . . . . . . . . . . . . Oplopanax
    9  Blätter immergrün
      12  Griffel frei oder am Grund verwachsen
        13  Blätter gefingert (daneben auch einfach)
              . . . . . . . . . . . . . Eleutherococcus
        13  Blätter einfach
          14  Pflanze kletternd oder kriechend.
                (Pflanze steril) . . . . . . × Fatshedera
          14  Pflanze aufrecht . . . . . . . . . Fatsia
      12  Griffel verwachsen
        15  Blätter zusammengesetzt . . . Schefflera
        15  Blätter einfach
          16  Pflanze mit Haftwurzeln . . . . Hedera
          16  Pflanze ohne Haftwurzeln . Tetrapanax
```

Aralia L.

Ableitung: wohl nach einem indianischen Pflanzennamen
Vulgärnamen: D:Angelikabaum, Aralie; E:Angelica Tree; F:Aralia
Arten: 73
Lebensform: Baum, Strauch, Staude, Liane, immergrün oder laubwerfend
Blätter: wechselständig, gefiedert bis einfach. Nebenblätter vorhanden
Blütenstand: Dolden, Köpfchen, endständig. Blütenstiele meist ungegliedert
Blüten: zwittrig oder eingeschlechtig, radiär, Kelch und Krone. Kronblätter 5–8, frei, dachig in der Knospe, weiß oder grün. Staubblätter 5–8, frei und frei von den Kronblättern. Fruchtblätter 2–8, unterständig, verwachsen. Griffel frei oder am Grund verwachsen. Plazentation zentralwinkelständig
Frucht: Steinfrucht
Kennzeichen: Baum, Strauch, Staude, Liane, immergrün oder laubwerfend. Nebenblätter vorhanden. Blüten in Dolden oder Köpfchen. Kronblätter 5–8, frei. Staubblätter 5–8. Fruchtblätter 2–8, unterständig, verwachsen. Steinfrucht

Aralia cordata

Cussonia Thunb.

Ableitung: Gattung zu Ehren von Pierre Cusson (1727-1783), einem französischen Botaniker benannt
Vulgärnamen: E:Cabbage Tree; F:Cussonia
Arten: 20
Lebensform: Baum, Strauch, immergrün oder sommergrün
Blätter: wechselständig, einfach oder zusammengesetzt. Nebenblätter vorhanden
Blütenstand: Ähren, Trauben. Blütenstiele ungegliedert
Blüten: zwittrig, radiär, Kelch und Krone. Kronblätter 5, frei, klappig in der Knospe. Staubblätter 5, frei und frei von den Kronblättern. Fruchtblätter 2, unterständig, verwachsen. Griffel frei. Plazentation zentralwinkelständig
Frucht: Steinfrucht
Kennzeichen: Baum, Strauch, immergrün oder sommergrün. Nebenblätter vorhanden. Kronblätter 5, frei, klappig in der Knospe. Staubblätter 5. Fruchtblätter 2, unterständig, verwachsen. Steinfrucht

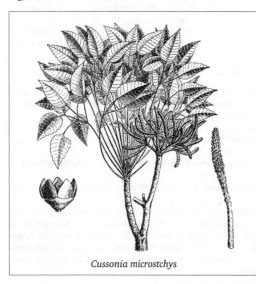

Cussonia microstchys

Dendropanax arboreus

Dendropanax Decne. et Planch.

Ableitung: Baum-Panax
Arten: 93
Lebensform: Baum, Strauch, immergrün
Blätter: wechselständig, einfach, oft handförmig gelappt. Nebenblätter vorhanden oder fehlend
Blütenstand: Dolden in endständigen Trauben oder Rispen. Blütenstiele gegliedert
Blüten: zwittrig oder eingeschlechtig, radiär, Kelch und Krone. Kronblätter 5-8, frei, klappig in der Knospe. Staubblätter 5-8, frei und frei von den Kronblättern. Fruchtblätter 5-8, unterständig, verwachsen. Griffel verwachsen. Plazentation zentralwinkelständig
Frucht: Steinfrucht
Kennzeichen: Baum, Strauch, immergrün. Blüten in Dolden in endständigen Trauben oder Rispen. Kronblätter 5-8, frei, klappig in der Knospe. Staubblätter 5-8. Fruchtblätter 5-8, unterständig, verwachsen. Steinfrucht

Eleutherococcus Maxim.

Ableitung: freie Früchte
Vulgärnamen: D:Fingeraralie; F:Acanthopanax
Arten: 40
Lebensform: Strauch, Baum, Liane, oft stachelig, immergrün oder laubwerfend
Blätter: wechselständig, zusammengesetzt, seltener handförmig gelappt. Nebenblätter fehlend oder vorhanden
Blütenstand: Dolden, endständig. Blütenstiele ungegliedert oder ± deutlich gegliedert
Blüten: zwittrig oder eingeschlechtig, radiär, Kelch und Krone. Kronblätter 5 oder 4, frei, klappig in der Knospe. Staubblätter 5 oder 4, frei und frei von den Kronblättern. Fruchtblätter 2-5, unterständig, verwachsen. Griffel frei oder am Grund verwachsen. Plazentation zentralwinkelständig
Frucht: Steinfrucht
Kennzeichen: Strauch, Baum, Liane, oft stachelig, immergrün oder laubwerfend. Blüten in Dolden. Kronblätter 5 oder 4, frei, klappig in der Knospe. Staubblätter 5 oder 4. Fruchtblätter 2-5, unterständig, verwachsen. Steinfrucht

Eleutherococcus divaricatus

× Fatshedera Guillaumin

Ableitung: Hybride aus Fatsia und Hedera
Vulgärnamen: D:Efeuaralie; F:Fatshédéra
Lebensform: Strauch, immergrün
Blätter: wechselständig, handförmig gelappt. Nebenblätter vorhanden
Blütenstand: Dolden in endständigen Rispen
Blüten: zwittrig, radiär, Kelch und Krone. Kronblätter 5, frei, klappig in der Knospe, grün bis weiß. Staubblätter 5, steril, frei und frei von den Kronblättern. Fruchtblätter 5, unterständig, verwachsen. Griffel frei
Frucht: keine ausgebildet
Kennzeichen: Strauch, immergrün. Blätter, handförmig gelappt. Nebenblätter vorhanden. Blütenstand in Dolden in endständigen Rispen. Kronblätter 5, frei, klappig in der Knospe. Staubblätter 5, steril. Fruchtblätter 5, unterständig, verwachsen. Frucht keine ausgebildet

Fatsia Decne. et Planch.

Ableitung: nach einem japanischen Pflanzennamen
Vulgärnamen: D:Fatsie, Zimmeraralie; E:Fatsi; F:Fatsia
Arten: 3
Lebensform: Strauch, Baum, immergrün
Blätter: wechselständig, handfärmig gelappt. Nebenblätter vorhanden
Blütenstand: Dolden, endständig. Blütenstiele ± gegliedert
Blüten: zwittrig oder eingeschlechtig, radiär, Kelch und Krone. Kronblätter 5-6, frei, klappig in der Knospe. Staubblätter 5(-6), frei und frei von den Kronblättern. Fruchtblätter 3-10, unterständig, verwachsen. Griffel frei. Plazentation zentralwinkelständig
Frucht: Steinfrucht
Kennzeichen: Strauch, Baum, immergrün. Blätter, handfärmig gelappt. Nebenblätter vorhanden. Kronblätter 5-6, frei, klappig in der Knospe. Staubblätter 5(-6). Fruchtblätter 3-10, unterständig, verwachsen. Steinfrucht

Fatsia japonica

Hedera L.

Ableitung: lateinischer Pflanzenname
Vulgärnamen: D:Efeu; E:Ivy; F:Lierre
Arten: 16
Lebensform: Liane, Strauch, immergrün, mit Haftwurzeln
Blätter: wechselständig, einfach. Nebenblätter vorhanden
Blütenstand: Dolden (in Rispen oder Trauben). Blütenstiele ungegliedert
Blüten: zwittrig, radiär, Kelch und Krone. Kronblätter 5, frei, klappig in der Knospe, gelbgrün. Staubblätter 5, frei und frei von den Kronblättern. Fruchtblätter 5(4), unterständig, verwachsen. Griffel verwachsen. Plazentation zentralwinkelständig
Frucht: Steinfrucht
Kennzeichen: Liane, Strauch, immergrün, mit Haftwurzeln. Nebenblätter vorhanden. Dolden (in Rispen oder Trauben). Kronblätter 5, frei, klappig in der Knospe, gelbgrün. Staubblätter 5. Fruchtblätter 5(4), unterständig, verwachsen. Steinfrucht

Hedera helix

Kalopanax Miq.

Ableitung: schöner Panax
Vulgärnamen: D:Baumaralie, Baumkraftwurz; E:Tree Aralia; F:Aralia en arbre, Kalopanax
Arten: 1
Lebensform: Strauch, Baum, laubwerfend
Blätter: wechselständig, handförmig gelappt
Blütenstand: Dolden in endständigen Rispen oder Trauben. Blütenstiele ungegliedert

Kalopanax septemlobus

Blüten: zwittrig, radiär, Kelch und Krone. Kronblätter 5–4, frei, klappig in der Knospe. Staubblätter 5, frei und frei von den Kronblättern. Fruchtblätter 2, unterständig, verwachsen. Griffel verwachsen. Plazentation zentralwinkelständig
Frucht: Steinfrucht
Kennzeichen: Strauch, Baum, laubwerfend. Blätter handförmig gelappt. Blüten in Dolden in endständigen Rispen oder Trauben. Kronblätter 5–4, frei, klappig in der Knospe. Staubblätter 5. Fruchtblätter 2, unterständig, verwachsen. Steinfrucht

Meryta J.R. Forst. et G. Forst.

Ableitung: zusammengewickelte Pflanze
Arten: 27
Lebensform: Baum, Strauch
Blätter: wechselständig, einfach
Blütenstand: Köpfchen
Blüten: zweihäusig, radiär. Kelch und Krone. Kronblätter meist 5, klappig in der Knospe. Staubblätter 5 oder mehr, frei und frei von der Krone. Fruchtblätter 5 bis mehr, verwachsen, unterständig. Plazentation zentralwinkelständig
Frucht: Steinfrucht
Kennzeichen: Baum, Strauch. Blätter wechselständig. Blüten in Köpfchen, zweihäusig. Kronblätter meist 5, klappig in der Knospe. Staubblätter 5 oder mehr. Fruchtblätter 5 bis mehr, verwachsen, unterständig. Steinfrucht

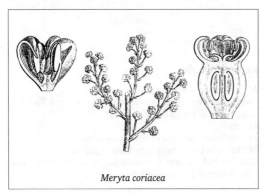
Meryta coriacea

Oplopanax (Torr. et A. Gray) Miq.

Ableitung: bewaffneter Panax
Vulgärnamen: D:Igelkraftwurz; E:Devil's Club; F:Oplopanax
Arten: 3
Lebensform: Strauch, laubwerfend, stachelig
Blätter: wechselständig, handförmig gelappt. Nebenblätter fehlend
Blütenstand: Dolden in endständigen Trauben oder Rispen. Blütenstiele ungegliedert
Blüten: zwittrig, radiär, Kelch und Krone. Kronblätter 5, frei, klappig in der Knospe, grünlich weiß. Staubblätter 5–6, frei und frei von den Kronblättern. Fruchtblätter 2, unterständig, verwachsen. Griffel frei. Plazentation zentralwinkelständig
Frucht: Steinfrucht

Kennzeichen: Strauch, laubwerfend, stachelig. Blätter handförmig gelappt. Blüten in Dolden in endständigen Trauben oder Rispen. Kronblätter 5, frei, klappig in der Knospe, grünlich weiß. Staubblätter 5–6. Fruchtblätter 2, unterständig, verwachsen. Steinfrucht

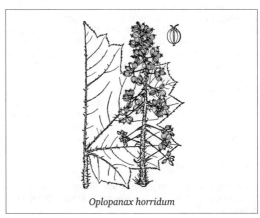
Oplopanax horridum

Oreopanax Decne. et Planch.

Ableitung: Berg-Panax
Vulgärnamen: D:Bergaralie; F:Oréopanax
Arten: 149
Lebensform: Baum, Strauch, immergrün
Blätter: wechselständig, einfach oder gefingert. Nebenblätter vorhanden oder fehlend
Blütenstand: Köpfchen in endständigen Rispen oder Trauben
Blüten: eingeschlechtig, radiär, Kelch und Krone. Kronblätter 4–7, frei, klappig in der Knospe, weiß oder grün. Staubblätter 4–7, frei und frei von den Kronblättern. Fruchtblätter 2–12, unterständig, verwachsen. Griffel frei oder am Grund verwachsen. Plazentation zentralwinkelständig

Oreopanax capitatus

Frucht: Steinfrucht
Kennzeichen: Baum, Strauch, immergrün. Blüten in Köpfchen in endständigen Rispen oder Trauben. Blüten eingeschlechtig. Kronblätter 4–7, frei, klappig in der Knospe. Staubblätter 4–7. Fruchtblätter 2–12, unterständig, verwachsen. Steinfrucht

Panax L.

Ableitung: antiker Pflanzenname
Vulgärnamen: D:Ginseng, Kraftwurz; E:Ginseng; F:Ginseng
Arten: 11
Lebensform: Staude
Blätter: quirlständig, gefingert
Blütenstand: Dolden, endständig. Blütenstiele gegliedert
Blüten: zwittrig oder eingeschlechtig, radiär, Kelch und Krone. Kronblätter 5, frei, dachig in der Knospe. Staubblätter 5, frei und frei von den Kronblättern. Fruchtblätter 2–4, unterständig, verwachsen. Griffel frei. Plazentation zentralwinkelständig
Frucht: Steinfrucht
Kennzeichen: Staude. Blätter quirlständig, gefingert. Blüten in Dolden. Kronblätter 5, frei, dachig in der Knospe. Staubblätter 5. Fruchtblätter 2–4, unterständig, verwachsen. Steinfrucht

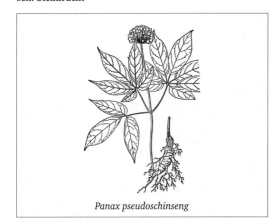
Panax pseudoschinseng

Polyscias J.R. Forst. et G. Forst.

Ableitung: viele Schirme
Vulgärnamen: D:Fiederaralie; E:Fern-leaf Aralia; F:Polyscias
Arten: 116
Lebensform: Strauch, Baum, immergrün
Blätter: wechselständig, einfach oder gefiedert. Nebenblätter vorhanden oder fehlend
Blütenstand: Dolden in endständigen Rispen. Blütenstiele gegliedert
Blüten: zwittrig, radiär, Kelch und Krone. Kronblätter 4–15, frei, klappig in der Knospe. Staubblätter 4–15, frei und frei von den Kronblättern. Fruchtblätter 2–13, unterständig, verwachsen. Griffel am Grund verwachsen, selten frei. Plazentation zentralwinkelständig
Frucht: Steinfrucht

Kennzeichen: Strauch, Baum, immergrün. Blütenstand in Dolden in endständigen Rispen. Kronblätter 4–15, frei, klappig in der Knospe. Staubblätter 4–15. Fruchtblätter 2–13, unterständig, verwachsen. Steinfrucht

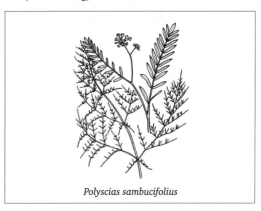
Polyscias sambucifolius

Pseudopanax K. Koch

Ableitung: Schein-Panax
Vulgärnamen: D:Scheinginseng; F:Faux-gingseng
Arten: 12
Lebensform: Baum, Strauch, immergrün
Blätter: wechselständig, gefingert, seltener handförmig gelappt. Nebenblätter vorhanden
Blütenstand: Dolden, Büschel, Trauben, endständig oder seitlich. Blütenstiele gegliedert
Blüten: zwittrig, radiär, Kelch und Krone. Kronblätter 5–4, frei, klappig in der Knospe. Staubblätter 5–4, frei und frei von den Kronblättern. Fruchtblätter 5–2, unterständig, verwachsen. Griffel verwachsen. Plazentation zentralwinkelständig
Frucht: Steinfrucht
Kennzeichen: Baum, Strauch, immergrün. Blätter gefingert, seltener handförmig gelappt. Nebenblätter vorhanden. Kronblätter 5–4, frei, klappig in der Knospe. Staubblätter 5–4. Fruchtblätter 5–2, unterständig, verwachsen. Steinfrucht

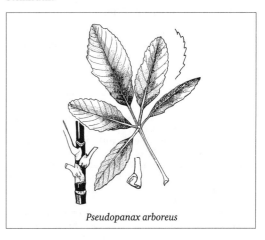
Pseudopanax arboreus

Schefflera J.R. Forst. et G. Forst.

Ableitung: Gattung zu Ehren von Jacob Christian Scheffler, einem deutschen Botaniker des 18. Jahrhunderts benannt
Vulgärnamen: D:Lackblatt, Schefflera, Strahlenaralie; E:Ivy Tree, Umbrella Tree; F:Schefflera
Arten: 582
Lebensform: Baum, Strauch, Liane, ± immergrün
Blätter: wechselständig, gefingert, selten handförmig gelappt. Nebenblätter vorhanden, verwachsen
Blütenstand: Dolden in Trauben oder Ähren in Rispen oder Dolden. Blütenstiele ungegliedert
Blüten: zwittrig, radiär, Kelch und Krone. Kronblätter 5-4, frei, klappig in der Knospe. Staubblätter 4 bis viele, frei und frei von den Kronblättern. Fruchtblätter 2-viele, unterständig, verwachsen. Griffel frei oder verwachsen. Plazentation zentralwinkelständig
Frucht: Steinfrucht
Kennzeichen: Baum, Strauch, Liane, ± immergrün. Blätter gefingert, selten handförmig gelappt. Nebenblätter vorhanden, verwachsen. Blüten in Dolden in Trauben oder Ähren in Rispen oder Dolden. Kronblätter 5-4, frei, klappig in der Knospe. Staubblätter 4 bis viele. Fruchtblätter 2 bis viele, unterständig, verwachsen. Steinfrucht

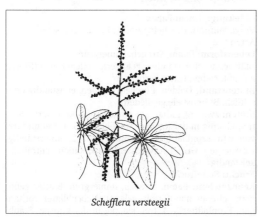
Schefflera versteegii

Tetrapanax (K. Koch) K. Koch

Ableitung: vierzähliger Panax
Vulgärnamen: D:Reispapierbaum; E:Rice-Paper Plant; F:Tétrapanax
Arten: 1
Lebensform: Strauch, Baum, immergrün
Blätter: wechselständig, handförmig gelappt. Nebenblätter vorhanden
Blütenstand: Dolden in endständigen Trauben oder Rispen. Blütenstiele ungegliedert
Blüten: zwittrig, radiär, Kelch vorhanden oder fehlend. Kronblätter 4-5, frei, klappig in der Knospe. Staubblätter 4-5, frei und frei von den Kronblättern. Fruchtblätter 2, unterständig, verwachsen. Griffel frei. Plazentation zentralwinkelständig
Frucht: Steinfrucht
Kennzeichen: Strauch, Baum, immergrün. Blätter handförmig gelappt. Nebenblätter vorhanden. Kronblätter 4-5,

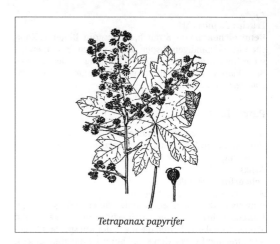
Tetrapanax papyrifer

frei, klappig in der Knospe. Staubblätter 4-5. Fruchtblätter 2, unterständig, verwachsen. Steinfrucht

Trevesia Vis.

Ableitung: Gattung zu Ehren von Enrichetta Treves de Bonfigli, einem italienischen Förderer der Botanik im 19. Jahrhundert benannt
Arten: 10
Lebensform: Strauch, Baum, immergrün, zum Teil bestachelt
Blätter: wechselständig, einfach oder gefingert oder gefiedert. Nebenblätter vorhanden
Blütenstand: Dolden in endständigen Trauben oder Rispen. Blütenstiele ungegliedert
Blüten: zwittrig, radiär, Kelch und Krone. Kronblätter 7-13, frei oder ± verwachsen, klappig in der Knospe. Staubblätter 7-13, frei und frei von den Kronblättern. Fruchtblätter 7-14, unterständig, verwachsen. Griffel verwachsen. Plazentation zentralwinkelständig
Frucht: Steinfrucht
Kennzeichen: Strauch, Baum, immergrün, zum Teil bestachelt. Nebenblätter vorhanden. Blüten in Dolden in endständigen Trauben oder Rispen. Kronblätter 7-13, frei oder ± verwachsen, klappig in der Knospe. Staubblätter 7-13. Fruchtblätter 7-14, unterständig, verwachsen. Steinfrucht

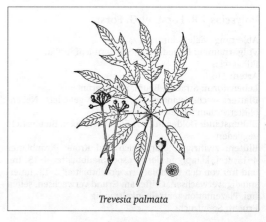
Trevesia palmata

Aristolochiaceae Osterluzeigewächse

1 Blätter wechselständig. Blüten zygomorph, Kesselfallenblumen. Staubblätter 4–10. Plazentation zentralwinkelständig . . . . **Aristolochia**
1 Blätter grundständig. Blüten radiär mit 3-zipfligem Perigon. Staubblätter 12. Plazentation wandständig . . . . **Asarum**

Aristolochia L.

Ableitung: antiker Pflanzenname: die Geburt förderndes Kraut
Vulgärnamen: D:Osterluzei, Pfeifenwinde; E:Birthwort; F:Aristoloche
Arten: c. 300
Lebensform: meist Lianen, seltener Stauden
Blätter: wechselständig, einfach, ohne Nebenblätter
Blütenstand: Trauben, Büschel, einzeln
Blüten: zwittrig, zygomorph. Perigonblätter verwachsen, 1- oder 3-lappiger Saum. Kesselfallenblumen purpurn, braun, grün, rot oder gelb. Staubblätter 6 (4–10). Fruchtblätter 3–6, verwachsen, unterständig. Plazentation zentralwinkelständig
Frucht: Kapsel
Kennzeichen: meist Lianen, seltener Stauden. Blüten zygomorph. Perigonblätter verwachsen, mit 1- oder 3-lappigem Saum. Kesselfallenblumen. Staubblätter 6 (4–10). Fruchtblätter 3–6, verwachsen, unterständig

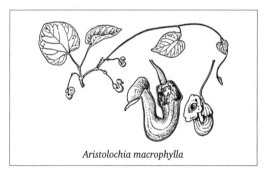
Aristolochia macrophylla

Asarum L.

Ableitung: antiker Pflanzenname
Vulgärnamen: D:Haselwurz; E:Asarabacca, Wild Ginger; F:Asaret
Arten: c. 70
Lebensform: Stauden
Blätter: grundständig, einfach, ohne Nebenblätter
Blütenstand: Blüten einzeln
Blüten: zwittrig, radiär. Perigonblätter 3, verwachsen, purpurbraun. Staubblätter 12. Fruchtblätter 6, verwachsen, halbunterständig bis unterständig. Plazentation wandständig
Frucht: Kapsel oder Beere
Kennzeichen: Stauden. Perigonblätter 3, verwachsen, purpurbraun. Staubblätter 12. Fruchtblätter 6, verwachsen, halbunterständig bis unterständig. Plazentation wandständig

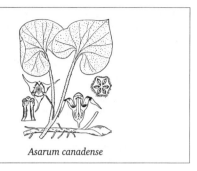
Asarum canadense

Asclepiadaceae Seidenpflanzengewächse

* bedeutet, dass nur die aufgenommenen Arten berücksichtigt sind

1 Blätter normal ausgebildet
2 Krönchen 1-reihig
3 Kronblätter gedreht in der Knospe
4 Pollen locker. Translatoren spatelförmig, mit einer Klebscheibe. (Fruchtknoten halbunterständig) . . . . **Cryptostegia**
4 Pollen in Pollinien. Translatoren mit Klemmkörper
5 Pollinien hängend
6 Krönchen an der Krone befestigt
7 Krone stieltellerförmig. Pflanze kahl oder mehlig . . . . **Araujia**
7 Krone trichterförmig. Pflanze stark behaart . . . . **Schubertia**
6 Krönchen am Gynostegium (Fruchtknoten mit Staubblättern) befestigt
8 Krone tief geteilt mit fast freien Zipfeln . . . . **Vincetoxicum**
8 Krone am Grund ± hoch verwachsen . . . . **Cynanchum**
5 Pollinien aufrecht
9 Pflanze nicht kletternd, sommergrün **Cionura**
9 Pflanze kletternd, immergrün
10 Stängel kahl . . . . **Stephanotis**
10 Stängel behaart und Blätter unterseits graufilzig
11 Blüten in Rispen. Krönchenschuppen aufrecht, mit den Staubblättern verwachsen . . . . **Marsdenia**
11 Blüten in Dolden. Krönchenschuppen sternförmig abstehend . . . . . . **Dregea**
3 Kronblätter klappig in der Knospe
12 Blüten krugförmig. (Epiphyten) . . **Dischidia**
12 Blüten nicht krugförmig
13 Pollinien aufrecht . . . . **Hoya**
13 Pollinien hängend
14 Pflanze windend. (Blüten blau. Krönchenzipfel kappenförmig) **Oxypetalum**
14 Pflanze nicht kletternd
15 Pflanze strauchig. . . . . **Calotropis***
15 Pflanze krautig. . . . . . . **Xysmalobium***

2 Krönchen 2-reihig
   16 Pflanze zweihäusig, mit knolliger Grundachse
       . . . . **Fockea**
   16 Pflanze mit zwittrigen Blüten
       17 Krone gedreht in der Knospe. (Pollen locker)
           . . . . **Periploca**
       17 Krone klappig in der Knospe
           18 Pflanze mit sukkulenter Knolle **Brachystelma**
           18 Pflanze nicht sukkulent
               19 Blüten röhrig . . . . **Ceropegia**
               19 Blüten nicht röhrig . . . . . . **Asclepias**
1 Blätter fehlend oder stark reduziert
   20 Krönchen 1-reihig . . . . **Orbea**
       21 Kronröhre viel kürzer als die Kronzipfel oder
           fehlend. Krönchen mit Kamm am Rand . . . .
           . . . . **Piaranthus**
       21 Kronröhre etwa so lang wie die Kronzipfel.
           Krönchen ohne Kamm . . . . . **Huerniopsis**
   20 Krönchen 2-reihig
       22 Pflanze kletternd (oder strauchig) . . . .
           . . . . **Sarcostemma**
       22 Pflanze nicht kletternd
           23 Sprosse verlängert, nicht kantig oder
               gefeldert. Kronzipfel an der Spitze verbunden
               bleibend oder wenigstens zusammenneigend.
               Kesselfallenblumen . . . . **Ceropegia**
           23 Sprosse kantig oder gefeldert. Blätter
               rudimentär als Stacheln, Spitzchen
               ausgebildet oder nur ihre Narben an den
               Kanten oder auf den Warzen sichtbar
               („Stapelien")
               24 Krone mit kleinen Zipfeln in den
                   Lappenbuchten
                   25 Kronblätter an den Spitzen
                       zusammenhängend . . . . **Pectinaria**
                   25 Kronblätter an den Spitzen nicht
                       zusammenhängend
                       26 Krönchenschuppen verwachsen. . **Huernia**
                       26 Krönchenschuppen frei . . **Stapelianthus**
               24 Krone ohne kleine Zipfel in den
                   Lappenbuchten
                   27 Blätter als bleibende Dornen ausgebildet
                       28 Dornen 3-teilig . . . . **Tavaresia**
                       28 Dornen einfach
                           29 Sprosse 11- bis 31-rippig . . . . . **Hoodia**
                           29 Sprosse 4- bis 6-rippig . . . . **Quaqua**
                   27 Blätter nicht als bleibende Dornen
                       ausgebildet
                       30 Triebe gefeldert
                           31 Pflanzen aufrecht. Blätter ± fehlend.
                               Felder der Triebe klein . . . **Trichocaulon**
                           31 Pflanze kriechend. Blätter deutlich.
                               Felder der Triebe groß . . . **Echidnopsis**
                       30 Triebe nicht gefeldert, sondern 4- bis
                           6-rippig
                           32 Triebe 4–9 mm dick, kriechend . . . . .
                               . . . . **Orbeanthus**
                           32 Triebe über 8 mm dick
                               33 Pflanze unverzweigt, klumpig 4-kantig
                                   mit kaum erhöhten Warzen. . . . . .
                                   . . . . **Whitesloana**
                               33 Pflanze anders

34 Blüten klein, sitzend, gegen Ende der
    Triebe. (äußere Krönchenlappen
    verwachsen) . . . . **Caralluma**
34 Blüten ansehnlich, am Grund der
    Triebe oder verteilt an den Trieben
    35 Krone mit fleischigem Ringförmig
        36 äußere Krönchenschuppen
            verwachsen . . . . **Duvalia**
        36 äußere Krönchenschuppen frei . . .
            . . . . **Orbea**
    35 Krone ohne fleischigen Ring . . . .
        . . . . **Tromotriche**
        37 Triebe fein behaart . . . . . **Stapelia**
        37 Triebe kahl. . . . . **Tridentea**

Die Familie der Asclepiadaceen kann als abgeleiteter Ast aus den Apocynaceen aufgefasst werden, zeichnet sich aber gegenüber diesen durch ihre komplizierter gebauten Blüten mit einem Griffelkopf und Pollinien und die durch Sekretion gebildeten Translatoren aus, an denen die Pollinien von Insekten aus den Antheren herausgezogen werden.
Trotz des komplizierten Blütenbaus sind allen Asclepiadaceen etliche allgemeine Merkmale gemeinsam: Pflanzen mit Milchsaft. Blätter, wenn vorhanden gegenständig und einfach. Blüten zwittrig, radiär, mit 5-zähligem Kelch und 5 verwachsenen Kronblättern, 5Staubblätter, die ± mit dem Fruchtknoten verbunden sind. Fruchtblätter 2, oberständig, verwachsen nur durch einen Griffelkopf. Balgfrüchte. Samen fast immer mit seidigen, langen Haaren
Diese Merkmale werden deshalb bei den Gattungsbeschreibungen nicht mehr aufgeführt und nur einige leicht erkennbaren Merkmale genannt, die mit zur Unterscheidung der oft nur unscharf abgegrenzten Gattungen dienen können.

Araujia Brot.

Ableitung: nach einem südamerikanischen Pflanzennamen
Arten: 4
Lebensform: Liane, immergrün
Blätter: gut ausgebildet

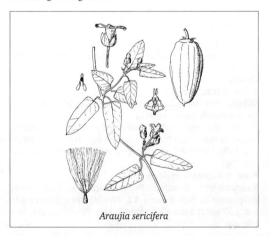

Araujia sericifera

Blütenstand: Dolde, schirmtraubenartig, seitlich
Blüten: Kronblätter rechts gedreht, weiß, rosa. Nebenkrone 1-reihig. Antheren mit Anhängseln

Asclepias L.

Ableitung: antiker Pflanzenname
Vulgärnamen: D:Seidenpflanze; E:Milkweed, Sildweed; F:Asclépiade
Arten: 108
Lebensform: Staude, Strauch, Einjährige, Halbstrauch, immergrün oder laubwerfend
Blätter: gegenständig, quirlständig oder wechselständig
Blütenstand: doldenartig, endständig oder seitlich
Blüten: Kronblätter klappig in der Knospe, weiß, gelblich, rot, purpurn, grünlich, grün, rosa. Nebenkrone 2-reihig. Antheren mit Anhängseln

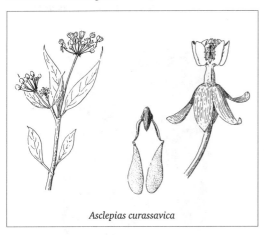

Asclepias curassavica

Brachystelma R. Br.

Ableitung: kurzer Gürtel
Arten: 122
Lebensform: Staude, sukkulent, zum Teil kletternd, mit Knollen

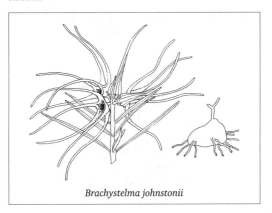

Brachystelma johnstonii

Blätter: deutlich ausgebildet
Blütenstand: Dolde endständig, einzeln seitlich
Blüten: Kronblätter klappig in der Knospe. Nebenkrone 2-reihig. Antheren ohne Anhängsel

Calotropis R. Br.

Ableitung: schöner Kiel
Vulgärnamen: D:Kielkrone; F:Calotropis, Pomme de Sodome
Arten: 3
Lebensform: Strauch, Baum, Staude
Blätter: gut ausgebildet
Blütenstand: cymös, seitlich
Blüten: Kronblätter klappig in der Knospe. Nebenkrone 1-reihig

Calotropis procera

Caralluma R. Br.

Ableitung: vermuitlich nach einem Pflanzennamen in Indien (Telingasprache)
Vulgärnamen: D:Fliegenblume; F:Caralluma
Arten: 53
Lebensform: Staude, stammsukkulent, ± 4-kantig
Blätter: reduziert
Blütenstand: einzeln, Dolde, Büschel, Köpfchen
Blüten: Kronblätter klappig in der Knospe. Nebenkrone 2-reihig. Antheren ohne Anhängsel. Pollinienstellung waagrecht oder aufrecht

Ceropegia L.

Ableitung: Kandelaber-Pflanze
Vulgärnamen: D:Leuchterblume; F:Céropégia
Arten: 160
Lebensform: Staude, Halbstrauch, zum Teil stammsukkulent, oft kletternd. Triebe rund oder 4-, seltener 6-kantig
Blätter: gegenständig, selten zu 3 quirlig
Blütenstand: einzeln, Büschel, seitlich

206 Asclepiadaceae Seidenpflanzengewächse

Blüten: Kronblätter klappig in der Knospe, meist laternenförmig. Nebenkrone 2-reihig. Antheren ohne Anhängsel. Pollinien aufrecht oder ± waagrecht

Ceropegia sandersonii

Cionura Griseb.

Ableitung: Säule mit Anhängsel
Arten: 1
Lebensform: Strauch, seltener Liane, laubwerfend
Blätter: gut ausgebildet
Blütenstand: doldenartig, seitlich
Blüten: Kronblätter rechts gedreht in der Knospe, weiß, rosa, gelb. Nebenkrone 1-reihig

Cryptostegia R. Br.

Ableitung: verborgene Decke
Arten: 2
Lebensform: Liane, immergrün
Blätter: gut ausgebildet
Blütenstand: Dichasien
Blüten: Kronblätter rechts gedreht in der Knospe, rot, violett. Nebenkrone 1-reihig

Cynanchum L.

Ableitung: antiker Pflanzenname
Vulgärnamen: D:Hundswürger; F:Cynanque
Arten: 200

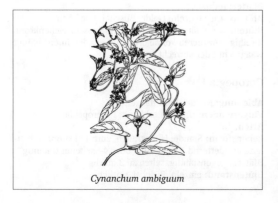
Cynanchum ambiguum

Lebensform: Liane, Staude, zum Teil sukkulent
Blätter: gut ausgebildet bis reduziert
Blütenstand: Dolde, Büschel, Köpfchen
Blüten: Kronblätter rechts gedreht in der Knospe, weiß, grün, rötlich. Nebenkrone 1-reihig. Antheren mit Anhängsel. Pollinien hängend

Dischidia R. Br.

Ableitung: zweispaltige Pflanze
Vulgärnamen: D:Urnenpflanze; F:Dischidia
Arten: c. 40
Lebensform: strauchartig, epiphytisch
Blätter: gegenständig, selten wechselständig, zum Teil krugförmig
Blütenstand: Trauben, Dolden, seitlich
Blüten: Kronblätter klappig in der Knospe, weiß, rot, violett, gelb, grün. Nebenkrone 1-reihig. Antheren mit Anhängseln

Dischidia major

Dregea E. Mey.

Ableitung: Gattung zu Ehren von Johann Franz Drège (1794–1881), einem deutschen Gärtner und Pflanzensammler in Südafrika benannt

Dregea sinensis

Arten: 3
Lebensform: Liane, immergrün
Blätter: gut ausgebildet
Blütenstand: Dolde, seitlich
Blüten: Kronblätter rechts gedreht in der Knospe, weiß, gelb, rosa. Nebenkrone 1-reihig. Antheren mit Anhängsel. Pollinien aufrecht

Duvalia Haw.

Ableitung: Gattung zu Ehren von Henri Auguste Duval (1777–1814), einem französischen Arzt und Botaniker benannt
Arten: 18
Lebensform: Staude, stammsukkulent, Triebe 4- bis 6-kantig
Blätter: fehlend
Blütenstand: Büschel, einzeln, seitlich
Blüten: Kronblätter klappig in der Knospe. Nebenkrone 2-reihig. Antheren ohne Anhängsel. Pollinien waagrecht oder aufrecht

Echidnopsis Hook. f.

Ableitung: wie Schlange aussehend
Vulgärnamen: D:Schlangenstapelie; F:Echidnopsis
Arten: 32
Lebensform: Staude, stammsukkulent, Triebe 6- bis 20-kantig
Blätter: fehlend oder hinfällig
Blütenstand: zu 1–6 sitzend, ± endständig
Blüten: Kronblätter klappig in der Knospe, braun, rot, gelb. Nebenkrone 2-reihig. Antheren ohne Anhängsel. Pollinien waagrecht

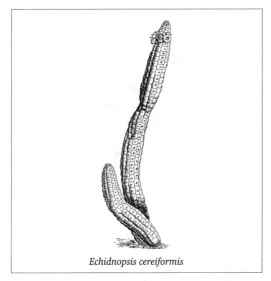

Echidnopsis cereiformis

Fockea Endl.

Ableitung: Gattung zu Ehren von Gustav Woldemar Focke, einem deutschen Arzt und Botaniker des 19. Jahrhunderts benannt
Arten: 6
Lebensform: Staude, kletternd, ± sukkulent
Blätter: deutlich ausgebildet
Blütenstand: einzeln, Büschel, seitlich
Blüten: zweihäusig. Kronblätter rechts gedreht in der Knospe, grünlich. Nebenkrone 2-reihig. Antheren mit Anhängsel. Pollinien aufrecht

Hoodia Sweet ex Decne.

Ableitung: Gattung zu Ehren von Hood, einem englischen Sukkulentenliebhaber des 19. Jahrhunderts benannt
Arten: 14
Lebensform: Staude, stammsukkulent. Triebe 11- bis 31-kantig
Blätter: fehlend
Blütenstand: Büschel, einzeln
Blüten: Kronblätter klappig in der Knospe, flach ausgebreitet, gelb, braun, violett. Nebenkrone 2-reihig. Antheren ohne Anhängsel. Pollinien aufrecht oder waagrecht

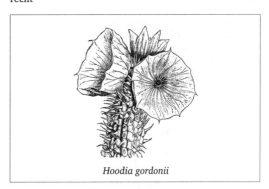

Hoodia gordonii

Hoya R. Br.

Ableitung: Gattung zu Ehren von Thomas Hoy (ca. 1750–1809), einem englischen Gärtner benannt
Vulgärnamen: D:Porzellanblume, Wachsblume; E:Porcelaine Flower, Wax Flower; F:Fleur de cire, Fleur de porcelaine
Arten: c. 70
Lebensform: Liane, Strauch, meist epiphytisch, immergrün
Blätter: gut ausgebildet, ± fleischig
Blütenstand: doldenartig, cymös, seitlich
Blüten: Kronblätter klappig in der Knospe, weiß, rosa, gelblich. Nebenkrone 1-reihig. Antheren mit Anhängseln

208 Asclepiadaceae Seidenpflanzengewächse

Hoya carnosa

Huernia R. Br.

Ableitung: Gattung zu Ehren von Justin Heurnius (1587–1652), einem niederländischen Missionar und Pflanzensammler benannt
Vulgärnamen: D:Aasblume; E:Dragon Flower; F:Huernia
Arten: 67
Lebensform: Staude, stammsukkulent. Triebe ± 4- bis 7-kantig
Blätter: fehlend
Blütenstand: Dolde, einzeln, seitlich
Blüten: Kronblätter klappig in der Knospe, mit Zwischenzipfeln. Nebenkrone 2-reihig. Antheren ohne Anhängsel. Pollinien aufrecht bis fast waagrecht

Huernia macrocarpa

Huerniopsis N.E. Br.

Ableitung: vom Aussehen einer Huernia
Arten: 2
Lebensform: Staude, stammsukkulent. Triebe 4- bis 5-kantig
Blätter: fehlend
Blütenstand: zu 2–4, seitlich
Blüten: Kronblätter klappig in der Knospe. Antheren ohne Anhängsel. Pollinien aufrecht

Marsdenia R. Br.

Ableitung: Gattung zu Ehren von William Marsden (1754–1836), einem irischen Orientalisten und Pflanzensammler benannt
Vulgärnamen: D:Andenwein; E:Condorvine; F:Vigne des Andes
Arten: c. 100
Lebensform: Liane, Strauch
Blätter: gut ausgebildet
Blütenstand: Rispe, Dolde
Blüten: Kronblätter rechts gedreht in der Knospe. Nebenkrone 1-reihig. Antheren ohne Anhängsel

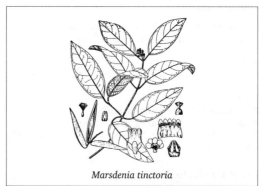
Marsdenia tinctoria

Metaplexis R. Br.

Ableitung: umwundene Pflanze
Arten: 6
Lebensform: Liane
Blätter: gut ausgebildet
Blütenstand: Traube
Blüten: Kronblätter rechts gedreht in der Knospe. Nebenkrone 1-reihig

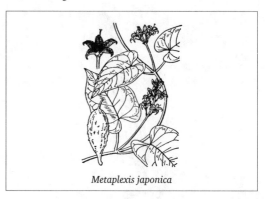
Metaplexis japonica

Orbea Haw.

Ableitung: Pflanze mit Kreis (Blütenschlund)
Arten: 54
Lebensform: Staude, stammsukkulent. Triebe 4- bis 5-kantig
Blätter: fehlend
Blütenstand: einzeln, cymös, Köpfchen
Blüten: Kronblätter klappig in der Knospe. Nebenkrone 2-reihig, selten 1-reihig

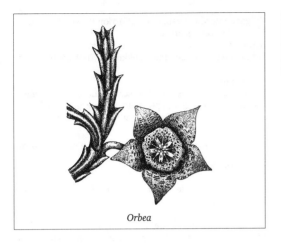

Orbea

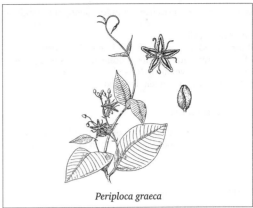

Periploca graeca

Orbeanthus L.C. Leach

Ableitung: mit Blüten wie Orbea
Arten: 2
Lebensform: Staude, stammsukkulent. Triebe 4-kantig
Blätter: fehlend
Blütenstand: einzeln zu 2
Blüten: Kronblätter klappig in der Knospe. Nebenkrone 2-reihig. Antheren ohne Anhängsel

Oxypetalum R. Br.

Ableitung: spitziges Blütenblatt
Arten: 80–100
Lebensform: Staude, Strauch, Halbstrauch, auch kletternd
Blätter: gut ausgebildet
Blütenstand: Dolde, Köpfchen, Schirmtraube, endständig, einzeln
Blüten: Kronblätter klappig in der Knospe, blau, weiß, purpurn. Nebenkrone 1-reihig

Pectinaria Haw.

Ableitung: Kamm-Pflanze
Arten: 3
Lebensform: Staude, stammsukkulent. Triebe 4- bis 6-kantig
Blätter: fehlend
Blütenstand: Büschel, einzeln, seitlich
Blüten: Kronblätter klappig in der Knospe, mit Zwischenzipfeln. Nebenkrone 2-reihig. Antheren ohne Anhängsel. Pollinien aufrecht

Periploca L.

Ableitung: Umarmung
Vulgärnamen: D:Baumschlinge; E:Silk Vine; F:Bourreau des arbres
Arten: 11
Lebensform: Liane, Strauch, immergrün oder regengrün
Blätter: gut ausgebildet
Blütenstand: Schirmtraube, seitlich oder endständig
Blüten: Kronblätter rechts gedreht in der Knospe, gelb. Braun. grün. Nebenkrone 2-reihig. Pollen in Tetraden. Translatoren löffelförmig

Piaranthus R. Br.

Ableitung: fette Blüte
Arten: 16
Lebensform: Staude, stammsukkulent. Triebe 4- bis 5-kantig
Blätter: fehlend
Blütenstand: zu 2, Büschel, seitlich
Blüten: Kronblätter klappig in der Knospe. Nebenkrone 1-reihig. Antheren ohne Anhängsel. Pollinien ± waagrecht

Quaqua N.E. Br.

Ableitung: nach dem Namen der Pflanze bei den Hottentotten
Arten: 13
Lebensform: Staude, stammsukkulent. Triebe 4- bis 6-kantig
Blätter: fehlend
Blütenstand: einzeln, Büschel, seitlich
Blüten: Kronblätter klappig in der Knospe. Nebenkrone 2-reihig. Antheren ohne Anhängsel

Sarcostemma R. Br.

Ableitung: fleischiger Kranz
Arten: 15

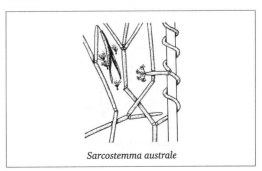

Sarcostemma australe

Lebensform: Halbstrauch, Staude, Liane, stammsukkulent
Blätter: reduziert
Blütenstand: Dolde, Büschel, seitlich oder endständig
Blüten: Kronblätter rechts gedreht in der Knospe, weiß, rosa, grünlich, gelblich. Nebenkrone 2-reihig. Antheren mit Anhängseln. Pollinien hängend

Schubertia Mart.

Ableitung: Gattung zu Ehren von Gotthilf Heinrich von Schubert (1780–1860), einem deutschen Naturforscher benannt
Arten: 6
Lebensform: Liane
Blätter: gut ausgebildet
Blütenstand: Dolde
Blüten: Kronblätter rechts gedreht in der Knospe, weiß. Nebenkrone 1-reihig.

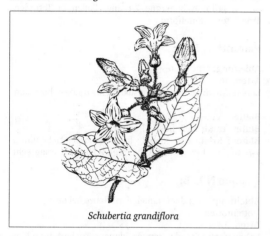
Schubertia grandiflora

Stapelia L.

Ableitung: Gattung zu Ehren von Jan Bode van Stapel (?–ca. 1636), einem niederländischen Arzt und Botaniker benannt

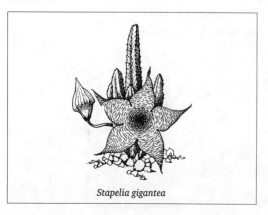
Stapelia gigantea

Vulgärnamen: D:Aasblume; E:Carrion Flower, Starfish Flower; F:Etoile, Stapélia
Arten: 44
Lebensform: Staude, stammsukkulent. Triebe 4- bis 6-kantig
Blätter: reduziert
Blütenstand: einzeln, zu 2, Büschel, ± tief an den Trieben
Blüten: Kronblätter klappig in der Knospe, gelblich, braun, rötlich. Nebenkrone 2-reihig. Antheren ohne Anhängsel

Stapelianthus Choux ex A.C. White et B. Sloane

Ableitung: Stapelia-Blüte
Arten: 8
Lebensform: Staude, stammsukkulent. Triebe 4- bis 8-kantig oder vielrippig
Blätter: fehlend
Blütenstand: einzeln oder in Büscheln
Blüten: Kronblätter klappig in der Knospe, mit kurzen Zwischenzipfeln. Nebenkrone 2-reihig. Antheren ohne Anhängsel

Stephanotis Thouars

Ableitung: zu Kränzen dienend
Vulgärnamen: D:Kranzschlinge; E:Waxflower; F:Jasmin de Madagascar

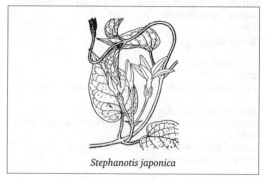
Stephanotis japonica

Arten: 5
Lebensform: Liane, immergrün
Blätter: gut ausgebildet
Blütenstand: schirmtraubenartig, seitlich
Blüten: Kronblätter rechts gedreht in der Knospe, weiß. Nebenkrone 1-reihig. Antheren mit Anhängsel

Tavaresia Welw. ex N.E. Br.

Ableitung: Gattung zu Ehren von José Tavarés de Macedo, einem portugiesischen Regierungsbeamten in Angola des 19. Jahrhunderts benannt
Arten: 3
Lebensform: Staude, stammsukkulent. Triebe 5- bis 14-rippig
Blätter: fehlend
Blütenstand: einzeln oder zu 2
Blüten: Kronblätter klappig in der Knospe, ohne Zwischenzipfeln. Nebenkrone 2-reihig. Antheren ohne Anhängsel

Asclepiadaceae Seidenpflanzengewächse

Tavaresia barklyi

Trichocaulon N.E. Br.

Ableitung: Haar-Stängel
Arten: 15–20
Lebensform: Staude, sukkulent. Triebe etwa 12- bis 19-rippig
Blätter: fehlend
Blütenstand: Blüten zu 1–12
Blüten: Kronblätter klappig in der Knospe. Nebenkrone 2-reihig. Pollinien aufrecht bis nahezu waagrecht

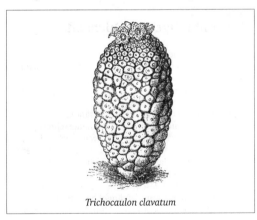

Trichocaulon clavatum

Tridentea Haw.

Ableitung: Dreizahn-Pflanze
Arten: 17
Lebensform: Staude, stammsukkulent. Triebe 4- bis 6-kantig
Blätter: reduziert
Blütenstand: Büschel, einzeln, seitlich
Blüten: Kronblätter klappig in der Knospe. Nebenkrone 2-reihig. Antheren ohne Anhängsel

Tromotriche Haw.

Ableitung: mit zitternden Haaren
Arten: 3
Lebensform: stammsukkulent. Triebe kantig
Blätter: fehlend
Blütenstand: Büschel, ± endständig
Blüten: Kronblätter klappig in der Knospe. Nebenkrone 2-reihig. Antheren ohne Anhängsel

Vincetoxicum Wolf

Ableitung: besiege das Gift
Vulgärnamen: D:Schwalbenwurz; E:Swallowwort; F:Dompte-venin
Arten: 15
Lebensform: Staude, Halbstrauch, oft kletternd
Blätter: gegenständig, selten wechsel- oder quirlständig
Blütenstand: cymös, seitlich
Blüten: Kronblätter rechts gedreht in der Knospe, weiß, gelb, grün, braun, schwarz. Nebenkrone 1-reihig

Vincetoxicum hirundinaria

Whitesloanea Chiov.

Ableitung: Gattung zu Ehren zweier nordamerikanischen Sukkulentenkenner, dem Schachspezialisten Alain Campbell White (1880–1951) und dem Botaniker Boyd Lincoln Sloane (1885–?) benannt
Arten: 1
Lebensform: Staude, stammsukkulent. Triebe 4-kantig
Blätter: fehlend
Blütenstand: Büschel
Blüten: Kronblätter klappig in der Knospe, weiß bis grün mit purpurnen Flecken. Nebenkrone 2-reihig. Antheren ohne Anhängsel

Xysmalobium R. Br.

Ableitung: Hülse mit Staub
Arten: 10
Lebensform: Staude
Blätter: gut ausgebildet
Blütenstand: Dolde
Blüten: Kronblätter klappig in der Knospe. Nebenkrone 1-reihig. Antheren mit Anhängsel. Pollinien hängend

Xysmalobium lapathifolium

Asteraceae Korbblütler

* bedeutet, dass nur die aufgenommenen Arten berücksichtigt sind

1 Blüten alle zungenförmig, an der Spitze deutlich 5-spitzig. Pflanze mit Milchsaft . . . .
. . . . **Gruppe 1** (S. 212)
1 Blüten alle oder zum Teil röhrenförmig, selten 2-lippig. Strahlblüten nur am Rand oder fehlend
  2 Hüllblätter trocken papierartig . . . .
. . . . **Gruppe 2** (S. 213)
  2 Hüllblätter höchstens am Rand trockenhäutig
    3 Blüten alle röhrenförmig
      4 Pappus aus vielen Haaren oder Borsten bestehend . . . . **Gruppe 3** (S. 214)
      4 Pappus fehlend oder aus wenigen Schuppen oder kräftigen Borsten bestehend
. . . . **Gruppe 4** (S. 215)
    3 Blüten im Körbchen am Rand als Strahlblüten, innen als Röhrenblüten ausgebildet
      5 Pappus aus Haaren oder Borsten bestehend . .
. . . . **Gruppe 5** (S. 216)
      5 Pappus nicht aus zahlreichen Haaren oder Borsten bestehend, sondern fehlend oder aus Schuppen, wenigen Borsten oder einem Krönchen bestehend
        6 Spreublätter vorhanden . . **Gruppe 6** (S. 217)
        6 Spreublätter fehlend. . . . **Gruppe 7** (S. 219)

Die äußerst artenreiche Familie der Korbblütler wird in eine sehr große Zahl von, einander sehr ähnlichen Gattungen aufgespalten. Für die Gliederung der Familie spielen die Form der Narbenäste und der Antherenenden eine sehr bedeutende Rolle. Da diese Merkmale aber selbst mit einer Lupe meist nicht erkennbar sind, konnten im Schlüssel oft nur die in diesem Buch aufgenommenen Arten berücksichtigt werden.

Die Korbblütler sind leicht zu erkennen an ihren typischen Körbchen mit einer gemeinsamen Hülle, ihre Antheren, die zu einer Röhre verklebt sind und ihren unterständigen Fruchtknoten mit einem Samen und häufig einem Pappus.
Die allgemein bei den Korbblütlern auftretenden Merkmale sind bei den Gattungsbeschreibungen nicht mehr aufgeführt:
Körbchen mit einer Hülle, Blüten fast immer 5-zählig (auch wenn Randblüten nur 3 kleine Zipfel aufweisen), Staubblätter 5, mit der Krone verwachsen, Antheren zu einer Röhre verklebt, Fruchtblätter 2, unterständig, mit 1 Samen, Frucht eine nussartige Achäne mit verwachsener Fruchtwand und Samenschale, Blätter ohne Nebenblätter. Bei Körbchen mit Zungen- und Röhrenblüten wird nur die Farbe der Zungenblüten aufgeführt.
Bei Korbblütlern sind die Ausbildung des Pappus und das Vorkommen von Spreublättern sehr wichtig. Dazu halbiert man am besten ein Körbchen längs und reibt die sich leicht lösenden Blüten ab. Dabei bleiben eventuell vorhandene Spreublätter auf dem Körchenboden stehen. Auch der Pappus ist bei halbreifen Körbchen schon gut entwickelt.
Die sehr kurzen Gattungsbeschreibungen führen nur die wichtigsten makroskopischen Merkmale der Gattung an und reichen allein oft nicht zur Kennzeichnung der Gattung aus. Da die leicht erkennbaren diagnostisch verwendbaren Gattungsmerkmale bei Korbblütlern sowieso sehr begrenzt sind, wurde auf eine eigene Aufzählung als „Kennzeichen" bei den Korbblütlern verzichtet.

Gruppe 1
Zungenblütige mit Milchsaft

1 Pappus fehlend
  2 Blüten nicht gelb. . . . . **Cichorium**
  2 Blüten gelb
    3 Pflanze stachelig . . . . **Scolymus**
    3 Pflanze nicht stachelig
      4 Hülle 1-reihig. Blätter grundständig
        5 Pflanze ausdauernd. Blätter fiederschnittig, beim Zerreiben nach Kartoffeln riechend. . .
. . . . **Aposeris**
        5 Pflanze einjährig. Blätter nicht tief eingeschnitten. Körbchenstiele unter den Körbchen angeschwollen . . . . . . **Arnoseris**
      4 Hüllblätter 2-reihig. Stängel beblättert
        6 Früchte aufrecht in den Hüllblättern stehend
. . . .**Lapsana**
        6 Früchte bei der Reife sternförmig ausgebreitet
. . . . **Rhagadiolus**
1 Pappus vorhanden
  7 Pappus aus Schuppen, zum Teil zusätzlich mit Borsten oder Haaren)
    8 Hülle vielreihig, papieren. Streublätter vorhanden. (Blüten blau, gelb oder weiß) . . .
. . . .**Catananche**
    8 Hülle nicht papieren. Spreublätter fehlend
      9 Frucht mit 2-3 Grannen . . . . **Tolpis**
      9 Frucht anders
        10 Frucht mit Schuppen und Borsten

11 Frucht mit 5-teiligem Krönchen und Borsten. Streublätter fehlend. Blüten gelb. Stauden . . . . **Willemetia**
11 Frucht mit Schuppen und Borsten. Spreublätter vorhanden. Blüten rosa bis purpurn. Einjährige . . . . **Crupina**
10 Frucht mit Schuppen
12 Frucht mit vielen Schuppen. Blüten blau oder weiß . . . . **Cichorium**
12 Frucht mit 5 Schuppen. Blüten gelb, orange oder weiß . . . . **Microseris**
7 Pappus aus Haaren bestehend
13 Pappus mit einfachen Haaren (höchstens unter der Lupe fein behaart)
14 Körbchen bis 5-blütig. (Blüten nicht gelb) . . . . **Prenanthes**
14 Körbchen mehrblütig
15 Korbboden mit Borsten
16 Pflanze filzig behaart . . . . . . **Andryala**
16 Pflanze nicht filzig behaart . . . . . **Crepis**
15 Korbboden ohne Borsten
17 Hülle 1- bis 2-reihig
18 Pflanze mit Blättern in einer grundständigen Rosette und Stängel hohl . . . . **Taraxacum**
18 Pflanze mit anderer Merkmalskombination
19 Körbchen nur 5-blütig . . . . . **Mycelis**
19 Körbchen mehrblütig
20 Frucht an der Schnabelbasis beschuppt . . . . **Chondrilla**
20 Frucht ohne solche Schuppen
21 Blüten weiß, gelblich oder purpurn. Körbchen bis 15-blütig. . . . . **Nabalus**
21 Blüten gelb, orange oder rot. Körbchen reichblütig . . . . **Crepis**
17 Hülle 3- bis mehrreihig
22 Frucht geschnäbelt. . . . . **Lactuca**
22 Frucht nicht oder undeutlich geschnäbelt
23 Frucht zusammengedrückt flach **Sonchus**
23 Frucht ± zylindrisch
24 Blüten blau bis violett. . . . . **Cicerbita**
24 Blüten gelb
25 Pappushaare beim Umbiegen zerbrechlich . . . . **Hieracium**
25 Pappushaare nicht zerbrechlich. Frucht mit Zähnen am Grund . . . . **Launaea**
13 Pappus mit gefiederten Haaren
26 Körbchen mit Spreublättern. . . **Hypochaeris**
26 Körbchen ohne Spreublätter
27 Hülle 1-reihig, Hüllblätter gleich lang, ± verwachsen miteinander
28 Blätter ± grasartig, parallelnervig und ganzrandig. Korbboden kahl. . **Tragopogon**
28 Blätter nicht ganzrandig. Korbboden behaart . . . . **Urospermum**
27 Hülle 2- bis mehrreihig
29 Blüten weiß, blau, violett oder purpurn. Pappus aus gefiederten mit einander verflochtenen Haaren. (Blätter grasartig oder fiederschnittig) . . . . . **Scorzonera**
29 Blüten gelb. Pappushaare nicht miteinander verflochten

30 Blätter alle grundständig. Pappus bleibend an der Frucht. . . . . **Leontodon**
30 Blätter grundständig und wechselständig. Pappus am Grund ringförmig und abfallend an der reifen Frucht. . . . **Picris**

Gruppe 2
Hüllblätter trocken papierartig

1 Spreublätter vorhanden
2 Pappus becherförmig und mit 2 Grannen . . . .**Ammobium**
2 Pappus anders
3 Pappus aus 5–15 Schuppen bestehend
4 Körbchen nur mit Röhrenblüten **Xeranthemum**
4 Körbchen mit Strahl- und Röhrenblüten . . . . **Relhania**
3 Pappus aus zahlreichen Borsten bestehend
5 Körbchen in kugeligen Köpfchen. . .**Craspedia**
5 Körbchen nicht in kugeligen Köpfchen
6 Pflanze strauchartig . . . .**Cassinia**
6 Pflanze einjährig bis niedrig halbstrauchig. . . . . **Helichrysum**
1 Spreublätter fehlend
7 Pappus gefiedert
8 Pflanzen zweihäusig. (Körbchen weiß bis rosa) . . . . **Antennaria**
8 Pflanzen nicht zweihäusig
9 Pappushaare nur am Ende federig
10 Pflanze einjährig mit Körbchen in kugeligen Köpfchen . . . .**Cephalipterum**
10 Pflanze strauchartig, silberig behaart . . . .**Leucophyta**
9 Pappushaare nicht nur am Ende fiederig
11 Pappushaare mit flacher Spindel . . . . **Rhodanthe**
11 Pappushaare nicht mit flacher Spindel
12 Innere Hüllblätter genagelt. (Pflanze einjährig, filzig oder drüsig behaart . . . . **Leucochrysum**
12 Innere Hüllblätter nicht genagelt. (Pappushaare am Grund verwachsen)
13 Blüten gelb. Pflanze dicht filzig . . . . **Syncarpha**
13 Blüten purpurn. Pflanze im oberen Teil spärlich filzig. . . . . **Stoebe**
7 Pappus nicht gefiedert
14 Pflanzen Sträucher
15 Körbchen nur mit Röhrenblüten. Hüllblätter nicht verwachsen miteinander
16 Körbchen rosa oder purpurn. . **Phaenocoma**
16 Körbchen gelb oder weiß. . . . **Ozothamnus**
15 Körbchen mit Strahl- und Röhrenblüten. Hüllblätter verwachsen miteinander. (Körbchen weiß oder rosa9 . . . . **Edmondia**
14 Pflanzen Kräuter
17 Pflanze polsterförmig mit kleinen schuppenartigen Blättern . . . . **Raoulia**
17 Pflanze nicht polsterförmig
18 Körbchen mit sternförmig ausgebreiteten, weißfilzigen Hochblättern

19 Pflanze mit beblättertem Stängel . . . . . .
. . . . **Leontopodium**
19 Pflanze nur mit grundständiger Blattrosette
. . . . **Leucogenes**
18 Körbchen ohne solche sternförmig
ausgebreitete Hochblätter
20 Äußere Blüten deutlich vergrößert und
strahlend . . . . **Podolepis**
20 Äußere Blüten nicht deutlich vergrößert
21 Frucht mit einem dünnen Schnabel. . . .
. . . . **Waitzia**
21 Frucht nicht geschnäbelt
22 Pflanzen ± zweihäusig. (Körbchen
rispen- oder doldenartig angeordnet) . .
. . . . **Anaphalis**
22 Pflanzen nicht zweihäusig, mit zwittrigen
Blüten
23 Äußere Hüllblätter am Grund krautig .
. . . . **Filago**
23 Äußere Hüllblätter trockenhäutig
24 Körbchen klein, unter 2 cm im
Durchmesser
25 Hüllblätter braun oder gelblich
gesäumt . . . . **Gnaphalium**
25 Hüllblätter gelb
26 Hüllblätter 3- bis 4-reihig . . . . . .
. . . . **Pseudognaphalium**
26 Hüllblätter vielreihig . . . .
. . . . **Helichrysum**
24 Körbchen groß, 2–5 cm im
Durchmesser . . . . . . **Xerochrysum**

Gruppe 3
Röhrenblüten, Pappus aus Haaren oder Borsten

1 Röhrenblüten 2-lippig . . . . **Onoseris**
1 Röhrenblüten radiär
2 Korbboden mit Spreublättern oder zumindest borstig oder haarig oder tief grubig
3 Hüllblätter weder dornig noch mit besonderen Anhängseln
4 Pflanze stängellos . . . . **Berardia**
4 Pflanze mit beblättertem Stängel
5 Spreuschuppen am Grund verwachsen. . . .
. . . . **Staehelina**
5 Spreuschuppen frei
6 Pflanze stängellos . . . . **Jurinella**
6 Pflanze mit Stängel
7 Blätter nicht herablaufend am Stängel. . .
. . . . **Jurinea**
7 Blätter am Stängel herablaufend
. . . . **Saussurea**
3 Hüllblätter in einen Dorn auslaufend oder mit einem besonderen Anhängsel
8 Hüllblätter in nicht deutlich abgegliederten oder andersfarbigen Dorn auslaufend
9 Körbchenboden tief grubig, die Gruben rundlich mit kurzen Schuppen. (Stängel dornig geflügelt) . . . . **Onopordum**
9 Körbchenboden borstig oder lang haarig
10 Pappushaare nicht gefiedert
11 Hüllblätter an der Spitze hakig. (Blätter nicht stachelig) . . . . **Arctium**
11 Hüllblätter nicht hakig an der Spitze
12 Stängel ungeflügelt. Blätter weißlich gefleckt . . . . **Silybum**
12 Stängel zumindest unten dornig geflügelt. Blätter ungefleckt . . . . **Carduus**
10 Pappushaare gefiedert
13 Innere Hüllblätter papierartig, gefärbt . .
. . . . **Carlina**
13 Innere Hüllblätter nicht papierartig
14 Hülle am Grund fleischig. (Körbchen sehr groß) . . . . **Cynara**
14 Hülle nicht fleischig
15 Staubfäden vollkommen verwachsen. (Äußere Blüten vergrößert) . . **Galactites**
15 Staubfäden nicht verwachsen
16 Früchte zusammengedrückt . . **Cirsium**
16 Früchte nicht zusammengedrückt . . .
. . . . **Ptilostemon**
8 Hüllblätter mit deutlichem Anhängsel
17 Äußere Hüllblätter laubartig vergrößert
18 Blüten gelb . . . . **Cnicus**
18 Blüten blau oder purpurn . . . **Carduncellus**
17 Äußere Hüllblätter nicht laubartig
19 Äußere Blüten steril und ± strahlend
20 Äußere Blüten nur wenig abweichend von den inneren . . . . **Serratula**
20 Äußere Blüten ± strahlend . . **Centaurea**
19 Äußere Blüten nicht steril und abweichend von den inneren
21 Pappushaare gefiedert . . . . **Leuzea**
21 Pappushaare einfach
22 Körbchen bis 15 mm im Durchmesser . .
. . . . **Acroptilon**
22 Körbchen viel breiter . . . **Stemmacantha**
3 Körbchenboden ohne Spreublättern, nackt und höchstens schwach grubig
23 Hüllblätter 1-reihig, oft am Grund der Körbchen sehr kleine zusätzliche Hüllblätter
24 Pflanze kletternd, sukkulent. Blätter handnervig . . . . **Delairea**
24 Pflanze nicht kletternd und sukkulent . . .
. . . . **Crassocephalum**
25 Hüllblätter und Blüten je 4 im Körbchen. Blätter gegenständig oder quirlständig. (Pflanze windend) . . . . **Mikania**
25 Hüllblätter und Blüten mehr als 4 im Körbchen. Blätter wechselständig oder grundständig
26 Blätter grundständige sehr groß, Stängelblätter klein und schuppig
. . . . **Petasites**
26 Blätter am Stängel verteilt
27 Hüllblätter 2-reihig . . . . **Gynura**
27 Hüllblätter 1-reihig, öfters kleine zusätzliche Schuppen am Grund der Hülle
28 Körbchen purpurn oder weiß . . . . . .
. . . . **Adenostyles**
28 Körbchen gelb, orange oder rot
29 Pflanze einjährig . . . . **Emilia**
29 Pflanze eine Staude oder ein Strauch

30 Pflanze ein Strauch
   31 Pflanze stammsukkulent . . **Kleinia**
   31 Pflanze nicht sukkulent . . . . . .
       . . . . **Brachyglottis**
  30 Pflanze eine Staude. . . . . . **Senecio**
 24 Hüllblätter 2- bis mehrreihig
  32 Pflanze mit großen Grundblättern und
      schuppigen Stängelblättern. . . . **Petasites**
  32 Pflanze nicht mit grundsätzlich
      verschiedenen Blättern
   33 Blüten gelb oder orange
    34 Hüllblätter ohne goldgelben Mittelnerv
        (und Blumea balsamifera mit weiblichen
        Strahlblüten)
     35 Pappus 1-reihig, abfallend . . . .
         . . . . **Chrysocoma**
     35 Pappus ± 2-reihig, bleibend. . **Pteronia**
    34 Hüllblätter mit goldgelbem Mittelnerv .
        . . . . **Chrysothamnus**
   33 Blüten weiß, gelblich, rosa, lila, violett
       oder blau
    36 Blätter gegenständig oder quirlständig
     37 Pflanze baum- oder strauchartig,
         immergrün, mit 4-kantigen Trieben.
         Griffeläste nur am Ende papillös . . . .
         . . . . **Olearia (traversii)**
     37 Pflanze nicht holzig und zugleich mit
         4-kantigen Trieben. Griffeläste
         fadenförmig, papillös
      38 Pflanze ± verholzt mit filzigen Trieben
          . . . . **Bartlettina (sordida)**
      38 Pflanze anders
       39 Kronlappen papillös auf der
           Innenseite
        40 Körbchen mit weniger als 20 Blüten
            . . . . **Eupatorium**
        40 Körbchen mit gewöhnlich mehr als
            20 Blüten . . . . **Ayapana**
       39 Kronlappen glatt auf der Innenseite
        41 Hüllblätter 2- bis 3-reihig, sich kaum
            deckend . . . . **Ageratina**
        41 Hüllblätter 1-bis 2-reihig, alle gleich
            oder nahezu so, sich deckend. . . .
            . . . . **Conoclinium**
    36 Blätter wechsel- oder grundständig
     42 Pflanze zweihäusig . . . . **Brachylaena**
     42 Pflanze mit Zwitterblüten
      43 Blüten tief 5-lappig . . . . **Pertya**
      43 Blüten mit ± langer Röhre
       44 Griffeläste dünn und zugespitzt . . .
           . . . . **Vernonia**
       44 Griffeläste nicht lang zugespitzt
        45 Pflanze zweihäusige (Sträucher) . .
            . . . . **Baccharis**
        45 Pflanze nicht zweihäusig
         46 Blätter fein zerteilt . . . .
             . . . . **Eupatorium (capillifolium)**
         46 Blätter höchstens gezähnt
          47 Pflanze strauch- oder baumförmig
              . . . . **Olearia***
          47 Pflanze krautig oder nur am
              Grund verholzt

   48 Blüten gelb. Blätter dicht drüsig
       punktiert. . . . . **Aster**
   48 Blüten weiß oder purpurn,
       unscheinbar . . . . **Conyza**

Gruppe 4
Röhrenblüten, Pappus fehlend oder wenige Schuppen

 1 Pappus fehlend oder ein kurzes Krönchen oder ein Ring
  2 Pflanze zweihäusig. (Bäume oder Sträucher) . .
     . . . . **Tarchonanthus**
  2 Pflanze nicht zweihäusig
   3 Körbchen entweder männlich oder weiblich.
       (Blüten grün und sehr unscheinbar)
    4 Hüllblätter der männlichen Körbchen
        verwachsen . . . . **Ambrosia**
    4 Hüllblätter der männlichen Körbchen getrennt
        . . . . **Xanthium**
   3 Körbchen alle fruchtbar
    5 Hüllblätter ohne Hautrand
     6 Äußere Hüllblätter laubartig. (Körbchen
         nickend) . . . . **Carpesium**
     6 Äußere Hüllblätter nicht laubartig
      7 Körbchen mit männlichen und weiblichen
          Blüten, unscheinbar grünlich. (Blätter
          gegenständig) . . . . **Iva***
      7 Körbchen mit zwittrigen Blüten
       8 Blätter gegenständig. (Staude mit weißen
           Blüten und 1-reihiger Hülle) . . . .**Piqueria**
       8 Blätter wechselständig
        9 Pflanze ein Strauch . . . .**Athanasia**
        9 Pflanze eine Einjährige . . . . **Chaenactis**
    5 Hüllblätter mit Hautrand
     10 Spreublätter fehlend
      11 Pflanze verholzt
       12 Körbchen in einer Schirmrispe. Blätter
           schmal verkehrt eiförmig und mit wenigen
           Zähnen. (Haare gabelig bis
           bäumchenförmig) . . . . **Ajania (pacifica)**
       12 Körbchen in Ähren oder Trauben, klein
           und unscheinbar. Blätter schmal
           lanzettlich . . . **Artemisia (dracunculus)**
      11 Pflanze krautig
       13 Körbchen in Ähren oder Trauben,
           unscheinbar . . . . **Artemisia**
       13 Körbchen einzeln oder in Rispen, meist
           ansehnlich
        14 Pflanze ein aufrechtes Kraut . **Tanacetum**
        14 Pflanze niedrig polsterförmig.
            (Röhrenblüten 3- bis 4-lappig)
         15 Blüten weiß. Frucht mit 2 flügelartigen
             Rippen. . . . .**Cotula**
         15 Blüten gelb. Frucht ohne Rippen . . . .
             . . . .**Leptinella**
     10 Spreublätter vorhanden
      16 Pflanze verholzt
       17 Blätter einfach, filzig. (Körbchen in dichten
           Rispen) . . . . . . **Otanthus (maritimus)**
       17 Blätter gefiedert oder fiederspaltig

           18 Körbchen in Schirmrispen . . . .
               . . . . . Gonospermum (canariense)
           18 Körbchen lang gestielt . . . . . Santolina
       16 Pflanze einjährig. (Blätter fiederschnittig) .
               . . . . Lonas (annua)
    1 Pappus aus bis 12flachen Schuppen oder derben
       Grannen bestehend
       19 Körbchen 1-blütig in kugeligen Köpfen . . . . .
               . . . . Echinops
       19 Körbchen mehrblütig
           20 Hüllblätter dornig oder mit einem kleinen
               Anhängsel
               21 Blüten rosa. Äußere Blüten steril . . . .
                   . . . . Amberboa*
               21 Blüten gelb. Alle Blüten fertil . . . .
                   . . . . Carthamus (lanatus)
           20 Hüllblätter weder dornig noch mit einem
               Anhängsel
               22 Spreublätter vorhanden
                   23 Blätter wechselständig. Hüllblätter 2-reihig,
                       nicht deutlich verschieden. . . . Marshallia
                   23 Blätter gegenständig. Hüllblätter 2-reihig mit
                       großen äußeren und kleineren inneren.
                       Pappusborsten harpunenartig gezähnt . . .
                       . . . . Bidens
               22 Spreublätter fehlend
                   24 Hüllblätter nur 5. Röhrenblüten 5. . . Stevia
                   24 Hüllblätter mehr als 5
                       25 Blätter zumindest die unteren gegenständig
                           . . . . Ageratum
                       25 Blätter wechselständig
                           26 Äußere Blüten vergrößert. . . . .
                               . . . . Chaenactis (glabriuscula)
                           26 Äußere Blüten nicht vergrößert. . . . . .
                               . . . . Palafoxia (texana)

Gruppe 5
Strahl- und Röhrenblüten, Pappus aus Haaren oder Borsten

1 Blüten 2-lippig
   2 Pflanze ein Baum, Strauch, Halbstrauch oder
      Liane
      3 Blätter in eine Ranke oder Stachelspitze
         auslaufend. (Pappushaare gefiedert) . . Mutisia
      3 Blätter nicht so
         4 Körbchen in einer endständigen Rispe. . . . .
            . . . . Onoseris
         4 Körbchen einzeln . . . . Oldenburgia
   2 Pflanze eine Staude oder Einjährige
      5 Blüten alle gleich, Körbchen scheinbar mit
         eigenen Strahlblüten . . . . Perezia
      5 Blüten ungleich. . . . . Gerbera
         6 Früchte gerippt. Pappus vielreihig . . . Gerbera
         6 Früchte spindelförmig. Pappus 2- bis 3-reihig.
            Blüten oft sich nicht öffnend (chasmogam oder
            cleistogam) . . . . Leibnitzia
1 Blüten nicht 2-lippig. Randblüten zungenförmig,
   Scheibenblüten röhrenförmig
   7 Pflanze mit sehr großen Grundblättern und
      schuppenförmigen Stängelblättern
      8 Körbchen einzeln, gelb. . . . . Tussilago

      8 Körbchen traubig angeordnet . . . . . Petasites
   7 Pflanze mit nicht grundsätzlich verschiedenen
      Grund- und Stängelblättern
      9 Hüllblätter 1-reihig, höchstens am Grund der
         Hülle zusätzlich sehr kleine Schuppen
         10 Spreublätter vorhanden . . . . Layia
         10 Spreublätter fehlend
             11 Hüllblätter ± verwachsen
                 12 Blätter sukkulent. (Körbchen einzeln.
                     Scheibenblüten männlich) . . . . . Hertia
                 12 Blätter nicht sukkulent
                     13 Griffel ungeteilt . . . . Othonna
                     13 Griffel mit 2 Ästen . . . . Euryops
             11 Hüllblätter frei
                 14 Pappus aus 4–10 Borsten oder kurzen
                     Schuppen bestehend . . . . Bellium
                 14 Pappus anders
                     15 Blätter die meisten grundständig, mit
                         fingerförmiger Nervatur
                         16 Blüten gelb . . . . Farfugium
                         16 Blüten purpurn oder weiß . . Homogyne
                     15 Blätter am Stängel verteilt
                         17 Blätter fast gegenständig. . . . Sinacalia
                         17 Blätter wechselständig
                             18 Blüten weiß, rosa, purpurn oder blau.
                                 (Blätter mit fingerförmiger Nervatur) .
                                 . . . . Pericallis
                             18 Blüten gelb, orange oder rot
                                 19 Randblüten fadenförmig, kaum länger
                                     als die Hülle . . . . Erechtites
                                 19 Randblüten ansehnlich
                                     20 Pflanze ein immergrüner Baum oder
                                         Strauch. Blätter unterseits weißfilzig.
                                         Strahlblüten mit kleiner Lippe auch
                                         nach innen . . . . Brachyglottis
                                     20 Pflanze mit anderer
                                         Merkmalskombination
                                         21 Blätter am Grund mit erweiterten
                                             Scheiden. . . . . Ligularia
                                         21 Blätter am Grund nicht scheidig
                                             erweitert
                                             22 Hüllblätter 1-reihig, ohne kleine
                                                 Schuppen am Grund der Hülle.
                                                 (Kräuter) . . . . Tephroseris
                                             22 Hüllblätter 1-reihig, aber fast
                                                 immer mit 1 bis mehren sehr
                                                 kleinen Schuppen am Grund der
                                                 Hülle
                                                 23 Grundständige Blätter herzförmig
                                                     und gekerbt . . . . Packera
                                                 23 Grundständige Blätter nicht
                                                     herzförmig oder zumindest dann
                                                     gesägt . . . . Senecio
      8 Hülle 2- bis mehrreihig
         24 Pflanzen Bäume oder Sträucher mit dornigen
             Trieben. . . . . Barnadesia
         24 Pflanzen ohne dornige Triebe
             25 Blätter gegenständig
                 26 Spreublätter 3-lappig. (Pappus gefiedert) .
                     . . . . Tridax
                 26 Spreublätter nicht 3-lappig
                     27 Blüten gelb oder orange . . . . . . Arnica
                     27 Blüten weiß, violett, purpurn oder blau

28	Blätter gewöhnlich ganzrandig. Hülle 2-reihig. Pappus 1-reihig . . . . . **Felicia**
28	Hülle 2- bis 6-reihig. Pappus oft 2 ungleiche Reihen von Haaren. (Frucht meist 5-rippig) . . . . **Olearia**
25	Blätter wechselständig
29	Blüten gelb
30	Hüllblätter in 2(3) Reihen
31	Pflanze am Grund holzig. Hüllblätter oval. Korbboden flach . . . . . **Stenotus**
31	Pflanze am Grund nicht holzig. Hüllblätter pfriemlich. Korbboden gewölbt . . . . **Doronicum**
30	Hüllblätter 3- bis mehrreihig
32	Äußere Hüllblätter laubartig . . **Tonestus**
32	Äußere Hüllblätter nicht abweichend
33	Körbchen sehr klein, bis 6 mm lang, (oft in ± einseitigen oder gebogenen Ästen)
34	Strahlblüten unscheinbar, (gelb, selten hellgelb oder weiß) . . . . **Solidago und Oligoneuron** (Blätter drüsig punktiert)
34	Strahlblüten ansehnlich, (hellgelb bis weiß) . . . .× **Solidaster**
33	Körbchen über 6 mm lang, (nie in einseitigen oder gebogenen vielköpfigen Ästen)
35	Strahlblüten in mehreren Reihen, äußere Röhrenblüten fadenförmig . . . . **Erigeron**
35	Stahlblüten und Röhrenblüten anders
36	Pappus außen mit kleinen Schuppen, innen mit längeren Borsten . . . . **Heterotheca**
36	Pappus anders
37	Pappus aus in einer Reihe am Grund verwachsenen Haaren und Schuppen . . . . **Pulicaria**
37	Pappus nur aus Borsten
38	Pappus aus wenigen braunen Borsten bestehend . . . **Pyrrocoma**
38	Pappus anders
39	Pappushaare kurz gezähnelt. Antheren am Grund verschmälert
40	Pflanze drüsig-klebrig . . . . **Dittrichia**
40	Pflanze kahl oder nicht drüsig behaart . . . . **Inula**
39	Pappushaare nur rau. Antheren abgerundet am Grund . . . .**Haplopappus**
29	Blüten nicht gelb
41	Pflanze strauchig
42	Spreublätter vorhanden. Pappus vielreihig . . . . **Chiliotrichum**
42	Spreublätter fehlend. Pappus 1- bis 2-reihig
43	Strahlblüten 3- bis 4-reihig **Microglossa**
43	Strahlblüten 1- bis 2-reihig
44	Blätter krautig, nicht immergrün
45	Körbchen einzeln. Pappus 1-reihig . . . .**Felicia**

45	Körbchen meist cymös. Pappus fast immer 2- bis mehrreihig . . . . **Aster**
44	Blätter immergrün
46	Körbchen auf beblätterten Stielen, meist in Schirmrispen . . . . **Olearia**
46	Körbchen einzeln auf langen, unbeblätterten Stielen . . **Pachystegia**
41	Pflanze krautig oder höchstens Rosettenpflanze mit holziger Grundachse
47	Blätter in einer Rosette, am Stängel höchstens Schuppenblätter
48	Blätter unterseits weißfilzig . **Celmisia**
48	Blätter unterseits nicht weißfilzig
49	Hüllblätter hautrandig. Pappushaare am Grund etwas verbreitert . . . . **Tonestus**
49	Hüllblätter nicht hautrandig. Pappushaare am Grund nicht hautrandig . . . . **Aster**
47	Blätter am Stängel verteilt
50	Äußere Hüllblätter blattartig. Pappus mit kurzen äußeren Borsten und langen inneren . . . . **Callistephus**
50	Äußere Hüllblätter nicht deutlich verschieden
51	Strahlblüten steril . . . **Corethrogyne**
51	Strahlblüten weiblich
52	Pappus nur bis 1 mm lang. (Frucht abgeflacht. Hüllblätter hautrandig) . . . . **Kalimeris**
52	Pappus über 1 mm lang
53	Strahlblüten in mehreren Reihen, schmal lineal . . . . **Erigeron**
53	Strahlblüten in 1 Reihe
54	Hüllblätter hautrandig. Pappusborsten am Grund verbreitert . . . . **Townsendia**
54	Hüllblätter nicht hautrandig
55	Pappus 2-reihig . . . . **Aster**
55	Pappus 1-reihig . . . .**Felicia**

Gruppe 6
Strahl- und Röhrenblüten, Pappus nicht aus zahlreichen Haaren, Spreublätter vorhanden

1 Blätter gegenständig
2 Hüllblätter in 2 ungleichen Kreisen, äußere abstehend, innere aufrecht
3 reife Körbchen baumwollartig erscheinend durch innere wollig behaarte Hüllblätter. (Strauch immergrün und seidig behaart) . . **Eriocephalus**
3 reife Körbchen nicht baumwollartig erscheinend
4 Früchte umschlossen von inneren Hüllblättern . . . . **Melampodium**
4 Früchte nicht umschlossen von Hüllblättern
5 Pflanze extrem drüsig-klebrig . . .**Sigesbeckia**
5 Pflanze nicht drüsig-klebrig
6 Innere Hüllblätter bis zur Hälfte verwachsen . . . .**Thelesperma**
6 Innere Hüllblätter frei oder am Grund verwachsen

7 Früchte flach zusammengedrückt bis geflügelt
  8 Frucht mit sehr rau gezähnten Fortsätzen . . . . **Bidens**
  8 Frucht mit 2 unbewehrten Schuppen . . . . **Coreopsis**
7 Früchte nicht auffallend flach zusammengedrückt
  9 Strahlblüten steril
    10 Frucht nicht geschnäbelt. Wurzeln knollig . . . . **Dahlia**
    10 Frucht geschnäbelt, ± 4-kantig. Wurzeln nicht knollig . . . . **Cosmos**
  9 Strahlblüten weiblich
    11 Pflanze kletternd. Röhrenblüten steril . . . . **Hidalgoa**
    11 Pflanze nicht kletternd. Röhrenblüten zwittrig. (Äußere Hüllblätter krautig, innere spreuartig) . . . . **Guizotia**
2 Hüllblätter in 2 bis mehr Reihen, nicht stark voneinander verschieden
  12 Pflanze ein Baum, Strauch oder Halbstrauch
    13 Spreublätter die Früchte umschließend. (Blüten weiß bis rosa) . . . . . . **Montanoa**
    13 Spreublätter die Früchte nicht umschließend
      14 Frucht am Grund zu einem 2-flügeligen Stiel zusammengezogen. Blüten weiß . . . . **Podachaenium**
      14 Frucht nicht so. Blüten gelb. (Spreuschuppen holzig) . . . . **Borrichia**
  12 Pflanze krautig
    15 Blätter meist fiederig. Spreuschuppen 3-lappig . . . . **Tridax**
    15 Blätter einfach. Spreuschuppen nicht 3-lappig
      16 Röhrenblüten steril, nur scheinbar zwittrig
        17 Früchte nicht zusammengedrückt. (Innere Hüllblätter die Früchte umfassend) . . . . **Polymnia**
        17 Früchte zusammengedrückt
          18 Strahlblüten in 2 Reihen . . . . . **Silphium**
          18 Strahlblüten in 1 Reihe. (Früchte zusammen mit 2-3 Spreuschuppen abfallend) . . . . **Chrysogonum**
      16 Röhrenblüten fertil
        19 Strahlblüten auf den Früchten nicht abfallend
          20 Blätter gezähnt. Früchte nicht zusammengedrückt . . . . . . **Heliopsis**
          20 Blätter ± ganzrandig. Früchte zusammengedrückt
            21 Korbboden konisch . . . . **Zinnia**
            21 Korbboden ± flach . . . . . . **Sanvitalia**
        19 Strahlblüten bei der Reife von den Früchten abfallend
          22 Pappus aus 15-20 fransigen Schuppen bestehend . . . . **Galinsoga**
          22 Pappus anders
            23 Korbboden konisch . . . . . **Spilanthes**
            23 Korbboden flach bis gewölbt
              24 Früchte flach oder ± geflügelt
                25 Pappus aus 2 Grannen und kleinen Schuppen. Grundständige Blätter bleibend . . . . **Helianthella**
                25 Pappus aus 2 Grannen allein. Grundständige Blätter nicht bleibend. . . . . **Verbesina**
              24 Früchte kantig, aber nicht geflügelt
                26 Pflanze strauchig . . . . **Viguiera**
                26 Pflanze krautig
                  27 Pflanze mit grundständigen Blättern. Pappus fehlend . . . **Balsamorhiza**
                  27 Pflanze mit beblättertem Stängel. Pappus aus 2 früh abfallenden Schuppen . . . . **Helianthus**
1 Blätter wechselständig
  28 Hüllblätter deutlich hautrandig. (Pflanze oft aromatisch und Blätter fiederlappig bis fiederschnittig)
    29 Pappus aus 5-6 großen Schuppen. (Frucht 10-rippig, weich behaart) . . . . **Ursinia**
    29 Pappus fehlend oder als kleines Krönchen oder aus sehr kleinen Schuppen bestehend
      30 Körbchen in der Gabelung aus meist 5 Ästen sitzend. (Frucht mit 3 sehr dünnen Kämmen) . . . . **Cladanthus**
      30 Körbchen anders angeordnet
        31 Frucht zusammengedrückt
          32 Früchte alle ungeflügelt. Randblüten wenige und ± rundlich. Körbchen klein und meist schirmrispig . . . . **Achillea**
          32 Früchte randständige geflügelt. Randblüten zahlreich und zungenförmig. Körbchen einzeln . . . . **Anacyclus**
        31 Frucht mehrkantig bis rund im Querschnitt
          32 Frucht 4- bis 5- oder 10-kantig . . **Anthemis**
          32 Frucht rund mit 2 seitlichen und 1 nach zur Achse zugewandten schwachen Kante . . . . **Chamaemelum**
  28 Hüllblätter nicht deutlich hautrandig
    33 Spreublätter fehlend . . . . **Helenium**
    33 Spreublätter vorhanden
      34 Hüllblätter 1-reihig . . . . **Madia**
      34 Hüllblätter 2- bis mehrreihig
        35 Pappus aus mehreren Schuppen bestehend
          36 Frucht mit einer inneren reihe lang zugespitzter Schuppen und einer äußeren Reihe von schmalen Schuppen . . . . **Xanthisma**
          36 Frucht mit gleichartigen Schuppen
            37 Pflanze ein Strauch . . . . **Nauplius**
            37 Pflanze krautig
              38 Strahlblüten weiblich. Frucht 3-rippig. . . . . **Asteriscus**
              38 Strahlblüten steril. Frucht 5-rippig . . . . **Gaillardia**
        35 Pappus fehlend oder aus bis 4 Grannen oder sehr kleinen Schuppen
          39 Röhrenblüten scheinbar zwittrig, aber steril
            40 Strahlblüten 2- bis 3-reihig . . . **Silphium**
            40 Strahlblüten 1-reihig
              41 Strahlblüten nur 0,5-1,5 mm lang, oft weißlich . . . . **Parthenium**
              41 Strahlblüten groß, oft gelb
                42 Strahlblüten 5, seltener 4. Pflanze einjährig . . . . **Lindheimera**

42 Strahlblüten gewöhnlich mehr. Stauden
. . . .**Berlandiera**
39 Röhrenblüten fertil
43 Korbboden konisch oder säulenförmig
44 Korbboden konisch
45 Krone der Röhrenblüten am Grund zwiebelförmig. Spreuschuppen mit kräftiger pfriemenförmiger Spitze. Strahlblüten rosa bis purpurn . . . . .
. . . .**Echinacea***
45 Krone röhrig. Strahlblüten gelb . . . .
. . . .**Rudbeckia***
44 Korbboden säulig. (Hüllblätter 2-reihig, innere halb so lang oder kürzer als die äußeren)
46 Blätter ganzrandig. Früchte rund im Querschnitt, querrunzelig . .**Dracopsis**
46 Blätter wenigstens zum Teil gefiedert. Früchte zusammengedrückt, glatt . . .
. . . . **Ratibida**
43 Korbboden flach oder gewölbt
47 Früchte der Scheibenblüten nicht scharfkantig oder geflügelt
48 Pappus immer rasch abfallend, aus 2 Schuppen gebildet. (Strahlblüten steril)
. . . . **Helianthus**
48 Pappus an der Frucht bleibend
49 Strahlblüten steril. (Pappus aus kleinen verwachsenen Schüppchen). . . . . .
. . . . **Tithonia**
49 Strahlblüten fertil . . . . . .**Wyethia**
47 Früchte der Scheibenblüten scharfkantig oder geflügelt
50 Pflanze mit grundständiger Blattrosette und unbeblättertem Stängel. Ränder der Frucht sehr behaart . . . . **Encelia**
50 Pflanze mit beblättertem Stängel. Ränder der Frucht geflügelt .**Verbesina**

Gruppe 7
Strahl- und Röhrenblüten, Pappus nicht aus zahlreichen Haaren, Spreublätter fehlend

1 Hülle nicht nur am Grund verwachsen, glockig oder röhrig
2 Blätter wechselständig
3 Hüllblätter 2- bis 3-reihig . . . .**Gazania**
3 Hüllblätter 1-reihig
4 Pflanze Sträucher oder Halbsträucher .**Euryops**
4 Pflanze einjährig . . . . **Steirodiscus**
2 Blätter gegenständig
5 Hüllblätter zum größten Teil verwachsen. . . .
. . . . **Tagetes**
5 Hüllblätter nur im unteren Teil verwachsen . .
. . . .**Lasthenia***
1 Hüllblätter höchstens am Grund verwachsen
6 Blüten 2-lippig. (Pappus aus 3 Schuppen) . . . .
. . . . **Triptilion**
6 Blüten nicht 2-lippig
7 Früchte im Körbchen verschieden gestaltet

8 Strahlblüten fertil. Röhrenblüten männlich . .
. . . .**Calendula**
8 Strahlblüten weiblich oder steril. Röhrenblüten meist fertil. . . . .**Dimorphotheca**
7 Früchte im Körbchen gleich gestaltet
9 Hüllblätter mit häutigem Rand (2- bis 5-reihig)
10 Pflanze strauchig
11 Frucht wenigstens zum teil geflügelt. (Blätter meist fiederspaltig) . . . . . .
. . . .**Argyranthemum**
11 Frucht etwa 10-rippig. (Blätter gesägt) . .
. . . .**Nipponanthemum**
10 Pflanze nicht strauchig
12 Pflanze mit Blattrosette
13 Blätter ganzrandig bis gesägt. Frucht abgeflacht mit kurzem drüsigem Schnabel
. . . . **Lagenophora**
13 Blätter fiederschnittig. Frucht 5- bis 10-rippig
14 Blätter doppelt 3-zipfelig. Hüllblätter nicht mit dunklem Rand . . . .
. . . . **Rhodanthemum**
14 Blätter fiederschnittig oder gezähnt. Hüllblätter mit braunschwarzem Rand .
. . . . **Leucanthemopsis**
12 Pflanze ohne deutliche Blattrosette
15 Früchte der Strahlenblüten und Röhrenblüten deutlich verschieden, die der Strahlblüten 3-kantig bis 3-flügelig. (Einjährige)
16 Pflanze drüsig. Früchte der Röhrenblüten 3-flügelig, die Flügel verlängert in Spitzen
. . . .**Heteranthemis**
16 Pflanze nicht drüsig. Früchte der Röhrenblüten mit kurz bespitzten Flügeln
17 Strahlblüten am Grund gelb . .**Ismelia**
17 Strahlblüten einfarbig. . . . .**Glebionis**
15 Früchte der Strahlenblüten und der Röhrenblüten nicht deutlich verschieden
18 Korbboden stark gewölbt, hohl . . . . .
. . . . **Matricaria**
18 Korbboden nicht stark gewölbt und hohl
19 Frucht mit hoher Krone, gekrümmt. (Blätter gezähnt. Pflanze einjährig mit gelben Strahlblüten) . . .**Coleostephus**
19 Frucht nicht auffällig gekrümmt und ohne sehr lange Krone
20 Strahlblüten am Grund gelb. (Pflanze einjährig). . . . . . . **Hymenostemma**
20 Strahlblüten einfarbig
21 Blätter 3-fach fiederschnittig mit linealen Zipfeln. Früchte 3-kantig . .
. . . . **Tripleurospermum**
21 Blätter nicht mit linealen Zipfeln. Früchte 5- bis 12-rippig
22 Stängel 1-köpfig. (Blätter gesägt bis fiederlappig. Frucht 10-rippig) . . .
. . . . **Leucanthemum**
22 Stängel mehrköpfig
23 Pflanze mit ganzrandigen bis gesägten, drüsig punktierten Blättern. Früchte 8-bis 12-rippig, mit Krönchen. . . **Leucanthemella**

23 Pflanze mit anderer
   Merkmalskombination
   24 Blätter gesägt bis fiederlappig,
      ± flächig. (Früchte 5- bis 8-rippig,
      ohne Rand oben) . . . .
      . . . .**Chrysanthemum**
   24 Blätter 1- bis 2-fach fiederteilig bis
      fiederschnittig. (Früchte 5- bis
      10-rippig, mit oder ohne
      Krönchen). . . . . . . **Tanacetum**
9 Hüllblätter ohne trockenhäutigen Rand
  25 Pappus fehlend
     26 Hüllblätter 1-reihig und verwachsen. . . .
        . . . .**Euryops**
     26 Hüllblätter nicht verwachsen
        27 Frucht mit 3 breiten Flügeln . . **Tripteris**
        27 Frucht ohne 3 breite Flügel
           28 Blätter alle in einer grundständigen
              Rosette. (Strahlblüten weiß, rosa oder
              purpurn) . . . . **Bellis**
           28 Blätter am Stängel verteilt
              29 Röhrenblüten fertil . . . . . . **Baileya**
              29 Röhrenblüten männlich
                 30 Frucht trocken . . . . **Osteospermum**
                 30 Frucht steinfruchtartig. . . . .
                    . . . . **Chrysanthemoides**
  25 Pappus aus Schuppen oder Grannen
     31 Hüllblätter am Grund verwachsen
        32 Blätter ± stachelig. Strahlblüten steril . .
           . . . .**Berkheya**
        32 Blätter nicht stachelig. Strahlblüten fertil
           . . . .**Hymenoxys**
     31 Hüllblätter nicht verwachsen
        33 Pappus aus 2–4 Grannen
           34 Blüten weiß, rosa oder purpurn. Frucht
              zusammengedrückt bis 2-flügelig . . . .
              . . . .**Boltonia**
           34 Blüten gelb. Frucht rund bis gerippt.
              (Pflanze meist drüsig-klebrig) . . . . . .
              . . . .**Grindelia**
        33 Pappus aus breiteren Schuppen bestehend
           35 Frucht 3-flügelig. (Äußere Hüllblätter mit
              Anhängsel). . . . . **Arctotis**
           35 Frucht nicht 3-flügelig
              36 Strahlblüten weiß bis violett. (Frucht
                 4-kantig). . . . . **Palafoxia**
              36 Strahlblüten gelb, orange oder braun
                 37 Blätter hauptsächlich in einer
                    grundständigen Rosette
                    38 Strahlblüten steril . . . . **Arctotheca**
                    38 Strahlblüten weiblich. . **Haplocarpha**
                 37 Blätter am Stängel verteilt
                    39 Frucht zusammengedrückt, an den 2
                       Kanten bewimpert. (Strahlblüten
                       steril) . . . . **Hulsea**
                    39 Frucht 4- bis mehrkantig oder rund
                       40 Hüllblätter 1-reihig. Pappusschuppen
                          stumpf . . . . **Eriophyllum**
                       40 Hüllblätter 2- bis 3-reihig.
                          Pappusschuppen zugespitzt. . . . .
                          . . . . **Helenium**

Achillea L.

Ableitung: antiker Pflanzenname
Vulgärnamen: D:Garbe, Schafgarbe; E:Milfoil, Yarrow; F:Achillée
Arten: 85
Lebensform: Staude, Halbstrauch
Milchsaft: –
Blätter: wechselständig, einfach, eingeschnitten oder nicht, oder zusammengesetzt
Körbchen: mit Zungen- und Röhrenblüten. Hüllblätter wenigreihig, mit trockenem Rand. Spreublätter vorhanden. Blüten weiß, rosa, gelb. Zungenblüten weiblich. Röhrenblüten zwittrig.
Pappus: fehlend

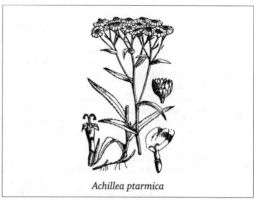

Achillea ptarmica

Acroptilon Cass.

Ableitung: mit federiger Spitze
Vulgärnamen: D:Federblume; E:Russian Knapweed
Arten: 1
Lebensform: Staude
Milchsaft: –
Blätter: wechselständig, einfach, nicht eingeschnitten
Körbchen: nur mit Röhrenblüten. Hüllblätter mehrreihig, mit Anhängseln. Spreublätter vorhanden. Blüten rosapurpurn. Röhrenblüten zwittrig
Pappus: aus Haaren

Adenostyles Cass.

Ableitung: mit drüsigem Griffel
Vulgärnamen: D:Alpendost; F:Adénostyle
Arten: 4
Lebensform: Staude
Milchsaft: –
Blätter: wechselständig oder grundständig, einfach, nicht eingeschnitten
Körbchen: nur mit Röhrenblüten. Hüllblätter 1-reihig und kleinen Schuppen. Spreublätter fehlend. Blüten purpurn, weiß. Röhrenblüten zwittrig
Pappus: aus Haaren

Asteraceae Korbblütler 221

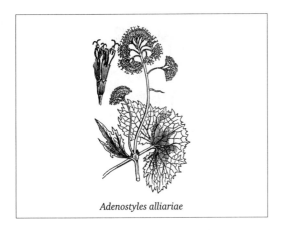
Adenostyles alliariae

Blätter: gegenständig, selten wechselständig, einfach, nicht eingeschnitten
Körbchen: nur mit Röhrenblüten. Hüllblätter 2- bis 3-reihig, mit trockenhäutigem Rand oder nicht. Spreublätter fehlend oder vorhanden. Blüten weiß, blau, lila. Röhrenblüten zwittrig
Pappus: ein Krönchen, aus 5–6 Haaren oder fehlend

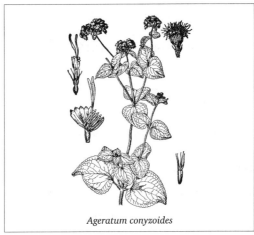
Ageratum conyzoides

Ageratina Spach
Ableitung: ewig junge kleine Pflanze
Arten: c. 290
Lebensform: Staude, Strauch
Milchsaft: –
Blätter: ± gegenständig, einfach, nicht eingeschnitten
Körbchen: nur Röhrenblüten. Hüllblätter 2- bis 3-reihig. Spreublätter fehlend. Blüten wie, lavendelfarben. Röhrenblüten zwittrig
Pappus: aus Haaren

Ajania Poljakov
Ableitung: Pflanze von Ajan (Ostasien)
Vulgärnamen: D:Gold-und-Silber-Chrysantheme; E:Gold-and-Silver Chrysanthemum
Arten: 34
Lebensform: Halbstrauch, Staude
Milchsaft: –
Blätter: wechselständig, einfach, eingeschnitten oder nicht
Körbchen: nur Röhrenblüten. Hüllblätter 3- bis 4-reihig, am Rand trockenhäutig. Spreublätter fehlend. Blüten gelb, lila, purpurn. Röhrenblüten weiblich oder zwittrig
Pappus: fehlend

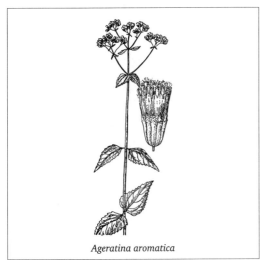
Ageratina aromatica

Ajania parviflora

Ageratum L.
Ableitung: ewig junge Pflanze
Vulgärnamen: D:Leberbalsam; E:Flossflower; F:Agératum
Arten: 44
Lebensform: Einjährige, Staude, Halbstrauch
Milchsaft: –

Amberboa (Pers.) Less.

Ableitung: wahrscheinlich nach der französischen Bezeichnung für Bisam, Moschus benannt
Vulgärnamen: D:Amberkörbchen, Bisampflanze; F:Centaurée musquée
Arten: 6
Lebensform: Einjährige, selten Zweijährige
Milchsaft: –
Blätter: wechselständig, einfach, eingeschnitten oder nicht
Körbchen: Hüllblätter mehrreihig, mit Anhängsel. Spreublätter vorhanden. Blüten rosa, weiß, lila, rot, violett. Äußere Röhrenblüten steril
Pappus: aus Schuppen

Ambrosia L.

Ableitung: antiker Pflanzenname, Götterspeise
Vulgärnamen: D:Ambrosie, Traubenkraut; E:Ragweed; F:Ambroisie
Arten: 43
Lebensform: Einjährige, Staude, Strauch
Milchsaft: –
Blätter: gegenständig, wechselständig, einfach oder zusammengesetzt
Körbchen: nur Röhrenblüten, in eingeschlechtigen Körbchen. Hüllblätter verwachsen bei männlichen Körbchen, 1-reihig. Spreublätter vorhanden in männlichen Körbchen. Blüten grün
Pappus: fehlend

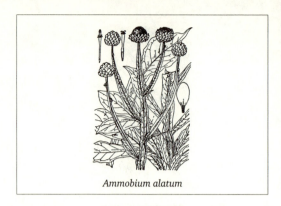
Ammobium alatum

Anacyclus L.

Ableitung: kein Kreis (äußerer Blütenkreis unfruchtbar)
Vulgärnamen: D:Bertram, Kreisblume, Ringblume; E:Anacyclus; F:Camomille du Maroc
Arten: 12
Lebensform: Einjährige, Staude
Milchsaft: –
Blätter: wechselständig, zusammengesetzt
Körbchen: mit Zungen- und Röhrenblüten. Hüllblätter 3-reihig, mit trockenhäutigem Rand. Spreublätter vorhanden. Blüten weiß, gelb, am Grund oft purpurn. Zungenblüten weiblich. Röhrenblüten zwittrig
Pappus: Krönchen oder Schuppen

Ambrosia artemisiifolia

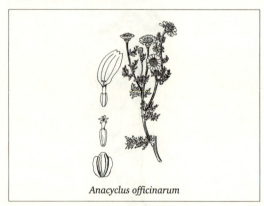
Anacyclus officinarum

Ammobium R. Br. ex Sims

Ableitung: Leben auf sandigem Boden
Vulgärnamen: D:Papierknöpfchen, Sandimmortelle; E:Winged Everlasting; F:Immortelle de sables
Arten: 3
Lebensform: Staude
Milchsaft: –
Blätter: wechselständig, einfach, nicht eingeschnitten
Körbchen: nur mit Röhrenblüten. Hüllblätter mehrreihig, trockenhäutig. Spreublätter vorhanden. Blüten mit orangefarbener, gelber, weißer Hülle. Röhrenblüten zwittrig
Pappus: becherförmig und 2 Grannen

Anaphalis DC.

Ableitung: falsches Gnaphalium
Vulgärnamen: D:Perlkörbchen, Silberimmortelle; E:Pearly Everlasting; F:Immortelle d'argent
Arten: c. 110
Lebensform: Staude, Strauch
Milchsaft: –
Blätter: wechselständig, einfach, nicht eingeschnitten
Körbchen: nur mit Röhrenblüten. Hüllblätter mehrreihig, trockenhäutig. Spreublätter fehlend. Blüten gelb mit weißer Hülle. Röhrenblüten zwittrig
Pappus: aus Haaren

Asteraceae Korbblütler

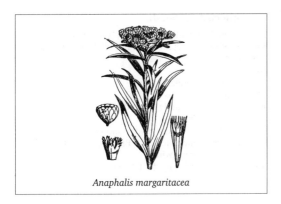
Anaphalis margaritacea

Andryala L.
Ableitung: Deutung unbekannt
Arten: 25
Lebensform: Einjährige, Staude, Zweijährige
Milchsaft: ±
Blätter: wechselständig, einfach, eingeschnitten oder nicht
Körbchen: nur mit Zungenblüten. Hüllblätter 2 bis mehrreihig. Spreublätter vorhanden oder fehlend. Blüten gelb oder orange. Zungenblüten zwittrig
Pappus: aus Haaren

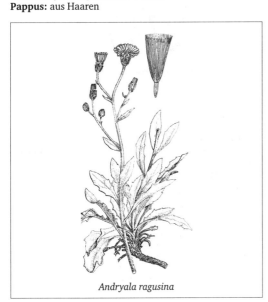
Andryala ragusina

Antennaria Gaertn.
Ableitung: Fühlerpflanze
Vulgärnamen: D:Katzenpfötchen; E:Cat's Ears, Pussy-Toes; F:Pied-de-chat
Arten: c. 70
Lebensform: Staude, Halbsträucher
Milchsaft: −

Blätter: grundständig, wechselständig, einfach, nicht eingeschnitten
Körbchen: nur mit Röhrenblüten. Hüllblätter mehrreihig, trockenhäutig. Spreublätter fehlend. Blüten weiß, rosa. Pflanzen zweihäusig
Pappus: aus gefiederten Haaren, verwachsen in einem Ring

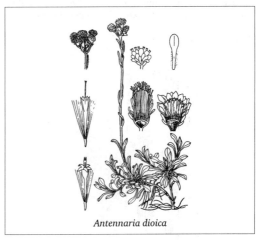
Antennaria dioica

Anthemis L.
Ableitung: antiker Pflanzenname
Vulgärnamen: D:Färberkamille, Hundskamille; E:Chamomile, Dog Fennel; F:Camomille
Arten: c. 175
Lebensform: Einjährige, Staude, Halbstrauch, Zweijährige
Milchsaft: −
Blätter: wechselständig, einfach bis zusammengesetzt
Körbchen: mit Zungen- und Röhrenblüten oder nur mit Röhrenblüten. Hüllblätter 3– 5-reihig. Spreublätter vorhanden, selten fehlend. Blüten weiß, gelb, rosa. Zungenblüten weiblich oder steril. Röhrenblüten zwittrig.
Pappus: fehlend oder Krönchen

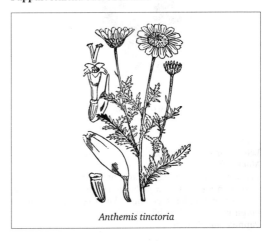
Anthemis tinctoria

Aposeris Neck. ex Cass.
Ableitung: Wegwerf-Salat
Vulgärnamen: D:Stinksalat; F:Aposéris
Arten: 1
Lebensform: Staude
Milchsaft: vorhanden
Blätter: grundständig, einfach, eingeschnitten
Körbchen: nur mit Zungenblüten. Hüllblätter 1-reihig. Spreublätter fehlend. Blüten gelb. Zungenblüten zwittrig
Pappus: fehlend

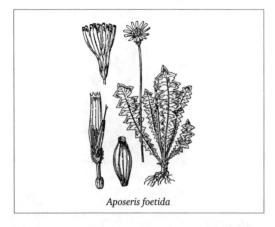
Aposeris foetida

Arctium L.
Ableitung: nach einem antiken Pflanzennamen
Vulgärnamen: D:Klette; E:Burdock; F:Bardane

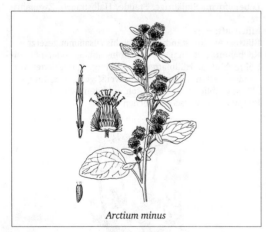
Arctium minus

Arten: 10
Lebensform: Zweijährige
Milchsaft: -
Blätter: wechselständig, einfach, nicht eingeschnitten
Körbchen: nur mit Röhrenblüten. Hüllblätter mehrreihig, mit dornigem Anhängsel. Spreublätter vorhanden. Blüten purpurn, weiß. Röhrenblüten zwittrig
Pappus: aus Haaren

Arctotheca J.C. Wendl.
Ableitung: Arctotis-Korb (Gegensatz zu Arctotis)
Vulgärnamen: D:Kaplöwenzahn; E:Plain Treasureflower; F:Souci du Cap
Arten: 5
Lebensform: Staude, Einjährige
Milchsaft: -
Blätter: wechselständig, grundständig, einfach, eingeschnitten oder nicht
Körbchen: mit Zungen- und Röhrenblüten. Hüllblätter 3-reihig. Spreublätter fehlend. Blüten gelb. Zungenblüten steril. Röhrenblüten zwittrig
Pappus: aus Schuppen oder fehlend

Arctotheca calendula

Arctotis L.
Ableitung: Bären-Ohr
Vulgärnamen: D:Bärenohr; E:African Daisy; F:Arctotide
Arten: c. 50
Lebensform: Einjährige, Staude, Halbstrauch, Strauch
Milchsaft: -

Arctotis fastuosa

Blätter: wechselständig, grundständig, einfach, eingeschnitten oder nicht
Körbchen: mit Zungen- und Röhrenblüten. Hüllblätter mehrreihig, mit Anhängsel. Spreublätter fehlend. Blüten weiß, gelb, blau, orange, rosa, purpurn, violett. Zungenblüten weiblich. Röhrenblüten zwittrig
Pappus: aus Schuppen, selten fehlend

Argyranthemum Webb

Ableitung: Silber-Blüte (Gegensatz zu Chrysanthemum = Gold-Blüte)
Vulgärnamen: D:Strauchmargerite; E:Marguerite; F:Marguerite en arbre
Arten: 23
Lebensform: Halbstrauch
Milchsaft: –
Blätter: wechselständig, einfach bis zusammengesetzt
Körbchen: mit Zungen- und Röhrenblüten. Hüllblätter 3- bis 4-reihig, mit trockenhäutigem Rand. Spreublätter fehlend. Blüten weiß, rosa, gelb. Zungenblüten weiblich. Röhrenblüten zwittrig
Pappus: Krönchen, selten fehlend

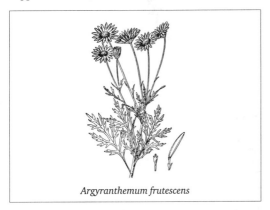
Argyranthemum frutescens

Arnica L.

Ableitung: Herleitung unklar
Vulgärnamen: D:Arnika, Wohlverleih; F:Arnica, Panacée des montagnes
Arten: 32
Lebensform: Staude
Milchsaft: –
Blätter: gegenständig, einfach, nicht eingeschnitten
Körbchen: mit Zungen- und Röhrenblüten. Hüllblätter 2-reihig, selten 1-reihig. Spreublätter fehlend. Blüten gelb, orange. Zungenblüten weiblich. Röhrenblüten zwittrig, selten männlich
Pappus: aus einfachen oder gefiederten Haaren

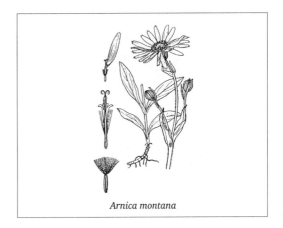
Arnica montana

Arnoseris Gaertn.

Ableitung: Lamm-Salat
Vulgärnamen: D:Lämmersalat; E:Lamb's Succory; F:Arnoséris
Arten: 1
Lebensform: Einjährige
Milchsaft: vorhanden
Blätter: grundständig, einfach, nicht eingeschnitten
Körbchen: nur mit Zungenblüten. Hüllblätter verwachsen, 1-reihig. Spreublätter fehlend. Blüten gelb. Zungenblüten zwittrig
Pappus: fehlend

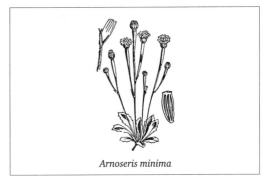
Arnoseris minima

Artemisia L.

Ableitung: antiker Pflanzenname
Vulgärnamen: D:Absinth, Beifuß, Eberraute, Wermut; E:Mugwort, Sage Brush, Wormwood; F:Absinthe, Armoise
Arten: c. 300
Lebensform: Einjährige, Staude, Halbstrauch, Strauch
Milchsaft: –
Blätter: wechselständig, einfach bis zusammengesetzt
Körbchen: nur mit Röhrenblüten. Hüllblätter 2- bis 7-reihig, mit ± trockenhäutigem Rand. Spreublätter fehlend oder vorhanden. Blüten gelb, braun, weiß, rötlich, purpurn, meist unscheinbar. Röhrenblüten zwittrig
Pappus: fehlend oder niedriger Ring

226 Asteraceae Korbblütler

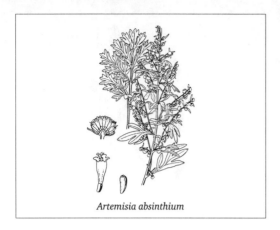

Artemisia absinthium

Aster L.

Ableitung: antiker Pflanzenname
Vulgärnamen: D:Aster; E:Aster, Michaelmas Daisy; F:Aster
Arten: c. 180
Lebensform: Staude, Einjährige, Zweijährige, Halbstrauch, Strauch
Milchsaft: –
Blätter: wechselständig, grundständig, einfach, nicht eingeschnitten
Körbchen: mit Zungen- und Röhrenblüten oder nur mit Röhrenblüten. Hüllblätter 2- mehrreihig. Spreublätter fehlend. Zungenblüten blau, violett, rosa, weiß, purpurn. Zungenblüten weiblich oder steril. Röhrenblüten zwittrig
Pappus: aus Haaren

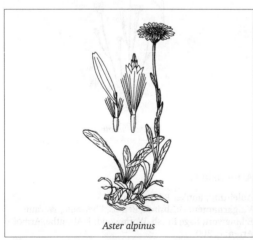

Aster alpinus

Asteriscus Mill.

Ableitung: Sternchen
Vulgärnamen: D:Sternauge; F:Astérolide
Arten: 3
Lebensform: Einjährige, Zweijährige, Staude
Milchsaft: –
Blätter: wechselständig, einfach, nicht eingeschnitten
Körbchen: mit Zungen- und Röhrenblüten. Hüllblätter 2- bis 3-reihig. Spreublätter vorhanden. Blüten gelb. Zungenblüten weiblich. Röhrenblüten zwittrig
Pappus: aus Schuppen

Asteriscus maritimus

Athanasia L.

Ableitung: Unsterblichkeit
Arten: 40
Lebensform: Strauch, Halbstrauch
Milchsaft: –
Blätter: wechselständig, selten gegenständig, einfach bis zusammengesetzt
Körbchen: nur mit Röhrenblüten. Hüllblätter 2-bis 5-reihig. Spreublätter vorhanden. Blüten gelb. Röhrenblüten zwittrig
Pappus: Krönchen oder Pappus fehlend

Ayapana Spach

Ableitung: Pflanzenname in Guayana
Arten: 15
Lebensform: Einjährige, Staude
Milchsaft: –
Blätter: gegenständig, selten wechselständig, einfach, nicht eingeschnitten
Körbchen: nur mit Röhrenblüten. Hüllblätter 4- bis 5-reihig. Spreublätter fehlend. Blüten weiß, rosa. Röhrenblüten zwittrig
Pappus: aus haaren

Baccharis L.

Ableitung: antiker Pflanzenname
Vulgärnamen: D:Kreuzstrauch; E:Tree Groundsel; F:Baccharis

Arten: c. 400
Lebensform: Strauch, Halbstrauch, Baum, Staude
Milchsaft: –
Blätter: wechselständig, selten gegenständig, einfach, nicht eingeschnitten
Körbchen: nur mit Röhrenblüten. Hüllblätter 3- bis 8-reihig. Spreublätter fehlend. Blüten weiß, gelblich, rötlich. Röhrenblüten zwittrig
Pappus: aus haaren

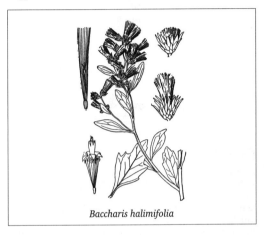

Baccharis halimifolia

Baileya Harv. et A. Gray ex Torr.

Vulgärnamen: D:Wüstenmargerite; E:Desert Marigold
Arten: 3
Lebensform: Einjährige, Staude
Milchsaft: –
Blätter: wechselständig, einfach, eingeschnitten
Körbchen: mit Zungen- und Röhrenblüten. Hüllblätter 2- bis 3-reihig. Spreublätter fehlend. Blüten gelb. Zungenblüten weiblich. Röhrenblüten zwittrig
Pappus: fehlend

Balsamorhiza Hook. ex Nutt.

Ableitung: Balsam-Wurzel
Arten: 14
Lebensform: Staude

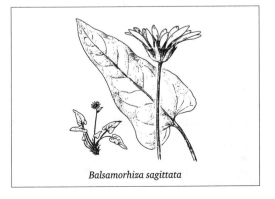

Balsamorhiza sagittata

Milchsaft: –
Blätter: gegenständig, einfach, eingeschnitten oder nicht
Körbchen: mit Zungen- und Röhrenblüten. Hüllblätter 2- bis 4-reihig. Spreublätter vorhanden. Blüten gelb. Zungenblüten weiblich. Röhrenblüten zwittrig. Pappus fehlend

Barnadesia Mutis ex L. f.

Ableitung: Gattung zu Ehren von Miguel Barnadés, einem spanischen Botaniker des 18. jahrhunderts benannt
Arten: 23
Lebensform: Baum, Strauch, dornig
Milchsaft: –
Blätter: wechselständig, einfach, nicht eingeschnitten, ± stachelig
Körbchen: mit Zungen- bis Röhrenblüten. Hüllblätter 6- bis 14-reihig. Spreublätter fehlend. Blüten rosa, purpurn, rot, selten weiß
Pappus: aus einfachen oder gefiederten Haaren

Bartlettina R.M. King et H. Rob.

Ableitung: Gattung zu Ehren von Harley Harris Bartlett (1886–1960), einem nordamerikanischen Botaniker benannt
Arten: 23 (3–27)
Lebensform: Strauch, Baum
Milchsaft: –
Blätter: gegenständig, einfach, nicht eingeschnitten
Körbchen: nur mit Röhrenblüten. Hüllblätter 3- bis 5-reihig. Spreublätter fehlend. Blüten weiß, lila, blau, purpurn. Röhrenblüten zwittrig
Pappus: aus Haaren

Bellis L.

Ableitung: antiker Pflanzenname
Vulgärnamen: D:Gänseblümchen, Maßliebchen; E:Daisy; F:Pâquerette
Arten: 7
Lebensform: Staude, Einjährige
Milchsaft: –
Blätter: grundständig, wechselständig, einfach, nicht eingeschnitten

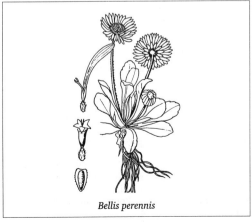

Bellis perennis

Körbchen: mit Zungen- und Röhrenblüten. Hüllblätter 2-reihig. Spreublätter fehlend. Blüten weiß, rosa, purpurn. Zungenblüten weiblich. Röhrenblüten zwittrig
Pappus: fehlend, selten ± ringartig

Bellium L.

Ableitung: Bellis-artig
Vulgärnamen: D:Scheingänseblümchen, Zwergmaßliebchen; F:Fausse-pâquerette
Arten: 4
Lebensform: Einjährige, Staude
Milchsaft: –
Blätter: grundständig, wechselständig, quirlständig, einfach, nicht eingeschnitten
Körbchen: mit Zungen- und Röhrenblüten. Hüllblätter einreihig, hautrandig. Spreublätter fehlend. Blüten weiß, rosa. Zungenblüten weiblich. Röhrenblüten zwittrig.
Pappus: aus Schuppen und 4–6 Borsten

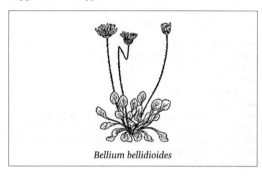
Bellium bellidioides

Berardia Vill.

Ableitung: Gattung zu Ehren von Pierre Bérard, einem französischen Apotheker des 17. Jahrhunderts benannt
Arten: 1
Lebensform: Staude
Milchsaft: –
Blätter: grundständig, einfach, nicht eingeschnitten
Körbchen: nur mit Röhrenblüten. Hüllblätter 3- bis 4-reihig. Spreublätter vorhanden. Blüten gelb, rosa, cremefarben. Röhrenblüten zwittrig
Pappus: aus Haaren

Berkheya Ehrh.

Ableitung: Gattung zu Ehren von Jan Le Francq van Berkhey (1729–1812), einem niederländischen Botaniker und Dichter benannt
Arten: 75
Lebensform: Staude, Halbsträucher, Strauch
Milchsaft: –
Blätter: wechselständig, gegenständig, einfach bis zusammengesetzt
Körbchen: mit Zungen- und Röhrenblüten oder nur mit Röhrenblüten. Hüllblätter am Grund verwachsen mehrreihig. Spreublätter fehlend. Blüten gelb, weiß, purpurn, braun. Zungenblüten steril. Röhrenblüten zwittrig.
Pappus: aus Schuppen

Berkheya spekeana

Bidens L.

Ableitung: zwei Zähne
Vulgärnamen: D:Zweizahn; E:Bur Marigold; F:Bident
Arten: c. 280
Lebensform: Einjährige, Staude, Strauch, Liane
Milchsaft: –
Blätter: gegenständig, wechselständig oder quirlständig, einfach bis zusammengesetzt
Körbchen: mit Zungen- und Röhrenblüten. Hüllblätter 2-reihig, ungleich, hautrandig. Spreublätter vorhanden. Blüten gelb, weiß, orange, selten rosa oder purpurn. Zungenblüten steril. Röhrenblüten zwittrig
Pappus: 2–6 Grannen oder fehlend

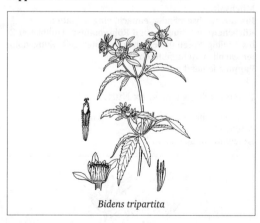
Bidens tripartita

Blumea DC.

Ableitung: Gattung zu Ehren von Carl Ludwig Blume (1796–1862), einem deutsch-niederländischen Botaniker benannt
Arten: c. 100
Lebensform: Einjährige, Staude, Strauch
Milchsaft: –

Blätter: wechselständig, einfach, eingeschnitten oder nicht
Körbchen: nur Röhrenblüten. Hüllblätter vielreihig. Spreublätter fehlend. Blüten gelb, purpurn. Zungenblüten weiblich. Röhrenblüten zwittrig
Pappus: aus Haaren

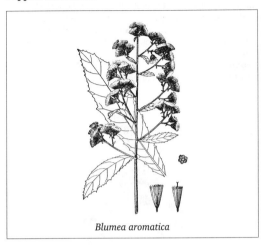

Blumea aromatica

Boltonia L'Hér.

Ableitung: Gattung zu Ehren von James Bolton (?–1799), einem englischen Amateurbotaniker benannt
Vulgärnamen: D:Boltonie, Scheinkamille; E:False Chamomile; F:Boltonia, Fausse-camomille
Arten: 5
Lebensform: Staude
Milchsaft: –
Blätter: wechselständig, einfach, nicht eingeschnitten
Körbchen: mit Zungen- und Röhrenblüten. Hüllblätter 2- bis 5-reihig, hautrandig. Spreublätter fehlend. Blüten weiß, rosa, blau. Zungenblüten weiblich. Röhrenblüten zwittrig
Pappus: aus Haaren und 2–4 Grannen

Boltonia asteroides var. *latisquama*

Borrichia Adans.

Arten: 32
Lebensform: Strauch
Milchsaft: –
Blätter: gegenständig, einfach, nicht eingeschnitten
Körbchen: mit Zungen- und Röhrenblüten. Hüllblätter 2- bis 4-reihig. Spreublätter vorhanden. Blüten gelb. Zungenblüten weiblich. Röhrenblüten zwittrig
Pappus: Krönchen

Brachyglottis J.R. Forst. et G. Forst.

Ableitung: kurze Zunge
Vulgärnamen: D:Jakobskraut; E:Ragwort; F:Brachyglottis
Arten: 29
Lebensform: Strauch, Baum, Halbstrauch, Liane, Staude
Milchsaft: –
Blätter: wechselständig, einfach, eingeschnitten oder nicht
Körbchen: mit Zungen- und Röhrenblüten oder nur mit Röhrenblüten. Hüllblätter einreihig. Spreublätter fehlend. Blüten gelb, weiß. Zungenblüten weiblich. Röhrenblüten zwittrig
Pappus: aus Haaren

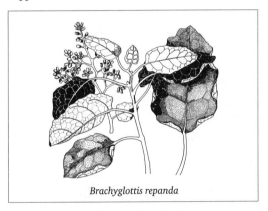

Brachyglottis repanda

Brachylaena R. Br.

Ableitung: mit kurzem Kleid (Schuppen)
Arten: 11
Lebensform: Strauch, Baum
Milchsaft: –
Blätter: wechselständig, einfach, nicht eingeschnitten
Körbchen: nur mit Röhrenblüten. Hüllblätter 3- bis 5-reihig. Spreublätter fehlend. Blüten weiß. Röhrenblüten zwittrig.
Pappus: aus Haaren

Brachyscome Cass.

Ableitung: kurzer Schopf (Frucht)
Vulgärnamen: D:Blaues Gänseblümchen; E:Swan River Daisy; F:Pâquerette bleue
Arten: 66
Lebensform: Einjährige, Staude

230 Asteraceae Korbblütler

Milchsaft: –
Blätter: grundständig, wechselständig, einfach, eingeschnitten oder nicht
Körbchen: mit Zungen- und Röhrenblüten. Hüllblätter 2- bis 3-reihig. Spreublätter fehlend. Blüten weiß, violett, blau, rosa, gelb. Zungenblüten steril. Röhrenblüten ± zwittrig
Pappus: aus Schuppen oder fehlend

Brachyscome iberidifolia

Buphthalmum L.

Ableitung: antiker Pflanzenname
Vulgärnamen: D:Ochsenauge; E:Ox Eye; F:Oeil-de-bœuf
Arten: 3
Lebensform: Staude
Milchsaft: –
Blätter: wechselständig, einfach, nicht eingeschnitten
Körbchen: mit Zungen- und Röhrenblüten. Hüllblätter wenigreihig. Spreublätter vorhanden. Blüten gelb, orange. Zungenblüten weiblich. Röhrenblüten zwittrig
Pappus: Krönchen oder becherförmig

Buphthalmum salicifolium

Calendula L.

Ableitung: wohl von alle Monate blühend
Vulgärnamen: D:Ringelblume; E:Marigold; F:Souci
Arten: 12
Lebensform: Einjährige, Staude, Halbstrauch
Milchsaft: –
Blätter: wechselständig, einfach, nicht eingeschnitten
Körbchen: mit Zungen- und Röhrenblüten. Hüllblätter ein- bis 2-reihig, hautrandig. Spreublätter fehlend. Blüten gelb, orange. Zungenblüten weiblich. Röhrenblüten männlich
Pappus: fehlend
Frucht: 2 verschiedene Formen

Calendula officinalis

Callistephus Cass.

Ableitung: schöner Kranz
Vulgärnamen: D:Sommeraster; E:China Aster; F:Reine-marguerite
Arten: 1

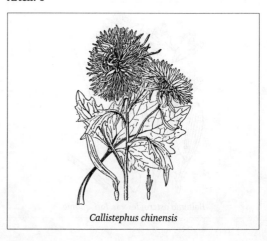
Callistephus chinensis

Asteraceae Korbblütler 231

Lebensform: Einjährige
Milchsaft: -
Blätter: wechselständig, einfach, nicht eingeschnitten
Körbchen: mit Zungen- und Röhrenblüten. Hüllblätter 2- bis 3-, selten bis 5-reihig. Spreublätter fehlend. Blüten weiß, lila, violett, purpurn, blau. Röhrenblüten zwittrig
Pappus: aus Haaren

Calocephalus R. Br.

Ableitung: schöner Kopf
Arten: 11
Lebensform: Strauch, Zweijährige, Einjährige, Staude
Milchsaft: -
Blätter: wechselständig oder gegenständig, einfach, nicht eingeschnitten
Körbchen: nur mit Röhrenblüten. Hüllblätter mehrreihig, trockenhäutig. Spreublätter fehlend. Blüten gelb.
Pappus: aus am Ende gefiederten Haaren

Calomeria Vent.

Ableitung: Gattung zu Ehren von Napoléon Bonaparte (1769–1821), dem Kaiser der Franzosen benannt; schöner Teil = buona parte = calo-meria
Arten: 1
Lebensform: Zweijährige
Milchsaft: -
Blätter: wechselständig, einfach, nicht eingeschnitten
Körbchen: nur Röhrenblüten. Hüllblätter mehrreihig, trockenhäutig. Spreublätter fehlend. Blüten rosa. Röhrenblüten zwittrig
Pappus: fehlend

Carduncellus Adans.

Ableitung: kleine Cardunculus
Vulgärnamen: D:Färberdistel; F:Cardoncelle
Arten: 30
Lebensform: Staude, selten Einjährige
Milchsaft: -
Blätter: wechselständig oder grundständig, einfach bis zusammengesetzt, fast immer stachelig
Körbchen: nur mit Röhrenblüten. Hüllblätter vielreihig, mit Anhängsel. Spreublätter vorhanden. Blüten blau, selten gelblich. Röhrenblüten zwittrig
Pappus: aus einfachen oder gefiederten Haaren

Carduncellus mitissimus

Carduus L.

Ableitung: antiker Name für Distel
Vulgärnamen: D:Distel; E:Thistle; F:Chardon
Arten: 91
Lebensform: Einjährige, Staude, Zweijährige
Milchsaft: -
Blätter: wechselständig, einfach, eingeschnitten, seltener nicht eingeschnitten
Körbchen: nur mit Röhrenblüten. Hüllblätter vielreihig, dornig. Spreublätter vorhanden. Blüten purpurn, rosa, rot, weiß. Röhrenblüten zwittrig
Pappus: aus einfachen Haaren

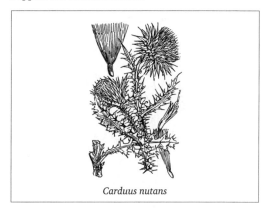
Carduus nutans

Carlina L.

Ableitung: Distel-Pflanze
Vulgärnamen: D:Eberwurz, Silberdistel, Wetterdistel; E:Carline Thistle; F:Carline
Arten: 28
Lebensform: Einjährige, Staude, Zweijährige, Strauch
Milchsaft: -
Blätter: wechselständig oder grundständig, einfach, eingeschnitten oder nicht
Körbchen: nur mit Röhrenblüten. Hüllblätter vielreihig, innere trockenhäutig, äußere stachelig. Spreublätter vorhanden. Blüten gelb, weiß, rosa, purpurn. Röhrenblüten zwittrig
Pappus: aus gefiederten Haaren

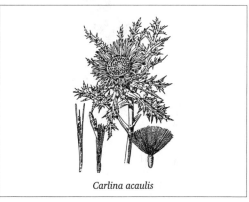
Carlina acaulis

Carpesium L.

Ableitung: antiker Pflanzenname
Vulgärnamen: D:Kragenblume; F:Carpésium
Arten: 25
Lebensform: Einjährige, Staude
Milchsaft: –
Blätter: wechselständig, einfach, nicht eingeschnitten
Körbchen: nur mit Röhrenblüten. Hüllblätter wenigreihig. Spreublätter fehlend. Blüten gelb. Röhrenblüten weiblich und zwittrig
Pappus: fehlend

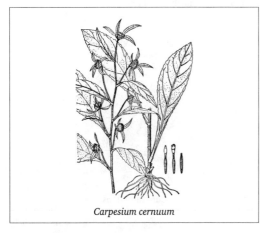
Carpesium cernuum

Carthamus L.

Ableitung: nach einem arabischen Pflanzennamen
Vulgärnamen: D:Saflor; E:Safflower; F:Carthame, Safran bâtard
Arten: 17
Lebensform: Einjährige, selten Staude
Milchsaft: –
Blätter: wechselständig, einfach, eingeschnitten oder nicht, meist stachelig

Carthamus tinctorius

Körbchen: nur mit Röhrenblüten. Hüllblätter vielreihig, mit oder ohne dorniges Anhängsel. Spreublätter vorhanden. Blüten gelb, selten rosa oder orange. Röhrenblüten zwittrig
Pappus: aus Schuppen

Cassinia R. Br.

Ableitung: Gattung zu Ehren von Alexandre-Henri-Gabriel Compte de Cassini (1781–1832), einem französischen Botaniker benannt
Arten: 20
Lebensform: Strauch
Milchsaft: –
Blätter: wechselständig, einfach, nicht eingeschnitten
Körbchen: nur mit Röhrenblüten. Hüllblätter mehrreihig, trockenhäutig. Spreublätter vorhanden. Blüten gelb. Röhrenblüten zwittrig
Pappus: aus Haaren

Catananche L.

Ableitung: antiker Pflanzenname
Vulgärnamen: D:Rasselblume; E:Blue Cupidone; F:Cupidone
Arten: 5
Lebensform: Einjährige, Staude
Milchsaft: vorhanden
Blätter: wechselständig, einfach, eingeschnitten oder nicht
Körbchen: nur mit Zungenblüten. Hüllblätter vielreihig, trockenhäutig. Spreublätter vorhanden. Blüten blau, gelb, selten weiß. Zungenblüten zwittrig
Pappus: aus 5–7 Schuppen

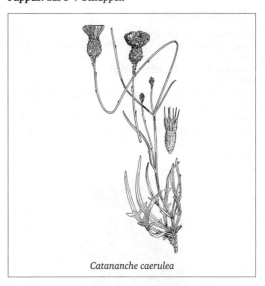
Catananche caerulea

Celmisia Cass.

Ableitung: nach einer Gestalt der griechischen Mythologie

Arten: 62
Lebensform: Staude, Halbstrauch
Milchsaft: -
Blätter: grundständig oder wechselständig, einfach, nicht eingeschnitten
Körbchen: mit Zungen- und Röhrenblüten. Hüllblätter 4- bis 5-reihig. Spreublätter fehlend. Blüten weiß, lila, violett. Zungenblüten weiblich. Röhrenblüten zwittrig
Pappus: aus Haaren

Centaurea L.

Ableitung: antiker Pflanzenname
Vulgärnamen: D:Flockenblume, Kornblume; E:Knapweed, Star Thistle; F:Bleuet, Centaurée
Arten: c. 250
Lebensform: Einjährige, Staude, Halbstrauch
Milchsaft: -
Blätter: wechselständig oder grundständig, einfach bis zusammengesetzt
Körbchen: nur mit Röhrenblüten, äußere oft vergrößert. Hüllblätter mehrreihig, mit Anhängsel. Spreublätter vorhanden. Blüten purpurn, blau, gelb, weiß. Röhrenblüten äußere steril, innere zwittrig
Pappus: aus einfachen oder gefiederten Haaren, Schuppen oder fehlend

Centaurea montana

Cephalipterum A. Gray

Ableitung: geflügelter Kopf
Vulgärnamen: D:Silberne Strohblume; E:Silver-flowered Everlasting; F:Immortelle argentée
Arten: 1
Lebensform: Einjährige
Milchsaft: -
Blätter: wechselständig, einfach, nicht eingeschnitten
Körbchen: nur mit Röhrenblüten. Hüllblätter vielreihig, trockenhäutig. Spreublätter fehlend. Blüten weiß, gelb, gelbgrün, rosa. Röhrenblüten zwittrig
Pappus: aus nur am Ende gefiederten Haaren

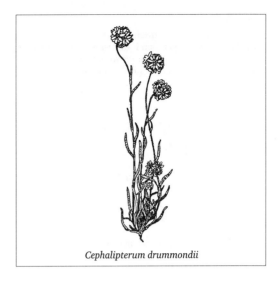
Cephalipterum drummondii

Chaenactis DC.

Ableitung: klaffender Strahlen
Arten: 40
Lebensform: Einjährige, Zweijährige, Staude, selten Halbstrauch
Milchsaft: -
Blätter: wechselständig oder grundständig, einfach, eingeschnitten oder nicht
Körbchen: nur Röhrenblüten. Hüllblätter 1- bis 4-reihig. Spreublätter fehlend. Blüten weiß, gelb, rosa, purpurn. Röhrenblüten zwittrig
Pappus: aus Schuppen oder fehlend

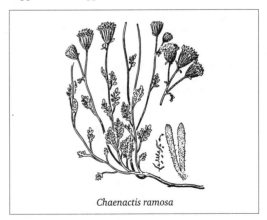
Chaenactis ramosa

Chamaemelum Mill.

Ableitung: antiker Pflanzenname
Vulgärnamen: D:Römische Kamille; E:Chamomile; F:Camomille romaine
Arten: 4
Lebensform: Einjährige, Staude

Milchsaft: –
Blätter: wechselständig, zusammengesetzt
Körbchen: mit Zungen- und Röhrenblüten. Hüllblätter 3-reihig, hautrandig. Spreublätter vorhanden. Blüten weiß. Zungenblüten weiblich oder steril. Röhrenblüten zwittrig
Pappus: fehlend

Chamaemelum nobile

Chiliotrichum Cass.

Ableitung: tausend Haare
Arten: 2
Lebensform: Strauch
Milchsaft: –
Blätter: wechselständig, einfach, nicht eingeschnitten
Körbchen: mit Zungen- und Röhrenblüten. Hüllblätter 2- bis 4-reihig, hautrandig. Spreublätter vorhanden. Blüten weiß, violett. Zungenblüten weiblich. Röhrenblüten zwittrig
Pappus: aus Haaren

Chondrilla L.

Ableitung: antiker Pflanzenname
Vulgärnamen: D:Knorpellattich; E:Nakedweed; F:Chondrille
Arten: 25
Lebensform: zweijährige, Staude
Milchsaft: vorhanden
Blätter: wechselständig, einfach, eingeschnitten

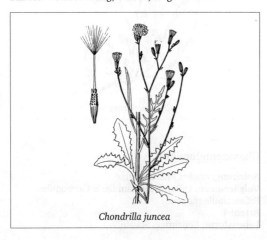

Chondrilla juncea

Körbchen: nur mit Zungenblüten. Hüllblätter 2-reihig. Spreublätter fehlend. Blüten gelb. Zungenblüten zwittrig
Pappus: aus Haaren

Chrysanthemoides Fabr.

Ableitung: Chrysanthemum-ähnlich
Arten: 2
Lebensform: Strauch, Staude
Milchsaft:
Blätter: wechselständig, einfach, nicht eingeschnitten
Körbchen: mit Zungen- und Röhrenblüten. Hüllblätter 2- bis 3-reihig. Spreublätter fehlend. Blüten gelb. Zungenblüten weiblich. Röhrenblüten männlich
Pappus: fehlend

Chrysanthemum L.

Ableitung: antiker Pflanzenname
Vulgärnamen: D:Chrysantheme, Winteraster; E:Florist's Chrysanthemum; F:Chrysanthème
Arten: 41
Lebensform: Staude, Halbstrauch
Milchsaft: –
Blätter: wechselständig, einfach, eingeschnitten oder nicht
Körbchen: mit Zungen- und Röhrenblüten. Hüllblätter 2- bis 4-reihig, meist hautrandig. Spreublätter fehlend. Blüten weiß, rosa, gelb, braun, kupferfarben. Zungenblüten weiblich. Röhrenblüten zwittrig
Pappus: fehlend

Chrysanthemum × grandiflorum

Chrysocoma L.

Ableitung: Gold-Schopf
Vulgärnamen: D:Goldhaar; E:Goldilock; F:Chrysocome
Arten: 18
Lebensform: Einjährige, Staude, Strauch
Milchsaft: –
Blätter: wechselständig, einfach, nicht eingeschnitten
Körbchen: nur mit Röhrenblüten. Hüllblätter 3- bis 4-reihig, hautrandig. Spreublätter fehlend. Blüten gelb. Röhrenblüten zwittrig
Pappus: aus Haaren

Chrysogonum L.
Ableitung: antiker Pflanzenname
Vulgärnamen: D:Goldkörbchen; E:Golden Knee; F:Chrysogonum
Arten: 1
Lebensform: Staude
Milchsaft: -
Blätter: gegenständig, einfach, nicht eingeschnitten
Körbchen: mit Zungen- und Röhrenblüten. Hüllblätter 2-reihig. Spreublätter vorhanden. Blüten gelb. Zungenblüten weiblich. Röhrenblüten männlich.
Pappus: 2 steife Grannen

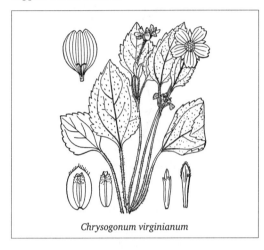
Chrysogonum virginianum

Chrysopsis (Nutt.) Elliott
Ableitung: von goldenem Aussehen
Vulgärnamen: D:Goldaster; E:Golden Aster; F:Aster doré
Arten: 10
Lebensform: Staude, Einjährige, Zweijährige
Milchsaft: -
Blätter: wechselständig, einfach, nicht eingeschnitten
Körbchen: mit Zungen- und Röhrenblüten. Hüllblätter 2- bis 5-reihig. Spreublätter fehlend. Blüten gelb. Zungenblüten weiblich. Röhrenblüten zwittrig
Pappus: aus Haaren

Chrysothamnus Nutt.
Ableitung: goldener Busch
Vulgärnamen: D:Kaninchenstrauch; E:Rabbitbush; F:Chrysothamne
Arten: 16
Lebensform: Strauch, Staude
Milchsaft: -
Blätter: wechselständig oder gegenständig, einfach, nicht eingeschnitten
Körbchen: mit Zungen- und Röhrenblüten oder nur Röhrenblüten. Hüllblätter 3- bis 5-reihig. Spreublätter fehlend. Blüten gelb. Zungenblüten weiblich. Röhrenblüten zwittrig
Pappus: aus Haaren

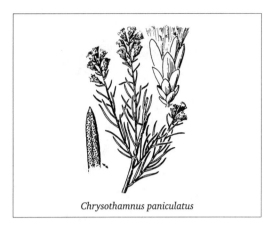
Chrysothamnus paniculatus

Cicerbita Wallr.
Ableitung: antiker Pflanzenname
Vulgärnamen: D:Milchlattich; E:Blue Sowthistle; F:Mulgédie
Arten: 18
Lebensform: Staude
Milchsaft: vorhanden
Blätter: wechselständig, einfach, eingeschnitten oder nicht
Körbchen: nur mit Zungenblüten. Hüllblätter 3- bis mehrreihig. Spreublätter fehlend. Blüten blau, lila, violett, selten gelb. Zungenblüten zwittrig
Pappus: aus Haaren

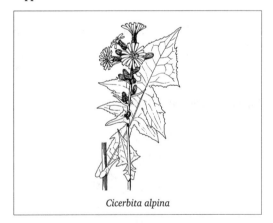
Cicerbita alpina

Cichorium L.
Ableitung: antiker Pflanzenname
Vulgärnamen: D:Chicorée, Endivie, Wegwarte; E:Chicory; F:Chicorée
Arten: 8
Lebensform: Einjährige, Staude
Milchsaft: vorhanden
Blätter: wechselständig, einfach, eingeschnitten

Cichorium intybus

Körbchen: nur mit Zungenblüten. Hüllblätter 2-reihig. Spreublätter fehlend. Blüten blau, weiß, rosa. Zungenblüten zwittrig
Pappus: aus Schuppen, Krönchen oder fehlend

Cirsium Mill.

Ableitung: antiker Pflanzenname
Vulgärnamen: D:Kratzdistel; E:Thistle; F:Cirse
Arten: c. 250
Lebensform: Einjährige, Zweijährige, Staude, Halbstrauch
Milchsaft: –
Blätter: wechselständig, einfach, eingeschnitten oder nicht
Körbchen: nur mit Röhrenblüten. Hüllblätter mehrreihig, dornig. Spreublätter vorhanden. Blüten purpurn, weiß, rosa, rot, selten gelb. Röhrenblüten zwittrig oder eingeschlechtig
Pappus: aus gefiederten Haaren

Cirsium vulgare

Cladanthus Cass.

Ableitung: Zweig-Blüte
Vulgärnamen: D:Astblume; E:Palm Springs Daisy; F:Anthémis d'Arabie

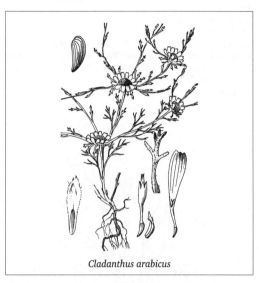

Cladanthus arabicus

Arten: 1
Lebensform: Einjährige, Staude, Halbstrauch
Milchsaft: –
Blätter: wechselständig, einfach bis zusammengesetzt
Körbchen: mit Zungen- und Röhrenblüten. Hüllblätter 2- bis 3-reihig, hautrandig. Spreublätter vorhanden. Blüten gelb, orange, weiß. Zungenblüten steril oder weiblich. Röhrenblüten zwittrig
Pappus: fehlend

Cnicus L.

Ableitung: antiker Pflanzenname
Vulgärnamen: D:Benediktenkraut, Bitterdistel; E:Blessed Thistle; F:Chardon bénit, Cnicaut

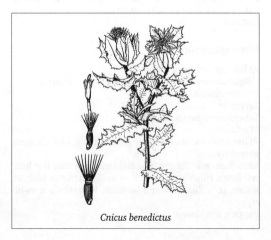

Cnicus benedictus

Arten: 1
Lebensform: Einjährige
Milchsaft: -
Blätter: wechselständig, einfach, eingeschnitten oder nicht, ± stachelig
Körbchen: nur mit Röhrenblüten. Hüllblätter mehrreihig, mit Anhängsel. Spreublätter vorhanden. Blüten gelb. Röhrenblüten steril und zwittrig
Pappus: aus haaren

Coleostephus Cass.

Ableitung: Kranz mit Scheide
Arten: 2
Lebensform: Einjährige
Milchsaft: -
Blätter: wechselständig, einfach, nicht eingeschnitten
Körbchen: mit Zungen- und Röhrenblüten. Hüllblätter 4-reihig, hautrandig. Spreublätter fehlend. Blüten gelb. Zungenblüten weiblich, steril. Röhrenblüten zwittrig.
Pappus: Krönchen oder fehlend

Conoclinium DC.

Ableitung: mit kegelförmigem Bett
Vulgärnamen: D:Nebelblume; E:Mist Flower
Arten: 3
Lebensform: Staude
Milchsaft: -
Blätter: gegenständig, einfach, eingeschnitten oder nicht
Körbchen: nur mit Röhrenblüten. Hüllblätter 2- bis 3-reihig. Spreublätter fehlend. Blüten blau, weiß. Röhrenblüten zwittrig
Pappus: aus Haaren

Conyza Less.

Ableitung: antiker Pflanzenname
Vulgärnamen: D:Berufkraut; E:Fleabane; F:Erigeron
Arten: c. 50
Lebensform: Einjährige, Staude, selten Strauch
Milchsaft: -
Blätter: wechselständig, einfach, eingeschnitten oder nicht

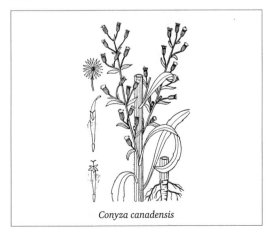
Conyza canadensis

Körbchen: mit Zungen- und Röhrenblüten oder nur mit Röhrenblüten. Hüllblätter 2- bis 4-reihig. Spreublätter fehlend. Blüten weiß, purpurn. Zungenblüten weiblich. Röhrenblüten zwittig
Pappus: aus Haaren

Coreopsis L.

Ableitung: Wanzen-Blume
Vulgärnamen: D:Mädchenauge, Schöngesicht, Wanzenblume; E:Tickseed; F:Coréopsis, Œil de Jeune fille
Arten: c. 80
Lebensform: Einjährige, Staude, Strauch, Zweijährige, Baum
Milchsaft: -
Blätter: gegenständig und selten wechselständig zugleich, quirlständig, einfach bis zusammengesetzt
Körbchen: mit Zungen- und Röhrenblüten. Hüllblätter 2 bis 3-reihig, sehr ungleich. Spreublätter vorhanden. Blüten gelb, weiß, orange, selten rosa. Zungenblüten steril, selten weiblich. Röhrenblüten zwittrig
Pappus: fehlend, aus 2 steifen Grannen oder als Ring ausgebildet

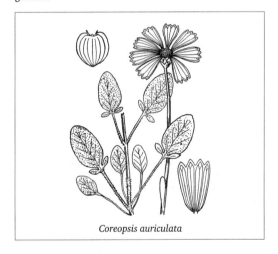
Coreopsis auriculata

Corethrogyne DC.

Arten: 1
Lebensform: Staude
Milchsaft: -
Blätter: wechselständig, einfach, nicht eingeschnitten
Körbchen: mit Zungen- und Röhrenblüten. Hüllblätter 3- bis 8-reihig. Spreublätter fehlend. Blüten violett, rosa, weiß, blau. Zungenblüten steril. Röhrenblüten zwittrig
Pappus: aus Haaren

Cosmos Cav.

Ableitung: Schmuck
Vulgärnamen: D:Kosmee, Schmuckkörbchen; E:Mexican Aster; F:Cosmos
Arten: 26
Lebensform: Einjährige, Staude

238 Asteraceae Korbblütler

Blätter: gegenständig, zusammengesetzt, selten einfach
Körbchen: mit Zungen- und Röhrenblüten. Hüllblätter 2-reihig, sehr ungleich. Spreublätter vorhanden. Blüten weiß, rosa, gelb, purpurn, rosenfarben, selten orange, rot. Zungenblüten steril. Röhrenblüten zwittrig
Pappus: fehlend oder 1–8 Grannen

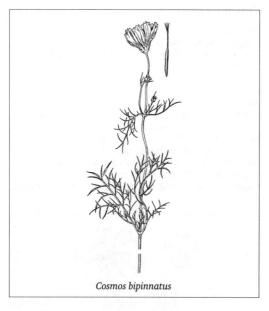
Cosmos bipinnatus

Cotula L.

Ableitung: Napf
Vulgärnamen: D:Laugenblume; E:Buttonweed; F:Cotule
Arten: c. 80
Lebensform: Einjährige, Staude
Milchsaft: –

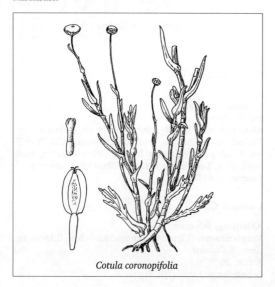
Cotula coronopifolia

Blätter: wechselständig, selten gegenständig, einfach, eingeschnitten oder nicht
Körbchen: nur mit Röhrenblüten. Hüllblätter 2- bis 3-reihig, hautrandig. Spreublätter fehlend. Blüten gelb, braun, grün. Zungenblüten weiblich, 4-zähnig. Röhrenblüten weiblich und zwittrig oder weiblich
Pappus: fehlend

Craspedia G. Forst.

Ableitung: mit wolligem Blattsaum
Vulgärnamen: D:Junggesellenknopf, Trommelschlägel; E:Billy Buttons; F:Baguette de tambour
Arten: 8 (1–25)
Lebensform: Einjährige, Staude
Milchsaft:
Blätter: wechselständig, einfach, nicht eingeschnitten
Körbchen: nur mit Röhrenblüten. Hüllblätter vielreihig, trockenhäutig. Spreublätter vorhanden. Blüten weiß, gelb, rosa, purpurn, orange. Röhrenblüten zwittrig
Pappus: aus gefiederten Haaren

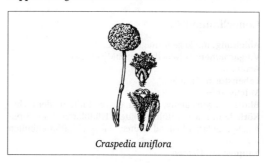
Craspedia uniflora

Crassocephalum Moench

Ableitung: dicker Kopf
Arten: 24

Crassocephalum mannii

Lebensform: Staude
Milchsaft: -
Blätter: wechselständig, einfach, eingeschnitten oder nicht
Körbchen: nur mit Röhrenblüten. Hüllblätter 1-reihig und kleine Schuppen. Spreublätter fehlend. Blüten cremefarben, gelb, orange, rosa, rot, lila, purpurn. Röhrenblüten zwittrig
Pappus: aus Haaren

Cremanthodium Benth.

Ableitung: hängende Blume
Arten: c. 75
Lebensform: Staude
Milchsaft: -
Blätter: wechselständig oder grundständig, einfach bis zusammengesetzt
Körbchen: mit Zungen- und Röhrenblüten. Hüllblätter 1- bis 2-reihig. Spreublätter fehlend. Blüten gelb, weiß, rosa, purpurn, orange. Zungenblüten weiblich. Röhrenblüten zwittrig
Pappus: aus Haaren

Crepis L.

Ableitung: antiker Pflanzenname
Vulgärnamen: D:Pippau; E:Hawk's Beard; F:Crépide, Crépis
Arten: c. 200
Lebensform: Einjährige, Staude
Milchsaft: vorhanden
Blätter: wechselständig oder grundständig, einfach bis zusammengesetzt
Körbchen: nur mit Zungenblüten. Hüllblätter 2-reihig. Spreublätter fehlend, selten vorhanden. Blüten gelb, orange, rot, rosa, selten weiß. Zungenblüten zwittrig
Pappus: aus Haaren

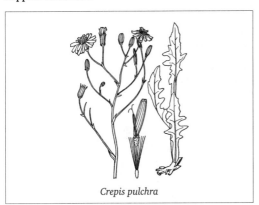
Crepis pulchra

Crupina (Pers.) DC.

Ableitung: Herleitung unbekannt
Vulgärnamen: D:Schlupfsame; F:Crupina
Arten: 3
Lebensform: Einjährige
Milchsaft: vorhanden
Blätter: wechselständig, einfach bis zusammengesetzt

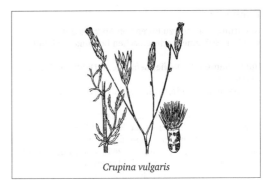
Crupina vulgaris

Körbchen: nur mit Zungenblüten. Hüllblätter wenigreihig. Spreublätter vorhanden. Blüten purpurn, rot. Zungenblüten sterile und zwittrige
Pappus: aus Haaren und Schuppen

Cynara L.

Ableitung: antiker Name der Artischocke
Vulgärnamen: D:Artischocke, Kardy; E:Globe Artichoke; F:Artichaut, Cardon
Arten: 8
Lebensform: Staude
Milchsaft: -
Blätter: wechselständig oder grundständig, einfach, eingeschnitten, stachelig
Körbchen: nur mit Röhrenblüten. Hüllblätter mehrreihig, ± dornig. Spreublätter vorhanden, grannenartig. Blüten purpurn, blau, weiß, violett. Röhrenblüten zwittrig
Pappus: aus gefiederten Haaren

Cynara cardunculus

Dahlia Cav.

Ableitung: Gattung zu Ehren von Andreas Dahl (1751-1789), einem schwedischen Botaniker in Finnland benannt
Vulgärnamen: D:Dahlie, Georgine; E:Dahlia; F:Dahlia
Arten: 29
Lebensform: Staude, Strauch, mit Wurzelknollen
Milchsaft: -
Blätter: gegen- oder quirlständig, zusammengesetzt
Körbchen: mit Zungen- und Röhrenblüten. Hüllblätter 2- 3-reihig, sehr ungleich. Spreublätter vorhanden. Blüten lila, purpurn, rosa, rot, orange, gelb, weiß. Zungenblüten steril, selten weiblich. Röhrenblüten zwittrig
Pappus: fehlend, 2 oder selten 5 Borsten

Dahlia pinnata

Delairea Lem.

Ableitung: Gattung zu Ehren von Delaire, einem französischen Botaniker des 19. Jahrhunderts benannt
Vulgärnamen: D:Salonefeu; E:German Ivy; F:Delairea
Arten: 1
Lebensform: Staude, kletternd
Milchsaft: -
Blätter: wechselständig, einfach, handförmig gelappt, sukkulent
Körbchen: nur mit Röhrenblüten. Hüllblätter 1-reihig und kleine Schuppen. Spreublätter fehlend. Blüten gelb. Röhrenblüten zwittrig
Pappus: aus Haaren

Dimorphotheca Moench

Ableitung: zweigestaltige Früchte
Vulgärnamen: D:Kapkörbchen; E:Sun Marigold; F:Souci de Cap
Arten: 20
Lebensform: Einjährige, Staude, Halbstrauch, Strauch
Milchsaft:
Blätter: wechselständig, einfach, eingeschnitten oder nicht
Körbchen: mit Zungen- und Röhrenblüten. Hüllblätter einreihig. Spreublätter fehlend. Blüten weiß, purpurn, gelb, orange. Zungenblüten weiblich oder steril. Röhrenblüten zwittrig oder männlich
Pappus: fehlend

Dittrichia Greuter

Ableitung: Gattung zu Ehren von Manfred Dittrich (1934-), einem deutschen Botaniker in Genf benannt
Vulgärnamen: D:Alant; E:Fleabane; F:Aunée
Arten: 2
Lebensform: Einjährige, Staude
Milchsaft: -
Blätter: wechselständig, einfach, nicht eingeschnitten
Körbchen: mit Zungen- und Röhrenblüten. Hüllblätter mehrreihig. Spreublätter fehlend. Blüten gelb. Zungenblüten weiblich. Röhrenblüten zwittrig
Pappus: aus Haaren

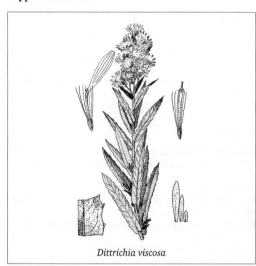

Dittrichia viscosa

Doronicum L.

Ableitung: nach einem arabischen Pflanzennamen
Vulgärnamen: D:Gämswurz; E:Leopard's Bane; F:Doronic
Arten: 35-40
Lebensform: Staude
Milchsaft: -

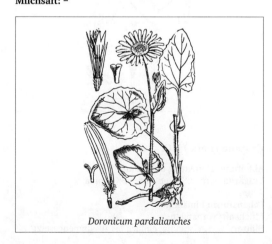

Doronicum pardalianches

Blätter: wechselständig, einfach, nicht eingeschnitten
Körbchen: mit Zungen- und Röhrenblüten. Hüllblätter 2-reihig. Spreublätter fehlend. Blüten gelb. Zungenblüten weiblich. Röhrenblüten zwittrig
Pappus: aus Haaren

Dracopsis Cass.

Ableitung: wahrscheinlich: von drachenförmigem Aussehen
Vulgärnamen: D:Sonnenhut
Arten: 1
Lebensform: Einjährige
Milchsaft: –
Blätter: wechselständig, einfach, nicht eingeschnitten
Körbchen: mit Zungen- und Röhrenblüten. Hüllblätter 2-reihig. Spreublätter vorhanden. Blüten gelb, orange, purpurn. Zungenblüten steril. Röhrenblüten zwittrig
Pappus: Krönchen

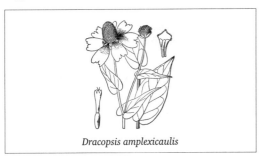
Dracopsis amplexicaulis

Echinacea Moench

Ableitung: Igel-Pflanze
Vulgärnamen: D:Igelkopf, Scheinsonnenhut; E:Cone Flower; F:Echinacéa
Arten: 9
Lebensform: Staude, Einjährige
Milchsaft: –
Blätter: wechselständig, einfach, nicht eingeschnitten
Körbchen: mit Zungen- und Röhrenblüten. Hüllblätter 2- bis 4-reihig, zurückgeschlagen. Spreublätter vorhanden, stechend. Blüten purpurn, rosa, selten weiß oder gelb. Zungenblüten steril. Röhrenblüten zwittrig
Pappus: Krönchen

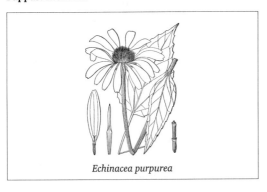
Echinacea purpurea

Echinops L.

Ableitung: Igel-Auge
Vulgärnamen: D:Kugeldistel; E:Globe Thistle; F:Boule azurée
Arten: c. 120
Lebensform: Staude, Einjährige
Milchsaft: –
Blätter: wechselständig, einfach, eingeschnitten oder nicht, ± stachelig
Körbchen: nur mit 1 Röhrenblüte, aber in kugeligen Köpfen. Hüllblätter 3– 5-reihig. Blüten blau, weiß, grünlich, rot. Röhrenblüten zwittrig
Pappus: schuppig

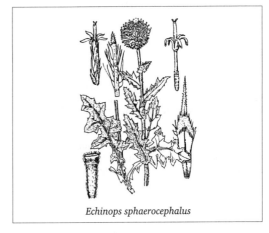
Echinops sphaerocephalus

Edmondia Cass.

Ableitung: Gattung zu Ehren von Pierre Edmond Boissier (1810–1885), einem schweizerischen Botaniker benannt
Arten: 3
Lebensform: Halbstrauch
Milchsaft: –
Blätter: wechselständig, einfach, nicht eingeschnitten
Körbchen: mit Zungen- und Röhrenblüten. Hüllblätter mehrreihig. Spreublätter fehlend. Hülle weiß, rosa. Zungenblüten fadenförmig. Röhrenblüten zwittrig
Pappus: aus am Grund verwachsenen Haaren

Emilia (Cass.) Cass.

Ableitung: Herleitung unbekannt
Vulgärnamen: D:Emilie; F:Emilie
Arten: c. 100
Lebensform: Einjährige, Staude
Milchsaft: –
Blätter: wechselständig, einfach, eingeschnitten oder nicht
Körbchen: nur mit Röhrenblüten. Hüllblätter einreihig. Spreublätter fehlend. Blüten rot, purpurn, weiß, rosa, orange, gelb. Röhrenblüten zwittrig
Pappus: aus Haaren

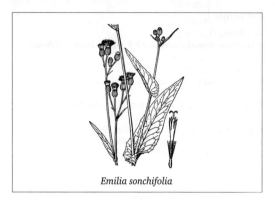
Emilia sonchifolia

Erechtites hieraciifolia

Encelia Adans.

Arten: 17
Lebensform: Staude, Strauch, Einjährige
Milchsaft: –
Blätter: wechselständig, einfach, nicht eingeschnitten, selten eingeschnitten
Körbchen: mit Zungen- und Röhrenblüten. Hüllblätter 2- bis 3-reihig. Spreublätter vorhanden. Blüten gelb, selten weiß. Zungenblüten steril. Röhrenblüten zwittrig
Pappus: 2 oder seltener 1 Granne oder fehlend

Erigeron L.

Ableitung: antiker Pflanzenname
Vulgärnamen: D:Berufkraut, Feinstrahl; E:Fleabane; F:Erigeron, Vergerette
Arten: c. 200
Lebensform: Einjährige, Zweijährige, Staude, selten Strauch
Milchsaft: –
Blätter: wechselständig, einfach, eingeschnitten oder nicht
Körbchen: mit Zungen- und Röhrenblüten. Hüllblätter 2- bis 7-reihig. Spreublätter fehlend. Blüten weiß, rosa, blau, purpurn, selten gelb. Zungenblüten weiblich. Röhrenblüten zwittrig oder weiblich
Pappus: aus Haaren

Encelia farinosa

Erigeron philadelphicus

Erechtites Raf.

Ableitung: antiker Pflanzenname
Vulgärnamen: D:Scheingreiskraut; E:Burnweed
Arten: 5
Lebensform: Einjährige, Staude
Milchsaft: –
Blätter: wechselständig, einfach, eingeschnitten oder nicht
Körbchen: mit unscheinbaren Zungenblüten und Röhrenblüten. Hüllblätter einreihig. Spreublätter fehlend. Blüten weiß, gelblich. Zungenblüten weiblich. Röhrenblüten zwittrig
Pappus: aus Haaren

Eriocephalus L.

Ableitung: wolliger Kopf
Vulgärnamen: D:Wollkopf; F:Faux-kapokier
Arten: 27
Lebensform: Strauch
Milchsaft: –
Blätter: gegenständig und zum Teil wechselständig, einfach, eingeschnitten oder nicht

Körbchen: mit Zungen- und Röhrenblüten. Hüllblätter 2-reihig, sehr ungleich, äußere trockenhäutig, innere hautrandig. Spreublätter vorhanden. Blüten weiß, gelb, rötlich. Zungenblüten weiblich. Röhrenblüten weiblich und männlich
Pappus: fehlend

Eriophyllum Lag.

Ableitung: Woll-Blatt
Vulgärnamen: D:Wollblatt; E:Wooly Sunflower; F:Eriophylle
Arten: 13
Lebensform: Einjährige, Staude, Halbstrauch, Strauch
Milchsaft: -
Blätter: wechselständig, einfach bis zusammengesetzt
Körbchen: mit Zungen- und Röhrenblüten oder nur Röhrenblüten. Hüllblätter einreihig, selten 2-reihig. Spreublätter fehlend. Blüten gelb, selten weiß. Zungenblüten weiblich. Röhrenblüten zwittrig
Pappus: aus Schuppen, selten fehlend

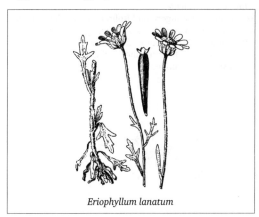
Eriophyllum lanatum

Eupatorium L.

Ableitung: antiker Pflanzenname
Vulgärnamen: D:Kunigundenkraut, Wasserdost; E:Hemp Agrimony; F:Eupatoire
Arten: 45

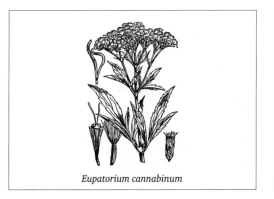
Eupatorium cannabinum

Lebensform: Einjährige, Staude
Milchsaft: -
Blätter: gegen- oder quirl- oder obere wechselständig, einfach bis zusammengesetzt
Körbchen: nur mit Röhrenblüten. Hüllblätter 2- bis 5-reihig. Spreublätter fehlend. Blüten weiß, rosa, purpurn, lila, rot, blau. Röhrenblüten zwittrig
Pappus: aus Haaren

Euryops (Cass.) Cass.

Ableitung: breites Gesicht
Vulgärnamen: D:Goldmargerite; F:Marguerite dorée
Arten: 97
Lebensform: Strauch, Halbstrauch, Staude, selten Einjährige
Milchsaft: -
Blätter: wechselständig, einfach, eingeschnitten oder nicht
Körbchen: mit Zungen- und Röhrenblüten. Hüllblätter verwachsen, selten frei, einreihig. Spreublätter fehlend. Blüten gelb, orange. Zungenblüten weiblich. Röhrenblüten zwittrig, selten männlich
Pappus: aus Haaren, fehlend

Ewartia Beauverd

Ableitung: Gattung zu Ehren von Alfred James Ewart (1872–1937), einem englischen Botaniker benannt
Arten: 4
Lebensform: Staude
Milchsaft: -
Blätter: wechselständig, einfach, nicht eingeschnitten
Körbchen: mit Zungen- und Röhrenblüten. Hüllblätter mehrreihig, trockenhäutig, weiß. Spreublätter fehlend. Blüten purpurn. Zungenblüten weiblich. Röhrenblüten zwittrig
Pappus: aus Haaren

Farfugium Lindl.

Ableitung: antiker Pflanzenname
Arten: 2
Lebensform: Staude
Milchsaft: -
Blätter: grundständig, einfach, handnervig, nicht eingeschnitten

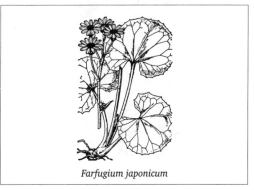
Farfugium japonicum

Körbchen: mit Zungen- und Röhrenblüten. Hüllblätter einreihig. Spreublätter fehlend. Blüten gelb. Röhrenblüten zwittrig
Pappus: aus Haaren

Felicia Cass.

Ableitung: wohl nach einem bayerischen Legationsrat Felix (?1-2846) benannt
Vulgärnamen: D:Kapaster; E:Blue Daisy, Blue Margeruite; F:Aster du Cap
Arten: 83
Lebensform: Einjährige, Zweijährige, Staude, Halbstrauch, Strauch
Milchsaft: -
Blätter: gegen- oder wechselständig, einfach, nicht eingeschnitten
Körbchen: mit Zungen- und Röhrenblüten. Hüllblätter 1- bis 2-reihig bis mehrreihig, hautrandig. Spreublätter fehlend. Blüten blau, violett, selten weiß, gelb. Zungenblüten weiblich. Röhrenblüten zwittrig
Pappus: aus Haaren

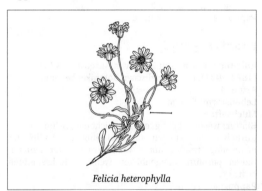
Felicia heterophylla

Filago L.

Ableitung: Faden-Kraut
Vulgärnamen: D:Fadenkraut, Filzkraut; E:Cudweed; F:Cotonnière, Filago

Filago vulgaris

Arten: c. 40
Lebensform: Einjährige
Milchsaft: -
Blätter: wechselständig, einfach, nicht eingeschnitten
Körbchen: mit unscheinbaren Zungenblüten und Röhrenblüten, selten nur mit Röhrenblüten. Hüllblätter mehrreihig, trockenhäutig Spreublätter fehlend. Blüten purpurn. Röhrenblüten weiblich und zwittrig
Pappus: aus Haaren

Gaillardia Foug.

Ableitung: Gattung zu Ehren von Gaillard de Charentonneau, einem französischen Adligen des 18. Jahrhunderts benannt
Vulgärnamen: D:Kokardenblume; E:Blanketflower; F:Gaillarde
Arten: 28
Lebensform: Einjährige, Staude, Zweijährige, Strauch
Milchsaft: -
Blätter: wechselständig, grundständig, einfach, eingeschnitten oder nicht
Körbchen: mit Zungen- und Röhrenblüten oder nur Röhrenblüten. Hüllblätter 2- bis 3-reihig. Spreublätter vorhanden. Blüten gelb, purpurn oder rot. Zungenblüten steril, seltener weiblich. Röhrenblüten zwittrig
Pappus: 5-12 Schuppen

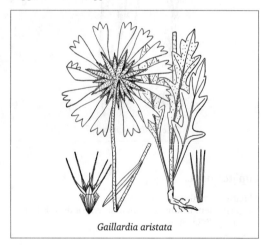
Gaillardia aristata

Galactites Moench

Ableitung: Milchpflanze
Vulgärnamen: D:Milchfleckdistel; F:Chardon-Marie
Arten: 3
Lebensform: Einjährige, Zweijährige
Milchsaft: -
Blätter: wechselständig, einfach, eingeschnitten, stachelig
Körbchen: nur mit Röhrenblüten. Hüllblätter mehrreihig, dornig. Spreublätter vorhanden. Blüten purpurn, rosa, selten weiß. Röhrenblüten sterile und zwittrige
Pappus: aus gefiederten Haaren

Asteraceae Korbblütler 245

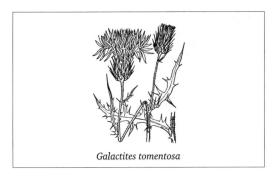
Galactites tomentosa

Galinsoga Ruiz et Pav.

Ableitung: Gattung zu Ehren von Mariano Martínez de Galinsoga (1766–1797), einem spanischen Arzt und Botaniker benannt
Vulgärnamen: D:Franzosenkraut, Knopfkraut; E:Gallant Soldier; F:Scabieuse des champs
Arten: c. 15
Lebensform: Einjährige, Staude, selten Strauch
Milchsaft: -
Blätter: gegenständig, einfach, nicht eingeschnitten
Körbchen: mit Zungen- und Röhrenblüten. Hüllblätter 2- bis 4-reihig. Spreublätter vorhanden. Blüten weiß, selten rosa, purpurn. Zungenblüten weiblich. Röhrenblüten zwittrig
Pappus: Schuppen, fehlend

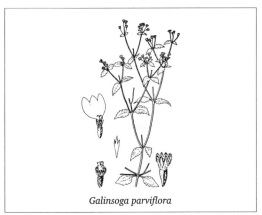
Galinsoga parviflora

Gazania Gaertn.

Ableitung: Gattung zu Ehren von Theodoros Gazes (Theodor von Gaza, 1398–1478), einem byzantinischen Humanisten und Übersetzer benannt
Vulgärnamen: D:Gazanie; E:Treasureflower; F:Gazanie
Arten: 16
Lebensform: Staude, selten Einjährige, Halbstrauch
Milchsaft: vorhanden oder fehlend
Blätter: wechselständig, einfach, eingeschnitten oder nicht
Körbchen: mit Zungen- und Röhrenblüten. Hüllblätter verwachsen, 2- bis 3-reihig. Spreublätter fehlend. Blüten

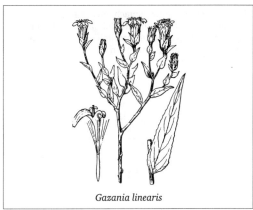
Gazania linearis

gelb, orange, weiß, rosa, rot, rötlich. Zungenblüten steril. Röhrenblüten zwittrig
Pappus: Schuppen in 2 Reihen

Gerbera L.

Ableitung: Gattung zu Ehren von Traugott Gerber (?–1743), einem deutschen Arzt und Pflanzensammler in Russland benannt
Vulgärnamen: D:Gerbera; E:Transvaal Daisy; F:Gerbéra
Arten: c. 30
Lebensform: Staude
Milchsaft: -
Blätter: grundständig, einfach bis zusammengesetzt
Körbchen: mit 2-lippigen Zungen- und Röhrenblüten. Hüllblätter 2- bis vielreihig. Spreublätter fehlend. Blüten rot, weiß, gelb, rosa. Zungenblüten weiblich. Röhrenblüten zwittrig
Pappus: aus Haaren

Gerbera jamesonii

Gnaphalium L.

Ableitung: antiker Pflanzenname
Vulgärnamen: D:Ruhrkraut; E:Cudweed; F:Gnaphale
Arten: c. 150
Lebensform: Einjährige, Staude, Zweijährige
Milchsaft: -

Blätter: wechselständig, einfach, nicht eingeschnitten
Körbchen: nur Röhrenblüten. Hüllblätter 2- bis mehrreihig, trockenhäutig. Spreublätter fehlen. Blüten purpurn. Röhrenblüten weiblich und zwittrig
Pappus: aus Haaren

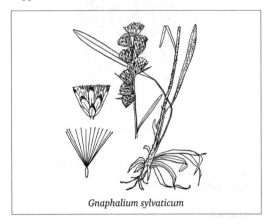
Gnaphalium sylvaticum

Gonospermum Less.

Ableitung: mit kantigen Samen
Arten: 4
Lebensform: Strauch, Staude
Milchsaft: –
Blätter: wechselständig, einfach, eingeschnitten
Körbchen: mit Zungen- und Röhrenblüten oder nur mit Röhrenblüten. Hüllblätter 2- bis 4-reihig, hautrandig. Spreublätter vorhanden. Blüten weiß, gelb. Zungenblüten weiblich. Röhrenblüten zwittrig.
Pappus: Krönchen

Gonospermum gomeraeum

Grindelia Willd.

Ableitung: Gattung zu Ehren von David Hieronymus Grindel (1776–1836), einem baltischen Botaniker, Arzt und Chemiker benannt
Vulgärnamen: D:Grindelie, Gummikraut, Teerkraut; E:Gumplant; F:Grindelia
Arten: c. 60
Lebensform: Zweijährige, Staude, Einjährige, Halbstrauch
Milchsaft: –
Blätter: wechselständig, einfach, eingeschnitten oder nicht
Körbchen: mit Zungen- und Röhrenblüten oder nur mit Röhrenblüten. Hüllblätter 4- bis 8-reihig, innere trockenhäutig. Spreublätter fehlen. Blüten gelb, orange. Zungenblüten weiblich. Röhrenblüten zwittrig, männlich
Pappus: 2–4 steife Grannen

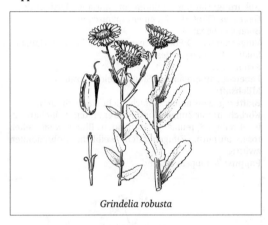
Grindelia robusta

Guizotia Cass.

Ableitung: Gattung zu Ehren von François Pierre Guillaume Guizot (1787–1874), einem französischen Historiker und Politiker benannt

Guizotia abyssinica

Vulgärnamen: D:Nigersaat, Ramtillkraut; E:Niger; F:Guizotia
Arten: 6
Lebensform: Einjährige, Staude, Strauch
Milchsaft: -
Blätter: gegenständig und wechselständig, einfach, nicht eingeschnitten
Körbchen: mit Zungen- und Röhrenblüten. Hüllblätter 2-reihig, sehr ungleich. Spreublätter vorhanden. Blüten gelb. Zungenblüten weiblich. Röhrenblüten zwittrig
Pappus: fehlend

Gynura Cass.

Ableitung: weiblich mit Anhängsel
Vulgärnamen: D:Samtpflanze; E:Velvet Plant; F:Gynure
Arten: c. 40
Lebensform: Staude, Halbstrauch, zum Teil kletternd
Milchsaft: fehlend
Blätter: wechselständig, einfach, eingeschnitten oder nicht
Körbchen: nur mit Röhrenblüten. Hüllblätter einreihig und kleine Schuppen. Spreublätter fehlend. Blüten gelb, purpurn, orange, weiß, grünlich, rot. Zungenblüten. Röhrenblüten.
Pappus: aus Haaren

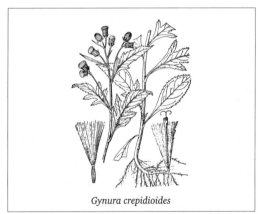
Gynura crepidioides

Haplocarpha Less.

Ableitung: mit einfacher Spreu
Arten: 8
Lebensform: Staude
Milchsaft: -
Blätter: grundständig, einfach, eingeschnitten oder nicht
Körbchen: mit Zungen- und Röhrenblüten. Hüllblätter 2- bis 3-reihig. Spreublätter fehlend. Blüten gelb. Zungenblüten weiblich. Röhrenblüten zwittrig
Pappus: Schuppen, fehlend

Haplocarpha rueppellii

Haplopappus Cass.

Ableitung: mit einfacher, einreihiger Federkrone
Arten: c. 70
Lebensform: Einjährige, Staude, Strauch, Halbstrauch
Milchsaft: -
Blätter: wechselständig, einfach bis zusammengesetzt
Körbchen: mit Zungen- und Röhrenblüten. Hüllblätter 3- bis 6-reihig. Spreublätter fehlend. Blüten gelb, purpurn. Zungenblüten weiblich, steril. Röhrenblüten zwittrig
Pappus: aus Haaren

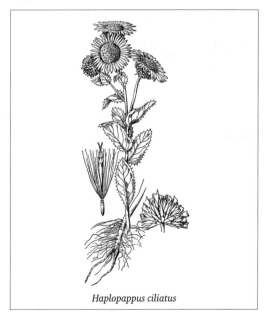
Haplopappus ciliatus

Helenium L.

Ableitung: antiker Pflanzenname
Vulgärnamen: D:Sonnenbraut; E:Helen's Flower, Sneezeweed; F:Hélénie
Arten: c. 40
Lebensform: Einjährige, Staude, Zweijährige
Milchsaft: –
Blätter: wechselständig, einfach, eingeschnitten oder nicht
Körbchen: mit Zungen- und Röhrenblüten. Hüllblätter 1- bis 3-reihig. Spreublätter fehlend oder vorhanden. Blüten gelb, orange, braun. Zungenblüten steril, weiblich. Röhrenblüten zwittrig
Pappus: 5–10 Schuppen

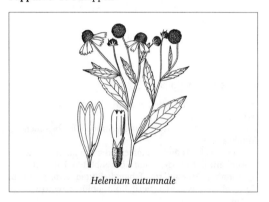
Helenium autumnale

Helianthus L.

Ableitung: Sonnen-Blüte
Vulgärnamen: D:Sonnenblume; E:Sunflower; F:Soleil
Arten: c. 50
Lebensform: Einjährige, Staude
Milchsaft: –
Blätter: gegenständig, wechselständig, einfach, nicht eingeschnitten
Körbchen: mit Zungen- und Röhrenblüten. Hüllblätter 2- bis 5-reihig. Spreublätter vorhanden. Blüten gelb, rot. Zungenblüten steril. Röhrenblüten zwittrig
Pappus: 1–3 Grannen

Helianthus annuus

Helianthella Torr. et A. Gray

Ableitung: kleine Helianthus
Vulgärnamen: D:Zwergsonnenblume; F:Hélianthelle, Petit soleil
Arten: 8
Lebensform: Staude
Milchsaft: –
Blätter: gegenständig und wechselständig, einfach, nicht eingeschnitten
Körbchen: mit Zungen- und Röhrenblüten. Hüllblätter 2- bis 4-reihig. Spreublätter vorhanden. Blüten gelb. Zungenblüten steril. Röhrenblüten zwittrig
Pappus: fehlend, 2 Schuppen

Helianthella quinquenervis

Helichrysum Mill.

Ableitung: nach einem antiken Pflanzennamen
Vulgärnamen: D:Strohblume; E:Everlasting Flower; F:Immortelle
Arten: c. 500
Lebensform: Staude, Halbstrauch, Strauch, Einjährige
Milchsaft: –
Blätter: wechselständig, einfach, nicht eingeschnitten
Körbchen: mit Zungen- und Röhrenblüten oder nur Röhrenblüten. Hüllblätter mehrreihig, trockenhäutig. Spreublätter fehlend, selten vorhanden. Hülle weiß, rosa, orange, rot, braun. Röhrenblüten weiblich und zwittrig
Pappus: aus einfachen oder gefiederten Haaren

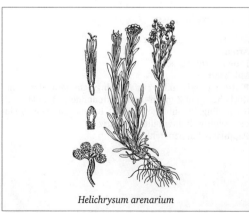
Helichrysum arenarium

Heliopsis Pers.

Ableitung: Sonnen-Auge
Vulgärnamen: D:Sonnenauge; E:Ox Eye; F:Héliopsis
Arten: 13
Lebensform: Staude, Einjährige, Strauch
Milchsaft: -
Blätter: gegenständig, selten wechselständig, einfach, eingeschnitten oder nicht
Körbchen: mit Zungen- und Röhrenblüten. Hüllblätter 1- bis 3-reihig. Spreublätter vorhanden. Blüten gelb, orange, purpurn. Zungenblüten weiblich. Röhrenblüten zwittrig
Pappus: fehlend, Krönchen, 2–3 Zähne

Heliopsis helianthoides var. *scabra*

Hertia Neck.

Ableitung: Gattung zu Ehren von Johann Chr. Hert, einem deutschen Botaniker des 18. Jahrhunderts benannt
Arten: c. 10
Lebensform: Halbstrauch, Strauch, Staude
Milchsaft: -
Blätter: wechselständig, einfach, nicht eingeschnitten

Hertia adenocaule

Körbchen: mit Zungen- und Röhrenblüten. Hüllblätter verwachsen oder nicht, einreihig. Spreublätter fehlen. Blüten gelb. Zungenblüten weiblich. Röhrenblüten männlich
Pappus: aus Haaren

Heteranthemis Schott

Ableitung: andere Anthemis
Arten: 1
Lebensform: Einjährige
Milchsaft: -
Blätter: wechselständig, einfach, eingeschnitten oder nicht
Körbchen: mit Zungen- und Röhrenblüten. Hüllblätter 4-reihig, hautrandig. Spreublätter fehlen. Blüten gelb. Zungenblüten weiblich. Röhrenblüten zwittrig
Pappus: 3 dornige Grannen

Heteranthemis viscidihirta

Heteropappus Less.

Ableitung: verschiedene Haarkrone
Arten: c. 20
Lebensform: Zweijährige, Staude
Milchsaft: -
Blätter: wechselständig, einfach, nicht eingeschnitten
Körbchen: mit Zungen- und Röhrenblüten. Hüllblätter 2- bis 3-reihig, ± hautrandig. Spreublätter fehlen. Blüten blau, purpurn, weiß. Zungenblüten weiblich. Röhrenblüten zwittrig
Pappus: aus Haaren

Heterotheca Cass.

Ableitung: mit verschiedenen Früchten
Arten: c. 20
Lebensform: Einjährige, Staude
Milchsaft: -

Blätter: wechselständig, einfach, nicht eingeschnitten
Körbchen: mit Zungen- und Röhrenblüten oder nur Röhrenblüten. Hüllblätter 3- bis 8-reihig. Spreublätter fehlend. Blüten gelb, orange. Zungenblüten weiblich. Röhrenblüten zwittrig
Pappus: aus Haaren, selten fehlend oder ein Krönchen

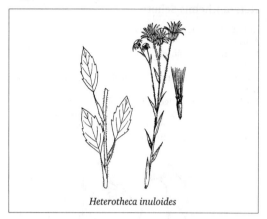
Heterotheca inuloides

Hidalgoa La Llave

Ableitung: Gattung zu Ehren von Miguel Hidalgo (1753–1811), einem mexikanischen Unabhängigkeitskämpfer benannt
Vulgärnamen: D:Kletterdahlie, Klimmdahlie; E:Climbing Dahlia; F:Dahlia grimpant
Arten: 5
Lebensform: Halbstrauch kletternd
Milchsaft: −
Blätter: gegenständig, zusammengesetzt
Körbchen: mit Zungen- und Röhrenblüten. Hüllblätter 2-reihig, sehr ungleich. Spreublätter vorhanden. Blüten gelb, orange. Zungenblüten weiblich. Röhrenblüten männlich
Pappus: fehlend, aber Flügel als gezähnte Granne die Frucht überragend

Hidalgoa wercklei

Hieracium L.

Ableitung: antiker Pflanzenname
Vulgärnamen: D:Habichtskraut; E:Hawkweed; F:Epervière
Arten: c. 90–100
Lebensform: Staude
Milchsaft: ±
Blätter: wechselständig, grundständig, einfach, eingeschnitten oder nicht
Körbchen: nur mit Zungenblüten. Hüllblätter mehrreihig. Spreublätter fehlend. Blüten gelb, orange, selten rot. Zungenblüten zwittrig
Pappus: aus zerbrechlichen Haaren

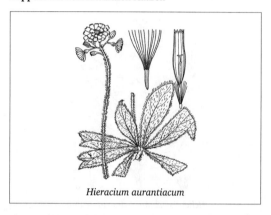
Hieracium aurantiacum

Homogyne Cass.

Ableitung: gleiche Narben
Vulgärnamen: D:Alpenlattich; E:Colt's Foot; F:Homogyne
Arten: 3
Lebensform: Staude
Milchsaft: −
Blätter: grund- oder wechselständig, einfach, handnervig, nicht eingeschnitten
Körbchen: mit Zungen- und Röhrenblüten. Hüllblätter einreihig. Spreublätter fehlend. Blüten weiblich. Zungenblüten zwittrig. Röhrenblüten
Pappus: aus Haaren

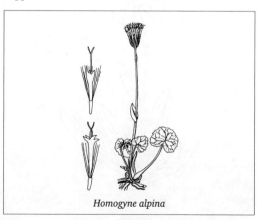
Homogyne alpina

Hymenolepis Cass.

Ableitung: häutige Schuppen
Arten: 7
Lebensform: Strauch
Milchsaft: –
Blätter: wechselständig, einfach, eingeschnitten oder nicht
Körbchen: nur mit Röhrenblüten. Hüllblätter 3- bis 4-reihig, zum Teil hautrandig. Spreublätter meist vorhanden. Blüten gelb. Röhrenblüten zwittrig
Pappus: Schuppen

Hymenostemma Kunze ex Willk.

Ableitung: mit häutigem Kranz (Blütenstandshülle)
Arten: 1
Lebensform: Einjährige
Milchsaft: –
Blätter: wechselständig, einfach, eingeschnitten
Körbchen: mit Zungen- und Röhrenblüten. Hüllblätter 4-reihig, hautrandig. Spreublätter fehlend. Blüten weiß, am Grund gelb. Zungenblüten steril. Röhrenblüten zwittrig
Pappus: Krönchen

Hymenoxys Cass.

Ableitung: häutige Spitze
Arten: 28
Lebensform: Einjährige, Staude
Milchsaft: –
Blätter: grund- oder wechselständig, einfach bis zusammengesetzt
Körbchen: mit Zungen- und Röhrenblüten. Hüllblätter äußere verwachsen, 1- bis 3-reihig. Spreublätter fehlend. Blüten gelb. Zungenblüten weiblich. Röhrenblüten zwittrig, selten männlich
Pappus: 5–12 Schuppen, selten fehlend

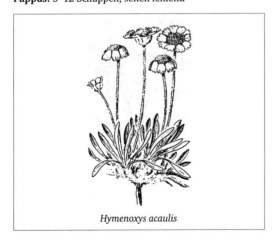
Hymenoxys acaulis

Hypochaeris L.

Ableitung: antiker Pflanzenname
Vulgärnamen: D:Ferkelkraut; E:Cat's Ears; F:Porcelle
Arten: c. 60
Lebensform: Einjährige, Staude
Milchsaft: ±
Blätter: ± grundständig, einfach, eingeschnitten oder nicht
Körbchen: nur mit Zungenblüten. Hüllblätter mehrreihig. Spreublätter vorhanden. Blüten gelb, weiß, rosa. Zungenblüten zwittrig
Pappus: aus gefiederten Haaren

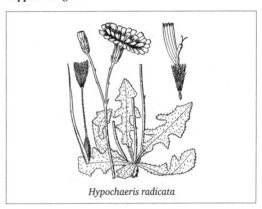
Hypochaeris radicata

Inula L.

Ableitung: antiker Pflanzenname
Vulgärnamen: D:Alant; E:Fleabane; F:Aulnée, Inule
Arten: c. 90
Lebensform: Staude, Zweijährige, Einjährige
Milchsaft: –
Blätter: wechselständig, einfach, nicht eingeschnitten
Körbchen: mit Zungen- und Röhrenblüten. Hüllblätter vielreihig. Spreublätter fehlend. Blüten gelb. Zungenblüten weiblich. Röhrenblüten zwittrig
Pappus: aus Haaren

Inula helenium

Ismelia Cass.

Ableitung: Herleitung unbekannt
Vulgärnamen: D:Bunte Wucherblume
Arten: 1

Lebensform: Einjährige
Milchsaft: -
Blätter: wechselständig, einfach, eingeschnitten
Körbchen: mit Zungen- und Röhrenblüten. Hüllblätter 4-reihig. Spreublätter fehlend. Blüten gelb, weiß. Zungenblüten weiblich. Röhrenblüten zwittrig
Pappus: fehlend, Krönchen

Iva L.

Ableitung: nach einem Pflanzennamen in Gallien
Vulgärnamen: D:Schlagkraut; E:Marsh Elder; F:Iva
Arten: 15
Lebensform: Einjährige, Staude, Zweijährige
Milchsaft: -
Blätter: wechselständig oder gegenständig, einfach.
Körbchen: nur mit Röhrenblüten. Hüllblätter 1- bis 2-reihig. Spreublätter vorhanden. Blüten gelb. Röhrenblüten weiblich und männlich
Pappus: fehlend

Iva xanthiifolia

Jurinea Cass.

Ableitung: Gattung zu Ehren von André Jurine (1780–1804), einem schweizerischen Mediziner und Botaniker benannt

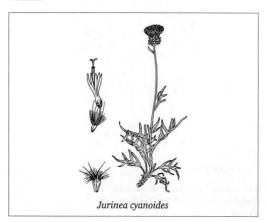
Jurinea cyanoides

Vulgärnamen: D:Bisamdistel, Silberscharte; F:Jurinée
Arten: c. 250
Lebensform: Staude, Halbstrauch
Milchsaft: -
Blätter: wechselständig, einfach, eingeschnitten oder nicht
Körbchen: nur mit Röhrenblüten. Hüllblätter 5- mehrreihig. Spreublätter vorhanden. Blüten rosa, rot, purpurn, lila, selten weiß. Röhrenblüten zwittrig
Pappus: aus einfachen oder gefiederten Haaren

Jurinella Jaub. et Spach

Ableitung: kleine Jurinea
Arten: 2
Lebensform: Staude
Milchsaft: -
Blätter: grundständig, einfach, eingeschnitten oder nicht
Körbchen: nur mit Röhrenblüten. Hüllblätter 4- bis 5-reihig. Spreublätter vorhanden. Blüten lila. Röhrenblüten zwittrig
Pappus: aus Haaren

Kalimeris (Cass.) Cass.

Ableitung: veränderter alter griechischer Pflanzenname
Vulgärnamen: D:Schönaster; F:Caliméris
Arten: 10
Lebensform: Staude
Milchsaft: -
Blätter: wechselständig, einfach, eingeschnitten oder nicht
Körbchen: mit Zungen- und Röhrenblüten. Hüllblätter 2- bis 3-reihig, hautrandig. Spreublätter fehlend. Blüten weiß, rosa, blau. Zungenblüten weiblich. Röhrenblüten zwittrig
Pappus: kurzer Haarkranz

Kalimeris incisa

Kleinia Mill.

Ableitung: Gattung zu Ehren von Jakob Theodor Klein (1685–1759), einem deutschen Botaniker benannt
Vulgärnamen: D:Kleinie; F:Séneçon
Arten: c. 40
Lebensform: Staude, Strauch, stammsukkulent

Milchsaft: –
Blätter: wechselständig, einfach, eingeschnitten oder nicht
Körbchen: mit Röhrenblüten. Hüllblätter 1-reihig, zum Teil mit kleinen Schuppen. Spreublätter fehlend. Blüten lila, rot, gelb, weiß, grünlich. Röhrenblüten zwittrig
Pappus: aus Haaren

Lactuca L.

Ableitung: antiker Pflanzenname
Vulgärnamen: D:Lattich, Salat; E:Lettuce; F:Laitue
Arten: c. 100
Lebensform: Einjährige, Staude, Zweijährige, Halbstrauch, auch kletternd
Milchsaft: vorhanden
Blätter: wechselständig, einfach, eingeschnitten oder nicht
Körbchen: nur mit Zungenblüten. Hüllblätter mehrreihig. Spreublätter fehlend. Blüten gelb, blau, violett, weiß. Zungenblüten zwittrig
Pappus: aus Haaren

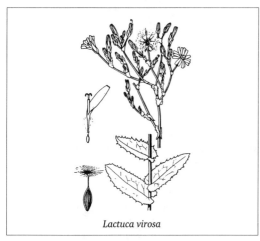
Lactuca virosa

Lagenophora Cass.

Ableitung: Flaschen-Träger
Arten: 14
Lebensform: Staude, Halbstrauch
Milchsaft: –
Blätter: grundständig oder wechselständig, einfach, nicht eingeschnitten
Körbchen: mit Zungen- und Röhrenblüten. Hüllblätter 2- bis 3-reihig, hautrandig. Spreublätter fehlend. Blüten weiß, purpurn. Zungenblüten weiblich. Röhrenblüten zwittrig oder männlich
Pappus: fehlend

Lapsana L.

Ableitung: antiker Pflanzenname
Vulgärnamen: D:Rainkohl; E:Nipplewort; F:Lampsane, Poule grasse
Arten: 9
Lebensform: Einjährige, Staude
Milchsaft: vorhanden
Blätter: wechselständig, einfach, eingeschnitten oder nicht
Körbchen: nur mit Zungenblüten. Hüllblätter 2-reihig. Spreublätter fehlend. Blüten gelb. Zungenblüten zwittrig
Pappus: fehlend

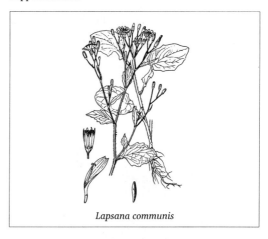
Lapsana communis

Lasthenia Cass.

Ableitung: Gattung zu Ehren von Lasthenia, einer Schülerin des griechischen Philosophen Platon (ca. 428 -ca. 348 v. Chr.) benannt
Vulgärnamen: D:Lasthenie
Arten: 16
Lebensform: Einjährige, Staude
Milchsaft: –
Blätter: gegenständig, einfach, eingeschnitten oder nicht
Körbchen: mit Zungen- und Röhrenblüten. Hüllblätter 1-, selten 2-reihig, verwachsen. Spreublätter fehlend. Blüten gelb, weiß, grün. Zungenblüten weiblich. Röhrenblüten zwittrig
Pappus: fehlend, Schuppen, 2 Grannen

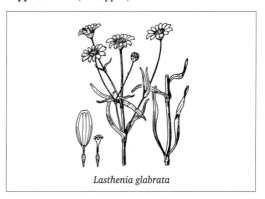
Lasthenia glabrata

Launaea Cass.

Ableitung: Gattung zu Ehren von Jean Claude Mien Mordant de Launay (ca. 1750–1816), einem französischen Bibliothekar benannt
Vulgärnamen: D:Dornlattich
Arten: 54
Lebensform: Strauch, Zweijährige, Staude, Einjährige, Halbstrauch
Milchsaft: vorhanden
Blätter: wechselständig oder grundständig, einfach oder eingeschnitten
Körbchen: nur mit Zungenblüten. Hüllblätter mehrreihig, ± hautrandig. Spreublätter fehlend. Blüten gelb. Zungenblüten zwittrig
Pappus: aus haaren

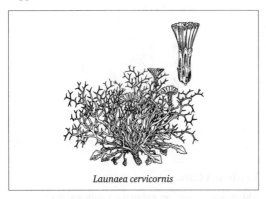
Launaea cervicornis

Layia Hook. et Arn.

Ableitung: Gattung zu Ehren von George Tradescant Lay (?–ca. 1845), einem englischen Forschungsreisenden benannt
Arten: c. 15
Lebensform: Einjährige
Milchsaft: –
Blätter: wechselständig oder gegenständig, einfach, eingeschnitten oder nicht
Körbchen: mit Zungen- und Röhrenblüten. Hüllblätter 1-, selten 2-reihig. Spreublätter vorhanden. Blüten weiß, gelb, cremefarben. Röhrenblüten zwittrig
Pappus: aus Haaren, Schuppen, Grannen, fehlend

Layia leucopappa

Leibnitzia Cass.

Ableitung: Gattung zu Ehren von Gottfried Wilhelm Leibniz (1646–1716), dem deutschen Philosophen und Universalgelehrten benannt
Arten: 6
Lebensform: Staude
Milchsaft: –
Blätter: grundständig, einfach, eingeschnitten oder nicht
Körbchen: mit 2-lippigen Röhrenblüten. Hüllblätter 3- bis 4-reihig. Spreublätter fehlend. Blüten weiß, cremefarben, rosa, purpurn. Zungenblüten weiblich oder steril. Röhrenblüten zwittrig
Pappus: aus Haaren

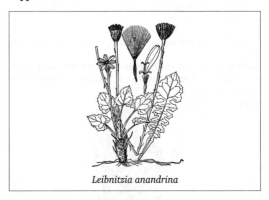
Leibnitzia anandrina

Leontodon L.

Ableitung: Löwen-Zahn
Vulgärnamen: D:Falscher Löwenzahn, Milchkraut; E:Hawkbit; F:Dent-de-lion

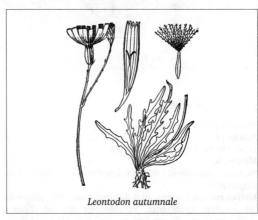
Leontodon autumnale

Arten: 40
Lebensform: Einjährige, Staude
Milchsaft: vorhanden
Blätter: grundständig, einfach, eingeschnitten oder nicht
Körbchen: nur mit Zungenblüten. Hüllblätter 2- bis mehrreihig. Spreublätter fehlend. Blüten gelb, selten orange. Zungenblüten zwittrig
Pappus: aus gefiederten Haaren

Leontopodium (Pers.) R. Br. ex Cass.
Ableitung: antiker Pflanzenname
Vulgärnamen: D:Edelweiß; E:Edelweiss; F:Edelweiss
Arten: 58
Lebensform: Staude
Milchsaft: –
Blätter: wechselständig oder grundständig, einfach, nicht eingeschnitten
Körbchen: nur mit Röhrenblüten. Hüllblätter mehrreihig, trockenhäutig. Spreublätter fehlend. Blüten gelb. Röhrenblüten zwittrig
Pappus: aus Haaren

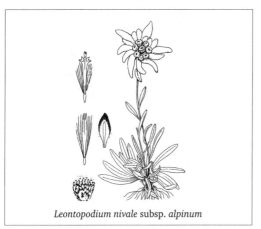

Leontopodium nivale subsp. *alpinum*

Leucanthemopsis (Giroux) Heywood
Ableitung: vom Aussehen eines Leucanthemum
Vulgärnamen: D:Alpenmargerite; E:Alpine Chrysanthemum; F:Marguerite des Alpes
Arten: 6
Lebensform: Staude
Milchsaft: –
Blätter: wechselständig oder grundständig, einfach, eingeschnitten oder nicht
Körbchen: mit Zungen- und Röhrenblüten. Hüllblätter 4-reihig, hautrandig. Spreublätter fehlend. Blüten gelb, weiß, rosa. Zungenblüten weiblich. Röhrenblüten zwittrig
Pappus: Krönchen

Leucanthemopsis alpina

Leptinella Cass.
Ableitung: zarte Pflanze
Vulgärnamen: D:Fiederpolster; F:Cotule
Arten: 33
Lebensform: Einjährige, Staude
Milchsaft: –
Blätter: wechselständig oder gegenständig, einfach bis zusammengesetzt
Körbchen: nur mit Röhrenblüten. Hüllblätter 2-reihig, hautrandig. Spreublätter fehlend. Blüten gelb. Röhrenblüten weiblich oder männlich
Pappus: fehlend

Leucanthemella Tzvelev
Ableitung: kleines Leucanthemum
Vulgärnamen: D:Herbstmargerite; E:Autumn Oxeye; F:Marguerite d'automne
Arten: 2
Lebensform: Staude
Milchsaft: –
Blätter: wechselständig, einfach, eingeschnitten
Körbchen: mit Zungen- und Röhrenblüten. Hüllblätter 2- bis 3-reihig, hautrandig. Spreublätter fehlend. Blüten weiß. Zungenblüten steril. Röhrenblüten zwittrig
Pappus: ringförmig

Leucanthemum Mill.
Ableitung: antiker Pflanzenname
Vulgärnamen: D:Margerite; E:Oxeye Daisy; F:Marguerite
Arten: c. 25
Lebensform: Staude, Einjährige, Halbstrauch
Milchsaft: –
Blätter: wechselständig, einfach, eingeschnitten oder nicht
Körbchen: mit Zungen- und Röhrenblüten. Hüllblätter 2- bis 3-reihig, hautrandig. Spreublätter fehlend. Blüten weiß, rosa. Zungenblüten weiblich. Röhrenblüten zwittrig
Pappus: Krönchen, fehlend

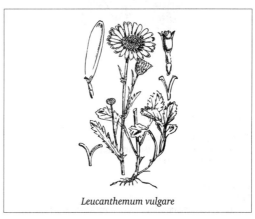

Leucanthemum vulgare

Leucogenes Beauverd

Ableitung: weiß geboren
Vulgärnamen: D:Neuseelandedelweiß; E:New Zealand Edelweiss; F:Leucogenes
Arten: 2
Lebensform: Staude
Milchsaft: -
Blätter: wechselständig, einfach, nicht eingeschnitten
Körbchen: nur mit Röhrenblüten. Hüllblätter vielreihig, trockenhäutig. Spreublätter fehlend. Blüten gelb. Röhrenblüten weiblich und zwittrig
Pappus: aus Haaren

× Leucoraoulia hort.

Lebensform: Staude
Milchsaft:
Blätter: wechselständig, einfach, nicht eingeschnitten
Körbchen: nur mit Röhrenblüten. Hüllblätter mehrreihig. Spreublätter fehlend.
Pappus: aus Haaren

Leuzea DC.

Ableitung: Gattung zu Ehren von Joseph Philippe François Deleuze (1753-1835), einem französischen Naturforscher benannt
Vulgärnamen: D:Zapfenkopf; F:Leuzée
Arten: 3
Lebensform: Staude
Milchsaft: -
Blätter: wechselständig, einfach bis zusammengesetzt
Körbchen: nur mit Röhrenblüten. Hüllblätter mehrreihig, mit Anhängseln. Spreublätter vorhanden. Blüten purpurn. Röhrenblüten zwittrig
Pappus: aus gefiederten Haaren

Leuzea conifera

Liatris Gaertn. ex Schreb.

Ableitung: Herleitung unbekannt
Vulgärnamen: D:Prachtscharte; E:Button Snake Root, Gay Feather; F:Liatride
Arten: 41
Lebensform: Staude
Milchsaft: -
Blätter: wechselständig, einfach, nicht eingeschnitten

Körbchen: nur mit Röhrenblüten. Hüllblätter 3- bis 5-reihig. Spreublätter fehlend. Blüten rosa, purpurn, weiß, blau. Röhrenblüten zwittrig
Pappus: aus einfachen oder gefiederten Haaren

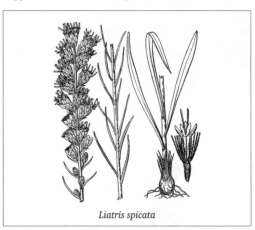

Liatris spicata

Ligularia Cass.

Ableitung: Zungen-Pflanze
Vulgärnamen: D:Goldkolben, Ligularie; E:Leopard Plant; F:Ligulaire
Arten: c. 125
Lebensform: Staude
Milchsaft: -
Blätter: wechselständig, einfach, eingeschnitten oder nicht
Körbchen: mit Zungen- und Röhrenblüten oder nur mit Röhrenblüten. Hüllblätter einreihig und zum Teil kleinen Schüppchen. Spreublätter fehlend. Blüten gelb, orange. Zungenblüten weiblich. Röhrenblüten zwittrig
Pappus: aus Haaren

Ligularia sibirica

Lindheimera A. Gray et Engelm.

Ableitung: Gattung zu Ehren von Ferdinand Jacob Lindheimer (1801-1879), einem deutschen Botaniker in Nordamerika benannt

Vulgärnamen: D:Lindheimerie, Texasstern; E:Star Daisy; F:Etoile du Texas, Lindheimera
Arten: 1
Lebensform: Einjährige
Milchsaft: –
Blätter: wechselständig, einfach, nicht eingeschnitten
Körbchen: mit Zungen- und Röhrenblüten. Hüllblätter 2-reihig, sehr ungleich. Spreublätter vorhanden. Blüten weiß. Zungenblüten weiblich. Röhrenblüten männlich
Pappus: 2 Grannen

Lonas Adans.

Ableitung: Herkunft unsicher
Vulgärnamen: D:Gelber Leberbalsam; E:Yellow Ageratum; F:Agérate jaune
Arten: 1
Lebensform: Einjährige
Milchsaft: –
Blätter: wechselständig, einfach, eingeschnitten
Körbchen: nur mit Röhrenblüten. Hüllblätter 3- bis 4-reihig, hautrandig. Spreublätter vorhanden. Blüten gelb. Röhrenblüten zwittrig
Pappus: Krönchen oder becherförmig

Lonas annua

Madia Molina

Ableitung: nach einem Pflanzennamen in Chile
Vulgärnamen: D:Madie; E:Tarweed; F:Madi
Arten: 18
Lebensform: Einjährige
Milchsaft: –
Blätter: wechselständig oder gegenständig, einfach, nicht eingeschnitten
Körbchen: mit Zungen- und Röhrenblüten oder selten nur mit Röhrenblüten. Hüllblätter einreihig. Spreublätter vorhanden. Blüten gelb. Zungenblüten weiblich. Röhrenblüten männlich
Pappus: fehlend

Madia sativa

Marshallia Schreb.

Ableitung: Gattung zu Ehren von Humphry Marshall (1722–1801), einem nordamerikanischen Botaniker, Farmer und Quäker benannt
Arten: 7
Lebensform: Staude
Milchsaft: –
Blätter: wechselständig, einfach, nicht eingeschnitten
Körbchen: nur mit Röhrenblüten. Hüllblätter 2reihig. Spreublätter fehlend. Blüten rosa, weiß, lila. Röhrenblüten zwittrig
Pappus: 5–6 Schuppen

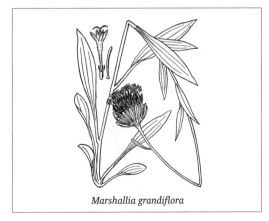
Marshallia grandiflora

Matricaria L.

Ableitung: Gebärmutter-Pflanze
Vulgärnamen: D:Kamille; E:Mayweed; F:Camomille, Matricaire
Arten: 3
Lebensform: Einjährige, Staude
Milchsaft: –

Blätter: wechselständig, zusammengesetzt
Körbchen: mit Zungen- und Röhrenblüten oder nur mit Röhrenblüten. Hüllblätter 2- bis 3-reihig, hautrandig. Spreublätter fehlend. Blüten weiß, rosa, Röhrenblüten gelb. Zungenblüten weiblich. Röhrenblüten zwittrig
Pappus: fehlend, Krönchen

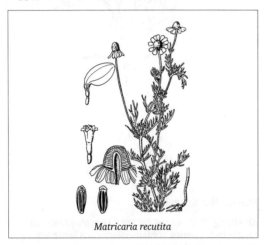
Matricaria recutita

Melampodium L.

Ableitung: antiker Pflanzenname
Arten: 37
Lebensform: Staude, Einjährige, Halbstrauch
Milchsaft: –
Blätter: gegenständig, einfach, eingeschnitten oder nicht
Körbchen: mit Zungen- und Röhrenblüten. Hüllblätter 2-reihig, sehr ungleich. Spreublätter vorhanden. Blüten weiß, gelb, orange. Zungenblüten weiblich. Röhrenblüten männlich
Pappus: fehlend

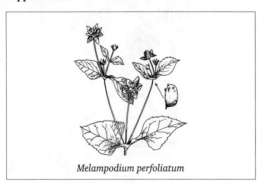
Melampodium perfoliatum

Microglossa DC.

Ableitung: kleine Zungen
Vulgärnamen: D:Rutenaster; F:Aster blanchâtre
Arten: 10
Lebensform: Strauch, Liane, Halbstrauch

Milchsaft: –
Blätter: wechselständig, einfach, nicht eingeschnitten
Körbchen: mit Zungen- und Röhrenblüten. Hüllblätter 3- bis 4-reihig. Spreublätter fehlend. Blüten weiß. Zungenblüten weiblich. Röhrenblüten zwittrig
Pappus: aus Haaren

Micropus L.

Ableitung: kleiner Löwenfuß
Vulgärnamen: D:Falzblume
Arten: 1
Lebensform: Einjährige
Milchsaft:
Blätter: gegenständig, einfach, nicht eingeschnitten
Körbchen: mit Zungen- und Röhrenblüten. Hüllblätter mehrreihig, trockenhäutig. Spreublätter vorhanden. Blüten purpurn. Zungenblüten weiblich. Röhrenblüten zwittrig
Pappus: fehlend

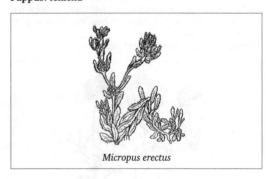
Micropus erectus

Microseris D. Don

Ableitung: kleiner Salat
Arten: 14
Lebensform: Einjährige, Staude
Milchsaft: vorhanden
Blätter: grundständig oder wechselständig, einfach, eingeschnitten oder nicht

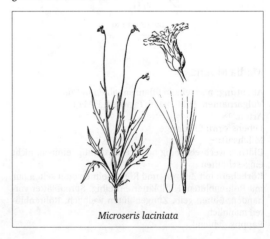
Microseris laciniata

Körbchen: nur mit Zungenblüten. Hüllblätter 2- bis mehrreihig. Spreublätter fehlend. Blüten gelb, weiß, orange. Zungenblüten weiblich
Pappus: 5 Schuppen

Mikania Willd.

Ableitung: Gattung zu Ehren von Josef Gottfried Mikan (1743–1814), einem böhmischen Botaniker benannt
Arten: c. 400
Lebensform: Liane, selten Strauch, Staude
Milchsaft: –
Blätter: gegen- oder quirlständig, einfach, nicht eingeschnitten
Körbchen: nur mit Röhrenblüten. Hüllblätter einreihig, nur 4. Spreublätter fehlend. Blüten rosa, weiß, purpurn, selten grün oder blau. Röhrenblüten zwittrig
Pappus: aus Haaren

Mikania scandens

Montanoa Cerv.

Ableitung: Gattung zu Ehren von José Luis Montaña, einem mexikanischen Arzt des 19. Jahrhunderts benannt
Arten: 23
Lebensform: Strauch, Baum, Halbstrauch
Milchsaft: –
Blätter: gegenständig, einfach, eingeschnitten oder nicht
Körbchen: mit Zungen- und Röhrenblüten. Hüllblätter 1- bis 2-reihig. Spreublätter vorhanden. Blüten weiß, rosa. Zungenblüten steril. Röhrenblüten zwittrig
Pappus: fehlend

Montanoa frutescens

Mutisia L. f.

Ableitung: Gattung zu Ehren von José Celestino Bruno Mutis y Bosio (1732–1808), einem spanischen Arzt und Botaniker in Kolumbien benannt
Arten: 59
Lebensform: Liane, Halbstrauch, Strauch
Milchsaft: –
Blätter: wechselständig, einfach bis zusammengesetzt
Körbchen: mit 2-lippigen Zungen- und Röhrenblüten. Hüllblätter vielreihig. Spreublätter fehlend. Blüten purpurn, gelb, rot, orange, weiß, rosa. Zungenblüten weiblich. Röhrenblüten zwittrig
Pappus: aus gefiederten Haaren

Mycelis Cass.

Ableitung: Herleitung unbekannt
Vulgärnamen: D:Mauerlattich; E:Wall Lettuce
Arten: 1
Lebensform: Staude
Milchsaft: vorhanden
Blätter: wechselständig, tief eingeschnitten
Körbchen: nur mit Zungenblüten. Hüllblätter 2reihig. Spreublätter fehlend. Blüten gelb. Zungenblüten zwittrig
Pappus: aus Haaren

Mycelis muralis

Nabalus Cass.

Ableitung: nach einem Pflanzennamen bei den Indianern Nordamerikas
Arten: 15
Lebensform: Staude
Milchsaft: vorhanden
Blätter: wechselständig, einfach, eingeschnitten oder nicht
Körbchen: nur mit Zungenblüten. Hüllblätter einreihig und kleinen Schuppen. Spreublätter fehlend. Blüten weiß, purpurn, gelblich, gelb, rosa, Blau. Zungenblüten zwittrig
Pappus: aus Haaren

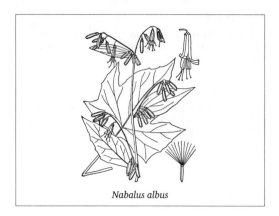
Nabalus albus

Nauplius (Cass.) Cass.

Ableitung: nach einer Gestalt der griechischen Mythologie
Arten: 8
Lebensform: Strauch, Einjährige
Milchsaft: -
Blätter: wechselständig, einfach, eingeschnitten oder nicht
Körbchen: mit Zungen- und Röhrenblüten. Hüllblätter 3reihig. Spreublätter vorhanden. Blüten gelb, weiß. Zungenblüten weiblich. Röhrenblüten zwittrig
Pappus: Schuppen

Nipponanthemum (Kitam.) Kitam.

Ableitung: Japan-Chrysanthemum
Vulgärnamen: D:Nipponchrysantheme; E:Nippon Daisy
Arten: 1
Lebensform: Staude, Halbstrauch
Milchsaft: -
Blätter: wechselständig, einfach, nicht eingeschnitten
Körbchen: mit Zungen- und Röhrenblüten. Hüllblätter 4-reihig, hautrandig. Spreublätter fehlend. Blüten weiß. Zungenblüten weiblich. Röhrenblüten zwittrig
Pappus: schuppenartiges Krönchen

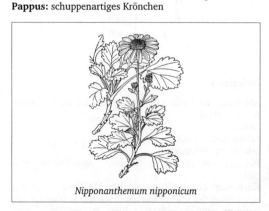
Nipponanthemum nipponicum

Oldenburgia Less.

Ableitung: Gattung zu Ehren von Franz Pehr Oldenburg (1740–1774), einem schwedischen Soldaten und Pflanzensammler benannt
Arten: 4
Lebensform: Strauch, Baum
Milchsaft: -
Blätter: wechselständig, einfach, nicht eingeschnitten
Körbchen: mit 2-lippigen Zungen- und Röhrenblüten. Hüllblätter 4- bis 10-reihig. Spreublätter fehlend. Blüten weiß, selten rosa. Zungenblüten weiblich. Röhrenblüten zwittrig
Pappus: aus einfachen oder gefiederten Haaren

Olearia Moench

Ableitung: Gattung zu Ehren von Johann Gottfried Oelschläger (1635–1711), einem deutschen Orientreisenden benannt
Vulgärnamen: D:Gänseblümchenstrauch; E:Daisy Bush; F:Oléaria
Arten: c. 130
Lebensform: Strauch, Baum, Halbstrauch
Milchsaft: -
Blätter: wechselständig oder gegenständig, einfach, nicht eingeschnitten
Körbchen: mit Zungen- und Röhrenblüten oder selten nur mit Röhrenblüten. Hüllblätter 2- bis 6-reihig. Spreublätter fehlend. Blüten weiß, purpurn, lila, blau. Zungenblüten weiblich. Röhrenblüten zwittrig
Pappus: aus Haaren

Olearia phlogopappa

Oligoneuron

Arten: 6
Lebensform: Staude
Milchsaft: -
Blätter: wechselständig, einfach, drüsig punktiert

Körbchen: mit Zungen- und Röhrenblüten. Hüllblätter 2- bis 6-reihig. Spreublätter vorhanden. Blüten gelb, weiß. Zungenblüten weiblich. Röhrenblüten zwittrig.
Pappus: aus Haaren

Onopordum L.

Ableitung: antiker Pflanzenname
Vulgärnamen: D:Eselsdistel; E:CottonThistle; F:Chardon-des-ânes, Pet-d'âne
Arten: 40–60
Lebensform: Zweijährige
Milchsaft: –
Blätter: wechselständig, selten grundständig, einfach bis zusammengesetzt
Körbchen: nur mit Röhrenblüten. Hüllblätter 2- bis 4-reihig, dornig. Spreublätter fehlend. Blüten purpurn, violett, selten weiß, rosa. Röhrenblüten zwittrig
Pappus: aus einfachen oder gefiederten Haaren

Onopordum acanthium

Onoseris Willd.

Ableitung: Esel-Salat
Arten: 32
Lebensform: Strauch, Halbstrauch, Einjährige, Staude
Milchsaft: –
Blätter: grundständig oder wechselständig, einfach, nicht eingeschnitten
Körbchen: mit 2-lippigen Zungen- und Röhrenblüten oder nur Röhrenblüten. Hüllblätter vielreihig. Spreublätter fehlend. Blüten purpurn, rosa, weiß, violett. Zungenblüten weiblich. Röhrenblüten zwittrig
Pappus: aus Haaren

Osteospermum L.

Ableitung: Knochen-Same
Vulgärnamen: D:Kapmargerite, Paternosterstrauch; F:Marguerite du Cap
Arten: 67
Lebensform: Staude, Strauch, Halbstrauch, Einjährig
Milchsaft: –
Blätter: wechselständig oder gegenständig, einfach, eingeschnitten oder nicht
Körbchen: mit Zungen- und Röhrenblüten. Hüllblätter 1- bis 3-reihig. Spreublätter fehlend. Blüten gelb, orange, selten weiß, rosa, violett. Zungenblüten weiblich. Röhrenblüten männlich
Pappus: fehlend

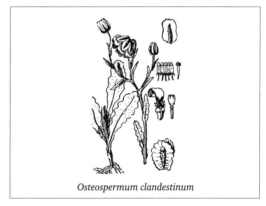

Osteospermum clandestinum

Otanthus Hoffmanns. et Link

Ableitung: Ohr-Blüte
Vulgärnamen: D:Filzblume, Ohrblume; E:Cotton Weed; F:Diotis

Otanthus maritimus

Arten: 1
Lebensform: Halbstrauch
Milchsaft: -
Blätter: wechselständig, einfach, nicht eingeschnitten
Körbchen: nur mit Röhrenblüten. Hüllblätter 2- bis 3-reihig, ± hautrandig. Spreublätter vorhanden. Blüten gelb. Röhrenblüten zwittrig
Pappus: fehlend

Othonna L.

Ableitung: antiker Pflanzenname
Arten: c. 120
Lebensform: Staude, Strauch, Halbstrauch, sukkulent
Milchsaft: -
Blätter: wechselständig oder grundständig, einfach, eingeschnitten oder nicht
Körbchen: mit Zungen- und Röhrenblüten oder nur mit Röhrenblüten. Hüllblätter einreihig, am Grund verwachsen. Spreublätter fehlend. Blüten gelb, weiß, bläulich, purpurn, rosa. Zungenblüten weiblich. Röhrenblüten steril
Pappus: aus Haaren

Ozothamnus R. Br.

Ableitung: Strauch mit Geruch
Arten: c. 50
Lebensform: Strauch
Milchsaft: -
Blätter: wechselständig, einfach, nicht eingeschnitten
Körbchen: mit Zungen- und Röhrenblüten oder nur mit Röhrenblüten. Hüllblätter mehrreihig, trockenhäutig. Spreublätter fehlend. Blüten gelb, weiß. Zungenblüten weiblich. Röhrenblüten zwittrig
Pappus: aus Haaren

Ozothamnus rosmarinifolius

Pachystegia Cheeseman

Ableitung: mit verdicktem Schirm
Vulgärnamen: D:Baumaster

Arten: 1
Lebensform: Strauch
Milchsaft: -
Blätter: wechselständig, einfach, nicht eingeschnitten
Körbchen: mit Zungen- und Röhrenblüten. Hüllblätter vielreihig. Spreublätter fehlend. Blüten weiß. Zungenblüten wechselständig. Röhrenblüten zwittrig
Pappus: aus Haaren

Packera Á. Löve et D. Löve

Ableitung: Gattung zu Ehren von John G. Packer (1929–), einem kanadischen Botaniker benannt
Arten: c. 65
Lebensform: Staude
Milchsaft:
Blätter: grundständig oder wechselständig, einfach, eingeschnitten oder nicht
Körbchen: mit Zungen- und Röhrenblüten. Hüllblätter einreihig. Spreublätter fehlend. Blüten gelb, orange, rot. Zungenblüten weiblich. Röhrenblüten zwittrig
Pappus: aus Haaren

Palafoxia Lag.

Ableitung: Gattung zu Ehren von José de Palafox y Melci, Herzog von Zaragoza (1780–1847), einem spanischen General oder von Juan de Palafox y Mendoza (1600–1659) benannt
Arten: 12
Lebensform: Einjährige, Staude, Halbstrauch, selten Strauch
Milchsaft: -
Blätter: wechselständig und gegenständig, einfach, nicht eingeschnitten
Körbchen: mit Zungen- und Röhrenblüten oder nur mit Röhrenblüten. Hüllblätter 2-reihig, hautrandig oder nicht. Spreublätter fehlend. Blüten weiß, rosa, purpurn, violett. Zungenblüten weiblich. Röhrenblüten zwittrig
Pappus: 4–10 Schuppen

Palafoxia hookeriana

Parthenium L.

Ableitung: antiker Pflanzenname
Vulgärnamen: D:Guayule, Prärieampfer; F:Guayule
Arten: 16

Asteraceae Korbblütler 263

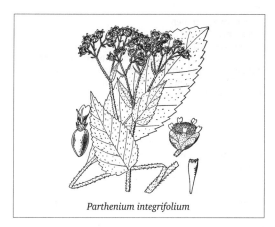
Parthenium integrifolium

Lebensform: Staude, Strauch, Einjährige, selten Baum
Milchsaft: -
Blätter: wechselständig, einfach bis zusammengesetzt
Körbchen: mit 2-lippigen Zungen- und Röhrenblüten. Hüllblätter 2- bis 3-reihig. Spreublätter vorhanden. Blüten weiß, grüngelb. Zungenblüten weiblich. Röhrenblüten männlich
Pappus: fehlend, 2–3 Schuppen, Grannen

Perezia Lag.

Ableitung: Gattung zu Ehren von Lorenzo Pérez, einem spanischen Apotheker des 16. Jahrhunderts benannt
Arten: 32
Lebensform: Staude, Einjährige
Milchsaft: -

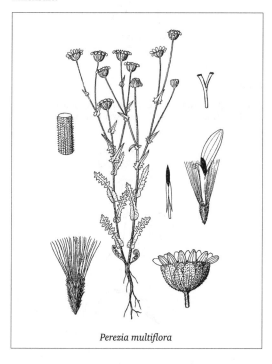
Perezia multiflora

Blätter: wechselständig oder grundständig, einfach, eingeschnitten oder nicht
Körbchen: mit 2-lippigen Blüten. Hüllblätter 2- mehrreihig. Spreublätter fehlend. Blüten rosa, purpurn, blau, gelb, violett, rot, selten weiß. Blüten zwittrig
Pappus: aus Haaren

Pericallis D. Don

Ableitung: äußerst schön
Vulgärnamen: D:Aschenblume, Zinerarie; E:Cineraria, Florist's Cineraria; F:Cinéraire
Arten: 15
Lebensform: Staude, Halbstrauch
Milchsaft: -
Blätter: wechselständig oder grundständig, einfach, handnervig, eingeschnitten oder nicht
Körbchen: mit Zungen- und Röhrenblüten. Hüllblätter einreihig. Spreublätter fehlend. Blüten weiß, rosa, lila, purpurn, blau. Zungenblüten weiblich. Röhrenblüten zwittrig
Pappus: aus Haaren

Pericallis cruenta

Pertya Sch. Bip.

Ableitung: Gattung zu Ehren von Joseph Anton Maximilian Perty (1804–1884), einem deutschen Botaniker und Zoologen benannt

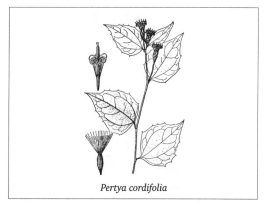
Pertya cordifolia

Arten: 15
Lebensform: Strauch, Staude, Liane
Milchsaft: -
Blätter: wechselständig, einfach, eingeschnitten oder nicht
Körbchen: nur mit Röhrenblüten. Hüllblätter vielreihig. Spreublätter fehlend. Blüten weiß, rosa. Röhrenblüten zwittrig
Pappus: aus Haaren

Petasites Mill.

Ableitung: antiker Pflanzenname
Vulgärnamen: D:Pestwurz; E:Butterbur; F:Pétasites
Arten: c. 20
Lebensform: Staude
Milchsaft: -
Blätter: grundständig und schuppenförmige Stängelblätter, einfach, handnervig, nicht eingeschnitten
Körbchen: mit Zungen- und Röhrenblüten oder nur Röhrenblüten. Hüllblätter einreihig und kleine Schuppen, selten 2- bis 3-reihig. Spreublätter fehlend. Blüten weiß, purpurn, gelb, rosa. Zungenblüten weiblich. Röhrenblüten männlich oder weiblich
Pappus: aus Haaren

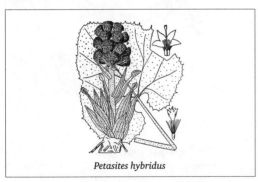
Petasites hybridus

Phaenocoma D. Don

Ableitung: glänzendes Haar
Arten: 1

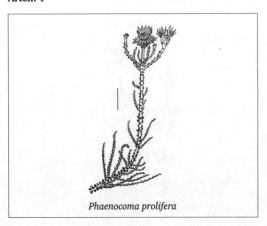
Phaenocoma prolifera

Lebensform: Strauch
Milchsaft: -
Blätter: wechselständig, einfach, nicht eingeschnitten
Körbchen: nur mit Röhrenblüten, innere nur männlich. Hüllblätter mehrreihig, trockenhäutig. Spreublätter fehlend. Blüten rosa, purpurn mit purpurner Hülle
Pappus: aus Haaren

Picris L.

Ableitung: antiker Pflanzenname
Vulgärnamen: D:Bitterkraut; E:Oxtongue
Arten: c. 40
Lebensform: Einjährige, Staude
Milchsaft: vorhanden
Blätter: grundständig oder wechselständig, einfach, eingeschnitten oder nicht
Körbchen: nur mit Zungenblüten. Hüllblätter 2- bis mehrreihig. Spreublätter fehlend. Blüten gelb. Zungenblüten zwittrig
Pappus: aus gefiederten Haaren

Picris hieracioides

Piqueria Cav.

Ableitung: Gattung zu Ehren von Andrés Piquer (1711–1772), einem spanischen Arzt benannt

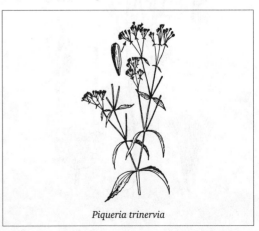
Piqueria trinervia

Arten: 7
Lebensform: Einjährige, Staude, Halbstrauch
Milchsaft: –
Blätter: gegenständig, selten wechselständig, einfach, nicht eingeschnitten
Körbchen: nur mit 3–5 Röhrenblüten. Hüllblätter einreihig. Spreublätter fehlend. Blüten weiß, blau. Röhrenblüten zwittrig
Pappus: fehlend

Plecostachys Hilliard et B.L. Burtt

Ableitung: verflochtene Ähre
Arten: 2
Lebensform: Staude
Milchsaft: –
Blätter: wechselständig, einfach, nicht eingeschnitten
Körbchen: mit Zungen- und Röhrenblüten. Hüllblätter mehrreihig, gelb, purpurn. Spreublätter fehlend. Blüten weiß. Röhrenblüten zwittrig
Pappus: aus Haaren

Podachaenium Benth. ex Oerst.

Ableitung: gestielte Frucht
Arten: 2
Lebensform: Strauch, Staude
Milchsaft: –
Blätter: gegenständig, einfach, eingeschnitten oder nicht
Körbchen: mit Zungen- und Röhrenblüten. Hüllblätter 2- bis 3-reihig. Spreublätter vorhanden. Blüten weiß. Zungenblüten weiblich. Röhrenblüten zwittrig
Pappus: 2 Grannen

Podolepis Labill.

Ableitung: gestielte Schuppe
Arten: 18
Lebensform: Einjährige, Staude
Milchsaft: –
Blätter: wechselständig, einfach, nicht eingeschnitten
Körbchen: mit Zungen- und Röhrenblüten oder nur mit Röhrenblüten. Hüllblätter mehrreihig. Spreublätter fehlend. Blüten gelb, rosa, purpurn. Zungenblüten weiblich. Röhrenblüten zwittrig
Pappus: aus Haaren

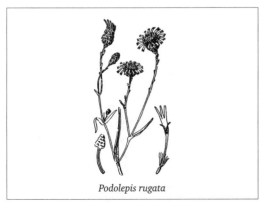
Podolepis rugata

Polymnia L.

Ableitung: nach einer Gestalt der griechischen Mythologie
Arten: 2
Lebensform: Staude
Milchsaft: –
Blätter: wechselständig, einfach, eingeschnitten
Körbchen: mit Zungen- und Röhrenblüten. Hüllblätter 2- bis 3-reihig. Spreublätter vorhanden. Blüten weiß. Zungenblüten weiblich. Röhrenblüten männlich
Pappus: Krönchen oder fehlend

Prenanthes L.

Ableitung: hängende Blüte
Vulgärnamen: D:Hasenlattich; F:Prénanthe
Arten: 8
Lebensform: Staude, selten kletternd
Milchsaft: vorhanden
Blätter: wechselständig, einfach, eingeschnitten
Körbchen: nur mit bis 5 Zungenblüten. Hüllblätter 2- bis 3-reihig. Spreublätter fehlend. Blüten purpurn, weiß, rosa, blau. Zungenblüten zwittrig
Pappus: aus Haaren

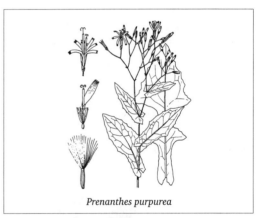
Prenanthes purpurea

Pseudognaphalium Kirp.

Ableitung: Schein-Gnaphalium
Vulgärnamen: D:Scheinruhrkraut; F:Faux-gnaphale
Arten: 10
Lebensform: Einjährige, Zweijährige, Staude
Milchsaft:
Blätter: wechselständig, einfach, nicht eingeschnitten
Körbchen: mit Zungen- und Röhrenblüten oder nur mit Röhrenblüten. Hüllblätter 3- bis 4-reihig, trockenhäutig, cremefarben. Spreublätter fehlend. Blüten gelb. Zungenblüten weiblich. Röhrenblüten zwittrig
Pappus: aus Haaren

Pteronia L.

Ableitung: Flügelpflanze
Arten: 80
Lebensform: Strauch

Milchsaft: -
Blätter: wechselständig, gegenständig oder quirlständig, einfach, nicht eingeschnitten
Körbchen: nur mit Röhrenblüten. Hüllblätter 4- bis 7-reihig, hautrandig. Spreublätter fehlend. Blüten gelb, orange. Röhrenblüten zwittrig
Pappus: aus Haaren

Ptilostemon Cass.

Ableitung: Feder-Staubblatt
Vulgärnamen: D:Elfenbeindistel; E:Ivory Thistle; F:Chardon ivoire
Arten: 14
Lebensform: Zweijährige, Staude, Einjährige
Milchsaft: -
Blätter: wechselständig, einfach, eingeschnitten, selten nicht
Körbchen: nur mit Röhrenblüten. Hüllblätter mehrreihig, ± dornig. Spreublätter vorhanden. Blüten purpurn, weiß, rosa, rot. Röhrenblüten zwittrig oder äußere nur männlich
Pappus: aus gefiederten Haaren

Pulicaria Gaertn.

Ableitung: Floh-Pflanze
Vulgärnamen: D:Flohkraut; E:Fleabane; F:Pulicaire
Arten: c. 85
Lebensform: Einjährige, Staude, Strauch
Milchsaft: -
Blätter: wechselständig, einfach, nicht eingeschnitten
Körbchen: mit Zungen- und Röhrenblüten oder Röhrenblüten. Hüllblätter 4- bis 5-reihig. Spreublätter fehlend. Blüten gelb. Zungenblüten weiblich. Röhrenblüten zwittrig
Pappus: Schuppen und Haare

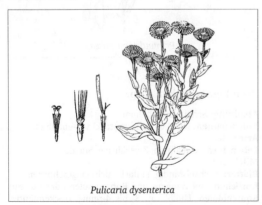
Pulicaria dysenterica

Pyrrocoma Hook.

Ableitung: Feuer-Schopf
Arten: 10
Lebensform: Staude
Milchsaft: -
Blätter: wechselständig, einfach, eingeschnitten oder nicht

Körbchen: mit Zungen- und Röhrenblüten. Hüllblätter 2- bis 6-reihig. Spreublätter fehlend. Blüten gelb. Zungenblüten weiblich oder steril. Röhrenblüten zwittrig
Pappus: mit Haaren

Raoulia Hook. f. ex Raoul

Ableitung: Gattung zu Ehren von Édouard Fiacre Louis Raoul (1815–1852), einem französischen Botaniker benannt
Vulgärnamen: D:Schafsteppich; F:Mouton végétal
Arten: c. 20
Lebensform: Staude
Milchsaft: -
Blätter: wechselständig, einfach, nicht eingeschnitten
Körbchen: nur mit Röhrenblüten. Hüllblätter 2- bis mehrreihig. Spreublätter fehlend. Blüten gelb, weiß, purpurn. Röhrenblüten zwittrig
Pappus: aus Haaren

Raoulia catipes

Ratibida Raf.

Ableitung: Herleitung unbekannt
Vulgärnamen: D:Präriesonnenhut; E:Mexican Hat, Prairie Cone Flower
Arten: 6
Lebensform: Staude, Zweijährige
Milchsaft: -
Blätter: wechselständig, einfach bis zusammengesetzt
Körbchen: mit Zungen- und Röhrenblüten. Hüllblätter 2- bis 3-reihig. Spreublätter vorhanden. Blüten gelb, rotbraun. Zungenblüten steril. Röhrenblüten zwittrig
Pappus: 1–2 Grannen, selten Krönchen oder fehlend

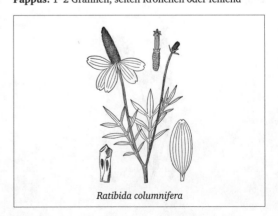
Ratibida columnifera

Relhania L'Hér.

Ableitung: Gattung zu Ehren von Richard Relhan (1754–1823), einem englischen Botaniker benannt
Arten: 13
Lebensform: Strauch
Milchsaft: –
Blätter: wechselständig, gegenständig, einfach, nicht eingeschnitten
Körbchen: mit Zungen- und Röhrenblüten. Hüllblätter vielreihig, trockenhäutig, braun. Spreublätter vorhanden, fehlend. Blüten gelb. Zungenblüten weiblich. Röhrenblüten zwittrig
Pappus: Schuppen, becherförmig

Rhagadiolus Scop.

Ableitung: Spalten-Pflanze (Kelch)
Vulgärnamen: D:Sichelsalat, Sternlattich; F:Rhagadiole
Arten: 2
Lebensform: Einjährige
Milchsaft: vorhanden
Blätter: wechselständig, einfach, eingeschnitten
Körbchen: nur mit Zungenblüten. Hüllblätter 2reihig. Spreublätter fehlend. Blüten gelb. Zungenblüten zwittrig
Pappus: fehlend

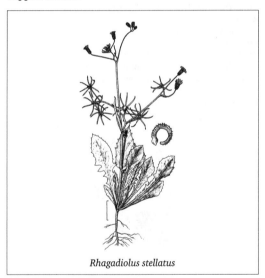

Rhagadiolus stellatus

Rhodanthe Lindl.

Ableitung: Rosen-Blüte
Vulgärnamen: D:Immortelle; E:Paper Daisy; F:Immortelle, Rhodanthe
Arten: c. 45
Lebensform: Einjährige, selten Staude oder Strauch
Milchsaft: –
Blätter: wechselständig, einfach, nicht eingeschnitten
Körbchen: nur mit Röhrenblüten. Hüllblätter vielreihig, trockenhäutig, farbig. Spreublätter fehlend. Blüten gelb. Röhrenblüten zwittrig
Pappus: aus gefiederten Haaren

Rhodanthemum (Vogt) B.H. Wilcox, K. Bremer et Humphries

Ableitung: Rosen-Blüte
Arten: 15
Lebensform: Staude, Halbstrauch
Milchsaft: –
Blätter: grundständig oder wechselständig, einfach bis zusammengesetzt
Körbchen: mit Zungen- und Röhrenblüten. Hüllblätter 3- bis 5-reihig, hautrandig. Spreublätter fehlend. Blüten weiß, rosa, rötlich, orange, selten gelb. Zungenblüten weiblich. Röhrenblüten zwittrig
Pappus: Krönchen

Rudbeckia L.

Ableitung: Gattung zu Ehren von Olaus Olai Rudbeck (1660–1740), einem schwedischen Botaniker und Freund Linnés benannt
Vulgärnamen: D:Sonnenhut; E:Coneflower; F:Rudbeckia
Arten: 15
Lebensform: Zweijährige, Staude, Einjährige
Milchsaft: –
Blätter: wechselständig, einfach bis zusammengesetzt
Körbchen: mit Zungen- und Röhrenblüten. Hüllblätter 2- bis 4-reihig. Spreublätter vorhanden. Blüten gelb, orange, rötlich. Zungenblüten steril. Röhrenblüten zwittrig
Pappus: fehlend, Krönchen, 2–4 Grannen

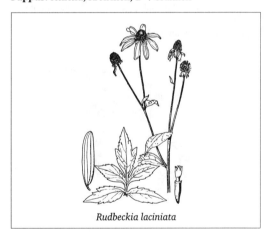

Rudbeckia laciniata

Santolina L.

Ableitung: nach einem antiken Pflanzennamen
Vulgärnamen: D:Heiligenkraut; E:Lavender Cotton; F:Santoline
Arten: 18
Lebensform: Strauch, Halbstrauch
Milchsaft: –
Blätter: wechselständig, einfach bis zusammengesetzt
Körbchen: nur mit Röhrenblüten. Hüllblätter 3- bis 4-reihig, hautrandig. Spreublätter vorhanden. Blüten gelb, weiß, orange. Röhrenblüten zwittrig
Pappus: fehlend

268 Asteraceae Korbblütler

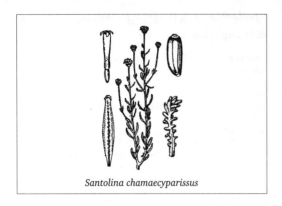

Santolina chamaecyparissus

Saussurea alpina

Sanvitalia Lam.

Ableitung: Gattung zu Ehren von Federico Sanvitali (1704–1761), einem italienischen Botaniker benannt
Vulgärnamen: D:Husarenknopf; E:Creeping Zinnia; F:Bouton de hussard
Arten: 7
Lebensform: Einjährige, Staude, selten Strauch
Milchsaft: –
Blätter: gegenständig, einfach, nicht eingeschnitten
Körbchen: mit Zungen- und Röhrenblüten. Hüllblätter 2- bis 4-reihig. Spreublätter vorhanden. Blüten gelb, weiß, grüngelb, orange. Zungenblüten weiblich. Röhrenblüten zwittrig
Pappus: Grannen, fehlend

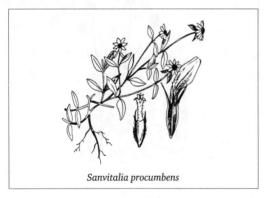

Sanvitalia procumbens

Saussurea DC.

Ableitung: Gattung zu Ehren von Horace Bénédict de Saussure (1740–1799) und seinem Sohn Nicolas Théodore de Saussure (1767–1845), beides schweizerische Botaniker benannt
Vulgärnamen: D:Alpenscharte; E:Alpine Saw Wort; F:Saussurée
Arten: c. 300
Lebensform: Staude, selten Einjährige
Milchsaft: –
Blätter: wechselständig, einfach, eingeschnitten oder nicht

Körbchen: nur mit Röhrenblüten. Hüllblätter mehrreihig. Spreublätter vorhanden. Blüten blau, violett, purpurn, rosa. Röhrenblüten zwittrig
Pappus: mit gefiederten Haaren

Scolymus L.

Ableitung: antiker Pflanzenname
Vulgärnamen: D:Golddistel; E:Golden Thistle; F:Scolyme
Arten: 3
Lebensform: Einjährige, Staude
Milchsaft: vorhanden
Blätter: wechselständig, einfach, eingeschnitten oder nicht
Körbchen: nur mit Zungenblüten. Hüllblätter mehrreihig. Spreublätter vorhanden. Blüten gelb. Zungenblüten zwittrig
Pappus: 2 Grannen, fehlend

Scolymus hispanicus

Scorzonera L.

Ableitung: nach einer spanischen Bezeichnung gegen Schlangenbisse
Vulgärnamen: D:Schwarzwurzel, Stielsamen; E:Viper's Grass; F:Scorsonère
Arten: 150+
Lebensform: Staude, Einjährige
Milchsaft: vorhanden
Blätter: wechselständig, einfach, eingeschnitten oder nicht
Körbchen: nur mit Zungenblüten. Hüllblätter 2- bis mehrreihig. Spreublätter fehlend. Blüten gelb, weiß, purpurn, rosa, violett. Zungenblüten zwittrig
Pappus: aus gefiederten Haaren

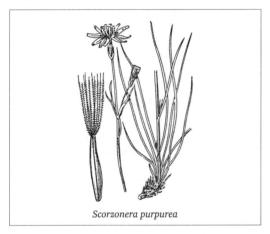
Scorzonera purpurea

Senecio L.

Ableitung: antiker Pflanzenname
Vulgärnamen: D:Greiskraut, Kreuzkraut; E:Ragwort; F:Cinéraire, Séneçon
Arten: 1000–1250

Senecio jacobaea

Lebensform: Einjährige, Zweijährige, Staude, Halbstrauch, Strauch, Liane, Baum
Milchsaft: –
Blätter: wechselständig oder grundständig, einfach, eingeschnitten oder nicht
Körbchen: mit Zungen- und Röhrenblüten oder nur mit Röhrenblüten. Hüllblätter einreihig und zum Teil kleinen Schüppchen. Spreublätter fehlend. Blüten gelb, orange, selten rot, blau, purpurn, rosa, weiß. Zungenblüten weiblich. Röhrenblüten zwittrig
Pappus: aus Haaren

Serratula L.

Ableitung: antiker Pflanzenname
Vulgärnamen: D:Scharte; E:Saw Wort; F:Serratule
Arten: c. 70
Lebensform: Staude
Milchsaft: –
Blätter: wechselständig, einfach bis zusammengesetzt
Körbchen: nur mit Röhrenblüten. Hüllblätter mehrreihig, dornig. Spreublätter vorhanden. Blüten purpurn, rosa. Röhrenblüten steril und zwittrig
Pappus: aus einfachen oder gefiederten Haaren

Serratula tinctoria

Sigesbeckia L.

Ableitung: Gattung zu Ehren von Johann Georg Siegesbeck (1686–1755), einem deutschen Arzt und Botaniker benannt
Vulgärnamen: D:Siegesbeckie; E:St Paul's Wort; F:Sigesbeckia
Arten: 3
Lebensform: Einjährige, Staude
Milchsaft: –
Blätter: gegenständig, einfach, nicht eingeschnitten
Körbchen: mit Zungen- und Röhrenblüten. Hüllblätter 2-reihig, sehr ungleich. Spreublätter vorhanden. Blüten gelb, weiß. Zungenblüten weiblich. Röhrenblüten zwittrig
Pappus: fehlend

Sigesbeckia serrata

Silybum marianum

Silphium L.

Ableitung: antiker Pflanzenname
Vulgärnamen: D:Becherpflanze, Kompasspflanze; E:Prairie Dock, Rosin-Weed; F:Plante-compas
Arten: 23
Lebensform: Staude
Milchsaft: –
Blätter: gegenständig, wechselständig, selten quirlständig oder grundständig, einfach, eingeschnitten oder nicht
Körbchen: mit Zungen- und Röhrenblüten. Hüllblätter 2- bis 3reihig. Spreublätter vorhanden. Blüten gelb, weiß. Zungenblüten weiblich. Röhrenblüten männlich
Pappus: fehlend, 2 Grannen

Silphium perfoliatum

Silybum Adans.

Ableitung: nach einem antiken Pflanzennamen
Vulgärnamen: D:Mariendistel; E:Milk Thistle; F:Chardon-Marie, Lait de Notre-Dame

Arten: 2
Lebensform: Einjährige, Staude, Zweijährige
Milchsaft: –
Blätter: wechselständig, einfach, eingeschnitten, stachelig
Körbchen: nur mit Röhrenblüten. Hüllblätter mehrreihig, dornig. Spreublätter haarförmig. Blüten purpurn, lila, rötlich. Röhrenblüten zwittrig
Pappus: aus Haaren

Sinacalia H. Rob. et Brettell

Ableitung: chinesische Cacalia
Vulgärnamen: D:Chinagreiskraut; E:Chinese Ragwort; F:Séneçon de Sibérie
Arten: 2
Lebensform: Staude
Milchsaft: –
Blätter: ± gegenständig, einfach, handnervig, eingeschnitten oder nicht

Sinacalia tangutica

Körbchen: mit Zungen- und Röhrenblüten. Hüllblätter einreihig. Spreublätter fehlend. Blüten gelb. Zungenblüten weiblich. Röhrenblüten zwittrig
Pappus: aus Haaren

Solidago L.

Ableitung: nach einem mittelalterlichen lateinischen Pflanzennamen
Vulgärnamen: D:Goldrute; E:Goldenrod; F:Verge-d'or
Arten: c. 100
Lebensform: Staude
Milchsaft: –
Blätter: wechselständig, einfach, nicht eingeschnitten
Körbchen: mit Zungen- und Röhrenblüten. Hüllblätter 3- bis 4-reihig. Spreublätter fehlend, selten vorhanden. Blüten gelb, weiß. Zungenblüten weiblich. Röhrenblüten zwittrig
Pappus: aus Haaren

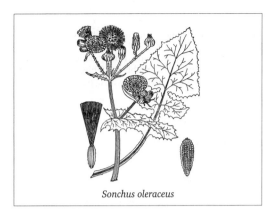
Sonchus oleraceus

Staehelina L.

Ableitung: Gattung zu Ehren von Benedikt Staehelin (1695–1750), einem schweizerischen Botaniker benannt
Vulgärnamen: D:Strauchscharte; F:Stéhéline
Arten: 8
Lebensform: Strauch, Halbstrauch
Milchsaft: –
Blätter: wechselständig, einfach, eingeschnitten oder nicht
Körbchen: nur mit Röhrenblüten. Hüllblätter 2- bis mehrreihig. Spreublätter vorhanden, am Grund verwachsen. Blüten rosa, purpurn, weiß. Röhrenblüten zwittrig
Pappus: aus gefiederten Haaren

Solidago canadensis

× Solidaster H.R. Wehrh.

Ableitung: Hybride aus Aster und Solidago
Vulgärnamen: D:Goldrutenaster
Lebensform: Staude
Milchsaft: –
Blätter: wechselständig, einfach, nicht eingeschnitten
Körbchen: mit Zungen- und Röhrenblüten. Hüllblätter mehrreihig. Spreublätter fehlend. Blüten weiß, gelb.
Pappus: aus Haaren

Sonchus L.

Ableitung: antiker Pflanzenname
Vulgärnamen: D:Gänsedistel, Saudistel; E:Milk Thistle, Sow Thistle; F:Laiteron
Arten: 62
Lebensform: Einjährige, Zweijährige, Staude, Staude, Halbstrauch
Milchsaft: vorhanden
Blätter: wechselständig, einfach oder zusammengesetzt
Körbchen: nur mit Zungenblüten. Hüllblätter 3-reihig. Spreublätter fehlend. Blüten gelb. Zungenblüten zwittrig
Pappus: aus Haaren

Staehelina dubia

Steirodiscus Less.

Ableitung: unfruchtbare Scheibe
Arten: 5
Lebensform: Einjährige

Milchsaft: –
Blätter: wechselständig, einfach, eingeschnitten oder nicht
Körbchen: mit Zungen- und Röhrenblüten. Hüllblätter einreihig, verwachsen. Spreublätter fehlend. Blüten gelb. Zungenblüten §. Röhrenblüten zwittrig oder männlich
Pappus: fehlend

Stemmacantha Cass.

Ableitung: Stachel-Kranz
Vulgärnamen: D:Bergscharte
Arten: 20
Lebensform: Staude
Milchsaft: –
Blätter: wechselständig, einfach bis zusammengesetzt
Körbchen: nur mit Röhrenblüten. Hüllblätter mehrreihig, mit Anhängsel. Spreublätter vorhanden. Blüten purpurn, §. Röhrenblüten zwittrig
Pappus: aus Haaren

Stemmacantha rhapontica

Stenotus Nutt.

Ableitung: schmale Ohren (Blätter)
Arten: 6
Lebensform: Staude, holzig am Grund
Milchsaft: –
Blätter: grundständig oder wechselständig, einfach, nicht eingeschnitten
Körbchen: mit Zungen- und Röhrenblüten oder selten nur mit Röhrenblüten. Hüllblätter 2- bis 4-reihig, hautrandig. Spreublätter fehlend. Blüten gelb. Zungenblüten weiblich. Röhrenblüten zwittrig
Pappus: aus Haaren

Stevia Cav.

Ableitung: Gattung zu Ehren von Pedro Jaime Esteve (?–1556), einem spanischen Arzt und Botaniker benannt
Vulgärnamen: D:Stevie; F:Stévie
Arten: 235
Lebensform: Staude, Einjährige, Strauch
Milchsaft: –
Blätter: gegenständig oder selten wechselständig, einfach, selten eingeschnitten

Stevia serrata

Körbchen: nur mit 5 Röhrenblüten. Hüllblätter einreihig, nur 5. Spreublätter fehlend. Blüten purpurn, weiß, lavendelfarben. Röhrenblüten zwittrig
Pappus: 2 bis viele Schuppen und oft zusätzliche Borsten

Stoebe L.

Ableitung: antiker Pflanzenname
Arten: 34
Lebensform: Strauch
Milchsaft: –
Blätter: wechselständig, einfach, nicht eingeschnitten
Körbchen: nur mit Röhrenblüten. Hüllblätter mehrreihig. Spreublätter fehlend. Blüten purpurn. Zungenblüten weiblich. Röhrenblüten zwittrig
Pappus: mit gefiederten Haaren

Stoebe fusca

Stokesia L'Hér.

Ableitung: Gattung zu Ehren von Jonathan Stokes (1755–1831), einem englischen Arzt und Botaniker benannt
Vulgärnamen: D:Kornblumenaster, Stokesie; E:Stike's Aster; F:Aster-centaurée, Stokésia
Arten: 1
Lebensform: Staude
Milchsaft: –
Blätter: wechselständig, einfach, nicht eingeschnitten
Körbchen: mit Zungen- und Röhrenblüten. Hüllblätter 3- bis 4reihig, mit Anhängsel. Spreublätter fehlend. Blüten weiß, gelb, lila, blau. Zungenblüten zwittrig. Röhrenblüten zwittrig
Pappus: 4–5 Schuppen

Stokesia laevis

Tagetes L.

Ableitung: nach einer Gestalt der etruskischen Mythologie
Vulgärnamen: D:Sammetblume, Studentenblume, Tagetes; E:Marigold; F:Oeillet d'Inde, Rose d'Inde, Tagète
Arten: c. 50
Lebensform: Einjährige, Staude, selten Strauch
Milchsaft: –
Blätter: gegenständig, einfach bis zusammengesetzt
Körbchen: mit Zungen- und Röhrenblüten oder nur mit Röhrenblüten. Hüllblätter einreihig, verwachsen. Spreublätter fehlend. Blüten gelb, orange, weiß braunrot. Zungenblüten weiblich. Röhrenblüten zwittrig
Pappus: 2–10 Schuppen

Tanacetum L.

Ableitung: nach einem mittelalterlichen Pflanzennamen
Vulgärnamen: D:Balsamkraut, Insektenblume, Margerite, Mutterkraut, Pyrethrum, Rainfarn, Wucherblume; E:Tansy; F:Menthe coq, Pyrèthre, Tanaisie

Tanacetum vulgare

Arten: 160
Lebensform: Staude, selten Einjährige oder Halbstrauch
Milchsaft: –
Blätter: wechselständig, einfach bis zusammengesetzt
Körbchen: mit Zungen- und Röhrenblüten oder nur mit Röhrenblüten. Hüllblätter 3- bis 5reihig, hautrandig. Spreublätter fehlend, selten vorhanden. Blüten weiß, gelb, rosa. Zungenblüten weiblich, steril. Röhrenblüten zwittrig oder weiblich und zwittrig
Pappus: Krönchen, fehlend

Taraxacum Weber ex F.H. Wigg.

Ableitung: nach einem persisch-arabischen Pflanzennamen
Vulgärnamen: D:Kuhblume, Löwenzahn, Pfaffenröhrlein, Pusteblume; E:Blowballs, Dandelion; F:Dent de lion, Pissenlit
Arten: c. 60
Lebensform: Staude, Zweijährige
Milchsaft: vorhanden
Blätter: grundständig, einfach, eingeschnitten oder nicht
Körbchen: nur mit Zungenblüten. Hüllblätter 2-reihig, sehr ungleich. Spreublätter fehlend. Blüten gelb, rosa, selten weiß oder purpurn. Zungenblüten zwittrig
Pappus: aus Haaren

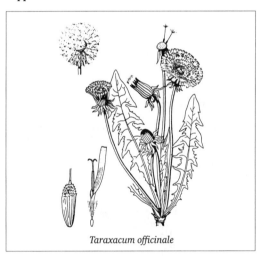

Taraxacum officinale

Tarchonanthus L.

Ableitung: Estragon-Blüte
Vulgärnamen: D:Totenstrauch; E:Hottentot Tobacco; F:Tarchonanthus
Arten: 2
Lebensform: Baum, Strauch
Milchsaft: –
Blätter: wechselständig, einfach, selten eingeschnitten
Körbchen: nur mit Röhrenblüten. Hüllblätter 1- bis 3-reihig, verwachsen. Spreublätter fehlend. Blüten cremefarben. Röhrenblüten zwittrig
Pappus: fehlend

274 Asteraceae Korbblütler

Tarchonanthus camphoratus

Lebensform: Staude, Zweijährige
Milchsaft: –
Blätter: wechselständig oder grundständig, einfach, nicht eingeschnitten
Körbchen: mit Zungen- und Röhrenblüten. Hüllblätter einreihig, ± hautrandig. Spreublätter fehlend. Blüten gelb, orange, rot. Zungenblüten weiblich. Röhrenblüten zwittrig
Pappus: aus Haaren

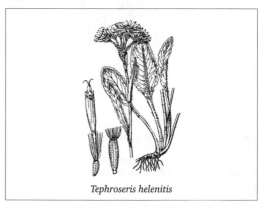

Tephroseris helenitis

Telekia Baumg.

Ableitung: Gattung zu Ehren von Graf Samuel Teleki von Szék (1739–1822), einem ungarischen Förderer der Botanik benannt
Vulgärnamen: D:Telekie; E:Oxeye; F:Œil-de-bœuf
Arten: 1
Lebensform: Staude
Milchsaft: –
Blätter: wechselständig, einfach, nicht eingeschnitten
Körbchen: mit Zungen- und Röhrenblüten. Hüllblätter 5- bis 6reihig. Spreublätter vorhanden. Blüten gelb. Zungenblüten weiblich. Röhrenblüten zwittrig
Pappus: Schuppen, fehlend

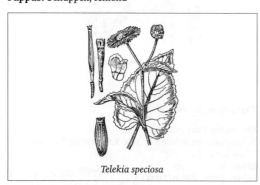

Telekia speciosa

Tephroseris (Rchb.) Rchb.

Ableitung: Aschen-Salat
Vulgärnamen: D:Greiskraut; E:Fleawort; F:Cinéraire
Arten: c. 50

Thelesperma Less.

Ableitung: mit brustwarzenförmigen Samen
Vulgärnamen: D:Warzensame; E:Greenthreads; F:Thélésperme

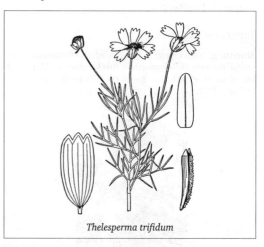

Thelesperma trifidum

Arten: 12–15
Lebensform: Einjährige, Staude, Halbstrauch
Milchsaft:
Blätter: gegenständig, einfach bis zusammengesetzt
Körbchen: mit Zungen- und Röhrenblüten oder nur Röhrenblüten. Hüllblätter 2-reihig, verwachsen, sehr ungleich. Spreublätter vorhanden. Blüten gelb, rotbraun. Zungenblüten steril. Röhrenblüten zwittrig
Pappus: fehlend oder 2–3 Grannen

Tithonia Desf. ex Juss.
Ableitung: nach einer Gestalt der griechischen Mythologie
Vulgärnamen: D:Tithonie; E:Mexican Sunflower; F:Soleil mexicain
Arten: 11
Lebensform: Staude, Einjährige, Strauch, selten Baum
Milchsaft: –
Blätter: wechselständig, einfach, eingeschnitten oder nicht
Körbchen: mit Zungen- und Röhrenblüten. Hüllblätter 2- bis 5-reihig. Spreublätter vorhanden. Blüten gelb, orange, rot. Zungenblüten steril. Röhrenblüten zwittrig
Pappus: fehlend, Krönchen oder 2 Grannen
Kennzeichen:

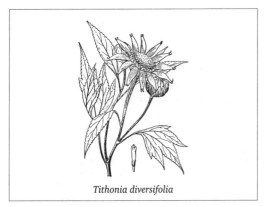
Tithonia diversifolia

Tolpis Adans.
Ableitung: Herleitung unbekannt
Vulgärnamen: D:Bartpippau, Christusauge, Grasnelkenhabichtskraut; F:Oeil du Christ, Trépane

Tolpis barbata

Arten: 20
Lebensform: Einjährige, Staude, selten Halbstrauch
Milchsaft: vorhanden
Blätter: grundständig oder wechselständig, einfach, eingeschnitten oder nicht
Körbchen: nur mit Zungenblüten. Hüllblätter 2- bis 3-reihig. Spreublätter fehlend. Blüten gelb, innere oft braun. Zungenblüten zwittrig
Pappus: aus Haaren, 2 Grannen, Schuppen

Tonestus A. Nelson
Ableitung: Name ist Umstellung (Anagramm) von Stenotus
Arten: 7
Lebensform: Staude
Milchsaft: –
Blätter: wechselständig, einfach, nicht eingeschnitten
Körbchen: mit Zungen- und Röhrenblüten oder nur Röhrenblüten. Hüllblätter 3- bis 4-reihig. Spreublätter fehlend. Blüten gelb, weiß. Zungenblüten weiblich. Röhrenblüten zwittrig
Pappus: aus Haaren

Tonestus lyallii

Townsendia Hook.
Ableitung: Gattung zu Ehren von David Townsend (1787–1858), einem nordamerikanischen Botaniker benannt
Vulgärnamen: D:Townsendie; E:Townsend Daisy; F:Townsedia
Arten: 25
Lebensform: Zweijährige, Staude, Einjährige
Milchsaft: –
Blätter: wechselständig oder grundständig, einfach, nicht eingeschnitten
Körbchen: mit Zungen- und Röhrenblüten. Hüllblätter 2- bis 7-reihig, ± hautrandig. Spreublätter fehlend. Blüten blau, rosa, lila, weiß, selten gelb. Zungenblüten weiblich. Röhrenblüten zwittrig
Pappus: aus Haaren

Townsendia parryi

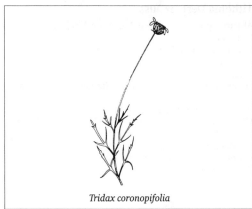
Tridax coronopifolia

Tragopogon L.

Ableitung: antiker Pflanzenname
Vulgärnamen: D:Bocksbart; E:Goat's Beard; F:Salsifis
Arten: 100–110
Lebensform: Einjährige, Zweijährige, Staude
Milchsaft: vorhanden
Blätter: wechselständig, einfach, nicht eingeschnitten
Körbchen: nur mit Zungenblüten. Hüllblätter einreihig, ± verwachsen. Spreublätter fehlend. Blüten gelb, purpurn, violett. Zungenblüten zwittrig
Pappus: aus gefiederten Haaren

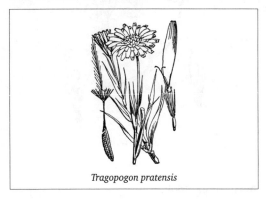
Tragopogon pratensis

Tridax L.

Ableitung: nach einem antiken Pflanzennamen
Vulgärnamen: D:Dreibiss, Mexikolattich; F:Laitue du Mexique, Tridax
Arten: 30
Lebensform: Einjährige, Staude
Milchsaft: –
Blätter: gegenständig, einfach bis zusammengesetzt
Körbchen: mit Zungen- und Röhrenblüten. Hüllblätter 2- bis 5-reihig. Spreublätter vorhanden, 3-lappig. Blüten weiß, gelb, rosa, purpurn. Zungenblüten weiblich. Röhrenblüten zwittrig
Pappus: aus gefiederten Haaren, selten fehlend

Tripleurospermum Sch. Bip.

Ableitung: dreiseitiger Same
Vulgärnamen: D:Kamille; E:Scentless False Chamomile; F:Matricaire
Arten: 38
Lebensform: Einjährige, Staude
Milchsaft: –
Blätter: wechselständig, einfach, eingeschnitten
Körbchen: mit Zungen- und Röhrenblüten. Hüllblätter 2- bis 5-reihig, hautrandig. Spreublätter fehlend. Blüten weiß, selten rosa. Zungenblüten weiblich. Röhrenblüten zwittrig
Pappus: Krönchen, Schuppen

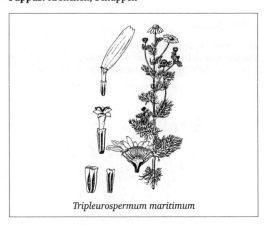
Tripleurospermum maritimum

Tripteris Less.

Arten: c. 20
Lebensform: Strauch, Einjährige, Staude, Halbstrauch
Milchsaft: –
Blätter: wechselständig oder gegenständig, einfach, eingeschnitten oder nicht
Körbchen: mit Zungen- und Röhrenblüten. Hüllblätter 1- bis 2-reihig. Spreublätter fehlend. Blüten gelb, orange. Zungenblüten weiblich. Röhrenblüten männlich
Pappus: becherförmig, 3-flügelige Frucht

Triptilion Ruiz et Pav.

Arten: 12
Lebensform: Einjährige, Staude, Halbstrauch
Milchsaft: -
Blätter: wechselständig, einfach, eingeschnitten oder nicht
Körbchen: mit 2-lippigen Blüten. Hüllblätter 2-reihig, stechend. Spreublätter fehlend. Blüten blau, weiß. Blüten zwittrig
Pappus: 3 Schuppen

Tussilago L.

Ableitung: antiker Pflanzenname
Vulgärnamen: D:Huflattich; E:Coltsfoot; F:Pas d'âne, Tussilage
Arten: 1
Lebensform: Staude
Milchsaft:
Blätter: grundständig und wechselständige Stängelblätter, einfach, nicht eingeschnitten
Körbchen: mit Zungen- und Röhrenblüten. Hüllblätter einreihig. Spreublätter fehlend. Blüten gelb. Zungenblüten weiblich. Röhrenblüten männlich
Pappus: aus Haaren

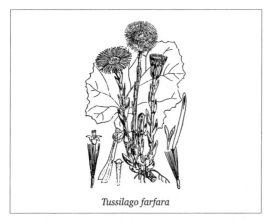
Tussilago farfara

Urospermum Scop.

Ableitung: Schwanz-Same
Vulgärnamen: D:Schwefelkörbchen, Schwefelsame; F:Urosperme
Arten: 2
Lebensform: Einjährige, Staude
Milchsaft: vorhanden
Blätter: wechselständig, einfach, eingeschnitten oder nicht
Körbchen: nur mit Zungenblüten. Hüllblätter einreihig, verwachsen. Spreublätter fehlend. Blüten gelb. Zungenblüten zwittrig
Pappus: aus gefiederten Haaren

Urospermum dalechampii

Ursinia Gaertn.

Ableitung: Pflanze des Großen Bären
Vulgärnamen: D:Bärenkamille; F:Camomille des ours
Arten: c. 40
Lebensform: Einjährige, Staude, Strauch
Milchsaft: -
Blätter: wechselständig, einfach bis zusammengesetzt
Körbchen: mit Zungen- und Röhrenblüten. Hüllblätter 3- bis 7-reihig, hautrandig. Spreublätter vorhanden. Blüten gelb, orange, weiß, rötlich. Zungenblüten steril, selten weiblich. Röhrenblüten zwittrig
Pappus: Schuppen, selten fehlend

Ursinia anthemoides subsp. *versicolor*

Verbesina L.

Ableitung: Verbena-ähnlich
Vulgärnamen: D:Kronbart, Verbesine; E:Crown Beard; F:Verbésine

Arten: c. 250
Lebensform: Einjährige, Staude, Strauch, Baum, Liane
Milchsaft: -
Blätter: gegenständig oder wechselständig, einfach, eingeschnitten oder nicht
Körbchen: nur mit Zungen- und Röhrenblüten oder nur mit Röhrenblüten. Hüllblätter 3- bis 4-reihig. Spreublätter vorhanden. Blüten gelb, weiß, orange, rot, rosa. Zungenblüten weiblich oder steril. Röhrenblüten zwittrig
Pappus: Schuppen 2-3 Grannen, selten fehlend

Verbesina encelioides

Vernonia Schreb.

Ableitung: Gattung zu Ehren von William Vernon (?-ca. 1711), einem englischen Pflanzensammler in Nordamerika benannt
Vulgärnamen: D:Scheinaster, Vernonie; E:Ironweed; F:Vernonie

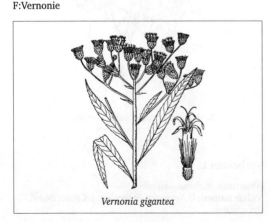

Vernonia gigantea

Arten: 22
Lebensform: Staude
Milchsaft: -
Blätter: wechselständig, einfach, nicht eingeschnitten
Körbchen: nur mit Röhrenblüten. Hüllblätter 5- bis 6-reihig. Spreublätter fehlend. Blüten purpurn, weiß, rot, blau. Röhrenblüten zwittrig
Pappus: aus Haaren

Viguiera Kunth

Ableitung: Gattung zu Ehren von L. G. Alexandre Viguier (1790-1867), einem französischen Bibliothekar und Botaniker benannt

Viguiera laciniata

Arten: c. 150
Lebensform: Einjährige, Staude, Strauch, selten Baum
Milchsaft: -
Blätter: gegenständig oder wechselständig, einfach, nicht eingeschnitten
Körbchen: mit Zungen- und Röhrenblüten. Hüllblätter 2- bis 7-reihig. Spreublätter vorhanden. Blüten gelb, orange, selten rot, weiß. Zungenblüten steril. Röhrenblüten zwittrig
Pappus: 2 Grannen
Kennzeichen:

Vittadinia A. Rich.

Ableitung: Gattung zu Ehren von Carlo Vittadini (1800-1865), einem italienischen Arzt und Botaniker benannt
Arten: 29
Lebensform: Staude, Strauch, Einjährige
Milchsaft: -
Blätter: wechselständig, einfach, selten eingeschnitten
Körbchen: mit Zungen- und Röhrenblüten. Hüllblätter 3- bis 4-reihig. Spreublätter fehlend. Blüten weiß, blau. Zungenblüten weiblich. Röhrenblüten zwittrig
Pappus: aus Haaren

Asteraceae Korbblütler 279

Vittadinia triloba

Waitzia J.C. Wendl.
Ableitung: Gattung zu Ehren von Friedrich August Carl Waitz (1798-1882), einem niederländischen Arzt und Botaniker benannt
Arten: 5
Lebensform: Einjährige
Milchsaft: -
Blätter: wechselständig, einfach, nicht eingeschnitten
Körbchen: nur mit Röhrenblüten. Hüllblätter mehrreihig, trockenhäutig, gelb, orange. Spreublätter fehlend. Blüten rosa, weiß. Röhrenblüten zwittrig
Pappus: aus Haaren

Wedelia Jacq.
Ableitung: Gattung zu Ehren von Georg Wolfgang Wedel (1645-1721), einem deutschen Botaniker benannt
Arten: c. 70
Lebensform: Einjährige, Staude, Halbstrauch, Strauch
Milchsaft: -
Blätter: gegenständig, einfach, nicht eingeschnitten
Körbchen: mit Zungen- und Röhrenblüten. Hüllblätter 2- bis 4-reihig. Spreublätter vorhanden. Blüten gelb, orange, selten weiß, rosa, rot. Zungenblüten weiblich, steril. Röhrenblüten zwittrig
Pappus: fehlend, 1-3 Grannen

Wedelia robusta

Willemetia Neck.
Ableitung: Gattung zu Ehren von (Pierre) Remi Willemet (1735-1807), einem französischen Botaniker benannt
Vulgärnamen: D:Kronenlattich; F:Willemétie
Arten: 2
Lebensform: Staude
Milchsaft: vorhanden
Blätter: wechselständig, einfach, nicht eingeschnitten
Körbchen: nur mit Zungenblüten. Hüllblätter 2-reihig. Spreublätter fehlend. Blüten gelb. Zungenblüten zwittrig
Pappus: aus Haaren und 5-teiligen Krönchen

Willemetia stipitata

Wyethia Nutt.
Ableitung: Gattung zu Ehren von Nathaniel J. Wyeth (1802-1856), einem nordamerikanischen Botaniker und Entdecker der Pflanze benannt
Arten: etwa 14
Lebensform: Staude
Milchsaft: fehlend
Blätter: wechselständig oder grundständig, einfach, eingeschnitten oder nicht
Körbchen: mit Zungen- und Röhrenblüten. Hüllblätter 2- bis 6-reihig. Spreublätter vorhanden. Blüten gelb, weiß. Zungenblüten weiblich. Röhrenblüten zwittrig
Pappus: 1-4 Grannen, Krönchen

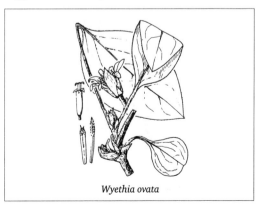
Wyethia ovata

Xanthisma DC.

Ableitung: gelbfärbende Pflanze
Arten: 1
Lebensform: Einjährige
Milchsaft: -
Blätter: wechselständig, einfach, eingeschnitten oder nicht
Körbchen: mit Zungen- und Röhrenblüten. Hüllblätter 2- bis 8-reihig. Spreublätter vorhanden. Blüten gelb, weiß, rosa, purpurn. Zungenblüten weiblich. Röhrenblüten zwittrig
Pappus: Schuppen

Xanthium L.

Ableitung: antiker Pflanzenname
Vulgärnamen: D:Spitzklette; E:Cocklebur; F:Lampourde
Arten: 3
Lebensform: Einjährige
Milchsaft: -
Blätter: wechselständig, einfach, eingeschnitten oder nicht
Körbchen: männliche Körbchen mit Röhrenblüten. Hüllblätter 1- bis 3-reihig. Spreublätter vorhanden. Blüten grün. Weibliche Blüten einzeln oder zu mehreren. Früchte mit geraden oder widerhakigen Stacheln
Pappus: fehlend

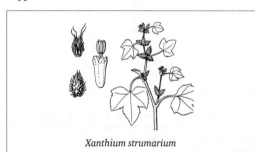

Xanthium strumarium

Xeranthemum L.

Ableitung: trockene Blume
Vulgärnamen: D:Papierblume; F:Immortelle annuelle, Xéranthème
Arten: 6
Lebensform: Einjährige
Milchsaft: -
Blätter: wechselständig, einfach, nicht eingeschnitten
Körbchen: nur mit Röhrenblüten. Hüllblätter mehrreihig, trockenhäutig. Spreublätter vorhanden. Blüten weiß, rosa, purpurn, violett. Röhrenblüten steril und zwittrig
Pappus: 5–15 Schuppen
Kennzeichen: -

Xerochrysum Tzvelev

Ableitung: Blüte mit Deckblättern
Vulgärnamen: D:Strohblume
Arten: 6
Lebensform: Staude
Milchsaft: -
Blätter: wechselständig, einfach, nicht eingeschnitten
Körbchen: nur Röhrenblüten. Hüllblätter mehrreihig, trockenhäutig. Spreublätter fehlend. Blüten gelb. Röhrenblüten zwittrig
Pappus: aus Haaren

Zinnia L.

Ableitung: Gattung zu Ehren von Johann Gottfried Zinn (1727–1759), einem deutschen Botaniker benannt
Vulgärnamen: D:Zinnie; F:Zinnia
Arten: c. 25
Lebensform: Einjährige, Staude, Strauch
Milchsaft: -
Blätter: gegenständig, einfach, nicht eingeschnitten
Körbchen: mit Zungen- und Röhrenblüten. Hüllblätter 3- bis 5-reihig. Spreublätter vorhanden. Blüten weiß, gelb, orange, rot, rosa, grün. Zungenblüten weiblich. Röhrenblüten zwittrig, selten männlich
Pappus: 1–2 Grannen, fehlend

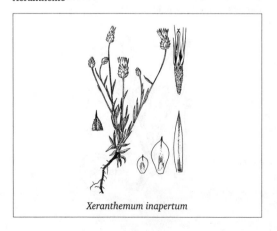

Xeranthemum inapertum

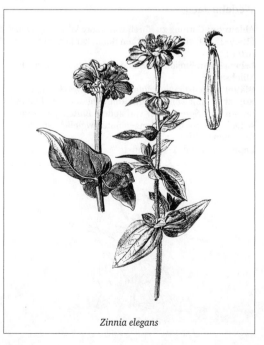

Zinnia elegans

Aucubaceae

Aucuba Thunb.

Ableitung: nach einem japanischen Pflanzennamen
Vulgärnamen: D:Aukube; E:Spotted Laurel; F:Aucuba
Arten: 10
Lebensform: Strauch, immergrün
Blätter: gegenständig, einfach. Nebenblätter fehlend
Blütenstand: Rispe, cymös
Blüten: eingeschlechtig, radiär. Kelchblätter 4. Kronblätter 4, frei, purpurn. Staubblätter 4, frei von der Krone. Fruchtknoten unterständig. Plazentation apical
Frucht: Beere
Kennzeichen: Strauch, immergrün. Blätter gegenständig. Blüten eingeschlechtig. Kelchblätter 4. Kronblätter 4, frei. Staubblätter 4. Fruchtknoten unterständig. Plazentation apical. Beere

Aucuba japonica

Balanitaceae

Balanites Delile

Ableitung: antiker Pflanzenname
Vulgärnamen: D:Zachunbaum, Zahnbaum; F:Balanites
Arten: ~28
Lebensform: Sträucher, Bäume
Blätter: wechselständig, zusammengesetzt mit 2 Blättchen, ohne Nebenblätter

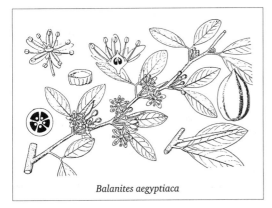
Balanites aegyptiaca

Blütenstand: einzeln, cymös, seitlich
Blüten: zwittrig, radiär. Kelchblätter 5. Kronblätter 5, frei, grünlich. Staubblätter 10, frei. Fruchtblätter 5, verwachsen. Plazentation zentralwinkelständig
Frucht: Steinfrucht
Kennzeichen: Sträucher, Bäume. Blätter zusammengesetzt aus 2 Blättchen. Fruchtblätter 5. Steinfrucht

Balsaminaceae Balsaminengewächse

1 Kronblätter alle frei. Kapsel beerenartig. . . . . .
 . . . . **Hydrocera**
1 Kronblätter seitliche verwachsen zu 2. Frucht eine elastisch aufspringende Kapsel. . . . . **Impatiens**

Hydrocera Blume

Ableitung: Wasser-Horn
Vulgärnamen: D:Wasserhorn; F:Corne d'eau
Arten: 1
Lebensform: Stauden
Blätter: wechselständig, einfach, ohne Nebenblätter
Blütenstand: Trauben, Dolden, einzeln
Blüten: zwittrig, zygomorph. Kelchblätter 3-5, unterstes gespornt. Kronblätter 5, frei, rosa oder rosenrot. Staubblätter 5, mützenförmig verwachsen. Fruchtblätter 5, verwachsen, oberständig. Plazentation zentralwinkelständig
Frucht: beerenartig
Kennzeichen: Stauden. Blüten zygomorph. Kelchblätter 3-5, unterstes gespornt. Kronblätter 5, frei. Fruchtblätter 5, verwachsen. Frucht beerenartig

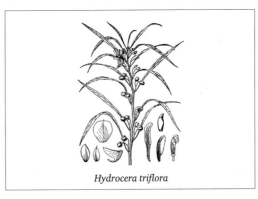
Hydrocera triflora

Impatiens L.

Ableitung: empfindlich
Vulgärnamen: D:Fleißiges Lieschen, Rühr mich nicht an, Balsamine, Springkraut; E:Balsam, Busy Lizzie; F:Balsamine, Impatiens
Arten: 850
Lebensform: Stauden oder Einjährige
Blätter: wechselständig oder quirlständig, einfach, ohne Nebenblätter
Blütenstand: Blüten einzeln, in Büscheln, Trauben oder Dolden
Blüten: zwittrig, zygomorph. Kelchblätter 3-5, unterstes gespornt. Kronblätter 5, seitliche zu je 2 verwachsen, lila

gelb, weiß, violett oder rot. Staubblätter 5, mützenförmig verwachsen. Fruchtblätter 5, verwachsen, oberständig. Plazentation zentralwinkelständig
Frucht: Kapsel, elastisch aufspringend
Kennzeichen: Stauden oder Einjährige. Kelchblätter 3–5, unterstes gespornt. Kronblätter 5, seitliche zu je 2 verwachsen. Staubblätter 5, mützenförmig verwachsen. Fruchtblätter 5, verwachsen, oberständig. Elastisch aufspringende Kapsel

Impatiens balsamina

Anredera cordifolia

Basellaceae

1 Staubblätter nahezu frei . . . . **Anredera**
1 Staubblätter verwachsen
  2 Blüten sitzend. Krone verwachsen . . . . **Basella**
  2 Blüten gestielt. Kronblätter frei . . . . . . **Ullucus**

Anredera Juss.

Ableitung: Herleitung unbekannt
Vulgärnamen: D:Resedenwein; E:Madeira Vine; F:Vigne de Madeire
Arten: 9
Lebensform: Staude mit Knollen, kletternd oder Liane
Blätter: wechselständig, einfach, ohne Nebenblätter, sukkulent
Blütenstand: Trauben, Ähren
Blüten: zwittrig, eingeschlechtig. Kelchblätter 2. Kronblätter 5, frei, weiß, gelb oder rötlich. Staubblätter 5, frei, verwachsen mit der Krone. Fruchtblätter 3, verwachsen, oberständig. Plazentation basal
Frucht: Steinfrucht, in der Blütenhülle eingeschlossen
Kennzeichen: Stauden mit Knollen, kletternd oder Liane, sukkulent. Kelchblätter 2. Kronblätter 5, frei. Staubblätter 5. Fruchtblätter 3, verwachsen, oberständig. Plazentation basal. Steinfrucht in der Blütenhülle eingeschlossen

Basella L.

Ableitung: Bedeutung ungeklärt
Vulgärnamen: D:Indischer Spinat, Baselle; E:Malabar Nightshade; F:Baselle, Epinard de Malabar
Arten: 5
Lebensform: Stauden, kletternd
Blätter: wechselständig, einfach, ohne Nebenblätter, sukkulent
Blütenstand: Trauben
Blüten: zwittrig, radiär. Kelchblätter 2. Kronblätter 5, frei, weiß, rot oder braunrot. Staubblätter 5, frei, verwachsen mit der Krone. Fruchtblätter 3, verwachsen, oberständig. Plazentation basal
Frucht: Steinfrucht, in der Blütenhülle eingeschlossen
Kennzeichen: Stauden, kletternd. Kelchblätter 2. Kronblätter 5, frei. Staubblätter 5, verwachsen und verwachsen mit dem Perigon. Fruchtblätter 3, verwachsen, oberständig. Plazentation basal
Frucht: Steinfrucht, in der Blütenhülle eingeschlossen

Basella alba

Ullucus Caldas

Ableitung: nach einem Pflanzennamen in Ecuador
Vulgärnamen: D:Ulluco; E:Ulluco; F:Baselle, Ulluque
Arten: 1
Lebensform: Stauden
Blätter: wechselständig, einfach, ohne Nebenblätter, sukkulent

Blütenstand: Trauben
Blüten: zwittrig, radiär. Kelchblätter 2. Kronblätter 5, frei, gelb oder rötlich. Staubblätter 5, verwachsen und mit der Krone verwachsen. Fruchtblätter 3, verwachsen, mittelständig. Plazentation basal
Frucht: Steinfrucht, in die Blütenhülle eingeschlossen
Kennzeichen: Stauden. Kelchblätter 2. Kronblätter 5, frei. Staubblätter 5, mit der Blütenhülle verwachsen. Fruchtblätter 3, verwachsen, mittelständig. Plazentation basal. Steinfrucht in der Blütenhülle eingeschlossen

Ullucus tuberosus

Begoniaceae Begoniengewächse oder Schiefblattgewächse

1 Blütenhüllblätter insgesamt 10, alle frei. Fruchtblätter 5, nicht völlig unterständig . . . . **Hillebrandia**
1 Blütenhüllblätter 5, 4 oder 2. Fruchtblätter 3, vollständig unterständig . . . . **Begonia**

Begonia L.

Ableitung: Gattung zu Ehren von Michel Begon (1638–1710), einem französischen Gouverneur in Santo Domingo benannt
Vulgärnamen: D:Begonie, Schiefblatt; E:Begonia; F:Bégonia
Arten: c. 900
Lebensform: Stauden, Sträucher
Blätter: wechselständig, einfach oder zusammengesetzt, Spreitengrund fast immer unsymmetrisch, mit Nebenblättern
Blütenstand: cymös, Trauben, selten einzeln
Blüten: eingeschlechtig, radiär. Perigonblätter 5, 4 oder 2, frei, weiß, rosa, rot, orange, gelb. Staubblätter viele bis wenige. Fruchtblätter 3, selten 2, verwachsen, unterständig. Plazentation zentralwinkelständig
Frucht: Kapsel, meist 3-flügelig, fachspaltig, selten Beere

Kennzeichen: Stauden, Sträucher. Blattspreite am Grund fast immer unsymmetrisch. Nebenblätter vorhanden. Blüten eingeschlechtig. Perigonblätter 5, 4 oder 2. Fruchtblätter 3, verwachsen, unterständig. Plazentation zentralwinkelständig. Meist 3-flügelige Kapsel

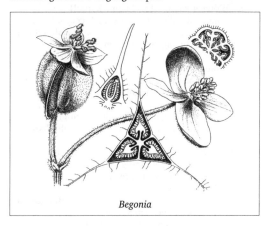

Begonia

Hillebrandia Oliv.

Ableitung: Gattung zu Ehren von Wilhelm Hillebrand (1821–1886), einem deutschen Arzt und Botaniker auf Hawaii benannt
Arten: 1
Lebensform: Kraut, sukkulent
Blätter: wechselständig, einfach, mit Nebenblättern
Blütenstand: cymös
Blüten: eingeschlechtig, radiär. Kelch- und Kronblätter zusammen 10, frei, weiß oder rosa. Staubblätter viele. Fruchtblätter 5, verwachsen, halbunterständig. Plazentation parietal
Frucht: Kapsel fachspaltig
Kennzeichen: Kraut, sukkulent. Nebenblätter vorhanden. Blüten eingeschlechtig. Kelch- und Kronblätter zusammen 10. Staubblätter viele. Fruchtblätter 5, verwachsen, halbunterständig. Plazentation parietal

Hillebrandia sandwicensis

Berberidaceae Berberitzengewäche

1 Pflanze strauchig oder baumförmig
2 Blüten weiß. Antheren mit Spalten. (Blätter doppelt bis 3-fach gefiedert) . . . . . . **Nandina**
2 Blüten gelb. Antheren mit Klappen
3 Blätter einfach. Pflanze mit Blattdornen . . . . **Berberis**

Berberidaceae Berberitzengewäche

```
 3  Blätter zusammengesetzt. Ohne Blattdornen..
    ..................... Mahonia
 1  Pflanze krautig
 4  Blütenhülle fehlend. (Frucht eine Nuss) . . Achlys
 4  Blütenhülle vorhanden
 5  Blüten 4-zählig. (Frucht eine Kapsel)
 6  Blätter 3-teilig. Nektarblätter 4, gespornt . . .
    ....................... Epimedium
 6  Blätter 2-teilig. Staubblätter 8. Nektarblätter 8,
    nicht gespornt. (Blüten einzeln) . . Jeffersonia
 5  Blüten 6-zählig
 7  Nektarblätter fehlend. (Antheren mit Spalten)
 8  Blätter wechselständig. Staubblätter 6 . . . .
    ..................... Diphylleia
 8  Blätter 2 gegenständige. Staubblätter 6–18 .
    ................... Podophyllum
 7  Nektarblätter vorhanden
 9  Blätter gegenständig......... Ranzania
 9  Blätter wechselständig oder grundständig
    10  Blättchen sitzend. Pflanzen mit Knollen
    11  Blätter grundständig, gefiedert......
        ................... Bongardia
    11  Blätter auch am Stängel
    12  Stängelblätter 1. Frucht vor der Reife
        geöffnet......... Gymnospermium
    12  Stängelblätter mehrere. Frucht
        geschlossen bis zur Reife, aufgeblasen . .
        ....................... Leontice
    10  Blättchen gestielt. Pflanzen mit Rhizom
    13  Blätter wechselständig. Blättchen tief
        3- bis 5-lappig ....... Caulophyllum
    13  Blätter grundständig. Blättchen
        ganzrandig........... Vancouveria
```

Achlys DC.

Ableitung: Göttin der Unkenntnis und Finsternis (Pflanze zunächst wenig bekannt)
Vulgärnamen: D:Vanilleblatt; E:Vanilla Leaf
Arten: 2
Lebensform: Staude
Blätter: grundständig, 3-zählig. Nebenblätter fehlend
Blütenstand: Ähre, endständig
Blüten: zwittrig, Blütenhülle fehlend. Honigblätter fehlend. Staubblätter 6–15, frei. Antheren mit Klappen. Fruchtknoten oberständig, mit 1 Samenanlage. Plazentation basal

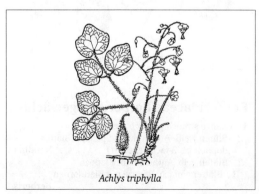
Achlys triphylla

Frucht: Nuss
Kennzeichen: Staude. Blätter grundständig. Blütenstand eine Ähre. Blüten ohne Blütenhülle. Antheren mit Klappen. Frucht eine Nuss

Berberis L.

Ableitung: nach einem arabischen Pflanzennamen
Vulgärnamen: D:Berberitze, Sauerdorn; E:Barberry; F:Berbéris, Epine-vinette
Arten: c. 450
Lebensform: Strauch mit Lang- und Kurztrieben, immergrün oder laubwerfend. Holz und Rinde gelb
Blätter: wechselständig, einfach, zum Teil in 3-teilige Blattdornen umgewandelt
Blütenstand: Rispe, Traube, Dolde, Büschel, einzeln
Blüten: zwittrig, radiär, Kelchblätter 3–12. Kronblätter 6 oder 3, frei, gelb oder orange. 6 Honigblätter mit 2 Nektarhöckern nahe dem Grund. Staubblätter 6, frei und frei von der Krone. Antheren mit Klappen. Fruchtknoten oberständig, mit 15–1 Samenanlagen. Plazentation marginal
Frucht: Beere
Kennzeichen: Strauch, immergrün oder laubwerfend, mit Blattdornen. Holz und Rinde gelb. Blüten gelb oder orange, mit kronblattartigen Honigblättern. Antheren mit Klappen

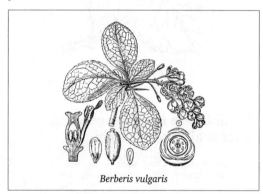
Berberis vulgaris

Bongardia C.A. Mey.

Ableitung: Gattung zu Ehren von Heinrich Gustav Bongard (1786–1839), einem deutschen Botaniker benannt
Arten: 1
Lebensform: Staude mit Knollen
Blätter: grundständig, gefiedert. Nebenblätter fehlend
Blütenstand: Rispe
Blüten: zwittrig, radiär, Kelchblätter 6. Kronblätter 6, frei, gelb. Honigblätter mit Tasche am Grund. Staubblätter 6, frei und frei von der Krone. Antheren mit Klappen. Fruchtknoten oberständig, mit 6–9 Samenanlagen. Plazentation basal
Frucht: Kapsel aufgeblasen, an der Spitze sich öffnend
Kennzeichen: Staude mit Knolle. Blätter grundständig, gefiedert. Kelch- und Kronblätter 6, gelb. Honigblätter mit Tasche am Grund. Antheren mit Klappen. Frucht eine aufgeblasene Kapsel

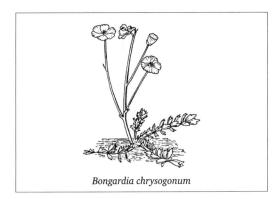
Bongardia chrysogonum

Caulophyllum Michx.

Ableitung: Stängel und ein Blatt
Vulgärnamen: D:Indianerwiege; E:Papoose Root
Arten: 2
Lebensform: Staude
Blätter: wechselständig, zusammengesetzt 3-teilig. Nebenblätter fehlend
Blütenstand: Traube, Rispe
Blüten: zwittrig, radiär, Kelchblätter 6. Kronblätter 6, frei, gelbgrün, purpurn. Honigblätter 6, fächerförmig. Staubblätter 6, frei und frei von der Krone. Antheren mit Klappen. Fruchtknoten oberständig, mit 2 Samenanlagen
Frucht: Kapsel
Kennzeichen: Staude. Blätter 2-, 3-teilig zusammengesetzt. Kelch- und Kronblätter 6. Staubblätter 6. Antheren mit Klappen. Honigblätter 6. Kapselfrucht

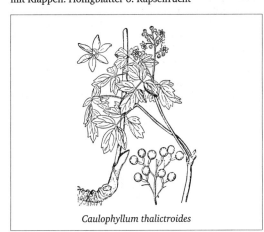
Caulophyllum thalictroides

Diphylleia Michx.

Ableitung: zwei Blätter
Vulgärnamen: D:Schirmblatt; E:Umbrella Leaf; F:Diphylleia
Arten: 3
Lebensform: Staude
Blätter: wechselständig, schildförmig, gelappt. Nebenblätter fehlend
Blütenstand: Schirmtraube, endständig
Blüten: zwittrig, radiär, Kelchblätter 6–9. Kronblätter 6, frei, weiß. Honigblätter fehlend. Staubblätter 6, frei und frei von der Krone. Antheren mit Schlitzen. Fruchtknoten oberständig, mit 10–15 Samenanlagen. Plazentation marginal
Frucht: Beere
Kennzeichen: Staude. Blätter schildförmig und gelappt. Blüten mit 3-zähligen Wirteln, Kronblätter weiß. Staubblätter 6. Frucht eine Beere

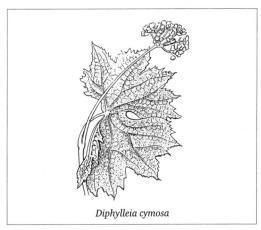
Diphylleia cymosa

Epimedium L.

Ableitung: antiker Pflanzenname
Vulgärnamen: D:Elfenblume, Sockenblume; E:Bishop's Head, Bishop's Mitre; F:Fleur des elfes
Arten: 22
Lebensform: Staude
Blätter: grundständig oder wechselständig, zusammengesetzt 3-zählig, oft stachelig gezähnt. Nebenblätter fehlend
Blütenstand: Traube, Rispe
Blüten: zwittrig, radiär, Kelchblätter 8–10. Kronblätter 4, frei, weiß, lila, gelb. Honigblätter gespornt. Staubblätter 4, frei und frei von der Krone. Antheren mit 2 Klappen. Fruchtknoten oberständig, mit 6–15 Samenanlagen. Plazentation marginal
Frucht: Balgfrucht. Samen mit Elaiosom
Kennzeichen: Staude. Blätter zusammengesetzt 3-zählig. Blüten 4-zählig. Honigblätter gespornt. Staubblätter 4. Antheren mit Klappen. Balgfrucht

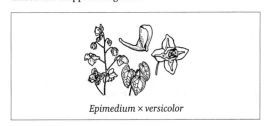
Epimedium × versicolor

Gymnospermium Spach

Ableitung: mit nackten Samen
Arten: 8
Lebensform: Staude mit Knolle
Blätter: wechselständig, zusammengesetzt 3-zählig. Nebenblätter vorhanden, 3-spaltig
Blütenstand: Traube
Blüten: zwittrig, radiär, Kelchblätter 6. Kronblätter 6, frei, gelb oder purpurn. Honigblätter vorhanden. Staubblätter 6, frei und frei von der Krone. Antheren mit Klappen. Fruchtknoten oberständig, mit 2–4 Samenanlagen. Plazentation basal
Frucht: offene Kapsel
Kennzeichen: Staude mit Knolle. Blätter zusammengesetzt 3-zählig. Nebenblätter 3-spaltig. Kelch- und Kronblätter 6. Antheren mit Klappen. Plazentation basal. Offene Kapsel

Jeffersonia dubia

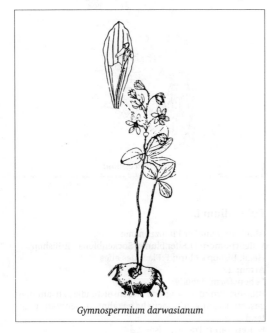

Gymnospermium darwasianum

Jeffersonia Barton

Ableitung: Gattung zu Ehren von Thomas Jefferson (1743–1826), einem Präsidenten der Vereinigten Staaten benannt
Vulgärnamen: D:Herzblattschale, Zwillingsblatt; E:Twin Leaf; F:Jeffersonia
Arten: 2
Lebensform: Staude
Blätter: grundständig, einfach oder zusammengesetzt mit 2 Blättchen. Nebenblätter fehlend
Blütenstand: einzeln
Blüten: zwittrig, radiär, Kelchblätter 5–9. Kronblätter 6 oder 8, frei, weiß oder blau. Staubblätter 6 oder 8, frei und frei von der Krone. Antheren mit Klappen. Fruchtknoten oberständig, mit vielen Samenanlagen. Plazentation marginal
Frucht: Kapsel. Samen mit Elaiosom
Kennzeichen: Staude. Blätter grundständig. Blüten einzeln. Kelchblätter 5–9. Kronblätter 6 oder 8. Staubblätter 6 oder 8. Antheren mit Klappen. Samen mit Elaiosom

Leontice L.

Ableitung: antiker Pflanzenname
Vulgärnamen: D:Trapp; F:Léontice
Arten: 3–5
Lebensform: Staude mit Knollen
Blätter: wechselständig, zusammengesetzt, 3-zählig oder gefiedert. Nebenblätter fehlend
Blütenstand: Traube, Rispe, Schirmtraube
Blüten: zwittrig, radiär, Kelchblätter 6, gelb. Kronblätter 6, frei, gelb. Honigblätter mit 1 Nektarhöcker nahe dem Grund. Staubblätter 6, frei und frei von der Krone. Antheren mit Klappen. Fruchtknoten oberständig, mit 2–4 Samenanlagen. Plazentation basal
Frucht: aufgeblasene Schließfrucht
Kennzeichen: Staude mit Knollen. Blätter zusammengesetzt. Kelch- und Kronblätter 6, frei, gelb. Honigblätter vorhanden. Staubblätter 6. Antheren mit Klappen. Frucht eine aufgeblasene Schließfrucht

Leontice ewersmanii

× Mahoberberis C.K. Schneid.
Ableitung: Hybride aus Berberis und Mahonia
Vulgärnamen: D:Berberitzenmahonie, Hybridmahonie
Lebensform: Strauch, ohne Blattdornen
Blätter: wechselständig, 3-zählig oder einfach
Blüten: nicht fertil
Kennzeichen: zwischen Berberis und Mahonia stehend, steril

Mahonia Nutt.
Ableitung: Gattung zu Ehren von Bernard Macmahon (1775–1816), einem irischen Gärtner in Nordamerika benannt
Vulgärnamen: D:Mahonie; E:Holly Grape, Oregon Grape; F:Mahonia
Arten: c. 100
Lebensform: Strauch, Baum, immergrün, ohne Blattdornen und Kurztriebe. Holz und Rinde gelb
Blätter: wechselständig, unpaarig gefiedert oder 3-zählig. Nebenblätter vorhanden
Blütenstand: Rispe, Traube, Büschel, endständig, seitlich
Blüten: zwittrig, radiär, Kelchblätter 3–9. Kronblätter 6, frei, gelb, orange. Honigblätter mit 2 Nektarhöckern nahe dem Grund. Staubblätter 6, frei und frei von der Krone. Antheren mit Klappen. Fruchtknoten oberständig, mit 1–18 Samenanlagen. Plazentation marginal
Frucht: Beere blauschwarz
Kennzeichen: Strauch oder Baum, immergrün, ohne Blattdornen und Kurztriebe. Holz und Rinde gelb. Blätter unpaarig gefiedert oder 3-zählig. Blüten mit 3-zähligen Wirteln. Staubblätter 6. Antheren mit Klappen. Honigblätter vorhanden

Mahonia aquifolium

Nandina Thunb.
Ableitung: nach einem japanischen Pflanzennamen
Vulgärnamen: D:Himmelsbambus, Nandine; E:Heavenly Bamboo; F:Bambou sacré
Arten: 1
Lebensform: Strauch, immergrün
Blätter: wechselständig, 2- bis 3-fach gefiedert. Nebenblätter fehlend
Blütenstand: Rispe endständig
Blüten: zwittrig, radiär, Blütenhüllblätter 27–36, weiß. Honigblätter 3 oder 6, mit Nektarien nahe der Spitze. Staubblätter 6, frei und frei von der Krone. Antheren mit Schlitzen. Fruchtknoten oberständig, mit 1–3 Samenanlagen. Plazentation marginal
Frucht: Beere
Kennzeichen: Strauch immergrün. Blätter 2- bis 3-fach gefiedert. Blüten in endständiger Rispe. Blütenhüllblätter 27–36, weiß. Honigblätter vorhanden. Staubblätter 6. Frucht eine Beere

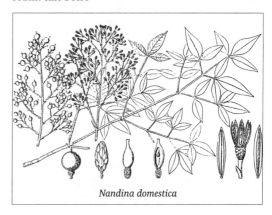

Nandina domestica

Podophyllum L.
Ableitung: Fuß-Blatt
Vulgärnamen: D:Maiapfel; E:May Apple; F:Pomme de mai
Arten: 7
Lebensform: Staude
Blätter: 2 wechselständig, einfach, zum Teil schildförmig oder zusammengesetzt, Nervatur handnervig. Nebenblätter fehlend
Blütenstand: einzeln oder Schirmtraube, endständig
Blüten: zwittrig, radiär, Kelchblätter 6. Kronblätter 6–9, weiß, selten purpurn. Honigblätter fehlend. Staubblätter 6–18, frei und frei von der Krone. Antheren mit Schlitzen. Fruchtknoten oberständig, mit vielen Samenanlagen. Plazentation marginal
Frucht: Beere
Kennzeichen: Staude. Blätter mit handförmiger Nervatur. Blüten einzeln. Kronblätter 6–9, weiß. Staubblätter 6–18. Beere

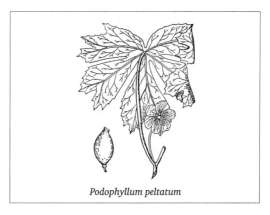

Podophyllum peltatum

Ranzania T. Itô

Ableitung: Gattung zu Ehren von Ono Ranzan (1729–1810), einem japanischen Botaniker benannt
Arten: 1
Lebensform: Staude
Blätter: 2 gegenständig, 3-zählig. Nebenblätter fehlend
Blütenstand: Büschel, endständig
Blüten: zwittrig, radiär, Kelchblätter 9–12. Honigblätter 6, purpurn. Staubblätter 6, frei und frei von der Krone. Antheren mit Klappen. Fruchtknoten oberständig, mit 20–30 Samenanlagen. Plazentation marginal
Frucht: Beere
Kennzeichen: Staude. Blätter mit 2 gegenständigen, 3-zähligen Blättern. Blüten in endständigen Büscheln. Kelchblätter 9–12. Honigblätter 6. Staubblätter 6. Antheren mit Klappen. Beere

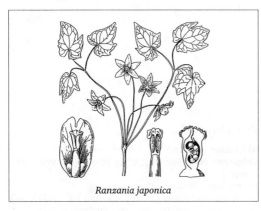

Ranzania japonica

Vancouveria C. Morren et Decne.

Ableitung: Gattung zu Ehren von George Vancouver (1758–1798), einem englischen Entdeckungsreisenden benannt
Vulgärnamen: D:Rüsselsternchen, Vancouverie; F:Vancouvéria
Arten: 3
Lebensform: Staude
Blätter: grundständig, 3-zählig. Nebenblätter fehlend
Blütenstand: Rispe, Traube
Blüten: zwittrig, radiär, Kelchblätter 12–18, weiß, gelb, rosa. Honigblätter 6. Staubblätter 6, frei und frei von der Krone. Antheren mit Klappen. Fruchtknoten oberständig, mit 4–7 Samenanlagen. Plazentation marginal

Vancouveria hexandra

Frucht: Balgfrucht
Kennzeichen: Staude. Blätter 3-zählig. Kelchblätter 12–18. Honigblätter 6. Staubblätter 6. Antheren mit Klappen. Balgfrucht

Betulaceae Birkengewächse

1 weibliche Blüten in hängenden Kätzchen
  2 männliche Blüten mit Kelchblättern
    3 Schuppen der Fruchtstände abfallend. Staubblätter meist 2. Winterknospen mit 3 bis mehr Schuppen. . . . .**Betula**
    3 Schuppen der Fruchtstände holzig und bleibend. Staubblätter meist 4. Winterknospen mit 2 klappigen Schuppen . . . .**Alnus**
  2 männliche Blüten ohne Kelch
    4 Hülle der Frucht flach . . . . **Carpinus**
    4 Hülle der Frucht eine geschlossene Tasche bildend . . . .**Ostrya**
1 weibliche Blüten in Köpfchen
  5 Blüten mit den Blättern. Frucht in 3-spitziger Hülle, bis 8 mm groß . . . . **Ostryopsis**
  5 Blüten vor den Blättern. Frucht in blattartiger, am Ende unregelmäßig zerschlitzter Hülle, über 1 cm groß . . . . **Corylus**

Alnus Mill.

Ableitung: lateinischer Name der Erle
Vulgärnamen: D:Erle; E:Alder; F:Aulne
Arten: 35
Lebensform: Bäume, Sträucher, laubwerfend. Knospen mit 2 klappigen Knospenschuppen
Blätter: wechselständig, einfach, mit Nebenblättern
Blütenstand: männliche Blüten in Kätzchen, weibliche kätzchenartigen Blütenständen
Blüten: eingeschlechtig, einhäusig. Männliche Blüten mit 4 Blütenhüllblättern und 4, selten 1–5 Staubblättern, weibliche ohne Blütenhülle, mit 2 verwachsenen, oberständigen Fruchtblättern. Plazentation zentralwinkelständig
Frucht: geflügelte kleine Nüsse in zapfenartigen Fruchtständen mit verholzten Schuppen
Kennzeichen: Bäume, Sträucher, laubwerfend. Männliche Blüten in Kätzchen, weibliche in kätzchenartigen Blütenständen. Blüten eingeschlechtig, einhäusig, männliche mit 4 Blütenhüllblättern, weibliche ohne Blütenhülle, mit 2 verwachsenen, oberständigen Fruchtblättern. Kleine geflügelte Nüsse in zapfenartigen Fruchtständen mit verholzten Schuppen

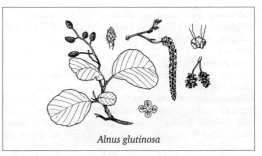

Alnus glutinosa

Betula L.

Ableitung: antuker Pflanzenname
Vulgärnamen: D:Birke; E:Birch; F:Bouleau
Arten: 101
Lebensform: Bäume, Sträucher, laubwerfend
Blätter: wechselständig, einfach, mit Nebenblättern
Blütenstand: männliche Blüten in Kätzchen, weibliche in kätzchenartigen Blütenständen
Blüten: eingeschlechtig, einhäusig. Männliche Blüten mit 4 Blütenhüllblättern und mit 2(3-2) Staubblättern, weibliche ohne Blütenhülle, mit 2 verwachsenen, oberständigen Fruchtblättern. Plazentation zentralwinkelständig
Frucht: kleine Nüsse, geflügelt in zerfallenden Kätzchen
Kennzeichen: Bäume, Sträucher, laubwerfend. Männliche Blüten in Kätzchen, weibliche in kätzchenartigen Blütenständen. Blüten eingeschlechtig, einhäusig, männliche mit 4 Blütenhüllblättern, weibliche ohne Blütenhülle, mit 2 verwachsenen, oberständigen Fruchtblättern. Nüsse geflügelt, in zerfallenden Kätzchen

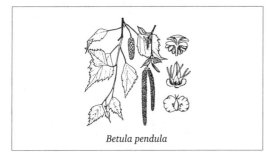
Betula pendula

Carpinus L.

Ableitung: nach dem antiken lateinischen Namen der Hainbuche
Vulgärnamen: D:Hainbuche; E:Hornbeam; F:Charme
Arten: 41
Lebensform: Bäume, Sträucher, laubwerfend
Blätter: wechselständig, einfach, mit Nebenblättern
Blütenstand: männliche Blüten in Kätzchen, auch weibliche in hängenden, kätzchenartigen Blütenständen
Blüten: eingeschlechtig, einhäusig, ohne Blütenhülle. Männliche Blüten mit 3-13 Staubblättern, weibliche mit 2 verwachsenen, oberständigen Fruchtblättern. Plazentation zentralwinkelständig

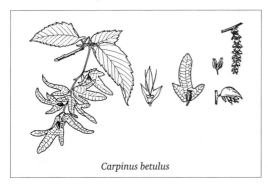
Carpinus betulus

Frucht: Nuss mit ± laubigem, flachem Tragblatt
Kennzeichen: Bäume, Sträucher, laubwerfend. Männliche Blüten in Kätzchen, weibliche in hängenden, kätzchenartigen Blütenständen. Blüten eingeschlechtig, einhäusig, ohne Blütenhülle, weibliche mit 2 verwachsenen, oberständigen Fruchtblättern. Nuss mit ± laubigem, flachem Tragblatt

Corylus L.

Ableitung: antiker Name des Haselstrauchs
Vulgärnamen: D:Hasel, Haselnuss; E:Hazel; F:Noisetier
Arten: 18
Lebensform: Bäume, Sträucher, laubwerfend
Blätter: wechselständig, einfach, mit Nebenblättern
Blütenstand: männliche Blüten in Kätzchen, weibliche sitzend
Blüten: eingeschlechtig, einhäusig, ohne Blütenhülle. Männliche Blüten mit 4-8 Staubblättern, weibliche mit 2 verwachsenen, oberständigen Fruchtblättern. Plazentation zentralwinkelständig
Frucht: große Nuss in laubiger Hülle
Kennzeichen: Bäume, Sträucher, laubwerfend. Männliche Blüten in Kätzchen, weibliche sitzend. Blüten eingeschlechtig, einhäusig, ohne Blütenhülle, weibliche mit 2 verwachsenen, oberständigen Fruchtblättern. Nuss in laubiger Hülle

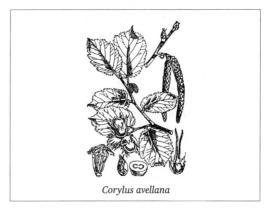
Corylus avellana

Ostrya Scop.

Ableitung: antiker Pflanzenname
Vulgärnamen: D:Hopfenbuche; E:Hop Hornbeam; F:Ostryer
Arten: 9
Lebensform: Bäume, Sträucher, laubwerfend
Blätter: wechselständig, einfach, mit Nebenblättern
Blütenstand: männliche Blüten in Kätzchen, weibliche in kätzchenartigen Blütenständen
Blüten: eingeschlechtig, einhäusig. Männliche Blüten ohne Blütenhülle und mit 3-15 Staubblättern, weibliche mit Blütenhülle, mit 2 verwachsenen, oberständigen Fruchtblättern. Plazentation zentralwinkelständig
Frucht: Nüsse, eingeschlossen in eine verwachsenen Hülle
Kennzeichen: Bäume, Sträucher, laubwerfend. Männliche Blüten in Kätzchen, weibliche in kätzchenartigen Blüten

290 Bignoniaceae Trompetenbaumgewächse

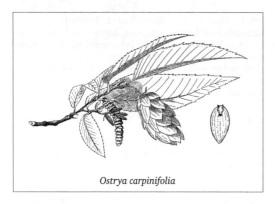

Ostrya carpinifolia

ständen. Blüten eingeschlechtig, einhäusig, männliche ohne Blütenhülle, weibliche mit Blütenhülle, mit 2 verwachsenen, oberständigen Fruchtblättern. Nüsse eingeschlossen in eine verwachsene Hülle

Ostryopsis Decne.

Ableitung: vom Aussehen einer Ostrya
Vulgärnamen: D:Scheinhopfenbuche; F:Faux-ostryer
Arten: 2
Lebensform: Bäume, Sträucher, laubwerfend
Blätter: wechselständig, einfach, mit Nebenblättern
Blütenstand: männliche Blüten in Kätzchen, weibliche in Köpfchen
Blüten: eingeschlechtig, einhäusig. Männliche Blüten ohne Blütenhülle und 4–6 Staubblättern, weibliche mit Blütenhülle, mit 2 verwachsenen, oberständigen Fruchtblättern. Plazentation zentralwinkelständig
Frucht: Nüsse, eingeschlossen in eine 3-spitzige Hülle
Kennzeichen: Bäume, Sträucher, laubwerfend. Männliche Blüten in Kätzchen, weibliche in Köpfchen. Blüten eingeschlechtig, einhäusig, männliche ohne Blütenhülle, weibliche mit Blütenhülle, mit 2 verwachsenen, oberständigen Fruchtblättern. Nüsse eingeschlossen in eine 3-zipfelige Hülle

Ostryopsis davidiana

Bignoniaceae Trompetenbaumgewächse

1 Pflanzen Stauden oder Einjährige . . . **Incarvillea**
1 Pflanzen Lianen, Bäume oder Sträucher
2 Pflanzen Lianen
3 Ranken vorhanden
4 Blätter 2- bis 3-fach gefiedert. Fruchtknoten 1-fächerig, Plazentation wandständig . . . . **Eccremocarpus**
4 Blätter einfach gefiedert. Fruchtknoten 2-fächrig. Plazentation zentralwinkelständig. (fast immer mit nebenblattartigen Bildungen (Pseudostipen) (Frucht wandspaltig)
5 Ranken am Ende krallenförmig
6 Kelch gelappt oder gestutzt. Diskus einfach. . . . . **Bignonia**
6 Kelch an einer Seite geschlitzt. Diskus doppelt . . . . **Macfadyena**
5 Ranken fadenförmig, nicht krallenförmig am Ende
7 Frucht stachelig
8 Ranken einfach. 2–4 Samenreihen. Samen fast kreisförmig . . . . **Clytostoma**
8 Ranken 3-spaltig. Viele Samenreihen . . . . **Pithecoctenium**
7 Frucht glatt
9 Krone dachig in der Knospe
10 Krone stark gekrümmt. Fruchtknoten nicht gestielt . . . . **Distictis**
10 Krone wenig gekrümmt. Fruchtknoten gestielt . . . . **Anemopegma**
9 Krone klappig in der Knospe
11 Ranken mit Haftscheiben . . . **Glaziova**
11 Ranken ohne Haftscheiben . . **Pyrostegia**
3 Ranken fehlend. Nebenblattartige Bildungen (Pseudostipeln) fehlend. Frucht fachspaltig
12 Blütenstände blattachselständig
13 Blüten in Rispen oder Trauben an beblätterten Zweigen. . . . . **Pandorea**
13 Blüten an altem Holz. . . . . **Tecomanthe**
12 Blütenstände endständig
14 Samenreihen 2 . . . . **Tecoma**
14 Samenreihen 6 bis viele
15 Samenreihen 6 . . . . **Podranea**
15 Samenreihen viele
16 Pflanze immergrün. Fruchtknoten drüsig. . . . . **Campsidium**
16 Pflanzen sommergrün. Fruchtknoten schuppenhaarig . . . .**Campsis**
1 Pflanzen Bäume oder Sträucher
17 Frucht beerenartig. Samen berandet, aber nicht geflügelt
18 Blüten in Rispen. . . . . **Kigelia**
18 Blüten zu 1–3
19 Blätter wechselständig, 3-zählig. Blüten gelb oder hellbraun . . . . **Crescentia**
19 Blätter gegenständig bis fast wechselständig. Blüten weiß oder grünlich. . . **Parmentiera**
17 Frucht eine Kapsel. Samen geflügelt (Tabebuia z.T. nicht)
20 Kapsel wandspaltig. (Staubblätter 5) . . . . **Oroxylum**
20 Kapsel fachspaltig
21 Blätter wechselständig
22 Blätter einfach. Frucht nicht gerippt. . . . . **Chilopsis**
22 Blätter gefingert. Frucht 12-rippig . . **Cybistax**

Bignoniaceae Trompetenbaumgewächse

```
21  Blätter gegenständig oder quirlständig
 23  Staubblätter nur 2 fertil . . . . . . Catalpa
 23  Staubblätter 4 fertil
  24  Kelch an einer Seite aufgeschlitzt . . . . .
       . . . . . . . . . . . . . . . . Spathodea
  24  Kelch nicht aufgeschlitzt an einer Seite
   25  Kapsel eiförmig. (Pflanze laubwerfend.
        Blätter einfach. Samen schmal geflügelt).
        . . . . . . . . . . . . . . . . Paulownia
   25  Kapsel ± lineal
    26  Samenreihen 2
     27  Blütenstände blattachselständig.
          Staubblätter 5 . . . . . . . . Rhigozum
     27  Blütenstände endständig. Staubblätter 4
          . . . . . . . . . . . . . . . . . Tecoma
    26  Samenreihen viele
     28  Fruchtknoten und Kelch kahl. . . . . .
          . . . . . . . . . . . . . . Radermachera
     28  Fruchtknoten behaart
      29  Blätter gefiedert . . . . . . Jacaranda
      29  Blätter einfach oder gefingert . . . . .
           . . . . . . . . . . . . . . . Tabebuia
```

Die Bignoniaceae sind eine der zahlreichen sehr ähnlichen Familien der Ordnung der Scrophulariales mit recht einheitlichem Blütenbau: Kelch und zygomorphe Krone, diese aus 5 verwachsenen Kronblättern bestehend, 4 oder 2 Staubblätter, die mit der Krone verwachsen sind, ein oberständiger Fruchtknoten aus 2 Fruchtblättern.
Die Bignoniaceae sind dabei vor allem Holzpflanzen mit gegenständigen Blättern, zentralwinkelständiger Plazentation und Kapseln mit zahlreichen geflügelten Samen. Ausnahmen von diesen Merkmalen werden bei den kennzeichnenden Merkmalen eigens aufgeführt.

Anemopaegma Mart. ex Meisn.

Ableitung: Windspiel
Arten: 43
Lebensform: Liane, Strauch, immergrün, mit oder ohne Ranken
Blätter: gegenständig, unpaarig gefiedert oder 3-zählig. Nebenblätter fehlend, Pseudostipeln vorhanden oder fehlend, Drüsen zwischen den Blattansätzen vorhanden oder fehlend

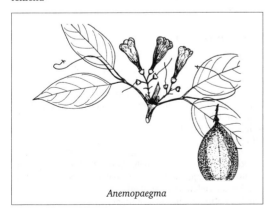

Anemopaegma

Blütenstand: Traube, seitlich, endständig
Blüten: zwittrig, zygomorph. Kelchblätter 5, glatt. Kronblätter 5, verwachsen, weiß, gelb. Staubblätter 4, mit der Krone verwachsen. Fruchtblätter 2, oberständig, verwachsen, schuppig oder einfach behaart. Plazentation zentralwinkelständig mit 2-6 Samenreihen
Frucht: Kapsel, wandspaltig. Samen geflügelt
Kennzeichen: Bignoniacee, Liane, Strauch, immergrün, mit oder ohne Ranken. Blätter unpaarig gefiedert oder 3-zählig

Bignonia L.

Ableitung: Gattung zu Ehren von Jean-Paul Bignon (1662–1743), einem französischen Abt und Bibliothekar benannt
Vulgärnamen: D:Kreuzrebe, Trompetenwein; E:Trumpet Vine; F:Bignone
Arten: 1
Lebensform: Liane, laubwerfend oder immergrün
Blätter: gegenständig, 3-zählig, mit Ranke. Nebenblätter fehlend, Pseudostipeln vorhanden, ohne Drüsen
Blütenstand: cymös, seitlich
Blüten: zwittrig, zygomorph. Kelchblätter 5, glatt. Kronblätter 5, verwachsen, orange, rot. Staubblätter 4, mit der Krone verwachsen. Fruchtblätter 2, oberständig, verwachsen, mit Schuppenhaaren. Plazentation zentralwinkelständig mit 2 Samenreihen
Frucht: Kapsel, wandspaltig. Samen geflügelt
Kennzeichen: Bignoniacee, Blätter 3-zählig, mit Ranke. Krone orange oder rot. Kapsel wandspaltig

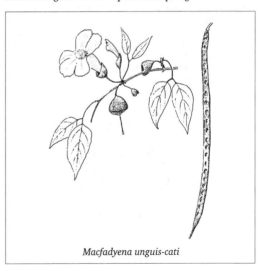

Macfadyena unguis-cati

Campsidium Seem.

Ableitung: kleine Campsis
Arten: 1
Lebensform: Liane ohne Ranken, immergrün
Blätter: gegenständig, unpaarig gefiedert. Nebenblätter fehlend und Pseudostipeln
Blütenstand: Traube, endständig

Blüten: zwittrig, zygomorph. Kelchblätter 5, schuppig behaart. Kronblätter 5, verwachsen, rot. Staubblätter 4, mit der Krone verwachsen. Fruchtblätter 2, oberständig, verwachsen, drüsig. Plazentation zentralwinkelständig mit vielen Samenreihen
Frucht: Kapsel, fachspaltig. Samen geflügelt
Kennzeichen: Bignoniacee, Liane ohne Ranken, immergrün. Blätter unpaarig gefiedert. Fruchtknoten drüsig. Kapsel fachspaltig

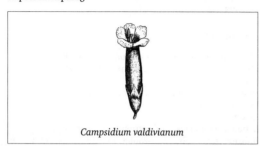

Campsidium valdivianum

Campsis Lour.

Ableitung: Krümmung
Vulgärnamen: D:Trompetenblume, Trompetenwinde; E:Trumpet Creeper; F:Bignone de Chine
Arten: 2
Lebensform: Liane, laubwerfend, ohne Ranken
Blätter: gegenständig, unpaarig gefiedert. Nebenblätter und Pseudostipeln fehlend, Drüsen fehlend, selten vorhanden
Blütenstand: cymös, Rispe, endständig
Blüten: zwittrig, zygomorph. Kelchblätter 5, glatt. Kronblätter 5, verwachsen, orange, rot. Staubblätter 4, mit der Krone verwachsen. Fruchtblätter 2, oberständig, verwachsen, schuppenhaarig. Plazentation zentralwinkelständig mit vielen Samenreihen

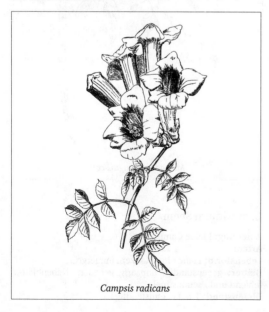

Campsis radicans

Frucht: Kapsel, fachspaltig. Samen geflügelt
Kennzeichen: Bignoniacee, Liane, laubwerfend, ohne Ranken. Blätter unpaarig gefiedert. Fruchtknoten schuppenhaarig. Kapsel fachspaltig

Catalpa Scop.

Ableitung: nach einem indianischen Pflanzennamen
Vulgärnamen: D:Trompetenbaum; E:Catalpa; F:Arbre-aux-trompettes, Catalpa
Arten: 11
Lebensform: Baum, laubwerfend, immergrün
Blätter: gegenständig oder quirlständig, einfach. Nebenblätter und Pseudostipeln fehlend,
Blütenstand: Rispe, Traube, seitlich
Blüten: zwittrig, zygomorph. Kelchblätter 5, glatt. Kronblätter 5, verwachsen, weiß, rosa, gelblich. Staubblätter 2 fertil, mit der Krone verwachsen. Fruchtblätter 2, oberständig, verwachsen, schuppenhaarig. Plazentation zentralwinkelständig mit vielen Samenreihen
Frucht: Kapsel, fachspaltig, glatt. Samen geflügelt
Kennzeichen: Bignoniacee, Baum, laubwerfend, immergrün. Staubblätter 2 fertil. Kapsel fachspaltig

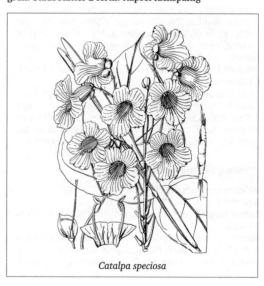

Catalpa speciosa

Chilopsis D. Don

Ableitung: mit lippenartigen Aussehen (Kelch)
Vulgärnamen: D:Wüstenweide; E:Desert Willow
Arten: 1
Lebensform: Strauch, Baum, immergrün
Blätter: wechselständig, einfach. Nebenblätter und Pseudostipeln fehlend
Blütenstand: Traube, endständig
Blüten: zwittrig, zygomorph. Kelchblätter 5, glatt. Kronblätter 5, verwachsen, lila bis magenta. Staubblätter 4, mit der Krone verwachsen. Fruchtblätter 2, oberständig, verwachsen, schuppenhaarig. Plazentation zentralwinkelständig mit vielen Samenreihen
Frucht: Kapsel, fachspaltig. Samen geflügelt

Bignoniaceae Trompetenbaumgewächse 293

Chilopsis linearis

Kennzeichen: Bignoniacee, Strauch, Baum, immergrün. Blätter wechselständig, einfach. Kapsel fachspaltig

× Chitalpa T.S. Elias et Wisura

Ableitung: Hybride aus Catalpa und Chilopsis
Lebensform: Baum
Blätter: wechselständig, selten gegenständig, einfach. Nebenblätter und Pseudostipeln fehlend
Blütenstand: Traube, endständig
Blüten: zwittrig, zygomorph. Kelchblätter 5, glatt. Kronblätter 5, verwachsen, rosa, weiß. Staubblätter 4 oder 5, mit der Krone verwachsen. Fruchtblätter 2, oberständig, verwachsen, steril

Clytostoma Miers ex Bureau

Ableitung: berühmter Mund
Vulgärnamen: D:Schönmund; E:Love Charm; F:Bignone d'Argentine

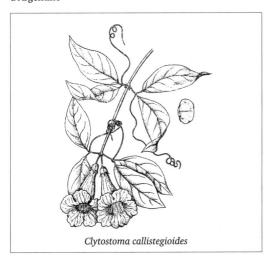

Clytostoma callistegioides

Arten: 9
Lebensform: Liane, immergrün, mit einfachen Ranken
Blätter: gegenständig, 3-zählig oder einfach. Nebenblätter fehlend, Pseudostipeln vorhanden
Blütenstand: zu 2, cymös, seitlich
Blüten: zwittrig, zygomorph. Kelchblätter 5, rau oder borstig. Kronblätter 5, verwachsen, rosarot, purpurn. Staubblätter 4, mit der Krone verwachsen. Fruchtblätter 2, oberständig, verwachsen, warzig. Plazentation zentralwinkelständig mit 2–4 Samenreihen
Frucht: Kapsel, wandspaltig, stachelig. Samen fast kreisförmig
Kennzeichen: Bignoniacee, Liane, immergrün, mit einfachen Ranken. Blätter 3-zählig oder einfach. Kapsel, wandspaltig, stachelig. Samen fast kreisförmig

Crescentia L.

Ableitung: Gattung zu Ehren von Pietro Crecenzi genannt Petrus de Crescentiis (1230–1321), einem italienischen Schriftsteller benannt
Vulgärnamen: D:Kalebassenbaum; E:Calabash Tree; F:Calebassier
Arten: 6
Lebensform: Baum
Blätter: wechselständig, einfach oder 3-zählig. Nebenblätter und Pseudostipeln fehlend
Blütenstand: einzeln zu 2, seitlich
Blüten: zwittrig, zygomorph. Kelchblätter 5. Kronblätter 5, verwachsen, gelb, hellbraun. Staubblätter 4, mit der Krone verwachsen. Fruchtblätter 2, oberständig, verwachsen, schuppenhaarig. Plazentation parietal mit vielen Samenreihen
Frucht: beerenartig. Samen mit flachem Rand
Kennzeichen: Bignoniacee, Baum. Blätter wechselständig, einfach oder 3-zählig. Blüten einzeln oder zu 2. Plazentation parietal. Frucht beerenartig

Crescentia cujete

Cybistax Mart. ex Meisn.

Ableitung: Kunstwort für etwas, das springt und tanzt (getrocknete Blätter in Herbarium)
Arten: 3
Lebensform: Baum, Strauch
Blätter: wechselständig, gefingert. Nebenblätter und Pseudostipeln fehlend
Blütenstand: Schirmrispe, endständig
Blüten: zwittrig, zygomorph. Kelchblätter 5. Kronblätter 5, verwachsen, gelb, güngelb, grün. Staubblätter 4, mit der Krone verwachsen. Fruchtblätter 2, oberständig, verwachsen, schuppenhaarig. Plazentation zentralwinkelständig mit vielen Samenreihen
Frucht: Kapsel, fachspaltig, mit 12-rippigen Klappen. Samen geflügelt
Kennzeichen: Bignoniacee, Baum oder Strauch. Blätter wechselständig, gefingert. Kapsel fachspaltig, 12-rippig

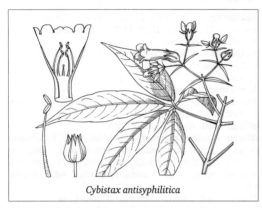
Cybistax antisyphilitica

Distictis Mart. ex Meisn.

Ableitung: zweimal gefleckt
Vulgärnamen: D:Klettertrompete; F:Bignone
Arten: 9
Lebensform: Liane mit Ranken
Blätter: gegenständig, paarig gefiedert mit 2 Blättchen und zum Teil mit Endranke. Nebenblätter fehlend, Pseudostipeln fehlend oder vorhanden
Blütenstand: Traube, Rispe, endständig

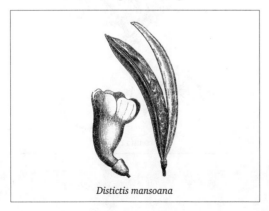
Distictis mansoana

Blüten: zwittrig, zygomorph. Kelchblätter 5, glatt. Kronblätter 5, verwachsen, weiß, lila, rosa. Staubblätter 4, mit der Krone verwachsen. Fruchtblätter 2, oberständig, verwachsen, behaart. Plazentation zentralwinkelständig mit 2 Samenreihen
Frucht: Kapsel, wandspaltig. Samen geflügelt
Kennzeichen: Bignoniacee, Liane. Blätter paarig gefiedert mit 2 Blättchen und zum Teil mit Endranke. Kapsel glatt, wandspaltig

Eccremocarpus Ruiz et Pav.

Ableitung: hängende Frucht
Vulgärnamen: D:Schönranke; E:Glory Flower; F:Eccremocarpus
Arten: 5
Lebensform: Liane, immergrün, laubwerfend
Blätter: gegenständig, 2- bis 3-fach gefiedert und mit Ranken. Nebenblätter und Pseudostipeln fehlend
Blütenstand: Traube, seitlich
Blüten: zwittrig, zygomorph. Kelchblätter 5, glatt. Kronblätter 5, verwachsen, rot, orange, gelb. Staubblätter 4, mit der Krone verwachsen. Fruchtblätter 2, oberständig, verwachsen, schuppenhaarig. Plazentation parietal mit vielen Samenreihen
Frucht: Kapsel, fachspaltig. Samen geflügelt
Kennzeichen: Bignoniacee, Liane, immergrün, laubwerfend. Blätter 2- bis 3-fach gefiedert und mit Ranken. Plazentation parietal

Glaziova Bureau

Ableitung: Gattung zu Ehren von Auguste François Marie Glaziou (1828–1906), einem französischen Botaniker in Brasilien benannt
Arten: 1
Lebensform: Liane mit Ranken
Blätter: gegenständig, 3-zählig, zum Teil mit Ranken mit Haftscheiben. Nebenblätter fehlend, Pseudostipeln vorhanden
Blütenstand: Traube, endständig
Blüten: zwittrig, zygomorph. Kelchblätter 5, glatt. Kronblätter 5, verwachsen, klappig in der Knospe, gelb, purpurn. Staubblätter 4, mit der Krone verwachsen. Fruchtblätter 2, oberständig, verwachsen, kahl. Plazentation zentralwinkelständig mit 2 bis vielen Samenreihen
Frucht: Kapsel, wandspaltig. Samen geflügelt
Kennzeichen: Bignoniacee, Liane. Blätter, 3-zählig, zum Teil mit Ranken mit Haftscheiben. Kronblätter klappig in der Knospe. Kapsel glatt, wandspaltig

Incarvillea Juss.

Ableitung: Gattung zu Ehren von Pierre d'Incarville (1706–1757), einem französischen Missionar und Chinaforscher benannt
Vulgärnamen: D:Freilandgloxinie; F:Incarvillée
Arten: 14
Lebensform: Staude, Einjährige, Zweijährige
Blätter: wechselständig oder gegenständig, unpaarig gefiedert oder 3-zählig. Nebenblätter und Pseudostipeln fehlend
Blütenstand: Traube, endständig, seitlich

Blüten: zwittrig, zygomorph. Kelchblätter 5. Kronblätter 5, verwachsen, rosa, weiß, gelb, purpurn. Staubblätter 4, mit der Krone verwachsen. Fruchtblätter 2, oberständig, verwachsen. Plazentation zentralwinkelständig mit 4 Samenreihen
Frucht: Kapsel, fachspaltig. Samen geflügelt
Kennzeichen: Bignoniacee, Staude, Einjährige, Zweijährige. Blätter wechselständig oder gegenständig, unpaarig gefiedert oder 3-zählig. Blüten in Trauben

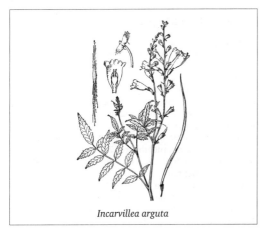
Incarvillea arguta

Jacaranda Juss.

Ableitung: Pflanzenname in Südamerika
Vulgärnamen: D:Jacarandabaum, Palisander; E:Jacaranda; F:Faux-palissandre, Jacaranda
Arten: 34
Lebensform: Baum, Strauch, immergrün oder halbimmergrün
Blätter: gegenständig, zusammengesetzt, bis doppelt gefiedert. Nebenblätter und Pseudostipeln fehlend
Blütenstand: Rispe, endständig, seitlich

Jacaranda mimosifolia

Blüten: zwittrig, zygomorph. Kelchblätter 5, behaart. Kronblätter 5, verwachsen, blau, purpurn. Staubblätter 4, mit der Krone verwachsen. Fruchtblätter 2, oberständig, verwachsen, behaart. Plazentation zentralwinkelständig mit etwa 8 Samenreihen
Frucht: Kapsel, fachspaltig. Samen geflügelt
Kennzeichen: Bignoniacee, Baum, Strauch, immergrün oder halbimmergrün. Blätter bis doppelt gefiedert. Blüten in Rispen, blau oder purpurn. Fruchtknoten behaart. Kapsel mit 8 Samenreihen, fachspaltig

Kigelia DC.

Ableitung: nach einem Pflanzennamen in Mosambik
Vulgärnamen: D:Götzenholz, Leberwurstbaum; E:Sausage Tree; F:Arbre-à-saucisses
Arten: 1
Lebensform: Baum
Blätter: gegenständig oder quirlständig, unpaarig gefiedert. Nebenblätter und Pseudostipeln fehlend
Blütenstand: Rispe, endständig
Blüten: zwittrig, zygomorph. Kelchblätter 5. Kronblätter 5, verwachsen, braun. Staubblätter 4, mit der Krone verwachsen. Fruchtblätter 2, oberständig, verwachsen, schuppenhaarig. Plazentation parietal mit etwa 10 Samenreihen
Frucht: beerenartige Schließfrucht. Samen mit flachem Rand
Kennzeichen: Bignoniacee, Baum. Blätter unpaarig gefiedert. Blüten in endständigen Rispen, braun. Plazentation parietal. Beerenartige Schließfrucht

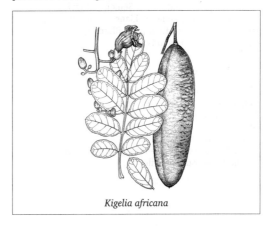
Kigelia africana

Macfadyena A. DC.

Ableitung: Gattung zu Ehren von James Macfadyen (1800–1850), einem schottischen Botaniker in Jamaika benannt
Vulgärnamen: D:Krallentrompete
Arten: 4
Lebensform: Liane
Blätter: gegenständig, paarig gefiedert mit 2 Blättchen und Endranke. Nebenblätter fehlend. Pseudostipeln klein, vorhanden. Drüsen vorhanden oder fehlend
Blütenstand: einzeln oder cymös, seitlich

296 Bignoniaceae Trompetenbaumgewächse

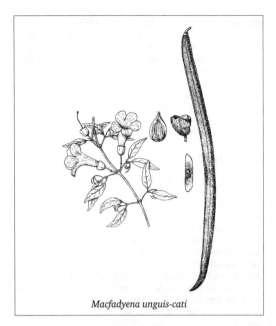
Macfadyena unguis-cati

Blüten: zwittrig, zygomorph. Kelchblätter 5, glatt. Kronblätter 5, verwachsen, gelb. Staubblätter 4, mit der Krone verwachsen. Fruchtblätter 2, oberständig, verwachsen, schuppenhaarig. Plazentation zentralwinkelständig mit 2–4 Samenreihen
Frucht: Kapsel, wandspaltig. Samen geflügelt
Kennzeichen: Bignoniacee, Liane. Blätter paarig gefiedert mit 2 Blättchen und Endranke. Blüten gelb. Kapsel mit 2 bis 4 Samenreihen, wandspaltig

Oroxylum Vent.

Ableitung: Berg-Baum
Vulgärnamen: D:Damoklesbaum; E:Midnight Horror, Tree of Damokles
Arten: 1
Lebensform: Baum
Blätter: gegenständig, 2- bis 4-fach gefiedert. Nebenblätter und Pseudostipeln fehlend,

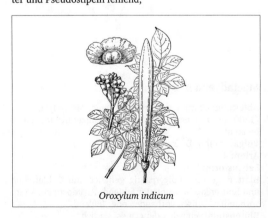
Oroxylum indicum

Blütenstand: Trauben, Rispen, endständig, seitlich
Blüten: zwittrig, zygomorph. Kelchblätter 5, glatt. Kronblätter 5, verwachsen, weiß. Staubblätter 5, mit der Krone verwachsen. Fruchtblätter 2, oberständig, verwachsen. Plazentation zentralwinkelständig mit vielen Samenreihen
Frucht: Kapsel, wandspaltig. Samen geflügelt
Kennzeichen: Bignoniacee, Baum. Blätter 2- bis 4-fach gefiedert. Staubblätter 5. Kapsel wandspaltig

Pandorea (Endl.) Spach

Ableitung: Pandora-Büchse
Vulgärnamen: D:Pandoree; E:Bower Plant; F:Bignone faux-jasmin
Arten: 6
Lebensform: Liane, immergrün ohne Ranken
Blätter: gegenständig, gefiedert. Nebenblätter fehlend,
Blütenstand: Rispe, Traube, seitlich
Blüten: zwittrig, zygomorph. Kelchblätter 5, kahl. Kronblätter 5, verwachsen, weiß, rosa. Staubblätter 4, mit der Krone verwachsen. Fruchtblätter 2, oberständig, verwachsen, schuppenhaarig. Plazentation zentralwinkelständig mit vielen Samenreihen
Frucht: Kapsel, fachspaltig. Samen geflügelt
Kennzeichen: Bignoniacee, Liane, immergrün ohne Ranken. Blätter gefiedert. Blüten in seitlichen Rispen oder Trauben. Kapsel fachspaltig

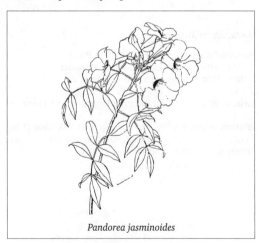
Pandorea jasminoides

Parmentiera DC.

Ableitung: Gattung zu Ehren von Antoine Augustin Parmentier (1737–1813), einem französischen Apotheker benannt
Vulgärnamen: D:Kerzenbaum; E:Candle Tree; F:Parmentiera
Arten: 9
Lebensform: Baum, Strauch
Blätter: gegenständig bis nahezu wechselständig, gefingert. Nebenblätter und Pseudostipeln fehlend
Blütenstand: zu 1–3, endständig, seitlich

Blüten: zwittrig, zygomorph. Kelchblätter 5, glatt. Kronblätter 5, verwachsen, weiß, grünlich. Staubblätter 4, mit der Krone verwachsen. Fruchtblätter 2, oberständig, verwachsen. Plazentation parietal mit vielen Samenreihen
Frucht: beerenartig, fachspaltig. Samen mit flachem Rand
Kennzeichen: Bignoniacee, Baum, Strauch. Blätter gegenständig bis nahezu wechselständig, gefingert. Plazentation parietal. Frucht beerenartig

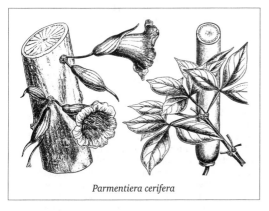

Parmentiera cerifera

Paulownia Siebold et Zucc.

Ableitung: Gattung zu Ehren von Anna Paulowna (1795–1865), einer russischen Großfürstin und Tochter von Zar Paul I. von Russland benannt
Vulgärnamen: D:Blauglockenbaum, Paulownie; E:Foxglove Tree; F:Paulownia
Arten: 17 (6)
Lebensform: Baum, laubwerfend
Blätter: gegenständig oder quirlständig, einfach. Nebenblätter und Pseudostipeln fehlend
Blütenstand: Rispe, endständig
Blüten: zwittrig, zygomorph. Kelchblätter 5, glatt. Kronblätter 5, verwachsen, violett. Staubblätter 4, mit der Krone verwachsen. Fruchtblätter 2, oberständig, verwachsen. Plazentation zentralwinkelständig mit vielen Samenreihen

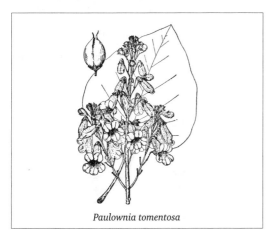

Paulownia tomentosa

Frucht: Kapsel, fachspaltig. Samen schmal geflügelt
Kennzeichen: Bignoniacee, Baum, laubwerfend. Blätter einfach. Blüten violett, in endständiger Rispe. Kapsel eiförmig, fachspaltig. Samen schmal geflügelt

Pithecoctenium Mart. ex Meisn.

Ableitung: Affen-Kamm
Vulgärnamen: D:Affenkamm; F:Liane à râpe, Peigne de singe
Arten: 3 (1–22)
Lebensform: Liane, immergrün, mit Ranken oder ohne
Blätter: gegenständig, 3-zählig oder paarig gefiedert mit 2 Blättchen und 3-spaltiger Endranke. Nebenblätter fehlend, Pseudostipeln vorhanden, Drüsen fehlend
Blütenstand: Traube, Rispen, seitlich
Blüten: zwittrig, zygomorph. Kelchblätter 5. Kronblätter 5, verwachsen, weiß. Staubblätter 4, mit der Krone verwachsen. Fruchtblätter 2, oberständig, verwachsen, behaart. Plazentation zentralwinkelständig mit vielen Samenreihen
Frucht: Kapsel, wandspaltig, stachelig. Samen geflügelt
Kennzeichen: Bignoniacee, Liane, immergrün, mit Ranken oder ohne. Blätter 3-zählig oder paarig gefiedert mit 2 Blättchen und 3-spaltiger Endranke. Kapsel stachelig, wandspaltig, mit vielen Samenreihen

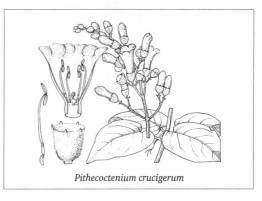

Pithecoctenium crucigerum

Podranea Sprague

Ableitung: Name ist Umstellung (Anagramm) von Pandorea
Vulgärnamen: D:Trompetenwein; E:Trumpet Vine; F:Liane-orchidée
Arten: 2
Lebensform: Liane ohne Ranken
Blätter: gegenständig, gefiedert. Nebenblätter und Pseudostipeln fehlend
Blütenstand: Rispe, endständig
Blüten: zwittrig, zygomorph. Kelchblätter 5. Kronblätter 5, verwachsen, lila, magenta. Staubblätter 4, mit der Krone verwachsen. Fruchtblätter 2, oberständig, verwachsen, kahl. Plazentation zentralwinkelständig mit 6 Samenreihen
Frucht: Kapsel, fachspaltig. Samen geflügelt
Kennzeichen: Bignoniacee, Liane. Blätter gefiedert. Kapsel, fachspaltig mit 6 Samenreihen

298 Bignoniaceae Trompetenbaumgewächse

Podranea ricasoliana

Radermachera sinica

Pyrostegia C. Presl

Ableitung: feuerrote Decke
Vulgärnamen: D:Feuerranke; F:Liane de feu
Arten: 4
Lebensform: Liane, immergrün
Blätter: gegenständig, paarig gefiedert mit 2 Blättchen, mit oder ohne Endranke ohne Haftscheibe. Nebenblätter fehlend, Pseudostipeln und Drüsen vorhanden
Blütenstand: Rispe, endständig, seitlich
Blüten: zwittrig, zygomorph. Kelchblätter 5, glatt. Kronblätter 5, verwachsen, orange, rot. Staubblätter 4, mit der Krone verwachsen. Fruchtblätter 2, oberständig, verwachsen, schuppenhaarig. Plazentation zentralwinkelständig mit 2 Samenreihen
Frucht: Kapsel glatt, wandspaltig. Samen geflügelt
Kennzeichen: Bignoniacee, Liane, immergrün. Blätter, paarig gefiedert mit 2 Blättchen, mit oder ohne Endranke ohne Haftscheibe. Kapsel glatt, wandspaltig

Arten: 15
Lebensform: Baum, Strauch, immergrün
Blätter: gegenständig, zusammengesetzt 1- bis 3-fach gefiedert. Nebenblätter, Pseudostipeln und Drüsen fehlend
Blütenstand: Rispe, endständig, seitlich
Blüten: zwittrig, zygomorph. Kelchblätter 5, glatt. Kronblätter 5, verwachsen, weiß, rosa, gelb, orange, grüngelb. Staubblätter 4 oder 5, mit der Krone verwachsen. Fruchtblätter 2, oberständig, verwachsen, kahl. Plazentation zentralwinkelständig mit vielen Samenreihen
Frucht: Kapsel, fachspaltig. Samen geflügelt
Kennzeichen: Bignoniacee, Baum, Strauch, immergrün. Blätter 1- bis 3-fach gefiedert. Fruchtknoten kahl. Kapsel mit vielen Samenreihen, fachspaltig

Rhigozum Burch.

Ableitung: mit steifen Zweigen
Arten: 7–9
Lebensform: Strauch, Baum
Blätter: gegenständig, unpaarig gefiedert oder mit 2 Blättchen, einfach. Nebenblätter, Pseudostipeln und Drüsen fehlend
Blütenstand: einzeln, Dichasien, seitlich
Blüten: zwittrig, zygomorph. Kelchblätter 5, kahl. Kronblätter 5, verwachsen, weiß, gelb, rosa. Staubblätter 5, mit der Krone verwachsen. Fruchtblätter 2, oberständig, verwachsen, behaart. Plazentation zentralwinkelständig mit 2 Samenreihen
Frucht: Kapsel, fachspaltig. Samen geflügelt
Kennzeichen: Bignoniacee, Strauch, Baum. Blätter: gegenständig, unpaarig gefiedert oder mit 2 Blättchen oder einfach. Kapsel mit 2 Samenreihen, fachspaltig

Pyrostegia venusta

Radermachera Zoll. et Moritzi

Ableitung: Gattung zu Ehren von Jacobus Cornelius Matthaeus Radermacher (1741–1783), einem niederländischen Botaniker benannt

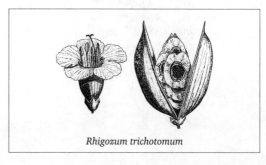

Rhigozum trichotomum

Spathodea P. Beauv.

Ableitung: scheidenartig
Vulgärnamen: D:Afrikanischer Tulpenbaum; E:African Tulip; F:Tulipier africain
Arten: 1
Lebensform: Baum, immergrün
Blätter: gegenständig, gefiedert. Nebenblätter, Pseudostipeln und Drüsen fehlend
Blütenstand: Traube, endständig
Blüten: zwittrig, zygomorph. Kelchblätter 5, an einer Seite geschlitzt. Kronblätter 5, verwachsen, orange, rot. Staubblätter 4, mit der Krone verwachsen. Fruchtblätter 2, oberständig, verwachsen, papillös. Plazentation zentralwinkelständig mit vielen Samenreihen
Frucht: Kapsel, fachspaltig. Samen geflügelt
Kennzeichen: Bignoniacee, Baum, immergrün. Blätter gefiedert. Kelch an einer Seite geschlitzt. Kapsel fachspaltig

Tabebuia rosea

Spathodea campanulata

Tabebuia M. Gómez ex DC.

Ableitung: Pflanzenname in Brasilien
Arten: 100
Lebensform: Strauch, Baum
Blätter: gegenständig, gefingert oder einfach. Nebenblätter, Pseudostipeln und Drüsen fehlend
Blütenstand: Rispe, Traube, einzeln, endständig
Blüten: zwittrig, zygomorph. Kelchblätter 5, glatt bis warzig. Kronblätter 5, verwachsen, weiß, gelb, rosa, rot, lila. Staubblätter 4, mit der Krone verwachsen. Fruchtblätter 2, oberständig, verwachsen, behaart. Plazentation zentralwinkelständig mit vielen Samenreihen
Frucht: Kapsel, fachspaltig. Samen geflügelt oder nicht
Kennzeichen: Bignoniacee, Strauch, Baum. Blätter, gefingert oder einfach. Fruchtknoten behaart. Kapsel fachspaltig, mit vielen Samenreihen

Tecoma Juss.

Ableitung: nach einem mexikanischen Pflanzennamen
Vulgärnamen: D:Trompetenstrauch; E:Trumpet Bush; F:Bignone
Arten: 12
Lebensform: Baum, Strauch, Liane
Blätter: gegenständig, einfach, 3-zählig oder unpaarig gefiedert. Nebenblätter, Pseudostipeln und Drüsen fehlend
Blütenstand: Rispe, endständig
Blüten: zwittrig, zygomorph. Kelchblätter 5, glatt. Kronblätter 5, verwachsen, orange, gelb, rot. Staubblätter 4, mit der Krone verwachsen. Fruchtblätter 2, oberständig, verwachsen, schuppenhaarig. Plazentation zentralwinkelständig mit 2 Samenreihen
Frucht: Kapsel, fachspaltig. Samen geflügelt
Kennzeichen: Bignoniacee, Baum, Strauch, Liane. Blätter einfach, 3-zählig oder unpaarig gefiedert. Kapsel mit 2 Samenreihen, fachspaltig

Tecoma stans

Tecomanthe Baill.

Ableitung: Tecoma-Blüte
Arten: 5
Lebensform: Liane ohne Ranken
Blätter: gegenständig, 3-zählig oder unpaarig gefiedert. Nebenblätter, Pseudostipeln und Drüsen fehlend
Blütenstand: Traube, seitlich
Blüten: zwittrig, zygomorph. Kelchblätter 5. Kronblätter 5, verwachsen, rosa. Staubblätter 4, mit der Krone verwachsen. Fruchtblätter 2, oberständig, verwachsen, schuppenhaarig. Plazentation zentralwinkelständig mit vielen Samenreihen
Frucht: Kapsel, fachspaltig. Samen geflügelt
Kennzeichen: Bignoniacee, Liane ohne Ranken. Blätter 3-zählig oder unpaarig gefiedert. Kapsel fachspaltig

Bixaceae Orleanstrauchgewäche

Bixa L.

Ableitung: nach einem Pflanzennamen aus der Karibik
Vulgärnamen: D:Anattostrauch, Orleanstrauch; E:Annatto, Lipstick Tree; F:Rocouyer
Arten: 5
Lebensform: Bäume, Sträucher, immergrün, mit rötlichem Saft
Blätter: wechselständig, einfach, handnervig, mit Nebenblättern
Blütenstand: Rispen
Blüten: Kelchblätter 5. Kronblätter 5, frei, rosa oder weiß. Staubblätter viele, Antheren mit 2 Poren. Fruchtblätter 2, verwachsen, oberständig. Plazentation wandständig
Frucht: Kapsel mit roten Samen
Kennzeichen: Bäume, Sträucher, immergrün, mit rotem Saft. Blätter handnervig. Kronblätter 5, frei. Staubblätter viele. Antheren mit 2 Poren. Plazentation wandständig. Samen rot

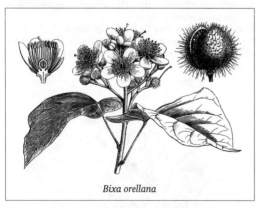

Bixa orellana

Bombacaceae Wollbaumgewächse

1 Blätter einfach
  2 Blätter fiedernervig, ganzrandig. Blüten cymös . . . . **Durio**
  2 Blätter fingernervig, gelappt. Blüten einzeln . . . . **Ochroma**
1 Blätter fingerförmig zusammengesetzt oder einfach, aber dann mit Gelenk unter der Spreite
3 Staubblätter 5 oder 10
  4 Staubbblätter 5. Stamm zum Teil stachelig . . . . **Ceiba**
  4 Staubblätter 10. Stamm immer stachelig . . . . **Chorisia**
3 Staubblätter viele
5 Frucht eine Schließfrucht . . . . . . **Adansonia**
5 Frucht eine Kapsel
  6 Kelch am Grund kreisförmig abfallend **Bombax**
  6 Kelch bleibend
    7 Blättchen einzeln abfallend . . . . . . **Pachira**
    7 Blättchen nicht einzeln abfallend oder nur eines mit Gelenk unter der Spreite . . . . **Pseudobombax**

Adansonia L.

Ableitung: Gattung zu Ehren von Michel Adanson (1727–1806), einem französischen Botaniker und Zoologen benannt
Vulgärnamen: D:Affenbrotbaum, Baobab; E:Monkeybread Tree; F:Baobab
Arten: 8–10
Lebensform: Bäume, oft mit tonnenförmigen Stämmen, regengrün
Blätter: wechselständig, handförmig zusammengesetzt, mit Nebenblättern
Blütenstand: Blüten einzeln, hängend
Blüten: zwittrig, radiär. Kelchblätter 5. Kronblätter 5, frei, weiß, gelb oder rot. Staubblätter viele, verwachsen. Fruchtblätter 5–10, verwachsen, oberständig. Plazentation zentralwinkelständig
Frucht: Schließfrucht. Samen in eine Saftige Masse (Pulpa) eingebettet
Kennzeichen: regengrüne Bäume mit oft tonnenförmigen Stämmen. Blätter handförmig zusammengesetzt. Blüten einzeln, hängend. Staubblätter viele verwachsen. Frucht eine Schließfrucht mit Samen in einer saftigen Masse (Pulpa)

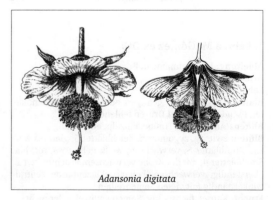

Adansonia digitata

Bombax L.

Ableitung: Baumwolle-Baum
Vulgärnamen: D:Baumwollbaum, Seidenwollbaum; E:Silk-Cotton Tree; F:Fromager, Kapokier
Arten: c. 20
Lebensform: Bäume, regengrün
Blätter: wechselständig, handförmig zusammengesetzt, mit Nebenblättern
Blütenstand: Büschel oder Blüten einzeln
Blüten: zwittrig, radiär. Kelchblätter 5, am Grund kreisförmig abfallend. Kronblätter 5, frei, rot, gelb, lila oder weiß. Staubblätter viele, verwachsen. Fruchtblätter 5, verwachsen, oberständig. Plazentation zentralwinkelständig
Frucht: Kapsel mit wolligen Samen
Kennzeichen: Bäume regengrün. Blätter handförmig zusammengesetzt. Kelch am Grund kreisförmig abfallend. Staubblätter viele, verwachsen. Samen wollig

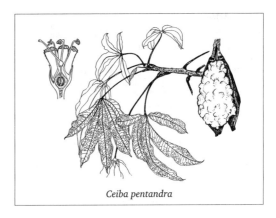
Ceiba pentandra

Chorisia Kunth

Ableitung: Gattung zu Ehren von Ludwig Choris (1795-1828), einem russischen botanischen Zeichner benannt
Vulgärnamen: D:Florettseidenbaum, Wollbaum; E:Floss Silktree; F:Chorisia, Fromager
Arten: 5
Lebensform: Bäume, regengrün. Stamm stachelig
Blätter: wechselständig, handfömig zusammengesetzt, mit Nebenblättern
Blütenstand: Blüten einzeln oder in Büscheln
Blüten: zwittrig, radiär. Kelchblätter 5-2. Kronblätter 5 oder 4, frei, rosa. Staubblätter 10, verwachsen, Säule unterhalb der Mitte mit 5 kronartigen Lappen. Fruchtblätter 6, verwachsen, oberständig. Plazentation zentralwinkelständig
Frucht: Kapsel, 3-klappig. Samen dicht wollig
Kennzeichen: Bäume, regengrün. Stamm stachelig. Blätter handförmig zusammengesetzt, mit Nebenblättern. Staubblätter 10, verwachsen. Säule unterhalb der Mitte mit 5 kronartigen Lappen. 3-klappige Kapsel. Samen dicht wollig

Bombax

Ceiba Mill.

Ableitung: nach einem Pflanzennamen auf Haiti
Vulgärnamen: D:Kapokbaum; E:Kapok Tree; F:Kapokier
Arten: 10
Lebensform: Bäume, regengrün. Stämme zum Teil stachelig
Blätter: wechselständig, handförmig zusammengesetzt, mit Nebenblättern
Blütenstand: Blüten einzeln oder in Büscheln
Blüten: zwittrig, radiär. Kelchblätter 5-3. Kronblätter 5, frei, rosenfarbig oder weiß. Staubblätter 5, verwachsen. Fruchtblätter 5, verwachsen, oberständig - halbunterständig. Plazentation zentralwinkelständig
Frucht: Kapsel, innen wollig. Samen wollig
Kennzeichen: Bäume, regengrün mit oft bestacheltem Stamm. Blätter handförmig zusammengesetzt. Staubblätter 5, verwachsen. Fruchtblätter 5, verwachsen. Kapsel innen wollig, mit wolligen Samen

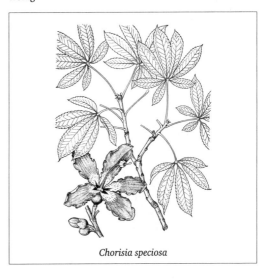
Chorisia speciosa

Durio Adans.

Ableitung: nach einem malaiischen Pflanzennamen
Vulgärnamen: D:Durianbaum
Arten: 27
Lebensform: Bäume, immergrün oder regengrün
Blätter: wechselständig, einfach, fiedernervig, ganzrandig, mit Gelenk unter der Spreite
Blütenstand: Blüten cymös
Blüten: zwittrig, radiär. Kelchblätter 5. Kronblätter 4–6, rosa, gelblich, grünlich weiß. Staubblätter viele, frei oder in 5 Bündeln verwachsen. Fruchtblätter 3–6, verwachsen, oberständig. Plazentation zentralwinkelständig
Frucht: Kapsel, mit Stacheln bedeckt. Samen gewöhnlich mit Arillus
Kennzeichen: Bäume, immergrün oder regengrün. Blätter mit Gelenk unter der Spreite. Staubblätter viele, frei oder in 5 Bündeln verwachsen. Kapsel mit Stacheln bedeckt.

Durio zibethinus

Ochroma Sw.

Ableitung: Bleichheit
Vulgärnamen: D:Balsabaum; E:Balsa, Down-Tree; F:Balsa, Patte-de-lièvre

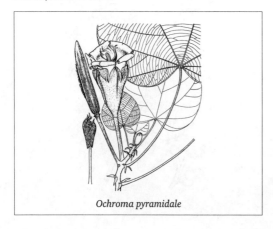
Ochroma pyramidale

Arten: 1
Lebensform: Bäume, regengrün
Blätter: wechselständig, einfach, handförmig gelappt
Blütenstand: Blüten einzeln
Blüten: zwittrig, radiär. Kelchblätter 5. Kronblätter 5, weiß. Staubblätter viele, verwachsen. Fruchtblätter 5, verwachsen, oberständig. Narbe einfach. Plazentation zentralwinkelständig
Frucht: Kapsel, innen wollig. Samen wollig
Kennzeichen: Bäume, regengrün. Blätter handförmig gelappt. Staubblätter viele, verwachsen. Kapsel innen wollig mit wolligen Samen

Pachira Aubl.

Ableitung: Pflanzenname in Guayana
Vulgärnamen: D:Rasierpinselbaum; E:Shaving-Brush Tree; F:Châtaignier de la Guyane
Arten: 24
Lebensform: Bäume, Sträucher, immergrün oder regengrün
Blätter: wechselständig, einfach, handnervig und gelappt, mit Nebenblättern
Blütenstand: Blüten einzeln
Blüten: zwittrig, radiär. Kelchblätter 5. Kronblätter 5, grün, weiß, rosa, rot oder purpurn. Staubblätter viele, verwachsen. Fruchtblätter 5, verwachsen, oberständig. Narbe 5-lappig. Plazentation zentralwinkelständig
Frucht: Kapsel, innen seidig behaart. Samen in eine fleischige Masse eingebettet
Kennzeichen:

Pachira aquatica

Pseudobombax Dugand

Ableitung: Schein-Bombax
Arten: 20
Lebensform: Bäume, regengrün
Blätter: wechselständig, 3-zählig gefingert oder selten einfach, mit Gelenk unter Spreite, Blättchen nicht einzeln abfallend. Nebenblätter vorhanden
Blütenstand: cymös mit 2–5 Blüten

Blüten: zwittrig, radiär. Kelchblätter 5. Kronblätter 5, frei, weiß, rot oder purpurn. Staubblätter viele, verwachsen. Fruchtblätter 5–8, verwachsen, oberständig. Narbe mit 5–8 am Ende kopfigen Lappen. Plazentation zentralwinkelständig
Frucht: Kapsel. Samen mit wolligen Haaren
Kennzeichen: Bäume, regengrün. Blätter 3-zählig oder einfach mit Gelenk unter der Spreite. Staubblätter viele, verwachsen. Narbe mit 5–8 am Ende kopfigen Lappen. Kapsel mit wollig behaarten Samen.

Pseudobombax

Boraginaceae Boretschgewächse

1 Griffel endständig am Fruchtknoten. (Schlundschuppen fehlen)
  2 Frucht eine Steinfrucht. (Bäume oder Sträucher)
    3 Narbe 4-lappig . . . . **Cordia**
    3 Narbe 2-lappig . . . . **Ehretia**
  2 Frucht eine Nuss, 2 Spaltfrüchtchen oder 4 Klausen. (einjährig bis strauchig). . . . .
     . . . . **Heliotropium**
1 Griffel zwischen dem gelappten Fruchtknoten
  4 Schlundschuppen fehlend
    5 Blüten zygomorph. (Staubblätter herausragend, ungleich lang)
      6 Narbe 2-spaltig . . . . **Echium**
      6 Narbe einfach . . . . **Lobostemon**
    5 Blüten radiär
      7 Fruchtknoten auf einem kegelförmigen Polster sitzend . . . .**Pulmonaria**
      7 Fruchtknoten nicht auf einem kegelförmigen Polster sitzend
        8 Blütenstand ohne Deckblätter. . . **Amsinckia**
        8 Blütenstand mit Deckblättern
          9 Staubblätter herausragend. . . . . **Moltkia**
          9 Staubblätter in der Kronröhre eingeschlossen
            10 Antheren zugespitzt . . . .**Onosma**
            10 Antheren ± stumpf
              11 Kronröhre am Grund mit Nektar absonderndem Ring . . . . **Arnebia**
              11 Kronröhre ohne solchen Ring
                12 Pflanze krautig. Kronröhre mit 5 Haarbüscheln . . . . . **Lithospermum**
                12 Pflanze verholzt. Kronröhre ohne Haarbüschel . . . . **Lithodora**
  4 Schlundschuppen vorhanden (oder zumindest Falten in der Kronröhre)
    13 Frucht stachelig oder warzig
      14 Blütenstand mit Deckblättern . . . . .**Lappula**
      14 Blütenstand höchstens unten mit Deckblättern
        15 Klausen mit ihren Spitzen nicht über die Ansatzflächen ragend, mit widerhakigen Stacheln
          16 Staubblätter eingeschlossen in der Kronröhre . . . .**Cynoglossum**
          16 Staubblätter aus der Kronröhre herausragend
            17 Röhre trichterförmig oder kurzröhrig. Frucht ohne polsterförmigen Kragen . . . . **Solenanthus**
            17 Röhre zylindrisch. Frucht mit einem polsterförmigen Kragen . . . . **Lindelofia**
        15 Klausen mit ihren Spitzen über die Ansatzfläche ragend. Frucht ohne widerhakige Stacheln . . . . . . **Cryptantha**
    13 Frucht nicht stachelig oder warzig
      18 Frucht mit polsterförmigem Kragen
        19 Schlundschuppen in 2 Reihen. (sehr große Grundblätter) . . . . **Trachystemon**
        19 Schlundschuppen in 1 Reihe
          20 Klausen geschnäbelt . . . .**Nonea**
          20 Klausen nicht geschnäbelt
            21 Blütenstand mit Deckblättern
              22 Blätter schwach nervig . . . . . **Anchusa**
              22 Blätter netzaderig, untere lang gestielt . . . . **Pentaglottis**
            21 Blütenstand ohne Deckblätter
              23 Krone trichterig bis glockig. Schlundschuppen lang und spitz . . . . **Symphytum**
              23 Krone ausgebreitet. Schlundschuppen kurz
                24 Frucht am Rand nicht geflügelt. . . . . **Brunnera**
                24 Frucht am Rand geflügelt . . . .**Myosotidium**
      18 Frucht ohne polsterförmigem Kragen
        25 Blüten zu 1–2. Kelch stark vergrößert an der Frucht, zwischen den Lappen gezähnt . . . .**Asperugo**
        25 Blüten in mehrblütigen Blütenständen. Kelch anders
          26 Blüten radförmig bis glockig . . . . **Borago**
          26 Blüten mit ± langer Röhre
            27 Nüsschen verbunden zu 2 Paaren. Pflanze ± kahl . . . . **Cerinthe**
            27 Nüsschen 4 gleiche
              28 Antheren mit 2 gabeligen Anhängseln am Grund. (Kelch zur Fruchtzeit vergrößert) . . . . **Caccinia**
              28 Antheren ohne solche Anhängsel
                29 Klausen mit einem Wulst oben
                  30 Klausen über 10 mm . . . . . . **Rindera**
                  30 Klausen unter 5 mm
                    31 Klausen mit flachen Flügeln . . . . **Eritrichium**
                    31 Klausen mit erhabenen oder eingebogenen Flügeln . . **Omphalodes**
                29 Klausen ohne Wulst oben
                  32 Blütenstand mit Deckblättern

304 Boraginaceae Boretschgewächse

33 Schlundschuppen vorhanden . . . .
. . . . **Lithospermum**
33 Schlundschuppen fehlend, höchstens ein Haarring. (Klausen fast gestielt).
. . . .**Alkanna**
32 Blütenstand höchstens unten mit Deckblättern
34 Krone mit sehr kurzer Röhre, Saum radförmig . . . . **Myosotis**
34 Krone mit langer Röhre . .**Mertensia**

Die Boraginaceen sind eine recht einheitliche Familie und folgende Merkmale sind fast allen ihrer Angehörigen gemeinsam: Blätter wechselständig, einfach, ohne Nebenblätter, ± rauhaarig. Blütenstand Wickel. Kelch und Krone radiär, 5-zählig, Kronblätter verwachsen. Staubblätter 5, mit der Krone verwachsen. Fruchtblätter 2, oberständig, aber meist tief zweigeteilt, Griffel zwischen ihnen entspringend.
Plazentation zentralwinkelständig. Frucht meist eine Klausenfrucht. Die Gattungen unterscheiden sich nur in wenigen weit verbreiteten Merkmalen voneinander und nur diese sind bei den Gattungsbeschreibungen genannt. Feinere Gattungsmerkmale sind nur im Schlüssel enthalten.

Alkanna Tausch

Ableitung: arabischer Pflanzenname
Vulgärnamen: D:Alkannawurzel; E:Alkanet; F:Orcanette
Arten: c. 30
Lebensform: Einjährige, Staude
Blütenstand: Wickel, mit Deckblättern
Blüten: trichterförmig, blau, gelb, weiß. Kronröhre mit Haarring. Diskus fehlend. Narben 2
Frucht: Klausenfrucht gestielt

Alkanna tinctoria

Amsinckia Lehm.

Ableitung: Gattung zu Ehren von Wilhelm Amsinck (1752–1831), einem Hamburger Bürgermeister benannt

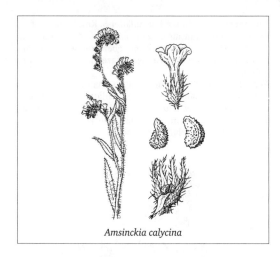

Amsinckia calycina

Vulgärnamen: D:Gelbe Klette; E:Fiddleneck
Arten: c. 50
Lebensform: Einjährige
Blütenstand: Wickel, ± ohne Deckblätter
Blüten: trichterförmig, gelb, orange. Schlundschuppen fehlend. Diskus fehlend. Narbe kopfig
Frucht: Klausenfrucht

Anchusa L.

Ableitung: nach einem antiken Pflanzennamen
Vulgärnamen: D:Ochsenzunge, Wolfsauge; E:Alkanet; F:Buglosse
Arten: c. 35
Lebensform: Einjährige, Zweijährige, Staude
Blütenstand: Wickel, seitlich oder endständig, mit Deckblättern
Blüten: ± trichterförmig, purpurn, blau, weiß, gelb, violett. Schlundschuppen vorhanden. Diskus vorhanden. Narbe kopfig
Frucht: Klausenfrucht

Anchusa azurea

Arnebia Forssk.

Ableitung: nach einem arabischen Pflanzennamen
Vulgärnamen: D:Prophetenblume; F:Fleur du prophète
Arten: 25

Lebensform: Einjährige, Zweijährige, Staude
Blütenstand: Wickel, kopfig, Deckblätter
Blüten: ± trichterförmig, gelb, blau, violett. Schlundschuppen fehlend. Diskus fehlend. Narbe 2- oder 4-lappig
Frucht: Klausenfrucht

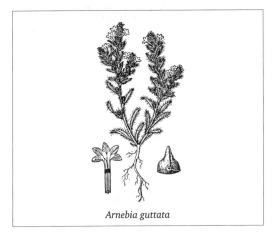
Arnebia guttata

Lebensform: Einjährige, Staude
Blütenstand: Wickel, ± Deckblätter
Blüten: radförmig bis glockig, blau, rosa, weiß. Schlundschuppen vorhanden. Diskus vorhanden. Narbe kopfig
Frucht: Klausenfrucht

Borago officinalis

Asperugo L.

Ableitung: antiker lateinischer Pflanzenname
Vulgärnamen: D:Scharfkraut, Schlangenäuglein; E:Madwort; F:Rapette
Arten: 1
Lebensform: Einjährige
Blütenstand: Blüten zu 1–2, seitlich, Deckblätter
Blüten: trichterförmig, purpurn, violett. Schlundschuppen vorhanden. Narbe kopfig
Frucht: Klausenfrucht

Asperugo procumbens

Borago L.

Ableitung: nach einer arabischen Pflanzenbezeichnung
Vulgärnamen: D:Borretsch, Gurkenkraut; E:Borage; F:Bourrache
Arten: 3

Brunnera Steven

Ableitung: Gattung zu Ehren von Samuel Brunner (1790–1844), einem schweizerischen Botaniker benannt
Vulgärnamen: D:Kaukasusvergissmeinnicht; E:Great Forget-me-not; F:Myosotis du Caucase
Arten: 3
Lebensform: Staude
Blütenstand: Wickel in Rispen, ohne Deckblätter
Blüten: glockig bis radförmig, blau, purpurn. Schlundschuppen vorhanden. Narbe kopfig
Frucht: Klausenfrucht mit Kragen am Grund

Caccinia Savi

Ableitung: Gattung zu Ehren von Matteo Caccini, einem italienischen Botaniker des 16.1–27. Jahrhunderts benannt
Arten: 6
Lebensform: Zweijährige, Staude
Blütenstand: Wickel, rispig mit Deckblättern
Blüten: stieltellerförmig, blau, rot. Schlundschuppen vorhanden. Narbe punktförmig
Frucht: Klausenfrucht

Cerinthe L.

Ableitung: Wachs-Pflanze
Vulgärnamen: D:Wachsblume; E:Honeywort; F:Mélinet
Arten: 10
Lebensform: Einjährige, Zweijährige, Staude, ± kahl
Blütenstand: Wickel, mit Deckblättern
Blüten: röhrenförmig, gelb, purpurn. Schlundschuppen fehlend. Diskus fehlend. Narbe kopfig
Frucht: Klausenfrucht mit 2 Paaren von Klausen

306 Boraginaceae Boretschgewächse

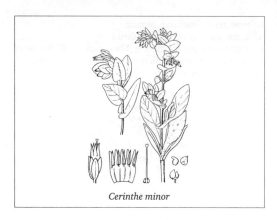
Cerinthe minor

Cordia L.
Ableitung: Gattung zu Ehren von Euricius Cordus, eigentlich Heinrich Urban Solde (1486–1535) und seinem Sohn Valerius Cordus (1515–1544), den deutschen Botanikern benannt
Vulgärnamen: D:Kordie; F:Cordia, Sebestier
Arten: c. 300
Lebensform: Baum, Strauch, immergrün, laubwerfend
Blütenstand: cymös, Ähren, Köpfchen ohne Deckblätter
Blüten: röhrenförmig, trichterförmig, radförmig, weiß, gelb, rot, orange. Schlundschuppen fehlend. Narbe 4-lappig
Frucht: Steinfrucht

Cordia sebestena

Cryptantha G. Don
Ableitung: mit verborgener Blüte
Arten: c. 100
Lebensform: Einjährige, Staude
Blütenstand: Wickel ohne Deckblätter
Blüten: trichterförmig, stieltellerförmig, gelb, weiß. Schlundschuppen vorhanden. Diskus vorhanden. Narbe kopfig
Frucht: Klausenfrucht mit 1–4 Höckern, stachelig

Cynoglossum L.
Ableitung: Hunde-Zunge
Vulgärnamen: D:Hundszunge; E:Hound's Tongue; F:Cynoglosse, Langue-de-chien
Arten: c. 60
Lebensform: Zweijährige, Staude, Einjährige
Blütenstand: Wickel, ohne Deckblätter
Blüten: röhrenförmig, trichterförmig, stieltellerförmig, purpurn, blau, weiß. Schlundschuppen vorhanden. Diskus fehlend. Narbe kopfig
Frucht: Klausenfrucht, stachelig

Cynoglossum officinale

Echium L.
Ableitung: antiker Pflanzenname
Vulgärnamen: D:Natternkopf; E:Bugloss; F:Vipérine
Arten: c. 40

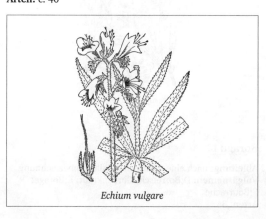
Echium vulgare

Lebensform: Einjährige, Zweijährige, Staude, Strauch
Blütenstand: Wickel in Rispen, Ähren, seitlich, endständig, mit Deckblätter
Blüten: zygomorph trichterförmig, blau, purpurn, weiß, gelb, violett, rot. Schlundschuppen fehlend. Diskus fehlend. Narbe kopfig oder 2-lappig
Frucht: Klausenfrucht

Ehretia P. Browne

Ableitung: Gattung zu Ehren von Georg Dionysius Ehret (1708–1770), einem deutschen Pflanzenmaler und Botaniker benannt
Arten: 50
Lebensform: Baum, Strauch, immergrün, laubwerfend, Blätter behaart oder kahl
Blütenstand: cymös, Rispe, endständig
Blüten: stieltellerförmig, gelb, blau, weiß. Schlundschuppen fehlend. Diskus 3. Griffel endständig mit 2-lappiger Narbe
Frucht: Steinfrucht mit 2–4 geflügelten Samen

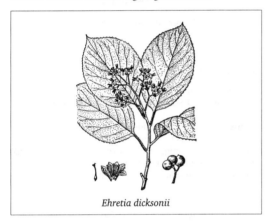
Ehretia dicksonii

Eritrichium Schrad. ex Gaudin

Ableitung: wollig behaarte Pflanze
Vulgärnamen: D:Himmelsherold; E:Alpine Forget-me-not; F:Roi des Alpes
Arten: c. 30
Lebensform: Staude
Blütenstand: Wickel ohne Deckblätter

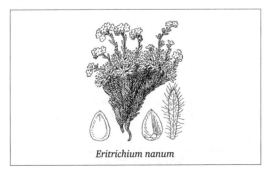
Eritrichium nanum

Blüten: stieltellerförmig, trichterförmig, violett, blau, weiß. Schlundschuppen vorhanden. Diskus fehlend. Narbe kopfig
Frucht: Klausenfrucht

Heliotropium L.

Ableitung: antiker Pflanzenname
Vulgärnamen: D:Heliotrop, Sonnenwende; E:Heliotrope, Turnsole; F:Héliotrope
Arten: c. 250
Lebensform: Einjährige, Staude, Strauch, Halbstrauch
Blütenstand: Wickel, selten einzeln, ohne Deckblätter
Blüten: stieltellerförmig, blau, weiß, purpurn, gelb. Schlundschuppen fehlend.
Frucht: Nuss, Klausenfrucht, 2-teilige Spaltfrucht

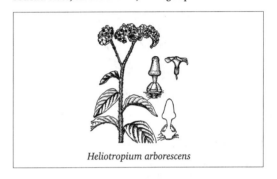
Heliotropium arborescens

Lappula Moench

Ableitung: kleine Klette
Vulgärnamen: D:Igelsame, Klettenkraut; E:Bur Forget-me-not; F:Echinosperme
Arten: 40–60
Lebensform: Einjährige, Zweijährige
Blütenstand: Wickel mit Deckblättern
Blüten: kurz stieltellerförmig, blau, weiß. Schlundschuppen vorhanden. Diskus vorhanden. Narbe kopfig
Frucht: Klausenfrucht stachelig oder warzig

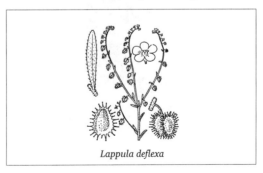
Lappula deflexa

Lindelofia Lehm.

Ableitung: Gattung zu Ehren von Friedrich von Lindelof, einem deutschen Botanik-Förderer des 19. Jahrhunderts benannt

Arten: 12
Lebensform: Staude
Blütenstand: Wickel ohne Deckblätter
Blüten: röhrenförmig, glockig, trichterförmig, blau, violett. Schlundschuppen vorhanden. Diskus vorhanden. Narbe klein
Frucht: Klausenfrucht stachelig

Lebensform: Staude, Einjährige
Blütenstand: Wickel mit Deckblättern
Blüten: röhrenförmig, trichterförmig, weiß, gelb, orange, blau. Schlundschuppen vorhanden oder Falten. Diskus fehlend. Narbe 2-lappig
Frucht: Klausenfrucht

Lindelofia stylosa

Lithospermum purpureocaeruleum

Lithodora Griseb.

Ableitung: Stein-Geschenk
Vulgärnamen: D:Steinsame; F:Grémil
Arten: 7
Lebensform: Strauch, immergrün, laubwerfend
Blütenstand: Wickel mit Deckblättern
Blüten: trichterförmig, stieltellerförmig, blau, purpurn, weiß. Schlundschuppen fehlend. Diskus fehlend. Narbe 2-lappig
Frucht: Klausenfrucht mit meist 1 Klause

Lobostemon Lehm.

Ableitung: Schuppen-Staubblatt
Vulgärnamen: D:Schuppenfaden; F:Fausse-vipérine
Arten: 28
Lebensform: Strauch, Staude, Halbstrauch
Blütenstand: Wickel, kopfig
Blüten: röhrenförmig, trichterförmig, blau, rosa, weiß, gelb, rot. Schlundschuppen fehlend. Narbe 2-lappig
Frucht: Klausenfrucht, zum Teil stachelig

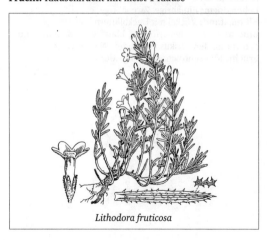

Lithodora fruticosa

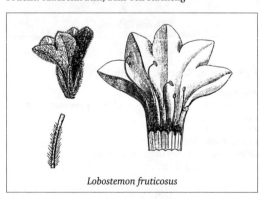

Lobostemon fruticosus

Lithospermum L.

Ableitung: Stein-Same
Vulgärnamen: D:Steinsame; E:Gromwell; F:Grémil
Arten: 50-60

Mertensia Roth

Ableitung: Gattung zu Ehren von Franz Karl Mertens (1764–1831), einem deutschen Botaniker benannt
Vulgärnamen: D:Blauglöckchen; E:Bluebell, Oysterplant; F:Mertensia
Arten: 45-50
Lebensform: Staude, behaart oder kahl
Blütenstand: Wickel ohne Deckblätter

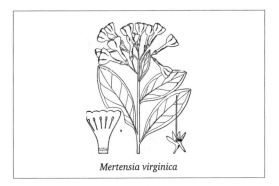
Mertensia virginica

Blüten: röhrenförmig, Trichterförmig, glockig, blau, rosa, weiß, purpurn. Schlundschuppen fehlend oder vorhanden. Diskus fehlend. Narbe einfach
Frucht: Klausenfrucht

Moltkia Lehm.
Ableitung: Gattung zu Ehren von Graf Joachim Godske Moltke (1746–1818), einem dänischen Staatsmann und Förderer der Universität von Kopenhagen benannt
Vulgärnamen: D:Moltkie; F:Moltkia
Arten: 3–6
Lebensform: Staude, Halbstrauch, Strauch
Blütenstand: Wickel mit Deckblättern
Blüten: trichterförmig, blau, purpurn, gelb. Schlundschuppen fehlend. Diskus fehlend. Narbe einfach
Frucht: Klausenfrucht

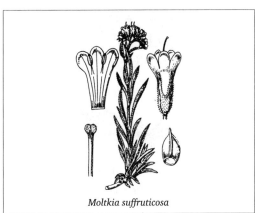
Moltkia suffruticosa

Myosotidium Hook.
Ableitung: kleines Myosotis
Vulgärnamen: D:Riesenvergissmeinnicht
Arten: 1
Lebensform: Staude

Blütenstand: Wickel ohne Deckblätter
Blüten: kurz stieltellerförmig, blau. Schlundschuppen vorhanden. Diskus vorhanden. Narbe kopfig
Frucht: Klausenfrucht, am Rand geflügelt

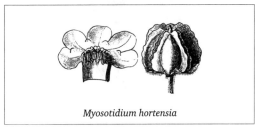
Myosotidium hortensia

Myosotis L.
Ableitung: antiker Pflanzenname
Vulgärnamen: D:Vergissmeinnicht; E:Forget-me-not; F:Myosotis, Ne-m'oubliez-pas
Arten: c. 50 (1–200)
Lebensform: Einjährige, Staude, Zweijährige
Blütenstand: Wickel ohne Deckblätter
Blüten: kurz stieltellerförmig, blau, weiß, purpurn, gelb, rosa. Schlundschuppen vorhanden. Diskus fehlend. Narbe kopfig
Frucht: Klausenfrucht

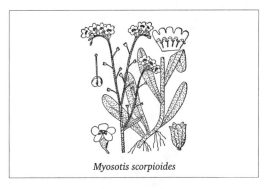
Myosotis scorpioides

Nonea Medik.
Ableitung: Gattung zu Ehren von Johann Philipp Nonne (1729–1772), einem deutschen Botaniker benannt
Vulgärnamen: D:Mönchskraut; F:Nonnée
Arten: 35
Lebensform: Einjährige, Staude
Blütenstand: Wickel mit oder ohne Deckblätter
Blüten: stieltellerförmig, trichterförmig, gelb, purpurn, braun, weiß, rosa, blau, violett. Schlundschuppen vorhanden. Diskus vorhanden. Narbe einfach oder 2-lappig
Frucht: Klausenfrucht mit geschnäbelten Klausen

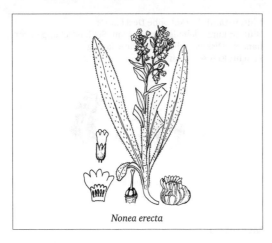
Nonea erecta

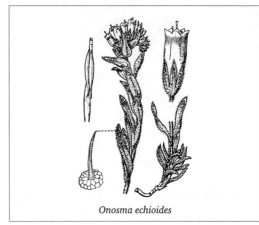
Onosma echioides

Omphalodes Mill.

Ableitung: nabelförmig (Samen)
Vulgärnamen: D:Gedenkemein, Nabelnüsschen; E:Navelseed, Navelwort; F:Nombril de Vénus, Petite bourrache
Arten: 28
Lebensform: Einjährige, Zweijährige, Staude
Blütenstand: Wickel mit oder ohne Deckblätter
Blüten: kurz stieltellerförmig, blau, weiß. Schlundschuppen vorhanden. Diskus fehlend. Narbe kopfig
Frucht: Klausenfrucht, Klausen mit Randwulst

Pentaglottis Tausch

Ableitung: fünf Zungen
Vulgärnamen: D:Spanische Ochsenzunge; E:Green Alkanet; F:Buglosse d'Espagne
Arten: 1
Lebensform: Staude
Blütenstand: Wickel mit Deckblättern
Blüten: trichterförmig, blau. Schlundschuppen vorhanden. Diskus vorhanden. Narbe kopfig
Frucht: Klausenfrucht

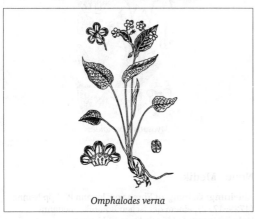
Omphalodes verna

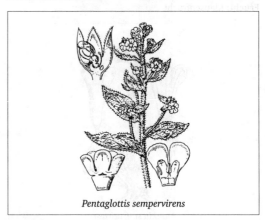
Pentaglottis sempervirens

Onosma L.

Ableitung: antiker Pflanzenname
Vulgärnamen: D:Goldtropfen, Lotwurz; F:Onosma
Arten: c. 150
Lebensform: Zweijährige, Staude, Halbstrauch
Blütenstand: Wickel mit Deckblättern
Blüten: ± röhrenförmig, gelb, weiß, rosa. Schlundschuppen fehlend oder Kronröhre mit Haarring. Diskus fehlend. Narbe einfach
Frucht: Klausenfrucht

Pulmonaria L.

Ableitung: Lungen-Pflanze
Vulgärnamen: D:Lungenkraut; E:Lungwort; F:Pulmonaire
Arten: c. 15
Lebensform: Staude
Blütenstand: Wickel, ± mit Deckblättern
Blüten: trichterförmig, blau, violett, rot, purpurn, weiß. Kronröhre mit Haaren im Schlund. Diskus vorhanden. Narbe kopfig oder 2-lappig
Frucht: Klausenfrucht

Rindera Pall.

Ableitung: Gattung zu Ehren von A. Rinder, einem Pflanzensammler in Rußland im 19. Jahrhundert benannt
Arten: c. 25
Lebensform: Staude
Blütenstand: Wickel ohne Deckblätter
Blüten: zylindrisch-glockig, purpurn. Schlundschuppen vorhanden. Diskus fehlend. Narbe kopfig
Frucht: Klausenfrucht mit geflügelten Klausen

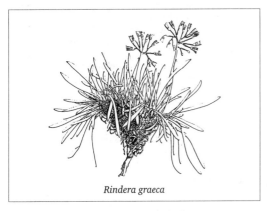
Rindera graeca

Solenanthus Ledeb.

Ableitung: Röhren-Blüte
Vulgärnamen: D:Riesenborretsch; F:Bourrache géante
Arten: c. 15
Lebensform: Einjährige, Zweijährige, Staude
Blütenstand: Wickel ohne Deckblätter
Blüten: ± zylindrisch, rot bis blau. Schlundschuppen vorhanden. Diskus fehlend. Narbe kopfig
Frucht: Klausenfrucht, stachelig widerhakig

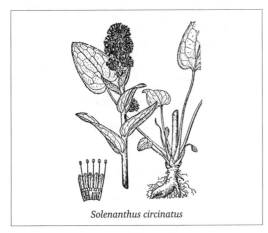
Solenanthus circinatus

Symphytum L.

Ableitung: antiker Pflanzenname
Vulgärnamen: D:Beinwell; E:Comfrey; F:Consoude

Arten: 35
Lebensform: Staude
Blütenstand: Wickel ohne Deckblätter
Blüten: trichterförmig, glockig, weiß, gelb, rosa, blau, purpurn. Schlundschuppen vorhanden. Diskus vorhanden. Narbe einfach
Frucht: Klausenfrucht

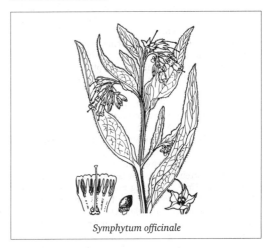
Symphytum officinale

Trachystemon D. Don

Ableitung: raues Staubblatt
Vulgärnamen: D:Rauling; E:Abraham, Isaac and Jacob; F:Bourrache du Caucase
Arten: 2
Lebensform: Staude mit wechselständigen oder grundständigen Blättern
Blütenstand: Wickel in Rispen, mit kleinen Deckblättern
Blüten: trichterförmig, blau, violett, blaupurpurn. Schlundschuppen in 2 Reihen. Diskus vorhanden. Narbe einfach
Frucht: Klausenfrucht

Brassicaceae Kreuzblütler

1 Frucht eine 2- oder mehrgliedrige Schließfrucht . . . . **Gruppe 1** (S. 312)
1 Frucht nicht gegliedert
  2 Frucht ein Schötchen, d.h. bis 3 mal so lang wie breit
    3 Frucht nicht aufspringend bei der Reife. . . . . **Gruppe 2** (S. 312)
    3 Frucht mit 2 Klappen aufspringend
      4 Scheidewand parallel zu den Klappen, breit. **Gruppe 3** (S. 312)
      4 Scheidewand senkrecht zu den Klappen stehend, schmal. . . . . . . **Gruppe 4** (S. 313)
  2 Frucht eine Schote, d.h. über 3 mal so lang wie breit
    5 Blüten kräftig gelb gefärbt . . **Gruppe 5** (S. 313)
    5 Blüten weiß bis lila und blau, selten gelblich . . . . **Gruppe 6** (S. 313)

Brassicaceae Kreuzblütler

Die Familie der Kreuzblütler kann als fixierter Ast der Capparidaceae angesehen werden, von der sie sich kaum klar abgrenzen lässt. Ihre Mitglieder sind mit wenigen Ausnahmen an folgenden Merkmalen zu erkennen:
Blätter fast immer wechsel- oder grundständig. Blütenstand eine Traube ohne Deckblätter. Blüten zwittrig, radiär, Kelchblätter 2 ±2. Kronblätter 4. Staubblätter 2 kurze und 4 lange. Fruchtblätter 2 (nach anderer Deutung 4), verwachsen, oberständig, Plazentation parietal, meist mit einer falschen Scheidewand schließlich 2-fächrig. Frucht meist eine Schote mit 2 Klappen und einem feststehenden Rahmen (Replum). Charakteristisch sind auch die mit den Capparidaceen gemeinsamen Senföle.
Die Untergliederung der Familie verwendet hauptsächlich die Ausbildung des Embryos im Samen und die Zahl und Form der Nektardrüsen am Grund der Staubfäden. Beide Merkmale können in einem praktischen Schlüssel nicht verwendet werden. So bleibt nur ein sehr künstlicher Schlüssel der nur die im Buch aufgenommenen Arten berücksichtigen kann. Wichtig ist dabei z. B. die Unterscheidung zwischen Schote (Frucht mindestens 3-mal so lang wie breit) und Schötchen (Frucht bis 3-mal so lang wie breit).
Bei den Gattungsbeschreibungen sind nur einige weiter verbreitete Merkmale zum Vergleich aufgeführt. Sie reichen nicht immer zur Charakterisierung der Gattung aus.

Gruppe 1

1 Frucht eine mehrgliedrige Schließfrucht
2 Samen 2-reihig . . . . Chorispora
2 Samen 1-reihig . . . . .Raphanus
1 Frucht eine 2-gliedrige Schließfrucht
3 Blüten weiß, rosa oder violett
4 Frucht 2-samig mit flachgedrücktem Schnabel .
. . . . Cakile
4 Frucht 1-samig, ± kugelig . . . . Crambe
3 Blüten gelb
5 Blätter in einer grundständigen Rosette. Morisia
5 Blätter am Stängel verteilt
6 Pflanze krautig. Frucht ohne Schnabel oder Schnabel dünn stielartig . . . . . . Rapistrum
6 Pflanze strauchig bis halbstrauchig. Schnabel schwertförmig, 5-nervig . . . . .Vella

Gruppe 2

1 Frucht mit Flügeln oder Warzen und länger als breit. (Blüten gelb) . . . . Bunias
1 Frucht ohne Auswüchse oder breiter als lang
2 Frucht zusammengedrückt mit langer Scheidewand oder rund im Querschnitt
3 Blüten gelb
4 Frucht ± rund im Querschnitt und 2–4 Samen je Fach . . . . Neslia
4 Frucht flachgedrückt und mit 1 Samen je Fach
. . . . Clypeola
3 Blüten weiß, rosa oder lila
5 Frucht flach scheibenförmig . . . . . . Peltaria
5 Frucht rund im Querschnitt und geschnäbelt

6 Pflanze kahl. Blätter am Grund geöhrt. Frucht netzig. . . . . Calepina
6 Pflanze mit einfachen Haaren oder mit Gabelhaaren. Blätter am Grund nicht geöhrt.
. . . . Euclidium
2 Frucht mit schmaler Scheidewand, senkrecht zu den Klappen stehend
7 Frucht hängend, lang gestielt
8 Blüten gelb . . . . Isatis
8 Blüten weiß. Frucht netzig . . . Coluteocarpus
7 Frucht nicht hängend
9 Frucht mit 2 scharfen Kanten bis geflügelt. (Blüten oft sehr klein und ohne Krone) . . . .
. . . . Lepidium
9 Frucht an den Seiten abgerundet
10 Blüten gelb. (Frucht nach oben verbreitert).
. . . . Myagrum
10 Blüten weiß bis purpurn
11 Blätter geöhrt, am Rand ganzrandig bis gezähnt . . . . Cardaria
11 Blätter nicht geöhrt, gelappt bis gefiedert .
. . . . Coronopus

Gruppe 3

1 Pflanze kleine Wasserpflanze. . . . . . . Subularia
1 Pflanze höchstens eine Sumpfpflanze
2 Kronblätter fiederspaltig . . . . . Schizopetalon
2 Kronblätter nicht fiederspaltig
3 Frucht hängend. . . . . Ricotia
3 Frucht nicht hängend
4 Frucht stark zusammengedrückt
5 Blüten gelb
6 Frucht oval bis kreisrund
7 Kelch ausgesackt am Grund . . . . Aurinia
7 Kelch ausgesackt am Grund . . . .Alyssum
6 Frucht lanzettlich bis elliptisch
8 Frucht bis 1,5 cm lang . . . . Draba
8 Frucht über 2 cm lang. . . . . Fibigia
5 Blüten weiß, rosa oder lila
9 Frucht über 3,5 cm lang . . . . . . Lunaria
9 Frucht viel kleiner
10 Kronblätter 2-spaltig
11 Blätter in einer Rosette. . . . . Erophila
11 Blätter wechselständig
12 Kronblätter 2-spaltig . . . . . Berteroa
12 Kronblätter nicht 2-spaltig . . . .
. . . . Schivereckia
10 Kronblätter nicht 2-spaltig oder ausgerandet
13 Pflanze mit lockerem Wuchs
14 Haare gabelig . . . . Lobularia
14 Haare sternförmig oder bäumchenförmig . . . . Aurinia
13 Pflanze polsterförmig
15 Pflanze graufilzig, Blätter gelappt. Fruchtklappen netzig . . . . Petrocallis
15 Pflanze mit anderer Merkmalskombination . . . . . . Draba
4 Frucht nicht zusammengedrückt
16 Blüten gelb
17 Frucht aufgeblasen

18 Samen 4 bis 8. (Samen geflügelt)
 19 Kelchblätter abstehend . . . . **Alyssoides**
 19 Kelchblätter aufrecht
     zusammenschließend . . . . . **Degenia**
 18 Samen 10 bis mehr . . . . **Rorippa**
 17 Frucht nicht aufgeblasen. (Kronblätter nicht
     genagelt)
 20 Blätter einfach . . . . **Camelina**
 20 Blätter gefiedert . . . . **Hugueninia**
 16 Blüten weiß oder rosa
 21 Pflanze mit sehr großen Grundblättern.
     Fruchtklappen ohne Nerven . . **Armoracia**
 21 Pflanzen ohne auffallend große
     Grundblätter
 22 Falsche Scheidewand dick. Klappen an der
     Spitze geflügelt . . . . **Anastatica**
 22 Falsche Scheidewand nicht dick. Klappen
     nicht geflügelt
 23 Staubfäden gerade . . . . . . **Cochlearia**
 23 Staubfäden gebogen . . . . **Kernera**

Gruppe 4

 1 Blüten bilateral symmetrisch
 2 Blätter wechselständig. Kronblätter genagelt . .
    . . . . **Iberis**
 2 Blätter in einer grundständigen Rosette.
    Kronblätter nicht genagelt . . . . **Teesdalia**
 1 Blüten radiär
 3 Frucht stachelig . . . . **Succowia**
 3 Frucht nicht stachelig
 4 Frucht brillenförmig. (Blüten gelb) . . **Biscutella**
 4 Frucht nicht brillenförmig
 5 Fruchtklappen geflügelt oder zumindest gekielt
 6 Frucht netznervig, vielsamig . . . . **Psychine**
 6 Frucht gekielt, mit bis 16 Samen
 7 Blätter alle grundständig. . . . **Ionopsidium**
 7 Blätter, zumindest reduzierte auch am
    Stängel
 8 Frucht mit 1-samigen Fächern . . **Lepidium**
 8 Frucht mit 2- bis mehrsamigen Fächern
 9 Samen mit konzentrischen Wülsten
 10 Kelchblätter nicht ausgesackt . . . . .
     . . . . **Thlaspi**
 10 Kelchblätter ausgesackt . . **Aethionema**
 9 Samen ohne konzentrische Wülste. Frucht
    2-samig. . . . . **Pachyphragma**
 5 Fruchtklappen nicht geflügelt oder scharf
    gekielt
 11 Stängelblätter am Grund pfeilförmig.
     Schötchen 3-eckig bis verkehrt herzförmig.
     . . . . **Capsella**
 11 Stängelblätter am Grund verschmälert.
     Schötchen elliptisch oder oval
 12 Kronblätter doppelt so lang wie der Kelch .
     . . . . **Pritzelago**
 12 Kronblätter etwa so lang wie die
     Kelchblätter
 13 Pflanze mit einfachen Haaren. Frucht
     4-samig. . . . . **Hornungia**
 13 Pflanze mit Gabelhaaren. Frucht
     mehrsamig . . . . **Hymenolobus**

Gruppe 5

 1 Pflanze mit wenigstens zum Teil verzweigten
    Haaren
 2 Blätter fein zerteilt. . . . . **Descurainia**
 2 Blätter höchstens gezähnt
 3 Schötchen 4-kantig. . . . . **Erysimum**
 3 Schötchen nicht 4-kantig
 4 Samen in 2 Reihen. (Kleine Rosettenpflanzen)
    . . . . **Draba**
 4 Samen in 1 Reihe . . . . **Hesperis**
 1 Pflanze kahl oder nur mit einfachen Haaren
 5 Samen in 2 Reihen
 6 Frucht mit einem 2-schneidigen Schnabel **Eruca**
 6 Frucht ohne oder mit undeutlichem Schnabel
 7 Schoten zusammengedrückt, Klappen 1-nervig
    . . . . **Diplotaxis**
 7 Schoten kaum zusammengedrückt, Klappen
    undeutlich nervig . . . . **Rorippa**
 5 Samen in 1 Reihe
 8 Fruchtklappen mit 3–7 Nerven
 9 Frucht ohne Schnabel oder Schnabel sehr kurz
    . . . . **Sisymbrium**
 9 Frucht mit 7–20 mm langem Schnabel
 10 Kelchblätter abstehend, nicht ausgebuchtet
     am Grund . . . . **Sinapis**
 10 Kelchblätter aufrecht, am Grund sackförmig
     ausgebuchtet . . . . **Coincya**
 8 Fruchtklappen 1-nervig
 11 Stängelblätter fast quirlständig, mit 7–9
     Blattabschnitten . . . . **Cardamine**
 11 Stängelblätter wechselständig
 12 Frucht mit kurzem, verdicktem Schnabel.
     (Schoten dem Stängel angedrückt) . . . . .
     . . . . **Hirschfeldia**
 12 Frucht anders geschnäbelt oder ohne
     Schnabel
 13 Samen ± kugelig. (Frucht fast immer
     geschnäbelt). . . . . **Brassica**
 13 Samen eiförmig oder länglich. (Schnabel
     fehlend oder sehr kurz)
 14 Schoten 4-kantig. . . . . **Barbarea**
 14 Schoten nicht 4-kantig. . . . . **Erucastrum**

Gruppe 6

 1 Samen in 1 Reihe
 2 Blätter wenigstens die Grundblätter geteilt oder
    gelappt
 3 Blätter höchstens fiederschnittig
 4 Narbe mit 2 deutlichen aufrechten Lappen
 5 Narbenlappen stumpf, ohne seitliche Höcker
    . . . . **Hesperis**
 5 Narbenlappen spitz, mit seitlichen Höckern .
    . . . . **Matthiola**
 4 Narbe kopfig und sehr kurz 2-lappig
 6 Blüten purpurviolett bis violett
 7 Blätter geöhrt. . . . . . . **Orychophragmus**
 7 Blätter nicht geöhrt. . . . . **Malcolmia**
 6 Blüten weiß bis rosa
 8 Pflanze mit einfachen Haaren. (Kronblätter
    nicht genagelt) . . . . **Cardamine**

8 Pflanze mit verzweigten Haaren
9 Pflanze mit sternförmigen Haaren . . . . .
. . . . Murbeckiella
9 Pflanze mit gabeligen oder 3-ästigen Haaren. Kronblätter mit kurzem Nagel
10 Schoten ± rund im Querschnitt, 0,7–1 mm breit . . . . Arabidopsis
10 Schoten flachgedrückt, bis 1,5 mm breit . . . . Cardaminopsis
3 Blätter zusammengesetzt aus getrennten Blättchen
11 Schoten zusammengedrückt . . . Cardamine
11 Schoten stielrund. (Wasserpflanzen mit hohlem Stängel) . . . . Nasturtium
2 Blätter alle einfach und höchstens am Rand gezähnt
12 Blätter zum Teil lang gestielt, mit am Grund herzförmiger Spreite
13 Pflanze vollkommen kahl. Klappen der Schote ohne Nerven . . . . Wasabia
13 Pflanze mit einfachen Haaren. Schote 4-kantig. Pflanze mit Knoblauchgeruch . . . . Alliaria
12 Blätter nicht lang gestielt und herzförmig
14 Pflanze kahl oder mit einfachen Haaren
15 Schoten 4-kantig . . . . Conringia
15 Schotten ± zusammengedrückt
16 Schoten etwa 4- bis 6-mal so lang wie breit und Samen fast 2-reihig . . . . Braya
16 Schoten viel länger
17 Blüten blau bis blaupurpurn. . Heliophila
17 Blüten weiß
18 Schoten 4-kantig . . . . Eutrema
18 Schoten nicht 4-kantig . . . . . . Arabis
14 Pflanze mit Gabelhaaren oder Sternhaaren
19 Narben mit 2 aufrechten, deutlichen Lappen
20 Narbenlappen stumpf, ohne seitliche Höcker . . . . Hesperis
20 Narbenlappen spitz, mit seitlichen Höckern . . . . Matthiola
19 Narben ± kopfig oder sehr kurz 2-lappig
21 Blätter nicht in einer grundständigen Rosette. . . . . Malcolmia
21 Blätter hauptsächlich in einer deutlichen grundständigen Rosette
22 Blüten rosa bis purpurn. Frucht nicht lineal . . . . Phoenicaulis
22 Blüten weiß. Frucht lineal
23 Blätter geöhrt oder pfeilförmig am Grund . . . . Arabis
23 Blätter nicht stängelumfassend
24 Pflanze eine Staude. Stängelblätter kurz gestielt. Fruchtklappen flach . . . . Cardaminopsis
24 Pflanze einjährig. Stängelblätter sitzend. Fruchtklappen gekielt. . . Arabidopsis
1 Samen in 2 Reihen
25 Blätter wenigstens die unteren fiederspaltig
26 Frucht nicht deutlich geschnäbelt
27 Blätter gefiedert. Wasserpflanzen mit hohlem Stängel. . . . . Nasturtium
27 Blätter fiederspaltig. Landpflanzen mit markigem Stängel . . . . Sisymbrium

26 Frucht geschnäbelt. (Schoten dem Stängel anliegend) . . . . Eruca
25 Blätter alle einfach
28 Frucht lineal, vielfach länger als breit
29 Blätter durchwachsen vom Stängel. Schoten aufrecht. Blüten lila . . . . Moricandia
29 Blätter geöhrt, sternhaarig. Schoten reif ± überhängend. Blüten gelblich weiß. . Arabis
28 Frucht 4- bis 6-mal so lang wie breit
30 Blüten gewöhnlich blauviolett. Kelchblätter ausgesackt am Grund . . . . Aubrieta
30 Blüten weiß. Kelchblätter nicht ausgesackt am Grund
31 Pflanze mit einer Blattrosette und Stängelblättern . . . . Draba
32 Pflanze einjährig . . . . Draba
32 Pflanze eine Staude
33 Blätter sternhaarig oder bewimpert am Rand . . . . Draba
33 Blätter ± kahl. . . . . Braya
31 Pflanze einjährig, nur mit einer grundständigen Blattrosette. Kronblätter 2-lappig . . . . Erophila

Aethionema R. Br.

Ableitung: mit ungewöhnlichen Staubfäden
Vulgärnamen: D:Steintäschel; E:Stone Cress; F:Aethionema
Arten: 46
Lebensform: Einjährige, Staude, Halbstrauch, Zweijährige. Behaarung fehlend
Blätter: ± sitzend, mit oder ohne Öhrchen, ganzrandig
Blüten: Kelchblätter ± ausgesackt am Grund. Kronblätter rosa, lila, gelb, weiß
Frucht: Schötchen mit schaler Scheidewand. Klappen vielnervig. Samen einreihig. Keimling seitenwurzelig, rückenwurzelig

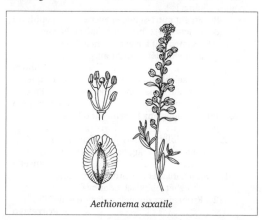

Aethionema saxatile

Alliaria Heist. ex Fabr.

Ableitung: Lauch-Pflanze
Vulgärnamen: D:Knoblauchsrauke, Lauchkraut; E:Garlic Mustard; F:Alliaire

Arten: 2
Lebensform: Zweijährige, Einjährige, Staude . Behaarung aus einfachen Haaren
Blätter: gestielt, mit gekerbtem Rand
Blüten: Kelchblätter nicht ausgesackt. Kronblätter weiß
Frucht: Schote mit breiter Scheidewand. Klappen gekielt, 3-nervig. Samen einreihig. Keimling seitenwurzelig, rückenwurzelig

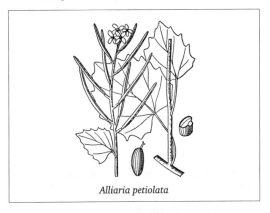

Alliaria petiolata

Alyssoides Mill.

Ableitung: der Gattung Alyssum ähnlich
Vulgärnamen: D:Blasenschötchen; F:Faux-alysson, Vésicaire
Arten: 3
Lebensform: Staude, Strauch, Halbstrauch. Behaarung aus gabeligen, mehrarmigen, sternhaarigen oder einfachen Haaren
Blätter: sitzend, nicht geöhrt, ganzrandig
Blüten: Kelchblätter am Grund ausgesackt. Kronblätter gelb
Frucht: Schötchen mit breiter Scheidewand. Klappen nervenlos. Samen 2-reihig, geflügelt. Keimling seitenwurzelig

Alyssum L.

Ableitung: antiker Pflanzenname
Vulgärnamen: D:Steinkraut; E:Alison, Madwort; F:Alysson, Corbeille d'or
Arten: 168

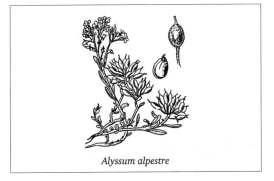

Alyssum alpestre

Lebensform: Einjährige, Zweijährige, Staude, Strauch . Behaarung aus gabeligen, sternhaarigen, einfachen oder schuppenförmigen Haaren
Blätter: gestielt oder ± sitzend, ohne Öhrchen, ganzrandig
Blüten: Kelchblätter nicht ausgesackt. Kronblätter gelb, weiß, rosa, purpurn
Frucht: Schötchen mit breiter Scheidewand, flach zusammengedrückt. Klappen mehrnervig. Samen ± geflügelt. Keimling seitenwurzelig, selten rückenwurzelig

Anastatica L.

Ableitung: die Auferstandene (lebt nach Austrocknung wieder auf)
Vulgärnamen: D:Rose von Jericho, Jerichorose; E:Rose of Jericho; F:Rose de Jéricho
Arten: 1
Lebensform: Einjährige. Behaarung aus gabeligen oder mehrarmigen Haaren
Blätter: ganzrandig oder gesägt
Blüten: Kelchblätter nicht ausgesackt. Kronblätter weiß
Frucht: Schötchen mit breiter Scheidewand. Samen 1-reihig. Keimling seitenwurzelig

Anastatica hierochuntica

Arabidopsis Heynh.

Ableitung: vom Aussehen einer Arabis
Vulgärnamen: D:Schmalwand; E:Thale Cress; F:Faussearabette
Arten: c. 20
Lebensform: Einjährige, Staude, Zweijährige. Behaarung aus gabeligen, mehrarmigen, einfachen Haaren
Blätter: gesägt, gelappt oder ganzrandig
Blüten: Kelchblätter ausgesackt oder nicht. Kronblätter weiß bis purpurn
Frucht: Schote mit breiter Scheidewand. Klappen 1-nervig. Samen 1-reihig. Keimling seitenwurzelig oder rückenwurzelig

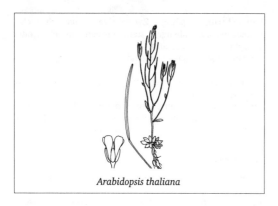

Arabidopsis thaliana

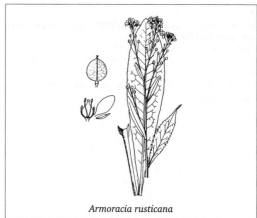

Armoracia rusticana

Arabis L.

Ableitung: mittelalterlicher Pflanzenname
Vulgärnamen: D:Gänsekresse; E:Rockcress; F:Arabette, Corbeille d'argent
Arten: c. 120
Lebensform: Einjährige, Staude, Zweijährige. Behaarung aus gabeligen, mehrarmigen, einfachen Haaren oder fehlend
Blätter: in einer Rosette und wechselständig, meist sitzend, mit Öhrchen oder ohne, ganzrandig oder gesägt
Blüten: Kelchblätter ausgesackt oder nicht. Kronblätter weiß, rosa, purpurn, blau, gelblich
Frucht: Schote mit breiter Scheidewand. Klappen ohne Nerven oder 1-nervig. Samen 1-reihig oder 2-reihig, geflügelt oder nicht. Keimling seitenwurzelig

Aubrieta Adans.

Ableitung: Gattung zu Ehren von Claude Aubriet (1665–1742), einem Pflanzenmaler benannt, der Tournefort auf der Reise in den Orient begleitete
Vulgärnamen: D:Blaukissen; E:Aubrietia; F:Aubriète
Arten: 12
Lebensform: Staude. Behaarung aus sternförmigen, einfachen, gabeligen oder mehrarmigen Haaren
Blätter: sitzend, ohne Öhrchen, ganzrandig oder gesägt
Blüten: Kelchblätter ausgesackt oder nicht. Kronblätter rosa, weiß, violett
Frucht: Schote oder Schötchen mit breiter Scheidewand. Klappen 1-nervig. Samen 2-reihig. Keimling seitenwurzelig

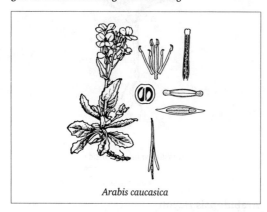

Arabis caucasica

Aubrieta deltoidea

Armoracia G. Gaertn., B. Mey. et Scherb.

Ableitung: antiker Pflanzenname
Vulgärnamen: D:Meerrettich; E:Horse Radish; F:Cran, Cranson, Raifort
Arten: 4
Lebensform: Staude. Behaarung fehlend
Blätter: ganzrandig, gesägt oder gelappt
Blüten: Kelchblätter nicht ausgesackt. Kronblätter weiß
Frucht: Schötchen mit schmaler Scheidewand. Klappen ± netznervig. Samen 2-reihig. Keimling seitenwurzelig

Aurinia Desv.

Ableitung: Goldpflanze
Vulgärnamen: D:Steinkresse; E:Rock Madwort; F:Cresson des pierres

Arten: 11
Lebensform: Staude, Zweijährige, Halbstrauch. Behaarung aus Haaren sternhaarig, schuppenförmig oder einfach
Blätter: gelappt oder gesägt
Blüten: Kelchblätter ausgesackt. Kronblätter gelb, weiß
Frucht: Schötchen mit breiter Scheidewand. Samen 1- bis 2-reihig, ± geflügelt. Keimling rückenwurzelig

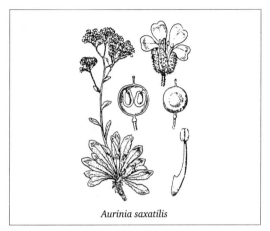

Aurinia saxatilis

Barbarea R. Br.

Ableitung: Kraut der Heiligen Barbara
Vulgärnamen: D:Barbarakraut, Barbenkraut; E:Barbara's Herb, Winter Cress; F:Barbarée, Herbe de Ste-Barbe
Arten: 20 (12)
Lebensform: Zweijährige, Staude, Einjährige. Behaarung aus einfachen Haaren oder fehlend
Blätter: in einer Rosette und wechselständig, sitzend, mit Öhrchen, gelappt oder gesägt
Blüten: Kelchblätter ausgesackt oder nicht. Kronblätter gelb
Frucht: Schote mit breiter Scheidewand. Klappen 1-nervig. Samen 1-reihig, nicht geflügelt oder geflügelt. Keimling seitenwurzelig

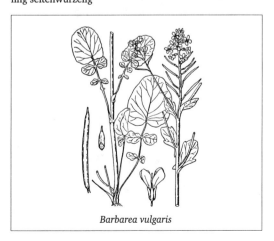

Barbarea vulgaris

Berteroa DC.

Ableitung: Gattung zu Ehren von Carlo Giuseppe Bertero (1789–1831), einem italienischen Botaniker benannt
Vulgärnamen: D:Graukresse; E:Hoary Alison; F:Bertéroa
Arten: 5
Lebensform: Einjährige, Staude. Behaarung aus sternförmigen oder gabeligen Haaren
Blätter: sitzend, ± ganzrandig
Blüten: Kelchblätter nicht ausgesackt. Kronblätter gelb, eingeschnitten
Frucht: Schötchen mit breiter Scheidewand. Klappen ohne Nerven. Samen 2-reihig, geflügelt. Keimling seitenwurzelig

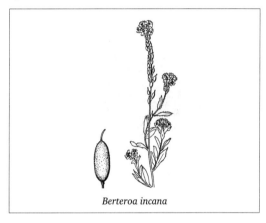

Berteroa incana

Biscutella L.

Ableitung: zwei Schüsselchen
Vulgärnamen: D:Brillenschötchen; F:Lunetière
Arten: 40
Lebensform: Einjährige, Staude, Strauch. Behaarung aus einfachen Haaren
Blätter: sitzend, geöhrt, ganzrandig oder gesägt
Blüten: Kelchblätter nicht ausgesackt oder selten ausgesackt. Kronblätter gelb
Frucht: Schötchen mit schmaler Scheidewand. Samen 2-reihig, Keimling seitenwurzelig

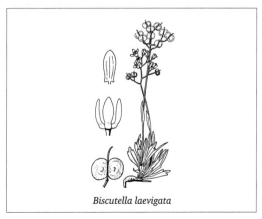

Biscutella laevigata

Brassica L.

Ableitung: antiker Pflanzenname
Vulgärnamen: D:Kohl; E:Cabbage; F:Chou
Arten: c. 35
Lebensform: Einjährige, Zweijährige, Staude, Strauch. Behaarung fehlend oder aus Sternhaaren
Blätter: sitzend oder gestielt, zum Teil mit Öhrchen, gelappt oder gesägt
Blüten: Kelchblätter ausgesackt oder nicht. Kronblätter gelb, selten weiß
Frucht: Schote mit breiter Scheidewand, mit Schnabel oder nicht. Klappen 1-nervig. Samen 1- selten 2-reihig, Keimling längsgefaltet

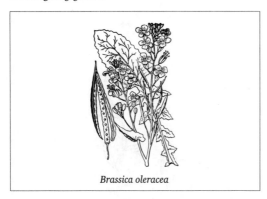
Brassica oleracea

Bunias L.

Ableitung: antiker Pflanzenname
Vulgärnamen: D:Zackenschötchen; E:Warty Cabbage; F:Bunias, fausse-roquette
Arten: 6
Lebensform: Einjährige, Staude. Behaarung aus einfachen, gabeligen, mehrarmigen Haaren oder fehlend
Blätter: ± sitzend, ganzrandig oder gelappt
Blüten: Kelchblätter nicht ausgerandet oder gerandet. Kronblätter gelb
Frucht: Schließfrucht, 4-flügelig oder grob warzig. Keimling spiralig gerollt

Bunias erucago

Braya Sternb. et Hoppe

Ableitung: Gattung zu Ehren von François Gabriel Graf von Bray (1765–1832), einem bayerischen Diplomaten und Botaniker französischer Herkunft benannt
Vulgärnamen: D:Breitschötchen, Knotenschötchen
Arten: 20
Lebensform: Staude. Behaarung aus einfachen oder gabeligen Haaren
Blätter: In einer Rosette und wechselständig, sitzend, ohne Öhrchen, ganzrandig oder gesägt
Blüten: Kelchblätter nicht ausgesackt. Kronblätter weiß, gelb, lila
Frucht: Schote oder Schötchen mit breiter Scheidewand. Klappen 1-nervig. Samen 1- bis 2-reihig. Keimling rückenwurzelig

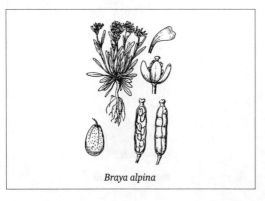
Braya alpina

Cakile Mill.

Ableitung: nach einem arabischen Pflanzennamen
Vulgärnamen: D:Meersenf; E:Sea Rocket; F:Caquilier, Roquette de mer
Arten: 7
Lebensform: Einjährige. Behaarung aus einfachen Haaren oder fehlend
Blätter: gelappt oder gesägt
Blüten: Kelchblätter ausgesackt. Kronblätter violett, rosa, weiß
Frucht: Schließfrucht, 2-gliedrig, mit schmaler Scheidewand, geschnäbelt. Keimling seitenwurzelig

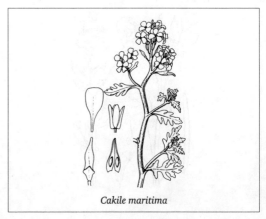
Cakile maritima

Calepina Adans.

Ableitung: Herleitung unbekannt
Vulgärnamen: D:Wendich
Arten: 1
Lebensform: Einjährige, Zweijährige. Behaarung fehlend
Blätter: sitzend, geöhrt, ganzrandig oder gesägt
Blüten: Kelchblätter nicht ausgesackt. Kronblätter weiß, rosa, lila
Frucht: Schließfrucht, geschnäbelt. Klappen netznervig. Samen 1 je Fach. Keimling quer gefaltet

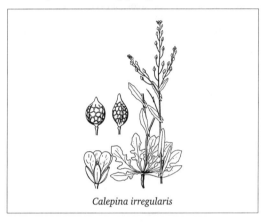
Calepina irregularis

Capsella Medik.

Ableitung: kleine Kapsel
Vulgärnamen: D:Hirtentäschel; E:Shepherd's Purses; F:Capselle
Arten: 5
Lebensform: Einjährige, Zweijährige. Behaarung aus mehrarmigen, sternförmigen, einfachen Haaren oder fehlend
Blätter: sitzend, geöhrt, gelappt, gesägt oder ganzrandig
Blüten: Kelchblätter nicht ausgesackt. Kronblätter weiß, rosa, gelblich
Frucht: Schötchen mit schmaler Scheidewand. Klappen gekielt, netznervig. Keimling rückenwurzelig

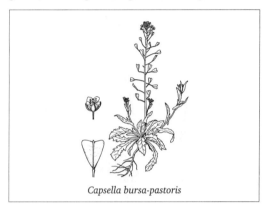
Capsella bursa-pastoris

Camelina Crantz

Ableitung: nach einem französischen Pflanzennamen
Vulgärnamen: D:Leindotter; E:Gold of Pleasure; F:Caméline
Arten: 10
Lebensform: Einjährige, Zweijährige. Behaarung aus mehrarmigen, sternförmigen oder einfachen Haaren
Blätter: sitzend, ± geöhrt, ganzrandig, gesägt oder gelappt
Blüten: Kelchblätter ausgesackt. Kronblätter gelb, weiß
Frucht: Schötchen oder Schote mit breiter Scheidewand, aufgeblasen. Klappen 1-nervig. Samen 2-reihig. Keimling rückenwurzelig, selten seitenwurzelig

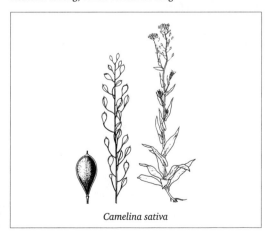
Camelina sativa

Cardamine L.

Ableitung: nach einem antiken Pflanzennamen
Vulgärnamen: D:Schaumkraut, Zahnwurz; E:Bitter Cress; F:Cardamine
Arten: c. 150
Lebensform: Einjährige, Staude, Zweijährige. Behaarung aus einfachen Haaren oder fehlend
Blätter: in Rosette und wechselständig, geöhrt oder nicht, gelappt, gesägt oder ganzrandig
Blüten: Kelchblätter ausgesackt oder nicht. Kronblätter weiß, rosa, purpurn, gelblich
Frucht: Schote mit breiter Scheidewand. Klappen 1-nervig. Samen 1-reihig. Keimling seitenwurzelig, selten rückenwurzelig

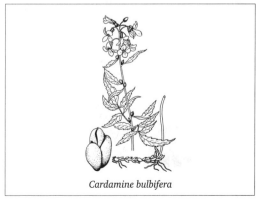
Cardamine bulbifera

Cardaminopsis (C.A. Mey.) Hayek

Ableitung: vom Aussehen einer Cardamine
Vulgärnamen: D:Schaumkresse; F:Arabette des sables
Arten: 13
Lebensform: Staude, Zweijährige, Einjährige
Blätter: wechselständig oder in einer Rosette, sitzend oder gestielt, nicht geöhrt, gelappt, ganzrandig oder gesägt
Blüten: Kelchblätter nicht ausgesackt, seltener ausgesackt. Kronblätter weiß, rosa, lila
Frucht: Schote mit breiter Scheidewand. Klappen 1-nervig. Samen 1-reihig. Keimling seitenwurzelig

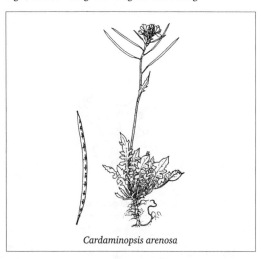
Cardaminopsis arenosa

Cardaria Desv.

Ableitung: aus Cardamine-Pflanze entstanden
Vulgärnamen: D:Pfeilkresse; F:Cardaire, Passerage drave
Arten: 6
Lebensform: Staude. Behaarung aus einfachen Haaren
Blätter: ganzrandig oder gesägt

Cardaria draba

Blüten: Kelchblätter nicht ausgesackt. Kronblätter weiß
Frucht: Schließfrucht mit schmaler Scheidewand. Klappen

Chorispora R. Br. ex DC.

Ableitung: mit getrennten Samen
Vulgärnamen: D:Gliederschote; E:Crossflower
Arten: 12
Lebensform: Einjährige, Staude. Behaarung aus einfachen Haaren, oft zusätzlich mehrzellige Drüsenhaare
Blätter: gestielt, gelappt oder gesägt
Blüten: Kelchblätter ausgesackt. Kronblätter weiß, purpurn, gelb, lila
Frucht: Schließfrucht gegliedert und geschnäbelt. Klappen gestreift. Samen 1-reihig, geflügelt. Keimling seitenwurzelig

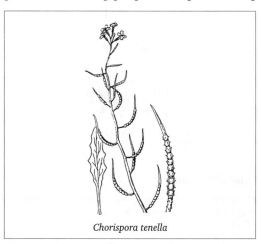
Chorispora tenella

Clypeola L.

Ableitung: Schildchen-Pflanze
Vulgärnamen: D:Schildkraut; F:Clypéole
Arten: 9
Lebensform: Einjährige. Behaarung aus mehrarmigen Haaren oder Sternhaaren
Blätter: ganzrandig
Blüten: Kelchblätter nicht ausgesackt. Kronblätter gelb
Frucht: breite Schließfrucht, einsamig. Keimling seitenwurzelig

Clypeola jonthlaspi

Cochlearia L.

Ableitung: Löffel-Pflanze
Vulgärnamen: D:Löffelkraut; E:Scurvygrass; F:Cranson
Arten: 25
Lebensform: Einjährige, Staude, Zweijährige. Behaarung aus einfachen Haaren oder fehlend
Blätter: ganzrandig oder gesägt
Blüten: Kelchblätter nicht ausgesackt. Kronblätter weiß, rosa
Frucht: Schötchen mit breiter Scheidewand. Klappen 1-nervig. Samen 2-reihig. Keimling seitenwurzelig, selten rückenwurzelig

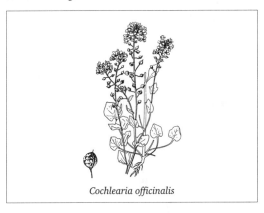

Cochlearia officinalis

Coincya Rouy

Ableitung: Gattung zu Ehren von Auguste Henry Cornut de la Fontaine de Coincy (1837–1903), einem französischen Botaniker benannt
Vulgärnamen: D:Lacksenf, Schnabelsenf
Arten: 6
Lebensform: Einjährige, Staude oder Zweijährige. Behaarung aus einfachen Haaren
Blätter: in einer Rosette und wechselständig, gelappt oder gesägt
Blüten: Kelchblätter ausgesackt. Kronblätter gelb, weiß
Frucht: Schote mit breiter Scheidewand, geschnäbelt. Klappen 3-nervig. Samen 1-reihig. Keimling längsgefaltet

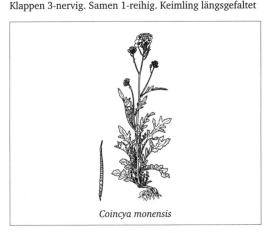

Coincya monensis

Coluteocarpus Boiss.

Ableitung: mit Früchten wie Colutea
Arten: 1
Lebensform: Staude. Behaarung fehlend
Blätter: sitzend, ganzrandig
Blüten: Kronblätter weiß
Frucht: Schließfrucht mit schmaler Scheidewand. Klappen netznervig. Keimling seitenwurzelig

Conringia Heist. ex Fabr.

Ableitung: Gattung zu Ehren von Hermann Conring (1606–1681), einem deutschen Juristen und Naturwissenschaftler benannt
Vulgärnamen: D:Ackerkohl; E:Hare's Ear Mustard; F:Conringia
Arten: 6–8
Lebensform: Einjährige, Staude. Behaarung fehlend
Blätter: sitzend, geöhrt, ganzrandig
Blüten: Kelchblätter ausgesackt. Kronblätter gelb, grünlich weiß
Frucht: Schote mit breiter Scheidewand, geschnäbelt oder nicht. Klappen 1- oder 3-nervig. Samen 1-reihig. Keimling ± längsgefaltet, rückenwurzelig

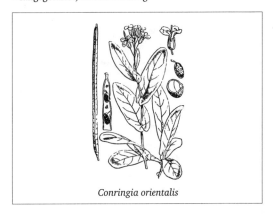

Conringia orientalis

Coronopus Zinn

Ableitung: antiker Pflanzenname
Vulgärnamen: D:Krähenfuß; E:Swine Cress

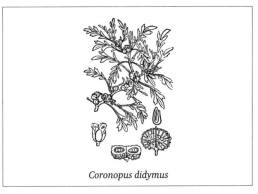

Coronopus didymus

Arten: 10
Lebensform: Einjährige, Zweijährige, Staude. Behaarung fehlend oder aus einfachen oder schuppenförmigen Haaren
Blätter: fiederschnittig
Blüten: Kelchblätter nicht ausgesackt. Kronblätter weiß, purpurn
Frucht: Schließfrucht mit schmaler Scheidewand. Samen 1-reihig. Keimling rückenwurzelig

Crambe L.

Ableitung: antiker Pflanzenname
Vulgärnamen: D:Meerkohl; E:Sea Kale; F:Chou marin, Crambe
Arten: 20
Lebensform: Einjährige, Staude, Halbstrauch. Behaarung fehlend oder aus einfachen Haaren
Blätter: gelappt, gesägt oder ganzrandig
Blüten: Kelchblätter ± ausgesackt. Kronblätter weiß, cremefarben
Frucht: Schließfrucht, 2-gliedrig, unteres Glied stielartig und samenlos, oberes kugelig oder eiförmig, mit breiter Scheidewand. Samen 2-reihig. Keimling längsgefaltet

Crambe maritima

Degenia Hayek

Ableitung: Gattung zu Ehren von Árpád von Degen (1866–1934), einem ungarischen Botaniker benannt
Arten: 1
Lebensform: Staude. Behaarung aus Sternhaaren
Blätter: ganzrandig

Degenia velebitica

Blüten: Kelchblätter aufrecht, ausgesackt. Kronblätter gelb
Frucht: Schötchen mit breiter Scheidewand, aufgeblasen. Samen 2-reihig, Keimling seitenwurzelig

Descurainia Webb et Berthel.

Ableitung: Gattung zu Ehren von François Descourain (1658–1740), einem französischen Apotheker aus Étampes (südlich Paris) benannt
Vulgärnamen: D:Besenrauke; E:Flixweed; F:Réséda à balai
Arten: 40–50
Lebensform: Einjährige, Zweijährige, Staude, Strauch. Behaarung aus mehrarmigen oder einfachen Haaren
Blätter: gelappt
Blüten: Kelchblätter nicht ausgesackt. Kronblätter gelb, grüngelb
Frucht: Schote oder Schötchen mit breiter Scheidewand. Klappen 1-nervig. Samen 1- oder 2-reihig, geflügelt oder ungeflügelt. Keimling rückenwurzelig

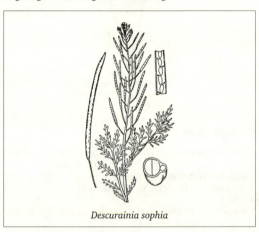

Descurainia sophia

Diplotaxis DC.

Ableitung: zwei Reihen (Samen)
Vulgärnamen: D:Doppelsame; E:Wall Rocket; F:Diplotaxis

Diplotaxis tenuifolia

Arten: 27
Lebensform: Einjährige, Staude, Zweijährige. Behaarung fehlend oder aus einfachen Haaren
Blätter: in einer Rosette und wechselständig, gelappt bis gesägt
Blüten: Kelchblätter nicht ausgesackt. Kronblätter gelb
Frucht: Schote mit breiter Scheidewand, geschnäbelt oder ungeschnäbelt. Klappen 1-nervig. Samen ± 2-reihig, Keimling längsgefaltet

Draba L.

Ableitung: antiker Pflanzenname
Vulgärnamen: D:Felsenblümchen; E:Whitlow Grass; F:Drave
Arten: c. 300
Lebensform: Einjährige, Staude, Zweijährige. Behaarung aus einfachen, gabeligen, mehrarmigen, sternförmigen oder schuppenförmigen Haaren
Blätter: in einer Rosette oder in einer Rosette und wechselständigen Stängelblättern, ganzrandig oder gesägt
Blüten: Kelchblätter nicht ausgesackt oder ausgesackt. Kronblätter weiß, gelb, violett, orange, rot
Frucht: Schote oder Schötchen mit breiter Scheidewand. Klappen 1-nervig. Samen 2-reihig. Keimling seitenwurzelig

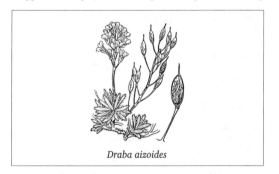
Draba aizoides

Erophila DC.

Ableitung: Frühlings-Freund
Vulgärnamen: D:Hungerblümchen

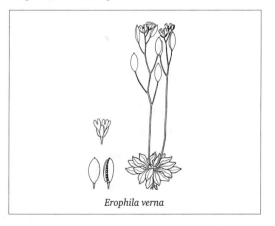
Erophila verna

Arten: 10
Lebensform: Einjährige, Zweijährige. Behaarung aus mehrarmigen, einfachen, gabeligen oder sternförmigen Haaren
Blätter: in einer Rosette, ganzrandig oder gesägt
Blüten: Kelchblätter ausgesackt. Kronblätter weiß
Frucht: Schote oder Schötchen mit breiter Scheidewand. Samen 2-reihig, Keimling seitenwurzelig

Eruca Mill.

Ableitung: antiker Pflanzenname
Vulgärnamen: D:Rauke; E:Rocket Salad; F:Roquette
Arten: 5
Lebensform: Einjährige, Zweijährige. Behaarung aus einfachen Haaren
Blätter: gelappt oder gesägt
Blüten: Kelchblätter ausgesackt. Kronblätter gelb, cremefarben, selten violett
Frucht: Schote mit breiter Scheidewand, geschnäbelt. Klappen 1-nervig. Samen ± 2-reihig. Keimling längsgefaltet

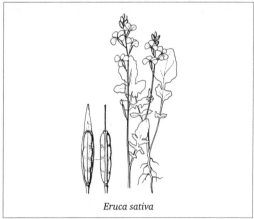
Eruca sativa

Erucastrum (DC.) C. Presl

Ableitung: unechte Eruca
Vulgärnamen: D:Hundsrauke; E:Hairy Rocket; F:Erucastre

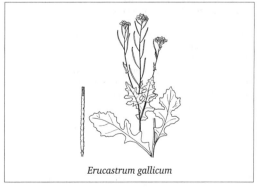
Erucastrum gallicum

Arten: 20
Lebensform: Einjährige, Staude, Zweijährige, Halbstrauch. Behaarung aus einfachen Haaren oder fehlend
Blätter: gelappt oder gesägt, zum Teil geöhrt
Blüten: Kelchblätter ausgesackt. Kronblätter gelb, gelblich weiß
Frucht: Schote mit breiter Scheidewand, geschnäbelt oder ungeschnäbelt. Klappen 1-nervig. Samen 1-reihig. Keimling längsgefaltet

Erysimum L.

Ableitung: antiker Pflanzenname
Vulgärnamen: D:Goldlack, Schöterich; E:Wallflower; F:Vélar
Arten: c. 100
Lebensform: Einjährige, Staude, Zweijährige, Halbstrauch, Strauch. Behaarung aus gabeligen, mehrarmigen oder einfachen Haaren
Blätter: sitzend oder gestielt, ganzrandig oder gesägt
Blüten: Kelchblätter ausgesackt oder nicht. Kronblätter gelb, purpurn, braun, orange, weiß
Frucht: Schote mit breiter Scheidewand. Klappen 1-nervig. Samen 1- selten 2-reihig. Keimling rückenwurzelig, seitenwurzelig

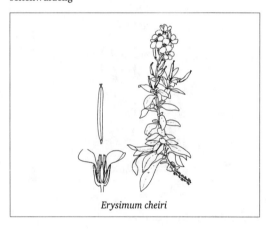
Erysimum cheiri

Euclidium R. Br.

Ableitung: schönes kleines Schloss
Vulgärnamen: D:Schnabelschötchen
Arten: 2
Lebensform: Einjährige. Behaarung aus gabeligen oder einfachen Haaren
Blätter: gesägt oder ganzrandig
Blüten: Kelchblätter nicht ausgesackt. Kronblätter weiß
Frucht: Schötchen mit breiter Scheidewand. Klappen 4-nervig. Keimling seitenwurzelig

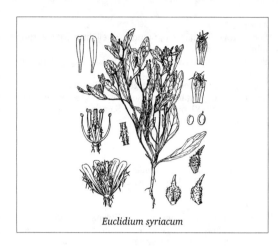
Euclidium syriacum

Eutrema R. Br.

Ableitung: schönes Loch, schöne Öffnung
Arten: 15
Lebensform: Staude. Behaarung fehlend oder aus einfachen Haaren
Blätter: ganzrandig, gesägt
Blüten: Kelchblätter nicht ausgesackt. Kronblätter weiß, rosa
Frucht: Schote oder Schötchen mit breiter Scheidewand. Klappen 1-nervig. Samen 1-reihig, geflügelt. Keimling rückenwurzelig

Fibigia Medik.

Ableitung: Gattung zu Ehren von J. Fibig (?1–2792), einem deutschen Arzt und Naturforscher benannt
Vulgärnamen: D:Schildkresse
Arten: 14
Lebensform: Staude, Halbstrauch. Behaarung aus schuppenförmigen oder einfachen Haaren
Blätter: sitzend, ganzrandig oder gesägt
Blüten: Kelchblätter ± ausgesackt. Kronblätter gelb, violett
Frucht: Schötchen mit breiter Scheidewand. Klappen ohne Nerven. Samen 2-reihig, geflügelt. Keimling seitenwurzelig

Fibigia clypeata

Heliophila Burm. f. ex L.

Ableitung: Sonnen-Freundin
Vulgärnamen: D:Sonnenfreund; E:Cape Stock; F:Héliophila
Arten: 72
Lebensform: Einjährige, Staude, Strauch, Halbstrauch, Liane. Behaarung aus einfachen Haaren oder fehlend
Blätter: sitzend oder gestielt, gesägt, ganzrandig, gelappt
Blüten: Kelchblätter ausgesackt oder nicht. Kronblätter weiß, rosa, blau, purpurn
Frucht: Schote oder Schötchen mit breiter Scheidewand. Klappen 1- bis 3-nervig. Samen 1- bis 2-reihig, geflügelt oder nicht. Keimling doppelt quer gefaltet

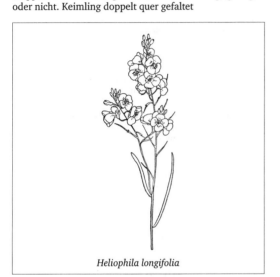

Heliophila longifolia

Hesperis L.

Ableitung: antiker Pflanzenname
Vulgärnamen: D:Nachtviole; E:Dame's Violet; F:Julienne
Arten: 30 (6-20)

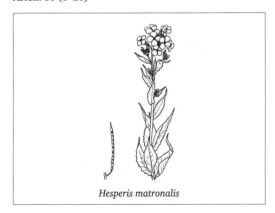

Hesperis matronalis

Lebensform: Zweijährige, Staude. Behaarung aus gabeligen, einfachen Haaren oder fehlend
Blätter: sitzend oder gestielt, ganzrandig bis gelappt
Blüten: Kelchblätter ausgesackt. Kronblätter cremefarben, purpurn, weiß, grün, braun
Frucht: Schote mit breiter Scheidewand. Klappen mit Mittelnerv. Samen 1-reihig. Keimling rückenwurzelig

Hirschfeldia Moench

Ableitung: Gattung zu Ehren von C.C.L.Hirschfeld (1742-1792), einem deutschen Gärtner benannt
Vulgärnamen: D:Grausenf; E:Hoary Mustard; F:Hirschfeldia
Arten: 2
Lebensform: Einjährige, Zweijährige, Staude. Behaarung aus einfachen Haaren
Blätter: gelappt
Blüten: Kelchblätter nicht ausgesackt. Kronblätter gelb, weiß
Frucht: Schote mit breiter Scheidewand, geschnäbelt. Klappen 3- oder 1-nervig. Samen 1-reihig. Keimling längsgefaltet

Hirschfeldia incana

Hornungia Rchb.

Ableitung: Gattung zu Ehren von Ernst Gottfried Hornung (1795-1862), einem deutschen Apotheker und Botaniker benannt
Vulgärnamen: D:Felskresse
Arten: 2
Lebensform: Einjährige, Staude. Behaarung aus gabeligen, mehrarmigen, sternförmigen Haaren oder fehlend
Blätter: ganzrandig bis gelappt
Blüten: Kronblätter weiß
Frucht: Schötchen mit schmaler Scheidewand. Klappen netznervig. Keimling rückenwurzelig

326 Brassicaceae Kreuzblütler

Hornungia petraea

Hugueninia Rchb.

Ableitung: Gattung zu Ehren von Auguste Huguenin (1780–1860), einem Botaniker in Chambéry bzw. seinem Bruder Antoine Huguenin (?–1861), benannt
Vulgärnamen: D:Farnrauke; E:Tansy-leaved Rocket; F:Hugueninia
Arten: 1
Lebensform: Staude. Behaarung aus sternförmigen Haaren oder fehlend
Blätter: gelappt
Blüten: Kelchblätter nicht ausgesackt. Kronblätter gelb
Frucht: Schote mit breiter Scheidewand. Klappen 1-nervig. Samen 1-reihig. Keimling seitenwurzelig

Hugueninia tanacetifolia

Hymenolobus Nutt.

Ableitung: häutige Schote
Vulgärnamen: D:Salzkresse, Salztäschel, Zartschötchen
Arten: 5
Lebensform: Einjährige. Behaarung aus einfachen Haaren
Blätter: sitzend, geöhrt, gelappt
Blüten: Kelchblätter nicht ausgesackt. Kronblätter weiß

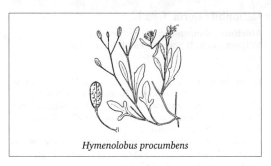

Hymenolobus procumbens

Frucht: Schötchen mit schmaler Scheidewand. Klappen netzig. Samen 2-reihig. Keimling seitenwurzelig

Iberis L.

Ableitung: nach einem antiken Pflanzennamen
Vulgärnamen: D:Schleifenblume; E:Candytuft; F:Thlaspi
Arten: 30
Lebensform: Einjährige, Zweijährige, Staude, Strauch. Behaarung aus einfachen Haaren oder fehlend
Blätter: ganzrandig bis gelappt
Blüten: Kelchblätter nicht ausgesackt. Kronblätter weiß, rosa, violett
Frucht: Schötchen mit schmaler Scheidewand. Klappen gekielt. Samen 2-reihig, geflügelt oder nicht. Keimling seitenwurzelig

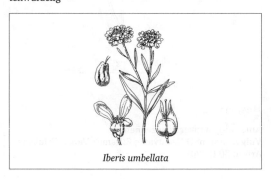

Iberis umbellata

Ionopsidium Rchb.

Ableitung: vom Aussehen eines kleinen Veilchens
Vulgärnamen: D:Scheinveilchen; E:Violet Cress; F:Fausse-violette

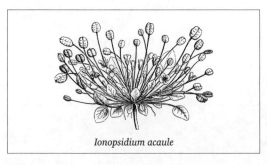

Ionopsidium acaule

Arten: 5
Lebensform: Einjährige. Behaarung fehlend
Blätter: grundständig, ganzrandig oder gelappt
Blüten: Kelchblätter nicht ausgesackt. Kronblätter weiß, purpurn, rosa
Frucht: Schötchen mit schmaler Scheidewand. Klappen gekielt. Samen papillös. Keimling rückenwurzelig, seitenwurzelig

Isatis L.

Ableitung: antiker Pflanzenname
Vulgärnamen: D:Färberwaid, Waid; E:Woad; F:Pastel
Arten: c. 130
Lebensform: Einjährige, Staude, Zweijährige. Behaarung aus einfachen Haaren oder fehlend
Blätter: sitzend, geöhrt, ganzrandig oder gelappt
Blüten: Kelchblätter nicht ausgesackt. Kronblätter gelb
Frucht: Schließfrucht mit schmaler Scheidewand. Klappen gekielt. Keimling seitenwurzelig, rückenwurzelig

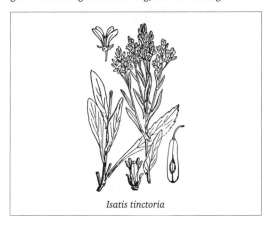
Isatis tinctoria

Kernera Medik.

Ableitung: Gattung zu Ehren von Johann Simon von Kerner (1755–1830), einem deutschen Botaniker benannt

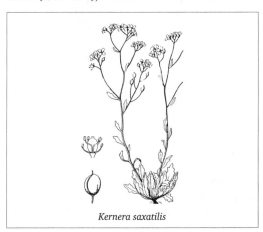
Kernera saxatilis

Vulgärnamen: D:Kugelschötchen; F:Kernéra
Arten: 2
Lebensform: Staude, Zweijährige. Behaarung aus einfachen Haaren
Blätter: sitzend oder gestielt, geöhrt oder nicht, ganzrandig oder gesägt
Blüten: Kelchblätter nicht ausgesackt. Kronblätter weiß
Frucht: Schötchen mit breiter Scheidewand, kaum zusammengedrückt. Klappen 1-nervig oder nervenlos. Samen 2-reihig, geflügelt. Keimling seitenwurzelig, seltener rückenwurzelig

Lepidium L.

Ableitung: antiker Pflanzenname
Vulgärnamen: D:Kresse; E:Peppergrass; F:Cresson alénois, Passerage
Arten: c. 140
Lebensform: Einjährige, Zweijährige, Staude, Strauch, Liane. Behaarung aus einfachen Haaren oder fehlend
Blätter: sitzend oder gestielt, geöhrt oder nicht, ganzrandig, gesägt oder gelappt
Blüten: Kelchblätter nicht ausgesackt. Kronblätter weiß, gelb, orange, lila
Frucht: Schötchen oder Schließfrucht mit schmaler Scheidewand. Klappen gekielt. Keimling rückenwurzelig

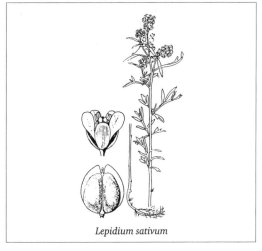
Lepidium sativum

Lobularia Desv.

Ableitung: Pflanze mit zweilappigen Haaren
Vulgärnamen: D:Duftsteinrich, Silberkraut; E:Sweet Alsion; F:Alysson
Arten: 5
Lebensform: Einjährige, Staude, Halbstrauch, Strauch. Behaarung aus gabeligen Haaren
Blätter: ganzrandig, gesägt
Blüten: Kelchblätter nicht ausgesackt. Kronblätter weiß, cremefarben, lila
Frucht: Schötchen mit breiter Scheidewand. Klappen 1-nervig. Samen 1- bis 2-reihig, geflügelt oder nicht. Keimling seitenwurzelig

Lobularia maritima

Lunaria L.

Ableitung: Mond-Pflanze
Vulgärnamen: D:Silberblatt; E:Honesty; F:Lunaire, Monaie du Pape
Arten: 3
Lebensform: Zweijährige, Staude, Einjährige. Behaarung aus einfachen Haaren
Blätter: wechselständig oder gegenständig, gesägt
Blüten: Kelchblätter ausgesackt. Kronblätter lila, violett, weiß
Frucht: Schötchen mit breiter Scheidewand. Klappen mehrnervig. Samen 2-reihig. Keimling seitenwurzelig

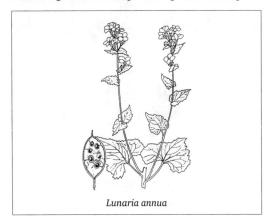
Lunaria annua

Malcolmia R. Br.

Ableitung: Gattung zu Ehren von William Malcolm (?-1820) und (oder) seinem gleichnamigen Sohn (ca. 1768-1835), beides englische Gärtner, benannt
Vulgärnamen: D:Meerviole; E:Virgina Stock; F:Julienne de Mahon
Arten: c. 30
Lebensform: Einjährige, Staude, Zweijährige. Behaarung aus einfachen oder gabeligen Haaren
Blätter: sitzend oder gestielt, geöhrt oder nicht, ganzrandig, gelappt, gezähnt
Blüten: Kelchblätter ausgesackt oder nicht. Kronblätter rosa, lila, violett, weiß

Malcolmia maritima

Frucht: Schote mit breiter Scheidewand. Klappen 3-nervig. Samen 1-reihig. Keimling rückenwurzelig, seitenwurzelig

Matthiola R. Br.

Ableitung: Gattung zu Ehren von Pietro Andrea Gregorio Mattioli (1500-1577), einem italienischen Arzt und Botaniker benannt
Vulgärnamen: D:Levkoje; E:Gillyflower, Stock; F:Giroflée, Violier
Arten: 55
Lebensform: Einjährige, Staude, Zweijährige, Halbstrauch. Behaarung aus sternförmigen, gabeligen, einfachen oder mehrarmigen Haaren
Blätter: wechselständig oder in Rosette und wechselständigen Stängelblättern, ganzrandig, gesägt oder gelappt
Blüten: Kelchblätter ausgesackt. Kronblätter purpurn, rosa, weiß, gelblich
Frucht: Schote mit breiter Scheidewand. Klappen 1-nervig. Samen 1-reihig, ± geflügelt. Keimling seitenwurzelig

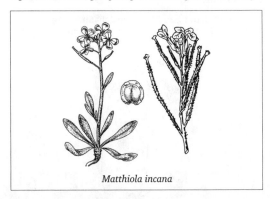
Matthiola incana

Moricandia DC.

Ableitung: Gattung zu Ehren von Moise Étienne Moricand (1779-1854), einem schweizerischen Botaniker benannt

Vulgärnamen: D:Morikandie; F:Moricandia
Arten: 8
Lebensform: Einjährige, Staude, Halbstrauch. Behaarung fehlend
Blätter: sitzend, geöhrt, ± ganzrandig
Blüten: Kelchblätter ausgesackt. Kronblätter purpurn, weiß, lila
Frucht: Schote mit breiter Scheidewand. Klappen gekielt. Samen 2- oder 1-reihig, geflügelt oder nicht. Keimling längsgefaltet

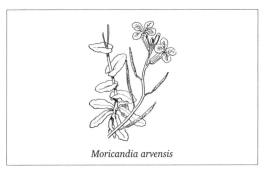
Moricandia arvensis

Morisia J. Gay

Ableitung: Gattung zu Ehren von Giuseppe Giacinto Moris (1796–1869), einem italienischen Botaniker benannt
Arten: 1
Lebensform: Staude. Behaarung aus einfachen Haaren
Blätter: grundständig, gelappt
Blüten: Kelchblätter ± ausgesackt. Kronblätter gelb
Frucht: Schließfrucht, 2-gliedrig, geschnäbelt. Keimling ± längsgefaltet

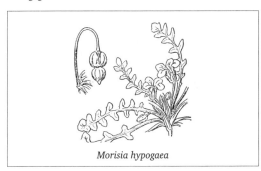
Morisia hypogaea

Murbeckiella Rothm.

Ableitung: Gattung zu Ehren von Svante Samuel Murbeck (1859–1946), einem schwedischen Botaniker benannt
Arten: 5
Lebensform: Staude. Behaarung aus sternförmigen, einfachen oder mehrarmigen Haaren
Blätter: In einer Rosette und wechselständig, gelappt, Stängelblätter sitzend, geöhrt

Blüten: Kelchblätter ausgesackt oder nicht. Kronblätter weiß, rosa
Frucht: Schote mit breiter Scheidewand. Klappen gekielt. Samen 1-reihig, geflügelt oder nicht. Keimling rückenwurzelig

Myagrum L.

Ableitung: antiker Pflanzenname
Vulgärnamen: D:Hohldotter; E:Muskweed; F:Caméline, Myagrum
Arten: 1
Lebensform: Einjährige. Behaarung fehlend
Blätter: sitzend, geöhrt, ganzrandig
Blüten: Kelchblätter ausgesackt. Kronblätter gelb
Frucht: Schließfrucht mit schmaler Scheidewand. Keimling rückenwurzelig

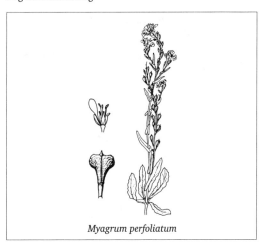
Myagrum perfoliatum

Nasturtium R. Br.

Ableitung: antiker Pflanzenname
Vulgärnamen: D:Brunnenkresse; E:Watercress; F:Cresson de fontaine
Arten: 6
Lebensform: Staude. Behaarung aus einfachen Haaren oder fehlend

Nasturtium officinale

Lebensform: Staude. Behaarung aus einfachen Haaren oder fehlend
Blätter: gefiedert
Blüten: Kelchblätter ausgesackt oder nicht. Kronblätter weiß, rosa
Frucht: Schote mit breiter Scheidewand, geschnäbelt. Klappen 1-nervig. Samen 1- oder 2-reihig. Keimling seitenwurzelig

Neslia Desv.

Ableitung: Gattung zu Ehren von J.A.N. de Nesle, einem französischen Botaniker des 18.1-29. Jahrhunderts in Poitiers benannt
Vulgärnamen: D:Finkensame; F:Neslie
Arten: 2
Lebensform: Einjährige. Behaarung aus gabeligen, mehrarmigen oder einfachen Haaren
Blätter: sitzend, geöhrt, ganzrandig oder gesägt
Blüten: Kelchblätter ausgesackt oder nicht. Kronblätter gelb
Frucht: Schließfrucht mit breiter Scheidewand. Keimling seitenwurzelig

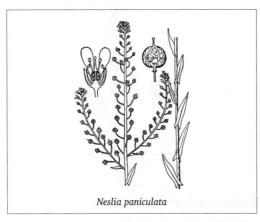

Neslia paniculata

Orychophragmus Bunge

Ableitung: grubige Scheidewand
Arten: 2

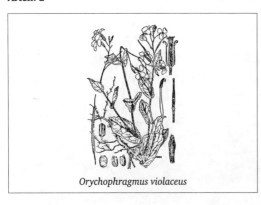

Orychophragmus violaceus

Lebensform: Staude. Behaarung aus einfachen Haaren oder fehlend
Blätter: gesägt oder gelappt
Blüten: Kelchblätter ausgesackt. Kronblätter weiß, ausgerandet
Frucht: Schötchen mit schmaler Scheidewand. Klappen gekielt. Keimling seitenwurzelig

Pachyphragma (DC.) Rchb.

Ableitung: dicke Scheidewand
Vulgärnamen: D:Scheinschaumkraut
Arten: 1
Lebensform: Staude
Blätter: einfach, gesät bis gelappt
Blüten: Kronblätter weiß, ausgerandet
Frucht: Schötchen mit schmaler Scheidewand, 4-samig. Keimling seitenwurzelig

Pachyphragma macrophyllum

Peltaria Jacq.

Ableitung: Schildpflanze
Vulgärnamen: D:Scheibenschötchen; F:Peltaire
Arten: 7
Lebensform: Staude. Behaarung aus gabeligen Haaren oder fehlend
Blätter: sitzend, ± geöhrt, ganzrandig oder gesägt
Blüten: Kelchblätter nicht ausgesackt. Kronblätter weiß
Frucht: Schließfrucht mit breiter Scheidewand. Klappen netznervig. Keimling seitenwurzelig

Peltaria alliacea

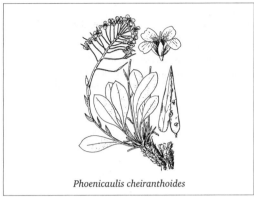
Phoenicaulis cheiranthoides

Petrocallis R. Br.

Ableitung: Felsen-Schönheit
Vulgärnamen: D:Steinschmückel; F:Drave des Pyrénées, Pétrocallis
Arten: 1
Lebensform: Staude. Behaarung aus einfachen Haaren
Blätter: grundständig, gelappt
Blüten: Kelchblätter nicht ausgesackt. Kronblätter lila, weiß
Frucht: Schötchen. Klappen netznervig. Keimling seitenwurzelig

Pritzelago Kuntze

Ableitung: Gattung zu Ehren von Georg August Pritzel (1815–1874), einem deutschen Botaniker benannt
Vulgärnamen: D:Gämskresse; E:Chamois Cress; F:Cresson des chamois
Arten: 1
Lebensform: Staude. Behaarung fehlend oder aus einfachen Haaren
Blätter: grundständig oder wechselständig, gelappt
Blüten: Kelchblätter nicht ausgesackt. Kronblätter weiß
Frucht: Schötchen mit schmaler Scheidewand. Klappen gekielt. Keimling rückenwurzelig

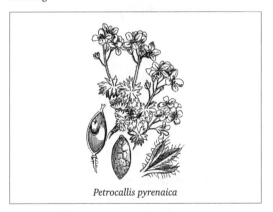
Petrocallis pyrenaica

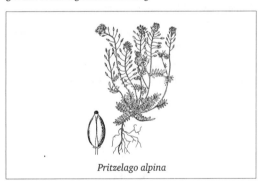
Pritzelago alpina

Phoenicaulis Nutt.

Ableitung: purpurner Stängel
Vulgärnamen: D:Purpurstängel; E:Daggerpod
Arten: 1
Lebensform: Staude. Behaarung aus mehrarmigen Haaren oder Sternhaaren
Blätter: wechselständig oder grundständig, sitzend, ± geöhrt, ganzrandig oder gesägt
Blüten: Kelchblätter ausgesackt. Kronblätter rosa, purpurn, lila, weiß
Frucht: Schote mit breiter Scheidewand. Klappen 1-nervig. Keimling seitenwurzelig

Psychine Desf.

Arten: 1
Lebensform: Einjährige. Behaarung aus einfachen Haaren
Blätter: sitzend, geöhrt, ganzrandig oder gesägt
Blüten: Kelchblätter ausgesackt. Kronblätter weiß
Frucht: Schötchen mit schmaler Scheidewand. Klappen netznervig. Samen 2-reihig. Keimling längsgefaltet

Raphanus L.

Ableitung: antiker Pflanzenname
Vulgärnamen: D:Hederich, Radieschen, Rettich; E:Radish; F:Radis, Ravenelle

Arten: 8
Lebensform: Einjährige, Zweijährige, Staude. Behaarung aus einfachen Haaren
Blätter: gestielt, gesägt oder gelappt
Blüten: Kelchblätter ausgesackt. Kronblätter weiß, lila, gelb
Frucht: Schließfrucht, gegliedert, geschnäbelt, mit breiter Scheidewand. Samen 1-reihig. Keimling längsgefaltet

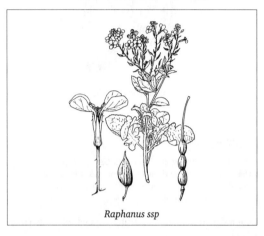
Raphanus ssp

Rapistrum Crantz

Ableitung: antiker Pflanzenname
Vulgärnamen: D:Rapsdotter; F:Rapistre
Arten: 2–3
Lebensform: Einjährige, Staude. Behaarung fehlend oder aus einfachen Haaren
Blätter: gestielt, gesägt oder gelappt
Blüten: Kelchblätter ± ausgesackt. Kronblätter gelb
Frucht: Schließfrucht, 2-gliedrig, geschnäbelt. Keimling längsgefaltet

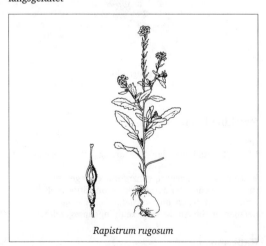
Rapistrum rugosum

Ricotia L.

Arten: 9
Lebensform: Einjährige, Staude. Behaarung fehlend oder aus einfachen Haaren
Blätter: gestielt, gelappt
Blüten: Kelchblätter ausgesackt. Kronblätter rosa, lila, weiß
Frucht: Schötchen oder Schote. Klappen netznervig. Samen 1- bis 2-reihig, geflügelt. Keimling seitenwurzelig

Rorippa Scop.

Ableitung: nach einem mittelalterlichen deutschen Pflanzennamen
Vulgärnamen: D:Sumpfkresse; E:Water Cress; F:Fauxcresson, Roripe
Arten: 70–80
Lebensform: Einjährige, Staude, Zweijährige. Behaarung fehlend oder aus einfachen Haaren
Blätter: gelappt oder gesägt
Blüten: Kelchblätter nicht ausgesackt oder ausgesackt. Kronblätter gelb, selten weiß
Frucht: Schote oder Schötchen mit breiter Scheidewand. Klappen 1-nervig oder nervenlos. Samen 2-reihig, selten 1-reihig. Keimling seitenwurzelig

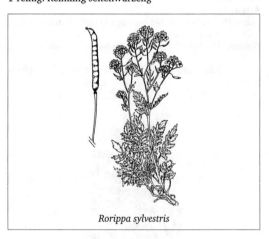
Rorippa sylvestris

Schivereckia Andrz. ex DC.

Ableitung: Gattung zu Ehren von S. B. Schivereck (1782–1815), einem Botaniker in Krakau benannt
Vulgärnamen: D:Zwerggänsekresse; F:Cresson des oies, Drave
Arten: 2
Lebensform: Staude. Behaarung aus mehrarmigen oder sternförmigen Haaren
Blätter: sitzend, ± geöhrt, ganzrandig oder gesägt
Blüten: Kelchblätter ausgesackt. Kronblätter weiß
Frucht: Schötchen mit breiter Scheidewand. Klappen mit Mittelnerv. Samen 2-reihig, geflügelt. Keimling seitenwurzelig

Schizopetalon Sims

Ableitung: gespaltenes Blütenblatt
Arten: 1–20
Lebensform: Einjährige. Behaarung aus gabeligen, mehrarmigen, einfachen oder sternförmigen Haaren
Blätter: gestielt, gelappt, selten nur gesägt
Blüten: Kelchblätter ausgesackt. Kronblätter weiß bis purpurn, fiederig zerschlitzt
Frucht: Schötchen mit breiter Scheidewand. Klappen ± gekielt. Samen 1-reihig, selten 2-reihig. Keimling unregelmäßig eingerollt, rückenwurzelig

Sinapis L.

Ableitung: antiker Pflanzenname
Vulgärnamen: D:Senf; E:Mustard; F:Moutarde
Arten: 10
Lebensform: Einjährige, Staude. Behaarung fehlend oder aus einfachen Haaren
Blätter: gelappt bis fiederschnittig
Blüten: Kelchblätter nicht ausgesackt. Kronblätter gelb
Frucht: Schote mit breiter Scheidewand, geschäbelt oder nicht. Klappen 3- bis 7-nervig. Samen 1-reihig. Keimling längsgefaltet

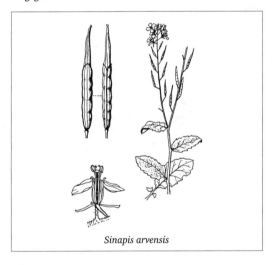
Sinapis arvensis

Sisymbrium L.

Ableitung: antiker Pflanzenname
Vulgärnamen: D:Rauke, Raukensenf, Wegrauke; E:Rocket; F:Sisymbre, Tortelle, Vélar
Arten: 80–90
Lebensform: Einjährige, Staude, Zweijährige. Behaarung fehlend oder aus einfachen oder mehrarmigen Haaren
Blätter: wechselständig oder mit Rosette und wechselständigen Stängelblättern, fiederschnittig bis ganzrandig
Blüten: Kelchblätter nicht ausgesackt oder ± ausgesackt. Kronblätter gelb, selten weiß oder blau
Frucht: Schote mit breiter Scheidewand. Klappen 3-nervig, selten 1-nervig. Samen 2- oder 1-reihig. Keimling rückenwurzelig

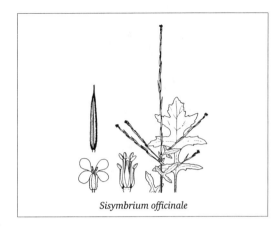
Sisymbrium officinale

Subularia L.

Ableitung: Pfriemenpflanze
Vulgärnamen: D:Pfriemenkresse; E:Awlwort; F:Subulaire
Arten: 1
Lebensform: Einjährige, Wasserpflanze. Behaarung fehlend
Blätter: grundständig, ganzrandig
Blüten: Kelchblätter nicht ausgesackt. Kronblätter weiß
Frucht: Schötchen mit breiter Scheidewand. Klappen 2-nervig. Samen 2-reihig. Keimling rückenwurzelig

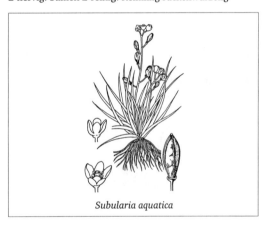
Subularia aquatica

Succowia Medik.

Ableitung: Gattung vermutlich zu Ehren von Georg Adolph Suckow (1751–1813), einem deutschen Botaniker benannt
Vulgärnamen: D:Suckowie; F:Succowia
Arten: 1
Lebensform: Einjährige. Behaarung fehlend oder aus einfachen Haaren
Blätter: gestielt, gelappt
Blüten: Kelchblätter ausgesackt. Kronblätter gelb
Frucht: Schötchen mit schmaler oder ohne Scheidewand. Klappen stachelig. Samen 2. Keimling längsgefaltet

Succowia balearica

Thlaspi arvense

Teesdalia R. Br.

Ableitung: Gattung zu Ehren von Robert Teesdale (ca. 1740–1804), einem englischen Botaniker benannt
Vulgärnamen: D:Bauernsenf, Rahle; E:Shepherd's Cress; F:Tesdalia
Arten: 2
Lebensform: Einjährige, Staude. Behaarung fehlend oder aus einfachen Haaren
Blätter: wechselständig oder grundständig, sitzend, ganzrandig oder gelappt
Blüten: Kelchblätter nicht ausgesackt. Kronblätter weiß
Frucht: Schötchen mit schmaler Scheidewand. Klappen gekielt. Keimling seitenwurzelig

Teesdalia nudicaulis

Thlaspi L.

Ableitung: antiker Pflanzenname
Vulgärnamen: D:Hellerkraut, Täschelkraut; E:Penny Cress; F:Tabaret, Thlaspi
Arten: 60
Lebensform: Einjährige, Staude, Zweijährige. Behaarung fehlend oder aus einfachen Haaren
Blätter: sitzend, ± geöhrt, ganzrandig oder gesägt
Blüten: Kelchblätter nicht ausgesackt. Kronblätter weiß, rosa, purpurn
Frucht: Schötchen oder Schote mit breiter Scheidewand. Klappen gekielt. Keimling seitenwurzelig, selten rückenwurzelig

Vella DC.

Ableitung: nach einem antiken Pflanzennamen
Arten: 4
Lebensform: Strauch, Halbstrauch. Behaarung aus einfachen Haaren
Blätter: ganzrandig, gesägt oder gelappt
Blüten: Kelchblätter ausgesackt oder nicht. Kronblätter gelb
Frucht: Schließfrucht, 2-gliedrig, mit 5-nervigem Schnabel. Klappen 3-nervig. Samen 1-reihig. Keimling längsgefaltet

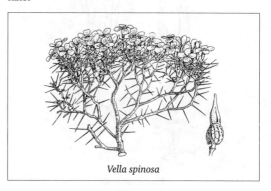

Vella spinosa

Wasabia Matsum.

Ableitung: nach dem japanischen Namen der Pflanze
Vulgärnamen: D:Japanischer Meerrettich; E:Wasabi; F:Raifort vert, Wasabi
Arten: 2–4
Lebensform: Staude. Behaarung fehlend
Blätter: gestielt, gesägt oder gelappt
Blüten: Kelchblätter ± ausgesackt. Kronblätter weiß
Frucht: Schote mit breiter Scheidewand. Klappen nervenlos. Samen 1-reihig. Keimling seitenwurzelig

Bruniaceae

Brunia Lam.

Ableitung: Gattung vermutlich zu Ehren von Alexander Brown, einem englischen Schiffsarzt des 17. Jahrhunderts benannt
Arten: 7
Lebensform: Sträucher, immergrün
Blätter: wechselständig, einfach, dicht dachig stehend, ohne Nebenblätter
Blütenstand: Köpfchen oder Rispen
Blüten: zwittrig, radiär. Kelch- und Kronblätter 5, frei, weiß, cremefarben. Staubblätter 5, frei oder verwachsen. Fruchtblätter 2, verwachsen, halbunterständig. Plazentation zentralwinkelständig
Frucht: Nuss, 1-samig
Kennzeichen: Sträucher mit dicht dachig stehenden Blättern. Blüten in Köpfchen oder Rispen, 5-zählig. Fruchtblätter 2, verwachsen, halbunterständig. 1-samige Nuss

Arten: c. 100
Lebensform: Sträucher, Bäume, selten Stauden, sommergrün oder immergrün
Blätter: gegenständig oder sehr selten wechselständig, einfach, mit Nebenblättern
Blütenstand: Rispen oder Köpfchen
Blüten: zwittrig, radiär. Kelchblätter 4, verwachsen. Kronblätter 4, verwachsen, weiß, orange, violett, purpurn, lila, rosa oder gelb. Staubblätter 4, mit der Krone verwachsen. Fruchtblätter 2, verwachsen, oberständig
Frucht: Kapsel
Kennzeichen: Sträucher, Bäume, (Stauden), sommergrün oder immergrün. Blätter fast immer gegenständig, mit Nebenblättern. Blüten radiär, 4-zählig mit verwachsener Krone. Fruchtblätter 2, verwachsen, oberständig

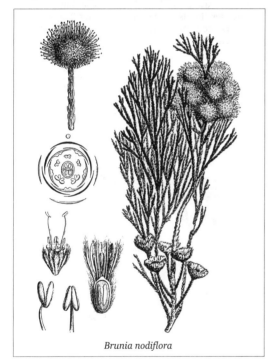

Brunia nodiflora

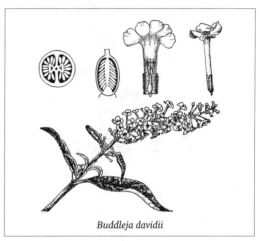

Buddleja davidii

Buddlejaceae Sommerfliedergewächse

Buddleja L.

Ableitung: Gattung zu Ehren von Adam Buddle (1660–1715), einem englischen Amateurbotaniker benannt
Vulgärnamen: D:Schmetterlingsstrauch, Sommerflieder; E:Butterfly Bush; F:Arbres-aux-papillons

Burseraceae Balsambaumgewächse

1 Blüten 3-zählig. Krone mit klappiger Knospendeckung
  2 Steinfrucht mit sehr dick holzigem Kern . . . . **Canarium**
  2 Steinfrucht mit nicht sehr dick holzigen Kern . . . . **Dacryodes**
1 Blüten 4- bis 5-zählig
  3 Kelch mit klappiger Knospendeckung . . . . **Commiphora**
  3 Kelch mit dachiger Knospendeckung
    4 Diskus außerhalb der Staubblätter. Frucht 5-kantig . . . . **Aucoumea**
    4 Diskus innerhalb der Staubblätter. Frucht 3-kantig
      5 Frucht fast immer mit nur einem Steinkern . . . . **Bursera**
      5 Frucht mit 2 bis mehr Steinkernen . . . . **Boswellia**

Aucoumea Pierre

Ableitung: nach einem Pflanzennamen in Afrika
Arten: 2
Lebensform: Bäume, regengrün, harzreich

Blätter: wechselständig, unpaarig gefiedert, ohne Nebenblätter
Blütenstand: Rispen
Blüten: zwittrig, radiär. Kelchblätter 5, verwachsen. Kronblätter 5, frei, in der Knospe dachig. Staubblätter 10. Diskus außerhalb der Staubblätter (extrastaminal). Fruchtblätter 5, verwachsen, oberständig. Plazentation zentralwinkelständig
Frucht: Steinfrucht, 5-kantig
Kennzeichen: Bäume, regengrün, harzreich. Blätter unpaarig gefiedert. Blüten in Rispen, Blüten 5-zählig, mit 10 Staubblättern und extrastaminaler Diskus. Fruchtblätter 5, verwachsen. 5-kantige Steinfrucht

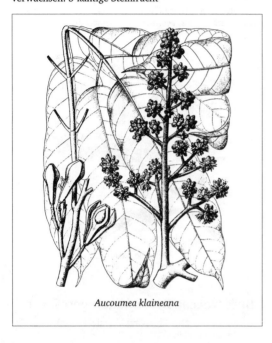

Aucoumea klaineana

Boswellia Roxb. ex Colebr.

Ableitung: Gattung zu Ehren von James Boswell (1740–1795), einem schottischen Botaniker benannt
Vulgärnamen: D:Weihrauchbaum; F:Arbre-à-encens
Arten: c. 20
Lebensform: Bäume, harzreich
Blätter: wechselständig, zusammengesetzt, ohne Nebenblätter
Blütenstand: Rispen
Blüten: zwittrig, radiär. Kelchblätter 5, verwachsen. Kronblätter 5, frei, in der Knospe dachig, weiß oder rötlich. Staubblätter 10, frei. Diskus intrastaminal. Fruchtblätter 3 oder 2, verwachsen, oberständig. Plazentation zentralwinkelständig
Frucht: Steinfrucht mehrkernig, mit Klappen
Kennzeichen: Bäume, harzreich. Blätter zusammengesetzt. Blüten in Rispen. Blüten 5-zählig, mit 10 Staubblättern und intrastaminalem Diskus. Fruchtblätter 3 oder 2. Mehrkernige Steinfrucht mit Klappen

Bursera Jacq. ex L.

Ableitung: Gattung zu Ehren von Joachim Burser (1593–1649), einem deutschen Botaniker benannt
Vulgärnamen: D:Amerikanischer Balsambaum, Weißgummibaum; E:Torchwood; F:Arbre à térébenthine, Gommier
Arten: 40–80
Lebensform: Bäume, Sträucher, regengrün, harzreich
Blätter: wechselständig oder gegenständig, gefiedert oder einfach, ohne Nebenblätter
Blütenstand: Blüten einzeln, in Büscheln, Trauben oder Rispen
Blüten: zwittrig oder eingeschlechtig, radiär. Kelchblätter 4–5, verwachsen. Kronblätter 4–5, frei oder verwachsen, in der Knospe dachig, weiß. Staubblätter 3, 5, 8–10. Diskus innerhalb der Staubblätter (intrastaminal). Fruchtblätter 2–5, verwachsen, oberständig
Frucht: Steinfrucht, 3-kantig, fast immer mit nur 1 Steinkern
Kennzeichen: Bäume, Sträucher, regengrün, harzreich. Kelch und Krone 4- bis 5-zählig. Diskus innerhalb der Staubblätter (intrastaminal). Fruchtblätter 2–5, verwachsen, oberständig. 3-kantige Steinfrucht mit fast immer nur 1 Steinkern

Bursera tomentosa

Canarium L.

Ableitung: nach einem malaiischen Pflanzennamen
Vulgärnamen: D:Kanaribaum, Kanarinuss; E:Chinese Olive; F:Canarion, Elemi
Arten: 77
Lebensform: Bäume, Sträucher, regengrün, harzreich
Blätter: wechselständig oder quirlständig, gefiedert, ohne Nebenblätter
Blütenstand: Rispen
Blüten: zwittrig oder eingeschlechtig, radiär. Kelchblätter 3, verwachsen. Kronblätter 3, frei, in der Knospe klappig, weiß. Staubblätter 6, selten 3, frei oder verwachsen. Staminodien 6 oder 3. Fruchtblätter 3, verwachsen, oberständig. Plazentation zentralwinkelständig
Frucht: Steinfrucht, 1-samig, mit sehr dick holzigem Kern
Kennzeichen: Bäume, Sträucher, regengrün, harzreich. Blätter gefiedert. Blüten in Rispen. Blüten 3-zählig. Kron-

Buxaceae Buchsbaumgewächse 337

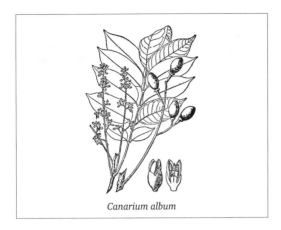
Canarium album

blätter in der Knospe klappig. Fruchtblätter 3. 1-samige Steinfrucht mit sehr dick holzigem Kern

Commiphora Jacq.

Ableitung: Gummi tragend
Vulgärnamen: D:Myrrhe; E:Myrrh; F:Myrrhe
Arten: c. 190
Lebensform: Bäume, Sträucher, harzreich
Blätter: wechselständig, gefiedert, ohne Nebenblätter
Blütenstand: Rispen oder Büschel
Blüten: eingeschlechtig, radiär. Kelchblätter 4, verwachsen. Kronblätter 4, frei, in der Knospe klappig. Staubblätter 8, frei. Fruchtblätter 2–4, verwachsen, oberständig. Plazentation zentralwinkelständig
Frucht: Steinfrucht mit Klappen
Kennzeichen: Bäume, Sträucher, harzreich. Blätter gefiedert. Blüten 4-zählig. Kronblätter in der Knospe klappig. Steinfrucht mit Klappen

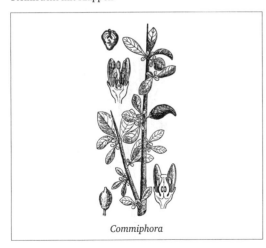
Commiphora

Dacryodes Vahl

Ableitung: harzig aussehend
Arten: 40

Lebensform: Baum
Blätter: wechselständig, zusammengesetzt, ohne Nebenblätter
Blütenstand: Rispen, seitlich
Blüten: eingeschlechtig, radiär. Kelchblätter 3. Kronblätter 3, frei. Staubblätter 6 und 6 Staminodien. Diskus außerhalb der Staubblätter oder Staubblätter auf dem Diskus
Frucht: Steinfrucht
Kennzeichen: Baum. Blätter zusammengesetzt. Blüten eingeschlechtig. Kelchblätter 3. Kronblätter 3, frei. Staubblätter 6 und 6 Staminodien. Diskus außerhalb der Staubblätter oder Staubblätter auf dem Diskus. Steinfrucht

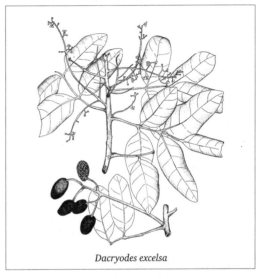
Dacryodes excelsa

Buxaceae Buchsbaumgewächse

1 Pflanzen Stauden mit Ähren. (Pflanzen zweihäusig) . . . . **Pachysandra**
1 Pflanzen Sträucher oder Bäume. Blüten in Büscheln oder einzeln
  2 Blätter wechselständig . . . . **Sarcococca**
  2 Blätter gegenständig
    3 Blüten einhäusig. Staubblätter 4 . . . . . **Buxus**

Buxus L.

Ableitung: antiker Pflanzenname
Vulgärnamen: D:Buchsbaum; E:Box; F:Buis
Arten: c. 70
Lebensform: Bäume, Sträucher, immergrün
Blätter: gegenständig, einfach, ohne Nebenblätter
Blütenstand: Büschel
Blüten: eingeschlechtig, einhäusig, radiär. Blütenhülle einfach, verwachsen, 4- oder 6-zählig, gelbgrün. Staubblätter 4. Fruchtblätter 3, verwachsen, oberständig. Plazentation zentralwinkelständig
Frucht: Kapsel
Kennzeichen: Bäume, Sträucher, immergrün. Blätter gegenständig. Blüten einhäusig mit einfacher, verwachsener Blütenhülle. Staubblätter 4. Fruchtblätter 3. Kapsel

338 Byblidaceae

Buxus sempervirens

Pachysandra Michx.

Ableitung: dicke Staubblätter
Vulgärnamen: D:Dickmännchen, Ysander; F:Euphorbe du Japon
Arten: 4
Lebensform: Stauden, immergrün
Blätter: wechselständig, einfach, ohne Nebenblätter
Blütenstand: Ähren
Blüten: eingeschlechtig, zweihäusig. Blütenhülle einfach, 4- bis 6-zählig. Staubblätter 4, mit dicken weißen Staubfäden. Fruchtblätter 3–2, verwachsen, oberständig. Plazentation zentralwinkelständig
Frucht: steinfruchtartig oder Kapsel
Kennzeichen: Stauden, immergrün. Blüten in Ähren, zweihäusig, mit einfacher Blütenhülle. Staubblätter 4, mit dicken weißen Staubfäden

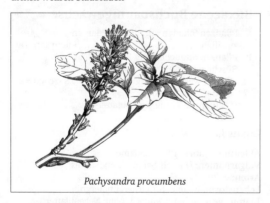
Pachysandra procumbens

Sarcococca Lindl.

Ableitung: fleischige Beere
Vulgärnamen: D:Fleischbeere, Schleimbeere; E:Sweet Box; F:Buis de Noël, Sarcococca
Arten: 11
Lebensform: Sträucher, immergrün
Blätter: wechselständig, einfach, ohne Nebenblätter

Blütenstand: Büschel
Blüten: eingeschlechtig, einhäusig, radiär. Blütenhülle einfach, verwachsen, 4- bis 6-zählig, weiß oder rosa. Staubblätter 4. Fruchtblätter 2–3, verwachsen, oberständig. Plazentation zentralwinkelständig
Frucht: steinfruchtartig
Kennzeichen: Sträucher, immergrün. Blüten einhäusig, mit einfacher, verwachsener Blütenhülle, Staubblätter 4. Frucht steinfruchtartig

Sarcococca ruscifolia

Byblidaceae

Byblis Salisb.

Ableitung: nach einem antiken Pflanzennamen
Vulgärnamen: D:Regenbogenpflanze; E:Rainbow Plant; F:Byblis, Plante-arc-en-ciel
Arten: 6

Byblis gigantea

Lebensform: Halbstrauch, immergrün, Staude, Einjährige, stark drüsig
Blätter: wechselständig, einfach, lineal, ohne Nebenblätter
Blütenstand: Blüten einzeln
Blüten: zwittrig, radiär. Kelchblätter 5, verwachsen. Kronblätter 5, frei, rot, lila oder weiß. Staubblätter 5, mit der Krone verwachsen, Antheren mit porenartigen kurzen Schlitzen. Fruchtblätter 2, verwachsen, oberständig. Plazentation zentralwinkelständig
Frucht: Kapsel
Kennzeichen: Sträucher, Stauden oder Einjährige. Blätter lineal, stark drüsig. Blüten einzeln, 5-zählig, auch Staubblätter. Antheren mit porenartigen Schlitzen.

Cabombaceae Haarnixengewächse

1 Blätter als zerteilte Unterwasserblätter und schildförmige Schwimmblätter. Staubblätter 3–6. Fruchtblätter 1–3 . . . . **Cabomba**
1 Blätter alle schildförmig. Staubblätter 12–18. Fruchtblätter 4–18 . . . . **Brasenia**

Brasenia Schreb.

Ableitung: Bedeutung unbekannt
Vulgärnamen: D:Schleimkraut, Wasserschild; E:Water Schield; F:Brasénie
Arten: 1
Lebensform: Wasserpflanzen, ausdauernd
Blätter: wechselständig, alle schildförmige Schwimmblätter, ohne Nebenblätter
Blütenstand: Blüten einzeln
Blüten: zwittrig, radiär. Kelchblätter 3–4. Kronblätter 3–4, frei, purpurn. Staubblätter 12–18. Fruchtblätter 4–18, frei, oberständig. Plazentation laminal
Frucht: Schließfrüchte
Kennzeichen: Wasserpflanzen mit schildförmigen Schwimmblättern. Kronblätter 3–4, purpurn. Staubblätter 12–18. Fruchtblätter 4–18, frei. Plazentation laminal

Brasenia schreberi

Cabomba Aubl.

Ableitung: nach einem Pflanzennamen in Guayana
Vulgärnamen: D:Haarnixe; E:Water Shield; F:Cabomba
Arten: 5
Lebensform: Wasserpflanzen, ausdauernd
Blätter: wechselständige, schildförmige Schwimmblätter, Unterwasserblätter gegenständig oder quirlständig, fein zerteilt, ohne Nebenblätter
Blütenstand: Blüten einzeln
Blüten: zwittrig, radiär. Kelchblätter 3, Kronblätter 3, frei, weiß, gelb oder purpurn. Staubblätter 3–6. Fruchtblätter meist 3, frei. Plazentation laminal
Frucht: Nüsschen
Kennzeichen: Wasserpflanzen mit wechselständigen schildförmigen Schwimmblättern und gegen - oder quirlständigen, fein zerteilten Unterwasserblättern. Kelch- und Kronblätter 3. Staubblätter 3–6. Plazentation laminal

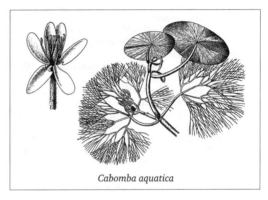

Cabomba aquatica

Cactaceae Kakteen

Schlüssel für die Gattungen (etwas gekürzt aus Götz und Gröner: Kakteen)
Hauptgruppen der Kakteen nach der Wuchsform

1 Pflanzen mit flachen Blättern . . . . **A Pereskienartige Kakteen** (S. 340)
1 Pflanzen höchstens mit im Querschnitt runden Blättern, die aber gewöhnlich bald abfallen, oder Pflanzen ohne Blätter (Scheinbar blattartige Bildungen, die Areolen Tragen, sind Flachtriebe und keine Blätter.)
2 Pflanzen im Austrieb mit im Querschnitt runden Blättern. Triebe häufig aus kurzen, runden oder flachen Gliedern zusammengesetzt, die auf der ganzen Fläche Areolen tragen (außer Maihuenia immer mit
2 Pflanzen ohne Blätter, höchstens mit kleinen Tragschuppen für die Areolen. Wenn die Triebe auffällig gegliedert sind, tragen flache Glieder nur an den Kanten Areolen (außer Epiphyllanthus). (Glochiden fehlend.
3 Kakteen mit kurzen, zylindrischen oder flachen Gliedern . . . . . **C Gliederkakteen** (S. 340)
3 Kakteen mit langgestreckten Gliedern oder ungegliedert

4 Triebe zweischneidig abgeflacht, blattartig . . . . **D Blattkakteen** (S. 340)
4 Triebe mehrrippig, rund oder mit Warzen
5 Körper mit blattartigen, sehr großen Warzen . . . . **E Blattwarzenkakteen** (S. 341)
5 Körper gerippt oder mit einfachen Warzen
6 Kakteen mit gefurchten oder ungefurchten Warzen und zugleich mit Blüten aus den Axillen (beide Merkmale müssen zutreffen) . . . . . . **F Echte Warzenkakteen** (S. 341)
6 Kakteen mit Rippen, wenn mit Warzen, dann Warzen immer ungefurcht und Blüten nie in den Axillen
7 Körper kugelig bis oval, kaum über 3mal so hoch wie breit, höchstens im Alter etwas gestreckt . . . . . **G Kugelkakteen** (S. 341)
7 Körper säulig von Jugend an
8 Triebe kletternd oder hängend, mit Luftwurzeln . . . . **H Schlangenkakteen** (S. 342)
8 Triebe aufrecht oder höchstens liegend, ohne Luftwurzeln . . . . **I Säulenkakteen** (S. 343)

Die Familie der Kakteen hat sich sehr eigenartig entwickelt. Pereskia besitzt noch normale Blätter, aber schon die für Kakteen typischen Areolen, Büschel von Dornen aus behaartem Grund.
Alle übrigen Kakteen sind aber Stammsukkulenten. Auch bei Opuntien treten noch hinfällige Blätter auf, die sonst bei Kakteen völlig fehlen. Die bei Kakteen gewöhnlich als Stacheln bezeichneten Gebilde sind botanisch korrekt Dornen, da sie umgewandelten Kurztrieben entsprechen. Auch die Blüten der Kakteen weichen von gewöhnlichen Blüten stark ab.
Die Kakteenblüte ist gleichsam von der Achse umwachsen, so dass der Samenanlagen enthaltende Teil, das Ovar, und die darüber hinausgehende Röhre Areolen tragen. Diese sind allerdings sehr verschieden ausgebildet, dornig, haarig, filzig, kahl oder sogar völlig nackt und schuppenlos. Die Blütenhülle ist nicht deutlich in Kelch- und Kronblätter gegliedert und enthält meist eine größere, unbestimmte Zahl von Blütenhüllblättern.
Die Gattungen sind bei Kakteen sehr eng gefasst und oft schwierig gegeneinander abzugrenzen. Bei sehr vielen Kakteenarten ist die Gattungszugehörigkeit aber an einzelnen, besonderen Merkmalen verhältnismäßig leicht festzustellen.
Hier wurde eine mittlere Linie verfolgt. Eine größere Zahl von nur selten in Spezialsammlungen vorhandenen Gattungen von Säulenkakteen wurde nicht berücksichtigt.

A Pereskienartige Kakteen

1 Blätter nervig. Glochiden fehlend. Blüten gestielt. Samen schwarz und glatt. . . . . **Pereskia**
1 Blätter höchstens mit Mittelnerv. Glochiden vorhanden. Blüten ungestielt. Samen hell, mit steinhartem Samenmantel und filzigen Haaren . . . . **Pereskiopsis**

B Opuntienartige Kakteen

1 Pflanzen ohne Glochiden. Samen schwarz glänzend. . . . . **Maihuenia**
1 Pflanzen fast immer mit Glochiden. Samen mit dickem, hellem, steinhartem Samenmantel
2 Blüten endständig, eingesenkt. Griffel eingeschlossen. Aufspringende Kapsel mit geflügelten Samen. (Wurzeln knollig) . . . . **Pterocactus**
2 Blüten seitlich oder nahe der Spitze, sehr selten endständig, nicht eingesenkt. Griffel herausragend. Frucht fleischig oder trocken mit ungeflügelten Samen . . . . **Opuntia**

C Gliederkakteen

1 Blüten ± seitlich, nur bis 2,2 cm lang. (Glieder rund zylindrisch) . . . . **Rhipsalis**
1 Blüten endständig
2 a Glieder rund keulenförmig . . . . **Hatiora**
2 b Glieder rund oder opuntienartig mit Areolen auf den Flächen. (Blüten mit kurzer Röhre, ± zygomorph) . . . .**Schlumbergera**
2 c Glieder flach, blattartig, mit Areolen nur an den Kanten oder ohne solche
3 Blüten radiär, ohne Röhre . . . . **Rhipsalidopsis**
3 Blüten radiär oder zygomorph, mit langer Röhre und am Grund verwachsenen Staubblättern . . . .**Schlumbergera**

D Blattkakteen

1 a Blüten mit verlängerter Röhre, nachtblühend (über 8 cm lang) . . . . **Epiphyllum**
1 b Blüten mit nicht auffällig verlängerter Röhre
2 Blüten ansehnlich (5–12 cm lang). Blütenhüllblätter ± ausgebreitet
3 Blüten mit vielen Blütenhüllblättern. Röhre borstig, filzig oder kahl. Blütenhüllblätter weit abstehend. . . . . **Nopalxochia**
3 Blüten mit wenigen Blütenhüllblättern. Röhre praktisch ohne Schuppen und kahl
4 Blüten trichterig. Staubblätter viele. Ovar kugelig. . . . . **Chiapasia**
4 Blüten fast röhrig. Staubblätter wenige. Ovar länglich . . . . **Disocactus**
2 Blüten klein (etwa 2,5 cm lang), Blütenhüllblätter aufrecht (Röhre ohne Schuppen. Frucht kantig). . . . . **Wittiocactus**
1 c Blüten mit sehr kurzer Röhre oder Röhre fehlend (Blüten nur bis 3 cm lang, mit wenigen Blütenhüllblättern und ohne Schuppen, Areolen in den Achseln von kleinen Schuppen)
5 Röhre sehr kurz . . . . **Pseudorhipsalis**
5 Röhre fehlend
6 Blüten außen mit Dornen oder Haaren. Triebe bedornt . . . . **Acanthorhipsalis**
6 Blüten kahl. Triebe höchstens mit Borsten
7 Verzweigung an den Enden der Triebe. Junge Früchte rund, ohne deutliche Nerven . . . . **Rhipsalis**

7 Verzweigung seitlich. Junge Früchte kantig, mit deutlichen Nerven . . . . **Lepismium**

E Blattwarzenkakteen

1 Warzen sehr lang (bis 15 cm) und dünn, 3-kantig, mit papierartigen langen Dornen . . . . **Leuchtenbergia**
1 Warzen blattartig flach, dornenlos oder Dornen bald abfallend
2 Warzen nicht eng angepresst. (Frucht fleischig)
3 Warzen in einer flachen Rosette. Junge Warzen dornenlos oder mit nur wenige Millimeter langen Dornen . . . . **Ariocarpus**
3 Warzen einen ± rundlichen Körper formend. Junge Warzen mit borstenartigen Dornen
4 Warzen scharf 4-kantig, an der Spitze zurückgekrümmt . . . . **Obregonia**
4 Warzen abgerundet 4-seitig, im Alter an der Spitze stark abgestumpft . . . . **Strombocactus**
2 Warzen eng tannenzapfenartig angepresst (oben gefurcht. Frucht trocken) . . . **Encephalocarpus**

F Echte Warzenkakteen

1 Warzen alle ungefurcht
2 Blüten kahl. . . . . **Mammillaria**
2 Blüten mit weich behaartem Ovar . . . . **Ortegocactus**
1 Warzen wenigstens die blühenden gefurcht
3 Dornen kammförmig an den Areolen stehend . . . . **Pelecyphora**
3 Dornen nicht kammförmig stehend
4 a Samen schwarz, warzig. Frucht trocken, schließlich papierartig dünn . . . . . **Neolloydia**
4 b Samen dunkelbraun, feinwarzig. Frucht grünlich (lange gefurchte Areolen mit Hakendornen) . . . . **Sclerocactus**
4 c Samen schwarz oder dunkelbraun, grubig. Frucht fleischig, unbeschuppt. Äußere Blütenhüllblätter meist gewimpert . . **Escobaria**
4 d Samen lichtbraun, glatt. Frucht wäßrig, rötlich, unbeschuppt. Äußere Blütenhüllblätter meist ganzrandig. . . . . **Coryphantha**

G Kugelkakteen

1 Blüten in einem scharf abgesetzten, mützenförmigem bis langgestrecktem Cephalium
2 Blüten nachtblühend, 3-8 cm lang, trompetenförmig mit weit ausgebreitetem Saum, weiß . . . . **Discocactus**
2 Blüten tagblühend, 0,6-4 cm lang, trichterförmig, ± gefärbt . . . . **Melocactus**
1 Blüten höchstens an abweichend bedornten oder behaarten Areolen, aber nicht in einem scharf abgesetzten . . . . **Cephalium**
3 Ovar und Röhre dornig (ohne einige Lobivien, bei denen erst das reifende Ovar dornig wird)
4 Blüten seitlich, selten nahe dem Ende der Triebe stehend. Narbenlappen fast immer auffallend grün. Körper weichfleischig . . . . **Echinocereus**
4 Blüten nahe dem Scheitel oder endständig. Narbenlappen nicht auffallend grün
5 Körper sehr derb bedornt und 20-80 cm breit. Frucht eine typische Hohlfrucht . . . **Eriosyce**
5 Körper fein bedornt, bis etwa 15 cm breit. Frucht keine Hohlfrucht . . . . . **Notocactus**
(Untergattung Brasilicactus)
3 Ovar und Röhre nicht dornig, höchstens borstig oder haarig
6 Blüten ± seitlich stehend (hier auch die meisten säuligen Arten von Buiningia mit seitlichem Cephalium kahlen, schwach beschuppten Blüten)
7 Schuppen der Blüten ± papierartig, obere zu Dornen umgewandelt. Blüten am Grund mit einem Haarring . . . . . . **Acanthocalycium**
7 Schuppen der Blüten anders. Blüten ohne Haarring am Grund
8 Staubblätter mit einem deutlich abgesetzten Kranz von Schlundstaubblättern. Blüten wollig. Griffel nicht mit der Röhre verwachsen
9 Röhre verlängert und dünn. Blüten 9-25 cm lang, meist nachtblühend . . . . **Echinopsis**
9 Röhre nicht stark verlängert und dicker. Blüten bis 9 cm lang, immer tagblühend . . . . **Lobivia und einige tagblühende Echinopsis (Pseudolobivia)**
8 Staubblätter ohne deutlich abgesetzten Kranz von Schlundstaubblättern oder die Blüten kahl oder der Griffel mit der Röhre unten verwachsen
10 Merkmale vereint: Wurzel rübig. Dornen kammartig. Blüten kahl, mit freiem Griffel . . . . **Sulcorebutia**
10 Merkmale nicht alle vereint auftretend . . . . **Rebutia**
6 Blüten scheitelnah oder endständig (selten mehr seitlich bei Gymnocalycium, dann aber mit großen hautrandigen, kahlen Schuppen)
11 Blüten borstig bis filzig in den Schuppenachseln
12 Blüten fast immer borstig in den Schuppenachseln
13 Narbenlappen auffallend rot oder purpurn . . . . **Notocactus**
13 Narbenlappen nicht auffallend rot oder purpurn
14 Hakendornen vorhanden. . **Parodia** (siehe auch Austrocactus unter 16)
14 Hakendornen fehlend
15 Körper mit Wollflöckchen . . . . **Uebelmannia**
15 Körper ohne Wollflöckchen
16 Griffel sehr dick. (Staubblätter in zwei Gruppen. Samen schwarz) . . . . **Austrocactus**
16 Griffel nicht auffallend dick
17 Samen runzelig oder warzig
18 Samen warzig, schwarz. . . . . **Neoporteria**
18 Samen runzelig, braun . . . . **Uebelmannia**

- 17 Samen glatt
  - 19 Samen fein staubartig mit Strophiolus, braun . . . . **Parodia**
  - 19 Samen nicht fein staubartig, zum Teil mit Strophiolus, braun bis dunkelbraun (schwarz). Blüten oft sich nicht öffnend (kleistogam) . . . . **Frailea**
- 12 Blüten haarig, wollig oder filzig in den Schuppenachseln
  - 20 Schuppen der Blüten stechend. Griffel sehr dick . . . . **Echinocactus**
  - 20 Schuppen der Blüten nicht stechend. Griffel nicht auffallend dick
    - 21 Schuppen der Blüten braun, schmal und mit langer Spitze. Körper mit Wollflöckchen oder mit nur 4–8 sehr breiten Rippen . . . . **Astrophytum**
    - 21 Schuppen der Blüten anders und Körper ohne Wollflöckchen
      - 22 Blüten zylindrisch mit enger Öffnung ohne ausgebreiteten Saum, aber herausragenden Staubblättern und Griffel . . . . **Denmoza**
      - 22 Blüten anders geformt
        - 23 Blüten zygomorph
          - 24 Blüten zentral im Scheitel stehend. Frucht trocken, am Grund aufspringend . . . . **Arequipa**
          - 24 Blüten meist etwas seitlich im Scheitel. Frucht fleischig, mit seitlichen Längsrissen aufspaltend . . . **Matucana**
        - 23 Blüten radiär
          - 25 Körper zwergig, nur bis 2 cm breit, ungerippt und dornenlos . . . . **Blossfeldia**
          - 25 Körper größer, deutlich gerippt oder warzig, fast immer mit Dornen
            - 26 Röhre sehr kurz . . . . **Copiapoa**
            - 26 Röhre gut ausgebildet
              - 27 Blüten mit dünner, stark verlängerter Röhre und deutlich abgesetzten Schlundstaubblättern . . **Echinopsis**
              - 27 Blüten mit mäßig langer Röhre
                - 28 Früchte stachelbeerartig. Pflanzen ± polsterbildend . . . . **Mila**
                - 28 Früchte sich öffnend
                  - 29 Früchte seitlich aufspaltend . . . . **Matucana**
                  - 29 Früchte am Grund sich öffnend, ± hohl . . . . **Neoporteria**
- 11 Blüten kahl, beschuppt oder unbeschuppt
  - 30 Blüten zygomorph . . . . **Matucana**
  - 30 Blüten radiär
    - 31 Schuppen an der Blüte vorhanden
      - 32 Schuppen groß, breit, stumpf und hautrandig. Körper meist mit Kerben über den Areolen
        - 33 Areolen in den Vertiefungen zwischen den Warzen . . . . . **Neowerdermannia**
        - 33 Areolen auf den Rippen oder Warzen . . . . **Gymnocalycium**
      - 32 Schuppen länglich, kleiner, nicht breit und hautrandig
        - 34 Rippen sehr zahlreich und dünn lamellenartig, ± gewellt . . . . **Echinofossulocactus**
        - 34 Rippen nicht sehr dünn und gewellt
          - 35 Körper fast immer auffallend grau wachsig oder braungrün, oft mit Wollscheitel. Blüten mit kurzer Röhre. Frucht am Ende mit einer Pore . . . . **Copiapoa**
          - 35 Körper und Blüten nicht mit allen diesen Merkmalen
            - 36 Körper gerippt. Griffel auffallend dick. Über den Staubblättern Haare . . . . **Ferocactus**
            - 36 Körper ± höckerig bis warzig. Blüten ohne dicken Griffel und ohne Haare über den Staubblättern
              - 37 Blüten oberhalb der Dornen am Ende einer ± langen, gefurchten Areole entspringend
                - 38 Hakendornen vorhanden. Samen dunkelbraun, feinwarzig . . . . **Sclerocactus**
                - 38 Hakendornen fehlend. Samen schwarz, grobwarzig . . . . **Thelocactus**
              - 37 Blüten nicht an Langareolen oder Furchen
                - 39 Warzen 4-seitig, oben stark gestutzt. Dornen nur an jungen Areolen . . . . **Strombocactus**
                - 39 Warzen nicht so stark gestutzt oder Körper ± gerippt, meist bedornt
                  - 40 Hakendornen vorhanden . . . . **Sclerocactus**
                  - 40 Hakendornen fehlend . . . . **Pediocactus**
    - 31 Schuppen an den Blüten fehlend, Blüten daher ganz nackt
      - 41 Körper ± gerippt, außer im Scheitel dornenlos
        - 42 Körper mit scharfen Rippen und auffälligen Querbändern . . . . **Aztekium**
        - 42 Körper mit stumpfen Rippen, ohne Querbänder . . . . **Lophophora**
      - 41 Körper ± warzig und bedornt
        - 43 Dornen sehr kurz und zahlreich, den Körper vollkommen verdeckend. Warzen sehr klein, nur 1 mm lang . . . . **Epithelantha**
        - 43 Dornen anders. Warzen größer . . . . **Turbinicarpus**

H Schlangenkakteen

1 Blüten bis 2,5 cm lang, ohne Röhre und ohne Schuppen . . . . **Rhipsalis**
1 Blüten über 2,5 cm lang, mit deutlicher, beschuppter Röhre

2 Röhre kurz bis mäßig lang, dick. Ovar warzig, mit sehr kleinen Schuppen. (Blüten nachtblühend) . . . . **Weberocereus**
2 Röhre stark verlängert, dünn
3 Schuppenachseln kahl. (Schuppen groß. Blüten nachtblühend) . . . . **Hylocereus**
3 Schuppenachseln dornig oder borstig
4 Blüten tagblühend
5 Rippen 7–12. Blüten 7–10 cm lang, rot oder rosa, zum Teil zygomorph, seitlich an den Trieben . . . . **Aporocactus**
5 Rippen 3–4(7–2) . . . . **Heliocereus**
4 Blüten nachtblühend (12–40 cm lang)
6 Triebe nicht abgeflacht, sondern allseits (3–)4- bis 10-kantig oder -rippig **Selenicereus**
6 Triebe abgeflacht
7 Triebe 3- bis 8-rippig . . . . **Deamia**
7 Triebe meist 2-seitig blattartig . **Selenicereus**

I Säulenkakteen ohne nur in Spezialsammlungen kultivierte Gattungen

1 Blüten in einem Cephalium oder Pseudocephalium
2 Blüten borstig oder behaart . . . . **Gruppe I**
2 Blüten kahl (oder schwach wollig) . . . **Gruppe II**
1 Blüten nicht in einem Cephalium oder Pseudocephalium, höchstens an etwas abweichenden Areolen
3 a Blüten dornig . . . . **Gruppe III**
3 b Blüten höchstens borstig, haarig oder schwach wollig . . . . **Gruppe IV**
3 c Blüten kahl . . . . **Gruppe V**

Gruppe I
Blüten in Cephalien, borstig oder behaart

1 Cephalium seitlich oder den Scheitel umfassendes seitliches Haubencephalium. (Blüten beschuppt)
2 Blüten borstig und haarig, in einem Haubencephalium . . . . **Espostoa**
2 Blüten haarig, in einem seitlichen Cephalium
3 Areolen langhaarig. Pflanzen strauchig oder einzelne Säulen . . . . **Espostoa**
3 Areolen nur bedornt. Pflanzen baumförmig, reich verzweigt . . . . **Facheiroa**
1 Cephalium nicht seitlich
4 Blüten tagblühend, eng röhrig . . . **Cleistocactus**
4 Blüten nachtblühend
5 Cephalium endständig. Blüten haarig. (Frucht trocken) . . . . **Cephalocereus**

Gruppe II
Blüten in Cephalien, kahl oder schwach wollig

1 Unterste Staubblätter unter den Staubbeuteln mit plötzlicher, fadenförmiger Einschnürung. Blüten praktisch schuppenlos. (Deckelfrucht)

2 Blüten in einem Cephalium. Unterste Staubblätter am Grund verwachsen . . . . **Arrojadoa**
2 Blüten in eincm Pseudocephalium. Unterste Staubblätter stark verwachsen mit schuppenartigem Grund. (Blüten unter 2 cm lang) . . . . **Micranthocereus**
1 Unterste Staubblätter ohne verbreitertem Grund und plötzlicher Einschnürung unter den Staubbeuteln. Blüten fast immer mit einzelnen Schuppen
3 Blüten engröhrig, innere Blütenhüllblätter deutlich verschieden von en äußeren und aufrecht stehend. Nektarkammer nicht deutlich abgeschlossen . . . . **Coleocephalocereus**
3 Blüten trichterförmig oder breit zylindrisch, ohne deutlich verschiedene innere, aufrecht stehende Blütenhüllblätter. Nektarkammer deutlich abgeschlossen
4 Ovar beschuppt. Endständige, dicht dornige Blütenzone. Mehrere Blüten je Areole . . . . **Lophocereus**
4 Ovar unbeschuppt oder nur sehr schwach. Seitliches Cephalium oder Pseudocephalium
5 Cephalium ringförmig, durchwachsen . . . . **Stephanocereus**
5 Cephalium nicht ringförmig und durchwachsen
6 Cephalium als Rinnencephalium ausgebildet . . . . **Coleocephalocereus**
6 Cephalium seitlich, nicht stark eingetieft
7 Blüten sehr klein, 2,5–4 cm lang. Unterste Staubblätter deutlich abgesetzt von den übrigen. Frucht nicht aufspringend . . . . **Austrocephalocereus**
7 Blüten 4 cm oder mehr lang. Unterste Staubblätter nicht so deutlich abgesetzt. Frucht aufspringend, kahl und fleischig . . . . **Pilosocereus**

Gruppe III
Blüten nicht in Cephalien, dornig

1 Narbenlappen auffallend grün
2 Triebe niedrig, kaum über 50 cm hohe, weichfleischige Säulenkakteen . . . **Echinocereus**
2 Triebe rutenförmig, kaum bleistiftstark. Wurzel stark rübenartig verdickt . . . . **Wilcoxia**
1 Narbenlappen nicht auffallend grün
3 Röhre sehr kurz bis fast fehlend. (Blüten tagblühend, meist bunt, weiß nur bei Pfeiffera)
4 Röhre fehlend. Triebe mit nur 2–3 Rippen . . . . **Acanthorhipsalis**
4 Röhre kurz. Triebe mit (3–)4–25 Rippen
5 Staubblätter in zwei Gruppen. Blüten fast endständig (siehe auch Eulychnia castanea) . . . . **Corryocactus**
5 Staubblätter nicht in zwei Gruppen. Blüten seitlich (nur bei Pfeiffera auch nahe den Triebenden)
6 Rippen 14–25. (Blüten gelb) . **Bergerocactus**
6 Rippen (3–)4–8. Triebe nur bis 0,5 m lang. Blüten trichterig . . . . **Pfeiffera**
3 Röhre mittellang bis stark verlängert

- 7 Wurzel dick, rübenartig
  - 8 Wurzel mit abgesetzter Rübenwurzel . . . . **Peniocereus**
  - 8 Wurzel nur verdickt. . . . . **Nyctocereus**
- 7 Wurzel nicht dick rübenartig. (Blüten nachtblühend außer Stenocereus)
  - 9 Blütenröhre mäßig lang. Blüten gelblich oder lila. Nektarkammer kurz, sehr deutlich abgeschlossen. Triebe mit etwa 9 dicken Rippen . . . . **Neobuxbaumia**
  - 9 Blütenröhre verlängert. Blüten weiß oder rosa. Nektarkammer offen oder schmal und langgestreckt
    - 10 Staubblätter deutlich in zwei Gruppen . . . . **Eriocereus**
    - 10 Staubblätter nicht deutlich in zwei Gruppen
      - 11 Röhre kaum dornig. (Rippen 8–12) . . . . **Stenocereus**
      - 11 Röhre dornig. Triebe mit 5–13, fast immer flachen Rippen . . . . **Nyctocereus**

Gruppe IV
Blüten nicht in deutlichen Cephalien, außen borstig, haarig oder filzig bekleidet

- 1 Blütenröhre sehr kurz bis fehlend
  - 2 Rippen nur 2–3 oder Rippen undeutlich. Junge Areolen in den Achseln von Schuppen
    - 3 Rippen 2–3. Blüten seitlich. Röhre fehlend . . . . **Acanthorhipsalis**
    - 3 Rippen 8–10, aber undeutlich. Blüten ± endständig. Röhre sehr kurz . **Erythrorhipsalis**
  - 2 Rippen 5 bis etwa 50
    - 4 Blüten gelb, orange oder rot. Niedrige, säulige Kakteen
      - 5 Blüten borstig und wollig. Staubblätter in zwei Gruppen. Griffel dick . . . . . . **Austrocactus**
      - 5 Blüten schwach wollig. Staubblätter alle nahe am Grund der Blüte entspringend. Griffel nicht auffallend dick . . . . **Copiapoa**
    - 4 Blüten weiß, rosa oder grünlich. Große strauchige bis baumförmige Kakteen
      - 6 Rippen 5–9. Mehrere Blüten an einer Areole. Blüten mit zurückgeschlagenen Blütenhüllblättern und weit herausragenden Staubblättern und Griffeln. Frucht heidelbeerartig . . . . **Myrtillocactus**
      - 6 Rippen 9–20. Blüten einzeln an den Areolen. Blüten ± röhrig
        - 7 Blüten mit Haaren aus umgebildeten Staubblättern . . . . **Facheiroa**
        - 7 Blüten ohne solche Haare . . . . . . **Eulychnia**
- 1 Blütenröhre mäßig lang bis stark verlängert
  - 8 Blüten ± zygomorph oder lang röhrenförmig ohne abstehende und verlängerte äußere Blütenhüllblätter oder mit kurzen, aufrechten inneren Blütenhüllblättern. (Blüten tagblühend und fast immer bunt gefärbt und mit ± verlängerter Röhre)
    - 9 Blüten röhrenförmig-zylindrisch, ohne geförderte Saumabschnitte . . . . **Cleistocactus**
    - 9 Blüten trichterig oder mit ± abstehenden, verlängerten Saumabschnitten
      - 10 Blüten borstig und wollig, ohne geschlossene Nektarkammer. . . . . **Aporocactus**
      - 10 Blüten haarig, mit geschlossener Nektarkammer
        - 11 Frucht eine große Hohlfrucht. Areolen meist lang behaart . . . . **Oreocereus**
        - 11 Frucht ohne Hohlraum
          - 12 Blüten mit dicker Wand zwischen Samenhöhlung und Nektarkammer . . . . **Haageocereus**
          - 12 Blüten ohne verdickte Wand zwischen Samenhöhlung und Nektarkammer
            - 13 Innere Blütenhüllblätter kurz und aufrecht, weiß . . . . **Hildewintera**
            - 13 Innere Blütenhüllblätter abstehend und lang . . . . **Borzicactus**
  - 8 Blüten radiär und mit abstehendem Saum, nicht rein röhrig
    - 14 Blüten mit deutlichem, abgesetztem Schlundstaubblattkranz
      - 15 Röhre ± verlängert. Pflanzen von Anfang an säulig wachsend, nachtblühend
        - 16 Triebe mit 3–10 Rippen, ± gebogen aufsteigend, dünn . . . . **Eriocereus**
        - 16 Triebe meist mehrrippig, aufrecht . . . . **Trichocereus**
      - 15 Röhre nicht stark verlängert. Pflanzen meist schon bei einer ± kugeligen Form blühend, tagblühend . . . . **Lobivia**
    - 14 Blüten ohne deutlich abgesetzten Schlundstaubblattkranz
      - 17 Blüten mit stark verlängerter, dünner Röhre, immer nachtblühend, ohne geschlossene Nektarkammer
        - 18 Pflanzen strauchig
          - 19 Frucht platzend. Samen ohne Luftkammer . . . . **Eriocereus**
          - 19 Frucht nicht platzend. Samen mit Luftkammer . . . . **Harrisia**
        - 18 Pflanzen zwergig. Triebe nur bis 50 cm lang
          - 20 Staubfäden mehrmals länger als die Staubbeutel. Rippen tief gekerbt . . . . **Arthrocereus**
          - 20 Staubfäden kaum länger als die Staubbeutel. Rippen gering bis nicht gekerbt
            - 21 Schuppen der Blüten zum Teil in lange Borsten auslaufend. Griffel unten mit der Röhre verwachsen . . . . . **Setiechinopsis**
            - 21 Schuppen nicht in lange Borsten ausgezogen. Griffel frei . **Pygmaeocereus**
      - 17 Blüten mit normal langer Röhre
        - 22 Blüten an sehr stark vergrößerten Areolen zu mehreren . . . . **Neoraimondia**
        - 22 Blüten nicht an ungewöhnlich vergrößerten Areolen, einzeln
          - 23 Blüten tagblühend
            - 24 Blüten 8–17 cm lang. Triebe mit meist nur 3–4 Rippen . . . . **Heliocereus**
            - 24 Blüten 4–7 cm lang. Triebe mit 4–16 Rippen

25 Blüten mit lederigen Schuppen **Escontria**
25 Blüten nicht mit lederigen Schuppen und mit sehr dickwandiger, kurzer Röhre . . . . **Heliabravoa**
23 Blüten nachtblühend, zum teil aber bis zum nächsten Vormittag geöffnet
26 Griffel unten mit der Röhre verwachsen. (Blüten an abweichenden Areolen) . . . . **Carnegiea**
26 Griffel nicht mit der Röhre verwachsen
27 Geschlossene Nektarkammer fehlend. (Blüten ohne verlängerte Dornen) . . . . **Haageocereus**
27 Geschlossene Nektarkammer ± deutlich ausgebildet. (Frucht dornig)
28 Ovar und Röhre mit reichlich Wolle, Haaren und borstigen Dornen . . . . **Pachycereus**
28 Ovar und Röhre filzig oder etwas wollig
29 Frucht mäßig dornig . **Neobuxbaumia**
29 Frucht sehr dornig . . . . **Stenocereus**

Gruppe V
Blüten an gewöhnlichen oder nur stärker bedornten oder behaarten Areolen, kahl

1 Blüten ohne Röhre, sehr klein, mit wenigen Blütenhüllblättern. Junge Areolen mit Tragschuppe
2 Ovar in den Trieb eingesenkt . . . . **Lepismium**
2 Ovar nicht in den Trieb eingesenkt . . . **Rhipsalis**
1 Blüten wenigstens mit kurzer Röhre. Areolen ohne Tragschuppen
3 Blüten tagblühend
4 Blüten zygomorph, langröhrig . . . . . **Matucana**
4 Blüten radiär. Röhre kurz bis fast fehlend
5 Pflanzen niedere Säulenkakteen. Blüten ohne blatt- oder papierartige Schuppen. Staubblätter meist am Grund der Blüte stehend . . **Copiapoa**
5 Pflanzen kräftige, ± baumförmige Säulenkakteen. Blüten mit großen blatt- oder papierartigen Schuppen. Staubblätter in mehreren Reihen
6 Schuppen papierartig. Röhre mittellang. Frucht schuppig . . . . **Escontria**
6 Schuppen blattartig. Röhre sehr kurz. Frucht dornig . . . . **Polaskia**
3 Blüten nachtblühend
7 Blüten gleichmäßig dachziegelig dicht beschuppt . . . . **Browningia**
7 Blüten mit nach oben viel größeren, ± lockeren Schuppen bis fast schuppenlos
8 Blüten an besonderen Areolen. (Frucht kahl, fleischig) . . . . **Pilosocereus**
8 Blüten an gewöhnlichen Areolen
9 Nektarkammer abgeschlossen, ohne geriefte Zone. Rippen 12–50 . . . . . **Neobuxbaumia**
9 Nektarkammer nicht abgeschlossen, mit ± geriefter Zone. Rippen 3–14
10 Schuppen am Ovar und an der Frucht blattartig, in der Röhre Haare aus umgewandelten Staubblättern . . **Stetsonia**
10 Schuppen anders, kleine Haare in der Röhre
11 Blütenhülle ± bleibend an der Frucht . . . . **Monvillea**
11 Blütenhülle nach der Blüte abfallend, der Griffel aber oft bleibend . . . . . . **Cereus**

Acanthocalycium Backeb.

Ableitung: mit dornigem Kelch
Arten: 5
Lebensform: Säulenkaktee mit 8–20 Rippen
Blütenstand: seitlich
Blüten: tagblühend, radiär, außen mit dornigen Schuppen, wollig, weiß, rosa, gelb
Frucht: sich öffnend
Kennzeichen: Blüten mit Schlundstaubblättern und dornigen Schuppen

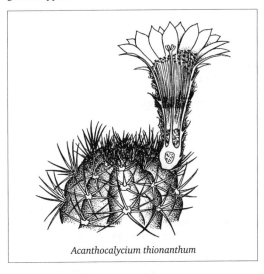

Acanthocalycium thionanthum

Acanthorhipsalis (K. Schum.) Britton et Rose

Ableitung: dornige Rhipsalis
Arten: 2
Lebensform: epiphytische langen 3-flügeligen oder flachen, dornigen Trieben
Blütenstand: seitlich
Blüten: tagblühend, radiär, außen mit Schuppen, dornig, behaart, weiß, orange, rot
Frucht: Beere
Kennzeichen: Flachtriebe oder 3-flügelige Triebe

Aporocactus Lem.

Ableitung: verschlungener Cactus
Vulgärnamen: D:Peitschenkaktus, Schlangenkaktus; E:Rat's-Tail Cactus; F:Cactus-serpent, Queue-de-rat

Aporocactus flagelliformis

Arten: 2
Lebensform: Säulenkaktee mit hängenden Trieben und mit 7–12 Rippen
Blütenstand: seitlich
Blüten: tagblühend, zygomorph, außen mit Schuppen, borstig, wollig, rot, rosa
Frucht: Beere
Kennzeichen: hängende Triebe, Blüten zygomorph

Arequipa Britton et Rose

Ableitung: nach der Stadt Arequipa in Peru
Arten: 2
Lebensform: kurzsäulige bis kugelige Kaktee mit Rippen
Blütenstand: scheitelständig
Blüten: tagblühend, ± zygomorph, außen mit Schuppen, haarig, rot
Frucht: trocken
Kennzeichen: Kugelkaktee mit zygomorphen Blüten

Arequipa leucotricha

Ariocarpus Scheidw.

Ableitung: Mehlbeeren-Frucht
Vulgärnamen: D:Wollfruchtkaktus; E:Living Rock; F:Cactus
Arten: 6
Lebensform: Kaktee mit blattartigen Warzen in einer Rosette und Rübenwurzel, ohne deutliche Dornen
Blütenstand: scheitelnah
Blüten: tagblühend, radiär, außen ohne Schuppen, kahl, weiß, gelb, magenta
Frucht: Beere
Kennzeichen: mit blattartigen, gefurchten Warzen und nackten Blüten

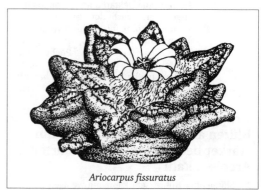
Ariocarpus fissuratus

Arrojadoa Britton et Rose

Ableitung: Gattung zu Ehren von Miguel Arrojado, einem brasilianischen Botaniker, benannt
Arten: 3
Lebensform: Säulenkaktee mit 10–40 Rippen
Blütenstand: Cephalium seitlich oder scheitelständig
Blüten: tagblühend, radiär, außen ohne Schuppen, kahl, rot, rosa, violett, gelb
Frucht: Beere
Kennzeichen: Cephalium

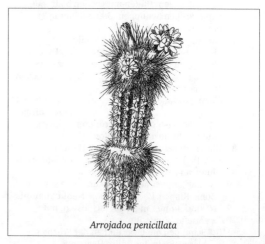
Arrojadoa penicillata

Arthrocereus A. Berger et F.M. Knuth
Ableitung: Glieder-Cereus
Arten: 5
Lebensform: Säulenkaktee mit 7–16 Rippen
Blütenstand: ± scheitelnah
Blüten: nachtblühend, radiär, außen mit Schuppen, behaart, weiß, rosa
Frucht: Beere
Kennzeichen: nachtblühend

Arthrocereus microsphaericus

Astrophytum Lem.
Ableitung: Stern-Pflanze
Vulgärnamen: D:Bischofsmütze, Sternkaktus; F:Bonnet d'évêque, Cactus étoilé
Arten: 6
Lebensform: Kugelkaktee mit 3–10 Rippen, meist mit Wollflöckchen
Blütenstand: scheitelnah
Blüten: tagblühend, radiär, außen mit Schuppen, wollig, gelb oder gelb mit rotem Schlund
Frucht: Beere
Kennzeichen: Kugelkakteen mit wenigen Rippen und meist Wollföckchen auf der Oberfläche

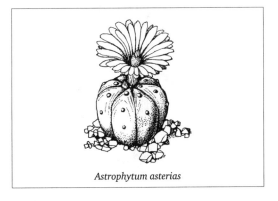
Astrophytum asterias

Austrocactus Britton et Rose
Ableitung: Süd-Cactus
Arten: 5
Lebensform: Säulenkaktee mit 6–12 Rippen
Blütenstand: scheitelständig
Blüten: tagblühend, radiär, außen mit Schuppen, wolligborstig, rot
Frucht: sich öffnend

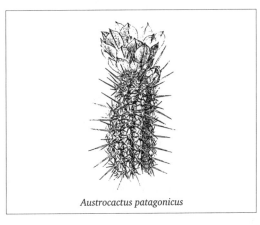
Austrocactus patagonicus

Austrocephalocereus Backeb.
Ableitung: Süd-Cephalocereus
Arten: 2–7
Lebensform: strauchförmige Säulenkaktee mit 20–28 Rippen
Blütenstand: seitliches Cephalium
Blüten: nachtblühend, radiär, kahl, weiß
Frucht: Beere
Kennzeichen: Blüten in einem seitlichen Cephalium

Austrocephalocereus Backeb.
Ableitung: Süd-Cephalocereus
Arten: 2–7
Lebensform: Säulenkaktee mit 12–25 Rippen
Blütenstand: seitliches Cephalium
Blüten: tagblühend, radiär, außen kaum beschuppt, kahl, weiß, rosa
Frucht: Beere
Kennzeichen: seitliches Cephalium

Austrocephalocereus purpureus

Aztekium Boed.

Ableitung: Azteken-Pflanze
Arten: 2
Lebensform: Kugelkaktee mit 6–12 Rippen und anliegenden Dornen
Blütenstand: scheitelnah
Blüten: tagblühend, radiär, außen ohne Schuppen, kahl, weiß, rosa
Frucht: trocken. Samen mit Strophiolus
Kennzeichen: Kugelkaktee mit Querrippen

Aztekium ritteri

Bergerocactus Britton et Rose

Ableitung: Bergers Cactus
Arten: 1
Lebensform: Säulenkaktee mit 14–25 Rippen
Blütenstand: seitlich
Blüten: tagblühend, radiär, außen mit Schuppen, dornigfilzig, gelb
Frucht: trocken
Kennzeichen: Säulenkaktee mit dornigen Blüten

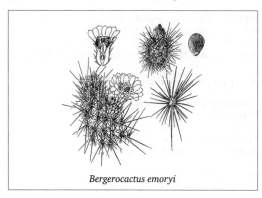
Bergerocactus emoryi

Blossfeldia Werderm.

Ableitung: Gattung zu Ehren von Robert Blossfeld (1882–?), einem deutschen Gärtner benannt
Arten: 1
Lebensform: Miniatur-Kugelkaktee ohne Rippen und Dornen
Blütenstand: scheitelnah
Blüten: tagblühend, radiär, außen mit Schuppen, wollig, weiß
Frucht: Beere. Samen mit Strophiolus
Kennzeichen: Miniaturkugelkaktee ohne Rippen

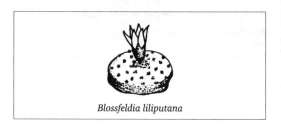
Blossfeldia liliputana

Borzicactus Riccob.

Ableitung: Kaktus zu Ehren von Antonino Borzí (1852–1921), einem italienischen Botaniker benannt
Arten: c. 10
Lebensform: Säulenkaktee mit 6–21 Rippen
Blütenstand: seitlich
Blüten: tagblühend, zygomorph, außen mit Schuppen, borstig, haarig, rot
Frucht: Beere
Kennzeichen: Blüten zygomorph

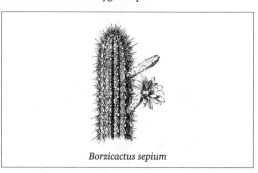
Borzicactus sepium

Browningia Britton et Rose

Ableitung: Gattung zu Ehren von W. E. Browning, einem zeitgenössischen chilenischen Botaniker benannt

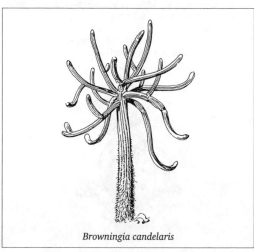
Browningia candelaris

Arten: 10
Lebensform: baumförmige Säulenkaktee mit vielen Rippen
Blütenstand: seitlich
Blüten: nachtblühend, radiär, außen mit Schuppen, kahl, rosa, gelblich, weiß
Frucht: Beere
Kennzeichen: Blüten nachtblühend

Carnegiea Britton et Rose

Ableitung: Gattung zu Ehren von Andrew Carnegie (1835-1919), einem nordamerikanischen Industriellen benannt
Vulgärnamen: D:Riesenkaktus, Saguaro; E:Saguaro; F:Sagaro
Arten: 1
Lebensform: baumförmige Säulenkaktee mit 12-14 Rippen
Blütenstand: scheitelnah
Blüten: nacht- bis tagblühend, radiär, außen mit Schuppen, schwach wollig, weiß
Frucht: Beere
Kennzeichen: baumförmige Säulenkaktee

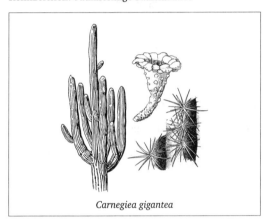
Carnegiea gigantea

Cephalocereus Pfeiff.

Ableitung: Kopf-Cereus
Arten: 1

Cephalocereus senilis

Lebensform: baumförmige Säulenkaktee mit 12-30 Rippen
Blütenstand: Cephalium
Blüten: nachtblühend, radiär, außen mit Schuppen, behaart, gelblich weiß
Frucht: Beere
Kennzeichen: Blüten nachtblühend, in einem Cephalium

Cereus Mill.

Ableitung: Kerze
Arten: c. 20
Lebensform: baum- oder strauchförmige Säulenkaktee mit 3-12 Rippen
Blütenstand: seitlich
Blüten: nachtlühend, radiär, außen ohne oder mit Schuppen, kahl, weiß
Frucht: Beere
Kennzeichen: Säulenkaktee mit nackten Blüten

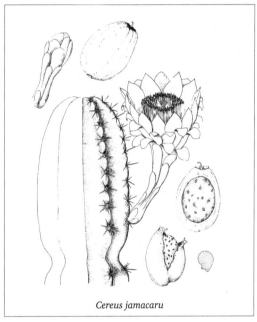
Cereus jamacaru

Chiapasia Britton et Rose

Ableitung: Pflanze aus Chiapas (Mexiko)
Arten: 1
Lebensform: epiphytische Kaktee mit flachen, dornenlosen Trieben
Blütenstand: seitlich
Blüten: tagblühend, radiär, außen ohne Schuppen, kahl, lilarosa
Frucht: Beere
Kennzeichen: epiphytische Kaktee mit Flachtrieben

350 Cactaceae Kakteen

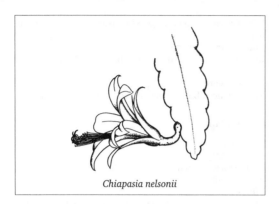
Chiapasia nelsonii

Cipocereus F. Ritter

Ableitung: Cereus von der Sierra de Cipó (Brasilien)
Arten: 6
Lebensform: Säulenkaktee mit 4–21 Rippen und meist dornig
Blütenstand: seitlich
Blüten: nachtblühend, radiär, außen mit oder ohne Schuppen, wollig-dornig, weiß
Frucht: Beere
Kennzeichen: nachtblühend

Cleistocactus Lem.

Ableitung: verschlossener cactus
Vulgärnamen: D:Silberkerzenkaktus; F:Cierge
Arten: c. 30
Lebensform: Säulenkaktee mit 8 bis etwa 25 Rippen
Blütenstand: seitlich bis scheitelnah
Blüten: tagblühend, radiär bis zygomorph, außen mit Schuppen, borstig, wollig, rosa, gelb, grün
Frucht: Beere
Kennzeichen: Säulenkaktee mit langröhrigen, schmalen Blüten

Cleistocactus baumannii

Coleocephalocereus Backeb.

Ableitung: Scheiden-Cephalocereus
Arten: 6
Lebensform: Säulenkaktee mit 10–24 Rippen
Blütenstand: seitliches Rinnencephalium
Blüten: nachtblühend, radiär, außen ± mit Schuppen, kahl, weiß, grünlich, gelb, rosa
Frucht: Beere
Kennzeichen: Blüten in einem seitlichen Rinnencephalium

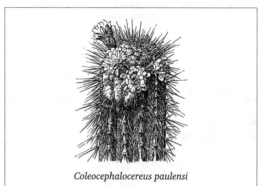
Coleocephalocereus paulensi

Copiapoa Britton et Rose

Ableitung: Pflanze as Copiapó, Chile
Arten: c. 25
Lebensform: Kugelkaktee mit 7–37 Rippen
Blütenstand: scheitelnah
Blüten: tagblühend, radiär, außen mit Schuppen, kahl, ± wollig, gelb bis rötlich überlaufen
Frucht: oben aufreißend
Kennzeichen: Kugelkaktee meist kalkig grau

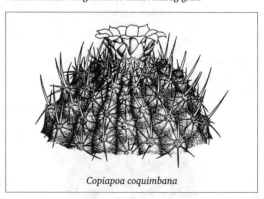
Copiapoa coquimbana

Corryocactus Britton et Rose

Ableitung: Kaktus zu Ehren von T. A. Corry, einem Eisenbahn-Ingenieur in Peru benannt
Arten: 14–20
Lebensform: baum- oder strauchförmige Säulenkaktee mit 4–12 Rippen

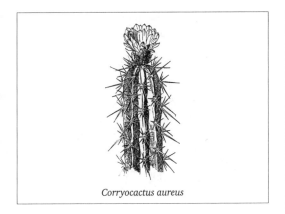
Corryocactus aureus

Blütenstand: seitlich bis scheitelnah
Blüten: tagblühend, radiär, außen mit Schuppen, dornig-wollig, gelb, orange, purpurn, lila
Frucht: Beere

Coryphantha (Engelm.) Lem.

Ableitung: Schopf-Blüte
Arten: 57
Lebensform: Kugelkaktee mit Warzen
Blütenstand: scheitelnah, Blüten in den Axillen (am Grund der Warzen)
Blüten: tagblühend, radiär, außen fast immer ohne Schuppen, kahl, gelb, weiß, rotschlundig
Frucht: Beere
Kennzeichen: Dornen zum Teil hakig. Warzen gefurcht. Blüten in den Axillen

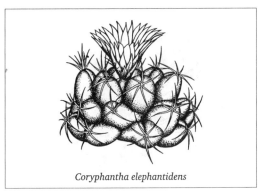
Coryphantha elephantidens

Deamia Britton et Rose

Ableitung: Gattung zu Ehren von Charles Clemon Deam (1865–1953), einem nordamerikanischen Botaniker benannt
Arten: 2
Lebensform: Kletternde, epiphytische Kakteen mit 3–8 geflügelten Rippen
Blütenstand: seitlich
Blüten: nachtblühend, radiär, außen mit Schuppen, dornig-haarig, borstig-filzig, cremefarben, weiß

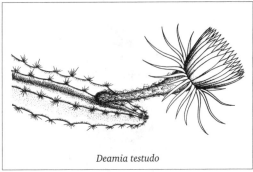
Deamia testudo

Frucht: dornig
Kennzeichen: kletternd, mit geflügelten Rippen

Denmoza Britton et Rose

Ableitung: umgebildet aus Mendoza, Stadt in Argentinien
Arten: 2
Lebensform: Kugelkaktee oder länglich, mit 15–30 Rippen
Blütenstand: scheitelnah
Blüten: tagblühend, zygomorph, außen mit Schuppen, haarig, rot
Frucht: trocken, sich öffnend
Kennzeichen: Kugelkaktee mit zygomorphen Blüten

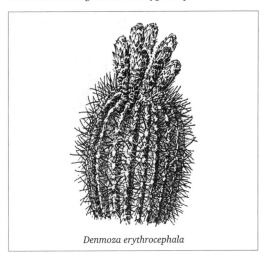
Denmoza erythrocephala

Discocactus Pfeiff.

Ableitung: Scheiben-Cactus
Arten: 7
Lebensform: Kugelkaktee mit 10–20 Rippen
Blütenstand: mit Cephalium
Blüten: nachtblühend, radiär, außen mit oder ohne Schuppen, kahl, weiß
Frucht: sich öffnend
Kennzeichen: Kugelkaktee mit einem Cephalium, nachtblühend

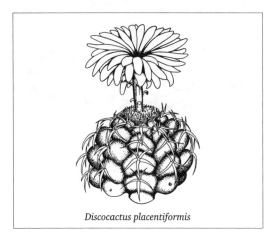
Discocactus placentiformis

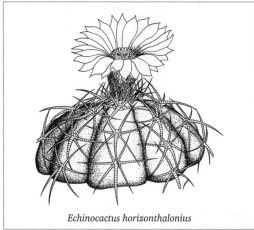
Echinocactus horizonthalonius

Disocactus Lindl.

Ableitung: zweiseitig gleicher Cactus
Arten: 3
Lebensform: epiphytische Kaktee mit langen, flachen Trieben, höchstens borstig
Blütenstand: scheitelnah
Blüten: tagblühend, radiär, außen ohne Schuppen, kahl, weiß, lila, rosa
Frucht: Beere
Kennzeichen: epiphytische Kaktee mit Flachtrieben und nachtblühend

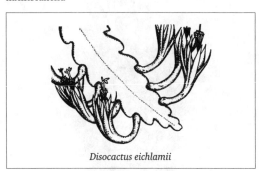
Disocactus eichlamii

Echinocactus Link et Otto

Ableitung: Igel-Cactus
Arten: 7
Lebensform: Säulenkaktee mit 21–37 Rippen
Blütenstand: ± seitlich
Blüten: tagblühend, radiär, außen mit stechenden Schuppen, wollig, gelb
Frucht: Beere oder trocken
Kennzeichen: Blüten mit stechenden Schuppen

Echinocereus Engelm.

Ableitung: Igel-cereus
Vulgärnamen: D:Igelsäulenkaktus; E:Hedgehog Cactus; F:Cierge-hérisson
Arten: 45
Lebensform: kleine Säulenkaktee mit 5–26 Rippen
Blütenstand: scheitelnah
Blüten: tagblühend, radiär, außen mit Dornen, behaart, selten wollig, rosa, purpurn, lila, rot, gelb, grün, braun. Narbe meist grün
Frucht: Beere
Kennzeichen: Blüten dornig, mit meist grünen Narben

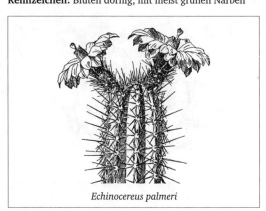
Echinocereus palmeri

Echinofossulocactus Lawr.

Ableitung: Igel-Gruben-Cactus
Arten: 1–20
Lebensform: Kugelkaktee mit 10–120 Rippen
Blütenstand: scheitelnah
Blüten: tagblühend, radiär, außen mit Schuppen, kahl, weiß mit braunen oder violetten Mittelnerven
Frucht: trocken, sich öffnend
Kennzeichen: Kugelkaktee mit dünnen, gewellten Rippen

Stenocactus crispatus

Echinomastus Britton et Rose

Ableitung: Igel-Warze
Arten: 7
Lebensform: Kugelkaktee mit Warzen
Blütenstand: scheitelnah
Blüten: tagblühend, radiär, außen mit Schuppen, kahl, weiß, rosa, purpurn
Frucht: sich öffnend

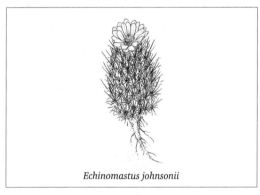
Echinomastus johnsonii

Echinopsis Zucc.

Ableitung: vom Aussehen wie ein Seeigel
Vulgärnamen: D:Seeigelkaktus; F:Cactus-hérisson
Arten: c. 20

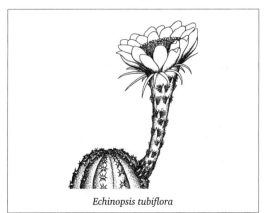
Echinopsis tubiflora

Lebensform: Kugelkaktee kugelig bis kurz säulig, mit 8–30 Rippen
Blütenstand: ± seitlich
Blüten: nacht- oder tagblühend, radiär, außen mit Schuppen, behaart, weiß, rosa, lila, gelb, rot. Schlundstaubblattkranz vorhanden
Frucht: Beere, sich öffnend
Kennzeichen: Kugelkakteen mit Schlundstaubblatkranz

Encephalocarpus A. Berger

Ableitung: Früchte auf dem Kopf
Arten: 1
Lebensform: Kugelkaktee mit dachziegeligen Warzen und hinfälligen Dornen
Blütenstand: scheitelnah
Blüten: tagblühend, radiär, außen ohne Schuppen, kahl, violettrot
Frucht: trocken
Kennzeichen: Kugelkaktee mit dachziegeligen Warzen

Epiphyllum Haw.

Ableitung: auf dem Blatt (Blüten)
Vulgärnamen: D:Blattkaktus, Schusterkaktus; E:Orchid Cactus; F:Cactus des savetiers
Arten: 15
Lebensform: epiphytische Kaktee mit langen, flachen Trieben
Blütenstand: seitlich
Blüten: nachtblühend, radiär, außen mit Schuppen, kahl, borstig, weiß, gelb, rosa
Frucht: Beere, am Ende aufplatzend
Kennzeichen: epiphytische Kaktee mit Flachtrieben, nachtblühend

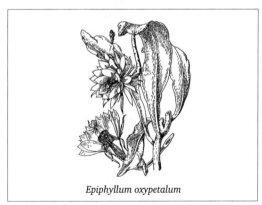
Epiphyllum oxypetalum

Epithelantha F.A.C. Weber ex Britton et Rose

Ableitung: Blüten auf Warzen
Vulgärnamen: D:Knopfkaktus; E:Button Cactus
Arten: 2
Lebensform: Kugelkaktee mit sehr kleinen Warzen
Blütenstand: scheitelnah
Blüten: tagblühend, radiär, außen ohne Schuppen, kahl, weiß, orange, rosa

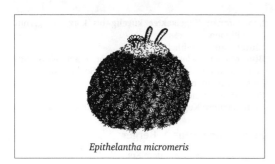
Epithelantha micromeris

Frucht: beerenartig
Kennzeichen: Kugelkaktee mit sehr kleinen Warzen

Eriocereus Riccob.

Ableitung: Woll-Cereus
Arten: c. 10
Lebensform: Säulenkaktee mit 3–10 Rippen
Blütenstand: scheitelnah
Blüten: nachtblühend, radiär, außen mit Schuppen, dornig-wollig, wollig, weiß, rosa
Frucht: Beere, am Ende aufplatzend
Kennzeichen: Säulenkaktee, nachtblühend

Eriocereus bonplandii

Eriosyce Phil.

Ableitung: wollige Feige
Arten: 2

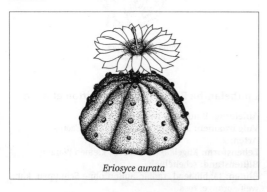
Eriosyce aurata

Lebensform: Kugelkaktee mit 7- bis über 30 Rippen
Blütenstand: ± seitlich
Blüten: tagblühend, radiär, außen mit Schuppen, dornig und haarig, orange bis purpurn, gelb
Frucht: Beere

Erythrorhipsalis A. Berger

Ableitung: rotes Rhipsalis
Arten: 1
Lebensform: epiphytische Kaktee bleistiftstarken Trieben mit 8–10 Rippen, dicht bedornt
Blütenstand: scheitelnah
Blüten: tagblühend, radiär, außen mit Schuppen, schwach wollig, weiß, blassgelb
Frucht: Beere
Kennzeichen: epiphytische Kaktee mit bleistiftstarken, dicht bedornten Trieben

Escobaria Britton et Rose

Ableitung: Gattung zu Ehren von Rómulo und Numa Escobar, zwei mexikanischen Pflanzensammlern benannt
Arten: 16
Lebensform: Kugelkaktee mit gefurchten Warzen
Blütenstand: scheitelnah
Blüten: tagblühend, radiär, außen ohne Schuppen, kahl, weiß, rosa, purpurn, gelb
Frucht: Beere
Kennzeichen: Kugelkaktee mit gefurchten Warzen und nackten Blüten

Escobaria tuberculosa

Escontria Rose

Ableitung: Gattung zu Ehren von Don Blas Escontria, einem Gouverneur in Mexiko im 19. und 20. Jahrhundert benannt
Arten: 1
Lebensform: Säulenkaktee mit 7–9 Rippen
Blütenstand: scheitelnah
Blüten: tagblühend, radiär, außen mit Schuppen, borstigfilzig, gelb
Frucht: Beere

Espostoa Britton et Rose

Ableitung: Gattung zu Ehren von Nicolás Esposto, einem peruanischen Botaniker benannt
Arten: 10
Lebensform: baum- oder strauchförmige Säulenkaktee mit 14–30 Rippen
Blütenstand: ringförmiges Cephalium
Blüten: nachtblühend, radiär, außen mit Schuppen, haarig, weiß
Frucht: Beere
Kennzeichen: Blüten in einem ringförmigen Cephalium

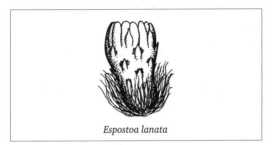
Espostoa lanata

Eulychnia Phil.

Ableitung: schöne Fackel
Arten: 5
Lebensform: baum- oder strauchförmige Säulenkaktee mit 9–16 Rippen
Blütenstand: seitlich
Blüten: tagblühend und nachtblühend, radiär, außen mit Schuppen, borstig-dornig, wollig, filzig, rosa, weiß
Frucht: Beere

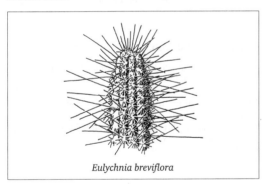
Eulychnia breviflora

Facheiroa Britton et Rose

Ableitung: nach einem Pflanzennamen in Brasilien
Arten: 3
Lebensform: Säulenkaktee mit 15–32 Rippen
Blütenstand: seitliches Rinnencephalium
Blüten: nachtblühend, radiär, außen mit Schuppen, haarig, weiß, rosa
Frucht: Beere
Kennzeichen: Blüten in einem seitlichen Rinnencephalium

Ferocactus Britton et Rose

Ableitung: wilder Cactus
Arten: 23
Lebensform: Kugelkaktee, zum Teil kurz säulig, mit zahlreichen Rippen
Blütenstand: scheitelständig
Blüten: tagblühend, radiär, rosa, gelb, violett, sehr kurze Röhre, außen mit Schuppen, kahl, Griffel sehr dick
Frucht: sich öffnend
Kennzeichen: Kugelkakteen mit Blüten mit sehr kurzer Röhre und kahlen Schuppen

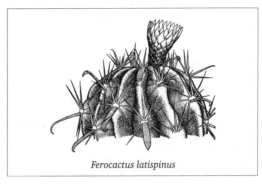
Ferocactus latispinus

Frailea Britton et Rose

Ableitung: Gattung zu Ehren von Manuel Fraile (1850–?), einem nordamerikanischen Kakteenkenner benannt
Arten: 15
Lebensform: Kugelkaktee mit 10–33 Rippen
Blütenstand: scheitelnah
Blüten: tagblühend, radiär, außen mit Schuppen, borstig und wollig, gelb
Frucht: trocken

Frailea grahliana

Gymnocalycium Pfeiff.

Ableitung: mit nacktem Kelch
Arten: 50+
Lebensform: Kugelkaktee mit 5 bis über 30 Rippen
Blütenstand: meist scheitelnah
Blüten: tagblühend, radiär, außen mit großen Schuppen, kahl, weiß, rosa, rot, selten gelb
Frucht: Beere oder trocken
Kennzeichen: Kugelkakteen mit fast immer Rippen mit Querfurchen. Blüten mit großen, kahlen Schuppen

Gymnocalycium mihanovichii

Haageocereus Backeb.
Ableitung: Cereus von Haage, Gattung zu Ehren von Friedrich Adolph Haage jr. (1796–1866), einem deutschen Gärtner und Kakteenkenner benannt
Arten: 5–10
Lebensform: strauch- oder baumförmige Säulenkaktee mit 10–28 Rippen
Blütenstand: ± seitlich
Blüten: nachtblühend, radiär, außen mit Schuppen, ± kahl, weiß, rot. Schlundstaubblattkranz zum Teil vorhanden
Frucht: Beere
Kennzeichen: Säulenkaktee, nachtblühend

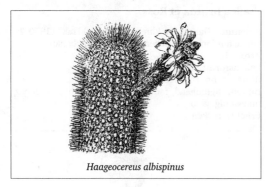
Haageocereus albispinus

Harrisia Britton
Ableitung: Gattung zu Ehren von William Harris (1860–1920), einem irischen Botaniker auf Jamaika benannt

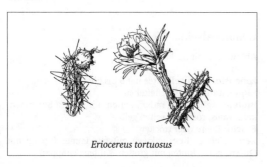
Eriocereus tortuosus

Arten: c. 20
Lebensform: baum- oder strauchförmige Säulenkaktee mit (5-)8–12 Rippen
Blütenstand: scheitelnah
Blüten: nachtblühend, radiär, außen mit Schuppen, wollig, weiß, rosa. Staubblätter in 2 Kreisen
Frucht: Beere
Kennzeichen: Säulenkaktee, nachtblühend

Hatiora Britton et Rose
Ableitung: Name ist Umstellung (Anagramm) von Hariota
Arten: 2
Lebensform: Kaktee mit keulenförmigen Gliedern
Blütenstand: endständig
Blüten: tagblühend, radiär, außen mit Schuppen, kahl, weiß, gelb, rosa. Staubblätter in 2 Kreisen
Frucht: Beere
Kennzeichen: Kaktee mit kleinen, keulenförmigen Gliedern

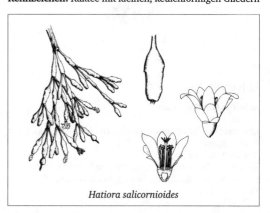
Hatiora salicornioides

Heliabravoa Backeb.
Ableitung: Gattung zu Ehren von Helia Bravo Hollis (1905–2001), einer mexikanischen Botanikerin benannt
Arten: 1
Lebensform: baumförmige Säulenkaktee mit 7–9 Rippen
Blütenstand: scheitelständig
Blüten: tagblühend, radiär, außen mit Schuppen, borstighaarig, weiß, außen rosa
Frucht: Beere

Heliabravoa chende

Heliocereus (A. Berger) Britton et Rose

Ableitung: Sonnen-Cereus
Arten: 4
Lebensform: Säulenkaktee mit 3-4(7-2) Rippen
Blütenstand: seitlich
Blüten: tagblühend, radiär, außen mit Schuppen, borstig-filzig, weiß, rot
Frucht: Beere, grün
Kennzeichen: Säulenkaktee mit meist nur 3-4 Rippen

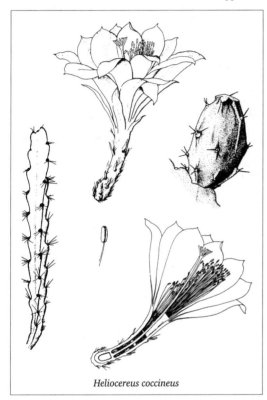
Heliocereus coccineus

Hildewintera F. Ritter

Ableitung: Gattung zu Ehren von Hildegard Winter, der Schwester des deutschen Kakteenspezialisten Friedrich Ritter (1898-1989) benannt
Arten: 1
Lebensform: Säulenkaktee mit 16-17 Rippen
Blütenstand: seitlich
Blüten: tagblühend, radiär, außen mit Schuppen, ± wollig, orange, innere Blütenhüllblätter kurz und aufrecht
Frucht: Beere
Kennzeichen: innere Blütenhüllblätter kurz und aufrecht

Hylocereus (A. Berger) Britton et Rose

Ableitung: Wald-Cereus
Vulgärnamen: D:Waldkaktus; F:Cactus des bois
Arten: 16
Lebensform: kletternde Säulenkaktee mit 3(5-2) Rippen
Blütenstand: seitlich
Blüten: nachtblühend, radiär, außen mit Schuppen, kahl, weiß, rosa, gelblich
Frucht: Beere
Kennzeichen: kletternde Säulenkaktee, nachtblühend

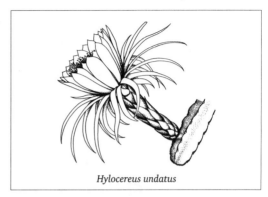
Hylocereus undatus

Lepismium Pfeiff.

Ableitung: Schuppen-Pflanze
Arten: 16
Lebensform: fast immer epiphytische Kaktee mit Gliedern oder flachen Trieben
Blütenstand: seitlich
Blüten: tagblühend, radiär, außen ohne Schuppen, weiß, gelblich, rötlich
Frucht: Beere
Kennzeichen: epiphytische Kaktee mit meist runden Gliedern

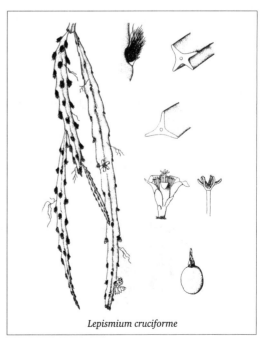
Lepismium cruciforme

Leuchtenbergia Hook.

Ableitung: Gattung zu Ehren von Eugène de Beauharnais, Herzog von Leuchtenberg (1781–1824), dem Adoptivsohn von Napoleon Bonaparte und Vizekönig von Italien benannt
Arten: 1
Lebensform: Kaktee mit sehr langen Warzen
Blütenstand: seitlich
Blüten: tagblühend, radiär, außen mit Schuppen, kahl, gelb
Frucht: Beere
Kennzeichen: blattartige, sehr lange Warzen

Leuchtenbergia principis

Lobivia Britton et Rose

Ableitung: Name aus Bolivia verändert
Arten: c. 40
Lebensform: Kugelkaktee mit Rippen oder in Warzen aufgelösten Rippen
Blütenstand: meist seitlich
Blüten: tagblühend, radiär, außen mit Schuppen, wollig, rot, lila, rosa, violett, gelb. Schlundstaubblattkranz vorhanden
Frucht: Beere
Kennzeichen: Blüten meist seitlich, tagblühend und mit Schlundstaubblättern

Lobivia chrysantha

Lophocereus (A. Berger) Britton et Rose

Ableitung: Kamm-Cereus
Arten: 2
Lebensform: Säulenkaktee mit 4–15 Rippen, ohne Dornen
Blütenstand: Blüten einzeln bis mehrere je Areole, in einem Pseudocephalium
Blüten: nachtblühend, radiär, außen mit Schuppen, kahl, rot, rosa, weiß
Frucht: Beere, rot
Kennzeichen: Säulenkaktee ohne Dornen, Blüten in einem Pseudocephalium

Lophophora J.M. Coult.

Ableitung: Federbusch-Träger
Vulgärnamen: D:Mescalkaktus, Pejote, Pellote, Peyotl; E:Mescal, Peyote; F:Peyote, Peyoti
Arten: 2
Lebensform: Kugelkaktee mit Rippen und Rübenwurzel
Blütenstand: scheitelnah
Blüten: tagblühend, radiär, außen ohne Schuppen, kahl, rosaweiß, gelblich
Frucht: Beere
Kennzeichen: Kugelkaktee, ± dornenlos

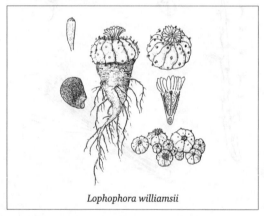

Lophophora williamsii

Maihuenia (Phil. ex F.A.C. Weber) K. Schum.

Ableitung: Pflanzenname in Chile
Arten: 2

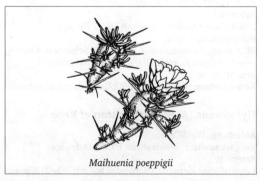

Maihuenia poeppigii

Lebensform: Kaktee polsterförmig, mit Gliedern und Blättern, ohne Glochiden
Blütenstand: endständig
Blüten: tagblühend, radiär, außen wollig, (dornig), gelb, weiß
Frucht: Beere
Kennzeichen: Kaktee polsterförmig, mit pfriemenförmigen Blättern

Mammillaria Haw.

Ableitung: Warzen-Pflanze
Vulgärnamen: D:Warzenkaktus; F:Mammilaire
Arten: c. 150
Lebensform: Kugelkakteen, manchmal auch langgestreckt, mit Warzen
Blütenstand: häufig in einem Kranz um den Scheitel, aus den Axillen, zwischen den Warzen entspringend
Blüten: tagblühend, radiär, außen ohne Schuppen, kahl, in allen Farben außer blau
Frucht: Beere
Kennzeichen: Kugelkakteen mit ungefurchten Warzen. Blüten aus den Axillen, nackt

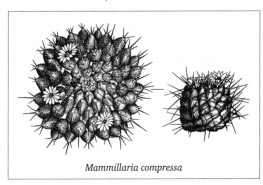
Mammillaria compressa

Matucana Britton et Rose

Ableitung: Pflanze aus Matucana bei Lima, Peru
Arten: 6-7
Lebensform: Kugelkaktee oder Säulenkaktee mit 7-30 Rippen
Blütenstand: scheitelständig

Matucana haynei

Blüten: tagblühend, zygomorph, außen mit Schuppen, wollig oder kahl, rot, orange, gelb
Frucht: Kapsel
Kennzeichen: Blüten zygomorph

Melocactus Link et Otto

Ableitung: Melonen-Kaktus
Vulgärnamen: D:Melonenkaktus; E:Turk's Cap Cactus; F:Cactus-melon
Arten: 31
Lebensform: Kugelkaktee mit Rippen
Blütenstand: Cephalium
Blüten: tagblühend, radiär, außen ohne Schuppen, kahl, rot, rosa
Frucht: Beere
Kennzeichen: Kugelkaktee mit Cephalium, tagblühend

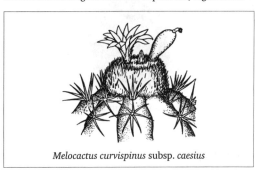
Melocactus curvispinus subsp. *caesius*

Micranthocereus Backeb.

Ableitung: Cereus mit kleinen Blüten
Arten: 9
Lebensform: Säulenkaktee mit 15-20 Rippen
Blütenstand: seitlich
Blüten: nachtblühend, radiär, außen ohne Schuppen, kahl, rosa
Frucht: Beere
Kennzeichen: Säulenkaktee, nachtblühend

Micranthocereus polyanthus

Mila Britton et Rose

Ableitung: Name ist Umstellung (Anagramm) aus Lima, der Hauptstadt von Peru
Arten: 1
Lebensform: langgestreckte Kugelkaktee mit 9–15 Rippen
Blütenstand: scheitelnah
Blüten: tagblühend, radiär, außen mit Schuppen, ± wollig, gelb
Frucht: Beere
Kennzeichen: Kugelkaktee mit Schlundstaubblattkranz

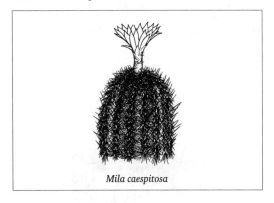
Mila caespitosa

Monvillea Britton et Rose

Ableitung: Gattung zu Ehren von Hippolyte Boissel Baron de Monville (1794–1863), einem französischen Kakteenkenner benannt
Arten: c. 15
Lebensform: Säulenkaktee mit (4-)5–12 Rippen
Blütenstand: ± scheitelnah
Blüten: nachtblühend, radiär, außen mit Schuppen, kahl, weiß, gelb
Frucht: Beere
Kennzeichen: Säulenkaktee, nachtblühend. Blüten kahl

Monvillea haageana

Myrtillocactus Console

Ableitung: Heidelbeer-Kaktus
Vulgärnamen: D:Heidelbeerkaktus; F:Cactus à myrtilles
Arten: 4
Lebensform: baum- oder strauchförmige Säulenkaktee mit 5–9 Rippen
Blütenstand: seitlich, bis zu 10 je Areole
Blüten: tagblühend, radiär, außen mit Schuppen, schwach wollig, weiß, cremefarben, grünlich
Frucht: Beere
Kennzeichen: Säulenkaktee, meist mit mehreren Blüten je Areole

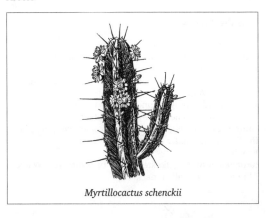
Myrtillocactus schenckii

Neobuxbaumia Backeb.

Ableitung: neue Buxbaumia
Arten: 7
Lebensform: baum- oder strauchförmige Säulenkaktee mit 10–50 Rippen
Blütenstand: scheitelnah bis seitlich
Blüten: nachtblühend, radiär, außen mit Schuppen, filzig, kahl, dornig, borstig, weiß, rosa
Frucht: Beere
Kennzeichen: Säulenkaktee nachtblühend

Neobuxbaumia polylopha

Neolloydia Britton et Rose

Ableitung: neue Lloydia
Arten: 14
Lebensform: Kugelkaktee mit gefurchten Warzen
Blütenstand: scheitelnah, aus den Axillen zwischen den Warzen entspringend
Blüten: tagblühend, radiär, außen mit Schuppen, kahl, rosa
Frucht: trocken
Kennzeichen: Kugelkaktee mit gefurchten Warzen, Blüten aus den Axillen

Cactaceae Kakteen

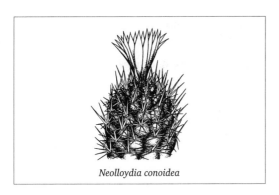
Neolloydia conoidea

Neoporteria Britton et Rose

Ableitung: neue Porteria
Arten: 25
Lebensform: Kugelkaktee oder langgestreckt, mit Rippen oder Warzen
Blütenstand: scheitelnah
Blüten: tagblühend, radiär, außen mit Schuppen, haarigfilzig, selten borstig, gelb bis karminrot
Frucht: trocken, mit Pore am Grund

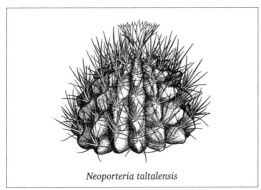
Neoporteria taltalensis

Neoraimondia Britton et Rose

Ableitung: neue Raimondia
Arten: 2

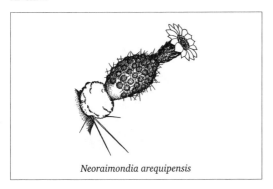
Neoraimondia arequipensis

Lebensform: baum- oder strauchförmige Säulenkaktee mit 4–8 Rippen
Blütenstand: an kurzen Seitentrieben, einzeln oder zu 2 je Areole
Blüten: tagblühend, radiär, außen mit Schuppen, borstigfilzig, filzig, rosa, weiß
Frucht: Beere
Kennzeichen: Säulenkaktee, Blüten an kurzen Seitentrieben

Neowerdermannia Fric

Ableitung: neue Werdermannia
Arten: 2
Lebensform: Kugelkaktee mit etwa 16 Rippen
Blütenstand: scheitelnah
Blüten: tagblühend, radiär, außen mit Schuppen, kahl, weiß, rosa
Frucht: seitlich aufspringend
Kennzeichen: Kugelkaktee mit Dornen in den Vertiefungen zwischen den Warzen

Nopalxochia Britton et Rose

Ableitung: nach einem Pflanzennamen der Azteken in Mexiko
Arten: 4
Lebensform: epiphytische Säulenkaktee mit flachen Trieben
Blütenstand: meist seitlich
Blüten: tagblühend, radiär, außen mit Schuppen, borstig, filzig, kahl, rosa, rot
Frucht: Beere
Kennzeichen: epiphytische Kaktee mit Flachtrieben, tagblühend

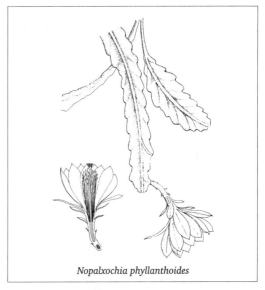
Nopalxochia phyllanthoides

Notocactus (K. Schum.) Fric

Ableitung: südlicher Cactus
Arten: c. 25

Lebensform: Kugelkaktee, zum Teil langgestreckt, mit 6–60, oft warzigen Rippen
Blütenstand: seitlich
Blüten: tagblühend, radiär, außen mit Schuppen, wollig und borstig oder dornig, gelb, rot, lila, lachsfarben, grüngelb
Frucht: trocken
Kennzeichen: Narben meist rot

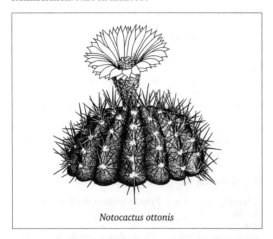
Notocactus ottonis

Nyctocereus (A. Berger) Britton et Rose

Ableitung: Nacht-Cereus
Arten: 3
Lebensform: Säulenkaktee mit 5–13 Rippen, ohne Rübenwurzeln
Blütenstand: seitlich oder endständig
Blüten: nachtblühend, radiär, außen mit Schuppen, dornig oder wollig, weiß
Frucht: Beere, dornig
Kennzeichen: Säulenkaktee, nachtblühend

Obregonia Fric

Ableitung: Gattung zu Ehren von Alvaro Obregón (1880-1928), einem mexikanischen Staatspräsidenten benannt
Arten: 1
Lebensform: Kugelkaktee mit flachen Warzen
Blütenstand: scheitelnah
Blüten: tagblühend, radiär, außen mit Resten von Schuppen, kahl, weiß, braunrot

Obregonia denegrii

Frucht: trocken bei der Reife
Kennzeichen: Kugelkaktee mit flachen Warzen

Opuntia Neck. ex M. Gómez

Ableitung: antiker Pflanzenname
Vulgärnamen: D:Feigenkaktus, Opuntie; E:Prickly Pear, Tuna; F:Figuier de Barbarie, Nopal, Oponce, Raquette
Arten: 200+
Lebensform: strauch- bis baumförmig Säulenkaktee oder mit flachen Gliedern. Blätter ± hinfällig. Areolen mit Glochiden
Blütenstand: seitlich, selten scheitelnah
Blüten: tagblühend, radiär, außen mit Schuppen, oft dornig, gelb, rosa, rot, weißlich
Frucht: beerenartig
Kennzeichen: Kakteen mit hinfälligen Blättern und Glochiden, sehr oft mit flachen Gliedern

Opuntia paraguayensis

Oreocereus (A. Berger) Riccob.

Ableitung: Berg-Cereus
Arten: 6–7
Lebensform: Säulenkaktee mit 10–25 Rippen
Blütenstand: scheitelnah, mit Cephalium oder nicht
Blüten: tagblühend, zygomorph, außen mit Schuppen, haarig, orange, rot, purpurn

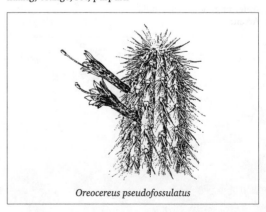
Oreocereus pseudofossulatus

Frucht: Beere
Kennzeichen: Säulenkaktee mit zygomorphen Blüten, zum Teil in Cephalien

Oroya Britton et Rose

Ableitung: von Oroya, Peru
Arten: 1–2
Lebensform: Kugelkaktee mit 20–35 Rippen
Blütenstand: scheitelnah
Blüten: tagblühend, radiär, außen mit Schuppen, kahl bis schwach wollig, 2 Gruppen von Staubblättern, gelb-rot, orange
Frucht: Beere
Kennzeichen: Blüten mit 2 Gruppen von Staubblättern

Oroya peruviana

Ortegocactus Alexander

Ableitung: Kaktus zu Ehren der Familie Ortega im 20. Jahrhundert in San José Lachiguiri in Oaxaca (Mexiko) benannt
Arten: 1
Lebensform: Kugelkaktee mit Warzen
Blütenstand: scheitelnah, aus den Axillen zwischen den Warzen entspringend
Blüten: tagblühend, radiär, außen ohne Schuppen, wollig, gelb
Frucht: trocken
Kennzeichen: Kugelkaktee mit gefurchten Warzen. Blüten aus den Axillen

Pachycereus (A. Berger) Britton et Rose

Ableitung: dicker Cereus
Arten: 7
Lebensform: baum- oder strauchförmige Säulenkaktee mit 9–20 Rippen
Blütenstand: endständig oder seitlich
Blüten: ± nachtblühend, radiär, außen mit Schuppen, borstig-wollig, borstig-haarig, weiß, gelb, grünlichbraun
Frucht: trocken

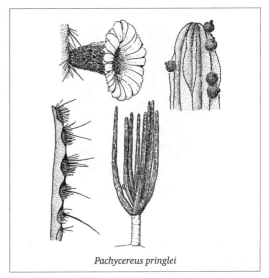

Pachycereus pringlei

Kennzeichen: große, dickstämmige, nachtblühende Säulenkakteen

Parodia Speg.

Ableitung: Gattung zu Ehren von Domingo Parodi (1823–1890), einem italienischen Botaniker in Südamerika benannt
Arten: c. 25
Lebensform: Kugelkaktee mit Rippen oder Warzen
Blütenstand: scheitelnah
Blüten: tagblühend, radiär, außen mit Schuppen, wollig, haarig, kahl, ± borstig, gelb, orange, rot
Frucht: Beere, trocken
Kennzeichen: Kugelkakteen mit oft hakigen Dornen

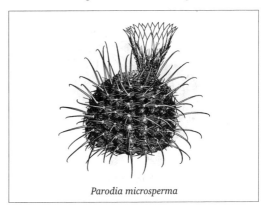

Parodia microsperma

Pediocactus Britton et Rose

Ableitung: Feld-Cactus
Arten: 6
Lebensform: Kugelkaktee mit Warzen
Blütenstand: ± scheitelnah

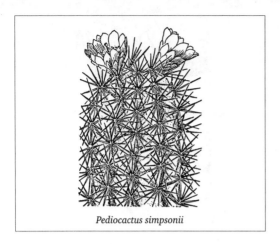
Pediocactus simpsonii

Blüten: tagblühend, radiär, außen mit Schuppen, ± kahl, gelb, rot, weiß
Frucht: trocken

Pelecyphora C. Ehrenb.

Ableitung: Beilträger
Vulgärnamen: D:Asselkaktus, Beilkaktus; F:Cactus mille-pattes
Arten: 2
Lebensform: Kugelkaktee mit seitlich zusammengedrückten Warzen und kammförmig angeordneten Dornen
Blütenstand: ± scheitelnah, Blüten aus den Axillen zwischen den Warzen entspringend
Blüten: tagblühend, radiär, außen ohne Schuppen, kahl, lila
Frucht: Kapsel
Kennzeichen: Kugelkaktee mit seitlich zusammengedrückten gefurchten Warzen und kammförmig gestellten Dornen

Pelecyphora aselliformis

Peniocereus (A. Berger) Britton et Rose

Ableitung: Spulen-Cereus
Vulgärnamen: D:Spulenkaktus; F:Cierge
Arten: 20
Lebensform: Säulenkaktee, kletternd, mit 3–10 Rippen
Blütenstand: seitlich
Blüten: nachtblühend, radiär, außen mit Schuppen, kahl, dornig-wollig, weiß, selten grünlich weiß, cremefarben, rosa
Frucht: Beere
Kennzeichen: Säulenkaktee, nachtblühend

Pereskia Mill.

Ableitung: Gattung zu Ehren von Nicolas Claude Fabri de Peiresc (1580–1637), einem französischen Naturforscher benannt
Vulgärnamen: D:Pereskie, Rosenkaktus; F:Cactus à feuilles
Arten: 16
Lebensform: nicht sukkulente baum- oder strauchförmige oder kletternde Kaktee mit dornigen Areolen und flachen Laubblättern
Blütenstand: Blüten gestielt einzeln, Büschel, Rispen
Blüten: tagblühend, radiär, außen mit Schuppen, wollig, dornig, haarig, rot. Rosa, weiß
Frucht: Beere
Kennzeichen: Kaktee mit flachen Laubblättern, kaum sukkulent, aber mit Areolen

Pereskia aculeata

Pereskiopsis Britton et Rose

Ableitung: vom Aussehen einer Pereskia
Arten: 9
Lebensform: strauch-, baumförmige oder kletternde Säulenkaktee mit runden Trieben und flachen Blättern. Glochiden vorhanden
Blütenstand: seitlich
Blüten: tagblühend, radiär, außen mit Schuppen, Glochiden, gelb, rosa, rot
Frucht: Beere
Kennzeichen: Kaktee mit flachen Blättern und Glochiden

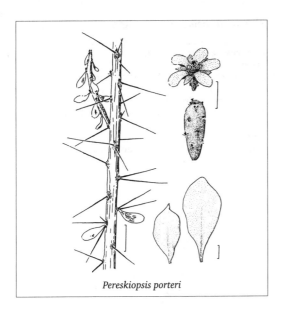

Pereskiopsis porteri

Pfeiffera Salm-Dyck

Ableitung: Gattung zu Ehren von Louis Karl Georg Pfeiffer (1805–1878), einem deutschen Arzt und Botaniker benannt
Arten: 2
Lebensform: epiphytische oder nicht epiphytische kleine Säulenkaktee mit 3–8 Rippen
Blütenstand: seitlich oder endständig
Blüten: tagblühend, radiär, außen mit Schuppen, dornig-wollig, weiß, gelblich
Frucht: Beere

Pilosocereus Byles et G.D. Rowley

Ableitung: behaarter Cereus
Vulgärnamen: D:Haarsäulenkaktus; F:Cierge pileux
Arten: 35
Lebensform: strauch- oder baumförmige Säulenkaktee mit 4–30 Rippen

Pilosocereus glaucochrous

Blütenstand: seitlich oder scheitelnah, oft in einem Pseudocephalium
Blüten: nachtblühend, radiär, außen mit oder ohne Schuppen, kahl, schwach wollig, weiß, rosa
Frucht: Beere
Kennzeichen: Säulenkaktee, nachtblühend

Polaskia Backeb.

Ableitung: Gattung zu Ehren von Ch. Polaski, einem nordamerikanischen Kakteenkenner des 20. Jahrhunderts benannt
Arten: 2
Lebensform: baumförmige Säulenkaktee mit 7–12 Rippen
Blütenstand: endständig
Blüten: tagblühend, radiär, außen mit Schuppen, kahl, weiß, rosa
Frucht: Beere

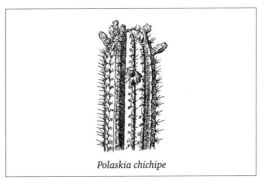

Polaskia chichipe

Pseudorhipsalis Britton et Rose

Ableitung: Schein-Rhipsalis
Arten: 5
Lebensform: epiphytische Kaktee mit flachen Trieben
Blütenstand: seitlich
Blüten: tagblühend, radiär, außen ohne Schuppen, kahl, weiß, gelblich
Frucht: Beere
Kennzeichen: epiphytische Kaktee mit Flachtrieben

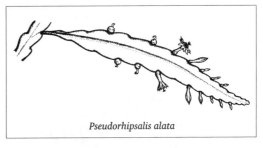

Pseudorhipsalis alata

Pterocactus K. Schum.

Ableitung: Flügel-Cactus
Vulgärnamen: D:Flügelkaktus; F:Cactus ailé

Arten: 9
Lebensform: Kaktee mit zylindrischen bis kugeligen Gliedern und Knollen. Glochiden vorhanden. Blätter hinfällig
Blütenstand: endständig
Blüten: tagblühend, radiär, außen mit Schuppen, dornig, gelb bis rötlich
Frucht: trockene Kapsel
Kennzeichen: Kaktee mit hinfälligen Blättern und Glochiden

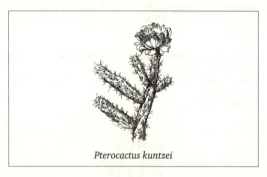
Pterocactus kuntzei

Pygmaeocereus H. Johnson et Backeb.

Ableitung: Zwerg-Cereus
Arten: 2
Lebensform: kleine Säulenkaktee oder Kugelkaktee mit 8–15 Rippen und Rübenwurzel
Blütenstand: seitlich
Blüten: nachtblühend, radiär, außen mit Schuppen, haarig, weiß
Frucht: Beere
Kennzeichen: nachtblühend

Rebutia K. Schum.

Ableitung: Gattung zu Ehren von P. Rebut (?1–2898), einem französischen Kakteenkenner benannt
Arten: 30(–70)
Lebensform: Kugelkakteen, flach bis langgestreckt, mit Rippen oder Warzen
Blütenstand: seitlich tief am Körper
Blüten: tagblühend, radiär, außen mit Schuppen, haarig, borstig, kahl, rot, orange, gelb. Schlundstaubblattkranz teilweise vorhanden
Frucht: trocken bei der Reife
Kennzeichen: Kugelkaktee mit tief am Körper sitzenden Blüten

Rebutia minuscula

Rhipsalidopsis Britton et Rose

Ableitung: vom Aussehen einer Rhipsalis
Vulgärnamen: D:Osterkaktus
Arten: 3
Lebensform: epiphytische Kaktee mit flachen Gliedern, ohne Borsten
Blütenstand: endständig
Blüten: tagblühend, radiär, außen ohne Schuppen, kahl, gelb, rosa
Frucht: 4-kantig
Kennzeichen: epiphytische Kaktee mit 2-schneidigen Gliedern und 4-kantigem Ovar

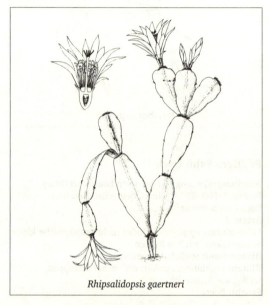
Rhipsalidopsis gaertneri

Rhipsalis Gaertn.

Ableitung: Rutenpflanze
Vulgärnamen: D:Binsenkaktus, Korallenkaktus, Rutenkaktus; F:cactus-gui, Cactus-jonc

Rhipsalis grandiflora

Arten: 50
Lebensform: epiphytische Kaktee mit flachen oder runden Gliedern
Blütenstand: seitlich
Blüten: tagblühend, radiär, außen ohne Schuppen, kahl, selten borstig, weiß, gelblich, rötlich
Frucht: Beere
Kennzeichen: epiphytische Kaktee mit Flachtrieben oder runden Gliedern. Blüten nackt

Schlumbergera Lem.

Ableitung: Gattung zu Ehren von Frederick Schlumberger (1804–1865), einem belgischen Gärtner benannt
Vulgärnamen: D:Gliederkaktus, Weihnachtskaktus; F:Cactus de Noël
Arten: 6
Lebensform: epiphytische Kaktee mit flachen Gliedern
Blütenstand: Blüten endständig
Blüten: tagblühend, radiär oder zygomorph, außen mit gefärbten, kahlen Schuppen, rot, lila, rosa, weiß, orange
Frucht: Beere
Kennzeichen: epiphytische Kaktee mit 2-schneidigen Gliedern. Blüten radiär oder zygomorph

Schlumbergera truncata

Sclerocactus Britton et Rose

Ableitung: harter Cactus
Arten: c. 19
Lebensform: Kugelkaktee, auch gestreckt, mit ± in Warzen aufgelösten Rippen
Blütenstand: scheitelständig
Blüten: tagblühend, radiär, außen ohne Schuppen, kahl, weiß, gelbgrün, purpurn, rosa, lavendelfarben
Frucht: Beere oder trocken

Sclerocactus papyracanthus

Selenicereus (A. Berger) Britton et Rose

Ableitung: Mond-Cereus
Vulgärnamen: D:Königin der Nacht, Schlangenkaktus; F:Cierge de la Lune
Arten: c. 20
Lebensform: kletternde Säulenkaktee mit 4 bis etwa 10 Rippen
Blütenstand: seitlich
Blüten: nachtblühend, radiär, außen mit Schuppen, borstig-haarig, dornig, weiß, gelb, rosa
Frucht: Beere
Kennzeichen: Säulenkaktee kletternd, nachtblühend

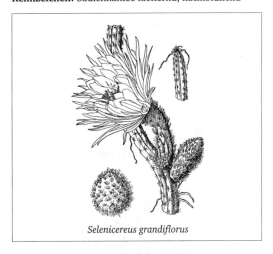
Selenicereus grandiflorus

Setiechinopsis (Backeb.) de Haas

Ableitung: Borsten-Echinopsis
Arten: 1
Lebensform: Säulenkaktee mit 11–12 Rippen
Blütenstand: endständig
Blüten: nachtblühend, radiär, außen mit Schuppen, borstig-wollig, weiße, sehr schmale Blütenhüllblätter. Griffel mit der Röhre verwachsen

Frucht: trocken
Kennzeichen: kleine Säulenkaktee, nachtblühend, mit vielen sehr schmalen Blütenhüllblättern

Stenocereus (A. Berger) Riccob.

Ableitung: schmaler Cereus
Arten: 25
Lebensform: baum- oder strauchartige Säulenkaktee mit (3)4–20 Rippen
Blütenstand: scheitelnah, seitlich
Blüten: ± tagblühend, radiär, außen mit Schuppen, filzig, selten kahl, weiß, rosa
Frucht: Beere

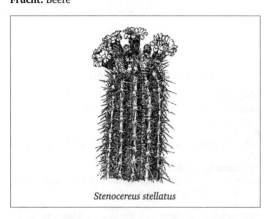
Stenocereus stellatus

Stephanocereus A. Berger

Ableitung: Kranz-Cereus
Arten: 2
Lebensform: baum- oder strauchförmige Säulenkaktee mit 12–18 Rippen
Blütenstand: Cephalium, das immer wieder durchwachsen wird
Blüten: nachtblühend, radiär, außen ± mit Schuppen, kahl, weiß, rosa
Frucht: Beere
Kennzeichen: Blüten in einem immer wieder durchwachsenen Cephalium

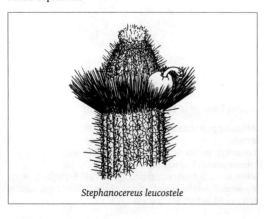
Stephanocereus leucostele

Stetsonia Britton et Rose

Ableitung: Gattung zu Ehren von Francis Lynde Stetson (1846–1920), einem nordamerikanischen Kakteenkenner benannt
Arten: 1
Lebensform: baumförmige Säulenkaktee mit 8–9 Rippen
Blütenstand: seitlich
Blüten: nachtblühend, radiär, außen mit Schuppen, kahl, weiß, außen grün
Frucht: Beere
Kennzeichen: Säulenkaktee, nachtblühend

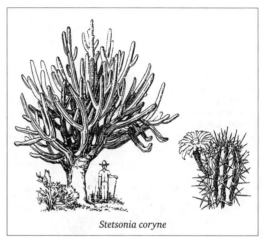
Stetsonia coryne

Strombocactus Britton et Rose

Ableitung: Zapfen-Cactus
Vulgärnamen: D:Kreiselkaktus
Arten: 1
Lebensform: Kugelkaktee mit flachen Warzen
Blütenstand: scheitelständig
Blüten: tagblühend, radiär, außen mit Schuppen, kahl, gelb, weiß
Frucht: trocken
Kennzeichen: Kugelkaktee mit flachen Warzen

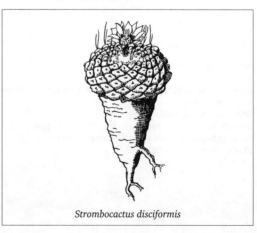
Strombocactus disciformis

Sulcorebutia Backeb.

Ableitung: Furchen-Rebutia
Arten: 5–40
Lebensform: Kugelkaktee mit meist in Warzen aufgelösten Rippen und Rübenwurzel. Dornen ± kammartig angeordnet an langgestreckten Areolen
Blütenstand: seitlich
Blüten: tagblühend, radiär, außen mit Schuppen, kahl, gelb, rot, lila, orange, purpurn
Frucht: trocken bei der Reife
Kennzeichen: Kugelkaktee mit Rübenwurzel und ± kammartig angeordneten Dornen

Thelocactus (K. Schum.) Britton et Rose

Ableitung: Brustwarzen-Cactus
Arten: 11
Lebensform: Kugelkaktee mit Rippen oder Warzen
Blütenstand: Blüten scheitelnah, an ± langer Furche
Blüten: tagblühend, radiär, außen mit Schuppen, kahl, rot, gelb, weiß, rosa, lila
Frucht: austrocknend, am Grund sich öffnend
Kennzeichen: Kugelkaktee mit Blüten an ± langer Furche

Thelocactus hexaedrophorus

Trichocereus (A. Berger) Riccob.

Ableitung: Haar-Cereus
Arten: c. 50
Lebensform: baum- oder strauchförmige Säulenkaktee mit Rippen
Blütenstand: seitlich bis scheitelnah
Blüten: nacht- oder tagblühend, radiär, außen mit Schuppen, haarig, weiß, rot. Schlundstaubblattkranz vorhanden
Frucht: Beere
Kennzeichen: Säulenkaktee, Blüten mit Schlundstaubblattkranz

Trichocereus candicans

Turbinicarpus (Backeb.) Buxb. et Backeb.

Ableitung: Zapfen-Frucht
Arten: 14
Lebensform: Kugelkaktee mit Warzen
Blütenstand: scheitelnah
Blüten: tagblühend, radiär, außen ohne Schuppen, kahl, weiß, rosa, rot
Frucht: Beere, sich schließlich öffnend

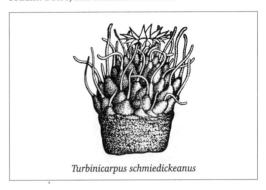

Turbinicarpus schmiedickeanus

Uebelmannia Buining

Ableitung: Gattung zu Ehren von Werner Uebelmann (1921–), einem schweizerischen Kakteensammler in Brasilien benannt
Arten: 5
Lebensform: Kugelkaktee oder länglich, mit 15–40 Rippen
Blütenstand: scheitelständig
Blüten: tagblühend, radiär, außen mit Schuppen, borstighaarig, borstig, haarig, gelb, grünlich
Frucht: Beere

Uebelmannia pectinifera

Weberocereus Britton et Rose

Ableitung: Cereus zu Ehren von Frédéric Albert Constantin Weber (1830–1903), einem französischen Arzt und Sukkulentenforscher benannt
Arten: 9
Lebensform: kletternde Säulenkaktee mit 3 Rippen
Blütenstand: seitlich
Blüten: nachtblühend, radiär, außen mit Schuppen, wollig, borstig-haarig, rosa, weiß, grünlich
Frucht: Beere
Kennzeichen: Säulenkaktee kletternd, 3-rippig, nachtblühend

Weingartia Werderm.

Ableitung: Gattung zu Ehren von Wilhelm Weingart (1856–1936), einem deutschen Botaniker benannt
Arten: 4–9
Lebensform: Kugelkaktee oder länglich, mit 12–26 Rippen
Blütenstand: scheitelnah
Blüten: tagblühend, radiär, außen mit großen Schuppen, kahl, gelb, violett
Frucht: trocken
Kennzeichen: Kugelkaktee, Blüten mit kahlen Schuppen

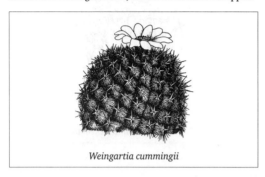

Weingartia cummingii

Wilcoxia Britton et Rose

Ableitung: Gattung zu Ehren von Timothy Erasmus Wilcox (1840–1932), einem nordamerikanischen General und Pflanzensammler benannt
Arten: 3
Lebensform: Säulenkaktee mit bleistiftstarken Trieben mit 3–20 Rippen
Blütenstand: ± endständig
Blüten: tagblühend, radiär, außen mit Schuppen, dornigwollig, weiß, rosa
Frucht: Beere
Kennzeichen: Säulenkaktee mit nur bleistiftstarken Trieben. Blüten dornig

Wilcoxia poselgeri

Wittiocactus Rauschert

Ableitung: Cactus zu Ehren von N. H. Witt, einem Kakteensammler des 20. Jahrhunderts benannt
Arten: 1
Lebensform: epiphytisch, flache Glieder
Blütenstand: seitlich
Blüten: ± nachtblühend, radiär, außen kahl, bläulichrot
Frucht: Beere
Kennzeichen: epiphytische Kaktee mit flachen Gliedern

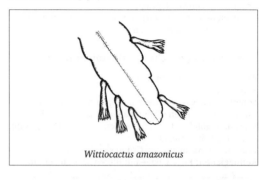

Wittiocactus amazonicus

Caesalpiniaceae Johannisbrotgewächse

1 Vorblätter groß und gegenständig, klappig bleibend, die Blütenknospen zunächst einschließend
  2 Kronblätter fast gleich
    3 Blüten in endständigen Rispen oder Trauben. Kelchblätter 5. Kronblätter nicht genagelt . . . . **Isoberlinia**
    3 Blüten oft in hängenden Köpfchen mit einer Hülle. Kelchblätter 4. Kronblätter genagelt . . . . **Brownea**
  2 Kronblätter sehr ungleich, obere viel breiter. (Kelchblätter 4. Staubblätter verwachsen) . . . . **Amherstia**
1 Vorblätter klein, nicht kelchartig, meist abfallend
  4 Blätter einfach bis tief 2-spaltig
    5 Kronblätter wenig verschieden. Blätter fast immer tief eingeschnitten . . . . . . **Bauhinia**
    5 Kronblätter sehr ungleich, die Blüte wie eine Schmetterlingsblüte aussehend . . . . . . **Cercis**
  4 Blätter paarig gefiedert, selten unpaarig gefiedert
    6 Blätter einfach gefiedert
      7 Kronblätter fehlend
        8 Kelchblätter 5. Staubblätter 5. (Blätter paarig gefiedert). . . . . **Ceratonia**
        8 Kelchblätter 4. Staubblätter 8–12
          9 Kelchblätter dachig in der Knospe
            10 Blätter unpaarig gefiedert. (1-samige Schließfrucht) . . . **Gossweilerodendron**
            10 Blätter paarig gefiedert . . . . **Guibourtia**
          9 Kelchblätter klappig in der Knospe. (Blätter paarig oder unpaarig gefiedert, drüsig punktiert.
1 1(–2)-samige Frucht . . . . **Copaifera**
      7 Kronblätter vorhanden

11 Blätter unpaarig gefiedert. (Kronblätter 3. Staubblätter nur 2 fertile, Antheren mit Poren) . . . . **Distemonanthus**
11 Blätter paarig gefiedert
  12 Kronblatt 1
    13 Staubblätter 3 und 4–7 Staminodien. Samen ohne Arillus. . . . . **Intsia**
    13 Staubblätter 3–8 und 4–2 Staminodien. Samen mit Arillus . . . . **Afzelia**
  12 Kronblätter 5, manchmal nur 4 oder 3
    14 Staubblätter 3, verwachsen . . **Tamarindus**
    14 Staubblätter 10 oder z.T. steril oder 5
      15 Kelch 5-zipfelig. Antheren wenigstens zum Teil mit Poren oder kurzen, endständigen Schlitzen
        16 Staubblätter gebogen. Antheren 3 untere mit Längsspalten. Frucht eine Schließfrucht. . . . . **Cassia**
        16 Staubblätter alle gerade. keine Vorblätter. Antheren alle mit Poren oder sehr kurzer Spalte. Frucht fast immer aufspringend . . . . **Senna**
      15 Kelch 4-zipfelig. Antheren mit Spalten
        17 Blättchen 2. (Blüten weiß)
          18 Blätter drüsig punktiert . . . **Hymenaea**
          18 Blätter nicht drüsig punktiert . **Peltogyne**
        17 Blättchen mehr als 2 . . . . **Schotia**
6 Blätter doppelt paarig gefiedert, zumindest z.T.
  19 Pflanze dornig
    20 dornige Zweige und Stämme. (Blüten unscheinbar. Staubblätter 10–6) . . **Gleditsia**
    20 dornige Nebenblätter und Blattspindel. (Blüten gelb. Staubblätter 10) . **Parkinsonia**
  19 Pflanze nicht dornig
    21 Kelch klappig in der Knospe
      22 Blüten zygomorph, sehr ansehnlich gelb bis rot, selten weiß. . . . . **Delonix**
      22 Blüten radiär, weiß oder purpurn . . . . **Gymnocladus**
    21 Kelch dachig in der Knospe
      23 Fruchtblatt gestielt, vielsamig. Samen in einer Pulpa . . . . **Erythrophleum**
      23 Fruchtknoten höchstens sehr kurz gestielt, 1-samig
        24 Frucht eine Hülse mit in der Mitte spaltenden Klappen. (Blütenstände seitlich) . . . . **Haematoxylum**
        24 Frucht nicht mit in der Mitte spaltenden Klappen
          25 Hülse an beiden Seiten dünn wie geflügelt, sich nicht öffnend. Narbe schildförmig . . . . **Peltophorum**
          25 Hülse ungeflügelt. Narbe nicht schildförmig . . . . **Caesalpinia**

Die Caesalpiniaceae sind wie die nahe verwandten Fabaceae durch ihr einzelnes Fruchtblatt ausgezeichnet, außerdem durch einen verwachsenen Kelch, meist 5 freie Kronblätter und 10 Staubblätter. Nebenblätter sind ebenfalls fast immer vorhanden.
Von den Fabaceae unterscheiden sich die Caesalpiniaceae aber durch ihre fast immer paarig gefiederten Blätter und ihre oft noch ± radiären Blüten. Wenn ausnahmsweise eine Schmetterlingsblüte erreicht wird wie bei Cercis, ist die aufsteigende Knospendeckung der Krone zwar weniger auffällig aber sehr konstant gegenüber der absteigenden Knospendeckung der Krone bei den Fabaceae.

Afzelia Sm.

Ableitung: Gattung zu Ehren von Adam Afzelius (1750–1837), einem schwedischen Botaniker benannt
Vulgärnamen: D:Makolabaum; E:Makola
Arten: 12
Lebensform: Baum, immergrün oder laubwerfend
Blätter: wechselständig, paarig gefiedert. Nebenblätter vorhanden
Blütenstand: Traube, Rispe. Vorblätter klein
Blüten: zwittrig, radiär. Kelchblätter 4, verwachsen. Kronblätter 1, weiß, hellrot. Staubblätter 3–8, frei oder verwachsen und frei von der Krone. Staminodien 2–4. Fruchtblätter 1, oberständig, gestielt. Plazentation marginal
Frucht: Hülse
Kennzeichen: Baum, immergrün oder laubwerfend. Blätter paarig gefiedert. Blüten zygomorph. Kronblätter 1. Staubblätter 3–8 und 2–4 Staminodien. Hülse. Samen mit Arillus

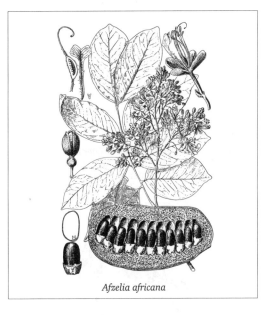

Afzelia africana

Amherstia Wall.

Ableitung: Gattung zu Ehren von Lady Sarah Amherst geb. Thynne (?1–2838), der Gattin von William Pitt, Earl Amherst of Arakan (1773–1857), Generalgouverneur von Indien, und deren Tochter Sarah Elizabeth Amherst benannt
Vulgärnamen: D:Tohabaum; F:Gloire de Birmanie
Arten: 1
Lebensform: Baum, immergrün
Blätter: wechselständig, paarig gefiedert mit 4–7 Blättchenpaaren. Nebenblätter vorhanden

Blütenstand: Traube hängend. Vorblätter 2 groß
Blüten: zwittrig, zygomorph. Kelchblätter 4, kronblattartig, verwachsen
Kronblätter 5, aufsteigend dachig in der Knospe, rot, gelb. Staubblätter 10 verwachsen oder 9 verwachsen und 1 frei und frei von der Krone. Fruchtblätter 1, oberständig, gestielt. Plazentation marginal
Frucht: Hülse
Kennzeichen: Baum, immergrün. Blätter paarig gefiedert. Blüten in hängenden Trauben, mit 2 großen Vorblättern, zygomorph. Kronblätter 5, aufsteigend dachig in der Knospe. Fruchtblatt gestielt.

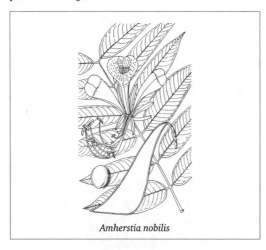
Amherstia nobilis

Bauhinia L.

Ableitung: Gattung zu Ehren der Brüder Bauhin, Johannes Bauhin (1541–1613) und Caspar Bauhin (1560–1624), beides bedeutende Schweizer Botaniker benannt (verbundene Blattteile)

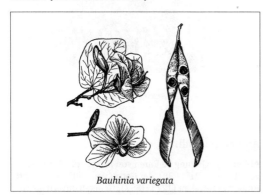
Bauhinia variegata

Vulgärnamen: D:Bauhinie; E:Mountain Ebony; F:Bauhinia
Arten: 300
Lebensform: Baum, Strauch, selten Liane
Blätter: wechselständig, einfach 2-lappig. Nebenblätter vorhanden

Blütenstand: Traube, Rispe, Schirmrispe
Blüten: zwittrig oder eingeschlechtig, radiär bis zygomorph. Kelchblätter 5, verwachsen. Kronblätter 5, aufsteigend dachig in der Knospe, weiß, rosa, rot, purpurn. Staubblätter 10, 5, 3frei oder verwachsen und frei von der Krone. Staminodien vorhanden oder fehlend. Fruchtblätter 1, oberständig, ± gestielt. Plazentation marginal
Frucht: Hülse, Schließfrucht
Kennzeichen: Baum, Strauch, selten Liane. Blätter einfach, 2-lappig. . Kronblätter 5, aufsteigend dachig in der Knospe. Fruchtblatt 1.

Brownea Jacq.

Ableitung: Gattung zu Ehren von Patrick Browne (1720–1790), einem irischen Botaniker benannt
Arten: 12
Lebensform: Baum, immergrün
Blätter: wechselständig, paarig gefiedert mit 2–18 Blättchenpaaren. Nebenblätter vorhanden
Blütenstand: Köpfchen, Traube hängend. Vorblätter 2 groß und verwachsen
Blüten: zwittrig, radiär, Kelchblätter 4, verwachsen. Kronblätter 5, aufsteigend dachig in der Knospe, genagelt, orange, rot, rosa, weiß. Staubblätter 10–15, frei oder ± verwachsen und frei von der Krone. Fruchtblätter 1, oberständig, gestielt. Plazentation marginal
Frucht: Hülse
Kennzeichen:
Lebensform: Baum, immergrün. Blätter paarig gefiedert. Blüten in hängenden Köpfchen oder Trauben, mit 2 großen, verwachsenen Vorblättern. Kelchzipfel 4. Kronblätter 5, aufsteigend dachig in der Knospe, genagelt. 1 Fruchtblatt

Brownea ariza

Caesalpinia L.

Ableitung: Gattung zu Ehren von Andrea Caesalpino (1519–1603), einem italienischen Botaniker benannt
Vulgärnamen: D:Caesalpinie; F:Brésillet
Arten: c. 150
Lebensform: Baum, Strauch, Liane
Blätter: wechselständig, doppelt paarig gefiedert. Nebenblätter vorhanden

Blütenstand: Traube, Rispe
Blüten: zwittrig, radiär bis zygomorph. Kelchblätter 5, verwachsen. Kronblätter 5, aufsteigend dachig in der Knospe, gelb, rötlich, rot. Staubblätter 10, frei und frei von der Krone. Fruchtblätter 1, oberständig, nicht gestielt. Plazentation marginal
Frucht: Hülse oder Schließfrucht
Kennzeichen: Baum, Strauch, Liane. Blätter doppelt paarig gefiedert. Kronblätter 5, aufsteigend dachig in der Knospe. Fruchtblatt 1, nicht gestielt. Keine besonderen kennzeichnenden Merkmale innerhalb der Caesalpiniaceae

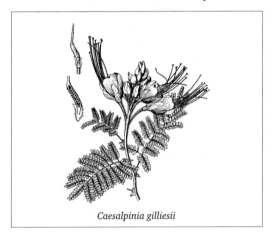

Caesalpinia gilliesii

Cassia L.

Ableitung: antiker Pflanzenname
Vulgärnamen: D:Gewürzrinde, Kassie, Senna; E:Shower Tree; F:Séné
Arten: c. 30
Lebensform: Einjährige, Baum, Staude, Strauch
Blätter: wechselständig, einfach paarig gefiedert. Nebenblätter vorhanden
Blütenstand: einzeln, Traube, Rispe
Blüten: zwittrig, radiär, Kelchblätter 5, verwachsen. Kronblätter 5, aufsteigend dachig in der Knospe, weiß, orange, rosa, gelb. Staubblätter 4, 10, selten 5, frei und frei von der Krone, gebogen. Antheren mit Poren. Fruchtblätter 1, oberständig, gestielt oder nicht. Plazentation marginal
Frucht: Schließfrucht
Kennzeichen: Einjährige, Baum, Staude, Strauch. Blätter einfach paarig gefiedert. Kronblätter 5, aufsteigend dachig in der Knospe. Staubblätter 4, 10, selten 5, gebogen. Fruchtblatt 1, Schließfrucht.

Ceratonia L.

Ableitung: antiker Pflanzenname
Vulgärnamen: D:Johannisbrotbaum; E:St John's Bread; F:Caroubier
Arten: 2
Lebensform: Strauch, Baum, immergrün
Blätter: wechselständig, einfach paarig gefiedert. Nebenblätter vorhanden
Blütenstand: Traube. Vorblätter klein

Blüten: eingeschlechtig oder zwittrig, radiär, Kelchblätter 5, verwachsen. Kronblätter fehlend. Staubblätter 5, frei. Fruchtblätter 1, oberständig, kurz gestielt. Plazentation marginal
Frucht: Hülse, nicht aufspringend
Kennzeichen: Strauch, Baum, immergrün. Blätter einfach paarig gefiedert. Kelchblätter 5. Kronblätter fehlend. Staubblätter 5. Hülse nicht aufspringend

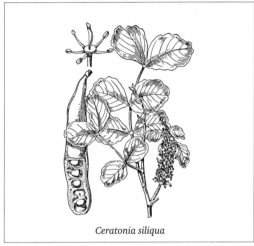

Ceratonia siliqua

Cercis L.

Ableitung: antiker Pflanzenname
Vulgärnamen: D:Judasbaum; E:Redbud; F:Arbre de Judée, gainier
Arten: 6
Lebensform: Strauch, Baum
Blätter: wechselständig, einfach. Nebenblätter vorhanden
Blütenstand: Büschel, Traube. Vorblätter klein oder fehlend
Blüten: zwittrig, zygomorph, Kelchblätter 5, verwachsen. Kronblätter 5, aufsteigend dachig in der Knospe, wie eine Schmetterlingsblüte aussehend, rosa, purpurn, selten weiß. Staubblätter 10, frei und frei von der Krone. Fruchtblätter 1, oberständig, kurz gestielt. Plazentation marginal

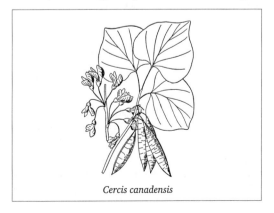

Cercis canadensis

Frucht: Hülse
Kennzeichen: Strauch, Baum. Blätter einfach. Kronblätter 5, aufsteigend dachig in der Knospe, wie eine Schmetterlingsblüte aussehend. Fruchtblatt 1. Hülse

Chamaecrista Moench

Ableitung: kleiner Kamm
Arten: 265
Lebensform: Strauch, Baum, Kräuter
Blätter: wechselständig, einfach paarig gefiedert. Nebenblätter vorhanden
Blütenstand: einzeln, Traube. Vorblätter vorhanden
Blüten: zwittrig, zygomorph, Kelchblätter 5, verwachsen. Kronblätter 5, aufsteigend dachig in der Knospe, gelb, orange. Staubblätter 5–10, frei und frei von der Krone. Antheren mit Poren oder endständigen Schlitzen. Fruchtblätter 1, oberständig. Plazentation marginal
Frucht: Hülse
Kennzeichen: Strauch, Baum, Kräuter. Blätter einfach paarig gefiedert. Vorblätter vorhanden. Kelchblätter 5. Kronblätter 5, aufsteigend dachig in der Knospe. Staubfäden gerade. Antheren mit Poren oder endständigen Schlitzen. Fruchtblatt 1. Hülse

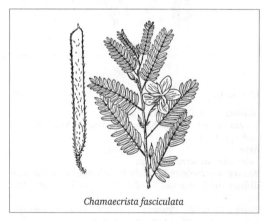
Chamaecrista fasciculata

Copaifera L.

Ableitung: nach einem südamerikanischen Pflanzennamen
Vulgärnamen: D:Kopaivabalsam, Kopaivabaum; E:Cobaiba; F:Copalier
Arten: 30
Lebensform: Baum, Strauch
Blätter: wechselständig, paarig oder unpaarig gefiedert. Nebenblätter unscheinbar
Blütenstand: Ähre, Rispe. Vorblätter hinfällig
Blüten: zwittrig, radiär, Kelchblätter 4, frei, klappig in der Knospe. Kronblätter fehlend. Staubblätter 10–8, frei. Fruchtblatt 1, oberständig, gestielt oder nicht. Plazentation marginal
Frucht: Hülse sich öffnend oder nicht
Kennzeichen: Baum, Strauch. Blätter paarig oder unpaarig gefiedert, drüsig punktiert. Kelchblätter 4, frei, klappig in der Knospe. Kronblätter fehlend. Fruchtblatt 1

Copaifera officinalis

Daniella Benn.

Ableitung: Gattung zu Ehren von William Freeman Daniell (1818–1865), einem englischen Apotheker und Botaniker benannt
Arten: 9
Lebensform: Baum
Blätter: wechselständig, paarig gefiedert. Nebenblätter vorhanden
Blütenstand: Rispe. Vorblätter hinfällig
Blüten: zwittrig, zygomorph, Kelchblätter 4, verwachsen. Kronblätter 5, aufsteigend dachig in der Knospe, rötlichblau. Staubblätter 10, frei oder 9 verwachsend und frei von der Krone. Fruchtblätter 1, oberständig, gestielt. Plazentation marginal
Frucht: Hülse
Kennzeichen: Baum. Blätter paarig gefiedert. Nebenblätter um die Endknospen gefaltet. Blüten zygomorph, mit 4 Kelchblättern. Kronblätter 5, aufsteigend dachig in der Knospe. Fruchtblatt 1

Delonix Raf.

Ableitung: deutliche Kralle
Vulgärnamen: D:Flamboyant; E:Flame Tree; F:Flamboyant
Arten: 10
Lebensform: Baum, immergrün, laubwerfend
Blätter: wechselständig, doppelt paarig gefiedert. Nebenblätter unscheinbar
Blütenstand: Traube. Vorblätter fehlend
Blüten: zwittrig, zygomorph, Kelchblätter 5, verwachsen, klappig in der Knospe
Kronblätter 5, aufsteigend dachig in der Knospe, rot, gelb, weiß, orange. Staubblätter 10, frei und frei von der Krone. Fruchtblätter 1, oberständig, gestielt. Plazentation marginal
Frucht: Hülse
Kennzeichen: Baum, immergrün, laubwerfend. Blätter doppelt paarig gefiedert. Blüten zygomorph. Kelchblätter 5, klappig in der Knospe. Kronblätter 5, aufsteigend dachig in der Knospe. Fruchtblatt 1. Hülse

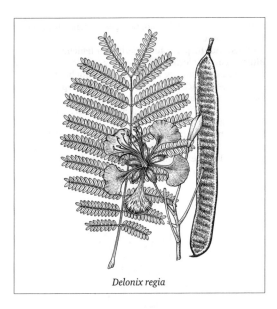
Delonix regia

Distemonanthus Benth.

Ableitung: Blüte mit 2 Staubbättern
Arten: 1
Lebensform: Baum, laubwerfend
Blätter: wechselständig, unpaarig gefiedert. Nebenblätter vorhanden
Blütenstand: einzeln, Köpfchen, Rispe. Vorblätter fehlend
Blüten: zwittrig, zygomorph, Kelchblätter 4–5, verwachsen Kronblätter 3, gelb. Staubblätter 2 fertile mit Poren und kronblattartige Staminodien, frei und frei von der Krone. Fruchtblätter 1, oberständig, ± gestielt. Plazentation marginal
Frucht: Hülse nicht aufspringend
Kennzeichen: Baum, laubwerfend. Blätter unpaarig gefiedert. Kronblätter 3. Staubblätter 2 fertile mit Poren und kronblattartige Staminodien. Fruchtblatt 1. Hülse nicht aufspringend

Distemonanthus benthamianus

Erythrophleum Afzel. ex G. Don

Ableitung: rot fließend (Saft)
Vulgärnamen: D:Gottesurteilsbaum; E:Ordeal Tree
Arten: 9
Lebensform: Baum
Blätter: wechselständig, doppelt paarig gefiedert. Nebenblätter vorhanden
Blütenstand: Traube, Rispe, endständig. Vorblätter fehlend
Blüten: zwittrig, radiär, Kelchblätter 5, verwachsen. Kronblätter 5, aufsteigend dachig in der Knospe. Staubblätter 10, frei und frei von der Krone. Fruchtblätter 1, oberständig, gestielt. Plazentation marginal
Frucht: Hülse, vielsamig. Samen in Pulpa
Kennzeichen: Baum. Blätter doppelt paarig gefiedert. Kronblätter 5, aufsteigend dachig in der Knospe. Fruchtblatt 1. Hülse vielsamig, Samen in einer Pulpa

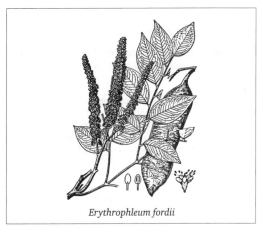
Erythrophleum fordii

Gleditsia L.

Ableitung: Gattung zu Ehren von Johann Gottlieb Gleditsch (1714–1786), einem deutschen Botaniker benannt

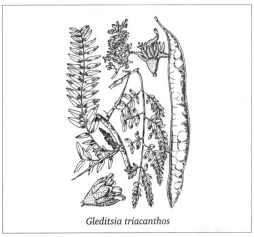
Gleditsia triacanthos

Vulgärnamen: D:Gleditschie, Lederhülsenbaum; E:Honey Locust; F:Févier d'Amérique, Gleditsia
Arten: 14
Lebensform: Baum, laubwerfend, mit Sprossdornen
Blätter: wechselständig, zumindest teilweise doppelt paarig gefiedert. Nebenblätter vorhanden
Blütenstand: Traube, Rispe, seitlich. Vorblätter fehlend
Blüten: zwittrig oder eingeschlechtig, radiär, Kelchblätter 5-3, verwachsen
Kronblätter 5-3, frei, aufsteigend dachig in der Knospe, grün, weißlich. Staubblätter 10-6, frei und frei von der Krone. Fruchtblätter 1, oberständig, kaum gestielt. Plazentation marginal
Frucht: Hülse, flach, aufspringend oder nicht
Kennzeichen: Baum, laubwerfend, mit Sprossdornen. Blätter zumindest teilweise doppelt paarig gefiedert. Kronblätter 5-3, frei, aufsteigend dachig in der Knospe. Fruchtblatt 1. Flache Hülse

Gossweilerodendron Harms

Ableitung: Baum zu Ehren von John (João) Gossweiler (1873-1951), einem Pflanzensammler in Afrika benannt
Arten: 2
Lebensform: Baum
Blätter: wechselständig, selten gegenständig, unpaarig einfach gefiedert. Nebenblätter vorhanden
Blütenstand: Traube. Vorblätter klein hinfällig
Blüten: zwittrig, radiär, Kelchblätter 4, verwachsen
Kronblätter fehlend. Staubblätter 10-8, frei und frei von der Krone. Fruchtblätter 1, oberständig, gestielt. Plazentation marginal
Frucht: Hülse nicht aufspringend
Kennzeichen: Baum. Blätter einfach unpaarig gefiedert. Blüten radiär mit 4 Kelchblättern. Kronblätter fehlend. Staubblätter 10-8. Fruchtblatt 1. Hülse nicht aufspringend

Guibourtia Benn.

Ableitung: Gattung zu Ehren von Nicolas Jean Baptiste Gaston Guibourt (1790-1861), einem französischen Pharmakologen benannt
Arten: 16-17
Lebensform: Baum, Strauch
Blätter: wechselständig, paarig gefiedert mit 2 Blättchen. Nebenblätter vorhanden
Blütenstand: Rispe. Vorblätter klein
Blüten: zwittrig, ± radiär, Kelchblätter 4, frei, dachig in der Knospe. Kronblätter fehlend. Staubblätter 8-12, frei und frei von der Krone. Fruchtblätter 1, oberständig, gestielt oder nicht. Plazentation marginal
Frucht: Hülse aufspringend oder nicht
Kennzeichen: Baum, Strauch. Blätter paarig gefiedert mit 2 Blättchen. Kelchblätter 4, frei, dachig in der Knospe. Kronblätter fehlend. Staubblätter 8-12. Fruchtblatt 1

Gymnocladus Lam.

Ableitung: mit nackten Zweigen
Vulgärnamen: D:Geweihbaum, Schusserbaum; F:Chicot du Canada
Arten: 5
Lebensform: Baum, laubwerfend

Blätter: wechselständig, doppelt paarig gefiedert. Nebenblätter fehlend
Blütenstand: Rispe, Traube. Vorblätter fehlend
Blüten: eingeschlechtig oder zwittrig, radiär, Kelchblätter 5, verwachsen, klappig in der Knospe. Kronblätter 5 oder 4, aufsteigend dachig in der Knospe, weiß, purpurn. Staubblätter 10, frei und frei von der Krone. Fruchtblätter 1, oberständig, nicht gestielt. Plazentation marginal
Frucht: Hülse
Kennzeichen: Baum, laubwerfend. Blätter doppelt paarig gefiedert. Blüten radiär. Kelchblätter 5, verwachsen, klappig in der Knospe. Kronblätter 5 oder 4, aufsteigend dachig in der Knospe. Fruchtblatt 1. Hülse

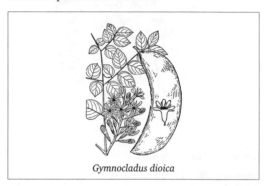

Gymnocladus dioica

Haematoxylum L.

Ableitung: Blut-Holz
Vulgärnamen: D:Blutholzbaum, Campecheholz; E:Bloodwood Tree; F:Campêche, Haematoxylon
Arten: 3
Lebensform: Baum
Blätter: wechselständig, doppelt paarig gefiedert. Nebenblätter vorhanden
Blütenstand: Traube, seitlich. Vorblätter fehlend
Blüten: zwittrig, ± radiär, Kelchblätter 5, verwachsen. Kronblätter 5, aufsteigend dachig in der Knospe, gelb. Staubblätter 10, frei und frei von der Krone. Fruchtblätter 1, oberständig, kurz gestielt. Plazentation marginal

Haematoxylum campechianum

Frucht: Hülse, in der Mitte der Klappen spaltend
Kennzeichen: Baum. Blätter doppelt paarig gefiedert. Blüten in seitlichen Trauben. Kronblätter 5, aufsteigend dachig in der Knospe. Fruchtblätter 1. Hülse, in der Mitte der Klappen spaltend

Hymenaea L.

Ableitung: nach der antiken Gottheit der Hochzeit
Vulgärnamen: D:Heuschreckenbaum; E:Copal; F:Courbaril
Arten: 15
Lebensform: Baum
Blätter: wechselständig, paarig gefiedert, mit 2 Blättchen, drüsig punktiert. Nebenblätter vorhanden
Blütenstand: Schirmrispe. Vorblätter hinfällig
Blüten: zwittrig, ± radiär, Kelchblätter 4, verwachsen Kronblätter 5, aufsteigend dachig in der Knospe, weiß. Staubblätter 10, frei und frei von der Krone. Fruchtblätter 1, oberständig, kurz gestielt. Plazentation marginal
Frucht: Hülse nicht aufspringend
Kennzeichen: Baum. Blätter paarig gefiedert mit 2 Blättchen, drüsig punktiert. Kelchblätter 4. Kronblätter 5, aufsteigend dachig in der Knospe. Fruchtblatt 1. Hülse nicht aufspringend

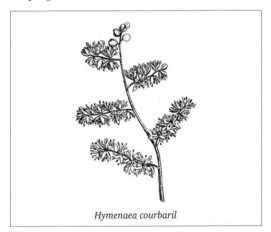

Hymenaea courbaril

Intsia Thouars

Ableitung: nach einem Pflanzennamen in Indien
Arten: 3
Lebensform: Baum
Blätter: wechselständig, paarig gefiedert. Nebenblätter vorhanden
Blütenstand: Traube, Rispe. Vorblätter hinfällig
Blüten: zwittrig, zygomorph, Kelchblätter 4, verwachsen. Kronblätter 1. Staubblätter 3, verwachsen, frei von der Krone. Staminodien 4-7. Fruchtblätter 1, oberständig, gestielt. Plazentation marginal
Frucht: Hülse nicht aufspringend. Samen ohne Arillus
Kennzeichen: Baum. Blätter paarig gefiedert. Kelchblätter 4. Kronblätter 1. Staubblätter 3 und 4-7 Staminodien. Fruchtblatt 1. Hülse nicht aufspringend. Samen ohne Arillus

Isoberlinia Craib et Stapf ex Holland

Ableitung: ähnlich Berlinia
Arten: 5
Lebensform: Baum
Blätter: wechselständig, paarig gefiedert, meist mit 4 Blättchenpaaren. Nebenblätter vorhanden
Blütenstand: Rispe, Traube, endständig. Vorblätter 2 große, klappig bleibend
Blüten: zwittrig, ± radiär, Kelchblätter 5, frei. Kronblätter 5, aufsteigend dachig in der Knospe. Staubblätter 10, frei und frei von der Krone. Fruchtblätter 1, oberständig, gestielt. Plazentation marginal
Frucht: Hülse
Kennzeichen: Baum. Blätter paarig gefiedert, meist mit 4 Blättchenpaaren. Blüten in Rispen oder Trauben, endständig. Vorblätter 2 große, klappig bleibend. Kronblätter 5, aufsteigend dachig in der Knospe. Fruchtblatt 1. Hülse

Parkinsonia L.

Ableitung: Gattung zu Ehren von John Parkinson (1567-1650), einem englischen Botaniker benannt
Vulgärnamen: D:Jerusalemdorn, Parkinsonie; E:Jerusalem Thorn; F:Epine de Jérusalem
Arten: 12-19
Lebensform: Baum, Strauch, immergrün oder sommergrün, dornige Nebenblätter und Blattspindeln
Blätter: wechselständig, doppelt paarig gefiedert. Nebenblätter vorhanden
Blütenstand: Traube. Vorblätter fehlend
Blüten: zwittrig, radiär, Kelchblätter 5, verwachsen. Kronblätter 5, aufsteigend dachig in der Knospe, gelb. Staubblätter 10, frei und frei von der Krone. Fruchtblätter 1, oberständig, kurz gestielt. Plazentation marginal
Frucht: Hülse
Kennzeichen: Baum, Strauch, immergrün oder sommergrün, dornige Nebenblätter und Blattspindeln. Blätter doppelt paarig gefiedert. Kronblätter 5, aufsteigend dachig in der Knospe, gelb. Fruchtblatt 1. Hülse

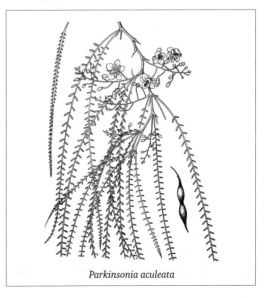

Parkinsonia aculeata

Peltogyne Vogel

Ableitung: mit scheibenförmiger Narbe
Arten: 23
Lebensform: Baum
Blätter: wechselständig, paarig gefiedert, mit 2 Blättchen. Nebenblätter vorhanden
Blütenstand: Trauben in Rispen. Vorblätter hinfällig
Blüten: zwittrig, ± radiär, Kelchblätter 4, verwachsen Kronblätter 5, aufsteigend dachig in der Knospe, weiß. Staubblätter 10, frei und frei von der Krone. Fruchtblätter 1, oberständig, kurz gestielt. Plazentation marginal
Frucht: Hülse
Kennzeichen: Baum. Blätter paarig gefiedert mit 2 Blättchen, nicht drüsig punktiert. Kelchblätter 4. Kronblätter 5, aufsteigend dachig in der Knospe. Fruchtblatt 1. Hülse

Peltophorum (Vogel) Benth.

Ableitung: Schildträger
Vulgärnamen: D:Flammenbaum; E:Flamboyant
Arten: 8
Lebensform: Baum, immergrün
Blätter: wechselständig, doppelt paarig gefiedert. Nebenblätter vorhanden
Blütenstand: Traube. Vorblätter fehlend
Blüten: zwittrig, zygomorph oder ± radiär, Kelchblätter 5, verwachsen
Kronblätter 5, aufsteigend dachig in der Knospe, gelb. Staubblätter 10, frei und frei von der Krone. Fruchtblätter 1, oberständig, nicht gestielt. Narbe breit schildförmig. Plazentation marginal
Frucht: Hülse nicht aufspringend, an den Seiten dünn, wie geflügelt
Kennzeichen: Baum immergrün. Blätter doppelt paarig gefiedert. Kronblätter 5, aufsteigend dachig in der Knospe. Narbe breit schildförmig. Fruchtblatt 1. Hülse nicht aufspringend, an den Seiten dünn, wie geflügelt

Peltophorum pterocarpum

Schotia Jacq.

Ableitung: Gattung zu Ehren von Richard van der Schot (ca. 1730-1819), einem österreichischen Gärtner in Schönbrunn benannt
Vulgärnamen: D:Bauernbohne; E:Boerboon; F:Fuchsia en arbre
Arten: 5
Lebensform: Baum, Strauch
Blätter: wechselständig, paarig gefiedert. Nebenblätter vorhanden
Blütenstand: Rispe, Traube. Vorblätter hinfällig
Blüten: zwittrig, ± radiär, Kelchblätter 4, verwachsen Kronblätter 5, aufsteigend dachig in der Knospe, rot. Staubblätter 10, frei oder selten verwachsen und frei von der Krone, Antheren mit Poren. Fruchtblätter 1, oberständig, gestielt. Plazentation marginal
Frucht: Hülse
Kennzeichen: Baum, Strauch. Blätter paarig gefiedert. Blüten ± radiär. Kelchblätter 4. Kronblätter 5, aufsteigend dachig in der Knospe, rot. 1 Fruchtblatt. Hülse

Schotia latifolia

Senna Mill.

Ableitung: nach einem arabischen Pflanzennamen
Vulgärnamen: D:Senna; E:Senna; F:Séné
Arten: c. 260
Lebensform: Strauch, Baum, Kräuter
Blätter: wechselständig, einfach paarig gefiedert. Nebenblätter fehlend

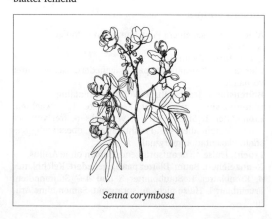
Senna corymbosa

Blütenstand: Traube, Rispe
Blüten: zwittrig, zygomorph, ohne Vorblätter. Kelchblätter 5, verwachsen
Kronblätter 5, aufsteigend dachig in der Knospe, gelb, selten weiß. Staubblätter 10-6, alle gerade, frei und frei von der Krone, Antheren mit Poren. Fruchtblätter 1, oberständig. Plazentation marginal
Frucht: Hülse, selten nicht aufspringend
Kennzeichen: Strauch, Baum, Kräuter. Blätter einfach paarig gefiedert, Nebenblätter fehlend. Vorblätter fehlend. Kronblätter 5, aufsteigend dachig in der Knospe. Staubfäden gerade. Antheren mit Poren. Fruchtblatt 1. Hülse

Tamarindus L.

Ableitung: nach einem arabischen Pflanzennamen
Vulgärnamen: D:Tamarinde; E:Tamarind; F:Tamarinier
Arten: 1
Lebensform: Baum, immergrün
Blätter: wechselständig, paarig gefiedert mit 9-16 Blättchenpaaren. Nebenblätter vorhanden
Blütenstand: Traube, endständig oder seitlich. Vorblätter hinfällig
Blüten: zwittrig, radiär, Kelchblätter 4, verwachsen. Kronblätter 5, aufsteigend dachig in der Knospe, gelb. Staubblätter 3, verwachsen und frei von der Krone. Staminodien vorhanden. Fruchtblätter 1, oberständig, gestielt. Plazentation marginal
Frucht: Hülse nicht aufspringend
Kennzeichen: Baum, immergrün. Blätter paarig gefiedert. Kelchblätter 4. Kronblätter 5, aufsteigend dachig in der Knospe. Staubblätter 3, verwachsen. Fruchtblatt 1. Hülse nicht aufspringend

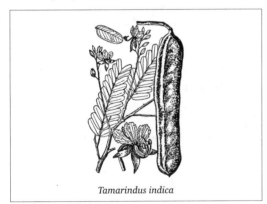

Tamarindus indica

Callitrichaceae Wassersterngewächse

Acicarpha Juss.

Ableitung: mit spitzen Spreublättern
Arten: 5
Lebensform: Einjährige, Staude
Blätter: wechselständig, einfach, ohne Nebenblätter
Blütenstand: Köpfchen mit einer am Grund verwachsenen Hülle

Blüten: eingeschlechtig oder zwittrig, radiär. Kelchblätter 5. Kronblätter 5, verwachsen. Staubblätter 5, verwachsen und verwachsen mit der Krone. Fruchtblätter 2, verwachsen, unterständig. Plazentation apical
Frucht: Nuss, äußere Früchte des Köpfchens miteinander verwachsen. Kelch dornig
Kennzeichen: Einjährige, Staude. Blüten in Köpfchen mit gemeinsamer Hülle. Blüten mit Kelch und verwachsener Krone. Staubblätter 5, verwachsen und verwachsen mit der Krone. Fruchtknoten unterständig. Zum Teil miteinander verwachsene Nussfrüchte mit dornigem Kelch

Acicarpha tribuloides

Callitriche L.

Ableitung: nach einem antiken Pflanzennamen
Vulgärnamen: D:Wasserstern; E:Water Starwort; F:Callitriche, Etoile d'eau
Arten: 17

Callitriche hermaphroditica

Lebensform: Wasserpflanzen, einjährig
Blätter: gegenständig, einfach, ohne Nebenblätter
Blütenstand: Blüten einzeln oder in Knäueln
Blüten: eingeschlechtig, ohne Blütenhülle, mit 1 Staubblatt oder 2 verwachsenen Fruchtblättern
Frucht: Klausenfrucht
Kennzeichen: Wasserpflanzen, einjährig. Blätter gegenständig. Blüten eingeschlechtig, ohne Blütenhülle mit 1 Staubblatt oder 2Fruchtblättern. Klausenfrucht

Calycanthaceae Gewürzstrauchgewächse

1 Staubblätter 5-6. (Blüten gelb oder weiß) . . . . **Chimonanthus**
1 Staubblätter 10-30
  2 Blüten purpurn oder braun. Blütenhüllblätter lineal bis lanzettlich . . . . **Calycanthus**
  2 Blüten weiß oder rosa. Blütenhüllblätter umgekehrt eiförmig bis spatelig **Sinocalycanthus**

Calycanthus L.

Ableitung: Blumen-Kelch
Vulgärnamen: D:Gewürzstrauch, Nelkenpfeffer; E:Spicebush; F:Calycanthus
Arten: 6
Lebensform: Sträucher, sommergrün, mit Ölzellen
Blätter: gegenständig, einfach, ohne Nebenblätter
Blütenstand: Blüten einzeln
Blüten: zwittrig, radiär. Blütenhüllblätter viele, frei, schraubig angeordnet, braun oder purpurn. Staubbblätter 10-30, frei. Fruchtblätter viele, frei, mittelständig
Frucht: Nüsschen
Kennzeichen: Sträucher, sommergrün, mit Ölzellen. Blätter gegenständig. Blüten mit vielen schraubig angeordneten, braunen oder purpurnen Blütenhüllblättern. Staubblätter 10-30. Fruchtblätter viele, frei, mittelständig. Nüsschen

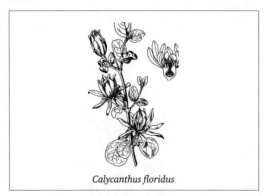
Calycanthus floridus

Chimonanthus Lindl.

Ableitung: Winter-Blüte
Vulgärnamen: D:Winterblüte; E:Wintersweet; F:Chimonanthe odorant

Arten: 6
Lebensform: Sträucher, sommergrün oder immergrün, mit Ölzellen
Blätter: gegenständig, einfach, ohne Nebenblätter
Blütenstand: Blüten einzeln
Blüten: zwittrig, radiär. Blütenhüllblätter viele, frei, schraubig angeordnet, gelb oder weiß. Staubblätter 5-6 fruchtbare, frei. Fruchtblätter viele, frei, mittelständig
Frucht: Nüsschen
Kennzeichen: Sträucher, sommer- oder immergrün, mit Ölzellen. Blätter gegenständig. Blüten mit vielen schraubig angeordneten, gelben oder weißen Blütenhüllblättern. Staubblätter 5-6. Fruchtblätter viele, frei, mittelständig. Nüsschen

Chimonanthus praecox

Sinocalycanthus (W.C. Cheng et S.Y. Chang) W.C. Cheng et S.Y. Chan

Ableitung: chinesischer Calycanthus
Arten: 1
Lebensform: Strauch, laubwerfend, mit Ölzellen

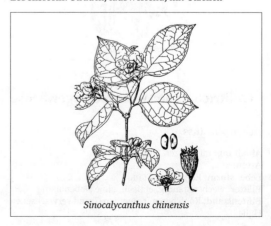
Sinocalycanthus chinensis

Blätter: gegenständig, einfach, ohne Nebenblätter
Blütenstand: einzeln
Blüten: zwittrig, radiär. Blütenhüllblätter viele, frei, schraubig angeordnet, weiß, rosa. Staubblätter 18–19, frei und 11–12 Staminodien. Fruchtblätter 11–12, frei, mittelständig
Frucht: Nüsschen
Kennzeichen: Strauch, laubwerfend, mit Ölzellen. Blätter gegenständig. Blüten mit vielen schraubig angeordneten weißen oder rosa Blütenhüllblättern. Fruchtblätter 11–12, frei, mittelständig. Nüsschen

Calyceraceae Kelchhorngewächse

Acicarpha Juss.

Ableitung: mit spitzen Spreublättern
Arten: 5
Lebensform: Einjährige, Staude
Blätter: wechselständig, einfach, ohne Nebenblätter
Blütenstand: Köpfchen mit einer am Grund verwachsenen Hülle
Blüten: eingeschlechtig oder zwittrig, radiär. Kelchblätter 5. Kronblätter 5, verwachsen. Staubblätter 5, verwachsen und verwachsen mit der Krone. Fruchtblätter 2, verwachsen, unterständig. Plazentation apical
Frucht: Nuss, äußere Früchte des Köpfchens miteinander verwachsen. Kelch dornig
Kennzeichen: Einjährige, Staude. Blüten in Köpfchen mit gemeinsamer Hülle. Blüten mit Kelch und verwachsener Krone. Staubblätter 5, verwachsen und verwachsen mit der Krone. Fruchtknoten unterständig. Zum Teil miteinander verwachsene Nussfrüchte mit dornigem Kelch

Acicarpha tribuloides

Campanulaceae

1 Blüten zygomorph. Staubblätter zu einer Röhre verwachsen. Fruchtblätter 2. Blüten gewöhnlich um 180o gedreht (resupinat)
2 Frucht eine Beere
3 Pflanzen Sträucher oder Halbsträucher oder kletternd . . . .**Centropogon**
3 Pflanzen Stauden
4 Krone geschlitzt . . . .**Pratia**
4 Krone nicht geschlitzt . . . .**Isotoma**
2 Frucht eine Kapsel
5 Krone bis zum Grund geschlitzt
6 Blüten gelb . . . .**Monopsis**
6 Blüten nicht gelb . . . .**Lobelia**
5 Krone nicht bis zum Grund gespalten
7 Staubfäden frei
8 Pflanze verholzt. (Frucht mit 2 Klappen oben) . . . .**Siphocampylus**
8 Pflanze zarte Kräuter
9 Frucht mit seitlichen Spalten. (Blüten um 180o gedreht (resupinat)) . . . .**Downingia**
9 Frucht sich oben spaltend . . . .**Solenopsis**
7 Staubfäden an der Krone angewachsen
10 Staubfäden unterhalb der Mitte der Krone angewachsen . . . .**Siphocampylus**
10 Staubfäden an der Krone in der Mitte oder darüber angewachsen . . . .**Isotoma**
1 Blüten radiär, aber bei Phyteuma Röhre z.T. gebogen. Staubblätter selten zu einer Röhre verwachsen. Fruchtblätter meist 3, seltener 2–10
11 Fruchtknoten oberständig . . . . .**Cyananthus**
11 Fruchtknoten unterständig oder halbunterständig
12 Blüten 6- bis mehrzählig (Wahlenbergia selten 6-zählig. Kapsel mit Schlitzen an der Spitze)
13 Blüten einzeln, nickend. Frucht eine Beere. . . . .**Canarina**
13 Blüten nicht einzeln. Frucht eine Kapsel
14 Blüten in Ähren bis Rispen, weiß oder rosa. Kelchanhängsel vorhanden. Kronzipfel lineal, ausgebreitet . . . .**Michauxia**
14 Blüten in Trauben oder Rispen, blau, weiß oder lila. Kelchanhängsel fehlend. Krone glockig . . . .**Ostrowskia**
12 Blüten 5- oder selten 3-zählig
15 Blüten in Köpfchen mit einer Hülle. (Kronzipfel lineal) . . . .**Jasione**
15 Blüten anders, wenn kopfig keine Hülle oder Kronzipfel sehr kurz
16 Kapsel oben aufspringend oder Frucht eine Beere
17 Fruchtblätter mit den Kelchblättern und Staubblättern alternierend . . .**Platycodon**
17 Fruchtblätter vor den Kelchblättern und Staubblättern
18 Staubfäden dünn . . . .**Codonopsis**
18 Staubfäden am Grund verbreitert
19 Kapsel oben unregelmäßig aufreißend. (Blüten in Köpfchen mit Hülle oder einzeln) . . . .**Edraianthus**
19 Kapsel mit 3–5 Klappen . . . .**Wahlenbergia**
16 Kapsel mit Poren oder Schlitzen, seitlich oder am Grund
20 Krone fast bis zum Grund gespalten
21 Blätter gefiedert oder fiederschnittig . . . .**Petromarula**

21 Blätter einfach, nicht gelappt
22 Blüten gestielt. Kapsel mit Poren am Grund . . . . **Campanula**
22 Blüten sitzend oder fast so. Kapsel mit Poren in der Mitte oder darüber
23 Fruchtknoten und Kapsel zylindrisch. Krone radförmig
24 Blüten gestielt . . . . **Legousia**
24 Blüten in Ähren . . . . . . **Triodamis**
23 Fruchtknoten und Kapsel nicht zylindrisch
25 Kronzipfel beinahe bis zum Grund frei . . . . **Asyneuma**
25 Kronzipfel verwachsen, oben wieder zusammenhängend, 5 Fenster bildend
26 Kronzipfel frei erst nach der Blütezeit . . . . **Phyteuma**
26 Kronzipfel verwachsen bleibend . . . . **Physoplexis**
20 Krone höchstens bis zur Hälfte gespalten
27 Kronröhre nur bis 2 mm dick. (Griffel weit herausragend) . . . . **Trachelium**
27 Krone ± glockig bis radförmig
28 Staubblätter zu einer Röhre verwachsen . . . . **Symphyandra**
28 Staubblätter frei, aber oft zusammenneigend
29 Diskus becherförmig bis röhrig
30 Pflanze krautig. Kapsel mit Poren . . . . **Adenophora**
30 Pflanze strauchig. Kapsel mit breiten Klappen . . . . **Azorina**
29 Diskus fehlend, zumindest nicht erhaben . . . . **Campanula**

Adenophora Fisch.

Ableitung: drüsentragende Pflanze
Vulgärnamen: D:Schellenblume; E:Ladybells; F:Adénophore
Arten: c. 40
Lebensform: Staude mit Milchsaft
Blätter: wechselständig, gegenständig oder quirlständig, einfach. Nebenblätter fehlend

Blütenstand: Traube, Rispe, einzeln, Blüten nickend
Blüten: zwittrig, radiär, Kelch und Krone. Kronblätter 5, verwachsen, glockig, röhrig, trichterförmig, selten krugförmig, blau, weiß, purpurn. Staubblätter 5, frei, frei von der Krone. Nektarkammer durch am Grund verbreiterte Staubfäden. Diskus becher- bis röhrenförmig. Fruchtblätter 3, verwachsen, unterständig. Plazentation zentralwinkelständig
Frucht: Kapsel, Öffnung am Grund oder seitlich
Kennzeichen: Staude mit Milchsaft. Blüten radiär. Kronblätter 5, verwachsen. Staubblätter 5. Diskus becher- bis röhrenförmig. Fruchtblätter 3, verwachsen, unterständig. Plazentation zentralwinkelständig. Kapsel mit Öffnung am Grund oder seitlichen Poren

Asyneuma Griseb. et Schenk

Ableitung: Bedeutung unbekannt
Vulgärnamen: D:Traubenrapunzel; F:Asyneuma
Arten: c. 50
Lebensform: Staude, Zweijährige, Einjährige, Milchsaft vorhanden
Blätter: wechselständig, einfach. Nebenblätter fehlend
Blütenstand: Ähre, Köpfchen
Blüten: zwittrig, radiär, Kelch und Krone. Kronblätter 5, verwachsen, radförmig, violett, blau, weiß. Staubblätter 5, frei, frei von der Krone. Fruchtblätter 2–4, verwachsen, unterständig. Plazentation zentralwinkelständig

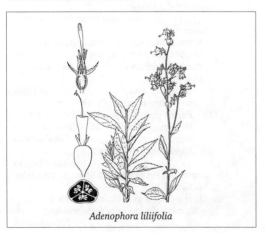

Adenophora liliifolia

Asyneuma canescens

Frucht: Kapsel, Öffnung seitlich oder nahe der Spitze
Kennzeichen: Staude, Zweijährige oder Einjährige, mit Milchsaft. Blüten in Ähren oder Köpfchen, radiär. Kronblätter 5, verwachsen, radförmig. Staubblätter 5. Fruchtblätter 2–4, verwachsen, unterständig. Plazentation zentralwinkelständig. Kapsel

Azorina Feer

Ableitung: Pflanze der Azoren
Arten: 1
Lebensform: Strauch mit Milchsaft
Blätter: wechselständig, einfach. Nebenblätter fehlend
Blütenstand: Rispe, Blüten nickend
Blüten: zwittrig, radiär, Kelch und Krone. Kronblätter 5, verwachsen, glockig, weiß, rosa. Staubblätter 5, verwachsen mit der Krone. Nektarkammer durch am Grund verbreiterte Staubfäden gebildet. Fruchtblätter 3, selten 2, verwachsen, unterständig. Plazentation zentralwinkelständig
Frucht: Kapsel, Öffnung mit seitlichen Spalten
Kennzeichen: Strauch mit Milchsaft. Blüten nickend, radiär. Kronblätter 5, verwachsen. Staubblätter 5. Staubfäden am Grund verbreitert. Fruchtblätter 3–2, verwachsen, unterständig. Plazentation zentralwinkelständig. Kapsel mit breiten Klappen

Campanula L.

Ableitung: kleine Glocke
Vulgärnamen: D:Glockenblume; E:Bellflower; F:Campanule
Arten: c. 300
Lebensform: Staude, Einjährige, Zweijährige, mit Milchsaft
Blätter: wechselständig, einfach. Nebenblätter fehlend
Blütenstand: Traube, Ähre, Rispe, einzeln, Köpfchen, seitlich, endständig
Blüten: zwittrig, radiär, Kelch mit oder ohne Anhängsel. Kronblätter 5, verwachsen, blau, weiß, violett, lila, gelb, rosa, rot. Staubblätter 5, frei, verwachsen oder frei mit der Krone. Nektarium vorhanden. Fruchtblätter 3–5, selten 2, verwachsen, unterständig oder halbunterständig. Plazentation zentralwinkelständig

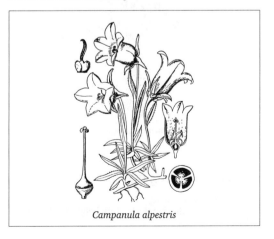

Campanula alpestris

Frucht: Kapsel, Öffnung durch seitliche Spalten oder Poren
Kennzeichen: Staude, Einjährige oder Zweijährige, mit Milchsaft. Blüten radiär. Kronblätter 5, verwachsen. Staubblätter 5. Fruchtblätter 3–5, selten 2, verwachsen, unterständig oder halbunterständig. Plazentation zentralwinkelständig. Kapsel mit seitlichen Spalten oder Poren

Canarina L.

Ableitung: Pflanze der Kanarischen Inseln
Vulgärnamen: D:Kanarenglockenblume; E:Canary Island Bellflower; F:Campanule des Canaries
Arten: 3
Lebensform: Staude, kletternd, mit Milchsaft
Blätter: gegenständig oder quirlständig, einfach. Nebenblätter fehlend
Blütenstand: einzeln, nickend, endständig oder seitlich
Blüten: zwittrig, radiär, Kelch und Krone. Kronblätter 6, gelegentlich 5 oder 7, verwachsen, orange, rot. Staubblätter 6, frei. Fruchtblätter 6, verwachsen, unterständig. Plazentation zentralwinkelständig
Frucht: Beere
Kennzeichen: Staude, kletternd, mit Milchsaft. Blätter gegenständig oder quirlständig. Blüten einzeln, nickend, radiär. Kronblätter meist 6, verwachsen, orange oder rot. Staubblätter 6. Fruchtblätter 6, verwachsen, unterständig. Plazentation zentralwinkelständig. Beere

Centropogon C. Presl

Ableitung: Stachel-Bart
Vulgärnamen: D:Stachelbart
Arten: 230
Lebensform: Strauch, Halbstrauch, kletternd, mit Milchsaft
Blätter: wechselständig, einfach. Nebenblätter fehlend
Blütenstand: einfach, Schirmtraube, Traube, seitlich, seltener endständig
Blüten: zwittrig, zygomorph, Kelch und Krone. Kronblätter 5, verwachsen, rot, violett, orange, rosa, purpurn, weiß, gelbgrün. Staubblätter 5, verwachsen, verwachsen mit der Krone. Fruchtblätter 2, verwachsen, unterständig. Plazentation zentralwinkelständig
Frucht: Beere

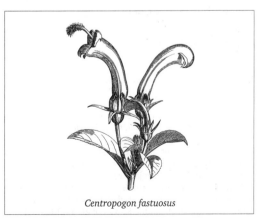

Centropogon fastuosus

384 Campanulaceae

Kennzeichen: Strauch, Halbstrauch, kletternd, mit Milchsaft. Blüten zygomorph. Kronblätter 5, verwachsen. Staubblätter 5, verwachsen. Fruchtblätter 2, verwachsen, unterständig. Plazentation zentralwinkelständig. Beerel

Codonopsis Wall.

Ableitung: ähnlich einer Glocke
Vulgärnamen: D:Glockenwinde; E:Bonnet Bellflower; F:Codonopsis
Arten: c. 30
Lebensform: Staude, kletternd, mit Milchsaft
Blätter: wechselständig, gegenständig oder quirlständig, einfach. Nebenblätter fehlend
Blütenstand: einzeln, cymös, meist nickend
Blüten: zwittrig, radiär, Kelch und Krone. Kronblätter 5, verwachsen, grün, violett, blau, weiß, gelb. Staubblätter 5, frei, frei von der Krone. Fruchtblätter 3 oder 5-6, verwachsen, unterständig oder halbunterständig. Plazentation zentralwinkelständig
Frucht: Kapsel, oben sich mit Klappen öffnend oder Beere
Kennzeichen: Staude, kletternd, mit Milchsaft. Blüten radiär. Kronblätter 5, verwachsen. Staubblätter 5. Fruchtblätter 3-6, verwachsen, unterständig oder halbunterständig. Plazentation zentralwinkelständig. Kapsel oben mit Klappen oder Beere

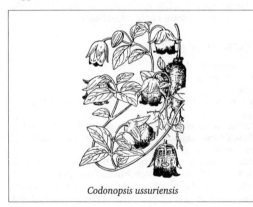
Codonopsis ussuriensis

Cyananthus Wall. ex Benth.

Ableitung: blaue Blüte
Vulgärnamen: D:Blauröhre; E:Trailing Bellflower; F:Cyananthus
Arten: c. 25
Lebensform: Staude, Einjährige, kletternd, mit Milchsaft
Blätter: wechselständig, einfach. Nebenblätter fehlend
Blütenstand: einzeln, endständig, selten cymös
Blüten: zwittrig, radiär, Kelch und Krone. Kronblätter 5 oder 4, verwachsen, blau, violett, gelb. Staubblätter 5 oder 4, verwachsen. Fruchtblätter 2-6, verwachsen, oberständig. Plazentation zentralwinkelständig
Frucht: Kapsel, Öffnung oben mit Klappen
Kennzeichen: Staude, Einjährige, kletternd, mit Milchsaft. Blüten radiär. Kronblätter 4-5, verwachsen. Staubblätter 4-5. Fruchtblätter 2-6, verwachsen, oberständig. Plazentation zentralwinkelständig. Kapsel oben mit Klappen

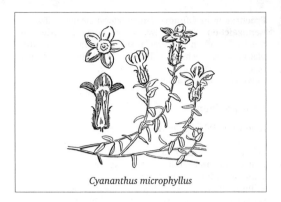
Cyananthus microphyllus

Downingia Torr.

Ableitung: Gattung zu Ehren von Andrew Jackson Downing (1815-1852), einem nordamerikanischen Gärtner benannt
Vulgärnamen: D:Scheinlobelie; E:Californian Lobelia; F:Clintonia, Fausse-lobélie
Arten: 11
Lebensform: Einjährige, mit Milchsaft
Blätter: wechselständig, einfach. Nebenblätter fehlend
Blütenstand: einzeln seitlich, Ähre endständig
Blüten: zwittrig, zygomorph, Kelch und Krone. Kronblätter 5, verwachsen, nicht bis zum Grund gespalten, violett, blau, rosa, weiß. Staubblätter 5, verwachsen, frei von der Krone. Fruchtblätter 2, verwachsen, unterständig. Plazentation zentralwinkelständig oder parietal
Frucht: Kapsel, Öffnung mit 3-5 Spalten
Kennzeichen: Einjährige mit Milchsaft. Blüten zygomorph. Kronblätter 5, verwachsen, nicht bis zum Grund gespalten. Staubblätter 5, verwachsen. Fruchtblätter 2, verwachsen, unterständig. Plazentation zentralwinkelständig oder parietal. Kapsel mit 3-5 seitlichen Spalten

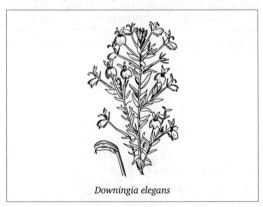
Downingia elegans

Edraianthus (A. DC.) DC.

Ableitung: sitzende Blüte
Vulgärnamen: D:Becherglocke, Büschelglocke; E:Grassy Bells

Arten: 24
Lebensform: Staude, mit Milchsaft
Blätter: wechselständig, einfach. Nebenblätter fehlend
Blütenstand: Köpfchen mit Hülle oder einzeln, endständig
Blüten: zwittrig, radiär, Kelch und Krone. Kronblätter 5, verwachsen, violett, rosa, weiß, blau. Staubblätter 5, frei, frei von der Krone. Nektarium vorhanden. Fruchtblätter 3, selten 2, verwachsen, unterständig. Plazentation zentralwinkelständig
Frucht: Kapsel, Öffnung oben unregelmäßig
Kennzeichen: Staude mit Milchsaft. Blüten in Köpfchen mit einer Hülle oder einzeln, radiär. Kronblätter 5, verwachsen. Staubblätter 5. Fruchtblätter 3, selten 2, verwachsen, unterständig. Plazentation zentralwinkelständig. Kapsel, oben sich unregelmäßig öffnend

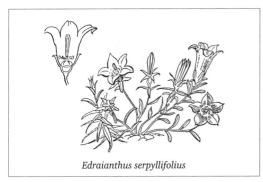

Edraianthus serpyllifolius

Isotoma (R. Br.) Lindl.

Ableitung: gleich geschnitten
Arten: c. 8
Lebensform: Einjährige, Staude, mit Milchsaft
Blätter: wechselständig, einfach. Nebenblätter fehlend
Blütenstand: einzeln, Traube seitlich, endständig
Blüten: zwittrig, zygomorph, Kelch und Krone. Kronblätter 5, verwachsen, lila, blau, weiß. Staubblätter 5, verwachsen, verwachsen mit der Krone. Fruchtblätter 2, verwachsen, unterständig. Plazentation zentralwinkelständig
Frucht: Kapsel, oben mit 2 Klappen
Kennzeichen: Einjährige oder Staude mit Milchsaft. Blüten zygomorph. Kronblätter 5, verwachsen, nicht geschlitzt. Staubblätter 5, verwachsen. Fruchtblätter 2, verwachsen, unterständig. Plazentation zentralwinkelständig. Kapsel, oben mit 2 Klappen

Jasione L.

Ableitung: antiker Pflanzenname
Vulgärnamen: D:Sandglöckchen, Sandrapunzel; E:Sheep's Bit; F:Jasione
Arten: c. 20
Lebensform: Einjährige, Zweijährige, Staude, mit Milchsaft
Blätter: wechselständig, einfach. Nebenblätter fehlend
Blütenstand: Körbchen mit Hülle, endständig
Blüten: zwittrig, radiär, Kelch und Krone. Kronblätter 5, verwachsen oder frei, lineal, blau, weiß. Staubblätter 5, verwachsen, frei von der Krone. Fruchtblätter 2-3, verwachsen, unterständig. Plazentation zentralwinkelständig
Frucht: Kapsel, Öffnung mit 2 Klappen am Scheitel
Kennzeichen: Einjährige, Zweijährige oder Staude mit Milchsaft. Blüten in Körbchen mit Hülle, radiär. Kronblätter 5, lineal, verwachsen oder frei. Staubblätter 5, verwachsen. Fruchtblätter 2-3, verwachsen, unterständig. Plazentation zentralwinkelständig. Kapsel mit 2 Klappen am Scheitel

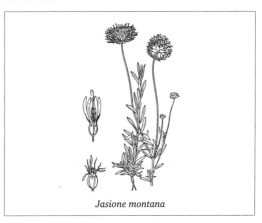

Jasione montana

Legousia Durande

Ableitung: Gattung zu Ehren von Bénigne Legouz de Gerland (1695-1774), einem französischen Naturforscher benannt
Vulgärnamen: D:Frauenspiegel, Venusspiegel; E:Venus' Looking Glass; F:Miroir-de-Vénus
Arten: 15
Lebensform: Einjährige, mit Milchsaft
Blätter: wechselständig, einfach. Nebenblätter fehlend
Blütenstand: Traube, Rispe, einzeln, cymös, seitlich
Blüten: zwittrig, radiär, Kelch und Krone. Kronblätter 5, verwachsen, blau, rosa, lila, weiß, violett, rot. Staubblätter 5, frei, verwachsen mit der Krone. Fruchtblätter 3-2, verwachsen, unterständig. Plazentation zentralwinkelständig, selten parietal

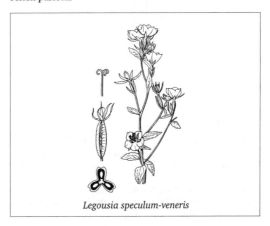

Legousia speculum-veneris

Frucht: Kapsel, zylindrisch, Öffnung mit seitlichen Schlitzen
Kennzeichen: Einjährige mit Milchsaft. Blüten radiär. Kronblätter 5, verwachsen. Staubblätter 5. Fruchtblätter 2-3, verwachsen, unterständig. Plazentation zentralwinkelständig, selten parietal. Kapsel, zylindrisch, mit seitlichen Schlitzen

Lobelia L.

Ableitung: Gattung zu Ehren von Mathias de l'Obel (1538-1616), einem flämischen Botaniker benannt
Vulgärnamen: D:Lobelie; E:Lobelia; F:Lobélie
Arten: 365
Lebensform: Einjährige, Staude, Strauch, Halbstrauch, mit Milchsaft
Blätter: wechselständig, einfach. Nebenblätter fehlend
Blütenstand: Traube, einzeln, Rispe, seitlich, endständig
Blüten: zwittrig, selten eingeschlechtig, zygomorph, Kelch und Krone. Kronblätter 5, verwachsen, aber geschlitzt, rot, gelb, blau, weiß, rosa, lila, purpurn, grün. Staubblätter 5, verwachsen, ± frei von der Krone. Fruchtblätter 2, verwachsen, unterständig oder halbunterständig. Plazentation zentralwinkelständig
Frucht: Kapsel oben mit Schlitzen oder mit 2 Klappen
Kennzeichen: Einjährige, Staude, Strauch, Halbstrauch, mit Milchsaft. Blüten zygomorph. Kronblätter 5, verwachsen, geschlitzt. Staubblätter 5, verwachsen. Fruchtblätter 2, verwachsen, unterständig oder halbunterständig. Plazentation zentralwinkelständig. Kapsel, oben mit Schlitzen oder 2 Klappen

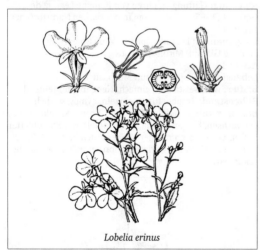

Lobelia erinus

Michauxia L'Hér.

Ableitung: Gattung zu Ehren von André Michaux (1746-1803), einem französischen Botaniker benannt
Vulgärnamen: D:Michauxie, Türkenglocke; F:Michauxia
Arten: 7
Lebensform: Zweijährige, mit Milchsaft
Blätter: wechselständig, einfach. Nebenblätter fehlend
Blütenstand: Ähre, Traube, Rispe
Blüten: zwittrig, radiär, Kelch mit Anhängseln. Kronblätter 8-10, seltener 6-7, verwachsen, weiß, rosa. Staubblätter 6-10, frei, frei von der Krone. Fruchtblätter 8-10, selten 6-7, verwachsen, unterständig. Plazentation zentralwinkelständig
Frucht: Kapsel unten mit Poren oder Schlitzen
Kennzeichen: Zweijährige mit Milchsaft. Blüten radiär. Kronblätter 6-10, verwachsen. Staubblätter 6-10. Fruchtblätter 6-10, verwachsen, unterständig. Plazentation zentralwinkelständig. Kapsel, unten mit Poren oder Schlitzen

Michauxia campanuloides

Monopsis Salisb.

Ableitung: von einzigartigem Aussehen
Vulgärnamen: D:Sonderkraut; F:Monopsis
Arten: 18
Lebensform: Einjährige, Staude, mit Milchsaft
Blätter: wechselständig, gegenständig oder quirlständig, einfach. Nebenblätter fehlend
Blütenstand: einzeln, Traube, seitlich, endständig
Blüten: zwittrig, zygomorph, Kelch und Krone. Kronblätter 5, verwachsen, geschlitzt, blau, violett, gelb, orange. Staubblätter 5, verwachsen, frei oder verwachsen mit der Krone. Fruchtblätter 2, verwachsen, unterständig. Plazentation zentralwinkelständig
Frucht: Kapsel, Öffnung mit 2 Klappen oben
Kennzeichen: Einjährige, Staude, mit Milchsaft. Blüten zygomorph. Kronblätter 5, verwachsen, geschlitzt. Staubblätter 5, verwachsen. Fruchtblätter 2, verwachsen, unterständig. Plazentation zentralwinkelständig. Kapsel mit 2 Klappen oben

Musschia Dumort.

Ableitung: Gattung zu Ehren von Jean Henri Mussche (1765-1834), einem belgischen Gärtner und Pflanzensammler benannt
Arten: 2
Lebensform: Staude, Halbstrauch, mit Milchsaft
Blätter: Rosette und wechselständig, einfach. Nebenblätter fehlend
Blütenstand: Rispe
Blüten: zwittrig, radiär, Kelch und Krone. Kronblätter 5, verwachsen, gelb, orange. Staubblätter 5, frei. Fruchtblätter 5, verwachsen, unterständig. Plazentation zentralwinkelständig
Frucht: Kapsel, Öffnung mit vielen seitlichen Schlitzen

Kennzeichen: Staude oder Halbstrauch mit Milchsaft. Blüten radiär. Kronblätter 5, verwachsen, gelb oder orange. Staubblätter 5. Fruchtblätter 5, verwachsen, unterständig. Plazentation zentralwinkelständig. Kapsel mit seitlichen Schlitzen

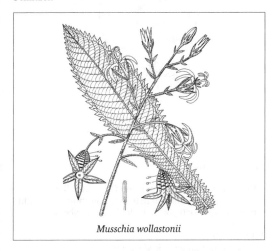

Musschia wollastonii

Ostrowskia Regel

Ableitung: Gattung zu Ehren von Michael Nicolajewitsch Ostrowsky, einem russischen Förderer der Naturwissenschaften des 19. Jahrhunderts benannt
Vulgärnamen: D:Riesenglocke; E:Giant Bellflower; F:Campanule géante
Arten: 1
Lebensform: Staude, mit Milchsaft
Blätter: quirlständig, einfach. Nebenblätter fehlend
Blütenstand: Traube, Rispe, endständig
Blüten: zwittrig, radiär, Kelch und Krone. Kronblätter 5–9, verwachsen, blau, weiß, lila. Staubblätter 5–9, frei, frei von der Krone. Fruchtblätter 5–9, verwachsen, unterständig. Plazentation zentralwinkelständig

Ostrowskia magnifica

Frucht: Kapsel, Öffnung mit seitlichen Schlitzen oder nahe der Spitze
Kennzeichen: Staude mit Milchsaft. Blüten radiär. Kronblätter 5–9, verwachsen. Staubblätter 5–9. Fruchtblätter 5–9, verwachsen, unterständig. Plazentation zentralwinkelständig. Kapsel mit seitlichen Schlitzen oder nahe der Spitze

Petromarula Vent. ex R. Hedw.

Ableitung: Fels-Sauger
Arten: 1
Lebensform: Staude, mit Milchsaft
Blätter: wechselständig, fiederschnittig oder gefiedert. Nebenblätter fehlend
Blütenstand: Rispe
Blüten: zwittrig, radiär, Kelch und Krone. Kronblätter 5, am Grund verwachsen, hellblau. Staubblätter 5, frei. Fruchtblätter 3, verwachsen, unterständig. Plazentation zentralwinkelständig
Frucht: Kapsel mit seitlichen Poren
Kennzeichen: Staude mit Milchsaft. Blätter fiederschnittig oder gefiedert. Blüten radiär. Kronblätter 5, am Grund verwachsen. Staubblätter 5. Fruchtblätter 3, verwachsen, unterständig. Plazentation zentralwinkelständig. Kapsel mit seitlichen Poren

Physoplexis (Endl.) Schur

Ableitung: Blasen geflochten (Blütenzipfel zusammenhängend)
Vulgärnamen: D:Schopfteufelskralle; F:Griffe du diable
Arten: 1
Lebensform: Staude, mit Milchsaft
Blätter: wechselständig, einfach. Nebenblätter fehlend
Blütenstand: Dolde köpfchenartig, endständig
Blüten: zwittrig, radiär, Kelch und Krone. Kronblätter 5, verwachsen, lila. Krone mit seitlichen Schlitzen. Staubblätter 5, frei, verwachsen mit der Krone. Fruchtblätter 2, verwachsen, unterständig. Plazentation zentralwinkelständig
Frucht: Kapsel mit seitlichen Poren
Kennzeichen: Staude mit Milchsaft. Blüten in köpfchenartigen Dolden, radiär. Kronblätter 5, verwachsen, Krone mit seitlichen Schlitzen. Staubblätter 5. Fruchtblätter 2, verwachsen, unterständig. Plazentation zentralwinkelständig. Kapsel mit seitlichen Poren

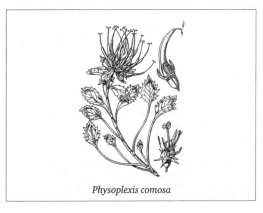

Physoplexis comosa

Phyteuma L.

Ableitung: antiker Pflanzenname
Vulgärnamen: D:Teufelskralle; E:Rampion; F:Griffe du diable
Arten: 40
Lebensform: Staude, mit Milchsaft
Blätter: wechselständig, einfach. Nebenblätter fehlend
Blütenstand: Köpfchen, Ähre, endständig, seitlich
Blüten: zwittrig, radiär bis zygomorph, Kelch und Krone. Kronblätter 5, verwachsen und oben wieder zusammenhängend, dadurch 5 Fenster bildend, blau, violett, lila, weiß, gelb. Staubblätter 5, frei, frei von der Krone. Nektarium vorhanden. Fruchtblätter 2–4, verwachsen, unterständig. Plazentation zentralwinkelständig
Frucht: Kapsel mit seitlichen Poren
Kennzeichen: Staude mit Milchsaft. Blüten radiär bis zygomorph. Kronblätter 5, verwachsen, Kronzipfel oben wieder zusammenhängend, dadurch 5 Fenster bildend. Staubblätter 5. Fruchtblätter 2–4, verwachsen, unterständig. Plazentation zentralwinkelständig. Kapsel mit seitlichen Poren

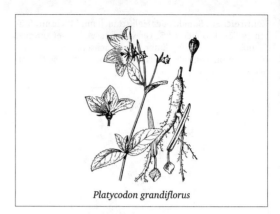
Platycodon grandiflorus

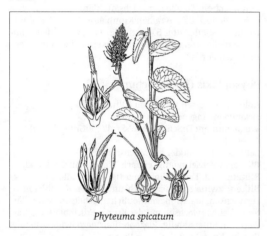
Phyteuma spicatum

Platycodon A. DC.

Ableitung: breite Glocke
Vulgärnamen: D:Ballonblume; E:Balloon Flower, Chinese Bellflower; F:Fleur ballon
Arten: 1
Lebensform: Staude, mit Milchsaft
Blätter: wechselständig, quirlständig oder gegenständig, einfach. Nebenblätter fehlend
Blütenstand: einzeln, zu 2, endständig
Blüten: Zwittrig, radiär, Kelch und Krone. Kronblätter 5, verwachsen, blau, lila, weiß, rosa. Staubblätter 5, frei, frei von der Krone. Fruchtblätter 5, verwachsen, unterständig, mit Kelch und Staubblättern alternierend. Plazentation zentralwinkelständig
Frucht: Kapsel mit seitlichen Schlitzen,
Kennzeichen: Staude mit Milchsaft. Blüten einzeln oder zu 2, radiär. Kronblätter 5, verwachsen. Staubblätter 5. Fruchtblätter 5, verwachsen, unterständig, mit Kelch und Staubblättern alternierend. Plazentation zentralwinkelständig. Kapsel mit seitlichen Schlitzen

Pratia Gaudich.

Ableitung: Gattung zu Ehren von Ch. L. Prat-Bernon (?–1817), einem französischen Pflanzensammler benannt
Vulgärnamen: D:Teppichlobelie; E:Lawn Lobelia; F:Pratia
Arten: c. 20
Lebensform: Staude, mit Milchsaft
Blätter: wechselständig, einfach. Nebenblätter fehlend
Blütenstand: Traube, endständig oder einzeln und seitlich
Blüten: zwittrig, zygomorph, Kelch und Krone. Kronblätter 5, verwachsen, aber geschlitzt, weiß, blau, lila, rosa. Staubblätter 5, verwachsen, frei oder verwachsen mit der Krone. Fruchtblätter 2, verwachsen, unterständig. Plazentation zentralwinkelständig
Frucht: Beere
Kennzeichen: Staude mit Milchsaft. Blüten zygomorph. Kronblätter 5, verwachsen, geschlitzt. Staubblätter 5, verwachsen. Fruchtblätter 2, verwachsen, unterständig. Plazentation zentralwinkelständig. Beere

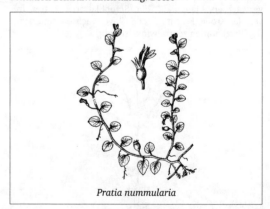
Pratia nummularia

Siphocampylus Pohl

Ableitung: gekrümmte Röhre
Arten: 215
Lebensform: Halbstrauch, Strauch, Liane, mit Milchsaft

Blätter: wechselständig, selten gegenständig oder quirlständig, einfach. Nebenblätter fehlend
Blütenstand: einzeln, Schirmtraube, Traube, seitlich, endständig
Blüten: zwittrig, zygomorph, Kelch und Krone. Kronblätter 5, verwachsen, rot, orange, purpurn, grünlich, rosa, weiß. Staubblätter 5, verwachsen, verwachsen oder frei von der Krone. Fruchtblätter 2, verwachsen, unterständig oder halbunterständig. Plazentation zentralwinkelständig
Frucht: Kapsel. Öffnung mit 2 Klappen oben
Kennzeichen: Halbstrauch, Strauch, Staude mit Milchsaft. Blüten zygomorph. Kronblätter 5, verwachsen. Staubblätter 5, verwachsen. Fruchtblätter 2, verwachsen, unterständig oder halbunterständig. Plazentation zentralwinkelständig. Kapsel mit 2 Klappen oben

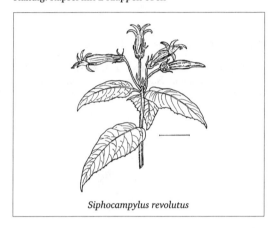
Siphocampylus revolutus

Solenopsis C. Presl

Ableitung: vom Aussehen einer Röhre
Arten: 7
Lebensform: Einjährige, mit Milchsaft
Blätter: wechselständig oder grundständig, einfach. Nebenblätter fehlend
Blütenstand: einzeln, Traube, seitlich, endständig
Blüten: zwittrig, zygomorph, Kelch und Krone. Kronblätter 5, verwachsen, nicht bis zum Grund gespalten, blau. Staubblätter 5, verwachsen, frei von der Krone. Fruchtblätter 2, verwachsen, unterständig. Plazentation zentralwinkelständig
Frucht: Kapsel, Öffnung mit Schlitzen oben

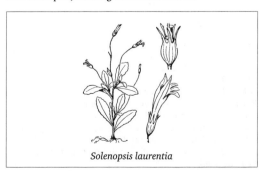
Solenopsis laurentia

Kennzeichen: Einjährige mit Milchsaft. Blüten zygomorph. Kronblätter 5, verwachsen, nicht bis zum Grund gespalten. Staubblätter 5, verwachsen. Fruchtblätter 2, verwachsen, unterständig. Plazentation zentralwinkelständig. Kapsel, oben mit Schlitzen

Symphyandra A. DC.

Ableitung: vereinigte Staubblätter
Vulgärnamen: D:Steinglocke; E:Ring Bellflower; F:Campanule des pierres
Arten: 12
Lebensform: Staude, Zweijährige, mit Milchsaft
Blätter: wechselständig, einfach. Nebenblätter fehlend
Blütenstand: Traube, Rispe
Blüten: zwittrig, radiär, Kelch mit oder ohne Anhängsel. Kronblätter 5, verwachsen, weiß, lila, blau, gelblich. Staubblätter 5, röhrig verwachsen, frei von der Krone. Fruchtblätter 3, verwachsen, unterständig. Plazentation zentralwinkelständig
Frucht: Kapsel mit 3 Poren am Grund
Kennzeichen: Staude oder Zweijährige, mit Milchsaft. Blüten radiär. Kronblätter 5, verwachsen. Staubblätter 5. Fruchtblätter 3, verwachsen, unterständig. Plazentation zentralwinkelständig. Kapsel mit 3 Poren am Grund

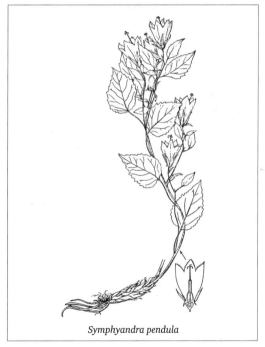
Symphyandra pendula

Trachelium L.

Ableitung: gegen Halsleiden
Vulgärnamen: D:Halskraut; E:Throatwort; F:Trachélium
Arten: 7
Lebensform: Staude, Halbstrauch, mit Milchsaft
Blätter: wechselständig, einfach. Nebenblätter fehlend

Blütenstand: Schirmtraube, seitlich oder endständig
Blüten: zwittrig, radiär, Kelch und Krone. Kronblätter 5, verwachsen zu einer nur bis 2 mm dicken Kronröhre, blau, lila, weiß. Staubblätter 5, frei, frei von der Krone. Fruchtblätter 3-2, verwachsen, unterständig. Plazentation zentralwinkelständig
Frucht: Kapsel mit Poren am Grund
Kennzeichen: Staude oder Halbstrauch, mit Milchsaft. Blüten radiär. Kronblätter 5, verwachsen zu einer nur bis 2 mm dicken Kronröhre. Staubblätter 5. Fruchtblätter 3-2, verwachsen, unterständig. Plazentation zentralwinkelständig. Kapsel mit Poren am Grund

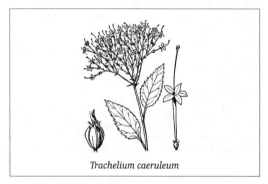

Trachelium caeruleum

Triodanis Raf.

Arten: 7
Lebensform: Einjährige, mit Milchsaft
Blätter: wechselständig, einfach. Nebenblätter fehlend
Blütenstand: Ähre
Blüten: zwittrig, radiär, Kelch und Krone. Kronblätter 5, verwachsen, blau, purpurn. Staubblätter 5, frei und frei von der Krone. Fruchtblätter 3, verwachsen, unterständig. Plazentation zentralwinkelständig oder parietal
Frucht: Kapsel zylindrisch, mit Poren
Kennzeichen: Einjährige mit Milchsaft. Blüten in einer Ähre, radiär. Kronblätter 5, verwachsen. Staubblätter 5. Fruchtblätter 3, verwachsen, unterständig. Plazentation zentralwinkelständig oder parietal. Kapsel zylindrisch, mit Poren

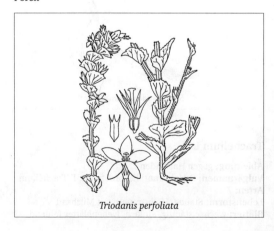

Triodanis perfoliata

Wahlenbergia Schrad. ex Roth

Ableitung: Gattung zu Ehren von Georg (Göran) Wahlenberg (1780-1851), einem schwedischen Botaniker benannt
Vulgärnamen: D:Moorglöckchen; E:Rock Bell; F:Campanille
Arten: 250
Lebensform: Einjährige, Staude, Halbstrauch, Strauch, mit Milchsaft
Blätter: wechselständig, selten gegenständig, einfach. Nebenblätter fehlend
Blütenstand: einzeln, Rispe, Ähre, endständig, seitlich
Blüten: zwittrig, radiär, Kelch und Krone. Kronblätter 3-5, selten 6-7, verwachsen, violett, blau, weiß, rot. Staubblätter 5, selten 3, frei oder frei mit der Krone. Fruchtblätter 2-5, verwachsen, unterständig oder halbunterständig. Plazentation zentralwinkelständig
Frucht: Kapsel mit 2-5 Schlitzen am Scheitel
Kennzeichen: Einjährige, Staude, Halbstrauch, Strauch, mit Milchsaft. Blüten radiär. Kronblätter 3-7, verwachsen. Staubblätter 3-5. Fruchtblätter 2-5, verwachsen, unterständig oder halbunterständig. Plazentation zentralwinkelständig. Kapsel mit 2-5 Schlitzen am Scheitel

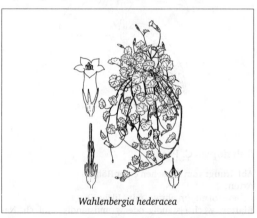

Wahlenbergia hederacea

Canellaceae Kaneelgewächse

1 Blütenstände seitlich. Kronblätter 8-12.
  Staubblätter 20-40 . . . . **Cinnamodendron**
1 Blütenstände endständig. Kronblätter bis 4.
  Staubblätter 10-20 . . . . **Canella**

Canella P. Browne

Ableitung: kleines Rohr
Vulgärnamen: D:Kaneelbaum, Zimtrindenbaum; E:Wild Cinnamon; F:Cannelier
Arten: 1
Lebensform: Bäume oder Sträucher, immergrün
Blätter: wechselständig, einfach, ohne Nebenblätter
Blütenstand: Schirmtrauben, endständige
Blüten: zwittrig, radiär. Kelch und Krone 5, frei, purpurn, rot oder violett. Staubblätter 10-20, verwachsen. Fruchtblätter 2-6, verwachsen. Plazentation wandständig
Frucht: Beeren

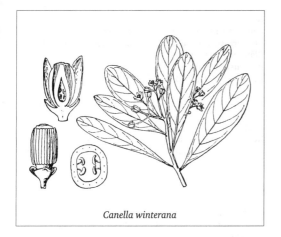
Canella winterana

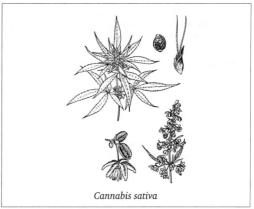
Cannabis sativa

Kennzeichen: Bäume oder Sträucher, immergrün. Blüten mit Kelch und purpurner, roter oder violetter Krone. Staubblätter 10–20, verwachsen. Plazentation wandständig. Beeren

Cinnamodendron Endl.

Ableitung: Zimt-Baum
Vulgärnamen: D:Winterrinde
Arten: 5
Lebensform: Sträucher, Bäume, immergrün
Blätter: wechselständig, einfach, ohne Nebenblätter
Blütenstand: Schirmtrauben seitlich
Blüten: zwittrig, radiär. Blüten mit Kelch und Krone. Kronblätter 8–12, frei. Staubblätter 20–40, verwachsen. Fruchtblätter 2–6, verwachsen. Plazentation wandständig
Frucht: Beeren
Kennzeichen: Sträucher, Bäume, immergrün. Kronblätter 8–12. Staubblätter 20–40, verwachsen. Plazentation wandständig. Beeren

Cannabaceae Hanfgewächse

1 Pflanzen kletternd. Blätter gegenständig, fingerförmig gelappt . . . . **Humulus**
1 Pflanzen aufrecht. Blätter wechselständig oder untere gegenständig, gefingert. . . . . . **Cannabis**

Cannabis L.

Ableitung: antiker Pflanzenname
Vulgärnamen: D:Hanf; E:Hemp, Marijuana; F:Chanvre
Arten: 1
Lebensform: Einjährige
Blätter: wechselständig, untere auch gegenständig, fingerförmig zusammengesetzt, mit Nebenblättern
Blütenstand: Rispen
Blüten: eingeschlechtig, zweihäusig, radiär. Blütenhüllblätter 5, frei, grün. Staubblätter 5. Fruchtblätter 2, verwachsen, oberständig
Frucht: Nuss
Kennzeichen: Einjährige. Blätter fingerförmig zusammengesetzt, mit Nebenblättern. Blüten zweihäusig mit 5-zähliger, einfacher Blütenhülle. Nussfrüchte

Humulus L.

Ableitung: nach einem Pflanzennamen in Osteuropa
Vulgärnamen: D:Hopfen; E:Hop; F:Houblon
Arten: 2
Lebensform: Stauden oder Einjährige, windend
Blätter: gegenständig, handförmig gelappt, mit Nebenblättern
Blütenstand: Ähren oder Rispen
Blüten: eingeschlechtig, zweihäusig, radiär. Blütenhüllblätter 5, frei, grün. Staubblätter 5. Fruchtblätter 2, verwachsen, oberständig
Frucht: Nuss. Weibliche Fruchtstände stark drüsig
Kennzeichen: Stauden oder Einjährige, windend. Blätter handförmig gelappt, mit Nebenblättern. Blüten zweihäusig, mit 5 grünen Blütenhüllblättern. Weibliche Fruchtstände zapfenähnlich erscheinend, stark drüsig, mit Nussfrüchten.

Humulus lupulus

Capparaceae Kaperngewächse

1 Pflanzen Sträucher oder Bäume mit Nebenblättern. Beeren
  2 Blätter einfach. Blüten einzeln, radiär . **Capparis**
  2 Blätter 3-zählig. Blüten in Schirmrispen, ± zygomorph. . . . . **Crateva**

392 Capparaceae Kaperngewächse

1 Pflanzen Kräuter ohne Nebenblätter
3 Staubblätter 6, selten 4 .... **Cleome**
3 Staubblätter 8–27 .... **Polanisia**

Capparis L.

Ableitung: antiker Pfanzenname
Vulgärnamen: D:Kapernstrauch; E:Caper; F:Câprier
Arten: 250
Lebensform: Sträucher, regengrün, mit Senfölen
Blätter: wechselständig, einfach, mit Nebenblättern
Blütenstand: Blüten einzeln
Blüten: zwittrig, radiär. Kelchblätter 4. Kronblätter 4, frei, weiß oder rosa. Staubblätter viele, frei. Fruchtblätter 2, verwachsen, oberständig. Plazentation wandständig
Frucht: Beeren
Kennzeichen: Sträucher, regengrün, mit Senfölen. Blüten einzeln, mit 4 Kelch- und 4 Kronblättern. Staubblätter viele. Plazentation wandständig. Beeren

Capparis spinosa

Cleome L.

Ableitung: antiker Pflanzenname
Vulgärnamen: D:Spinnenpflanze; E:Spider Flower; F:Cléome

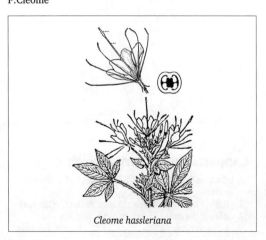

Cleome hassleriana

Arten: c. 150
Lebensform: Stauden oder Einjährige
Blätter: wechselständig, zusammengesetzt mit 3–7(1–23) Blättchen oder einfach, ohne Nebenblätter
Blütenstand: Trauben
Blüten: zwittrig, radiär. Kelchblätter 4. Kronblätter 4, frei, weiß, gelb, purpurn oder grün. Staubblätter 6, selten 4. Fruchtblätter 2, verwachsen, oberständig. Plazentation wandständig
Frucht: Kapsel
Kennzeichen: Einjährige. Blüten in Trauben, mit 4 Kelch- und Kronblättern. Staubblätter 6, selten 4. Plazentation wandständig. Kapsel

Crateva L.

Ableitung: Gattung zu Ehren von Cratevas, einem griechischen Botaniker des 1. Jahrhunderts v. Chr. benannt
Vulgärnamen: D:Tempelbaum; E:Temple Plant
Arten: 8
Lebensform: Bäume oder Sträucher, regengrün, mit Senfölen
Blätter: wechselständig, zusammengesetzt mit 3–5 Blättchen, mit Nebenblättern
Blütenstand: Schirmrispen
Blüten: zwittrig oder eingeschlechtig, etwas zygomorph. Kelchblätter 4. Kronblätter 4, frei, gelblich. Staubblätter 6–50, frei. Fruchtblätter 2, verwachsen, oberständig. Plazentation wandständig
Frucht: Beeren
Kennzeichen: Bäume oder Sträucher, regengrün, mit Senfölen. Blüten etwas zygomorph, mit 4 Kelch- und 4 Kronblättern. Staubblätter 6–50. Plazentation wandständig. Beeren

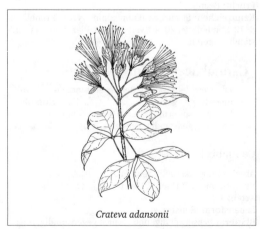

Crateva adansonii

Polanisia Raf.

Ableitung: zahlreich aber ungleich
Arten: 6
Lebensform: Einjährige
Blätter: wechselständig, zusammengesetzt, ohne Nebenblätter

Blütenstand: Trauben
Blüten: zwittrig, radiär. Kelchblätter 4. Kronblätter 4, frei, weiß oder rosa. Staubblätter 8–27. Fruchtblätter 2, verwachsen, oberständig. Plazentation wandständig
Frucht: Kapseln
Kennzeichen: Einjährige. Blätter zusammengesetzt. Blüten in Trauben mit 4 Kelch- und 4 Kronblättern. Staubblätter 8–27. Plazentation wandständig.

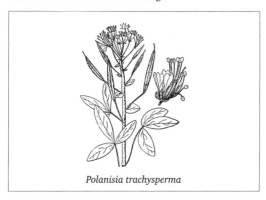

Polanisia trachysperma

Caprifoliaceae Geißblattgewächse

1 Blätter gefiedert. . . . . **Sambucus**
1 Blätter einfach
  2 Pflanzen Stauden. (Blüten zygomorph. Beeren) .
    . . . . **Triosteum**
  2 Pflanzen Sträucher oder Bäume
    3 Frucht eine Kapsel
      4 Frucht in die Deckblätter eingeschlossen, 4-fächrig. Staubblätter 4 . . . . **Dipelta**
      4 Frucht nicht in die Deckblätter eingeschlossen, 2-fächrig. Staubblätter 5
        5 Blüten ± endständig, zygomorph, gelb . . . .
        . . . . **Diervilla**
        5 Blüten blattachselständig, nahezu radiär weiß bis purpurn, höchstens gelblich. . . . **Weigela**
    3 Frucht eine Beere, Steinfrucht oder nussartig
      6 Frucht nussartig, trocken oder höchstens dünn lederig
        7 Blüten zygomorph. Staubblätter 5 . . . . . .
        . . . . **Heptacodium**
        7 Blüten ± radiär. Staubblätter 4
          8 Pflanze aufrechter Strauch, selten Baum
            9 Frucht mit großem Kelch . . . . . . **Abelia**
            9 Frucht borstig . . . . **Kolkwitzia**
          8 Pflanze ein kriechender Halbstrauch. (Frucht glatt) . . . . **Linnaea**
      6 Frucht eine fleischige Beere oder Steinfrucht
        10 Frucht eine 1-samige Steinfrucht. (Fruchtblätter 3) . . . . **Viburnum**
        10 Frucht 2- bis vielsamig
          11 Fruchtblätter 4. Frucht aber nur mit 2 1-samigen Fächern . . . . . . **Leycesteria**
          11 Fruchtblätter nicht 4. Frucht mit vielen bis wenigen Samen
            12 Fruchtblätter 2–3, selten 5, ohne sterilen Hals. Samen viele bis wenige . . **Lonicera**
            12 Fruchtblätter 5, selten 8, mit sterilem Hals. Samen viele. meist große, oft gefärbte Deckblätter . . . . **Leycesteria**

Abelia R. Br.

Ableitung: Gattung zu Ehren von Clarke Abel (1789–1826), einem englischen Arzt und Botaniker benannt
Vulgärnamen: D:Abelie; E:Abelia; F:Abélia
Arten: 30
Lebensform: Strauch, Baum, laubwerfend, selten immergrün
Blätter: gegenständig, selten quirlständig, einfach, ganzrandig oder gesägt. Nebenblätter fehlend
Blütenstand: Blüten zu 1–2, Rispe, Büschel
Blüten: zwittrig, radiär, Kelchblätter 5–2, verwachsen, Kronblätter 5, verwachsen, weiß, rosa. Staubblätter 4, verwachsen mit der Krone. Fruchtblätter 3, verwachsen und unterständig. Plazentation zentralwinkelständig
Frucht: 1-samige Steinfrucht mit vergrößertem Kelch
Kennzeichen: Strauch oder Baum. Blätter gegenständig oder quirlständig. Kronblätter 5, verwachsen. Staubblätter 4. Fruchtblätter 3, verwachsen, unterständig. 1-samige Steinfrucht mit flügelartigem Kelch

Abelia spathulata

Diervilla Mill.

Ableitung: Gattung zu Ehren von M. Dierville, einem französischen Arzt des 18. Jahrhunderts in Nordamerika benannt
Vulgärnamen: D:Buschgeißblatt; E:Bush Honeysuckle; F:Diervilla
Arten: 3
Lebensform: Strauch, laubwerfend
Blätter: gegenständig, einfach, gesägt. Nebenblätter fehlend
Blütenstand: cymös, endständig oder seitlich
Blüten: zwittrig, zygomorph, Kelchblätter 5. Kronblätter 5, verwachsen, gelblich. Staubblätter 5, verwachsen mit der Krone, herausragend. Fruchtblätter 2, verwachsen und unterständig, langgestreckt, mit kopfiger Narbe. Plazentation zentralwinkelständig
Frucht: Kapsel
Kennzeichen: Strauch, laubwerfend. Blätter gegenständig. Blüten zygomorph, 5-zählig. Kronblätter verwachsen, gelb. Staubblätter herausragend. Fruchtblätter 2, verwachsen, unterständig. Plazentation zentralwinkelständig

394 Caprifoliaceae Geißblattgewächse

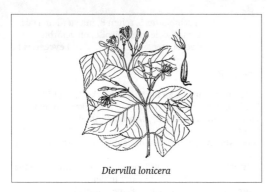
Diervilla lonicera

Dipelta Maxim.

Ableitung: zwei Schilde
Vulgärnamen: D:Doppelschild; F:Dipelta
Arten: 4
Lebensform: Strauch, laubwerfend
Blätter: gegenständig, einfach, ganzrandig oder gesägt. Nebenblätter fehlend
Blütenstand: einzeln, Traube, Blüten mit 2schildförmigen Vorblättern
Blüten: zwittrig, zygomorph, Kelchblätter 5. Kronblätter 4, verwachsen, rosa, purpurn. Staubblätter 4, verwachsen mit der Krone. Fruchtblätter 4, verwachsen und unterständig, nur 2 fertil mit je 1 Samen. Narbe kopfig. Plazentation zentralwinkelständig
Frucht: Steinfrucht mit bleibenden Deck- und Vorblättern
Kennzeichen: Strauch. Blätter gegenständig. Blüten mit 2 Deckblättern und 2 schildförmigen Vorblättern. Kronblätter 4, verwachsen. Fruchtblätter 4, verwachsen, nur 2 fertil mit je 1 Samenanlage. Frucht mit Deck- und Vorblättern

Dipelta floribunda

Heptacodium Rehder

Ableitung: 7 Köpfe (Blüten)
Arten: 1
Lebensform: Strauch, Baum, laubwerfend
Blätter: gegenständig, einfach, ganzrandig, 3-nervig. Nebenblätter fehlend
Blütenstand: Rispe mit 7-blütigen Köpfchen mit Hülle
Blüten: zwittrig, zygomorph, Kelchblätter 5, verwachsen. Kronblätter 5, verwachsen, weiß. Staubblätter 5, verwachsen mit der Krone. Fruchtblätter 3, verwachsen und unterständig. Plazentation zentralwinkelständig
Frucht: steinfruchtartig, 1-samig, mit vergrößertem Kelch
Kennzeichen: Baum oder Strauch, laubwerfend. Blätter gegenständig. Blüten in Rispen mit Köpfchen mit Hülle. Krone zygomorph, weiß. Fruchtblätter 3, verwachsen, unterständig. Frucht steinfruchtartig, 1-samig mit vergrößertem Kelch.

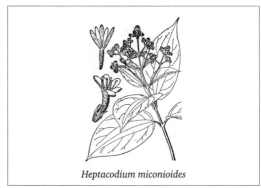
Heptacodium miconioides

Kolkwitzia Graebn.

Ableitung: Gattung zu Ehren von Richard Kolkwitz (1873–1956), einem deutschen Botaniker benannt
Vulgärnamen: D:Kolkwitzie; E:Beauty Bush; F:Kolkwitzia
Arten: 1
Lebensform: Strauch, laubwerfend
Blätter: gegenständig, einfach. Nebenblätter fehlend
Blütenstand: Schirmrispe mit Blüten zu 2, endständig
Blüten: zwittrig, zygomorph, Kelchblätter 5, Kronblätter 5, verwachsen, glockig, rosa, weiß. Staubblätter 4, verwachsen mit der Krone. Fruchtblätter 3, verwachsen und unterständig, borstig. Plazentation zentralwinkelständig
Frucht: Nuss, borstig
Kennzeichen: Strauch, laubwerfend. Blätter gegenständig. Blüten zu 2 in Schirmrispen. Kronblätter 5, verwachsen. Staubblätter 4. Frucht eine borstige Nuss

Kolkwitzia amabilis

Caprifoliaceae Geißblattgewächse 395

Leycesteria Wall.

Ableitung: Gattung zu Ehren von William Leycester (1775–1831), einem englischen Richter in Indien benannt
Vulgärnamen: D:Leycesterie; F:Herbe-aux-faisans, Leycesteria
Arten: 6
Lebensform: Strauch, laubwerfend
Blätter: gegenständig, einfach, ganzrandig, gesägt, selten gelappt. Nebenblätter fehlend oder blattartig
Blütenstand: Ähre, Büschel mit großen, oft gefärbten Deckblättern
Blüten: zwittrig, ± zygomorph, Kelchblätter 5, verwachsen. Kronblätter 5, verwachsen, weiß, gelb, violett. Staubblätter 5, verwachsen mit der Krone. Fruchtblätter 5 oder 8, verwachsen und unterständig. Plazentation zentralwinkelständig
Frucht: Beere
Kennzeichen: Strauch, laubwerfend. Blätter gegenständig. Blütenstand oft mit großen gefärbten Deckblättern. Blüten 5-zählig. Fruchtblätter 5 oder 8, verwachsen, unterständig. Frucht eine Beere

Linnaea borealis

Leycesteria formosa

Lonicera L.

Ableitung: Gattung zu Ehren von Adam Lonitzer (1528–1586), einem deutschen Botaniker benannt
Vulgärnamen: D:Geißblatt, Heckenkirsche; E:Honeysuckle; F:Chèvrefeuille
Arten: 180
Lebensform: Strauch, Liane, selten Baum, immergrün oder laubwerfend
Blätter: gegenständig, einfach, ganzrandig, selten gesägt. Nebenblätter fehlend, selten vorhanden
Blütenstand: Köpfchen, sitzende Quirle oder zu 2
Blüten: zwittrig, fast radiär bis zygomorph, Kelchblätter 5, verwachsen. Kronblätter 5, verwachsen, weiß, rosa, lila, gelb, rot. Staubblätter 5, verwachsen mit der Krone. Fruchtblätter 2–3, selten 5, verwachsen und unterständig. Narbe kopfig. Plazentation zentralwinkelständig
Frucht: Beere mehrsamig
Kennzeichen: Strauch, Liane, selten ein Baum. Blätter gegenständig. Blüten zu 2 oder in sitzenden Quirlen. Blüten 5-zählig, ± zygomorph. Fruchtblätter unterständig, Frucht eine mehrsamige Beere

Linnaea L.

Ableitung: Gattung zu Ehren von Carl von Linné (1707–1778), dem berühmten schwedischen Botaniker und Zoologen benannt
Vulgärnamen: D:Moosglöckchen; E:Twin-flower; F:Linnée
Arten: 1
Lebensform: Halbstrauch, immergrün, kriechend
Blätter: gegenständig, einfach, gezähnt. Nebenblätter fehlend
Blütenstand: Blüten zu 2, nickend
Blüten: zwittrig, radiär, Kelchblätter 5, verwachsen. Kronblätter 5, verwachsen, weiß, rosa. Staubblätter 4, verwachsen mit der Krone. Fruchtblätter 3, verwachsen und unterständig. Kelch abfallend. Plazentation zentralwinkelständig
Frucht: Beere, 1-samig
Kennzeichen: kriechender Halbstrauch, immergrün. Blätter gegenständig. Blüten zu 2, nickend. Kronblätter 5, verwachsen. Staubblätter 4. Fruchtblätter 3, verwachsen, unterständig. Frucht eine 1-samige Beere

Lonicera periclymenum

Sambucus L.

Ableitung: antiker Pflanzenname
Vulgärnamen: D:Attich, Holunder; E:Elder; F:Sureau
Arten: c. 25
Lebensform: Strauch, Baum, Staude, laubwerfend, Triebe mit breitem Mark
Blätter: gegenständig, gefiedert. Nebenblattartige Blättchen
Blütenstand: Rispe, Schirmrispe
Blüten: zwittrig, radiär, Kelchblätter 3–5, verwachsen. Kronblätter 5–3, verwachsen, weiß, rosa, gelb. Staubblätter 5, verwachsen mit der Krone. Fruchtblätter 3–5, verwachsen und unterständig. Plazentation zentralwinkelständig
Frucht: Steinfrucht mit 3–5 Steinkernen
Kennzeichen: Strauch oder Baum, selten Staude, Triebe mit breitem Mark. Blätter gegenständig, gefiedert. Blütenstand eine Schirmrispe oder Rispe. Blüten 3- bis 5-zählig. Kronblätter verwachsen. Fruchtknoten unterständig. Frucht eine 3- bis 5-samige Steinfrucht

Sambucus nigra

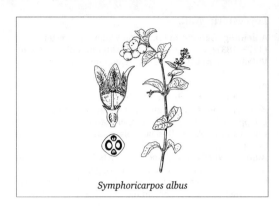
Symphoricarpos albus

Symphoricarpos Duhamel

Ableitung: vereinigte Früchte
Vulgärnamen: D:Knallerbsenstrauch, Korallenbeere, Wolfsbeere; E:Snowberry; F:Symphorine
Arten: 17
Lebensform: Strauch, laubwerfend
Blätter: gegenständig, einfach, ganzrandig bis gelappt. Nebenblätter fehlend
Blütenstand: Ähre, Traube
Blüten: zwittrig, radiär, Kelchblätter 4–5, verwachsen. Kronblätter 4–5, verwachsen, weiß, rosa. Staubblätter 4, verwachsen mit der Krone. Fruchtblätter 4, verwachsen und unterständig. Narbe kopfig bis 2-lappig. 2 Fächer des Fruchtknotens steril, 2 mit je einer Samenanlage. Plazentation zentralwinkelständig
Frucht: Beere 2-samig
Kennzeichen: Strauch, laubwerfend. Blätter gegenständig. Blüten 4- bis 5-zählig. Kronblätter verwachsen. Fruchtblätter 4, verwachsen, unterständig. Plazentation zentralwinkelständig. Frucht eine 2-samige Beere

Triosteum L.

Ableitung: drei Knochen
Vulgärnamen: D:Fieberwurz; E:Feverwort, Horse Gentian; F:Trioste
Arten: 6
Lebensform: Staude
Blätter: gegenständig, einfach, sitzend und meist verwachsen am Grund. Nebenblätter fehlend
Blütenstand: einzeln, Büschel, Ähre
Blüten: zwittrig, zygomorph, Kelchblätter 5, verwachsen. Kronblätter 5, verwachsen, weiß, gelb, braun, sackförmig am Grund. Staubblätter 5, verwachsen mit der Krone. Fruchtblätter 5–3, verwachsen und unterständig. Narbe 5- bis 3-lappig. Plazentation zentralwinkelständig
Frucht: Beere, 3- bis 2-samig
Kennzeichen: Staude. Blätter gegenständig, meist am Grund verwachsen. Blüten zygomorph. Kronblätter 5, verwachsen, am Grund sackförmig ausgebuchtet. Fruchtknoten unterständig. Frucht eine Beere

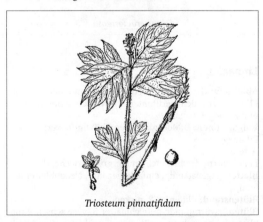
Triosteum pinnatifidum

Viburnum L.

Ableitung: antiker Pflanzenname
Vulgärnamen: D:Schneeball; E:Arrow Wood, Wayfaring Tree; F:Boule de neige, Viorne
Arten: 150+

Lebensform: Strauch, Baum, immergrün oder laubwerfend
Blätter: gegenständig, selten quirlständig, einfach, ganzrandig oder gezähnt. Nebenblätter fehlend oder vorhanden
Blütenstand: Schirmrispen, Rispe
Blüten: zwittrig, radiär, Kelchblätter 5, verwachsen. Kronblätter 5, verwachsen, weiß, rosa, grün. Staubblätter 5, verwachsen mit der Krone. Fruchtblätter 3, verwachsen und unterständig. Narbe 3-lappig. Plazentation zentralwinkelständig
Frucht: Steinfrucht, 1-samig
Kennzeichen: Strauch, Baum. Blätter gegenständig, selten quirlständig. Blüten in Schirmrispen oder Rispen. Blüten 5-zählig, Kronblätter verwachsen. Staubblätter 5. Fruchtblätter 3, verwachsen, unterständig. Frucht eine 1-samige Steinfrucht

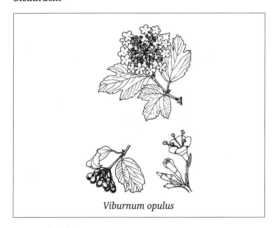
Viburnum opulus

Weigela Thunb.

Ableitung: Gattung zu Ehren von Christian Ehrenfried von Weigel (1748–1831), einem deutschen Arzt Chemiker und Botaniker benannt
Vulgärnamen: D:Weigelie; E:Weigela; F:Weigelia
Arten: 10
Lebensform: Strauch, laubwerfend
Blätter: gegenständig, einfach, gesägt. Nebenblätter fehlend

Weigela florida

Blütenstand: cymös oder einzeln, seitlich
Blüten: zwittrig, ± zygomorph, Kelchblätter 5, verwachsen. Kronblätter 5, verwachsen, weiß, rosa, purpurn, rot. Staubblätter 5, verwachsen mit der Krone. Fruchtblätter 2, langgestreckt verwachsen und unterständig. Narbe kopfig oder kurz 2-lappig. Plazentation zentralwinkelständig
Frucht: Kapsel, 2-klappig mit Mittelsäule
Kennzeichen: Strauch, laubwerfend. Blätter gegenständig. Blüten zygomorph, 5-zählig. Kronblätter verwachsen. Fruchtblätter 2, verwachsen und langgestreckt, unterständig. Frucht eine 2-klappige Kapsel mit Mittelsäule

Caricaceae Papayagewächse

Carica L.

Ableitung: Pfalze aus Karien (Kleinasien)
Vulgärnamen: D:Melonenbaum, Papaya; E:Pawpaw; F:Arbre-aux-melons, Papayer
Arten: 23
Lebensform: Bäume oder Sträucher, wenig verzweigt, mit Milchsaft
Blätter: wechselständig, einfach oder handförmig gelappt, ohne Nebenblätter
Blütenstand: Trauben
Blüten: zwittrig oder eingeschlechtig, radiär. Kelchblätter 5. Kronblätter 5, verwachsen, weiß, gelb oder grün. Staubblätter 10, an der Krone angewachsen. Fruchtblätter 5, verwachsen, oberständig. Plazentation wandständig
Frucht: Beeren
Kennzeichen: Bäume oder Sträucher, wenig verzweigt, mit Milchsaft. Kronblätter 5, verwachsen. Staubblätter 10, an der Krone angewachsen. Fruchtblätter 5. Plazentation wandständig. Beeren

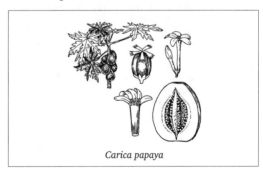
Carica papaya

Caryocaraceae

Caryocar L.

Ableitung: vermutlich Nuss-Pflanze
Vulgärnamen: D:Souarinuss; E:Butternut
Arten: 15
Lebensform: Bäume oder Sträucher
Blätter: gegenständig, 3 bis 5-zählig gefingert, mit Nebenblättern
Blütenstand: Trauben

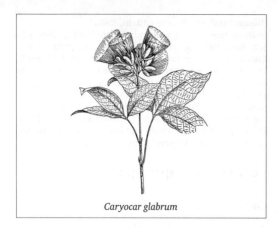
Caryocar glabrum

Blüten: zwittrig, radiär. Kelchblätter 5–6. Kronblätter 5–6, frei. Staubblätter viele, verwachsen. Fruchtblätter 4–6, verwachsen, oberständig. Plazentation zentralwinkelständig
Frucht: Steinfrucht
Kennzeichen: Bäume oder Sträucher. Blätter gegenständig, gefingert, mit Nebenblättern. Staublätter viele, verwachsen. Fruchtblätter 4–6. Steinfrucht

Caryophyllaceae Nelkengewächse
(Schlüssel mit Molluginaceae und Illecebraceae)

1 Nebenblätter vorhanden
  2 Blätter wechselständig
    3 Frucht nussartig. Griffel verwachsen .**Corrigiola**
    3 Frucht eine Kapsel mit 1 Samen. Griffel 3–4 . . . . **Telephium**
  2 Blätter gegenständig oder quirlig, manchmal scheinbar wechselständig
    4 Frucht eine Schließfrucht. (Blütenhülle einfach) . . . . **Herniaria**
    4 Frucht eine Kapsel
     5 Griffel verwachsen, zumindest unten
      6 Kelchblätter weiß, stachelspitzig . **Illecebrum**
      6 Kelchblätter ± grün
       7 Kapselzähne 3 oder Kapsel unregelmäßig aufreißend
        8 Griffel 2 . . . . **Paronychia**
        8 Griffel 3, am Grund verwachsen . . . . **Polycarpon**
       7 Kapselzähne 2 . . . . **Drymaria**
     5 Griffel frei
      9 Griffel 5 (3). Nebenblätter nicht verwachsen. Fruchtklappen so viele wie Kelchblätter oder vor den Kelchblättern . . . . . **Spergula**
      9 Griffel 3. Nebenblätter verwachsen. Fruchtklappen weniger als Kelchblätter oder vor den Kelchbuchten . . . .**Spergularia**
1 Nebenblätter fehlend
  10 Kelchblätter frei
    11 Pflanze mit Wurzelknollen . . **Pseudostellaria**
    11 Pflanze ohne Wurzelknollen
     12 Kronblätter tief 2-spaltig
      13 Pflanze meist behaart. Kapsel zylindrisch, 2mal so lang wie der Kelch, mit vielen Samen. . . . . **Cerastium**
      13 Pflanze meist kahl. Kapsel kugelig bis elliptisch, länger als der Kelch, mit 1–3 Samen. . . . .**Stellaria**
     12 Kronblätter höchstens etwas ausgerandet
      14 Kapselzähne so viele wie Griffel
       15 Frucht aufgeblasen. Fruchtknoten etwas von der Achse umgeben . . . **Lepyrodiclis**
       15 Frucht nicht aufgeblasen. Fruchtknoten oberständig
        16 Griffel 2 . . . . **Bufonia**
        16 Griffel 3–5(6–2)
         17 Pflanze fleischig. Samen 3mm oder mehr . . . . **Honckenya**
         17 Pflanze nicht fleischig. Samen bis 3mm
          18 Blüten einzeln, immer ohne Krone. Griffel 4–6, vor den Kelchblättern . . . . **Colobanthus**
          18 Blüten meist zu mehreren, selten ohne Krone. Griffel zwischen den Kelchblättern stehend
           19 Griffel 3, selten 5. Fruchtklappen vor den Kelchbuchten . . . . . **Minuartia**
           19 Griffel 4–5. Fruchtklappen vor den Kelchblättern . . . . **Sagina**
      14 Kapselzähne doppelt so viele als Griffel
       20 Blüten in Dolden . . . . **Holosteum**
       20 Blüten nicht in Dolden
        21 Griffel 4 oder 5 . . . .**Moenchia**
        21 Griffel 3
         22 Samen ohne Anhängsel (Strophiolus) . . . . **Arenaria**
         22 Samen mit Strophiolus . . . .**Moehringia**
  10 Kelchblätter verwachsen
    23 Blüten ohne Krone. Fruchtknoten halbunterständig. (Nussfrucht) . . **Scleranthus**
    23 Blüten mit Krone. Fruchtknoten oberständig
     24 Frucht beerenartig . . . . **Cucubalus**
     24 Frucht trocken
      25 Außenkelch vorhanden
       26 Kelch ohne Hautstreifen in Längsrichtung . . . . **Dianthus**
       26 Kelch mit Hautstreifen . . . .**Petrorhagia**
      25 Außenkelch fehlend
       27 Kelch geflügelt . . . . **Vaccaria**
       27 Kelch nicht geflügelt
        28 Pflanze dornig. (Kapsel mit Deckel und nur 1–2 Samen) . . . .**Drypis**
        28 Pflanze nicht dornig
         29 Kelch mit häutigen Streifen zwischen den Kelchblättern . . . . **Gypsophila**
         29 Kelch ohne häutige Streifen zwischen den Kelchblättern
          30 Kelchröhre mit kräftigen Nerven an den Verwachsungsnähten der Kelchblätter (Komissuralnerven)
           31 Kelch laubartig. (Pflanze einjährig) . . . . **Agrostemma**
           31 Kelch nicht laubartig

Caryophyllaceae Nelkengewächse 399

    32   Samen mit Haarschopf auf dem Nabel. Krone dachig in der Knospe .
            . . . . **Petrocoptis**
    32   Samen ohne Haarschopf auf dem Nabel. Krone gedreht in der Knospe .
            . . . . **Silene**
30 Kelchröhre ohne kräftige Nerven an den Verwachsungsnähten der Kelchblätter (Komissuralnerven)
    33   Griffel 2-3. (Kapselzähne 4-6) . . . .
            . . . . **Saponaria**
    33   Griffel 4. (Kapselzähne 4) . . . **Velezia**

Agrostemma L.

Ableitung: Acker-Kranz
Vulgärnamen: D:Kornrade, Rade; E:Corncockle; F:Nielle
Arten: 2
Lebensform: Einjährige
Blätter: gegenständig, einfach, ohne Nebenblätter
Blütenstand: einzeln, in Dichasien
Blüten: zwittrig, radiär. Kelchblätter 5, verwachsen. Kronblätter 5, frei, lilablau, weiß oder rosa. Staubblätter 10, mit der Krone verwachsen. Fruchtblätter 5, verwachsen, oberständig. Plazentation frei zentral. Griffel 5 oder 4, frei
Frucht: Kapsel, 5-, selten 4-zähnig
Kennzeichen: Einjährige. Blätter gegenständig. Kelchblätter verwachsen, mit sehr langen Kelchzipfeln. Fruchtblätter 5. Plazentation frei zentral

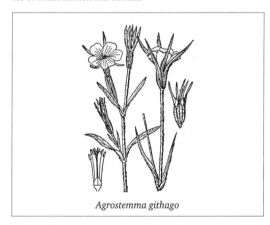
Agrostemma githago

Arenaria montana

Arenaria L.

Ableitung: Sandpflanze
Vulgärnamen: D:Sandkraut; E:Sandwort; F:Arénaire, Sabline
Arten: c. 160
Lebensform: Einjährige, Zweijährige, Stauden oder Halbsträucher
Blätter: gegenständig, einfach, ohne Nebenblätter
Blütenstand: cymös oder einzeln
Blüten: zwittrig, radiär. Kelchblätter 5, frei. Kronblätter 5, frei, weiß, cremefarben oder rosa. Staubblätter 10, selten 5, 3 oder 2. Fruchtblätter 5, 3 oder 2, verwachsen, oberständig. Plazentation frei zentral. Griffel 2-3, selten 5, frei
Frucht: Kapsel, 2- oder 3-, selten 5-zähnig
Kennzeichen: Einjährige, Zweijährige, Stauden oder Halbsträucher. Blätter gegenständig. Kelchblätter frei. 2-3, selten 5 Griffel. Plazentation frei zentral. Kapsel mit ebenso vielen Zähnen

Bufonia L.

Ableitung: Gattung zu Ehren von Georges Louis Leclerq de Buffon (1707-1788), einem französischen Botaniker und Naturforscher benannt
Vulgärnamen: D:Buffonie; F:Buffonia
Arten: 20
Lebensform: Einjährige, Stauden oder Halbsträucher
Blätter: gegenständig, einfach, ohne Nebenblätter
Blütenstand: cymös, Rispen oder Ähren
Blüten: zwittrig, radiär. Kelchblätter 4, frei. Kronblätter 4, frei, weiß. Staubblätter 8-2. Fruchtblätter 2, verwachsen, fast halbunterständig
Frucht: Kapsel, 2-zähnig
Kennzeichen: Einjährige, Stauden oder Halbsträucher. Blätter gegenständig. Kelchblätter 4, frei. Fruchtknoten fast halbunterständig, mit 1-2 basalen Samenanlagen. Griffel 2. Kapsel 2-zähnig

Cerastium L.

Ableitung: Horn-Pflanze
Vulgärnamen: D:Hornkraut; E:Mouse Ear; F:Céraiste
Arten: c. 100
Lebensform: Stauden, Zweijährige, Einjährige oder halbstrauchig
Blätter: gegenständig, einfach, ohne Nebenblätter
Blütenstand: Dichasien bis einzeln
Blüten: zwittrig, radiär. Kelchblätter 5, frei. Kronblätter 5, selten 4 oder fehlend, frei, weiß, tief gespalten. Staubblätter 10, 8, 5 bis weniger, frei. Fruchtblätter 3, 4, 5 oder 6, verwachsen. Griffel meist 5, seltener 3, 4 oder 6
Frucht: Kapsel, meist mit 10 Zähnen, seltener mit 6 oder 12 Zähnen
Kennzeichen: Stauden, Zweijährige, Einjährige oder halbstrauchig. Blätter gegenständig. Kelchblätter frei. Kronblätter weiß, tief gespalten. Plazentation frei zentral. Kapsel zylindrisch, mit meist 10, seltener 6 oder 12 Zähnen

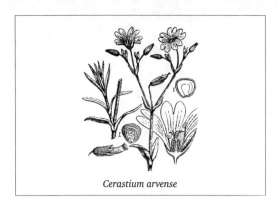
Cerastium arvense

Colobanthus Bartl.

Ableitung: mit verstümmelter Blüte
Arten: c. 20
Lebensform: Stauden
Blätter: gegenständig, einfach, ohne Nebenblätter
Blütenstand: einzeln
Blüten: zwittrig, radiär. Kelchblätter 4–6, frei, grün. Kronblätter fehlend. Staubblätter meist 5, seltener 4 oder 6. Fruchtblätter 4–6, verwachsen. Griffel 4–6, vor den Kelchblättern
Frucht: Kapsel, 4- bis 6-zähnig
Kennzeichen: Staude. Blätter gegenständig. Blüten einzeln. Kelchblätter 4–6, frei. Krone fehlend. Griffel 4–6, vor den Kelchblättern. Kapsel 4- bis 6-zähnig

Cucubalus L.

Ableitung: antiker Pflanzenname
Vulgärnamen: D:Taubenkropf; E:Berry Catchfly; F:Cucubale
Arten: 1
Lebensform: Stauden, kletternd
Blätter: gegenständig, einfach, ohne Nebenblätter
Blütenstand: Dichasien
Blüten: zwittrig, radiär. Kelchblätter 5, verwachsen. Kronblätter 5, frei, weiß, genagelt, mit Krönchenschuppen. Staubblätter 10. Fruchtblätter 3, verwachsen, oberständig. Griffel 3. Plazentation frei zentral

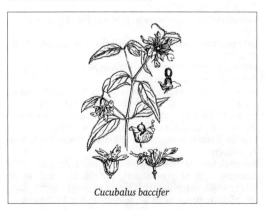
Cucubalus baccifer

Frucht: Beere
Kennzeichen: kletternde Stauden. Blätter gegenständig. Kronblätter 5, genagelt, mit Krönchenschuppen. Griffel 3. Plazentation frei zentral. Beere

Dianthus L.

Ableitung: Götter-Blüte
Vulgärnamen: D:Nelke; E:Carnation, Pink; F:Œillet
Arten: c. 300
Lebensform: Stauden, Zweijährige, Einjährige, Sträucher
Blätter: gegenständig, einfach, ohne Nebenblätter
Blütenstand: cymös, einzeln oder Köpfchen
Blüten: zwittrig oder eingeschlechtig, radiär. Kelchblätter 5, verwachsen, mit Außenkelch. Kronblätter 5, lang genagelt, frei, rot, rosa, weiß, lila, selten gelb. Staubblätter 10. Fruchtblätter 2, verwachsen, oberständig. Griffel 2. Plazentation frei zentral
Frucht: Kapsel, 4-zähnig
Kennzeichen: Stauden, Zweijährige, Einjährige, Sträucher. Blätter gegenständig. Kelch 5-zähnig, mit Außenkelch. Kronblätter lang genagelt. Plazentation frei zentral. Kapsel 4-zähnig

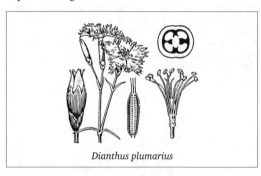
Dianthus plumarius

Drymaria Willd. ex Roem. et Schult.

Arten: 50
Lebensform: Einjährige, Stauden
Blätter: gegenständig oder quirlig erscheinend, einfach, Nebenblätter meist vorhanden
Blütenstand: cymös, Büschel, einzeln
Blüten: zwittrig, radiär. Kelchblätter 5, seltener 4, frei. Kronblätter 5, frei, weiß. Staubblätter 5–2. Fruchtblätter 3 oder 2, verwachsen, oberständig. Griffel meist 3, seltener 2 oder 4, verwachsen. Plazentation frei zentral
Frucht: Kapsel, 2- bis 4-zähnig
Kennzeichen: Einjährige oder Stauden. Blätter gegenständig. Nebenblätter meist vorhanden. Kelchblätter frei. Krone weiß. Griffel 2–4, verwachsen. Plazentation frei zentral. Kapsel 2- bis 4-zähnig

Drypis L.

Ableitung: antiker Pflanzenname
Arten: 1
Lebensform: Stauden
Blätter: gegenständig, einfach, mit stechender Spitze, ohne Nebenblätter

Blütenstand: Dichasien bis Köpfchen
Blüten: zwittrig, radiär. Kelchblätter 5, seltener verwachsen. Kronblätter 5, frei, weiß, rosa oder lila. Staubblätter 10. Fruchtblätter 3, verwachsen, oberständig. Griffel 3
Frucht: Schließfrucht, 1- bis 2-samig
Kennzeichen: Stauden. Blätter gegenständig mit stechender Spitze. Kelchblätter verwachsen. 3 Griffel. 1- bis 2-samige Schließfrucht

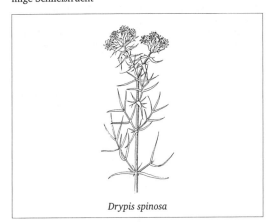
Drypis spinosa

Gypsophila L.

Ableitung: Gips-Freund
Vulgärnamen: D:Gipskraut, Schleierkraut; E:Baby's Breath; F:Gypsophile
Arten: c. 150
Lebensform: Stauden, Einjährige, Halbsträucher
Blätter: gegenständig, einfach, ohne Nebenblätter
Blütenstand: cymöse Rispen oder Köpfchen
Blüten: zwittrig oder eingeschlechtig, radiär. Kelchblätter 5, verwachsen, mit Hautstreifen zwischen ihnen. Kronblätter 5, frei, weiß oder rosa. Staubblätter 10, selten 5. Fruchtblätter 2, verwachsen, oberständig. Griffel 2, selten 3. Plazentation frei zentral
Frucht: Kapsel, 4-, selten 6-zähnig
Kennzeichen: Stauden, Einjährige, Halbsträucher. Blätter gegenständig. Kelchblätter 5, verwachsen, mit Hautstreifen zwischen ihnen. Kronblätter weiß oder rosa. Griffel 2, selten 3. Plazentation frei zentral. Kapsel mit doppelt so vielen Zähnen

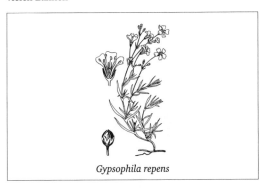
Gypsophila repens

Holosteum L.

Ableitung: antiker Pflanzenname
Vulgärnamen: D:Spurre; F:Holostée
Arten: 3-4
Lebensform: Einjährige
Blätter: gegenständig und grundständig, einfach, ohne Nebenblätter
Blütenstand: Dolde
Blüten: zwittrig, radiär. Kelchblätter 5, frei. Kronblätter 5, frei, weiß. Staubblätter 3-5 oder 8-10. Fruchtblätter 3-5, verwachsen, oberständig. Griffel 3, seltener bis 5. Plazentation frei zentral
Frucht: Kapsel, 6- bis 10-zähnig
Kennzeichen: Einjährige. Blätter gegenständig. Dolden. 3-5 Griffel. Plazentation frei zentral. Kapsel 6- bis 10-zähnig

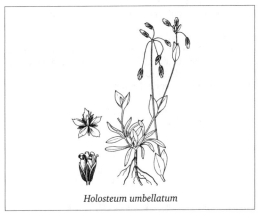
Holosteum umbellatum

Honckenya Ehrh.

Ableitung: Gattung zu Ehren von Gerhard August Honckeny (1724-1805), einem deutschen Botaniker benannt
Vulgärnamen: D:Salzmiere; E:Sea Sandwort; F:Honckénéja
Arten: 1-2
Lebensform: Stauden
Blätter: gegenständig, einfach, fleischig, ohne Nebenblätter

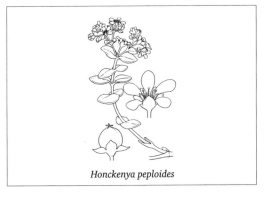
Honckenya peploides

Blütenstand: Blüten einzeln
Blüten: zwittrig oder eingeschlechtig, radiär. Kelchblätter 5, frei. Kronblätter 5, frei, weiß. Staubblätter 10. Fruchtblätter 2-6, verwachsen, oberständig. Plazentation frei zentral
Frucht: Kapsel, 3- bis selten 5-zähnig
Kennzeichen: Stauden. Blätter gegenständig, fleischig. Blüten einzeln. Kelchblätter 5, frei. Kronblätter 5, frei. Staubblätter 10. Fruchtblätter 2-3, verwachsen, oberständig. Griffel frei. Plazentation frei zentral

Lepyrodiclis Fenzl

Ableitung: mit zweiflügeliger Hülse
Vulgärnamen: D:Blasenmiere
Arten: 3
Lebensform: Einjährige
Blätter: gegenständig, einfach, ohne Nebenblätter
Blütenstand: cymös
Blüten: zwittrig, radiär. Kelchblätter 5 bis selten 7, frei. Kronblätter 5, frei, weiß oder rosa. Staubblätter 7 bis 10 und mehr. Fruchtblätter 2-3, verwachsen, annähernd halbunterständig. Griffel 2-3.
Frucht: Kapsel, 2-, selten 3-zähnig
Kennzeichen: Einjährige. Blätter gegenständig. Kelchblätter frei. Fruchtknoten annähernd halbunterständig. Griffel 2-3. Kapsel 2- bis 3-zähnig.

Minuartia L.

Ableitung: Gattung zu Ehren von Juan Minuart (1693-1768), einem spanischen Arzt und Botaniker benannt
Vulgärnamen: D:Miere; E:Sandwort; F:Alsine
Arten: c. 100
Lebensform: Stauden, Einjährige, Halbsträucher
Blätter: gegenständig, einfach, ohne Nebenblätter
Blütenstand: cymös oder Blüten einzeln
Blüten: zwittrig, radiär. Kelchblätter 5, frei. Kronblätter 5, selten 4 oder fehlend, frei, weiß oder rosa. Staubblätter 10, seltener bis 3. Fruchtblätter 3, verwachsen, oberständig. Griffel 3, selten 5. Plazentation frei zentral
Frucht: Kapsel, 3-, selten bis 5-zähnig, Klappen vor den Kelchbuchten
Kennzeichen: Stauden, Einjährige, Halbsträucher. Blätter gegenständig. Kelchblätter frei. Fruchtblätter 3. Griffel 3, selten bis 5. Plazentation frei zentral. Kapsel 3-, selten bis 5-zähnig, Klappen vor den Kelchbuchten

Minuartia cherleroides

Moehringia L.

Ableitung: Gattung zu Ehren von Paul Heinrich Gerhard Moehring (1710-1792), einem deutschen Arzt und Naturwissenschaftler benannt
Vulgärnamen: D:Moosmiere, Nabelmiere; E:Sandwort; F:Moehringia
Arten: 20
Lebensform: Stauden, Einjährige
Blätter: gegenständig, einfach, ohne Nebenblätter
Blütenstand: cymös oder Blüten einzeln
Blüten: zwittrig, radiär. Kelchblätter 5, seltener 4, frei. Kronblätter 5, seltener 4, frei, weiß. Staubblätter 8-10, selten 5. Fruchtblätter 2-3, verwachsen, oberständig. Griffel 2-3. Plazentation frei zentral
Frucht: Kapsel, 2- bis 3-spaltig
Kennzeichen: Stauden, Einjährige. Blätter gegenständig. Kelchblätter frei. Griffel 2-3. Plazentation frei zentral. Kapsel 2- bis 3-spaltig

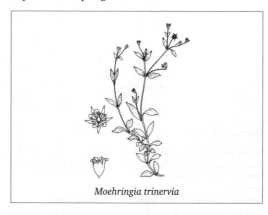
Moehringia trinervia

Moenchia Ehrh.

Ableitung: Gattung zu Ehren von Conrad Moench (1744-1805), einem deutschen Botaniker und Chemiker benannt
Vulgärnamen: D:Weißmiere; E:Chickweed; F:Moenchia
Arten: 3
Lebensform: Einjährige

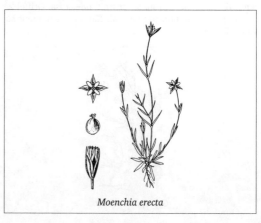
Moenchia erecta

Blätter: gegenständig, einfach, ohne Nebenblätter
Blütenstand: cymös oder Blüten einzeln
Blüten: zwittrig, radiär. Kelchblätter 4–5, frei. Kronblätter 4–5, frei, weiß oder blau. Staubblätter 4, 8, 5 oder 10. Fruchtblätter 3–5 mit ebenso vielen Narben, oberständig. Plazentation frei zentral
Frucht: Kapsel, 8-, 10- oder 6-zähnig
Kennzeichen: Einjährige. Blätter gegenständig. Kelchblätter frei. Griffel 3–5. Plazentation frei zentral. Kapsel 6- bis 10-zähnig, doppelt so viele Zähne wie Griffel

Petrocoptis A. Braun ex Endl.

Ableitung: Stein-Brecher
Vulgärnamen: D:Pyrenäennelke; F:Lychnis des Pyrénées, Pétrocoptis
Arten: 5
Lebensform: Stauden, halbstrauchig
Blätter: gegenständig, einfach, ohne Nebenblätter
Blütenstand: cymös
Blüten: zwittrig, radiär. Kelchblätter 5, verwachsen. Kronblätter 5, frei, weiß, rötlich oder lila, mit Nebenkronschüppchen. Staubblätter 10. Fruchtblätter 5, verwachsen, oberständig. Griffel 5. Plazentation frei zentral
Frucht: Kapsel, 5-zähnig. Samen mit Haarschopf am Nabel
Kennzeichen: Stauden oder Halbsträucher. Blätter gegenständig. Kelchblätter verwachsen. Kronblätter mit Nebenkronschüppchen. 5 Griffel. Plazentation frei zentral. Kapsel 5-zähnig. Samen mit Haarschopf am Nabel

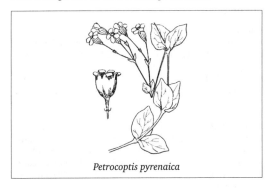

Petrocoptis pyrenaica

Petrorhagia (Ser.) Link

Ableitung: Steine brechende Pflanze
Vulgärnamen: D:Felsennelke; F:Tunique
Arten: 28
Lebensform: Stauden, Einjährige
Blätter: gegenständig, einfach, ohne Nebenblätter
Blütenstand: Köpfchen, rispig
Blüten: zwittrig oder eingeschlechtig, radiär. Kelchblätter 5, verwachsen, mit Außenkelch. Kronblätter 5, frei, weiß, rötlich oder lila. Staubblätter 10. Fruchtblätter 2, verwachsen, oberständig. Griffel 2. Plazentation frei zentral
Frucht: Kapsel, 4-zähnig
Kennzeichen: Stauden, Einjährige. Blätter gegenständig. Kelchblätter 5, verwachsen, mit Außenkelch. 2 Griffel. Plazentation frei zentral. Kapsel 4-zähnig

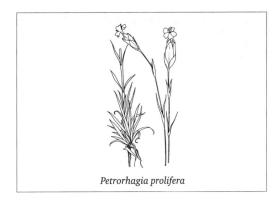

Petrorhagia prolifera

Polycarpon L.

Ableitung: mit vielen Früchten
Vulgärnamen: D:Nagelkraut; F:Polycarpon
Arten: 16
Lebensform: Stauden, Einjährige
Blätter: gegenständig oder zu 4 quirlig, einfach, ohne Nebenblätter
Blütenstand: cymös
Blüten: zwittrig, radiär. Kelchblätter 5, frei, ± mützenförmig am Ende. Kronblätter 5, frei, weiß. Staubblätter 5–1. Fruchtblätter 3, verwachsen, oberständig. Griffel 3, am Grund verwachsen. Plazentation frei zentral
Frucht: Kapsel, 3-zähnig
Kennzeichen: Stauden, Einjährige. Blätter gegenständig oder quirlig. Kelchblätter frei, ± mützenförmig am Ende. Staubblätter 5–1. Griffel 3, am Grund verwachsen. Plazentation frei zentral. Kapsel 3-zähnig

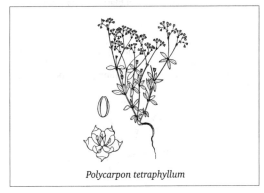

Polycarpon tetraphyllum

Pseudostellaria Pax

Ableitung: Schein-Stellaria
Vulgärnamen: D:Knollenmiere; F:Fausse-stellaire
Arten: 16
Lebensform: Stauden mit Wurzelknollen
Blätter: gegenständig, einfach, ohne Nebenblätter
Blütenstand: cymös oder Blüten einzeln
Blüten: zwittrig, radiär. Kelchblätter 5, seltener 4, am Grund etwas verwachsen. Kronblätter 5, seltener 4, frei,

weiß. Staubblätter 10, seltener 8. Fruchtblätter 3, verwachsen, oberständig. Griffel 2 oder 3, selten 1 oder 4. Plazentation frei zentral
Frucht: Kapsel, meist mit 4–6 Zähnen
Kennzeichen: Stauden mit Wurzelknollen. Blätter gegenständig. Kelchblätter am Grund verwachsen. Griffel frei. Plazentation frei zentral

Pseudostellaria japonica

Sagina L.

Ableitung: antiker Pflanzenname
Vulgärnamen: D:Knebel, Mastkraut; E:Pearlwort; F:Sagine
Arten: c. 20
Lebensform: Stauden, Zweijährige, Einjährige
Blätter: gegenständig, einfach, ohne Nebenblätter
Blütenstand: cymös oder Blüten einzeln
Blüten: zwittrig, radiär. Kelchblätter 4–5, selten 6, frei. Kronblätter 4,5 oder fehlend, frei, weiß. Staubblätter 4, 5 oder 8, 10. Fruchtblätter 4–5, verwachsen, oberständig. Griffel 4–5, zwischen den Kelchblättern. Plazentation frei zentral
Frucht: Kapsel, 4- bis 5-zähnig, Klappen vor den Kelchbuchten
Kennzeichen: Stauden, Zweijährige, Einjährige. Blätter gegenständig. Blüten 4- bis 5-zählig. Griffel 4–5. Plazentation frei zentral. Kapsel 4- bis 5-zähnig, Klappen vor den Kelchbuchten

Sagina nodosa

Saponaria L.

Ableitung: Seifenpflanze
Vulgärnamen: D:Seifenkraut; E:Soapwort; F:Saponaire
Arten: 40
Lebensform: Stauden, Einjährige
Blätter: gegenständig, einfach, ohne Nebenblätter
Blütenstand: Rispen, Köpfchen oder Blüten einzeln
Blüten: zwittrig, radiär. Kelchblätter 5, verwachsen. Kronblätter 5, frei, weiß, rosa, gelb oder rötlich. Staubblätter 10. Fruchtblätter 2–3, verwachsen, oberständig. Griffel 2–3. Plazentation frei zentral
Frucht: Kapsel, 4- oder 6-zähnig
Kennzeichen: Stauden, Einjährige, Blätter gegenständig. Kelchblätter 5, verwachsen. Kronblätter 5. Staubblätter 10. Griffel 2–3. Plazentation frei zentral. Kapsel 4-, seltener 6-zähnig

Saponaria officinalis

Silene L.

Ableitung: antiker Pflanzenname
Vulgärnamen: D:Leimkraut, Lichtnelke, Pechnelke, Strahlensame; E:Campion, Catchfly; F:Attrape-mouche, Compagnon, Silène
Arten: c. 700
Lebensform: Stauden, Zweijährige, Einjährige, Halbsträucher
Blätter: gegenständig, einfach, ohne Nebenblätter
Blütenstand: cymös, Rispen, Dichasien bis Blüten einzeln
Blüten: zwittrig oder eingeschlechtig, radiär. Kelchblätter 5, verwachsen. Kronblätter 5, frei, oft mit Nebenkronschüppchen, weiß, rosa, rot. Staubblätter 10. Fruchtblätter 3–5, verwachsen, oberständig. Griffel 3–5. Plazentation frei zentral

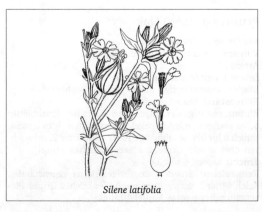
Silene latifolia

Frucht: Kapsel, 6- bis 10-zähnig
Kennzeichen: Stauden, Zweijährige, Einjährige, Halbsträucher. Blätter gegenständig. Kelchblätter verwachsen. Krone oft mit Nebenkronschüppchen. Griffel 3–5. Plazentation frei zentral. Kapsel 6- bis 10-zähnig

Spergula L.

Ableitung: nach einem deutschen Pflanzennamen
Vulgärnamen: D:Spark, Spergel; E:Spurrey; F:Spergule
Arten: 6
Lebensform: Stauden, Einjährige
Blätter: gegenständig oder quirlig erscheinend, einfach, mit freien Nebenblättern
Blütenstand: Dichasien
Blüten: zwittrig oder eingeschlechtig, radiär. Kelchblätter 5, frei. Kronblätter 5, frei, weiß. Staubblätter 5 oder 10. Fruchtblätter 5, seltener 3, verwachsen, oberständig. Griffel 5 oder 3. Plazentation frei zentral
Frucht: Kapsel, 5-, selten 3-zähnig, Klappen vor den Kelchblättern
Kennzeichen: Stauden, Einjährige. Blätter gegenständig oder quirlig erscheinend, mit Nebenblättern. Kelchblätter frei. Griffel 5, seltener 3. Plazentation frei zentral. Kapsel 5-, seltener 3-zähnig, Klappen vor den Kelchblättern

Spergula morisonii

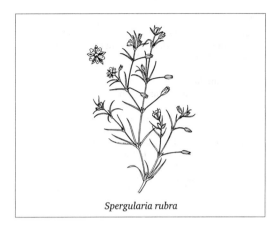
Spergularia rubra

blätter frei. Griffel 3. Plazentation frei zentral. Kapsel 5- bis 3-zähnig, Klappen vor den Kelchbuchten

Stellaria L.

Ableitung: Sternpflanze
Vulgärnamen: D:Sternmiere; E:Chickweed, Stitchwort; F:Langue-d'oiseau, Stellaire
Arten: 150–200
Lebensform: Stauden, Einjährige
Blätter: gegenständig, einfach, ohne Nebenblätter
Blütenstand: Dichasien oder Blüten einzeln
Blüten: zwittrig oder eingeschlechtig, radiär. Kelchblätter 5, selten 4, frei. Kronblätter 5, selten 4 oder fehlend, frei, weiß, tief eingeschnitten. Staubblätter 10 oder 5–3. Fruchtblätter 3–5, verwachsen, oberständig. Griffel meist 3, seltener 2–5. Plazentation frei zentral
Frucht: Kapsel, mit meist 6 Zähnen, seltener mit 4,8 oder 10 Zähnen
Kennzeichen: Stauden, Einjährige. Blätter gegenständig. Kelchblätter frei. Kronblätter weiß, tief eingeschnitten. Griffel meist 3, seltener 2–5. Plazentation frei zentral. Kapsel kugelig bis ellipsoid, meist 6-zähnig, seltener mit 4,8 oder 10 Zähnen

Spergularia (Pers.) J. Presl et C. Presl

Ableitung: Spergula-Pflanze
Vulgärnamen: D:Schuppenmiere; E:Sand Spurrey, Sea Spurrey; F:Spergulaire
Arten: 25
Lebensform: Stauden, Zweijährige, Einjährige
Blätter: gegenständig, einfach, mit verwachsenen Nebenblättern
Blütenstand: cymös
Blüten: zwittrig oder eingeschlechtig, radiär. Kelchblätter 5, frei. Kronblätter 5, frei, weiß, rosa oder lila oder fehlend. Staubblätter 10–1. Fruchtblätter 5–3, verwachsen, oberständig. Griffel 3. Plazentation frei zentral
Frucht: Kapsel, 5- bis 3-zähnig, Klappen vor den Kelchbuchten
Kennzeichen: Stauden, Zweijährige, Einjährige. Blätter gegenständig, mit verwachsenen Nebenblättern. Kelch-

Stellaria holostea

Vaccaria Wolf

Ableitung: Kuh-Pflanze
Vulgärnamen: D:Kuhkraut; E:Cowherb; F:Herbe-aux-vaches, Vaccaire
Arten: 1
Lebensform: Einjährige
Blätter: gegenständig, einfach, ohne Nebenblätter
Blütenstand: Dichasien
Blüten: zwittrig, radiär. Kelchblätter 5, verwachsen, an den Kanten breit geflügelt. Kronblätter 5, frei, rosa oder lila. Staubblätter 10. Fruchtblätter 2, selten 3, verwachsen, oberständig. Griffel 2. Plazentation frei zentral
Frucht: Kapsel, 4-zähnig
Kennzeichen: Einjährige. Blätter gegenständig. Kelch an den 5 kanten breit geflügelt. 2 Griffel. Plazentation frei zentral. Kapsel 4-zähnig

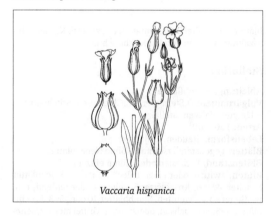
Vaccaria hispanica

Velezia L.

Arten: 6
Lebensform: Einjährige
Blätter: gegenständig, einfach, ohne Nebenblätter
Blütenstand: cymös oder Blüten einzeln
Blüten: zwittrig, radiär. Kelchblätter 5, verwachsen. Kronblätter 5, selten 10, frei, rosa oder purpurn Staubblätter 10, seltener 5. Fruchtblätter 2, verwachsen, oberständig. Griffel 2. Plazentation frei zentral
Frucht: Kapsel, 4-zähnig
Kennzeichen: Einjährige. Blätter gegenständig. Kelchblätter 5, verwachsen. Griffel 2. Plazentation frei zentral. Kapsel 4-zähnig

Casuarinaceae Kasuarinengewächse

Casuarina L.

Ableitung: nach eime malaiischen Pflanzennamen
Vulgärnamen: D:Kängurubaum, Kasuarine, Keulenbaum; E:Australian Pine, Beefwood; F:Casuarina
Arten: c. 70
Lebensform: Bäume oder Sträucher, immergrün
Blätter: gegenständig, schuppenförmig, ohne Nebenblätter
Blütenstand: Ähren oder Köpfchen
Blüten: eingeschlechtig, radiär. Ohne Blütenhülle, mit 1 Staubblatt oder 2 verwachsenen Fruchtblättern. Plazentation wandständig
Frucht: Nussfrüchte in zapfenartigen Fruchtständen
Kennzeichen: Bäume oder Sträucher, immergrün. Blätter gegenständig, schuppenförmig. Blüten in Ähren oder Köpfchen, ohne Blütenhülle, mit 1 Staublatt oder 2 verwachsenen Fruchtblättern. Nussfrüchte in zapfenartigen Fruchtständen

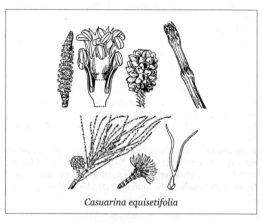
Casuarina equisetifolia

Cecropiaceae

1 Blätter schildförmig
  2 Blüten gestielt, in Büscheln . . . . **Cecropia**
  2 Blüten in Köpfchen oder Ähren . . . . . **Musanga**
1 Blätter nicht schildförmig. (Nebenblätter stängelumfassend. Staubblätter 2–1) . **Coussapoa**

Cecropia Loefl.

Ableitung: nach einer Gestalt der griechischen Mythologie
Vulgärnamen: D:Ameisenbaum; E:Snake Wood; F:Parasolier

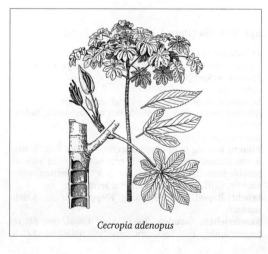
Cecropia adenopus

Arten: c. 75
Lebensform: Bäume, mit Milchsaft
Blätter: wechselständig, schildförmig, mit verwachsenen Nebenblättern
Blütenstand: Ähren
Blüten: eingeschlechtig, zweihäusig, radiär. Blütenhülle einfach, 2-zähnig. Staubblätter 2 oder 1 Fruchtblatt. Plazentation basal
Frucht: Nüsschen
Kennzeichen: Bäume mit Milchsaft. Blätter schildförmig, mit verwachsenen Nebenblättern. Blüten zweihäusig mit einfacher Blütenhülle und 2 Staubblättern oder 1 Fruchtblatt. Nüsschen

Coussapoa Aubl.

Ableitung: nach einem Pflanzennamen in Südamerika
Arten: 46–50
Lebensform: Baum, Strauch, Liane, immergrün, mit Milchsaft
Blätter: wechselständig, einfach. Nebenblätter verwachsen
Blütenstand: Köpfchen
Blüten: zweihäusig, radiär. Männliche Blüten mit 3 Blütenhüllblättern und 1–2, freien oder verwachsenen Staubblättern. Weibliche Blüten mit 3 fast vollkommen verwachsenen Blütenhüllblättern. Fruchtblätter 2, verwachsen, oberständig. Narbe 1. Plazentation apical
Frucht: Nuss
Kennzeichen: Baum, Strauch, Liane, immergrün, mit Milchsaft. Nebenblätter verwachsen. Blüten in Köpfchen, zweihäusig. Einfache Blütenhülle. Staubblätter 1–2. Fruchtblätter 2, verwachsen, oberständig. Nuss

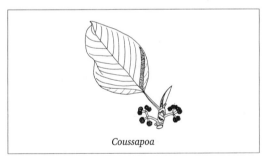
Coussapoa

Musanga C. Sm. ex R. Br.

Ableitung: nach einem Pflanzennamen in Westafrika
Vulgärnamen: D:Schirmbaum; E:Umbrella Tree
Arten: 2
Lebensform: Bäume, immergrün. Milchsaft vorhanden
Blätter: wechselständig, schildförmig. Nebenblätter verwachsen
Blütenstand: Köpfchen
Blüten: eingeschlechtig, zweihäusig, radiär. Blütenhülle einfach, 2-zähnig. Blüten mit 1 Staubblatt oder 1 Fruchtblatt. Plazentation basal
Frucht: Steinfrüchtchen
Kennzeichen: Bäume, immergrün. Blätter schildförmig mit verwachsenen Nebenblättern. Blüten in Köpfchen, zweihäusig, mit 1 Staubblatt oder 1 Fruchtblatt. Steinfrüchtchen

Musanga cecropioides

Celastraceae
Spindelstrauchgewächse

1 Frucht eine Nuss
2 Frucht eine 3-flügelige Nuss. . . . . **Tripterygium**
2 Frucht eine ungeflügelte Nuss. . . . . **Brexia**
1 Frucht eine Kapsel
3 Blätter gegenständig
4 Fruchtblätter 3–5, selten 2. Arillus den Samen fast ganz umgebend . . . . **Euonymus**
4 Fruchtblätter 2. Arillus einseitig, zerschlitzt . . . .**Paxistima**
3 Blätter wechselständig
5 Samen geflügelt . . . . **Catha**
5 Samen ungeflügelt
6 Lianen, meist laubwerfend. Fruchtblätter nicht mit dem Diskus verschmolzen . . . . **Celastrus**
6 Bäume oder Sträucher
7 Blätter immergrün. Fruchtblätter mit dem Diskus verschmolzen . . . . **Maytenus**
7 Blätter sommergrün, lineal-lanzettlich. Samen fast ganz vom Arillus umgeben . . **Euonymus**

Brexia Noronha ex Thouars

Ableitung: Herleitung unbekannt
Arten: 1
Lebensform: Baum, immergrün
Blätter: wechselständig, einfach. Nebenblätter fehlend
Blütenstand: Schirmrispe
Blüten: zwittrig, radiär. Kelchblätter 5. Kronblätter 5, frei, dachig in der Knospe, grünlich. Staubblätter 5, frei und frei von der Krone. Fruchtblätter 5, verwachsen, oberständig. Plazentation zentralwinkelständig
Frucht: Steinfrucht
Kennzeichen: Baum, immergrün. Blüten in Schirmrispen. Kronblätter 5, dachig in der Knospe. Staubblätter 5. Fruchtblätter 5, verwachsen, oberständig. Plazentation zentralwinkelständig. Steinfrucht

408 Celastraceae Spindelstrauchgewächse

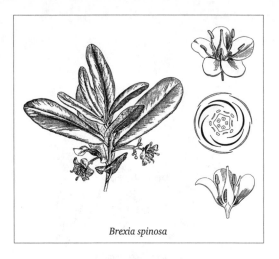

Brexia spinosa

Celastrus L.
Ableitung: antiker Pflanzenname
Vulgärnamen: D:Baumwürger; E:Bittersweet; F:Bourreau des arbres
Arten: 32
Lebensform: Lianen, sommer- bis immergrün
Blätter: wechselständig, einfach, mit Nebenblättern
Blütenstand: cymös oder Rispen
Blüten: zwittrig oder eingeschlechtig, radiär. Kelchblätter 5. Kronblätter 5, frei, grün oder weiß. Staubblätter 5, frei. Fruchtblätter 3, verwachsen, oberständig. Plazentation zentralwinkelständig
Frucht: Kapsel. Samen mit Arillus
Kennzeichen: Lianen, sommergrün bis immergrün. Blätter mit Nebenblättern. Blüten 5-zählig. Fruchtblätter 3, verwachsen, oberständig. Samen mit Arillus

Celastrus orbiculatus

Catha Forssk. ex Schreb.
Ableitung: nach einem arabischen Pflanzennamen
Vulgärnamen: D:Kathstrauch; E:Khat
Arten: 1
Lebensform: Bäume oder Sträucher, immergrün
Blätter: gegenständig oder wechselständig, einfach, mit Nebenblättern
Blütenstand: cymös
Blüten: zwittrig, radiär. Kelchblätter 5. Kronblätter 5, frei, weiß. Staubblätter 5, frei. Diskus vorhanden. Fruchtblätter 3, verwachsen, oberständig. Plazentation zentralwinkelständig
Frucht: Kapsel mit geflügelten Samen
Kennzeichen: Bäume oder Sträucher, immergrün. Blätter mit Nebenblättern. Kelchblätter 5. Kronblätter 5, frei. Staubblätter 5. Diskus vorhanden. Fruchtblätter 3, verwachsen, oberständig

Euonymus L.
Ableitung: antiker Pflanzenname
Vulgärnamen: D:Pfaffenhütchen, Spindelstrauch; E:Spindle; F:Fusain
Arten: 177
Lebensform: Bäume, Sträucher oder Lianen, sommergrün oder immergrün

Catha edulis

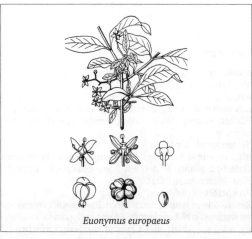

Euonymus europaeus

Blätter: gegenständig, selten wechselständig oder quirlständig, einfach
Blütenstand: cymös
Blüten: zwittrig oder eingeschlechtig, radiär. Kelchblätter 4–5. Kronblätter 4–5, frei, grün oder purpurn. Staubblätter 4–5. Diskus vorhanden. Fruchtblätter 3–5, selten 2, verwachsen, oberständig. Plazentation zentralwinkelständig
Frucht: Kapsel. Samen fast ganz von einem Arillus umgeben
Kennzeichen: Bäume, Sträucher oder Lianen, sommergrün oder immergrün. Blüten 4 bis 5-zählig. Diskus vorhanden. Fruchtblätter meist 3–5, oberständig. Plazentation zentralwinkelständig. Samen fast ganz von einem Arillus umgeben

Maytenus Molina

Ableitung: nach einem Pflanzennamen in Chile
Arten: 255
Lebensform: Bäume oder Sträucher, immergrün
Blätter: wechselständig, einfach, mit oder ohne Nebenblätter
Blütenstand: Blüten einzeln oder in Büscheln
Blüten: zwittrig oder eingeschlechtig, radiär. Kronblätter 4–6, frei, weiß, rot, grünlich oder gelblich. Staubblätter 4–6. Diskus vorhanden. Fruchtblätter 2–5, verwachsen, oberständig. Plazentation zentralwinkelständig
Frucht: Kapsel. Samen mit Arillus
Kennzeichen: Bäume oder Sträucher, immergrün. Blüten 4- bis 6-zählig. Diskus vorhanden. Fruchtknoten oberständig. Plazentation zentralwinkelständig. Kapsel. Samen mit Arillus

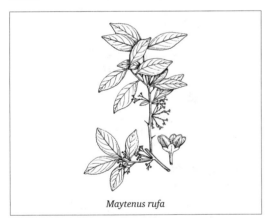

Maytenus rufa

Paxistima Raf.

Ableitung: dicke Narbe
Vulgärnamen: D:Dicknarbe; F:Paxistima
Arten: 2
Lebensform: Sträucher, immergrün
Blätter: gegenständig, einfach, mit Nebenblättern
Blütenstand: Blüten einzeln oder cymös
Blüten: zwittrig, radiär. Kelchblätter 4. Kronblätter 4, frei, grün. Staubblätter 4. Fruchtblätter 2, verwachsen, oberständig. Plazentation zentralwinkelständig

Frucht: Kapsel. Samen mit einseitigem, zerschlitztem Arillus
Kennzeichen: Sträucher, immergrün. Blätter gegenständig, mit Nebenblättern. Blüten 4-zählig. Fruchtblätter 2. Samen mit einseitigem, zerschlitztem Arillus

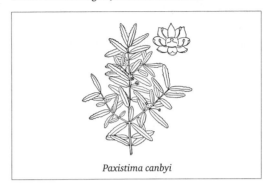

Paxistima canbyi

Tripterygium Hook. f.

Ableitung: drei Flügel
Vulgärnamen: D:Dreiflügelfrucht
Arten: 2
Lebensform: Lianen, Sträucher, sommergrün
Blätter: wechselständig, einfach, mit Nebenblättern
Blütenstand: Rispen
Blüten: zwittrig oder eingeschlechtig, radiär. Kelchblätter 5. Kronblätter 5, frei, weiß. Diskus vorhanden. Fruchtblätter 3, verwachsen, oberständig. Plazentation zentralwinkelständig
Frucht: Nuss, 3-flügelig
Kennzeichen: Lianen, Sträucher, sommergrün. Blüten 5-zählig. Diskus vorhanden. 3-flügelige Nuss

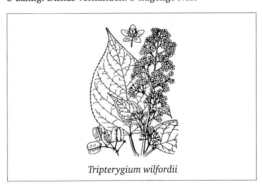

Tripterygium wilfordii

Cephalotaceae

Cephalotus Labill.

Ableitung: Kopfpflanze
Vulgärnamen: D:Drüsenköpfchen; E:Australian Pitcher Plant; F:Plante-outre
Arten: 1

Lebensform: Stauden
Blätter: grundständig, einfach, kannenförmig, ohne Nebenblätter
Blütenstand: Rispen
Blüten: zwittrig, radiär. Kelchblätter 6, frei, kronblattartig, weiß. Staubblätter 12, frei. Fruchtblätter 6, frei, mittelständig
Frucht: Bälge
Kennzeichen: Stauden. Blätter grundständig, kannenförmig. Kelchblätter 6, weiß. Krone fehlend. Staubblätter 12. Fruchtblätter 6, frei, mittelständig. Bälge

Cephalotus follicularis

Ceratophyllaceae Hornblattgewächse

Ceratophyllum L.

Ableitung: Horn-Blatt
Vulgärnamen: D:Hornblatt; E:Hornwort; F:Cératophylle
Arten: 4
Lebensform: Wasserpflanzen, untergetaucht und frei flutend
Blätter: quirlständig, in einzelne Zipfel zerteilt
Blütenstand: Blüten einzeln, sitzend
Blüten: eingeschlechtig, radiär. Blütenhüllblätter 8–12, grün. Staubblätter 10–12 oder 1 Fruchtblatt

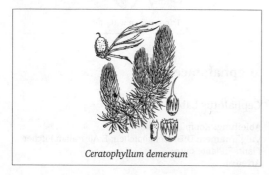
Ceratophyllum demersum

Frucht: Nüsschen
Kennzeichen: Wasserpflanzen, untergetaucht und frei flutend. Blätter quirlständig, zerteilt. Blüten eingeschlechtig mit einfacher, grüner Blütenhülle und 10–12 Staubblättern oder 1 Fruchtblatt. Nüsschen

Cercidiphyllaceae Kuchenbaumgewächse

Cercidiphyllum Siebold et Zucc.

Ableitung: Cercis- Blatt
Vulgärnamen: D:Katsurabaum, Kuchenbaum; E:Katsura Tree; F:Cercidiphyllum
Arten: 2
Lebensform: Bäume, sommergrün
Blätter: gegenständig oder wechselständig, einfach. Nebenblätter vorhanden, dem Blattstiel angewachsen
Blütenstand: Blüten einzeln oder in Büscheln
Blüten: eingeschlechtig, zweihäusig, radiär. Blütenhüllblätter 4, frei. Staubblätter 15–20. Fruchtblätter 2–6, frei. Plazentation marginal
Frucht: Bälge
Kennzeichen: Bäume, sommergrün. Blätter mit Nebenblättern. Blüten zweihäusig mit 4 Blütenhüllblättern und 15–20 Staubblättern oder 2–6 freien Fruchtblättern. Bälge

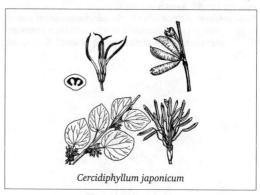
Cercidiphyllum japonicum

Chenopodiaceae

1 Pflanze scheinbar blattlos
2   Blüten in Ähren, in 3er Gruppen eingesenkt in die gegliederten, sukkulenten Triebe. (Staubblätter 1–2, frei) . . . . **Salicornia**
2   Blüten in Knäueln. (Staubblätter 5 oder 4, am Grund verwachsen) . . . . **Haloxylon**
1 Pflanze mit deutlichen Blättern
3   Blätter gegenständig und miteinander verwachsen, sukkulent . . . . **Anabasis**
3   Blätter anders
4   Frucht eine Deckelkapsel
5   Fruchtknoten halbunterständig. Blüten meist zu 2–3 verwachsen . . . . **Beta**
5   Fruchtknoten oberständig
6   Pflanze kletternd. Blüten in Rispen. Staubblätter 5 . . . . **Hablitzia**

6 Pflanze nicht kletternd. Blüten in Büscheln oder Dichasien. Staubblätter 1-3 . . . .
. . . . **Acroglochin**
4 Frucht ohne Deckel
7 Frucht fleischig . . . . **Rhagodia**
7 Frucht eine trockene Nuss
8 Vorblätter fehlend oder sehr klein
9 Frucht frei . . . . **Corispermum**
9 Frucht eingeschlossen in eine Hülle
10 Frucht geflügelt
11 Frucht mit horizontalem kreisförmigem Flügel . . . . **Cycloloma**
11 Frucht mit 8 geflügelten Segmenten . . . . **Bassia**
10 Frucht ungeflügelt
12 Pflanze mit Kampfergeruch . . . . **Camphorosma**
12 Pflanze ohne Kampfergeruch
13 Blätter mit halbrundem Querschnitt . . . . **Suaeda**
13 Blätter flach
14 Staubblätter am Grund ringförmig verwachsen, Blütenhüllblätter 3-5(8-2) . . . . **Chenopodium**
14 Staubblätter frei. Blütenhüllblätter 1-3 . . . . **Monolepis**
8 Vorblätter gut ausgebildet
15 Blütenhüllblätter verwachsen
16 Fruchtblätter 4-5. (Blüten zweihäusig, Blütenhülle fehlend) . . . . **Spinacia**
16 Fruchtblätter 2-3
17 Pflanze ± mehlig bestäubt. Staubblätter frei . . . . **Atriplex**
17 Pflanze sternhaarig. Staubblätter am Grund verwachsen . . . . **Axyris**
15 Blütenhüllblätter frei
18 Staubblätter frei. (Blütenhüllblätter 4) . . . . **Krascheninnikovia**
18 Staubblätter am Grund verwachsen
19 Blätter starr nadelförmig, tief gefurcht . . . . **Polycnemum**
19 Blätter nicht so . . . . **Salsola**

Acroglochin Schrad. ex Schult.

Arten: 2
Lebensform: Einjährige, kahl
Blätter: wechselständig, einfach. Nebenblätter fehlend
Blütenstand: Büschel, Dichasien
Blüten: zwittrig, radiär. Blütenhülle einfach. Perigonblätter 5, verwachsen. Staubblätter 1-3, frei. Fruchtblätter 2, verwachsen, oberständig. Plazentation basal
Frucht: Nuss, mit Deckel, eingehüllt in den Perigon
Kennzeichen: Einjährige. Blüten in Büscheln oder Dichasien. Perigonblätter 5. Staubblätter 1-3. Fruchtblätter 2, verwachsen, oberständig. Plazentation basal. Nuss mit Deckel, eingehüllt in den Perigon

Anabasis L.

Ableitung: antiker Pflanzenname
Arten: 42
Lebensform: Strauch, Staude, sukkulent

Blätter: gegenständig, einfach. Nebenblätter fehlend
Blütenstand: einzeln, Knäuel. Vorblätter vorhanden
Blüten: zwittrig, eingeschlechtig, radiär. Blütenhülle einfach. Perigonblätter 5, frei oder verwachsen. Staubblätter 5, frei und Staminodien. Fruchtblätter 2-3, verwachsen, oberständig. Plazentation basal
Frucht: Beere
Kennzeichen: Strauch, Staude, sukkulent. Blätter gegenständig, miteinander verwachsen. Perigonblätter 5. Staubblätter 5. Fruchtblätter 2-3, verwachsen, oberständig. Plazentation basal. Beere

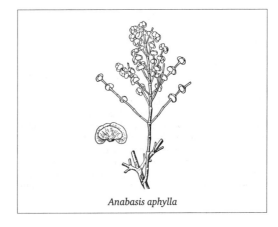

Anabasis aphylla

Atriplex L.

Ableitung: nach einem antiken Pflanzennamen
Vulgärnamen: D:Melde; E:Orache, Saltbush; F:Arroche
Arten: c. 300
Lebensform: Einjährige, Staude, Strauch, Halbstrauch, ± mehlig bestäubt
Blätter: wechselständig oder gegenständig, einfach. Nebenblätter fehlend

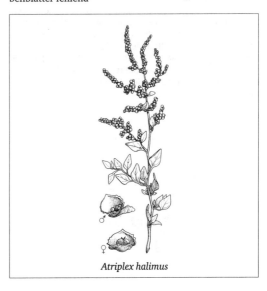

Atriplex halimus

412 Chenopodiaceae

Blütenstand: Ähre, Rispe, Knäuel, seitlich, endständig. Vorblätter vorhanden
Blüten: zwittrig, eingeschlechtig, radiär. Blütenhülle einfach oder fehlend. Perigonblätter 5–3. Staubblätter 5–3, frei. Fruchtblätter 2–3, verwachsen, oberständig. Plazentation basal
Frucht: Nuss, eingehüllt in die Vorblätter
Kennzeichen: Einjährige, Staude, Strauch, Halbstrauch, ± mehlig bestäubt. Perigonblätter 5–3 oder fehlend. Staubblätter 5–3. Fruchtblätter 2–3, verwachsen, oberständig. Plazentation basal. Nuss, eingehüllt in die Vorblätter

Axyris L.

Ableitung: nach einem alten griechischen Pflanzennamen
Arten: 6
Lebensform: Einjährige
Blätter: wechselständig, einfach, sternhaarig. Nebenblätter fehlend
Blütenstand: Ähre. Vorblätter vorhanden
Blüten: eingeschlechtig, radiär. Blütenhülle einfach. Perigonblätter verwachsen, grün. Staubblätter 2–5, frei. Fruchtblätter 2, verwachsen, oberständig. Plazentation basal
Frucht: Nuss, eingehüllt in den Perigon
Kennzeichen: Einjährige, sternhaarig. Blüten eingeschlechtig. Perigon. Staubblätter 2–5. Fruchtblätter 2, verwachsen, oberständig. Plazentation basal. Nuss, eingehüllt in den Perigon

Bassia All.

Ableitung: Gattung zu Ehren von Ferdinando Bassi (1714–1774), einem italienischen Arzt und Botaniker benannt
Vulgärnamen: D:Besenkraut, Dornmelde, Radmelde, Sommerzypresse; E:Summer Cypress; F:Bassia
Arten: 21
Lebensform: Einjährige, Halbstrauch
Blätter: wechselständig, einfach. Nebenblätter fehlend
Blütenstand: einzeln, Ähre. Vorblätter fehlend
Blüten: zwittrig, eingeschlechtig, radiär. Blütenhülle einfach. Perigonblätter 5, verwachsen. Staubblätter 5–3, frei. Fruchtblätter 2–3, verwachsen, oberständig. Plazentation basal
Frucht: Nuss, eingehüllt in den Perigon
Kennzeichen: Einjährige, Halbstrauch. Perigonblätter 5, verwachsen. Staubblätter 5–3. Fruchtblätter 2–3, verwachsen, oberständig. Plazentation basal. Nuss, eingehüllt in den Perigon

Bassia scoparia

Beta L.

Ableitung: antiker Pflanzenname
Vulgärnamen: D:Bete, Rübe; E:Beet; F:Betterave, Poirée
Arten: 11–13
Lebensform: Einjährige, Zweijährige, Staude
Blätter: wechselständig, einfach. Nebenblätter fehlend
Blütenstand: Ähre mit meist mit Gruppen aus 2–3 verwachsenen Blüten
Blüten: zwittrig, radiär. Blütenhülle einfach. Perigonblätter 5, verwachsen, grün. Staubblätter 5, ringförmig verwachsen. Fruchtblätter 2–5, verwachsen, halbunterständig. Plazentation basal
Frucht: Kapsel mit Deckel, eingehüllt in den Perigon oder nicht
Kennzeichen: Einjährige, Zweijährige, Staude. Ähre mit meist mit Gruppen aus 2–3 verwachsenen Blüten. Perigonblätter 5, verwachsen, grün. Staubblätter 5, ringförmig verwachsen. Fruchtblätter 2–5, verwachsen, halbunterständig. Plazentation basal. Kapsel mit Deckel, eingehüllt in den Perigon oder nicht

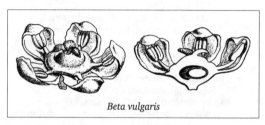

Beta vulgaris

Camphorosma L.

Ableitung: von Kampfergeruch
Vulgärnamen: D:Kampferkraut; F:Camphorine
Arten: 11
Lebensform: Einjährige, Staude, Halbstrauch, Strauch
Blätter: wechselständig, einfach. Nebenblätter fehlend
Blütenstand: Ähre, einzeln, cymös. Vorblätter fehlend
Blüten: zwittrig, eingeschlechtig, radiär. Blütenhülle einfach. Perigonblätter 4–5, frei. Staubblätter 4–5, frei. Fruchtblätter 2–3, verwachsen, oberständig. Plazentation basal
Frucht: Nuss, eingehüllt in den Perigon
Kennzeichen: Einjährige, Staude, Halbstrauch, Strauch. Perigonblätter 4–5, frei. Staubblätter 4–5. Fruchtblätter 2–3, verwachsen, oberständig. Plazentation basal. Nuss, eingehüllt in den Perigon

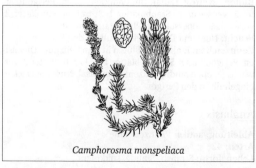

Camphorosma monspeliaca

Chenopodium L.

Ableitung: Gans-Fuß
Vulgärnamen: D:Gänsefuß; E:Goosefoot; F:Chénopode
Arten: c. 150
Lebensform: Einjährige, Staude, Strauch, Baum
Blätter: wechselständig, einfach, mehlig, drüsig oder kahl. Nebenblätter fehlend
Blütenstand: Ähre, Rispe. Vorblätter fehlend
Blüten: zwittrig, eingeschlechtig, radiär. Blütenhülle einfach. Perigonblätter 3–5, selten bis 8, frei oder verwachsen. Staubblätter 5–1, ringförmig verwachsen am Grund. Fruchtblätter 2–5, verwachsen, oberständig. Plazentation basal
Frucht: Nuss, eingehüllt in den Perigon
Kennzeichen: Einjährige, Staude, Strauch, Baum. Perigonblätter 3–5, selten bis 8. Staubblätter 5–1, ringförmig verwachsen am Grund. Fruchtblätter 2–5, verwachsen, oberständig. Plazentation basal. Nuss, eingehüllt in den Perigon

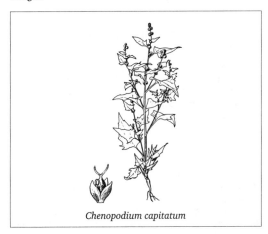
Chenopodium capitatum

Corispermum L.

Ableitung: Wanzen-Same
Vulgärnamen: D:Wanzensame; E:Bugseed; F:Corispermum

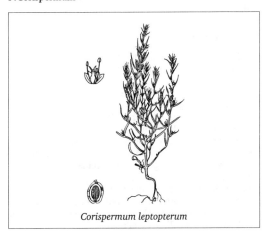
Corispermum leptopterum

Arten: 60–70
Lebensform: Einjährige
Blätter: wechselständig, einfach, oft mit Sternhaaren. Nebenblätter fehlend
Blütenstand: Ähre. Vorblätter fehlend
Blüten: zwittrig, radiär. Blütenhülle einfach oder fehlend. Perigonblätter 1–3 oder 5, frei, grün. Staubblätter 1–3 oder 5, frei. Fruchtblätter 2, verwachsen, oberständig. Plazentation basal
Frucht: Nuss, nicht eingehüllt in den Perigon
Kennzeichen: Einjährige. Blüten in Ähren. Perigonblätter 1–3 oder 5, frei, grün. Staubblätter 1–3 oder 5. Fruchtblätter 2, verwachsen, oberständig. Plazentation basal. Nuss, nicht eingehüllt in den Perigon

Cycloloma Moq.

Ableitung: kreisförmiger Rand (Blütenhülle)
Arten: 1
Lebensform: Einjährige
Blätter: wechselständig, einfach, behaart. Nebenblätter fehlend
Blütenstand: einzeln, Knäuel in Rispen. Vorblätter fehlend
Blüten: zwittrig, eingeschlechtig, radiär. Blütenhülle einfach. Perigonblätter 5, verwachsen. Staubblätter 5, frei, mit dem Perigon verwachsen. Fruchtblätter 2, verwachsen, oberständig. Plazentation basal
Frucht: Nuss, eingehüllt in den Perigon, kreisförmig horizontal geflügelt
Kennzeichen: Einjährige. Perigonblätter 5, verwachsen. Staubblätter 5. Fruchtblätter 2, verwachsen, oberständig. Plazentation basal. Nuss, eingehüllt in den Perigon, kreisförmig horizontal geflügelt

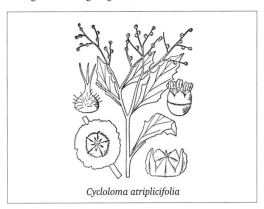
Cycloloma atriplicifolia

Hablitzia M. Bieb.

Ableitung: Gattung zu Ehren von Carl Ludwig von Hablizl (1752–1821), einem Begleiter Samuel Gottlieb Gmelins auf seinen Reisen in Russland benannt
Arten: 1
Lebensform: Staude, kletternd
Blätter: wechselständig, einfach, ± kahl. Nebenblätter fehlend
Blütenstand: Rispe

Blüten: zwittrig, eingeschlechtig, radiär. Blütenhülle einfach. Perigonblätter 5, frei, grün. Staubblätter 5. Fruchtblätter 2-3, verwachsen, oberständig. Plazentation basal
Frucht: Kapsel mit Deckel, nicht eingehüllt in den Perigon
Kennzeichen: Staude, kletternd. Blüten in Rispen. Perigonblätter 5, frei, grün. Staubblätter 5. Fruchtblätter 2-3, verwachsen, oberständig. Plazentation basal. Kapsel mit Deckel, nicht eingehüllt in den Perigon

Haloxylon Bunge

Ableitung: Salz-Holz
Vulgärnamen: D:Salzbaum, Saxaul; E:Saxaul
Arten: 10
Lebensform: Strauch, Baum
Blätter: sehr reduziert, einfach. Nebenblätter fehlend
Blütenstand: einzeln, Knäuel. Vorblätter vorhanden
Blüten: zwittrig, radiär. Blütenhülle einfach. Perigonblätter 5, frei. Staubblätter 5, selten 4, ± verwachsen. Diskus vorhanden. Fruchtblätter 2-4, verwachsen, oberständig. Plazentation basal
Frucht: Nuss, eingehüllt in den Perigon
Kennzeichen: Strauch, Baum. Blätter sehr reduziert. Perigonblätter 5, frei. Staubblätter 5, selten 4, ± verwachsen. Diskus vorhanden. Fruchtblätter 2-4, verwachsen, oberständig. Plazentation basal. Nuss, eingehüllt in den Perigon

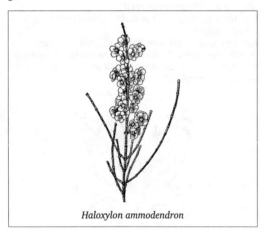

Haloxylon ammodendron

Krascheninnikovia Gueldenst.

Ableitung: Gattung zu Ehren von Stephan Petrovich Krascheninnikov (1713-1755), einem russischen Botaniker benannt
Vulgärnamen: D:Hornmelde; E:Winterfat
Arten: 8
Lebensform: Strauch, Staude
Blätter: wechselständig, einfach, sternhaarig. Nebenblätter fehlend
Blütenstand: Büschel in Ähren. Vorblätter vorhanden und verwachsen
Blüten: eingeschlechtig, radiär. Blütenhülle einfach. Perigonblätter 4, frei. Staubblätter 4, frei. Fruchtblätter 2, verwachsen, oberständig. Plazentation basal

Krascheninnikovia cerastoides

Frucht: Nuss, eingehüllt in den Perigon
Kennzeichen: Strauch, Staude. Blätter sternhaarig. Perigonblätter 4, frei. Staubblätter 4. Fruchtblätter 2, verwachsen, oberständig. Plazentation basal. Nuss, eingehüllt in den Perigon

Monolepis Schrad.

Arten: 6
Lebensform: Einjährige
Blätter: wechselständig, einfach, mehlig oder nicht. Nebenblätter fehlend
Blütenstand: Ähre, Knäuel, seitlich. Vorblätter fehlend
Blüten: zwittrig, eingeschlechtig, radiär. Blütenhülle einfach oder fehlend. Perigonblätter 1-3, verwachsen, grün. Staubblätter 1, frei. Fruchtblätter 2, verwachsen, oberständig. Plazentation basal
Frucht: Nuss, eingehüllt in den Perigon
Kennzeichen: Einjährige. Perigonblätter 1-3, verwachsen, grün. Staubblätter 1, frei. Fruchtblätter 2, verwachsen, oberständig. Plazentation basal. Nuss, eingehüllt in den Perigon

Polycnemum L.

Ableitung: antiker Pflanzenname
Vulgärnamen: D:Knorpelkraut; F:Polycnème
Arten: 7-8
Lebensform: Einjährige, Staude
Blätter: wechselständig, einfach nadelförmig, tief gefurcht, behaart oder kahl. Nebenblätter fehlend
Blütenstand: einzeln, seitlich. Vorblätter vorhanden
Blüten: zwittrig, radiär. Blütenhülle einfach. Perigonblätter 5, frei. Staubblätter 1-5, verwachsen. Fruchtblätter, verwachsen, oberständig. Plazentation basal
Frucht: Nuss, eingehüllt in den Perigon
Kennzeichen: Einjährige, Staude. Blätter nadelförmig, tief gefurcht. Perigonblätter 5, frei. Staubblätter 1-5, verwachsen. Fruchtblätter, verwachsen, oberständig. Plazentation basal. Nuss, eingehüllt in den Perigon

Chenopodiaceae 415

Polycnemum arvense

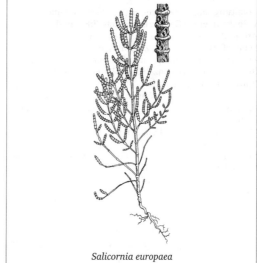
Salicornia europaea

Rhagodia R. Br.

Ableitung: beerenartig (Frucht)
Arten: 11
Lebensform: Strauch
Blätter: wechselständig oder gegenständig, einfach, mehlig. Nebenblätter fehlend
Blütenstand: Büschel, Ähre, Rispe, einzeln. Vorblätter fehlend
Blüten: zwittrig, eingeschlechtig, radiär. Blütenhülle einfach. Perigonblätter 5, verwachsen. Staubblätter 5, verwachsen. Fruchtblätter 2–3, verwachsen, oberständig. Plazentation basal
Frucht: fleischig, eingehüllt in den Perigon
Kennzeichen: Strauch. Perigonblätter 5, verwachsen. Staubblätter 5, verwachsen. Fruchtblätter 2–3, verwachsen, oberständig. Plazentation basal. fleischig, eingehüllt in den Perigon

Salicornia L.

Ableitung: nach einem arabischen Pflanzennamen
Vulgärnamen: D:Glasschmalz, Queller; E:Glasswort; F:Salicorne
Arten: 28
Lebensform: Einjährige, Staude, gegliederte Triebe und sukkulent
Blätter: gegenständig, einfach und reduziert. Nebenblätter fehlend
Blütenstand: Ähre, endständig. Blüten in 3-er Gruppen in die Triebe eingesenkt
Blüten: zwittrig, radiär. Blütenhülle einfach. Perigonblätter 4–3, verwachsen. Staubblätter 1–2, frei. Fruchtblätter 2–4, verwachsen, oberständig. Plazentation basal
Frucht: Nuss, eingehüllt in den Perigon
Kennzeichen: Einjährige, Staude, gegliederte Triebe und sukkulent. Blätter reduziert. Blüten in 3-er Gruppen in die Triebe eingesenkt. Perigonblätter 4–3, verwachsen. Staubblätter 1–2, frei. Fruchtblätter 2–4, verwachsen. Plazentation basal. Nuss, eingehüllt in den Perigon

Salsola L.

Ableitung: salzige Pflanze
Vulgärnamen: D:Salzkraut, Sodakraut; F:Soude
Arten: 150
Lebensform: Einjährige, Strauch, Staude, selten Baum
Blätter: wechselständig oder gegenständig, einfach. Nebenblätter fehlend
Blütenstand: einzeln, Knäuel. Vorblätter vorhanden
Blüten: zwittrig, radiär. Blütenhülle einfach. Perigonblätter 5–4, frei. Staubblätter 5–4, am Grund verwachsen, Konnektiv oft scheibenförmig. Fruchtblätter 2–3, verwachsen, oberständig. Plazentation basal
Frucht: Nuss, eingehüllt in den Perigon
Kennzeichen: Einjährige, Strauch, Staude, selten Baum. Blüten mit Vorblättern. Perigonblätter 5–4, frei. Staubblätter 5–4, am Grund verwachsen. Fruchtblätter 2–3, verwachsen, oberständig. Plazentation basal. Nuss, eingehüllt in den Perigon

Salsola kali

Spinacia L.

Ableitung: nach einem persischen Pflanzennamen
Vulgärnamen: D:Spinat; E:Spinach; F:Epinard
Arten: 3
Lebensform: Einjährige, Zweijährige
Blätter: wechselständig, einfach. Nebenblätter fehlend
Blütenstand: Ähre, einzeln. Vorblätter vorhanden
Blüten: zweihäusig, radiär. Blütenhülle einfach und verwachsen oder fehlend. Perigonblätter 4–5, frei. Staubblätter 4–5, frei. Fruchtblätter 4–5, verwachsen, oberständig. Plazentation basal
Frucht: Nuss, eingehüllt in den Perigon
Kennzeichen: Einjährige, Zweijährige. Blüten zweihäusig, mit Vorblättern. Perigonblätter 4–5, frei oder fehlend. Staubblätter 4–5. Fruchtblätter 4–5, verwachsen, oberständig. Plazentation basal. Nuss, eingehüllt in den Perigon

Spinacia oleracea

Suaeda Forssk. ex Scop.

Ableitung: nach einem arabischen Pflanzennamen
Vulgärnamen: D:Salzmelde, Sode; E:Sea Blite; F:Soude, Suéda
Arten: 100
Lebensform: Einjährige, Staude, Strauch, sukkulent
Blätter: wechselständig oder fast gegenständig, einfach, mehlig oder nicht. Nebenblätter fehlend
Blütenstand: einzeln, Büschel. Vorblätter vorhanden, klein

Suaeda maritima

Blüten: zwittrig, eingeschlechtig, radiär. Blütenhülle einfach. Perigonblätter 5, frei oder verwachsen. Staubblätter 5, frei. Fruchtblätter 2–5, verwachsen, oberständig. Plazentation basal
Frucht: Nuss, eingehüllt in den Perigon
Kennzeichen: Einjährige, Staude, Strauch, sukkulent. Perigonblätter 5. Staubblätter 5. Fruchtblätter 2–5, verwachsen, oberständig. Plazentation basal. Nuss, eingehüllt in den Perigon

Chloranthaceae

Chloranthus Sw.

Ableitung: grüne Blüte
Arten: 18
Lebensform: Sträucher oder Stauden, immergrün
Blätter: gegenständig, einfach, mit Nebenblättern
Blütenstand: Ähren
Blüten: eingeschlechtig, jeweils in einer Gruppe mit 1 männlichen Blüte mit 1 Staublatt und einer weiblichen Blüte mit 3 Blütenhüllblättern und 1 oberständigen Fruchtblatt. Plazentation basal
Frucht: Steinfrucht
Kennzeichen: Sträucher immergrüne oder Stauden. Blätter gegenständig. Blüten mit 1 Staublatt oder 1 Fruchtblatt in einer Gruppe. Steinfrucht

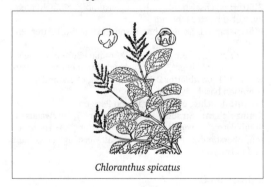
Chloranthus spicatus

Chrysobalanceae
Goldpflaumengewächse

1 Fruchtblatt seitlich mit dem Becher verwachsen . . . . **Licania**
1 Fruchtblatt oder Fruchtblätter am Grund des Bechers
  2 Staubblätter frei. Fruchtblatt 1 . . **Chrysobalanus**
  2 Staubblätter zumindest am Grund verwachsen. Fruchtknoten 2-fächrig . . . . **Parinari**

Chrysobalanus L.

Ableitung: goldene Eichel
Vulgärnamen: D:Goldpflaume, Icacopflaume; E:Coco Plum; F:Icaquier
Arten: 2

Lebensform: Bäume oder Sträucher, immergrün
Blätter: wechselständig, einfach, mit Nebenblättern
Blütenstand: cymös, seitlich
Blüten: zwittrig, radiär. Kelchblätter 5. Kronblätter 5, frei, weiß. Staubblätter 12–26, am Blütenbecher entspringend. Fruchtblatt 1, mittelständig, mit am Grund entspringendem Griffel. Plazentation basal
Frucht: Steinfrucht
Kennzeichen: Bäume oder Sträucher, immergrün. Blüten 5-zählig. Fruchtblatt 1, mittelständig, Griffel am Grund entspringend. Steinfrucht

Parinari excelsa

Chrysobalanus icaco

Licania Aubl.

Ableitung: nach einem Pflanzennamen in Guayana
Arten: 193
Lebensform: Sträucher oder Bäume, immergrün
Blätter: wechselständig, einfach, mit Nebenblättern
Blütenstand: Trauben, Büschel, Ähren, Rispen
Blüten: zwittrig, radiär bis leicht zygomorph. Kelchblätter 5, verwachsen. Kronblätter 5 oder fehlend. Staubblätter 3–10(4–20), am Blütenbecher entspringend. Fruchtblatt 1, mittelständig, seitlich mit dem Blütenbecher verwachsen, Griffel am Grund des Fruchtblatts entspringend
Frucht: Steinfrucht
Kennzeichen: Sträucher oder Bäume, immergrün. Kronblätter 5 oder fehlend. Staubblätter 3–10(4–20), am Blütenbecher entspringend. Fruchtblatt 1, mittelständig, seitlich mit dem Blütenbecher verwachsen, Griffel am Grund des Fruchtblatts entspringend. Steinfrucht

Parinari Aubl.

Ableitung: Pflanzenname in Brasilien
Arten: 44
Lebensform: Bäume oder Sträucher, immergrün
Blätter: wechselständig, einfach, mit Nebenblättern
Blütenstand: Schirmrispen, Schirmtrauben oder Rispen
Blüten: zwittrig, radiär. Kelchblätter 5, verwachsen. Kronblätter 5-4, frei, weiß oder rosa. Staubblätter 6 bis viele, am Blütenbecher entspringend, untereinander am Grund oder zu einer Röhre verwachsen. Fruchtblätter 2, verwachsen, mittelständig. Plazentation basal
Frucht: Steinfrucht
Kennzeichen: Bäume oder Sträucher, immergrün. Staubblätter 6 bis viele, am Blütenbecher entspringend, untereinander am Grund oder zu einer Röhre verwachsen. Fruchtblätter 2, verwachsen, mittelständig. Steinfrucht

Cistaceae Zistrosengewächse

```
1  Fruchtblätter 5–10. Plazentation
   zentralwinkelständig . . . . . . . . . . . . Cistus
1  Fruchtblätter 3. Plazentation parietal
  2  Griffel lang
    3  Griffel gerade. (Blüten einzeln) . . . . Hudsonia
    3  Griffel am Grund gekrümmt
      4  Staubblätter alle fruchtbar . . . Helianthemum
      4  Staubblätter äußere steril . . . . . . . . Fumana
  2  Griffel sehr kurz bis fehlend
    5  Pflanzen aufrechte Sträucher ohne Blattrosette
       . . . . . . . . . . . . . . . . . . . . Halimium
    5  Pflanzen einjährig oder verholzt mit
       grundständiger Blattrosette . . . . . . Tuberaria
```

Cistus L.

Ableitung: antiker Pflanzenname
Vulgärnamen: D:Zistrose; E:Rock Rose, Sun Rose; F:Ciste

Cistus laurifolius

418 Cistaceae Zistrosengewächse

Fumana (Dunal) Spach
Ableitung: Herleitung unsicher
Vulgärnamen: D:Nadelröschen; F:Fumana
Arten: c. 10
Lebensform: Sträucher immergrüne oder Stauden
Blätter: wechselständig oder gegenständig, einfach, ± nadelförmig, mit oder ohne Nebenblätter
Blütenstand: traubenförmige Wickel, Rispen oder Blüten einzeln
Blüten: zwittrig, radiär. Kelchblätter 5, 2 kleine und 3 große. Kronblätter 5, frei, gelb. Staubblätter viele, frei. Fruchtblätter 3, verwachsen, oberständig. Plazentation parietal
Frucht: Kapsel
Kennzeichen: Sträucher immergrüne oder Stauden. Kronblätter 5, gelb. Staubblätter viele. Fruchtblätter 3, verwachsen, oberständig. Plazentation parietal

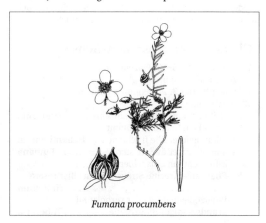

Fumana procumbens

Halimium (Dunal) Spach
Ableitung: nach einem antiken Pflanzennamen
Arten: 1–22
Lebensform: Sträucher immergrüne oder Stauden

Halimium alyssoides

Blätter: gegenständig, einfach, ohne Nebenblätter
Blütenstand: cymös
Blüten: zwittrig, radiär. Kelchblätter 3 oder 3 und 1–2 kleine äußere. Kronblätter 5, frei, gelb oder weiß. Staubblätter viele, frei. Fruchtblätter 3, verwachsen, oberständig. Plazentation parietal
Frucht: Kapsel
Kennzeichen: Sträucher immergrüne oder Stauden. Blätter gegenständig. Staubblätter viele, frei. Fruchtblätter 3, verwachsen, oberständig. Plazentation parietal

Helianthemum Mill.
Ableitung: Sonnen-Blume
Vulgärnamen: D:Sonnenröschen; E:Rock Rose, Sun Rose; F:Hélianthème
Arten: c. 110
Lebensform: Zwergsträucher bis Einjährige, immergrün bis regengrün
Blätter: gegenständig oder wechselständig, einfach, mit oder ohne Nebenblätter
Blütenstand: traubenförmige Wickel
Blüten: zwittrig, radiär. Kelchblätter 5, 2 kleine und 3 große. Kronblätter 5, frei, gelb, rosa, weiß, orange oder rot, selten fehlend. Staubblätter viele bis 7. Fruchtblätter 3, verwachsen, oberständig. Griffel lang, am Grund gebogen. Plazentation parietal
Frucht: Kapsel
Kennzeichen: Zwergsträucher bis Einjährige, immergrün bis regengrün. Kelchblätter 5, 2 kleine und 3 große. Staubblätter viele bis 7. Fruchtblätter 3, verwachsen, oberständig. Griffel lang, am Grund gebogen. Plazentation parietal

Helianthemum nummularium subsp. *nummularium*

Hudsonia L.
Arten: 3
Lebensform: Sträucher oder Halbsträucher, immergrün, ericoid (heideartig)
Blätter: wechselständig, einfach, ohne Nebenblätter
Blütenstand: Blüten einzeln
Blüten: zwittrig, radiär. Kelchblätter 5, äußere 2 mit inneren verwachsen. Kronblätter 5, frei, gelb. Staubblätter 10–30, frei. Fruchtblätter 3, verwachsen, oberständig. Griffel lang, mit keiner Narbe. Plazentation parietal
Frucht: wenigsamige Kapsel
Kennzeichen: Sträucher oder Halbsträucher, immergrün, ericoid (heideartig). Blüten gelb. Fruchtblätter 3, verwachsen, oberständig. Griffel lang, mit keiner Narbe. Plazentation parietal

Tuberaria (Dunal) Spach

Ableitung: Knollen-Pflanze
Vulgärnamen: D:Sandröschen; E:Spotted Rock Rose; F:Tubéraire
Arten: 12
Lebensform: Sträucher, Stauden oder Einjährige
Blätter: gegenständig oder in einer Rosette und mit gegenständigen Stängelblättern, einfach, ohne Nebenblätter (selten oberste Blätter mit Nebenblättern)
Blütenstand: Trauben, Rispen
Blüten: zwittrig, radiär. Kelchblätter 5, 2 kleine und 3 große. Kronblätter 5, frei, gelb, oft dunkel gefleckt am Grund. Staubblätter viele, am Grund verwachsen. Fruchtblätter 3, verwachsen, oberständig. Plazentation parietal
Frucht: Kapsel
Kennzeichen: Sträucher, Stauden oder Einjährige. Blätter gegenständig oder in einer Rosette und mit gegenständigen Stängelblättern. Kronblätter 5, gelb, oft dunkel gefleckt am Grund. Staubblätter viele, am Grund verwachsen. Fruchtblätter 3, verwachsen, oberständig. Plazentation parietal

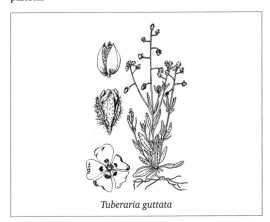

Tuberaria guttata

Clethraceae Scheinellergewächse

Clethra L.

Ableitung: antiker Pflanzenname
Vulgärnamen: D:Scheineller, Zimterle; E:Summer-Sweet, White Alder; F:Cléthra
Arten: 83
Lebensform: Bäume oder Sträucher, immergrün oder laubwerfend
Blätter: wechselständig, einfach, ohne Nebenblätter
Blütenstand: Trauben, Rispen
Blüten: zwittrig, radiär. Kelchblätter 5. Kronblätter 5, frei, weiß. Staubblätter 10-12, frei. Fruchtblätter 3, verwachsen, oberständig. Plazentation zentralwinkelständig
Frucht: Kapsel
Kennzeichen: Bäume oder Sträucher, immergrün oder laubwerfend. Blätter wechselständig, einfach. Blüten in Trauben oder Rispen. Kelchblätter 5. Kronblätter 5, frei. Staubblätter 10-12, frei. Fruchtblätter 3, verwachsen, oberständig. Plazentation zentralwinkelständig. Kapsel

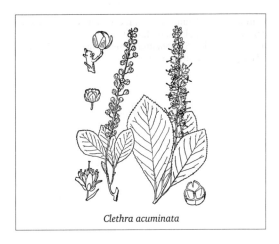

Clethra acuminata

Clusiaceae

1 Frucht eine Kapsel
  2 Blüten zweihäusig. Samen mit Arillus . . . **Clusia**
  2 Blüten zwittrig
    3 Kapsel trocken mit vielen Samen . . **Hypericum**
    3 Kapsel fleischig mit 4 bis weniger Samen . . . .
    . . . .**Mesua**
1 Frucht eine Beere oder Steinfrucht
  4 Frucht eine Beere
    5 Samen je Fach mehrere. (Blüten gelb) . . . . .
    . . . . **Hypericum**
    5 Samen 1 je Fach
      6 Samen ohne Arillus. (Blüten weiß) . .**Platonia**
      6 Samen mit Arillus (Blüten in verschiedenen Farben) . . . . **Garcinia**
  4 Frucht eine Steinfrucht
    7 Kelch und Krone fast gleich. Plazentation basal
    . . . . **Calophyllum**
    7 Kelch und Krone verschieden. Plazentation zentralwinkelständig
      8 Griffel frei. Fruchtblätter 5 . . . . . **Harungana**
      8 Griffel verwachsen. Fruchtblätter 4 oder 2 . .
      . . . . **Mammea**

Ein entscheidendes Merkmal der Clusiaceae sind Ölbehälter, die sehr oft als durchscheinende, helle oder schwarze Punkte in den Blättern zu sehen sind. Oft verraten sie sich auch ± harzigen Geruch beim Zerreiben der Blätter.

Calophyllum L.

Ableitung: schönes Blatt
Arten: 187
Lebensform: Bäume oder Sträucher, immergrün
Blätter: gegenständig, einfach, ohne Nebenblätter
Blütenstand: Rispen, Trauben
Blüten: zwittrig oder eingeschlechtig, radiär. Kelch- und Kronblätter kaum verschieden, insgesamt 4-12. Staubblätter viele, frei oder verwachsen. Fruchtblatt 1, oberständig, mit 1 basalem Samen
Frucht: Steinfrucht

420 Clusiaceae

Kennzeichen: Bäume oder Sträucher, immergrün. Blätter gegenständig. . Kelch- und Kronblätter kaum verschieden, insgesamt 4-12. Staubblätter viele. Fruchtblatt 1, oberständig, mit 1 basalem Samen. Steinfrucht

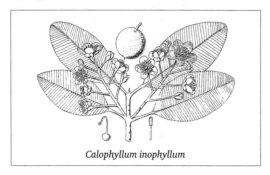

Calophyllum inophyllum

Clusia L.

Ableitung: Gattung zu Ehren von Charles de L' Écluse (1526-1609), einem flämischen Arzt und Botaniker benannt
Vulgärnamen: D:Balsamapfel; E:Balsam Apple; F:Pommier baumier
Arten: c. 145
Lebensform: Bäume oder Sträucher, immergrün
Blätter: gegenständig, einfach, ohne Nebenblätter
Blütenstand: cymös
Blüten: gewöhnlich zweihäusig, radiär. Kelchblätter 4 bis mehr. Kronblätter 4-9, frei, grünlich weiß, gelb oder rosa. Staublätter viele, frei oder verwachsen. Fruchtblätter 4-10, verwachsen. Plazentation zentralwinkelständig. Viele Samen je Fach
Frucht: Kapsel, wandspaltig. Samen mit Arillus
Kennzeichen: Bäume oder Sträucher, immergrün. Blätter gegenständig. Staublätter viele. Fruchtblätter 4-10, verwachsen. Plazentation zentralwinkelständig. Viele Samen je Fach. Kapsel, wandspaltig. Samen mit Arillus

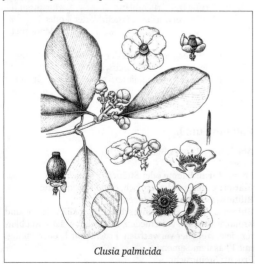

Clusia palmicida

Garcinia L.

Ableitung: Gattung zu Ehren von Laurent Garcin (1683-1751), einem französischen Botaniker und Arzt benannt
Vulgärnamen: D:Mangostane; E:Mangosteen; F:Guttier, Mangoustanier
Arten: c. 200
Lebensform: Bäume oder Sträucher, immergrün
Blätter: gegenständig, einfach, ohne Nebenblätter
Blütenstand: Blüten einzeln, zu 3 oder in Büscheln
Blüten: eingeschlechtig oder zwittrig, radiär. Kelchblätter 4, seltener 5. Kronblätter 4, seltener 5, weiß, gelb, grün oder rot. Staubblätter viele bis 8, frei oder verwachsen. Fruchtblätter 2-12, verwachsen, oberständig. Plazentation zentralwinkelständig, 1 Same je Fach
Frucht: Beere. Samen mit Arillus
Kennzeichen: Bäume oder Sträucher, immergrün. Blätter gegenständig. Staubblätter viele bis 8. Fruchtblätter 2-12, verwachsen, oberständig. Plazentation zentralwinkelständig, 1 Same je Fach. Beere. Samen mit Arillus

Garcinia hanburyi

Harungana Lam.

Ableitung: Name der Pflanze in Madagaskar
Arten: 1
Lebensform: Bäume, laubwerfend
Blätter: gegenständig, einfach, ohne Nebenblätter
Blütenstand: Schirmtraube, endständig
Blüten: zwittrig, radiär. Kelchblätter 5. Kronblätter 5. Staubblätter viele. Fruchtblätter 5, verwachsen, oberständig. Plazentation zentralwinkelständig, 2-3 Samen je Fach
Frucht: Steinfrucht
Kennzeichen: Bäume, laubwerfend. Blätter gegenständig. Kelchblätter 5. Kronblätter 5. Staubblätter viele. Fruchtblätter 5, verwachsen, oberständig. Plazentation zentralwinkelständig, 2-3 Samen je Fach. Griffel frei. Steinfrucht

Hypericum L.

Ableitung: nach einem antiken Pflanzennamen
Vulgärnamen: D:Hartheu, Johanniskraut; E:St John's Wort; F:Herbe de la St-Jean, Millepertuis
Arten: 420
Lebensform: Bäume, Sträucher, immergrün oder laubwerfend, Stauden

Blätter: gegenständig, einfach, ohne Nebenblätter
Blütenstand: Schirmtrauben, einzeln, zu 3
Blüten: zwittrig, radiär. Kelchblätter 5, seltener 4. Kronblätter 5, seltener 4, frei, gelb. Staubblätter viele bis 5, frei oder in Bündeln. Fruchtblätter 5, 3 oder 2, verwachsen, oberständig. Plazentation zentralwinkelständig oder parietal
Frucht: Kapsel, vielsamig, selten Beere
Kennzeichen: Bäume, Sträucher Stauden. Blätter gegenständig. Kelchblätter 5-4. Kronblätter 5-4. Staubblätter meist viele, frei oder in Bündeln. Fruchtblätter 5-2, verwachsen, oberständig. Plazentation zentralwinkelständig bis parietal, Samen viele. Kapsel, selten Beere. Schwer zu charakterisierende Gattung

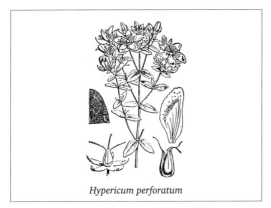

Hypericum perforatum

Mammea L.

Ableitung: nach einem Pflanzennamen in der Karibik
Vulgärnamen: D:Mammiapfel; E:Mammee Apple; F:Abricot pays
Arten: c. 50
Lebensform: Bäume, immergrün
Blätter: gegenständig, einfach, ohne Nebenblätter
Blütenstand: einzeln oder in Büscheln
Blüten: eingeschlechtig oder zwittrig, radiär. Kelch 2-klappig. Kronblätter 4-6, frei, weiß, gelb, rosa. Staubblätter viele, frei. Fruchtblätter 2 oder 4, verwachsen, oberständig. Plazentation zentralwinkelständig

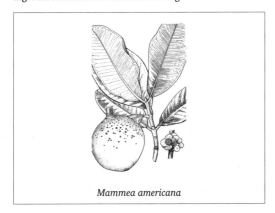

Mammea americana

Frucht: Steinfrucht
Kennzeichen: Bäume, immergrün. Blätter gegenständig. Kelch 2-klappig. Kronblätter 4-6, frei. Staubblätter viele. Fruchtblätter 2 oder 4, verwachsen, oberständig. Plazentation zentralwinkelständig. Steinfrucht

Mesua L.

Ableitung: Gattung zu Ehren von Jahja Ibn Musawaih (777-857), einem persischen Leibarzt des Kalifen von Bagdad benannt
Arten: 5
Lebensform: Bäume, laubwerfend
Blätter: gegenständig, einfach, ohne Nebenblätter
Blütenstand: Blüten einzeln
Blüten: eingeschlechtig oder zwittrig, radiär. Kelchblätter 4-5. Kronblätter 4-5, frei. Staubblätter viele, frei oder verwachsen. Fruchtblätter 2, verwachsen, oberständig. Plazentation zentralwinkelständig, 2 Samen je Fach
Frucht: Kapsel fleischig
Kennzeichen: Bäume, laubwerfend. Blätter gegenständig. Kelchblätter 4-5. Kronblätter 4-5, frei. Staubblätter viele. Fruchtblätter 2, verwachsen, oberständig. Plazentation zentralwinkelständig, 2 Samen je Fach. Kapsel fleischig

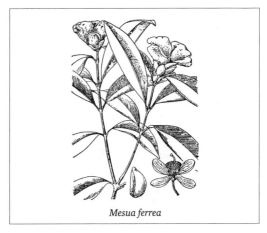

Mesua ferrea

Platonia Mart.

Ableitung: Gattung zu Ehren des griechischen Philosophen Platon (437-347 v. Chr.) benannt
Arten: 1
Lebensform: Bäume, immergrün
Blätter: gegenständig, einfach, ohne Nebenblätter
Blütenstand: Blüten einzeln
Blüten: zwittrig, radiär. Kelchblätter 5. Kronblätter 5, frei, weiß. Staubblätter viele, in 5 Bündeln. Fruchtblätter 5, verwachsen, oberständig. Plazentation zentralwinkelständig
Frucht: Beere
Kennzeichen: Bäume, immergrün. Blätter gegenständig. Kelchblätter 5. Kronblätter 5, weiß. Staubblätter viele, in 5 Bündeln. Fruchtblätter 5, verwachsen, oberständig. Plazentation zentralwinkelständig, 1 Samen je Fach. Beere

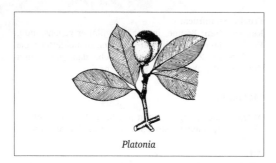
Platonia

Cneoraceae Zeilandgewächse

Cneorum L.

Ableitung: nach einem antiken Pflanzennamen
Vulgärnamen: D:Zeiland, Zwergölbaum; F:Camélée
Arten: 2
Lebensform: Strauch, immergrün
Blätter: wechselständig, einfach, mit Ölbehältern. Nebenblätter fehlend
Blütenstand: Schirmtraube, einzeln
Blüten: zwittrig, radiär. Kelchblätter 3–4. Kronblätter 3–4, frei, gelb. Staubblätter 3–4, frei von der Krone. Fruchtblätter 3, verwachsen, oberständig. Plazentation zentralwinkelständig
Frucht: Spaltfrucht
Kennzeichen: Strauch, immergrün mit Ölbehältern. Kelchblätter 3–4. Kronblätter 3–4, frei, gelb. Staubblätter 3–4. Fruchtblätter 3, verwachsen, oberständig. Spaltfrucht

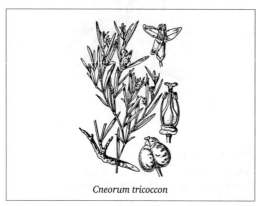
Cneorum tricoccon

Cobaeaceae Glockenrebengewächse

Cobaea Cav.

Ableitung: Gattung zu Ehren von Bernardo Cobo (1572–1659), einem spanischen Missionar und Naturforscher benannt
Vulgärnamen: D:Glockenrebe; E:Cup and Saucer Vine; F:Cobée

Arten: c. 10
Lebensform: Liane
Blätter: wechselständig, gefiedert mit Endranke. Unterstes Blättchenpaar wie Nebenblätter erscheinend
Blütenstand: einzeln
Blüten: zwittrig, radiär. Kelchblätter 5. Kronblätter 5, verwachsen, violett, hellgrün. Staubblätter 5, mit der Krone verwachsen. Fruchtblätter 3, verwachsen, oberständig. Plazentation zentralwinkelständig
Frucht: Kapsel. Samen geflügelt
Kennzeichen: Liane. Blätter gefiedert und mit Endranke. Blüten einzeln. Kronblätter 5, verwachsen. Staubbblätter 5, mit der Krone verwachsen. Fruchtblätter 3, verwachsen, oberständig. Kapsel mit geflügelten Samen

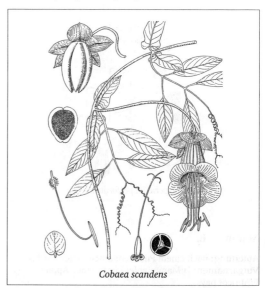
Cobaea scandens

Combretaceae

1 Krone fehlend. Fruchtblätter 2
  2 Blüten in Ähren oder Trauben . . . . **Terminalia**
  2 Blüten in Köpfchen . . . . **Anogeissus**
1 Krone vorhanden (bei kultivierten). Fruchtblätter 4–6
  3 Kelchröhre lang fadenförmig. Griffel der Kelchröhre seitlich angewachsen . . . . . . **Quisqualis**
  3 Kelchröhre nicht lang fadenförmig. Griffel frei von der Kelchröhre . . . . **Combretum**

Anogeissus (DC.) Wall.

Ableitung: oben mit Schutz (Schuppen)
Arten: 8
Lebensform: Baum, laubwerfend
Blätter: wechselständig, gegenständig, einfach. Nebenblätter fehlend
Blütenstand: Köpfchen
Blüten: zwittrig, radiär. Kelchröhre mit 5 Kelchblättern. Kronblätter fehlend. Staubblätter 10. Fruchtblätter 5, verwachsen, unterständig. Plazentation apical

Frucht: Flügelnuss
Kennzeichen: Baum, laubwerfend. Blüten in Köpfchen. Kelchblätter 5. Kronblätter fehlend. Staubblätter 10. Fruchtblätter 5, verwachsen, unterständig. Flügelnuss

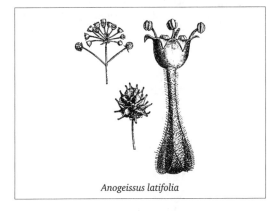
Anogeissus latifolia

Combretum Loefl.

Ableitung: nach einem antiken Pflanzennamen
Vulgärnamen: D:Langfaden; F:Chigommier
Arten: c. 250
Lebensform: Liane, Strauch, Baum
Blätter: gegenständig, quirlständig, wechselständig, einfach. Nebenblätter fehlend
Blütenstand: Köpfchen, Ähre, Rispe
Blüten: zwittrig, radiär. Kelchröhre mit Kelchblättern. Kronblätter 4–5, frei, selten fehlend. Staubblätter 8–10, frei von der Krone. Fruchtblätter 4–6, verwachsen, unterständig. Plazentation apical
Frucht: Nuss
Kennzeichen: Liane, Strauch, Baum. Staubblätter doppelt so viele wie Kronblätter. Fruchtblätter 4–6, verwachsen, unterständig. Plazentation apical. Nuss

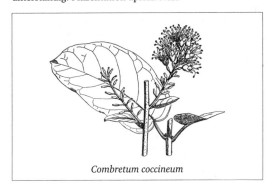
Combretum coccineum

Quisqualis L.

Ableitung: Übersetzung des malaiischen Namens („wie, was") der Pflanze
Vulgärnamen: D:Fadenröhre, Sonderling; F:Quisqualier
Arten: 17

Lebensform: Liane
Blätter: gegenständig, einfach. Nebenblätter fehlend
Blütenstand: Ähre, Rispe
Blüten: zwittrig, radiär. Kelchröhre und 5 Kelchblätter. Kronblätter 5, frei, weiß, rosa, rot. Staubblätter 10. Fruchtblätter 5, verwachsen, unterständig. Plazentation apical
Frucht: Kapsel, 5-flügelig
Kennzeichen: Liane. Blätter gegenständig. Blüte 5-zählig. Staubblätter 10. Fruchtblätter 5, verwachsen, unterständig. Kapsel, 5-flügelig

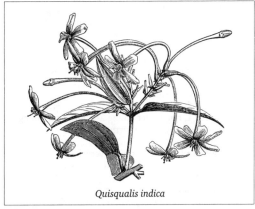
Quisqualis indica

Terminalia L.

Ableitung: endständig (Blätter)
Vulgärnamen: D:Almend, Almond, Myrobalane; E:Myrobalan; F:Amandier des Indes, Badanier
Arten: c. 190
Lebensform: Baum, Strauch
Blätter: gegenständig, wechselständig, einfach. Nebenblätter fehlend
Blütenstand: Ähre, Traube
Blüten: eingeschlechtig, radiär. Kelchröhre und 4–5 Kelchblätter. Kronblätter fehlend. Staubblätter 10. Fruchtblätter 2, verwachsen, unterständig. Plazentation apical

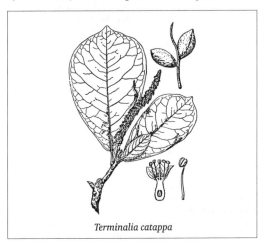
Terminalia catappa

Frucht: Steinfrucht
Kennzeichen: Baum oder Strauch. Blüten eingeschlechtig. Kelchblätter 4–5. Kronblätter fehlend. Staubblätter 10. Fruchtblätter 2, verwachsen, unterständig. Plazentation apical. Steinfrucht

Convolvulaceae Windengewächse

```
1   Frucht eine Beere . . . . . . . . . . . . . Argyreia
1   Frucht trocken
  2   Frucht eine Klausenfrucht oder Schließfrucht
    3   Frucht eine Klausenfrucht oder tief gelappt
      4   Kelchblätter verwachsen. Nebenblätter fehlend
          . . . . . . . . . . . . . . . . . . . . . . . Falkia
      4   Kelchblätter fast frei. Nebenblätter vorhanden
          . . . . . . . . . . . . . . . . . . . . . Dichondra
    3   Frucht eine 1- bis 4-fächrige Schließfrucht . . .
          . . . . . . . . . . . . . . . . . . . . Stictocardia
  2   Frucht eine Kapsel
    5   Griffel 2-spaltig . . . . . . . . . . . . . Evolvulus
    5   Griffel 1, nur an der Spitze 2-lappig oder kopfig
      6   Kelch zur Fruchtzeit vergrößert und
          trockenhäutig . . . . . . . . . . . . . . Porana
      6   Kelch zur Fruchtzeit nicht vergrößert
        7   Vorblätter groß, bleibend, den Kelch
            einhüllend . . . . . . . . . . . . Calystegia
        7   Vorblätter nicht den Kelch einhüllend
          8   Kapsel auffällig groß, quer aufspringend oder
              mit Deckel . . . . . . . . . . . Operculina
          8   Kapsel nicht quer aufspringend
            9   Narbe mit linealen Lappen . . Convolvulus
            9   Narbe kopfig
              10  Krone gelb. Frucht mit bis 4 cm
                  vergrößerten holzigen Kelchblättern . .
                  . . . . . . . . . . . . . . . . . . . Merremia
              10  Krone höchstens z.T. gelb. Frucht mit
                  höchstens 2 cm großen Kelchblättern . .
                  . . . . . . . . . . . . . . . . . . . Ipomoea
```

Mit das charakteristischste Merkmal der Convolvulaceae ist wohl die eigenartige Faltung der Krone in der Knospe. Die verwachsene Krone hat zunächst fünf breite Falten nach innen und nur fünf schmal dreieckige Mittelstreifen der Kronblätter sind nach außen gewandt. Zugleich ist die ganze Krone gedreht. Diese Knospendeckung wird hier als „gefaltet und gedreht" bezeichnet. Die Mittelstreifenfelder der Kronblätter sind auch bei entfalteter Krone noch gut erkennbar. Diese komplizierte Art der Knospendeckung kommt sonst nur noch bei Solanaceae, Nolanaceae und Menyanthaceae vor.

Argyreia Lour.

Ableitung: Silberpflanze
Vulgärnamen: D:Silberwinde; E:Morning Glory; F:Liseron arbustif
Arten: c. 90
Lebensform: Liane
Blätter: wechselständig, einfach. Nebenblätter fehlend
Blütenstand: einzeln, cymös, Köpfchen, seitlich
Blüten: zwittrig, radiär. Kelchblätter nicht oder kaum vergrößert nach der Blüte. Kronblätter 5, verwachsen, violett, rot, weiß. Staubblätter 5, verwachsen mit der Krone. Fruchtblätter 2, verwachsen. Narbe kopfig. Plazentation zentralwinkelständig. Pollen stachelig
Frucht: Beere, 1- bis 4-samig
Kennzeichen: Liane. Blüten radiär. Kronblätter 5, verwachsen, gefaltet und gedreht in der Knospe. Staubblätter 5, verwachsen mit der Krone. Fruchtblätter 2, verwachsen, oberständig. Narbe kopfig. Beere

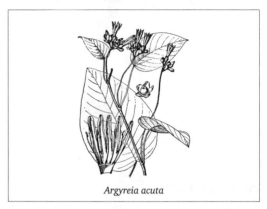

Argyreia acuta

Calystegia R. Br.

Ableitung: verhüllte Narbe
Vulgärnamen: D:Zaunwinde; E:Bindweed; F:Liseron des haies
Arten: c. 25
Lebensform: Staude, kletternd
Blätter: wechselständig, einfach. Nebenblätter fehlend
Blütenstand: einzeln, Büschel, seitlich
Blüten: zwittrig, radiär. Kelchblätter nicht vergrößert. Kronblätter 5, verwachsen, weiß, rosa, lila, gelb. Staubblätter 5, verwachsen mit der Krone. Fruchtblätter 2, verwachsen. Narbe 2-lappig. Plazentation zentralwinkelständig
Frucht: Kapsel
Kennzeichen: Staude, kletternd. Vorblätter groß, bleibend, den Kelch einhüllend. Blüten radiär. Kronblätter 5, verwachsen, gefaltet und gedreht in der Knospe. Staubblätter 5, verwachsen mit der Krone. Fruchtblätter 2, verwachsen, oberständig. Narbe 2-lappig. Kapsel, wenigsamig

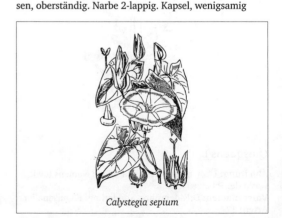

Calystegia sepium

Convolvulus L.

Ableitung: antiker Pflanzenname
Vulgärnamen: D:Winde; E:Field Bindweed; F:Liseron
Arten: c. 250
Lebensform: Einjährige, Staude, Strauch
Blätter: wechselständig, einfach. Nebenblätter fehlend
Blütenstand: einzeln, cymös, Traube
Blüten: zwittrig, radiär. Kelchblätter nicht vergrößert nach der Blüte. Kronblätter 5, verwachsen, weiß, rosa. Staubblätter 5, verwachsen mit der Krone. Fruchtblätter 2, verwachsen. Narbe 2 lineale Lappen. Plazentation zentralwinkelständig. Pollen glatt
Frucht: Kapsel, meist 4-samig
Kennzeichen: Einjährige, Staude, Strauch. Blüten radiär. Kronblätter 5, verwachsen, gefaltet und gedreht in der Knospe. Staubblätter 5, verwachsen mit der Krone. Fruchtblätter 2, verwachsen, oberständig. Narbe mit 2 linealen Lappen. Kapsel, meist 4-samig

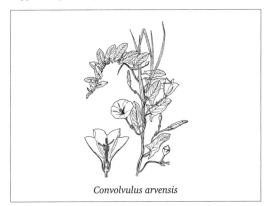

Convolvulus arvensis

Dichondra J.R. Forst. et G. Forst.

Ableitung: zwei Knorpel
Arten: 9
Lebensform: Staude, Einjährige
Blätter: wechselständig, einfach. Nebenblätter vorhanden
Blütenstand: einzeln, seitlich
Blüten: zwittrig, radiär. Kelchblätter am Grund verwachsen. Kronblätter 5, verwachsen, grünlichgelb. Staubblätter 5, verwachsen mit der Krone. Fruchtblätter 2, verwachsen. Griffel 2. Plazentation zentralwinkelständig
Frucht: Kapsel 2- bis selten 4-samig

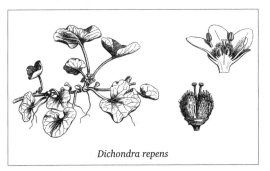

Dichondra repens

Kennzeichen: Staude, Einjährige. Nebenblätter vorhanden. Blüten radiär. Kronblätter 5, verwachsen, gefaltet und gedreht in der Knospe. Staubblätter 5, verwachsen mit der Krone. Fruchtblätter 2, verwachsen, oberständig. Griffel 2. Kapsel tief 2-lappig, 2- bis selten 4-samig

Evolvulus L.

Ableitung: nicht windende Pflanze
Arten: 98
Lebensform: Einjährige, Staude, Halbstrauch
Blätter: wechselständig, einfach. Nebenblätter fehlend
Blütenstand: einzeln bis zu 3, selten Ähre, Traube, Rispe
Blüten: zwittrig, radiär. Kelchblätter fast gleich. Kronblätter 5, verwachsen, blau, violett, rosa, purpurn, weiß. Staubblätter 5, verwachsen mit der Krone. Fruchtblätter 2, verwachsen. Narbe 2-spaltig. Plazentation zentralwinkelständig. Pollen glatt
Frucht: Kapsel, 4-samig
Kennzeichen: Einjährige, Staude, Halbstrauch. Blüten radiär. Kronblätter 5, verwachsen, gefaltet und gedreht in der Knospe. Staubblätter 5, verwachsen mit der Krone. Fruchtblätter 2, verwachsen, oberständig. Narbe 2-spaltig. Kapsel, 4-samig

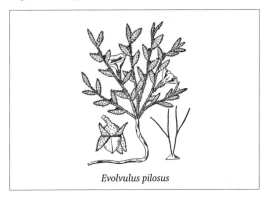

Evolvulus pilosus

Falkia L. f.

Ableitung: Gattung zu Ehren von Johan Peter Falk (1733–1774), einem schwedischen Botaniker in Russland benannt
Arten: 3
Lebensform: Staude
Blätter: wechselständig, einfach. Nebenblätter fehlend

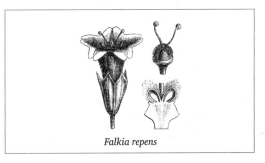

Falkia repens

Blütenstand: einzeln, seitlich
Blüten: zwittrig, radiär. Kelchblätter verwachsen. Kronblätter 5, verwachsen. Staubblätter 5, verwachsen mit der Krone. Fruchtblätter 2 oder 3, verwachsen. Griffel 2. Plazentation zentralwinkelständig
Frucht: Klausenfrucht, 4-samig
Kennzeichen: Staude. Kelchblätter verwachsen. Blüten radiär. Kronblätter 5, verwachsen, gefaltet und gedreht in der Knospe. Staubblätter 5, verwachsen mit der Krone. Fruchtblätter 2 oder 3, verwachsen, oberständig. 2 Griffel. Klausenfrucht, 4-samig

Ipomoea L.

Ableitung: wurmähnliche Pflanze
Vulgärnamen: D:Kaiserwinde, Prunkwinde, Purpurwinde; E:Morning Glory; F:Ipomée
Arten: c. 650
Lebensform: Einjährige, Staude, Strauch, selten Baum, meist kletternd
Blätter: wechselständig, einfach. Nebenblätter fehlend
Blütenstand: cymös, Köpfchen, Rispe, einzeln, seitlich, endständig
Blüten: zwittrig, radiär. Kelchblätter oft vergrößert nach der Blüte. Kronblätter 5, verwachsen, purpurn, rot, weiß, gelb, rosa. Staubblätter 5, verwachsen mit der Krone. Fruchtblätter 2–4, verwachsen. Narbe 2- oder 3-kopfig. Plazentation zentralwinkelständig. Pollen stachelig
Frucht: Kapsel, 4- bis 6(1–20)-samig
Kennzeichen: Einjährige, Staude, Strauch, selten Baum, meist kletternd. Blüten radiär. Kronblätter 5, verwachsen, gefaltet und gedreht in der Knospe. Staubblätter 5, verwachsen mit der Krone. Fruchtblätter 2–4, verwachsen, oberständig. Narbe 2- oder 3-kopfig. Kapsel, 4- bis 10-samig

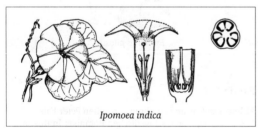
Ipomoea indica

Merremia Dennst. ex Endl.

Ableitung: Gattung zu Ehren von Blasius Merrem (1761–1824), einem deutschen Naturwissenschaftler benannt
Arten: 70–80
Lebensform: Staude, Liane
Blätter: wechselständig, einfach oder zusammengesetzt. Nebenblätter fehlend
Blütenstand: einzeln, Büschel
Blüten: zwittrig, radiär. Kelchblätter oft vergrößert nach der Blüte. Kronblätter 5, verwachsen, gelb, weiß, orange, purpurn. Staubblätter 5, verwachsen mit der Krone. Fruchtblätter 2, verwachsen. Narbe kopfig. Plazentation zentralwinkelständig. Pollen glatt

Frucht: Kapsel, 1- bis 6-samig, mit 4 vergrößerten, holzigen Kelchblättern
Kennzeichen: Staude, Liane. Blüten radiär. Kronblätter 5, verwachsen, gefaltet und gedreht in der Knospe. Staubblätter 5, verwachsen mit der Krone. Fruchtblätter 2, verwachsen, oberständig. Narbe kopfig. Kapsel 1- bis 5-samig mit 4 vergrößerten, holzigen Kelchblättern

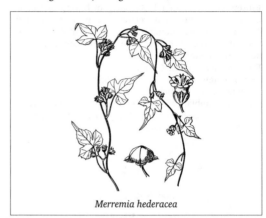
Merremia hederacea

Operculina Silva Manso

Ableitung: Deckelchen
Arten: 18
Lebensform: krautig, kletternd
Blätter: wechselständig, einfach. Nebenblätter fehlend
Blütenstand: cymös, seitlich
Blüten: zwittrig, radiär. Kelchblätter groß und oft vergrößert nach der Blüte. Kronblätter 5, verwachsen, weiß, gelb. Staubblätter 5, verwachsen mit der Krone. Fruchtblätter 2, verwachsen. Narbe 2-kopfig. Plazentation zentralwinkelständig. Pollen glatt
Frucht: Kapsel, mit 4 bis weniger Samen
Kennzeichen: krautig, kletternd. Blüten radiär. Kronblätter 5, verwachsen, gefaltet und gedreht in der Knospe. Staubblätter 5, verwachsen mit der Krone. Fruchtblätter 2, verwachsen, oberständig. Narbe 2-kopfig. Kapsel mit 4 bis weniger Samen, quer aufspringend oder mit Deckel

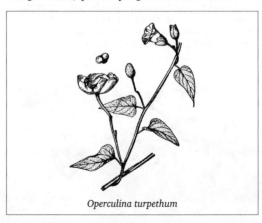
Operculina turpethum

Porana Burm. f.

Ableitung: Bedeutung unbekannt
Arten: 20
Lebensform: Einjährige, kletternd, Liane
Blätter: wechselständig, einfach. Nebenblätter fehlend
Blütenstand: Rispe, Schirmtraube, einzeln, Traube, seitlich, endständig
Blüten: zwittrig, radiär. Kelchblätter vergrößert nach der Blüte. Kronblätter 5, verwachsen, weiß, blau, purpurn. Staubblätter 5, verwachsen mit der Krone. Fruchtblätter 2, verwachsen. Narbe 1- bis 2-kopfig. Plazentation zentralwinkelständig. Pollen glatt
Frucht: Kapsel, 4-samig, Kelch zur Fruchtzeit vergrößert und trockenhäutig
Kennzeichen: Einjährige, kletternd, Liane. Blüten radiär. Kronblätter 5, verwachsen, gefaltet und gedreht in der Knospe. Staubblätter 5, verwachsen mit der Krone. Fruchtblätter 2, verwachsen, oberständig. Narbe 1- bis 2-kopfig. Kapsel, 4-samig, Kelch zur Fruchtzeit vergrößert und trockenhäutig

Porana racemosa

Stictocardia Hallier f.

Ableitung: punktiert und herzförmig
Arten: 9
Lebensform: Liane, Staude, kletternd
Blätter: wechselständig, einfach. Nebenblätter fehlend
Blütenstand: einzeln, cymös, seitlich
Blüten: zwittrig, radiär. Kelchblätter stark vergrößert nach der Blüte. Kronblätter 5, verwachsen, rot, purpurn. Staubblätter 5, verwachsen mit der Krone. Fruchtblätter 2, verwachsen. Narbe 2-kopfig. Plazentation zentralwinkelständig. Pollen stachelig
Frucht: Schließfrucht, 1- bis 4-samig
Kennzeichen: Liane, Staude, kletternd. Blüten radiär. Kronblätter 5, verwachsen, gefaltet und gedreht in der Knospe. Staubblätter 5, verwachsen mit der Krone. Fruchtblätter 2, verwachsen, oberständig. Narbe 2-kopfig. Schließfrucht, 1- bis 4-samig

Coriariaceae Gerberstrauchgewächse

Coriaria L.

Ableitung: Gerber-Pflanze
Vulgärnamen: D:Gerberstrauch; F:Corroyère
Arten: 5
Lebensform: Strauch, laubwerfend
Blätter: gegenständig oder quirlständig, einfach. Nebenblätter fehlend
Blütenstand: einzeln, Traube
Blüten: zwittrig, eingeschlechtig, radiär. Kelchblätter 5. Kronblätter 5, frei, grünlich. Staubblätter 10, frei von der Krone. Fruchtblätter 5-10, frei, oberständig. Plazentation apical
Frucht: Nüsschen zwischen fleischig werdenden Kronblättern
Kennzeichen: Strauch, laubwerfend. Blätter gegen- oder quirlständig. Blüten 5-zahlig. Staubblätter 10. Fruchtblätter 5-10, frei. Plazentation apical. Nüsschen zwischen fleischig werdenden Kronblättern

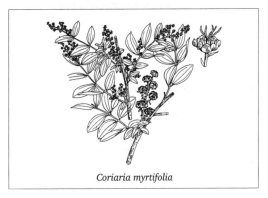

Coriaria myrtifolia

Cornaceae Hartriegelgewächse

1 Fruchtknoten aus 2-3 Fruchtblättern bestehend . . . . **Cornus**
1 Fruchtknoten 4-fächrig . . . . **Curtisia**

Cornus L.

Ableitung: antiker Pflanzenname
Vulgärnamen: D:Hartriegel, Kornelkirsche; E:Cornel, Dogwood; F:Cornouiller
Arten: c. 45
Lebensform: Baum, Strauch, Staude, laubwerfend oder immergrün
Blätter: gegenständig, selten wechselständig, einfach. Nebenblätter fehlend
Blütenstand: Schirmrispe, Dolde, Köpfchen
Blüten: zwittrig, radiär. Kelchblätter 4. Kronblätter 4, frei, klappig in der Knospe, weiß, purpurn, gelb. Staubblätter 4, frei von der Krone. Fruchtblätter 2-3, verwachsen, unterständig
Frucht: Steinfrucht, Beere

Cornus mas

Kennzeichen: Baum, Strauch, Staude. Blätter fast immer gegenständig. Blüten 4-zählig. Kronblätter klappig in der Knospe. Staubblätter 4. Fruchtblätter 2–3, verwachsen, unterständig. Frucht eine Steinfrucht oder Beere

Curtisia Aiton

Ableitung: Gattung zu Ehren von William Curtis (1746–1799), einem englischen Botaniker benannt
Arten: 1
Lebensform: Baum, immergrün
Blätter: gegenständig, einfach. Nebenblätter fehlend
Blütenstand: Rispe
Blüten: zwittrig, radiär. Kelchblätter 4. Kronblätter 4, frei, klappig in der Knospe, weiß. Staubblätter 4, frei von der Krone. Fruchtblätter 4, verwachsen, unterständig
Frucht: Steinfrucht
Kennzeichen: Baum, immergrün. Blüten 4-zählig. Kronblätter klappig in der Knospe. Staubblätter 4. Fruchtblätter 4, verwachsen, unterständig. Steinfrucht

Corynocarpaceae

Corynocarpus J.R. Forst. et G. Forst.

Ableitung: Keulen-Frucht
Vulgärnamen: D:Karakabaum; F:Corynocarpus
Arten: 5

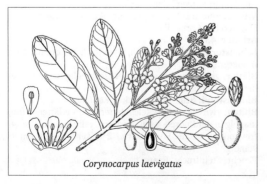

Corynocarpus laevigatus

Lebensform: Baum, Strauch, immergrün
Blätter: wechselständig, einfach. Nebenblätter vorhanden
Blütenstand: Rispe
Blüten: zwittrig, radiär. Kelchblätter 5. Kronblätter 5, frei. Staubblätter 5, verwachsen mit der Krone. Fruchtblätter 2, verwachsen, oberständig. Plazentation apical
Frucht: Steinfrucht
Kennzeichen: Baum, Strauch, immergrün. Nebenblätter vorhanden. Blüten 5-zählig. Staubblätter 5, mit der Krone verwachsen. Fruchtblätter 2, verwachsen, oberständig. Plazentation apical. Steinfrucht

Crassulaceae Dickblattgewächse

Die sehr vielgestaltige Gattung Sedum erlaubt keinen klaren, alle Arten umfassenden Schlüssel

```
1   Blätter gegenständig oder quirlständig
  2   Staubblätter in 1 Kreis. . . . . . . . . . Crassula
  2   Staubblätter in 2 Kreisen
    3   Kronblätter frei. . . . . . . . . . .Lenophyllum
    3   Kronblätter verwachsen
      4   Kronblätter 4
        5   Blüten hängend. Kelchröhre länger als die
            Kelchzipfel. . . . . . . . . . .Bryophyllum
        5   Blüten ± aufrecht. Kelchröhre kürzer als die
            Kelchzipfel. . . . . . . . . . . .Kalanchoe
      4   Kronblätter 5
        6   Blüten aufrecht, gelb. . . . Chiastophyllum
        6   Blüten nickend. . . . . . . . . . .Cotyledon
1   Blätter wechselständig oder in grundständiger
    Rosette schraubig oder in kaum erkennbarer
    gegenständiger Stellung
  7   Kronblätter zu mindestens 1/3 verwachsen
    8   Pflanzen einjährig . . . . . . . . . .Pistorinia
    8   Pflanze mehrjährig
      9   Pflanze mit Knollen, jahreszeitlich einziehend
          . . . . . . . . . . . . . . . . . . . . .Umbilicus
      9   Pflanze anders
        10   Fruchtblätter ± verwachsen . . . . .Villadia
        10   Fruchtblätter frei
          11   Blätter abfallend. Deckblätter ähnlich den
               Blättern. . . . . . . . . . . . . . . Tylecodon
          11   Blätter bleibend. Deckblätter anders . . . .
               . . . . . . . . . . . . . . . . . .Adromischus
  7   Kronblätter frei oder nur am Grund verwachsen
    12   Kronblätter 5, selten 4 oder 3
      13   Staubblätter in 1 Kreis. . . . . . Sinocrassula
      13   Staubblätter in 2 Kreisen
        14   Blütenstand endständig
          15   Pflanze mit deutlichen Rosetten, die
               schließlich sich in Blütenständen
               verbrauchen
            16   Blüten in Trauben oder Rispen mit
                 laubartigen Deckblättern. Rosetten nur
                 2-jährig. . . . . . . . . . . . . .Orostachys
            16   Blüten in Cymen mit Wickeln . . Rosularia
          15   Pflanze ohne deutliche Rosetten
            17   Blüten meist eingeschlechtig . . Rhodiola
            17   Blüten zwittrig. . . . . . . . . . . . Sedum
        14   Blütenstand blattachselständig
          18   Kronblätter spreizend
            19   Kronblätter gefleckt . . . Graptopetalum
```

19 Kronblätter nicht gefleckt
20 Pflanzen mit Rosetten
21 Blätter behaart bis drüsig . . . **Rosularia**
21 Blätter kahl . . . **Dudleya siehe auch × Cremneria und × Pachyveria**
20 Pflanze mit am Stängel verteilten Blättern
22 Blüten meist eingeschlechtig . **Rhodiola**
22 Blüten zwittrig . . . . **Sedum**
18 Kronblätter aufrecht
23 Kronblätter mit 2 Schüppchen am Grund . . . . **Pachyphytum**
23 Kronblätter ohne Schüppchen
24 Krone gedreht in der Knospe, nicht 5-kantig. Blätter mit breitem Grund . . . . **Dudleya**
24 Krone nicht gedreht in der Knospe, scharf 5-kantig. Blätter am Grund verschmälert . . . . **Echeveria**
12 Kronblätter 6-32
25 Karpellschüppchen kronblattartig **Monanthes**
25 Karpellschüppchen klein oder fehlend
26 Kronblätter 16-32. Karpellschüppchen fehlend . . . . **Greenovia**
26 Kronblätter 6-16. Karpellschüppchen vorhanden
27 Pflanze mit grundständiger Rosette
28 Kronblätter am Grund röhrig verwachsen, 6-8 . . . . **Rosularia**
28 Kronblätter frei oder nur am Grund zusammenhängend
29 Blüten glockig. Kronblätter 5-7, am Rücken gekielt . . . . **Jovibarba**
29 Blüten radförmig. Kronblätter 8-16, flach . . . . **Sempervivum**
27 Pflanze mit ± langem Stamm
30 Kronblätter und Fruchtblätter frei . . . . **Aeonium**
30 Kronblätter und Fruchtblätter am Grund verwachsen . . . . **Aichryson**

Adromischus Lem.

Ableitung: mit kräftigen Blütenstiel
Vulgärnamen: D:Kurzstiel; F:Adromischus
Arten: 28
Lebensform: Blattsukkulente Staude, Halbstrauch

Adromischus cristatus

Blätter: wechselständig, gegenständig
Blütenstand: Traube, Ähre, endständig
Blüten: zwittrig, radiär mit Kelch und Krone. Kelchblätter verwachsen. Kronblätter 5, verwachsen, weiß, rosa, rot, orange. Staubblätter 10, verwachsen mit der Krone. Fruchtblätter 5, frei, oberständig. Nektarschüppchen vorhanden. Plazentation marginal
Frucht: Balgfrucht
Kennzeichen: Blattsukkulente Staude, Halbstrauch. Kronblätter 5, verwachsen. Staubblätter 10. Fruchtblätter 5, frei. Nektarschüppchen vorhanden. Balgfrucht

Aeonium Webb et Berthel.

Ableitung: griechischer Pflanzenname
Arten: 36
Lebensform: Blattsukkulente Staude, Halbstrauch, Zweijährige
Blätter: wechselständig, ± in Rosetten
Blütenstand: endständig
Blüten: zwittrig, radiär mit Kelch und Krone. Kelchblätter am Grund verwachsen. Kronblätter 5, frei, gelb, weiß, rosa. Staubblätter 12-32, verwachsen mit der Krone. Fruchtblätter 6-16, frei, oberständig. Nektarschüppchen 4-seitig. Plazentation marginal
Frucht: Balgfrucht
Kennzeichen: Blattsukkulente Staude, Halbstrauch, Zweijährige. Kronblätter 6-16, frei. Staubblätter 12-32. Fruchtblätter 6-16, frei. Nektarschüppchen 4-seitig. Balgfrucht

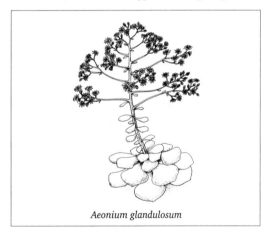

Aeonium glandulosum

Aichryson Webb et Berthel.

Ableitung: antiker Pflanzenname
Vulgärnamen: D:Immergold; E:Youth-and-Old-Age
Arten: 14
Lebensform: Blattsukkulente Staude, Halbstrauch, Einjährige
Blätter: wechselständig, einfach
Blütenstand: Rispe, endständig
Blüten: zwittrig, radiär mit Kelch und Krone. Kelchblätter am Grund verwachsen. Kronblätter 5 am Grund verwachsen, gelb. Staubblätter 10-24, verwachsen mit der Krone. Fruchtblätter 5-12, am Grund verwachsen, oberständig.

Nektarschüppchen vorhanden, 1- bis 5-hörnig. Plazentation marginal
Frucht: Balgfrucht
Kennzeichen: Blattsukkulente Staude, Halbstrauch, Einjährige. Kronblätter 5, verwachsen am Grund. Staubblätter 10–24. Fruchtblätter 5–12, am Grund verwachsen. Nektarschüppchen vorhanden, 1- bis 5-hörnig. Balgfrucht

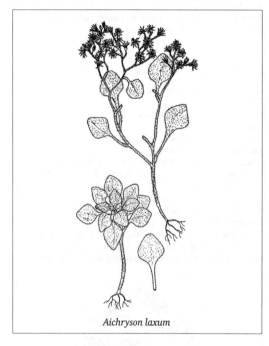

Aichryson laxum

Bryophyllum Salisb.

Ableitung: Pflanze mit üppiger Blattbildung
Vulgärnamen: D:Brutblatt; F:Bryophyllum, Kalanchoe
Arten: c. 30
Lebensform: Blattsukkulente Staude, Halbstrauch, Strauch

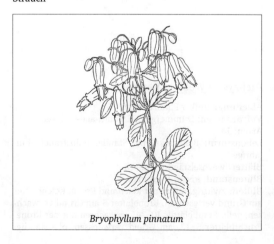

Bryophyllum pinnatum

Blätter: gegenständig, quirlständig, einfach bis zusammengesetzt
Blütenstand: Rispe, endständig. Blüten hängend
Blüten: zwittrig, radiär mit Kelch und Krone. Kelchblätter verwachsen, Kelchröhre länger als die Kelchzipfel. Kronblätter 4, verwachsen, weiß, grünlich, rot. Staubblätter 8, verwachsen mit der Krone. Fruchtblätter 4, frei oder am Grund verwachsen, oberständig. Nektarschüppchen vorhanden. Plazentation marginal
Frucht: Balgfrucht
Kennzeichen: Blattsukkulente Staude, Halbstrauch, Strauch. Blätter gegenständig oder quirlständig. Blüten hängend. Kronblätter 4, verwachsen, Kronröhre länger als die Zipfel. Staubblätter 8. Fruchtblätter 4, frei oder am Grund verwachsen. Nektarschüppchen vorhanden. Balgfrucht

Chiastophyllum (Ledeb.) A. Berger

Ableitung: gekreuzte Blätter
Vulgärnamen: D:Walddickblatt; F:Goutte d'or
Arten: 1
Lebensform: Blattsukkulente Staude
Blätter: gegenständig
Blütenstand: Rispe, Traube, endständig
Blüten: zwittrig, radiär mit Kelch und Krone. Kelchblätter frei. Kronblätter 5, am Grund verwachsen. Staubblätter 10, verwachsen mit der Krone. Fruchtblätter 5, frei, oberständig. Nektarschüppchen vorhanden. Plazentation marginal
Frucht: Balgfrucht
Kennzeichen: Blattsukkulente Staude. Blätter gegenständig. Kronblätter 5, am Grund verwachsen. Staubblätter 10. Fruchtblätter 5, frei. Nektarschüppchen vorhanden. Balgfrucht

Chiastophyllum oppositifolium

Cotyledon L.

Ableitung: antiker Pflanzenname
Arten: 10

Lebensform: Blattsukkulenter Strauch, Halbstrauch
Blätter: gegenständig, selten quirlständig
Blütenstand: Rispe, hängend, endständig
Blüten: zwittrig, radiär mit Kelch und Krone. Kelchblätter am Grund verwachsen. Kronblätter 5 verwachsen, grün, gelb, rot. Staubblätter 10, herausragend aus der Krone, verwachsen mit der Krone. Fruchtblätter 5, frei, oberständig. Nektarschüppchen vorhanden, keilförmig. Plazentation marginal
Frucht: Balgfrucht
Kennzeichen: Blattsukkulenter Strauch, Halbstrauch. Blätter gegenständig, selten quirlständig. Blüten hängend. Kronblätter 5, verwachsen. Staubblätter 10. Fruchtblätter 5, frei. Nektarschüppchen vorhanden, keilförmig. Balgfrucht

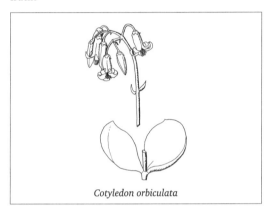
Cotyledon orbiculata

Crassula L.

Ableitung: dicke Pflanze
Vulgärnamen: D:Dickblatt; E:Pigmyweed; F:Crassula
Arten: 195
Lebensform: Blattsukkulente Staude, Strauch, Halbstrauch, Einjährige, Zweijährige

Crassula globularioides

Blätter: gegenständig
Blütenstand: Rispe, Köpfchen, selten einzeln
Blüten: zwittrig, radiär mit Kelch und Krone. Kelchblätter am Grund verwachsen. Kronblätter 5, seltener 2–4 oder bis 12, am Grund verwachsen, weiß, gelb, gelblich. Staubblätter in einem Kreis, 4–5, selten 3 oder bis 12, verwachsen mit der Krone. Fruchtblätter 3–5 oder 12, frei oder am Grund verwachsen oberständig. Nektarschüppchen vorhanden. Plazentation marginal
Frucht: Balgfrucht
Kennzeichen: Blattsukkulente Staude, Strauch, Halbstrauch, Einjährige, Zweijährige. Blätter gegenständig. Kronblätter 5, selten 2–12, am Grund verwachsen. Staubblätter 4–5(3–12). Fruchtblätter 3–5 oder 12, frei oder am Grund verwachsen. Nektarschüppchen vorhanden. Balgfrucht

Cremnophila Rose

Ableitung: Abhänge liebend
Arten: 2
Lebensform: Blattsukkulente Staude
Blätter: wechselständig, einfach
Blütenstand: Rispe, seitlich. Blüten hängend
Blüten: zwittrig, radiär. Kelchblätter 5. Kronblätter 5, am Grund verwachsen, weiß, grünlich, gelb. Staubblätter 10. Fruchtblätter 5, frei, oberständig. Plazentation marginal
Frucht: Bälge
Kennzeichen: Blattsukkulente Staude. Blüten hängend. Kronblätter 5, am Grund verwachsen. Staubblätter 10. Fruchtblätter 5, frei. Nektarschüppchen vorhanden. Balgfrucht

Dudleya Britton et Rose

Ableitung: Gattung zu Ehren von William Russel Dudley (1849-1911), einem nordamerikanischen Botaniker benannt
Vulgärnamen: D:Dudleya
Arten: 47
Lebensform: Blattsukkulente Staude
Blätter: grundständig, mit breitem Grund
Blütenstand: rispenartig, seitlich
Blüten: zwittrig, radiär mit Kelch und Krone. Kelchblätter am Grund verwachsen. Kronblätter 5, frei, gedreht in der Knospe, gelb. Staubblätter 10, verwachsen mit der Krone. Fruchtblätter 5, frei, oberständig. Nektarschüppchen vorhanden. Plazentation marginal
Frucht: Balgfrucht
Kennzeichen: Blattsukkulente Staude. Blätter grundständig, mit breitem Grund, kahl. Kronblätter 5, frei, gedreht in der Knospe. Staubblätter 10. Fruchtblätter 5, frei. Nektarschüppchen vorhanden. Balgfrucht

Echeveria DC.

Ableitung: Gattung zu Ehren von Athanasio Echeverria Goday, einem mexikanischen Pflanzenmaler des 19. Jahrhunderts benannt
Vulgärnamen: D:Echeverie; E:Echeveria; F:Artichaut, Echévéria
Arten: 139
Lebensform: Blattsukkulente Staude, Halbstrauch

Blätter: wechselständig, grundständig, am Grund verschmälert
Blütenstand: Traube, Rispe, seitlich
Blüten: zwittrig, radiär mit Kelch und Krone. Kelchblätter am Grund verwachsen. Kronblätter 5 frei, gelb, orange, rot, weiß, grünlich. Staubblätter 10, verwachsen mit der Krone, selten frei. Fruchtblätter 5, am Grund verwachsen, oberständig. Nektarschüppchen vorhanden. Plazentation marginal
Frucht: Balgfrucht
Kennzeichen: Blattsukkulente Staude, Halbstrauch. Blätter grundständig, am Grund verschmälert. Kronblätter 5, nicht gedreht in der Knospe, frei. Staubblätter 10. Fruchtblätter 5, am Grund verwachsen. Nektarschüppchen vorhanden. Balgfrucht

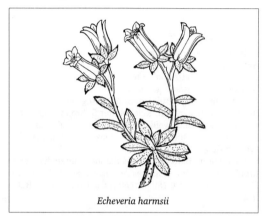

Echeveria harmsii

Graptopetalum Rose

Ableitung: beschriebenes Blütenblatt
Vulgärnamen: D:Felsenrose
Arten: 16
Lebensform: Blattsukkulente Staude, Halbstrauch
Blätter: wechselständig, grundständig
Blütenstand: cymös, seitlich
Blüten: zwittrig, radiär mit Kelch und Krone. Kelchblätter frei. Kronblätter 5-7, selten 10, am Grund verwachsen, weißlich, gelblich, gefleckt mehrfarbig. Staubblätter 10, selten 5, verwachsen mit der Krone. Fruchtblätter 5, am Grund verwachsen, oberständig. Nektarschüppchen quadratisch bis nierenförmig. Plazentation marginal
Frucht: Balgfrucht
Kennzeichen: Blattsukkulente Staude, Halbstrauch. Kronblätter 5-7(10), am Grund verwachsen, gefleckt. Staubblätter 10, selten 5. Fruchtblätter 5, frei. Nektarschüppchen vorhanden. Balgfrucht

Greenovia Webb et Berthel.

Ableitung: Gattung zu Ehren von George Bellas Greenough (1778-1855), einem englischen Geologen benannt
Arten: 4
Lebensform: Blattsukkulente Staude
Blätter: grundständig

Blütenstand: cymös, endständig
Blüten: zwittrig, radiär mit Kelch und Krone. Kelchblätter am Grund verwachsen. Kronblätter 16-32 verwachsen, gelb. Staubblätter 32-64, frei von der Krone. Fruchtblätter 16-32, frei, oberständig. Nektarschüppchen fehlend. Plazentation marginal
Frucht: Balgfrucht
Kennzeichen: Blattsukkulente Staude. Blätter grundständig. Kronblätter 16-32, am Grund verwachsen, gelb. Staubblätter 32-64. Fruchtblätter 16-32, frei. Nektarschüppchen fehlend. Balgfrucht

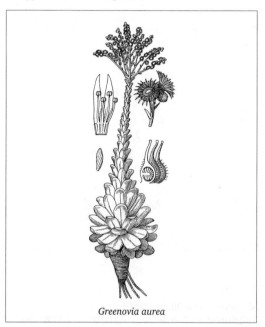

Greenovia aurea

Jovibarba (DC.) Opiz

Ableitung: Jupiters Bart
Vulgärnamen: D:Donarsbart, Fransenhauswurz; E:Houseleek; F:Barbe-de-Jupiter
Arten: 4
Lebensform: Blattsukkulente Staude
Blätter: in einer Rosette, die schließlich in einen Blütenstand auswächst

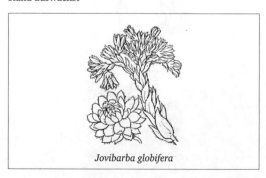

Jovibarba globifera

Blütenstand: cymös, endständig
Blüten: zwittrig, radiär mit Kelch und Krone. Kronblätter 6, seltener 5 oder 7, frei, gelb. Staubblätter 10-14, frei von der Krone. Fruchtblätter 6, seltener 5 oder 7, frei, oberständig. Nektarschüppchen vorhanden. Plazentation marginal
Frucht: Balgfrucht
Kennzeichen: Blattsukkulente Staude. Kronblätter 6 (5,7), frei, gekielt, glockig. Staubblätter 10-14. Fruchtblätter 6 (5,7), frei. Nektarschüppchen vorhanden. Balgfrucht

Kalanchoe Adans.

Ableitung: nach einem chinesischen Wort
Vulgärnamen: D:Kalanchoe; F:Kalanchoe
Arten: c. 110
Lebensform: Blattsukkulente Staude, Einjährige, Zweijährige, Halbstrauch, selten Baum
Blätter: gegenständig, selten quirlständig oder wechselständig
Blütenstand: Rispe, endständig, selten seitlich. Blüten ± aufrecht
Blüten: zwittrig, radiär mit Kelch und Krone. Kelchblätter frei oder am Grund verwachsen. Kronblätter 4 verwachsen, weiß, violett, grün, gelb, rot. Kelchröhre kürzer als die Kelchzipfel. Staubblätter 8, verwachsen mit der Krone. Fruchtblätter 4, frei, oberständig. Nektarschüppchen vorhanden. Plazentation marginal
Frucht: Balgfrucht
Kennzeichen: Blattsukkulente Staude, Einjährige, Zweijährige, Halbstrauch, selten Baum. Blätter meist gegenständig. Blüten aufrecht. Kelchröhre kürzer als die Zipfel. Kronblätter 4, verwachsen. Staubblätter 8. Fruchtblätter 4, frei. Nektarschüppchen vorhanden. Balgfrucht

Kalanchoe marmorata

Lenophyllum Rose

Ableitung: Wannen-Blatt
Vulgärnamen: D:Trogblatt
Arten: 7
Lebensform: Blattsukkulente Staude
Blätter: gegenständig
Blütenstand: Traube, Ähre, Rispe, endständig
Blüten: zwittrig, radiär mit Kelch und Krone. Kelchblätter am Grund verwachsen. Kronblätter 5 frei, gelb. Staubblätter 10, 5 davon verwachsen mit der Krone, 5 frei. Fruchtblätter 5, frei, oberständig. Nektarschüppchen fast quadratisch. Plazentation marginal
Frucht: Balgfrucht
Kennzeichen: Blattsukkulente Staude. Blätter gegenständig. Kronblätter 5, frei. Staubblätter 10. Fruchtblätter 5, frei. Nektarschüppchen fast quadratisch. Balgfrucht

Monanthes Haw.

Ableitung: einzelne Blüte
Vulgärnamen: D:Felswurz; F:Monanthes
Arten: 9
Lebensform: Blattsukkulente Einjährige, Staude, Halbstrauch
Blätter: grundständig, wechselständig, gegenständig
Blütenstand: cymös, endständig oder seitlich
Blüten: zwittrig, radiär mit Kelch und Krone. Kelchblätter am Grund verwachsen. Kronblätter 6-8, selten 5 oder 9, frei, grünlich, gelblich, rötlich. Staubblätter 12-16, frei von der Krone. Fruchtblätter 6-18, frei, oberständig. Nektarschüppchen kronblattartig. Plazentation marginal
Frucht: Balgfrucht
Kennzeichen: Blattsukkulente Einjährige, Staude, Halbstrauch. Kronblätter 6-8 (5, 9) frei. Staubblätter 12-16. Fruchtblätter 6-18, frei. Nektarschüppchen kronblattartig. Balgfrucht

Monanthes muralis

Orostachys Fisch. ex A. Berger

Ableitung: Berg-Ähre
Vulgärnamen: D:Sternwurz; F:Umbilic
Arten: 12
Lebensform: Blattsukkulente Zweijährige
Blätter: in einer Rosette, die sich im 2. Jahr in einem Blütenstand erschöpft
Blütenstand: Traube, Rispe, endständig
Blüten: zwittrig, radiär mit Kelch und Krone. Kelchblätter verwachsen. Kronblätter 5, am Grund verwachsen, weiß, rosa, rot. Staubblätter 10, frei von der Krone. Fruchtblätter 5, frei, oberständig. Nektarschüppchen klein. Plazentation marginal
Frucht: Balgfrucht
Kennzeichen: Blattsukkulente Zweijährige. Blätter in grundständiger Rosette. Kronblätter 5, am Grund verwach-

sen. Staubblätter 10. Fruchtblätter 5, frei. Nektarschüppchen klein. Balgfrucht

Orostachys malacophylla

Pachyphytum Link, Klotzsch et Otto

Ableitung: dickfleischige Pflanze
Vulgärnamen: D:Dickstamm; F:Pachyphytum
Arten: 15
Lebensform: Blattsukkulente Staude, Halbstrauch
Blätter: wechselständig, grundständig
Blütenstand: Traube einseitig, seitlich
Blüten: zwittrig, radiär mit Kelch und Krone. Kronblätter 5, ± frei, mit 2 Schüppchen am Grund, weiß, rosa, rot, selten orange . Staubblätter 10, verwachsen mit der Krone. Fruchtblätter 5, frei, oberständig. Nektarschüppchen vorhanden. Plazentation marginal
Frucht: Balgfrucht
Kennzeichen: Blattsukkulente Staude, Halbstrauch. Blüten in einseitiger seitlicher Traube. Kronblätter 5, mit 2 Schüppchen am Grund. Staubblätter 10. Fruchtblätter 5, frei. Nektarschüppchen vorhanden. Balgfrucht

× Pachyveria Haage et E. Schmidt

Ableitung: Hybride aus Echeveria und Pachyphytum
Vulgärnamen: D:Bastardecheverie
Lebensform: Blattsukkulente Staude
Blätter: wechselständig
Blütenstand: cymös, einseitig, seitlich
Blüten: zwittrig, radiär mit Kelch und Krone. Kronblätter 5, frei, rot, orange. Staubblätter 10. Fruchtblätter 5, frei, oberständig. Nektarschüppchen vorhanden. Plazentation marginal
Frucht: Balgfrucht

Pistorinia DC.

Ableitung: Gattung zu Ehren von Jacobo Pistorino, einem spanischen Arzt des 18. Jahrhunderts benannt
Arten: 3
Lebensform: Blattsukkulente Einjährige
Blätter: wechselständig
Blütenstand: Schirmrispe
Blüten: zwittrig, radiär mit Kelch und Krone. Kronblätter 5 verwachsen, rosa, gelb, purpurn. Staubblätter 10, verwachsen mit der Krone. Fruchtblätter 5, frei, oberständig. Nektarschüppchen vorhanden. Plazentation marginal

Frucht: Balgfrucht
Kennzeichen: Blattsukkulente Einjährige. Kronblätter 5, verwachsen. Staubblätter 10. Fruchtblätter 5, frei. Nektarschüppchen vorhanden. Balgfrucht

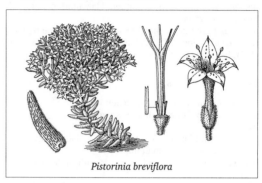

Pistorinia breviflora

Rhodiola L.

Ableitung: kleine Rosenpflanze (Geruch der Wurzel)
Vulgärnamen: D:Rosenwurz; E:Roseroot; F:Rhodiole
Arten: 58
Lebensform: Blattsukkulente Staude
Blätter: wechselständig
Blütenstand: einzeln, Schirmrispe, Traube, Rispe
Blüten: zwittrig oder eingeschlechtig, radiär mit Kelch und Krone. Kronblätter 4-5, selten 6, frei, weiß, grün, gelb, rot, purpurn. Staubblätter 8 oder 10, frei von der Krone. Fruchtblätter 4-5, selten 6, frei oder am Grund verwachsen, oberständig oder halbunterständig. Nektarschüppchen vorhanden. Plazentation marginal
Frucht: Balgfrucht
Kennzeichen: Blattsukkulente Staude. Blüten meist eingeschlechtig. Kronblätter 4-5(6-2), frei. Staubblätter 8-10. Fruchtblätter 4-5(6-2), frei oder am Grund verwachsen. Nektarschüppchen vorhanden. Balgfrucht

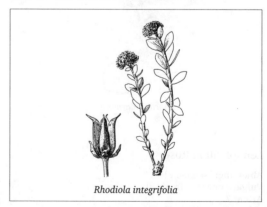

Rhodiola integrifolia

Rosularia (DC.) Stapf

Ableitung: kleine Rosenpflanze
Vulgärnamen: D:Dickröschen; F:Rosulaire

Arten: 25
Lebensform: Blattsukkulente Staude
Blätter: grundständig
Blütenstand: endständig oder seitlich
Blüten: zwittrig, radiär mit Kelch und Krone. Kronblätter 5-9, am Grund verwachsen, weiß, rosa, gelb, braun. Staubblätter 10(1-28), verwachsen mit der Krone. Fruchtblätter 5(9-2), frei oder am Grund verwachsen, oberständig. Nektarschüppchen vorhanden. Plazentation marginal
Frucht: Balgfrucht
Kennzeichen: Blattsukkulente Staude. Blätter grundständig. Kronblätter 5(9-2), am Grund verwachsen. Staubblätter 10(1-28). Fruchtblätter 5(9-2), frei oder am Grund verwachsen. Nektarschüppchen vorhanden. Balgfrucht

Sedum sedoides

Sedum L.

Ableitung: antiker Pflanzenname
Vulgärnamen: D:Fetthenne, Mauerpfeffer; E:Stonecrop; F:Orpin, Poivre de muraille
Arten: 473
Lebensform: Blattsukkulente Staude, Einjährige, Zweijährige, Halbstrauch
Blätter: wechselständig, grundständig, quirlständig, gegenständig
Blütenstand: cymös, einzeln, Ähre, endständig, seitlich

Sedum album

Blüten: fast immer zwittrig, radiär mit Kelch und Krone. Kronblätter 5, seltener 3-9, frei oder am Grund verwachsen, gelb, weiß, lila, rosa, blau, rot. Staubblätter meist 8-10, frei oder innere verwachsen mit der Krone. Fruchtblätter 4-5, selten 3-9, frei oder am Grund verwachsen, oberständig. Nektarschüppchen vorhanden. Plazentation marginal
Frucht: Balgfrucht
Kennzeichen: Blattsukkulente Staude, Einjährige, Zweijährige, Halbstrauch. Kronblätter 5, seltener 3-9, frei oder am Grund verwachsen. Staubblätter 8-10. Fruchtblätter 4-5, (3-9), frei oder am Grund verwachsen. Nektarschüppchen vorhanden. Balgfrucht. Nicht klar umrissene Gattung

Sempervivum L.

Ableitung: antiker Pflanzenname
Vulgärnamen: D:Dachwurz, Hauswurz; E:House Leek; F:Joubarbe
Arten: 59
Lebensform: Blattsukkulente Staude
Blätter: in einer Rosette, die schließlich in einen Blütenstand auswächst
Blütenstand: cymös, endständig
Blüten: zwittrig, radiär mit Kelch und Krone. Kelchblätter am Grund verwachsen. Kronblätter 8-16, frei, rosa, purpurn, gelb, rot, weiß. Staubblätter 16-32, frei von der Krone. Fruchtblätter 8-16, frei, oberständig. Nektarschüppchen ± quadratisch. Plazentation marginal
Frucht: Balgfrucht
Kennzeichen: Blattsukkulente Staude. Blätter in einer grundständigen Rosette. Kronblätter 8-16, frei. Staubblätter 16-32. Fruchtblätter 8-16, frei. Nektarschüppchen ± quadratisch. Balgfrucht

Sempervivum tectorum

Sinocrassula A. Berger

Ableitung: chinesische Crassula
Vulgärnamen: D:Chinadickblatt; F:Crassula de Chine, Sinocrassula

Arten: 7
Lebensform: Blattsukkulente Staude, Einjährige, Zweijährige
Blätter: grundständig, wechselständig, selten gegenständig
Blütenstand: Schirmrispe, Rispe, Traube, endständig, selten seitlich
Blüten: zwittrig, radiär mit Kelch und Krone. Kelchblätter am Grund verwachsen. Kronblätter 5, frei, weiß, rot, grünlich. Staubblätter 5, verwachsen mit der Krone. Fruchtblätter 5, am Grund verwachsen, oberständig. Nektarschüppchen quadratisch. Plazentation marginal
Frucht: Balgfrucht
Kennzeichen: Blattsukkulente Staude, Einjährige, Zweijährige. Kronblätter 5, frei. Staubblätter 5. Fruchtblätter 5, am Grund verwachsen. Nektarschüppchen quadratisch. Balgfrucht

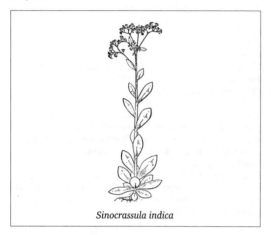

Sinocrassula indica

Lebensform: Blattsukkulente Staude mit Knollen
Blätter: wechselständig
Blütenstand: Traube, Rispe, endständig
Blüten: zwittrig, radiär mit Kelch und Krone. Kelchblätter frei. Kronblätter 5 verwachsen, gelblich, grünlich. Staubblätter 10, selten 5, verwachsen mit der Krone. Fruchtblätter 5, frei, oberständig. Plazentation marginal
Frucht: Balgfrucht
Kennzeichen: Blattsukkulente Staude mit Knollen. Kronblätter 5, verwachsen. Staubblätter 10, selten 5. Fruchtblätter 5, frei. Balgfrucht

Umbilicus rupestris

Tylecodon Toelken

Ableitung: Name ist Umstellung (Anagramm) von Cotyledon
Arten: 46
Lebensform: Blattsukkulenter Strauch, Halbstrauch, Baum, laubwerfend
Blätter: wechselständig
Blütenstand: cymös, endständig
Blüten: zwittrig, radiär mit Kelch und Krone. Kelchblätter am Grund verwachsen. Kronblätter 5, verwachsen, weiß, grünlich, gelb, lila, rötlich. Staubblätter 10, verwachsen mit der Krone. Fruchtblätter 5, frei, oberständig. Nektarschüppchen vorhanden. Plazentation marginal
Frucht: Balgfrucht
Kennzeichen: Blattsukkulente Strauch, Halbstrauch, Baum. Kronblätter 5, verwachsen. Staubblätter 10. Fruchtblätter 5, frei. Nektarschüppchen vorhanden. Balgfrucht

Umbilicus DC.

Ableitung: Nabel
Vulgärnamen: D:Nabelkraut, Venusnabel; E:Navelwort; F:Gobelets, Nombril de Vénus
Arten: 14

Villadia Rose

Ableitung: Gattung zu Ehren von Manuel M. Villada, einem mexikanischen Naturwissenschaftler des 19. Jahrhunderts benannt

Villadia batesii

Arten: 21
Lebensform: Blattsukkulente Staude, Strauch, selten Einjährige
Blätter: wechselständig
Blütenstand: Traube, Ähre, cymös, endständig
Blüten: zwittrig, radiär mit Kelch und Krone. Kronblätter 5 verwachsen, weißlich, rosa, rötlich. Staubblätter 10, verwachsen mit der Krone. Fruchtblätter 5, am Grund verwachsen, oberständig. Nektarschüppchen vorhanden. Plazentation marginal
Frucht: Balgfrucht
Kennzeichen: Blattsukkulente Staude, Strauch, selten Einjährige. Kronblätter 5, verwachsen. Staubblätter 10. Fruchtblätter 5, am Grund verwachsen. Nektarschüppchen vorhanden. Balgfrucht

Cucurbitaceae Kürbisgewächse

1 Fruchtknoten halbunterständig
2 Pflanze aufrechter Strauch mit paarigen Dornen. Kronblätter 5. Fruchtblätter 3–5 . . . . **Acanthosicyos**
2 Pflanze eine Liane. Kronblätter 4. Fruchtblätter 2. (Samen ringsum geflügelt) . . . . . . **Xerosicyos**
1 Fruchtknoten unterständig
3 Staubfäden zu einer Säule verwachsen
4 Antheren als Ring quer aufspringend. Frucht explodierend . . . . **Cyclanthera**
4 Antheren nicht als Querring
5 Frucht 1-samig
6 Antheren frei. Frucht fleischig . . . **Sechium**
6 Antheren verwachsen. Frucht lederig, stachelig . . . . **Sicyos**
5 Frucht vielsamig
7 Frucht mit langen Stacheln . . . **Echinocystis**
7 Frucht ohne Stacheln . . . . **Coccinia**
3 Staubfäden frei oder wenigstens nicht alle zu einer Säule verwachsen
8 männliche Blüten mit 1–3 Schuppen im Schlund
9 Kelchröhre mit horizontaler Schuppe im Schlund . . . . **Thladiantha**
9 Kelchröhre am Grund mit 2–3 Schuppen . . . . **Momordica**
8 männliche Blüten ohne Schlundschuppe im Kelch
10 männliche Blüten einzeln, blattachselständig
11 Blüten radförmig
12 Samen 2 je Fach . . . . **Abobra**
12 Samen viele je Fach
13 Kelchzipfel gesägt . . . . . . **Benincasa**
13 Kelchzipfel ganzrandig . . . . . **Citrullus**
11 Blüten glockig
14 Staubfäden frei. Antheren verwachsen
15 männliche Blüten einzeln . . . . **Cucurbita**
15 männliche Blüten in Büscheln . . . . **Cucumis**
14 Staubfäden verwachsen am Grund. Antheren frei . . . . **Sicana**
10 männliche Blüten zu mehreren in Büscheln, Trauben oder Rispen usw.
16 Kronblätter gefranst . . . . . **Trichosanthes**
16 Kronblätter nicht gefranst
17 Ranken fehlend. Reife Frucht die Samen auschleudernd . . . . **Ecballium**
17 Ranken vorhanden
18 Kronblätter frei
19 Staubblätter 2. Ranken einfach . . . . **Gurania**
19 Staubblätter 3 oder 5. Ranken fast immer gabelig
20 Blüten weiß oder gelb
21 Blattstiele mit Drüsenpaar am Ende . . . . **Lagenaria**
21 Blattstiele ohne Drüsen . . . . . **Luffa**
20 Blüten purpurn . . . . **Telfairia**
18 Kronblätter verwachsen
22 Krone glockig bis trichterig
23 Ranken einfach
24 Diskus fehlend . . . . . **Cucumeropsis**
24 Diskus vorhanden . . . . . . **Melothria**
23 Ranken gabelig
25 Samen wenige . . . . **Diplocyclos**
25 Samen viele . . . . **Zehneria**
22 Krone radförmig
26 Samen geflügelt
27 Staubblätter 3 . . . . **Alsomitra**
27 Staubblätter 5 . . . . . **Neoalsomitra**
26 Samen nicht geflügelt
28 Antheren S- oder U-förmig
29 männliche Blüten traubig . . . . **Bryonia**
29 männliche Blüten einzeln oder büschelig . . . . **Cucumis**
28 Antheren ± gerade . . . . . . **Kedrostis**

Abobra Naudin

Ableitung: nach einem arabischen Pflanzennamen
Arten: 1
Lebensform: Staude, kletternd
Blätter: wechselständig, einfach. Nebenblätter fehlend. Ranken gabelig oder einfach
Blütenstand: männliche Blüten einzeln. Weibliche Blüten einzeln
Blüten: zweihäusig, radiär, mit Kelch und Krone. Kronblätter 5, verwachsen, radförmig, grünlich. Staubblätter 3, frei, verwachsen mit der Krone. Diskus vorhanden. Fruchtblätter 3–4, verwachsen, unterständig. Plazentation parietal
Frucht: Beere, mit 2 Samen je Fach
Kennzeichen: Staude, kletternd mit einfachen oder gabeligen Ranken. Blüten zweihäusig. Kronblätter 5 verwachsen, radförmig. Staubblätter 3. Fruchtblätter 3–4, verwachsen, unterständig. Plazentation parietal. Beere, mit 2 Samen je Fach

Acanthosicyos Welw. ex Hook. f.

Ableitung: dornige Gurke
Vulgärnamen: D:Naraspflanze
Arten: 2
Lebensform: Strauch
Blätter: wechselständig, einfach. Nebenblätter fehlend. Ranken fehlend
Blütenstand: männliche Blüten einzeln oder in Büscheln. Weibliche Blüten einzeln
Blüten: zweihäusig, radiär, mit Kelch und Krone. Kronblätter 5, verwachsen, radförmig, grüngelb, grün. Staubblätter 3 oder 5, frei, verwachsen mit der Krone. Fruchtblätter 3–5, verwachsen, halbunterständig. Plazentation parietal
Frucht: Beere, mit vielen Samen
Kennzeichen: Strauch mit paarigen Dornen. Ranken fehlen. Blüten zweihäusig. Kronblätter 5, verwachsen, radförmig. Staubblätter 3. Fruchtblätter 3–5, verwachsen, halbunterständig. Plazentation parietal. Beere, mit vielen Samen

Alsomitra (Blume) M. Roem.

Ableitung: Hain-Haube
Arten: 2
Lebensform: Liane
Blätter: wechselständig, einfach. Nebenblätter fehlend. Ranken gabelig
Blütenstand: männliche Blüten in Rispen. Weibliche Blüten in Trauben
Blüten: zweihäusig, radiär, mit Kelch und Krone. Kronblätter 5, verwachsen, radförmig, weiß. Staubblätter 3, frei, frei von der Krone. Diskus vorhanden. Fruchtblätter 3, verwachsen, unterständig. Plazentation parietal
Frucht: Beere, mit vielen geflügelten Samen
Kennzeichen: Liane mit gabeligen Ranken. Blüten zweihäusig. Kronblätter 5, verwachsen, radförmig. Staubblätter 3. Fruchtblätter 3, verwachsen, unterständig. Plazentation parietal. Beere mit vielen geflügelten Samen

Benincasa Savi

Ableitung: Gattung zu Ehren von Giuseppe Benincasa (1500–1595), einem italienischen Förderer der Botanik benannt
Vulgärnamen: D:Wachskürbis; E:Wax Gourd; F:Courge céreuse
Arten: 1
Lebensform: Einjährige, kletternd
Blätter: wechselständig, einfach. Nebenblätter fehlend. Ranken gabelig
Blütenstand: männliche Blüten einzeln. Weibliche Blüten einzeln
Blüten: einhäusig, radiär, mit Kelch und Krone. Kronblätter 5, verwachsen, radförmig, gelb. Staubblätter 3, frei, verwachsen mit der Krone. Fruchtblätter 3, verwachsen, unterständig. Plazentation parietal
Frucht: Beere, mit vielen Samen
Kennzeichen: Einjährige, kletternd mit gabeligen Ranken. Blüten einhäusig, einzeln. Kelchzipfel gesägt. Kronblätter 5, verwachsen, radförmig. Staubblätter 3. Fruchtblätter 3, verwachsen, unterständig. Plazentation parietal. Beere mit vielen Samen

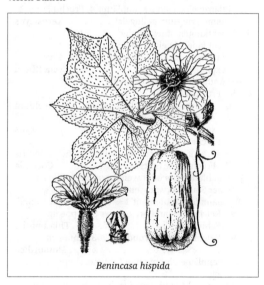

Benincasa hispida

Bryonia L.

Ableitung: antiker Pflanzenname
Vulgärnamen: D:Zaunrübe; E:Bryony; F:Bryone
Arten: 12
Lebensform: Staude, kletternd
Blätter: wechselständig, einfach. Nebenblätter fehlend. Ranken gabelig oder einfach
Blütenstand: männliche Blüten in Trauben, Büschel. Weibliche Blüten einzeln, Büschel
Blüten: einhäusig oder zweihäusig, radiär, mit Kelch und Krone. Kronblätter 5, verwachsen, radförmig oder glockig, grüngelb, weiß. Staubblätter 3, selten 5, frei, frei von der Krone. Fruchtblätter 3, verwachsen, unterständig. Plazentation parietal

Frucht: Beere, mit vielen Samen
Kennzeichen: Staude, kletternd mit einfachen oder gabeligen Ranken. Blüten eingeschlechtig, männliche Blüten in Trauben oder Büscheln, weibliche einzeln oder in Büscheln. Kronblätter 5, verwachsen, radförmig oder glockig. Staubblätter 3 oder 5, Antheren S- oder U-förmig. Fruchtblätter 3, verwachsen, unterständig. Plazentation parietal. Beere mit vielen Samen

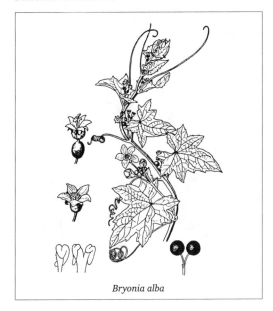

Bryonia alba

Citrullus Schrad. ex Eckl. et Zeyh.

Ableitung: nach einem italienischen Pflanzennamen
Vulgärnamen: D:Arbuse, Koloquinte, Wassermelone; E:Water Melon; F:Pastèque
Arten: 3
Lebensform: Einjährige, Staude, kletternd

Citrullus lanatus

Blätter: wechselständig, einfach. Nebenblätter fehlend. Ranken gabelig, selten einfach
Blütenstand: männliche Blüten einzeln. Weibliche Blüten einzeln
Blüten: einhäusig oder zweihäusig, radiär, mit Kelch und Krone. Kronblätter 5, verwachsen, ± radförmig, gelb. Staubblätter 3, frei, frei von der Krone. Fruchtblätter 3, verwachsen, unterständig. Plazentation parietal
Frucht: Beere, mit vielen Samen
Kennzeichen: Einjährige oder Staude, kletternd mit einfachen oder gabeligen Ranken. Blüten zweihäusig oder einhäusig. Kronblätter 5, verwachsen, ± radförmig. Staubblätter 3. Fruchtblätter 3, verwachsen, unterständig. Plazentation parietal. Beere mit vielen Samen

Coccinia Wight et Arn.

Ableitung: scharlachfarbene Pflanze
Vulgärnamen: D:Scharlachranke; E:Scarlet-fruited Gourd
Arten: 30
Lebensform: Staude, kletternd
Blätter: wechselständig, einfach. Nebenblätter fehlend. Ranken einfach oder gabelig
Blütenstand: männliche Blüten einzeln oder in Schirmtrauben. Weibliche Blüten einzeln
Blüten: zweihäusig, selten einhäusig, radiär, mit Kelch und Krone. Kronblätter 5, verwachsen, glockig, weiß, gelb. Staubblätter 3, verwachsen, selten frei, verwachsen mit der Krone. Fruchtblätter 3, verwachsen, unterständig. Plazentation parietal

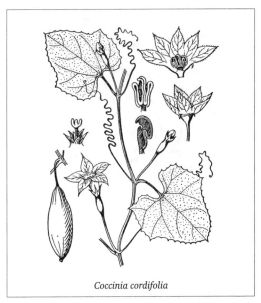

Coccinia cordifolia

Frucht: Beere, mit vielen Samen
Kennzeichen: Staude, kletternd mit einfachen oder gabeligen Ranken. Blüten zweihäusig, einzeln. Kronblätter 5, verwachsen, glockig. Staubblätter 3. Fruchtblätter 3, verwachsen, unterständig. Plazentation parietal. Beere ohne Stacheln, mit vielen Samen

Cucumeropsis Naudin

Ableitung: vom Aussehen einer Cucumis
Arten: 1
Lebensform: Einjährige, kletternd
Blätter: wechselständig, einfach. Nebenblätter fehlend. Ranken einfach
Blütenstand: männliche Blüten in Trauben, Dolden oder kopfig. Weibliche Blüten einzeln
Blüten: einhäusig, radiär, mit Kelch und Krone. Kronblätter 5, verwachsen, glockig, blassgelb. Staubblätter 3, frei, verwachsen mit der Krone. Fruchtblätter 3, verwachsen, unterständig. Plazentation parietal
Frucht: Beere, mit vielen Samen
Kennzeichen: Einjährige, kletternd mit einfachen Ranken. Männliche Blüten zu mehreren, weibliche einzeln. Kronblätter 5, verwachsen, glockig. Staubblätter 3. Diskus fehlend. Fruchtblätter 3, verwachsen, unterständig. Plazentation parietal. Beere mit vielen Samen

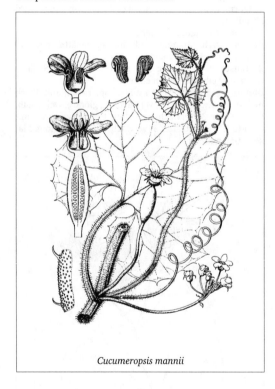

Cucumeropsis mannii

Cucumis L.

Ableitung: antiker Name der Gurke
Vulgärnamen: D:Gurke, Melone; E:Cucumber, Melon; F:Concombre, Melon
Arten: 32
Lebensform: Einjährige, Staude, kletternd
Blätter: wechselständig, einfach. Nebenblätter fehlend. Ranken einfach
Blütenstand: männliche Blüten in Büscheln, selten einzeln. Weibliche Blüten einzeln
Blüten: einhäusig oder zweihäusig, radiär, mit Kelch und Krone. Kronblätter 5, verwachsen, glockig, gelb. Staubblätter 3, frei, frei von der Krone. Diskus vorhanden. Fruchtblätter 3–5, verwachsen, unterständig. Plazentation parietal
Frucht: Beere, mit vielen Samen
Kennzeichen: Einjährige, Staude, kletternd mit einfachen Ranken. Blüten einhäusig oder zweihäusig. Kronblätter 5, verwachsen, glockig. Staubblätter 3. Fruchtblätter 3–5, verwachsen, unterständig. Plazentation parietal. Beere, mit vielen Samen

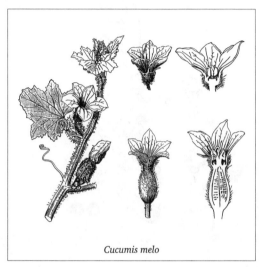

Cucumis melo

Cucurbita L.

Ableitung: antiker Pflanzenname
Vulgärnamen: D:Kürbis; E:Marrow, Pumpkin; F:Courge

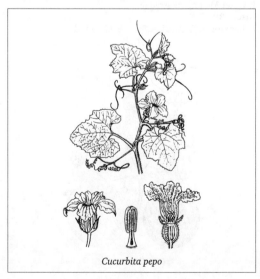

Cucurbita pepo

Arten: 13
Lebensform: Einjährige, Staude, kletternd
Blätter: wechselständig, einfach. Nebenblätter fehlend. Ranken gabelig oder einfach
Blütenstand: männliche Blüten einzeln. Weibliche Blüten einzeln
Blüten: einhäusig, selten zweihäusig, radiär, mit Kelch und Krone. Kronblätter 5, verwachsen, glockig, gelb. Staubblätter 3, frei, verwachsen mit der Krone. Fruchtblätter 3-5, verwachsen, unterständig. Plazentation parietal
Frucht: Beere, mit vielen Samen
Kennzeichen: Einjährige, Staude, kletternd mit einfachen oder gabeligen Ranken. Blüten eingeschlechtig, männliche Blüten einzeln. Kronblätter 5, verwachsen, glockig. Staubblätter 3. Fruchtblätter 3-5, verwachsen, unterständig. Plazentation parietal. Beere mit vielen Samen

Cyclanthera Schrad.

Ableitung: Staubbeutel-Ring
Arten: 15
Lebensform: Einjährige, Staude, kletternd
Blätter: wechselständig, einfach oder zusammengesetzt. Nebenblätter fehlend. Ranken gabelig
Blütenstand: männliche Blüten in Trauben oder Rispen. Weibliche Blüten einzeln
Blüten: einhäusig, radiär, mit Kelch und Krone. Kronblätter 5, verwachsen, radförmig, gelb, grün, weißlich. Anthere ringförmig, quer aufspringend, frei von der Krone. Fruchtblätter 3, verwachsen, unterständig. Plazentation parietal
Frucht: Beere oder Kapsel, mit 1 bis wenigen Samen, die Samen ausschleudernd
Kennzeichen: Einjährige, Staude, kletternd mit gabeligen Ranken. Blüten einhäusig, einzeln. Kronblätter 5, verwachsen, radförmig. Anthere ringförmig, quer aufspringend. Fruchtblätter 3, verwachsen, unterständig. Plazentation parietal. Beere oder Kapsel, mit 1 bis wenigen Samen, explosiv

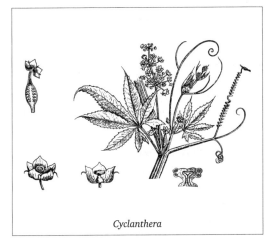

Cyclanthera

Diplocyclos (Endl.) Post et Kuntze

Ableitung: doppelter Kreis (Same)
Vulgärnamen: D:Scheinzaunrübe; F:Fausse-couleuvrée
Arten: 4
Lebensform: Staude, kletternd
Blätter: wechselständig, einfach. Nebenblätter fehlend. Ranken gabelig
Blütenstand: männliche Blüten in Büschel. Weibliche Blüten einzeln
Blüten: einhäusig, radiär, mit Kelch und Krone. Kronblätter 5, verwachsen, glockig, weiß, gelb, grünlich. Staubblätter 3, frei, verwachsen mit der Krone. Fruchtblätter 3, verwachsen, unterständig. Plazentation parietal

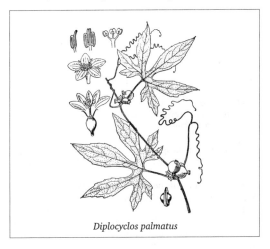

Diplocyclos palmatus

Frucht: Beere, mit wenigen Samen
Kennzeichen: Staude, kletternd mit gabeligen Ranken. Blüten einhäusig, männliche Blüten in Büscheln. Kronblätter 5, verwachsen, glockig. Staubblätter 3. Fruchtblätter 3, verwachsen, unterständig. Plazentation parietal. Beere, mit wenigen Samen

Ecballium A. Rich.

Ableitung: Spritz-Pflanze
Vulgärnamen: D:Spritzgurke; E:Squirting Cucmber; F:Concombre sauvage, Ecbalie
Arten: 1
Lebensform: Staude
Blätter: wechselständig, einfach. Nebenblätter fehlend. Ranken fehlend
Blütenstand: männliche Blüten in Trauben. Weibliche Blüten einzeln
Blüten: einhäusig, selten zweihäusig, radiär, mit Kelch und Krone. Kronblätter 5, verwachsen, radförmig oder glockig, gelbgrün. Staubblätter 3, frei, frei von der Krone. Fruchtblätter 3, verwachsen, unterständig. Plazentation parietal
Frucht: Beere, mit vielen Samen
Kennzeichen: Staude, ohne Ranken. Blüten eingeschlechtig, männliche Blüten in Trauben. Kronblätter 5, verwachsen, radförmig oder glockig. Staubblätter 3. Fruchtblätter 3, verwachsen, unterständig. Plazentation parietal. Beere mit vielen Samen, die Samen ausschleudernd

442 Cucurbitaceae Kürbisgewächse

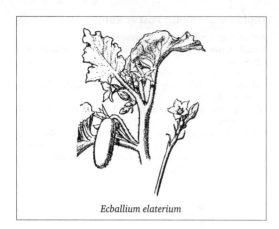

Ecballium elaterium

Echinocystis Torr. et A. Gray

Ableitung: Igel-Blase
Vulgärnamen: D:Igelgurke; E:Mock Cucumber; F:Concombre-oursin
Arten: 1
Lebensform: Einjährige, Staude, kletternd
Blätter: wechselständig, einfach. Nebenblätter fehlend. Ranken gabelig
Blütenstand: männliche Blüten in Trauben oder Rispen. Weibliche Blüten einzeln oder in Büscheln
Blüten: einhäusig, radiär, mit Kelch und Krone. Kronblätter 5-6, verwachsen, radförmig, grünlich weiß. Staubblätter 3, verwachsen. Fruchtblätter 1-4, verwachsen, unterständig. Plazentation parietal
Frucht: Beere oder Kapsel, mit 1-10 Samen
Kennzeichen: Einjährige, Staude, kletternd mit gabeligen Ranken. Blüten einhäusig, einzeln. Kronblätter 5-6, verwachsen, radförmig. Staubblätter 3. Fruchtblätter 1-4, verwachsen, unterständig. Plazentation parietal. Beere oder Kapsel, mit langen Stacheln, mit 1-10 Samen

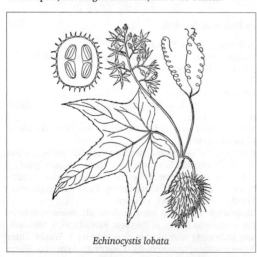

Echinocystis lobata

Echinopepon Naudin

Ableitung: Igel-Melone
Arten: 12
Lebensform: Einjährige, kletternd
Blätter: wechselständig, einfach. Nebenblätter fehlend. Ranken gabelig
Blütenstand: männliche Blüten in Trauben oder Rispen. Weibliche Blüten einzeln
Blüten: einhäusig, radiär, mit Kelch und Krone. Kronblätter 5, verwachsen, radförmig, weiß. Staubblätter 4-5, verwachsen. Fruchtblätter 2, verwachsen, unterständig. Plazentation parietal

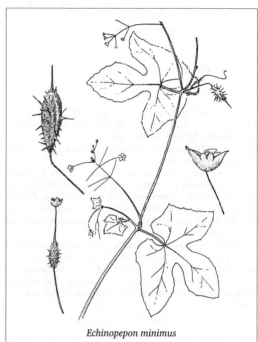

Echinopepon minimus

Frucht: Kapsel mit Poren an der Spitze, stachelig und drüsig behaart. Samen wenige
Kennzeichen: Einjährige, kletternd mit gabeligen Ranken. Blüten einhäusig, einzeln. Kronblätter 5, verwachsen, radförmig. Staubblätter 4-5. Fruchtblätter 2, verwachsen, unterständig. Plazentation parietal. Kapsel mit Poren an der Spitze, stachelig und drüsig behaart

Gurania (Schltdl.) Cogn.

Ableitung: Name ist Umstellung (Anagramm) von Anguria
Vulgärnamen: D:Gurania; F:Gurania
Arten: 75
Lebensform: Liane, Staude, kletternd
Blätter: wechselständig, einfach oder zusammengesetzt. Nebenblätter fehlend. Ranken einfach
Blütenstand: männliche Blüten in Trauben, Schirmtrauben, Ähren. Weibliche Blüten einzeln oder in Büscheln

Blüten: zweihäusig, selten einhäusig, radiär, mit rotem Kelch und gelber Krone. Kronblätter 5, verwachsen, aufrecht. Staubblätter 2, frei, verwachsen mit der Krone. Fruchtblätter 2, verwachsen, unterständig. Plazentation parietal
Frucht: Beere, mit vielen Samen
Kennzeichen: Liane, Staude, kletternd mit einfachen Ranken. Blüten einhäusig, männliche in Trauben, Schirmtrauben oder Ähren. Kronblätter 5, frei, aufrecht. Staubblätter 2. Fruchtblätter 2, verwachsen, unterständig. Plazentation parietal. Beere mit vielen Samen

Gurania

Kedrostis Medik.

Ableitung: antiker Pflanzenname
Arten: 23
Lebensform: Staude, kletternd
Blätter: wechselständig, einfach oder zusammengesetzt. Nebenblätter fehlend. Ranken meist einfach

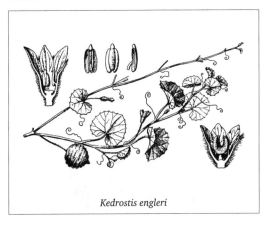

Kedrostis engleri

Blütenstand: männliche Blüten in Trauben oder Schirmrispen. Weibliche Blüten einzeln oder in Büscheln
Blüten: einhäusig oder zweihäusig, radiär, mit Kelch und Krone. Kronblätter 5, verwachsen, radförmig, weiß oder gelbgrün. Staubblätter 3, selten 5, frei oder verwachsen, verwachsen mit der Krone. Fruchtblätter 2–3, verwachsen, unterständig. Plazentation parietal
Frucht: Beere, mit wenigen Samen
Kennzeichen: Staude, kletternd mit einfachen Ranken. Blüten einhäusig, männliche in Trauben oder Schirmrispen. Kronblätter verwachsen, radförmig. Staubblätter 3 oder 5. Fruchtblätter 2–3, verwachsen, unterständig. Plazentation parietal. Beere mit wenigen Samen

Lagenaria Ser.

Ableitung: Flaschen-Pflanze
Vulgärnamen: D:Flaschenkürbis, Kalebasse; E:Bottle Gourd; F:Bouteille, Gourde
Arten: 6
Lebensform: Einjährige, Staude, kletternd
Blätter: wechselständig, einfach. Nebenblätter fehlend. Ranken gabelig, selten einfach
Blütenstand: männliche Blüten in Trauben. Weibliche Blüten einzeln
Blüten: einhäusig, selten zweihäusig, radiär, mit Kelch und Krone. Kronblätter 5, verwachsen, radförmig, weiß. Staubblätter 3, frei, frei von der Krone. Fruchtblätter 3, verwachsen, unterständig. Plazentation parietal
Frucht: Beere, mit vielen Samen
Kennzeichen: Einjährige, Staude, kletternd mit gabeligen, selten einfachen Ranken. Blattstiel mit Drüsenpaar am Ende. Blüten eingeschlechtig, männliche in Trauben. Kronblätter 5, frei, radförmig. Staubblätter 3. Fruchtblätter 3, verwachsen, unterständig. Plazentation parietal. Beere mit vielen Samen

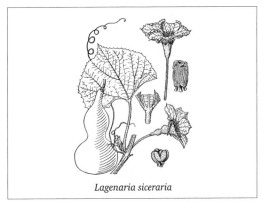

Lagenaria siceraria

Luffa Mill.

Ableitung: nach einem arabischen Pflanzennamen
Vulgärnamen: D:Schwammgurke; E:Loofah, Rag Gourd; F:Eponge végétale
Arten: 7

Lebensform: Einjährige, kletternd
Blätter: wechselständig, einfach. Nebenblätter fehlend. Ranken gabelig
Blütenstand: männliche Blüten in Trauben. Weibliche Blüten einzeln
Blüten: einhäusig, radiär, mit Kelch und Krone. Kronblätter 5, verwachsen, radförmig, gelb, weiß. Staubblätter 3 oder selten 5, frei, verwachsen mit der Krone. Fruchtblätter 3, verwachsen, unterständig. Plazentation parietal
Frucht: Beere, mit vielen Samen
Kennzeichen: Einjährige, kletternd mit gabeligen Ranken. Blattstiel ohne Drüsenpaar. Blüten einhäusig, männliche in Trauben. Kronblätter 5, frei, radförmig. Staubblätter 3, selten 5. Fruchtblätter 3, verwachsen, unterständig. Plazentation parietal. Beere mit vielen Samen

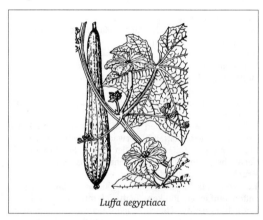

Luffa aegyptiaca

Melothria L.

Ableitung: antiker Pflanzenname
Vulgärnamen: D:Haarblume; E:Moccasin Grass
Arten: 10
Lebensform: Einjährige, Staude, kletternd

Blätter: wechselständig, einfach. Nebenblätter fehlend. Ranken gabelig, selten einfach
Blütenstand: männliche Blüten in Trauben. Weibliche Blüten einzeln
Blüten: einhäusig, selten zweihäusig, radiär, mit Kelch und Krone. Kronblätter 5, verwachsen, ± trichterförmig, gelb oder weiß. Staubblätter 3, selten 4-5, frei, verwachsen mit der Krone. Diskus vorhanden. Fruchtblätter 3, verwachsen, unterständig. Plazentation parietal
Frucht: Beere, mit vielen Samen
Kennzeichen: Einjährige, Staude, kletternd mit einfachen oder gabeligen Ranken. Blüten eingeschlechtig, männliche in Trauben. Kronblätter 5, verwachsen, ± trichterförmig. Staubblätter 3-5. Diskus vorhanden. Fruchtblätter 3, verwachsen, unterständig. Plazentation parietal. Beere mit vielen Samen

Momordica L.

Ableitung: nach einem vorlinneischen Pflanzennamen
Vulgärnamen: D:Balsamapfel, Bittergurke; E:Bitter Cucumber; F:Balsamine, Margose
Arten: 45
Lebensform: Einjährige, Staude, kletternd
Blätter: wechselständig, einfach. Nebenblätter fehlend. Ranken einfach oder gabelig
Blütenstand: männliche Blüten einzeln, in Trauben oder Schirmrispen. Weibliche Blüten einzeln
Blüten: einhäusig oder zweihäusig, radiär, mit Kelch und Krone. Männliche Blüten am Grund der Kelchröhre mit 2-3 Schuppen. Kronblätter 5, verwachsen oder frei, radförmig, gelb oder weiß. Staubblätter 2, selten 3, frei, verwachsen mit der Krone. Fruchtblätter 3, verwachsen, unterständig. Plazentation parietal
Frucht: Beere, mit vielen Samen
Kennzeichen: Einjährige, Staude, kletternd mit einfachen oder gabeligen Ranken. Blüten eingeschlechtig, männliche am Grund der Kelchröhre mit 2-3 Schuppen. Kronblätter 5, verwachsen oder frei, radförmig. Staubblätter 2-3. Fruchtblätter 3, verwachsen, unterständig. Plazentation parietal. Beere mit vielen Samen

Melothria heterophylla

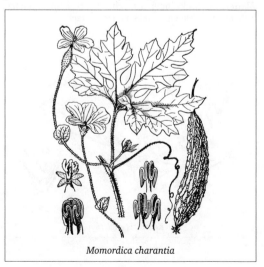

Momordica charantia

Neoalsomitra Hutch.

Ableitung: neue Alsomitra
Arten: 12
Lebensform: Liane, zum Teil sukkulent
Blätter: wechselständig, einfach oder zusammengesetzt. Nebenblätter fehlend. Ranken einfach oder gabelig
Blütenstand: männliche Blüten in Rispen oder Trauben. Weibliche Blüten in Rispen oder Trauben
Blüten: zweihäusig, radiär, mit Kelch und Krone. Kronblätter 5, verwachsen, radförmig, gelb oder grüngelb. Staubblätter 5 oder 4, frei, verwachsen mit der Krone. Fruchtblätter 3-4, verwachsen, unterständig. Plazentation parietal
Frucht: Beere, mit vielen geflügelten Samen
Kennzeichen: Liane, zum Teil sukkulent, kletternd mit einfachen oder gabeligen Ranken. Blüten zweihäusig, männliche in Rispen oder Trauben. Kronblätter verwachsen, radförmig. Staubblätter 5. Fruchtblätter 3-4, verwachsen, unterständig. Plazentation parietal. Beere mit vielen geflügelten Samen

Neoalsomitra integrifolia

Sechium P. Browne

Ableitung: nach einem Pflanzennamen in der Karibik
Vulgärnamen: D:Chayote, Stachelgurke; E:Chaco, Chayote; F:Chayotte
Arten: 8
Lebensform: Einjährige, kletternd
Blätter: wechselständig, einfach. Nebenblätter fehlend. Ranken gabelig
Blütenstand: männliche Blüten in Trauben. Weibliche Blüten einzeln oder zu 2
Blüten: einhäusig, radiär, mit Kelch und Krone. Kronblätter 5, verwachsen, radförmig, weißlich. Staubblätter 5, verwachsen in einer Säule, verwachsen mit der Krone. Diskus vorhanden. Fruchtblätter, verwachsen, unterständig. Plazentation apical
Frucht: Beere, mit 1 Samen
Kennzeichen: Einjährige, kletternd mit gabeligen Ranken. Blüten einhäusig, einzeln. Kronblätter 5, verwachsen, radförmig. Staubblätter 5, verwachsen zu einer Säule. Fruchtblätter 3-4, verwachsen, unterständig. Plazentation apical. Beere mit 1 Samen, nicht stachelig

Sechium edule

Sicana Naudin

Ableitung: nach einem Pflanzennamen in Peru
Vulgärnamen: D:Moschusgurke; E:Musc Cucumber; F:Mélocoton
Arten: 2
Lebensform: Staude, kletternd
Blätter: wechselständig, einfach. Nebenblätter fehlend. Ranken gabelig
Blütenstand: männliche Blüten einzeln. Weibliche Blüten einzeln
Blüten: einhäusig, radiär, mit Kelch und Krone. Kronblätter 5, verwachsen, glockig, gelblich. Staubblätter 3, verwachsen mit der Krone. Fruchtblätter 3, verwachsen, unterständig. Plazentation parietal
Frucht: Beere, mit vielen Samen
Kennzeichen: Staude, kletternd mit gabeligen Ranken. Blüten einhäusig, einzeln. Kronblätter 5, verwachsen, glockig. Staubblätter 3. Fruchtblätter 3, verwachsen, unterständig. Plazentation parietal. Beere mit vielen Samen

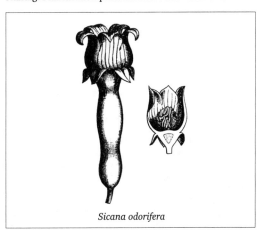
Sicana odorifera

Sicyos L.

Ableitung: antiker Pflanzenname
Vulgärnamen: D:Haargurke; E:Bur Cucumber; F:Concombre chevelu
Arten: 50
Lebensform: Einjährige, kletternd
Blätter: wechselständig, einfach. Nebenblätter fehlend. Ranken gabelig
Blütenstand: männliche Blüten in Schirmtrauben. Weibliche Blüten in Büscheln
Blüten: einhäusig, radiär, mit Kelch und Krone. Kronblätter 5, verwachsen, radförmig, weiß, grüngelb. Staubblätter 5–2, verwachsen in einer Säule, frei von der Krone. Fruchtblätter 3–5, verwachsen, unterständig. Plazentation parietal
Frucht: Beere, mit 1 Samen
Kennzeichen: Einjährige, kletternd mit gabeligen Ranken. Blüten einhäusig, einzeln. Kronblätter 5, verwachsen, radförmig. Staubblätter 5–2. Fruchtblätter 3–5, verwachsen, unterständig. Plazentation parietal. Beere stachelig, mit 1 Samen

Telfairia pedata

Sicyos angulatus

Telfairia Hook.

Ableitung: Gattung zu Ehren von Charles Telfair (1778–1833), einem irischen Arzt und Botaniker benannt
Vulgärnamen: D:Oysternuss, Talerkürbis; F:Kouémé
Arten: 3
Lebensform: Liane
Blätter: wechselständig, einfach. Nebenblätter fehlend. Ranken gabelig
Blütenstand: männliche Blüten in Trauben. Weibliche Blüten einzeln
Blüten: zweihäusig, radiär, mit Kelch und Krone. Kronblätter 5, frei, radförmig, purpurn. Staubblätter 3, frei oder verwachsen, verwachsen mit der Krone. Fruchtblätter 3–5, verwachsen, unterständig. Plazentation parietal
Frucht: Beere, mit vielen Samen
Kennzeichen: Liane, kletternd mit gabeligen Ranken. Blüten zweihäusig, männliche in Trauben. Kronblätter 5, frei, radförmig, purpurn. Staubblätter 3. Fruchtblätter 3–5, verwachsen, unterständig. Plazentation parietal. Beere mit vielen Samen

Thladiantha Bunge

Ableitung: zerquetschte Blüte (lag nur als Herbarstück vor)
Vulgärnamen: D:Quetschblume, Quetschgurke; F:Thladianthe
Arten: 23
Lebensform: Staude, Einjährige, kletternd
Blätter: wechselständig, einfach oder zusammengesetzt. Nebenblätter fehlend. Ranken einfach oder gabelig
Blütenstand: männliche Blüten einzeln oder in Trauben. Weibliche Blüten einzeln
Blüten: einhäusig, radiär, mit Kelch und Krone. Männliche Blüten in der Kelchröhre mit horizontaler Schuppe im Schlund. Kronblätter 5, verwachsen, glockig, gelb. Staubblätter 5, frei, verwachsen mit der Krone. Fruchtblätter 3, verwachsen, unterständig. Plazentation parietal

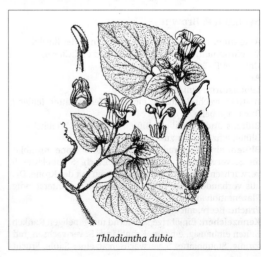

Thladiantha dubia

Frucht: Beere, mit vielen Samen
Kennzeichen: Staude, Einjährige, kletternd mit einfachen oder gabeligen Ranken. Blüten einhäusig. Männliche Blüten in der Kelchröhre mit horizontaler Schuppe im Schlund. Kronblätter 5, verwachsen, glockig. Staubblätter 5. Fruchtblätter 3-4, verwachsen, unterständig. Plazentation parietal. Beere, mit vielen Samen

Trichosanthes L.

Ableitung: Haar-Blüte
Vulgärnamen: D:Haarblume, Schlangenhaargurke; E:Snake Gourd; F:Serpent végétal
Arten: 15
Lebensform: Einjährige, Staude, kletternd
Blätter: wechselständig, einfach. Nebenblätter fehlend. Ranken gabelig oder einfach
Blütenstand: männliche Blüten in Trauben. Weibliche Blüten einzeln
Blüten: einhäusig, radiär, mit Kelch und Krone. Kronblätter 5, verwachsen, radförmig, gefranst, weiß. Staubblätter 3, frei, verwachsen mit der Krone. Fruchtblätter 3, verwachsen, unterständig. Plazentation parietal
Frucht: Beere, mit vielen Samen
Kennzeichen: Einjährige, Staude, kletternd mit einfachen oder gabeligen Ranken. Blüten einhäusig, männliche in Trauben. Kronblätter verwachsen, radförmig, gefranst. Staubblätter 3. Fruchtblätter 3, verwachsen, unterständig. Plazentation parietal. Beere mit vielen Samen

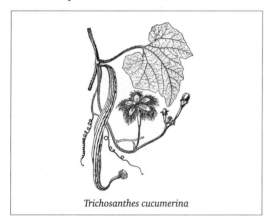

Trichosanthes cucumerina

Xerosicyos Humbert

Ableitung: trockene Sicyos
Arten: 4
Lebensform: Einjährige, Staude, kletternd
Blätter: wechselständig, einfach. Nebenblätter fehlend. Ranken gabelig oder einfach
Blütenstand: männliche Blüten in Trauben. Weibliche Blüten einzeln
Blüten: einhäusig oder zweihäusig, radiär, mit Kelch und Krone. Kronblätter 5, verwachsen, radförmig, weiß. Staubblätter meist 4, frei, verwachsen mit der Krone. Fruchtblätter 3, verwachsen, halbunterständig. Plazentation parietal mit 4 Samenanlagen

Frucht: Beere, mit 4 geflügelten Samen
Kennzeichen: Einjährige, Staude, kletternd mit einfachen oder gabeligen Ranken. Blüten eingeschlechtig. Kronblätter 5, verwachsen, radförmig. Staubblätter meist 4. Fruchtblätter 3, verwachsen, halbunterständig. Plazentation parietal. Beere mit 4 geflügelten Samen

Zehneria Endl.

Ableitung: Gattung zu Ehren von Joseph Zehner, einem österreichischen Pflanzenmaler des 19. Jahrhunderts benannt
Arten: 30
Lebensform: Staude, Einjährige, kletternd
Blätter: wechselständig, einfach. Nebenblätter fehlend. Ranken gabelig
Blütenstand: männliche Blüten in Trauben oder doldig. Weibliche Blüten einzeln oder in Büscheln
Blüten: einhäusig oder zweihäusig, radiär, mit Kelch und Krone. Kronblätter 5, verwachsen, glockig, weiß. Staubblätter 3, frei, verwachsen mit der Krone. Fruchtblätter 3, verwachsen, unterständig. Plazentation parietal
Frucht: Beere, mit vielen Samen
Kennzeichen: Staude, Einjährige, kletternd mit gabeligen Ranken. Blüten eingeschlechtig, männliche in Trauben oder doldig. Kronblätter 5, verwachsen, glockig. Staubblätter 3. Fruchtblätter 3, verwachsen, unterständig. Plazentation parietal. Beere mit vielen Samen

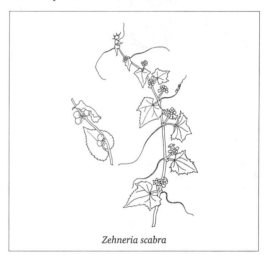

Zehneria scabra

Cunoniaceae Cunoniengewächse

1 Frucht eine Nuss. (Fruchtknoten halbunterständig. Blüten in Rispen. Blätter mit Nebenblättern) . . . .**Ceratopetalum**
1 Frucht eine Kapsel
  2 Blätter mit Nebenblättern. Blüten in Trauben. Staubblätter 10. Fruchtknoten oberständig . . . .**Cunonia**
  2 Blätter ohne Nebenblätter. Blüten einzeln. Staubblätter viele. Fruchtknoten mittelständig . . . .**Bauera**

Bauera Banks ex Andrews

Ableitung: Gattung zu Ehren von Franz Andreas Bauer (1758–1840) und seinem Bruder Ferdinand Lukas Bauer (1760–1826), beides österreichische Pflanzenmaler, benannt
Vulgärnamen: D:Flussrose; E:River Rose
Arten: 3
Lebensform: Strauch, immergrün
Blätter: gegenständig, zusammengesetzt. Nebenblätter fehlend
Blütenstand: einzeln
Blüten: zwittrig, radiär. Kelchblätter 4–10. Kronblätter 4–10, frei, rosa, weiß. Staubblätter viele, frei und frei von der Krone. Fruchtblätter 2–3, verwachsen, mittelständig. Plazentation basal
Frucht: Kapsel
Kennzeichen: Strauch, immergrün. Blätter gegenständig, ohne Nebenblätter. Kronblätter 4–10, frei. Staubblätter viele. Fruchtknoten mittelständig. Plazentation basal. Kapsel

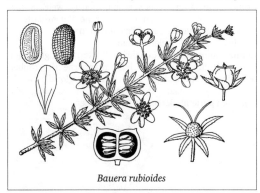

Bauera rubioides

Ceratopetalum Sm.

Ableitung: Horn-Blütenblatt
Arten: 5
Lebensform: Baum, Strauch
Blätter: gegenständig, einfach oder zusammengesetzt. Nebenblätter vorhanden

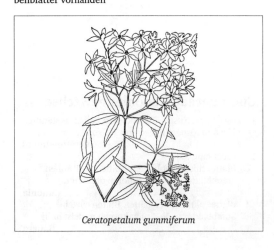

Ceratopetalum gummiferum

Blütenstand: Rispe
Blüten: zwittrig, radiär. Kelchblätter 5. Kronblätter 5, frei, rosa, weiß. Staubblätter 10, frei und frei von der Krone. Fruchtblätter 2, verwachsen, halbunterständig. Plazentation zentralwinkelständig
Frucht: Nuss
Kennzeichen: Baum oder Strauch. Blätter gegenständig, mit Nebenblättern. Kronblätter 5. Staubblätter 10. Fruchtknoten halbunterständig. Nuss

Cunonia L.

Ableitung: Gattung zu Ehren von J. Chr. Cuno (1708–1780), einem niederländischen Pflanzenzüchter benannt
Vulgärnamen: D:Löffelbaum; E:Red Alder; F:Arbre à cuiller
Arten: 16
Lebensform: Baum, Strauch
Blätter: gegenständig, zusammengesetzt. Nebenblätter vorhanden
Blütenstand: Traube
Blüten: zwittrig, radiär. Kelchblätter 5. Kronblätter 5, weiß. Staubblätter 10, frei und frei von der Krone. Fruchtblätter 2, verwachsen, oberständig. Plazentation zentralwinkelständig
Frucht: Kapsel
Kennzeichen: Baum, Strauch. Blätter gegenständig, zusammengesetzt. Nebenblätter vorhanden und sehr groß. Kronblätter 5, frei. Staubblätter 10. Fruchtblätter 2, verwachsen, oberständig. Kapsel

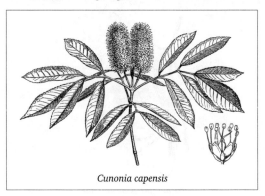

Cunonia capensis

Cuscutaceae Seidegewächse

Cuscuta L.

Ableitung: nach einem arabischen Pflanzennamen
Vulgärnamen: D:Seide; E:Dodder; F:Cuscute
Arten: c. 150
Lebensform: Einjährige, Vollschmarotzer
Blätter: fehlend
Blütenstand: ± Köpfchen
Blüten: zwittrig, radiär. Kelchblätter 4–5. Kronblätter 4–5, verwachsen, weiß, gelb, rosa. Staubblätter 3–5, frei, mit der Krone verwachsen. Fruchtblätter 2, verwachsen. Plazentation zentralwinkelständig

Frucht: Kapsel
Kennzeichen: Einjähriger Vollschmarotzer, ohne Blätter und Wurzeln. Blüten ± in Köpfchen, 4- bis 5-zählig. Kronblätter verwachsen. Staubblätter mit der Krone verwachsen. Fruchtknoten oberständig. Kapsel

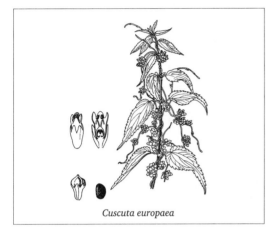
Cuscuta europaea

Cyrillaceae

Cyrilla Garden ex L.

Ableitung: Gattung zu Ehren von Domenico Cvirillo (1734–1799), einem italienischen Botaniker, dem Präsidenten der Neapolitanischen Republik benannt
Arten: 1
Lebensform: Strauch, Baum, immergrün oder laubwerfend
Blätter: wechselständig, einfach. Nebenblätter fehlend
Blütenstand: Traube
Blüten: zwittrig, radiär. Kelchblätter 5. Kronblätter 5, frei, weiß. Staubblätter 5, frei und frei von der Krone. Fruchtblätter 2–3, verwachsen, oberständig. Plazentation zentralwinkelständig

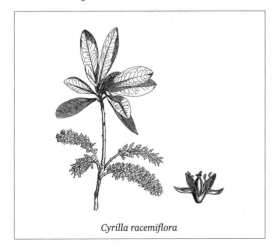
Cyrilla racemiflora

Frucht: Kapsel
Kennzeichen: Strauch, Baum, immergrün oder Laubwerfend. Nebenblätter fehlend. Blüten in Trauben. Kronblätter 5, frei, weiß. Staubblätter 5. Fruchtknoten 2–3, verwachsen, oberständig. Plazentation zentralwinkelständig Kapsel

Daphniphyllaceae

Daphniphyllum Blume

Ableitung: Lorbeer-Blatt
Vulgärnamen: D:Scheinlorbeer; F:Faux-laurier
Arten: c. 30
Lebensform: Baum, Strauch, immergrün
Blätter: wechselständig, einfach. Nebenblätter fehlend
Blütenstand: Traube
Blüten: zweihäusig, radiär. Kelchblätter 3–8. Kronblätter fehlend. Staubblätter 4–25, frei. Fruchtblätter 3, verwachsen, unterständig. Plazentation apical
Frucht: Steinfrucht
Kennzeichen: Baum, Strauch, immergrün. Blüten zweihäusig. Kelchblätter 3–8. Kronblätter fehlend. Staubblätter 4–25. Fruchtblätter 3, verwachsen, unterständig. Steinfrucht

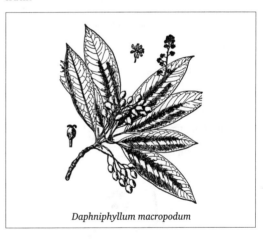
Daphniphyllum macropodum

Datiscaceae Scheinhanfgewächse

Datisca L.

Ableitung: Zusammenstellung von Blattzipfeln
Vulgärnamen: D:Scheinhanf, Streichkraut; E:Acalbir; F:Faux-chanvre
Arten: 2
Lebensform: Staude
Blätter: wechselständig, gefiedert. Nebenblätter fehlend
Blütenstand: Traube
Blüten: eingeschlechtig, radiär. Kelchblätter 4–9. Kronblätter fehlend. Staubblätter 15–26, frei. Fruchtblätter 3, verwachsen, unterständig. Plazentation parietal
Frucht: Kapsel

Kennzeichen: Staude. Blätter gefiedert. Blüten eingeschlechtig. Kelchblätter 4–9. Kronblätter fehlend. Staubblätter 4–25. Fruchtknoten unterständig. Plazentation parietal. Kapsel

Datisca cannabina

Desfontainiaceae

Desfontainia Ruiz et Pav.

Ableitung: Gattung zu Ehren von René Louiche Desfontaines (1750–1833), einem französischen Botaniker benannt

Desfontainia spinosa

Arten: 1
Lebensform: Strauch, immergrün
Blätter: gegenständig, einfach. Nebenblätter fehlend
Blütenstand: einzeln
Blüten: zwittrig, radiär. Kelchblätter 5. Kronblätter 5, verwachsen, gelb, orange. Staubblätter 5, frei, verwachsen mit der Krone. Fruchtblätter 5, verwachsen, oberständig. Plazentation zentralwinkelständig
Frucht: Beere

Kennzeichen: Strauch, immergrün. Blätter gegenständig. Blüten einzeln. Kronblätter 5, verwachsen, gelb, orange. Staubblätter 5, mit der Krone verwachsen. Fruchtblätter 5, verwachsen, oberständig. Plazentation zentralwinkelständig. Beere

Diapensiaceae

1 Pflanze halbstrauchig, immergrün. Blätter meist gegenständig. Krone bleibend. Staminodien fehlend . . . .
. . . .**Diapensia**
1 Pflanze staudenartig. Blätter grundständig. Krone abfallend. 5 Staminodien
  2 Krone gekerbt oder gefranst . . . . . . **Shortia**
  2 Krone ganzrandig. Staubblätter und Staminodien verwachsen . . . . **Galax**

Diapensia L.

Ableitung: antiker Pflanzenname
Vulgärnamen: D:Trauerblume; F:Diapensia
Arten: 4
Lebensform: Halbstrauch, immergrün
Blätter: ± gegenständig, einfach. Nebenblätter fehlend
Blütenstand: einzeln
Blüten: zwittrig, radiär. Kelchblätter 5. Kronblätter 5, verwachsen, weiß, rosa, gelb. Staubblätter 5, frei, verwachsen mit der Krone. Fruchtblätter 3, verwachsen, oberständig. Plazentation zentralwinkelständig
Frucht: Kapsel
Kennzeichen: Halbstrauch, immergrün. Blätter ± gegenständig. Blüten einzeln. Kronblätter 5, verwachsen. Staubblätter 5, verwachsen mit der Krone. Fruchtblätter 3, verwachsen mit der Krone. Plazentation zentralwinkelständig. Kapsel

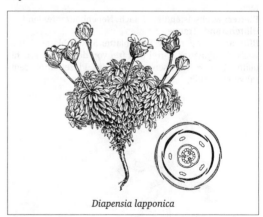

Diapensia lapponica

Galax Sims

Ableitung: milchig
Vulgärnamen: D:Bronzeblatt; E:Wandflower, Wandplant; F:Galax
Arten: 1

Lebensform: Staude
Blätter: grundständig, einfach. Nebenblätter fehlend
Blütenstand: Traube
Blüten: zwittrig, radiär. Kelchblätter 5. Kronblätter 5, frei, weiß. Staubblätter 5, verwachsen und verwachsen mit der Krone. Fruchtblätter 3, verwachsen, oberständig. Plazentation zentralwinkelständig
Frucht: Kapsel
Kennzeichen: Staude. Blätter grundständig. Blüten in Trauben. Kronblätter 5, frei. Staubblätter 5, verwachsen und mit der Krone verwachsen. Fruchtblätter 3, verwachsen, oberständig. Plazentation zentralwinkelständig. Kapsel

Galax urceolata

Shortia Torr. et A. Gray

Ableitung: Gattung zu Ehren von Charles Wilkins Short (1794–1863), einem nordamerikanischen Botaniker benannt
Vulgärnamen: D:Winterblatt; F:Shortia
Arten: 6
Lebensform: Staude
Blätter: grundständig, einfach. Nebenblätter fehlend
Blütenstand: einzeln, Traube, Blüten nickend
Blüten: zwittrig, radiär. Kelchblätter 5. Kronblätter 5, verwachsen, lila, weiß, gezähnt bis gefranst. Staubblätter 5, frei, verwachsen mit der Krone. Fruchtblätter 3, verwachsen, oberständig. Plazentation zentralwinkelständig
Frucht: Kapsel
Kennzeichen: Staude. Blätter grundständig. Blüten einzeln oder in Trauben, nickend. Kronblätter 5, verwachsen, gezähnt bis gefranst. Staubblätter 5, mit der Krone verwachsen. Fruchtblätter 3, verwachsen, oberständig. Plazentation zentralwinkelständig. Kapsel

Shortia soldanelloides

Didieraceae

1 Dornen zu 2 . . . . **Decaryia**
1 Dornen zu 4(1–22) . . . . **Didierea**

Decaryia Choux

Ableitung: Gattung zu Ehren von Raymond Decary (1891–1973), einem französischen Beauftragten für die Kolonien, der die Natur in Mdagskar erforscht hat, benannt
Vulgärnamen: D:Zickzackpflanze
Arten: 1
Lebensform: Baum, Strauch, dornig, regengrün, sukkulent. Zweige zickzackförmig. Dornen in Paaren
Blätter: wechselständig, einfach. Nebenblätter fehlend
Blütenstand: cymös
Blüten: zwittrig, radiär. Kelchblätter 2. Kronblätter 4, frei, cremefarben, weiß. Staubblätter 6 oder 8, frei und frei von der Krone. Fruchtblätter 3, verwachsen, oberständig. Plazentation basal
Frucht: Nuss
Kennzeichen: Baum, Strauch. Zweige zickzackförmig, mit Dornenpaaren. Kelchblätter 2. Kronblätter 4, frei. Staubblätter 6 oder 8. Fruchtblätter 3, verwachsen, oberständig.. Plazentation basal. Nuss

Didierea Baill.

Ableitung: Gattung zu Ehren von Alfred Grandidier (1836–1921), einem französischen Botaniker und Erforscher Madagaskars benannt
Arten: 2
Lebensform: Strauch, dornig sukkulent. Zweige warzig mit Dornen zu 4–12
Blätter: wechselständig, einfach. Nebenblätter fehlend
Blütenstand: cymös
Blüten: zweihäusig, radiär. Kelchblätter 2. Kronblätter 4–5, frei, weißlich bis grünlichgelb. Staubblätter 8, frei und frei von der Krone. Fruchtblätter 3, verwachsen, oberständig. Plazentation basal
Frucht: Nuss
Kennzeichen: Strauch, dornig sukkulent. Zweige warzig, mit Dornen zu 4–12. Blüten zweihäusig. Kelchblätter 2. Kronblätter 4–5, frei. Staubblätter 8. Fruchtblätter 3, verwachsen, oberständig. Plazentation basal. Nuss

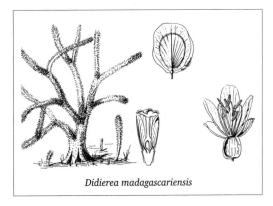

Didierea madagascariensis

Dilleniaceae

1 Früchtchen Bälge . . . . **Hibbertia**
1 Früchtchen Schließfrüchtchen . . . . . . **Dillenia**

Dillenia L.

Ableitung: Gattung zu Ehren von Johann Jakob Dillen (1684–1747), einem deutschen Botaniker benannt
Vulgärnamen: D:Rosenapfel; E:Elephant's Apple; F:Dillénie
Arten: c.60
Lebensform: Baum, Strauch, immergrün
Blätter: wechselständig, einfach. Nebenblätter fehlend
Blütenstand: einzeln, Traube, Rispe
Blüten: zwittrig, radiär. Kelchblätter 5. Kronblätter 5, frei, weiß, gelb, rosa. Staubblätter viele, frei oder verwachsen, frei von der Krone. Fruchtblätter 5–20, frei, oberständig. Plazentation marginal
Frucht: Schließfrüchtchen
Kennzeichen: Baum, Strauch, immergrün. Kronblätter 5, frei. Staubblätter viele. Fruchtblätter 5–20, frei. Schließfrüchtchen

Dillenia indica

Hibbertia Andrews

Ableitung: Gattung zu Ehren von George Hibbert (1757–1837), einem englischen Botaniker benannt
Vulgärnamen: D:Hibbertie, Münzgold, Südseegold; E:Guinea Gold Vine; F:Hibbertia

Hibbertia dentata

Arten: 123
Lebensform: Baum, Strauch, Liane, immergrün
Blätter: wechselständig, einfach. Nebenblätter fehlend
Blütenstand: einzeln, cymös
Blüten: zwittrig, radiär. Kelchblätter 5. Kronblätter 5–3, frei, gelb, weiß, rosa. Staubblätter viele bis 3, frei und frei von der Krone. Fruchtblätter 2–5, selten 1 bis viele, frei, oberständig. Plazentation marginal
Frucht: Bälge
Kennzeichen: Baum, Strauch, Liane, immergrün. Kronblätter 5–3. Staubblätter viele bis 3. Fruchtblätter frei, oberständig. Plazentation marginal. Bälge

Dipsacaceae Kardengewächse

1 Stiele der Blütenstände mit Stacheln. Hüllblätter mit stechender Spitze. . . . . **Dipsacus**
1 Stiele der Blütenstände und Hüllblätter nicht stachelig oder dornig
  2 Hülle der Körbchen mit mehreren Reihen von Hüllblättern . . . . **Cephalaria**
  2 Hülle der Körbchen mit 1 oder 2 Reihen von Hüllblättern
    3 Außenkelch ohne deutliche Gruben oder Rippen, zusammengedrückt 4-kantig (Körbchenboden behaart. Krone 4-lappig. Kelch 8- bis 16-borstig) . . . . **Knautia**
    3 Außenkelch mit deutlichen Gruben oder Rippen
      4 Kelch mit 10 oder mehr Borsten
        5 Kelch mit 12–24 federigen Grannen . . . . **Pterocephalus**
        5 Kelch ohne federige Grannen . . . . **Scabiosa**
      4 Kelch mit 5 Borsten oder ohne solche
        6 Kelch mit 5 Borsten
          7 Krone 4-lappig. Deckblätter fast so lang wie Blüten. (Außenkelch 4-kantig) . . . **Succisa**
          7 Krone 5-lappig. Deckblätter klein. (Außenkelchsaum trockenhäutig oder knorpelig). . . . . **Scabiosa**
        6 Kelch ohne Borsten. (Krone 4-lappig. Außenkelch 8-rippig) . . . .**Succisella**

Cephalaria Schrad. ex Roem. et Schult.

Ableitung: Kopfpflanze
Vulgärnamen: D:Schuppenkopf; E:Giant Scabious; F:Céphalaire
Arten: c. 65
Lebensform: Staude, Einjährige, Zweijährige, Strauch
Blätter: gegenständig, einfach oder zusammengesetzt. Nebenblätter fehlend
Blütenstand: Körbchen
Blüten: zwittrig, zygomorph. Außenkelch mit 8–10 Zähnen. Kelch becherförmig. Kronblätter 4, verwachsen, blau, lila, weiß, gelb. Staubblätter 4, frei, verwachsen mit der Krone. Fruchtknoten unterständig. Plazentation apical
Frucht: Nuss
Kennzeichen: Staude, Einjährige, Zweijährige, Strauch. Blätter gegenständig. Blüten in Körbchen, zygomorph. Außenkelch mit 8–10 Zähnen. Kronblätter 4, verwachsen. Staubblätter 4, mit der Krone verwachsen. Fruchtknoten unterständig. Plazentation apical. Nuss

Cephalaria leucantha

Dipsacus L.

Ableitung: antiker Pflanzenname
Vulgärnamen: D:Karde; E:Teasel; F:Cardère
Arten: 15
Lebensform: Zweijährige, Einjährige. Triebe ± stachelig
Blätter: gegenständig, einfach. Nebenblätter fehlend
Blütenstand: Körbchen, kugelig oder eiförmig
Blüten: zwittrig, zygomorph. Außenkelch 4-kantig, ganzrandig oder mit 4 Zähnen. Kelchblätter 4. Kronblätter 4, verwachsen, blau, weiß. Staubblätter 4, frei, verwachsen mit der Krone. Fruchtknoten unterständig. Plazentation apical
Frucht: Nuss
Kennzeichen: Zweijährige, Einjährige. Triebe ± stachelig. Blätter gegenständig. Blüten in kugeligen oder eiförmigen Körbchen, zygomorph. Außenkelch 4-kantig. Kronblätter 4, verwachsen. Staubblätter 4. Fruchtknoten unterständig. Plazentation apical. Nuss

Dipsacus sativus

Knautia L.

Ableitung: Gattung zu Ehren von Christian Knaut (1654–1716), einem deutschen Botaniker benannt
Vulgärnamen: D:Knautie, Witwenblume; E:Field Scabious; F:Knautia, Scabieuse
Arten: 60
Lebensform: Einjährige, Staude
Blätter: gegenständig, einfach oder zusammengesetzt. Nebenblätter fehlend
Blütenstand: Körbchen
Blüten: zwittrig, zygomorph. Außenkelch zusammengedrückt 4-kantig. Kelchblätter 8–16 Borsten. Krone 4- bis 5-lappig, verwachsen, weiß, gelb, rosa, purpurn. Staubblätter 4, frei, verwachsen mit der Krone. Fruchtknoten unterständig. Plazentation apical
Frucht: Nuss
Kennzeichen: Einjährige, Staude. Blätter gegenständig. Blüten in Körbchen, zygomorph. Außenkelch zusammengedrückt 4-kantig. Kronblätter 4–5, verwachsen. Staubblätter 4, mit der Krone verwachsen. Fruchtknoten unterständig. Plazentation apical. Nuss

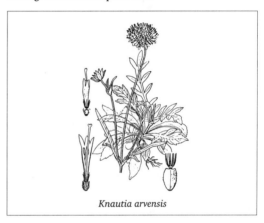
Knautia arvensis

Pterocephalus Adans.

Ableitung: Flügel-Kopf
Vulgärnamen: D:Flügelkopf; F:Scabieuse du Parnasse
Arten: 25
Lebensform: Einjährige, Staude, Strauch
Blätter: gegenständig, einfach. Nebenblätter fehlend
Blütenstand: Körbchen
Blüten: zwittrig, zygomorph. Außenkelch mit federigen Borsten. Kelchblätter 10–24, federig gefranst. Kronblätter 5, verwachsen, rosa, lila, gelb. Staubblätter 5, frei, verwachsen mit der Krone. Fruchtknoten unterständig. Plazentation apical
Frucht: Nuss mit federigen Borsten
Kennzeichen: Einjährige, Staude, Strauch. Blätter gegenständig. Blüten in Körbchen, zygomorph. Kronblätter 5, verwachsen. Staubblätter 5, mit der Krone verwachsen. Fruchtknoten unterständig. Plazentation apical. Nuss mit federigen Borsten

454 Dipsacaceae Kardengewächse

Pterocephalus plumosus

Scabiosa L.

Ableitung: Pflanze gegen Krätze
Vulgärnamen: D:Grindkraut, Skabiose; E:Pincushion Flower, Scabious; F:Scabieuse
Arten: c. 80
Lebensform: Einjährige, Staude
Blätter: gegenständig, einfach oder zusammengesetzt. Nebenblätter fehlend
Blütenstand: Körbchen
Blüten: zwittrig, zygomorph. Außenkelch mit trockenhäutigem oder knorpeligem Saum. Kelchblätter 5 Grannen. Kronblätter 5, verwachsen, blau, lila, weiß, gelb. Staubblätter 4 oder 2, frei, verwachsen mit der Krone. Fruchtknoten unterständig. Plazentation apical
Frucht: Nuss
Kennzeichen: Einjährige, Staude. Blätter gegenständig. Blüten in Körbchen, zygomorph. Außenkelch mit trockenhäutigem oder knorpeligem Saum. Kronblätter 5, verwachsen. Staubblätter 4 oder 2, mit der Krone verwachsen. Fruchtknoten unterständig. Plazentation apical. Nuss mit 5 Kelchborsten

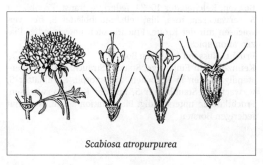

Scabiosa atropurpurea

Succisa Haller

Ableitung: abgebissene Pflanze
Vulgärnamen: D:Teufelsabbiss; E:Devil's Bit Scabious; F:Mors du diable
Arten: 1
Lebensform: Staude
Blätter: gegenständig, einfach. Nebenblätter fehlend
Blütenstand: Körbchen
Blüten: zwittrig oder eingeschlechtig, ± radiär. Außenkelch 4-kantig. Kelchblätter 4–5, ohne Borsten. Kronblätter 4, verwachsen, lila, violett. Staubblätter 4, frei, verwachsen mit der Krone. Fruchtknoten unterständig. Plazentation apical
Frucht: Nuss
Kennzeichen: Staude. Blätter gegenständig. Blüten in Körbchen. Außenkelch 4-kantig. Kronblätter 4, verwachsen, lila oder violett. Staubblätter 4, mit der Krone verwachsen. Fruchtknoten unterständig. Plazentation apical. Nuss mit 4–5

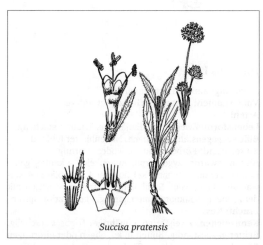

Succisa pratensis

Succisella Beck

Ableitung: kleine Succisa
Vulgärnamen: D:Moorabbiss; F:Succiselle
Arten: 4

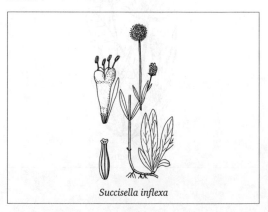

Succisella inflexa

Lebensform: Staude
Blätter: gegenständig, einfach. Nebenblätter fehlend
Blütenstand: Körbchen
Blüten: zwittrig, radiär. Außenkelch fast rund im Querschnitt. Außenkelch 8-rippig. Kelchborsten fehlend. Kronblätter 4, verwachsen. Staubblätter 4, frei, verwachsen mit der Krone. Fruchtknoten unterständig. Plazentation apical
Frucht: Nuss
Kennzeichen: Staude. Blätter gegenständig. Blüten in Körbchen, radiär. Außenkelch 8-rippig. Kronblätter 4, verwachsen. Staubblätter 4, mit der Krone verwachsen. Fruchtknoten unterständig. Plazentation apical. Nuss

Dipterocarpaceae Flügelnussgewächse

1 Frucht mit 2–3 Flügeln aus vergrößerten Kelchblättern
  2 Blüten in Trauben. Antheren in lange Grannen ausgezogen. (Frucht mit 2 Flügeln) . . . .
  . . . . **Dipterocarpus**
  2 Blüten in Rispen. Antheren mit langem Fortsatz
    3 Frucht mit 3 Flügeln . . . . **Shorea**
    3 Frucht mit 2 Flügeln . . . .**Hopea**
1 Frucht nicht mit 2–3 verlängerten Kelchflügeln
  4 Staubblätter verwachsen. Antheren mit Anhängseln. Frucht mit 5 Flügeln . . . .
  . . . . **Dryobalanops**
  4 Staubblätter frei. Antheren geschwänzt. Fruchtkelch kaum vergrößert . . . . . . **Vateria**

Dipterocarpus C.F. Gaertn.

Ableitung: zweiflügelige Früchte
Vulgärnamen: D:Zweiflügelfruchtbaum; F:Diptérocarpus, Keruing
Arten: 69
Lebensform: Baum, immergrün
Blätter: wechselständig, einfach. Große Nebenblätter vorhanden
Blütenstand: Traube
Blüten: zwittrig, radiär. Kelchblätter 5. Kronblätter 5, frei, gedreht in der Knospe. Staubblätter 15–40, verwachsen. Fruchtblätter 3, verwachsen, oberständig. Plazentation zentralwinkelständig

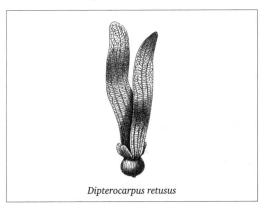

Dipterocarpus retusus

Frucht: Nuss, Kelchblätter flügelartig vergrößert
Kennzeichen: Nebenblätter vorhanden. Blüten in Trauben. Kronblätter 5, frei, gedreht in der Knospe. Staubblätter 15–40, verwachsen. Fruchtblätter 3, verwachsen, oberständig. Plazentation zentralwinkelständig. Nuss mit flügelartig vergrößerten Kelchblättern

Dryobalanops C.F. Gaertn.

Ableitung: Eichel-Frucht-Pflanze
Arten: 7
Lebensform: Baum, immergrün
Blätter: wechselständig, einfach. Nebenblätter vorhanden
Blütenstand: Rispe
Blüten: zwittrig, radiär. Kelchblätter 5. Kronblätter 5, frei, gedreht in der Knospe. Staubblätter etwa 30, verwachsen und frei von der Krone. Fruchtblätter 3, verwachsen, oberständig. Plazentation zentralwinkelständig
Frucht: Nuss, Fruchtkelch 5-lappig
Kennzeichen: Nebenblätter vorhanden. Blüten in Rispen. Kronblätter 5, gedreht in der Knospe. Staubblätter etwa 30, verwachsen. Fruchtblätter 3, verwachsen, oberständig. Plazentation zentralwinkelständig. Nuss

Dryobalanops aromatica

Hopea Roxb.

Ableitung: Gattung zu Ehren von John Hope (1725–1786), einem schottischen Botaniker benannt
Arten: 102
Lebensform: Baum, immergrün

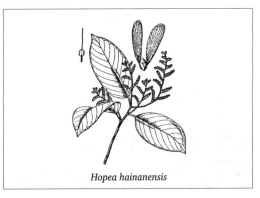

Hopea hainanensis

Blätter: wechselständig, einfach. Nebenblätter vorhanden
Blütenstand: Rispe
Blüten: zwittrig, radiär. Kelchblätter 5. Kronblätter 5, verwachsen. Staubblätter 10, 15–38, frei und frei von der Krone. Fruchtblätter 3, verwachsen, oberständig. Plazentation zentralwinkelständig
Frucht: Nuss, Fruchtkelch meist mit 3 langen Flügeln
Kennzeichen: Nebenblätter vorhanden. Blüten in Rispen. Kronblätter 5. Staubblätter 10 bis viele. Fruchtblätter 3, verwachsen, oberständig. Plazentation zentralwinkelständig. Nuss, Fruchtkelch meist mit 3 langen Flügeln

Shorea Roxb. ex C.F. Gaertn.

Ableitung: Gattung zu Ehren von Sir John Shore (1751–1834), einem englischen Gouverneur in Indien benannt
Arten: 357
Lebensform: Baum, immergrün
Blätter: wechselständig, einfach. Nebenblätter vorhanden
Blütenstand: Rispen
Blüten: zwittrig, radiär. Kelchblätter 5. Kronblätter 5, frei. Staubblätter 10 bis viele, frei oder verwachsen und frei von der Krone. Fruchtblätter 3, verwachsen, oberständig. Plazentation zentralwinkelständig
Frucht: Nuss, Fruchtkelch mit meist 3 langen Flügeln
Kennzeichen: Nebenblätter vorhanden. Blüten in Rispen. Kronblätter 5. Staubblätter 10 bis viele, frei oder verwachsen. Fruchtblätter 3, verwachsen, oberständig. Plazentation zentralwinkelständig. Nuss mit 3 langen Kelchblattflügeln

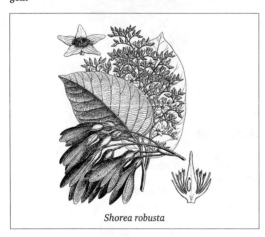

Shorea robusta

Vateria L.

Ableitung: Gattung zu Ehren von Abraham Vater (1684–1751), einem deutschen Arzt und Botaniker benannt
Arten: 2
Lebensform: Baum, immergrün
Blätter: wechselständig, einfach. Nebenblätter vorhanden
Blütenstand: Rispen
Blüten: zwittrig, radiär. Kelchblätter 5. Kronblätter 5, frei. Staubblätter viele, frei und frei von der Krone. Fruchtblätter 3, verwachsen, oberständig. Plazentation zentralwinkelständig
Frucht: Nuss
Kennzeichen: Nebenblätter vorhanden. Blüten in Rispen. Kronblätter 5. Staubblätter viele. Fruchtblätter 3, verwachsen, oberständig. Plazentation zentralwinkelständig. Nuss mit kaum vergrößertem Kelch

Vateria indica

Droseraceae Sonnentaugewächse

1 Pflanzen Wasserpflanzen mit quirlständigen Blättern. (Blätter zweiklappig mit Fühlborsten am Ende des Blattstiels . . . . **Aldrovanda**
1 Pflanzen Sumpf- oder Landpflanzen. Blätter wechsel- oder grundständig
  2 Blätter zweiklappig. Griffel verwachsen. (Plazentation basal) . . . . **Dionaea**
  2 Blätter nicht zweiklappig, mit lang gestielten Drüsen. Griffel frei
    3 Pflanzen strauchig. Blätter wechselständig. Blüten gelb. Staubblätter 10–20. (Plazentation basal) . . . . **Drosophyllum**
    3 Pflanzen krautig. Blätter ± grundständig. Blüten weiß. Staubblätter 4–8. (Plazentation wandständig) . . . . **Drosera**

Aldrovanda L.

Ableitung: Gattung zu Ehren von Ulisse Aldrovandi (1522–1605), einem italienischen Botaniker benannt
Vulgärnamen: D:Wasserfalle; E:Waterwheel Plant; F:Aldrovandie
Arten: 1
Lebensform: Staude, Wasserpflanze untergetaucht, fleischfressend
Blätter: quirlständig, 2-klappig als Klappfallen. Nebenblätter fehlend
Blütenstand: einzeln
Blüten: zwittrig, radiär. Kelchblätter 5. Kronblätter 5, frei. grün, weiß. Staubblätter 5, frei und frei von der Krone.

Fruchtblätter 3, verwachsen, oberständig. Plazentation zentralwinkelständig
Frucht: Schließfrucht
Kennzeichen: Staude, Wasserpflanze, untergetaucht. Blätter quirlständig, 2-lappig als Klappfallen. Kronblätter 5, frei. Staubblätter 5. Fruchtblätter 3, verwachsen, oberständig. Schließfrucht

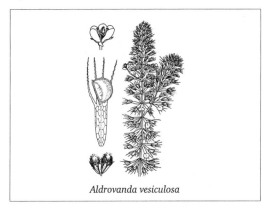
Aldrovanda vesiculosa

Dionaea Sol. ex J. Ellis

Ableitung: Venus-Pflanze
Vulgärnamen: D:Venusfliegenfalle; E:Venus' Fly Trap; F:Attrappe-mouches, Dionée
Arten: 1
Lebensform: Staude, fleischfressend
Blätter: grundständig, einfach, als Klappfallen. Nebenblätter fehlend
Blütenstand: Schirmtrauben
Blüten: zwittrig, radiär. Kelchblätter 5. Kronblätter 5, frei, weiß. Staubblätter 15–20, frei und frei von der Krone. Fruchtblätter 5, verwachsen, oberständig. Plazentation basal
Frucht: Kapsel
Kennzeichen: Staude, fleischfressend. Blätter grundständig, Klappfallen. Kronblätter 5. Staubblätter 15–20. Fruchtblätter 5, verwachsen, oberständig. Plazentation basal

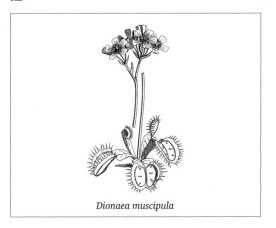
Dionaea muscipula

Drosera L.

Ableitung: Tau-Pflanze
Arten: 155
Lebensform: Staude, fleischfressend
Blätter: grundständig, einfach, mit vielzelligen Stieldrüsen. Nebenblätter fehlend
Blütenstand: Traube
Blüten: zwittrig, radiär. Kelchblätter 5. Kronblätter 5, frei, weiß. Staubblätter 4–8, frei und frei von der Krone. Fruchtblätter 5, verwachsen, oberständig. Plazentation basal
Frucht: Kapsel
Kennzeichen: Staude, fleischfressend. Blätter grundständig mit vielzelligen Stieldrüsen. Kronblätter 5. Fruchtblätter 5, verwachsen, oberständig. Plazentation basal

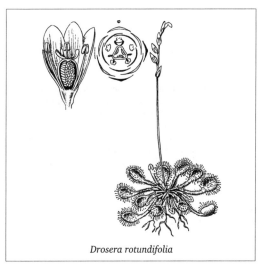
Drosera rotundifolia

Drosophyllum Link

Ableitung: Tau-Blatt
Arten: 1
Lebensform: Strauch, fleischfressend

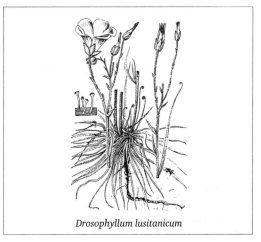
Drosophyllum lusitanicum

Blätter: wechselständig, einfach, mit vielzelligen Drüsen. Nebenblätter fehlen
Blütenstand: cymös
Blüten: zwittrig, radiär. Kelchblätter 5. Kronblätter 5, frei, gelb. Staubblätter 10–20, frei und frei von der Krone. Fruchtblätter 5, verwachsen, oberständig. Plazentation parietal
Frucht: Kapsel
Kennzeichen: Strauch, fleischfressend. Blätter mit vielzelligen Drüsen. Kronblätter 5, gelb. Staubblätter 10–20. Fruchtblätter 5. Plazentation parietal

Ebenaceae Ebenholzgewächse

Diospyros L.

Ableitung: antiker Pflanzenname
Vulgärnamen: D:Dattelpflaume, Ebenholz, Lotuspflaume; E:Ebony; F:Kaki, Plaqueminier
Arten: 475
Lebensform: Baum, Strauch, immergrün, laubwerfend
Blätter: wechselständig, einfach. Nebenblätter fehlen
Blütenstand: cymös, einzeln
Blüten: eingeschlechtig, zwittrig, radiär. Kelchblätter 3–8, verwachsen. Kronblätter 3–5, verwachsen. Staubblätter 60–20, frei, verwachsen mit der Krone. Fruchtblätter 2–8, verwachsen, oberständig. Plazentation zentralwinkelständig
Frucht: Beere
Kennzeichen: Baum, Strauch, immergrün oder laubwerfend. Kronblätter 3–5, verwachsen. Staubblätter 6–20. Fruchtknoten oberständig. Frucht Beere

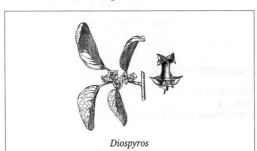

Diospyros

Elaeagnaceae Ölweidengewächse

1 Blätter gegenständig. Staubblätter 8 . . . .
. . . . **Shepherdia**
1 Blätter wechselständig. Staubblätter 4
  2 Kelchblätter 4 verwachsen. Staubblätter mit der Röhre verwachsen. . . . . **Elaeagnus**
  2 Kelchblätter 2, frei oder verwachsen. Staubblätter frei . . . . **Hippophae**

Elaeagnus L.

Ableitung: antiker Pflanzenname
Vulgärnamen: D:Ölweide; E:Oleaster; F:Chalef
Arten: c. 50

Lebensform: Baum, Strauch, laubwerfend, immergrün
Blätter: wechselständig, einfach, mit Schülferhaaren. Nebenblätter fehlen
Blütenstand: einzeln, Dolde
Blüten: eingeschlechtig, zwittrig, radiär. Kelchbecher 4-lappig, weiß, gelb. Staubblätter 4, verwachsen mit dem Kelchbecher. Fruchtknoten mittelständig. Plazentation basal
Frucht: Steinfrucht
Kennzeichen: Baum, Strauch, laubwerfend oder immergrün. Blätter mit Schülferhaaren. Blütenhüllblätter 4, verwachsen. Staubblätter 4. Fruchtknoten mittelständig. Plazentation basal. Steinfrucht

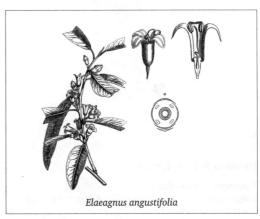

Elaeagnus angustifolia

Hippophae L.

Ableitung: antiker Pflanzenname
Vulgärnamen: D:Sanddorn; E:Sea Buckthorn; F:Argousier
Arten: 3
Lebensform: Baum, Strauch, laubwerfend

Hippophae rhamnoides

Blätter: wechselständig, einfach, mit Schülferhaaren. Nebenblätter fehlend
Blütenstand: Ähren
Blüten: zweihäusig, radiär. Blütenhülle am Grund verwachsen, 2-lappig, gelb. Staubblätter 4, frei. Fruchtknoten mittelständig. Plazentation basal
Frucht: steinfruchtartig, mit fleischig werdender, bleibender Blütenhülle
Kennzeichen: Baum, Strauch, laubwerfend. Blätter mit Schülferhaaren. Blüten zweihäusig. Blütenhülle am Grund verwachsen, 2-lappig. Staubblätter 4. Fruchtknoten mittelständig. Plazentation basal. Frucht steinfruchtartig, mit fleischig werdender, bleibender Blütenhülle

Shepherdia Nutt.

Ableitung: Gattung zu Ehren von John Shepherd (1764–1836), einem englischen Botaniker benannt
Vulgärnamen: D:Büffelbeere; E:Buffalo Berry; F:Baie de Bison
Arten: 3
Lebensform: Baum, Strauch, laubwerfend, immergrün
Blätter: gegenständig, einfach, mit Schülferhaaren. Nebenblätter fehlend
Blütenstand: Ähre, einzeln, Traube
Blüten: zweihäusig, radiär. Kelchbecher 3- bis 4-lappig, gelblich. Staubblätter 8. Fruchtknoten mittelständig. Plazentation basal
Frucht: steinfruchtartig, mit fleischig werdender Blütenhülle
Kennzeichen: Baum, Strauch, laubwerfend oder immergrün. Blätter mit Schülferhaaren. Kelchbecher 3- bis 4-lappig. Staubblätter 8. Fruchtknoten mittelständig. Plazentation basal. Frucht steinfruchtartig, mit fleischig werdender Blütenhülle

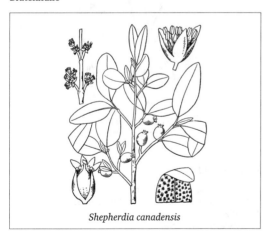
Shepherdia canadensis

Elaeocarpaceae

1 Kelchblätter verwachsen. Frucht eine Kapsel. (Blüten zu 1-2. Krone klappig in der Knospe). . . . . **Crinodendron**
1 Kelchblätter frei. Frucht fleischig

2 Kronblätter dachig in der Knospe. Frucht eine Beere . . . . **Aristotelia**
2 Kronblätter klappig in der Knospe. Frucht eine Steinfrucht . . . . **Elaeocarpus**

Aristotelia L'Hér.

Ableitung: Gattung zu Ehren von Aristoteles (384–322 v. Chr.), dem griechischen Philosophen und Naturforscher benannt
Vulgärnamen: D:Weinbeere; E:Wineberry; F:Aristotélia
Arten: 5
Lebensform: Baum, Strauch, immergrün, laubwerfend
Blätter: gegenständig, wechselständig, einfach. Nebenblätter vorhanden
Blütenstand: Rispe, cymös, einzeln
Blüten: zwittrig, eingeschlechtig, radiär. Kelchblätter 4-5. Kronblätter 4-5, frei, dachig in der Knospe. Staubblätter viele, frei und frei von der Krone. Antheren mit 2 Poren an der Spitze. Fruchtblätter 2-4, verwachsen, oberständig. Plazentation zentralwinkelständig
Frucht: Beere
Kennzeichen: Baum, Strauch. Nebenblätter vorhanden. Staubblätter viele. Antheren mit 2 Poren an der Spitze. Fruchtblätter 2-4. Plazentation zentralwinkelständig Beere

Crinodendron Molina

Ableitung: Lilien-Baum
Vulgärnamen: D:Laternenbaum; E:Lantern Tree; F:Crinodendron
Arten: 4
Lebensform: Strauch, Baum, immergrün
Blätter: gegenständig, wechselständig, einfach. Nebenblätter vorhanden
Blütenstand: einzeln, zu 2
Blüten: zwittrig, radiär. Kelchblätter 5. Kronblätter 5, frei, klappig in der Knospe, weiß. Staubblätter 15-20, frei und frei von der Krone. Antheren mit 1 Pore an der Spitze. Fruchtblätter 3-5, verwachsen, oberständig. Plazentation zentralwinkelständig
Frucht: Kapsel
Kennzeichen: Strauch, Baum, immergrün. Nebenblätter vorhanden. Kronblätter 5, klappig in der Knospe, weiß. Staubblätter 15-20. Antheren mit 1 Pore an der Spitze. Fruchtblätter 3-5, verwachsen, oberständig. Plazentation zentralwinkelständig. Kapsel

Elaeocarpus L.

Ableitung: Öl-Frucht
Vulgärnamen: D:Ganiterbaum, Ölfrucht; E:Quandong
Arten: c. 350
Lebensform: Baum, Strauch, immergrün
Blätter: wechselständig, einfach. Nebenblätter vorhanden
Blütenstand: Traube
Blüten: zwittrig, eingeschlechtig, radiär. Kelchblätter 4-5. Kronblätter 5, frei, klappig in der Knospe. Staubblätter 5 bis viele, frei und frei von der Krone. Antheren mit kleinem Schlitz an der Spitze. Fruchtblätter 2-4, verwachsen, oberständig. Plazentation zentralwinkelständig
Frucht: Steinfrucht

Kennzeichen: Baum, Strauch, immergrün. Nebenblätter vorhanden. Kronblätter 5, frei, klappig in der Knospe. Staubblätter 5 bis viele, frei und frei von der Krone. Antheren mit kleinem Schlitz an der Spitze. Fruchtblätter 2-4, verwachsen, oberständig. Steinfrucht

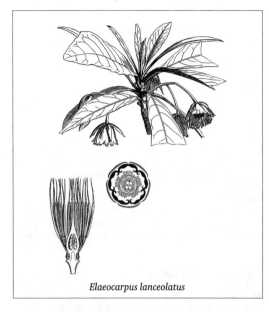

Elaeocarpus lanceolatus

Elatinaceae Tännelgewächse

Elatine L.

Ableitung: antiker Pflanzename
Vulgärnamen: D:Tännel; E:Waterwort; F:Elatine
Arten: 10
Lebensform: Einjährige, Wasserpflanze
Blätter: gegenständig oder quirlständig, einfach. Nebenblätter fehlend
Blütenstand: einzeln
Blüten: zwittrig, radiär. Kelchblätter 2-4, verwachsen. Kronblätter 2-4, frei. Staubblätter 3-8, frei und frei von der Krone. Fruchtblätter 2-4, verwachsen, oberständig. Plazentation zentralwinkelständig

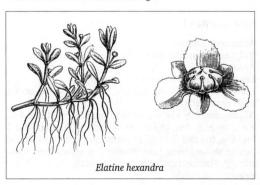

Elatine hexandra

Frucht: Kapsel, wandspaltig
Kennzeichen: Einjährige, Wasserpflanze. Blätter gegen- oder quirlständig. Blüten 2- bis 4-zählig. Fruchtblätter 2-4, verwachsen, oberständig. Kapsel wandspaltig

Empetraceae Krähenbeergewächse

Corema D. Don

Ableitung: Besen
Vulgärnamen: E:Crowberry
Arten: 2
Lebensform: Strauch, immergrün
Blätter: wechselständig, quirlständig, einfach. Nebenblätter fehlend
Blütenstand: Köpfchen
Blüten: eingeschlechtig, radiär. Kelchblätter 3-4. Kronblätter fehlend. Staubblätter 3-4. Fruchtblätter 2-5, verwachsen, oberständig. Plazentation zentralwinkelständig
Frucht: Steinfrucht
Kennzeichen: Strauch, immergrün. Blüten in Köpfchen. Kelchblätter 3-4. Kronblätter fehlend. Staubblätter 3-4. Fruchtblätter 2-5, verwachsen, oberständig. Steinfrucht

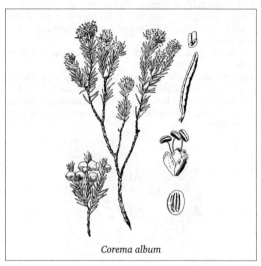

Corema album

Empetrum L.

Ableitung: antiker Pflanzenname
Vulgärnamen: D:Krähenbeere; E:Crowberry; F:Camarine
Arten: 2
Lebensform: Strauch, immergrün
Blätter: wechselständig, einfach. Nebenblätter fehlend
Blütenstand: einzeln, Traube
Blüten: eingeschlechtig, zwittrig, radiär. Blütenhüllblätter 6 in zwei Kreisen. Staubblätter 3. Fruchtblätter 6-9, verwachsen, oberständig. Plazentation zentralwinkelständig
Frucht: Steinfrucht
Kennzeichen: Strauch, immergrün. Blütenhüllblätter 6 in zwei Kreisen. Staubblätter 3. Fruchtblätter 6-9, verwachsen, oberständig. Steinfrucht

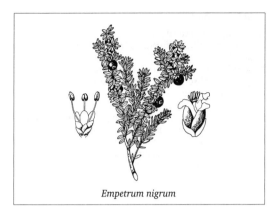
Empetrum nigrum

Epacridaceae Australheidengewächse

1 Frucht eine Kapsel, Fächer mit 2-vielen Samen
2 Blätter mit Blattscheiden . . . . **Dracophyllum**
2 Blätter gestielt bis sitzend, ohne Blattscheiden . . .
. . . . **Epacris**
1 Frucht eine Steinfrucht, Fächer 1-samig
3 Frucht mit mehreren getrennten Steinkernen. (Fruchtblätter 10) . . . . **Trochocarpa**
3 Frucht mit 1 gemeinsamem Steinkern
4 Kelch mit vielen Hochblättern. (Fruchtblätter 5–10)
. . . . **Cyathodes**
4 Kelch mit 3 Hochblättern. (Fruchtblätter 2–5) . . .
. . . . **Leucopogon**

Cyathodes Labill.

Ableitung: Becher-ähnlich
Arten: c. 15
Lebensform: Strauch, immergrün
Blätter: wechselständig, einfach. Nebenblätter fehlen
Blütenstand: Ähre, einzeln. Kelch mit vielen Hochblättern
Blüten: zwittrig, eingeschlechtig, radiär. Kelchblätter 5. Kronblätter 5, verwachsen, weiß, gelblich. Staubblätter 5, frei, verwachsen mit der Krone. Fruchtblätter 5–10, verwachsen, oberständig. Plazentation zentralwinkelständig
Frucht: Steinfrucht
Kennzeichen: Strauch, immergrün. Kelch mit vielen Hochblättern. Kronblätter 5, verwachsen. Staubblätter 5, mit der Krone verwachsen. Fruchtblätter 5–10, verwachsen, oberständig. Steinfrucht

Dracophyllum Labill.

Ableitung: Drachenbaum-Blatt
Vulgärnamen: D:Drachenblatt; F:Dragonnier
Arten: 48
Lebensform: Strauch, selten Baum
Blätter: wechselständig, einfach, mit Blattscheide. Nebenblätter fehlen
Blütenstand: einzeln, Ähre, Traube, Rispe
Blüten: zwittrig, radiär. Kelchblätter 5. Kronblätter 5, verwachsen, weiß, rosa, rot. Staubblätter 5, frei, verwachsen mit der Krone. Fruchtblätter 5, verwachsen, oberständig. Plazentation zentralwinkelständig
Frucht: Kapsel
Kennzeichen: Strauch, Baum. Blätter mit Blattscheiden. Kronblätter 5, verwachsen. Staubblätter 5, verwachsen mit der Krone. Fruchtblätter 5, verwachsen, oberständig. Kapsel

Dracophyllum sayeri

Epacris Cav.

Ableitung: auf Gipfeln wachsend
Vulgärnamen: D:Australheide; E:Australian Heath; F:Bruyère australe
Arten: 35
Lebensform: Strauch, immergrün
Blätter: wechselständig, einfach, ohne Blattscheiden. Nebenblätter fehlen
Blütenstand: einzeln
Blüten: zwittrig, radiär. Kelchblätter 5. Kronblätter 5, verwachsen, weiß, rosa, rot. Staubblätter 5, frei, verwachsen mit der Krone. Fruchtblätter 5, verwachsen, oberständig. Plazentation zentralwinkelständig
Frucht: Kapsel
Kennzeichen: Strauch, immergrün. Blätter ohne Blattscheiden. Blüten einzeln. Kronblätter 5, verwachsen. Staubblätter 5, mit der Krone verwachsen. Fruchtblätter 5, verwachsen, oberständig. Kapsel

462 Ericaceae

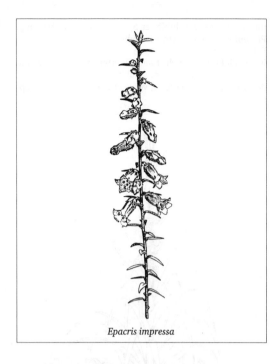

Epacris impressa

Leucopogon R. Br.

Ableitung: weißer Bart
Arten: c. 150
Lebensform: Baum, Strauch, immergrün
Blätter: wechselständig, einfach. Nebenblätter fehlend
Blütenstand: Ähre, Traube, selten einzeln. Kelch mit 3 Hochblättern
Blüten: zwittrig, radiär. Kelchblätter 5. Kronblätter 5, verwachsen, weiß, rosa. Staubblätter 5, frei, verwachsen mit der Krone. Fruchtblätter 2-5, verwachsen, oberständig. Plazentation zentralwinkelständig
Frucht: Steinfrucht
Kennzeichen: Baum, Strauch, immergrün. Kelch mit 3 Hochblättern. Kronblätter 5, verwachsen. Staubblätter 5, mit der Krone verwachsen. Fruchtblätter 2-5, verwachsen, oberständig, 1-samig. Steinfrucht

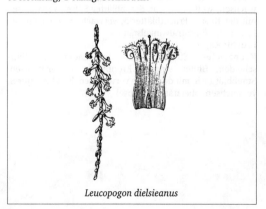

Leucopogon dielsieanus

Trochocarpa R. Br.

Ableitung: Rad-Frucht
Vulgärnamen: D:Radfrucht; F:Trochocarpe
Arten: 12
Lebensform: Baum, Strauch, immergrün
Blätter: ± wechselständig, einfach. Nebenblätter fehlend
Blütenstand: Ähre
Blüten: zwittrig, eingeschlechtig, radiär. Kelchblätter 5. Kronblätter 5, verwachsen. Staubblätter 5, frei, verwachsen mit der Krone. Fruchtblätter 10, verwachsen, oberständig. Plazentation zentralwinkelständig
Frucht: Steinfrucht mit mehreren Steinkernen
Kennzeichen: Baum, Strauch, immergrün. Blüten in Ähren. Kronblätter 5, verwachsen. Staubblätter 5, mit der Krone verwachsen. Fruchtblätter 10, verwachsen, oberständig. Steinfrucht mit mehreren Steinkernen

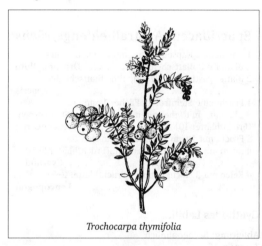

Trochocarpa thymifolia

Ericaceae

1 Fruchtknoten unterständig
  2 Fruchtblätter 10. Fächer 1-samig . . .**Gaylussacia**
  2 Fruchtblätter 5. Fächer mehrsamig
    3 Staubblätter verwachsen
      4 Hörner der Antheren zu einer Röhre verwachsen . . . . **Macleania**
      4 Hörner der Antheren nicht zu einer Röhre verwachsen . . . . **Thibaudia**
    3 Staubblätter frei
      5 Staubblätter mit der Krone verwachsen . . . . **Cavendishia**
      5 Staubblätter frei von der Krone
        6 Frucht nicht geflügelt . . . . . . **Vaccinium**
        6 Frucht geflügelt . . . . **Agapetes**
1 Fruchtknoten oberständig
  7 Frucht eine Beere, Steinfrucht oder Kapsel mit fleischigem Kelch
    8 Antheren ohne Anhängsel. Frucht eine Steinfrucht mit mehreren 1-samigen Steinen . . . .**Arctostaphylos**
    8 Antheren mit Anhängseln. Frucht anders, mit 2- bis mehrsamigen Fächern
      9 Frucht eine Beere . . . . **Arbutus**

9   Frucht eine Kapsel in einem fleischigen Kelch.
    . . . . **Gaultheria**
7   Frucht eine trockene Kapsel, selten eine Schließfrucht
10 Krone und Kelch bleibend. (Blätter immergrüne Rollblätter. Antheren mit Poren)
11 Staubblätter frei
12 Blätter quirlständig. Kelch kürzer als Krone, nicht farbig . . . . **Erica**
12 Blätter gegenständig. Kelch länger als Krone, rosa . . . . **Calluna**
11 Staubblätter am Grunde verwachsen. (Blüten ohne Vorblätter) . . . . **Bruckenthalia**
10 Krone abfallend nach der Blüte
13 Kapsel fachspaltig
14 Blätter gegenständig. Pflanze heideartig . . . . **Cassiope**
14 Blätter wechselständig
15 Frucht in einem fleischigen Kelch . . . . **Gaultheria**
15 Frucht nicht in einem fleischigen Kelch
16 Antheren mit Schlitzen
17 Narbe 5-lappig . . . . **Epigaea**
17 Narbe nicht 5-lappig
18 Antheren mit Anhängseln. . . . . **Enkianthus**
18 Antheren ohne Anhängsel . . . . **Oxydendrum**
16 Antheren mit Poren
19 Kelchblätter dachig in der Knospe
20 Blätter unterseits schuppig . . . . **Chamaedaphne**
20 Blätter nicht schuppig. . . . . **Leucothoe**
19 Kelchblätter klappig in der Knospe
21 Antheren ohne Anhängsel, aber Staubfäden mit 2 kleinen Spornen . . . . **Lyonia**
21 Antheren mit Anhängseln
22 Anhängsel zurückgebogen. . . . **Pieris**
22 Anhängsel aufrecht oder aufsteigend
23 Blütenstand endständig. . **Andromeda**
23 Blütenstand blattachselständig . . . . **Zenobia**
13 Kapsel wandspaltig
24 Kronblätter frei
25 Blätter sommergrün
26 Blütenstand blattachselständig. Kelchblätter und Fruchtblätter 3. Kronblätter 3, zurückgeschlagen . . . . **Tripetaleia**
26 Blütenstand endständig. Fruchtblätter 5–6 . . . . **Cladothamnus**
25 Blätter immergrün
27 Kronblätter 6–7 . . . . **Bejaria**
27 Kronblätter 5
28 Blätter unterseits behaart. Antheren mit Poren . . . . **Ledum**
28 Blätter kahl. Antheren mit Schlitzen . . . . **Leiophyllum**
24 Kronblätter verwachsen
29 Staubblätter so viele wie Kronblätter. (Blätter gegenständig. Fruchtblätter 2–3) . . . . **Loiseleuria**
29 Staubblätter doppelt so viele wie Kronblätter
30 Blüten ± zygomorph. Samen geflügelt bis zusammengedrückt
31 Antheren mit kurzem endständigem Schlitz. Krone glockig. Blätter sommergrün . . . . **Menziesia**
31 Antheren mit runder Pore. Blätter immergrün bis sommergrün . . . . **Rhododendron**
30 Blüten radiär. Samen kugelig bis 3-kantig
32 Krone mit 10 Gruben für die Antheren . . . . **Kalmia**
32 Krone ohne solche Gruben
33 Krone glockig
34 Blüten in endständiger Dolde oder Schirmrispe oder einzeln . . . . **Phyllodoce**
34 Blüten in endständiger Traube . . . . **Daboecia**
33 Krone radförmig bis breit glockig
35 Staubblätter 8 . . . . **Bryanthus**
35 Staubblätter 10
36 Blätter elliptisch, am Rand gewimpert . . . . **Rhodothamnus**
36 Blätter lineal, am Rand nur schwach gezähnt . . . . × **Phyllothamnus**

Die große Familie der Ericaceae ist meist gut zu erkennen. Die radiären Blüten haben verwachsene Kronblätter und meist die doppelte Zahl von Staubblättern, die fast immer einem Diskus frei von der Krone entspringen. Die Fruchtblätter haben meist die gleiche Anzahl wie die Kronblätter, die Plazentation ist zentralwinkelständig, mit fast immer vielen Samenanlagen.
Besonders typisch für Ericaceen sind ihre Antheren, die häufig zwei Anhängsel besitzen oder eine Grannenspitze und sich fast immer mit endständigen Poren oder kurzen Schlitzen öffnen. Die Ericaceae sind alle Sträucher oder Bäume mit einfachen Blättern ohne Nebenblätter.

Agapetes D. Don ex G. Don

Ableitung: liebenswerte Pflanze
Arten: 95
Lebensform: Liane, Baum, Strauch, immergrün
Blätter: wechselständig, nahezu quirlständig, einfach. Nebenblätter fehlend
Blütenstand: Traube, einzeln, cymös, seitlich
Blüten: zwittrig, radiär, Kelch und Krone. Kronblätter 5–4, röhrig, glockig, weiß, gelb, rot, rosa. Staubblätter 10, frei, frei von der Krone. Antheren mit Anhängseln oder ohne, mit Schlitzen oder Poren. Fruchtblätter 5, verwachsen, unterständig. Plazentation zentralwinkelständig, viele Samenanlagen
Frucht: Beere
Kennzeichen: Liane, Baum, Strauch, immergrün. Kronblätter 4–5, röhrig oder glockig. Staubblätter 10. Fruchtblätter 5, unterständig. Plazentation zentralwinkelständig. Beere, geflügelt

464 Ericaceae

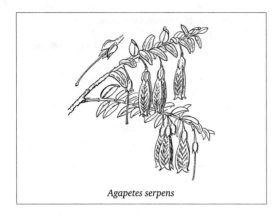
Agapetes serpens

Lebensform: Baum, Strauch, immergrün oder laubwerfend
Blätter: wechselständig, einfach. Nebenblätter fehlend
Blütenstand: Rispe, endständig
Blüten: zwittrig, radiär, Kelch und Krone. Kronblätter 5, krugförmig, rosa, weiß. Staubblätter 10, frei, frei von der Krone. Antheren mit Anhängseln, mit Poren. Fruchtblätter 5–4, verwachsen, oberständig. Plazentation zentralwinkelständig, 2 bis mehr Samenanlagen
Frucht: Beere
Kennzeichen: Baum, Strauch, immergrün oder laubwerfend. Blüten in endständigen Rispen. Kronblätter 5, krugförmig. Staubblätter 10. Antheren mit Anhängseln und mit Poren. Fruchtblätter 5–4, verwachsen, oberständig. Plazentation zentralwinkelständig. Beere

Andromeda L.

Ableitung: nach einer Gestalt aus der griechischen Mythologie

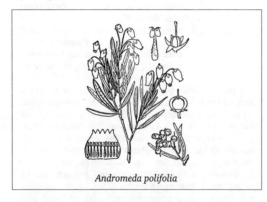
Andromeda polifolia

Arbutus unedo

Vulgärnamen: D:Rosmarinheide; E:Bog Rosemary; F:Andromède
Arten: 2
Lebensform: Strauch, immergrün
Blätter: wechselständig, einfach. Nebenblätter fehlend
Blütenstand: Traube, doldig, endständig, nickend
Blüten: zwittrig, radiär, Kelch und Krone. Kronblätter 5, krugförmig, weiß, rosa, lila. Staubblätter 10, frei, frei von der Krone. Antheren mit Anhängseln, mit Poren. Fruchtblätter 5, verwachsen, oberständig. Plazentation zentralwinkelständig, viele Samenanlagen
Frucht: Kapsel fachspaltig
Kennzeichen: Strauch, immergrün. Blüten in endständigen Trauben, nickend. Kronblätter 5, glockig. Staubblätter 10. Antheren mit Anhängseln, mit Poren. Fruchtblätter 5, verwachsen, oberständig. Plazentation zentralwinkelständig. Kapsel fachspaltig

Arbutus L.

Ableitung: antiker lateinischer Pflanzenname
Vulgärnamen: D:Erdbeerbaum; E:Manzanita, Strawberry Tree; F:Arbousier
Arten: 14

Arctostaphylos Adans.

Ableitung: Bären-Trauben
Vulgärnamen: D:Bärentraube; E:Bearberry; F:Busserole, Raisin-d'ours
Arten: c. 50
Lebensform: Strauch, Baum, immergrün oder laubwerfend
Blätter: wechselständig, einfach. Nebenblätter fehlend
Blütenstand: Traube, Rispe, endständig. Blüten nickend
Blüten: zwittrig, radiär, Kelch und Krone. Kronblätter 5–4, krugförmig, glockig weiß, rosa. Staubblätter 10–8, frei, frei von der Krone. Antheren ohne Anhängseln, mit Poren. Fruchtblätter 2–10, verwachsen, oberständig. Plazentation zentralwinkelständig, 2–10 Samenanlagen

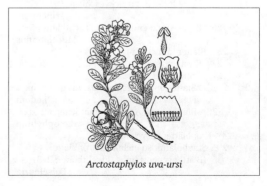
Arctostaphylos uva-ursi

Ericaceae 465

Frucht: Steinfrucht
Kennzeichen: Strauch, Baum, immergrün oder laubwerfend. Strauch. Kronblätter 5-4, krugförmig oder glockig. Staubblätter 10-8. Antheren ohne Anhängseln, mit Poren. Fruchtblätter 2-10, verwachsen, oberständig. Plazentation zentralwinkelständig. Steinfrucht

Bejaria Mutis ex L.

Ableitung: Gattung zu Ehren von José Bejar, einem spanischen Botaniker des 17. Jahrhunderts benannt
Vulgärnamen: D:Andenrose; F:Rose des Andes
Arten: 16
Lebensform: Strauch, Baum, immergrün
Blätter: wechselständig, einfach. Nebenblätter fehlend
Blütenstand: Traube, Schirmrispe, Schirmtraube, endständig
Blüten: zwittrig, radiär, Kelch und Krone. Kronblätter 6-7, radförmig oder trichterförmig, weiß, gelb, rosa, purpurn. Staubblätter 12-14, frei, frei von der Krone. Antheren ohne Anhängseln, mit Schlitzen an der Spitze. Fruchtblätter 6-7, verwachsen, oberständig. Plazentation zentralwinkelständig, viele Samenanlagen
Frucht: Kapsel wandspaltig
Kennzeichen: Strauch, Baum, immergrün. Kronblätter 6-7, radförmig oder trichterförmig. Staubblätter 12-14. Antheren ohne Anhängseln, mit Schlitzen an der Spitze. Fruchtblätter 6-7, verwachsen, oberständig. Plazentation zentralwinkelständig. Kapsel wandspaltig

Bejaria ledifolia

Bruckenthalia Rchb.

Ableitung: Gattung zu Ehren von Samuel Freiherr von Bruckenthal (1721-1803), einem österreichischen Staatsmann in Siebenbürgen, benannt
Vulgärnamen: D:Ährenheide; E:Spike Heath
Arten: 1
Lebensform: Strauch, immergrün
Blätter: quirlständig, wechselständig, einfach. Nebenblätter fehlend
Blütenstand: Traube, endständig. Blüten ohne Vorblätter
Blüten: zwittrig, radiär, Kelch und Krone. Kronblätter 4, glockig, rosa, weiß, bleibend. Staubblätter 8, am Grund verwachsen, frei von der Krone. Antheren mit Poren. Fruchtblätter 4, verwachsen, oberständig. Plazentation zentralwinkelständig, viele Samenanlagen
Frucht: Kapsel
Kennzeichen: Strauch immergrün. Blüten ohne Vorblätter. Kronblätter 4, glockig, bleibend. Staubblätter 8, am Grund verwachsen. Antheren mit Poren. Fruchtblätter 4, verwachsen, oberständig. Plazentation zentralwinkelständig. Kapsel

Bryanthus S.G. Gmel.

Ableitung: Blüten im Moos
Vulgärnamen: D:Moosheide
Arten: 1
Lebensform: Strauch, immergrün
Blätter: wechselständig, quirlständig, einfach. Nebenblätter fehlend
Blütenstand: Traube, endständig
Blüten: zwittrig, radiär, Kelch und Krone. Kronblätter 4, radförmig, rosa, weiß, rot. Staubblätter 8, frei, frei von der Krone. Antheren ohne Anhängseln, mit Schlitzen an der Spitze. Fruchtblätter 4, verwachsen, oberständig. Plazentation zentralwinkelständig, viele Samenanlagen
Frucht: Kapsel wandspaltig
Kennzeichen: Strauch, immergrün. Kronblätter 4, radförmig. Staubblätter 8. Antheren ohne Anhängseln, mit Schlitzen an der Spitze. Fruchtblätter 4, verwachsen, oberständig. Plazentation zentralwinkelständig. Kapsel wandspaltig

Calluna Salisb.

Ableitung: wohl von Reinigungs-Pflanze
Vulgärnamen: D:Besenheide, Heidekraut; E:Heather; F:Bruyère à balai, Callune
Arten: 1
Lebensform: Strauch, immergrün
Blätter: gegenständig, einfach. Nebenblätter fehlend
Blütenstand: einzeln seitlich, Ähre endständig
Blüten: zwittrig, radiär, Kelch länger als die Krone. Kronblätter 4, glockig, rosa, lila, weiß, bleibend. Staubblätter 8, frei, frei von der Krone. Antheren mit Anhängseln, mit Poren. Fruchtblätter 4, verwachsen, oberständig. Plazentation zentralwinkelständig, wenige Samenanlagen
Frucht: Kapsel wandspaltig
Kennzeichen: Strauch, immergrün. Kelch länger als die Krone. Kronblätter 4, glockig, bleibend. Staubblätter 8. Antheren mit Anhängseln, mit Poren. Fruchtblätter 4, verwachsen, oberständig. Plazentation zentralwinkelständig. Kapsel wandspaltig

466 Ericaceae

Calluna vulgaris

Cassiope D. Don

Ableitung: Name aus der griechischen Mythologie
Vulgärnamen: D:Schuppenheide; E:Mountain Heather; F:Cassiope
Arten: 12
Lebensform: Strauch, immergrün
Blätter: gegenständig, einfach. Nebenblätter fehlend
Blütenstand: einzeln seitlich oder endständig, nickend
Blüten: zwittrig, radiär, Kelch und Krone. Kronblätter 5–4, glockig, weiß, rosa. Staubblätter 10–8, frei, frei von der Krone. Antheren mit Anhängseln, mit Poren. Fruchtblätter 5–4, verwachsen, oberständig. Plazentation zentralwinkelständig, viele Samenanlagen
Frucht: Kapsel fachspaltig
Kennzeichen: Strauch, immergrün. Blätter gegenständig. Kronblätter 5–4, glockig. Staubblätter 10–8. Antheren mit Anhängseln, mit Poren. Fruchtblätter 5–4, verwachsen, oberständig. Plazentation zentralwinkelständig. Kapsel fachspaltig

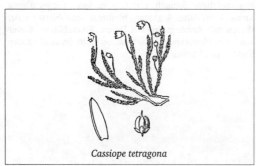

Cassiope tetragona

Cavendishia Lindl.

Ableitung: Gattung zu Ehren von Henry Cavendish (1731–1810), einem englischen Naturwissenschaftler benannt
Arten: c. 100
Lebensform: Strauch, Baum, immergrün
Blätter: wechselständig, einfach. Nebenblätter fehlend
Blütenstand: Traube, Schirmtraube, einzeln, seitlich
Blüten: zwittrig, radiär, Kelch und Krone. Kronblätter 5–4, röhrig-glockig, weiß, rot, lila. Staubblätter 10 oder 8, frei, verwachsen mit der Krone. Antheren mit Schlitzen an der Spitze. Fruchtblätter 5, verwachsen, unterständig. Plazentation zentralwinkelständig, viele Samenanlagen
Frucht: Beere
Kennzeichen: Strauch, Baum, immergrün. Kronblätter 5–4, röhrig-glockig. Staubblätter 10 oder 8. Antheren mit Schlitzen an der Spitze. Fruchtblätter 5, verwachsen, unterständig. Plazentation zentralwinkelständig. Beere

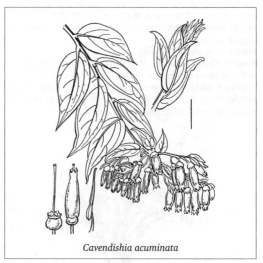

Cavendishia acuminata

Chamaedaphne Moench

Ableitung: antiker Pflanzenname
Vulgärnamen: D:Lederblatt, Torfgränke; E:Leatherleaf
Arten: 1
Lebensform: Strauch, immergrün
Blätter: wechselständig, einfach, unterseits schuppig. Nebenblätter fehlend
Blütenstand: Traube, Rispe, einseitig, Blüten hängend
Blüten: zwittrig, radiär, Kelch und Krone. Kronblätter 5, krugförmig, weiß. Staubblätter 10, frei, frei von der Krone. Antheren ohne Anhängseln, mit Poren. Fruchtblätter 5, verwachsen, oberständig. Plazentation zentralwinkelständig, viele Samenanlagen
Frucht: Kapsel fachspaltig
Kennzeichen: Strauch, immergrün. Blätter wechselständig, unterseits schuppig. Kronblätter 5, krugförmig. Staubblätter 10. Antheren ohne Anhängsel, mit Poren. Fruchtblätter 5, verwachsen, oberständig. Plazentation zentralwinkelständig. Kapsel fachspaltig

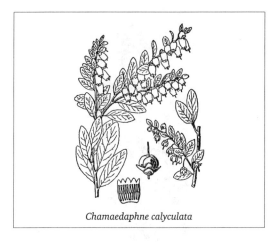
Chamaedaphne calyculata

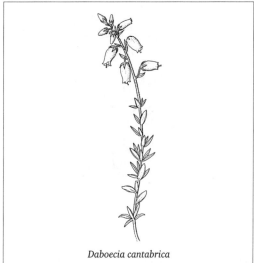
Daboecia cantabrica

Cladothamnus Bong.

Ableitung: Zweig-Busch
Arten: 1
Lebensform: Strauch, laubwerfend
Blätter: wechselständig, einfach. Nebenblätter fehlend
Blütenstand: zu 1-3, endständig
Blüten: zwittrig, radiär, Kelch und Krone. Kronblätter 5, radförmig, rosa. Staubblätter 10, frei, frei von der Krone. Antheren ohne Anhängsel, mit Schlitzen an der Spitze. Fruchtblätter 5-6, verwachsen, oberständig. Plazentation zentralwinkelständig, viele Samenanlagen
Frucht: Kapsel wandspaltig
Kennzeichen: Strauch, laubwerfend. Blüten zu 1-3 endständig. Kronblätter 5, radförmig. Staubblätter 10. Antheren ohne Anhängsel, mit Schlitzen an der Spitze. Fruchtblätter 5-6, verwachsen, oberständig. Plazentation zentralwinkelständig. Kapsel wandspaltig

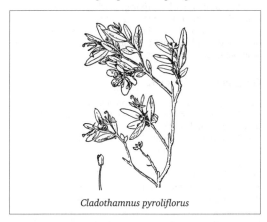
Cladothamnus pyroliflorus

Daboecia D. Don

Ableitung: Gattung zu Ehren von Sankt Dabeoc, einem irischen Heiligen benannt
Vulgärnamen: D:Glanzheide; E:St Daboec's Heath; F:Bruyère des Açores
Arten: 2
Lebensform: Strauch, immergrün
Blätter: wechselständig, einfach. Nebenblätter fehlend
Blütenstand: Traube endständig, Blüten hängend
Blüten: zwittrig, radiär, Kelch und Krone. Kronblätter 4(6-2), glockig, rot, rosa, purpurn, weiß. Staubblätter meist 8, frei, frei von der Krone. Antheren ohne Anhängseln, mit Poren. Fruchtblätter 4, verwachsen, oberständig. Plazentation zentralwinkelständig, viele Samenanlagen
Frucht: Kapsel wandspaltig
Kennzeichen: Strauch, immergrün. Blüten in endständigen Trauben. Kronblätter 4(6-2), glockig. Staubblätter meist 8. Antheren ohne Anhängseln, mit Poren. Fruchtblätter 4, verwachsen, oberständig. Plazentation zentralwinkelständig. Kapsel wandspaltig

Enkianthus Lour.

Ableitung: schwangere Blüte
Vulgärnamen: D:Prachtglocke; F:Enkianthus
Arten: 13
Lebensform: Strauch, immergrün oder laubwerfend
Blätter: wechselständig, einfach. Nebenblätter fehlend
Blütenstand: Dolde, Schirmtraube, Rispe, endständig
Blüten: zwittrig, radiär, Kelch und Krone. Kronblätter 5, glockig, krugförmig, weiß, lachsrot, rosa, gelb. Staubblätter 10, frei, frei von der Krone. Antheren mit Anhängseln, mit Schlitzen an der Spitze. Fruchtblätter 5, verwachsen, oberständig. Plazentation zentralwinkelständig, 1 bis wenige Samenanlagen
Frucht: Kapsel fachspaltig. Samen geflügelt oder nicht
Kennzeichen: Strauch, immergrün oder laubwerfend. Blätter wechselständig. Kronblätter 5, glockig oder krugförmig. Staubblätter 10. Antheren mit Anhängseln, mit Schlitzen an der Spitze. Fruchtblätter 5, verwachsen, oberständig. Plazentation zentralwinkelständig. Kapsel fachspaltig

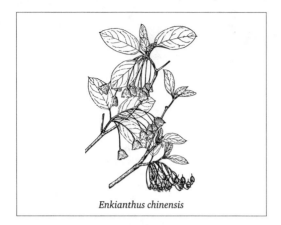

Enkianthus chinensis

Epigaea L.

Ableitung: auf der Erde
Vulgärnamen: D:Bodenlorbeer; F:Epigée
Arten: 3
Lebensform: Strauch, immergrün
Blätter: wechselständig, einfach. Nebenblätter fehlend
Blütenstand: Ähre, seitlich, endständig
Blüten: zwittrig oder eingeschlechtig, radiär, Kelch und Krone. Kronblätter 5, stieltellerförmig, weiß, rosa. Staubblätter 10, frei, frei von der Krone. Antheren mit Anhängseln, mit Schlitzen an der Spitze. Fruchtblätter 5, verwachsen, oberständig. Narbe 5-lappig. Plazentation zentralwinkelständig, viele Samenanlagen
Frucht: Kapsel fachspaltig
Kennzeichen: Strauch, immergrün. Kronblätter 5, stieltellerförmig. Staubblätter 10. Antheren mit Anhängseln, mit Schlitzen an der Spitze. Fruchtblätter 5, verwachsen, oberständig. Narbe 5-lappig. Plazentation zentralwinkelständig. Kapsel fachspaltig

Epigaea repens

Erica L.

Ableitung: antiker Pflanzenname
Vulgärnamen: D:Erika, Heide; E:Heath; F:Bruyère, Bruyère d'hiver

Erica tetralix

Arten: 735
Lebensform: Strauch, Baum, immergrün
Blätter: quirlständig, einfach. Nebenblätter fehlend
Blütenstand: Dolde, Traube, Rispe, endständig, seitlich
Blüten: zwittrig, radiär, Kelch und Krone. Kronblätter 5–4, röhrig, glockig, krugförmig, weiß, rosa, purpurn, gelb, grün, bleibend. Staubblätter 4–8 oder 10, frei, frei von der Krone. Antheren mit Anhängseln oder ohne, mit Poren. Fruchtblätter 1–8, verwachsen, oberständig. Plazentation zentralwinkelständig, viele Samenanlagen
Frucht: Kapsel oder Schließfrucht
Kennzeichen: Strauch, Baum, immergrün. Blätter quirlständig. Kronblätter 5–4, röhrig, glockig, krugförmig, bleibend. Staubblätter 4–8 oder 10. Antheren mit Anhängseln oder ohne, mit Poren. Fruchtblätter 1–8, verwachsen, oberständig. Plazentation zentralwinkelständig. Kapsel oder Schließfrucht

Gaultheria Kalm ex L.

Ableitung: Gattung zu Ehren von Jean François Gaulthier (ca. 1708–1756), einem französischen Arzt und Botaniker in Kanada (Québec) benannt
Vulgärnamen: D:Rebhuhnbeere, Scheinbeere; E:Shallon; F:Gaultheria, Thé des bois
Arten: 134
Lebensform: Strauch, selten Baum, immergrün
Blätter: wechselständig, einfach. Nebenblätter fehlend
Blütenstand: Traube, Rispe, Büschel, einzeln, seitlich oder endständig
Blüten: zwittrig oder eingeschlechtig, radiär, Kelch und Krone. Kronblätter 5–4, glockig oder krugförmig, weiß, rosa, rot. Staubblätter 10, 8 oder 5, frei, verwachsen mit der Krone. Antheren mit Anhängseln, mit Poren oder Schlitzen. Fruchtblätter 5, verwachsen, oberständig. Plazentation zentralwinkelständig, viele Samenanlagen
Frucht: Kapsel fachspaltig, in fleischigem Kelch

Kennzeichen: Strauch, selten Baum, immergrün. Kronblätter 5-4, glockig oder krugförmig. Staubblätter 10, 8 oder 5, frei. Antheren mit Anhängseln, mit Poren oder Schlitzen. Fruchtblätter 5, verwachsen, oberständig. Plazentation zentralwinkelständig. Kapsel fachspaltig, in fleischigem Kelch

Gaultheria procumbens

Gaylussacia Kunth

Ableitung: Gattung zu Ehren von Joseph Louis Gay-Lussac (1778-1850), einem französischen Physiker und Chemiker benannt
Vulgärnamen: D:Buckelbeere; E:Huckleberry; F:Gaylussacia
Arten: 48
Lebensform: Strauch, immergrün oder laubwerfend
Blätter: wechselständig, einfach. Nebenblätter fehlend
Blütenstand: Traube, Rispe, einzeln, seitlich
Blüten: zwittrig, radiär, Kelch und Krone. Kronblätter 5, röhrig, glockig oder krugförmig, weiß, rosa, rot. Staubblätter 10, frei, frei von der Krone. Antheren mit Anhängseln, mit Poren. Fruchtblätter 10, verwachsen, unterständig. Plazentation zentralwinkelständig, 1 Samenanlagen je Fach
Frucht: Steinfrucht
Kennzeichen: Strauch, immergrün oder laubwerfend. Kronblätter 5, röhrig, glockig oder krugförmig. Staubblätter 10. Antheren mit Anhängseln, mit Poren. Fruchtblätter 10, verwachsen, unterständig. Plazentation zentralwinkelständig, 1 Samenanlagen je Fach. Steinfrucht

Gaylussacia baccata

Kalmia L.

Ableitung: Gattung zu Ehren von Pehr Kalm (1715-1779), einem finnischen Botaniker benannt
Vulgärnamen: D:Berglorbeer, Lorbeerrose; E:Sheep Laurel; F:Kalmia
Arten: 7
Lebensform: Strauch, Baum, immergrün oder laubwerfend
Blätter: wechselständig, gegenständig oder quirlständig, einfach. Nebenblätter fehlend
Blütenstand: Dolde, einzeln, Traube, Rispe, endständig, seitlich
Blüten: zwittrig, radiär, Kelch und Krone. Kronblätter 5, glockig bis radförmig, mit 10 Gruben für die Antheren, weiß, rosa, purpurn. Staubblätter 10, frei, frei von der Krone. Antheren ohne Anhängseln, mit Poren. Fruchtblätter 5, verwachsen, oberständig. Plazentation zentralwinkelständig, viele Samenanlagen
Frucht: Kapsel wandspaltig
Kennzeichen: Strauch, Baum, immergrün oder laubwerfend. Kronblätter 5, glockig bis radförmig, mit 10 Gruben für die Antheren. Staubblätter 10, frei. Antheren ohne Anhängseln, mit Poren. Fruchtblätter 5, verwachsen, oberständig. Plazentation zentralwinkelständig. Kapsel wandspaltig

Kalmia angustifolia

Ledum L.

Ableitung: antiker Pflanzenname
Vulgärnamen: D:Porst; E:Labrador Tea; F:Romarin sauvage, Thé du Labrador
Arten: 4
Lebensform: Strauch, immergrün
Blätter: wechselständig, einfach. Nebenblätter fehlend
Blütenstand: Dolde
Blüten: zwittrig, radiär, Kelch und Krone. Kronblätter 5, radförmig, frei, weiß. Staubblätter 10 oder 5, frei, frei von der Krone. Antheren ohne Anhängseln, mit Poren. Fruchtblätter 5, verwachsen, oberständig. Plazentation zentralwinkelständig, viele Samenanlagen
Frucht: Kapsel wandspaltig. Samen geflügelt
Kennzeichen: Strauch, immergrün. Kronblätter 5, radförmig, frei. Staubblätter 10 oder 5. Antheren ohne Anhängseln, mit Poren. Fruchtblätter 5, verwachsen, oberständig. Plazentation zentralwinkelständig. Kapsel wandspaltig. Samen geflügelt

470 Ericaceae

Ledum palustre

Leiophyllum (Pers.) R. Hedw.

Ableitung: mit glatten Blättern
Vulgärnamen: D:Sandmyrte; E:Sand Myrtle; F:Myrtille des sables
Arten: 1
Lebensform: Strauch, immergrün
Blätter: wechselständig, gegenständig, einfach. Nebenblätter fehlend
Blütenstand: Schirmtraube, endständig
Blüten: zwittrig, radiär, Kelch und Krone. Kronblätter 5, radförmig, weiß, rosa. Staubblätter 10, frei, frei von der Krone. Antheren mit Anhängseln, mit Schlitzen. Fruchtblätter 2, 3, verwachsen, oberständig. Plazentation zentralwinkelständig, viele Samenanlagen
Frucht: Kapsel wandspaltig
Kennzeichen: Strauch, immergrün. Kronblätter 5, radförmig. Staubblätter 10. Antheren mit Anhängseln, mit Schlitzen. Fruchtblätter 2, 3, verwachsen, oberständig. Plazentation zentralwinkelständig. Kapsel wandspaltig

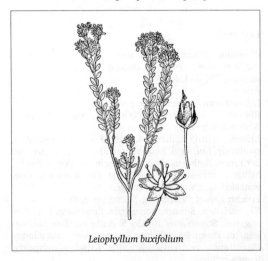
Leiophyllum buxifolium

Leucothoe D. Don

Ableitung: nach einer Gestalt der griechischen Mythologie
Vulgärnamen: D:Traubenheide; F:Andromède, Leucothoë
Arten: 44
Lebensform: Strauch, Baum, immergrün, laubwerfend
Blätter: wechselständig, einfach. Nebenblätter fehlend
Blütenstand: Traube, Rispe, seitlich, endständig
Blüten: zwittrig, radiär, Kelch dachig in der Knospe. Kronblätter 5, krugförmig, röhrig, weiß, rosa. Staubblätter 10, frei, frei von der Krone. Antheren mit oder ohne Anhängseln, mit Poren. Fruchtblätter 5, verwachsen, oberständig. Plazentation zentralwinkelständig, viele Samenanlagen
Frucht: Kapsel fachspaltig. Samen geflügelt oder nicht
Kennzeichen: Strauch, Baum, immergrün, laubwerfend. Kelch dachig in der Knospe. Kronblätter 5, krugförmig oder röhrig. Staubblätter 10. Antheren mit oder ohne Anhängseln, mit Poren. Fruchtblätter 5, verwachsen, oberständig. Plazentation zentralwinkelständig. Kapsel fachspaltig

Leucothoe recurva

Loiseleuria Desv.

Ableitung: Gattung zu Ehren von Jean Louis Auguste Loiseleur-Deslongchamps (1774–1849), einem französischen Arzt und Botaniker benannt
Vulgärnamen: D:Alpenazalee, Alpenheide, Gämsheide; E:Alpine Azalea, Trailing Azalea; F:Loiseleuria
Arten: 1
Lebensform: Strauch, immergrün
Blätter: gegenständig, einfach. Nebenblätter fehlend
Blütenstand: doldenartig, endständig
Blüten: zwittrig, radiär, Kelch und Krone. Kronblätter 5, glockig, weiß, rosa. Staubblätter 5, frei, frei von der Krone. Antheren ohne Anhängseln, mit Schlitzen. Fruchtblätter 2–3, verwachsen, oberständig. Plazentation zentralwinkelständig, viele Samenanlagen
Frucht: Kapsel wandspaltig
Kennzeichen: Strauch, immergrün. Kronblätter 5, glockig. Staubblätter 5. Antheren ohne Anhängseln, mit Schlitzen. Fruchtblätter 2–3, verwachsen, oberständig. Plazentation zentralwinkelständig. Kapsel wandspaltig

Ericaceae 471

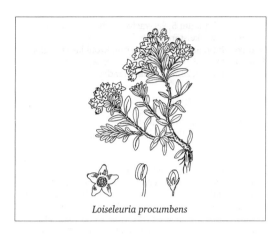
Loiseleuria procumbens

Lyonia Nutt.

Ableitung: Gattung zu Ehren von John Lyon (ca. 1765-1814), einem schottischen Gärtner und Botaniker in Nordamerika benannt
Vulgärnamen: D:Lyonie; E:Lyonia; F:Lyonia
Arten: 35
Lebensform: Strauch, Baum, immergrün, laubwerfend
Blätter: wechselständig, einfach. Nebenblätter fehlend
Blütenstand: Büschel, Traube, Rispe, seitlich, endständig
Blüten: zwittrig, radiär, Kelch klappig in der Knospe. Kronblätter 4-8, krugförmig, glockig, weiß, rosa. Staubblätter 10, seltener 8-16, frei, frei von der Krone. Antheren ohne Anhängseln, aber Staubfäden mit 2 kleinen Spornen, mit Poren. Fruchtblätter 5-4, verwachsen, oberständig. Plazentation zentralwinkelständig, viele Samenanlagen
Frucht: Kapsel fachspaltig
Kennzeichen: Strauch, Baum, immergrün, laubwerfend. Kronblätter 4-8, krugförmig oder glockig. Staubblätter 10, seltener 8-16. Antheren ohne Anhängseln, aber Staubfäden mit 2 kleinen Spornen, mit Poren. Fruchtblätter 5-4, verwachsen, oberständig. Plazentation zentralwinkelständig. Kapsel fachspaltig

Lyonia ligustrina

Macleania Hook.

Ableitung: Gattung zu Ehren von John Maclean, einem schottischen Kaufmann und Pflanzensammler in Peru im 19. Jahrhundert benannt
Arten: c. 40
Lebensform: Strauch, immergrün
Blätter: wechselständig, einfach. Nebenblätter fehlend
Blütenstand: Büschel, Traube, einzeln, endständig, seitlich
Blüten: zwittrig, radiär, Kelch und Krone. Kronblätter 5, röhrig. Staubblätter 10, frei oder verwachsen, frei von der Krone. Hörner der Antheren meist zu einer Röhre verwachsen. Fruchtblätter 5, verwachsen, unterständig. Plazentation zentralwinkelständig, viele Samenanlagen
Frucht: Steinfrucht, selten Beere
Kennzeichen: Strauch, immergrün. Kronblätter 5, röhrig. Staubblätter 10. Hörner der Antheren meist zu einer Röhre verwachsen. Fruchtblätter 5, verwachsen, unterständig. Plazentation zentralwinkelständig. Steinfrucht, selten Beere

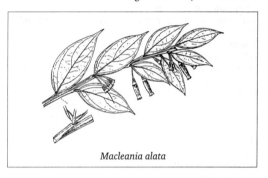
Macleania alata

Menziesia Sm.

Ableitung: Gattung zu Ehren von Archibald Menzies (1754-1842), einem schottischen Gärtner und Pflanzensammler benannt
Vulgärnamen: D:Menziesie; E:Menziesia; F:Menziesia
Arten: 7
Lebensform: Strauch, laubwerfend
Blätter: wechselständig, einfach. Nebenblätter fehlend
Blütenstand: Büschel endständig
Blüten: zwittrig, radiär bis zygomorph, Kelch und Krone. Kronblätter 5-4, krugförmig, weiß, grünlich, rosa, purpurn. Staubblätter 10, 8 oder 5, frei, frei von der Krone. Antheren ohne Anhängseln, mit Schlitzen an der Spitze. Fruchtblätter 5-4, verwachsen, oberständig. Plazentation zentralwinkelständig, viele Samenanlagen
Frucht: Kapsel wandspaltig
Kennzeichen: Strauch, laubwerfend. . Kronblätter 5-4, krugförmig. Staubblätter 10, 8 oder 5. Antheren ohne Anhängseln, mit Schlitzen an der Spitze. Fruchtblätter 5-4, verwachsen, oberständig. Plazentation zentralwinkelständig. Kapsel wandspaltig

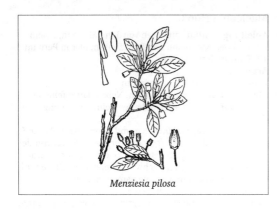

Menziesia pilosa

Oxydendrum DC.

Ableitung: Sauer-Baum
Vulgärnamen: D:Sauerbaum; E:Sorrel Tree, Sourwood; F:Oxydendron
Arten: 1
Lebensform: Baum, Strauch, laubwerfend
Blätter: wechselständig, einfach. Nebenblätter fehlend
Blütenstand: Rispe, Traube einseitig, endständig
Blüten: zwittrig, radiär, Kelch und Krone. Kronblätter 5, ± röhrig, weiß. Staubblätter 10, frei, frei von der Krone. Antheren ohne Anhängsel, mit Schlitzen an der Spitze. Fruchtblätter 5, verwachsen, oberständig. Plazentation zentralwinkelständig, viele Samenanlagen
Frucht: Kapsel fachspaltig
Kennzeichen: Baum, Strauch, laubwerfend. Blätter wechselständig. Kronblätter 5, ± röhrig. Staubblätter 10. Antheren ohne Anhängsel, mit Schlitzen an der Spitze. Fruchtblätter 5, verwachsen, oberständig. Plazentation zentralwinkelständig. Kapsel fachspaltig

Oxydendrum arboreum

× Phylliopsis Cullen et Lancaster

Ableitung: Hybride aus Kalmiopsis und Phyllodoce
Lebensform: Strauch, immergrün
Blätter: wechselständig, einfach. Nebenblätter fehlend
Blütenstand: Traube
Blüten: zwittrig, radiär, Kelch und Krone. Kronblätter 5, glockig, rot bis purpurn. Staubblätter 6–8, frei, frei von der Krone. Fruchtblätter 5, verwachsen, oberständig. Plazentation zentralwinkelständig
Kennzeichen: Strauch, immergrün. Kronblätter 5, glockig. Staubblätter 6–8. Fruchtblätter 5, verwachsen, oberständig. Plazentation zentralwinkelständig

Phyllodoce Salisb.

Ableitung: immergrünes Blatt
Vulgärnamen: D:Blauheide, Moosheide; E:Blue Heath; F:Phyllodoce
Arten: 7
Lebensform: Strauch, immergrün
Blätter: wechselständig, einfach. Nebenblätter fehlend
Blütenstand: Dolde, einzeln, Schirmtraube, endständig
Blüten: zwittrig, radiär, Kelch und Krone. Kronblätter 4–6, glockig, krugförmig, grünlich, gelb, weiß, rosa, purpurn. Staubblätter 8–12, frei, frei von der Krone. Antheren ohne Anhängseln, mit Schlitzen an der Spitze. Fruchtblätter 4–6, verwachsen, oberständig. Plazentation zentralwinkelständig, viele Samenanlagen
Frucht: Kapsel wandspaltig
Kennzeichen: Strauch, immergrün. Blüten in Dolde, einzeln oder Schirmtraube. Kronblätter 4–6, glockig, krugförmig. Staubblätter 8–12. Antheren ohne Anhängseln, mit Schlitzen an der Spitze. Fruchtblätter 4–6, verwachsen, oberständig. Plazentation zentralwinkelständig. Kapsel wandspaltig

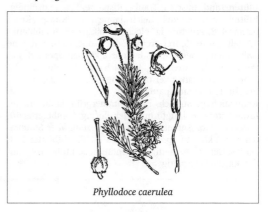

Phyllodoce caerulea

× Phyllothamnus C.K. Schneid.

Ableitung: Hybride aus Phyllodoce und Rhodothamnus
Vulgärnamen: D:Bastardblauheide
Lebensform: Strauch, immergrün
Blätter: wechselständig, einfach, am Rand nur schwach gezähnt. Nebenblätter fehlend
Blütenstand: doldenartig, einzeln, endständig
Blüten: zwittrig, radiär, Kelch und Krone. Kronblätter 5, breit glockig, rosa. Staubblätter 10, frei, frei von der Krone. Fruchtblätter verwachsen, oberständig. Plazentation zentralwinkelständig
Frucht: Kapsel wandspaltig
Kennzeichen: Strauch, immergrün. Blätter am Rand nur schwach gezähnt. Kronblätter 5, breit glockig. Staubblätter 10. Kapsel wandspaltig

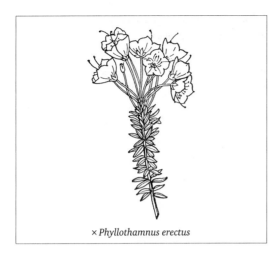

× *Phyllothamnus erectus*

Pieris D. Don

Ableitung: nach einer Gestalt der griechischen Mythologie
Vulgärnamen: D:Lavendelheide; E:Pieris; F:Andromède, Piéris
Arten: 7
Lebensform: Baum, Strauch, Liane, immergrün
Blätter: wechselständig, quirlständig, einfach. Nebenblätter fehlend
Blütenstand: Traube, Rispe, seitlich, endständig
Blüten: zwittrig, radiär, Kelch klappig in der Knospe. Kronblätter 5, krugförmig, weiß. Staubblätter 10, frei, frei von der Krone. Antheren mit zurückgebogenen Anhängseln. Fruchtblätter 5, verwachsen, oberständig. Plazentation zentralwinkelständig, viele Samenanlagen
Frucht: Kapsel fachspaltig
Kennzeichen: Baum, Strauch, Liane, immergrün. Kronblätter 5, krugförmig. Staubblätter 10. Antheren mit zurückgebogenen Anhängseln. Fruchtblätter 5, verwachsen, oberständig. Plazentation zentralwinkelständig. Kapsel fachspaltig

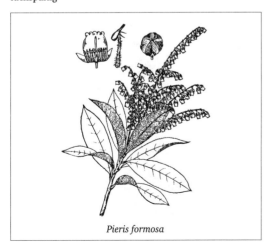

Pieris formosa

Rhododendron L.

Ableitung: Rosen-Baum
Vulgärnamen: D:Alpenrose, Azalee, Rhododendron; E:Azalea, Rhododendron; F:Azalée, Rhododendron
Arten: c. 850
Lebensform: Strauch, Baum, immergrün, laubwerfend
Blätter: wechselständig, einfach. Nebenblätter fehlend
Blütenstand: Traube, doldenartig, einzeln, seitlich, endständig
Blüten: zwittrig, radiär bis zygomorph, Kelch und Krone. Kronblätter 5, 8 oder 10, trichterförmig, glockig, radförmig, weiß, rosa, lila, purpurn, violett, gelb, orange, rot, blau. Staubblätter 5–10(2–27), frei, frei von der Krone. Antheren ohne Anhängseln, mit Poren. Fruchtblätter 5–12 oder 20, verwachsen, oberständig. Plazentation zentralwinkelständig, viele Samenanlagen
Frucht: Kapsel wandspaltig. Samen geflügelt oder zusammengedrückt
Kennzeichen: Strauch, Baum, immergrün, laubwerfend. Blüten radiär bis zKennzeichen: gomorph. Kronblätter 5, 8 oder 10, trichterförmig, glockig, radförmig. Staubblätter 5–10(2–27). Antheren ohne Anhängseln, mit Poren. Fruchtblätter 5–12 oder 20, verwachsen, oberständig. Plazentation zentralwinkelständig. Kapsel wandspaltig. Samen geflügelt oder zusammengedrückt

Rhododendron aureum

Rhodothamnus Rchb.

Ableitung: roter Busch
Vulgärnamen: D:Zwergalpenrose; F:Rhodothamnus
Arten: 2
Lebensform: Strauch, immergrün
Blätter: wechselständig, einfach, am Rand gewimpert. Nebenblätter fehlend
Blütenstand: einzeln oder zu 3, endständig
Blüten: zwittrig, radiär, Kelch und Krone. Kronblätter 5, radförmig, rosa. Staubblätter 10, frei, frei von der Krone.

474 Ericaceae

Antheren ohne Anhängseln, mit Poren. Fruchtblätter 5, verwachsen, oberständig. Plazentation zentralwinkelständig, viele Samenanlagen
Frucht: Kapsel wandspaltig
Kennzeichen: Strauch, immergrün. Blätter am Rand gewimpert. Kronblätter 5, radförmig. Staubblätter 10. Antheren ohne Anhängsel, mit Poren. Fruchtblätter 5, verwachsen, oberständig. Plazentation zentralwinkelständig. Kapsel wandspaltig

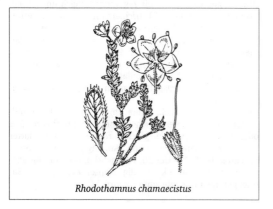
Rhodothamnus chamaecistus

Thibaudia Ruiz et Pav.

Ableitung: Gattung wahrscheinlich zu Ehren von Jean Baptiste Thibault de Chanvalon (1725–1788), einem französischen Botaniker benannt
Arten: 60
Lebensform: Strauch, selten Liane, immergrün
Blätter: wechselständig, einfach. Nebenblätter fehlend
Blütenstand: Traube, Rispe, Büschel, seitlich, endständig
Blüten: zwittrig, radiär, Kelch und Krone. Kronblätter 5, röhrig, rot. Staubblätter 10, ± verwachsen, frei von der Krone. Hörnchen der Antheren nicht verwachsen. Antheren mit Schlitzen. Fruchtblätter verwachsen, unterständig. Plazentation zentralwinkelständig, viele Samenanlagen
Frucht: Beere
Kennzeichen: Strauch, selten Liane, immergrün. Kronblätter 5, röhrig. Staubblätter 10, ± verwachsen. Hörnchen der Antheren nicht verwachsen. Antheren mit Schlitzen. Fruchtknoten unterständig. Beere

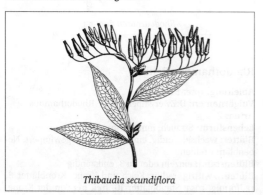
Thibaudia secundiflora

Tripetaleia Siebold et Zucc.

Ableitung: drei Blütenblätter
Arten: 2
Lebensform: Strauch, laubwerfend
Blätter: wechselständig, einfach. Nebenblätter fehlend
Blütenstand: Traube, Rispe, seitlich
Blüten: zwittrig, radiär, Kelch und Krone. Kronblätter 3, frei und zurückgeschlagen, weiß, rosa. Staubblätter 6, frei, frei von der Krone. Antheren ohne Anhängsel, mit Schlitzen oben. Fruchtblätter 3, verwachsen, oberständig. Plazentation zentralwinkelständig, viele Samenanlagen
Frucht: Kapsel wandspaltig
Kennzeichen: Strauch, laubwerfend. Kronblätter 3, frei und zurückgeschlagen. Staubblätter 6. Antheren ohne Anhängsel, mit Schlitzen oben. Fruchtblätter 3, verwachsen, oberständig. Plazentation zentralwinkelständig, Kapsel wandspaltig

Tripetaleia bracteata

Vaccinium L.

Ableitung: antiker Pflanzenname
Vulgärnamen: D:Blaubeere, Heidelbeere, Moorbeere, Moosbeere, Preiselbeere, Rauschbeere; E:Bilberry, Blueberry, Cranberry; F:Airelle, Canneberge, Myrtillier
Arten: c. 450
Lebensform: Strauch, Baum, Liane, immergrün, laubwerfend

Vaccinium myrtillus

Blätter: wechselständig, einfach. Nebenblätter fehlend
Blütenstand: einzeln, Traube, Büschel, endständig, seitlich
Blüten: zwittrig, radiär, Kelch und Krone. Kronblätter 4, 5 oder 6, verwachsen oder frei, röhrig, glockig, weiß, rosa, rot. Staubblätter 10 oder 8, frei, frei von der Krone. Antheren mit Anhängseln oder ohne, mit Poren, selten Schlitzen. Fruchtblätter 4-5, verwachsen, unterständig. Plazentation zentralwinkelständig, viele Samenanlagen
Frucht: Beere
Kennzeichen: Strauch, Baum, Liane, immergrün, laubwerfend. Kronblätter 4, 5 oder 6, verwachsen oder frei, röhrig, glockig. Staubblätter 10 oder 8. Antheren mit Anhängseln oder ohne, mit Poren, selten Schlitzen. Fruchtblätter 4-5, verwachsen, unterständig. Plazentation zentralwinkelständig. Beere

Zenobia D. Don

Ableitung: Gattung zu Ehren von Zenobia (?2-274 n. Chr.), einer Königin in Syrien benannt
Vulgärnamen: D:Zenobie; F:Zénobia
Arten: 1
Lebensform: Strauch, laubwerfend, selten immergrün
Blätter: wechselständig, einfach. Nebenblätter fehlend
Blütenstand: Traube seitlich
Blüten: zwittrig, radiär, Kelch und Krone. Kronblätter 5, glockig, weiß, rosa. Staubblätter 10, frei, frei von der Krone. Antheren mit Anhängseln, mit Poren. Fruchtblätter 5, verwachsen, oberständig. Plazentation zentralwinkelständig, viele Samenanlagen
Frucht: Kapsel fachspaltig
Kennzeichen: Strauch, laubwerfend, selten immergrün. Blüten in seitlichen Trauben. Kronblätter 5, glockig. Staubblätter 10. Antheren mit Anhängseln, mit Poren. Fruchtblätter 5, verwachsen, oberständig. Plazentation zentralwinkelständig. Kapsel fachspaltig

Zenobia pulverulenta

Erythroxylaceae Kokastrauchgewächse

Erythroxylum P. Browne

Ableitung: rotes Holz
Vulgärnamen: D:Kokastrauch, Rotholz; E:Coca; F:Coca, Cocaïer
Arten: 230-250
Lebensform: Strauch, Baum
Blätter: wechselständig, einfach. Nebenblätter vorhanden
Blütenstand: Büschel
Blüten: zwittrig, radiär. Kelchblätter 5-6. Kronblätter 5-6, frei, mit Schuppen am Grund, weiß. Staubblätter 10, verwachsen, frei und frei von der Krone. Fruchtblätter 3-4, verwachsen, oberständig. Plazentation zentralwinkelständig
Frucht: Steinfrucht, 1-samig
Kennzeichen: Baum, Strauch. Nebenblätter vorhanden. Kronblätter 5-6, mit Schuppen am Grund, frei. Staubblätter 10, verwachsen. Fruchtblätter 3, verwachsen, oberständig. Plazentation zentralwinkelständig. Steinfrucht, 1-samig

Erythroxylum coca

Escalloniaceae Eskalloniengewächse

1 Fruchtknoten oberständig oder halbunterständig
2 Fruchtknoten oberständig. Kronblätter dachig in der Knospe . . . . **Brexia**
2 Fruchtknoten halbunterständig. Kronblätter klappig in der Knospe . . . . **Argophyllum**
1 Fruchtknoten unterständig
3 Blüten weiß, rosa oder rot. Frucht eine wandspaltige Kapsel. . . . . **Escallonia**
3 Blüten gelb. Frucht eine Steinfrucht . . . **Corokia**

Argophyllum J.R. Forst. et G. Forst.

Arten: 11
Lebensform: Strauch, immergrün
Blätter: wechselständig, einfach. Nebenblätter fehlend
Blütenstand: Rispe, Schirmtraube
Blüten: zwittrig, radiär. Kelchblätter 5-6. Kronblätter 5-6, am Grund verwachsen, klappig in der Knospe. Staubblätter 5-6, frei und frei von der Krone. Fruchtblätter 3, verwachsen, halbunterständig. Plazentation zentralwinkelständig
Frucht: Kapsel, fachspaltig
Kennzeichen: Strauch, immergrün. Nebenblätter fehlend. Kronblätter 5-6, am Grund verwachsen, klappig in der Knospe. Staubblätter 5-6. Fruchtblätter 2-6, verwachsen, halbunterständig. Kapsel, fachspaltig

Corokia A. Cunn.

Ableitung: Name der Pflanze bei den Maori in Neuseeland
Arten: 6
Lebensform: Baum, immergrün
Blätter: wechselständig, einfach. Nebenblätter fehlend
Blütenstand: Traube, Rispe
Blüten: zwittrig, radiär. Kelchblätter 5. Kronblätter 5, frei, gelb. Staubblätter 5, frei und frei von der Krone. Fruchtblätter 2, verwachsen, unterständig. Plazentation zentralwinkelständig
Frucht: Steinfrucht
Kennzeichen: Baum, immergrün. Kronblätter 5, frei, gelb. Staubblätter 5. Fruchtblätter 2, verwachsen, unterständig. Plazentation zentralwinkelständig. Steinfrucht

Escallonia Mutis ex L. f.

Ableitung: Gattung zu Ehren von Escallón, einem spanischen Pflanzensammler in Südamerika im 18. Jahrhundert benannt, der sie entdeckt hat
Vulgärnamen: D:Andenstrauch, Escallonie; F:Escallonia
Arten: 39
Lebensform: Strauch, Baum, immergrün, laubwerfend
Blätter: wechselständig, einfach. Nebenblätter fehlend
Blütenstand: Traube, Rispe, einzeln

Escallonia rubra

Blüten: zwittrig, radiär. Kronblätter 5, frei, weiß, rosa, rot. Staubblätter 5, frei und frei von der Krone. Fruchtblätter 2-3, verwachsen, unterständig. Plazentation zentralwinkelständig
Frucht: Kapsel, wandspaltig
Kennzeichen: Strauch, Baum, immergrün, laubwerfend. Kronblätter 5, frei. Staubblätter 5. Fruchtblätter 2-3, verwachsen, unterständig. Plazentation zentralwinkelständig. Kapsel, wandspaltig

Eucommiaceae

Eucommia Oliv.

Ableitung: schönes Gummi
Vulgärnamen: E:Gutta Percha Tree
Arten: 1
Lebensform: Baum, laubwerfend, Guttapercha enthaltend
Blätter: wechselständig, einfach. Nebenblätter fehlend
Blütenstand: einzeln
Blüten: zweihäusig, Blütenhülle fehlend. Staubblätter 6-10, frei. Fruchtblätter 2, verwachsen. Plazentation apical
Frucht: Nuss
Kennzeichen: Baum, laubwerfend. Blüten einzeln, zweihäusig, ohne Blütenhülle. Staubblätter 6-10. Fruchtblätter 2, verwachsen. Plazentation apical. Nuss

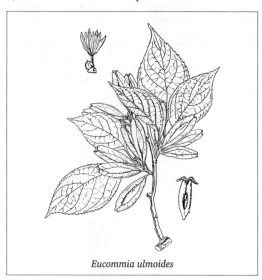

Eucommia ulmoides

Eucryphiaceae

Eucryphia Cav.

Ableitung: schön verborgen
Vulgärnamen: D:Eucryphie, Scheinulme; E:Ulmo; F:Eucryphia
Arten: 6

Euphorbiaceae Wolfsmilchgewächse

Eucryphia glutinosa

Lebensform: Baum, Strauch, immergrün
Blätter: gegenständig, einfach oder zusammengesetzt. Nebenblätter vorhanden
Blütenstand: einzeln
Blüten: zwittrig, radiär. Kelchblätter 4. Kronblätter 4, frei, weiß. Staubblätter viele, frei und frei von der Krone. Fruchtblätter 5–18, verwachsen, oberständig. Plazentation zentralwinkelständig.
Frucht: Kapsel
Kennzeichen: Baum, Strauch, immergrün. Blätter gegenständig, mit Nebenblättern. Blüten einzeln. Kronblätter 4. Staubblätter viele. Fruchtblätter 5–18, verwachsen, oberständig. Plazentation zentralwinkelständig. Kapsel

Euphorbiaceae Wolfsmilchgewächse

 1 Samen 2 je Fach
 2 Milchsaft vorhanden. . . . .**Manihot**
 2 Milchsaft fehlend
  3 Kronblätter 5–6 in den männlichen Blüten . . .
     . . . . **Andrachne**
  3 Kronblätter fehlend in den männlichen Blüten
   4 Blätter quirlständig. (Diskus fehlend. Staubblätter viele) . . . . **Hyaenanche**
   4 Blätter wechselständig
    5 Samen mit Arillus, dadurch in einer saftigen Masse (Pulpa) liegend. . . . . . **Baccaurea**
    5 Samen ohne fleischigen Arillus
     6 Frucht fleischig
      7 Frucht eine Beere. (Blätter bunt). . . . . .
         . . . . **Breynia**
      7 Frucht eine Steinfrucht . . . . **Antidesma**
     6 Frucht eine Kapsel, gelegentlich aber etwas fleischig
      8 Kelch am Grund in männlichen Blüten mit dem Diskus vereint, daher sehr dick . . . .
         . . . . **Sauropus**
      8 Kelch nicht verdickt
       9 Fruchtknoten in männlichen Blüten völlig fehlend . . . . **Phyllanthus**
       9 Fruchtknoten als Rudiment in männlichen Blüten . . . . **Securinega**
 1 Samen 1 je Fach
 10 Blütenstand mit Cyathien. (Milchsaft immer vorhanden)
  11 Cyathium unregelmäßig
   12 Drüsen des Cyathiums als flaschenförmige, seitlich geschlitzte Gebilde . . . **Monadenium**
   12 Drüsen des Cyathiums mit seitlichem, spornartigem Anhängsel . . . **Pedilanthus**
  11 Cyathium ± radiär
   13 Drüsen zu einem Ring verwachsen . . . . . .
       . . . . **Synadenium**
   13 Drüsen frei
    14 Blätter wechselständig. Nebenblätter fehlend
        . . . . **Euphorbia**
    14 Blätter gegenständig. Nebenblätter vorhanden . . . . **Chamaesyce**
 10 Blütenstand ohne Cyathien
  15 Staubblätter in der Knospe nach innen gebogen. Pflanze mit Stern- oder Schuppenhaaren . . . . **Croton**
  15 Staubblätter nicht nach innen gebogen in der Knospe
   16 Milchsaft fehlend
    17 Blüten mit Hülle . . . .**Dalechampia**
    17 Blüten ohne Hülle
     18 Staubblätter verwachsen
      19 Staubblätter 3–15 . . . . . .**Chrozophora**
      19 Staubblätter bäumchenartig verzweigt . .
          . . . . **Ricinus**
     18 Staubblätter frei
      20 Blüten mit Kelch und Krone. . . .**Vernicia**
      20 Blüten weibliche nur mit einfacher Blütenhülle
       21 Kapsel 4-flügelig. Liane . . . .
           . . . . **Tetracarpidium**
       21 Kapsel nicht 4-flügelig
        22 Diskus vorhanden. (Blätter wechselständig. Lianen. Fruchtblätter 3 oder 4). . . . . **Plukenetia**
        22 Diskus fehlend
         23 Pflanze baum- oder strauchartig. Blätter wechselständig, selten gegenständig. Antherenhälften länglich
          24 Staubblätter 15–30 . . . . **Mallotus**
          24 Staubblätter 4–16
           25 Kapselfächer meist mit 2 Samen mit Arillus . . . . **Baccaurea**
           25 Kapselfächer mit 1 Samen ohne Arillus . . . . **Acalypha**
         23 Pflanze fast immer krautig. Blätter gegenständig. Antherenhälften kugelig
             . . . . **Mercurialis**
   16 Milchsaft vorhanden
    26 Staubblätter 2–3. (Kelch dachig in der Knospe)
     27 Staubblätter verwachsen . . . .**Hippomane**
     27 Staubblätter frei
      28 Kapsel fleischig . . . . **Sapium**
      28 Kapsel trocken
       29 Männliche Blüten einzeln, weibliche zu wenigen. . . . . **Excoecaria**
       29 Männliche Blüten in Ähren, weibliche einzeln . . . . **Stillingia**
    26 Staubblätter 5 bis viele
     30 Kelch kronblattartig. Krone fehlend. (Blätter einfach oder zusammengesetzt) .
         . . . . **Cnidoscolus**
     30 Kelch und Krone oder nur unscheinbarer Kelch

478 Euphorbiaceae Wolfsmilchgewächse

```
31  Blätter zusammengesetzt
  32  Kelch dachig in der Knospe . . . . . . .
       . . . . . . . . . . . . . . Ricinodendron
  32  Kelch klappig in der Knospe
    33  Kronblätter fehlend. Staubblätter
        verwachsen. Fruchtblätter 3 . . . Hevea
    33  Kronblätter 3–5. Staubblätter frei.
        Fruchtblätter 2 . . . . . . . .Joannesia
31  Blätter einfach
  34  Diskus vorhanden
    35  Männliche Blüten mit 3 Kelchblättern
        und 5–6 Kronblättern. Weibliche Blüten
        mit 5 Kelchblättern und ohne Krone . .
         . . . . . . . . . . . . . . Codiaeum
    35  Männliche und weibliche Blüten mit 2–3
        Kelchblättern und 8–12 Kronblättern .
         . . . . . . . . . . . . . . . . Garcia
  34  Diskus fehlend
    36  Fruchtblätter 5–20 . . . . . . . Hura
    36  Fruchtblätter 2–4
      37  Staubblätter frei . . . . Homalanthus
      37  Staubblätter verwachsen . . . . . . .
           . . . . . . . . . . . . . . Jatropha
```

Die Wolfsmilchgewächse sind eine sehr vielfältige Familie. Durchgehend sind fast nur die eingeschlechtigen Blüten. Sehr charakteristisch sind aber auch die Kapseln aus 3 Fruchtblättern, die in 3 1- oder 2-samige Teilfrüchte zerfallen, die ihre Samen schließlich ausschleudern. Verbreitet ist auch eine sogenannte Caruncula, ein wulstartiges Anhängsel des Samens.

Acalypha L.

Ableitung: nach einem griechischen Pflanzennamen
Vulgärnamen: D:Katzenschwanz, Nesselblatt; E:Cat's Tail, Copperleaf; F:Queue-de-chat
Arten: 457
Lebensform: Strauch, Baum, Einjährige, Halbstrauch. Milchsaft fehlend
Blätter: wechselständig, einfach. Nebenblätter vorhanden
Blütenstand: Ähre, Traube, zu 1–3
Blüten: einhäusig oder zweihäusig, radiär, Kelchblätter 3–5, grün oder rötlich, klappig in der Knospe bei männlichen Blüten, dachig bei weiblichen Blüten. Kronblätter fehlend. Staubblätter 8–16, frei, Diskus fehlend. Fruchtblätter 3, verwachsen, oberständig. Plazentation zentralwinkelständig
Frucht: Kapsel, Samen 1 je Fach

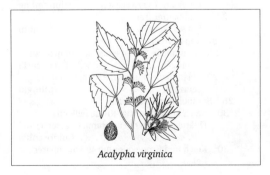
Acalypha virginica

Kennzeichen: Strauch, Baum, Einjährige, Halbstrauch. Milchsaft fehlend. Blätter einfach, mit Nebenblättern. Blüten eingeschlechtig. Kronblätter fehlend. Staubblätter 8–16. Diskus fehlend. Fruchtblätter 3, verwachsen, oberständig. Plazentation zentralwinkelständig. Kapsel, Samen 1 je Fach

Andrachne L.

Ableitung: antiker Pflanzenname
Vulgärnamen: D:Andrachne, Myrtenkraut; F:Andrachné
Arten: 43
Lebensform: Strauch, Halbstrauch, Staude, laubwerfend. Milchsaft fehlend
Blätter: wechselständig, einfach. Nebenblätter vorhanden oder fehlend
Blütenstand: Büschel, einzeln
Blüten: einhäusig, radiär, Kelchblätter dachig in der Knospe. Kronblätter 5–6, gelb, grün, weiß. Staubblätter 5–6, frei oder verwachsen, Diskus vorhanden. Fruchtblätter 3, verwachsen, oberständig. Plazentation zentralwinkelständig
Frucht: Kapsel, Samen 2 je Fach
Kennzeichen: Strauch, Halbstrauch, Staude. Milchsaft fehlend. Blüten eingeschlechtig. Kelchblätter dachig in der Knospe. Kronblätter 5–6. Staubblätter 5–6, frei oder verwachsen. Diskus vorhanden. Fruchtblätter 3, verwachsen, oberständig. Kapsel, Samen 2 je Fach

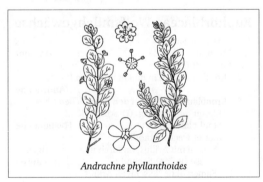
Andrachne phyllanthoides

Antidesma L.

Ableitung: gegen Gift
Arten: 154
Lebensform: Baum, Strauch, immergrün. Milchsaft fehlend
Blätter: wechselständig, einfach. Nebenblätter vorhanden
Blütenstand: Ähre, Traube, Rispe
Blüten: zweihäusig, radiär, Kelchblätter 3–5, verwachsen oder frei, dachig in der Knospe. Kronblätter fehlend. Staubblätter 2–5, frei, Diskus vorhanden. Fruchtblätter 3, verwachsen, oberständig. Plazentation zentralwinkelständig
Frucht: Steinfrucht, Samen 2 je Fach
Kennzeichen: Baum, Strauch, immergrün. Milchsaft fehlend. Blüten zweihäusig. Kelchblätter 3–5, dachig in der Knospe. Kronblätter fehlend. Staubblätter 2–5, frei. Diskus vorhanden. Fruchtblätter 3, verwachsen, oberständig. Steinfrucht, Samen 2 je Fach

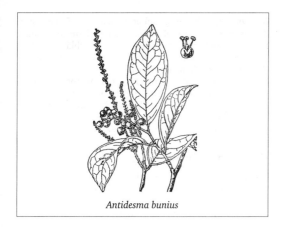
Antidesma bunius

Breynia fruticosa

Baccaurea Lour.

Ableitung: goldene Beeren
Arten: 56
Lebensform: Baum
Blätter: wechselständig, einfach
Blütenstand: weibliche Blüten einzeln, männliche zu mehreren
Blüten: eingeschlechtig. Kelchblätter 4–5, frei, dachig in der Knospe. Kronblätter fehlend. Staubblätter 4–5 oder 8–10, frei. Diskus meist fehlend. Fruchtblätter 3, selten 2–5, verwachsen, oberständig. Plazentation zentralwinkelständig
Frucht: Kapsel mit 2 Samen je Fach
Kennzeichen: Baum. Milchsaft fehlend. Blüten meist zweihäusig. Kelchblätter 3–5, klappig in der Knospe. Kronblätter fehlend. Staubblätter 4–5 oder 8–10, frei. Diskus kaum ausgebildet. Fruchtblätter 3 (2–5), verwachsen, oberständig. Steinfrucht, lederig, Samen 2 je Fach

Lebensform: Strauch, Baum, immergrün. Milchsaft fehlend
Blätter: wechselständig, einfach. Nebenblätter vorhanden
Blütenstand: einzeln, Büschel
Blüten: eingeschlechtig, radiär, Kelchblätter 6, verwachsen, dachig in der Knospe. Kronblätter fehlend. Staubblätter 3, verwachsen, Diskus fehlend. Fruchtblätter 3, verwachsen, oberständig. Plazentation zentralwinkelständig
Frucht: Beere, Samen 2 je Fach
Kennzeichen: Strauch, Baum, immergrün. Milchsaft fehlend. Blüten eingeschlechtig. Kelchblätter 6, dachig in der Knospe. Kronblätter fehlend. Staubblätter 3, verwachsen. Diskus fehlend. Fruchtblätter 3, verwachsen, oberständig. Beere, Samen 2 je Fach

Chamaesyce Gray

Ableitung: Zwerg-Feige
Vulgärnamen: D:Wolfsmilch; E:Spurge
Arten: 275
Lebensform: Einjährige, Staude, selten Strauch. Milchsaft vorhanden
Blätter: gegenständig, einfach. Nebenblätter vorhanden
Blütenstand: Cyathien
Blüten: einhäusig, radiär, ohne Blütenhülle. Staubblätter 1, frei. Diskus fehlend. Fruchtblätter 3, verwachsen, oberständig. Plazentation zentralwinkelständig
Frucht: Kapsel, Samen 1 je Fach
Kennzeichen: Einjährige, Staude, selten Strauch. Milchsaft vorhanden. Blätter gegenständig, mit Nebenblättern. Blüten in Cyathien mit getrennten Drüsen, eingeschlechtig. Fruchtblätter 2–5, verwachsen, oberständig. Kapsel, Samen 1 je Fach

Baccaurea ramiflora

Breynia J.R. Forst. et G. Forst.

Ableitung: Gattung zu Ehren von Jacob Breyne (1637–1697) und seinem Sohn Johann Philipp Breyne (1680–1764), beides deutsche Botaniker benannt
Arten: c. 35

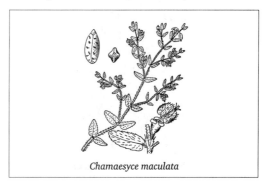
Chamaesyce maculata

Chrozophora Neck. ex Juss.

Ableitung: Färbe-Träger
Vulgärnamen: D:Lackmuskraut; E:Tournesol; F:Croton, Tournesol
Arten: 9
Lebensform: Einjährige. Milchsaft fehlend
Blätter: wechselständig, einfach. Nebenblätter vorhanden
Blütenstand: Traube
Blüten: einhäusig, radiär, Kelchblätter klappig in der Knospe. Kronblätter 5 oder fehlend in weiblichen Blüten. Staubblätter 3–15, frei, Diskus fehlend. Fruchtblätter 3, verwachsen, oberständig. Plazentation zentralwinkelständig
Frucht: Kapsel, Samen 1 je Fach
Kennzeichen: Einjährige. Milchsaft fehlend. Blüten einhäusig. Kelchblätter klappig in der Knospe. Kronblätter 5 oder fehlend in weiblichen Blüten. Staubblätter 3–15, frei. Diskus fehlend. Fruchtblätter 3, verwachsen, oberständig. Kapsel, Samen 1 je Fach, mit Caruncula

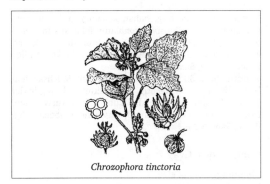
Chrozophora tinctoria

Cnidoscolus Pohl

Ableitung: mit juckenden Stacheln
Vulgärnamen: D:Weißnessel; E:Spurge Nettle
Arten: 83
Lebensform: Staude, Strauch, Baum. Milchsaft vorhanden
Blätter: wechselständig, einfach oder zusammengesetzt. Nebenblätter vorhanden
Blütenstand: cymös

Cnidoscolus urens var. *stimulosus*

Blüten: eingeschlechtig, radiär, Kelchblätter 5, dachig in der Knospe. Kronblätter fehlend. Staubblätter 8–10 oder mehr, verwachsen, Diskus fehlend. Fruchtblätter 2, verwachsen, oberständig. Plazentation zentralwinkelständig
Frucht: Kapsel, Samen 1 je Fach
Kennzeichen: Staude, Strauch, Baum. Milchsaft vorhanden. Blüten eingeschlechtig. Kelchblätter kronblattartig, klappig in der Knospe. Kronblätter fehlend. Staubblätter 8–10 oder mehr, verwachsen. Diskus fehlend. Fruchtblätter 2, verwachsen, oberständig. Kapsel, Samen 1 je Fach

Codiaeum A. Juss.

Ableitung: nach einem antiken Pflanzennamen
Vulgärnamen: D:Wunderstrauch; E:Croton; F:Croton
Arten: 17
Lebensform: Strauch, Baum, immergrün. Milchsaft vorhanden
Blätter: wechselständig, einfach
Blütenstand: männliche Blüten in Trauben, weibliche einzeln
Blüten: eingeschlechtig, radiär. Männliche Blüten mit 3–6 Kelchblättern, dachig in der Knospe und 5–6 weißen Kronblättern, Staubblätter 15–30, frei, Diskus aus 5–6 Drüsen. Weibliche Blüten mit 5 Kelchblättern, ohne Kronblätter. Fruchtblätter 3, verwachsen, oberständig. Plazentation zentralwinkelständig
Frucht: Kapsel, Samen 1 je Fach
Kennzeichen: Strauch, Baum, immergrün. Milchsaft vorhanden. Blüten eingeschlechtig. Männliche Blüten mit 3–6 Kelchblättern, dachig in der Knospe. Kronblätter 5–6. Staubblätter 15–30, frei. Diskus aus 5–6 Drüsen. Weibliche Blüten mit 5 Kelchblättern, ohne Kronblätter. Fruchtblätter 3, verwachsen, oberständig. Kapsel, Samen 1 je Fach

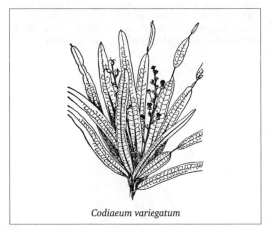
Codiaeum variegatum

Croton L.

Ableitung: antiker Pflanzenname
Vulgärnamen: D:Kroton; E:Croton; F:Croton
Arten: 1214
Lebensform: Baum, Strauch, Kraut
Blätter: wechselständig, selten gegenständig oder quirlständig, einfach, stern- oder schuppenhaarig

Euphorbiaceae Wolfsmilchgewächse

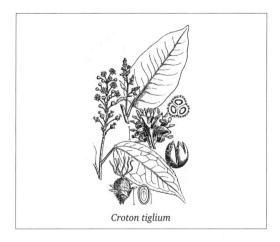

Croton tiglium

Blütenstand: Ähre, Traube
Blüten: einhäusig, selten zweihäusig, radiär, Kelchblätter dachig oder nahezu klappig in der Knospe. Kronblätter fehlend oder 5, selten 4 oder 6. Staubblätter 5 bis viele, frei, in der Knospe nach innen gebogen. Diskus drüsig. Fruchtblätter 3, selten 2 oder 4, verwachsen, oberständig. Plazentation zentralwinkelständig
Frucht: Kapsel, Samen 1 je Fach, mit Caruncula
Kennzeichen: Baum, Strauch, Kraut. Milchsaft vorhanden. Blätter stern- oder schuppenhaarig. Blüten meist einhäusig. Kelchblätter vorhanden. Kronblätter (4)5(6–2) oder fehlend. Staubblätter 5 bis viele, frei, in der Knospe nach innen gebogen. Diskus drüsig. Fruchtblätter (2)3(4–2), verwachsen, oberständig. Kapsel, Samen 1 je Fach, mit Caruncula

Dalechampia L.

Ableitung: Gattung zu Ehren von Jacques Dalechamps (1513–1588), einem französischen Botaniker benannt
Vulgärnamen: D:Dalechampie; F:Dalechampia
Arten: 120
Lebensform: Liane, Strauch, immergrün. Milchsaft fehlend

Dalechampia spathulata

Blätter: wechselständig, einfach oder zusammengesetzt
Blütenstand: Büschel mit einer Hülle
Blüten: einhäusig, radiär, Kelchblätter 4–6, klappig in der Knospe. Kronblätter fehlend. Staubblätter 5 bis viele, verwachsen oder frei, Diskus fehlend. Fruchtblätter 3, selten 4, verwachsen, oberständig. Plazentation zentralwinkelständig
Frucht: Kapsel, Samen 1 je Fach
Kennzeichen: Liane, Strauch, immergrün. Milchsaft fehlend. Blüten in Büscheln mit einer Hülle, einhäusig. Kelchblätter 4–6, klappig in der Knospe. Kronblätter fehlend. Staubblätter 5 bis viele. Diskus fehlend. Fruchtblätter 3, selten 4, verwachsen, oberständig. Kapsel, Samen 1 je Fach

Euphorbia L.

Ableitung: antiker Pflanzenname
Vulgärnamen: D:Wolfsmilch; E:Spurge; F:Euphorbe
Arten: 1603
Lebensform: Baum, Strauch, Staude, Zweijährige, Einjährige, zum Teil sukkulent. Milchsaft vorhanden
Blätter: wechselständig, gegenständig oder quirlständig, einfach. Nebenblätter vorhanden oder fehlend
Blütenstand: Cyathien
Blüten: einhäusig oder zweihäusig, radiär, ohne Blütenhülle. Staubblätter 1, frei. Diskus fehlend. Fruchtblätter 3, verwachsen, oberständig. Plazentation zentralwinkelständig
Frucht: Kapsel, Samen 1 je Fach, mit Caruncula
Kennzeichen: Baum, Strauch, Staude, Zweijährige, Einjährige, zum Teil sukkulent. Milchsaft vorhanden. Blüten in Cyathien mit getrennten Drüsen. Fruchtblätter 3, verwachsen. Kapsel, Samen 1 je Fach, mit Caruncula

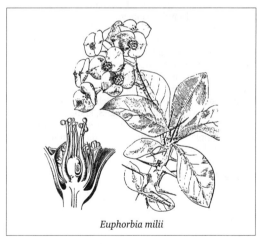

Euphorbia milii

Excoecaria L.

Ableitung: blind machende Pflanze
Arten: 38
Lebensform: Baum, Strauch. Milchsaft vorhanden
Blätter: wechselständig oder gegenständig, einfach. Nebenblätter vorhanden oder fehlend

482 Euphorbiaceae Wolfsmilchgewächse

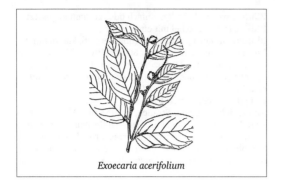
Exoecaria acerifolium

Blütenstand: Männliche Blüten einzeln, weibliche zu mehreren
Blüten: zweihäusig, selten einhäusig, radiär, Kelchblätter 2–3, dachig in der Knospe. Kronblätter fehlend. Staubblätter 2–3, frei, Diskus fehlend. Fruchtblätter 3, verwachsen, oberständig. Plazentation zentralwinkelständig
Frucht: Kapsel, Samen 1 je Fach
Kennzeichen: Baum, Strauch. Milchsaft vorhanden. Männliche Blüten einzeln, weibliche zu mehreren. Kelchblätter 2–3, dachig in der Knospe. Kronblätter fehlend. Staubblätter 2–3, frei. Diskus fehlend. Fruchtblätter 3, verwachsen, oberständig. Kapsel, Samen 1 je Fach

Garcia Vahl ex Rohr

Ableitung: Gattung zu Ehren von Garcias del Huerto (Garcia ab Orto), einem portugiesischen Arzt und Botaniker im 16. Jahrhundert benannt
Arten: 2
Lebensform: Strauch, Baum. Milchsaft vorhanden
Blätter: wechselständig, einfach
Blütenstand: Blüten wenige, endständig
Blüten: eingeschlechtig, radiär, Kelchblätter 2–3, klappig in der Knospe. Kronblätter 8–12, rosa, braun. Staubblätter viele, frei, Diskus vorhanden. Fruchtblätter 3, verwachsen, oberständig. Plazentation zentralwinkelständig
Frucht: Kapsel, Samen 1 je Fach
Kennzeichen: Strauch, Baum. Milchsaft vorhanden. Blüten eingeschlechtig. Kelchblätter 2–3, klappig in der Knospe. Kronblätter 8–12. Staubblätter viele. Diskus vorhanden. Fruchtblätter 3, verwachsen, oberständig. Kapsel, Samen 1 je Fach

Hevea Aubl.

Ableitung: nach einem indianischen Pflanzennamen
Vulgärnamen: D:Parakautschukbaum; E:Para Rubber; F:Arbre à caoutchouc
Arten: 9
Lebensform: Baum. Milchsaft vorhanden
Blätter: wechselständig, zusammengesetzt. Nebenblätter vorhanden
Blütenstand: Rispe
Blüten: eingeschlechtig, radiär, Kelchblätter 5, verwachsen, klappig in der Knospe. Kronblätter fehlend. Staubblätter 5–10, verwachsen, Diskus vorhanden. Fruchtblätter 3, verwachsen, oberständig. Plazentation zentralwinkelständig
Frucht: Kapsel, Samen 1 je Fach

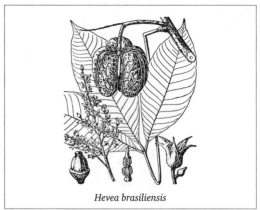
Hevea brasiliensis

Kennzeichen: Baum mit Milchsaft. Blätter zusammengesetzt. Blüten eingeschlechtig. Kelchblätter 5, klappig in der Knospe. Kronblätter fehlend. Staubblätter 5–10, verwachsen. Diskus vorhanden. Fruchtblätter 3, verwachsen, oberständig. Kapsel, Samen 1 je Fach

Hippomane L.

Ableitung: nach einem antiken Pflanzennamen
Arten: 5
Lebensform: Strauch, Baum. Milchsaft vorhanden
Blätter: wechselständig, einfach. Nebenblätter vorhanden
Blütenstand: Ähre, endständig

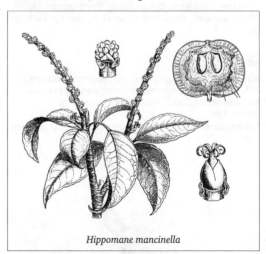
Hippomane mancinella

Blüten: einhäusig, radiär, Kelchblätter 2–3, dachig in der Knospe. Kronblätter fehlend. Staubblätter 2, verwachsen, Diskus fehlend. Fruchtblätter 6–9, verwachsen, oberständig. Plazentation zentralwinkelständig
Frucht: Steinfrucht, Samen 1 je Fach
Kennzeichen: Strauch, Baum. Milchsaft vorhanden. Blüten eingeschlechtig. Kelchblätter 2–3, dachig in der Knospe. Kronblätter fehlend. Staubblätter 2. Diskus fehlend. Fruchtblätter 6–9, verwachsen, oberständig. Steinfrucht, Samen 1 je Fach

Homalanthus A. Juss.

Ableitung: gleichmäßige Blüte
Arten: 23
Lebensform: Baum, Strauch, immergrün. Milchsaft vorhanden
Blätter: wechselständig, einfach. Nebenblätter vorhanden
Blütenstand: Traube, endständig
Blüten: eingeschlechtig, radiär, Kelchblätter 2–3, dachig in der Knospe. Kronblätter fehlend. Staubblätter 5–50, frei, Diskus fehlend. Fruchtblätter 2–3, verwachsen, oberständig. Plazentation zentralwinkelständig
Frucht: Kapsel mit 1-samigen aufspringenden Teilfrüchten, Spaltfrucht
Kennzeichen: Baum, Strauch, immergrün. Milchsaft vorhanden. Blüten eingeschlechtig. Kelchblätter 2–3, dachig in der Knospe. Kronblätter fehlend. Staubblätter 5–50, frei. Diskus fehlend. Fruchtblätter 2–3, verwachsen, oberständig. Kapsel oder Spaltfrucht, Samen 1 je Fach

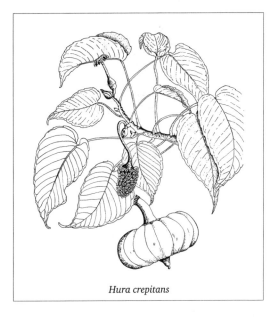

Hura crepitans

Homalanthus populneus

Hura L.

Ableitung: nach einem Pflanzennamen in Südamerika
Vulgärnamen: D:Sandbüchsenbaum; E:Sandbox Tree
Arten: 2
Lebensform: Baum. Milchsaft vorhanden
Blätter: wechselständig, einfach. Nebenblätter vorhanden
Blütenstand: männliche Blüten in Ähren, weibliche einzeln
Blüten: einhäusig, radiär, weibliche mit glockigem Kelch, männliche ohne Kelch. Kronblätter fehlend. Staubblätter 8–20, verwachsen, Diskus fehlend. Fruchtblätter 5–20, verwachsen, oberständig. Plazentation zentralwinkelständig
Frucht: Kapsel, Samen 1 je Fach
Kennzeichen: Baum mit Milchsaft. Blüten eingeschlechtig, weibliche mit glockigem Kelch, männliche ohne Kelch. Kronblätter fehlend. Staubblätter 8–20, verwachsen. Diskus fehlend. Fruchtblätter 5–20, verwachsen, oberständig. Kapsel, Samen 1 je Fach

Hyaenanche Lamb.

Arten: 1
Lebensform: Baum. Milchsaft fehlend
Blätter: quirlständig, einfach. Nebenblätter vorhanden
Blütenstand: Männliche Blüten zu mehreren, weibliche einzeln
Blüten: zweihäusig, radiär, Kelchblätter 5–12, dachig in der Knospe. Kronblätter fehlend. Staubblätter viele, frei. Diskus fehlend. Fruchtblätter 3 oder 4, verwachsen, oberständig. Plazentation zentralwinkelständig
Kapsel: Kapsel, Samen 2 je Fach
Kennzeichen: Baum ohne Milchsaft. Blätter quirlständig. Blüten eingeschlechtig. Kelchblätter 5–12, dachig in der Knospe. Kronblätter fehlend. Staubblätter viele. Diskus fehlend. Fruchtblätter 3–4, verwachsen, oberständig. Kapsel, Samen 2 je Fach

Jatropha L.

Ableitung: heilende und ernährende Pflanze
Vulgärnamen: D:Purgiernuss; E:Physicnut; F:Jatropha
Arten: 189
Lebensform: Staude, Strauch, Baum. Milchsaft vorhanden
Blätter: wechselständig, einfach. Nebenblätter vorhanden
Blütenstand: cymös, endständig
Blüten: einhäusig, selten zweihäusig, radiär, Kelchblätter dachig in der Knospe. Kronblätter 5 oder fehlend, gelb, purpurn, rot, orange. Staubblätter 8–12, verwachsen, Diskus fehlend. Fruchtblätter 2–4, verwachsen, oberständig. Plazentation zentralwinkelständig
Frucht: Kapsel, Samen 1 je Fach mit Caruncula
Kennzeichen: Staude, Strauch, Baum. Milchsaft vorhanden. Blüten eingeschlechtig. Kelchblätter dachig in der Knospe. Kronblätter 5 oder fehlend. Staubblätter 8–12, verwachsen. Diskus fehlend. Fruchtblätter 2–4, verwachsen, oberständig. Steinfrucht, Samen 1 je Fach mit Caruncula

484 Euphorbiaceae Wolfsmilchgewächse

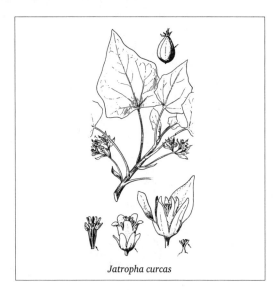

Jatropha curcas

Mallotus philippensis

Joannesia Vell.

Ableitung: Gattung zu Ehren von Johann VI. (João VI.), König von Portugal, später von Brasilien (1769–1826), benannt
Arten: 2
Lebensform: Baum. Milchsaft vorhanden
Blätter: wechselständig, zusammengesetzt
Blütenstand: Rispe
Blüten: einhäusig, radiär, Kelchblätter klappig in der Knospe. Kronblätter 3–5. Staubblätter 7–10, frei, Diskus vorhanden. Fruchtblätter 2, verwachsen, oberständig. Plazentation zentralwinkelständig
Frucht: Steinfrucht, Samen 1 je Fach
Kennzeichen: Baum mit Milchsaft. Blätter zusammengesetzt. Blüten eingeschlechtig. Kelchblätter klappig in der Knospe. Kronblätter 3–5. Staubblätter 7–10, frei. Diskus vorhanden. Fruchtblätter 2, verwachsen, oberständig. Steinfrucht, Samen 1 je Fach

Mallotus Lour.

Ableitung: langwollige Pflanze
Arten: 141
Lebensform: Baum, Strauch, Milchsaft fehlend
Blätter: wechselständig, selten gegenständig, einfach. Nebenblätter vorhanden
Blütenstand: Traube, Rispe
Blüten: einhäusig, selten zweihäusig, radiär, Kelchblätter 3–5, dachig oder klappig in der Knospe. Kronblätter fehlend. Staubblätter 15–300, frei, Antherenhälften länglich. Diskus fehlend. Fruchtblätter 2–4, verwachsen, oberständig. Plazentation zentralwinkelständig
Frucht: Kapsel, Samen 1 je Fach
Kennzeichen: Baum, Strauch, ohne Milchsaft. Blüten eingeschlechtig. Kelchblätter 3–5, dachig oder klappig in der Knospe. Kronblätter fehlend. Staubblätter 15–300 mit länglichen Theken, frei. Diskus fehlend. Fruchtblätter 2–4, verwachsen, oberständig. Kapsel, Samen 1 je Fach

Manihot Mill.

Ableitung: Pflanzenname in Brasilien
Vulgärnamen: D:Cassavastrauch, Maniok; E:Cassava, Manioc; F:Maniok
Arten: 98
Lebensform: Staude, Strauch. Milchsaft vorhanden
Blätter: wechselständig, einfach oder zusammengesetzt
Blütenstand: Traube, Rispe, endständig, seitlich
Blüten: einhäusig, radiär, Kelchblätter 5, dachig in der Knospe, oft kronblattartig. Kronblätter fehlend. Staubblätter 10, frei, Diskus vorhanden. Fruchtblätter 3, verwachsen, oberständig. Plazentation zentralwinkelständig
Frucht: Kapsel, Samen 2 je Fach
Kennzeichen: Staude, Strauch, mit Milchsaft. Blüten eingeschlechtig. Kelchblätter 5, dachig in der Knospe, oft kronblattartig. Kronblätter fehlend. Staubblätter 10. Diskus vorhanden. Fruchtblätter 3, verwachsen, oberständig. Kapsel, Samen 2 je Fach

Manihot glaziovii

Mercurialis L.

Ableitung: antiker Pflanzenname
Vulgärnamen: D:Bingelkraut; E:Mercury; F:Mercuriale
Arten: 8
Lebensform: Einjährige, Staude, Strauch. Milchsaft fehlend
Blätter: gegenständig, einfach. Nebenblätter vorhanden
Blütenstand: Ähre, einzeln, Büschel
Blüten: eingeschlechtig, radiär, Kelchblätter 3, klappig in der Knospe. Kronblätter fehlend. Staubblätter 6–20, frei, Diskus fehlend. Fruchtblätter 2, verwachsen, oberständig. Plazentation zentralwinkelständig
Frucht: Kapsel, Samen 1 je Fach
Kennzeichen: Einjährige, Staude, Strauch, ohne Milchsaft. Blüten eingeschlechtig. Kelchblätter 3, klappig in der Knospe. Kronblätter fehlend. Staubblätter 6–20. Diskus fehlend. Fruchtblätter 2, verwachsen, oberständig. Kapsel, Samen 1 je Fach

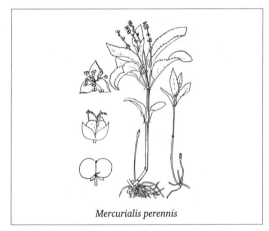

Mercurialis perennis

Monadenium Pax

Ableitung: einzige Drüse
Arten: 73
Lebensform: Staude, Strauch, Baum, Halbstrauch, sukkulent. Milchsaft vorhanden
Blätter: wechselständig, einfach. Nebenblätter vorhanden oder fehlend
Blütenstand: Cyathium mit flaschenförmiger, seitlich geschlitzter Drüse
Blüten: einhäusig, radiär, ohne Blütenhülle. Staubblätter 1, frei, Diskus fehlend. Fruchtblätter 3, verwachsen, oberständig. Plazentation zentralwinkelständig

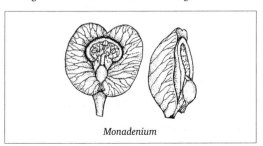

Monadenium

Frucht: Kapsel, Samen 1 je Fach, mit Caruncula
Kennzeichen: Staude, Strauch, Baum, Halbstrauch, sukkulent. Milchsaft vorhanden. Blüten in Cyathien mit flaschenförmiger, seitlich geschlitzter Drüse. Fruchtblätter 3, verwachsen, oberständig. Kapsel, Samen 1 je Fach mit Caruncula

Pedilanthus Neck. ex Poit.

Ableitung: Schuh-Blüte
Vulgärnamen: D:Schuhblüte; E:Slipper Spurge; F:Pédilanthe
Arten: 17
Lebensform: Strauch, Baum. Milchsaft vorhanden
Blätter: wechselständig oder gegenständig, einfach. Nebenblätter vorhanden
Blütenstand: Cyathium mit spornartigem Anhängsel
Blüten: eingeschlechtig, ohne Blütenhülle. Staubblätter 1, frei. Fruchtblätter 3, verwachsen, oberständig. Plazentation zentralwinkelständig
Frucht: Kapsel, Samen 1 je Fach, ohne Caruncula
Kennzeichen: Strauch, Baum, mit Milchsaft. Blüten in Cythien mit spornartigem Anhängsel. Fruchtblätter 3, verwachsen, oberständig. Kapsel, Samen 1 je Fach, ohne Caruncula

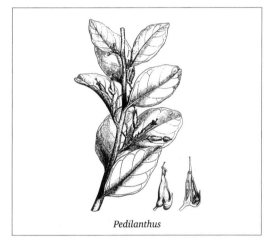

Pedilanthus

Phyllanthus L.

Ableitung: Blatt-Blüte
Vulgärnamen: D:Blattblüte; E:Foliage Flower; F:Cerisier de Tahiti
Arten: 833
Lebensform: Baum, Strauch, Staude, Halbstrauch. Milchsaft fehlend
Blätter: wechselständig, einfach. Nebenblätter vorhanden
Blütenstand: Büschel, einzeln
Blüten: einhäusig, selten zweihäusig, radiär, Kelchblätter 4–6, frei oder verwachsen, dachig in der Knospe. Kronblätter fehlend. Staubblätter 3, seltener 2 bis viele, frei oder verwachsen, Diskus vorhanden. Fruchtblätter 3 bis mehr, verwachsen, oberständig. Plazentation zentralwinkelständig

Frucht: Kapsel, selten Beere oder Steinfrucht. Samen 2 je Fach
Kennzeichen: Baum, Strauch, Staude, Halbstrauch, ohne Milchsaft. Blätter mit Nebenblättern. Blüten eingeschlechtig. Kelchblätter 4–6, dachig in der Knospe. Kronblätter fehlend. Staubblätter meist 3. Diskus vorhanden. Fruchtblätter 3 bis mehr, verwachsen, oberständig. Plazentation zentralwinkelständig. Kapsel, selten Beere oder Steinfrucht, Samen 2 je Fach. Gegen Sauropus und Securinega siehe den Schlüssel

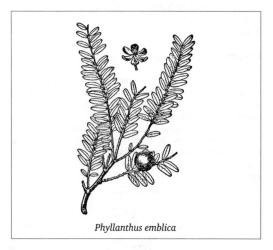
Phyllanthus emblica

Plukenetia L.

Ableitung: Gattung zu Ehren von Leonard Plukenet (1642–1706), einem englischen Botaniker benannt
Arten: 13
Lebensform: Liane. Milchsaft fehlend
Blätter: wechselständig, einfach
Blütenstand: Traube
Blüten: eingeschlechtig, radiär, Kelchblätter 4–5, klappig in der Knospe. Kronblätter fehlend. Staubblätter 8–30, frei, Diskus vorhanden. Fruchtblätter 3–4, verwachsen, oberständig. Plazentation zentralwinkelständig
Frucht: Kapsel, Samen 1 je Fach
Kennzeichen: Liane ohne Milchsaft. Blüten eingeschlechtig. Kelchblätter 4–5, klappig in der Knospe. Kronblätter fehlend. Staubblätter 8–30. Diskus vorhanden. Fruchtblätter 3–4, verwachsen, oberständig. Kapsel, Samen 1 je Fach

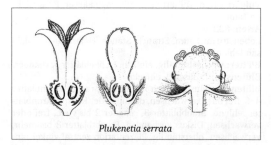
Plukenetia serrata

Ricinodendron Müll. Arg.

Ableitung: Ricinus-Baum
Arten: 1
Lebensform: Baum. Milchsaft vorhanden
Blätter: wechselständig, gefingert. Nebenblätter vorhanden
Blütenstand: Rispe
Blüten: einhäusig, radiär, Kelchblätter 5, dachig in der Knospe. Kronblätter fehlend. Staubblätter 10–18, frei, am Grund wollig. Diskus aus 5 Drüsen. Fruchtblätter 3, verwachsen, oberständig. Plazentation zentralwinkelständig
Frucht: Steinfrucht, Samen 1 je Fach
Kennzeichen: Baum mit Milchsaft. Blätter gefingert. Blüten eingeschlechtig. Kelchblätter 5, dachig in der Knospe. Kronblätter fehlend. Staubblätter 10–18, am Grund wollig. Diskus aus 5 Drüsen. Fruchtblätter 3, verwachsen, oberständig. Steinfrucht, Samen 1 je Fach

Ricinodendron heudelotii

Ricinus L.

Ableitung: antiker Pflanzenname
Vulgärnamen: D:Palma Christi, Rizinus, Wunderbaum; E:Castor Oil Plant; F:Ricin
Arten: 1
Lebensform: Einjährige, Staude, Strauch, Baum. Milchsaft fehlend
Blätter: wechselständig, einfach, handnervig. Nebenblätter vorhanden
Blütenstand: Rispe
Blüten: einhäusig, radiär, Kelchblätter 3–5, verwachsen, klappig in der Knospe. Kronblätter fehlend. Staubblätter bäumchenartig verzweigt, Diskus fehlend. Fruchtblätter 3, verwachsen, oberständig. Plazentation zentralwinkelständig
Frucht: Kapsel, Samen 1 je Fach mit Caruncula

Kennzeichen: Einjährige, Staude, Strauch, Baum. Milchsaft fehlend. Blüten eingeschlechtig. Kelchblätter 3–5, klappig in der Knospe. Kronblätter fehlend. Staubblätter bäumchenartig verzweigt. Diskus fehlend. Fruchtblätter 3, verwachsen, oberständig. Kapsel, Samen 1 je Fach mit Caruncula

Ricinus communis

Sapium P. Browne

Ableitung: nach einem antiken Pflanzennamen
Vulgärnamen: D:Talgbaum; E:Tallow Tree; F:Arbre à suif
Arten: 22
Lebensform: Strauch, Baum. Milchsaft vorhanden
Blätter: wechselständig, einfach
Blütenstand: Ähre, endständig, seitlich
Blüten: einhäusig, selten zweihäusig, radiär, Kelchblätter 2–3, verwachsen, dachig in der Knospe. Kronblätter fehlend. Staubblätter 2–3, frei, Diskus fehlend. Fruchtblätter 3–2, verwachsen, oberständig. Plazentation zentralwinkelständig
Frucht: Kapsel fleischig, Samen 1 je Fach

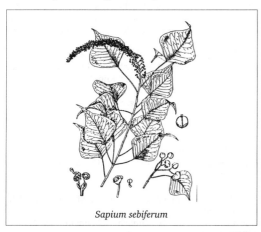

Sapium sebiferum

Kennzeichen: Strauch, Baum, mit Milchsaft. Blüten eingeschlechtig. Kelchblätter 2–3, dachig in der Knospe. Kronblätter fehlend. Staubblätter 2–3, frei. Diskus aus 5 Drüsen. Fruchtblätter 3–2, verwachsen, oberständig. Kapsel fleischig, Samen 1 je Fach

Sauropus Blume

Ableitung: Eidechsen-Fuß
Arten: 83
Lebensform: Strauch, immergrün. Milchsaft fehlend
Blätter: wechselständig, einfach. Nebenblätter vorhanden
Blütenstand: einzeln, Büschel
Blüten: einhäusig, radiär, Kelchblätter 6, verwachsen, dachig in der Knospe. Kronblätter fehlend. Staubblätter 3, verwachsen, Diskus vorhanden, mit dem Kelch in männlichen Blüten vereint, daher sehr dick.. Fruchtblätter 3, verwachsen, oberständig. Plazentation zentralwinkelständig
Frucht: Kapsel, Samen 2 je Fach
Kennzeichen: Strauch, immergrün, mit Milchsaft. Blüten eingeschlechtig. Kelchblätter 6, dachig in der Knospe. Kronblätter fehlend. Staubblätter 3, verwachsen. Diskus vorhanden, mit dem Kelch in männlichen Blüten vereint, daher sehr dick. Fruchtblätter 3, verwachsen, oberständig. Kapsel, Samen 2 je Fach

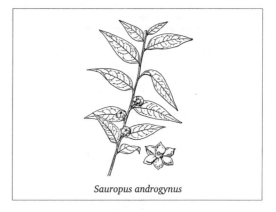

Sauropus androgynus

Securinega Comm. ex Juss.

Ableitung: Beil-Verweigerer
Vulgärnamen: D:Beilholz
Arten: 20
Lebensform: Strauch, Baum, laubwerfend. Milchsaft fehlend
Blätter: wechselständig, einfach. Nebenblätter vorhanden
Blütenstand: Büschel, einzeln, seitlich
Blüten: einhäusig oder zweihäusig, radiär, Kelchblätter 5–6, dachig in der Knospe. Kronblätter fehlend. Staubblätter 5–6, frei, Diskus vorhanden. Fruchtblätter 3, verwachsen, oberständig, als Rudiment in männlichen Blüten. Plazentation zentralwinkelständig
Frucht: Kapsel, Samen 2 je Fach
Kennzeichen: Baum, Strauch, laubwerfend, ohne Milchsaft. Blüten eingeschlechtig. Kelchblätter 5–6, dachig in der Knospe. Kronblätter fehlend. Staubblätter 5–6. Diskus

488 Euphorbiaceae Wolfsmilchgewächse

Securinega suffruticosa

Arten: 14
Lebensform: Strauch, Baum, sukkulent. Milchsaft vorhanden
Blätter: wechselständig, einfach. Nebenblätter vorhanden
Blütenstand: Cyathium
Blüten: einhäusig oder zweihäusig, radiär, ohne Blütenhülle. Staubblätter 1, frei. Fruchtblätter 3, verwachsen, oberständig. Plazentation zentralwinkelständig
Frucht: Kapsel, Samen 1 je Fach mit Caruncula
Kennzeichen: Strauch, Baum, sukkulent, mit Milchsaft. Blüten in CKennzeichen: athien, Düsen zu einem Ring verwachsen. Fruchtblätter 3, verwachsen, oberständig. Kapsel, Samen 1 je Fach mit Caruncula

vorhanden. Fruchtblätter 3, verwachsen, oberständig, als Rudiment in männlichen Blüten. Kapsel, Samen 2 je Fach

Stillingia L.

Ableitung: Gattung zu Ehren von Benjamin Stillingfleet (1702–1771), einem englischen Botaniker benannt
Arten: 29
Lebensform: Strauch. Milchsaft vorhanden
Blätter: wechselständig, gegenständig oder quirlständig, einfach. Nebenblätter vorhanden
Blütenstand: männliche Blüten in Ähren, weibliche einzeln
Blüten: einhäusig, radiär, Kelchblätter 2–3, frei oder verwachsen, dachig in der Knospe. Kronblätter fehlend. Staubblätter 2, selten 3, frei. Diskus fehlend. Fruchtblätter 2–3, verwachsen, oberständig. Plazentation zentralwinkelständig
Frucht: Kapsel, Samen 1 je Fach

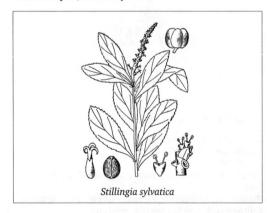

Synadenium grantii

Tetracarpidium Pax

Ableitung: mit vierteiliger Frucht
Arten: 1
Lebensform: Liane. Milchsaft fehlend
Blätter: wechselständig, einfach
Blütenstand: Rispe, seitlich
Blüten: einhäusig, radiär, Kelchblätter klappig in der Knospe. Kronblätter fehlend. Staubblätter 8–40, frei. Fruchtblätter 4, verwachsen, oberständig. Plazentation zentralwinkelständig
Frucht: Kapsel, 4-flügelig. Samen 1 je Fach
Kennzeichen: Liane ohne Milchsaft. Blüten eingeschlechtig. Kelchblätter klappig in der Knospe. Kronblätter fehlend. Staubblätter 8–40. Fruchtblätter 4, verwachsen, oberständig. Kapsel 4-flügelig, Samen 1 je Fach

Stillingia sylvatica

Kennzeichen: Strauch mit Milchsaft. Blüten eingeschlechtig, männliche Blüten in Ähren, weibliche einzeln. Kelchblätter 2–3, dachig in der Knospe. Kronblätter fehlend. Staubblätter 2–3, frei. Diskus fehlend. Fruchtblätter 2–3, verwachsen, oberständig. Kapsel, Samen 1 je Fach

Synadenium Boiss.

Ableitung: vereinigte Drüsen (Ring) des Involucrums
Vulgärnamen: D:Milchbusch; F:Euphorbe arborescente

Vernicia

Ableitung: Mehl-Pflanze
Vulgärnamen: D:Lichtnussbaum; E:Candlenut Tree; F:Aleurite, Bancoulier
Arten: 2
Lebensform: Baum, immergrün oder laubwerfend. Milchsaft vorhanden
Blätter: wechselständig, einfach. Nebenblätter fehlend
Blütenstand: Rispe, endständig

Blüten: eingeschlechtig, radiär, Kelchblätter klappig in der Knospe. Kronblätter 5–8, weiß. Staubblätter 8–20, frei, Diskus aus 5 Drüsen. Fruchtblätter 2–5, verwachsen, oberständig. Plazentation zentralwinkelständig
Frucht: Steinfrucht, Samen 1 je Fach
Kennzeichen: Baum, immergrün oder laubwerfend. Milchsaft vorhanden. Blüten eingeschlechtig. Kelchblätter klappig in der Knospe. Kronblätter 5–8. Staubblätter 8–20, frei. Diskus aus 5 Drüsen. Fruchtblätter 2–5, verwachsen, oberständig. Steinfrucht, Samen 1 je Fach

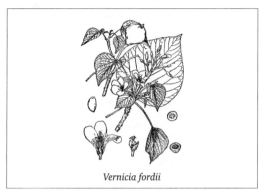

Vernicia fordii

Eupteleaceae

Euptelea Siebold et Zucc.

Ableitung: schöne Ptelea
Vulgärnamen: D:Schönulme; F:Euptéléa
Arten: 2
Lebensform: Baum, Strauch, laubwerfend
Blätter: wechselständig, einfach. Nebenblätter fehlend
Blütenstand: Büschel, einzeln
Blüten: zwittrig, eingeschlechtig. Blütenhülle fehlend. Staubblätter 8 bis viele, frei. Fruchtblätter 8–13, frei. Plazentation marginal
Frucht: Flügelnuss
Kennzeichen: Baum, Strauch, laubwerfend. Blüten ohne Blütenhülle. Staubblätter 8 bis viele. Fruchtblätter 8–13, frei. Flügelnuss

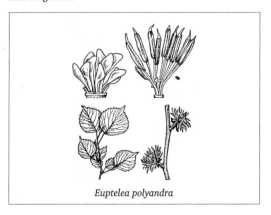

Euptelea polyandra

Fabaceae Schmetterlingsblütler

1 Staubblätter 10, frei. . . . . . . **Gruppe 1** (S. 489)
1 Staubblätter 10 verwachsen oder 9 verwachsen und 1 frei
2 Staubblätter 10 verwachsen. . . . .
. . . . **Gruppe 2** (S. 490)
2 Staubblätter 9 verwachsen und 1 frei
3 Frucht eine Gliederhülse. . . . .
. . . . **Gruppe 3**(S. 491)
3 Frucht eine aufspringende Hülse
4 Stipellen vorhanden . . . . **Gruppe 4** (S. 491)
4 Stipellen fehlend
5 Blättchen mit in den Rand auslaufenden Nerven, meist gezähnt am Rand . . . .
. . . . **Gruppe 5** (S. 492)
5 Blättchen mit vor dem Rand umbiegenden Nerven oder Seitennerven nicht sichtbar, am Rand ganzrandig
6 Blätter paarig gefiedert mit einer Borste oder einer Ranke am Ende . . . **Gruppe 6** (S. 492)
6 Blätter nicht paarig gefiedert . . . .
. . . . **Gruppe 7** (S. 492)

Die Schmetterlingsblütler sind eine überaus einheitliche Familie. Ihre Angehörigen sind sehr leicht zu erkennen an der typischen Schmetterlingsblüte mit Fahne, 2 Flügeln und Schiffchen aus 2 verwachsenen Kronblättern. Außerdem charakteristisch ist der verwachsene Kelch, das eine Fruchtblatt, 10 Staubblätter und meist Nebenblätter. In den wenigen Zweifelsfällen gegen die Caesalpiniaceae sind die in der Knospe dachig absteigenden Kronblätter.
Als kennzeichnende Merkmale sind besonders typische Gattungsmerkmale aufgeführt, die aber sehr oft für eine Definition der Gattung nicht ausreichen.

Gruppe 1

1 Frucht eine Gliederhülse
2 Pflanze klebrig mit sitzenden Drüsen, auch die Hülsen . . . . **Adesmia**
2 Pflanze nicht klebrig. . . . . **Sophora**
1 Frucht keine Gliederhülse
3 Hülse blasig aufgetrieben
4 Hülse 2-samig. . . . . **Burtonia**
4 Hülse mehrsamig. . . . . **Gompholobium**
3 Hülse nicht blasig aufgetrieben
5 Blätter einfach
6 Pflanze krautig . . . . **Baptisia**
6 Pflanze verholzt
7 Fahne schmäler als die Flügel. . . . .
. . . . **Brachysema**
7 Fahne breiter als die Flügel
8 Fruchtblatt längs 2-fächrig. . . . . **Mirbelia**
8 Fruchtblatt nicht 2-fächrig
9 Frucht 3-kantig . . . . **Daviesia**
9 Frucht nicht 3-kantig
10 Frucht 4- bis vielsamig
11 Samen mit Strophiolus . . . . **Podalyria**
11 Samen ohne Strophiolus
12 Schiffchen kürzer als die Flügel. . . . .
. . . . **Chorizema**

```
       12  Schiffchen etwa ebenso lang wie die
           Flügel . . . . . . . . . . . . . Oxylobium
   10  Frucht 2-samig
       13  Vorblätter bleibend, nahe dem Kelch. .
           . . . . . . . . . . . . . . . . . Pultenaea
       13  Vorblätter nicht so
           14  Blätter gegenständig . . . . . . Eutaxia
           14  Blätter wechselständig . . . . Dillwynia
 5  Blätter zusammengesetzt
   15  Frucht eine Schließfrucht
       16  Blüten blau . . . . . . . . . . . Bolusanthus
       16  Blüten nicht blau
           17  Pflanze immergrün. Blätter drüsig
               punktiert. Untere 4 Kronblätter sehr ähnlich
               . . . . . . . . . . . . . . . . . Myroxylon
           17  Pflanze sommergrün
               18  Blätter paarig gefiedert, mit einem
                   Enddorn . . . . . . . . . Ammodendron
               18  Blätter unpaarig gefiedert . . . Cladrastis
   15  Frucht eine aufspringende Hülse
       19  Blätter gefiedert
           20  Blüten gelb . . . . . . . Castanospermum
           20  Blüten nicht gelb
               21  Nebenblätter vorhanden . . . . . . Virgilia
               21  Nebenblätter fehlend . . . . . . Maackia
       19  Blätter 3-zählig
           22  Pflanze krautig
               23  Fruchtblatt deutlich gestielt. Hülse
                   aufgeblasen . . . . . . . . . . Baptisia
               23  Fruchtblatt sehr kurz gestielt. Hülse nicht
                   aufgeblasen . . . . . . . . . Thermopsis
           22  Pflanze verholzt
               24  Fahne viel kürzer als die Flügel. Blüten bis
                   2,5 cm lang . . . . . . . . . . . Anagyris
               24  Fahne etwa ebenso lang wie die Flügel.
                   Blüten über 2,5 cm lang . . . . Piptanthus
```

Gruppe 2

```
1  Stipellen vorhanden
  2  Frucht eine Gliederhülse . . . . . . Desmodium
  2  Frucht keine Gliederhülse
1  Stipellen fehlend
  3  Frucht eine Gliederhülse
     4  Blätter paarig gefiedert . . . . . . . . . Amicia
     4  Blätter unpaarig gefiedert oder 3-zählig
        5  Blätter unpaarig gefiedert, mit mehr als 3
           Blättchen . . . . . . . . . . . Aeschynomene
        5  Blätter 3-zählig gefiedert . . . . . Stylosanthes
  3  Frucht eine Hülse oder Schließfrucht
     6  Frucht eine ungegliederte Schließfrucht
        7  Blüten nur mit einer Fahne, ohne Flügel und
           Schiffchen. (1-samige Schließfrucht) . . . . .
           . . . . . . . . . . . . . . . . . . Amorpha
        7  Blüten Schmetterlingsblüten mit Fahne, Flügel
           und Schiffchen
           8  Frucht eine Schließfrucht oder steinfruchtartig
              9  Frucht unter der Erde reifend. (Pflanze
                 krautig. Blüten in Ähren) . . . . Arachis
              9  Frucht nicht unter der Erde reifend
                 10  Blätter schwarz drüsig. (Frucht 1-samig) .
                     . . . . . . . . . . . . . . Bituminaria
                 10  Blätter nicht schwarz drüsig
```

```
       11  Blüten in Köpfchen . . . . . . . Anthyllis
       11  Blüten nicht in Köpfchen
           12  Pflanzen holzig
               13  Blüten in Ähren. (Frucht
                   steinfruchtartig) . . . . . . Inocarpus
               13  Blüten gestielt
                   14  Frucht ringsum geflügelt . . . . . . .
                       . . . . . . . . . . . . . Pterocarpus
                   14  Frucht nicht ringsum geflügelt
                       15  Frucht oben oder beidseitig geflügelt
                           . . . . . . . . . . . . . . . Derris
                       15  Frucht ungeflügelt
                           16  Frucht dünn zusammengedrückt,
                               meist 1-samig . . . . . . Dalbergia
                           16  Frucht dick, steinfruchtartig,
                               1-samig . . . . . . . . . Dipteryx
 6  Frucht eine Hülse oder Gliederhülse
   17  Blättchen am Rand gesägt, die Nerven in den
       Rand auslaufend. Nebenblätter am Blattstiel
       angewachsen . . . . . . . . . . . . . . Ononis
   17  Blättchen ganzrandig. Seitennerven vor dem
       Rand umbiegend oder kaum sichtbar
       18  Pflanze dornig
           19  Blüten lila . . . . . . . . . . . Erinacea
           19  Blüten gelb, selten weißlich
               20  Kelch 2-teilig bis zum Grund . . . . Ulex
               20  Kelch zumindest am Grund röhrig
                   21  Kelch mit oberem mützenförmig
                       abfallendem Teil . . . . . . Calicotome
                   21  Kelch nicht mit abgesprengtem oberen
                       Teil
                       22  Kelch mit tief 2-spaltiger Oberlippe . .
                           . . . . . . . . . . . . . . Genista
                       22  Kelch mit kurz 2-zähniger Oberlippe. .
                           . . . . . . . . . . . . Chamaecytisus
       18  Pflanze nicht dornig
           23  Blätter gefingert mit 5 bis mehr Blättchen
               und Nebenblätter mit dem Blattstiel
               verwachsen . . . . . . . . . . . . . Lupinus
           23  Blätter einfach, 3-zählig, seltener 5- oder
               7-zählig gefiedert
               24  Pflanzen Rutensträucher Sträucher mit
                   grünen, runden Trieben und mit fehlenden
                   oder sehr hinfälligen Blättern
                   25  Hülse mehrsamig, langgestreckt. Blüten
                       2–3 cm, gelb. (Kelch bis zum Grund
                       gespalten) . . . . . . . . . . . Spartium
                   25  Hülse mit 1 bis 2 Samen, oval. Blüten
                       4–13 mm, weiß oder gelb . . . . Retama
               24  Pflanzen mit gut ausgebildeten Blättern
                   oder mit verbreiterten grünen Sprossen
                   26  Blätter gefiedert
                       27  Pflanze eine Staude . . . . . . . Galega
                       27  Pflanze verholzt . . . . . . . . Mundulea
                   26  Blätter 3-zählig oder gefiedert
                       28  Blätter gefingert . . . . . . . . . Lupinus
                       28  Blätter 3-zählig oder einfach oder
                           fehlend
                           29  Triebe breit geflügelt . . . . . . . . .
                               . . . . . . . . . . . . Chamaespartium
                           29  Triebe nicht breit geflügelt
                               30  Blüten in hängenden Trauben . . . .
                                   . . . . . . . . . . . . . Laburnum
```

30 Blüten nicht in hängenden Trauben
  31 Hülse drüsig . . . . . . **Adenocarpus**
  31 Hülse nicht drüsig
    32 Kelch mit 4-zähniger Oberlippe und 1-zähniger Unterlippe . . **Lotononis**
    32 Kelch anders
      33 Samen ohne Strophiolus
        34 Hülsen 35–50 mm lang. Blattstiele über 15 mm lang. . . . . **Petteria**
        34 Hülsen bis 25 mm lang. Blattstiele bis 15 mm lang. . . . . **Genista**
      33 Samen mit Strophiolus
        35 Kelch röhrig . . . **Chamaecytisus**
        35 Kelch glockig
          36 Blütenstand endständig, ± lange Traube
            37 Triebe und Blätter silbrig behaart. Alle Blätter gestielt . . . . **Argyrocytisus**
            37 Triebe und Blätter nicht silbrig behaart. Obere Blätter sitzend . . . . **Cytisophyllum**
          36 Blütenstand anders, höchstens kurze Trauben
            38 Kelch 2-lippig, Zipfel höchstens wenig länger als die Kelchröhre. Zipfel oft sehr kurz . . . . **Cytisus**
            38 Kelch mit tief 2-spaltiger Oberlippe, Zipfel viel länger als die Kelchröhre, alle 5 Kelchzipfel deutlich ausgebildet . . . . . . **Genista**

Gruppe 3

1 Blüten in Trauben oder Rispen
 2 Stipellen vorhanden
  3 Frucht im vergrößerten Kelch eingeschlossen . . . . **Christia**
  3 Frucht nicht im Kelch eingeschlossen . . . . **Desmodium**
 2 Stipellen fehlend
  4 Blätter gefiedert . . . . **Hedysarum**
  4 Blätter einfach oder 3-zählig. . . . . **Alysicarpus**
1 Blüten in Dolden, Köpfchen oder selten einzeln
 5 Fruchtglieder warzig oder stachelig . . . . **Scorpiurus**
 5 Fruchtglieder nicht warzig oder stachelig
  6 Fruchtglieder hufeisenförmig . . . **Hippocrepis**
  6 Fruchtglieder gerade oder etwas gebogen
   7 Frucht netznervig . . . . **Ornithopus**
   7 Frucht nicht netznervig
    8 Sprosse ohne Kanten. Nebenblätter verwachsen . . . . **Coronilla**
    8 Sprosse kantig. Nebenblätter frei
     9 Pflanze strauchig. Sprosse 5- bis 6-kantig. . . . . **Emerus**
     9 Pflanze einjährig oder ausdauernd und krautig. Sprosse 8-kantig. . . . . **Securigera**

Gruppe 4

1 Frucht eine Schließfrucht
 2 Pflanze mit unterirdisch sich entwickelnden Früchten . . . . **Macrotyloma**
 2 Pflanze mit oberirdischen Früchten
  3 Blätter gefiedert . . . . **Lonchocarpus**
  3 Blätter 3-zählig . . . . **Campylotropus**
1 Frucht eine Hülse
 4 Blüten mit der Fahne nach unten gekehrt . . . . **Clitoria**
 4 Blüten mit nach oben gerichteter Fahne
  5 Blätter gefiedert mit 5 bis mehr Blättchen
   6 Blätter paarig gefiedert . . . . **Sesbania**
   6 Blätter unpaarig gefiedert
    7 Pflanze kletternd
     8 Pflanze eine Liane mit hängenden Trauben von blauen Blüten . . . . **Wisteria**
     8 Pflanze eine krautige Kletterpflanze mit purpurnen oder roten Blüten und unterirdischen Knollen . . . . **Apios**
    7 Pflanze aufrecht
     9 Blätter mit Gabelhaaren. Hülse septiert. . . . . **Indigofera**
     9 Blätter ohne Gabelhaare. Hülse nicht septiert. (Nebenblätter oft dornig) . . . . **Robinia**
  5 Blätter 3-zählig oder selten einfach
   10 Blätter unterseits drüsig punktiert. Samen schwarz und rot gefärbt . . . . . **Rhynchosia**
   10 Blätter unterseits nicht auffällig drüsig punktiert
    11 Oberstes Staubblatt am Grund frei, ab der Mitte mit den anderen verwachsen. (Griffel kahl) . . . . **Canavalia**
    11 Oberstes Staubblatt völlig frei
     12 Griffel kahl
      13 Schiffchen größer als andere Kronblätter. (Blütenstand an den Knoten nicht verdickt)
       14 Blütenstand endständig. Hülse 1-samig . . . . **Butea**
       14 Blütenstände seitlich. Hülse mehrsamig. . . . . **Mucuna**
      13 Schiffchen nicht am größten von den Kronblättern
       15 Blütenstand an den Knoten verdickt. Fahne sehr groß. (Blütentrauben hängend) . . . . **Strongylodon**
       15 Blütenstand nicht verdickt an den Knoten. (Schiffchen kürzer als die Flügel)
        16 Samen mit Anhängseln
         17 Fahne gespornt oder ausgesackt am Grund. . . . . **Centrosema**
         17 Fahne anders
          18 Fahne mit Öhrchen. (Blüten rot oder schwarz. Frucht eingeschnürt zwischen den Samen) . . . **Kennedia**
          18 Fahne ohne Öhrchen . **Hardenbergia**
        16 Samen ohne Anhängsel
         19 Kelch 4-zipfelig. . . . . **Amphicarpaea**
         19 Kelch 5-zipfelig. . . . . **Glycine**

12 Griffel an der Innenseite bärtig oder am Ende pinselförmig
20 Schiffchen spiralig eingerollt
21 Griffel kapuzenförmig über der Narbe. (Kelchzähne sehr kurz) . . . .
. . . . **Physostigma**
21 Griffel nicht kapuzenförmig über der Narbe
22 Kelchzipfel zumindest die oberen kürzer als die Kelchröhre . . . .**Phaseolus**
22 Kelchzipfel alle länger als die Kelchröhre
. . . . **Macroptilium**
20 Schiffchen gerade oder gebogen, aber nicht spiralig eingerollt
23 Narbe seitlich. (Blütenstand an den Knoten nicht verdickt)
24 Narbe sehr schief. Griffel nicht zusammengedrückt . . . . **Vigna**
24 Narbe kugelig. Griffel zusammengedrückt . . . . **Pachyrhizus**
23 Narbe endständig. (Blütenstand mit verdickten Knoten)
25 Frucht 4-flügelig. . . . . **Psophocarpus**
25 Frucht nicht 4-flügelig
26 Griffel seitlich abgeflacht **Sphenostylis**
26 Griffel rund im Querschnitt . **Dipogon**

Gruppe 5

1 Nebenblätter frei vom Blattstiel. (Blüten blau oder lila) . . . . **Parochetus**
1 Nebenblätter verwachsen mit dem Blattstiel
2 Kronblätter nach der Blüte nicht abfallend, sondern nur vertrocknend. (Schließfrucht) . . .
. . . . **Trifolium**
2 Kronblätter nach der Blüte abfallend
3 Blüten in langen Trauben, (weiß, oder gelb. Wenigsamige Schließfrucht, höchstens sehr spät sich noch öffnend) . . . . **Melilotus**
3 Blüten höchstens in kurzen Trauben, meist in Köpfchen oder Ähren oder selten einzeln
4 Frucht gerade oder gebogen. Schabziegergeruch . . . . **Trigonella**
4 Frucht meist schraubig eingerollt und oft stachelig . . . . **Medicago**

Gruppe 6

1 Pflanze holzig
2 Blüten in lockeren Trauben. Hülse septiert. . . .
. . . . **Sesbania**
2 Blüten büschelig, doldig oder zu 2–3. (Blätter oft mit dorniger Blattspindel)
3 Blüten einzeln oder in Büscheln, gelb, selten weiß oder rosa. Frucht lineal . . . . **Caragana**
3 Blüten zu 2–3 in Trauben, rosa, lila oder violett. Frucht ± eiförmig . . . . **Halimodendron**
1 Pflanze krautig
4 Hülse septiert. Pflanze nicht kletternd . . . .
. . . . **Sesbania**
4 Hülse nicht septiert. Pflanze nicht kletternd
5 Frucht oval-eiförmig, dick aufgeschwollen. Blätter und Stängel drüsig . . . . **Cicer**

5 Frucht länglich-lineal, ± zusammengedrückt. Blätter und Stängel nicht drüsig
6 Nebenblätter über 2 cm groß, größer als die Blättchen. Samen ± kugelig. (Blättchen fiedernervig) . . . . **Pisum**
6 Nebenblätter kleiner, unter 2 cm groß
7 Kronröhre gerade abgeschnitten. (Samen selten kugelig. Blätter meist mit Endranke und Blättchen meist handnervig) . . . . **Lathyrus**
7 Kronröhre schräg abgeschnitten
8 Samen zusammengedrückt. Kelchzähne über 3xmal so lang als breit. (Hülse 2-samig) . .
. . . . **Lens**
8 Samen selten zusammengedrückt. Kelchzähne weniger als 3x mal so lang wie breit. (Blättchen meist fiedernervig) . .**Vicia**

Gruppe 7

1 Hülse aufgeblasen
2 Griffel nicht hakig am Ende
3 Griffel an der Oberseite bärtig (Blätter immergrün) . . . . **Sutherlandia**
3 Griffel nur um die Narbe bärtig . . . **Swainsona**
2 Griffel hakig am Ende (Blätter sommergrün) . .
. . . . **Colutea**
1 Hülse oder Schließfrucht nicht aufgeblasen
4 Frucht eine Schließfrucht
5 Pflanze blattlos oder Blätter höchstens schuppenförmig. (Nebenblätter fehlend) . . . .
. . . . **Notospartium**
5 Pflanze mit deutlich entwickelten Blättern
6 Frucht eine Steinfrucht . . . . **Andira**
6 Frucht eine trockene Schließfrucht
7 Pflanze ein Baum, Strauch oder Liane
8 Blätter gefiedert, mit 5 bis mehr Blättchen
9 Frucht geflügelt
10 Frucht mit 4 Flügeln . . . . . . **Piscidia**
10 Frucht höchstens mit 2 Flügeln
11 Frucht ringsum kreisförmig geflügelt. .
. . . . **Pterocarpus**
11 Frucht anders geflügelt
12 Frucht am Ende mit langem Flügel. (Nebenblätter fehlend) . . . . **Tipuana**
12 Frucht nur oben beidseitig geflügelt (Pflanze meist eine Liane) . . . . **Derris**
9 Frucht nicht geflügelt.
13 Blätter mit schwarzen Drüsen . . . . . .
. . . . **Psoralea**
13 Blätter ohne schwarze Drüsen
14 Pflanze ein Baum oder Strauch. (Blättchen fast immer gegenständig an der Blattspindel) . . . . **Lonchocarpus**
14 Pflanze meist eine Liane. (Blättchen immer wechselständig an der Blattspindel . . . .
. . . . **Dalbergia**
8 Blätter 3-zählig oder einfach
15 Pflanze dornig. Frucht mehrsamig. (Blätter einfach) . . . . **Alhagi**
15 Pflanze nicht dornig. Frucht 1-samig
16 Pflanze sommergrün . . . . . **Lespedeza**
16 Pflanze immergrün . . . . **Campylotropis**

- 7 Pflanze krautig
  - 17 Blätter gefiedert
    - 18 Frucht an 2 Seiten gezackt. Samen 2-reihig . . . . **Biserrula**
    - 18 Frucht glatt oder borstig. . . . . **Glycyrrhiza**
  - 17 Blätter 3-zählig oder einfach
    - 19 Frucht gekrümmt, am Rand mit Zähnen . . . . **Onobrychis**
    - 19 Frucht warzig oder stachelig, gewunden. (Blüten einzeln oder in Dolden) . . . . **Scorpiurus**
- 4 Frucht eine Hülse
  - 20 Pflanze ein Rutenstrauch mit abgeflachten oder binsenförmigen Zweigen. Blätter reduziert oder fehlend . . . . **Carmichaelia**
  - 20 Pflanze kein Rutenstrauch. Blätter nicht reduziert
    - 21 Blätter unpaarig gefiedert mit 5 oder mehr Blättchen
      - 22 Pflanze kletternd
        - 23 Pflanze eine Liane. Blüten blau, in hängenden Trauben. . . . . **Wisteria**
        - 23 Pflanze krautig. Blüten gelb, purpurn oder braun . . . . **Apios**
      - 22 Pflanze nicht kletternd
        - 24 Blüten in Dolden oder Köpfchen
          - 25 Schiffchen geschnäbelt . . . . **Lotus**
          - 25 Schiffchen nicht geschnäbelt . . **Dorycnium**
        - 24 Blüten nicht in Dolden oder Köpfchen
          - 26 Blattnerven in den gesägten Rand auslaufend. (Einjährige) . . . . **Cicer**
          - 26 Blattnerven vor dem ganzrandigen Blattrand umbiegend
            - 27 Haare gabelig . . . . **Indigofera**
            - 27 Haare nicht gabelig
              - 28 Frucht flach zusammengedrückt
                - 29 Frucht oben geflügelt. Nebenblätter meist dornig. Stipellen oft vorhanden . . . . **Robinia**
                - 29 Frucht oben nicht geflügelt. Nebenblätter nie dornig. Stipellen fehlend . . . . **Gliricidia**
              - 28 Frucht nicht stark zusammengedrückt
                - 30 Blüten mit zurückgeschlagener Fahne. Flügel und Schiffchen stark gebogen. Blüten meist scharlachrot . . **Clianthus**
                - 30 Blüten nicht mit dieser Merkmalskombination
                  - 31 Frucht innen längs septiert, oft geschwollen
                    - 32 Schiffchen gezähnt an der Oberseite. Blättchen am Grund schief . . . . **Oxytropis**
                    - 32 Schiffchen nicht gezähnt. Blättchen symmetrisch am Grund . . . . **Astragalus**
                  - 31 Frucht ohne Längssepten . . . . **Calophaca**
    - 21 Blätter paarig gefiedert bis einfach
      - 33 Blätter paarig gefiedert oder nur 2 blattartige Nebenblätter (Lathyrus aphaca) oder mit einer Ranke oder einem kleinen Spitzchen am Ende
        - 34 Pflanze eine Liane mit schwarz und roten Samen . . . . **Abrus**
        - 34 Pflanze krautig . . . . **Lathyrus**
      - 33 Blätter 3-zählig oder einfach
        - 35 Hülse 4-kantig bis 4-flügelig . . . . **Tetragonolobus**
        - 35 Hülse nicht 4-kantig
          - 36 Blätter mit Stipellen
            - 37 Pflanze kletternd
              - 38 Blätter drüsig punktiert. . **Rhynchosia**
              - 38 Blätter nicht drüsig punktiert. . . . . **Mucuna**
            - 37 Pflanze aufrecht. Stipellen drüsig . . . . **Erythrina**
          - 36 Blätter ohne Stipellen
            - 39 Blätter einfach, grasartig. . . . **Lathyrus**
            - 39 Blätter anders
              - 40 Frucht lineal, mit 4 oder mehr Samen, zwischen den Samen eingedrückt . . . . **Cajanus**
              - 40 Frucht kurz, angeschwollen, mit 2 Samen . . . . **Flemingia**

Abrus Adans.

Ableitung: nach einem arabischen Pflanzennamen
Vulgärnamen: D:Paternostererbse; F:Pois à chapelet
Arten: 17
Lebensform: Liane, Strauch
Blätter: wechselständig, paarig gefiedert. Nebenblätter vorhanden. Stipellen fehlend
Blütenstand: Trauben, Ähren, endständig, seitlich
Blüten: lila, gelblich, rosa, weiß. Staubblätter 9 verwachsen
Frucht: Hülse
Kennzeichen: Schmetterlingsblütler. Meist Lianen. Blätter paarig gefiedert

Abrus precatorius

Adenocarpus DC.

Ableitung: mit drüsiger Frucht
Vulgärnamen: D:Drüsenginster; F:Adénocarpe

Arten: 15
Lebensform: Strauch, laubwerfend, selten immergrün
Blätter: wechselständig, 3-zählig. Nebenblätter vorhanden oder fehlend
Blütenstand: Trauben, Büschel, endständig
Blüten: orange, gelb. Staubblätter 10 verwachsen
Frucht: Hülse dicht drüsig-hökerig
Kennzeichen: Schmetterlingsblütler. Strauch. Blüten gelb oder orange. Staubblätter 10 verwachsen. Hülse dicht drüsig-hökerig

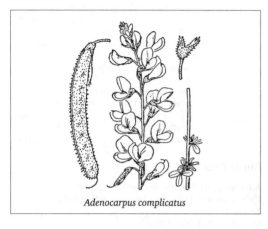

Adenocarpus complicatus

Adesmia DC.
Ableitung: ohne Bündel
Arten: c. 230
Lebensform: Strauch, Halbstrauch, Kräuter
Blätter: wechselständig, paarig gefiedert, unpaarig gefiedert, 3-zählig. Nebenblätter vorhanden. Stipellen fehlend
Blütenstand: Trauben endständig
Blüten: gelb, rot gestreift. Staubblätter 10 frei
Frucht: Gliederhülse
Kennzeichen: Schmetterlingsblütler. Blüten in endständigen Trauben. Staubblätter 10 frei. Gliederhülse

Adesmia bicolor

Aeschynomene L.
Ableitung: sich schämende Pflanze
Vulgärnamen: D:Schampflanze; E:Joint Vetch
Arten: c. 150
Lebensform: Einjährige, Staude, Strauch
Blätter: wechselständig, unpaarig gefiedert, Blättchen ganzrandig. Nebenblätter vorhanden. Stipellen fehlend
Blütenstand: einzeln, Trauben, seitlich, endständig
Blüten: gelb. Staubblätter 10 verwachsen, aber Röhre mit 1 oder 2 Schlitzen
Frucht: Gliederhülse
Kennzeichen: Schmetterlingsblütler. Staubblätter 10 verwachsen, aber Röhre mit 1 oder 2 Schlitzen. Gliederhülse

Aeschynomene indica

Alhagi Gagnebin
Ableitung: arabischer Pflanzenname
Vulgärnamen: D:Kameldorn; E:Camel Thorn; F:Epine de chameau
Arten: 4
Lebensform: Strauch dornig

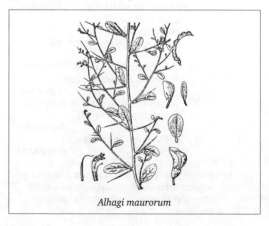

Alhagi maurorum

Blätter: wechselständig, einfach, ganzrandig. Nebenblätter vorhanden. Stipellen fehlend
Blütenstand: einzeln, zu 2, traubenartig, seitlich
Blüten: rosa, rot. Staubblätter 9 verwachsen und 1 frei
Frucht: Schließfrucht mehrsamig
Kennzeichen: Schmetterlingsblütler. Strauch dornig. Blätter einfach. Schließfrucht mehrsamig

Alysicarpus Desv.

Ableitung: Ketten-Frucht
Arten: 25
Lebensform: Staude, Einjährige, Strauch
Blätter: wechselständig, einfach selten 3-zählig. Nebenblätter vorhanden. Stipellen fehlend
Blütenstand: Trauben, endständig oder seitlich
Blüten: blau, purpurn. Staubblätter 9 verwachsen und 1 frei
Frucht: Gliederhülse
Kennzeichen: Schmetterlingsblütler. Trauben mit blaupurpurnen Trauben. Gliederhülse

Alysicarpus vaginalis

Amicia Kunth

Ableitung: Gattung zu Ehren von Giovanni Battista Amici (1786–1863), einem italienischen Physiker benannt
Arten: 7
Lebensform: Strauch, Halbstrauch
Blätter: wechselständig, paarig gefiedert. Nebenblätter vorhanden. Stipellen fehlend
Blütenstand: einzeln, Trauben, seitlich
Blüten: gelb. Staubblätter 10 verwachsen
Frucht: Gliederhülse
Kennzeichen: Schmetterlingsblütler. Blätter paarig gefiedert. Staubblätter 10 verwachsen. Gliederhülse

Ammodendron Fisch. ex DC.

Ableitung: Sand-Baum
Arten: 6
Lebensform: Strauch, laubwerfend
Blätter: wechselständig, unpaarig gefiedert, 3-zählig. Nebenblätter vorhanden. Stipellen fehlend

Blütenstand: Trauben, endständig
Blüten: rosenfarben, purpurn. Staubblätter 10 frei
Frucht: Schließfrucht
Kennzeichen: Schmetterlingsblütler. Strauch mit endständigen Trauben. Staubblätter 10 frei. Schließfrucht

Amorpha L.

Ableitung: Pflanze ohne Form
Vulgärnamen: D:Bastardindigo, Bleibusch, Scheinindigo; E:False Indogo; F:Amorpha, Faux-indigo
Arten: 15
Lebensform: Strauch, Halbstrauch
Blätter: wechselständig, unpaarig gefiedert. Nebenblätter vorhanden oder fehlend. Stipellen fehlend oder selten vorhanden
Blütenstand: Trauben, endständig
Blüten: nur mit Fahne, blau, weiß, violett. Staubblätter 10 verwachsen
Frucht: Schließfrucht 1-samig
Kennzeichen: Schmetterlingsblütler. Blüten nur mit Fahne. Blättchen hell punktiert

Amorpha fruticosa

Amphicarpaea Elliott ex Nutt.

Ableitung: ringsum Früchte
Vulgärnamen: D:Doppelfrucht, Futtererdnuss; E:Hog Paenut
Arten: 3
Lebensform: Staude, kletternd
Blätter: wechselständig, 3-zählig gefiedert. Nebenblätter vorhanden. Stipellen vorhanden
Blütenstand: Trauben, Rispen, seitlich
Blüten: weiß, violett, blau, selten rosa. Staubblätter 9 verwachsen und 1 frei
Frucht: Hülse
Kennzeichen: Schmetterlingsblütler. Staude kletternd, mit Stipelen

496 Fabaceae Schmetterlingsblütler

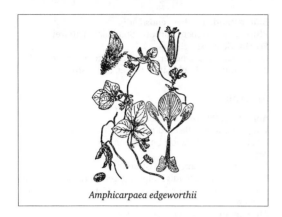
Amphicarpaea edgeworthii

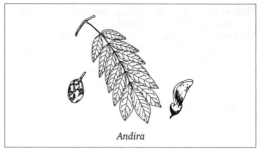
Andira

Anagyris L.
Ableitung: antiker Pflanzenname
Vulgärnamen: D:Stinkstrauch; E:Stinking Bean Trefoil; F:Anagyre, Bois puant
Arten: 2
Lebensform: Strauch
Blätter: wechselständig, 3-zählig, stinkend beim Zerreiben. Nebenblätter vorhanden
Blütenstand: Trauben, seitlich
Blüten: gelb. Staubblätter 10 frei
Frucht: Hülse
Kennzeichen: Schmetterlingsblütler. Strauch. Blätter 3-zählig, stinkend beim Zerreiben. Staubblätter 10 frei

Anthyllis L.
Ableitung: antiker Pflanzenname
Vulgärnamen: D:Wundklee; E:Kidney Vetch; F:Anthyllis
Arten: c. 25
Lebensform: Strauch, Einjährige, Staude, immergrün oder laubwerfend
Blätter: wechselständig, unpaarig gefiedert, 3-zählig, einfach. Nebenblätter vorhanden oder fehlend
Blütenstand: Köpfchen, Büschel, einzeln, seitlich
Blüten: weiß, purpurn, gelb. Staubblätter 10 verwachsen
Frucht: Schließfrucht im Kelch
Kennzeichen: Schmetterlingsblütler. Blüten meist in Köpfchen oder Büscheln. Staubblätter 10, verwachsen. Schließfrucht im Kelch

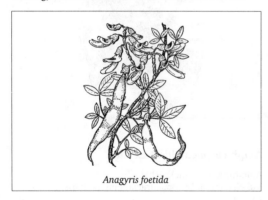
Anagyris foetida

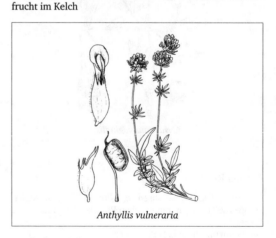
Anthyllis vulneraria

Andira Juss.
Ableitung: nach einem brasilianischen Pflanzennamen
Vulgärnamen: D:Kohlbaum; E:Andelmin, Angelim
Arten: 21
Lebensform: Baum, immergrün
Blätter: wechselständig, unpaarig gefiedert, selten 3-zählig. Nebenblätter vorhanden. Stipellen fehlend
Blütenstand: Rispen, endständig
Blüten: rosa, lila, violett. Staubblätter 9 verwachsen und 1 frei
Frucht: steinfruchtartige Hülse
Kennzeichen: Schmetterlingsblütler. Baum immergrün. Hülse steinfruchtartig

Apios Fabr.
Ableitung: griechischer Name des Birnbaums
Vulgärnamen: D:Erdbirne; E:Potato Bean; F:Glycine tubéreuse
Arten: 10
Lebensform: Staude, kletternd
Blätter: wechselständig, unpaarig gefiedert oder 3-zählig gefiedert. Nebenblätter vorhanden. Stipellen vorhanden
Blütenstand: Trauben, Rispen
Blüten: gelb, purpurn, rotbraun. Staubblätter 9 verwachsen und 1 frei
Frucht: Hülse
Kennzeichen: Schmetterlingsblütler. Staude kletternd. Stipellen vorhanden

Fabaceae Schmetterlingsblütler 497

Apios americana

Argyrocytisus battandieri

Frucht: Hülse. Samen mit Strophiolus
Kennzeichen: Schmetterlingsblütler. Strauch, laubwerfend. Endständige Trauben. Staubblätter 10 verwachsen. Samen mit Strophiolus

Arachis L.

Ableitung: antiker Pflanzenname
Vulgärnamen: D:Erdnuss; E:Peanut; F:Arachide, Cacahuète
Arten: 22
Lebensform: Einjährige, Staude
Blätter: wechselständig, unpaarig gefiedert, 3-zählig. Nebenblätter vorhanden. Stipellen fehlend
Blütenstand: Ähren, seitlich
Blüten: gelb. Staubblätter 10 verwachsen
Frucht: Schließfrucht, unter der Erde sich entwickelnd
Kennzeichen: Schmetterlingsblütler. Staubblätter 10 verwachsen. Schließfrucht, unter der Erde sich entwickelnd

Aspalathus L.

Ableitung: antiker Pflanzenname
Vulgärnamen: D:Rotbusch; E:Rooibos
Arten: 278
Lebensform: Strauch, Halbstrauch, immergrün
Blätter: wechselständig, 3-zählig gefiedert, selten einfach oder fehlend. Nebenblätter fehlend
Blütenstand: Ähre, Köpfchen, Büschel, endständig oder seitlich
Blüten: gelb, blau, rot, purpurn, weiß. Staubblätter 10 verwachsen
Frucht: Hülse. Samen ohne Strophiolus
Kennzeichen: Schmetterlingsblütler. Strauch, Halbstrauch, immergrün. Nebenblätter fehlend. Staubblätter 10 verwachsen. Hülse. Samen ohne Strophiolus

Astragalus L.

Ableitung: antiker Pflanzenname
Vulgärnamen: D:Berglinse, Stragel, Tragant; E:Milk Vetch; F:Astragale, Réglisse sauvage
Arten: c. 1750
Lebensform: Einjährige, Staude, Strauch
Blätter: wechselständig, unpaarig gefiedert, selten 3-zählig oder einzeln. Nebenblätter vorhanden. Stipellen fehlend
Blütenstand: Trauben, Knäuel, Ähre, seitlich

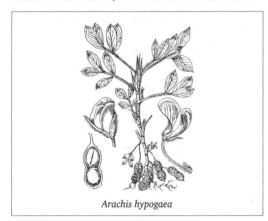
Arachis hypogaea

Argyrocytisus (Maire) Raynaud

Ableitung: Silber-Cytisus
Vulgärnamen: D:Silberginster; F:Genêt argenté
Arten: 1
Lebensform: Strauch, laubwerfend
Blätter: wechselständig, 3-zählig gefiedert
Blütenstand: Trauben, endständig
Blüten: gelb. Staubblätter 10 verwachsen

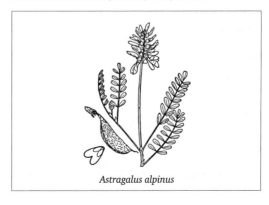
Astragalus alpinus

Blüten: weiß, gelb, violett, purpurn. Staubblätter 9 verwachsen und 1 frei
Frucht: Hülse oft längs septiert oder mit nach innen vorspringenden Wülsten an den Nähten
Kennzeichen: Schmetterlingsblütler. Blätter meist unpaarig gefiedert oder mit dorniger Spindel. Staubblätter 9 verwachsen und 1 frei. Hülse oft längs septiert oder mit nach innen vorspringenden Wülsten an den Nähten

Baphia Afzel. ex Lodd.

Ableitung: Färbepflanze
Vulgärnamen: D:Camholz; E:Camwood
Arten: 45
Lebensform: Baum, Strauch, Liane
Blätter: wechselständig, einfach. Nebenblätter vorhanden
Blütenstand: Trauben, einzeln, seitlich, endständig
Blüten: weiß, gelb. Staubblätter 10 frei
Frucht: Hülse, 4- bis 2-samig
Kennzeichen: Schmetterlingsblütler. Holzpflanzen mit einfachen Blättern. Staubblätter 10 frei. weitere Gattungen

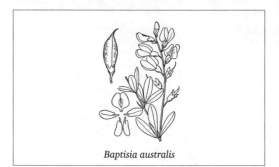

Baptisia australis

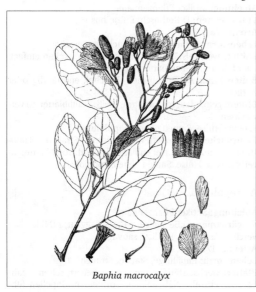

Baphia macrocalyx

Baptisia Vent.

Ableitung: Pflanze zum Eintauchen (Färben)
Vulgärnamen: D:Färberhülse, Indigolupine; E:False Indigo; F:Lupin indigo, Podalyre
Arten: 17
Lebensform: Staude
Blätter: wechselständig, 3-zählig gefingert, einfach. Nebenblätter vorhanden oder fehlend
Blütenstand: Trauben, endständig
Blüten: weiß, gelb, blau. Staubblätter 10 frei
Frucht: Hülse, meist aufgeblasen. Samen mit oder ohne Strophiolus
Kennzeichen: Schmetterlingsblütler. Staude. Blätter 3-zählig gefingert oder einfach. Endständige Traube. Staubblätter 10 frei. Hülse meist aufgeblasen

Biserrula L.

Arten: 1
Lebensform: Einjährige
Blätter: wechselständig, unpaarig gefiedert. Blättchen ganzrandig. Nebenblätter vorhanden. Stipellen fehlend
Blütenstand: Ähren, seitlich
Blüten: bläulich. Staubblätter 9 verwachsen und 1 frei, nur 5 fertil
Frucht: Schließfrucht, vielsamig
Kennzeichen: Schmetterlingsblütler. Einjährige, mit seitlichen Ähren. Staubblätter nur 5 fertil. Schließfrucht vielsamig

Bituminaria Heist. ex Fabr.

Ableitung: Bitumen-Pflanze (Geruch)
Vulgärnamen: D:Asphaltklee; E:Triphyllon
Arten: 2
Lebensform: Zweijährige, Staude
Blätter: wechselständig, 3-zählig gefiedert, punktiert. Nebenblätter vorhanden
Blütenstand: Köpfchen, seitlich
Blüten: violett, rosa, weiß. Staubblätter 10 verwachsen
Frucht: Schließfrucht 1-samig
Kennzeichen: Schmetterlingsblütler. Blättchen punktiert. Blüten in Köpfchen. Staubblätter 10 verwachsen. Schließfrucht 1-samig

Bituminaria bituminosa

Bolusanthus Harms

Ableitung: Gattung zu Ehren von Harry Bolus (1834–1911), einem in England geborenen südafrikanischen Bankier und Botaniker benannt, anthus = Blüte
Vulgärnamen: D:Elefantenholz; E:Elephantwood; F:Glycine en arbre
Arten: 1
Lebensform: Baum, Strauch
Blätter: wechselständig, unpaarig gefiedert
Blütenstand: Trauben hängend, endständig
Blüten: blau. Staubblätter 10 frei
Frucht: Schließfrucht mehrsamig
Kennzeichen: Schmetterlingsblütler. Baum oder Strauch. Blüten blau, in hängenden Trauben. Staubblätter 10 frei. Schließfrucht mehrsamig

Bossiaea Vent.

Ableitung: Gattung zu Ehren von Claude Victor Boissieu de La Martinière (1784–1868), einem französischen Botaniker benannt
Vulgärnamen: D:Wasserbusch; E:Water Bush; F:Bossiaea
Arten: c. 50
Lebensform: Strauch, immergrün
Blätter: wechselständig oder gegenständig, einfach, ganzrandig oder gezähnt. Nebenblätter vorhanden oder fehlend
Blütenstand: einzeln, Büschel, seitlich
Blüten: gelb, orange, braun, rot. Staubblätter 10 verwachsen
Frucht: Hülse. Samen mit Strophiolus
Kennzeichen: Schmetterlingsblütler. Strauch immergrün. Blätter einfach. Staubblätter 10 verwachsen. Samen mit Strophiolus

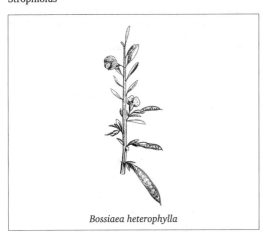

Bossiaea heterophylla

Brachysema R. Br.

Ableitung: kurzes Zeichen (Fahne)
Vulgärnamen: D:Kurzfähnchen; E:Swan River Pea
Arten: 8
Lebensform: Strauch, Halbstrauch, immergrün
Blätter: wechselständig oder gegenständig, einfach. Nebenblätter vorhanden oder fehlend
Blütenstand: einzeln, Büschel, endständig, seitlich

Blüten: rot, gelbgrün, schwarz. Staubblätter 10 frei
Frucht: Hülse vielsamig. Samen mit Strophiolus
Kennzeichen: Schmetterlingsblütler. Blätter einfach. Staubblätter 10 frei. Hülse vielsamig. Samen mit Strophiolus

Burtonia R. Br.

Ableitung: Gattung zu Ehren von David Burton (?–1792), einem englischen Pflanzensammler benannt
Arten: 12
Lebensform: Strauch. Halbstrauch
Blätter: wechselständig, gefiedert oder gefingert, einfach. Nebenblätter vorhanden oder fehlend
Blütenstand: einzeln, Trauben, seitlich, endständig
Blüten: purpurn, orange, gelb, rot, blau. Staubblätter 10 frei
Frucht: Hülse, blasig, 2-samig
Kennzeichen: Schmetterlingsblütler. Strauch oder Halbstrauch. Staubblätter 10 frei. Hülse aufgeblasen, 2-samig

Burtonia hendersonii

Butea Roxb. ex Willd.

Ableitung: Gattung zu Ehren von John Stuart 3rd Earl of Bute (1713–1792), einem botanisch interessierten englischen Staatsmann benannt
Vulgärnamen: D:Lackbaum; F:Arbre-à-laque, Butéa
Arten: 4
Lebensform: Baum, Liane, Strauch
Blätter: wechselständig, 3-zählig gefiedert. Nebenblätter vorhanden. Stipellen vorhanden
Blütenstand: Trauben, Rispen, endständig
Blüten: gelb, rot, orange. Staubblätter 9 verwachsen und 1 frei
Frucht: Hülse 1-samig
Kennzeichen: Schmetterlingsblütler. Baum, Liane oder Strauch. Stipellen vorhanden. Trauben oder Rispen endständig. Hülse 1-samig

Butea monosperma

Calicotome Link
Ableitung: abgeschnittener Kelch
Arten: 2
Lebensform: Strauch, dornig, laubwerfend
Blätter: wechselständig, 3-zählig gefiedert. Nebenblätter vorhanden oder fehlend
Blütenstand: einzeln, Trauben, Büschel, seitlich
Blüten: gelb. Kelch, dessen oberer Teil mützenförmig abgesprengt wird. Staubblätter 10 verwachsen
Frucht: Hülse
Kennzeichen: Schmetterlingsblütler. Strauch dornig. Blätter 3-zählig gefiedert. Kelch, dessen oberer Teil mützenförmig abgesprengt wird. Staubblätter 10 verwachsen

Calicotome spinosa

Cajanus DC.
Ableitung: nach einem malaiischen Pflanzennamen
Vulgärnamen: D:Taubenerbsenbaum; E:Catjang Pea; F:Ambreuvade, Pois d'angol
Arten: 3
Lebensform: Strauch
Blätter: wechselständig, 3-zählig gefiedert. Nebenblätter vorhanden, Stipellen fehlend
Blütenstand: Trauben, seitlich
Blüten: gelb. Staubblätter 9 verwachsen und 1 frei
Frucht: Hülse
Kennzeichen: Schmetterlingsblütler. Strauch. Blätter 3-zählig gefiedert, ohne Stipellen. Trauben seitlich. Hülse

Cajanus cajan

Calophaca Fisch. ex DC.
Ableitung: schöne Linse
Vulgärnamen: D:Schönhülse
Arten: 5
Lebensform: Staude, Halbstrauch, Strauch, laubwerfend
Blätter: wechselständig, unpaarig gefiedert. Nebenblätter vorhanden. Stipellen fehlend
Blütenstand: Trauben, zu 1–3, seitlich
Blüten: gelb, orange, violett. Staubblätter 9 verwachsen und 1 frei
Frucht: Hülse
Kennzeichen: Schmetterlingsblütler. Meist Holzpflanze, laubwerfend. Blätter unpaarig gefiedert. Blütenstand seitlich. Hülse

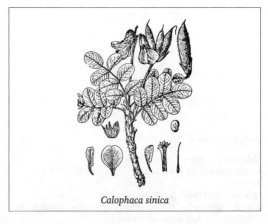
Calophaca sinica

Calopogonium Desv.

Ableitung: schönes Bärtchen
Arten: 8
Lebensform: Staude, kletternd
Blätter: wechselständig, 3-zählig gefiedert. Nebenblätter vorhanden. Stipellen vorhanden
Blütenstand: Trauben, Büschel, seitlich
Blüten: blau, violett, weiß. Staubblätter 9 verwachsen und 1 frei
Frucht: Hülse septiert. Samen ohne Anhängsel
Kennzeichen: Schmetterlingsblütler. Staude, kletternd. Stipellen vorhanden. Hülse septiert. Samen ohne Anhängsel

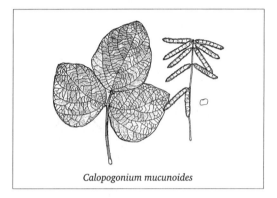

Calopogonium mucunoides

Campylotropis Bunge

Ableitung: mit gekrümmtem Kiel
Arten: 65
Lebensform: Strauch, laubwerfend
Blätter: wechselständig, 3-zählig. Nebenblätter vorhanden. Stipellen fehlend oder selten vorhanden
Blütenstand: Trauben, 1–3, selten Rispen, seitlich, endständig
Blüten: rosa, purpurn. Staubblätter 9 verwachsen und 1 frei
Frucht: Schließfrucht 1-samig
Kennzeichen: Schmetterlingsblütler. Strauch laubwerfend. Blätter 3-zählig. Staubblätter 9 verwachsen und 1 frei. Schließfrucht 1-samig

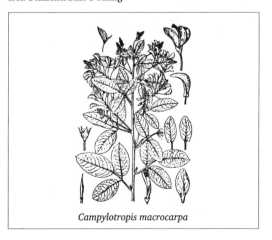

Campylotropis macrocarpa

Canavalia DC.

Ableitung: nach einem malaiischen Pflanzennamen
Vulgärnamen: D:Jackbohne, Schwertbohne; E:Jack Bean; F:Pois-sabre
Arten: 51
Lebensform: Einjährige, Staude, kletternd
Blätter: wechselständig, 3-zählig gefiedert. Nebenblätter vorhanden. Stipellen vorhanden
Blütenstand: Trauben, Rispen, seitlich
Blüten: weiß, rosa, lila, violett, blau. Staubblätter 9 verwachsen und 1 frei. Schiffchen gebogen bis spiralig eingerollt
Frucht: Hülse
Kennzeichen: Schmetterlingsblütler, kletternd. Stipellen vorhanden. Schiffchen gebogen bis spiralig eingerollt

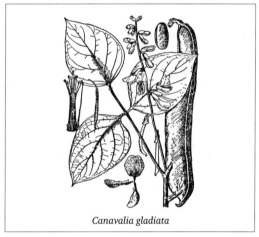

Canavalia gladiata

Caragana Fabr.

Ableitung: nach einem türkischen Pflanzennamen
Vulgärnamen: D:Erbsenstrauch; E:Pea Shrub, Pea Tree; F:Acacia jaune
Arten: c. 80
Lebensform: Strauch, Baum, laubwerfend, oft dornige Nebenblätter
Blätter: wechselständig, paarig gefiedert, Blättchen ganzrandig. Nebenblätter vorhanden. Stipellen fehlend

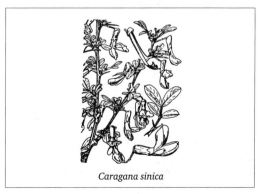

Caragana sinica

Blütenstand: einzeln, Büschel, seitlich
Blüten: gelb, selten weiß, rosa. Staubblätter 9 verwachsen und 1 frei
Frucht: Hülse lineal
Kennzeichen: Schmetterlingsblütler. Strauch, Baum, laubwerfend, oft dornige Nebenblätter. Blätter paarig gefiedert. Hülse lineal

Carmichaelia R. Br.

Ableitung: Gattung zu Ehren von Dugald Carmichael (1722–1827), einem schottischen Seefahrer und Botaniker benannt
Vulgärnamen: D:Rutenblume; F:Carmichaelia
Arten: 40
Lebensform: Rutenstrauch oder -baum
Blätter: wechselständig, unpaarig gefiedert oder 3-zählig. Nebenblätter vorhanden. Stipellen fehlend
Blütenstand: Trauben, Büschel, seitlich
Blüten: rosa, weiß. Staubblätter 9 verwachsen und 1 frei
Frucht: Hülse
Kennzeichen: Schmetterlingsblütler. Rutenstrauch oder -baum. Blüten rosa oder weiß. Staubblätter 9 verwachsen und 1 frei

Castanospermum A. Cunn. ex Hook.

Ableitung: Samen der Kastanie
Vulgärnamen: D:Australische Kastanie; E:Australia Chestnut; F:Châtaignier d'Australie
Arten: 1
Lebensform: Baum, immergrün
Blätter: wechselständig, unpaarig gefiedert. Nebenblätter fehlend
Blütenstand: Trauben, seitlich
Blüten: gelb. Staubblätter 10 frei
Frucht: Hülse
Kennzeichen: Schmetterlingsblütler. Baum, immergrün. Blätter unpaarig gefiedert. Staubblätter 10 frei. Hülse

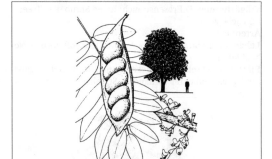

Castanospermum australe

Centrosema (DC.) Benth.

Ableitung: Stachel-Fahne
Vulgärnamen: D:Schmetterlingserbse; E:Butterfly Pea; F:Pois bâtard, Pois-rivière
Arten: c. 40
Lebensform: Staude, Strauch, kletternd oder kriechend
Blätter: wechselständig, 3-zählig gefiedert, seltener unpaarig gefiedert, 3-zählig gefingert, einfach. Nebenblätter vorhanden. Stipellen vorhanden
Blütenstand: Trauben, einzeln, seitlich
Blüten: weiß, violett, blau, rot. Staubblätter 9 verwachsen und 1 frei
Frucht: Hülse, ± septiert. Samen mit Arillus
Kennzeichen: Schmetterlingsblütler. Pflanze kletternd oder kriechend. Stipellen vorhanden. Hülse ± septiert. Samen mit Arillus

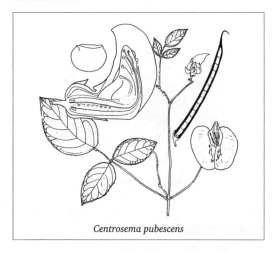

Centrosema pubescens

Chamaecytisus Link

Ableitung: Zwerg-Cytisus
Vulgärnamen: D:Geißklee, Zwergginster
Arten: c. 30
Lebensform: Strauch, Baum, selten dornig
Blätter: wechselständig, 3-zählig gefiedert. Nebenblätter vorhanden oder fehlend
Blütenstand: Trauben, Köpfchen, seitlich
Blüten: gelb, weiß, purpurn, weiß, rot. Staubblätter 10 verwachsen
Frucht: Hülse. Samen mit Strophiolus
Kennzeichen: Schmetterlingsblütler. Strauch oder Baum. Blätter 3-zählig gefiedert. Kelch röhrig. Staubblätter 10 verwachsen. Samen mit Strophiolus

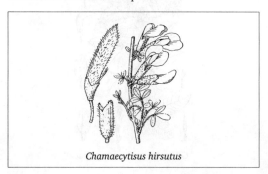

Chamaecytisus hirsutus

Chamaespartium Adans.

Ableitung: Zwerg-Spartium
Vulgärnamen: D:Flügelginster; E:Winged Broom; F:Genêt ailé
Arten: 2–4
Lebensform: Strauch mit geflügelten Trieben
Blätter: wechselständig, einfach oder fehlend. Nebenblätter vorhanden
Blütenstand: Trauben, endständig
Blüten: gelb. Staubblätter 10 verwachsen
Frucht: Hülse
Kennzeichen: Schmetterlingsblütler. Strauch mit geflügelten Trieben. Blätter einfach oder fehlend. Staubblätter 10 verwachsen

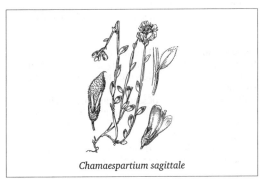

Chamaespartium sagittale

Chorizema Labill.

Ableitung: gespaltene Fahne
Vulgärnamen: D:Flammenerbse, Kreisfahne; E:Flame Pea; F:Chorizema
Arten: 25
Lebensform: Liane, Strauch, immergrün
Blätter: wechselständig, selten gegenständig, einfach. Nebenblätter vorhanden oder fehlend
Blütenstand: Trauben, endständig oder seitlich
Blüten: orange, lila, rot. Staubblätter 10 frei
Frucht: Hülse, 8- bis mehrsamig
Kennzeichen: Schmetterlingsblütler. Liane oder Strauch immergrün. Blätter einfach. Blüten in Trauben. Staubblätter 10 frei. Hülse 8- bis mehrsamig

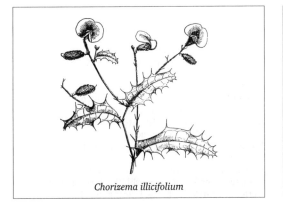

Chorizema illicifolium

Christia Moench

Ableitung: Gattung zu Ehren von Johann Ludwig Christ (1739–1813), einem deutschen Geistlichen und Landwirtschafts-Schriftsteller benannt
Arten: 12
Lebensform: Strauch, Kraut
Blätter: wechselständig, 3-zählig gefiedert, einfach. Nebenblätter vorhanden. Stipellen vorhanden
Blütenstand: Trauben, Rispen, endständig
Blüten: purpurn, weiß. Staubblätter 9 verwachsen und 1 frei
Frucht: Gliederhülse
Kennzeichen: Schmetterlingsblütler. Stipellen vorhanden. Gliederhülse

Christia vespertilionis

Cicer L.

Ableitung: antiker Pflanzenname
Vulgärnamen: D:Kichererbse; E:Chick Pea; F:Cicer, Pois-chiche
Arten: 40
Lebensform: Einjährige, Staude, kletternd
Blätter: wechselständig, unpaarig gefiedert mit Endranke, paarig gefiedert oder selten 3-zählig, Blattnerven in den Rand auslaufend. Nebenblätter vorhanden. Stipellen fehlend

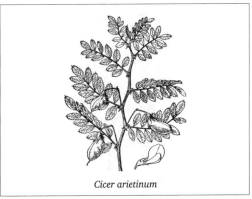

Cicer arietinum

Blütenstand: einzeln, Trauben, seitlich
Blüten: weiß, violett und blau. Staubblätter 9 verwachsen und 1 frei
Frucht: Hülse
Kennzeichen: Schmetterlingsblütler. Blätter mit gefiedert, Blättchennerven in den Rand auslaufend. Hülse

Cladrastis Raf.

Ableitung: Benennung unklar
Vulgärnamen: D:Gelbholz; E:Yellow Wood; F:Virgilier
Arten: 6
Lebensform: Baum, Strauch, laubwerfend
Blätter: wechselständig, unpaarig gefiedert. Nebenblätter vorhanden. Stipellen vorhanden oder fehlend
Blütenstand: Rispen, endständig
Blüten: weiß, rosa. Staubblätter 10 frei
Frucht: Schließfrucht, wenigsamig
Kennzeichen: Schmetterlingsblütler. Baum, Strauch, laubwerfend. Blüten in Rispen. Staubblätter 10, frei. Schließfrucht wenigsamig

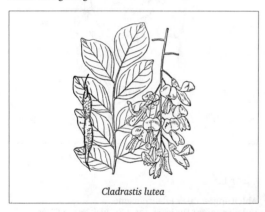

Cladrastis lutea

Clianthus Sol. ex Lindl.

Ableitung: verschlossene Blüte
Vulgärnamen: D:Prunkblume, Ruhmesblume; E:Glory Pea; F:Bec-de-perroquet

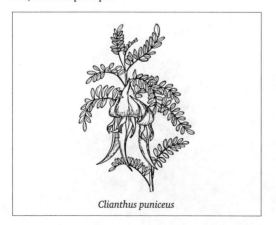

Clianthus puniceus

Arten: 2
Lebensform: Strauch, Halbstrauch, immergrün
Blätter: wechselständig, unpaarig gefiedert, Blättchen ganzrandig. Nebenblätter vorhanden. Stipellen fehlend
Blütenstand: Trauben, seitlich
Blüten: rot, weiß, rosa. Staubblätter 9 verwachsen und 1 frei
Frucht: Hülse
Kennzeichen: Schmetterlingsblütler. Strauch, Halbstrauch, immergrün. Blätter unpaarig gefiedert. Trauben seitlich. Nebenblätter vorhanden. Hülse

Clitoria L.

Ableitung: Klitoris-Pflanze
Vulgärnamen: D:Schamblume; E:Butterfly Pea; F:Pois razier, Pois savane
Arten: 60
Lebensform: Staude, Liane, Strauch
Blätter: wechselständig, unpaarig gefiedert, 3-zählig gefiedert, selten einfach. Nebenblätter vorhanden. Stipellen vorhanden
Blütenstand: einzeln, Büschel, Trauben, seitlich
Blüten: blau, weiß, rot, lila, purpurn. Staubblätter 9 verwachsen und 1 frei
Frucht: Hülse gestielt
Kennzeichen: Schmetterlingsblütler. Stipellen vorhanden. Hülse gestielt. Etliche weitere Gattungen

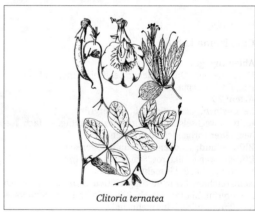

Clitoria ternatea

Colutea L.

Ableitung: antiker Pflanzenname
Vulgärnamen: D:Blasenstrauch; E:Bladder Senna; F:Baguenaudier
Arten: 26
Lebensform: Strauch, Baum, laubwerfend
Blätter: wechselständig, unpaarig gefiedert, selten 3-zählig. Nebenblätter vorhanden. Stipellen fehlend
Blütenstand: Trauben, seitlich
Blüten: gelb, braunrot, orange. Staubblätter 9 verwachsen und 1 frei
Frucht: Hülse oder Schließfrucht, aufgeblasen
Kennzeichen: Schmetterlingsblütler. Strauch, Baum, laubwerfend. Griffelende hakig. Frucht aufgeblasen

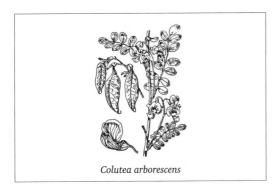
Colutea arborescens

Coronilla L.

Ableitung: kleiner Kranz
Vulgärnamen: D:Kronwicke; E:Scorpion Vetch; F:Coronille
Arten: 20
Lebensform: Einjährige, Staude, Strauch, laubwerfend, selten immergrün
Blätter: wechselständig, unpaarig gefiedert, 3-zählig, einfach. Nebenblätter vorhanden. Stipellen fehlend
Blütenstand: Dolde, seitlich
Blüten: purpurn, rosa, weiß, gelb. Staubblätter 9 verwachsen und 1 frei
Frucht: Gliederhülse
Kennzeichen: Schmetterlingsblütler. Blüten in seitlichen Dolden. Gliederhülsen

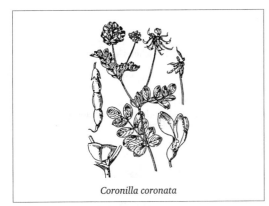
Coronilla coronata

Crotalaria L.

Ableitung: Klapper-Pflanze
Vulgärnamen: D:Klapperhülse; E:Rattlebox; F:Crotalaria
Arten: c. 600
Lebensform: Einjährige, Staude, Strauch
Blätter: wechselständig, 3-zählig, einfach, selten unpaarig gefiedert. Nebenblätter vorhanden oder fehlend. Stipellen fehlend
Blütenstand: Trauben, einzeln, endständig, seitlich
Blüten: gelb, blau, purpurn. Staubblätter 10 verwachsen
Frucht: Hülse

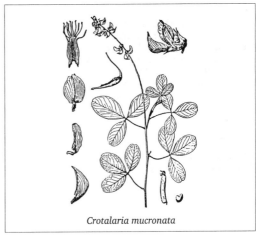
Crotalaria mucronata

Kennzeichen: Schmetterlingsblütler. Staubblätter 10 verwachsen. Kaum kurz zu charakterisierende Gattung

Cyamopsis DC.

Ableitung: vom Aussehen einer Cyamus
Vulgärnamen: D:Büschelbohne; E:Cluster Bean
Arten: 3
Lebensform: Einjährige
Blätter: wechselständig, unpaarig gefiedert, 3-zählig, selten einfach, am Rand ganzrandig oder gezähnt. Nebenblätter vorhanden. Stipellen fehlend
Blütenstand: Trauben, einzeln
Blüten: rosa. Staubblätter 10 verwachsen
Frucht: Hülse, septiert
Kennzeichen: Schmetterlingsblütler. Staubblätter 10 verwachsen. Hülse septiert

Cytisophyllum O. Lang

Ableitung: mit Blättern wie Cytisus
Vulgärnamen: D:Scheingeißklee; F:Faux-cytise

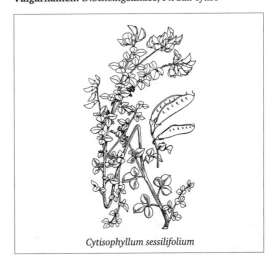
Cytisophyllum sessilifolium

Arten: 1
Lebensform: Strauch, laubwerfend
Blätter: wechselständig, 3-zählig
Blütenstand: Trauben, endständig
Blüten: gelb. Staubblätter 10 verwachsen
Frucht: Hülse. Samen mit Strophiolus
Kennzeichen: Schmetterlingsblütler. Strauch laubwerfend. Trauben endständig. Staubblätter 10 verwachsen. Samen mit Strophiolus

Cytisus Desf.

Ableitung: antiker Pflanzenname
Vulgärnamen: D:Besenginster, Geißklee; E:Broom; F:Genêt à balai
Arten: 33
Lebensform: Strauch, Baum, laubwerfend oder immergrün
Blätter: wechselständig, 3-zählig, einfach. Nebenblätter vorhanden oder fehlend
Blütenstand: Trauben, seitlich oder endständig
Blüten: gelb, weiß, purpurn, braun. Staubblätter 10 verwachsen
Frucht: Hülse. Samen mit Strophiolus
Kennzeichen: Schmetterlingsblütler. Strauch oder Baum. Blüten in Trauben. Staubblätter 10 verwachsen. Samen mit Strophiolus. Weitere Gattungen

Cytisus scoparius

Dalbergia L. f.

Ableitung: Gattung zu Ehren von Nils Dalberg (1736-1820) und Carl Gustav Dalberg (?-1775), schwedischen Botanikern benannt
Vulgärnamen: D:Dalbergie, Rosenholz; E:Rosewood; F:Bois de rose, Palissandre
Arten: c. 100
Lebensform: Baum, Strauch, zum Teil dornig
Blätter: wechselständig, unpaarig gefiedert, selten einfach. Nebenblätter vorhanden. Stipellen fehlend
Blütenstand: cymös, Rispen, endständig
Blüten: purpurn, violett, weiß, gelblich. Staubblätter 10 verwachsen oder 9 verwachsen und 1 frei
Frucht: Schließfrucht, nicht geflügelt, 1- bis wenigsamig
Kennzeichen: Schmetterlingsblütler. Baum oder Strauch. Blütenstände endständig. Nebenblätter vorhanden. Schließfrucht. Weitere Gattungen

Dalbergia hancei

Dalea L.

Ableitung: Gattung zu Ehren von Samuel Dale (1659-1739), einem englischen Apotheker benannt
Arten: c. 160
Lebensform: Staude
Blätter: wechselständig, unpaarig gefiedert, Blättchen ganzrandig. Nebenblätter vorhanden
Blütenstand: Ähre, endständig, seitlich
Blüten: rosa, violett, weiß. Staubblätter 5 verwachsen
Frucht: Schließfrucht
Kennzeichen: Schmetterlingsblütler. Staude. Blüten in Ähren. Staubblätter 5 verwachsen

Daviesia Sm.

Ableitung: Gattung zu Ehren von Hugh Davies (ca. 1739-1821), einem walisischen Geistlichen und Botaniker benannt
Vulgärnamen: D:Bittererbse; E:Bitter Peas
Arten: c. 110
Lebensform: Strauch, immergrün
Blätter: wechselständig, einfach, ganzrandig. Nebenblätter vorhanden oder fehlend

Daviesia ulicina

Blütenstand: einzeln, Trauben, seitlich
Blüten: gelb, orange, rot. Staubblätter 10 frei
Frucht: Hülse, 2-samig. Samen mit Strophiolus
Kennzeichen: Schmetterlingsblütler. Strauch, immergrün. Blätter einfach. Staubblätter 10 frei. Hülse 2-samig. Samen mit Strophiolus

Derris Lour.

Ableitung: Haut-Pflanze
Vulgärnamen: D:Tubawurzel; E:Tuba Root; F:Derris
Arten: c. 40
Lebensform: Liane, selten Baum, regengrün oder immergrün
Blätter: wechselständig, unpaarig gefiedert. Nebenblätter vorhanden. Stipellen fehlend
Blütenstand: Trauben, Rispen, endständig, seitlich
Blüten: weiß, gelblich, lila, rosa. Staubblätter 9 verwachsen und 1 frei, aber von der Mitte an mit der Staubblattröhre verwachsen
Frucht: Schließfrucht, 2- bis mehrsamig
Kennzeichen: Schmetterlingsblütler. Meist Lianen. Blätter unpaarig gefiedert. Staubblätter 9 verwachsen und 1 frei, aber von der Mitte an mit der Staubblattröhre verwachsen. Schließfrucht

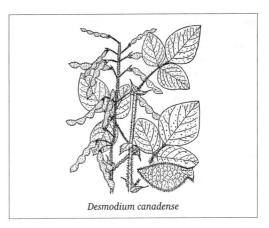
Desmodium canadense

Derris elliptica

Desmodium Desv.

Ableitung: bandähnlich aussehend
Vulgärnamen: D:Bettlerkraut, Wandelklee; E:Beggarweed, Tick Trefoil; F:Sainfoin oscillant
Arten: 450
Lebensform: Staude, Strauch, Blatt, Liane, laubwerfend
Blätter: wechselständig, unpaarig gefiedert, 3-zählig, einzeln. Nebenblätter vorhanden. Stipellen vorhanden
Blütenstand: Trauben, Rispen
Blüten: lila, weiß, rosa, purpurn, blau. Staubblätter 10 frei oder 9 verwachsen und 1 frei
Frucht: Gliederhülse. Samen mit oder ohne Arillus
Kennzeichen: Schmetterlingsblütler. Stipellen vorhanden. Gliederhülse

Dillwynia Sm.

Ableitung: Gattung zu Ehren von Lewis Weston Dillwyn (1778–1855), einem englischen Botaniker benannt
Arten: 24
Lebensform: Strauch, immergrün
Blätter: wechselständig, einfach. Nebenblätter fehlend
Blütenstand: einzeln, Büschel, Trauben, zu 2, Schirmrispen, seitlich, endständig
Blüten: gelb, orange, rot. Staubblätter 10 frei
Frucht: Hülse, 2-samig. Samen mit Strophiolus
Kennzeichen: Schmetterlingsblütler. Strauch, immergrün. Hülse 2-samig. Samen mit Strophiolus

Dillwynia floribunda

Dipogon Liebm.

Ableitung: 2 Bärte, vermutlich wegen des behaarten Griffels
Vulgärnamen: D:Okiebohne; E:Australian Pea
Arten: 1
Lebensform: Staude, kletternd
Blätter: wechselständig, 3-zählig gefiedert. Nebenblätter vorhanden. Stipellen vorhanden
Blütenstand: Büschel, seitlich

Blüten: rosa, lila, weiß. Staubblätter 9 verwachsen und 1 frei
Frucht: Hülse
Kennzeichen: Schmetterlingsblütler. Staude, kletternd. Blüten in seitlichen Büscheln. Stipellen vorhanden

Dipteryx Schreb.

Ableitung: zwei Flügel
Vulgärnamen: D:Tonkabohne; E:Tonka Bean; F:Coumarouna, Tonka
Arten: 10
Lebensform: Baum
Blätter: wechselständig oder gegenständig, unpaarig gefiedert. Nebenblätter vorhanden oder fehlend. Stipellen fehlend
Blütenstand: Rispen
Blüten: violett, rot. Staubblätter 10 verwachsen
Frucht: Schließfrucht
Kennzeichen: Schmetterlingsblütler. Baum. Staubblätter 10 verwachsen. Schließfrucht

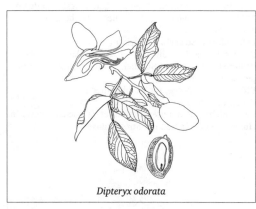

Dipteryx odorata

Dorycnium Mill.

Ableitung: antiker Pflanzenname
Vulgärnamen: D:Backenklee; F:Dorycnium
Arten: 10
Lebensform: Staude, Strauch, Halbstrauch

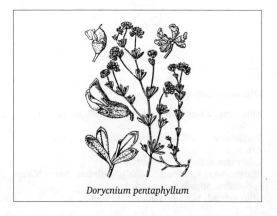

Dorycnium pentaphyllum

Blätter: wechselständig, unpaarig gefiedert, Blättchen ganzrandig. Nebenblätter vorhanden oder fehlend. Stipellen fehlend
Blütenstand: Dolden, Köpfchen, seitlich
Blüten: weiß, rosa, lila. Staubblätter 9 verwachsen und 1 frei
Frucht: Hülse, 1-samig
Kennzeichen: Schmetterlingsblütler. Blüten in seitlichen Dolden oder Köpfchen. Hülsen 1-samig

Emerus Mill.

Vulgärnamen: D:Strauchkronwicke
Arten: 1
Lebensform: Strauch
Blätter: wechselständig, unpaarig gefiedert. Nebenblätter vorhanden. Stipellen fehlend
Blütenstand: einzeln, Dolden, seitlich
Blüten: gelb. Staubblätter 9 verwachsen und 1 frei
Frucht: Gliederhülse
Kennzeichen: Schmetterlingsblütler. Strauch. Blätter unpaarig gefiedert. Gliederhülsen

Erinacea Adans.

Ableitung: Igel-Pflanze
Vulgärnamen: D:Igelginster; E:Hedgehog Broom; F:Erinacée
Arten: 1
Lebensform: Strauch, dornig
Blätter: ± gegenständig, 3-zählig, einfach. Nebenblätter fehlend
Blütenstand: Büschel, seitlich, endständig
Blüten: lila. Staubblätter 10 verwachsen
Frucht: Hülse
Kennzeichen: Schmetterlingsblütler. Strauch dornig. Blüten lila. Staubblätter 10 verwachsen

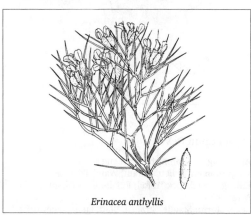

Erinacea anthyllis

Erythrina L.

Ableitung: rote Pflanze
Vulgärnamen: D:Korallenbaum; E:Coral Tree; F:Arbre-à-corail, Erythrine
Arten: 112

Lebensform: Baum, Strauch, selten Staude, laubwerfend oder immergrün
Blätter: wechselständig, 3-zählig gefiedert. Nebenblätter vorhanden, Stipellen drüsig
Blütenstand: Trauben, seitlich, endständig
Blüten: rot, rosa, orange, gelb. Staubblätter 9 verwachsen und 1 frei
Frucht: Hülse
Kennzeichen: Schmetterlingsblütler. Blätter 3-zählig gefiedert. Stipellen drüsig. Blüten in Trauben

Erythrina crista-galli

Flemingia strobilifera

Eutaxia R. Br.

Ableitung: schöne Ordnung
Vulgärnamen: D:Eutaxie, Straucherbse; E:Bush Pea; F:Eutaxia
Arten: 8
Lebensform: Strauch, immergrün
Blätter: gegenständig, einfach. Nebenblätter vorhanden oder fehlend
Blütenstand: einzeln, 2- bis 4-blütige Köpfchen, seitlich, endständig
Blüten: gelb, selten rot. Staubblätter 10 frei
Frucht: Hülse 2-samig
Kennzeichen: Schmetterlingsblütler. Strauch, immergrün. Blätter gegenständig, einfach. Staubblätter 10 frei. Hülse 2-samig

Flemingia Roxb. ex W.T. Aiton

Ableitung: Gattung zu Ehren von John Fleming (1747–1815), einem englischen Mediziner in Indien benannt
Arten: 30
Lebensform: Strauch, Halbstrauch, Kraut, selten kletternd
Blätter: wechselständig, 3- zählig, einfach, selten 4-zählig. Nebenblätter vorhanden. Stipellen fehlend
Blütenstand: Ähren, Trauben, Rispen
Blüten: rot, purpurn, gelb. Staubblätter 9 verwachsen und 1 frei
Frucht: Hülse
Kennzeichen: Schmetterlingsblütler schwer kurz zu charakterisierend

Galega L.

Ableitung: nach einem französischen Pflanzennamen
Vulgärnamen: D:Geißraute; E:Goat's Rue; F:Rue de chèvre
Arten: 6
Lebensform: Staude
Blätter: wechselständig, unpaarig gefiedert, Blättchen ganzrandig. Nebenblätter vorhanden
Blütenstand: Trauben, seitlich, endständig
Blüten: weiblich, blau. Staubblätter 10 verwachsen
Frucht: Hülse
Kennzeichen: Schmetterlingsblütler. Staude. Blätter unpaarig gefiedert. Blüten in Trauben. Staubblätter 10 verwachsen. Fruchtklappen schräg gestreift

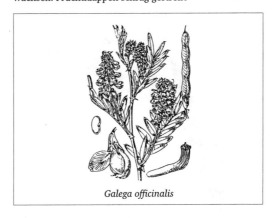
Galega officinalis

Genista L.

Ableitung: antiker Pflanzenname
Vulgärnamen: D:Ginster; E:Greenweed, Woadwaxen; F:Genêt

Arten: 87
Lebensform: Strauch, Baum, öfters dornig
Blätter: wechselständig oder gegenständig, einfach, 3-zählig. Nebenblätter vorhanden oder fehlend
Blütenstand: Trauben, Büschel, Köpfchen, endständig, seitlich
Blüten: gelb, selten weiß. Staubblätter 10 verwachsen
Frucht: Hülse
Kennzeichen: Schmetterlingsblütler. Strauch oder Baum. Staubblätter 10 verwachsen. Samen ohne Strophiolus. Etliche weitere Gattungen

Genista tinctoria

Gliricidia Kunth

Ableitung: tödlich für Siebenschläfer
Arten: 6
Lebensform: Baum, Strauch
Blätter: wechselständig oder gegenständig, unpaarig gefiedert. Nebenblätter vorhanden. Stipellen fehlend
Blütenstand: Trauben, seitlich

Gliricidia sepium

Blüten: rosa, rot. Staubblätter 9 verwachsen und 1 frei
Frucht: Hülse
Kennzeichen: Schmetterlingsblütler. Baum oder Strauch. Blätter unpaarig gefiedert. Blüten in seitlichen Trauben. Staubblätter 9 verwachsen und 1 frei

Glycine Willd.

Ableitung: süße Pflanze
Vulgärnamen: D:Sojabohne; E:Soya Bean; F:Soja
Arten: 9
Lebensform: Staude, Einjährige
Blätter: wechselständig, 3-zählig gefiedert oder selten gefingert. Nebenblätter vorhanden. Stipellen vorhanden
Blütenstand: Trauben, selten Rispe, seitlich
Blüten: purpurn, rosa. Staubblätter 10 verwachsen oder 9 verwachsen und 1 frei
Frucht: Hülse
Kennzeichen: Schmetterlingsblütler. Meist kleine Kräuter. Stipellen vorhanden. Viele weitere Gattungen

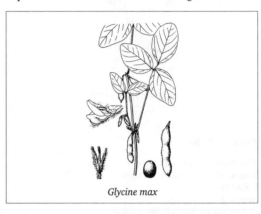
Glycine max

Glycyrrhiza L.

Ableitung: süße Wurzel
Vulgärnamen: D:Lakritze, Süßholz; E:Sweetwood; F:Réglisse
Arten: 18
Lebensform: Staude

Glycyrrhiza glabra

Blätter: wechselständig, unpaarig gefiedert, selten 3-zählig, Blättchen ganzrandig oder gezähnt. Nebenblätter vorhanden. Stipellen fehlend
Blütenstand: Trauben, Ähren, seitlich
Blüten: weiß, gelb, blau. Staubblätter 9 verwachsen und 1 frei oder 10 verwachsen
Frucht: Schließfrucht, 2- bis mehrsamig
Kennzeichen: Schmetterlingsblütler. Staude. Frucht oft eine stachelige Schließfrucht

Gompholobium Sm.

Ableitung: Zahn-Hülse
Arten: 25–30
Lebensform: Strauch
Blätter: wechselständig oder annähernd gegenständig, unpaarig gefiedert, 3-zählig, einfach. Nebenblätter vorhanden oder fehlend
Blütenstand: einzeln, zu 2–3, Trauben, endständig, seitlich
Blüten: gelb, rot. Staubblätter 10 frei
Frucht: Hülse blasig, mehrsamig
Kennzeichen: Schmetterlingsblütler. Strauch. Staubblätter 10 frei. Hülse blasig

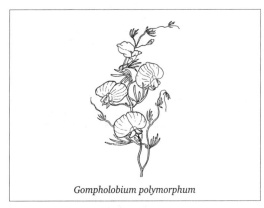

Gompholobium polymorphum

Goodia Salisb.

Ableitung: Gattung zu Ehren von Peter Good (?–1803), einem englischen Pflanzensammler benannt
Arten: 1–3
Lebensform: Strauch
Blätter: wechselständig, 3-zählig gefiedert, Blättchen ganzrandig. Nebenblätter vorhanden. Stipellen fehlend
Blütenstand: Trauben, endständig
Blüten: gelb. Staubblätter 10 verwachsen
Frucht: Hülse. Samen mit Strophiolus
Kennzeichen: Schmetterlingsblütler. Strauch. Blüten in endständigen Trauben. Staubblätter 10 verwachsen. Samen mit Strophiolus

Halimodendron Fisch. ex DC.

Ableitung: Halimos-Baum
Vulgärnamen: D:Salzstrauch; E:Salt Tree; F:Caragana argenté

Arten: 1
Lebensform: Strauch mit dornigen Blattspindeln, laubwerfend
Blätter: wechselständig, paarig gefiedert. Nebenblätter vorhanden. Stipellen fehlend
Blütenstand: Trauben 2- bis 3-blütig, seitlich
Blüten: rosa, lila, violett. Staubblätter 9 verwachsen und 1 frei
Frucht: Hülse
Kennzeichen: Schmetterlingsblütler. Strauch mit dornigen Blattspindeln, laubwerfend. Blätter paarig gefiedert

Halimodendron halodendron

Hardenbergia Benth.

Ableitung: Gattung zu Ehren von Franziska Gräfin von Hardenberg geb. von Hügel, der Schwester des Botanikers Karl Freiherr von Hügel (1796–1870) benannt
Vulgärnamen: D:Hardenbergie, Purpurerbse; E:Coral Pea; F:Hardenbergia
Arten: 3
Lebensform: Strauch, Liane, Halbstrauch
Blätter: wechselständig, 3-zählig, einfach. Nebenblätter vorhanden. Stipellen vorhanden
Blütenstand: Trauben, Rispe, seitlich, endständig
Blüten: Schiffchen gebogen. Blüten blau, purpurn, weiß, violett. Staubblätter 9 verwachsen und 1 frei
Frucht: Hülse. Samen mit Strophiolus
Kennzeichen: Schmetterlingsblütler. Holzpflanze. Blüten in Trauben oder Rispen. Stipellen vorhanden. Samen mit Strophiolus

Hardenbergia violacea

Hedysarum L.

Ableitung: nach einem antiken Pflanzennamen
Vulgärnamen: D:Hahnenkopf, Süßklee; F:Hédysarum
Arten: c. 100
Lebensform: Einjährige, Staude, Halbstrauch, Strauch
Blätter: wechselständig, unpaarig gefiedert, Blättchen ganzrandig. Nebenblätter vorhanden. Stipellen fehlend
Blütenstand: Trauben, seitlich
Blüten: purpurn, gelb, weiß, rosa. Staubblätter 9 verwachsen und 1 frei
Frucht: Gliederhülse
Kennzeichen: Schmetterlingsblütler. Blätter unpaarig gefiedert. Blüten in seitlichen Trauben. Staubblätter 9 verwachsen und 1 frei. Gliederhülsen flach

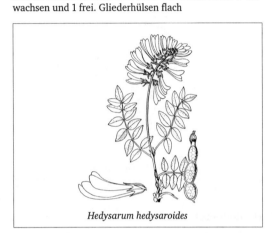

Hedysarum hedysaroides

Hippocrepis L.

Ableitung: Hufeisen
Vulgärnamen: D:Hufeisenklee; E:Horseshoe Vetch; F:Fer-à-cheval
Arten: 21
Lebensform: Einjährige, Staude
Blätter: wechselständig, unpaarig gefiedert, Blättchen ganzrandig. Nebenblätter vorhanden. Stipellen fehlend
Blütenstand: Dolde, einzeln, zu 2, seitlich
Blüten: gelb, nickend. Staubblätter 9 verwachsen und 1 frei
Frucht: Gliederhülse mit gekrümmten Gliedern
Kennzeichen: Schmetterlingsblütler. Blätter unpaarig gefiedert. Staubblätter 9 verwachsen und 1 frei. Gliederhülse mit gekrümmten Gliedern

Hippocrepis comosa

Hovea R. Br. ex W.T. Aiton

Ableitung: Gattung zu Ehren von Anton Pantaleon Hove, einem polnischen Botaniker des 18. Jahrhunderts benannt
Arten: 12
Lebensform: Strauch, immergrün
Blätter: wechselständig, einfach, Blättchen ganzrandig. Nebenblätter vorhanden oder fehlend
Blütenstand: Büschel, Trauben, einzeln, seitlich
Blüten: blau, purpurn. Staubblätter 10 verwachsen
Frucht: Hülse. Samen mit Strophiolus
Kennzeichen: Schmetterlingsblütler. Strauch immergrün. Blätter einfach. Staubblätter 10 verwachsen. Samen mit Strophiolus

Indigofera L.

Ableitung: Indigo-Strauch
Vulgärnamen: D:Indigostrauch; E:Indigo; F:Indigo
Arten: c. 700
Lebensform: Strauch, Halbstrauch, einzeln, Staude, laubwerfend. Pflanze mit Gabelhaaren
Blätter: wechselständig, unpaarig gefiedert, selten 3-zählig gefingert oder einfach. Nebenblätter vorhanden. Stipellen fehlend oder selten vorhanden
Blütenstand: Trauben, Ähre, seitlich
Blüten: rosa, lila, weiß, gelb. Staubblätter 9 verwachsen und 1 frei
Frucht: Hülse, septiert
Kennzeichen: Schmetterlingsblütler. Pflanze mit Gabelhaaren. Blüten in seitlichen Trauben oder Ähren. Hülse septiert

Indigofera decora

Inocarpus J.R. Forst. et G. Forst.

Ableitung: sehnige Frucht
Vulgärnamen: D:Tahitikastanie; E:Tahitian Chestnut
Arten: 3
Lebensform: Baum
Blätter: wechselständig, einfach, Blättchen ganzrandig.. Nebenblätter vorhanden
Blütenstand: Ähre, seitlich

Blüten: gelb. Staubblätter 10 am Grund verwachsen
Frucht: Hülse steinfruchtartig, 1-samig
Kennzeichen: Schmetterlingsblütler. Baum. Ähren seitlich. Staubblätter 10 am Grund verwachsen. Frucht 1-samig, steinfruchtartig

Kennedia Vent.

Ableitung: Gattung zu Ehren von John Kennedy (1759–1842), einem schottischen Pflanzenzüchter benannt
Vulgärnamen: D:Kennedie, Purpurbohne; E:Coral Pea; F:Kennedia
Arten: 16
Lebensform: Liane, Staude, Halbstrauch. kletternd
Blätter: wechselständig, unpaarig gefiedert, 3-zählig gefiedert, selten einzeln. Nebenblätter vorhanden. Stipellen vorhanden
Blütenstand: Trauben, einzeln, Dolde, seitlich
Blüten: rot, fast schwarz, violett. Staubblätter 9 verwachsen und 1 frei
Frucht: Hülse septiert
Kennzeichen: Schmetterlingsblütler. Pflanze kletternd. Stipellen vorhanden. Hülse septiert. Samen mit Anhängsel

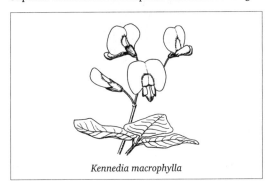
Kennedia macrophylla

Lablab

Ableitung: antiker Pflanzenname
Vulgärnamen: D:Helmbohne; F:Dolique

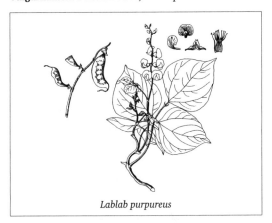
Lablab purpureus

Arten: c. 70
Lebensform: Einjährige, Staude, Liane, Halbstrauch
Blätter: wechselständig, 3-zählig gefiedert. Nebenblätter vorhanden. Stipellen vorhanden
Blütenstand: Trauben, einzeln, seitlich, endständig
Blüten: violett, rot, gelblich, weißlich. Staubblätter 9 verwachsen und 1 frei
Frucht: Hülse. Samen mit Strophiolus
Kennzeichen: Schmetterlingsblütler. Blüten in Trauben. Stipellen vorhanden. Samen mit Strophiolus

+ Laburnocytisus C.K. Schneid.

Ableitung: aus Laburnum und Cytisus entstanden
Vulgärnamen: D:Geißkleegoldregen; E:Adam's Laburnum
Lebensform: Strauch, laubwerfend
Blätter: wechselständig, 3-zählig. Nebenblätter fehlend
Blütenstand: Trauben hängend
Blüten: hellpurpurn. Staubblätter 10 verwachsen
Frucht: Hülse
Kennzeichen: Schmetterlingsblütler. Strauch, laubwerfend. Blüten hell purpurn in hängenden Trauben. Staubblätter 10 verwachsen

Laburnum Fabr.

Ableitung: antiker Pflanzenname
Vulgärnamen: D:Goldregen; E:Bean Tree, Golden Rain; F:Aubour, Cytise, Cytise aubour, Faux-ébénier
Arten: 2
Lebensform: Baum, Strauch, laubwerfend
Blätter: wechselständig, 3-zählig. Nebenblätter vorhanden oder fehlend
Blütenstand: Trauben hängend, endständig, seitlich
Blüten: gelb. Staubblätter 10 verwachsen
Frucht: Hülse
Kennzeichen: Schmetterlingsblütler. Baum oder Strauch, laubwerfend. Blüten gelb, in hängenden Trauben. Staubblätter 10 verwachsen

Lathyrus L.

Ableitung: antiker Pflanzenname
Vulgärnamen: D:Platterbse; E:Wild Pea; F:Pois de senteur, Pois vivace
Arten: c. 150
Lebensform: Einjährig, Staude
Blätter: wechselständig, paarig gefiedert, selten unpaarig gefiedert oder einfach, Blättchen ganzrandig. Nebenblätter vorhanden. Stipellen fehlend
Blütenstand: Trauben, einzeln, seitlich
Blüten: blau, violett, rosa, weiß, gelb. Staubblätter 9 verwachsen und 1 frei. Staubfadenröhre rechtwinklig endend
Frucht: Hülse
Kennzeichen: kaum kurz zu charakterisieren

Lathyrus latifolius

Vulgärnamen: D:Buschklee; E:Bush Clover; F:Lespédéza
Arten: 40
Lebensform: Einjährige, Staude, Halbstrauch, Strauch, laubwerfend
Blätter: wechselständig, 3-zählig, einfach. Blättchen ganzrandig. Nebenblätter vorhanden. Stipellen fehlend
Blütenstand: Trauben, Köpfchen, Büschel, Rispen, seitlich, endständig
Blüten: purpurn, rosa, weiß, gelb. Staubblätter 9 verwachsen und 1 frei
Frucht: Schließfrucht, 1-samig
Kennzeichen: Schmetterlingsblütler. Blätter 3-zählig oder einfach. Schließfrucht 1-samig. Weitere Gattungen

Lens Mill.

Ableitung: antiker Pflanzenname
Vulgärnamen: D:Linse; E:Lentil; F:Lentille
Arten: 4
Lebensform: Einjährige mit Ranken
Blätter: wechselständig, paarig gefiedert, Blättchen ganzrandig. Nebenblätter vorhanden. Stipellen fehlend
Blütenstand: Trauben, einzeln, seitlich
Blüten: weiß. Staubblätter 9 verwachsen und 1 frei
Frucht: Hülse, 1- bis 2-samig
Kennzeichen: Schmetterlingsblütler. Einjährige mit Ranken. Blätter meist paarig gefiedert. Hülse 1- bis 2-samig

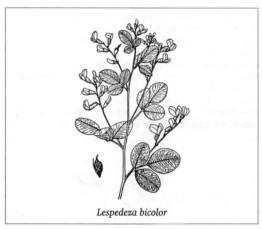
Lespedeza bicolor

Lonchocarpus Kunth

Ableitung: Lanzen-Frucht
Vulgärnamen: D:Timboholz; E:Bitter Wood, Turtle Bone
Arten: c. 130
Lebensform: Baum, Strauch, selten Liane
Blätter: wechselständig, unpaarig gefiedert. Nebenblätter vorhanden oder fehlend. Stipellen fehlend, selten vorhanden
Blütenstand: Trauben, selten Rispen

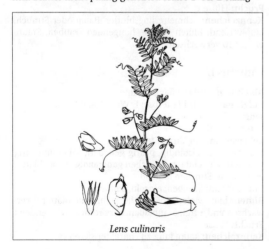
Lens culinaris

Lespedeza Michx.

Ableitung: Gattung zu Ehren von Vicente Manuel de Céspedes, einem spanischen Gouverneur von Florida im 18. Jahrhundert benannt

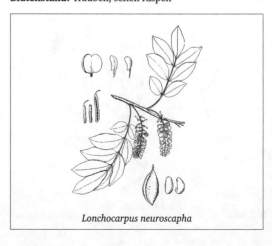
Lonchocarpus neuroscapha

Blüten: weiß, violett, purpurn. Staubblätter 9 verwachsen und 1 frei
Frucht: Schließfrucht, an beiden Seiten geflügelt, 1- bis 2-samig, selten mit vielen Samen
Kennzeichen: Schmetterlingsblütler. Baum, Strauch oder Liane. Staubblätter 9 verwachsen und 1 frei. Schließfrucht an beiden Seiten geflügelt

Lotononis (DC.) Eckl. et Zeyh.

Ableitung: Lotus-Ononis
Arten: 120
Lebensform: Strauch, Kraut
Blätter: wechselständig, unpaarig gefiedert, 3-zählig, einfach. Nebenblätter vorhanden oder fehlend
Blütenstand: einzeln, Dolde, Trauben, endständig
Blüten: gelb. Staubblätter 10 verwachsen
Frucht: Hülse
Kennzeichen: Schmetterlingsblütler. Kaum kurz zu charakterisieren

Lotus L.

Ableitung: antiker Pflanzenname
Vulgärnamen: D:Hornklee; E:Brid's Foot Trefoil; F:Lotier
Arten: c. 100
Lebensform: Einjährige, Staude, Strauch
Blätter: wechselständig, zusammengesetzt mit 5 bis 4 Blättchen, Blättchen ganzrandig. Nebenblätter vorhanden oder fehlend. Stipellen fehlend
Blütenstand: Dolde, Köpfchen, einzeln, seitlich
Blüten: gelb, weiß, braun, rot, rosa. Schiffchen geschnäbelt. Staubblätter 9 verwachsen und 1 frei
Frucht: Hülse
Kennzeichen: Schmetterlingsblütler. Blätter mit 4–5 Blättchen. Blüten in Dolden oder Köpfchen. Schiffchen geschnäbelt

Lotus corniculatus

Lupinus L.

Ableitung: antiker Pflanzenname
Vulgärnamen: D:Lupine, Wolfsbohne; E:Lupin; F:Lupin
Arten: 200
Lebensform: Einjährige, Staude, Strauch, Zweijährige
Blätter: wechselständig, gefingert, selten 3-zeilig oder einfach. Nebenblätter vorhanden, verwachsen
Blütenstand: Trauben, Ähre, Blüten oft quirlig, endständig
Blüten: weiß, gelb, rosa, blau, violett. Staubblätter 10 verwachsen
Frucht: Hülse
Kennzeichen: Schmetterlingsblütler. Blätter fast immer gefingert. Kelch tief 2-lippig. Staubblätter 10 verwachsen

Lupinus perennis

Maackia Rupr.

Ableitung: Gattung zu Ehren von Richard Karlovich Maack (1825–1886), einem estnisch-deutschen Botaniker benannt
Vulgärnamen: D:Maackie; F:Maackia
Arten: 8
Lebensform: Baum, laubwerfend
Blätter: wechselständig, unpaarig gefiedert. Nebenblätter fehlend. Stipellen fehlend
Blütenstand: Trauben, Rispen, endständig
Blüten: weiß. Staubblätter 10 am Grund verwachsen
Frucht: Hülse
Kennzeichen: Schmetterlingsblütler. Baum, laubwerfend. Blätter unpaarig gefiedert. Blüten in endständigen Trauben oder Rispen. Staubblätter 10 am Grund verwachsen. Hülse

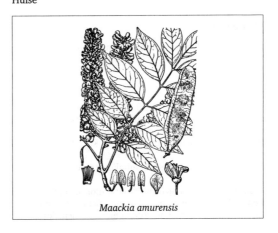

Maackia amurensis

Macroptilium (Benth.) Urb.

Ableitung: mit großem Flügel
Arten: 8
Lebensform: Kraut
Blätter: wechselständig, 3-zählig gefiedert, selten einfach. Nebenblätter und Stipellen vorhanden
Blütenstand: Traube
Blüten: lila, violett, weiß. Schiffchen spiralig eingerollt. Staubblätter 9 verwachsen und 1 frei
Frucht: Hülse
Kennzeichen: Schmetterlingsblütler. Stipellen vorhanden. Schiffchen spiralig eingerollt. Weitere Gattungen

Macrotyloma (Wight et Arn.) Verdc.

Ableitung: mit großer Schwiele
Vulgärnamen: D:Erdbohne, Pferdebohne
Arten: 24
Lebensform: Einjährige, Staude
Blätter: wechselständig, 3-zählig gefiedert, einfach. Nebenblätter vorhanden. Stipellen vorhanden
Blütenstand: Büschel, Trauben, seitlich, endständig
Blüten: Staubblätter 9 verwachsen und 1 frei
Frucht: Hülse. Samen mit Strophiolus
Kennzeichen: Schmetterlingsblütler. Stipellen vorhanden. Hülse. Samen mit Strophiolus

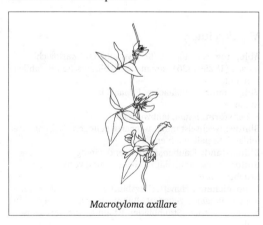
Macrotyloma axillare

Medicago L.

Ableitung: nach einem antiken Pflanzennamen
Vulgärnamen: D:Luzerne, Schneckenklee; E:Bur Clover, Medick; F:Luzerne
Arten: 56
Lebensform: Einjährige, Staude, Strauch
Blätter: wechselständig, 3-zählig, Seitennerven in den gezähnten Blättchenrand auslaufend. Nebenblätter vorhanden und verwachsen. Stipellen fehlend
Blütenstand: traubenförmig, Ähre, Köpfchen, einzeln, seitlich
Blüten: gelb, blau, violett. Staubblätter 9 verwachsen und 1 frei
Frucht: meist Schließfrucht schneckenförmig eingerollt
Kennzeichen: Schmetterlingsblütler. Seitennerven in den Blättchenrand auslaufend. Blüten meist seitliche kurze

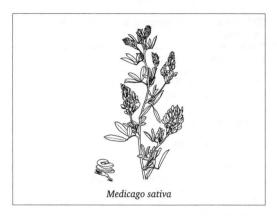
Medicago sativa

Ähren oder Köpfchen. Frucht meist schneckenförmig eingerollte Schließfrüchte

Melilotus Mill.

Ableitung: antiker Pflanzenname
Vulgärnamen: D:Steinklee; E:Melilot, Sweet Clover; F:Mélilot
Arten: 20
Lebensform: Einjährige, Zweijährige, Staude
Blätter: wechselständig, 3-zählig, Seitennerven in den Blättchenrand auslaufend. Nebenblätter vorhanden, verwachsen. Stipellen fehlend
Blütenstand: Trauben, seitlich
Blüten: weiß, gelb. Staubblätter 9 verwachsen und 1 frei
Frucht: Schließfrucht wenigsamig, selten Hülse
Kennzeichen: Schmetterlingsblütler. Seitennerven in den Blättchenrand auslaufend. Blüten in langen, seitlichen Trauben. Meist kugelige bis eiförmige Schließfrüchte

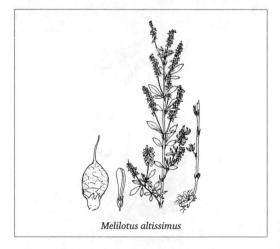
Melilotus altissimus

Mirbelia Sm.

Ableitung: Gattung zu Ehren von Charles François Brisseau de Mirbel (1776–1854), einem französischen Botaniker benannt

Arten: 20
Lebensform: Strauch
Blätter: gegenständig, quirlständig oder wechselständig, einfach. Nebenblätter vorhanden oder fehlend
Blütenstand: einzeln, Büschel, Trauben, seitlich, endständig
Blüten: gelb, purpurn, blau. Staubblätter 10 frei
Frucht: Hülse längs septiert. Samen ohne Strophiolus
Kennzeichen: Schmetterlingsblütler. Strauch mit einfachen Blättern. Staubblätter 10 frei. Hülse längs septiert. Samen ohne Strophiolus

Mirbelia rubifolia

Mucuna Adans.

Ableitung: nach einem Pflanzennamen in Brasilien
Vulgärnamen: D:Brennhülse, Juckbohne; E:Velvet Bean; F:Poil à gratter
Arten: 100
Lebensform: Einjährige, kletternd, Liane, Staude
Blätter: wechselständig, 3-zählig. Nebenblätter vorhanden. Stipellen vorhanden oder fehlend
Blütenstand: Büschel, Trauben, seitlich

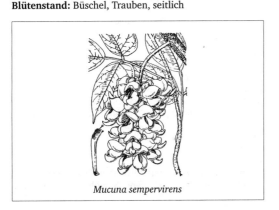

Mucuna sempervirens

Blüten: purpurn, rot, grünlich, gelb, weiß. Staubblätter 9 verwachsen und 1 frei
Frucht: Hülse
Kennzeichen: Schmetterlingsblütler. Meist kletternd. Blätter 3-zählig gefiedert. Weitere Gattungen

Mundulea (DC.) Benth.

Ableitung: vielleicht nach einem Pflanzennamen in Afrika
Arten: 15
Lebensform: Baum, Strauch
Blätter: wechselständig, unpaarig gefiedert, Blättchen ganzrandig. Nebenblätter vorhanden. Stipellen fehlend
Blütenstand: Trauben, endständig
Blüten: purpurn, blau, rosa. Staubblätter 10 verwachsen
Frucht: Hülse
Kennzeichen: Schmetterlingsblütler. Baum oder Strauch. Blätter unpaarig gefiedert. Blüten in endständigen Trauben. Staubblätter 10 verwachsen. Samen ohne Anhängsel

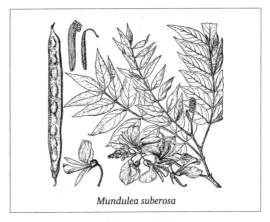

Mundulea suberosa

Myroxylon L. f.

Ableitung: Balsam-Holz
Vulgärnamen: D:Balsambaum; E:Balsam; F:Balsamier
Arten: 3

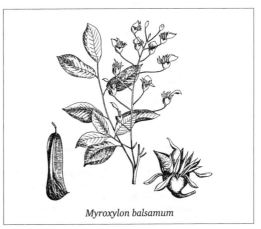

Myroxylon balsamum

Lebensform: Baum, immergrün
Blätter: wechselständig, unpaarig gefiedert. Nebenblätter vorhanden. Stipellen fehlend
Blütenstand: Traube seitlich, Rispe bis Büschel endständig
Blüten: weißlich. Staubblätter 10 frei
Frucht: Schließfrucht
Kennzeichen: Schmetterlingsblütler. Baum, immergrün. Staubblätter 10 frei. Schließfrucht

Notospartium Hook. f.

Ableitung: südliches Spartium
Vulgärnamen: D:Südginster; E:Southern Broom; F:Genêt austral
Arten: 3
Lebensform: Strauch oder Baum mit ± blattlosen Trieben
Blätter: wechselständig, einfach, schuppenförmig. Nebenblätter fehlend
Blütenstand: Trauben, seitlich
Blüten: rosa oder purpurn genervt und überlaufen. Staubblätter 9 verwachsen und 1 frei
Frucht: Schließfrucht
Kennzeichen: Schmetterlingsblütler. Strauch oder Baum mit ± blattlosen Trieben. Blüten rosa oder purpurn genervt und überlaufen. Schließfrucht

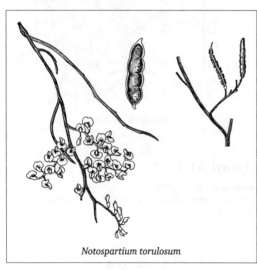
Notospartium torulosum

Onobrychis Mill.

Ableitung: antiker Pflanzenname
Vulgärnamen: D:Esparsette; E:Sainforn; F:Esparcette, Sainfoin
Arten: 130
Lebensform: Einjährige, Staude, Halbstrauch, selten dornig
Blätter: wechselständig, unpaarig gefiedert, Blättchen ganzrandig. Nebenblätter vorhanden. Stipellen fehlend
Blütenstand: Trauben, Ähre, seitlich
Blüten: rosa, purpurn, gelb, weiß. Staubblätter 9 verwachsen und 1 frei

Frucht: Schließfrucht 1- bis 2-samig, einseitig bauchig
Kennzeichen: Schmetterlingsblütler. Einjährige, Staude, Halbstrauch. Blätter unpaarig gefiedert. Blüten in seitlichen Trauben oder Ähren. Schließfrucht, 1- bis 2-samig, einseitig bauchig

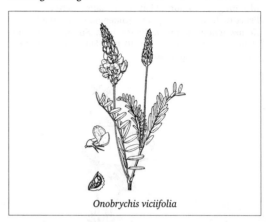
Onobrychis viciifolia

Ononis L.

Ableitung: antiker Pflanzenname
Vulgärnamen: D:Hauhechel; E:Restharrow; F:Arrêtebœuf, Bugrane

Ononis spinosa

Arten: 75
Lebensform: Einjährige, Staude, Strauch, Halbstrauch, Baum, laubwerfend
Blätter: wechselständig, 3-zählig, unpaarig gefiedert. Nebenblätter vorhanden, verwachsen
Blütenstand: einzeln, Trauben, Ähre, Rispe, seitlich, endständig
Blüten: rosa, purpurn, weiß, gelb. Staubblätter 10 verwachsen
Frucht: Hülse
Kennzeichen: Schmetterlingsblütler. Blättchen gezähnt, Nerven in die Zähne auslaufend. Staubblätter 10 verwachsen

Ornithopus L.

Ableitung: Vogel-Fuß
Vulgärnamen: D:Vogelfuß; E:Bird's Foot; F:Pied-d'oiseau
Arten: 6
Lebensform: Einjährige
Blätter: wechselständig, unpaarig gefiedert. Nebenblätter vorhanden. Stipellen fehlend
Blütenstand: Dolde, Köpfchen, seitlich
Blüten: weiß, rosa, rot. Staubblätter 9 verwachsen und 1 frei
Frucht: Gliederhülse
Kennzeichen: Schmetterlingsblütler. Einjährige. Blüten in Dolden oder Köpfchen. Gliederhülse

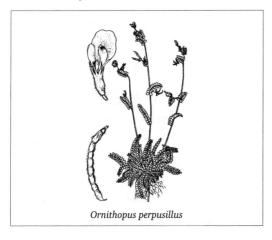

Ornithopus perpusillus

Oxylobium Andrews

Ableitung: spitzige Hülse
Vulgärnamen: D:Spitzhülse
Arten: 15
Lebensform: Strauch, immergrün
Blätter: quirlständig, gegenständig, selten wechselständig, einfach. Nebenblätter vorhanden oder fehlend
Blütenstand: Trauben, Schirmrispen, Büschel, endständig, seitlich
Blüten: gelb, rosa, rot, orange. Staubblätter 10 frei
Frucht: Hülse, 4- bis vielsamig
Kennzeichen: Schmetterlingsblütler. Strauch, immergrün. Blätter meist quirlständig oder gegenständig. Staubblätter 10 frei. Hülse 4- bis vielsamig

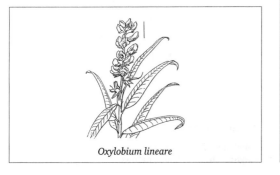

Oxylobium lineare

Oxytropis DC.

Ableitung: spitziger Kiel
Vulgärnamen: D:Fahnenwicke, Spitzkiel; E:Crazy Weed, Point Vetch; F:Astragale, Oxytropis
Arten: 300
Lebensform: Staude, Halbstrauch
Blätter: wechselständig, unpaarig gefiedert, Blättchen ganzrandig. Nebenblätter vorhanden. Stipellen fehlend
Blütenstand: Trauben, Ähre, seitlich
Blüten: lila, purpurn, weiß, blau, violett, gelblich. Staubblätter 9 verwachsen und 1 frei. Schiffchen mit Spitzchen
Frucht: Hülse
Kennzeichen: Schmetterlingsblütler. Ähnlich Astragalus, aber Schiffchen mit Spitzchen

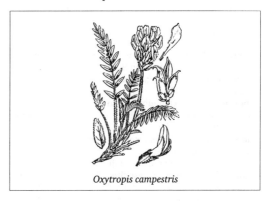

Oxytropis campestris

Pachyrhizus Rich. ex DC.

Ableitung: dicke Wurzel
Vulgärnamen: D:Yamsbohne; E:Yam Bean; F:Pois-patate
Arten: 5
Lebensform: Staude kletternd
Blätter: wechselständig, 3-zählig. Nebenblätter vorhanden. Stipellen vorhanden
Blütenstand: Trauben, seitlich
Blüten: Staubblätter 9 verwachsen und 1 frei
Frucht: Hülse
Kennzeichen: Schmetterlingsblütler. Staude kletternd. Stipellen vorhanden. Samen ohne Anhängsel. Weitere Gattungen

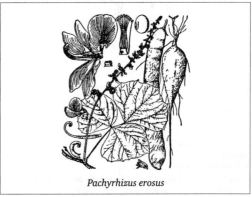

Pachyrhizus erosus

Parochetus Buch.-Ham. ex D. Don

Ableitung: neben Wassergräben
Vulgärnamen: D:Blauklee; E:Blue Oxalis; F:Fleur des dieux
Arten: 1
Lebensform: Strauch
Blätter: wechselständig, 3-zählig, Seitennerven in den ganzrandigen oder gezähnten Blättchenrand auslaufend.. Nebenblätter vorhanden, frei. Stipellen fehlend
Blütenstand: einzeln, Dolde, seitlich
Blüten: blau, lila. Staubblätter 9 verwachsen und 1 frei
Frucht: Hülse
Kennzeichen: Schmetterlingsblütler. Strauch. Seitennerven in den ganzrandigen oder gezähnten Blättchenrand auslaufend. Nebenblätter frei. Hülse 9 verwachsen und 1 frei

Petteria C. Presl

Ableitung: Gattung zu Ehren von Franz Petter (1798–1853), einem österreichischen Botaniker benannt
Vulgärnamen: D:Petterie; F:Petteria
Arten: 1
Lebensform: Strauch, laubwerfend
Blätter: wechselständig, 3-zählig. Blättchen ganzrandig. Nebenblätter vorhanden
Blütenstand: Trauben, endständig, aufrecht
Blüten: gelb. Staubblätter 10 verwachsen
Frucht: Hülse. Samen ohne Strophiolus
Kennzeichen: Schmetterlingsblütler. Strauch, laubwerfend. Blätter 3-zählig. Blättchen ganzrandig. Blüten in endständigen, aufrechten Trauben. Staubblätter 10 verwachsen.

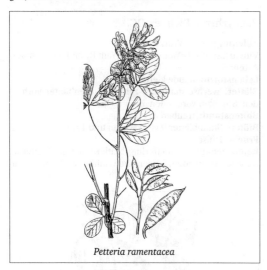

Petteria ramentacea

Phaseolus L.

Ableitung: antiker Pflanzenname
Vulgärnamen: D:Bohne; E:Bean; F:Haricot
Arten: 36
Lebensform: Einjährige, Staude, meist kletternd
Blätter: wechselständig, 3-zählig gefiedert, selten einfach. Nebenblätter vorhanden. Stipellen vorhanden
Blütenstand: Trauben, büschelartig, seitlich
Blüten: weiß, rot, purpurn, rosa, gelb, violett. Schiffchen spiralig eingerollt. Staubblätter 9 verwachsen und 1 frei
Frucht: Hülse
Kennzeichen: Schmetterlingsblütler. Einjährige, Stauden, meist kletternd. Stipellen vorhanden. Schiffchen spiralig eingerollt

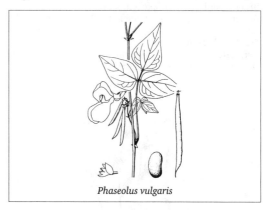

Phaseolus vulgaris

Physostigma Balf.

Ableitung: Blasen-Narbe
Vulgärnamen: D:Gottesurteilsbohne; E:Calabar Bean
Arten: 4
Lebensform: Liane, Strauch
Blätter: wechselständig, 3-zählig gefiedert. Nebenblätter vorhanden. Stipellen vorhanden
Blütenstand: traubenförmig, seitlich
Blüten: violett, lila. Schiffchen ± spiralig eingerollt. Staubblätter 9 verwachsen und 1 frei
Frucht: Hülse
Kennzeichen: Schmetterlingsblütler. Liane, Strauch. Stipellen vorhanden. Schiffchen ± spiralig eingerollt

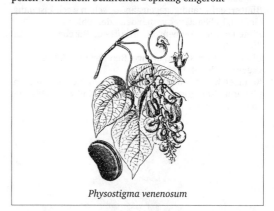

Physostigma venenosum

Piptanthus Sweet

Ableitung: fallende Blüte
Vulgärnamen: D:Nepalgoldregen; E:Evergreen Laburnum

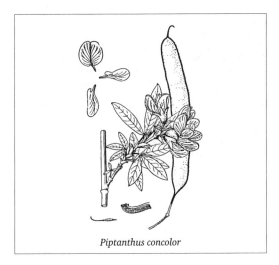

Piptanthus concolor

Arten: 2
Lebensform: Strauch, Baum, laubwerfend, selten immergrün
Blätter: wechselständig, 3-zählig. Nebenblätter vorhanden
Blütenstand: Trauben, endständig
Blüten: gelb. Staubblätter 10 frei
Frucht: Hülse
Kennzeichen: Schmetterlingsblütler. Strauch oder Baum. Blätter 3-zählig. Trauben endständig. Staubblätter 10 frei. Hülse

Piscidia L.

Ableitung: Fischpflanze
Vulgärnamen: E:Dogwood
Arten: 8

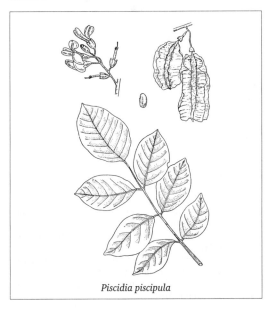

Piscidia piscipula

Lebensform: Baum, regengrün
Blätter: wechselständig, unpaarig gefiedert. Nebenblätter vorhanden. Stipellen fehlend
Blütenstand: Rispe, seitlich
Blüten: rosa, weiß. Staubblätter 9 verwachsen und 1 frei
Frucht: Schließfrucht mit vielen Samen, 4-flügelig
Kennzeichen: Schmetterlingsblütler. Baum, regengrün. Blüten in seitlichen Rispen. Schließfrucht 4-flügelig, vielsamig

Pisum L.

Ableitung: antiker Pflanzenname
Vulgärnamen: D:Erbse; E:Pea; F:Pois
Arten: 2
Lebensform: Einjährige mit Ranken
Blätter: wechselständig, paarig gefiedert mit 2 Blättchen und Endranke. Nebenblätter sehr groß, blattartig. Stipellen fehlend
Blütenstand: Trauben, einzeln, seitlich
Blüten: purpurn, lila, weiß, rosa. Staubblätter 9 verwachsen und 1 frei, Staubfadenröhre rechtwinklig endend
Frucht: Hülse
Kennzeichen: Schmetterlingsblütler. Einjährige. Blätter paarig gefiedert mit 2 Blättchen und Endranke. Nebenblätter sehr groß, blattartig

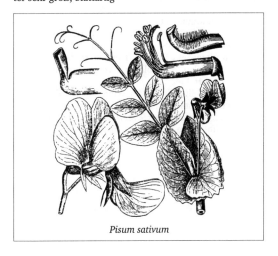

Pisum sativum

Podalyria Willd.

Ableitung: nach einer Gestalt der griechischen Mythologie
Vulgärnamen: D:Wickenstrauch; E:Sweetpea Bush
Arten: 22
Lebensform: Strauch, immergrün oder laubwerfend
Blätter: wechselständig, einfach. Nebenblätter vorhanden
Blütenstand: einzeln, Trauben, seitlich
Blüten: purpurn, rosa, lila, weiß. Staubblätter 10 frei, selten am Grund verwachsen
Frucht: Hülse, vielsamig. Samen mit Strophiolus
Kennzeichen: Schmetterlingsblütler. Strauch. Blätter einfach. Staubblätter 10 frei. Hülse vielsamig. Samen mit Strophiolus

522 Fabaceae Schmetterlingsblütler

Podalyria calyptrata

Arten: 34
Lebensform: Strauch, Staude
Blätter: wechselständig, einfach, unpaarig gefiedert, 3-zählig, Blättchen ganzrandig oder gezähnt, mit schwarzen Drüsen. Nebenblätter vorhanden. Stipellen fehlend
Blütenstand: Trauben, Ähre, einzeln, Köpfchen, Büschel, seitlich oder endständig
Blüten: purpurn, blau, rosa, weiß. Staubblätter meist 9 verwachsen und 1 frei oder 10 verwachsen
Frucht: Schließfrucht 1-samig
Kennzeichen: Schmetterlingsblütler. Blättchen mit schwarzen Drüsen. Schließfrucht 1-samig

Psophocarpus DC.

Ableitung: Knall-Frucht
Vulgärnamen: D:Flügelbohne
Arten: 10
Lebensform: Kraut, kletternd
Blätter: wechselständig, 3-zählig gefiedert, einfach. Nebenblätter vorhanden. Stipellen vorhanden
Blütenstand: einzeln, Büschel, Trauben, seitlich
Blüten: lila, violett. Staubblätter 9 verwachsen und 1 frei in der unteren Hälfte
Frucht: Hülse 4-flügelig. Samen ohne Anhängsel
Kennzeichen: Schmetterlingsblütler. Kraut kletternd. Stipellen vorhanden. Staubblätter 9 verwachsen und 1 frei in der unteren Hälfte. Hülse 4-flügelig. Samen ohne Anhängsel

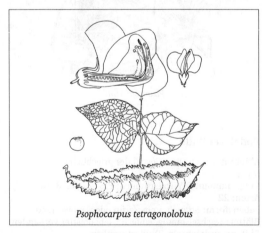

Psophocarpus tetragonolobus

Psoralea obtusifolia

Pterocarpus Jacq.

Ableitung: Flügel-Frucht
Vulgärnamen: D:Flügelfrucht; E:Rosewood; F:Bois de santal, Ptérocarpe
Arten: 21
Lebensform: Baum, immergrün, laubwerfend
Blätter: wechselständig, unpaarig gefiedert. Nebenblätter vorhanden. Stipellen fehlend
Blütenstand: Trauben, Rispe, seitlich, endständig
Blüten: gelb, seltener orange, weiß, rosa, violett. Staubblätter 9 verwachsen und 1 frei oder 10 verwachsen, aber mit 1 oder 2 Schlitzen
Frucht: Schließfrucht, ringsum geflügelt, 2- bis 1-samig. Samen mit Arillus
Kennzeichen: Schmetterlingsblütler. Baum. Staubblätter 9 verwachsen und 1 frei oder 10 verwachsen, aber mit 1 oder 2 Schlitzen. Schließfrucht, ringsum geflügelt, 2- bis 1-samig. Samen mit Arillus

Psoralea L.

Ableitung: Krätze-Pflanze
Vulgärnamen: D:Drüsenklee, Harzklee; E:Scurf Pea; F:Psoralée, Psoralier

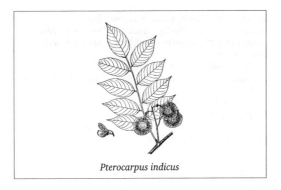
Pterocarpus indicus

Pueraria DC.

Ableitung: Gattung zu Ehren von Marc Nicolas Puerari (1766–1845) einem schweizerischen Botaniker benannt
Vulgärnamen: D:Kudzubohne; E:Kudzu; F:Kudzu, Puéraria
Arten: 17
Lebensform: Liane, Halbstrauch
Blätter: wechselständig, 3-zählig. Nebenblätter vorhanden. Stipellen vorhanden
Blütenstand: Trauben, Rispe, seitlich
Blüten: weiß, lila, blau. Staubblätter 10 verwachsen
Frucht: Hülse
Kennzeichen: Schmetterlingsblütler. Stipellen vorhanden. Staubblätter 10 frei verwachsen

Pueraria lobata

Pultenaea Sm.

Ableitung: Gattung zu Ehren von Richard Pulteney (1730–1801), einem englischen Arzt und Botaniker benannt
Arten: 100
Lebensform: Strauch, immergrün
Blätter: wechselständig, gegenständig oder quirlständig, einfach. Nebenblätter vorhanden
Blütenstand: einzeln, Köpfchen, seitlich, endständig
Blüten: gelb, rosa, orange. Staubblätter 10 frei
Frucht: Hülse 2-samig. Samen mit Strophiolus
Kennzeichen: Schmetterlingsblütler. Strauch, immergrün. Blätter einfach. Staubblätter 10, frei. Hülse 2-samig. Samen mit Strophiolus

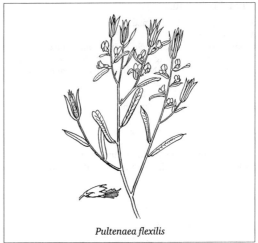
Pultenaea flexilis

Retama Raf.

Ableitung: nach einem arabischen Pflanzennamen
Vulgärnamen: D:Retamastrauch; E:Retam; F:Rétama
Arten: 4
Lebensform: Strauch, laubwerfend
Blätter: wechselständig, einfach. Nebenblätter vorhanden
Blütenstand: Trauben, endständig
Blüten: weiß, gelb. Staubblätter 10 verwachsen
Frucht: Hülse
Kennzeichen: Schmetterlingsblütler. Rutenstrauch mit fein gerillten Trieben und endständigen Trauben. Staubblätter 10 verwachsen

Retama monosperma

Rhynchosia Lour.

Ableitung: Schnabel-Pflanze
Arten: c. 300
Lebensform: Liane, Strauch, Kräuter, meist kletternd
Blätter: wechselständig, 3-zählig gefiedert, einfach, unterseits drüsig punktiert. Nebenblätter vorhanden. Stipellen fehlend oder vorhanden
Blütenstand: Trauben, seitlich
Blüten: gelb, purpurn. Staubblätter 9 verwachsen und 1 frei
Frucht: Hülse, 1- bis 2-samig. Samen mit oder ohne Strophiolus
Kennzeichen: Schmetterlingsblütler. Pflanze meist kletternd. Blätter unten drüsig punktiert. Blüten in seitlichen Trauben

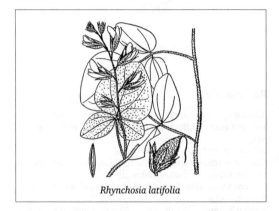

Rhynchosia latifolia

Robinia L.

Ableitung: Gattung zu Ehren von Jean Robin (1550–1629), einem frnzösischen Gärtner benannt
Vulgärnamen: D:Robinie, Scheinakazie; E:False Acacia; F:Faux-acacia, Robinier
Arten: 10

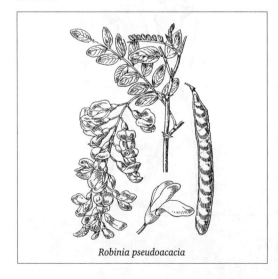

Robinia pseudoacacia

Lebensform: Baum, Strauch, laubwerfend
Blätter: wechselständig, unpaarig gefiedert, Blättchen ganzrandig. Nebenblätter vorhanden. Stipellen vorhanden oder fehlend
Blütenstand: Trauben, seitlich
Blüten: weiß, rosa, purpurn. Staubblätter 9 verwachsen und 1 frei
Frucht: Hülse mit schmal geflügelter Naht
Kennzeichen: Schmetterlingsblütler. Baum, Strauch, laubwerfend. Blätter gefiedert. Stipellen oft vorhanden. Hülse mit schmal geflügelter Naht

Scorpiurus L.

Ableitung: antiker Pflanzenname
Vulgärnamen: D:Skorpionswicke; E:Caterpillar Plant; F:Chenille, Scorpiure
Arten: 4
Lebensform: Einjährige
Blätter: wechselständig, einfach. Nebenblätter vorhanden, verwachsen. Stipellen fehlend
Blütenstand: einzeln, Köpfchen, seitlich
Blüten: gelb, orange. Staubblätter 9 verwachsen und 1 frei
Frucht: Gliederhülse oder mehrsamige Schließfrucht
Kennzeichen: Schmetterlingsblütler. Einjähige. Blätter einfach. Blüten einzeln oder in seitlichen Köpfchen. Gliederhülse oder mehrsamige Schließfrucht

Scorpiurus sulcatus

Securigera DC.

Vulgärnamen: D:Beilwicke, Kronwicke; E:Crown Vetch; F:Sécurigéra
Arten: 12
Lebensform: Einjährige, Strauch
Blätter: wechselständig, unpaarig gefiedert. Nebenblätter vorhanden. Stipellen fehlend
Blütenstand: Dolden, seitlich, endständig
Blüten: gelb, rosa, lila und weiß. Staubblätter 9 verwachsen und 1 frei

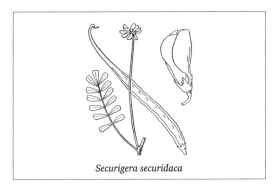
Securigera securidaca

Frucht: Gliederhülse
Kennzeichen: Schmetterlingsblütler. Einjährige oder Staude. Blüten in Dolden. Staubblätter 9 verwachsen und 1 frei. Gliederhülse

Sesbania Scop.

Ableitung: nach einem persisch-arabischen Pflanzennamen
Vulgärnamen: D:Sesbanie
Arten: c. 50
Lebensform: Strauch, Baum, Kräuter
Blätter: wechselständig, paarig gefiedert. Nebenblätter vorhanden oder fehlend. Stipellen fehlend oder vorhanden
Blütenstand: Trauben, seitlich
Blüten: gelb, rosa, weiß. Staubblätter 9 verwachsen und 1 frei
Frucht: Hülse, septiert
Kennzeichen: Schmetterlingsblütler. Blätter paarig gefiedert. Blüten in seitlichen Trieben. Hülse septiert

Sesbania tripetii

Sophora L.

Ableitung: nach einem indonesischen Pflanzennamen
Vulgärnamen: D:Schnurbaum; F:Sophora
Arten: 52
Lebensform: Baum, Strauch, Staude, laubwerfend oder immergrün

Blätter: wechselständig, unpaarig gefiedert. Nebenblätter vorhanden oder fehlend. Stipellen fehlend
Blütenstand: Trauben, Rispen, endständig oder seitlich
Blüten: gelb, weiß, violett. Staubblätter 10 frei, selten verwachsen
Frucht: Gliederhülse
Kennzeichen: Schmetterlingsblütler. Blätter unpaarig gefiedert. Staubblätter meist 10 frei. Gliederhülse

Sophora japonica

Spartium L.

Ableitung: antiker Pflanzenname
Vulgärnamen: D:Binsenginster, Pfriemenginster; E:Spanish Broom; F:Genêt d'Espagne, Sparte
Arten: 1
Lebensform: Rutenstrauch mit binsenartigen, glatten Trieben
Blätter: wechselständig, einfach, hinfällig. Nebenblätter fehlend
Blütenstand: Trauben, endständig
Blüten: gelb. Staubblätter 10 verwachsen
Frucht: Hülse
Kennzeichen: Schmetterlingsblütler. Strauch mit binsenartigen, glatten Trieben. Blüten gelb, in endständigen Trauben

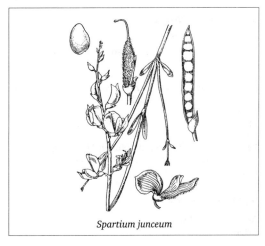
Spartium junceum

Sphenostylis E. Mey.

Ableitung: Keil-Griffel
Vulgärnamen: D:Knollenbohne; E:Yam Pea
Arten: 7
Lebensform: Strauch, Staude, zum Teil kletternd
Blätter: wechselständig, 3-zählig gefiedert. Nebenblätter vorhanden. Stipellen vorhanden
Blütenstand: Trauben, seitlich
Blüten: Staubblätter 9 verwachsen und 1 frei
Frucht: Hülse
Kennzeichen: Schmetterlingsblütler. Pflanze meist kletternd, oft mit Knollen. Blüten in seitlichen Trauben. Stipellen vorhanden. Weitere Gattungen

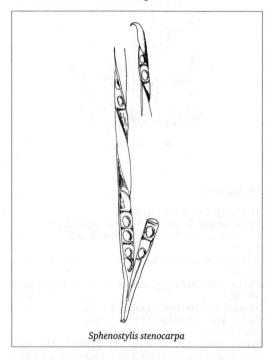

Sphenostylis stenocarpa

Strongylodon Vogel

Ableitung: runder Zahn
Vulgärnamen: D:Jadewein; E:Jade Vine
Arten: 12
Lebensform: Liane, Strauch
Blätter: wechselständig, 3-zählig gefiedert. Nebenblätter vorhanden. Stipellen vorhanden
Blütenstand: Trauben hängend, seitlich
Blüten: rot. Staubblätter 9 verwachsen und 1 frei
Frucht: Hülse
Kennzeichen: Schmetterlingsblütler. Liane auch Strauch. Stipellen vorhanden. Blüten in seitlichen, hängenden Trauben. Weitere Gattungen

Stylosanthes Sw.

Ableitung: Stiel-Blüte
Arten: 25
Lebensform: Staude, Strauch
Blätter: wechselständig, 3-zählig gefiedert. Nebenblätter vorhanden, verwachsen. Stipellen fehlend
Blütenstand: Köpfchen, Ähre, seitlich, endständig
Blüten: gelb. Staubblätter 10 verwachsen
Frucht: Gliederhülse. Samen mit Strophiolus
Kennzeichen: Schmetterlingsblütler. Nebenblätter verwachsen. Staubblätter 10 verwachsen. Gliederhülse. Samen mit Strophiolus

Stylosanthes biflora

Sutherlandia R. Br. ex W.T. Aiton

Ableitung: Gattung zu Ehren von James Sutherland (ca. 1639–1719), einem schottischen Botaniker benannt
Vulgärnamen: D:Ballonerbse, Sutherlandie; E:Balloon Pea; F:Sutherlandia
Arten: 5
Lebensform: Strauch, immergrün
Blätter: wechselständig, unpaarig gefiedert. Nebenblätter vorhanden. Stipellen fehlend
Blütenstand: Trauben, seitlich
Blüten: rot, purpurn. Staubblätter 9 verwachsen und 1 frei
Frucht: Hülse, aufgeblasen
Kennzeichen: Schmetterlingsblütler. Strauch, immergrün. Hülsen aufgeblasen

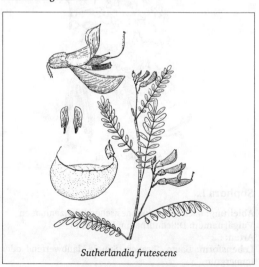

Sutherlandia frutescens

Swainsona Salisb.

Ableitung: Gattung zu Ehren von Isaac Swainson (1746–1812), einem englischen Arzt benannt
Vulgärnamen: D:Augenwicke, Swainsonie; E:Darling Pea; F:Swainsonia
Arten: c. 50
Lebensform: Strauch, Halbstrauch, Einjährige, Staude
Blätter: wechselständig, unpaarig gefiedert, Blättchen ganzrandig. Nebenblätter vorhanden. Stipellen fehlend
Blütenstand: Trauben, seitlich
Blüten: blauviolett, purpurn, rot, weiß, gelb. Staubblätter 9 verwachsen und 1 frei
Frucht: Hülse, aufgeblasen
Kennzeichen: Schmetterlingsblütler. Trauben seitlich. Frucht aufgeblasen

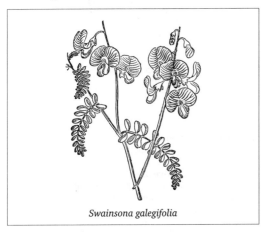

Swainsona galegifolia

Templetonia R. Br. ex W.T. Aiton

Ableitung: Gattung zu Ehren von John Templeton (1766–1825), einem irischen Botaniker benannt
Vulgärnamen: D:Wüstenginster; F:Genêt du désert, Templetonia
Arten: 11
Lebensform: Strauch, immergrün

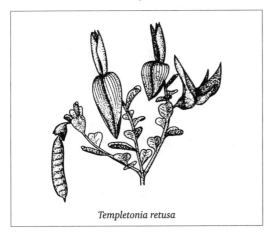

Templetonia retusa

Blätter: wechselständig, einfach. Blättchen ganzrandig. Nebenblätter vorhanden. Stipellen fehlend
Blütenstand: einzeln, Büschel, seitlich
Blüten: rot, gelb. Staubblätter 10 verwachsen
Frucht: Hülse. Samen mit Strophiolus
Kennzeichen: Schmetterlingsblütler. Strauch, immergrün. Blätter einfach, mit Nebenblättern. Staubblätter 10 verwachsen. Samen mit Strophiolus

Tephrosia Pers.

Ableitung: Aschenpflanze
Vulgärnamen: D:Aschenwicke, Giftbaum; E:Hoary Pea; F:Téphrosie
Arten: 400
Lebensform: Staude, Strauch
Blätter: wechselständig, unpaarig gefiedert, 3-zählig gefiedert. Nebenblätter vorhanden. Stipellen fehlend
Blütenstand: Trauben, endständig, seitlich
Blüten: purpurn, rot, weiß, orange. Staubblätter 10 verwachsen oder 9 verwachsen und 1 frei
Frucht: Hülse. Samen mit oder ohne Strophiolus
Kennzeichen: Schmetterlingsblütler. Kaum kurz zu charakterisieren

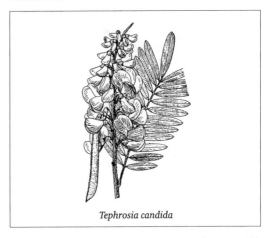

Tephrosia candida

Tetragonolobus Scop.

Ableitung: mit vierkantiger Hülse
Vulgärnamen: D:Schotenklee, Spargelerbse; E:Dragon's Teeth; F:Lotier, Tétragonolobe

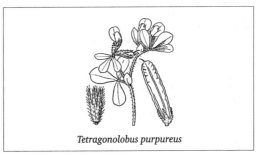

Tetragonolobus purpureus

Arten: 5
Lebensform: Einjährige, Staude
Blätter: wechselständig, 3-zählig gefiedert. Nebenblätter vorhanden. Stipellen fehlend
Blütenstand: einzeln, zu 2, seitlich
Blüten: gelb, rot. Staubblätter 9 verwachsen und 1 frei
Frucht: Hülse 4-kantig oder 4-flügelig
Kennzeichen: Schmetterlingsblütler. Einjährige, Staude. Hülse 4-kantig oder 4-flügelig

Thermopsis R. Br.

Ableitung: vom Aussehen einer Lupine
Vulgärnamen: D:Fuchsbohne; E:False Lupin; F:Faux-lupin
Arten: 13
Lebensform: Staude
Blätter: wechselständig, 3-zählig gefiedert. Nebenblätter vorhanden. Stipellen fehlend
Blütenstand: Traube, seitlich, endständig
Blüten: gelb, purpurn. Staubblätter 10 frei
Frucht: Hülse. Samen mit oder ohne Strophiolus
Kennzeichen: Schmetterlingsblütler. Staude. Blüten in Trauben. Staubblätter 10 frei

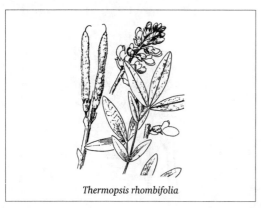
Thermopsis rhombifolia

Tipuana (Benth.) Benth.

Ableitung: Pflanzenname in Südamerika
Vulgärnamen: D:Tipubaum; E:Tipu Tree; F:Bois de rose, Tipu
Arten: 1
Lebensform: Baum, immergrün
Blätter: wechselständig, unpaarig gefiedert. Nebenblätter fehlend. Stipellen fehlend
Blütenstand: Rispe, endständig
Blüten: gelb, hell purpurn. Staubblätter 9 verwachsen und 1 frei
Frucht: Schließfrucht, 1- bis 4-samig, am Ende geflügelt
Kennzeichen: Schmetterlingsblütler. Baum, immergrün. Blüten in Rispen. Schließfrucht 1- bis 4-samig, am Ende geflügelt

Tipuana tipu

Trifolium L.

Ableitung: antiker Pflanzenname
Vulgärnamen: D:Klee; E:Clover; F:Trèfle
Arten: 238
Lebensform: Einjährige, Zweijährig, Staude
Blätter: wechselständig, 3-zählig gefingert oder gefiedert, unpaarig gefiedert, Seitennerven der Blättchen in den meist gezähnten Blattrand auslaufend. Nebenblätter vorhanden, verwachsen. Stipellen fehlend
Blütenstand: Köpfchen, Ähre, einzeln, Dolde, endständig, seitlich
Blüten: gelb, weiß, purpurn, rot. Staubblätter 9 verwachsen und 1 frei
Frucht: Schließfrucht in der bleibenden, vertrocknenden Krone
Kennzeichen: Schmetterlingsblütler. Einjährige, Zweijährig, Staude. Blattstiel ohne Gelenk, mit Nebenblättern verwachsene. Seitennerven der Blättchen in den meist gezähnten Blattrand auslaufend. Schließfrucht in der vertrocknenden Krone

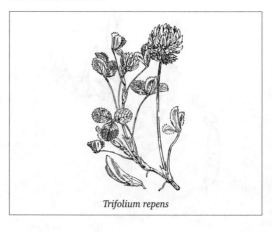
Trifolium repens

Trigonella L.

Ableitung: kleine Dreieckspflanze
Vulgärnamen: D:Bockshornklee; E:Fenugreek, Greek Clover; F:Trigonelle
Arten: c. 50
Lebensform: Einjährige
Blätter: wechselständig, 3-zählig gefiedert, Seitennerven der Blättchen in den Blattrand auslaufend. Nebenblätter vorhanden, verwachsen. Stipellen fehlend
Blütenstand: einzeln, Köpfchen, Trauben, Ähre, seitlich
Blüten: gelb, weiß, violett, blau. Staubblätter 9 verwachsen und 1 frei
Frucht: Schließfrucht, Hülse
Kennzeichen: Schmetterlingsblütler. Einjährige. Blätter 3-zählig gefiedert Seitennerven der Blättchen in den Blattrand auslaufend. Nebenblätter vorhanden, verwachsen. Staubblätter 9 verwachsen und 1 frei. Frucht gerade oder gebogen

Trigonella foenum-graecum

Ulex L.

Ableitung: antiker Pflanzenname
Vulgärnamen: D:Stechginster; E:Furze, Gorse; F:Ajonc
Arten: 20

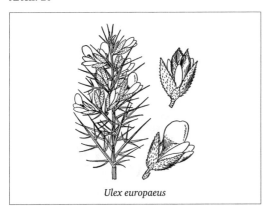
Ulex europaeus

Lebensform: Strauch, immergrün, dornig
Blätter: wechselständig, 3-zählig gefiedert, einfach. Nebenblätter fehlend
Blütenstand: einzeln, Büschel, Trauben, seitlich
Blüten: Kelch 2-teilig. Krone gelb. Staubblätter 10 verwachsen
Frucht: Hülse. Samen mit Strophiolus
Kennzeichen: Schmetterlingsblütler. Strauch, sehr dornig. Nebenblätter fehlend. Kelch 2-teilig. Samen mit Strophiolus

Vicia L.

Ableitung: antiker Pflanzenname
Vulgärnamen: D:Bohne, Wicke; E:Bean, Vetch; F:Fève, Vesce
Arten: 140
Lebensform: Einjährige, Staude, meist kletternd
Blätter: wechselständig, paarig gefiedert, meist mit Endranke. Nebenblätter vorhanden. Stipellen fehlend
Blütenstand: Trauben, Büschel, seitlich
Blüten: lila, gelb, blau, purpurn, orange, weiß, violett. Staubblätter 9 verwachsen und 1 frei, Staubfadenröhre schräg endend
Frucht: Hülse mehrsamig
Kennzeichen: Schmetterlingsblütler. Blätter paarig gefiedert, meist mit Endranke. Staubfadenröhre schräg endend. Hülse mehrsamig

Vicia villosa

Vigna Savi

Ableitung: Gattung zu Ehren von Domenico Vigna (?–1647), einem italienischen Botaniker benannt
Vulgärnamen: D:Kuhbohne, Spargelbohne; E:Mug Bean; F:Dolique, Fleur-escargot
Arten: 150
Lebensform: Einjährige, meist kletternd
Blätter: wechselständig, 3-zählig gefiedert. Nebenblätter vorhanden. Stipellen vorhanden
Blütenstand: Trauben, Büschel, seitlich
Blüten: gelb, lila, weiß. Schiffchen gebogen. Staubblätter 9 verwachsen und 1 frei
Frucht: Hülse

530 Fagaceae Buchengewächse

Vigna unguiculata

Kennzeichen: Schmetterlingsblütler. Einjährige, meist kletternd. Stipellen vorhanden. Schiffchen gebogen

Virgilia Poir.

Ableitung: Gattung zu Ehren des römischen Dichters Publius Vergilius Maro (70–19 v. Chr.) benannt
Arten: 2
Lebensform: Strauch, Baum
Blätter: wechselständig, unpaarig gefiedert. Nebenblätter vorhanden. Stipellen fehlen
Blütenstand: Trauben, selten Rispe, endständig, seitlich
Blüten: violett, rosa, weiß, rosa. Staubblätter 10 frei
Frucht: Hülse. Samen mit Strophiolus
Kennzeichen: Schmetterlingsblütler. Strauch oder Baum. Blätter unpaarig gefiedert. Staubblätter 10 frei. Samen mit Strophiolus

Wisteria Nutt.

Ableitung: Gattung zu Ehren von Caspar Wistar (1761–1818), einem nordamerikanischen Mediziner benannt
Vulgärnamen: D:Blauregen, Glyzine, Wisterie; E:Wisteria; F:Glycine

Wisteria sinensis

Arten: 6
Lebensform: Liane, laubwerfend
Blätter: wechselständig, unpaarig gefiedert, Blättchen ganzrandig. Nebenblätter vorhanden. Stipellen vorhanden oder fehlend
Blütenstand: Trauben, endständig, hängend
Blüten: blau, purpurn, lila, rosa, selten weiß. Staubblätter 9 verwachsen und 1 frei
Frucht: Hülse
Kennzeichen: Schmetterlingsblütler. Liane, laubwerfend. Blätter unpaarig gefiedert. Blüten in endständigen, hängenden Trauben. Staubblätter 9 verwachsen und 1 frei. Hülse

Fagaceae Buchengewächse

1 Cupula mit Klappen, zuerst geschlossen
  2 Nuss 3-kantig
    3 weibliche Dichasien mit zentraler Blüte. Männliche Blüten zu 1–3 . . . . . **Nothofagus**
    3 weibliche Dichasien ohne zentrale Blüte. Männliche Blüten in kugeligen Kätzchen . **Fagus**
  2 Nuss nicht dreikantig. (Cupula ± stachelig)
    4 Griffel 3. Cupulalappen frei. (Nüsse ± 2-kantig) . . . .**Chrysolepis**
    4 Griffel 6–9. Cupulalappen zuerst verwachsen
      5 weibliche Blüten und männliche in gemeinsamen Blütenstand . . . . . **Castanea**
      5 weibliche und männliche Blütenstände getrennt . . . . **Castanopsis**
1 Cupula ohne Klappen, nicht geschlossen
  6 männliche Blüten in aufrechten Ähren . . . . **Lithocarpus**
  6 männliche Blüten in hängenden Kätzchen . . . .**Quercus**

Castanea Mill.

Ableitung: antiker Pflanzenname
Vulgärnamen: D:Kastanie; E:Chestnut; F:Châtaignier
Arten: 8
Lebensform: Baum, Strauch, laubwerfend
Blätter: wechselständig, einfach. Nebenblätter vorhanden
Blütenstand: männliche in Kätzchen, weibliche zu 3

Castanea sativa

Blüten: eingeschlechtig, radiär. Blütenhüllblätter 6, verwachsen. Staubblätter 10–20, frei. Fruchtblätter 6–9, verwachsen, unterständig. Plazentation zentralwinkelständig
Frucht: Nuss in einer stacheligen Cupula
Kennzeichen: Baum, Strauch, laubwerfend. Nebenblätter vorhanden. Männliche Blüten in Kätzchen, weibliche zu 3 in einer Cupula. Blütenhüllblätter 6, verwachsen. Staubblätter 10–20. Fruchtblätter 6–9, verwachsen, unterständig. Plazentation zentralwinkelständig. Nuss

Castanopsis (D. Don) Spach

Ableitung: vom Aussehen einer Castanea
Vulgärnamen: D:Scheinkastanie; E:Chinquapin; F:Faux-châtaignier
Arten: 134
Lebensform: Baum, Strauch, immergrün
Blätter: wechselständig, einfach. Nebenblätter vorhanden
Blütenstand: männliche in Kätzchen, weibliche zu 3
Blüten: eingeschlechtig, radiär. Blütenhüllblätter 5–6, verwachsen. Staubblätter 10–12, frei. Fruchtblätter 3, verwachsen, unterständig. Plazentation zentralwinkelständig
Frucht: Nuss zu 1–4 in der Cupula
Kennzeichen: Baum, Strauch, immergrün. Nebenblätter vorhanden. Männliche Blüten in Kätzchen, weibliche zu 3. Blütenhüllblätter 5–6, verwachsen. Staubblätter 10–12. Fruchtblätter 3, verwachsen, unterständig. Plazentation zentralwinkelständig. Nuss zu 1–4 in der Cupula

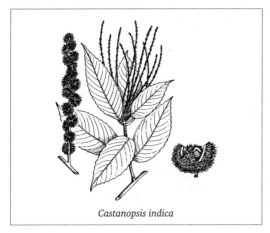

Castanopsis indica

Chrysolepis Hjelmq.

Ableitung: Gold-Schuppe
Vulgärnamen: D:Goldschuppenkastanie; E:Golden Chinkapin
Arten: 2
Lebensform: Baum, Strauch, immergrün
Blätter: wechselständig, einfach. Nebenblätter vorhanden
Blütenstand: Kätzchen
Blüten: eingeschlechtig, radiär. Blütenhüllblätter 5–6, verwachsen. Staubblätter 10–20, frei. Fruchtblätter 3, verwachsen, unterständig. Plazentation zentralwinkelständig
Frucht: Nuss. Cupula mit 2 inneren Lappen die Früchte trennend

Kennzeichen: Baum, Strauch, immergrün. Nebenblätter vorhanden. Bütenhüllblätter 5–6, verwachsen. Staubblätter 10–20. Fruchtblätter 3, verwachsen, unterständig. Plazentation zentralwinkelständig. Cupula mit 2 inneren Lappen die Früchte trennend

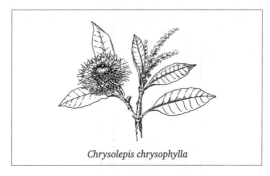

Chrysolepis chrysophylla

Fagus L.

Ableitung: antiker Name der Buche
Vulgärnamen: D:Buche; E:Beech; F:Hêtre
Arten: 10
Lebensform: Baum, laubwerfend
Blätter: wechselständig, einfach. Nebenblätter vorhanden
Blütenstand: männliche in Kätzchen, weibliche in Dichasien
Blüten: eingeschlechtig, radiär. Blütenhüllblätter 4–7, verwachsen. Staubblätter 8–16, frei. Fruchtblätter 3, verwachsen, unterständig. Plazentation zentralwinkelständig
Frucht: Nuss 2, selten 1 in der 4-klappigen Cupula
Kennzeichen: Baum, laubwerfend. Nebenblätter vorhanden. Männliche Blüten in Kätzchen, weibliche in Dichasien. Blütenhüllblätter 4–7, verwachsen. Staubblätter 8–16. Fruchtblätter 3, verwachsen, unterständig. Plazentation zentralwinkelständig. Nuss 2, selten 1 in der 4-klappigen Cupula

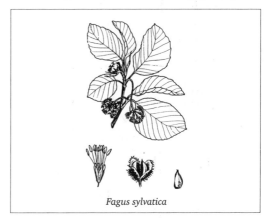

Fagus sylvatica

Lithocarpus Blume

Ableitung: Stein-Frucht
Vulgärnamen: D:Steinfruchteiche, Südeiche; E:Tanbark Oak

Arten: 338
Lebensform: Baum, immergrün
Blätter: wechselständig, einfach. Nebenblätter vorhanden
Blütenstand: einzeln bis Büschel
Blüten: eingeschlechtig, radiär. Blütenhüllblätter 4–6, verwachsen. Staubblätter 10–12, frei. Fruchtblätter 3, verwachsen, unterständig. Plazentation zentralwinkelständig
Frucht: Nuss einzeln in der Cupula
Kennzeichen: Baum, immergrün. Nebenblätter vorhanden. Blütenhüllblätter 4–6, verwachsen. Staubblätter 10–12. Fruchtblätter 3, verwachsen, unterständig. Plazentation zentralwinkelständig. Nuss einzeln in der Cupula

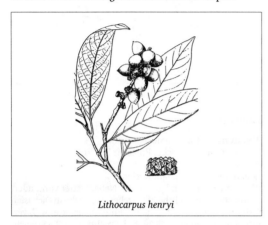

Lithocarpus henryi

Nothofagus Blume

Ableitung: unechte Fagus
Vulgärnamen: D:Scheinbuche, Südbuche; E:Southern Beech; F:Hêtre austral

Nothofagus dombeyi

Arten: 36
Lebensform: Baum, Strauch, immergrün, laubwerfend
Blätter: wechselständig, einfach. Nebenblätter vorhanden
Blütenstand: männliche zu 3, weibliche einzeln
Blüten: eingeschlechtig, radiär. Blütenhüllblätter 4–6, verwachsen. Staubblätter 8–40, frei. Fruchtblätter 3, verwachsen, unterständig. Plazentation zentralwinkelständig
Frucht: Nüsse in der meist 4-klappigen Cupula
Kennzeichen: Baum, Strauch, immergrün, laubwerfend. Nebenblätter vorhanden. Männliche Blüten zu 3, weibliche einzeln. Blütenhüllblätter 4–6, verwachsen. Staubblätter 8–40. Fruchtblätter 3, verwachsen, unterständig. Plazentation zentralwinkelständig. Nüsse in der meist 4-klappigen Cupula

Quercus L.

Ableitung: antiker Pfanzenname
Vulgärnamen: D:Eiche; E:Oak; F:Chêne
Arten: 522
Lebensform: Baum, Strauch, immergrün, laubwerfend
Blätter: wechselständig, einfach. Nebenblätter vorhanden
Blütenstand: männliche in Kätzchen, weibliche einzeln
Blüten: eingeschlechtig, radiär. Blütenhüllblätter 4–7, verwachsen. Staubblätter 4–12, frei. Fruchtblätter 3, verwachsen, unterständig. Plazentation zentralwinkelständig
Frucht: Nuss einzeln in der becher- oder krugförmigen Cupula
Kennzeichen: Baum, Strauch, immergrün, laubwerfend. Nebenblätter vorhanden. Männliche Blüten in Kätzchen, weibliche einzeln. Blütenhüllblätter 4–7, verwachsen. Staubblätter 4–12. Fruchtblätter 3, verwachsen, unterständig. Plazentation zentralwinkelständig. Nuss einzeln in der becher- oder krugförmigen Cupula

Flacourtiaceae Flakourtiengewächse

1 Pflanzen Lianen. (Blütenhülle aus 9–15 kaum differenzierten Blütenhüllblättern) . . . . **Berberidopsis**
1 Pflanzen Sträucher oder Bäume
  2 Blüten mit Kelch und Krone
    3 Kelch zunächst geschlossen, unregelmäßig aufspringend . . . . **Pangium**
    3 Kelch aus freien Kelchblättern . . . . **Hydnocarpus**
  2 Blüten nur mit Kelch
    4 Frucht eine Kapsel
      5 Blüten in Rispen. Griffel 3 . . . . **Poliothyrsis**
      5 Blüten einzeln oder in Büscheln. Griffel 1 . . . . **Ryania**
    4 Frucht eine Beere oder Steinfrucht
      6 Griffel 1
        7 Blüten mit Drüsen . . . . **Azara**
        7 Blüten ohne Drüsen . . . . **Xylosma**
      6 Griffel 2–8
        8 Kelchblätter frei
          9 Plazenten mit 8–2 Samen. Frucht eine Beere . . . . **Dovyalis**
          9 Plazenten meist mit 2 Samen. Steinfrucht mit vielen Steinkernen . . . . **Flacourtia**
        8 Kelchblätter verwachsen . . . . **Idesia**

Flacourtiaceae Flakourtiengewächse 533

Azara Ruiz et Pav.

Ableitung: Gattung zu Ehren von J. N. de Azara (1731-1804), einem spanischen Naturforscher benannt
Vulgärnamen: D:Azarabaum
Arten: 10
Lebensform: Baum, Strauch, immergrün
Blätter: wechselständig, einfach. Nebenblätter vorhanden
Blütenstand: Traube, Schirmtraube, Büschel, Dolde
Blüten: zwittrig, selten eingeschlechtig, radiär, Kelchblätter 4-6, verwachsen. Kronblätter fehlend. Drüsen vorhanden oder fehlend. Diskus vorhanden. Staubblätter viele, 5 oder 10, frei. Fruchtblätter 4-3, verwachsen, oberständig. Griffel 1. Plazentation parietal mit 4-3 Plazenten
Frucht: Beere mit vielen bis wenigen Samen
Kennzeichen: Baum, Strauch, immergrün. Kelchblätter 4-6, verwachsen. Kronblätter fehlend. Staubblätter 5 bis viele. Fruchtblätter 3-4, verwachsen, oberständig. Griffel 1. Plazentation parietal mit 3-4 Plazenten. Beere

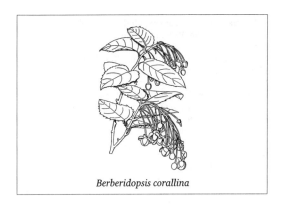
Berberidopsis corallina

Azara dentata

Berberidopsis Hook. f.

Ableitung: vom Aussehen einer Berberis
Vulgärnamen: D:Korallenstrauch; E:Coral Plant
Arten: 2
Lebensform: Liane, immergrün
Blätter: wechselständig, einfach. Nebenblätter fehlend
Blütenstand: Traube, endständig und hängend
Blüten: eingeschlechtig, radiär, Kelchblätter und Kronblätter 9-15, rot. Drüsen fehlend. Diskus vorhanden. Staubblätter 7-10, frei. Fruchtblätter 3, verwachsen, oberständig. Griffel 1. Plazentation parietal mit 3 Plazenten und 14-2 Samenanlagen je Plazenta
Frucht: Beere
Kennzeichen: Liane, immergrün. Kelchblätter und Kronblätter 9-15. Staubblätter 7-10. Fruchtblätter 3, verwachsen, oberständig. Griffel 1. Plazentation parietal mit 3 Plazenten. Beere

Dovyalis E. Mey. ex Arn.

Ableitung: Herleitung unbekannt
Arten: 15
Lebensform: Strauch, Baum
Blätter: wechselständig, einfach. Nebenblätter vorhanden
Blütenstand: Büschel, einzeln
Blüten: zweihäusig, radiär, Kelchblätter 8-5, frei. Kronblätter fehlend. Drüsen vorhanden oder fehlend. Staubblätter viele, frei. Diskus vorhanden. Fruchtblätter 6-2, verwachsen, oberständig. Griffel 8-2. Plazentation parietal mit 6-2 Plazenten
Frucht: Beere
Kennzeichen: Strauch, Baum. Kelchblätter 8-15, frei. Kronblätter fehlend. Staubblätter viele. Fruchtblätter 6-2, verwachsen, oberständig. Griffel 8-2. Plazentation parietal mit 6-2 Plazenten. Beere

Dovyalis hebecarpa

Flacourtia Comm. ex L'Hér.

Ableitung: Gattung zu Ehren von Étienne de Flacourt (1607-1660), einem Gouverneur von Madagaskar benannt

Vulgärnamen: D:Flacourtie, Madagaskarpflaume; E:Governor's Plum, Rukam; F:Prunier de Madagascar
Arten: c. 15
Lebensform: Baum, Strauch, zum Teil dornig
Blätter: wechselständig, einfach
Blütenstand: Traube, endständig, seitlich
Blüten: zweihäusig, radiär, Kelchblätter 3-7, frei. Kronblätter fehlend. Drüsen vorhanden. Staubblätter 15 bis viele, frei. Fruchtblätter 4-8, verwachsen, oberständig. Griffel 2-11. Plazentation parietal mit 2-5 Plazenten
Frucht: Steinfrucht mit vielen Steinkernen
Kennzeichen: Baum, Strauch, zum Teil dornig. Blüten zweihäusig. Kelchblätter 3-6, frei. Kronblätter fehlend. Staubblätter 15 bis viele. Fruchtblätter 4-8, verwachsen, oberständig. Griffel 2-11. Plazentation parietal mit 2-5 Plazenten. Steinfrucht mit vielen Steinkernen

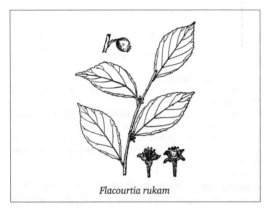
Flacourtia rukam

Hydnocarpus Gaertn.

Ableitung: Trüffel-Frucht
Arten: 40
Lebensform: Baum, Strauch
Blätter: wechselständig, einfach. Nebenblätter vorhanden
Blütenstand: Traube, cymös, seitlich
Blüten: zweihäusig, radiär, Kelchblätter 3-11, frei. Kronblätter 4-14, frei. Drüsen vorhanden. Staubblätter 5-8(1-25), frei. Fruchtblätter 3-6, verwachsen, oberständig. Griffel 3-6. Plazentation parietal mit 3-5 Plazenten

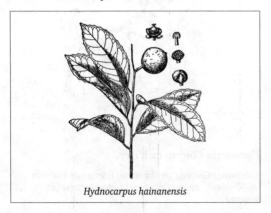
Hydnocarpus hainanensis

Frucht: Beere
Kennzeichen: Baum, Strauch. Kelchblätter 3-11, frei. Kronblätter 4-14, frei. Staubblätter 5-15. Fruchtblätter 3-6, verwachsen, oberständig. Griffel 3-6. Plazentation parietal mit 3-5 Plazenten. Beere

Idesia Maxim.

Ableitung: Gattung zu Ehren von Eberhard Isbrand Ides (= E. Ysbrantes Ides), einem niederländischen oder deutschen Gesandten des Zaren in China im 17. Jahrhundert benannt
Vulgärnamen: D:Orangenkirsche; F:Idésia
Arten: 1
Lebensform: Baum, laubwerfend
Blätter: wechselständig, einfach. Nebenblätter vorhanden
Blütenstand: Rispe, endständig, hängend
Blüten: zweihäusig, einhäusig oder zwittrig, radiär, Kelchblätter 3-6, verwachsen. Kronblätter fehlend. Staubblätter viele, frei. Fruchtblätter 3-6, verwachsen, oberständig. Griffel 3-6. Plazentation parietal mit 3-6 Plazenten
Frucht: Beere mit vielen Samen
Kennzeichen: Baum, laubwerfend. Blüten in endständigen, hängenden Rispen. Kelchblätter 3-6, verwachsen. Kronblätter fehlend. Staubblätter viele. Fruchtblätter 3-6, verwachsen, oberständig. Griffel 3-6. Plazentation parietal mit 3-6 Plazenten. Beere

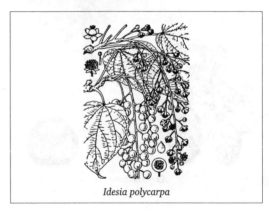
Idesia polycarpa

Pangium Reinw.

Ableitung: Pflanzenname auf Java
Arten: 1
Lebensform: Baum
Blätter: wechselständig, einfach. Nebenblätter fehlend
Blütenstand: Traube, einzeln, seitlich
Blüten: zweihäusig, radiär, Kelchblätter 4-2, zunächst verwachsen, unregelmäßig aufspringend. Kronblätter 4-9, frei. Drüsen vorhanden. Staubblätter viele, frei. Fruchtblätter 2-4, verwachsen, oberständig. Griffel 2-4. Plazentation parietal mit 2-4 Plazenten
Frucht: Beere
Kennzeichen: Baum. Kelchblätter 4-2, zunächst verwachsen, unregelmäßig aufspringend. Kronblätter 4-9. Staubblätter viele. Fruchtblätter 2-4, verwachsen, oberständig. Griffel 2-4. Plazentation parietal mit 2-4 Plazenten. Beere

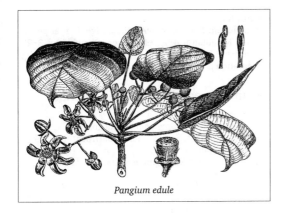

Pangium edule

Poliothyrsis Oliv.

Ableitung: grauer Strauß
Arten: 1
Lebensform: Baum, laubwerfend
Blätter: wechselständig, einfach. Nebenblätter vorhanden
Blütenstand: Rispe, endständig
Blüten: eingeschlechtig, radiär, Kelchblätter 5. Kronblätter fehlend. Drüsen vorhanden. Staubblätter viele, frei. Fruchtblätter 3, verwachsen, oberständig. Griffel 3. Plazentation parietal mit 3 Plazenten
Frucht: Kapsel mit vielen Samen
Kennzeichen: Baum, laubwerfend. Kelchblätter 5. Kronblätter fehlend. Staubblätter viele. Fruchtblätter 3, verwachsen, oberständig. Griffel 3. Plazentation parietal mit 3 Plazenten. Kapsel

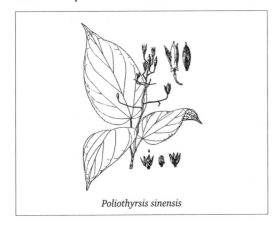

Poliothyrsis sinensis

Ryania Vahl

Ableitung: Gattung zu Ehren von J. Ryan (?1–2800), einem englischen Pflanzensammler in der Karibik benannt
Arten: 8
Lebensform: Baum
Blätter: wechselständig, einfach. Nebenblätter vorhanden
Blütenstand: einzeln, Büschel

Blüten: zwittrig, radiär, Kelchblätter 5, verwachsen. Kronblätter fehlend. Drüsen vorhanden. Staubblätter viele, frei. Fruchtblätter 4–5, verwachsen, oberständig. Griffel 1. Plazentation parietal mit 4–5 Plazenten
Frucht: Kapsel mit vielen Samen
Kennzeichen: Baum. Blüten einzeln oder in Büscheln. Kelchblätter 5, verwachsen. Kronblätter fehlend. Staubblätter viele. Fruchtblätter 4–5, verwachsen, oberständig. Griffel 1. Plazentation parietal mit 4–5 Plazenten. Kapsel

Xylosma G. Forst.

Ableitung: Duft-Holz
Arten: 85
Lebensform: Baum, Strauch, immergrün
Blätter: wechselständig, einfach. Nebenblätter vorhanden
Blütenstand: Traube, Büschel, seitlich
Blüten: zweihäusig, radiär, Kelchblätter 4–8, am Grund verwachsen. Kronblätter fehlend. Drüsen fehlend. Staubblätter viele, frei. Fruchtblätter 2,3 oder 6, verwachsen, oberständig. Griffel 1. Plazentation parietal mit 2, selten 3–6 Plazenten
Frucht: Beere
Kennzeichen: Baum, Strauch, immergrün. Blüten zweihäusig. Kelchblätter 4–8, verwachsen. Kronblätter fehlend. Staubblätter viele. Fruchtblätter 2, 3 oder 6, verwachsen, oberständig. Griffel 1. Plazentation parietal mit 2–6 Plazenten. Beere

Xylosma japonicum

Fouquieraceae Ocotillogewächse

Fouquieria Kunth

Ableitung: Gattung zu Ehren von Pierre Édouard Fouquier (1776–1850), einem französischen Arzt benannt
Vulgärnamen: D:Kerzenstrauch, Ocotillostrauch; E:Ocotillo; F:Cierge, Cirio
Arten: 11
Lebensform: Baum, laubwerfend, dornig
Blätter: wechselständig, einfach. Nebenblätter fehlend
Blütenstand: Rispe
Blüten: zwittrig, radiär. Kelchblätter 5. Kronblätter 5, verwachsen. Staubblätter 10–17, frei und frei von der Krone. Fruchtblätter 3, verwachsen, oberständig. Plazentation parietal
Frucht: Kapsel

Kennzeichen: Baum, laubwerfend, dornig. Kronblätter 5, verwachsen, rot. Staubblätter 10–17, frei von der Krone. Fruchtblätter 3, verwachsen, oberständig. Plazentation parietal. Kapsel

Fouquieria splendens

Frankeniaceae Nelkenheidengewächse

Frankenia L.

Ableitung: Gattung zu Ehren von Johan Franke (1590–1661), einem schwedischen Arzt und Botaniker benannt
Vulgärnamen: D:Frankenie, Seeheide; E:Sea Heath; F:Frankénie
Arten: 40
Lebensform: Staude, Strauch, Einjährige
Blätter: gegenständig, einfach. Nebenblätter fehlend. Salzdrüsen, als vertiefte Punkte
Blütenstand: cymös, einzeln
Blüten: zwittrig, radiär. Kelchblätter 4–7. Kronblätter 4–7, verwachsen, lila, purpurn, rosa, weiß. Staubblätter 3–12(2–25), verwachsen, frei von der Krone. Fruchtblätter 2–4, verwachsen, oberständig. Plazentation parietal

Frankenia pulverulenta

Frucht: Kapsel
Kennzeichen: Staude, Strauch, Einjährige. Blätter gegenständig. Kronblätter 4–7, verwachsen. Staubblätter 3–25, verwachsen. Fruchtblätter 2–4, verwachsen, oberständig. Plazentation parietal. Kapsel

Fumariaceae Erdrauchgewächse

1 Blüten bilateral
  2 Blüten ohne Sporne oder Aussackungen. Staubblätter 4. Frucht eine Gliederfrucht. (Blätter grundständig) . . . . **Hypecoum**
  2 Blüten mit 2 Aussackungen. Staubblätter in 2–3er Gruppen
    3 Pflanze kletternd . . . . **Adlumia**
    3 Pflanze aufrecht . . . . **Dicentra**
1 Blüten zygomorph, nur mit 1 Sporn
  4 Frucht eine Kapsel
    5 Pflanzen mit Ranken . . . . **Ceratocapnos**
    5 Pflanzen ohne Ranken
      6 Frucht 2 oder seltener 1-samig. Elaiosom fehlend . . . . **Sarcocapnos**
      6 Frucht mehrsamig. Samen mit Elaiosom
        7 Blüten cymös. . . . . **Capnoides**
        7 Blüten in Trauben
          8 Griffel bleibend an der Frucht . . . **Corydalis**
          8 Griffel abfallend von der Frucht . . . .**Pseudofumaria**
  4 Frucht eine Nuss oder Schließfrucht
    9 Blüten in Trauben . . . .**Fumaria**
    9 Blüten in Schirmtrauben. . . . . . .**Rupicapnos**

Adlumia Raf. ex DC.

Ableitung: Gattung zu Ehren von John Adlum (1759–1836), einem nordamerikanischen Gärtner und Winzer benannt
Vulgärnamen: D:Doppelkappe
Arten: 1
Lebensform: Zweijährige, Einjährige, kletternd
Blätter: wechselständig, zusammengesetzt. Nebenblätter fehlend
Blütenstand: Rispe, cymös, Blüten nickend
Blüten: zwittrig, bilateral symmetrisch, Kelchblätter 2. Kronblätter 4, verwachsen, mit 2 Aussackungen, rosa. Staubblätter 6, verwachsen in 2 Gruppen. Fruchtblätter 2, verwachsen, oberständig. Plazentation parietal
Frucht: Kapsel. Samen viele, mit Arillus

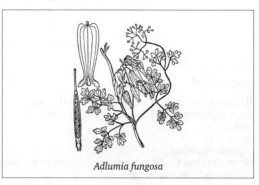
Adlumia fungosa

Kennzeichen: Zweijährige, Einjährige, kletternd. Blüten nickend. Blüten bilateral symmetrisch. Kelchblätter 2. Kronblätter 4, verwachsen, 2 mit Aussackungen. Staubblätter 6, verwachsen in 2 Gruppen. Fruchtblätter 2, verwachsen, oberständig. Plazentation parietal. Kapsel. Samen viele, mit Arillus

Capnoides Mill.

Ableitung: rauchähnlich
Arten: 1
Lebensform: Einjährige, Zweijährige
Blätter: wechselständig, zusammengesetzt. Nebenblätter fehlend
Blütenstand: cymös
Blüten: zwittrig, zygomorph, Kelchblätter 2. Kronblätter 4, verwachsen, mit 1 Sporn, weiß, rosa. Staubblätter 6, verwachsen in 2 Gruppen. Fruchtblätter 2, verwachsen, oberständig. Plazentation parietal
Frucht: Kapsel. Samen viele, mit Elaiosom
Kennzeichen: Einjährige, Zweijährige. Blüten cymös. Blüten zygomorph, Kelchblätter 2. Kronblätter 4, verwachsen, mit 1 Sporn. Staubblätter 6, verwachsen in 2 Gruppen. Fruchtblätter 2, verwachsen, oberständig. Plazentation parietal. Kapsel. Samen viele, mit Elaiosom

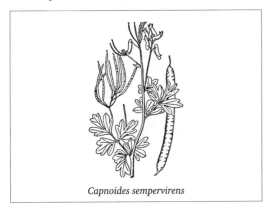
Capnoides sempervirens

Ceratocapnos Durieu

Ableitung: Horn-Erdrauch (Ranken)
Vulgärnamen: D:Lerchensporn
Arten: 3
Lebensform: Einjährige, kletternd mit Ranken
Blätter: wechselständig, zusammengesetzt. Nebenblätter fehlend
Blütenstand: Traube, seitlich
Blüten: zwittrig, zygomorph, Kelchblätter 2. Kronblätter 4, verwachsen, mit 1 Sporn, weiß, rosa. Staubblätter 6, verwachsen in 2 Gruppen. Fruchtblätter 2, verwachsen, oberständig. Plazentation parietal
Frucht: Kapsel und Nuss. Samen 1–5, ohne Elaiosom
Kennzeichen: Einjährige, kletternd mit Ranken. Blüten zygomorph, Kelchblätter 2. Kronblätter 4, verwachsen, mit 1 Sporn. Staubblätter 6, verwachsen in 2 Gruppen. Fruchtblätter 2, verwachsen, oberständig. Plazentation parietal. Kapsel und Nussfrüchte. Samen 1–5, ohne Elaiosom

Ceratocapnos claviculata

Corydalis DC.

Ableitung: Haubenlerche
Vulgärnamen: D:Lerchensporn; E:Corydalis; F:Corydale
Arten: c. 300
Lebensform: Einjährige, Staude, Zweijährige, zum Teil kletternd
Blätter: wechselständig, gegenständig, zusammengesetzt. Nebenblätter fehlend
Blütenstand: Traube, Schirmtraube
Blüten: zwittrig, zygomorph, Kelchblätter 2. Kronblätter 4, verwachsen an der Spitze, mit 1 Sporn, weiß, gelb, purpurn, rosa, blau. Staubblätter 6, verwachsen in 2 Gruppen. Fruchtblätter 2, verwachsen, oberständig. Plazentation parietal
Frucht: Kapsel, 2-klappig. Griffel bleibend an der Frucht. Samen viele, mit Elaiosom
Kennzeichen: Einjährige, Staude, Zweijährige, zum Teil kletternd. Blüten zygomorph, Kelchblätter 2. Kronblätter 4, verwachsen an der Spitze, mit 1 Sporn. Staubblätter 6, verwachsen in 2 Gruppen. Fruchtblätter 2, verwachsen, oberständig. Plazentation parietal. Kapsel. Griffel bleibend an der Frucht. Samen viele, mit Elaiosom

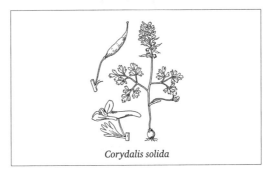
Corydalis solida

Dicentra Borkh. ex Bernh.

Ableitung: zwei Sporne
Vulgärnamen: D:Herzblume, Tränendes Herz; E:Bleeding Heart; F:Cœur de Marie
Arten: 19
Lebensform: Staude
Blätter: wechselständig, zusammengesetzt. Nebenblätter fehlend
Blütenstand: Traube, Rispe, einzeln

Blüten: zwittrig, bilateral symmetrisch, Kelchblätter 2. Kronblätter 4, ± frei, 2 am Grund ausgesackt, rosa, purpurn, gelb. Staubblätter 6, verwachsen in 2 Gruppen. Fruchtblätter 2, verwachsen, oberständig. Plazentation parietal
Frucht: Kapsel, 2-klappig. Samen mehrere, mit oder ohne Elaiosom
Kennzeichen: Staude. Blüten bilateral symmetrisch. Kelchblätter 2. Kronblätter 4, 2 am Grund ausgesackt. Staubblätter 6, verwachsen in 2 Gruppen. Fruchtblätter 2, verwachsen, oberständig. Plazentation parietal. Kapsel. Samen mehrere

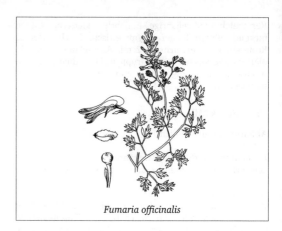

Fumaria officinalis

Hypecoum L.

Ableitung: antiker Pflanzenname
Vulgärnamen: D:Lappenblume; F:Hypécoum
Arten: 20
Lebensform: Einjährige
Blätter: grundständig, zusammengesetzt. Nebenblätter fehlend
Blütenstand: cymös
Blüten: zwittrig, bilateral symmetrisch, Kelchblätter 2. Kronblätter 4, frei, gelb, weiß, purpurn. Staubblätter 4. Fruchtblätter 2, verwachsen, oberständig. Plazentation parietal
Frucht: Gliederfrucht. Samen mehrere, ohne Elaiosom
Kennzeichen: Einjährige. Blüten bilateral symmetrisch, Kelchblätter 2. Kronblätter 4, frei. Staubblätter 4. Fruchtblätter 2, verwachsen, oberständig. Plazentation parietal. Gliederfucht mit mehreren Samen

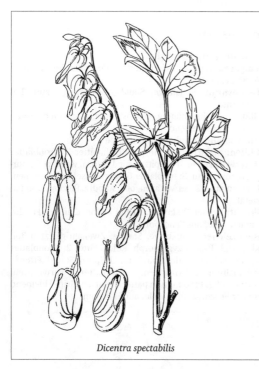

Dicentra spectabilis

Fumaria L.

Ableitung: Rauch-Pflanze
Vulgärnamen: D:Erdrauch; E:Fumitory; F:Fumeterre
Arten: 50
Lebensform: Einjährige, zum Teil kletternd
Blätter: wechselständig, zusammengesetzt. Nebenblätter fehlend
Blütenstand: Traube
Blüten: zwittrig, zygomorph, Kelchblätter 2. Kronblätter 4, verwachsen, mit 1 Sporn, weiß, rosa, purpurn. Staubblätter 6, verwachsen in 2 Gruppen. Fruchtblätter 2, verwachsen, oberständig. Plazentation parietal
Frucht: Nuss. Samen 1, ohne Elaiosom
Kennzeichen: Einjährige, zum Teil kletternd. Blüten zygomorph, Kelchblätter 2. Kronblätter 4, verwachsen, mit 1 Sporn. Staubblätter 6, verwachsen in 2 Gruppen. Fruchtblätter 2, verwachsen, oberständig. Plazentation parietal. Nuss

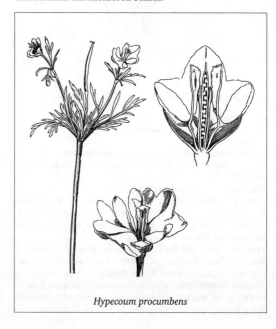

Hypecoum procumbens

Pseudofumaria Medik.

Ableitung: Schein-Fumaria
Vulgärnamen: D:Lerchensporn, Scheinlerchensporn; F:Faux-fumeterre
Arten: 2
Lebensform: Staude
Blätter: wechselständig, zusammengesetzt. Nebenblätter fehlend
Blütenstand: Traube
Blüten: zwittrig, zygomorph, Kelchblätter 2. Kronblätter 4, verwachsen, mit 1 Sporn, gelb, weiß. Staubblätter 6, verwachsen in 2 Gruppen. Fruchtblätter 2, verwachsen, oberständig. Plazentation parietal
Frucht: Kapsel. Griffel abfallend von der Frucht. Samen 3–13, mit Elaiosom
Kennzeichen: Staude. Blüten zygomorph, Kelchblätter 2. Kronblätter 4, verwachsen, mit 1 Sporn. Staubblätter 6, verwachsen in 2 Gruppen. Fruchtblätter 2, verwachsen, oberständig. Plazentation parietal. Kapsel. Griffel abfallend von der Frucht Samen viele, mit Elaiosom

Pseudofumaria lutea

Rupicapnos Pomel

Ableitung: Felsen-Erdrauch
Arten: 7
Lebensform: Staude, Einjährige
Blätter: wechselständig, zusammengesetzt. Nebenblätter fehlend
Blütenstand: Schirmtraube
Blüten: zwittrig, zygomorph, Kelchblätter 2. Kronblätter 4, verwachsen, mit 1 Sporn, weiß, rosa, purpurn. Staubblätter 6, verwachsen in 2 Gruppen. Fruchtblätter 2, verwachsen, oberständig. Plazentation parietal
Frucht: Nuss. Samen 1, ohne Elaiosom
Kennzeichen: Staude, Einjährige. Blüten in Schirmtrauben, zygomorph, Kelchblätter 2. Kronblätter 4, verwachsen, mit 1 Sporn. Staubblätter 6, verwachsen in 2 Gruppen. Fruchtblätter 2, verwachsen, oberständig. Plazentation parietal. Nuss

Sarcocapnos DC.

Ableitung: felsiger Erdrauch
Arten: 4
Lebensform: Staude, Einjährige
Blätter: wechselständig, zusammengesetzt. Nebenblätter fehlend
Blütenstand: Schirmtraube
Blüten: zwittrig, zygomorph, Kelchblätter 2. Kronblätter 4, verwachsen, mit 1 Sporn, weiß, gelb, rosa. Staubblätter 6, verwachsen in 2 Gruppen. Fruchtblätter 2, verwachsen, oberständig. Plazentation parietal
Frucht: Schließfrucht. Samen 1–2, ohne Elaiosom
Kennzeichen: Staude, Einjährige. Blüten in Schirmtrauben, zygomorph, Kelchblätter 2. Kronblätter 4, verwachsen, mit 1 Sporn. Staubblätter 6, verwachsen in 2 Gruppen. Fruchtblätter 2, verwachsen, oberständig. Plazentation parietal. Schließfrucht mit 1–2 Samen, ohne Elaiosom

Sarcocapnos enneaphylla

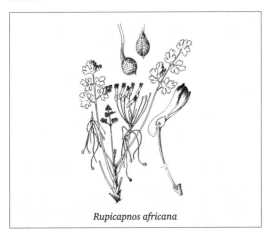
Rupicapnos africana

Garryaceae

Garrya Douglas ex Lindl.

Ableitung: Gattung zu Ehren von Nicholas Garry, einem Sekretär der Hudson Bay Company des 19. Jahrhunderts benannt
Vulgärnamen: D:Becherkätzchen; E:Silk Tassel, Tassel Tree; F:Garrya
Arten: 15
Lebensform: Strauch, Baum, immergrün
Blätter: gegenständig, einfach. Nebenblätter fehlend
Blütenstand: Kätzchen
Blüten: eingeschlechtig, radiär. Kelchblätter 2–4, verwachsen. Kronblätter fehlend. Staubblätter 4, frei. Fruchtblätter 2, verwachsen, oberständig. Plazentation apical
Frucht: Beere

Garrya elliptica

Kennzeichen: Strauch, Baum, immergrün. Blätter gegenständig. Blüten in Kätzchen. Kronblätter 4 oder fehlend. Staublätter 4. Fruchtblätter 2, verwachsen, oberständig. Plazentation apical. Beere

Gentianaceae Enziangewächse

1	Fruchtknoten 2-fächrig. Plazentation zentralwinkelständig	
2	Antheren mit Poren	**Exacum**
2	Antheren mit Schlitzen	**Sabatia**
1	Fruchtknoten 1-fächrig. Plazentation wandständig	
3	Krone mit Nektartaschen	
4	Pflanze einjährig. Narben am Fruchtknoten herablaufend. Blüten einzeln	**Lomatogonium**
4	Pflanzen Stauden. Narbe 2-lappig. Blüten meist in Trauben	**Swertia**
3	Krone ohne Nektartaschen	
5	Narbe kopfig. (meist verholzte Pflanzen)	
6	Kelch mit spitzen Zipfeln	**Chironia**
6	Kelch mit stumpfen Zipfeln.	**Orphium**
5	Narbe 2-teilig oder 2 Griffel	
7	Krone mit Höckern oder Spornen . . .	**Halenia**
7	Krone ohne Höcker oder Sporne	
8	Griffel deutlich vom Fruchtknoten abgesetzt	
9	Klappen gekielt. Kronblätter meist 5	**Centaurium**
9	Klappen nicht gekielt	
10	Kronblätter 4. Narbe kopfig . . .	**Cicendia**
10	Kronblätter 6–12. Griffel am Ende 2-spaltig	**Blackstonia**
8	Griffel fehlend, Narben ± sitzend, nicht deutlich abgesetzt	
11	Kronabschnitte gekielt	**Eustoma**
11	Kronabschnitte nicht gekielt	
12	Krone mit Anhängseln zwischen den Kronzipfeln. Krone im Schlund kahl	**Gentiana**
12	Krone ohne Anhängsel zwischen den Kronzipfeln, Kronzipfel gefranst oder Krone im Schlund bärtig. . . .	**Gentianella**

Blackstonia Huds.

Ableitung: Gattung zu Ehren von John Blackstone (?–1755), einem englischen Botaniker benannt
Vulgärnamen: D:Bitterling; E:Yellow Wort; F:Centaurée jaune
Arten: 4–6
Lebensform: Einjährige
Blätter: gegenständig, einfach. Nebenblätter fehlend
Blütenstand: cymös
Blüten: zwittrig, radiär, Kelchblätter verwachsen. Kronblätter 6–12, verwachsen, gelb. Staubblätter 6–12, verwachsen mit der Krone. Antheren mit Schlitzen. Fruchtblätter 2, verwachsen, oberständig. Narbe 2-lappig. Plazentation parietal
Frucht: Kapsel
Kennzeichen: Einjährige. Blätter gegenständig. Blüten radiär. Kronblätter 6–12, verwachsen, gelb. Staubblätter 6–12, verwachsen mit der Krone. Fruchtblätter 2, verwachsen, oberständig. Griffel am Ende 2-spaltig. Plazentation parietal. Kapsel

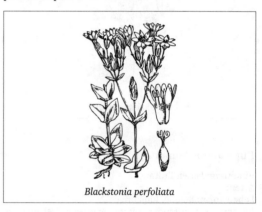

Blackstonia perfoliata

Centaurium Hill

Ableitung: nach einem antiken Pflanzennamen
Vulgärnamen: D:Tausendgüldenkraut; E:Centaury; F:Gentianelle, Petite centaurée
Arten: c. 30
Lebensform: Einjährige, Zweijährige, Staude
Blätter: gegenständig, einfach. Nebenblätter fehlend
Blütenstand: cymös, Ähre
Blüten: zwittrig, radiär, Kelchblätter verwachsen. Kronblätter 5, selten 4, verwachsen, purpurn, weiß, gelb, lila, rosa. Staubblätter 5–4, verwachsen mit der Krone. Antheren mit Schlitzen. Fruchtblätter 2, verwachsen, oberständig. Griffel fadenförmig, Narbe 2-lappig. Plazentation parietal
Frucht: Kapsel, Klappen gekielt
Kennzeichen: Einjährige, Zweijährige, Staude. Blätter gegenständig. Blüten radiär. Kronblätter 5, selten 4, verwachsen. Staubblätter 5–4, verwachsen mit der Krone. Frucht-

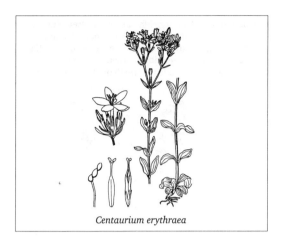

Centaurium erythraea

blätter 2, verwachsen, oberständig. Griffel fadenförmig, Narbe 2-lappig. Plazentation parietal. Kapsel, Klappen gekielt

Chironia L.

Ableitung: nach einer Gestalt der griechischen Mythologie
Vulgärnamen: D:Chironie, Weihnachtsbeere; E:Christmas Berry; F:Chironia
Arten: c. 15
Lebensform: Staude, Strauch, Halbstrauch
Blätter: gegenständig, einfach. Nebenblätter fehlend
Blütenstand: einzeln, cymös, endständig
Blüten: zwittrig, radiär, Kelchblätter verwachsen. Kronblätter 5, verwachsen, mit spitzen Zipfeln, rosa, rot, purpurn. Staubblätter 5, verwachsen mit der Krone. Antheren mit Schlitzen. Fruchtblätter 2, verwachsen, oberständig. Narbe kopfig. Plazentation parietal
Frucht: Kapsel, Beere
Kennzeichen: Staude, Strauch, Halbstrauch. Blätter gegenständig. Kronblätter 5, verwachsen, mit spitzen Zipfeln. Staubblätter 5, verwachsen mit der Krone. Fruchtblätter 2, verwachsen, oberständig. Narbe kopfig. Plazentation parietal

Chironia floribunda

Cicendia Adans.

Ableitung: nach einem antiken Pflanzennamen
Vulgärnamen: D:Fadenenzian, Zindelkraut; E:Yellow Centaury
Arten: 2
Lebensform: Einjährige
Blätter: gegenständig, einfach. Nebenblätter fehlend
Blütenstand: Dichasium
Blüten: zwittrig, radiär, Kelchblätter am Grund verwachsen. Kronblätter 4, verwachsen, gelb, weiß, rosa. Staubblätter 4, verwachsen mit der Krone. Antheren mit Schlitzen. Fruchtblätter 2, verwachsen, oberständig. Griffel fadenförmig, Narbe kopfig. Plazentation parietal
Frucht: Kapsel, wandspaltig
Kennzeichen: Einjährige. Blätter gegenständig. Blüten in Dichasien. Kronblätter 4, verwachsen. Staubblätter 4, verwachsen mit der Krone. Fruchtblätter 2, verwachsen, oberständig. Griffel fadenförmig, Narbe kopfig. Plazentation parietal. Kapsel, wandspaltig

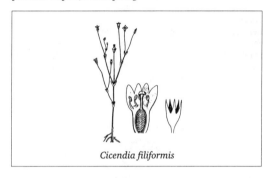

Cicendia filiformis

Eustoma Salisb.

Ableitung: schöner Mund
Vulgärnamen: D:Prärieenzian; F:Gentiane de la Prairie
Arten: 3
Lebensform: Einjährige, Zweijährige, Staude
Blätter: gegenständig, einfach. Nebenblätter fehlend
Blütenstand: Rispe, einzeln
Blüten: zwittrig, radiär, Kelchblätter verwachsen. Kronblätter 5-6, verwachsen, gekielt, weiß, blau, purpurn. Staubblätter 5-6, verwachsen mit der Krone. Antheren mit Schlitzen. Fruchtblätter 2, verwachsen, oberständig. Griffel fehlend. Narbe sitzend, 2-lappig. Plazentation parietal

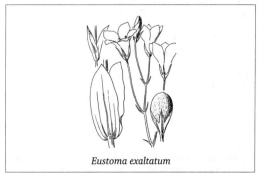

Eustoma exaltatum

Frucht: Kapsel
Kennzeichen: Einjährige, Zweijährige, Staude. Blätter gegenständig. Blüten radiär. Kronblätter 5-6, verwachsen, gekielt. Staubblätter 5-6, verwachsen mit der Krone. Fruchtblätter 2, verwachsen, oberständig. Griffel fehlend. Narbe sitzend, 2-lappig. Plazentation parietal. Kapsel

Exacum L.

Ableitung: antiker Pflanzenname
Vulgärnamen: D:Bitterblatt; F:Violette allemande
Arten: c. 60
Lebensform: Einjährige, Zweijährige, Staude
Blätter: gegenständig, einfach. Nebenblätter fehlend
Blütenstand: Rispe, cymös
Blüten: zwittrig, radiär, Kelchblätter verwachsen. Kronblätter 4-5, verwachsen, blau, weiß, rosa. Staubblätter 4-5, verwachsen mit der Krone. Antheren mit Poren. Fruchtblätter 2, verwachsen, oberständig. Narbe 2-lappig. Plazentation zentralwinkelständig
Frucht: Kapsel
Kennzeichen: Einjährige, Zweijährige, Staude. Blätter gegenständig. Blüten radiär. Kronblätter 4-5, verwachsen. Staubblätter 4-5, verwachsen mit der Krone. Antheren mit Poren. Fruchtblätter 2, verwachsen, oberständig. Narbe 2-lappig. Plazentation zentralwinkelständig. Kapsel

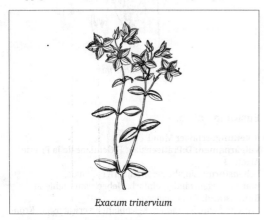
Exacum trinervium

Gentiana L.

Ableitung: antiker Pflanzenname
Vulgärnamen: D:Enzian; E:Gentian; F:Gentiane
Arten: 361
Lebensform: Staude, Einjährige, Zweijährige
Blätter: gegenständig, quirlständig, oft in grundständiger Rosette genähert, einfach. Nebenblätter fehlend
Blütenstand: einzeln, cymös, Köpfchen, seitlich, endständig
Blüten: zwittrig, radiär, Kelchblätter verwachsen. Kronblätter 4-5(9-2), verwachsen, blau, weiß, gelb, purpurn, rot. Staubblätter 4-5(9-2), verwachsen mit der Krone. Antheren mit Schlitzen. Fruchtblätter 2, verwachsen, oberständig. Narbe sitzend, 2-lappig. Plazentation parietal
Frucht: Kapsel
Kennzeichen: Staude, Einjährige, Zweijährige. Blätter gegenständig oder quirlständig, oft in grundständiger Rosette genähert. Kronblätter 4-5(9-2), verwachsen. Staubblätter 4-5(9-2), verwachsen mit der Krone. Antheren mit Schlitzen. Fruchtblätter 2, verwachsen, oberständig. Narbe sitzend, 2-lappig. Plazentation parietal. Kapsel.
Ohne spezielle Merkmale innerhalb der Gentianaceae

Gentiana cruciata

Gentianella Moench

Ableitung: kleines Gentiana
Vulgärnamen: D:Fransenenzian; E:Felwort; F:Gentiane ciliée
Arten: 125
Lebensform: Zweijährige, Einjährige
Blätter: gegenständig, einfach. Nebenblätter fehlend
Blütenstand: cymös
Blüten: zwittrig, radiär, Kelchblätter verwachsen. Kronblätter 4-5, verwachsen, am Rand gefranst oder im Schlund bärtig, blau, weiß. Staubblätter 4-5, verwachsen mit der Krone. Antheren mit Schlitzen. Fruchtblätter 2, verwachsen, oberständig. Narbe sitzend, 2-lappig. Plazentation parietal
Frucht: Kapsel
Kennzeichen: Zweijährige, Einjährige. Blätter gegenständig. Blüten radiär. Kronblätter 4-5, verwachsen, am Rand gefranst oder im Schlund bärtig, blau, weiß. Staubblätter 4-5, verwachsen mit der Krone. Fruchtblätter 2, verwachsen, oberständig. Narbe sitzend, 2-lappig. Plazentation parietal. Kapsel

Gentianella ciliata

Halenia Borkh.

Ableitung: Gattung zu Ehren von Jonathan Halen, einem Botaniker in der Kamtschatka benannt

Arten: c. 70
Lebensform: Einjährige, Zweijährige, Staude
Blätter: gegenständig, grundständig, einfach. Nebenblätter fehlend
Blütenstand: cymös, Rispe
Blüten: zwittrig, radiär, Kelchblätter am Grund verwachsen. Kronblätter 4, verwachsen, gelb, violett mit Höcker oder Sporn am Grund. Staubblätter 4, verwachsen mit der Krone. Antheren mit Schlitzen. Fruchtblätter 2, verwachsen, oberständig. Narbe sitzend, 2-lappig. Plazentation parietal
Frucht: Kapsel
Kennzeichen: Einjährige, Zweijährige, Staude. Blätter gegenständig oder grundständig. Blüten radiär. Kronblätter 4, verwachsen, gelb, violett mit Höcker oder Sporn am Grund. Staubblätter 4, verwachsen mit der Krone. Fruchtblätter 2, verwachsen, oberständig. Narbe sitzend, 2-lappig. Plazentation parietal. Kapsel

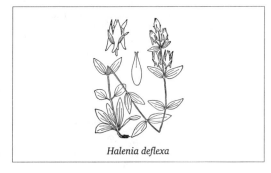

Halenia deflexa

Lomatogonium A. Braun

Ableitung: Saum-Narbe
Vulgärnamen: D:Saumnarbe, Tauernblümchen
Arten: 18
Lebensform: Einjährige
Blätter: gegenständig, einfach. Nebenblätter fehlend
Blütenstand: einzeln
Blüten: zwittrig, radiär, Kelchblätter am Grund verwachsen. Kronblätter 4-5, verwachsen, blau, weiß, mit Nektartaschen. Staubblätter 4-5, verwachsen mit der Krone. Antheren mit Schlitzen. Fruchtblätter 2, verwachsen, oberständig. Narbe am Fruchtknoten herablaufend. Plazentation parietal
Frucht: Kapsel, wandspaltig

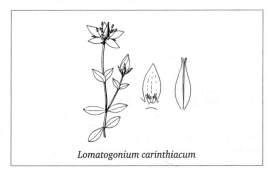

Lomatogonium carinthiacum

Kennzeichen: Einjährige. Blätter gegenständig. Blüten einzeln, radiär. Kronblätter 4-5, verwachsen, mit Nektartaschen. Staubblätter 4-5, verwachsen mit der Krone. Fruchtblätter 2, verwachsen, oberständig. Narbe am Fruchtknoten herablaufend. Plazentation parietal. Kapsel, wandspaltig

Orphium E. Mey.

Ableitung: Orpheus-Pflanze
Arten: 1
Lebensform: Strauch
Blätter: gegenständig, einfach. Nebenblätter fehlend
Blütenstand: einzeln, cymös
Blüten: zwittrig, radiär, Kelchblätter verwachsen, mit stumpfen Zipfeln. Kronblätter 5, verwachsen, rosa, rot. Staubblätter 5, verwachsen mit der Krone. Antheren mit Schlitzen. Fruchtblätter 2, verwachsen, oberständig. Narbe kopfig. Plazentation parietal
Frucht: Kapsel
Kennzeichen: Strauch. Blätter gegenständig. Blüten radiär. Kelchblätter mit stumpfen Zipfeln. Kronblätter 5, verwachsen. Staubblätter 5, verwachsen mit der Krone. Fruchtblätter 2, verwachsen, oberständig. Narbe kopfig. Plazentation parietal. Kapsel

Sabatia Adans.

Ableitung: Gattung zu Ehren von Liberato Sabbati (ca. 1714-?), einem italienischen Botaniker benannt
Arten: 17
Lebensform: Einjährige, Staude
Blätter: gegenständig, einfach. Nebenblätter fehlend
Blütenstand: cymös
Blüten: zwittrig, radiär, Kelchblätter verwachsen. Kronblätter 5-12, verwachsen, rosa, weiß. Staubblätter 5-12, verwachsen mit der Krone. Antheren mit Schlitzen. Fruchtblätter 2, verwachsen, oberständig. Narbe 2-lappig. Plazentation zentralwinkelständig
Frucht: Kapsel

Sabatia campestris

Kennzeichen: Einjährige, Staude. Blätter gegenständig. Blüten radiär. Kronblätter 5–12, verwachsen. Staubblätter 5–12, verwachsen mit der Krone. Fruchtblätter 2, verwachsen, oberständig. Narbe 2-lappig. Plazentation zentralwinkelständig. Kapsel

Swertia L.

Ableitung: Gattung zu Ehren von Emanuel Sweert (1552–1612), einem niederländischen Gärtner benannt
Vulgärnamen: D:Sumpfstern, Tarant; E:Felwort; F:Swertia
Arten: c. 50
Lebensform: Staude, Einjährige
Blätter: gegenständig, selten quirlständig oder wechselständig, einfach. Nebenblätter fehlend
Blütenstand: cymös, Rispe, Schirmrispe
Blüten: zwittrig, radiär, Kelchblätter verwachsen. Kronblätter 4–5, verwachsen, mit Nektartaschen, blau, purpurn, gelbgrün. Staubblätter 4–5, verwachsen mit der Krone. Antheren mit Schlitzen. Fruchtblätter 2, verwachsen, oberständig. Narbe 2-lappig. Plazentation parietal
Frucht: Kapsel
Kennzeichen: Staude, Einjährige. Blüten radiär. Kronblätter 4–5, verwachsen, mit Nektartaschen. Staubblätter 4–5, verwachsen mit der Krone. Fruchtblätter 2, verwachsen, oberständig. Narbe 2-lappig. Plazentation parietal. Kapsel

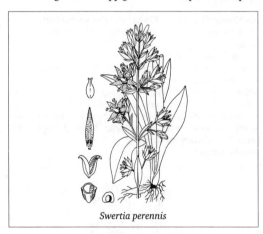

Swertia perennis

Geraniaceae Storchschnabelgewächse

1 Blätter wechselständig. Blüten ± zygomorph. Sporn mit Blütenstiel verwachsen. . . . . . **Pelargonium**
1 Blätter gegenständig. Blüten radiär, ohne Sporn
  2 Staubblätter 15. Stammsukkulente. . . . . **Sarcocaulon**
  2 Staubblätter 10 oder 5. Keine Stammsukkulenten.
   3 Staubblätter 10. Teilfrüchte aufspringend, ohne schraubigen Schnabelteil . . . . . .**Geranium**
   3 Staubblätter 5. Teilfrüchte nicht aufspringend, mit schraubigem unterem Schnabelteil . . . . **Erodium**

Erodium L'Hér. ex Aiton

Ableitung: Reiher-Pflanze
Vulgärnamen: D:Reiherschnabel; E:Heron's Bill, Stork's Bill; F:Bec-de-héron
Arten: c. 60
Lebensform: Einjährige, Staude
Blätter: gegenständig oder grundständig, einfach, zusammengesetzt. Nebenblätter vorhanden
Blütenstand: Dolde, einzeln
Blüten: zwittrig, eingeschlechtig, radiär oder zygomorph. Kelchblätter 5. Kronblätter 5, frei, rosa, rot, blau, gelb, purpurn, weiß. Staubblätter 5, frei und frei von der Krone. Fruchtblätter 5, verwachsen, oberständig. Plazentation zentralwinkelständig
Frucht: Spaltfrucht, hygroskopisch, trocken der Schnabel sich zum Teil schraubig zusammen drehend
Kennzeichen: Einjährige, Staude. Blätter gegenständig oder grundständig. Nebenblätter vorhanden. Blüten in Dolden oder einzeln. Kelchblätter 5. Kronblätter 5, frei. Staubblätter 5. Fruchtblätter 5, verwachsen, oberständig. Plazentation zentralwinkelständig. Spaltfrucht, hygroskopisch, trocken der Schnabel sich zum Teil schraubig zusammen drehend

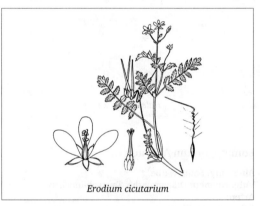

Erodium cicutarium

Geranium L.

Ableitung: antiker Pflanzenname
Vulgärnamen: D:Storchschnabel; E:Crane's Bill; F:Bec-de-grue, Géranium
Arten: c. 300
Lebensform: Einjährige, Staude
Blätter: gegenständig, einfach oder zusammengesetzt. Nebenblätter vorhanden
Blütenstand: einzeln oder zu 2
Blüten: zwittrig, radiär. Kelchblätter 5. Kronblätter 5, frei, weiß, rosa, lila. Staubblätter meist 10, frei und frei von der Krone. Fruchtblätter 5, verwachsen, oberständig. Plazentation zentralwinkelständig
Frucht: Spaltfrucht mit aufspringenden Teilfrüchten, Grannen sich bogig einrollend
Kennzeichen: Einjährige, Staude. Blätter gegenständig. Nebenblätter vorhanden. Blüten zu 2 oder einzeln. Kelchblätter 5. Kronblätter 5, frei. Staubblätter meist 10. Fruchtblätter 5, verwachsen, oberständig. Spaltfrucht mit aufspringenden Teilfrüchten, Grannen sich bogig einrollend

Geranium phaeum

Pelargonium L'Hér. ex Aiton

Ableitung: Schnabelpflanze
Vulgärnamen: D:Geranie der Gärtner, Pelargonie; E:Geranium; F:Géranium des balcons
Arten: c. 280
Lebensform: Staude, Strauch, Einjährige
Blätter: wechselständig, gegenständig, einfach, zusammengesetzt. Nebenblätter vorhanden
Blütenstand: Dolde, zu 2
Blüten: zwittrig, zygomorph. Kelchblätter 5. Kronblätter 5, 4, oder 2, frei, weiß, rosa, purpurn, gelb, braun. Sporn mit dem Blütenstiel verwachsen. Staubblätter meist 10, selten 2–7, frei und frei von der Krone. Fruchtblätter 5, verwachsen, oberständig. Plazentation zentralwinkelständig
Frucht: Spaltfrucht
Kennzeichen: Staude, Strauch, Einjährige. Nebenblätter vorhanden. Blüten zygomorph. Kronblätter 5–2 oder fehlend, frei. Sporn mit dem Blütenstiel verwachsen. Staubblätter 10 2–2, frei. Fruchtblätter 5, verwachsen, oberständig. Spaltfrucht

Pelargonium zonale

Sarcocaulon (DC.) Sweet

Ableitung: fleischiger Stängel
Vulgärnamen: D:Buschmannskerze, Dickstängel; F:Sarcaucolon
Arten: 14
Lebensform: Strauch, stammsukkulent
Blätter: gegenständig, einfach, zusammengesetzt. Nebenblätter vorhanden
Blütenstand: einzeln
Blüten: zwittrig, radiär. Kelchblätter 5. Kronblätter 5, frei, weiß, gelb, rosa, rot. Staubblätter 15, verwachsen, frei von der Krone. Fruchtblätter 5, verwachsen, oberständig. Plazentation zentralwinkelständig
Frucht: Spaltfrucht
Kennzeichen: Strauch, stammsukkulent. Blätter gegenständig. Blüten einzeln. Kelchblätter 5. Kronblätter 5, frei. Staubblätter 15, verwachsen. Fruchtblätter 5, verwachsen, oberständig. Spaltfrucht

Sarcocaulon patersonii

Gesneriaceae Gesneriengewächse

1 Fruchtknoten unterständig oder halbunterständig. (Staubblätter 4. Kapsel fachspaltig)
  2 Blätter wechselständig. (Sträucher oder Bäume. Fruchtknoten unterständig)
    3 Staubblätter mit der Krone verwachsen. **Rhytidophyllum**
    3 Staubblätter nur am Grund mit der Krone verwachsen. . . . . **Gesneria**
  2 Blätter gegenständig
    4 Pflanzen mit einer Knolle . . . . **Sinningia**
    4 Pflanzen ohne Knolle
      5 Diskus aus 5, seltener 4–2 getrennten Lappen bestehend
        6 Blütenstand endständig, als Traube erscheinend . . . . **Diastema**
        6 Blütenstand anders . . . . **Kohleria**
      5 Diskus ringförmig (selten etwas lappig) oder fehlend
        7 Blütenstand eine endständige Traube mit wechselständigen Deckblättern
          8 Blätter oberseits weiß gepunktet. Blüten nur etwa 1 cm lang . . . . **Koellikeria**
          8 Blätter oberseits nicht weiß gepunktet. Blüten 3 cm oder mehr. . . . . **Smithiantha**

7 Blütenstand blattachselständig
  9 Pflanzen Sträucher oder Halbsträucher . . .
   . . . . **Moussonia**
  9 Pflanzen Kräuter
   10 Stängel und Blätter dicht wollig. . . . . .
    . . . . **Eucodonia**
   10 Stängel und Blätter nicht dicht wollig
    11 Fruchtknoten 10-rippig. Krone am Grund
     ausgebuchtet . . . . **Gloxinia**
    11 Fruchtknoten nicht 10-rippig. Krone nicht
     stark ausgebuchtet am Grund . . . . . .
     . . . . **Achimenes**
1 Fruchtknoten oberständig
 12 Diskus aus 1 oder 2 Drüsen bestehend
  13 Antherenfächer durch ein breites Konnektiv
   getrennt, sich mit Poren öffnend . . . .
   . . . . **Codonanthe**
  13 Antherenfächer nicht durch ein breites
   Konnektiv getrennt
   14 Antheren zu einer Röhre verwachsen, am
    Grund pfeilförmig und mit Poren . . **Drymonia**
   14 Antheren anders
    15 Frucht eine Beere
     16 Frucht schwarz . . . . . . **Corytoplectus**
     16 Frucht nicht schwarz
      17 Beere orangefliederfarben. Diskus 2-lappig
       . . . . **Neomortonia**
      17 Beere weiß, rosa, rot, purpurn oder blau.
       Diskus nicht gelappt
       18 Krone fast radiär . . . . **Trichantha**
       18 Krone 2-lippig. . . . . **Columnea**
    15 Frucht eine Kapsel
     19 Pflanze kriechend und an den Knoten
      wurzelnd. Kronzipfel fein gezähnt bis
      gefranst . . . . **Episcia**
     19 Pflanze nicht kriechend und an den Knoten
      wurzelnd
      20 Kelch zu ¾ verwachsen. (Pflanze mit
       Knolle) . . . . **Chrysothemis**
      20 Kelch frei oder nur am Grund verwachsen
       21 Blätter sukkulent. (Blüten hängend) . .
        . . . . **Nematanthus**
       21 Blätter nicht sukkulent
        22 Kelchblätter ungleich, oberes geteilt um
         den Sporn liegend. (Stämme sukkulent)
         . . . . **Nautilocalyx**
        22 Kelchblätter gleich. Stängel 4-kantig. .
         . . . . **Alloplectus**
 12 Diskus ringförmig oder fehlend
  23 Staubblätter 2
   24 Blätter wechselständig
    25 Blüten in einseitigen Trauben, röhrenförmig
     . . . . **Rhynchoglossum**
    25 Blüten einzeln oder cymös, nicht
     röhrenförmig . . . . **Saintpaulia**
   24 Blätter gegenständig oder quirlständig oder
    grundständig
    26 Frucht eine Beere oder Schließfrucht
     27 Staubblätter verwachsen . . . . **Sarmienta**
     27 Staubblätter frei. . . . . **Cyrptandra**
    26 Frucht eine Kapsel
     28 Fruchtklappen gedreht
      29 Diskus vorhanden . . . . . **Streptocarpus**
      29 Diskus fehlend . . . . **Boea**
     28 Fruchtklappen nicht gedreht
      30 Diskus fehlend . . . . **Petrocosmea**
      30 Diskus vorhanden
       31 Kronröhre kürzer als der Saum . . . . .
        . . . . **Saintpaulia**
       31 Kronröhre länger als der Saum
        32 Blätter in einer grundständigen Rosette
         . . . . **Opithandra**
        32 Blätter am Stängel . . . . **Chirita**
  23 Staubblätter 4, 5 oder selten 6
   33 Frucht eine Beere
    34 Vorblätter frei. (Antheren kreuzweise
     zusammenhängend) . . . . . **Asteranthera**
    34 Vorblätter verwachsen . . . . **Mitraria**
   33 Frucht eine Kapsel
    35 Kapsel 4-klappig. Sträucher . . . .
     . . . . **Rhabdothamnus**
    35 Kapsel 2-klappig
     36 Kapsel wandspaltig. (Kräuter mit
      grundständigen Blättern)
      37 Blüten zygomorph
       38 Staubblätter in der Mitte der Kronröhre
        eingefügt . . . . **Corallodiscus**
       38 Staubblätter am Grund der Kronröhre
        eingefügt . . . . **Haberlea**
      37 Blüten ± radiär
       39 Kronröhre etwa 1 cm lang . . . . **Jancaea**
       39 Kronröhre nur bis 3 mm lang, große
        ausgebreitete Zipfel . . . . . . **Ramonda**
     36 Kapsel fachspaltig
      40 Staubblätter 5. (Blätter grundständig) . .
       . . . . **Conandron**
      40 Staubblätter 4
       41 Samen mit haarförmigem Anhängsel . .
        . . . . **Aeschynanthus**
       41 Samen ohne haarförmiges Anhängsel
        42 Staubblätter 4 . . . . **Briggsia**
        42 Staubblätter 2 und 2 Staminodien . . .
         . . . . **Chirita**

Die Gesneriaceae gehören zu der sehr großen recht einheitlichen Ordnung der Scrophulariales mit Blüten mit verwachsener, ± zygomorpher Krone und 4 oder 2 Staubblättern, die mit der Krone verwachsen sind, und einem oberständigen Fruchtknoten aus 2 Fruchtblättern. Daneben sind für die Gesneriaceae die meist krautige Lebensform, gegenständige Blätter, ein ringförmiger oder lappiger Diskus und eine wandspaltige Kapsel typisch. Als durchgehendes Unterscheidungsmerkmal gegen die Scrophulariaceae bleibt aber schließlich nur die parietale Plazentation der Gesneriaceae übrig.

Achimenes Pers.

Ableitung: antiker Pflanzenname
Vulgärnamen: D:Schiefteller; E:Hot Water Plant; F:Achimène
Arten: 25
Lebensform: Staude
Blätter: gegenständig oder gegenständig, gleich oder ungleich im Paar, einfach. Nebenblätter fehlend
Blütenstand: einzeln, zu 2-3, cymös, seitlich

Blüten: zwittrig, zygomorph, mit Kelch und Krone. Kronblätter 5, verwachsen, röhrig, trichterig, trompetenförmig, ohne Ausbuchtung, rot, weißlich, purpurn, rosa, orange, gelb, violett. Staubblätter 4, frei, mit der Krone verwachsen. Diskus ringförmig. Fruchtblätter 2, verwachsen, halbunterständig oder unterständig. Narbe 2-lapig. Plazentation parietal
Frucht: Kapsel, 2-klappig

Achimenes longiflora

Aeschynanthus Jack

Ableitung: mit verschämter Blüte
Vulgärnamen: D:Sinnblume; E:Basket Plant, Blush Wort; F:Aeschynanthus
Arten: c. 160
Lebensform: Halbstrauch, Staude, zum Teil kletternd, immergrün
Blätter: gegenständig oder quirlständig, gleich im Paar, einfach. Nebenblätter fehlend
Blütenstand: einzeln, zu 2, Büschel, seitlich
Blüten: zwittrig, zygomorph, mit Kelch und Krone. Kronblätter 5, verwachsen, trichterförmig, ohne Ausbuchtung, rot, orange, grünlich, gelb. Staubblätter 4, frei, mit der Krone verwachsen. Diskus ringförmig oder 5-teilig. Fruchtblätter 2, verwachsen, oberständig. Narbe breit. Plazentation parietal
Frucht: lange Kapsel, fachspaltig

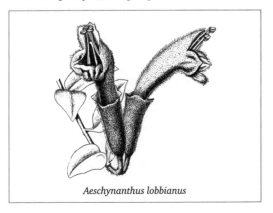
Aeschynanthus lobbianus

Asteranthera Hanst.

Ableitung: Stern-Staubblatt
Arten: 1
Lebensform: Liane, immergrün
Blätter: gegenständig, ungleich im Paar, einfach. Nebenblätter fehlend
Blütenstand: einzeln, zu 2, seitlich
Blüten: zwittrig, zygomorph, mit Kelch und Krone. Kronblätter 5, verwachsen, röhrig, ohne Ausbuchtung, rot, weiß. Staubblätter 4, frei, mit der Krone verwachsen. Diskus ± ringförmig. Fruchtblätter 2, verwachsen, oberständig. Narbe gelappt. Plazentation parietal
Frucht: Beere

Boea Comm. ex Lam.

Ableitung: Rindsleder-Pflanze
Arten: 17
Lebensform: Staude
Blätter: gegenständig, selten grundständig, gleich im Paar, einfach. Nebenblätter fehlend
Blütenstand: cymös, seitlich
Blüten: zwittrig, zygomorph oder radiär, mit Kelch und Krone. Kronblätter 5, verwachsen, glockig, ohne Ausbuchtung, weiß, blau, violett. Staubblätter 2, frei, mit der Krone verwachsen. Diskus reduziert. Fruchtblätter 2, verwachsen, oberständig. Narbe kopfig. Plazentation parietal
Frucht: Kapsel, langgestreckt, fachspaltig

Briggsia Craib

Ableitung: Gattung zu Ehren von Scott Munro Briggs (1889–1917), einem englischen Botaniker benannt
Arten: c. 25
Lebensform: Staude
Blätter: grundständig, gegenständig, gleich im Paar, einfach. Nebenblätter fehlend
Blütenstand: einzeln, cymös, seitlich
Blüten: zwittrig, zygomorph, mit Kelch und Krone. Kronblätter 5, verwachsen, röhrig, mit Ausbuchtung, blau, rot, orange, weiß, gelbgrün. Staubblätter 4, frei, mit der Krone verwachsen. Diskus ringförmig. Fruchtblätter 2, verwachsen, oberständig. Narbe 2-lappig. Plazentation parietal
Frucht: Kapsel langgestreckt, fachspaltig

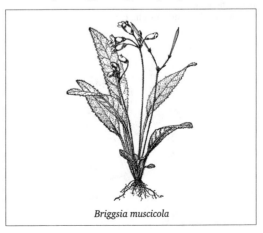
Briggsia muscicola

Chirita Buch.-Ham. ex D. Don

Ableitung: nach einem indischen Pflanzennamen
Arten: 100–130
Lebensform: Einjährige, Staude
Blätter: gegenständig, quirlständig, ungleich im Paar, einfach oder zusammengesetzt. Nebenblätter fehlend
Blütenstand: einzeln, cymös, doldenartig, seitlich
Blüten: zwittrig, zygomorph, mit Kelch und Krone. Kronblätter 5, verwachsen, röhrig, trichterförmig, glockig, ohne Ausbuchtung, violett, blau, purpurn, selten gelb. Staubblätter 2, selten 4, frei, mit der Krone verwachsen. Diskus ringförmig. Fruchtblätter 2, verwachsen, oberständig. Narbe 2-lappig oder schildförmig. Plazentation parietal
Frucht: Kapsel langgestreckt, fachspaltig

Chirita trailliana

Chrysothemis Decne.

Ableitung: nach einer Gestalt der griechischen Mythologie
Arten: 7
Lebensform: Staude mit Knollen
Blätter: gegenständig, ± gleich im Paar, einfach. Nebenblätter fehlend
Blütenstand: Dolde, einzeln, cymös

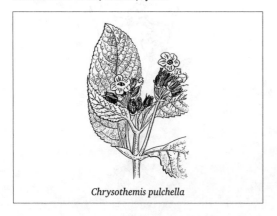

Chrysothemis pulchella

Blüten: zwittrig, zygomorph, mit Kelch und Krone. Kronblätter 5, verwachsen, röhrig, ohne Ausbuchtung, gelb, orange. Staubblätter 4, am Grund verwachsen, mit der Krone verwachsen. Diskus aus 2, selten 4 Drüsen. Fruchtblätter 2, verwachsen, oberständig. Narbe 2-lappig. Plazentation parietal
Frucht: Kapsel, fachspaltig

Codonanthe (Mart.) Hanst.

Ableitung: Glocken-Blüte
Arten: c. 15
Lebensform: Strauch, Liane, Halbstrauch
Blätter: gegenständig, gleich bis ungleich im Paar, einfach. Nebenblätter fehlend
Blütenstand: einzeln, cymös, seitlich
Blüten: zwittrig, zygomorph, mit Kelch und Krone. Kronblätter 5, verwachsen, trichterförmig, glockig, ohne oder mit Ausbuchtung, weiß, rosa, lila, purpurn, gelb. Staubblätter 4, am Grund verwachsen, mit der Krone verwachsen. Diskus 1 große Drüse. Fruchtblätter 2, verwachsen, oberständig. Narbe 2-lappig oder röhrig. Plazentation parietal
Frucht: Kapsel, fachspaltig oder Beere

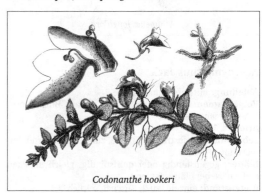

Codonanthe hookeri

Columnea L.

Ableitung: Gattung zu Ehren von Fabio Colonna (1567–1640), einem italienischen Botaniker benannt
Vulgärnamen: D:Kolumnee, Rachenrebe; F:Columnéa

Columnea hirta

Arten: 75
Lebensform: Staude, Halbstrauch, Liane, Strauch
Blätter: gegenständig, gleich oder ungleich im Paar, einfach. Nebenblätter fehlend
Blütenstand: einzeln, Büschel, seitlich
Blüten: zwittrig, zygomorph, mit Kelch und Krone. Kronblätter 5, verwachsen, röhrig, krugförmig, ohne Ausbuchtung, rot, gelb, cremefarben, grünlich. Staubblätter 4, am Grund verwachsen, mit der Krone verwachsen. Diskus 1 Düse. Fruchtblätter 2, verwachsen, oberständig. Narbe trichterig, 2-lappig. Plazentation parietal
Frucht: Beere weiß

Conandron Siebold et Zucc.

Ableitung: Kegelige Staubbeutel
Arten: 1
Lebensform: Staude
Blätter: grundständig, einfach. Nebenblätter fehlend
Blütenstand: Traube, seitlich, endständig
Blüten: zwittrig, radiär, mit Kelch und Krone. Kronblätter 5, verwachsen, trompetenförmig, ohne Ausbuchtung, purpurn, selten weiß. Staubblätter 5, verwachsen, mit der Krone verwachsen. Diskus ringförmig. Fruchtblätter 2, verwachsen, oberständig. Narbe kopfig. Plazentation parietal
Frucht: Kapsel, langgestreckt, fachspaltig

Conandron ramondioides

Corallodiscus Batalin

Ableitung: Korallen-Scheibe
Arten: 18

Corallodiscus kingianus

Lebensform: Staude
Blätter: grundständig, einfach. Nebenblätter fehlend
Blütenstand: cymös, einzeln, doldenartig, seitlich
Blüten: zwittrig, zygomorph, mit Kelch und Krone. Kronblätter 5, verwachsen, röhrig, ohne Ausbuchtung, blau, purpurn, gelb, weiß. Staubblätter 4, frei, mit der Krone verwachsen. Diskus ringförmig. Fruchtblätter 2, verwachsen, oberständig. Narbe kopfig. Plazentation parietal
Frucht: Kapsel, langgestreckt, fachspaltig, selten wandspaltig

Corytoplectus Oerst.

Arten: 15
Lebensform: Halbstrauch, Staude
Blätter: gegenständig, ± gleich im Paar, einfach. Nebenblätter fehlend
Blütenstand: cymös
Blüten: zwittrig, ± radiär, mit Kelch und Krone. Kronblätter 5, verwachsen, röhrig, mit Ausbuchtung, gelb, rot. Staubblätter 4, frei, mit der Krone verwachsen. Diskus aus 1, 2(4–2) Drüsen. Fruchtblätter 2, verwachsen, oberständig. Narbe 2-lappig. Plazentation parietal
Frucht: Beere, schwarz

Cyrtandra J.R. Forst. et G. Forst.

Ableitung: krumme Staubblätter
Arten: c. 350
Lebensform: Strauch, Baum, Halbstrauch
Blätter: gegenständig, gleich oder ungleich im Paar, einfach. Nebenblätter fehlend
Blütenstand: cymös, seitlich
Blüten: zwittrig, zygomorph bis radiär, mit Kelch und Krone. Kronblätter 5, verwachsen, trichterförmig, glockig, röhrig, ohne Ausbuchtung, weiß, grün, gelb, orange, rot. Staubblätter 2, frei, mit der Krone verwachsen. Diskus ringförmig. Fruchtblätter 2, verwachsen, oberständig. Narbe kopfig, 2-lappig. Plazentation parietal
Frucht: Beere, Schließfrucht

Diastema Benth.

Ableitung: zwei Staubblätter
Arten: 40
Lebensform: Staude
Blätter: gegenständig, ± gleich im Paar, einfach. Nebenblätter fehlend
Blütenstand: traubig, einzeln, endständig
Blüten: zwittrig, ± radiär, mit Kelch und Krone. Kronblätter 5, verwachsen, röhrig, trichterförmig, ohne Ausbuchtung, weiß, purpurn, rot. Staubblätter 4, frei, mit der Krone verwachsen. Diskus aus 5, selten 3–2 Drüsen. Fruchtblätter 2, verwachsen, unterständig. Narbe 2-lappig. Plazentation parietal
Frucht: Kapsel, fachspaltig

Drymonia Mart.

Ableitung: wald-Pflanze
Arten: c. 100
Lebensform: Liane, Strauch
Blätter: gegenständig, gleich oder ungleich im Paar, einfach. Nebenblätter fehlend

Blütenstand: einzeln, Büschel, seitlich
Blüten: zwittrig, zygomorph, mit Kelch und Krone. Kronblätter 5, verwachsen, röhrig, trichterförmig, mit Ausbuchtung, weiß, gelblich. Staubblätter 4, frei, mit der Krone verwachsen. Diskus aus 1 großen Drüse. Fruchtblätter 2, verwachsen, oberständig. Narbe röhrig. Plazentation parietal
Frucht: Kapsel, fachspaltig

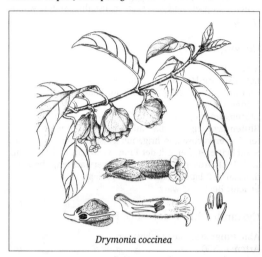
Drymonia coccinea

Episcia Mart.

Ableitung: im Schatten wachsend
Vulgärnamen: D:Episcie, Schattenröhre; E:Basket Plant; F:Episcie
Arten: 7
Lebensform: Staude
Blätter: gegenständig, gleich oder ungleich im Paar, einfach. Nebenblätter fehlend
Blütenstand: einzeln, Büschel, Traube, seitlich
Blüten: zwittrig, zygomorph, mit Kelch und Krone. Kronblätter 5, verwachsen, trichterförmig, mit Ausbuchtung, weiß, gelb, blau, purpurn, rot. Staubblätter 4, frei, mit der Krone verwachsen. Diskus aus 1 großen Drüse. Fruchtblätter 2, verwachsen, oberständig. Narbe breit. Plazentation parietal
Frucht: Kapsel, fachspaltig

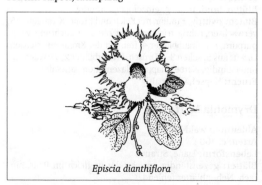
Episcia dianthiflora

Eucodonia Hanst.

Ableitung: schöne Glocke
Arten: 2
Lebensform: Staude
Blätter: gegenständig oder nahezu quirlständig, ± gleich im Paar, einfach. Nebenblätter fehlend
Blütenstand: einzeln, seitlich
Blüten: zwittrig, zygomorph, mit Kelch und Krone. Kronblätter 5, verwachsen, glockig, hängend, ohne Ausbuchtung, blau, purpurn, rosa. Staubblätter 4, frei, mit der Krone verwachsen. Diskus ringförmig. Fruchtblätter 2, verwachsen, unterständig. Narbe 2-lappig. Plazentation parietal
Frucht: Kapsel, fachspaltig

Gesneria L.

Ableitung: Gattung zu Ehren von Conrad Gesner (1516-1565), einem schweizerischen Universalgelehrten und Botaniker benannt
Vulgärnamen: D:Gesnerie; E:Gesneria; F:Gesnéria
Arten: c. 50
Lebensform: Staude, Strauch, Baum
Blätter: wechselständig, selten gegenständig, einfach. Nebenblätter fehlend
Blütenstand: einzeln, Büschel, seitlich
Blüten: zwittrig, zygomorph, mit Kelch und Krone. Kronblätter 5, verwachsen, röhrig, ohne Ausbuchtung, rot, gelb, grün, weiß, orange, braun. Staubblätter 4, frei, mit der Krone verwachsen. Diskus ringförmig oder gelappt. Fruchtblätter 2, verwachsen, unterständig. Narbe 2lappig oder kopfig. Plazentation parietal
Frucht: Kapsel, 2-klappig

Gesneria longiflora

Gloxinia L'Hér.

Ableitung: Gattung zu Ehren von Benjamin Peter Gloxin (?1-2784), einem elsässischen Arzt und Botaniker benannt
Vulgärnamen: D:Gloxinie; E:Gloxinia; F:Gloxinia
Arten: 15

Lebensform: Staude
Blätter: gegenständig, gleich oder ungleich im Paar, einfach. Nebenblätter fehlend
Blütenstand: einzeln, zu 2, seitlich
Blüten: zwittrig, zygomorph, mit Kelch und Krone. Kronblätter 5, verwachsen, glockig, ohne Ausbuchtung, blau, lila, weiß, rosa. Staubblätter 4, frei, mit der Krone verwachsen. Diskus ringförmig oder fehlend. Fruchtblätter 2, verwachsen, unterständig. Narbe einfach. Plazentation parietal
Frucht: Kapsel, fachspaltig

Haberlea Friv.

Ableitung: Gattung zu Ehren von Carl Constantin Christian Haberle (1764–1832), einem österreichischen Botaniker benannt
Vulgärnamen: D:Haberlee; F:Haberléa
Arten: 2
Lebensform: Staude
Blätter: grundständig, einfach. Nebenblätter fehlend
Blütenstand: Dolde, einzeln, seitlich
Blüten: zwittrig, zygomorph, mit Kelch und Krone. Kronblätter 5, verwachsen, röhrig, hängend, ohne Ausbuchtung, lila, weiß. Staubblätter 4, frei, mit der Krone verwachsen. Diskus ringförmig. Fruchtblätter 2, verwachsen, oberständig. Narbe 2-lappig. Plazentation parietal
Frucht: Kapsel, langgestreckt, wandspaltig

Haberlea rhodopensis

Jancaea Boiss.

Ableitung: Gattung zu Ehren von Victor Janka von Bulcs (1837–1900), einem ungarischen Botaniker benannt
Arten: 1
Lebensform: Staude
Blätter: grundständig, einfach. Nebenblätter fehlend
Blütenstand: zu 1–4, seitlich
Blüten: zwittrig, zygomorph, mit Kelch und Krone. Kronblätter 5–4, verwachsen, glockig, ohne Ausbuchtung. Staubblätter 4, frei, mit der Krone verwachsen. Diskus ringförmig. Fruchtblätter 2, verwachsen, oberständig. Narbe einfach. Plazentation parietal
Frucht: Kapsel, langgestreckt, wandspaltig

Jancaea heldreichii

Koellikeria Regel

Ableitung: Gattung zu Ehren von Rudolph Albert von Koelliker (1817–1905), einem schweizerischen Botaniker benannt
Arten: 3
Lebensform: Staude
Blätter: gegenständig, gleich im Paar, einfach. Nebenblätter fehlend
Blütenstand: Traube, endständig
Blüten: zwittrig, zygomorph, mit Kelch und Krone. Kronblätter 5, verwachsen, röhrig, ohne Ausbuchtung, weißlich. Staubblätter 4, frei, mit der Krone verwachsen. Diskus ringförmig. Fruchtblätter 2, verwachsen, halbunterständig. Narbe 2-lappig. Plazentation parietal
Frucht: Kapsel, fachspaltig

Koellikeria argyrostigma

Kohleria Regel

Ableitung: Gattung zu Ehren von Michael Kohler, einem Lehrer des 19. Jahrhunderts in Zürich benannt
Vulgärnamen: D:Gleichsaum, Kohlerie; F:Kohléria
Arten: 17
Lebensform: Staude, Halbstrauch
Blätter: gegenständig, quirlständig, ± gleich im Paar, einfach. Nebenblätter fehlend
Blütenstand: einzeln, Büschel, cymös
Blüten: zwittrig, zygomorph bis fast radiär, mit Kelch und Krone. Kronblätter 5, verwachsen, röhrig, glockig, ohne Ausbuchtung, rot, orange, rosa, gelb, purpurn, grünlich. Staubblätter 4, frei, mit der Krone verwachsen. Diskus aus 5, selten 4–3 Drüsen. Fruchtblätter 2, verwachsen, halbunterständig. Narbe 2-lappig. Plazentation parietal
Frucht: Kapsel, fachspaltig

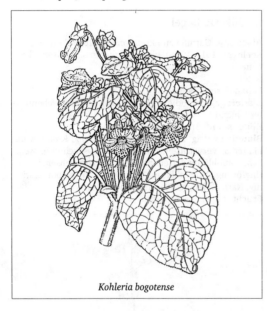

Kohleria bogotense

Mitraria coccinea

Mitraria Cav.

Ableitung: Mützen-Pflanze
Vulgärnamen: D:Mützenstrauch; F:Mitraria
Arten: 1
Lebensform: Staude, Strauch, kletternd
Blätter: gegenständig, quirlständig, gleich im Paar, einfach. Nebenblätter fehlend
Blütenstand: einzeln, seitlich
Blüten: zwittrig, zygomorph, mit Kelch und Krone. Kronblätter 5, verwachsen, röhrig, ohne Ausbuchtung, rot. Staubblätter 4, frei, mit der Krone verwachsen. Diskus ± ringförmig. Fruchtblätter 2, verwachsen, oberständig. Narbe einfach. Plazentation parietal
Frucht: Beere

Moussonia Regel

Ableitung: Gattung zu Ehren von A. Mousson, dem Präsidenten einer naturforschenden Gesellschaft im 19. Jahrhundert benannt
Arten: 11
Lebensform: Halbstrauch, Strauch
Blätter: gegenständig, ± gleich im Paar, einfach. Nebenblätter fehlend
Blütenstand: cymös, einzeln, seitlich
Blüten: zwittrig, nahezu radiär, mit Kelch und Krone. Kronblätter 5, verwachsen, röhrig, rot, orange, gelb. Staubblätter 4, frei, mit der Krone verwachsen. Diskus ringförmig. Fruchtblätter 2, verwachsen, halbunterständig oder unterständig. Narbe kopfig. Plazentation parietal
Frucht: Kapsel, fachspaltig
Kennzeichen:

Nautilocalyx Linden ex Hanst.

Ableitung: Schiff-Kelch
Arten: c. 70
Lebensform: Staude
Blätter: gegenständig, ± gleich im Paar, einfach. Nebenblätter fehlend
Blütenstand: einzeln, cymös, seitlich
Blüten: zwittrig, zygomorph bis nahezu radiär, mit Kelch und Krone. Kronblätter 5, verwachsen, röhrig, mit Sporn, weiß, gelb. Staubblätter 4, am Grund verwachsen, mit der Krone verwachsen. Diskus aus 1 oder 2 Drüsen. Fruchtblätter 2, verwachsen, oberständig. Narbe 2-lappig. Plazentation parietal
Frucht: Kapsel, fachspaltig

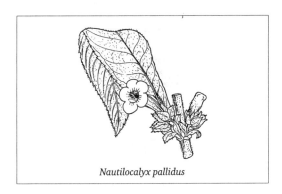
Nautilocalyx pallidus

Nematanthus Schrad.

Ableitung: Faden-Blüte
Vulgärnamen: D:Kussmäulchen; E:Pouch Flower
Arten: 26
Lebensform: Halbstrauch, Staude, kletternd
Blätter: gegenständig, ± gleich im Paar, einfach. Nebenblätter fehlend
Blütenstand: einzeln, cymös, seitlich
Blüten: zwittrig, zygomorph, mit Kelch und Krone. Kronblätter 5, verwachsen, röhrig, hängend, mit Ausbuchtung, gelb, orange, rosa, purpurn, rot. Staubblätter 4, frei, mit der Krone verwachsen. Diskus 2-lappig. Fruchtblätter 2, verwachsen, oberständig. Plazentation parietal
Frucht: Kapsel, fachspaltig

Nematanthus strigillosus

Neomortonia Wiehler

Ableitung: neue Mortonia
Arten: 1
Lebensform: Staude
Blätter: gegenständig, quirlständig, gleich im Paar, einfach. Nebenblätter fehlend
Blütenstand: einzeln, seitlich
Blüten: zwittrig, zygomorph, mit Kelch und Krone. Kronblätter 5, verwachsen, trichterförmig, mit Ausbuchtung, weiß, rosa. Staubblätter 4, am Grund verwachsen, mit der Krone verwachsen. Diskus aus 2 Drüsen. Fruchtblätter 2, verwachsen, oberständig. Narbe keulig. Plazentation parietal
Frucht: Beere

Opithandra B.L. Burtt

Ableitung: hintere Staubblätter (sind fertil)
Arten: 8+
Lebensform: Staude
Blätter: grundständig, einfach. Nebenblätter fehlend
Blütenstand: doldig, einzeln, seitlich
Blüten: zwittrig, zygomorph, mit Kelch und Krone. Kronblätter 5, verwachsen, trichterförmig, ohne Ausbuchtung, purpurn, rosa. Staubblätter 2, frei, mit der Krone verwachsen. Diskus ringförmig. Fruchtblätter 2, verwachsen, oberständig. Narbe 2-lappig, röhrig. Plazentation parietal
Frucht: Kapsel, fachspaltig

Petrocosmea Oliv.

Ableitung: Stein-Cosmea
Arten: 27
Lebensform: Staude
Blätter: grundständig, einfach. Nebenblätter fehlend
Blütenstand: cymös, doldenartig, seitlich
Blüten: zwittrig, zygomorph, mit Kelch und Krone. Kronblätter 5, verwachsen, röhrig, glockig, ohne Ausbuchtung, blau, purpurn, weiß. Staubblätter 2, frei, mit der Krone verwachsen. Diskus fehlend. Fruchtblätter 2, verwachsen, oberständig. Narbe kopfig. Plazentation parietal
Frucht: Kapsel, langgestreckt, fachspaltig

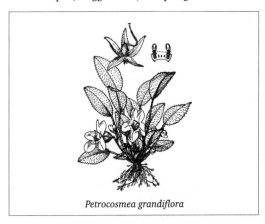
Petrocosmea grandiflora

Ramonda Rich.

Ableitung: Gattung zu Ehren von Baron Louis François Élisabeth Ramond de Carbonnières (1753-1827), einem französischen Politiker und Botaniker benannt
Vulgärnamen: D:Felsenteller, Ramondie; E:Pyrenean Violet; F:Ramonde
Arten: 3
Lebensform: Staude
Blätter: grundständig, einfach. Nebenblätter fehlend
Blütenstand: einzeln, Dolde, seitlich
Blüten: zwittrig, nahezu radiär, mit Kelch und Krone. Kronblätter 4-6, verwachsen, trichterförmig, ohne Ausbuchtung, violett, lila, weiß. Staubblätter 4-6, frei, mit der Krone verwachsen. Diskus ± fehlend. Fruchtblätter 2, verwachsen, oberständig. Narbe kopfig. Plazentation parietal
Frucht: Kapsel, langgestreckt, wandspaltig

Ramonda myconi

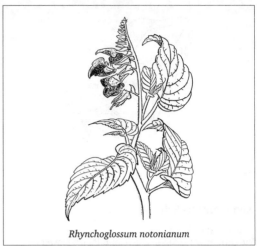

Rhynchoglossum notonianum

Rhabdothamnus A. Cunn.

Ableitung: Ruten-Strauch
Arten: 1
Lebensform: Strauch
Blätter: gegenständig, gleich im Paar, einfach. Nebenblätter fehlend
Blütenstand: einzeln, seitlich
Blüten: zwittrig, zygomorph, mit Kelch und Krone. Kronblätter 5, verwachsen, glockig, ohne Ausbuchtung, orange. Staubblätter 4, frei, mit der Krone verwachsen. Diskus ± ringförmig. Fruchtblätter 2, verwachsen, oberständig. Narbe 2-lappig. Plazentation parietal
Frucht: Kapsel, 4-klappig

Rhabdothamnus solandri

Rhynchoglossum Blume

Ableitung: Schnabel-Zunge
Arten: 11–13
Lebensform: Einjährige, Staude
Blätter: wechselständig, ungleich, einfach. Nebenblätter fehlend
Blütenstand: Traube, einseitig, seitlich
Blüten: zwittrig, zygomorph, mit Kelch und Krone. Kronblätter 5, verwachsen, röhrig, ohne Ausbuchtung, weiß. Staubblätter 4 oder 2, frei, mit der Krone verwachsen. Diskus ringförmig. Fruchtblätter 2, verwachsen, oberständig. Narbe 2-lappig. Plazentation parietal
Frucht: Kapsel, fachspaltig

Rhytidophyllum Mart.

Ableitung: Runzel-Blatt
Arten: 21
Lebensform: Strauch, Baum
Blätter: wechselständig, einfach. Nebenblätter fehlend
Blütenstand: cymös, seitlich
Blüten: zwittrig, zygomorph, mit Kelch und Krone. Kronblätter 5, verwachsen, röhrig, ohne Ausbuchtung, gelb, grünlich, bräunlich, rot, orange. Staubblätter 4, frei, mit der Krone verwachsen. Diskus ringförmig. Fruchtblätter 2, verwachsen, unterständig. Plazentation parietal
Frucht: Kapsel, 2-klappig

Rhytidophyllum tomentosum

Saintpaulia H. Wendl.

Ableitung: Gattung zu Ehren von Baron Walter von Saint-Paul-Illaire (1860-1910), dem Entdecker der Gattung benannt
Vulgärnamen: D:Usambaraveilchen; E:African Violet; F:Violette d'Usambara
Arten: 20
Lebensform: Staude
Blätter: gegenständig, grundständig, selten wechselständig, einfach. Nebenblätter fehlend
Blütenstand: einzeln, cymös, seitlich
Blüten: zwittrig, zygomorph, mit Kelch und Krone. Kronblätter 5, verwachsen, radförmig, glockig, ohne oder mit Ausbuchtung, violett, blau, weiß. Staubblätter 2, und 3 Staminodien, frei, mit der Krone verwachsen. Diskus ringförmig. Fruchtblätter 2, verwachsen, oberständig. Narbe kopfig. Plazentation parietal
Frucht: Kapsel

Saintpaulia ionantha

Sarmienta Ruiz et Pav.

Ableitung: Gattung zu Ehren von Martin Sarmiento, einem spanischen Botaniker benannt
Arten: 1
Lebensform: Liane
Blätter: gegenständig, ± gleich im Paar, einfach. Nebenblätter fehlend
Blütenstand: einzeln, seitlich
Blüten: zwittrig, zygomorph, mit Kelch und Krone. Kronblätter 5, verwachsen, krugförmig, ohne Ausbuchtung, rot. Staubblätter 2, verwachsen, mit der Krone verwachsen. Diskus ringförmig. Fruchtblätter 2, verwachsen, oberständig. Plazentation parietal
Frucht: Beere

Sinningia Nees

Ableitung: Gattung zu Ehren von Wilhelm Sinning (1794-1874), einem deutschen Gärtner benannt
Vulgärnamen: D:Gartengloxinie; E:Florist's Gloxinia; F:Gloxinia sauvage, Sinningia
Arten: 75+
Lebensform: Staude, Halbstrauch, mit Knolle
Blätter: gegenständig, quirlständig, ± gleich im Paar, einfach. Nebenblätter fehlend
Blütenstand: einzeln, Büschel, Traube, Ähre
Blüten: zwittrig, zygomorph, mit Kelch und Krone. Kronblätter 5, verwachsen, glockig, röhrig, ohne Ausbuchtung, violett, weiß, grünlich, rot, orange, blau, purpurn. Staubblätter 4, frei, mit der Krone verwachsen. Diskus aus 2-5 Drüsen, selten ringförmig. Fruchtblätter 2, verwachsen, halbunterständig oder unterständig. Narbe einfach. Plazentation parietal
Frucht: Kapsel, fachspaltig

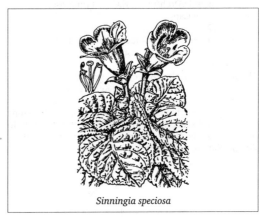
Sinningia speciosa

Smithiantha Kuntze

Ableitung: Gattung zu Ehren von Matilda Smith (1854-1926), einer englischen Pflanzenmalerin benannt
Vulgärnamen: D:Tempelglocke; E:Temple Bells; F:Cloche du temple
Arten: 4
Lebensform: Staude, Halbstrauch
Blätter: gegenständig, ± gleich im Paar, einfach. Nebenblätter fehlend
Blütenstand: Traube, endständig

Smithiantha zebrina

Blüten: zwittrig, zygomorph, mit Kelch und Krone. Kronblätter 5, verwachsen, glockig, röhrig, hängend, ohne Ausbuchtung, weiß, rot, orange. Staubblätter 4, frei, mit der Krone verwachsen. Diskus ringförmig, zum Teil gelappt. Fruchtblätter 2, verwachsen, halbunterständig. Narbe röhrig. Plazentation parietal
Frucht: Kapsel, fachspaltig

Streptocarpus Lindl.

Ableitung: gedrehte Frucht
Vulgärnamen: D:Drehfrucht; E:Cape Primerose; F:Primevère du Cap
Arten: c. 125
Lebensform: Einjährige, Staude, selten Halbstrauch
Blätter: gegenständig, grundständig, einfach. Nebenblätter fehlend
Blütenstand: einzeln, zu 2, cymös, seitlich
Blüten: zwittrig, zygomorph, mit Kelch und Krone. Kronblätter 5, verwachsen, röhrig, stieltellerförmig, ohne Ausbuchtung, violett, blau. Staubblätter 2, frei, mit der Krone verwachsen. Diskus ringförmig. Fruchtblätter 2, verwachsen, oberständig. Narbe 2-lappig. Plazentation parietal
Frucht: Kapsel, langgestreckt, fachspaltig

Streptocarpus

Trichantha Hook.

Ableitung: Haar-Blüte
Arten: c. 70
Lebensform: Liane, Halbstrauch
Blätter: gegenständig, gleich oder ungleich im Paar, einfach. Nebenblätter fehlend

Blütenstand: einzeln, cymös, seitlich
Blüten: zwittrig, zygomorph, mit Kelch und Krone. Kronblätter 5, verwachsen, röhrig, ohne Ausbuchtung, violett. Staubblätter 4, frei, mit der Krone verwachsen. Diskus aus 1 Drüse. Fruchtblätter 2, verwachsen, oberständig. Plazentation parietal
Frucht: Beere

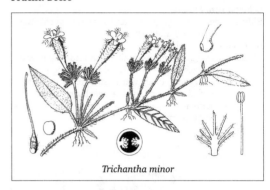

Trichantha minor

Glaucidiaceae

Glaucidium Siebold et Zucc.

Ableitung: kleines Glaucium
Arten: 1
Lebensform: Staude
Blätter: wechselständig, einfach. Nebenblätter fehlend
Blütenstand: einzeln, endständig
Blüten: zwittrig, radiär. Blütenhüllblätter 4, frei, lila, selten weiß. Staubblätter viele, frei. Fruchtblätter 1, selten 2, nur am Grund verwachsen. Plazentation marginal
Frucht: Balg, Kapsel
Kennzeichen: Staude. Blütenhüllblätter 4, frei. Staubblätter viele, frei. Fruchtblätter 1–2, nur am Grund verwachsen

Glaucidium palmatum

Globulariaceae Kugelblumengewächse

Globularia L.

Ableitung: Kugel-Pflanze
Vulgärnamen: D:Kugelblume; E:Globe Daisy; F:Globulaire
Arten: 22
Lebensform: Staude, Strauch, Halbstrauch, immergrün
Blätter: wechselständig oder grundständig, einfach. Nebenblätter fehlend
Blütenstand: Köpfchen
Blüten: zwittrig, zygomorph. Kelchblätter 5. Kronblätter 5, verwachsen, blau. Staubblätter 4, frei, verwachsen mit der Krone. Fruchtblätter 2, verwachsen, oberständig. Plazentation apical
Frucht: Nuss
Kennzeichen: Blüten in Köpfchen, zygomorph. Kronblätter 5, verwachsen, blau. Staubblätter 4, mit der Krone verwachsen. Fruchtblätter 2, verwachsen, oberständig. Plazentation apical. Nuss

Goodenia Sm.

Ableitung: Gattung zu Ehren von Samuel Goodenough (1743–1827), einem Bischof von Carlisle und englischen Botaniker benannt
Vulgärnamen: D:Goodenie; F:Goodenia
Arten: 179
Lebensform: Strauch, Kraut
Blätter: wechselständig oder grundständig, einfach. Nebenblätter fehlend
Blütenstand: Traube, Rispe, cymös
Blüten: zwittrig, zygomorph. Kelchblätter 5. Kronblätter 5, verwachsen, aber Röhre geschlitzt, gelb, blau, weiß, rosa, purpurn. Staubblätter 5, frei, mit der Krone verwachsen. Antheren frei. Fruchtblätter 2, verwachsen, halbunterständig oder unterständig
Frucht: Kapsel
Kennzeichen: Strauch. Blüten zygomorph. Kronblätter 5, verwachsen, aber Röhre geschlitzt. Staubblätter 5, mit der Krone verwachsen. Antheren frei. Fruchtblätter 2, verwachsen, halbunterständig oder unterständig. Kapsel

Goodenia incana

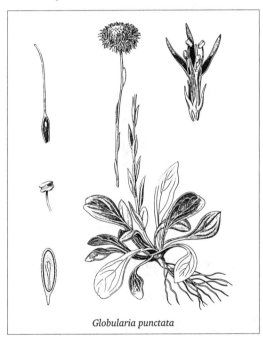

Globularia punctata

Leschenaultia R. Br.

Ableitung: Gattung zu Ehren von Jean Baptiste Louis Claude Théodore Leschenault de la Tour (1773–1826), einem französischen Gelehrten benannt
Vulgärnamen: D:Leschenaultie; E:Leschenaultia; F:Leschenaultia
Arten: 24
Lebensform: Staude, Strauch, Halbstrauch
Blätter: wechselständig, einfach. Nebenblätter fehlend
Blütenstand: ± einzeln, sitzend
Blüten: zwittrig, zygomorph. Kelchblätter 5. Kronblätter 5, verwachsen, aber Röhre geschlitzt, rot, rosa, blau, gelb, weiß, violett, orange. Staubblätter 5, frei, mit der Krone verwachsen. Antheren zusammenhängend. Fruchtblätter 2, verwachsen, unterständig. Plazentation zentralwinkelständig
Frucht: Kapsel

Goodeniaceae Goodeniengewächse

```
1  Frucht eine Kapsel
   2  Antheren und Griffel zusammenhängend ....
      ............................ Leschenaultia
   2  Antheren frei. ............... Goodenia
1  Frucht sich nicht öffnend
   3  Frucht ± beerenartig. (niederliegende Stauden) .
      ..................................... Selliera
   3  Frucht eine Steinfrucht oder Nuss ... Scaevola
```

Kennzeichen: Staude, Strauch, Halbstrauch. Blüten zygomorph. Kronblätter 5, verwachsen, aber Röhre geschlitzt. Staubblätter 5, mit der Krone verwachsen. Antheren zusammenhängend. Fruchtblätter 2, verwachsen, unterständig. Kapsel

Leschenaultia biloba

Scaevola L.

Ableitung: Linkshänderpflanze
Vulgärnamen: D:Fächerblume, Spaltglocke; F:Scaevola
Arten: 96
Lebensform: Staude, Strauch, Liane
Blätter: wechselständig oder gegenständig, einfach. Nebenblätter fehlend
Blütenstand: einzeln, Traube, Ähren, cymös
Blüten: zwittrig, zygomorph. Kelchblätter 5. Kronblätter 5, verwachsen, aber Röhre geschlitzt, weiß, blau, purpurn, gelb. Staubblätter 5, frei, mit der Krone verwachsen. Antheren frei. Fruchtblätter 2, verwachsen, unterständig. Plazentation basal

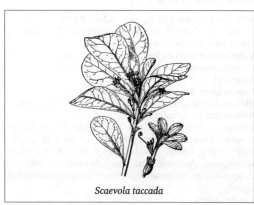

Scaevola taccada

Frucht: Steinfrucht, Nuss
Kennzeichen: Staude, Strauch, Liane. Blüten zygomorph. Kronblätter 5, verwachsen, aber Röhre geschlitzt. Staubblätter 5, mit der Krone verwachsen. Antheren frei. Fruchtblätter 2, verwachsen, unterständig. Steinfrucht, Nuss

Selliera Cav.

Ableitung: Gattung zu Ehren von François Noel Sellier (1731–ca. 1800), einem französischen Graveur für botanische Zeichnungen benannt
Arten: 1
Lebensform: Staude
Blätter: wechselständig, einfach. Nebenblätter fehlend
Blütenstand: einzeln, Traube
Blüten: zwittrig, zygomorph. Kelchblätter 5. Kronblätter 5, verwachsen, weiß, rötlich. Staubblätter 5, frei, mit der Krone verwachsen. Fruchtblätter 2, verwachsen, unterständig. Plazentation zentralwinkelständig
Frucht: Beere
Kennzeichen: Staude. Blüten einzeln oder in Trauben, zygomorph. Kronblätter 5, verwachsen. Staubblätter 5, mit der Krone verwachsen. Antheren frei. Fruchtblätter 2, verwachsen, unterständig. Beere

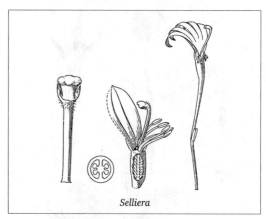

Selliera

Greyiaceae Honigbaumgewächse

Greyia Hook. et Harv.

Ableitung: Gattung zu Ehren von Sir George Grey (1812–1898), einem Ministerpräsidenten von Neuseeland benannt
Vulgärnamen: D:Honigbaum; E:Bottlebrush; F:Greya, Rince-bouteille du Natal
Arten: 3
Lebensform: Strauch, Baum
Blätter: wechselständig, einfach. Nebenblätter vorhanden
Blütenstand: Traube
Blüten: zwittrig, zygomorph. Kelchblätter 5. Kronblätter 5, frei, rot. Staubblätter 10, frei und frei von der Krone. Diskus vorhanden. Fruchtblätter 5, verwachsen, oberständig. Plazentation zentralwinkelständig
Frucht: Kapsel

Kennzeichen: Strauch, Baum. Nebenblätter vorhanden. Blüten in Trauben, zygomorph. Kronblätter 5, frei, rot. Staubblätter 10, frei. Diskus vorhanden. Fruchtblätter 5, verwachsen, oberständig. Plazentation zentralwinkelständig. Kapsel

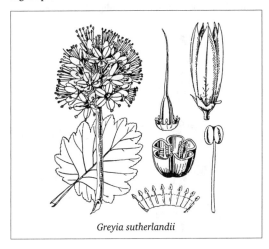

Greyia sutherlandii

Griseliniaceae

Griselinia J.R. Forst. et G. Forst.

Ableitung: Gattung zu Ehren von Francesco Griselini (1717–1783), einem italienischen Botaniker benannt
Vulgärnamen: D:Griseline; E:Broadleaf; F:Griselinia
Arten: 6
Lebensform: Baum, Strauch, immergrün
Blätter: wechselständig, einfach
Blütenstand: Rispe, Traube
Blüten: zwittrig, radiär. Kelchblätter 5. Kronblätter 5, frei, dachig in der Knospe, gelbgrün, dunkelpurpurn. Staubblätter 5, frei. Fruchtblätter 3, verwachsen, unterständig. Plazentation zentralwinkelständig
Frucht: Beere
Kennzeichen: Baum, Strauch, immergrün. Kronblätter 5, frei. Staubblätter 5. Fruchtblätter 3, verwachsen, unterständig. Beere

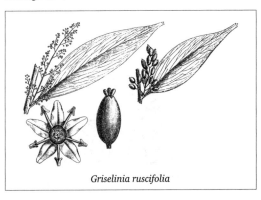

Griselinia ruscifolia

Grossulariaceae
Stachelbeergewächse

Ribes L.

Ableitung: nach einem arabischen Pflanzennamen
Vulgärnamen: D:Johannisbeere, Stachelbeere; E:Currant, Gooseberry; F:Cassis, Groseillier
Arten: 150
Lebensform: Strauch, laubwerfend, selten immergrün, zum Teil dornig
Blätter: wechselständig, einfach. Nervatur handförmig. Nebenblätter fehlend oder vorhanden
Blütenstand: Trauben, Büschel, einzeln
Blüten: zwittrig, eingeschlechtig, radiär. Kelchbecher, 4- bis 5-lappig. Kronblätter 4–5, frei, grün, weiß, rötlich, gelb. Staubblätter 4–5, frei. Fruchtblätter 2, verwachsen, unterständig. Plazentation parietal
Frucht: Beere
Kennzeichen: Strauch, laubwerfend, selten immergrün. Kelchbecher. Kronblätter 4–5, frei. Staubblätter 4–5, frei. Fruchtblätter 2, verwachsen, unterständig. Plazentation parietal. Beere

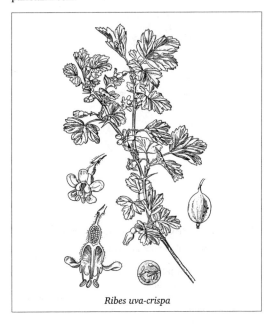

Ribes uva-crispa

Gunneraceae Gunneragewächse

Gunnera L.

Ableitung: Gattung zu Ehren von Johan Ernst Gunnerus (1718–1773), einem norwegischen Botaniker und Bischof von Trondheim benannt
Vulgärnamen: D:Mammutblatt; E:Giant Rhubarb; F:Rhubarbe géante
Arten: c. 40

Lebensform: Staude. in den Blattstielen symbiontische Cyanobakterien
Blätter: wechselständig, einfach. Nebenblätter fehlend
Blütenstand: Ähre, Rispe
Blüten: zwittrig, eingeschlechtig, radiär. Kelchblätter 2. Kronblätter in weiblichen Blüten fehlend oder 2 in männlichen, grün, gelb. Staubblätter 1–9, frei. Fruchtblätter 2, verwachsen, unterständig. Plazentation apical
Frucht: Steinfrucht
Kennzeichen: Staude. Blüten in Ähren oder Rispen. Kelchblätter 2. Kronblätter 2 oder fehlend in weiblichen Blüten. Fruchtblätter 2, verwachsen, unterständig. Plazentation apical. Steinfrucht

Gunnera magellanica

Staubblätter meist 8, frei. Fruchtblätter 4 oder 8, verwachsen, unterständig
Frucht: Steinfrucht
Kennzeichen: Staude, Strauch. Blüten in Trauben oder einzeln. Kronblätter meist 4. Staubblätter meist 8. Fruchtblätter 2–4, verwachsen, unterständig. Steinfrucht

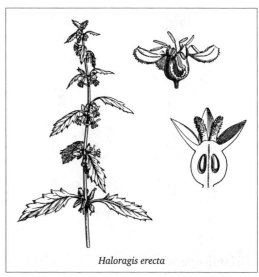
Haloragis erecta

Haloragaceae Seebeerengewächse

1 Frucht in 4 Teile spaltend. (Wasserpflanzen) . . . . **Myriophyllum**
1 Frucht nicht in Teile spaltend
2 Blüten einzeln, seitlich. Staubblätter 3. Frucht trocken, 3-kantig . . . . **Proserpinaca**
2 Blüten einzeln oder in Trauben. Staubblätter 4 oder 8. Steinfrucht. . . . . **Haloragis**

Haloragis J.R. Forst. et G. Forst.

Ableitung: Salz-Beere
Vulgärnamen: D:Seebeere; E:Raspwort
Arten: 27
Lebensform: Staude, Strauch
Blätter: gegenständig oder wechselständig, einfach. Nebenblätter fehlend
Blütenstand: einzeln, Trauben
Blüten: eingeschlechtig, zwittrig, radiär. Kelchblätter 2, 4 oder fehlend. Kronblätter meist 4, 2, frei oder fehlend.

Myriophyllum L.

Ableitung: mit vielen Blättern
Vulgärnamen: D:Tausendblatt; E:Water Milfoil; F:Myriophylle
Arten: c. 60
Lebensform: Kräuter, Wasserpflanze
Blätter: gegenständig oder wechselständig, einfach oder zusammengesetzt. Nebenblätter fehlend
Blütenstand: Ähre
Blüten: eingeschlechtig, zwittrig, radiär. Kelchblätter 2–4. Kronblätter 4, frei bis fehlend. Staubblätter 4 oder 8, frei. Fruchtblätter 4, verwachsen, unterständig

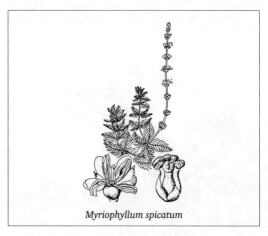
Myriophyllum spicatum

Frucht: Spaltfrucht
Kennzeichen: Kräuter, Wasserpflanze. Blüten in Ähren. Kronblätter 4 bis fehlend. Staubblätter 4 oder 8. Fruchtblätter 4, verwachsen, unterständig. Spaltfrucht

Proserpinaca L.

Ableitung: antiker Pflanzenname
Arten: 2
Lebensform: Staude
Blätter: wechselständig, einfach bis zusammengesetzt. Nebenblätter vorhanden
Blütenstand: einzeln
Blüten: zwittrig, radiär. Kelchblätter 3. Kronblätter 3, frei, weiß, grün oder fehlend. Staubblätter 3, frei. Fruchtblätter 2, verwachsen, unterständig. Plazentation zentralwinkelständig
Frucht: Schließfrucht, kantig
Kennzeichen: Staude. Nebenblätter vorhanden. Blüten einzeln. Kronblätter 3 oder fehlend. Staubblätter 3. Fruchtblätter 2, verwachsen, unterständig. Plazentation zentralwinkelständig. Schließfrucht 3-kantig

Proserpinaca palustris

Hamamelidaceae Zaubernussgewächse

1 Blüten mit Kelch und Krone. (Antheren mit Klappen)
2 Blüten 4-zählig
3 Blüten zu 3-4. Pflanzen sommergrün . . . . **Hamamelis**
3 Blüten in endständigen Köpfchen. Pflanzen immergrün . . . . **Loropetalum**
2 Blüten 5-zählig
4 Blüten in hängenden Ähren, gelb. (Blätter sommergrün) . . . . **Corylopsis**
4 Blüten zu 2 bis mehr in Köpfchen
5 Blüten in Köpfchen, weiß. Blätter immergrün, fiedernervig . . . . **Trichocladus**
5 Blüten zu 2, purpurn. Blätter sommergrün, handnervig . . . . **Disanthus**
1 Blüten nur mit Kelch oder ohne Blütenhülle
3 Blütenstände mit weißen Hochblättern um das Köpfchen . . . . **Parrotiopsis**
3 Blütenstände ohne weiße Hochblättern
6 Antheren mit Klappen
7 Staubblätter 4 oder 5
8 Blüten in hängenden Trauben. Kelchblätter 5. Staubblätter 5 . . . . **Sinowilsonia**
8 Blüten zu 3 bis 4. Kelchblätter 4. Staubblätter 4 . . . . **Hamamelis**
7 Staubblätter 15-25. (Blüten in Ähren. Kelchblätter 5-7. Staubfäden keulig und weiß) . . . . **Fothergilla**
6 Antheren mit Schlitzen
9 Frucht vielsamig . . . . **Altingia**
9 Frucht 2-samig
10 Blätter immergrün oder halbimmergrün
11 Blütenstand ohne Hülle . . . . . . **Distylium**
11 Blütenstand mit einer Hülle
12 Blätter immergrün, ganzrandig. Deckblätter 5 mm . . . . **Sycopsis**
12 Blätter halbimmergrün, gezähnt. Deckblätter 10 mm oder mehr . . . . **× Sycoparrotia**
10 Blätter sommergrün
13 Blätter mit fiederiger Nervatur. Blüten mit einfacher Blütenhülle . . . . **Parrotia**
13 Blätter mit handförmiger Nervatur. Blüten ohne Blütenhülle . . . . . . **Liquidambar**

Altingia Noronha

Ableitung: Gattung zu Ehren von W. A. Alting (1724–1800), einem niederländischen Gouverneur in Batavia benannt
Arten: 13
Lebensform: Baum, immergrün
Blätter: wechselständig, einfach. Blattstiel mit 2 Drüsen unter der Blattspreite. Nebenblätter vorhanden
Blütenstand: Köpfchen
Blüten: eingeschlechtig, radiär, ohne Blütenhülle. Staubblätter frei. Antheren mit Schlitzen. Fruchtblätter 2, verwachsen, halbunterständig. Plazentation zentralwinkelständig
Frucht: Kapsel, mit 2 Klappen, vielsamig
Kennzeichen: Baum, immergrün. Blattstiel mit 2 Drüsen unter der Blattspreite. Blüten in Köpfchen, eingeschlechtig, ohne Blütenhülle. Fruchtblätter 2, verwachsen, halbunterständig. Plazentation zentralwinkelständig. Kapsel mit 2 Klappen, vielsamig

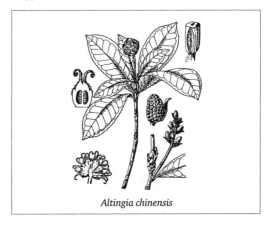

Altingia chinensis

Corylopsis Siebold et Zucc.

Ableitung: vom Aussehen eines Corylus
Vulgärnamen: D:Scheinhasel; E:Winter Hazel; F:Faux-noisetier
Arten: c. 30
Lebensform: Strauch, laubwerfend, sternhaarig
Blätter: wechselständig, einfach. Nebenblätter vorhanden
Blütenstand: Ähre, hängend, seitlich
Blüten: zwittrig, radiär, Kelchblätter und Kronblätter 5, gelb. Staubblätter 5, frei. Antheren mit Klappen. Fruchtblätter 2, verwachsen, halbunterständig bis oberständig. Plazentation zentralwinkelständig, 1 Samenanlage je Fach
Frucht: Kapsel, mit 2 Klappen
Kennzeichen: Strauch, laubwerfend, sternhaarig. Blüten in hängenden, seitlichen Ähren. Kronblätter 5, gelb. Staubblätter 5, frei. Antheren mit Klappen. Fruchtblätter 2, verwachsen, halbunterständig bis oberständig. Plazentation zentralwinkelständig, 1 Samenanlage je Fach. Kapsel, mit 2 Klappen

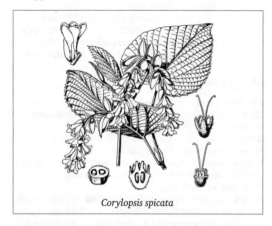

Corylopsis spicata

Disanthus Maxim.

Ableitung: zwei Blüten
Vulgärnamen: D:Doppelblüte
Arten: 1
Lebensform: Strauch, Baum, laubwerfend, kahl
Blätter: wechselständig, einfach. Nebenblätter vorhanden
Blütenstand: zu 2 kopfig

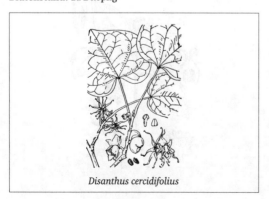

Disanthus cercidifolius

Blüten: zwittrig, radiär, Kelchblätter und Kronblätter 5, purpurn. Staubblätter 5, frei. Antheren mit Klappen. Fruchtblätter 2, verwachsen, oberständig. Plazentation zentralwinkelständig, 5-6 Samenanlage je Fach
Frucht: Kapsel, mit 2 Klappen
Kennzeichen: Strauch, Baum, laubwerfend, kahl. Blüten zu 2 kopfig. Kronblätter 5, purpurn. Staubblätter 5. Antheren mit Klappen. Fruchtblätter 2, verwachsen, oberständig. Plazentation zentralwinkelständig, 5-6 Samenanlage je Fach. Kapsel, mit 2 Klappen

Distylium Siebold et Zucc.

Ableitung: zwei Griffel
Arten: 12
Lebensform: Baum, Strauch, immergrün, sternhaarig
Blätter: wechselständig, einfach. Nebenblätter vorhanden
Blütenstand: Ähre, Traube, seitlich
Blüten: eingeschlechtig, radiär, ohne Blütenhülle oder Kelchblätter 5-3. Staubblätter 8-2, frei. Antheren mit Schlitzen. Fruchtblätter 2, verwachsen, oberständig. Plazentation zentralwinkelständig, 1 Samenanlage je Fach
Frucht: Kapsel, mit 2 Klappen
Kennzeichen: Baum, Strauch, immergrün, sternhaarig. Blüten eingeschlechtig, ohne Blütenhülle oder Kelchblätter 5-3. Staubblätter 8-2. Fruchtblätter 2, verwachsen, oberständig. Kapsel 2-samig

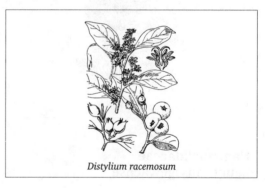

Distylium racemosum

Fothergilla L.

Ableitung: Gattung zu Ehren von John Fothergill (1712-1780), einem englischen Arzt benannt
Vulgärnamen: D:Federbuschstrauch; E:Witch Alder; F:Fothergilla
Arten: 2
Lebensform: Baum, laubwerfend, sternhaarig
Blätter: wechselständig, einfach. Nebenblätter vorhanden
Blütenstand: Ähre, endständig
Blüten: zwittrig, radiär, Kelchblätter 5-7. Kronblätter fehlend. Staubblätter 15-25. Staubfäden keulig, weiß. Antheren mit Klappen. Fruchtblätter 2, verwachsen, halbunterständig. Plazentation zentralwinkelständig, 1 Samenanlage je Fach
Frucht: Kapsel, mit 2 Klappen, 2-samig
Kennzeichen: Baum, laubwerfend, sternhaarig. Kelchblätter 5-7. Kronblätter fehlend. Staubblätter 15-25. Staubfäden keulig, weiß. Antheren mit Klappen. Fruchtblätter 2,

Fothergilla gardenii

verwachsen, halbunterständig. Plazentation zentralwinkelständig. Kapsel, mit 2 Klappen, 2-samig

Hamamelis L.

Ableitung: antiker Pflanzenname
Vulgärnamen: D:Zaubernuss; E:Witch Hazel; F:Hamamélis
Arten: 5
Lebensform: Strauch, Baum, laubwerfend, sternhaarig
Blätter: wechselständig, einfach. Nebenblätter vorhanden
Blütenstand: zu 3 bis 4
Blüten: zwittrig, radiär, Kelchblätter 4. Kronblätter 4, lineal, gelb, grün, rot oder fehlend. Staubblätter 4, frei. Antheren mit Klappen. Fruchtblätter 2, verwachsen, halbunterständig. Plazentation zentralwinkelständig, 1 Samenanlage je Fach
Frucht: Kapsel, mit 2 Klappen, 2-samig
Kennzeichen: Strauch, Baum, laubwerfend, sternhaarig. Kelchblätter 4. Kronblätter 4, lineal, oder fehlend. Staubblätter 4. Antheren mit Klappen. Fruchtblätter 2, verwachsen, halbunterständig. Plazentation zentralwinkelständig, 1 Samenanlage je Fach. Kapsel, mit 2 Klappen, 2-samig

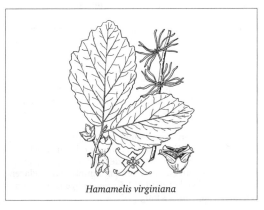
Hamamelis virginiana

Liquidambar L.

Ableitung: fließender Amber-Baum
Vulgärnamen: D:Amberbaum; E:Sweet Gum; F:Copalme
Arten: 5
Lebensform: Baum, laubwerfend
Blätter: wechselständig, einfach. Nerven handförmig. Nebenblätter vorhanden
Blütenstand: Köpfchen
Blüten: zweihäusig, radiär, ohne Blütenhülle. Staubblätter 4–10, frei. Antheren mit Schlitzen. Fruchtblätter 2, verwachsen, unterständig. Plazentation zentralwinkelständig, 1 Samenanlage je Fach
Frucht: Kapsel, mit 2 Klappen, 2-samig. Samen geflügelt
Kennzeichen: Baum, laubwerfend. Blätter mit handförmiger Nervatur. Blüten in Köpfchen. Blüten zweihäusig, ohne Blütenhülle. Staubblätter 4–10, frei. Fruchtblätter 2, verwachsen, unterständig. Plazentation zentralwinkelständig. Kapsel, mit 2 Klappen, 2-samig. Samen geflügelt

Loropetalum R. Br. ex Rchb.

Ableitung: Riemen-Blütenblatt
Vulgärnamen: D:Riemenblüte; F:Loropetalum
Arten: 2
Lebensform: Strauch, Baum, immergrün, sternhaarig
Blätter: wechselständig, einfach. Nebenblätter vorhanden
Blütenstand: Köpfchen, endständig
Blüten: zwittrig, radiär, Kelchblätter 4. Kronblätter 4, weiß oder grün. Staubblätter 4, frei. Antheren mit Klappen. Fruchtblätter 2, verwachsen, unterständig. Plazentation zentralwinkelständig, 1 Samenanlage je Fach
Frucht: Kapsel, mit 2 Klappen, 2-samig
Kennzeichen: Strauch, Baum, immergrün, sternhaarig. Blüten in endständigen Köpfchen. Kelchblätter 4. Kronblätter 4. Staubblätter 4. Antheren mit Klappen. Fruchtblätter 2, verwachsen, unterständig. Plazentation zentralwinkelständig, 1 Samenanlage je Fach. Kapsel, mit 2 Klappen, 2-samig

Loropetalum chinense

Parrotia C.A. Mey.

Ableitung: Gattung zu Ehren von Johann Jacob Friedrich Wilhelm Parrot (1792–1841), einem deutschen Naturforscher benannt
Vulgärnamen: D:Parrotie; E:Irontree, Ironwood; F:Parrotia
Arten: 1

564 Hamamelidaceae Zaubernussgewächse

Lebensform: Baum, Strauch, laubwerfend, sternhaarig
Blätter: wechselständig, einfach. Nebenblätter vorhanden
Blütenstand: Köpfchen
Blüten: zwittrig, radiär, Kelchblätter 5–8. Staubblätter 5–14, frei. Antheren mit Schlitzen. Fruchtblätter 2, verwachsen, halbunterständig. Plazentation zentralwinkelständig, 1 Samenanlage je Fach
Frucht: Kapsel, mit 2 Klappen, 2-samig
Kennzeichen: Baum, Strauch, laubwerfend, sternhaarig. Blüten in Köpfchen. Kelchblätter 5–8. Staubblätter 5–14, frei. Fruchtblätter 2, verwachsen, halbunterständig. Plazentation zentralwinkelständig, 1 Samenanlage je Fach. Kapsel, mit 2 Klappen, 2-samig

Parrotiopsis (Nied.) C.K. Schneid.

Ableitung: vom Aussehen einer Parrotia
Vulgärnamen: D:Scheinparrotie; F:Fausse-parrotia
Arten: 1
Lebensform: Baum, Strauch, laubwerfend, sternhaarig
Blätter: wechselständig, einfach. Nebenblätter vorhanden
Blütenstand: Köpfchen mit weißen Hochblättern
Blüten: zwittrig, radiär, Kelchblätter 5–7. Staubblätter 15–24, frei. Antheren mit Klappen. Fruchtblätter 2, verwachsen, halbunterständig. Plazentation zentralwinkelständig, 1 Samenanlage je Fach
Frucht: Kapsel, mit 2 Klappen, 2-samig
Kennzeichen: Baum, Strauch, laubwerfend, sternhaarig. Köpfchen mit weißen Hochblättern. Kelchblätter 5–7. Staubblätter 15–24, frei. Antheren mit Klappen. Fruchtblätter 2, verwachsen, halbunterständig. Plazentation zentralwinkelständig, 1 Samenanlage je Fach. Kapsel, mit 2 Klappen, 2-samig

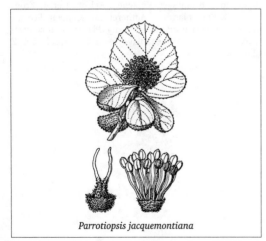

Parrotiopsis jacquemontiana

Sinowilsonia Hemsl.

Ableitung: Gattung zu Ehren von Ernest Henry Wilson (1876–1930), einem englisch-nordamerikanischen Botaniker, der Pflanzen in China sammelte, benannt
Arten: 1
Lebensform: Baum, Strauch, laubwerfend, sternhaarig
Blätter: wechselständig, einfach. Nebenblätter vorhanden
Blütenstand: Traube, hängend
Blüten: eingeschlechtig, radiär, Kelchblätter 5, verwachsen. Kronblätter fehlend. Staubblätter 5, am Grund verwachsen. Antheren mit Klappen. Fruchtblätter 2, verwachsen, halbunterständig. Plazentation zentralwinkelständig, 1 Samenanlage je Fach
Frucht: Kapsel, mit 2 Klappen, 2-samig
Kennzeichen: Baum, Strauch, laubwerfend, sternhaarig. Blüten in hängenden Trauben. Kelchblätter 5. Kronblätter fehlend. Staubblätter 5. Antheren mit Klappen. Fruchtblätter 2, verwachsen, halbunterständig. Plazentation zentralwinkelständig, 1 Samenanlage je Fach. Kapsel, mit 2 Klappen, 2-samig

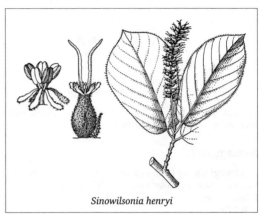

Sinowilsonia henryi

× Sycoparrotia P.K. Endress et Anliker

Ableitung: Hybride aus Parrotia und Sycopsis
Lebensform: Strauch, halbimmergrün, sternhaarig
Blätter: wechselständig, einfach. Nebenblätter vorhanden
Blüten: zwittrig, radiär. Kronblätter fehlend. Staubblätter frei. Antheren mit Schlitzen. Fruchtblätter 2, verwachsen. Plazentation zentralwinkelständig, 1 Samenanlage je Fach
Frucht: Kapsel, mit 2 Klappen, 2-samig
Kennzeichen: Strauch, halbimmergrün, sternhaarig.

Sycopsis Oliv.

Ableitung: vom Aussehen eines Feigenbaums
Arten: 5
Lebensform: Strauch, Baum, immergrün, sternhaarig
Blätter: wechselständig, einfach. Nebenblätter vorhanden
Blütenstand: Büschel, Traube, Köpfchen. Blütenstand mit Hülle
Blüten: zwittrig oder eingeschlechtig, radiär, Kelchblätter 5–6. Kronblätter fehlend. Staubblätter 6–10, frei. Antheren mit Schlitzen. Fruchtblätter 2, verwachsen, mittelständig. Plazentation zentralwinkelständig, 1 Samenanlage je Fach
Frucht: Kapsel, mit 2 Klappen, 2-samig
Kennzeichen: Strauch, Baum, immergrün, sternhaarig. Blütenstand mit Hülle. Blüten zwittrig oder eingeschlechtig, Kelchblätter 5–6. Kronblätter fehlend. Staubblätter 6–10. Fruchtblätter 2, verwachsen, mittelständig. Plazentation zentralwinkelständig, 1 Samenanlage je Fach. Kapsel, mit 2 Klappen, 2-samig

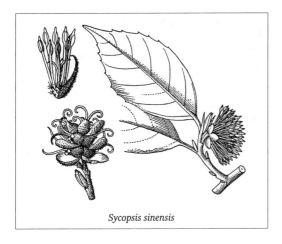

Sycopsis sinensis

Trichocladus Pers.

Ableitung: haariger Zweig
Arten: 4
Lebensform: Strauch, Baum, immergrün, sternhaarig
Blätter: wechselständig, einfach. Nebenblätter vorhanden
Blütenstand: Köpfchen
Blüten: zwittrig, radiär, Kelchblätter 5. Kronblätter 5, weiß. Staubblätter 5, frei. Antheren mit Klappen. Fruchtblätter 2, verwachsen, oberständig bis unterständig. Plazentation zentralwinkelständig, 1 Samenanlage je Fach
Frucht: Kapsel, mit 2 Klappen, 2-samig
Kennzeichen: Strauch, Baum, immergrün, sternhaarig. Blüten in Köpfchen. Kronblätter 5. Staubblätter 5. Antheren mit Klappen. Fruchtblätter 2, verwachsen, oberständig bis unterständig. Plazentation zentralwinkelständig, 1 Samenanlage je Fach. Kapsel, mit 2 Klappen, 2-samig

Trichocladus grandiflorus

Helwingiaceae

Helwingia Willd.

Ableitung: Gattung zu Ehren von Georg Andreas Helwing (1666-1748), einem deutschen Geistlichen und Botaniker benannt
Vulgärnamen: D:Helwingie; F:Helwingie
Arten: 3
Lebensform: Strauch, laubwerfend
Blätter: wechselständig, einfach. Nebenblätter vorhanden
Blütenstand: Dolden, einzeln zu 2-3, scheinbar auf den Blättern entspringend
Blüten: eingeschlechtig, radiär. Kelchblätter 3-5. Kronblätter fehlend. Staubblätter 3-5, frei. Fruchtblätter 3-5, verwachsen, unterständig. Plazentation zentralwinkelständig
Frucht: Steinfrucht
Kennzeichen: Strauch, laubwerfend. Nebenblätter vorhanden. Blüten scheinbar auf den Blättern. Blüten eingeschlechtig. Kelchblätter 3-5, frei. Kronblätter fehlend. Staubblätter 3-5. Fruchtblätter 3-5, verwachsen, unterständig. Steinfrucht

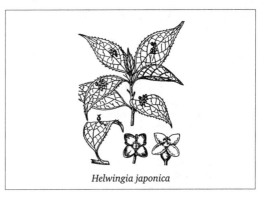

Helwingia japonica

Hippocastanaceae
Rosskastaniengewächse

siehe unter Sapindaceae S. 797

Hippuridaceae
Tannenwedelgewächse

Hippuris L.

Ableitung: Pferdeschwanz
Vulgärnamen: D:Tannenwedel; E:Mare's Tail; F:Pesse, Queue-de-cheval
Arten: 1
Lebensform: Staude, Wasser- oder Sumpfpflanze
Blätter: 6 bis 16-quirlig, einfach. Nebenblätter fehlend
Blütenstand: durchblätterte Ähre
Blüten: eingeschlechtig, zwittrig, ohne Blütenhülle. Staubblätter 1. Fruchtblätter 1. Plazentation apical
Frucht: Nuss

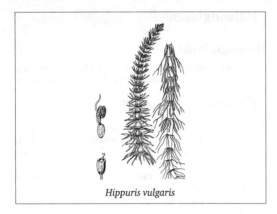
Hippuris vulgaris

Kennzeichen: Wasser- oder Sumpfpflanze mit zu 6 bis 16 quirligen Blättern. Blüte ohne Blütenhülle. 1 Staubblatt. 1 Fruchtblatt. Plazentation apical. Nuss

Hydrangeaceae Hortensiengewächse

1 Pflanze krautig oder halbstrauchig
  2 Blüten weiß, blau oder lila. Staubblätter viele. Fruchtblätter 5. . . . . **Deinanthe**
  2 Blüten gelb. Staubblätter 15. Fruchtblätter 3 oder 4 . . . . **Kirengeshoma**
1 Pflanze holzig
  3 Staubblätter 20 bis über 200
    4 Staubblätter über 200. Fruchtknoten halbunterständig . . . . **Carpenteria**
    4 Staubblätter 20–40. Fruchtknoten unterständig oder halbunterständig
      5 Kronblätter 6–12 . . . . **Decumaria**
      5 Kronblätter 4 . . . . **Philadelphus**
  3 Staubblätter 4–15
    6 Frucht eine Beere. . . . . **Dichroa**
    6 Frucht eine Kapsel
      7 Griffel 1
        8 Blütenstand mit nur fertilen Blüten. . . . . **Pileostegia**
        8 Blütenstand mit sterilen Randblüten . . . . **Schizophragma**
      7 Griffel mehrere
        9 Fruchtknoten fast oberständig . . . . **Jamesia**
        9 Fruchtknoten halbunterständig bis unterständig
          10 Blüten zu 3 oder einzeln. (Kronblätter 4) . . . . **Fendlera**
          10 Blüten zu mehreren
            11 Staubfäden fadenförmig. (Sterile Randblüten meist vorhanden. Kronblätter 4 oder 5) . . . . **Hydrangea**
            11 Staubfäden flach. (Sterile Randblüten fehlend. Kronblätter 5) . . . . . . **Deutzia**

Carpenteria Torr.

Ableitung: Gattung zu Ehren von William M. Carpenter (1811–1848), einem nordamerikanischen Arzt benannt
Vulgärnamen: D:Baumanemone; E:Tree Anemone
Arten: 1

Lebensform: Strauch, immergrün
Blätter: gegenständig, einfach. Nebenblätter fehlend
Blütenstand: Dichasium bis zu 3Rispe, endständig
Blüten: zwittrig, radiär, Kelch und Krone. Kronblätter 5–7, dachig in der Knospe, weiß. Staubblätter über 200, frei und frei von der Krone. Fruchtblätter 5–7, verwachsen, halbunterständig. Griffel mit 5–7 Ästen. Plazentation zentralwinkelständig
Frucht: Kapsel, wandspaltig
Kennzeichen: Strauch, immergrün. Blätter gegenständig. Kronblätter 5–7. Staubblätter über 200, frei und frei von der Krone. Fruchtblätter 5–7, verwachsen, halbunterständig. Griffel mit 5–7 Ästen. Plazentation zentralwinkelständig. Kapsel, wandspaltig

Carpenteria californica

Decumaria L.

Ableitung: Zehner-Pflanze (alles zehnteilig)
Vulgärnamen: D:Sternhortensie; E:Climbing Hydrangea
Arten: 2
Lebensform: Strauch, laubwerfend, selten immergrün
Blätter: gegenständig, einfach. Nebenblätter fehlend
Blütenstand: Schirmrispe, endständig
Blüten: zwittrig, radiär, Kelch und Krone. Kronblätter 6–12, klappig in der Knospe, weiß. Staubblätter 20–30, frei und frei von der Krone. Fruchtblätter 6–12, verwachsen, unterständig. Griffel 10- bis 15-lappig oder kopfig. Plazentation zentralwinkelständig
Frucht: Kapsel, fachspaltig
Kennzeichen: Strauch, laubwerfend, selten immergrün. Blätter gegenständig. Kronblätter 6–12, klappig in der Knospe. Staubblätter 20–30. Fruchtblätter 6–12, verwachsen, unterständig. Plazentation zentralwinkelständig. Kapsel

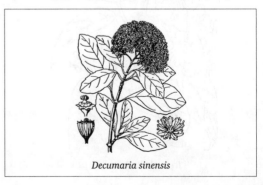
Decumaria sinensis

Deinanthe Maxim.

Ableitung: erstaunliche Blüte
Vulgärnamen: D:Scheinhortensie; F:Deinanthe
Arten: 2
Lebensform: Staude, Halbstrauch
Blätter: gegenständig, einfach. Nebenblätter fehlend
Blütenstand: Schirmrispe, endständig, mit vergrößerten sterilen Randblüten
Blüten: zwittrig, radiär, Kelch und Krone. Kronblätter 5–8, dachig in der Knospe, weiß, blau, lila. Staubblätter viele, frei und frei von der Krone. Fruchtblätter 5, verwachsen, halbunterständig. Griffel 5. Plazentation zentralwinkelständig
Frucht: Kapsel, ± wandspaltig
Kennzeichen: Staude, Halbstrauch. Blätter gegenständig. Blüten in endständigen Schirmrispen mit vergrößerten sterilen Randblüten. Kronblätter 5–8. Staubblätter viele. Fruchtblätter 5, halbunterständig. Griffel 5. Plazentation zentralwinkelständig. Kapsel, ± wandspaltig

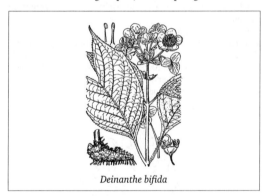
Deinanthe bifida

Deutzia Thunb.

Ableitung: Gattung zu Ehren von Johan van der Deutz (1743–1788), einem niederländischen Ratsherrn in Amsterdam benannt
Vulgärnamen: D:Deutzie; E:Deutsia; F:Deutzia
Arten: c. 60
Lebensform: Strauch, laubwerfend oder immergrün
Blätter: gegenständig, einfach. Nebenblätter fehlend
Blütenstand: Schirmrispe, Dichasien, cymös, seitlich

Deutzia scabra

Blüten: zwittrig, radiär, Kelch und Krone. Kronblätter 5, dachig oder klappig in der Knospe, weiß, rosa. Staubblätter 10–15, frei und frei von der Krone, Staubfäden flach. Fruchtblätter 3–5, verwachsen, unterständig. Griffel 3–4. Plazentation zentralwinkelständig
Frucht: Kapsel, wandspaltig
Kennzeichen: Strauch, laubwerfend oder immergrün. Blätter gegenständig. Kronblätter 5. Staubblätter 10–15, Staubfäden flach. Fruchtblätter 3–5, verwachsen, unterständig. Griffel 3–4. Plazentation zentralwinkelständig. Kapsel, wandspaltig

Dichroa Lour.

Ableitung: zweifarbig
Arten: 12
Lebensform: Strauch, immergrün
Blätter: gegenständig, einfach. Nebenblätter fehlend
Blütenstand: Rispe, endständig
Blüten: zwittrig, radiär, Kelch und Krone. Kronblätter 5–6, klappig in der Knospe, blau, lila, weiß. Staubblätter 4–5 oder 8–12, frei und frei von der Krone. Fruchtblätter 4–6, verwachsen, halbunterständig. Griffel 3–5. Plazentation ± parietal
Frucht: Beere
Kennzeichen: Strauch, immergrün. Blätter gegenständig. Kronblätter 5–6, klappig in der Knospe. Staubblätter 4–5 oder 8–12. Fruchtblätter 4–6, verwachsen, halbunterständig. Griffel 3–5. Plazentation ± parietal. Beere

Dichroa februfua

Fendlera Engelm. et A. Gray

Ableitung: Gattung zu Ehren von August Fendler (1813–1883), einem deutschen Botaniker in New Mexico benannt
Arten: 2–3
Lebensform: Strauch, laubwerfend
Blätter: gegenständig, einfach. Nebenblätter fehlend
Blütenstand: einzeln bis zu 3, endständig
Blüten: zwittrig, radiär, Kelch und Krone. Kronblätter 4, dachig in der Knospe, weiß. Staubblätter 8, frei und frei von der Krone. Fruchtblätter 4, verwachsen, halbunterständig. Griffel 4. Plazentation zentralwinkelständig
Frucht: Kapsel, wandspaltig

Hydrangeaceae Hortensiengewächse

Fendlera rupicola

Kennzeichen: Strauch, laubwerfend. Blätter gegenständig. Kronblätter 4, dachig in der Knospe. Staubblätter 8. Fruchtblätter 4, verwachsen, halbunterständig. Griffel 4. Plazentation zentralwinkelständig. Kapsel, wandspaltig

Hydrangea L.

Ableitung: Wasser-Gefäß (Frucht)
Vulgärnamen: D:Hortensie; E:Hydrangea; F:Hortensia
Arten: 23
Lebensform: Strauch, Liane, Baum, immergrün oder laubwerfend
Blätter: gegenständig, einfach. Nebenblätter fehlend
Blütenstand: Rispe, Schirmrispe, endständig, zum Teil mit vergrößerten, sterilen Randblüten
Blüten: zwittrig, radiär, Kelch und Krone. Kronblätter 4–5, klappig in der Knospe, weiß, blau, rosa, gelb. Staubblätter 8, 10, selten bis 20, frei und frei von der Krone. Fruchtblätter 2–5, verwachsen, unterständig oder halbunterständig. Griffel 2–5. Plazentation zentralwinkelständig
Frucht: Kapsel, wandspaltig

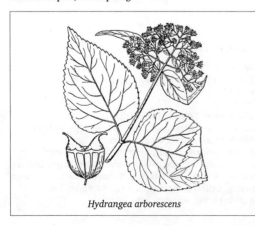
Hydrangea arborescens

Kennzeichen: Strauch, Liane, Baum, immergrün oder laubwerfend. Blätter gegenständig. Kronblätter 4–5, klappig in der Knospe. Staubblätter 8, 10, selten bis 20. Fruchtblätter 2–5, verwachsen, unterständig oder halbunterständig. Griffel 2–5. Plazentation zentralwinkelständig. Kapsel, wandspaltig

Jamesia Torr. et A. Gray

Ableitung: Gattung zu Ehren von Edwin James (1797–1861), einem nordamerikanischen Botaniker benannt
Vulgärnamen: D:Jamesie; E:Cliffbush; F:Jamesia
Arten: 1
Lebensform: Strauch, laubwerfend
Blätter: gegenständig, einfach. Nebenblätter fehlend
Blütenstand: Schirmrispe, endständig
Blüten: zwittrig, radiär, Kelch und Krone. Kronblätter 5, selten 4, dachig in der Knospe, weiß, rosa. Staubblätter 10 oder 8, frei und frei von der Krone. Fruchtblätter 3–5, verwachsen, nahezu oberständig. Griffel 3–5. Plazentation parietal
Frucht: Kapsel, wandspaltig
Kennzeichen: Strauch, laubwerfend. Blätter gegenständig. Blüten in endständigen Schirmrispen. Kronblätter 5, selten 4. Staubblätter 10 oder 8. Fruchtblätter 3–5, verwachsen, nahezu oberständig. Griffel 3–5. Plazentation parietal. Kapsel, wandspaltig

Jamesia americana

Kirengeshoma Yatabe

Ableitung: nach einem japanischen Pflanzennamen
Vulgärnamen: D:Wachsglocke; F:Fleur de cire
Arten: 1
Lebensform: Staude
Blätter: gegenständig, zum Teil auch wechselständig, einfach. Nebenblätter fehlend
Blütenstand: Schirmtraube, endständig, Blüten nickend
Blüten: zwittrig, radiär, Kelch und Krone. Kronblätter 5, klappig in der Knospe, gelb. Staubblätter 15, frei und frei von der Krone. Fruchtblätter 3–4, verwachsen, halbunterständig. Griffel 3–4. Plazentation zentralwinkelständig

Frucht: Kapsel, fachspaltig
Kennzeichen: Staude. Blätter gegenständig. Blüten in endständigen Schirmtraube, nickend. Kronblätter 5, klappig in der Knospe, gelb. Staubblätter 15. Fruchtblätter 3–4, verwachsen, halbunterständig. Griffel 3–4. Plazentation zentralwinkelständig. Kapsel, fachspaltig

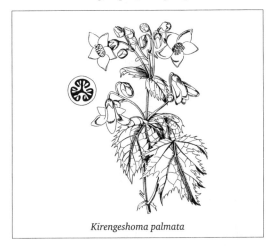

Kirengeshoma palmata

Philadelphus L.

Ableitung: Gattung zu Ehren des ägyptischen Pharao Ptolemaeus II. Philadelphos (ca. 308–246 v. Chr.) benannt
Vulgärnamen: D:Pfeifenstrauch, Sommerjasmin; E:Mock Orange; F:Seringat
Arten: 65
Lebensform: Strauch, laubwerfend, immergrün
Blätter: gegenständig, einfach. Nebenblätter fehlend
Blütenstand: einzeln, cymös, Traube, selten Rispe
Blüten: zwittrig, radiär, Kelch und Krone. Kronblätter 4, dachig in der Knospe, weiß, rosa. Staubblätter 20–40, frei und frei von der Krone. Fruchtblätter 4, selten 3 oder 5, verwachsen, unterständig oder halbunterständig. Griffel 3–5, frei oder verwachsen. Plazentation zentralwinkelständig
Frucht: Kapsel, fachspaltig

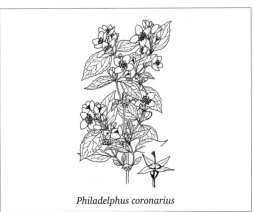

Philadelphus coronarius

Kennzeichen: Strauch, laubwerfend, immergrün. Blätter gegenständig. Kronblätter 4, dachig in der Knospe. Staubblätter 20–40. Fruchtblätter 4, selten 3 oder 5, verwachsen, unterständig oder halbunterständig. Plazentation zentralwinkelständig. Kapsel, fachspaltig

Pileostegia Hook. f. et Thomson

Ableitung: Mützen-Decke
Arten: 4
Lebensform: Strauch, Liane, immergrün
Blätter: gegenständig, einfach. Nebenblätter fehlend
Blütenstand: Rispe, endständig, mit vergrößerten, sterilen 1-lappigen Blüten
Blüten: zwittrig, radiär, Kelch und Krone. Kronblätter 5, selten 4, klappig in der Knospe, weiß. Staubblätter 10, selten 8, frei und frei von der Krone. Fruchtblätter 5, selten 4 oder 6, verwachsen, unterständig. Griffel 1. Plazentation zentralwinkelständig
Frucht: Kapsel, unregelmäßig sich öffnend
Kennzeichen: Strauch, Liane, immergrün. Blätter gegenständig. Blüten in endständigen Rispen mit vergrößerten, sterilen 1-lappigen Blüten. Kronblätter 5, selten 4, klappig in der Knospe. Staubblätter 10, selten 8. Fruchtblätter 5, selten 4 oder 6, verwachsen, unterständig. Griffel 1. Plazentation zentralwinkelständig. Kapsel, unregelmäßig sich öffnend

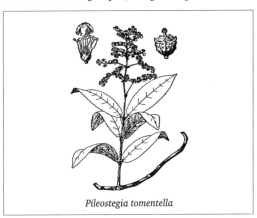

Pileostegia tomentella

Schizophragma Siebold et Zucc.

Ableitung: gespaltene Scheidewand
Vulgärnamen: D:Spalthortensie; F:Hortensia grimpant
Arten: c. 10
Lebensform: Strauch, immergrün
Blätter: gegenständig, einfach. Nebenblätter fehlend
Blütenstand: Schirmrispe, mit vergrößerten, sterilen Blüten
Blüten: zwittrig, radiär, Kelch und Krone. Kronblätter 4–5, klappig in der Knospe, weiß. Staubblätter 8–10, frei und frei von der Krone. Fruchtblätter 4–5, verwachsen, unterständig. Griffel 1, mit kopfiger Narbe. Plazentation zentralwinkelständig
Frucht: Kapsel, fachspaltig
Kennzeichen: Strauch, immergrün. Blätter gegenständig. Blüten in Schirmrispen mit vergrößerten, sterilen Blüten.

570 Hydrophyllaceae Wasserblattgewächse

Schizophragma integrifolium

Eriodictyon tomentosum

Kronblätter 4–5, klappig in der Knospe. Staubblätter 8–10. Fruchtblätter 4–5, verwachsen, unterständig. Griffel 1, mit kopfiger Narbe. Plazentation zentralwinkelständig. Kapsel, fachspaltig

Hydrophyllaceae Wasserblattgewächse

1	Griffel 2 getrennte		
	2	Blätter doppelt gezähnt	**Wigandia**
	2	Blätter ganzrandig.	**Hydrolea**
1	Griffel vereint, 2-lappig oder ungeteilt		
	3	Kelchbuchten mit Anhängseln. Blätter meist gegenständig.	**Nemophila**
	3	Kelchbuchten ohne Anhängsel. Blätter wechselständig	
		4 Griffel ungeteilt.	**Romanzoffia**
		4 Griffel 2-spaltig	
		5 Pflanze strauchig, immergrün . . .	**Eriodictyon**
		5 Pflanze krautig	
		6 Krone gedreht in der Knospe	**Hydrophyllum**
		6 Krone dachig in der Knospe	**Phacelia**

Eriodictyon Benth.

Ableitung: Woll-Netz
Arten: 8
Lebensform: Strauch, immergrün
Blätter: wechselständig, einfach. Nebenblätter fehlend
Blütenstand: Wickel
Blüten: zwittrig, radiär. Kelchblätter 5. Kronblätter 5, verwachsen, mit Falten nach innen, purpurn, weiß. Staubblätter 5, verwachsen mit der Krone. Fruchtblätter 2, verwachsen, oberständig. Griffel 2-spaltig. Plazentation parietal
Frucht: Kapsel in 4 Teilfrüchte zerfallend
Kennzeichen: Strauch, immergrün. Blüten in Wickeln, radiär. Kronblätter 5, verwachsen. Staubblätter 5, mit der Krone verwachsen. Fruchtblätter 2, verwachsen, oberständig. Plazentation parietal. Kapsel in 4 Teilfrüchte zerfallend

Hydrolea L.

Ableitung: Wasser-Ölbaum
Vulgärnamen: D:Wasserbläuling
Arten: 11
Lebensform: Staude, Strauch
Blätter: wechselständig, einfach, ganzrandig. Nebenblätter fehlend
Blütenstand: cymös, ± Schirmrispe
Blüten: zwittrig, radiär. Kelchblätter 5. Kronblätter 5, verwachsen, dachig in der Knospe, blau. Staubblätter 5, verwachsen mit der Krone. Fruchtblätter 2, verwachsen, oberständig. Griffel 2, getrennt. Plazentation zentralwinkelständig
Frucht: Kapsel
Kennzeichen: Staude, Strauch. Blätter ganzrandig. Blüten radiär. Kronblätter 5, verwachsen, dachig in der Knospe, blau, violett. Staubblätter 5, mit der Krone verwachsen. Fruchtblätter 2, verwachsen, oberständig. Plazentation zentralwinkelständig. Kapsel vielsamig

Hydrolea spinosa

Hydrophyllum L.

Ableitung: Wasser-Blatt
Vulgärnamen: D:Wasserblatt; E:Waterleaf; F:Hydrophylle
Arten: 8
Lebensform: Staude
Blätter: wechselständig, einfach oder zusammengesetzt. Nebenblätter fehlend
Blütenstand: mit Wickelästen
Blüten: zwittrig, radiär. Kelchblätter 5. Kronblätter 5, verwachsen, ± gedreht in der Knospe, weiß, grün, purpurn, violett. Staubblätter 5, verwachsen mit der Krone, herausragend. Fruchtblätter 2, verwachsen, oberständig. Plazentation parietal
Frucht: Kapsel, 1- bis 3-samig
Kennzeichen: Staude. Blütenstand mit Wickelästen. Blüten radiär. Kronblätter 5, verwachsen, ± gedreht in der Knospe. Staubblätter 5, mit der Krone verwachsen, herausragend. Fruchtblätter 2, verwachsen, oberständig. Plazentation parietal. Kapsel 1- bis 3-samig

Nemophila menziesii

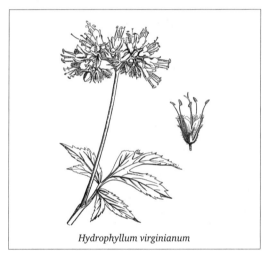
Hydrophyllum virginianum

Nemophila Nutt.

Ableitung: Hain-Liebhaber
Vulgärnamen: D:Hainblume; E:Nemophila; F:Némophile
Arten: 11
Lebensform: Einjährige
Blätter: gegenständig oder wechselständig, einfach. Nebenblätter fehlend
Blütenstand: einzeln, seitlich
Blüten: zwittrig, radiär. Kelchblätter 5, mit Anhängseln in den Buchten. Kronblätter 5, verwachsen, ± gedreht in der Knospe, weiß, blau. Staubblätter 5, verwachsen mit der Krone. Fruchtblätter 2, verwachsen, oberständig. Plazentation parietal
Frucht: Kapsel 1- bis 20-samig
Kennzeichen: Einjährige. Blätter gegenständig oder wechselständig. Blüten einzeln, radiär. Kelch mit Anhängseln in den Buchten. Kronblätter 5, verwachsen, ± gedreht in der Knospe. Staubblätter 5, mit der Krone verwachsen. Fruchtblätter 2, verwachsen, oberständig. Plazentation parietal. Kapsel

Phacelia Juss.

Ableitung: Büschel
Vulgärnamen: D:Büschelschön, Phazelie; E:Bluebell, Scorpion Weed; F:Phacélie
Arten: 150
Lebensform: Einjährige, Zweijährige, Staude
Blätter: wechselständig, einfach oder zusammengesetzt. Nebenblätter fehlend
Blütenstand: Wickel
Blüten: zwittrig, radiär. Kelchblätter 5. Kronblätter 5, verwachsen, dachig in der Knospe, blau, weiß. Staubblätter 5, verwachsen mit der Krone. Fruchtblätter 2, verwachsen, oberständig. Plazentation parietal
Frucht: Kapsel
Kennzeichen: Einjährige, Zweijährige, Staude. Blüten in Wickeln, radiär. Kronblätter 5, dachig in der Knospe, verwachsen. Staubblätter 5, mit der Krone verwachsen. Fruchtblätter 2, verwachsen, oberständig. Plazentation parietal. Kapsel 2- bis vielsamig

Phacelia grandiflora

Romanzoffia Cham.

Ableitung: Gattung zu Ehren von Nicholas P. Romanzoff (1754–1826), einem russischen Politiker benannt
Vulgärnamen: D:Romanzoffie; E:Romanzoffia; F:Romanzoffia
Arten: 4
Lebensform: Staude
Blätter: wechselständig, einfach. Nebenblätter fehlend
Blütenstand: einzeln, cymös
Blüten: zwittrig, radiär. Kelchblätter 5. Kronblätter 5, verwachsen, weiß, rosa. Staubblätter 5, verwachsen mit der Krone. Fruchtblätter 2, verwachsen, oberständig. Griffel ungeteilt. Plazentation parietal
Frucht: Kapsel vielsamig
Kennzeichen: Staude. Blüten radiär. Kronblätter 5, verwachsen. Staubblätter 5, mit der Krone verwachsen. Fruchtblätter 2, verwachsen, oberständig. Griffel ungeteilt. Plazentation parietal. Kapsel vielsamig

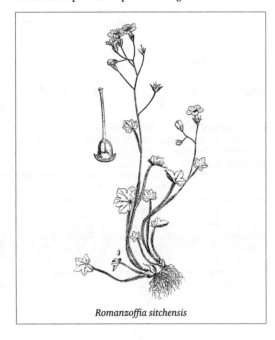

Romanzoffia sitchensis

Wigandia Kunth

Ableitung: Gattung zu Ehren von Johannes Wigand (1523–1587), einem Bischof von Pommern und Botaniker benannt
Vulgärnamen: D:Wigandie; F:Wigandia
Arten: 2–3
Lebensform: Staude, Strauch, Baum
Blätter: wechselständig, einfach, doppelt gezähnt. Nebenblätter fehlend
Blütenstand: Rispe mit Wickeln
Blüten: zwittrig, radiär. Kelchblätter 5. Kronblätter 5, verwachsen, dachig in der Knospe, violett, purpurnblau. Staubblätter 5, verwachsen mit der Krone. Fruchtblätter 2, verwachsen, oberständig. Griffel 2, getrennt. Plazentation parietal
Frucht: Kapsel vielsamig
Kennzeichen: Staude, Strauch, Baum. Blätter doppelt gezähnt. Blüten in Wickeln, radiär. Kronblätter 5, verwachsen, dachig in der Knospe. Staubblätter 5, mit der Krone verwachsen. Fruchtblätter 2, verwachsen, oberständig. Griffel 2, getrennt. Plazentation parietal. Kapsel vielsamig

Wigandia caracasana

Icacinaceae

Citronella D. Don

Ableitung: Zitronenkraut
Arten: 21
Lebensform: Baum, Strauch, immergrün
Blätter: wechselständig, einfach. Nebenblätter fehlend
Blütenstand: Ähre, Traube, Rispe
Blüten: zwittrig, eingeschlechtig. Kelchblätter 5. Kronblätter 5, frei, grünlich weiß. Staubblätter 5, frei von der Krone. Fruchtblätter 2, verwachsen, oberständig. Plazentation zentralwinkelständig
Frucht: Steinfrucht
Kennzeichen: Baum, Strauch, immergrün. Blätter einfach, ohne Nebenblätter. Kelchblätter 5. Kronblätter 5, frei. Staubblätter 5, frei. Fruchtblätter 2, verwachsen, oberständig. Plazentation zentralwinkelständig. Steinfrucht

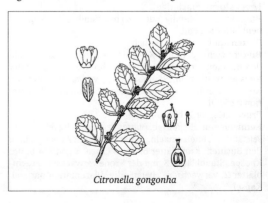

Citronella gongonha

Illecebraceae Knorpelkrautgewächse

1 Nebenblätter fehlend. (Blütenhülle einfach, verwachsen, grün. Nuss) . . . . **Scleranthus**
1 Nebenblätter vorhanden
  2 Frucht eine Kapsel. (Kelchblätter weiß) . . . . **Illecebrum**
  2 Frucht eine Nuss
    3 Deckblätter so lang oder länger als die Blüten . . . . **Paronychia**
    3 Deckblätter kürzer als die Blüten . . . **Herniaria**

Herniaria L.

Ableitung: Leistenbruch-Pflanze
Vulgärnamen: D:Bruchkraut; E:Rapturewort; F:Herniaire
Arten: 48
Lebensform: Einjährige, Staude, Strauch
Blätter: gegenständig, obere zum Teil wechselständig, einfach. Nebenblätter vorhanden
Blütenstand: Büschel
Blüten: zwittrig, eingeschlechtig, radiär. Kelchblätter 5, selten 4 oder 6. Kronblätter 4–5, sehr klein, frei, grün, weißlich oder fehlend. Staubblätter (2–)4–5, frei. Fruchtblätter 2, verwachsen, oberständig. Plazentation basal
Frucht: Schließfrucht
Kennzeichen: Einjährige, Staude. Nebenblätter vorhanden. Kelchblätter 4–6, frei. Kronblätter 4–5 oder fehlend. Staubblätter 2–5, frei. Fruchtblätter 2, verwachsen, oberständig. Plazentation basal. Schließfrucht

Herniaria glabra

Illecebrum L.

Ableitung: nach einem antiken Pflanzennamen
Vulgärnamen: D:Knorpelkraut; E:Coral Necklace; F:Illécèbre
Arten: 1
Lebensform: Einjährige
Blätter: gegenständig, einfach. Nebenblätter vorhanden, häutig
Blütenstand: Büschel, seitlich
Blüten: zwittrig, eingeschlechtig, radiär. Kelchblätter 5, frei, mit hornförmiger Spitze, weiß. Kronblätter 5. Staubblätter 5, frei. Fruchtblätter 2, verwachsen, oberständig. Plazentation basal
Frucht: Kapsel, unregelmäßig aufspringend
Kennzeichen: Einjährige. Nebenblätter vorhanden. Blüten in Wickeln. Kelchblätter 5, frei, mit hornförmiger Spitze, weiß. Kronblätter 5. Staubblätter 5, frei. Fruchtblätter 2, verwachsen, oberständig. Plazentation basal. Kapsel

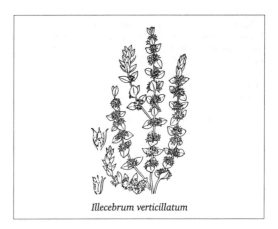
Illecebrum verticillatum

Paronychia Mill.

Ableitung: Pflanze gegen Nagelgeschwür
Vulgärnamen: D:Mauermiere, Nagelkraut; E:Whitlow-Wort; F:Paronyque
Arten: c. 100
Lebensform: Einjährige, Staude, Strauch
Blätter: gegenständig, quirlständig, einfach. Nebenblätter groß, häutig
Blütenstand: köpfchenartig
Blüten: zwittrig, radiär. Kelchblätter 5, frei, grünlich. Kronblätter 5, selten fehlend. Staubblätter 5 bis selten 1, frei, verwachsen mit der Blütenhülle. Fruchtblätter 2, verwachsen, oberständig. Plazentation basal
Frucht: Nuss
Kennzeichen: Einjährige, Staude. Nebenblätter vorhanden. Kelchblätter 5, frei. Kronblätter 5, selten fehlend. Staubblätter 5–1, verwachsen mit der Blütenhülle. Fruchtblätter 2, verwachsen, oberständig. Plazentation basal. Nuss

Paronychia argentea

Scleranthus L.

Ableitung: verknöcherte Blüte
Vulgärnamen: D:Knäuel; E:Knawel; F:Gnavelle, Scléranthe
Arten: 15

Lebensform: Einjährige, Zweijährige, Staude
Blätter: gegenständig, einfach. Nebenblätter fehlend
Blütenstand: Büschel
Blüten: zwittrig, radiär. Blütenhüllblätter 5, verwachsen, grün. Staubblätter 10–1, verwachsen mit der Blütenhülle. Fruchtblätter 2, verwachsen, oberständig. Griffel 2. Plazentation basal
Frucht: Nuss
Kennzeichen: Einjährige, Zweijährige, Staude. Blütenhüllblätter 4–5, verwachsen, grün. Staubblätter 1–10, mit der Blütenhülle verwachsen. Fruchtblätter 2, verwachsen, oberständig, 2 Griffel. Plazentation basal. Nuss

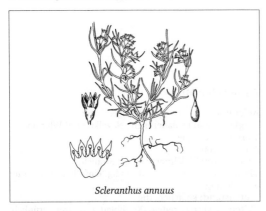
Scleranthus annuus

Illiciaceae Sternanisgewächse

Illicium L.

Ableitung: Lockmittel
Vulgärnamen: D:Sternanis; E:Anise Tree; F:Anis étoilé, Faux-anis
Arten: 42
Lebensform: Strauch, Baum, immergrün
Blätter: wechselständig, einfach. Nebenblätter fehlend
Blütenstand: einzeln, Büschel
Blüten: zwittrig, radiär. Perigonblätter viele bis 7, frei, weiß, gelb, rot. Staubblätter 5–20, frei, verwachsen mit dem Perigon. Fruchtblätter 5–21, frei, oberständig. Plazentation marginal
Frucht: Bälge
Kennzeichen: Strauch, Baum, immergrün. Perigonblätter viele bis 7, frei. Staubblätter 5–20, verwachsen mit dem Perigon. Fruchtblätter 5–21, frei. Plazentation marginal. Bälge

Illicium floridanum

Iteaceae

Itea L.

Ableitung: antiker Pflanzenname
Vulgärnamen: D:Rosmarinweide; E:Sweetspire; F:Itéa
Arten: 15
Lebensform: Baum, Strauch, immergrün, laubwerfend
Blätter: wechselständig, einfach. Nebenblätter fehlend
Blütenstand: Traube, Ähre
Blüten: zwittrig, radiär, Kelchblätter 5. Kronblätter 5, klappig in der Knospe, weiß. Staubblätter 5, frei und frei von der Krone. Fruchtblätter 2, verwachsen, oberständig oder halbunterständig. Plazentation zentralwinkelständig
Frucht: Kapsel, wandspaltig
Kennzeichen: Baum, Strauch, immergrün, laubwerfend. Nebenblätter fehlend. Blüten in Trauben oder Ähren, radiär. Kronblätter 5, frei, klappig in der Knospe, weiß. Staubblätter 5, frei von der Krone. Fruchtblätter 2, verwachsen. Plazentation zentralwinkelständig. Kapsel wandspaltig

Itea virginica

Juglandaceae Walnussgewächse

1 Narben 5. Frucht eine Nuss. Blüten in aufrechten Ähren . . . . **Platycarya**
1 Narben 2. Frucht eine Steinfrucht oder Flügelnuss. Männliche Kätzchen hängend
2 Frucht eine Flügelnuss, Vorblätter einen Flügel der Frucht bildend. . . . . **Pterocarya**
2 Frucht eine Steinfrucht
3 Fruchtschale in Segmente spaltend. Stein höchstens kantig. Mark der Zweige nicht gefächert . . . . **Carya**
3 Fruchtschale nicht regelmäßig spaltend. Stein skulpturiert. Mark der zweige gefächert **Juglans**

Carya Nutt.

Ableitung: Nuss-Pflanze
Vulgärnamen: D:Hickorynuss; E:Hickory, Pecan; F:Noyer d'Amérique
Arten: c. 20
Lebensform: Baum, laubwerfend. Mark der Zweige nicht gefächert

Juglandaceae Walnussgewächse

Blätter: wechselständig, gefiedert. Nebenblätter fehlend
Blütenstand: männliche in Kätzchen, weibliche in Ähren
Blüten: eingeschlechtig. Blütenhüllblätter fehlend oder 2-3. Staubblätter 3-10, frei. Fruchtblätter 2, verwachsen, unterständig. Plazentation basal
Frucht: Steinfrucht mit höchstens kantigem Stein
Kennzeichen: Baum, laubwerfend. Mark der Zweige nicht gefächert. Blätter gefiedert. Männliche Blüten in Kätzchen, weibliche in Ähren. Blütenhüllblätter 2-3 oder fehlend. Staubblätter 3-10. Fruchtblätter 2, verwachsen, unterständig. Steinfrucht mit höchstens kantigem Stein

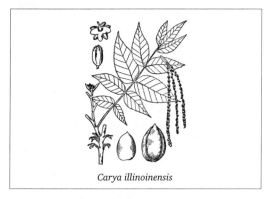
Carya illinoinensis

Juglans L.
Ableitung: antiker Pflanzenname
Vulgärnamen: D:Walnuss; E:Walnut; F:Noyer
Arten: 21
Lebensform: Baum, Strauch, laubwerfend. Mark der Zweige gefächert
Blätter: wechselständig, gefiedert. Nebenblätter fehlend
Blütenstand: männliche in Kätzchen, weibliche in Ähren
Blüten: eingeschlechtig. Blütenhüllblätter 4. Staubblätter 8-40, frei. Fruchtblätter 2, verwachsen, unterständig. Plazentation basal
Frucht: Steinfrucht skulpturiert
Kennzeichen: Baum, Strauch, laubwerfend. Mark der Zweige gefächert. Blätter gefiedert. Männliche Blüten in Kätzchen, weibliche in Ähren. Blütenhüllblätter 4. Staubblätter 8-40. Fruchtblätter 2, verwachsen, unterständig. Steinfrucht skulpturiert

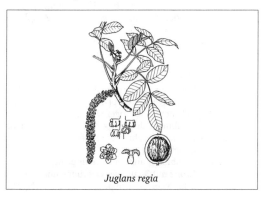
Juglans regia

Platycarya Siebold et Zucc.
Ableitung: flache Nuß
Vulgärnamen: D:Zapfennuss; F:Platycaryer
Arten: 3
Lebensform: Baum, laubwerfend
Blätter: wechselständig, gefiedert. Nebenblätter fehlend
Blütenstand: männliche in Kätzchen, weibliche in Ähren
Blüten: eingeschlechtig. Blütenhüllblätter fehlend. Staubblätter 8-10, frei. Fruchtblätter 5, verwachsen. Plazentation basal
Frucht: Nuss, abgeplattet
Kennzeichen: Baum, laubwerfend. Blätter gefiedert. Männliche Blüten in Kätzchen, weibliche in Ähren. Blütenhüllblätter fehlend. Staubblätter 8-10. Fruchtblätter 5, verwachsen. Nuss

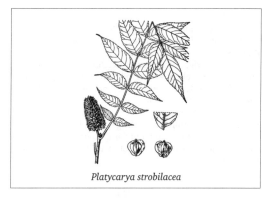
Platycarya strobilacea

Pterocarya Kunth
Ableitung: Flügel-Carya
Vulgärnamen: D:Flügelnuss; E:Wingnut; F:Ptérocaryer
Arten: 6
Lebensform: Baum, laubwerfend
Blätter: wechselständig, gefiedert. Nebenblätter fehlend
Blütenstand: männliche in Kätzchen, weibliche in hängenden Ähren
Blüten: eingeschlechtig. Blütenhüllblätter 4. Staubblätter 6-31, frei. Fruchtblätter 2, verwachsen, unterständig. Plazentation basal

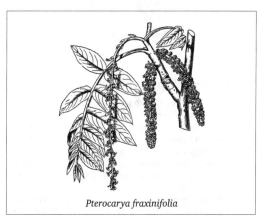
Pterocarya fraxinifolia

Frucht: Flügelnuss
Kennzeichen: Baum, laubwerfend. Blätter gefiedert. Männliche Blüten in Kätzchen, weibliche in Ähren. Blütenhüllblätter 4. Staubblätter 6–31. Fruchtblätter 2, verwachsen, unterständig

Krameriaceae

Krameria L. ex Loefl.

Ableitung: Gattung zu Ehren von Johann Georg Heinrich Kramer, einem österreichisch-ungarischen Militärarzt und Botaniker des 18. Jahrhunderts benannt
Vulgärnamen: D:Ratanhia; E:Rhatany; F:Kraméria, Rhatania
Arten: 15
Lebensform: Baum, Zweijährige, Staude
Blätter: wechselständig, einfach oder zusammengesetzt
Blütenstand: einzeln, Trauben
Blüten: zwittrig, zygomorph. Kelchblätter 5, selten 4. Kronblätter 5, selten 4, frei oder verwachsen, purpurn. Staubblätter 3–4, frei, verwachsen mit der Krone. Fruchtblatt 1. Plazentation apical
Frucht: Schließfrucht
Kennzeichen: Baum, Zweijährige, Staude. Blüten zygomorph. Kronblätter 5, frei, purpurn. Staubblätter 3–4, verwachsen mit der Krone. Fruchtblatt 1. Plazentation apical. Schließfrucht

Krameria lappacea

Lamiaceae Lippenblütler

- 1a Krone nur mit Unterlippe (Oberlippe unscheinbar oder Lappen herabgerückt)
- 2 Oberlippenlappen sehr kurz. Krone bleibend, mit Haarring innen . . . . **Ajuga**
- 2 Oberlippenlappen herabgerückt. Krone abfallend, ohne Haarring innen . . . . **Teucrium**
- 1b Krone radiär oder mit 4 nahezu gleichen Zipfeln
- 3 Krone 5-zipfelig
- 4 Kelch zygomorph. . . . . **Perilla**
- 4 Kelch ± radiär. . . . . **Elsholtzia**
- 3 Krone 4-zipfelig. Kelch ± radiär
- 5 Kelchnerven 5–4 . . . . **Lycopus**
- 5 Kelchnerven 10 . . . . **Mentha**
- 1c Krone mit 4 oder 3 Lappen der Oberlippe und 1 Lappen der Unterlippe
- 6 Krone mit 3-zipfliger Oberlippe. . . **Pogostemon**
- 6 Krone mit 4-zipfliger Oberlippe
- 7 Staubblätter nicht auf der Unterlippe liegend . . . . **Tetradenia**
- 7 Staubblätter auf der Unterlippe liegend
- 8 Kelch radiär, stachelig werdend . . . . **Pycnostachys**
- 8 Kelch zygomorph, Oberlippe 1-zipfelig, Unterlippe 4-zipfelig
- 9 Unterlippe der Krone flach oder schwach konkav. . . . . **Ocimum**
- 9 Unterlippe der Krone stark konkav . . . . **Orthosiphon**
- 1d Krone mit meist 2lappiger Oberlippe und 3-zipfliger Unterlippe
- 10 Staubblätter 2
- 11 Fruchtknoten höchstens bis zur Hälfte geteilt
- 12 Pflanze einjährig. Blüten in Quirlen . . . . **Amethystea**
- 12 Pflanze verholzt
- 13 Blüten in seitlichen Trauben. Oberlippe helmförmig. . . . . **Rosmarinus**
- 13 Blüten einzeln. Oberlippe ± flach . . . . **Westringia**
- 11 Fruchtknoten bis zum Grund geteilt
- 14 Konnektiv verlängert, Anthere mit nur 1 fertilen Theke . . . . **Salvia**
- 14 Konnektiv nicht verlängert, Anthere mit 2 Theken
- 15 Kelch radiär, 5-zipfelig. Blüten in dichten Quirlen, mit Deckblatthülle . . . . **Monarda**
- 15 Kelch und Blüten anders
- 16 Krone 5-lappig, untere 2 aber viel länger als übrige . . . . **Collinsonia**
- 16 Krone 2-lippig
- 17 Oberlippe 4-lappig. . . . . **Perovskia**
- 17 Oberlippe nicht 4-lappig
- 18 Staubblätter parallel. Kelch 15-nervig . . . . **Nepeta**
- 18 Staubblätter divergent. Kelch 13-nervig
- 19 Antheren beide Hälften entwickelt . . . . **Hedeoma**
- 19 Antheren untere Hälfte steril und mit kleinem Anhängsel . . . . . . **Ziziphora**
- 10 Staubblätter 4
- 20 Oberlippe der Krone ± flach
- 21 Staubblätter in der Kronröhre eingeschlossen
- 22 Kelch radiär. . . . . **Marrubium**
- 22 Kelch zygomorph
- 23 Kelch mit 3-zähniger Oberlippe und 2-zähniger Unterlippe. . . . . **Lavandula**
- 23 Kelch mit 1-zähniger Oberlippe und 4-zähniger Unterlippe. . . . . . **Sideritis**
- 21 Staubblätter nicht in die Kronröhre eingeschlossen
- 24 Staubblätter auf der Unterlippe liegend
- 25 Krone mit 3-lappiger Oberlippe und 2-lappiger Unterlippe . . . . **Hyptis**

25 Krone mit 4-lappiger Oberlippe und 1-lappiger Unterlippe . . . . . **Aeollanthus**
24 Staubblätter unter der Oberlippe
26 Staubfäden parallel, innere länger als die äußeren
27 Blüten einseitswendig. Deckblätter laubig . . . .**Glechoma**
27 Blüten nicht einseitswendig. Deckblätter nicht laubig . . . . **Nepeta**
26 Staubfäden divergierend
28 Staubblätter herausragend
29 Kelch zygomorph. . . . . **Thymus**
29 Kelch radiär
30 Blüten in Köpfchen . . . . . **Monardella**
30 Blüten nicht in Köpfchen
31 Blütenstand einseitswendig . . . . **Hyssopus**
31 Blütenstand nicht einseitswendig
32 Blütenstand in kleine Ähren auslaufend mit oft gefärbten Deckblättern . . . . **Origanum**
32 Blütenstand anders . . . . **Micromeria**
28 Staubblätter nicht herausragend
33 Kelch 5- oder 10-zähnig . . . . . **Satureja**
33 Kelch 2-lippig
34 Blätter in einer Rosette und Blütenstand eine einseitswendige Ähre . . . . **Horminum**
34 Blätter und Blütenstand anders
35 Pflanze mit Zitronengeruch. Deckblätter laubartig . . . . . **Melissa**
35 Pflanze ohne deutlichen Zitronengeruch
36 Blüten in sehr dichten, vielblütigen Quirlen . . . . **Clinopodium**
36 Blüten in wenigblütigen Quirlen bis zu kurzen seitlichen Blütenständen
37 Blütenstiele unverzweigt . . . **Acinos**
37 Blütenstiele verzweigt. . . . . **Calamintha**
20 Oberlippe der Krone gewölbt
38 Fruchtknoten nur bis zur Hälfte geteilt . . . . **Prostanthera**
38 Fruchtknoten bis zum Grund geteilt
39 Kelch oben mit einer Schuppe . . . . **Scutellaria**
39 Kelch oben ohne Schuppe
40 Staubblätter auf der Unterlippe liegend
41 Kelchunterlippe 1- oder 2-zähnig . . . . **Aeollanthus**
41 Kelchunterlippe 4-zähnig . . . . **Plectranthus**
40 Staubblätter unter der Oberlippe
42 innere (obere) Staubblätter länger als die äußeren
43 Kelch ± radiär. . . . . **Agastache**
43 Kelch zygomorph
44 Kelch zwischen den Zähnen mit nach außen aufgewölbten Falten
45 Oberlippe der Krone mit 2 Längsfalten . . . . **Lallemantia**
45 Oberlippe der Krone ohne Längsfalten . . . . **Dracocephalum**
44 Kelch zur Fruchtzeit vergrößert, ohne aufgewölbte Falten in den Buchten. . . . . **Meehania**
42 innere Staubblätter kürzer als die äußeren
46 Blüten in einseitswendigen Ähren (Kelch radiär 5-zipflig) . . . . . . **Physostegia**
46 Blüten in Quirlen oder ± kopfig
47 Kelch flach schalenförmig vergrößert . . . . **Moluccella**
47 Kelch nicht schalenförmig vergrößert
48 Kelch vom Rücken her zusammengedrückt (Blüten in kopfigen Ähren mit rundlichen Deckblättern. Fruchtkelch geschlossen) . . .**Prunella**
48 Kelch nicht vom Rücken zusammengedrückt
49 Kelch breit glockig, netznervig, nach der Blüte vergrößert . . . . . **Melittis**
49 Kelch anders
50 Kelch 8- bis 10-lappig . . . **Leonotis**
50 Kelch 5-zähnig
51 Krone mit kleinen, spitzen Seitenzipfeln oder ohne Seitenzipfel . . . . **Lamium**
51 Krone mit runden oder ausgerandeten Seitenzipfeln
52 Krone im Schlund mit 2 hohlen Höckern . . . . **Galeopsis**
52 Krone ohne hohle Höcker
53 Blätter fiederschnittig . . . . **Eremostachys**
53 Blätter nicht fiederschnittig, höchstens 3-lappig
54 Cymen gestielt . . . . . **Ballota**
54 Cymen sitzend
55 Krone außen sternhaarig . . . . **Phlomis**
55 Krone nicht sternhaarig
56 Klausen 3-kantig, oben gestutzt und behaart . . . . **Leonurus**
56 Klausen oben nicht gestutzt. . . . . **Stachys**

Die Lamiaceae können als spezialisierter Ast der Verbenaceae angesehen werden. Wo die Grenze zischen diesen beiden Familien zu ziehen ist, wird unterschiedlich gehandhabt. Hier werden die Lamiaceae in herkömmlicher Weise durch den Besitz von Klausenfrüchten von den Verbenaceen abgetrennt. Alle anderen für die Lamiaceen charakteristischen Merkmale finden sich auch schon bei den vielfältigen Verbenaceae.

Die Lamiaceae sind eine sehr einheitliche Familie mit einer großen Zahl gemeinsamer Merkmale:
Blätter gegenständig oder quirlständig, fast immer einfach. Stängel 4-kantig. Blüten sehr oft in Scheinwirteln oder Scheinquirlen, fast immer zwittrig und zygomorph. Kelchblätter 5, verwachsen. Kronblätter 5, verwachsen, meist 2-lippig. Staubblätter 4 oder 2, mit der

578 Lamiaceae Lippenblütler

> Krone verwachsen. Fruchtblätter 2, verwachsen, oberständig. Griffel zwischen den Klausen. 4-teilige Klausenfrucht.
> Diese Merkmale werden bei den Gattungsbeschreibungen nicht eigens aufgeführt. Die meisten Lamiaceae besitzen auf ihren Blättern Drüsenhaare mit einem 4-zelligen Köpfchen. Beim Darüberstreichen werden die aromatischen ätherischen Öle frei, die sich unter der Cuticula angesammelt haben.

Acinos Mill.

Ableitung: antiker Pflanzenname
Vulgärnamen: D:Steinquendel; E:Calamint; F:Calament
Arten: 10
Lebensform: Einjährige, Staude
Blütenstand: Scheinquirle, Blütenstiele unverzweigt
Blüte: Kelch 13-nervig, mit 3-zipfliger Oberlippe und 2-zipfliger, ausgesackter Unterlippe. Krone mit flacher Oberlippe, violett. Staubblätter 4, spreizend, die Krone nicht überragend
Kennzeichen: Einjährige, Staude. Blütenstiele unverzweigt. Kelch 2-lippig. Krone mit flacher Oberlippe. Staubblätter 4, spreizend, die Krone nicht überragend

Acinos alpinus

Aeollanthus Mart. ex Spreng.

Ableitung: veränderliche Blüte
Arten: 43
Lebensform: Einjährige, Staude, Halbstrauch, zum Teil sukkulent

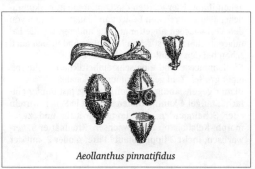
Aeollanthus pinnatifidus

Blütenstand: cymös, rispig, einzeln
Blüte: Kelch, mit 3-zipfliger Oberlippe und 2-zipfliger Unterlippe. Krone mit 4-lappiger, flacher, selten gewölbter Oberlippe und 1-lappiger Unterlippe, lila, blau, weiß, rosa. Staubblätter 4, der Unterlippe aufliegend, die Krone überragend oder nicht
Kennzeichen: Einjährige, Staude, Halbstrauch, zum Teil sukkulent.
Blütenstand: cymös, rispig, einzeln. Krone mit 4-lappiger, flacher, selten gewölbter Oberlippe und 1-lappiger Unterlippe. Staubblätter 4, der Unterlippe aufliegend

Agastache Gronov.

Ableitung: stark ährige Pflanze
Vulgärnamen: D:Duftnessel; E:Mexican Hyssop; F:Agastache
Arten: 22
Lebensform: Staude, Halbstrauch
Blütenstand: Ähre, Scheinquirle mit kleinen Deckblättern
Blüte: Kelch ± radiär, 15-nervig, mit 1-zipfliger Oberlippe und 2-zipfliger Unterlippe. Krone mit gewölbter Oberlippe, blau, purpurn, rot, rosa, violett, weiß, orange, gelb. Staubblätter 4, innere länger als die äußeren, die Krone überragend oder nicht
Kennzeichen: Staude, Halbstrauch. Kelch ± radiär. Krone mit gewölbter Oberlippe. Staubblätter 4, innere länger als die äußeren

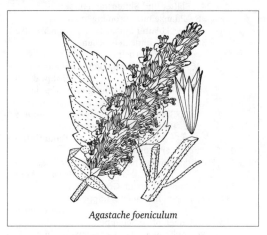
Agastache foeniculum

Ajuga L.

Ableitung: nach einem lateinischen Pflanzennamen
Vulgärnamen: D:Günsel; E:Bugle; F:Bugle
Arten: 66
Lebensform: Staude, Einjährige, Zweijährige, Halbstrauch
Blütenstand: Scheinquirle, Ähre, einzeln
Blüte: Kelch 10- bis mehrnervig, radiär. Krone mit reduzierter Oberlippe, bleibend, innen mit Haarring, blau, weiß, rosa, gelb. Staubblätter 4, die Krone ± überragend
Kennzeichen: Staude, Einjährige, Zweijährige, Halbstrauch. Krone mit reduzierter Oberlippe, bleibend, innen mit Haarring

Ajuga reptans

Amethystea L.

Ableitung: Amethyst-Pflanze
Vulgärnamen: D:Amethystblume
Arten: 1
Lebensform: Einjährige
Blütenstand: Scheinquirle
Blüte: Kelch 10-nervig, radiär. Krone mit gewölbter Oberlippe, blau. Staubblätter 2, parallel, die Krone überragend. Fruchtknoten nicht sehr tief geteilt
Kennzeichen: Einjährige. Blüten in Scheinquirlen. Staubblätter 2. Fruchtknoten nicht sehr tief geteilt

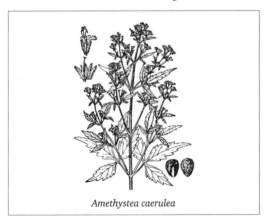

Amethystea caerulea

Ballota L.

Ableitung: antiker Pflanzenname
Vulgärnamen: D:Gottvergess, Schwarznessel; E:Horehound; F:Ballote
Arten: 35
Lebensform: Staude, Halbstrauch
Blütenstand: Scheinquirle gestielt, mit laubartigen Deckblättern
Blüte: Kelch 10-nervig, radiär. Krone mit ± gewölbter Oberlippe, rosa, lila, weiß, purpurn. Staubblätter 4, parallel, äußere länger als die inneren, die Krone überragend
Kennzeichen: Staude, Halbstrauch. Blüten in gestielten Scheinquirlen. Kelch 10-nervig. Krone mit ± gewölbter Oberlippe. Staubblätter 4, parallel, äußere länger als die inneren

Ballota nigra

Calamintha Mill.

Ableitung: antiker Pflanzenname
Vulgärnamen: D:Bergminze; E:Calamint; F:Calament, Menthe de montagne
Arten: 7
Lebensform: Staude
Blütenstand: Scheinquirle, Blütenstiele verzweigt
Blüte: Kelch 11- bis 13-nervig, mit 3-zipfliger Oberlippe und 2-zipfliger Unterlippe. Krone mit flacher Oberlippe, lila, rosa, weiß. Staubblätter 4, spreizend, die Krone nicht überragend
Kennzeichen: Staude. Blüten in Scheinquirlen mit verzweigten Blütenstielen. Kelch 2-lippig. Krone mit flacher Oberlippe. Staubblätter 4, spreizend, die Krone nicht überragend

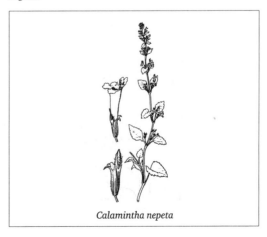

Calamintha nepeta

Cedronella Moench

Ableitung: Zitronenpflanze
Vulgärnamen: D:Balsamstrauch; F:Baume de Galaad
Arten: 1
Lebensform: Staude
Blätter: zusammengesetzt
Blütenstand: Scheinquirle, Deckblätter klein
Blüte: Kelch 13- bis 15-nervig, radiär. Kronenoberlippe ± flach, rosa, lila, weiß. Staubblätter 4, parallel, innere länger als die äußeren, die Krone überragend oder nicht
Kennzeichen: Staude. Blätter zusammengesetzt. Deckblätter klein. Kronoberlippe ± flach. Staubblätter 4, parallel, innere länger als die äußeren

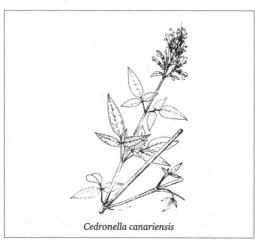
Cedronella canariensis

Clinopodium L.

Ableitung: antiker Pflanzenname
Vulgärnamen: D:Wirbeldost; E:Calamint; F:Calament commun, Clinopode
Arten: 107
Lebensform: Staude
Blütenstand: Scheinquirle sehr dicht und vielblütig
Blüte: Kelch 13-nervig, mit 3-zipfliger Oberlippe und 2-zipfliger Unterlippe. Krone mit flacher Oberlippe, rosa, purpurn, weiß. Staubblätter 4, spreizend, die Krone nicht überragend
Kennzeichen: Staude. Scheinquirle sehr dicht und vielblütig. Kelch 2-lippig. Krone mit flacher Oberlippe. Staubblätter 4, spreizend, die Krone nicht überragend

Collinsonia L.

Ableitung: Gattung zu Ehren von Peter Collinson (1694–1768), einem englischen Naturforscher benannt
Vulgärnamen: D:Pferdemelisse; E:Horse Balm
Arten: 11
Lebensform: Staude
Blätter: gegenständig oder quirlständig
Blütenstand: Scheinquirle, Rispe
Blüte: Kelch 10-nervig, selten 5-nervig. Krone mit 3-zipfliger Oberlippe mit flachem Mittellappen und 2-zipfliger, viel längerer Unterlippe, weiß, rosa, blau. Staubblätter 2, spreizend, die Krone überragend
Kennzeichen: Staude. Krone mit 3-zipfliger Oberlippe mit flachem Mittellappen und 2-zipfliger, viel längerer Unterlippe. Staubblätter 2

Dracocephalum L.

Ableitung: Drachen-Kopf
Vulgärnamen: D:Drachenkopf; E:Dragon's Head; F:Tête-de-dragon
Arten: 74
Lebensform: Staude, Einjährige, Halbstrauch
Blütenstand: Ähre, Scheinquirle
Blüte: Kelch 15-nervig, mit 3-zipfliger Oberlippe und 2-zipfliger Unterlippe oder 1-zipfliger Oberlippe und 2-zipfliger Unterlippe, zwischen den Zähnen mit nach außen aufgewölbten Falten. Krone mit gewölbter Oberlippe, blau, violett, rosa, weiß, purpurn. Staubblätter 4, parallel, innere länger als die äußeren, die Krone überragend oder nicht
Kennzeichen: Staude, Einjährige, Halbstrauch. Kelch zwischen den Zähnen mit nach außen aufgewölbten Falten. Krone mit gewölbter Oberlippe. Staubblätter 4, innere länger als die äußeren

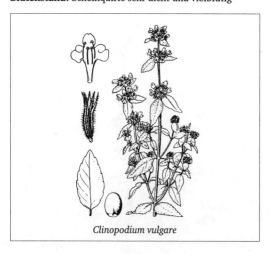
Clinopodium vulgare

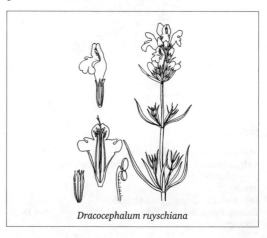
Dracocephalum ruyschiana

Elsholtzia Willd.

Ableitung: Gattung zu Ehren von Johann Sigismund Elsholtz (1623–1688), einem deutschen Arzt und Gärtner benannt
Vulgärnamen: D:Kammminze; E:Elsholtzia; F:Elsholtzia
Arten: 41
Lebensform: Einjährige, Strauch, Staude, Halbstrauch
Blütenstand: Ähre, Scheinquirle, einseitig
Blüte: Kelch 5-nervig, radiär bis schwach zygomorph. Krone mit nahezu gleichen 5 Zipfeln und flacher Oberlippe, lila, weiß, gelblich. Staubblätter 4, die Krone überragend
Kennzeichen: Einjährige, Strauch, Staude, Halbstrauch. Kelch radiär bis schwach zygomorph. Krone mit nahezu gleichen 5 Zipfeln

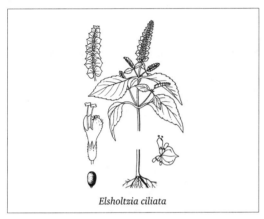

Elsholtzia ciliata

Eremostachys Bunge

Ableitung: Wüsten-Ähre
Arten: 97
Lebensform: Staude mit fiederschnittigen Blättern
Blütenstand: Scheinquirle
Blüte: Kelch 5- bis 10-nervig, nahezu radiär. Krone mit gewölbter Oberlippe, weiß, rosa, gelb. Staubblätter 4, äußere länger, die Krone überragend oder nicht
Kennzeichen: Staude. Blätter fiederschnittig. Krone mit gewölbter Oberlippe. Staubblätter 4, äußere länger als die inneren

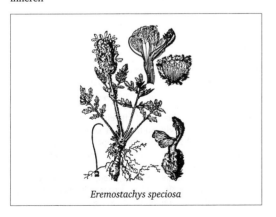

Eremostachys speciosa

Galeopsis L.

Ableitung: antiker Pflanzenname
Vulgärnamen: D:Hohlzahn; E:Hemp Nettle; F:Galéopsis
Arten: 10
Lebensform: Einjährige
Blütenstand: Scheinquirle mit laubigen Deckblättern
Blüte: Kelch 10-nervig, nahezu radiär mit stechenden Zipfeln. Krone mit gewölbter Oberlippe, gelb, rosa, purpurn, weiß, Unterlippe mit 2 hohlen, aufrecht stehenden Zähnen. Staubblätter 4, äußere länger als die inneren, parallel, die Krone nicht überragend
Kennzeichen: Einjährige. Kelch 10-nervig, mit stechenden Zipfeln. Krone mit gewölbter Oberlippe. Unterlippe mit 2 hohlen, aufrecht stehenden Zähnen. Staubblätter 4, äußere länger als die inneren

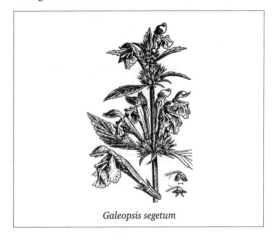

Galeopsis segetum

Glechoma L.

Ableitung: nach einem antiken Pflanzennamen
Vulgärnamen: D:Erdefeu, Gundelrebe, Gundermann; E:Ground Ivy; F:Lierre terrestre
Arten: 7
Lebensform: Staude
Blütenstand: Scheinquirle, einseitswendig, mit laubigen Deckblättern

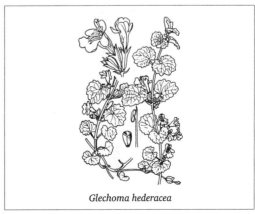

Glechoma hederacea

Blüte: Kelch 15-nervig, mit 3-zipfliger Oberlippe und 2-zipfliger Unterlippe. Krone mit flacher Oberlippe, blau, violett, rosa. Staubblätter 4, parallel, innere länger als die äußeren, die Krone nicht überragend
Kennzeichen: Staude. Scheinquirle, einseitswendig, mit laubigen Deckblättern. Staubblätter 4, parallel, innere länger als die äußeren

Hedeoma Pers.

Ableitung: mit lieblichem Geruch
Arten: 43
Lebensform: Einjährige, Staude, Halbstrauch, Strauch
Blütenstand: Scheinquirle
Blüte: Kelch 13-nervig, mit 3-zipfliger Oberlippe und 2-zipfliger Unterlippe. Krone mit flacher Oberlippe, blau, purpurn, weiß, lila, rosa, orange. Staubblätter 2, spreizend, die Krone überragend oder nicht. Antherenhälften beide entwickelt
Kennzeichen: Einjährige, Staude, Halbstrauch, Strauch. Kelch 13-nervig. Staubblätter 2, spreizend. Antherenhälften beide entwickelt

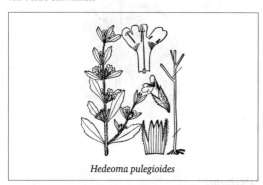

Hedeoma pulegioides

Horminum L.

Ableitung: antiker Pflanzenname
Vulgärnamen: D:Drachenmäulchen; E:Dragon's Mouth; F:Horminelle, Sauge hormin

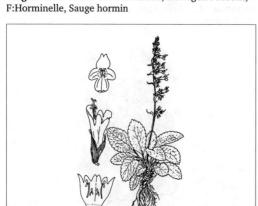

Horminum pyrenaicum

Arten: 1
Lebensform: Staude
Blätter: gegenständig und mit grundständiger Rosette
Blütenstand: ährenartig, einseitswendig
Blüte: Kelch 13-nervig, mit 3-zipfliger Oberlippe und 2-zipfliger Unterlippe. Krone mit flacher Oberlippe, violett. Staubblätter 4, spreizend, äußere länger als die inneren, die Krone überragend
Kennzeichen: Staude. Blätter in grundständiger Rosette. Blütenstand ährenartig, einseitswendig. Krone mit flacher Oberlippe. Staubblätter 4, spreizend,

Hyptis Jacq.

Ableitung: zurückgebogene Blüte
Arten: 288
Lebensform: Einjährige, Staude, Strauch, Halbstrauch
Blütenstand: Scheinquirle
Blüte: Kelch mit 3-zipfliger Oberlippe und 2-zipfliger Unterlippe. Krone mit flacher, 3-lappiger Oberlippe und 2-lappiger Unterlippe, cremefarben, lila, rosa, purpurn, rot. Staubblätter 4, der Unterlippe aufliegend, die Krone überragend
Kennzeichen: Einjährige, Staude, Strauch, Halbstrauch. Krone mit flacher, 3-lappiger Oberlippe und 2-lappiger Unterlippe. Staubblätter 4, der Unterlippe aufliegend

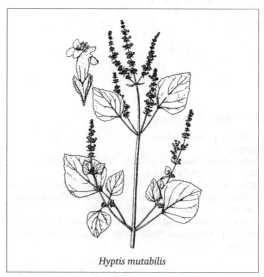

Hyptis mutabilis

Hyssopus L.

Ableitung: antiker Pflanzenname
Vulgärnamen: D:Ysop; E:Hyssop; F:Ysope
Arten: 7
Lebensform: Staude, Halbstrauch
Blütenstand: Scheinquirle, ± einseitige Ähre
Blüte: Kelch 15-nervig, radiär oder selten mit 3-zipfliger Oberlippe und 2-zipfliger Unterlippe. Krone mit flacher Oberlippe, blau, rötlich, weiß, violett. Staubblätter 4, spreizend, die Krone überragend
Kennzeichen: Staude, Halbstrauch. Blütenstand eine ± einseitige Ähre. Kelch radiär. Krone mit flacher Oberlippe. Staubblätter 4, spreizend, die Krone überragend

Lamiaceae Lippenblütler 583

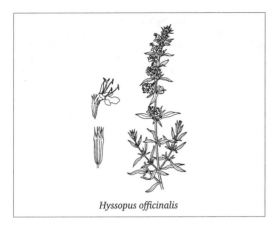
Hyssopus officinalis

Lallemantia Fisch. et C.A. Mey.

Ableitung: Gattung zu Ehren von Julius Leopold Eduard Avé-Lallemant (1803–1867), einem deutschen Botaniker benannt
Arten: 5
Lebensform: Einjährige, Zweijährige
Blütenstand: Scheinquirle
Blüte: Kelch 15-nervig, mit 3-zipfliger Oberlippe und 2-zipfliger Unterlippe, zwischen den Zähnen mit nach außen aufgewölbten Falten. Krone mit gewölbter Oberlippe mit 2 Längsfalten, blau, weiß. Staubblätter 4, innere länger, die Krone nicht überragend
Kennzeichen: Einjährige, Zweijährige. Kelch zygomorph, zwischen den Zähnen mit nach außen aufgewölbten Falten. Krone mit gewölbter Oberlippe mit 2 Längsfalten. Staubblätter 4, innere länger als die äußeren

Lallemantia royleana

Lamium L.

Ableitung: antiker Pflanzenname
Vulgärnamen: D:Goldnessel, Taubnessel; E:Dead Nettles; F:Lamier

Arten: 28
Lebensform: Staude, Einjährige
Blütenstand: Scheinquirle mit laubigen Deckblättern
Blüte: Kelch 5-nervig, mit 1-zipfliger Oberlippe und 4-zipfliger Unterlippe. Krone mit gewölbter Oberlippe, Seitenzipfel spitz oder fehlend, lila, weiß, gelb, rosa, purpurn. Staubblätter 4, parallel, äußere länger als die inneren, die Krone nicht überragend
Kennzeichen: Staude, Einjährige. Kelch 5-nervig. Krone mit gewölbter Oberlippe, Seitenzipfel spitz oder fehlend. Staubblätter 4, parallel, äußere länger als die inneren

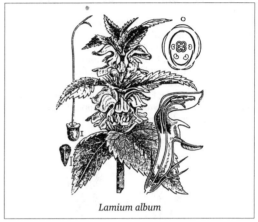
Lamium album

Lavandula L.

Ableitung: nach einem italienischen Pflanzennamen
Vulgärnamen: D:Lavendel; E:Lavender; F:Lavande
Arten: 39
Lebensform: Strauch, Staude, Halbstrauch, Zweijährige
Blütenstand: Scheinquirle oder Ähre

Lavandula angustifolia

Blüte: Kelch 8-, 13- oder 15nervig, radiär oder mit 3-zipfliger Oberlippe und 2-zipfliger Unterlippe. Krone mit flacher Oberlippe, blau, violett, purpurn, weiß, gelblich, lila. Staubblätter 4, in der Kronröhre eingeschlossen
Kennzeichen: Strauch, Staude, Halbstrauch, Zweijährige. Krone mit flacher Oberlippe. Staubblätter 4, in der Kronröhre eingeschlossen

Leonotis (Pers.) R. Br.

Ableitung: Löwen-Ohr
Vulgärnamen: D:Löwenohr; E:Lion's Ear; F:Oreille-de-lion
Arten: 9
Lebensform: Staude, Einjährige, Strauch
Blütenstand: Scheinquirle
Blüte: Kelch 10- bis 8-nervig, 8- bis 10- zipfelig, mit Oberlippe und Unterlippe. Krone mit gewölbter Oberlippe, rot, gelb, weiß, orange. Staubblätter 4, äußere länger als die inneren, die Krone überragend oder nicht
Kennzeichen: Staude, Einjährige, Strauch. Kelch 8- bis 10-zipfelig. Krone mit gewölbter Oberlippe. Staubblätter 4, äußere länger als die inneren

Leonotis africana

Leonurus L.

Ableitung: Löwen-Schwanz
Vulgärnamen: D:Herzgespann, Löwenschwanz; E:Motherwort; F:Agripaume, Léonure
Arten: 24
Lebensform: Zweijährige, Staude, Einjährige
Blütenstand: Scheinquirle mit sitzenden Blüten. Deckblätter länger als die Blüten
Blüte: Kelch 5-nervig, mit 3-zipfliger Oberlippe und 2-zipfliger Unterlippe. Krone mit gewölbter Oberlippe, weiß, rosa, lila. Staubblätter 4, parallel, äußere länger als die inneren, die Krone nicht überragend

Frucht: Klausen am Scheitel behaart
Kennzeichen: Zweijährige, Staude, Einjährige. Blüten in Scheinquirle mit sitzenden Blüten. Deckblätter länger als die Blüten. Krone mit gewölbter Oberlippe. Staubblätter 4, parallel, äußere länger als die inneren. Klausen am Scheitel behaart

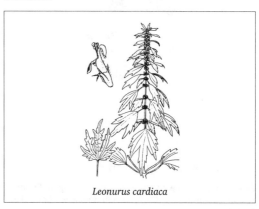

Leonurus cardiaca

Lycopus L.

Ableitung: Wolfs-Fuß
Vulgärnamen: D:Wolfstrapp; E:Gypsywort; F:Lycope
Arten: 18
Lebensform: Staude
Blütenstand: Scheinquirle
Blüte: Kelch 4- bis 5-nervig, radiär oder schwach zygomorph. Krone nahezu radiär 4-zipflig, mit flacher Oberlippe, weiß, purpurn. Staubblätter 2, die Krone überragend
Kennzeichen: Staude. Kelch 4- bis 5-nervig, radiär oder schwach zygomorph. Krone nahezu radiär 4-zipflig. Staubblätter 2

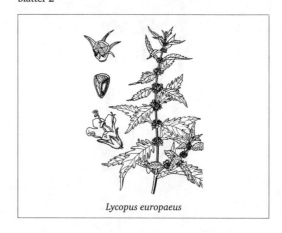

Lycopus europaeus

Marrubium L.

Ableitung: antiker Pflanzenname
Vulgärnamen: D:Andorn, Mausohr; E:Horehound; F:Marrube

Arten: 47
Lebensform: Staude
Blütenstand: Scheinquirle
Blüte: Kelch 10- oder 5-nervig, radiär. Krone mit flacher Oberlippe, weiß, purpurn, gelb. Staubblätter 4, in der Kronröhre eingeschlossen
Kennzeichen: Staude. Kelch 10- oder 5-nervig, radiär. Krone mit flacher Oberlippe. Staubblätter 4, in der Kronröhre eingeschlossen

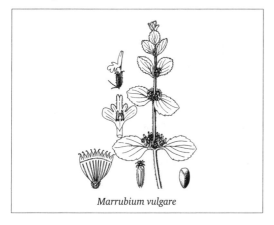
Marrubium vulgare

Melissa L.

Ableitung: antiker Pflanzenname
Vulgärnamen: D:Melisse; E:Balm; F:Citronnelle, Mélisse
Arten: 4
Lebensform: Staude, mit starkem Zitronengeruch
Blütenstand: Scheinquirle, Deckblätter laubig
Blüte: Kelch 13-nervig, mit 3-zipfliger Oberlippe und 2-zipfliger Unterlippe. Krone mit flacher Oberlippe, weiß, gelb, rötlich. Staubblätter 4, spreizend, die Krone nicht überragend
Kennzeichen: Staude, mit starkem Zitronengeruch. Deckblätter laubig. Krone mit flacher Oberlippe. Staubblätter 4, spreizend, die Krone nicht überragend

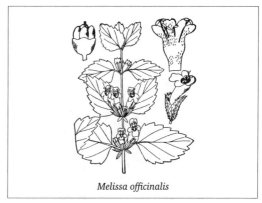
Melissa officinalis

Meehania Britton

Ableitung: Gattung zu Ehren von Thomas Meehan (1826–1901), einem nordamerikanischen Gärtner benannt
Vulgärnamen: D:Asiatische Taubnessel; E:Japanese Dead Nettle; F:Meehania
Arten: 1
Lebensform: Staude, Einjährige
Blütenstand: Scheinquirle, einseitig, Deckblätter laubig
Blüte: Kelch 15-nervig, mit 3-zipfliger Oberlippe und 2-zipfliger Unterlippe, zur Fruchtzeit vergrößert. Krone mit gewölbter Oberlippe, blau, purpurn. Staubblätter 4, innere länger als die äußeren, die Krone nicht überragend
Kennzeichen: Staude, Einjährige. Kelch zur Fruchtzeit vergrößert. Krone mit gewölbter Oberlippe. Staubblätter 4, innere länger als die äußeren

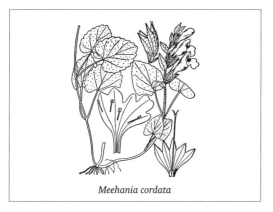
Meehania cordata

Melittis L.

Ableitung: Bienenpflanze
Vulgärnamen: D:Immenblatt; E:Bastard Balm; F:Mélitte
Arten: 1
Lebensform: Staude, sehr aromatisch
Blütenstand: Scheinquirle, Deckblätter laubig
Blüte: Kelch netznervig, nach der Blüte vergrößert, mit 3-zipfliger Oberlippe und 2-zipfliger Unterlippe. Krone mit gewölbter Oberlippe, weiß, purpurn, rosa. Staubblätter 4, parallel, äußere länger, die Krone nicht überragend
Kennzeichen: Staude, sehr aromatisch. Deckblätter laubig. Kelch 2-lippig, netznervig, nach der Blüte vergrößert. Krone mit gewölbter Oberlippe. Staubblätter 4, parallel, äußere länger als die inneren

Melittis melissophyllum

Mentha L.

Ableitung: antiker Pflanzenname
Vulgärnamen: D:Minze; E:Mints; F:Menthe
Arten: 23
Lebensform: Staude, selten Einjährige
Blütenstand: Scheinquirle, Köpfchen
Blüte: Kelch 10-nervig, ± radiär. Krone nahezu radiär, 4-zipflig, mit flacher Oberlippe, lila, weiß, rosa, blau. Staubblätter 4, die Krone überragend
Kennzeichen: Staude, selten Einjährige. Kelch 10-nervig, ± radiär. Krone nahezu radiär, 4-zipflig. Staubblätter 4

Mentha spicata

Micromeria Benth.

Ableitung: Pflanze aus kleinen Teilen zusammengesetzt
Vulgärnamen: D:Felsenlippe; F:Micromérie
Arten: 90
Lebensform: Staude, Strauch, Einjährige, Halbstrauch

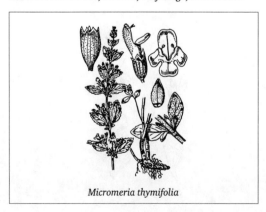

Micromeria thymifolia

Moluccella L.

Blütenstand: Scheinquirle
Blüte: Kelch ± radiär, 13- bis 15-nervig, mit 3-zipfliger Oberlippe und 2-zipfliger Unterlippe. Krone mit flacher Oberlippe, purpurn, lila, weiß, rosa. Staubblätter 4, spreizend, die Krone überragend oder nicht
Kennzeichen: Staude, Strauch, Einjährige, Halbstrauch. Kelch ± radiär. Krone mit flacher Oberlippe. Staubblätter 4, spreizend, die Krone überragend oder nicht. Schwer abgrenzbare Gattung

Moluccella L.

Ableitung: kleine Pflanze der Molukken (irrtümlich)
Vulgärnamen: D:Muschelblume, Trichtermelisse; E:Shell Flower; F:Clochette d'Irlande, Molucelle
Arten: 2
Lebensform: Einjährige, Staude
Blütenstand: Scheinquirle
Blüte: Kelch 5- bis 10-nervig, schalenförmig vergrößert. Krone mit gewölbter Oberlippe, weiß, rosa. Staubblätter 4, äußere länger als die inneren, die Krone nicht überragend
Kennzeichen: Einjährige, Staude. Kelch schalenförmig vergrößert. Krone mit gewölbter Oberlippe. Staubblätter 4, äußere länger als die inneren

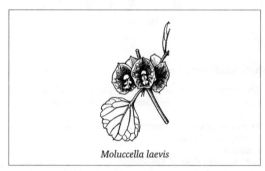

Moluccella laevis

Monarda L.

Ableitung: Gattung zu Ehren von Nicolás Monardes (1493–1588), einem spanischen Botaniker benannt
Vulgärnamen: D:Indianernessel; E:Beebalm, Wild Bergamot; F:Monarde, Thé d'Oswego
Arten: 19

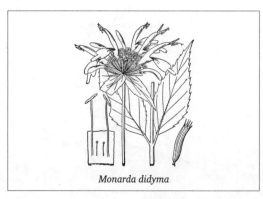

Monarda didyma

Lebensform: Staude, Einjährige, Zweijährige
Blütenstand: Scheinquirle, Köpfchen mit Deckblatthülle
Blüte: Kelch 15-nervig, radiär. Krone mit gewölbter Oberlippe, rot, gelb, purpurn, weiß. Staubblätter 2, meist die Krone überragend
Kennzeichen: Staude, Einjährige, Zweijährige. Scheinquirle, Köpfchen mit Deckblatthülle. Kelch radiär. Staubblätter 2, meist die Krone überragend

Monardella Benth.

Ableitung: kleine Monarda
Arten: 33
Lebensform: Einjährige, Staude
Blütenstand: Köpfchen, endständig
Blüte: Kelch 10- bis 15-nervig, radiär. Krone mit flacher Oberlippe, purpurn, rosa, lila, weiß. Staubblätter 4, spreizend, die Krone überragend
Kennzeichen: Einjährige, Staude. Köpfchen, endständig. Kelch radiär. Krone mit flacher Oberlippe. Staubblätter 4, spreizend

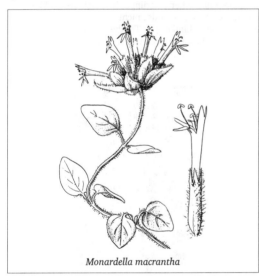
Monardella macrantha

Nepeta L.

Ableitung: antiker Pflanzenname
Vulgärnamen: D:Katzenminze; E:Cat Mint; F:Menthe-des-chats
Arten: 248
Lebensform: Staude, Einjährige, Halbstrauch
Blütenstand: Scheinquirle, Ähre, Rispe
Blüte: Kelch 15-nervig, mit 3-zipfliger Oberlippe und 2-zipfliger Unterlippe. Krone mit flacher Oberlippe, weiß, gelb, rosa, violett, braun, blau. Staubblätter 4, selten 2, parallel, innere länger als die äußeren, die Krone kaum überragend
Kennzeichen: Staude, Einjährige, Halbstrauch. Kelch 15-nervig. Krone mit flacher Oberlippe. Staubblätter 4, selten 2, parallel, innere länger als die äußeren

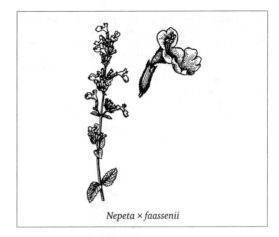
Nepeta × faassenii

Ocimum L.

Ableitung: antiker Pflanzenname
Vulgärnamen: D:Basilikum; E:Basil; F:Basilic
Arten: 68
Lebensform: Einjährige, Halbstrauch, Staude, Strauch
Blütenstand: Scheinquirle
Blüte: Kelch 10-nervig, mit 1-zipfliger Oberlippe und 4-zipfliger Unterlippe. Krone mit gewölbter 4-zipfliger Oberlippe und 1-zipfliger, flacher oder schwach konkaver Unterlippe, weiß, grün, rosa, lila. Staubblätter 4, der Unterlippe aufliegend, die Krone überragend
Kennzeichen: Einjährige, Halbstrauch, Staude, Strauch. Kelch mit 1-zipfliger Oberlippe und 4-zipfliger Unterlippe. Krone mit gewölbter 4-zipfliger Oberlippe und 1-zipfliger, flacher oder schwach konkaver Unterlippe. Staubblätter 4, der Unterlippe aufliegend

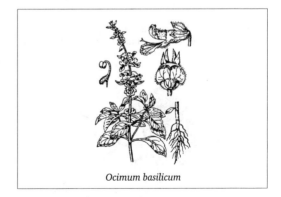
Ocimum basilicum

Origanum L.

Ableitung: antiker Pflanzenname
Vulgärnamen: D:Dost, Majoran; E:Majoram, Oregano; F:Marjolaine, Origan
Arten: 45
Lebensform: Staude, Halbstrauch

Blütenstand: Ähre, Rispe, Scheinquirle, in kleine Ähren auslaufend mit oft gefärbten Deckblättern
Blüte: Kelch 10- bis 13-nervig, mit 3-zipfliger Oberlippe und 2-zipfliger Unterlippe oder mit 1-zipfliger Oberlippe und 2-zipfliger Unterlippe, Krone mit flacher Oberlippe, purpurn, rosa, weiß. Staubblätter 4, spreizend, die Krone überragend oder nicht
Kennzeichen: Staude, Halbstrauch. Blüten in Ähren, Rispen oder Scheinquirlen, die in kleine Ähren auslaufen, mit oft gefärbten Deckblättern. Krone mit flacher Oberlippe. Staubblätter 4, spreizend

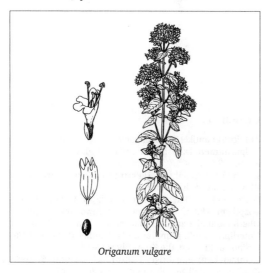
Origanum vulgare

Orthosiphon Benth.

Ableitung: gerade Röhre
Arten: 33
Lebensform: Staude, Strauch, Einjährige, Halbstrauch
Blätter: gegenständig oder quirlständig, einfach oder zusammengesetzt

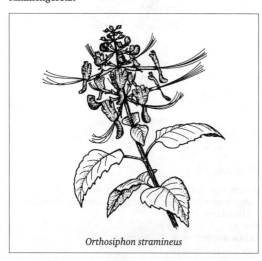
Orthosiphon stramineus

Blütenstand: Scheinquirle
Blüte: Kelch mit 1-zipfliger Oberlippe und 4-zipfliger Unterlippe. Krone mit flacher, 4-zipfliger Oberlippe und 1-zipfliger, konkaver Unterlippe, weiß, rosa, blau, rot. Staubblätter 4, der Unterlippe aufliegend, die Krone überragend oder nicht
Kennzeichen: Staude, Strauch, Einjährige, Halbstrauch. Kelch mit 1-zipfliger Oberlippe und 4-zipfliger Unterlippe. Krone mit flacher, 4-zipfliger Oberlippe und 1-zipfliger, konkaver Unterlippe. Staubblätter 4, der Unterlippe aufliegend

Perilla L.

Ableitung: kleiner Sack (Fruchtkelch)
Vulgärnamen: E:Perilla
Arten: 6
Lebensform: Einjährige
Blütenstand: Traube, einseitswendig
Blüte: Kelch zygomorph, 10-nervig, mit 3-zipfliger Oberlippe und 2-zipfliger Unterlippe. Krone nahezu radiär 5-zipflig, mit flacher Oberlippe, lila, weiß. Staubblätter 4, die Krone überragend oder nicht
Kennzeichen: Einjährige. Traube, einseitswendig. Kelch zygomorph. Krone nahezu radiär 5-zipflig. Staubblätter 4

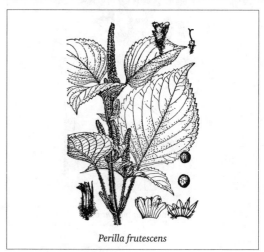
Perilla frutescens

Perovskia Kar.

Ableitung: Gattung zu Ehren von V. A. Perovsky (1794–1857), einem russischen General und Gouverneur von Orenburg benannt
Vulgärnamen: D:Perowskie; E:Perovskia; F:Pérovskia
Arten: 9
Lebensform: Staude, Halbstrauch, Strauch
Blütenstand: Scheinquirle, Rispe, ährenartig
Blüte: Kelch 10-nervig, mit 3-zipfliger Oberlippe und 2-zipfliger Unterlippe. Krone mit flacher 4-lappiger Oberlippe, blau, violett, rosa, weiß. Staubblätter 2, die Krone überragend oder nicht
Kennzeichen: Staude, Halbstrauch, Strauch. Krone mit flacher 4-lappiger Oberlippe. Staubblätter 2

Perovskia abrotanoides

Phlomis L.

Ableitung: antiker Pflanzenname
Vulgärnamen: D:Brandkraut; E:Sage; F:Phlomis
Arten: 152
Lebensform: Staude, Strauch, Halbstrauch
Blütenstand: Scheinquirle, Deckblätter länger als die Blüten
Blüte: Kelch 5- oder 10-nervig, mit 3-zipfliger Oberlippe und 2-zipfliger Unterlippe. Krone mit gewölbter Oberlippe, außen sternhaarig, purpurn, rosa, gelb, weiß. Staubblätter 4, parallel, äußere länger als die inneren, die Krone überragend oder nicht
Kennzeichen: Staude, Strauch, Halbstrauch. Deckblätter länger als die Blüten. Krone mit gewölbter Oberlippe, außen sternhaarig. Staubblätter 4, äußere länger als die inneren

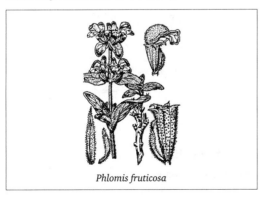
Phlomis fruticosa

Physostegia Benth.

Ableitung: Blasen-Kelch
Vulgärnamen: D:Gelenkblume; E:False Dragon Head, Obedient Plant; F:Cataleptique
Arten: 12
Lebensform: Staude
Blütenstand: Ähre, einseitig
Blüte: Kelch 10-nervig, radiär. Krone mit gewölbter Oberlippe, rosa, lila, weiß, purpurn. Staubblätter 4, äußere länger als die inneren, die Krone nicht überragend
Kennzeichen: Staude. Ähre einseitig. Krone mit gewölbter Oberlippe. Staubblätter 4, äußere länger als die inneren

Physostegia virginiana

Plectranthus L'Hér.

Ableitung: Sporn-Blüte
Vulgärnamen: D:Buntnessel, Harfenstrauch, Mottenkönig; F:Germaine
Arten: 411

Plectranthus barbatus

Lebensform: Staude, Einjährige, Strauch, Halbstrauch
Blütenstand: Traube, Rispe
Blüte: Kelch mit 1-zipfliger Oberlippe und 4-zipfliger Unterlippe. Krone mit gewölbter 4-zipfliger Oberlippe und 1-zipfliger Unterlippe, lila, weiß, purpurn, gelb. Staubblätter 4, selten 2, der Unterlippe aufliegend, die Krone überragend oder nicht
Kennzeichen: Staude, Einjährige, Strauch, Halbstrauch. Krone mit gewölbter 4-zipfliger Oberlippe. Staubblätter 4, selten 2, der Unterlippe aufliegend

Pogostemon Desf.

Ableitung: Bart-Staubblatt
Vulgärnamen: D:Patschuli; E:Patchouly; F:Patchouli
Arten: 89
Lebensform: Strauch, Einjährige, Staude, Halbstrauch
Blätter: gegenständig oder quirlständig
Blütenstand: Ähre, Scheinquirle
Blüte: Kelch mit 3-zipfliger Oberlippe und 2-zipfliger Unterlippe. Krone mit flacher, 3-lappiger Oberlippe und 1-lappiger Unterlippe, purpurn, weiß. Staubblätter 4, die Krone überragend
Kennzeichen: Strauch, Einjährige, Staude, Halbstrauch. Krone mit flacher, 3-lappiger Oberlippe und 1-lappiger Unterlippe

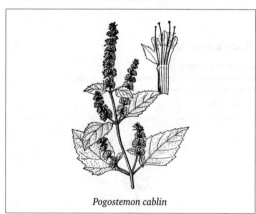
Pogostemon cablin

Prostanthera Labill.

Ableitung: Anhängsel-Staubblatt
Vulgärnamen: D:Australminze; E:Australian Mint Bush; F:Menthe d'Australie, Prostanthère
Arten: 83
Lebensform: Strauch, Baum, Halbstrauch
Blätter: gegenständig oder quirlständig
Blütenstand: Rispe, Traube, endständig
Blüte: Kelch 10- bis 15-nervig, mit 1-zipfliger Oberlippe und 1- bis 2-zipfliger Unterlippe. Krone mit gewölbter Oberlippe, weiß, rot, lila, rosa, olivenfarben. Staubblätter 4, die Krone nicht überragend. Fruchtknoten nur zur Hälfte geteilt
Kennzeichen: Strauch, Baum, Halbstrauch. Krone mit gewölbter Oberlippe. Staubblätter 4. Fruchtknoten nur zur Hälfte geteilt

Prostanthera nivea

Prunella L.

Ableitung: kleine braune Pflanze
Vulgärnamen: D:Braunelle; E:Selfheal; F:Brunelle
Arten: 8
Lebensform: Staude
Blütenstand: Köpfchen, Ähre
Blüte: Kelch 10-nervig, vom Rücken her zusammengedrückt, mit 3-zipfliger Oberlippe und 2-zipfliger Unterlippe. Krone mit gewölbter Oberlippe, violett, weiß, purpurn, blau, cremefarben. Staubblätter 4, parallel, äußere länger als die inneren, die Krone nicht überragend. Fruchtkelch geschlossen
Kennzeichen: Köpfchen, Ähre. Kelch vom Rücken her zusammengedrückt. Krone mit gewölbter Oberlippe. Staubblätter 4, äußere länger als die inneren. Fruchtkelch geschlossen

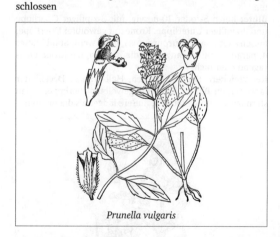
Prunella vulgaris

Pycnostachys Hook.

Ableitung: dichte Ähre
Arten: 37

Lebensform: Staude, Einjährige, Strauch
Blätter: gegenständig, quirlständig
Blütenstand: Scheinquirle, Ähre
Blüte: Kelch radiär, stachelig. Krone mit flacher, 4-lappiger Oberlippe und 1-lappiger Unterlippe, blau, lila. Staubblätter 4, der Unterlippe aufliegend, die Krone selten überragend
Kennzeichen: Staude, Einjährige, Strauch. Kelch, radiär, stachelig. Krone mit flacher, 4-lappiger Oberlippe und 1-lappiger Unterlippe. Staubblätter 4, der Unterlippe aufliegend

Rosmarinus L.

Ableitung: antiker Pflanzenname
Vulgärnamen: D:Rosmarin; E:Rosemary; F:Romarin
Arten: 3
Lebensform: Strauch
Blütenstand: Traube, seitlich
Blüte: Kelch 11- bis 12-nervig, mit 2-zipfliger Oberlippe und 3-zipfliger Unterlippe. Krone mit gewölbter Oberlippe, blau, weiß, violett. Staubblätter 2, die Krone überragend. Fruchtknoten nicht ganz geteilt
Kennzeichen: Strauch. Blüten in seitlichen Trauben. Krone mit gewölbter Oberlippe. Staubblätter 2. Fruchtknoten nicht ganz geteilt

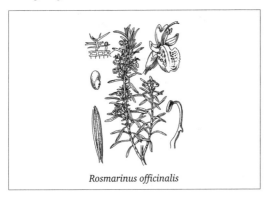
Rosmarinus officinalis

Salvia L.

Ableitung: antiker Pflanzenname
Vulgärnamen: D:Salbei; E:Sage; F:Sauge

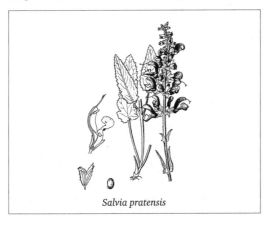
Salvia pratensis

Arten: 956
Lebensform: Staude, Einjährige, Strauch, Halbstrauch
Blätter: einfach oder zusammengesetzt
Blütenstand: Scheinquirle 2- bis mehrblütig
Blüte: Kelch 9- bis 15-nervig, mit 2-zipfliger Oberlippe und 3-zipfliger Unterlippe oder mit 1-zipfliger Oberlippe und 2-zipfliger Unterlippe. Krone mit gewölbter Oberlippe, weiß, gelb, rosa, violett, rot, blau. Staubblätter 2, die Krone überragend oder nicht, Konnektiv verlängert. Antheren mit nur 1 fertilen Hälfte
Kennzeichen: Staude, Einjährige, Strauch, Halbstrauch. Staubblätter 2, Konnektiv verlängert. Antheren mit nur 1 fertilen Hälfte

Satureja L.

Ableitung: antiker Pflanzenname
Vulgärnamen: D:Bohnenkraut, Pfefferkraut; E:Savory; F:Sarriette
Arten: 59
Lebensform: Staude, Einjährige, Strauch, Halbstrauch
Blütenstand: Scheinquirle, Ähre
Blüte: Kelch 5- oder 10-zähnig, 10- oder 13-nervig, mit 3-zipfliger Oberlippe und 2-zipfliger Unterlippe. Krone mit flacher Oberlippe, weiß, lila, rosa. Staubblätter 4, spreizend, die Krone überragend oder nicht
Kennzeichen: Staude, Einjährige, Strauch, Halbstrauch. Kelch 5- oder 10-zähnig, 10- oder 13-nervig. Krone mit flacher Oberlippe. Staubblätter 4, spreizend, die Krone überragend oder nicht

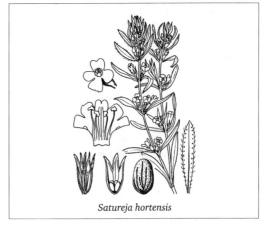
Satureja hortensis

Scutellaria L.

Ableitung: Schüsselpflanze
Vulgärnamen: D:Helmkraut; E:Helmet Flower, Skullcap; F:Scutellaire
Arten: 441
Lebensform: Staude, Einjährige, Strauch, Halbstrauch
Blütenstand: Traube, Ähre, einzeln
Blüte: Kelch mit 1-zipfliger Oberlippe mit einer Schuppe und 1-zipfliger Unterlippe. Krone mit gewölbter Oberlippe, blau, violett, rosa, weiß, gelb, red, lila. Staubblätter 4, die Krone nicht überragend

592 Lamiaceae Lippenblütler

Scutellaria incana

Kennzeichen: Staude, Einjährige, Strauch, Halbstrauch. Kelch Oberlippe mit einer Schuppe. Staubblätter 4

Sideritis L.

Ableitung: antiker Pflanzenname
Vulgärnamen: D:Gliedkraut; F:Crapaudine
Arten: 161
Lebensform: Staude, Einjährige, Strauch, Halbstrauch
Blütenstand: Scheinquirle, Ähre
Blüte: Kelch 10-nervig, mit 1-zipfliger Oberlippe und 4-zipfliger Unterlippe. Krone mit flacher Oberlippe, gelb, weiß, purpurn. Staubblätter 4, in der Kronröhre eingeschlossen
Kennzeichen: Staude, Einjährige, Strauch, Halbstrauch. Kelch 10-nervig, mit 1-zipfliger Oberlippe und 4-zipfliger Unterlippe. Krone mit flacher Oberlippe. Staubblätter 4, in der Kronröhre eingeschlossen
Kennzeichen:

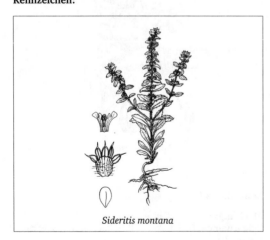
Sideritis montana

Stachys L.

Ableitung: Ähre
Vulgärnamen: D:Ziest; E:Betony, Hedge Nettle, Woundwort; F:Bétoine, Crosne, Epiaire
Arten: 362

Lebensform: Staude, Einjährige, Halbstrauch
Blütenstand: Scheinquirle, Ähre. Blüten sitzend
Blüte: Kelch 5- oder 10-nervig, radiär oder ± zygomorph mit 3-zipfliger Oberlippe und 2-zipfliger Unterlippe. Krone mit gewölbter Oberlippe, weiß, rosa, lila, gelb, purpurn, rot. Staubblätter 4, parallel, äußere länger als die inneren, die Krone nicht überragend
Kennzeichen: Staude, Einjährige, Halbstrauch. Blüten sitzend. Krone mit gewölbter Oberlippe. Staubblätter 4, parallel, äußere länger als die inneren

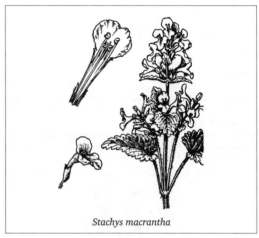
Stachys macrantha

Tetradenia Benth.

Ableitung: vier Drüsen
Arten: 13
Lebensform: Strauch
Blütenstand: Rispe
Blüte: zweihäusig, selten einhäusig. Kelch mit 1-zipfliger Oberlippe und 4-zipfliger Unterlippe. Krone mit flacher, 4-lappiger Oberlippe und 1-lappiger Unterlippe, weiß, rosa. Staubblätter 4, nicht auf der Unterlippe liegend, die Krone überragend
Kennzeichen: Strauch. Krone mit flacher, 4-lappiger Oberlippe und 1-lappiger Unterlippe. Staubblätter 4, nicht auf der Unterlippe liegend

Teucrium L.

Ableitung: antiker Pflanzenname
Vulgärnamen: D:Gamander; E:Germander; F:Germandrée
Arten: 243
Lebensform: Staude, Einjährige, Strauch, Halbstrauch, Zweijährige
Blütenstand: Ähre, Köpfchen, Scheinquirle, Traube
Blüte: Kelch 10-nervig, radiär oder mit 1-zipfliger Oberlippe und 4-zipfliger Unterlippe. Krone ohne Oberlippe, nur mit Unterlippe, abfallend und ohne Haarring innen, rosa, weiß, purpurn. Staubblätter 4, parallel, die Krone überragend. Fruchtknoten nicht ganz geteilt
Kennzeichen: Staude, Einjährige, Strauch, Halbstrauch, Zweijährige. Krone abfallend, ohne Haarring innen

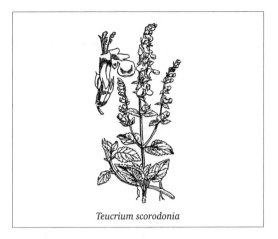
Teucrium scorodonia

Thymus L.
Ableitung: antiker Pflanzenname
Vulgärnamen: D:Quendel, Thymian; E:Thyme; F:Serpolet, Thym
Arten: 242
Lebensform: Strauch, Staude, Halbstrauch
Blütenstand: Scheinquirle, Ähre
Blüte: Kelch zygomorph, 10- bis 13-nervig, mit 3-zipfliger Oberlippe und 2-zipfliger Unterlippe. Krone mit ± flacher Oberlippe, purpurn, rosa, weiß, violett, cremefarben. Staubblätter 4, spreizend, innere länger als die äußeren, die Krone überragend oder nicht
Kennzeichen: Strauch, Staude, Halbstrauch. Kelch zygomorph. Krone mit ± flacher Oberlippe. Staubblätter 4, spreizend, innere länger als die äußeren, die Krone überragend oder nicht

Thymus serpyllum

Westringia Sm.
Ableitung: Gattung zu Ehren von Johan Peter Westring (1753–1833) einem schwedischen Arzt und Botaniker benannt
Arten: 29
Lebensform: Strauch, Halbstrauch
Blätter: quirlständig, selten gegenständig
Blütenstand: einzeln, selten Köpfchen

Blüte: Kelch meist 15-nervig, radiär. Krone mit ± flacher Oberlippe, weiß, lila. Staubblätter 2 fertil, parallel, äußere länger, die Krone überragend. Fruchtknoten nicht ganz geteilt
Kennzeichen: Strauch, Halbstrauch. Krone mit ± flacher Oberlippe. Staubblätter 2 fertil. Fruchtknoten nicht ganz geteilt

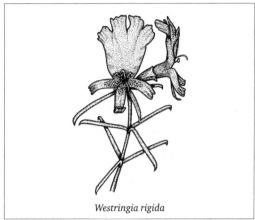
Westringia rigida

Ziziphora L.
Ableitung: nach einem persischen Pflanzennamen
Arten: 16
Lebensform: Einjährige, Staude, Halbstrauch
Blütenstand: Köpfchen, Ähre, Scheinquirle
Blüte: Kelch 13-nervig, ± radiär. Krone mit gewölbter Oberlippe, weiß, rot, purpurn. Staubblätter 2, spreizend, die Krone überragend. 1 Antherenhälfte steril
Kennzeichen: Einjährige, Staude, Halbstrauch. Kelch 13-nervig. Staubblätter 2, spreizend. 1 Antherenhälfte steril

Ziziphora capitata

Lardizabalaceae Fingerfruchtgewächse

1 Pflanzen aufrechte, laubwerfende Sträucher mit gefiederten Blättern. . . . . **Decaisnea**
1 Pflanzen Lianen mit gefingerten oder 3-zähligen Blättern

2 Kelchblätter 3, selten 4. Fruchtblätter 5-10 . . .
. . . . **Akebia**
2 Kelchblätter 6. Fruchtblätter 1-3
  3 Pflanze immergrün. Blüten purpurn, violett oder grün
    4 Blätter 2- bis 3-fach 3-zählig. Fruchtblatt 1 . .
. . . .**Lardizabala**
    4 Blätter einfach 3-zählig. Fruchtblätter 3
      5 Staubblätter frei . . . . **Holboellia**
      5 Staubblätter verwachsen . . . . . **Stauntonia**
  3 Pflanze sommergrün. Blüten weiß . . . .
. . . . **Sinofranchetia**

Akebia Decne.

Ableitung: nach dem japanischen Namen der Pflanzen
Vulgärnamen: D:Akebie; E:Chocolate Vine; F:Akébia
Arten: 5
Lebensform: Liane, laubwerfend, immergrün
Blätter: wechselständig, gefingert. Nebenblätter fehlend
Blütenstand: Traube
Blüten: eingeschlechtig, radiär. Perigonblätter 3(4-2), frei, braunviolett. Staubblätter 6-8, frei. Fruchtblätter 5-10, frei, oberständig. Plazentation marginal
Frucht: Fleischbälge
Kennzeichen: Liane, laubwerfend, immergrün. Blätter gefingert. Blüten eingeschlechtig. Perigonblätter 3-4, frei. Staubblätter 6-8, frei. Fruchtblätter 5-10, frei. Fleischbälge

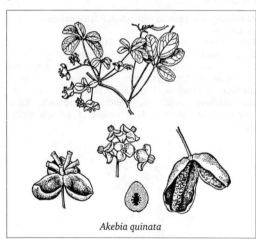

Akebia quinata

Decaisnea Hook. f. et Thomson

Ableitung: Gattung zu Ehren von Joseph Decaisne (1807-1882), einem belgischen Botaniker benannt
Vulgärnamen: D:Blauschote, Gurkenstrauch; F:Decaisnea
Arten: 2
Lebensform: Strauch, laubwerfend
Blätter: wechselständig, gefiedert. Nebenblätter fehlend
Blütenstand: Rispe, Traube
Blüten: zwittrig, eingeschlechtig, radiär. Perigonblätter 6 frei, gelbgrün. Staubblätter 6, frei. Fruchtblätter 3, frei, oberständig. Plazentation marginal
Frucht: Fleischbälge blau
Kennzeichen: Strauch, laubwerfend. Blätter gefiedert. Perigonblätter 6, frei, gelbgrün. Staubblätter 6, frei. Fruchtblätter 3, frei, oberständig. Fleischbälge blau

Decaisnea fargesii

Holboellia Wall.

Ableitung: Gattung zu Ehren von Fredrik Ludvig Holbøll (1765-1829), einem dänischen Botaniker benannt
Arten: 10
Lebensform: Liane, immergrün
Blätter: wechselständig, 3-zählig. Nebenblätter fehlend
Blütenstand: Schirmrispe, Traube
Blüten: eingeschlechtig, radiär. Perigonblätter 6, frei, purpurn, grün. Staubblätter 6, frei. Fruchtblätter 3, frei, oberständig. Plazentation marginal
Frucht: Fleischbälge
Kennzeichen: Liane, immergrün. Blätter 3-zählig. Blüten eingeschlechtig. Perigonblätter 6, frei, purpurn, grün. Staubblätter 6, frei. Fruchtblätter 3, frei, oberständig. Fleischbälge

Holboellia latifolia

Lardizabala Ruiz et Pav.

Ableitung: Gattung zu Ehren von Miguel Lardizábal y Uribe, einem spanischen Naturforscher des 18. Jahrhunderts benannt
Arten: 2

Lebensform: Liane, immergrün
Blätter: wechselständig, 3-zählig. Nebenblätter fehlend
Blütenstand: Traube, einzeln
Blüten: eingeschlechtig, radiär. Perigonblätter 6, frei, purpurn. Staubblätter 6, frei. Fruchtblätter 1, oberständig. Plazentation marginal
Frucht: Fleischbälge
Kennzeichen: Liane, immergrün. Blätter 3-zählig. Blüten eingeschlechtig. Perigonblätter 6, frei, purpurn. Staubblätter 6, frei. Fruchtblätter 1, frei, oberständig. Frucht Fleischbälge

Lardizabala biternata

Sinofranchetia (Diels) Hemsl.

Ableitung: Gattung zu Ehren von Adrien René Franchet (1834–1900), einem französischen Botaniker, der Pflanzen aus China beschrieb, benannt
Arten: 1
Lebensform: Liane, laubwerfend
Blätter: wechselständig, 3-zählig. Nebenblätter fehlend
Blütenstand: Traube
Blüten: eingeschlechtig, radiär. Perigonblätter 6, frei, weiß. Staubblätter 6, frei. Fruchtblätter 3, frei, oberständig. Plazentation marginal
Frucht: Fleischbälge

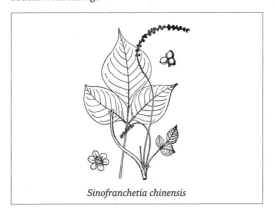

Sinofranchetia chinensis

Kennzeichen: Liane, laubwerfend. Blätter 3-zählig. Blüten eingeschlechtig. Perigonblätter 6, frei, weiß. Staubblätter 6, frei. Fruchtblätter 3, frei. Frucht Fleischbälge

Stauntonia DC.

Ableitung: Gattung zu Ehren von Sir George Leonard Staunton (1740–1801), einem irischen Arzt und Naturforscher benannt
Arten: 24
Lebensform: Liane, immergrün
Blätter: wechselständig, 3-zählig. Nebenblätter fehlend
Blütenstand: Traube
Blüten: eingeschlechtig, radiär. Perigonblätter 6, frei, violett, purpurn. Staubblätter 6, frei. Fruchtblätter 3, frei, oberständig. Plazentation marginal
Frucht: Fleischbälge
Kennzeichen: Liane, immergrün. Blätter 3-zählig. Blüten eingeschlechtig. Perigonblätter 6, frei, violett, purpurn. Staubblätter 6, frei. Fruchtblätter 3, frei, oberständig. Frucht Fleischbälge

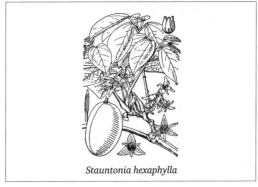

Stauntonia hexaphylla

Lauraceae Lorbeergewächse

1 Pflanze eine windende, Liane mit nur Schuppenblättern, bleicher Vollparasit . . . . **Cassytha**
1 Pflanze eine grün beblätterte Holzpflanze
  2 Blüten in doldenartigen Blütenständen oder Köpfchen mit einer Hülle
    3 Blüten zwittrig, mit Staminodien . . . . **Umbellularia**
    3 Blüten eingeschlechtig ohne deutliche Staminodien
      4 Antheren mit 2 Pollensäcken
        5 Kelchblätter 4, nahezu gleich . . . . . **Laurus**
        5 Kelchblätter 6 bis fehlend, ± kronblattartig. . . . . **Lindera**
      4 Antheren mit 4 Pollensäcken
        6 Frucht in eine kleine Cupula eingesenkt . . . . **Litsea**
        6 Frucht auf einer breiten Cupula. . . **Neolitsea**
  2 Blüten in Blütenständen ohne gemeinsame Hülle
    7 Pflanze sommergrün. Blüten vor den Blättern, eingeschlechtig, in traubenartigen oder doldenartigen Blütenständen . . . . . **Sassafras**

596 Lauraceae Lorbeergewächse

 7 Pflanzen immergrün. Blüten in Rispen, zwittrig
    (bei Ocotea auch eingeschlechtig)
  8 Perigonblätter 12. Staubblätter 3. . . . .
     . . . . **Eusideroxylon**
  8 Perigonblätter 6 bis etwa 9. Staubblätter 6 oder
    9
   9 Perigonblätter etwa 9 . . . . . **Dicypellium**
   9 Perigonblätter 6
    10 Antheren 4-fächrig
     11 Blätter gegenständig, teilweise
        wechselständig, meist 3-nervig . . . . . .
        . . . . **Cinnamomum**
     11 Blätter wechselständig bis fast quirlig,
        fiedernervig
      12 Blüten zwittrig, ohne Cupula
       13 Frucht am Grund eingesenkt in einen
          bleibenden, verhärtenden Kelch . . . .
          . . . . **Phoebe**
       13 Frucht umgeben vom unveränderten,
          schließlich abfallenden Kelch. . .**Persea**
      12 Blüten polygam bis zweihäusig. Frucht
         mit geschlossener Cupula . . . . **Ocotea**
    10 Antheren 2-fächrig
     14 Blütenachse nach der Blüte unter dem
        Fruchtknoten becherförmig . . . .
        . . . . **Cryptocarya**
     14 Blütenachse nicht becherförmig unter dem
        Fruchtknoten
      15 Antheren 2-kammerig . . . . **Apollonias**
      15 Antheren 4-kammerig. Blätter meist
         3-nervig. . . . . **Cinnamomum**

Besonders kennzeichnend für die Lauraceae sind ihre Antheren, die sich mit Klappen öffnen wie sie ähnlich nur bei den Berberidaceae vorkommen, außerdem eine becherförmige Achse unter den Blüten (Cupula). Wie alle Angehörigen der Ordnungen der Magnoliales und Laurales besitzen sie Ölzellen in den Blättern, was beim Zerreiben meist einen aromatischen Geruch erzeugt.

Apollonias Nees

Ableitung: Apollo-Pflanze
Arten: 2
Lebensform: Baum, immergrün
Blätter: wechselständig, einfach, ± aromatisch riechend beim Zerreiben. Nebenblätter fehlen
Blütenstand: Rispe, ohne Hülle
Blüten: zwittrig, radiär, mit becherförmiger Achse, Perigonblätter 6, frei. Staubblätter 9, frei, mit langen Staubfäden und mit Drüsen. Antheren mit Klappen, außenwendig, mit 2 Fächern. Staminodien vorhanden. Fruchtblatt 1, mittelständig. Plazentation apical
Frucht: Beere, ohne geschlossene Cupula
Kennzeichen: Baum, immergrün. Blüten in Rispen ohne Hülle. Perigonblätter 6, frei. Staubblätter 9. Antheren mit Klappen, mit 2 Fächern. Fruchtblatt 1, mittelständig. Plazentation apical. Beere ohne geschlossene Cupula

Apollonias barbujana

Cassytha L.

Ableitung: wohl umgebildet aus Cuscuta, aus einem arabischen Pflanzennamen
Arten: 20
Lebensform: Liane mit bleichen Trieben, Vollschmarotzer
Blätter: wechselständig, einfach, schuppenförmig. Nebenblätter fehlen
Blütenstand: Ähre, Köpfchen, Traube, ohne Hülle
Blüten: zwittrig, radiär, mit becherförmiger Achse, Perigonblätter 6, frei. Staubblätter 9 oder 6, frei, mit langen oder kurzen Staubfäden und mit Drüsen. Antheren mit Klappen, außenwendig, mit 2 Fächern. Staminodien vorhanden. Fruchtblatt 1, mittelständig. Plazentation apical
Frucht: Beere, mit geschlossener Cupula
Kennzeichen: Liane mit bleichen Trieben, Vollschmarotzer. Perigonblätter 6, frei. Staubblätter 9 oder 6, frei. Antheren mit Klappen. Fruchtblatt 1, mittelständig. Beere mit geschlossener Cupula

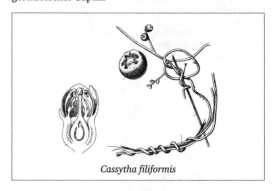

Cassytha filiformis

Cinnamomum Schaeff.

Ableitung: antiker Pflanzenname
Vulgärnamen: D:Kampferbaum, Zimtbaum, Zimtlorbeer; E:Camphor Tree, Cinnamon; F:Camphrier, Cannelier

Arten: c. 350
Lebensform: Baum, Strauch, immergrün
Blätter: gegenständig, selten wechselständig, einfach, meist 3-nervig, ± aromatisch riechend beim Zerreiben
Blütenstand: Rispe, ohne Hülle
Blüten: zwittrig, selten eingeschlechtig, radiär, mit becherförmiger Achse, Perigonblätter 6, frei. Staubblätter 9 oder 6, frei, mit langen oder kurzen Staubfäden und mit Drüsen. Antheren mit Klappen, außenwendig, mit 4 oder 2 Fächern. Staminodien vorhanden. Fruchtblatt 1, mittelständig. Plazentation apical
Frucht: Beere, mit Cupula
Kennzeichen: Baum, Strauch, immergrün. Blätter gegenständig, selten wechselständig, meist 3-nervig Blüten in Rispen ohne Hülle. Perigonblätter 6, frei. Antheren mit Klappen, mit 4 oder 2 Fächern. Fruchtblatt 1, mittelständig. Plazentation apical. Beere mit Cupula

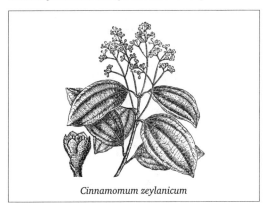

Cinnamomum zeylanicum

Cryptocarya R. Br.

Ableitung: verborgene Nuss
Arten: c. 200
Lebensform: Baum, Strauch, immergrün
Blätter: wechselständig oder gegenständig, einfach, ± aromatisch riechend beim Zerreiben. Nebenblätter fehlend
Blütenstand: Rispe, ohne Hülle

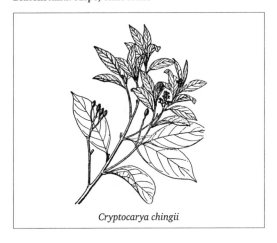

Cryptocarya chingii

Blüten: zwittrig, radiär, mit becherförmiger Achse, Perigonblätter 6, frei. Staubblätter 9, frei, mit meist kurzen Staubfäden, mit Drüsen. Antheren mit Klappen, außenwendig, mit 2 Fächern. Staminodien vorhanden. Fruchtblatt 1, mittelständig. Plazentation apical
Frucht: Beere, mit geschlossener Cupula
Kennzeichen: Baum, Strauch, immergrün. Blüten in Rispen ohne Hülle. Perigonblätter 6, frei. Staubblätter 9. Antheren mit Klappen, mit 2 Fächern. Fruchtblatt 1, mittelständig. Plazentation apical. Beere, mit geschlossener Cupula

Dicypellium Nees et Mart.

Ableitung: doppelter Becher (Frucht)
Vulgärnamen: D:Nelkenzimt
Arten: 2
Lebensform: Baum, immergrün
Blätter: wechselständig, einfach, ± aromatisch riechend beim Zerreiben. Nebenblätter fehlend
Blütenstand: Traube, ohne Hülle
Blüten: zwittrig, radiär, mit becherförmiger Achse, Perigonblätter meist 9, frei. Staubblätter 9, frei, mit kurzen Staubfäden und mit Drüsen. Antheren mit Klappen, mit 4 Fächern. Staminodien vorhanden oder fehlend. Fruchtblatt 1, mittelständig. Plazentation apical
Frucht: Beere, mit geschlossener Cupula und bleibenden Perigonblättern
Kennzeichen: Baum, immergrün. Blüten in Trauben ohne Hülle. Perigonblätter meist 9, frei. Staubblätter 9. Antheren mit Klappen. Fruchtblatt 1, mittelständig. Plazentation apical. Beere mit geschlossener Cupula

Eusideroxylon Teijsm. et Binn.

Ableitung: echtes Sideroxylon
Vulgärnamen: E:Ironwood
Arten: 2
Lebensform: Baum, immergrün
Blätter: wechselständig, einfach, ± aromatisch riechend beim Zerreiben. Nebenblätter fehlend
Blütenstand: Rispe, ohne Hülle
Blüten: zwittrig, radiär, mit becherförmiger Achse, Perigonblätter meist 12, frei. Staubblätter 3, frei, mit langen Staubfäden, mit Drüsen. Antheren mit Klappen, innenwendig, mit 4 Fächern. Staminodien vorhanden. Fruchtblatt 1, halbunterständig. Plazentation apical
Frucht: Beere, mit geschlossener Cupula
Kennzeichen: Baum, immergrün. Blüten in Rispen ohne Hülle, zwittrig, Perigonblätter meist 12, frei. Staubblätter 3. Antheren mit Klappen. Fruchtblatt 1, halbunterständig. Plazentation apical. Beere mit geschlossener Cupula

Laurus L.

Ableitung: antiker Name des Lorbeers
Vulgärnamen: D:Lorbeerbaum; E:Bay, Laurel; F:Laurier
Arten: 2
Lebensform: Baum, Strauch, immergrün
Blätter: wechselständig, einfach, ± aromatisch riechend beim Zerreiben. Nebenblätter fehlend
Blütenstand: doldenartig, seitlich, mit Hülle
Blüten: zweihäusig, radiär, mit becherförmiger Achse, Perigonblätter 4, frei. Staubblätter 8–30, frei, mit meist kur-

zen Staubfäden, mit Drüsen. Antheren mit Klappen, innenwendig, mit 2 Fächern. Staminodien fehlend. Fruchtblatt 1, mittelständig. Plazentation apical
Frucht: Beere, mit geschlossener Cupula
Kennzeichen: Baum, Strauch, immergrün. Blütenstand doldenartig, seitlich, mit Hülle. Blüten zweihäusig. Perigonblätter 4, frei. Staubblätter 8-30. Antheren mit Klappen, mit 2 Fächern. Staminodien fehlend. Fruchtblatt 1, mittelständig. Plazentation apical. Beere mit geschlossener Cupula

Laurus nobilis

Lindera Thunb.

Ableitung: Gattung zu Ehren von Johan Linder (1676–1723), einem schwedischen Arzt und Botaniker benannt
Vulgärnamen: D:Fieberstrauch; F:Lindera
Arten: 100
Lebensform: Baum, Strauch, immergrün oder sommergrün
Blätter: wechselständig oder gegenständig, einfach, ± aromatisch riechend beim Zerreiben. Nebenblätter fehlend
Blütenstand: doldenartig oder Köpfchen, mit Hülle
Blüten: zweihäusig, radiär, mit becherförmiger Achse, Perigonblätter 6 bis fehlend, gelb, frei. Staubblätter 9–15, frei, mit meist langen Staubfäden, mit Drüsen. Antheren mit Klappen, innenwendig bis seitenwendig, mit 2 Fächern. Staminodien fehlend. Fruchtblatt 1, mittelständig. Plazentation apical
Frucht: Beere, mit geschlossener Cupula
Kennzeichen: Baum, Strauch, immergrün oder sommergrün. Blütenstand doldenartig oder Köpfchen, mit Hülle. Blüten zweihäusig. Perigonblätter 6 bis fehlend. Staubblätter 9–15. Antheren mit Klappen, mit 2 Fächern. Staminodien fehlend. Fruchtblatt 1, mittelständig. Plazentation apical. Beere mit geschlossener Cupula

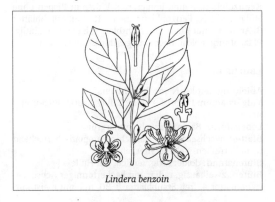
Lindera benzoin

Litsea Lam.

Ableitung: nach einem japanischen Pflanzennamen
Arten: c. 400
Lebensform: Baum, Strauch, immergrün oder sommergrün
Blätter: wechselständig bis nahezu gegen- oder quirlständig, einfach, ± aromatisch riechend beim Zerreiben. Nebenblätter fehlend
Blütenstand: doldenartig, Köpfchen, mit Hülle
Blüten: eingeschlechtig, radiär, mit becherförmiger Achse, Perigonblätter 9 bis fehlend, frei. Staubblätter 5–20, frei, mit meist langen Staubfäden, mit Drüsen. Antheren mit Klappen, innenwendig, mit 4 Fächern. Staminodien fehlend. Fruchtblatt 1, mittelständig. Plazentation apical
Frucht: Beere, mit ± geschlossener Cupula
Kennzeichen: Baum, Strauch, immergrün oder sommergrün. Blütenstand doldenartig oder Köpfchen, mit Hülle. Perigonblätter 9 bis fehlend, frei. Staubblätter 5–20. Antheren mit Klappen. Fruchtblatt 1, mittelständig. Plazentation apical. Beere mit ± geschlossener Cupula

Litsea japonica

Neolitsea (Benth.) Merr.

Ableitung: neiue Litsea
Arten: c. 85
Lebensform: Baum, Strauch, immergrün
Blätter: wechselständig, gegenständig oder quirlständig, einfach, ± aromatisch riechend beim Zerreiben. Nebenblätter fehlend
Blütenstand: doldenartig, ohne Hülle

Neolitsea sericea

Blüten: zweihäusig, radiär, mit becherförmiger Achse, Perigonblätter 4, frei. Staubblätter 6, selten 4 oder 8, frei, mit meist langen Staubfäden, mit Drüsen. Antheren mit Klappen, ± innenwendig, mit 4 Fächern. Staminodien meist fehlend. Fruchtblatt 1, mittelständig. Plazentation apical
Frucht: Beere, mit breiter Cupula
Kennzeichen: Baum, Strauch, immergrün. Blütenstand doldenartig, ohne Hülle.
Blüten zweihäusig. Perigonblätter 4, frei. Staubblätter 6, selten 4 oder 8, frei. Antheren mit Klappen. Fruchtblatt 1, mittelständig. Plazentation apical. Beere, mit breiter Cupula

Ocotea Aubl.

Ableitung: Pflanzenname in Guayana
Arten: 350
Lebensform: Baum, Strauch, immergrün
Blätter: wechselständig, einfach, ± aromatisch riechend beim Zerreiben. Nebenblätter fehlend
Blütenstand: Rispe, ohne Hülle
Blüten: zwittrig bis zweihäusig, radiär, mit becherförmiger Achse, Perigonblätter 6, frei. Staubblätter 9, frei, mit meist langen Staubfäden, mit Drüsen. Antheren mit Klappen, außenwendige und seitenwendige, mit 4 Fächern. Staminodien vorhanden oder fehlend. Fruchtblatt 1, mittelständig. Plazentation apical
Frucht: Beere, mit geschlossener Cupula
Kennzeichen: Baum, Strauch, immergrün. Blüten in Rispen ohne Hülle. Blüten zwittrig bis zweihäusig. Perigonblätter 6, frei. Staubblätter 9. Antheren mit Klappen, mit 4 Fächern. Fruchtblatt 1, mittelständig. Plazentation apical. Beere mit geschlossener Cupula

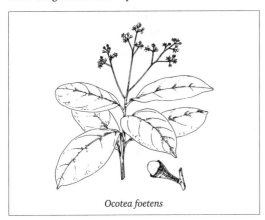

Ocotea foetens

Persea Mill.

Ableitung: antiker Pflanzenname
Vulgärnamen: D:Avocado, Isabellenholz; E:Avocado; F:Avocatier
Arten: 200
Lebensform: Baum, Strauch, immergrün
Blätter: wechselständig bis nahezu quirlständig, einfach, ± aromatisch riechend beim Zerreiben. Nebenblätter fehlend
Blütenstand: Rispe, ohne Hülle

Blüten: zwittrig, radiär, mit becherförmiger Achse, Perigonblätter 6, frei. Staubblätter 9 oder 6, frei, mit meist langen Staubfäden, mit Drüsen. Antheren mit Klappen, ± außenwendig, mit meist 4 Fächern. Staminodien vorhanden. Fruchtblatt 1, mittelständig. Plazentation apical
Frucht: Beere, vom schließlich abfallenden Kelch umgeben
Kennzeichen: Baum, Strauch, immergrün. Blätter wechselständig bis nahezu quirlständig. Blüten in Rispen ohne Hülle, zwittrig. Perigonblätter 6, frei. Staubblätter 9 oder 6. Antheren mit Klappen, mit meist 4 Fächern. Fruchtblatt 1, mittelständig. Plazentation apical. Beere, vom schließlich abfallenden Kelch umgeben

Persea americana

Phoebe Nees

Ableitung: nach einem Namen der griechischen Mythologie
Arten: 94
Lebensform: Baum, Strauch, immergrün
Blätter: wechselständig, einfach, ± aromatisch riechend beim Zerreiben. Nebenblätter fehlend
Blütenstand: Rispe, Schirmrispe, ohne Hülle

Phoebe chinensis

Blüten: zwittrig, radiär, mit becherförmiger Achse, Perigonblätter 6, frei. Staubblätter 9 oder 6, frei, mit meist kurzen oder langen Staubfäden, mit Drüsen. Antheren mit Klappen, außenwendig, mit 4 Fächern. Staminodien vorhanden. Fruchtblatt 1, mittelständig. Plazentation apical
Frucht: Beere, am Grund eingesenkt in den bleibenden, verhärtenden Kelch
Kennzeichen: Baum, Strauch, immergrün. Blätter wechselständig. Blüten in Rispen oder Schirmrispe, ohne Hülle, zwittrig. Perigonblätter 6, frei. Staubblätter 9 oder 6. Antheren mit Klappen, mit 4 Fächern. Fruchtblatt 1, mittelständig. Plazentation apical. Beere, am Grund eingesenkt in den bleibenden, verhärtenden Kelch

Sassafras Nees

Ableitung: nach einem Pflanzennamen in Südamerika
Vulgärnamen: D:Fenchelholzbaum, Sassafras; E:Sassafras; F:Sassafras
Arten: 3
Lebensform: Baum, sommergrün
Blätter: wechselständig, einfach, ± aromatisch riechend beim Zerreiben. Nebenblätter fehlend
Blütenstand: Traube, Dolde, ohne Hülle. Blüten vor den Blättern
Blüten: eingeschlechtig, radiär, mit becherförmiger Achse, Perigonblätter 6, frei, gelblich. Staubblätter 9, frei, mit meist kurzen Staubfäden, mit Drüsen. Antheren mit Klappen, innenwendig, mit 2 oder 4 Fächern. Staminodien fehlend. Fruchtblatt 1, mittelständig. Plazentation apical
Frucht: Beere, ohne geschlossene Cupula
Kennzeichen: Baum, sommergrün. Blüten in Trauben oder Dolden, ohne Hülle, vor den Blättern, eingeschlechtig. Perigonblätter 6, frei. Staubblätter 9. Antheren mit Klappen. Fruchtblatt 1, mittelständig. Plazentation apical. Beere ohne geschlossene Cupula

Sassafras officinale

Umbellularia (Nees) Nutt.

Ableitung: Pflanze mit kleinen Dolden
Vulgärnamen: D:Berglorbeer; E:California Laurel, California Bay; F:Laurier
Arten: 1
Lebensform: Baum, Strauch, immergrün
Blätter: wechselständig, einfach, ± aromatisch riechend beim Zerreiben. Nebenblätter fehlend

Blütenstand: doldenartig, mit Hülle
Blüten: zwittrig, radiär, mit becherförmiger Achse, Perigonblätter 6, frei, grünlich. Staubblätter 9, frei, mit meist kurzen Staubfäden, mit Drüsen. Antheren mit Klappen, innenwendige und außenwendige, mit 4 Fächern. Staminodien vorhanden. Fruchtblatt 1, mittelständig. Plazentation apical
Frucht: Beere, ohne geschlossener Cupula
Kennzeichen: Baum, Strauch, immergrün. Blütenstand doldenartig, mit Hülle. Blüten zwittrig, mit becherförmiger Achse, Perigonblätter 6, frei. Staubblätter 9. Antheren mit Klappen. Staminodien vorhanden. Fruchtblatt 1, mittelständig. Plazentation apical. Beere

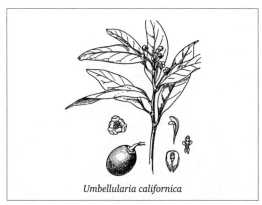
Umbellularia californica

Lecytidaceae Topffruchtgewächse

1 Blüten radiär. Kronblätter 4, selten 5. Frucht faserig .... **Barringtonia**
1 Blüten zygomorph. Kronblätter 6. Frucht holzig mit einem Deckel
2 Kelch 2-lappig. Griffel verlängert .... **Bertholletia**
2 Kelch 6-lappig. Griffel kurz .... **Lecythis**

Barringtonia J.R. Forst. et G. Forst.

Ableitung: Gattung zu Ehren von Daines Barrington (1727–1800), einem englischen Juristen und Naturforscher benannt

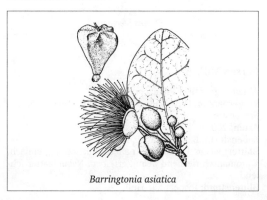
Barringtonia asiatica

Arten: 39
Lebensform: Baum, Strauch, immergrün
Blätter: wechselständig, einfach. Nebenblätter fehlend
Blütenstand: Traube, Ähre
Blüten: zwittrig, radiär. Kelchblätter 4 oder vollkommen verwachsen. Kronblätter 4–6, frei. Staubblätter viele, verwachsen. Fruchtblätter 2(4–2), verwachsen, unterständig. Plazentation zentralwinkelständig
Frucht: Steinfrucht
Kennzeichen: Baum, Strauch, immergrün. Kronblätter 4–6, frei. Staubblätter viele, verwachsen. Fruchtknoten 2–4, verwachsen, unterständig. Steinfrucht

Bertholletia Bonpl.

Ableitung: Gattung zu Ehren von Comte Claude-Louis Berthollet (1748–1822), einem französischen Arzt und Chemiker benannt
Vulgärnamen: D:Paranuss; E:Brazil Nut; F:Noix de Para
Arten: 1
Lebensform: Baum, immergrün
Blätter: wechselständig, einfach. Nebenblätter fehlend
Blütenstand: Ähre
Blüten: zwittrig, zygomorph. Kelch 2-lappig. Kronblätter 6, frei, gelb, weiß. Staubblätter viele, verwachsen. Fruchtblätter 4, verwachsen, unterständig. Plazentation zentralwinkelständig
Frucht: Kapsel, Topffrucht
Kennzeichen: Baum, immergrün. Kelch 2-lappig. Kronblätter 6, frei, gelb, weiß. Staubblätter viele, verwachsen. Fruchtknoten 4, verwachsen, unterständig. Frucht eine Kapsel mit Deckel (Topffrucht)

Bertholletia excelsa

Lecythis Loefl.

Ableitung: Ölgefäß-Pflanze
Vulgärnamen: D:Krukenbaum, Paradiesnuss, Topffruchtbaum; E:Monkey Nut; F:Marmite de singe
Arten: 26
Lebensform: Baum, immergrün, laubwerfend
Blätter: wechselständig, einfach
Blütenstand: Traube, Schirmrispe
Blüten: zwittrig, zygomorph. Kelchblätter 6, verwachsen. Kronblätter 6, frei. Staubblätter viele, verwachsen. Fruchtblätter 4–6, verwachsen, unterständig. Plazentation zentralwinkelständig
Frucht: Kapsel mit Deckel (Topffrucht)
Kennzeichen: Baum, immergrün, laubwerfend. Blüten zygomorph. Kelch 6-lappig. Kronblätter 6. Staubblätter viele, verwachsen. Fruchtknoten 4–6, verwachsen, unterständig. Frucht eine Topffrucht

Leeaceae

Leea D. Royen ex L.

Ableitung: Gattung zu Ehren von James Lee (1715–1795), einem schottischen Gärtner benannt
Arten: 34
Lebensform: Strauch, Baum, immergrün
Blätter: gegenständig, wechselständig, einfach oder gefiedert. Nebenblätter fehlend
Blütenstand: cymös
Blüten: zwittrig, radiär. Kelchblätter (4-)5. Kronblätter (4-)5, frei, purpurn, gelb, grün. Staubblätter 4, verwachsen und mit der Krone verwachsen. Fruchtblätter 4–8, verwachsen, oberständig. Plazentation zentralwinkelständig
Frucht: Beere
Kennzeichen: Strauch, Baum, immergrün. Kronblätter 4–5, frei. Staubblätter 4, verwachsen. Fruchtblätter 4–8, verwachsen, oberständig. Beere

Leea indica

Leitneriaceae

Leitneria Chapm.

Ableitung: Gattung zu Ehren von Edward Frederick Leitner (1812–1838), einem deutchen Naturforscher in Nordamerika benannt
Arten: 1
Lebensform: Baum, Strauch, laubwerfend. Sehr leichtes Korkholz
Blätter: wechselständig, einfach. Nebenblätter fehlend
Blütenstand: Ähre
Blüten: eingeschlechtig. Blütenhülle fehlend. Staubblätter 8–12, frei. Fruchtblatt 1. Plazentation marginal
Frucht: Steinfrucht
Kennzeichen: Baum, Strauch, laubwerfend. Korkholz. Blüten in Ähren, ohne Blütenhülle. Staubblätter 8–12 oder Fruchtblatt 1. Steinfrucht.

Lentibulariaceae Wasserschlauchgewächse

1 Pflanzen Land- oder Sumpfpflanzen. Blätter grundständig, einfach, klebrig. Kelch 4-5-lappig. Krone gespornt, mit offenem Schlund . . . .
. . . . **Pinguicula**
1 Pflanzen Wasserpflanzen. Blätter wechselständig, stark zerteilt, mit Fangblasen. Kelch 2-lappig. Krone nicht gespornt, mit geschossenem Schlund
. . . . **Utricularia**

Pinguicula L.

Ableitung: kleine fettige Pflanze
Vulgärnamen: D:Fettkraut; E:Butterwort; F:Grassette
Arten: 46
Lebensform: Staude, Einjährige
Blätter: grundständig, einfach, klebrig drüsig, fleischfressend. Nebenblätter fehlend
Blütenstand: einzeln, Traube, Dolde
Blüten: zwittrig, zygomorph. Kelchblätter 5, verwachsen. Kronblätter 5, verwachsen, violett, gelb, rosa, weiß, blau, lila, gespornt. Staubblätter 2, verwachsen mit der Krone. Fruchtblätter 2, verwachsen, oberständig. Plazentation frei zentral
Frucht: Kapsel
Kennzeichen: Staude, Einjährige. Blätter grundständig, klebrig drüsig. Blüten, zygomorph. Kronblätter 5, verwachsen, gespornt. Staubblätter 2, mit der Krone verwachsen. Fruchtblätter 2, verwachsen, oberständig. Plazentation frei zentral

Blütenstand: Traube, einzeln
Blüten: zwittrig, zygomorph. Kelchblätter 5. Kronblätter 5, verwachsen, gelb, violett. Staubblätter 2, verwachsen mit der Krone. Fruchtblätter 2, verwachsen, oberständig. Plazentation frei zentral
Frucht: Kapsel
Kennzeichen: Staude, Einjährige, Wasserpflanze, meist mit Fangblasen. Blüten zygomorph. Kronblätter 5, verwachsen. Staubblätter 2, mit der Krone verwachsen. Fruchtblätter 2, verwachsen, oberständig. Plazentation frei zentral. Kapsel

Utricularia vulgaris

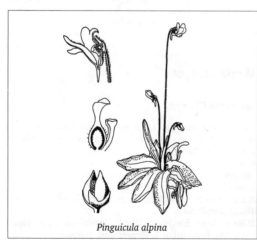

Pinguicula alpina

Utricularia L.

Ableitung: Schlauchpflanze
Vulgärnamen: D:Wasserschlauch; E:Bladderwort; F:Utriculaire
Arten: 214
Lebensform: Staude, Einjährige, Wasserpflanze
Blätter: wechselständig, einfach bis zusammengesetzt, meist mit Fangblasen. Nebenblätter fehlend

Limnanthaceae Sumpfblumengewächse

Limnanthes R. Br.

Ableitung: Sumpf-Blume
Vulgärnamen: D:Sumpfblume; E:Meadow Foam; F:Limnanthes
Arten: 7
Lebensform: Einjährige
Blätter: wechselständig, einfach, fiederschnittig. Nebenblätter fehlend
Blütenstand: einzeln
Blüten: zwittrig, radiär. Kelchblätter 5. Kronblätter 5, selten 4 oder 6, frei, weiß, gelb. Staubblätter 10, selten 8, frei und frei von der Krone. Fruchtblätter 4-5, nur am Grund verwachsen, aber sehr tief geteilt. Plazentation basal
Frucht: Spaltfrucht
Kennzeichen: Einjährige. Kronblätter frei. Staubblätter doppelt so viele wie Kronblätter. Fruchtblätter 4-5, nur am Grund verwachsen, tief geteilt. Plazentation basal. Spaltfrucht

Linaceae Leingewächse

Limnanthes douglasii

Blätter: wechselständig, gegenständig, einfach. Nebenblätter fehlend oder vorhanden
Blütenstand: Traube, cymös
Blüten: zwittrig, radiär. Kelchblätter 5. Kronblätter 5, frei, gelb, blau, lila, weiß. Staubblätter 5, verwachsen. Fruchtblätter 5, verwachsen, oberständig. Plazentation zentralwinkelständig
Frucht: Kapsel
Kennzeichen: Einjährige, Staude, Strauch. Kronblätter 5, frei. Staubblätter 5, verwachsen. Fruchtblätter 5, verwachsen, oberständig. Plazentation zentralwinkelständig. Kapsel

Radiola Hill

Ableitung: kleine Strahlenpflanze
Vulgärnamen: D:Zwergflachs; F:Radiole faux-lin
Arten: 1
Lebensform: Einjährige
Blätter: gegenständig, einfach. Nebenblätter fehlend
Blütenstand: Schirmrispe
Blüten: zwittrig, radiär. Kelchblätter 4. Kronblätter 4, frei, 3-zipflig. Staubblätter 4, verwachsen. Fruchtblätter 4, verwachsen, oberständig. Plazentation zentralwinkelständig
Frucht: Kapsel
Kennzeichen: Einjährige. Blätter gegenständig. Kronblätter 4, frei. Staubblätter 4, verwachsen. Fruchtblätter 4, verwachsen, oberständig. Plazentation zentralwinkelständig. Kapsel

Linaceae Leingewächse

1 Blüten 4-zählig. (Blätter gegenständig. Kelchblätter 3-4-zähnig) . . . . **Radiola**
1 Blüten 5-zählig
  2 Blätter ganzrandig, 1-nervig oder parallelnervig, sitzend. Griffel 5 . . . . **Linum**
  2 Blätter ± gesägt, fiedernervig, gestielt. Griffel 3-4 . . . . **Reinwardtia**

Linum L.

Ableitung: antiker Pflanzenname
Vulgärnamen: D:Flachs, Lein; E:Flax; F:Lin
Arten: 180-200
Lebensform: Einjährige, Staude, Strauch

Linum usitatissimum

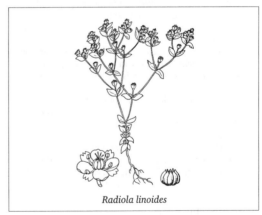

Radiola linoides

Reinwardtia Dumort.

Ableitung: Gattung zu Ehren von Caspar Georg Carl Reinwardt (1773-1854), einem niederländischen Botaniker deutscher Herkunft benannt
Vulgärnamen: D:Gelber Flachs; E:Yellow Flax
Arten: 1
Lebensform: Strauch, Baum
Blätter: wechselständig, einfach. Nebenblätter vorhanden
Blütenstand: einzeln, Schirmrispe, Traube
Blüten: zwittrig, radiär. Kelchblätter 5. Kronblätter 5, frei, gelb. Staubblätter 5, verwachsen. Fruchtblätter 3-4, verwachsen, oberständig. Plazentation zentralwinkelständig
Frucht: Kapsel

Kennzeichen: Strauch, Baum. Nebenblätter vorhanden. Kronblätter 5, frei, gelb. Staubblätter 5, verwachsen. Fruchtblätter 3-4, verwachsen, oberständig. Plazentation zentralwinkelständig. Kapsel

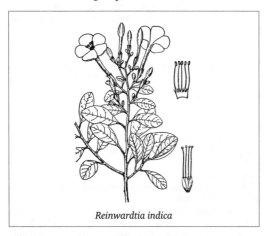

Reinwardtia indica

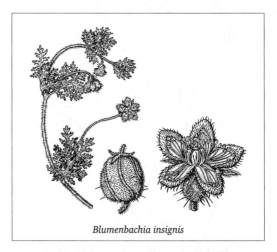

Blumenbachia insignis

Loasaceae Loasagewächse

1 Staubblätter in Gruppen. Kronblätter löffelförmig ausgehöhlt, mit 3-zipfeligen Nektarschuppen
2 Kapsel meist verdreht, mit Schlitzen platzend
3 Stängel rund. Blüten einzeln, seitlich. Plazenta ungeteilt . . . . **Blumenbachia**
3 Stängel 4-kantig. Blüten meist endständig. Plazenten 2-3-gabelig . . . . **Caiophora**
2 Kapsel nicht verdreht, von der Spitze her klappig
4 Kapsel keulig bis kugelig. Krone ± klappig in der Knospe . . . . **Loasa**
4 Kapsel lineal. Krone dachig in der Knospe . . . . **Scyphanthus**
1 Staubblätter nicht in Gruppen. Kronblätter flach, ohne Nektarschuppen
5 Fruchtblätter 4 oder 5. Samen in vielen Reihen je Plazenta . . . . **Eucnide**
5 Fruchtblätter 3. Samen in 1-2 Reihen je Plazenta . . . . **Mentzelia**

Blumenbachia Schrad.

Ableitung: Gattung zu Ehren von Johann Friedrich Blumenbach (1752-1840), einem deutschen Naturforscher benannt
Arten: 6
Lebensform: Einjährige, Zweijährige, mit Brennhaaren
Blätter: gegenständig, einfach. Nebenblätter fehlend
Blütenstand: einzeln oder zu mehreren, seitlich
Blüten: zwittrig, radiär. Kelchblätter 5. Kronblätter 5, weiß, mit Nektarschuppen. Staubblätter viele, in Gruppen. Fruchtblätter 5, verwachsen, unterständig, schraubig verdreht. Plazentation parietal
Frucht: Kapsel, wandspaltig
Kennzeichen: Einjährige, Zweijährige, mit Brennhaaren. Blätter gegenständig. Blüten einzeln. Kelchblätter 5. Kronblätter 5, frei, mit Nektarschuppen. Staubblätter viele, in Gruppen, verwachsen. Fruchtblätter 5, verwachsen, unterständig. Plazentation parietal. Kapsel

Caiophora C. Presl

Ableitung: Brennhaare tragend
Vulgärnamen: D:Brennwinde, Fackelbrennkraut; F:Liseron brûlant
Arten: 65
Lebensform: Staude, mit Brennhaaren
Blätter: gegenständig, einfach. Nebenblätter fehlend
Blütenstand: einzeln, endständig
Blüten: zwittrig, radiär. Kelchblätter 5. Kronblätter 5, gelb, rot, weiß, mit Nektarschuppen, weiß, gelb, rot, grün. Staubblätter viele, in Gruppen. Fruchtblätter 3-5, verwachsen, unterständig, oft schraubig verdreht. Plazentation parietal
Frucht: Kapsel
Kennzeichen: Einjährige, Staude, mit Brennhaaren. Blätter gegenständig. Blüten einzeln, endständig. Kelchblätter 5. Kronblätter 5, frei, mit Nektarschuppen. Staubblätter viele, in Gruppen. Fruchtblätter 3-5, verwachsen, unterständig. Plazentation parietal. Kapsel

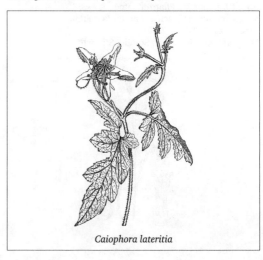

Caiophora lateritia

Eucnide Zucc.

Ableitung: schöne Nessel
Vulgärnamen: D:Schönnessel; F:Eucnide, Mentzelia
Arten: 8
Lebensform: Einjährige, Zweijährige, Staude, meist mit Brennhaaren
Blätter: wechselständig, gegenständig, einfach. Nebenblätter fehlend
Blütenstand: einzeln
Blüten: zwittrig, radiär. Kelchblätter 5. Kronblätter 5, frei oder verwachsen, ohne Nektarschuppen, gelb, weiß, orange. Staubblätter viele, einzeln, mit der Krone verwachsen oder frei. Fruchtblätter 4–5, verwachsen, unterständig. Plazentation parietal
Frucht: Kapsel mit 3–5 Klappen
Kennzeichen: Einjährige, Zweijährige, meist mit Brennhaaren. Blüten einzeln. Kronblätter 5, verwachsen oder frei. Staubblätter viele, verwachsen, mit der Krone verwachsen. Fruchtblätter 4–5, verwachsen, unterständig. Plazentation parietal. Kapsel mit Klappen

Eucnide cordata

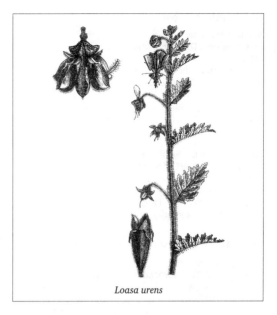

Loasa urens

Loasa Adans.

Ableitung: Herleitung unbekannt
Vulgärnamen: D:Loase; F:Loasa
Arten: 105
Lebensform: Einjährige, Zweijährige, Staude, Halbstrauch, mit Brennhaaren
Blätter: gegenständig oder zum Teil obere wechselständig, einfach oder zusammengesetzt. Nebenblätter fehlend
Blütenstand: einzeln, Traube, Rispe
Blüten: zwittrig, radiär. Kelchblätter 5. Kronblätter 5, mit Nektarschuppen, gelb, weiß, rot. Staubblätter viele, in Gruppen. Fruchtblätter 3–5, verwachsen, unterständig, meist gedreht. Plazentation parietal
Frucht: Kapsel
Kennzeichen: Einjährige, Zweijährige, Staude, Halbstrauch, mit Brennhaaren. Kronblätter 5, frei, mit Nektarschuppen. Staubblätter viele, in Gruppen, verwachsen. Fruchtblätter 3–5, verwachsen, unterständig. Plazentation parietal. Kapsel

Mentzelia L.

Ableitung: Gattung zu Ehren von Christian Mentzel (1622–1701), einem deutschen Arzt und Botaniker benannt
Arten: 60
Lebensform: Einjährige, Staude, Strauch, selten Baum. ohne Brennhaare
Blätter: gegenständig, obere wechselständig, einfach. Nebenblätter fehlend
Blütenstand: einzeln, Traube, cymös
Blüten: zwittrig, radiär. Kelchblätter 5–10. Kronblätter 5–10, frei oder verwachsen, ohne Nektarschuppen, weiß, gelb, orange. Staubblätter 10 bis viele, einzeln oder in Gruppen. Fruchtblätter 3, verwachsen, unterständig. Plazentation parietal
Frucht: Kapsel mit 3–7 Klappen
Kennzeichen: Einjährige, Staude, Strauch, ohne Brennhaare. Blätter gegenständig, obere wechselständig. Kronblätter 5–10, frei. Staubblätter 10 bis viele, einzeln oder in Gruppen. Fruchtblätter 3, verwachsen, unterständig. Plazentation parietal. Kapsel mit 3–7 Klappen

Mentzelia lindleyi

Scyphanthus Sweet

Ableitung: Becher-Blüte
Vulgärnamen: D:Becherblume
Arten: 2
Lebensform: Einjährige, kletternd, ohne Brennhaare
Blätter: gegenständig, einfach. Nebenblätter fehlend
Blütenstand: Dichasien
Blüten: zwittrig, radiär. Kelchblätter 5. Kronblätter 5, mit Nektarschuppen, gelb. Staubblätter viele, in Gruppen. Fruchtblätter 3, verwachsen, unterständig. Plazentation parietal
Frucht: Kapsel mit Schlitzen
Kennzeichen: Einjährige, ohne Brennhaare. Blätter gegenständig. Blüten in Dichasien. Kelchblätter 5. Kronblätter 5, mit Nektarschuppen, frei. Staubblätter viele, in Gruppen, verwachsen. Fruchtblätter 3, verwachsen, unterständig. Plazentation parietal. Kapsel

Loganiaceae Brechnussgewächse

1 Frucht eine Beere
  2 Nebenblätter vorhanden. Kronblätter gedreht in der Knospe . . . . **Fagraea**
  2 Nebenblätter fehlend. Kronblätter klappig in der Knospe . . . . **Strychnos**
1 Frucht eine Kapsel
  3 Kronblätter dachig in der Knospe
    4 Blüten gelb. Samen geflügelt . . . . **Gelsemium**
    4 Blüten weiß oder rot. Samen ungeflügelt . . . . **Logania**
  3 Kronblätter klappig in der Knospe. (Stauden oder Einjährige) . . . . **Spigelia**

Fagraea Thunb.

Ableitung: Gattung zu Ehren von Johan Theodor Fagraeus (1729-1797), einem schwedischen Botaniker benannt
Arten: 35
Lebensform: Baum, Strauch, Liane, immergrün
Blätter: gegenständig, einfach. Nebenblätter vorhanden
Blütenstand: einzeln, cymös
Blüten: zwittrig, radiär. Kelchblätter 5. Kronblätter 5, selten 6-7, verwachsen, gedreht in der Knospe, weiß, gelblich. Staubblätter 5-8, verwachsen mit der Krone. Fruchtblätter 2, verwachsen, oberständig. Plazentation zentralwinkelständig
Frucht: Beere
Kennzeichen: Baum, Strauch. Blätter gegenständig. Nebenblätter vorhanden. Kronblätter 5-7, gedreht in der Knospe. Fruchtblätter 2, verwachsen, oberständig. Beere

Gelsemium Juss.

Ableitung: nach einem italienischen Pflanzennamen
Vulgärnamen: D:Jasminwurzel; E:Yellow Jessamine; F:Jasmin de Virginie
Arten: 3
Lebensform: Liane, immergrün
Blätter: gegenständig, einfach. Nebenblätter ± vorhanden
Blütenstand: einzeln, Büschel
Blüten: zwittrig, radiär. Kelchblätter 5. Kronblätter 5, verwachsen, dachig in der Knospe, gelb. Staubblätter 5, verwachsen mit der Krone. Fruchtblätter 2, verwachsen, oberständig. Plazentation zentralwinkelständig
Frucht: Kapsel
Kennzeichen: Liane. Blätter gegenständig. Nebenblätter vorhanden. Kronblätter 5, dachig in der Knospe, gelb. Staubblätter 5, mit der Krone verwachsen. Fruchtblätter 2, verwachsen, oberständig. Kapsel

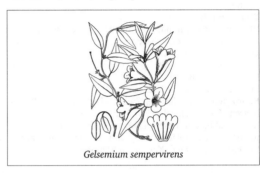

Gelsemium sempervirens

Logania R. Br.

Ableitung: Gattung zu Ehren von James Logan (1674-1751), einem irischen Gouverneur von Pennsylvania benannt
Arten: 25
Lebensform: Halbstrauch, Strauch, Kraut
Blätter: gegenständig, einfach. Nebenblätter vorhanden
Blütenstand: Rispe, Köpfchen, einzeln, Dichasium
Blüten: zwittrig, radiär. Kelchblätter 4-5. Kronblätter 4-5, verwachsen, dachig in der Knospe, weiß, rosa. Staubblätter 4-5, verwachsen mit der Krone. Fruchtblätter 2, verwachsen, oberständig. Plazentation zentralwinkelständig
Frucht: Kapsel
Kennzeichen: Halbstrauch, Strauch, Kraut. Blätter gegenständig. Nebenblätter vorhanden. Kronblätter 4-5, dachig in der Knospe. Staubblätter 4-5, mit der Krone verwachsen. Fruchtblätter 2, verwachsen, oberständig. Kapsel

Logania longifolia

Spigelia L.

Ableitung: Gattung zu Ehren von Adriaan van den Spieghel (1578-1625), einem niederländischen Arzt und Botaniker benannt

Vulgärnamen: D:Amerikanische Nelkenwurz, Spigelie; E:Pink Root, Worm Grass; F:Spigélia
Arten: c. 50
Lebensform: Einjährige, Staude
Blätter: gegenständig, einfach. Nebenblätter vorhanden
Blütenstand: Ähre
Blüten: zwittrig, radiär. Kelchblätter 5. Kronblätter 5, verwachsen, klappig in der Knospe, rot, gelb, purpurn. Staubblätter 5, verwachsen mit der Krone. Fruchtblätter 2, verwachsen, oberständig. Plazentation zentralwinkelständig
Frucht: Kapsel
Kennzeichen: Einjährige, Staude. Blätter gegenständig. Nebenblätter vorhanden. Kronblätter 5, klappig in der Knospe. Fruchtblätter 2, verwachsen, oberständig. Kapsel

Spigelia marilandica

Strychnos L.

Ableitung: antiker Pflanzenname
Vulgärnamen: D:Brechnuss; E:Strychnine Tree; F:Strychnos, Vomiquier

Strychnos spinosa

Arten: c. 190
Lebensform: Baum, Strauch, Liane, zum Teil mit Ranken oder Dornen
Blätter: gegenständig, einfach. Nebenblätter vorhanden
Blütenstand: cymös
Blüten: zwittrig, radiär. Kelchblätter 4-5. Kronblätter 4-5, verwachsen, klappig in der Knospe, weiß, gelblich. Staubblätter 4-5, verwachsen mit der Krone. Fruchtblätter 2, verwachsen, oberständig. Plazentation zentralwinkelständig
Frucht: Beere

Kennzeichen: Baum, Strauch, Liane. Blätter gegenständig. Nebenblätter vorhanden. Blüten radiär. Kronblätter 4-5, klappig in der Knospe. Fruchtblätter 2, verwachsen, oberständig. Plazentation zentralwinkelständig. Beere

Loranthaceae Riemenblumengewächse

1 Pflanzen immergrün. Blüten einzeln oder zu 2 . . . . **Arceuthobium**
1 Pflanzen sommergrün. Blüten in Trauben . . . . **Loranthus**

Arceuthobium M. Bieb.

Arten: 31
Lebensform: Strauch, immergrün. Halbschmarotzer auf Gehölzen
Blätter: gegenständig, einfach. Nebenblätter fehlend
Blütenstand: einzeln, zu 2
Blüten: eingeschlechtig, radiär. Perigonblätter 2-5, verwachsen. Staubblätter 2-5, verwachsen mit dem Perigon. Fruchtknoten unterständig
Frucht: Beere
Kennzeichen: Halbschmarotzer auf Gehölzen, immergrün. Blätter gegenständig. Blüten einzeln oder zu 2. Perigonblätter 2-5, verwachsen. Staubblätter 2-5, verwachsen mit dem Perigon. Fruchtknoten unterständig. Beere

Loranthus Jacq.

Ableitung: Riemen-Blüte
Vulgärnamen: D:Riemenblume
Arten: 1
Lebensform: Baum, Strauch, laubwerfend. Halbschmarotzer
Blätter: gegenständig, wechselständig, einfach. Nebenblätter fehlend
Blütenstand: Traube
Blüten: eingeschlechtig, zwittrig, radiär. Perigonblätter 4-6, frei oder verwachsen, grün bis gelb. Staubblätter 4-6, verwachsen mit dem Perigon. Fruchtknoten unterständig
Frucht: Beere
Kennzeichen: Baum, Strauch, laubwerfend. Halbschmarotzer. Blüten in Trauben. Perigonblätter 4-6, grün bis gelb. Staubblätter 4-6, verwachsen mit dem Perigon. Fruchtknoten unterständig. Beere

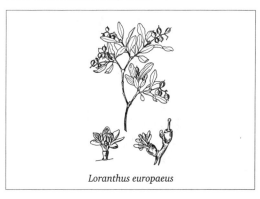

Loranthus europaeus

Lythraceae Blutweiderichgewächse

1 Achsenbecher (Hypanthium) am Grund ausgebaucht. Blüten ± zygomorph . . . . . **Cuphea**
1 Achsenbecher (Hypanthium) nicht ausgebaucht. Blüten radiär
  2 Blüten 8-16-zählig. (Samen geflügelt) . . . . **Lafoensia**
  2 Blüten 4-6-zählig, wenn 8-zählig, Samen nicht geflügelt
    3 Fruchtblätter 3-6
      4 Blüten in Rispen
        5 Kronblätter 6. Staubblätter viele bis 12. . . . . **Lagerstroemia**
        5 Kronblätter 4. Staubblätter 8 . . . . **Lawsonia**
      4 Blüten in Dichasien oder einzeln
        6 Blüten in seitlichen Dichasien, purpurn, meist 5-zählig. . . . . **Decodon**
        6 Blüten einzeln, gelb, 6-zählig . . . . **Heimia**
    3 Fruchtblätter 2
      7 Pflanze aufrecht. Blüten in Trauben oder Ähren. Achsenbecher walzenförmig . . . . **Lythrum**
      7 Pflanzen kriechend. Blüten einzeln oder zu 2. Achsenbecher kegelförmig . . . . **Peplis**

Cuphea P. Browne

Ableitung: Höcker-Pflanze
Vulgärnamen: D:Köcherblümchen; F:Cuphéa, Fleurcigarette
Arten: 260
Lebensform: Einjährige, Staude, Strauch
Blätter: gegenständig oder quirlständig, einfach. Nebenblätter fehlend
Blütenstand: einzeln, Traube, Rispe
Blüten: zwittrig, zygomorph. Kelchblätter sehr kurz, Achsenbecher am Grund ausgesackt. Kronblätter 6,4,2 oder fehlend, rosa, purpurn, rot, gelb, weiß. Staubblätter 6-11, frei von der Krone. Fruchtblätter 2, verwachsen, mittelständig. Plazentation zentralwinkelständig
Frucht: Kapsel
Kennzeichen: Einjährige, Staude, Strauch. Blätter gegenständig oder quirlständig. Blüten mit röhrenförmigem Achsenbecher, zygomorph, mit 6,4,2 oder fehlenden Kronblättern. Fruchtknoten mittelständig. Plazentation zentralwinkelständig

Decodon J.F. Gmel.

Ableitung: zehn Zähne
Arten: 1
Lebensform: Halbstrauch, laubwerfend
Blätter: gegenständig oder quirlständig, einfach. Nebenblätter fehlend
Blütenstand: Dichasium, seitlich
Blüten: zwittrig, radiär. Achsenbecher mit 4-5 Kelchblättern. Kronblätter 5, selten 4-7, frei, purpurn. Staubblätter 10 oder 8, frei. Fruchtblätter 3(4-2), verwachsen, mittelständig. Plazentation zentralwinkelständig
Frucht: Kapsel, fachspaltig
Kennzeichen: Halbstrauch. Blätter gegenständig oder quirlständig. Blüten mit Achsenbecher, radiär. Kronblätter meist 5, purpurn. Staubblätter 10, selten 8. Fruchtblätter 3(4-2), verwachsen, mittelständig. Plazentation zentralwinkelständig. Kapsel fachspaltig

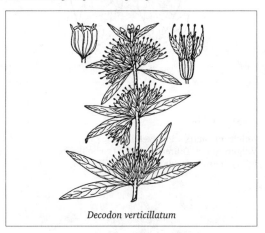

Decodon verticillatum

Cuphea ignea

Heimia Link et Otto

Ableitung: Gattung zu Ehren von Ernst Ludwig Heim (1747-1834), einem deutschen Arzt und Botaniker benannt
Arten: 3
Lebensform: Strauch, laubwerfend
Blätter: gegenständig oder wechselständig, einfach
Blütenstand: einzeln, seitlich
Blüten: zwittrig, radiär. Kelchblätter (5-)6. Kronblätter 6, frei, gelb. Staubblätter 10-22, frei von der Krone. Fruchtblätter 4, verwachsen, mittelständig. Plazentation zentralwinkelständig
Frucht: Kapsel fachspaltig
Kennzeichen: Strauch, laubwerfend. Blüten einzeln, mit Achsenbecher, radiär, mit 6 gelben Kronblättern und 10-22 Staubblättern. Fruchtblätter 4, verwachsen, mittelständig. Plazentation zentralwinkelständig. Kapsel

Lythraceae Blutweiderichgewächse 609

Heimia salicifolia

Lafoensia Vand.

Ableitung: Gattung zu Ehren von Don Juan de Lafôes (1719-1806), dem Stifter der Akademie von Lissabon benannt
Arten: 11
Lebensform: Baum, Strauch, immergrün
Blätter: gegenständig, einfach
Blütenstand: Traube, Rispe, endständig
Blütenstand: zwittrig, radiär. Achsenbecher vorhanden. Kelchblätter 8-16. Kronblätter 10-12, frei, cremefarben, weiß. Staubblätter 11-40. Fruchtblätter 2-4, verwachsen, mittelständig, gestielt
Frucht: Kapsel, fachspaltig
Kennzeichen: Baum, Strauch, immergrün. Blätter gegenständig. Blüten mit Achsenbecher. Staubblätter 10-12. Fruchtblätter 2-4, verwachsen, mittelständig, gestielt. Kapsel, fachspaltig

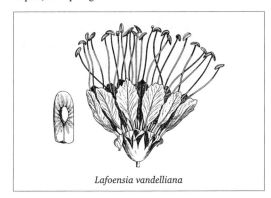

Lafoensia vandelliana

Lagerstroemia L.

Ableitung: Gattung zu Ehren von Magnus von Lagerström (1691-1759), einem Schweden und Freund des Botanikers Linné benannt

Vulgärnamen: D:Kräuselmyrte, Lagerströmie; E:Crape Myrtle; F:Lagerose, Lilas des Indes
Arten: 53
Lebensform: Baum, Strauch, laubwerfend oder immergrün
Blätter: gegenständig, einfach. Nebenblätter vorhanden
Blütenstand: Rispe
Blüten: zwittrig, radiär, mit Achsenbecher. Kelchblätter 6. Kronblätter 6, frei, purpurn, rosa, weiß, genagelt. Staubblätter 12 bis viele. Fruchtblätter 3-6, verwachsen, mittelständig. Plazentation zentralwinkelständig
Frucht: Kapsel
Kennzeichen: Baum, Strauch, laubwerfend oder immergrün. Blätter gegenständig. Blüten mit Achsenbecher, radiär, mit 6 Kelchblättern und 6 Kronblättern. Staubblätter 12 bis viele. Fruchtblätter 3-6, verwachsen, mittelständig. Plazentation zentralwinkelständig. Kapsel

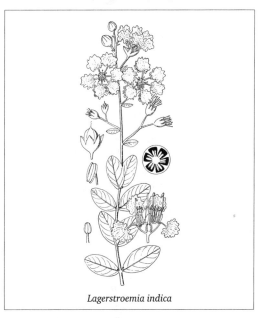

Lagerstroemia indica

Lawsonia L.

Ableitung: Gattung zu Ehren von Isaac Lawson (?-1747), einem schottischen Arzt und Botaniker benannt
Vulgärnamen: D:Hennastrauch; E:Henna; F:Henné
Arten: 1
Lebensform: Strauch
Blätter: gegenständig, einfach. Nebenblätter vorhanden
Blütenstand: Rispe
Blüten: zwittrig, radiär. Kelchblätter 4. Kronblätter 4, frei, weiß, cremefarben. Staubblätter 8, frei von der Krone. Fruchtblätter 4, verwachsen, mittelständig. Plazentation zentralwinkelständig
Frucht: Kapsel nicht aufspringend
Kennzeichen: Strauch. Blätter gegenständig. Nebenblätter vorhanden. Blüten radiär, mit 6 Kelchblättern und 6 Kronblättern. Staubblätter 12 bis viele. Fruchtblätter 3-6, verwachsen, mittelständig. Plazentation zentralwinkelständig. Kapsel nicht aufspringend

610 Magnoliaceae Magnoliengewächse

Lawsonia inermis

Lythrum L.

Ableitung: Blut-Pflanze
Vulgärnamen: D:Weiderich; E:Loosestrife; F:Salicaire
Arten: 38
Lebensform: Einjährige, Staude, Halbstrauch
Blätter: wechselständig, gegenständig oder quirlständig, einfach. Nebenblätter fehlend
Blütenstand: Ähren, Traube, endständig
Blüten: zwittrig, radiär, mit Achsenbecher. Kelchblätter 4–8. Kronblätter 4–8 oder fehlend, lila, rosa, weiß. Staubblätter 2–12, frei von der Krone. Fruchtblätter 2, verwachsen, mittelständig. Plazentation zentralwinkelständig
Frucht: Kapsel wandspaltig

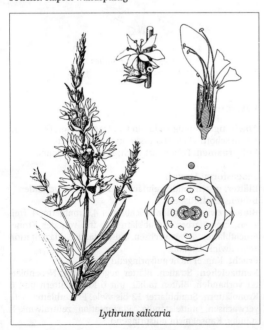
Lythrum salicaria

Kennzeichen: Einjährige, Staude, Halbstrauch. Blüten in Ähren oder Trauben, mit Achsenbecher, radiär, mit 4 bis 8 Kelchblättern und 4–8 Kronblättern. Staubblätter 2–12, frei. Fruchtknoten 2, verwachsen, mittelständig. Plazentation zentralwinkelständig. Kapsel wandspaltig

Peplis L.

Ableitung: antiker Pflanzenname
Vulgärnamen: D:Sumpfquendel; F:Péplis
Arten: 3
Lebensform: Einjährige
Blätter: gegenständig oder wechselständig, einfach
Blütenstand: einzeln, zu 2
Blüten: zwittrig, radiär. Kelchblätter 4 oder 6. Kronblätter 4, 6 oder fehlend, purpurn. Staubblätter 2, 4 oder 6, frei von der Krone. Fruchtblätter 2, verwachsen, mittelständig. Plazentation zentralwinkelständig
Frucht: Kapsel unregelmäßig aufspringend
Kennzeichen: Einjährige. Blüten einzeln oder zu 2, mit Achsenbecher, radiär, mit 4 oder 6 Kelchblätter, Kronblättern 4, 6 oder fehlend, purpurn. Staubblätter 2, 4 oder 6. Fruchtblätter 2, verwachsen, mittelständig. Plazentation zentralwinkelständig

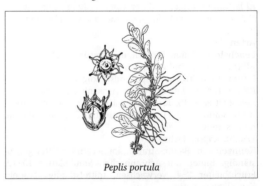
Peplis portula

Magnoliaceae Magnoliengewächse

1 Blätter gelappt, an der Spitze mit tiefem Einschnitt. Frucht mit vielen Nüsschen. . . . . .**Liriodendron**
1 Blätter ganzrandig. Frucht mit Balgfrüchtchen
  2 Blüten endständig. (2 Samen je Fruchtblatt). . . . .**Magnolia**
  2 Blüten blattachselständig. (2 bis mehr Samen je Fruchtblatt) . . . .**Michelia**

Liriodendron L.

Ableitung: Lilien-Baum
Vulgärnamen: D:Tulpenbaum; E:Tulip Tree; F:Tulipier
Arten: 2
Lebensform: Baum, laubwerfend. Ölzellen
Blätter: wechselständig, einfach, vorne 2-lappig. Nebenblätter vorhanden, zunächst tütenförmig verwachsen
Blütenstand: einzeln
Blüten: zwittrig, radiär. Blütenhüllblätter 9–17, frei, gelb. Staubblätter viele, frei. Fruchtblätter viele, frei, oberständig, auf verlängerter Blütenachse (Torus). Plazentation marginal

Frucht: Flügelnüsse
Kennzeichen: Baum, laubwerfend. Blätter 2-lappig. Nebenblätter zunächst tütenförmig verwachsen. Blüten einzeln. Blütenhüllblätter 9-17, gelb. Staubblätter viele. Fruchtblätter viele, frei, auf verlängerter Blütenachse. Flügelnüsse

Liriodendron tulipifera

Magnolia L.

Ableitung: Gattung zu Ehren von Pierre Magnol (1638-1715), einem französischen Botaniker benannt
Vulgärnamen: D:Magnolie; E:Magnolia; F:Magnolia, Magnolier
Arten: 130
Lebensform: Baum, Strauch, laubwerfend oder immergrün. Ölzellen
Blätter: wechselständig, einfach. Nebenblätter vorhanden, zunächst tütenförmig verwachsen
Blütenstand: Blüten einzeln, endständig
Blüten: zwittrig, radiär. Blütenhüllblätter 6 bis viele, frei, weiß, rosa, purpurn. Staubblätter viele, frei. Fruchtblätter viele, frei, oberständig, auf verlängerter Blütenachse (Torus). Plazentation marginal
Frucht: Bälge

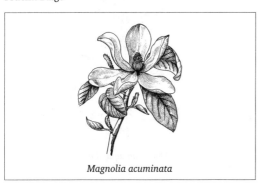

Magnolia acuminata

Kennzeichen: Baum, Strauch, laubwerfend oder immergrün. Nebenblätter zunächst tütenförmig verwachsen. Blüten einzeln, endständig. Blütenhüllblätter 6 bis viele. Staubblätter viele. Fruchtblätter viele, frei, auf verlängerter Blütenachse. Bälge

Michelia L.

Ableitung: Gattung zu Ehren von Pietro Antonio Micheli (1679-1737), einem italienischen Botaniker benannt
Arten: 49
Lebensform: Baum, Strauch, immergrün oder laubwerfend. Ölzellen
Blätter: wechselständig, einfach. Nebenblätter vorhanden, zunächst tütenförmig verwachsen
Blütenstand: einzeln, seitlich
Blüten: zwittrig, radiär. Blütenhüllblätter 6 bis viele, frei, weiß, rosa, purpurn, selten gelb. Staubblätter viele, frei. Fruchtblätter viele, frei, oberständig, auf verlängerter Blütenachse (Torus). Plazentation marginal
Frucht: Bälge
Kennzeichen: Baum, Strauch, laubwerfend oder immergrün. Nebenblätter zunächst tütenförmig verwachsen. Blüten einzeln, seitlich. Blütenhüllblätter 6 bis viele. Staubblätter viele. Fruchtblätter viele, frei, an verlängerter Blütenachse. Bälge

Michelia champaca

Malphigiaceae

1 Fruchtblätter frei. (3 Flügelnüsschen) . . . .
. . . . **Banisteriopsis**
1 Fruchtblätter verwachsen
  2 Frucht eine Kapsel. (Kelch an der Frucht vergrößert). . . . . **Thryallis**
  2 Frucht eine Steinfrucht
    3 Staubfäden kahl. (Griffel frei) . . . . .**Malpighia**
    3 Staubfäden behaart
      4 Staubfäden bärtig. . . . . **Byrsonima**
      4 Staubfäden kahl. . . . . **Bunchosia**

Banisteriopsis C.B. Rob. ex Small

Ableitung: vom Aussehen einer Banisteria
Arten: 92
Lebensform: Liane, Strauch, Baum
Blätter: gegenständig oder quirlständig, einfach. Nebenblätter vorhanden

Blütenstand: Dolde, cymös, endständig
Blüten: zwittrig, radiär. Kelchblätter 5. Kronblätter 5, frei, gelb, rosa, weiß. Staubblätter 10, frei von der Krone. Fruchtblätter 3, verwachsen, oberständig. Plazentation zentralwinkelständig
Frucht: 3 Flügelnüsschen
Kennzeichen: Liane, Strauch, Baum. Blätter gegenständig oder quirlständig. Nebenblätter vorhanden. Kronblätter 5, frei. Staubblätter 10. Fruchtblätter 3, verwachsen, oberständig. 3 Flügelnüsschen

Banisteriopsis

Bunchosia Rich. ex Kunth

Ableitung: nach dem arabischen Wort für Kaffee
Arten: 55
Lebensform: Baum, Strauch, immergrün
Blätter: gegenständig, einfach. Nebenblätter vorhanden
Blütenstand: Traube
Blüten: zwittrig, radiär. Kelchblätter 5. Kronblätter 5, frei, gelb, weiß. Staubblätter 10, am Grund verwachsen. Fruchtblätter 3, verwachsen, oberständig. Plazentation zentralwinkelständig
Frucht: Steinfrucht
Kennzeichen: Baum, Strauch, immergrün. Blätter gegenständig. Nebenblätter vorhanden. Kronblätter 5, frei. Staubblätter 10, am Grund verwachsen. Fruchtblätter 3, verwachsen, oberständig. Steinfrucht

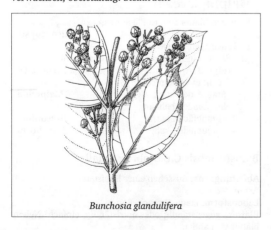

Bunchosia glandulifera

Byrsonima Rich. ex Kunth

Ableitung: Lederpflanze
Arten: 130–150
Lebensform: Baum, Strauch, Liane
Blätter: gegenständig, einfach. Nebenblätter vorhanden
Blütenstand: Traube
Blüten: zwittrig, radiär. Kelchblätter 5. Kronblätter 5, frei, gelb, orange. Staubblätter 10, frei oder am Grund verwachsen, bärtig am Grund. Fruchtblätter 3, verwachsen, oberständig. Plazentation zentralwinkelständig
Frucht: Steinfrucht
Kennzeichen: Baum, Strauch, Baum. Blätter gegenständig. Nebenblätter vorhanden. Kronblätter 5, frei. Staubblätter 10, bärtig am Grund. Fruchtblätter 3, verwachsen, oberständig. Steinfrucht

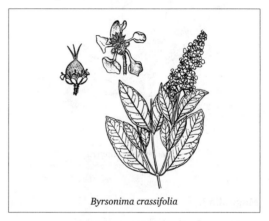

Byrsonima crassifolia

Malpighia L.

Ableitung: Gattung zu Ehren von Marcello Malpighi (1628–1694), einem italienischen Botaniker benannt
Vulgärnamen: D:Barbadoskirsche; E:Barbados Cherry; F:Cerisier des Antilles
Arten: c. 40
Lebensform: Strauch, Baum, Liane

Malpighia aquifolia

Blätter: gegenständig, einfach. Nebenblätter vorhanden
Blütenstand: einzeln, Dolde, Traube, Schirmrispe
Blüten: zwittrig, radiär. Kelchblätter 5. Kronblätter 5, frei, rosa, purpurn, weiß, ± gefranst am Rand. Staubblätter 10, am Grund verwachsen, frei von der Krone. Fruchtblätter 3, verwachsen, oberständig. Plazentation zentralwinkelständig
Frucht: Steinfrucht
Kennzeichen: Strauch, Baum, Liane. Blätter gegenständig. Nebenblätter vorhanden. Kronblätter 5, frei, ± gefranst. Staubblätter 10, am Grund verwachsen. Fruchtblätter 3, verwachsen, oberständig. Steinfrucht

Thryallis Mart.

Ableitung: antiker Pflanzenname
Arten: 3
Lebensform: Strauch, Halbstrauch
Blätter: gegenständig, einfach. Nebenblätter vorhanden
Blütenstand: Traube
Blüten: zwittrig, radiär. Kelchblätter 5. Kronblätter 5, frei, gelb, rötlich. Staubblätter 10, frei oder am Grund verwachsen. Fruchtblätter 3, verwachsen, oberständig. Plazentation zentralwinkelständig
Frucht: Kapsel mit vergrößertem Kelch
Kennzeichen: Strauch. Blätter gegenständig. Nebenblätter vorhanden. Kronblätter 5, frei. Staubblätter 10. Fruchtblätter 3, verwachsen, oberständig. Kapsel mit vergrößertem Kelch

Thryallis latifolia

Malvaceae Malvengewächse

```
 1  Frucht beerenartig . . . . . . . . . . Malvaviscus
 1  Frucht trocken
  2  Frucht eine Kapsel mit mehrsamigen Fächern.
     (Fruchtblätter 3–5)
   3  Außenkelchblätter frei
    4  Narben kopfig
     5  Kelch radiär . . . . . . . . . . . . . Hibiscus
     5  Kelch an einer Seite gespalten . . . . . . . .
        . . . . . . . . . . . . . . . . . . Abelmoschus
    4  Narben keulig oder herablaufend
     6  Außenkelch schülferig . . . . . . . Lagunaria
     6  Außenkelch nicht schülferig
      7  Samen kahl oder höchstens kurz behaart . .
         . . . . . . . . . . . . . . . . . . . Thespesia
      7  Samen mit langen Flughaaren . . . . . . . .
         . . . . . . . . . . . . . . . . . . . Gossypium
   3  Außenkelchblätter verwachsen, länger als der
      Kelch
    8  Außenkelchblätter 4–10. Narben keulig . . . .
       . . . . . . . . . . . . . . . . . . . . Alyogyne
    8  Außenkelchblätter 3. Narben scheibenartig . .
       . . . . . . . . . . . . . . . . . . . . Wercklea
  2  Frucht eine Spaltfrucht oder unregelmäßig
     aufreißend nur 1- 2-samige Frucht
   9  Frucht 1-fächrig, mit 1–2 Samen . . . . . . . .
      . . . . . . . . . . . . . . . . . . . .Plagianthus
   9  Frucht eine Spaltfrucht
    10  Teilfrüchte mit 2 bis mehr Samen, sich
        öffnend
     11  Kelch ohne Außenkelch
      12  Narbe scheibenartig . . . . . . Wissadula
      12  Narbe fadenförmig oder heulig. . . . . .
          . . . . . . . . . . . . . . . . . . Abutilon
     11  Kelch mit Außenkelch
      13  Außenkelchblätter 3–5, verwachsen . . . .
          . . . . . . . . . . . . . . . . . Anisodontea
      13  Außenkelchblätter 3–1, frei
       14  Narbe kopfig . . . . . . . . . . .Modiola
       14  Narbe fadenförmig oder keulig . . . .
           . . . . . . . . . . . . . . . . . Sphaeralcea
    10  Teilfrüchte 1-samig
     15  Frucht stockwerkartig gegliedert
      16  Außenkelchblätter fehlend. Narbe kopfig .
          . . . . . . . . . . . . . . . . . . . . Palaua
      16  Außenkelchblätter vorhanden. Narbe
          fadenförmig
       17  Außenkelchblätter 3, groß. . . . . Malope
       17  Außenkelchblätter 6–9, am Grund
           verwachsen. . . . . . . . . . . Kitaibelia
     15  Frucht in einer Ebene spaltend
      18  Narben 10 kopfige bei 5 Fruchtblättern
       19  Blütenstand mit Hülle . . . . . . Malachra
       19  Blütenstand ohne Hülle
        20  Pflanze kauliflor (Blüten auch aus
            dickeren Zweigen. Außenkelch groß, rot
            oder rotnervig . . . . . . . . . .Goethea
        20  Pflanze nicht kauliflor. Außenkelchblätter
            schmal, grün
         21  Fruchtblätter gleichmäßig mit
             widerhakigen Stacheln . . . . . . Urena
         21  Fruchtblätter ohne widerhakige
             Stacheln, nur mit gelegentlich 1–3
             Borsten. . . . . . . . . . . . . . Pavonia
      18  Narben ebenso viele wie Fruchtblätter
       22  Außenkelchblätter verwachsen. (Narben
           fadenförmig
        23  Fruchtachse erhöht. . . . . . . Lavatera
        23  Fruchtachse nicht erhöht
         24  Blüten 6–10 cm im Durchmesser.
             Staubblattsäule 5-kantig . . . . . Alcea
         24  Blüten bis 3 cm im Durchmesser.
             Staubblattsäule rund . . . . . Althaea
       22  Außenkelchblätter frei oder fehlend oder
           Deckblätter nicht unmittelbar unter der
           Blüte
        23  Narbe kopfig
```

```
         24  Fruchtblätter mit senkrechten Flügeln
               am Rücken. . . . . . . . . . . . Hoheria
         24  Fruchtblätter nicht geflügelt
           25  Außenkelchblätter 3 . . . Malvastrum
           25  Außenkelchblätter fehlen
             26  Teilfrüchte gewöhnlich mit 2 Stacheln
                  . . . . . . . . . . . . . . . . . . Sida
             26  Teilfrüchte ohne Stacheln . . . Anoda
      23  Narbe fadenförmig
         27  Pflanzen zweihäusig . . . . . . Napaea
         27  Pflanzen mit zwittrigen Blüten
           28  Staubfäden am Ende der Säule einzeln
             29  Fruchtblätter geschnäbelt . . . . . .
                  . . . . . . . . . . . . . . . Callirhoe
             29  Fruchtblätter nicht geschnäbelt . . .
                  . . . . . . . . . . . . . . . . . Malva
           28  Staubfäden am Ende zumindest
                teilweise in 5 Bündeln
             30  Staubfäden in 5 Bündeln an der
                  Spitze der Säule . . . . . Lawrencia
             30  Staubfäden am Ende der Säule äußere
                  in 5 Bündeln, innere viele nicht
                  gebündelt . . . . . . . . . . Sidalcea
```

Die Malvengewächse sind gewöhnlich verhältnismäßig leicht zu erkennen an ihren vielen zu einer Säule verwachsenen Staubblättern. Diese Säule hängt mit den am Grund verwachsenen Kronblättern zusammen, die in der Knospe gedreht sind. Weniger auffällig sind die nur 1-fächerigen Antheren. Typisch für viele Malvaceen sind auch der Außenkelch und eine höhere Fruchtblattzahl als 5. Mit der ganzen Ordnung der Malvales gemeinsam sind meist Sternhaare, Schleimzellen und ein in der Knospe klappiger Kelch.

Abelmoschus Medik.

Ableitung: arabischer Pflanzenname
Vulgärnamen: D:Bisameibisch; F:Gombo, Okra
Arten: 20
Lebensform: Einjährige, Staude, Strauch
Blätter: wechselständig, einfach. Nebenblätter vorhanden
Blütenstand: einzeln, selten Traube
Blüten: zwittrig, Außenkelch bis 16-blättrig frei. Kelch an einer Seite gespalten. Kronblätter 5, am Grund zusammenhängend, radiär, gelb, rosa, weiß. Staubblätter verwachsen, mit der Krone zusammenhängend. Fruchtblätter 5, verwachsen, oberständig. Narben so viele wie Fruchtblätter. Narben kopfig. Plazentation zentralwinkelständig

Abelmoschus manihot

Frucht: Kapsel, fachspaltig, Samen viele je Fach
Kennzeichen: Malvacee. Einjährige, Staude, Strauch. Außenkelchblätter 4-bis 16 frei. Kelch an einer Seite gespalten. Fruchtblätter 5. Narben kopfig. Kapsel fachspaltig mit vielen Samen je Fach

Abutilon Mill.

Ableitung: nach einem arabischen Pflanzennamen
Vulgärnamen: D:Sammetmalve, Samtpappel, Schönmalve; E:Flowering Maple, Indian Mallow; F:Abutilon, Lanterne chinoise
Arten: c. 160
Lebensform: Einjährige, Staude, Strauch, Baum
Blätter: wechselständig, einfach. Nebenblätter vorhanden
Blütenstand: einzeln, Traube, Rispe, seitlich
Blüten: zwittrig, Kelch und fehlender Außenkelch. Kronblätter 5, am Grund zusammenhängend, radiär, gelb, orange, weiß, lila, purpurn. Staubblätter verwachsen, mit der Krone zusammenhängend. Fruchtblätter 5 bis viele, verwachsen, oberständig. Narben so viel wie Fruchtblätter. Narben fadenförmig oder keulig. Plazentation zentralwinkelständig
Frucht: Spaltfrucht, Samen 9–3 je Fach
Kennzeichen: Malvacee. Einjährige, Staude, Strauch, Baum. Außenkelch fehlend. Fruchtblätter 5 bis viele. Narben fadenförmig oder keulig. Spaltfrucht mit 3–9 Samen je Fach

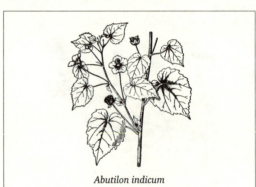
Abutilon indicum

Alcea L.

Ableitung: nach einem griechischen Pflanzennamen
Vulgärnamen: D:Stockrose; E:Hollyhook; F:Rose trémière
Arten: 60
Lebensform: Staude, Einjährige, Zweijährige
Blätter: wechselständig, einfach. Nebenblätter vorhanden
Blütenstand: Traube, Ähre
Blüten: zwittrig, Kelch und 5- bis 11-blättriger, verwachsener Außenkelch. Blüten bis 10 cm im Durchmesser. Kronblätter 5, am Grund zusammenhängend, radiär, rosa, lila, gelb, weiß. Staubblätter verwachsen zu einer 5-kantigen Säule, mit der Krone zusammenhängend. Fruchtblätter 15–40, verwachsen, oberständig. Narben so viele wie Fruchtblätter. Narben fadenförmig. Plazentation zentralwinkelständig

Frucht: Spaltfrucht, Samen 1 je Fach
Kennzeichen: Malvacee. Einjährige oder Zweijährige. Außenkelch mit 5–11 verwachsenen Blättern. Blüten bis 10 cm im Durchmesser. Fruchtblätter 15–40, Narben so viel wie Fruchtblätter, fadenförmig. Spaltfrucht mit 1 Samen je Fach

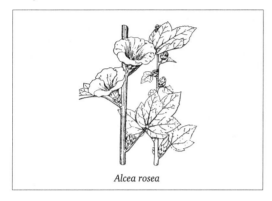

Alcea rosea

Althaea L.

Ableitung: antiker Pflanzenname
Vulgärnamen: D:Eibisch, Stockmalve; E:Marsh Mallow; F:Guimauve
Arten: 12
Lebensform: Staude, Einjährige
Blätter: wechselständig, einfach. Nebenblätter vorhanden
Blütenstand: einzeln, Büschel
Blüten: zwittrig, Kelch und 6- bis 10-blättriger, verwachsener Außenkelch. Kronblätter 5, am Grund zusammenhängend, radiär, rosa, lila. Staubblätter verwachsen zu einer runden Säule, mit der Krone zusammenhängend. Fruchtblätter 8–25, verwachsen, oberständig. Narben so viele wie Fruchtblätter. Narben fadenförmig. Plazentation zentralwinkelständig

Althaea officinalis

Frucht: Spaltfrucht, Samen 1 je Fach
Kennzeichen: Malvacee. Staude. Einjährige. Außenkelch aus 6–10 verwachsenen Blättern. Staubblattsäule rund. Fruchtblätter 8–25, Narben so viele wie Fruchtblätter, fadenförmig. Spaltfrucht mit 1 Samen je Fach

Alyogyne Alef.

Ableitung: fest vereinigter Griffel (Narben und Griffel fest verwachsen)
Vulgärnamen: D:Blauer Hibiscus; E:Lilac Hibiscus; F:Alyogyne, Hibiscus bleu
Arten: 4
Lebensform: Strauch
Blätter: wechselständig, einfach. Nebenblätter vorhanden
Blütenstand: einzeln
Blüten: zwittrig, Kelch und 4- bis 10-blättriger, verwachsener Außenkelch. Kronblätter 5, am Grund zusammenhängend, radiär, lila, weiß. Staubblätter verwachsen, mit der Krone zusammenhängend. Fruchtblätter 5, verwachsen, oberständig. Narben so viel wie Fruchtblätter. Narben keulig. Plazentation zentralwinkelständig
Frucht: Kapsel, Samen viele je Fach
Kennzeichen: Malvacee. Strauch. Außenkelch verwachsen aus 4–10 Blättern. Fruchtblätter 5. Narben keulig. Kapsel mit vielen Samen je Fach

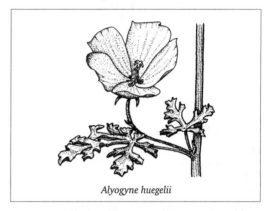

Alyogyne huegelii

Anisodontea C. Presl

Ableitung: mit ungleichen Zähnen
Arten: 19
Lebensform: Staude, Strauch
Blätter: wechselständig, einfach oder zusammengesetzt. Nebenblätter vorhanden
Blütenstand: einzeln, Büschel, seitlich
Blüten: zwittrig, Kelch und 3- bis 5-blättriger, verwachsener Außenkelch. Kronblätter 5, am Grund zusammenhängend, radiär, weiß, lila, rosa. Staubblätter verwachsen, mit der Krone zusammenhängend. Fruchtblätter 5–26, verwachsen, oberständig. Narben so viele wie Fruchtblätter. Narben kopfig oder fadenförmig. Plazentation zentralwinkelständig
Frucht: Spaltfrucht, Samen 6–1 je Fach
Kennzeichen: Malvacee. Staude oder Strauch. Außenkelch verwachsen aus 3–5 Blättern. Fruchtblätter 5–26. Spaltfrucht mit 6–1 Samen je Fach

Anoda Cav.

Ableitung: nach einem Pflanzennamen in Sri Lanka (nicht: knotenlose Pflanze)
Arten: 23
Lebensform: Einjährige, Staude, Strauch
Blätter: wechselständig, einfach. Nebenblätter vorhanden
Blütenstand: einzeln, Büschel, Traube, seitlich
Blüten: zwittrig, Kelch und fehlender Außenkelch. Kronblätter 5, am Grund zusammenhängend, radiär, weiß, gelb, lila. Staubblätter verwachsen, mit der Krone zusammenhängend. Fruchtblätter 5–20, verwachsen, oberständig. Narben so viel wie Fruchtblätter. Narben kopfig. Plazentation zentralwinkelständig
Frucht: Spaltfrucht, Samen 1 je Fach
Kennzeichen: Malvacee. Einjährige, Staude, Strauch. Außenkelch fehlend. Fruchtblätter 5–20. Narben so viel wie Fruchtblätter, kopfig. Spaltfrucht mit 1 Samen je Fach

Anoda cristata

Callirhoe Nutt.

Ableitung: nach dem Namen einer Quellnymphe
Vulgärnamen: D:Mohnmalve; E:Poppy Mallow; F:Mauve-pavot
Arten: 8
Lebensform: Staude, Halbstrauch, Einjährige
Blätter: wechselständig, einfach. Nebenblätter vorhanden
Blütenstand: einzeln, Büschel, Traube

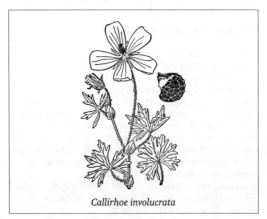

Callirhoe involucrata

Blüten: zwittrig, Kelch und 3-blättriger oder fehlender Außenkelch. Kronblätter 5, am Grund zusammenhängend, radiär, weiß, rosa, purpurn. Staubblätter verwachsen, mit der Krone zusammenhängend. Fruchtblätter 10–20, verwachsen, oberständig, geschnäbelt. Narbe so viel wie Fruchtblätter. Narben fadenförmig. Plazentation zentralwinkelständig
Frucht: Spaltfrucht, Samen 1 je Fach
Kennzeichen: Malvacee. Staude, Halbstrauch, Einjährige. Außenkelch 3-blättrig oder fehlend. Fruchtblätter 10–20, geschnäbelt. Narbe so viel wie Fruchtblätter, fadenförmig. Spaltfrucht mit 1 Samen je Fach

Goethea Nees

Ableitung: Gattung zu Ehren von Johann Wolfgang von Goethe (1749–1832), dem botanisch interessierten deutschen Dichter benannt
Arten: 2
Lebensform: Staude
Blätter: wechselständig, einfach. Nebenblätter vorhanden
Blütenstand: einzeln, Büschel, seitlich, Blüten an dicken Zweigen (kauliflor)
Blüten: zwittrig, Kelch und 4- bis 6-blättriger Außenkelch, rot oder rotnervig. Kronblätter 5, am Grund zusammenhängend, radiär, weiß, rot, purpurn, kastanienbraun. Staubblätter verwachsen, mit der Krone zusammenhängend. Fruchtblätter 5, verwachsen, oberständig. Narben 2 mal so viel wie Fruchtblätter. Narben kopfig. Plazentation zentralwinkelständig
Frucht: Spaltfrucht, Samen 1 je Fach
Kennzeichen: Malvacee. Staude. Blüten kauliflor. Außenkelch 4- bis 6-blättrig, rot oder rotnervig. Fruchtblätter 5. Spaltfrucht mit 1 Samen je Fach

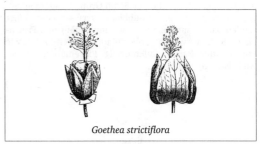

Goethea strictiflora

Gossypium L.

Ableitung: antiker Pflanzenname
Vulgärnamen: D:Baumwolle; E:Cotton; F:Cotonnier
Arten: 39
Lebensform: Einjährige, Staude, Strauch, Baum
Blätter: wechselständig, einfach. Nebenblätter vorhanden
Blütenstand: ± einzeln, seitlich
Blüten: zwittrig, Kelch und Außenkelch mit 3–7 freien Blättern. Kronblätter 5, am Grund zusammenhängend, radiär, gelb, rosa, weiß, cremefarben. Staubblätter verwachsen, mit der Krone zusammenhängend. Fruchtblätter 5–3, verwachsen, oberständig. Narben so viele wie Fruchtblätter. Narben herablaufend oder keulig. Plazentation zentralwinkelständig

Frucht: Kapsel, fachspaltig, Samen 2 bis mehrere je Fach, mit langen Flughaaren
Kennzeichen: Malvacee. Einjährige, Staude, Strauch, Baum. Außenkelch mit 3–7 freien Blättern. Fruchtblätter 5–3. Kapsel, fachspaltig, Samen 2 bis mehrere je Fach, mit langen Flughaaren

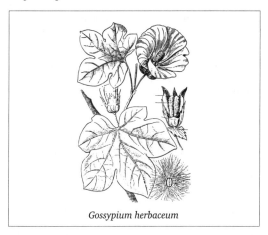

Gossypium herbaceum

Hibiscus L.

Ableitung: nach einem antiken Pflanzennamen
Vulgärnamen: D:Roseneibisch; E:Giant Mallow, Rose Mallow; F:Ketmie, Rose de Chine
Arten: c. 220
Lebensform: Staude, Einjährige, Strauch, Baum, immergrün oder laubwerfend
Blätter: wechselständig, einfach. Nebenblätter vorhanden
Blütenstand: einzeln, Büschel
Blüten: zwittrig, Kelch radiär und 3- bis vielblättriger Außenkelch. Kronblätter 5, am Grund zusammenhängend, radiär, weiß, gelb, rosa, rot. Staubblätter verwachsen, mit der Krone zusammenhängend. Fruchtblätter 5, verwachsen, oberständig. Narben so viele wie Fruchtblätter. Narben kopfig. Plazentation zentralwinkelständig
Frucht: Kapsel fachspaltig, Samen 3 bis mehr je Fach
Kennzeichen: Malvacee. Staude, Einjährige, Strauch, Baum, immergrün oder laubwerfend. Kelch radiär und 3- bis vielblättriger Außenkelch. Fruchtblätter 5. Kapsel fachspaltig, Samen 3 bis mehr je Fach

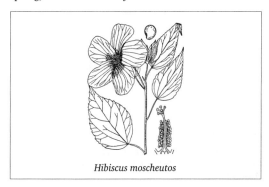

Hibiscus moscheutos

Hoheria A. Cunn.

Ableitung: nach einem Pflanzennamen bei den Maori in Neuseeland
Vulgärnamen: D:Hoherie, Neuseelandeibisch; E:Lacebark; F:Hohéria
Arten: 5
Lebensform: Strauch, Baum, immergrün oder sommergrün
Blätter: wechselständig, einfach. Nebenblätter vorhanden
Blütenstand: einzeln, Büschel, seitlich
Blüten: zwittrig, Kelch und ohne Außenkelch. Kronblätter 5, am Grund zusammenhängend, radiär, weiß. Staubblätter verwachsen, mit der Krone zusammenhängend. Fruchtblätter 5–15, verwachsen, oberständig. Narben so viel wie Fruchtblätter. Narben kopfig. Plazentation zentralwinkelständig
Frucht: Spaltfrucht, Teilfrüchte mit senkrechten Flügeln am Rücken. Samen 1 je Fach
Kennzeichen: Malvacee. Strauch, Baum, immergrün oder sommergrün. Außenkelch fehlend. Fruchtblätter 5–15. Narben kopfig, so viel wie Fruchtblätter. Spaltfrucht, Teilfrüchte mit senkrechten Flügeln am Rücken. Samen 1 je Fach

Hoheria glabrata

Kitaibelia Willd.

Vulgärnamen: D:Kitaibelie
Arten: 2
Lebensform: Staude
Blätter: wechselständig, einfach. Nebenblätter vorhanden
Blütenstand: einzeln, Büschel
Blüten: zwittrig, Kelch und 6- bis 9-blättriger, am Grund verwachsener Außenkelch. Kronblätter 5, am Grund zusammenhängend, radiär, weiß, rosa. Staubblätter verwachsen, mit der Krone zusammenhängend. Fruchtblätter viele, stockwerkartig übereinander, verwachsen, oberständig. Narben so viele wie Fruchtblätter. Narben fadenförmig. Plazentation zentralwinkelständig
Frucht: Spaltfrucht mit mehreren Stockwerken, Samen 1 je Fach
Kennzeichen: Malvacee. Staude. Außenkelch mit 6–9, am Grund verwachsenen Blättern. Fruchtblätter viele. Spaltfrucht mit mehreren Stockwerken, Samen 1 je Fach

618 Malvaceae Malvengewächse

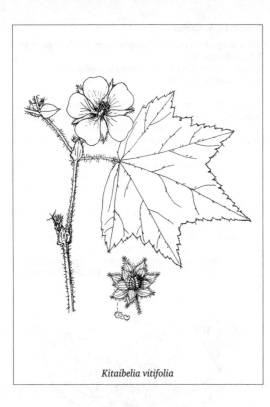

Kitaibelia vitifolia

Lagunaria (DC.) Rchb.

Ableitung: Gattung zu Ehren von Andrés de Laguna (1494–1560), einem Leibarzt Kaiser Karls V. benannt
Vulgärnamen: D:Norfolkeibisch; E:Norfolk Island Hibiscus; F:Lagunaria

Lagunaria patersonii

Arten: 1
Lebensform: Baum, immergrün
Blätter: wechselständig, einfach. Nebenblätter vorhanden
Blütenstand: einzeln
Blüten: zwittrig, Kelch und 3-blättriger, freier, schülferhaariger Außenkelch. Kronblätter 5, am Grund zusammenhängend, radiär, rosa, lila. Staubblätter verwachsen, mit der Krone zusammenhängend. Fruchtblätter 5, verwachsen, oberständig. Narben so viele wie Fruchtblätter. Narben keulig. Plazentation zentralwinkelständig
Frucht: Kapsel, fachspaltig, Samen mehrere je Fach
Kennzeichen: Malvacee. Baum, immergrün. Außenkelch schülferhaarig, aus 3 freien Blättern. Fruchtblätter 5. Narben keulig. Kapsel fachspaltig, Samen mehrere je Fach

Lavatera L.

Ableitung: Gattung zu Ehren von Johann Heinrich Lavater (1611–1691), einem schweizerischen Arzt und Naturforscher benannt
Vulgärnamen: D:Malve, Strauchpappel; E:Tree Mallow; F:Lavatère
Arten: 25
Lebensform: Staude, Einjährige, Strauch, Zweijährige
Blätter: wechselständig, einfach. Nebenblätter vorhanden
Blütenstand: einzeln, Büschel, Traube, seitlich oder endständig
Blüten: zwittrig, Kelch und 3- oder 6-blättriger, verwachsener Außenkelch. Kronblätter 5, am Grund zusammenhängend, radiär, weiß, rosa, lila, blau. Staubblätter verwachsen, mit der Krone zusammenhängend. Fruchtblätter 5–20, verwachsen, oberständig. Narben fadenförmig, so viele wie Fruchtblätter. Plazentation zentralwinkelständig
Frucht: Spaltfrucht, Samen 1 je Fach. Fruchtachse erhöht
Kennzeichen: Malvacee. Staude, Einjährige, Strauch, Zweijährige. Außenkelch aus 3 oder 6 verwachsenen Blättern. Fruchtblätter 5–20. Narben so viele wie Fruchtblätter, fadenförmig. Spaltfrucht, Samen 1 je Fach. Fruchtachse erhöht

Lavatera thuringiaca

Lawrencia Hook.

Ableitung: Gattung zu Ehren von Robert William Lawrence (1807–1833), einem Pflanzensammler in Australien benannt

Arten: 12
Lebensform: Strauch, Halbstrauch
Blätter: wechselständig, einfach. Nebenblätter vorhanden
Blütenstand: Rispe
Blüten: zwittrig bis zweihäusig, Kelch und ohne Außenkelch. Kronblätter 5, am Grund zusammenhängend, radiär. Staubblätter verwachsen, an der Spitze der Säule in 5 Bündeln, mit der Krone zusammenhängend. Fruchtblätter 2–11, verwachsen, oberständig. Narben fadenförmig, so viele wie Fruchtblätter. Plazentation zentralwinkelständig
Frucht: Spaltfrucht, Samen 1 je Fach
Kennzeichen: Malvacee. Strauch, Halbstrauch. Außenkelch fehlend. Staubblätter an der Spitze der Säule in 5 Bündeln. Fruchtblätter 2–11. Narben fadenförmig. Spaltfrucht mit 1 Samen je Fach

Lawrencia spicata

Malachra L.

Ableitung: Malven-Pflanze
Arten: 6–8
Lebensform: Einjährige, Staude, Halbstrauch
Blätter: wechselständig, einfach. Nebenblätter vorhanden
Blütenstand: Köpfchen mit Hülle, endständig, seitlich

Blüten: zwittrig, Kelch und mit oder ohne Außenkelch. Kronblätter 5, am Grund zusammenhängend, radiär, weiß, gelb, blau. Staubblätter verwachsen, mit der Krone zusammenhängend. Fruchtblätter 5, verwachsen, oberständig. Narben 10, kopfig, 2 mal so viele wie Fruchtblätter. Plazentation zentralwinkelständig
Frucht: Spaltfrucht, Samen 1 je Fach
Kennzeichen: Malvacee. Einjährige, Staude, Halbstrauch. Blüten in Köpfchen mit Hülle. Fruchtblätter 5. Narben 10, kopfig. Spaltfrucht mit 1 Samen je Fach

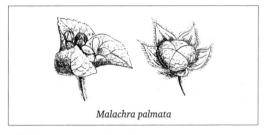

Malachra palmata

Malope L.

Ableitung: einer Malve ähnlich
Vulgärnamen: D:Trichtermalve; E:Annual Mallow; F:Malope
Arten: 4
Lebensform: Einjährige
Blätter: wechselständig, einfach. Nebenblätter vorhanden
Blütenstand: einzeln
Blüten: zwittrig, Kelch und 3-blättriger, am Grund verwachsener Außenkelch. Kronblätter 5, am Grund zusammenhängend, radiär, weiß, rosa, violett. Staubblätter verwachsen, mit der Krone zusammenhängend. Fruchtblätter

Malope trifida

viele, stockwerkartig übereinander, verwachsen, oberständig. Narben fadenförmig, so viel wie Fruchtblätter. Plazentation zentralwinkelständig
Frucht: Spaltfrucht, stockwerkartig, Samen 1 je Fach
Kennzeichen: Malvacee. Einjährige. Außenkelch aus 3 verwachsenen Blättern. Fruchtblätter viele. Narben fadenförmig, so viele wie Fruchtblätter. Spaltfrucht, stockwerkartig, Samen 1 je Fach

Malva L.

Ableitung: antiker Pflanzenname
Vulgärnamen: D:Malve; E:Mallow; F:Mauve
Arten: c. 20
Lebensform: Einjährige, Staude, Zweijährige, Halbstrauch
Blätter: wechselständig, einfach. Nebenblätter vorhanden
Blütenstand: einzeln, Büschel, Traube, seitlich, endständig
Blüten: zwittrig, Kelch und 3- bis 2-blättriger Außenkelch. Kronblätter 5, am Grund zusammenhängend, radiär, purpurn, lila, weiß, rosa. Staubblätter verwachsen, mit der Krone zusammenhängend. Fruchtblätter 6–12, verwachsen, oberständig. Narben fadenförmig, so viel wie Fruchtblätter. Plazentation zentralwinkelständig
Frucht: Spaltfrucht, Samen 1 je Fach
Kennzeichen: Malvacee. Einjährige, Staude, Zweijährige, Halbstrauch. Außenkelch 3- bis 2-blättrig. Fruchtblätter 6–12. Narben fadenförmig, so viel wie Fruchtblätter. Spaltfrucht mit 1 Samen je Fach. Gattung ohne besonderes Sondermerkmal

Malva sylvestris

Malvastrum A. Gray

Ableitung: unechte Malve
Vulgärnamen: D:Scheinmalve; E:Malvastrum; F:Faussemauve
Arten: 14
Lebensform: Einjährige, Staude, Strauch
Blätter: wechselständig, einfach. Nebenblätter vorhanden
Blütenstand: einzeln, Büschel, Traube, Ähre, seitlich, endständig
Blüten: zwittrig, Kelch und 3-blättriger Außenkelch oder ohne Außenkelch. Kronblätter 5, am Grund zusammenhängend, radiär, gelb, orange, rot. Staubblätter verwachsen, mit der Krone zusammenhängend. Fruchtblätter 5–18, verwachsen, oberständig. Narben so viele wie Fruchtblätter. Narben kopfig. Plazentation zentralwinkelständig
Frucht: Spaltfrucht, Samen 1 je Fach
Kennzeichen: Malvacee. Einjährige, Staude, Strauch. Außenkelch 3-blättrig oder fehlend. Fruchtblätter 5–18. Narben kopfig, so viele wie Fruchtblätter. Spaltfrucht mit 1 Samen je Fach

Malvastrum campanulatum

Malvaviscus Fabr.

Ableitung: aus Malva und Hibiscus gebildet
Vulgärnamen: D:Beerenmalve; E:Sleepy Mallow; F:Malvaviscus
Arten: 3
Lebensform: Strauch, Baum, Liane
Blätter: wechselständig, einfach. Nebenblätter vorhanden
Blütenstand: einzeln, Traube, seitlich, endständig
Blüten: zwittrig, Kelch und 6- bis 16-blättriger Außenkelch. Kronblätter 5, am Grund zusammenhängend, radiär, rot, weiß. Staubblätter verwachsen, mit der Krone zusammenhängend. Fruchtblätter 5, verwachsen, oberständig. Narben kopfig, 2 mal so viele wie Fruchtblätter. Plazentation zentralwinkelständig
Frucht: Beere, Samen 1 je Fach
Kennzeichen: Malvacee. Strauch, Baum, Liane. Fruchtblätter 5. Frucht eine Beere

Malvaceae Malvengewächse 621

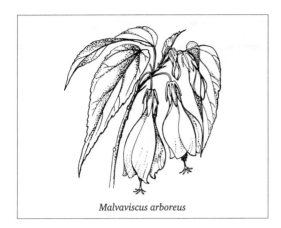
Malvaviscus arboreus

Modiola Moench

Ableitung: kleines Gefäß
Arten: 1
Lebensform: Einjährige, Staude
Blätter: wechselständig, einfach. Nebenblätter vorhanden
Blütenstand: einzeln
Blüten: zwittrig, Kelch und Außenkelch aus 3 freien Blättern. Kronblätter 5, am Grund zusammenhängend, radiär, orange. Staubblätter verwachsen, mit der Krone zusammenhängend. Fruchtblätter 16–22, verwachsen, oberständig. Narben kopfig, so viele wie Fruchtblätter. Plazentation zentralwinkelständig
Frucht: Spaltfrucht, Samen 2 je Fach
Kennzeichen: Malvacee. Einjährige, Staude. Außenkelch aus 3 freien Blättern. Fruchtblätter 16–22. Narben kopfig. Spaltfrucht mit 2 Samen je Fach

Napaea L.

Ableitung: Waldnymphe
Arten: 1
Lebensform: Staude

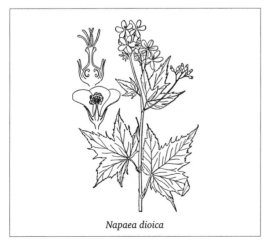
Napaea dioica

Blätter: wechselständig, einfach. Nebenblätter vorhanden
Blütenstand: Rispe, endständig
Blüten: zweihäusig, Kelch und fehlender Außenkelch. Kronblätter 5, am Grund zusammenhängend, radiär, weiß. Staubblätter verwachsen, mit der Krone zusammenhängend. Fruchtblätter 6–10, verwachsen, oberständig. Narben so viel wie Fruchtblätter. Narben fadenförmig. Plazentation zentralwinkelständig
Frucht: Spaltfrucht, Samen 1 je Fach
Kennzeichen: Malvacee. Staude. Blüten zweihäusig. Außenkelch fehlend. Fruchtblätter 6–10, Narben so viele wie Fruchtblätter, fadenförmig. Spaltfrucht mit 1 Samen je Fach

Palaua Cav.

Ableitung: Gattung zu Ehren von Antonio Palau y Verdera (?–1793), einem spanischen Botaniker benannt
Arten: 15
Lebensform: Staude, Einjährige
Blätter: wechselständig, einfach. Nebenblätter vorhanden
Blütenstand: einzeln, seitlich
Blüten: zwittrig, Kelch und fehlender Außenkelch. Kronblätter 5, am Grund zusammenhängend, radiär, weiß, rosa, lila, purpurn. Staubblätter verwachsen, mit der Krone zusammenhängend. Fruchtblätter viele, stockwerkartig übereinander, verwachsen, oberständig. Narben so viel wie Fruchtblätter, kopfig. Plazentation zentralwinkelständig
Frucht: Spaltfrucht, stockwerkartig, Samen 1 je Fach
Kennzeichen: Malvacee. Staude. Einjährige. Außenkelch fehlend. Fruchtblätter viele. Narben kopfig. Spaltfrucht, stockwerkartig, Samen 1 je Fach

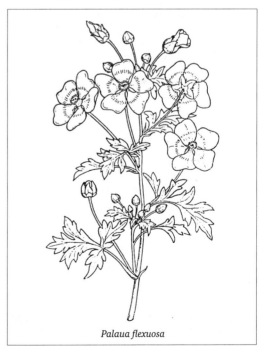
Palaua flexuosa

Pavonia Cav.

Ableitung: Gattung zu Ehren von José Antonio Pavón (1754–1840), einem spanischen Botaniker benannt
Arten: 150
Lebensform: Staude, Strauch, Baum
Blätter: wechselständig, einfach. Nebenblätter vorhanden
Blütenstand: einzeln, Büschel, Rispe, seitlich
Blüten: zwittrig, Kelch und 4- bis 22-blättriger Außenkelch mit freien oder ± verwachsenen Außenkelchblättern. Kronblätter 5, am Grund zusammenhängend, radiär, weiß, gelb, purpurn, lila. Staubblätter verwachsen, mit der Krone zusammenhängend. Fruchtblätter 5, verwachsen, oberständig. Narben 10, 2-mal so viele wie Fruchtblätter, kopfig. Plazentation zentralwinkelständig
Frucht: Spaltfrucht, Teilfrüchte gelegentlich mit 1–3 Borsten, Samen 1 je Fach
Kennzeichen: Malvacee. Staude, Strauch, Baum. Fruchtblätter 5, Narben 10, 2-mal so viele wie Fruchtblätter, kopfig. Spaltfrucht, Teilfrüchte gelegentlich mit 1–3 Borsten, Samen 1 je Fach

Frucht: Frucht 1-fächrig, unregelmäßig aufreißend. Samen 1, selten 2
Kennzeichen: Malvacee. Baum, Strauch. Frucht 1-fächrig, unregelmäßig aufreißend. Samen 1, selten 2

Plagianthus divaricatus

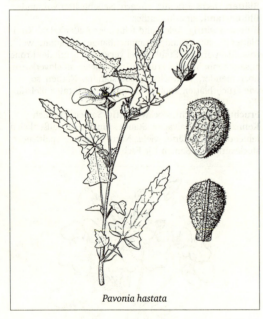
Pavonia hastata

Plagianthus J.R. Forst. et G. Forst.

Ableitung: schiefe Blüte
Vulgärnamen: D:Streifenrinde; E:Ribbon Wood; F:Plagianthe
Arten: 2
Lebensform: Baum, Strauch
Blätter: wechselständig, einfach. Nebenblätter vorhanden
Blütenstand: Rispe, einzeln
Blüten: eingeschlechtig oder zwittrig, Kelch und ohne Außenkelch. Kronblätter 5, am Grund zusammenhängend, radiär, gelb, weiß. Staubblätter 8–20, verwachsen, mit der Krone zusammenhängend. Fruchtknoten 1-fächrig, oberständig. Griffel 2, selten 3. Narben keulig. Plazentation zentralwinkelständig

Sida L.

Ableitung: antiker Pflanzenname
Vulgärnamen: D:Virginiamalve; E:Virginia Mallow; F:Mauve de Virginie
Arten: c. 100
Lebensform: Staude, Strauch
Blätter: wechselständig, einfach. Nebenblätter vorhanden
Blütenstand: Ähre, Köpfchen, einzeln, seitlich, endständig
Blüten: zwittrig, ohne Außenkelch. Kronblätter 5, am Grund zusammenhängend, radiär, gelb, weiß, orange, rosa, lila. Staubblätter verwachsen, mit der Krone zusammenhängend. Fruchtblätter 5–14, verwachsen, oberständig. Narbe so viel wie Fruchtblätter, kopfig. Plazentation zentralwinkelständig
Frucht: Spaltfrucht, Teilfrüchte gewöhnlich mit 2 Stacheln. Samen 1 je Fach
Kennzeichen: Malvacee. Staude. Strauch. Außenkelch fehlend. Fruchtblätter 5–14, Narben so viel wie Fruchtblätter, kopfig. Spaltfrucht, Teilfrüchte gewöhnlich mit 2 Stacheln. Samen 1 je Fach

Sida hermaphrodita

Sidalcea A. Gray

Ableitung: Sida-Alcea
Vulgärnamen: D:Doppelmalve, Präriemalve, Schmuckmalve; E:False Mallow, Prairie Mallow; F:Mauve de la Prairie
Arten: 20
Lebensform: Staude, Einjährige, Halbstrauch
Blätter: wechselständig, einfach oder zusammengesetzt. Nebenblätter vorhanden
Blütenstand: Traube, Ähre, Köpfchen, endständig
Blüten: zwittrig oder eingeschlechtig, Kelch und mit Außenkelch oder ohne. Kronblätter 5, am Grund zusammenhängend, radiär, rosa, weiß, gelblich, purpurn. Staubblätter verwachsen, mit der Krone zusammenhängend, am Ende der Säule 5 äußere Bündel, innen viele ungebündelte. Fruchtblätter 5–9, verwachsen, oberständig. Narben so viel wie Fruchtblätter. Narben fadenförmig. Plazentation zentralwinkelständig
Frucht: Spaltfrucht, Samen 1 je Fach
Kennzeichen: Malvacee. Staude, Einjährige, Halbstrauch. Staubfäden am Ende der Säule 5 äußere Bündel, innen viele ungebündelte. Fruchtblätter 5–9. Narben so viel wie Fruchtblätter. Narben fadenförmig. Spaltfrucht, Samen 1 je Fach

Sidalcea malvaeflora

Sphaeralcea A. St.-Hil.

Ableitung: Kugel-Alcea
Vulgärnamen: D:Kugelmalve; E:False Mallow, Globe Mallow; F:Sphéralcée
Arten: c. 60
Lebensform: Staude, Einjährige, Strauch
Blätter: wechselständig, einfach. Nebenblätter vorhanden
Blütenstand: Büschel, Traube, Rispe, einzeln, seitlich, endständig
Blüten: zwittrig, Kelch und Außenkelch aus 1–3 freien Blättern. Kronblätter 5, am Grund zusammenhängend, radiär, weiß, gelb, orange, rosa, lila, violett. Staubblätter verwachsen, mit der Krone zusammenhängend. Fruchtblätter 5–20, verwachsen, oberständig. Narben so viel wie Fruchtblätter, fadenförmig oder keulig. Plazentation zentralwinkelständig
Frucht: Spaltfrucht, Samen 3–1 je Fach
Kennzeichen: Malvacee. Staude, Einjährige, Strauch. Außenkelch aus 1–3 freien Blättern. Fruchtblätter 5–20. Narben fadenförmig oder keulig. Spaltfrucht, Samen 3–1 je Fach

Sphaeralcea munroana

Thespesia Sol. ex Corrêa

Ableitung: herrliche Pflanze
Vulgärnamen: D:Tropeneibisch; E:Portia Tree; F:Thespésia
Arten: 17
Lebensform: Baum, Strauch
Blätter: wechselständig, einfach. Nebenblätter vorhanden
Blütenstand: einzeln, selten Büschel oder Traube, seitlich
Blüten: zwittrig. Außenkelch aus 3 bis vielen freien Blättern. Kronblätter 5, am Grund zusammenhängend, radiär, weiß, gelb, rosenrot. Staubblätter verwachsen, mit der Krone zusammenhängend. Fruchtblätter 3–5, verwachsen, oberständig. Narben so viele wie Fruchtblätter, keulig. Plazentation zentralwinkelständig
Frucht: Kapsel, Samen 3–4 je Fach
Kennzeichen: Malvacee. Baum, Strauch. Außenkelch aus 3 bis vielen freien Blättern. Fruchtblätter 3–5. Narben keulig. Kapsel, Samen 3–4 je Fach

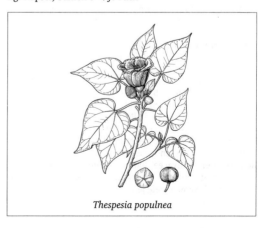
Thespesia populnea

Urena L.

Ableitung: nach einem Pflanzennamen in Indien
Arten: 6
Lebensform: Strauch
Blätter: wechselständig, einfach. Nebenblätter vorhanden
Blütenstand: einzeln, Büschel, Traube, endständig
Blüten: zwittrig, Kelch und 5-blättriger Außenkelch. Kronblätter 5, am Grund zusammenhängend, radiär, lavendelfarben, rosa. Staubblätter verwachsen, mit der Krone zusammenhängend. Fruchtblätter 5, verwachsen, oberständig. Narben10, 2 mal so viele wie Fruchtblätter, kopfig. Plazentation zentralwinkelständig
Frucht: Spaltfrucht, Teilfrüchte mit widerhakigen Stacheln und 1 Samen
Kennzeichen: Malvacee. 5-blättriger Außenkelch. Fruchtblätter 5, Narben10, kopfig. Spaltfrucht, Teilfrüchte mit widerhakigen Stacheln und 1 Samen

Wercklea

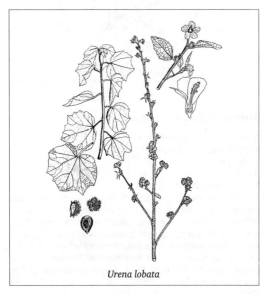
Urena lobata

Wercklea Pittier et Standl.

Ableitung: Gattung zu Ehren von Karl Wercklé (1860–1924), einem französischen Botaniker benannt
Arten: 12
Lebensform: Baum, Strauch
Blätter: wechselständig, einfach. Nebenblätter vorhanden
Blütenstand: einzeln, Büschel
Blüten: zwittrig, Kelch und 3-blättriger, verwachsener Außenkelch. Kronblätter 5, am Grund zusammenhängend, radiär, gelb, rosenrot. Staubblätter verwachsen, mit der Krone zusammenhängend. Fruchtblätter 5, verwachsen, oberständig. Narben so viele wie Fruchtblätter, scheibenartig. Plazentation zentralwinkelständig
Frucht: Kapsel, Samen viele je Fach
Kennzeichen: Malvacee. Baum, Strauch. 3-blättriger, verwachsener Außenkelch. Fruchtblätter 5. Narben scheibenartig. Kapsel, Samen viele je Fach

Wissadula Medik.

Ableitung: Pflanzenname in Indien
Arten: 40
Lebensform: Halbstrauch, Kräuter
Blätter: wechselständig, einfach. Nebenblätter vorhanden
Blütenstand: einzeln, Rispe, Ähre, endständig
Blüten: zwittrig, Kelch und ohne Außenkelch. Kronblätter 5, am Grund zusammenhängend, radiär, gelb, weiß. Staubblätter verwachsen, mit der Krone zusammenhängend. Fruchtblätter 3-6, verwachsen, oberständig. Griffel so viel wie Fruchtblätter. Narben scheibenartig. Plazentation zentralwinkelständig
Frucht: Spaltfrucht, selten Kapsel, Samen 3-1 je Fach
Kennzeichen: Malvacee. Halbstrauch, Kräuter. ohne Außenkelch. Fruchtblätter 3-6. Narben scheibenartig. Spaltfrucht, selten Kapsel, Samen 3-1 je Fach

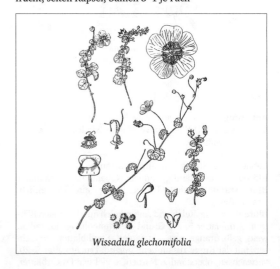
Wissadula glechomifolia

Marcgraviaceae Honigbechergewächse

Marcgravia L.

Ableitung: Gattung zu Ehren von Georg Markgraf (ca. 1610-1644), einem deutschen Naturforscher benannt
Arten: 45
Lebensform: Liane, immergrün
Blätter: wechselständig, einfach. Nebenblätter fehlend
Blütenstand: Traube, Dolde
Blüten: zwittrig, radiär. Kelchblätter 5. Kronblätter 4-5, verwachsen. Staubblätter 10 bis viele, verwachsen, frei von der Krone. Fruchtblätter 4-12, verwachsen, oberständig. Plazentation parietal
Frucht: Kapsel
Kennzeichen: Liane, immergrün. Kronblätter 4-5, verwachsen. Staubblätter 10 bis viele, verwachsen. Fruchtblätter 4-12, verwachsen. Plazentation parietal. Kapsel

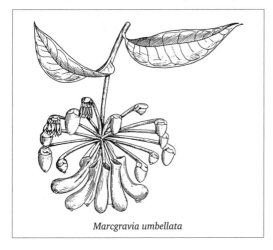

Marcgravia umbellata

Martyniaceae

1 Kelchblätter verwachsen, geschlitzt
2 Frucht mit 1 Kamm . . . . **Craniolaria**
2 Frucht mit 2 Kämmen . . . . **Proboscidea**
1 Kelch frei
3 Staubblätter 4. Blüten gelb. Samen viele in der Frucht . . . . **Ibicella**
3 Staubblätter 2. Blüten weiß, rosenfarben. Frucht gerippt, mit 4 Samen . . . . **Martynia**

Craniolaria L.

Ableitung: Schädel-Pflanze (Vogelkopf)
Vulgärnamen: D:Vogelkopf; F:Martynia
Arten: 3
Lebensform: Einjährige
Blätter: einfach. Nebenblätter fehlend
Blütenstand: Traube
Blüten: zwittrig, zygomorph. Kelchblätter 5, verwachsen, geschlitzt. Kronblätter 5, verwachsen, weiß, gelblich. Staubblätter 4, verwachsen mit der Krone. Fruchtblätter 2, verwachsen, oberständig. Plazentation parietal
Frucht: Kapsel, mit Horn und seitlichem Kamm. Samen 4
Kennzeichen: Einjährige. Blüten zygomorph. Kelchblätter 5, geschlitzt. Kronblätter 5, verwachsen. Staubblätter 4, verwachsen mit der Krone. Fruchtblätter 2, verwachsen, oberständig. Plazentation parietal. Kapsel mit Horn und seitlichem Kamm und 4 Samen

Craniolaria annua

Ibicella Van Eselt.

Ableitung: Steinbock-Pflanze
Vulgärnamen: D:Einhornpflanze; E:Devil's Claw, Unicorn Plant; F:Ongle du diable
Arten: 2
Lebensform: Einjährige
Blätter: gegenständig, selten wechselständig, einfach. Nebenblätter fehlend

Ibicella lutea

Blütenstand: Traube
Blüten: zwittrig, zygomorph. Kelchblätter 5, frei. Kronblätter 5, verwachsen, gelb. Staubblätter 4, verwachsen mit der Krone. Fruchtblätter 2, verwachsen, oberständig. Plazentation parietal
Frucht: Kapsel, mit Horn und seitlichem Kamm. Samen viele
Kennzeichen: Einjährige. Blüten zygomorph. Kelchblätter 5, frei. Kronblätter 5, verwachsen. Staubblätter 4, verwachsen mit der Krone. Fruchtblätter 2, verwachsen, oberständig. Plazentation parietal. Kapsel mit Horn und seitlichem Kamm und vielen Samen

Martynia L.

Ableitung: Gattung zu Ehren von John Martyn (1699–1768), einem englischen Arzt und Botaniker benannt
Vulgärnamen: D:Tigerklaue; E:Devil's Claw, Unicorn Plant; F:Martynia
Arten: 1
Lebensform: Einjährige, Staude
Blätter: gegenständig, einfach. Nebenblätter fehlend
Blütenstand: Traube
Blüten: zwittrig, zygomorph. Kelchblätter 5, frei. Kronblätter 5, verwachsen, weiß bis rosa. Staubblätter 2, verwachsen mit der Krone. Fruchtblätter 2, verwachsen, oberständig. Plazentation parietal
Frucht: Kapsel, gerippt, mit Horn. Samen 4
Kennzeichen: Einjährige, Staude. Blüten zygomorph. Kelchblätter 5, frei. Kronblätter 5, verwachsen. Staubblätter 2, verwachsen mit der Krone. Fruchtblätter 2, verwachsen, oberständig. Plazentation parietal. Kapsel gerippt und mit Horn. Samen 4

Proboscidea Schmidel

Ableitung: Rüssel-Pflanze
Vulgärnamen: D:Gämshorn; E:Devil's Claw, Unicorn Plant; F:Cornaret, Martynia à trompe
Arten: 9
Lebensform: Einjährige, Staude
Blätter: gegenständig, selten wechselständig, einfach. Nebenblätter fehlend
Blütenstand: Traube
Blüten: zwittrig, zygomorph. Kelchblätter verwachsen, geschlitzt. Kronblätter 5, verwachsen, purpurn, rosa, blau, cremefarben, gelb, orange. Staubblätter 4, verwachsen mit der Krone. Fruchtblätter 2, verwachsen, oberständig. Plazentation parietal
Frucht: Kapsel, mit Horn und 2 seitlichen Kämmen. Samen 4
Kennzeichen: Einjährige. Blüten zygomorph. Kelchblätter 5, geschlitzt. Kronblätter 5, verwachsen. Staubblätter 4, verwachsen mit der Krone. Fruchtblätter 2, verwachsen, oberständig. Plazentation parietal. Kapsel mit Horn und 2 seitlichen Kämmen

Proboscidea lousianica

Melastomataceae Schwarzmundgewächse

1 Frucht eine Beere, höchstens unregelmäßig aufspringend
  2 Blätter gerillt. (Antheren mit 2 Poren) . . **Blakea**
  2 Blätter nicht gerillt
    3 Blütenstand endständig
      4 Blätter am Grund mit 2-zipfliger Blase. . . . . **Tococa**
      4 Blätter ohne solche Blasen
        5 Kelchzipfel mit Anhängsel. (Fruchtknoten 6- bis 12-fächrig) . . . . . . **Heterotrichum**
        5 Kelchzipfel ohne Anhängsel. . . . **Miconia**
    3 Blütenstand blattachselständig. (Kelch mit verlängerten Zähnen) . . . . **Clidemia**
1 Frucht eine Kapsel
  6 Fruchtblätter 3 und Frucht 3-kantig oder 3-flügelig
    7 Staubblätter 3. Kronblätter 3–4 . . . . .**Sonerila**
    7 Staubblätter doppelt so viele als Kronblätter
      8 Konnektiv ohne längere Anhängsel. Blätter ± weiß gefleckt . . . . **Bertolonia und × Bertonerila**
      8 Konnektiv mit Anhängsel
        9 Konnektiv vorn mit 1 Anhängsel . . . .**Monolena**
        9 Konnektiv mit mindestens 2 Anhängseln
          10 Konnektiv hinten und vorn mit Anhängsel. Kelch 10-rippig . . . . **Salpinga**
          10 Konnektiv vorn mit 2–3 Anhängseln . . . .**Triolena**

```
 6  Fruchtblätter 4-5(7-2)
11  Frucht ± rund
  12  Fruchtknoten und Kelch frei voneinander
    13  Blätter an einem Knoten gleich gestaltet
      14  Konnektiv mit Anhängsel hinten
        15  Staubblätter 2 verschiedene. Frucht mit
            borstigem oder zottigem Scheitel . . . . .
              . . . . . . . . . . . . . . . Monochaetum
        15  Staubblätter ± gleich. Frucht kahl. . . . .
              . . . . . . . . . . . . . . . . . . . Rhexia
      14  Konnektiv mit Anhängsel vorn . . . . . . .
              . . . . . . . . . . . . . . . . . Tibouchina
    13  Blätter an einem Knoten ungleich . . . . . .
              . . . . . . . . . . . . . . . . Centradenia
  12  Fruchtknoten und Kelch verwachsen
    16  Blätter an einem Knoten gleich gestaltet . .
              . . . . . . . . . . . . . . . . . . Dissotis
    16  Blätter an einem Knoten ungleich . . . . . .
              . . . . . . . . . . . . . . . . . Osbeckia
11  Frucht kantig oder gerippt
  17  Kronblätter 3-4
    18  Frucht 4-rippig . . . . . . . . . Phyllagathis
    18  Frucht 8-rippig . . . . . . . Heterocentron
  17  Kronblätter 5
    19  Staubblätter sehr ungleich . . Amphiblemma
    19  Staubblätter gleich
      20  Konnektiv vorn am Grund mit
          schildförmiger Schuppe. . . . . . Calvoa
      20  Konnektiv hinten mit Anhängsel . . . . .
              . . . . . . . . . . . . . . . . . Gravesia
```

Die Familie der Melastomataceae ist meist sehr leicht zu erkennen. Die gegenständigen Blätter besitzen fast immer 3 bis mehr vom Spreitengrund ausgehende, bogenförmige Nerven, die fast bis zur Spitze ziehen. Die Antheren öffnen sich fast immer mit endständigen Poren und das Konnektiv ist sehr häufig verlängert zu verschiedenartigsten Anhängseln. Typisch ist auch der unterständige Fruchtknoten.

Amphiblemma Naudin

Ableitung: ringsum mit Augen
Arten: 13
Lebensform: Strauch oder krautig
Blätter: gegenständig, einfach, ungleich im Blattpaar. Nebenblätter fehlend

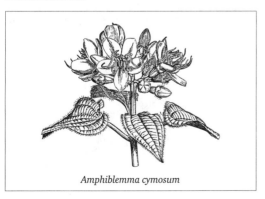
Amphiblemma cymosum

Blütenstand: Schirmtraube, einseitig
Blüten: zwittrig, radiär, mit Kelch und Krone. Kronblätter 5, frei, rosa, rot. Staubblätter 10, frei und frei von der Krone. Konnektivanhängsel ventral. Antheren mit 3 Poren. Fruchtblätter 5, verwachsen, unterständig. Plazentation zentralwinkelständig
Frucht: Kapsel, 5-kantig
Kennzeichen: Strauch oder krautig. Blätter gegenständig. Blüten radiär. Kronblätter 5, frei. Staubblätter 10, sehr ungleich. Konnektivanhängsel ventral. Antheren mit Poren. Fruchtblätter 5, verwachsen, unterständig. Plazentation zentralwinkelständig. Kapsel, 5-kantig

Bertolonia Raddi

Ableitung: Gattung zu Ehren von Antonio Bertoloni (1775-1869), einem italienischen Botaniker benannt
Vulgärnamen: D:Bertolonie; F:Bertolonia
Arten: 14 (8)
Lebensform: Halbstrauch oder krautig
Blätter: gegenständig, einfach, mit 5-11 handförmigen Bogennerven. Nebenblätter fehlend
Blütenstand: Wickel, endständig
Blüten: zwittrig, radiär, mit Kelch und Krone. Kronblätter 5, frei, weiß, rot. Staubblätter 10, frei und frei von der Krone. Konnektivanhängsel fehlend. Antheren mit 1 Pore. Fruchtblätter 3, verwachsen, halbunterständig. Plazentation zentralwinkelständig
Frucht: Kapsel, 3-kantig
Kennzeichen: Halbstrauch oder krautig. Blätter gegenständig, mit 5-11 handförmigen Bogennerven. Kronblätter 5, frei. Staubblätter 10. Konnektivanhängsel fehlend. Antheren mit 1 Pore. Fruchtblätter 3, verwachsen, halbunterständig. Plazentation zentralwinkelständig. Kapsel, 3-kantig
Sehr ähnlich ist × Bertonerila

Bertolonia marmorata

Blakea P. Browne

Arten: c. 100
Lebensform: Baum, Strauch, Liane
Blätter: gegenständig, einfach, gerillt. Nebenblätter fehlend
Blütenstand: Büschel, seitlich, Blüten mit 2 Paaren Deckblätter unter der Blüte, ± den Kelch einschließend
Blüten: zwittrig, radiär, mit Kelch und Krone. Kronblätter 6, frei. Staubblätter 12, frei und frei von der Krone. Konnektivanhängsel dorsal. Antheren mit 2 Poren. Fruchtblätter verwachsen, unterständig. Plazentation zentralwinkelständig

628 Melastomataceae Schwarzmundgewächse

Frucht: Beere
Kennzeichen: Baum, Strauch, Liane. Blätter gerillt. Kronblätter 6, frei. Staubblätter 12. Konnektivanhängsel dorsal. Antheren mit 2 Poren. Fruchtblätter verwachsen, unterständig. Plazentation zentralwinkelständig. Beere

Calvoa Hook. f.

Arten: 18
Lebensform: Staude, Strauch
Blätter: gegenständig, einfach. Nebenblätter fehlend
Blütenstand: Wickel
Blüten: zwittrig, radiär, mit Kelch und Krone. Kronblätter 5, frei, rosa. Staubblätter 10, gleich, frei und frei von der Krone. Konnektivanhängsel ventral, am Grund mit schildförmiger Schuppe. Antheren mit Poren. Fruchtblätter 5, verwachsen, unterständig. Plazentation zentralwinkelständig
Frucht: Kapsel, 5- bis 10-rippig
Kennzeichen: Staude, Strauch. Blätter gegenständig. Kronblätter 5, frei. Staubblätter 10, gleich. Konnektivanhängsel ventral, am Grund mit schildförmiger Schuppe. Antheren mit Poren. Fruchtblätter 5, verwachsen, unterständig. Plazentation zentralwinkelständig. Kapsel, 5- bis 10-rippig

Centradenia G. Don

Ableitung: Sporn mit Drüse (Staubblatt)
Arten: 4
Lebensform: Halbstrauch, Staude
Blätter: gegenständig, an einem Knoten ungleich, einfach. Nebenblätter fehlend
Blütenstand: Rispe, Traube, cymös, Büschel, endständig
Blüten: zwittrig, radiär, mit Kelch und Krone. Kronblätter 4, frei, rosa, weiß. Staubblätter 8, frei und frei von der Krone. Konnektivanhängsel ventral. Antheren mit Poren. Fruchtblätter 4, verwachsen, unterständig, aber frei vom Kelch. Plazentation zentralwinkelständig
Frucht: Kapsel, rund
Kennzeichen: Halbstrauch, Staude. Blätter gegenständig, an einem Knoten ungleich. Blüten radiär. Kronblätter 4, frei. Staubblätter 8. Konnektivanhängsel ventral. Antheren mit Poren. Fruchtblätter 4, verwachsen, unterständig, aber frei vom Kelch. Plazentation zentralwinkelständig. Kapsel, rund

Centradenia grandifolia

Clidemia D. Don

Ableitung: Gattung zu Ehren von Kleidemos, eine griechischen Arzt des 4. Jahrhunderts v. Chr. benannt
Vulgärnamen: D:Seifenstrauch; E:Soap Bush
Arten: 117
Lebensform: Strauch
Blätter: gegenständig, einfach. Nebenblätter fehlend
Blütenstand: cymös, seitlich
Blüten: zwittrig, radiär. Kelch mit verlängerten Zähnen. Kronblätter 4-6, frei, weiß, rosa, purpurn. Staubblätter 8, frei und frei von der Krone. Konnektivanhängsel vorhanden oder fehlend. Antheren mit 1 Pore. Fruchtblätter 3-9, verwachsen, unterständig. Plazentation zentralwinkelständig
Frucht: Beere
Kennzeichen: Strauch. Blätter gegenständig. Blütenstand seitlich. Blüten radiär. Kelch mit verlängerten Zähnen. Kronblätter 4-6, frei. Staubblätter 8. Konnektivanhängsel vorhanden oder fehlend. Antheren mit 1 Pore. Fruchtblätter 3-9, verwachsen, unterständig. Plazentation zentralwinkelständig. Beere

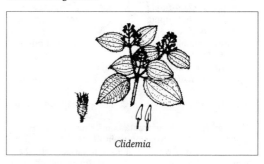
Clidemia

Dissotis Benth.

Ableitung: doppelte Ohren
Arten: c. 100
Lebensform: Einjährige, Staude, Strauch, Baum
Blätter: gegenständig, gleich an einem Knoten, einfach. Nebenblätter fehlend
Blütenstand: zu 1-3, cymös, endständig
Blüten: zwittrig, radiär, mit Kelch und Krone. Kronblätter 4-5, frei, rosa, purpurn, violett. Staubblätter 8-10, frei und frei von der Krone. Konnektivanhängsel ventral. Antheren mit 1 Pore. Fruchtblätter 4-5, verwachsen, unterständig und mit dem Kelchbecher verwachsen. Plazentation zentralwinkelständig

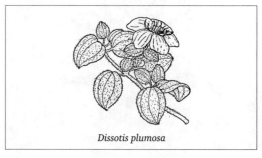
Dissotis plumosa

Frucht: Kapsel rund
Kennzeichen: Einjährige, Staude, Strauch, Baum. Blätter gegenständig, gleich an einem Knoten. Blüten radiär. Kronblätter 4–5, frei. Staubblätter 8–10. Konnektivanhängsel ventral. Antheren mit 1 Pore. Fruchtblätter 4–5, verwachsen, unterständig und mit dem Kelchbecher verwachsen. Plazentation zentralwinkelständig. Kapsel rund

Gravesia Naudin

Ableitung: Gattung zu Ehren von Louis Graves (1791–1857), einem französischen Forstmann benannt
Arten: 110
Lebensform: Strauch, Staude, kletternd
Blätter: gegenständig, einfach. Nebenblätter fehlend
Blütenstand: cymös, einzeln, endständig
Blüten: zwittrig, radiär, mit Kelch und Krone. Kronblätter 5, frei. Staubblätter 10, gleich, frei und frei von der Krone. Konnektivanhängsel dorsal. Antheren mit Poren. Fruchtblätter 5, verwachsen, unterständig. Plazentation zentralwinkelständig
Frucht: Kapsel, 5-kantig
Kennzeichen: Strauch, Staude, kletternd. Blätter gegenständig. Blüten radiär. Kronblätter 5, frei. Staubblätter 10, gleich. Konnektivanhängsel dorsal. Antheren mit Poren. Fruchtblätter 5, verwachsen, unterständig. Plazentation zentralwinkelständig. Kapsel, 5-kantig

Heterocentron Hook. et Arn.

Ableitung: verschiedene Sporne
Arten: 27
Lebensform: Staude, Halbstrauch
Blätter: gegenständig, einfach, mit 3–15 handnervigen Bogennerven. Nebenblätter fehlend
Blütenstand: einzeln, Rispe
Blüten: zwittrig, radiär, mit Kelch und Krone. Kronblätter 4, frei, weiß, rosa, purpurn, rot. Staubblätter 8, frei und frei von der Krone. Konnektivanhängsel ventral. Antheren mit 1 Pore. Fruchtblätter 4, verwachsen, mittelständig. Plazentation zentralwinkelständig
Frucht: Kapsel, 8-rippig
Kennzeichen: Staude, Halbstrauch. Blätter gegenständig, mit 3–15 handnervigen Bogennerven. Blüten radiär. Kronblätter 4, frei. Staubblätter 8. Konnektivanhängsel ventral. Antheren mit 1 Pore. Fruchtblätter 4, verwachsen, mittelständig. Plazentation zentralwinkelständig. Kapsel, 8-rippig

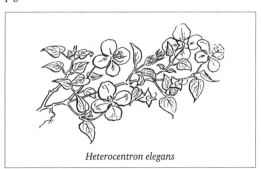
Heterocentron elegans

Heterotrichum DC.

Ableitung: verschiedene Haare
Arten: 10
Lebensform: Strauch
Blätter: gegenständig, einfach. Nebenblätter fehlend
Blütenstand: Scheinrispe endständig
Blüten: zwittrig, radiär. Kelchzipfel mit Anhängseln. Kronblätter 6–9, frei, weiß, rosa. Staubblätter frei und frei von der Krone. Konnektivanhängsel fehlend. Antheren mit Poren. Fruchtblätter 6–12, verwachsen, unterständig. Plazentation zentralwinkelständig
Frucht: Beere
Kennzeichen: Strauch. Blätter gegenständig. Blütenstände endständige Scheinrispen. Blüten radiär. Kelchzipfel mit Anhängseln. Kronblätter 6–9, frei. Konnektivanhängsel fehlend. Antheren mit Poren. Fruchtblätter 6–12, verwachsen, unterständig. Plazentation zentralwinkelständig. Beere

Heterotrichum cymosum

Medinilla Gaudich.

Ableitung: Gattung zu Ehren von José de Medinilla y Pineda, einem spanischen Gouverneur des 19. Jahrhunderts auf den Marianen benannt
Vulgärnamen: D:Medinille; F:Médinilla
Arten: c. 400
Lebensform: Strauch, Liane
Blätter: gegenständig, quirlständig oder wechselständig, einfach, mit 3–9 handnervigen Bogennerven. Nebenblätter fehlend

Blütenstand: Rispe, Schirmtraube, meist seitlich
Blüten: zwittrig, radiär, mit Kelch und Krone. Kronblätter 3–5, selten 6, frei, weiß, rosenrot. Staubblätter 6–12, frei und frei von der Krone. Konnektivanhängsel dorsal. Antheren mit Poren. Fruchtblätter 4–6, verwachsen, unterständig. Plazentation zentralwinkelständig
Frucht: Beere
Kennzeichen: Strauch, Liane. Blätter mit 3–9 handnervigen Bogennerven. Blüten radiär. Kronblätter 3–5, selten 6, frei. Staubblätter 6–12. Konnektivanhängsel dorsal. Antheren mit Poren. Fruchtblätter 4–6, verwachsen, unterständig. Plazentation zentralwinkelständig. Beere

Medinilla magnifica

Melastoma L.

Ableitung: schwarzer Mund (durch die Frucht)
Vulgärnamen: D:Schwarzmund; E:Indian Rhododendron; F:Mélastome
Arten: c. 70
Lebensform: Strauch, Baum
Blätter: gegenständig, einfach, mit 3–7 handnervigen Bogennerven. Nebenblätter fehlend
Blütenstand: cymös, einzeln, seitlich
Blüten: zwittrig, radiär, mit Kelch und Krone. Kronblätter 4–6, frei, purpurn, violett, weiß, rosa. Staubblätter 8–12, frei und frei von der Krone. Konnektivanhängsel ventral. Antheren mit 1 Pore. Fruchtblätter 4, verwachsen, unterständig. Plazentation zentralwinkelständig

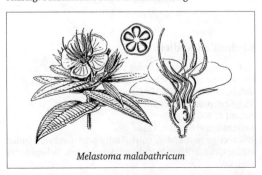

Melastoma malabathricum

Frucht: Kapsel, zum Teil beerenartig
Kennzeichen: Strauch, Baum. Blätter gegenständig, mit 3–7 handnervigen Bogennerven. Blüten radiär. Kronblätter 4–6, frei. Staubblätter 8–12. Konnektivanhängsel ventral. Antheren mit 1 Pore. Fruchtblätter 4, verwachsen, unterständig. Plazentation zentralwinkelständig. Kapsel, zum Teil beerenartig

Miconia Ruiz et Pav.

Ableitung: Gattung zu Ehren von Francisco Micó (1528–?), einem spanischen Arzt und Botaniker benannt
Arten: c. 1000
Lebensform: Strauch, Baum
Blätter: gegenständig, einfach. Nebenblätter fehlend
Blütenstand: Traube, Rispe, endständig
Blüten: zwittrig, radiär, mit Kelch und Krone. Kronblätter 3–6, frei, weiß, rot, purpurn, gelb. Staubblätter 6–12, frei und frei von der Krone. Konnektivanhängsel fehlend. Antheren mit 1 Pore. Fruchtblätter verwachsen, unterständig. Plazentation zentralwinkelständig
Frucht: Beere
Kennzeichen: Strauch, Baum. Blätter gegenständig. Blüten radiär. Kronblätter 3–6. Staubblätter 6–12, frei. Konnektivanhängsel fehlend. Antheren mit 1 Pore. Fruchtblätter verwachsen, unterständig. Plazentation zentralwinkelständig. Beere

Monochaetum (DC.) Naudin

Ableitung: einzelne Borste
Arten: 45
Lebensform: Strauch, Halbstrauch
Blätter: gegenständig, einfach. Nebenblätter fehlend
Blütenstand: Rispe, Schirmrispe
Blüten: zwittrig, radiär, mit Kelch und Krone. Kronblätter 4, frei, rosa, purpurn, violett. Staubblätter 8, verschieden, frei und frei von der Krone. Konnektivanhängsel dorsal. Antheren mit 1 Pore. Fruchtblätter 4, verwachsen, mittelständig. Plazentation zentralwinkelständig
Frucht: Kapsel, rund
Kennzeichen: Strauch, Halbstrauch. Blätter gegenständig. Blüten radiär. Kronblätter 4, frei. Staubblätter 8, verschieden. Konnektivanhängsel dorsal. Antheren mit 1 Pore. Fruchtblätter 4, verwachsen, mittelständig, frei vom Kelchbecher. Plazentation zentralwinkelständig. Kapsel, rund, mit borstigem oder zottigem Scheitel

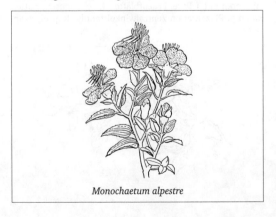

Monochaetum alpestre

Monolena Triana

Ableitung: mit nur einem Anhängsel (Antheren, Gegensatz zu Diolena und Triolena)
Arten: 15
Lebensform: Staude
Blätter: gegenständig-grundständig, einfach. Nebenblätter fehlend
Blütenstand: Wickel
Blüten: zwittrig, radiär, mit Kelch und Krone. Kronblätter 5, frei, rosa, weiß. Staubblätter 10, frei und frei von der Krone. Konnektivanhängsel 1 vorne. Antheren mit 1 Pore. Fruchtblätter 3, verwachsen, unterständig. Plazentation zentralwinkelständig
Frucht: Kapsel, 3-kantig
Kennzeichen: Staude. Blätter gegenständig-grundständig. Blüten radiär. Kronblätter 5, frei. Staubblätter 10. Konnektivanhängsel 1 vorne. Antheren mit 1 Pore. Fruchtblätter 3, verwachsen, unterständig. Plazentation zentralwinkelständig. Kapsel, 3-kantig

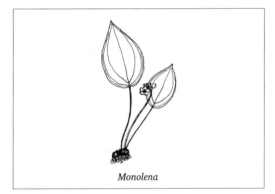
Monolena

Osbeckia L.

Ableitung: Gattung zu Ehren von Pehr Osbeck (1723–1805), einem schwedischen Naturwissenschaftler benannt
Arten: 50
Lebensform: Einjährige, Staude, Strauch, Halbstrauch, Baum
Blätter: gegenständig, an einem Knoten ungleich, einfach, mit 3–7 handnervigen Bogennerven. Nebenblätter fehlend
Blütenstand: einzeln, Köpfchen, Schirmrispe, endständig
Blüten: zwittrig, radiär, mit Kelch und Krone. Kronblätter 4–5, frei, rosa, violett, purpurn. Staubblätter 8 oder 10, frei und frei von der Krone. Konnektivanhängsel ventral. Antheren mit 1 Pore. Fruchtblätter 4–5, verwachsen, unterständig, mit dem Kelchbecher verwachsen. Plazentation zentralwinkelständig
Frucht: Kapsel, rund
Kennzeichen: Einjährige, Staude, Strauch, Halbstrauch, Baum. Blätter gegenständig, an einem Knoten ungleich, mit 3–7 handnervigen Bogennerven. Blüten radiär. Kronblätter 4–5, frei. Staubblätter 8 oder 10. Konnektivanhängsel ventral. Antheren mit 1 Pore. Fruchtblätter 4–5, verwachsen, unterständig, mit dem Kelchbecher verwachsen. Plazentation zentralwinkelständig. Kapsel, rund

Osbeckia stellata

Phyllagathis Blume

Ableitung: Blatt-Knäuel
Arten: 47
Lebensform: Strauch
Blätter: gegenständig, einfach. Nebenblätter fehlend
Blütenstand: Knäuel, Dolde
Blüten: zwittrig, radiär, mit Kelch und Krone. Kronblätter 3–4, frei, rosa. Staubblätter 8, frei und frei von der Krone. Konnektivanhängsel dorsal. Antheren mit 1 Pore. Fruchtblätter 4, verwachsen, unterständig. Plazentation zentralwinkelständig
Frucht: Kapsel, 4-rippig
Kennzeichen: Strauch. Blätter gegenständig. Kronblätter 3–4, frei. Staubblätter 8. Konnektivanhängsel dorsal. Antheren mit 1 Pore. Fruchtblätter 4, verwachsen, unterständig. Plazentation zentralwinkelständig. Kapsel, 4-rippig

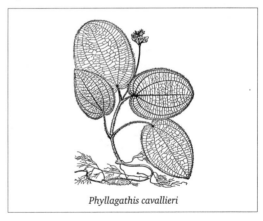
Phyllagathis cavallieri

Rhexia L.

Ableitung: antiker Pflanzenname
Vulgärnamen: D:Bruchheil; E:Deer Grass, Meadow Beauty
Arten: 23
Lebensform: Staude, Halbstrauch
Blätter: gegenständig, einfach. Nebenblätter fehlend
Blütenstand: cymös, einzeln, endständig, seitlich
Blüten: zwittrig, radiär, mit Kelch und Krone. Kronblätter 4, frei, purpurn, weiß, violett, rosa. Staubblätter 8, ± gleich, frei und frei von der Krone. Konnektivanhängsel dorsal. Antheren mit 1 Pore. Fruchtblätter 4, verwachsen, mittel-

ständig, vom Kelchbecher frei. Plazentation zentralwinkelständig
Frucht: Kapsel, rund, kahl
Kennzeichen: Staude, Halbstrauch. Blätter gegenständig. Blüten radiär. Kronblätter 4, frei. Staubblätter 8, ± gleich. Konnektivanhängsel dorsal. Antheren mit 1 Pore. Fruchtblätter 4, verwachsen, mittelständig, vom Kelchbecher frei. Plazentation zentralwinkelständig. Kapsel, rund, kahl

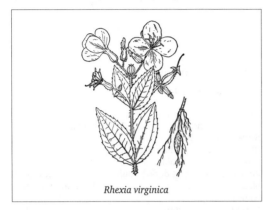
Rhexia virginica

Salpinga Mart. ex DC.

Arten: 8
Lebensform: Kräuter
Blätter: gegenständig, einfach. Nebenblätter fehlend
Blütenstand: cymös
Blüten: zwittrig, radiär, mit Kelch und Krone. Kelch 10-rippig. Kronblätter 5, frei. Staubblätter 10, frei und frei von der Krone. Konnektivanhängsel dorsal. Antheren mit Poren. Fruchtblätter 3, verwachsen, mittelständig. Plazentation zentralwinkelständig
Frucht: Kapsel, 3-kantig
Kennzeichen: Kräuter. Blätter gegenständig. Blätter radiär. Kelch 10-rippig. Kronblätter 5, frei. Konnektivanhängsel dorsal. Antheren mit Poren. Fruchtblätter 3, verwachsen, mittelständig. Plazentation zentralwinkelständig. Kapsel, 3-kantig

Sonerila Roxb.

Ableitung: nach einem Pflanzennamen in Indien
Arten: c. 170
Lebensform: Halbstrauch oder krautig
Blätter: gegenständig oder grundständig, einfach. Nebenblätter fehlend
Blütenstand: Traube, Ähre
Blüten: zwittrig, radiär, mit Kelch und Krone. Kronblätter 3–4, frei, weiß, rosa. Staubblätter 3, frei und frei von der Krone. Konnektivanhängsel fehlend. Antheren mit 2 Poren. Fruchtblätter 3, verwachsen, unterständig. Plazentation zentralwinkelständig
Frucht: Kapsel, 3-kantig
Kennzeichen: Halbstrauch oder krautig. Blüten radiär. Kronblätter 3–4, frei. Staubblätter 3. Konnektivanhängsel fehlend. Antheren mit 2 Poren. Fruchtblätter 3, verwachsen, unterständig. Plazentation zentralwinkelständig. Kapsel, 3-kantig

Sonerila speciosa

Tibouchina Aubl.

Ableitung: Pflanzenname in Guayana
Vulgärnamen: D:Tibouchine; E:Glory Bush; F:Fleur des princesses, Tibouchina

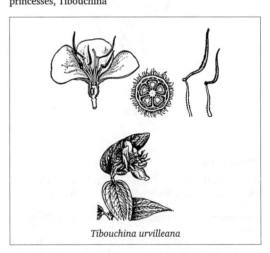
Tibouchina urvilleana

Arten: 243
Lebensform: Strauch, Halbstrauch, Staude, Baum
Blätter: gegenständig, einfach. Nebenblätter fehlend
Blütenstand: einzeln, Rispe, endständig
Blüten: zwittrig, radiär, mit Kelch und Krone. Kronblätter 5, selten 4, frei, purpurn, rosenrot, violett, weiß. Staubblätter 8 oder 10, frei und frei von der Krone. Konnektivanhängsel ventral. Antheren mit 1 Pore. Fruchtblätter 4–5, verwachsen, unterständig, aber frei vom Kelchbecher. Plazentation zentralwinkelständig
Frucht: Kapsel, rund
Kennzeichen: Strauch, Halbstrauch, Staude, Baum. Blätter gegenständig. Blüten radiär. Kronblätter 5, selten 4, frei. Staubblätter 8 oder 10. Konnektivanhängsel ventral. Antheren mit 1 Pore. Fruchtblätter 4–5, verwachsen, unterständig, aber frei vom Kelchbecher. Plazentation zentralwinkelständig. Kapsel, rund

Tococa Aubl.

Ableitung: Pflanzenname in Guayana
Arten: 54
Lebensform: Strauch
Blätter: gegenständig, einfach, am Grund mit 2-zipfliger Blase. Nebenblätter fehlend
Blütenstand: Scheinrispe, endständig
Blüten: zwittrig, radiär, mit Kelch und Krone. Kronblätter 5-6, frei, weiß, rosa. Staubblätter 10 oder 12, frei und frei von der Krone. Antheren mit Poren. Fruchtblätter 4-5, verwachsen, unterständig. Plazentation zentralwinkelständig
Frucht: Beere
Kennzeichen: Strauch. Blätter gegenständig, am Grund mit 2-zipfliger Blase. Blütenstand endständige Scheinrispe. Blüten radiär. Kronblätter 5-6, frei. Staubblätter 10 oder 12. Antheren mit Poren. Fruchtblätter 4-5, verwachsen, unterständig. Plazentation zentralwinkelständig. Beere

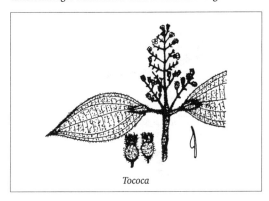

Tococa

Triolena Naudin

Ableitung: drei Anhängsel (Antheren), Gegensatz zu Diolena und Monolena

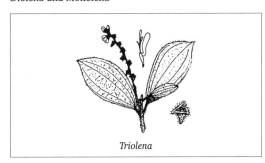

Triolena

Arten: 22
Lebensform: Kräuter
Blätter: gegenständig, einfach. Nebenblätter fehlend
Blütenstand: Traube, Ähre, einseitig
Blüten: zwittrig, radiär, mit Kelch und Krone. Kronblätter 5, frei. Staubblätter 10, frei und frei von der Krone. Konnektivanhängsel 2-3 vorne. Antheren mit 1 Pore. Fruchtblätter 3, verwachsen, halbunterständig. Plazentation zentralwinkelständig
Frucht: Kapsel, 3-kantig

Kennzeichen: Kräuter. Blätter gegenständig. Kronblätter 5, frei. Staubblätter 10. Konnektivanhängsel 2-3 vorne. Antheren mit 1 Pore. Fruchtblätter 3, verwachsen, halbunterständig. Plazentation zentralwinkelständig. Kapsel, 3-kantig

Meliaceae Zederachgewächse

1 Staubblätter frei
2 Diskus höchstens so lang wie der Fruchtknoten . . . . **Toona**
2 Diskus länger als der Fruchtknoten . . . . **Cedrela**
1 Staubblätter zu einer langen Röhre verwachsen
3 Frucht fleischig mit 1-2 Samen je Fach. Diskus fehlend bis ringförmig oder kurz röhrig. (Krone ± dachig in der Knospe)
4 Blätter 2-3fach gefiedert . . . . **Melia**
4 Blätter einfach gefiedert oder 3-zählig
5 Blätter 3-zählig . . . . **Sandoricum**
5 Blätter gefiedert
6 Diskus kurz röhrig. (Staubblätter 10) . . . . **Cabralea**
6 Diskus fehlend oder unbedeutend
7 Staubblätter in 1 Reihe, 5(9-2) . . . . **Aglaia**
7 Staubblätter in 2 Reihen, 8-10
8 Frucht eine Beere . . . . **Lansium**
8 Frucht eine Steinfrucht . . . . **Azadirachta**
3 Frucht eine Kapsel. Diskus stielartig für den Fruchtknoten
9 Samen 1-2 je Fach. Kronblätter 3 oder 6. (Krone klappig bis dachig in der Knospe) . . . . **Guarea**
9 Samen 6 bis viele je Fach. Kronblätter 4-5
10 Krone dachig in der Knospe . . . . **Cabralea**
10 Krone gedreht in der Knospe
11 Samen groß und ungeflügelt, mit holziger Samenschale . . . . **Carapa**
11 Samen geflügelt
12 Samen ringsum geflügelt . . . . . . **Khaya**
12 Samen nur nach oben geflügelt
13 Antheren auf den Spitzen der Staubfadenröhre . . . . **Entandrophragma**
13 Antheren zwischen den Zähnen der Staubfadenröhre . . . . **Swietenia**

Aglaia Lour.

Ableitung: Gestalt der griechischen Mythologie
Vulgärnamen: D:Glanzbaum
Arten: c. 120
Lebensform: Baum, Strauch
Blätter: wechselständig, unpaarig gefiedert
Blütenstand: Rispe
Blüten: zwittrig oder eingeschlechtig, radiär. Kelchblätter 4-5. Kronblätter 4-5, frei, selten verwachsen, dachig in der Knospe, gelb. Staubblätter 5, selten bis 9, verwachsen in 1 Reihe. Diskus kaum vorhanden. Fruchtblätter 1-3, verwachsen, oberständig. Plazentation zentralwinkelständig mit 1-2 Samenanlagen je Fach
Frucht: Beere. Samen nicht geflügelt
Kennzeichen: Baum, Strauch. Blätter unpaarig gefiedert. Kronblätter 4-5, frei, selten verwachsen. Staubblätter 5, selten bis 9, verwachsen in 1 Reihe. Diskus kaum vorhanden. Fruchtblätter 1-3, verwachsen, oberständig. Plazentation zentralwinkelständig. Beere

634 Meliaceae Zederachgewächse

Aglaia pinnata

Arten: 1 (6-2)
Lebensform: Baum, Strauch
Blätter: wechselständig, unpaarig oder paarig gefiedert
Blütenstand: Rispe
Blüten: zwittrig, radiär. Kelchblätter 5. Kronblätter 5, frei, dachig in der Knospe. Staubblätter 10, verwachsen. Diskus vorhanden, kurz röhrig. Fruchtblätter 4-5, verwachsen, oberständig. Plazentation zentralwinkelständig mit 2 Samenanlagen je Fach
Frucht: Steinfrucht oder Kapsel. Samen nicht geflügelt
Kennzeichen: Baum, Strauch. Blätter unpaarig oder paarig gefiedert. Kronblätter 5, frei, dachig in der Knospe. Staubblätter 10, verwachsen. Diskus vorhanden, kurz röhrig. Fruchtblätter 4-5, verwachsen, oberständig. Plazentation zentralwinkelständig. Steinfrucht oder Kapsel

Azadirachta A. Juss.

Ableitung: nach einem persischen Pflanzennamen
Vulgärnamen: D:Nimbaum; E:Neem Tree
Arten: 3
Lebensform: Baum
Blätter: wechselständig, unpaarig oder paarig gefiedert
Blütenstand: Rispe
Blüten: zwittrig, radiär. Kelchblätter 5. Kronblätter 5, frei, dachig in der Knospe. Staubblätter 10, verwachsen. Diskus fehlend. Fruchtblätter 3, verwachsen, oberständig. Plazentation zentralwinkelständig mit 2 Samenanlagen je Fach
Frucht: Steinfrucht. Samen nicht geflügelt
Kennzeichen: Baum. Blätter unpaarig oder paarig gefiedert. Blüten radiär. Kronblätter 5, frei. Staubblätter 10, verwachsen. Fruchtblätter 3, verwachsen, oberständig. Plazentation zentralwinkelständig. Steinfrucht

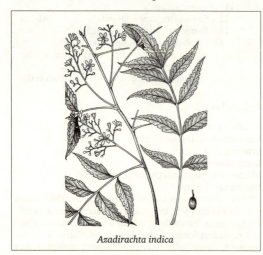
Azadirachta indica

Cabralea cangerana

Cabralea A. Juss.

Ableitung: Gattung zu Ehren des portugiesischen Seefahrers Pedro Álvares Cabral (ca. 1467-ca. 1526), dem Entdecker Brasiliens, benannt

Carapa Aubl.

Ableitung: nach einem Pflanzennamen in Guyana
Vulgärnamen: D:Läuseholz; E:Crabwood
Arten: 1
Lebensform: Baum
Blätter: wechselständig, paarig gefiedert
Blütenstand: Rispe
Blüten: zwittrig, radiär. Kelchblätter 5. Kronblätter 4-5, frei, gedreht in der Knospe. Staubblätter 8-10, verwachsen. Diskus vorhanden. Fruchtblätter 4-5, verwachsen, oberständig. Plazentation zentralwinkelständig mit 6-8 Samenanlagen je Fach
Frucht: Kapsel, wandspaltig. Samen nicht geflügelt, mit holziger Samenschale
Kennzeichen: Baum. Blätter paarig gefiedert. Blüten radiär. Kronblätter 4-5, gedreht in der Knospe. Staubblätter 8-10, verwachsen. Diskus vorhanden. Fruchtblätter 4-5,

verwachsen, oberständig. Plazentation zentralwinkelständig mit 6–8 Samenanlagen je Fach
Frucht: Kapsel. Samen nicht geflügelt, mit holziger Samenschale

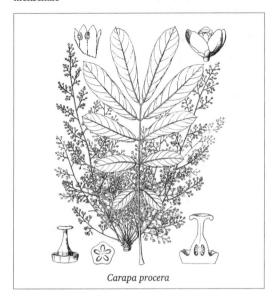

Carapa procera

Cedrela P. Browne

Ableitung: Zeder-Pflanze
Vulgärnamen: D:Zedrele; F:Cèdre bâtard
Arten: 8
Lebensform: Baum, immergrün oder laubwerfend
Blätter: wechselständig, unpaarig gefiedert
Blütenstand: Rispe
Blüten: zwittrig, radiär. Kelchblätter 4–5. Kronblätter 4–5, frei, dachig oder gedreht in der Knospe, weiß, grün, rötlich. Staubblätter 4–6, frei. Diskus vorhanden, länger als der Fruchtknoten. Fruchtblätter 5, verwachsen, oberständig. Plazentation zentralwinkelständig mit etwa 12 Samenanlagen je Fach
Frucht: Kapsel. Samen geflügelt

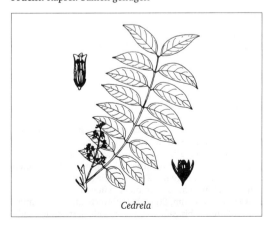

Cedrela

Kennzeichen: Baum, immergrün oder laubwerfend. Blätter unpaarig gefiedert. Blüten radiär. Kronblätter 4–5. Staubblätter 4–6, frei. Diskus vorhanden, länger als der Fruchtknoten. Fruchtblätter 5, verwachsen, oberständig. Plazentation zentralwinkelständig. Kapsel

Entandrophragma C. DC.

Ableitung: mit abgeteilten inneren Staubblättern
Arten: 11
Lebensform: Baum
Blätter: wechselständig, gefiedert
Blütenstand: Rispe
Blüten: zwittrig, radiär. Kelchblätter 5. Kronblätter 5, frei, gedreht in der Knospe, grüngelb, weiß. Staubblätter 10–12, verwachsen. Antheren auf den Spitzen der Staubfadenröhre. Diskus vorhanden. Fruchtblätter 5, verwachsen, oberständig. Plazentation zentralwinkelständig mit etwa 12 Samenanlagen je Fach
Frucht: Kapsel. Samen oben geflügelt
Kennzeichen: Baum. Blüten radiär. Kronblätter 5, frei, gedreht in der Knospe. Staubblätter 10–12, verwachsen. Antheren auf den Spitzen der Staubfadenröhre. Diskus vorhanden. Fruchtblätter 5, verwachsen, oberständig. Plazentation zentralwinkelständig mit etwa 12 Samenanlagen je Fach. Kapsel. Samen oben geflügelt

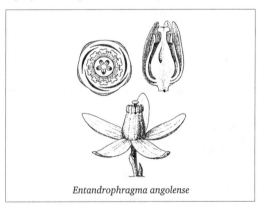

Entandrophragma angolense

Guarea L.

Ableitung: nach einem Pflanzennamen auf Kuba
Arten: 40
Lebensform: Baum, Strauch
Blätter: wechselständig, paarig gefiedert
Blütenstand: Rispe, Ähre
Blüten: zwittrig, radiär. Kelchblätter 3–6. Kronblätter 3–6, frei, selten verwachsen, dachig bis klappig in der Knospe. Staubblätter 6–12, verwachsen. Diskus vorhanden. Fruchtblätter 4–5, verwachsen, oberständig. Plazentation zentralwinkelständig mit 1–2 Samenanlagen je Fach
Frucht: Kapsel, fachspaltig. Samen nicht geflügelt
Kennzeichen: Baum, Strauch. Blätter paarig gefiedert. Blüten, radiär. Kronblätter 3–6, frei, selten verwachsen. Staubblätter verwachsen. Diskus vorhanden. Fruchtblätter 4–5, verwachsen, oberständig. Plazentation zentralwinkelständig mit 1–2 Samenanlagen je Fach. Kapsel

Meliaceae Zederachgewächse

Guarea michel-moddei

Khaya A. Juss.

Ableitung: nach einem Pflanzennamen in Westafrika
Vulgärnamen: D:Mahagonibaum; E:Mahogany; F:Acajou d'Afrique
Arten: 7
Lebensform: Baum
Blätter: wechselständig, unpaarig gefiedert
Blütenstand: Rispe
Blüten: zwittrig, radiär. Kelchblätter 4. Kronblätter 4–5, frei, gedreht in der Knospe. Staubblätter 8–10, verwachsen. Diskus vorhanden. Fruchtblätter 4–5, verwachsen, oberständig. Gynophor. Plazentation zentralwinkelständig mit vielen Samenanlagen je Fach
Frucht: Kapsel. Samen ringsum geflügelt

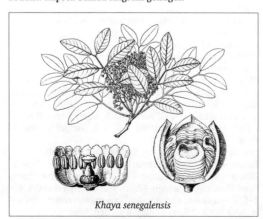

Khaya senegalensis

Kennzeichen: Baum. Blätter unpaarig gefiedert. Blüten radiär. Kronblätter 4–5, frei, gedreht in der Knospe. Staubblätter 8–10, verwachsen. Diskus vorhanden. Fruchtblätter 4–5, verwachsen, oberständig. Plazentation zentralwinkelständig. Kapsel. Samen ringsum geflügelt

Lansium Corrêa

Ableitung: nach einem indischen Pflanzennamen
Vulgärnamen: D:Lansibaum; E:Langsat; F:Lansat
Arten: 3
Lebensform: Baum
Blätter: wechselständig, unpaarig gefiedert
Blütenstand: Rispe, Traube, Ähre
Blüten: zwittrig oder eingeschlechtig, radiär. Kelchblätter 4–5. Kronblätter 4–5, dachig in der Knospe. Staubblätter 8–10, in 2 Reihen, verwachsen. Diskus ± fehlend. Fruchtblätter 3–5, verwachsen, oberständig. Plazentation zentralwinkelständig mit 1–2 Samenanlagen je Fach
Frucht: Beere. Samen nicht geflügelt
Kennzeichen: Baum. Blätter unpaarig gefiedert. Blüten radiär. Kronblätter 4–5, dachig in der Knospe. Staubblätter 8–10, in 2 Reihen, verwachsen. Diskus ± fehlend. Fruchtblätter 3–5, verwachsen, oberständig. Plazentation zentralwinkelständig. Beere

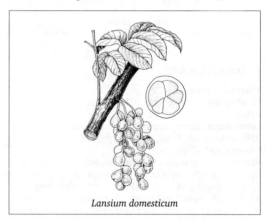

Lansium domesticum

Melia L.

Ableitung: antiker Pflanzenname
Vulgärnamen: D:Paternosterbaum, Zederachbaum; E:China Berry, Pagoda Tree; F:Lilas des Indes
Arten: 3
Lebensform: Baum, Strauch, laubwerfend, selten immergrün
Blätter: wechselständig, 2- bis 3-fach unpaarig gefiedert
Blütenstand: Rispe
Blüten: zwittrig oder eingeschlechtig, radiär. Kelchblätter 5–6. Kronblätter 5–6, dachig in der Knospe, weiß, purpurn. Staubblätter 10–12, verwachsen. Diskus vorhanden. Fruchtblätter 4–8, verwachsen, oberständig. Plazentation zentralwinkelständig mit 2 Samenanlagen je Fach
Frucht: Steinfrucht. Samen nicht geflügelt
Kennzeichen: Baum, Strauch, laubwerfend, selten immergrün. Blätter 2- bis 3-fach unpaarig gefiedert. Blüten radi-

är. Kronblätter 5–6, dachig in der Knospe. Staubblätter 10–12, verwachsen. Diskus vorhanden. Fruchtblätter 4–8, verwachsen, oberständig. Plazentation zentralwinkelständig. Steinfrucht

Melia azedarach

Sandoricum Cav.

Ableitung: nach einem Pflanzennamen in Indonesien
Arten: 5
Lebensform: Baum, Strauch, mit Milchsaft
Blätter: wechselständig, 3-zählig
Blütenstand: Rispe
Blüten: zwittrig, radiär, mit Kelch und Krone. Kronblätter 4–5, frei, dachig in der Knospe. Staubblätter 8–10, verwachsen. Diskus vorhanden. Fruchtblätter 5, verwachsen, oberständig. Plazentation zentralwinkelständig mit 1 Samenanlagen je Fach
Frucht: Beere. Samen nicht geflügelt
Kennzeichen: Baum, Strauch, mit Milchsaft. Blätter 3-zählig. Blüten radiär. Kronblätter 4–5, frei, dachig in der Knospe. Staubblätter verwachsen. Diskus vorhanden. Fruchtblätter 5, verwachsen, oberständig. Plazentation zentralwinkelständig. Beere

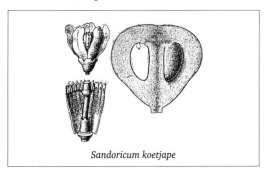

Sandoricum koetjape

Swietenia Jacq.

Ableitung: Gattung zu Ehren von Gerard van Swieten (1700–1772), einem österreichischen Botaniker und Leibarzt der Kaiserin Maria Theresia benannt
Vulgärnamen: D:Mahagonibaum; E:Mahogany; F:Mahogany d'Amérique
Arten: 3
Lebensform: Baum, immergrün, mit Milchsaft
Blätter: wechselständig, unpaarig gefiedert
Blütenstand: Rispe
Blüten: zwittrig, radiär. Kelchblätter 4–5. Kronblätter 4–5, frei, gedreht in der Knospe. Staubblätter 10, verwachsen. Antheren zwischen den Zähnen der Staubfadenröhre. Diskus vorhanden. Fruchtblätter 5, verwachsen, oberständig. Plazentation zentralwinkelständig mit vielen Samenanlagen je Fach
Frucht: Kapsel, wandspaltig. Samen oben geflügelt
Kennzeichen: Baum, immergrün, mit Milchsaft. Blätter unpaarig gefiedert. Blüten radiär. Kronblätter 4–5, frei, gedreht in der Knospe. Staubblätter 10, verwachsen. Antheren zwischen den Zähnen der Staubfadenröhre. Diskus vorhanden. Fruchtblätter 5, verwachsen, oberständig. Plazentation zentralwinkelständig mit vielen Samenanlagen je Fach. Kapsel. Samen oben geflügelt

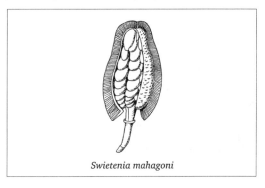

Swietenia mahagoni

Toona (Endl.) M. Roem.

Ableitung: nach einem Pflanzennamen in Indien
Vulgärnamen: D:Surenbaum; E:Toon; F:Cèdre bâtard, Cèdrella
Arten: 6
Lebensform: Baum, immergrün oder laubwerfend
Blätter: wechselständig, unpaarig gefiedert
Blütenstand: Rispe
Blüten: zwittrig, radiär. Kelchblätter 4–5 und Krone. Kronblätter 4–5, frei, dachig in der Knospe, weiß, grün. Staubblätter 4–6, frei. Diskus vorhanden, höchstens so lang wie der Fruchtknoten. Fruchtblätter 5, verwachsen, oberständig. Plazentation zentralwinkelständig mit 8–10 Samenanlagen je Fach
Frucht: Kapsel. Samen geflügelt
Kennzeichen: Baum, immergrün oder laubwerfend. Blätter unpaarig gefiedert. Blüten radiär. Kronblätter 4–5, frei, dachig in der Knospe. Staubblätter 4–6, frei. Diskus vorhanden, höchstens so lang wie der Fruchtknoten. Fruchtblätter 5, verwachsen, oberständig. Plazentation zentralwinkelständig. Kapsel

Toona sinensis

Melianthaceae
Honigstrauchgewächse

Melianthus L.
Ableitung: Honig-Blüte
Vulgärnamen: D:Honigstrauch; E:Honey Bush; F:Buisson-à-miel, Mélianthe
Arten: 6
Lebensform: Strauch, immergrün
Blätter: wechselständig, gefiedert. Nebenblätter vorhanden
Blütenstand: einzeln, Traube
Blüten: zwittrig, zygomorph. Kelchblätter 5. Kronblätter 4–5, frei, braunrot. Staubblätter 4, frei und frei von der Krone. Fruchtblätter 4, verwachsen, oberständig. Plazentation zentralwinkelständig
Frucht: Kapsel
Kennzeichen: Strauch, immergrün. Blätter gefiedert, mit Nebenblättern. Blüten zygomorph. Kronblätter 4–5, frei, braunrot. Staubblätter 4. Fruchtblätter 4, verwachsen, oberständig. Plazentation zentralwinkelständig. Kapsel

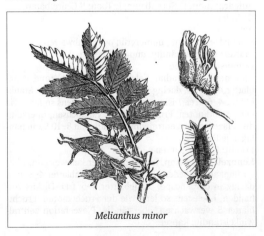
Melianthus minor

Menispermaceae
1 Blütenhülle aus Kelch und Krone
2 Staubblätter 9–24, mit Längsspalten
3 Blätter schildförmig . . . . . . **Menispermum**
3 Blätter nicht schildförmig . . . . . **Sinomenium**
2 Antheren mit Querspalten
4 Endosperm ruminiert . . . . **Jateorhiza**
4 Endosperm nicht ruminiert . . . . . . **Cocculus**
1 Blütenhülle nur aus einem Kelch bestehend
5 Staubblätter 10 bis viele
6 Staubblätter verwachsen zu einer Röhre . . . .
. . . . **Anamirta**
6 Staubblätter Freitag Calycocarpum
5 Staubblätter 3 oder 6
7 Pflanze eine Liane. Blüten in Rispen . . . . . .
. . . . **Chondrodendron**
7 Pflanze eine Staude. Blüten in Trauben . . . . .
. . . . **Dioscoreophyllum**

Anamirta Colebr.
Ableitung: wohl: unechte Myrte
Vulgärnamen: D:Scheinmyrte; E:False Myrtle; F:Fauxmyrte
Arten: 1
Lebensform: Liane
Blätter: wechselständig, einfach. Nebenblätter fehlend
Blütenstand: Rispe
Blüten: eingeschlechtig, radiär. Kelchblätter 8, frei. Kronblätter fehlend. Staubblätter 30–35, verwachsen. Fruchtblätter 3–5, frei, oberständig. Plazentation marginal
Frucht: Steinfrüchtchen
Kennzeichen: Liane. Blüten eingeschlechtig, radiär. Kelchblätter 8. Kronblätter fehlend. Staubblätter 30–35, verwachsen. Fruchtblätter 3–5, frei, oberständig. Steinfrüchtchen

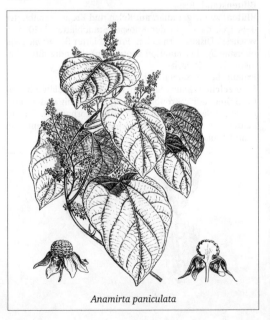
Anamirta paniculata

Calycocarpum

Arten: 1
Lebensform: Liane, laubwerfend
Blätter: wechselständig, einfach
Blütenstand: Rispe
Blüten: eingeschlechtig, radiär. Kelchblätter 6, frei, grün. Kronblätter fehlend. Staubblätter 12, frei. Fruchtblätter 3, frei, oberständig. Plazentation marginal
Frucht: Steinfrüchtchen
Kennzeichen: Liane, laubwerfend. Blüten eingeschlechtig, radiär. Kelchblätter 6, frei, grün. Kronblätter fehlend. Staubblätter 12, frei. Fruchtblätter 3–5, frei, oberständig. Steinfrüchtchen

Chondrodendron Ruiz et Pav.

Ableitung: Knorpel-Baum
Arten: 3
Lebensform: Liane
Blätter: wechselständig, einfach. Nebenblätter fehlend
Blütenstand: Rispe
Blüten: eingeschlechtig, radiär. Kelchblätter 6, frei. Kronblätter fehlend. Staubblätter 3 oder 6, frei oder verwachsen. Fruchtblätter 6, frei, oberständig. Plazentation marginal
Frucht: Steinfrüchtchen
Kennzeichen: Liane. Blüten in Rispen, eingeschlechtig, radiär. Kelchblätter 6. Kronblätter fehlend. Staubblätter 3 oder 6. Fruchtblätter 6, frei, oberständig. Steinfrüchtchen

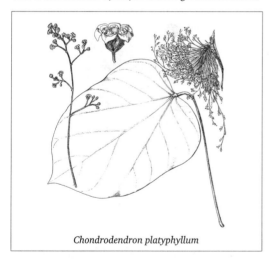

Chondrodendron platyphyllum

Cocculus DC.

Ableitung: kleine Beere
Vulgärnamen: D:Kokkelstrauch; E:Moonseed; F:Cocculus
Arten: 11
Lebensform: Liane, Strauch, Baum, immergrün oder laubwerfend
Blätter: wechselständig, einfach. Nebenblätter fehlend
Blütenstand: Rispe, Traube, Schirmtraube
Blüten: eingeschlechtig, radiär. Kelchblätter 6–9, frei. Kronblätter 6, frei. Staubblätter 6–9, frei. Antheren mit Querspalt. Fruchtblätter 3 oder 6, frei, oberständig. Plazentation marginal
Frucht: Steinfrüchtchen. Endosperm nicht ruminiert
Kennzeichen: Liane, Strauch, Baum, immergrün oder laubwerfend. Blüten eingeschlechtig, radiär. Kelchblätter 6–9, frei. Kronblätter 6. Staubblätter 6–9. Antheren mit Querspalt. Fruchtblätter 3 oder 6, frei, oberständig. Steinfrüchtchen. Endosperm nicht ruminiert

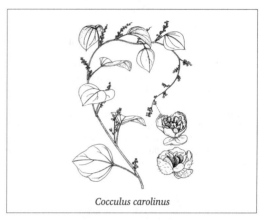

Cocculus carolinus

Dioscoreophyllum Engl.

Ableitung: Dioscorea-Blatt
Arten: 3
Lebensform: Staude
Blätter: wechselständig, einfach. Nebenblätter fehlend
Blütenstand: Traube
Blüten: eingeschlechtig, radiär. Kelchblätter 3–8, frei, grünlich. Kronblätter fehlend.. Staubblätter 6, verwachsen. Fruchtblätter 3 oder 6, frei, oberständig. Plazentation marginal

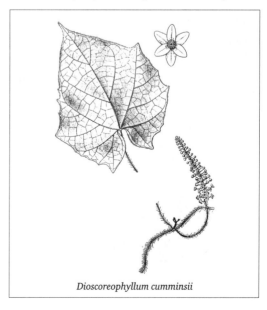

Dioscoreophyllum cumminsii

Frucht: Steinfrüchtchen
Kennzeichen: Staude. Blüten in Trauben, radiär. Kelchblätter 3–8, frei, grünlich. Kronblätter fehlend. Staubblätter 6, verwachsen. Fruchtblätter 3 oder 6, frei, oberständig. Steinfrüchtchen

Jateorhiza Miers

Ableitung: heilende Wurzel
Arten: 2
Lebensform: Liane
Blätter: wechselständig, einfach. Nebenblätter fehlend
Blütenstand: Rispe, Traube
Blüten: eingeschlechtig, radiär. Kelchblätter 6, frei. Kronblätter 6. Staubblätter 6, frei oder verwachsen. Antheren mit Querspalt. Fruchtblätter 3, frei, oberständig. Plazentation marginal
Frucht: Steinfrüchtchen. Endosperm ruminiert
Kennzeichen: Liane. Blüten eingeschlechtig, radiär. Kelchblätter 6, frei. Kronblätter fehlend. Staubblätter 6. Antheren mit Querspalt. Fruchtblätter 3, frei, oberständig. Steinfrüchtchen. Endosperm ruminiert

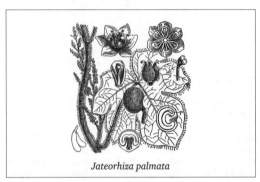

Jateorhiza palmata

Menispermum L.

Ableitung: Mond-Same
Vulgärnamen: D:Mondsame; E:Moonseed
Arten: 2
Lebensform: Liane, laubwerfend oder immergrün, Staude
Blätter: wechselständig, einfach, schildförmig. Nebenblätter fehlend

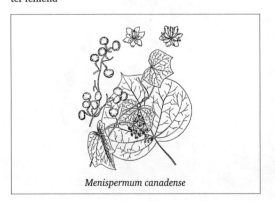

Menispermum canadense

Blütenstand: Traube, Rispe
Blüten: eingeschlechtig, radiär. Kelchblätter 6–10. Kronblätter 6–9, frei, weiß, gelblich. Staubblätter 9–24, frei. Antheren mit Längsspalten. Fruchtblätter 3, frei. Plazentation marginal
Frucht: Steinfrüchtchen
Kennzeichen: Liane, laubwerfend oder immergrün, Staude. Blätter schildförmig. Blüten eingeschlechtig, radiär. Kelchblätter 6–10. Kronblätter 6–9, frei. Staubblätter 9–24, frei. Antheren mit Längsspalten. Fruchtblätter 3, frei, oberständig. Steinfrüchtchen

Sinomenium Diels

Ableitung: chinesisches Menispermum
Arten: 1
Lebensform: Liane, laubwerfend
Blätter: wechselständig, einfach, nicht schildförmig. Nebenblätter fehlend
Blütenstand: Traube, Rispe
Blüten: eingeschlechtig, radiär. Kelchblätter 6. Kronblätter 6, frei, gelb. Staubblätter 9 oder 12, frei. Antheren mit Längsspalten. Fruchtblätter 3, frei. Plazentation marginal
Frucht: Steinfrüchtchen
Kennzeichen: Liane, laubwerfend. Blätter nicht schildförmig. Blüten eingeschlechtig, radiär. Kelchblätter 6. Kronblätter 6, frei, gelb. Staubblätter 9 oder 12, frei. Antheren mit Längsspalten. Fruchtblätter 3, frei, oberständig. Steinfrüchtchen

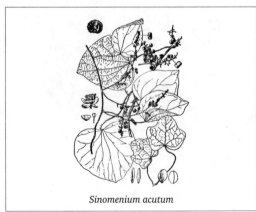

Sinomenium acutum

Menyanthaceae Fieberkleegewächse

1 Sumpfpflanzen mit 3-zähligen Blättern . . . . **Menyanthes**
1 Wasserpflanzen mit einfachen Blättern
2 Blätter gegen- oder wechselständig. (Schwimmblätter) . . . . **Nymphoides**
2 Blätter in grundständiger Rosette . . . . . **Villarsia**

Menyanthes L.

Ableitung: antiker Pflanzenname
Vulgärnamen: D:Bitterklee, Fieberklee; E:Bogbean, Marsh Trefoil; F:Trèfle d'eau

Arten: 1
Lebensform: Staude. Sumpfpflanze oder Wasserpflanze
Blätter: wechselständig, 3-zählig. Nebenblätter fehlend
Blütenstand: Traube
Blüten: zwittrig, radiär. Kelchblätter 5. Kronblätter 5, verwachsen, weiß, rosa, gefranst, klappig in der Knospe. Staubblätter 5, verwachsen mit der Krone. Fruchtblätter 2, verwachsen, oberständig. Plazentation parietal.
Frucht: Kapsel
Kennzeichen: Staude, Sumpfpflanze. Blätter 3-zählig. Blüten radiär. Kronblätter 5, verwachsen, gefranst. Staubblätter 5, verwachsen mit der Krone. Fruchtblätter 2, verwachsen, oberständig. Plazentation parietal. Kapsel

Menyanthes trifoliata

Nymphoides Ség.

Ableitung: Nymphaea-ähnlich
Vulgärnamen: D:Seekanne; E:Floating Heart, Fringed Water Lily; F:Petit nénuphar
Arten: 20
Lebensform: Staude. Wasserpflanze mit Schwimmblättern
Blätter: gegenständig oder wechselständig, einfach. Nebenblätter fehlend
Blütenstand: Dolde
Blüten: zwittrig, radiär. Kelchblätter 5. Kronblätter 5, verwachsen, weiß, gelb, klappig in der Knospe. Staubblätter 5, verwachsen mit der Krone. Fruchtblätter 2, verwachsen, oberständig. Plazentation parietal.
Frucht: Kapsel oder Schließfrucht
Kennzeichen: Staude. Wasserpflanze mit Schwimmblättern. Blätter gegenständig oder wechselständig, einfach. Blüten in Dolden, radiär. Kronblätter 5, verwachsen. Staubblätter 5, verwachsen mit der Krone. Fruchtblätter 2, verwachsen, oberständig. Plazentation parietal

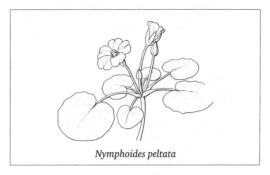

Nymphoides peltata

Villarsia Vent.

Ableitung: Gattung zu Ehren von Dominique Villars (1745–1814), einem französischen Arzt und Botaniker benannt
Vulgärnamen: D:Villarsie; F:Villarsia
Arten: 16
Lebensform: Staude, Wasserpflanze
Blätter: grundständig, einfach. Nebenblätter fehlend
Blütenstand: cymös, Rispe
Blüten: zwittrig, radiär. Kelchblätter 5. Kronblätter 5, verwachsen, weiß, gelb, klappig in der Knospe. Staubblätter 5, verwachsen mit der Krone. Fruchtblätter 2, verwachsen, oberständig. Plazentation parietal.
Frucht: Kapsel
Kennzeichen: Staude, Wasserpflanze. Blätter grundständig, einfach. Blüten radiär. Kronblätter 5, verwachsen. Staubblätter 5, verwachsen mit der Krone. Fruchtblätter 2, verwachsen, oberständig. Plazentation parietal. Kapsel

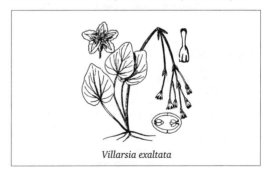

Villarsia exaltata

Mimosaceae Mimosengewächse

1 Staubblätter über 10
2   Staubblätter frei oder nur am Grund verwachsen
3   Staubblätter viele. . . . .**Acacia**
3   Staubblätter 8 oder 10 . . . .**Xylia**
2   Staubblätter verwachsen

    4   Blätter einfach gefiedert . . . . **Inga**
    4   Blätter doppelt gefiedert
        5   Frucht kreisförmige oder bohnenförmige,
            fleischige Schließfrucht. . . . . **Enterolobium**
        5   Frucht eine Hülse
            6   Hülse mit elastisch sich krümmenden Klappen
                . . . . **Calliandra**
            6   Hülse nicht elastisch 2-klappig oder
                Schließfrucht. . . . . **Albizia**
1   Staubblätter bis 10
    7   Staubblätter verwachsen
        9   Frucht gerade, eine Schließfrucht oder
            2-klappige Hülse . . . . **Albizia**
        9   Frucht ± aufgerollt oder verdreht. Samen mit
            Arillus. . . . . . **Pithecellobium und Abarema**
    7   Staubblätter frei oder nur am Grund verwachsen
        10 Kelchblätter dachig in der Knospe . . . . **Parkia**
        10 Kelchblätter klappig in der Knospe
            11 Antheren ohne Drüse an der Spitze
                12 Kelchblätter verwachsen. Kronblätter frei. .
                    . . . . **Leucaena**
                12 Kelchblätter frei. Kronblätter verwachsen.
                    Frucht mit stehenbleibendem Rahmen . . .
                    . . . . **Mimosa**
            11 Antheren mit Drüsen an der Spitze
                13 Blüten in Köpfchen oder ovalen Ähren.
                    14 Frucht nicht elastisch aufspringend.
                        Nebenblätter herzförmig . . . . **Neptunia**
                    14 Frucht elastisch aufspringend. Nebenblätter
                        klein, lineal . . . . **Xylia**
                13 Blüten in Trauben oder langgestreckten
                    Ähren
                    15 Blüten untere mit langen Staminodien. . .
                        . . . . **Dichrostachys**
                    15 Blüten alle gleich
                        16 Frucht eine Schließfrucht . . . . **Prosopis**
                        16 Frucht eine Hülse
                            17 Hülse 2-klappig. (Samen scharlachrot
                                oder schwarz-rot). . . . . . **Adenanthera**
                            17 Hülse in 1-samige Teile zerbrechend.
                                (Sträucher oder Lianen) . . . . . **Entada**

Acacia Mill.

Ableitung: antiker Pflanzenname
Vulgärnamen: D:Mimose der Gärtner, Akazie; E:Mimosa, Whattle; F:Acacia, Mimosa
Arten: c. 1200
Lebensform: Baum, Strauch, selten Staude, immergrün
Blätter: wechselständig, doppelt gefiedert oder reduziert zu verbreiterten Blattstielen (Phyllodien). Nebenblätter vorhanden oder fehlend
Blütenstand: Köpfchen, Ähren
Blüten: zwittrig oder eingeschlechtig, radiär, mit Kelch und Krone. Kronblätter 5-3, verwachsen, klappig in der Knospe, weiß oder gelb. Staubblätter viele, frei oder am Grund verwachsen. Fruchtblatt 1, oberständig. Plazentation marginal
Frucht: Hülse aufspringend oder nicht
Kennzeichen: Baum, Strauch, selten Staude, immergrün. Blätter doppelt gefiedert oder reduziert zu verbreiterten Blattstielen (Phyllodien). Blüten in Köpfchen oder Ähren,

Acacia nilotica

radiär. Kronblätter 5-3, verwachsen, klappig in der Knospe. Staubblätter viele, frei oder am Grund verwachsen. Fruchtblatt 1, oberständig. Hülse aufspringend oder nicht

Adenanthera L.

Ableitung: mit drüsigen Staubbeuteln
Vulgärnamen: D:Drüsenbaum; E:Coral Wood, Redwood; F:Adénanthéra
Arten: 12
Lebensform: Baum
Blätter: wechselständig, doppelt gefiedert. Nebenblätter vorhanden
Blütenstand: Traube
Blüten: zwittrig oder eingeschlechtig, radiär, mit Kelch und Krone. Kronblätter 5, verwachsen, klappig in der Knospe, gelb, weiß. Staubblätter 10, frei, Antheren mit Drüse an der Spitze. Fruchtblatt 1, oberständig. Plazentation marginal
Frucht: Hülse. Samen scharlachrot oder rot-schwarz
Kennzeichen: Baum. Blätter doppelt gefiedert. Blüten in Trauben, radiär. Kronblätter 5, verwachsen, klappig in der Knospe. Staubblätter 10, frei, Antheren mit Drüse an der Spitze. Fruchtblatt 1, oberständig. Hülse. Samen scharlachrot oder rot-schwarz

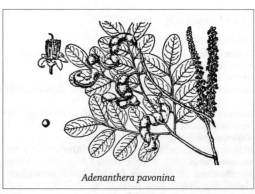

Adenanthera pavonina

Albizia Durazz.

Ableitung: Gattung zu Ehren von Filippo del Albizzi, einem italienischen Gartenliebhaber des 18. Jahrhunderts benannt
Vulgärnamen: D:Seidenakazie; F:Albizzia
Arten: c. 150
Lebensform: Baum, Strauch, selten kletternd
Blätter: wechselständig, doppelt gefiedert. Nebenblätter vorhanden oder nicht
Blütenstand: Köpfchen, Ähre
Blüten: zwittrig oder eingeschlechtig, radiär, mit Kelch und Krone. Kronblätter 5, verwachsen, klappig in der Knospe, weiß, rosa, lila. Staubblätter 10 oder viele, verwachsen. Fruchtblatt 1, oberständig. Plazentation marginal
Frucht: Hülse gerade, aufspringend oder nicht
Kennzeichen: Baum, Strauch, selten kletternd. Blätter doppelt gefiedert. Blüten in Köpfchen oder Ähren, radiär. Kronblätter 5, verwachsen, klappig in der Knospe. Staubblätter 10 oder viele, verwachsen. Fruchtblatt 1, oberständig. Hülse gerade, aufspringend oder nicht

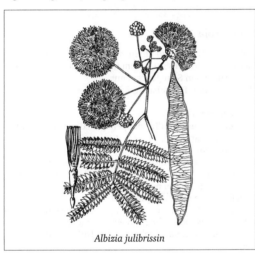
Albizia julibrissin

Calliandra Benth.

Ableitung: mit schönen Staubblättern
Vulgärnamen: D:Puderquastenstrauch; E:Powder Puff Tree; F:Calliandra
Arten: c. 200
Lebensform: Strauch, Baum, Staude, immergrün
Blätter: wechselständig, doppelt gefiedert. Nebenblätter vorhanden oder nicht
Blütenstand: Köpfchen
Blüten: zwittrig oder eingeschlechtig, radiär, mit Kelch und Krone. Kronblätter 5, selten 6, verwachsen, klappig in der Knospe, rot, weiß, purpurn. Staubblätter viele, verwachsen. Fruchtblatt 1, oberständig. Plazentation marginal
Frucht: Hülse mit elastisch sich krümmenden Klappen
Kennzeichen: Strauch, Baum, Staude, immergrün. Blätter doppelt gefiedert. Blüten in Köpfchen, radiär. Kronblätter 5, selten 6, verwachsen, klappig in der Knospe. Staubblätter viele, verwachsen. Fruchtblatt 1, oberständig. Hülse mit elastisch sich krümmenden Klappen

Calliandra tweedii

Dichrostachys (A. DC.) Wight et Arn.

Ableitung: zweifarbige Ähre
Arten: 12
Lebensform: Strauch, Baum, laubwerfend
Blätter: wechselständig, doppelt gefiedert. Nebenblätter vorhanden
Blütenstand: Ähre
Blüten: zwittrig, radiär, mit Kelch und Krone. Untere Blüten mit langen Staminodien. Kronblätter 5, verwachsen, klappig in der Knospe, gelb, weiß, rosa, lila. Staubblätter 10, frei. Antheren mit Drüse an der Spitze. Fruchtblatt 1, oberständig. Plazentation marginal
Frucht: Hülse aufspringend oder nicht
Kennzeichen: Strauch, Baum, laubwerfend. Blätter doppelt gefiedert. Blüten in Ähren, radiär, untere Blüten mit langen Staminodien. Kronblätter 5, verwachsen, klappig in der Knospe. Staubblätter 10, frei. Antheren mit Drüse an der Spitze. Fruchtblatt 1, oberständig. Hülse aufspringend oder nicht

Dichrostachys cinerea

Entada Adans.

Ableitung: nach einem Pflanzennamen in Indien
Vulgärnamen: D:Meerbohne, Riesenhülse; E:Sea Bean; F:Haricot de mer
Arten: c. 30
Lebensform: Liane, Baum, Strauch
Blätter: wechselständig, doppelt gefiedert. Nebenblätter vorhanden
Blütenstand: Ähre, Traube
Blüten: zwittrig oder eingeschlechtig, radiär, mit Kelch und Krone. Kronblätter 5, frei oder verwachsen, klappig in der Knospe, weiß, gelb. Staubblätter 10, frei. Antheren mit Drüse an der Spitze. Fruchtblatt 1, oberständig. Plazentation marginal
Frucht: Hülse, in 1-samige Teile zerbrechend
Kennzeichen: Liane, Baum, Strauch. Blätter doppelt gefiedert. Blüten in Ähren oder Trauben, radiär. Kronblätter 5, frei oder verwachsen, klappig in der Knospe. Staubblätter 10, frei. Antheren mit Drüse an der Spitze. Fruchtblatt 1, oberständig. Hülse, in 1-samige Teile zerbrechend

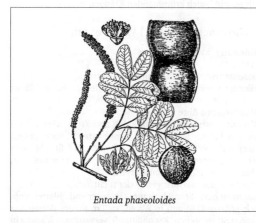

Entada phaseoloides

Enterolobium Mart.

Ableitung: Darm-Schote
Vulgärnamen: D:Affenseife; E:Elephant's Ear
Arten: 5
Lebensform: Baum
Blätter: wechselständig, doppelt gefiedert. Nebenblätter vorhanden
Blütenstand: Köpfchen
Blüten: zwittrig oder eingeschlechtig, radiär, mit Kelch und Krone. Kronblätter 5, verwachsen, klappig in der Knospe, weiß. Staubblätter viele, verwachsen. Fruchtblatt 1, oberständig. Plazentation marginal
Frucht: Hülse kreisförmig oder bohnenförmig, fleischig, sich nicht öffnend
Kennzeichen: Baum. Blätter doppelt gefiedert. Blüten in Köpfchen, radiär. Kronblätter 5, verwachsen, klappig in der Knospe. Staubblätter viele, verwachsen. Fruchtblatt 1, oberständig. Hülse kreisförmig oder bohnenförmig, fleischig, sich nicht öffnend

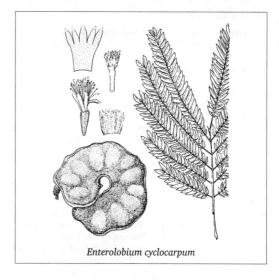

Enterolobium cyclocarpum

Faidherbia A. Chev.

Ableitung: Gattung zu Ehren von Louis Léon César Faidherbe (1818–1889), einem französischen General und Gouverneur von Senegal benannt
Vulgärnamen: D:Anabaum; E:Winterthorn
Arten: 1
Lebensform: Baum
Blätter: wechselständig, doppelt gefiedert. Nebenblätter dornig, gerade
Blütenstand: Ähre
Blüten: radiär, mit Kelch und Krone. Kronblätter cremefarben bis gelb. Staubblätter viele, frei. Fruchtblatt 1, oberständig. Plazentation marginal
Frucht: Hülse nicht aufspringend
Kennzeichen: Baum. Blätter doppelt gefiedert. Nebenblätter dornig, gerade. Blüten in Ähren, radiär. Staubblätter viele, frei. Fruchtblatt 1, oberständig. Hülse nicht aufspringend

Faidherbia albida

Inga Mill.

Ableitung: Pflanzenname in Westindien
Vulgärnamen: D:Ingabohne; E:Ice-Cream Bean
Arten: c. 350
Lebensform: Baum, Strauch
Blätter: wechselständig, einfach gefiedert. Nebenblätter vorhanden
Blütenstand: Köpfchen, Ähre, Traube, Dolde
Blüten: zwittrig, radiär, mit Kelch und Krone. Kronblätter 5–6, verwachsen, klappig in der Knospe, weiß, gelb. Staubblätter viele, verwachsen. Fruchtblatt 1, oberständig. Plazentation marginal
Frucht: Hülse nicht aufspringend
Kennzeichen: Baum, Strauch. Blätter einfach gefiedert. Blüten radiär. Kronblätter 5–6, verwachsen, klappig in der Knospe. Staubblätter viele, verwachsen. Fruchtblatt 1, oberständig. Hülse nicht aufspringend

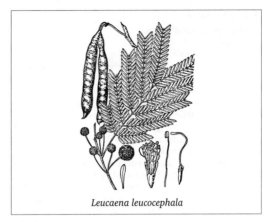
Leucaena leucocephala

Inga uruguensis

Mimosa L.

Ableitung: Schauspieler-Pflanze
Vulgärnamen: D:Mimose, Sinnpflanze; E:Sensitive Plant; F:Mimosa, Sensitive
Arten: 480
Lebensform: Baum, Strauch, Liane, Kräuter
Blätter: wechselständig, doppelt gefiedert, selten reduziert zu Phyllodien. Nebenblätter vorhanden
Blütenstand: Köpfchen, Ähre
Blüten: zwittrig oder eingeschlechtig, radiär. Kelchblätter frei, klappig in der Knospe. Kronblätter 4–5, selten 3 oder 6, verwachsen, klappig in der Knospe, weiß, rosa, lila. Staubblätter 4–10, frei. Antheren ohne Drüse an der Spitze. Fruchtblatt 1, oberständig. Plazentation marginal
Frucht: Hülse mit stehenbleibendem Rahmen
Kennzeichen: Baum, Strauch, Liane, Kräuter. Blätter doppelt gefiedert, selten reduziert zu Phyllodien. Blüten in Köpfchen oder Ähren, radiär. Kelchblätter frei, klappig in der Knospe. Kronblätter 4–5, selten 3 oder 6, verwachsen. Staubblätter 4–10, frei. Antheren ohne Drüse an der Spitze. Fruchtblatt 1, oberständig. Hülse mit stehenbleibendem Rahmen

Leucaena Benth.

Ableitung: weiß gefärbte Pflanze
Vulgärnamen: D:Weißfaden; F:Tamarinier sauvage
Arten: 22
Lebensform: Baum, Strauch
Blätter: wechselständig, doppelt gefiedert. Nebenblätter vorhanden
Blütenstand: Köpfchen
Blüten: zwittrig, radiär. Kelchblätter verwachsen. Kronblätter 5, frei, klappig in der Knospe, weiß. Staubblätter 10, frei. Antheren ohne Drüse an der Spitze. Fruchtblatt 1, oberständig. Plazentation marginal
Frucht: Hülse
Kennzeichen: Baum, Strauch. Blätter doppelt gefiedert. Blüten in Köpfchen, radiär. Kelchblätter verwachsen. Kronblätter 5, frei, klappig in der Knospe. Staubblätter 10, frei. Antheren ohne Drüse an der Spitze. Fruchtblatt 1, oberständig. Hülse

Mimosa pudica

Neptunia Lour.

Ableitung: Neptun-Pflanze
Arten: 12
Lebensform: Staude, Strauch
Blätter: wechselständig, doppelt gefiedert. Nebenblätter vorhanden, herzförmig
Blütenstand: Köpfchen oder ovale Ähren
Blüten: zwittrig oder eingeschlechtig, radiär, mit Kelch und Krone. Kronblätter 5, frei oder verwachsen, klappig in der Knospe, gelb, grüngelb. Staubblätter 10 oder 5, frei. Antheren mit Drüse an der Spitze. Fruchtblatt 1, oberständig. Plazentation marginal
Frucht: Hülse nicht elastisch aufspringend
Kennzeichen: Staude, Strauch. Blätter doppelt gefiedert. Nebenblätter herzförmig. Blüten in Köpfchen oder ovalen Ähren, radiär. Kronblätter 5, frei oder verwachsen, klappig in der Knospe. Staubblätter 10 oder 5, frei. Antheren mit Drüse an der Spitze. Fruchtblatt 1, oberständig. Hülse nicht elastisch aufspringend

Parkia R. Br.

Ableitung: Gattung zu Ehren von Mungo Park (1771–1806), einem schottischen Arzt benannt
Arten: 30
Lebensform: Baum
Blätter: wechselständig, doppelt gefiedert. Nebenblätter fehlend
Blütenstand: Köpfchen
Blüten: zwittrig oder eingeschlechtig, radiär, mit Kelch und Krone. Kronblätter 5, frei oder verwachsen, dachig in der Knospe, gelb, weiß, rot. Staubblätter 10, frei oder am Grund verwachsen. Fruchtblatt 1, oberständig. Plazentation marginal
Frucht: Hülse
Kennzeichen: Baum. Blätter doppelt gefiedert. Blüten in Köpfchen, radiär. Kronblätter 5, frei oder verwachsen, dachig in der Knospe. Staubblätter 10, frei oder am Grund verwachsen. Fruchtblatt 1, oberständig. Hülse

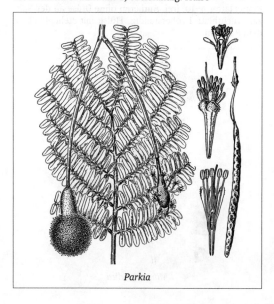

Parkia

Pithecellobium Mart.

Ableitung: Affen-Hülsen
Vulgärnamen: D:Affenohrring; F:Ebène du Mexique, Ebène du Texas
Arten: 37
Lebensform: Baum, Strauch
Blätter: wechselständig, doppelt gefiedert. Nebenblätter vorhanden
Blütenstand: Köpfchen, Ähre
Blüten: zwittrig oder eingeschlechtig, radiär, mit Kelch und Krone. Kronblätter 5, selten 6, verwachsen, klappig in der Knospe, weiß. Staubblätter 4 bis weniger, verwachsen. Fruchtblatt 1, oberständig. Plazentation marginal
Frucht: Hülse, ± aufgerollt oder verdreht, aufspringend oder nicht. Samen mit Arillus
Kennzeichen: Baum, Strauch. Blätter doppelt gefiedert. Blütenstand in Köpfchen oder Ähren, radiär. Kronblätter 5, selten 6, verwachsen, klappig in der Knospe. Staubblätter 4 bis weniger, verwachsen. Fruchtblatt 1, oberständig. Hülse, ± aufgerollt oder verdreht. Samen mit Arillus

Pithecellobium dulce

Prosopis L.

Ableitung: antiker Pflanzenname
Vulgärnamen: D:Mesquitebaum, Schraubenbohne, Süßhülsenbaum; E:Mesquite; F:Prosopis
Arten: 44
Lebensform: Baum, Strauch
Blätter: wechselständig, doppelt gefiedert. Nebenblätter vorhanden oder nicht
Blütenstand: Traube, Ähre
Blüten: zwittrig, radiär, mit Kelch und Krone. Kronblätter 5, frei oder verwachsen, klappig in der Knospe, grün. Staubblätter 10, frei. Antheren mit Drüse an der Spitze. Fruchtblatt 1, oberständig. Plazentation marginal
Frucht: Hülse, nicht aufspringend
Kennzeichen: Baum, Strauch. Blätter doppelt gefiedert. Blüten in Trauben oder Ähren, radiär. Kronblätter 5, frei oder verwachsen, klappig in der Knospe. Staubblätter 10, frei. Antheren mit Drüse an der Spitze. Fruchtblatt 1, oberständig. Hülse, nicht aufspringend

Molluginaceae 647

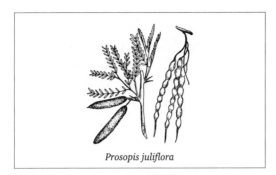
Prosopis juliflora

Xylia Benth.

Ableitung: Holzpflanze
Arten: 13
Lebensform: Baum
Blätter: wechselständig, doppelt gefiedert. Nebenblätter vorhanden
Blütenstand: Traube, Köpfchen
Blüten: zwittrig selten eingeschlechtig, radiär, mit Kelch und Krone. Kronblätter 5, verwachsen, klappig in der Knospe, grünlich. Staubblätter 8 oder 10, frei. Antheren mit Drüse an der Spitze. Fruchtblatt 1, oberständig. Plazentation marginal
Frucht: Hülse, elastisch aufspringend
Kennzeichen: Baum. Blätter doppelt gefiedert. Blüten in Trauben oder Köpfchen, radiär. Kronblätter 5, verwachsen, klappig in der Knospe. Staubblätter 8 oder 10, frei. Antheren mit Drüse an der Spitze. Fruchtblatt 1, oberständig. Hülse, elastisch aufspringend

Xylia africana

Molluginaceae

1 Blätter wechselständig. Frucht 1-samig
2 Frucht nussartig. Griffel verwachsen . . . .
. . . . .Corrigiola

2 Frucht eine Kapsel mit 1 Samen. Griffel 3–4 . . .
. . . . Telephium
1 Blätter grundständig, gegenständig oder quirlständig. Frucht eine mehrsamige Kapsel . . . . .
. . . . .Mollugo

Corrigiola L.

Ableitung: Schuhriemen-Pflanze
Vulgärnamen: D:Hirschsprung; E:Strapwort; F:Corrigiola
Arten: 11
Lebensform: Einjährige, Staude
Blätter: wechselständig, einfach. Nebenblätter vorhanden
Blütenstand: cymös, Büschel
Blüten: zwittrig, radiär. Kelchblätter 5, frei, weiß, rosa. Kronblätter fehlend. Staubblätter 5, frei. Fruchtblätter 3, verwachsen, oberständig. 3 Griffel. Plazentation basal
Frucht: Nuss
Kennzeichen: Einjährige, Staude. Nebenblätter vorhanden. Kelchblätter 5, frei. Kronblätter fehlend. Staubblätter 5, frei. Fruchtblätter 3, verwachsen, oberständig. 3 Griffel. Nuss

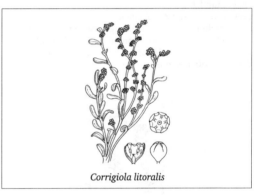
Corrigiola litoralis

Mollugo L.

Ableitung: antiker Pflanzenname
Vulgärnamen: D:Weichkraut; E:Carpetweed; F:Mollugine, Mollugo
Arten: c. 35
Lebensform: Einjährige, Staude
Blätter: grundständig, gegenständig oder quirlständig, einfach. Nebenblätter vorhanden

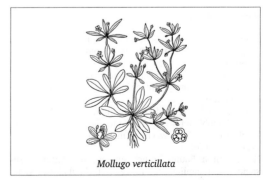
Mollugo verticillata

Blütenstand: cymös, Büschel
Blüten: zwittrig, radiär. Perigonblätter 5, frei, weiß, grün. Staubblätter 3–10, frei von der Krone. Fruchtblätter 3–5, verwachsen, oberständig. Plazentation zentralwinkelständig
Frucht: Kapsel
Kennzeichen: Einjährige, Staude. Nebenblätter vorhanden. Perigonblätter 5, frei. Staubblätter 3–10, frei. Fruchtblätter 3–5, verwachsen, oberständig. Plazentation zentralwinkelständig. Kapsel

Telephium L.

Ableitung: antiker Pflanzenname
Vulgärnamen: D:Telephie, Zierspark; F:Grand orpin
Arten: 5
Lebensform: Staude, Einjährige
Blätter: wechselständig, einfach. Nebenblätter vorhanden
Blütenstand: Köpfchen, Schirmrispe, cymös, endständig
Blüten: zwittrig, radiär. Kelchblätter 5, frei. Kronblätter 5, frei, weiß. Staubblätter 5–2, frei. Fruchtblätter 3–4, verwachsen, oberständig. 3–4 Griffel. Plazentation zentralwinkelständig
Frucht: Kapsel mit 3–4 Zähnen
Kennzeichen: Staude, Einjährige. Nebenblätter vorhanden. Kelchblätter 5, frei. Kronblätter 5, frei, weiß. Staubblätter 5–2, frei. Fruchtblätter 3–4, verwachsen, oberständig. 3–4 Griffel. Kapsel

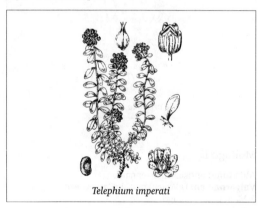
Telephium imperati

Monimiaceae

Peumus Molina

Ableitung: nach einem Pflanzennamen in Chile
Vulgärnamen: D:Boldo; E:Boldo; F:Boldo
Arten: 1
Lebensform: Baum, Strauch, immergrün. Ölzellen
Blätter: gegenständig, einfach. Nebenblätter fehlend
Blütenstand: cymös
Blüten: zweihäusig, radiär. Blütenhüllblätter 10–12, frei, weiß. Staubblätter viele, frei. Staubfäden mit 2 Drüsen. Fruchtblätter 2–5, verwachsen, mittelständig
Frucht: Steinfrucht
Kennzeichen: Baum, Strauch, immergrün. Blätter gegenständig. Blütenhüllblätter 10–12, frei. Staubblätter viele,

Peumus boldus

frei. Staubfäden mit 2 Drüsen. Fruchtblätter 2–5, verwachsen, mittelständig

Moraceae Maulbeergewächse

1 männliche Blütenstände Ähren oder Trauben
2 männliche Blüten in Trauben. Pflanze dornig . . . . **Maclura**
2 männliche Blüten in Ähren. Pflanze nicht dornig
3 männliche Blüten röhrig, höchstens kurz 4-zähnig an der Spitze. Blütenhüllblätter klappig in der Knospe. . . . . **Broussonetia**
3 männliche Blüten tief 4-teilig. Blütenhüllblätter dachig in der Knospe
4 weibliche Blüten in Ähren
5 Triebspitzen abfallend. . . . . **Morus**
5 Triebspitzen bleibend . . . . **Milicia**
4 weibliche Blüten in Köpfchen . . . . **Chlorophora**
1 männliche Blütenstände in Köpfchen oder scheiben- bis becher- oder krugförmig
6 Blütenstände männliche Blüten in Köpfchen
7 weibliche Blüten einzeln
8 männliche Blüten mit einer Hülle. 4 Blütenhüllblätter. Staubblätter 3–4 . . . **Antiaris**
8 männliche Blüten ohne Blütenhülle. Staubblätter viele . . . . **Pseudolmedia**
7 weibliche Blüten in Köpfchen
9 weibliche Blüten nicht eingesenkt in den Köpfchenboden . . . . **Cudrania**
9 weibliche Blüten eingesenkt in den Köpfchenboden
10 männliche Blüten mit röhriger Blütenhülle . . . . **Artocarpus**
10 männliche Blüten 2- bis 4-teilig . . . **Treculia**
6 Blütenstände in scheibenförmigem Körbchenboden oder becher- bis krugförmig
11 gemeinsamer Blütenboden scheiben- bis becherförmig
12 Nebenblätter nicht stängelumfassend. Staubblätter gebogen in der Knospe. Blätter gefaltet . . . . **Dorstenia**

12	Nebenblätter stängelumfassend. Staubblätter gerade in der Knospe
13	Deckblätter auf der Oberfläche des gemeinsamen Blütenbodens. Staubblätter eingebogen in der Knospe . . . . **Brosimum**
13	Deckblätter am Grund des gemeinsamen Blütenbodens. Staubblätter gerade in der Knospe . . . . **Castilla**
11	gemeinsamer Blütenboden krugförmig . . . . **Ficus**

Antiaris Lesch.

Ableitung: nach einem Pflanzennamen auf Java
Vulgärnamen: D:Upasbaum; E:Upas Tree; F:Arbre à upas
Arten: 6
Lebensform: Strauch, Baum, laubwerfend, mit Milchsaft
Blätter: wechselständig, einfach. Nebenblätter vorhanden, frei oder verwachsen
Blütenstand: männlich Köpfchen, weiblich einzeln
Blüten: ein- oder zweihäusig, Männliche Blüten mit 4-teiliger Blütenhülle und mit 3–4 nicht eingebogenen Staubblättern, weibliche ohne Blütenhülle, mit 2 Fruchtblättern, verwachsen, oberständig, Narben 2. Plazentation apical
Frucht: Scheinfrucht
Kennzeichen: Strauch, Baum, laubwerfend, mit Milchsaft. Nebenblätter vorhanden. Blüten männliche in Köpfchen, weibliche einzeln. Männliche Blüten mit 4-teiliger Blütenhülle und mit 3–4 Staubblättern, weibliche ohne Blütenhülle, mit 2 Fruchtblättern, verwachsen, oberständig, Narben 2. Plazentation apical. Scheinfrucht

Lebensform: Baum, immergrün oder laubwerfend, mit Milchsaft
Blätter: wechselständig, einfach oder zusammengesetzt. Nebenblätter vorhanden
Blütenstand: männliche und weibliche Blüten in Köpfchen
Blüten: einhäusig, männliche Blüten mit röhriger Blütenhülle mit 4 oder 2 Zipfeln, mit 1 nicht eingebogenem Staubblatt, weibliche Blüten in den Köpfchenboden eingesenkt, mit 3–4 Zipfeln, mit 2 Fruchtblättern, verwachsen, oberständig, Narben 1, selten 2–3. Plazentation apical
Frucht: Scheinfrucht mit fleischigem, gemeinsamen Blütenboden
Kennzeichen: Baum, immergrün oder laubwerfend, mit Milchsaft. Nebenblätter vorhanden. Männliche und weibliche Blüten in Köpfchen, männliche Blüten mit röhriger Blütenhülle mit 4 oder 2 Zipfeln, mit 1 nicht eingebogenem Staubblatt, weibliche Blüten in den Köpfchenboden eingesenkt, mit 3–4 Zipfeln, mit 2 Fruchtblättern, verwachsen, oberständig. Scheinfrucht mit fleischigem, gemeinsamen Blütenboden

Artocarpus altilis

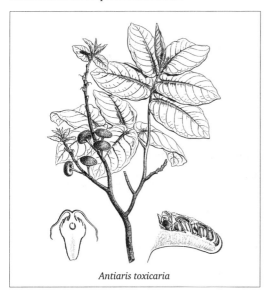

Antiaris toxicaria

Artocarpus J.R. Forst. et G. Forst.

Ableitung: Brot-Frucht
Vulgärnamen: D:Brotfruchtbaum; E:Breadfruit; F:Arbre à pain
Arten: c. 50

Brosimum Sw.

Ableitung: essbar
Vulgärnamen: D:Kuhbaum, Milchbaum; E:Cow Tree, Milk Tree; F:Arbre à lait
Arten: 13
Lebensform: Baum, mit Milchsaft
Blätter: wechselständig, einfach. Nebenblätter vorhanden, frei oder verwachsen, stängelumfassend
Blütenstand: männliche Blüten auf dem Köpfchenboden, weibliche 1–2 eingesenkt in der Mitte des Köpfchenbodens
Blüten: ein- oder zweihäusig, ohne Blütenhülle, männliche mit 1 zuerst eingebogenem Staubblatt, weibliche mit 2 Fruchtblättern, verwachsen, oberständig, Narben 2. Plazentation apical
Frucht: Scheinfrucht
Kennzeichen: Baum, mit Milchsaft. Nebenblätter stängelumfassend. Männliche Blüten auf dem Köpfchenboden,

weibliche 1–2 eingesenkt in der Mitte des Köpfchenboden, ohne Blütenhülle, männliche mit 1 zuerst eingebogenem Staubblatt, weibliche mit 2 Fruchtblättern, verwachsen, oberständig, Narben 2. Plazentation apical. Scheinfrucht

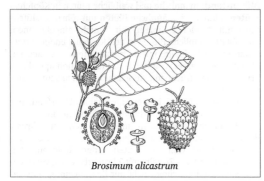
Brosimum alicastrum

Broussonetia L'Hér. ex Vent.
Ableitung: Gattung zu Ehren von Pierre Marie Auguste Broussonet (1761–1807), einem französischen Botaniker benannt
Vulgärnamen: D:Papiermaulbeerbaum; E:Paper Mulberry; F:Mûrier à papier
Arten: 8
Lebensform: Baum, Strauch, Liane, laubwerfend, mit Milchsaft
Blätter: wechselständig, einfach. Nebenblätter vorhanden
Blütenstand: männlich Ähre, weiblich Köpfchen
Blüten: zweihäusig, männliche mit röhriger, 4-zipfliger, in der Knospe klappiger Blütenhülle, mit 4 zuerst eingebogenen Staubblättern, weibliche Blüten 3- bis 4-zipflig, mit 2 Fruchtblättern, verwachsen, oberständig, Narben 1. Plazentation apical
Frucht: Scheinfrucht

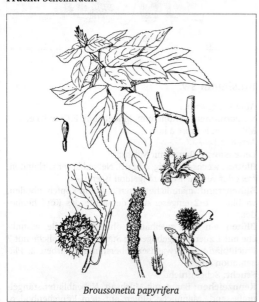
Broussonetia papyrifera

Kennzeichen: Baum, Strauch, Liane, laubwerfend, mit Milchsaft. Nebenblätter vorhanden. Blüten männliche in Ähren, weibliche in Köpfchen, männliche mit röhriger, 4-zipfliger, in der Knospe klappiger Blütenhülle, mit 4 zuerst eingebogenen Staubblättern, weibliche Blüten 3- bis 4-zipflig, mit 2 Fruchtblättern, verwachsen, oberständig, Narben 1. Plazentation apical. Scheinfrucht

Castilla Cerv.
Ableitung: Gattung zu Ehren von Juan Diego Castillo y Lopez (1744–1793), einem spanischen Botaniker in Mexiko benannt
Vulgärnamen: D:Kautschukbaum; E:Rubber Tree; F:Arbre à caoutchouc du Panama
Arten: 3
Lebensform: Baum, laubwerfend, mit Milchsaft
Blätter: wechselständig, einfach. Nebenblätter vorhanden, verwachsen, stängelumfassend
Blütenstand: männliche Blüten auf offenem, gemeinsamem Blütenboden, weibliche einzeln
Blüten: männliche ohne Blütenhülle, mit 4 nicht eingebogenen Staubblättern, weibliche 4-zipflig, mit 2 Fruchtblättern, verwachsen, oberständig, Narben 2. Plazentation apical
Frucht: Scheinfrucht
Kennzeichen: Lebensform: Baum, laubwerfend, mit Milchsaft. Nebenblätter stängelumfassend. Blüten männliche auf offenem, gemeinsamem Blütenboden, weibliche einzeln, männliche ohne Blütenhülle, mit 4 nicht eingebogenen Staubblättern, weibliche 4-zipflig, mit 2 Fruchtblättern, verwachsen, oberständig, Narben 2. Plazentation apical. Scheinfrucht

Castilla elastica

Chlorophora Gaudich.
Ableitung: grün tragend (färbend)
Vulgärnamen: D:Färberholz; E:Fustic; F:Iroko
Arten: 5
Lebensform: Baum, mit Milchsaft
Blätter: wechselständig, einfach. Nebenblätter vorhanden
Blütenstand: männlich Ähren, weiblich Köpfchen
Blüten: zweihäusig, einfache Blütenhülle, männliche 4-zipflig, dachig in der Knospe, mit 4 zuerst eingebogenen Staubblättern, weibliche 4zipflig, mit 2 Fruchtblättern, verwachsen, oberständig, Narben 1 oder 2. Plazentation apical
Frucht: Scheinfrucht
Kennzeichen: Baum, mit Milchsaft. Nebenblätter vorhanden. Blüten männliche in Ähren, weibliche in Köpfchen, männliche mit 4-zipfliger, in der Knospe dachiger Blütenhülle, mit 4 zuerst eingebogenen Staubblättern, weibliche 4-zipflig, mit 2 Fruchtblättern, verwachsen, oberständig, Narben 1 oder 2. Plazentation apical. Scheinfrucht

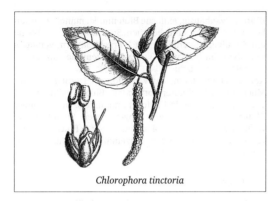
Chlorophora tinctoria

Cudrania Trécul

Ableitung: nach einem malaiischen Pflanzennamen
Vulgärnamen: D:Seidenwurmdorn; E:Silkworm Thorn; F:Epine du ver à soie
Arten: 5–8
Lebensform: Baum, Strauch, Liane, laubwerfend oder immergrün, mit Milchsaft
Blätter: wechselständig, einfach. Nebenblätter vorhanden
Blütenstand: männliche Blüten in Köpfchen, weibliche in Köpfchen, nicht eingesenkt
Blüten: zweihäusig, einfache Blütenhülle, männliche 4-zipflig, mit 4 nicht eingebogenen Staubblättern, weibliche 4-zipflig, mit 2 Fruchtblättern, verwachsen, oberständig, Narben 2 oder 1. Plazentation apical
Frucht: Scheinfrucht
Kennzeichen: Baum, Strauch, Liane, laubwerfend oder immergrün, mit Milchsaft. Nebenblätter vorhanden. Männliche Blüten in Köpfchen, weibliche in Köpfchen, nicht eingesenkt, männliche Blüten 4-zipflig, mit 4 nicht eingebogenen Staubblättern, weibliche 4-zipflig, mit 2 Fruchtblättern, verwachsen, oberständig, Narben 2 oder 1. Plazentation apical. Scheinfrucht

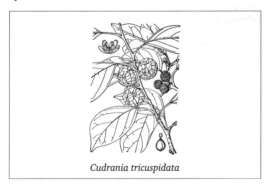
Cudrania tricuspidata

Dorstenia L.

Ableitung: Gattung zu Ehren von Theodor Dorsten (1492–1552), einem deutschen Botaniker benannt
Vulgärnamen: D:Dorstenie; F:Dorstenia
Arten: 105

Lebensform: Staude, Strauch, Halbstrauch, mit Milchsaft
Blätter: wechselständig, einfach. Nebenblätter vorhanden, nicht stängelumfassend
Blütenstand: männlich und weibliche Blüten auf flachem gemeinsamem Blütenboden
Blüten: Einhäusig, einfache Blütenhülle, männliche mit 2- bis 3-lappiger Blütenhülle, mit 2, selten 1–3 zuerst eingebogenen Staubblättern, weibliche eingesenkt, mit 2 Fruchtblättern, verwachsen, oberständig, Narben 2 oder 1. Plazentation apical
Frucht: Steinfrüchte eingesenkt in den gemeinsamen flachen Blütenboden
Kennzeichen: Staude, Strauch, Halbstrauch, mit Milchsaft. Nebenblätter nicht stängelumfassend. Männliche und weibliche Blüten auf flachem gemeinsamem Blütenboden, männliche mit 2- bis 3-lappiger Blütenhülle, mit 2, selten 1–3 zuerst eingebogenen Staubblättern, weibliche eingesenkt, mit 2 Fruchtblättern, verwachsen, oberständig, Narben 2 oder 1. Plazentation apical. Steinfrüchte eingesenkt in den gemeinsamen flachen Blütenboden

Dorstenia contrajerva

Ficus L.

Ableitung: antiker Name des Feigenbaums
Vulgärnamen: D:Feige, Gummibaum; E:Fig; F:Figuier
Arten: c. 750

Ficus carica

Lebensform: Baum, Strauch, Liane, immergrün oder laubwerfend, mit Milchsaft
Blätter: wechselständig, einfach. Nebenblätter vorhanden, meist verwachsen
Blütenstand: männlich und weiblich Blüten in einen krugförmigen, geschlossenen Achsenbecher (Feige)
Blüten: ein- oder zweihäusig, einfache Blütenhülle, männliche mit 1- bis 6-blättriger Hülle und mit 1–6 Staubblättern, weibliche mit 8-blättriger bis fehlender Blütenhülle, mit 2 Fruchtblättern, verwachsen, oberständig, Griffel 2, 1. Plazentation apical
Frucht: krugförmige Scheinfrucht
Kennzeichen: Baum, Strauch, Liane, immergrün oder laubwerfend, mit Milchsaft. Nebenblätter vorhanden. Männliche und weibliche Blüten in einem krugförmigen, geschlossenen Achsenbecher (Feige), männliche mit 1–6 Staubblättern, weibliche mit 2 verwachsenen Fruchtblättern. Plazentation apical. Krugförmige Scheinfrucht

× Macludrania André

Ableitung: Hybride aus Cudrania und Maclura
Vulgärnamen: D:Macludranie
Lebensform: Baum, laubwerfend, mit Milchsaft
Blätter: wechselständig, einfach. Nebenblätter vorhanden
Kennzeichen:

Maclura Nutt.

Ableitung: Gattung zu Ehren von William Maclure (1763–1840), einem schottischen Naturforscher in Nordamerika benannt
Vulgärnamen: D:Milchorange, Osagedorn; E:Osage Orange; F:Oranger des Osages
Arten: 12
Lebensform: Baum, laubwerfend, mit Dornen und mit Milchsaft
Blätter: wechselständig, einfach. Nebenblätter vorhanden
Blütenstand: männlich Trauben, weiblich Köpfchen

Maclura pomifera

Blüten: zweihäusig, einfache Blütenhülle, männliche 4-teilig, mit 4 zuerst eingebogenen Staubblättern, weibliche mit 4-teiliger Blütenhülle, mit 2 Fruchtblättern, verwachsen, oberständig, Narben 2 oder 1. Plazentation apical
Frucht: Scheinfrucht
Kennzeichen: Baum, laubwerfend, mit Dornen und mit Milchsaft. Nebenblätter vorhanden. Blüten männliche in Trauben, weibliche in Köpfchen, männliche mit 4-teiliger Blütenhülle, mit 4 zuerst eingebogenen Staubblättern, weibliche mit 4-teiliger Blütenhülle, mit 2 Fruchtblättern, verwachsen, oberständig. Plazentation apical. Scheinfrucht

Milicia Sim

Ableitung: Gattung zu Ehren von Milicia, einem Verwaltungsbeamten in Mosambik im 19. 2–20. Jahrhundert benannt
Arten: 2
Lebensform: Baum, mit Milchsaft. Triebspitzen nicht abfallend
Blätter: wechselständig, einfach. Nebenblätter vorhanden
Blütenstand: Ähren
Blüten: zweihäusig, männliche Blüten mit 4-teiliger Blütenhülle, mit 4 zuerst eingebogenen Staubblättern, weibliche Blüten mit 4-teiliger Blütenhülle, mit 2 Fruchtblättern, verwachsen, oberständig, Narben 2 oder 1. Plazentation apical
Frucht: Scheinfrucht
Kennzeichen: Baum, mit Milchsaft. Triebspitzen nicht abfallend. Nebenblätter vorhanden. Blüten in Ähren, männliche Blüten mit 4-teiliger Blütenhülle, mit 4 zuerst eingebogenen Staubblättern, weibliche Blüten mit 4-teiliger Blütenhülle, mit 2 Fruchtblättern, verwachsen, oberständig, Narben 2 oder 1. Plazentation apical. Scheinfrucht

Morus L.

Ableitung: antiker Pflanzenname
Vulgärnamen: D:Maulbeerbaum; E:Mulberry; F:Mûrier
Arten: 12
Lebensform: Baum, Strauch, laubwerfend, mit Milchsaft. Triebspitzen abfallend
Blätter: wechselständig, einfach. Nebenblätter vorhanden

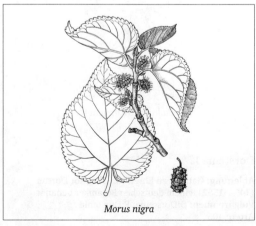

Morus nigra

Blütenstand: männliche Blüten in Ähren, weibliche in Ähren oder Köpfchen
Blüten: ein- oder zweihäusig, männliche mit 4-teiliger, in der Knospe dachiger Blütenhülle und mit 4 zuerst eingebogenen Staubblättern, weibliche Blüten mit 4-teiliger Blütenhülle, mit 2 Fruchtblättern, verwachsen, oberständig, Narben 2. Plazentation apical
Frucht: Scheinfrucht, brombeerartig
Kennzeichen: Baum, Strauch, laubwerfend, mit Milchsaft. Triebspitzen abfallend. Nebenblätter vorhanden. Männliche Blüten in Ähren, weibliche in Ähren oder Köpfchen, männliche mit 4-teiliger, in der Knospe dachiger Blütenhülle und mit 4 zuerst eingebogenen Staubblättern, weibliche Blüten mit 4-teiliger Blütenhülle, mit 2 Fruchtblättern, verwachsen, oberständig. Plazentation apical. Scheinfrucht, brombeerartig

Pseudolmedia Trécul

Ableitung: Schein-Olmedia
Arten: 9
Lebensform: Baum, Strauch, laubwerfend, mit Milchsaft
Blätter: wechselständig, einfach. Nebenblätter vorhanden
Blütenstand: männliche Blüten in Köpfchen, weibliche einzeln
Blüten: zweihäusig, männliche ohne Blütenhülle, mit vielen nicht eingebogenen Staubblätter, weibliche mit einer Blütenhülle mit Zähnen oder einer Pore, mit 2 Fruchtblättern, verwachsen, oberständig, Narben 2. Plazentation apical
Frucht: Scheinfrucht
Kennzeichen: Baum, Strauch, laubwerfend, mit Milchsaft. Nebenblätter vorhanden. Blüten männliche in Köpfchen, weibliche einzeln, männliche ohne Blütenhülle, mit vielen nicht eingebogenen Staubblätter, weibliche mit Blütenhülle mit Zähnen oder einer Pore, mit 2 Fruchtblättern, verwachsen, oberständig. Plazentation apical. Scheinfrucht

Treculia Decne. ex Trécul

Ableitung: Gattung zu Ehren von Auguste Adolphe Lucien Trécul (1818–1896), einem französischen Botaniker benannt
Vulgärnamen: D:Afrikanischer Brotfruchtbaum, Okwabaum; E:Breadfruit; F:Trécula
Arten: 3
Lebensform: Strauch, Baum, mit Milchsaft
Blätter: wechselständig, einfach. Nebenblätter vorhanden
Blütenstand: männlich Blüten in Köpfchen, weibliche in Köpfchen
Blüten: zweihäusig, selten einhäusig, männliche mit 4- bis 2-teiliger Blütenhülle und mit 2-4 nicht eingebogenen Staubblättern, weibliche Blüten eingesenkt, ohne Blütenhülle, mit 2 Fruchtblättern, verwachsen, oberständig, Narben 2. Plazentation apical
Frucht: Scheinfrucht
Kennzeichen: Strauch, Baum, mit Milchsaft. Nebenblätter vorhanden. Männliche Blüten in Köpfchen, weibliche in Köpfchen, männliche mit 4- bis 2-teiliger Blütenhülle und mit 2-4 nicht eingebogenen Staubblättern, weibliche Blüten eingesenkt, ohne Blütenhülle, mit 2 Fruchtblättern, verwachsen, oberständig. Plazentation apical. Scheinfrucht

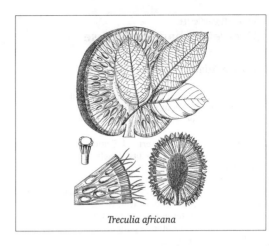

Treculia africana

Morinaceae

Morina L.

Ableitung: Gattung zu Ehren von Louis Pierre Morin (1635–1715), einem französischen Arzt und Botaniker benannt
Vulgärnamen: D:Kardendistel, Steppendistel; F:Morina
Arten: 4
Lebensform: Staude
Blätter: quirlständig, einfach, stachelig. Nebenblätter fehlend
Blütenstand: Ähre, Quirle
Blüten: zwittrig, zygomorph. Kelch 2-lippig. Kronblätter 5, verwachsen, weiß, rosa. Staubblätter 2, verwachsen mit der Krone. Fruchtknoten unterständig. Plazentation apical
Frucht: Nuss
Kennzeichen: Staude. Blätter quirlständig. Blüten in Ähren oder Quirlen, zygomorph. Kronblätter 5, verwachsen. Staubblätter 2, verwachsen mit der Krone. Fruchtknoten unterständig. Plazentation apical. Nuss

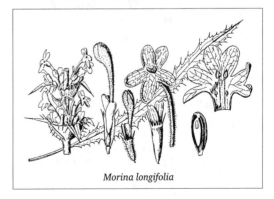

Morina longifolia

Moringaceae Meerrettichbaumgewächse

Moringa Adans.

Ableitung: nach einem Pflanzennamen in Indien
Vulgärnamen: D:Bennussbaum, Meerrettichbaum; E:Horseradish Tree; F:Moringa
Arten: 12
Lebensform: Baum, laubwerfend. Senföle
Blätter: wechselständig, 2- bis 3-fach gefiedert. Nebenblätter fehlend
Blütenstand: Rispe, Traube
Blüten: zwittrig, zygomorph, mit kurzem Achsenbecher. Kelchblätter 5. Kronblätter 5, frei, weiß, rot. Staubblätter 5, frei von der Krone. Fruchtblätter 3, verwachsen, oberständig, gestielt. Plazentation parietal
Frucht: Kapsel 3-klappig
Kennzeichen: Baum, laubwerfend. Blätter 2- bis 3-fach gefiedert. Blüten zygomorph, mit kurzem Achsenbecher. Kronblätter 5, frei. Staubblätter 5, frei. Fruchtblätter 3, verwachsen, oberständig, gestielt. Plazentation parietal. Kapsel 3-klappig

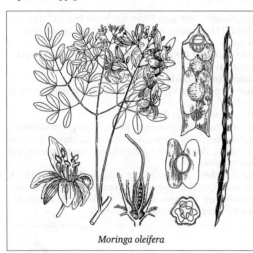
Moringa oleifera

Myoporaceae

Myoporum Banks et Sol. ex G. Forst.

Ableitung: Fliegen-Poren
Arten: 32
Lebensform: Baum, Strauch, Halbstrauch, immergrün
Blätter: wechselständig, einfach. Nebenblätter fehlend
Blütenstand: einzeln, Büschel
Blüten: zwittrig, radiär. Kelchblätter 5. Kronblätter 5, verwachsen, weiß. Staubblätter 4, verwachsen mit der Krone. Fruchtblätter 2, verwachsen, oberständig. Plazentation zentralwinkelständig
Frucht: Steinfrucht

Kennzeichen: Baum, Strauch, Halbstrauch, immergrün. Blätter drüsig punktiert. Blüten radiär. Kronblätter 5, verwachsen. Staubblätter 4,, verwachsen mit der Krone. Fruchtblätter 2, verwachsen, oberständig. Plazentation zentralwinkelständig. Steinfrucht

Myoporum parviflorum

Myricaceae Gagelgewächse

1 Nebenblätter vorhanden. Blätter fiederschnittig. Staubblätter 3–4. Fruchtknoten mit 8 linealen Tragblättern . . . . **Comptonia**
1 Nebenblätter fehlend. Blätter gezähnt oder ganzrandig. Staubblätter 2–16. Fruchtknoten mit 2–4 Tragblättern . . . . **Myrica**

Comptonia L'Hér. ex Aiton

Ableitung: Gattung zu Ehren von Henry Compton (1632–1713), einem Bischof von London und Gartenliebhaber benannt
Vulgärnamen: D:Farnmyrte; E:Sweet Fern; F:Comptonie
Arten: 1
Lebensform: Strauch, laubwerfend
Blätter: wechselständig, fiederschnittig, drüsig punktiert. Nebenblätter vorhanden

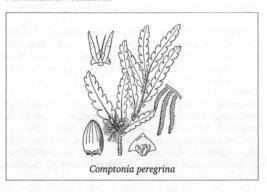
Comptonia peregrina

Blütenstand: Kätzchen
Blüten: eingeschlechtig, ohne Blütenhülle. Staubblätter 3–4, frei oder 2 verwachsene Fruchtblätter. Plazentation basal
Frucht: Steinfrucht
Kennzeichen: Strauch, laubwerfend. Blätter fiederschnittig, drüsig punktiert. Nebenblätter vorhanden. Blüten in Kätzchen, eingeschlechtig, ohne Blütenhülle, mit 3–4 Staubblättern oder 2 verwachsenen Fruchtblättern. Plazentation basal. Steinfrucht

Myrica L.

Ableitung: antiker Pflanzenname
Vulgärnamen: D:Gagelstrauch; E:Bog Myrtle; F:Arbre-à-cire, Cirier
Arten: c. 55
Lebensform: Baum, Strauch, immergrün, laubwerfend
Blätter: wechselständig, einfach, drüsig punktiert. Nebenblätter fehlend
Blütenstand: Kätzchen
Blüten: eingeschlechtig, ohne Blütenhülle. Staubblätter 2–16, frei oder 2 verwachsene Fruchtblätter. Plazentation basal
Frucht: Steinfrucht
Kennzeichen: Baum, Strauch, immergrün oder laubwerfend. Blätter drüsig punktiert. Nebenblätter fehlend. Blüten in Kätzchen, eingeschlechtig, ohne Blütenhülle, mit 2–16 Staubblättern oder 2 verwachsenen Fruchtblättern. Plazentation basal. Steinfrucht

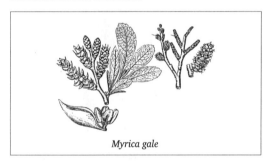

Myrica gale

Myristicaceae Muskatnussgewächse

1 Staubblätter 12–30 . . . . **Myristica**
1 Staubblätter 2–7
  2 Blüten in Köpfchen, die in Rispen stehen. . . . .
  . . . .**Pycnanthus**
  2 Blüten einzeln gestielt. . . . . **Virola**

Myristica Gronov.

Ableitung: als Salbe geeignet
Vulgärnamen: D:Muskatnuss; E:Nutmeg; F:Muscadier
Arten: 72
Lebensform: Baum, immergrün
Blätter: wechselständig, einfach. Nebenblätter fehlend
Blütenstand: Rispe, Traube
Blüten: eingeschlechtig, radiär. Blütenhülle verwachsen, ± 3zipflig. Staubblätter 12–30, verwachsen. Fruchtblatt 1, oberständig. Plazentation basal

Frucht: Kapsel. Nährgewebe ruminiert
Kennzeichen: Baum, immergrün. Blüten eingeschlechtig, radiär. Blütenhülle verwachsen, ± 3zipflig. Staubblätter 12–30, verwachsen. Fruchtblatt 1, oberständig. Plazentation basal. Kapsel

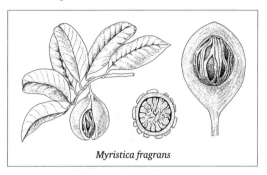

Myristica fragrans

Pycnanthus Warb.

Ableitung: dichte Blüte
Arten: 7
Lebensform: Baum, Liane, immergrün
Blätter: wechselständig, einfach. Nebenblätter fehlend
Blütenstand: Köpfchen in Rispen
Blüten: eingeschlechtig, radiär. Blütenhülle verwachsen, ± 3zipflig. Staubblätter 2–4, verwachsen. Fruchtblatt 1, oberständig. Plazentation basal
Frucht: Kapsel
Kennzeichen: Baum, Liane, immergrün. Blüten in Köpfen in Rispen, eingeschlechtig, radiär. Blütenhülle verwachsen, ± 3zipflig. Staubblätter 12–30, verwachsen. Fruchtblatt 1, oberständig. Plazentation basal. Kapsel

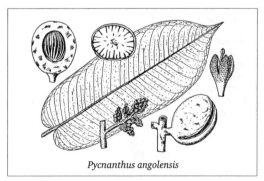

Pycnanthus angolensis

Virola Aubl.

Ableitung: nach einem Pflanzennamen in Guayana
Arten: 45
Lebensform: Baum, immergrün
Blätter: wechselständig, einfach. Nebenblätter fehlend
Blütenstand: Büschel
Blüten: eingeschlechtig, radiär. Blütenhüllblätter 3, verwachsen. Staubblätter 2–7, verwachsen. Fruchtblatt 1, oberständig. Plazentation basal

Frucht: Kapsel
Kennzeichen: Baum, immergrün. Blüten eingeschlechtig, radiär. Blütenhüllblätter 3, verwachsen. Staubblätter 2–7, verwachsen. Fruchtblatt 1, oberständig. Plazentation basal. Kapsel

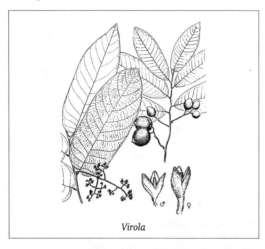
Virola

Myrsinaceae Myrsinengewächse

1 Staubblätter verwachsen. Blütenstand doldenartig
  . . . . **Hymenandra**
1 Staubblätter frei
2 Kronblätter dachig in der Knospe. Blüten in
  Büscheln . . . . **Myrsine**
2 Kronblätter gedreht in der Knospe. Blüten in
  Rispen oder Schirmrispen . . . . **Ardisia**

Ardisia Sw.

Ableitung: Stachel-Pflanze
Vulgärnamen: D:Ardisie, Spitzenblume; E:Marlberry; F:Ardisia
Arten: c. 250
Lebensform: Baum, Strauch, immergrün
Blätter: wechselständig, einfach. Nebenblätter fehlend
Blütenstand: Rispe, Schirmrispe

Ardisia crenata

Blüten: zwittrig oder eingeschlechtig, radiär. Kelchblätter 4–5. Kronblätter 4–5, verwachsen, gedreht in der Knospe, weiß, rosa, violett. Staubblätter 4–5, frei. Fruchtknoten oberständig. Plazentation frei zentral
Frucht: Steinfrucht
Kennzeichen: Baum, Strauch, immergrün. Kronblätter 4–5, verwachsen. Staubblätter 4–5, frei. Fruchtknoten oberständig. Plazentation frei zentral. Steinfrucht

Hymenandra (DC.) Spach

Ableitung: hochzeitliche Staubblätter
Arten: 8
Lebensform: Strauch
Blätter: wechselständig, einfach. Nebenblätter fehlend
Blütenstand: doldenartig
Blüten: zwittrig, radiär. Kelchblätter 5. Kronblätter 5, verwachsen, rosa, purpurn, weiß. Staubblätter 5, verwachsen. Fruchtknoten oberständig. Plazentation frei zentral
Frucht: Steinfrucht
Kennzeichen: Strauch. Kronblätter 5, verwachsen. Staubblätter 5, verwachsen. Fruchtknoten oberständig. Plazentation frei zentral. Steinfrucht

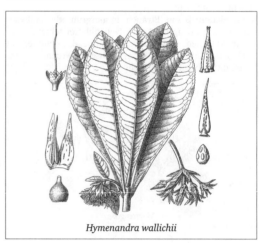
Hymenandra wallichii

Myrsine L.

Ableitung: antiker Pflanzenname
Vulgärnamen: D:Myrsine; F:Myrsine
Arten: 5
Lebensform: Baum, Strauch, immergrün
Blätter: wechselständig, einfach. Nebenblätter fehlend
Blütenstand: Büschel
Blüten: zwittrig oder eingeschlechtig, radiär. Kelchblätter 4–5. Kronblätter 4–5, frei oder verwachsen, dachig in der Knospe, grünlich, weiß, rosa. Staubblätter 4–5, verwachsen und verwachsen mit der Krone. Fruchtknoten oberständig. Plazentation frei zentral
Frucht: Steinfrucht
Kennzeichen: Baum, Strauch, immergrün. Kronblätter 4–5, frei. Staubblätter 4–5, verwachsen und verwachsen mit der Krone. Fruchtknoten oberständig. Plazentation frei zentral. Steinfrucht

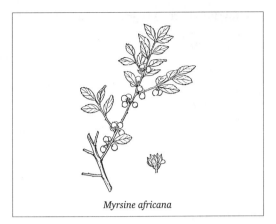
Myrsine africana

Myrtaceae Myrtengewächse

1 Frucht fleischig
2 Fruchtknoten 4- bis 15-fächrig
3 Samenschale häutig oder lederig . . . .
. . . . **Campomanesia**
3 Samenschale holzig und glatt . . . . . **Psidium**
2 Fruchtknoten 1- bis 3-fächrig
4 Blätter wechselständig. (Blüten in Rispen. Steinfrucht). . . . . **Myrcia**
4 Blätter gegenständig
5 Blütenstand fast immer reichblütig, cymös
6 Pflanze kahl. Samen gewöhnlich 1 je Fach . .
. . . . **Syzygium**
6 Pflanze nicht kahl. Samen 1–2 je Fach. Kronblätter nur etwa 2 mm lang . . .**Pimenta**
5 Blütenstand mit 1 bis wenigen Blüten oder Trauben
7 Blüten 5-zählig. (Frucht 5–15 mm groß, dunkelpurpurn bis schwarz)
8 Kronbblätter nur 3 mm lang . . .**Amomyrtus**
8 Kronblätter 5 mm und mehr
9 Frucht und Zweige filzig behaart. Früchte mit falschen Scheidewänden . . . .
. . . . **Rhodomyrtus**
9 Frucht und Zweige nicht filzig. Blüten nickend. Zweige striegelhaarig. Blätter am Rand umgerollt . . . .**Ugni**
7 Blüten 4-zählig
10 Samen 1–2 je Fach
11 Kelchröhre nicht über den Fruchtknoten verlängert . . . . **Eugenia**
11 Kelchröhre über den Fruchtknoten hinaus verlängert . . . . **Myrciaria**
10 Samen 3 bis viele je Fach
12 Staubblätter dunkelrot. Triebe weißwollig. Frucht 5–7,5 cm groß . . . .**Acca**
12 Staubblätter, Triebe und Frucht anders
13 Blätter gekerbt an der Spitze oder nicht zugespitzt und dann blasig.
. . . . **Lophomyrtus**
13 Blätter zugespitzt am Ende
14 Kelchblätter 4. Kronblätter bis 5mm . .
. . . . **Luma**
14 Kelchblätter gewöhnlich 5. Kronblätter 6–15 mm. . . . . **Myrtus**
1 Frucht trocken
15 Frucht eine Nuss
16 Staubblätter 10. (Blüten in Köpfchen oder zu 2)
. . . . **Darwinia**
16 Staubblätter 10 und 10 Staminodien
17 Kelchblätter tief zerschlitzt . . . . **Verticordia**
17 Kelchblätter einfach . . . . . .**Chamelaucium**
15 Frucht eine Kapsel
18 Antheren leicht beweglich auf den Staubfäden (versatil)
19 Kronblätter mützenförmig verwachsen. (Blüten in Dolden oder einzeln. Deckelkapsel)
. . . . **Eucalyptus**
19 Kronblätter frei, 5
20 Staubblätter in Gruppen
21 Blätter wechselständig . . . **Lophostemon**
21 Blätter gegenständig
22 Blüten in Ähren oder Köpfchen . . . . . .
. . . . **Melaleuca**
22 Blüten gestielt . . . . **Tristania**
20 Staubblätter nicht deutlich in Gruppen
23 Staubblätter kürzer als die Krone
24 Fruchtblätter 3 . . . . **Agonis**
24 Fruchtblätter 4–10. . . . .**Leptospermum**
23 Staubblätter länger als die Kronblätter
25 Blüten gestielt. (Blätter gegenständig)
26 Fruchtblätter 5 . . . . **Angophora**
26 Fruchtblätter 3 oder 4 . . .**Metrosideros**
25 Blüten sitzend
27 Blätter wechselständig
28 Kelch abfallend. Viele Samen je Fach .
. . . . **Callistemon**
28 Kelch bleibend. 1–2 Samen je Fach. . .
. . . . **Kunzea**
27 Blätter gegenständig. (Blüten in Ähren oder Köpfchen. Staubblätter in Bündeln)
. . . . **Melaleuca**
18 Antheren nicht beweglich an der Spitze der Staubfäden (basifix)
29 Samen 1 je Fach . . . . **Beaufortia**
29 Samen 2 bis viele je Fach
30 Blätter gegenständig
31 Blüten in endständigen Ähren . . . **Regelia**
31 Blüten einzeln oder zu 2–3 seitlich
32 Staubblätter in 5 Bündeln vor den Kelchblättern. . . . .**Astartea**
32 Staubblätter nicht in Bündeln. . .**Baeckea**
30 Blätter wechselständig
33 Antheren sich nach innen öffnend . . . . .
. . . .**Calothamnus**
33 Antheren sich nach außen öffnend . . . . .
. . . . **Eremaea**

Die Myrtaceae sind eine recht einheitliche Familie von Holzpflanzen mit einfachen Blättern mit Ölbehältern, die beim Zerreiben einen aromatischen Geruch ausströmen und oft als durchscheinende Punkte sichtbar sind. Die Blüten sind radiär und zwittrig, enthalten freie Kronblätter, zumeist viele Staubblätter und einen unterständigen oder halbunterständigen Fruchtknoten mit zentralwinkelständiger Plazentation oder zumin-

dest fast bis zur Mitte reichenden Scheidewänden. Diese Merkmale werden bei den Kennzeichen nicht mehr aufgeführt.
Die Gattungen der Myrtaceae sind teilweise so wenig von einander unterschieden, dass bei manchen beerenfrüchtigen Gattungen nur die aufgenommenen Arten im Schlüssel und in den Gattungsbeschreibungen berücksichtigt werden konnten.

Acca O. Berg

Ableitung: Pflanzenname in Südamerika
Vulgärnamen: D:Feijoa
Arten: 3
Lebensform: Strauch, Baum, immergrün. Triebe weißwollig
Blätter: gegenständig, einfach, aromatisch beim Zerreiben, unterseits graufilzig. Nebenblätter fehlend
Blütenstand: Blüten zu 2
Blüten: zwittrig, radiär, mit Kelch und Krone. Kronblätter 4, frei, dachig in der Knospe. Staubblätter viele, dunkelrot. Fruchtblätter 2, verwachsen, unterständig. Plazentation zentralwinkelständig
Frucht: Beere, 5-7,5 cm groß. Samen mehrere
Kennzeichen: Myrtacee. Strauch, Baum, immergrün. Triebe weißwollig. Blüten zu 2. Kronblätter 4. Staubblätter dunkelrot. Beere mit mehreren Samen

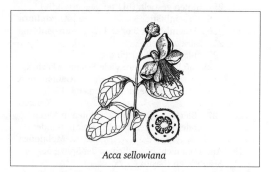

Acca sellowiana

Agonis (DC.) Sweet

Ableitung: nach griech.: Versammlung (von Samen)
Vulgärnamen: D:Weidenmyrte; E:Willow Myrtle; F:Agonis
Arten: 12
Lebensform: Strauch, Baum, immergrün
Blätter: wechselständig, einfach, aromatisch beim Zerreiben. Nebenblätter fehlend
Blütenstand: Köpfchen, endständig, seitlich
Blüten: zwittrig, radiär, mit Kelch und Krone. Kronblätter 5, frei, dachig in der Knospe, weiß, rosa. Staubblätter 10-30, kürzer als die Kronblätter, nicht deutlich in Gruppen. Antheren versatil. Fruchtblätter 3, verwachsen, unterständig. Plazentation zentralwinkelständig
Frucht: Kapsel. Samen 2-6 je Fach
Kennzeichen: Myrtacee. Strauch, Baum, immergrün. Kronblätter 5. Staubblätter kürzer als die Kronblätter, nicht deutlich in Gruppen. Antheren versatil. Fruchtblätter 3. Kapsel

Amomyrtus (Burret) Legrand et Kausel

Ableitung: vermutlich aus Amomis und Myrtus zusammengesetzt
Arten: 2
Lebensform: Strauch, Baum
Blätter: gegenständig, einfach, aromatisch beim Zerreiben. Nebenblätter fehlend
Blütenstand: Traube
Blüten: zwittrig, radiär. Kelchblätter 5. Kronblätter 5, frei, cremefarben, nur 3mm lang. Staubblätter viele. Fruchtblätter 2-3, verwachsen, unterständig. Plazentation zentralwinkelständig.
Frucht: Beere
Kennzeichen: Strauch, Baum. Kronblätter 5, nur 3mm lang. Beere

Angophora Cav.

Ableitung: Gefäß-Träger
Vulgärnamen: D:Gummimyrte; E:Gum Myrtle
Arten: 13
Lebensform: Strauch, Baum, immergrün
Blätter: gegenständig, einfach, aromatisch beim Zerreiben. Nebenblätter fehlend
Blütenstand: Schirmrispe
Blüten: zwittrig, radiär, mit Kelch und Krone. Kronblätter 5, frei, dachig in der Knospe, weiß. Staubblätter viele, länger als die Kronblätter. Antheren versatil. Fruchtblätter 5, verwachsen, unterständig. Plazentation zentralwinkelständig
Frucht: Kapsel. Samen 3-4 je Fach
Kennzeichen: Myrtacee. Strauch, Baum, immergrün. Blüten in Schirmrispen. Kronblätter 5. Staubblätter länger als die Kronblätter. Antheren versatil. Fruchtblätter 5. Kapsel

Astartea DC.

Ableitung: nach einer Gestalt der griechischen Mythologie
Arten: 8
Lebensform: Strauch, immergrün
Blätter: gegenständig, einfach, aromatisch beim Zerreiben. Nebenblätter fehlend
Blütenstand: seitlich
Blüten: zwittrig, radiär, mit Kelch und Krone. Kronblätter 5, frei, dachig in der Knospe. Staubblätter viele, frei oder in Bündeln. Antheren nicht versatil. Fruchtblätter 2-3, verwachsen, unterständig. Plazentation zentralwinkelständig
Frucht: Kapsel
Kennzeichen: Myrtacee. Blätter gegenständig. Staubblätter in 5 Bündeln vor den Kelchblättern. Antheren basifix. Kapsel

Baeckea L.

Ableitung: Gattung zu Ehren von Abraham Bäck (1713-1795), einem schwedischen Arzt benannt
Arten: c. 70
Lebensform: Strauch, immergrün
Blätter: gegenständig, einfach, aromatisch beim Zerreiben. Nebenblätter fehlend
Blütenstand: einzeln, zu 2-3, seitlich

Blüten: zwittrig, radiär, mit Kelch und Krone. Kronblätter 5, frei, dachig in der Knospe, weiß, rosa. Staubblätter 5, 10, 15, frei. Antheren nicht versatil. Fruchtblätter 2-3, verwachsen, unterständig. Plazentation zentralwinkelständig
Frucht: Kapsel
Kennzeichen: Myrtacee. Strauch, immergrün. Blüten zu 1-3. Antheren nicht versatil. Kapsel

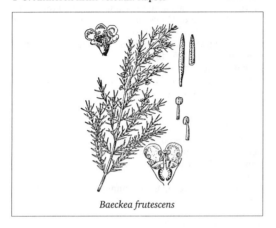

Baeckea frutescens

Beaufortia R. Br.

Ableitung: Gattung zu Ehren von mary Somerset, Herzogin von Beaufort (ca. 1630-1714), einer einer englischen Pflanzenliebhaberin benannt
Vulgärnamen: D:Flaschenbürste; E:Botlebrush; F:Beaufortia
Arten: 17-18
Lebensform: Strauch, immergrün
Blätter: gegenständig oder wechselständig, einfach, aromatisch beim Zerreiben. Nebenblätter fehlend
Blütenstand: Köpfchen, Ähre, endständig
Blüten: zwittrig, radiär, mit Kelch und Krone. Kronblätter frei, dachig in der Knospe, lila, grün, rot. Staubblätter viele. Antheren basifix, mit Klappen an der Spitze. Fruchtblätter verwachsen, unterständig. Plazentation zentralwinkelständig
Frucht: Kapsel. Samen 1 je Fach
Kennzeichen: Myrtacee. Strauch, immergrün. Antheren basifix, mit Klappen an der Spitze. Kapsel mit 1 Samen je Fach

Callistemon R. Br.

Ableitung: schöne Staubblätter
Vulgärnamen: D:Lampenputzerstrauch, Schönfaden, Zylinderputzer; E:Bottle-Brush Bush; F:Callistemon, Rince-bouteille
Arten: 35
Lebensform: Strauch, Baum, immergrün
Blätter: wechselständig, einfach, aromatisch beim Zerreiben. Nebenblätter fehlend
Blütenstand: ährenartig, von Laubtrieb durchwachsen
Blüten: zwittrig, radiär, Pinselblumen mit langen, auffallenden Staubblättern. Kelch abfallend. Kronblätter 5, frei, dachig in der Knospe, weiß, gelb, rosa, lila, rot, purpurn. Staubblätter viele, frei oder verwachsen am Grund, länger als die Kronblätter. Antheren nicht versatil. Fruchtblätter 3 oder 4, verwachsen, unterständig. Plazentation zentralwinkelständig
Frucht: Kapsel. Samen viele
Kennzeichen: Myrtacee. Strauch, Baum, immergrün. Blätter wechselständig. Blüten in ährenartigen, vom Laubtrieb durchwachsenem Blütenstand. Kelch abfallend. Kronblätter 5. Staubblätter länger als die Kronblätter. Antheren versatil. Kapsel vielsamig

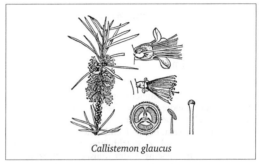

Callistemon glaucus

Calothamnus Labill.

Ableitung: schöner Busch
Arten: 24
Lebensform: Strauch, immergrün
Blätter: wechselständig, einfach, aromatisch beim Zerreiben. Nebenblätter fehlend
Blütenstand: Büschel, kurze Ähren, seitlich
Blüten: zwittrig, radiär, mit Kelch und Krone. Kronblätter 4-5, frei dachig in der Knospe, rot. Staubblätter viele, verwachsen. Antheren nicht versatil, sich nach innen öffnend. Fruchtblätter 3-4, verwachsen, unterständig. Plazentation zentralwinkelständig
Frucht: Kapsel. Samen 2 bis mehr je Fach
Kennzeichen: Myrtacee. Strauch, immergrün. Blätter wechselständig. Antheren nicht versatil, sich nach innen öffnend. Fruchtblätter 3-4. Kapsel

Campomanesia Ruiz et Pav.

Ableitung: Gattung zu Ehren von Pedro Rodriguez Conde de Campomanes (1723-1803), einem spanischen Staatsmann benannt
Arten: 80
Lebensform: Strauch, Baum, immergrün oder laubwerfend
Blätter: gegenständig, einfach, aromatisch beim Zerreiben. Nebenblätter fehlend
Blütenstand: einzeln oder zu 2-3
Blüten: zwittrig, radiär, mit Kelch und Krone. Kronblätter 4-5, frei, dachig in der Knospe. Staubblätter viele. Fruchtblätter 4-15, verwachsen, unterständig. Plazentation zentralwinkelständig
Frucht: Beere. Samen 4-20 mit häutiger oder lediger Samenschale
Kennzeichen: Myrtacee. Strauch, Baum, immergrün oder laubwerfend. Fruchtblätter 4-15. Beere. Samen mit häutiger oder lediger Samenschale

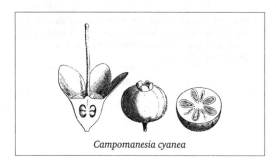
Campomanesia cyanea

Chamaelaucium

Arten: 23
Lebensform: Strauch, immergrün
Blätter: gegenständig oder wechselständig, einfach, aromatisch beim Zerreiben. Nebenblätter fehlend
Blütenstand: einzeln, Büschel, endständig
Blüten: zwittrig, radiär. Kelchblätter nicht zerschlitzt. Kronblätter 5, frei, dachig in der Knospe, weiß, rosa, rot. Staubblätter 10 und 10 Staminodien. Fruchtblätter 3, verwachsen, unterständig. Plazentation zentralwinkelständig
Frucht: Nuss, 1-samig
Kennzeichen: Myrtacee. Strauch, immergrün. Kelchblätter nicht zerschlitzt. Nuss, 1-samig

Darwinia Rudge

Ableitung: Gattung zu Ehren von Erasmus Darwin (1731–1802), einem englischen Botaniker, dem Großvater von Charles Darwin, benannt
Arten: c. 45
Lebensform: Strauch, immergrün
Blätter: gegenständig oder wechselständig, einfach, aromatisch beim Zerreiben. Nebenblätter fehlend
Blütenstand: Köpfchen, zu 2, endständig
Blüten: zwittrig, radiär, mit Kelch und Krone. Kronblätter 5, frei, dachig in der Knospe. Staubblätter 10, am Grund verwachsen, Antheren mit Poren. Fruchtknoten 1-fächrig, unterständig. Plazentation basal
Frucht: Nuss. Samen 1–4
Kennzeichen: Myrtacee. Strauch, immergrün. Staubblätter 10, Antheren mit Poren. Nuss

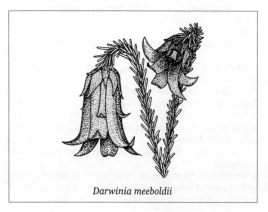
Darwinia meeboldii

Eremaea Lindl.

Ableitung: Wüstenpflanze
Arten: 16
Lebensform: Strauch, immergrün
Blätter: wechselständig, einfach, aromatisch beim Zerreiben. Nebenblätter fehlend
Blütenstand: zu 1–5 endständig
Blüten: zwittrig, radiär, mit Kelch und Krone. Kronblätter 5, frei, dachig in der Knospe. Staubblätter viele, frei oder verwachsen. Antheren nicht versatil, nach außen sich öffnend. Fruchtblätter 3, verwachsen, unterständig. Plazentation zentralwinkelständig
Frucht: Kapsel. Samen viele je Fach
Kennzeichen: Myrtacee. Strauch. Blätter wechselständig. Antheren nicht versatil, nach außen sich öffnend. Kapsel

Eucalyptus L'Hér.

Ableitung: schön verborgen
Vulgärnamen: D:Blaugummibaum, Eukalyptus; E:Gum, Ironbark; F:Eucalyptus
Arten: 600+
Lebensform: Strauch, Baum, immergrün oder laubwerfend
Blätter: wechselständig oder gegenständig, einfach, aromatisch beim Zerreiben. Nebenblätter fehlend
Blütenstand: Dolde, einzeln
Blüten: zwittrig, radiär, nur mit Krone. Kronblätter 4, verwachsen, mützenförmig abfallend. Staubblätter viele, frei oder verwachsen, weiß, rosa, rot, orange, gelb. Antheren versatil. Fruchtblätter meist 4, selten 2–7, verwachsen, unterständig oder halbunterständig. Plazentation zentralwinkelständig
Frucht: Kapsel. Samen viele
Kennzeichen: Myrtacee. Strauch, Baum, immergrün oder laubwerfend. Blüten nur mit Krone. Kronblätter 4, verwachsen, mützenförmig abfallend. Antheren versatil. Kapsel

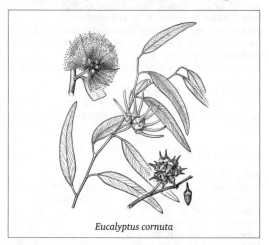
Eucalyptus cornuta

Eugenia L.

Ableitung: Gattung zu Ehren von Eugen Prinz von Savoyen-Carignan (1663–1736), dem österreichischen

Staatsmann (Prinz Eugen, der edle Ritter) französischer Herkunft benannt
Vulgärnamen: D:Kirschmyrte; E:Stopper; F:Eugenia
Arten: c. 1000
Lebensform: Strauch, Baum, immergrün
Blätter: gegenständig oder wechselständig, einfach, aromatisch beim Zerreiben. Nebenblätter fehlend
Blütenstand: einzeln, Traube, seitlich
Blüten: zwittrig, radiär. Kelchröhre nicht über den Fruchtknoten hinaus verlängert. Kronblätter 4–5, frei, dachig in der Knospe, weiß, gelblich. Staubblätter viele. Fruchtblätter 2, verwachsen, unterständig. Plazentation zentralwinkelständig
Frucht: Beere, Steinfrucht. Samen 1–2 je Fach
Kennzeichen: Myrtacee. Strauch, Baum, immergrün. Blüten einzeln oder in Trauben, seitlich. Kelchröhre nicht über den Fruchtknoten hinaus verlängert. Kronblätter 4–5. Beere oder Steinfrucht mit 1–2 Samen je Fach

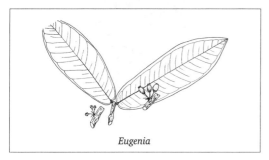
Eugenia

Kunzea Rchb.

Ableitung: Gattung zu Ehren von Gustav Kunze (1793–1851), einem deutschen Botaniker benannt
Arten: 36
Lebensform: Strauch, Baum, immergrün
Blätter: wechselständig oder gegenständig, einfach, aromatisch beim Zerreiben. Nebenblätter fehlend
Blütenstand: Blüten sitzend zu 1–3 oder in Büscheln, seitlich, endständig

Kunzea peduncularis

Blüten: zwittrig, radiär, mit Kelch und Krone. Kronblätter 5, frei, dachig in der Knospe, weiß, gelb, rosa. Staubblätter viele, frei. Antheren versatil. Fruchtblätter 2–5, verwachsen, unterständig. Plazentation zentralwinkelständig oder apical
Frucht: Kapsel oder Schließfrucht. Samen 1–2 je Fach
Kennzeichen: Myrtacee. Strauch, Baum, immergrün. Blätter wechselständig oder gegenständig. Blüten sitzend. Antheren versatil. Kapsel oder Schließfrucht mit 1–2 Samen je Fach

Leptospermum J.R. Forst. et G. Forst.

Ableitung: mit kleinen Samen
Vulgärnamen: D:Südseemyrte, Teebaum; E:Tea Tree; F:Leptospermum
Arten: 79
Lebensform: Strauch, Baum, immergrün
Blätter: wechselständig, einfach, aromatisch beim Zerreiben. Nebenblätter fehlend
Blütenstand: einzeln, zu 2–3, seitlich, endständig
Blüten: zwittrig, radiär, mit Kelch und Krone. Kronblätter 5, frei, dachig in der Knospe, weiß, rosa, rot. Staubblätter viele, frei, kürzer als die Kronblätter. Antheren versatil. Fruchtblätter 4–10, verwachsen, unterständig oder halbunterständig. Plazentation zentralwinkelständig
Frucht: Kapsel. Samen viele
Kennzeichen: Myrtacee. Strauch, Baum, immergrün. Kronblätter 5. Staubblätter kürzer als die Kronblätter. Antheren versatil. Kapsel

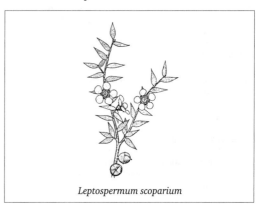
Leptospermum scoparium

Lophomyrtus Burret

Ableitung: Schopf-Myrte
Vulgärnamen: D:Schopfmyrte; F:Myrte
Arten: 2
Lebensform: Strauch, Baum, immergrün
Blätter: gegenständig, einfach, aromatisch beim Zerreiben. Nebenblätter fehlend
Blütenstand: einzeln, seitlich
Blüten: zwittrig, radiär, mit Kelch und Krone. Kronblätter 4, frei, dachig in der Knospe, weiß. Staubblätter viele. Fruchtblätter 2–3, verwachsen, unterständig. Plazentation zentralwinkelständig
Frucht: Beere. Samen viele

Lophomyrtus bullata

Kennzeichen: Myrtacee. Strauch, Baum, immergrün. Blüten einzeln. Kronblätter 4. Beere vielsamig

Lophostemon Schott

Ableitung: Schopf-Staubblatt
Arten: 4
Lebensform: Strauch, Baum
Blätter: wechselständig, einfach, aromatisch beim Zerreiben. Nebenblätter fehlend
Blütenstand: gestielte Dichasien
Blüten: zwittrig, radiär, mit Kelch und Krone. Kronblätter 5, frei, weiß, cremefarben. Staubblätter viele in Bündeln. Fruchtblätter 3, verwachsen, halbunterständig. Plazentation zentralwinkelständig
Frucht: Kapsel
Kennzeichen: Myrtacee. Strauch, Baum. Blätter wechselständig. Kronblätter 5. Staubblätter in Bündeln. Antheren versatil. Kapsel

Luma A. Gray

Ableitung: nach einem Pflanzennamen in Chile
Arten: 4
Lebensform: Strauch, Baum, immergrün
Blätter: gegenständig, einfach, aromatisch beim Zerreiben. Nebenblätter fehlend
Blütenstand: einzeln, zu 3
Blüten: zwittrig, radiär. Kelchblätter 4. Kronblätter 4, frei, dachig in der Knospe, bis 5 mm lang. Staubblätter viele. Fruchtblätter 2, verwachsen, unterständig. Plazentation zentralwinkelständig
Frucht: Beere. Samen 6–14
Kennzeichen: Myrtacee. Strauch, Baum, immergrün. Blüten einzeln oder zu 3. Kelchblätter 4. Kronblätter 4, bis 5 mm lang. Beere mit 6–14 Samen

Melaleuca L.

Ableitung: schwarz und weiß
Vulgärnamen: D:Myrtenheide; E:Honey Myrtle, Paperbark; F:Mélaleuca
Arten: 220
Lebensform: Strauch, Baum, immergrün

Blätter: gegenständig, einfach, aromatisch beim Zerreiben. Nebenblätter fehlend
Blütenstand: Ähre, Köpfchen, endständig, seitlich
Blüten: zwittrig, radiär, mit Kelch und Krone. Kronblätter 5, frei, dachig in der Knospe, weiß, gelb, rosa, rot, lila. Staubblätter viele, in Bündeln. Fruchtblätter 3, verwachsen, unterständig oder halbunterständig. Plazentation zentralwinkelständig
Frucht: Kapsel. Samen viele
Kennzeichen: Myrtacee. Strauch, Baum, immergrün. Blätter gegenständig. Blüten in Ähren oder Köpfchen. Kronblätter 5. Staubblätter in Bündeln

Melaleuca leucadendra

Metrosideros Banks ex Gaertn.

Ableitung: Eisen-Kern
Vulgärnamen: D:Eisenholz; E:Rata, Rata Vine; F:Bois-de-fer
Arten: 50
Lebensform: Strauch, Baum, Liane, immergrün
Blätter: gegenständig, einfach, aromatisch beim Zerreiben. Nebenblätter fehlend
Blütenstand: Schirmtraube, Rispe, endständig, seitlich
Blüten: zwittrig, radiär, mit Kelch und Krone. Kronblätter 5, frei, dachig in der Knospe, weiß, rot, rosa, gelb. Staubblätter viele, länger als die Kronblätter. Antheren versatil. Fruchtblätter 3–4, verwachsen, halbunterständig. Plazentation zentralwinkelständig

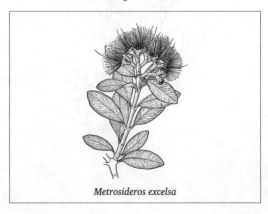
Metrosideros excelsa

Frucht: Kapsel. Samen viele
Kennzeichen: Myrtacee. Strauch, Baum, Liane, immergrün. Kronblätter 5. Staubblätter länger als Kronblätter. Antheren versatil. Kapsel

Myrcia DC. ex Guill.

Arten: c. 250
Lebensform: Strauch, Baum, immergrün oder laubwerfend
Blätter: wechselständig, einfach, aromatisch beim Zerreiben. Nebenblätter fehlend
Blütenstand: Rispe
Blüten: zwittrig, radiär, mit Kelch und Krone. Kronblätter 4–5, frei, dachig in der Knospe. Staubblätter viele. Fruchtblätter 2, verwachsen, unterständig. Plazentation zentralwinkelständig, 2 Samen je Fach
Frucht: Steinfrucht
Kennzeichen: Myrtacee. Strauch, Baum, immergrün oder laubwerfend. Blätter wechselständig. Blüten in Rispen. Steinfrucht

Myrciaria O. Berg

Ableitung: Myrcia-artig
Arten: 40
Lebensform: Baum, Strauch, immergrün
Blätter: gegenständig, einfach, aromatisch beim Zerreiben. Nebenblätter fehlend
Blütenstand: Büschel, seitlich
Blüten: zwittrig, radiär. Kelchröhre über den Fruchtknoten verlängert. Kronblätter 4, frei, dachig in der Knospe. Staubblätter viele. Fruchtblätter 2, verwachsen, unterständig. Plazentation zentralwinkelständig
Frucht: Beere. Samen 2 je Fach
Kennzeichen: Myrtacee. Baum, Strauch, immergrün. Blüten in seitlichen Büscheln. Kelchröhre über den Fruchtknoten verlängert. Kronblätter 4. Beere mit 2 Samen je Fach

Myrciaria

Myrtus L.

Ableitung: antiker Pflanzenname
Vulgärnamen: D:Myrte; F:Vrai myrte
Arten: 2
Lebensform: Strauch, immergrün. Zweige ± kahl
Blätter: gegenständig, einfach, flach, aromatisch beim Zerreiben. Nebenblätter fehlend
Blütenstand: Blüten aufrecht, einzeln, Büschel

Blüten: zwittrig, radiär. Kelchblätter meist 5. Kronblätter 4, frei, dachig in der Knospe, weiß, rosa. Staubblätter viele. Fruchtblätter 2–3, verwachsen, unterständig. Plazentation zentralwinkelständig
Frucht: Beere. Samen viele
Kennzeichen: Myrtacee. Strauch, immergrün. Zweige ± kahl. Blätter flach. Blüten aufrecht, einzeln oder in Büscheln. Kelchblätter meist 5. Kronblätter 4. Beere

Myrtus communis

Pimenta Lindl.

Ableitung: nach einem portugiesischen Pflanzennamen
Vulgärnamen: D:Nelkenpfeffer, Pimentbaum; E:Allspice; F:Poivre de la Jamaïque, Quatre-épices
Arten: 15
Lebensform: Strauch, Baum, immergrün
Blätter: gegenständig, einfach, aromatisch beim Zerreiben. Nebenblätter fehlend
Blütenstand: cymös, fast immer reichblütig

Pimenta dioica

Blüten: zwittrig, radiär, mit Kelch und Krone. Kronblätter 4–5, frei, dachig in der Knospe, etwa 2 mm lang. Staubblätter 16 bis viele. Fruchtknoten 1- bis 2-fächrig, unterständig. Plazentation zentralwinkelständig
Frucht: Beere. Samen 1–2 je Fach
Kennzeichen: Myrtacee. Strauch, Baum, immergrün. Blätter gegenständig. Blütenstand cymös, fast immer reichblütig. Kronblätter etwa 2 mm lang. Beere. Samen 1–2 je Fach

Psidium L.

Ableitung: wahrscheinlich: kleiner Granatapfel
Vulgärnamen: D:Guajave; E:Guava; F:Goyavier
Arten: 100
Lebensform: Strauch, Baum, immergrün
Blätter: gegenständig, einfach, aromatisch beim Zerreiben. Nebenblätter fehlend
Blütenstand: einzeln, zu 2–3, seitlich
Blüten: zwittrig, radiär, mit Kelch und Krone. Kronblätter 4–5, frei, dachig in der Knospe, weiß. Staubblätter viele, frei. Fruchtblätter 4–5, selten 2–7, verwachsen, unterständig. Plazentation zentralwinkelständig, mit vielen Samenanlagen je Fach
Frucht: Beere. Samenschale holzig und glatt
Kennzeichen: Myrtacee. Strauch, Baum, immergrün. Fruchtblätter 4–5. Beere. Samenschale holzig und glatt

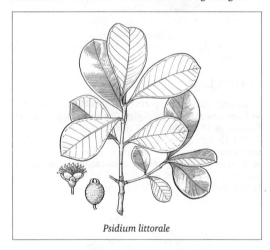
Psidium littorale

Regelia Schauer

Ableitung: Gattung zu Ehren von Eduard August von Regel (1815–1892), einem deutschen Botaniker benannt
Arten: 5
Lebensform: Strauch, immergrün
Blätter: gegenständig, einfach, aromatisch beim Zerreiben. Nebenblätter fehlend
Blütenstand: Ähre, endständig
Blüten: zwittrig, radiär, mit Kelch und Krone. Kronblätter frei, dachig in der Knospe, purpurn, scharlachrot, orange. Staubblätter viele, verwachsen. Antheren nicht versatil. Fruchtblätter verwachsen, unterständig. Plazentation zentralwinkelständig

Frucht: Kapsel. Samen 4
Kennzeichen: Myrtacee. Strauch, immergrün. Blüten in endständigen Ähren. Kapsel. Samen 4 je Fach

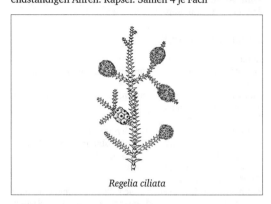
Regelia ciliata

Rhodomyrtus (DC.) Rchb.

Ableitung: rote Myrte
Vulgärnamen: D:Rosenmyrte; E:Rose Myrtle; F:Myrte
Arten: 11
Lebensform: Strauch, Baum. Zweige filzig behaart
Blätter: gegenständig, einfach, aromatisch beim Zerreiben. Nebenblätter fehlend
Blütenstand: Traube, seitlich
Blüten: zwittrig, radiär, mit Kelch und Krone. Kronblätter 4–5, frei, dachig in der Knospe, rosa, weiß. Staubblätter viele. Fruchtblätter verwachsen, unterständig. Plazentation zentralwinkelständig
Frucht: Beere, filzig behaart und mit falschen Scheidewänden
Kennzeichen: Myrtacee. Strauch, Baum, mit filzig behaarten Zweigen. Blüten in seitlichen Trauben. Beere, filzig behaart und mit falschen Scheidewänden

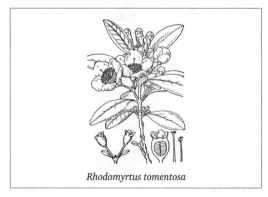
Rhodomyrtus tomentosa

Syzygium Gaertn.

Ableitung: mit Verbindung
Vulgärnamen: D:Jambos, Jambuse, Kirschmyrte, Rosenapfel; E:Jambos; F:Giroflier, Jambosier, Jamerosier
Arten: 500–1000

Lebensform: Baum, immergrün, kahl
Blätter: gegenständig, einfach, aromatisch beim Zerreiben. Nebenblätter fehlend
Blütenstand: cymös, Rispe, endständig, seitlich
Blüten: zwittrig, radiär, mit Kelch und Krone. Kronblätter 4–5, frei oder verwachsen, dachig in der Knospe. Staubblätter viele, frei. Fruchtblätter 2, verwachsen, unterständig. Plazentation zentralwinkelständig
Frucht: Beere. Samen 1, selten 2–5
Kennzeichen: Myrtacee. Baum, immergrün, kahl. Blätter gegenständig. Blüten cymös oder in Rispen. Fruchtblätter 2. Beere, gewöhnlich 1 Same je Fach

Kennzeichen: Myrtacee. Strauch, Baum, immergrün. Kronblätter 5. Staubblätter verwachsen in Gruppen. Antheren versatil. Kapsel

Tristania neriifolia

Ugni Turcz.

Ableitung: nach einem Pflanzennamen in Chile
Arten: 5–15
Lebensform: Strauch, immergrün. Zweige striegelhaarig
Blätter: gegenständig, einfach, aromatisch beim Zerreiben, am Rand umgerollt. Nebenblätter fehlend
Blütenstand: einzeln, seitlich, nickend
Blüten: zwittrig, radiär, mit Kelch und Krone. Kronblätter 5, selten 4, frei, dachig in der Knospe. Staubblätter viele. Fruchtblätter 3–4, verwachsen, unterständig. Plazentation zentralwinkelständig
Frucht: Beere
Kennzeichen: Myrtacee. Strauch, immergrün. Zweige striegelhaarig. Blätter am Rand umgerollt. Blüten einzeln, nickend. Kronblätter 5, selten 4. Beere

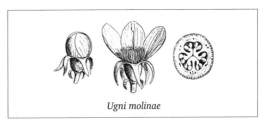

Ugni molinae

Syzygium jambos

Tristania R. Br.

Ableitung: Gattung zu Ehren von Jules Marie Claude Compte de Tristan (1776–1861), einem französischen Botaniker benannt
Arten: 1
Lebensform: Strauch, Baum, immergrün
Blätter: gegenständig, einfach, aromatisch beim Zerreiben. Nebenblätter fehlend
Blütenstand: Schirmtraube, zu 3, Dichasium, seitlich
Blüten: zwittrig, radiär, mit Kelch und Krone. Kronblätter 5, frei, dachig in der Knospe, gelb, weiß. Staubblätter viele, verwachsen in Gruppen. Antheren versatil. Fruchtblätter 3, verwachsen, unterständig oder halbunterständig. Plazentation zentralwinkelständig
Frucht: Kapsel. Samen viele

Verticordia DC.

Ableitung: Herzänderin, Beiname der Venus
Arten: 97
Lebensform: Strauch, immergrün
Blätter: gegenständig oder wechselständig, einfach, aromatisch beim Zerreiben. Nebenblätter fehlend
Blütenstand: Schirmrispe, Ähre, Traube, seitlich
Blüten: zwittrig, radiär, mit Kelch und Krone. Kelchzipfel fein zerschlitzt. Kronblätter 5, frei, dachig in der Knospe, weiß, rosa, rot, gelb. Staubblätter 10 und 10 Staminodien. Fruchtknoten 1-fächrig, unterständig
Frucht: Nuss
Kennzeichen: Myrtacee. Strauch, immergrün. Kelchzipfel fein zerschlitzt. Staubblätter 10 und 10 Staminodien. Nuss

Verticordia nitens

Nelumbonaceae Lotosblumengewächse

Nelumbo Adans.
Ableitung: nach einem Pflanzennamen auf Sri Lanka
Vulgärnamen: D:Lotosblume; E:Lotus; F:Lotus, Lotus des Indes
Arten: 2
Lebensform: Staude, Wasserpflanze
Blätter: wechselständig, einfach. Nebenblätter fehlend
Blütenstand: einzeln
Blüten: zwittrig, radiär. Kelchblätter 2–5. Kronblätter 20–30, frei, rosa, weiß, gelb. Staubblätter viele, frei, frei von der Krone. Fruchtblätter 2–30, eingesenkt in die kreiselförmige Achse. Plazentation apical
Frucht: Nüsschen
Kennzeichen: Staude, Wasserpflanze. Blüten einzeln. Kelchblätter 2–5. Kronblätter 20–30, frei. Staubblätter viele, frei. Fruchtblätter viele, verwachsen, eingesenkt in die kreiselförmige Achse. Plazentation apical. Nüsschen

Nelumbo nucifera

Nepenthaceae

Nepenthes L.
Ableitung: antiker Pflanzenname
Vulgärnamen: D:Kannenstrauch; E:Pitcher Plant; F:Nepenthes, Tasse-de-singe
Arten: 72
Lebensform: Staude, Strauch, immergrün
Blätter: wechselständig, einfach, in verbreiterte Basis, einen Stiel und einen kannenförmigen Abschnitt gegliedert. Nebenblätter fehlend
Blütenstand: Traube, Rispe
Blüten: eingeschlechtig, radiär. Perigonblätter 4, frei, grün, braun. Staubblätter 8–25, verwachsen, frei von dem Perigon. Fruchtblätter 3–4, verwachsen, oberständig. Plazentation zentralwinkelständig
Frucht: Kapsel
Kennzeichen: Staude, Strauch, immergrün. Blätter in verbreiterte Basis, einen Stiel und einen kannenförmigen Abschnitt gegliedert. Blüten eingeschlechtig. Perigonblätter 4. Staubblätter 8–25, verwachsen. Fruchtknoten oberständig

Nepenthes rafflesiana

Nolanaceae Glockenwindengewächse

Nolana L. f.
Ableitung: Glocke
Vulgärnamen: D:Glockenwinde; F:Nolana
Arten: 18
Lebensform: Strauch, Staude, Einjährige
Blätter: wechselständig, quirlständig, einfach. Nebenblätter fehlend
Blütenstand: einzeln, Büschel
Blüten: zwittrig, radiär. Kelchblätter 4–5. Kronblätter 5, verwachsen, gefaltet zwischen den Lappen, blau, rosa, weiß. Staubblätter 5, mit der Krone verwachsen. Fruchtblätter 2–5, verwachsen, oberständig. Plazentation zentralwinkelständig
Frucht: Spaltfrucht, Klausenfrucht
Kennzeichen: Strauch, Staude, Einjährige. Blüten radiär. Kronblätter 5, verwachsen, gefaltet zwischen den Lappen. Staubblätter 5, mit der Krone verwachsen. Fruchtblätter 2–5, verwachsen, oberständig. Plazentation zentralwinkelständig. Spaltfrucht oder Klausenfrucht

Nyctaginaceae Wunderblumengewächse

Nolana paradoxa

Nyctaginaceae Wunderblumengewächse

1 Blätter wechselständig. (Holzpflanzen. Blüten einzeln bis zu 3, mit gefärbten Hochblättern) . . .
. . . . **Bougainvillea**
1 Blätter gegen- oder quirlständig
  2 Pflanzen verholzt. (Blüten meist eingeschlechtig)
. . . . **Pisonia**
  2 Pflanzen krautig. (Blüten mit einer Hochblatthülle)
    3 Narbe lineal . . . . **Abronia**
    3 Narbe kopfig . . . . **Mirabilis**

Abronia Juss.

Ableitung: elegante Pflanze
Vulgärnamen: D:Sandverbene; E:Sand Verbena; F:Verveine des sables
Arten: c. 35
Lebensform: Einjährige, Staude
Blätter: gegenständig, einfach. Nebenblätter fehlend
Blütenstand: Köpfchen
Blüten: zwittrig, radiär. Perigonblätter 4–5, verwachsen, rot, gelb, weiß, purpurn. Staubblätter 4–5, verwachsen, frei von dem Perigon. Fruchtblatt 1. Plazentation basal
Frucht: Nuss
Kennzeichen: Einjährige, Staude. Blätter gegenständig. Blüten in Köpfchen. Perigonblätter 4–5, verwachsen. Staubblätter 4–5, verwachsen. Fruchtblatt 1. Narben lineal. Plazentation basal. Nuss

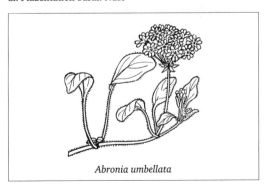
Abronia umbellata

Bougainvillea Comm. ex Juss.

Ableitung: Gattung zu Ehren von Louis Antoine Compte de Bougainville (1729–1811), einem französischen Seefahrer benannt
Vulgärnamen: D:Bougainvillee; E:Bougainvillea; F:Bougainvillée
Arten: 18
Lebensform: Staude, Liane, Baum, anomales Dickenwachstum durch immer neu entstehende Kambiumringe
Blätter: wechselständig, einfach. Nebenblätter fehlend
Blütenstand: zu 1–3 mit gefärbten Hochblättern
Blüten: zwittrig, radiär. Perigonblätter 5–6, verwachsen, weiß, gelb. Staubblätter 5–10, verwachsen, frei von dem Perigon. Fruchtblatt 1, oberständig. Plazentation basal
Frucht: Nuss
Kennzeichen: Staude, Liane, Baum. Perigonblätter 5–6, verwachsen. Staubblätter 5–10, verwachsen. Fruchtblatt 1. Plazentation basal, oberständig. Nuss

Bougainvillea spectabilis

Mirabilis L.

Ableitung: wunderbare Pflanze (mit eigenartigen Blütenfarben)
Vulgärnamen: D:Wunderblume; E:Umbrellawort; F:Belle-de-nuit
Arten: 54
Lebensform: Einjährige, Staude
Blätter: gegenständig, einfach. Nebenblätter fehlend
Blütenstand: einzeln, Köpfchen

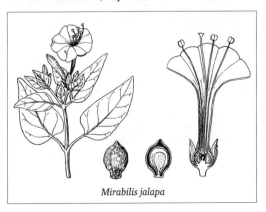
Mirabilis jalapa

Blüten: zwittrig, radiär. Perigonblätter 5, verwachsen, weiß, rot, gelb, rosa, lila. Staubblätter 3–6, verwachsen am Grund. Fruchtknoten oberständig. Narbe kopfig. Plazentation basal
Frucht: Nuss
Kennzeichen: Einjährige, Staude. Blätter gegenständig. Perigonblätter 5, verwachsen. Staubblätter 3–6, verwachsen am Grund. Fruchtknoten oberständig. Narbe kopfig. Plazentation basal. Nuss

Pisonia L.

Ableitung: Gattung zu Ehren von Willem Piso (1611–1678), einem niederländischen Arzt und Botaniker benannt
Arten: 35
Lebensform: Baum, Strauch, Liane, zum Teil dornig
Blätter: gegenständig, quirlständig, selten wechselständig, einfach. Nebenblätter fehlend
Blütenstand: Rispe, cymös
Blüten: eingeschlechtig, zwittrig, radiär. Perigonblätter 5–10, verwachsen, rosa, grün, gelb. Staubblätter 2–40, verwachsen, frei von dem Perigon. Fruchtblatt 1, oberständig. Plazentation basal
Frucht: Nuss
Kennzeichen: Baum, Strauch, Liane. Perigonblätter 5–10, verwachsen. Staubblätter 3–40, verwachsen. Fruchtblatt 1, oberständig. Plazentation basal. Nuss

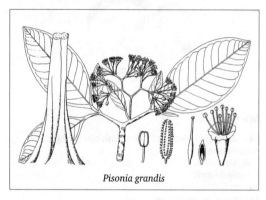

Pisonia grandis

Nymphaeaceae Seerosengewächse

1 Blütenhülle 5 bis 14-blättrig. Nektarblätter viele. Fruchtblätter oberständig. (Blüten gelb oder orange) . . . . **Nuphar**
1 Blütenhülle vielblättrig. Nektarblätter fehlend. Fruchtblätter unterständig
  2 Blätter nicht schildförmig, nicht stachelig . . . . **Nymphaea**
  2 Blätter schildförmig, stachelig
    3 Blätter mit aufgebogenem Rand . . . . . **Victoria**
    3 Blätter ohne aufgebogenen Rand . . . . **Euryale**

Euryale Salisb.

Ableitung: geräumig
Vulgärnamen: D:Stachelseerose; E:Fox Nuts; F:Euryale, Nénuphar épineux
Arten: 1
Lebensform: Staude, Wasserpflanze, stachelig
Blätter: wechselständig, einfach, schildförmig. Nebenblätter fehlend
Blütenstand: einzeln
Blüten: zwittrig, radiär. Kelchblätter 4. Kronblätter viele, frei, purpurn, lila. Staubblätter viele, frei. Fruchtblätter 8–15, verwachsen, unterständig. Plazentation laminal
Frucht: beerenartig. Samen mit Arillus
Kennzeichen: Staude, Wasserpflanze, stachelig. Blätter schildförmig. Blüten einzeln. Kronblätter viele, frei. Staubblätter viele. Fruchtblätter 8–15, verwachsen, unterständig. Plazentation laminal. Frucht beerenartig

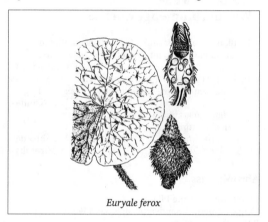

Euryale ferox

Nuphar Sm.

Ableitung: nach einem arabischen Pflanzennamen
Vulgärnamen: D:Mummel, Teichrose; E:Yellow Pond Lily; F:Jaunet d'eau, Nénuphar jaune
Arten: 16
Lebensform: Staude, Wasserpflanze
Blätter: grundständig, einfach. Nebenblätter fehlend
Blütenstand: einzeln
Blüten: zwittrig, radiär. Perigonblätter 5–14, frei, gelb, orange. Nektarblätter viele, schmal. Staubblätter viele, frei. Fruchtblätter 5–30, verwachsen, oberständig. Plazentation laminal

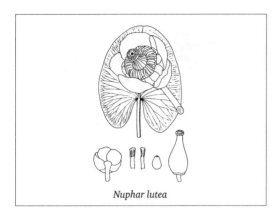

Nuphar lutea

Frucht: beerenartig
Kennzeichen: Staude, Wasserpflanze. Blüten einzeln. Perigonblätter 5–14, frei, gelb, orange. Nektarblätter viele, schmal. Staubblätter viele. Fruchtblätter 5–30, verwachsen, oberständig. Plazentation laminal. Frucht beerenartig

Nymphaea L.

Ableitung: antiker Pflanzenname
Vulgärnamen: D:Seerose; E:Water Lily; F:Nénuphar
Arten: c. 50
Lebensform: Staude, Wasserpflanze
Blätter: grundständig, einfach. Nebenblätter fehlend
Blütenstand: einzeln
Blüten: zwittrig, radiär. Kelchblätter 4, selten 3 oder 5. Kronblätter viele, selten wenige, frei, weiß, gelb, purpurn, rosa, blau. Staubblätter viele, frei. Fruchtblätter viele, verwachsen, unterständig. Plazentation laminal
Frucht: beerenartig
Kennzeichen: Staude, Wasserpflanze. Blüten einzeln. Kelchblätter meist 4. Kronblätter meist viele, frei. Staubblätter viele. Fruchtblätter viele, verwachsen. Plazentation laminal. Frucht beerenartig

Nymphaea alba

Victoria Lindl.

Ableitung: Gattung zu Ehren von Alexandrina Victoria (1819–1901), der englischen Königin benannt
Vulgärnamen: D:Riesenseerose, Victoria; E:Giant Water Lily; F:Victoria
Arten: 2
Lebensform: Staude, Einjährige, Wasserpflanze
Blätter: wechselständig, einfach, schildförmig, mit aufgebogenem Rand. Nebenblätter fehlend
Blütenstand: einzeln
Blüten: zwittrig, radiär. Kelchblätter 4. Kronblätter viele, frei, weiß, rosa. Staubblätter viele, frei. Fruchtblätter viele, verwachsen, unterständig. Plazentation laminal
Frucht: beerenartig
Kennzeichen: Staude, Einjährige, Wasserpflanze. Blätter schildförmig, mit aufgebogenem Rand, stachelig. Blüten einzeln. Kelchblätter 4. Kronblätter viele, frei. Staubblätter viele. Fruchtblätter viele, verwachsen. Plazentation laminal. Frucht beerenartig

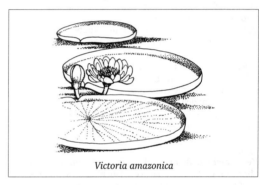

Victoria amazonica

Nyssaceae Tupelogewächse

1 Blüten mit großen laubartigen weißen Hochblättern, ohne Blütenhülle. Fruchtknoten 6–10 fächerig . . . . **Davidia**
1 Blüten ohne große weiße Hochblätter. Blütenhülle vorhanden. Fruchtknoten 1-fächerig
2 Weibliche Blüten in Köpfchen. Narbe 2-spaltig. Frucht flügelnussartig . . . . **Camptotheca**
2 Weibliche Blüten einzeln. Narbe ungeteilt. Frucht eine Steinfrucht . . . . **Nyssa**

Camptotheca Decne.

Ableitung: gekrümmter Behälter
Arten: 1
Lebensform: Baum, laubwerfend
Blätter: wechselständig, einfach, zusammengesetzt. Nebenblätter fehlend
Blütenstand: Köpfchen in Trauben
Blüten: eingeschlechtig, radiär. Kelchblätter 5. Kronblätter 5, frei. Staubblätter 10, frei und frei von der Krone. Fruchtblätter 2, verwachsen, unterständig. Plazentation apical
Frucht: Steinfrucht
Kennzeichen: Baum, laubwerfend. Kronblätter 5, frei. Staubblätter 10, frei. Fruchtblätter 2, verwachsen, unterständig. Steinfrucht

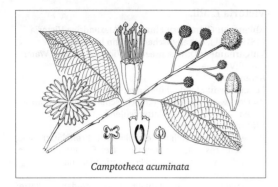

Camptotheca acuminata

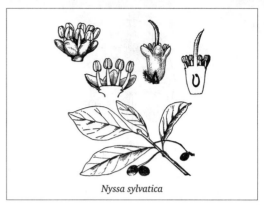

Nyssa sylvatica

Davidia Baill.

Ableitung: Gattung zu Ehren von Armand David (1826–1900), einem französischen Missionar und Erforscher Chinas benannt
Vulgärnamen: D:Taschentuchbaum, Taubenbaum; E:Dove Tree; F:Arbre aux pochettes, Davidia
Arten: 1
Lebensform: Baum, laubwerfend
Blätter: wechselständig, einfach. Nebenblätter fehlend
Blütenstand: Köpfchen
Blüten: männlich oder zwittrig, radiär. Blütenhülle fehlend, aber mit weißen, laubartigen Hochblättern. Staubblätter 15–26, frei. Fruchtblätter 6–10, verwachsen. Plazentation zentralwinkelständig
Frucht: Steinfrucht
Kennzeichen: Baum, laubwerfend. Blütenhülle fehlend, aber mit weißen, laubartigen Hochblättern Staubblätter 15–26, frei. Fruchtblätter 6–10, verwachsen. Steinfrucht

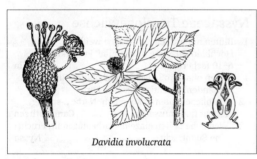

Davidia involucrata

Nyssa L.

Ableitung: nach einer Nymphe der griechischen Mythologie
Vulgärnamen: D:Tupelobaum; E:Tupelo; F:Tupélo
Arten: c. 8
Lebensform: Baum, laubwerfend
Blätter: wechselständig, einfach. Nebenblätter fehlend
Blütenstand: Köpfchen, Dolde, Traube
Blüten: eingeschlechtig, zwittrig, radiär. Kelchblätter sehr klein. Kronblätter 5–10, weiß, grün. Staubblätter 8–15, frei und frei von der Krone. Fruchtblätter 2–3, verwachsen, unterständig. Plazentation zentralwinkelständig

Frucht: Steinfrucht
Kennzeichen: Baum, laubwerfend. Kronblätter 5–10, frei. Staubblätter 8–15, frei. Fruchtblätter 2–3, verwachsen, unterständig. Plazentation zentralwinkelständig. Steinfrucht

Ochnaceae

1 Blüten in Rispen. Fruchtblätter 2. Kapsel . . . . **Lophira**
1 Blüten in Trauben oder einzeln. Fruchtblätter 3–15. Fruchtblätter einsamig. . . . .**Ochna**

Lophira Banks ex C.F. Gaertn.

Ableitung: Kamm-Pflanze (Frucht)
Vulgärnamen: D:Afrikanische Eiche; E:African Oak
Arten: 2
Lebensform: Baum, immergrün
Blätter: wechselständig, einfach. Nebenblätter vorhanden
Blütenstand: Rispe
Blüten: zwittrig, radiär. Kelchblätter 5, frei. Kronblätter 5, frei, gedreht in der Knospe, gelb. Staubblätter viele, frei und frei von der Krone. Fruchtblätter 2, verwachsen, oberständig. Plazentation zentralwinkelständig
Frucht: Kapsel mit flügelartig vergrößerten Kelchblättern
Kennzeichen: Baum, immergrün. Nebenblätter vorhanden. Blüten in Rispe. Kronblätter 5, frei, gedreht in der Knospe, gelb. Staubblätter viele, frei. Fruchtblätter 2, verwachsen, oberständig. Plazentation zentralwinkelständig. Kapsel mit flügelartig vergrößerten Kelchblättern

Lophira alata

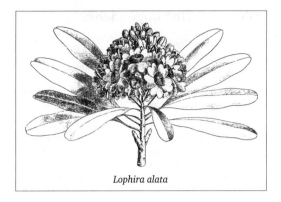
Lophira alata

Ochna L.

Ableitung: antiker Pflanzenname
Vulgärnamen: D:Nagelbeere; E:Bird's Eye Bush; F:Ochna
Arten: 86
Lebensform: Baum, Strauch, immergrün
Blätter: wechselständig, einfach. Nebenblätter vorhanden
Blütenstand: einzeln, Traube
Blüten: zwittrig, radiär. Kelchblätter 5, frei. Kronblätter 5–10, frei, gedreht in der Knospe, gelb. Staubblätter viele, frei und frei von der Krone. Fruchtblätter 3–15, nur durch den Griffel verwachsen, oberständig. Plazentation zentralwinkelständig.
Frucht: Steinfrüchtchen
Kennzeichen: Baum, Strauch, immergrün. Nebenblätter vorhanden. Kronblätter 5–10, frei, gelb. Staubblätter viele, frei. Fruchtblätter 3–15, nur durch den Griffel verwachsen, oberständig. Plazentation zentralwinkelständig. Steinfrüchtchen

Ochna kirkii

Olacaceae

1 Blütenhüllblätter 6. Staubblätter 3 fertile . . . . **Dulacia**
1 Blütenhüllblätter oder Kronblätter 4 oder 5, selten 6 Staubblätter 4–10

2 Staubblätter 4, verwachsen . . . . **Ongokea**
2 Staubblätter 8–10 mit Staminodien, frei
3 Kronblätter anfangs zusammenhängend . . . . **Ptychopetalum**
3 Kronblätter von Anfang an frei . . . . **Ximenia**

Dulacia Vell.

Arten: 14
Lebensform: Strauch, Baum
Blätter: wechselständig, einfach. Nebenblätter fehlend
Blütenstand: Blüten kurz gestielt
Blüten: zwittrig, radiär. Perigonblätter 6, verwachsen zu je 2. Staubblätter 3, frei und frei von der Krone. Fruchtblätter 3, verwachsen, oberständig. Plazentation zentralwinkelständig
Frucht: Steinfrucht
Kennzeichen: Strauch, Baum. Perigonblätter 6. Staubblätter 3. Fruchtblätter 3, verwachsen, oberständig. Plazentation zentralwinkelständig. Steinfrucht

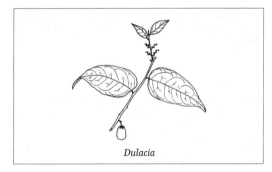
Dulacia

Ongokea Pierre

Ableitung: nach einem Pflanzennamen in Afrika
Arten: 1
Lebensform: Baum
Blätter: wechselständig, einfach. Nebenblätter fehlend
Blütenstand: Rispe
Blüten: zwittrig, radiär. Perigonblätter 5, frei. Kronblätter 4–6 verwachsen. Staubblätter 4. frei von der Krone. Fruchtknoten oberständig. Plazentation frei zentral
Frucht: Steinfrucht, im Kelch eingeschlossen
Kennzeichen: Baum. Perigonblätter 5, frei. Staubblätter 4, verwachsen. Fruchtknoten oberständig. Plazentation frei zentral. Steinfrucht, im Kelch eingeschlossen

Ptychopetalum Benth.

Ableitung: Blütenblatt mit Falte
Vulgärnamen: D:Potenzholz; E:Potency Wood
Arten: 4
Lebensform: Strauch, Baum
Blätter: wechselständig, einfach. Nebenblätter fehlend
Blütenstand: Traube
Blüten: zwittrig, radiär. Kelchblätter 4–6, frei. Kronblätter 4–6, verwachsen. Staubblätter 5–10, frei. Fruchtblätter 3, verwachsen, oberständig. Plazentation zentralwinkelständig

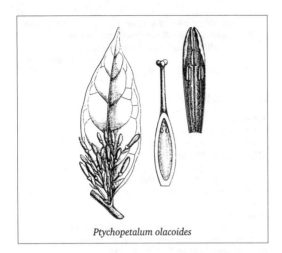
Ptychopetalum olacoides

Frucht: Steinfrucht
Kennzeichen: Strauch, Baum. Kelchblätter 4–6. Kronblätter 4–6. Staubblätter 5–10. Fruchtblätter 3, verwachsen, oberständig. Plazentation zentralwinkelständig. Steinfrucht

Ximenia L.

Ableitung: Gattung zu Ehren von Francisco Ximénez (1666-1721), einem spanischen Naturforscher in Mittelamerika benannt
Vulgärnamen: D:Falsches Sandelholz
Arten: 8
Lebensform: Strauch, Baum
Blätter: wechselständig, einfach. Nebenblätter fehlend
Blütenstand: einzeln, Büschel, Dolde
Blüten: zwittrig, radiär. Kelchblätter 4–5. Kronblätter 4–5, frei, weiß. Staubblätter 8–10, frei und frei von der Krone. Fruchtblätter 4, verwachsen, oberständig. Plazentation zentralwinkelständig
Frucht: Steinfrucht
Kennzeichen: Strauch, Baum. Perigonblätter 4–5. Staubblätter 8–10. Fruchtblätter 4, verwachsen, oberständig. Plazentation zentralwinkelständig. Steinfrucht

Ximenia americana

Oleaceae Ölbaumgewächse

1 Frucht eine Flügelnuss
  2 Blätter einfach
    3 Kronblätter verwachsen. Staubblätter eingeschlossen in der Kronröhre . . . . **Abeliophyllum**
    3 Kronbläter frei oder nur am Grund verbunden. Staubblätter herausragend. . . . . **Fontanesia**
  2 Blätter gefiedert (bei einer Sorte einfach, aber dann Blüte ohne Krone). . . . . **Fraxinus**
1 Frucht keine Flügelnüsse
  4 Frucht eine Steinfrucht oder Beere
    5 Kronblätter 5–9. (Blätter oft wechselständig) . . . . **Jasminum**
    5 Kronblätter 4
      6 Kronblätter dachig in der Knospe
        7 Endokarp knochenhart. Steinfrucht 1-samig . . . . **Osmanthus**
        7 Endokarp papierartig. Steinfrucht 1- bis 2-samig. Staubblätter herausragend . . . . **Phillyrea**
      6 Kronblätter klappig in der Knospe
        8 Kronzipfel lineal . . . . **Chionanthus**
        8 Kronzipfel nicht lineal
          9 Frucht 1- bis 4-samig mit dünnwandigen Steinkernen. . . . . **Ligustrum**
          9 Frucht 1-samig mit großem Steinkern. Blätter oft mit Schülferhaaren . . . . **Olea**
  4 Frucht eine Kapsel. Samen ± geflügelt
    10 Blüten gelb . . . . **Forsythia**
    10 Blüten nicht gelb
      11 Kronblätter 4. Samen 2 je Fach . . . . **Syringa**
      11 Kronblätter 5–6. Samen 4 je Fach. . . . .**Schrebera**

Abeliophyllum Nakai

Ableitung: mit Blättern wie Abelia
Vulgärnamen: D:Schneeforsythie; E:White Forsythia; F:Forsythia blanc
Arten: 1
Lebensform: Strauch, laubwerfend
Blätter: gegenständig, einfach. Nebenblätter fehlend
Blütenstand: Traube, seitlich
Blüten: zwittrig, radiär, mit Kelch und Krone. Kelchblätter 4. Kronblätter 4, verwachsen, dachig in der Knospe, weiß, rosa. Staubblätter 2, frei, mit der Krone verwachsen, eingeschlossen in die Kronröhre. Fruchtblätter 2, verwachsen, oberständig. Plazentation zentralwinkelständig. Samenanlagen 1 je Fach
Frucht: geflügelte Nuss
Kennzeichen: Strauch, laubwerfend. Blätter gegenständig. Blüten radiär. Kronblätter 4, verwachsen. Staubblätter 2, eingeschlossen in die Kronröhre. Fruchtblätter 2, verwachsen, oberständig. Plazentation zentralwinkelständig. Frucht eine geflügelte Nuss

Chionanthus L.

Ableitung: Schnee-Blüte
Vulgärnamen: D:Schneeflockenstrauch; E:Fringe Tree; F:Arbre de neige
Arten: c. 100
Lebensform: Baum, Strauch, immergrün oder laubwerfend
Blätter: gegenständig, einfach. Nebenblätter fehlend
Blütenstand: Rispe, Traube, seitlich
Blüten: zwittrig oder eingeschlechtig, radiär, mit Kelch und Krone. Kelchblätter 4. Kronblätter 4, verwachsen, klappig in der Knospe, lineal, weiß. Staubblätter 2 oder 4, frei, mit der Krone verwachsen. Fruchtblätter 2, verwachsen, oberständig. Plazentation zentralwinkelständig. Samenanlagen 2 je Fach
Frucht: Steinfrucht
Kennzeichen: Baum, Strauch, immergrün oder laubwerfend. Blätter gegenständig. Blüten radiär. Kronblätter 4, verwachsen, klappig in der Knospe, lineal. Staubblätter 2 oder 4. Fruchtblätter 2, verwachsen, oberständig. Plazentation zentralwinkelständig. Steinfrucht

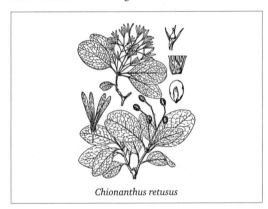

Chionanthus retusus

Fontanesia Labill.

Ableitung: Gattung zu Ehren von René Louiche Desfontaines (1750-1833), einem französischen Botaniker benannt
Vulgärnamen: D:Fontanesie; E:Fontanesia; F:Fontanesie
Arten: 1
Lebensform: Strauch, Baum, laubwerfend
Blätter: gegenständig, einfach. Nebenblätter fehlend
Blütenstand: Rispe, Traube, seitlich, endständig
Blüten: zwittrig oder eingeschlechtig, radiär, mit Kelch und Krone. Kelchblätter 4. Kronblätter 4, verwachsen oder frei, klappig in der Knospe, weiß, cremefarben. Staubblätter 2, frei, mit der Krone verwachsen, herausragend. Fruchtblätter 2, verwachsen, oberständig. Plazentation zentralwinkelständig. Samenanlagen 1-2 je Fach
Frucht: geflügelte Nuss
Kennzeichen: Strauch, Baum, laubwerfend. Blätter gegenständig. Blüten radiär. Kelchblätter 4. Kronblätter 4, verwachsen oder frei, klappig in der Knospe. Staubblätter 2, herausragend. Fruchtblätter 2, verwachsen, oberständig. Plazentation zentralwinkelständig. Frucht eine geflügelte Nuss

Fontanesia phillyreoides

Forestiera Poir.

Ableitung: Gattung zu Ehren von Charles Le Forestier, einem französischen Arzt und Botaniker des 18. Jahrhunderts benannt
Vulgärnamen: D:Adelie
Arten: 15
Lebensform: Strauch, immergrün oder laubwerfend
Blätter: gegenständig, einfach. Nebenblätter fehlend
Blütenstand: Traube, Büschel, seitlich
Blüten: zwittrig oder eingeschlechtig, radiär. Kelchblätter 4-6, gelblich oder fehlend. Kronblätter fehlend. Staubblätter 1-4, frei, mit der Krone verwachsen. Fruchtblätter 2, verwachsen, oberständig. Plazentation zentralwinkelständig. Samenanlagen 2 je Fach
Frucht: Steinfrucht
Kennzeichen: Strauch, immergrün oder laubwerfend. Blätter gegenständig. Blüten radiär. Kelchblätter 4-6. Kronblätter fehlend. Staubblätter 1-4. Fruchtblätter 2, verwachsen, oberständig. Plazentation zentralwinkelständig. Steinfrucht

Forestiera acuminata

Forsythia Vahl

Ableitung: Gattung zu Ehren von William Forsyth (1737–1804), einem schottischen Gärtner und Botaniker benannt
Vulgärnamen: D:Forsythie, Goldglöckchen; E:Forsythia; F:Forsythia
Arten: 7
Lebensform: Strauch, laubwerfend
Blätter: gegenständig, einfach, selten zusammengesetzt. Nebenblätter fehlend

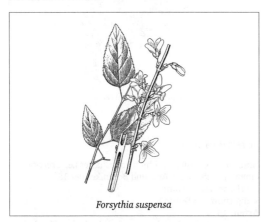

Forsythia suspensa

Blütenstand: zu 1–6, seitlich, vor den Blättern
Blüten: zwittrig, radiär, mit Kelch und Krone. Kelchblätter 4. Kronblätter 4, verwachsen, dachig in der Knospe, gelb. Staubblätter 2, frei, mit der Krone verwachsen. Fruchtblätter 2, verwachsen, oberständig. Plazentation zentralwinkelständig. Samenanlagen viele bis mehrere je Fach
Frucht: Kapsel. Samen ± geflügelt
Kennzeichen: Strauch, laubwerfend. Blätter gegenständig. Blüten radiär. Kronblätter 4, verwachsen, gelb. Staubblätter 2. Fruchtblätter 2, verwachsen, oberständig. Plazentation zentralwinkelständig. Kapsel. Samen ± geflügelt

Fraxinus L.

Ableitung: antiker Pflanzenname
Vulgärnamen: D:Esche; E:Ashe; F:Frêne
Arten: 65
Lebensform: Baum, Strauch, laubwerfend oder immergrün
Blätter: gegenständig, gefiedert, sehr selten einfach. Nebenblätter fehlend
Blütenstand: Rispe, Traube, endständig, seitlich
Blüten: zwittrig oder eingeschlechtig, radiär. Kelchblätter 4 oder fehlend. Kronblätter 2–4 oder fehlend, verwachsen, weiß, unscheinbar. Staubblätter 2 oder 4, frei, mit der Krone verwachsen. Fruchtblätter 2–4, verwachsen, oberständig. Plazentation zentralwinkelständig. Samenanlagen 2 je Fach
Frucht: geflügelte Nuss
Kennzeichen: Baum, Strauch, laubwerfend oder immergrün. Blätter gegenständig, gefiedert, sehr selten einfach. Blüten radiär. Kelchblätter 4 oder fehlend. Kronblätter 2–4

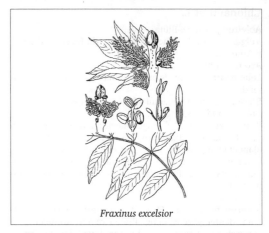

Fraxinus excelsior

oder fehlend. Staubblätter 2 oder 4. Fruchtblätter 2–4, verwachsen, oberständig. Plazentation zentralwinkelständig. Frucht eine geflügelte Nuss

Jasminum L.

Ableitung: nach einem arabischen Pflanzennamen
Vulgärnamen: D:Jasmin; E:Jasmine, Jessamine; F:Jasmin
Arten: c. 200
Lebensform: Strauch, Liane, immergrün oder laubwerfend
Blätter: gegenständig oder wechselständig, einfach oder zusammengesetzt. Nebenblätter fehlend
Blütenstand: cymös, einzeln, Rispe, Schirmtraube, seitlich, endständig
Blüten: zwittrig, radiär, mit Kelch und Krone. Kelchblätter 5–10. Kronblätter 5–9, verwachsen, dachig in der Knospe, weiß, rosa, gelb. Staubblätter 2, frei, mit der Krone verwachsen. Fruchtblätter 2, verwachsen, oberständig. Plazentation zentralwinkelständig. Samenanlagen 2 je Fach
Frucht: Beere
Kennzeichen: Strauch, Liane, immergrün oder laubwerfend. Blüten radiär. Kronblätter 5–9, verwachsen. Staubblätter 2, mit der Krone verwachsen. Fruchtblätter 2, verwachsen, oberständig. Plazentation zentralwinkelständig. Beere

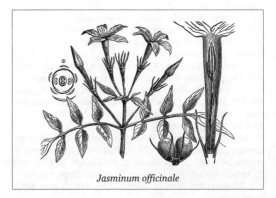

Jasminum officinale

Ligustrum L.

Ableitung: antiker Pflanzenname
Vulgärnamen: D:Liguster, Rainweide; E:Privet; F:Troène
Arten: c. 50
Lebensform: Strauch, Baum, immergrün oder laubwerfend
Blätter: gegenständig, einfach. Nebenblätter fehlend
Blütenstand: Rispe, endständig
Blüten: zwittrig, radiär, mit Kelch und Krone. Kelchblätter 4. Kronblätter 4, verwachsen, klappig in der Knospe, weiß, cremefarben. Staubblätter 2, frei, mit der Krone verwachsen. Fruchtblätter 2, verwachsen, oberständig. Plazentation zentralwinkelständig. Samenanlagen 2 je Fach
Frucht: Steinfrucht bis Beere, 1- bis 4-samig
Kennzeichen: Strauch, Baum, immergrün oder laubwerfend. Blätter gegenständig. Blüten radiär. Kronblätter 4, verwachsen, klappig in der Knospe. Staubblätter 2, mit der Krone verwachsen. Fruchtblätter 2, verwachsen, oberständig. Plazentation zentralwinkelständig. Steinfrucht bis Beere, 1- bis 4-samig

Olea L.

Ableitung: antiker Pflanzenname
Vulgärnamen: D:Ölbaum, Olive; E:Olive; F:Olivier
Arten: 32
Lebensform: Baum, Strauch, immergrün
Blätter: gegenständig, einfach, oft mit Schildhaaren. Nebenblätter fehlend
Blütenstand: Traube, Rispe, endständig, seitlich
Blüten: zwittrig oder eingeschlechtig, radiär, mit Kelch und Krone. Kelchblätter 4. Kronblätter 4, verwachsen, klappig in der Knospe, weiß. Staubblätter 2, frei, mit der Krone verwachsen. Fruchtblätter 2, verwachsen, oberständig. Plazentation zentralwinkelständig. Samenanlagen 2 je Fach
Frucht: Steinfrucht, 1-samig mit großem Steinkern
Kennzeichen: Baum, Strauch, immergrün. Blätter gegenständig. Blüten radiär. Kronblätter 4, verwachsen. Staubblätter 2, mit der Krone verwachsen. Fruchtblätter 2, verwachsen, oberständig. Plazentation zentralwinkelständig. Steinfrucht, 1-samig mit großem Steinkern

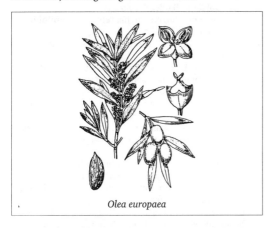

Olea europaea

Osmanthus Lour.

Ableitung: Duft-Blüte
Vulgärnamen: D:Duftblüte; E:Devil Wood, Sweet Olive; F:Osmanthus
Arten: 32
Lebensform: Baum, Strauch, immergrün
Blätter: gegenständig, einfach. Nebenblätter fehlend
Blütenstand: Büschel, Rispe, seitlich, endständig
Blüten: zwittrig oder eingeschlechtig, radiär, mit Kelch und Krone. Kelchblätter 4. Kronblätter 4, verwachsen, dachig in der Knospe, weiß, gelb, orange. Staubblätter 2, frei, mit der Krone verwachsen. Fruchtblätter 2, verwachsen, oberständig. Plazentation zentralwinkelständig. Samenanlagen 2 je Fach

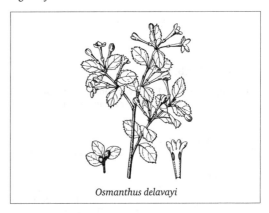

Osmanthus delavayi

Frucht: Steinfrucht, 1-samig
Kennzeichen: Baum, Strauch, immergrün. Blätter gegenständig. Blüten radiär. Kronblätter 4, verwachsen. Staubblätter 2, mit der Krone verwachsen. Fruchtblätter 2, verwachsen, oberständig. Plazentation zentralwinkelständig. Steinfrucht, 1-samig

Phillyrea L.

Ableitung: antiker Pflanzenname
Vulgärnamen: D:Steinliguster, Steinlinde; E:Mock Privet; F:Filaria
Arten: 4
Lebensform: Strauch, Baum, immergrün
Blätter: gegenständig, einfach. Nebenblätter fehlend
Blütenstand: Büschel, Traube, seitlich
Blüten: zwittrig oder eingeschlechtig, radiär, mit Kelch und Krone. Kelchblätter 4. Kronblätter 4, verwachsen, dachig in der Knospe, weißlich. Staubblätter 2, frei, mit der Krone verwachsen, herausragend. Fruchtblätter 2, verwachsen, oberständig. Plazentation zentralwinkelständig. Samenanlagen 2 je Fach
Frucht: Steinfrucht, 1- bis 2-samig. Endokarp papierartig
Kennzeichen: Strauch, Baum, immergrün. Blätter gegenständig. Blüten radiär. Kronblätter 4, verwachsen. Staubblätter 2, mit der Krone verwachsen, herausragend. Fruchtblätter 2, verwachsen, oberständig. Plazentation zentralwinkelständig. Steinfrucht, 1- bis 2-samig. Endokarp papierartig

Phillyrea latifolia

Schrebera Roxb.

Ableitung: Gattung zu Ehren von Johann Christian Daniel von Schreber (1739–1810), einem deutschen Botaniker benannt
Arten: 6
Lebensform: Baum, Strauch
Blätter: gegenständig, einfach oder zusammengesetzt. Nebenblätter fehlend
Blütenstand: Rispe
Blüten: zwittrig, radiär, mit Kelch und Krone. Kelch undeutlich gelappt. Kronblätter 5–7, verwachsen, dachig in der Knospe, weiß, rosa. Staubblätter 2, frei, mit der Krone verwachsen. Fruchtblätter 2, verwachsen, oberständig. Plazentation zentralwinkelständig. Samenanlagen 4 je Fach
Frucht: Kapsel. Samen geflügelt
Kennzeichen: Baum, Strauch. Blätter gegenständig. Blüten radiär. Kronblätter 5–7, verwachsen. Staubblätter 2, mit der Krone verwachsen. Fruchtblätter 2, verwachsen, oberständig. Plazentation zentralwinkelständig. Samenanlagen 4 je Fach. Kapsel. Samen geflügelt

Schrebera swietenioides

Syringa L.

Ableitung: nach einem Pflanzennamen auf Kreta
Vulgärnamen: D:Flieder; E:Lilac; F:Lilas
Arten: 22
Lebensform: Strauch, Baum, laubwerfend oder immergrün
Blätter: gegenständig, einfach, selten zusammengesetzt. Nebenblätter fehlend
Blütenstand: Rispe, endständig, seitlich
Blüten: zwittrig, radiär, mit Kelch und Krone. Kelchblätter 4. Kronblätter 4, verwachsen, klappig in der Knospe, weiß, rosa, lila, purpurn. Staubblätter 2, frei, mit der Krone verwachsen. Fruchtblätter 2, verwachsen, oberständig. Plazentation zentralwinkelständig. Samenanlagen 2 je Fach
Frucht: Kapsel. Samen unten geflügelt
Kennzeichen: Strauch, Baum, laubwerfend oder immergrün. Blätter gegenständig. Blüten radiär. Kronblätter 4, verwachsen, klappig in der Knospe. Staubblätter 2, mit der Krone verwachsen. Fruchtblätter 2, verwachsen, oberständig. Plazentation zentralwinkelständig. Samenanlagen 2 je Fach. Kapsel. Samen unten geflügelt

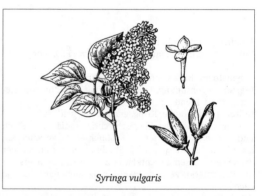
Syringa vulgaris

Onagraceae Nachtkerzengewächse

```
1  Pflanzen Holzpflanzen mit Beeren . . . . . Fuchsia
1  Pflanzen krautig mit trockenen Früchten
 2  Staubblätter 8 oder 4, selten 10
  3  Samen mit langen Flughaaren . . . . Epilobium
  3  Samen ohne Flughaare
   4  Staubblätter 8 oder 4. Fruchtblätter 4. Kapsel
      fachspaltig
    5  Frucht 1- bis 4-samig, kaum aufspringend
    5  Frucht eine mehrsamige Kapsel
     6  Staubblätter ungleich. Antheren basifix
      7  Kelchblätter aufrecht . . . . . Boisduvalia
      7  Kelchblätter abstehend oder
         zurückgeschlagen . . . . . . . . . Clarkia
     6  Staubblätter ± gleich. Antheren dorsifix. . .
        . . . . . . . . . . . . . . . . . . Oenothera
   4  Staubblätter 4–10. Fruchtblätter 3 oder 5.
      Kapsel wandspaltig. (Wasser- und
      Sumpfpflanzen. Kelch bleibend) . . . Ludwigia
 2  Staubblätter 2 oder 1
  8  Kronblätter 4. Frucht eine Kapsel . . . . Lopezia
  8  Kronblätter 2. Frucht eine Schließfrucht mit
     Hakenborsten . . . . . . . . . . . . . . Circaea
```

Boisduvalia Spach

Ableitung: Gattung zu Ehren von Jean-Baptiste-Alphonse Chauffour de Boisduval (1799–1879), einem französischen Botaniker benannt
Arten: 6
Lebensform: Einjährige, Staude
Blätter: wechselständig, einfach. Nebenblätter fehlend
Blütenstand: einzeln, seitlich, Achsenbecher kurz
Blüten: zwittrig, radiär. Kelchblätter 4. Kronblätter 4, frei, purpurn, weiß. Staubblätter 8, frei und frei von der Krone. Antheren basifix. Fruchtblätter 4, verwachsen, unterständig. Plazentation zentralwinkelständig
Frucht: Kapsel
Kennzeichen: Einjährige, Staude. Kelchblätter 4. Kronblätter 4. Staubblätter 8, frei. Antheren basifix. Fruchtblätter 4, verwachsen, unterständig. Plazentation zentralwinkelständig. Kapsel

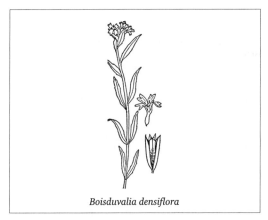
Boisduvalia densiflora

Circaea L.

Ableitung: antiker Pflanzenname
Vulgärnamen: D:Hexenkraut; E:Enchanter's Nightshade; F:Circée

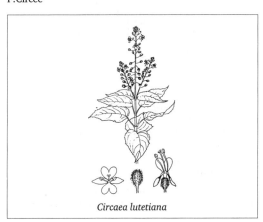
Circaea lutetiana

Arten: 7
Lebensform: Staude
Blätter: gegenständig, einfach. Nebenblätter fehlend
Blütenstand: Traube
Blüten: zwittrig, zygomorph. Achsenbecher kurz. Kelchblätter 2. Kronblätter 2, frei, weiß, rosa. Staubblätter 2, frei und frei von der Krone. Fruchtblätter 2, verwachsen, unterständig. Plazentation zentralwinkelständig
Frucht: Schließfrucht mit hakigen Borsten
Kennzeichen: Staude. Blätter gegenständig. Blüten zygomorph. Kelchblätter 2. Kronblätter 2. Staubblätter 2, frei. Fruchtblätter 2, verwachsen, unterständig. Plazentation zentralwinkelständig. Schließfrucht mit hakigen Borsten

Clarkia Pursh

Ableitung: Gattung zu Ehren von William Clark (1770–1838), einem amerikanischen Gouverneur von Missouri benannt
Vulgärnamen: D:Atlasblume, Clarkie, Godetie; E:Farewell to Spring, Godetia, Satin Flower; F:Clarkia

Clarkia concinna

Arten: 33
Lebensform: Einjährige
Blätter: wechselständig bis gegenständig, einfach. Nebenblätter fehlend
Blütenstand: Ähre, Traube
Blüten: zwittrig, radiär. Achsenbecher kurz bis lang. Kelchblätter 4. Kronblätter 4, frei, lila, rosa, gelb, purpurn, weiß. Staubblätter 4 oder 8, frei und frei von der Krone. Fruchtblätter 4, verwachsen, oberständig. Plazentation zentralwinkelständig
Frucht: Kapsel
Kennzeichen: Einjährige. Blüten radiär. Kelchblätter 4. Kronblätter 4. Staubblätter 4 oder 8, frei. Fruchtblätter 4, verwachsen, unterständig. Plazentation zentralwinkelständig. Kapsel

Epilobium L.

Ableitung: oben auf der Schote (Blüte)
Vulgärnamen: D:Kolibritrompete, Weidenröschen; E:Willowherb; F:Epilobe
Arten: 165
Lebensform: Staude
Blätter: wechselständig, gegenständig, quirlständig, einfach. Nebenblätter fehlend
Blütenstand: Traube, einzeln
Blüten: zwittrig, radiär oder schwach zygomorph. Achsenbecher kurz. Kelchblätter 4. Kronblätter 4, frei, purpurn, rosa, weiß, rot. Staubblätter 8, frei und frei von der Krone. Fruchtblätter 4, verwachsen, unterständig. Plazentation zentralwinkelständig
Frucht: Kapsel. Samen mit langem Haarschopf
Kennzeichen: Staude. Kelchblätter 4. Kronblätter 4. Staubblätter 8, frei. Fruchtblätter 4, verwachsen, unterständig. Plazentation zentralwinkelständig. Kapsel. Samen mit langem Haarschopf

Epilobium angustifolium

Fuchsia L.

Ableitung: Gattung zu Ehren von Leonhart Fuchs (1501–1566), einem deutschen Mediziner und Botaniker benannt
Vulgärnamen: D:Fuchsie; E:Fuchsia; F:Fuchsia
Arten: 105
Lebensform: Strauch, Liane, Baum
Blätter: gegenständig, wechselständig, quirlständig, einfach
Blütenstand: einzeln, Traube, Rispe
Blüten: zwittrig oder eingeschlechtig, radiär. Kelchblätter 4. Kronblätter 4, frei, weiß, gelb, rot, violett, purpurn, selten fehlend. Staubblätter 8, frei und frei von der Krone. Fruchtblätter 4, verwachsen, unterständig. Plazentation zentralwinkelständig
Frucht: Beere
Kennzeichen: Strauch, Liane, Baum. Kelchblätter 4. Kronblätter 4, selten fehlend. Staubblätter 8. Fruchtblätter 4, verwachsen, unterständig. Plazentation zentralwinkelständig. Beere

Fuchsia magellanica

Gaura L.

Ableitung: freudig
Vulgärnamen: D:Prachtkerze; F:Gaura
Arten: 21
Lebensform: Einjährige, Staude
Blätter: wechselständig, einfach. Nebenblätter fehlend
Blütenstand: Traube, Ähre
Blüten: zwittrig, ± zygomorph. Achsenbecher kurz. Kelchblätter 4. Kronblätter 4, frei, weiß, rosa. Staubblätter 8, frei und frei von der Krone. Fruchtblätter 4, verwachsen, oberständig. Plazentation zentralwinkelständig
Frucht: 1- bis 4-samig, Nuss oder kaum aufspringende Kapsel

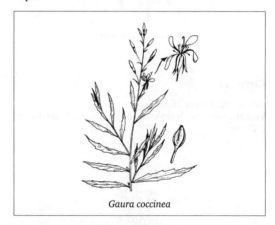
Gaura coccinea

Kennzeichen: Einjährige, Staude. Kelchblätter 4. Kronblätter 4. Staubblätter 8, frei. Fruchtblätter 4, verwachsen, unterständig. Plazentation zentralwinkelständig. Frucht 1- bis 4-samig, kaum aufspringend

Lopezia Cav.

Ableitung: Gattung zu Ehren von Tomás López, einem spanischen Naturforscher des 16. Jahrhunderts benannt
Arten: 21
Lebensform: Einjährige, Staude, Strauch
Blätter: wechselständig, gegenständig, einfach. Nebenblätter vorhanden

Blütenstand: Traube
Blüten: zwittrig, zygomorph oder radiär. Achsenbecher vorhanden oder fehlend. Kelchblätter 4. Kronblätter 4, frei, rot, orange, rosa, purpurn, weiß. Staubblätter 2-1, frei und frei von der Krone. Fruchtblätter 4, verwachsen, oberständig. Plazentation zentralwinkelständig
Frucht: Kapsel
Kennzeichen: Einjährige, Staude, Strauch. Kelchblätter 4. Kronblätter 4. Staubblätter 2-1, frei. Fruchtblätter 4, verwachsen, unterständig. Plazentation zentralwinkelständig. Kapsel

Lopezia racemosa

Ludwigia L.

Ableitung: Gattung zu Ehren von Christian Gottlieb Ludwig (1709-1773), einem deutschen Arzt und Botaniker benannt
Vulgärnamen: D:Heusenkraut; F:Jussie, Ludwigia, Œnothère aquatique
Arten: 82
Lebensform: Staude, Einjährige, Strauch, Baum
Blätter: wechselständig, gegenständig, einfach
Blütenstand: Ähre, einzeln, Köpfchen

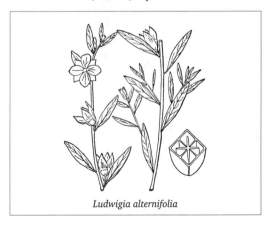

Ludwigia alternifolia

Blüten: zwittrig, radiär. Achsenbecher vorhanden. Kelchblätter 4-5. Kronblätter 4-5, frei, gelb, weiß, selten fehlend. Staubblätter 4-10, frei und frei von der Krone. Fruchtblätter 3 oder 5, verwachsen, unterständig. Plazentation zentralwinkelständig
Frucht: Kapsel, wandspaltig
Kennzeichen: Staude, Einjährige, Strauch, Baum. Blüten mit Achsenbecher. Kelchblätter 4-5. Kronblätter 4-5, frei, selten fehlend. Staubblätter 4 oder 10, frei. Fruchtblätter 3 oder 5, verwachsen, unterständig. Plazentation zentralwinkelständig. Kapsel, wandspaltig

Oenothera L.

Ableitung: antiker Pflanzenname
Vulgärnamen: D:Nachtkerze; E:Evening Primrose; F:Onagre, Œnothère
Arten: 124
Lebensform: Einjährige, Zweijährige, Staude
Blätter: wechselständig, einfach. Nebenblätter fehlend
Blütenstand: Ähre
Blüten: zwittrig, radiär. Achsenbecher meist lang röhrenförmig. Kelchblätter 4. Kronblätter 4, frei, gelb, rosa, weiß. Staubblätter 8, frei und frei von der Krone, Antheren dorsifix. Fruchtblätter 4, verwachsen, unterständig. Plazentation zentralwinkelständig
Frucht: Kapsel
Kennzeichen: Einjährige, Zweijährige, Staude. Kelchblätter 4. Kronblätter 4. Staubblätter 8, frei. Antheren dorsifix. Fruchtblätter 4, verwachsen, unterständig. Plazentation zentralwinkelständig. Kapsel

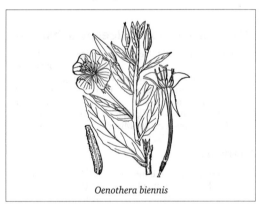

Oenothera biennis

Orobanchaceae Sommerwurzgewächse

Orobanche L.

Ableitung: antiker Pflanzenname
Vulgärnamen: D:Sommerwurz; E:Broomrape; F:Orobanche
Arten: c. 150
Lebensform: Staude, Einjährige, Vollschmarotzer
Blätter: wechselständig, einfach und schuppenförmig. Nebenblätter fehlend

Blütenstand: Traube, Ähre, einzeln
Blüten: zwittrig, zygomorph. Kelch 3 bis 6-lappig oder bis zum Grund geteilt in 2 Teile. Kronblätter 5, verwachsen, gelbbraun, weiß, blau, lila, violett. Staubblätter 4, verwachsen mit der Krone. Fruchtblätter 2, verwachsen, oberständig. Plazentation parietal
Frucht: Kapsel
Kennzeichen: Staude, Einjährige, Vollschmarotzer. Blätter schuppenförmig. Blüten zygomorph. Kronblätter 5, verwachsen. Staubblätter 4, verwachsen mit der Krone. Fruchtblätter 2, verwachsen, oberständig. Plazentation parietal. Kapsel

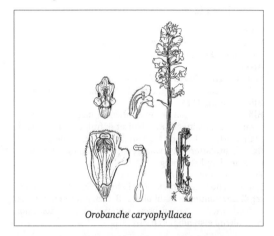

Orobanche caryophyllacea

Oxalidaceae Sauerkleegewächse

1 Frucht eine große Beere. baumartige Pflanzen . . . . **Averrhoa**
1 Frucht eine Kapsel. Höchstens strauchige Pflanzen
2 Blätter paarig gefiedert. Kapsel bis zum Grund mit Klappen . . . . **Biophytum**
2 Blätter 1- bis 3-zählig oder mehrzählig gefingert. Kapselklappen bis zur Mitte . . . . **Oxalis**

Averrhoa L.

Ableitung: Gattung zu Ehren von Abul Walid Muhammad Ibn Ahmad Ibn Muhammad Ibn Rushd (lat. Averrhoes, 1126–1198), einem arabischen Arzt benannt
Vulgärnamen: D:Baumstachelbeere, Gurkenbaum; E:Cucumber Tree; F:Arbre à concombres, Carambolier
Arten: 2
Lebensform: Baum, immergrün
Blätter: wechselständig, gefiedert. Nebenblätter fehlend
Blütenstand: Büschel
Blüten: zwittrig, radiär. Kelchblätter 5. Kronblätter 5, frei, gedreht in der Knospe, gedreht in der Knospe, weiß, purpurn, rot. Staubblätter 10, verwachsen. Fruchtblätter 5, verwachsen, oberständig. Plazentation zentralwinkelständig
Frucht: Beere
Kennzeichen: Baum, immergrün, Blätter gefiedert. Blüten radiär. Kelchblätter 5. Kronblätter 5, frei, Staubblätter 10, verwachsen. Fruchtblätter 5, verwachsen, oberständig. Plazentation zentralwinkelständig. Beere

Averrhoa carambola

Biophytum DC.

Ableitung: besonders lebendige Pflanze
Vulgärnamen: D:Sinnklee; F:Sensitive
Arten: c. 50

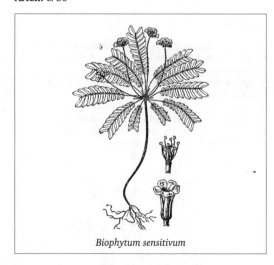

Biophytum sensitivum

Lebensform: Einjährige, Staude, Strauch
Blätter: wechselständig, paarig gefiedert. Nebenblätter fehlend
Blütenstand: Dolde, Köpfchen
Blüten: zwittrig, radiär. Kelchblätter 5. Kronblätter 5, frei, gedreht in der Knospe, gelb, rosa. Staubblätter 10, verwachsen. Fruchtblätter 5, verwachsen, oberständig. Plazentation zentralwinkelständig

Frucht: Kapsel
Kennzeichen: Einjährige, Staude, Strauch. Blätter paarig gefiedert. Blüten radiär. Kelchblätter 5. Kronblätter 5, frei, gedreht in der Knospe. Staubblätter 10, verwachsen. Fruchtblätter 5, verwachsen, oberständig. Plazentation zentralwinkelständig. Kapsel

Oxalis L.

Ableitung: antiker Pflanzenname
Vulgärnamen: D:Sauerklee; E:Shamrock, Sorrel; F:Faux-trèfle, Oxalide, Surelle
Arten: 487
Lebensform: Einjährige, Staude, Strauch
Blätter: wechselständig, grundständig, gefingert, sehr selten nur 1 Blättchen. Nebenblätter vorhanden oder fehlend
Blütenstand: einzeln, Dolden
Blüten: zwittrig, radiär. Kelchblätter 5. Kronblätter 5, frei, gedreht in der Knospe, gelb, rosa, lila, weiß. Staubblätter 10, verwachsen. Fruchtblätter 5, verwachsen, oberständig. Plazentation zentralwinkelständig Frucht: Kapsel
Kennzeichen: Einjährige, Staude, Strauch. Blätter gefingert, sehr selten nur 1 Blättchen. Blüten radiär. Kelchblätter 5. Kronblätter 5, frei. Staubblätter 10, verwachsen. Fruchtblätter 5, verwachsen, oberständig. Plazentation zentralwinkelständig. Kapsel

Oxalis pes-caprae

Paeoniaceae Pfingstrosengewächse

Paeonia L.

Ableitung: antiker Pflanzenname
Vulgärnamen: D:Päonie, Pfingstrose; E:Peony; F:Pivoine
Arten: 33
Lebensform: Staude, Strauch, laubwerfend
Blätter: wechselständig, zusammengesetzt. Nebenblätter fehlend
Blütenstand: einzeln bis wenige
Blüten: zwittrig, radiär. Kelchblätter 3 bis mehr. Kronblätter 5–10, frei, rosa, lila, gelb, weiß, purpurn, rot. Staubblätter viele, zentrifugal sich entwickelnd. Diskus innerhalb der Staubblätter. Fruchtblätter 2–8, frei, oberständig. Plazentation marginal
Frucht: Bälge
Kennzeichen: Staude, Strauch, laubwerfend. Kelchblätter 3 bis mehr. Kronblätter 5–10, frei. Staubblätter viele, frei, zentrifugal sich entwickelnd. Diskus innerhalb der Staubblätter. Fruchtblätter 2–8, frei. Plazentation marginal. Bälge

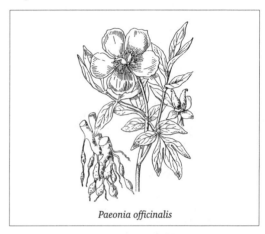

Paeonia officinalis

Papaveraceae Mohngewächse

1 Blütenhülle nur aus 2 Kelchblättern bestehend. Blüten eingeschlechtig
  2 Klappen von unten aufreißend. Blätter herzförmig bis rundlich, fiederlappig . . . . **Macleaya**
  2 Klappen von oben aufreißend. Blätter nicht herzförmig, länglich, fiederspaltig . . . **Bocconia**
1 Blüten mit Kelch und farbiger Krone. Blüten zwittrig
  3 Pflanzen Sträucher
    4 Blüten gelb. Fruchtblätter 2. Samen mit Arillus
      . . . . **Dendromecon**
    4 Blüten weiß. Fruchtblätter 7–12. Samen ohne Arillus . . . . **Romneya**
  3 Pflanzen Kräuter
    5 Staubblätter 4. (Blätter gefiedert) . . . .
      . . . . **Pteridophyllum**
    5 Staubblätter 8 bis viele
      6 Kronblätter 5–16
        7 Kronblätter 5–10. Fruchtblätter 3–12. Milchsaft gelb . . . .**Meconopsis**
        7 Kronblätter 8–16. Milchsaft rot. Blattnervatur handförmig . . . . **Sanguinaria**
      6 Kronblätter 4 oder 6
        8 Kronblätter 6
          9 Blätter wechselständig. Frucht eine Kapsel
            10 Kelchblätter mit Fortsatz nahe der Spitze
              . . . . **Argemone**
            10 Kelchblätter ohne Fortsatz. . .**Meconopsis**

9 Blätter gegenständig bis quirlständig. Frucht
      eine Gliederfrucht . . . . **Platystemon**
 8 Kronblätter 4
   11 Blütenstand doldenartig
      12 Blüten ohne Deckblätter. Arillus am Samen
         fehlend. (Blätter einfach) . . . .
         . . . . **Dicranostigma**
      12 Blüten mit Deckblättern. Samen mit Arillus
         13 Stängel verzweigt. Griffel kurz. Blätter
            zusammengesetzt. (Fruchtblätter 2). . .
            . . . . **Chelidonium**
         13 Stängel unverzweigt. Griffel lang.
            (Fruchtblätter 2-5) . . . . . **Stylophorum**
   11 Blütenstand nicht doldenartig
      14 Fruchtblätter 3-20
         15 Frucht eine Porenkapsel mit 4-20
            sternförmigen Narbenstrahlen. Milchsaft
            weiß . . . . **Papaver**
         15 Frucht eine Kapsel mit Klappen
            16 Fruchtklappen von oben aufreißend.
               Milchsaft klar. Blätter lineal.
               Kelchblätter 3 . . . . . **Hesperomecon**
            16 Fruchtklappen von unten aufreißend.
               Milchsaft gelb
               17 Kapsel über 5 mm breit . . . .
                  . . . . **Meconopsis**
               17 Kapsel unter 5 mm breit . . . .
                  . . . . **Roemeria**
      14 Fruchtblätter 2
         18 Kelchblätter verwachsen
            19 Kelch als spitze Mütze abgeworfen.
               Blüten mit einem Achsenbecher. Blüten
               einzeln. Blätter zerschlitzt. (Milchsaft
               klar) . . . . **Eschscholzia**
            19 Kelch keine spitze Mütze. Blüten in
               Rispen. Blätter ganzrandig. Milchsaft
               gelb . . . . **Eomecon**
         18 Kelchblätter nicht verwachsen
            20 Pflanzen ohne Milchsaft . . . .
               . . . . **Hunnemannia**
            20 Pflanzen mit gelbem Milchsaft
               21 Blätter einfach. Blüten einzeln, lang
                  gestielt. Samen ohne Arillus. . . . . .
                  . . . . **Glaucium**
               21 Blätter gefiedert. Blüten in
                  Schirmtrauben. Samen mit Arillus . .
                  . . . . **Hylomecon**

Bei größeren Blüten der Papaveraceae sind die Kronblätter oft unregelmäßig zerknittert in der Knospe und können sich so sehr rasch entfalten.

Argemone L.

Ableitung: antiker Pflanzenname
Vulgärnamen: D:Stachelmohn; E:Mexican Poppy; F:Argémone
Arten: c. 28
Lebensform: Einjährige, Staude, Zweijährige, mit gelbem Milchsaft
Blätter: wechselständig, einfach oder zusammengesetzt, gelappt. Nebenblätter fehlend
Blütenstand: Blüten einzeln

Blüten: zwittrig, radiär. Kelchblätter 3-2, mit Fortsatz nahe der Spitze. Kronblätter 6, frei, gelb, weiß, lila. Staubblätter viele, frei. Fruchtblätter 3-7, verwachsen, oberständig. Plazentation parietal
Frucht: Kapsel, Klappen von unten einreißend. Samen ohne Arillus
Kennzeichen: Einjährige, Staude, Zweijährige, mit gelbem Milchsaft. Blüten einzeln, radiär. Kelchblätter 3-2, mit Fortsatz nahe der Spitze. Kronblätter 6, frei. Staubblätter viele. Fruchtblätter 3-7, verwachsen, oberständig. Plazentation parietal. Kapsel. Samen ohne Arillus

Argemone mexicana

Bocconia L.

Ableitung: Gattung zu Ehren von Paolo Boccone (1633-1704), einem italienischen Botaniker benannt
Vulgärnamen: D:Baummohn; E:Tree Celandine; F:Bocconia
Arten: 9

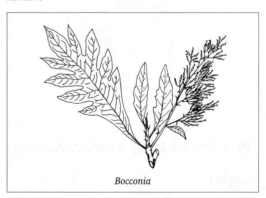

Bocconia

Lebensform: Staude, Baum, Einjährige, mit gelbem Milchsaft
Blätter: wechselständig, einfach, gelappt oder ganzrandig. Nebenblätter fehlend
Blütenstand: Rispe

Blüten: zwittrig, radiär. Kelchblätter 2. Kronblätter fehlend. Staubblätter viele, frei. Fruchtblätter 2, verwachsen, oberständig. Plazentation basal
Frucht: Kapsel. Samen mit Arillus
Kennzeichen: Staude, Baum, Einjährige, mit gelbem Milchsaft. Blüten in Rispen, zwittrig, radiär. Kelchblätter 2. Kronblätter fehlend. Staubblätter viele. Fruchtblätter 2, verwachsen, oberständig. Plazentation basal. Kapsel. Samen mit Arillus

Chelidonium L.

Ableitung: nach einem antiken Pflanzennamen
Vulgärnamen: D:Schöllkraut; E:Greater Celadine; F:Chélidoine, Herbe-aux-verrues
Arten: 1
Lebensform: Zweijährige, mit orangefarbenem Milchsaft
Blätter: wechselständig, einfach, gelappt. Nebenblätter fehlend
Blütenstand: Dolde mit Deckblättern
Blüten: zwittrig, radiär. Kelchblätter 2. Kronblätter 4, frei, gelb. Staubblätter viele, frei. Fruchtblätter 2, verwachsen, oberständig. Griffel kurz. Plazentation parietal
Frucht: Kapsel, Klappen von oben einreißend. Samen mit Arillus
Kennzeichen: Zweijährige, mit orangefarbenem Milchsaft. Dolde mit Deckblättern. Blüten, radiär. Kelchblätter 2. Kronblätter 4, frei. Staubblätter viele. Fruchtblätter 2, verwachsen, oberständig. Griffel kurz. Plazentation parietal. Kapsel. Samen mit Arillus

Chelidonium majus

Dendromecon Benth.

Ableitung: Baum-Mohn
Vulgärnamen: D:Baummohn; E:Tree Poppy; F:Pavot en arbre
Arten: 1
Lebensform: Strauch, immergrün, mit klarem Milchsaft
Blätter: wechselständig, einfach, ganzrandig. Nebenblätter fehlend
Blütenstand: Blüten einzeln

Blüten: zwittrig, radiär. Kelchblätter 2-3. Kronblätter 4 oder 6, frei, gelb. Staubblätter viele, frei. Fruchtblätter 2, verwachsen, oberständig. Plazentation parietal
Frucht: Kapsel, Klappen von unten einreißend. Samen mit Arillus
Kennzeichen: Strauch, immergrün, mit klarem Milchsaft. Blüten einzeln, radiär. Kelchblätter 2-3. Kronblätter 4 oder 6, frei. Staubblätter viele. Fruchtblätter 2, verwachsen, oberständig. Plazentation parietal. Kapsel. Samen mit Arillus

Dendromecon rigida

Dicranostigma Hook. f. et Thomson

Ableitung: mit zweiköpfiger Narbe
Vulgärnamen: D:Östlicher Hornmohn; E:Eastern Horned Poppies; F:Pavot cornu d'Orient
Arten: 3
Lebensform: Staude, Einjährige, mit Milchsaft
Blätter: wechselständig oder grundständig, einfach oder zusammengesetzt, gelappt. Nebenblätter fehlend

Dicranostigma leptopodum

Blütenstand: doldenartig, ohne Deckblätter
Blüten: zwittrig, radiär. Kelchblätter 2. Kronblätter 4, frei, gelb, orange. Staubblätter viele, frei. Fruchtblätter 2, verwachsen, oberständig. Plazentation parietal
Frucht: Kapsel, Klappen von unten einreißend. Samen ohne Arillus
Kennzeichen: Staude, Einjährige, mit Milchsaft. Blütenstand doldenartig, ohne Deckblätter. Blüten radiär. Kelchblätter 2. Kronblätter 4, frei. Staubblätter viele. Fruchtblätter 2, verwachsen, oberständig. Plazentation parietal. Kapsel. Samen ohne Arillus

Eomecon Hance

Ableitung: Morgenröte-Mohn
Vulgärnamen: D:Schneemohn; E:Snow Poppy; F:Coquelicot du soleil levant
Arten: 1
Lebensform: Staude, mit gelbem Milchsaft
Blätter: grundständig, einfach, handförmig gelappt. Nebenblätter fehlend
Blütenstand: Rispe
Blüten: zwittrig, radiär. Kelchblätter 2, verwachsen. Kronblätter 4, frei, weiß. Staubblätter viele, frei. Fruchtblätter 2, verwachsen, oberständig. Plazentation parietal
Frucht: Kapsel. Samen mit Arillus
Kennzeichen: Staude, mit gelbem Milchsaft. Blüten in Rispen, radiär. Kelchblätter 2, verwachsen. Kronblätter 4, frei. Staubblätter viele. Fruchtblätter 2, verwachsen, oberständig. Plazentation parietal. Kapsel. Samen mit Arillus

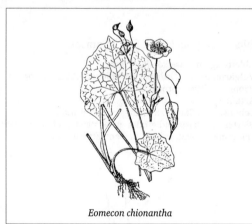

Eomecon chionantha

Eschscholzia Cham.

Ableitung: Gattung zu Ehren von Johann Friedrich Gustav von Eschscholtz (1793–1831), einem deutsch-estnischen Arzt, Zoologe u. Botaniker benannt
Vulgärnamen: D:Goldmohn, Kappenmohn; E:Californian Poppy; F:Eschscholzia
Arten: c. 12
Lebensform: Einjährige, Staude, mit klarem Milchsaft
Blätter: wechselständig oder grundständig, zusammengesetzt, gelappt. Nebenblätter fehlend
Blütenstand: Blüten einzeln, cymös

Blüten: zwittrig, radiär, mit Achsenbecher. Kelchblätter 2, verwachsen, tütenförmig abfallend. Kronblätter 4, frei, gelb, orange, weiß. Staubblätter viele, frei. Fruchtblätter 2, verwachsen, oberständig. Plazentation parietal
Frucht: Kapsel, Klappen lineal, von unten einreißend. Samen ohne Arillus
Kennzeichen: Einjährige, Staude, mit klarem Milchsaft. Blüten radiär, mit Achsenbecher. Kelchblätter 2, verwachsen, tütenförmig abfallend. Kronblätter 4, frei. Staubblätter viele. Fruchtblätter 2, verwachsen, oberständig. Plazentation parietal. Kapsel. Samen ohne Arillus

Eschscholzia californica

Glaucium Mill.

Ableitung: antiker Pflanzenname
Vulgärnamen: D:Hornmohn; E:Horned Poppy; F:Pavot cornu

Glaucium flavum

Arten: 25
Lebensform: Einjährige, Staude, Zweijährige, mit gelbem Milchsaft
Blätter: wechselständig, einfach, gelappt. Nebenblätter fehlend
Blütenstand: Blüten einzeln
Blüten: zwittrig, radiär. Kelchblätter 2. Kronblätter 4, frei, gelb, orange, lila. Staubblätter viele, frei. Fruchtblätter 2, verwachsen, oberständig. Plazentation parietal
Frucht: Kapsel, Klappen von oben oder unten einreißend. Samen ohne Arillus
Kennzeichen: Einjährige, Staude, Zweijährige, mit gelbem Milchsaft. Blüten einzeln, radiär. Kelchblätter 2. Kronblätter 4, frei. Staubblätter viele. Fruchtblätter 2, verwachsen, oberständig. Plazentation parietal. Kapsel. Samen ohne Arillus

Hesperomecon Greene

Ableitung: Abend-Mohn
Vulgärnamen: D:Abendmohn; F:Pavot du soir
Arten: 1
Lebensform: Einjährige, mit klarem Milchsaft
Blätter: wechselständig, einfach lineal. Nebenblätter fehlend
Blütenstand: Blüten einzeln
Blüten: zwittrig, radiär. Kelchblätter 3. Kronblätter 6, frei, weiß. Staubblätter 12 bis viele, frei. Fruchtblätter 3, verwachsen, oberständig. Plazentation parietal
Frucht: Kapsel, Klappen von oben einreißend. Samen ohne Arillus
Kennzeichen: Einjährige, mit klarem Milchsaft. Blüten einzeln, radiär. Kelchblätter 3. Kronblätter 6, frei. Staubblätter 12 bis viele. Fruchtblätter 3, verwachsen, oberständig. Plazentation parietal. Kapsel. Samen ohne Arillus

Hunnemannia Sweet

Ableitung: Gattung zu Ehren von John Hunneman (ca. 1760–1839), einem englischen Antiquar und Herbarhändler benannt
Vulgärnamen: D:Mexikomohn, Tulpenmohn; E:Mexican Tulip Poppy; F:Pavot tulipe mexicain
Arten: 1
Lebensform: Staude, ohne Milchsaft
Blätter: wechselständig, einfach, gelappt. Nebenblätter fehlend
Blütenstand: Blüten einzeln
Blüten: zwittrig, radiär. Kelchblätter 2, frei. Kronblätter 4, frei, gelb. Staubblätter viele, frei. Fruchtblätter 2, verwachsen, oberständig. Plazentation parietal
Frucht: Kapsel, lineal, Klappen von oben einreißend. Samen ohne Arillus
Kennzeichen: Staude, ohne Milchsaft. Blüten einzeln, radiär. Kelchblätter 2, frei. Kronblätter 4, frei. Staubblätter viele. Fruchtblätter 2, verwachsen, oberständig. Plazentation parietal. Kapsel, lineal. Samen ohne Arillus

Hylomecon Maxim.

Ableitung: Wald-Mohn
Vulgärnamen: D:Waldmohn; E:Forest Poppy; F:Pavot des bois

Arten: 3
Lebensform: Staude, mit gelblichem Milchsaft
Blätter: wechselständig oder grundständig, einfach bis zusammengesetzt, gelappt. Nebenblätter fehlend
Blütenstand: Blüten einzeln oder zu 2, Schirmtraube
Blüten: zwittrig, radiär. Kelchblätter 2. Kronblätter 4, frei, gelb. Staubblätter viele, frei. Fruchtblätter 2, verwachsen, oberständig. Plazentation parietal
Frucht: Kapsel, Klappen von der Mitte her einreißend. Samen mit Arillus
Kennzeichen: Staude, mit gelblichem Milchsaft. Blüten radiär. Kelchblätter 2. Kronblätter 4, frei. Staubblätter viele. Fruchtblätter 2, verwachsen, oberständig. Plazentation parietal. Kapsel. Samen mit Arillus

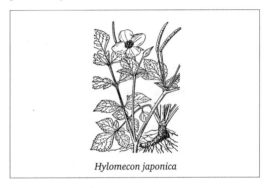

Hylomecon japonica

Macleaya R. Br.

Ableitung: Gattung zu Ehren von Alexander Macleay (1767–1848), einem schottischen Entomologen in Australien benannt
Vulgärnamen: D:Federmohn; E:Plume Poppy; F:Pavot plumeux
Arten: 2
Lebensform: Staude, mit gelbem Milchsaft
Blätter: wechselständig, einfach, herzförmig bis rundlich, fiederlappig. Nebenblätter fehlend
Blütenstand: Rispe, endständig
Blüten: eingeschlechtig, radiär. Kelchblätter 2. Kronblätter fehlend. Staubblätter viele bis 8, frei. Fruchtblätter 2, verwachsen, oberständig. Plazentation basal

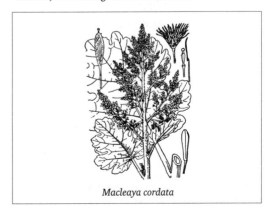

Macleaya cordata

Frucht: Kapsel, Klappen von unten einreißend. Samen mit Arillus
Kennzeichen: Staude, mit gelbem Milchsaft. Blätter herzförmig bis rundlich, fiederlappig. Blüten in endständiger Rispe, eingeschlechtig, radiär. Kelchblätter 2. Kronblätter fehlend. Staubblätter viele bis 8. Fruchtblätter 2, verwachsen, oberständig. Plazentation basal. Kapsel, Klappen von unten einreißend. Samen mit Arillus

Meconopsis R. Vig.

Ableitung: vom Aussehen eines Mohns
Vulgärnamen: D:Keulenmohn, Scheinmohn; E:Asiatic Poppy; F:Méconopsis, Pavot bleu
Arten: c. 50
Lebensform: Staude, Einjährige, Zweijährige, mit gelbem Milchsaft
Blätter: wechselständig, einfach, gelappt bis ganzrandig. Nebenblätter fehlend
Blütenstand: Blüten einzeln, Traube, Rispe
Blüten: zwittrig, radiär. Kelchblätter 2. Kronblätter 4, selten 5–10, frei, gelb, blau, violett, weiß. Staubblätter viele, frei. Fruchtblätter 3–12, verwachsen, oberständig. Plazentation parietal
Frucht: Kapsel, Klappen von unten einreißend. Samen ohne Arillus
Kennzeichen: Staude, Einjährige, Zweijährige, mit gelbem Milchsaft. Blüten radiär. Kelchblätter 2. Kronblätter 4, selten 5–10, frei. Staubblätter viele. Fruchtblätter 3–12, verwachsen, oberständig. Plazentation parietal. Kapsel. Samen ohne Arillus

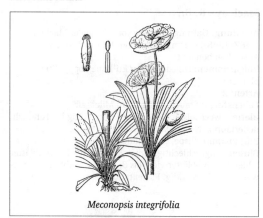

Meconopsis integrifolia

Papaver L.

Ableitung: antiker Pflanzenname
Vulgärnamen: D:Mohn; E:Poppy; F:Pavot
Arten: c. 80
Lebensform: Einjährige, Zweijährige, Staude, mit weißem Milchsaft
Blätter: wechselständig, einfach oder zusammengesetzt, gelappt. Nebenblätter fehlend
Blütenstand: Blüten einzeln
Blüten: zwittrig, radiär. Kelchblätter 2, selten 3. Kronblätter 4, selten 5–6, frei, rosa, rot, orange, gelb, weiß, violett.

Staubblätter viele, frei. Fruchtblätter 4–20, verwachsen, oberständig. Plazentation parietal
Frucht: Porenkapsel mit 4–20 sternförmigen Narbenstrahlen. Samen ohne Arillus
Kennzeichen: Einjährige, Zweijährige, Staude, mit weißem Milchsaft. Blüten einzeln, radiär. Kelchblätter 2, selten 3. Kronblätter 4, selten 5–6, frei. Staubblätter viele. Fruchtblätter 4–20, verwachsen, oberständig. Plazentation parietal. Porenkapsel mit 4–20 sternförmigen Narbenstrahlen. Samen ohne Arillus

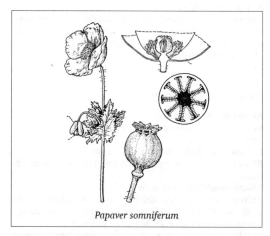

Papaver somniferum

Platystemon Benth.

Ableitung: breites Staubblatt
Vulgärnamen: D:Breitfaden; E:Cream Cup
Arten: 1
Lebensform: Einjährige, ohne Milchsaft
Blätter: gegenständig oder quirlständig, einfach, lineal. Nebenblätter fehlend
Blütenstand: Blüten einzeln
Blüten: zwittrig, radiär. Kelchblätter 3. Kronblätter 6, frei, weiß, gelb. Staubblätter viele, frei. Fruchtblätter 6–25, verwachsen, oberständig. Plazentation parietal
Frucht: Spaltfrucht mit Gliederreihen. Samen ohne Arillus

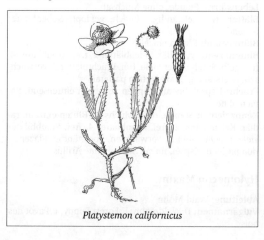

Platystemon californicus

Kennzeichen: Einjährige, ohne Milchsaft. Blätter gegenständig oder quirlständig, einfach, lineal. Blüten einzeln, radiär. Kelchblätter 3. Kronblätter 6, frei. Staubblätter viele. Fruchtblätter 6–25, verwachsen, oberständig. Plazentation parietal. Spaltfrucht mit Gliederreihen. Samen ohne Arillus

Pteridophyllum Siebold et Zucc.

Ableitung: Farn-Blatt
Arten: 1
Lebensform: Staude, ohne Milchsaft
Blätter: grundständig, gefiedert, Blättchen gezähnt. Nebenblätter fehlend
Blütenstand: Traube
Blüten: zwittrig, radiär. Kelchblätter 2. Kronblätter 4, frei, weiß. Staubblätter 4, frei. Fruchtblätter 2, verwachsen, oberständig. Plazentation parietal
Frucht: Kapsel, 2-samig. Samen ohne Arillus
Kennzeichen: Staude, ohne Milchsaft. Blätter gefiedert. Blüten radiär. Kelchblätter 2. Kronblätter 4, frei. Staubblätter 4. Fruchtblätter 2, verwachsen, oberständig. Plazentation parietal. Kapsel, 2-samig. Samen ohne Arillus

Pteridophyllum racemosum

Roemeria Medik.

Ableitung: Gattung zu Ehren von Johann Jakob Roemer (1763–1819), einem schweizerischen Arzt und Botaniker benannt
Arten: 3
Lebensform: Einjährige, mit gelbem Milchsaft
Blätter: wechselständig, einfach, gelappt. Nebenblätter fehlend
Blütenstand: Blüten einzeln
Blüten: zwittrig, radiär. Kelchblätter 2. Kronblätter 4, frei, rot, violett. Staubblätter viele, frei. Fruchtblätter 3–4, verwachsen, oberständig. Plazentation parietal
Frucht: Kapsel, Klappen 2–4, von unten einreißend, unter 5 mm dick. Samen ohne Arillus

Kennzeichen: Einjährige, mit gelbem Milchsaft. Blüten einzeln, radiär. Kelchblätter 2. Kronblätter 4. Staubblätter viele. Fruchtblätter 3–4, verwachsen, oberständig. Plazentation parietal. Kapsel, Klappen 2–4, von unten einreißend, unter 5 mm dick. Samen ohne Arillus

Roemeria hybrida

Romneya Harv.

Ableitung: Gattung zu Ehren von Thomas Romney Robinson (1792–1822), einem irischen Astronomen benannt
Vulgärnamen: D:Strauchmohn; E:California Tree Poppy; F:Pavot de Californie
Arten: 1
Lebensform: Strauch, mit farblosem Milchsaft
Blätter: wechselständig, einfach oder zusammengesetzt, gelappt. Nebenblätter fehlend
Blütenstand: Blüten einzeln

Romneya coulteri

Blüten: zwittrig, radiär. Kelchblätter 3. Kronblätter 6, frei, weiß. Staubblätter viele, frei. Fruchtblätter 7–12, verwachsen, oberständig. Plazentation parietal
Frucht: Kapsel, Klappen von unten einreißend. Samen ohne Arillus
Kennzeichen: Strauch, mit farblosem Milchsaft. Blüten einzeln, radiär. Kelchblätter 3. Kronblätter 6, frei. Staubblätter viele. Fruchtblätter 7–12, verwachsen, oberständig. Plazentation parietal. Kapsel. Samen ohne Arillus

Sanguinaria L.

Ableitung: Blut-Kraut
Vulgärnamen: D:Blutwurzel; E:Bloodroot, Red Pucoon; F:Sanguinaire
Arten: 1
Lebensform: Staude, mit rotem Milchsaft
Blätter: grundständig, einfach, handförmig gelappt. Nebenblätter fehlend
Blütenstand: Blüten einzeln
Blüten: zwittrig, radiär. Kelchblätter 2. Kronblätter 8–16, frei, weiß. Staubblätter viele, frei. Fruchtblätter 2, verwachsen, oberständig. Plazentation parietal
Frucht: Kapsel, Klappen nach oben und unten einreißend. Samen mit Arillus
Kennzeichen: Staude, mit rotem Milchsaft. Blätter handförmig gelappt. Blüten einzeln, radiär. Kelchblätter 2. Kronblätter 8–16, frei. Staubblätter viele. Fruchtblätter 2, verwachsen, oberständig. Plazentation parietal. Kapsel. Samen mit Arillus

Sanguinaria canadensis

Stylophorum Nutt.

Ableitung: Stiel-Träger
Vulgärnamen: D:Schöllkrautmohn; E:Celandine Poppy; F:Célandine
Arten: 3
Lebensform: Staude, mit gelbem oder rotem Milchsaft
Blätter: wechselständig oder grundständig, einfach oder zusammengesetzt, gelappt. Nebenblätter fehlend
Blütenstand: Blüten einzeln, Dolde
Blüten: zwittrig, radiär. Kelchblätter 2. Kronblätter 4, frei, gelb. Staubblätter viele, frei. Fruchtblätter 2–5, verwachsen, oberständig. Griffel lang. Plazentation parietal
Frucht: Kapsel, Klappen von oben einreißend. Samen mit Arillus
Kennzeichen: Staude, mit gelbem oder rotem Milchsaft. Blüten einzeln oder in Dolden, radiär. Kelchblätter 2. Kronblätter 4, frei. Staubblätter viele. Fruchtblätter 2–5, verwachsen, oberständig. Griffel lang. Plazentation parietal. Kapsel. Samen mit Arillus

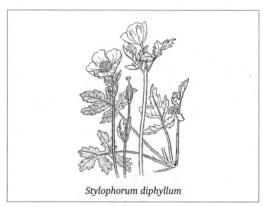

Stylophorum diphyllum

Parnassiaceae Herzblattgewächse

Parnassia L.

Ableitung: Pflanze vom Berg Parnass
Vulgärnamen: D:Herzblatt, Studentenröschen; E:Grass of Parnassus; F:Parnassie

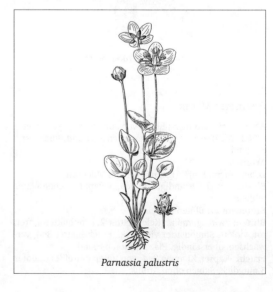

Parnassia palustris

Arten: 15
Lebensform: Staude
Blätter: grundständig, wechselständig, einfach. Nebenblätter fehlend
Blütenstand: einzeln
Blüten: zwittrig, radiär. Kelchblätter 5. Kronblätter 5, weiß. Staubblätter 5, frei. Staminodien gefranst oder gelappt. Fruchtblätter 3–4, verwachsen, oberständig oder halbunterständig. Plazentation parietal
Frucht: Kapsel
Kennzeichen: Staude. Blüten einzeln, radiär. Kronblätter 5, frei, weiß. Staubblätter 5, frei und 5 gefranste oder gelappte Staminodien. Fruchtblätter 3–4, verwachsen, oberständig bis halbunterständig. Plazentation parietal. Kapsel

Passifloraceae Passionsblumengewächse

1 Nebenkrone fehlend. (Blüten meist eingeschlechtig. Frucht eine Kapsel). . . . **Adenia**
1 Nebenkrone vorhanden. (Blüten meist zwittrig. Frucht eine Beere oder Kapsel). . . . . **Passiflora**

Adenia Forssk.

Ableitung: Drüsen-Pflanze
Arten: 94
Lebensform: Strauch, Liane, Staude, mit Ranken
Blätter: wechselständig, einfach, zusammengesetzt, Blattstiel mit 1–2 Drüsen am Ende. Nebenblätter fehlend oder vorhanden
Blütenstand: einzeln, cymös
Blüten: eingeschlechtig, selten zwittrig, radiär. Kelchblätter 4–5. Kronblätter 4–5, frei, weiß, grün, gelb. Staubblätter 4–5, frei oder am Grund verwachsen. Fruchtblätter 3, verwachsen, gestielt, oberständig. Plazentation parietal
Frucht: Kapsel. Samen mit Arillus
Kennzeichen: Strauch, Liane, Staude, mit Ranken. Blattstiel mit 1–2 Drüsen am Ende. Blüten radiär. Kelchblätter 4–5. Kronblätter 4–5, frei. Staubblätter 4–5, frei von der Krone. Fruchtblätter 3, verwachsen, gestielt, oberständig. Plazentation parietal. Kapsel. Samen mit Arillus

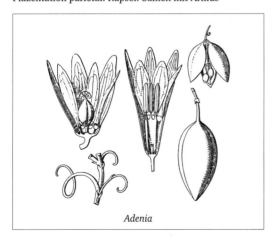
Adenia

Passiflora L.

Ableitung: Passionsblume
Vulgärnamen: D:Eierfrucht, Grenadille, Passionsblume, Passionsfrucht; E:Grandilla, Passion Flower; F:Fruit de la Passion, Passiflore
Arten: c. 430
Lebensform: Liane, Staude, Strauch, fast immer mit Ranken
Blätter: wechselständig, selten gegenständig, einfach. Nebenblätter ± vorhanden
Blütenstand: einzeln, zu 2, Traube
Blüten: zwittrig, selten eingeschlechtig, radiär. Kelchblätter 4–5, frei. Kronblätter 4–5, frei, selten fehlend, weiß, rosa, lila, purpurn, blau, gelb, orange, rot, gelbgrün. Nebenkrone vorhanden. Androgynophor vorhanden. Staubblätter 4–5, frei von der Krone. Fruchtblätter 3–5, verwachsen, oberständig. Plazentation parietal
Frucht: Beere, Kapsel. Samen ohne Arillus
Kennzeichen: Liane, Staude, Strauch, fast immer mit Ranken. Blüten radiär. Kronblätter 4–5, frei, mit Nebenkrone, selten fehlend. Androgynophor vorhanden. Staubblätter 3–10, frei von der Krone. Fruchtblätter 3–5, verwachsen, oberständig. Plazentation parietal. Beere, Kapsel. Samen mit Arillus

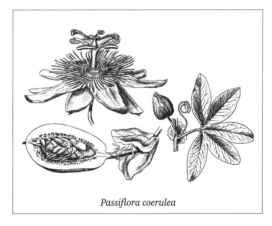
Passiflora coerulea

Pedaliaceae Sesamgewächse

1 Fruchtknoten ± 4-fächrig
  2 Kapsel oben mit Dornen oder Hörnchen . . . . **Ceratotheca**
  2 Kapsel oben abgerundet. . . . . **Sesamum**
1 Fruchtknoten 2-fächrig . . . . . **Harpagophytum**

Ceratotheca Endl.

Ableitung: Horn-Staubbeutel
Arten: 5
Lebensform: Einjährige, Staude, Strauch, Halbstrauch, laubwerfend
Blätter: gegenständig, wechselständig, einfach. Nebenblätter fehlend
Blütenstand: einzeln
Blüten: zwittrig, zygomorph. Kelchblätter 5. Kronblätter 5, verwachsen, rosa, lila. Staubblätter 4, verwachsen mit

der Krone. Fruchtblätter 2, verwachsen, oberständig. Plazentation zentralwinkelständig
Frucht: Kapsel, oben mit 2 Dornen oder Hörnchen
Kennzeichen: Einjährige, Staude, Strauch, Halbstrauch, laubwerfend. Blüten einzeln, zygomorph. Kronblätter 5, verwachsen. Staubblätter 4, verwachsen mit der Krone. Fruchtblätter 2, verwachsen, oberständig. Plazentation zentralwinkelständig. Kapsel, oben mit 2 Dornen oder Hörnchen

Ceratotheca triloba

Harpagophytum DC. ex Meisn.

Ableitung: Sichel-Pflanze (Samen)
Vulgärnamen: D:Afrikanische Teufelskralle; E:Grapple Plant
Arten: 8
Lebensform: Staude
Blätter: gegenständig, wechselständig, einfach. Nebenblätter fehlend
Blütenstand: einzeln
Blüten: zwittrig, zygomorph. Kelchblätter 5. Kronblätter 5, verwachsen, purpurn, rosa, gelb. Staubblätter 4, verwachsen mit der Krone. Fruchtblätter 2, verwachsen, oberständig. Plazentation zentralwinkelständig
Frucht: Kapsel mit hakigen Fortsätzen in 4 Reihen
Kennzeichen: Staude. Blüten einzeln, zygomorph. Kronblätter 5, verwachsen. Staubblätter 4, verwachsen mit der Krone. Fruchtblätter 2, verwachsen, oberständig. Kapsel mit hakigen Fortsätzen in 4 Reihen

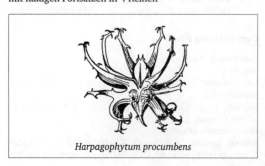

Harpagophytum procumbens

Sesamum L.

Ableitung: antiker Pflanzenname
Vulgärnamen: D:Sesam; E:Sesame; F:Sésame
Arten: 15
Lebensform: Einjährige, Staude, Strauch, Halbstrauch, laubwerfend
Blätter: gegenständig, wechselständig, einfach. Nebenblätter fehlend
Blütenstand: einzeln
Blüten: zwittrig, zygomorph. Kelchblätter 5. Kronblätter 5, verwachsen, weiß bis violett. Staubblätter 4, verwachsen mit der Krone. Fruchtblätter 2, verwachsen, oberständig. Plazentation zentralwinkelständig
Frucht: Kapsel ohne Auswüchse
Kennzeichen: Einjährige, Staude. Blüten einzeln, zygomorph. Kronblätter 5, verwachsen. Staubblätter 4, verwachsen mit der Krone. Fruchtblätter 2, verwachsen, oberständig. Plazentation zentralwinkelständig. Kapsel ohne Auswüchse. Viele andere Gattungen

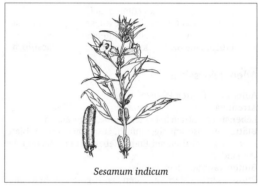

Sesamum indicum

Penthoraceae

Penthorum L.

Ableitung: fünfteilige Pflanze (Blütenteile)
Vulgärnamen: E:Ditch Stonecrop
Arten: 2
Lebensform: Staude

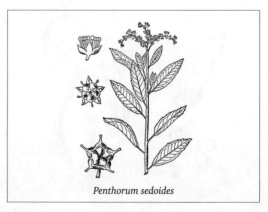

Penthorum sedoides

Blätter: wechselständig, einfach. Nebenblätter fehlend
Blütenstand: Wickel
Blüten: zwittrig, radiär. Kelchblätter 5(8-2). Kronblätter 5-6, frei, grün, gelb, oder fehlend. Staubblätter 10, frei und frei von der Krone. Fruchtblätter 5, verwachsen, oberständig. Plazentation zentralwinkelständig
Frucht: Kapsel
Kennzeichen: Staude. Blüten in Wickeln, radiär. Kronblätter 5-6 oder fehlend. Staubblätter 10, frei. Fruchtblätter 5, verwachsen, oberständig. Plazentation zentralwinkelständig. Kapsel

Phrymaceae

Phryma L.

Ableitung: Herleitung unbekannt
Arten: 1
Lebensform: Einjährige, Staude, Strauch
Blätter: gegenständig, einfach. Nebenblätter fehlend
Blütenstand: Traube
Blüten: zwittrig, zygomorph. Kelchblätter 5. Kronblätter 5, verwachsen, rosa, weiß. Staubblätter 4, mit der Krone verwachsen. Fruchtblätter 2, verwachsen, oberständig. Plazentation basal
Frucht: Nuss
Kennzeichen: Einjährige, Staude, Strauch. Blätter gegenständig. Blüten zygomorph. Kronblätter 5, verwachsen. Staubblätter 4, mit der Krone verwachsen. Fruchtblätter 2, verwachsen, oberständig. Plazentation basal. Nuss

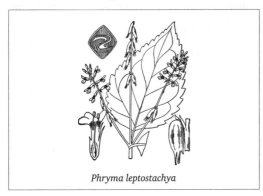

Phryma leptostachya

Phytolaccaceae
Kermesbeerengewächse

1 Fruchtblätter 3-16
  2 Pflanzen aufrecht . . . . **Phytolacca**
  2 Pflanzen Lianen . . . . **Ercilla**
1 Fruchtblätter 1
  3 Staubblätter 8-25 . . . . **Trichostigma**
  3 Staubblätter 4 . . . . **Rivina**

Ercilla A. Juss.

Ableitung: Gattung zu Ehren von Don Alonso de Ercille (1533-1595), einem spanischen Dichter benannt
Arten: 2
Lebensform: Liane, immergrün
Blätter: wechselständig, einfach. Nebenblätter fehlend
Blütenstand: Traube
Blüten: zwittrig, radiär. Perigonblätter 5, frei, grün. Staubblätter 6-10, frei von dem Perigon. Fruchtblätter 3-8, frei oder am Grund verwachsen, oberständig. Plazentation basal
Frucht: Beere
Kennzeichen: Liane, immergrün. Perigonblätter 5, frei, grün. Staubblätter 6-10. Fruchtblätter 3-8, frei oder am Grund verwachsen, oberständig. Plazentation basal. Beere

Ercilla spicata

Phytolacca L.

Ableitung: Pflanzen-Lack
Vulgärnamen: D:Kermesbeere; E:Pokeweed; F:Bel ombrage, Phytolaque, Raisin d'Amérique
Arten: 35
Lebensform: Staude, Strauch, Baum, Liane

Phytolacca americana

692 Piperaceae

Blätter: wechselständig, einfach. Nebenblätter fehlend
Blütenstand: Traube, Ähre
Blüten: zwittrig, eingeschlechtig bis zweihäusig, radiär. Perigonblätter 4–5, frei, grün, weiß, rosa. Staubblätter 5–30, frei von dem Perigon. Fruchtblätter 5–16, frei oder verwachsen, oberständig. Plazentation basal
Frucht: Beere, Steinfrüchtchen
Kennzeichen: Staude, Strauch, Baum, Liane. Perigonblätter 4–5, frei. Staubblätter 5–30. Fruchtblätter 5–16, frei oder verwachsen, oberständig. Plazentation basal. Beere oder Steinfrüchtchen.

Rivina L.

Ableitung: Gattung zu Ehren von Augustus Quirinus Rivinus (August Bachmann, 1652–1723), einem deutschen Botaniker benannt
Vulgärnamen: D:Blutbeere, Rivinie; E:Blood Berry; F:Rivinia
Arten: 1
Lebensform: Staude, Einjährige, Strauch
Blätter: wechselständig, einfach. Nebenblätter fehlend
Blütenstand: Traube
Blüten: zwittrig, radiär. Perigonblätter 4, frei, weiß, rosa. Staubblätter 4, frei von dem Perigon. Fruchtblatt 1, oberständig. Plazentation basal
Frucht: Beere
Kennzeichen: Staude, Einjährige, Strauch. Perigonblätter 4, frei. Staubblätter 4. Fruchtblatt 1, oberständig. Plazentation basal. Beere

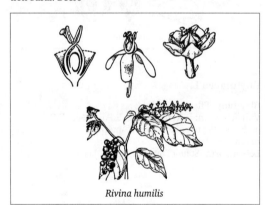

Rivina humilis

Trichostigma A. Rich.

Ableitung: Haar-Narbe
Arten: 3
Lebensform: Strauch, Liane, Baum
Blätter: wechselständig, einfach. Nebenblätter fehlend
Blütenstand: Traube
Blüten: eingeschlechtig, radiär. Perigonblätter 4, frei. Staubblätter 8–25, frei. Fruchtblatt 1, oberständig. Plazentation basal
Frucht: Beere
Kennzeichen: Strauch, Liane, Baum. Perigonblätter 4, frei. Staubblätter 8–25. Fruchtblatt 1, oberständig. Plazentation basal. Beere

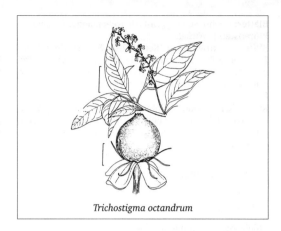

Trichostigma octandrum

Piperaceae

1 Fruchtblätter 2–4. Staubblätter 2–10 . . . . . **Piper**
1 Fruchtblätter 1. Staubblätter 2 . . . . . **Peperomia**

Peperomia Ruiz et Pav.

Ableitung: Pfeffer-ähnlich
Vulgärnamen: D:Peperomie, Zwergpfeffer; E:Radiator Plant; F:Pépéromia
Arten: c. 1000
Lebensform: Staude, Einjährige
Blätter: wechselständig, gegenständig, quirlständig, einfach. Nebenblätter fehlend
Blütenstand: Ähre
Blüten: eingeschlechtig, ohne Blütenhülle. Staubblätter 2. Fruchtblatt 1. Plazentation basal
Frucht: Steinfrucht
Kennzeichen: Staude, Einjährige. Blüten in Ähren, eingeschlechtig, ohne Blütenhülle. Staubblätter 2. Fruchtblatt 1. Plazentation basal. Steinfrucht

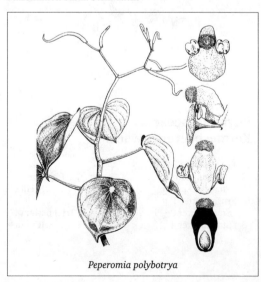

Peperomia polybotrya

Piper L.

Ableitung: antiker Pflanzenname
Vulgärnamen: D:Pfeffer; E:Pepper; F:Poivrier
Arten: c. 1000
Lebensform: Staude, Liane, Baum
Blätter: wechselständig, einfach. Nebenblätter vorhanden oder fehlend
Blütenstand: Ähre
Blüten: zwittrig, eingeschlechtig, ohne Blütenhülle. Staubblätter 2–10. Fruchtblätter 2–4, verwachsen. Plazentation basal
Frucht: Steinfrucht
Kennzeichen: Staude, Liane, Baum. Blüten in Ähren, eingeschlechtig, ohne Blütenhülle. Staubblätter 2–10, frei. Fruchtblätter 2–10, frei. Plazentation basal. Steinfrucht

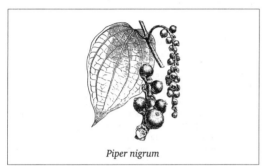

Piper nigrum

Pittosporaceae Klebsamengewächse

1 Frucht eine Beere
2 Pflanze dorniger Strauch oder Baum. Fruchtknoten 1-fächrig. Plazentation wandständig . . . . **Citriobatus**
2 Pflanze nicht dornig. Fruchtknoten ± 2-fächrig
3 Kronblätter vom Grund aus spreizend . . . **Sollya**
3 Kronblätter bis zur Hälfte verwachsen . . . . **Billardiera**
1 Frucht eine Kapsel
4 Samen viele. (Kapsel dick lederig)
5 Samen geflügelt . . . . **Hymenosporum**
5 Samen nicht geflügelt . . . . **Pittosporum**
4 Samen 1–2 in jedem Fach . . . . **Bursaria**

Billardiera Sm.

Ableitung: Gattung zu Ehren von Jacques-Julien Houtton de Labillardière (1755–1834), einem französischen Botaniker benannt
Vulgärnamen: E:Apple Berry
Arten: 8
Lebensform: Liane, Strauch, immergrün
Blätter: wechselständig, einfach. Nebenblätter fehlend
Blütenstand: einzeln, Büschel
Blüten: zwittrig, radiär. Kelchblätter 5. Kronblätter 5, frei, bis zur Hälfte zusammen neigend. Staubblätter 5, frei und frei von der Krone. Fruchtblätter 2, verwachsen, oberständig. Plazentation zentralwinkelständig
Frucht: Beere

Kennzeichen: Liane, Strauch, immergrün. Blüten radiär. Kronblätter 5, frei, bis zur Hälfte zusammen neigend. Staubblätter 5, frei von der Krone. Fruchtblätter 2, verwachsen, oberständig. Plazentation zentralwinkelständig. Beere

Billardiera longiflora

Bursaria Cav.

Ableitung: Taschen-Pflanze (Früchte)
Vulgärnamen: D:Taschenblume
Arten: 3
Lebensform: Baum, Strauch, immergrün, dornig
Blätter: wechselständig, einfach. Nebenblätter fehlend
Blütenstand: Rispe
Blüten: zwittrig, radiär. Kelchblätter 5. Kronblätter 5, frei, weiß. Staubblätter 5, frei und frei von der Krone. Fruchtblätter 2, verwachsen, oberständig. Plazentation zentralwinkelständig

Bursaria spinosa

Frucht: Kapsel, mit 1–2 Samen je Fach
Kennzeichen: Baum, Strauch, immergrün. Blätter wechselständig. Blüten in Rispen, radiär. Kronblätter 5, frei, weiß. Staubblätter 5, frei von der Krone. Fruchtblätter 2, verwachsen, oberständig. Plazentation zentralwinkelständig. Kapsel mit 1–2 Samen je Fach

Citriobatus A. Cunn. ex Putt.

Ableitung: Zitronen-Strauch
Vulgärnamen: D:Orangenbeere
Arten: 5
Lebensform: Strauch, Baum, dornig
Blätter: wechselständig, einfach. Nebenblätter fehlend
Blütenstand: einzeln
Blüten: zwittrig, radiär. Kelchblätter 5. Kronblätter 5, frei. Staubblätter 5, frei und frei von der Krone. Fruchtblätter 2, verwachsen, oberständig. Plazentation parietal
Frucht: Beere
Kennzeichen: Strauch, Baum. Blüten einzeln, radiär. Kronblätter 5, frei. Staubblätter 5, frei von der Krone. Fruchtblätter 2, verwachsen, oberständig. Plazentation parietal. Beere

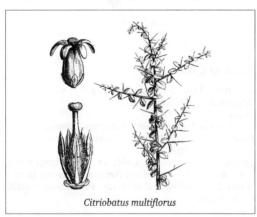
Citriobatus multiflorus

Hymenosporum R. Br. ex F. Muell.

Ableitung: Same mit Haut
Vulgärnamen: D:Hautsamenbaum; E:Sweetshade
Arten: 1
Lebensform: Baum, Strauch, immergrün

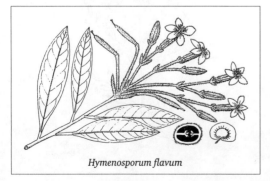
Hymenosporum flavum

Blätter: wechselständig, einfach. Nebenblätter fehlend
Blütenstand: Büschel
Blüten: zwittrig, radiär. Kelchblätter 5. Kronblätter 5, verwachsen, gelb, weiß. Staubblätter 5, frei und frei von der Krone. Fruchtblätter 2, verwachsen, oberständig. Plazentation zentralwinkelständig
Frucht: Kapsel
Kennzeichen: Baum, Strauch, immergrün. Blüten radiär. Kronblätter 5, verwachsen. Staubblätter 5, frei von der Krone. Fruchtblätter 2, verwachsen, oberständig. Plazentation zentralwinkelständig. Kapsel. Samen geflügelt

Pittosporum Banks ex Sol.

Ableitung: Pech-Same
Vulgärnamen: D:Klebsame; E:Pittosporum; F:Pittosporum
Arten: c. 150
Lebensform: Baum, Strauch, immergrün, laubwerfend
Blätter: wechselständig, fast quirlständig, einfach. Nebenblätter fehlend
Blütenstand: einzeln, Schirmrispe, Rispe
Blüten: zwittrig, radiär. Kelchblätter 5. Kronblätter 5, frei, rosa, purpurn, gelb, weiß, grün. Staubblätter 5, frei und frei von der Krone. Fruchtblätter 2–5, verwachsen, oberständig. Plazentation zentralwinkelständig
Frucht: Kapsel vielsamig. Samen nicht geflügelt
Kennzeichen: Baum, Strauch, immergrün, laubwerfend. Blüten radiär. Kronblätter 5, frei. Staubblätter 5, frei von der Krone. Fruchtblätter 2, verwachsen, oberständig. Plazentation zentralwinkelständig. Kapsel vielsamig Samen nicht geflügelt

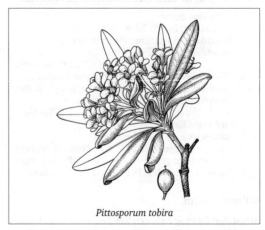
Pittosporum tobira

Sollya Lindl.

Ableitung: Gattung zu Ehren von Richard Horsman Solly (1778–1858), einem englischen Botaniker benannt
Arten: 3
Lebensform: Liane, Strauch, immergrün
Blätter: wechselständig, einfach. Nebenblätter fehlend
Blütenstand: einzeln, Büschel
Blüten: zwittrig, radiär. Kelchblätter 5. Kronblätter 5, frei, sternförmig ausgebreitet, blau. Staubblätter 5, frei und frei

von der Krone. Fruchtblätter 2, verwachsen, oberständig. Plazentation zentralwinkelständig
Frucht: Beere
Kennzeichen: Liane, Strauch, immergrün. Blüten radiär. Kronblätter 5, frei, sternfömig ausgebreitet, blau. Staubblätter 5, frei von der Krone. Fruchtblätter 2, verwachsen, oberständig. Plazentation zentralwinkelständig. Beere

Sollya heterophylla

Plantaginaceae Wegerichgewächse

1 Blüten einzeln. (Wasserpflanzen. Kronblätter 2 oder 3. Schließfrucht) . . . . **Littorella**
1 Blüten in Ähren oder Köpfchen
2 Blätter wechsel- oder grundständig. . . **Plantago**
2 Blätter gegenständig. . . . . **Psyllium**

Littorella P.J. Bergius

Ableitung: kleine Strand-Pflanze
Vulgärnamen: D:Strandling; F:Littorelle
Arten: 3
Lebensform: Staude, Wasserpflanze
Blätter: grundständig, einfach. Nebenblätter fehlend

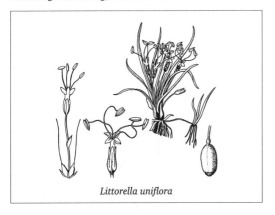

Littorella uniflora

Blütenstand: einzeln
Blüten: eingeschlechtig, radiär. Kelchblätter 4. Kronblätter 2–4, verwachsen, grün. Staubblätter 4, mit der Krone verwachsen. Fruchtblätter 2, verwachsen, oberständig. Plazentation basal
Frucht: Nuss
Kennzeichen: Staude, Wasserpflanze. Blätter grundständig. Blüten einzeln, eingeschlechtig. Kronblätter 2–4, verwachsen. Staubblätter 4, verwachsen mit der Krone. Fruchtblätter 2, verwachsen, oberständig. Plazentation basal. Nuss

Plantago L.

Ableitung: antiker Pflanzenname
Vulgärnamen: D:Wegerich; E:Plantain; F:Plantain
Arten: 193
Lebensform: Einjährige, Staude, Strauch, Halbstrauch
Blätter: grundständig, wechselständig, einfach. Nebenblätter fehlend
Blütenstand: Ähre, Köpfchen
Blüten: zwittrig, eingeschlechtig, radiär. Kelchblätter 4. Kronblätter 4, verwachsen, weiß, bräunlich, rosa. Staubblätter 4 oder 2, mit der Krone verwachsen. Fruchtblätter 2–4, verwachsen, oberständig. Plazentation zentralwinkelständig
Frucht: Kapsel, Nuss
Kennzeichen: Einjährige, Staude, Strauch, Halbstrauch. Blätter grundständig oder wechselständig. Blüten in Ähren oder Köpfchen. Kronblätter 4, verwachsen. Staubblätter 4 oder 2, verwachsen mit der Krone. Fruchtblätter 2–4, verwachsen, oberständig. Plazentation basal. Nuss, Kapsel

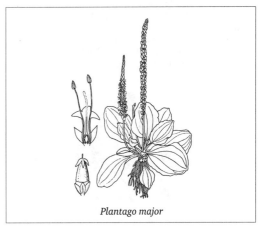

Plantago major

Psyllium Mill.

Ableitung: antiker Pflanzenname
Vulgärnamen: D:Flohsame; F:Herbe-aux-puces
Arten: 16
Lebensform: Einjährige, Staude, Strauch
Blätter: gegenständig, einfach. Nebenblätter fehlend
Blütenstand: Köpfchen, Ähre
Blüten: zwittrig, radiär. Kelchblätter 4. Kronblätter 4, verwachsen. Staubblätter 4, mit der Krone verwachsen.

Fruchtblätter 2, verwachsen, oberständig. Plazentation zentralwinkelständig
Frucht: Kapsel
Kennzeichen: Einjährige, Staude, Strauch. Blätter gegenständig. Blüten in Köpfchen oder Ähren. Kronblätter 4, verwachsen. Staubblätter 4, verwachsen mit der Krone. Fruchtblätter 2, verwachsen, oberständig. Plazentation zentralwinkelständig. Kapsel

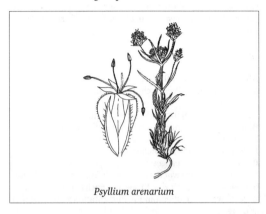

Psyllium arenarium

Platanaceae Platanengewächse

Platanus L.

Ableitung: antiker Pflanzenname
Vulgärnamen: D:Platane; E:Plane; F:Platane
Arten: c. 8
Lebensform: Baum, laubwerfend
Blätter: wechselständig, einfach. Nebenblätter vorhanden
Blütenstand: kugelige Köpfchen

Platanus orientalis

Blüten: eingeschlechtig, radiär. Blütenhüllblätter 3–8, frei oder verwachsen. Staubblätter 3–4, frei von der Blütenhülle. Fruchtblätter 6–9, frei. Plazentation marginal
Frucht: Nüsschen
Kennzeichen: Baum, laubwerfend. Blätter wechselständig, gelappt, mit Nebenblättern. Blüten in Köpfchen, eingeschlechtig. Blütenhüllblätter 3–8. Staubblätter 3–4. Fruchtblätter 6–9, frei. Nüsschen

Plumbaginaceae Bleiwurzgewächse

1 Griffel frei
  2 Blätter grundständig
    3 Narben lineal
      4 Blüten in cymösen Blütenständen . . . .
      . . . . **Limonium**
      4 Blüten in Ähren oder Köpfchen
        5 Blüten in Ähren . . . . **Psylliostachys**
        5 Blüten in Köpfchen . . . . **Armeria**
    3 Narbe kopfig . . . . **Goniolimon**
  2 Blätter wechselständig
      6 Pflanze strauchförmig. Staubblätter bis zur Mitte mit der Krone verwachsen . . . . **Limoniastrum**
      6 Pflanze mit Polsterwuchs und nadelartigen Blättern . . . . **Acantholimon**
1 Griffel verwachsen
  7 Staubblätter frei von der Krone
    8 Pflanze ausdauernd. Kelch mit Drüsen. Krone stieltellerförmig . . . . **Plumbago**
    8 Pflanze einjährig. Kelch ohne Drüsen. Krone röhrig. Vergrößerter Fruchtkelch . . . .
    . . . . **Plumbagella**
  7 Staubblätter bis zur Mitte mit der Krone verwachsen . . . . **Ceratostigma**

Acantholimon Boiss.

Ableitung: dorniges Limonium
Vulgärnamen: D:Igelpolster; E:Prickly Thrift; F:Acantholimon
Arten: 165
Lebensform: Strauch, immergrün, Staude

Acantholimon olivieri

Blätter: wechselständig, einfach, nadelförmig. Nebenblätter fehlend
Blütenstand: Ähre, Köpfchen
Blüten: zwittrig, radiär. Kelchblätter 5, trockenhäutig. Kronblätter 5, frei, rosa, weiß. Staubblätter 5, am Grund verwachsen. Fruchtblätter 5, verwachsen, oberständig, mit 5 Griffeln. Plazentation basal
Frucht: Nuss, Kapsel
Kennzeichen: Strauch, immergrün, Staude. Blätter nadelartig. Blüten in Ähren oder Köpfchen, radiär. Kelchblätter 5, trockenhäutig. Kronblätter 5, frei. Staubblätter 5. Fruchtknoten oberständig mit 5 Griffeln. Plazentation basal. Nuss oder Kapsel

Armeria Willd.

Ableitung: nach einem französischen Pflanzennamen
Vulgärnamen: D:Grasnelke; E:Thrift; F:Armérie, Gazon d'Espagne
Arten: 100
Lebensform: Staude, Strauch
Blätter: grundständig, einfach. Nebenblätter fehlend
Blütenstand: Köpfchen
Blüten: zwittrig, radiär. Kelchblätter 5, trockenhäutig. Kronblätter 5, verwachsen, rosa, weiß, lila. Staubblätter 5, am Grund verwachsen und mit der Krone verwachsen. Fruchtblätter 5, verwachsen, oberständig, mit 5 Griffeln. Plazentation basal
Frucht: Kapsel
Kennzeichen: Staude, Strauch. Blüten in Köpfchen, radiär. Kelchblätter 5, trockenhäutig. Kronblätter 5, verwachsen. Staubblätter 5, am Grund verwachsen und mit der Krone verwachsen. Fruchtknoten oberständig, mit 5 Griffeln. Plazentation basal. Kapsel

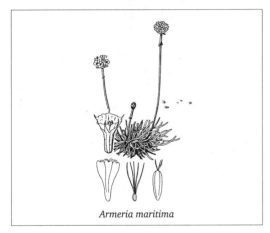
Armeria maritima

Ceratostigma Bunge

Ableitung: Horn-Narbe
Vulgärnamen: D:Hornnarbe; E:Plumbogo; F:Dentelaire
Arten: 8
Lebensform: Staude, Strauch, laubwerfend
Blätter: wechselständig, einfach. Nebenblätter fehlend
Blütenstand: Köpfchen

Blüten: zwittrig, radiär, stieltellerförmig. Kelchblätter 5. Kronblätter 5, verwachsen, rosa, violett. Staubblätter 5, verwachsen, frei von der Krone. Fruchtknoten mit 5 Griffeln. Plazentation basal
Frucht: Kapsel
Kennzeichen: Staude, Strauch, laubwerfend. Blüten in Köpfchen, radiär. Kronblätter 5, verwachsen. Staubblätter 5, verwachsen, frei von der Krone. Fruchtknoten oberständig, mit 5 Griffeln. Plazentation basal. Kapsel

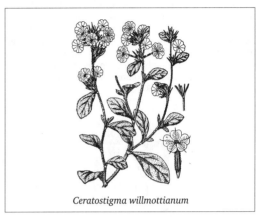
Ceratostigma willmottianum

Goniolimon Boiss.

Ableitung: kantige Wiesenpflanze
Arten: 20
Lebensform: Staude
Blätter: grundständig, einfach. Nebenblätter fehlend
Blütenstand: Ähren in Rispen oder Schirmrispen
Blüten: zwittrig, radiär. Kelchblätter 5, trockenhäutig. Kronblätter 5, frei oder verwachsen, violett, rosa. Staubblätter 5, am Grund verwachsen und mit der Krone verwachsen. Fruchtblätter 5, verwachsen, mit 5 Griffeln und kopfigen Narben. Plazentation basal
Frucht: Nuss
Kennzeichen: Staude. Blätter grundständig. Blüten in Ähren, radiär. Kronblätter 5, frei oder verwachsen. Staubblätter 5, mit der Krone verwachsen. Fruchtknoten oberständig mit 5 Griffeln und kopfigen Narben. Plazentation basal. Nuss

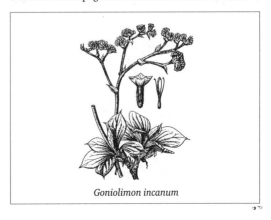
Goniolimon incanum

Limoniastrum Fabr.

Ableitung: Limonium-artige Pflanze
Vulgärnamen: D:Strauchstrandflieder; F:Limoniastrum
Arten: 10
Lebensform: Strauch, Halbstrauch, immergrün
Blätter: wechselständig, einfach. Nebenblätter fehlend
Blütenstand: Rispe
Blüten: zwittrig, radiär. Kelchblätter 5, trockenhäutig. Kronblätter 5, verwachsen, blau, rosa, rot. Staubblätter 5, verwachsen und mit der Krone verwachsen. Fruchtblätter 5, verwachsen, mit 5 Griffeln. Plazentation basal
Frucht: Kapsel
Kennzeichen: Strauch, Halbstrauch, immergrün. Blüten in Rispen, radiär. Kelchblätter 5, trockenhäutig. Kronblätter 5, verwachsen. Staubblätter 5, verwachsen und mit der Krone verwachsen. Fruchtknoten oberständig mit 5 Griffeln. Plazentation basal. Kapsel

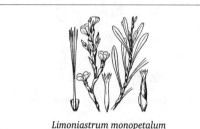
Limoniastrum monopetalum

Limonium Mill.

Ableitung: antiker Pflanzenname
Vulgärnamen: D:Meerlavendel, Strandflieder, Widerstoß; E:Sea Lavender; F:Lavande de mer, Statice
Arten: c. 150
Lebensform: Staude, Einjährige, Strauch, Zweijährige
Blätter: grundständige Rosette (und wechselständige), einfach. Nebenblätter fehlend
Blütenstand: Ähre, Rispe
Blüten: zwittrig, radiär. Kelchblätter 5, trockenhäutig. Kronblätter 5, frei oder verwachsen, violett, rosa, weiß, gelb, blau. Staubblätter 5, am Grund verwachsen, mit der Krone verwachsen. Fruchtblätter 5, verwachsen, mit 5 Griffeln. Plazentation basal

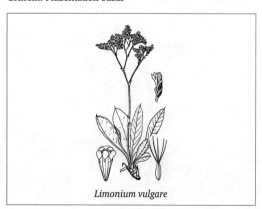
Limonium vulgare

Frucht: Nuss, Kapsel
Kennzeichen: Staude, Einjährige, Strauch, Zweijährige. Blüten in Ähren oder Rispen, radiär. Kelchblätter 5, trockenhäutig. Kronblätter 5, frei oder verwachsen. Staubblätter 5, verwachsen am Grund und mit der Krone verwachsen. Fruchtknoten oberständig mit 5 Griffeln. Plazentation basal. Nuss oder Kapsel

Plumbagella Spach

Ableitung: kleine Plumbago
Vulgärnamen: D:Zwergbleiwurz; F:Petit plombago
Arten: 1
Lebensform: Einjährige
Blätter: wechselständig, einfach. Nebenblätter fehlend
Blütenstand: ährenartig
Blüten: zwittrig, radiär. Kelchblätter 5, mit Stieldrüsen außen. Kronblätter 5, verwachsen, blauviolett. Staubblätter 5, mit der Krone verwachsen. Fruchtblätter 5, verwachsen, mit 5 Griffeln. Plazentation basal
Frucht: Kapsel, kreisförmig am Grund aufspringend
Kennzeichen: Einjährige. Blüten radiär. Kelchblätter 5, mit Stieldrüsen außen. Kronblätter 5, verwachsen. Staubblätter 5, mit der Krone verwachsen. Fruchtknoten oberständig mit 5 Griffeln. Plazentation basal. Kapsel, kreisförmig am Grund aufspringend

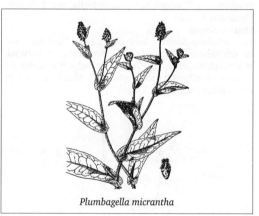
Plumbagella micrantha

Plumbago L.

Ableitung: antiker Pflanzenname
Vulgärnamen: D:Bleiwurz; E:Leadwort; F:Dentelaire, Plombago
Arten: 24
Lebensform: Einjährige, Staude, Strauch, Liane
Blätter: wechselständig, einfach. Nebenblätter fehlend
Blütenstand: Traube
Blüten: zwittrig, radiär. Kelchblätter 5, mit großen Stieldrüsen oder sitzenden Drüsen. Kronblätter 5, verwachsen, stieltellerförmig. Staubblätter 4–5, verwachsen mit der Krone. Fruchtblätter 5, verwachsen, mit 5 Griffeln. Plazentation basal
Frucht: Kapsel, kreisförmig am Grund aufspringend
Kennzeichen: Einjährige, Staude, Strauch, Liane. Blüten in Trauben, radiär. Kelchblätter 5, mit großen Stieldrüsen oder

Polemoniaceae Himmelsleitergewächse

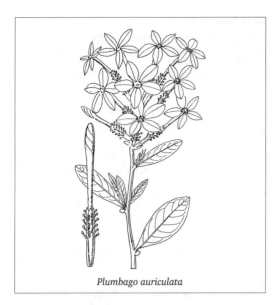

Plumbago auriculata

sitzenden Drüsen. Kronblätter 5, verwachsen. Staubblätter 5-4. Fruchtknoten oberständig mit 5 Griffeln. Plazentation basal. Kapsel, kreisförmig am Grund aufspringend

Psylliostachys (Jaub. et Spach) Nevski

Ableitung: mit Ähren wie Plantago psyllium
Vulgärnamen: E:Statice
Arten: 10
Lebensform: Einjährige
Blätter: wechselständig, einfach. Nebenblätter fehlend
Blütenstand: Ähre
Blüten: zwittrig, radiär. Kelchblätter 5. Kronblätter 5, verwachsen, weiß, rosa. Staubblätter 5, verwachsen und am Grund verwachsen. Fruchtblätter 5, verwachsen, mit 5 Griffeln. Plazentation basal
Frucht: Kapsel
Kennzeichen: Einjährige. Blüten in Ähren, radiär. Kronblätter 5, verwachsen. Staubblätter 5, verwachsen und mit der Krone verwachsen. Fruchtknoten oberständig mit 5 Griffeln. Plazentation basal. Kapsel

Polemoniaceae Himmelsleitergewächse

1 Pflanze ein Baum oder Strauch. Kapsel kurz 3-lappig. Samen geflügelt . . . . **Cantua**
1 Pflanze krautig oder ein Halbstrauch. Kapsel tief fachspaltig. Samen ungeflügelt
  2 Kelch bleibend an der Frucht
    3 Blätter gefiedert . . . . **Polemonium**
    3 Blätter einfach bis fiederteilig . . . . . **Collomia**
  2 Kelch zur Fruchtzeit gesprengt
    4 Blätter gegenständig, zumindest die oberen
      5 Blätter ganzrandig. Staubblätter in verschiedener Höhe in der Kronröhre eingefügt. Kapsel mit Klappen bis zum Grund spaltend . . . . **Phlox**
      5 Blätter meist ± zerteilt, selten lineal. Staubblätter in gleicher Höhe in der Krone eingefügt. Kapsel glockig mit Zähnen . . . . **Linanthus**
    4 Blätter wechselständig
      6 Kelchzipfel ungleich. Blüten fast immer in Köpfchen mit einer Hülle
        7 Pflanze spinnwebig-filzig, zumindest der Kelch . . . . **Eriastrum**
        7 Pflanze drüsig bis wollig. . . . . . **Navarretia**
      6 Kelchzipfel gleich. Blüten einzeln bis zu Köpfchen mit einer Hülle
        8 Blätter und Kelchzähne mit hellen Borstenspitzen . . . . **Ipomopsis**
        8 Blätter und Kelchzähne ohne Borstenspitze . . . . **Gilia**

Cantua Juss. ex Lam.

Ableitung: nach einem Pflanzennamen aus Peru
Vulgärnamen: D:Cantue; F:Cantua
Arten: 6
Lebensform: Strauch, Baum, immergrün
Blätter: wechselständig, gegenständig, einfach. Nebenblätter fehlend
Blütenstand: Schirmrispe, einzeln
Blüten: zwittrig, radiär. Kelchblätter 5. Kronblätter 5, verwachsen, rosa, purpurn, weiß, gelb, violett. Staubblätter 5, verwachsen mit der Krone. Fruchtblätter 3, verwachsen, oberständig. Plazentation zentralwinkelständig
Frucht: Kapsel, fachspaltig. Samen geflügelt
Kennzeichen: Strauch, Baum, immergrün. Blüten radiär. Kronblätter 5, verwachsen. Staubblätter 5, verwachsen mit der Krone. Fruchtblätter 3, verwachsen, oberständig. Plazentation zentralwinkelständig. Kapsel, fachspaltig. Samen geflügelt

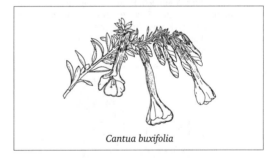

Cantua buxifolia

Collomia Nutt.

Ableitung: Schleim-Pflanze
Vulgärnamen: D:Leimsaat; E:Collomia; F:Collomia
Arten: 15
Lebensform: Einjährige, Staude
Blätter: wechselständig, einfach. Nebenblätter fehlend
Blütenstand: Köpfchen
Blüten: zwittrig, radiär. Kelchblätter 5. Kronblätter 5, verwachsen, rot, weiß, gelbrot. Staubblätter 5, frei, verwachsen mit der Krone. Fruchtblätter 3, verwachsen, oberständig. Plazentation zentralwinkelständig

Frucht: Kapsel, fachspaltig, mit bleibendem Kelch
Kennzeichen: Einjährige, Staude. Blätter einfach. Blüten in Köpfchen, radiär. Kronblätter 5, verwachsen. Staubblätter 5, verwachsen mit der Krone. Fruchtblätter 3, verwachsen, oberständig. Plazentation zentralwinkelständig. Kapsel, fachspaltig, mit bleibendem Kelch

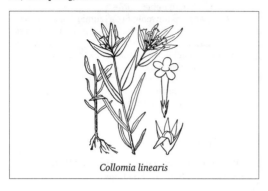
Collomia linearis

Eriastrum Wooton et Standl.

Ableitung: unechte Eria
Arten: 14
Lebensform: Einjährige, Staude, Strauch
Blätter: wechselständig, einfach. Nebenblätter fehlend
Blütenstand: Köpfchen, einzeln
Blüten: zwittrig, radiär. Kelchblätter 5. Kronblätter 5, verwachsen, blau, weiß, gelb, rosa. Staubblätter 5, verwachsen mit der Krone. Fruchtblätter 3, verwachsen, oberständig. Plazentation zentralwinkelständig
Frucht: Kapsel
Kennzeichen: Einjährige, Staude, Strauch, spinnwebigfilzig behaart. Blätter einfach. Blüten in Köpfchen oder einzeln, radiär. Kronblätter 5, verwachsen. Staubblätter 5, verwachsen mit der Krone. Fruchtblätter 3, verwachsen, oberständig. Plazentation zentralwinkelständig. Kapsel mit bleibendem Kelch

Eriastrum densifolium

Gilia Ruiz et Pav.

Ableitung: Gattung zu Ehren von Filippo Luigi Gilii (1756-1821), einem italienischen Astronom und Naturforscher benannt
Vulgärnamen: D:Gilie; E:Gily Flower; F:Gilia
Arten: c. 25
Lebensform: Einjährige, Zweijährige, Staude
Blätter: wechselständig, gegenständig, zusammengesetzt, selten einfach. Nebenblätter fehlend
Blütenstand: einzeln, Rispe, Köpfchen
Blüten: zwittrig, radiär. Kelchblätter 5. Kronblätter 5, verwachsen, blau, rosa, rot, weiß, gelb. Staubblätter 5, verwachsen mit der Krone. Fruchtblätter 3, verwachsen, oberständig. Plazentation zentralwinkelständig
Frucht: Kapsel, fachspaltig
Kennzeichen: Einjährige, Zweijährige, Staude. Blätter gefiedert, selten einfach. Blüten radiär. Kronblätter 5, verwachsen. Staubblätter 5, verwachsen mit der Krone. Fruchtblätter 3, verwachsen, oberständig. Plazentation zentralwinkelständig. Kapsel, fachspaltig, mit bleibendem Kelch

Gilia tricolor

Ipomopsis Michx.

Ableitung: vom Aussehen einer Ipomoea
Arten: 24
Lebensform: Einjährige, Staude, Strauch
Blätter: wechselständig, einfach. Nebenblätter fehlend
Blütenstand: Schirmrispe, Büschel
Blüten: zwittrig, radiär. Kelchblätter 5. Kronblätter 5, verwachsen, rot, weiß, gelb, rosa, purpurn. Staubblätter 5, verwachsen mit der Krone. Fruchtblätter 3, verwachsen, oberständig. Plazentation zentralwinkelständig
Frucht: Kapsel
Kennzeichen: Einjährige, Staude, Strauch. Blätter wechselständig, einfach, mit hellen Borstenspitzen. Blüten radiär. Kronblätter 5, verwachsen. Staubblätter 5, verwachsen

Polemoniaceae Himmelsleitergewächse

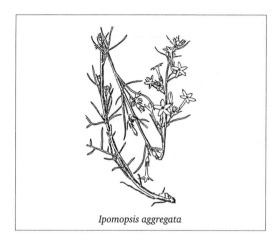
Ipomopsis aggregata

Lebensform: Einjährige
Blätter: wechselständig, zusammengesetzt oder einfach. Nebenblätter fehlend
Blütenstand: Köpfchen mit Hülle
Blüten: zwittrig, radiär. Kelchblätter 5. Kronblätter 5, verwachsen, weiß, gelb, blau, violett, rosa. Staubblätter 5, verwachsen mit der Krone. Fruchtblätter 3, verwachsen, oberständig. Plazentation zentralwinkelständig
Frucht: Kapsel
Kennzeichen: Einjährige. Blüten in Köpfchen mit Hülle, radiär. Kronblätter 5, verwachsen. Staubblätter 5, verwachsen mit der Krone. Fruchtblätter 3, verwachsen, oberständig. Plazentation zentralwinkelständig. Kapsel

mit der Krone. Fruchtblätter 3, verwachsen, oberständig. Plazentation zentralwinkelständig. Kapsel

Linanthus Benth.

Ableitung: Lein-Blüte
Arten: 35
Lebensform: Einjährige, Staude
Blätter: gegenständig, einfach oder zusammengesetzt. Nebenblätter fehlend
Blütenstand: einzeln, cymös, Büschel
Blüten: zwittrig, radiär. Kelchblätter 5. Kronblätter 5, verwachsen, weiß, rosa, lila, gelb. Staubblätter 5, verwachsen mit der Krone. Fruchtblätter 3, verwachsen, oberständig. Plazentation zentralwinkelständig
Frucht: Kapsel
Kennzeichen: Einjährige, Staude. Blätter gegenständig. Blüten radiär. Kronblätter 5, verwachsen. Staubblätter 5, verwachsen mit der Krone in gleicher Höhe. Fruchtblätter 3, verwachsen, oberständig. Plazentation zentralwinkelständig. Kapsel mit Zähnen

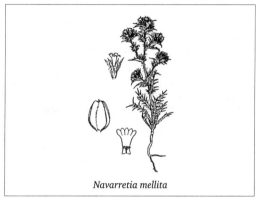
Navarretia mellita

Phlox L.

Ableitung: antiker Pflanzenname
Vulgärnamen: D:Flammenblume, Phlox; E:Phlox; F:Phlox
Arten: 67
Lebensform: Einjährige, Staude
Blätter: gegenständig, selten wechselständig, einfach. Nebenblätter fehlend
Blütenstand: Rispe, Köpfchen
Blüten: zwittrig, radiär, stieltellerförmig. Kelchblätter 5. Kronblätter 5, verwachsen, weiß, blau, purpurn, rot. Staubblätter 5, verwachsen mit der Krone in verschiedener Höhe. Fruchtblätter 3, verwachsen, oberständig. Plazentation zentralwinkelständig

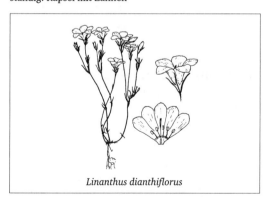
Linanthus dianthiflorus

Navarretia Ruiz et Pav.

Ableitung: Gattung zu Ehren von F. F. Navarrète, einem Arzt des spanischen Königs im 18. Jahrhundert benannt
Arten: 30

Phlox paniculata

Frucht: Kapsel, fachspaltig mit Klappen
Kennzeichen: Einjährige, Staude. Blätter gegenständig, selten wechselständig. Blüten radiär, stieltellerförmig. Kronblätter 5, verwachsen. Staubblätter 5, verwachsen mit der Krone, in verschiedener Höhe. Fruchtblätter 3, verwachsen, oberständig. Plazentation zentralwinkelständig. Kapsel, fachspaltig

Polemonium L.

Ableitung: antiker Pflanzenname
Vulgärnamen: D:Himmelsleiter, Jakobsleiter, Sperrkraut; E:Jacob's Ladder; F:Bâton de Jacob, Valériane grecque
Arten: 25
Lebensform: Staude
Blätter: wechselständig, gefiedert. Nebenblätter fehlend
Blütenstand: Schirmrispe, Traube
Blüten: zwittrig, radiär. Kelchblätter 5. Kronblätter 5, verwachsen, blau, violett, weiß. Staubblätter 5, am Grund behaart, verwachsen mit der Krone. Fruchtblätter 3, verwachsen, oberständig. Plazentation zentralwinkelständig
Frucht: Kapsel, fachspaltig
Kennzeichen: Staude. Blätter gefiedert. Blüten radiär. Kronblätter 5, verwachsen. Staubblätter 5, verwachsen mit der Krone. Fruchtblätter 3, verwachsen, oberständig. Plazentation zentralwinkelständig. Kapsel, fachspaltig

Arten: c. 500
Lebensform: Staude, Einjährige, Strauch, Baum
Blätter: wechselständig, gegenständig, quirlständig, einfach. Nebenblätter vorhanden oder fehlend
Blütenstand: Traube, Ähre, Köpfchen
Blüten: zwittrig, zygomorph. Kelchblätter 5, davon 2 kronblattartig als Flügel. Kronblätter 3 oder 5, frei oder verwachsen, gelb, lila, weiß, rosa. Staubblätter 8, verwachsen und verwachsen mit der Krone. Fruchtblätter 2, verwachsen, oberständig. Plazentation zentralwinkelständig
Frucht: Kapsel
Kennzeichen: Staude, Einjährige, Strauch, Baum. Blüten zygomorph. Kelchblätter 5, davon 2 kronblattartig als Flügel. Kronblätter 3 oder 5, frei oder verwachsen. Staubblätter 8, verwachsen und verwachsen mit der Krone. Fruchtblätter 2, verwachsen. Plazentation zentralwinkelständig. Kapsel

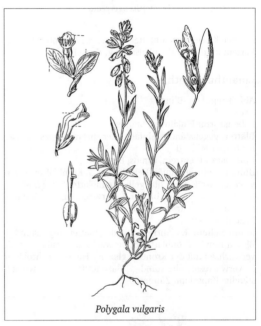

Polygala vulgaris

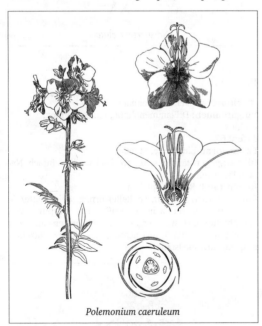

Polemonium caeruleum

Polygalaceae Kreuzblümchengewächse

Polygala L.

Ableitung: antiker Pflanzenname
Vulgärnamen: D:Kreuzblümchen; E:Milkwort; F:Polygala

Polygonaceae Knöterichgewächse

1 Ochrea fehlend. Vorblätter quirlig, eine Hülle bildend .... **Eriogonum**
1 Ochrea vorhanden. Vorblätter keine Hülle bildend
  2 Blütenhülle mit 3er oder 2er Wirteln
    3 Pflanzen zweihäusige, tropische Bäume oder Sträucher .... **Ruprechtia**
    3 Pflanzen krautig
      4 Blütenhülle mit 2 und 2 Blütenhüllblättern. Fruchtblätter 2 .... **Oxyria**
      4 Blütenhülle mit 3 und 3 Blütenhüllblättern
        5 Frucht mit 3 äußeren dornigen Blütenhüllblättern .... **Emex**
        5 Frucht nicht dornig. Äußere Blütenhüllblätter viel kürzer als innere
          6 Frucht nicht in die Blütenhülle eingeschlossen .... **Rheum**

6 Frucht in die Blütenhülle eingeschlossen, innere oft mit Schwielen . . . . **Rumex**
2 Blütenhülle nicht mit Wirteln, fast immer 5
7 Zweige bandartig abgeflacht. . . . . **Homalocladium**
7 Zweige nicht bandartig
8 Frucht mit ± fleischiger Blütenhülle
9 Blätter abfallend. Blütenhüllblätter nur am Grund verwachsen. . . . . **Muehlenbeckia**
9 Blätter immergrün. Blütenhüllblätter verwachsen . . . . **Coccoloba**
8 Frucht trocken
10 Frucht geflügelt
11 Pflanzen mit Ranken . . . . . . **Antigonon**
11 Pflanzen ohne Ranken (außnahmsweise bei Bunnichia)
12 Frucht mit 1–2 Flügeln . . . . **Brunnichia**
12 Frucht mit 3 Flügeln. . . . . . . **Fallopia**
10 Frucht oft 3-kantig, aber nicht geflügelt
13 Blätter ± pfeilförmig. (Frucht nicht von der Blütenhülle eingehüllt) . . . . . **Fagopyrum**
13 Blätter nicht pfeilförmig
14 Blüten zu 1–5 blattachselständig, kurz gestielt. Pflanzen fast immer völlig kahl . . . . **Polygonum**
14 Blüten in ährenartigen Blütenständen. Pflanzen meist behaart
15 Blütenstand eine einzige endständige Scheinähre. (Blätter vorwiegend grundständig) . . . . **Bistorta**
15 Blütenstand verzweigt
16 Ochrea mit Wimpern. Blüten in verzweigten Scheintrauben oder in Köpfchen. . . . . **Persicaria**
16 Ochrea ohne Wimpern. Blüten in endständigen Rispen . . . **Aconogonon**

Aconogonon (Meisn.) Rchb.

Ableitung: mit harten Knoten
Vulgärnamen: D:Bergknöterich; F:Renouée des montagnes
Arten: c. 30
Lebensform: Staude
Blätter: wechselständig, einfach. Ochrea vorhanden, ohne Wimpern
Blütenstand: Rispen, endständig
Blüten: zwittrig, radiär, Perigonblätter 5, verwachsen, cremefarben, grünlich, gelblich, rosa. Staubblätter 8, verwachsen mit dem Perigon oder frei. Fruchtblätter 3, verwachsen, oberständig. Plazentation basal
Frucht: Nuss, ± 3-kantig, in bleibendem Perigon oder frei
Kennzeichen: Staude mit Ochrea ohne Wimpern. Blüten in endständigen Rispen. Blüten radiär. Perigonblätter 5, verwachsen. Staubblätter 8. Fruchtblätter 3, verwachsen, oberständig. Plazentation basal. Nuss, ± 3-kantig, in bleibendem Perigon oder frei

Antigonon Endl.

Ableitung: anderer Knöterich
Vulgärnamen: D:Mexikanischer Knöterich, Korallenwein; E:Coral Vine; F:Liane corail

Arten: 3
Lebensform: Staude, Halbstrauch, mit Ranken kletternd, immergrün oder laubwerfend
Blätter: wechselständig, einfach. Ochrea vorhanden
Blütenstand: Traube, endständig, seitlich
Blüten: zwittrig, radiär, Perigonblätter 5, frei, rosa, purpurn, weiß, gelb. Staubblätter 8, selten 7–9, am Grund verwachsen und verwachsen mit dem Perigon. Fruchtblätter 3, verwachsen, oberständig. Plazentation basal
Frucht: Nuss, ± 3-kantig, in bleibendem Perigon geflügelt
Kennzeichen: Staude, Halbstrauch, mit Ranken kletternd, immergrün oder laubwerfend. Ochrea vorhanden. Blüten radiär. Perigonblätter 5, frei. Staubblätter 7–9. Fruchtblätter 3, verwachsen, oberständig. Plazentation basal. Nuss, ± 3-kantig, in bleibendem Perigon geflügelt

Antigonon leptopus

Bistorta (L.) Adans.

Ableitung: zweimal gedreht (Wurzelstock)
Vulgärnamen: D:Wiesenknöterich; F:Bistorte, Polygonum bistorte
Arten: c. 25

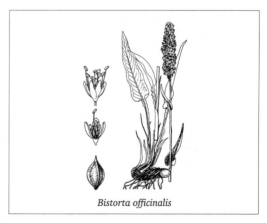

Bistorta officinalis

Lebensform: Staude
Blätter: wechselständig, einfach. Ochrea vorhanden
Blütenstand: Scheinähre, endständig
Blüten: zwittrig, radiär, Perigonblätter 5, verwachsen, weiß, grünlich, rosa, lila, rot. Staubblätter 8, verwachsen mit dem Perigon oder frei. Fruchtblätter 3, verwachsen, oberständig. Plazentation basal
Frucht: Nuss, ± 3-kantig, in bleibendem Perigon oder frei
Kennzeichen: Staude. Ochrea vorhanden. Blüten in endständigen Scheinähren, radiär. Perigonblätter 5. Staubblätter 8. Fruchtblätter 3, verwachsen, oberständig. Plazentation basal. Nuss, ± 3-kantig, in bleibendem Perigon oder frei

Brunnichia Banks ex Gaertn.

Arten: 3
Lebensform: Liane mit Ranken
Blätter: wechselständig, einfach. Ochrea vorhanden
Blütenstand: rispenartig, endständig
Blüten: zwittrig, radiär, Perigonblätter 5, verwachsen, grün, grüngelb. Staubblätter 8, verwachsen mit dem Perigon. Fruchtblätter 3, verwachsen, oberständig. Plazentation basal
Frucht: Nuss, ± 3-kantig, mit 1-2 Flügeln, in bleibendem Perigon
Kennzeichen: Liane mit Ranken. Ochrea vorhanden. Perigonblätter 5. Staubblätter 8. Fruchtblätter 3, verwachsen, oberständig. Plazentation basal. Nuss, ± 3-kantig, mit 1-2 Flügeln, in bleibendem Perigon

Coccoloba P. Browne

Ableitung: nach einem antiken Pflanzennamen
Vulgärnamen: D:Meertraubenbaum, Seetraube; E:Sea Grape; F:Raisin de mer, Raisinier
Arten: c. 120
Lebensform: Baum, Strauch, immergrün
Blätter: wechselständig, einfach. Ochrea vorhanden
Blütenstand: traubenartig, endständig
Blüten: eingeschlechtig, radiär, Perigonblätter 5, verwachsen, weiß, grünlich weiß. Staubblätter 8, verwachsen mit dem Perigon. Fruchtblätter 3, verwachsen, oberständig. Plazentation basal
Frucht: Nuss, 3-kantig, in bleibendem, fleischigem Perigon
Kennzeichen: Baum, Strauch, immergrün. Ochrea vorhanden. Blüten: eingeschlechtig, radiär, Perigonblätter 5, verwachsen. Staubblätter 8. Fruchtblätter 3, verwachsen, oberständig. Plazentation basal. Nuss, 3-kantig, in bleibendem, fleischigem Perigon

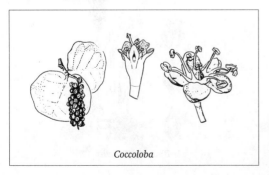

Coccoloba

Emex Neck. ex Campd.

Ableitung: Umbildung aus Rumex
Vulgärnamen: D:Teufelsdorn; E:Devil's Thorn
Arten: 2
Lebensform: Einjährige
Blätter: wechselständig, einfach. Ochrea vorhanden
Blütenstand: Büschel, endständig, seitlich
Blüten: eingeschlechtig, radiär, Perigonblätter 6(5-2), verwachsen oder frei, grünlich. Staubblätter 4-6, frei vom Perigon. Fruchtblätter 3, verwachsen, oberständig. Plazentation basal
Frucht: Nuss, ± 3-kantig, in bleibendem Perigon mit 3 äußeren, dornigen Blütenhüllblättern
Kennzeichen: Einjährige mit Ochrea. Perigonblätter 6(5-2). Staubblätter 4-6. Fruchtblätter 3, verwachsen, oberständig. Plazentation basal. Nuss, ± 3-kantig, in bleibendem Perigon mit 3 äußeren, dornigen Blütenhüllblättern

Emex spinosa

Eriogonum Michx.

Ableitung: wolliger Polygonum
Vulgärnamen: D:Wollampfer, Wollknöterich; E:Umbrella Plant, Wild Buckwheat; F:Renouée laineuse
Arten: c. 240
Lebensform: Einjährige, Staude, Zweijährige, Halbstrauch, Strauch
Blätter: wechselständig, quirlständig, gegen- oder grundständig, einfach. Ochrea fehlend
Blütenstand: Köpfchen, Dolde, Traube, endständig, seitlich, Vorblätter quirlig, eine Hülle bildend
Blüten: zwittrig oder eingeschlechtig, radiär, Perigonblätter 5, verwachsen, weiß, gelb, rot, rosa. Staubblätter 9, verwachsen mit dem Perigon. Fruchtblätter 3, verwachsen, oberständig. Plazentation basal
Frucht: Nuss, 3-kantig, frei oder in bleibendem Perigon
Kennzeichen: Einjährige, Staude, Zweijährige, Halbstrauch, Strauch. Ochrea fehlend. Vorblätter quirlig, eine Hülle bildend. Blüten radiär, Perigonblätter 5, verwachsen. Staubblätter 9. Fruchtblätter 3, verwachsen, oberständig. Plazentation basal. Nuss, 3-kantig

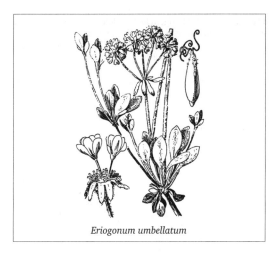
Eriogonum umbellatum

Fagopyrum Mill.

Ableitung: Buche-Weizen
Vulgärnamen: D:Buchweizen; E:Buckwheat; F:Blé noir, Sarrasin
Arten: 8
Lebensform: Einjährige
Blätter: wechselständig, einfach, ± pfeilförmig. Ochrea vorhanden
Blütenstand: rispenartig, seitlich, endständig
Blüten: zwittrig oder eingeschlechtig, radiär, Perigonblätter 5, verwachsen, weiß, rosa, grün. Staubblätter 8, frei vom Perigon. Fruchtblätter 3, verwachsen, oberständig. Plazentation basal
Frucht: Nuss, ± 3-kantig, nicht in bleibendem Perigon eingeschlossen
Kennzeichen: Einjährige. Blätter ± pfeilförmig. Ochrea vorhanden. Perigonblätter 5, verwachsen. Staubblätter 8. Fruchtblätter 3, verwachsen, oberständig. Plazentation basal. Nuss, ± 3-kantig, nicht in bleibendem Perigon eingeschlossen

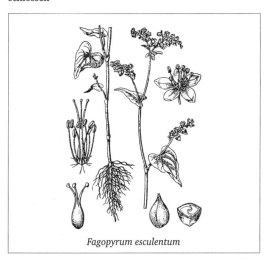
Fagopyrum esculentum

Fallopia Adans.

Ableitung: Gattung zu Ehren von Gabriele Fallopi (1523–1562), einem italienischen Mediziner benannt
Vulgärnamen: D:Flügelknöterich; E:Knotweed; F:Renouée grimpante
Arten: 12
Lebensform: kletternde Einjährige oder Staude, Liane
Blätter: wechselständig, einfach. Ochrea vorhanden
Blütenstand: ähren-, rispen- oder traubenartig, endständig
Blüten: zwittrig oder eingeschlechtig, radiär, Perigonblätter 5, verwachsen, grün, weiß, rosa. Staubblätter 8–6, frei vom Perigon. Fruchtblätter 3, verwachsen, oberständig. Plazentation basal
Frucht: Nuss, ± 3-kantig, in bleibendem Perigon mit 3 Flügeln
Kennzeichen: kletternde Einjährige oder Staude, Liane. Ochrea vorhanden. Blüten radiär, Perigonblätter 5, verwachsen. Staubblätter 8–6. Fruchtblätter 3, verwachsen, oberständig. Plazentation basal. Nuss, ± 3-kantig, in bleibendem Perigon mit 3 Flügeln

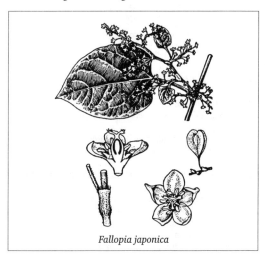
Fallopia japonica

Homalocladium (F. Muell.) L.H. Bailey

Ableitung: gleichmäßige Zweige
Vulgärnamen: D:Bandbusch; F:Homalocladium
Arten: 1
Lebensform: Strauch mit flachen, plattgedrückten Zweigen
Blätter: wechselständig, einfach, reduziert. Ochrea vorhanden, aber hinfällig
Blütenstand: Büschel
Blüten: zwittrig, radiär, Perigonblätter 5–4, verwachsen, weiß. Staubblätter 8, verwachsen mit dem Perigon. Fruchtblätter 3, verwachsen, oberständig. Plazentation basal
Frucht: beerenartig, 3-kantig, in bleibendem Perigon
Kennzeichen: Strauch mit flachen, plattgedrückten Zweigen. Ochrea vorhanden, aber hinfällig. Blüten radiär, Perigonblätter 5–4. Staubblätter 8. Fruchtblätter 3, verwachsen, oberständig. Plazentation basal. Frucht beerenartig, 3-kantig, in bleibendem Perigon

706 Polygonaceae Knöterichgewächse

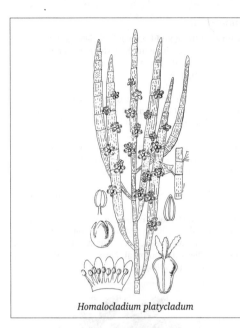

Homalocladium platycladum

Muehlenbeckia Meisn.

Ableitung: Gattung zu Ehren von Heinrich Gustav Mühlenbeck (1798–1845), einem elsässischen Arzt und Botaniker benannt
Vulgärnamen: D:Drahtstrauch, Mühlenbeckie; E:Wireplant; F:Muehlenbeckia
Arten: 22
Lebensform: Strauch, Liane, Halbstrauch, laubwerfend
Blätter: wechselständig, einfach. Ochrea vorhanden
Blütenstand: Ähre, Traube, endständig, seitlich
Blüten: zwittrig oder eingeschlechtig, radiär, Perigonblätter 5, verwachsen am Grund, weiß, grünlich. Staubblätter 8(9-2), verwachsen mit dem Perigon. Fruchtblätter 3, verwachsen, oberständig. Plazentation basal

Muehlenbeckia complexa

Frucht: Nuss, ± 3-kantig, in bleibendem, fleischigem Perigon
Kennzeichen: Strauch, Liane, Halbstrauch, laubwerfend. Ochrea vorhanden. Blüten radiär, Perigonblätter 5. Staubblätter 8(9-2). Fruchtblätter 3, verwachsen, oberständig. Plazentation basal
Frucht: Nuss, ± 3-kantig, in bleibendem, fleischigem Perigon

Oxyria Hill

Ableitung: saure Pflanze
Vulgärnamen: D:Säuerling; E:Mountain Sorrel; F:Oxyria
Arten: 2
Lebensform: Staude
Blätter: wechselständig oder grundständig, einfach. Ochrea vorhanden
Blütenstand: rispenartig oder traubenartig, endständig
Blüten: zwittrig, radiär, Perigonblätter 4, frei. Staubblätter 6(2-2), frei vom Perigon. Fruchtblätter 2, verwachsen, oberständig. Plazentation basal
Frucht: Nuss, 2-kantig, in bleibendem Perigon
Kennzeichen: Staude mit Ochrea. Blüten radiär, Perigonblätter 4, frei. Staubblätter 6(2-2). Fruchtblätter 2, verwachsen, oberständig. Plazentation basal. Nuss, 2-kantig, in bleibendem Perigon

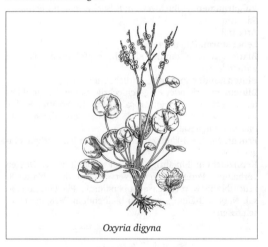

Oxyria digyna

Persicaria (L.) Mill.

Ableitung: Pfirsich-Pflanze
Vulgärnamen: D:Knöterich; E:Smartweed; F:Persicaire, Renouée
Arten: c. 100
Lebensform: Einjährige, Staude
Blätter: wechselständig, einfach. Ochrea vorhanden, mit Wimpern
Blütenstand: Scheintrauben oder Köpfchen
Blüten: zwittrig, selten eingeschlechtig, radiär, Perigonblätter 4(5-2), verwachsen, weiß, weißlich, rosa, rot, purpurn. Staubblätter 5–8, frei, selten verwachsen mit dem Perigon. Fruchtblätter 2–3, verwachsen, oberständig. Plazentation basal
Frucht: Nuss, 2- bis 3-kantig, in bleibendem Perigon oder frei

Kennzeichen: Einjährige, Staude. Ochrea vorhanden, mit Wimpern. Blüten in Scheintrauben oder Köpfchen, radiär, Perigonblätter 4(5–2), verwachsen. Staubblätter 5–8, frei. Fruchtblätter 2–3, verwachsen, oberständig. Plazentation basal. Nuss, 2- bis 3-kantig, in bleibendem Perigon oder frei

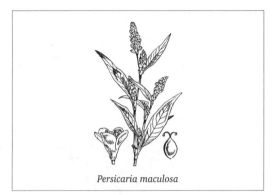
Persicaria maculosa

Polygonum L.

Ableitung: antiker Pflanzenname
Vulgärnamen: D:Vogelknöterich; E:Knotgrass; F:Renouée
Arten: c. 50
Lebensform: Einjährige, Halbstrauch, Strauch
Blätter: wechselständig, selten gegenständig, einfach. Ochrea vorhanden
Blütenstand: zu 1–5 kurz gestielt blattachselständig
Blüten: zwittrig, radiär, Perigonblätter 5, frei oder verwachsen, weiß, rosa, grün. Staubblätter 3–8, verwachsen oder frei vom Perigon. Fruchtblätter 3, selten 2, verwachsen, oberständig. Plazentation basal
Frucht: Nuss, 3- kantig, selten 2-kantig, nicht in bleibendem Perigon eingeschlossen
Kennzeichen: Einjährige, Halbstrauch, Strauch. Ochrea vorhanden. Blüten zu 1–5 kurz gestielt blattachselständig, radiär, Perigonblätter 5. Staubblätter 3–8. Fruchtblätter 3, selten 2, verwachsen, oberständig. Plazentation basal. Nuss, 3- kantig, selten 2-kantig, nicht in bleibendem Perigon eingeschlossen

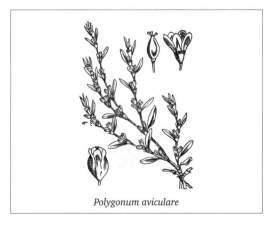
Polygonum aviculare

Rheum L.

Ableitung: antiker Pflanzenname
Vulgärnamen: D:Rhabarber; E:Rhubarb; F:Rhubarbe
Arten: c. 60
Lebensform: Staude
Blätter: wechselständig, einfach. Ochrea vorhanden
Blütenstand: rispenartig, endständig
Blüten: zwittrig oder eingeschlechtig, radiär, Perigonblätter 3 ±3, frei, grünlich, weiß, rötlich. Staubblätter 9(6–2), frei vom Perigon. Fruchtblätter 3, verwachsen, oberständig. Plazentation basal
Frucht: Nuss, 3-flügelig, nicht in bleibendem Perigon eingeschlossen
Kennzeichen: Staude mit Ochrea. Blüten radiär, Perigonblätter 3 ±3, frei. Staubblätter 9(6–2). Fruchtblätter 3, verwachsen, oberständig. Plazentation basal. Nuss, 3-flügelig, nicht in bleibendem Perigon eingeschlossen

Rheum officinale

Rumex L.

Ableitung: antiker Pflanzenname
Vulgärnamen: D:Ampfer, Sauerampfer; E:Dock; F:Oseille, Oseille sauvage
Arten: c. 200
Lebensform: Einjährige, Staude, Strauch, Halbstrauch, Zweijährige
Blätter: wechselständig oder grundständig, einfach. Ochrea vorhanden
Blütenstand: Rispe, Quirle, selten Trauben, endständig, selten seitlich

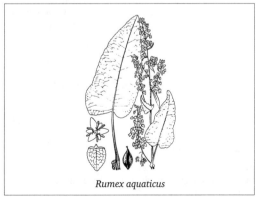
Rumex aquaticus

Blüten: zwittrig oder eingeschlechtig, radiär, Perigonblätter 3 ± 3, selten 2 ±2, verwachsen, grün, rötlich. Staubblätter 6, verwachsen mit dem Perigon. Fruchtblätter 3, verwachsen, oberständig. Plazentation basal
Frucht: Nuss, 3-kantig, in bleibende Perigonblätter eingeschlossen, innere oft mit Schwielen
Kennzeichen: Einjährige, Staude, Strauch, Halbstrauch, Zweijährige. Ochrea vorhanden. Blüten radiär, Perigonblätter 3 ± 3, selten 2 ± 2, verwachsen. Staubblätter 6. Fruchtblätter 3, verwachsen, oberständig. Plazentation basal. Nuss, 3-kantig, in bleibende Perigonblätter eingeschlossen, innere oft mit Schwielen

Ruprechtia C.A. Mey.

Arten: 20
Lebensform: Baum, Strauch
Blätter: wechselständig, einfach. Ochrea vorhanden
Blütenstand: Traube
Blüten: zweihäusig, radiär, Perigonblätter 6, verwachsen. Staubblätter 9, verwachsen mit dem Perigon. Fruchtblätter 3, verwachsen, oberständig. Plazentation basal
Frucht: Nuss, 3-kantig, in bleibendem Perigon
Kennzeichen: Baum oder Strauch mit Ochrea. Blüten zweihäusig, radiär, Perigonblätter 6, verwachsen. Staubblätter 9. Fruchtblätter 3, verwachsen, oberständig. Plazentation basal. Nuss, 3-kantig, in bleibendem Perigon

Portulacaceae Portulakgewächse

```
1  Pflanze strauchförmig mit sukkulenten Blättern.
   Frucht eine 3-flügelige Schließfrucht . . . . . .
   . . . . . . . . . . . . . . . . . . . . . Portulacaria
1  Pflanze krautig
2    Fruchtknoten halbunterständig oder unterständig.
     (Deckelkapsel). . . . . . . . . . . . . Portulaca
2    Fruchtknoten oberständig
3      Haarbüschel in den Blattachseln . . . . . . . .
       . . . . . . . . . . . . . . . . . . . Anacampseros
3      Haarbüschel in den Blattachseln fehlend
4        Kelchblätter 5-8. Deckelkapsel. . . . . Lewisia
4        Kelchblätter 2. Keine Deckelkapsel
5          Kelchblätter hinfällig. Samen mit Arillus . . .
           . . . . . . . . . . . . . . . . . . . . Talinum
5          Kelchblätter und Samen in anderer
           Kombination
6            Samenanlagen 18-35. Stängelblätter
             wechselständig . . . . . . . . . Calandrinia
6            Samenanlagen 1-6. Stängelblätter meist
             gegenständig
7              Samenanlagen 6. 2 gegenständige
               Stängelblätter . . . . . . . . . . Claytonia
7              Samenanlagen meist 3
8                Stängelblätter mehrere, gegenständig . .
                 . . . . . . . . . . . . . . . . . . Montia
8                Stängelblätter wechselständig. . . . . .
                 . . . . . . . . . . . . . . . . Neopaxia
```

Anacampseros L.

Ableitung: antiker Pflanzenname
Vulgärnamen: D:Liebesröschen; E:Love Plant; F:Anacampseros

Arten: 15
Lebensform: Staude, sukkulent
Blätter: wechselständig, einfach, sukkulent. Nebenblätter vorhanden als Haare
Blütenstand: einzeln, Traube
Blüten: zwittrig, radiär. Kelchblätter 2. Kronblätter 5, frei, weiß, rosa, rot. Staubblätter 15-60, frei. Fruchtblätter 3, verwachsen, oberständig. Plazentation frei zentral
Frucht: Kapsel
Kennzeichen: Staude, Blätter sukkulent. Nebenblätter vorhanden als Haare. Blüten radiär. Kelchblätter 2. Kronblätter 5, frei. Staubblätter 15-60. Fruchtblätter 3, verwachsen, oberständig. Plazentation frei zentral. Kapsel

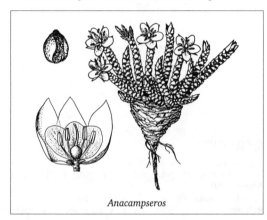

Anacampseros

Calandrinia Kunth

Ableitung: Gattung zu Ehren von Giovanni Ludovico Calandrini (1703-1758), einem schweizerischen Mathematiker und Botaniker benannt
Vulgärnamen: D:Kalandrine; E:Calandrina; F:Calandrinia
Arten: c. 100
Lebensform: Einjährige, Staude
Blätter: wechselständig, grundständig, einfach. Nebenblätter vorhanden

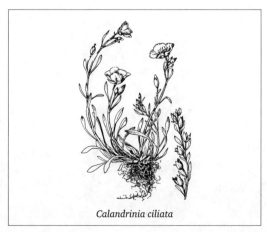

Calandrinia ciliata

Blütenstand: Traube, Rispe, Dolde
Blüten: zwittrig, radiär. Kelchblätter 2. Kronblätter 5–7, frei, rot, rosa, purpurn, weiß. Staubblätter 3–15, frei und frei von der Krone. Fruchtblätter 3, verwachsen, oberständig. Plazentation frei zentral
Frucht: Kapsel
Kennzeichen: Einjährige, Staude. Nebenblätter vorhanden. Blüten radiär. Kelchblätter 2. Kronblätter 5–7, frei. Staubblätter 3–15. Fruchtblätter 3, verwachsen, oberständig. Plazentation frei zentral. Kapsel

Claytonia L.

Ableitung: Gattung zu Ehren von John Clayton (1686–1773), einem englischen Botaniker in Virginia benannt
Vulgärnamen: D:Tellerkraut; E:Purslane; F:Claytone
Arten: c. 20
Lebensform: Staude
Blätter: grundständig, gegenständig, einfach. Nebenblätter fehlend
Blütenstand: Traube, Dolde
Blüten: zwittrig, radiär. Kelchblätter 2. Kronblätter 5–6, frei, rosa, weiß, gelb. Staubblätter 5, frei, verwachsen mit der Krone. Fruchtblätter 3, verwachsen, oberständig. Plazentation frei zentral
Frucht: Kapsel
Kennzeichen: Staude. Blüten radiär. Kelchblätter 2. Kronblätter 5–6, frei. Staubblätter 5. Fruchtblätter 3, verwachsen, oberständig. Plazentation frei zentral. Kapsel

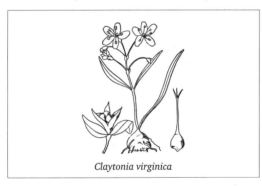

Claytonia virginica

Lewisia Pursh

Ableitung: Gattung zu Ehren von Meriwether Lewis (1774–1809), einem Erforscher Nordamerikas und Gouverneur von Louisiana benannt
Vulgärnamen: D:Bitterwurzel, Lewisie; E:Bitterroot; F:Lewisia
Arten: 18
Lebensform: Staude
Blätter: grundständig, einfach, sukkulent. Nebenblätter fehlend
Blütenstand: cymös, Rispe, Traube, einzeln
Blüten: zwittrig, radiär. Kelchblätter 5–8. Kronblätter 4–18, frei, weiß, rosa, rot. Staubblätter 1–50, frei oder verwachsen mit der Krone. Fruchtblätter 2–8, verwachsen, oberständig. Plazentation frei zentral
Frucht: Kapsel

Kennzeichen: Staude. Blätter grundständig, sukkulent. Nebenblätter fehlend. Blüten radiär. Kelchblätter 5–8. Kronblätter 4–18, frei. Staubblätter 1–50, frei oder mit der Krone verwachsen. Fruchtblätter 2–8, verwachsen, oberständig. Plazentation frei zentral. Kapsel

Lewisia cotyledon

Montia L.

Ableitung: Gattung zu Ehren von Giuseppe Monti (1682–1760), einem italienischen Botaniker benannt
Vulgärnamen: D:Quellkraut; E:Blink, Winter Purslane; F:Montia
Arten: 10
Lebensform: Einjährige, Staude
Blätter: gegenständig, einfach. Nebenblätter fehlend
Blütenstand: einzeln, Traube
Blüten: zwittrig, radiär. Kelchblätter 2. Kronblätter 3 oder 5, frei oder verwachsen, rosa, weiß. Staubblätter 3 oder 5, frei. Fruchtblätter 3, verwachsen, oberständig. Plazentation frei zentral
Frucht: Kapsel
Kennzeichen: Einjährige, Staude. Nebenblätter vorhanden. Blüten radiär. Kelchblätter 2. Kronblätter 3 oder 5, frei oder verwachsen. Staubblätter 3 oder 5. Fruchtblätter 3, verwachsen, oberständig. Plazentation frei zentral. Kapsel

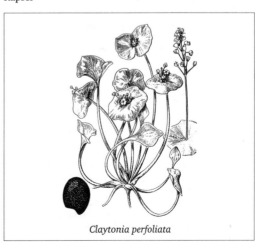

Claytonia perfoliata

Neopaxia O. Nilsson

Ableitung: neue Paxia
Arten: 1
Lebensform: Staude
Blätter: wechselständig, einfach. Nebenblätter fehlend
Blütenstand: cymös, seitlich
Blüten: zwittrig, radiär. Kelchblätter 2. Kronblätter 5, frei. Staubblätter 5, verwachsen und verwachsen mit der Krone. Fruchtblätter 3, verwachsen, oberständig. Plazentation frei zentral
Frucht: Kapsel
Kennzeichen: Staude. Blüten radiär. Kelchblätter 2. Kronblätter 5, frei. Staubblätter 5, verwachsen und verwachsen mit der Krone. Fruchtblätter 3, verwachsen, oberständig. Plazentation frei zentral. Kapsel

Portulaca L.

Ableitung: antiker Pflanzenname
Vulgärnamen: D:Portulak; E:Purslane, Rose Moss; F:Pourpier
Arten: 40
Lebensform: Einjährige, Staude, sukkulent
Blätter: wechselständig, gegenständig, einfach, sukkulent. Schuppen oder Haarbüschel in den Blattachseln
Blütenstand: einzeln
Blüten: zwittrig, radiär. Kelchblätter 2. Kronblätter 5, selten 4-8, frei, weiß, gelb, orange, rot, rosa, violett. Staubblätter 4 bis viele, verwachsen oder frei von der Krone. Fruchtblätter 3-9, verwachsen, halbunterständig. Plazentation frei zentral
Frucht: Kapsel Deckelkapsel
Kennzeichen: Einjährige, Staude, sukkulent. Schuppen oder Haarbüschel in den Blattachseln. Blüten radiär. Kelchblätter 2. Kronblätter 5, selten 4-8, frei. Staubblätter 7 bis viele. Fruchtblätter 3-9, verwachsen, halbunterständig bis unterständig. Plazentation frei zentral. Deckelkapsel

Portulaca grandiflora

Portulacaria Jacq.

Ableitung: Portulak-Pflanze
Vulgärnamen: D:Speckbaum, Strauchportulak; E:Elephant Bush; F:Pourpier en arbre
Arten: 2
Lebensform: Strauch, Baum, sukkulent, laubwerfend
Blätter: gegenständig, einfach. Nebenblätter fehlend
Blütenstand: Büschel
Blüten: zwittrig, radiär. Kelchblätter 2. Kronblätter (4-)5, verwachsen, rosa. Staubblätter 5-10. Fruchtblätter 3, verwachsen, oberständig. Plazentation basal
Frucht: Schließfrucht

Kennzeichen: Strauch, Baum, sukkulent, laubwerfend. Blüten radiär. Kelchblätter 2. Kronblätter 5, frei. Staubblätter 4-7. Fruchtblätter 3, verwachsen, oberständig. Plazentation basal. Schließfrucht

Talinum Adans.

Ableitung: nach einem antiken Pflanzennamen
Vulgärnamen: E:Fameflower
Arten: c. 40
Lebensform: Einjährige, Staude, Strauch
Blätter: ± wechselständig, einfach. Nebenblätter fehlend
Blütenstand: einzeln, cymös, Rispe
Blüten: zwittrig, radiär. Kelchblätter 2. Kronblätter 5, selten 4-7, frei oder verwachsen. Staubblätter 10 bis viele, frei und frei von der Krone. Fruchtblätter 3, verwachsen, oberständig. Plazentation frei zentral
Frucht: Kapsel. Samen mit Arillus
Kennzeichen: Einjährige, Staude. Blätter ± wechselständig. Blüten radiär. Kelchblätter 2. Kronblätter 4-7, frei oder verwachsen. Staubblätter 4-45. Fruchtblätter 3, verwachsen, oberständig. Plazentation frei zentral. Kapsel. Samen mit Arillus

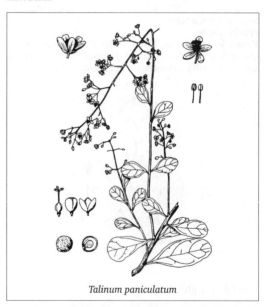

Talinum paniculatum

Primulaceae Primelgewächse

1 Fruchtknoten halbunterständig ..... **Samolus**
1 Fruchtknoten oberständig
  2 Blüten zygomorph. Kelchzähne stechend .... **Coris**
  2 Blüten radiär. Kelchzähne nicht stechend
    3 Krone fehlend .... **Glaux**
    3 Krone vorhanden
      4 Pflanzen Wasserpflanzen mit kammförmigen Blättern .... **Hottonia**
      4 Pflanzen keine Wasserpflanzen
        5 Kronblätter zurückgeschlagen. Blüten nickend

6 Blüten einzeln. Kronblätter gedreht in der Knospe. Pflanze mit Knolle. . . . . **Cyclamen**
6 Blüten in Dolden. Kronblätter dachig in der Knospe. Pflanze ohne Knolle. . **Dodecatheon**
5 Kronblätter nicht zurückgeschlagen
7 Kronblätter gedreht in der Knospe, selten klappig
8 Frucht eine Deckelkapsel . . . . . **Anagallis**
8 Frucht eine Kapsel mit Klappen oder unregelmäßig aufspringend
9 Krone viel kürzer als der Kelch . . . .**Asterolinon**
9 Krone länger als der Kelch
10 Blüten gewöhnlich 7-zählig (selten 5- bis 9-zählig) und Blüten einzeln oder mehrere blattachselständig . . **Trientalis**
10 Blüten 5-zählig, wenn 7-zählig in mehrblütigen Blütenständen . . . . **Lysimachia**
7 Kronblätter dachig in der Knospe
11 Krone zerschlitzt . . . . **Soldanella**
11 Krone nicht zerschlitzt
12 Staubblätter am Grund der Kronröhre eingefügt . . . . **Cortusa**
12 Staubblätter in der Mitte bis zum Schlund der Kronröhre eingefügt
13 Blätter entfernt wechselständig . . . .**Ardisiandra**
13 Blätter grundständig bis eng schraubig
14 Kronröhre kurz, viel kürzer als die Kronzipfel . . . . **Androsace**
14 Kronröhre lang
15 Kapsel mit vielen Samen . . . **Primula**
15 Kapseln 2- bis 5-samig
16 Blüten ohne Schuppen im Schlund . . . . **Dionysia**
16 Blüten mit Schuppen im Schlund. . . . . **Vitaliana**

Die Primulaceae variieren in der Blütenform sehr stark und sind gegenüber anderen Familien mit verwachsener, radiärer Krone nur durch ihre frei zentrale Plazentation zu unterscheiden.

Neuerdings wird ein größerer Teil der Primulaceae zu den Myrsinaceae gestellt, hauptsächlich tropischen Holzpflanzen mit ebenfalls frei zentraler Plazentation. Die Familiengrenzen werden aber dadurch nicht klarer.

Anagallis L.

Ableitung: antiker Pflanzenname
Vulgärnamen: D:Gauchheil; E:Pimpernel; F:Mouron
Arten: c. 10
Lebensform: Einjährige, Staude
Blätter: grundständig, wechselständig oder quirlständig, einfach. Nebenblätter fehlend
Blütenstand: einzeln, Traube
Blüten: zwittrig, radiär, mit Kelch und Krone. Kronblätter 5, verwachsen, gedreht in der Knospe, blau, violett, rot, weiß, rosa. Staubblätter 5, mit der Krone verwachsen. Fruchtknoten oberständig. Plazentation frei zentral
Frucht: Kapsel, mit Deckel. Samen 6–30

Kennzeichen: Einjährige, Staude. Blüten radiär. Kronblätter 5, verwachsen, gedreht in der Knospe. Staubblätter 5, mit der Krone verwachsen. Fruchtknoten oberständig. Plazentation frei zentral. Kapsel, mit Deckel

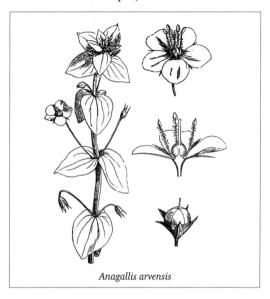

Anagallis arvensis

Androsace L.

Ableitung: Männer-Schild
Vulgärnamen: D:Mannsschild; E:Rock Jasmine; F:Androsace
Arten: 153
Lebensform: Staude, Einjährige, Halbstrauch
Blätter: grundständig, selten wechselständig, einfach. Nebenblätter fehlend
Blütenstand: einzeln, Dolde
Blüten: zwittrig, radiär, mit Kelch und Krone. Kronblätter 5, verwachsen, dachig in der Knospe, weiß, rosa, lila. Kronröhre viel kürzer als die Kronzipfel. Staubblätter 5, mit der Krone verwachsen. Fruchtknoten oberständig. Plazentation frei zentral

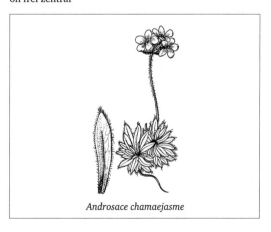

Androsace chamaejasme

Frucht: Kapsel, mit Klappen. Samen wenige
Kennzeichen: Staude, Einjährige, Halbstrauch. Blätter grundständig, selten wechselständig. Blüten radiär. Kronblätter 5, verwachsen, dachig in der Knospe. Kronröhre viel kürzer als die Kronzipfel. Staubblätter 5, mit der Krone verwachsen. Fruchtknoten oberständig. Plazentation frei zentral. Kapsel, mit Klappen

Ardisiandra Hook. f.

Ableitung: mit spitzigen Staubbeuteln
Arten: 3
Lebensform: Staude
Blätter: wechselständig, einfach. Nebenblätter fehlend
Blütenstand: Büschel, einzeln, zu 2–3
Blüten: zwittrig, radiär, mit Kelch und Krone. Kronblätter 5, verwachsen, dachig in der Knospe, weiß, gelb. Staubblätter 5, am Grund ringförmig verwachsen, mit der Krone verwachsen. Fruchtknoten oberständig. Plazentation frei zentral
Frucht: Kapsel, mit Klappen. Samen viele
Kennzeichen: Staude. Blätter wechselständig. Blüten radiär. Kronblätter 5, verwachsen, dachig in der Knospe. Staubblätter 5, am Grund ringförmig verwachsen, mit der Krone verwachsen. Fruchtknoten oberständig. Plazentation frei zentral. Kapsel

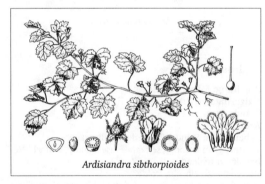
Ardisiandra sibthorpioides

Asterolinon Hoffmanns. et Link

Arten: 2
Lebensform: Einjährige
Blätter: gegenständig, einfach. Nebenblätter fehlend
Blütenstand: einzeln, seitlich
Blüten: zwittrig, radiär, mit Kelch und Krone. Kronblätter 5, verwachsen, gedreht in der Knospe, viel kürze als der Kelch, weiß, grünlich. Staubblätter 5, mit der Krone verwachsen. Fruchtknoten oberständig. Plazentation frei zentral
Frucht: Kapsel, unregelmäßig aufspringend. Samen wenige
Kennzeichen: Einjährige. Blätter gegenständig. Blüten radiär. Kronblätter 5, verwachsen, gedreht in der Knospe, viel kürze als der Kelch. Staubblätter 5, mit der Krone verwachsen. Fruchtknoten oberständig. Plazentation frei zentral. Kapsel, unregelmäßig aufspringend

Coris L.

Ableitung: antiker Pflanzenname
Vulgärnamen: D:Stachelträubchen; F:Coris

Arten: 2
Lebensform: Staude, Zweijährige, Halbstrauch
Blätter: wechselständig, einfach. Nebenblätter fehlend
Blütenstand: Traube
Blüten: zwittrig, zygomorph. Kelchzähne stechend. Kronblätter 5, verwachsen, dachig in der Knospe, rosa, purpurn, blau, weiß. Staubblätter 5, mit der Krone verwachsen. Fruchtknoten oberständig. Plazentation frei zentral
Frucht: Kapsel, mit Klappen. Samen 4–6
Kennzeichen: Staude, Zweijährige, Halbstrauch. Blüten zygomorph. Kelchzähne stechend. Kronblätter 5, verwachsen, dachig in der Knospe. Staubblätter 5, mit der Krone verwachsen. Fruchtknoten oberständig. Plazentation frei zentral. Kapsel

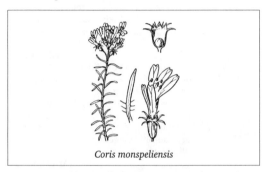
Coris monspeliensis

Cortusa L.

Ableitung: Gattung zu Ehren von Jacobi Antonio Cortusi (1513–1593), einem italienischen Botaniker benannt
Vulgärnamen: D:Heilglöckchen; F:Cortuse
Arten: 8
Lebensform: Staude
Blätter: grundständig, einfach. Nebenblätter fehlend
Blütenstand: Dolde mit nickenden Blüten
Blüten: zwittrig, radiär, mit Kelch und Krone. Kronblätter 5, verwachsen, dachig in der Knospe, rosa. Staubblätter 5, ringförmig am Grund verwachsen, am Grund der Kronröhre eingefügt. Fruchtknoten oberständig. Plazentation frei zentral
Frucht: Kapsel, mit Klappen. Samen viele

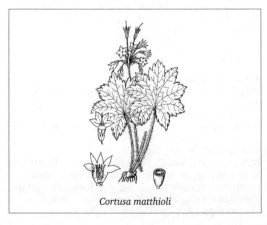
Cortusa matthioli

Kennzeichen: Staude. Blätter grundständig. Blüten in Dolden mit nickenden Blüten, radiär. Kronblätter 5, verwachsen, dachig in der Knospe, rosa. Staubblätter 5, am Grund der Kronröhre eingefügt. Fruchtknoten oberständig. Plazentation frei zentral. Kapsel

Cyclamen L.

Ableitung: antiker Pflanzenname
Vulgärnamen: D:Alpenveilchen; E:Persian Violet, Sowbread; F:Cyclamen, Pain de pourceau
Arten: 19
Lebensform: Staude mit Knolle
Blätter: grundständig, einfach. Nebenblätter fehlend
Blütenstand: Blüten einzeln, nickend
Blüten: zwittrig, radiär, mit Kelch und Krone. Kronblätter 5, verwachsen, gedreht in der Knospe, zurückgeschlagen, purpurn, rosa, weiß, rot. Staubblätter 5, mit der Krone verwachsen. Fruchtknoten oberständig. Plazentation frei zentral
Frucht: Kapsel, mit Klappen. Samen viele
Kennzeichen: Staude mit Knolle. Blätter grundständig. Blüten einzeln, nickend, radiär. Kronblätter 5, verwachsen, gedreht in der Knospe, zurückgeschlagen. Staubblätter 5, mit der Krone verwachsen. Fruchtknoten oberständig. Plazentation frei zentral. Kapsel

Cyclamen purpurascens

Dionysia Fenzl

Ableitung: Pflanze des Dionysos
Arten: 41
Lebensform: Staude, Halbstrauch
Blätter: wechselständig, einfach. Nebenblätter fehlend
Blütenstand: Quirle, Dolde, einzeln
Blüten: zwittrig, radiär, ± verschiedengrifflig, mit Kelch und Krone. Kronblätter 5, verwachsen zu einer langen Kronröhre, ohne Schuppen im Schlund, dachig in der Knospe, gelb, rosa, violett. Staubblätter 5, mit der Krone verwachsen. Fruchtknoten oberständig. Plazentation frei zentral
Frucht: Kapsel, mit Klappen. Samen 1–4
Kennzeichen: Staude, Halbstrauch. Blüten radiär. Kronblätter 5, verwachsen zu einer langen Kronröhre, ohne

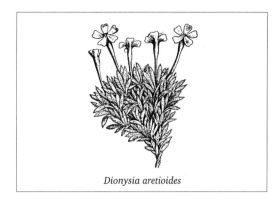
Dionysia aretioides

Schuppen im Schlund, dachig in der Knospe. Staubblätter 5, mit der Krone verwachsen. Fruchtknoten oberständig. Plazentation frei zentral. Kapsel mit 1–4 Samen

Dodecatheon L.

Ableitung: 12 Götter-Pflanze
Vulgärnamen: D:Götterblume; E:Shooting Star; F:Fleur des dieux, Gyroselle
Arten: c. 15
Lebensform: Staude
Blätter: grundständig, einfach. Nebenblätter fehlend
Blütenstand: Blüten nickend in Dolden
Blüten: zwittrig, radiär, mit Kelch und Krone. Kronblätter 5, verwachsen, zurückgeschlagen, dachig in der Knospe, weiß, rosa, purpurn. Staubblätter 5, am Grund ringförmig verwachsen, mit der Krone verwachsen. Fruchtknoten oberständig. Plazentation frei zentral
Frucht: Kapsel, mit 5 Zähnen. Samen viele
Kennzeichen: Staude. Blätter: grundständig. Blüten nickend in Dolden, radiär. Kronblätter 5, verwachsen, zurückgeschlagen, dachig in der Knospe. Staubblätter 5, mit der Krone verwachsen. Fruchtknoten oberständig. Plazentation frei zentral. Kapsel

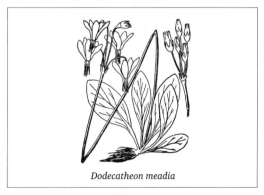
Dodecatheon meadia

Glaux L.

Ableitung: antiker Pflanzenname
Vulgärnamen: D:Milchkraut; E:Sea Milkwort; F:Glaux
Arten: 1

Lebensform: Staude
Blätter: gegenständig, einfach. Nebenblätter fehlend
Blütenstand: einzeln
Blüten: zwittrig, radiär, nur mit 5 Kelchblättern, rosa, purpurn, weiß. Kronblätter fehlend,. Staubblätter 5. Fruchtknoten oberständig. Plazentation frei zentral
Frucht: Kapsel, mit Klappen. Samen wenige
Kennzeichen: Staude. Blätter gegenständig. Blüten radiär, nur mit 5 Kelchblättern, rosa, purpurn, weiß. Kronblätter fehlend. Staubblätter 5. Fruchtknoten oberständig. Plazentation frei zentral. Kapsel

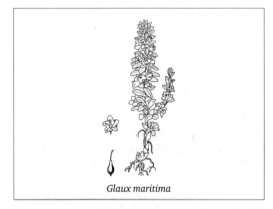
Glaux maritima

Hottonia L.

Ableitung: Gattung zu Ehren von Pieter Hotton (1648–1709), einem niederländischen Arzt und Botaniker benannt
Vulgärnamen: D:Wasserfeder; E:Water Violet; F:Hottonie, Plume d'eau
Arten: 2
Lebensform: Staude. Wasserpflanze
Blätter: quirlständig oder wechselständig, kammförmig zerteilt. Nebenblätter fehlend
Blütenstand: Quirle
Blüten: zwittrig, radiär, mit Kelch und Krone, verschiedengrifflig. Kronblätter 5, verwachsen, weiß, rosa. Staubblätter 5, mit der Krone verwachsen. Fruchtknoten oberständig. Plazentation frei zentral

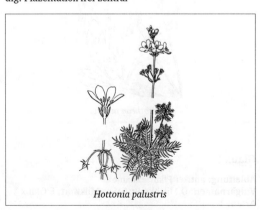
Hottonia palustris

Frucht: Kapsel, mit Klappen. Samen viele
Kennzeichen: Staude. Wasserpflanze. Blätter kammförmig zerteilt. Blüten in Quirlen, radiär. Kronblätter 5, verwachsen. Staubblätter 5, mit der Krone verwachsen. Fruchtknoten oberständig. Plazentation frei zentral. Kapsel

Lysimachia L.

Ableitung: antiker Pflanzenname
Vulgärnamen: D:Felberich, Gilbweiderich; E:Loosestrife; F:Lysimaque
Arten: c. 150
Lebensform: Einjährige, Zweijährige, Staude, selten Strauch
Blätter: gegenständig, quirlständig, selten wechselständig, einfach, ganzrandig. Nebenblätter fehlend
Blütenstand: einzeln, Traube, Rispe, Schirmrispe, Ähre, Dolde
Blüten: zwittrig, radiär, mit Kelch und Krone. Kronblätter 5(7–2), verwachsen, dachig oder selten klappig in der Knospe, weiß. Staubblätter 5, mit der Krone verwachsen. Fruchtknoten oberständig. Plazentation frei zentral
Frucht: Kapsel, mit Klappen
Kennzeichen: Einjährige, Zweijährige, Staude, selten Strauch. Blätter ganzrandig. Blüten radiär. Kronblätter 5(7–2), verwachsen, dachig oder selten klappig in der Knospe. Staubblätter 5, mit der Krone verwachsen. Fruchtknoten oberständig. Plazentation frei zentral. Kapsel. Kein spezielles Gattungsmerkmal

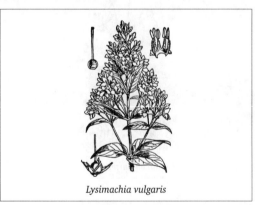
Lysimachia vulgaris

Primula L.

Ableitung: dier erste (blühende) kleine Pflanze
Vulgärnamen: D:Aurikel, Primel, Schlüsselblume; E:Cowslip, Primrose; F:Primevère
Arten: 400
Lebensform: Staude, Einjährige
Blätter: grundständig, einfach. Nebenblätter fehlend
Blütenstand: Dolde, Köpfchen, Quirle, einzeln, Traube
Blüten: zwittrig, radiär, mit Kelch und Krone, meist verschiedengrifflig. Kronblätter 5, verwachsen in lange Kronröhre, dachig in der Knospe, weiß, lila, purpurn, gelb, rot, blau. Staubblätter 5, mit der Krone verwachsen. Fruchtknoten oberständig. Plazentation frei zentral

Frucht: Kapsel, mit Klappen. Samen viele
Kennzeichen: Staude, Einjährige. Blätter grundständig. Blüten radiär. Kronblätter 5, verwachsen in lange Kronröhre, dachig in der Knospe. Staubblätter 5, mit der Krone verwachsen. Fruchtknoten oberständig. Plazentation frei zentral. Kapsel, vielsamig

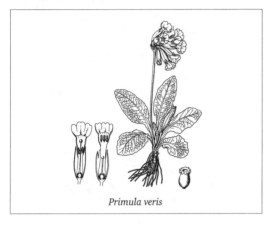
Primula veris

Samolus L.

Ableitung: antiker Pflanzenname
Vulgärnamen: D:Bunge; E:Brookweed; F:Samole
Arten: 15
Lebensform: Staude, Halbstrauch
Blätter: wechselständig oder grundständig, einfach. Nebenblätter fehlend
Blütenstand: Traube, Schirmtraube, endständig
Blüten: zwittrig, radiär, mit Kelch und Krone. Kronblätter 5, verwachsen, dachig in der Knospe, weiß, rosa, lila. Staubblätter 5(4–2), mit der Krone verwachsen. Fruchtknoten halbunterständig. Plazentation frei zentral

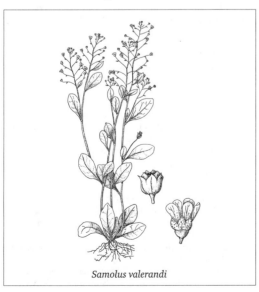
Samolus valerandi

Frucht: Kapsel, fachspaltig. Samen viele
Kennzeichen: Staude, Halbstrauch. Blüten radiär. Kronblätter 5, verwachsen, dachig in der Knospe. Staubblätter 5(4–2), mit der Krone verwachsen. Fruchtknoten halbunterständig. Plazentation frei zentral. Kapsel

Soldanella L.

Ableitung: kleine münzenähnliche Pflanze
Vulgärnamen: D:Alpenglöckchen, Troddelblume; E:Snowbell; F:Soldanelle
Arten: 16
Lebensform: Staude
Blätter: grundständig, einfach. Nebenblätter fehlend
Blütenstand: einzeln oder in Dolden, nickend
Blüten: zwittrig, radiär, mit Kelch und Krone. Kronblätter 5, verwachsen, dachig in der Knospe, zerschlitzt, blau, violett, weiß, rosa. Staubblätter 5, mit der Krone verwachsen. Fruchtknoten oberständig. Plazentation frei zentral
Frucht: Kapsel, mit Zähnen. Samen viele
Kennzeichen: Staude. Blätter grundständig. Blüten nickend, radiär. Kronblätter 5, verwachsen, dachig in der Knospe, zerschlitzt. Staubblätter 5, mit der Krone verwachsen. Fruchtknoten oberständig. Plazentation frei zentral. Kapsel

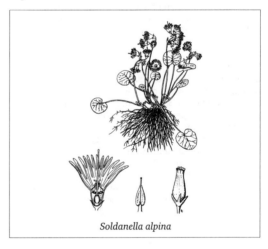
Soldanella alpina

Trientalis L.

Ableitung: vier Zoll lang
Vulgärnamen: D:Siebenstern; E:Chickweed; F:Trientale
Arten: 4
Lebensform: Staude
Blätter: ± quirlständig oder wechselständig, einfach. Nebenblätter fehlend
Blütenstand: einzeln oder mehrere blattachselständig
Blüten: zwittrig, radiär, mit Kelch und Krone. Kronblätter 7 (5–9), verwachsen, gedreht in der Knospe, weiß, rosa. Staubblätter 5–9, mit der Krone verwachsen. Fruchtknoten oberständig. Plazentation frei zentral
Frucht: Kapsel, mit Klappen. Samen wenige
Kennzeichen: Staude. Blüten einzeln oder mehrere blattachselständig, radiär. Kronblätter 7 (5–9), verwachsen,

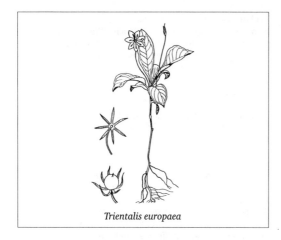

Trientalis europaea

gedreht in der Knospe. Staubblätter 5–9, mit der Krone verwachsen. Fruchtknoten oberständig. Plazentation frei zentral. Kapsel

Vitaliana Sesl.

Ableitung: Gattung zu Ehren von Vitaliano Donati (1717–1762), einem italienischen Botaniker benannt
Vulgärnamen: D:Goldprimel; F:Androsace, Grégoria
Arten: 1
Lebensform: Staude
Blätter: wechselständig, einfach. Nebenblätter fehlend
Blütenstand: einzeln oder zu 2
Blüten: zwittrig, radiär, mit Kelch und Krone, verschiedengrifflig. Kronblätter 5, verwachsen in einer langen Kronröhre, mit Schuppen im Schlund, dachig in der Knospe, gelb. Staubblätter 5, mit der Krone verwachsen. Fruchtknoten oberständig. Plazentation frei zentral
Frucht: Kapsel, mit Zähnen. Samen 2–5
Kennzeichen: Staude. Blüten einzeln oder zu 2, radiär. Kronblätter 5, verwachsen in einer langen Kronröhre, mit Schuppen im Schlund, dachig in der Knospe. Staubblätter 5, mit der Krone verwachsen. Fruchtknoten oberständig. Plazentation frei zentral. Kapsel mit 2–5 Samen

Vitaliana primuliflora

Proteaceae

1 Blüten einzeln in den Blütenständen. Frucht eine trockene, einsamige Nuss. (Fruchtblatt immer sitzend)
  2 Blätter gabelig zerteilt. Blüten in Köpfchen ohne Hülle . . . . **Stirlingia**
  2 Blätter nicht gabelig zerteilt. Blüten in Köpfchen oder kurzen Ähren ohne Hülle
    3 Blüten zweihäusig
      4 männliche Blüten in Trauben, weibliche Blüten in Köpfchen mit Hülle . . . . **Aulax**
      4 männliche und weibliche Blüten in Köpfchen oder Ähren . . . . **Leucadendron**
    3 Blüten zwittrig
      5 Blüten radiär, ohne hypogyne Drüsen am Grund des Fruchtknotens
        6 Zapfenschuppen bleibend. Nüsse abgeflacht . . . . **Petrophile**
        6 Zapfenschuppen schließlich abfallend. Nüsse nicht abgeflacht . . . . **Isopogon**
      5 Blüten zygomorph, mit 4 hypogynen Drüsen am Grund des Fruchtknotens
        7 Blütenhüllblätter 3 vereinigt, 1 frei . . . **Protea**
        7 Blütenhüllblätter 4, verwachsen . . . . **Leucospermum**
1 Blüten jeweils zu 2 in den Blütenständen, Frucht eine 2- bis mehrsamige Balg- oder Steinfrucht
  8 hypogyne Drüsen am Grund des Fruchtknotens 4. (Fruchtblatt sitzend)
    9 Frucht eine Schließfrucht oder Steinfrucht . . . . **Helicia**
    9 Frucht balgartig bis kapselartig
      10 Blüten in Trauben . . . . **Roupala**
      10 Blüten in Ähren oder Köpfchen
        11 Blätter gegenständig . . . . . . **Xylomelum**
        11 Blätter wechselständig oder quirlständig
          12 Blütenstand ohne Hülle. (Deckblätter bleibend, verholzend) . . . . . **Banksia**
          12 Blütenstand mit einer Hülle . . . **Dryandra**
  8 hypogyne Drüsen 3–1 am Grund des Fruchtknotens
    13 hypogyne Drüsen 3–2 am Grund des Fruchtknotens
      14 hypogyne Drüsen 3 am Grund des Fruchtknotens. Fruchtblatt gestielt. Balgfrucht mehrsamig . . . . **Lomatia**
      14 hypogyne Drüsen 2 am Grund des Fruchtknotens. Fruchtblatt sitzend. Steinfrucht 2-samig . . . . **Gevuina**
    13 hypogyne Drüsen 1 am Grund des Fruchtknotens, ausnahmsweise fehlend
      15 Samenanlagen viele
        16 Blütenstand mit gefärbter Hülle . . . . **Telopea**
        16 Blütenstand ohne Hülle
          17 Blüten in Dolden . . . . **Stenocarpus**
          17 Blüten in Trauben . . . . **Embothrium**
      15 Samenanlagen 2
        18 Blätter quirlig. . . . . **Macadamia**
        18 Blätter wechselständig
          19 Samen schmal geflügelt oder ungeflügelt. Blütenstand meist endständig . . **Grevillea**

19 Samen mit endständigem Flügel.
    Blütenstände meist blattachselständig...
    ....Hakea

Die Proteaceae sind eine südhemisphärische Familie ohne nähere Verwandte. Vier meist verwachsene Perigonblätter, verwachsen mit den vier vor ihnen stehenden Staubblättern sind für sie charakteristisch. Das einzige Fruchtblatt ist oberständig. Die Familie enthält fast ausschließlich Bäume und Sträucher mit oft sehr ansehnlichen, vielblütigen kopfigen, ährigen oder traubigen Blütenständen.

Aulax P.J. Bergius

Ableitung: Furche
Arten: 3
Lebensform: Strauch, immergrün
Blätter: wechselständig, einfach. Nebenblätter fehlend
Blütenstand: männliche Blüten in Trauben, weibliche in Köpfchen, endständig. Hülle vorhanden. Blüten nicht in Paaren
Blüten: zweihäusig, radiär. Perigonblätter 4, verwachsen, gelb. Staubblätter 4, verwachsen mit dem Perigon. Drüsen fehlend am Grund des Fruchtblattes. Fruchtblatt 1, oberständig, sitzend. Narbe schräg
Frucht: Nuss, Samen 1, nicht geflügelt
Kennzeichen: Strauch, immergrün. Blütenstand: männliche Blüten in Trauben, weibliche in Köpfchen, endständig. Hülle vorhanden. Blüten nicht in Paaren. Blüten: zweihäusig, radiär. Perigonblätter 4, verwachsen. Staubblätter 4, verwachsen mit dem Perigon. Drüsen fehlend am Grund des Fruchtblattes. Fruchtblatt 1, oberständig. Nuss, Samen 1

Banksia L. f.

Ableitung: Gattung zu Ehren von Sir Joseph Banks (1744–1820), einem englischen Naturforscher benannt
Vulgärnamen: D:Banksie; E:Banksia; F:Banksia
Arten: 73
Lebensform: Strauch, Baum, immergrün
Blätter: wechselständig oder quirlständig, einfach. Nebenblätter fehlend
Blütenstand: Ähre, Köpfchen, endständig oder seitlich. Hülle fehlend. Blüten in Paaren

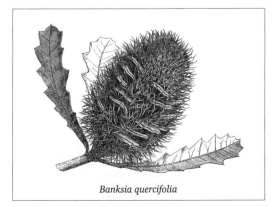

Banksia quercifolia

Blüten: zwittrig, radiär oder zygomorph. Perigonblätter 4, verwachsen, gelb, rötlich. Staubblätter 4, verwachsen mit dem Perigon. Drüsen 4 am Grund des Fruchtblattes. Fruchtblatt 1, oberständig, sitzend. Narbe endständig oder ventral
Frucht: Balg mit 2 Klappen, Samen 2, geflügelt
Kennzeichen: Strauch, Baum, immergrün. Blüten in Ähren oder Köpfchen. Hülle fehlend. Blüten in Paaren. Perigonblätter 4, verwachsen. Staubblätter 4, verwachsen mit dem Perigon. Drüsen 4 am Grund des Fruchtblattes. Fruchtblatt 1, oberständig. Balg mit 2 Klappen, Samen 2

Dryandra R. Br.

Ableitung: Gattung zu Ehren von Jonas Carlsson Dryander (1748–1810), einem schwedischen Botaniker benannt
Arten: c. 60
Lebensform: Strauch, Baum, immergrün
Blätter: wechselständig, einfach. Nebenblätter fehlend
Blütenstand: Köpfchen, endständig, seitlich. Hülle vorhanden. Blüten in Paaren
Blüten: zwittrig, radiär oder zygomorph. Perigonblätter 4, verwachsen, meist gelb. Staubblätter 4, verwachsen mit dem Perigon. Drüsen 4 am Grund des Fruchtblattes. Fruchtblatt 1, oberständig, sitzend. Narbe endständig
Frucht: kapselartig, Samen 2, geflügelt oder nicht
Kennzeichen: Strauch, Baum, immergrün. Blüten in Köpfchen mit Hülle. Blüten in Paaren. Perigonblätter 4, verwachsen. Staubblätter 4, verwachsen mit dem Perigon. Drüsen 4 am Grund des Fruchtblattes. Fruchtblatt 1, oberständig. Frucht kapselartig, Samen 2

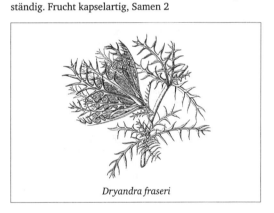

Dryandra fraseri

Embothrium J.R. Forst. et G. Forst.

Ableitung: mit Grübchen
Vulgärnamen: D:Flammenbusch; E:Fire Bush; F:Arbre de feu
Arten: 8
Lebensform: Baum, Strauch, immergrün
Blätter: wechselständig, einfach Nebenblätter fehlend
Blütenstand: Traube, endständig, seitlich. Hülle fehlend. Blüten in Paaren
Blüten: zwittrig, radiär. Perigonblätter 4, verwachsen, rot, orange, gelb, weiß. Staubblätter 4, verwachsen mit dem Perigon. Drüse hufeisenförmig am Grund des Fruchtblattes. Fruchtblatt 1, oberständig, gestielt. Narbe endständig

Frucht: Balg, Samen viele, geflügelt
Kennzeichen: Baum, Strauch, immergrün. Blüten in Trauben ohne Hülle. Blüten in Paaren radiär. Perigonblätter 4, verwachsen. Staubblätter 4, verwachsen mit dem Perigon. Drüse hufeisenförmig am Grund des Fruchtblattes. Fruchtblatt 1, oberständig. Balg, Samen viele

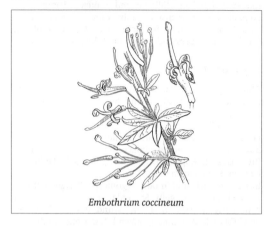
Embothrium coccineum

Gevuina Molina

Ableitung: nach dem Namen des Baumes in Chile
Vulgärnamen: D:Chilenuss; E:Chilean Nut; F:Noisetier du Chili
Arten: 1
Lebensform: Baum, Strauch, immergrün
Blätter: wechselständig, zusammengesetzt. Nebenblätter fehlend
Blütenstand: Traube, seitlich. Hülle fehlend. Blüten in Paaren
Blüten: zwittrig, ± radiär. Perigonblätter 4, verwachsen, weiß, gelb, grün. Staubblätter 4, verwachsen mit dem Perigon. Drüsen 2 am Grund des Fruchtblattes. Fruchtblatt 1, oberständig, sitzend. Narbe seitlich
Frucht: Steinfrucht, Samen 2, nicht geflügelt
Kennzeichen: Baum, Strauch, immergrün. Blüten in Paaren. Perigonblätter 4, verwachsen. Staubblätter 4, verwachsen mit dem Perigon. Drüsen 2 am Grund des Fruchtblattes. Fruchtblatt 1, oberständig. Steinfrucht mit 2 Samen

Grevillea R. Br. ex Knight

Ableitung: Gattung zu Ehren von Charles Francis Greville (1749-1809), einem englischen Gärtner benannt (nicht nach Robert Kaye Greville, 1794-1866)
Vulgärnamen: D:Grevillee, Silbereiche; E:Spider Flower; F:Grévillée
Arten: 261
Lebensform: Baum, Strauch, immergrün
Blätter: wechselständig, einfach. Nebenblätter fehlend
Blütenstand: Traube, Dolde, Köpfchen, meist endständig. Hülle fehlend. Blüten in Paaren, selten einzeln
Blüten: zwittrig, radiär oder zygomorph. Perigonblätter 4, frei oder verwachsen. Staubblätter 4, verwachsen mit dem Perigon. Drüsen 1 am Grund des Fruchtblattes, selten fehlend. Fruchtblatt 1, oberständig, sitzend oder gestielt. Narbe endständig oder ventral
Frucht: Balg mit 2 Klappen, Samen 2, schmal geflügelt oder nicht
Kennzeichen: Baum, Strauch, immergrün. Blätter wechselständig. Blütenstand meist endständig. Blüten in Paaren, selten einzeln. Perigonblätter 4, frei oder verwachsen. Staubblätter 4, verwachsen mit dem Perigon. Drüsen 1 am Grund des Fruchtblattes, selten fehlend. Fruchtblatt 1, oberständig. Balg mit 2 Klappen, Samen 2, schmal geflügelt oder nicht

Grevillea robusta

Hakea Schrad.

Ableitung: Gattung zu Ehren von Baron Christian Ludwig von Hake (1745-1818), einem deutschen Ratsherr in Hannover benannt
Vulgärnamen: D:Hakea, Nadelkissen; E:Pincushion Tree; F:Arbre-aux-oursins, Hakea
Arten: 149
Lebensform: Baum, Strauch, immergrün
Blätter: wechselständig, einfach oder zusammengesetzt. Nebenblätter fehlend
Blütenstand: Dolde, Traube, meist seitlich. Hülle vorhanden oder fehlend. Blüten in Paaren
Blüten: zwittrig, zygomorph oder radiär. Perigonblätter 4, verwachsen. Staubblätter 4, verwachsen mit dem Perigon. Drüse 1 am Grund des Fruchtblattes. Fruchtblatt 1, oberständig, sitzend oder gestielt. Narbe endständig oder ventral
Frucht: Balg mit 2 Klappen, Samen 2, mit endständigem Flügel
Kennzeichen: Baum, Strauch, immergrün. Blüten meist seitlich, in Paaren. Perigonblätter 4, verwachsen. Staubblätter 4, verwachsen mit dem Perigon. Drüse 1 am Grund des Fruchtblattes. Fruchtblatt 1, oberständig. Balg mit 2 Klappen, Samen 2, mit endständigem Flügel

Proteaceae 719

Hakea laurina

Helicia Lour.

Ableitung: Spiral-Pflanze
Arten: c. 100
Lebensform: Baum, Strauch, immergrün
Blätter: wechselständig oder gegenständig, einfach. Nebenblätter fehlend
Blütenstand: Traube, endständig oder seitlich. Hülle fehlend. Blüten in Paaren
Blüten: zwittrig oder eingeschlechtig, radiär. Perigonblätter 4, frei. Staubblätter 4, verwachsen mit dem Perigon. Drüsen 4 am Grund des Fruchtblattes. Fruchtblatt 1, oberständig, sitzend. Narbe endständig
Frucht: Schließfrucht, Steinfrucht, Samen 2, nicht geflügelt
Kennzeichen: Baum, Strauch, immergrün. Blüten in Paaren. Perigonblätter 4, frei. Staubblätter 4, verwachsen mit dem Perigon. Drüsen 4 am Grund des Fruchtblattes. Fruchtblatt 1, oberständig. Schließfrucht, Steinfrucht, Samen 2

Helicia grandis

Isopogon R. Br. ex Knight

Ableitung: gleichmäßiger Bart
Vulgärnamen: D:Paukenschlegel; E:Drum Sticks; F:Isopogon
Arten: 35
Lebensform: Strauch, Baum, immergrün
Blätter: wechselständig, einfach. Nebenblätter fehlend
Blütenstand: Ähre, Köpfchen, endständig, seitlich. Hülle vorhanden, selten fehlend. Blüten nicht in Paaren
Blüten: zwittrig, radiär. Perigonblätter 4, verwachsen, gelb, rosa, lila. Staubblätter 4, verwachsen mit dem Perigon. Drüsen fehlen am Grund des Fruchtblattes. Fruchtblatt 1, oberständig, sitzend. Narbe endständig
Frucht: Nuss, nicht abgeflacht. Samen 1, selten 2, nicht geflügelt. Zapfenschuppen schließlich abfallend
Kennzeichen: Strauch, Baum, immergrün. Blüten nicht in Paaren, zwittrig, radiär. Perigonblätter 4, verwachsen. Staubblätter 4, verwachsen mit dem Perigon. Drüsen fehlend am Grund des Fruchtblattes. Fruchtblatt 1, oberständig, sitzend. Nuss, nicht abgeflacht. Samen 1, selten 2, nicht geflügelt. Zapfenschuppen schließlich abfallend

Isopogon cuneatus

Leucadendron R. Br.

Ableitung: Silber-Baum
Vulgärnamen: D:Silberbaum; E:Silver Tree; F:Arbre d'argent
Arten: 79
Lebensform: Strauch, Baum, immergrün
Blätter: wechselständig, einfach. Nebenblätter fehlend
Blütenstand: Köpfchen, Ähre, endständig. Hülle vorhanden, selten fehlend. Blüten einzeln
Blüten: zweihäusig, ± radiär. Perigonblätter 4, verwachsen. Staubblätter 4, verwachsen mit dem Perigon. Drüsen 4 am Grund des Fruchtblattes oder fehlend. Fruchtblatt 1, oberständig, sitzend. Narbe endständig oder ventral
Frucht: Nuss, Samen 1, nicht geflügelt
Kennzeichen: Strauch, Baum, immergrün. Blüten in Köpfchen oder Ähren. Hülle vorhanden, selten fehlend. Blüten einzeln, zweihäusig. Perigonblätter 4, verwachsen. Staubblätter 4, verwachsen mit dem Perigon. Drüsen 4 am Grund

720 Proteaceae

Leucadendron argenteum

des Fruchtblattes oder fehlend. Fruchtblatt 1, oberständig. Nuss mit 1 Samen

Leucospermum R. Br.

Ableitung: weißer Same
Vulgärnamen: D:Gärtnerprotee, Nadelkissen; E:Pincushion
Arten: 46
Lebensform: Baum, Strauch, immergrün
Blätter: wechselständig, einfach. Nebenblätter fehlend
Blütenstand: Köpfchen, seitlich. Hülle vorhanden. Blüten nicht in Paaren
Blüten: zwittrig, zygomorph. Perigonblätter 4, verwachsen, weiß, rosa, rot. Staubblätter 4, verwachsen mit dem Perigon. Drüsen 4 am Grund des Fruchtblattes. Fruchtblatt 1, oberständig, ± sitzend. Narbe endständig oder ventral
Frucht: Nuss, Samen 1, nicht geflügelt
Kennzeichen: Baum, Strauch, immergrün. Blüten nicht in Paaren, zwittrig, zygomorph. Perigonblätter 4, verwachsen. Staubblätter 4, verwachsen mit dem Perigon. Drüsen 4 am Grund des Fruchtblattes. Fruchtblatt 1, oberständig. Nuss mit 1 Samen

Lomatia R. Br.

Ableitung: kleiner Saum
Arten: 12

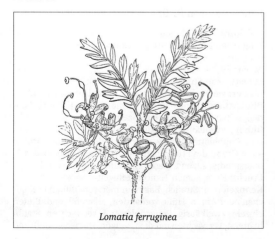
Lomatia ferruginea

Lebensform: Baum, Strauch, immergrün
Blätter: wechselständig oder gegenständig, einfach oder zusammengesetzt. Nebenblätter fehlend
Blütenstand: Traube, Rispe, endständig, seitlich. Hülle fehlend. Blüten in Paaren
Blüten: zwittrig, zygomorph. Perigonblätter 4, frei, weiß. Staubblätter 4, verwachsen mit dem Perigon. Drüsen 3 am Grund des Fruchtblattes. Fruchtblatt 1, oberständig, gestielt. Narbe endständig, ventral
Frucht: Balg, Samen viele, geflügelt
Kennzeichen: Baum, Strauch, immergrün. Blüten in Paaren, zygomorph. Perigonblätter 4, frei. Staubblätter 4, verwachsen mit dem Perigon. Drüsen 3 am Grund des Fruchtblattes. Fruchtblatt 1, oberständig. Balg mit vielen Samen

Macadamia F. Muell.

Ableitung: Gattung zu Ehren von John Macadam (1827–1865), einem australischen Arzt und Chemiker benannt
Vulgärnamen: D:Macadamianuss, Queenslandnuss; E:Queensland Nut; F:Noyer du Queensland
Arten: 8
Lebensform: Baum, Strauch, immergrün
Blätter: quirlständig, einfach. Nebenblätter fehlend
Blütenstand: Traube, endständig, seitlich. Hülle fehlend. Blüten in Paaren
Blüten: zwittrig, zygomorph oder radiär. Perigonblätter 4, verwachsen, weiß. Staubblätter 4, verwachsen mit dem Perigon. Drüse 1 am Grund des Fruchtblattes. Fruchtblatt 1, oberständig, gestielt. Narbe endständig
Frucht: Steinfrucht, Balg, Samen 2, nicht geflügelt
Kennzeichen: Strauch, immergrün. Blätter quirlständig. Blüten in Paaren. Perigonblätter 4, verwachsen. Staubblätter 4, verwachsen mit dem Perigon. Drüse 1 am Grund des Fruchtblattes. Fruchtblatt 1, oberständig. Steinfrucht, Balg, Samen 2

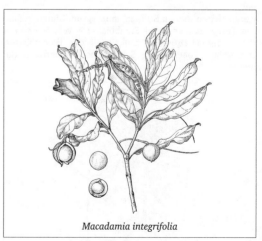
Macadamia integrifolia

Petrophile R. Br. ex Knight

Ableitung: Felsen-Freund
Arten: 53

Lebensform: Strauch, immergrün
Blätter: wechselständig, einfach. Nebenblätter fehlend
Blütenstand: Köpfchen, Ähre, endständig, seitlich. Hülle vorhanden. Blüten nicht in Paaren
Blüten: zwittrig, radiär. Perigonblätter 4, verwachsen, weiß, gelb. Staubblätter 4, verwachsen mit dem Perigon. Drüsen am Grund des Fruchtblattes fehlend. Fruchtblatt 1, oberständig, sitzend. Narbe endständig
Frucht: Nuss, abgeflacht. Samen 1, selten 2, nicht geflügelt. Zapfenschuppen bleibend
Kennzeichen: Strauch, immergrün. Blüten nicht in Paaren, zwittrig, radiär. Perigonblätter 4, verwachsen. Staubblätter 4, verwachsen mit dem Perigon. Drüsen am Grund des Fruchtblattes fehlend. Fruchtblatt 1, oberständig. Nuss, abgeflacht. Samen 1, selten 2. Zapfenschuppen bleibend

Protea L.

Ableitung: nach einer Gestalt der griechischen Mythologie
Vulgärnamen: D:Protee, Schimmerbaum, Silberbaum; E:Protea; F:Protée
Arten: 115
Lebensform: Strauch, Baum, immergrün
Blätter: wechselständig, einfach. Nebenblätter fehlend
Blütenstand: Köpfchen, endständig, seitlich. Hülle vorhanden. Blüten meist einzeln
Blüten: zwittrig, zygomorph. Perigonblätter 4, 3 vereinigt und 1 frei. Staubblätter 4, verwachsen mit dem Perigon. Drüsen 4 am Grund des Fruchtblattes. Fruchtblatt 1, oberständig, sitzend. Narbe ventral
Frucht: Nuss, Samen 1, nicht geflügelt
Kennzeichen: Strauch, Baum, immergrün. Blüten meist einzeln im Köpfchen, zwittrig, zygomorph. Perigonblätter 4, 3 vereinigt und 1 frei. Staubblätter 4, verwachsen mit dem Perigon. Drüsen 4 am Grund des Fruchtblattes. Fruchtblatt 1, oberständig, sitzend. Nuss mit 1 Samen

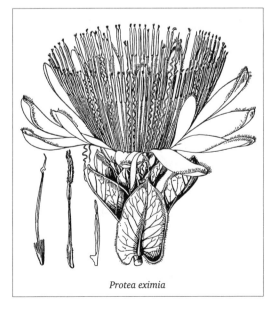

Protea eximia

Roupala Aubl.

Ableitung: Herleitung unbekannt
Arten: 33
Lebensform: Baum, Strauch, immergrün
Blätter: wechselständig, einfach oder zusammengesetzt. Nebenblätter fehlend
Blütenstand: Traube, seitlich. Hülle fehlend. Blüten in Paaren
Blüten: zwittrig, radiär. Perigonblätter 4, verwachsen. Staubblätter 4, verwachsen mit dem Perigon. Drüsen 4 am Grund des Fruchtblattes. Fruchtblatt 1, oberständig, sitzend. Narbe endständig
Frucht: kapselartig, Samen 2, geflügelt
Kennzeichen: Baum, Strauch, immergrün. Blüten in Trauben, dort in Paaren. Perigonblätter 4, verwachsen. Staubblätter 4, verwachsen mit dem Perigon. Drüsen 4 am Grund des Fruchtblattes. Fruchtblatt 1, oberständig. Frucht kapselartig mit 2 Samen

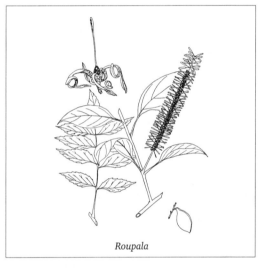

Roupala

Stenocarpus R. Br.

Ableitung: schmale Frucht
Vulgärnamen: D:Feuerradbaum; E:Wheeltree; F:Sténocarpe
Arten: 21
Lebensform: Baum, Strauch, immergrün
Blätter: wechselständig, einfach oder zusammengesetzt. Nebenblätter fehlend
Blütenstand: Dolde, endständig, seitlich. Hülle fehlend. Blüten in Paaren
Blüten: zwittrig, ± zygomorph. Perigonblätter 4, verwachsen, gelb, rot. Staubblätter 4, verwachsen mit dem Perigon. Drüsen 1 am Grund des Fruchtblattes. Fruchtblatt 1, oberständig, gestielt. Narbe ventral
Frucht: Balg, Samen viele, geflügelt
Kennzeichen: Baum, Strauch, immergrün. Blütenstand in Dolden, ohne Hülle, Blüten dort in Paaren. Perigonblätter 4, verwachsen. Staubblätter 4, verwachsen mit dem Perigon. Drüsen 1 am Grund des Fruchtblattes. Fruchtblatt 1, oberständig. Balg mit vielen Samen

Stenocarpus sinuatus

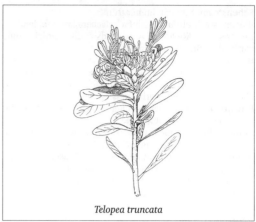

Telopea truncata

Stirlingia Endl.

Ableitung: Gattung zu Ehren von Sir James Stirling (1791–1865), einem Pflanzensammler in Australien benannt
Arten: 8
Lebensform: Strauch, immergrün
Blätter: wechselständig, einfach, gabelig zerteilt. Nebenblätter fehlend
Blütenstand: Köpfchen, endständig. Hülle fehlend. Blüten nicht in Paaren
Blüten: zwittrig oder eingeschlechtig, radiär. Perigonblätter 4, verwachsen, gelb, gelbbraun. Staubblätter 4, verwachsen mit dem Perigon. Drüsen am Grund des Fruchtblattes fehlend. Fruchtblatt 1, oberständig, sitzend. Narbe endständig
Frucht: Nuss, Samen 1, nicht geflügelt
Kennzeichen: Strauch, immergrün. Blätter gabelig zerteilt. Blüten in Köpfchen ohne Hülle. Blüten nicht in Paaren. Perigonblätter 4, verwachsen. Staubblätter 4, verwachsen mit dem Perigon. Drüsen am Grund des Fruchtblattes fehlend. Fruchtblatt 1, oberständig, sitzend. Nuss mit 1 Samen

Telopea R. Br.

Ableitung: aus der Ferne sichtbar
Vulgärnamen: D:Waratahprotee; E:Waratah; F:Télopéa
Arten: 5
Lebensform: Strauch, Baum, immergrün
Blätter: wechselständig, einfach. Nebenblätter fehlend
Blütenstand: Traube, endständig. Hülle vorhanden. Blüten in Paaren
Blüten: zwittrig, ± zygomorph. Perigonblätter 4, verwachsen, rot. Staubblätter 4, verwachsen mit dem Perigon. Drüse hufeisenförmig am Grund des Fruchtblattes. Fruchtblatt 1, oberständig, gestielt. Narbe ventral
Frucht: Balg, Samen viele, geflügelt
Kennzeichen: Strauch, Baum, immergrün. Blüten in Trauben mit Hülle, dort in Paaren. Perigonblätter 4, verwachsen. Staubblätter 4, verwachsen mit dem Perigon. Drüse hufeisenförmig am Grund des Fruchtblattes. Fruchtblatt 1, oberständig. Balg mit vielen Samen

Xylomelum Sm.

Ableitung: Holz-Apfel
Vulgärnamen: D:Holzbirne; E:Woody Pear; F:Xylomèle
Arten: 2
Lebensform: Baum, Strauch
Blätter: gegenständig, einfach Nebenblätter fehlend
Blütenstand: Ähre, seitlich, endständig. Hülle fehlend. Blüten in Paaren
Blüten: zwittrig oder eingeschlechtig, radiär. Perigonblätter 4, verwachsen. Staubblätter 4, verwachsen mit dem Perigon. Drüsen 4 am Grund des Fruchtblattes. Fruchtblatt 1, oberständig, sitzend. Narbe endständig
Frucht: Balg, Samen 1–2, geflügelt
Kennzeichen: Baum, Strauch. Blätter gegenständig. Blüten in Ähren ohne Hülle fehlend, dort in Paaren. Perigonblätter 4, verwachsen. Staubblätter 4, verwachsen mit dem Perigon. Drüsen 4 am Grund des Fruchtblattes. Fruchtblatt 1, oberständig. Balg

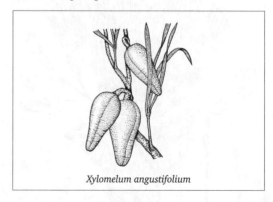

Xylomelum angustifolium

Punicaceae Granatapfelgewächse

Punica L.
Ableitung: antiker Pflanzenname
Vulgärnamen: D:Granatapfel; E:Pomegranate; F:Grenadier
Arten: 2
Lebensform: Strauch, Baum, laubwerfend
Blätter: gegenständig, einfach. Nebenblätter fehlend
Blütenstand: einzeln, Büschel
Blüten: zwittrig, radiär. Kelchblätter 5-8. Kronblätter 5-7, frei, rot, weiß. Staubblätter viele, frei von der Krone. Fruchtblätter 8-12, verwachsen, unterständig. Plazentation zentralwinkelständig
Frucht: Beere, stockwerkartig aufgebaut
Kennzeichen: Strauch, Baum, laubwerfend. Blätter gegenständig. Blüten radiär. Kelchblätter 5-8. Kronblätter 5-7, frei. Staubblätter viele, frei von der Krone. Fruchtblätter 8-12, verwachsen, unterständig. Plazentation zentralwinkelständig. Beere

Punica granatum

Pyrolaceae Wintergrüngewächse

1 Pflanze bleich, ohne Chlorophyll. Blätter weich schuppenartig. . . . . **Monotropa**
1 Pflanze mit grünen, derben Blättern
  2 Blüten in doldenartigen Schirmtrauben. (Blätter genähert bis fast quirlig) . . . . . . **Chimaphila**
  2 Blüten in Trauben bis einzeln
    3 Blüten in Trauben
      4 Trauben einseitig. Blätter wechselständig. Griffel gerade mit schildförmiger Narbe . . . .
      . . . . **Orthilia**
      4 Traube allseitig. Blätter grundständig. Griffel gekrümmt mit nicht verbreiteter Narbe . . . .
      . . . . **Pyrola**
    3 Blüten einzeln . . . . **Moneses**

Chimaphila Pursh
Ableitung: Winter-Freund
Vulgärnamen: D:Winterlieb; E:Prince's Pine; F:Chimaphile
Arten: 5
Lebensform: Halbstrauch, Staude, immergrün, saprophytisch
Blätter: wechselständig, fast quirlständig, einfach. Nebenblätter fehlend
Blütenstand: Schirmtraube, Dolde
Blüten: zwittrig, radiär. Kelchblätter 5. Kronblätter 5, frei, weiß, rosa. Staubblätter 10, frei und frei von der Krone. Fruchtblätter 5, verwachsen, oberständig. Plazentation zentralwinkelständig
Frucht: Kapsel
Kennzeichen: Halbstrauch, Staude, immergrün, saprophytisch. Blüten in Schirmtraube oder Dolde, radiär. Kronblätter 5, frei. Staubblätter 10, frei und frei von der Krone. Fruchtblätter 5, verwachsen, oberständig. Plazentation zentralwinkelständig. Kapsel

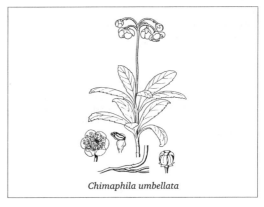

Chimaphila umbellata

Moneses Salisb. ex Gray
Ableitung: einzeln treibend
Vulgärnamen: D:Moosauge, Wintergrün; E:Wintergreen; F:Pyrole
Arten: 1
Lebensform: Staude, saprophytisch
Blätter: grundständig, einfach. Nebenblätter fehlend
Blütenstand: einzeln
Blüten: zwittrig, radiär. Kelchblätter 5. Kronblätter 5, frei, weiß, rosa. Staubblätter 10, frei und frei von der Krone. Fruchtblätter 4-5, verwachsen, oberständig. Plazentation zentralwinkelständig
Frucht: Kapsel
Kennzeichen: Staude, saprophytisch. Blätter grundständig. Blüten einzeln, radiär. Kronblätter 5, frei. Staubblätter 10, frei und frei von der Krone. Fruchtblätter 4-5, verwachsen, oberständig. Plazentation zentralwinkelständig. Kapsel

724 Pyrolaceae Wintergrüngewächse

Moneses uniflora

Monotropa L.

Ableitung: Einsiedler
Vulgärnamen: D:Fichtenspargel; E:Bird's Nest; F:Monotropa, Sucepin
Arten: 2
Lebensform: Staude, saprophytisch
Blätter: wechselständig, einfach. Nebenblätter fehlend
Blütenstand: einzeln, Traube
Blüten: zwittrig, radiär, Kelch und Krone. Kronblätter 4–5, selten 3–8, frei, röhrig zusammenneigend, weiß, weißlich, rot, rosa. Staubblätter 8–12, frei, frei von der Krone. Antheren ohne Anhängseln, mit Schlitzen an der Spitze. Fruchtblätter 5–4, verwachsen, oberständig. Plazentation zentralwinkelständig, viele Samenanlagen
Frucht: Kapsel
Kennzeichen:

Monotropa hypopitys

Orthilia Raf.

Ableitung: gerade Spirale
Vulgärnamen: D:Birngrün; E:Wintergreen; F:Pyrole
Arten: 1
Lebensform: Staude, saprophytisch
Blätter: wechselständig, einfach. Nebenblätter fehlend
Blütenstand: Traube, einseitig
Blüten: zwittrig, radiär. Kelchblätter 5. Kronblätter 5, frei, weiß. Staubblätter 10, frei und frei von der Krone. Fruchtblätter 5, verwachsen, oberständig. Plazentation zentralwinkelständig
Frucht: Kapsel
Kennzeichen: Staude, saprophytisch. Blüten in einseitigen Trauben, radiär. Kronblätter 5, frei. Staubblätter 10, frei und frei von der Krone. Fruchtblätter 5, verwachsen, oberständig. Plazentation zentralwinkelständig. Kapsel

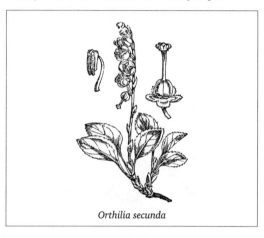

Orthilia secunda

Pyrola L.

Ableitung: kleiner Birnbaum
Vulgärnamen: D:Wintergrün; E:Shinleaf, Wintergreen; F:Pyrole
Arten: 35
Lebensform: Staude, saprophytisch
Blätter: grundständig, einfach. Nebenblätter fehlend
Blütenstand: Traube
Blüten: zwittrig, radiär. Kelchblätter 5. Kronblätter 5, frei, weiß, grün, purpurn. Staubblätter 10, frei und frei von der Krone. Fruchtblätter 5, verwachsen, oberständig. Plazentation zentralwinkelständig
Frucht: Kapsel
Kennzeichen: Staude, saprophytisch. Blüten in allseitigen Trauben, radiär. Kronblätter 5, frei. Staubblätter 10, frei und frei von der Krone. Fruchtblätter 5, verwachsen, oberständig. Plazentation zentralwinkelständig

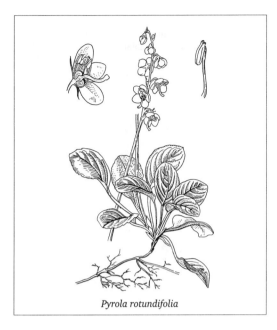
Pyrola rotundifolia

Ranunculaceae Hahnenfußgewächse

1 Teilfrucht mehrsamig (Bälge, Fleischbälge, Kapsel)
2 Fruchtblätter verwachsen. Frucht eine Kapsel
 3 Fruchtblätter mit langen Schnäbeln.
  Blütenhüllblätter genagelt . . . . **Nigella**
 3 Fruchtblätter kaum geschnäbelt.
  Blütenhüllblätter nicht genagelt
  4 Blütenhüllblätter auffallender als die
   Honigblätter, diese ohne Querbänder . . . . .
   . . . . **Komaroffia**
  4 Blütenhüllblätter unscheinbarer als die Honigblätter, diese mit Querbändern. . . . **Garidella**
2 Fruchtblätter frei, höchstens am Grund
 verbunden
 5 Frucht Fleischbälge
  6 Blätter einfach. Blüten einzeln. Fruchtblätter
   5–15. Blütenhüllblätter 3 . . . . . . **Hydrastis**
  6 Blätter zusammengesetzt. Blüten in Trauben.
   Fruchtblätter 1 . . . . **Actaea**
 5 Frucht Bälge
  7 Blüten zygomorph
   8 Oberstes Blütenhüllblätter helmförmig.
    Honigblätter gestielt. . . . . . . **Aconitum**
   8 Oberstes Blütenhüllblatt gespornt.
    Honigblätter nicht gestielt
    9 Fruchtblätter 3–5. 2 gespornte Honigblätter
     . . . . **Delphinium**
    9 Fruchtblätter 1. 1 Honigblatt aus 2
     verwachsenen Honigblättern gebildet. . . .
     . . . . **Consolida**
  7 Blüten radiär
   10 Pflanze ein Strauch. Staubblätter 5 oder 10.
    (Honigblätter 5) . . . . **Xanthorhiza**
   10 Pflanze krautig. Staubblätter viele
    11 Honigblätter fehlend
     12 Blütenhülle doppelt. Fruchtblätter 2–4 . .
      . . . . **Anemonopsis**
     12 Blütenhülle einfach. Fruchtblätter 5–15 .
      . . . . **Caltha**
    11 Honigblätter vorhanden
     13 Honigblätter gespornt, kronblattartig . .
      . . . . **Aquilegia**
     13 Honigblätter nicht gespornt
      14 Honigblätter röhrenförmig
       15 Hochblatthülle fehlend
        16 Blütenhüllblätter bleibend. Staude . .
         . . . . **Helleborus**
        16 Blütenhüllblätter abfallend. Einjährige
         . . . . **Leptopyrum**
       15 Hochblatthülle unter der Blüte
        vorhanden. Blütenhüllblätter abfallend
         . . . . **Eranthis**
      14 Honigblätter nicht röhrenförmig
       17 Blätter handteilig oder gefingert.
        (Honigblätter 8–17) . . . . **Trollius**
       17 Blätter 3-teilig
        18 Blätter alle grundständig. Fruchtblätter
         gestielt . . . . **Coptis**
        18 Blätter wechselständig
         19 Blüten in Trauben oder Ähren . . . .
          . . . . **Cimicifuga**
         19 Blüten cymös oder einzeln
          20 Staminodien vorhanden . . . . . .
           . . . . **Semiaquilegia**
          20 Staminodien fehlend . . . **Isopyrum**
1 Frucht aus meist vielen Nüsschen bestehend
 21 Honigblätter vorhanden
  22 Blütenachse stielförmig verlängert. (Blüten
   grün. Blätter lineal) . . . . **Myosurus**
  22 Blütenachse höchstens länglich
   23 Honigblätter 6–20 . . . . . . **Callianthemum**
   23 Honigblätter 5 (6–9 bei Ranunculus ficaria)
    24 Stängel unbeblättert, alle Blätter
     grundständig. Schnabel der Nüsschen
     2–3mal so lang wie der Rest . . . .
      . . . . **Ceratocephala**
    24 Stängel wenigstens mit 1 Blatt. Nüsschen
     höchstens kurz geschnäbelt . . . .
      . . . . **Ranunculus**
 21 Honigblätter fehlend
  25 Blütenhülle in Kelch und Krone differenziert
   26 Blüten gelb, orange oder rot. Kelchblätter 5 .
    . . . . **Adonis**
   26 Blüten weiß bis blau oder purpurn.
    Kelchblätter 3 . . . . **Hepatica**
  25 Blütenhülle einfach
   27 Stängelblätter wechselständig
    28 Blätter gefiedert, 3-zählig, selten einfach . .
     . . . . **Thalictrum**
    28 Blätter gefingert oder handförmig
     geschnitten . . . . **Trautvetteria**
   27 Stängelblätter gegen- oder quirlständig

726 Ranunculaceae Hahnenfußgewächse

```
29  Blätter grundständig und Stängelblätter
    quirlständig (oder gegenständig)
30  Griffel an der Frucht verlängert, federartig
    ................................ Pulsatilla
30  Griffel an der Frucht nicht verlängert
31  Nüsschen nicht gefurcht . . . . Anemone
31  Nüsschen tief gefurcht . . . . Anemonella
29  Blätter alle gegenständig (Blüten in Rispen
    bis einzeln) . . . . . . . . . . . Clematis
```

Aconitum L.

Ableitung: antiker Pflanzenname
Vulgärnamen: D:Eisenhut, Wolfshut; E:Monk's Hood; F:Aconit
Arten: c. 300
Lebensform: Staude
Blätter: wechselständig, zusammengesetzt oder einfach. Nebenblätter fehlend
Blütenstand: Traube, Rispe, einzeln
Blüten: zwittrig, zygomorph, mit einfacher Blütenhülle. Blütenhüllblätter 5, frei, blau, gelb, weiß, lila, purpurn. Honigblätter 2 gestielt und gespornt unter helmförmigem obersten Blütenhüllblatt. Staubblätter viele, frei. Fruchtblätter 2–5, frei. Plazentation marginal
Frucht: Bälge. Samen viele je Fruchtblatt
Kennzeichen: Staude. Blätter handnervig. Blüten zygomorph mit einfacher 5-blättriger Blütenhülle, oberstes helmförmig. Honigblätter 2 gestielt und gespornt. Staubblätter viele. Fruchtblätter 2–5, frei. Bälge

Aconitum napellus

Actaea L.

Ableitung: nach einem antiken Pflanzennamen
Vulgärnamen: D:Christophskraut; E:Baneberry; F:Herbe de St-Christophe
Arten: 8
Lebensform: Staude
Blätter: wechselständig, zusammengesetzt, 2- bis 3-mal 3-zählig. Nebenblätter fehlend
Blütenstand: Taube
Blüten: zwittrig, radiär. Blütenhüllblätter 2–10, frei, weiß. Honigblätter fehlend. Staubblätter viele, frei. Fruchtblätter 1. Plazentation marginal
Frucht: Fleischbalg. Samen mehrere
Kennzeichen: Staude. Blätter 2- bis 3-mal 3-zählig. Blüten in Tauben, radiär. Blütenhüllblätter 2–10, frei. Honigblätter fehlend. Staubblätter viele. Fruchtblätter 1. Fleischbalg

Actaea spicata

Adonis L.

Ableitung: nach einer Gestalt der griechischen Mythologie
Vulgärnamen: D:Adonisröschen, Teufelsauge; E:Pheasant's Eye; F:Adonide
Arten: 26
Lebensform: Staude, Einjährige
Blätter: wechselständig, zusammengesetzt, 1- bis 4-mal gefiedert. Nebenblätter fehlend
Blütenstand: einzeln
Blüten: zwittrig, radiär. Kelchblätter 5. Kronblätter 3–40, frei, gelb, orange, rot. Honigblätter fehlend. Staubblätter viele, frei. Fruchtblätter viele, frei. Plazentation marginal
Frucht: Nüsschen. Samen 1 je Fruchtblatt
Kennzeichen: Einjährige. Blätter, 1- bis 4-mal gefiedert. Blüten einzeln, radiär. Kelchblätter 5. Kronblätter 3–40, frei. Honigblätter fehlend. Staubblätter viele. Fruchtblätter viele. Nüsschen

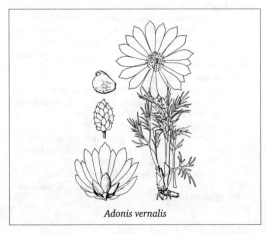
Adonis vernalis

Anemone L.

Ableitung: nach einem antiken Pflanzennamen semitischen Ursprungs
Vulgärnamen: D:Anemone, Windröschen; E:Anemone, Windflower; F:Anémone
Arten: 144
Lebensform: Staude
Blätter: grundständig, zusammengesetzt oder einfach. Stängelblätter quirlständig. Nebenblätter fehlend
Blütenstand: einzeln, Dolde
Blüten: zwittrig, radiär, mit einfacher Blütenhülle. Blütenhüllblätter 5–19, frei, weiß, gelb, blau, purpurn, rot, rosa. Honigblätter fehlend. Staubblätter viele, frei. Fruchtblätter viele, frei. Griffel nicht verlängert. Plazentation marginal
Frucht: Nüsschen. Samen 1 je Fruchtblatt
Kennzeichen: Staude. Blätter: grundständig, Stängelblätter quirlständig. Blüten einzeln oder in Dolden, radiär, mit einfacher Blütenhülle. Blütenhüllblätter 5–19, frei. Honigblätter fehlend. Staubblätter viele. Fruchtblätter viele, frei. Griffel nicht verlängert. Nüsschen

Anemone hupehensis

Anemonella thalictroides

Anemonella Spach

Ableitung: kleine Anemone
Vulgärnamen: D:Rautenanemone; E:Rue Anemone; F:Anémonelle
Arten: 1
Lebensform: Staude
Blätter: grundständig, zusammengesetzt. Stängelblätter gegenständig, quirlständig. Nebenblätter fehlend
Blütenstand: Dolde
Blüten: zwittrig, radiär, mit einfacher Blütenhülle. Blütenhüllblätter 5–10, frei, weiß, rosa. Honigblätter fehlend. Staubblätter viele, frei. Fruchtblätter 8–12, frei. Plazentation marginal
Frucht: Nüsschen, tief gefurcht. Samen 1 je Fruchtblatt
Kennzeichen: Staude. Blätter grundständig, zusammengesetzt. Stängelblätter gegenständig oder quirlständig. Blüten in Dolde, radiär, mit einfacher Blütenhülle. Blütenhüllblätter 5–10, frei. Honigblätter fehlend. Staubblätter viele. Fruchtblätter 8–12, frei. Nüsschen, tief gefurcht

Anemonopsis Siebold et Zucc.

Ableitung: vom Aussehen einer Anemone
Vulgärnamen: D:Scheinanemone; E:False Anemone; F:Fausse-anémone
Arten: 1
Lebensform: Staude
Blätter: wechselständig, zusammengesetzt, 2- bis 4-mal 3-zählig. Nebenblätter fehlend
Blütenstand: Rispe
Blüten: zwittrig, radiär. Kelchblätter 3. Kronblätter 8–10, frei, rosa. Honigblätter fehlend. Staubblätter viele, frei. Fruchtblätter 2–4, frei. Plazentation marginal
Frucht: Bälge. Samen viele je Fruchtblatt
Kennzeichen: Staude. Blätter 2- bis 4-mal 3-zählig. Blüten in Rispen. Blüten radiär. Kelchblätter 3. Kronblätter 8–10, frei. Honigblätter fehlend. Staubblätter viele. Fruchtblätter 2–4, frei. Bälge

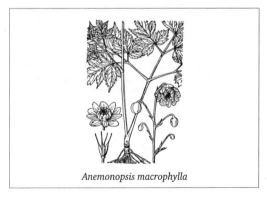
Anemonopsis macrophylla

Aquilegia L.

Ableitung: Bedeutung unklar
Vulgärnamen: D:Akelei; E:Columbine, Granny's Bonnet; F:Ancolie
Arten: c. 80
Lebensform: Staude
Blätter: wechselständig oder grundständig, zusammengesetzt, 1- bis 3-mal 3-zählig. Nebenblätter fehlend

Blütenstand: cymös, einzeln
Blüten: zwittrig, radiär, mit einfacher Blütenhülle. Blütenhüllblätter 5, frei, weiß, gelb, blau, rot, violett. Honigblätter 5, gespornt. Staubblätter viele, frei. Fruchtblätter 3–15, frei. Plazentation marginal
Frucht: Bälge. Samen viele je Fruchtblatt
Kennzeichen: Staude. Blätter zusammengesetzt, 1- bis 3-mal 3-zählig. Blüten radiär, Blütenhüllblätter 5, frei. Honigblätter 5, gespornt. Staubblätter viele. Fruchtblätter 3–15, frei. Bälge

Aquilegia vulgaris

Callianthemum C.A. Mey.

Ableitung: schöne Blume
Vulgärnamen: D:Jägerblume, Schmuckblume; F:Callianthème
Arten: 14
Lebensform: Staude
Blätter: wechselständig, zusammengesetzt. Nebenblätter fehlend
Blütenstand: einzeln bis zu 3
Blüten: zwittrig, radiär, mit einfacher Blütenhülle. Blütenhüllblätter 5–10, frei, weiß, rosa. Honigblätter 6–20, kronblattartig. Staubblätter viele, frei. Fruchtblätter viele, frei. Plazentation marginal
Frucht: Nüsschen. Samen 1 je Fruchtblatt
Kennzeichen: Staude. Blätter zusammengesetzt. Blüten einzeln bis zu 3, radiär. Blütenhüllblätter 5–10, frei. Honigblätter 6–20, kronblattartig. Staubblätter viele. Fruchtblätter viele, frei. Frucht Nüsschen

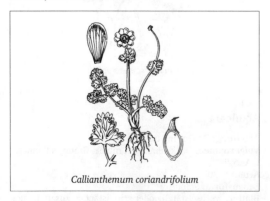
Callianthemum coriandrifolium

Caltha L.

Ableitung: antiker Pflanzenname
Vulgärnamen: D:Dotterblume; E:Marsh Marigold; F:Populage
Arten: 10
Lebensform: Staude
Blätter: wechselständig, einfach, herzförmig. Nebenblätter fehlend
Blütenstand: cymös, einzeln
Blüten: zwittrig, radiär, mit einfacher Blütenhülle. Blütenhüllblätter 5–9, frei, gelb, weiß. Honigblätter fehlend. Staubblätter viele, frei. Fruchtblätter 5–15, frei. Plazentation marginal
Frucht: Bälge. Samen viele je Fruchtblatt
Kennzeichen: Staude. Blätter einfach, herzförmig. Blüten radiär. Blütenhüllblätter 5–9, frei. Honigblätter fehlend. Staubblätter viele. Fruchtblätter 5–15, frei. Bälge

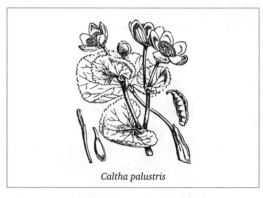
Caltha palustris

Ceratocephala Moench

Ableitung: Horn-Kopf
Vulgärnamen: D:Hornköpfchen; F:Cératocéphale
Arten: 3
Lebensform: Einjährige
Blätter: grundständig, einfach. Nebenblätter fehlend
Blütenstand: einzeln
Blüten: zwittrig, radiär, mit einfacher Blütenhülle. Blütenhüllblätter 5, frei, gelb. Honigblätter 5, kronblattartig. Staubblätter viele, frei. Fruchtblätter viele, frei. Plazentation marginal
Frucht: Nüsschen mit langem Schnabel. Samen 1 je Fruchtblatt
Kennzeichen: Einjährige. Blätter grundständig. Blüten einzeln, radiär. Blütenhüllblätter 5, frei. Honigblätter 5, kronblattartig. Staubblätter viele. Fruchtblätter viele, frei. Nüsschen mit langem Schnabel

Ranunculaceae Hahnenfußgewächse 729

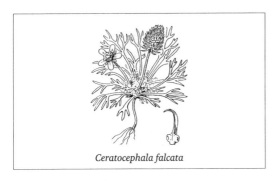
Ceratocephala falcata

Cimicifuga Wernisch.

Ableitung: Wanzen vertreibende Pflanze
Vulgärnamen: D:Silberkerze, Wanzenkraut; E:Bugbane; F:Cierge d'argent
Arten: 18
Lebensform: Staude
Blätter: wechselständig, zusammengesetzt, 1- bis 4-mal 3-zählig. Nebenblätter fehlend
Blütenstand: Traube, Ähre
Blüten: zwittrig, radiär, mit einfacher Blütenhülle. Blütenhüllblätter 4-5, frei, weiß. Honigblätter 1-9, napfförmig. Staubblätter viele, frei. Fruchtblätter 1-8, frei. Plazentation marginal
Frucht: Bälge. Samen viele je Fruchtblatt
Kennzeichen: Staude. Blätter wechselständig, zusammengesetzt, 1- bis 4-mal 3-zählig. Blüten in Traube, Ähre, radiär. Blütenhüllblätter 4-5, frei. Honigblätter 1-9, napfförmig. Staubblätter viele. Fruchtblätter 1-8, frei. Bälge

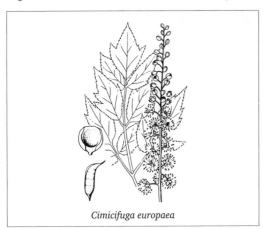
Cimicifuga europaea

Clematis L.

Ableitung: antiker Pflanzenname
Vulgärnamen: D:Clematis, Waldrebe; E:Clematis; F:Clématite
Arten: 295
Lebensform: Staude, Liane, Strauch, laubwerfend, immergrün

Blätter: gegenständig, zusammengesetzt, 3-zählig, gefiedert, selten einfach. Nebenblätter fehlend
Blütenstand: einzeln, Rispe
Blüten: zwittrig oder eingeschlechtig, radiär, mit einfacher Blütenhülle. Blütenhüllblätter 4,6,8, frei, weiß, blau, violett, rot, gelb, grünlich. Honigblätter fehlend. Staubblätter viele, frei. Fruchtblätter viele, frei. Plazentation marginal
Frucht: Nüsschen. Samen 1 je Fruchtblatt
Kennzeichen: Staude, Liane, Strauch, laubwerfend, immergrün. Blätter gegenständig, zusammengesetzt, selten einfach. Blüten einzeln, Rispe. Blüten radiär. Blütenhüllblätter 4,6,8, frei. Honigblätter fehlend. Staubblätter viele. Fruchtblätter viele, frei. Nüsschen

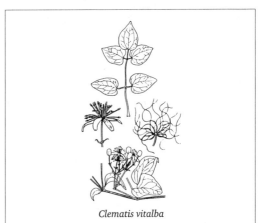
Clematis vitalba

Consolida Gray

Ableitung: mittelalterlicher lateinischer Pflanzenname
Vulgärnamen: D:Rittersporn; E:Larkspur; F:Dauphinelle
Arten: 43
Lebensform: Einjährige
Blätter: wechselständig, einfach. Nebenblätter fehlend
Blütenstand: Traube, Rispe
Blüten: zwittrig, zygomorph, mit einfacher Blütenhülle. Blütenhüllblätter 5, frei, blau, rosa, weiß. Honigblätter 1, aus 2 verwachsen, gespornt. Staubblätter viele, frei. Fruchtblätter 1. Plazentation marginal

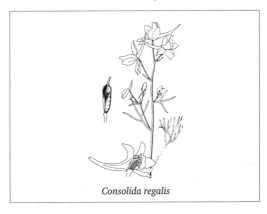
Consolida regalis

Frucht: Balg. Samen viele je Fruchtblatt
Kennzeichen: Einjährige. Blüten zygomorph. Blütenhüllblätter 5, frei. Honigblätter 1, aus 2 verwachsen, gespornt. Staubblätter viele. Fruchtblätter 1. Balg

Coptis Salisb.

Ableitung: zerschnittene Pflanze
Vulgärnamen: D:Goldmund; E:Gold Threat; F:Coptide
Arten: 15
Lebensform: Staude
Blätter: grundständig, zusammengesetzt, 1- bis 4-mal 3-zählig. Nebenblätter fehlend
Blütenstand: einzeln, Traube
Blüten: zwittrig oder eingeschlechtig, radiär, mit einfacher Blütenhülle. Blütenhüllblätter 5-8, frei, weiß. Honigblätter 5-10. Staubblätter viele, frei. Fruchtblätter 5-15, frei, gestielt. Plazentation marginal
Frucht: Bälge. Samen mehrere je Fruchtblatt
Kennzeichen: Staude. Blätter grundständig, 1- bis 4-mal 3-zählig. Blüten radiär. Blütenhüllblätter 5-8, frei. Honigblätter 5-10. Staubblätter viele, frei. Fruchtblätter 5-15, frei, gestielt. Bälge

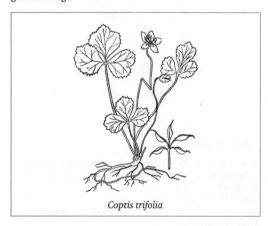
Coptis trifolia

Delphinium L.

Ableitung: antiker Pflanzenname
Vulgärnamen: D:Rittersporn; E:Larkspur; F:Pied-d'alouette
Arten: c. 320
Lebensform: Staude, Einjährige, Zweijährige
Blätter: wechselständig, zusammengesetzt, einfach, handnervig. Nebenblätter fehlend
Blütenstand: Traube, einzeln
Blüten: zwittrig, zygomorph, mit einfacher Blütenhülle. Blütenhüllblätter 5, frei, blau, rot, gelb, weiß, purpurn. Honigblätter 2 sitzende, gespornt und 2 gestielte, ungespornte. Staubblätter viele, frei. Fruchtblätter 3-5, frei. Plazentation marginal
Frucht: Bälge. Samen viele je Fruchtblatt
Kennzeichen: Staude, Einjährige, Zweijährige. Blätter handnervig. Blüten zygomorph. Blütenhüllblätter 5, frei. Honigblätter 2 sitzende, gespornt und 2 gestielte, ungespornte. Staubblätter viele. Fruchtblätter 3-5, frei. Bälge

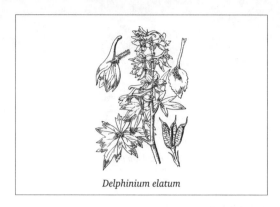
Delphinium elatum

Eranthis Salisb.

Ableitung: Frühlings-Blüte
Vulgärnamen: D:Winterling; E:Winter Aconite; F:Eranthe, Helléborine
Arten: 8
Lebensform: Staude
Blätter: quirlständig, gegenständig, grundständig, einfach, handförmig geschnitten. Nebenblätter fehlend
Blütenstand: einzeln mit Hochblatthülle
Blüten: zwittrig, radiär, mit einfacher Blütenhülle. Blütenhüllblätter 5-8, frei, gelb, weiß. Honigblätter 5-10, röhrenförmig. Staubblätter viele, frei. Fruchtblätter 2-10, frei. Plazentation marginal
Frucht: Bälge. Samen viele je Fruchtblatt
Kennzeichen: Staude. Blätter handförmig geschnitten. Blüten einzeln mit Hochblatthülle, radiär. Blütenhüllblätter 5-8, frei. Honigblätter 5-10, röhrenförmig. Staubblätter viele. Fruchtblätter 2-10, frei. Bälge

Eranthis hyemalis

Garidella L.

Arten: 2
Lebensform: Einjährige
Blätter: wechselständig, zusammengesetzt, 2-mal gefiedert. Nebenblätter fehlend
Blütenstand: einzeln
Blüten: zwittrig, radiär, mit einfacher Blütenhülle. Blütenhüllblätter 5, frei, grünlich, rötlich überlaufen. Honigblätter 5, 2-lappig, mit Querbändern, auffallender als Blütenhüllblätter. Staubblätter viele, frei. Fruchtblätter 2-3, verwachsen. Plazentation zentralwinkelständig
Frucht: Kapsel
Kennzeichen: Lebensform: Einjährige. Blätter 2-mal gefiedert. Blüten einzeln, zwittrig. Blütenhüllblätter 5, frei. Honigblätter 5, 2-lappig, mit Querbändern, auffallender als Blütenhüllblätter. Staubblätter viele. Fruchtblätter 2-3, verwachsen. Plazentation zentralwinkelständig
Frucht: Kapsel

Helleborus L.

Ableitung: antiker Pflanzenname
Vulgärnamen: D:Christrose, Nieswurz; E:Hellebore; F:Hellébore, Rose de Noël
Arten: 15
Lebensform: Staude
Blätter: wechselständig, grundständig, einfach oder zusammengesetzt, 3-zählig, gefingert, fußförmig. Nebenblätter fehlend
Blütenstand: cymös, einzeln
Blüten: zwittrig, radiär, mit einfacher Blütenhülle. Blütenhüllblätter 5, frei, bleibend, weiß, grün, purpurn. Honigblätter 5-15, röhrenförmig. Staubblätter viele, frei. Fruchtblätter 2-10, frei oder am Grund verwachsen. Plazentation marginal
Frucht: Bälge. Samen mehrere je Fruchtblatt
Kennzeichen: Staude. Blüten radiär. Blütenhüllblätter 5, frei, bleibend. Honigblätter 5-15, röhrenförmig. Staubblätter viele. Fruchtblätter 2-10, frei oder am Grund verwachsen. Bälge

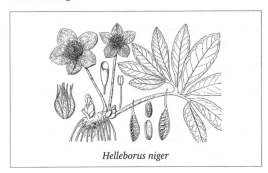
Helleborus niger

Hepatica Mill.

Ableitung: Leberpflanze
Vulgärnamen: D:Leberblümchen; E:Liverleaf; F:Hépatique
Arten: 10
Lebensform: Staude
Blätter: grundständig, einfach, gelappt. Nebenblätter fehlend
Blütenstand: einzeln
Blüten: zwittrig, radiär. Kelchblätter 3. Kronblätter 5-12, frei, weiß, rosa, lila, blau, purpurn. Honigblätter fehlend. Staubblätter viele, frei. Fruchtblätter viele, frei. Plazentation marginal
Frucht: Nüsschen. Samen 1 je Fruchtblatt
Kennzeichen: Staude. Blätter gelappt. Blüten einzeln, radiär. Kelchblätter 3. Kronblätter 5-12, frei. Honigblätter fehlend. Staubblätter viele. Fruchtblätter viele, frei. Nüsschen

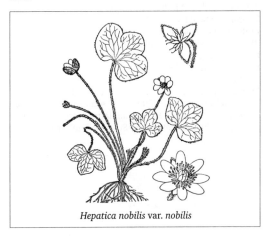
Hepatica nobilis var. *nobilis*

Hydrastis L.

Ableitung: Herleitung zweifelhaft
Vulgärnamen: D:Orangenwurzel; E:Golden Seal; F:Hydrastis
Arten: 2
Lebensform: Staude
Blätter: wechselständig, einfach, 5- bis 7-lappig. Nebenblätter fehlend
Blütenstand: einzeln
Blüten: zwittrig, radiär, mit einfacher Blütenhülle. Blütenhüllblätter 3, frei, grünlich weiß. Honigblätter fehlend. Staubblätter viele, frei. Fruchtblätter 5-15, frei. Plazentation marginal

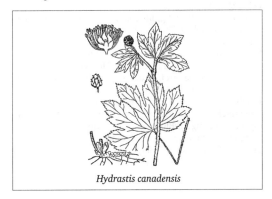
Hydrastis canadensis

Frucht: Fleischbälge. Samen 2–4 je Fruchtblatt
Kennzeichen: Staude. Blätter 5- bis 7-lappig. Blüten einzeln, radiär. Blütenhüllblätter 3, frei. Honigblätter fehlend. Staubblätter viele. Fruchtblätter 5–15, frei. Fleischbälge

Isopyrum L.

Ableitung: antiker Pflanzenname
Vulgärnamen: D:Muschelblümchen; E:False Rue Anemone; F:Isopyre
Arten: 30
Lebensform: Staude
Blätter: wechselständig, zusammengesetzt, 2- bis 4-mal 3-zählig. Nebenblätter fehlend
Blütenstand: einzeln, cymös
Blüten: zwittrig, radiär, mit einfacher Blütenhülle. Blütenhüllblätter 5, frei, weiß. Honigblätter 5. Staubblätter viele, frei, ohne Staminodien. Fruchtblätter 1–5, frei. Plazentation marginal
Frucht: Bälge. Samen mehrere je Fruchtblatt
Kennzeichen: Staude. Blätter 2- bis 4-mal 3-zählig. Blüten einzeln, cymös, radiär. Blütenhüllblätter 5, frei. Honigblätter 5. Staubblätter viele, ohne Staminodien. Fruchtblätter 1–5, frei. Bälge

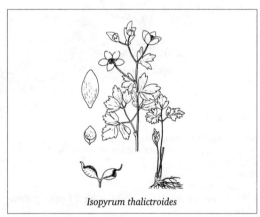
Isopyrum thalictroides

Komaroffia Kuntze

Arten: 2
Lebensform: Einjährige
Blätter: wechselständig, untere einfach, ganzrandig, obere gefingert. Nebenblätter fehlend
Blütenstand: einzeln
Blüten: zwittrig, radiär, mit einfacher Blütenhülle. Blütenhüllblätter 5, frei, blau, lilablau. Honigblätter meist 8. Staubblätter viele, frei. Fruchtblätter 2–5, verwachsen. Plazentation zentralwinkelständig
Frucht: Bälge. Samen viele je Fruchtblatt
Kennzeichen: Einjährige. Blätter untere einfach, ganzrandig, obere gefingert. Blüten einzeln, radiär. Blütenhüllblätter 5, frei. Honigblätter meist 8. Staubblätter viele. Fruchtblätter 2–5, verwachsen. Bälge

Leptopyrum Rchb.

Ableitung: schlanker Weizen (Früchte)
Arten: 1
Lebensform: Einjährige
Blätter: wechselständig, gegenständig, quirlständig, grundständig, zusammengesetzt, bis 2-mal 3-zählig. Nebenblätter fehlend
Blütenstand: cymös
Blüten: zwittrig, radiär, mit einfacher Blütenhülle. Blütenhüllblätter 5–4, frei, gelb. Honigblätter 5, röhrenförmig. Staubblätter viele, frei. Fruchtblätter 6–20, frei. Plazentation marginal
Frucht: Bälge. Samen 1 bis mehrere je Fruchtblatt
Kennzeichen: Einjährige. Blätter zusammengesetzt, bis 2-mal 3-zählig. Blüten radiär. Blütenhüllblätter 5–4, frei. Honigblätter 5, röhrenförmig. Staubblätter viele. Fruchtblätter 6–20, frei. Bälge

Leptopyrum fumarioides

Myosurus L.

Ableitung: Mäuse-schwanz
Vulgärnamen: D:Mäuseschwänzchen; E:Mousetail; F:Myosure, Queue-de-souris
Arten: 6
Lebensform: Einjährige
Blätter: grundständig, einfach, lineal bis länglich. Nebenblätter fehlend
Blütenstand: einzeln
Blüten: zwittrig, radiär, mit einfacher Blütenhülle. Blütenhüllblätter 5, frei, grün. Honigblätter 5, gespornt. Staubblätter viele, frei. Fruchtblätter viele, an stielförmig verlängerter Blütenachse, frei. Plazentation marginal
Frucht: Nüsschen. Samen 1 je Fruchtblatt
Kennzeichen: Einjährige. Blätter grundständig, einfach, lineal bis länglich. Blüten einzeln, radiär. Blütenhüllblätter 5, frei, grün. Honigblätter 5, gespornt. Staubblätter viele. Fruchtblätter viele, an stielförmig verlängerter Blütenachse, frei. Nüsschen

Ranunculaceae Hahnenfußgewächse 733

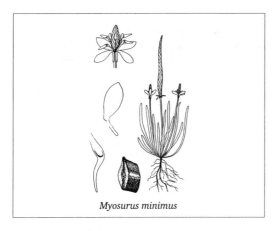
Myosurus minimus

Nigella L.

Ableitung: antiker Pflanzenname
Vulgärnamen: D:Braut in Haaren, Gretel im Busch, Jungfer im Grünen, Schwarzkümmel; E:Fennel Flower, Love-in-a-Mist; F:Nigelle
Arten: 20
Lebensform: Einjährige
Blätter: wechselständig, zusammengesetzt, 2- bis 3-mal gefiedert. Nebenblätter fehlend
Blütenstand: einzeln
Blüten: zwittrig, radiär, mit einfacher Blütenhülle, zum Teil oberste Laubblätter kelchartig hochgerückt. Blütenhüllblätter 5(8–2), frei, gelb, blau, weiß. Honigblätter 5–10, 2-lappig. Staubblätter viele, frei. Fruchtblätter 2–10, verwachsen. Plazentation zentralwinkelständig
Frucht: Kapsel, ± aufgeblasen. Samen viele je Fruchtblatt
Kennzeichen: Einjährige. Blätter 2- bis 3-mal gefiedert. Blüten einzeln, radiär, zum Teil oberste Laubblätter kelchartig hochgerückt. Blütenhüllblätter 5(8–2), frei. Honigblätter 5–10, 2-lappig. Staubblätter viele. Fruchtblätter 2–10, verwachsen. Plazentation zentralwinkelständig. Kapsel, ± aufgeblasen

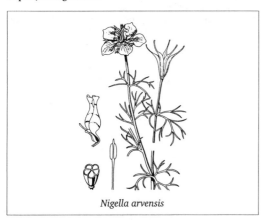
Nigella arvensis

Pulsatilla Mill.

Ableitung: kleine Glocke
Vulgärnamen: D:Küchenschelle, Kuhschelle; E:Pasqueflower; F:Pulsatille
Arten: 38
Lebensform: Staude
Blätter: grundständig, zusammengesetzt, gefiedert, 3-zählig, selten einfach, Stängelblätter quirlständig. Nebenblätter fehlend
Blütenstand: einzeln
Blüten: zwittrig, radiär, mit einfacher Blütenhülle. Blütenhüllblätter 5–12, frei, violett, weiß, gelb, rotviolett. Honigblätter fehlend. Staubblätter viele, frei. Fruchtblätter viele, frei. Plazentation marginal
Frucht: Nüsschen mit verlängertem, federartigem Griffel. Samen 1 je Fruchtblatt
Kennzeichen: Staude. Blätter: grundständig, Stängelblätter quirlständig. Blüten einzeln, zwittrig. Blütenhüllblätter 5–12, frei. Honigblätter fehlend. Staubblätter viele. Fruchtblätter viele. Nüsschen mit verlängertem, federartigem Griffel

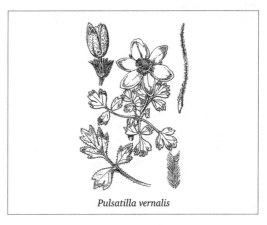
Pulsatilla vernalis

Ranunculus L.

Ableitung: antiker Pflanzenname
Vulgärnamen: D:Hahnenfuß, Ranunkel, Scharbockskraut, Wasserhahnenfuß; E:Buttercup, Crowfoot; F:Renoncule
Arten: c. 600
Lebensform: Staude, Einjährige
Blätter: wechselständig, selten gegenständig, zusammengesetzt oder einfach. Nebenblätter fehlend
Blütenstand: einzeln, cymös
Blüten: zwittrig, radiär, mit einfacher Blütenhülle. Blütenhüllblätter 5 oder 3, frei. Honigblätter 5, selten 6–9, kronblattartig, gelb, weiß, purpurn, rosa, orange, rot. Staubblätter viele bis 5, frei. Fruchtblätter viele, frei. Plazentation marginal
Frucht: Nüsschen, höchstens kurz geschnäbelt. Samen 1 je Fruchtblatt
Kennzeichen: Staude, Einjährige. Blüten radiär. Blütenhüllblätter 5 oder 3, frei. Honigblätter 5, selten 6–9, kronblattartig. Staubblätter viele bis 5, frei. Fruchtblätter viele, frei. Nüsschen, höchstens kurz geschnäbelt

734 Ranunculaceae Hahnenfußgewächse

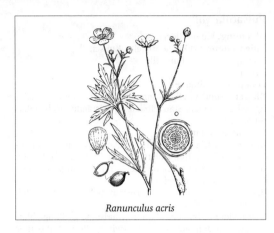
Ranunculus acris

Arten: c. 330
Lebensform: Staude
Blätter: wechselständig, zusammengesetzt, 3-zählig, gefiedert, selten einfach. Nebenblätter vorhanden oder fehlend
Blütenstand: Rispe, Traube, Dolde
Blüten: zwittrig oder eingeschlechtig, radiär, mit einfacher Blütenhülle. Blütenhüllblätter 3–10, frei, weiß, rosa, lila, grün, gelb. Honigblätter fehlend. Staubblätter viele, frei. Fruchtblätter 1 bis viele, frei. Plazentation marginal
Frucht: Nüsschen. Samen 1 je Fruchtblatt
Kennzeichen: Staude. Blätter zusammengesetzt, 3-zählig, gefiedert, selten einfach. Blüten radiär. Blütenhüllblätter 3–10, frei. Honigblätter fehlend. Staubblätter viele. Nüsschen

Semiaquilegia Makino

Ableitung: halb Aquilegia
Vulgärnamen: D:Scheinakelei; F:Fausse-ancolie
Arten: 1
Lebensform: Staude
Blätter: wechselständig, zusammengesetzt, 3-zählig. Nebenblätter fehlend
Blütenstand: cymös
Blüten: zwittrig, radiär, mit einfacher Blütenhülle. Blütenhüllblätter 5, frei, rosa, purpurn. Honigblätter 5, nicht gespornt. Staubblätter viele, frei und Staminodien. Fruchtblätter 2–5, frei. Plazentation marginal
Frucht: Bälge. Samen viele je Fruchtblatt
Kennzeichen: Staude. Blätter 3-zählig. Blüten radiär. Blütenhüllblätter 5, frei. Honigblätter 5, nicht gespornt. Staubblätter viele und Staminodien. Fruchtblätter 2–5, frei. Bälge

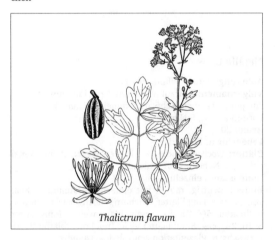
Thalictrum flavum

Trautvetteria Fisch. et C.A. Mey.

Ableitung: Gattung zu Ehren von Ernst Rudolf von Trautvetter (1809–1889), einem baltisch-russischen Botaniker benannt
Arten: 2
Lebensform: Staude
Blätter: wechselständig, gefingert oder handförmig geschnitten. Nebenblätter fehlend

Semiaquilegia ecalcarata

Thalictrum L.

Ableitung: antiker Pflanzenname
Vulgärnamen: D:Wiesenraute; E:Meadow Rue; F:Pigamon

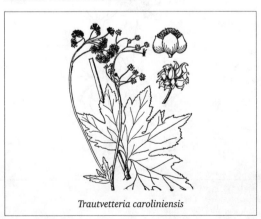
Trautvetteria caroliniensis

Blütenstand: cymös
Blüten: zwittrig, radiär, mit einfacher Blütenhülle. Blütenhüllblätter 5-3, frei, weiß. Honigblätter fehlend. Staubblätter viele, frei. Fruchtblätter viele, frei. Plazentation marginal
Frucht: Nüsschen. Samen 1 je Fruchtblatt
Kennzeichen: Staude. Blätter gefingert oder handförmig geschnitten. Blüten radiär. Blütenhüllblätter 5-3, frei. Honigblätter fehlend. Staubblätter viele. Fruchtblätter viele, frei. Nüsschen

Trollius L.

Ableitung: nach dem deutschen Namen der Pflanze
Vulgärnamen: D:Trollblume; E:Globeflower; F:Boule d'or, Trolle
Arten: 31
Lebensform: Staude
Blätter: wechselständig, zusammengesetzt, gefingert, handförmig geteilt oder einfach. Nebenblätter fehlend
Blütenstand: einzeln, cymös
Blüten: zwittrig, radiär, mit einfacher Blütenhülle. Blütenhüllblätter 5-15, frei, gelb, weiß, gelbrosa. Honigblätter 8-17, zungenförmig. Staubblätter viele, frei. Fruchtblätter 3-50, frei. Plazentation marginal
Frucht: Bälge. Samen viele je Fruchtblatt
Kennzeichen: Staude. Blätter gefingert, handförmig geteilt oder einfach. Blüten radiär. Blütenhüllblätter 5-15, frei. Honigblätter 8-17, zungenförmig. Staubblätter viele. Fruchtblätter 3-50, frei. Bälge

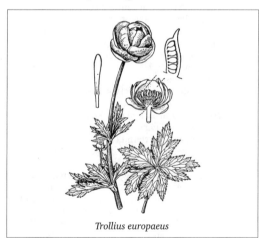

Trollius europaeus

Xanthorhiza Marshall

Ableitung: gelbe Wurzel
Vulgärnamen: D:Gelbwurz; F:Xanthorhiza
Arten: 1
Lebensform: Strauch
Blätter: wechselständig, zusammengesetzt, einfach bis doppelt gefiedert. Nebenblätter fehlend
Blütenstand: Traube mit nickenden Blüten, endständig
Blüten: zwittrig oder eingeschlechtig, radiär, mit einfacher Blütenhülle. Blütenhüllblätter 5, frei, rotbraun, grüngelb.

Honigblätter 5, 2-lappig. Staubblätter 5 oder 10, frei. Fruchtblätter 5 oder 10, frei. Plazentation marginal
Frucht: Bälge. Samen 2 je Fruchtblatt
Kennzeichen: Strauch. Blätter einfach bis doppelt gefiedert. Blüten radiär. Blütenhüllblätter 5, frei. Honigblätter 5, 2-lappig. Staubblätter 5 oder 10. Fruchtblätter 5 oder 10, frei. Bälge

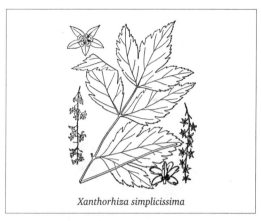

Xanthorhiza simplicissima

Resedaceae Resedagewächse

1 Fruchtblätter frei
  2 Blüten radiär.............**Caylusea**
  2 Blüten zygomorph..........**Sesamoides**
1 Fruchtblätter verwachsen........**Reseda**

Caylusea A. St.-Hil.

Arten: 3
Lebensform: Einjährige, Zweijährige
Blätter: wechselständig, einfach. Nebenblätter fehlend
Blütenstand: Traube
Blüten: zwittrig, radiär. Kelchblätter 5. Kronblätter 5, frei, geteilt. Staubblätter 10-15. Fruchtblätter 4-7, frei. Plazentation basal
Frucht: Kapsel
Kennzeichen: Einjährige, Zweijährige. Blüten radiär. Kronblätter 5, frei, geteilt. Staubblätter 10-15. Fruchtblätter 4-7, frei. Plazentation basal. Frucht aus sternförmig ausgebreiteten Fruchtblättern

Reseda L.

Ableitung: antiker Pflanzenname
Vulgärnamen: D:Resede, Wau; E:Mignonette; F:Réséda
Arten: 55
Lebensform: Einjährige, Staude, Halbstrauch
Blätter: wechselständig, einfach oder zusammengesetzt. Nebenblätter fehlend
Blütenstand: Traube
Blüten: zwittrig, zygomorph. Kelchblätter 4-9. Kronblätter 4-8, frei, eingeschnitten, weiß, gelb, grünlich, braun. Staubblätter 8-20. Frei und frei von der Krone. Fruchtblätter 3-4, selten 6, verwachsen, oberständig. Plazentation parietal

Frucht: Kapsel
Kennzeichen: Einjährige, Staude, Halbstrauch. Blüten zygomorph. Kronblätter 4–8, frei, eingeschnitten. Staubblätter 8–20. Frei. Fruchtblätter 3–6. Verwachsen, oberständig. Plazentation parietal. Kapsel, Samen in offenen Fruchtblättern

Reseda luteola

Sesamoides Ortega

Ableitung: Sesam-ähnlich
Arten: 4
Lebensform: Staude, Zweijährige

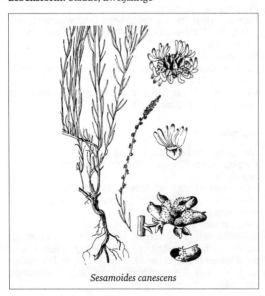

Sesamoides canescens

Blätter: wechselständig, einfach. Nebenblätter fehlend
Blütenstand: Traube
Blüten: zwittrig, zygomorph. Kelchblätter 4–7. Kronblätter 5–6, frei, eingeschnitten. Staubblätter 6–20, frei. Fruchtblätter 4–7, frei. Oberständig. Plazentation basal
Frucht: sternförmig ausgebreitete Fruchtblätter
Kennzeichen: Staude. Blüten radiär. Kronblätter 5–6, frei, eingeschnitten. Staubblätter 6–20, frei. Fruchtblätter 4–7, frei, oberständig. Plazentation basal. Frucht aus sternförmig ausgebreiteten Fruchtblättern

Rhamnaceae Kreuzdorngewächse

1 Frucht mit kreisförmigem, horizontalem Flügel . . . . **Paliurus**
1 Frucht nicht geflügelt
  2 Blütenstandsachse sukkulent . . . . **Hovenia**
  2 Blütenstandsachse nicht sukkulent
    3 Blätter und Zweige gegenständig. Kronblätter fehlend. (meist stark dornig) . . . . . . **Colletia**
    3 Blätter und andere Merkmale anders
      4 Frucht sich spaltend
        5 Frucht eine Kapsel . . . . **Noltea**
        5 Frucht eine Spaltfrucht (Teilfrüchte sich manchmal noch öffend)
          6 Fruchtknoten unterständig . . . . . **Phylica**
          6 Fruchtknoten halbunterständig
            7 Pflanze mit Sternhaaren . . . . **Pomaderris**
            7 Pflanze ohne Sternhaare . . . . **Ceanothus**
      4 Frucht fleischig, sich nicht spaltend
        8 Fruchtknoten halbunterständig. (Blätter immergrün) . . . . **Rhamnella**
        8 Fruchtknoten oberständig
          9 Blüten knäuelig in Ähren. (Blätter gegenständig) . . . . **Sageretia**
          9 Blüten gestielt
            10 Blätter meist 3-nervig. Nebenblätter dornig . . . . **Ziziphus**
            10 Blätter nicht 3-nervig. Keine dornigen Nebenblätter
              11 Pflanze kletternd (bei den kultivierten Arten) . . . . **Berchemia**
              11 Pflanze nicht kletternd
                12 Blüten 5-zählig. Fruchtknoten mit kurz gelappter Narbe. Samen ungefurcht . . . . **Frangula**
                12 Blüten meist 4-zählig. Fruchtknoten mit 2- bis 4-spaltiger Narbe. Samen mit einer Furche . . . . **Rhamnus**

Berchemia Neck. ex DC.

Ableitung: Gattung vermutlich zu Ehren von M. Berchem, einem französischen Botaniker des 17. Jahrhunderts benannt
Vulgärnamen: D:Berchemie
Arten: 20
Lebensform: Liane, Strauch, Baum, immergrün oder laubwerfend, nicht dornig
Blätter: wechselständig, einfach, fiedernervig. Nebenblätter vorhanden
Blütenstand: Rispe, endständig

Blüten: zwittrig, radiär, mit Kelch und Krone. Kronblätter 5, frei. Staubblätter 5, vor den Kronblättern und verwachsen mit ihnen. Diskus vorhanden, den Achsenbecher ausfüllend. Fruchtblätter 2, verwachsen, oberständig. Plazentation zentralwinkelständig
Frucht: Steinfrucht
Kennzeichen: Lebensform: Liane, Strauch, Baum, immergrün oder laubwerfend, nicht dornig. Blüten radiär. Kronblätter 5, frei. Staubblätter 5, vor den Kronblättern und verwachsen mit ihnen. Diskus vorhanden, den Achsenbecher ausfüllend. Fruchtblätter 2, verwachsen, oberständig. Plazentation zentralwinkelständig. Steinfrucht

Berchemia scandens

Ceanothus L.

Ableitung: antiker Pflanzenname
Vulgärnamen: D:Säckelblume; E:California Lilac; F:Céanothe
Arten: 55
Lebensform: Strauch, Baum, immergrün oder laubwerfend, dornig oder nicht, ohne Sternhaare
Blätter: wechselständig oder gegenständig, einfach, fiedernervig oder 3-nervig. Nebenblätter vorhanden
Blütenstand: Dolde, Traube, Schirmrispe, Rispe
Blüten: zwittrig, radiär, mit Kelch und Krone. Achsenbecher und Diskus vorhanden. Kronblätter 5, frei, weiß, blau, lila, rosa. Staubblätter 5, vor den Kronblättern und verwachsen mit ihnen. Fruchtblätter 3-4, verwachsen, halbunterständig. Plazentation zentralwinkelständig

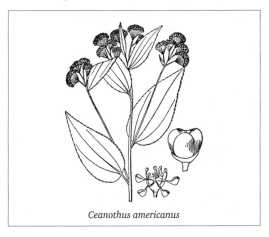

Ceanothus americanus

Frucht: Spaltfrucht
Kennzeichen: Strauch, Baum, immergrün oder laubwerfend, dornig oder nicht, ohne Sternhaare. Blüten radiär. Achsenbecher und Diskus vorhanden. Kronblätter 5, frei. Staubblätter 5, vor den Kronblättern und verwachsen mit ihnen. Fruchtblätter 3-4, verwachsen, halbunterständig. Plazentation zentralwinkelständig. Spaltfrucht

Colletia Comm. ex Juss.

Ableitung: Gattung zu Ehren von Philibert Collet (1643-1718), einem französischen Botaniker benannt
Vulgärnamen: D:Ankerpflanze, Colletie; E:Anchor Plant; F:Colletia
Arten: 17
Lebensform: Strauch, dornig
Blätter: gegenständig, einfach, hinfällig. Nebenblätter fehlend
Blütenstand: Büschel, einzeln
Blüten: zwittrig, radiär. Achsenbecher und Diskus vorhanden. Kronblätter 4-6, frei, weiß, gelblich. Staubblätter 4-6, vor den Kronblättern und verwachsen mit ihnen. Diskus vorhanden. Fruchtblätter 3-4, verwachsen, halbunterständig. Plazentation zentralwinkelständig
Frucht: Kapsel
Kennzeichen: Strauch, dornig. Blätter gegenständig. Blüten radiär. Achsenbecher und Diskus vorhanden. Kronblätter 4-6, frei. Staubblätter 4-6, vor den Kronblättern und verwachsen mit ihnen. Diskus vorhanden. Fruchtblätter 3-4, verwachsen, halbunterständig. Plazentation zentralwinkelständig. Kapsel

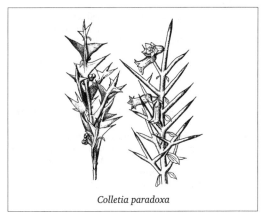

Colletia paradoxa

Frangula Mill.

Ableitung: Pflanze mit brüchigem Holz
Vulgärnamen: D:Faulbaum; E:Alder Buckthorn; F:Nerprun
Arten: c. 20
Lebensform: Baum, Strauch, laubwerfend oder immergrün, nicht dornig
Blätter: wechselständig, einfach. Nebenblätter vorhanden
Blütenstand: cymös, selten einzeln
Blüten: zwittrig, radiär, mit Kelch und Krone. Achsenbecher und Diskus vorhanden. Kronblätter 5, frei. Staubblät-

ter 5, vor den Kronblättern und verwachsen mit den ihnen. Fruchtblätter 3, verwachsen, oberständig. Plazentation zentralwinkelständig
Frucht: Steinfrucht, Samen ungefurcht
Kennzeichen: Baum, Strauch, laubwerfend oder immergrün, nicht dornig. Blüten radiär. Achsenbecher und Diskus vorhanden. Kronblätter 5, frei. Staubblätter 5, vor den Kronblättern und verwachsen mit ihnen. Fruchtblätter 3, verwachsen, oberständig. Plazentation zentralwinkelständig. Steinfrucht, Samen ungefurcht

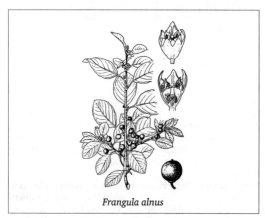
Frangula alnus

Hovenia Thunb.

Ableitung: Gattung zu Ehren von David ten Hove (1724–1787), einem niederländischen Senator von Amsterdam, der Thunbergs Reise nach Ostasien förderte, benannt
Vulgärnamen: D:Rosinenbaum; E:Raisin Tree; F:Raisin du Japon
Arten: 2
Lebensform: Baum, Strauch, laubwerfend, nicht dornig
Blätter: wechselständig, einfach, 3-nervig. Nebenblätter fehlend
Blütenstand: Schirmtraube, endständig, seitlich
Blüten: zwittrig, radiär, mit Kelch und Krone. Achsenbecher vom Diskus ausgefüllt. Kronblätter 5, frei, grün. Staubblätter 5, vor den Kronblättern und verwachsen mit ihnen. Fruchtblätter 3, verwachsen, halbunterständig. Plazentation zentralwinkelständig

Hovenia dulcis

Frucht: Nuss, 3-samig, mit fleischig werdenden Blütenstielen
Kennzeichen: Baum, Strauch, laubwerfend, nicht dornig. Blätter einfach, 3-nervig. Blüten radiär. Achsenbecher vom Diskus ausgefüllt. Kronblätter 5, frei. Staubblätter 5, vor den Kronblättern und verwachsen mit ihnen. Fruchtblätter 3, verwachsen, halbunterständig. Plazentation zentralwinkelständig. Nuss, 3-samig, mit fleischig werdenden Blütenstielen

Noltea Rchb.

Ableitung: Gattung zu Ehren von Ernst Ferdinand Nolte (1791–1875), einem deutschen Botaniker benannt
Arten: 1
Lebensform: Strauch, Baum, immergrün, nicht dornig
Blätter: wechselständig, einfach. Nebenblätter vorhanden
Blütenstand: Rispe, cymös
Blüten: zwittrig, radiär, mit Kelch und Krone. Achsenbecher und Diskus vorhanden. Kronblätter 5, frei, blau, weiß. Staubblätter 5, vor den Kronblättern und verwachsen mit ihnen. Diskus dünn. Fruchtblätter 3, verwachsen, halbunterständig. Plazentation zentralwinkelständig
Frucht: Kapsel
Kennzeichen: Lebensform: Strauch, Baum, immergrün, nicht dornig. Blüten radiär. Achsenbecher und Diskus vorhanden. Kronblätter 5, frei. Staubblätter 5, vor den Kronblättern und verwachsen mit ihnen. Diskus dünn. Fruchtblätter 3, verwachsen, halbunterständig. Plazentation zentralwinkelständig. Kapsel

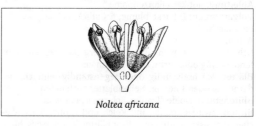
Noltea africana

Paliurus Mill.

Ableitung: antiker Pflanzenname
Vulgärnamen: D:Christdorn, Stechdorn; E:Christ's Thorn; F:Epine du Christ
Arten: 8
Lebensform: Baum, Strauch, laubwerfend, dornig oder nicht
Blätter: wechselständig, einfach, 3-nervig. Nebenblätter vorhanden
Blütenstand: cymös, seitlich
Blüten: zwittrig, radiär, mit Kelch und Krone. Achsenbecher und Diskus vorhanden. Kronblätter 5, frei. Staubblätter 5, vor den Kronblättern und verwachsen mit ihnen. Fruchtblätter 2–3, verwachsen, halbunterständig. Plazentation zentralwinkelständig
Frucht: ringsum geflügelte Nuss
Kennzeichen: Lebensform: Baum, Strauch, laubwerfend, dornig oder nicht. Blätter einfach, 3-nervig. Blüten radiär. Achsenbecher und Diskus vorhanden. Kronblätter 5, frei. Staubblätter 5, vor den Kronblättern und verwachsen mit

Rhamnaceae Kreuzdorngewächse 739

Paliurus spina-christi

ihnen. Fruchtblätter 2–3, verwachsen, halbunterständig. Plazentation zentralwinkelständig. ringsum geflügelte Nuss

Phylica L.

Ableitung: antiker Pflanzenname
Vulgärnamen: D:Kapmyrte; E:Cape Myrtle; F:Myrte du Cap
Arten: 150
Lebensform: Strauch, Baum, immergrün, nicht dornig
Blätter: wechselständig, einfach. Nebenblätter vorhanden oder fehlend
Blütenstand: Traube, Ähre, Köpfchen, endständig
Blüten: zwittrig, radiär, meist mit Kelch und Krone. Achsenbecher. Kronblätter meist 5. Staubblätter 5, vor den Kronblättern und verwachsen mit ihnen. Diskus vorhanden oder fehlend. Fruchtblätter 3, verwachsen, unterständig. Plazentation zentralwinkelständig

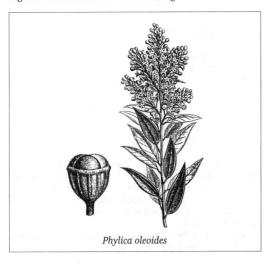

Phylica oleoides

Frucht: Spaltfrucht
Kennzeichen: Strauch, Baum, immergrün, nicht dornig. Blüten radiär. Achsenbecher. Kronblätter meist 5. Staubblätter 5, vor den Kronblättern und verwachsen mit ihnen. Diskus vorhanden oder fehlend. Fruchtblätter 3, verwachsen, unterständig. Plazentation zentralwinkelständig. Spaltfrucht

Pomaderris Labill.

Ableitung: Deckel mit Haut
Arten: 55
Lebensform: Strauch, Baum, immergrün, nicht dornig, mit Sternhaaren
Blätter: wechselständig, einfach. Nebenblätter vorhanden
Blütenstand: cymös, Rispe
Blüten: zwittrig, radiär. Kelchblätter 5. Achsenbecher und Diskus vorhanden. Kronblätter 5 oder fehlend, frei. Staubblätter 5, vor den Kronblättern und verwachsen mit ihnen. Fruchtblätter 3, verwachsen, halbunterständig. Plazentation zentralwinkelständig
Frucht: Spaltfrucht mit aufspringenden Teilfrüchten
Kennzeichen: Strauch, Baum, immergrün, nicht dornig, mit Sternhaaren. Blüten, radiär. Kelchblätter 5. Achsenbecher und Diskus vorhanden. Kronblätter 5 oder fehlend, frei. Staubblätter 5, vor den Kronblättern und verwachsen mit ihnen. Fruchtblätter 3, verwachsen, halbunterständig. Plazentation zentralwinkelständig. Spaltfrucht mit aufspringenden Teilfrüchten

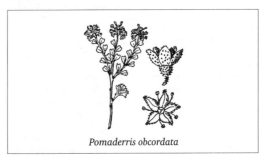

Pomaderris obcordata

Rhamnella Miq.

Ableitung: kleiner Rhamnus
Arten: 10
Lebensform: Baum, Strauch, immergrün, nicht dornig
Blätter: wechselständig, einfach. Nebenblätter vorhanden
Blütenstand: cymös
Blüten: zwittrig, radiär. Kelchblätter gekielt. Achsenbecher und Diskus vorhanden. Kronblätter 5, frei, grün. Staubblätter 5, vor den Kronblättern und verwachsen mit ihnen. Fruchtblätter 2, verwachsen, halbunterständig. Plazentation zentralwinkelständig
Frucht: Steinfrucht
Kennzeichen: Baum, Strauch, immergrün, nicht dornig. Blüten, radiär. Achsenbecher und Diskus vorhanden. Kronblätter 5, frei. Staubblätter 5, vor den Kronblättern und verwachsen mit ihnen. Fruchtblätter 2, verwachsen, halbunterständig. Plazentation zentralwinkelständig. Steinfrucht

740 Rhamnaceae Kreuzdorngewächse

Rhamnella franguloides

Rhamnus L.

Ableitung: antiker Pflanzenname
Vulgärnamen: D:Kreuzdorn; E:Buckthorn; F:Alaterne, Nerprun
Arten: 125
Lebensform: Baum, Strauch, immergrün oder laubwerfend, dornig oder nicht
Blätter: wechselständig oder gegenständig, einfach. Nebenblätter vorhanden
Blütenstand: Büschel, doldenartig
Blüten: zwittrig oder eingeschlechtig, radiär, mit Kelch und Krone. Achsenbecher und Diskus vorhanden. Kronblätter meist 4, frei, grün, gelb, braun. Staubblätter meist 4, vor den Kronblättern und verwachsen mit ihnen. Fruchtblätter 2–4, verwachsen, oberständig. Plazentation zentralwinkelständig
Frucht: Steinfrucht. Samen mit einer Furche
Kennzeichen: Lebensform: Baum, Strauch, immergrün oder laubwerfend, dornig oder nicht. Blüten radiär. Achsenbecher und Diskus vorhanden. Kronblätter meist 4, frei. Staubblätter meist 4, vor den Kronblättern und verwachsen mit ihnen. Fruchtblätter 2–4, verwachsen, oberständig. Plazentation zentralwinkelständig. Steinfrucht. Samen mit einer Furche

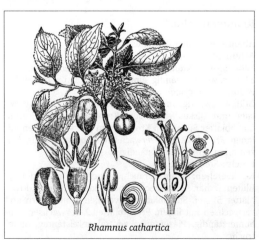

Rhamnus cathartica

Sageretia Brongn.

Ableitung: Gattung zu Ehren von Augustin Sageret (1763–1851), einem französischen Botaniker benannt
Arten: 35
Lebensform: Strauch, Liane, Baum, immergrün oder laubwerfend, dornig oder nicht
Blätter: gegenständig, einfach. Nebenblätter vorhanden
Blütenstand: Blüten in Knäueln ährenartig, endständig oder seitlich
Blüten: zwittrig, radiär, mit Kelch und Krone. Achsenbecher und Diskus vorhanden. Kronblätter 5, frei, weiß. Staubblätter 5, vor den Kronblättern und verwachsen mit ihnen. Fruchtblätter 2–3, verwachsen, oberständig. Plazentation zentralwinkelständig
Frucht: Steinfrucht
Kennzeichen: Lebensform: Strauch, Liane, Baum, immergrün oder laubwerfend, dornig oder nicht. Blätter gegenständig. Blüten in Knäueln ährenartig, radiär. Achsenbecher und Diskus vorhanden. Kronblätter 5, frei. Staubblätter 5, vor den Kronblättern und verwachsen mit ihnen. Fruchtblätter 2–3, verwachsen, oberständig. Plazentation zentralwinkelständig. Steinfrucht

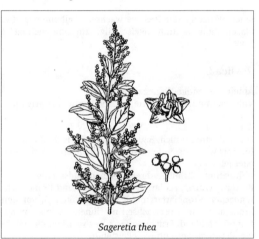

Sageretia thea

Ziziphus Mill.

Ableitung: antiker Pflanzenname
Vulgärnamen: D:Brustbeere, Judendorn, Jujube; E:Jujube; F:Jujubier, Lotus des Anciens
Arten: 86
Lebensform: Baum, Strauch, Liane, immergrün oder laubwerfend, dornig oder nicht
Blätter: wechselständig, einfach, 3-nervig oder fiedernervig. Nebenblätter vorhanden, dornig
Blütenstand: cymös
Blüten: zwittrig, radiär. Achsenbecher und Diskus vorhanden. Kelchblätter 5. Kronblätter 5, frei, gelb oder fehlend. Staubblätter 5, vor den Kronblättern und verwachsen mit ihnen. Diskus vorhanden. Fruchtblätter 2–3, verwachsen, oberständig. Plazentation zentralwinkelständig
Frucht: Steinfrucht
Kennzeichen: Lebensform: Baum, Strauch, Liane, immergrün oder laubwerfend, dornig oder nicht.

Nebenblätter vorhanden, dornig. Blüten radiär. Achsenbecher und Diskus vorhanden. Kronblätter 5, frei oder fehlend. Staubblätter 5, vor den Kronblättern und verwachsen mit ihnen. Diskus vorhanden. Fruchtblätter 2-3, verwachsen, oberständig. Plazentation zentralwinkelständig. Steinfrucht

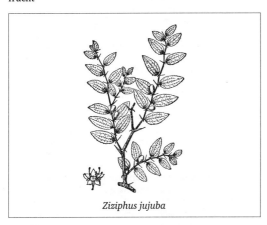
Ziziphus jujuba

Rhizophoraceae Mangrovengewächse

1 Kronblätter 5-6. Fruchtknoten halbunterständig, aus 3 Fruchtblättern . . . . **Ceriops**
1 Kronblätter 4. Fruchtknoten unterständig, aus 2 Fruchtblättern. . . . .**Rhizophora**

Ceriops Arn.

Ableitung: vom Aussehen eines Bandes (Frucht)
Arten: 3
Lebensform: Baum, Strauch, immergrün
Blätter: gegenständig, einfach. Nebenblätter vorhanden
Blütenstand: cymös

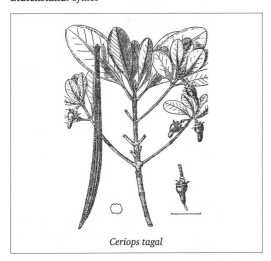
Ceriops tagal

Blüten: zwittrig, radiär. Kelchblätter 5-6. Kronblätter 5-6, frei, weiß. Staubblätter 10 oder 12, frei und frei von der Krone. Fruchtblätter 3, verwachsen, halbunterständig. Plazentation zentralwinkelständig
Frucht: Beere
Kennzeichen: Baum, Strauch, immergrün. Blätter gegenständig. Nebenblätter vorhanden. Blüten radiär. Kronblätter 5-6, frei. Staubblätter 10-12, frei von der Krone. Fruchtblätter 3, verwachsen, halbunterständig. Plazentation zentralwinkelständig. Beere

Rhizophora L.

Ableitung: Wurzel-Träger
Vulgärnamen: D:Manglebaum, Mangrovebaum; F:Palétuvier
Arten: 8-9
Lebensform: Baum, immergrün
Blätter: gegenständig, einfach. Nebenblätter vorhanden
Blütenstand: einzeln, cymös
Blüten: zwittrig, radiär. Kelchblätter 4. Kronblätter 4, frei, gelblich, grünlich. Staubblätter 8-12, frei und frei von der Krone. Fruchtblätter 2, verwachsen, unterständig. Plazentation zentralwinkelständig
Frucht: Beere
Kennzeichen: Baum, immergrün. Blätter gegenständig. Nebenblätter vorhanden. Blüten radiär. Kronblätter 4, frei. Staubblätter 8-12, frei von der Krone. Fruchtblätter 2, verwachsen, unterständig. Plazentation zentralwinkelständig. Beere

Rhizophora mangle

Roridulaceae

Roridula L.

Ableitung: Tau-Pflanze
Vulgärnamen: D:Fliegenbusch, Wanzenpflanze; F:Roridule
Arten: 2
Lebensform: Strauch, immergrün, fleischfressend
Blätter: wechselständig, einfach. Nebenblätter fehlend

Blütenstand: einzeln, Traube
Blüten: zwittrig, radiär. Kelchblätter 5. Kronblätter 5, frei, rosenrot, weiß. Staubblätter 5, frei und frei von der Krone. Fruchtblätter 3, verwachsen, oberständig. Plazentation zentralwinkelständig
Frucht: Kapsel
Kennzeichen: Strauch, immergrün, fleischfressend. Blüten radiär. Kronblätter 5, frei. Staubblätter 5. Fruchtblätter 3, verwachsen, oberständig. Plazentation zentralwinkelständig. Kapsel

Roridula dentata

Rosaceae Rosengewächse

1 Fruchtblätter oberständig oder mittelständig
2 Fruchtblätter oberständig
3 Frucht aus aufspringenden Bälgen bestehend oder balgartig und 2-klappig oder kapselartig
4 Blätter zusammengesetzt
5 Pflanze eine Staude
6 Blätter 2- bis 3-fach gefiedert. Blüten zweihäusig . . . . **Aruncus**
6 Blätter 3-zählig. Blüten zwittrig . . . **Gillenia**
5 Pflanzen holzig
7 Blätter 3-zählig. Blüten in Trauben. (Staubblätter verwachsen). . . . . . **Luetkea**
7 Blätter einfach oder doppelt gefiedert. Blüten in Rispen
8 Blätter doppelt gefiedert . . . . **Chamaebatiaria**
8 Blätter einfach gefiedert
9 Blätter sommergrün. Fruchtblätter mit mehren Samen marginal **Sorbaria**
9 Blätter immergrün. Fruchtblätter mit 2-4 basalen Samen . . . . **Spiraeanthus**
4 Blätter einfach
10 Nebenblätter vorhanden
11 Blätter fiedernervig. (Blüten in Trauben) . . . . **Exochorda**
11 Blätter handnervig
12 Bälge aufgeblasen. Fruchtblätter ± verwachsen. . . . . **Physocarpus**
12 Bälge nicht aufgeblasen. Fruchtblätter frei
13 Blätter sommergrün
14 Samen 2-12 je Fruchtblatt . . . **Neillia**
14 Samen 1-2 je Fruchtblatt . . . . **Stephanandra**
10 Nebenblätter fehlend
15 Blätter immergrün
16 Samen 4-2 je Fruchtblatt, nicht geflügelt. . . . . **Petrophytum**
16 Samen viele je Fruchtblatt, geflügelt . . . . **Quillaja**
15 Blätter sommergrün
17 Fruchtblätter verwachsen, zumindest am Grund
18 Fruchtblätter an der Bauchseite verwachsen. Pflanze nicht zweihäusig. **Exochorda**
18 Fruchtblätter nur am Grund verwachsen. Pflanze zweihäusig . . . . **Sibiraea**
17 Fruchtblätter frei
19 Kronblätter rundlich bis umgekehrt eiförmig. (Samenanlagen 2-10 je Fruchtblatt) . . . . **Spiraea**
19 Kronblätter lineal. (Samenanlagen 2 je Fruchtblatt) . . . . **Pentactina**
3 Frucht aus Nüsschen oder Steinfrüchtchen bestehend
20 Frucht mit Steinfrüchtchen . . . . **Rubus**
20 Frucht mit Nüsschen der ± trockenen Steinfrüchtchen
21 Pflanzen Sträucher
22 Blätter gegenständig, selten quirlständig . . . . **Rhodotypos**
22 Blätter wechselständig
23 Blätter zusammengesetzt
24 Blätter 3-fach gefiedert. . . **Chamaebatia**
24 Blätter 3- bis 5-zählig gefiedert . . . . **Potentilla**
23 Blätter einfach
25 Nebenblätter fehlend. . . . . **Holodiscus**
25 Nebenblätter vorhanden
26 Nebenblätter frei
27 Krone vorhanden, gelb . . . . . **Kerria**
27 Krone fehlend . . . . . . **Neviusia**
26 Nebenblätter mit dem Blattstiel verwachsen
28 Außenkelch und Krone fehlend . . . . **Cercocarpus**
28 Außenkelch und Krone vorhanden
29 Kronblätter 7-10. (Pflanze immergrün). . . . . **Dryas**
29 Kronblätter 5
30 Fruchtblätter 1, selten 2. . . **Purshia**
30 Fruchtblätter viele. Nüsschen federig . . . . **Fallugia**
21 Pflanzen Kräuter. (Blätter meist zusammengesetzt. Nebenblätter am Blattstiel angewachsen)
31 Blüten ohne Außenkelch
32 Blüten weiß, purpurn oder rot . . . . **Filipendula**
32 Blüten gelb . . . . **Waldsteinia**
31 Blüten mit Außenkelch

33 Nüsschen auf einem fleischigen
    Blütenboden
  34 Blüten einzeln, gelb . . . . . **Duchesnea**
  34 Blüten fast immer zu mehreren, weiß
      oder rosa . . . .**Fragaria**
33 Nüsschen nicht auf einem fleischigen
    Blütenboden
  35 Nüsschen mit verlängertem Griffel . . .
      . . . . **Geum**
  35 Nüsschen ohne verlängerten Griffel
    36 Griffel verlängert zur Fruchtzeit,
        ± endständig
      37 Grundständige Blätter mit zahlreichen
          Blättchen. . . . . **Coluria**
      37 Grundständige Blätter einfach bis
          3-zählig. . . . .**Waldsteinia**
    36 Griffel nicht verlängert zur Fruchtzeit
      38 Griffel seitlich am Fruchtblatt. . . . .
          . . . . **Sibbaldia**
      38 Griffel ± endständig am Fruchtblatt,
          abfallend . . . . **Potentilla**
2 Fruchtblätter mittelständig
  39 Frucht trocken
    40 Frucht balgartig mit 2 Klappen . . . . **Kelseya**
    40 Frucht Nüsschen
      41 Pflanze eine Staude. . . . . **Horkelia**
      41 Pflanze eine Holzpflanze
        42 Blüten zwittrig . . . . **Adenostoma**
        42 Blüten eingeschlechtig . . . . . . **Hagenia**
  39 Frucht fleischig
    43 Frucht eine Rosenfrucht mit geschlossenem
        Becher. Nebenblätter mit dem Blattstiel
        verwachsen . . . .**Rosa**
    43 Frucht eine Steinfrucht. Nebenblätter frei
      44 Krone fehlend . . . .**Maddenia**
      44 Krone vorhanden
        45 Fruchtblätter 5 . . . . **Oemleria**
        45 Fruchtblätter 1, selten 2
          46 Pflanze dornig . . . . **Prinsepia**
          46 Pflanze nicht dornig . . . . **Prunus**
1 Fruchtknoten unterständig oder halbunterständig
    oder Hypanthium fest um die Fruchtblätter
    geschlossen bleibend
  47 Blütenhülle einfach
    48 Pflanzen dornige Sträucher
      49 Blüten einzeln, zwittrig. Staubblätter 1-3.
          Fruchtblatt 1. . . . . **Margyricarpus**
      49 Blüten in Ähren, einhäusig. Staubblätter viele.
          Fruchtblätter 2-3 . . . . **Sarcopoterium**
    48 Pflanzen nicht dornig
      50 Frucht eine Steinfrucht . . . . **Bencomia**
      50 Frucht ein Nüsschen
        51 Nüsschen stachelig . . . . **Acaena**
        51 Nüsschen nicht stachelig
          52 Blätter gefiedert oder 3-zählig. Außenkelch
              fehlend
            53 Blüten in Trauben . . . . **Polylepis**
            53 Blüten in Köpfchen oder Ähren . .
                . . . . **Sanguisorba**
          52 Blätter einfach oder gefingert. Außenkelch
              fast immer vorhanden
            54 Staubblätter 4, seltener 5 . . . **Alchemilla**
            54 Staubblätter 1 . . . . **Aphanes**
  47 Blüten mit Kelch und Krone
    55 Pflanzen Kräuter mit unterbrochen gefiederten
        Blättern
      56 Staubblätter 5-20
        57 Blüten in Trauben. Frucht mit
            Widerhakenborsten . . . . **Agrimonia**
        57 Blüten cymös oder einzeln. . . . . **Aremonia**
      56 Staubblätter 35-40 . . . . **Spenceria**
    55 Pflanzen Sträucher oder Bäume mit Apfelfrucht
      58 Samenanlagen viele je Fruchtblatt
        59 Blätter ganzrandig. Griffel frei. . . . **Cydonia**
        59 Blätter fast immer gesägt oder gekerbt.
            Griffel verwachsen am Grund
          60 Pflanze dornig. . . . .**Chaenomeles**
          60 Pflanze nicht dornig. . . . .**Pseudocydonia**
      58 Samenanlagen 2-1 (ausnahmsweise 4) je
          Fruchtblatt
        61 Frucht mit hornigem Kernhaus
          62 Blätter immergrün
            63 Staubblätter 10. . . . . **Heteromeles**
            63 Staubblätter 15 bis viele
              64 Frucht 1-4 cm groß, gelb . . . .
                  . . . . **Eriobotrya**
              64 Frucht 1 cm oder weniger groß
                65 Blätter ganzrandig. Blüten in Rispen
                    oder Trauben . . . .**Rhaphiolepis**
                65 Blätter meist ganzrandig. Blüten in
                    Rispen . . . .**Photinia**
          62 Blätter sommergrün
            66 Blüten in Schirmrispen oder Rispen
              67 Kelch bleibend . . . .**Photinia**
              67 Kelch abfallend . . . . **Sorbus**
            66 Blüten in Trauben, Schirmtrauben, Dolden
                oder einzeln
              68 Fruchtknoten mit 4-6 2-samigen Fächern
                  . . . . **Peraphyllum**
              68 Fruchtknoten mit 2-5 Fächern
                69 Blüten in Schirmrispen . . . . . **Aronia**
                69 Blüten nicht in Schirmrispen
                  70 Fruchtfächer 1-samig. Blüten in
                      Trauben oder einzeln . . **Amelanchier**
                  70 Fruchtfächer 2-samig. Blüten in
                      Schirmtrauben, Dolden oder Büscheln
                    71 Griffel gewöhnlich am Grund
                        verwachsen. Früchte apfelförmig,
                        ohne Steinzellen . . . . **Malus**
                    71 Griffel gewöhnlich frei. Früchte
                        ± birnenförmig, mit Steinzellen . . .
                        . . . . **Pyrus**
        61 Frucht mit Steinkernen
          72 Blätter alle gefiedert . . . . . **Osteomeles**
          72 Blätter einfach (höchstens teilweise
              gefiedert)
            73 Kelchblätter sehr groß
              74 Blätter ± gelappt. Blüten einzeln bis
                  mehrere
                75 Pflanze fertil. . . . **+ Crataegomespilus**
                75 Pflanze steril. . . . **× Crataemespilus**
              74 Blätter gesägt. Pflanze nicht dornig
                  . . . . **Mespilus**
            73 Kelchblätter nicht ungewöhnlich groß
              74 Blätter unten gefiedert oben fiederspaltig
                  . . . . **× Pyracomeles**

744 Rosaceae Rosengewächse

74	Blätter einfach
75	Blätter ganzrandig (selten fein gesägt). Pflanze nie dornig. . . . . **Cotoneaster**
75	Blätter selten ganzrandig. Pflanze oft dornig
76	Pflanze meist sommergrün. 1 fertile Samenanlage je Fach. . . . .**Crataegus**
76	Pflanze immergrün. 2 fertile Samenanlagen je Fach . . . **Pyracantha**

Die Rosengewächse sind eine sehr vielgestaltige Familie und durchgehende Merkmale lassen sich kaum nennen. Die traditionell unterschiedenen 4 Unterfamilien sind zwar jeweils viel einheitlicher, aber nicht klar getrennt.
Spiraeoideae: Holzpflanzen (Kräuter). Fruchtblätter frei, oberständig bis mittelständig, Samen mit vielen bis 2 Samen. meist Balgfrüchte
Rosoideae: Holzpflanzen und Kräuter. Fruchtblätter meist oberständig, 1-samig. Nüsschen, Rosenfrucht
Prunoideae: Holzpflanzen. Fruchtblätter meist 1, frei, mittelständig, Samen mit vielen bis 2 Samen. Steinfrucht
Maloideae: Holzpflanzen. Fruchtblätter unterständig erscheinend, meist mit 2 Samen. Apfelfrucht
Merkmale, die wenigstens für einen Teil der Rosaceen typisch sind: Nebenblätter, Außenkelch (wie paarweise verwachsene Nebenblätter der Kelchblätter erscheinend), eine verbreiterte bis krugförmige Blütenachse, viele Staubblätter (oft in Gruppen), freie Fruchtblätter, Bälge, Nüsschen oder eine Apfelfrucht.
Besonders bei den Maloideae sind die Gattungen sehr nah verwandt, was auch die zahlreichen Gattungsbastarde zeigen.

Acaena Mutis ex L.

Ableitung: stachelige Pflanze
Vulgärnamen: D:Stachelnüsschen; E:New Zealand Bur; F:Acaena
Arten: c. 110
Lebensform: Staude, Halbstrauch, immergrün
Blätter: wechselständig, gefiedert. Nebenblätter vorhanden, angewachsen an den Blattstiel
Blütenstand: Köpfchen, Ähre, endständig oder seitlich
Blüten: zwittrig, radiär, Außenkelch fehlend. Kelchblätter 4-5, selten 3. Kronblätter fehlend. Staubblätter 1-10, frei und von der Krone frei. Fruchtblätter 1-2, selten 4-5, verwachsen, unterständig. Plazentation apical
Frucht: Nüsschen, stachelig
Kennzeichen: Staude, Halbstrauch, immergrün. Blätter gefiedert. Nebenblätter vorhanden, angewachsen an den Blattstiel. Blüten radiär. Kelchblätter 4-5, selten 3. Kronblätter fehlend. Staubblätter 1-10. Fruchtblätter 1-2, selten 4-5, verwachsen, unterständig. Plazentation apical. Nüsschen, stachelig

Adenostoma Hook. et Arn.

Ableitung: mit drüsigen Mund
Vulgärnamen: D:Scheinheide; E:Ribbonwood; F:Adénostome
Arten: 2
Lebensform: Strauch, immergrün
Blätter: wechselständig, einfach. Nebenblätter vorhanden, angewachsen an den Blattstiel
Blütenstand: Rispe mit Ähren
Blüten: zwittrig, radiär, mit Kelch und Krone. Außenkelch fehlend. Kronblätter 5, frei, weiß. Staubblätter 10-15. frei und von der Krone frei. Diskus vorhanden. Fruchtblätter 1, mittelständig. Plazentation apical
Frucht: Nüsschen. Samen 2 je Fach
Kennzeichen: Strauch, immergrün. Nebenblätter vorhanden, angewachsen an den Blattstiel. Blüten, radiär. Kronblätter 5, frei. Staubblätter 10-15. Diskus vorhanden. Fruchtblätter 1, mittelständig. Plazentation apical. Nüsschen

Acaena eupatoria

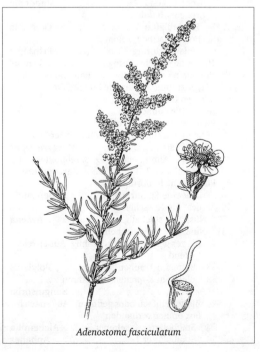
Adenostoma fasciculatum

Agrimonia L.

Ableitung: wohl aus Argemone verändert
Vulgärnamen: D:Odermennig; E:Agrimony, Cocklebur; F:Aigremoine
Arten: 15
Lebensform: Staude
Blätter: wechselständig, unterbrochen gefiedert, zumindest die unteren. Nebenblätter vorhanden, frei
Blütenstand: Traube, endständig
Blüten: zwittrig, radiär, mit Kelch und Krone. Achsenbecher mit hakigen Stacheln. Außenkelch fehlend. Kronblätter 5, frei, gelb, weiß. Staubblätter 5-20. frei und von der Krone frei. Diskus vorhanden. Fruchtblätter 2-1, verwachsen oder frei, unterständig. Plazentation apical
Frucht: Schließfrucht, Achsenbecher mit hakigen Stacheln. Samen meist 1 je Fach
Kennzeichen: Staude. Blätter unterbrochen gefiedert, zumindest die unteren. Nebenblätter vorhanden. Blüten in Trauben, radiär. Achsenbecher mit hakigen Stacheln. Kronblätter 5, frei. Staubblätter 5-20. Diskus vorhanden. Fruchtblätter 2-1, verwachsen oder frei, unterständig. Plazentation apical. Schließfrucht mit hakigen Stacheln

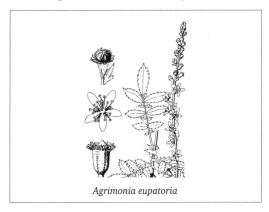
Agrimonia eupatoria

Alchemilla L.

Ableitung: Pflanze der Alchimisten
Vulgärnamen: D:Frauenmantel; E:Lady's Mantle; F:Alchémille, Manteau de Notre-Dame
Arten: c. 300
Lebensform: Staude, Einjährige, Strauch, immergrün oder laubwerfend
Blätter: wechselständig, gefingert oder einfach. Nebenblätter vorhanden, angewachsen an den Blattstiel
Blütenstand: Schirmrispe oder Schirmtraube, endständig
Blüten: zwittrig, radiär, Außenkelch meist vorhanden. Kelchblätter 4-7, verwachsen, grün oder gelb. Kronblätter fehlend. Staubblätter 4, selten 5, frei und von der Krone frei. Diskus vorhanden. Fruchtblätter 4-1, verwachsen oder frei, mittelständig. Plazentation basal
Frucht: Nüsschen. Samen 1 je Fach
Kennzeichen: Staude, Einjährige, Strauch, immergrün oder laubwerfend. Blätter gefingert oder einfach. Nebenblätter vorhanden, angewachsen an den Blattstiel. Blüten radiär, Außenkelch meist vorhanden. Kronblätter fehlend. Staubblätter 4, selten 5. Diskus vorhanden. Fruchtblätter

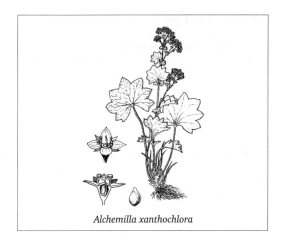
Alchemilla xanthochlora

4-1, verwachsen oder frei, mittelständig. Plazentation basal. Nüsschen

Amelanchier Medik.

Ableitung: nach einem französischen Pflanzennamen
Vulgärnamen: D:Felsenbirne; E:Juneberry, Serviceberry; F:Amélanchier
Arten: 33
Lebensform: Strauch, Baum, laubwerfend
Blätter: wechselständig, einfach. Nebenblätter vorhanden, frei
Blütenstand: Traube, selten einzeln, endständig
Blüten: zwittrig, radiär, mit Kelch und Krone. Außenkelch fehlend. Kronblätter 5, frei, weiß, rosa. Staubblätter 10-20, frei und von der Krone frei. Fruchtblätter 2-5, verwachsen, unterständig. Plazentation zentralwinkelständig
Frucht: Apfelfrucht mit Kernhaus. Samen 1-2 je Fach
Kennzeichen: Strauch, Baum, laubwerfend. Nebenblätter vorhanden. Blüten in Trauben, selten einzeln. Blüten radiär. Kronblätter 5, frei. Staubblätter 10-20. Fruchtblätter 2-5, verwachsen, unterständig. Plazentation zentralwinkelständig. Apfelfrucht mit Kernhaus. Samen 1-2 je Fach

Amelanchier spicata

× Amelasorbus Rehder

Ableitung: Hybride aus Amelanchier und Sorbus
Lebensform: Strauch, laubwerfend
Blätter: wechselständig, zum Teil gefiedert. Nebenblätter vorhanden
Blütenstand: Rispe
Blüten: zwittrig, radiär, mit Kelch und Krone. Kelch abfallend. Außenkelch fehlend. Kronblätter 5, frei. Staubblätter viele. frei und von der Krone frei. Fruchtblätter 4–5, verwachsen, unterständig
Frucht: Apfelfrucht mit Kernhaus
Kennzeichen: Strauch, laubwerfend. Blätter zum Teil gefiedert. Nebenblätter vorhanden. Blüten in Rispen, radiär. Kelch abfallend. Kronblätter 5, frei. Fruchtblätter 4–5, verwachsen, unterständig. Apfelfrucht mit Kernhaus

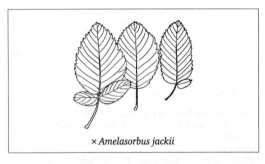

× *Amelasorbus jackii*

Aphanes L.

Ableitung: mit unscheinbarer Blüte
Vulgärnamen: D:Ackerfrauenmantel, Sinau; E:Parsley Piert; F:Alchémille des champs
Arten: 20
Lebensform: Einjährige
Blätter: wechselständig, einfach. Nebenblätter vorhanden, angewachsen an den Blattstiel
Blütenstand: cymös
Blüten: zwittrig, radiär. Außenkelch vorhanden. Kelchblätter 4–5, grün oder gelb. Kronblätter fehlend. Staubblätter 1, frei und von der Krone frei. Diskus vorhanden. Fruchtblätter 1, frei, unterständig. Plazentation basal
Frucht: Nüsschen. Samen 1 je Fach

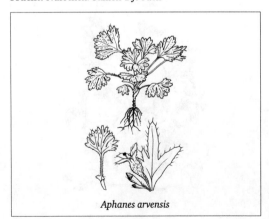

Aphanes arvensis

Kennzeichen: Einjährige. Nebenblätter vorhanden, angewachsen an den Blattstiel. Blüten radiär. Außenkelch vorhanden. Kelchblätter 4–5. Kronblätter fehlend. Staubblätter 1. Diskus vorhanden. Fruchtblätter 1, frei, unterständig. Plazentation basal. Nüsschen

Aremonia Neck. ex Nestl.

Ableitung: Umbildung von Agrimonia
Vulgärnamen: D:Aremonie, Nelkenwurzodermennig; E:Bastard Agrimony; F:Arémonia
Arten: 1
Lebensform: Staude
Blätter: wechselständig, untere unterbrochen gefiedert. Nebenblätter vorhanden, angewachsen an den Blattstiel
Blütenstand: cymös, einzeln
Blüten: zwittrig, radiär, mit Kelch und Krone. Außenkelch vorhanden. Kronblätter 5, frei, gelb. Staubblätter 5–10, frei und von der Krone frei. Fruchtblätter 2, verwachsen oder 1, unterständig
Frucht: Nüsschen, borstig
Kennzeichen: Staude. Blätter untere unterbrochen gefiedert. Nebenblätter vorhanden, angewachsen an den Blattstiel. Blüten cymös, einzeln. Blüten radiär, mit Außenkelch. Kronblätter 5, frei, gelb. Staubblätter 5–10. Fruchtblätter 2, verwachsen oder 1, unterständig. Nüsschen, borstig

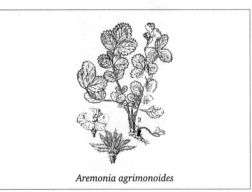

Aremonia agrimonoides

Aronia Medik.

Ableitung: antiker griechischer Pflanzenname
Vulgärnamen: D:Apfelbeere; E:Chokeberry; F:Aronia
Arten: 2
Lebensform: Strauch, laubwerfend
Blätter: wechselständig, einfach. Nebenblätter vorhanden, frei
Blütenstand: Schirmrispe, endständig
Blüten: zwittrig, radiär, mit Kelch und Krone. Außenkelch fehlend. Kronblätter 5, frei, weiß, rosa. Staubblätter viele, frei und von der Krone frei. Fruchtblätter 5, verwachsen, unterständig. Plazentation zentralwinkelständig
Frucht: Apfelfrucht mit Kernhaus
Kennzeichen: Strauch, laubwerfend. Nebenblätter vorhanden. Blüten in Schirmrispen, radiär. Kronblätter 5. Staubblätter viele. Fruchtblätter 5, verwachsen, unterständig. Plazentation zentralwinkelständig. Apfelfrucht mit Kernhaus

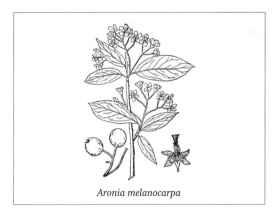
Aronia melanocarpa

Arten: 5
Lebensform: Strauch, laubwerfend
Blätter: wechselständig, gefiedert. Nebenblätter vorhanden, angewachsen an den Blattstiel
Blütenstand: Ähre, seitlich
Blüten: eingeschlechtig, radiär. Kelchblätter 3–5, frei, grün. Außenkelch fehlend, selten vorhanden. Kronblätter fehlend. Staubblätter viele, frei. Fruchtblätter 4–2, verwachsen, unterständig. Plazentation apical
Frucht: steinfruchtartig. Samen 1 je Fach
Kennzeichen: Strauch, laubwerfend. Blätter gefiedert. Nebenblätter vorhanden, angewachsen an den Blattstiel. Blüten in seitlichen Ähren. Blüten eingeschlechtig, radiär. Kelchblätter 3–5, frei, grün. Kronblätter fehlend. Staubblätter viele. Fruchtblätter 4–2, verwachsen, unterständig. Plazentation apical. Frucht steinfruchtartig

Aruncus L.

Ableitung: nach griech. Ziegenbart
Vulgärnamen: D:Geißbart; E:Buck's Beard, Goat's Beard; F:Barbe-de-bouc
Arten: 4
Lebensform: Staude
Blätter: wechselständig, 2-bis 3-fach gefiedert. Nebenblätter fehlend
Blütenstand: Ähren in Rispen, endständig
Blüten: zweihäusig, radiär, mit Kelch und Krone. Außenkelch fehlend. Kronblätter 5, frei, weiß oder gelblich weiß. Staubblätter 15–30, frei und von der Krone frei. Diskus vorhanden. Fruchtblätter 3, selten 4–5, frei, oberständig. Plazentation marginal
Frucht: Bälge. Samen 8–12 je Fruchtblatt
Kennzeichen: Staude. Blätter 2-bis 3-fach gefiedert. Blüten in Ähren in Rispen, zweihäusig. Kronblätter 5, frei. Staubblätter 15–30. Diskus vorhanden. Fruchtblätter 3, selten 4–5, frei, oberständig. Bälge

Bencomia brachystachya

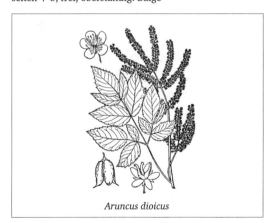
Aruncus dioicus

Bencomia Webb et Berthel.

Ableitung: Gattung zu Ehren von König Mencey Bencomo von Taoro, dem letzten Köng der Kanarischen Inseln im 15. Jahrhundert benannt

Cercocarpus Kunth

Ableitung: gestielte Frucht
Vulgärnamen: D:Bergmahagoni; E:Mountain Mahogany; F:Acajou de montagne
Arten: 8
Lebensform: Baum, Strauch, immergrün oder halbimmergrün
Blätter: wechselständig, einfach. Nebenblätter vorhanden, angewachsen an den Blattstiel
Blütenstand: einzeln oder zu 3, endständig, seitlich
Blüten: zwittrig, radiär. Kelchblätter 5. Außenkelch fehlend. Kronblätter fehlend. Staubblätter 10–40, frei. Fruchtblätter 1–2, frei, mittelständig. Plazentation ± basal
Frucht: Nüsschen, mit federigem Griffel. Samen 1 je Fach
Kennzeichen: Baum, Strauch, immergrün oder halbimmergrün. Nebenblätter vorhanden, angewachsen an den Blattstiel. Blüten radiär. Kelchblätter 5. Außenkelch fehlend. Kronblätter fehlend. Staubblätter 10–40. Fruchtblätter 1–2, frei, mittelständig. Plazentation ± basal. Nüsschen, mit federigem Griffel

748 Rosaceae Rosengewächse

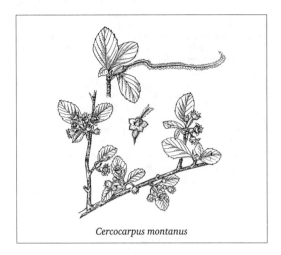
Cercocarpus montanus

Chaenomeles Lindl.
Ableitung: gespaltener Apfel
Vulgärnamen: D:Scheinquitte, Zierquitte; E:Flowering Quince; F:Cognassier du Japon
Arten: 4
Lebensform: Strauch, Baum, dornig
Blätter: wechselständig, einfach. Nebenblätter vorhanden, frei
Blütenstand: Knäuel, einzeln
Blüten: zwittrig oder eingeschlechtig, radiär, mit Kelch und Krone. Außenkelch fehlend. Kronblätter 5, frei, rot, weiß. Staubblätter 20–60, frei und von der Krone frei. Diskus vorhanden. Fruchtblätter 5, verwachsen, unterständig. Plazentation zentralwinkelständig
Frucht: Apfelfrucht mit Kernhaus. Samen viele je Fach
Kennzeichen: Strauch, Baum, dornig. Blüten radiär. Außenkelch fehlend. Kronblätter 5, frei. Staubblätter 20–60. Diskus vorhanden. Fruchtblätter 5, verwachsen, unterständig. Plazentation zentralwinkelständig. Apfelfrucht mit Kernhaus

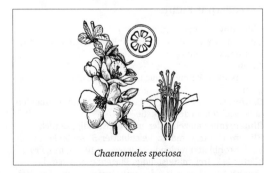
Chaenomeles speciosa

Chamaebatia Benth.
Ableitung: antiker Pflanzenname
Vulgärnamen: D:Fiederspiere; E:Mountain Misery
Arten: 2
Lebensform: Strauch, immergrün
Blätter: wechselständig, 3-fach gefiedert. Nebenblätter vorhanden, angewachsen an den Blattstiel
Blütenstand: Rispe, endständig
Blüten: zwittrig, radiär, mit Kelch und Krone. Außenkelch fehlend. Kronblätter 5, frei, weiß. Staubblätter viele, frei und von der Krone frei. Diskus fehlend. Fruchtblätter 1, oberständig. Plazentation basal
Frucht: Nüsschen. Samen 1 je Fach
Kennzeichen: Strauch, immergrün. Blätter 3-fach gefiedert. Nebenblätter vorhanden, angewachsen an den Blattstiel. Blütenstand in Rispen, radiär. Kronblätter 5, frei. Staubblätter viele. Fruchtblätter 1, oberständig. Plazentation basal. Nüsschen

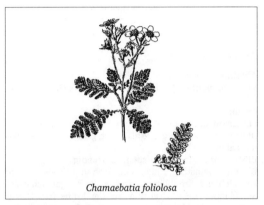
Chamaebatia foliolosa

Chamaebatiaria (Porter) Maxim.
Ableitung: Chamaebatia-Pflanze
Vulgärnamen: D:Harzspiere, Scheinfiederspiere
Arten: 1
Lebensform: Strauch, laubwerfend
Blätter: wechselständig, doppelt gefiedert. Nebenblätter vorhanden, frei
Blütenstand: Rispe, endständig
Blüten: zwittrig, radiär, mit Kelch und Krone. Außenkelch fehlend. Kronblätter 5, frei, weiß. Staubblätter etwa 60, frei und von der Krone frei. Fruchtblätter 5, frei, oberständig. Plazentation marginal

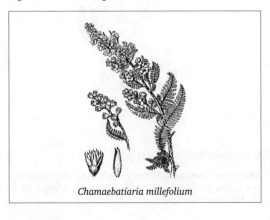
Chamaebatiaria millefolium

Frucht: Bälge. Samen etwa 8 je Fach
Kennzeichen: Strauch, laubwerfend. Blätter doppelt gefiedert. Nebenblätter vorhanden. Blüten in Rispen. Blüten radiär. Kronblätter 5, frei. Staubblätter etwa 60. Fruchtblätter 5, frei, oberständig. Bälge

Coluria R. Br.

Ableitung: gestutzte Pflanze
Arten: 5
Lebensform: Staude
Blätter: wechselständig, gefiedert. Nebenblätter vorhanden, angewachsen an den Blattstiel
Blütenstand: einzeln, Traube, endständig
Blüten: zwittrig, radiär, mit Kelch und Krone. Außenkelch vorhanden. Kronblätter 5–7, frei, gelb. Staubblätter 15 bis viele, frei und von der Krone frei. Diskus vorhanden. Fruchtblätter 12–25, selten 3, frei, oberständig. Plazentation basal
Frucht: Nüsschen mit gegliedertem, abfallendem Griffel. Samen 1 je Fach
Kennzeichen: Staude. Blätter gefiedert. Nebenblätter vorhanden, angewachsen an den Blattstiel. Blüten radiär. Außenkelch vorhanden. Kronblätter 5–7, frei, gelb. Staubblätter 15 bis viele. Diskus vorhanden. Fruchtblätter 12–25, selten 3, frei, oberständig. Plazentation basal. Nüsschen mit gegliedertem, abfallendem Griffel

Cotoneaster Medik.

Ableitung: unechte Quitte
Vulgärnamen: D:Zwergmispel; E:Cotoneaster; F:Cotonéaster
Arten: 261
Lebensform: Strauch, Baum, immergrün, laubwerfend, nicht dornig
Blätter: wechselständig, einfach, fast immer ganzrandig. Nebenblätter vorhanden
Blütenstand: einzeln, Büschel, cymös
Blüten: zwittrig, radiär, mit Kelch und Krone. Außenkelch fehlend. Kronblätter 5, frei, weiß, rosa. Staubblätter 6–30, frei und von der Krone frei. Fruchtblätter 1–5, verwachsen oder frei, unterständig
Frucht: Apfelfrucht mit Steinkernen. Samen 2 je Fach
Kennzeichen: Strauch, Baum, immergrün, laubwerfend, nicht dornig. Blätter einfach, fast immer ganzrandig. Nebenblätter vorhanden. Blüten radiär. Kronblätter 5. Staubblätter 6–30. Fruchtblätter 1–5, verwachsen oder frei, unterständig. Apfelfrucht mit Steinkernen

Crataegomespilus Simon-Louis ex Bellair

Ableitung: Hybride aus Crataegus und Mespilus
Vulgärnamen: D:Weißdornmispel; E:Haw Medlar
Lebensform: Strauch, Baum
Blätter: wechselständig, einfach. Nebenblätter vorhanden
Blütenstand: Blüten einzeln oder zu 2–3
Blüten: zwittrig, radiär, mit Kelch und Krone. Außenkelch fehlend. Kelch sehr groß. Kronblätter 5, frei, weiß. Staubblätter 14–28, frei und von der Krone frei. Fruchtblätter 2–3, verwachsen, unterständig. Plazentation zentralwinkelständig
Frucht: Apfelfrucht mit Steinkernen, steril

Kennzeichen: Strauch, Baum. Nebenblätter vorhanden. Blüten radiär. Kelch sehr groß. Kronblätter 5. Staubblätter 14–28. Fruchtblätter 2–3, verwachsen, unterständig. Apfelfrucht mit Steinkernen, steril

Crataegus L.

Ableitung: antiker Pflanzenname
Vulgärnamen: D:Weißdorn; E:Hawthorn; F:Aubépine, Epine
Arten: 264
Lebensform: Baum, Strauch, laubwerfend, selten immergrün, oft dornig
Blätter: wechselständig, einfach, gezähnt bis gelappt. Nebenblätter vorhanden
Blütenstand: Schirmtraube, selten einzeln
Blüten: zwittrig, radiär, mit Kelch und Krone. Außenkelch fehlend. Kronblätter 5, frei, weiß, rosa, rot. Staubblätter 5–25, frei und von der Krone frei. Diskus vorhanden. Fruchtblätter 1–5, verwachsen, unterständig. Plazentation basal
Frucht: Apfelfrucht mit Steinkernen. Samen 1 fertiler je Fach
Kennzeichen: Baum, Strauch, laubwerfend, selten immergrün, oft dornig. Blätter einfach, gezähnt bis gelappt. Nebenblätter vorhanden. Blüten radiär. Kronblätter 5, frei. Staubblätter 5–25. Diskus vorhanden. Fruchtblätter 1–5, verwachsen, unterständig. Apfelfrucht mit Steinkernen. Samen 1 fertiler je Fach

Crataegus monogyna

× Crataemespilus E.G. Camus

Ableitung: Chimäre aus Crataegus und Mespilus
Vulgärnamen: D:Bronvauxmispel; E:Bronvaux Medlar; F:Néflier de Bronvaux
Lebensform: Baum, Strauch, dornig, laubwerfend
Blätter: wechselständig, einfach. Nebenblätter vorhanden
Blütenstand: einzeln bis zu 3, endständig
Blüten: zwittrig, radiär, mit Kelch und Krone. Kelch sehr groß. Außenkelch fehlend. Kronblätter 5, frei, weiß. Staubblätter 14–28, frei und von der Krone frei. Fruchtblätter 2–3, verwachsen, unterständig
Frucht: Apfelfrucht mit Steinkernen. Samen 1–3 je Fach
Kennzeichen: Baum, Strauch, dornig, laubwerfend. Nebenblätter vorhanden. Blüten einzeln bis zu 3, radiär. Kelch sehr groß. Kronblätter 5. Staubblätter 14–28. Fruchtblätter 2–3, verwachsen, unterständig. Apfelfrucht mit Steinkernen

750 Rosaceae Rosengewächse

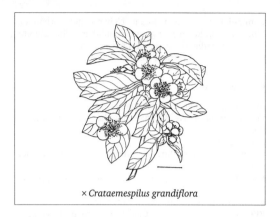

× *Crataemespilus grandiflora*

Cydonia Mill.

Ableitung: antiker Name der Quitte
Vulgärnamen: D:Quitte; E:Quince; F:Cognassier
Arten: 1
Lebensform: Strauch, Baum, laubwerfend
Blätter: wechselständig, einfach, ganzrandig. Nebenblätter vorhanden, frei
Blütenstand: einzeln, endständig
Blüten: zwittrig, radiär, mit Kelch und Krone. Außenkelch fehlend. Kronblätter 5, frei, weiß, rosa. Staubblätter 15–25, frei und von der Krone frei. Fruchtblätter 5, verwachsen, unterständig. Griffel frei. Plazentation zentralwinkelständig
Frucht: Apfelfrucht. Samen viele je Fach
Kennzeichen: Strauch, Baum, laubwerfend. Blätter ganzrandig. Nebenblätter vorhanden. Blüten einzeln. Blüten radiär. Kronblätter 5. Staubblätter 15–25. Fruchtblätter 5, verwachsen, unterständig. Griffel frei. Plazentation zentralwinkelständig. Apfelfrucht. Samen viele je Fach

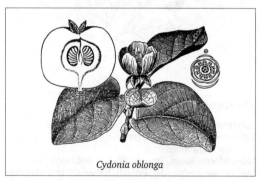

Cydonia oblonga

Dryas L.

Ableitung: Baumnymphe
Arten: 3
Lebensform: Zwergstrauch, immergrün
Blätter: wechselständig, einfach. Nebenblätter vorhanden, angewachsen an den Blattstiel
Blütenstand: einzeln, endständig
Blüten: zwittrig oder eingeschlechtig, radiär, mit Kelch und Krone. Außenkelch vorhanden. Kronblätter 8, seltener 7–10, frei, weiß, gelblich, gelb. Staubblätter viele, frei und frei von der Krone. Fruchtblätter viele, frei, oberständig, 1-samig
Frucht: Nüsschen mit federig behaartem Griffel
Kennzeichen: Zwergstrauch, immergrün. Nebenblätter vorhanden, angewachsen an den Blattstiel. Blüten einzeln. Blüten radiär. Außenkelch vorhanden. Kronblätter 8, seltener 7–10. Staubblätter viele. Fruchtblätter viele, frei, oberständig, 1-samig. Nüsschen mit federig behaartem Griffel

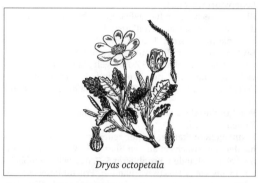

Dryas octopetala

Duchesnea Sm.

Ableitung: Gattung zu Ehren von Antoine Nicolas Duchesne (1747–1827), einem französischen Botaniker benannt
Vulgärnamen: D:Scheinerdbeere; E:Indian Strawberry
Arten: 2
Lebensform: Staude
Blätter: wechselständig, 3-zählig. Nebenblätter vorhanden, angewachsen an den Blattstiel
Blütenstand: einzeln
Blüten: zwittrig, radiär, mit Kelch und Krone. Außenkelch vorhanden. Kronblätter 5, frei, gelb. Staubblätter viele, frei und von der Krone frei. Fruchtblätter viele, frei, oberständig
Frucht: Nüsschen auf einem fleischigen, vergrößerten Blütenboden. Samen 1 je Fach
Kennzeichen: Staude. Blätter 3-zählig. Nebenblätter vorhanden, angewachsen an den Blattstiel. Blüten einzeln, radiär. Außenkelch vorhanden. Kronblätter 5, frei, gelb. Staubblätter viele. Fruchtblätter viele, frei, oberständig. Nüsschen auf einem fleischigen, vergrößerten Blütenboden

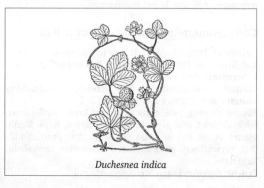

Duchesnea indica

Eriobotrya Lindl.

Ableitung: Woll-Traube
Vulgärnamen: D:Wollmispel; E:Loquat; F:Bibacier, Néflier du Japon
Arten: 26
Lebensform: Baum, Strauch, immergrün
Blätter: wechselständig, einfach. Nebenblätter vorhanden
Blütenstand: Rispe, endständig
Blüten: zwittrig, radiär, mit Kelch und Krone. Außenkelch fehlend. Kronblätter 5, frei, weiß, rosa. Staubblätter 15–40, frei und von der Krone frei. Fruchtblätter 2–5, verwachsen, unterständig. Plazentation zentralwinkelständig
Frucht: Apfelfrucht mit Kernhaus. Samen sehr groß, 2 je Fach
Kennzeichen: Baum, Strauch, immergrün. Blätter einfach. Nebenblätter vorhanden. Blüten in Rispen, radiär. Kronblätter 5, frei. Staubblätter 15–40. Fruchtblätter 2–5, verwachsen, unterständig. Plazentation zentralwinkelständig. Apfelfrucht mit Kernhaus. Samen sehr groß, 2 je Fach

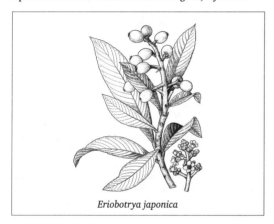
Eriobotrya japonica

Exochorda Lindl.

Ableitung: außen mit Saite
Vulgärnamen: D:Blumenspiere, Radspiere; E:Pearlbush; F:Exochorda
Arten: 4
Lebensform: Strauch, laubwerfend
Blätter: wechselständig, einfach, fiedernervig. Nebenblätter fehlend, seltener vorhanden
Blütenstand: Traube, endständig
Blüten: zwittrig oder eingeschlechtig, radiär, mit Kelch und Krone. Außenkelch fehlend. Kronblätter 5, frei, weiß. Staubblätter 15–30, frei und von der Krone frei. Diskus vorhanden. Fruchtblätter 5, verwachsen, oberständig. Plazentation apical
Frucht: Bälge. Samen 2 je Fach, geflügelt
Kennzeichen: Strauch, laubwerfend. Blätter einfach, fiedernervig. Blüten in Trauben, radiär. Kronblätter 5, frei. Staubblätter 15–30. Diskus vorhanden. Fruchtblätter 5, verwachsen, oberständig. Plazentation apical. Bälge. Samen 2 je Fach, geflügelt

Exochorda racemosa

Fallugia Endl.

Ableitung: Gattung zu Ehren von Virgilio Falugi (?–1707), einem italienischen Botaniker und Abt von Kloster Vallombrosa benannt
Vulgärnamen: D:Apachenpflaume; E:Apache Plume; F:Plume des Apaches
Arten: 1
Lebensform: Strauch, laubwerfend
Blätter: wechselständig, einfach. Nebenblätter vorhanden, angewachsen an den Blattstiel
Blütenstand: einzeln, Traube, endständig
Blüten: zwittrig oder eingeschlechtig, radiär, mit Kelch und Krone. Außenkelch vorhanden. Kronblätter 5, frei, weiß. Staubblätter viele, frei und von der Krone frei. Fruchtblätter viele, frei, oberständig. Plazentation basal
Frucht: Nüsschen mit federig behaartem Griffel. Samen 1 je Fach
Kennzeichen: Strauch, laubwerfend. Nebenblätter vorhanden, angewachsen an den Blattstiel. Blüten radiär. Außenkelch vorhanden. Kronblätter 5. Staubblätter viele. Fruchtblätter viele, frei, oberständig. Nüsschen mit federig behaartem Griffel

Fallugia paradoxa

Filipendula Mill.

Ableitung: an Fäden hängend
Vulgärnamen: D:Mädesüß; E:Dropwort, Meadowsweet; F:Filipendule
Arten: 15
Lebensform: Staude
Blätter: wechselständig, zusammengesetzt oder einfach. Nebenblätter vorhanden, angewachsen an den Blattstiel
Blütenstand: Rispe, Schirmrispe
Blüten: zwittrig oder eingeschlechtig, radiär, mit Kelch und Krone. Außenkelch fehlend. Kronblätter 5–7, frei, weiß, rosa, purpurn. Staubblätter 20–45, frei und von der Krone frei. Fruchtblätter 5–15, frei, oberständig, mit 2 Samenanlagen. Plazentation apical
Frucht: Nüsschen
Kennzeichen: Staude. Nebenblätter vorhanden, angewachsen an den Blattstiel. Blüten radiär. Außenkelch fehlend. Kronblätter 5–7, frei. Staubblätter 20–45. Fruchtblätter 5–15, frei, oberständig, mit 2 Samenanlagen. Plazentation apical. Nüsschen

Filipendula ulmaria

Fragaria L.

Ableitung: nach einem antiken Pflanzennamen
Vulgärnamen: D:Erdbeere; E:Strawberry; F:Fraisier
Arten: 12
Lebensform: Staude
Blätter: wechselständig, 3-zählig. Nebenblätter vorhanden, angewachsen an den Blattstiel
Blütenstand: cymös, selten einzeln, seitlich
Blüten: zwittrig oder eingeschlechtig, radiär, mit Kelch und Krone. Außenkelch vorhanden. Kronblätter 5, frei, weiß, rosa, selten gelb. Staubblätter etwa 20, frei und von der Krone frei. Fruchtblätter viele, frei, oberständig, 1-samig
Frucht: Nüsschen auf dem fleischigen, vergrößerten Blütenboden
Kennzeichen: Staude. Blätter 3-zählig. Nebenblätter vorhanden, angewachsen an den Blattstiel. Blüten radiär. Außenkelch vorhanden. Kronblätter 5, frei. Staubblätter etwa 20. Fruchtblätter viele, frei, oberständig, 1-samig.
Frucht mit Nüsschen auf dem fleischigen, vergrößerten Blütenboden

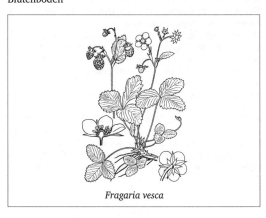

Fragaria vesca

Geum L.

Ableitung: antiker Pflanzenname
Vulgärnamen: D:Nelkenwurz; E:Avens; F:Benoîte
Arten: c. 30
Lebensform: Staude
Blätter: wechselständig oder grundständig, gefiedert. Nebenblätter vorhanden, angewachsen an den Blattstiel
Blütenstand: einzeln, Schirmtraube
Blüten: zwittrig, radiär, mit Kelch und Krone. Außenkelch vorhanden. Kronblätter 5, frei, weiß, gelb, rot, rosa, orange. Staubblätter 20 bis viele, frei und von der Krone frei. Fruchtblätter viele bis mehrere, frei, oberständig, 1-samig
Frucht: Nüsschen mit verlängertem Griffel
Kennzeichen: Staude. Nebenblätter vorhanden, angewachsen an den Blattstiel. Blüten radiär. Außenkelch vorhanden. Kronblätter 5, frei. Staubblätter 20 bis viele. Fruchtblätter viele bis mehrere, frei, oberständig, 1-samig. Nüsschen mit verlängertem Griffel

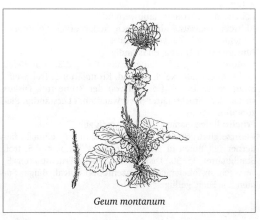

Geum montanum

Gillenia Moench

Ableitung: Gattung zu Ehren von Arnold Gille, einem deutschen Arzt und Botaniker des 17. Jahrhunderts benannt
Vulgärnamen: D:Dreiblattspiere, Gillenie; F:Glillenia
Arten: 2
Lebensform: Staude
Blätter: wechselständig, 3-zählig. Nebenblätter vorhanden, frei
Blütenstand: Rispe, Schirmtraube, endständig
Blüten: zwittrig, radiär, mit Kelch und Krone. Außenkelch fehlend. Kronblätter 5, frei, gedreht in der Knospe, weiß, rosa. Staubblätter 10–20, frei und von der Krone frei. Fruchtblätter 5, frei, oberständig. Plazentation basal
Frucht: Bälge. Samen 4–2 je Fruchtblatt
Kennzeichen: Staude. Blätter 3-zählig. Nebenblätter vorhanden. Blüten radiär. Kronblätter 5, frei, gedreht in der Knospe. Staubblätter 10–20. Fruchtblätter 5, frei, oberständig. Plazentation basal. Bälge. Samen 4–2 je Fruchtblatt

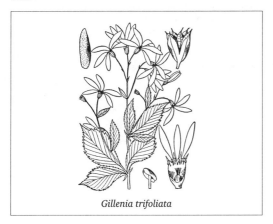
Gillenia trifoliata

Hagenia J.F. Gmel.

Ableitung: Gattung zu Ehren von Karl Gottfried Hagen (1749–1829), einem deutschen Botaniker benannt
Vulgärnamen: D:Kosobaum
Arten: 1
Lebensform: Baum, immergrün
Blätter: wechselständig, gefiedert. Nebenblätter vorhanden, angewachsen an den Blattstiel
Blütenstand: Rispe, seitlich
Blüten: eingeschlechtig, radiär, meist mit Kelch und Krone. Außenkelch vorhanden. Kronblätter 4–5, frei, weiß, orange. Staubblätter etwa 16–20, frei und von der Krone frei. Fruchtblätter 1–2, selten 3, frei, mittelständig. Plazentation apical
Frucht: Nüsschen. Samen 1 je Fach
Kennzeichen: Baum, immergrün. Blätter gefiedert. Nebenblätter vorhanden, angewachsen an den Blattstiel. Blüten in seitlichen Rispen, eingeschlechtig, radiär. Außenkelch vorhanden. Kronblätter 4–5, frei. Staubblätter etwa 16–20. Fruchtblätter 1–2, selten 3, frei, mittelständig. Plazentation apical. Nüsschen

Hagenia abyssinica

Heteromeles M. Roem.

Ableitung: anderer Apfel
Vulgärnamen: D:Winterbeere; E:Christmas Berry; F:Hétéromelès
Arten: 1
Lebensform: Strauch, Baum, immergrün
Blätter: wechselständig, einfach. Nebenblätter vorhanden
Blütenstand: Schirmrispe, endständig
Blüten: zwittrig, radiär, mit Kelch und Krone. Außenkelch fehlend. Kronblätter 5, frei, weiß. Staubblätter 10, frei und von der Krone frei. Fruchtblätter 2–3, verwachsen, unterständig. Plazentation zentralwinkelständig
Frucht: Apfelfrucht mit hornigem Kernhaus. Samen 1 je Fach
Kennzeichen: Strauch, Baum, immergrün. Nebenblätter vorhanden. Blüten radiär. Kronblätter 5, frei. Staubblätter 10. Fruchtblätter 2–3, verwachsen, unterständig. Plazentation zentralwinkelständig. Apfelfrucht mit hornigem Kernhaus. Samen 1 je Fach

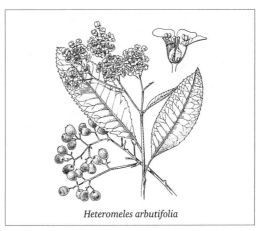
Heteromeles arbutifolia

Holodiscus (K. Koch) Maxim.

Ableitung: ganze Scheibe
Vulgärnamen: D:Schaumspiere; E:Oceanspray; F:Holodiscus

Arten: 8
Lebensform: Strauch, Baum, laubwerfend
Blätter: wechselständig, einfach. Nebenblätter fehlend
Blütenstand: Rispe, selten Traube, endständig
Blüten: zwittrig, radiär, mit Kelch und Krone. Außenkelch fehlend. Kronblätter 5, frei, weiß, rosa. Staubblätter 15–20, frei und von der Krone frei. Diskus vorhanden. Fruchtblätter 5–4, frei, oberständig, mit 2 Samenanlagen. Plazentation ± apical
Frucht: Nüsschen. Samen 2 je Fach
Kennzeichen: Strauch, Baum, laubwerfend. Blätter einfach. Nebenblätter fehlend. Blüten radiär. Kronblätter 5, frei. Staubblätter 15–20. Diskus vorhanden. Fruchtblätter 5–4, frei, oberständig, mit 2 Samenanlagen. Nüsschen

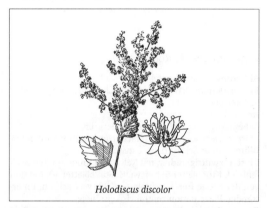

Holodiscus discolor

Horkelia Cham. et Schltdl.

Ableitung: Gattung zu Ehren von Johann Horkel (1769–1846), einem deutschen Botaniker benannt
Arten: 17
Lebensform: Staude
Blätter: wechselständig, zusammengesetzt, gefiedert. Nebenblätter vorhanden, angewachsen an den Blattstiel
Blütenstand: cymös bis Rispe
Blüten: zwittrig, radiär, mit Kelch und Krone. Außenkelch vorhanden. Kronblätter 5, frei, weiß, rosa, gelblich. Staubblätter 5, 10, selten 20, frei und von der Krone frei. Fruchtblätter 3–15, frei, mittelständig, 1-samig
Frucht: Nüsschen
Kennzeichen: Staude. Nebenblätter vorhanden, angewachsen an den Blattstiel. Blüten radiär. Außenkelch vorhanden. Kronblätter 5, frei. Staubblätter 5, 10, selten 20. Fruchtblätter 3–15, frei, mittelständig, 1-samig. Nüsschen

Kelseya (S. Watson) Rydb.

Arten: 1
Lebensform: Strauch, immergrün
Blätter: wechselständig, einfach. Nebenblätter fehlend
Blütenstand: einzeln, seitlich
Blüten: zwittrig, radiär, mit Kelch und Krone. Außenkelch fehlend. Kronblätter 5, frei, rosa, weiß. Staubblätter etwa 10, frei und von der Krone frei. Diskus vorhanden. Fruchtblätter 3–5, verwachsen, mittelständig. Plazentation marginal
Frucht: balgartig. Samen 4–3 je Fruchtblatt
Kennzeichen: Strauch, immergrün. Blüten einzeln. Blüten radiär. Kronblätter 5, frei. Staubblätter etwa 10. Diskus vorhanden. Fruchtblätter 3–5, verwachsen, mittelständig. Frucht balgartig. Samen 4–3 je Fruchtblatt

Kerria DC.

Ableitung: Gattung zu Ehren von William Kerr (?– 1814), einem englischen Gärtner und Pflanzensammler in Ostasien benannt
Vulgärnamen: D:Kerrie, Ranunkelstrauch; E:Kerria; F:Corète
Arten: 1
Lebensform: Strauch
Blätter: wechselständig, einfach. Nebenblätter vorhanden, frei
Blütenstand: einzeln, endständig
Blüten: zwittrig, radiär, mit Kelch und Krone. Außenkelch fehlend. Kronblätter 5, frei, gelb, selten weiß. Staubblätter viele, frei und von der Krone frei. Fruchtblätter 5–8, frei, oberständig. Plazentation zentralwinkelständig
Frucht: Nüsschen. Samen 1 je Fach
Kennzeichen: Strauch. Nebenblätter vorhanden. Blüten einzeln, endständig, radiär. Kronblätter 5, frei. Staubblätter viele. Fruchtblätter 5–8, frei, oberständig. Plazentation zentralwinkelständig. Nüsschen

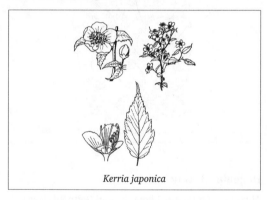

Kerria japonica

Luetkea Bong.

Ableitung: Gattung zu Ehren von Feodor Petrowitsch Grad Lütke (1797–1882), einem russischen Admiral und Naturforscher benannt
Arten: 1
Lebensform: Strauch, Halbstrauch, immergrün
Blätter: wechselständig, 3-zählig. Nebenblätter fehlend
Blütenstand: Traube, endständig
Blüten: zwittrig, radiär, mit Kelch und Krone. Außenkelch fehlend. Kronblätter 5, frei, weiß. Staubblätter 20–30, verwachsen, von der Krone frei. Diskus vorhanden. Fruchtblätter 4–6, frei, oberständig. Plazentation ± apical
Frucht: Bälge. Samen mehrere je Fruchtblatt
Kennzeichen: Strauch, Halbstrauch, immergrün. Blätter 3-zählig. Blüten in Trauben, radiär. Kronblätter 5, frei. Staubblätter 20–30, verwachsen. Diskus vorhanden. Fruchtblätter 4–6, frei, oberständig. Bälge

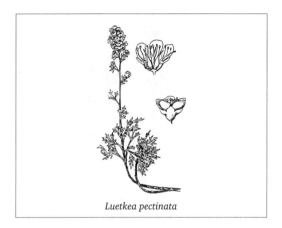

Luetkea pectinata

Maddenia Hook. f. et Thomson

Ableitung: Gattung zu Ehren von Edward Madden (1805–1856), einem schottischen Offizier und Pflanzensammler benannt
Arten: 4
Lebensform: Baum, Strauch, immergrün
Blätter: wechselständig, einfach. Nebenblätter vorhanden
Blütenstand: Traube, endständig
Blüten: zwittrig, radiär. Blütenhüllblätter etwa 10. Staubblätter 20–40, frei und von der Krone frei. Fruchtblätter 1–2, frei, oberständig, mit 2 Samenanlagen
Frucht: Steinfrucht
Kennzeichen: Baum, Strauch, immergrün. Nebenblätter vorhanden. Blüten radiär. Blütenhüllblätter etwa 10. Staubblätter 20–40. Fruchtblätter 1–2, frei, oberständig, mit 2 Samenanlagen. Steinfrucht

Maddenia hypoleuca

Malus Mill.

Ableitung: antiker Pflanzenname
Vulgärnamen: D:Apfel; E:Apple; F:Pommier
Arten: 55
Lebensform: Baum, Strauch, laubwerfend, selten immergrün
Blätter: wechselständig, einfach. Nebenblätter vorhanden
Blütenstand: doldenartige Schirmtrauben, Büschel, endständig
Blüten: zwittrig, radiär, mit Kelch und Krone. Außenkelch fehlend. Kronblätter 5, frei, weiß, rosa, rot. Staubblätter 15–50, frei und von der Krone frei. Fruchtblätter 3–5, verwachsen, unterständig. Plazentation zentralwinkelständig
Frucht: Apfelfrucht mit Kernhaus. Samen 2 je Fach
Kennzeichen: Baum, Strauch, laubwerfend, selten immergrün. Nebenblätter vorhanden. Blüten radiär. Kronblätter 5, frei. Staubblätter 15–50. Fruchtblätter 3–5, verwachsen, unterständig. Plazentation zentralwinkelständig. Apfelfrucht mit Kernhaus. Samen 2 je Fach

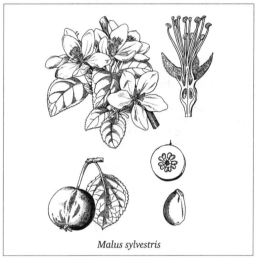

Malus sylvestris

Margyricarpus Ruiz et Pav.

Ableitung: Perl-Frucht
Vulgärnamen: D:Perlbeere; E:Pearl Fruit
Arten: 1
Lebensform: Strauch, dornig, ± immergrün
Blätter: wechselständig, einfach oder gefiedert. Nebenblätter vorhanden, angewachsen an den Blattstiel
Blütenstand: einzeln, seitlich
Blüten: zwittrig, radiär. Kelchblätter 3–5, frei. Außenkelch fehlend. Kronblätter fehlend. Staubblätter 1–3, frei und von der Krone frei. Fruchtblätter 1, unterständig mit 1 Samenanlage. Plazentation apical

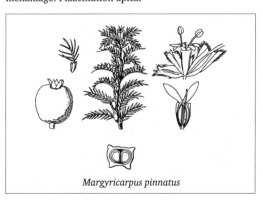

Margyricarpus pinnatus

Frucht: steinfruchtartiges Nüsschen
Kennzeichen: Strauch, dornig, ± immergrün. Nebenblätter vorhanden, angewachsen an den Blattstiel. Blüten einzeln, radiär. Kelchblätter 3–5. Kronblätter fehlend. Staubblätter 1–3. Fruchtblätter 1, unterständig. Plazentation apical. Frucht ein steinfruchtartiges Nüsschen

Mespilus L.

Ableitung: antiker Pflanzenname
Vulgärnamen: D:Mispel; E:Medlar; F:Néflier
Arten: 1
Lebensform: Baum, Strauch, laubwerfend, nicht dornig
Blätter: wechselständig, einfach. Nebenblätter vorhanden, gesägt
Blütenstand: einzeln, endständig
Blüten: zwittrig, radiär. Kelchblätter sehr groß. Außenkelch fehlend. Kronblätter 5, frei, weiß. Staubblätter 25–40, frei und von der Krone frei. Fruchtblätter 4–5, verwachsen, unterständig. Plazentation zentralwinkelständig
Frucht: Apfelfrucht mit Steinkernen. Samen 2–3 je Fach
Kennzeichen: Baum, Strauch, laubwerfend, nicht dornig. Nebenblätter vorhanden, gesägt. Blüten einzeln, endständig, radiär. Kelchblätter sehr groß. Kronblätter 5, frei. Staubblätter 25–40. Fruchtblätter 4–5, verwachsen, unterständig. Plazentation zentralwinkelständig. Apfelfrucht mit Steinkernen. Samen 2–3 je Fach

Mespilus germanica

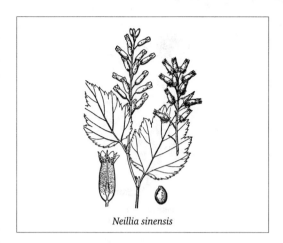
Neillia sinensis

Neillia D. Don

Ableitung: Gattung zu Ehren von Patrick Neill (1776–1851), einem schottischen Botaniker benannt
Vulgärnamen: D:Traubenspiere; E:Neillia; F:Neillia
Arten: 11
Lebensform: Strauch, laubwerfend oder immergrün
Blätter: wechselständig, einfach. Nebenblätter vorhanden, frei
Blütenstand: Traube, Rispe, endständig
Blüten: zwittrig, radiär, mit Kelch und Krone. Außenkelch fehlend. Kronblätter 5, frei, weiß, rosa, rot. Staubblätter 5–30, frei und von der Krone frei. Fruchtblätter 1–2, selten 5, frei, oberständig. Plazentation marginal
Frucht: Bälge. Samen 2–12 je Fruchtblatt
Kennzeichen: Strauch, laubwerfend oder immergrün. Blätter einfach. Nebenblätter vorhanden. Blüten radiär. Kronblätter 5, frei. Staubblätter 5–30. Fruchtblätter 1–2, selten 5, frei, oberständig. Bälge

Neviusia A. Gray

Ableitung: Gattung zu Ehren von Reuben Denton Nevius (1827–1913), dem nordamerikanischen Entdecker der Gattung benannt
Vulgärnamen: D:Schneelocke; E:Snow Wreath
Arten: 2
Lebensform: Strauch
Blätter: wechselständig, einfach. Nebenblätter vorhanden, frei
Blütenstand: einzeln, cymös, endständig
Blüten: zwittrig, radiär. Kelchblätter 5, frei. Außenkelch fehlend. Kronblätter fehlend. Staubblätter viele, frei und von der Krone frei. Fruchtblätter 2–5, frei, oberständig, mit 1 Samenanlage. Plazentation apical
Frucht: Nüsschen. Samen 1 je Fach
Kennzeichen: Strauch. Blätter einfach. Nebenblätter vorhanden. Blüten radiär. Kelchblätter 5. Kronblätter fehlend. Staubblätter viele. Fruchtblätter 2–5, frei, oberständig. Plazentation apical. Nüsschen

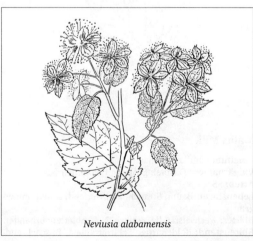
Neviusia alabamensis

Oemleria Rchb.

Ableitung: Gattung zu Ehren von Augustus Gottlieb Oemler (1773–1852), einem deutschen Pflanzensammler in Nordamerika benannt
Vulgärnamen: D:Oregonpflaume; E:Oregon Plum, Osoberry; F:Prunier de l'Orégon
Arten: 1
Lebensform: Strauch, Baum, laubwerfend
Blätter: wechselständig, einfach. Nebenblätter vorhanden, frei
Blütenstand: Traube
Blüten: zweihäusig, radiär, mit Kelch und Krone. Außenkelch fehlend. Kronblätter 5, frei, grünlich weiß. Staubblätter 15, frei und von der Krone frei. Fruchtblätter 5, frei, mittelständig, mit 2 Samenanlagen
Frucht: Steinfrüchtchen. Samen 2 je Fach
Kennzeichen: Strauch, Baum, laubwerfend. Nebenblätter vorhanden. Blüten zweihäusig, radiär. Kronblätter 5, frei. Staubblätter 15. Fruchtblätter 5, frei, mittelständig, mit 2 Samenanlagen. Steinfrüchtchen

Osteomeles Lindl.

Ableitung: Knochen-Apfel
Vulgärnamen: D:Steinapfel; F:Pomme de pierre
Arten: 3
Lebensform: Strauch, Baum, immergrün, laubwerfend
Blätter: wechselständig, gefiedert. Nebenblätter vorhanden
Blütenstand: Schirmtraube, endständig
Blüten: zwittrig, radiär, mit Kelch und Krone. Außenkelch fehlend. Kronblätter 5, frei, weiß. Staubblätter 10–20, frei und von der Krone frei. Fruchtblätter 5, verwachsen, unterständig. Plazentation basal
Frucht: Apfelfrucht mit Steinkernen. Samen 1 je Fach
Kennzeichen: Strauch, Baum, immergrün, laubwerfend. Blätter gefiedert. Nebenblätter vorhanden. Blüten radiär. Kronblätter 5, frei. Staubblätter 10–20. Fruchtblätter 5, verwachsen, unterständig. Plazentation basal
Frucht: Apfelfrucht mit Steinkernen

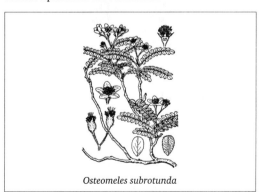
Osteomeles subrotunda

Pentactina Nakai

Ableitung: fünf Strahlen
Arten: 1
Lebensform: Strauch, laubwerfend
Blätter: wechselständig, einfach. Nebenblätter fehlend
Blütenstand: Rispe
Blüten: zwittrig, radiär, mit Kelch und Krone. Außenkelch fehlend. Kronblätter 5, frei, lineal, weiß. Staubblätter 20, frei und von der Krone frei. Fruchtblätter 5, frei, oberständig. Plazentation marginal
Frucht: Bälge. Samen 2 je Fruchtblatt
Kennzeichen: Strauch, laubwerfend. Blüten in Rispen, radiär. Kronblätter 5, frei, lineal. Staubblätter 20. Fruchtblätter 5, frei, oberständig. Bälge. Samen 2 je Fruchtblatt

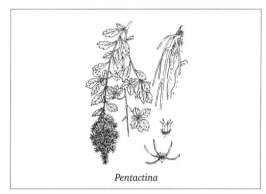
Pentactina

Peraphyllum Nutt.

Ableitung: viele Blätter
Vulgärnamen: D:Sandbirne; F:Poire des sables
Arten: 1
Lebensform: Strauch, laubwerfend
Blätter: wechselständig, einfach. Nebenblätter vorhanden, frei
Blütenstand: Schirmtraube, zu 2–5, endständig
Blüten: zwittrig, radiär, mit Kelch und Krone. Außenkelch fehlend. Kronblätter 5, frei, weiß, rosa. Staubblätter 20, frei und von der Krone frei. Fruchtblätter 2–3, verwachsen, unterständig. Griffel 2–3. Plazentation zentralwinkelständig
Frucht: Apfelfrucht mit Kernhaus 4-bis 6-fächerig mit falschen Scheidewänden. Samen 1 je Fach
Kennzeichen: Strauch, laubwerfend. Nebenblätter vorhanden. Blütenstand: eine Schirmtraube. Blüten radiär. Kronblätter 5, frei. Staubblätter 20. Fruchtblätter 2–3, verwachsen, unterständig. Griffel 2–3. Plazentation zentralwinkelständig. Apfelfrucht mit Kernhaus 4-6- fächerig mit falschen Scheidewänden. Samen 1 je Fach

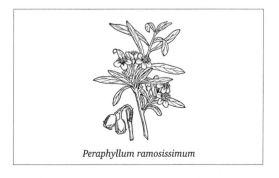
Peraphyllum ramosissimum

Petrophytum (Nutt. ex Torr. et A. Gray) Rydb.

Ableitung: Felsen-Pflanze
Vulgärnamen: D:Rasenspiere; E:Rock Spiraea; F:Spirée
Arten: 3
Lebensform: Strauch, immergrün
Blätter: wechselständig, einfach. Nebenblätter fehlend
Blütenstand: traubenartig, endständig
Blüten: zwittrig, radiär, mit Kelch und Krone. Außenkelch fehlend. Kronblätter 5, frei, weiß. Staubblätter 20–40, frei und von der Krone frei. Diskus vorhanden. Fruchtblätter 5, selten 3–7, frei, oberständig. Plazentation apical
Frucht: Bälge. Samen 4–2 je Fruchtblatt
Kennzeichen: Strauch, immergrün. Blätter einfach. Blüten radiär. Kronblätter 5, frei. Staubblätter 20–40. Diskus vorhanden. Fruchtblätter 5, selten 3–7, frei, oberständig. Bälge. Samen 4–2 je Fruchtblatt

Petrophytum caespitosum

Photinia Lindl.

Ableitung: glänzende Pflanze
Vulgärnamen: D:Glanzmispel; E:Christmas Berry; F:Photinia
Arten: 65
Lebensform: Baum, Strauch, immergrün, laubwerfend
Blätter: wechselständig, einfach. Nebenblätter vorhanden
Blütenstand: Schirmrispe, Rispe, endständig, seitlich
Blüten: zwittrig, radiär, mit Kelch und Krone. Außenkelch fehlend. Kronblätter 5, frei, weiß. Staubblätter 15–25, frei und von der Krone frei. Fruchtblätter 5–1, verwachsen, unterständig. Plazentation zentralwinkelständig

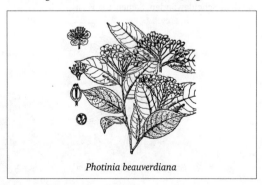
Photinia beauverdiana

Frucht: Apfelfrucht mit Kernhaus. Samen 2 je Fach
Kennzeichen: Baum, Strauch, immergrün, laubwerfend. Blüten in Schirmrispen oder Rispen. Blüten radiär. Kronblätter 5, frei. Staubblätter 15–25. Fruchtblätter 5–1, verwachsen, unterständig. Plazentation zentralwinkelständig. Apfelfrucht mit Kernhaus

Physocarpus (Cambess.) Maxim.

Ableitung: Blasen-Frucht
Vulgärnamen: D:Blasenspiere; E:Ninebark; F:Physocarpe
Arten: 10
Lebensform: Strauch
Blätter: wechselständig, einfach, handnervig. Nebenblätter vorhanden, frei
Blütenstand: Schirmtraube, endständig
Blüten: zwittrig, radiär. Kelchblätter bleibend. Außenkelch fehlend. Kronblätter 5, frei, weiß, rosa. Staubblätter 20–40, frei und von der Krone frei. Diskus vorhanden. Fruchtblätter 1–5, ± verwachsen, oberständig. Plazentation marginal
Frucht: Bälge, aufgeblasen. Samen 5–2 je Fruchtblatt
Kennzeichen: Strauch. Blätter einfach, handnervig. Nebenblätter vorhanden. Blüten radiär. Kelchblätter bleibend. Kronblätter 5, frei. Staubblätter 20–40. Diskus vorhanden. Fruchtblätter 1–5, ± verwachsen, oberständig. Bälge, aufgeblasen

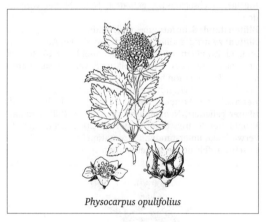
Physocarpus opulifolius

Polylepis Ruiz et Pav.

Ableitung: mit vielen Schuppen
Arten: 15
Lebensform: Baum, Strauch
Blätter: wechselständig, gefiedert oder 3-zählig. Nebenblätter vorhanden, angewachsen an den Blattstiel
Blütenstand: Traube
Blüten: zwittrig, radiär. Kelchblätter 3–5, grün. Außenkelch fehlend. Kronblätter fehlend. Staubblätter 5-viele, frei und von der Krone frei. Fruchtblätter 1–3, eingeschlossen im Achsenbecher
Frucht: Nüsschen. Samen 1 je Fach
Kennzeichen: Baum, Strauch. Blätter gefiedert oder 3-zählig. Nebenblätter vorhanden, angewachsen an den Blattstiel. Blüten in Trauben. Blüten radiär. Kelchblätter

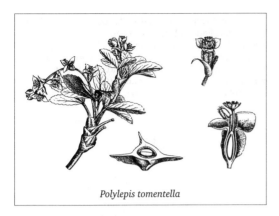

Polylepis tomentella

3–5. Kronblätter fehlend. Staubblätter 5-viele. Fruchtblätter 1–3, eingeschlossen in den Achsenbecher. Nüsschen

Potentilla L.

Ableitung: starke Pflanze
Vulgärnamen: D:Fingerkraut; E:Cinquefoil, Five Finger; F:Potentille
Arten: c. 500
Lebensform: Staude, Einjährige, Zweijährige, Halbstrauch, Strauch
Blätter: wechselständig oder grundständig, gefiedert oder gefingert. Nebenblätter vorhanden, angewachsen an den Blattstiel
Blütenstand: cymös, Rispe, Schirmtraube, einzeln
Blüten: zwittrig, radiär, mit Kelch und Krone. Außenkelch vorhanden. Kronblätter 4–6, frei, weiß, gelb, purpurn, rot. Staubblätter 10–30, frei und von der Krone frei. Fruchtblätter 10 bis viele, selten 4, frei, oberständig, 1-samig. Griffel endständig, abfallend
Frucht: Nüsschen. Samen 1 je Fach
Kennzeichen: Staude, Einjährige, Zweijährige, Halbstrauch, Strauch. Blätter gefiedert oder gefingert. Nebenblätter vorhanden, angewachsen an den Blattstiel. Blüten radiär. Außenkelch vorhanden. Kronblätter 4–6, frei. Staubblätter 10–30. Fruchtblätter 10 bis viele, selten 4, frei, oberständig, 1-samig. Griffel endständig, abfallend. Nüsschen

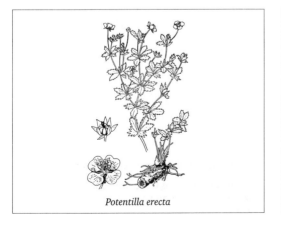

Potentilla erecta

Prinsepia Royle

Ableitung: Gattung zu Ehren von James Prinsep (1799–1840), einem englischen Naturforscher benannt
Vulgärnamen: D:Dornkirsche
Arten: 4
Lebensform: Strauch, dornig, laubwerfend
Blätter: wechselständig, einfach. Nebenblätter vorhanden
Blütenstand: zu 1–4, Traube, seitlich
Blüten: zwittrig, radiär, mit Kelch und Krone. Außenkelch fehlend. Kronblätter 5, frei, weiß, gelb. Staubblätter 10–30, frei und von der Krone frei. Fruchtblätter 1, selten 2, mittelständig, 2 Samenanlagen je Fruchtblatt.
Frucht: Steinfrucht. Samenanlagen 2 je Fruchtblatt
Kennzeichen: Strauch, dornig, laubwerfend. Blüten radiär. Kronblätter 5, frei. Staubblätter 10–30. Fruchtblätter 1, selten 2, mittelständig. Steinfrucht

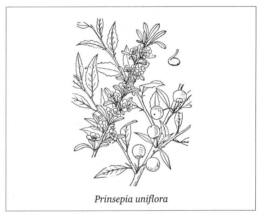

Prinsepia uniflora

Prunus L.

Ableitung: antiker Pflanzenname
Vulgärnamen: D:Aprikose, Kirsche, Lorbeer-Kirsche, Mandel, Pfirsich, Pflaume, Schlehe, Traubenkirsche, Weichsel, Zwetsche, Zwetschge; E:Almond, Apricot, Cherry, Peach, Plum
Arten: 200+
Lebensform: Baum, Strauch, laubwerfend, immergrün

Prunus cerasus

Blätter: wechselständig, einfach. Nebenblätter vorhanden, frei
Blütenstand: einzeln, zu2, Traube, Dolde, Büschel, Schirmrispe
Blüten: zwittrig, radiär, mit Kelch und Krone. Außenkelch fehlend. Kronblätter 5, frei, weiß, rosa, rot, purpurn. Staubblätter viele bis 15, frei und von der Krone frei. Fruchtblätter 1, mittelständig. Plazentation marginal mit 2 Samenanlagen
Frucht: Steinfrucht
Kennzeichen: Baum, Strauch, laubwerfend, immergrün. Blüten radiär. Kronblätter 5, frei. Staubblätter viele bis 15. Fruchtblätter 1, mittelständig. Steinfrucht

Pseudocydonia (C.K. Schneid.) C.K. Schneid.

Ableitung: Schein-Cydonia
Vulgärnamen: D:Holzquitte; E:Chinese Quince
Arten: 1
Lebensform: Strauch, Baum, laubwerfend, nicht dornig
Blätter: wechselständig, einfach. Nebenblätter vorhanden, frei
Blütenstand: einzeln
Blüten: zwittrig oder eingeschlechtig, radiär, mit Kelch und Krone. Außenkelch fehlend. Kronblätter 5, frei, rosa. Staubblätter 20 bis viele, frei und von der Krone frei. Fruchtblätter 5, verwachsen, unterständig. Plazentation zentralwinkelständig
Frucht: Apfelfrucht mit Kernhaus. Samen viele je Fach
Kennzeichen: Strauch, Baum, laubwerfend, nicht dornig. Blüten einzeln, radiär. Kronblätter 5, frei. Staubblätter 20 bis viele. Fruchtblätter 5, verwachsen, unterständig. Plazentation zentralwinkelständig. Apfelfrucht mit Kernhaus. Samen viele je Fach

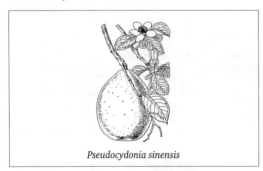
Pseudocydonia sinensis

Purshia DC. ex Poir.

Ableitung: Gattung zu Ehren von Frederick Traugott Pursh (1774–1820), einem deutsch-kanadischen Botaniker benannt
Vulgärnamen: D:Antilopenstrauch; E:Antelope Bush
Arten: 7
Lebensform: Strauch, laubwerfend
Blätter: wechselständig, einfach. Nebenblätter vorhanden, angewachsen an den Blattstiel
Blütenstand: einzeln, endständig
Blüten: zwittrig, radiär, mit Kelch und Krone. Außenkelch vorhanden. Kronblätter 5, frei, gelblich. Staubblätter 20–50, frei und von der Krone frei. Fruchtblätter 1, selten 2, frei, mittelständig. Plazentation basal
Frucht: Nüsschen. Samen 1 je Fach
Kennzeichen: Strauch, laubwerfend. Nebenblätter vorhanden, angewachsen an den Blattstiel. Blüten einzeln, radiär. Kronblätter 5, frei. Staubblätter 20–50. Fruchtblätter 1, selten 2, frei, mittelständig. Plazentation basal. Nüsschen

Purshia tridentata

Pyracantha M. Roem.

Ableitung: Feuer-Dorn
Vulgärnamen: D:Feuerdorn; E:Firethorn; F:Buisson ardent
Arten: 9
Lebensform: Strauch, dornig, immergrün
Blätter: wechselständig, einfach. Nebenblätter vorhanden
Blütenstand: Schirmrispe, endständig
Blüten: zwittrig, radiär, mit Kelch und Krone. Außenkelch fehlend. Kronblätter 5, frei, weiß. Staubblätter 20, frei und von der Krone frei. Fruchtblätter 5, verwachsen, unterständig. Plazentation zentralwinkelständig
Frucht: Apfelfrucht mit Steinkernen. Samen 2 je Fach
Kennzeichen: Strauch, dornig, immergrün. Blüten radiär. Kronblätter 5, frei. Staubblätter 20. Fruchtblätter 5, verwachsen, unterständig. Plazentation zentralwinkelständig. Apfelfrucht mit Steinkernen. Samen 2 je Fach

Pyracantha angustifolia

× Pyracomeles Rehder ex Guillaumin

Ableitung: Hybride aus Osteomeles und Pyracantha
Vulgärnamen: D:Bastardfeuerdorn
Lebensform: Strauch

Blätter: wechselständig, unten gefiedert, oben fiederspaltig. Nebenblätter vorhanden
Blütenstand: Schirmtraube
Blüten: zwittrig, radiär, mit Kelch und Krone. Außenkelch fehlend. Kronblätter 5, frei, weiß. Staubblätter 12–15, frei und von der Krone frei. Fruchtblätter 4–5, verwachsen, unterständig. Plazentation zentralwinkelständig
Frucht: Apfelfrucht mit Steinkernen. Samen 4–5 je Fach
Kennzeichen: Strauch. Blätter unten gefiedert, oben fiederspaltig. Nebenblätter vorhanden. Blüten radiär. Kronblätter 5, frei. Staubblätter 12–15. Fruchtblätter 4–5, verwachsen, unterständig. Plazentation zentralwinkelständig. Apfelfrucht mit Steinkernen. Samen 4–5 je Fach

Pyrus L.

Ableitung: antiker Pflanzenname
Vulgärnamen: D:Birne; E:Pear; F:Poirier
Arten: 10–20
Lebensform: Baum, Strauch, zum Teil dornig, laubwerfend, selten immergrün
Blätter: wechselständig, einfach. Nebenblätter vorhanden, frei
Blütenstand: Schirmtraube, endständig
Blüten: zwittrig, radiär, mit Kelch und Krone. Außenkelch fehlend. Kronblätter 5, frei, weiß, rosa. Staubblätter 15–30, frei und von der Krone frei. Fruchtblätter 2–5, verwachsen, unterständig. Plazentation zentralwinkelständig
Frucht: Apfelfrucht mit Kernhaus und Steinzellen. Samen 2 je Fach
Kennzeichen: Baum, Strauch, zum Teil dornig, laubwerfend, selten immergrün. Nebenblätter vorhanden. Blüten radiär. Kronblätter 5, frei. Staubblätter 15–30.. Fruchtblätter 2–5, verwachsen, unterständig. Plazentation zentralwinkelständig. Apfelfrucht mit Kernhaus und Steinzellen. Samen 2 je Fach

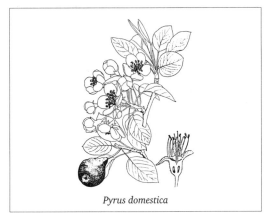
Pyrus domestica

Quillaja Molina

Ableitung: nach einem Pflanzennamen in Chile
Vulgärnamen: D:Seifenspiere; E:Soap Bark Tree; F:Quillay
Arten: 3
Lebensform: Baum, Strauch, immergrün

Blätter: wechselständig, einfach
Blütenstand: Traube, endständig, seitlich
Blüten: zwittrig oder eingeschlechtig, radiär, mit Kelch und Krone. Außenkelch fehlend. Kronblätter 5, frei, weiß. Staubblätter 10, frei und von der Krone frei. Diskus vorhanden. Fruchtblätter 5, nahezu frei, oberständig. Plazentation marginal
Frucht: Bälge. Samen viele je Fach, geflügelt
Kennzeichen: Lebensform: Baum, Strauch, immergrün. Blätter einfach. Blüten radiär. Kronblätter 5, frei. Staubblätter 10. Diskus vorhanden. Fruchtblätter 5, nahezu frei, oberständig. Bälge. Samen viele je Fach, geflügelt. Gattung von unsicherer Verwandtschaft

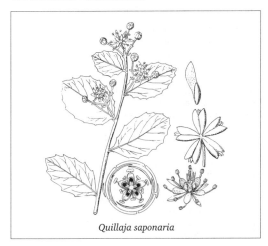
Quillaja saponaria

Rhaphiolepis Lindl.

Ableitung: Nadel-Schuppen
Vulgärnamen: D:Traubenapfel; E:Hawthorn; F:Raphiolépis
Arten: 5
Lebensform: Baum, Strauch, immergrün
Blätter: wechselständig, einfach, ganzrandig. Nebenblätter vorhanden
Blütenstand: Rispe, Traube, Schirmrispe, endständig

Rhaphiolepis umbellata

Blüten: zwittrig, radiär, mit Kelch und Krone. Außenkelch fehlend. Kronblätter 5, frei, weiß, rötlich. Staubblätter 15–25, frei und von der Krone frei. Diskus vorhanden. Fruchtblätter 2, verwachsen, unterständig. Plazentation zentralwinkelständig
Frucht: Apfelfrucht mit Kernhaus. Samen 2 je Fach
Kennzeichen: Baum, Strauch, immergrün. Blätter einfach, ganzrandig. Blüten in Rispen, Trauben oder Schirmrispen, radiär. Kronblätter 5, frei. Staubblätter 15–25. Diskus vorhanden. Fruchtblätter 2, verwachsen, unterständig. Plazentation zentralwinkelständig. Apfelfrucht mit Kernhaus. Samen 2 je Fach

Rhodotypos Siebold et Zucc.

Ableitung: Rosen-Gestalt
Vulgärnamen: D:Jabukistrauch, Kaimastrauch, Scheinkerrie; F:Faux-kerria
Arten: 1
Lebensform: Strauch, laubwerfend
Blätter: gegenständig, selten quirlständig, einfach. Nebenblätter vorhanden, frei
Blütenstand: einzeln, endständig
Blüten: zwittrig, radiär, mit Kelch und Krone. Außenkelch vorhanden. Kronblätter 4, frei, weiß. Staubblätter viele, frei und von der Krone frei. Diskus vorhanden. Fruchtblätter 2–6, frei, oberständig
Frucht: Steinfrucht, ± trocken. Samen 2 je Fach
Kennzeichen: Strauch, laubwerfend. Blätter gegenständig, selten quirlständig. Nebenblätter vorhanden. Blüten radiär. Außenkelch vorhanden. Kronblätter 4, frei. Staubblätter viele. Diskus vorhanden. Fruchtblätter 2–6, frei, oberständig. Steinfrucht, ± trocken

Rhodotypos scandens

Rosa L.

Ableitung: antiker Pflanzenname
Vulgärnamen: D:Hagebutte, Rose; E:Rose; F:Eglantier, Rosier
Arten: 100–150
Lebensform: Strauch, Liane, stachelig, laubwerfend, immergrün
Blätter: wechselständig, zusammengesetzt, selten einfach. Nebenblätter vorhanden, angewachsen an den Blattstiel

Blütenstand: einzeln, Schirmrispe, Schirmtraube, endständig
Blüten: zwittrig, selten eingeschlechtig, radiär, mit Kelch und Krone. Außenkelch fehlend. Kronblätter 5, selten 4, frei, weiß, rosa, purpurn, lila, orange, gelb, rot. Staubblätter viele, frei und von der Krone frei. Diskus vorhanden. Fruchtblätter viele bis wenige, frei, mittelständig in ± geschlossenem Becher. Plazentation apical
Frucht: Rosenfrucht. Samen 1 je Fruchtblatt
Kennzeichen: Strauch, Liane, stachelig, laubwerfend, immergrün. Nebenblätter vorhanden, angewachsen an den Blattstiel. Blüten radiär. Kronblätter 5, selten 4, frei. Staubblätter viele. Diskus vorhanden. Fruchtblätter viele bis wenige, frei, mittelständig in ± geschlossenem Becher. Plazentation apical. Rosenfrucht

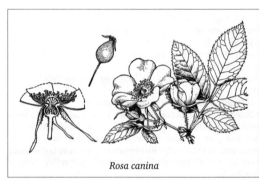

Rosa canina

Rubus L.

Ableitung: antiker Pflanzenname
Vulgärnamen: D:Brombeere, Himbeere, Steinbeere; E:Bramble, Raspberry; F:Framboisier, Mûrier sauvage, Ronce
Arten: 250+
Lebensform: Strauch, Liane, Staude, stachelig, laubwerfend oder immergrün
Blätter: wechselständig, einfach oder gefiedert oder gefingert. Nebenblätter vorhanden oder fehlend, frei
Blütenstand: Traube, Rispe, Schirmrispe, Schirmtraube, einzeln

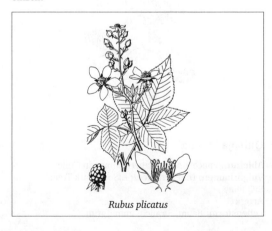

Rubus plicatus

Blüten: zwittrig oder eingeschlechtig, radiär, mit Kelch und Krone. Außenkelch fehlend. Kronblätter 5, selten 4, frei, weiß, rosa, purpurn, rot, gelb. Staubblätter viele bis wenige, frei und von der Krone frei. Fruchtblätter viele bis wenige, frei, oberständig, mit 2 Samenanlagen
Frucht: Steinfrüchtchen. Samenanlagen 2 je Fruchtblatt
Kennzeichen: Strauch, Liane, Staude, stachelig, laubwerfend oder immergrün. Blüten radiär. Kronblätter 5, selten 4, frei. Staubblätter viele bis wenige. Fruchtblätter viele bis wenige, frei, oberständig, mit 2 Samenanlagen. Steinfrüchtchen

Sanguisorba L.

Ableitung: Pflanze gegen Blutungen
Vulgärnamen: D:Wiesenknopf; E:Burnet; F:Sanguisorbe
Arten: c. 20
Lebensform: Staude, Einjährige, Strauch
Blätter: wechselständig, gefiedert. Nebenblätter vorhanden angewachsen an den Blattstiel oder frei
Blütenstand: Köpfchen, Ähre, endständig
Blüten: zwittrig oder eingeschlechtig, radiär. Kelchblätter 4, verwachsen. Außenkelch fehlend. Kronblätter fehlend. Staubblätter 2 bis viele, frei und von der Krone frei. Fruchtblätter 5–1, verwachsen oder frei, unterständig
Frucht: Nüsschen. Samen 1 je Fach
Kennzeichen: Staude, Einjährige, Strauch. Blätter gefiedert. Nebenblätter vorhanden angewachsen an den Blattstiel oder frei. Blüten in Köpfchen oder Ähren. Blüten radiär. Kelchblätter 4. Kronblätter fehlend. Staubblätter 2 bis viele. Fruchtblätter 5–1, unterständig. Nüsschen

Sanguisorba minor

Sarcopoterium Spach

Ableitung: fleischiges Poterium
Arten: 1
Lebensform: Strauch, dornig
Blätter: wechselständig, gefiedert. Nebenblätter vorhanden
Blütenstand: Ähre, seitlich
Blüten: eingeschlechtig einhäusig, radiär. Kelchblätter 4, frei, grün. Außenkelch fehlend. Kronblätter fehlend. Staubblätter viele, frei und von der Krone frei. Fruchtblätter 2–3, verwachsen, unterständig

Frucht: beerenartig. Samen 1 je Fach
Kennzeichen: Strauch, dornig. Blätter gefiedert. Nebenblätter vorhanden. Blüten in Ähren, eingeschlechtig, radiär. Kelchblätter 4. Kronblätter fehlend. Staubblätter viele. Fruchtblätter 2–3, verwachsen, unterständig. Frucht beerenartig. Samen 1 je Fach

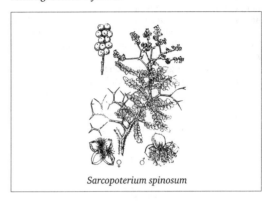
Sarcopoterium spinosum

Sibbaldia L.

Ableitung: Gattung zu Ehren von Sir Robert Sibbald (1641-1722), einem schottischen Arzt und Botaniker benannt
Vulgärnamen: D:Gelbling; F:Sibbaldia
Arten: 8
Lebensform: Staude
Blätter: grundständig, 3-zählig. Nebenblätter vorhanden, angewachsen an den Blattstiel
Blütenstand: cymös
Blüten: zwittrig, radiär, mit Kelch und Krone. Außenkelch vorhanden. Kronblätter 5, frei, gelb. Staubblätter 5, 4 oder 10, frei und von der Krone frei. Fruchtblätter 5–20, frei, oberständig, Griffel seitlich. Plazentation basal
Frucht: Nüsschen. Samen 1 je Fruchtblatt
Kennzeichen: Lebensform: Staude. Blätter grundständig, 3-zählig. Nebenblätter vorhanden, angewachsen an den Blattstiel. Blüten radiär. Außenkelch vorhanden. Kronblätter 5, frei, gelb. Staubblätter 5, 4 oder 10. Fruchtblätter 5–20, frei, oberständig, Griffel seitlich. Nüsschen

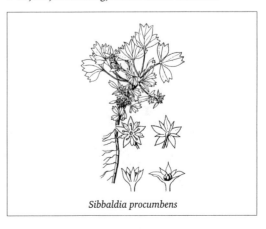
Sibbaldia procumbens

Sibiraea Maxim.

Ableitung: Spiraea aus Sibirien
Vulgärnamen: D:Blauspiere; F:Sibérienne
Arten: 2
Lebensform: Strauch, laubwerfend
Blätter: wechselständig, einfach. Nebenblätter fehlend
Blütenstand: Traube, endständig
Blüten: zweihäusig, radiär, mit Kelch und Krone. Außenkelch fehlend. Kronblätter 5, frei, weiß, rosa, grünlich. Staubblätter etwa 20–25, frei und von der Krone frei. Diskus vorhanden. Fruchtblätter etwa 5, nur am Grund verwachsen, oberständig. Plazentation marginal
Frucht: Bälge. Samen 4–8 je Fruchtblatt
Kennzeichen: Lebensform: Strauch, laubwerfend. Blüten zweihäusig, radiär. Kronblätter 5, frei. Staubblätter etwa 20–25. Diskus vorhanden. Fruchtblätter etwa 5, nur am Grund verwachsen, oberständig. Bälge

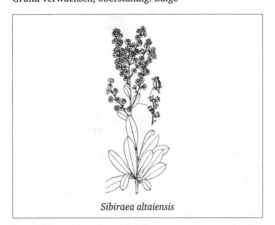

Sibiraea altaiensis

Sorbaria (Ser. ex DC.) A. Braun

Ableitung: Sorbus-Pflanze
Vulgärnamen: D:Fiederspiere; E:False Spiraea; F:Sorbaria
Arten: 9
Lebensform: Strauch, laubwerfend
Blätter: wechselständig, gefiedert. Nebenblätter vorhanden, frei

Sorbaria kirilowii

Blütenstand: Rispe, endständig
Blüten: zwittrig, radiär, mit Kelch und Krone. Außenkelch fehlend. Kronblätter 5, frei, weiß. Staubblätter 20–60, frei und von der Krone frei. Fruchtblätter 4–8, frei, oberständig. Plazentation marginal
Frucht: Bälge. Samen mehrere je Fruchtblatt
Kennzeichen: Strauch, laubwerfend. Nebenblätter vorhanden. Blüten radiär. Kronblätter 5, frei. Staubblätter 20–60. Fruchtblätter 4–8, frei, oberständig. Bälge

× Sorbaronia C.K. Schneid.

Ableitung: Hybride aus Aronia und Sorbus
Vulgärnamen: D:Straucheberesche
Lebensform: Strauch, Baum, laubwerfend
Blätter: wechselständig, einfach oder teilweise gefiedert. Nebenblätter vorhanden
Blütenstand: Schirmrispe, endständig
Blüten: zwittrig, radiär. Kelch abfallend. Außenkelch fehlend. Kronblätter 5, frei, weiß, rosa. Staubblätter viele, frei und von der Krone frei. Fruchtblätter 3–4, verwachsen, unterständig. Plazentation zentralwinkelständig
Frucht: Apfelfrucht mit Kernhaus
Kennzeichen: Strauch, Baum, laubwerfend. Nebenblätter vorhanden. Blüten radiär. Kelch abfallend. Kronblätter 5, frei. Staubblätter viele. Fruchtblätter 3–4, verwachsen, unterständig. Plazentation zentralwinkelständig. Apfelfrucht mit Kernhaus

× Sorbocotoneaster Pojark.

Ableitung: Hybride aus Cotoneaster und Sorbus
Vulgärnamen: D:Mispeleberesche
Lebensform: Strauch
Blätter: wechselständig, gelappt oder gefiedert. Nebenblätter vorhanden
Blütenstand: Schirmtraube
Blüten: zwittrig, radiär, mit Kelch und Krone. Außenkelch fehlend. Kronblätter 5, frei, weiß. Staubblätter viele, frei und von der Krone frei. Fruchtblätter verwachsen, unterständig. Plazentation zentralwinkelständig
Frucht: Apfelfrucht mit Steinkernen
Kennzeichen: Strauch. Blätter gelappt oder gefiedert. Nebenblätter vorhanden. Blüten radiär. Kronblätter 5, frei. Staubblätter viele. Fruchtblätter verwachsen, unterständig. Plazentation zentralwinkelständig. Apfelfrucht mit Steinkernen

× *Sorbocotoneaster pozdnjakovii*

× Sorbopyrus C.K. Schneid.

Ableitung: Hybride aus Sorbus und Pyrus
Vulgärnamen: D:Hagebuttenbirne
Lebensform: Baum, Strauch, laubwerfend
Blätter: wechselständig, einfach. Nebenblätter vorhanden
Blütenstand: Schirmtraube
Blüten: zwittrig, radiär, mit Kelch und Krone. Außenkelch fehlend. Kronblätter 5, frei, weiß. Staubblätter etwa 20, frei und von der Krone frei. Fruchtblätter 2–5, verwachsen, unterständig. Plazentation zentralwinkelständig
Frucht: Apfelfrucht
Kennzeichen: Baum, Strauch, laubwerfend. Blüten radiär. Kronblätter 5, frei. Staubblätter etwa 20. Fruchtblätter 2–5, verwachsen, unterständig. Plazentation zentralwinkelständig. Apfelfrucht

× *Sorbopyrus auricularis*

Sorbus L.

Ableitung: antiker Pflanzenname
Vulgärnamen: D:Eberesche, Elsbeere, Mehlbeere, Speierling, Vogelbeere; E:Mountain Ash, Whitebeam; F:Alisier, Alouchier, Cormier, Sorbier
Arten: 193
Lebensform: Baum, Strauch, laubwerfend
Blätter: wechselständig, einfach oder gefiedert. Nebenblätter vorhanden

Sorbus aucuparia

Blütenstand: Schirmrispe, endständig
Blüten: zwittrig, radiär, mit Kelch und Krone. Außenkelch fehlend. Kronblätter 5, frei, weiß, rosa. Staubblätter 15–20, frei und von der Krone frei. Fruchtblätter 2–5, verwachsen, unterständig. Plazentation zentralwinkelständig
Frucht: Apfelfrucht mit Kernhaus. Samen 2(4–2) je Fach
Kennzeichen: Baum, Strauch, laubwerfend. Blüten radiär. Kronblätter 5, frei. Staubblätter 15–20. Fruchtblätter 2–5, verwachsen, unterständig. Plazentation zentralwinkelständig. Apfelfrucht mit Kernhaus. Samen 2(4–2) je Fach

Spenceria Trimen

Ableitung: Gattung zu Ehren von Spencer le Marchant Moore (1850–1931), einem englischen Botaniker benannt
Arten: 2
Lebensform: Staude
Blätter: wechselständig, gefiedert. Nebenblätter vorhanden
Blütenstand: Traube mit Hülle aus 2 Hüllblättern
Blüten: zwittrig, radiär, mit Kelch und Krone. Außenkelch fehlend. Kronblätter 5, frei, gelb, cremefarben. Staubblätter 35–40, frei und von der Krone frei. Diskus vorhanden. Fruchtblätter 2, vom Achsenbecher umschlossen
Frucht: Nüsschen. Samen 1 je Fach
Kennzeichen: Staude. Blätter gefiedert. Nebenblätter vorhanden. Traube mit Hülle aus 2 Hüllblättern. Blüten radiär. Kronblätter 5, frei. Staubblätter 35–40. Diskus vorhanden. Fruchtblätter 2, vom Achsenbecher umschlossen

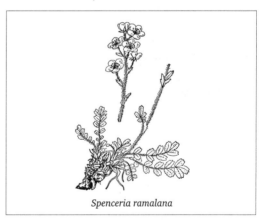

Spenceria ramalana

Spiraea L.

Ableitung: antiker Pflanzenname
Vulgärnamen: D:Spierstrauch; E:Bridewort; F:Spirée
Arten: 80–100
Lebensform: Strauch, laubwerfend
Blätter: wechselständig, einfach. Nebenblätter fehlend
Blütenstand: Schirmtraube, Schirmrispe, Rispe, Dolde, endständig
Blüten: zwittrig oder eingeschlechtig, radiär, mit Kelch und Krone. Außenkelch fehlend. Kronblätter 5, selten 4, frei, weiß, rosa, rot, gelb. Staubblätter 10 bis viele, frei und von der Krone frei. Diskus vorhanden. Fruchtblätter 5, seltener 1–8, frei, oberständig. Plazentation marginal

Frucht: Bälge. Samen 2-10 je Fruchtblatt
Kennzeichen: Strauch, laubwerfend. Nebenblätter fehlend. Blüten radiär. Kronblätter 5, selten 4, frei. Staubblätter 10 bis viele. Diskus vorhanden. Fruchtblätter 5, seltener 1-8, frei, oberständig. Bälge. Samen 2-10 je Fruchtblatt

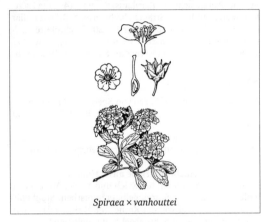
Spiraea × vanhouttei

Spiraeanthus (Fisch. et C.A. Mey.) Maxim.

Ableitung: Spiraea-Blüte
Arten: 1
Lebensform: Strauch, immergrün
Blätter: wechselständig, gefiedert. Nebenblätter vorhanden, frei
Blütenstand: Rispe, endständig
Blüten: zwittrig, radiär, mit Kelch und Krone. Außenkelch fehlend. Kronblätter 5-4, frei, rosa. Staubblätter 20-25, frei und von der Krone frei. Fruchtblätter 2-5, frei, oberständig. Plazentation ± basal

Spiraeanthus schrenkianus

Frucht: Bälge. Samen 2 je Fruchtblatt
Kennzeichen: Strauch, immergrün. Blätter gefiedert. Nebenblätter vorhanden. Blüten radiär. Kronblätter 5-4, frei. Staubblätter 20-25, frei und von der Krone frei. Fruchtblätter 2-5, frei, oberständig. Bälge

Stephanandra Siebold et Zucc.

Ableitung: Kranz von Staubblättern
Vulgärnamen: D:Kranzspiere; F:Stephanandra
Arten: 4
Lebensform: Strauch, laubwerfend
Blätter: wechselständig, einfach. Nebenblätter vorhanden, frei
Blütenstand: Schirmrispe, Rispe, Traube, endständig
Blüten: zwittrig, radiär, mit Kelch und Krone. Außenkelch fehlend. Kronblätter 5, frei, weiß. Staubblätter 10-20, frei und von der Krone frei. Diskus vorhanden. Fruchtblätter 1-2, frei, oberständig. Plazentation ± apical
Frucht: Bälge. Samen 2-1 je Fruchtblatt
Kennzeichen: Strauch, laubwerfend. Blätter einfach. Nebenblätter vorhanden. Blüten radiär. Kronblätter 5, frei. Staubblätter 10-20. Diskus vorhanden. Fruchtblätter 1-2, frei, oberständig. Bälge. Samen 2-1 je Fruchtblatt

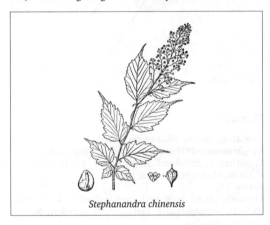
Stephanandra chinensis

Waldsteinia Willd.

Ableitung: Gattung zu Ehren von Franz de Paula Adam Graf von Waldstein (1759-1823), einem österreichischen Botaniker benannt
Vulgärnamen: D:Golderdbeere, Waldsteinie; F:Fraisier doré
Arten: 6
Lebensform: Staude
Blätter: wechselständig oder grundständig, einfach oder 3-zaählig. Nebenblätter vorhanden, angewachsen an den Blattstiel
Blütenstand: cymös, endständig
Blüten: zwittrig, radiär, mit Kelch und Krone. Außenkelch vorhanden oder fehlend. Kronblätter 5, frei, gelb. Staubblätter viele, frei und von der Krone frei. Diskus vorhanden. Fruchtblätter 3-15, selten 2-1, frei, oberständig, 1-samig. Griffel verlängert, abfallend
Frucht: Nüsschen. Samen 1 je Fruchtblatt

Kennzeichen: Staude. Blätter einfach oder 3-zaählig. Nebenblätter vorhanden, angewachsen an den Blattstiel. Blüten radiär. Außenkelch vorhanden oder fehlend. Kronblätter 5, frei, gelb. Staubblätter viele. Diskus vorhanden. Fruchtblätter 3–15, selten 2–1, frei, oberständig, 1-samig. Griffel verlängert, abfallend. Nüsschen

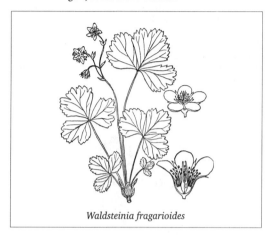

Waldsteinia fragarioides

Rubiaceae

1 Fächer des Fruchtknotens 2- bis vielsamig
  2 Krone klappig in der Knospe
    3 Frucht eine Beere . . . . **Mussaenda**
    3 Frucht eine Kapsel
      4 Samen geflügelt
        5 Kronblätter 4
          6 Pflanze meist kletternd. Nebenblätter den Blattstielen anhängend. . . . . . **Manettia**
          6 Pflanze nicht kletternd. Nebenblätter zerteilt in mehrere Borsten . . . . **Bouvardia**
        5 Kronblätter 5
          6 Kronzipfel auf der Rückseite mit Anhängsel
            7 Anhängsel der Kronzipfel keulenförmig. Antheren aus der Kronröhre herausragend . . . . **Corynanthe**
            7 Anhängsel der Kronzipfel fadenförmig. Antheren in der Kronröhre eingeschlossen . . . . **Pausinystalia**
          6 Kronzipfel ohne Anhängsel
            8 Kelchblätter zum Teil vergrößert und farbig . . . .**Emmenopterys**
            8 Kelchblätter weder vergrößert noch farbig . . . . **Cinchona**
      4 Samen nicht geflügelt
        9 Kronblätter und Staubblätter 4 . . . **Houstonia**
        9 Kronblätter und Staubblätter 5 . . . . .**Pentas**
  2 Krone dachig oder gedreht in der Knospe
    10 Krone dachig in der Knospe
      11 Blüten zygomorph . . . . **Coutarea**
      11 Blüten radiär
        12 Pflanzen Lianen mit Haken. Blüten in Köpfchen . . . . **Uncaria**
        12 Pflanzen Bäume oder Sträucher. Blüten in lockeren Blütenständen
          13 Staubblätter am Grund der Kronröhre eingefügt . . . .**Hamelia**
          13 Staubblätter im Schlund der Kronröhre eingefügt
            14 Frucht eine Beere . . . . . **Hoffmannia**
            14 Frucht eine Kapsel
              15 Frucht wandspaltig . . . . **Luculia**
              15 Frucht fachspaltig . . . . . **Rondeletia**
    10 Krone gedreht in der Knospe
      16 Frucht eine Steinfrucht . . . . **Rothmannia**
      16 Frucht eine Beere
        17 Blüten zweihäusig . . . . **Alibertia**
        17 Blüten zwittrig
          18 Fruchtknoten 1-fächerig . . . . . **Gardenia**
          18 Fruchtknoten 2-fächerig
            19 Blütenkrone innen zottig. Griffel zugespitzt . . . . **Genipa**
            19 Blütenkrone innen nur behaart. Griffel nicht zugespitzt . . . . **Oxyanthus**
1 Fächer des Fruchtknotens 1-samig
  20 Krone dachig oder gedreht in der Knospe
    21 Krone dachig in der Knospe. (Blüten in Köpfchen) . . . . **Cephalanthus**
    21 Krone gedreht in der Knospe. (Frucht eine Steinfrucht oder Beere)
      22 Kelch bei der Fruchtreife vergrößert . . . . **Psilanthus**
      22 Kelch nicht vergrößert bei der Fruchtreife
        23 untere Deckblätter scheidig . . . . . **Pavetta**
        23 untere Deckblätter nicht scheidig
          24 Blüten mit Außenkelch. Narbe einfach. . . . .**Coffea**
          24 Blüten ohne Außenkelch Griffel an der Spitze 2-teilig . . . . **Ixora**
  20 Krone klappig in der Knospe
    25 Pflanzen Bäume, Sträucher oder Lianen
    26 Frucht eine Kapsel
      27 Fruchtblätter 5. Samen nicht geflügelt . . . . **Leptodermis**
      27 Fruchtblätter 2. Samen geflügelt
        28 Blütenstand Köpfchen in Rispen . . . **Adina**
        28 Blütenstand anders . . . . **Remijia**
    26 Frucht eine Beere oder Steinfrucht
      29 Früchte verwachsen (Synkarpium) **Morinda**
      29 Früchte nicht verwachsen
        30 Blüten einzeln, eingesenkt in die Achse. Pflanze mit Knolle. . . . . . . **Myrmecodia**
        30 Blüten und Pflanze anders
          31 Blüten zweihäusig. Staubblätter am Grund der Kronröhre . . . . **Coprosma**
          31 Blüten nicht zweihäusig
            32 Pflanze eine Liane . . . . . . **Paederia**
            32 Pflanze aufrecht
              33 Pflanze epiphytisch, mit angeschwollener Basis . **Hydnophytum**
              33 Pflanze nicht epiphytisch mit angeschwollener Basis
                34 Pflanze kriechender Zwergstrauch, zerrieben sehr übelriechend. . **Putoria**
                34 Pflanze anders
                  35 Staubblätter am Grund der Kronröhre eingefügt. (Narbe einfach oder 2) . . . . **Chiococca**

             35 Staubblätter im Schlund der
                 Kronröhre eingefügt
                 36 Narben 2-4 . . . . **Psychotria**
                 36 Narbe kopfig. . . . . . . **Vangueria**
       25 Pflanze Einjährige, Staude oder Halbstrauch
       37 Frucht beerenartig oder eine Steinfrucht
           38 Frucht beerenartig (Blätter quirlständig oder
               gegenständig. Blüten zu mehreren) . . **Rubia**
           38 Frucht eine Steinfrucht. (Blätter
               gegenständig)
               39 Blüten zu 2. Fruchtblätter 4 . . . **Mitchella**
               39 Blüten einzeln. Fruchtblätter 2 . . . **Nertera**
       37 Frucht eine Spaltfrucht. (Blätter meist quirlig
           erscheinend)
           40 Blüten in Ähren. . . . . **Crucianella**
           40 Blüten nicht in Ähren
               41 Kelch deutlich vorhanden
                   42 Blätter gegenständig. . . . . . **Richardia**
                   42 Blätter quirlständig . . . . . . **Sherardia**
               41 Kelch nur als Saum ausgebildet oder
                   undeutlich 4-zähnig
                   43 Frucht 2-4hornige, stachelig. (Blüten in
                       4-seitigen Ähren) . . . . **Valantia**
                   43 Frucht anders
                       44 Kronröhre so lang oder länger als die
                           Kronzipfel
                           45 Krone 4-, selten 3- oder 5-zipfelig. Narbe
                               2-lappig . . . . **Asperula**
                           45 Krone 5-zipfelig. Narbe kopfig . . . . .
                               . . . . **Phuopsis**
                       44 Kronröhre kürzer als die Kronzipfel
                           46 Blüten in kurzen Blütenständen in den
                               Blattachseln. Zentrale Blüte zwittrig,
                               andere männlich oder fehlend . . . . .
                               . . . . **Cruciata**
                           46 Blüten in Rispen, alle zwittrig . . . . .
                               . . . . **Galium**

Die riesige, hauptsächlich aus tropischen Holzpflanzen bestehende Familie der Rubiaceae ist recht einheitlich. Die einfachen, fast immer ganzrandigen Blätter sind gegen- oder quirlständig und besitzen oft miteinander verwachsene Nebenblätter. Die Blüten sind fast immer zwittrig und radiär, mit Kelch und verwachsener Krone, einem Kreis von Staubblättern, die mit der Krone verwachsen sind, und einen meist aus zwei verwachsenen Fruchtblättern gebildeten, unterständigen Fruchtknoten. Stark unterschiedlich in der Familie ist nur der Fruchttyp, nämlich Kapseln, Spaltfrüchte, Beeren oder Steinfrüchten. Zur Untergliederung der Familie müssen aber auch unscheinbare Merkmale wie die Knospendeckung der Kronblätter und die Samenzahl herangezogen werden, sodass die meisten Gattungen nicht leicht zu erkennen sind. Als Kennzeichen werden nur die innerhalb der Familie typischen Gattungsmerkmale angegeben.

Adina Salisb.

Ableitung: dicht beisammen (Blüten)
Arten: 3
Lebensform: Strauch, Baum, immergrün oder laubwerfend

Blätter: gegenständig oder quirlständig, einfach. Nebenblätter vorhanden
Blütenstand: Köpfchen in Rispen
Blüten: zwittrig, radiär, mit Kelch und Krone. Kronblätter 4-6, verwachsen, trichterförmig, klappig in der Knospe. Staubblätter 5, im Schlund der Krone eingefügt. Fruchtblätter 2, verwachsen, unterständig. Narbe keulig. Plazentation zentralwinkelständig
Frucht: Kapsel in 2 Teile zerfallend. Samen 1 je Fach, geflügelt
Kennzeichen: Rubiacee. Strauch, Baum, immergrün oder laubwerfend. Kronblätter klappig in der Knospe. Samen 1 je Fach. Kapsel

Adina racemosa

Alibertia A. Rich. ex DC.

Ableitung: Gattung zu Ehren von Jean Louis Marie Alibert (1768-1837), einem französischen Arzt benannt
Arten: 35
Lebensform: Strauch, Baum, immergrün
Blätter: gegenständig, einfach. Nebenblätter vorhanden
Blütenstand: männliche Blüten einzeln, weibliche in Büscheln
Blüten: eingeschlechtig, radiär, mit Kelch und Krone. Kronblätter 4-8, verwachsen, stieltellerförmig, gedreht in der Knospe. Staubblätter 4-8, in der Kronröhre eingefügt. Fruchtblätter 2-8, verwachsen, unterständig. Griffel 2-8. Plazentation zentralwinkelständig, Samenanlagen 2 bis viele je Fach
Frucht: Beere. Samen nicht geflügelt
Kennzeichen: Rubiacee, Baum oder Strauch, immergrün, mit eingeschlechtigen, radiären Blüten. Kronblätter gedreht in der Knospe. Samenanlagen 2 bis viele je Fach

Asperula L.

Ableitung: kleine raue Pflanze
Vulgärnamen: D:Meier, Meister; E:Woodruff; F:Aspérule
Arten: 181
Lebensform: Einjährige, Staude, Halbstrauch
Blätter: quirlständig oder gegenständig, einfach. Nebenblätter vorhanden, blattartig
Blütenstand: Rispe, Köpfchen, Quirle
Blüten: zwittrig, radiär. Kelchblätter vorhanden oder fehlend. Kronblätter 4, seltener 3 oder 5, verwachsen, trichterförmig, klappig in der Knospe, weiß, rosa, blau. Staubblätter 4, im Schlund der Krone eingefügt. Fruchtblätter 2,

verwachsen, unterständig. Narbe 2-lappig. Plazentation zentralwinkelständig, 1 Samenanlage je Fach
Frucht: Spaltfrucht. Samen nicht geflügelt
Kennzeichen: Rubiacee. Einjährige, Staude, Halbstrauch. Kronblätter 4, selten 3 oder 5, klappig in der Knospe. Kronröhre so lang oder länger als die Kronzipfel. Samen 1 je Fach. Spaltfrucht

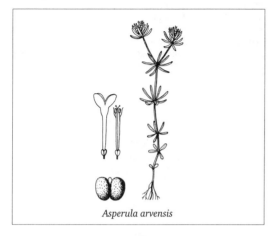

Asperula arvensis

Bouvardia Salisb.

Ableitung: Gattung zu Ehren von Charles Bouvard (1572–1658), einem französischen Botaniker und königlichen Leibarzt benannt
Vulgärnamen: D:Bouvardie; E:Bouvardia; F:Bouvardie
Arten: 37
Lebensform: Staude, Strauch
Blätter: quirlständig oder gegenständig, einfach. Nebenblätter vorhanden
Blütenstand: cymös, einzeln, Schirmtraube, endständig
Blüten: zwittrig, radiär, mit Kelch und Krone. Kronblätter 4, verwachsen, röhrenförmig, trichterförmig, stieltellerförmig, klappig in der Knospe, weiß, gelb, rot. Staubblätter 4, im Schlund der Krone eingefügt. Fruchtblätter 2, verwachsen, unterständig. Narbe einfach. Plazentation zentralwinkelständig, Samenanlagen viele je Fach

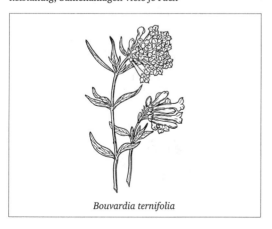

Bouvardia ternifolia

Frucht: Kapsel, fachspaltig. Samen geflügelt
Kennzeichen: Rubiacee, Staude oder Strauch, mit in mehrere Borsten zerteilten Nebenblättern. Kronblätter 4, klappig in der Knospe. Samenanlagen viele je Fach. Kapsel mit geflügelten Samen

Cephalanthus L.

Ableitung: Kopf-Blüte
Vulgärnamen: D:Knopfbusch; E:Buttonbush; F:Poisbouton
Arten: 6
Lebensform: Strauch, Baum, immergrün oder laubwerfend
Blätter: gegenständig oder quirlständig, einfach. Nebenblätter vorhanden
Blütenstand: Köpfchen, seitlich oder endständig
Blüten: zwittrig, radiär, mit Kelch und Krone. Kronblätter 5, verwachsen, röhrenförmig oder trichterförmig, dachig in der Knospe, weiß, gelblich. Staubblätter 5, im Schlund der Krone eingefügt. Fruchtblätter 2, verwachsen, unterständig. Narbe kopfig. Plazentation zentralwinkelständig, Samenanlagen 1 je Fach
Frucht: Spaltfrucht. Samen nicht geflügelt
Kennzeichen: Rubiacee. Strauch, Baum, immergrün oder laubwerfend. Blüten in Köpfchen. Kronblätter dachig in der Knospe. Samenanlagen 1 je Fach

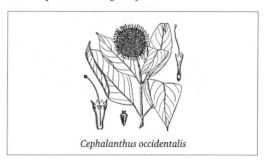

Cephalanthus occidentalis

Chiococca P. Browne

Ableitung: Schnee-Beere
Vulgärnamen: D:Schneebeere; E:Snowberry

Chiococca alba

770 Rubiaceae

Arten: 21
Lebensform: Strauch, Liane, immergrün
Blätter: gegenständig, einfach. Nebenblätter vorhanden
Blütenstand: Wickel, Rispe, seitlich
Blüten: zwittrig, radiär, mit Kelch und Krone. Kronblätter 5, verwachsen, trichterförmig, klappig in der Knospe, weiß, gelb. Staubblätter 5, im Schlund der Krone eingefügt. Fruchtblätter 2, verwachsen, unterständig. Narbe einfach oder 2-lappig. Plazentation zentralwinkelständig, Samenanlagen 1 je Fach
Frucht: Steinfrucht. Samen nicht geflügelt
Kennzeichen: Rubiacee. Strauch, Liane, immergrün. Kronblätter klappig in der Knospe. Staubblätter am Grund der Krone eingefügt. Samen 1 je Fach. Steinfrucht

Cinchona L.

Ableitung: nach einem südamerikanischen Pflanzennamen
Vulgärnamen: D:Chinarindenbaum, Chininbaum, Fieberrindenbaum; E:Jesuit's Bark, Sacred Bark; F:Quinquina
Arten: 23
Lebensform: Baum, Strauch
Blätter: gegenständig, einfach. Nebenblätter vorhanden
Blütenstand: Rispe, cymös, endständig
Blüten: zwittrig, radiär, mit Kelch und Krone. Kronblätter 5, verwachsen, stieltellerförmig, klappig in der Knospe, rosa, gelblich weiß, rot. Staubblätter 5, in der Röhre der Krone eingefügt. Fruchtblätter 2, verwachsen, unterständig. Narbe einfach. Blüten verschiedengrifflig. Plazentation zentralwinkelständig. Samenanlagen viele je Fach
Frucht: Kapsel, wandspaltig. Samen geflügelt
Kennzeichen: Rubiacee. Baum oder Strauch. Kronblätter 5, klappig in der Knospe. Samenanlagen viele je Fach. Kapsel mit geflügelten Samen

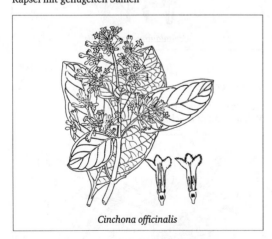

Cinchona officinalis

Coffea L.

Ableitung: nach einem arabischen Wort, das wohl auf die Landschaft Kaffa in Äthiopien zurückgeht
Vulgärnamen: D:Kaffeestrauch; E:Coffee; F:Caféier
Arten: 94
Lebensform: Baum, Strauch
Blätter: gegenständig oder quirlständig, einfach. Nebenblätter vorhanden
Blütenstand: einzeln, cymös, seitlich
Blüten: zwittrig, radiär, mit Kelch und Krone. Kronblätter 4-8, verwachsen, trichterförmig bis stieltellerförmig, gedreht in der Knospe, weiß. Staubblätter 4-8, im Schlund der Krone eingefügt. Fruchtblätter 2, verwachsen, unterständig. Narbe einfach. Plazentation zentralwinkelständig. Samenanlagen 1 je Fach
Frucht: Beere. Samen nicht geflügelt
Kennzeichen: Rubiacee. Baum oder Strauch. Blüten mit Außenkelch. Kronblätter gedreht in der Knospe. Samenanlagen 1 je Fach. Beere

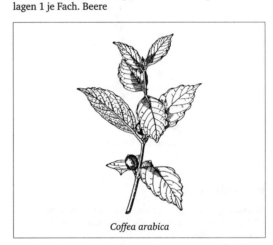

Coffea arabica

Coprosma J.R. Forst. et G. Forst.

Ableitung: mit Geruch nach Mist
Arten: 99
Lebensform: Strauch, Baum, immergrün
Blätter: gegenständig, einfach. Nebenblätter vorhanden
Blütenstand: einzeln, cymös, endständig, seitlich

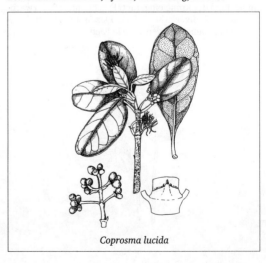

Coprosma lucida

Blüten: zweihäusig, radiär. Kelchblätter vorhanden oder fehlend. Kronblätter 4–5, verwachsen, röhrenförmig, trichterförmig, glockig, klappig in der Knospe, weiß, grünlich. Staubblätter 4–6, am Grund der Kronröhre eingefügt. Fruchtblätter 2–4, verwachsen, unterständig. Narbe 2-lappig. Plazentation zentralwinkelständig. Samenanlagen 1 je Fach
Frucht: Steinfrucht. Samen nicht geflügelt
Kennzeichen: Rubiacee. Strauch, Baum, immergrün. Kronblätter klappig in der Knospe. Staubblätter am Grund der Kronröhre eingefügt. Samen 1 je Fach. Steinfrucht

Corynanthe Welw.

Ableitung: Kolben-Blüte
Arten: 3
Lebensform: Baum
Blätter: einfach. Nebenblätter vorhanden
Blütenstand: endständig
Blüten: zwittrig, radiär, mit Kelch und Krone. Kronblätter 5, verwachsen, trichterförmig, klappig in der Knospe, mit keulenförmigen Anhängseln. Staubblätter im Schlund der Krone eingefügt. Fruchtblätter 2, verwachsen, unterständig. Plazentation zentralwinkelständig. Samenanlagen viele je Fach
Frucht: Kapsel, fachspaltig. Samen geflügelt
Kennzeichen: Rubiacee. Baum. Kronblätter 5, klappig in der Knospe, mit keulenförmigen Anhängseln. Staubblätter herausragend. Samenanlagen viele je Fach. Kapsel mit geflügelten Samen

Coutarea Aubl.

Ableitung: nach einem Pflanzennamen in Südamerika
Arten: 7
Lebensform: Strauch, Baum, immergrün
Blätter: gegenständig, einfach. Nebenblätter vorhanden
Blütenstand: einzeln, Köpfchen
Blüten: zwittrig, zygomorph, mit Kelch und Krone. Kronblätter 5–8, verwachsen, trichterförmig bis glockig, dachig in der Knospe, weiß, gelb. Staubblätter 5–8, am Grund der Kronröhre eingefügt. Fruchtblätter 2, verwachsen, unterständig. Plazentation zentralwinkelständig. Samenanlagen viele je Fach
Frucht: Kapsel. Samen geflügelt
Kennzeichen: Rubiacee. Strauch, Baum, immergrün. Blüten zygomorph. Kronblätter dachig in der Knospe. Samenanlagen viele je Fach. Kapsel mit geflügelten Samen

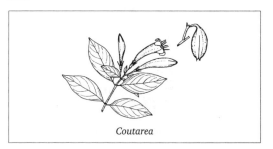
Coutarea

Crucianella L.

Ableitung: kleine Kreuz-Pflanze
Vulgärnamen: D:Kreuzblatt; E:Crosswort; F:Crucianelle
Arten: 31
Lebensform: Einjährige, Staude
Blätter: quirlständig, einfach. Nebenblätter vorhanden
Blütenstand: Ähre
Blüten: zwittrig, radiär. Kelchblätter vorhanden oder fehlend. Kronblätter 4–5, verwachsen, trichterförmig, klappig in der Knospe, weiß, rosa, blau. Staubblätter 4–5, im Schlund der Krone eingefügt. Fruchtblätter 2, verwachsen, unterständig. Narbe kopfig. Plazentation zentralwinkelständig. Samenanlagen 1 je Fach
Frucht: Spaltfrucht. Samen nicht geflügelt
Kennzeichen: Rubiacee. Einjährige, Staude. Blätter quirlständig. Blüten in Ähren. Kronblätter klappig in der Knospe. Samen 1 je Fach. Spaltfrucht

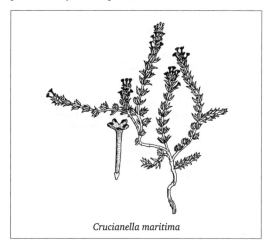
Crucianella maritima

Cruciata Mill.

Ableitung: Kreuz-Pflanze
Vulgärnamen: D:Kreuzlabkraut; F:Croisette, Gaillet croisette

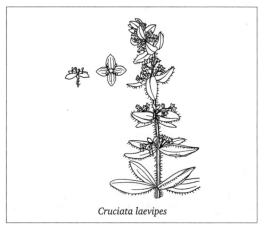
Cruciata laevipes

772 Rubiaceae

Arten: 8
Lebensform: Einjährige, Staude
Blätter: quirlständig, einfach. Nebenblätter vorhanden
Blütenstand: cymös
Blüten: Zentralblüten zwittrig, andere eingeschlechtig, radiär, Kelch fehlend. Kronblätter 4, am Grund verwachsen, sternförmig, klappig in der Knospe, gelb. Kronröhre kürzer als die Kronzipfel. Staubblätter 4, im Schlund der Krone eingefügt. Fruchtblätter 2, verwachsen, unterständig. Narben 2, kopfig. Plazentation zentralwinkelständig. Samenanlagen 1 je Fach
Frucht: Spaltfrucht. Samen nicht geflügelt
Kennzeichen: Rubiacee. Einjährige, Staude. Zentralblüten zwittrig, andere eingeschlechtig. Kronblätter klappig in der Knospe. Kronröhre kürzer als die Kronzipfel. Samen 1 je Fach. Spaltfrucht

Emmenopterys Oliv.

Ableitung: mit bleibenden Flügeln
Arten: 2
Lebensform: Baum, laubwerfend
Blätter: gegenständig, einfach. Nebenblätter vorhanden
Blütenstand: Rispe, endständig
Blüten: zwittrig, radiär, mit Kelch und Krone. Kronblätter 5, verwachsen, trichterförmig, glockig, klappig in der Knospe, weiß, gelb. Staubblätter 5, am Grund der Kronröhre eingefügt. Fruchtblätter 2, verwachsen, unterständig. Plazentation zentralwinkelständig. Samenanlagen viele je Fach
Frucht: Kapsel. Samen geflügelt
Kennzeichen: Rubiaceae. Baum, laubwerfend. Blüten mit zum Teil vergrößerten und farbigen Kelchblättern. Kronblätter klappig in der Knospe. Samenanlagen viele je Fach. Kapsel mit geflügelten Samen

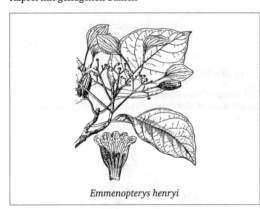
Emmenopterys henryi

Galium L.

Ableitung: antiker Pflanzenname
Vulgärnamen: D:Klebkraut, Labkraut; E:Bedstraw; F:Gaillet
Arten: 622
Lebensform: Einjährige, Staude
Blätter: quirlständig, einfach. Nebenblätter vorhanden
Blütenstand: Quirle, Schirmtraube, Rispe, seitlich, endständig

Blüten: zwittrig, radiär, Kelch fehlend, selten vorhanden. Kronblätter 4-3, am Grund verwachsen, sternförmig mit kurzer Röhre, klappig in der Knospe, weiß, gelb, grün, purpurn. Staubblätter 4-3, im Schlund der Krone eingefügt. Fruchtblätter 2, verwachsen, unterständig. Narbe 2, kopfig. Samenanlagen 1 je Fruchtblatt
Frucht: Spaltfrucht. Samen nicht geflügelt
Kennzeichen: Rubiacee. Einjährige, Staude. Blätter quirlständig. Blüten zwittrig. Kronblätter klappig in der Knospe. Narbe kopfig. Samenanlagen 1 je Fruchtblatt. Spaltfrucht

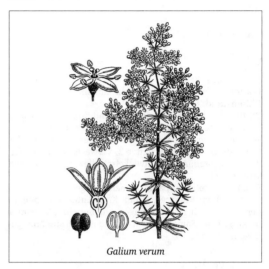
Galium verum

Gardenia J. Ellis

Ableitung: Gattung zu Ehren von Alexander Garden (1730–1791), einem schottischen Arzt in Nordamerika benannt
Vulgärnamen: D:Gardenie; E:Gardenia; F:Gardénia, Jasmin du Cap
Arten: 144
Lebensform: Strauch, Baum, immergrün
Blätter: gegenständig oder quirlständig, einfach. Nebenblätter vorhanden
Blütenstand: einzeln, Köpfchen, Schirmtraube, seitlich, endständig

Gardenia jasminoides

Blüten: zwittrig, radiär, mit Kelch und Krone. Kronblätter 5–12, verwachsen, stieltellerförmig, glockig, trichterförmig, gedreht in der Knospe, weiß, gelblich. Staubblätter 5–12, im Schlund der Krone eingefügt. Fruchtblätter 2, verwachsen, unterständig. Narbe keulig. Plazentation zentralwinkelständig. Samenanlagen viele je Fach
Frucht: Beere. Samen nicht geflügelt
Kennzeichen: Rubiacee. Strauch, Baum, immergrün. Kronblätter gedreht in der Knospe. Fruchtknoten 1-fächerig mit vielen Samenanlagen. Beere

Genipa L.

Ableitung: nach einem indianischen Pflanzennamen in Mittel- oder Südamerika
Vulgärnamen: D:Genipap; E:Genipap; F:Génipayer
Arten: 3
Lebensform: Strauch, Baum, immergrün
Blätter: gegenständig, einfach. Nebenblätter vorhanden
Blütenstand: cymös
Blüten: zwittrig, radiär, mit Kelch und Krone. Kronblätter 5–6, verwachsen, stieltellerförmig, gedreht in der Knospe, weiß. Staubblätter 5–6, im Schlund der Krone eingefügt. Fruchtblätter 2, verwachsen, unterständig. Narbe einfach oder 2-lappig. Plazentation zentralwinkelständig. Samenanlagen viele je Fach
Frucht: Beere. Samen nicht geflügelt
Kennzeichen: Rubiacee. Strauch, Baum, immergrün. Krone gedreht in der Knospe, innen zottig behaart. Griffel zugespitzt. Fruchtknoten 2-fächrig, mit vielen Samenanlagen je Fach. Beere

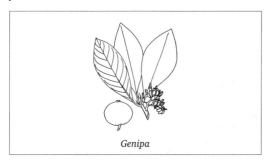
Genipa

Hamelia Jacq.

Ableitung: Gattung zu Ehren von Henri Louis Duhamel de Monceau (1700–1782), einem französischen Botaniker benannt
Vulgärnamen: D:Feuerbusch; E:Fire Bush
Arten: 17
Lebensform: Strauch, Baum, immergrün
Blätter: gegenständig oder quirlständig, einfach. Nebenblätter vorhanden
Blütenstand: cymös, endständig
Blüten: zwittrig, radiär, mit Kelch und Krone. Kronblätter 4, verwachsen, röhrenförmig, glockig, dachig in der Knospe, rot, orange, gelb. Staubblätter 5, am Grund der Kronröhre eingefügt. Fruchtblätter 5, verwachsen, unterständig. Narbe keulig. Plazentation zentralwinkelständig. Samenanlagen viele je Fach

Frucht: Beere. Samen nicht geflügelt
Kennzeichen: Rubiacee. Strauch, Baum, immergrün. Blüten zwittrig. Kronblätter dachig in der Knospe. Staubblätter am Grund der Kronröhre eingefügt. Samenanlagen viele je Fach. Beere

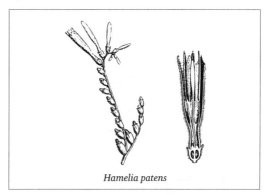
Hamelia patens

Hoffmannia Sw.

Ableitung: Gattung zu Ehren von Georg Franz Hoffmann (1761–1826), einem deutschen Botaniker benannt
Arten: 108
Lebensform: Strauch, Baum
Blätter: gegenständig oder quirlständig, einfach. Nebenblätter vorhanden
Blütenstand: cymös, seitlich
Blüten: zwittrig, radiär, mit Kelch und Krone. Kronblätter 4–5, verwachsen, trichterförmig oder stieltellerförmig, dachig in der Knospe, weiß, gelb, rot. Staubblätter 4–5, im Schlund der Krone eingefügt. Fruchtblätter 2, verwachsen, unterständig. Narbe einfach. Plazentation zentralwinkelständig. Samenanlagen viele je Fach
Frucht: Beere. Samen nicht geflügelt
Kennzeichen: Rubiacee. Strauch oder Baum. Blüten radiär. Kronblätter dachig in der Knospe. Staubblätter im Schlund der Krone eingefügt. Samenanlagen viele je Fach. Beere

Houstonia L.

Ableitung: Gattung zu Ehren von William Houston (1695–1733), einem schottischen Arzt und Pflanzensammler in Amerika benannt
Vulgärnamen: D:Engelsauge, Porzellansternchen; E:Bluets; F:Bleuet d'Amérique
Arten: 30
Lebensform: Staude
Blätter: gegenständig, einfach. Nebenblätter vorhanden
Blütenstand: einzeln, cymös, seitlich, endständig
Blüten: zwittrig, radiär, mit Kelch und Krone. Kronblätter 4, verwachsen, stieltellerförmig, klappig in der Knospe, blau, purpurn, weiß. Staubblätter 4, im Schlund der Krone eingefügt. Fruchtblätter 2, verwachsen, unterständig. Narbe
Frucht: Kapsel, fachspaltig. Samen nicht geflügelt
Kennzeichen: Rubiacee. Staude. Kronblätter 4, klappig in der Knospe. Kapsel mit nicht geflügelten Samen

774 Rubiaceae

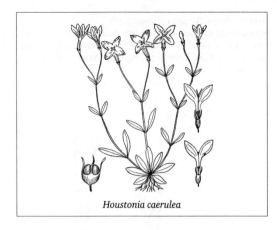
Houstonia caerulea

Hydnophytum Jack

Ableitung: Trüffel-Pflanze
Arten: 95
Lebensform: Strauch, epiphytisch, mit angeschwollener Basis, immergrün
Blätter: gegenständig, einfach. Nebenblätter vorhanden
Blütenstand: einzeln, Büschel, seitlich
Blüten: zwittrig, radiär, mit Kelch und Krone. Kronblätter 4, verwachsen, trichterförmig, stieltellerförmig, klappig in der Knospe, weiß, gelb, orange. Staubblätter 4, im Schlund der Krone eingefügt. Fruchtblätter 2, verwachsen, unterständig. Narbe 2-teilig. Plazentation zentralwinkelständig. Samenanlagen 1 je Fach
Frucht: Beere. Samen nicht geflügelt
Kennzeichen: Rubiacee. Strauch, epiphytisch, mit angeschwollener Basis, immergrün. Kronblätter 4, klappig in der Knospe. Samenanlagen 1 je Fach. Beere

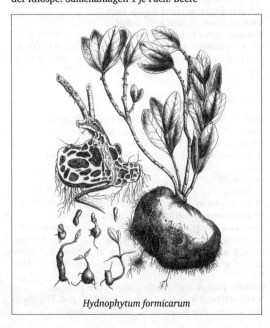
Hydnophytum formicarum

Ixora L.

Ableitung: nach dem Namen einer indischen Gottheit
Arten: 536
Lebensform: Strauch, Baum, immergrün
Blätter: gegenständig oder quirlständig, einfach. Nebenblätter vorhanden
Blütenstand: einzeln, Schirmtraube, endständig, seitlich
Blüten: zwittrig, radiär, mit Kelch und Krone. Kronblätter 4–5, verwachsen, stieltellerförmig, gedreht in der Knospe, weiß, rosa, rot, orange, gelb, purpurn. Staubblätter 4, im Schlund der Krone eingefügt. Fruchtblätter 2, verwachsen, unterständig. Griffel an der Spitze 2-teilig. Plazentation zentralwinkelständig. Samenanlagen 1 je Fach
Frucht: Steinfrucht. Samen nicht geflügelt
Kennzeichen: Rubiacee. Staude. Kronblätter gedreht in der Knospe. Samenanlagen 1 je Fach. Griffel an der Spitze 2-teilig. Steinfrucht

Ixora coccinea

Leptodermis Wall.

Ableitung: mit zarter Haut
Arten: 48
Lebensform: Strauch, laubwerfend
Blätter: gegenständig, einfach. Nebenblätter vorhanden
Blütenstand: Rispe, Büschel, endständig, seitlich

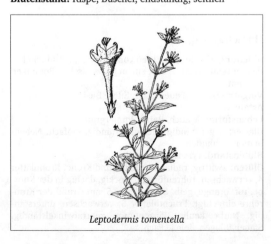
Leptodermis tomentella

Blüten: zwittrig, radiär, mit Kelch und Krone. Kronblätter 5, verwachsen, trichterförmig, röhrenförmig, klappig in der Knospe, weiß, purpurn. Staubblätter 5, im Schlund der Krone eingefügt. Fruchtblätter 5, verwachsen, unterständig. Narbe 5-lappig. Blüten verschiedengrifflig. Plazentation zentralwinkelständig. Samenanlagen 1 je Fach
Frucht: Kapsel. Samen nicht geflügelt
Kennzeichen: Rubiacee. Strauch, laubwerfend. Kronblätter 4, klappig in der Knospe. Fruchtblätter 5. Kapsel mit nicht geflügelten Samen

Luculia Sweet

Ableitung: nach einem Pflanzennamen in Nepal
Arten: 4
Lebensform: Strauch, Baum, immergrün
Blätter: gegenständig, einfach. Nebenblätter vorhanden
Blütenstand: Rispe, Schirmtraube, endständig
Blüten: zwittrig, radiär, mit Kelch und Krone. Kronblätter 5, verwachsen, stieltellerförmig, dachig in der Knospe, weiß, rosa, rot. Staubblätter 5, im Schlund der Krone eingefügt. Fruchtblätter 2, verwachsen, unterständig. Narbe einfach. Plazentation zentralwinkelständig. Samenanlagen viele je Fach
Frucht: Kapsel, wandspaltig. Samen geflügelt
Kennzeichen: Rubiacee. Strauch, Baum, immergrün. Kronblätter dachig in der Knospe. Staubblätter im Schlund der Krone eingefügt. Kapsel wandspaltig

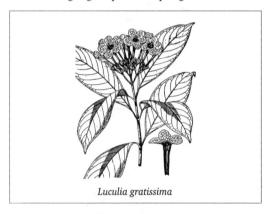

Luculia gratissima

Manettia Mutis ex L.

Ableitung: Gattung zu Ehren von Saverio Manetti (1723–1785), einem italienischen Arzt und Botaniker benannt
Arten: 126
Lebensform: Liane, Kräuter, meist kletternd, immergrün
Blätter: gegenständig, einfach. Nebenblätter den Blattstielen anhängend
Blütenstand: einzeln, cymös, Rispe, seitlich
Blüten: zwittrig, radiär, mit Kelch und Krone. Kronblätter 4, verwachsen, röhrenförmig, trichterförmig, stieltellerförmig, klappig in der Knospe, weiß, gelb, rot. Staubblätter 4, im Schlund der Krone eingefügt. Fruchtblätter 2, verwachsen, unterständig. Narbe kopfig, einfach. Plazentation zentralwinkelständig. Samenanlagen viele je Fach

Frucht: Kapsel. Samen geflügelt
Kennzeichen: Rubiacee. Liane, Kräuter, meist kletternd, immergrün. Nebenblätter den Blattstielen anhängend. Kronblätter 4, klappig in der Knospe. Samenanlagen viele je Fach. Kapsel mit geflügelten Samen

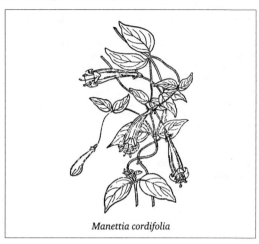

Manettia cordifolia

Mitchella L.

Ableitung: Gattung zu Ehren von John Mitchell (1711–1768), einem englischen Arzt und Botaniker benannt
Vulgärnamen: D:Rebhuhnbeere; E:Partridge Berry; F:Mitchella
Arten: 2
Lebensform: Staude, Halbstrauch, kletternd, immergrün
Blätter: gegenständig, einfach. Nebenblätter vorhanden
Blütenstand: zu 2, endständig, seitlich
Blüten: zwittrig, radiär, mit Kelch und Krone. Kronblätter 4, verwachsen, trichterförmig, klappig in der Knospe, weiß. Staubblätter 4, im Schlund der Krone eingefügt. Fruchtblätter 4, verwachsen, unterständig. Narbe 4-lappig. Plazentation zentralwinkelständig. Samenanlagen 1 je Fach
Frucht: Steinfrucht. Samen nicht geflügelt
Kennzeichen: Rubiacee. Staude, Halbstrauch, kletternd, immergrün. Blüten zu 2. Kronblätter 4, klappig in der Knospe. Fruchtblätter 4. Samenanlagen 1 je Fach. Steinfrucht

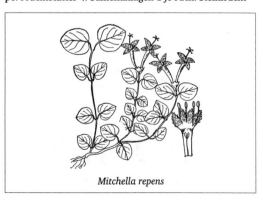

Mitchella repens

776 Rubiaceae

Morinda L.

Ableitung: Morus von Indien
Vulgärnamen: D:Indische Maulbeere, Nonibaum; F:Mûrier des Indes
Arten: 126
Lebensform: Baum, Strauch
Blätter: gegenständig oder quirlständig, einfach. Nebenblätter vorhanden
Blütenstand: Köpfchen, Rispe, seitlich, endständig
Blüten: zwittrig oder eingeschlechtig, radiär, mit Kelch und Krone. Kronblätter 4–7, verwachsen, trichterförmig, schalenförmig, klappig in der Knospe, weiß. Staubblätter 4–7, im Schlund der Krone eingefügt. Fruchtblätter 2–4, verwachsen, unterständig. Narbe einfach. Plazentation zentralwinkelständig. Samenanlagen je Fach 1
Frucht: beerenartige Scheinfrucht aus mehreren Blüten. Samen nicht geflügelt
Kennzeichen: Baum, Strauch. Kronblätter klappig in der Knospe. Samenanlagen 1 je Fach. Beerenartige Scheinfrucht aus mehreren Blüten

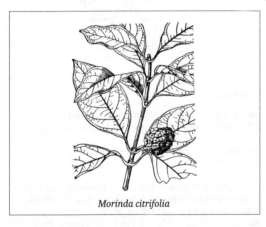

Morinda citrifolia

Mussaenda L.

Ableitung: nach einem Pflanzennamen auf Sri Lanka
Vulgärnamen: D:Signalstrauch; E:Red Flag Bush
Arten: 218
Lebensform: Strauch, Halbstrauch, zum Teil kletternd, immergrün oder laubwerfend

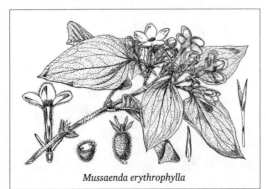

Mussaenda erythrophylla

Blätter: gegenständig oder quirlständig, einfach. Nebenblätter vorhanden
Blütenstand: Rispe, cymös
Blüten: zwittrig, radiär, mit Kelch und Krone. Kronblätter 5, verwachsen, röhrenförmig, trichterförmig, klappig in der Knospe, gelblich, rot, weiß. Staubblätter 5, im Schlund der Krone eingefügt. Fruchtblätter 2–4, verwachsen, unterständig. Narbe einfach. Plazentation zentralwinkelständig. Samenanlagen viele je Fach
Frucht: Beere. Samen nicht geflügelt
Kennzeichen: Rubiacee. Strauch, Halbstrauch, zum Teil kletternd, immergrün oder laubwerfend. Kronblätter klappig in der Knospe. Samenanlagen viele je Fach. Beere

Myrmecodia Jack

Ableitung: voller Ameisen
Vulgärnamen: D:Ameisenknolle; F:Plante aux fourmis
Arten: 27
Lebensform: Strauch, epiphytisch, knollenförmig
Blätter: gegenständig, einfach. Nebenblätter vorhanden
Blütenstand: einzeln, eingesenkt in die Achse
Blüten: zwittrig, radiär, mit Kelch und Krone. Kronblätter 4, verwachsen, röhrenförmig, klappig in der Knospe, weiß. Staubblätter 4, im Schlund der Krone eingefügt. Fruchtblätter 2, verwachsen, unterständig. Narbe 4- bis 5-lappig. Plazentation zentralwinkelständig. Samenanlagen 1 je Fach
Frucht: Beere. Samen nicht geflügelt
Kennzeichen: Rubiaceae. Strauch, epiphytisch, knllenförmig. Blüten einzeln, eingesenkt in die Achse. Kronblätter klappig in der Knospe. Samenanlagen 1 je Fach. Beere

Myrmecodia tuberosa

Nertera Banks et Sol. ex Gaertn.

Ableitung: niederliegend
Vulgärnamen: D:Korallenmoos; E:Beadplant; F:Planteperle
Arten: 15

Lebensform: Staude
Blätter: gegenständig, einfach. Nebenblätter vorhanden
Blütenstand: einzeln, endständig, seitlich
Blüten: zwittrig oder eingeschlechtig, radiär, mit Kelch und Krone. Kronblätter 4-5, verwachsen, trichterförmig, glockig, röhrenförmig, klappig in der Knospe, 3. Staubblätter 4-5, im Schlund der Krone eingefügt. Fruchtblätter 2, verwachsen, unterständig. Narbe 2-lappig. Plazentation zentralwinkelständig. Samenanlagen 1 je Fach
Frucht: Steinfrucht. Samen nicht geflügelt
Kennzeichen: Rubiaceae. Staude. Blüten einzeln. Kronblätter klappig in der Knospe. Samenanlagen 1 je Fach. Steinfrucht

Paederia foetida

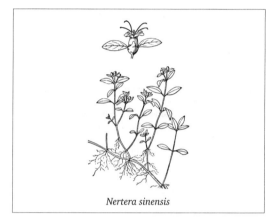
Nertera sinensis

Oxyanthus DC.

Ableitung: spitzige Blüte
Arten: 34
Lebensform: Baum, Strauch, immergrün
Blätter: gegenständig, einfach. Nebenblätter vorhanden
Blütenstand: cymös
Blüten: zwittrig, radiär, mit Kelch und Krone. Kronblätter 5, verwachsen, röhrenförmig, gedreht in der Knospe, weiß, gelblich. Staubblätter 5, im Schlund der Krone eingefügt. Fruchtblätter 2, verwachsen, unterständig. Narbe fädig. Plazentation zentralwinkelständig. Samenanlagen viele je Fach
Frucht: Beere. Samen nicht geflügelt
Kennzeichen: Rubiaceae. Baum, Strauch, immergrün. Kronblätter gedreht in der Knospe. Samenanlagen viele je Fach. Griffel nicht zugespitzt. Beere

Paederia L.

Ableitung: stinkende Pflanze
Arten: 30
Lebensform: Liane
Blätter: gegenständig oder quirlständig, einfach. Nebenblätter vorhanden
Blütenstand: Büschel, einfach, seitlich, endständig
Blüten: zwittrig, radiär, mit Kelch und Krone. Kronblätter 4-5, verwachsen, klappig in der Knospe, weißlich, rötlich. Staubblätter 5, im Schlund der Krone eingefügt. Fruchtblätter 2-3, verwachsen, unterständig. Narbe 2- bis 3-lappig. Plazentation zentralwinkelständig. Samenanlagen 1 je Fach

Frucht: Spaltfrucht. Samen nicht geflügelt
Kennzeichen: Rubiaceae. Liane. Kronblätter klappig in der Knospe. Samenanlagen 1 je Fach. Spaltfrucht

Pausinystalia Pierre ex Beille

Ableitung: wirkt gegen Schläfrigkeit
Vulgärnamen: D:Yohimbe; E:Yohimbe; F:Yohimbeh
Arten: 5
Lebensform: Strauch, Baum, immergrün
Blätter: einfach. Nebenblätter vorhanden
Blütenstand: Rispe
Blüten: zwittrig, radiär, mit Kelch und Krone. Kronblätter 5, verwachsen, klappig in der Knospe, außen mit fädigen Anhängseln, weiß. Staubblätter mit Antheren in der Kronröhre eingeschlossen. Fruchtblätter 2, verwachsen, unterständig. Plazentation zentralwinkelständig. Samenanlagen viele je Fach
Frucht: Kapsel, wandspaltig. Samen geflügelt
Kennzeichen: Rubiacee. Kronblätter 5, klappig in der Knospe, außen mit fädigen Anhängseln. Antheren in der Kronröhre eingeschlossen. Samenanlagen viele je Fach. Kapsel mit geflügelten Samen

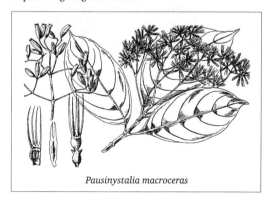
Pausinystalia macroceras

Pavetta L.

Ableitung: Pflanzenname auf Sri Lanka
Arten: 358
Lebensform: Strauch, Halbstrauch, selten Baum

Blätter: gegenständig, selten gegenständig, einfach. Nebenblätter vorhanden
Blütenstand: cymös, Dolde, Köpfchen, selten einzeln, Schirmrispe
Blüten: zwittrig, radiär, mit Kelch und Krone. Kronblätter 4, selten 5, verwachsen, trompetenförmig, gedreht in der Knospe, weiß, grünlich. Staubblätter 4, selten 5, im Schlund der Krone eingefügt. Fruchtblätter 2, verwachsen, unterständig. Narbe keulig. Plazentation zentralwinkelständig. Samenanlagen 1, selten 2 je Fach
Frucht: Steinfrucht. Samen nicht geflügelt
Kennzeichen: Rubiacee. Strauch, Halbstrauch, selten Baum. Untere Deckblätter des Blütenstandes scheidig. Kronblätter gedreht in der Knospe. Samenanlagen 1, selten 2 je Fach. Steinfrucht

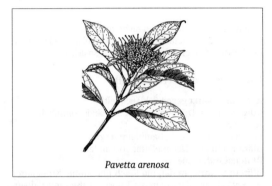

Pavetta arenosa

Pentas Benth.

Ableitung: fünfzählig
Arten: 39
Lebensform: Strauch, Staude, Einjährige, Halbstrauch
Blätter: gegenständig, einfach. Nebenblätter vorhanden
Blütenstand: cymös, Schirmtraube, endständig
Blüten: zwittrig, radiär, mit Kelch und Krone. Kronblätter 5, selten 4–6, verwachsen, röhrenförmig, trichterförmig, klappig in der Knospe, lila, fleischrot. Staubblätter 5, am Grund der Kronröhre eingefügt. Fruchtblätter 2–3, verwachsen, unterständig. Narbe einfach. Plazentation zentralwinkelständig. Samenanlagen viele je Fach

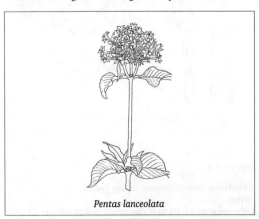

Pentas lanceolata

Frucht: Kapsel. Samen nicht geflügelt
Kennzeichen: Rubiacee. Strauch, Staude, Einjährige, Halbstrauch. Kronblätter klappig in der Knospe. Staubblätter 5. Samenanlagen viele je Fach. Kapsel mit nicht geflügelten Samen

Phuopsis (Griseb.) Hook. f.

Ableitung: vom Aussehen von Valeriana phu
Vulgärnamen: D:Baldriangesicht; E:Caucasian Crosswort; F:Crucianelle
Arten: 1
Lebensform: Staude
Blätter: gegenständig, einfach. Nebenblätter vorhanden
Blütenstand: cymös, kopfartig, mit Hülle
Blüten: zwittrig, radiär. Kelchblätter vorhanden oder fehlend. Kronblätter 5, verwachsen, tichterförmig, röhrenförmig, klappig in der Knospe, lila, rot. Kronröhre so lang oder länger als die Kronzipfel. Staubblätter 5, im Schlund der Krone eingefügt. Fruchtblätter 2, verwachsen, unterständig. Narbe kopfig. Plazentation zentralwinkelständig. Samenanlagen 1 je Fach
Frucht: Spaltfrucht. Samen nicht geflügelt
Kennzeichen: Rubiaceae. Staude. Kronblätter 4, klappig in der Knospe, Kronröhre so lang oder länger als die Kronzipfel. Narbe kopfig. Samenanlagen 1 je Fach. Spaltfrucht

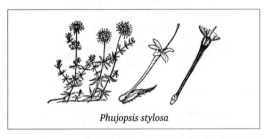

Phujopsis stylosa

Psilanthus Hook. f.

Ableitung: nackte Blüte
Arten: 18
Lebensform: Strauch, Baum
Blätter: gegenständig, einfach. Nebenblätter vorhanden
Blütenstand: einzeln
Blüten: zwittrig, radiär. Kelch zur Fruchtzeit vergrößert. Kronblätter 4–5, verwachsen, stieltellerförmig, gedreht in der Knospe, weiß. Staubblätter 4–5, im Schlund der Krone eingefügt. Fruchtblätter 2, verwachsen, unterständig. Narbe 2-lappig. Plazentation zentralwinkelständig. Samenanlagen 1 je Fach
Frucht: Beere mit vergrößertem Kelch. Samen nicht geflügelt
Kennzeichen: Rubiaceae. Strauch, Baum. Kronblätter gedreht in der Knospe. Samenanlagen 1 je Fach. Beere mit vergrößertem Kelch

Psychotria L.

Ableitung: die Seele belebend
Vulgärnamen: D:Brechwurzel; E:Wild Coffee; F:Céphélis, Ipéca

Arten: 1825
Lebensform: Strauch, Baum, immergrün oder laubwerfend
Blätter: gegenständig oder quirlständig, einfach. Nebenblätter vorhanden
Blütenstand: Rispe, cymös, endständig, seitlich
Blüten: zwittrig, radiär, mit Kelch und Krone. Kronblätter 4–6, verwachsen, röhrenförmig, trichterförmig, glockig, klappig in der Knospe, weiß, gelb, rosa. Staubblätter 4–6, im Schlund der Krone eingefügt. Fruchtblätter 2–4, verwachsen, unterständig. Narbe 2- bis 4-lappig. Plazentation zentralwinkelständig. Samenanlagen 1 je Fach
Frucht: Steinfrucht. Samen nicht geflügelt
Kennzeichen: Rubiacee. Strauch, Baum, immergrün oder laubwerfend. Kronblätter klappig in der Knospe. Staubblätter im Schlund der Krone eingefügt. Narbe 2- bis 4-lappig. Samenanlagen 1 je Fach. Steinfrucht

Putoria calabrica

Psychotria ipecahuanha

Putoria Pers.

Ableitung: stinkende Pflanze
Vulgärnamen: D:Putorie; F:Putoria
Arten: 2
Lebensform: Strauch, immergrün
Blätter: gegenständig, einfach, zerrieben übelriechend. Nebenblätter vorhanden
Blütenstand: cymös, einzeln
Blüten: zwittrig, radiär, mit Kelch und Krone. Kronblätter 4, verwachsen, trichterförmig, klappig in der Knospe, weiß, purpurn. Staubblätter 4, im Schlund der Krone eingefügt. Fruchtblätter 2, verwachsen, unterständig. Narben 2. Plazentation zentralwinkelständig. Samenanlagen 1 je Fach
Frucht: Steinfrucht. Samen nicht geflügelt
Kennzeichen: Rubiaceae. Zwergstrauch, immergrün, kriechend, zerrieben übelriechend. Kronblätter klappig in der Knospe. Samenanlagen 1 je Fach. Steinfrucht

Remijia DC.

Arten: 47
Lebensform: Strauch
Blätter: gegenständig, quirlständig, einfach. Nebenblätter vorhanden
Blütenstand: Rispe, seitlich
Blüten: zwittrig, radiär, mit Kelch und Krone. Kronblätter 5, verwachsen, stieltellerförmig, klappig in der Knospe. Staubblätter 5, im Schlund der Krone eingefügt. Fruchtblätter 2, verwachsen, unterständig. Plazentation zentralwinkelständig. Samenanlagen 1 je Fach
Frucht: Kapsel. Samen geflügelt
Kennzeichen: Rubiaceae. Strauch. Kronblätter klappig in der Knospe. Samenanlagen 1 je Fach. Kapsel. Samen geflügelt

Remijia

Richardia L.

Arten: 15
Lebensform: Einjährige, Staude
Blätter: gegenständig, einfach. Nebenblätter vorhanden
Blütenstand: Köpfchen
Blüten: zwittrig, radiär, mit Kelch und Krone. Kronblätter 4–8, verwachsen, trichterförmig, klappig in der Knospe,

weiß, rosa. Staubblätter 4–8, im Schlund der Krone eingefügt. Fruchtblätter 2–4, verwachsen, unterständig. Narbe 3- bis 4-lappig. Plazentation zentralwinkelständig. Samenanlagen 1 je Fach
Frucht: Spaltfrucht. Samen nicht geflügelt
Kennzeichen: Rubiaceae. Einjährige, Staude. Blätter gegenständig. Kelch deutlich. Kronblätter klappig in der Knospe. Samenanlagen 1 je Fach. Spaltfrucht

Rondeletia L.

Ableitung: Gattung zu Ehren von Guillaume Rondelet (1506/7–1566), einem französischen Botaniker benannt
Arten: 260
Lebensform: Strauch, Baum, immergrün, laubwerfend
Blätter: gegenständig, quirlständig, einfach. Nebenblätter vorhanden
Blütenstand: Schirmtraube, Schirmrispe, einzeln, seitlich, endständig
Blüten: zwittrig, radiär, mit Kelch und Krone. Kronblätter 4–6, verwachsen, trichterförmig, röhrenförmig, stieltellerförmig, dachig in der Knospe, weiß, gelb, rosa. Staubblätter 4–6, im Schlund der Krone eingefügt. Fruchtblätter 2–3, verwachsen, unterständig. Narbe keulig. Plazentation zentralwinkelständig. Samenanlagen viele je Fach
Frucht: Kapsel, fachspaltig. Samen geflügelt
Kennzeichen: Rubiacee. Strauch, Baum, immergrün, laubwerfend. Kronblätter dachig in der Knospe. Staubblätter im Schlund der Krone eingefügt. Samenanlagen viele je Fach. Kapsel fachspaltig mit geflügelten Samen

Rondeletia odorata

Rothmannia Thunb.

Ableitung: Gattung zu Ehren von Georg Rothmann (1739–1778), einem schwedischen Arzt und Botaniker benannt
Arten: 41
Lebensform: Strauch, Baum, Liane, immergrün
Blätter: gegenständig oder quirlständig, einfach. Nebenblätter vorhanden
Blütenstand: einzeln, cymös
Blüten: zwittrig, radiär. Kelch vorhanden oder fehlend. Kronblätter 5, verwachsen, trichterförmig, glockig, röhrenförmig, gedreht in der Knospe. Staubblätter 5, im Schlund der Krone eingefügt. Fruchtblätter 2, verwachsen, unterständig. Narbe einfach. Plazentation zentralwinkelständig. Samenanlagen viele je Fach
Frucht: Steinfrucht. Samen nicht geflügelt
Kennzeichen: Rubiacee. Strauch, Baum, Liane, immergrün. Kronblätter gedreht in der Knospe. Samenanlagen viele je Fach. Steinfrucht

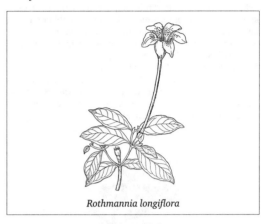
Rothmannia longiflora

Rubia L.

Ableitung: antiker Pflanzenname
Vulgärnamen: D:Krapp, Röte; E:Madder; F:Garance
Arten: 77
Lebensform: Staude, Strauch, ± kletternd
Blätter: gegenständig oder quirlständig, einfach. Nebenblätter vorhanden
Blütenstand: cymös, Rispe, Dichasium, seitlich
Blüten: zwittrig, radiär. Kelchblätter vorhanden oder fehlend. Kronblätter 5, selten 4, verwachsen, radförmig, klappig in der Knospe, weiß, grün. Staubblätter 5, selten 4, im Schlund der Krone eingefügt. Fruchtblätter 2, verwachsen, unterständig. Narbe 2-lappig oder kopfig. Plazentation zentralwinkelständig. Samenanlagen 1 je Fach
Frucht: Beere. Samen nicht geflügelt
Kennzeichen: Rubiaceae. Staude, ± kletternd. Blätter quirlständig oder gegenständig. Kronblätter klappig in der Knospe. Samenanlagen 1 je Fach. Frucht beerenartig

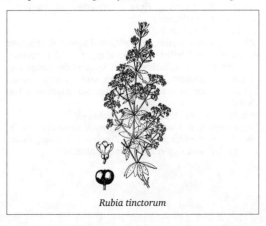
Rubia tinctorum

Sherardia L.

Ableitung: Gattung zu Ehren von William Sherard (1659–1728), einem englischen Diplomaten und Pflanzensammler benannt
Vulgärnamen: D:Ackerröte; E:Field Madder; F:Shérardia
Arten: 1
Lebensform: Einjährige
Blätter: quirlständig, einfach. Nebenblätter vorhanden
Blütenstand: Köpfchen mit Hülle
Blüten: zwittrig, radiär. Kelch 6-zähnig. Kronblätter 4, verwachsen, trichterförmig, klappig in der Knospe, rosa, blau, violett, weiß. Staubblätter 4, im Schlund der Krone eingefügt. Fruchtblätter 2, verwachsen, unterständig. Narbe 2-lappig. Plazentation zentralwinkelständig. Samenanlagen 1 je Fach
Frucht: Spaltfrucht. Samen nicht geflügelt
Kennzeichen: Rubiaceae. Einjährige. Blätter quirlständig. Kelch 6-zähnig. Kronblätter klappig in der Knospe. Samenanlagen 1 je Fach. Spaltfrucht

Sherardia arvensis

Uncaria Schreb.

Ableitung: Hakenpflanze
Arten: 39
Lebensform: Liane mit Haken aus umgebildeten Blütenständen
Blätter: gegenständig, einfach. Nebenblätter vorhanden
Blütenstand: Köpfchen
Blüten: zwittrig, radiär, mit Kelch und Krone. Kronblätter 5, verwachsen, röhrenförmig, dachig in der Knospe, gelblich. Staubblätter 5, im Schlund der Krone eingefügt. Fruchtblätter 2, verwachsen, unterständig. Narbe einfach. Plazentation zentralwinkelständig. Samenanlagen viele je Fach

Uncaria gambir

Frucht: Kapsel, wandspaltig. Samen geflügelt
Kennzeichen: Rubiacee. Liane mit Haken aus umgebildeten Blütenständen. Kronblätter dachig in der Knospe. Samenanlagen viele je Fach. Kapsel wandspaltig

Valantia L.

Ableitung: Gattung zu Ehren von Sébastien Vaillant (1669–1722), einem französischen Botaniker benannt
Vulgärnamen: D:Vaillantie; F:Vaillantie
Arten: 7
Lebensform: Einjährige, Staude
Blätter: quirlständig, einfach. Nebenblätter vorhanden
Blütenstand: zu 3
Blüten: eingeschlechtig, radiär. Kelchblätter fehlend. Kronblätter 3–4, verwachsen, radförmig, klappig in der Knospe, weiß, gelb, rosa. Staubblätter 3–4, im Schlund der Krone eingefügt. Fruchtblätter 2, verwachsen, unterständig. 2 Griffel. Plazentation zentralwinkelständig. Samenanlagen 1 je Fach
Frucht: Spaltfrucht, stachelig, 2- bis 4-hörnig. Samen nicht geflügelt
Kennzeichen: Rubiaceae. Einjährige, Staude. Blüten zu 3 seitlich. Kelchblätter fehlend. Kronblätter klappig in der Knospe. Samenanlagen 1 je Fach. Spaltfrucht, stachelig, 2- bis 4-hörnig

Valantia muralis

Vangueria Comm. ex Juss.

Ableitung: nach einem Pflanzennamen auf Madagaskar
Arten: 18
Lebensform: Strauch, Baum
Blätter: gegenständig, einfach. Nebenblätter vorhanden
Blütenstand: Büschel, Rispe, seitlich
Blüten: radiär, mit Kelch und Krone. Kronblätter 5, selten 4 oder 6, verwachsen, stieltellerförmig, krugförmig, klappig in der Knospe, weiß, grünlich. Staubblätter 5, im Schlund der Krone eingefügt. Fruchtblätter 5, selten 3–6, verwachsen, unterständig. Narbe kopfig. Plazentation zentralwinkelständig. Samenanlagen 1 je Fach

Frucht: Steinfrucht. Samen nicht geflügelt
Kennzeichen: Rubiacee. Strauch oder Baum. Kronblätter klappig in der Knospe. Narbe kopfig. Samenanlagen 1 je Fach. Steinfrucht

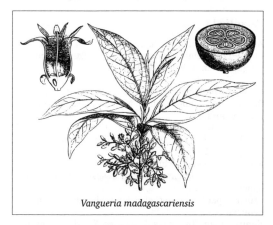

Vangueria madagascariensis

Rutaceae Rautengewächse

1 Frucht eine Beere oder Steinfrucht
2   Frucht eine Steinfrucht
3   Fruchtblätter 1, 1-samig . . . . **Amyris**
3   Fruchtblätter 2–8
4   Blätter gegenständig . . . . . **Phellodendron**
4   Blätter wechselständig
5   Blätter einfach . . . . **Skimmia**
5   Blätter fingerförmig zusammengesetzt . . . .
. . . . **Casimiroa**
2   Frucht eine Beere
6   Saftschläuche vom Exokap nach innen wachsend. (Pflanze meist dornig)
7   Samen 1–2 je Fach
8   Blätter zusammengesetzt . . . . . **Citropsis**
8   Blätter einfach
9   Staubblätter frei . . . . **Eremocitrus**
9   Staubblätter in Bündeln zusammenhängend
. . . . **Fortunella**
7   Samen 4 bis viele je Fach
10   Blätter einfach
11   Blattstiel abgegliedert. . . . . **Citrus**
11   Blattstiel nicht abgegliedert . . . .
. . . . **Microcitus**
10   Blätter zusammengesetzt
12   Staubblätter verwachsen. Plazentation wandständig. . . . . **Limonia**
12   Staubblätter frei. Plazentation zentralwinkelständig
13   Frucht mit holziger Schale. Kronblätter drüsig. . . . . **Aegle**
13   Frucht nicht mit holziger Schale. Kronblätter nicht drüsig
14   Blattstiel deutlich geflügelt. . . **Poncirus**
14   Blattstiele schmal geflügelt. . . . .
. . . . **× Citroncirus**
6   Saftschläuche fehlend

15   Pflanzen meist mit Dornen. Blätter einfach oder 3-zählig und gegenüberstehenden Blättchen
16   Blätter einfach . . . . **Severinia**
16   Blätter 3-zählig, mit vergrößertem Mittelblättchen. (Pflanze dornig) . . . . . .
. . . . **Triphasia**
15   Pflanzen ohne Dornen. Blättchen nicht gegenüber stehend
17   Griffel sehr kurz und dick, bleibend . . . . .
. . . . **Glycosmis**
17   Griffel ± lang, abfallend
18   Staubfäden lineal . . . . **Murraya**
18   Staubfäden verbreitert . . . . . . **Clausena**
1 Frucht trocken
19   Frucht eine Flügelnuss . . . . **Ptelea**
19   Frucht zerfallend oder eine Kapsel
20   Kronblätter verwachsen
21   Fruchtblätter 1–3 . . . . **Angostura**
21   Fruchtblätter 4–5
22   Fruchtblätter 4 . . . . **Correa**
22   Fruchtblätter 5
23   Teilfrüchte 1-samig. (Kronblätter mit langer Röhre). . . . . **Galipea**
23   Teilfrüchte 2-samig. (Kelch gefärbt) . . .
. . . . **Erythrochiton**
20   Kronblätter frei
24   Staubblätter in 1 Kreis, z.T. mit 1 Kreis steriler Staubblätter zusätzlich
25   Staubblätter 1 Kreis fertiler und 1 Kreis steriler
26   Griffel lang. (1 Samenanlage je Fach) . . .
. . . . **Agathosma**
26   Griffel kurz
27   Kronblätter genagelt, mit einem Kanal für die Staminodien . . . . **Coleonema**
27   Kronblätter fast sitzend . . . . **Adenandra**
25   Staubblätter nur 1 Kreis fertiler Staubblätter
28   Blütenhülle einfach . . . . . **Zanthoxylum**
28   Blütenhülle aus Kelch und Krone
29   Blüten eingeschlechtig
30   Blüten zweihäusig. Blätter wechselständig, einfach . . . . . . **Orixa**
30   Blüten einhäusig. Blätter gegenständig, gefiedert . . . . **Tetradium**
29   Blüten zwittrig
31   Blüten mit Gynophor . . . **Calodendrum**
31   Blüten ohne Gynophor
32   Fruchtknoten nur durch die Griffel verwachsen . . . . **Pilocarpus**
32   Fruchtblätter verwachsen zu einem Fruchtknoten . . . . **Diosma**
24   Staubblätter in 2 Kreisen
33   Kronblätter 4 (höchstens Endblüten mit 5 Kronblättern)
34   Samen 6 bis viele je Fach
35   Blüten weiß . . . . . **Boenninghausenia**
35   Blüten gelb. (Endblüten 5-zählig) . . . .
. . . . **Ruta**
34   Samen 2–1 je Fach
36   Blätter gefingert. Kelchblätter abfallend. Fruchtknoten behaart . . . . **Choisya**

```
  36  Blätter, Kelchblätter und Fruchtknoten
      ohne diese Merkmalskombination
   37  Blüten grünlich . . . . . . . . . Melicope
   37  Blüten nicht grünlich . . . . . . Boronia
 33  Kronblätter 5
  38  Blüten zygomorph. (Blätter gefiedert) . . .
      . . . . . . . . . . . . . . . . . Dictamnus
  38  Blüten radiär
   39  Blätter gegenständig, zusammengesetzt .
      . . . . . . . . . . . . . . . . . . Choisya
   39  Blätter wechselständig, einfach
    40  Blüten rot oder grünlich
     41  Antheren in langen, behaarten Fortsatz
         verlängert. Blüten rot oder grünlich.
         Frucht 2samige Bälge . . . . . . Crowea
     41  Antheren mit Spitzchen oder kleinem
         Anhängsel. Kapsel, wandspaltig . . . .
         . . . . . . . . . . . . . . . Eriostemon
    40  Blüten gelb. Kapsel mit 2- oder 4-samigen
        Fächern . . . . . . . . . . Haplophyllum
```

Die Rutaceae sind eine sehr vielgestaltige Familie. Ihr wichtigstes Merkmal sind Ölbehälter in ihren Blättern. Meist erscheinen diese als durchscheinende Punkte und verströmen beim Zerreiben der Blätter einen aromatischen Geruch. Ölbehälter kommen aber auch bei den Myrtaceae vor, die jedoch durch ihren unterständigen Fruchtknoten leicht zu unterscheiden sind. Gegen die Clusiaceae gibt es aber kein durchgehendes, einfaches Unterscheidungsmerkmal. Die Clusiaceae besitzen aber meist gegenständige oder quirlständige Blätter und oft viele Staubblätter oder Staubblätter in Bündeln, Merkmale, die bei den Rutaceeae selten sind. Außerdem weisen Rutaceae meist einen mehr oder weniger deutlichen Diskus auf, der als mehr oder weniger hoher Sockel unter dem Fruchtknoten ausgebildet ist (Gynophor).

Adenandra Willd.

Ableitung: mit drüsigen Staubblättern
Arten: 18
Lebensform: Strauch, immergrün

Blätter: wechselständig, selten gegenständig, einfach. Nebenblätter fehlen
Blütenstand: einzeln, Traube, Dolde, endständig, seitlich
Blüten: zwittrig, radiär, mit Kelch und Krone. Kronblätter 5, frei, weiß, rötlich. Staubblätter 5 und 5 Staminodien, frei von den Kronblättern. Fruchtblätter 2–5, verwachsen, oberständig. Plazentation zentralwinkelständig. Samenanlagen 2 je Fach
Frucht: Kapsel, wandspaltig, Spaltfrucht
Kennzeichen: Strauch, immergrün. Blüten radiär. Kronblätter 5, frei, fast sitzend. Staubblätter 5 und 5 Staminodien. Griffel kurz. Fruchtblätter 2–5, verwachsen, oberständig. Plazentation zentralwinkelständig. Samenanlagen 2 je Fach. Kapsel, wandspaltig oder Spaltfrucht

Aegle Corrêa

Ableitung: nach einer Gestalt der griechischen Mythologie
Vulgärnamen: D:Belbaum; E:Bael Tree
Arten: 3
Lebensform: Baum, laubwerfend
Blätter: wechselständig, 3-zählig. Nebenblätter fehlen
Blütenstand: Rispe, Schirmtraube, seitlich
Blüten: zwittrig, radiär, mit Kelch und Krone. Kronblätter 4–5, frei, weiß, grünlich weiß. Staubblätter 35–45, frei von den Kronblättern. Fruchtblätter 8–20, verwachsen, oberständig. Plazentation zentralwinkelständig. Samenanlagen viele je Fach
Frucht: Beere
Kennzeichen: Baum, laubwerfend. Blätter 3-zählig. Blüten radiär. Kronblätter 4–5, frei, drüsig. Staubblätter 35–45, frei. Fruchtblätter 8–20, verwachsen, oberständig. Plazentation zentralwinkelständig. Samenanlagen viele je Fach. Beere mit Saftschläuchen und holziger Schale

Aegle marmelos

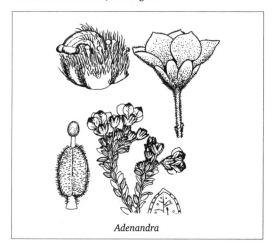

Adenandra

Agathosma Willd.

Ableitung: von angenehmem Duft
Vulgärnamen: D:Duftraute
Arten: 135
Lebensform: Strauch, immergrün
Blätter: gegenständig, quirlständig, wechselständig, einfach. Nebenblätter fehlen

Blütenstand: Dolde, Köpfchen, selten einzeln, endständig
Blüten: zwittrig oder eingeschlechtig, radiär, mit Kelch und Krone. Kronblätter 5–8, frei, weiß, rot, lila, violett. Staubblätter 5 und 5 sterile, frei von den Kronblättern. Fruchtblätter 1–5, verwachsen, oberständig. Plazentation zentralwinkelständig. Samenanlagen 1 je Fach
Frucht: Kapsel, wandspaltig
Kennzeichen: Strauch, immergrün. Blüten radiär. Kronblätter 5–8, frei. Staubblätter 5 und 5 sterile. Griffel lang. Griffel lang. Fruchtblätter 1–5, verwachsen, oberständig. Plazentation zentralwinkelständig. Samenanlagen 1 je Fach. Kapsel, wandspaltig

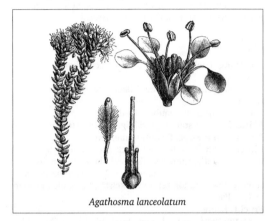
Agathosma lanceolatum

Amyris P. Browne

Ableitung: starke Salbe
Vulgärnamen: D:Balsamstrauch, Fackelholz; E:Torchwood; F:Arbre à gomme, Bois chandelle
Arten: 40
Lebensform: Baum, Strauch, immergrün, laubwerfend
Blätter: wechselständig, einfach, 3-zählig, gefiedert. Nebenblätter fehlend
Blütenstand: Rispe, seitlich, endständig
Blüten: zwittrig oder eingeschlechtig, radiär, mit Kelch und Krone. Kronblätter 3–4, frei, weißlich. Staubblätter 6 oder 8, frei von den Kronblättern. Fruchtblatt auf Gynophor, 1, oberständig. Plazentation zentralwinkelständig. Samenanlagen 2 je Fruchtblatt
Frucht: Steinfrucht, 1-samig
Kennzeichen: Baum, Strauch, immergrün oder laubwerfend. Blüten radiär. Kronblätter 3–4, frei. Staubblätter 6 oder 8. Fruchtblatt 1, auf Gynophor. Samenanlagen 2 je Fach. Steinfrucht, 1-samig

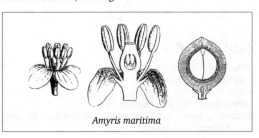
Amyris maritima

Angostura Roem. et Schult.

Arten: 30
Lebensform: Strauch, Baum
Blätter: wechselständig, gefiedert, 3-zählig, einfach. Nebenblätter fehlend
Blütenstand: Rispe, Traube, Schirmtraube, Scheinähre
Blüten: zwittrig, ± zygomorph, mit Kelch und Krone. Kronblätter 4–5, verwachsen. Staubblätter 4–8, ± verwachsen mit den Kronblättern. Fruchtblätter 1–3, auf Gynophor oder nicht, verwachsen, oberständig. Plazentation zentralwinkelständig. Samenanlagen 2 je Fach
Frucht: Kapsel, wandspaltig
Kennzeichen: Strauch, Baum. Blüten radiär. Kronblätter 4–5, verwachsen. Staubblätter 4–8, ± verwachsen mit der Krone. Fruchtblätter 1–3, auf einem Gynophor oder nicht, verwachsen, oberständig. Plazentation zentralwinkelständig. Samenanlagen 2 je Fach. Kapsel, wandspaltig

Boenninghausenia Rchb. ex Meisn.

Ableitung: Gattung zu Ehren von Clemens Maria Friedrich von Bönninghausen (1785–1864), einem deutschen Arzt unnd Botaniker benannt
Arten: 1
Lebensform: Staude, Halbstrauch
Blätter: wechselständig, zusammengesetzt. Nebenblätter fehlend
Blütenstand: Rispe
Blüten: zwittrig, radiär, mit Kelch und Krone. Kronblätter 4, frei, weiß. Staubblätter 6–8, frei von den Kronblättern. Fruchtblätter 4, auf einem Gynophor, verwachsen, oberständig. Plazentation zentralwinkelständig. Samenanlagen 6–8 je Fach
Frucht: Kapsel, wandspaltig
Kennzeichen: Staude, Halbstrauch. Blüten radiär. Kronblätter 4, frei. Staubblätter 6–8. Fruchtblätter 4, auf einem Gynophor, verwachsen, oberständig. Plazentation zentralwinkelständig. Samenanlagen 6–8 je Fach. Kapsel, wandspaltig

Boenninghausenia albiflora

Boronia Sm.

Ableitung: Gattung zu Ehren von Francesco Borone (ca. 1769–1794), einem italienischen Botaniker benannt
Vulgärnamen: D:Korallenraute; E:Boronia; F:Boronia
Arten: 95–104
Lebensform: Strauch, Halbstrauch, immergrün, Staude, Einjährige,

Blätter: gegenständig, einfach, 3-zählig, gefiedert. Nebenblätter fehlend
Blütenstand: einzeln, cymös, Büschel
Blüten: zwittrig, radiär, mit Kelch und Krone. Kronblätter 4, frei, weiß, rosa, rot, blau, purpurn. Staubblätter 8, frei von den Kronblättern. Fruchtblätter 4, verwachsen durch den Griffel, oberständig. Plazentation zentralwinkelständig. Samenanlagen 2 je Fach
Frucht: Kapsel, ± wandspaltig
Kennzeichen: Strauch, Halbstrauch, immergrün, Staude, Einjährige. Blätter gegenständig. Blüten radiär. Kronblätter 4, frei. Staubblätter 8. Fruchtblätter 4, verwachsen durch den Griffel, oberständig. Plazentation zentralwinkelständig. Samenanlagen 2 je Fach. Kapsel, ± wandspaltig

Boronia pinnata

Calodendrum Thunb.

Ableitung: schöner Baum
Vulgärnamen: D:Kapkastanie; E:Cape Chestnut; F:Châtaignier du Cap
Arten: 1
Lebensform: Baum, immergrün, laubwerfend

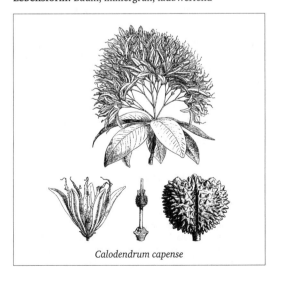
Calodendrum capense

Blätter: gegenständig, quirlständig, einfach. Nebenblätter fehlend
Blütenstand: Rispe
Blüten: zwittrig, radiär, mit Kelch und Krone. Kronblätter 5, frei, weiß, lila, rosa. Staubblätter 5, frei von den Kronblättern. Fruchtblätter 5, auf einem Gynophor, verwachsen, oberständig. Plazentation zentralwinkelständig. Samenanlagen 2 je Fach
Frucht: Kapsel, 5-teilig, wandspaltig
Kennzeichen: Baum, Strauch, immergrün. Blätter gegenständig oder quirlständig. Blüten zwittrig, radiär. Kronblätter 5, frei. Staubblätter 5. Fruchtblätter 5, auf einem Gynophor, verwachsen, oberständig. Plazentation zentralwinkelständig. Samenanlagen 2 je Fach. Kapsel, 5-teilig, wandspaltig

Casimiroa La Llave et Lex.

Ableitung: Gattung zu Ehren von Casimiro Gómez de Ortega (1740–1818), einem spanischen Botaniker benannt
Vulgärnamen: D:Weiße Sapote; E:White Sapote; F:Sapote blanche
Arten: 6
Lebensform: Baum, immergrün
Blätter: wechselständig, gefingert. Nebenblätter fehlend
Blütenstand: Rispe, seitlich
Blüten: zwittrig oder eingeschlechtig, radiär, mit Kelch und Krone. Kronblätter 5, frei. Staubblätter 5, frei von den Kronblättern. Fruchtblätter 5–8, verwachsen, oberständig. Plazentation zentralwinkelständig. Samenanlagen 1 je Fach
Frucht: Steinfrucht
Kennzeichen: Baum, immergrün. Blätter wechselständig, gefingert. Blüten radiär. Kronblätter 5, frei. Staubblätter 5. Fruchtblätter 5–8, verwachsen, oberständig. Plazentation zentralwinkelständig. Samenanlagen 1 je Fach. Steinfrucht

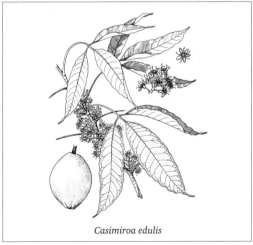
Casimiroa edulis

Chloroxylon DC.

Ableitung: grünes Holz
Vulgärnamen: D:Grünholz; E:Satin Wood; F:Bois jaune, Bois-satin

Arten: 1
Lebensform: Baum, laubwerfend
Blätter: wechselständig, gefiedert. Nebenblätter fehlend
Blütenstand: Rispe, endständig
Blüten: zwittrig, radiär, mit Kelch und Krone. Kronblätter 5, frei, klappig in der Knospe. Staubblätter 10, frei von den Kronblättern. Fruchtblätter 3, verwachsen, oberständig. Plazentation zentralwinkelständig. Samenanlagen 8 je Fach
Frucht: Kapsel, fachspaltig
Kennzeichen: Baum, laubwerfend. Blätter gefiedert. Blüten radiär. Kronblätter 5, frei, klappig in der Knospe. Staubblätter 10. Fruchtblätter 3, verwachsen, oberständig. Plazentation zentralwinkelständig. Samenanlagen 8 je Fach. Kapsel, fachspaltig

Chloroxylon swietenia

Choisya Kunth

Ableitung: Gattung zu Ehren von Jacques Denis Choisy (1799–1859), einem schweizerischen Philosophen und Botaniker benannt
Vulgärnamen: D:Orangenblume; E:Orange Blossom; F:Oranger du Mexique
Arten: 7
Lebensform: Strauch, immergrün
Blätter: gegenständig, gefingert 3- bis 15-zählig. Nebenblätter fehlend
Blütenstand: Rispe, einzeln, endständig

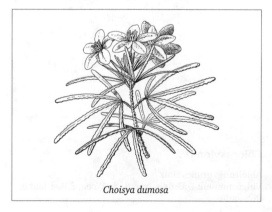
Choisya dumosa

Blüten: zwittrig, radiär, mit Kelch und Krone. Kronblätter 4–5, frei, dachig in der Knospe, weiß. Staubblätter 8 oder 10, frei von den Kronblättern. Fruchtblätter 5, auf einem Gynophor, verwachsen, oberständig, behaart. Plazentation zentralwinkelständig. Samenanlagen 2 oder 1 je Fach
Frucht: Kapsel 5-teilig, wandspaltig
Kennzeichen: Strauch, immergrün. Blätter gegenständig, gefingert 3- bis 15-zählig. Blüten radiär. Kronblätter 4–5, frei. Staubblätter 8 oder 10. Fruchtblätter 5, auf einem Gynophor, verwachsen, oberständig, behaart. Plazentation zentralwinkelständig. Samenanlagen 2 oder 1 je Fach. Kapsel 5-teilig, wandspaltig

× Citrofortunella J.W. Ingram et H.E. Moore

Ableitung: Hybride aus Citrus und Fortunella
Vulgärnamen: D:Limequat; E:Limequat
Lebensform: Strauch, Baum, dornig oder nicht, immergrün
Blätter: wechselständig, einfach. Nebenblätter fehlend
Blütenstand: einzeln oder zu 2
Blüten: zwittrig, radiär, mit Kelch und Krone. Kronblätter 4–5, frei, weiß, rosa. Staubblätter 16–20, frei von den Kronblättern. Fruchtblätter 6–9, verwachsen, oberständig. Plazentation zentralwinkelständig. Beere mit Saftschläuchen
Kennzeichen: Strauch, Baum, immergrün, dornig oder nicht. Blüten radiär. Kronblätter 4–5, frei. Staubblätter 16–20. Fruchtblätter 6–9, verwachsen, oberständig. Plazentation zentralwinkelständig. Beere mit Saftschläuchen

× Citroncirus J.W. Ingram et H.E. Moore

Ableitung: Hybride aus Citrus und Poncirus
Vulgärnamen: D:Citrange; E:Citrange
Lebensform: Baum, Strauch, dornig, immergrün oder laubwerfend
Blätter: wechselständig, 3-zählig, selten einfach. Nebenblätter fehlend
Blüten: zwittrig, radiär, mit Kelch und Krone. Kronblätter frei, weiß. Staubblätter frei von den Kronblättern. Fruchtblätter verwachsen, oberständig. Plazentation zentralwinkelständig
Frucht: Beere
Kennzeichen: Baum, Strauch, immergrün oder laubwerfend, dornig. Blätter 3-zählig, selten einfach. Blüten radiär. Kronblätter frei. Fruchtblätter verwachsen, oberständig. Plazentation zentralwinkelständig. Beere mit Saftschläuchen

Citropsis (Engl.) Swingle et M. Kellerm.

Ableitung: vom Aussehen eines Citrus
Vulgärnamen: D:Kirschorange; E:African Cherry Orange
Arten: 8
Lebensform: Strauch, Baum, dornig
Blätter: wechselständig, gefiedert, 3-zählig, selten einfach. Nebenblätter fehlend
Blütenstand: Traube, Büschel
Blüten: zwittrig, radiär, mit Kelch und Krone. Kronblätter 4–5, frei, weiß. Staubblätter 8 oder 10, frei von den Kronblättern. Fruchtblätter 4–5, verwachsen, oberständig. Plazentation zentralwinkelständig. Samenanlagen 1 je Fach

Frucht: Beere mit Saftschläuchen
Kennzeichen: Strauch, Baum, dornig. Blätter gefiedert, 3-zählig, selten einfach. Blüten radiär. Kronblätter 4-5, frei. Staubblätter 8 oder 10. Fruchtblätter 4-5, verwachsen, oberständig. Plazentation zentralwinkelständig. Samenanlagen 1 je Fach. Beere mit Saftschläuchen

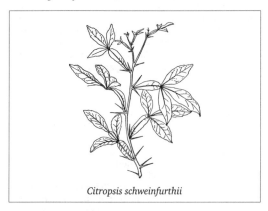
Citropsis schweinfurthii

Citrus L.

Ableitung: antiker Pflanzenname
Vulgärnamen: D:Apfelsine, Grapefruit, Limette, Mandarine, Orange, Zitrone; E:Grapefruit, Lemon, Lime, Mandarin, Orange; F:Citronnier, Limetier, Mandarinnier, Oranger, Pamplemoussier
Arten: 157
Lebensform: Baum, Strauch, zum Teil dornig, immergrün, laubwerfend
Blätter: wechselständig, einfach, mit abgegliedertem Blattstiel. Nebenblätter fehlend
Blütenstand: Schirmtraube, einzeln zu 2, seitlich
Blüten: zwittrig oder eingeschlechtig, radiär, mit Kelch und Krone. Kronblätter 4-8, frei, weiß, rötlich. Staubblätter 5-60, frei von den Kronblättern. Fruchtblätter 5 bis viele, verwachsen, oberständig. Plazentation zentralwinkelständig. Samenanlagen 4-8 je Fach
Frucht: Beere mit Saftschläuchen

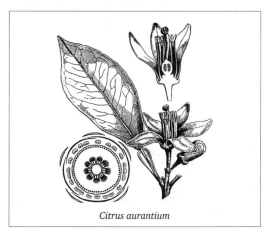
Citrus aurantium

Kennzeichen: Baum, Strauch, immergrün oder laubwerfend, zum teil dornig. Blätter einfach mit abgegliedertem Blattstiel. Blüten radiär. Kronblätter 4-8, frei. Staubblätter 5-60. Fruchtblätter 5 bis viele, verwachsen, oberständig. Plazentation zentralwinkelständig. Samenanlagen 4-8 je Fach. Beere mit Saftschläuchen

Clausena Burm. f.

Ableitung: Gattung zu Ehren von Peder Claussøn (1545-1614), einem dänischen Geistlichen und Naturforscher benannt
Arten: 23
Lebensform: Baum, Strauch
Blätter: wechselständig, gefiedert. Nebenblätter fehlend
Blütenstand: Rispe
Blüten: zwittrig, selten eingeschlechtig, radiär, mit Kelch und Krone. Kronblätter 4-5, frei, dachig in der Knospe, weiß, grünlich weiß. Staubblätter 8 oder 10, frei von den Kronblättern. Staubfäden verbreitert. Fruchtblätter 2-5, auf einem Gynophor, verwachsen, oberständig. Griffel abfallend. Plazentation zentralwinkelständig. Samenanlagen 2 je Fach
Frucht: Beere
Kennzeichen: Baum, Strauch. Blätter gefiedert. Blüten radiär. Kronblätter 4-5, frei. Staubblätter 8 oder 10. Staubfäden verbreitert. Griffel abfallend. Fruchtblätter 2-5, auf einem Gynophor, verwachsen, oberständig. Plazentation zentralwinkelständig. Samenanlagen 2 je Fach. Beere

Clausena lansium

Coleonema Bartl. et H.L. Wendl.

Ableitung: Scheiden-Staubblätter
Arten: 8
Lebensform: Strauch, immergrün
Blätter: wechselständig, einfach. Nebenblätter fehlend
Blütenstand: Büschel, einzeln
Blüten: zwittrig, radiär, mit Kelch und Krone. Kronblätter 5, frei, genagelt, weiß, rosa. Staubblätter 4-6, frei von den Kronblättern. Fruchtblätter 5, verwachsen, oberständig. Griffel kurz. Plazentation zentralwinkelständig. Samenanlagen 1-2 je Fach
Frucht: Kapsel, wandspaltig oder Spaltfrucht
Kennzeichen: Strauch, immergrün. Blüten radiär. Kronblätter 5, frei, genagelt. Staubblätter 4-6. Griffel kurz. Fruchtblätter 5, verwachsen, oberständig. Plazentation zentralwinkelständig. Samenanlagen 1-2 je Fach. Kapsel, wandspaltig oder Spaltfrucht

Correa Andrews

Ableitung: Gattung zu Ehren von José Francisco Corrêa de Serra (1751–1823), enem portugiesischen Botaniker benannt
Vulgärnamen: D:Australische Fuchsie, Correa; E:Tasmanian Fuchsia; F:Fuchsia d'Australie
Arten: 11
Lebensform: Strauch, Baum, immergrün
Blätter: gegenständig, einfach. Nebenblätter fehlend
Blütenstand: zu 1-3, seitlich, endständig
Blüten: zwittrig, radiär, mit Kelch und Krone. Kronblätter 4, frei, verwachsen, klappig in der Knospe, weiß, grün, gelb, rot. Staubblätter 8, frei von den Kronblättern. Fruchtblätter 4, verwachsen, oberständig. Plazentation zentralwinkelständig. Samenanlagen 2 je Fach
Frucht: Kapsel, wandspaltig
Kennzeichen: Strauch, Baum, immergrün. Blätter gegenständig. Blüten radiär. Kronblätter 4, frei oder verwachsen, klappig in der Knospe. Staubblätter 8. Fruchtblätter 4, verwachsen, oberständig. Plazentation zentralwinkelständig. Samenanlagen 2 je Fach. Kapsel, wandspaltig

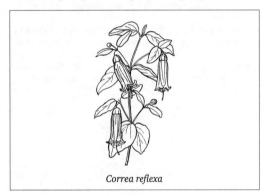
Correa reflexa

Crowea Sm.

Ableitung: Gattung zu Ehren von James Crowe (1750–1807), einem englischen Botaniker benannt
Arten: 3
Lebensform: Strauch, Halbstrauch, immergrün

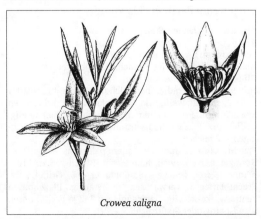
Crowea saligna

Blätter: wechselständig, einfach. Nebenblätter fehlend
Blütenstand: einzeln, seitlich, endständig
Blüten: zwittrig, radiär, mit Kelch und Krone. Kronblätter 5, frei, rot, grünlich. Staubblätter 10, frei von den Kronblättern. Fruchtblätter 5, frei, oberständig. Plazentation zentralwinkelständig. Samenanlagen 2 je Fruchtblatt
Frucht: Kapsel, wandspaltig
Kennzeichen: Strauch, immergrün. Blüten radiär. Kronblätter 5, frei, fast sitzend. Staubblätter 5 und 5 Staminodien. Griffel kurz. Fruchtblätter 2-5, verwachsen, oberständig. Plazentation zentralwinkelständig. Samenanlagen 2 je Fach. Kapsel, wandspaltig oder Spaltfrucht

Dictamnus L.

Ableitung: antiker Pflanzenname
Vulgärnamen: D:Diptam; E:Dittany; F:Fraxinelle
Arten: 1
Lebensform: Staude
Blätter: wechselständig, gefiedert. Nebenblätter fehlend
Blütenstand: Traube, endständig
Blüten: zwittrig, ± zygomorph, mit Kelch und Krone. Kronblätter 5, frei, weiß, lila. Staubblätter 10, in einen langen Fortsatz verlängert, frei von den Kronblättern. Fruchtblätter 5, auf kurzem Gynophor, verwachsen, oberständig. Plazentation zentralwinkelständig. Samenanlagen 3-4 je Fach
Frucht: Kapsel, wandspaltig
Kennzeichen: Staude. Blätter gefiedert. Blüten ± zygomorph. Kronblätter 5, frei. Staubblätter 10. Fruchtblätter 5, auf kurzem Gynophor, verwachsen, oberständig. Plazentation zentralwinkelständig. Samenanlagen 3-4 je Fach. Kapsel, wandspaltig

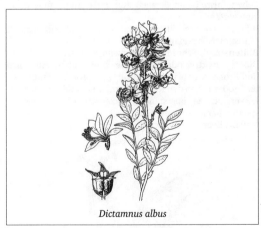
Dictamnus albus

Diosma L.

Ableitung: mit himmlischem Duft
Vulgärnamen: D:Götterduft; F:Parfum des dieux
Arten: 28
Lebensform: Strauch
Blätter: wechselständig, gegenständig, einfach. Nebenblätter fehlend
Blütenstand: einzeln, Büschel, endständig

Blüten: zwittrig, radiär, mit Kelch und Krone. Kronblätter 5, frei, weiß, rot. Staubblätter 5, frei von den Kronblättern. Fruchtblätter 5, verwachsen, oberständig. Plazentation zentralwinkelständig. Samenanlagen 2 je Fach
Frucht: Kapsel wandspaltig
Kennzeichen: Strauch. Blüten radiär. Kronblätter 5, frei. Staubblätter 5. Fruchtblätter 5, verwachsen, oberständig. Plazentation zentralwinkelständig. Samenanlagen 2 je Fach. Kapsel, wandspaltig

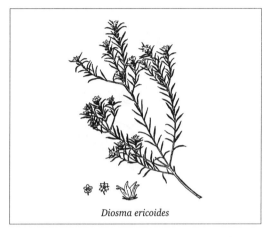

Diosma ericoides

Eremocitrus Swingle

Ableitung: Wüsten-Citrus
Vulgärnamen: D:Wüstenlimette; E:Desert Lime; F:Limettier du désert
Arten: 1
Lebensform: Strauch, Baum, dornig
Blätter: wechselständig, einfach. Nebenblätter fehlend
Blütenstand: zu 1–3
Blüten: zwittrig, radiär, mit Kelch und Krone. Kronblätter 3–5, frei, weiß. Staubblätter 4-mal so viele wie Kronblätter, frei von den Kronblättern. Fruchtblätter 4–5, verwachsen, oberständig. Plazentation zentralwinkelständig. Samenanlagen 2 je Fach
Frucht: Beere mit Saftschläuchen
Kennzeichen: Strauch, Baum, dornig. Blüten radiär. Kronblätter 3–5, frei. Staubblätter 4-mal so viele wie Kronblätter. Fruchtblätter 4–5, verwachsen, oberständig. Plazentation zentralwinkelständig. Samenanlagen 2 je Fach. Beere mit Saftschläuchen

Eremocitrus glauca

Eriostemon Sm.

Ableitung: wollige Staubblätter
Vulgärnamen: D:Wollfadenraute; E:Waxflower; F:Eriostémon
Arten: 33
Lebensform: Strauch, Baum
Blätter: wechselständig, einfach. Nebenblätter fehlend
Blütenstand: einzeln, cymös, Traube, seitlich, endständig
Blüten: zwittrig, radiär, mit Kelch und Krone. Kronblätter 5, selten 4, frei, dachig in der Knospe, weiß, blau, rosa. Staubblätter 8–10, frei von den Kronblättern. Fruchtblätter 3–5, verwachsen oder frei, oberständig. Plazentation zentralwinkelständig. Samenanlagen 2 je Fruchtblatt
Frucht: Kapsel, wandspaltig mit 1–5 Teilfrüchten
Kennzeichen: Strauch, Baum. Blüten radiär. Kronblätter 5, selten 4, frei. Staubblätter 8–10. Fruchtblätter 3–5, verwachsen oder frei, oberständig. Plazentation zentralwinkelständig. Samenanlagen 2 je Fach. Kapsel, wandspaltig

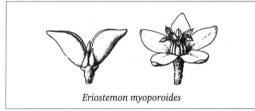

Eriostemon myoporoides

Erythrochiton Nees et Mart.

Ableitung: rotes Gewand
Vulgärnamen: D:Rotkelch; F:Erythrochiton
Arten: 7
Lebensform: Baum
Blätter: wechselständig, einfach, selten 3-zählig. Nebenblätter fehlend
Blütenstand: zum Teil der Unterseite der Blätter angewachsen

Erythrochiton brasiliensis

Blüten: zwittrig, radiär, mit gefärbtem Kelch und Krone. Kronblätter 5, verwachsen, weiß, rosa. Staubblätter 5, mit der Krone verwachsen. Fruchtblätter 5, verwachsen, oberständig. Plazentation zentralwinkelständig. Samenanlagen 2 je Fach
Frucht: Kapsel, wandspaltig
Kennzeichen: Baum. Blüten radiär. Kelch gefärbt. Kronblätter 5, verwachsen. Staubblätter 5, mit der Krone verwachsen. Fruchtblätter 5, verwachsen, oberständig. Plazentation zentralwinkelständig. Samenanlagen 2 je Fach. Kapsel, wandspaltig

Fortunella Swingle

Ableitung: Gattung zu Ehren von Robert Fortune (1812–1880), einem englischen Gärtner und Forschungsreisenden benannt
Vulgärnamen: D:Kumquat, Zwergorange; E:Kumquat; F:Kumquat
Arten: 5
Lebensform: Baum, Strauch, immergrün
Blätter: wechselständig, einfach. Nebenblätter fehlend
Blütenstand: einzeln, Büschel
Blüten: zwittrig, radiär, mit Kelch und Krone. Kronblätter 4–6, frei, weiß. Staubblätter 16–20, in Bündeln, frei von den Kronblättern. Fruchtblätter 3–7, verwachsen, oberständig. Plazentation zentralwinkelständig. Samenanlagen 2 je Fach
Frucht: Beere
Kennzeichen: Baum, Strauch, immergrün. Blüten radiär. Kronblätter 4–6, frei. Staubblätter 16–20, in Bündeln. Fruchtblätter 3–7, verwachsen, oberständig. Plazentation zentralwinkelständig. Samenanlagen 2 je Fach. Beere mit Saftschläuchen

Fortunella margarita

Galipea Aubl.

Ableitung: nach einem Pflanzennamen in Guayana
Vulgärnamen: D:Angosturabaum; E:Angostura; F:Galipéa
Arten: 14
Lebensform: Baum, Strauch
Blätter: einfach, 3-zählig. Nebenblätter fehlend
Blütenstand: Rispe, seitlich, endständig
Blüten: zwittrig, radiär, mit Kelch und Krone. Kronblätter 5, verwachsen. Staubblätter 5–8, verwachsen und verwachsen mit den Kronblättern. Fruchtblätter 5, verwachsen, oberständig. Plazentation zentralwinkelständig. Samenanlagen 2 je Fach
Frucht: Kapsel, wandspaltig
Kennzeichen: Baum, Strauch. Blüten radiär. Kronblätter 5, lang röhrig verwachsen. Staubblätter 5–8, verwachsen und mit der Krone verwachsen. Fruchtblätter 5, verwachsen, oberständig. Plazentation zentralwinkelständig. Samenanlagen 2 je Fach. Kapsel, wandspaltig

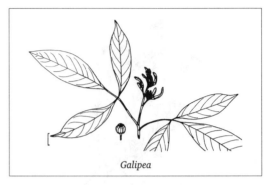
Galipea

Glycosmis Corrêa

Ableitung: süß duftende Pflanze
Arten: 43
Lebensform: Strauch, Baum, immergrün
Blätter: wechselständig, gefiedert, 3-zählig, einfach. Nebenblätter fehlend
Blütenstand: Rispe
Blüten: zwittrig, radiär, mit Kelch und Krone. Kronblätter 4–5, frei, weiß. Staubblätter 10, frei von den Kronblättern. Fruchtblätter 2–5, verwachsen, oberständig. Plazentation zentralwinkelständig. Samenanlagen 1 je Fach
Frucht: Beere
Kennzeichen: Baum, Strauch, immergrün. Blüten radiär. Kronblätter 5, frei. Staubblätter 10. Fruchtblätter 2–5, verwachsen, oberständig. Plazentation zentralwinkelständig. Samenanlagen 1 je Fach. Griffel sehr kurz und dick, bleibend. Beere

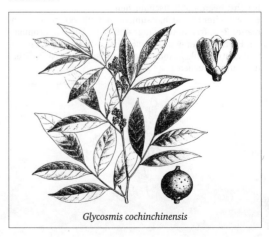
Glycosmis cochinchinensis

Haplophyllum A. Juss.

Ableitung: mit einfachen Blättern
Arten: 66
Lebensform: Staude
Blätter: wechselständig, einfach. Nebenblätter fehlend
Blütenstand: cymös
Blüten: zwittrig, radiär, mit Kelch und Krone. Kronblätter 5, frei, gelb. Staubblätter 10, frei von den Kronblättern. Fruchtblätter 5, verwachsen, oberständig. Plazentation zentralwinkelständig. Samenanlagen 2 oder 4 je Fach
Frucht: Kapsel
Kennzeichen: Staude. Blüten radiär. Kronblätter 5, frei, gelb. Staubblätter 10. Fruchtblätter 5, verwachsen, oberständig. Plazentation zentralwinkelständig. Samenanlagen 2 oder 4 je Fach. Kapsel

Haplophyllum patavinum

Limonia L.

Ableitung: Zitronen-Pflanze
Vulgärnamen: D:Elefantenapfel; E:Elephant's Apple, Wood Apple; F:Pomme d'éléphant
Arten: 1
Lebensform: Baum, Strauch, dornig, immergrün, laubwerfend
Blätter: wechselständig, gefiedert, 3-zählig. Nebenblätter fehlend
Blütenstand: Rispe, Traube, seitlich, endständig
Blüten: zwittrig oder eingeschlechtig, radiär, mit Kelch und Krone. Kronblätter 5–6, frei, weiß, grün, kastanienbraun, rot. Staubblätter 10 oder 12, verwachsen, frei von den Kronblättern. Fruchtblätter 4–6, verwachsen, oberständig. Plazentation parietal. Samenanlagen viele je Fach
Frucht: Beere
Kennzeichen: Baum, Strauch, dornig, immergrün oder laubwerfend. Blätter gefiedert, 3-zählig. Blüten radiär. Kronblätter 5–6, frei. Staubblätter 10 oder 12. Fruchtblätter 4–6, verwachsen, oberständig. Plazentation zentralwinkelständig. Samenanlagen viele je Fach. Beere mit Saftschläuchen

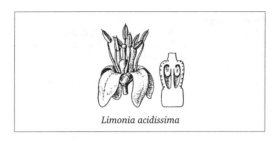

Limonia acidissima

Melicope J.R. Forst. et G. Forst.

Ableitung: geteiltes Honiggefäß
Arten: 150
Lebensform: Strauch, Baum
Blätter: wechselständig oder gegenständig, einfach, 3-zählig. Nebenblätter fehlend
Blütenstand: zu 3, Rispe, seitlich
Blüten: eingeschlechtig, radiär, mit Kelch und Krone. Kronblätter 4, frei, weißlich. Staubblätter 8, frei von den Kronblättern. Fruchtblätter 4, verwachsen, oberständig. Plazentation zentralwinkelständig. Samenanlagen 2 je Fach
Frucht: Kapsel, wandspaltig
Kennzeichen: Strauch, Baum. Blüten radiär. Kronblätter 4, frei. Staubblätter 8. Fruchtblätter 4, verwachsen, oberständig. Plazentation zentralwinkelständig. Samenanlagen 2 je Fach. Kapsel, wandspaltig

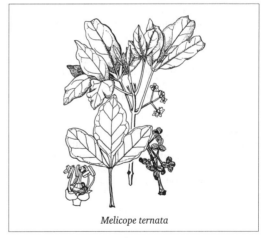

Melicope ternata

Microcitrus Swingle

Ableitung: kleine Citrus
Vulgärnamen: D:Fingerlimette; E:Finger Lime
Arten: 4
Lebensform: Strauch, Baum, dornig, immergrün
Blätter: wechselständig, einfach. Nebenblätter fehlend
Blütenstand: einzeln, zu 2
Blüten: zwittrig, radiär, mit Kelch und Krone. Kronblätter 4–5, frei. Staubblätter 10–25, frei von den Kronblättern. Fruchtblätter 4–8, verwachsen, oberständig. Plazentation zentralwinkelständig. Samenanlagen viele je Fach

Frucht: Beere
Kennzeichen: Strauch, Baum, immergrün, dornig. Blätter einfach, Blattstiel nicht abgegliedert. Blüten radiär. Kronblätter 4–5, frei. Staubblätter 10–25. Fruchtblätter 4–8, verwachsen, oberständig. Plazentation zentralwinkelständig. Samenanlagen viele je Fach. Beere mit Saftschläuchen

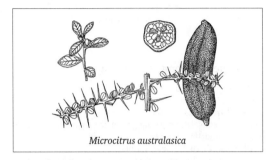
Microcitrus australasica

Murraya L.

Ableitung: Gattung zu Ehren von Johan Andreas Murray (1740–1791), einem schwedischen Botaniker und Mediziner benannt
Vulgärnamen: D:Orangenraute; E:Orange Jessamine; F:Murraya
Arten: 4
Lebensform: Baum, Strauch, immergrün
Blätter: wechselständig, gefiedert. Nebenblätter fehlend
Blütenstand: einzeln, Schirmtraube, seitlich, endständig
Blüten: zwittrig, radiär, mit Kelch und Krone. Kronblätter 5, frei, dachig in der Knospe, weiß. Staubblätter 10, frei von den Kronblättern. Staubfäden lineal. Fruchtblätter 2–5, auf einem Gynophor, verwachsen, oberständig. Griffel abfallend. Plazentation zentralwinkelständig. Samenanlagen 1–2 je Fach
Frucht: Beere
Kennzeichen: Baum, Strauch, immergrün, ohne Dornen. Blüten radiär. Kronblätter 5, frei. Staubblätter 10. Staubfäden lineal. Fruchtblätter 2–5, auf einem Gynophor, verwachsen, oberständig. Griffel abfallend. Plazentation zentralwinkelständig. Samenanlagen 1–2 je Fach. Beere

Murraya paniculata

Orixa Thunb.

Ableitung: Herleitung unbekannt
Arten: 1
Lebensform: Strauch, laubwerfend
Blätter: wechselständig, einfach und ganzrandig. Nebenblätter fehlend
Blütenstand: männliche Blüten in einer Traube, weibliche einzeln
Blüten: zweihäusig, radiär, mit Kelch und Krone. Kronblätter 4, frei, grünlich. Staubblätter 4, frei von den Kronblättern. Fruchtblätter 4, verwachsen, oberständig. Plazentation zentralwinkelständig. Samenanlagen 1 je Fach
Frucht: Hülsen
Kennzeichen: Strauch, laubwerfend. Blüten radiär. Kronblätter 4, frei. Staubblätter 4. Fruchtblätter 4, verwachsen, oberständig. Plazentation zentralwinkelständig. Samenanlagen 1 je Fach. 4 Hülsen

Orixa japonica

Phellodendron Rupr.

Ableitung: Kork-Baum
Vulgärnamen: D:Korkbaum; E:Corktree; F:Arbre à liège
Arten: 10
Lebensform: Baum, laubwerfend
Blätter: gegenständig, gefiedert. Nebenblätter fehlend
Blütenstand: Rispe, Schirmrispe, seitlich, endständig

Phellodendron amurense

Blüten: zwittrig, radiär, mit Kelch und Krone. Kronblätter 5–8, frei, klappig in der Knospe, grünlich. Staubblätter 5–6, frei von den Kronblättern. Fruchtblätter 5, auf einem Gynophor, verwachsen, oberständig. Plazentation zentralwinkelständig. Samenanlagen 1 je Fach
Frucht: Steinfrucht, 5-samig
Kennzeichen: Baum, laubwerfend. Blätter gegenständig, gefiedert. Blüten radiär. Kronblätter 5–8, frei, klappig in der Knospe. Staubblätter 5–6. Fruchtblätter 5, auf einem Gynophor, verwachsen, oberständig. Plazentation zentralwinkelständig. Samenanlagen 1 je Fach. Steinfrucht, 5-samig

Pilocarpus Vahl

Ableitung: Filzhut-Frucht
Vulgärnamen: D:Jaborandistrauch; E:Jaborandi; F:Jaborandi, Pilocarpe
Arten: 22
Lebensform: Baum, Strauch
Blätter: wechselständig, gegenständig, quirlständig, einfach oder gefiedert. Nebenblätter fehlend
Blütenstand: Traube, Ähre, endständig, seitlich
Blüten: zwittrig, radiär, mit Kelch und Krone. Kronblätter 4–5, frei, grünlich. Staubblätter 4–5, frei von den Kronblättern. Fruchtblätter 4–5, verwachsen nur durch Griffel, oberständig, ohne Gynophor. Plazentation zentralwinkelständig. Samenanlagen 2 je Fach
Frucht: Kapsel, wandspaltig, Hülsen
Kennzeichen: Baum, Strauch. Blüten radiär. Kronblätter 4–5, frei. Staubblätter 4–5. Fruchtblätter 4–5, verwachsen nur durch Griffel, oberständig, ohne Gynophor. Plazentation zentralwinkelständig. Samenanlagen 2 je Fach. Teilfrüchte hülsenartig

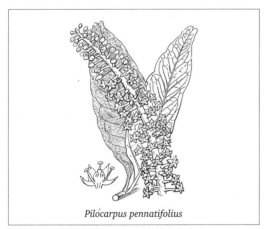
Pilocarpus pennatifolius

Poncirus Raf.

Ableitung: nach einem französischen Pflanzennamen
Vulgärnamen: D:Bitterorange; E:Bitter Orange; F:Oranger amer, Poncir
Arten: 1
Lebensform: Strauch, dornig, laubwerfend
Blätter: wechselständig, 3- bis 5-zählig zusammengesetzt, Blattstiel deutlich geflügelt. Nebenblätter fehlend

Blütenstand: einzeln, zu 2, seitlich
Blüten: zwittrig, radiär, mit Kelch und Krone. Kronblätter 4–5, selten 6–7, frei, weiß. Staubblätter 20–60, frei von den Kronblättern. Fruchtblätter 6–8, verwachsen, oberständig. Plazentation zentralwinkelständig. Samenanlagen viele je Fach
Frucht: Beere mit Saftschläuchen
Kennzeichen: Strauch, laubwerfend, dornig. Blätter 3- bis 5-zählig zusammengesetzt. Blattstiel deutlich geflügelt. Blüten radiär. Kronblätter 4–5, selten 6–7, frei. Staubblätter 20–60. Fruchtblätter 6–8, verwachsen, oberständig. Plazentation zentralwinkelständig. Samenanlagen viele je Fach. Beere mit Saftschläuchen

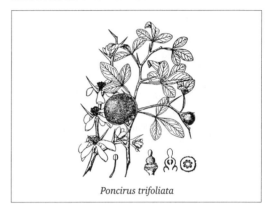
Poncirus trifoliata

Ptelea L.

Ableitung: antiker Pflanzenname
Vulgärnamen: D:Kleeulme, Lederstrauch; E:Hop Tree, Shrubby Trefoil; F:Orme de Samarie

Ptelea trifoliata

Arten: 11
Lebensform: Strauch, Baum, laubwerfend
Blätter: wechselständig, 3-zählig, selten 5-zählig. Nebenblätter fehlend
Blütenstand: Schirmrispe, seitlich, endständig
Blüten: zwittrig oder eingeschlechtig, radiär, mit Kelch und Krone. Kronblätter 4–5, frei, weiß, grünlich. Staubblätter 4–5, frei von den Kronblättern. Fruchtblätter 2–3, auf einem Gynophor, verwachsen, oberständig. Plazentation zentralwinkelständig. Samenanlagen 1 je Fach
Frucht: Flügelnuss

Kennzeichen: Strauch, Baum, laubwerfend. Blätter 3-, selten 5-zählig. Blüten radiär. Kronblätter 4–5, frei. Staubblätter 4–5, frei von der Krone. Fruchtblätter 2–3, auf einem Gynophor, verwachsen, oberständig. Plazentation zentralwinkelständig. Samenanlagen 1 je Fach. Flügelnuss

Ruta L.

Ableitung: antiker Pflanzenname
Vulgärnamen: D:Raute; E:Rue; F:Rue
Arten: 7
Lebensform: Staude, Halbstrauch
Blätter: wechselständig, gegenständig, stark zerteilt bis einfach. Nebenblätter fehlend
Blütenstand: Schirmtraube, Rispe aus Wickeln
Blüten: zwittrig, radiär, mit Kelch und Krone. Kronblätter 4, 5 bei den Zentralblüten, frei, gelb, grünlich. Staubblätter 8 oder 10 in den Zentralblüten, frei von den Kronblättern. Fruchtblätter 4–5, verwachsen, oberständig. Plazentation zentralwinkelständig. Samenanlagen viele je Fach
Frucht: Kapsel
Kennzeichen: Staude, Halbstrauch. Blüten radiär. Kronblätter 4, 5 bei den Zentralblüten, frei. Staubblätter 8 oder 10 in den Zentralblüten. Fruchtblätter 4–5, verwachsen, oberständig. Plazentation zentralwinkelständig. Samenanlagen viele je Fach. Kapsel

Ruta graveolens

Severinia Ten.

Ableitung: Gattung zu Ehren von Marco Aurelio Severino (1580–1656), einem italienischen Mediziner benannt
Arten: 6
Lebensform: Baum, Strauch, immergrün
Blätter: wechselständig, einfach. Nebenblätter fehlend
Blütenstand: Büschel, Traube, einzeln
Blüten: zwittrig, radiär, mit Kelch und Krone. Kronblätter 5, frei. Staubblätter 6–20, frei oder verwachsen, frei oder verwachsen mit den Kronblättern. Fruchtblätter 2–5, verwachsen, oberständig. Plazentation zentralwinkelständig. Samenanlagen 1–2 je Fach
Frucht: Beere

Kennzeichen: Baum, Strauch, immergrün. Blätter einfach. Blüten radiär. Kronblätter 5, frei. Staubblätter 6–20. Fruchtblätter 2–5, verwachsen, oberständig. Plazentation zentralwinkelständig. Samenanlagen 1–2 je Fach. Beere

Skimmia Thunb.

Ableitung: nach einem japanischen Pflanzennamen
Vulgärnamen: D:Skimmie; E:Skimmia; F:Skimmia
Arten: 4
Lebensform: Strauch, Baum, immergrün, laubwerfend
Blätter: wechselständig, einfach. Nebenblätter fehlend
Blütenstand: Rispe, endständig
Blüten: zwittrig, eingeschlechtig, zweihäusig, radiär, mit Kelch und Krone. Kronblätter 4–5, frei, weiß, gelb, rosa. Staubblätter 4–5, frei von den Kronblättern. Fruchtblätter 2–5, verwachsen, oberständig. Plazentation zentralwinkelständig. Samenanlagen 1 je Fach
Frucht: Steinfrucht
Kennzeichen: Strauch, Baum, immergrün oder laubwerfend. Blätter wechselständig, einfach. Blüten radiär. Kronblätter 4–5, frei. Staubblätter 4–5. Fruchtblätter 2–5, verwachsen, oberständig. Plazentation zentralwinkelständig. Samenanlagen 1 je Fach. Steinfrucht

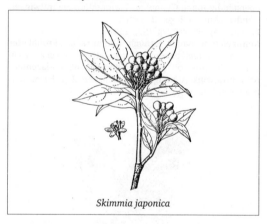

Skimmia japonica

Tetradium Lour.

Ableitung: Vierer-Pflanze
Vulgärnamen: D:Stinkesche; F:Frêne puant
Arten: 9
Lebensform: Baum, laubwerfend
Blätter: gegenständig, gefiedert. Nebenblätter fehlend
Blütenstand: Schirmrispe, Rispe, endständig
Blüten: eingeschlechtig einhäusig, radiär, mit Kelch und Krone. Kronblätter 4–5, frei. Staubblätter 4–5. Fruchtblätter 4–5, verwachsen, oberständig. Plazentation zentralwinkelständig. Samenanlagen 1–2 je Fach
Frucht: Bälge 4–5
Kennzeichen: Baum, laubwerfend. Blätter gegenständig, gefiedert. Blüten einhäusig, radiär. Kronblätter 4–5, frei. Staubblätter 4–5. Fruchtblätter 4–5, verwachsen, oberständig. Plazentation zentralwinkelständig. Samenanlagen 1–2 je Fach. Bälge

Tetradium daniellii

Triphasia Lour.

Ableitung: dreifach
Arten: 3
Lebensform: Strauch, Baum, dornig, immergrün
Blätter: wechselständig, 3-zählig, mit vergrößertem mittleren Blättchen. Nebenblätter fehlend
Blütenstand: zu 1-3, seitlich
Blüten: zwittrig, radiär, mit Kelch und Krone. Kronblätter 3-5, frei, weiß. Staubblätter 6-10, frei von den Kronblättern. Fruchtblätter 3-5, verwachsen, oberständig. Plazentation zentralwinkelständig. Samenanlagen 1-2 je Fach
Frucht: Beere
Kennzeichen: Strauch, Baum, immergrün, dornig. Blätter 3-zählig, mit vergrößertem mittleren Blättchen. Blüten radiär. Kronblätter 3-5, frei. Staubblätter 6-10. Fruchtblätter 3-5, verwachsen, oberständig. Plazentation zentralwinkelständig. Samenanlagen 1-2 je Fach. Beere

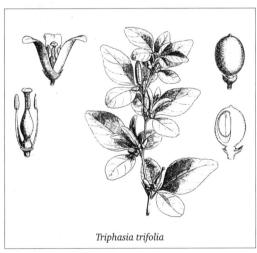
Triphasia trifolia

Zanthoxylum L.

Ableitung: gelbes Holz
Vulgärnamen: D:Stachelesche; E:Prickly Ash; F:Clavalier
Arten: c. 250
Lebensform: Baum, Strauch, zum Teil dornig, laubwerfend oder immergrün
Blätter: wechselständig, gefiedert, 3-zählig. Nebenblätter fehlend
Blütenstand: Rispe, Büschel
Blüten: zwittrig oder eingeschlechtig, radiär, mit Kelch und Krone. Kronblätter 3-8, frei, gelbgrün, grün. Staubblätter 3-8, frei von den Kronblättern. Fruchtblätter 1-5, verwachsen, oberständig. Samenanlagen 2 je Fach
Frucht: hülsenartige Teilfrüchte
Kennzeichen: Baum, Strauch, laubwerfend oder immergrün, zum Teil dornig. Blätter gefiedert oder 3-zählig. Blüten radiär. Kronblätter 3-8, frei. Staubblätter 3-8. Fruchtblätter 1-5, verwachsen, oberständig. Samenanlagen 2 je Fach. Hülsenartige Teilfrüchte

Zanthoxylum simulans

Sabiaceae

Meliosma Blume

Ableitung: mit Honig-Duft
Arten: c. 50
Lebensform: Baum, Strauch, laubwerfend, immergrün
Blätter: wechselständig, einfach, gefiedert
Blütenstand: Rispe
Blüten: zwittrig, eingeschlechtig, zygomorph. Kelchblätter (3-)5. Kronblätter 4-5, frei, weiß. Staubblätter 5, frei von der Krone, nur 2 fertil. Fruchtblätter 2-3, verwachsen, oberständig. Plazentation zentralwinkelständig
Frucht: Steinfrucht

Meliosma dilleniifolia

796 Salicaceae Weidengewächse

Kennzeichen: Baum, Strauch, laubwerfend, immergrün. Blüten zygomorph. Kronblätter 4–5, frei. Staubblätter 5, frei von der Krone, nur 2 fertil. Fruchtblätter 2–3, verwachsen, oberständig. Plazentation zentralwinkelständig. Steinfrucht

Salicaceae Weidengewächse

1 Kätzchen ± aufrecht. Deckblätter ganzrandig. Blüten mit 1 oder 2 Nektardrüsen. Knospen mit 1 Schuppe. . . . .**Salix**
1 Kätzchen hängend. Deckblätter gefranst. Blüten mit Diskus ohne Nektar. Knospen mehrschuppig. . . . .**Populus**

Populus L.

Ableitung: antiker Pflanzenname
Vulgärnamen: D:Espe, Pappel; E:Aspen, Poplar; F:Peuplier
Arten: 35
Lebensform: Baum, laubwerfend
Blätter: wechselständig, einfach. Nebenblätter vorhanden
Blütenstand: Kätzchen, Deckblätter gefranst
Blüten: eingeschlechtig, ohne Blütenhülle. Staubblätter 4 bis viele oder Fruchtblätter 2–4, verwachsen. Nektardrüsen fehlend. Plazentation parietal
Frucht: Kapsel. Samen mit langen Flughaaren
Kennzeichen: Baum, laubwerfend. Blüten in Kätzchen mit gefransten Deckblättern, eingeschlechtig, ohne Blütenhülle. Staubblätter 4 bis viele oder Fruchtblätter 2–4, verwachsen. Nektardrüsen fehlend. Plazentation parietal. Kapsel. Samen mit langen Flughaaren

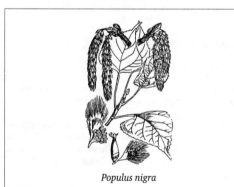

Populus nigra

Salix L.

Ableitung: antiker Pflanzenname
Vulgärnamen: D:Weide; E:Sallow, Willow; F:Saule
Arten: 300–400
Lebensform: Baum, Strauch, laubwerfend
Blätter: wechselständig, einfach. Nebenblätter vorhanden oder fehlend
Blütenstand: Kätzchen
Blüten: eingeschlechtig, ohne Blütenhülle. Staubblätter 2–12 oder Fruchtblätter 2, verwachsen. Nektardrüsen vorhanden. Plazentation parietal

Frucht: Kapsel. Samen mit langen Flughaaren
Kennzeichen: Baum, Strauch, laubwerfend. Knospen mit 1 Schuppe. Blüten in Kätzchen, eingeschlechtig, ohne Blütenhülle. Staubblätter 2–12 oder Fruchtblätter 2, verwachsen. Nektardrüsen vorhanden. Plazentation parietal. Kapsel. Samen mit langen Flughaaren

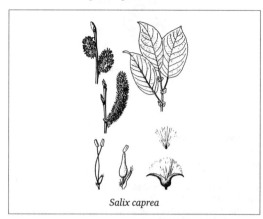

Salix caprea

Santalaceae Sandelgewächse

1 Blätter gegenständig
2 Blüten zwittrig. Fruchtknoten halbunterständig . . . . **Santalum**
2 Blüten eingeschlechtig. Fruchtknoten unterständig
3 Blüten endständig . . . . **Buckleya**
3 Blüten seitlich . . . . **Nestronia**
1 Blätter wechselständig
4 Blütenhülle nicht verlängert. Steinfrucht. . . . . **Pyrularia**
4 Blütenhülle über dem Fruchtknoten röhrenartig verlängert. Nuss . . . . **Thesium**

Buckleya Torr.

Arten: 4
Lebensform: Strauch, laubwerfend, Halbschmarotzer
Blätter: gegenständig, einfach. Nebenblätter fehlend
Blütenstand: einzeln, Dolde, Taube, endständig. Deckblätter ganzrandig
Blüten: eingeschlechtig, radiär. Perigonblätter 3–5, verwachsen. Staubblätter 4, verwachsen mit dem Perigon. Fruchtblätter 2–4, verwachsen, unterständig. Plazentation basal
Frucht: Steinfrucht
Kennzeichen: Strauch, laubwerfend, Halbschmarotzer. Blätter gegenständig. Blüten eingeschlechtig, radiär. Perigonblätter 3–5, verwachsen. Staubblätter 4. Fruchtblätter 2–4, verwachsen, unterständig. Plazentation basal. Steinfrucht

Pyrularia Michx.

Ableitung: kleine Birn-Pflanze
Vulgärnamen: D:Büffelnuss; E:Buffalo Nut

Arten: 2–3
Lebensform: Strauch, laubwerfend, Halbschmarotzer
Blätter: wechselständig, einfach. Nebenblätter fehlend
Blütenstand: Taube, Rispe
Blüten: eingeschlechtig, zwittrig, radiär. Perigonblätter 5, verwachsen. Staubblätter 5, verwachsen mit dem Perigon. Fruchtblätter verwachsen, unterständig. Plazentation apical
Frucht: Steinfrucht
Kennzeichen: Strauch, laubwerfend, Halbschmarotzer. Blätter wechselständig. Blüten radiär. Perigonblätter 5, verwachsen. Staubblätter 5, verwachsen mit dem Perigon. Fruchtknoten unterständig. Plazentation apical. Steinfrucht

Pyrularia pubera

Santalum L.

Ableitung: antiker Pflanzenname
Vulgärnamen: D:Sandelholz; E:Sandalwood; F:Santal blanc
Arten: c. 25
Lebensform: Baum, Strauch, immergrün, Halbschmarotzer
Blätter: gegenständig, einfach. Nebenblätter fehlend
Blütenstand: Rispe, cymös, Taube
Blüten: zwittrig, radiär. Perigonblätter 4–5, verwachsen. Staubblätter 4–5, verwachsen mit dem Perigon. Fruchtblätter 2–4, verwachsen, halbunterständig. Plazentation basal
Frucht: Steinfrucht
Kennzeichen: Baum, Strauch, immergrün, Halbschmarotzer. Blätter gegenständig. Blüten radiär. Perigonblätter 4–5, verwachsen. Staubblätter 4–5, verwachsen mit dem Perigon. Fruchtblätter 2–4, verwachsen, halbunterständig. Plazentation basal. Steinfrucht

Santalum album

Thesium L.

Ableitung: antiker Pflanzenname
Vulgärnamen: D:Bergflachs, Leinblatt; F:Thésion, Thésium
Arten: 325
Lebensform: Kräuter, Sträucher. Halbschmarotzer
Blätter: wechselständig, einfach. Nebenblätter fehlend
Blütenstand: Taube, Ähre, Rispe
Blüten: zwittrig, radiär. Perigonblätter 4–5, verwachsen, röhrenförmig verlängert über den Fruchtknoten. Staubblätter 4–5, verwachsen mit dem Perigon. Fruchtblätter verwachsen, unterständig. Plazentation basal
Frucht: Nuss
Kennzeichen: Kräuter, Sträucher. Halbschmarotzer. Blüten, radiär. Perigonblätter 4–5, verwachsen, röhrenförmig verlängert über den Fruchtknoten. Staubblätter 4–5, verwachsen mit dem Perigon. Fruchtknoten unterständig. Plazentation basal. Nuss

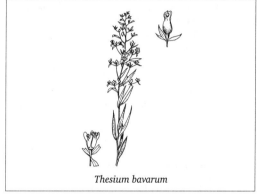
Thesium bavarum

Sapindaceae Seifenbaumgewächse

1 Blätter gegenständig
2 Frucht eine 2-flügelige Spaltfrucht
3 Teilfrüchte mit langem einseitigem Flügel . . . . **Acer**
3 Teilfrüchte allseitig geflügelt. . . . . **Dipteronia**
2 Frucht eine Kapsel mit sehr großen Samen. (Blätter gefingert) . . . . **Aesculus**
1 Blätter wechselständig
4 Pflanze kletternd, mit Ranken und Nebenblättern. (Blüten zygomorph. Kelchblätter 4–5. Kronblätter 4)
5 Frucht eine 3-flügelige Spaltfrucht. (Samen ohne Samenmantel) . . . . **Serjania**
5 Frucht eine Kapsel
6 Frucht blasig aufgetrieben. Samen ohne Samenmantel . . . . **Cardiospermum**
6 Frucht nicht blasig aufgetrieben. Samen meist mit Samenmantel . . . . **Paullinia**
4 Pflanzen Bäume oder Sträucher ohne Ranken und Nebenblätter
7 Blätter paarig gefiedert ohne Endblättchen
8 Frucht eine Steinfrucht . . . . **Filicium**
8 Frucht eine Kapsel . . . . **Harpullia**
7 Blätter unpaarig gefiedert oder einfach

```
  9  Samenanlagen 2-3 je Fach
    10  Blüten nur mit Kelch. Kapsel geflügelt.
        (Pflanzen meist zweihäusig). . .  Dodonaea
    10  Blüten mit Kelch und Krone. Kapsel nicht
        geflügelt
      11  Kapsel aufgeblasen. (Blüten in Rispen,
          zygomorph) . . . . . . . . . . Koelreuteria
      11  Kapsel nicht aufgeblasen
        12  Blüten radiär. Blüten weiß, gelb oder grün
            . . . . . . . . . . . . . . . Xanthoceras
        12  Blüten zygomorph. Blüten rosa oder lila .
            . . . . . . . . . . . . . . . . Ungnadia
  9  Samenanlagen 1 je Fach
    13  Frucht spaltend oder sich öffnend
      14  Frucht eine Spaltfrucht. Arillus fehlend . .
          . . . . . . . . . . . . . . . . . Sapindus
      14  Frucht eine fachspaltige Kapsel. Arillus
          vorhanden
        15  Blüten mit Kelch und Krone . . . . Blighia
        15  Blüten nur mit Kelch. . . . . . Alectryon
    13  Frucht eine Schließfrucht oder Steinfrucht
      16  Samen ohne Arillus
        17  Frucht eine gelappte Steinfrucht . . . . .
            . . . . . . . . . . . . . . . Lepisanthes
        17  Frucht eine nicht gelappte Steinfrucht . .
            . . . . . . . . . . . . . . . Melicoccus
      16  Samen mit einem Arillus
        18  Frucht mit langen, weichen Stacheln . . .
            . . . . . . . . . . . . . . . . Nephelium
        18  Frucht höchstens warzig
          19  Blüten nur mit einem Kelch
            20  Blüten in Trauben . . . . . Schleichera
            20  Blüten in Rispen. . . . . . . . . Litchi
          19  Blüten mit Kelch und Krone
            21  Kelch dachig in der Knospe . . . . . .
                . . . . . . . . . . . . . . . Dimocarpus
            21  Kelch klappig in der Knospe . . . . .
                . . . . . . . . . . . . . . . . Pometia
```

Acer L.

Ableitung: lateinischer Name des Ahorns
Vulgärnamen: D:Ahorn; E:Maple; F:Erable
Arten: 111

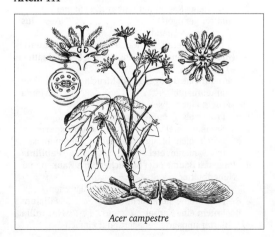

Acer campestre

Lebensform: Baum, Strauch, laubwerfend, selten immergrün
Blätter: gegenständig, einfach oder zusammengesetzt. Nebenblätter fehlend
Blütenstand: Traube, Rispe, Schirmrispe
Blüten: zwittrig, eingeschlechtig bis zweihäusig, radiär. Kelchblätter 4-5. Kronblätter 4-5 oder fehlend, frei. Staubblätter 4-10, frei. Fruchtblätter 2, verwachsen, oberständig. Plazentation zentralwinkelständig
Frucht: Kapsel
Kennzeichen: Baum, Strauch. Blätter gegenständig. Kronblätter 4-5 oder fehlend, frei. Staubblätter 4-10. Fruchtblätter 2, verwachsen, oberständig. 2-flügelige Spaltfrucht

Aesculus L.

Ableitung: lateinischer Pflanzenname
Vulgärnamen: D:Rosskastanie; E:Horse Chestnut; F:Marronnier
Arten: 15
Lebensform: Baum, Strauch, laubwerfend
Blätter: gegenständig, gefingert. Nebenblätter fehlend
Blütenstand: Rispe
Blüten: zwittrig, eingeschlechtig, asymmetrisch. Kelchblätter 5, verwachsen. Kronblätter 4-5, frei, weiß, gelb, rosa, rot. Staubblätter 5-9, frei. Fruchtblätter 3, verwachsen, oberständig. Plazentation zentralwinkelständig
Frucht: Kapsel
Kennzeichen: Baum, Strauch, laubwerfend. Blätter gegenständig, gefingert. Blüten in Rispen, asymmetrisch. Kronblätter 4-5, frei. Staubblätter 5-9. Fruchtblätter 3, verwachsen, oberständig. Kapsel

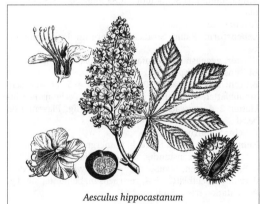

Aesculus hippocastanum

Alectryon Gaertn.

Ableitung: Hahnenkamm-Pflanze
Arten: 17
Lebensform: Baum, immergrün
Blätter: wechselständig, unpaarig gefiedert. Nebenblätter fehlend
Blütenstand: Rispe, endständig
Blüten: eingeschlechtig, selten zwittrig, radiär. Kelchblätter 4-5, frei. Kronblätter fehlend. Staubblätter 5-10, frei und frei von den Kronblättern. Fruchtblätter 2-3, verwach-

sen, oberständig. Plazentation zentralwinkelständig, Samenanlagen 1 je Fach
Frucht: Kapsel, fachspaltig. Samen mit Arillus
Kennzeichen: Baum, immergrün. Blätter unpaarig gefiedert. Blüten eingeschlechtig, selten zwittrig, radiär. Kronblätter fehlend. Staubblätter 5-10. Fruchtblätter 2-3, verwachsen, oberständig. Plazentation zentralwinkelständig, Samenanlagen 1 je Fach. Kapsel, fachspaltig. Samen mit Arillus

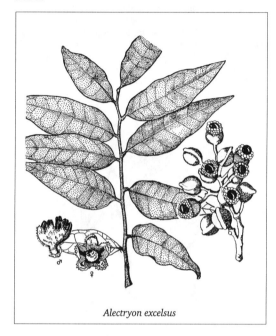

Alectryon excelsus

Blighia K.D. Koenig

Ableitung: Gattung zu Ehren von William Bligh (1754-1817), einem englischen Seefahrer, dem Kapitän der Bounty, benannt
Vulgärnamen: D:Akee, Akipflaume; E:Akee; F:Akee
Arten: 4
Lebensform: Baum, Strauch, immergrün

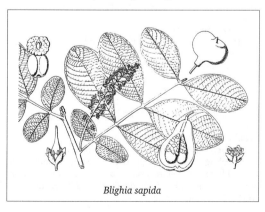

Blighia sapida

Blätter: wechselständig, unpaarig gefiedert. Nebenblätter fehlend
Blütenstand: Traube, seitlich
Blüten: eingeschlechtig, selten zwittrig, radiär, mit Kelch und Krone. Kronblätter 5, frei. Staubblätter 8-10, frei und frei von den Kronblättern. Fruchtblätter 3, verwachsen, oberständig. Plazentation zentralwinkelständig, Samenanlagen 1 je Fach
Frucht: Kapsel, fachspaltig. Samen mit Arillus
Kennzeichen: Baum, Strauch, immergrün. Blätter unpaarig gefiedert. Kronblätter 5, frei. Staubblätter 8-10. Fruchtblätter 3, verwachsen, oberständig. Plazentation zentralwinkelständig, Samenanlagen 1 je Fach. Kapsel, fachspaltig. Samen mit Arillus

Cardiospermum L.

Ableitung: Herz-Same
Vulgärnamen: D:Ballonrebe, Ballonwein, Herzsame; E:Balloon Vine; F:Pois de cœur
Arten: 14
Lebensform: Liane, Einjährige, mit Ranke
Blätter: wechselständig, doppelt 3-zählig. Nebenblätter vorhanden, selten fehlend
Blütenstand: Rispe, doldenförmig, seitlich
Blüten: zwittrig, zygomorph, mit Kelch und Krone. Kronblätter meist 4, frei, weiß. Staubblätter 6-8, frei und frei von den Kronblättern. Fruchtblätter 3, verwachsen, oberständig. Plazentation zentralwinkelständig, Samenanlagen 1 je Fach
Frucht: Kapsel, blasig. Samen ohne Arillus
Kennzeichen: Liane, Einjährige, mit Ranke. Blätter doppelt 3-zählig. Blüten zygomorph. Kronblätter meist 4, frei. Staubblätter 6-8. Fruchtblätter 3, verwachsen, oberständig. Plazentation zentralwinkelständig, Samenanlagen 1 je Fach. Kapsel, blasig. Samen ohne Arillus

Cardiospermum halicacabum

Dimocarpus Lour.

Ableitung: Zwillings-Frucht
Vulgärnamen: D:Longanbaum; E:Longan Fruit
Arten: 5
Lebensform: Baum, Strauch
Blätter: wechselständig, unpaarig gefiedert oder einfach. Nebenblätter fehlend
Blütenstand: Rispe
Blüten: eingeschlechtig, radiär. Kelch dachig in der Knospe. Kronblätter 5, frei. Staubblätter 8, frei und frei von den Kronblättern. Fruchtblätter 2–30, verwachsen, oberständig. Plazentation zentralwinkelständig, Samenanlagen 1 je Fach
Frucht: Schließfrucht. Samen mit Arillus
Kennzeichen: Baum, Strauch. Blüten: eingeschlechtig, radiär. Kelch dachig in der Knospe. Kronblätter 5, frei. Staubblätter 8. Fruchtblätter 2–30, verwachsen, oberständig. Plazentation zentralwinkelständig, Samenanlagen 1 je Fach. Schließfrucht. Samen mit Arillus

Dipteronia Oliv.

Ableitung: zwei Flügel
Arten: 2
Lebensform: Baum, laubwerfend
Blätter: gegenständig, gefiedert. Nebenblätter fehlend
Blütenstand: Rispe
Blüten: zwittrig, eingeschlechtig, radiär. Kelchblätter 5. Kronblätter 5, frei, weiß. Staubblätter etwa 8, frei. Fruchtblätter 2, verwachsen, oberständig. Plazentation zentralwinkelständig
Frucht: Spaltfrucht mit allseitig geflügelten Teilfrüchten
Kennzeichen: Baum. Blätter gegenständig. Kronblätter 5, frei. Staubblätter etwa 8. Fruchtblätter 2, verwachsen, oberständig. Spaltfrucht mit allseitig geflügelten Teilfrüchten

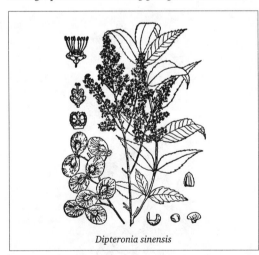
Dipteronia sinensis

Dodonaea Mill.

Ableitung: Gattung zu Ehren von Rembert Dodoens (1517–1585), einem flämischen Botaniker und kaiserlichen Leibarzt benannt
Vulgärnamen: D:Dodonaee; F:Dodonéa
Arten: 68
Lebensform: Strauch, Baum, immergrün
Blätter: wechselständig, unpaarig gefiedert oder einfach. Nebenblätter fehlend
Blütenstand: einzeln, cymös, Rispe, endständig, seitlich
Blüten: eingeschlechtig, meist zweihäusig, radiär. Kelchblätter 3–7, frei. Kronblätter fehlend. Staubblätter 6–16. Fruchtblätter 2–6, verwachsen, oberständig. Plazentation zentralwinkelständig, Samenanlagen 2 je Fach
Frucht: Kapsel, geflügelt. Samen mit oder ohne Arillus
Kennzeichen: Strauch, Baum, immergrün. Blüten: eingeschlechtig, meist zweihäusig, radiär. Kelchblätter 3–7. Kronblätter fehlend. Staubblätter 6–16. Fruchtblätter 2–6, verwachsen, oberständig. Plazentation zentralwinkelständig, Samenanlagen 2 je Fach. Kapsel, geflügelt

Dodonaea viscosa

Filicium Thwaites ex Benth.

Ableitung: Farn-Pflanze
Vulgärnamen: D:Flügelblatt; F:Arbre-fougère
Arten: 3
Lebensform: Baum
Blätter: wechselständig, paarig gefiedert. Nebenblätter fehlend
Blütenstand: Rispe, endständig, seitlich
Blüten: eingeschlechtig, radiär, mit Kelch und Krone. Kronblätter 5, frei. Staubblätter 5, frei und frei von den Kronblättern. Fruchtblätter 2, verwachsen, oberständig. Plazentation zentralwinkelständig, Samenanlagen 1–2 je Fach
Frucht: Steinfrucht. Samen mit Arillus
Kennzeichen: Baum. Blätter paarig gefiedert. Blüten: eingeschlechtig, radiär. Kronblätter 5, frei. Staubblätter 5. Fruchtblätter 2, verwachsen, oberständig. Plazentation zentralwinkelständig, Samenanlagen 1–2 je Fach. Steinfrucht. Samen mit Arillus

Filicium decipiens

Kennzeichen: Baum, laubwerfend. Blätter unpaarig gefiedert. Blüten in Rispen. Blüten: eingeschlechtig, zygomorph. Kelchblätter 5. Kronblätter 4, frei. Staubblätter 5–8. Fruchtblätter 3, verwachsen, oberständig. Plazentation zentralwinkelständig, Samenanlagen 2 je Fach. Kapsel, blasig

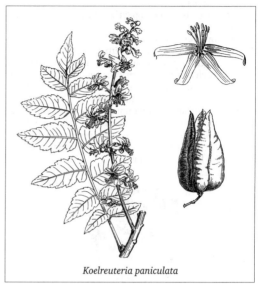
Koelreuteria paniculata

Harpullia Roxb.

Ableitung: nach einem Pflanzennamen in Indien
Arten: 26
Lebensform: Baum
Blätter: wechselständig, paarig gefiedert. Nebenblätter fehlend
Blütenstand: Rispe, Traube, seitlich
Blüten: eingeschlechtig oder zwittrig, radiär oder zygomorph, mit Kelch und Krone. Kronblätter 4–5, frei. Staubblätter 5–8, frei und frei von den Kronblättern. Fruchtblätter 2–4, verwachsen, oberständig. Plazentation zentralwinkelständig, Samenanlagen 2, selten 1 je Fach
Frucht: Kapsel. Samen mit oder ohne Arillus
Kennzeichen: Baum. Blätter paarig gefiedert. Kronblätter 4–5, frei. Staubblätter 5–8. Fruchtblätter 2–4, verwachsen, oberständig. Plazentation zentralwinkelständig, Samenanlagen 2, selten 1 je Fach. Kapsel

Koelreuteria Laxm.

Ableitung: Gattung zu Ehren von Joseph Gottlieb Kölreuter (1733–1806), einem deutschen Botaniker benannt
Vulgärnamen: D:Blasenbaum; E:Golden Rain Tree; F:Koelreuteria, Savonnier
Arten: 3
Lebensform: Baum, laubwerfend
Blätter: wechselständig, unpaarig gefiedert. Nebenblätter fehlend
Blütenstand: Rispe, endständig
Blüten: eingeschlechtig, zygomorph. Kelchblätter 5. Kronblätter 4, frei, gelb. Staubblätter 5–8, frei und frei von den Kronblättern. Fruchtblätter 3, verwachsen, oberständig. Plazentation zentralwinkelständig, Samenanlagen 2 je Fach
Frucht: Kapsel, blasig. Samen ohne Arillus

Lepisanthes Blume

Ableitung: Schuppen-Blüte
Arten: 24
Lebensform: Baum, Strauch, Liane
Blätter: wechselständig, unpaarig gefiedert. Nebenblätter fehlend
Blütenstand: Rispe, endständig, seitlich
Blüten: eingeschlechtig, radiär oder zygomorph, mit Kelch und Krone. Kronblätter 4–5, frei. Staubblätter 8–10, frei und frei von den Kronblättern. Fruchtblätter 2–3, verwachsen, oberständig. Plazentation zentralwinkelständig, Samenanlagen 1 je Fach
Frucht: Schließfrucht, gelappt. Samen ohne Arillus
Kennzeichen: Baum, Strauch, Liane. Blätter unpaarig gefiedert. Blüten eingeschlechtig. Kronblätter 4–5, frei. Staubblätter 8–10. Fruchtblätter 2–3, verwachsen, oberständig. Plazentation zentralwinkelständig, Samenanlagen 1 je Fach. Schließfrucht, gelappt. Samen ohne Arillus

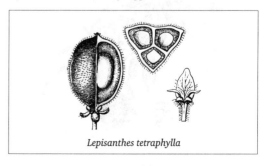
Lepisanthes tetraphylla

Litchi Sonn.

Ableitung: nach einem chinesischen Pflanzennamen
Vulgärnamen: D:Litschi; E:Litchi; F:Cerisier de Chine, Litchi
Arten: 1
Lebensform: Baum
Blätter: wechselständig, unpaarig gefiedert. Nebenblätter fehlend
Blütenstand: Rispe, endständig
Blüten: eingeschlechtig oder zwittrig, radiär. Kelchblätter 4–5, weiß, grün, gelb. Kronblätter fehlend. Staubblätter etwa 8. Fruchtblätter 2–3, verwachsen, oberständig. Plazentation zentralwinkelständig, Samenanlagen 1 je Fach
Frucht: Steinfrucht. Samen mit Arillus
Kennzeichen: Baum. Blätter unpaarig gefiedert. Blüten in Rispen. Kelchblätter 4–5. Kronblätter fehlend. Staubblätter etwa 8. Fruchtblätter 2–3, verwachsen, oberständig. Plazentation zentralwinkelständig, Samenanlagen 1 je Fach. Steinfrucht. Samen mit Arillus

Litchi chinensis

Melicoccus P. Browne

Ableitung: Honig-Same
Vulgärnamen: D:Honigbeere; E:Honey Berry; F:Kénépier
Arten: 2

Melicoccus bijugatus

Lebensform: Baum
Blätter: wechselständig, unpaarig gefiedert. Nebenblätter fehlend
Blütenstand: Rispe, Traube
Blüten: eingeschlechtig oder zwittrig, radiär. Kelchblätter 4. Kronblätter 4. Staubblätter 8, frei und frei von den Kronblättern. Fruchtblätter 2, verwachsen, oberständig. Plazentation zentralwinkelständig, Samenanlagen 1 je Fach
Frucht: Steinfrucht, nicht gelappt. Samen ohne Arillus
Kennzeichen: Baum. Blätter unpaarig gefiedert. Kelchblätter 4. Kronblätter 4. Staubblätter 8. Fruchtblätter 2, verwachsen, oberständig. Plazentation zentralwinkelständig, Samenanlagen 1 je Fach
Frucht: Steinfrucht, nicht gelappt. Samen ohne Arillus

Nephelium L.

Ableitung: Klettenpflanze
Vulgärnamen: D:Rambutan; E:Rambutan; F:Longanier, Néphélium, Ramboutan
Arten: 22
Lebensform: Baum
Blätter: wechselständig, unpaarig gefiedert. Nebenblätter fehlend
Blütenstand: Rispe, endständig, seitlich
Blüten: eingeschlechtig, radiär. Kelchblätter 4–6. Kronblätter 4–6 oder fehlend. Staubblätter 6–8, frei und frei von den Kronblättern. Fruchtblätter 2, selten 3, verwachsen, oberständig. Plazentation zentralwinkelständig, Samenanlagen 1 je Fach
Frucht: Schließfrucht, mit langen weichen Stacheln. Samen mit Arillus
Kennzeichen: Baum. Blätter unpaarig gefiedert. Blüten eingeschlechtig, radiär. Kronblätter 4–6 oder fehlend. Staubblätter 6–8. Fruchtblätter 2, selten 3, verwachsen, oberständig. Plazentation zentralwinkelständig, Samenanlagen 1 je Fach. Schließfrucht, mit langen weichen Stacheln. Samen mit Arillus

Nephelium lappaceum

Paullinia L.

Ableitung: Gattung zu Ehren von Simon Paulli (1603–1680), einem deutschen Leibarzt des dänischen Königs benannt
Arten: 194
Lebensform: Liane mit Ranken
Blätter: wechselständig, gefiedert. Nebenblätter vorhanden

Blüten: zygomorph. Kelchblätter 5. Kronblätter 4, frei. Staubblätter 8, frei und frei von den Kronblättern. Fruchtblätter 3, verwachsen, oberständig. Plazentation zentralwinkelständig, Samenanlagen 1 je Fach
Frucht: Kapsel. Samen meist mit Arillus
Kennzeichen: Liane mit Ranken. Blätter gefiedert. Blüten zygomorph. Kelchblätter 5. Kronblätter 4, frei. Staubblätter 8. Fruchtblätter 3, verwachsen, oberständig. Plazentation zentralwinkelständig, Samenanlagen 1 je Fach. Kapsel. Samen meist mit Arillus

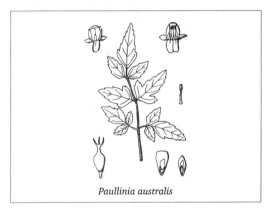

Paullinia australis

verwachsen, oberständig. Plazentation zentralwinkelständig, Samenanlagen 1 je Fach
Frucht: Spaltfrucht. Samen ohne Arillus
Kennzeichen: Baum, Strauch, laubwerfend, immergrün. Blätter unpaarig gefiedert. Kronblätter 4(5-2), frei. Staubblätter 6-10. Fruchtblätter 3, verwachsen, oberständig. Plazentation zentralwinkelständig, Samenanlagen 1 je Fach. Spaltfrucht. Samen ohne Arillus

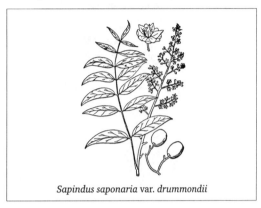

Sapindus saponaria var. *drummondii*

Schleichera Willd.

Ableitung: Gattung zu Ehren von Johann Christoph Schleicher (1768-1834), einem deutschen Apotheker in der Schweiz benannt
Vulgärnamen: D:Macassaölbaum; E:Gum Lac, Lac Tree; F:Bois de Macassar
Arten: 1
Lebensform: Baum, laubwerfend
Blätter: wechselständig, unpaarig gefiedert. Nebenblätter fehlend
Blütenstand: Traube, seitlich
Blüten: eingeschlechtig, radiär. Kelchblätter 4-6, frei. Kronblätter fehlend. Staubblätter 4-8. Fruchtblätter 3, verwachsen, oberständig. Plazentation zentralwinkelständig, Samenanlagen 1 je Fach
Frucht: Schließfrucht. Samen mit Arillus
Kennzeichen: Baum, laubwerfend. Blätter unpaarig gefiedert. Blüten eingeschlechtig, radiär. Kelchblätter 4-6. Kronblätter fehlend. Staubblätter 4-8. Fruchtblätter 3, verwachsen, oberständig. Plazentation zentralwinkelständig, Samenanlagen 1 je Fach. Schließfrucht. Samen mit Arillus

Pometia J.R. Forst. et G. Forst.

Ableitung: Gattung zu Ehren von P. Pomet (1658-1699), einem französischen Botaniker benannt
Arten: 2
Lebensform: Baum
Blätter: wechselständig, unpaarig gefiedert. Nebenblätter fehlend
Blütenstand: Rispe, meist endständig
Blüten: eingeschlechtig, radiär. Kelchblätter klappig. Kronblätter 4-5, frei. Staubblätter 4-8, frei und frei von den Kronblättern. Fruchtblätter 2-3, verwachsen, oberständig. Plazentation zentralwinkelständig, Samenanlagen 1 je Fach
Frucht: Schließfrucht. Samen mit Arillus
Kennzeichen: Baum. Blätter unpaarig gefiedert. Blüten eingeschlechtig, radiär. Kelchblätter klappig. Kronblätter 4-5, frei. Staubblätter 4-8. Fruchtblätter 2-3, verwachsen, oberständig. Plazentation zentralwinkelständig, Samenanlagen 1 je Fach. Schließfrucht. Samen mit Arillus

Sapindus L.

Ableitung: indische Seifenpflanze
Vulgärnamen: D:Seifenbaum; E:Soapberry; F:Arbre à savon, Savon indien
Arten: 13
Lebensform: Baum, Strauch, laubwerfend, immergrün
Blätter: wechselständig, unpaarig gefiedert. Nebenblätter fehlend
Blütenstand: Rispe, seitlich, endständig
Blüten: eingeschlechtig oder zwittrig, radiär. Kelchblätter 4-5. Kronblätter 4(5-2), frei, weiß, gelb. Staubblätter 6-10, frei und frei von den Kronblättern. Fruchtblätter 3,

Serjania Mill.

Ableitung: Gattung zu Ehren von Philippe Sergeant, einem französischen Mönch und Botaniker von Caux im 18. Jahrhundert benannt
Arten: 215
Lebensform: Liane mit Ranken
Blätter: wechselständig, 1- bis 3fach unpaarig gefiedert. Nebenblätter vorhanden
Blütenstand: Traube, Rispe
Blüten: eingeschlechtig, zygomorph. Kelchblätter 5. Kronblätter 4, frei, weiß, gelb. Staubblätter 8, frei und frei von den Kronblättern. Fruchtblätter 3, verwachsen, oberstän-

dig. Plazentation zentralwinkelständig, Samenanlagen 1 je Fach
Frucht: Spaltfrucht, 3-flügelig. Samen ohne Arillus
Kennzeichen: Liane mit Ranken. Blätter 1- bis 3-fach unpaarig gefiedert. Nebenblätter vorhanden. Blüten eingeschlechtig, zygomorph. Kelchblätter 5. Kronblätter 4, frei. Staubblätter 8. Fruchtblätter 3, verwachsen, oberständig. Plazentation zentralwinkelständig, Samenanlagen 1 je Fach. Spaltfrucht, 3-flügelig. Samen ohne Arillus

Serjania glutinosa

Ungnadia Endl.

Ableitung: Gattung zu Ehren von Baron David von Ungnad, einem österreichischen Gesandten in Konstantinopel im 16. Jahrhundert benannt
Arten: 1
Lebensform: Strauch, Baum, laubwerfend
Blätter: wechselständig, unpaarig gefiedert. Nebenblätter fehlend
Blütenstand: Büschel, seitlich
Blüten: zwittrig, zygomorph, mit Kelch und Krone. Kronblätter 4–5, frei, rosa, lila. Staubblätter 7–10, frei und frei von den Kronblättern. Fruchtblätter 3, verwachsen, oberständig. Plazentation zentralwinkelständig, Samenanlagen 2–3 je Fach
Frucht: Kapsel. Samen ohne Arillus
Kennzeichen: Strauch, Baum, laubwerfend. Blätter unpaarig gefiedert. Blüten zygomorph. Kronblätter 4–5, frei. Staubblätter 7–10. Fruchtblätter 3, verwachsen, oberständig. Plazentation zentralwinkelständig, Samenanlagen 2–3 je Fach. Kapsel. Samen ohne Arillus

Ungnadia speciosa

Xanthoceras Bunge

Ableitung: gelbes Horn
Vulgärnamen: D:Gelbhorn; F:Epine jaune

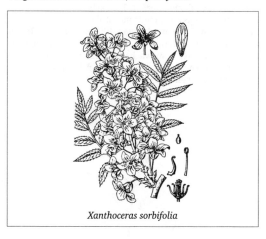

Xanthoceras sorbifolia

Arten: 1
Lebensform: Baum, Strauch
Blätter: wechselständig, unpaarig gefiedert. Nebenblätter fehlend
Blütenstand: Traube, endständig, seitlich
Blüten: eingeschlechtig oder zwittrig, radiär, mit Kelch und Krone. Kronblätter 5, frei, weiß, gelb, grün. Staubblätter 8, frei und frei von den Kronblättern. Fruchtblätter 3, verwachsen, oberständig. Plazentation zentralwinkelständig, Samenanlagen mehrere je Fach
Frucht: Kapsel. Samen ohne Arillus
Kennzeichen: Baum, Strauch. Blätter unpaarig gefiedert. Blüten radiär. Kronblätter 5, frei, weiß, gelb, grün. Staubblätter 8. Fruchtblätter 3, verwachsen, oberständig. Plazentation zentralwinkelständig, Samenanlagen mehrere je Fach. Kapsel. Samen ohne Arillus

Sapotaceae Breiapfelgewächse

1 Staubblätter mehr als Kronblätter, meist doppelt so viele oder mehr, 10–80
2 Kelchblätter in 1 Kreis. Kronblätter doppelt so viele wie Kelchblätter . . . . **Diploknema**
2 Kelchblätter in 2 Kreisen
  3 Kelchblätter 2 ± 2
    4 Blätter schraubig . . . . **Madhuca**
    4 Blätter 2-zeilig. . . . . **Payena**
  3 Kelchblätter 3 ± 3. . . . . **Palaquium**
1 Staubblätter so viele wie Kronblätter, 4–9
  5 Kronblätter 3-spaltig, mittlerer Zipfel wie ein Anhängsel erscheinend
    6 Staminodien 6 oder fehlend . . . . . **Manilkara**
    6 Staminodien 8
      7 Nebenblätter groß und deutlich . . **Baillonella**
      7 Nebenblätter klein oder fehlend
        8 Samen mit Nährgewebe . . . . . . **Mimusops**
        8 Samen ohne Nährgewebe . . . . **Tieghemella**
  5 Kronblätter ganzrandig
    9 Kronblätter doppelt so viele wie Kelchblätter . .
    . . . . **Vitellaria**

9 Kronblätter so viele wie Kelchblätter
  10 Kelchblätter meist 2 ± 2. (Staubblätter meist herausragend) . . . . **Pouteria**
  10 Kelchblätter anders
    11 Staubblätter herausragend
      12 Frucht mit 2–3 Samen, die einen gemeinsamen Stein bilden . . . . . **Argania**
      12 Frucht ohne gemeinsamem Stein
        13 Samen mit Endosperm . . . **Sideroxylon**
        13 Samen ohne Endosperm. . . **Synsepalum**
    11 Staubblätter eingeschlossen in der Krone
      14 Nebenblätter vorhanden. Endosperm fehlend. . . . . **Ecclinusa**
      14 Nebenblätter fehlend. Endosperm vorhanden . . . . **Chrysophyllum**

Argania Roem. et Schult.

Ableitung: nach dem Namen der Pflanze in Marokko
Vulgärnamen: D:Arganbaum; E:Argantree
Arten: 1
Lebensform: Baum, Strauch, dornig, immergrün, mit Milchsaft
Blätter: wechselständig, einfach. Nebenblätter fehlend
Blütenstand: Knäuel, seitlich
Blüten: zwittrig, radiär, mit Kelch und Krone. Kronblätter 5, so viele wie Kelchblätter, verwachsen, ganzrandig, ohne Anhängsel, grünlichgelb. Staubblätter 5, so viele wie Kronblätter, mit der Krone verwachsen, herausragend. Staminodien 5. Fruchtblätter 2–3, verwachsen, oberständig. Plazentation zentralwinkelständig. Samenanlagen 1–3 je Fach
Frucht: mit 2–3 Samen, die einen gemeinsamen Stein bilden. Samen mit Nährgewebe
Kennzeichen: Baum, Strauch, dornig, immergrün, mit Milchsaft. Nebenblätter fehlend. Blüten radiär. Kronblätter 5, so viele wie Kelchblätter, verwachsen, ohne Anhängsel. Staubblätter 5, so viele wie Kronblätter, herausragend. Staminodien 5. Fruchtblätter 2–3, verwachsen, oberständig. Plazentation zentralwinkelständig. Frucht mit 2–3 Samen, die einen gemeinsamen Stein bilden

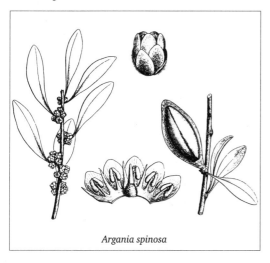

Argania spinosa

Baillonella Pierre

Ableitung: Gattung zu Ehren von Ernest-Henri Baillon (1827–1895), einem französischen Botaniker benannt
Vulgärnamen: D:Njabi; E:Djave
Arten: 1
Lebensform: Baum, mit Milchsaft
Blätter: wechselständig, einfach. Nebenblätter groß
Blütenstand: Büschel, endständig
Blüten: zwittrig, radiär, mit Kelch und Krone. Kronblätter 8, zweimal so viele wie Kelchblätter, verwachsen, 3-spaltig, mit Anhängsel. Staubblätter 8, so viele wie Kronblätter, mit der Krone verwachsen. Staminodien 8. Fruchtblätter 8, verwachsen, oberständig. Plazentation zentralwinkelständig. Samenanlagen 1–2 je Fach
Frucht: Beere. Samen ohne Nährgewebe
Kennzeichen: Baum, mit Milchsaft. Nebenblätter groß. Blüten radiär. Kronblätter 8, zweimal so viele wie Kelchblätter, verwachsen, 3-spaltig, mit Anhängsel. Staubblätter 8, so viele wie Kronblätter. Staminodien 8. Fruchtblätter 8, verwachsen, oberständig. Plazentation zentralwinkelständig. Samenanlagen 1–2 je Fach. Beere

Chrysophyllum L.

Ableitung: Gold-Blatt
Vulgärnamen: D:Sternapfel; E:Star Apple; F:Caïmitier
Arten: 87
Lebensform: Baum, Strauch, Liane, immergrün, mit Milchsaft
Blätter: wechselständig, einfach. Nebenblätter fehlend
Blütenstand: Büschel, seitlich
Blüten: zwittrig, radiär, mit Kelch und Krone. Kronblätter 4–8, so viele wie Kelchblätter, verwachsen, ganzrandig, ohne Anhängsel, weiß, gelb. Staubblätter 5, selten 4–8, so viele wie Kronblätter, mit der Krone verwachsen, eingeschlossen. Staminodien fehlend oder schuppig. Fruchtblätter 4–12, verwachsen, oberständig. Plazentation zentralwinkelständig. Samenanlagen 1-viele je Fach
Frucht: Beere. Samen mit Nährgewebe
Kennzeichen: Lebensform: Baum, Strauch, Liane, immergrün, mit Milchsaft. Nebenblätter fehlend. Blüten radiär. Kronblätter 4–8, so viele wie Kelchblätter, verwachsen, ohne Anhängsel. Staubblätter 5, selten 4–8, so viele wie Kronblätter, eingeschlossen. Staminodien fehlend oder schuppig. Fruchtblätter 4–12, verwachsen, oberständig. Plazentation zentralwinkelständig. Beere. Samen mit Nährgewebe

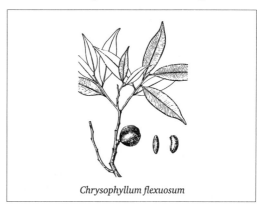

Chrysophyllum flexuosum

Diploknema Pierre

Ableitung: doppelte Beinschiene (Kelch)
Arten: 10
Lebensform: Baum, immergrün, mit Milchsaft
Blätter: wechselständig, einfach. Nebenblätter vorhanden
Blütenstand: Büschel, seitlich
Blüten: zwittrig oder eingeschlechtig, radiär. Kelchblätter in einem Kreis. Kronblätter 8-16, doppelt so viele wie Kelchblätter, verwachsen, ganzrandig, ohne Anhängsel. Staubblätter 10-80, mehr als Kronblätter, frei oder verwachsen, mit der Krone verwachsen. Staminodien fehlend. Fruchtblätter 5-15, verwachsen, oberständig. Plazentation zentralwinkelständig. Samenanlagen 1-5 je Fach
Frucht: Beere. Samen mit oder ohne Nährgewebe
Kennzeichen: Lebensform: Baum, immergrün, mit Milchsaft. Kronblätter 8-16, doppelt so viele wie Kelchblätter, verwachsen. Staubblätter 10-80, mehr als Kronblätter. Staminodien fehlend. Fruchtblätter 5-15, verwachsen, oberständig. Plazentation zentralwinkelständig. Beere

Ecclinusa Mart.

Ableitung: vermutlich von: auswärts geneigt (Antheren öffnen sich nach außen)
Arten: 11
Lebensform: Baum, Strauch, mit Milchsaft
Blätter: wechselständig, einfach. Nebenblätter vorhanden
Blütenstand: Knäuel, seitlich
Blüten: zwittrig, radiär, mit Kelch und Krone. Kronblätter 5 bis selten 7, so viele wie Kelchblätter, verwachsen, ganzrandig, ohne Anhängsel. Staubblätter 5 bis selten 7, so viele wie Kronblätter, mit der Krone verwachsen, eingeschlossen. Staminodien 8. Fruchtblätter 3-9, verwachsen, oberständig. Plazentation zentralwinkelständig. Samenanlagen 1 bis mehrere je Fach
Frucht: beerenartig. Samen ohne Nährgewebe
Kennzeichen: Lebensform: Baum, Strauch, mit Milchsaft. Nebenblätter vorhanden. Blüten radiär. Kronblätter 5 bis selten 7, so viele wie Kelchblätter, verwachsen, ohne Anhängsel. Staubblätter 5 bis selten 7, so viele wie Kronblätter, eingeschlossen. Staminodien 8. Fruchtblätter 3-9, verwachsen, oberständig. Plazentation zentralwinkelständig. Frucht beerenartig. Samen ohne Nährgewebe

Ecclinusa

Madhuca Buch.-Ham. ex J.F. Gmel.

Ableitung: nach einem Pflanzennamen in Indien
Vulgärnamen: D:Butterbaum; E:Buttertree; F:Arbre à beurre, Illipe
Arten: 116
Lebensform: Baum, mit Milchsaft
Blätter: wechselständig, einfach. Nebenblätter vorhanden
Blütenstand: Büschel, seitlich
Blüten: zwittrig, radiär. Kelchblätter 2 ±2. Kronblätter 6-17, über zweimal so viele wie Kelchblätter, verwachsen, ganzrandig, ohne Anhängsel. Staubblätter 12-43, über zweimal so viele wie Kronblätter, mit der Krone verwachsen. Staminodien fehlend. Fruchtblätter 5-15, verwachsen, oberständig. Plazentation zentralwinkelständig. Samenanlagen 1 je Fach
Frucht: Beere. Samen mit oder ohne Nährgewebe
Kennzeichen: Lebensform: Baum, mit Milchsaft. Blüten radiär. Kelchblätter 2 ±2. Kronblätter 6-17, über zweimal so viele wie Kelchblätter, verwachsen, ohne Anhängsel. Staubblätter 12-43, über zweimal so viele wie Kronblätter. Staminodien fehlend. Fruchtblätter 5-15, verwachsen, oberständig. Plazentation zentralwinkelständig. Beere

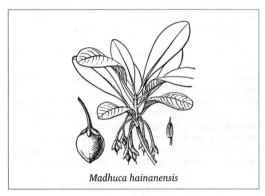

Madhuca hainanensis

Manilkara Adans.

Ableitung: Pflanzenname in Indien
Vulgärnamen: D:Breiapfelbaum, Chiclebaum; F:Sapotier
Arten: 82
Lebensform: Baum, Strauch, immergrün, mit Milchsaft

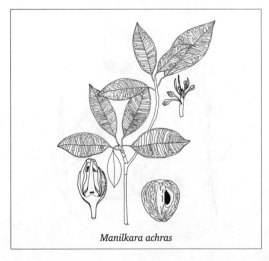

Manilkara achras

Blätter: wechselständig, selten gegenständig oder quirlständig, einfach. Nebenblätter vorhanden oder fehlend
Blütenstand: einzeln, Büschel, seitlich
Blüten: zwittrig, radiär, mit Kelch und Krone. Kronblätter 6 bis selten 9, zweimal so viele wie Kelchblätter, verwachsen, 3-spaltig, mit Anhängsel, weißlich. Staubblätter 6 bis selten 12, so viele wie Kronblätter, mit der Krone verwachsen. Staminodien fehlend oder 6. Fruchtblätter 6–16, verwachsen, oberständig. Plazentation zentralwinkelständig. Samenanlagen 1-mehrere je Fach
Frucht: Beere. Samen mit Nährgewebe
Kennzeichen: Lebensform: Baum, Strauch, immergrün, mit Milchsaft. Blüten, radiär. Kronblätter 6 bis selten 9, zweimal so viele wie Kelchblätter, verwachsen, 3-spaltig, mit Anhängsel. Staubblätter 6 bis selten 12, so viele wie Kronblätter. Staminodien fehlend oder 6. Fruchtblätter 6–16, verwachsen, oberständig. Plazentation zentralwinkelständig. Beere

Mimusops L.

Ableitung: Herleitung unklar
Vulgärnamen: D:Affengesicht, Kugelbaum; E:Spanish Cherry; F:Cerise espagnole
Arten: 47
Lebensform: Baum, Strauch, immergrün, mit Milchsaft
Blätter: wechselständig, einfach. Nebenblätter klein oder fehlend
Blütenstand: Büschel, einzeln, seitlich
Blüten: zwittrig, radiär, mit Kelch und Krone. Kronblätter 8, zweimal so viele wie Kelchblätter, verwachsen, 3-spaltig, mit Anhängsel, weiß. Staubblätter 7–8, so viele wie Kronblätter, mit der Krone verwachsen. Staminodien 8. Fruchtblätter 7–8, verwachsen, oberständig. Plazentation zentralwinkelständig. Samenanlagen 1–6 je Fach
Frucht: Beere. Samen mit Nährgewebe
Kennzeichen: Lebensform: Baum, Strauch, immergrün, mit Milchsaft. Nebenblätter klein oder fehlend. Blüten radiär. Kronblätter 8, zweimal so viele wie Kelchblätter, verwachsen, 3-spaltig, mit Anhängsel. Staubblätter 7–8, so viele wie Kronblätter. Staminodien 8. Fruchtblätter 7–8, verwachsen, oberständig. Plazentation zentralwinkelständig. Beere. Samen mit Nährgewebe

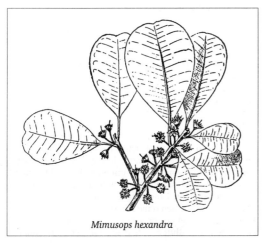
Mimusops hexandra

Palaquium Blanco

Ableitung: nach dem Namen des Baums auf den Philippinen
Vulgärnamen: D:Guttaperchabaum; E:Gutta Percha; F:Arbre à gutta, Gommier
Arten: 121
Lebensform: Baum, immergrün, mit Milchsaft
Blätter: wechselständig, einfach. Nebenblätter vorhanden
Blütenstand: Büschel, seitlich
Blüten: zwittrig, radiär. Kelchblätter 3 ± 3. Kronblätter 6, selten 5, verwachsen, ganzrandig, ohne Anhängsel, weiß. Staubblätter 10–30, zweimal so viele wie Kronblätter, mit der Krone verwachsen. Staminodien fehlend. Fruchtblätter 5–10, verwachsen, oberständig. Plazentation zentralwinkelständig. Samenanlagen 1-mehrere je Fach
Frucht: Beere. Samen mit oder ohne Nährgewebe
Kennzeichen: Baum, immergrün, mit Milchsaft. Blüten radiär. Kelchblätter 3 ± 3. Kronblätter 6, selten 5, verwachsen, ohne Anhängsel. Staubblätter 10–30, zweimal so viele wie Kronblätter. Staminodien fehlend. Fruchtblätter 5–10, verwachsen, oberständig. Plazentation zentralwinkelständig. Beere

Palaquium gutta

Payera

Arten: etwa 15
Lebensform: Baum, immergrün, mit Milchsaft
Blätter: wechselständig, 2-zeilig, einfach. Nebenblätter vorhanden
Blütenstand: Büschel, seitlich
Blüten: zwittrig, radiär. Kelchblätter 2 ± 2. Kronblätter 8, zweimal so viele wie Kelchblätter, verwachsen, ganzrandig, ohne Anhängsel. Staubblätter 13–25, doppelt so viele wie Kronblätter, mit der Krone verwachsen. Staminodien fehlend. Fruchtblätter 6–8, verwachsen, oberständig. Plazentation zentralwinkelständig. Samenanlagen 1-mehrere je Fach
Frucht: Beere. Samen mit oder ohne Nährgewebe
Kennzeichen: Baum, immergrün, mit Milchsaft. Blätter 2-zeilig. Blüten radiär. Kelchblätter 2 ± 2. Kronblätter 8, zweimal so viele wie Kelchblätter, verwachsen. Staubblätter 13–25, doppelt so viele wie Kronblätter. Staminodien fehlend. Fruchtblätter 6–8, verwachsen, oberständig. Plazentation zentralwinkelständig. Beere

Pouteria Aubl.

Ableitung: nach einem Pflanzennamen in Guayana
Vulgärnamen: D:Eierfrucht; E:Egg Fruit; F:Abiu, Canistelle lucume, Sapotillier

Arten: 343
Lebensform: Baum, Strauch, immergrün, mit Milchsaft
Blätter: wechselständig oder nahezu gegenständig, einfach. Nebenblätter fehlend, selten vorhanden
Blütenstand: Büschel, einzeln, seitlich
Blüten: zwittrig, radiär. Kelchblätter meist 2 ± 2. Kronblätter 4–6(9–2), so viele wie Kelchblätter, verwachsen, ganzrandig, ohne Anhängsel, grün, weiß, gelb. Staubblätter 4–6(9–2), so viele wie Kronblätter, mit der Krone verwachsen, meist eingeschlossen. Staminodien vorhanden oder fehlend. Fruchtblätter 1–6(1–25), verwachsen, oberständig. Plazentation zentralwinkelständig. Samenanlagen 1-mehrere je Fach
Frucht: Beere. Samen mit oder ohne Nährgewebe
Kennzeichen: Lebensform: Baum, Strauch, immergrün, mit Milchsaft. Blüten radiär. Kelchblätter meist 2 ± 2. Kronblätter 4–6(9–2), so viele wie Kelchblätter, verwachsen. Staubblätter 4–6(9–2), so viele wie Kronblätter, meist eingeschlossen. Fruchtblätter 1–6(1–25), verwachsen, oberständig. Plazentation zentralwinkelständig. Beere

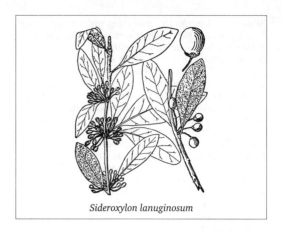

Sideroxylon lanuginosum

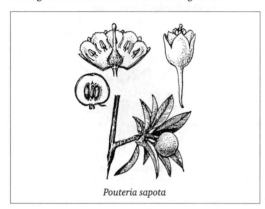

Pouteria sapota

Sideroxylon L.

Ableitung: Eisen-Holz
Arten: 76
Lebensform: Baum, Strauch, immergrün, laubwerfend, mit Milchsaft
Blätter: wechselständig, gegenständig, einfach. Nebenblätter fehlend
Blütenstand: Knäuel, Büschel, seitlich
Blüten: zwittrig, radiär, mit Kelch und Krone. Kronblätter 4–5, selten 8, so viele wie Kelchblätter, verwachsen, ganzrandig, ohne Anhängsel, weiß. Staubblätter 5, selten 4–8, so viele wie Kronblätter, mit der Krone verwachsen, herausragend. Staminodien 4–8. Fruchtblätter 1–8, verwachsen, oberständig. Plazentation zentralwinkelständig. Samenanlagen 1–2 je Fach
Frucht: Beere. Samen mit Nährgewebe
Kennzeichen: Lebensform: Baum, Strauch, immergrün, laubwerfend, mit Milchsaft. Blüten radiär. Kronblätter 4–5, selten 8, so viele wie Kelchblätter, verwachsen. Staubblätter 5, selten 4–8, so viele wie Kronblätter, herausragend. Staminodien 4–8. Fruchtblätter 1–8, verwachsen, oberständig. Plazentation zentralwinkelständig. Beere. Samen mit Nährgewebe

Synsepalum (A. DC.) Daniell

Ableitung: vereinigter Kelch
Vulgärnamen: D:Wunderbeere; E:Miracle Fruit
Arten: 35
Lebensform: Baum, Strauch, immergrün, mit Milchsaft
Blätter: wechselständig, einfach. Nebenblätter vorhanden oder fehlend
Blütenstand: Büschel, seitlich
Blüten: zwittrig, radiär, mit Kelch und Krone. Kronblätter 5(6–2), so viele wie Kelchblätter, verwachsen, ganzrandig, ohne Anhängsel. Staubblätter 5–6, so viele wie Kronblätter, mit der Krone verwachsen, meist herausragend. Staminodien vorhanden oder fehlend. Fruchtblätter 5–7, verwachsen, oberständig. Plazentation zentralwinkelständig. Samenanlagen 1 je Fach
Frucht: Beere, 1-samig. Samen ohne Nährgewebe
Kennzeichen: Lebensform: Baum, Strauch, immergrün, mit Milchsaft. Blüten radiär. Kronblätter 5(6–2), so viele wie Kelchblätter, verwachsen, ohne Anhängsel. Staubblätter 5–6, so viele wie Kronblätter, meist herausragend. Fruchtblätter 5–7, verwachsen, oberständig. Plazentation zentralwinkelständig. Beere, 1-samig

Tieghemella Pierre

Ableitung: Gattung zu Ehren von Philippe Édouard Léon van Tieghem (1839–1914), einem französischen Botaniker benannt
Vulgärnamen: D:Macoré; E:Cherry Mahogany; F:Macoré, Makoré
Arten: 2
Lebensform: Baum, mit Milchsaft
Blätter: ± wechselständig, einfach. Nebenblätter fehlend
Blütenstand: seitlich
Blüten: zwittrig, radiär, mit Kelch und Krone. Kronblätter 8, zweimal so viele wie Kelchblätter, verwachsen, 3-spaltig, mit Anhängsel. Staubblätter 8, so viele wie Kronblätter, mit der Krone verwachsen. Staminodien 8. Fruchtblätter 8, verwachsen, oberständig. Plazentation zentralwinkelständig. Samenanlagen 1-mehrere je Fach
Frucht: Beere. Samen ohne Nährgewebe
Kennzeichen: Lebensform: Baum, mit Milchsaft. Nebenblätter fehlend. Blüten radiär. Kronblätter 8, zweimal so

viele wie Kelchblätter, verwachsen, 3-spaltig, mit Anhängsel. Staubblätter 8, so viele wie Kronblätter. Staminodien 8. Fruchtblätter 8, verwachsen, oberständig. Plazentation zentralwinkelständig. Beere. Samen ohne Nährgewebe

Vitellaria C.F. Gaertn.

Ableitung: Eidotter-Pflanze
Vulgärnamen: D:Schibutterbaum; E:Shea Butter Tree; F:Vitellaire
Arten: 1
Lebensform: Baum, Strauch, mit Milchsaft
Blätter: wechselständig, einfach. Nebenblätter vorhanden
Blütenstand: Büschel, seitlich
Blüten: zwittrig, radiär, mit Kelch und Krone. Kronblätter 6–8, zweimal so viele wie Kelchblätter, verwachsen, ganzrandig, ohne Anhängsel, gelb. Staubblätter 6–8, so viele wie Kronblätter, mit der Krone verwachsen. Staminodien 8. Fruchtblätter 5–6, verwachsen, oberständig. Plazentation zentralwinkelständig. Samenanlagen 1–3 je Fach
Frucht: Beere. Samen ohne Nährgewebe
Kennzeichen: Lebensform: Baum, Strauch, mit Milchsaft. Blüten radiär. Kronblätter 6–8, zweimal so viele wie Kelchblätter, verwachsen, ohne Anhängsel. Staubblätter 6–8, so viele wie Kronblätter. Staminodien 8. Fruchtblätter 5–6, verwachsen, oberständig. Plazentation zentralwinkelständig. Beere

Vitellaria paradoxa

Sarraceniaceae Sarrazeniengewächse

1 Blüten einzeln, mit 5 Kelch- und 5 Kronblättern. Fruchtknoten aus 5 Fruchtblättern
  2 Griffel schirmförmig . . . . **Sarracenia**
  2 Griffel 5-strahlig . . . . **Darlingtonia**
1 Blüten in traubenförmigem Blütenstand, nur mit einem Kelch. Fruchtknoten aus 3–4 Fruchtblättern
. . . . **Heliamphora**

Darlingtonia Torr.

Ableitung: Gattung zu Ehren von William Darlington (1782–1863), einem nordamerikanischen Botaniker benannt
Vulgärnamen: D:Kobralilie, Kobraschlauchpflanze; E:Cobra Lily; F:Lis-cobra, Plante-cobra
Arten: 1
Lebensform: Staude
Blätter: grundständig, einfach, schlauchförmig, verdreht, mit einfachem Kiel. Nebenblätter fehlend
Blütenstand: einzeln
Blüten: zwittrig, radiär. Kelchblätter 5. Kronblätter 5, frei, gelbgrün. Staubblätter 12–15, frei von der Krone. Fruchtblätter 5, verwachsen, oberständig. Griffel 5-strahlig. Plazentation zentralwinkelständig
Frucht: Kapsel
Kennzeichen: Staude. Blätter grundständig, schlauchförmig, verdreht, mit einfachem Kiel. Blüten einzeln, radiär. Kronblätter 5, frei, gelbgrün. Staubblätter 12–15, frei von der Krone. Fruchtblätter 5, verwachsen, oberständig. Griffel 5-strahlig. Plazentation zentralwinkelständig. Kapsel

Darlingtonia californica

Heliamphora Benth.

Ableitung: rollender Krug
Vulgärnamen: D:Sonnenkrug, Sumpfkrug; E:Sun Pitcher; F:Héliamphora

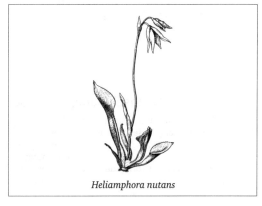

Heliamphora nutans

Arten: 8
Lebensform: Staude, Halbstrauch
Blätter: grundständig, einfach, schlauchförmig, mit 2 Kielen. Nebenblätter fehlend
Blütenstand: traubenförmig
Blüten: zwittrig, radiär. Perigonblätter 4–6, frei, weiß, rosa. Staubblätter 10–20, frei von dem Perigon. Fruchtblätter 3–4, verwachsen, oberständig. Narbe 3- bis 4-lappig. Plazentation zentralwinkelständig
Frucht: Kapsel
Kennzeichen: Staude, Halbstrauch. Blätter grundständig, schlauchförmig, mit 2 Kielen. Blüten in traubenförmigem Blütenstand, radiär. Perigonblätter 4–6, frei. Staubblätter 10–20, frei von der Krone. Fruchtblätter 3–4, verwachsen, oberständig. Plazentation zentralwinkelständig. Kapsel

Sarracenia L.

Ableitung: Gattung zu Ehren von Michel Sarrasin (1659–1734), einem französischen Arzt in Kanada benannt
Vulgärnamen: D:Fensterfalle, Krugpflanze, Sarrazenie, Schlauchpflanze; E:Pitcher Plant; F:Sarracénnie
Arten: 8
Lebensform: Staude
Blätter: grundständig, einfach, schlauchförmig, mit 1 Kiel. Nebenblätter fehlend
Blütenstand: einzeln
Blüten: zwittrig, radiär. Kelchblätter 5. Kronblätter 5, frei, gelb, rot. Staubblätter viele, in Gruppen. Fruchtblätter 5, verwachsen, oberständig. Griffel schirmförmig. Plazentation zentralwinkelständig
Frucht: Kapsel
Kennzeichen: Staude. Blätter grundständig, schlauchförmig, mit 1 Kiel. Blüten einzeln, radiär. Kronblätter 5, frei. Staubblätter viele, in Gruppen. Fruchtblätter 5, verwachsen, oberständig. Griffel schirmförmig. Plazentation zentralwinkelständig. Kapsel

Sarracenia purpurea

Saururaceae Molchschwanzgewächse

1 Hochblatthülle des Blütenstandes auffällig. Fruchtblätter verwachsen. Frucht eine Kapsel
  2 Staubblätter 8–5 . . . . **Anemopsis**
  2 Staubblätter 3 . . . . **Houttouynia**
1 Hochblatthülle nicht vorhanden. Fruchtblätter fast frei. . . . . **Saururus**

Anemopsis Hook. et Arn.

Ableitung: vom Aussehen einer Anemone
Vulgärnamen: D:Eidechsenschwanz; E:Yerba Mansa; F:Queue-de-lézard
Arten: 1
Lebensform: Staude
Blätter: wechselständig, einfach. Nebenblätter vorhanden
Blütenstand: Ähre. Hochblätter weiß
Blüten: zwittrig, ohne Blütenhülle. Staubblätter 5–8, frei. Fruchtblätter 3–4, verwachsen. Plazentation parietal
Frucht: Kapsel
Kennzeichen: Staude. Nebenblätter vorhanden. Blüten in Ähren, mit weißen Hochblättern am Grund, ohne Blütenhülle. Staubblätter 5–8. Fruchtblätter 3–4, verwachsen. Plazentation parietal. Kapsel

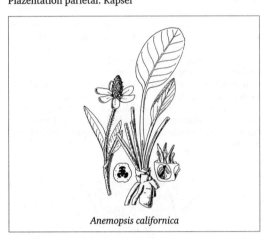
Anemopsis californica

Houttuynia Thunb.

Ableitung: Gattung zu Ehren von Maarten Houttuyn (1720–1794), einem niederländischen Arzt und Botaniker benannt
Vulgärnamen: D:Houttuynie; E:Fishwort; F:Houttuynie
Arten: 1
Lebensform: Staude
Blätter: wechselständig, einfach. Nebenblätter vorhanden

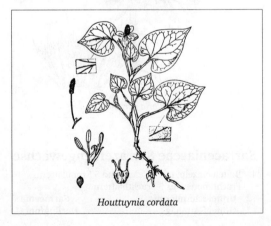
Houttuynia cordata

Blütenstand: Ähre mit 4 weißen Hochblättern am Grund
Blüten: zwittrig, ohne Blütenhülle. Staubblätter 3, frei. Fruchtblätter 3–4, verwachsen. Plazentation parietal
Frucht: Kapsel
Kennzeichen: Staude. Nebenblätter vorhanden. Blüten in Ähren, mit 4 weißen Hochblättern am Grund, ohne Blütenhülle. Staubblätter 3. Fruchtblätter 3–4, verwachsen. Plazentation parietal. Kapsel

Saururus L.

Ableitung: Eidechsen-Schwanz
Vulgärnamen: D:Molchschwanz; E:Lizard's Tail; F:Queue-de-lézard
Arten: 2
Lebensform: Staude
Blätter: wechselständig, einfach. Nebenblätter vorhanden
Blütenstand: Ähre
Blüten: zwittrig, ohne Blütenhülle. Staubblätter 6–8, frei. Fruchtblätter 3–4, nur am Grund verwachsen. Plazentation parietal
Frucht: 3–4 Schließfrüchtchen
Kennzeichen: Staude. Nebenblätter vorhanden. Blüten in Ähren, ohne Blütenhülle. Staubblätter 6–8. Fruchtblätter 3–4, nur am Grund verwachsen. Plazentation parietal. 3–4 Schließfrüchtchen

Saururus cernuus

Saxifragaceae Steinbrechgewächse

1 Blätter zusammengesetzt
2   Blüten in Rispen. Frucht Balgfrüchte
3   Blätter wechselständig. Fruchtblätter halbunterständig. (Blüten fast immer mit Kelch und Krone) . . . . **Astilbe**
3   Blätter grundständig. Fruchtblätter oberständig. Blüten meist nur mit Kelch. . . . . . .**Rodgersia**
2   Blüten in Trauben. Frucht eine Kapsel . . . . **Lithophragma**
1 Blätter einfach
4   Blätter schildförmig
5   Stängel blattlos. (Staubblätter 10. Fruchtblätter halbunterständig) . . . . **Darmera**
5   Stängel mit einem Blatt
6   Blätter fast kreisförmig. Staubblätter (6–)8. Fruchtblätter halbunterständig. . . **Astilboides**
6   Blätter gelappt. Staubblätter 10. Fruchtblätter ± oberständig . . . . **Peltoboykinia**
4   Blätter nicht schildförmig
7   Blüten zygomorph. (Plazentation parietal)
8   Staubblätter 3, seltener 2. Fruchtknoten ± oberständig . . . . **Tolmiea**
8   Staubblätter 5. Kelch zygomorph. Fruchtknoten halbunterständig . . . .**Bensoniella**
7   Blüten radiär. Staubblätter 5–10
9   Plazentation zentralwinkelständig oder Fruchtblätter nur am Grund verwachsen
10   Frucht aus Bälgen bestehend, nur am Grund miteinander verwachsen
11   Blätter handförmig 5-lappig . . .**Mukdenia**
11   Blätter höchstens gezähnt oder gekerbt am Rand
12   Kronblätter schmal, bis 2,5 mm lang . . . . **Leptarrhena**
12   Kronblätter ansehnlich. Pflanze mit etwa 1 cm dickem Rhizom . . . . . . **Bergenia**
10   Frucht eine Kapsel, Fruchtblätter zum großen Teil verwachsen
13   Griffel frei
14   Staubblätter 10–8 . . . . **Saxifraga**
14   Staubblätter 5 . . . . **Boykinia**
13   Griffel z.T. verwachsen . . . . **Boykinia**
9   Plazentation wandständig
15   Blüten nur mit Kelch
16   Blütenstand wenigblütig, flach. Staubblätter 4, 8 oder 10 . . . . **Chrysosplenium**
16   Blütenstand eine Rispe. Staubblätter 5. . . . . **Heuchera**
15   Blüten mit Kelch und Krone
17   Staubblätter 10
18   Fruchtblätter 3 . . . . **Lithophragma**
18   Fruchtblätter 2
19   Blüten nur mit Kelch . . . .**Tanakae**
19   Blüten mit Kelch und Krone
20   Fruchtknoten oberständig . . . **Tiarella**
20   Fruchtknoten unterständig bis halbunterständig
21   Achsenbecher glockig bis krugförmig viel länger als die Kelchzipfel . **Tellima**
21   Achsenbecher becherförmig, kürzer als die Kelchzipfel . . . . **Mitella**
17   Staubblätter 5 (bei Heucherella in manchen Blüten bis 10)
22   Blütenstand eine Rispe
23   Stängel blattlos . . . . . . × **Heucherella**
23   Stängel mit Blatt . . . . **Heuchera**
22   Blütenstand eine Traube
24   Kronblätter fiederspaltig mit linealen Zipfeln . . . . **Mitella**
24   Kronblätter nicht so
25   Kelch 4–8 mm. Griffel unter 1 mm lang . . . . **Elmera**
25   Kelch 1–3 mm. Griffel über 1 mm lang . . . . **Mitella**

Astilbe Buch.-Ham. ex G. Don

Ableitung: ohne Glanz
Vulgärnamen: D:Astilbe, Prachtspiere; E:False Buck's Beard; F:Astilbe
Arten: 12
Lebensform: Staude

Blätter: wechselständig, zusammengesetzt, selten einfach. Nebenblätter vorhanden
Blütenstand: Rispe, endständig
Blüten: zwittrig oder eingeschlechtig, radiär. Kelchblätter 5, selten 7-10. Kronblätter 1-5, selten fehlend, frei, weiß, rosa, grünlich. Staubblätter 10, 5 oder 8, frei von der Krone. Fruchtblätter 2-3, ± verwachsen oder frei, halbunterständig. Plazentation zentralwinkelständig
Frucht: Bälge
Kennzeichen: Staude. Blätter wechselständig, zusammengesetzt, selten einfach. Blüten in Rispen. Blüten radiär. Kelchblätter 5, selten 7-10. Kronblätter 1-5, selten fehlend, frei. Staubblätter 10, 5 oder 8. Fruchtblätter 2-3, ± verwachsen oder frei, halbunterständig. Plazentation zentralwinkelständig. Bälge

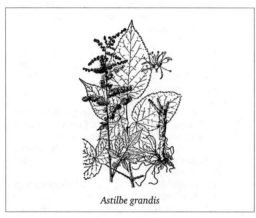

Astilbe grandis

Astilboides (Hemsl.) Engl.

Ableitung: Astilbe-ähnlich
Vulgärnamen: D:Tafelblatt
Arten: 1
Lebensform: Staude
Blätter: grundständig und 1 Stängelblatt, einfach, schildförmig. Nebenblätter fehlend
Blütenstand: Rispe, cymös, endständig

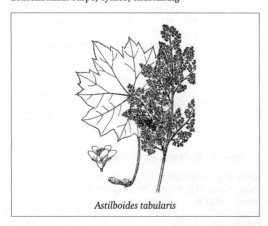

Astilboides tabularis

Blüten: zwittrig, radiär, mit Kelch und Krone. Kronblätter 4-5, frei, weiß. Staubblätter 8, selten 6, frei von der Krone. Fruchtblätter 2, verwachsen, halbunterständig. Plazentation zentralwinkelständig
Frucht: Bälge
Kennzeichen: Staude. Blätter grundständig und 1 Stängelblatt, schildförmig. Blüten radiär. Kronblätter 4-5, frei. Staubblätter 8, selten 6. Fruchtblätter 2, verwachsen, halbunterständig. Plazentation zentralwinkelständig. Bälge

Bensoniella C.V. Morton

Ableitung: kleine Bensonia
Vulgärnamen: D:Bensonie
Arten: 1
Lebensform: Staude
Blätter: grundständig, einfach, handnervig. Nebenblätter vorhanden
Blütenstand: Traube
Blüten: zwittrig. Kelch zygomorph mit 3 großen und 2 kleinen Kelchblättern. Kronblätter 5, frei, lineal, weiß. Staubblätter 5, frei von der Krone. Fruchtblätter 2, selten 3, verwachsen, unterständig. Plazentation parietal
Frucht: Kapsel
Kennzeichen: Staude. Blüten in Trauben. Kelch zygomorph mit 3 großen und 2 kleinen Kelchblättern. Kronblätter 5, frei, lineal. Staubblätter 5, frei von der Krone. Fruchtblätter 2, selten 3, verwachsen, unterständig. Plazentation parietal. Kapsel

Bensoniella oregana

Bergenia Moench

Ableitung: Gattung zu Ehren von Karl August von Bergen (1704-1759), einem deutschen Botaniker benannt
Vulgärnamen: D:Bergenie; E:Elephant Ears; F:Bergenia, Plante-du-savetier
Arten: 8
Lebensform: Staude mit über 1 cm dickem Rhizom
Blätter: grundständig, einfach. Nebenblätter fehlend
Blütenstand: Schirmtraube, Wickel
Blüten: zwittrig, radiär, mit Kelch und Krone. Kronblätter 5, frei, rosa, weiß, lila, purpurn. Staubblätter 10, frei von der Krone. Fruchtblätter 2, selten 3, am Grund verwachsen, ± oberständig. Plazentation zentralwinkelständig
Frucht: Bälge
Kennzeichen: Staude mit über 1 cm dickem Rhizom. Blüten radiär. Kronblätter 5, frei. Staubblätter 10. Fruchtblät-

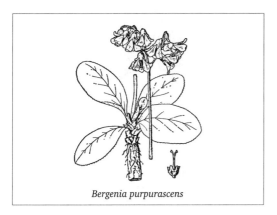
Bergenia purpurascens

ter 2, selten 3, am Grund verwachsen, ± oberständig. Plazentation zentralwinkelständig. Bälge

Boykinia Nutt.

Ableitung: Gattung zu Ehren von Samuel Boykin (1786-1846), einem nordamerikanischen Arzt und Botaniker benannt
Arten: 9
Lebensform: Staude
Blätter: grundständig oder wechselständig, einfach, handnervig. Nebenblätter vorhanden
Blütenstand: Rispe, endständig
Blüten: zwittrig, radiär, mit Kelch und Krone. Kronblätter 5, frei, weiß, gelb. Staubblätter 5, frei von der Krone. Fruchtblätter 2, verwachsen, halbunterständig. Griffel frei. Plazentation zentralwinkelständig
Frucht: Kapsel
Kennzeichen: Staude. Blätter handnervig. Blüten radiär. Kronblätter 5, frei. Staubblätter 5. Fruchtblätter 2, verwachsen, halbunterständig. Griffel frei. Plazentation zentralwinkelständig. Kapsel

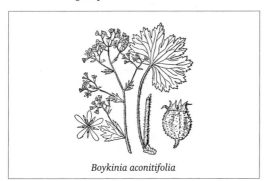
Boykinia aconitifolia

Chrysosplenium L.

Ableitung: goldenes Milzkraut
Vulgärnamen: D:Milzkraut; E:Golden Saxifrage; F:Cresson doré, Dorine
Arten: c. 60
Lebensform: Staude

Blätter: grundständig oder wechselständig, einfach. Nebenblätter fehlend
Blütenstand: cymös, einzeln, endständig, seitlich
Blüten: zwittrig, radiär. Kelchblätter 4-5, frei, grün, gelb, weiß. Kronblätter fehlend. Staubblätter 8, 4, selten10. Fruchtblätter 2-3, verwachsen, halbunterständig. Plazentation parietal
Frucht: Kapsel
Kennzeichen: Staude. Blüten radiär. Kelchblätter 4-5, frei. Kronblätter fehlend. Staubblätter 8, 4, selten10. Fruchtblätter 2-3, verwachsen, halbunterständig. Plazentation parietal. Kapsel

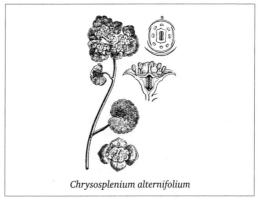
Chrysosplenium alternifolium

Darmera Voss

Ableitung: Gattung zu Ehren von Karl Darmer, einen deutschen Gärtner des 19. Jahrhunderts benannt
Vulgärnamen: D:Schildblatt; E:Indian Rhubarb; F:Darmera

Darmera peltata

Arten: 1
Lebensform: Staude
Blätter: grundständig, einfach, schildförmig. Nebenblätter fehlend
Blütenstand: Schirmtraube
Blüten: zwittrig, radiär, mit Kelch und Krone. Kronblätter 5, frei, weiß, rosa. Staubblätter 10, frei von der Krone. Fruchtblätter 2, verwachsen, ± halbunterständig. Plazentation zentralwinkelständig
Frucht: Bälge
Kennzeichen: Staude. Blätter grundständig, schildförmig. Blüten radiär. Kronblätter 5, frei. Staubblätter 10. Fruchtblätter 2, verwachsen, ± halbunterständig. Plazentation zentralwinkelständig. Bälge

Elmera Rydb.

Ableitung: Gattung zu Ehren von Adolph Daniel Edward Elmer (1870–1942), einem nordamerikanischen Botaniker benannt
Arten: 1
Lebensform: Staude
Blätter: wechselständig oder ± grundständig, einfach, handnervig. Nebenblätter vorhanden
Blütenstand: Traube, endständig
Blüten: zwittrig, radiär, mit Kelch und Krone. Kronblätter 5, frei, gelblich weiß, zerteilt bis ganzrandig. Staubblätter 5, frei von der Krone. Fruchtblätter 2, verwachsen, halbunterständig. Plazentation parietal
Frucht: Kapsel
Kennzeichen: Staude. Blüten in Trauben, radiär. Kronblätter 5, frei. Staubblätter 5. Fruchtblätter 2, verwachsen, halbunterständig. Plazentation parietal. Kapsel

Francoa Cav.

Ableitung: Gattung zu Ehren von Francisco Franco, einem spanischen Arzt und Botaniker des 16. Jahrhunderts benannt
Vulgärnamen: D:Brautkranz, Jungfernkranz; E:Bridal Wreath; F:Francoa
Arten: 1
Lebensform: Staude
Blätter: grundständig, einfach. Nebenblätter fehlend
Blütenstand: Traube, endständig
Blüten: zwittrig, radiär, mit Kelch und Krone. Kronblätter 4, selten 5, frei, weiß, rosa, rot. Staubblätter 8, frei von der Krone. Fruchtblätter 4, selten 5, verwachsen, oberständig. Plazentation zentralwinkelständig
Frucht: Kapsel
Kennzeichen: Staude. Blätter grundständig. Blüten in Trauben, radiär. Kronblätter 4, selten 5, frei. Staubblätter 8. Fruchtblätter 4, selten 5, verwachsen, oberständig. Plazentation zentralwinkelständig. Kapsel

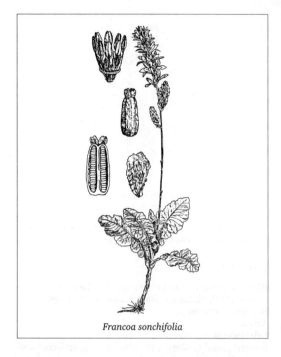

Francoa sonchifolia

Heuchera L.

Ableitung: Gattung zu Ehren von Johann Heinrich von Heucher (1677–1747), einem österreichischen Botaniker benannt
Vulgärnamen: D:Purpurglöckchen; E:Coral Bell; F:Désespoir du peintre, Heuchère
Arten: 55
Lebensform: Staude
Blätter: grundständig und 1 Stängelblatt, einfach, handnervig. Nebenblätter vorhanden

Heuchera sanguinea

Blütenstand: schmale Rispe
Blüten: zwittrig, radiär. Kelchblätter 5. Kronblätter 5 oder fehlend, frei, weiß, rot, rötlich. Staubblätter 5, frei von der Krone. Fruchtblätter 2, verwachsen, halbunterständig bis nahezu unterständig. Plazentation parietal
Frucht: Kapsel
Kennzeichen: Staude. Blätter grundständig und 1 Stängelblatt. Blüten in schmalen Rispen, radiär. Kronblätter 5 oder fehlend, frei. Staubblätter 5. Fruchtblätter 2, verwachsen, halbunterständig bis nahezu unterständig. Plazentation parietal. Kapsel

× Heucherella H.R. Wehrh.

Ableitung: Hybride aus Heuchera und Tiarella
Vulgärnamen: D:Bastardschaumblüte; F:Heuchèrelle
Lebensform: Staude
Blätter: ± grundständig, einfach. Nebenblätter fehlend
Blütenstand: Rispe
Blüten: zwittrig, radiär, mit Kelch und Krone. Kronblätter 5, frei, rosa. Staubblätter 5–10, frei von der Krone. Fruchtblätter 2, verwachsen. Plazentation parietal
Frucht: Kapsel
Kennzeichen: Staude. Blätter ± grundständig. Blüten in Rispen, radiär. Kronblätter 5, frei. Staubblätter 5–10. Fruchtblätter 2, verwachsen. Plazentation parietal. Kapsel

Leptarrhena R. Br.

Ableitung: mit dünnen Antheren
Arten: 1
Lebensform: Staude
Blätter: ± grundständig, einfach, gekerbt. Nebenblätter vorhanden
Blütenstand: Rispe, endständig
Blüten: zwittrig, radiär, mit Kelch und Krone. Kronblätter 5, frei, weiß, rosa, nur bis 2,5 mm lang. Staubblätter 10, frei von der Krone. Fruchtblätter 2, am Grund verwachsen, halbunterständig. Plazentation zentralwinkelständig
Frucht: Bälge
Kennzeichen: Staude. Blätter gekerbt. Blüten in Rispen, radiär. Kronblätter 5, frei, weiß, rosa, nur bis 2,5 mm lang. Staubblätter 10. Fruchtblätter 2, am Grund verwachsen, halbunterständig. Plazentation zentralwinkelständig. Bälge

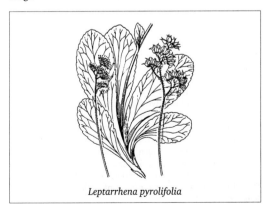

Leptarrhena pyrolifolia

Lithophragma (Nutt.) Torr. et A. Gray

Ableitung: Stein-Trennwand (Bedeutung unklar, ob einfach Steinbrech?)
Vulgärnamen: D:Schattenstern; E:Woodland Star
Arten: 9
Lebensform: Staude
Blätter: wechselständig, selten grundständig, zusammengesetzt oder einfach und handnervig. Nebenblätter ± fehlend
Blütenstand: Traube, endständig
Blüten: zwittrig, radiär, mit Kelch und Krone. Kronblätter 5, frei, weiß, rosa, meist zerteilt. Staubblätter 10, frei von der Krone. Fruchtblätter 3, verwachsen, nahezu oberständig bis fast unterständig. Plazentation parietal
Frucht: Kapsel
Kennzeichen: Staude. Blätter handnervig. Blüten in Trauben, radiär. Kronblätter 5, frei. Staubblätter 10. Fruchtblätter 3, verwachsen, nahezu oberständig bis fast unterständig. Plazentation parietal. Kapsel

Lithophragma parviflora

Mitella L.

Ableitung: Bischofsmütze
Vulgärnamen: D:Bischofskappe; E:Bishop's Cap; F:Bonnet d'évêque

Mitella pentandra

Arten: 20
Lebensform: Staude
Blätter: grundständig, wechselständig, gegenständig, einfach, handnervig. Nebenblätter vorhanden
Blütenstand: Traube
Blüten: zwittrig, radiär. Achsenbecher kürzer als die Kelchblätter. Kronblätter 5, frei, weiß, grün, purpurn überlaufen, gelblich, meist ± zerteilt. Staubblätter 5, selten 10, frei von der Krone. Fruchtblätter 2, verwachsen, halbunterständig bis fast unterständig. Plazentation parietal
Frucht: Kapsel
Kennzeichen: Staude. Blätter handnervig. Blüten in Trauben, radiär. Achsenbecher kürzer als die Kelchblätter. Kronblätter 5, frei, meist ± zerteilt. Staubblätter 5, selten 10. Fruchtblätter 2, verwachsen, halbunterständig bis fast unterständig. Plazentation parietal. Kapsel

Mukdenia Koidz.

Ableitung: Pflanze von Mukden (China)
Vulgärnamen: D:Ahornblatt
Arten: 2
Lebensform: Staude
Blätter: grundständig, einfach, 5-lappig, handnervig
Blütenstand: rispig
Blüten: zwittrig, radiär, mit Kelch und Krone. Kronblätter 5-6, frei, weiß. Staubblätter 5-6, frei von der Krone. Fruchtblätter 2, am Grund verwachsen, ± oberständig. Plazentation zentralwinkelständig
Frucht: Bälge
Kennzeichen: Staude. Blätter 5-lappig, handnervig. Blüten radiär. Kronblätter 5-6, frei. Staubblätter 5-6. Fruchtblätter 2, am Grund verwachsen, ± oberständig. Plazentation zentralwinkelständig. Bälge

Mukdenia rossii

Peltoboykinia (Engl.) H. Hara

Ableitung: schildförmige Boykinia
Arten: 2
Lebensform: Staude
Blätter: grundständig und 1 Stängelblatt, einfach schildförmig, gelappt. Nebenblätter vorhanden
Blütenstand: cymös, endständig
Blüten: zwittrig, radiär, mit Kelch und Krone. Kronblätter 5, frei, gelblich, gezähnt. Staubblätter 10, frei von der Krone. Fruchtblätter 2, verwachsen, ± oberständig. Plazentation zentralwinkelständig

Frucht: Kapsel
Kennzeichen: Staude. Blätter grundständig und 1 Stängelblatt, einfach schildförmig, gelappt. Blüten radiär. Kronblätter 5, frei. Staubblätter 10. Fruchtblätter 2, verwachsen, ± oberständig. Plazentation zentralwinkelständig. Kapsel

Rodgersia A. Gray

Ableitung: Gattung zu Ehren von John Rodgers (1812-1882), einem amerikanischen Admiral benannt
Vulgärnamen: D:Bronzeblatt, Rodgersie, Schaublatt; F:Rodgersia
Arten: 6
Lebensform: Staude
Blätter: ± grundständig, gefiedert oder gefingert. Nebenblätter vorhanden
Blütenstand: Schirmrispe
Blüten: zwittrig, radiär. Kelchblätter 5, selten 4-7. Kronblätter meist fehlend, seltener 1-5, frei, weiß. Staubblätter 10-14, frei von der Krone. Fruchtblätter 2, selten 3, verwachsen, ± oberständig. Plazentation zentralwinkelständig
Frucht: Kapsel
Kennzeichen: Staude. Blätter ± grundständig, gefiedert oder gefingert. Blütenstand in Schirmrispen, radiär. Kelchblätter 5, selten 4-7. Kronblätter meist fehlend, seltener 1-5, frei. Staubblätter 10-14. Fruchtblätter 2, selten 3, verwachsen, ± oberständig. Plazentation zentralwinkelständig. Kapsel

Rodgersia podophylla

Saxifraga L.

Ableitung: nach einem antiken Pflanzennamen
Vulgärnamen: D:Steinbrech; E:Saxifrage; F:Saxifrage
Arten: 370-440
Lebensform: Staude, Einjährige, Zweijährige
Blätter: grundständig, wechselständig oder gegenständig, einfach. Nebenblätter fehlend
Blütenstand: Rispe, Traube, einzeln
Blüten: zwittrig, radiär, mit Kelch und Krone. Kronblätter 5, frei, weiß, gelb, purpurn, grünlich. Staubblätter 10-8, frei von der Krone. Fruchtblätter 2, selten 3-5, ± verwachsen, oberständig, halbunterständig oder unterständig. Griffel frei. Plazentation zentralwinkelständig
Frucht: Kapsel

Kennzeichen: Staude, Einjährige, Zweijährige. Blüten radiär. Kronblätter 5, frei. Staubblätter 10–8. Fruchtblätter 2, selten 3–5, ± verwachsen, oberständig, halbunterständig oder unterständig. Griffel frei. Plazentation zentralwinkelständig. Kapsel

Saxifraga granulata

Tanakaea Franch. et Sav.

Ableitung: Gattung zu Ehren von Yoshio Tanaka (1838–1916), einem japanischen Botaniker und Entomologen benannt
Vulgärnamen: D:Japanische Schaumblüte; E:Japanese Foam Flower; F:Tanakéa
Arten: 1
Lebensform: Staude
Blätter: grundständig, einfach. Nebenblätter fehlend
Blütenstand: Rispe
Blüten: eingeschlechtig, radiär. Kelchblätter 5, selten 4–7, weiß. Kronblätter fehlend. Staubblätter 10, frei von der Krone. Fruchtblätter 2, verwachsen, ± unterständig. Plazentation parietal

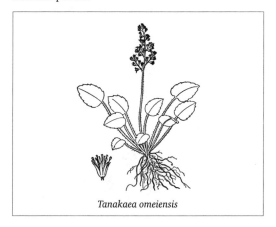

Tanakaea omeiensis

Frucht: Kapsel
Kennzeichen: Staude. Blüten radiär. Kelchblätter 5, selten 4–7, weiß. Kronblätter fehlend. Staubblätter 10. Fruchtblätter 2, verwachsen, ± unterständig. Plazentation parietal. Kapsel

Tellima R. Br.

Ableitung: Name ist Umstellung (Anagramm) von Mitella
Vulgärnamen: D:Falsche Alraunenwurzel; E:Fringecup; F:Tellima
Arten: 1
Lebensform: Staude
Blätter: grundständig, einfach, handnervig. Nebenblätter vorhanden
Blütenstand: Traube
Blüten: zwittrig, radiär, mit Kelch und Krone. Achsenbecher ± krugförmig, viel länger als der Kelch. Kronblätter 5, frei, grün, braun, fiederspaltig. Staubblätter 10, frei von der Krone. Fruchtblätter 2, verwachsen, halbunterständig. Plazentation parietal
Frucht: Kapsel
Kennzeichen: Staude. Blätter handnervig. Blüten in Trauben, radiär. Achsenbecher ± krugförmig, viel länger als der Kelch. Kronblätter 5, fiederspaltig. Staubblätter 10. Fruchtblätter 2, verwachsen, halbunterständig. Plazentation parietal. Kapsel

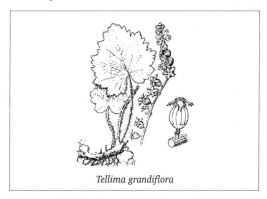

Tellima grandiflora

Tiarella L.

Ableitung: kleine Tiara
Vulgärnamen: D:Bischofskappe, Schaumblüte; E:False Mitrewort, Foam Flower; F:Bonnet-d'Evêque, Tiarelle
Arten: 3
Lebensform: Staude
Blätter: grundständig oder wechselständig, einfach, handnervig. Nebenblätter vorhanden
Blütenstand: Traube, Rispe
Blüten: zwittrig, radiär, mit Kelch und Krone. Kronblätter 5, frei, weiß. Staubblätter 10, frei von der Krone. Fruchtblätter 2, verwachsen, ± oberständig. Plazentation parietal
Frucht: Kapsel
Kennzeichen: Staude. Blüten radiär. Kronblätter 5, frei. Staubblätter 10. Fruchtblätter 2, verwachsen, ± oberständig. Plazentation parietal. Kapsel

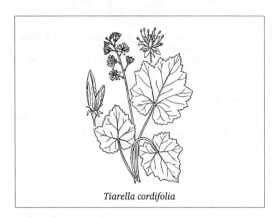
Tiarella cordifolia

Tolmiea Torr. et A. Gray

Ableitung: Gattung zu Ehren von William Fraser Tolmie (1812–1886), einem schottischen Naturforscher benannt
Vulgärnamen: D:Lebendblatt, Tolmie; E:Pick-a-back Plant; F:Tolmiée
Arten: 1
Lebensform: Staude
Blätter: grundständig oder wechselständig, einfach, handnervig. Nebenblätter vorhanden
Blütenstand: Traube, einseitswendig
Blüten: zwittrig, zygomorph, mit Kelch und Krone. Kronblätter 4, selten 5, frei, purpurn bis braun. Staubblätter 3, selten 2, frei von der Krone. Fruchtblätter 2, verwachsen, ± oberständig. Plazentation parietal
Frucht: Kapsel
Kennzeichen: Staude. Blüten in einseitswendiger Traube, zygomorph. Kronblätter 4, selten 5, frei. Staubblätter 3, selten 2. Fruchtblätter 2, verwachsen, ± oberständig. Plazentation parietal. Kapsel

Tolmiea menziesii

Schisandraceae Beerentraubengewächse

1 Früchtchen zur Fruchtzeit kopfig angeordnet . . . . **Kadsura**
1 Früchtchen zur Fruchtzeit an langer Achse stehend . . . . **Schisandra**

Kadsura Juss.

Ableitung: nach japanisch: Kugelfaden
Vulgärnamen: D:Kadsura, Kugelfaden; F:Kadsura
Arten: 22
Lebensform: Liane, immergrün
Blätter: wechselständig, einfach. Nebenblätter fehlend
Blütenstand: einzeln
Blüten: eingeschlechtig, radiär. Perigonblätter 7–24, frei, weiß, rosa. Staubblätter viele, verwachsen, frei von dem Perigon. Fruchtblätter viele, frei, oberständig. Plazentation marginal
Frucht: Fleischbälge
Kennzeichen: Liane, immergrün. Blüten einzeln, radiär. Perigonblätter 7–24, frei. Staubblätter viele, verwachsen, frei von dem Perigon. Fruchtblätter viele, frei, oberständig. Fleischbälge

Kadsura japonica

Schisandra Michx.

Ableitung: mit gespaltenen Staubblättern
Vulgärnamen: D:Beerentraube, Spaltkölbchen; F:Schisandra
Arten: 25
Lebensform: Liane, immergrün oder laubwerfend
Blätter: wechselständig, einfach. Nebenblätter fehlend
Blütenstand: einzeln
Blüten: eingeschlechtig, radiär. Perigonblätter 5–20, frei, rosenrot, weiß, blass gelb. Staubblätter 4–60, verwachsen, frei von dem Perigon. Fruchtblätter viele, frei, oberständig an langer Blütenachse. Plazentation marginal

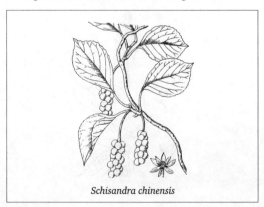
Schisandra chinensis

Frucht: Fleischbälge
Kennzeichen: Liane, immergrün oder laubwerfend. Blüten einzeln, radiär. Perigonblätter 5–20, frei. Staubblätter 4–60, verwachsen. Fruchtblätter viele, frei, oberständig an langer Blütenachse. Fleischbälge

Scrophulariaceae Braunwurzgewächse

1 Pflanze ein Vollschmarotzer ohne grüne Blätter. . . . . **Lathraea**
1 Pflanze mit grünen Blättern
2 Staubblätter 2
3 Lippe sackförmig bis ausgehöhlt
4 Antherenfächer parallel. Kronlappen schuhförmig . . . . **Calceolaria**
4 Antherenfächer spreizend. Kronlappen ausgehöhlt. . . . . **Jovellana**
3 Lippe nicht sackförmig oder ausgehöhlt
5 Staubblätter 2 und 2 Staminodien
6 Kapsel 4-klappig
7 Pflanze eine Wasserpflanze . . . **Limnophila**
7 Pflanze höchstens eine Sumpfpflanze . . . . **Gratiola**
6 Kapsel 2-klappig . . . . **Lindernia**
5 Staubblätter 2, ohne Staminodien. (Blüten in Trauben oder Ähren)
8 Krone 2-lappig oder fehlend. (Staubblätter herausragend) . . . . **Besseya**
8 Krone 4- bis 5(6)-lappig
9 Krone 5-lappig (6-lappig)
10 Kronblattlappen unterseits weiß, oberseits farbig . . . . **Zaluzkianskya**
10 Kronblattlappen nicht auffallend verschiedenfarbig oben und unten
11 Blätter gegenständig
12 Pflanze ein Strauch. Kronblätter mit aufsteigender Deckung. (Staubblätter herausragend) . . . . **Chionohebe**
12 Pflanze eine Einjährige. Kronblätter mit absteigender Deckung. (Kapsel 1-fächrig) . . . . **Micranthemum**
11 Blätter grundständig
13 Staubblätter eingeschlossen
14 Kronblätter in der Knospe mit absteigender Deckung . . . **Otacanthus**
14 Kronblätter in der Knospe mit aufsteigender Deckung . . . **Wulfenia**
13 Staubblätter herausragend (Kronblätter in der Knospe mit aufsteigender Deckung. Frucht eine 1-samige Schließfrucht . . . . **Lagotis**
9 Krone 4-lappig
15 Kronröhre sehr kurz
16 Blätter quirlständig. . . . **Veronicastrum**
16 Blätter nicht quirlständig. . . . **Veronica**
15 Kronröhre deutlich ausgebildet
17 Blätter wechselständig oder grundständig . . . . **Synthyris**
17 Blätter gegenständig bis quirlig

18 Blüten deutlich 2-lippig. Staude . . . . **Paederota**
18 Blüten radiär
19 Pflanze eine Staude. (Blüten in endständigen Trauben oder Ähren). . . . . **Pseudolysimachion**
19 Pflanze meist verholzt
20 Frucht parallel zur Scheidewand zusammengedrückt. . . . . . . **Hebe**
20 Frucht quer zur Scheidewand zusammengedrückt. . . . . **Parahebe**
1 Staubblätter 5 oder 4
21 Staubblätter 5
22 Blätter wechselständig. Frucht eine Kapsel . . . . **Verbascum**
22 Blätter gegenständig. Frucht eine Beere . . . .**Dermatobotrys**
21 Staubblätter 4 (bei Sibbaldia 3–8)
23 Krone gespornt oder ausgesackt am Grund
24 Sporne 2
25 Sporne nebeneinander, gleich . . . . **Diascia**
25 Sporne hintereinander, ungleich . . . . **Angelonia**
24 Sporn oder Aussackung 1
26 Kapsel mit Poren
27 Pflanze kletternd mit den windenden Blattstielen
28 Pflanze nur mit den Blattstielen kletternd . . . . **Maurandella**
28 Pflanze mit Blatt- und Blütenstielen kletternd . . . . **Maurandya**
27 Pflanze nicht kletternd mit windenden Blattstielen
29 Schlund der Krone offen. Blätter in einer grundständigen Rosette . . . **Anarrhinum**
29 Schlund der Krone eingeengt oder geschlossen
30 Krone gespornt
31 Schlund der Krone eingeengt . . . .**Chaenorhinum**
31 Schlund der Krone geschlossen
32 Blätter gestielt
33 Antheren eine ringförmige Struktur bildend . . . . **Kickxia**
33 Antheren keine ringförmige Struktur bildend. Blätter handnervig . . . .**Cymbalaria**
32 Blätter höchstens in einen Stiel verschmälert . . . . **Linaria**
30 Krone nur ausgesackt am Grund
34 Blätter gegenständig. Blüten einzeln. . . . . **Asarina**
34 Blätter gegenständig, obere wechselständig. Blüten in Trauben
35 Kelch etwa so lang wie die Krone . . . . **Misopates**
35 Kelch kurz . . . . **Antirrhinum**
26 Kapsel ohne Poren
36 Staminodium vorhanden. Kronröhre nur ausgesackt
37 Kronröhre lang. . . . .**Chelone**
37 Kronröhre kurz. . . . . **Collinsia**

36 Staminodium fehlend. Krone mit Sporn . . . . **Nemesia**
23 Krone weder gespornt noch ausgesackt am Grund
38 Krone mit absteigender Deckung in der Knospe (obere Kronlappen überlappen die unteren)
39 Krone 1-lippig. Frucht aus zwei Nüsschen bestehend
40 Kelchblätter 2, frei . . . . **Dischisma**
40 Kelch 1-teilig, geschlitzt . . . **Hebenstretia**
39 Krone 2-lippig bis nahezu radiär 5-lappig
41 Blüten um 180o gedreht, das heißt Unterlippe nach oben gerichtet (resupinat). Kronzipfel ausgebreitet ohne Röhre . . . . **Alonsoa**
41 Blüten nicht resupinat. Krone mit zumindest kurzer Kronröhre
42 Pflanze eine Wasserpflanze mit grundständigen Blättern . . . . **Limosella**
42 Pflanze keine Wasserpflanze, mit nicht grundständigen Blättern
43 Blätter wechselständig
44 Pflanze aufrecht
45 Blüten einzeln. (Sträucher) . . . . **Leucophyllum**
45 Blüten in Trauben, Ähren oder Rispen. (Pflanze mit Blattrosette) . . . . **Verbascum**
44 Pflanze kletternd und krautig
46 Kelch nach der Blüte stark schalenförmig vergrößert. Kapsel unregelmäßig aufspringend . . . . **Rhodochiton**
46 Kelch nicht auffallend vergrößert. Kapsel mit Poren . . . **Lophospermum**
43 Blätter gegen- oder quirlständig
44 Frucht eine schwarze Steinfrucht. . . . . **Oftia**
44 Frucht eine Kapsel
48 Blüten mit 2 hohlen Höckern auf der Unterlippe. (Kapsel fachspaltig oder mit Poren. Narbe 2-lappig)
49 Kelch röhrig, 5-kantig . . . **Mimulus**
49 Kelch glockig . . . . **Mazus**
48 Blüten ohne 2 hohle Höcker auf der Unterlippe
50 Kronsaum nahezu radiär
51 Pflanze Wasser- oder Sumpfpflanze. Antheren 2-fächrig . . . . . **Bacopa**
51 Pflanze keine Wasser- oder Sumpfpflanze. Antheren 1-fächrig . . . . **Sutera**
50 Kronsaum zygomorph
52 Unterlippe blasenartig. Pflanze strauch- oder baumförmig . . . . **Bowkeria**
52 Unterlippe nicht blasenartig
53 Blüten mit fädigem Staminodium
54 Blüten nahezu in Ähren. Samen geflügelt . . . . **Chelone**
54 Blüten gestielt. Samen ungeflügelt . . . . **Penstemon**
53 Blüten ohne Staminodium, zumindest keinem fädigen
55 Blütenstand rispig
56 Kronröhre kurz
57 Pflanze krautig oder halbstrauchig. Fast immer mit schuppigem, kleinem Staminodium . . . **Scrophularia**
57 Pflanze strauch- oder baumförmig. Ohne Staminodium . . . . **Bowkeria**
56 Kronröhre lang röhrig
58 Narbe 2-lappig . . . . **Phygelius**
58 Narbe kopfig
59 Krone 2-lippig, rot rosa oder weiß . . . . **Russelia**
59 Krone fast radiär, lila, purpurn, blau . . . . **Freylinia**
55 Blütenstand ährig, traubig, quirlig oder einzeln
60 Blüten in Quirlen. Unterster Kronlappen schiffchenförmig gefaltet, die Staubblätter einschließend. Kronröhre oben am Grund ausgesackt . . . . **Collinsia**
60 Blüten anders
61 Kapsel nur fachspaltig sich öffnend. Blütenstand kopfigtraubig . . . . . . **Tetranema**
61 Kapsel wandspaltig (und fachspaltig). Blüten in Ähren, Trauben oder einzeln
62 Antheren 1-fächerig . . . . **Zaluzianskya**
62 Antheren 2-fächerig
63 Kelch geflügelt und nach der Blüte vergrößert . . . **Torenia**
63 Kelch nicht geflügelt
64 Kelch nahezu radiär. Staubblätter in der Kronröhre entspringend
65 Pflanze eine Wasserpflanze . . . . **Limnophila**
65 Pflanze keine Wasserpflanze
66 Blüten gelb (bei kultivierten Arten) . . . . **Lindenbergia**
66 Blüten lila, purpurn oder blau . . . . . . **Freylinia**
64 Kelch zygomorph. Staubblätter im Schlund der Krone entspringend . . . . **Lindernia**
38 Krone mit aufsteigender Deckung in der Knospe (untere Kronlappen überlappen die oberen)
67 Blätter in grundständiger Rosette
68 Blätter obere gegenständig . . . . . **Ourisia**
68 Blätter wechselständig
69 Blüten ± radiär

70	Krone kürzer als der Kelch. (Staubblätter herausragend) . . . . **Picrorhiza**	
70	Krone länger als Kelch	
71	Blüten in einer endständigen, einseitswendigen Traube . . . . . **Erinus**	
71	Blüten seitlich in den Blattachseln . . . . **Sibthorpia**	
69	Blüten deutlich zygomorph. (Kelch 5-blättrig)	
72	Krone kürzer als der Kelch, (fast radiär. Staubblätter herausragend) . . . . **Picrorhiza**	
72	Krone länger als der Kelch	
73	Kelchblätter zumindest gezähnt. Pflanze ein Halbschmarotzer . . . . **Pedicularis**	
73	Kelchblätter ganzrandig. Pflanze kein Halbschmarotzer	
74	Kapsel fachspaltig. Narbe 2-lappig . . . . **Rehmannia**	
74	Kapsel wandspaltig	
75	Oberlippe der Krone so lang oder länger als die Unterlippe. Staubblätter etwas herausragend. Narbe kopfig. . . . . **Isoplexis**	
75	Oberlippe der Krone kürzer als die Unterlippe. Staubblätter eingeschlossen. Narbe 2-lappig . . . . **Digitalis**	
67	Blätter untere gegenständig (obere oft wechselständig). (Halbschmarotzer)	
76	Frucht eine Steinfrucht . . . . **Tozzia**	
76	Frucht eine Kapsel	
77	Blüten meist mit gefärbten auffälligen Deckblättern. (Kelch 4-zipflig)	
78	Kapsel mehrsamig . . . . **Castilleja**	
78	Kapsel 1- bis 4-samig. . . . **Melampyrum**	
77	Blüten mit nicht auffällig gefärbten Deckblättern	
79	Kelch nicht regelmäßig 4-lappig. . . . . **Pedicularis**	
79	Kelch regelmäßig 4-lappig	
80	Kelch aufgeblasen, rundlich. Samen geflügelt . . . . **Rhinanthus**	
80	Kelch nicht aufgeblasen	
81	Kronoberlippe gelappt, Unterlippe mit ausgerandeten Lappen. . . . **Euphrasia**	
81	Krone anders, Unterlippe nicht mit ausgerandeten Lappen	
82	Blütenstand einseitwendig . **Odontites**	
82	Blütenstand eine allseitswendige Ähre	
83	Samen groß, geflügelt oder gerippt . . . . **Bartsia**	
83	Samen klein, glatt. . . **Parentucellia**	

Die Scrophulariaceae sind die am wenigsten durch besondere Merkmale ausgezeichnete Familie der sehr einheitlichen Ordnung der Scrophulariales. Wie die ganze Ordnung besitzen die Scrophulariaceae zwittrige Blüten mit einem Kelch und einer verwachsenen, normalerweise zygomorphen und 5-zipfeligen Krone, aber nur 4 oder 2, an der Krone angewachsene Staubblätter. Der Fruchtknoten besteht aus 2 verwachsenen, oberständigen Fruchtblättern mit einem gemeinsamen Griffel. Die Scrophulariaceae zeichnen sich weiter durch ihre zentralwinkelständige Plazentation und ihre meist vielsamigen Kapselfrüchte aus. Die Blätter sind einfach und ohne Nebenblätter.

Die oben erwähnten Merkmale werden bei den Gattungsbeschreibungen nicht mehr aufgeführt, außer wenn es sich um Ausnahmen handelt. Die Scrophulariaceae werden neuerdings auch aufgeteilt oder Teile anderen Familien zugeschlagen, aber noch ohne abschließende Übereinkunft. Diesen eng verwandten Gruppen wäre auch eher nur der Rang von Unterfamilien angemessen. An den Gattungsbeschreibungen ändert sich dabei aber nichts, sodass hier weiter die traditionellen Familienumgrenzungen beibehalten wurden.

Alonsoa Ruiz et Pav.

Ableitung: Gattung zu Ehren von Alonso Zanoni, einem spanischen Beamten des 18. Jahrhunderts Kolumbien benannt
Vulgärnamen: D:Maskenblume; E:Mask Flower; F:Alonsoa
Arten: 16
Lebensform: Staude, Halbstrauch
Blätter: gegenständig oder quirlständig
Blütenstand: Traube, endständig
Blüten: um 180o gedreht (resupinat). Kelchblätter 5. Kronröhre kurz, 2-lippig. Kronzipfel 5, in der Knospe mit absteigender Deckung, flach ausgebreitet. Blüten rot, orange. Staubblätter 4. Narbe kopfig. Samenanlagen viele je Fach
Frucht: Kapsel, wandspaltig
Kennzeichen: Scrophulariacee. Staude oder Halbstrauch. Blüten: um 180o gedreht (resupinat). Kronzipfel 5, in der Knospe mit absteigender Deckung, flach ausgebreitet. Staubblätter 4

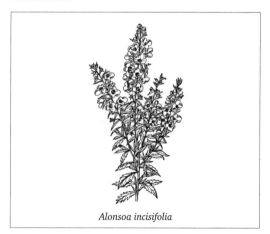

Alonsoa incisifolia

Anarrhinum Desf.

Ableitung: antiker Pflanzenname
Vulgärnamen: D:Lochschlund; F:Anarrhinum
Arten: 8
Lebensform: Zweijährige, Staude, Strauch

Blätter: in grundständiger Rosette und wechselständig
Blütenstand: Traube, Rispe
Blüten: Kelchblätter 5. Kronröhre lang, 2-lippig, offen, ± gespornt. Kronzipfel 5, in der Knospe mit absteigender Deckung. Blüten weiß, blau, violett. Staubblätter 4. Samenanlagen viele je Fach
Frucht: Kapsel, mit Poren
Kennzeichen: Scrophulariacee. Zweijährige, Staude, Strauch. Blätter in grundständiger Rosette und wechselständig. Blüten gespornt, mit offener Kronröhre und 4 Staubblättern. Kapsel mit Poren

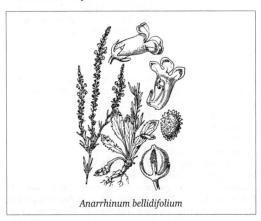
Anarrhinum bellidifolium

Angelonia Bonpl.

Ableitung: nach einem südamerikanischen Pflanzennamen
Arten: 25
Lebensform: Staude, Halbstrauch, Einjährige, Strauch
Blätter: gegenständig, obere wechselständig
Blütenstand: einzeln seitlich, Traube endständig

Angelonia gardneri

Blüten: Kelchblätter 5. Kronröhre kurz bis fehlend, 2-lippig und mit 2 Spornen, Kronzipfel 5, in der Knospe mit absteigender Deckung. Blüten blau, lila, weiß. Staubblätter 4. Samenanlagen viele je Fach
Frucht: Kapsel, wandspaltig und fachspaltig
Kennzeichen: Scrophulariacee. Staude, Halbstrauch, Einjährige, Strauch. Blüten mit 2 Spornen hintereinander. Staubblätter 4

Antirrhinum L.

Ableitung: antiker Pflanzenname
Vulgärnamen: D:Löwenmaul; E:Snapdragon; F:Gueule-de-loup, Muflier
Arten: 42
Lebensform: Staude, Halbstrauch, Einjährige, Zweijährige
Blätter: gegenständig
Blütenstand: Traube endständig, einzeln seitlich
Blüten: Kelchblätter 5. Kronröhre lang, 2-lippig, geschlossen, ausgesackt am Grund. Kronzipfel 5, in der Knospe mit absteigender Deckung. Blüten cremefarben, gelb, weiß, rosa, lila. Staubblätter 4. Samenanlagen viele je Fach
Frucht: Kapsel, mit 2–3 Poren
Kennzeichen: Scrophulariacee. Staude, Halbstrauch, Einjährige, Zweijährige. Blüten ausgesackt am Grund und mit geschlossener Kronröhre. Kelch kurz. Kapsel mit 2–3 Poren

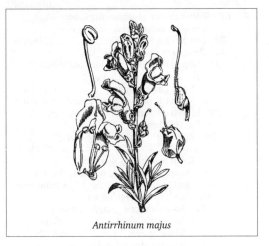
Antirrhinum majus

Asarina Mill.

Ableitung: Asarum-artig
Vulgärnamen: D:Felsenlöwenmaul; E:Creeping Snapdragon; F:Maurandie, Muflier grimpant
Arten: 1
Lebensform: Staude
Blätter: gegenständig
Blütenstand: einzeln
Blüten: Kelchblätter 5. Kronröhre lang, 2-lippig, geschlossen, ausgesackt am Grund. Kronzipfel 5, in der Knospe mit absteigender Deckung. Blüten gelb, weiß. Staubblätter 4. Narbe. Samenanlagen viele je Fach

Scrophulariaceae Braunwurzgewächse

Asarina procumbens

Frucht: Kapsel, mit Poren
Kennzeichen: Scrophulariacee. Staude mit gegenständigen Blättern. Blüten einzeln, Kronröhre geschlossen, ausgesackt am Grund. Staubblätter 4. Kapsel mit Poren

Bacopa Aubl.

Ableitung: Pflanzenname in Guayana
Vulgärnamen: D:Fettblatt, Wasserysop; E:Water Hyssop; F:Bacopa
Arten: 56
Lebensform: Staude, Einjährige. Wasser- oder Sumpfpflanze
Blätter: gegenständig
Blütenstand: zu 1–3 in Büscheln, seitlich

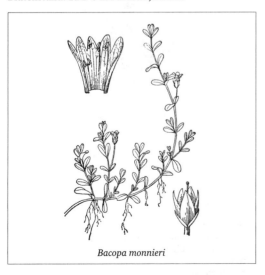

Bacopa monnieri

Blüten: Kelchblätter 5. Kronröhre lang, Kronzipfel 5, selten 4, in der Knospe mit absteigender Deckung, nahezu radiär. Blüten weiß, blau, violett. Staubblätter 4. Antheren 2-fächrig. Samenanlagen viele je Fach
Frucht: Kapsel, fachspaltig
Kennzeichen: Scrophulariacee. Staude, Einjährige. Wasser- oder Sumpfpflanze. Blätter gegenständig. Krone mit absteigender Deckung, nahezu radiär. Staubblätter 4. Antheren 2-fächrig

Bartsia L.

Ableitung: Gattung zu Ehren von Johann Bartsch (1709/10–1738), einem deutschen Arzt und Botaniker in Surinam benannt
Vulgärnamen: D:Alpenhelm, Bartisie; E:Bartsia; F:Bartsie
Arten: 50
Lebensform: Staude, Einjährige, Halbstrauch. Halbschmarotzer
Blätter: gegenständig
Blütenstand: Traube, allseitswendig
Blüten: Kelchblätter 4. Kronröhre lang, 2-lippig, Kronzipfel 5, in der Knospe mit aufsteigender Deckung. Blüten blau, purpurn, violett, gelb, weiß, rot. Staubblätter 4. Samenanlagen viele je Fach
Frucht: Kapsel, fachspaltig. Samen groß, geflügelt oder gerippt
Kennzeichen: Scrophulariacee. Staude, Einjährige, Halbstrauch. Halbschmarotzer. Blätter gegenständig. Blüten in allseitswendigen Trauben. Kelchblätter 4. Krone mit absteigender Deckung. Samen groß, geflügelt oder gerippt

Bartsia alpina

Besseya Rydb.

Ableitung: Gattung zu Ehren von Charles Edwin Bessey (1845-1915), einem nordamerikanischen Botaniker benannt
Vulgärnamen: E:Kitten-Tail
Arten: 9
Lebensform: Staude
Blätter: grundständig, wechselständig
Blütenstand: Traube
Blüten: Kelchblätter 4. Kronzipfel 5 oder 4. Krone selten fehlend. Kronröhre kurz, 2-lippig, Kronzipfel 5-4, in der Knospe mit aufsteigender Deckung. Blüten gelb, weiß, rosa. Staubblätter 2. Samenanlagen viele je Fach
Frucht: Kapsel, fachspaltig
Kennzeichen: Scrophulariacee. Krone 2-lippig. Krone selten fehlend. Staubblätter 2

Bowkeria Harv.

Ableitung: Gattung zu Ehren von James Henry Bowker (?-1900) und seiner Schwester, Mrs. Mary Elizabeth Barber (?-1899), beides Botaniker in Südafrika benannt
Arten: 5
Lebensform: Strauch, Baum, immergrün
Blätter: zu 3 quirlständig, selten gegenständig
Blütenstand: cymös, einzeln, seitlich, endständig
Blüten: Kelchblätter 5. Kronröhre kurz, 2-lippig, Kronzipfel 5, in der Knospe mit absteigender Deckung. Blüten gelb, weiß. Staubblätter 4. Narbe keulig. Samenanlagen viele je Fach
Frucht: Kapsel, fachspaltig
Kennzeichen: Scrophulariacee. Strauch, Baum, immergrün. Blätter zu 3 quirlständig, selten gegenständig. Kronröhre kurz, Unterlippe blasenartig. Staubblätter 4

Calceolaria L.

Ableitung: Pantoffel-Pflanze
Vulgärnamen: D:Pantoffelblume; E:Slipperwort; F:Calcéolaire
Arten: 388
Lebensform: Einjährige, Staude, Strauch, Halbstrauch
Blätter: gegenständig, selten quirlständig oder grundständig
Blütenstand: cymös, einzeln, seitlich, endständig
Blüten: Kelchblätter 4. Kronröhre kurz, 2-lippig, Kronzipfel 5, in der Knospe mit absteigender Deckung. Blüten gelb, purpurn gefleckt. Staubblätter 2, selten 3. Narbe 2-lappig. Samenanlagen viele je Fach
Frucht: Kapsel, wandspaltig
Kennzeichen: Scrophulariacee. Einjährige, Staude, Strauch, Halbstrauch. Kronlappen schuhförmig. Staubblätter 2, selten 3, Antherenfächer parallel

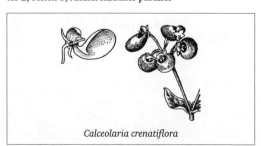

Calceolaria crenatiflora

Castilleja Mutis ex L. f.

Ableitung: Gattung zu Ehren von Domingo Castillejo, einem spanischen Botaniker des 18. Jahrhunderts benannt
Vulgärnamen: D:Indianerpinsel; E:Indian Paintbrush, Painted Cups
Arten: c. 200
Lebensform: Staude, Einjährige. Halbschmarotzer
Blätter: gegenständig und obere wechselständig
Blütenstand: Traube, Ähre, endständig. Deckblätter gefärbt
Blüten: Kelchblätter 4. Kronröhre lang, 2-lippig, Kronzipfel 5, in der Knospe mit aufsteigender Deckung. Blüten gelb, purpurn, rot, weiß. Staubblätter 4. Samenanlagen viele je Fach
Frucht: Kapsel, fachspaltig, mehrsamig
Kennzeichen: Scrophulariacee. Staude, Einjährige. Halbschmarotzer. Blätter gegenständig und obere wechselständig. Deckblätter gefärbt. Kapsel, mehrsamig

Chaenorhinum (DC.) Rchb.

Ableitung: klaffende Nase
Vulgärnamen: D:Klaffmund, Orant, Zwerglöwenmaul; E:Dwarf Snapdragon, Toadflax; F:Linaire
Arten: 21
Lebensform: Einjährige, Staude
Blätter: gegenständig (und wechselständig)
Blütenstand: Traube endständig, einzeln seitlich
Blüten: Kelchblätter 5. Kronröhre lang, 2-lippig, Schlund eingeengt, am Grund gespornt. Kronzipfel 5, in der Knospe mit absteigender Deckung. Blüten lila, weiß, rosa. Staubblätter 4. Samenanlagen viele je Fach
Frucht: Kapsel, mit Poren
Kennzeichen: Scrophulariacee. Einjährige, Staude. Blätter gegenständig (und wechselständig). Krone mit eingeengtem Schlund und gespornt. Staubblätter 4. Kapsel mit Poren

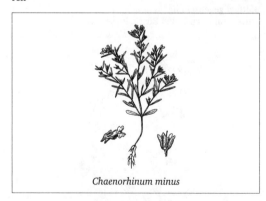

Chaenorhinum minus

Chelone L.

Ableitung: Schildkröte
Vulgärnamen: D:Schildblume, Schlangenkopf; E:Shellflower; F:Chélone
Arten: 6
Lebensform: Staude

Blätter: gegenständig
Blütenstand: nahezu ährig, endständig
Blüten: Kelchblätter 5. Kronröhre lang, 2-lippig, am Grund ausgesackt oder nicht. Kronzipfel 5, in der Knospe mit absteigender Deckung. Blüten weiß, rosa, lila, rot. Staubblätter 4 und ein Staminodium. Narbe. Samenanlagen viele je Fach
Frucht: Kapsel, wandspaltig. Samen geflügelt
Kennzeichen: Scrophulariacee. Staude. Blätter gegenständig. Kronröhre lang, am Grund ausgesackt oder nicht. Staubblätter 4 und ein Staminodium. Kapsel wandspaltig, mit geflügelten Samen

Chelone obliqua

Chionohebe B.G. Briggs et Ehrend.

Ableitung: Schnee-Hebe
Vulgärnamen: D:Schneeehrenpreis
Arten: 7
Lebensform: Strauch
Blätter: gegenständig
Blütenstand: Traube
Blüten: Kelchblätter 5, selten 6. Kronröhre kurz, 2-lippig, Kronzipfel 5, selten 6, in der Knospe mit aufsteigender Deckung. Blüten blau, purpurn, weiß. Staubblätter 2. Samenanlagen viele je Fach
Frucht: Kapsel, fachspaltig
Kennzeichen: Scrophulariacee. Strauch. Blätter gegenständig. Kronröhre kurz, mit 5 Zipfeln, selten 6. Staubblätter 2, herausragend

Collinsia Nutt.

Ableitung: Gattung zu Ehren von Zaccheus Collins (1764–1831), einem Vizepräsidenten der naturforschenden Gesellschaft in Philadelphia benannt
Vulgärnamen: D:Collinsie; F:Collinsia
Arten: c. 20
Lebensform: Einjährige
Blätter: gegenständig oder zu 3 bis 5 quirlständig
Blütenstand: Quirle, einzeln
Blüten: Kelchblätter 5. Kronröhre kurz, 2-lippig, am Grund ausgesackt. Kronzipfel 5, in der Knospe mit absteigender Deckung. Blüten weiß, rosa, blau, violett, lila, rot. Staubblätter 4. Samenanlagen viele bis 1 je Fach
Frucht: Kapsel, wandspaltig
Kennzeichen: Scrophulariacee. Einjährige. Blätter gegenständig oder zu 3 bis 5 quirlständig. Blüten in Quirlen oder einzeln. Kronröhre kurz, am Grund oben ausgesackt, Zipfel mit absteigender Deckung. Staubblätter 4 und 1 Staminodium. Kapsel wandspaltig

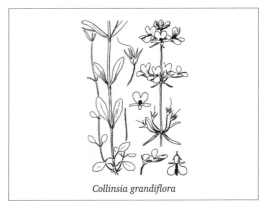

Collinsia grandiflora

Cymbalaria Hill

Ableitung: Becken-Pflanze
Vulgärnamen: D:Zimbelkraut; E:Toadflax; F:Cymbalaire
Arten: 10
Lebensform: Einjährige, Staude
Blätter: gegenständig oder wechselständig, gestielt, handnervig
Blütenstand: einzeln, seitlich
Blüten: Kelchblätter 5. Kronröhre lang, 2-lippig, geschlossen, am Grund gespornt. Kronzipfel 5, in der Knospe mit absteigender Deckung. Blüten lila, weiß, violett. Staubblätter 4. Samenanlagen viele je Fach
Frucht: Kapsel, mit Poren
Kennzeichen: Scrophulariacee. Einjährige oder Staude. Blätter gestielt, handnervig. Kronröhre lang, am Grund gespornt. Staubblätter 4. Kapsel mit Poren

Cymbalaria muralis

Dermatobotrys Bolus

Ableitung: Fell-Traube
Arten: 1
Lebensform: Strauch, laubwerfend
Blätter: gegenständig

Blütenstand: Büschel, seitlich
Blüten: Kelchblätter 5. Kronröhre lang, Kronzipfel 5, fast gleich, in der Knospe mit absteigender Deckung. Blüten rosa, rot. Staubblätter 5. Samenanlagen viele je Fach
Frucht: Beere
Kennzeichen: Scrophulariacee. Strauch, laubwerfend. Kronzipfel fast gleich. Staubblätter 5. Beere

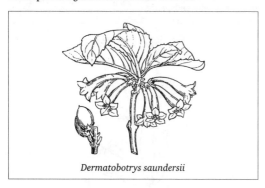

Dermatobotrys saundersii

Diascia Link et Otto

Ableitung: zwei Schläuche
Vulgärnamen: D:Doppelhörnchen; E:Twinspur; F:Diascia
Arten: 38
Lebensform: Einjährige, Staude
Blätter: gegenständig und obere zum Teil wechselständig, einfach oder zusammengesetzt
Blütenstand: Rispe, einzeln, Traube, seitlich
Blüten: Kelchblätter 5. Kronröhre kurz, 2-lippig, mit 2 Spornen. Kronzipfel 5, in der Knospe mit absteigender Deckung. Blüten violett bis rosa. Staubblätter 4. Samenanlagen viele je Fach
Frucht: Kapsel, wandspaltig
Kennzeichen: Scrophulariacee. Einjährige, Staude. Krone mit 2 Spornen nebeneinander. Staubblätter 4

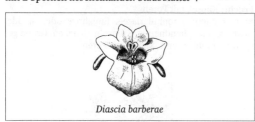

Diascia barberae

Digitalis L.

Ableitung: Fingerhut
Vulgärnamen: D:Fingerhut; E:Foxglove; F:Digitale
Arten: c. 20
Lebensform: Zweijährige, Staude, Strauch, Halbstrauch, Einjährige
Blätter: wechselständig
Blütenstand: Traube, einseitig, endständig
Blüten: Kelchblätter 5. Kronröhre lang, 2-lippig, Unterlippe länger als die Oberlippe, Kronzipfel 5, in der Knospe mit aufsteigender Deckung. Blüten gelb, purpurn, weiß, bräunlich, rot. Staubblätter 4, eingeschlossen. Narbe 2-lappig. Samenanlagen viele je Fach
Frucht: Kapsel, wandspaltig
Kennzeichen: Scrophulariacee. Zweijährige, Staude, Strauch, Halbstrauch, Einjährige. Blätter wechselständig. Kronröhre lang, 2-lippig, Unterlippe länger als die Oberlippe, Kronzipfel 5, in der Knospe mit aufsteigender Deckung. Staubblätter 4, eingeschlossen

Digitalis purpurea

Dischisma Choisy

Arten: 11
Lebensform: Einjährige, Staude, Strauch
Blätter: gegenständig und obere wechselständig
Blütenstand: Ähre, endständig
Blüten: Kelchblätter 2, frei. Kronröhre lang. Krone 1-lippig mit 4 Kronzipfeln, in der Knospe mit absteigender Deckung. Blüten weiß. Staubblätter 4. Narbe keulig. Samenanlagen 2 je Fach
Frucht: 2 Nüsschen
Kennzeichen: Scrophulariacee. Einjährige, Staude, Strauch. Kelchblätter 2, frei. Krone 1-lippig mit 4 Kronzipfeln, mit absteigender Deckung. Staubblätter 4. Nüsschen 2

Erinus L.

Ableitung: antiker Pflanzenname
Vulgärnamen: D:Alpenbalsam; E:Fairy Foxglove; F:Erine
Arten: 2
Lebensform: Staude
Blätter: wechselständig
Blütenstand: Traube, einseitig, endständig
Blüten: Kelchblätter 5. Kronröhre lang, schwach 2-lippig, Kronzipfel 5, in der Knospe mit aufsteigender Deckung.

Blüten violett, blau, rot, weiß. Staubblätter 4. Narbe kopfig. Samenanlagen viele je Fach
Frucht: Kapsel, wandspaltig und fachspaltig
Kennzeichen: Scrophulariacee. Staude. Blätter wechselständig. Blüten in einseitiger Traube. Krone schwach 2-lippig, mit aufsteigender Deckung. Staubblätter 4

Erinus alpinus

Euphrasia L.

Ableitung: erfreuliche Pflanze
Vulgärnamen: D:Augentrost; E:Eyebright; F:casselunette, Euphraise
Arten: c. 450
Lebensform: Einjährige, Staude, Halbstrauch. Halbschmarotzer
Blätter: gegenständig und obere wechselständig
Blütenstand: Traube, Ähre, einzeln
Blüten: Kelchblätter 4. Kronröhre lang, 2-lippig, Kronzipfel 5, Oberlippe gelappt, Unterlippe mit ausgerandeten Lappen, in der Knospe mit aufsteigender Deckung. Blüten weiß, gelb, violett. Staubblätter 4. Narbe kopfig. Samenanlagen viele je Fach
Frucht: Kapsel, fachspaltig
Kennzeichen: Scrophulariacee. Einjährige, Staude, Halbstrauch. Halbschmarotzer. Blätter gegenständig und obere wechselständig. Kelchblätter 4. Krone mit gelappter Oberlippe, Unterlippe mit ausgerandeten Lappen, mit aufsteigender Deckung. Staubblätter 4

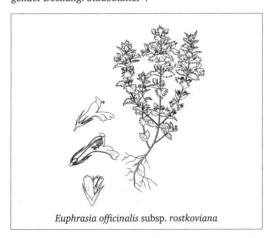
Euphrasia officinalis subsp. *rostkoviana*

Freylinia Colla

Ableitung: Gattung zu Ehren von L. de Freylin, einem französischen Botaniker des 19. Jahrhunderts benannt
Arten: 4
Lebensform: Strauch, Halbstrauch, immergrün
Blätter: gegenständig, quirlständig, selten wechselständig
Blütenstand: Rispe, Traube, endständig, seitlich
Blüten: Kelchblätter 5. Kronröhre lang, 2-lippig, Kronzipfel 5, in der Knospe mit absteigender Deckung. Blüten lila, purpurn, weiß, blau. Staubblätter 4, in der Kronröhre entspringend. Narbe ± kopfig. Samenanlagen viele je Fach
Frucht: Kapsel, wandspaltig
Kennzeichen: Scrophulariacee. Strauch, Halbstrauch, immergrün. Blüten in Rispen oder Trauben. Krone fast radiär, mit absteigender Deckung. Staubblätter 4, in der Kronröhre entspringend. Narbe ± kopfig.

Gratiola L.

Ableitung: Gnadenpflanze
Vulgärnamen: D:Gnadenkraut; E:Hedge Hyssop; F:Gratiole
Arten: 25
Lebensform: Staude, Einjährige
Blätter: gegenständig
Blütenstand: einzeln, seitlich
Blüten: Kelchblätter 5. Kronröhre lang, 2-lippig, Kronzipfel 5, in der Knospe mit absteigender Deckung. Blüten gelb, weiß. Staubblätter 2 fertile und 2 Staminodien. Narbe 2-lappig. Samenanlagen viele je Fach
Frucht: Kapsel, 4-klappig, wandspaltig und fachspaltig
Kennzeichen: Scrophulariacee. Staude oder Einjährige. Staubblätter 2 fertile und 2 Staminodien. Kapsel 4-klappig

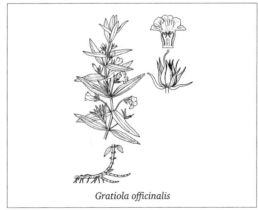
Gratiola officinalis

Hebe Comm. ex Juss.

Ableitung: nach einer griechischen Gottheit benannt
Vulgärnamen: D:Strauchehrenpreis, Strauchveronika; E:Hedge Veronica; F:Hebe, Véronique arbustive
Arten: c. 75
Lebensform: Staude, selten Baum, immergrün
Blätter: gegenständig
Blütenstand: Traube, Ähre, Köpfchen

Blüten: Kelchblätter 3–5. Kronröhre kurz, ± radiär, Kronzipfel 4, in der Knospe mit aufsteigender Deckung. Blüten weiß, rosa, blau, purpurn, lila. Staubblätter 2, herausragend aus der Krone. Samenanlagen viele je Fach
Frucht: Kapsel, parallel zur Scheidewand zusammengedrückt, fachspaltig
Kennzeichen: Scrophulariacee. Staude, selten Baum, immergrün. Blätter gegenständig. Kronzipfel 4. Staubblätter 2, herausragend aus der Krone. Kapsel, parallel zur Scheidewand zusammengedrückt

Hebe speciosa

Hebenstretia L.

Ableitung: Gattung zu Ehren von Johann Ernst Hebenstreit (1702–1757), einem Professor der Medizin in Leipzig und Botaniker benannt

Hebenstretia dentata

Arten: 25
Lebensform: Strauch, Einjährige, Staude, Halbstrauch,
Blätter: wechselständig, untere gegenständig
Blütenstand: Ähre, endständig
Blüten: Kelchblätter verwachsen, an einer Seite geschlitzt. Kronröhre lang, 1-lippig, Kronzipfel 4, in der Knospe mit absteigender Deckung. Blüten weiß, gelb. Staubblätter 4. Narbe kopfig. Samenanlagen 2 je Fach
Frucht: 2 Nüsschen
Kennzeichen: Scrophulariacee. Strauch, Einjährige, Staude, Halbstrauch. Kelchblätter verwachsen, an einer Seite geschlitzt. Krone mit absteigender Deckung. Staubblätter 4. Nüsschen 2

Isoplexis (Lindl.) Loudon

Ableitung: gleich gespalten
Arten: 3
Lebensform: Staude, Halbstrauch
Blätter: wechselständig
Blütenstand: Traube, endständig
Blüten: Kelchblätter 5. Kronröhre lang, 2-lippig, Kronzipfel 5, in der Knospe mit aufsteigender Deckung. Blüten orangegelb. Staubblätter 4, herausragend. Narbe kopfig. Samenanlagen viele je Fach
Frucht: Kapsel, wandspaltig
Kennzeichen: Scrophulariacee. Staude, Halbstrauch. Blätter wechselständig. Krone 2-lippig, mit aufsteigender Deckung. Staubblätter 4, herausragend. Kapsel wandspaltig

Jovellana Ruiz et Pav.

Ableitung: Gattung zu Ehren von Gaspar Melchior de Jovellanos y Ramírez (1744–1811), einem spanischen Dichter benannt
Arten: 6
Lebensform: Staude, Strauch, Halbstrauch
Blätter: gegenständig

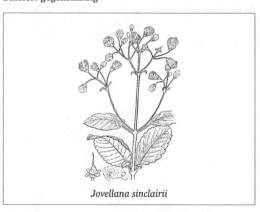
Jovellana sinclairii

Blütenstand: cymös, einzeln
Blüten: Kelchblätter 4. Kronröhre kurz, 2-lippig. Kronzipfel 5, Kronlappen ausgehöhlt, in der Knospe mit absteigender Deckung. Blüten gelb. Staubblätter 2. Antherenfächer spreizend. Narbe kopfig oder 2-lappig. Samenanlagen viele je Fach
Frucht: Kapsel, wandspaltig und fachspaltig

Kennzeichen: Scrophulariacee. Staude, Strauch, Halbstrauch. Kronlappen ausgehöhlt. Staubblätter 2. Antherenfächer spreizend

Kickxia Dumort.

Ableitung: Gattung zu Ehren von Jean Kickx sen. (1775–1831), einem belgischen Apotheker und Botaniker benannt
Vulgärnamen: D:Tännelkraut; E:Fluellen; F:Kickxia
Arten: 47
Lebensform: Einjährige, Staude, Halbstrauch
Blätter: meist wechselständig, seltener gegenständig
Blütenstand: einzeln, Traube, seitlich
Blüten: Kelchblätter 5. Kronröhre lang, 2-lippig, geschlossen, am Grund gespornt. Kronzipfel 5, in der Knospe mit absteigender Deckung. Blüten weiß, gelb. Staubblätter 4. Antheren eine ringförmige Struktur bildend. Narbe kopfig. Samenanlagen viele je Fach
Frucht: Kapsel mit Poren
Kennzeichen: Scrophulariacee. Einjährige, Staude, Halbstrauch. Blätter meist wechselständig. Kronröhre geschlossen, am Grund gespornt. Staubblätter 4. Antheren eine ringförmige Struktur bildend. Kapsel mit Poren

Kickxia elatine

Lagotis Gaertn.

Ableitung: Hasenohr
Vulgärnamen: D:Rachenblüte

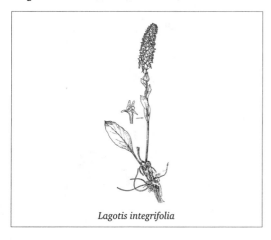
Lagotis integrifolia

Arten: 20
Lebensform: Staude
Blätter: grundständig
Blütenstand: Traube, endständig
Blüten: Kelch 2- bis 3-zipflig. Kronröhre lang, 2-lippig, Kronzipfel 5, in der Knospe mit aufsteigender Deckung. Blüten violett, weiß, blau. Staubblätter 2, herausragend. Narbe kopfig. Samenanlagen 2 je Fach
Frucht: Schließfrucht
Kennzeichen: Scrophulariacee. Staude. Krone mit absteigender Deckung. Staubblätter 2, herausragend. Schließfrucht 1-samig

Lathraea L.

Ableitung: verborgene Pflanze
Vulgärnamen: D:Schuppenwurz; E:Toothwort; F:Clandestine
Arten: 7
Lebensform: Staude. Vollschmarotzer
Blätter: gegenständig
Blütenstand: Traube, Ähre
Blüten: Kelchblätter 4. Kronröhre lang, 2-lippig, Kronzipfel 5, in der Knospe mit aufsteigender Deckung. Blüten weiß, gelblich, lila, blau. Staubblätter 4. Samenanlagen viele je Fach

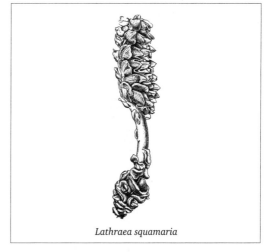
Lathraea squamaria

Frucht: Kapsel, wandspaltig
Kennzeichen: Scrophulariacee. Staude. Vollschmarotzer. Kelchblätter 4. Kronzipfel 5, in der Knospe mit aufsteigender Deckung. Kapsel

Leucophyllum Humb. et Bonpl.

Ableitung: weißes Blatt
Arten: 12
Lebensform: Strauch
Blätter: wechselständig
Blütenstand: einzeln, seitlich
Blüten: Kelchblätter 5. Kronröhre lang, 2-lippig, Kronzipfel 5, in der Knospe mit absteigender Deckung. Blüten vio-

lett, blau. Staubblätter 4. Narbe kopfig oder 2-lappig. Samenanlagen viele je Fach
Frucht: Kapsel, wandspaltig und fachspaltig
Kennzeichen: Scrophulariacee. Strauch mit wechselständigen Blättern. Krone mit absteigender Deckung. Staubblätter 4

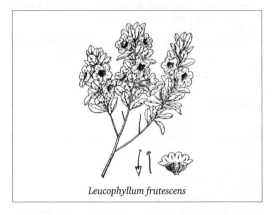
Leucophyllum frutescens

Limnophila R. Br.

Ableitung: Sumpf-Freund
Vulgärnamen: D:Sumpffreund; F:Limnophile
Arten: 37
Lebensform: Einjährige, Staude. Wasserpflanze
Blätter: quirlständig, gegenständig, einfach oder zusammengesetzt

Limnophila sessiliflora

Blütenstand: einzeln, Traube, Ähre
Blüten: Kelchblätter 5. Kronröhre lang, 2-lippig, Kronzipfel 5, in der Knospe mit absteigender Deckung. Staubblätter 4 oder 2 und 2 Staminodien. Narbe 2-lappig. Samenanlagen viele je Fach
Frucht: Kapsel, 4-klappig
Kennzeichen: Scrophulariacee. Einjährige, Staude. Wasserpflanze. Blätter quirlständig oder gegenständig. Blüten einzeln oder in Trauben oder Ähren. Krone 2-lippig, mit absteigender Deckung. Staubblätter 4 oder 2 und 2 Staminodien

Limosella L.

Ableitung: kleine Schlamm-Pflanze
Vulgärnamen: D:Schlammling; E:Mudwort; F:Limoselle
Arten: 25

Lebensform: Staude, Einjährige. Wasserpflanze
Blätter: grundständig, gegenständig
Blütenstand: einzeln
Blüten: Kelchblätter 5, selten 4. Kronröhre lang, fast radiär, Kronzipfel 5, in der Knospe mit absteigender Deckung. Blüten weiß, rosa, blau. Staubblätter 4. Narbe 2-lappig. Samenanlagen viele je Fach
Frucht: Kapsel, fachspaltig
Kennzeichen: Scrophulariacee. Staude oder Einjährige. Wasserpflanze. Blätter grundständig. Kronzipfel 5, mit absteigender Deckung. Staubblätter 4

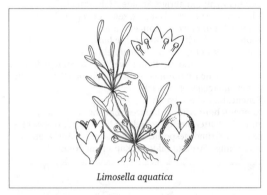
Limosella aquatica

Linaria Mill.

Ableitung: Lein-Pflanze
Vulgärnamen: D:Leinkraut; E:Toadflax; F:Linaire
Arten: c. 100
Lebensform: Einjährige, Staude, Zweijährige, Halbstrauch
Blätter: quirlständig, gegenständig und obere wechselständig
Blütenstand: Traube, Ähre, endständig, einzeln seitlich

Linaria vulgaris

Blüten: Kelchblätter 5. Kronröhre lang, 2-lippig, geschlossen, am Grund gespornt. Kronzipfel 5, in der Knospe mit absteigender Deckung. Blüten gelb, violett, weiß, lila, blau, purpurn. Staubblätter 4. Samenanlagen viele je Fach
Frucht: Kapsel, mit Poren
Kennzeichen: Scrophulariacee. Einjährige, Staude, Zweijährige, Halbstrauch. Blätter nicht handnervig. Kronröhre geschlossen, am Grund gespornt. Staubblätter 4. Kapsel mit Poren

Lindenbergia Lehm.

Ableitung: Gattung zu Ehren von Johann Bernhard Wilhelm Lindenberg (1781–1851), einem deutschen Juristen und Botaniker benannt
Arten: 15
Lebensform: Einjährige, Staude, Halbstrauch
Blätter: gegenständig und obere wechselständig
Blütenstand: Ähre, Traube endständig, einzeln seitlich
Blüten: Kelchblätter 5. Kronröhre lang, 2-lippig, Kronzipfel 5, in der Knospe mit absteigender Deckung. Blüten gelb, purpurn, rot. Staubblätter 4, in der Kronröhre entspringend. Samenanlagen viele je Fach
Frucht: Kapsel, wandspaltig und fachspaltig
Kennzeichen: Scrophulariacee. Einjährige, Staude, Halbstrauch. Blätter gegenständig und obere wechselständig. Blütenstand in Ähren oder Trauben. Kronröhre lang, Zipfel mit absteigender Deckung. Staubblätter 4, in der Kronröhre entspringend. Kapsel wand- und fachspaltig

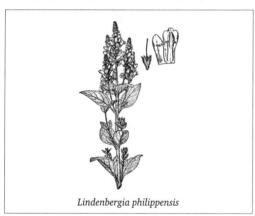

Lindenbergia philippensis

Lindernia All.

Ableitung: Gattung zu Ehren von Franz Balthasar von Lindern (1682–1755), einem deutschen Arzt und Botaniker benannt
Vulgärnamen: D:Büchsenkraut; F:Mazus
Arten: c. 100
Lebensform: Einjährige, Staude, Halbstrauch, Strauch
Blätter: gegenständig oder grundständig
Blütenstand: einzeln, Traube, endständig, seitlich
Blüten: Kelchblätter 5. Kronröhre lang, 2-lippig, weiß, violett, cremefarben, blau, lila, purpurn. Kronzipfel 5, in der Knospe mit absteigender Deckung. Blüten weiß, violett, cremefarben, blau, lila, purpurn. Staubblätter 4 oder 2 und 2 Staminodien, im Schlunde der Krone entspringend. Samenanlagen viele je Fach
Frucht: Kapsel, wandspaltig
Kennzeichen: Scrophulariacee. Einjährige, Staude, Halbstrauch, Strauch. Krone 2-lippig. Staubblätter 4 oder 2 und 2 Staminodien, im Schlunde der Krone entspringend. Kapsel wandspaltig

Lindernia dubia

Lophospermum D. Don

Ableitung: Schopf-Same
Arten: 8
Lebensform: Staude, kletternd mit windenden Blatt- und Blütenstielen

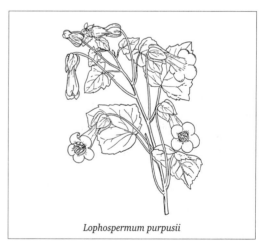

Lophospermum purpusii

Blätter: wechselständig
Blütenstand: einzeln
Blüten: Kelchblätter 5. Kronröhre lang, 2-lippig, nicht ausgesackt am Grund. Kronzipfel 5, in der Knospe mit absteigender Deckung. Blüten purpurn. Staubblätter 4. Samenanlagen viele je Fach
Frucht: Kapsel, mit Poren
Kennzeichen: Scrophulariacee. Staude, kletternd mit windenden Blatt- und Blütenstielen. Blätter wechselständig. Kronröhre nicht ausgesackt am Grund. Kronzipfel mit ab-

steigender Deckung. Blüten purpurn. Staubblätter 4. Kapsel mit Poren

Maurandella (A. Gray) Rothm.

Ableitung: Gattung zu Ehren von Catalina Pancratia Maurandy, einer spanischen Botanikerin des 18. Jahrhunderts benannt
Arten: 1
Lebensform: Staude, kletternd nur mit windenden Blattstielen
Blätter: wechselständig
Blütenstand: einzeln
Blüten: Kelchblätter 5. Kronröhre lang, 2-lippig, ausgesackt am Grund. Kronzipfel 5, in der Knospe mit absteigender Deckung. Blüten blau, violett. Staubblätter 4. Samenanlagen viele je Fach
Frucht: Kapsel, mit Poren
Kennzeichen: Scrophulariacee. Staude, kletternd nur mit windenden Blattstielen. Kronröhre ausgesackt am Grund. Staubblätter 4. Kapsel mit Poren

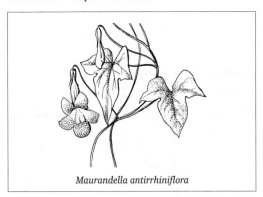

Maurandella antirrhiniflora

Maurandya Ortega

Ableitung: Gattung zu Ehren von Catalina Pancratia Maurandy, einer spanischen Botanikerin des 18. Jahrhunderts benannt
Vulgärnamen: D:Windendes Löwenmaul; E:Twining Snapdragon
Arten: 2
Lebensform: Staude, kletternd mit windenden Blatt- und Blütenstielen
Blätter: wechselständig
Blütenstand: einzeln, Blütenstiele windend
Blüten: Kelchblätter 5. Kronröhre lang, 2-lippig, am Grund ausgesackt. Kronzipfel 5, in der Knospe mit absteigender Deckung. Blüten blau, violett. Staubblätter 4. Samenanlagen viele je Fach
Frucht: Kapsel, mit Poren
Kennzeichen: Scrophulariacee. Staude, kletternd mit windenden Blatt- und Blütenstielen. Staubblätter 4. Kapsel mit Poren

Mazus Lour.

Ableitung: Brustwarze
Vulgärnamen: D:Lippenmäulchen; F:Mazus
Arten: 30
Lebensform: Einjährige, Zweijährige, Staude
Blätter: gegenständig und obere wechselständig, grundständig
Blütenstand: Traube, einzeln, endständig
Blüten: Kelchblätter 5, glockig. Kronröhre kurz, 2-lippig, mit 2 Höckern auf der Unterlippe. Kronzipfel 5, in der Knospe mit absteigender Deckung. Blüten violett, weiß, blau. Staubblätter 4. Narbe 2-lappig. Samenanlagen viele je Fach
Frucht: Kapsel, wandspaltig, mit Poren
Kennzeichen: Scrophulariacee. Einjährige, Zweijährige, Staude. Blätter: gegenständig und obere wechselständig. Kelch glockig. Kronröhre mit 2 Höckern auf der Unterlippe. Staubblätter 4

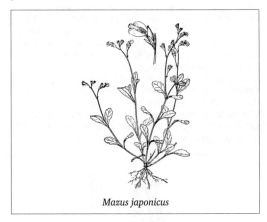

Mazus japonicus

Melampyrum L.

Ableitung: antiker Pflanzenname
Vulgärnamen: D:Wachtelweizen; E:Cow Wheat; F:Mélampyre
Arten: 35

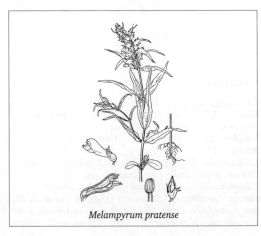

Melampyrum pratense

Lebensform: Einjährige, Staude. Halbschmarotzer
Blätter: gegenständig und obere zum Teil wechselständig
Blütenstand: einzeln, Ähre, Deckblätter gefärbt
Blüten: Kelchblätter 4. Kronröhre lang, 2-lippig, Kronzipfel 5, in der Knospe mit aufsteigender Deckung. Blüten gelb, violett, weiß, purpurn. Staubblätter 4. Samenanlagen 1–4 je Fach
Frucht: Kapsel, fachspaltig, 1- bis 4-samig
Kennzeichen: Scrophulariacee. Einjährige, Staude. Halbschmarotzer. Deckblätter gefärbt. Kronzipfel mit aufsteigender Deckung. Kapsel 1- bis 4-samig

Micranthemum Michx.

Ableitung: kleine Blume
Arten: 4
Lebensform: Einjährige
Blätter: gegenständig
Blütenstand: einzeln, seitlich
Blüten: Kelchblätter 4–5. Kronröhre kurz, 2-lippig, Kronzipfel 5, in der Knospe mit absteigender Deckung. Blüten weiß, lila, rot. Staubblätter 2. Narbe 2-lappig. Samenanlagen viele bis wenige je Fach
Frucht: Kapsel, 1-fächrig, wandspaltig
Kennzeichen: Scrophulariacee. Einjährige. Blätter gegenständig. Kronzipfel 5, mit absteigender Deckung. Staubblätter 2. Kapsel 1-fächrig

Micranthemum umbrosum

Mimulus L.

Ableitung: Gaukler-Pflanze
Vulgärnamen: D:Affenblume, Gauklerblume; E:Monkeyflower, Musk; F:Mimulus
Arten: 150
Lebensform: Staude, Einjährige, Halbstrauch, Strauch
Blätter: gegenständig, grundständig
Blütenstand: Traube, einzeln
Blüten: Kelch röhrig, 5-kantig. Kronröhre lang, 2-lippig, mit 2 Höckern auf der Unterlippe. Kronzipfel 5, in der Knospe mit absteigender Deckung. Blüten blau, gelb, rot, purpurn, violett, weiß, orange. Staubblätter 4. Narbe 2-lappig. Samenanlagen viele je Fach
Frucht: Kapsel, fachspaltig

Kennzeichen: Scrophulariacee. Staude, Einjährige, Halbstrauch, Strauch. Blätter gegenständig. Kelch röhrig, 5-kantig. Krone mit 2 Höckern auf der Unterlippe, mit absteigender Deckung. Staubblätter 4

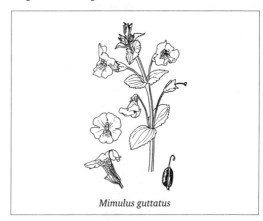
Mimulus guttatus

Misopates Raf.

Ableitung: Herleitung unbekannt
Vulgärnamen: D:Ackerlöwenmaul, Katzenmaul; E:Weasel's Snout; F:Muflier des champs
Arten: 7
Lebensform: Einjährige
Blätter: gegenständig und obere wechselständig
Blütenstand: Traube
Blüten: Kelchblätter 5, etwa so lang wie die Krone. Kronröhre lang, 2-lippig, geschlossen, am Grund ausgesackt. Kronzipfel 5, in der Knospe mit absteigender Deckung. Blüten rot, weiß, cremefarben. Staubblätter 4. Narbe kopfig. Samenanlagen viele je Fach

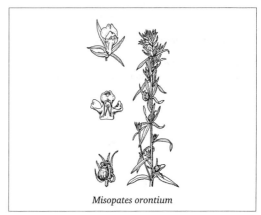
Misopates orontium

Frucht: Kapsel, mit Poren
Kennzeichen: Scrophulariacee. Einjährige. Blätter gegenständig und obere wechselständig. Blüten in Trauben. Kelch etwa so lang wie die Krone. Kronröhre geschlossen, am Grund ausgesackt. Staubblätter 4. Kapsel mit Poren

Nemesia Vent.

Ableitung: antiker Pflanzenname
Vulgärnamen: D:Nemesie; F:Némésia
Arten: 65
Lebensform: Einjährige, Staude, Halbstrauch
Blätter: gegenständig
Blütenstand: Traube endständig, einzeln seitlich
Blüten: Kelchblätter 5. Kronröhre kurz, 2-lippig, gespornt. Kronzipfel 5, in der Knospe mit absteigender Deckung. Blüten weiß, rosa, lila, gelb, violett. Staubblätter 4. Samenanlagen viele je Fach
Frucht: Kapsel, wandspaltig und fachspaltig
Kennzeichen: Scrophulariacee. Einjährige, Staude, Halbstrauch. Kronröhre kurz, gespornt. Staubblätter 4. Kapsel wandspaltig und fachspaltig

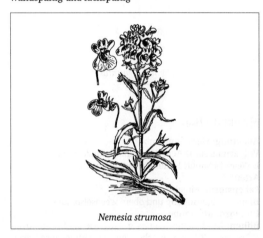

Nemesia strumosa

Odontites Ludw.

Ableitung: antiker Pflanzenname
Vulgärnamen: D:Zahntrost; E:Bartsia; F:Odontitès
Arten: c. 30
Lebensform: Einjährige, Staude, Strauch. Halbschmarotzer
Blätter: gegenständig
Blütenstand: Traube, endständig, einseitswendig

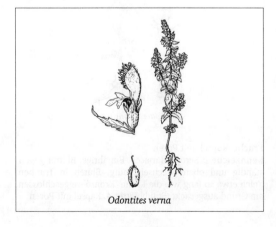

Odontites verna

Blüten: Kelchblätter 4. Kronröhre lang, 2-lippig, Kronzipfel 5, in der Knospe mit aufsteigender Deckung, Zipfel der Unterlippe nicht ausgerandet. Blüten gelb, rosa, purpurn, violett. Staubblätter 4. Narbe kopfig. Samenanlagen 2–20 je Fach
Frucht: Kapsel, fachspaltig
Kennzeichen: Scrophulariacee. Einjährige, Staude, Strauch. Halbschmarotzer. Blätter gegenständig. Blüten in einseitswendiger Traube. Zipfel der Kronunterlippe nicht ausgerandet. Kelchblätter 4. Krone mit aufsteigender Deckung. Staubblätter 4

Oftia Adans.

Ableitung: Herleitung unbekannt
Arten: 3
Lebensform: Strauch, Staude, Halbstrauch
Blätter: gegenständig, obere zum Teil wechselständig
Blütenstand: Ähre, Traube
Blüten: Kelchblätter 5. Kronröhre lang, 2-lippig, Kronzipfel 5, in der Knospe mit absteigender Deckung. Blüten weiß. Staubblätter 4. Narbe kopfig. Samenanlagen 4–6
Frucht: Steinfrucht, schwarz
Kennzeichen: Scrophulariacee. Strauch, Staude, Halbstrauch. Kronzipfel mit absteigender Deckung. Staubblätter 4. Schwarze Steinfrucht

Otacanthus Lindl.

Ableitung: Ohren-Acanthus
Arten: 4
Lebensform: Staude, Strauch
Blätter: grundständig, gegenständig
Blütenstand: Traube
Blüten: Kelchblätter 5. Kronröhre lang, 2-lippig, geschlossen. Kronzipfel 5, in der Knospe mit absteigender Deckung. Blüten blau, violett. Staubblätter 2. Samenanlagen viele je Fach
Frucht: Kapsel, fachspaltig
Kennzeichen: Scrophulariacee. Staude, Strauch. Krone mit absteigender Deckung. Staubblätter 2, eingeschlossen

Ourisia Comm. ex Juss.

Ableitung: Gattung zu Ehren von Ouris, einem Gouverneur der Falkland-Inseln im 18. Jahrhundert benannt
Arten: 27
Lebensform: Staude, Halbstrauch
Blätter: grundständig, gegenständig
Blütenstand: einzeln, Traube, Büschel, seitlich, endständig
Blüten: Kelchblätter 5. Kronröhre lang, ± 2-lippig, Kronzipfel 5, in der Knospe mit aufsteigender Deckung. Blüten gelb, weiß, rot, orange, rosa. Staubblätter 4. Narbe kopfig. Samenanlagen viele je Fach
Frucht: Kapsel, fachspaltig
Kennzeichen: Scrophulariacee. Staude. Halbstrauch. Blätter gegenständig, untere gedrängt. Kronzipfel mit aufsteigender Deckung. Staubblätter 4

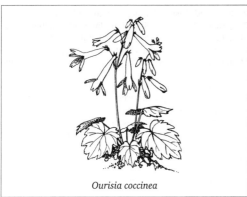

Ourisia coccinea

Paederota L.

Ableitung: antiker Pflanzenname
Vulgärnamen: D:Männerle; F:Véronique
Arten: 2
Lebensform: Staude
Blätter: gegenständig, selten wechselständig
Blütenstand: Traube, endständig
Blüten: Kelchblätter 5. Kronröhre lang, 2-lippig, Kronzipfel 4, in der Knospe mit aufsteigender Deckung. Blüten gelb, blau, rosa. Staubblätter 2. Narbe kopfig. Samenanlagen viele je Fach
Frucht: Kapsel, fachspaltig
Kennzeichen: Scrophulariacee. Staude. Blätter gegenständig, selten wechselständig. Krone 2-lippig, mit 4 Kronzipfeln. Staubblätter 2

Paederota bonarota

Parahebe W.R.B. Oliv.

Ableitung: neben Hebe
Arten: 30
Lebensform: Strauch, Staude, Halbstrauch
Blätter: gegenständig
Blütenstand: Traube, selten einzeln, seitlich
Blüten: Kelchblätter 4. Kronröhre kurz, ± 2-lippig, Kronzipfel 4, in der Knospe mit aufsteigender Deckung. Blüten lila, rosa, weiß, blau. Staubblätter 2. Narbe kopfig. Samenanlagen viele je Fach

Frucht: Kapsel quer zur Scheidewand zusammengedrückt, wandspaltig und fachspaltig
Kennzeichen: Scrophulariacee. Strauch, Staude, Halbstrauch. Blätter gegenständig. Staubblätter 2. Kapsel quer zur Scheidewand zusammengedrückt
Arten: 30
Lebensform: Einjährige. Halbschmarotzer
Blätter: gegenständig und obere wechselständig
Blütenstand: Ähre allseitswendig
Blüten: Kelchblätter 4, selten 5. Kronröhre lang, 2-lippig, Kronzipfel 5, in der Knospe mit aufsteigender Deckung. Blüten gelb, weiß, rötlich. Staubblätter 4. Samenanlagen viele je Fach
Frucht: Kapsel, fachspaltig. Samen klein, glatt
Kennzeichen: Scrophulariacee. Einjährige. Halbschmarotzer. Ähre allseitswendig. Blätter gegenständig und obere wechselständig. Blätter gegenständig und obere wechselständig. Kelchblätter 4, selten 5. Krone mit aufsteigender Deckung. Staubblätter 4. Samen klein, glatt

Parahebe perfoliata

Parentucellia Viv.

Ableitung: Gattung zu Ehren von Tommaso Parentucelli (1397–1455), dem späteren Papst Nikolaus V. benannt
Vulgärnamen: D:Bartsie, Parentucellie; F:Parentucelle

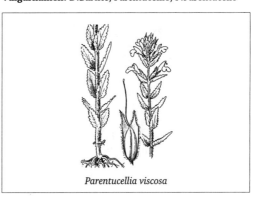

Parentucellia viscosa

Pedicularis L.

Ableitung: antiker Pflanzenname
Vulgärnamen: D:Läusekraut; E:Lousewort, Wood Betony; F:Pédiculaire
Arten: 350+
Lebensform: Einjährige, Zweijährige, Staude. Halbschmarotzer
Blätter: grundständig, wechselständig, gegen- oder quirlständig
Blütenstand: Traube, Ähre, endständig
Blüten: Kelchblätter 5-2. Kronröhre lang, 2-lippig, Kronzipfel 5, in der Knospe mit aufsteigender Deckung. Blüten purpurn, rot, rosa, weiß, gelb, grünlich, rosa. Staubblätter 4. Samenanlagen viele je Fach
Frucht: Kapsel, fachspaltig
Kennzeichen: Scrophulariacee. Einjährige, Zweijährige, Staude. Halbschmarotzer. Kelchblätter 5-2. Krone mit aufsteigender Deckung. Staubblätter 4. Schwer zu charakterisierende Gattung

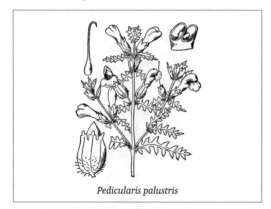
Pedicularis palustris

Penstemon Schmidel

Ableitung: fünf Staubblätter
Vulgärnamen: D:Bartfaden; E:Penstemon; F:Galane, Penstemon
Arten: 250
Lebensform: Staude, Halbstrauch
Blätter: gegenständig, quirlständig und obere wechselständig

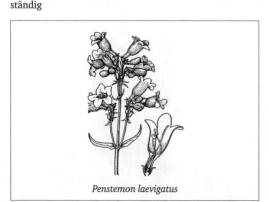
Penstemon laevigatus

Blütenstand: Rispe, Traube, einzeln, endständig
Blüten: Kelchblätter 5. Kronröhre lang, 2-lippig bis fast radiär. Kronzipfel 5, in der Knospe mit absteigender Deckung. Blüten weiß, lila, violett, gelb, rot, purpurn, blau. Staubblätter 4 und ein Staminodium. Samenanlagen viele je Fach
Frucht: Kapsel, wandspaltig und fachspaltig
Kennzeichen: Scrophulariacee. Staude, Halbstrauch. Blätter gegenständig, quirlständig und obere wechselständig. Blüten gestielt. Krone mit absteigender Deckung. Staubblätter 4 und ein langes Staminodium. Samen ungeflügelt

Phygelius E. Mey. ex Benth.

Ableitung: Sonnen-Flüchter
Vulgärnamen: D:Kapfuchsie; E:Cape Figwort; F:Fuchsia du Cap
Arten: 2
Lebensform: Strauch, Halbstrauch, immergrün oder halbimmergrün
Blätter: gegenständig und obere wechselständig
Blütenstand: Rispe, endständig mit hängenden Blüten
Blüten: Kelchblätter 5. Kronröhre lang, 2-lippig, Kronzipfel 5, in der Knospe mit absteigender Deckung. Blüten rot, rosa. Staubblätter 4, selten 5. Narbe 2-lappig. Samenanlagen viele je Fach

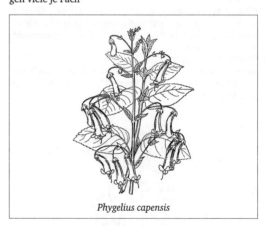
Phygelius capensis

Frucht: Kapsel, wandspaltig
Kennzeichen: Scrophulariacee. Strauch, Halbstrauch, immergrün oder halbimmergrün. Blätter gegenständig und obere wechselständig. Rispe endständig mit hängenden Blüten. Kronröhre lang, Kronzipfel mit absteigender Deckung. Staubblätter 4, selten 5. Narbe 2-lappig

Picrorhiza Royle ex Benth.

Ableitung: Bitter-Wurzel
Arten: 1
Lebensform: Staude
Blätter: grundständig, wechselständig
Blütenstand: Traube
Blüten: Kelchblätter 5. Krone kürzer als Kelch, fast radiär. Kronröhre lang, Kronzipfel 5, in der Knospe mit aufsteigender Deckung. Blüten weiß, blau, violett. Staubblätter 4, herausragend. Narbe kopfig. Samenanlagen viele je Fach

Frucht: Kapsel, wandspaltig und fachspaltig
Kennzeichen: Scrophulariacee. Staude. Krone kürzer als Kelch, fast radiär. Kronröhre lang, Kronzipfel mit aufsteigender Deckung. Staubblätter 4, herausragend.

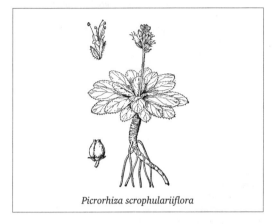

Picrorhiza scrophulariiflora

Pseudolysimachion (W.D.J. Koch) Opiz

Ableitung: Schein-Lysimachion
Vulgärnamen: D:Blauweiderich; F:Fausse-lysimaque
Arten: 19

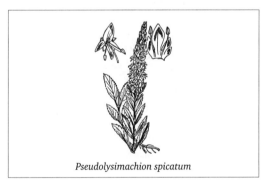

Pseudolysimachion spicatum

Lebensform: Staude
Blätter: gegenständig, quirlständig
Blütenstand: Traube, Ähre
Blüten: Kelchblätter 4. Kronröhre kurz, ± radiär, Kronzipfel 4, in der Knospe mit aufsteigender Deckung. Blüten weiß. Staubblätter 2. Samenanlagen viele je Fach
Frucht: Kapsel, fachspaltig
Kennzeichen: Scrophulariacee. Staude. Blätter gegenständig, quirlständig. Blüten in endständigen Trauben oder Ähren. Kronzipfel 4. Staubblätter 2

Rehmannia Libosch. ex Fisch. et C.A. Mey.

Ableitung: Gattung zu Ehren von Joseph Xaver Rehmann (1753–1831), einem deutsch-russischen Arzt benannt
Vulgärnamen: D:Chinafingerhut, Rehmannie; E:Chinese Foxglove; F:Digitale de Chine, Rehmannia
Arten: 9

Lebensform: Staude
Blätter: grundständig und wechselständig
Blütenstand: Traube, endständig
Blüten: Kelchblätter 5. Kronröhre lang, 2-lippig, Kronzipfel 5, in der Knospe mit aufsteigender Deckung. Blüten weiß. Staubblätter 4. Samenanlagen viele je Fach
Frucht: Kapsel, fachspaltig
Kennzeichen: Scrophulariacee. Staude. Blätter grundständig und wechselständig. Krone 2-lippig, mit aufsteigender Deckung. Staubblätter 4. Kapsel fachspaltig

Rehmannia glutinosa

Rhinanthus L.

Ableitung: Nasen-Blüte
Vulgärnamen: D:Klappertopf; E:Yellow Rattle; F:Cocriste, Rhinanthe
Arten: 45
Lebensform: Einjährige. Halbschmarotzer
Blätter: gegenständig
Blütenstand: Traube, Ähre, endständig
Blüten: Kelch aufgeblasen. Kelchblätter 4. Kronröhre lang, 2-lippig, Kronzipfel 5, in der Knospe mit aufsteigender Deckung. Blüten gelb. Staubblätter 4. Samenanlagen viele je Fach
Frucht: Kapsel, fachspaltig. Samen geflügelt
Kennzeichen: Scrophulariacee. Einjährige. Halbschmarotzer. Blätter gegenständig. Kelch aufgeblasen. Kelchblätter 4. Staubblätter 4. Samen geflügelt

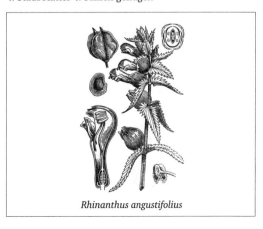

Rhinanthus angustifolius

Rhodochiton Zucc. ex Otto et A. Dietr.

Ableitung: roter Mantel
Vulgärnamen: D:Purpurglockenwein, Rosenkelch; E:Bell Vine
Arten: 3
Lebensform: Staude, Halbstrauch, kletternd mit windenden Blattstielen
Blätter: wechselständig
Blütenstand: einzeln, seitlich
Blüten: Kelchblätter 5, nach der Blüte breit schalenförmig. Kronröhre lang, 2-lippig, Kronzipfel 5, in der Knospe mit absteigender Deckung. Blüten dunkelpurpun. Staubblätter 4. Samenanlagen viele je Fach
Frucht: Kapsel, unregelmäßig aufspringend
Kennzeichen: Scrophulariacee. Staude, Halbstrauch, kletternd mit windenden Blattstielen. Blätter wechselständig. Kelchblätter 5, nach der Blüte breit schalenförmig. Krone mit absteigender Deckung

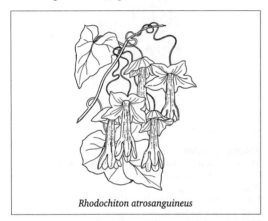
Rhodochiton atrosanguineus

Russelia Jacq.

Ableitung: Gattung zu Ehren von Alexander Russell (1714–1768), einem schottischen Naturforscher benannt
Vulgärnamen: D:Russelie; F:Plante-corail, Russélia
Arten: 52
Lebensform: Strauch, Staude, Halbstrauch, immergrün

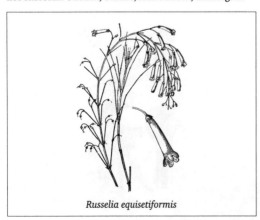
Russelia equisetiformis

Blätter: gegenständig, quirlständig
Blütenstand: Rispe, cymös, selten einzeln, seitlich
Blüten: Kelchblätter 5. Kronröhre lang, 2-lippig, Kronzipfel 5, in der Knospe mit absteigender Deckung. Blüten rot, rosa, weiß. Staubblätter 4. Narbe kopfig. Samenanlagen viele je Fach
Frucht: Kapsel, wandspaltig
Kennzeichen: Scrophulariacee. Strauch, Staude, Halbstrauch, immergrün. Blätter gegenständig oder quirlständig. Krone 2-lippig, mit langer Röhre, mit absteigender Deckung. Staubblätter 4. Narbe kopfig

Scrophularia L.

Ableitung: Pflanze gegen Geschwulste
Vulgärnamen: D:Braunwurz; E:Figwort; F:Scrofulaire
Arten: c. 200
Lebensform: Staude, Zweijährige, Einjährige, Strauch, Halbstrauch
Blätter: gegenständig und obere zum Teil wechselständig
Blütenstand: Rispe, Traube, einzeln, endständig
Blüten: Kelchblätter 5. Kronröhre kurz, 2-lippig, Kronzipfel 5, in der Knospe mit absteigender Deckung. Blüten grün, purpurn, braun, gelb. Staubblätter 4 und 1 Staminodium. Narbe kopfig oder 2-lappig. Samenanlagen viele je Fach

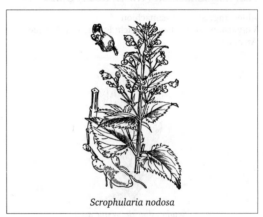
Scrophularia nodosa

Frucht: Kapsel, wandspaltig
Kennzeichen: Scrophulariacee. Staude, Zweijährige, Einjährige, Strauch, Halbstrauch. Blätter gegenständig und obere zum Teil wechselständig. Krone 2-lippig, mit absteigender Deckung und kurzer Röhre. Staubblätter 4 und 1 kleines Staminodium

Sibthorpia L.

Ableitung: Gattung zu Ehren von Humphrey Waldo Sibthorp (1713–1797), einem englischen Botaniker benannt
Vulgärnamen: D:Sibthorpie; E:Moneywort; F:Sibthorpia
Arten: 5
Lebensform: Staude
Blätter: wechselständig
Blütenstand: einzeln, seitlich
Blüten: Kelchblätter 5, selten 4–8. Kronröhre kurz, radiär, Kronzipfel 5–9, selten 4 oder 10, in der Knospe mit aufstei-

gender Deckung. Blüten gelb, rot. Staubblätter 3–8. Narbe kopfig. Samenanlagen wenige je Fach
Frucht: Kapsel, fachspaltig
Kennzeichen: Scrophulariacee. Staude. Blätter wechselständig. Blüten einzeln. Krone radiär, mit aufsteigender Deckung. Staubblätter 3–8

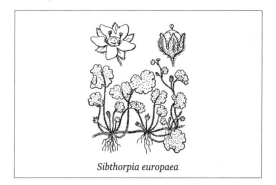
Sibthorpia europaea

Sutera Roth

Ableitung: Gattung zu Ehren von Johann Rudolf Suter (1766–1827), einem schweizerischen Botaniker benannt
Vulgärnamen: D:Schneeflockenblume
Arten: 49
Lebensform: Strauch, Staude, Einjährige, Halbstrauch
Blätter: gegenständig und obere zum Teil wechselständig
Blütenstand: Traube, Ähre, cymös, seitlich, endständig
Blüten: Kelchblätter 5, selten 6–9. Kronröhre lang, 2-lippig, fast radiär, Kronzipfel 5, in der Knospe mit absteigender Deckung. Blüten weiß, blau, violett. Staubblätter 4, Antheren 1-fächrig. Samenanlagen viele je Fach
Frucht: Kapsel, wandspaltig und fachspaltig
Kennzeichen: Scrophulariacee. Strauch, Staude, Einjährige, Halbstrauch. Blätter gegenständig und obere zum Teil wechselständig. Krone fast radiär, mit absteigender Deckung. Staubblätter 4, Antheren 1-fächrig. Staubblätter 4

Sutera grandiflora

Synthyris Benth.

Ableitung: gemeinsame Tür
Vulgärnamen: D:Frühlingsschelle; F:Synthyris
Arten: 9
Lebensform: Staude
Blätter: wechselständig, grundständig, einfach oder zusammengesetzt
Blütenstand: Traube, endständig
Blüten: Kelchblätter 4. Kronröhre kurz, radiär, Kronzipfel 4, in der Knospe mit aufsteigender Deckung. Blüten weiß. Staubblätter 2. Narbe kopfig. Samenanlagen viele bis 2 je Fach
Frucht: Kapsel, fachspaltig
Kennzeichen: Scrophulariacee. Staude. Blätter wechselständig oder grundständig. Kronröhre kurz. Staubblätter 2

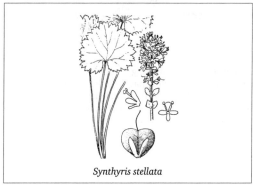
Synthyris stellata

Tetranema Benth.

Ableitung: vier Fäden
Arten: 2
Lebensform: Staude, Halbstrauch
Blätter: gegenständig
Blütenstand: Köpfchen, Traube bis fast doldenartig
Blüten: Kelchblätter 5. Kronröhre lang, 2-lippig, Kronzipfel 5, in der Knospe mit absteigender Deckung. Blüten weiß, lila, blau. Staubblätter 4. Samenanlagen viele je Fach
Frucht: Kapsel, fachspaltig
Kennzeichen: Scrophulariacee. Staude, Halbstrauch. Blätter gegenständig. Blüten in Köpfchen, Trauben bis fast doldenartig. Krone mit absteigender Deckung mit langer Kronröhre. Staubblätter 4. Kapsel nur fachspaltig

Torenia L.

Ableitung: Gattung zu Ehren von Olof Torén (1718–1753), eine schwedischen Geistlichen benannt
Vulgärnamen: D:Schnappmäulchen, Torenie; F:Torénia
Arten: 40
Lebensform: Einjährige, Staude
Blätter: gegenständig
Blütenstand: Traube, endständig, seitlich
Blüten: Kelch geflügelt und nach der Blüte vergrößert, 5-zipfelig. Kronröhre lang, 2-lippig, Kronzipfel 5, in der Knospe mit absteigender Deckung. Blüten weiß, cremefarben, gelb, purpurn, violett, blau. Staubblätter 4. Samenanlagen viele je Fach

840 Scrophulariaceae Braunwurzgewächse

Torenia fournieri

Frucht: Kapsel, wandspaltig
Kennzeichen: Scrophulariacee. Einjährige, Staude. Blätter gegenständig. Blüten in Trauben. Kelch geflügelt und nach der Blüte vergrößert. Krone 2-lippig, mit absteigender Deckung und langer Kronröhre. Staubblätter 4. Kapsel wandspaltig

Tozzia L.

Ableitung: Gattung zu Ehren von Bruno Tozzi (1656–1749), einem italienischen Mönch und Botaniker des Klosters Vallombrosa benannt
Vulgärnamen: D:Alpenrachen; F:Tozzia
Arten: 1
Lebensform: Zweijährige, Staude. Halbschmarotzer
Blätter: gegenständig
Blütenstand: einzeln
Blüten: Kelchblätter 4–5, selten 3. Kronröhre lang, nahezu radiär, Kronzipfel 5, in der Knospe mit aufsteigender Deckung. Blüten gelb. Staubblätter 4
Frucht: Steinfrucht, 1-samig
Kennzeichen: Scrophulariacee. Zweijährige, Staude. Halbschmarotzer. Blätter gegenständig. Krone mit aufsteigender Deckung. Steinfrucht 1-samig

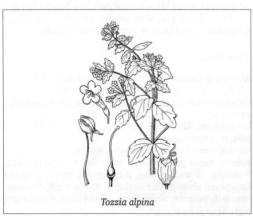

Tozzia alpina

Verbascum L.

Ableitung: antiker Pflanzenname
Vulgärnamen: D:Königskerze, Wollkraut; E:Mullein; F:Molène
Arten: c. 360
Lebensform: Staude, Zweijährige, Einjährige, Strauch, Halbstrauch
Blätter: grundständige Rosette und wechselständig
Blütenstand: Traube, Ähre, Rispe, endständig
Blüten: Kelchblätter 5. Kronröhre kurz, nahezu radiär, Kronzipfel 5, in der Knospe mit absteigender Deckung. Blüten gelb, weiß, purpurn, orange, bräunlich, violett, blau. Staubblätter 4 oder 5. Samenanlagen viele je Fach
Frucht: Kapsel, wandspaltig
Kennzeichen: Scrophulariacee. Staude, Zweijährige, Einjährige, Strauch, Halbstrauch. Blätter wechselständig. Blüten in Trauben, Ähren oder Rispen. Krone nahezu radiär, mit absteigender Deckung. Staubblätter 4 oder 5. Kapsel wandspaltig

Veronica L.

Ableitung: nach einem mittelalterlichen Pflanzennamen
Vulgärnamen: D:Ehrenpreis; E:Bird's Eye, Speedwell; F:Véronique
Arten: c. 180
Lebensform: Einjährige, Staude, Halbstrauch
Blätter: gegenständig, grundständig, grundständig und wechselständig
Blütenstand: einzeln, Traube, seitlich, endständig
Blüten: Kelchblätter 4–5. Kronröhre kurz, 2-lippig, bis fast radiär. Kronzipfel 4, in der Knospe mit aufsteigender Deckung. Blüten blau, purpurn, rosa, weiß. Staubblätter 2. Samenanlagen viele bis 1 je Fach
Frucht: Kapsel, wandspaltig und fachspaltig
Kennzeichen: Scrophulariacee. Einjährige, Staude, Halbstrauch. Kronzipfel 4, mit aufsteigender Deckung. Staubblätter 2

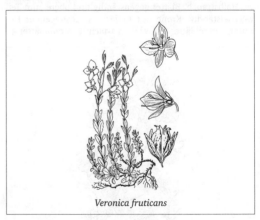

Veronica fruticans

Veronicastrum Heist. ex Fabr.

Ableitung: unechte Veronica
Vulgärnamen: D:Arzneiehrenpreis; E:Blackroot; F:Véronique de Virginie

Arten: 2
Lebensform: Staude, Halbstrauch
Blätter: quirlständig
Blütenstand: Ähre, Traube
Blüten: Kelchblätter 5. Kronröhre kurz, fast radiär, Kronzipfel 4, in der Knospe mit aufsteigender Deckung. Blüten blau, selten weiß. Staubblätter 2. Samenanlagen viele je Fach
Frucht: Kapsel, wandspaltig und fachspaltig
Kennzeichen: Scrophulariacee. Strauch, Halbstrauch. Blätter quirlständig. Krone mit 4 Zipfel, mit aufsteigender Deckung und kurzer Kronröhre. Staubblätter 2

Veronicastrum virginicum

Wulfenia Jacq.

Ableitung: Gattung zu Ehren von Franz Xaver Freiherr von Wulfen (1728– 1805), einem österreichischen Mathematiker, Physiker und Botaniker benannt
Vulgärnamen: D:Kuhtritt, Wulfenie; F:Wulfénia
Arten: 4
Lebensform: Staude
Blätter: grundständig und wechselständig
Blütenstand: Traube, endständig
Blüten: Kelchblätter 5. Kronröhre lang, 2-lippig oder radiär, Kronzipfel 5, in der Knospe mit aufsteigender Deckung. Blüten violett, blau, purpurn. Staubblätter 2, eingeschlossen. Narbe kopfig. Samenanlagen viele je Fach
Frucht: Kapsel, wandspaltig und fachspaltig
Kennzeichen: Scrophulariacee. Staude. Blätter grundständig und wechselständig. Krone mit aufsteigender Deckung. Staubblätter 2, eingeschlossen

Wulfenia carinthiaca

Zaluzianskya F.W. Schmidt

Ableitung: Gattung zu Ehren von Adam Zaluziansky von Zaluzian (1558–1613), einem polnischen Arzt und Botaniker benannt
Vulgärnamen: D:Sternbalsam; F:Zaluzianskya
Arten: 55
Lebensform: Einjährige, Staude, Halbstrauch
Blätter: gegenständig und obere zum Teil wechselständig
Blütenstand: Ähre, einzeln, endständig

Zaluzianskya maritima

Blüten: Kelchblätter 5. Kronröhre lang, 2-lippig, Kronzipfel 5, in der Knospe mit absteigender Deckung, außen weiß, innen meist bunt. Blüten weiß, cremefarben, gelb, rosa, lila. Staubblätter 4, 2 oder 5. Antheren 1-fächrig. Samenanlagen viele je Fach
Frucht: Kapsel, wandspaltig
Kennzeichen: Scrophulariacee. Einjährige, Staude, Halbstrauch. Blätter gegenständig und obere zum Teil wechselständig. Kronzipfel 5, in der Knospe mit absteigender Deckung, außen weiß, innen meist bunt. Staubblätter 4, 2 oder 5. Antheren 1-fächrig. Kapsel, wandspaltig

Simarubaceae Bitterholzgewächse

1 Staubblätter 3–5
2 Frucht eine Beere . . . . **Picramnia**
2 Frucht 2–5 Steinfrüchtchen . . . . **Picrasma**
1 Staubblätter 10
3 Frucht eine Flügelnuss . . . . **Ailanthus**
3 Frucht aus 5 1-samigen Teilfrüchten . . . **Quassia**

Ailanthus Desf.

Ableitung: nach dem malaiischen Namen dieser Pflanze
Vulgärnamen: D:Götterbaum; E:Tree of Heaven; F:Ailanthe, Faux vernis du Japon
Arten: 5
Lebensform: Baum, laubwerfend
Blätter: wechselständig, gefiedert. Nebenblätter vorhanden

842 Simarubaceae Bitterholzgewächse

Blütenstand: Rispe
Blüten: zwittrig, eingeschlechtig, radiär. Kelchblätter 5–6. Kronblätter 5–6, frei, grünlich. Staubblätter 10, frei und frei von der Krone. Diskus vorhanden. Fruchtblätter 5–6, verwachsen, oberständig. Plazentation zentralwinkelständig
Frucht: Nuss, geflügelt
Kennzeichen: Baum, laubwerfend. Blätter gefiedert. Nebenblätter vorhanden. Blüten in Rispen, radiär. Kronblätter 5–6, frei, grünlich. Staubblätter 10. Fruchtblätter 5–6, verwachsen, oberständig. Flügelnuss

Ailanthus altissima

Picramnia Sw.

Ableitung: bittere Hülle (Rinde)
Arten: 45
Lebensform: Baum, Strauch
Blätter: wechselständig, gegenständig, gefiedert. Nebenblätter fehlend
Blütenstand: Rispe mit Knäueln oder Büscheln

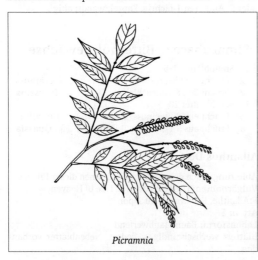
Picramnia

Blüten: eingeschlechtig, radiär. Kelchblätter 3–5. Kronblätter 3–5, frei. Staubblätter 3–5, frei und frei von der Krone. Diskus vorhanden. Fruchtblätter 2–3, verwachsen, oberständig. Plazentation zentralwinkelständig
Frucht: Beere
Kennzeichen: Baum, Strauch. Blätter gefiedert. Blüten radiär. Kronblätter 3–5, frei. Staubblätter 3–5. Fruchtblätter 2–3, verwachsen, oberständig. Beere

Picrasma Blume

Ableitung: Bitterkeit
Vulgärnamen: D:Bitterholz; E:Quassia; F:Arbre amer
Arten: 8
Lebensform: Baum, Strauch, laubwerfend
Blätter: wechselständig, gefiedert. Nebenblätter fehlend
Blütenstand: Rispe
Blüten: zwittrig, eingeschlechtig, radiär. Kelchblätter 4–5. Kronblätter 4–5, frei, gelbgrün. Staubblätter 4–5, frei und frei von der Krone. Fruchtblätter 2–5, frei, oberständig. Plazentation zentralwinkelständig
Frucht: Steinfrüchtchen

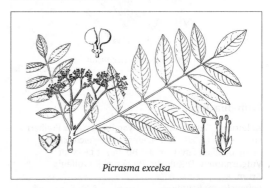
Picrasma excelsa

Kennzeichen: Baum, Strauch, laubwerfend. Blätter gefiedert. Blüten in Rispen, radiär. Kronblätter 4–5, frei, gelbgrün. Staubblätter 4–5. Fruchtblätter 2–5, frei, oberständig. Steinfrüchtchen

Quassia L.

Ableitung: Gattung zu Ehren von Graman Quasi, einem Sklaven des 17. Jahrhunderts in Surinam, der die Wirkung der Pflanze bekannt machte
Vulgärnamen: D:Bitterholz, Quassiabaum; E:Bitterwood; F:Quassier, Quassier amer
Arten: 35–40
Lebensform: Baum, Strauch
Blätter: wechselständig, gefiedert oder einfach. Nebenblätter fehlend
Blütenstand: Traube, Rispe, Dolde
Blüten: zwittrig, eingeschlechtig, radiär. Kelchblätter 5. Kronblätter 5, frei. Staubblätter 10, frei und frei von der Krone. Diskus vorhanden. Fruchtblätter 4–6, frei oder am Grund verwachsen, oberständig
Frucht: 5 1-samige Teilfrüchte
Kennzeichen: Baum, Strauch. Kronblätter 5, frei. Staubblätter 10. Fruchtblätter 4–6, verwachsen oder frei, oberständig. 5 1-samige Teilfrüchte

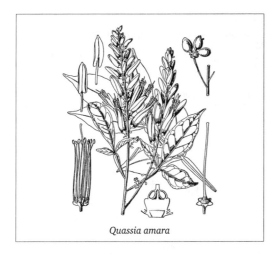

Quassia amara

Simmondsiaceae Jojobagewächse

Simmondsia Nutt.

Ableitung: Gattung zu Ehren von Thomas William Simmonds (?–1804), einem englischen Naturforscher benannt
Vulgärnamen: D:Jojobastrauch; E:Goat Nut, Jojoba; F:Jojoba
Arten: 1
Lebensform: Strauch, immergrün
Blätter: gegenständig, einfach. Nebenblätter fehlend
Blütenstand: Büschel, einfach
Blüten: eingeschlechtig, radiär. Blütenhüllblätter 5–6, frei, gelb oder grün. Staubblätter 10 oder 12, frei von der Blütenhülle. Fruchtblätter 3, verwachsen, oberständig. Plazentation zentralwinkelständig.
Frucht: Kapsel
Kennzeichen: Strauch, immergrün. Blätter gegenständig. Blüten radiär. Blütenhüllblätter 5–6, frei, gelb oder grün. Staubblätter 10 oder 12. Fruchtblätter 3, verwachsen, oberständig. Plazentation zentralwinkelständig. Kapsel

Simmondsia chinensis

Solanaceae Nachtschattengewächse

1 Frucht eine Beere
  2 Staubblätter sich zu einer Röhre zusammenschließend
    3 Antheren mit Poren an der Spitze oder sehr kurzen Schlitzen
      4 Kelch mit deutlichen Zähnen . . . . . **Solanum**
      4 Kelch am Ende gestutzt oder mit kleinen Auswüchsen . . . . **Lycianthes**
    3 Antheren mit Schlitzen
      5 Konnektiv am Rücken stark verdickt, die beiden Theken trennend . . . . **Cyphomandra**
      5 Konnektiv nicht verdickt, Theken parallel eng aneinander . . . . **Lycopersicon**
  2 Staubblätter nicht zu einer Röhre zusammengeneigt
    6 Blüten zygomorph. Staubblätter 4 . . . **Duboisia**
    6 Blüten radiär. Staubblätter 5(6–2)
      7 Blätter alle in einer grundständigen Rosette . . . . **Mandragora**
      7 Blätter am Stängel verteilt
        8 Beere im aufgeblasenen Kelch eingeschlossen
          9 Fruchtknoten 3- bis 5-fächrig. Einjährige . . . . **Nicandra**
          9 Fruchtknoten 2- oder 4-fächrig. Holzpflanzen
            10 Fruchtknoten 4-fächrig
              11 Blüten hängend. Pflanzen Bäume oder Sträucher . . . . **Brugmansia**
              11 Blüten nicht hängend. Lianen . . . . **Solandra**
            10 Fruchtknoten 2-fächrig
              12 Pflanze Baum oder Strauch . . . . **Iochroma**
              12 Pflanze krautig . . . . **Physalis**
        8 Beere nicht im Kelch eingeschlossen
          13 Krone ± radförmig ausgebreitet . . . . **Capsicum**
          13 Krone glockig bis lang röhrig
            14 Pflanze krautig. Kelch 5-spaltig, zur Fruchtzeit vergrößert, abstehend . . . . **Atropa**
            14 Pflanze holzig
              15 Pflanze meist dornig . . . . **Lycium**
              15 Pflanze nicht dornig
                16 Samenanlagen 3–6 je Fach . . . . **Cestrum**
                16 Samenanlagen viele je Fach
                  17 Krone krugförmig . . . . . **Salpichroa**
                  17 Krone röhrig . . . .**Juanulloa**
1 Frucht eine Kapsel
  18 Krone zygomorph, um 180o gedreht (resupinat). Staubblätter nur 2 fertil . . . . . . **Schizanthus**
  18 Krone nicht resupinat. Staubblätter 4 oder 5 fertil
    19 Staubblätter 4 fertil
      20 Krone mit nicht scharf abgewinkeltem Saum . . . . **Salpiglossis**
      20 Krone mit deutlich abgewinkeltem Saum, stieltellerförmig
        21 Staubblätter 4 und ein Staminodium. Staubfäden am Grund zu einer Röhre vereint . . . . **Nierembergia**

21 Staubblätter 4, ohne Staminodium
22 Kronröhre gebogen, Krone gelb oder orange . . . . **Streptosolen**
22 Kronröhre gerade. Krone nicht gelb oder orange
23 Pflanze einjährig bis halbstrauchig . . . . **Browallia**
23 Pflanze strauchig oder baumförmig. . . . . **Brunfelsia**
19 Staubblätter 5
24 Fruchtknoten 4-fächrig . . . . **Datura**
24 Fruchtknoten 2-fächerig
25 Pflanze strauch- oder baumförmig
26 Blüten zu mehreren endständig . **Nicotiana**
26 Blüten meist einzeln, seitlich
27 Staubblätter eingeschlossen in die Krone. Wuchs ericoid (heidekrautartig) . . . . **Fabiana**
27 Staubblätter herausragend aus der Krone . . . . **Vestia**
25 Pflanze krautig
28 Blüten einzeln
29 Blüten nicht hängend, stieltellerförmig oder trichterig . . . . **Petunia**
29 Blüten hängend. Frucht eine Kapsel meist mit Deckel
30 Krone unter 2mal so lang wie der Kelch. Krone deutlich 5-zipfelig. . . . **Anisodus**
30 Krone über 2mal so lang wie der Kelch
31 Krone fast ohne Zipfel. . . . . **Scopolia**
31 Krone 5zipflig . . . . **Atropanthe**
28 Blüten zu mehreren
32 Blüten in einseitswendigen Ähren oder Trauben. (Kapsel mit Deckel) . . . . **Hyoscyamus**
32 Blüten zu mehreren, endständig
33 Kapsel mit Klappen. Narbe kopfig . . . . **Nicotiana**
33 Kapsel mit Deckel. Narbe 2-lappig. . . . . **Physochlaina**

Anisodus Link et Otto

Arten: 6
Lebensform: Staude
Blätter: wechselständig, einfach. Nebenblätter fehlend
Blütenstand: einzeln hängend, seitlich
Blüten: zwittrig, radiär, mit Kelch und Krone. Kronblätter 5, verwachsen, glockig, röhrenförmig. Staubblätter 5, verwachsen mit der Krone. Fruchtblätter 2, verwachsen, oberständig. Narbe kopfig. Plazentation zentralwinkelständig mit vielen Samenanlagen je Fach
Frucht: Kapsel, meist mit Deckel, im Kelch eingeschlossen
Kennzeichen: Staude. Blüten einzeln hängend. Blüten radiär. Kronblätter 5, verwachsen mit deutlichen Zipfeln. Staubblätter 5. Fruchtblätter 2, verwachsen, oberständig. Plazentation zentralwinkelständig mit vielen Samenanlagen je Fach. Kapsel, meist mit Deckel, im Kelch eingeschlossen

Atropa L.

Ableitung: nach einer Gestalt der griechischen Mythologie
Vulgärnamen: D:Belladonna, Tollkirsche; E:Deadly Nightshade; F:Atropa, Belladonne
Arten: 4
Lebensform: Staude
Blätter: wechselständig, gegenständig, einfach. Nebenblätter fehlend
Blütenstand: einzeln oder zu 2, seitlich

Atropa belladonna

Blüten: zwittrig, radiär, mit Kelch und Krone. Kronblätter 5, verwachsen, trichterförmig, glockig, röhrenförmig, gelb, purpurn. Staubblätter 5, verwachsen mit der Krone. Diskus ringförmig. Fruchtblätter 2, verwachsen, oberständig. Narbe 2-lappig. Plazentation zentralwinkelständig mit vielen Samenanlagen je Fach
Frucht: Beere, nicht im Kelch eingeschlossen
Kennzeichen: Staude. Blüten radiär. Kronblätter 5, verwachsen. Staubblätter 5. Fruchtblätter 2, verwachsen, oberständig. Plazentation zentralwinkelständig. Beere, nicht im Kelch eingeschlossen

Atropanthe Pascher

Ableitung: Atropa-Blüte
Arten: 1
Lebensform: Staude
Blätter: wechselständig, einfach. Nebenblätter fehlend
Blütenstand: einzeln nickend, seitlich
Blüten: zwittrig, zygomorph, mit Kelch und deutlich 5-zipfliger Krone. Kronblätter 5, trichterförmig, gelbgrün, netznervig. Staubblätter 5, verwachsen mit der Krone. Fruchtblätter 2, verwachsen, oberständig. Plazentation zentralwinkelständig mit vielen Samenanlagen je Fach
Frucht: Kapsel, im Kelch eingeschlossen

Kennzeichen: Staude. Blüten einzeln nickend. Krone deutlich 5-zipflig. Staubblätter 5, verwachsen mit der Krone. Fruchtblätter 2, verwachsen, oberständig. Kapsel, im Kelch eingeschlossen

Browallia L.

Ableitung: Gattung zu Ehren von Johan Browall (1707–1755), einen schwedischen Naturforscher benannt
Vulgärnamen: D:Browallie, Veilchenbusch; E:Bush Violet; F:Browalia
Arten: 3
Lebensform: Einjährige, Staude, Halbstrauch
Blätter: wechselständig, einfach. Nebenblätter fehlend
Blütenstand: einzeln, Traube, seitlich
Blüten: zwittrig, radiär, mit Kelch und Krone. Kronblätter 5, verwachsen, stieltellerförmig, violett, weiß, blau. Staubblätter 4, verwachsen mit der Krone. Fruchtblätter 2, verwachsen, oberständig. Narbe w-förmig. Plazentation zentralwinkelständig mit vielen Samenanlagen je Fach
Frucht: Kapsel

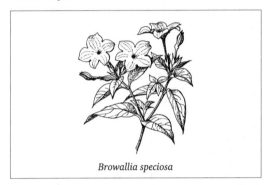
Browallia speciosa

Kennzeichen: Einjährige, Staude, Halbstrauch. Blüten radiär. Kronblätter 5, verwachsen, stieltellerförmig. Staubblätter 4, verwachsen mit der Krone. Fruchtblätter 2, verwachsen, oberständig. Plazentation zentralwinkelständig. Kapse

Brugmansia Pers.

Ableitung: Gattung zu Ehren von Sebald Justinus Brugmans (1763–1819), einem niederländischen Botaniker benannt
Vulgärnamen: D:Engelstrompete; E:Angel's Trumpet; F:Trompette des anges
Arten: 6
Lebensform: Baum, Strauch
Blätter: wechselständig, einfach. Nebenblätter fehlend
Blütenstand: cymös, einzeln, Blüten hängend
Blüten: zwittrig, radiär, mit Kelch und Krone. Kronblätter 5, verwachsen, trichterförmig, weiß. Staubblätter 5, verwachsen mit der Krone. Fruchtblätter 2, verwachsen, mit falschen Scheidewänden 4-fächrig, oberständig. Narbe kopfig, 2-lappig. Plazentation zentralwinkelständig mit vielen Samenanlagen je Fach
Frucht: Beere
Kennzeichen: Baum, Strauch. Blüten einzeln, hängend, radiär. Kronblätter 5, verwachsen. Staubblätter 5, verwachsen mit der Krone. Fruchtblätter 2, verwachsen, mit

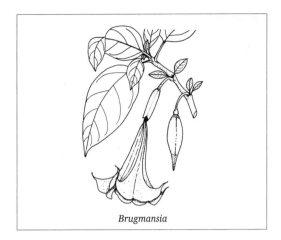
Brugmansia

falschen Scheidewänden 4-fächrig, oberständig. Plazentation zentralwinkelständig. Beere

Brunfelsia L.

Ableitung: Gattung zu Ehren von Otto Brunfels (1489–1534), einem der ersten deutschen Botaniker benannt
Vulgärnamen: D:Brunfelsie; E:Morning, Noon and Night; F:Brunfelsia
Arten: c. 40
Lebensform: Baum, Strauch, immergrün
Blätter: wechselständig, einfach. Nebenblätter fehlend
Blütenstand: Schirmtraube, einzeln, endständig, seitlich
Blüten: zwittrig, zygomorph, mit Kelch und Krone. Kronblätter 5, verwachsen, stieltellerförmig, weiß, gelb, purpurn, rot, violett, rosa. Staubblätter 4, verwachsen mit der Krone. Diskus vorhanden. Fruchtblätter 2, verwachsen, oberständig. Narbe kopfig oder 2-lappig. Plazentation zentralwinkelständig mit vielen bis wenigen Samenanlagen je Fach
Frucht: Kapsel
Kennzeichen: Baum, Strauch, immergrün. Blüten zygomorph. Kronblätter 5, verwachsen, stieltellerförmig. Staubblätter 4, verwachsen mit der Krone. Fruchtblätter 2, verwachsen, oberständig. Plazentation zentralwinkelständig. Kapsel

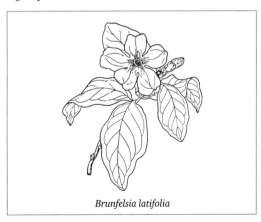
Brunfelsia latifolia

Capsicum L.

Ableitung: Kapsel-Pflanze
Vulgärnamen: D:Chili, Paprika; E:Pepper, Sweet Pepper; F:Chili, Piment
Arten: 10
Lebensform: Einjährige, Zweijährige, Staude, Halbstrauch
Blätter: wechselständig, einfach. Nebenblätter fehlend
Blütenstand: einzeln, seitlich
Blüten: zwittrig, radiär, mit Kelch und Krone. Kronblätter 5, verwachsen, sternförmig oder glockig, weiß, grün, gelb, purpurn. Staubblätter 5, verwachsen mit der Krone. Fruchtblätter 2, verwachsen, oberständig. Narbe keulig, kopfig. Plazentation zentralwinkelständig mit vielen Samenanlagen je Fach
Frucht: Beere, im Kelch eingeschlossen
Kennzeichen: Einjährige, Zweijährige, Staude, Halbstrauch. Blütenstand einzeln, seitlich, radiär. Kronblätter 5, verwachsen, sternförmig oder glockig. Staubblätter 5, verwachsen mit der Krone. Fruchtblätter 2, verwachsen, oberständig. Plazentation zentralwinkelständig. Beere, im Kelch eingeschlossen

Cestrum parqui

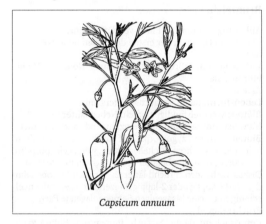
Capsicum annuum

Cestrum L.

Ableitung: antiker Pflanzenname
Vulgärnamen: D:Hammerstrauch; E:Jessamine; F:Cestrum
Arten: c. 175
Lebensform: Baum, Strauch, immergrün, laubwerfend
Blätter: wechselständig, einfach. Nebenblätter fehlend
Blütenstand: Schirmtraube, Schirmrispe, Traube, seitlich
Blüten: zwittrig, radiär, mit Kelch und Krone. Kronblätter 5, verwachsen, röhrenförmig oder krugförmig, weiß, gelb, grün, rot. Staubblätter 5, verwachsen mit der Krone. Fruchtblätter 2, verwachsen, oberständig. Narbe kopfig. Plazentation zentralwinkelständig mit 3-6 Samenanlagen je Fach
Frucht: Beere, im Kelch eingeschlossen
Kennzeichen: Baum, Strauch, immergrün, laubwerfend. Blüten radiär. Kronblätter 5, verwachsen. Staubblätter 5, verwachsen mit der Krone. Fruchtblätter 2, verwachsen, oberständig. Plazentation zentralwinkelständig mit 3-6 Samenanlagen je Fach. Beere, im Kelch eingeschlossen

Cyphomandra Mart. ex Sendtn.

Ableitung: Buckel-Staubblätter
Vulgärnamen: D:Baumtomate; E:Tree Tomato; F:Arbre-à-tomates
Arten: 32
Lebensform: Baum, Strauch, Liane
Blätter: wechselständig, einfach oder zusammengesetzt. Nebenblätter fehlend
Blütenstand: cymös, seitlich, endständig
Blüten: zwittrig, radiär, mit Kelch und Krone. Kronblätter 5, verwachsen, sternförmig, glockig, krugförmig, weiß, rosa, purpurn, grün, braun. Staubblätter 5, verwachsen mit der Krone. Antheren mit Schlitzen und am Rücken verdicktem Konnektiv. Fruchtblätter 2, verwachsen, oberständig. Narbe 2-lappig. Plazentation zentralwinkelständig mit vielen Samenanlagen je Fach
Frucht: Beere
Kennzeichen: Baum, Strauch, Liane. Blüten radiär. Kronblätter 5, verwachsen. Staubblätter 5, verwachsen mit der Krone. Antheren mit Schlitzen und am Rücken verdicktem Konnektiv. Fruchtblätter 2, verwachsen, oberständig. Plazentation zentralwinkelständig. Beere

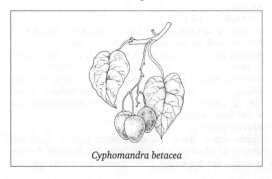
Cyphomandra betacea

Datura L.

Ableitung: nach einem indischen Pflanzennamen
Vulgärnamen: D:Stechapfel; E:Thorn Apple; F:Fauxmetel, Pomme du diable
Arten: 8
Lebensform: Einjährige, Staude
Blätter: wechselständig, einfach. Nebenblätter fehlend
Blütenstand: einzeln, seitlich
Blüten: zwittrig, radiär, mit Kelch und Krone. Kronblätter 5, verwachsen, trompetenförmig, trichterförmig, weiß, rosa, gelb, violett. Staubblätter 5, verwachsen mit der Krone. Diskus vorhanden. Fruchtblätter 2, mit falschen Scheidewänden 4-fächrig, verwachsen, oberständig. Narbe kopfig, 2-klappig. Plazentation zentralwinkelständig mit vielen Samenanlagen je Fach
Frucht: Kapsel
Kennzeichen: Einjährige, Staude. Blüten radiär. Kronblätter 5, verwachsen. Staubblätter 5, verwachsen mit der Krone. Fruchtblätter 2, mit falschen Scheidewänden 4-fächrig, verwachsen, oberständig. Plazentation zentralwinkelständig. Kapsel

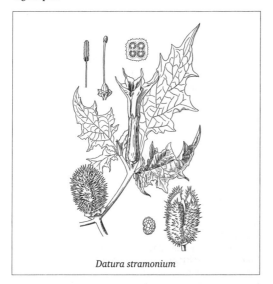

Datura stramonium

Duboisia R. Br.

Ableitung: Gattung zu Ehren von Charles Du Bois (1656–1740), einem Kaufmann in England benannt
Arten: 3
Lebensform: Baum
Blätter: wechselständig, einfach. Nebenblätter fehlend
Blütenstand: Rispe
Blüten: zwittrig, ± zygomorph, mit Kelch und Krone. Kronblätter 5, verwachsen, glockig, weiß. Staubblätter 4, verwachsen mit der Krone. Fruchtblätter 2, verwachsen, oberständig. Narbe 2-lappig. Plazentation zentralwinkelständig mit vielen Samenanlagen je Fach
Frucht: Beere
Kennzeichen: Baum. Blüten ± zygomorph. Kronblätter 5, verwachsen. Staubblätter 4, verwachsen mit der Krone.

Fruchtblätter 2, verwachsen, oberständig. Plazentation zentralwinkelständig. Beere

Fabiana Ruiz et Pav.

Ableitung: Gattung zu Ehren von Francisco Fabian y Fuero (1719–1801), einem Erzbischof von Valencia und Amateurbotaniker benannt
Vulgärnamen: D:Fabiane; F:Fabiana
Arten: 25
Lebensform: Strauch, immergrün, Erica ähnlich (ericoid)
Blätter: wechselständig, einfach. Nebenblätter fehlend
Blütenstand: einzeln, seitlich
Blüten: zwittrig, radiär, mit Kelch und Krone. Kronblätter 5, verwachsen, stieltellerförmig, weiß, gelb, lila. Staubblätter 5, verwachsen mit der Krone, eingeschlossen. Fruchtblätter 2, verwachsen, oberständig. Narbe kopfig, 2-lappig. Plazentation zentralwinkelständig mit vielen Samenanlagen je Fach
Frucht: Kapsel, 2-klappig
Kennzeichen: Strauch, immergrün, Erica ähnlich (ericoid). Blüten einzeln, radiär. Kronblätter 5, verwachsen. Staubblätter 5, verwachsen mit der Krone, eingeschlossen. Fruchtblätter 2, verwachsen, oberständig. Plazentation zentralwinkelständig. Kapsel

Fabiana imbricata

Hyoscyamus L.

Ableitung: nach einem antiken Pflanzennamen
Vulgärnamen: D:Bilsenkraut; E:Henbane; F:Jusquiame
Arten: 15
Lebensform: Einjährige, Zweijährige, Staude
Blätter: wechselständig, einfach. Nebenblätter fehlend
Blütenstand: Ähre, Traube, einseitswendig
Blüten: zwittrig, radiär, mit Kelch und Krone. Kronblätter 5, verwachsen, trichterförmig, trompetenförmig, weiß, gelb, violett. Staubblätter 5, verwachsen mit der Krone. Diskus vorhanden oder fehlend. Fruchtblätter 2, verwachsen, oberständig. Fruchtknoten 2-fächrig. Narbe kopfig. Plazentation zentralwinkelständig mit vielen Samenanlagen je Fach
Frucht: Deckelkapsel, im Kelch eingeschlossen

Kennzeichen: Einjährige, Zweijährige, Staude. Blütenstand in einseitswendigen Ähren oder Trauben, radiär. Kronblätter 5, verwachsen. Staubblätter 5, verwachsen mit der Krone. Fruchtblätter 2, verwachsen, oberständig. Fruchtknoten 2-fächrig. Plazentation zentralwinkelständig. Deckelkapsel, im Kelch eingeschlossen

Hyoscyamus niger

Iochroma Benth.

Ableitung: Veilchen-Farbe
Vulgärnamen: D:Veilchenstrauch; F:Arbre à violettes
Arten: 15
Lebensform: Baum, Strauch
Blätter: wechselständig, einfach. Nebenblätter fehlend
Blütenstand: Büschel, zu 2, hängend
Blüten: zwittrig, radiär, mit Kelch und Krone. Kronblätter 5, verwachsen, trichterförmig, trompetenförmig, röhrenförmig, blau, purpurn, gelb, weiß, rot. Staubblätter 5, verwachsen mit der Krone. Fruchtblätter 2, verwachsen, oberständig. Fruchtknoten 2-fächrig. Narbe kopfig, lappig. Plazentation zentralwinkelständig mit vielen Samenanlagen je Fach
Frucht: Beere, im Kelch eingeschlossen
Kennzeichen: Baum, Strauch. Blüten radiär. Kronblätter 5, verwachsen. Staubblätter 5, verwachsen mit der Krone. Fruchtblätter 2, verwachsen, oberständig. Fruchtknoten 2-fächrig. Plazentation zentralwinkelständig. Beere, im Kelch eingeschlossen

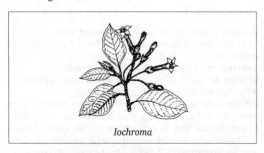
Iochroma

Juanulloa Ruiz et Pav.

Ableitung: Gattung zu Ehren von Jorge Juan y Santacilia (1713–1773) und Antonio Ulloa (ca. 1716–1795), zwei spanischen Forschern benannt
Arten: 8
Lebensform: Baum, Strauch, immergrün
Blätter: wechselständig, einfach. Nebenblätter fehlend
Blütenstand: Schirmrispe, Traube, einzeln, endständig, seitlich
Blüten: zwittrig, radiär, mit Kelch und Krone. Kronblätter 5, verwachsen, röhrenförmig, gelb, rot, orange. Staubblätter 5, verwachsen mit der Krone. Fruchtblätter 2, verwachsen, oberständig. Narbe 2-lappig. Plazentation zentralwinkelständig mit vielen Samenanlagen je Fach
Frucht: Beere, nicht im Kelch eingeschlossen
Kennzeichen: Baum, Strauch, immergrün. Blüten radiär. Kronblätter 5, verwachsen, röhrenförmig. Staubblätter 5, verwachsen mit der Krone. Fruchtblätter 2, verwachsen, oberständig. Plazentation zentralwinkelständig. Beere, nicht im Kelch eingeschlossen

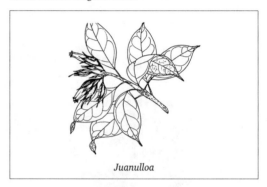
Juanulloa

Lycianthes (Dunal) Hassl.

Ableitung: mit Blüten wie Lycium
Arten: 180–200
Lebensform: Kräuter, Baum, Strauch, Liane
Blätter: wechselständig, einfach. Nebenblätter fehlend
Blütenstand: einzeln, Büschel
Blüten: zwittrig, eingeschlechtig, radiär, mit Kelch und Krone. Kelch gestutzt, mit kleinen Auswüchsen am Rand. Kronblätter 5, verwachsen, sternförmig, glockig, weiß, blau, purpurn. Staubblätter 5, verwachsen mit der Krone. Antheren zusammenneigend, mit endständigen Poren. Fruchtblätter 2, verwachsen, oberständig. Plazentation zentralwinkelständig mit vielen Samenanlagen je Fach
Frucht: Beere
Kennzeichen: Kräuter, Baum, Strauch, Liane. Blüten radiär. Kelch gestutzt und kleine Auswüchse über dem Kelch gestutzt oder mit kleinen Auswüchsen am Rand. Kronblätter 5, verwachsen. Staubblätter 5, verwachsen mit der Krone. Antheren zusammenneigend, mit endständigen Poren. Fruchtblätter 2, verwachsen, oberständig. Plazentation zentralwinkelständig. Beere

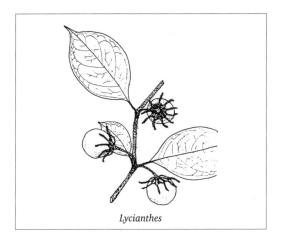

Lycianthes

Lycium L.

Ableitung: antiker Pflanzenname
Vulgärnamen: D:Bocksdorn, Teufelszwirn; E:Teaplant; F:Lyciet
Arten: 100
Lebensform: Strauch, Liane, Baum, meist dornig
Blätter: wechselständig, einfach. Nebenblätter fehlend
Blütenstand: einzeln, Büschel, seitlich

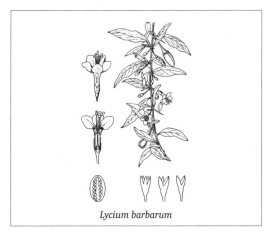

Lycium barbarum

Blüten: zwittrig, radiär, mit Kelch und Krone. Kronblätter 5, verwachsen, trichterförmig, röhrenförmig, weiß, grün, purpurn, violett. Staubblätter 5, verwachsen mit der Krone. Fruchtblätter 2, verwachsen, oberständig. Narbe 2-lappig. Plazentation zentralwinkelständig mit wenigen Samenanlagen je Fach
Frucht: Beere, nicht im Kelch eingeschlossen
Kennzeichen: Strauch, Liane, Baum, meist dornig. Blüten radiär. Kronblätter 5, verwachsen. Staubblätter 5, verwachsen mit der Krone. Fruchtblätter 2, verwachsen, oberständig. Plazentation zentralwinkelständig mit wenigen Samenanlagen je Fach. Beere, nicht im Kelch eingeschlossen

Lycopersicon Mill.

Ableitung: antiker Pflanzenname
Vulgärnamen: D:Tomate; E:Tomato; F:Tomate
Arten: 7
Lebensform: Einjährige bis verholzte Staude
Blätter: wechselständig, zusammengesetzt. Nebenblätter fehlend
Blütenstand: cymös, Traube
Blüten: zwittrig, radiär, mit Kelch und Krone. Kronblätter 5, verwachsen, sternförmig, gelb. Staubblätter 5, verwachsen mit der Krone. Antheren zusammenneigend, mit Schlitzen. Fruchtblätter 2 bis mehrere, verwachsen, oberständig. Plazentation zentralwinkelständig mit vielen Samenanlagen je Fach
Frucht: Beere
Kennzeichen: Einjährige bis verholzte Staude. Blätter zusammengesetzt. Blüten radiär. Kronblätter 5, verwachsen, sternförmig. Staubblätter 5, verwachsen mit der Krone. Antheren zusammennneigend, mit Schlitzen. Fruchtblätter 2 (bis mehrere), verwachsen, oberständig. Plazentation zentralwinkelständig. Beere

Mandragora L.

Ableitung: antiker Pflanzenname
Vulgärnamen: D:Alraune, Alraunwurzel; E:Mandrake; F:Mandragore
Arten: 6
Lebensform: Staude
Blätter: grundständig, einfach. Nebenblätter fehlend
Blütenstand: einzeln
Blüten: zwittrig, radiär, mit Kelch und Krone. Kronblätter 5, verwachsen, glockig, trichterförmig, weiß, blauviolett, purpurn. Staubblätter 5–6, verwachsen mit der Krone. Fruchtblätter 2, verwachsen, oberständig. Narbe kopfig. Plazentation zentralwinkelständig mit vielen Samenanlagen je Fach
Frucht: Beere, ± im Kelch eingeschlossen
Kennzeichen: Staude. Blätter grundständig. Blüten einzeln, radiär. Kronblätter 5, verwachsen. Staubblätter 5–6, verwachsen mit der Krone. Fruchtblätter 2, verwachsen, oberständig. Plazentation zentralwinkelständig. Beere, ± im Kelch eingeschlossen

Mandragora autumnalis

Nicandra Adans.

Ableitung: Gattung zu Ehren von Nikandros von Kolophon, einem griechischen Dichter und Arzt des 2. Jahrhunderts v. Chr. benannt
Vulgärnamen: D:Giftbeere; E:Apple of Peru; F:Fauxcoqueret
Arten: 1
Lebensform: Einjährige
Blätter: wechselständig, einfach. Nebenblätter fehlend
Blütenstand: einzeln, seitlich
Blüten: zwittrig, radiär, mit Kelch und Krone. Kronblätter 5, verwachsen, glockig, blau, lila, weiß. Staubblätter 5, verwachsen mit der Krone. Diskus vorhanden. Fruchtfächer 3-5, mit zum Teil falschen Scheidewänden, oberständig. Narbe 3- bis 5-lappig. Plazentation zentralwinkelständig mit vielen Samenanlagen je Fach
Frucht: Beere, im Kelch eingeschlossen
Kennzeichen: Einjährige. Blüten radiär. Kronblätter 5, verwachsen. Staubblätter 5, verwachsen mit der Krone. Diskus vorhanden. Fruchtfächer 3-5, mit zum Teil falschen Scheidewänden, oberständig. Plazentation zentralwinkelständig. Beere, im Kelch eingeschlossen

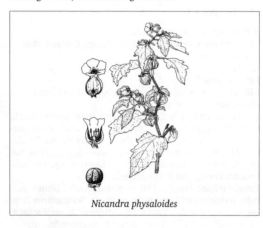

Nicandra physaloides

Nicotiana L.

Ableitung: Gattung zu Ehren von Jean Nicot de Villemain (1530-1600), einem französischen Diplomaten benannt, der den Tabak nach Frankreich brachte
Vulgärnamen: D:Tabak; E:Tobacco; F:Tabac
Arten: 67
Lebensform: Einjährige, Staude, Strauch, Zweijährige, Halbstrauch, Baum
Blätter: wechselständig, einfach. Nebenblätter fehlend
Blütenstand: Rispe, Traube, Büschel, endständig
Blüten: zwittrig, radiär oder etwas zygomorph, mit Kelch und Krone. Kronblätter 5, verwachsen, röhrenförmig, trichterförmig, stieltellerförmig, gelb, grün, rot, weiß, purpurn. Staubblätter 5, verwachsen mit der Krone. Diskus vorhanden. Fruchtblätter 2, verwachsen, oberständig. Narbe kopfig. Plazentation zentralwinkelständig mit vielen Samenanlagen je Fach
Frucht: Kapsel mit Klappen
Kennzeichen: Einjährige, Staude, Strauch, Zweijährige, Halbstrauch, Baum. Blätter wechselständig. Blüten in Rispen, Trauben oder Büscheln, endständig. Blüten radiär oder etwas zygomorph. Kronblätter 5, verwachsen. Staubblätter 5, verwachsen mit der Krone. Fruchtblätter 2, verwachsen, oberständig. Narbe kopfig. Plazentation zentralwinkelständig. Kapsel mit Klappen

Nicotiana tabacum

Nierembergia Ruiz et Pav.

Ableitung: Gattung zu Ehren von Juan Eusebio Nieremberg y Otin (1595-1658), einem spanischen Naturwissenschaftler benannt
Vulgärnamen: D:Nierembergie, Weißbecher, Becherblüte; E:Cupflower; F:Nierembergia
Arten: 23
Lebensform: Strauch, Staude
Blätter: wechselständig, einfach. Nebenblätter fehlend
Blütenstand: einzeln, endständig, seitlich
Blüten: zwittrig, radiär, mit Kelch und Krone. Kronblätter 5, verwachsen, stieltellerförmig, weiß, lila. Staubblätter 4 und 1 Staminodium, am Grund röhrig vereint, verwachsen mit der Krone. Diskus fehlend. Fruchtblätter 2, verwachsen, oberständig. Narbe 2-armig. Plazentation zentralwinkelständig mit vielen Samenanlagen je Fach
Frucht: Kapsel

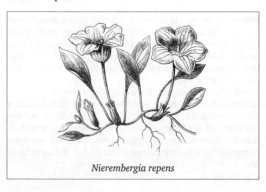

Nierembergia repens

Kennzeichen: Strauch, Staude. Blüten radiär. Kronblätter 5, verwachsen. Staubblätter 4 und 1 Staminodium, am Grund röhrig vereint, verwachsen mit der Krone. Fruchtblätter 2, verwachsen, oberständig. Plazentation zentralwinkelständig. Kapsel

Petunia Juss.

Ableitung: nach einem Pflanzennamen in Brasilien
Vulgärnamen: D:Petunie; E:Petunia; F:Pétunia
Arten: 35
Lebensform: Einjährige, Staude, zum Teil kletternd
Blätter: wechselständig oder gegenständig, einfach. Nebenblätter fehlen
Blütenstand: einzeln, seitlich
Blüten: zwittrig, radiär bis zygomorph, mit Kelch und Krone. Kronblätter 5, verwachsen, stieltellerförmig, trichterförmig, violett, weiß, purpurn, rosa, rot. Staubblätter 5, verwachsen mit der Krone. Diskus vorhanden. Fruchtblätter 2, verwachsen, oberständig. Narbe kopfig. Plazentation zentralwinkelständig mit vielen Samenanlagen je Fach
Frucht: Kapsel
Kennzeichen: Einjährige, Staude, zum Teil kletternd. Blüten einzeln, seitlich, nicht hängend. Kronblätter 5, verwachsen. Staubblätter 5, verwachsen mit der Krone. Fruchtblätter 2, verwachsen, oberständig. Plazentation zentralwinkelständig. Kapsel

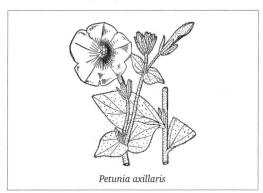

Petunia axillaris

Physalis L.

Ableitung: Blase
Vulgärnamen: D:Blasenkirsche, Erdkirsche, Judenkirsche, Lampionblume; E:Japanese Lanterns; F:Amour en cage, Lanterne chinoise
Arten: 80
Lebensform: Einjährige, Staude, Strauch
Blätter: wechselständig, gegenständig, quirlständig, einfach. Nebenblätter fehlen
Blütenstand: einzeln, Büschel, seitlich
Blüten: zwittrig, radiär, mit Kelch und Krone. Kronblätter 5, verwachsen, trichterförmig, glockig, gelb, weiß, purpurn, violett. Staubblätter 5, verwachsen mit der Krone. Fruchtblätter 2, verwachsen, oberständig. Fruchtknoten 2-fächrig. Narbe kopfig. Plazentation zentralwinkelständig mit vielen bis wenigen Samenanlagen je Fach
Frucht: Beere, im Kelch eingeschlossen

Kennzeichen: Einjährige, Staude, Strauch. Blüten radiär. Kronblätter 5, verwachsen. Staubblätter 5, verwachsen mit der Krone. Fruchtblätter 2, verwachsen, oberständig. Fruchtknoten 2-fächrig. Plazentation zentralwinkelständig. Beere, im Kelch eingeschlossen

Physalis alkekengi

Physochlaina G. Don

Ableitung: Blasen-Hülle
Arten: 6
Lebensform: Staude
Blätter: wechselständig, einfach. Nebenblätter fehlen
Blütenstand: Traube, Rispe, seitlich, endständig
Blüten: zwittrig, radiär, mit Kelch und Krone. Kronblätter 5, verwachsen, glockig, trichterförmig, weiß, gelb, purpurn, violett, grün. Staubblätter 5, verwachsen mit der Krone. Diskus vorhanden. Fruchtblätter 2, verwachsen, oberständig. Narbe 2-lappig. Plazentation zentralwinkelständig mit vielen Samenanlagen je Fach
Frucht: Deckelkapsel, im Kelch eingeschlossen

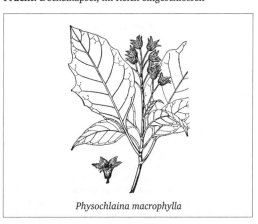

Physochlaina macrophylla

Kennzeichen: Staude. Blüten radiär. Kronblätter 5, verwachsen. Staubblätter 5, verwachsen mit der Krone. Fruchtblätter 2, verwachsen, oberständig. Narbe 2-lappig. Plazentation zentralwinkelständig. Deckelkapsel, im Kelch eingeschlossen

Salpichroa Miers

Ableitung: Farben-Trompete
Arten: 17
Lebensform: Liane, Strauch
Blätter: wechselständig, gegenständig, einfach. Nebenblätter fehlend
Blütenstand: einzeln, zu 2, seitlich
Blüten: zwittrig, radiär, mit Kelch und Krone. Kronblätter 5, verwachsen, krugförmig, weiß, gelb. Staubblätter 5, verwachsen mit der Krone. Diskus vorhanden. Fruchtblätter 2, verwachsen, oberständig. Narbe kopfig. Plazentation zentralwinkelständig mit vielen Samenanlagen je Fach
Frucht: Beere, nicht im Kelch eingeschlossen
Kennzeichen: Liane, Strauch. Blüten radiär. Kronblätter 5, verwachsen, krugförmig. Staubblätter 5, verwachsen mit der Krone. Fruchtblätter 2, verwachsen, oberständig. Plazentation zentralwinkelständig. Beere, nicht im Kelch eingeschlossen

Salpichroa origanifolia

Salpiglossis Ruiz et Pav.

Ableitung: Trompeten-Zunge
Vulgärnamen: D:Trompetenzunge; F:Salpiglossis
Arten: 2
Lebensform: Einjährige, Staude, Zweijährige
Blätter: wechselständig, einfach. Nebenblätter fehlend
Blütenstand: Rispe, Traube, einzeln
Blüten: zwittrig, ± zygomorph, mit Kelch und Krone. Kronblätter 5, verwachsen, glockig, röhrenförmig, trichterförmig, gelb, blau, violett, netzig. Staubblätter 4 und ein Staminodium, verwachsen mit der Krone. Diskus vorhanden. Fruchtblätter 2, verwachsen, oberständig. Narbe trichterförmig. Plazentation zentralwinkelständig mit vielen Samenanlagen je Fach
Frucht: Kapsel
Kennzeichen: Einjährige, Staude, Zweijährige. Blüten ± zygomorph. Kronblätter 5, verwachsen, Zipfel nicht scharf abgewinkelt. Staubblätter 4 und ein Staminodium, verwachsen mit der Krone. Fruchtblätter 2, verwachsen, oberständig. Plazentation zentralwinkelständig. Kapsel

Salpiglossis sinuata

Schizanthus Ruiz et Pav.

Ableitung: gespaltene Blüte
Vulgärnamen: D:Orchidee des armen Mannes, Schlitzblume, Spaltblume; E:Butterfly Flower; F:Schizanthe
Arten: 12
Lebensform: Einjährige
Blätter: wechselständig, zusammengesetzt. Nebenblätter fehlend
Blütenstand: Rispe, endständig
Blüten: zwittrig, zygomorph, 2-lippig mit nach oben gerichteter Unterlippe, mit Kelch und Krone. Kronblätter 5, verwachsen, purpurn, weiß, rosa, violett. Staubblätter 2 fertile, verwachsen mit der Krone. Fruchtblätter 2, verwachsen, oberständig. Plazentation zentralwinkelständig mit vielen Samenanlagen je Fach

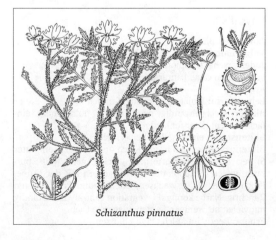

Schizanthus pinnatus

Frucht: Kapsel
Kennzeichen: Einjährige. Blüten zygomorph, 2-lippig mit nach oben gerichteter Unterlippe. Kronblätter 5, verwachsen. Staubblätter 2 fertile, verwachsen mit der Krone. Fruchtblätter 2, verwachsen, oberständig. Plazentation zentralwinkelständig. Kapsel

Scopolia Jacq.

Ableitung: Gattung zu Ehren von Giovanni Antonio Scopoli (1723–1788), einem italienischen Naturwissenschaftler benannt
Vulgärnamen: D:Tollkraut; F:Scopolia
Arten: 5
Lebensform: Staude
Blätter: wechselständig, einfach. Nebenblätter fehlend
Blütenstand: einzeln, hängend
Blüten: zwittrig, radiär, mit Kelch und Krone. Kronblätter 5, verwachsen, röhrenförmig, trompetenförmig, Zipfel reduziert, purpurn, grün. Staubblätter 5, verwachsen mit der Krone. Fruchtblätter 2, verwachsen, oberständig. Narbe keulig. Plazentation zentralwinkelständig mit vielen Samenanlagen je Fach
Frucht: Deckelkapsel, ± im Kelch eingeschlossen
Kennzeichen: Staude. Blüten einzeln, hängend, radiär. Kronblätter 5, verwachsen, Zipfel reduziert. Staubblätter 5, verwachsen mit der Krone. Fruchtblätter 2, verwachsen, oberständig. Plazentation zentralwinkelständig. Deckelkapsel, ± im Kelch eingeschlossen

Scopolia carniolica

Solandra Sw.

Ableitung: Gattung zu Ehren von Daniel Carlsson (Carl) Solander (1736–1782), einem schwedischen Botaniker benannt
Vulgärnamen: D:Goldkelch; E:Chalice Vine; F:Solandra
Arten: 10
Lebensform: Liane
Blätter: wechselständig, einfach. Nebenblätter fehlend
Blütenstand: einzeln
Blüten: zwittrig, radiär, mit Kelch und Krone. Kronblätter 5, verwachsen, trichterförmig, weiß, gelb, grünlich weiß. Staubblätter 5, verwachsen mit der Krone. Fruchtblätter 2, durch falsche Scheidewände 4-fächrig, verwachsen, oberständig. Narbe 2-lappig. Plazentation zentralwinkelständig mit vielen Samenanlagen je Fach
Frucht: Beere, im Kelch eingeschlossen
Kennzeichen: Liane. Blüten einzeln, radiär. Kronblätter 5, verwachsen. Staubblätter 5, verwachsen mit der Krone. Fruchtblätter 2, durch falsche Scheidewände 4-fächrig, verwachsen, oberständig. Plazentation zentralwinkelständig. Beere, im Kelch eingeschlossen

Solandra guttata

Solanum L.

Ableitung: antiker Pflanzenname
Vulgärnamen: D:Aubergine, Eierfrucht, Kartoffel, Nachtschatten; E:Eggplant, Nightshade, Potato; F:Aubergine, Morelle, Pomme de terre
Arten: 1400–1700
Lebensform: Baum, Strauch, Liane, Staude, Halbstrauch, Einjährige
Blätter: wechselständig, obere teilweise gegenständig, einfach oder zusammengesetzt. Nebenblätter fehlend
Blütenstand: einzeln, cymös, Dolde, Traube
Blüten: zwittrig, radiär, mit Kelch und Krone. Kronblätter 5, verwachsen, sternförmig, glockig, gelb, blau, violett, purpurn, weiß. Staubblätter 5, selten 4 oder 6, verwachsen mit der Krone. Antheren zusammenneigend, mit endständigen Poren. Fruchtblätter 2, verwachsen, oberständig. Narbe kopfig, 2-teilig, 2-lappig. Plazentation zentralwinkelständig mit vielen Samenanlagen je Fach
Frucht: Beere, nicht im Kelch eingeschlossen
Kennzeichen: Baum, Strauch, Liane, Staude, Halbstrauch, Einjährige. Blüten radiär. Kronblätter 5, verwachsen. Staubblätter 5, selten 4 oder 6, verwachsen mit der Krone. Antheren zusammenneigend, mit endständigen Poren. Fruchtblätter 2, verwachsen, oberständig. Plazentation zentralwinkelständig. Beere

Solanum dulcamara

Streptosolen Miers

Ableitung: gedrehte Röhre
Vulgärnamen: D:Drehkrone; E:Firebush; F:Streptosolen
Arten: 1
Lebensform: Strauch, ± kletternd, immergrün oder laubwerfend
Blätter: wechselständig, einfach. Nebenblätter fehlend
Blütenstand: Schirmrispe, endständig
Blüten: zwittrig, radiär, mit Kelch und Krone. Kronröhre gebogen. Kronblätter 5, verwachsen, stieltellerförmig, gelb, orange. Staubblätter 4, verwachsen mit der Krone, ohne Staminodien. Fruchtblätter 2, verwachsen, oberständig. Narbe 2-lappig. Plazentation zentralwinkelständig mit vielen Samenanlagen je Fach

Streptosolen jamesonii

Frucht: Kapsel
Kennzeichen: Strauch, ± kletternd, immergrün oder laubwerfend. Blüten radiär. Kronröhre gebogen. Kronblätter 5, verwachsen. Staubblätter 4, verwachsen mit der Krone, ohne Staminodien. Fruchtblätter 2, verwachsen, oberständig. Plazentation zentralwinkelständig. Kapsel

Vestia Willd.

Ableitung: Gattung zu Ehren von Lorenz Chrysanth von Vest (1776–1840), einem österreichischen Arzt Chemiker und Botaniker benannt
Arten: 1
Lebensform: Strauch, immergrün
Blätter: wechselständig, einfach. Nebenblätter fehlend
Blütenstand: zu 1–4 hängend, seitlich
Blüten: zwittrig, radiär, mit Kelch und Krone. Kronblätter 5, verwachsen, röhrenförmig bis trichterförmig, gelbgrün, gelb und rötlich. Staubblätter 5, verwachsen mit der Krone, herausragend. Fruchtblätter 2, verwachsen, oberständig. Plazentation zentralwinkelständig mit vielen Samenanlagen je Fach
Frucht: Kapsel
Kennzeichen: Strauch, immergrün. Blüten zu 1–4 hängend, seitlich, radiär. Kronblätter 5, verwachsen. Staubblätter 5, verwachsen mit der Krone, herausragend. Fruchtblätter 2, verwachsen, oberständig. Plazentation zentralwinkelständig. Kapsel

Withania Pauquy

Ableitung: Gattung zu Ehren von Withan im 18.1–29. Jahrhundert benannt
Arten: 10
Lebensform: Strauch
Blätter: wechselständig oder gegenständig, einfach. Nebenblätter fehlend
Blütenstand: einzeln, cymös
Blüten: zwittrig, eingeschlechtig, radiär, mit Kelch und Krone. Kronblätter 5, verwachsen, glockig, weiß. Staubblätter 5, verwachsen mit der Krone. Fruchtblätter 2, verwachsen, oberständig. Narbe kopfig, 2-lappig. Plazentation zentralwinkelständig mit vielen Samenanlagen je Fach

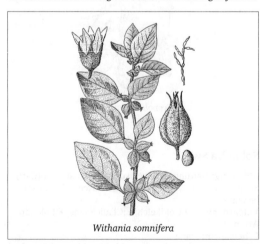

Withania somnifera

Frucht: Beere, im Kelch eingeschlossen
Kennzeichen: Strauch. Blüten radiär. Kronblätter 5, verwachsen. Staubblätter 5, verwachsen mit der Krone. Fruchtblätter 2, verwachsen, oberständig. Plazentation zentralwinkelständig. Beere, im Kelch eingeschlossen

Sonneratiaceae

Sonneratia L. f.

Ableitung: Gattung zu Ehren von Pierre Sonnerat (1748–1814), einem französischen Botaniker benannt
Vulgärnamen: D:Sonneratie; F:Sonnératia
Arten: 6
Lebensform: Baum
Blätter: gegenständig, einfach. Nebenblätter vorhanden
Blütenstand: einzeln, bis zu 3
Blüten: zwittrig, radiär. Kelchblätter 4–8. Kronblätter 4–8, frei. Staubblätter viele, frei und frei von der Krone. Fruchtblätter 10–20, verwachsen, oberständig. Plazentation zentralwinkelständig
Frucht: Beere
Kennzeichen: Baum. Nebenblätter vorhanden. Kronblätter 4–8, frei. Staubblätter viele. Fruchtblätter 10–20, verwachsen, oberständig. Plazentation zentralwinkelständig. Beere

Sonneratia caseolaris

Stachyuraceae Perlschweifgewächse

Stachyurus Siebold et Zucc.

Ableitung: Ähren-Schwanz
Vulgärnamen: D:Perlschweif, Schweifähre; F:Stachyurus
Arten: 16
Lebensform: Strauch, Baum, immergrün, laubwerfend
Blätter: wechselständig, einfach. Nebenblätter vorhanden
Blütenstand: Traube, Ähre
Blüten: zwittrig, eingeschlechtig, radiär. Kelchblätter 4. Kronblätter 4, verwachsen, gelb, rosa. Staubblätter 8, frei. Fruchtblätter 4, verwachsen, oberständig. Plazentation parietal
Frucht: Beere
Kennzeichen: Strauch, Baum, immergrün, laubwerfend. Nebenblätter vorhanden. Blüten in Ähren oder Trauben, radiär. Kronblätter 4, verwachsen. Staubblätter 8. Fruchtblätter 4, verwachsen, oberständig. Plazentation parietal. Beere

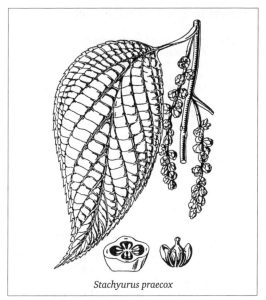

Stachyurus praecox

Staphyleaceae Pimpernussgewächse

Staphylea L.

Ableitung: nach einem antiken Pflanzennamen
Vulgärnamen: D:Pimpernuss; E:Bladdernut; F:Fauxpistachier, Staphilier
Arten: 11
Lebensform: Strauch, Baum, laubwerfend
Blätter: gegenständig, 3-zählig bis unpaarig gefiedert. Nebenblätter vorhanden
Blütenstand: Rispe, endständig
Blüten: zwittrig, radiär. Kelchblätter 5. Kronblätter 5, frei, weiß, rosa, frei und frei von der Krone. Fruchtblätter 2, verwachsen, oberständig. Plazentation zentralwinkelständig
Frucht: Kapsel, aufgeblasen. Samen nussartig
Kennzeichen: Strauch, Baum, laubwerfend. Blätter gegenständig, mit 3–7 Blättchen, mit Nebenblättern. Blüten radiär. Kronblätter 5, frei. Staubblätter 5. Fruchtblätter 2, verwachsen, oberständig. Plazentation zentralwinkelständig. Kapsel, aufgeblasen mit nussartigen Samen

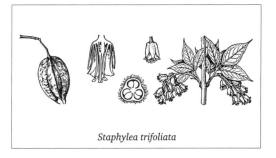

Staphylea trifoliata

Sterculiaceae Kakaogewächse

1 Blüten mit Kelch und gut entwickelter Krone
  2 Frucht eine Kapsel
    3 Staubblätter 5 fruchtbare
      4 Staubblätter 5 . . . . **Hermannia**
      4 Staubblätter 5 und 5 Staminodien . . . **Abroma**
    3 Staubblätter 10-25 . . . . **Dombeya**
  2 Frucht keine Kapsel
    5 Blätter einfach, fiedernervig. Staubblätter 5 und 5 Staminodien. Frucht beerenartig . . . .
      . . . . **Theobroma**
    5 Blätter handnervig. Staubblätter 20-30 und 5 Staminodien. Frucht 5 Schließfrüchte. . . . .
      . . . . **Triplochiton**
1 Blüten nur mit gefärbtem Kelch oder Krone nur schuppenförmig
  6 Fruchtblätter frei oder fast frei
    7 Samen geflügelt . . . . **Pterygota**
    7 Samen nicht geflügelt
      8 Antheren in regelmäßigem Ring . . . . . . **Cola**
      8 Antheren unregelmäßig zueinander stehend
        9 Balgfrucht holzig
          10 Griffel zungenförmig. Samen bekannt . . .
            . . . . **Brachychiton**
          10 Griffel schildförmig oder gelappt am End. Samen kahl . . . . **Sterculia**
        9 Balgfrucht häutig, früh aufspringend . . . . .
          . . . . **Firmiana**
  6 Fruchtblätter verwachsen
    11 Blüten einzeln. Staubfäden zu einer langen Röhre verwachsen. ohne Staminodien. . . . .
      . . . . **Fremontodendron**
    11 Blüten in Schirmtauben. Staubfäden höchstens zu einer kurzen Röhre verwachsen, mit oder ohne Staminodien. . . . . **Thomasia**

Abroma Jacq.

Ableitung: nicht ernährende Pflanze
Arten: 2
Lebensform: Baum, Strauch, immergrün
Blätter: wechselständig, einfach, ganzrandig oder handförmig gelappt. Nebenblätter vorhanden
Blütenstand: Schirmtraube, endständig, seitlich
Blüten: zwittrig, radiär. Kelchblätter 5. Kronblätter 5, dunkelrot bis gelblich, purpurn. Androgynophor nahezu fehlend. Staubblätter 5 und 5 Staminodien, verwachsen zu einer kurzen Röhre. Fruchtblätter 5, verwachsen, oberständig. Plazentation zentralwinkelständig, Samenanlagen viele je Fach
Frucht: Kapsel. Samen mit Nährgewebe
Kennzeichen: Baum, Strauch, immergrün. Blüten radiär. Kronblätter 5. Staubblätter 5 und 5 Staminodien, verwachsen zu einer kurzen Röhre. Fruchtblätter 5, verwachsen, oberständig. Plazentation zentralwinkelständig. Kapsel

Abroma augustum

Brachychiton Schott et Endl.

Ableitung: kurzes Gewand
Vulgärnamen: D:Flaschenbaum; E:Bottle Tree; F:Sterculier
Arten: 31
Lebensform: Baum, Strauch, immergrün, laubwerfend
Blätter: wechselständig, einfach, handförmig gelappt. Nebenblätter vorhanden
Blütenstand: Rispe, seitlich
Blüten: eingeschlechtig, radiär. Kelchblätter 4-8, weiß, rot, grün. Kronblätter fehlend. Androgynophor vorhanden. Staubblätter 10-30, verwachsen zu einer Röhre. Fruchtblätter 5, frei, oberständig. Samenanlagen 2 bis viele je Fach
Frucht: Bälge. Samen mit Nährgewebe
Kennzeichen: Baum, Strauch, immergrün, laubwerfend. Blätter handförmig gelappt. Blüten eingeschlechtig. Kelchblätter 4-8. Kronblätter fehlend. Staubblätter 10-30, verwachsen zu einer Röhre. Fruchtblätter 5, frei, oberständig. Griffel zungenförmig am Ende. Bälge mit behaarten Samen

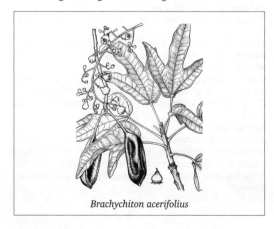

Brachychiton acerifolius

Cola Schott et Endl.

Ableitung: nach einem Pflanzennamen aus Westafrika
Vulgärnamen: D:Kolabaum, Kolanuss; E:Cola; F:Colatier
Arten: c. 125
Lebensform: Baum, Strauch, immergrün
Blätter: wechselständig, einfach, selten gefingert. Nebenblätter vorhanden
Blütenstand: Büschel, Rispe, seitlich
Blüten: zwittrig oder eingeschlechtig, radiär. Kelchblätter 3–7. Kronblätter fehlend. Androgynophor fehlend. Staubblätter 5–24, verwachsen zu einer Röhre. Fruchtblätter 3–14, ± frei, oberständig, Samenanlagen 2 bis 20 je Fach
Frucht: Bälge. Samen ohne Nährgewebe
Kennzeichen: Baum, Strauch, immergrün. Kelchblätter 3–7. Kronblätter fehlend. Staublätter 5–24, verwachsen zu einer Röhre. Antheren in regelmäßigem Ring. Fruchtblätter 3–14, ± frei, oberständig. Bälge

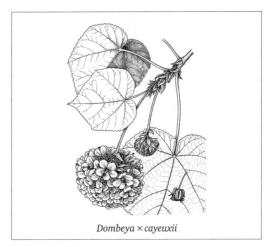

Dombeya × cayeuxii

Cola nitida

Dombeya Cav.

Ableitung: Gattung zu Ehren von Joseph Dombey (1742–1794), einem französischen Arzt und Forschungsreisenden in Südamerika benannt
Vulgärnamen: D:Hortensienbaum; F:Hortensia en arbre
Arten: 225
Lebensform: Strauch, Baum, laubwerfend, immergrün
Blätter: wechselständig, einfach, handförmig gelappt. Nebenblätter vorhanden
Blütenstand: Schirmtraube, Köpfchen, einzeln, zu 2, seitlich
Blüten: eingeschlechtig, zwittrig, radiär. Kelchblätter 5. Kronblätter 5, weiß, rosa, red, gelb. Androgynophor fehlend. Staubblätter 10–25, verwachsen zu einer Röhre. Fruchtblätter 2–6, verwachsen, oberständig. Plazentation zentralwinkelständig, Samenanlagen 12–16 je Fach
Frucht: Kapsel, fachspaltig. Samen mit Nährgewebe
Kennzeichen: Strauch, Baum, laubwerfend, immergrün. Blätter handförmig gelappt. Blüten radiär. Kronblätter 5. Staublätter 10–25, verwachsen zu einer Röhre. Fruchtblätter 2–6, verwachsen, oberständig. Plazentation zentralwinkelständig. Kapsel

Firmiana Marsili

Ableitung: Gattung zu Ehren von Carl Joseph Graf von Firmian (1716–1782), einem österreichischen Staatsmann benannt
Vulgärnamen: D:Sonnenschirmbaum; E:Parasol Tree; F:Firmiana
Arten: 12
Lebensform: Baum, Strauch, laubwerfend
Blätter: wechselständig, einfach, handförmig gelappt. Nebenblätter vorhanden
Blütenstand: Rispe, seitlich, endständig
Blüten: eingeschlechtig, radiär. Kelchblätter 5, gelb, orange, rot, grüngelb, weißlich. Kronblätter fehlend. Androgynophor vorhanden. Staubblätter 10–15, verwachsen zu einer Röhre. Fruchtblätter 5, frei, oberständig. Samenanlagen 2–6 je Fruchtblatt
Frucht: Bälge, häutig und früh aufspringend. Samen mit Nährgewebe
Kennzeichen: Baum, Strauch, laubwerfend. Blüten eingeschlechtig, radiär. Kelchblätter 5. Kronblätter fehlend. Staublätter 10–15, verwachsen zu einer Röhre. Fruchtblätter 5, frei, oberständig. Bälge, häutig und früh aufspringend

Firmiana simplex

Fremontodendron Coville

Ableitung: Frémonts Baum, Gattung zu Ehren von John Charles Frémont (1813–1890), einem nordamerikanischen Naturforscher benannt
Vulgärnamen: D:Flanellstrauch; E:Flannel Bush; F:Arbre-à-flanelle
Arten: 3
Lebensform: Strauch, Baum, immergrün
Blätter: wechselständig, einfach, ± gelappt. Nebenblätter vorhanden
Blütenstand: einzeln, seitlich
Blüten: zwittrig, radiär. Kelchblätter 5, gelb, orange, kupferfarben. Kronblätter fehlend. Androgynophor fehlend. Staubblätter 5, verwachsen zu einer langen Röhre. Fruchtblätter 5, verwachsen, oberständig. Plazentation zentralwinkelständig, Samenanlagen viele je Fach
Frucht: Kapsel, fachspaltig. Samen mit Nährgewebe
Kennzeichen: Baum, Strauch, immergrün. Blüten radiär. Kelchblätter 5, gelb bis kupferfarben. Kronblätter fehlend. Staubblätter 5, verwachsen zu einer langen Röhre. Fruchtblätter 5, verwachsen, oberständig. Plazentation zentralwinkelständig. Kapsel fachspaltig

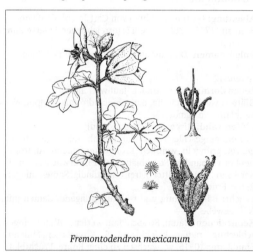

Fremontodendron mexicanum

Hermannia L.

Ableitung: Gattung zu Ehren von Paul Hermann (1646–1695), einem niederländischen Botaniker deutscher Herkunft benannt
Vulgärnamen: D:Hermannie, Honigglöckchen; E:Honeybells; F:Hermannia
Arten: 100+
Lebensform: Strauch, Halbstrauch
Blätter: wechselständig, einfach, ganzrandig bis gelappt. Nebenblätter vorhanden oder fehlend
Blütenstand: einzeln, Rispe, seitlich, endständig
Blüten: zwittrig, radiär. Kelchblätter 5. Kronblätter 5, gelb, rot, violett. Androgynophor fehlend. Staubblätter 5, verwachsen oder frei. Fruchtblätter 5, verwachsen, oberständig. Plazentation zentralwinkelständig, Samenanlagen 3–30 je Fach
Frucht: Kapsel, fachspaltig. Samen mit Nährgewebe
Kennzeichen: Strauch, Halbstrauch. Blüten radiär. Kronblätter 5. Staubblätter 5, verwachsen oder frei. Fruchtblätter 5, verwachsen, oberständig. Kapsel, fachspaltig

Pterygota Schott et Endl.

Ableitung: geflügelte Pflanze
Arten: 15
Lebensform: Baum
Blätter: wechselständig, einfach, ganzrandig bis gelappt. Nebenblätter vorhanden
Blütenstand: Rispe, seitlich
Blüten: eingeschlechtig, radiär. Kelchblätter 5, selten 3–4. Kronblätter fehlend. Androgynophor vorhanden oder fehlend. Staubblätter etwa 25, verwachsen zu einer Röhre. Fruchtblätter 3–5, frei, oberständig. Samenanlagen viele je Fach
Frucht: Bälge. Samen mit Nährgewebe
Kennzeichen: Baum. Kelchblätter 5, selten 3–4. Kronblätter fehlend. Staubblätter etwa 25, verwachsen zu einer Röhre. Fruchtblätter 3–5, frei, oberständig. Bälge mit geflügelten Samen

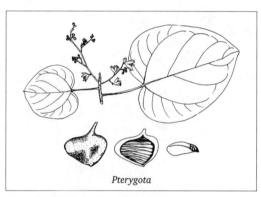

Pterygota

Sterculia L.

Ableitung: Dünger-Pflanze
Vulgärnamen: D:Sterkulie, Stinkbaum; F:Pois puant, Sterculier
Arten: 200–300
Lebensform: Baum, immergrün, laubwerfend
Blätter: wechselständig, einfach oder gefingert. Nebenblätter vorhanden
Blütenstand: Traube, Rispe, seitlich
Blüten: zwittrig oder eingeschlechtig, radiär. Kelchblätter 4–5. Kronblätter fehlend. Androgynophor vorhanden. Staubblätter 4–45, verwachsen zu einer kurzen Röhre, Antheren unregelmäßig zueinander stehend. Fruchtblätter 5, ± frei, oberständig. Griffel am Ende schildförmig oder gelappt. Samenanlagen 2–20 je Fach
Frucht: Bälge holzig. Samen kahl, mit Nährgewebe
Kennzeichen: Baum, immergrün oder laubwerfend. Blüten radiär. Kelchblätter 4–5. Kronblätter fehlend. Staubblätter 4–45, verwachsen zu einer kurzen Röhre. Antheren unregelmäßig zueinander stehend. Fruchtblätter 5, ± frei, oberständig. Griffel am Ende schildförmig oder gelappt. Bälge holzig, mit kahlen Samen

Sterculiaceae Kakaogewächse 859

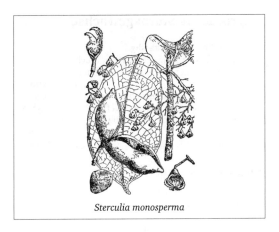
Sterculia monosperma

Theobroma L.
Ableitung: Götter-Speise
Vulgärnamen: D:Kakaobaum; E:Cacao; F:Cacaoyer, Théobrome
Arten: 20
Lebensform: Baum, immergrün
Blätter: wechselständig, einfach, ganzrandig, fiedernervig. Nebenblätter vorhanden
Blütenstand: Büschel, einzeln, seitlich
Blüten: zwittrig, radiär. Kelchblätter 5. Kronblätter 5, fast immer mit Anhängsel. Androgynophor fehlend. Staubblätter 5 und 5 Staminodien, verwachsen zu einer kurzen Röhre. Fruchtblätter 3–6, verwachsen, oberständig. Plazentation zentralwinkelständig, Samenanlagen viele je Fach
Frucht: Beere. Samen ohne Nährgewebe
Kennzeichen: Baum, immergrün. Blüten radiär. Kronblätter 5, fast immer mit Anhängsel. Staubblätter 5 und 5 Staminodien, verwachsen zu einer kurzen Röhre. Fruchtblätter 3–6, verwachsen, oberständig. Plazentation zentralwinkelständig. Beere

Theobroma cacao

Thomasia J. Gay
Ableitung: Gattung zu Ehren von Pierre Thomas, einem schweizerischen Amateur-Botaniker des 18. Jahrhunderts und seinem Sohn, Abram Thomas (1740–1822), benannt
Arten: 32
Lebensform: Strauch, immergrün
Blätter: wechselständig, einfach, ganzrandig bis gelappt. Nebenblätter vorhanden oder fehlend
Blütenstand: Schirmtraube, seitlich
Blüten: zwittrig, radiär. Kelchblätter 5. Kronblätter fehlend oder 5 schuppenförmige, weiß, rosa, lila, blau. Androgynophor fehlend. Staubblätter 5, mit oder ohne Staminodien, verwachsen zu einer kurzen Röhre oder frei. Antheren mit Poren. Fruchtblätter 3–5, verwachsen, oberständig. Plazentation zentralwinkelständig, Samenanlagen 2–20 je Fach
Frucht: Kapsel, fachspaltig. Samen mit Nährgewebe
Kennzeichen: Strauch, immergrün. Blüten in Schirmtrauben. Blüten radiär. Kelchblätter 5. Kronblätter fehlend oder 5 schuppenförmig. Staubblätter 5, verwachsen zu einer kurzen Röhre oder frei. Antheren mit Poren. Fruchtblätter 3–5, verwachsen, oberständig. Plazentation zentralwinkelständig. Kapsel fachspaltig

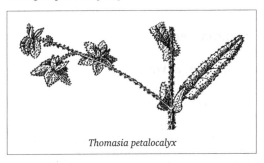
Thomasia petalocalyx

Triplochiton K. Schum.
Ableitung: dreifache Blütenhülle
Arten: 3
Lebensform: Baum
Blätter: wechselständig, einfach, handförmig gelappt. Nebenblätter vorhanden
Blütenstand: cymös, Rispe, seitlich
Blüten: zwittrig oder eingeschlechtig, radiär. Kelchblätter 5. Kronblätter 5, weiß, rot. Androgynophor vorhanden. Staubblätter 20–30 und 5 Staminodien, verwachsen zu einer Röhre. Fruchtblätter 5, verwachsen, oberständig. Plazentation zentralwinkelständig, Samenanlagen 12–4 je Fach
Frucht: Spaltfrucht mit 5 1-samigen Teilfrüchten. Samen mit Nährgewebe
Kennzeichen: Baum. Blüten radiär. Kronblätter 5. Staublätter 20–30 und 5 Staminodien, verwachsen zu einer Röhre. Fruchtblätter 5, verwachsen, oberständig. Spaltfrucht mit 5 1-samigen Teilfrüchten

Triplochiton scleroxylon

Stylidiaceae

Stylidium Sw. ex Willd.

Ableitung: kleine Säule
Vulgärnamen: D:Säulenblume
Arten: 126
Lebensform: Einjährige, Staude
Blätter: grundständig, einfach. Nebenblätter fehlend
Blütenstand: Traube, Schirmrispe, cymös
Blüten: zwittrig, zygomorph. Kelchblätter 5. Kronblätter 5, verwachsen. Staubblätter 2, verwachsen, frei von der Krone. Fruchtblätter 2, verwachsen, unterständig
Frucht: Kapsel
Kennzeichen: Einjährige, Staude. Blätter grundständig. Blüten zygomorph. Kronblätter 5, verwachsen. Staubblätter 2, verwachsen, frei von der Krone. Fruchtblätter 2, verwachsen, unterständig. Kapsel

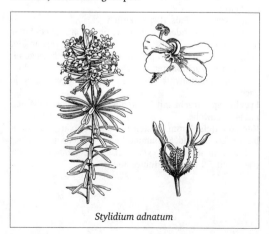

Stylidium adnatum

Styracaceae Storaxgewächse

1 Fruchtknoten oberständig
2 Staubfäden röhrig verwachsen. Frucht eine Kapsel. Samen mit geflügelten Enden. . . . . . .
. . . . **Alniphyllum**
2 Staubfäden höchstens unten verwachsen. Frucht eine Steinfrucht. Samen ungeflügelt. . . . . **Styrax**
1 Fruchtknoten halbunterständig oder unterständig
3 Kronblätter 5. . . . . **Pterostyrax**
3 Kronblätter 4. . . . . **Halesia**

Alniphyllum Matsum.

Ableitung: mit Erlen-Blättern
Vulgärnamen: D:Erlenblatt
Arten: 3
Lebensform: Strauch, Baum
Blätter: wechselständig, einfach. Nebenblätter fehlend
Blütenstand: Traube, einzeln
Blüten: zwittrig, radiär. Kelchblätter 5. Kronblätter 5, verwachsen, weiß, rosa. Staubblätter röhrig verwachsen. Fruchtblätter 5, verwachsen, oberständig. Plazentation zentralwinkelständig
Frucht: Kapsel
Kennzeichen: Strauch, Baum. Blüten radiär. Kronblätter 5, verwachsen. Staubblätter röhrig verwachsen. Fruchtblätter 5, verwachsen, oberständig. Plazentation zentralwinkelständig. Kapsel

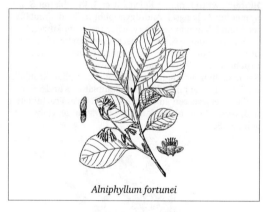

Alniphyllum fortunei

Halesia J. Ellis ex L.

Ableitung: Gattung zu Ehren von Stephen Hales (1677–1761), einem englischen Botaniker benannt
Vulgärnamen: D:Schneeglöckchenbaum; E:Silver Bell, Snowdrop Tree; F:Halésia
Arten: 5
Lebensform: Baum, laubwerfend
Blätter: wechselständig, einfach. Nebenblätter fehlend
Blütenstand: Büschel, einzeln
Blüten: zwittrig, radiär. Kelchblätter 4. Kronblätter 4, verwachsen, weiß, rosa. Staubblätter 8–16, verwachsen mit der Krone. Fruchtblätter 2–4, verwachsen, unterständig. Plazentation zentralwinkelständig
Frucht: Steinfrucht

Kennzeichen: Baum, laubwerfend. Blüten radiär. Kronblätter 4, verwachsen. Staubblätter 8–16, mit der Krone verwachsen. Fruchtblätter 2–4, verwachsen, unterständig. Plazentation zentralwinkelständig. Steinfrucht

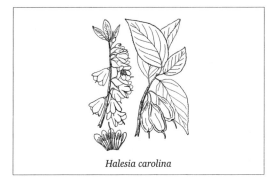

Halesia carolina

Pterostyrax Siebold et Zucc.

Ableitung: Flügel-Styrax
Vulgärnamen: D:Flügelstorax; E:Epaulette Tree; F:Styrax ailé
Arten: 3
Lebensform: Strauch, Baum, laubwerfend
Blätter: wechselständig, einfach. Nebenblätter fehlend
Blütenstand: Rispe
Blüten: zwittrig, radiär. Kelchblätter 5. Kronblätter 5, frei oder verwachsen, weiß. Staubblätter 10, frei oder verwachsen, mit der Krone verwachsen. Fruchtblätter 3–5, verwachsen, unterständig. Plazentation zentralwinkelständig
Frucht: Steinfrucht
Kennzeichen: Strauch, Baum, laubwerfend. Blüten radiär. Kronblätter 5, weiß. Staubblätter 10, verwachsen mit der Krone. Fruchtblätter 3–5, verwachsen, unterständig. Plazentation zentralwinkelständig. Steinfrucht

Pterostyrax corymbosa

Styrax L.

Ableitung: antiker Pflanzenname
Vulgärnamen: D:Storaxbaum; E:Snowbell, Storax; F:Alibouﬁer, Styrax
Arten: c. 120
Lebensform: Strauch, Baum, immergrün, laubwerfend

Blätter: wechselständig, einfach. Nebenblätter fehlend
Blütenstand: Traube, einzeln, Rispe, Büschel
Blüten: zwittrig, eingeschlechtig, radiär. Kelchblätter meist 5. Kronblätter 5–10, verwachsen, weiß. Staubblätter 10–16, verwachsen und mit der Krone verwachsen. Fruchtblätter 3–5, verwachsen, oberständig. Plazentation zentralwinkelständig
Frucht: Steinfrucht
Kennzeichen: Strauch, Baum, immergrün oder laubwerfend. Blüten radiär. Kronblätter 5–10, verwachsen, weiß. Staubblätter 10–16, verwachsen und mit der Krone verwachsen. Fruchtblätter 3–5, verwachsen, oberständig. Plazentation zentralwinkelständig. Steinfrucht

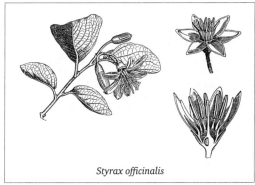

Styrax officinalis

Symplocaceae Rechenblumengewächse

Symplocos Jacq.

Ableitung: zusammengeflochten
Vulgärnamen: D:Rechenblume, Saphirbeere; F:Symplocos
Arten: c. 250
Lebensform: Baum, Strauch, laubwerfend, immergrün
Blätter: wechselständig, einfach. Nebenblätter fehlend
Blütenstand: Büschel, Traube, Rispe, Ähre
Blüten: zwittrig, eingeschlechtig, radiär. Kelchblätter (3-)5. Kronblätter 5 selten 4–11, frei oder verwachsen, weiß, selten gelb. Staubblätter 4 bis viele, frei oder verwachsen, verwachsen mit der Krone. Fruchtblätter 2–5, verwachsen, unterständig bis halbunterständig. Plazentation zentralwinkelständig
Frucht: Steinfrucht
Kennzeichen: Baum, Strauch, laubwerfend, immergrün. Blätter wechselständig. Blüten radiär. Kelchblätter meist 5. Kronblätter 5, selten 4–11. Staubblätter 4 bis viele, verwachsen mit der Krone. Fruchtblätter 2–5, verwachsen, halbunterständig bis unterständig. Plazentation zentralwinkelständig. Steinfrucht

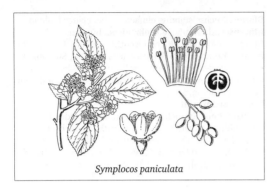
Symplocos paniculata

Tamaricaceae Tamariskengewächse

1 Blüten einzeln. Staubblätter viele. Samen ringsum behaart .... **Reaumuria**
1 Blüten in Trauben oder Ähren. Staubblätter 4–12. Samen oben mit Haarschopf
  2 Staubfäden höchstens am Grund verwachsen . . . . **Tamarix**
  2 Staubfäden deutlich verwachsen . . . . **Myricaria**

Myricaria Desv.

Ableitung: Myrica-Pflanze
Vulgärnamen: D:Rispelstrauch; E:Myrtle; F:Fauxtamaris, Miricaire
Arten: c. 10 (4–20)
Lebensform: Strauch, Halbstrauch, laubwerfend
Blätter: wechselständig, einfach, mit Salzdrüsen. Nebenblätter fehlend
Blütenstand: Traube
Blüten: zwittrig, radiär. Kelchblätter 5. Kronblätter 5, frei, weiß, rosa. Staubblätter 10, verwachsen, frei von der Krone. Fruchtblätter 3, verwachsen, oberständig. Plazentation parietal
Frucht: Kapsel. Samen mit Flughaaren
Kennzeichen: Strauch, Halbstrauch, laubwerfend. Blüten in Trauben, radiär. Kronblätter 5, frei. Staubblätter 10, verwachsen. Fruchtblätter 3, verwachsen, oberständig. Plazentation parietal. Kapsel. Samen mit Flughaaren

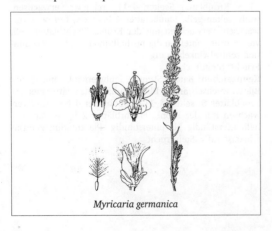
Myricaria germanica

Reaumuria L.

Ableitung: Gattung zu Ehren von René Antoine Fourchault de Réaumur (1683–1757), einem französischen Biologen benannt
Arten: 12
Lebensform: Strauch, laubwerfend
Blätter: wechselständig, einfach, mit Salzdrüsen. Nebenblätter fehlend
Blütenstand: einzeln, endständig
Blüten: zwittrig, radiär. Kelchblätter 5. Kronblätter 5, frei. Staubblätter viele, frei oder in 5 Bündeln, frei von der Krone. Fruchtblätter 5, verwachsen, oberständig. Plazentation parietal
Frucht: Kapsel. Samen mit Flughaaren
Kennzeichen: Strauch, laubwerfend. Blüten einzeln, radiär. Kronblätter 5, frei. Staubblätter viele, frei oder in 5 Bündeln. Fruchtblätter 5, verwachsen, oberständig. Plazentation parietal. Kapsel. Samen mit Flughaaren

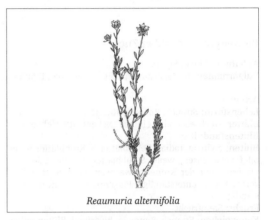
Reaumuria alternifolia

Tamarix L.

Ableitung: nach einem arabischen Pflanzennamen
Vulgärnamen: D:Tamariske; E:Salt Cedar, Tamarisk; F:Tamaris
Arten: 54

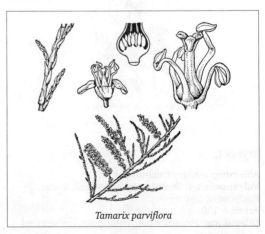
Tamarix parviflora

Lebensform: Baum, Strauch, laubwerfend
Blätter: wechselständig, einfach, schuppenförmig bis pfriemlich, mit Salzdrüsen. Nebenblätter fehlend
Blütenstand: Traube
Blüten: zwittrig, radiär. Kelchblätter 4-5. Kronblätter 4-5, frei, weiß, rosa. Staubblätter 4-12, frei oder am Grund verwachsen, frei von der Krone. Fruchtblätter 2-5, verwachsen, oberständig. Plazentation parietal
Frucht: Kapsel. Samen mit Flughaaren
Kennzeichen: Baum, Strauch, laubwerfend. Blüten in Trauben, radiär. Kronblätter 4-5, frei. Staubblätter 4-12, frei. Fruchtblätter 2-5, verwachsen, oberständig. Plazentation parietal. Kapsel. Samen mit Flughaaren

Tetracentraceae

siehe unter Trochodendraceae S. 869

Theaceae Teestrauchgewächse

1 Frucht eine Schließfrucht, Beere oder fleischige Kapsel. Antheren basifix
  2 Fruchtknoten halbunterständig. Frucht nussartig. (Blüten zwittrig) . . . .**Visnea**
  2 Fruchtknoten oberständig
    3 Blüten eingeschlechtig. (Frucht eine Beere) . . . . **Eurya**
    3 Blüten zwittrig. (Frucht eine Beere oder fleischige Kapsel)
      4 Kelch- und Kronblätter abwechselnd stehend. Frucht eine Beere. Samen viele je Fach . . . . **Cleyera**
      4 Kelch- und Kronblätter gegenüberstehend. Frucht eine fleischige Kapsel. Samen 2-4 je Fach . . . .**Ternstroemia**
1 Frucht eine trockene Kapsel. Antheren beweglich
  5 Deckblätter mehrere. Kelchblätter in Kronblätter übergehend . . . . **Camellia**
  5 Deckblätter 2. Kelch und Krone deutlich getrennt
    6 Pflanzen immergrün . . . . **Gordonia**
    6 Pflanzen laubwerfend
      7 Samenanlagen 4-8 je Fach. Kapsel von oben fachspaltig, von unten wandspaltig aufspringend . . . .**Frankenia**
      7 Samenanlagen 2 je Fach . . . . **Stewartia**

Camellia L.

Ableitung: Gattung zu Ehren von Georg Joseph Kamel (1661-1706), einem mährischen Botaniker auf den Philippinen benannt
Vulgärnamen: D:Kamelie, Teestrauch; E:Camellia; F:Camélia, Théier
Arten: c. 200
Lebensform: Baum, Strauch, immergrün
Blätter: wechselständig, einfach. Nebenblätter fehlend
Blütenstand: einzeln, Büschel
Blüten: zwittrig, radiär. Kelchblätter 5-21. Kronblätter 5-14, am Grund + verwachsen, weiß, rosa, gelb, rot. Staubblätter viele, verwachsen, verwachsen mit der Krone. Fruchtblätter 3-5, verwachsen, oberständig. Plazentation zentralwinkelständig
Frucht: Kapsel

Kennzeichen: Baum, Strauch, immergrün. Blüten radiär. Kronblätter 5-14, + verwachsen. Staubblätter viele, verwachsen und mit der Krone verwachsen. Fruchtblätter 3-5, verwachsen, oberständig. Plazentation zentralwinkelständig. Kapsel

Camellia sinensis

Cleyera Thunb.

Ableitung: Gattung zu Ehren von Andreas Cleyer (?-ca.1697), einem deutschen Arzt und Botaniker benannt
Vulgärnamen: D:Sakakistrauch; E:Sakaki
Arten: 17
Lebensform: Baum, immergrün, laubwerfend
Blätter: wechselständig, einfach. Nebenblätter fehlend
Blütenstand: einzeln, Büschel
Blüten: zwittrig, radiär. Kelchblätter 5. Kronblätter 5, am Grund verwachsen. Staubblätter 25, frei, verwachsen mit der Krone. Fruchtblätter 2-4, verwachsen, oberständig. Plazentation zentralwinkelständig
Frucht: Kapsel
Kennzeichen: Baum, immergrün, laubwerfend. Blüten radiär. Kronblätter 5. Staubblätter 25, frei, verwachsen mit der Krone. Fruchtblätter 2-4, verwachsen, oberständig. Plazentation zentralwinkelständig. Kapsel

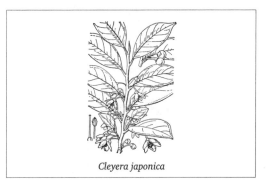

Cleyera japonica

Eurya Thunb.

Ableitung: breit
Vulgärnamen: D:Sperrstrauch; F:Eurya
Arten: c.70
Lebensform: Liane, Baum, Strauch, immergrün oder laubwerfend
Blätter: wechselständig, einfach. Nebenblätter fehlend
Blütenstand: einzeln, Büschel
Blüten: eingeschlechtig, radiär. Kelchblätter 5. Kronblätter 5, am Grund verwachsen. Staublätter 5-25, frei, frei oder verwachsen mit der Krone. Fruchtblätter 2-5, verwachsen, oberständig. Plazentation zentralwinkelständig
Frucht: Beere
Kennzeichen: Liane, Baum, Strauch, immergrün oder laubwerfend. Blüten eingeschlechtig, radiär. Kronblätter 5, verwachsen. Staubblätter 5-25. Fruchtblätter 2-5, verwachsen, oberständig. Plazentation zentralwinkelständig. Beere

Eurya japonica

Franklinia W. Bartram ex Marshall

Ableitung: Gattung zu Ehren von Benjamin Franklin (1706-1790), dem nordamerikanischen Politiker, Schriftsteller und Naturwissenschaftler benannt
Vulgärnamen: D:Franklinie; E:Franklin Tree; F:Franklinia
Arten: 1
Lebensform: Baum, Strauch, laubwerfend
Blätter: wechselständig, einfach. Nebenblätter fehlend
Blütenstand: einzeln
Blüten: zwittrig, radiär. Kelchblätter 5. Kronblätter 5, am Grund verwachsen, weiß. Staublätter viele, frei, verwachsen mit der Krone. Fruchtblätter 5, verwachsen, oberständig. Plazentation zentralwinkelständig. Samenanlagen 4-8 je Fach
Frucht: Kapsel
Kennzeichen: Baum, Strauch, laubwerfend. Blüten radiär. Kronblätter 5, verwachsen, weiß. Staubblätter viele, frei, mit der Krone verwachsen. Fruchtblätter 5, verwachsen, oberständig. Plazentation zentralwinkelständig, Samenanlagen 4-8 je Fach. Kapsel

Gordonia J. Ellis

Ableitung: Gattung zu Ehren von James Gordon (1708-1780), einem englischen Pflanzenzüchter und Korrespondenten von Linné benannt
Arten: 70
Lebensform: Baum, immergrün
Blätter: wechselständig, einfach. Nebenblätter fehlend
Blütenstand: einzeln, bis zu 3, Traube
Blüten: zwittrig, radiär. Kelchblätter 5, ungleich. Kronblätter 5-7, verwachsen, weiß, rot. Staublätter viele, frei, verwachsen mit der Krone. Fruchtblätter 5, verwachsen, oberständig. Plazentation zentralwinkelständig
Frucht: Kapsel
Kennzeichen: Baum, immergrün. Blüten radiär. Kronblätter 5-7, verwachsen. Staubblätter viele, frei, mit der Krone verwachsen. Fruchtblätter 5, verwachsen, oberständig. Plazentation zentralwinkelständig. Kapsel

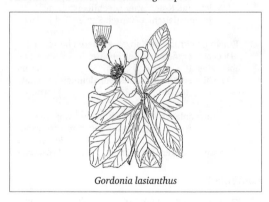
Gordonia lasianthus

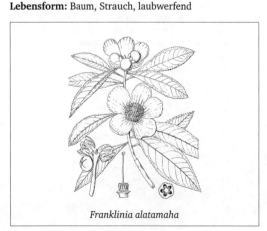
Franklinia alatamaha

Stewartia L.

Ableitung: Gattung zu Ehren von John Stuart, Earl of Bute (1713-1792), einem englischen Staatsmann benannt
Vulgärnamen: D:Scheinkamelie; E:False Camellia; F:Faux-camélia, Stuartia
Arten: 9
Lebensform: Strauch, Baum, laubwerfend
Blätter: wechselständig, einfach. Nebenblätter fehlend
Blütenstand: einzeln
Blüten: zwittrig, radiär. Kelchblätter 5, gleich. Kronblätter 5-8, verwachsen, weiß. Staublätter viele, verwachsen, frei oder verwachsen mit der Krone. Fruchtblätter 5, verwach-

sen, oberständig. Plazentation zentralwinkelständig, Samenanlagen 2 je Fach
Frucht: Kapsel
Kennzeichen: Strauch, Strauch, laubwerfend. Blüten radiär. Kronblätter 5–8, verwachsen, weiß. Staubblätter viele, verwachsen. Fruchtblätter 5, verwachsen, oberständig. Plazentation zentralwinkelständig, Samenanlagen 2 je Fach. Kapsel

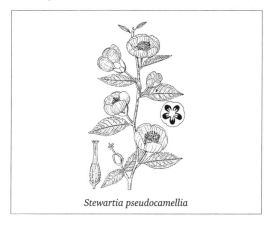
Stewartia pseudocamellia

Ternstroemia Mutis ex L. f.

Ableitung: Gattung zu Ehren von Christopher Tärnström (1703–1746), einem schwedischen Botaniker benannt
Vulgärnamen: D:Ternströmie
Arten: 85
Lebensform: Baum, Strauch, immergrün
Blätter: wechselständig, einfach. Nebenblätter fehlend
Blütenstand: einzeln
Blüten: zwittrig, radiär. Kelchblätter 5. Kronblätter 5–6, verwachsen, weiß. Staubblätter 15 bis viele, frei, verwachsen mit der Krone. Fruchtblätter 2–3, verwachsen, oberständig. Plazentation zentralwinkelständig
Frucht: Kapsel, unregelmäßig aufspringend
Kennzeichen: Baum, Strauch, immergrün. Blätter wechselständig. Blüten radiär. Kronblätter 5–6, verwachsen. Staubblätter 15 bis viele, frei, mit der Krone verwachsen. Fruchtblätter 2–3, verwachsen, oberständig. Plazentation zentralwinkelständig. Kapsel

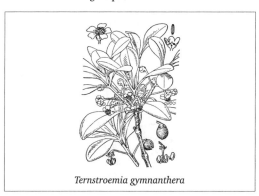
Ternstroemia gymnanthera

Visnea L. f.

Ableitung: Gattung zu Ehren von Giraldo Visne, einem portugiesischen Kaufmann des 18. Jahrhunderts benannt
Vulgärnamen: D:Mocanbaum; F:Visnéa
Arten: 1
Lebensform: Baum, Strauch, immergrün
Blätter: wechselständig, einfach. Nebenblätter fehlend
Blütenstand: einzeln, Büschel
Blüten: zwittrig, radiär. Kelchblätter 5, verwachsen. Kronblätter 5, am Grund + verwachsen, weiß. Staubblätter 12(2–21), frei, verwachsen mit der Krone. Fruchtblätter 3, verwachsen, halbunterständig. Plazentation zentralwinkelständig
Frucht: nussartig
Kennzeichen: Baum, Strauch, immergrün. Blüten radiär. Kronblätter 5, + verwachsen. Staubblätter 12(2–21), frei, mit der Krone verwachsen. Fruchtblätter 3, verwachsen, halbunterständig. Plazentation zentralwinkelständig. Frucht nussartig

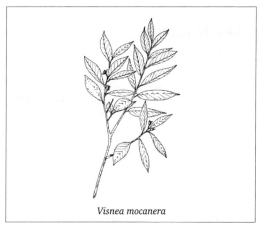
Visnea mocanera

Theligonaceae Hundskohlgewächse

Theligonum L.

Ableitung: nach einem mittelalterlichen Pflanzennamen
Vulgärnamen: D:Hundskohl; F:Crambe des chiens, Théligone
Arten: 3
Lebensform: Einjährige
Blätter: gegenständig, obere wechselständig, einfach, sukkulent. Nebenblätter vorhanden, verwachsen
Blütenstand: cymös, seitlich
Blüten: eingeschlechtig, radiär. Blütenhüllblätter 2–5, verwachsen, grün. Staubblätter 10–30, frei, verwachsen mit der Blütenhülle. Fruchtblatt 1, oberständig. Plazentation basal
Frucht: Nuss
Kennzeichen: Einjährige. Nebenblätter vorhanden, verwachsen. Blüten eingeschlechtig, radiär. Blütenhüllblätter 2–5, verwachsen, grün. Staubblätter 10–30, verwachsen mit der Blütenhülle. Fruchtblatt 1, oberständig. Plazentation basal. Nuss

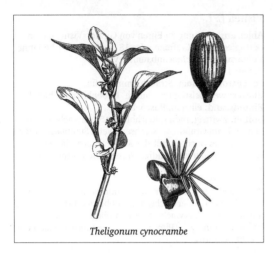
Theligonum cynocrambe

Deherainia Decne.
Ableitung: Gattung zu Ehren von P. P. Deherain, einem französischen Naturforschers des 19. Jahrhunderts benannt
Arten: 2
Lebensform: Baum, Strauch, immergrün
Blätter: + quirlständig, einfach. Nebenblätter fehlend
Blütenstand: einzeln, zu 2
Blüten: zwittrig, radiär. Kelchblätter 5. Kronblätter 5, verwachsen, grün. Staubblätter 5–6, verwachsen und verwachsen mit der Krone. Fruchtknoten oberständig. Plazentation frei zentral
Frucht: Steinfrucht
Kennzeichen: Baum, Strauch, immergrün. Kronblätter 5, verwachsen, grün. Staubblätter 5–6, verwachsen und mit der Krone verwachsen. Fruchtknoten oberständig. Plazentation frei zentral. Steinfrucht

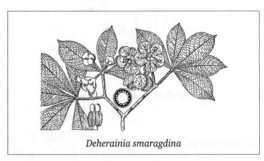
Deherainia smaragdina

Theophrastaceae
1 Blüten eingeschlechtig. (Staubblattröhre lang) . . . . **Clavija**
1 Blüten zwittrig
2 Blüten einzeln oder zu 2, grün. Staubblattröhre lang . . . . **Deherainia**
2 Blüten in Trauben, weiß. Staubblattröhre kurz . . . . **Theophrasta**

Clavija Ruiz et Pav.
Ableitung: Gattung zu Ehren von Don José de Viera y Clavijo (1731–1813), einem spanischen Übersetzer benannt
Arten: 55
Lebensform: Baum, Strauch, immergrün
Blätter: wechselständig bis fast quirlständig, einfach. Nebenblätter fehlend
Blütenstand: Traube
Blüten: eingeschlechtig, radiär. Kelchblätter 4–5. Kronblätter 4–5, verwachsen, orange. Staubblätter 4–5, frei oder verwachsen, verwachsen mit der Krone. Fruchtknoten oberständig. Plazentation frei zentral
Frucht: Steinfrucht
Kennzeichen: Baum, Strauch, immergrün. Blüten eingeschlechtig. Kronblätter 4–5, verwachsen, orange. Staubblätter 4–5, mit der Krone verwachsen. Fruchtknoten oberständig. Plazentation frei zentral. Steinfrucht

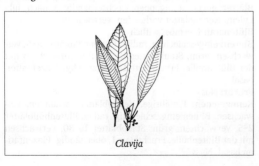
Clavija

Theophrasta L.
Ableitung: Gattung zu Ehren des griechischen Philosophen und Botanikers (372–287 v. Chr.) benannt
Arten: 2
Lebensform: Strauch, immergrün
Blätter: wechselständig, einfach. Nebenblätter fehlend
Blütenstand: Traube
Blüten: zwittrig, radiär. Kelchblätter 5. Kronblätter 5, verwachsen, weiß. Staubblätter 5, verwachsen am Grund, verwachsen mit der Krone. Fruchtknoten oberständig. Plazentation frei zentral

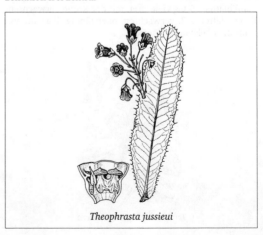
Theophrasta jussieui

Frucht: Steinfrucht
Kennzeichen: Strauch, immergrün. Kronblätter 5, verwachsen, weiß. Staubblätter 5, mit der Krone verwachsen. Fruchtknoten oberständig. Plazentation frei zentral. Steinfrucht

Thymelaeaceae Seidelbastgewächse

1 Staubblätter 2. (Kronblattschüppchen fehlend)..
.... **Pimelea**
1 Staubblätter 8 bis viele
  2 Fruchtblätter 8-2. (Kronblattschüppchen viele bis 8, zungenförmig. Frucht eine Kapsel) ......
.... **Gonystylus**
  2 Fruchtknoten 1-fächrig
    3 Blütenröhre gegliedert, ringförmig abreißend
      4 Staubblätter 4 ‚gelegentlich zusätzlich Staminodien.....................**Gnidia**
      4 Staubblätter 8-12
        5 Zipfel kürzer als die Röhre ..... **Stellera**
        5 Zipfel + so lang wie die Röhre.... **Passerina**
    3 Blütenröhre ungegliedert
      6 Diskus fehlend
        7 Staubblätter eingeschlossen in der Blütenröhre. Griffel kurz oder fehlend .....
.... **Daphne**
        7 Staubblätter und Griffel herausragend ....
.... **Dirca**
      6 Diskus vorhanden
        8 Blüten röhrenförmig.
          9 Frucht eine Steinfrucht..... **Edgeworthia**
          9 Frucht eine Beere......... **Wikstroemia**
        8 Blüten kurz krugförmig. Frucht eine Nuss ..
.... **Thymelaea**

Daphne L.

Ableitung: antiker Pflanzenname
Vulgärnamen: D:Heideröschen, Kellerhals, Königsblume, Seidelbast; E:Daphne; F:Bois-joli, Camélée, Daphné
Arten: c. 50
Lebensform: Strauch, immergrün, laubwerfend

Daphne mezereum

Blätter: wechselständig, gegenständig, einfach. Nebenblätter fehlend
Blütenstand: Büschel, Rispe
Blüten: zwittrig, radiär. Achsenbecher. Kelchblätter 4(5-2), verwachsen, weiß, gelb, grün, purpurn, lila. Kronblätter fehlend. Staubblätter 8, verwachsen mit der Blütenhülle, in die Blütenröhre eingeschlossen. Fruchtknoten mittelständig. Plazentation apical
Frucht: Steinfrucht
Kennzeichen: Strauch, immergrün, laubwerfend. Blüten radiär. Achsenbecher. Kelchblätter 4(5-2), verwachsen. Kronblätter fehlend. Staubblätter 8, verwachsen mit dem Achsenbecher. Fruchtknoten mittelständig. Steinfrucht

Dirca L.

Ableitung: nach einer Quelle in Griechenland
Vulgärnamen: D:Bleiholz, Lederholz; E:Leatherwood; F:Bois de plomb
Arten: 2
Lebensform: Strauch, laubwerfend
Blätter: wechselständig, einfach. Nebenblätter fehlend
Blütenstand: zu 2-3
Blüten: zwittrig, radiär. Achsenbecher. Kelchblätter 4, gelblich. Kronblätter fehlend. Staubblätter 8, verwachsen mit der Blütenhülle, herausragend. Fruchtknoten mittelständig. Plazentation + apical
Frucht: Steinfrucht
Kennzeichen: Strauch, laubwerfend. Blüten radiär. Achsenbecher. Kelchblätter 4. Kronblätter fehlend. Staubblätter 8, verwachsen mit dem Achsenbecher, herausragend. Fruchtknoten mittelständig. Plazentation + apical. Steinfrucht

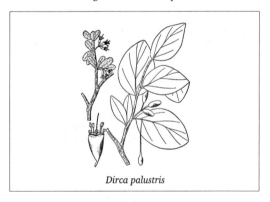

Dirca palustris

Edgeworthia Meisn.

Ableitung: Gattung zu Ehren von Michael Pakenham Edgeworth (1812-1881), einem irischen Botaniker benannt
Arten: 3
Lebensform: Strauch, immergrün, laubwerfend
Blätter: wechselständig, einfach. Nebenblätter fehlend
Blütenstand: Köpfchen mit Hülle
Blüten: zwittrig, radiär. Achsenbecher. Kelchblätter 4(5-2), verwachsen, weiß, gelb. Kronblätter fehlend. Staubblätter 8, verwachsen mit dem Achsenbecher. Diskus vorhanden. Fruchtknoten mittelständig. Plazentation apical

Frucht: Steinfrucht
Kennzeichen: Strauch, immergrün, laubwerfend. Blüten in Köpfchen mit Hülle, radiär. Achsenbecher. Kelchblätter 4(5–2). Staubblätter 8, verwachsen mit dem Achsenbecher. Fruchtknoten mittelständig. Plazentation apical. Steinfrucht

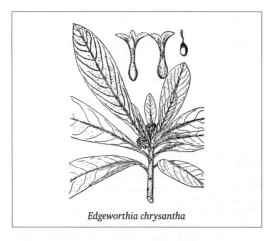
Edgeworthia chrysantha

Gnidia L.

Ableitung: nach einem antiken Pflanzennamen
Arten: 140–160
Lebensform: Strauch, immergrün
Blätter: gegenständig, wechselständig, einfach. Nebenblätter fehlend
Blütenstand: Köpfchen, Büschel, einzeln, Ähre
Blüten: zwittrig, radiär. Achsenbecher. Kelchblätter 4(5–2). Kronblätter 4–12, gelb, weiß, violett oder fehlend. Staubblätter 8–10, verwachsen mit dem Achsenbecher. Fruchtknoten mittelständig. Plazentation apical
Frucht: Nuss, Achsenbecher kreisförmig abreißend
Kennzeichen: Strauch, immergrün. Blüten radiär mit Achsenbecher. Kronblätter 4–12 oder fehlend. Staubblätter 4, verwachsen mit dem Achsenbecher. Fruchtknoten mittelständig. Plazentation apical. Nuss, Achsenbecher kreisförmig abreißend

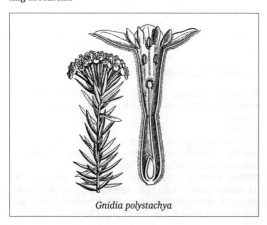
Gnidia polystachya

Gonystylus Teijsm. et Binn.

Ableitung: mit abgeknicktem Griffel
Arten: 20
Lebensform: Baum, Strauch, immergrün
Blätter: wechselständig, gegenständig, einfach. Nebenblätter fehlend
Blütenstand: Rispe
Blüten: zwittrig, radiär. Kelchblätter (4–)5. Kronblätter 8–10, frei. Staubblätter 8–80, verwachsen mit dem Achsenbecher. Fruchtblätter 5–7, verwachsen, mittelständig. Plazentation zentralwinkelständig
Frucht: Kapsel
Kennzeichen: Baum, Strauch, immergrün. Blüten radiär. Kelchblätter (4–)5. Kronblätter 8–80, frei. Staubblätter 8–10, verwachsen mit der Blütenhülle. Fruchtblätter 5–7, verwachsen mittelständig. Plazentation zentralwinkelständig. Kapsel

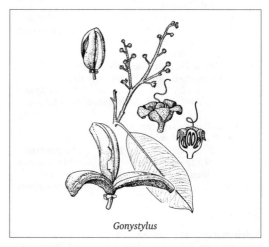
Gonystylus

Passerina L.

Ableitung: Spatzenpflanze
Vulgärnamen: D:Spatzenzunge, Sperlingskopf; F:Langue-de-moineau, Passerine
Arten: 18
Lebensform: Strauch, immergrün
Blätter: wechselständig, einfach. Nebenblätter fehlend
Blütenstand: Ähre

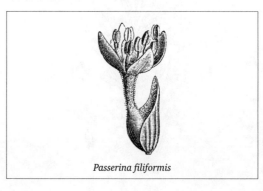
Passerina filiformis

Blüten: zwittrig, radiär. Kelchblätter 4. Kronblätter fehlend. Staubblätter 8, verwachsen mit dem Achsenbecher. Fruchtknoten mittelständig. Plazentation apical
Frucht: Nuss, Achsenbecher kreisförmig abreißend
Kennzeichen: Strauch, immergrün. Blüten radiär. Blütenhüllblätter 4, verwachsen. Staubblätter 8, verwachsen mit der Blütenhülle. Fruchtknoten mittelständig. Plazentation apical. Nuss, Achsenbecher kreisförmig abreißend

Pimelea Banks et Sol.

Ableitung: fette Pflanze
Vulgärnamen: D:Glanzstrauch; E:Rice Flower; F:Pimelea
Arten: 108
Lebensform: Strauch, Halbstrauch, immergrün
Blätter: gegenständig, wechselständig, einfach. Nebenblätter fehlend
Blütenstand: Büschel, Köpfchen, Ähre
Blüten: zwittrig, eingeschlechtig, radiär. Kelchblätter 4, frei, weiß, rötlich, gelb. Staubblätter 2, verwachsen mit dem Achsenbecher. Fruchtknoten mittelständig. Plazentation apical
Frucht: Nuss, Steinfrucht
Kennzeichen: Strauch, Halbstrauch, immergrün. Blüten radiär. Kelchblätter 4. Staubblätter 2, verwachsen mit dem Achsenbecher. Fruchtknoten mittelständig. Plazentation apical. Nuss, Steinfrucht

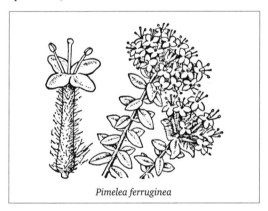
Pimelea ferruginea

Stellera L.

Ableitung: Gattung zu Ehren von Georg Wilhelm Steller (1709-1746), einem deutschen Naturforscher benannt
Arten: 8
Lebensform: Staude, Halbstrauch, Strauch
Blätter: wechselständig, einfach. Nebenblätter fehlend
Blütenstand: Köpfchen, Ähre
Blüten: zwittrig, radiär. Kelchblätter 4-6, gelb. Kronblätter fehlend. Staubblätter 8, verwachsen mit dem Achsenbecher. Fruchtknoten mittelständig. Plazentation apical
Frucht: Nuss, Achsenbecher kreisförmig abreißend
Kennzeichen: Strauch, Halbstrauch, Strauch. Blüten in Köpfchen oder Ähren, radiär. Kelchblätter 4-6, Kronblätter fehlend. Staubblätter 8, verwachsen mit dem Achsenbecher. Fruchtknoten mittelständig. Nuss, Achsenbecher kreisförmig abreißend

Stellera chamaejasme

Thymelaea Mill.

Ableitung: antiker Pflanzenname
Vulgärnamen: D:Purgierstrauch, Spatzenzunge; F:Passerine thymélée, Thymélée
Arten: 30
Lebensform: Strauch, Staude, Zweijährige, Einjährige
Blätter: wechselständig, einfach. Nebenblätter fehlend
Blütenstand: einzeln, Büschel
Blüten: zwittrig, eingeschlechtig, radiär. Kelchblätter 4, gelb, grün. Staubblätter 8, verwachsen mit dem Achsenbecher. Diskus vorhanden. Fruchtknoten mittelständig. Plazentation apical
Frucht: Nuss
Kennzeichen: Strauch, Staude, Zweijährige, Einjährige. Blüten radiär. Kelchblätter 4. Staubblätter 8, verwachsen mit dem Achsenbecher. Fruchtknoten mittelständig. Plazentation apical. Nuss

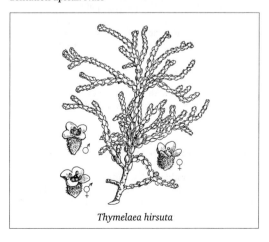
Thymelaea hirsuta

Wikstroemia Endl.

Ableitung: Gattung zu Ehren von Johan Emanuel Wikström (1789-1856), einem schwedischen Botaniker benannt
Arten: c.70
Lebensform: Strauch, Baum
Blätter: wechselständig, einfach. Nebenblätter fehlend
Blütenstand: köpfchenartig ohne Hülle
Blüten: zwittrig oder eingeschlechtig, radiär. Kelchblätter 4-5(6-2), gelb. Kronblätter fehlend. Staubblätter 8-12, verwachsen mit dem Achsenbecher. Fruchtknoten mittelständig. Plazentation apical
Frucht: Beere
Kennzeichen: Strauch, Baum. Blüten in Köpfchen ohne Hülle, radiär. Kelchblätter 4-5(6-2), gelb. Staubblätter 8-12, verwachsen mit dem Achsenbecher. Fruchtknoten mittelständig. Plazentation apical. Beere

Tiliaceae Lindengewächse

1 Kelchblätter verwachsen. (Schließfrucht mit 3-10 Flügeln. Kronblätter ohne Drüsenfeld) ... **Pentace**
1 Kelchblätter frei
  2 Frucht sich nicht öffnend
    3 Frucht fleischig
      4 Frucht eine Beere .... **Muntingia**
      4 Frucht eine Steinfrucht. Kronblätter mit Drüsenfeld. Blüten mit Androgynophor .....
        .... **Grewia**
    3 Frucht eine 1-3samige Nuss. Stiel des Blütenstands mit dem Tragblatt zum Teil verwachsen. Kronblätter ohne Drüsenpunkte ..
      .... **Tilia**
  2 Frucht eine Kapsel, sehr oft stachelig oder mit gefiederten Borsten
    5 Kronblätter mit Drüsenfeld. Androgynophor ..
      .... **Triumfetta**
    5 Kronblätter ohne Drüsenfeld
      6 Staubblätter alle fertil
        7 Kapsel kugelig. Blüten weiß. ..... **Entelea**
        7 Kapsel meist langgesteckt. Blüten gelb ....
          .... **Corchorus**
      6 Staubblätter äußere steril
        8 Blütenstand gegenüber einem Blatt. Staubblätter viele. Kapsel kugelig ....
          .... **Sparrmannia**
        8 Blütenstand endständig. Staubblätter nur 7-16. Kapsel eiförmig .... **Clappertonia**

Clappertonia Meisn.

Ableitung: Gattung zu Ehren von Bain Hugh Clapperton (1788-1827), einem schottischen Afrikaforscher und Botaniker benannt
Arten: 3
Lebensform: Strauch, Liane, Baum
Blätter: wechselständig, einfach. Nebenblätter vorhanden
Blütenstand: endständig
Blüten: zwittrig, radiär. Kelchblätter 4-5. Kronblätter 4-5, frei, violett, rosa, weiß. Staubblätter 7-16, frei und frei von der Krone. Fruchtblätter 4-6, verwachsen, oberständig. Plazentation zentralwinkelständig
Frucht: Kapsel
Kennzeichen: Strauch, Liane, Baum. Nebenblätter vorhanden. Blüten radiär. Kronblätter 4-5, frei. Staubblätter 7-16, frei. Fruchtblätter 4-6, verwachsen, oberständig. Plazentation zentralwinkelständig. Kapsel

Corchorus L.

Ableitung: antiker Pflanzenname
Vulgärnamen: D:Jute; E:Jute; F:Jute
Arten: 40-100
Lebensform: Einjährige, Strauch, Halbstrauch
Blätter: wechselständig, einfach. Nebenblätter vorhanden
Blütenstand: einzeln, Traube
Blüten: zwittrig, radiär. Kelchblätter 4-6. Kronblätter 4-6, frei, gelb. Staubblätter 7 bis viele, frei und frei von der Krone. Fruchtblätter 2-5, verwachsen, oberständig. Plazentation zentralwinkelständig
Frucht: Kapsel
Kennzeichen: Einjährige, Strauch, Halbstrauch. Nebenblätter vorhanden. Blüten radiär. Kronblätter 4-6, frei, gelb. Staubblätter 7 bis viele, frei und frei von der Krone. Fruchtblätter 2-5, verwachsen, oberständig. Plazentation zentralwinkelständig. Kapsel meist langgestreckt

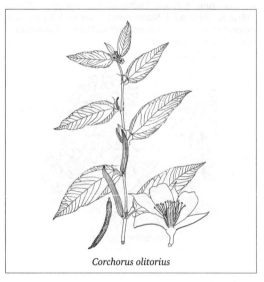

Corchorus olitorius

Entelea R. Br.

Ableitung: Vollkommenheit
Arten: 1
Lebensform: Strauch, Baum, immergrün
Blätter: wechselständig, einfach. Nebenblätter vorhanden
Blütenstand: cymös
Blüten: zwittrig, radiär. Kelchblätter 4-5. Kronblätter 4-5, frei, weiß. Staubblätter viele, frei und frei von der Krone, alle fertil. Fruchtblätter 5-7, verwachsen, oberständig. Plazentation zentralwinkelständig
Frucht: Kapsel
Kennzeichen: Strauch, Baum, immergrün. Blätter wechselständig. Nebenblätter vorhanden. Blüten radiär. Kronblätter 4-5, frei, weiß. Staubblätter viele, alle fertil, frei

Tiliaceae Lindengewächse 871

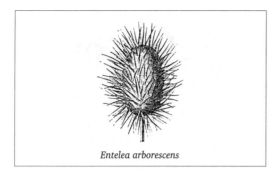
Entelea arborescens

und frei von der Krone. Fruchtblätter 5-7, verwachsen, oberständig. Plazentation zentralwinkelständig. Kapsel

Grewia L.

Ableitung: Gattung zu Ehren von Nehemiah Grew (1641-1712), einem englischen Arzt und Botaniker benannt
Vulgärnamen: D:Grewie; F:Grewia
Arten: 150
Lebensform: Strauch, Baum, Liane, laubwerfend
Blätter: wechselständig, einfach. Nebenblätter vorhanden
Blütenstand: cymös, einzeln
Blüten: zwittrig, radiär. Kelchblätter 5. Kronblätter 5, frei, purpurn, gelb. Staubblätter viele, frei und frei von der Krone. Fruchtblätter 5, verwachsen, oberständig. Plazentation zentralwinkelständig
Frucht: Steinfrucht
Kennzeichen: Strauch, Baum, Liane, laubwerfend. Nebenblätter vorhanden. Blüten radiär. Kronblätter 5, frei. Staubblätter viele, frei und frei von der Krone. Fruchtblätter 5, verwachsen, oberständig. Plazentation zentralwinkelständig. Steinfrucht

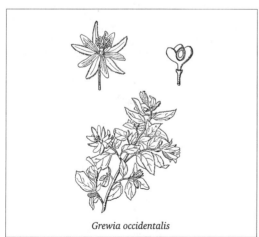
Grewia occidentalis

Muntingia L.

Ableitung: Gattung zu Ehren von Abraham Munting (1626-1683), einem niederländischen Arzt benannt

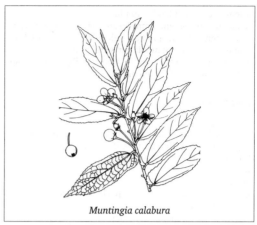
Muntingia calabura

Vulgärnamen: D:Jamaikakirsche; E:Jamaica Cherry; F:Cerise de la Jamaïque
Arten: 1
Lebensform: Baum, immergrün
Blätter: wechselständig, einfach. Nebenblätter vorhanden
Blütenstand: einzeln, Büschel
Blüten: zwittrig, radiär. Kelchblätter 5. Kronblätter 5, frei, weiß. Staubblätter viele, frei und frei von der Krone. Fruchtblätter 5, verwachsen, oberständig. Plazentation zentralwinkelständig
Frucht: Beere
Kennzeichen: Baum, immergrün. Nebenblätter vorhanden. Blüten radiär. Kronblätter 5, frei, weiß. Staubblätter viele, frei und frei von der Krone. Fruchtblätter 5, verwachsen, oberständig. Plazentation zentralwinkelständig. Beere

Pentace Hassk.

Ableitung: fünf Spitzen
Arten: 25
Lebensform: Baum, immergrün
Blätter: wechselständig, einfach. Nebenblätter vorhanden
Blütenstand: Rispe
Blüten: zwittrig, radiär. Kelchblätter 5, verwachsen. Kronblätter 5, frei. Staubblätter viele, frei oder verwachsen und frei von der Krone. Fruchtblätter 5, verwachsen, oberständig. Plazentation zentralwinkelständig

Pentace burmanica

Frucht: Nuss mit 3, 5 oder 10 Flügeln
Kennzeichen: Baum, immergrün. Nebenblätter vorhanden. Blüten in Rispen, radiär. Kelchblätter 5, verwachsen. Kronblätter 5, frei. Staubblätter viele, frei von der Krone. Fruchtblätter 5, verwachsen, oberständig. Plazentation zentralwinkelständig. Nuss mit 3, 5 oder 10 Flügeln

Sparrmannia L. f.

Ableitung: Gattung zu Ehren von Anders Sparrman (1748–1820), einem schwedischen Botaniker benannt
Vulgärnamen: D:Zimmerlinde; E:African Hemp; F:Tilleul d'appartement
Arten: 3
Lebensform: Strauch, Baum
Blätter: wechselständig, einfach. Nebenblätter vorhanden
Blütenstand: Dolde
Blüten: zwittrig, radiär. Kelchblätter 4. Kronblätter 4, frei, weiß. Staubblätter viele, frei und frei von der Krone. Fruchtblätter 4–5, verwachsen, oberständig. Plazentation zentralwinkelständig
Frucht: Kapsel
Kennzeichen: Strauch, Baum. Nebenblätter vorhanden. Blüten in Dolden, radiär. Kronblätter 4, frei, weiß. Staubblätter viele, frei und frei von der Krone. Fruchtblätter 4–5, verwachsen, oberständig. Plazentation zentralwinkelständig. Kapsel

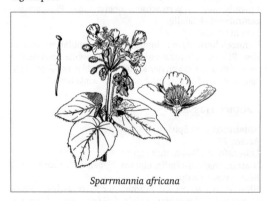
Sparrmannia africana

Tilia L.

Ableitung: antiker Pflanzenname
Vulgärnamen: D:Linde; E:Lime, Linden; F:Tilleul
Arten: 45
Lebensform: Baum, laubwerfend
Blätter: wechselständig, einfach. Nebenblätter vorhanden
Blütenstand: cymös, an einem flügelartigen Hochblatt
Blüten: zwittrig, radiär. Kelchblätter 5. Kronblätter 5, frei, gelb, weiß. Staubblätter viele, frei und frei von der Krone. Fruchtblätter 5, verwachsen, oberständig. Plazentation zentralwinkelständig
Frucht: Nuss
Kennzeichen: Baum, laubwerfend. Nebenblätter vorhanden. Blütenstand mit großem, flügelartigem Hochblatt. Blüten radiär. Kronblätter 5, frei. Staubblätter viele, frei und frei von der Krone. Fruchtblätter 5, verwachsen, oberständig. Plazentation zentralwinkelständig. Nuss

Tilia cordata

Triumfetta L.

Ableitung: Gattung zu Ehren von Giovanni Battista Trionfetti (1658–1708), einem italienischen Botaniker benannt
Arten: c. 70
Lebensform: Baum, Strauch, Einjährige, Staude
Blätter: wechselständig, einfach oder selten zusammengesetzt. Nebenblätter vorhanden
Blütenstand: einzeln, Büschel
Blüten: zwittrig, eingeschlechtig, radiär. Kelchblätter 5. Kronblätter 5, frei, mit Drüsenfeld, gelb, orange oder fehlend. Androgynophor. Staubblätter 4–30, frei und frei von der Krone. Fruchtblätter 2–5, verwachsen, oberständig. Plazentation zentralwinkelständig
Frucht: Kapsel
Kennzeichen: Baum, Strauch, Einjährige, Staude. Nebenblätter vorhanden. Blüten radiär. Kronblätter 5, frei, mit Drüsenfeld, gelb, orange, selten fehlend. Androgynophor. Staubblätter 4–30, frei und frei von der Krone. Fruchtblätter 2–5, verwachsen, oberständig. Plazentation zentralwinkelständig. Kapsel

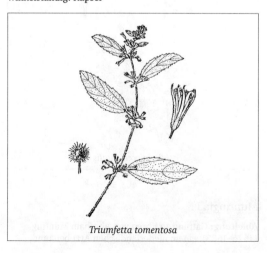
Triumfetta tomentosa

Trapaceae Wassernussgewächse

Trapa L.

Ableitung: nach einem mittelalterlichen Pflanzennamen
Vulgärnamen: D:Wassernuss; E:Water Chestnut; F:Châtaigne d'eau
Arten: 15
Lebensform: Einjährige. Wasserpflanze mit Schwimmblättern, frei schwimmend
Blätter: gegenständig, wechselständig, einfach. Nebenblätter vorhanden
Blütenstand: einzeln
Blüten: zwittrig, radiär. Kelchblätter 4. Kronblätter 4, frei, weiß, lila. Staubblätter 4, frei und frei von der Krone. Fruchtblätter 2, verwachsen, halbunterständig. Plazentation zentralwinkelständig
Frucht: Steinfrucht, Steinkern mit 2–4 Hörnern aus dem Kelch
Kennzeichen: Einjährige, Wasserpflanze mit Schwimmblättern, frei schwimmend. Blüten einzeln, radiär. Kronblätter 4. Staubblätter 4. Fruchtblätter 2, verwachsen, halbunterständig. Steinfrucht mit Steinkern mit 2–4 Hörnern aus dem Kelch

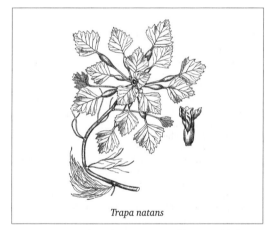

Trapa natans

Trochodendraceae Radbaumgewächse

1 Blüten in Ähren. Blütenhülle 4-blättrig. Staubblätter 4. Fruchtblätter 4. Kapsel . . . . **Tetracentron**
1 Blüten in Trauben. Blütenhülle fehlend. Staubblätter viele. Fruchtblätter 4–11. Balgfrüchtchen . . . . **Trochodendron**

Tetracentron Oliv.

Ableitung: vier Sporne
Vulgärnamen: D:Vierspornbaum; E:Spur Leaf; F:Tétracentron
Arten: 1
Lebensform: Baum, laubwerfend. Holz ohne Tracheen
Blätter: wechselständig, einfach. Nebenblätter fehlend
Blütenstand: Ähre
Blüten: zwittrig, radiär. Blütenhüllblätter 4, frei, gelb. Staubblätter 4, frei und frei von der Blütenhülle. Fruchtblätter 4, verwachsen, oberständig. Plazentation zentralwinkelständig
Frucht: Kapsel
Kennzeichen: Baum, laubwerfend. Blüten in Ähren, radiär. Blütenhüllblätter 4, frei, gelb. Staubblätter 4. Fruchtblätter 4, verwachsen, oberständig. Plazentation zentralwinkelständig. Kapsel

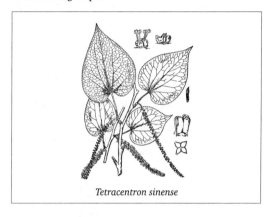

Tetracentron sinense

Trochodendron Siebold et Zucc.

Ableitung: Rad-Baum
Vulgärnamen: D:Radbaum; F:Trochodendron
Arten: 1
Lebensform: Baum, Strauch, immergrün. Holz ohne Tracheen
Blätter: wechselständig, einfach. Nebenblätter fehlend
Blütenstand: Traube
Blüten: zwittrig, eingeschlechtig, radiär. Blütenhüllblätter fehlend. Staubblätter viele, frei. Fruchtblätter 6–11, frei. Plazentation zentralwinkelständig
Frucht: Bälge
Kennzeichen: Baum, Strauch, immergrün. Blüten in Trauben, radiär. Blütenhülle fehlend. Staubblätter viele, frei. Fruchtblätter 6–11, verwachsen, oberständig. Plazentation zentralwinkelständig. Bälge

Trochodendron aralioides

Tropaeolaceae Kapuzinerkressengewächse

Tropaeolum L.

Ableitung: Trophäen-Pflanze
Vulgärnamen: D:Kapuzinerkresse; E:Nasturtium; F:Capucine
Arten: 87
Lebensform: Einjährige, Staude, zum Teil kletternd
Blätter: wechselständig, einfach, schildförmig. Nebenblätter vorhanden oder fehlend
Blütenstand: einzeln, Dolde
Blüten: zwittrig, zygomorph. Kelchblätter 5, oberes gespornt. Kronblätter 5 oder 2, frei, gelb, orange, rot. Staubblätter 8, frei und frei von der Krone. Fruchtblätter 3, verwachsen, oberständig. Plazentation zentralwinkelständig
Frucht: Spaltfrucht
Kennzeichen: Einjährige, Staude, zum Teil kletternd. Blüten zygomorph. Kelchblätter 5, oberes gespornt. Kronblätter 5 oder 2, frei. Staubblätter 8, frei und frei von der Krone. Fruchtblätter 3, verwachsen, oberständig. Plazentation zentralwinkelständig. Spaltfrucht

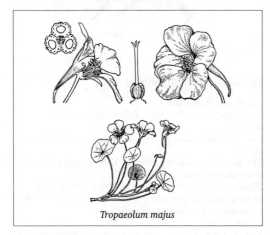
Tropaeolum majus

Turneraceae

Turnera L.

Ableitung: Gattung zu Ehren von William Turner (1515–1568), einem englischen Arzt und Botaniker benannt
Vulgärnamen: D:Damiana; F:Turnéra
Arten: 120
Lebensform: Staude, Strauch, selten Baum
Blätter: wechselständig, einfach. Nebenblätter vorhanden oder fehlend
Blütenstand: einzeln, Büschel, Traube
Blüten: zwittrig, radiär. Kurzer Achsenbecher. Kelchblätter 5. Kronblätter 5, frei, gelb, weiß, lila. Staubblätter 5, frei, mit der Krone verwachsen. Fruchtblätter 3, verwachsen, mittelständig. Plazentation parietal

Frucht: Kapsel
Kennzeichen: Staude, Strauch. Blüten radiär. Kurzer Achsenbecher. Kronblätter 5, frei. Staubblätter 5, mit der Krone verwachsen. Fruchtblätter 3, verwachsen, mittelständig. Plazentation parietal. Kapsel

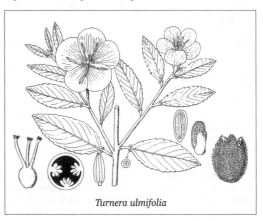
Turnera ulmifolia

Ulmaceae Ulmengewächse

```
1 Frucht eine Steinfrucht
  2 Blätter 3-nervig vom Grund aus
    3 Blütenhüllblätter frei. . . . . . . . . . . . Celtis
    3 Blütenhüllblätter verwachsen
      4 Blüten meist zwittrig . . . . . . . . . . Trema
      4 Blüten eingeschlechtig . . . . . Aphananthe
  2 Frucht trocken
    5 Frucht eine Flügelnuss
      6 Blätter mit fiederiger Nervatur
        7 Frucht nur oben geflügelt . . . . Hemiptelea
        7 Frucht rundum geflügelt . . . . . . . Ulmus
      6 Blätter 3-nervig vom Grund aus. (Frucht
        rundum geflügelt) . . . . . . . . . Pteroceltis
    5 Frucht keine Flügelnuss, aber zum Teil mit
      Auswüchsen
      8 Blätter einfach gesägt. Nuss ohne Auswüchse .
        . . . . . . . . . . . . . . . . . . . . . Zelkova
      8 Blätter doppelt gesägt. Nuss mit fleischigen
        Auswüchsen. . . . . . . . . . . . . . . Planera
```
Für die Ulmaceae sind Blätter typisch mit oft asymmetrischem Spreitengrund und durch Cystolithen raue Blätter.

Aphananthe Planch.

Ableitung: mit unscheinbarer Blüte
Arten: 5
Lebensform: Baum, Strauch, laubwerfend, immergrün
Blätter: wechselständig, einfach. Nebenblätter vorhanden
Blütenstand: cymös, einzeln
Blüten: eingeschlechtig, radiär. Blütenhüllblätter 4–5, + frei, grün. Staubblätter 4–5, frei und frei von der Blütenhülle. Fruchtblätter 2, verwachsen, oberständig. Plazentation apical
Frucht: Steinfrucht

Kennzeichen: Baum, Strauch, laubwerfend, immergrün. Nebenblätter vorhanden. Blüten eingeschlechtig. Blütenhüllblätter 4-5, frei, grün. Staubblätter 4-5. Fruchtblätter 2, verwachsen. Plazentation apical. Steinfrucht

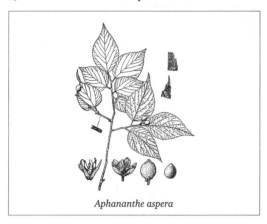

Aphananthe aspera

Celtis L.

Ableitung: antiker Pflanzenname
Vulgärnamen: D:Zürgelbaum; E:Nettle Tree; F:Micocoulier
Arten: c. 80-100
Lebensform: Baum, Strauch, laubwerfend, immergrün
Blätter: wechselständig, einfach. Nebenblätter vorhanden
Blütenstand: Knäuel
Blüten: eingeschlechtig, zwittrig, radiär. Blütenhüllblätter 4-5, verwachsen. Staubblätter 4-5, frei und frei von der Blütenhülle. Fruchtblätter 2, verwachsen, oberständig. Plazentation apical
Frucht: Steinfrucht
Kennzeichen: Baum, Strauch, laubwerfend, immergrün. Nebenblätter vorhanden. Blüten eingeschlechtig. Blütenhüllblätter 4-5, verwachsen. Staubblätter 4-5. Fruchtblätter 2, verwachsen. Plazentation apical. Steinfrucht

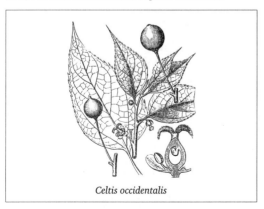

Celtis occidentalis

Hemiptelea Planch.

Ableitung: halbe Ulme
Vulgärnamen: D:Dornulme
Arten: 1
Lebensform: Baum, Strauch, laubwerfend
Blätter: wechselständig, einfach. Nebenblätter vorhanden
Blütenstand: Büschel
Blüten: zwittrig, radiär. Blütenhüllblätter 4-5, verwachsen. Staubblätter 4, frei und frei von der Blütenhülle. Fruchtblätter 2, verwachsen, oberständig. Plazentation apical
Frucht: Nuss nur oben geflügelt
Kennzeichen: Baum, Strauch, laubwerfend. Nebenblätter vorhanden. Blüten zwittrig. Blütenhüllblätter 4-5, verwachsen. Staubblätter 4. Fruchtblätter 2, verwachsen. Plazentation apical. Nuss nur oben geflügelt

Hemiptelea davidii

Planera J.F. Gmel.

Arten: 1
Lebensform: Baum, laubwerfend
Blätter: wechselständig, einfach. Nebenblätter vorhanden
Blütenstand: Knäuel
Blüten: eingeschlechtig, zwittrig, radiär. Blütenhüllblätter 4-5, verwachsen, grün. Staubblätter 4-9, frei und frei von der Blütenhülle. Fruchtblätter 2, verwachsen, oberständig. Plazentation apical
Frucht: Nuss mit vielen fleischigen Auswüchsen
Kennzeichen: Baum, laubwerfend. Nebenblätter vorhanden. Blüten radiär. Blütenhüllblätter 4-5, verwachsen, grün. Staubblätter 4-9. Fruchtblätter 2, verwachsen. Plazentation apical. Nuss mit fleischigen Auswüchsen

Pteroceltis Maxim.

Ableitung: Flügel-Celtis
Vulgärnamen: D:Flügelzürgel; F:Micocoulier ailé
Arten: 1
Lebensform: Baum, Strauch, laubwerfend
Blätter: wechselständig, einfach. Nebenblätter vorhanden
Blütenstand: Knäuel
Blüten: eingeschlechtig, zwittrig, radiär. Blütenhüllblätter 5, verwachsen. Staubblätter 5, frei und frei von der Blüten-

hülle. Fruchtblätter 2, verwachsen, oberständig. Plazentation apical
Frucht: Nuss
Kennzeichen: Baum, Strauch, laubwerfend. Nebenblätter vorhanden. Blüten radiär. Blütenhüllblätter 5, verwachsen. Staubblätter 5. Fruchtblätter 2, verwachsen. Plazentation apical. Nuss rundum geflügelt

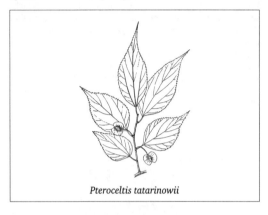
Pteroceltis tatarinowii

Trema Lour.
Ableitung: Öffnung (Steinkern)
Arten: 14
Lebensform: Baum, Strauch, immergrün
Blätter: wechselständig, einfach. Nebenblätter vorhanden
Blütenstand: cymös
Blüten: eingeschlechtig, radiär. Blütenhüllblätter 4–5, verwachsen. Staubblätter 4–5, frei und frei von der Blütenhülle. Fruchtblätter 2, verwachsen, oberständig. Plazentation apical
Frucht: Steinfrucht
Kennzeichen: Baum, Strauch, immergrün. Nebenblätter vorhanden. Blüten eingeschlechtig. Blütenhüllblätter 4–5, verwachsen. Staubblätter 4–5. Fruchtblätter 2, verwachsen. Plazentation apical. Steinfrucht

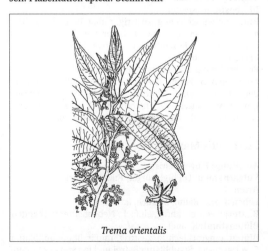
Trema orientalis

Ulmus L.
Ableitung: antiker Pflanzenname
Vulgärnamen: D:Rüster, Ulme; E:Elm; F:Orme
Arten: c. 45
Lebensform: Baum, laubwerfend
Blätter: wechselständig, einfach. Nebenblätter vorhanden
Blütenstand: Büschel
Blüten: eingeschlechtig, zwittrig, radiär. Blütenhüllblätter 4–9, verwachsen. Staubblätter 4–9, frei und frei von der Blütenhülle. Fruchtblätter 2, verwachsen, oberständig. Plazentation apical
Frucht: Flügelnuss rundum geflügelt
Kennzeichen: Baum, laubwerfend. Nebenblätter vorhanden. Blüten radiär. Blütenhüllblätter 4–9, frei. Staubblätter 4–9. Fruchtblätter 2, verwachsen. Plazentation apical. Flügelnuss rundum geflügelt

Ulmus minor

Zelkova Spach
Ableitung: nach einem Pflanzennamen im Kaukasus
Vulgärnamen: D:Zelkove, Zelkowe; E:Zelkova; F:Fauxorme de Sibérie, Zelkova
Arten: 5
Lebensform: Baum, Strauch, laubwerfend
Blätter: wechselständig, einfach. Nebenblätter vorhanden
Blütenstand: einzeln, Knäuel

Zelkova carpinifolia

Blüten: eingeschlechtig, radiär. Blütenhüllblätter 4–5, verwachsen. Staubblätter 4–5, frei und frei von der Blütenhülle. Fruchtblätter 2, verwachsen, oberständig. Plazentation apical
Frucht: Steinfrucht
Kennzeichen: Baum, Strauch, laubwerfend. Nebenblätter vorhanden. Blüten eingeschlechtig. Blütenhüllblätter 4–5, verwachsen. Staubblätter 4–5. Fruchtblätter 2, verwachsen. Plazentation apical. Steinfrucht

Urticaceae Brennnesselgewächse

1 Pflanze mit Brennhaaren
  2 Blätter gegenständig. . . . . **Urtica**
  2 Blätter wechselständig
    3 Frucht beerenartig durch fleischig werdende, vergrößerte Hülle . . . . **Urera**
    3 Frucht trocken . . . . **Laportea**
1 Pflanze ohne Brennhaare
  4 Frucht nicht in Blütenhülle eingeschlossen
    5 Nebenblätter 3-lappig. Blüten in Köpfchen . . . .**Maoutia**
    5 Nebenblätter 2-lappig. Blüten in Trauben und Ähren . . . .**Myriocarpa**
  4 Frucht in Blütenhülle eingeschlossen
    6 Blüten mit Hülle, einzeln . . . . . . **Soleirolia**
    6 Blüten mit Hülle
      7 Narbe pinselförmig
        8 Blätter wechselständig, asymmetrisch. . . . . **Pellionia**
        8 Blätter gegenständig. . . . .**Pilea**
      7 Narbe nicht pinselförmig
        9 Nebenblätter fehlend. (Blätter wechselständig) . . . .**Parietaria**
        9 Nebenblätter vorhanden
          10 Blütenröhre an der Frucht trocken. (Blätter gegen- oder wechselständig) . . . **Boehmeria**
          10 Blütenröhre an der Frucht angewinkelt, ± fleischig. (Blätter wechselständig) . . . . **Debregeasia**

Die Urticaceae sind fast perfekte Windblütler geworden. Ihre Blüten sind unscheinbar, mit einem einfachen Kreis von Blütenhüllblättern und ebenso vielen, vor ihnen stehenden Staubblättern oder einem Fruchtknoten mit nur einer basalen Samenanlage. Das Nüsschen bleibt meistens in der schützenden Blütenhülle eingeschlossen. Dementsprechend finden sich nur wenige zierende Blattpflanzen unter ihnen.

Boehmeria Jacq.

Ableitung: Gattung zu Ehren von Georg Rudolf Böhmer (1723–1803), einem deutschen Botaniker benannt
Vulgärnamen: D:Chinagras, Ramie; E:False Nettle; F:Ortie de Chine
Arten: c. 80
Lebensform: Baum, Strauch, Staude
Blätter: gegenständig, wechselständig, einfach, 3-nervig. Nebenblätter frei oder verwachsen
Blütenstand: Ähre, Rispe, Knäuel, ohne Hülle, seitlich
Blüten: eingeschlechtig, einhäusig oder zweihäusig, radiär. Männliche Blüten mit 4, selten 3 oder 5 Blütenhüllblättern und 2–5 freien Staubblättern. Weibliche Blüten mit 2–4 verwachsenen Blütenhüllblättern und einem oberständigen Fruchtblatt. Plazentation basal
Frucht: Nüsschen, in der Blütenhülle eingeschlossen
Kennzeichen: Baum, Strauch, Staude. Blätter 3-nervig. Nebenblätter frei oder verwachsen. Blüten eingeschlechtig, radiär. Männliche Blüten mit 4, selten 3 oder 5 Blütenhüllblättern und 2–5 freien Staubblättern. Weibliche Blüten mit 2–4 verwachsenen Blütenhüllblättern und einem oberständigen Fruchtblatt. Plazentation basal. Nüsschen, in der Blütenhülle eingeschlossen

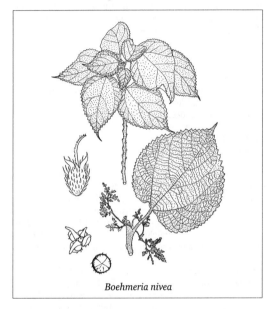

Boehmeria nivea

Debregeasia Gaudich.

Ableitung: Gattung zu Ehren von Prosper Justin de Brégeas (1807–?), einem französischen Offizier und Forschungsreisenden benannt
Arten: 4
Lebensform: Strauch
Blätter: wechselständig, einfach, 3-nervig. Nebenblätter verwachsen

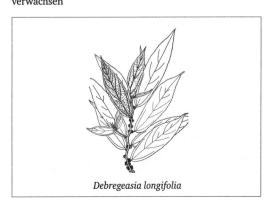

Debregeasia longifolia

Urticaceae Brennnesselgewächse

Blütenstand: Köpfchen, cymös, ohne Hülle, seitlich
Blüten: eingeschlechtig, einhäusig oder zweihäusig, radiär. Männliche Blüten mit 4, selten 3 oder 5 Blütenhüllblättern und 3–5 freien Staubblättern. Weibliche Blüten mit gezähnter Blütenhülle und einem oberständigen Fruchtblatt. Plazentation basal
Frucht: Nüsschen in der fleischigen Blütenhülle eingeschlossen
Kennzeichen: Strauch. Blätter wechselständig, 3-nervig. Nebenblätter verwachsen. Blüten: eingeschlechtig, radiär. Männliche Blüten mit 4, selten 3 oder 5 Blütenhüllblättern und 3–5 Staubblättern. Weibliche Blüten mit einem oberständigen Fruchtblatt. Plazentation basal. Nüsschen in der fleischigen Blütenhülle eingeschlossen

Laportea Gaudich.

Ableitung: Gattung zu Ehren von Graf François L. de Laporte de Castelnau (1810–1880), einem französischen Naturwissenschaftler benannt
Vulgärnamen: D:Brennpflanze, Strauchnessel; E:Bush Nettle; F:Laportea
Arten: 21
Lebensform: Einjährige, Strauch, Staude, Baum, mit Brennhaaren
Blätter: wechselständig, einfach, 3-nervig oder fiedernervig. Nebenblätter frei oder verwachsen
Blütenstand: Rispe, Traube, ohne Hülle, seitlich
Blüten: eingeschlechtig, einhäusig oder zweihäusig, radiär. Männliche Blüten mit 4–5 Blütenhüllblättern und 4–5 freien Staubblättern. Weibliche Blüten mit 4 freien oder verwachsenen Blütenhüllblättern und einem oberständigen Fruchtblatt. Plazentation basal
Frucht: Nüsschen in der Blütenhülle eingeschlossen
Kennzeichen: Einjährige, Strauch, Staude, Baum, mit Brennhaaren. Nebenblätter frei oder verwachsen. Blüten eingeschlechtig, radiär. Männliche Blüten mit 4–5 Blütenhüllblätter und 4 Staubblättern. Weibliche Blüten mit 4 Blütenhüllblättern und einem oberständigen Fruchtblatt. Plazentation basal. Nüsschen in der Blütenhülle eingeschlossen

Laportea canadensis

Maoutia Wedd.

Ableitung: Gattung zu Ehren von Jean Emmanuel Maurice Le Maout (1799–1877), einem französischen Botaniker benannt
Arten: 15
Lebensform: Strauch
Blätter: wechselständig, einfach, 3-nervig. Nebenblätter verwachsen, 3-lappig
Blütenstand: Köpfchen ohne Hülle
Blüten: eingeschlechtig, einhäusig oder zweihäusig, radiär. Männliche Blüten mit 5 Blütenhüllblättern und 4 freien Staubblättern. Weibliche Blüten mit kleinen oder fehlenden Blütenhüllblättern und einem oberständigen Fruchtblatt. Plazentation basal
Frucht: Nüsschen nicht in der Blütenhülle eingeschlossen
Kennzeichen: Strauch. Blätter 3-nervig. Nebenblätter 3-lappig. Blüten in Köpfchen ohne Hülle, eingeschlechtig, radiär. Männliche Blüten mit 5 Blütenhüllblättern und 4 freien Staubblättern. Weibliche Blüten mit einem oberständigen Fruchtblatt. Plazentation basal. Nüsschen nicht in der Blütenhülle eingeschlossen

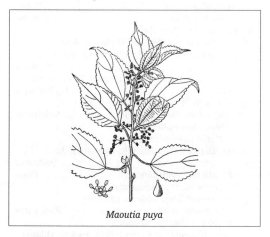
Maoutia puya

Myriocarpa Benth.

Ableitung: mit vielen Früchten
Vulgärnamen: D:Tausendfrucht; F:Myriocarpe
Arten: 18
Lebensform: Baum, Strauch
Blätter: wechselständig, einfach, 3-nervig oder fiedernervig. Nebenblätter verwachsen, 2-lappig
Blütenstand: Traube, Ähre, seitlich
Blüten: eingeschlechtig, einhäusig oder zweihäusig, radiär. Männliche Blüten mit 4–5 Blütenhüllblättern und 4–5 freien Staubblättern. Weibliche Blüten ohne Blütenhüllblätter und mit einem oberständigen Fruchtblatt. Plazentation basal

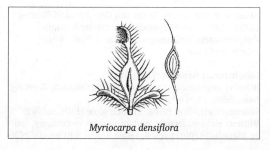
Myriocarpa densiflora

Frucht: Nüsschen, nicht in der Blütenhülle eingeschlossen
Kennzeichen: Baum, Strauch. Nebenblätter 2-lappig. Blüten in Trauben oder Ähren, eingeschlechtig, radiär. Männliche Blüten mit 4-5 Blütenhüllblättern und 4-5 freien Staubblättern. Weibliche Blüten ohne Blütenhüllblätter und mit einem oberständigen Fruchtblatt. Plazentation basal. Nüsschen, nicht in der Blütenhülle eingeschlossen

Parietaria L.

Ableitung: Mauerpflanze
Vulgärnamen: D:Glaskraut; E:Pellitoeries of the Wall; F:Pariétaire
Arten: c. 10
Lebensform: Einjährige, Staude
Blätter: wechselständig, einfach, 3-nervig. Nebenblätter fehlend
Blütenstand: Knäuel, cymös, seitlich
Blüten: zwittrig oder eingeschlechtig, radiär. Männliche Blüten mit 3-4 Blütenhüllblätter und 3-4 freien Staubblättern. Weibliche Blüten mit 3-4, freien Blütenhüllblättern und einem oberständigen Fruchtblatt. Plazentation basal
Frucht: Nüsschen in der Blütenhülle eingeschlossen
Kennzeichen: Einjährige, Staude. Blätter wechselständig, 3-nervig. Nebenblätter fehlend. Blüten radiär. Männliche Blüten mit 3-4 Blütenhüllblätter und 3-4 freien Staubblättern. Weibliche Blüten mit 3-4, freien Blütenhüllblättern und einem oberständigen Fruchtblatt. Plazentation basal. Nüsschen in der Blütenhülle eingeschlossen

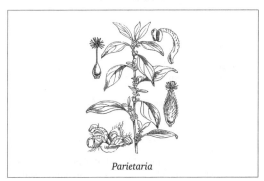
Parietaria

Pellionia Gaudich.

Ableitung: Gattung zu Ehren von Alphonse Odet-Pellion (1796-1868), einem französischen Vize-Admiral benannt
Vulgärnamen: D:Melonenbegonie, Pellionie; F:Pellionia
Arten: 50
Lebensform: Strauch, Liane, Staude, Halbstrauch, zum Teil kletternd
Blätter: wechselständig, einfach, asymmetrisch. Nebenblätter vorhanden oder fehlend
Blütenstand: Dolde, Köpfchen, seitlich
Blüten: eingeschlechtig, einhäusig oder zweihäusig, radiär. Männliche Blüten mit 4-5 Blütenhüllblätter und 4-5 freien Staubblättern. Weibliche Blüten mit 3-5 freien Blütenhüllblättern und einem oberständigen Fruchtblatt. Narbe pinselförmig. Plazentation basal
Frucht: Nüsschen in der Blütenhülle eingeschlossen

Kennzeichen: Strauch, Liane, Staude, Halbstrauch, zum Teil kletternd. Blätter wechselständig. Blüten eingeschlechtig, radiär. Männliche Blüten mit 4-5 Blütenhüllblätter und 4-5 freien Staubblättern. Weibliche Blüten mit 3-5 freien Blütenhüllblättern und einem oberständigen Fruchtblatt. Narbe pinselförmig. Plazentation basal. Nüsschen in der Blütenhülle eingeschlossen

Pellionia scabra

Pilea Lindl.

Ableitung: Mütze
Vulgärnamen: D:Kanonenblume, Kanonierblume; E:Artillery Plant; F:Piléa, Plante au feu d'artifice
Arten: c. 250
Lebensform: Einjährige, Staude, Halbstrauch
Blätter: gegenständig, einfach, 3-nervig. Nebenblätter verwachsen
Blütenstand: Büschel, Köpfchen, cymös, einzeln, Rispe, seitlich
Blüten: eingeschlechtig, einhäusig oder zweihäusig, radiär. Männliche Blüten mit 4, selten 2-3 Blütenhüllblätter und 2-4 freien Staubblättern. Weibliche Blüten mit 2-5 Blütenhüllblättern und einem oberständigen Fruchtblatt. Narbe pinselförmig. Plazentation basal
Frucht: Nüsschen in der Blütenhülle eingeschlossen

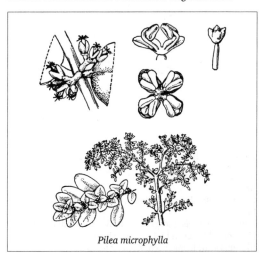
Pilea microphylla

Kennzeichen: Einjährige, Staude, Halbstrauch. Blätter gegenständig, 3-nervig. Nebenblätter verwachsen. Blüten eingeschlechtig, radiär. Männliche Blüten mit 4, selten 2–3 Blütenhüllblätter und 2–4 freien Staubblättern. Weibliche Blüten mit 2–5 Blütenhüllblättern und einem oberständigen Fruchtblatt. Narbe pinselförmig. Plazentation basal. Nüsschen in der Blütenhülle eingeschlossen

Soleirolia Gaudich.

Ableitung: Gattung zu Ehren von Joseph François Soleirol (1791–1863), einem französischen Pflanzensammler in Korsika benannt
Vulgärnamen: D:Bubiköpfchen, Helxine; E:Baby's Tears, Mind your own Business; F:Helxine
Arten: 1
Lebensform: Staude
Blätter: wechselständig, einfach, 3-nervig. Nebenblätter fehlend
Blütenstand: Blüten einzeln, mit 3- bis 4-zähliger Hülle
Blüten: eingeschlechtig, einhäusig, radiär. Männliche Blüten mit 4 Blütenhüllblättern und 4 freien Staubblättern. Weibliche Blüten mit 4 verwachsenen Blütenhüllblättern und einem oberständigen Fruchtblatt. Plazentation basal
Frucht: Nüsschen in der Blütenhülle eingeschlossen
Kennzeichen: Staude. Blätter 3-nervig. Blütenstand mit einzelnen Blüten, mit 3- bis 4-zähliger Hülle. Blüten eingeschlechtig, radiär. Männliche Blüten mit 4 Blütenhüllblätter und 4 freien Staubblättern. Weibliche Blüten mit 4 verwachsenen Blütenhüllblättern und einem oberständigen Fruchtblatt. Plazentation basal. Nüsschen in der Blütenhülle eingeschlossen

Soleirolia soleirolii

Urera Gaudich.

Ableitung: brennende Pflanze
Arten: 35
Lebensform: Strauch, Baum, Liane, Halbstrauch, mit Brennhaaren
Blätter: wechselständig, einfach, 3-nervig oder fiedernervig. Nebenblätter frei oder verwachsen
Blütenstand: Rispe, Dichasium, seitlich

Blüten: eingeschlechtig, einhäusig oder zweihäusig, radiär. Männliche Blüten mit 4–5 Blütenhüllblätter und 4–5 freien Staubblättern. Weibliche Blüten mit 4 Blütenhüllblättern und einem oberständigen Fruchtblatt. Plazentation basal
Frucht: Nüsschen in der fleischigen Blütenhülle eingeschlossen
Kennzeichen: Strauch, Baum, Liane, Halbstrauch, mit Brennhaaren. Blätter wechselständig, mit Nebenblättern. Blüten eingeschlechtig. Männliche Blüten mit 4–5 Blütenhüllblätter und 4–5 freien Staubblättern. Weibliche Blüten mit 4 Blütenhüllblättern und einem oberständigen Fruchtblatt. Plazentation basal. Nüsschen in der fleischigen Blütenhülle eingeschlossen

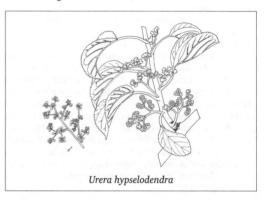

Urera hypselodendra

Urtica L.

Ableitung: antiker Pflanzenname
Vulgärnamen: D:Brennnessel; E:Nettle; F:Ortie
Arten: 80–100
Lebensform: Einjährige, Staude, mit Brennhaaren
Blätter: gegenständig, einfach, 3-nervig oder fiedernervig. Nebenblätter verwachsen oder frei
Blütenstand: Rispe, Ähre, Köpfchen, Traube, seitlich
Blüten: eingeschlechtig, einhäusig oder zweihäusig, radiär. Männliche Blüten mit 4 Blütenhüllblätter und 4 freien Staubblättern. Weibliche Blüten mit 4 Blütenhüllblättern und einem oberständigen Fruchtblatt. Plazentation basal
Frucht: Nüsschen in der Blütenhülle eingeschlossen.

Urtica dioica

Kennzeichen: Einjährige, Staude, mit Brennhaaren. Blätter gegenständig, mit Nebenblättern. Blüten eingeschlechtig, radiär. Männliche Blüten mit 4 Blütenhüllblätter und 4 freien Staubblättern. Weibliche Blüten mit 4 Blütenhüllblättern und einem oberständigen Fruchtblatt. Plazentation basal. Nüsschen in der Blütenhülle eingeschlossen

Valerianaceae Baldriangewächse

1 Blüten zygomorph, gespornt
2 Kronsaum radiär. Staubblätter 1. Fruchtknoten aus 3 Fruchtblättern. Kelch an der Frucht pappusartig . . . . **Centranthus**
2 Kronsaum 2-lappig. Staubblätter 2 oder 3. Fruchtknoten aus 2 Fruchtblättern. Kelch an der Frucht nicht pappusartig . . . . **Fedia**
1 Blüten radiär
3 Staubblätter 4
4 Blüten in rispenartigen Blütenständen. Kelch reduziert . . . . **Patrinia**
4 Blüten in Köpfchen. Kelch häutig . . . . **Nardostachys**
3 Staubblätter 3
5 Kelch an der Frucht pappusartig. . . . **Valeriana**
5 Kelch nicht pappusartig an der Frucht . . . . **Valerianella**

Centranthus Lam. et DC.

Ableitung: Sporn-Blüte
Vulgärnamen: D:Spornblume; E:Red Valerian; F:Valériane des jardins
Arten: 9
Lebensform: Einjährige, Staude
Blätter: gegenständig, einfach bis fiederschnittig. Nebenblätter fehlend
Blütenstand: Schirmtraube
Blüten: zwittrig, eingeschlechtig, zygomorph. Kelchblätter 5. Kronblätter 5, verwachsen, gespornt, weiß, rot. Staubblätter 1, verwachsen mit der Krone. Fruchtblätter 3, verwachsen, unterständig. Plazentation apical
Frucht: Nuss mit Pappus
Kennzeichen: Einjährige, Staude. Blätter gegenständig. Blüten zygomorph. Kronblätter 5, verwachsen, gespornt. Staubblatt 1, verwachsen mit der Krone. Fruchtblätter 3, verwachsen, unterständig. Plazentation apical. Nuss Pappus

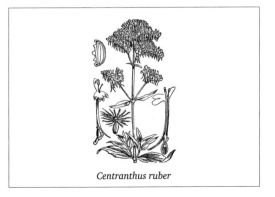

Centranthus ruber

Fedia Gaertn.

Ableitung: Herleitung unbekannt
Vulgärnamen: D:Afrikanischer Baldrian; E:African Valerian; F:Corne d'abondance, Valériane africaine
Arten: 3
Lebensform: Einjährige
Blätter: gegenständig, einfach. Nebenblätter fehlend
Blütenstand: dichte Schirmtraube mit verdickten Blütenstielen
Blüten: zwittrig, zygomorph. Kelchblätter 5. Kronblätter 5, verwachsen, lila. Staubblätter 2-3, verwachsen mit der Krone. Fruchtblätter 2, verwachsen, unterständig. Plazentation apical
Frucht: Nuss
Kennzeichen: Einjährige. Blätter gegenständig. Blüten in Köpfchen, zygomorph. Kronblätter 5, verwachsen. Staubblatt 2-3, verwachsen mit der Krone. Fruchtblätter 2, verwachsen, unterständig. Plazentation apical. Nuss

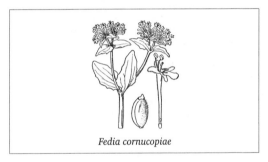

Fedia cornucopiae

Nardostachys DC.

Ableitung: Nardus-Ähre
Vulgärnamen: D:Nardenähre, Speichenähre; F:Nardostachyde de l'Inde
Arten: 1
Lebensform: Staude
Blätter: gegenständig, einfach. Nebenblätter fehlend
Blütenstand: Köpfchen
Blüten: zwittrig, radiär. Kelchblätter 5. Kronblätter 5, verwachsen, rot, rosa. Staubblätter 4, verwachsen mit der Krone. Fruchtblätter 3, verwachsen, unterständig. Plazentation apical

Nardostachys grandiflora

Frucht: Nuss
Kennzeichen: Staude. Blätter gegenständig. Blüten in Köpfchen, radiär. Kronblätter 5, verwachsen. Staubblatt 4, verwachsen mit der Krone. Fruchtblätter 3, verwachsen, unterständig. Plazentation apical. Nuss

Patrinia Juss.

Ableitung: Gattung zu Ehren von Eugène Louis Melchior Patrin (1742–1815), einem französischen Naturforscher benannt
Vulgärnamen: D:Goldbaldrian; F:Valériane dorée
Arten: 15
Lebensform: Staude
Blätter: gegenständig, einfach bis fiederschnittig. Nebenblätter fehlend
Blütenstand: Rispe
Blüten: zwittrig, radiär. Kelchblätter 5. Kronblätter 5, verwachsen, gespornt oder nicht, gelb, weiß. Staubblätter 4, verwachsen mit der Krone. Fruchtblätter 3, verwachsen, unterständig. Plazentation zentralwinkelständig
Frucht: Nuss, meist mit angewachsenen flügelartigen Vorblättern
Kennzeichen: Staude. Blätter gegenständig. Blüten radiär. Kronblätter 5, verwachsen, gespornt oder nicht. Staubblatt 4, verwachsen mit der Krone. Fruchtblätter 3, verwachsen, unterständig. Plazentation zentralwinkelständig. Nuss, meist mit angewachsenen flügelartigen Vorblättern

Patrinia villosa

Valeriana L.

Ableitung: mittelalterlicher Pflanzenname
Vulgärnamen: D:Baldrian; E:Valerian; F:Valériane
Arten: 150–200
Lebensform: Staude, Halbstrauch, Einjährige, Strauch
Blätter: gegenständig, einfach bis gefiedert. Nebenblätter fehlend
Blütenstand: cymös, wenigblütig bis Rispe
Blüten: zwittrig, eingeschlechtig, radiär. Kelchblätter 5–15, zuerst eingerollt. Kronblätter 5, verwachsen, weiß, rosa, rosenfarbig, gelb, blau. Staubblätter 3, verwachsen mit der Krone. Fruchtblätter 3, verwachsen, unterständig. Plazentation apical
Frucht: Nuss mit federigem Pappus aus den Kelchblättern
Kennzeichen: Staude, Halbstrauch, Einjährige, Strauch. Blätter gegenständig. Blüten radiär. Kronblätter 5, verwachsen. Staubblatt 3, verwachsen mit der Krone. Fruchtblätter 3, verwachsen, unterständig. Plazentation apical. Nuss mit federigem Pappus aus den entrollten Kelchblättern

Valeriana officinalis

Valerianella Mill.

Ableitung: kleine Valeriana
Vulgärnamen: D:Ackersalat, Feldsalat, Rapünzchen, Rapunzel; E:Cornsalad; F:Mâche, Salade de blé, Valérianelle
Arten: c. 50
Lebensform: Einjährige
Blätter: gegenständig, einfach. Nebenblätter fehlend
Blütenstand: cymös
Blüten: zwittrig, radiär. Kelchblätter fehlend bis 14-zähnig kronartig. Kronblätter 5, verwachsen, blau, weiß, rosa. Staubblätter 3, verwachsen mit der Krone. Fruchtblätter 3, verwachsen, unterständig. Plazentation apical
Frucht: Nuss
Kennzeichen: Einjährige. Blätter gegenständig. Blüten radiär. Kronblätter 5, verwachsen. Staubblatt 3, verwachsen mit der Krone. Fruchtblätter 3, verwachsen, unterständig. Plazentation apical. Nuss, ohne oder mit bis 14-zähnigem Kelchsaum

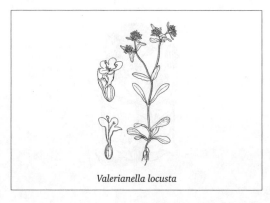
Valerianella locusta

Verbenaceae Eisenkrautgewächse

1 Frucht eine Spaltfrucht
  2 Spaltfrucht in 2 Teilfrüchte spaltend
    3 Staubblätter 2 . . . . **Nyctanthes**
    3 Staubblätter 4 oder 2 fertil und 2 Staminodien
      4 Kelch 2-lippig . . . . **Phyla**
      4 Kelch 4- bis 5-lappig
        5 Krone 4-lappig . . . . **Lippia**
        5 Krone 5-lappig
          6 Staubblätter 4. . . . . **Aloysia**
          6 Staubblätter 2 fertil und 2 Staminodien. **Stachytarpheta**
  2 Spaltfrucht in 4 Teilfrüchte spaltend
    7 Frucht trocken
      8 Blütenstand cymös . . . . **Caryopteris**
      8 Blütenstand ährig . . . . **Verbena**
    7 Frucht geflügelt. (Kelch groß und ausgebreitet) . . . . **Holmskioldia**
1 Frucht eine Steinfrucht
  9 Kelchblätter frei, abstehend. . . . . **Petraea**
  9 Kelchblätter verwachsen
    10 Blüten in Ähren, Köpfchen oder Trauben
      11 Kelchblätter 4 . . . . **Lantana**
      11 Kelchblätter 5
        12 Blätter meist wechselständig. Deckblätter rot gefärbt . . . . **Amasonia**
        12 Blätter gegenständig. Deckblätter nicht rot gefärbt
          13 Blüten in Ähren. Steinfrüchte mit 4 Steinen . . . . **Duranta**
          13 Blüten in Trauben. Steinfrüchte mit 2 Steinen . . . . **Rhaphithamnus**
    10 Blütenstände cymös
      14 Blüten radiär. Staubblätter gleich
        15 Kelchblätter 4 . . . . **Callicarpa**
        15 Kelchblätter 5-7 . . . . **Tectona**
      14 Blüten zygomorph. Staubblätter ungleich
        16 Blätter gefingert mit 3-7 Blättchen oder fingerig gelappt. . . . . **Vitex**
        16 Blätter einfach
          17 Staubblätter eingeschlossen
            18 Kronröhre nach oben erweitert . . . . **Gmelina**
            18 Kronröhre kurz zylindrisch . . . **Premna**
          17 Staubblätter herausragend. Kelch oft gefärbt . . . . **Clerodendrum**

Die Verbenaceae sind eine verhältnismäßig vielgestaltige Familie. Die Abgrenzung gegenüber den Lamiaceae ist recht willkürlich. Hier wurde die traditionelle Abgrenzung beibehalten, nach der die Verbenaceae noch nicht die typische Klausenfrucht mit dem tief zwischen den Klausen entspringenden Griffel aufweisen, sonst aber in allem den Lamiaceae entsprechen: gegenständige Blätter, meist vierkantige Triebe, zygomorphe Blüten mit verwachsener, 5-lappiger Krone und vier Staubblättern und einem oberständigen Fruchtknoten aus zwei Fruchtblättern.
Diese Merkmale werden bei den Kennzeichen nicht aufgeführt.

Aloysia Juss.

Ableitung: Gattung zu Ehren von Maria Luisa (1751–1819), Gattin des Königs Carlos IV. von Spanien benannt
Vulgärnamen: D:Zitronenstrauch; F:Citronnelle
Arten: 42
Lebensform: Strauch, Halbstrauch
Blätter: gegenständig, quirlständig, einfach. Nebenblätter fehlend
Blütenstand: Ähre, seitlich
Blüten: zwittrig, zygomorph. Kelchblätter 4, verwachsen. Kronblätter 5, verwachsen, cremefarben, weiß, gelb. Staubblätter 4, verwachsen mit der Krone. Fruchtblätter 2, verwachsen, oberständig. Plazentation zentralwinkelständig
Frucht: Spaltfrucht mit 2 1-samigigen Teilfrüchten
Kennzeichen: Verbenacee. Strauch, Halbstrauch. Kronblätter 5. Staubblätter 4. Spaltfrucht mit 2 1-samigigen Teilfrüchten

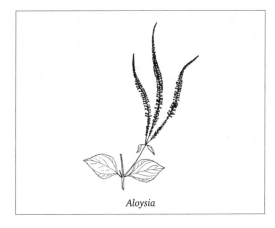

Aloysia

Amasonia L. f.

Ableitung: Gattung zu Ehren von Thomas Amason, einem amerikanischen Reisenden des 18. Jahrhunderts benannt
Arten: 8
Lebensform: Strauch, Staude, Halbstrauch, laubwerfend
Blätter: wechselständig, selten gegenständig, einfach. Nebenblätter fehlend

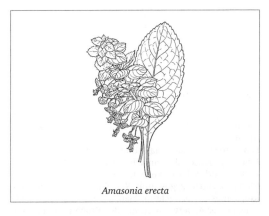

Amasonia erecta

Blütenstand: Traube, einzeln, endständig, Rispe, Traube, seitlich. Deckblätter rot gefärbt
Blüten: zwittrig, zygomorph oder radiär. Kelchblätter 5, verwachsen. Kronblätter 5, verwachsen, gelb, weiß. Staubblätter 4, verwachsen mit der Krone. Fruchtblätter 2, verwachsen, oberständig. Plazentation zentralwinkelständig
Frucht: Steinfrucht, 4-samig
Kennzeichen: Verbenacee. Strauch, Staude, Halbstrauch, laubwerfend. Blätter wechselständig, selten gegenständig. Deckblätter rot gefärbt. Kelchblätter 5, verwachsen. Steinfrucht, 4-samig

Callicarpa L.

Ableitung: schöne Frucht
Vulgärnamen: D:Liebesperlenstrauch, Schönfrucht; F:Callicarpa
Arten: c. 140
Lebensform: Baum, Strauch, Liane, laubwerfend, immergrün
Blätter: gegenständig oder quirlständig, einfach. Nebenblätter fehlend
Blütenstand: Schirmtraube, seitlich
Blüten: zwittrig, eingeschlechtig, radiär. Kelchblätter 4, verwachsen. Kronblätter 4–5, verwachsen, weiß, blau, purpurn, violett, lila. Staubblätter 4–7, verwachsen mit der Krone. Fruchtblätter 2, verwachsen, oberständig. Plazentation zentralwinkelständig
Frucht: Steinfrucht, 4-samig
Kennzeichen: Verbenacee. Baum, Strauch, Liane, laubwerfend, immergrün. Blüten in Schirmtrauben, radiär. Kelchblätter 4. Steinfrucht, 4-samig

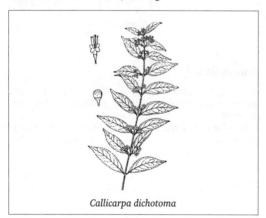
Callicarpa dichotoma

Caryopteris Bunge

Ableitung: Nuss-Farn
Vulgärnamen: D:Bartblume; E:Bluebeard; F:Caryoptéris
Arten: 6
Lebensform: Strauch, Halbstrauch, Staude
Blätter: gegenständig, einfach. Nebenblätter fehlend
Blütenstand: Schirmtraube, Rispe, seitlich, endständig
Blüten: zwittrig, zygomorph. Kelchblätter 5, verwachsen. Kronblätter 5, verwachsen, blau, violett, rot, grün, gelb. Staubblätter 4, verwachsen mit der Krone und herausragend. Fruchtblätter 2, verwachsen, oberständig. Plazentation zentralwinkelständig
Frucht: Spaltfrucht mit 4 1-samigen Teilfrüchten
Kennzeichen: Verbenacee. Strauch, Halbstrauch, Staude. Blüten in Schirmtrauben oder Rispen. Spaltfrucht mit 4 1-samigen Teilfrüchten

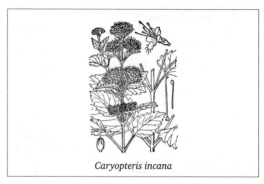
Caryopteris incana

Clerodendrum L.

Ableitung: Schicksals-Baum
Vulgärnamen: D:Losbaum, Losstrauch; F:Clérodendron
Arten: c. 400
Lebensform: Baum, Strauch, Liane, Staude, Einjährige, laubwerfend, immergrün
Blätter: gegenständig, selten quirlständig oder wechselständig, einfach. Nebenblätter fehlend
Blütenstand: Schirmtraube, Schirmrispe, endständig, seitlich
Blüten: zwittrig, + zygomorph. Kelchblätter 5, verwachsen, oft gefärbt. Kronblätter 4–5, verwachsen, weiß, blau, violett, rot. Staubblätter 4, verwachsen mit der Krone und herausragend. Fruchtblätter 2, verwachsen, oberständig. Plazentation zentralwinkelständig
Frucht: Steinfrucht, 4-samig
Kennzeichen: Verbenacee. Baum, Strauch, Liane, Staude, Einjährige, laubwerfend, immergrün. Blüten + zygomorph. Kelch oft gefärbt. Staubblätter herausragend

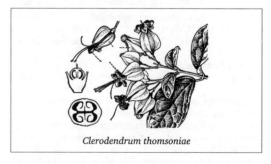
Clerodendrum thomsoniae

Duranta L.

Ableitung: Gattung zu Ehren von Castor Durante (ca. 1529–1590), einem italienischen Botaniker und Leibarzt des Papstes benannt

Vulgärnamen: D:Himmelsblüte
Arten: 17
Lebensform: Strauch, Baum, zum Teil dornig
Blätter: gegenständig oder quirlständig, einfach. Nebenblätter fehlend
Blütenstand: Ähre, seitlich, endständig
Blüten: zwittrig, + radiär. Kelchblätter 5, verwachsen. Kronblätter 5, verwachsen, weiß, lila, purpurn, blau. Staubblätter 4, verwachsen mit der Krone. Fruchtblätter 4, verwachsen, oberständig. Plazentation zentralwinkelständig
Frucht: Steinfrucht, 4-samig
Kennzeichen: Verbenacee. Strauch, Baum, zum Teil dornig. Blüten in Ähren. Kelchblätter 5, verwachsen. Steinfrucht 4-, selten 2-samig

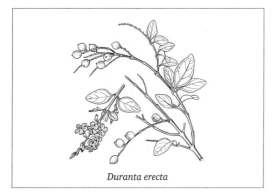

Duranta erecta

Gmelina L.

Ableitung: Gattung zu Ehren von Johann Georg Gmelin (1709–1755), einem deutschen Botaniker, der Sibirien und die Kamtschatka erforschte, benannt
Arten: 35
Lebensform: Baum, Strauch, Liane
Blätter: gegenständig, einfach. Nebenblätter fehlend
Blütenstand: cymös, einzeln, endständig
Blüten: zwittrig, zygomorph. Kelchblätter 4–5, verwachsen. Kronblätter 5, selten 4, verwachsen, blau, rosa, gelb, braun, lila, violett, weiß, orange. Staubblätter 4, eingeschlossen in der nach oben erweiterten Kronröhre, verwachsen mit der Krone. Fruchtblätter 2, verwachsen, oberständig. Plazentation zentralwinkelständig

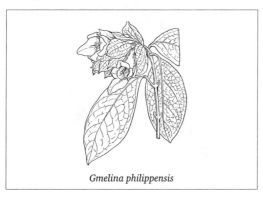

Gmelina philippensis

Frucht: Steinfrucht, 4-, selten 2-samig
Kennzeichen: Verbenacee. Baum, Strauch, Liane. Blüten zygomorph. Staubblätter 4, eingeschlossen in der nach oben erweiterten Kronröhre. Steinfrucht, 4-, selten 2-samig

Holmskioldia Retz.

Ableitung: Gattung zu Ehren von Theodor Holmskiøld (1731–1793), einem dänischen Botaniker benannt
Vulgärnamen: D:Chinesenhut; E:Chinese Hat Plant
Arten: 10
Lebensform: Liane, Strauch
Blätter: gegenständig, einfach. Nebenblätter fehlend
Blütenstand: Rispe, Traube, endständig, seitlich
Blüten: zwittrig, zygomorph. Kelchblätter 5, verwachsen, große und ausgebreitet. Kronblätter 5, verwachsen, rot. Staubblätter 4, verwachsen mit der Krone. Fruchtblätter 2, verwachsen, oberständig. Plazentation zentralwinkelständig
Frucht: Spaltfrucht, 4-flügelig und 4-samig
Kennzeichen: Verbenacee. Liane, Strauch. Kelchblätter 5, verwachsen, große und ausgebreitet. Spaltfrucht, 4-flügelig und 4-samig

Holmskioldia sanguinea

Lantana L.

Ableitung: nach einem gallischen Pflanzennamen
Vulgärnamen: D:Wandelröschen; E:Lantana; F:Lantana, Lantanier
Arten: 150
Lebensform: Staude, Strauch, Halbstrauch
Blätter: gegenständig oder quirlständig, einfach. Nebenblätter fehlend
Blütenstand: Köpfchen, Ähre, seitlich, endständig
Blüten: zwittrig, zygomorph. Kelchblätter 4, verwachsen. Kronblätter 4–5, verwachsen, rot, orange, weiß, lila, rosa. Staubblätter 4, verwachsen mit der Krone. Fruchtblätter 2, verwachsen, oberständig. Plazentation zentralwinkelständig
Frucht: Steinfrucht, 4-samig
Kennzeichen: Verbenacee. Staude, Strauch, Halbstrauch. Blüten in Köpfchen oder Ähren. Kelchblätter 4, verwachsen. Steinfrucht, 4-samig

886 Verbenaceae Eisenkrautgewächse

Lantana camara

Lippia L.

Ableitung: Gattung zu Ehren von Auguste Lippi (1678–1703), einem französischen Botaniker, der Pflanzen in Ägypten und im Sudan sammelte, benannt
Vulgärnamen: D:Süßkraut
Arten: c. 200
Lebensform: Strauch, Staude, Halbstrauch
Blätter: gegenständig oder quirlständig, selten wechselständig, einfach. Nebenblätter fehlend
Blütenstand: Ähre, Köpfchen, seitlich, endständig
Blüten: zwittrig, radiär, zygomorph. Kelchblätter 4, verwachsen. Kronblätter 4, verwachsen, weiß, cremefarben, rosa, rot. Staubblätter 4, verwachsen mit der Krone. Fruchtblätter 2, verwachsen, oberständig. Plazentation zentralwinkelständig
Frucht: Spaltfrucht mit 2 1-samigen Teilfrüchten
Kennzeichen: Verbenacee. Strauch, Staude, Halbstrauch. Kelchblätter 4, verwachsen. Kronblätter 4. Staubblätter 4. Spaltfrucht mit 2 1-samigen Teilfrüchten

Nyctanthes L.

Ableitung: Nacht-Blüte
Vulgärnamen: D:Trauerbaum; E:Tree of Sadness
Arten: 2
Lebensform: Strauch, Baum
Blätter: gegenständig, einfach. Nebenblätter fehlend
Blütenstand: Rispe, endständig
Blüten: zwittrig, zygomorph. Kelchblätter verwachsen, + ohne Zipfel. Kronblätter 4–8, verwachsen, weiß. Staubblätter 2, verwachsen mit der Krone. Fruchtblätter 2, verwachsen, oberständig. Plazentation basal
Frucht: Spaltfrucht mit 2 1-samigen Teilfrüchten
Kennzeichen: Verbenacee. Strauch, Baum. Staubblätter 2. Spaltfrucht mit 2 1-samigen Teilfrüchten

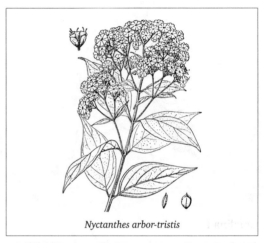
Nyctanthes arbor-tristis

Petrea L.

Ableitung: Gattung zu Ehren von Lord Robert James Petre (1713–1743), einem englischen Pflanzenliebhaber benannt
Vulgärnamen: D:Purpurkranz; E:Purple Wreath; F:Petrea
Arten: 30
Lebensform: Strauch, Baum, Liane, laubwerfend, selten immergrün

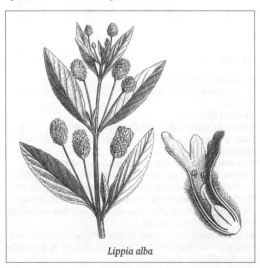
Lippia alba

Petrea volubilis

Blätter: gegenständig oder quirlständig, einfach. Nebenblätter fehlend
Blütenstand: Traube, seitlich, endständig
Blüten: zwittrig, radiär, selten zygomorph. Kelchblätter 5, abstehend frei. Kronblätter 5, verwachsen, blau, violett, purpurn, weiß. Staubblätter 4, verwachsen mit der Krone. Fruchtblätter 2, verwachsen, oberständig. Plazentation zentralwinkelständig
Frucht: Steinfrucht, 2-samig
Kennzeichen: Verbenacee. Strauch, Baum, Liane, laubwerfend, selten immergrün. Kelchblätter 5, abstehend frei. Steinfrucht, 2-samig

Phyla Lour.

Ableitung: Volksstamm (viele Blüten)
Vulgärnamen: D:Teppichverbene; E:Frogfruit
Arten: 11–15
Lebensform: Strauch
Blätter: gegenständig oder quirlständig, einfach. Nebenblätter fehlend
Blütenstand: Ähre, Köpfchen, seitlich
Blüten: zwittrig, zygomorph. Kelch 2-lippig, verwachsen. Kronblätter 5, verwachsen, violett, blau, rosa, weiß, purpurn, lila. Staubblätter 4, verwachsen mit der Krone. Fruchtblätter 2, verwachsen, oberständig. Plazentation zentralwinkelständig
Frucht: Spaltfrucht mit 2 1-samigen Teilfrüchten
Kennzeichen: Verbenacee. Strauch. Kelch 2-lippig. Staubblätter 4. Spaltfrucht mit 2 1-samigen Teilfrüchten

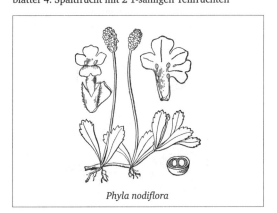

Phyla nodiflora

Premna L.

Ableitung: Baumstumpf
Arten: c. 50
Lebensform: Baum, Strauch, Liane
Blätter: gegenständig, einfach. Nebenblätter fehlend
Blütenstand: cymös, seitlich
Blüten: zwittrig oder eingeschlechtig, zygomorph. Kelchblätter verwachsen, 2- bis 5-zipflig. Kronblätter 4–5, verwachsen, weiß, blau. Staubblätter 4, eingeschlossen in die kurz zylindrische Kronröhre, verwachsen mit der Krone. Fruchtblätter 2, verwachsen, oberständig. Plazentation zentralwinkelständig
Frucht: Steinfrucht, 4-samig

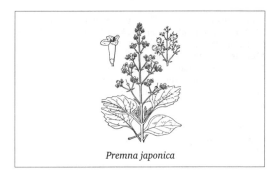

Premna japonica

Kennzeichen: Verbenacee. Baum, Strauch, Liane. Blüten zygomorph. Staubblätter 4, eingeschlossen in die kurz zylindrische Kronröhre. Steinfrucht, 4-samig

Rhaphithamnus Miers

Ableitung: Nadel-Strauch
Arten: 2
Lebensform: Strauch, Baum, dornig
Blätter: gegenständig, einfach. Nebenblätter fehlend
Blütenstand: zu 2–3, Traube, seitlich
Blüten: zwittrig, zygomorph. Kelchblätter 5, verwachsen. Kronblätter 4–5, verwachsen, lila. Staubblätter 4, verwachsen mit der Krone. Fruchtblätter 2, verwachsen, oberständig. Plazentation zentralwinkelständig
Frucht: Steinfrucht mit 2 2-samigen Steinkernen
Kennzeichen: Verbenacee. Strauch, Baum, dornig. Blüten in Trauben. Kelchblätter 5, verwachsen. Steinfrucht mit 2 2-samigen Steinkernen

Rhaphithamnus spinosus

Stachytarpheta Vahl

Ableitung: dichte Ähre
Vulgärnamen: D:Schneckenkraut; E:False Vervain, Snakeweed
Arten: 65

Lebensform: Strauch, Halbstrauch, Staude, Einjährige
Blätter: gegenständig oder wechselständig, einfach. Nebenblätter fehlend
Blütenstand: Ähre, endständig
Blüten: zwittrig, radiär oder zygomorph. Kelchblätter 4–5, verwachsen. Kronblätter 5, verwachsen, rot, dunkelpupurn, blau, weiß, violett, rosa. Staubblätter 2 fertile und 2 Staminodien, verwachsen mit der Krone. Fruchtblätter 2, verwachsen, oberständig. Plazentation zentralwinkelständig
Frucht: Spaltfrucht mit 2 1-samigen Teilfrüchten
Kennzeichen: Verbenacee. Strauch, Halbstrauch, Staude, Einjährige. Kronblätter 5. Staubblätter 2 fertile und 2 Staminodien. Spaltfrucht mit 2 1-samigen Teilfrüchten

Stachytarpheta mutabilis

Tectona L. f.

Ableitung: Zimmermanns-Pflanze
Vulgärnamen: D:Teakholz; E:Teak; F:Teck
Arten: 3
Lebensform: Baum, laubwerfend

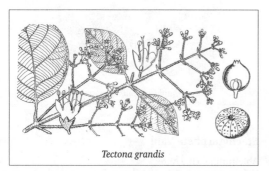

Tectona grandis

Blätter: gegenständig, quirlständig oder wechselständig, einfach. Nebenblätter fehlend
Blütenstand: cymös, endständig, seitlich
Blüten: zwittrig, radiär. Kelchblätter 5–7, verwachsen. Kronblätter 5–7, verwachsen, weiß, blau, gelblich. Staubblätter 5–6, verwachsen mit der Krone. Fruchtblätter 2, verwachsen, oberständig. Plazentation zentralwinkelständig
Frucht: Steinfrucht, 4-samig
Kennzeichen: Verbenacee. Baum, laubwerfend. Blüten in cymösen Blütenständen, radiär. Kelchblätter 5–7. Steinfrucht, 4-samig

Verbena L.

Ableitung: antiker Pflanzenname
Vulgärnamen: D:Eisenkraut, Verbene; E:Vervain; F:Verveine
Arten: 200–250
Lebensform: Einjährige, Staude, Halbstrauch, Zweijährige, Strauch
Blätter: gegenständig oder quirlständig, einfach bis tief zerteilt. Nebenblätter fehlend
Blütenstand: Ähre, Köpfchen in Rispen, endständig, seitlich
Blüten: zwittrig, + zygomorph. Kelchblätter 5, verwachsen. Kronblätter 5, verwachsen, weiß, rosa, blau, purpurn. Staubblätter 4 oder 2, verwachsen mit der Krone. Fruchtblätter 2, verwachsen, oberständig. Plazentation zentralwinkelständig
Frucht: Spaltfrucht, mit 4 1-samigen Teilfrüchten
Kennzeichen: Verbenacee. Einjährige, Staude, Halbstrauch, Zweijährige, Strauch. Blüten in Ähren oder Köpfchen. Spaltfrucht, mit 4 1-samigen Teilfrüchten

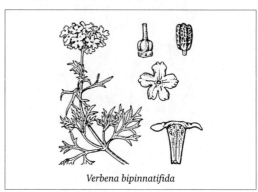

Verbena bipinnatifida

Vitex L.

Ableitung: antiker Pflanzenname
Vulgärnamen: D:Keuschbaum, Mönchspfeffer; E:Chastetree; F:Gattilier, Poivre sauvage
Arten: c. 250
Lebensform: Baum, Strauch, laubwerfend, immergrün
Blätter: gegenständig oder quirlständig, handförmig zusammengesetzt mit 3–7 Blättchen. Nebenblätter fehlend

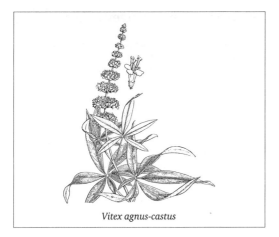
Vitex agnus-castus

Melicytus ramiflorus

Blütenstand: cymös, Rispe, seitlich, endständig
Blüten: zwittrig, zygomorph. Kelchblätter 5, verwachsen. Kronblätter 5, verwachsen, weiß, blau, gelb, purpurn. Staubblätter 4, verwachsen mit der Krone. Fruchtblätter 2, verwachsen, oberständig. Plazentation zentralwinkelständig
Frucht: Steinfrucht, 4-samig
Kennzeichen: Verbenacee. Baum, Strauch, laubwerfend, immergrün. Blätter handförmig zusammengesetzt mit 3–7 Blättchen. Blüten zygomorph. Steinfrucht, 4-samig

Violaceae Veilchengewächse

1 Pflanzen Bäume oder Sträucher. Blüten radiär. . . Frucht eine Beere . . . . **Melicytus**
1 Pflanzen krautig. Blüten zygomorph, untere . . . Kronblätter ausgesackt bis gespornt. Frucht eine Kapsel . . . . **Viola**

Melicytus J.R. Forst. et G. Forst.

Ableitung: Honig-Gefäß
Arten: 8–9
Lebensform: Baum, Strauch, immergrün, laubwerfend
Blätter: wechselständig, einfach. Nebenblätter vorhanden
Blütenstand: einzeln, Büschel
Blüten: eingeschlechtig, radiär. Kelchblätter 5. Kronblätter 5, frei. Staubblätter 5, frei und frei von der Krone. Fruchtblätter 2–5, verwachsen, oberständig. Plazentation parietal
Frucht: Beere
Kennzeichen: Baum, Strauch, immergrün, laubwerfend. Blüten eingeschlechtig, radiär. Kronblätter 5, frei. Staubblätter 5, frei und frei von der Krone. Fruchtblätter 2–5, verwachsen, oberständig. Plazentation parietal

Viola L.

Ableitung: nach einem antiken Pflanzennamen
Vulgärnamen: D:Stiefmütterchen, Veilchen; E:Pansy, Violet; F:Pensée, Violette
Arten: c. 400
Lebensform: Einjährige, Staude, Halbstrauch
Blätter: wechselständig, grundständig, einfach. Nebenblätter vorhanden
Blütenstand: einzeln, zu 2, nickend
Blüten: zwittrig, zygomorph. Kelchblätter 5. Kronblätter 5, frei, unteres gespornt. Staubblätter 5, frei und frei von der Krone. Fruchtblätter 3, verwachsen, oberständig. Plazentation parietal
Frucht: Kapsel
Kennzeichen: Einjährige, Staude, Halbstrauch. Nebenblätter vorhanden. Blüten zygomorph. Kronblätter 5, frei, unteres gespornt. Staubblätter 5, frei und frei von der Krone. Fruchtblätter 3, verwachsen, oberständig. Plazentation parietal

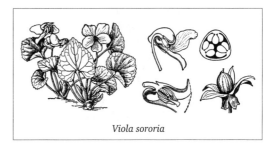
Viola sororia

Viscaceae Mistelgewächse

1 Blüten in seitlichen Ähren . . . . . **Phoradendron**
1 Blüten zu 1-5 endständig . . . . **Viscum**

Phoradendron Nutt.

Arten: 19
Lebensform: Strauch, immergrün. Halbschmarotzer
Blätter: gegenständig, quirlständig, einfach. Nebenblätter fehlend
Blütenstand: Ähre
Blüten: eingeschlechtig, radiär. Blütenhüllblätter 2-5, verwachsen, grün bis gelb. Staubblätter 2-5, frei, verwachsen mit der Krone. Fruchtknoten unterständig
Frucht: beerenartig
Kennzeichen: Strauch, immergrün. Halbschmarotzer. Blätter gegenständig oder quirlständig. Blüten eingeschlechtig. Blütenhüllblätter 2-5, verwachsen. Staubblätter 2-5, verwachsen mit der Blütenhülle. Fruchtknoten unterständig. Frucht beerenartig

Viscum L.

Ableitung: antiker Pflanzenname
Vulgärnamen: D:Mistel; E:Mistletoe; F:Gui
Arten: 65-70
Lebensform: Strauch, immergrün. Halbschmarotzer
Blätter: gegenständig, einfach. Nebenblätter fehlend
Blütenstand: zu 1-5, endständig
Blüten: zweihäusig, radiär. Blütenhüllblätter 3-4. Staubblätter 4, frei, verwachsen mit der Krone. Fruchtknoten unterständig
Frucht: Beere
Kennzeichen: Strauch, immergrün. Halbschmarotzer. Blätter gegenständig. Blüten zweihäusig, zu 1-5, endständig. Blütenhüllblätter 3-4. Staubblätter 4, verwachsen mit der Blütenhülle. Fruchtknoten unterständig. Frucht Beere

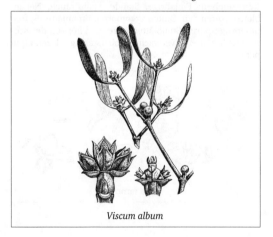

Viscum album

Vitaceae Weinrebengewächse

1 Krone wird haubenförmig als Ganzes abgeworfen. Mark der Zweige weiß . . . . **Vitis**
1 Krone ausgebreitet, nicht haubenförmig. Mark der Zweige braun
2 Kronblätter 4
3 Blütenstand gewöhnlich gegenüber einem Blatt. Diskus schüsselförmig. (Frucht 1-2-samig) . . . . **Cissus**
3 Blütenstand blattachselständig. Diskus nicht schüsselförmig
4 Narbe 4-lappig. (Griffel nahezu fehlend. Diskus unscheinbar. Frucht 2- bis 4-samig) . . . . **Tetrastigma**
4 Narbe nicht 4-lappig
5 Diskus 4-lappig . . . . **Cyphostemma**
5 Diskus ganzrandig. (Griffel fadenförmig) . . . . **Cayratia**
2 Kronblätter 5-7
6 Griffel verlängert. Diskus schüsselförmig . . . . **Ampelopsis**
6 Griffel kurz. Diskus ohne freien Saum
7 Ranken mit 4-12 Ästen, an den Enden mit Haftpunkten. . . . . **Parthenocissus**
7 Ranken mit 1-2 Ästen, ohne Haftpunkte . . . . **Rhoicissus**

Ampelopsis Michx.

Ableitung: vom Aussehen einer Weinrebe
Vulgärnamen: D:Doldenrebe, Scheinrebe; F:Vigne vierge
Arten: 25
Lebensform: Strauch, Liane, laubwerfend. Ranken wenige
Blätter: wechselständig, einfach, zusammengesetzt. Nebenblätter vorhanden
Blütenstand: cymös
Blüten: zwittrig, eingeschlechtig, radiär. Kelchblätter 5. Kronblätter 5, frei, grün. Staubblätter 5, frei und frei von der Krone, vor den Kronblätter stehend. Fruchtblätter 2, verwachsen, oberständig. Plazentation zentralwinkelständig
Frucht: Beere
Kennzeichen: Strauch, Liane, laubwerfend. Nebenblätter vorhanden. Blüten radiär. Kronblätter 5, frei, grün. Staubblätter 5, frei und frei von der Krone, vor den Kronblätter stehend. Fruchtblätter 2, verwachsen, oberständig. Plazentation zentralwinkelständig. Beere

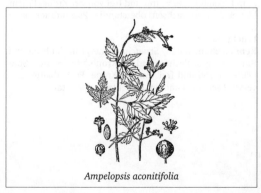

Ampelopsis aconitifolia

Cayratia Juss.

Ableitung: Herleitung unbekannt
Arten: 45
Lebensform: Strauch, Liane, Staude. Ranken
Blätter: wechselständig, zusammengesetzt. Nebenblätter vorhanden
Blütenstand: cymös
Blüten: zwittrig, radiär. Kelchblätter 4. Kronblätter 4, frei, grün. Staubblätter 4, frei und frei von der Krone, vor den Kronblätter stehend. Fruchtblätter 2, verwachsen, oberständig. Plazentation zentralwinkelständig
Frucht: Beere
Kennzeichen: Strauch, Liane, Staude mit Ranken. Nebenblätter vorhanden. Blüten radiär. Kronblätter 4, frei, grün. Staubblätter 4, frei und frei von der Krone, vor den Kronblätter stehend. Fruchtblätter 2, verwachsen, oberständig. Plazentation zentralwinkelständig. Beere

Cayratia japonica

Cissus L.

Ableitung: antiker Pflanzenname
Vulgärnamen: D:Klimme, Zimmerrebe; E:Grape Ivy, Treebine; F:Liane du voyageur, Vigne d'appartement
Arten: c. 350
Lebensform: Strauch, Liane, Staude, laubwerfend, immergrün, zum Teil sukkulent. Ranken
Blätter: wechselständig, einfach, zusammengesetzt. Nebenblätter vorhanden
Blütenstand: Dolde
Blüten: zwittrig, eingeschlechtig, radiär. Kelchblätter 4. Kronblätter 4, frei, grün, weiß. Staubblätter 4, frei und frei von der Krone, vor den Kronblätter stehend. Fruchtblätter 2, verwachsen, oberständig. Plazentation zentralwinkelständig

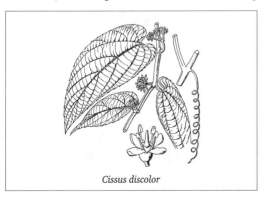
Cissus discolor

Frucht: Beere
Kennzeichen: Strauch, Liane, Staude, laubwerfend, immergrün, mit Ranken. Nebenblätter vorhanden. Blüten in Dolden, radiär. Kronblätter 4, frei, grün, weiß. Staubblätter 4, frei und frei von der Krone, vor den Kronblätter stehend. Fruchtblätter 2, verwachsen, oberständig. Plazentation zentralwinkelständig. Beere

Cyphostemma (Planch.) Alston

Ableitung: Buckel-Kranz
Arten: c. 150
Lebensform: Staude, zum Teil stammsukkulent. Ranken vorhanden oder fehlend
Blätter: wechselständig, gefingert mit 3–9 Blättchen, einfach. Nebenblätter vorhanden
Blütenstand: cymös
Blüten: zwittrig, radiär. Kelchblätter 4. Kronblätter 4, frei, gelblich grün. Staubblätter 4, frei und frei von der Krone, vor den Kronblätter stehend. Fruchtblätter 2, verwachsen, oberständig. Plazentation zentralwinkelständig
Frucht: Beere
Kennzeichen: Staude, z. T. stammsukkulent. Nebenblätter vorhanden. Blüten radiär. Kronblätter 4, frei, gelblich grün. Staubblätter 4, frei und frei von der Krone, vor den Kronblätter stehend. Fruchtblätter 2, verwachsen, oberständig. Plazentation zentralwinkelständig. Beere

Parthenocissus Planch.

Ableitung: jungfräuliche Cissus
Vulgärnamen: D:Jungfernrebe, Wilder Wein; E:Virginia Creeper; F:Vigne vierge
Arten: 10
Lebensform: Liane, laubwerfend, immergrün. Ranken meist vorhanden
Blätter: wechselständig, fingerförmig zusammengesetzt. Nebenblätter vorhanden
Blütenstand: cymös
Blüten: zwittrig, radiär. Kelchblätter 5. Kronblätter 5, frei, grünlich. Staubblätter 4–5, frei und frei von der Krone, vor den Kronblätter stehend. Fruchtblätter 2, verwachsen, oberständig. Plazentation zentralwinkelständig
Frucht: Beere

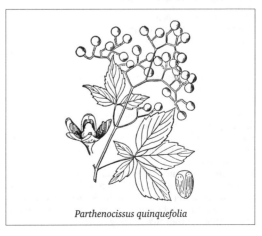
Parthenocissus quinquefolia

Kennzeichen: Liane, laubwerfend, immergrün. Blätter fingerförmig zusammengesetzt. Nebenblätter vorhanden. Blüten radiär. Kronblätter 5, frei, grünlich. Staubblätter 4–5, frei und frei von der Krone, vor den Kronblätter stehend. Fruchtblätter 2, verwachsen, oberständig. Plazentation zentralwinkelständig. Beere

Rhoicissus Planch.

Ableitung: Sumach-Cissus
Vulgärnamen: D:Kapwein
Arten: 12
Lebensform: Strauch, Liane, mit Ranken
Blätter: wechselständig, einfach, zusammengesetzt mit 3–5 Blättchen. Nebenblätter vorhanden
Blütenstand: Schirmtraube
Blüten: zwittrig, radiär. Kelchblätter (4-)5–7. Kronblätter 5, seltener 4–7, frei. Staubblätter 5–7, frei und frei von der Krone, vor den Kronblätter stehend. Fruchtblätter 2, verwachsen, oberständig. Plazentation zentralwinkelständig
Frucht: Beere

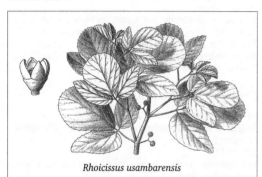
Rhoicissus usambarensis

Kennzeichen: Strauch, Liane. Nebenblätter vorhanden. Blüten radiär. Kronblätter 4–7, frei. Staubblätter 5–7, frei und frei von der Krone, vor den Kronblätter stehend. Fruchtblätter 2, verwachsen, oberständig. Plazentation zentralwinkelständig. Beere

Tetrastigma (Miq.) Planch.

Ableitung: vier Narben
Vulgärnamen: E:Javan Grape
Arten: 90
Lebensform: Liane, laubwerfend, immergrün, mit Ranken
Blätter: wechselständig, einfach, zusammengesetzt. Nebenblätter vorhanden
Blütenstand: cymös
Blüten: eingeschlechtig, radiär. Kelchblätter 4. Kronblätter 4, frei, grün. Staubblätter 4, frei und frei von der Krone, vor den Kronblätter stehend. Fruchtblätter 4, verwachsen, oberständig. Plazentation zentralwinkelständig
Frucht: Beere
Kennzeichen: Liane, laubwerfend, immergrün. Nebenblätter vorhanden. Blüten radiär. Kronblätter 4, frei, grün. Staubblätter 4, frei und frei von der Krone, vor den Kronblätter stehend. Fruchtblätter 4, verwachsen, oberständig. Plazentation zentralwinkelständig. Beere

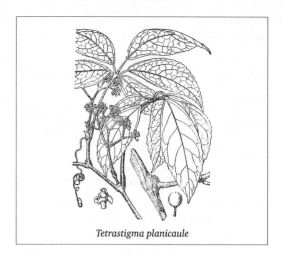
Tetrastigma planicaule

Vitis L.

Ableitung: antiker Pflanzenname
Vulgärnamen: D:Rebe, Weinrebe, Weintraube; E:Grape Vine; F:Vigne
Arten: 60–70
Lebensform: Liane, laubwerfend, immergrün, mit Ranken
Blätter: wechselständig, einfach. Nebenblätter vorhanden Nervatur handförmig
Blütenstand: Rispe
Blüten: zwittrig, eingeschlechtig, radiär. Kelchblätter 5, sehr klein bis ringförmig. Kronblätter 5, selten 3–9, mützenförmig. Staubblätter 5, frei und frei von der Krone, vor den Kronblätter stehend. Fruchtblätter 2, verwachsen, oberständig. Plazentation zentralwinkelständig
Frucht: Beere
Kennzeichen: Liane, laubwerfend, immergrün. Nebenblätter vorhanden. Blüten radiär. Kelchblätter fehlend. Kronblätter 5, seltener 3–9, mützenförmig. Staubblätter 5, frei und frei von der Krone, vor den Kronblätter stehend. Fruchtblätter 2, verwachsen, oberständig. Plazentation zentralwinkelständig. Beere

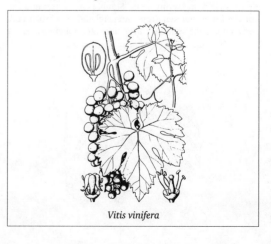
Vitis vinifera

Winteraceae Winterrindengewächse

Drimys J.R. Forst. et G. Forst.

Ableitung: scharf
Vulgärnamen: D:Winterrinde; E:Winter's Bark
Arten: 30–70
Lebensform: Baum, Strauch, immergrün. Holz ohne Tracheen
Blätter: wechselständig, einfach, mit hellen Drüsenpunkten unterseits. Nebenblätter fehlend
Blütenstand: einzeln bis zu mehreren, endständig
Blüten: zwittrig, eingeschlechtig, radiär. Kelchblätter 2–3, verwachsen, früh abfallend. Kronblätter 2 bis viele, frei, grüngelb, rosa, weiß. Staubblätter 7 bis viele, frei und frei von dem Perigon. Fruchtblätter 1–24, frei, oberständig. Plazentation marginal

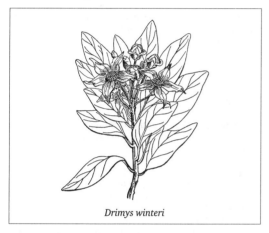

Drimys winteri

Frucht: beerenartig
Kennzeichen: Baum, Strauch, immergrün. Blüten radiär. Kronblätter 2 bis viele, frei. Staubblätter 7 bis viele, frei. Fruchtblätter 1–24, frei. Frucht beerenartig

Zygophyllaceae Jochblattgewächse

1 Blätter wechselständig. Blätter einfach
2 Blätter einfach. Blüten in Schraubeln zu mehreren. Frucht eine Steinfrucht . . . . . **Nitraria**
2 Blätter fast zusammengesetzt. Blüten einzeln. Frucht eine Kapsel. . . . . **Peganum**
1 Blätter gegenständig, paarig gefiedert
3 Frucht eine Kapsel. Fruchtknoten kurz gestielt . . . . **Guaiacum**
3 Frucht eine Spaltfrucht
4 Staubfäden mit gezähnten Schuppen . . . . **Porlieria**
4 Staubfäden ohne Schuppen . . . . **Tribulus**

Guaiacum L.

Ableitung: nach einem Pflanzennamen auf Haiti
Vulgärnamen: D:Gujakbaum, Pockholz; E:Lignum Vitae; F:Bois de Gaïac, Gaïac
Arten: 6
Lebensform: Baum, Strauch, immergrün
Blätter: gegenständig, paarig gefiedert mit 1–14 Blättchenpaaren. Nebenblätter vorhanden
Blütenstand: Büschel, einzeln
Blüten: zwittrig, radiär. Kelchblätter 4–5. Kronblätter 4–5, frei, blau, purpurn, rot, weiß. Staubblätter 8–10, frei und frei von der Krone. Fruchtblätter 2–5, verwachsen, oberständig. Plazentation zentralwinkelständig
Frucht: Kapsel
Kennzeichen: Baum, Strauch, immergrün. Blätter gegenständig, paarig gefiedert. Nebenblätter vorhanden. Blüten radiär. Kronblätter 4–5, frei. Staubblätter 8–10, frei von der Krone. Fruchtblätter 2–5, verwachsen, oberständig. Plazentation zentralwinkelständig. Kapsel

Guaiacum officinale

Nitraria L.

Ableitung: Natron-Pflanze
Arten: 6
Lebensform: Strauch, laubwerfend
Blätter: wechselständig, einfach. Nebenblätter vorhanden
Blütenstand: cymös
Blüten: zwittrig, eingeschlechtig, radiär. Kelchblätter 5. Kronblätter 5, frei, gelblich grün. Staubblätter 10–15, frei. Fruchtblätter 3, verwachsen, oberständig. Plazentation zentralwinkelständig
Frucht: Steinfrucht
Kennzeichen: Strauch, laubwerfend. Blätter wechselständig, einfach. Nebenblätter vorhanden. Blüten radiär. Kronblätter 5, frei. Staubblätter 10–15, frei. Fruchtblätter 3, verwachsen, oberständig. Plazentation zentralwinkelständig. Steinfrucht

Nitraria schoberi

Peganum L.

Ableitung: antiker Pflanzenname
Vulgärnamen: D:Steppenraute; E:Harmal, Harmel; F:Harmal, Péganion
Arten: 6
Lebensform: Staude
Blätter: wechselständig, gefiedert. Nebenblätter vorhanden
Blütenstand: einzeln
Blüten: zwittrig, radiär. Kelchblätter 4–5. Kronblätter 4–5, frei, weiß. Staubblätter 12–15, frei und frei von der Krone. Fruchtblätter 3–4, verwachsen, oberständig. Plazentation zentralwinkelständig
Frucht: Kapsel
Kennzeichen: Staude. Blätter gefiedert. Nebenblätter vorhanden. Blüten einzeln, radiär. Kronblätter 4–5, frei. Staubblätter 12–15, frei von der Krone. Fruchtblätter 3–4, verwachsen, oberständig. Plazentation zentralwinkelständig. Kapsel

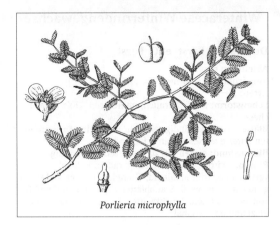
Porlieria microphylla

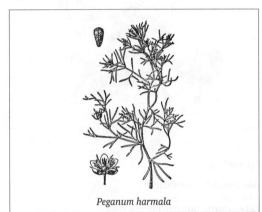
Peganum harmala

Porlieria Ruiz et Pav.

Ableitung: Gattung zu Ehren von Antón Porlier de Baxamar, einem spanischen Pflanzensammler des 19. Jahrhunderts benannt
Vulgärnamen: D:Seifenbusch; E:Soap Bush
Arten: 6
Lebensform: Strauch
Blätter: gegenständig, paarig gefiedert. Nebenblätter vorhanden
Blütenstand: einzeln, zu 2
Blüten: zwittrig, radiär. Kelchblätter 4(5–2). Kronblätter 4(5–2), frei, weißlich, blass gelb. Staubblätter 8–10, frei und frei von der Krone. Fruchtblätter 2–5, verwachsen, oberständig. Plazentation zentralwinkelständig
Frucht: Spaltfrucht
Kennzeichen: Strauch. Blätter gegenständig, paarig gefiedert. Nebenblätter vorhanden. Blüten radiär. Kronblätter 4–5, frei. Staubblätter 8–10, frei von der Krone. Fruchtblätter 2–5, verwachsen, oberständig. Plazentation zentralwinkelständig. Spaltfrucht

Tribulus L.

Ableitung: antiker Pflanzenname
Vulgärnamen: D:Burzeldorn; F:Tribule
Arten: 25
Lebensform: Einjährige, Staude, Strauch
Blätter: gegenständig, paarig gefiedert. Nebenblätter vorhanden
Blütenstand: einzeln
Blüten: zwittrig, radiär. Kelchblätter 5. Kronblätter 5, frei, gelb. Staubblätter 10, frei und frei von der Krone. Fruchtblätter 5, verwachsen, oberständig. Plazentation zentralwinkelständig
Frucht: Spaltfrucht
Kennzeichen: Einjährige, Staude, Strauch. Blätter gegenständig, paarig gefiedert. Nebenblätter vorhanden. Blüten einzeln, radiär. Kronblätter 5, frei, gelb. Staubblätter 10, frei von der Krone. Fruchtblätter 5, verwachsen, oberständig. Plazentation zentralwinkelständig. Spaltfrucht

Tribulus terrestris

9 Monokotyle Einkeimblättrige

Acoraceae Kalmusgewächse

Acorus L.
Ableitung: antiker Pflanzenname
Vulgärnamen: D:Kalmus; E:Sweet Flags; F:Acore
Arten: 2
Lebensform: Staude, ohne Milchsaft
Blätter: wechselständig, reitend 2-zeilig, einfach, ungestielt, Nervatur parallelnervig
Blütenstand: Kolben ohne sterilen Fortsatz. Spatha blattartig, grün, am Grund nicht geschlossen
Blüten: zwittrig, Perigonblätter 6, frei, grün. Staubblätter 6, frei. Fruchtknoten mit 2–3 Fächern. Plazentation zentralwinkelständig
Frucht: Beere
Kennzeichen: Staude, ohne Milchsaft. Blätter reitend 2-zeilig, Nervatur parallelnervig. Blütenstand Kolben ohne sterilen Fortsatz. Spatha blattartig. Perigonblätter 6. Staubblätter 6. Fruchtknoten mit 2–3 Fächern. Beere

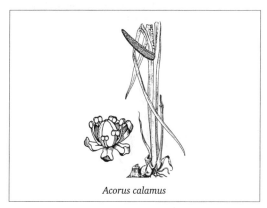

Acorus calamus

Agavaceae (und Doryanthaceae) Agavengewächse

```
1  Fruchtknoten oberständig
 2  Perigonblätter frei
  3  Perigon aufrecht röhrig  . . . . . . . Hesperaloe
  3  Perigon glockig . . . . . . . . . . . . . Yucca
 2  Perigon verwachsen
  4  Samen viele . . . . . . . . . . . . . . . Cordyline
  4  Samen einzeln  . . . . . . siehe Dracaenaceae
1  Fruchtknoten unterständig
 5  Blüten radiär
  6  Staubblätter länger als die Blütenhülle . . Agave
  6  Staubblätter kürzer als die Blütenhülle
   7  Perigon aufrecht. Antheren dorsifix . . . . .
      . . . . . . . . . . . . . . . . . . . . . . . . Beschorneria
   7  Perigon spreizend. Antheren basifix . . . . .
      . . . . . . . . . . . . . . . . . . . . . . . . Doryanthes
 5  Blüten zygomorph . . . . . . . . . . . Polianthes
```

Agave L.
Ableitung: bewundernswerte Pflanze
Vulgärnamen: D:Agave; E:Century Plant, Maguey; F:Agave
Arten: 221
Lebensform: Staude, ± verholzt, sukkulent
Blätter: grundständig
Blütenstand: Ähre, Rispe, Traube
Blüten: zwittrig, radiär. Perigonblätter 6, verwachsen, gelb, grünlich, bräunlich, rötlich. Staubblätter 6, frei, verwachsen mit dem Perigon. Fruchtblätter 3, verwachsen, unterständig. Plazentation zentralwinkelständig
Frucht: Kapsel, fachspaltig
Kennzeichen: Staude, ± verholzt und sukkulent. Blätter grundständig. Blüten radiär. Perigonblätter 6, verwachsen. Staubblätter 6. Fruchtblätter 3, verwachsen, unterständig. Kapsel, fachspaltig

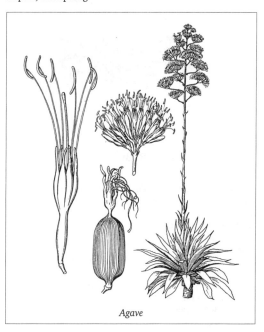

Agave

Beschorneria Kunth
Ableitung: Gattung zu Ehren von Friedrich Wilhelm Beschorner (1806–1873), einem deutschen Arzt benannt
Arten: 8
Lebensform: Staude
Blätter: grundständig
Blütenstand: Rispe, Traube
Blüten: zwittrig, radiär. Perigonblätter 6, frei, grün, gelb, rot. Staubblätter 6, frei, verwachsen mit dem Perigon. Fruchtblätter 3, verwachsen, unterständig. Plazentation zentralwinkelständig
Frucht: Kapsel, fachspaltig
Kennzeichen: Staude. Blätter grundständig. Blüten radiär. Perigonblätter 6, frei. Staubblätter 6. Fruchtblätter 3, verwachsen, unterständig. Kapsel, fachspaltig

896 Agavaceae (und Doryanthaceae) Agavengewächse

Beschorneria yuccoides

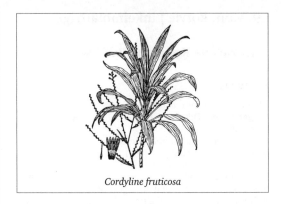

Cordyline fruticosa

Kennzeichen: Strauch, Baum. Blätter wechselständig. Blüten radiär. Perigonblätter 6, verwachsen. Staubblätter 6. Fruchtblätter 3, verwachsen, oberständig. Beere, vielsamig

Furcraea Vent.

Ableitung: Gattung zu Ehren von Antoine François de Fourcroy (1755–1809), einem französischen Politiker und Chemiker benannt

Cordyline Comm. ex R. Br.

Ableitung: Keulen-Pflanze
Vulgärnamen: D:Keulenlilie, Kolbenbaum, Kolbenlilie; E:Cabbage Tree; F:Cordyline
Arten: 24
Lebensform: Strauch, Baum
Blätter: wechselständig
Blütenstand: Rispe
Blüten: zwittrig, radiär. Perigonblätter 6, verwachsen, weiß, rosa, lila, purpurn. Staubblätter 6, frei, verwachsen mit dem Perigon. Fruchtblätter 3, verwachsen, oberständig. Plazentation zentralwinkelständig
Frucht: Beere, vielsamig

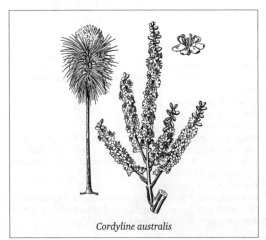

Cordyline australis

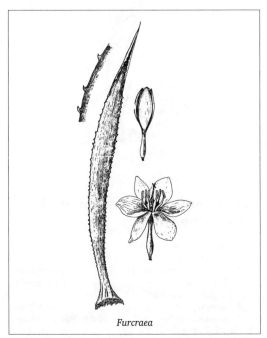

Furcraea

Arten: 23
Lebensform: Staude, sukkulent
Blätter: grundständig, wechselständig
Blütenstand: Rispe
Blüten: zwittrig, radiär. Perigonblätter 6, verwachsen, grünlich weiß. Staubblätter 6, frei, verwachsen mit dem Perigon. Fruchtblätter 3, verwachsen, unterständig. Plazentation zentralwinkelständig

Frucht: Kapsel, fachspaltig, 1 Samen je Fach
Kennzeichen: Staude, sukkulent. Blüten radiär. Perigonblätter 6, verwachsen. Staubblätter 6. Fruchtblätter 3, verwachsen, unterständig. Kapsel, fachspaltig, 1 Samen je Fach

Hesperaloe Engelm.

Ableitung: Abend-Aloe
Arten: 7
Lebensform: Staude, sukkulent
Blätter: grundständig
Blütenstand: Traube
Blüten: zwittrig, radiär. Perigonblätter 6, frei, röhrig erscheinend, grün, rosa bis rot. Staubblätter 6, frei, verwachsen oder frei von dem Perigon. Fruchtblätter 3, verwachsen, oberständig. Plazentation zentralwinkelständig
Frucht: Kapsel, wandspaltig
Kennzeichen: Staude, sukkulent. Blätter grundständig. Blüten radiär. Perigonblätter 6, frei, röhrig erscheinend. Staubblätter 6. Fruchtblätter 3, verwachsen, oberständig. Kapsel, wandspaltig

Hesperaloe parviflora

Polianthes L.

Ableitung: graue Blüte
Vulgärnamen: D:Nachthyazinthe; E:Tuberose; F:Tubéreuse
Arten: 15
Lebensform: Staude
Blätter: grundständig, wechselständig
Blütenstand: Traube, Ähre
Blüten: zwittrig, zygomorph. Perigonblätter 6, verwachsen, rot, weiß, rosa. Staubblätter 6, frei, verwachsen mit dem Perigon. Fruchtblätter 3, verwachsen, unterständig. Plazentation zentralwinkelständig
Frucht: Kapsel, fachspaltig

Polianthes tuberosa

Kennzeichen: Staude. Blüten zygomorph. Perigonblätter 6, verwachsen. Staubblätter 6. Fruchtblätter 3, verwachsen, unterständig. Kapsel, fachspaltig

Yucca L.

Ableitung: nach einem Pflanzennamen in Mittelamerika
Vulgärnamen: D:Palmlilie; E:Spanish Dagger; F:Yucca
Arten: 47
Lebensform: Staude, Strauch, Baum
Blätter: grundständig, wechselständig
Blütenstand: Traube, Rispe
Blüten: zwittrig, radiär. Perigonblätter 6, frei, glockig, weiß, violett, gelb. Staubblätter 6, frei, frei von dem Perigon. Fruchtblätter 3, verwachsen, oberständig. Plazentation zentralwinkelständig
Frucht: Kapsel, wandspaltig oder fachspaltig, Beere
Kennzeichen: Staude, Strauch, Baum. Blüten radiär. Perigonblätter 6, frei, glockig. Staubblätter 6. Fruchtblätter 3, verwachsen, oberständig. Kapsel, wandspaltig oder fachspaltig, Beere

Yucca gloriosa

Alismataceae Froschlöffelgewächse

1 Fruchtblätter auf einem kugeligen oder länglichen Blütenboden, schraubig in mehreren Reihen
  2 Blüten zwittrig
    3 Staubblätter 8 bis mehr. Fruchtblätter ± 6- bis 9-rippig .... **Echinodorus**
    3 Staubblätter 6. Fruchtblätter 4- bis 5-rippig .... **Baldellia**
  2 Blüten eingeschlechtig. (Blätter pfeilförmig)... .... **Sagittaria**
1 Fruchtblätter auf einem flachen Blütenboden, oft in 1 Reihe
  4 Blüten meist einzeln .... **Luronium**
  4 Blüten zu mehreren
    5 Fruchtblätter nicht in einem Quirl. Nüsschen am Rücken mit 3 Nerven. Blätter tief herzförmig.. .... **Caldesia**
    5 Fruchtblätter in einem Quirl. Nüsschen am Rücken 1- bis 2-furchig .... **Alisma**

Alisma L.

Ableitung: griechischer Pflanzenname
Vulgärnamen: D:Froschlöffel; E:Water Plantain; F:Grenouillette, Plantain d'eau
Arten: 8
Lebensform: Staude mit Milchsaft. Wasser- oder Sumpfpflanze
Blätter: grundständig
Blütenstand: Rispe, Traube, Dolde, mit quirligen Ästen
Blüten: zwittrig, radiär. Kelchblätter 3. Kronblätter 3, frei, weiß, rosa. Staubblätter 6–9, frei und frei von der Krone. Fruchtblätter 10–25, frei, oberständig. Plazentation basal
Frucht: Nüsschen in 1 Quirl
Kennzeichen: Staude mit Milchsaft. Wasser- oder Sumpfpflanze. Blütenstand: Rispe, Traube, Dolde, mit quirligen Ästen. Blüten radiär. Kelchblätter 3. Kronblätter 3, frei. Staubblätter 6–9. Fruchtblätter 10–25, frei, oberständig. Nüsschen in 1 Quirl

Alisma plantago-aquatica

Baldellia Parl.

Ableitung: Gattung zu Ehren von Bartolomeo Bartolini-Baldelli, einem italienischen Botaniker des 19. Jahrhunderts benannt
Vulgärnamen: D:Igelschlauch; E:Lesser Water Plantain
Arten: 2
Lebensform: Staude mit Milchsaft. Sumpfpflanze
Blätter: grundständig
Blütenstand: Dolde, Traube
Blüten: zwittrig, radiär. Kelchblätter 3. Kronblätter 3, frei, weiß, rosa. Staubblätter 6, frei und frei von der Krone. Fruchtblätter viele, frei, oberständig. Plazentation basal
Frucht: Nüsschen
Kennzeichen: Staude mit Milchsaft. Sumpfpflanze. Blüten in Dolden oder Trauben, radiär. Kelchblätter 3. Kronblätter 3, frei. Staubblätter 6. Fruchtblätter viele, frei, oberständig. Nüsschen

Baldellia ranunculoides

Caldesia Parl.

Ableitung: Gattung zu Ehren von Ludovico Caldesi (1821–1884), einem italienischen Botaniker benannt
Vulgärnamen: D:Herzlöffel; F:Caldesia
Arten: 4
Lebensform: Staude mit Milchsaft. Sumpfpflanze
Blätter: grundständig
Blütenstand: Rispe mit quirligen Ästen
Blüten: zwittrig, radiär. Kelchblätter 3. Kronblätter 3, frei, weiß, bläulich. Staubblätter 6–11, frei und frei von der Krone. Fruchtblätter 2–9(2–20), frei, oberständig. Plazentation basal
Frucht: Nüsschen
Kennzeichen: Staude mit Milchsaft. Sumpfpflanze. Blüten in Rispen mit quirligen Ästen, radiär. Kelchblätter 3. Kronblätter 3. Staubblätter 6–11. Fruchtblätter 2–9(2–20), frei, oberständig. Nüsschen

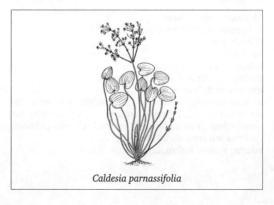
Caldesia parnassifolia

Echinodorus Rich. ex Engelm.

Ableitung: Igel-Schlauch
Vulgärnamen: D:Schwertpflanze
Arten: 30
Lebensform: Staude mit Milchsaft. Wasser- oder Sumpfpflanze
Blätter: grundständig
Blütenstand: Rispe mit quirligen Ästen
Blüten: zwittrig, radiär. Kelchblätter 3. Kronblätter 3, frei, weiß. Staubblätter 6–30, frei und frei von der Krone. Fruchtblätter 6 bis viele, frei, oberständig. Plazentation basal
Frucht: Nüsschen
Kennzeichen: Staude mit Milchsaft. Wasser- oder Sumpfpflanze. Blüten in Rispen mit quirligen Ästen, radiär. Kelchblätter 3. Kronblätter 3. Staubblätter 6–30. Fruchtblätter 6 bis viele, frei, oberständig. Nüsschen

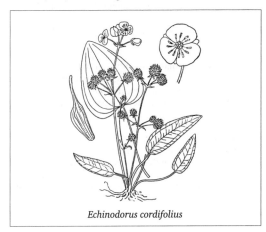

Echinodorus cordifolius

Luronium Raf.

Ableitung: antiker Pflanzenname
Vulgärnamen: D:Froschkraut, Schwimmlöffel; E:Floating Water Plantain; F:Grenouillette
Arten: 1
Lebensform: Staude mit Milchsaft. Wasser- oder Sumpfpflanze

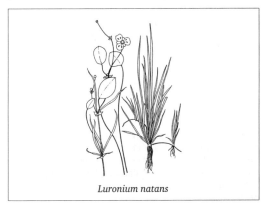

Luronium natans

Blätter: grundständig
Blütenstand: Blüten einzeln
Blüten: zwittrig, radiär. Kelchblätter 3. Kronblätter 3, frei, weiß. Staubblätter 6, frei und frei von der Krone. Fruchtblätter 6 bis viele, frei, oberständig. Plazentation basal
Frucht: Nüsschen
Kennzeichen: Staude mit Milchsaft. Wasser- oder Sumpfpflanze. Blüten einzeln, radiär. Kelchblätter 3. Kronblätter 3. Staubblätter 6. Fruchtblätter 6 bis viele, frei, oberständig. Nüsschen

Sagittaria L.

Ableitung: Pfeil-Pflanze
Vulgärnamen: D:Pfeilkraut; E:Arrowhead; F:Flèche d'eau, Sagittaire
Arten: 20
Lebensform: Staude mit Milchsaft. Wasser- oder Sumpfpflanze
Blätter: grundständig
Blütenstand: Dolde, Traube, Rispe mit quirlständigen Ästen
Blüten: eingeschlechtig, radiär. Kelchblätter 3. Kronblätter 3, frei, weiß. Staubblätter 7 bis viele, frei und frei von der Krone. Fruchtblätter 10–25, frei, oberständig. Plazentation basal
Frucht: Nüsschen
Kennzeichen: Staude mit Milchsaft. Wasser- oder Sumpfpflanze. Blüten in Dolden, Trauben oder Rispen mit quirlständigen Ästen, eingeschlechtig, radiär. Kelchblätter 3. Kronblätter 3, frei. Staubblätter 7 bis viele. Fruchtblätter 10–25, frei, oberständig. Nüsschen

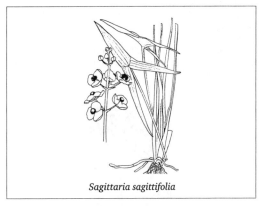

Sagittaria sagittifolia

Alliaceae Lauchgewächse

1. Pflanze mit Rhizom
2. Blüten ohne Nebenkrone. Staubblätter mit langen Staubfäden. (Pflanze ohne Lauchgeruch) . . . . **Agapanthus**
2. Blüten mit Nebenkrone. Antheren sitzend. (Pflanze mit Lauchgeruch) . . . . **Tulbaghia**
1. Pflanze mit Zwiebel
3. Blütenhüllblätter frei oder nur am Grund kurz verwachsen

900 Alliaceae Lauchgewächse

```
  4 Pflanze fast immer mit Lauchgeruch. Zwiebel
    häutig
    5 Fruchtknoten oberständig . . . . . . . Allium
    5 Fruchtknoten halbunterständig . . . . . . . .
       . . . . . . . . . . . . . . . . Nectaroscordum
  4 Pflanze ohne Lauchgeruch. Zwiebel mit
    Bastfasern. . . . . . . . . . . . . . Bloomeria
3 Blütenhüllblätter deutlich verwachsen
  6 Staubblätter nur 3 fertile
    7 Nebenkrone im Schlund vorhanden. Antheren
      dorsifix . . . . . . . . . . . . Leucocoryne
    7 Nebenkrone fehlend. Antheren basifix
      8 Blätter nicht gekielt. Dolden locker . . . . . .
        . . . . . . . . . . . . . . . . . . Brodiaea
      8 Blätter gekielt. Dolden dicht . . . . . . . .
        . . . . . . . . . . . . . . . Dichelostemma
  6 Staubblätter 6 fertile
    9 Blüten einzeln oder zu 2. Pflanze mit
      Lauchgeruch. . . . . . . . . . . . . . Ipheion
    9 Blüten in Dolden (selten einzeln). Pflanze ohne
      Lauchgeruch
      10 Perigonblätter kurz verwachsen
         11 Hüllblätter 1 . . . . . . . . . Caloscordum
         11 Hüllblätter 2 papierene . . . Nothoscordum
      10 Perigonblätter mit deutlicher Röhre
         12 Hüllblätter 4. Blüten sitzend . . . . . Milla
         12 Hüllblätter 2. Blüten gestielt
            13 Staubblätter frei . . . . . . . . . Triteleia
            13 Staubblätter verwachsen . . . . . Bessera
```

Agapanthus L'Hér.

Ableitung: Pracht-Blüte
Vulgärnamen: D:Liebesblume, Schmucklilie; E:African Lily; F:Agapanthe
Arten: 6
Lebensform: Staude mit Rhizom, ohne Lauchgeruch
Blätter: grundständig, lineal. Nebenblätter fehlend
Blütenstand: Dolde

Agapanthus africanus

Blüten: zwittrig, radiär bis schwach zygomorph. Perigonblätter 6, verwachsen, blau, weiß, violett. Staubblätter 6, frei, mit dem Perigon verwachsen. Antheren dorsifix. Fruchtblätter 3, verwachsen, oberständig. Plazentation zentralwinkelständig
Frucht: Kapsel, fachspaltig. Samen viele je Fach
Kennzeichen: Staude mit Rhizom, ohne Lauchgeruch. Blüten in Dolden. Perigonblätter 6, verwachsen. Staubblätter 6. Antheren dorsifix. Fruchtblätter 3, verwachsen, oberständig. Kapsel, fachspaltig. Samen viele je Fach

Allium L.

Ableitung: lateinischer Name des Knoblauchs
Vulgärnamen: D:Knoblauch, Lauch, Zwiebel; E:Garlic, Onion; F:Ail
Arten: 824
Lebensform: Staude mit einer Zwiebel, häutig, mit Lauchgeruch
Blätter: grundständig, lineal, selten lanzettlich. Nebenblätter fehlend
Blütenstand: Dolde
Blüten: zwittrig, radiär. Perigonblätter 6, frei oder nur am Grund verwachsen, in allen Farben. Staubblätter 6, selten 3, frei oder etwas verwachsen, frei oder mit dem Perigon am Grund verwachsen. Antheren dorsifix. Fruchtblätter 3, verwachsen, oberständig. Plazentation zentralwinkelständig
Frucht: Kapsel, fachspaltig. Samen 1-10 je Fach
Kennzeichen: Staude mit einer Zwiebel, häutig, mit Lauchgeruch. Blüten in Dolden. Perigonblätter 6, frei oder nur am Grund verwachsen. Staubblätter 6, selten 3. Antheren dorsifix. Fruchtblätter 3, verwachsen, oberständig. Kapsel, fachspaltig

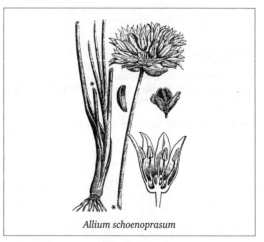

Allium schoenoprasum

Bessera Schult. f.

Ableitung: Gattung zu Ehren von Wilibald Swibert Joseph Gottlieb von Besser (1784–1842), einem österreichisch-polnischen Arzt und Botaniker benannt
Vulgärnamen: D:Korallentröpfchen; E:Coral Drops; F:Bessera
Arten: 3

Lebensform: Staude mit einer Zwiebel, ohne Lauchgeruch
Blätter: grundständig, lineal. Nebenblätter fehlend
Blütenstand: Dolde
Blüten: zwittrig, radiär. Perigonblätter 6, verwachsen, rot, violett. Staubblätter 6, verwachsen, mit dem Perigon verwachsen. Antheren basifix. Fruchtblätter 3, verwachsen, oberständig. Plazentation zentralwinkelständig
Frucht: Kapsel, 3-kantig, fachspaltig. Samen 20–30 je Fach
Kennzeichen: Staude mit einer Zwiebel, ohne Lauchgeruch. Blüten in Dolden. Perigonblätter 6, verwachsen. Staubblätter 6. Antheren basifix. Fruchtblätter 3, verwachsen, oberständig. Kapsel, 3-kantig, fachspaltig. Samen 20–30 je Fach

Bloomeria Kellogg

Ableitung: Gattung zu Ehren von Hiram G. Bloomer (1821-1874), einem nordamerikanischen Botaniker benannt
Vulgärnamen: D:Goldstern; E:Goldenstars; F:Bloomeria
Arten: 3
Lebensform: Staude mit einer Zwiebel mit Bastfasern, ohne Lauchgeruch
Blätter: grundständig, lineal. Nebenblätter fehlend
Blütenstand: Dolde
Blüten: zwittrig, radiär. Perigonblätter 6, frei, gelb. Staubblätter 6, verwachsen, mit dem Perigon verwachsen, mit verbreiterten Staubfäden. Antheren basifix. Fruchtblätter 3, verwachsen, oberständig. Plazentation zentralwinkelständig
Frucht: Kapsel, fachspaltig. Samen 1 bis mehr je Fach
Kennzeichen: Staude mit einer Zwiebel mit Bastfasern, ohne Lauchgeruch. Blüten in Dolden. Perigonblätter 6, frei. Staubblätter 6. Antheren basifix. Fruchtblätter 3, verwachsen, oberständig. Kapsel, fachspaltig

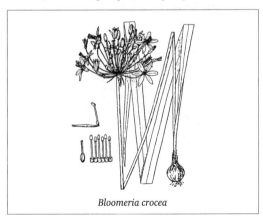

Bloomeria crocea

Brodiaea Sm.

Ableitung: Gattung zu Ehren von James Brodie (1744-1824), einem schottischen Botaniker benannt
Vulgärnamen: D:Brodiee; E:Cluster Lily; F:Brodiaea
Arten: 14

Lebensform: Staude mit einer Zwiebel, ohne Lauchgeruch
Blätter: grundständig, lineal, nicht gekielt. Nebenblätter fehlend
Blütenstand: Dolde
Blüten: zwittrig, radiär. Perigonblätter 6, verwachsen, lila, violett, rosa. Staubblätter 3, frei, mit dem Perigon verwachsen und 3 Staminodien. Antheren basifix. Fruchtblätter 3, verwachsen, oberständig. Plazentation zentralwinkelständig
Frucht: Kapsel, fachspaltig. Samen mehrere je Fach
Kennzeichen: Staude mit einer Zwiebel, ohne Lauchgeruch. Blätter nicht gekielt. Blüten in Dolden. Perigonblätter 6, verwachsen. Staubblätter 3, mit dem Perigon verwachsen und 3 Staminodien. Antheren basifix. Fruchtblätter 3, verwachsen, oberständig. Kapsel, fachspaltig

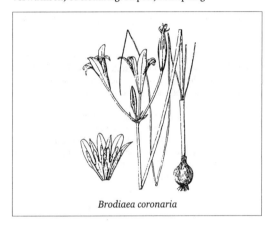

Brodiaea coronaria

Caloscordum Herb.

Ableitung: schöner Knoblauch
Arten: 2
Lebensform: Staude mit einer Zwiebel, ohne Lauchgeruch
Blätter: grundständig, lineal. Nebenblätter fehlend
Blütenstand: Dolde mit 1 Hüllblatt

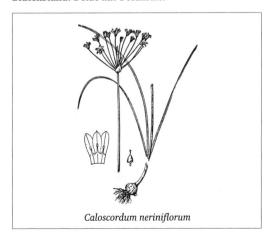

Caloscordum neriniflorum

Blüten: zwittrig, radiär. Perigonblätter 6, am Grund verwachsen, rosa. Staubblätter 6, mit dem Perigon verwachsen. Antheren dorsifix. Fruchtblätter 3, verwachsen, oberständig. Plazentation zentralwinkelständig
Frucht: Kapsel, fachspaltig
Kennzeichen: Staude mit einer Zwiebel, ohne Lauchgeruch. Blüten in Dolden mit 1 Hüllblatt. Perigonblätter 6, am Grund verwachsen. Staubblätter 6, mit dem Perigon verwachsen. Antheren dorsifix. Fruchtblätter 3, verwachsen, oberständig. Kapsel, fachspaltig

Dichelostemma Kunth

Ableitung: zweiarmiger Kranz
Arten: 5
Lebensform: Staude mit einer Zwiebel, ohne Lauchgeruch
Blätter: grundständig, lineal, gekielt. Nebenblätter fehlend
Blütenstand: Dolde dicht
Blüten: zwittrig, radiär. Perigonblätter 6, verwachsen, blauviolett, rosa, gelb, violett, selten weiß. Staubblätter 3 fertil, frei, mit dem Perigon verwachsen. Antheren basifix. Fruchtblätter 3, verwachsen, oberständig. Plazentation zentralwinkelständig
Frucht: Kapsel, fachspaltig. Samen 3–4 je Fach
Kennzeichen: Staude mit einer Zwiebel, ohne Lauchgeruch. Blätter gekielt. Blüten in dichten Dolden. Perigonblätter 6, verwachsen. Staubblätter 3 fertil, mit dem Perigon verwachsen. Antheren basifix. Fruchtblätter 3, verwachsen, oberständig. Kapsel, fachspaltig

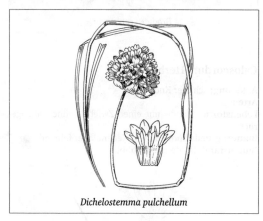
Dichelostemma pulchellum

Ipheion Raf.

Ableitung: antiker Pflanzenname
Vulgärnamen: D:Frühlingsstern; E:Spring Starflower; F:Iphéion
Arten: c. 20
Lebensform: Staude mit einer Zwiebel, mit Lauchgeruch oder ohne
Blätter: grundständig, lineal. Nebenblätter fehlend
Blütenstand: Blüten einzeln oder zu 2
Blüten: zwittrig, radiär. Perigonblätter 6, verwachsen, weiß, blau. Staubblätter 6, frei, mit dem Perigon verwachsen. Fruchtblätter 3, verwachsen, oberständig. Plazentation zentralwinkelständig
Frucht: Kapsel, fachspaltig. Samen viele je Fach
Kennzeichen: Staude mit einer Zwiebel, mit Lauchgeruch oder ohne. Blüten einzeln oder zu 2. Perigonblätter 6, verwachsen. Staubblätter 6, frei, mit dem Perigon verwachsen. Fruchtblätter 3, verwachsen, oberständig. Kapsel, fachspaltig. Samen viele je Fach

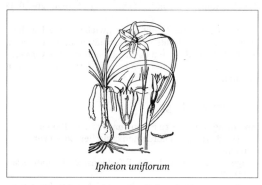
Ipheion uniflorum

Leucocoryne Lindl.

Ableitung: weißer Kolben
Arten: 45
Lebensform: Staude mit einer Zwiebel, mit oder ohne Lauchgeruch
Blätter: grundständig, lineal. Nebenblätter fehlend
Blütenstand: Dolde
Blüten: zwittrig, radiär. Perigonblätter 6, verwachsen, weiß, blau, violett, mit Krönchen im Schlund. Staubblätter 3, frei, mit dem Perigon verwachsen und 3 Staminodien. Antheren dorsifix. Fruchtblätter 3, verwachsen, oberständig. Plazentation zentralwinkelständig

Leucocoryne ixioides

Frucht: Kapsel, fachspaltig. Samen viele je Fach
Kennzeichen: Staude mit einer Zwiebel, mit oder ohne Lauchgeruch. Blüten in Dolden. Perigonblätter 6, verwachsen, mit Krönchen im Schlund. Staubblätter 3, mit dem Perigon verwachsen und 3 Staminodien. Antheren dorsifix. Fruchtblätter 3, verwachsen, oberständig. Kapsel, fachspaltig. Samen viele je Fach

Milla Cav.

Ableitung: Gattung zu Ehren von Julian Milla, einem spanischen Gärtner des 18. Jahrhunderts benannt
Vulgärnamen: D:Mexikostern; F:Etoile du Mexique, Milla
Arten: 10
Lebensform: Staude mit einer Zwiebel, ohne Lauchgeruch
Blätter: grundständig, lineal. Nebenblätter fehlend
Blütenstand: Dolde mit 4 Hüllblättern und ± sitzenden Blüten, selten Blüten einzeln
Blüten: zwittrig, radiär. Perigonblätter 6, verwachsen mit deutlicher Röhre, weiß, rosa, blau. Staubblätter 6, frei, mit dem Perigon verwachsen. Antheren basifix. Fruchtblätter 3, verwachsen, oberständig. Plazentation zentralwinkelständig
Frucht: Kapsel, 6-klappig. Samen viele je Fach
Kennzeichen: Staude mit einer Zwiebel, ohne Lauchgeruch. Blüten in Dolden mit 4 Hüllblättern und ± sitzenden Blüten, selten Blüten einzeln. Perigonblätter 6, verwachsen mit deutlicher Röhre. Staubblätter 6, mit dem Perigon verwachsen. Antheren basifix. Fruchtblätter 3, verwachsen, oberständig. Kapsel, 6-klappig. Samen viele je Fach

Nectaroscordum Lindl.

Ableitung: Nektar-Lauch
Vulgärnamen: D:Honiglauch; E:Honey Garlic; F:Ail
Arten: 2
Lebensform: Staude mit einer Zwiebel, häutig, mit Lauchgeruch.
Blätter: grundständig, lineal. Nebenblätter fehlend
Blütenstand: Dolde
Blüten: . Perigonblätter 6, frei. Staubblätter 6. Fruchtblätter 3, verwachsen, halbunterständig. Plazentation zentralwinkelständig

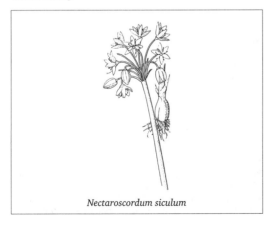

Nectaroscordum siculum

Frucht: Kapsel, fachspaltig. Samen 5 bis mehr je Fach
Kennzeichen: Staude mit einer Zwiebel, häutig, mit Lauchgeruch. Blüten in Dolden. Perigonblätter 6, frei. Staubblätter 6. Fruchtblätter 3, verwachsen, halbunterständig. Kapsel, fachspaltig

Nothoscordum Kunth

Ableitung: unechter Lauch
Vulgärnamen: D:Bastardlauch; E:False Garlic, Honeybells; F:Ail
Arten: 86
Lebensform: Staude mit einer Zwiebel, ohne Lauchgeruch
Blätter: grundständig, lineal. Nebenblätter fehlend
Blütenstand: Dolde, selten Blüten einzeln, 2 papierartige Hüllblätter
Blüten: zwittrig, radiär. Perigonblätter 6, am Grund verwachsen, gelb, weiß. Staubblätter 6, frei oder verwachsen, mit dem Perigon verwachsen. Fruchtblätter 3, verwachsen, oberständig. Plazentation zentralwinkelständig
Frucht: Kapsel, fachspaltig. Samen 4–12 je Fach
Kennzeichen: Staude mit einer Zwiebel, ohne Lauchgeruch. Blüten in Dolden, selten Blüten einzeln, 2 papierartige Hüllblätter. Perigonblätter 6, am Grund verwachsen. Staubblätter 6. Fruchtblätter 3, verwachsen, oberständig. Kapsel, fachspaltig

Nothoscordum gracile

Triteleia Douglas ex Lindl.

Ableitung: drei vereinigt (Narben)
Vulgärnamen: D:Triteleie; F:Triteleia
Arten: 15
Lebensform: Staude mit einer Zwiebel, ohne Lauchgeruch
Blätter: grundständig, lineal, gekielt. Nebenblätter fehlend
Blütenstand: Dolde mit 2 Hüllblättern und lang gestielten Blüten

Blüten: zwittrig, radiär. Perigonblätter 6, verwachsen mit deutlicher Röhre, blau, purpurn. Staubblätter 6, frei, mit dem Perigon verwachsen. Antheren versatil. Fruchtblätter 3, verwachsen, oberständig. Plazentation zentralwinkelständig
Frucht: Kapsel, fachspaltig
Kennzeichen: Staude mit einer Zwiebel, ohne Lauchgeruch. Blüten in Dolden mit 2 Hüllblättern und lang gestielten Blüten. Perigonblätter 6, verwachsen mit deutlicher Röhre. Staubblätter 6. Antheren versatil. Fruchtblätter 3, verwachsen, oberständig. Kapsel, fachspaltig

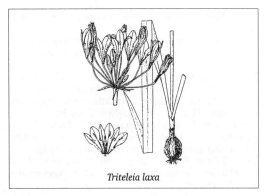

Triteleia laxa

Tulbaghia L.

Ableitung: Gattung zu Ehren von Rijk Tulbagh (1699–1771), einem niederländischen Gouverneur in Südafrika benannt
Vulgärnamen: D:Kaplilie, Tulbaghie; E:Society Garlic, Wild Garlic; F:Tulbaghia
Arten: 26
Lebensform: Staude mit Rhizom, mit Lauchgeruch
Blätter: grundständig, lineal. Nebenblätter fehlend
Blütenstand: Dolde
Blüten: zwittrig, radiär. Perigonblätter 6, verwachsen, mit Nebenkrone, lila, grün, braun, weiß. Staubblätter 6, mit dem Perigon verwachsen und sitzenden, basifixen Antheren. Fruchtblätter 3, verwachsen, oberständig. Plazentation zentralwinkelständig
Frucht: Kapsel, fachspaltig
Kennzeichen: Staude mit Rhizom, mit Lauchgeruch. Blüten in Dolden. Perigonblätter 6, verwachsen, mit Nebenkrone. Staubblätter 6. Fruchtblätter 3, verwachsen, oberständig. Kapsel, fachspaltig

Aloaceae Aloengewächse

1 Blüten radiär
  2 Staubblätter so lang oder länger als das Perigon. . . . . **Aloe**
  2 Staubblätter kürzer als das Perigon
    3 Perigonblätter an der Spitze zusammenneigend . . . . **Poellnitzia**
    3 Perigonblätter nicht zusammenneigend an der Spitze. . . . . **Astroloba**
1 Blüten zygomorph
  4 Blüten röhrig mit bauchiger Basis . . . . **Gasteria**
  4 Blüten 2-lippig . . . . **Haworthia**

Aloe L.

Ableitung: nach einem arabischen Pflanzennamen
Vulgärnamen: D:Aloe; E:Aloe; F:Aloe
Arten: 446
Lebensform: Staude, Strauch, Baum, sukkulent
Blätter: grundständig, wechselständig
Blütenstand: Traube, Rispe, Köpfchen
Blüten: zwittrig, radiär. Perigonblätter 6, verwachsen oder frei, rot, gelb, orange, weiß, braun, grünlich. Staubblätter 6, frei, frei von dem Perigon, so lang oder länger als das Perigon. Fruchtblätter 3, verwachsen, oberständig. Plazentation zentralwinkelständig
Frucht: Kapsel, fachspaltig
Kennzeichen: Lebensform: Staude, Strauch, Baum, sukkulent. Blüten radiär. Perigonblätter 6. Staubblätter 6, so lang oder länger als das Perigon. Fruchtblätter 3, verwachsen, oberständig. Kapsel, fachspaltig

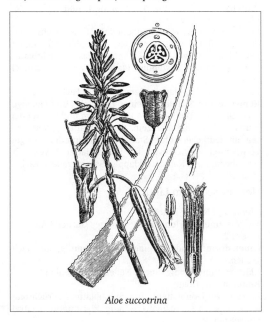

Aloe succotrina

Astroloba Uitewaal

Ableitung: Stern-Schote
Arten: 6
Lebensform: Staude, sukkulent
Blätter: grundständig
Blütenstand: Traube
Blüten: zwittrig, radiär. Perigonblätter 6, verwachsen, nicht zusammenneigend an der Spitze, grünlich, gelb, weißlich. Staubblätter 6, frei, frei von dem Perigon, kürzer als das Perigon. Fruchtblätter 3, verwachsen, oberständig. Plazentation zentralwinkelständig
Frucht: Kapsel, fachspaltig
Kennzeichen: Lebensform: Staude, sukkulent. Blüten radiär. Perigonblätter 6, verwachsen, nicht zusammenneigend an der Spitze. Staubblätter 6, kürzer als das Perigon. Fruchtblätter 3, verwachsen, oberständig. Kapsel, fachspaltig

Gasteria Duval

Ableitung: Bauchpflanze
Vulgärnamen: D:Gasterie; F:Gastérie, Langue-de-chevreuil
Arten: 17
Lebensform: Staude, sukkulent
Blätter: grundständig, wechselständig
Blütenstand: Traube, Rispe
Blüten: zwittrig, zygomorph. Perigonblätter 6, röhrig verwachsen mit bauchiger Basis, rot, rosa, grün. Staubblätter 6, frei, frei von dem Perigon. Fruchtblätter 3, verwachsen, oberständig. Plazentation zentralwinkelständig
Frucht: Kapsel, fachspaltig
Kennzeichen: Lebensform: Staude, sukkulent. Blüten: zwittrig, zygomorph. Perigonblätter 6, röhrig verwachsen mit bauchiger Basis. Staubblätter 6. Fruchtblätter 3, verwachsen, oberständig. Kapsel, fachspaltig

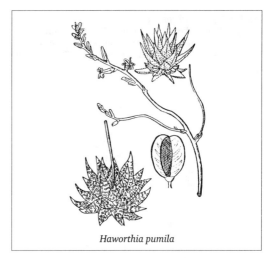
Haworthia pumila

Poellnitzia Uitewaal

Ableitung: Gattung zu Ehren von Karl von Poellnitz (1896–1945), einem deutschen Botaniker benannt
Arten: 1
Lebensform: Staude, sukkulent
Blätter: grundständig
Blütenstand: Traube
Blüten: zwittrig, radiär. Perigonblätter 6, verwachsen, an der Spitze zusammenneigend, rot. Staubblätter 6, frei, frei von dem Perigon, kürzer als das Perigon. Fruchtblätter 3, verwachsen, oberständig. Plazentation zentralwinkelständig
Frucht: Kapsel, fachspaltig
Kennzeichen: Lebensform: Staude, sukkulent. Blüten radiär. Perigonblätter 6, verwachsen, an der Spitze zusammenneigend. Staubblätter 6, kürzer als das Perigon. Fruchtblätter 3, verwachsen, oberständig. Kapsel fachspaltig

Gasteria carinata var. *verrucosa*

Haworthia

Ableitung: Gattung zu Ehren von Adrian Hardy Haworth (1768–1833), einem englischen Botaniker benannt
Arten: 123
Lebensform: Staude, sukkulent
Blätter: grundständig, wechselständig
Blütenstand: Traube, Rispe
Blüten: zwittrig, zygomorph 2-lippig. Perigonblätter 6, verwachsen, weiß. Staubblätter 6, frei, frei von dem Perigon. Fruchtblätter 3, verwachsen, oberständig. Plazentation zentralwinkelständig
Frucht: Kapsel, fachspaltig
Kennzeichen: Lebensform: Staude, sukkulent. Blüten zygomorph 2-lippig. Perigonblätter 6. Staubblätter 6. Fruchtblätter 3, verwachsen, oberständig. Kapsel, fachspaltig

Alstroemeriaceae

1 äußere und innere Perigonblätter ± gleich außer in der Farbe . . . . **Alstroemeria**
1 äußere Perigonblätter kürzer als die inneren . . . . **Bomarea**

Alstroemeria L.

Ableitung: Gattung zu Ehren von Claus Baron Alstroemer (1736–1794), einem schwedischen Botaniker benannt
Vulgärnamen: D:Inkalilie; E:Lily of the Incas, Peruvian Lily; F:Alstroemère, Lis des Incas
Arten: 129
Lebensform: Staude
Blätter: wechselständig
Blütenstand: Dolde
Blüten: zwittrig, radiär bis zygomorph. Perigonblätter 6, frei, etwa gleich lang, weiß, gelb, orange, rot, rosa, lila, grün. Staubblätter 6, frei, verwachsen mit dem Perigon. Fruchtblätter 3, verwachsen, unterständig. Plazentation zentralwinkelständig

Frucht: Kapsel, fachspaltig
Kennzeichen: Lebensform: Staude. Blüten in Dolden. Perigonblätter 6, frei, etwa gleich lang. Staubblätter 6, frei. Fruchtblätter 3, verwachsen, unterständig. Kapsel fachspaltig

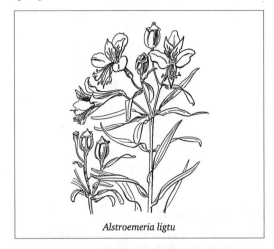

Alstroemeria ligtu

Bomarea Mirb.

Ableitung: Gattung zu Ehren von Jacques-Christophe Valmont de Bomare (1731–1807), einem französischen Naturforscher benannt
Arten: 156
Lebensform: Staude
Blätter: wechselständig
Blütenstand: Dolde
Blüten: zwittrig, radiär. Perigonblätter 6, frei, äußere kürzer als die inneren, weiß, gelb, orange, rot, rosa, purpurn, grünlich. Staubblätter 6, frei, verwachsen mit dem Perigon. Fruchtblätter 3, verwachsen, unterständig. Plazentation zentralwinkelständig
Frucht: Kapsel, Beere

Bomarea multiflora

Kennzeichen: Lebensform: Staude. Blüten in Dolden. Perigonblätter 6, frei, äußere kürzer als die inneren. Staubblätter 6. Fruchtblätter 3, verwachsen, unterständig. Kapsel oder Beere

Amaryllidaceae

1 Nebenkrone aus den verwachsenen Staubfäden gebildet oder frei
2   Nebenkrone frei von den Staubblättern. (Antheren basifix) . . . . **Narcissus**
2   Nebenkrone mit Staubblättern verwachsen
3   Nebenkrone aus Schuppen zwischen den Staubblättern bestehend
4   Perigonröhre länger als die freien Zipfel. . . . . **Urceolina**
4   Perigonröhre kürzer als die Zipfel
5   Staubfäden nicht geflügelt
6   Samen nur 2–3 je Fach . . . . **Lycoris**
6   Samen mehrere bis viele je Fach
7   Perigon radiär . . . . . . **Phaedranassa**
7   Perigon etwas zygomorph . . **Hippeastrum**
5   Staubfäden unter der Mitte geflügelt . . . . **Eustephia**
3   Nebenkrone aus verbreiterten Staubfäden bestehend
8   Antheren basifix . . . . **Chlidanthus**
8   Antheren dorsifix
9   Perigonblätter schmal lanzettlich
10   Samenanlagen 2–8 je Fach . . . . **Hymenocallis**
10   Samenanlagen viele je Fach . . . . **Pancratium**
9   Perigonblätter breit. (Samenanlagen 2–20 je Fach) . . . . **Eucharis**
1 Nebenkrone fehlend
11   Antheren basifix. Antheren mit Poren
12   Perigonblätter gleich . . . . **Leucojum**
12   Perigonblätter 3 und 3, sehr ungleich . . . . **Galanthus**
11   Antheren dorsifix. Antheren mit Schlitzen
13   Frucht eine Beere oder Schließfrucht
14   Samenanlagen 1–3 je Fach
15   Pflanze mit einem Rhizom . . . . **Scadoxus**
15   Pflanze mit Zwiebel
16   Frucht eine Beere mit 2 Samen je Fach. . . . . **Haemanthus**
16   Frucht ± trocken. . . . . **Boophone**
14   Samenanlagen 4–30 je Fach
17   Pflanze mit Rhizom . . . . **Clivia**
17   Pflanze mit Zwiebel
18   Blüten lang gestielt, radiär mit gerader Perigonröhre . . . . **Ammocharis**
18   Blüten kurz gestielt bis sitzend, zygomorph mit gebogener Perigonröhre . . . . **Crinum**
13   Frucht eine Kapsel
19   Staubblätter verwachsen
20   Blätter mit Mittelrippe. (Blüten viel länger als die Blütenstiele) . . . . **Amaryllis**
20   Blätter ohne Mittelrippe
21   Blätter schmal lineal. Blütenstiele meist kürzer als die Blüten. Perigonblätter ± wellig . . . . **Nerine**

21 Blätter breiter. Blütenstiele meist länger als die Blüten. Perigonblätter kaum wellig . .
. . . . **Brunsvigia**
19 Staubblätter frei
22 Hüllblätter verwachsen
23 Blüten radiär
24 Schaft hohl, 1-blütig
25 Griffel höchstens mit 3-lappiger Narbe .
. . . . **Zephyranthes**
25 Griffel 3-teilig. . . . .**Pyrolirion**
24 Schaft markig, 1-4-blütig. (Blüten gelb) .
. . . .**Sternbergia**
23 Blüten zygomorph
26 Narben kopfig. (Blüten in Dolden) . . . .
. . . .**Griffinia**
26 Narben 3-spaltig. (Blüten einzeln oder in Dolden)
27 Perigonblättern 3 schließen um die Staubblätter und den Griffel . . . .
. . . . **Sprekelia**
27 Perigonblättern ohne solche Anordnung
28 Blüten einzeln . . . . . . **Habranthus**
28 Blüten zu 1-7 . . . . . . **Rhodophiala**
22 Hüllblätter frei
29 Samenanlagen 1-3 je Fach
30 Blätter 2-reihig. . . . . **Boophone**
30 Blätter nicht 2-reihig
31 Samen geflügelt. . . . . . **Rhodophiala**
31 Samen kugelig. (Nebenkrone zum Teil aus kurzen fransigen Schuppen im Schlund) . . . . **Lycoris**
29 Samenanlagen einige bis viele je Fach. (Blüten zygomorph)
32 Blüten mit Röhre länger als die Perigonzipfel. . . . . **Cyrtanthus**
32 Blüten mit Perigonzipfel länger als die Röhre
33 Blüten lilablau . . . . **Worsleya**
33 Blüten nicht lilablau. Nebenkronschuppen zum Teil vorhanden
. . . .**Hippeastrum**

Die Amaryllidaceae sind eine leicht erkennbare monokotyle Familie. Es sind Zwiebelpflanzen mit einem blattlosen Schaft, Blüten in Dolden mit einer Hülle und einem unterständigen Fruchtknoten. Die Blüten besitzen die bei Monokotylen üblichen 3-er Wirtel mit zwei Staubblattkreisen. Diese Merkmale werden bei den Kennzeichen nicht aufgeführt.

Amaryllis L.

Ableitung: antiker Name einer schönen Frau
Vulgärnamen: D:Belladonnenlilie; E:Belladonna Lily, Jersey Lily; F:Amaryllis
Arten: 2
Lebensform: Staude, mit Zwiebel
Blätter: grundständig, einfach. Nebenblätter fehlend
Blütenstand: Dolde. Hüllblätter frei
Blüten: zwittrig, schwach zygomorph. Perigonblätter 6, verwachsen, rosa, rot, weiß. Nebenkrone fehlend. Staubblätter 6, verwachsen, verwachsen mit dem Perigon. Antheren dorsifix. Fruchtblätter 3, verwachsen, unterständig.

Narben 3. Plazentation zentralwinkelständig mit etwa 8 Samen je Fach
Frucht: Kapsel, fachspaltig. Samen kugelig
Kennzeichen: Staude mit Zwiebel. Blätter mit Mittelrippe. Nebenkrone fehlend. Staubblätter verwachsen. Antheren dorsifix. Kapsel

Amaryllis bella-donna

Ammocharis Herb.

Ableitung: Zierde des Sandes
Arten: 5
Lebensform: Staude, mit Zwiebel
Blätter: ± grundständig, einfach. Nebenblätter fehlend
Blütenstand: Dolde oder Blüten einzeln, lang gestielt. Hüllblätter frei oder 2 verwachsen
Blüten: zwittrig, radiär. Perigonblätter 6, verwachsen, mit gerader Röhre, rot, weiß. Nebenkrone fehlend. Staubblätter 6, frei, verwachsen mit dem Perigon. Antheren dorsifix. Fruchtblätter 3, verwachsen, unterständig. Narben ± kopfig. Plazentation zentralwinkelständig mit 4-30 Samen je Fach
Frucht: Schließfrucht. Samen ± kugelig

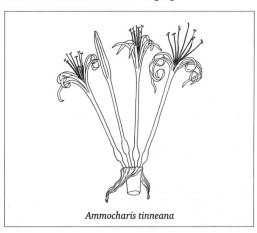
Ammocharis tinneana

908 Amaryllidaceae

Kennzeichen: Staude mit Zwiebel. Blüten radiär, mit gerader Perigonröhre. Nebenkrone fehlend. Antheren dorsifix. Schließfrucht

Boophone Herb.

Ableitung: Ochsen-Mörder (Gift)
Vulgärnamen: D:Ochsenfluch; E:Oxbane
Arten: 2
Lebensform: Staude, mit Zwiebel
Blätter: grundständig, 2-reihig, einfach. Nebenblätter fehlend
Blütenstand: Dolde. Hüllblätter frei
Blüten: zwittrig, radiär. Perigonblätter 6, verwachsen, rot, rosa, purpurn. Nebenkrone fehlend. Staubblätter 6, frei, verwachsen mit dem Perigon. Antheren dorsifix. Fruchtblätter 3, verwachsen, unterständig. Narben ± kopfig. Plazentation zentralwinkelständig mit 1–2 Samen je Fach
Frucht: Kapsel, fachspaltig, Schließfrucht. Samen oft 3-kantig
Kennzeichen: Staude mit Zwiebel. Blätter 2-reihig. Hüllblätter der Dolde frei. Staubblätter frei. Antheren dorsifix. Samen 1–2 je fach. Kapsel oder trockene Schließfrucht

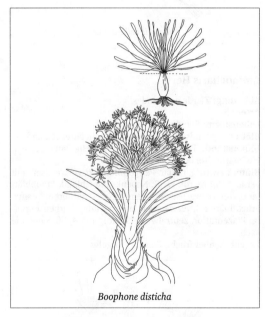

Boophone disticha

Brunsvigia Heist.

Ableitung: Gattung zu Ehren von Karl Wilhelm Ferdinand Herzog von Braunschweig-Lüneburg (1713–1780) benannt
Vulgärnamen: D:Brunsvigie; E:Brunsvigia; F:Lis de Joséphine
Arten: 19
Lebensform: Staude, mit Zwiebel
Blätter: grundständig, einfach, ohne Mittelrippe. Nebenblätter fehlend
Blütenstand: Dolde. Hüllblätter frei

Blüten: zwittrig, radiär oder zygomorph. Perigonblätter 6, verwachsen, rosa, rot. Nebenkrone fehlend. Staubblätter 6, verwachsen am Grund, verwachsen mit dem Perigon. Antheren dorsifix. Fruchtblätter 3, verwachsen, unterständig. Narben 3. Plazentation zentralwinkelständig mit 3–10 Samen je Fach
Frucht: Kapsel, fachspaltig. Samen eiförmig
Kennzeichen: Staude mit Zwiebel. Blätter ohne Mittelrippe. Blütenstiele meist länger als die Blüten. Perigonblätter kaum wellig am Rand. Antheren dorsifix. Kapsel

Chlidanthus Herb.

Ableitung: Schmuck-Blüte
Vulgärnamen: D:Prunkblüte; E:Fairy Lily; F:Pancrais jaune
Arten: 4
Lebensform: Staude, mit Zwiebel
Blätter: grundständig, einfach. Nebenblätter fehlend
Blütenstand: Dolde. Hüllblätter frei. Blüten viel länger als ihre Stiele
Blüten: zwittrig, radiär oder schwach zygomorph. Perigonblätter 6, verwachsen, gelb, rot. Nebenkrone klein. Staubblätter 6, ± frei, verwachsen mit dem Perigon. Antheren ± basifix, mit Schlitzen. Fruchtblätter 3, verwachsen, unterständig. Narben 3. Plazentation zentralwinkelständig mit vielen Samen je Fach
Frucht: Kapsel, fachspaltig. Samen scheibenförmig
Kennzeichen: Staude mit Zwiebel. Blüten viel länger als ihre Stiele. Nebenkrone klein aus den verbreiterten Staubfäden. Antheren basifix, mit Schlitzen

Clivia Lindl.

Ableitung: Gattung zu Ehren von Lady Charlotte Florentina Clive, Herzogin von Northumberland (?–1866) benannt
Vulgärnamen: D:Clivie, Riemenblatt; E:Kaffir Lily; F:Clivia
Arten: 6
Lebensform: Staude, mit Rhizom
Blätter: grundständig oder wechselständig, einfach. Nebenblätter fehlend
Blütenstand: Dolde. Hüllblätter frei

Clivia miniata

Blüten: zwittrig, radiär oder schwach zygomorph. Perigonblätter 6, verwachsen oder frei, orange, rot. Nebenkrone fehlend. Staubblätter 6, frei, verwachsen mit dem Perigon. Antheren dorsifix. Fruchtblätter 3, verwachsen, unterständig. Narben 3. Plazentation zentralwinkelständig mit 5-6 Samen je Fach
Frucht: Beere. Samen kugelig
Kennzeichen: Staude mit Rhizom. Nebenkrone fehlend. Antheren dorsifix. Samen 5-6 je Fach. Beere

Crinum L.

Ableitung: antiker Name einer Lilie
Vulgärnamen: D:Hakenlilie; E:Cape Lily; F:Crinum
Arten: 101
Lebensform: Staude, mit Zwiebel
Blätter: grundständig, einfach. Nebenblätter fehlend
Blütenstand: Dolde. Hüllblätter 2, frei. Blüten kurz gestielt bis sitzend
Blüten: zwittrig, radiär oder zygomorph. Perigonblätter 6, verwachsen, mit gebogener Perigonröhre, weiß, rosa. Nebenkrone fehlend. Staubblätter 6, frei, verwachsen mit dem Perigon. Antheren dorsifix. Fruchtblätter 3, verwachsen, unterständig. Narben 3. Plazentation zentralwinkelständig mit etwa 12 Samen je Fach
Frucht: Schließfrucht. Samen ± kugelig
Kennzeichen: Staude mit Zwiebel. Blüten kurz gestielt bis sitzend. Perigonröhre gebogen. Nebenkrone fehlend. Antheren dorsifix. Samen etwa 12 je Fach. Schließfrucht

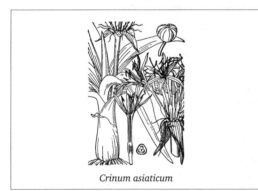

Crinum asiaticum

Cyrtanthus Aiton

Ableitung: krumme Blüte
Vulgärnamen: D:Feuerblüte; E:Fire Lily; F:Cyrtanthus
Arten: 55
Lebensform: Staude, mit Zwiebel
Blätter: grundständig, einfach. Nebenblätter fehlend
Blütenstand: Dolde. Hüllblätter 2 oder 4, frei, selten Blüten einzeln. Blütenschaft meist hohl
Blüten: zwittrig, radiär oder schwach zygomorph. Perigonblätter 6, verwachsen zu langer Röhre, rot, weiß, gelb. Nebenkrone fehlend, selten vorhanden. Staubblätter 6, frei, verwachsen mit dem Perigon. Antheren dorsifix. Fruchtblätter 3, verwachsen, unterständig. Narben 3 oder kopfig. Plazentation zentralwinkelständig mit vielen Samen je Fach

Frucht: Kapsel, fachspaltig. Samen geflügelt
Kennzeichen: Staude, mit Zwiebel. Hüllblätter frei. Perigonblätter verwachsen zu langer Röhre. Nebenkrone fehlend. Staubblätter frei. Antheren dorsifix. Kapsel mit vielen Samen je Fach

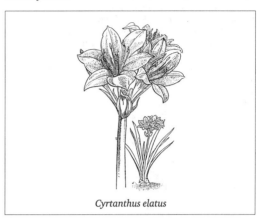

Cyrtanthus elatus

Eucharis Planch. et Linden

Ableitung: schöne Pflanze
Vulgärnamen: D:Amazonaslilie, Herzkelch; E:Amazon Lily; F:Lis du Brésil
Arten: 17
Lebensform: Staude, mit Zwiebel
Blätter: grundständig, einfach. Nebenblätter fehlend
Blütenstand: Dolde. Hüllblätter frei
Blüten: zwittrig, radiär. Perigonblätter 6, verwachsen, mit breiten Zipfeln, weiß. Nebenkrone vorhanden. Staubblätter 6, verwachsen, verwachsen mit dem Perigon. Antheren dorsifix. Fruchtblätter 3, verwachsen, unterständig. Narben 3. Plazentation zentralwinkelständig mit 2-20 Samen je Fach
Frucht: Kapsel, fachspaltig. Samen elliptisch
Kennzeichen: Perigonzipfel breit. Nebenkrone vorhanden aus verbreiterten Staubfäden. Samen 2-20 je Fach

Eucharis

Eustephia Cav.

Ableitung: schöner Kranz
Arten: 6
Lebensform: Staude, mit Zwiebel
Blätter: grundständig, einfach. Nebenblätter fehlend
Blütenstand: Dolde. Hülle verwachsen
Blüten: zwittrig, radiär. Perigonblätter 6, verwachsen, Perigonröhre kürzer als die Zipfel. rot, grün. Nebenkrone zwischen den Staubblättern. Staubblätter 6, frei oder verwachsen, verwachsen mit dem Perigon, Staubfäden unter der Mitte geflügelt. Fruchtblätter 3, verwachsen, unterständig. Narben 3. Plazentation zentralwinkelständig mit vielen Samen je Fach
Frucht: Kapsel, fachspaltig
Kennzeichen: Staude mit Zwiebel. Perigonröhre kürzer als die Zipfel. Nebenkrone zwischen den Staubblättern. Staubfäden unter der Mitte geflügelt

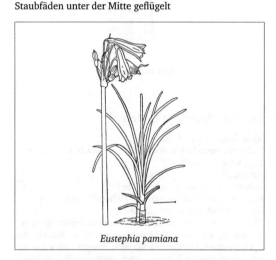
Eustephia pamiana

Galanthus L.

Ableitung: Milch-Blüte
Vulgärnamen: D:Schneeglöckchen; E:Snowdrop; F:Perce-neige
Arten: 20
Lebensform: Staude, mit Zwiebel

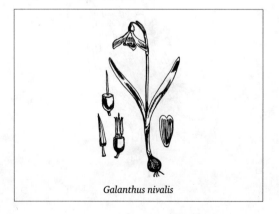
Galanthus nivalis

Blätter: grundständig, einfach. Nebenblätter fehlend
Blütenstand: einzeln oder zu 2 nickend. Hüllblätter verwachsen
Blüten: zwittrig, radiär. Perigonblätter 6, innere viel kürzer, frei, weiß. Nebenkrone fehlend. Staubblätter 6, frei, verwachsen mit dem Perigon. Antheren basifix, mit Poren. Fruchtblätter 3, verwachsen, unterständig. Narbe kopfig. Plazentation zentralwinkelständig mit vielen Samen je Fach
Frucht: Kapsel, fachspaltig. Samen mit einem Anhängsel (Elaiosom)
Kennzeichen: Staude mit Zwiebel. Innere Perigonblätter viel kürzer als die äußeren. Nebenkrone fehlend. Antheren basifix, mit Poren

Griffinia Ker-Gawl.

Ableitung: Gattung zu Ehren von William Griffin (?–1827), einem englischen Gärtner und Pflanzensammler in Brasilien benannt
Arten: 19
Lebensform: Staude, mit Zwiebel
Blätter: grundständig, einfach. Nebenblätter fehlend
Blütenstand: Dolde. Hülle verwachsen
Blüten: zwittrig, zygomorph. Perigonblätter 6, frei oder verwachsen, weiß, lila, blau, violett. Nebenkrone fehlend. Staubblätter 6, selten 5, frei, verwachsen mit dem Perigon. Antheren dorsifix. Fruchtblätter 3, verwachsen, unterständig. Narben 3, kopfig. Plazentation zentralwinkelständig mit vielen bis 2 Samen je Fach
Frucht: Kapsel, fachspaltig. Samen kugelig
Kennzeichen: Staude mit Zwiebel. Hülle der Dolde verwachsen. Blüten zygomorph. Staubblätter frei. Antheren dorsifix. Narben 3, kopfig. Kapsel

Habranthus Herb.

Ableitung: zarte Blüte
Arten: 72
Lebensform: Staude, mit Zwiebel
Blätter: grundständig, einfach. Nebenblätter fehlend
Blütenstand: Blüten einzeln. Hülle verwachsen. Blütenschaft hohl
Blüten: zwittrig, schwach zygomorph. Perigonblätter 6, verwachsen, rosa, gelb, rot. Nebenkrone fehlend oder selten vorhanden. Staubblätter 6, frei, verwachsen mit dem Perigon. Antheren dorsifix. Fruchtblätter 3, verwachsen, unterständig. Narben 3. Plazentation zentralwinkelständig mit vielen Samen je Fach

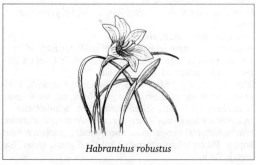
Habranthus robustus

Frucht: Kapsel, fachspaltig. Samen ± geflügelt
Kennzeichen: Staude mit Zwiebel. Hülle der Dolde verwachsen. Blüten einzeln, zygomorph. Staubblätter frei. Antheren dorsifix. Kapsel

Haemanthus L.

Ableitung: Blut-Blume
Vulgärnamen: D:Blutblume; E:Blood Lily; F:Hémanthe

Haemanthus albiflos

Arten: 22
Lebensform: Staude, mit Zwiebel
Blätter: grundständig oder wechselständig, einfach. Nebenblätter fehlend
Blütenstand: Dolde. Hüllblätter 1–4, frei
Blüten: zwittrig, radiär. Perigonblätter 6, verwachsen, rot, weiß, rosa. Nebenkrone fehlend. Staubblätter 6, frei, verwachsen mit dem Perigon. Antheren dorsifix. Fruchtblätter 3, verwachsen, unterständig. Narben ± 3. Plazentation zentralwinkelständig mit 2 Samen je Fach
Frucht: Beere. Samen eiförmig
Kennzeichen: Staude mit Zwiebel. Nebenkrone fehlend. Antheren dorsifix. Samen 2 je Fach. Beere

Hippeastrum Herb.

Ableitung: Reiter-Stern
Vulgärnamen: D:Amaryllis der Gärtner, Ritterstern; F:Amaryllis, Amaryllis de Rouen
Arten: 90
Lebensform: Staude, mit Zwiebel
Blätter: grundständig, einfach. Nebenblätter fehlend

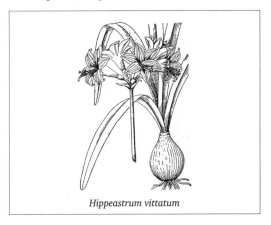

Hippeastrum vittatum

Blütenstand: Dolde oder einzeln. Hüllblätter frei. Blütenschaft meist hohl
Blüten: zwittrig, zygomorph. Perigonblätter 6, verwachsen, weiß, rot, lachsfarben. Nebenkrone angedeutet als Wulst oder Fransen. Staubblätter 6, frei, verwachsen mit dem Perigon. Antheren dorsifix. Fruchtblätter 3, verwachsen, unterständig. Narben 3 oder kopfig. Plazentation zentralwinkelständig mit vielen bis wenigen Samen je Fach
Frucht: Kapsel, fachspaltig. Samen ± geflügelt
Kennzeichen: Staude mit Zwiebel. Hüllblätter der Dolde frei. Nebenkrone angedeutet als Wulst oder Fransen. Staubblätter frei. Antheren dorsifix. Samen viele bis wenige je Fach. Kapsel

Hymenocallis Salisb.

Ableitung: Haut-Schönheit
Vulgärnamen: D:Schönhäutchen; E:Spider Lily; F:Ismène, Lis-araignée
Arten: 74
Lebensform: Staude, mit Zwiebel
Blätter: grundständig, einfach. Nebenblätter fehlend
Blütenstand: Dolde oder einzeln. Hülle verwachsen
Blüten: zwittrig, radiär. Perigonblätter 6, verwachsen, weiß. Nebenkrone aus verbreiterten Staubfäden. Staubblätter 6, verwachsen, verwachsen mit dem Perigon. Antheren dorsifix. Fruchtblätter 3, verwachsen, unterständig. Narben kopfig. Plazentation mit 2–8 Samen je Fach
Frucht: Kapsel, fachspaltig
Kennzeichen: Staude mit Zwiebel. Nebenkrone aus verbreiterten Staubfäden. Samen 2–8 je Fach

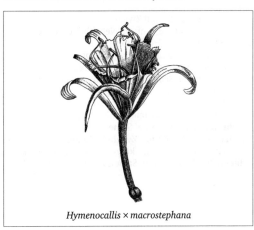

Hymenocallis × macrostephana

Leucojum L.

Ableitung: antiker Pflanzenname
Vulgärnamen: D:Knotenblume; E:Snowflake; F:Nivéole
Arten: 11
Lebensform: Staude, mit Zwiebel
Blätter: grundständig, einfach. Nebenblätter fehlend
Blütenstand: Dolde oder einzeln. Blüten nickend. Hüllblätter frei oder verwachsen. Blütenschaft meist hohl
Blüten: zwittrig, radiär. Perigonblätter 6, frei oder verwachsen, alle gleich, weiß, rosa. Nebenkrone fehlend.

Staubblätter 6, frei, verwachsen mit dem Perigon. Antheren basifix, mit Poren. Fruchtblätter 3, verwachsen, unterständig. Narben 3. Plazentation zentralwinkelständig mit vielen Samen je Fach
Frucht: Kapsel, fachspaltig. Samen zum Teil mit Elaiosom
Kennzeichen: Staude mit Zwiebel. Perigonblätter alle gleich. Nebenkrone fehlend. Antheren basifix, mit Poren

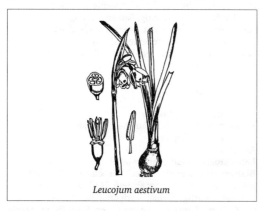

Leucojum aestivum

Lycoris Herb.

Ableitung: nach dem Namen einer schönen Frau der Antike
Vulgärnamen: D:Spinnenlilie; E:Spider Lily
Arten: 23
Lebensform: Staude, mit Zwiebel
Blätter: grundständig, einfach. Nebenblätter fehlend
Blütenstand: Dolde. Hüllblätter frei
Blüten: zwittrig, radiär oder zygomorph. Perigonblätter 6, ± verwachsen, rot, rosa, weiß, gelb. Nebenkrone klein, aus kurzen fransigen Schuppen im Schlund. Staubblätter 6, frei, verwachsen mit dem Perigon. Antheren dorsifix. Fruchtblätter 3, verwachsen, unterständig. Narben 3. Plazentation zentralwinkelständig mit 2-3 Samen je Fach
Frucht: Kapsel, fachspaltig. Samen
Kennzeichen: Staude mit Zwiebel. Hüllblätter der Dolde frei. Nebenkrone klein, aus kurzen fransigen Schuppen im Schlund der Perigonröhre. Samen 2-3 je Fach. Kapsel

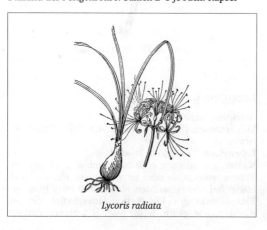

Lycoris radiata

Narcissus L.

Ableitung: antiker Pflanzenname
Vulgärnamen: D:Jonquille, Narzisse, Osterglocke, Tazette; E:Daffodil; F:Narcisse

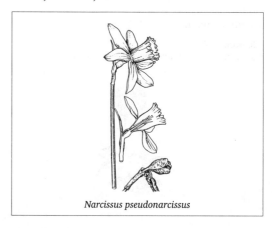

Narcissus pseudonarcissus

Arten: 54
Lebensform: Staude, mit Zwiebel
Blätter: grundständig, einfach. Nebenblätter fehlend
Blütenstand: Dolde oder einzeln. Hülle verwachsen
Blüten: zwittrig, radiär oder schwach zygomorph. Perigonblätter 6, verwachsen, gelb, weiß, grün. Nebenkrone vorhanden, selten fehlend. Staubblätter 6, frei, verwachsen mit dem Perigon. Antheren basifix. Fruchtblätter 3, verwachsen, unterständig. Narben 3. Plazentation zentralwinkelständig mit vielen Samen je Fach
Frucht: Kapsel, fachspaltig. Samen ± kugelig, zum Teil mit Anhängsel
Kennzeichen: Nebenkrone völlig frei, unabhängig von den Staubblättern

Nerine Herb.

Ableitung: nach einer Gestalt der griechischen Mythologie

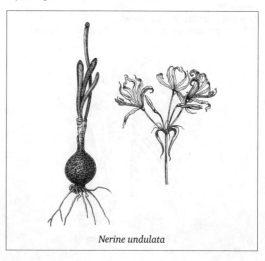

Nerine undulata

Vulgärnamen: D:Nerine; E:Nerine; F:Nérine
Arten: 25
Lebensform: Staude, mit Zwiebel
Blätter: grundständig, einfach, ohne Mittelrippe. Nebenblätter fehlend
Blütenstand: Dolde. Hüllblätter 2, frei
Blüten: zwittrig, schwach zygomorph. Perigonblätter 6, frei oder verwachsen, ± wellig am Rand, rot, weiß, rosa. Nebenkrone fehlend. Staubblätter 6, verwachsen, verwachsen mit dem Perigon. Antheren dorsifix. Fruchtblätter 3, verwachsen, unterständig. Narben 3 oder kopfig. Plazentation zentralwinkelständig mit 4-1 Samen je Fach
Frucht: Kapsel, fachspaltig. Samen eiförmig
Kennzeichen: Staude mit Zwiebel. Blätter ohne Mittelrippe. Perigonblätter ± wellig am Rand. Nebenkrone fehlend. Staubblätter verwachsen. Antheren dorsifix. Kapsel

Pancratium Dill. ex L.

Ableitung: antiker Pflanzenname
Vulgärnamen: D:Pankrazlilie; E:Sea Daffodil; F:Lispancrais, Pancrais
Arten: 20
Lebensform: Staude, mit Zwiebel
Blätter: grundständig, einfach. Nebenblätter fehlend
Blütenstand: Dolde oder einzeln. Hüllblätter frei oder verwachsen. Blütenschaft hohl oder markig
Blüten: zwittrig, radiär. Perigonblätter 6, verwachsen, weiß. Nebenkrone vorhanden aus den verbreiterten Staubblättern. Staubblätter 6, verwachsen, verwachsen mit dem Perigon. Antheren dorsifix. Fruchtblätter 3, verwachsen, unterständig. Narben 3 oder kopfig. Plazentation zentralwinkelständig mit vielen Samen je Fach
Frucht: Kapsel, fachspaltig. Samen ± kugelig, kantig
Kennzeichen: Staude mit Zwiebel. Nebenkrone vorhanden aus den verbreiterten Staubblättern. Samen viele je Fach

Pancratium maritimum

Phaedranassa Herb.

Ableitung: leuchtende Königin
Vulgärnamen: D:Andenkönigin; E:Queen Lily; F:Reine des Andes
Arten: 9
Lebensform: Staude, mit Zwiebel
Blätter: grundständig, einfach. Nebenblätter fehlend
Blütenstand: Dolde
Blüten: zwittrig, radiär. Perigonblätter 6, verwachsen, Röhre kürzer als die Zipfel, rosa, rot, grüngelb. Nebenkrone vorhanden. Staubblätter 6, frei, verwachsen mit dem Perigon. Staubfäden nicht geflügelt. Antheren dorsifix. Fruchtblätter 3, verwachsen, unterständig. Narben 3. Plazentation zentralwinkelständig mit vielen Samen je Fach
Frucht: Kapsel, fachspaltig
Kennzeichen: Staude mit Zwiebel. Perigonröhre kürzer als die Zipfel. Nebenkrone vorhanden. Staubfäden nicht geflügelt

Pyrolirion Herb.

Ableitung: Feuer-Lilie
Vulgärnamen: D:Flammenlilie; E:Flame Lily
Arten: 6
Lebensform: Staude, mit Zwiebel
Blätter: grundständig, einfach. Nebenblätter fehlend
Blütenstand: einzeln. Hülle verwachsen. Blütenschaft hohl
Blüten: zwittrig, radiär. Perigonblätter 6, verwachsen. Nebenkrone vorhanden. Staubblätter 6, frei, verwachsen mit dem Perigon. Antheren dorsifix. Fruchtblätter 3, verwachsen, unterständig. Griffel 3-teilig. Plazentation zentralwinkelständig
Frucht: Kapsel, fachspaltig. Samen zusammengedrückt
Kennzeichen: Staude mit Zwiebel. Blüten einzeln, radiär. Hülle verwachsen. Perigonblätter 6. Nebenkrone vorhanden. Staubblätter 6, frei. Antheren dorsifix. Griffel 3-teilig. Kapsel

Rhodophiala C. Presl

Ableitung: rotes Gefäß
Arten: 12
Lebensform: Staude, mit Zwiebel
Blätter: grundständig, einfach. Nebenblätter fehlend
Blütenstand: Dolde, selten Blüten einzeln. Hüllblätter frei oder verwachsen. Blütenschaft hohl
Blüten: zwittrig, zygomorph. Perigonblätter 6, verwachsen, gelb, rosa, rot. Staubblätter 6, frei, verwachsen mit dem Perigon. Antheren dorsifix. Fruchtblätter 3, verwachsen, unterständig. Narben 3 oder kopfig. Plazentation zentralwinkelständig
Frucht: Kapsel, fachspaltig. Samen geflügelt
Kennzeichen: Staude mit Zwiebel. Hüllblätter frei oder verwachsen. Blüten zygomorph. Staubblätter frei. Antheren dorsifix. Kapsel mit geflügelten Samen

Scadoxus Raf.

Ableitung: Pracht-Schirm
Vulgärnamen: D:Blutblume; E:Blood Flower; F:Ail rouge, Hémanthe
Arten: 9

Lebensform: Staude, mit Rhizom
Blätter: grundständig, einfach. Nebenblätter fehlend
Blütenstand: Köpfchen. Hüllblätter 4 bis viele, frei
Blüten: zwittrig, radiär. Perigonblätter 6, verwachsen. Nebenkrone fehlend. Staubblätter 6, frei, verwachsen mit dem Perigon. Antheren dorsifix. Fruchtblätter 3, verwachsen, unterständig. Narben 3 oder kopfig. Plazentation zentralwinkelständig mit 1–3 Samen je Fach
Frucht: Beere. Samen eiförmig
Kennzeichen: Staude mit Rhizom. Nebenkrone fehlend. Antheren dorsifix. Samen 1–3 je Fach. Beere

Scadoxus multiflorus

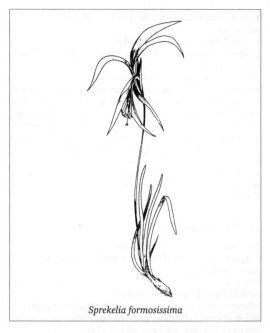

Sprekelia formosissima

Sprekelia Heist.

Ableitung: Gattung zu Rehre von Johann Heinrich von Sprekelsen (1691–1764), einem deutschen Amateurbotaniker benannt
Vulgärnamen: D:Jakobslilie; E:Jacobean Lily; F:Lis de St-Jacques
Arten: 2
Lebensform: Staude, mit Zwiebel
Blätter: grundständig, einfach. Nebenblätter fehlend
Blütenstand: einzeln. Hüllblätter 2, verwachsen. Blütenschaft hohl
Blüten: zwittrig, zygomorph. Perigonblätter 6, verwachsen, rot, weiß. Von den Perigonblättern schließen 3 um die Staubblätter und den Griffel. Nebenkrone fehlend. Staubblätter 6, frei, verwachsen mit dem Perigon. Antheren dorsifix. Fruchtblätter 3, verwachsen, unterständig. Narbe 3-spaltig. Plazentation zentralwinkelständig mit vielen Samen je Fach
Frucht: Kapsel, fachspaltig. Samen ± geflügelt
Kennzeichen: Staude mit Zwiebel. Hüllblätter der Dolde verwachsen. Blüten zygomorph. Von den Perigonblättern schließen 3 um die freien Staubblätter und den Griffel. Antheren dorsifix. Narbe 3-spaltig. Kapsel

Sternbergia Waldst. et Kit.

Ableitung: Gattung zu Ehren von Kaspar Maria Graf von Sternberg (1761–1838), einem böhmisch-österreichischen Botaniker benannt
Vulgärnamen: D:Goldkrokus, Sternbergie; E:Autumn Daffodil, Winter Daffodil; F:Amaryllis doré
Arten: 10
Lebensform: Staude, mit Zwiebel
Blätter: grundständig, einfach. Nebenblätter fehlend

Sternbergia colchiciflora

Blütenstand: Dolde oder einzeln. Hülle verwachsen. Schaft markig
Blüten: zwittrig, radiär. Perigonblätter 6, verwachsen, gelb. Nebenkrone fehlend. Staubblätter 6, frei, verwachsen mit dem Perigon. Antheren dorsifix. Fruchtblätter 3, verwachsen, unterständig. Narben 3 oder kopfig. Plazentation zentralwinkelständig mit vielen Samen je Fach
Frucht: beerenartig. Samen kugelig und mit Anhängsel
Kennzeichen: Staude mit Zwiebel. Blütenstand eine Dolde oder Blüten einzeln. Hülle verwachsen. Schaft markig. Staubblätter frei. Antheren dorsifix. Frucht beerenartig

Urceolina Rchb.

Ableitung: kleiner Krug
Arten: 7
Lebensform: Staude, mit Zwiebel
Blätter: grundständig, einfach. Nebenblätter fehlend
Blütenstand: Dolde. Hüllblätter 2
Blüten: zwittrig, radiär. Perigonblätter 6, verwachsen, krugförmig, Perigonröhre länger als die Zipfel, gelb, orange, weiß. Nebenkrone zwischen den Staubblättern. Staubblätter 6, am Grund verwachsen, verwachsen mit dem Perigon. Antheren dorsifix. Fruchtblätter 3, verwachsen, unterständig. Narben kugelig. Plazentation zentralwinkelständig mit 10–20 Samen je Fach
Frucht: Kapsel, fachspaltig. Samen zylindrisch
Kennzeichen: Staude mit Zwiebel. Perigon krugförmig, Röhre länger als Zipfel. Nebenkrone aus Staubblättern

Urceolina urceolata

Worsleya (Traub) Traub

Ableitung: Gattung zu Ehren von Arthington Worsley (1861–1944), einem englischen Botaniker benannt
Vulgärnamen: D:Blaue Amaryllis; E:Blue Amaryllis; F:Amaryllis bleu
Arten: 1
Lebensform: Staude, mit Zwiebel
Blätter: grundständig, einfach. Nebenblätter fehlend
Blütenstand: Dolde. Hüllblätter 4, frei. Blütenschaft hohl
Blüten: zwittrig, zygomorph. Perigonblätter 6, verwachsen, lila, blau. Nebenkrone fehlend. Staubblätter 6, frei, verwachsen mit dem Perigon. Antheren dorsifix. Fruchtblätter 3, verwachsen, unterständig. Narben 3 oder kopfig. Plazentation zentralwinkelständig mit vielen Samen je Fach
Frucht: Kapsel, fachspaltig. Samen D-förmig

Kennzeichen: Staude mit Zwiebel. Hüllblätter der Dolde 4 frei. Nebenkrone fehlend. Antheren dorsifix. Samen viele je Fach. Kapsel

Zephyranthes Herb.

Ableitung: aus dem Westen kommende Blume
Vulgärnamen: D:Windblume, Zephirblume; E:Rain Flower, Zephyr Flower; F:Lis zéphir
Arten: 86
Lebensform: Staude, mit Zwiebel
Blätter: grundständig, einfach. Nebenblätter fehlend
Blütenstand: einzeln. Hülle verwachsen. Blütenschaft hohl
Blüten: zwittrig, radiär. Perigonblätter 6, verwachsen, weiß, gelb, rosa, rot. Nebenkrone fehlend. Staubblätter 6, frei, verwachsen mit dem Perigon. Antheren dorsifix. Fruchtblätter 3, verwachsen, unterständig. Narben 3 oder kopfig. Plazentation zentralwinkelständig mit vielen bis wenigen Samen je Fach
Frucht: Kapsel, fachspaltig. Samen zusammengedrückt, D-förmig oder keilförmig
Kennzeichen: Staude mit Zwiebel. Blütenschaft hohl. Blüten einzeln. Hülle verwachsen. Blüten radiär. Antheren dorsifix. Narben 3 oder kopfig. Kapsel

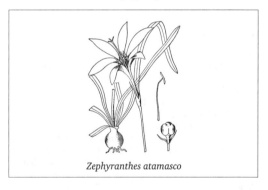

Zephyranthes atamasco

Anthericaceae Grasliliengewächse

1 Antheren dorsifix
2 Perigonblätter frei . . . .**Paradisea**
2 Perigonblätter verwachsen . . . . **Anemarrhena**
1 Antheren basifix
3 innere Perigonblätter gefranst . . . . **Thysanotus**
3 innere Perigonblätter nicht gefranst
4 Perigonblätter gleich
5 Kapsel ± rundlich . . . .**Anthericum**
5 Kapsel 3-kantig bis 3-flügelig. . **Chlorophytum**
4 Perigonblätter ungleich. Antheren mit haarigen oder papillösen Anhängseln . . . **Arthropodium**

Anemarrhena Bunge

Ableitung: ohne Staubfaden
Arten: 1
Lebensform: Staude mit Rhizom
Blätter: grundständig
Blütenstand: Ähre, Rispe

916 Anthericaceae Grasliliengewächse

Blüten: zwittrig, radiär. Perigonblätter 6, verwachsen, grün, weiß, braun. Staubblätter 6, frei, mit dem Perigon verwachsen. Antheren dorsifix. Fruchtblätter 3, verwachsen, oberständig. Plazentation zentralwinkelständig
Frucht: Kapsel, fachspaltig
Kennzeichen: Staude mit Rhizom. Perigonblätter 6, verwachsen. Staubblätter 6. Antheren dorsifix. Fruchtblätter 3, verwachsen, oberständig. Kapsel fachspaltig

Anemarrhena asphodeloides

Anthericum L.

Ableitung: antiker Pflanzenname
Vulgärnamen: D:Graslilie, Zaunlilie; E:Spider Plant; F:Phalangère
Arten: 7
Lebensform: Staude mit Rhizom
Blätter: grundständig
Blütenstand: Traube, Rispe
Blüten: zwittrig, radiär. Perigonblätter 6, frei oder verwachsen, gleich, weiß. Staubblätter 6, frei, mit dem Perigon verwachsen oder frei. Antheren basifix. Fruchtblätter 3, verwachsen, oberständig. Plazentation zentralwinkelständig
Frucht: Kapsel, fachspaltig, ± rundlich
Kennzeichen: Staude mit Rhizom. Blüten radiär. Perigonblätter 6, gleich. Staubblätter 6. Antheren basifix. Fruchtblätter 3, verwachsen, oberständig. Kapsel, fachspaltig, ± rundlich

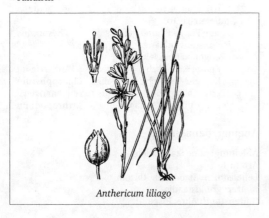
Anthericum liliago

Arthropodium R. Br.

Ableitung: Glieder-Fuß
Vulgärnamen: D:Felsenlilie; E:Rock Lily; F:Lis des rochers
Arten: 9
Lebensform: Staude mit Rhizom oder Wurzelknollen
Blätter: grundständig
Blütenstand: Traube, Rispe
Blüten: zwittrig, radiär. Perigonblätter 6, frei, ungleich, weiß, rosa, purpurn. Staubblätter 6, frei, frei von dem Perigon. Antheren basifix, mit haarigen oder papillösen Anhängseln Fruchtblätter 3, verwachsen, oberständig. Plazentation zentralwinkelständig
Frucht: Kapsel, fachspaltig
Kennzeichen: Staude mit Rhizom oder Wurzelknollen. Blüten radiär. Perigonblätter 6, frei, ungleich. Staubblätter 6. Antheren basifix, mit haarigen oder papillösen Anhängseln Fruchtblätter 3, verwachsen, oberständig. Kapsel, fachspaltig

Chlorophytum Ker-Gawl.

Ableitung: Grün-Pflanze
Vulgärnamen: D:Grüner Heinrich, Grünlilie; E:Spider Ivy, Spider Plant; F:Phalangère
Arten: 191
Lebensform: Staude mit Rhizom
Blätter: grundständig
Blütenstand: Traube, Rispe
Blüten: zwittrig, radiär. Perigonblätter 6, verwachsen, gleich, weiß, grünlich. Staubblätter 6, frei, frei von dem Perigon. Antheren basifix. Fruchtblätter 3, verwachsen, oberständig. Plazentation zentralwinkelständig
Frucht: Kapsel, fachspaltig, 3-kantig bis 3-flügelig
Kennzeichen: Staude mit Rhizom. Blüten radiär. Perigonblätter 6, verwachsen, gleich. Staubblätter 6. Antheren basifix. Fruchtblätter 3, verwachsen, oberständig. Kapsel, fachspaltig, 3-kantig bis 3-flügelig

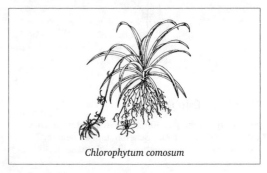
Chlorophytum comosum

Paradisea Mazzuc.

Ableitung: Gattung zu Ehren von Giovanni Paradisi (1760–1826), einem italienischen Botaniker benannt
Vulgärnamen: D:Paradieslilie; E:Paradise Lily; F:Lis de St-Bruno
Arten: 2
Lebensform: Staude mit Rhizom
Blätter: grundständig

Blütenstand: Traube
Blüten: zwittrig, radiär. Perigonblätter 6, frei, weiß. Staubblätter 6, frei, mit dem Perigon verwachsen. Antheren dorsifix. Fruchtblätter 3, verwachsen, oberständig. Plazentation zentralwinkelständig
Frucht: Kapsel, fachspaltig
Kennzeichen: Staude mit Rhizom. Blüten radiär. Perigonblätter 6, frei. Staubblätter 6. Antheren dorsifix. Fruchtblätter 3, verwachsen, oberständig. Kapsel, fachspaltig

Paradisea liliastrum

Thysanotus R. Br.

Ableitung: Fransen-Ohr
Vulgärnamen: D:Fransenlilie; E:Fringe Flower, Fringe Lily; F:Thysanothe
Arten: 49
Lebensform: Staude mit Rhizom
Blätter: wechselständig
Blütenstand: Rispe, Dolde

Thysanotus multiflorus

Blüten: zwittrig, radiär. Perigonblätter 6, verwachsen, innere gefranst, lila, blau. Staubblätter 6 oder 3, frei, frei von dem Perigon. Antheren basifix. Fruchtblätter 3, verwachsen, oberständig. Plazentation zentralwinkelständig
Frucht: Kapsel, fachspaltig
Kennzeichen: Staude mit Rhizom. Blüten radiär. Perigonblätter 6, verwachsen, innere gefranst. Staubblätter 6 oder 3. Antheren basifix. Fruchtblätter 3, verwachsen, oberständig. Kapsel, fachspaltig

Aphyllanthaceae Binsenliliengewächse

Aphyllanthes L.

Ableitung: Blüte ohne Blatt
Vulgärnamen: D:Binsenlilie; F:Aphyllanthe
Arten: 1
Lebensform: Staude
Blätter: wechselständig
Blütenstand: einzeln, Köpfchen bis 3-blütig
Blüten: zwittrig, radiär. Perigonblätter 6, frei, blau, selten weiß. Staubblätter 6, frei, mit dem Perigon verwachsen. Fruchtblätter 3, verwachsen, oberständig. Plazentation zentralwinkelständig
Frucht: Kapsel, fachspaltig. Samen 1-3
Kennzeichen: Staude. Blüten einzeln, Köpfchen bis 3-blütig, radiär. Perigonblätter 6, frei. Staubblätter 6. Fruchtblätter 3, verwachsen, oberständig. Kapsel, fachspaltig. Samen 1-3

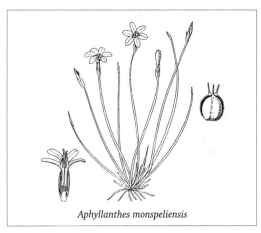

Aphyllanthes monspeliensis

Aponogetonaceae

Aponogeton L. f.

Ableitung: Pflanze aus Abano Terme (Italien)
Vulgärnamen: D:Wasserähre; E:Pondweed; F:Aponogeton
Arten: 52
Lebensform: Staude. Wasserpflanze
Blätter: grundständig bis wechselständig

Blütenstand: Ähre
Blüten: zwittrig, eingeschlechtig, zygomorph. Perigonblätter 1-3, frei, weiß, rosa. Staubblätter 6-18, frei, frei von dem Perigon. Fruchtblätter 3-8, frei, oberständig. Plazentation basal, marginal
Frucht: Bälge
Kennzeichen: Staude. Wasserpflanze. Blütenstand eine Ähre. Blüten zygomorph. Perigonblätter 1-3, frei. Staubblätter 6-18. Fruchtblätter 3-8, frei, oberständig. Plazentation basal. Bälge

Aponogeton distachyos

Araceae Aronstabgewächse

1 Pflanze frei schwimmende Wasserpflanze. (Blätter parallelnervig. Kolben reduziert) . . . . . . **Pistia**
1 Pflanze Landpflanze oder wurzelnde Wasserpflanze
  2 Blütenhülle vorhanden
    3 Blätter bogennervig, ohne Gelenk
      4 Spatha vorhanden. Pflanze ohne Milchsaft. Fruchtblatt 1 . . . . **Symplocarpus**
      4 Spatha fehlend
        5 Pflanze mit Milchsaft. Fruchtblatt 1, oberständig . . . . **Orontium**
        5 Pflanze ohne Milchsaft. Fruchtblätter 2, unterständig . . . . **Lysichiton**
    3 Blätter nicht bogennervig, Spreite fast immer abgewinkelt
      6 Pflanze holzige Kletterpflanze mit blattartigem Blattstiel und Gelenk . . . . **Pothos**
      6 Pflanze aufrecht oder kriechend
        7 Pflanze ein aufrechter Strauch. Blätter ohne Blattgelenk. Fruchtblatt 1 . . . . **Lasia**
        7 Pflanze krautig
          8 Spatha flach
            9 Blätter mit parallelen Seitennerven . . . . **Spathiphyllum**
            9 Blätter mit Nerven 2. und 3. Ordnung netznervig, fast immer mit Randnerv . . . . **Anthurium**
          8 Spatha ± den Kolben umhüllend
            10 Blüten zwittrig
              11 Pflanze mit Knollen und nur 1 Blatt . . . . **Dracontium**
              11 Pflanze anders
                12 Blattstiele und Blätter stachelig. Stamm fast holzig . . . . **Lasia**
                12 Blattstiele allein stachelig oder warzig . . . . **Cyrtosperma**
            10 Blüten eingeschlechtig in Zonen . . . . **Zamioculcas**
  2 Blütenhülle fehlend
    13 Blüten zwittrig (wenigstens die meisten)
      14 Pflanzen Sumpfpflanzen mit Milchsaft und ± grundständigen Blättern ohne Gelenk . . . . **Calla**
      14 Pflanzen ohne Milchsaft, Blätter wechselständig und mit Gelenk
        15 Spadix sitzend. (Lianen)
          16 Beeren getrennt
            17 Plazentation parietal. Samenanlagen 2 (oder 4-8) . . . . **Epipremnum**
            17 Plazentation basal. Samenanlagen 1 . . . . **Scindapsus**
          16 Beeren zusammenhängend
            18 Blätter netznervig oder fiedernervig. Fruchtknoten 2-fächrig. Plazentation zentralwinkelständig . . . . . **Monstera**
            18 Blätter fiedernervig. Fruchtknoten 1-fächerig . . . . **Rhaphidophora**
        15 Spadix gestielt
          19 Pflanzen Lianen. Fruchtblätter 2-6. **Rhodospatha**
          19 Pflanzen Kräuter oder aufrechte Sträucher. Fruchtblätter 2 . . . . . **Stenospermation**
    13 Blüten eingeschlechtig, in getrennten Zonen oder in getrennten Kolben
      20 Spadix mit sterilem Fortsatz
        21 Spatha verwachsen
          22 Blätter tief eingeschnitten oder zusammengesetzt
            23 Männliche Blüten durch Spathascheidewand von den weiblichen getrennt . . . . **Pinellia**
            23 Männliche Blüten nicht durch Scheidewand von den weiblichen getrennt
              24 Blätter einfach geteilt . . . . . **Sauromatum**
              24 Blätter mit geteilten Blattabschnitten . . . . **Amorphophallus**
          22 Blätter einfach
            25 feinere Nervatur parallel
              26 Pflanze ohne Scheinstamm, bis 1m hoch . . . . **Peltandra**
              26 Pflanze mit Scheinstamm, bis 4m hoch . . . . **Typhonodorum**
            25 feinere Nervatur netzig
              27 Blattspreite pfeilförmig . . . . . **Arisarum**
              27 Blattspreite in den Stiel verschmälert . . . . **Biarum**
        21 Spatha frei oder nur am Grund verwachsen

28 Staubblätter frei
 29 Samenanlagen 6 bis mehr. Plazentation parietal bis basal . . . . **Arum**
 29 Samenanlagen 1-2, basal . . . **Typhonium**
 28 Staubblätter wenigstens am Grund verwachsen
 30 Blätter nicht schildförmig, ± zerteilt
 31 Kolben fast immer zweihäusig . . . . **Arisaema**
 31 Kolben mit männlichen und weiblichen Blüten . . . . **Dracunculus**
 30 Blätter schildförmig oder pfeilförmig
 32 Plazentation parietal . . . . . . **Colocasia**
 32 Plazentation basal . . . . **Alocasia**
 20 Spadix ohne sterilen Fortsatz
 33 Staubblätter frei
 34 Pflanzen Wasserpflanzen
 35 Blätter grundständig. . . . **Cryptocoryne**
 35 Blätter wechselständig. . . . **Lagenandra**
 34 Pflanzen Landpflanzen
 36 Blätter fiedernervig
 37 Fruchtknoten unvollständig 2- bis 5-fächrig. Spatha bleibend . . . .**Homalomena**
 37 Fruchtknoten 1-fächrig
 38 Staubblätter 2-10
 39 Spatha oberer Teil abfallend. Staubblätter 1-3 . . **Schismatoglottis**
 39 Spatha bleibend. Staubblätter 2-10. . . . . **Philodendron**
 38 Staubblätter 1 . . . . **Aglaonema**
 36 Blätter netznervig
 40 Pflanze ohne Milchsaft . . . . . **Culcasia**
 40 Pflanze mit Milchsaft
 41 Pflanze kletternd . . . **Rhektophyllum**
 41 Pflanze nicht kletternd, mit grundständigen Blättern
 42 Blätter mit Blattgelenk. . . **Nephthytis**
 42 Blätter ohne Blattgelenk
 43 Plazentation zentralwinkelständig mit mehreren Samen. Weibliche Blühzone nicht mit der Spatha verwachsen . . . .**Zantedeschia**
 43 Plazentation basal mit 1 Samen. Weibliche Blühzone mit der Spatha verwachsen . . . . **Callopsis**
 33 Staubblätter verwachsen
 44 Blätter fiedernervig
 45 Pflanzen mit deutlichem Stamm . . . . **Dieffenbachia**
 45 Pflanzen ohne deutlichen Stamm
 46 Blätter mit Blattgelenk . . . . . **Anubias**
 46 Blätter ohne Blattgelenk . . . . **Peltandra**
 44 Blätter netznervig
 47 Frucht eine Sammelfrucht aus verwachsenen Beeren. (Pflanze kletternd) . . . . **Syngonium**
 47 Frucht aus nicht verwachsenen Beeren
 48 Kolben ± verwachsen mit der Spatha . . . . **Spathicarpa**
 48 Kolben frei von der Spatha
 49 Pflanzen kletternd oder zumindest mit langen Internodien . . . . . **Steudnera**
 49 Pflanzen nicht kletternd
 50 weibliche Blüten mit Staminodien . . . . **Steudnera**
 50 weibliche Blüten ohne Staminodien
 51 Blätter mit wieder eingeschnittenen Blattabschnitten . . . .**Amorphophallus**
 51 Blätter höchstens fußförmig eingeschnitten
 52 Pflanze mit Knöllchen in den Blattachseln . . . . **Remusatia**
 52 Pflanze ohne Knöllchen in den Blattachseln
 53 Kolben nur 1-1,5 cm lang . . . .**Ariopsis**
 53 Kolben länger
 54 Griffel scheibenförmig. Kolben am Grund mit der Spatha verwachsen. Blätter selten schildförmig . . . . **Xanthosoma**
 54 Griffel fehlend. Kolben gestielt. Blätter meist schildförmig . . . . **Caladium**

Die Araceae sind ausgezeichnet durch ihre Blütenstände, die aus einem Kolben (Spadix) bestehen mit kleinen unscheinbaren oft stark reduzierten Blüten, aus denen sich Beeren entwickeln. Der ganze Blütenstand ist aber fast immer durch ein meist auffällig gefärbtes Hochblatt (Spatha) sehr auffallend. Die Blattform variiert ungewöhnlich stark unter den Monokotylen und besitzen auch oft Netznervatur wie Dikotyle

Aglaonema Schott

Ableitung: herrlicher Faden
Vulgärnamen: D:Kolbenfaden; F:Aglaonema
Arten: 24
Lebensform: Staude, mit Milchsaft
Blätter: wechselständig, einfach, ohne Gelenk unter der Spreite, Nervatur fiedernervig, ohne durchgehenden Randnerv
Blütenstand: Kolben ohne sterilen Fortsatz. Spatha am Grund nicht geschlossen, grünlich, gelb

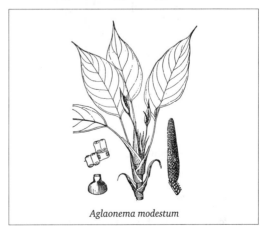

Aglaonema modestum

Blüten: eingeschlechtig, männliche und weibliche in getrennten Zonen, Blütenhülle fehlend. Staubblätter 1, mit Poren. Fruchtknoten 1-fächrig. Plazentation parietal oder basal
Frucht: Beere
Kennzeichen: Staude, mit Milchsaft. Blätter Nervatur fiedernervig, ohne durchgehenden Randnerv
Blütenstand ein Kolben ohne sterilen Fortsatz. Blüten männliche und weibliche in getrennten Zonen. Staubblätter 1. Fruchtknoten 1-fächrig

Alocasia (Schott) G. Don

Ableitung: aus Colocasia umgebildet
Vulgärnamen: D:Pfeilblatt; E:Elephant's-Ear Plant; F:Alocasia, Oreille d'éléphant
Arten: 74
Lebensform: Staude mit Knolle, mit Milchsaft
Blätter: wechselständig, einfach, oft schildförmig, ohne Gelenk unter der Spreite, Nervatur netznervig mit durchgehendem Randnerv
Blütenstand: Kolben mit sterilem Fortsatz. Spatha am Grund geschlossen, grünlich
Blüten: eingeschlechtig, männliche und weibliche in getrennten Zonen, Blütenhülle fehlend. Staubblätter 3–8, verwachsen. Fruchtknoten mit 1–4 Fächern. Plazentation basal
Frucht: Beere
Kennzeichen: Staude mit Knolle, mit Milchsaft. Kolben mit sterilem Fortsatz. Spatha am Grund geschlossen. Blüten männliche und weibliche in getrennten Zonen, Blütenhülle fehlend. Staubblätter 3–8, verwachsen. Plazentation basal

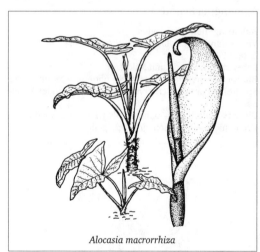
Alocasia macrorrhiza

Amorphophallus Blume ex Decne.

Ableitung: riesiger Phallus
Vulgärnamen: D:Titanenwurz; E:Devil's Tongue; F:Langue du diable
Arten: 177
Lebensform: Staude mit Knolle, mit Milchsaft

Blätter: grundständig, zusammengesetzt mit geteilten Abschnitten, ohne Gelenk unter der Spreite, Nervatur netznervig mit durchgehendem Randnerv
Blütenstand: Kolben meist mit sterilem Fortsatz. Spatha am Grund geschlossen, purpurn, fleischfarben, grün
Blüten: eingeschlechtig, männliche und weibliche in getrennten Zonen ohne Scheidewand dazwischen, Blütenhülle fehlend. Staubblätter 1–6, frei oder verwachsen. Antheren mit Poren oder Schlitzen. Fruchtknoten mit 1–4 Fächern. Plazentation zentralwinkelständig bis basal
Frucht: Beere
Kennzeichen: Staude mit Knolle, mit Milchsaft. Blätter zusammengesetzt mit geteilten Abschnitten. Blütenstand Kolben meist mit sterilem Fortsatz. Spatha am Grund geschlossen. Blüten männliche und weibliche in getrennten Zonen ohne Scheidewand dazwischen

Amorphophallus konjak

Anthurium Schott

Ableitung: Blüten-Schwanz
Vulgärnamen: D:Flamingoblume, Schwanzblume, Schweifblume; E:Flamingo Flower, Tail Flower; F:Anthurium
Arten: 744
Lebensform: Staude, meist epiphytisch, ohne Milchsaft
Blätter: grundständig oder wechselständig, einfach bis tief gelappt, mit Gelenk unter der Spreite, Nervatur netznervig, fast immer mit durchgehendem Randnerv

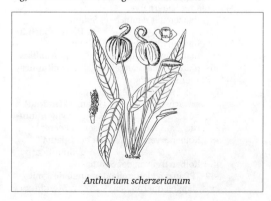
Anthurium scherzerianum

Blütenstand: Kolben ohne sterilen Fortsatz. Spatha flach am Grund nicht geschlossen, rot, rosa, purpurn, schwarz, gelb, grün
Blüten: zwittrig, Perigonblätter 4. Staubblätter 4, frei. Fruchtknoten mit 2 Fächern. Plazentation zentralwinkelständig bis fast apical
Frucht: Beere
Kennzeichen: Staude, meist epiphytisch, ohne Milchsaft. Nervatur netznervig, fast immer mit durchgehendem Randnerv. Spatha flach am Grund nicht geschlossen. Perigonblätter 4

Anubias Schott

Ableitung: nach einer ägyptischen Göttin
Arten: 8

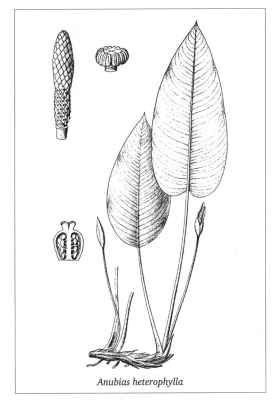

Anubias heterophylla

Lebensform: Staude, mit Milchsaft
Blätter: grundständig, einfach, mit Gelenk unter der Spreite, Nervatur fiedernervig mit durchgehendem Randnerv
Blütenstand: Kolben ohne sterilen Fortsatz. Spatha am Grund geschlossen oder nicht, grün, rotbraun
Blüten: eingeschlechtig, männliche und weibliche in getrennten Zonen, Blütenhülle fehlend. Staubblätter 3–8, verwachsen. Fruchtknoten mit 2 Fächern. Plazentation zentralwinkelständig
Frucht: Beere
Kennzeichen: Staude, mit Milchsaft. Blätter grundständig, mit Gelenk unter der Spreite, Nervatur fiedernervig. Blütenstand mit Kolben ohne sterilen Fortsatz. Blüten männliche und weibliche in getrennten Zonen. Staubblätter verwachsen

Ariopsis Nimmo

Ableitung: von Aussehen eines Arum
Arten: 2
Lebensform: Staude mit Knolle, mit Milchsaft
Blätter: grundständig, einfach, schildförmig, ohne Gelenk unter der Spreite, Nervatur netznervig mit durchgehendem Randnerv
Blütenstand: Kolben ohne sterilen Fortsatz. Spatha am Grund geschlossen, braun-violett. Kolben nur 1–1,5 cm lang.
Blüten: eingeschlechtig, männliche und weibliche in getrennten Zonen, weiblicher Teil mit Spatha verwachsen. Blütenhülle fehlend. Staubblätter verwachsen. Fruchtknoten mit 4–6 Samenreihen. Plazentation parietal
Frucht: Beere
Kennzeichen: Staude mit Knolle, mit Milchsaft. Blätter schildförmig, Nervatur netznervig. Blütenstand in Kolben ohne sterilen Fortsatz. Kolben nur 1–1,5 cm lang. Blüten männliche und weibliche in getrennten Zonen, weiblicher Teil mit Spatha verwachsen

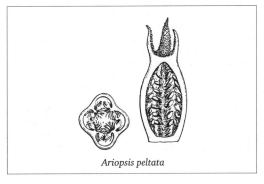

Ariopsis peltata

Arisaema Mart.

Ableitung: entweder Arum mit Blutflecken oder mit Arum blutsverwandt
Vulgärnamen: D:Feuerkolben; E:Cobra Lily; F:Arisaema
Arten: 220
Lebensform: Staude mit Knolle oder Rhizom, mit Milchsaft
Blätter: grundständig, fast immer zusammengesetzt, ohne Gelenk unter der Spreite, Nervatur netznervig
Blütenstand: Kolben mit sterilem Fortsatz. Spatha am Grund geschlossen, gelb, grün, braun, rot, rosa, weiß
Blüten: eingeschlechtig, fast immer männliche und weibliche in getrennten Kolben meist zweihäusig, Blütenhülle fehlend. Staubblätter 1–5, am Grund verwachsen. Fruchtknoten 1-fächrig. Plazentation basal
Frucht: Beere
Kennzeichen: Staude mit Knolle oder Rhizom, mit Milchsaft. Blütenstand Kolben mit sterilem Fortsatz. Spatha am Grund geschlossen. Blüten männliche und weibliche in getrennten Zonen oder in getrennten Kolben meist zweihäusig. Staubblätter am Grund verwachsen

922 Araceae Aronstabgewächse

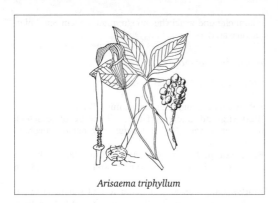

Arisaema triphyllum

Arisarum Mill.

Ableitung: antiker Pflanzenname
Vulgärnamen: D:Mäuseschwanz; E:Mousetailplant; F:Capuchon de moine
Arten: 3
Lebensform: Staude, mit Milchsaft
Blätter: grundständig, einfach, ohne Gelenk unter der Spreite, pfeilförmig am Grund, Nervatur netznervig mit durchgehendem Randnerv
Blütenstand: Kolben mit sterilem Fortsatz. Spatha am Grund geschlossen.
Blüten: eingeschlechtig, männliche und weibliche in getrennten Zonen, Blütenhülle fehlend. Staubblätter 1, frei. Fruchtknoten 1-fächrig. Plazentation parietal
Frucht: Beere
Kennzeichen: Staude, mit Milchsaft. Blätter einfach, pfeilförmig am Grund, Nervatur netznervig. Blütenstand Kolben mit sterilem Fortsatz. Spatha am Grund geschlossen. Blüten männliche und weibliche in getrennten Zonen

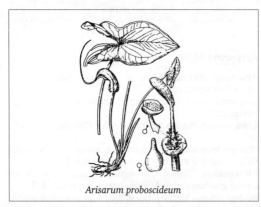

Arisarum proboscideum

Arum L.

Ableitung: antiker Pflanzenname
Vulgärnamen: D:Aronstab; E:Lords and Ladies; F:Arum, Gouet
Arten: 27
Lebensform: Staude mit Knolle, mit Milchsaft
Blätter: grundständig, einfach, ohne Gelenk unter der Spreite, Spreite pfeilförmig, Nervatur netznervig mit durchgehendem Randnerv
Blütenstand: Kolben mit sterilem Fortsatz. Spatha am Grund mit überlappenden Rändern, grün, gelb, purpurn, weiß
Blüten: eingeschlechtig, männliche und weibliche in getrennten Zonen, Blütenhülle fehlend. Staubblätter 3–4, frei. Fruchtknoten 1-fächrig. Plazentation parietal bis basal
Frucht: Beere
Kennzeichen: Staude mit Knolle, mit Milchsaft. Blütenstand Kolben mit sterilem Fortsatz. Spatha am Grund mit überlappenden Rändern. Blüten männliche und weibliche in getrennten Zonen. Plazentation parietal bis basal

Arum maculatum

Biarum Schott

Ableitung: doppelter Arum
Arten: 22
Lebensform: Staude mit Knolle, mit Milchsaft
Blätter: grundständig, einfach, ohne Gelenk unter der Spreite, in den Stiel verschmälert, Nervatur netznervig mit durchgehendem Randnerv
Blütenstand: Kolben gestielt, mit sterilem Fortsatz. Spatha am Grund geschlossen, purpurn, schwarz, ockerfarben
Blüten: eingeschlechtig, männliche und weibliche in getrennten Zonen, Blütenhülle fehlend. Staubblätter 1–2(3), frei. Fruchtknoten 1-fächrig. Griffel fehlend. Plazentation basal
Frucht: Beere
Kennzeichen: Staude mit Knolle, mit Milchsaft. Blätter einfach, in den Stiel verschmälert, Nervatur netznervig. Blütenstand Kolben gestielt, mit sterilem Fortsatz. Spatha am Grund geschlossen. Blüten männliche und weibliche in getrennten Zonen. Griffel fehlend

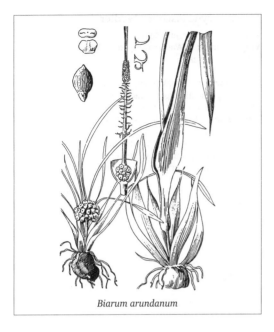
Biarum arundanum

Kennzeichen: Staude mit Knolle, mit Milchsaft oder ohne. Blätter meist schildförmig, Nervatur netznervig. Blütenstand Kolben ohne sterilem Fortsatz. Blüten männliche und weibliche in getrennten Zonen. Staubblätter verwachsen

Calla L.

Ableitung: vermutlich: schöne Pflanze
Vulgärnamen: D:Schlangenwurz, Sumpfkalla; E:Bog Arum, Water Arum; F:Arum aquatique, Calla
Arten: 1
Lebensform: Staude. Wasser- oder Sumpfpflanze, mit Milchsaft
Blätter: grundständig 2-zeilig, einfach herzförmig, ohne Gelenk unter der Spreite, Nervatur fiedernervig
Blütenstand: Kolben mit sterilem Fortsatz. Spatha am Grund nicht geschlossen, weiß
Blüten: zwittrig, Blütenhülle fehlend. Staubblätter 6, selten mehr, frei. Fruchtknoten 1-fächrig. Plazentation basal
Frucht: Beere
Kennzeichen: Staude. Wasser- oder Sumpfpflanze, mit Milchsaft. Blätter ohne Gelenk unter der Spreite. Blüten zwittrig, Blütenhülle fehlend

Caladium Vent.

Ableitung: nach einem malaiischen Pflanzennamen
Vulgärnamen: D:Kaladie; E:Angel Wings, Elephant's Ear; F:Caladium
Arten: 13
Lebensform: Staude mit Knolle, mit Milchsaft oder ohne
Blätter: grundständig, einfach, meist schildförmig, ohne Gelenk unter der Spreite, Nervatur netznervig, mit durchgehendem Randnerv
Blütenstand: Kolben ohne sterilem Fortsatz. Spatha am Grund geschlossen, grün, grünlich weiß
Blüten: eingeschlechtig, männliche und weibliche in getrennten Zonen, Blütenhülle fehlend. Staubblätter 2–8, verwachsen. Fruchtknoten mit 1–3 Fächern. Plazentation basal bis parietal
Frucht: Beere

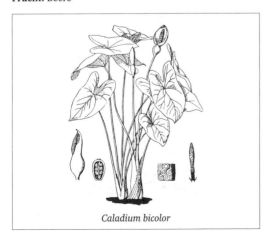
Caladium bicolor

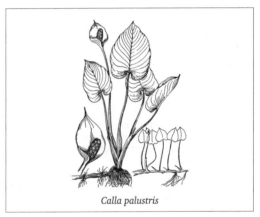
Calla palustris

Callopsis Engl.

Ableitung: vom Aussehen einer Calla
Arten: 1
Lebensform: Staude, mit Milchsaft
Blätter: grundständig, einfach herzförmig, ohne Gelenk unter der Spreite, Nervatur netznervig mit durchgehendem Randnerv
Blütenstand: Kolben ohne sterilem Fortsatz. Spatha am Grund nicht geschlossen
Blüten: eingeschlechtig, männliche und weibliche in getrennten Zonen, weibliche Blühzone mit der Spatha verwachsen. Blütenhülle fehlend. Staubblätter frei. Antheren mit Poren. Fruchtknoten 1-fächrig. Plazentation basal
Frucht: Beere
Kennzeichen: Staude, mit Milchsaft. Blätter grundständig, Nervatur netznervig. Blütenstand Kolben ohne sterilen Fortsatz. Blüten männliche und weibliche in getrennten Zonen, weibliche Blühzone mit der Spatha verwachsen. Staubblätter frei. Plazentation basal

Callopsis volkensii

Colocasia Schott

Ableitung: antiker Pflanzenname
Vulgärnamen: D:Zehrwurz; E:Taro; F:Chou-chine, Taro
Arten: 14
Lebensform: Staude mit Knollen, mit Milchsaft
Blätter: grundständig oder wechselständig, einfach, schildförmig, ohne Gelenk unter der Spreite, Nervatur netznervig, mit durchgehendem Randnerv
Blütenstand: Kolben mit sterilem Fortsatz. Spatha am Grund geschlossen
Blüten: eingeschlechtig, männliche und weibliche in getrennten Zonen, Blütenhülle fehlend. Staubblätter 3–6, verwachsen. Fruchtknoten 1-fächrig. Plazentation parietal
Frucht: Beere
Kennzeichen: Staude mit Knollen, mit Milchsaft. Kolben mit sterilem Fortsatz. Spatha am Grund geschlossen. Staubblätter verwachsen

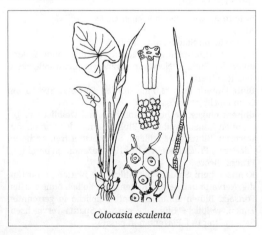
Colocasia esculenta

Cryptocoryne Fisch. ex Wydler

Ableitung: verborgene Keule
Vulgärnamen: D:Wassertrompete; E:Water Trumpet; F:Trompette d'eau
Arten: 53
Lebensform: Staude, Wasserpflanze, mit Milchsaft
Blätter: grundständig, einfach, ohne Gelenk unter der Spreite, Nervatur netznervig
Blütenstand: Kolben ohne sterilen Fortsatz. Spatha am Grund geschlossen
Blüten: eingeschlechtig, männliche und weibliche in getrennten Zonen, Blütenhülle fehlend. Staubblätter 1, frei. Fruchtknoten 1-fächrig. Plazentation parietal bis basal
Frucht: Beere
Kennzeichen: Staude, Wasserpflanze, mit Milchsaft. Blätter grundständig. Kolben ohne sterilen Fortsatz. Männliche und weibliche Blüten in getrennten Zonen. Staubblätter 1.

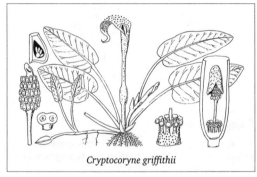
Cryptocoryne griffithii

Culcasia P. Beauv.

Ableitung: nach einem arabischen Pflanzennamen
Arten: 24
Lebensform: Staude, kletternd, ohne Milchsaft
Blätter: wechselständig, einfach, mit Gelenk unter der Spreite, Nervatur netznervig

Culcasia scandens

Blütenstand: Kolben ohne sterilen Fortsatz. Spatha am Grund nicht geschlossen
Blüten: eingeschlechtig, männliche und weibliche in getrennten Zonen, Blütenhülle fehlend. Staubblätter 3–4, frei. Fruchtknoten mit 1–3 Fächern. Plazentation zentralwinkelständig, basal, parietal
Frucht: Beere
Kennzeichen: Staude, kletternd, ohne Milchsaft. Blätter netznervig. Kolben ohne sterilen Fortsatz. Männliche und weibliche Blüten in getrennten Zonen. Staubblätter frei.

Cyrtosperma Griff.

Ableitung: mit krummen Samen
Arten: 12
Lebensform: Staude, ohne Milchsaft
Blätter: grundständig, einfach, pfeilförmig am Grund, mit Gelenk unter der Spreite. Blattstiele stachelig oder warzig. Nervatur netznervig
Blütenstand: Kolben ohne sterilem Fortsatz. Spatha am Grund geschlossen, braun, violett
Blüten: zwittrig, Perigonblätter 4–6, frei. Staubblätter 4–6, frei. Fruchtknoten 1-fächrig. Plazentation parietal oder parietal
Frucht: Beere
Kennzeichen: Staude, ohne Milchsaft. Blattstiele stachelig oder warzig. Spatha am Grund geschlossen. Blüten zwittrig, Perigonblätter 4–6

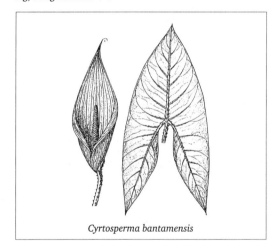
Cyrtosperma bantamensis

Dieffenbachia Schott

Ableitung: Gattung zu Ehren von J. F. Dieffenbach (1790–1863), einem österreichischen Gärtner benannt
Vulgärnamen: D:Dieffenbachie; E:Dumb Cane, Mother-in-law's Tongue; F:Dieffenbachia
Arten: 40
Lebensform: Staude, mit Milchsaft
Blätter: wechselständig, einfach, ohne Gelenk unter der Spreite, Nervatur fiedernervig mit durchgehendem Randnerv
Blütenstand: Kolben ohne sterilem Fortsatz. Spatha am Grund geschlossen, grün

Blüten: eingeschlechtig, männliche und weibliche in getrennten Zonen, Blütenhülle fehlend. Staubblätter 4–5, verwachsen. Fruchtknoten mit 2–3 Fächern. Plazentation zentralwinkelständig bis basal
Frucht: Beere
Kennzeichen: Staude, mit Milchsaft. Blätter wechselständig, Nervatur fiedernervig. Blüten männliche und weibliche in getrennten Zonen, Blütenhülle fehlend. Staubblätter verwachsen

Dieffenbachia seguine

Dracontium L.

Ableitung: antiker Pflanzenname
Arten: 23
Lebensform: Staude mit Knolle und 1 Blatt, ohne Milchsaft
Blätter: grundständig, zusammengesetzt, mit oder ohne Gelenk unter der Spreite, Nervatur netznervig
Blütenstand: Kolben ohne sterilen Fortsatz. Spatha am Grund geschlossen, grün, braun, purpurn.
Blüten: zwittrig, Perigonblätter 4–8, frei. Staubblätter 4–12, frei. Fruchtknoten mit 1–6 Fächern. Plazentation zentralwinkelständig bis basal
Frucht: Beere

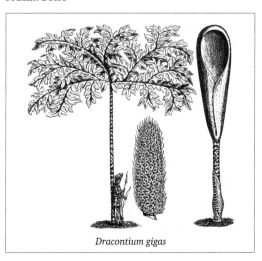
Dracontium gigas

Kennzeichen: Staude mit Knolle und 1 Blatt, ohne Milchsaft. Kolben ohne sterilen Fortsatz. Blüten zwittrig, Perigonblätter 4–8

Dracunculus Mill.

Ableitung: antiker Pflanzenname
Vulgärnamen: D:Drachenwurz; E:Dragon Arum; F:Serpentaire
Arten: 2
Lebensform: Staude mit Knolle, mit Milchsaft
Blätter: grundständig, einfach oder zusammengesetzt, ohne Gelenk unter der Spreite, Nervatur netznervig mit durchgehendem Randnerv
Blütenstand: Kolben mit sterilem Fortsatz. Spatha am Grund geschlossen, purpurn, weiß
Blüten: eingeschlechtig, männliche und weibliche in getrennten Zonen, Blütenhülle fehlend. Staubblätter 2–4, am Grund verwachsen. Fruchtknoten 1-fächrig. Plazentation apical, basal
Frucht: Beere
Kennzeichen: Staude mit Knolle, mit Milchsaft. Nervatur netznervig. Kolben mit sterilem Fortsatz. Spatha am Grund geschlossen. Männliche und weibliche Blüten in getrennten Zonen. Staubblätter am Grund verwachsen.

Dracunculus vulgaris

Epipremnum Schott

Ableitung: auf dem Baumstamm
Vulgärnamen: D:Efeutute, Tongapflanze; E:Devil's Ivy; F:Pothos
Arten: 15
Lebensform: Liane, ohne Milchsaft
Blätter: wechselständig 2-zeilig, einfach, mit Gelenk unter der Spreite, Nervatur fiedernervig ohne durchgehendem Randnerv
Blütenstand: Kolben sitzend, ohne sterilen Fortsatz. Spatha am Grund nicht geschlossen, gelb, grün, purpurn.
Blüten: zwittrig, Blütenhülle fehlend. Staubblätter 4. Fruchtknoten 1-fächrig. Plazentation parietal, mit 2(8–2) Samenanlagen
Frucht: Beere
Kennzeichen: Liane, ohne Milchsaft. Blätter mit Gelenk unter der Spreite. Kolben sitzend. Blüten zwittrig, ohne

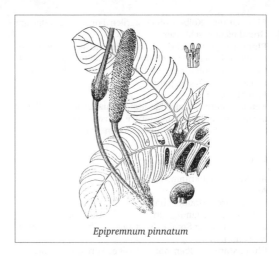
Epipremnum pinnatum

Blütenhülle. Plazentation parietal, mit 2(8–2) Samenanlagen. Beere

Homalomena Schott

Ableitung: Übersetzung eines malaiischen Pflanzennamens: flacher Mond
Arten: 106
Lebensform: Staude, mit Milchsaft
Blätter: wechselständig, einfach, meist ohne Gelenk unter der Spreite, Nervatur fiedernervig, ohne durchgehenden Randnerv
Blütenstand: Kolben ohne sterilen Fortsatz. Spatha am Grund geschlossen, bleibend, grün, weiß, braun, purpurn.
Blüten: eingeschlechtig, männliche und weibliche in getrennten Zonen, Blütenhülle fehlend. Staubblätter (1-)2–6, frei. Fruchtknoten mit 2–4(5–2) Fächern oder Samenreihen. Plazentation parietal, zentralwinkelständig
Frucht: Beere
Kennzeichen: Staude, mit Milchsaft. Blätter fiedernervig. Kolben ohne sterilen Fortsatz. Spatha bleibend. Männliche und weibliche Blüten in getrennten Zonen. Fruchtknoten mit 2–4(5–2) Fächern oder Samenreihen

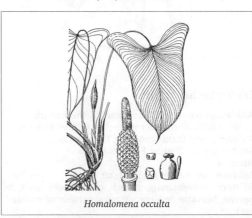
Homalomena occulta

Lagenandra Dalzell

Ableitung: mit flaschenförmigen Antheren-Zellen
Arten: 15
Lebensform: Staude. Wasserpflanze, mit Milchsaft
Blätter: wechselständig, einfach, ohne Gelenk unter der Spreite, Nervatur netznervig
Blütenstand: Kolben ohne sterilem Fortsatz. Spatha am Grund geschlossen, purpurn
Blüten: eingeschlechtig, männliche und weibliche in getrennten Zonen, Blütenhülle fehlend. Staubblätter 1–2, frei. Fruchtknoten 1-fächrig. Plazentation basal
Frucht: Beere
Kennzeichen: Staude. Wasserpflanze, mit Milchsaft. Blätter wechselständig. Kolben ohne sterilem Fortsatz. Männliche und weibliche Blüten in getrennten Zonen. Staubblätter frei.

Lasia spinosa

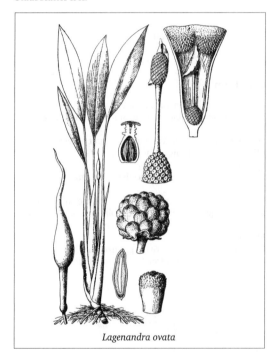
Lagenandra ovata

Lasia Lour.

Ableitung: rauhaarige Pflanze
Arten: 2
Lebensform: Staude, ± holzig, ohne Milchsaft
Blätter: wechselständig, einfach, ohne Gelenk unter der Spreite, Nervatur netznervig
Blütenstand: Kolben ohne sterilen Fortsatz. Spatha kurz
Blüten: zwittrig, Perigonblätter 4–6. Staubblätter 4–6, frei. Fruchtknoten 1-fächrig. Plazentation apical
Frucht: Beere
Kennzeichen: Staude, ± verholzt, ohne Milchsaft. Blätter ohne Gelenk unter der Spreite. Spatha kurz. Blüten: zwittrig, Perigonblätter 4–6. Fruchtknoten 1-fächrig

Lysichiton Schott

Ableitung: mit gelöstem Kleid (Spatha, Fruchtreife)
Vulgärnamen: D:Scheinkalla; E:Skunk Cabbage; F:Lysichiton
Arten: 2
Lebensform: Staude, ohne Milchsaft
Blätter: grundständig, einfach, ohne Gelenk unter der Spreite, Nervatur bogennervig, ohne durchgehendem Randnerv
Blütenstand: Kolben ohne sterilen Fortsatz. Keine Spatha
Blüten: zwittrig, gelb oder weiß, Perigonblätter 4. Staubblätter 4. Fruchtknoten mit 2 Fächern, unterständig. Plazentation ± zentralwinkelständig
Frucht: Beere
Kennzeichen: Staude, ohne Milchsaft. Blätter bogennervig. Blütenstand ohne Spatha. Fruchtknoten mit 2 Fächern

Lysichiton americanus

Monstera Adans.

Ableitung: Herleitung unbekannt, vielleicht von Ungeheuer abgeleitet
Vulgärnamen: D:Fensterblatt; E:Swiss-Cheese Plant, Windowleaf; F:Cerima, Philodendron
Arten: 33
Lebensform: Liane, ohne Milchsaft
Blätter: wechselständig 2-zeilig, einfach, oft mit Einschnitten oder Löchern, mit Gelenk unter der Spreite, Nervatur netznervig oder fiedernervig
Blütenstand: Kolben sitzend, ohne sterilen Fortsatz. Spatha am Grund nicht geschlossen, weiß, cremefarben
Blüten: zwittrig, Blütenhülle fehlend. Staubblätter 4-6. Fruchtknoten mit 2 Fächern. Plazentation zentralwinkelständig
Frucht: Beeren zusammenhängend, eine Scheinfrucht bildend
Kennzeichen: Liane, ohne Milchsaft. Kolben sitzend. Blüten zwittrig, ohne Blütenhülle. Fruchtknoten mit 2 Fächern. Plazentation zentralwinkelständig. Beeren zusammenhängend, eine Scheinfrucht bildend

Nephthytis poissoni

Monstera deliciosa

Nephthytis Schott

Ableitung: nach einer Göttin der ägyptischen Mythologie
Arten: 6
Lebensform: Staude, mit Milchsaft
Blätter: grundständig, einfach, pfeilförmig, mit Gelenk unter der Spreite, Nervatur netznervig mit durchgehendem Randnerv
Blütenstand: Kolben mit sterilem Fortsatz. Spatha am Grund geschlossen, grün
Blüten: eingeschlechtig, männliche und weibliche in getrennten Zonen, Blütenhülle fehlend. Staubblätter 2-4, frei. Fruchtknoten 1-fächrig. Plazentation basal
Frucht: Beere
Kennzeichen: Staude, mit Milchsaft. Blätter grundständig, mit Gelenk unter der Spreite, Nervatur netznervig. Kolben mit sterilem Fortsatz. Männliche und weibliche Blüten in getrennten Zonen

Orontium L.

Ableitung: antiker Pflanzenname
Vulgärnamen: D:Goldkeule; E:Golden Club; F:Orontium
Arten: 1
Lebensform: Staude. Wasserpflanze, mit Milchsaft
Blätter: grundständig, einfach, ohne Gelenk unter der Spreite, Nervatur netznervig
Blütenstand: Kolben mit sterilem Fortsatz. Spatha fehlend.
Blüten: zwittrig, männliche und weibliche in getrennten Zonen, Perigonblätter (4-)6. Staubblätter 4 oder 6. Fruchtknoten 1-fächrig, oberständig. Plazentation basal
Frucht: Beere
Kennzeichen: Staude. Wasserpflanze, mit Milchsaft. Spatha fehlend. Perigonblätter (4-)6. Fruchtknoten 1-fächrig, oberständig

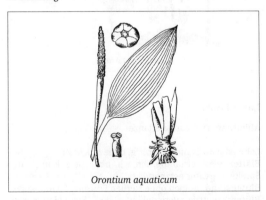
Orontium aquaticum

Peltandra Raf.

Ableitung: Schild-Staubblatt
Vulgärnamen: D:Pfeilaron; E:Arrow Arum; F:Peltandre
Arten: 2
Lebensform: Staude, mit Milchsaft, ohne Scheinstamm

Blätter: ± grundständig, einfach, pfeilförmig, ohne Gelenk unter der Spreite, Nervatur fiedernervig mit durchgehendem Randnerv
Blütenstand: Kolben mit oder ohne sterilem Fortsatz. Spatha am Grund geschlossen, grün, weiß.
Blüten: eingeschlechtig, männliche und weibliche in getrennten Zonen, Blütenhülle fehlend, männliche Blüten mit Hülle aus Staminodien. Staubblätter 4–5, verwachsen. Fruchtknoten 1-fächrig. Plazentation parietal bis basal
Frucht: Beere
Kennzeichen: Staude, mit Milchsaft, ohne Scheinstamm. Blätter einfach, pfeilförmig, ohne Gelenk unter der Spreite, Nervatur fiedernervig mit durchgehendem Randnerv. Kolben mit oder ohne sterilem Fortsatz. Spatha am Grund geschlossen. Männliche und weibliche Blüten in getrennten Zonen. Staubblätter verwachsen

Philodendron Schott

Ableitung: Freund des Baumes (ihn umarmend)
Vulgärnamen: D:Philodendron; E:Philodendron; F:Philodendron
Arten: 423
Lebensform: Strauch, Liane, Baum, Staude, mit Milchsaft
Blätter: wechselständig, einfach oder zusammengesetzt, meist ohne Gelenk unter der Spreite, Nervatur fiedernervig
Blütenstand: Kolben ohne sterilem Fortsatz. Spatha am Grund geschlossen, grün, weiß, gelb
Blüten: eingeschlechtig, männliche und weibliche in getrennten Zonen, Blütenhülle fehlend. Staubblätter 2–6, frei. Fruchtknoten mit 2–10 Fächern. Plazentation zentralwinkelständig bis basal
Frucht: Beere
Kennzeichen: Lianen oder mit aufrechtem Stamm, mit Milchsaft. Blätter fiedernervig. Kolben ohne sterilem Fortsatz. Männliche und weibliche Blüten in getrennten Zonen. Staubblätter verwachsen

Philodendron bipinnatifidum

Pinellia Ten.

Ableitung: Gattung zu Ehren von Giovanni Vincenzo Pinelli (1535–1601), einem italienischen Botaniker benannt
Vulgärnamen: D:Pinellie; E:Pinellia; F:Pinellia
Arten: 6
Lebensform: Staude mit Knolle, mit Milchsaft
Blätter: grundständig, einfach und tief eingeschnitten oder zusammengesetzt, ohne Gelenk unter der Spreite, Nervatur fiedernervig
Blütenstand: Kolben mit sterilem Fortsatz. Spatha am Grund geschlossen, grün, zum Teil purpurn gestreift.
Blüten: eingeschlechtig, männliche und weibliche in getrennten Zonen, durch eine Scheidewand der Spatha getrennt. Blütenhülle fehlend. Staubblätter 1–2, frei oder verwachsen. Fruchtknoten 1-fächrig. Plazentation basal
Frucht: Beere
Kennzeichen: Staude mit Knolle, mit Milchsaft. Blätter einfach und tief eingeschnitten oder zusammengesetzt. Kolben mit sterilem Fortsatz. Spatha am Grund geschlossen. Männliche und weibliche Blüten in getrennten Zonen, durch eine Scheidewand der Spatha getrennt

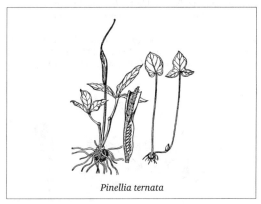

Pinellia ternata

Pistia L.

Ableitung: Pflanze des Wassers
Vulgärnamen: D:Wassersalat; E:Shell Flower, Water Lettuce; F:Laitue d'eau

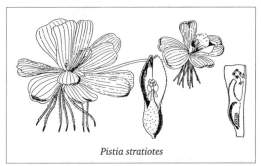

Pistia stratiotes

Arten: 1
Lebensform: frei schwimmende Wasserpflanze, ohne Milchsaft
Blätter: grundständig, einfach, Nervatur parallelnervig
Blütenstand: Kolben ohne sterilen Fortsatz. Spatha klein, am Grund geschlossen, grün.
Blüten: eingeschlechtig, männliche und weibliche in getrennten Zonen, Blütenhülle fehlend. Staubblätter 2, verwachsen. Fruchtknoten 1-fächrig. Plazentation ± parietal
Frucht: Beere
Kennzeichen: frei schwimmende Wasserpflanze, ohne Milchsaft. Blätter grundständig, Nervatur parallelnervig.

Pothos L.

Ableitung: nach einem singhalesischen Pflanzennamen
Arten: 55
Lebensform: Strauch, kletternd, ohne Milchsaft
Blätter: wechselständig 2-zeilig, einfach, mit Gelenk unter der Spreite, Blattstiel blattartig, Nervatur netznervig
Blütenstand: Kolben ohne sterilen Fortsatz. Spatha am Grund geschlossen
Blüten: zwittrig, Perigonblätter 6. Staubblätter 6. Fruchtknoten 3-fächrig. Plazentation zentralwinkelständig
Frucht: Beere
Kennzeichen: Strauch, kletternd, ohne Milchsaft. Blätter mit Gelenk unter der Spreite, Blattstiel blattartig, Nervatur netznervig. Perigonblätter 6. Fruchtknoten 3-fächrig

Pothos

Remusatia Schott

Ableitung: Gattung zu Ehren von Jean Pierre Abel-Rémusat (1788–1832), einem französischen Ostasienwissenschaftler benannt
Arten: 4

Lebensform: Staude mit Knöllchen in den Blattachseln, mit Milchsaft
Blätter: grundständig, einfach, schildförmig, ohne Gelenk unter der Spreite, Nervatur netznervig
Blütenstand: Kolben ohne sterilen Fortsatz. Spatha am Grund geschlossen, gelb.
Blüten: eingeschlechtig, männliche und weibliche in getrennten Zonen, Blütenhülle fehlend. Staubblätter 2–3, verwachsen. Fruchtknoten mit 2–4 Fächern oder Samenreihen. Plazentation parietal, basal
Frucht: Beere
Kennzeichen: Staude mit Knöllchen in den Blattachseln, mit Milchsaft. Blätter schildförmig. Nervatur netznervig. Kolben ohne sterilen Fortsatz. Männliche und weibliche Blüten in getrennten Zonen. Staubblätter verwachsen

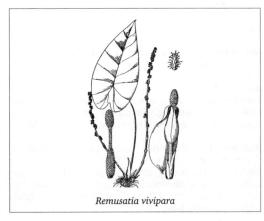

Remusatia vivipara

Rhaphidophora Hassk.

Ableitung: Nadel-Träger
Arten: 96
Lebensform: Liane, ohne Milchsaft
Blätter: wechselständig 2-zeilig, einfach oder zusammengesetzt, mit Gelenk unter der Spreite, Nervatur fiedernervig
Blütenstand: Kolben sitzend, ohne sterilen Fortsatz. Spatha am Grund geschlossen, gelb, grün.

Rhaphidophora hongkongensis

Blüten: zwittrig oder weiblich, Blütenhülle fehlend. Staubblätter 4. Fruchtknoten aus 1–3 Fruchtblättern. Plazentation basal oder parietal
Frucht: Beere
Kennzeichen: Liane, ohne Milchsaft. Kolben sitzend. Blüten zwittrig oder weiblich, Blütenhülle fehlend. Fruchtknoten aus 1–3 Fruchtblättern. Plazentation basal oder parietal

Rhektophyllum N.E. Br.

Ableitung: durchlässiges Blatt
Arten: 1
Lebensform: Staude, kletternd, mit Milchsaft
Blätter: wechselständig, einfach, mit Gelenk unter der Spreite, Nervatur netznervig
Blütenstand: Kolben ohne sterilen Fortsatz. Spatha am Grund geschlossen, innen purpurn
Blüten: eingeschlechtig, männliche und weibliche in getrennten Zonen, Blütenhülle fehlend. Staubblätter 3–5, frei. Fruchtknoten 1-fächrig. Plazentation basal bis parietal
Frucht: Beere
Kennzeichen: Staude, kletternd, mit Milchsaft. Nervatur netznervig. Kolben ohne sterilen Fortsatz. Männliche und weibliche Blüten in getrennten Zonen

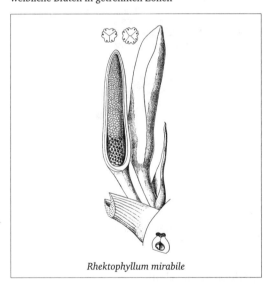

Rhektophyllum mirabile

Rhodospatha Poepp.

Ableitung: rote Scheide
Arten: 12
Lebensform: Liane, ohne Milchsaft
Blätter: wechselständig 2-zeilig, einfach, mit Gelenk unter der Spreite, Nervatur fiedernervig
Blütenstand: Kolben gestielt, ohne sterilen Fortsatz. Spatha bootförmig
Blüten: zwittrig, Blütenhülle fehlend. Staubblätter 4. Fruchtknoten mit 2–6 Fächern. Plazentation zentralwinkelständig

Frucht: Beere
Kennzeichen: Liane, ohne Milchsaft. Kolben gestielt. Blütenhülle fehlend. Fruchtknoten mit 2–6 Fächern. Plazentation zentralwinkelständig

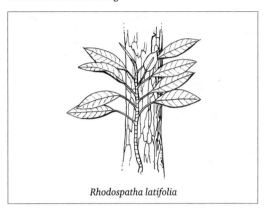

Rhodospatha latifolia

Sauromatum Guinea et Gómez Mor.

Ableitung: Eidechsen-Pflanze
Vulgärnamen: D:Eidechsenwurz; E:Vodoo Lily; F:Sauromatum

Sauromatum venosum

Arten: 2
Lebensform: Staude mit Knolle, mit Milchsaft
Blätter: grundständig, einfach oder zusammengesetzt, einfach geteilt, ohne Gelenk unter der Spreite, Nervatur netznervig mit durchgehendem Randnerv
Blütenstand: Kolben mit sterilem Fortsatz. Spatha am Grund geschlossen, innen dunkel purpurn, gefleckt

Blüten: eingeschlechtig, männliche und weibliche in getrennten Zonen, nicht durch Scheidewand getrennt. Blütenhülle fehlend. Staubblätter wenige, frei. Fruchtknoten 1-fächrig. Plazentation basal
Frucht: Beere
Kennzeichen: Staude mit Knolle, mit Milchsaft. Blätter einfach geteilt. Kolben mit sterilem Fortsatz. Spatha am Grund geschlossen. Männliche und weibliche Blüten in getrennten Zonen, nicht durch Scheidewand getrennt

Schismatoglottis Zoll. et Moritzi

Ableitung: gespaltene Zunge
Vulgärnamen: E:Drop Tongue
Arten: 103
Lebensform: Staude, mit Milchsaft
Blätter: grundständig, wechselständig, einfach, ohne Gelenk unter der Spreite, Nervatur fiedernervig mit durchgehendem Randnerv
Blütenstand: Kolben ohne sterilen Fortsatz. Spatha am Grund geschlossen, oberer Teil abfallend, grün, gelbgrün, weiß
Blüten: eingeschlechtig, männliche und weibliche in getrennten Zonen, Blütenhülle fehlend. Staubblätter 1-3, frei. Fruchtknoten 1-fächrig. Plazentation parietal
Frucht: Beere
Kennzeichen: Staude, mit Milchsaft. Kolben ohne sterilen Fortsatz. Spatha oberer Teil abfallend. Männliche und weibliche Blüten in getrennten Zonen. Staubblätter frei

Schismatoglottis rupestris

Scindapsus Schott

Ableitung: antiker Pflanzenname
Arten: 35
Lebensform: Liane, ohne Milchsaft

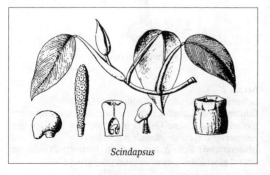
Scindapsus

Blätter: wechselständig 2-zeilig, einfach, mit Gelenk unter der Spreite, Nervatur fiedernervig
Blütenstand: Kolben sitzend, ohne sterilen Fortsatz. Spatha am Grund geschlossen, grün, weiß
Blüten: zwittrig, Blütenhülle fehlend. Staubblätter 4. Fruchtknoten 1-fächrig. Plazentation basal
Frucht: Beere
Kennzeichen: Liane, ohne Milchsaft. Blätter mit Gelenk unter der Spreite. Kolben sitzend. Blüten zwittrig, Blütenhülle fehlend. Plazentation basal. Beere

Spathicarpa Hook.

Ableitung: Scheiden-Frucht
Arten: 4
Lebensform: Staude mit Knolle, mit Milchsaft
Blätter: grundständig, einfach, ohne Gelenk unter der Spreite, Nervatur netznervig mit durchgehendem Randnerv
Blütenstand: Kolben ± verwachsen mit der Spatha, mit sterilem Fortsatz. Spatha am Grund nicht geschlossen, grün
Blüten: eingeschlechtig, männliche und weibliche in getrennten Zonen, Blütenhülle fehlend. Staubblätter 3-4, verwachsen. Fruchtknoten 1-fächrig. Plazentation basal
Frucht: Beere
Kennzeichen: Staude mit Knolle, mit Milchsaft. Nervatur netznervig. Kolben ± verwachsen mit der Spatha, mit sterilem Fortsatz. Männliche und weibliche Blüten in getrennten Zonen. Staubblätter verwachsen

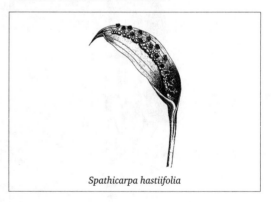
Spathicarpa hastiifolia

Spathiphyllum Schott

Ableitung: Scheiden-Blatt
Vulgärnamen: D:Blattfahne, Scheidenblatt; E:Peace Lily; F:Spathyphyllum
Arten: 45
Lebensform: Staude, ohne Milchsaft
Blätter: grundständig oder wechselständig, einfach, mit Gelenk unter der Spreite, Nervatur mit parallelen Seitennerven
Blütenstand: Kolben ohne sterilen Fortsatz. Spatha flach, am Grund nicht geschlossen, weiß, grün
Blüten: zwittrig, Perigonblätter 4, 6 oder 8. Staubblätter 4,6 oder 8. Fruchtknoten mit 2-4 Fächern. Plazentation zentralwinkelständig

Frucht: Beere
Kennzeichen: Staude, ohne Milchsaft. Blätter mit Gelenk unter der Spreite, Nervatur mit parallelen Seitennerven. Spatha flach, am Grund nicht geschlossen. Perigonblätter 4, 6 oder 8

Spathiphyllum

Stenospermation Schott

Ableitung: schmaler kleiner Same
Arten: 35
Lebensform: Staude, Strauch, aufrecht, ohne Milchsaft
Blätter: wechselständig 2-zeilig, einfach, mit Gelenk unter der Spreite, Nervatur fiedernervig
Blütenstand: Kolben sitzend, ohne sterilen Fortsatz. Spatha am Grund nicht geschlossen, weiß, kastanienbraun
Blüten: zwittrig, Blütenhülle fehlend. Staubblätter 4. Fruchtblätter 2. Plazentation basal
Frucht: Beere
Kennzeichen: Staude, Strauch, aufrecht, ohne Milchsaft. Kolben sitzend. Blüten zwittrig, ohne Blütenhülle. Plazentation basal

Steudnera K. Koch

Ableitung: Gattung zu Ehren von H. Steudner (1832–1863), einem deutschen Botaniker benannt
Arten: 9
Lebensform: Staude, mit Milchsaft

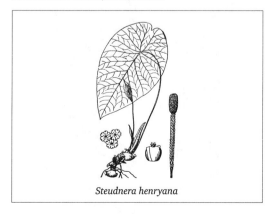

Steudnera henryana

Blätter: wechselständig, einfach, ohne Gelenk, schildförmig, unter der Spreite, Nervatur mit durchgehendem Randnerv
Blütenstand: Kolben ohne sterilen Fortsatz. Spatha am Grund geschlossen, gelb, purpurn
Blüten: eingeschlechtig, männliche und weibliche in getrennten Zonen, Blütenhülle fehlend. Staubblätter 3–6, verwachsen. Fruchtknoten mit 2–5 Samenreihen. Plazentation parietal
Frucht: Beere
Kennzeichen: Staude, mit Milchsaft. Blätter schildförmig. Kolben ohne sterilen Fortsatz. Männliche und weibliche Blüten in getrennten Zonen. Staubblätter verwachsen

Symplocarpus Salisb. ex Nutt.

Ableitung: vereinigte Früchte
Vulgärnamen: D:Stinkkohl; E:Skunk Cabbage; F:Chou puant, Symplocarpe
Arten: 1
Lebensform: Staude, ohne Milchsaft
Blätter: grundständig, einfach, herzförmig, ohne Gelenk unter der Spreite, Nervatur bogennervig
Blütenstand: Kolben ohne sterilen Fortsatz. Spatha braun, purpurn, grün
Blüten: zwittrig, Perigonblätter 4. Staubblätter 4. Fruchtknoten 1-fächrig. Plazentation apical bis parietal
Frucht: Beere
Kennzeichen: Staude, ohne Milchsaft. Blätter ohne Gelenk unter der Spreite, Nervatur bogennervig. Perigonblätter 4. Fruchtknoten 1-fächrig

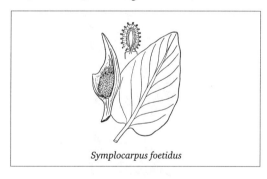

Symplocarpus foetidus

Syngonium Schott

Ableitung: verwachsene Beeren
Vulgärnamen: D:Fußblatt, Purpurtüte; F:Syngonium
Arten: 35
Lebensform: Liane, Staude, mit Milchsaft
Blätter: wechselständig, einfach oder zusammengesetzt, ohne Gelenk unter der Spreite, Nervatur netznervig mit durchgehendem Randnerv
Blütenstand: Kolben ohne sterilen Fortsatz. Spatha am Grund geschlossen, grün, gelb, weiß, orange, rot.
Blüten: eingeschlechtig, männliche und weibliche in getrennten Zonen, Blütenhülle fehlend. Staubblätter 3–4, verwachsen. Fruchtknoten mit 1–3 Fächern. Plazentation zentralwinkelständig bis basal
Frucht: Beeren zu einer Sammelfrucht vereint

Kennzeichen: Liane, Staude, mit Milchsaft. Blätter netznervig. Kolben ohne sterilen Fortsatz. Blüten männliche und weibliche in getrennten Zonen. Staubblätter verwachsen. Beeren zu einer Sammelfrucht vereint

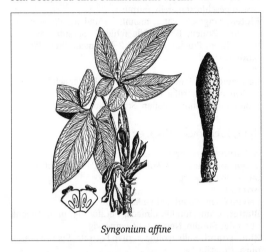

Syngonium affine

Typhonium Schott

Ableitung: nach einem griechischen Pflanzennamen
Arten: 71

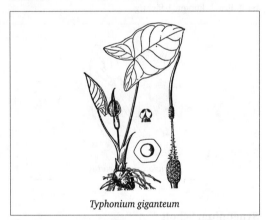

Typhonium giganteum

Lebensform: Staude mit meist Knolle, mit Milchsaft
Blätter: grundständig, einfach oder zusammengesetzt, ohne Gelenk unter der Spreite, Nervatur netznervig mit durchgehendem Randnerv
Blütenstand: Kolben mit sterilem Fortsatz. Spatha am Grund geschlossen, grün, purpurn, weiß, oft gefleckt
Blüten: eingeschlechtig, männliche und weibliche in getrennten Zonen, Blütenhülle fehlend. Staubblätter 1-3, frei. Fruchtknoten 1-fächrig. Plazentation basal mit 1-2 Samenanlagen
Frucht: Beere
Kennzeichen: Staude mit meist Knolle, mit Milchsaft. Kolben mit sterilem Fortsatz. Spatha am Grund geschlossen. Staubblätter frei. Plazentation basal mit 1-2 Samenanlagen

Typhonodorum Schott

Ableitung: Gabe des stürmischen Windes
Arten: 1
Lebensform: Staude, mit Milchsaft, Scheinstamm bis 4 m hoch
Blätter: wechselständig, einfach, pfeilförmig, ohne Gelenk unter der Spreite, Nervatur fiedernervig mit durchgehendem Randnerv
Blütenstand: Kolben mit sterilem Fortsatz. Spatha am Grund geschlossen, weiß
Blüten: eingeschlechtig, männliche und weibliche in getrennten Zonen, Blütenhülle fehlend. Staubblätter 4-6, verwachsen. Fruchtknoten 1-fächrig. Plazentation basal
Frucht: Beere
Kennzeichen: Staude, mit Milchsaft, Scheinstamm bis 4 m hoch. Blätter einfach. Kolben mit sterilem Fortsatz. Spatha am Grund geschlossen

Xanthosoma Schott

Ableitung: gelber Leib (Wurzelstock)
Vulgärnamen: D:Goldnarbe; E:Malanga, Tannia, Yautia; F:Tanier taro
Arten: 65
Lebensform: Staude mit Knolle, mit Milchsaft
Blätter: wechselständig, einfach oder zusammengesetzt, selten schildförmig, ohne Gelenk unter der Spreite, Nervatur netznervig mit durchgehendem Randnerv
Blütenstand: Kolben mit sterilem Fortsatz, am Grund mit der Spatha verwachsen. Spatha am Grund geschlossen, gelblichgrün, weiß
Blüten: eingeschlechtig, männliche und weibliche in getrennten Zonen, Blütenhülle fehlend. Staubblätter 4-6, verwachsen. Fruchtknoten mit 2-4 Samenreihen. Griffel scheibenförmig. Plazentation parietal

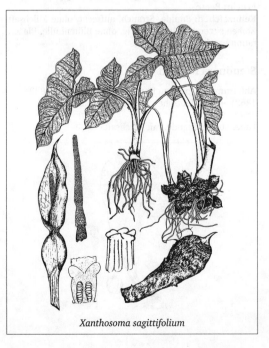

Xanthosoma sagittifolium

Frucht: Beere
Kennzeichen: Staude mit Knolle, mit Milchsaft. Blätter netznervig. Kolben mit sterilem Fortsatz, am Grund mit der Spatha verwachsen. Männliche und weibliche Blüten in getrennten Zonen. Staubblätter verwachsen. Griffel scheibenförmig

Zamioculcas Schott

Ableitung: Zamia-Colocasia
Arten: 1
Lebensform: Staude, ohne Milchsaft
Blätter: grundständig, gefiedert, mit Gelenk unter der Spreite, Nervatur fiedernervig
Blütenstand: Kolben ohne sterilen Fortsatz. Spatha am Grund geschlossen, grün
Blüten: eingeschlechtig, männliche und weibliche in getrennten Zonen, Perigonblätter 4, frei. Staubblätter 4, frei. Fruchtknoten 2-fächrig. Plazentation zentralwinkelständig, basal
Frucht: Beere
Kennzeichen: Staude, ohne Milchsaft. Spatha am Grund geschlossen. Männliche und weibliche Blüten in getrennten Zonen, Perigonblätter 4

Zantedeschia Spreng.

Ableitung: Gattung zu Ehren von Giovanni Zantedeschi (1773-1846), einem italienischen Naturforscher benannt
Vulgärnamen: D:Kalla, Zimmerkalla; E:Altar Lily, Arum Lily; F:Calla
Arten: 8
Lebensform: Staude, zum Teil mit Knolle, mit Milchsaft
Blätter: ± grundständig, einfach, ohne Gelenk unter der Spreite, Nervatur netznervig mit durchgehendem Randnerv
Blütenstand: Kolben ohne sterilen Fortsatz. Spatha am Grund geschlossen, weiß, gelb, rosa, grün
Blüten: eingeschlechtig, männliche und weibliche in getrennten Zonen, Blütenhülle fehlend. Staubblätter 2-3, frei. Fruchtknoten 3-fächrig. Plazentation zentralwinkelständig
Frucht: Beere
Kennzeichen: Staude, zum Teil mit Knolle, mit Milchsaft. Blätter ohne Gelenk unter der Spreite, Nervatur netzner-

vig. Kolben ohne sterilen Fortsatz. Männliche und weibliche Blüten in getrennten Zonen. Staubblätter frei. Plazentation zentralwinkelständig

Zantedeschia aethiopica

Arecaceae Palmen

1 Blätter gefingert oder fingernervig
  2 Blattabschnitte v-förmig gefaltet
    3 Blüten meist zwittrig . . . . **Corypheae**
    3 Blüten zweihäusig . . . .**Borasseae**
  2 Blattabschnitte ʌ-gefaltet. Frucht eine Panzerfrucht mit Schuppen . . . . **Lepidocarpeae**
1 Blätter gefingert oder fingernervig
  4 Blattabschnitte v-förmig gefaltet
    5 Spatha 1. Untere Fiedern verdornt. Fruchtblätter 3, frei . . . .**Phoeniceae**
    5 Spaten 2 bis mehr. Untere Fiedern nicht verdornt . . . . **Caryoteae**
  4 Blattabschnitte ʌ-gefaltet
    6a Frucht eine Panzerfrucht mit Schuppen . . . . **Lepidocarpeae**
    6b Frucht mit korkigen Warzen . . .**Phytelepheae**
    6c Frucht eine Beere
      7 Blüten kurz gestielt . . . . **Ceroxyleae**
      7 Blüten sitzend oder eingesenkt in die Achse
        8 Blüten in Triaden oder davon abgeleiteten Gruppen. Oft ein Kronschaft ausgebildet. . . . . **Areceae**
        8 Blüten nicht in Triaden . . . .**Chamaedoreae**
    6d Frucht eine Steinfrucht
      9 Fruchtblätter verwachsen. . . . .**Cocoeae**
      9 Fruchtblätter 3(-4), frei. (Weibliche Blüten in einem endständigen Kopf mit darunter Ähren mit männlichen Blüten mit 3 Staubblättern) . . . . **Nypeae**

Die Palmen sind eine der markantesten Pflanzenfamilien. Ihre fast immer unverzweigten Stämme mit einem endständigen Blattschopf ergeben die typische Schopfbaumform. Bei den Palmen wird grob zwischen Fiederpalmen und Fächerpalmen unterschieden. Die gefiedert oder gefingert erscheinenden Blätter erhalten ihre Teilung aber erst, indem vorbestimmte Gewebebezirke absterben und die Blätter dadurch ± einreißen. Die meisten Blätter von Fächerpalmen besitzen zwischen Blattstiel und Blattspreite eine ± große Schuppe und werden als costapalmat bezeichnet. Bei einer größeren Zahl von Palmen verlängern lange Blattscheiden den Stamm an der Spitze und dies wird als Kronschaft bezeichnet. Bei kletternden Palmen sind meist die Blattenden zu langen dornigen Ranken umgebildet.
Die reichblütigen Blütenstände werden zuerst von einem bis mehreren großen Hülblättern, Spathen, eingeschlossen. Die Blüten selbst sind oft in Dreiergruppen, Triaden, angeordnet, die aus einer weiblichen und zwei männlichen Blüten bestehen. Bei den kleinen unscheinbaren Blüten sind meist 3-er Wirtel wie bei den meisten Monokotylen vorhanden, die Staubblätter aber oft vermehrt.
Die Früchte sind 1- bis 3-samige Beeren oder Steinfrüchte, wobei die außen dicht beschuppten sogenannten Panzerfrüchte besonders auffallen. Ein wichtiges Merkmal ist auch das häufig ruminierte, das heißt das

durch die nach Innen vorspringende Samenschale zerklüftete Nährgewebe der Samen.
Es wurde hier nicht das neueste Palmensystem verwendet, sondern eines, das eine möglichst praktische Gruppenübersicht bietet, mit der man häufig wenigstens die Gruppe ermitteln kann, zu der eine Palme gehört.
Bei den Kennzeichen werden nur besonders wichtige Gattungsmerkmale angeführt, nicht allgemein für Palmen geltende.

Areceae

(Fiederpalmen. Blattabschnitt ʌ-förmig gefaltet. Beeren. Blüten in Triaden oder davon abgeleitet. Oft mit Kronschaft)

1 Stamm zumindest jung stachelig. Blattstiele stachelig
  2 Kronschaft vorhanden. Blütenstand unter den Blättern
    3 Fruchtgriffel seitlich bis fast apical . . . . **Acanthophoenix**
    3 Fruchtgriffel basal . . . . **Deckenia**
  2 Kronschaft fehlend. Blütenstand zwischen den Blättern
    4 Staubblätter 15–18 . . . . . . **Phoenicophorium**
    4 Staubblätter 6 . . . . **Verschaffeltia**
1 Stamm und Blattstiele nicht stachelig
  5 Blattfiedern nach verschiedenen Richtungen abstehend . . . . **Wodyetia**
  5 Blattfiedern nur nach verschiedenen Richtungen abstehend von der Mittelrippe
    6 Kronschaft vorhanden
      7 Fiedern nach allen Richtungen abstehend . . . . **Normanbya**
      7 Fiedern 2-zeilig
        8 Blütenstand nur mit einem Deckblatt
          9 Blütenstände mit Triaden bis zur Spitze, männliche Blüten asymmetrisch . . . **Pinanga**
          9 Blütenstände nur am Grund mit Triaden, männliche Blüten ± symmetrisch . . . **Areca**
        8 Blütenstand mit 2 Spathen
          10 Frucht korkig warzig . . . **Lemurophoenix**
          10 Frucht nicht korkig warzig
            11 Kronblätter der männlichen Blüten verwachsen, klappig in der Knospe. (Stamm oft angeschwollen) Griffelrest fast basal . . . . **Roystonea**
            11 Kronblätter der männlichen Blüten frei, höchstens am Grund zusammenhängend
              12 Griffelrest an der Frucht basal . . . . **Dypsis**
              12 Griffelrest an der Frucht endständig, höchstens seitlich
                13 Kronblätter der männlichen Blüten klappig in der Knospe
                  14 Samen meist längs 5-furchig oder 5-kantig . . . . . . **Ptychosperma**
                  14 Samen rund . . . . **Veitchia**
                13 Kronblätter der männlichen Blüten dachig in der Knospe
                  15 Blüten eingesenkt in die Achse
                    16 Blüten radiär. Staubblätter 9–15 . . . . **Cyrtostachys**
                    16 Blüten asymmetrisch. Staubblätter 6 . . . . **Bentinckia**
                15 Blüten nicht eingesenkt in die Achse
                  17 männliche Blüten radiär
                    18 Endosperm ruminiert . . . . **Rhopaloblaste**
                    18 Endosperm nicht ruminiert . . . . **Cyphophoenix**
                  17 männliche Blüten asymmetrisch
                    19 Griffelrest an der Frucht seitlich . . . . **Euterpe**
                    19 Griffelrest an der Frucht endständig
                      20 Blütenstand nur an der stammabgewandten Seite verzweigt . . . . **Oenocarpus**
                    20 Blütenstand nicht nur verzweigt auf der stammabgewandten Seite verzweigt
                      21 Endosperm ruminiert
                        22 Staubblätter 9–35 . . . . **Archontophoenix**
                        22 Staubblätter 6 . . . . **Dictyosperma**
                      21 Endosperm nicht ruminiert
                        23 Staubblätter 6 . . . . **Rhopalostylis**
                        23 Staubblätter 9–55
                          24 Staubblätter 9–12 . . . . **Hedyscepe**
                        24 Staubblätter 19–55 . . . . **Chambeyronia**
    6 Kronschaft fehlend
      25 Blüten eingesenkt in die Achse
        26 Kronblätter verwachsen. Fruchtknoten 3-fächrig. (Spatha papierartig) . . . . **Reinhardtia**
        26 Kronblätter frei. Fruchtknoten 1-fächrig
          27 Staubblätter 30–70. Pflanzen einstämmig . . . . **Howea**
          27 Staubblätter 6–12. Pflanzen mehrstämmig . . . . **Linospadix**
      25 Blüten nicht eingesenkt in die Achse
        28 Deckblätter der Blütenstände nur 1
          29 Blütenstände mit Triaden bis zur Spitze. männliche Blüten asymmetrisch . . . .**Pinanga**
          29 Blütenstände nur am Grund mit Triaden. Männliche Blüten ± symmetrisch . . . **Areca**
        28 Deckblätter der Blütenstände 2
          30 Griffelrest an der Frucht basal . . . . **Dypsis**
          30 Griffelrest an der Frucht seitlich oder endständig
            31 Griffelrest an der Frucht seitlich . . . . . . **Lepidorhachis und Marojejya**
            31 Griffelrest an der Frucht endständig
              32 Blütenstand mit Ästen 1. Ordnung nur seitlich und dem Stamm abgewandt verzweigt . . . . **Oenocarpus**
              32 Blütenstand mit Ästen 1. Ordnung allseitig verzweigt . . . . **Rhopaloblaste**

Borasseae

(Fächerpalme. Blattabschnitte v-förmig gefaltet. Blüten zweihäusig. Steinfrucht oder Beere)

1 Stamm 2-gabelig verzweigt. Fiedern mit 1 Spitze.
  . . . .**Hyphaene**
1 Stamm nicht gabelig verzweigt. Fiedern 2-spitzig
  2 Staubblätter 6
    3 Blattstiele dornig. . . . . **Borassus**
    3 Blattstiele nicht dornig. . . . . . . **Bismarckia**
  2 Staubblätter 15–30
    4 männliche Blüten einzeln . . . . **Latania**
    4 männliche Blüten in Wickeln zu 60–70. Samen 2-lappig, größte bekannte Samen . . . **Lodoicea**

Caryoteae

(Fiederpalme. Blattabschnitte v-förmig gefaltet. Spathen 2 bis mehr. Untere Fiedern nicht verdornt)

1 Blätter doppelt gefiedert. Endosperm ruminiert .
  . . . . **Caryota**
1 Blätter einfach gefiedert. Endosperm nicht ruminiert
  2 Kelchblätter der männlichen Blüten frei. Pflanze nach der Blüte absterbend (hapaxanth) oder mit mehrmaliger Blüte. . . . . **Arenga**
  2 Kelchblätter der männlichen Blüten verwachsen. Pflanze hapaxanth, d. h. nach der ersten Blüte absterbend . . . . **Wallichia**

Ceroxyleae

(Fiederpalme. Blattabschnitte Λ-förmig gefaltet. Beere. Blüten kurz gestielt)

1 Pflanzen zweihäusig
  2 Grifelrest an der Frucht basal . . . . . **Ceroxylon**
  2 Griffelrest an der Frucht seitlich . . . . **Ravenea**
1 Pflanzen einhäusig. (Griffelrest basal) . . . .
  . . . . **Synechanthus**

Chamaedoreae

(Fiederpalme. Λ-förmig gefaltet. Beere. Blüten nicht in Triaden)

1 Pflanzen zweihäusig. (Kronschaft vorhanden oder fehlend) . . . . **Chamaedorea**
1 Pflanzen einhäusig
  2 Kronschaft vorhanden. Staubblätter verwachsen
    . . . . **Hyophorbe**
  2 Kronschaft fehlend. Staubblätter frei . . . **Gaussia**

Cocoeae

(Fiederpalmen. Blattabschnitte v-förmig gefaltet. Steinfrucht aus verwachsenen Fruchtblättern)

1 Stamm stachelig
  2 Kronblätter der weiblichen Blüten frei oder nur am Grund verwachsen, dachig in der Knospe . .
    . . . . **Acrocomia**
  2 Kronblätter der weiblichen Blüten verwachsen, klappig in der Knospe
    3 Pflanzen kletternd . . . . **Desmoncus**
    3 Pflanzen aufrecht oder stammlos
      4 weibliche Blüten mit einem Staminodialring frei von den Kronblättern. . . . . **Bactris**
      4 weibliche Blüten mit einem Staminodialring auf den Kronblättern
        5 weibliche Blüten mit freien Kelchblättern . .
          . . . . **Aiphanes**
        5 weibliche Blüten mit verwachsenen Kelch- und Kronblättern . . . . **Astrocaryum**
1 Stamm nicht stachelig
  6 Blüten eingesenkt in die Achse
    7 Fiedern allseitig abstehend. (Blattstiele dornig. Staubblätter 6) . . . . **Elaeis**
    7 Fiedern 2-zeilig. (Kronblätter am Grund verwachsen. Griffelrest basal)
      8 Staubblätter 27–42 . . . . **Welfia**
      8 Staubblätter 3 oder 6
        9 männliche Blüten mit mützenförmig verwachsenen Kronblättern. Fruchtknoten 3-fächerig. Staubblätter 6 . . . . **Calyptrogyne**
        9 männliche Blüten nicht mit mützenförmig verwachsenen Kronblättern. Fruchtknoten zur Blüte 1-fächerig. Staubblätter 3 . . . **Geonoma**
  6 Blüten nicht eingesenkt in die Achse
    10 Staubblätter 6
      11 Fiedern unterseits weiß- oder braunfilzig . .
        . . . . **Lytocaryum**
      11 Fiedern unterseits nicht filzig
        12 Fiedern fast immer allseitig abstehend . . .
          . . . . **Syagrus**
        12 Fiedern 2-zeilig
          13 Endosperm hohl, mit wässrigem Saft gefüllt
            . . . . **Cocos**
          13 Endosperm nicht hohl
            14 Griffelrest endständig
              15 Kronblätter frei . . . . **Butia**
              15 Kronblätter verwachsen . . . . . **Attalea**
            14 Griffelrest basal . . . . **Attalea**
    10 Staubblätter 7–120
      16 Staubblätter 60–120. (Endosperm ruminiert. Blütenstand ährig). . . . . . **Polyandrococus**
      16 Staubblätter bis 30
        17 Endosperm ruminiert . . . **Beccariophoenix**
        17 Endosperm nicht ruminiert
          18 Endospem nicht hohl, sehr dick, hart. (Staubblätter 12–14. Pflanze einstämmig).
            . . . . **Attalea**
          18 Endosperm hohl
            19 Staubblätter 15–30. Pflanze mit 1 dicken Stamm
              20 männliche Blüten gestielt . . . . **Jubaea**

20   männliche Blüten sitzend . . . .
. . . . **Parajubaea**
19 Staubblätter 8-16. Pflanze mehrstämmig.
(männliche Blüten sitzend) . . **Jubaeopsis**

Coryphaeae

(Fächerpalme. Blattabschnitte ʌ-förmig gefaltet. Blüten zwittrig)

1 a Fruchtblätter vollkommen frei
  2 Fruchtblatt 1
    3 Stamm und Blattstiele dornig. Samen 2-lappig.
(Frucht weiß). . . . . **Zombia**
    3 Stamm und Blattstiele nicht dornig. Samen
gefurcht bis glatt
      4 Frucht purpurschwarz. Samen gefurcht . . . .
. . . . **Coccothrinax**
      4 Frucht weiß. Samen nicht gefurcht . . **Thrinax**
  2 Fruchtblätter 3
    5 Stamm bestachelt
      6 Staubblätter verwachsen. Blüten zwittrig . . .
. . . . **Cryosophila**
      6 Staubblätter frei
        7 Blüten zweihäusig . . . . . **Rhapidophyllum**
        7 Blüten zwittrig . . . . **Trithrinax**
    5 Stamm unbestachelt
      8 Endosperm ruminiert. Blattstiel dornig . . . .
. . . . **Chamaerops**
      8 Endosperm nicht ruminiert
        9 Staubblätter verwachsen. Fiedern fein gezäht
. . . . **Rhapis**
        9 Staubblätter frei . . . . **Trachycarpus**
1 b Fruchtblätter am Grund frei, nur durch die
Griffel verwachsen. (Griffelrest an der Frucht
endständig)
  10 Stamm niederliegend . . . . **Serenoa**
  10 Stamm aufrecht
    11 Blätter rautenförmig. Frucht warzig . . . . . .
. . . . **Johannesteijsmannia**
    11 Blätter von anderer Form. Frucht glatt
      12 Blätter mit keilförmigen Abschnitten . . . . .
. . . . **Licuala**
      12 Blätter nicht mit keilförmigen Abschnitten
        13 Endosperm ruminiert. (Fiedern oft gezäht)
. . . . **Copernicia**
        13 Endosperm nicht ruminiert
          14 Blütenstand nur am Ende verzweigt.
Kronblätter mützenförmig abfallend . . . .
. . . . **Pritchardia**
          14 Blütenstand nicht nur am Ende verzweigt.
Kronblätter nicht mützenförmig abfallend
            15 Kronblätter flach und trocken. Frucht mit
bleibendem trockenem Kelch . . . .
. . . . **Washingtonia**
            15 Kronblätter mit Gruben für die Antheren.
Frucht ohne bleibenden Kelch
              16 Kelchblätter frei. . . . . **Brahea**
              16 Kelchblätter am Grund verwachsen
                17 Pflanze mehrstämmig. Stamm faserig.
Blüten weiß . . . . . . **Acoelorhaphe**
                17 Pflanze einstämmig. Stamm glatt. Blüten
cremegelb . . . . **Livistona**

1 c Fruchtblätter am Grund verwachsen. (Pflanzen hapaxanth, d.h. nach der Blüte absterbend. Griffelrest basal)
  18 Pflanze gabelig verzweigt . . . . . **Nannorrhops**
  18 Pflanze nicht gabelig verzweigt . . . . **Corypha**
1 d Fruchtblätter vollkommen verwachsen . . **Sabal**

Lepidocarpeae

(Fiederpalmen außer Mauritia. Blattabschnitte ʌ-förmig gefaltet. Panzerfrucht)

1 Blätter costapalmat . . . . **Mauritia**
1 Blätter gefiedert
  2 Blüten zwittrig, gelegentlich auch männliche
Blüten . . . . **Metroxylon**
  2 Blüten alle eingeschlechtig
    3 Blüten einhäusig. (Endosperm ruminiert)
Raphia
    3 Blüten zweihäusig
      4 Blütenstand aus einer Grube der
Deckblattscheide entspringend. Pflanze
stammlos . . . . **Salacca**
      4 Blütenstand nicht so. Pflanze meist kletternd
mit Endranken oder gelegentlich mit
umgewandelten kletternden Blütenständen . .
. . . . **Calamus**

Nypeae

(Fiederpalmen. Blattabschnitte ʌ-förmig gefaltet. Fruchtblätter frei. Steinfrucht; einzige Gattung Nypa)

Phoeniceae

(Fiederpalmen. Blattabschnitte v-förmig gefaltet; einzige Gattung Phoenix)

Phytelepheae

(Fiederpalmen. Blattabschnitte ʌ-förmig gefaltet. Frucht mit Korkwarzen; einzige Gattung Phytelephas)

Acanthophoenix H. Wendl.

Ableitung: dornige Phoenix
Vulgärnamen: D:Bartelpalme; E:Barbel Palm; F:Palmier épineux
Arten: 1
Lebensform: Baum. Stamm nur jung bestachelt. Mit Kronschaft
Blätter: Blattstiele dornig, fiederig zerteilt. Fiedern ʌ-förmig gefaltet, einspitzig
Blütenstand: unter den Blättern, mit 2 Spathen. Blüten in Triaden
Blüten: einhäusig, radiär. 3 Kelch- und 3 Kronblättern. Staubblätter 6-12. Fruchtblätter 3, verwachsen, mit 1 Fach
Frucht: Beere, 1-samig. Griffelrest an der Frucht seitlich bis nahe dem Scheitel. Nährgewebe nicht ruminiert
Kennzeichen: Fiederpalme mit Kronschaft. Blattabschnitt ʌ-förmig gefaltet. Beeren. Blüten in Triaden oder davon abgeleitet. Stamm nur jung bestachelt. Blütenstand unter den

Acanthophoenix rubra

Blättern. Griffelrest an der Frucht seitlich bis nahe dem Scheitel

Acoelorrhaphe H. Wendl.
Ableitung: ohne Höhlung bei der Samennaht
Vulgärnamen: D:Evergladespalme; E:Everglades Palm, Paurotis Palm, Silver Saw Palm
Arten: 1
Lebensform: Baum. Stamm nicht bestachelt. Ohne Kronschaft
Blätter: Blattstiele dornig, costapalmat. Fiedern v-förmig gefaltet, 2-spitzig
Blütenstand: mit 3 Spathen. Blüten in Triaden oder zu 2 oder einzeln
Blüten: zwittrig, radiär. 3 Kelch- und 3 Kronblättern. Kronblätter verwachsen. Staubblätter 6, verwachsen. Fruchtblätter 3, nur am Grund verwachsen, mit 3 Fächern
Frucht: Beere, 1-samig. Griffelrest an der Frucht endständig. Nährgewebe nicht ruminiert
Kennzeichen: Fächerpalme, mehrstämmig, mit faserigem Stamm. Blattabschnitte v-förmig gefaltet. Blüten zwittrig. Fruchtblätter nur am Grund verwachsen

Acoelorrhaphe wrightii

Acrocomia Mart.
Ableitung: mit spitzigem Schopf
Vulgärnamen: D:Schopfpalme; E:Gru Gru Palm; F:Acrocomia
Arten: 2
Lebensform: Baum. Stamm bestachelt. Ohne Kronschaft
Blätter: Blattstiele dornig, fiederig zerteilt. Fiedern ʌ-förmig gefaltet, nach mehr als zwei Richtungen abstehend, einspitzig oder 2-spitzig
Blütenstand: zwischen den Blättern, mit 2 Spathen. Blüten in Triaden
Blüten: einhäusig, radiär. 3 Kelch- und 3 Kronblättern. Kronblätter frei oder am Grund verwachsen, dachig in der Knospe. Staubblätter 6. Fruchtblätter 3, verwachsen, mit 3 Fächern
Frucht: Steinfrucht, 1-samig. Griffelrest an der Frucht endständig. Nährgewebe nicht ruminiert
Kennzeichen: Fiederpalmen mit bestacheltem Stamm. Blattabschnitte ʌ-förmig gefaltet. Steinfrucht aus verwachsenen Fruchtblättern. Kronblätter frei oder am Grund verwachsen, dachig in der Knospe.

Acrocomia aculeata

Aiphanes Willd.
Ableitung: gezackt (Spitzen der Fiedern)
Vulgärnamen: D:Stachelpalme; E:Ruffle Palm; F:Palmier
Arten: 24
Lebensform: Baum oder Strauch. Stamm bestachelt. Ohne Kronschaft
Blätter: Blattstiele dornig, fiederig zerteilt. Fiedern ʌ-förmig gefaltet, gezähnt
Blütenstand: zwischen den Blättern, mit 2 oder1 Spatha. Blüten in Triaden
Blüten: einhäusig, radiär. 3 Kelch- und 3 Kronblättern. Kronblätter verwachsen. Staubblätter 6, verwachsen am Grund. Weibliche Blüten mit Staminodialring auf der Krone und freien Kelchblättern. Fruchtblätter 3, verwachsen, mit 3 Fächern
Frucht: Steinfrucht, 1-samig. Griffelrest an der Frucht endständig. Nährgewebe nicht ruminiert
Kennzeichen: Fiederpalmen. Blattabschnitte ʌ-förmig gefaltet. Steinfrucht aus verwachsenen Fruchtblättern. Weibliche Blüten mit Staminodialring auf der Krone und freien Kelchblättern

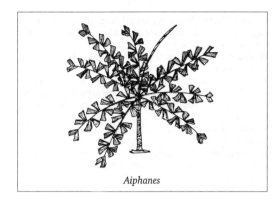
Aiphanes

Archontophoenix H. Wendl. et Drude

Ableitung: Herrscher-Palme
Vulgärnamen: D:Feuerpalme, Herrscherpalme; E:King Palm; F:Palmier royal
Arten: 6
Lebensform: Baum. Stamm nicht bestachelt. Mit Kronschaft
Blätter: Blattstiele nicht dornig, fiederig zerteilt. Fiedern ʌ-förmig gefaltet, einspitzig
Blütenstand: zwischen den Blättern, mit 2 Spathen. Blüten meist in Triaden
Blüten: einhäusig, asymmetrisch. 3 Kelch- und 3 Kronblättern. Kronblätter frei, dachig in der Knospe. Staubblätter 9–35. Fruchtblätter 3, verwachsen, mit 1 Fach
Frucht: Beere, 1-samig. Griffelrest an der Frucht endständig. Embryo basal. Nährgewebe ruminiert
Kennzeichen: Fiederpalmen, mit Kronschaft. Blattabschnitt ʌ-förmig gefaltet. Beeren. Blüten in Triaden oder davon abgeleitet, asymmetrisch. Kronblätter frei, dachig in der Knospe. Staubblätter 9–35. Griffelrest an der Frucht endständig. Nährgewebe ruminiert

Archontophoenix cunninghamiana

Areca L.

Ableitung: nach einem Pflanzennamen auf Sri Lanka
Vulgärnamen: D:Betelpalme; F:Arec, Aréquier, Noix d'Arec
Arten: 48
Lebensform: Baum oder Strauch. Stamm bis glatt und geringelt. Mit oder ohne Kronschaft
Blätter: Blattstiele nicht dornig, fiederig zerteilt. Fiedern ʌ-förmig gefaltet, einspitzig
Blütenstand: unter oder zwischen den Blättern, mit 1 Spatha. Blüten meist in Triaden nur am Grund des Blütenstands
Blüten: einhäusig, ± radiär. 3 Kelch- und 3 Kronblättern. Kronblätter frei. Staubblätter 3–30, frei. Fruchtblätter 3, verwachsen, mit 1 Fach
Frucht: Beere, 1-, selten bis 3-samig. Griffelrest an der Frucht endständig. Embryo basal. Nährgewebe ruminiert
Kennzeichen: Fiederpalmen mit glattem bis geringeltem Stamm, mit oder ohne Kronschaft. Blattabschnitt ʌ-förmig gefaltet. Blütenstand mit Beeren. Blütenstand mit 1 Spatha. Blüten in Triaden nur am Grund des Blütenstands, ± radiär

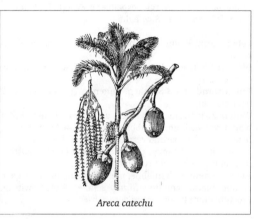
Areca catechu

Arenga Labill. ex DC.

Ableitung: nach einem Pflanzennamen in Südostasien
Vulgärnamen: D:Zuckerpalme; F:Palmier à sucre
Arten: 20
Lebensform: Baum oder Strauch. Stamm nicht bestachelt. Ohne Kronschaft. Nur einmal oder mehrmals blühend
Blätter: Blattstiele nicht dornig, fiederig zerteilt. Fiedern v-förmig gefaltet
Blütenstand: zwischen den Blättern, mit mehreren Spathen. Blüten fast immer in Triaden
Blüten: einhäusig, selten zweihäusig, radiär. 3 Kelch- und 3 Kronblättern. Kronblätter verwachsen. Kelchblätter in männlichen Blüten frei. Staubblätter 6 bis viele, verwachsen. Fruchtblätter 3, verwachsen, mit 3 Fächern
Frucht: Beere, 2- bis 3-samig. Griffelrest an der Frucht endständig. Nährgewebe nicht ruminiert
Kennzeichen: Fiederpalme. Nur einmal oder mehrmals blühend. Blattabschnitte v-förmige gefaltet. Spathen mehrere. Untere Fiedern nicht verdornt. Kelchblätter in männlichen Blüten frei. Nährgewebe nicht ruminiert

Arenga pinnata

Astrocaryum G. Mey.

Ableitung: Stern-Nuss
Vulgärnamen: D:Sternnusspalme; F:Palmier
Arten: 36
Lebensform: Baum. Stamm bestachelt. Ohne Kronschaft
Blätter: Blattstiele dornig, fiederig zerteilt. Fiedern ʌ-förmig gefaltet, einspitzig, zum Teil gezähnt
Blütenstand: zwischen den Blättern, mit 2 Spathen. Blüten meist in Triaden
Blüten: einhäusig, radiär. 3 Kelch- und 3 Kronblättern. Kronblätter verwachsen. Staubblätter 3–12, verwachsen. Fruchtblätter 3, verwachsen, mit 3 Fächern
Frucht: Steinfrucht, 1-, selten 2-samig. Griffelrest an der Frucht endständig. Nährgewebe nicht ruminiert
Kennzeichen: Fiederpalmen mit bestacheltem Stamm. Blattabschnitte ʌ-förmig gefaltet. Weibliche Blüten mit verwachsenen Kelch- und Kronblättern und Staminodialring auf der Krone. Steinfrucht aus verwachsenen Fruchtblättern

Astrocaryum paramaca

Attalea Kunth

Ableitung: Gattung zu Ehren des Königs Attalus I. (269–197 v. Chr.), König von Pergamon mit botanischen Interessen benannt

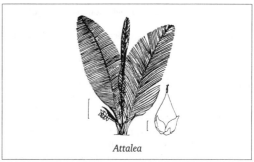
Attalea

Vulgärnamen: D:Pindrowpalme, Pissavepalme; E:Bissaba Palm; F:Palmier piassaba
Arten: 67
Lebensform: Strauch oder Baum. Stamm nicht bestachelt. Ohne Kronschaft
Blätter: Blattstiele nicht dornig, fiederig zerteilt. Fiedern ʌ-förmig gefaltet
Blütenstand: zwischen den Blättern, mit 2 Spathen. Blüten meist in Triaden
Blüten: einhäusig, radiär, nicht eingesenkt in die Achse. 3 Kelch- und 3 Kronblättern, selten 2 oder 5. Staubblätter 3–75. Weibliche Blüten mit verwachsenen Kelch- und Kronblättern und Staminodialring auf der Krone. Fruchtblätter 3 bis mehr, verwachsen, mit 3 bis mehr Fächern
Frucht: Steinfrucht, 1- bis mehrsamig. Griffelrest an der Frucht endständig. Embryo basal. Nährgewebe nicht ruminiert
Kennzeichen: Fiederpalmen mit nicht bestacheltem Stamm. Blattabschnitte ʌ-förmig gefaltet. Blüten nicht eingesenkt in die Achse. Steinfrucht aus verwachsenen Fruchtblättern. Griffelrest an der Frucht endständig

Attalea

Bactris Jacq. ex Scop.

Ableitung: nach dem griechischen Wort für Stab
Vulgärnamen: D:Pfirsichpalme; E:Spiny-Club Palm; F:Péjibaie
Arten: 76
Lebensform: Baum oder Strauch. Stamm ± bestachelt. Mit Kronschaft
Blätter: Blattstiele dornig, fiederig zerteilt. Fiedern ʌ-förmig gefaltet, einspitzig
Blütenstand: zwischen den Blättern, mit 2 Spathen. Blüten in Triaden
Blüten: einhäusig, radiär. 3 Kelch- und 3 Kronblättern. Kronblätter verwachsen. Weibliche Blüten mit Staminodialring, frei von der Krone. Staubblätter 6, selten bis 12, verwachsen. Fruchtblätter 3, verwachsen, mit 3 Fächern
Frucht: Steinfrucht, 1-samig. Griffelrest an der Frucht endständig. Nährgewebe nicht ruminiert
Kennzeichen: Fiederpalmen. Stamm ± bestachelt. Blattabschnitte ʌ-förmig gefaltet. Weibliche Blüten mit Staminodialring, frei von der Krone. Steinfrucht aus verwachsenen Fruchtblättern

Bactris gasipaes var. *gasipaes*

Beccariophoenix Jum. et H. Perrier

Ableitung: Phoenix zu Ehren von Odoardo Beccari (1843–1920), einem italienischen Botaniker benannt
Arten: 1
Lebensform: Baum. Stamm nicht bestachelt. Ohne Kronschaft
Blätter: fiederig zerteilt. Fiedern ʌ-förmig gefaltet
Blütenstand: zwischen den Blättern, mit 2 Spathen. Blüten in Triaden
Blüten: einhäusig, radiär, nicht eingesenkt in die Achse. 3 Kelch- und 3 Kronblättern. Kronblätter frei. Staubblätter 18–21, verwachsen. Fruchtblätter 3, verwachsen, mit 3 Fächern
Frucht: Steinfrucht, 1-samig. Griffelrest an der Frucht endständig. Nährgewebe ruminiert
Kennzeichen: Fiederpalmen mit nicht bestacheltem Stamm. Blattabschnitte ʌ-förmig gefaltet. Blüten nicht eingesenkt in die Achse. Staubblätter 18–21. Steinfrucht aus verwachsenen Fruchtblättern. Nährgewebe ruminiert

Bentinckia Berry ex Roxb.

Ableitung: Gattung zu Ehren von Lord William Bentinck (1774–1839), einem englischen Generalgouverneur von Indien benannt
Vulgärnamen: D:Bentinckpalme; E:Bentinck's Palm
Arten: 2
Lebensform: Baum. Stamm nicht bestachelt. Mit Kronschaft
Blätter: Blattstiele nicht dornig, fiederig zerteilt. Fiedern ʌ-förmig gefaltet, einspitzig
Blütenstand: unter den Blättern, mit 2 Spathen. Blüten in Triaden
Blüten: einhäusig, eingesenkt in die Achse, asymmetrisch. 3 Kelch- und 3 Kronblättern. Kronblätter frei, in der Knospe dachig. Staubblätter 6, frei. Fruchtblätter 3, verwachsen, mit 1 Fach
Frucht: Beere, 1-samig. Griffelrest an der Frucht seitlich. Embryo basal. Nährgewebe nicht ruminiert
Kennzeichen: Fiederpalmen mit nicht bestacheltem Stamm, mit Kronschaft. Blattabschnitt ʌ-förmig gefaltet. Blütenstand mit 2 Spathen. Blüten in Triaden, eingesenkt in die Achse, asymmetrisch. Kronblätter frei. Staubblätter 6. Beeren

Bismarckia Hildebr. et H. Wendl.

Ableitung: Gattung zu Ehren von Otto Fürst von Bismarck (1815–1898), dem deutschen Staatsmann benannt
Vulgärnamen: D:Bismarckpalme
Arten: 1
Lebensform: Baum. Stamm nicht bestachelt. Ohne Kronschaft
Blätter: Blattstiele nicht dornig, costapalmat. Fiedern v-förmig gefaltet, 2-spitzig
Blütenstand: Blüten nicht in Triaden
Blüten: zweihäusig. 3 Kelch- und 3 Kronblättern. Staubblätter 6. Fruchtblätter 3, verwachsen
Frucht: Steinfrucht, 1- bis 3-samig. Nährgewebe nicht ruminiert
Kennzeichen: Fächerpalme mit nicht bestacheltem Stamm. Blattstiele nicht dornig. Blattabschnitte v-förmige gefaltet. Blüten zweihäusig. Staubblätter 6. Steinfrucht oder Beere

Borassus L.

Ableitung: nach einem antiken griechischen Pflanzenname
Vulgärnamen: D:Borassuspalme; E:Toddy Palm; F:Palmier à vin, Rondier
Arten: 5

Borassus

Lebensform: Baum. Stamm nicht bestachelt. Ohne Kronschaft
Blätter: Blattstiele dornig, costapalmat. Fiedern v-förmig gefaltet, 2-spitzig
Blütenstand: zwischen den Blättern, mit mehreren Spathen. Blüten nicht in Triaden
Blüten: zweihäusig, radiär. 3 Kelch- und 3 Kronblättern. Kronblätter am Grund verwachsen. Staubblätter 6, verwachsen. Fruchtblätter 3, verwachsen, mit 3 Fächern
Frucht: Steinfrucht, 3-, selten 1-samig. Griffelrest an der Frucht endständig. Nährgewebe nicht ruminiert
Kennzeichen: Fächerpalme. Blattstiele dornig. Blattabschnitte v-förmige gefaltet. Blüten zweihäusig. Staubblätter 6. Steinfrucht

Brahea Mart.

Ableitung: Gattung zu Ehren von Tycho Brahe (1546–1601), dem berühmten dänischen Astronomen benannt
Vulgärnamen: D:Hesperidenpalme; E:Hesper Palm; F:Palmier-éventail
Arten: 11
Lebensform: Baum. Stamm nicht bestachelt. Ohne Kronschaft
Blätter: Blattstiele dornig oder nicht, costapalmat. Fiedern v-förmig gefaltet, 2-spitzig
Blütenstand: zwischen den Blättern, mit röhrenförmigen Spathen. Blüten nicht in Triaden
Blüten: zwittrig, radiär. 3 freie Kelchblätter und 3 Kronblättern. Kronblätter am Grund verwachsen, dachig in der Knospe. Staubblätter 6, ringförmig verwachsen. Fruchtblätter 3, frei und nur mit dem Griffel verwachsen, mit 3 Fächern
Frucht: Beere, 1-samig. Griffelrest an der Frucht endständig. Nährgewebe nicht ruminiert
Kennzeichen: Fächerpalme. Blattabschnitte v-förmig gefaltet. Blüten zwittrig, Kelchblätter frei. Fruchtblätter 3, frei und nur mit dem Griffel verwachsen

Butia (Becc.) Becc.

Ableitung: nach dem Namen der Palme in Brasilien
Vulgärnamen: D:Geleepalme, Palasabaum; E:Jelly Palm; F:Palmier butia, Palmier-à-gelée
Arten: 9
Lebensform: Baum oder Strauch. Stamm nicht bestachelt. Ohne Kronschaft
Blätter: Blattstiele nicht dornig, selten unbedornt, fiederig zerteilt. Fiedern ʌ-förmig gefaltet, einspitzig
Blütenstand: zwischen den Blättern, mit 2 Spathen. Blüten in Triaden
Blüten: einhäusig, radiär. 3 Kelch- und 3 Kronblättern. Kronblätter frei. Staubblätter 6, verwachsen. Fruchtblätter 3, verwachsen, mit 3 Fächern
Frucht: Steinfrucht, 1- bis 3-samig. Griffelrest an der Frucht endständig. Embryo basal. Nährgewebe nicht ruminiert
Kennzeichen: Fiederpalmen. Blattabschnitte ʌ-förmig gefaltet. Kronblätter frei. Staubblätter 6. Steinfrucht aus verwachsenen Fruchtblättern. Griffelrest an der Frucht endständig

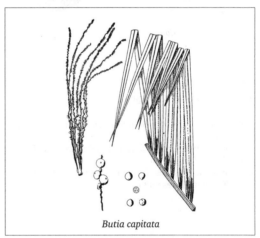
Butia capitata

Calamus L.

Ableitung: antiker Pflanzenname: Rohr
Vulgärnamen: D:Spanisches Rohr, Rotangpalme; E:Rattan Palm; F:Rotin
Arten: 374
Lebensform: Liane, selten strauchig. Stamm bestachelt. Ohne Kronschaft
Blätter: Blattstiele dornig, selten unbedornt, fiederig zerteilt, zum Teil mit dornigen Endranken. Fiedern ʌ-förmig gefaltet, einspitzig,
Blütenstand: in Ähren oder Kolben, mit mehreren Spathen, gelegentlich zu Kletterorganen umgewandelt. Blüten in 2er-Gruppen
Blüten: zweihäusig, radiär. 3 Kelch- und 3 Kronblättern. Kronblätter am Grund verwachsen. Staubblätter 6, selten 12, frei. Fruchtblätter 3, verwachsen, mit 3 Fächern

Frucht: Panzerfrucht, 1- bis 3-samig. Griffelrest an der Frucht endständig. Nährgewebe ruminiert oder nicht
Kennzeichen: Fiederpalmen, meist Lianen. Blätter zum Teil mit dornigen Endranken. Blattabschnitte ∧-förmig gefaltet. Blüten zweihäusig. Panzerfrucht

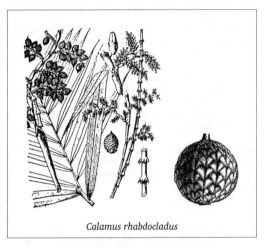
Calamus rhabdocladus

Calyptrogyne H. Wendl.

Ableitung: verhüllter Griffel
Arten: 9
Lebensform: Strauch. Stamm nicht bestachelt. Ohne Kronschaft
Blätter: Blattstiele nicht dornig, fiederig zerteilt. Fiedern ∧-förmig gefaltet, einspitzig
Blütenstand: zwischen den Blättern, mit 2 Spathen. Blüten in Triaden, eingesenkt in die Achse

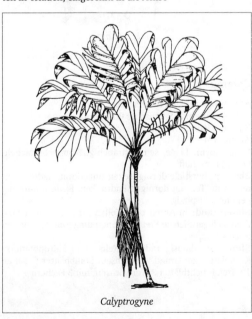
Calyptrogyne

Blüten: einhäusig, radiär. 3 Kelch- und 3 Kronblättern. Kronblätter am Grund verwachsen. Männliche Blüten mit mützenförmiger verwachsener Krone und 6 verwachsenen Staubblätter. Fruchtblätter 3, verwachsen, mit 3 Fächern
Frucht: Steinfrucht. Griffelrest an der Frucht basal. Nährgewebe nicht ruminiert
Kennzeichen: Fiederpalmen mit nicht bestacheltem Stamm. Blattabschnitte ∧-förmig gefaltet. Männliche Blüten mit mützenförmiger verwachsener Krone und 6 verwachsenen Staubblättern. Fruchtknoten 3-fächrig. Steinfrucht aus verwachsenen Fruchtblättern

Caryota L.

Ableitung: antiker Pflanzenname
Vulgärnamen: D:Fischschwanzpalme; E:Fishtail Palm; F:Palmier queue-de-poisson
Arten: 13
Lebensform: Baum. Stamm nicht bestachelt. Ohne Kronschaft
Blätter: Blattstiele nicht dornig, doppelt fiederig zerteilt. Fiedern v-förmig gefaltet, gezähnt
Blütenstand: zwischen den Blättern, mit mehreren Spathen. Blüten in Triaden oder nicht
Blüten: einhäusig, radiär. 3 Kelch- und 3 Kronblättern, in männlichen Blüten 6 bis mehr Kelchblätter. Kronblätter verwachsen. Staubblätter 6 bis etwa 100, frei. Fruchtblätter 3, verwachsen, mit 2–3 Fächern
Frucht: Beere, 1- bis 3-samig. Griffelrest an der Frucht endständig. Nährgewebe ruminiert
Kennzeichen: Fiederpalme. Blätter doppelt fiederig zerteilt. Blattabschnitte v-förmige gefaltet, untere Fiedern nicht verdornt. Spathen 2 bis mehr. Nährgewebe ruminiert

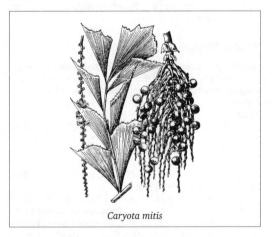
Caryota mitis

Ceroxylon Bonpl. ex DC.

Ableitung: Wachs-Holz
Vulgärnamen: D:Wachspalme; E:Wax Palm; F:Céroxylon, Palmier
Arten: 11
Lebensform: Baum oder Strauch. Stamm nicht bestachelt. Ohne Kronschaft

Blätter: Blattstiele nicht dornig, fiederig zerteilt. Fiedern ʌ-förmig gefaltet, einspitzig, Blätter wachsig
Blütenstand: zwischen den Blättern, mit 5–7 Spathen. Blüten nicht in Triaden
Blüten: zweihäusig, radiär. 3 Kelch- und 3 Kronblättern. Kronblätter am Grund verwachsen. Staubblätter 6–17. Fruchtblätter 3, verwachsen, mit 3 Fächern
Frucht: Beere, 1-samig. Griffelrest an der Frucht basal. Nährgewebe nicht ruminiert
Kennzeichen: Fiederpalme, zweihäusig. Blattabschnitte ʌ-förmig gefaltet. Beere. Blüten kurz gestielt. Griffelrest an der Frucht basal

Ceroxylon

Chamaedorea Willd.

Ableitung: Zwergen-Hand
Vulgärnamen: D:Bergpalme; F:Palmier de montagne
Arten: 107

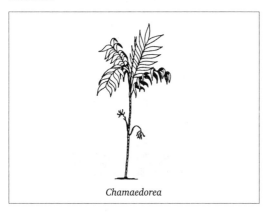

Chamaedorea

Lebensform: Strauch, Baum, selten Liane. Stamm nicht bestachelt. Mit oder ohne Kronschaft
Blätter: Blattstiele nicht dornig, fiederig zerteilt. Fiedern ʌ-förmig gefaltet, einspitzig
Blütenstand: zwischen den Blättern, mit 3–4 Spathen. Blüten nicht in Triaden
Blüten: zweihäusig, radiär. 3 Kelch- und 3 Kronblättern. Kronblätter frei oder verwachsen. Staubblätter 6. Fruchtblätter 3, verwachsen, mit 3 Fächern
Frucht: Beere, 1-samig. Griffelrest an der Frucht endständig. Nährgewebe nicht ruminiert
Kennzeichen: Fiederpalme, zweihäusig. Blattabschnitte ʌ-förmig gefaltet. Beere. Blüten nicht in Triaden

Chamaerops L.

Ableitung: Zwerg-Gesträuch
Vulgärnamen: D:Zwergpalme; F:Palmier nain
Arten: 1
Lebensform: Strauch, selten baumförmig. Stamm nicht bestachelt. Ohne Kronschaft
Blätter: Blattstiele dornig, costapalmat. Fiedern v-förmig gefaltet, 2-spitzig
Blütenstand: zwischen den Blättern, mit 2 Spathen. Blüten nicht in Triaden
Blüten: zweihäusig, selten einhäusig, radiär. 3 Kelch- und 3 Kronblättern. Kronblätter am Grund verwachsen. Staubblätter 6, ringförmig verwachsen. Fruchtblätter 3, frei, mit 3 Fächern
Frucht: Beere, meist 1-samig. Nährgewebe ruminiert
Kennzeichen: Fächerpalme mit nicht bestacheltem Stamm. Blattstiele dornig. Blattabschnitte v-förmig gefaltet. Blüten zwittrig. Fruchtblätter 3, frei. Nährgewebe ruminiert

Chamaerops humilis

Chambeyronia Vieill.

Ableitung: Gattung zu Ehren von Kapitän Chambeyron, der im 19. Jahrhundert Neukaledonien erkundete, benannt

Arten: 2
Lebensform: Baum. Stamm nicht bestachelt. Mit Kronschaft
Blätter: Blattstiele nicht dornig, fiederig zerteilt. Fiedern ∧-förmig gefaltet, einspitzig
Blütenstand: unter den Blättern, mit 2 Spathen. Blüten in Triaden
Blüten: einhäusig, asymmetrisch. 3 Kelch- und 3 Kronblättern. Kronblätter frei, dachig in der Knospe. Staubblätter 19-55, frei oder verwachsen. Fruchtblätter 3, verwachsen, mit 1 Fach
Frucht: Beere, 1-samig. Griffelrest an der Frucht endständig. Embryo basal. Nährgewebe nicht ruminiert
Kennzeichen: Fiederpalmen mit nicht bestacheltem Stamm, mit Kronschaft. Blattabschnitt ∧-förmig gefaltet. Beeren. Blütenstand mit 2 Spathen. Blüten in Triaden, asymmetrisch. Kronblätter frei, dachig in der Knospe. Staubblätter 19-55. Griffelrest an der Frucht endständig. Nährgewebe nicht ruminiert,

Coccothrinax Sarg.

Ableitung: Beeren-Thrinax
Vulgärnamen: D:Silberpalme; E:Silver Palm; F:Palmier argenté
Arten: 50
Lebensform: Stamm bestachelt oder nicht. Ohne Kronschaft
Blätter: Blattstiele nicht dornig, costapalmat. Fiedern v-förmig gefaltet, einspitzig oder 2-spitzig
Blütenstand: zwischen den Blättern, mit vielen Spathen. Blüten nicht in Triaden
Blüten: zwittrig, radiär. 3 Kelch- und 3 Kronblättern. Kronblätter verwachsen. Staubblätter 9, selten 6-13, am Grund verwachsen. Fruchtblätter 1, mit 1 Fach
Frucht: Beere, 1-samig. Griffelrest an der Frucht endständig. Nährgewebe nicht ruminiert
Kennzeichen: Fächerpalme. Stamm bestachelt oder nicht. Blattabschnitte v-förmig gefaltet. Blüten zwittrig. Fruchtblätter 1. Frucht purpurnschwarz. Samen gefurcht

Cocos L.

Ableitung: wohl aus portugiesisch Kopf, Popanz
Vulgärnamen: D:Kokosnuss, Kokospalme; E:Coconut; F:Cocotier
Arten: 1
Lebensform: Baum. Stamm nicht bestachelt. Ohne Kronschaft
Blätter: Blattstiele nicht dornig, fiederig zerteilt. Fiedern ∧-förmig gefaltet, einspitzig oder 2-spitzig
Blütenstand: zwischen den Blättern, mit 2 Spathen. Blüten in Triaden, nicht eingesenkt in die Achse
Blüten: einhäusig, radiär. 3 Kelch- und 3 Kronblättern. Kronblätter frei, dachig in der Knospe. Staubblätter 6. Fruchtblätter 3, verwachsen, mit 3 Fächern. Nährgewebe hohl, mit wässerigem Saft
Frucht: Steinfrucht, 1-samig. Griffelrest an der Frucht endständig. Embryo basal. Nährgewebe nicht ruminiert
Kennzeichen: Fiederpalmen. Stamm nicht bestachelt. Blattabschnitte ∧-förmig gefaltet. Blüten nicht eingesenkt in die Achse. Steinfrucht aus verwachsenen Fruchtblättern. Nährgewebe hohl, mit wässerigem Saft

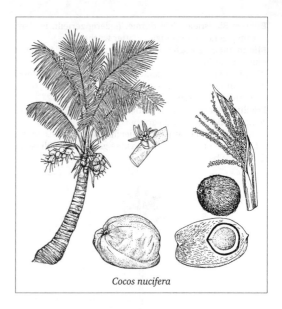

Cocos nucifera

Copernicia Mart. ex Endl.

Ableitung: Gattung zu Ehren von Nicolaus Kopernikus (1473-1543), dem berühmten Astronomen und Naturforscher benannt
Vulgärnamen: D:Karnaubapalme; E:Caranda Palm; F:Palmier à cire
Arten: 21
Lebensform: Baum. Stamm nicht bestachelt,. ohne Kronschaft

Copernicia cerifera

Blätter: Blattstiele dornig, fingerig zerteilt. Fiedern v-förmig gefaltet, äußere 2-spitzig
Blütenstand: zwischen den Blättern, mit röhrenartigen Spathen. Ähren. Blüten nicht in Triaden
Blüten: einhäusig, radiär. 3 Kelch- und 3 Kronblättern. Kronblätter verwachsen, klappig in der Knospe. Staubblätter 6, am Grund verwachsen. Fruchtblätter 3, am Grund und durch den Griffel verwachsen, mit 3 Fächern
Frucht: Beere, meist 1-samig. Griffelrest an der Frucht endständig. Nährgewebe ruminiert
Kennzeichen: Fächerpalme. Blattabschnitte v-förmig gefaltet. Blüten zwittrig. Fruchtblätter 3, nur durch den Griffel verwachsen. Nährgewebe ruminiert

Corypha L.

Ableitung: Schopf-Pflanze
Vulgärnamen: D:Schopfpalme, Talipotpalme; F:Palmier, Palmier talipot

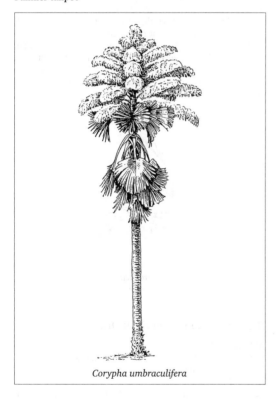

Corypha umbraculifera

Arten: 6
Lebensform: Baum. Stamm nicht bestachelt. Ohne Kronschaft. Nur einmal blühend
Blätter: Blattstiele dornig, selten nicht bedornt, costapalmat. Fiedern v-förmig gefaltet, 2-spitzig
Blütenstand: endständig, mit mehreren Spathen. Blüten nicht in Triaden
Blüten: zwittrig, radiär. 3 Kelch- und 3 Kronblättern. Kronblätter am Grund verwachsen. Staubblätter 6, frei. Fruchtblätter 3, am Grund verwachsen und durch den Griffel, mit 3 Fächern
Frucht: Beere, 1-samig. Griffelrest an der Frucht basal. Nährgewebe nicht ruminiert
Kennzeichen: Fächerpalme. Nur einmal blühend. Blattabschnitte v-förmig gefaltet. Blüten zwittrig

Cryosophila Blume

Ableitung: Kälte-Freund
Vulgärnamen: D:Stechwurzelpalme; F:Palmier à racines épineuses
Arten: 10
Lebensform: Stamm bestachelt. Ohne Kronschaft
Blätter: Blattstiele rinnig, costapalmat. Fiedern v-förmig gefaltet, einspitzig oder 2-spitzig. Blätter unten weißfilzig
Blütenstand: zwischen den Blättern, mit mehreren Spathen. Blüten nicht in Triaden
Blüten: zwittrig, radiär. 3 Kelch- und 3 Kronblättern. Kronblätter frei. Staubblätter 6, verwachsen. Fruchtblätter 3, frei, mit 3 Fächern
Frucht: Beere. Nährgewebe nicht ruminiert
Kennzeichen: Fächerpalme. Stamm bestachelt. Blattabschnitte v-förmig gefaltet. Blüten zwittrig. Fruchtblätter 3, frei

Cyphophoenix H. Wendl. ex Hook. f.

Ableitung: Buckel-Phoenix
Arten: 2
Lebensform: Baum. Stamm nicht bestachelt. Mit Kronschaft
Blätter: Blattstiele nicht dornig, fiederig zerteilt. Fiedern ʌ-förmig gefaltet, einspitzig oder 2-spitzig
Blütenstand: unter den Blättern, mit 2 Spathen. Blüten in Triaden
Blüten: einhäusig, radiär, nicht eingesenkt in die Achse. 3 Kelch- und 3 Kronblättern. Kronblätter frei, dachig in der Knospe. Staubblätter 6, frei. Fruchtblätter 3, verwachsen, mit 1 Fach
Frucht: Beere, 1-samig. Griffelrest an der Frucht endständig. Embryo basal. Nährgewebe nicht ruminiert
Kennzeichen: Fiederpalmen. Stamm nicht bestachelt. Mit Kronschaft. Blattabschnitt ʌ-förmig gefaltet. Blütenstand mit Spathen. Blüten in Triaden, nicht eingesenkt in die Achse. Kronblätter frei, dachig in der Knospe. Beeren. Griffelrest an der Frucht endständig. Nährgewebe nicht ruminiert

Cyrtostachys Blume

Ableitung: krumme Ähre
Arten: 11
Lebensform: Strauch oder Baum. Stamm nicht bestachelt bis geringelt. Mit Kronschaft
Blätter: Blattstiele nicht dornig, fiederig zerteilt. Fiedern ʌ-förmig gefaltet, einspitzig
Blütenstand: unter den Blättern, mit 2 Spathen. Blüten in Triaden, in die Achse eingesenkt
Blüten: einhäusig, radiär, eingesenkt in die Achse. 3 Kelch- und 3 Kronblättern. Kronblätter verwachsen, dachig in der Knospe. Staubblätter 9-15, frei. Fruchtblätter 3, verwachsen, mit 1 Fach
Frucht: Beere, 1-samig. Griffelrest an der Frucht endständig. Embryo basal. Nährgewebe nicht ruminiert

Kennzeichen: Fiederpalmen mit Kronschaft. Stamm nicht bestachelt. Blattabschnitt ∧-förmig gefaltet. Blüten in Triaden, eingesenkt in die Achse. Kronblätter verwachsen, dachig in der Knospe. Beeren. Griffelrest an der Frucht endständig

Daemonorops Blume

Ableitung: teuflisches Gebüsch
Vulgärnamen: D:Drachenblutpalme; E:Dragon's Blood Palm; F:Palmier sang-de-dragon
Arten: 102
Lebensform: Liane, selten Strauch. Ohne Kronschaft
Blätter: fiederig zerteilt. Fiedern ∧-förmig gefaltet, einspitzig, meist mit dornigen Endranken
Blütenstand: zwischen den Blättern, mit 2 Spathen. Blüten in 2-er Gruppen
Blüten: zweihäusig, radiär. 3 Kelch- und 3 Kronblättern. Kronblätter ± frei. Staubblätter 6. Fruchtblätter 3, verwachsen
Frucht: Panzerfrucht, 1-samig. Griffelrest an der Frucht endständig. Nährgewebe nicht ruminiert
Kennzeichen: Fiederpalmen, meist Lianen. Blätter meist mit dornigen Endranken. Blattabschnitte ∧-förmig gefaltet. Blüten zweihäusig. Panzerfrucht

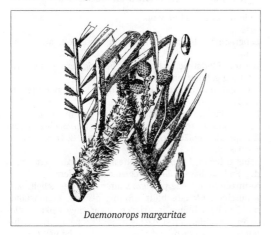

Daemonorops margaritae

Deckenia H. Wendl. ex Seem.

Ableitung: Gattung zu Ehren von Carl Claus von der Decken (1833–1865), einem deutschen Botaniker benannt
Arten: 1
Lebensform: Baum. Stamm jung bestachelt. Mit Kronschaft
Blätter: fiederig zerteilt. Fiedern ∧-förmig gefaltet, einspitzig
Blütenstand: unter den Blättern, mit 2 Spathen. Blüten in Triaden
Blüten: einhäusig. 3 Kelch- und 3 Kronblättern. Staubblätter 6-9, verwachsen. Fruchtblätter 3, verwachsen, mit 1 Fach
Frucht: Beere, 1-samig. Griffelrest an der Frucht basal. Nährgewebe nicht ruminiert

Kennzeichen: Fiederpalmen. Stamm jung bestachelt. Mit Kronschaft. Blattabschnitt ∧-förmig gefaltet. Blütenstand unter den Blättern. Blüten in Triaden. Griffelrest an der Frucht basal

Desmoncus Mart.

Ableitung: Büschel-Haken
Vulgärnamen: D:Hakenpalme; F:Palmier
Arten: 12
Lebensform: Liane, Strauchig. Stamm bestachelt. Ohne Kronschaft
Blätter: Blattstiele dornig, fiederig zerteilt. Fiedern ∧-förmig gefaltet, einspitzig, gewöhnlich mit dorniger Endranke
Blütenstand: zwischen den Blättern, mit 2 Spathen. Blüten in Triaden
Blüten: einhäusig, radiär. 3 Kelch- und 3 Kronblättern. Kronblätter verwachsen, klappig in der Knospe. Staubblätter 6-9. Fruchtblätter 3, verwachsen, mit 3 Fächern
Frucht: Steinfrucht, 1-samig. Griffelrest an der Frucht endständig. Nährgewebe nicht ruminiert
Kennzeichen: Fiederpalmen. Stamm bestachelt. Lianen, Sträucher. Blätter gewöhnlich mit dorniger Endranke. Blattabschnitte ∧-förmig gefaltet. Kronblätter verwachsen, klappig in der Knospe. Steinfrucht aus verwachsenen Fruchtblättern

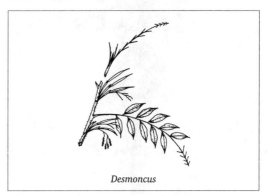

Desmoncus

Dictyosperma H. Wendl. et Drude

Ableitung: Netz-Same
Vulgärnamen: D:Hurrikanpalme; E:Princess Palm; F:Aréquier, Palmier
Arten: 1
Lebensform: Baum. Stamm nicht bestachelt. Mit Kronschaft
Blätter: Blattstiele nicht dornig, fiederig zerteilt. Fiedern ∧-förmig gefaltet, einspitzig
Blütenstand: unter den Blättern, mit 2 Spathen. Blüten in Triaden
Blüten: einhäusig, asymmetrisch, nicht eingesenkt in die Achse. 3 Kelch- und 3 Kronblättern. Kronblätter frei, dachig in der Knospe. Staubblätter 6. Fruchtblätter 3, verwachsen, mit 1 Fach
Frucht: Beere, 1-samig. Griffelrest an der Frucht endständig. Embryo basal. Nährgewebe ruminiert

Kennzeichen: Fiederpalmen. Stamm nicht bestachelt. Mit Kronschaft. Blattabschnitt ʌ-förmig gefaltet. Blütenstand mit 2 Spathen. Blüten einhäusig, in Triaden, nicht eingesenkt in der Achse. Kronblätter frei, dachig in der Knospe. Staubblätter 6. Beere, Griffelrest an der Frucht endständig. Nährgewebe ruminiert

Dypsis Noronha ex Mart.

Ableitung: untergetauchte Pflanze
Arten: 140
Lebensform: Baum. Stamm nicht bestachelt. Mit oder ohne Kronschaft
Blätter: Blattstiele nicht dornig, fiederig zerteilt. Fiedern ʌ-förmig gefaltet, einspitzig
Blütenstand: zwischen den Blättern, mit 2 Spathen. Blüten in Triaden
Blüten: einhäusig, radiär. 3 Kelch- und 3 Kronblättern. Kronblätter in männlichen Blüten frei, dachig in der Knospe. Staubblätter 6 oder 3, verwachsen oder frei. Fruchtblätter 3, verwachsen, mit 1 Fach
Frucht: Beere, 1-samig. Griffelrest an der Frucht basal
Kennzeichen: Fiederpalmen. Stamm nicht bestachelt. Mit oder ohne Kronschaft. Blattabschnitt ʌ-förmig gefaltet. Blütenstand mit 2 Spathen. Blüten in Triaden. Kronblätter in männlichen Blüten frei. Beere. Griffelrest an der Frucht basal

Chrysalidocarpus lutescens

Elaeis Jacq.

Ableitung: nach einem antiken Pflanzennamen
Vulgärnamen: D:Ölpalme; E:Oil Palm; F:Palmier à huile
Arten: 2
Lebensform: Baum. Stamm nicht bestachelt, mit bleibenden Blattbasen. Ohne Kronschaft
Blätter: Blattstiele dornig, fiederig zerteilt. Fiedern ʌ-förmig gefaltet, einspitzig, nicht nur nach 2 Richtungen abstehend
Blütenstand: zwischen den Blättern, mit 2 Spathen. Blüten nicht in Triaden
Blüten: einhäusig, radiär, eingesenkt in die Achse. 3 Kelch- und 3 Kronblättern. Kronblätter frei. Staubblätter 6, verwachsen. Fruchtblätter 3, verwachsen, mit 3, selten 2 Fächern
Frucht: Steinfrucht, 1-samig. Griffelrest an der Frucht endständig. Nährgewebe nicht ruminiert

Kennzeichen: Fiederpalmen. Stamm nicht bestachelt. Blattabschnitte ʌ-förmig gefaltet, nicht nur nach 2 Richtungen abstehend. Blüten eingesenkt in die Achse. Staubblätter 6. Steinfrucht aus verwachsenen Fruchtblättern

Elaeis guineensis

Euterpe Mart.

Ableitung: nach einer Gestalt der griechischen Mythologie

Euterpe globosa

Arten: 7
Lebensform: Baum. Stamm nicht bestachelt. Mit Kronschaft
Blätter: Blattstiele nicht dornig, fiederig zerteilt. Fiedern ʌ-förmig gefaltet, einspitzig
Blütenstand: unter den Blättern, mit 2 Spathen. Blüten in Triaden
Blüten: einhäusig, asymmetrisch, nicht eingesenkt in die Achse. 3 Kelch- und 3 Kronblättern. Kronblätter am Grund verwachsen, dachig in der Knospe. Staubblätter 6, frei oder am Grund verwachsen. Fruchtblätter 3, verwachsen, mit 1 Fach

Frucht: Beere, 1-samig. Griffelrest an der Frucht seitlich. Nährgewebe ruminiert oder nicht
Kennzeichen: Fiederpalmen. Stamm nicht bestachelt. Mit Kronschaft. Blattabschnitt Λ-förmig gefaltet. Blütenstand mit 2 Spathen. Blüten in Triaden, nicht eingesenkt in die Achse, männliche Blüten asymmetrisch. Kronblätter am Grund verwachsen, dachig in der Knospe. Beeren. Griffelrest an der Frucht seitlich

Gaussia H. Wendl.

Ableitung: Gattung zu Ehren von Carl Friedrich Gauß (1777–1855), dem berühmten deutschen Mathematiker, Astronomen und Physiker benannt
Arten: 5
Lebensform: Baum. Stamm nicht bestachelt. Ohne Kronschaft
Blätter: Blattstiele nicht dornig, fiederig zerteilt. Fiedern Λ-förmig gefaltet, einspitzig
Blütenstand: zwischen oder unter den Blättern, mit 6–8 Spathen. Blüten nicht in Triaden
Blüten: einhäusig. 3 Kelch- und 3 Kronblättern. Kronblätter frei. Staubblätter 6, frei. Fruchtblätter 3, verwachsen, mit 3 Fächern
Frucht: Beere, 1-samig. Griffelrest an der Frucht basal. Nährgewebe nicht ruminiert
Kennzeichen: Fiederpalme, ohne Kronschaft. Blattabschnitte Λ-förmig gefaltet. Blüten einhäusig, nicht in Triaden. Staubblätter frei. Beere

Gaussia attenuata

Geonoma Willd.

Ableitung: Land einnehmend (mit neuen Trieben)
Arten: 64
Lebensform: Strauch oder Baum. Stamm nicht bestachelt. Ohne Kronschaft
Blätter: Blattstiele nicht dornig, fiederig zerteilt. Fiedern Λ-förmig gefaltet, einspitzig
Blütenstand: zwischen den Blättern, mit 2, seltener 1 oder 3 Spathen. Blüten in Triaden
Blüten: einhäusig, radiär, eingesenkt in der Achse. 3 Kelch- und 3 Kronblättern. Kronblätter am Grund verwachsen. Staubblätter 3, selten 6 oder mehr, verwachsen. Fruchtblätter 3, verwachsen, mit 3 Fächern
Frucht: Beere, 1-samig. Griffelrest an der Frucht basal. Nährgewebe nicht ruminiert
Kennzeichen: Fiederpalmen. Stamm nicht bestachelt. Blattabschnitte Λ-förmig gefaltet. Blüten eingesenkt in der Achse. Staubblätter 3. Steinfrucht aus verwachsenen Fruchtblättern

Geonoma brongniartii

Hedyscepe H. Wendl. et Drude

Ableitung: angenehmer Schatten
Vulgärnamen: D:Schirmpalme; E:Umbrella Palm
Arten: 1
Lebensform: Baum. Stamm nicht bestachelt. Mit Kronschaft
Blätter: Blattstiele nicht dornig, fiederig zerteilt. Fiedern Λ-förmig gefaltet, einspitzig
Blütenstand: unter den Blättern, mit 2 Spathen. Blüten meist in Triaden
Blüten: einhäusig, asymmetrisch. 3 Kelch- und 3 Kronblättern. Kronblätter frei, dachig in der Knospe. Staubblätter 9–10(1–22). Fruchtblätter 3, verwachsen, mit 1 Fach
Frucht: Beere, 1-samig. Griffelrest an der Frucht endständig. Embryo basal. Nährgewebe nicht ruminiert
Kennzeichen: Fiederpalmen. Stamm nicht bestachelt. Mit Kronschaft. Blattabschnitt Λ-förmig gefaltet. Blüten meist in Triaden, asymmetrisch. Staubblätter 9–12. Beeren. Griffelrest an der Frucht endständig. Nährgewebe nicht ruminiert

Howea Becc.

Ableitung: Pflanze der Lord-Howe-Insel im Pazifik
Vulgärnamen: D:Howeapalme, Kentiapalme; E:Sentry Palm; F:Hovéa, Kentia
Arten: 2
Lebensform: Baum. Stamm nicht bestachelt. Ohne Kronschaft
Blätter: Blattstiele nicht dornig, fiederig zerteilt. Fiedern ʌ-förmig gefaltet, einspitzig
Blütenstand: zwischen den Blättern, mit 2 Spathen. Blüten in Triaden, eingesenkt in die Achse
Blüten: einhäusig, radiär, eingesenkt in die Achse. 3 Kelch- und 3 Kronblättern. Kronblätter frei, dachig in der Knospe. Staubblätter 30–70, verwachsen. Fruchtblätter 3, verwachsen, mit 1 Fach
Frucht: Beere, 1-samig. Griffelrest an der Frucht endständig. Embryo basal. Nährgewebe nicht ruminiert
Kennzeichen: Fiederpalme. Stamm nicht bestachelt. Ohne Kronschaft. Fiedern ʌ-förmig gefaltet. Blüten eingesenkt in die Achse, in Triaden. Staubblätter 30–70

Hyophorbe Gaertn.

Ableitung: Schweinefutter
Vulgärnamen: D:Futterpalme; E:Bottle Palm, Pignut Palm; F:Palmier-bouteille
Arten: 5
Lebensform: Baum. Stamm nicht bestachelt. Mit Kronschaft
Blätter: Blattstiele nicht dornig, fiederig zerteilt. Fiedern ʌ-förmig gefaltet, einspitzig
Blütenstand: unter den Blättern, mit 4–9 Spathen. Blüten nicht in Triaden
Blüten: einhäusig, radiär. 3 Kelch- und 3 Kronblättern. Kronblätter verwachsen. Staubblätter 6, verwachsen. Fruchtblätter 3, verwachsen, mit 3 Fächern
Frucht: Beere, 1-samig. Griffelrest an der Frucht basal. Embryo basal. Nährgewebe nicht ruminiert
Kennzeichen: Fiederpalme mit Kronschaft. Blattabschnitte ʌ-förmig gefaltet. Beere. Blüten einhäusig, kurz gestielt, nicht in Triaden. Staubblätter verwachsen

Hyphaene Gaertn.

Ableitung: gewebte Pflanze
Vulgärnamen: D:Dumpalme; E:Doum Plam; F:Palmier d'Egypte, Palmier doum

Hyphaene thebaica

Arten: 8
Lebensform: Baum oder Strauch, Stamm gabelig verzweigt. Stamm nicht bestachelt. Ohne Kronschaft
Blätter: Blattstiele dornig, costapalmat. Fiedern v-förmig gefaltet, einspitzig
Blütenstand: zwischen den Blättern, mit röhrenartigen Spathen. Blüten nicht in Triaden
Blüten: zweihäusig, radiär. 3 Kelch- und 3 Kronblättern. Kronblätter verwachsen. Staubblätter 6–7, frei. Fruchtblätter 3, verwachsen, mit 3 Fächern
Frucht: Beere, 1-samig. Embryo basal. Nährgewebe nicht ruminiert
Kennzeichen: Fächerpalme. Stamm gabelig verzweigt. Blattabschnitte v-förmige gefaltet, einspitzig. Blüten zweihäusig. Steinfrucht oder Beere

Johannesteijsmannia H.E. Moore

Ableitung: Gattung zu Ehren von Johannes Elias Teijsmann (1809–1882), einem niederländischen Botaniker benannt
Arten: 4
Lebensform: Strauch. Ohne Kronschaft
Blätter: Blattstiele gezähnt, costapalmat, rautenförmig im Umriss. Fiedern v-förmig gefaltet
Blütenstand: mit bis 7 Spathen. Blüten nicht in Triaden
Blüten: meist zwittrig. 3 Kelch- und 3 Kronblättern. Kronblätter ± frei, klappig in der Knospe. Staubblätter 6, am Grund verwachsen. Fruchtblätter 3, nur durch den Griffel verwachsen, mit 3 Fächern
Frucht: Beere, 1-samig, mit Korkwarzen bedeckt. Griffelrest an der Frucht endständig. Nährgewebe nicht ruminiert
Kennzeichen: Fächerpalme. Blätter rautenförmig im Umriss, Blattabschnitte v-förmig gefaltet. Blüten zwittrig. Fruchtblätter 3, nur durch den Griffel verwachsen. Beere mit Korkwarzen bedeckt

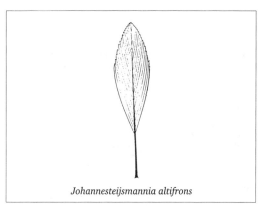

Johannesteijsmannia altifrons

Jubaea Kunth

Ableitung: Gattung zu Ehren von König Juba II. von Mauretanien (ca. 50 v. Chr.–23/24 n. Chr.), einem antiken Botaniker benannt
Vulgärnamen: D:Honigpalme, Mähnenpalme; E:Honey Palm, Wine Palm; F:Palmier à miel

Arten: 1
Lebensform: Baum. Stamm geschwollen, nicht bestachelt. Ohne Kronschaft
Blätter: Blattstiele nicht dornig, fiederig zerteilt. Fiedern ʌ-förmig gefaltet, 2-spitzig
Blütenstand: zwischen den Blättern, mit 2 Spathen. Blüten in Triaden
Blüten: einhäusig, radiär, nicht eingesenkt in die Achse. Männliche Blüten kurz gestielt. 3 Kelch- und 3 Kronblättern. Kronblätter frei. Staubblätter 18, am Grund verwachsen. Fruchtblätter 3, frei, mit 3 Fächern
Frucht: Steinfrucht, 1-samig. Griffelrest an der Frucht endständig. Embryo basal. Nährgewebe hohl, nicht ruminiert
Kennzeichen: Fiederpalmen. Stamm nicht bestachelt. Blattabschnitte ʌ-förmig gefaltet. Blüten nicht eingesenkt in die Achse, männliche Blüten kurz gestielt. Staubblätter 18. Nährgewebe hohl, nicht ruminiert

Jubaeopsis Becc.

Ableitung: vom Aussehen einer Jubaea
Arten: 1
Lebensform: Baum. Stamm nicht bestachelt. Ohne Kronschaft
Blätter: Blattstiele nicht dornig, fiederig zerteilt. Fiedern ʌ-förmig gefaltet, 2-lappig
Blütenstand: zwischen den Blättern, mit 2 Spathen. Blüten in Triaden
Blüten: einhäusig, männliche Blüten sitzend. 3 Kelch- und 3 Kronblättern. Kronblätter frei. Staubblätter 8–16. Fruchtblätter 3, verwachsen, mit 3 Fächern
Frucht: Steinfrucht, 1-samig. Griffelrest an der Frucht endständig. Embryo basal. Nährgewebe hohl, nicht ruminiert
Kennzeichen: Fiederpalmen, mehrstämmig. Stamm nicht bestachelt. Blattabschnitte ʌ-förmig gefaltet. Männliche Blüten sitzend mit 8–16 Staubblättern. Steinfrucht aus verwachsenen Fruchtblättern. Nährgewebe hohl, nicht ruminiert

Latania Comm. ex Juss.

Ableitung: nach einem Pflanzennamen auf Mauritius
Vulgärnamen: D:Latanie; E:Latan; F:Latanier

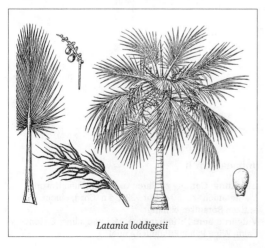

Latania loddigesii

Arten: 3
Lebensform: Baum. Stamm nicht bestachelt. Ohne Kronschaft
Blätter: Blattstiele dornig oder nicht, costapalmat. Fiedern v-förmig gefaltet, 2-spitzig
Blütenstand: zwischen den Blättern, mit mehreren Spathen. Blüten nicht in Triaden
Blüten: zweihäusig, radiär. 3 Kelch- und 3 Kronblättern. Kronblätter ± frei. Staubblätter 15–30, verwachsen. Fruchtblätter 3, verwachsen, mit 3 Fächern
Frucht: Steinfrucht, 3- selten 1–2-samig. Griffelrest an der Frucht endständig. Nährgewebe nicht ruminiert
Kennzeichen: Fächerpalme. Blattabschnitte v-förmige gefaltet. Blüten zweihäusig, nicht in Triaden. Staubblätter 15–30. Steinfrucht oder Beere

Lemurophoenix J. Dransf.

Ableitung: Übersetzung (Lemuren-Palme) des Namens der Palme auf Madagaskar
Arten: 1
Lebensform: Baum. Stamm nicht bestachelt. Mit Kronschaft
Blätter: fiederig zerteilt. Fiedern ʌ-förmig gefaltet, einspitzig
Blütenstand: unter den Blättern, mit 2 Spathen. Blüten in Triaden
Blüten: einhäusig, radiär. 3 Kelch- und 3 Kronblättern. Kronblätter dachig in der Knospe. Staubblätter 52–59, verwachsen oder frei. Fruchtblätter 3, verwachsen, mit 1 Fach
Frucht: Beere, 1-samig, mit Korkwarzen bedeckt. Griffelrest an der Frucht basal. Embryo apical. Nährgewebe ruminiert
Kennzeichen: Fiederpalmen, mit Kronschaft. Blattabschnitt ʌ-förmig gefaltet. Blüten in Triaden. Beeren mit Korkwarzen bedeckt

Leopoldinia Mart.

Ableitung: Gattung zu Ehren von Leopoldine, Erzherzogin von Österreich (1797–1826) und Kaiserin in Brasilien benannt
Arten: 3
Lebensform: Baum. Stamm nicht bestachelt. Ohne Kronschaft
Blätter: Blattstiele nicht dornig, fiederig zerteilt. Fiedern ʌ-förmig gefaltet, einspitzig
Blütenstand: zwischen den Blättern, mit 2 Spathen
Blüten: einhäusig, radiär. 3 Kelch- und 3 Kronblättern. Kronblätter frei. Staubblätter 6, verwachsen. Fruchtblätter 3, verwachsen, mit 3 Fächern
Frucht: Beere, 1-samig. Griffelrest an der Frucht basal. Embryo seitlich. Nährgewebe nicht ruminiert
Kennzeichen: Fiederpalmen ohne Kronschaft. Blattabschnitt ʌ-förmig gefaltet. Beeren

Lepidorrhachis (H. Wendl. et Drude) O.F. Cook

Ableitung: Schuppen-Spindel
Arten: 1
Lebensform: Baum. Stamm nicht bestachelt. Ohne Kronschaft

Blätter: Blattstiele nicht dornig, fiederig zerteilt. Fiedern ʌ-förmig gefaltet, einspitzig
Blütenstand: zwischen bis unter den Blättern, mit 2 Spathen. Blüten in Triaden
Blüten: einhäusig, radiär. 3 Kelch- und 3 Kronblättern. Kronblätter frei, dachig in der Knospe. Staubblätter 6, frei. Fruchtblätter 3, verwachsen, mit 1 Fach
Frucht: Beere, 1-samig. Griffelrest an der Frucht seitlich. Embryo nahe der Basis. Nährgewebe nicht ruminiert
Kennzeichen: Fiederpalmen ohne Kronschaft. Blattabschnitt ʌ-förmig gefaltet. Blütenstand mit 2 Spathen. Blüten in Triaden. Beeren. Griffelrest an der Frucht seitlich

Licuala Thunb.

Ableitung: nach einem Pflanzennamen auf Celebes
Vulgärnamen: D:Palaspalme, Strahlenpalme; E:Palas; F:Palmier-éventail
Arten: 135
Lebensform: Strauch, selten Baum. Stamm nicht bestachelt, bis geringelt. Ohne Kronschaft
Blätter: Blattstiele dornig oder nicht, palmat. Blattabschnitte mit keilförmigen Abschnitten. Fiedern v-förmig, selten ʌ-förmig gefaltet, am Rand gezähnt
Blütenstand: zwischen den Blättern, mit mehreren Spathen. Blüten nicht in Triaden
Blüten: zwittrig, radiär. 3 Kelch- und 3 Kronblättern. Kronblätter am Grund verwachsen. Staubblätter 6, verwachsen. Fruchtblätter 3, nur durch den Griffel verwachsen, mit 3 Fächern
Frucht: beerenartig, meist 1-samig. Griffelrest an der Frucht endständig. Embryo basal. Nährgewebe nicht ruminiert
Kennzeichen: Fächerpalme. Blattabschnitte mit keilförmigen Abschnitten. Blattabschnitte v-förmig gefaltet. Blüten zwittrig. Fruchtblätter 3, nur durch den Griffel verwachsen

Licuala peltata

Linospadix H. Wendl.

Ableitung: Lein-Kolben
Arten: 9
Lebensform: Strauch, mehrstämmig. Stamm nicht bestachelt. Ohne Kronschaft
Blätter: Blattstiele nicht dornig, fiederig zerteilt. Fiedern ʌ-förmig gefaltet
Blütenstand: zwischen den Blättern, mit 2 Spathen. Blüten in Triaden, eingesenkt in die Achse
Blüten: einhäusig, radiär, eingesenkt in die Achse. 3 Kelch- und 3 Kronblättern. Kronblätter frei, dachig in der Knospe. Staubblätter 6-12. Fruchtblätter 3, verwachsen, mit 1 Fach
Frucht: Beere, 1-samig. Griffelrest an der Frucht endständig. Embryo fast basal. Nährgewebe nicht ruminiert
Kennzeichen: Fiederpalmen, mehrstämmig. Stamm nicht bestachelt. Ohne Kronschaft. Blattabschnitt ʌ-förmig gefaltet. Blüten eingesenkt in die Achse, in Triaden. Staubblätter 6-12. Beeren

Linospadix monostachys

Livistona R. Br.

Ableitung: Gattung zu Ehren von Patrick Murray Baron von Livingston, einem schottischen Adligen des 17. Jahrhunderts benannt
Vulgärnamen: D:Livingstonpalme, Livistonie; E:Fan Palm; F:Livistonia
Arten: 33

Livistona chinensis

Lebensform: Baum oder Strauch. Stamm nicht bestachelt, geringelt. Ohne Kronschaft
Blätter: Blattstiele dornig oder nicht, palmat. Fiedern v-förmig gefaltet, 2- bis mehrspitzig
Blütenstand: zwischen den Blättern, mit mehreren Spathen. Blüten nicht in Triaden
Blüten: zwittrig, radiär. Kelchblätter 3, am Grund verwachsen. Kronblätter 3, verwachsen, klappig in der Knospe. Staubblätter 6, am Grund verwachsen. Fruchtblätter 3, nur durch den Griffel verwachsen, mit 3 Fächern
Frucht: Beere, 1- bis 3-samig. Griffelrest an der Frucht endständig. Embryo apical. Nährgewebe nicht ruminiert
Kennzeichen: Fächerpalme. Blattabschnitte v-förmig gefaltet. Blüten zwittrig, Kelchblätter am Grund verwachsen. Fruchtblätter 3, nur durch den Griffel verwachsen

Lodoicea Comm. ex DC.

Ableitung: Gattung zu Ehren von Ludwig XV. (1710–1774), König von Frankreich benannt

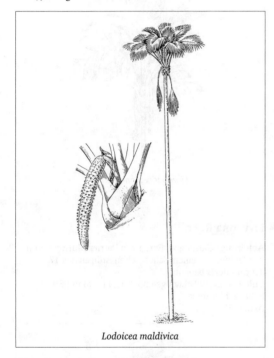

Lodoicea maldivica

Vulgärnamen: D:Seychellennuss; E:Double Coconut, Seychelles Nut; F:Cocotier de Seychelles
Arten: 1
Lebensform: Baum. Stamm nicht bestachelt. Ohne Kronschaft
Blätter: Blattstiele nicht dornig, costapalmat. Fiedern v-förmig gefaltet, 2-spitzig
Blütenstand: zwischen den Blättern, mit 2, selten mehr Spathen. Blüten nicht in Triaden, männliche Blüten in Wickeln zu 60–70
Blüten: zweihäusig, radiär. 3 Kelch- und 3 Kronblättern. Kronblätter frei. Staubblätter 17–22, verwachsen. Fruchtblätter 3, verwachsen, mit 3 Fächern
Frucht: Steinfrucht, 1-, selten bis 3-samig, 2-lappig, größter bekannter Samen. Griffelrest an der Frucht endständig. Nährgewebe nicht ruminiert
Kennzeichen: Fächerpalme. Blattabschnitte v-förmige gefaltet. Blüten zweihäusig, männliche Blüten in Wickeln zu 60–70 mit 17–22 Staubblättern. Steinfrucht 2-lappig, größter bekannter Samen

Lytocaryum Toledo

Ableitung: lockere Nuß
Arten: 2
Lebensform: Strauch. Stamm nicht bestachelt. Ohne Kronschaft
Blätter: Blattstiele nicht dornig, fiederig zerteilt. Fiedern ʌ-förmig gefaltet, einspitzig, unterseits weiß bis braun filzig
Blütenstand: zwischen den Blättern, mit 2 Spathen. Blüten in Triaden
Blüten: einhäusig, radiär, nicht eingesenkt in die Achse. 3 Kelch- und 3 Kronblättern. Kronblätter frei. Staubblätter 6. Fruchtblätter 3, verwachsen, mit 3 Fächern
Frucht: Steinfrucht, 1-samig. Embryo basal. Nährgewebe ruminiert oder nicht
Kennzeichen: Fiederpalmen. Stamm nicht bestachelt. Blattabschnitte ʌ-förmig gefaltet, unterseits weiß bis braun filzig. Blüten nicht eingesenkt in die Achse Staubblätter 6. Steinfrucht aus verwachsenen Fruchtblättern

Marojejya Humbert

Ableitung: nach dem Namen der Palme in Madagaskar
Arten: 2
Lebensform: Baum. Stamm nicht bestachelt. Ohne Kronschaft
Blätter: Blattstiele nicht dornig, fiederig zerteilt. Fiedern ʌ-förmig gefaltet, einspitzig oder 2-spitzig
Blütenstand: zwischen den Blättern, mit 2 Spathen. Blüten nicht in Triaden
Blüten: einhäusig. 3 Kelch- und 3 Kronblättern. Kronblätter dachig in der Knospe. Staubblätter 6, frei. Fruchtblätter 3, verwachsen, mit 1 Fach
Frucht: Beere, 1-samig. Griffelrest an der Frucht seitlich. Nährgewebe nicht ruminiert
Kennzeichen: Fiederpalmen ohne Konschaft. Blattabschnitt ʌ-förmig gefaltet. Blütenstand mit 2 Spathen. Blüten nicht in Triaden. Beeren. Griffelrest an der Frucht seitlich

Mauritia L. f.

Ableitung: Gattung zu Ehren von Johan Maurits van Nassau (1604–1679), einem niederländischen Gouveneur in Brasilien benannt
Arten: 2
Lebensform: Baum. Stamm nicht bestachelt. Ohne Kronschaft
Blätter: Blattstiele nicht dornig, costapalmat. Fiedern ʌ-förmig gefaltet
Blütenstand: Blüten nicht in Triaden
Blüten: zweihäusig, radiär. 3 Kelch- und 3 Kronblättern. Kronblätter verwachsen. Staubblätter 6, frei. Fruchtblätter 3, verwachsen

Frucht: Panzerfrucht. Griffelrest an der Frucht endständig. Embryo basal
Kennzeichen: Fächerpalme. Blattabschnitte ʌ-förmig gefaltet. Panzerfrucht

Metroxylon Rottb.

Ableitung: Baum mit viel Mark
Vulgärnamen: D:Sagopalme; E:Sago Palm; F:Sagoutier
Arten: 7
Lebensform: Baum. Stamm bestachelt oder nicht. Ohne Kronschaft
Blätter: Blattstiele dornig oder nicht, fiederig zerteilt. Fiedern ʌ-förmig gefaltet, einspitzig
Blütenstand: endständig, selten zwischen den Blättern, mit 2 Spathen. Blüten in 2-er Gruppen
Blüten: zwittrig (oder männlich), radiär. 3 Kelch- und 3 Kronblättern. Kronblätter verwachsen. Staubblätter 6, frei. Fruchtblätter 3, verwachsen, mit 1, selten 2 Fächern
Frucht: Panzerfrucht, 1-samig. Embryo basal. Nährgewebe nicht ruminiert
Kennzeichen: Fiederpalmen. Blattabschnitte ʌ-förmig gefaltet. Blüten meist zwittrig. Panzerfrucht

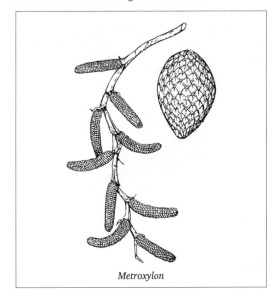

Metroxylon

Nannorrhops H. Wendl.

Ableitung: Zwerg-Strauch
Vulgärnamen: D:Mazaripalme; E:Marari Palm
Arten: 1
Lebensform: strauchig, gabelig verzweigt. Ohne Kronschaft. Nur einmal blühend
Blätter: costapalmat. Fiedern v-förmig gefaltet, 2-spitzig
Blütenstand: endständig. Blüten nicht in Triaden
Blüten: zwittrig, radiär. 3 Kelch- und 3 Kronblättern. Kronblätter verwachsen. Staubblätter 6. Fruchtblätter 3, am Grund verwachsen, mit 3 Fächern
Frucht: Beere. Griffelrest an der Frucht basal. Nährgewebe nicht ruminiert

Kennzeichen: Fächerpalme, gabelig verzweigt, nur einmal blühend. Blattabschnitte v-förmig gefaltet. Blüten zwittrig. Fruchtblätter 3, am Grund verwachsen. Griffelrest an der Frucht basal

Normanbya F. Muell. ex Becc.

Ableitung: Gattung zu Ehren von Sir George Augustus Constantine Phipps, 2. Marquis von Normanby (1819–1890), einem englischen Gouverneur von Queensland benannt
Vulgärnamen: D:Schwarzholzpalme; E:Black Palm
Arten: 1
Lebensform: Baum. Stamm nicht bestachelt. Mit Kronschaft
Blätter: Blattstiele nicht dornig, fiederig zerteilt. Fiedern ʌ-förmig gefaltet, mit zahlreichen Segmenten, nach allen Richtungen abstehend
Blütenstand: unter den Blättern, mit 2 Spathen. Blüten in Triaden
Blüten: einhäusig, radiär. 3 Kelch- und 3 Kronblättern. Kronblätter frei, klappig in der Knospe. Staubblätter 24–40. Fruchtblätter 3, verwachsen, mit 1 Fach
Frucht: Beere, 1-samig. Griffelrest an der Frucht endständig. Embryo basal. Nährgewebe ruminiert
Kennzeichen: Fiederpalmen. Stamm nicht bestachelt. Mit Kronschaft. Blattabschnitt ʌ-förmig gefaltet, nach allen Richtungen abstehend. Blüten in Triaden. Beeren

Nypa Steck

Ableitung: nach einem malaiischen Pflanzennamen
Vulgärnamen: D:Nipapalme; E:Mangrove Palm; F:Nipa
Arten: 1
Lebensform: Strauch. Stamm nicht bestachelt. Ohne Kronschaft
Blätter: Blattstiele nicht dornig, fiederig zerteilt. Fiedern ʌ-förmig gefaltet, einspitzig
Blütenstand: Köpfchen zwischen den Blättern, mit vielen Spathen. Blüten nicht in Triaden
Blüten: einhäusig, radiär. 3 Kelch- und 3 Kronblättern. Kronblätter frei. Staubblätter 3, verwachsen. Fruchtblätter 3, selten 4, frei, mit 1 Fach

Nypa fruticans

Frucht: Früchte zu einer Scheinfrucht verwachsen, 1-samig. Griffelrest an der Frucht endständig. Embryo basal. Nährgewebe nicht ruminiert
Kennzeichen: Fiederpalmen. Blattabschnitte ʌ-förmig gefaltet. Fruchtblätter frei. Steinfrucht

Oenocarpus Mart.

Ableitung: Wein-Frucht
Arten: 9

Oenocarpus

Lebensform: Baum. Stamm nicht bestachelt. Mit oder ohne Kronschaft
Blätter: Blattstiele nicht dornig, fiederig zerteilt. Fiedern v-förmig gefaltet, einspitzig
Blütenstand: unter den Blättern, mit 2 Spathen, nur an der stammabgewandten Seite verzweigt
Blüten: einhäusig, asymmetrisch, nicht in die Achse eingesenkt. 3 Kelch- und 3 Kronblättern. Kronblätter frei, dachig in der Knospe. Staubblätter 6, selten 7–20. Fruchtblätter 3, verwachsen, mit 1 Fach
Frucht: Beere, 1-samig. Griffelrest an der Frucht ± endständig. Nährgewebe nicht ruminiert
Kennzeichen: Fiederpalmen. Stamm nicht bestachelt. Mit oder ohne Kronschaft. Blattabschnitt v-förmig gefaltet. Blüten nicht in die Achse eingesenkt. Kronblätter frei, dachig in der Knospe. Beeren. Griffelrest an der Frucht ± endständig

Parajubaea Burret

Ableitung: neben Jubaea
Arten: 3
Lebensform: Baum. Stamm nicht bestachelt. Ohne Kronschaft
Blätter: Blattstiele nicht dornig, fiederig zerteilt. Fiedern ʌ-förmig gefaltet, einspitzig
Blütenstand: zwischen den Blättern, mit 2 Spathen. Blüten in Triaden

Blüten: einhäusig, asymmetrisch, nicht eingesenkt in die Achse, männliche Blüten sitzend. 3 Kelch- und 3 Kronblättern. Kronblätter frei. Staubblätter 15. Fruchtblätter 3, verwachsen, mit 3 Fächern
Frucht: Steinfrucht, 1-samig. Embryo basal. Nährgewebe hohl, nicht ruminiert
Kennzeichen: Fiederpalmen. Stamm nicht bestachelt. Blattabschnitte ʌ-förmig gefaltet. Blüten nicht eingesenkt in die Achse, männliche Blüten sitzend mit 15 Staubblättern. Steinfrucht aus verwachsenen Fruchtblättern. Nährgewebe hohl, nicht ruminiert

Phoenicophorium H. Wendl.

Ableitung: Purpur-Träger
Arten: 1
Lebensform: Baum. Stamm jung bestachelt. Ohne Kronschaft
Blätter: Blattstiele dornig, fiederig zerteilt. Fiedern ʌ-förmig gefaltet, einspitzig oder 2-spitzig
Blütenstand: zwischen den Blättern, mit 2 Spathen. Blüten in Triaden
Blüten: einhäusig, radiär. 3 Kelch- und 3 Kronblättern. Staubblätter 15–18. Fruchtblätter 3, verwachsen, mit 1 Fach
Frucht: Beere, 1-samig. Nährgewebe ruminiert
Kennzeichen: Fiederpalmen. Stamm jung bestachelt, ohne Kronschaft. Blattabschnitt ʌ-förmig gefaltet. Blütenstand zwischen den Blättern. Blüten in Triaden. Staubblätter 15–18. Beeren

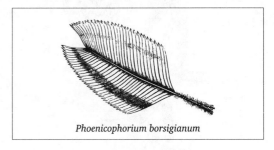
Phoenicophorium borsigianum

Phoenix L.

Ableitung: antiker Pflanzenname
Vulgärnamen: D:Dattelpalme, Phönixpalme; E:Date Palm; F:Dattier, Palmier dattier
Arten: 14
Lebensform: Baum, Strauch. Stamm nicht bestachelt, mit Blattbasen. Ohne Kronschaft
Blätter: Blattstiele unten dornig, fiederig zerteilt. Fiedern v-förmig gefaltet, einspitzig
Blütenstand: zwischen den Blättern, mit 1 Hüllblatt. Blüten nicht in Triaden
Blüten: zweihäusig, radiär. 3 Kelch- und 3 Kronblättern. Kronblätter verwachsen. Staubblätter 6, selten 3 oder 9. Fruchtblätter 3, frei, mit 3 Fächern
Frucht: Beere, 1-samig. Nährgewebe nicht ruminiert
Kennzeichen: Fiederpalmen. Blätter untere Fiedern verdornt. Blattabschnitte v-förmig gefaltet. Blütenstand mit 1 Spatha. Fruchtblätter 3, frei

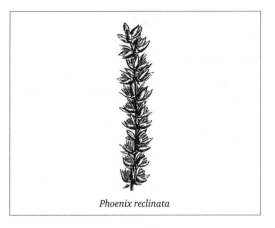
Phoenix reclinata

Phytelephas Ruiz et Pav.

Ableitung: Pflanzen-Elfenbein
Vulgärnamen: D:Elfenbeinpalme, Steinnusspalme; F:Palmier ivoire
Arten: 6
Lebensform: Strauch, selten Baum. Stamm nicht bestachelt, mit bleibenden Blattbasen
Blätter: Blattstiele nicht dornig, fiederig zerteilt. Fiedern ʌ-förmig gefaltet, einspitzig
Blütenstand: zwischen den Blättern, mit 2–4 Spathen. Blüten nicht in Triaden
Blüten: zweihäusig, radiär. 3 Kelch- und 3 Kronblättern. Kronblätter frei oder verwachsen. Staubblätter 150–600, frei. Fruchtblätter 1–4, verwachsen, mit 4–11 Fächern
Frucht: Steinfrucht, 1-samig. Nährgewebe nicht ruminiert
Kennzeichen: Fiederpalmen. Blattabschnitte ʌ-förmig gefaltet. Frucht mit Korkwarzen

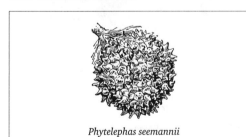
Phytelephas seemannii

Pinanga Blume

Ableitung: nach einem malaiischen Pflanzennamen
Vulgärnamen: D:Pinangpalme; E:Bunga, Pinang; F:Palmier
Arten: 131
Lebensform: Baum oder Strauch. Stamm nicht bestachelt geringelt. Mit oder ohne Kronschaft
Blätter: Blattstiele nicht dornig, fiederig zerteilt. Fiedern ʌ-förmig gefaltet, einspitzig
Blütenstand: unter oder zwischen den Blättern, mit 1 Spatha. Blüten in Triaden bis zur Spitze

Blüten: einhäusig, männliche asymmetrisch. 3 Kelch- und 3 Kronblättern. Kronblätter frei. Staubblätter 12–30, selten 6. Fruchtblätter 3, verwachsen, mit 1 Fach
Frucht: Beere, 1-samig. Griffelrest an der Frucht endständig. Embryo basal. Nährgewebe ruminiert, selten nicht ruminiert
Kennzeichen: Fiederpalmen. Stamm nicht bestachelt. Mit oder ohne Kronschaft. Blattabschnitt ʌ-förmig gefaltet. Beeren. Blütenstand mit 1 Spatha. Blüten in Triaden bis zur Spitze, männliche asymmetrisch

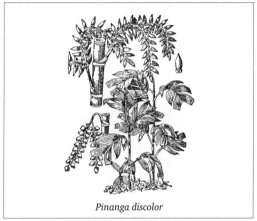
Pinanga discolor

Polyandrococos Barb. Rodr.

Ableitung: Cocos mit vielen Staubblättern
Arten: 1
Lebensform: Baum. Stamm nicht bestachelt. Ohne Kronschaft
Blätter: Blattstiele dornig oder nicht, fiederig zerteilt. Fiedern ʌ-förmig gefaltet, 2-spitzig
Blütenstand: Ähren zwischen den Blättern, mit 2 Spathen. Blüten in Triaden, nicht eingesenkt in die Achse
Blüten: einhäusig, radiär. 3 Kelch- und 3 Kronblättern. Kronblätter frei. Staubblätter 60–100. Fruchtblätter 3, verwachsen, mit 3 Fächern
Frucht: Steinfrucht, 1-samig. Embryo basal. Nährgewebe ruminiert
Kennzeichen: Fiederpalmen. Stamm nicht bestachelt. Blüten in einfachen Ähren, nicht eingesenkt in die Achse Blattabschnitte ʌ-förmig gefaltet. Blüten in einfachen Ähren, nicht eingesenkt in die Achse, Staubblätter 60–100. Steinfrucht aus verwachsenen Fruchtblättern, Nährgewebe ruminiert

Pritchardia Seem. et H. Wendl.

Ableitung: Gattung zu Ehren von William T. Pritchard, einem englischen Konsul der Fidschi-Inseln des 19. Jahrhunderts benannt
Vulgärnamen: D:Loulupalme; E:Loulu Palm; F:Palmier, Pritchardia
Arten: 29
Lebensform: Baum. Stamm nicht bestachelt. Ohne Kronschaft

Blätter: Blattstiele nicht dornig, costapalmat. Fiedern v-förmig gefaltet, einspitzig
Blütenstand: zwischen den Blättern, mit 2 bis mehr Spathen, nur am Ende verzweigt. Blüten nicht in Triaden
Blüten: zwittrig, radiär. 3 Kelch- und 3 Kronblättern. Kronblätter am Grund verwachsen, klappig in der Knospe, mützenförmig abfallend. Staubblätter 6, am Grund verwachsen. Fruchtblätter 3, nur durch den Griffel verwachsen, mit 3 Fächern
Frucht: Beere, 1-samig. Griffelrest an der Frucht fast endständig. Nährgewebe nicht ruminiert
Kennzeichen: Fächerpalme. Blattabschnitte v-förmig gefaltet. Blütenstand nur am Ende verzweigt. Blüten zwittrig. Kronblätter mützenförmig abfallend. Fruchtblätter 3, nur durch den Griffel verwachsen

Pritchardia pacifica

Ptychosperma Labill.

Ableitung: kantiger Same
Vulgärnamen: D:Faltensamenpalme; F:Ptychosperme
Arten: 31
Lebensform: Baum. Stamm nicht bestachelt. Mit Kronschaft
Blätter: Blattstiele nicht dornig, fiederig zerteilt. Fiedern ⋀-förmig gefaltet
Blütenstand: unter den Blättern, mit 2 Spathen. Blüten in Triaden
Blüten: einhäusig, radiär. 3 Kelch- und 3 Kronblättern. Kronblätter in männlichen Blüten frei, klappig in der Knospe. Staubblätter 9–100. Fruchtblätter 3, verwachsen, mit 1 Fach
Frucht: Beere, 1-samig. Griffelrest an der Frucht endständig. Samen meist 5-furchig oder 5-kantig. Embryo basal. Nährgewebe ruminiert oder nicht
Kennzeichen: Fiederpalmen mit Kronschaft. Stamm nicht bestachelt. Blattabschnitt ⋀-förmig gefaltet. Blütenstand mit 2 Spathen. Blüten in Triaden. Kronblätter in männlichen Blüten frei, klappig in der Knospe. Beeren. Griffelrest an der Frucht endständig. Samen meist 5-furchig oder 5-kantig

Raphia P. Beauv.

Ableitung: nach einem Pflanzennamen auf Madagaskar
Vulgärnamen: D:Bastpalme, Raffiapalme, Weinpalme; E:Raffia; F:Raphia
Arten: 20
Lebensform: Baum oder Strauch, nach dem Fruchten absterbend. Stamm bestachelt oder nicht. Ohne Kronschaft
Blätter: Blattstiele dornig oder nicht, fiederig zerteilt. Fiedern ⋀-förmig gefaltet, einspitzig
Blütenstand: zwischen den Blättern oder über den Blättern, mit vielen Spathen. Blüten nicht in Triaden
Blüten: einhäusig, radiär. 3 Kelch- und 3 Kronblättern. Kronblätter verwachsen. Staubblätter 6–30, frei oder am Grund verwachsen. Fruchtblätter 3, verwachsen, mit 3 Fächern
Frucht: Panzerfrucht, 1-samig. Nährgewebe ruminiert
Kennzeichen: Fiederpalmen. Blattabschnitte ⋀-förmig gefaltet. Blüten einhäusig. Panzerfrucht. Nährgewebe ruminiert

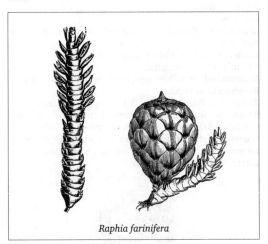

Raphia farinifera

Ravenea C.D. Bouché

Ableitung: Gattung zu Ehren von Louis Ravené, einem Beamten in Berlin im 19. Jahrhundert benannt
Arten: 17
Lebensform: Baum. Stamm nicht bestachelt. Ohne Kronschaft
Blätter: Blattstiele nicht dornig, fiederig zerteilt. Fiedern ⋀-förmig gefaltet
Blütenstand: zwischen den Blättern, mit mehreren Spathen. Blüten nicht in Triaden
Blüten: zweihäusig. 3 Kelch- und 3 Kronblättern. Staubblätter 6. Fruchtblätter 3, verwachsen, mit 3 Fächern
Frucht: Beere, 1-bis 3-samig. Griffelrest an der Frucht seitlich. Embryo basal. Nährgewebe nicht ruminiert
Kennzeichen: Fiederpalme. Blattabschnitte ⋀-förmig gefaltet. Blüten kurz gestielt, zweihäusig. Beere. Griffelrest an der Frucht seitlich

Reinhardtia Liebm.

Ableitung: Gattung zu Ehren von Johannes Theodor Reinhardt (1816–?), einem dänischen Pflanzensammler benannt
Vulgärnamen: D:Fensterpalme; E:Window Palm; F:Palmier
Arten: 6
Lebensform: Strauch oder Baum. Stamm nicht bestachelt. Ohne Kronschaft
Blätter: Blattstiele nicht dornig, fiederig zerteilt. Fiedern Λ-förmig gefaltet, 2-spitzig
Blütenstand: zwischen den Blättern, mit 2 Spathen. Blüten meist in Triaden
Blüten: einhäusig, radiär. 3 Kelch- und 3 Kronblättern. Kronblätter verwachsen. Staubblätter 8–40. Fruchtblätter 3, verwachsen, mit 3 Fächern
Frucht: Beere, meist 1-samig. Griffelrest an der Frucht endständig. Nährgewebe ruminiert oder nicht
Kennzeichen: Fiederpalmen ohne Kronschaft. Stamm nicht bestachelt. Blattabschnitt Λ-förmig gefaltet. Spathen papierartig. Blüten meist in Triaden, eingesenkt in die Achse. Kronblätter verwachsen. Beeren

Rhapidophyllum H. Wendl. et Drude

Ableitung: Nadel-Blatt
Vulgärnamen: D:Nadelpalme; E:Needle Palm; F:Palmier-aiguille
Arten: 1
Lebensform: kleiner Baum. Stamm bestachelt. Ohne Kronschaft
Blätter: costapalmat. Blattstiel rinnig. Fiedern v-förmig gefaltet, 2-spitzig
Blütenstand: zwischen den Blättern, mit 5–7 Spathen. Blüten in Triaden
Blüten: zweihäusig, selten einhäusig, radiär. 3 Kelch- und 3 Kronblättern. Kronblätter frei. Staubblätter 6, verwachsen. Fruchtblätter 3, nur mit dem Griffel verwachsen, mit 3 Fächern
Frucht: Steinfrucht. Embryo apical. Nährgewebe nicht ruminiert
Kennzeichen: Fächerpalme. Stamm bestachelt. Blattstiel rinnig. Blattabschnitte v-förmig gefaltet. Blüten zweihäusig, selten einhäusig. Fruchtblätter 3, nur mit dem Griffel verwachsen

Rhapis L. f. ex Aiton

Ableitung: Rute
Vulgärnamen: D:Rutenpalme, Steckenpalme; E:Lady Palm; F:Palmier des dames
Arten: 8
Lebensform: Strauch. Stamm nicht bestachelt. Ohne Kronschaft
Blätter: Blattstiele nicht dornig, costapalmat. Fiedern v-förmig gefaltet, am Rand fein gezähnt
Blütenstand: zwischen den Blättern, mit 2 Spathen. Blüten nicht in Triaden
Blüten: zweihäusig bis zwittrig, radiär. 3 Kelch- und 3 Kronblättern. Kronblätter verwachsen. Staubblätter 6. Fruchtblätter 3, frei, mit 3 Fächern
Frucht: Beere, 1- bis 3-samig. Griffelrest an der Frucht endständig. Nährgewebe nicht ruminiert

Rhapis excelsa

Kennzeichen: Fächerpalme. Stamm nicht bestachelt. Blattabschnitte v-förmig gefaltet. Blütenstand mit 2 Spathen. Blüten zweihäusig bis zwittrig, radiär. Fruchtblätter 3 frei. Nährgewebe nicht ruminiert

Rhopaloblaste Scheff.

Ableitung: Keulen-Zweig
Arten: 6
Lebensform: Baum oder Strauch. Stamm nicht bestachelt, geringelt. Mit oder ohne Kronschaft
Blätter: Blattstiele nicht dornig, fiederig zerteilt. Fiedern Λ-förmig gefaltet, einspitzig
Blütenstand: unter den Blättern, mit 2 Spathen, allseitig verzweigt. Blüten in Triaden, nicht eingesenkt in die Achse
Blüten: einhäusig, radiär. 3 Kelch- und 3 Kronblättern. Kronblätter frei, dachig in der Knospe. Staubblätter 6 oder 9, verwachsen. Fruchtblätter 3, verwachsen, mit 1–2 Fächern
Frucht: Beere, 1- bis 2-samig. Griffelrest an der Frucht endständig. Embryo basal. Nährgewebe ruminiert
Kennzeichen: Fiederpalmen. Stamm nicht bestachelt. Mit oder ohne Kronschaft. Blattabschnitt Λ-förmig gefaltet. Beeren. Blütenstand mit 2 Spathen, allseitig verzweigt. Blüten in Triaden, nicht eingesenkt in die Achse. Griffelrest an der Frucht endständig. Nährgewebe ruminiert

Rhopalostylis H. Wendl. et Drude

Ableitung: Keulen-Griffel
Vulgärnamen: D:Nikaupalme; E:Nikau Palm; F:Aréquier
Arten: 2
Lebensform: Baum. Stamm nicht bestachelt. Mit Kronschaft

960 Arecaceae Palmen

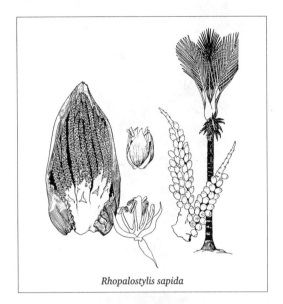

Rhopalostylis sapida

Blätter: Blattstiele nicht dornig, fiederig zerteilt. Fiedern ∧-förmig gefaltet, einspitzig
Blütenstand: unter den Blättern, mit 2 Spathen. Blüten in Triaden
Blüten: einhäusig, asymmetrisch. 3 Kelch- und 3 Kronblättern. Kronblätter frei, dachig in der Knospe. Staubblätter 6, verwachsen. Fruchtblätter 3, verwachsen, mit 1 Fach
Frucht: Beere, 1-samig. Griffelrest an der Frucht endständig. Embryo basal. Nährgewebe nicht ruminiert
Kennzeichen: Fiederpalmen. Stamm nicht bestachelt. Mit Kronschaft Blattabschnitt ∧-förmig gefaltet. Blütenstand mit 2 Spathen. Blüten in Triaden, asymmetrisch, Kronblätter frei, dachig in der Knospe. Staubblätter 6. Beeren. Griffelrest an der Frucht endständig. Nährgewebe nicht ruminiert

Roystonea O.F. Cook

Ableitung: Gattung zu Ehren von Roy Stone (1836–1905), einem nordamerikanischen General benannt
Vulgärnamen: D:Königspalme; E:Royal Palm; F:Palmier royal
Arten: 10
Lebensform: Baum. Stamm nicht bestachelt, meist bauchig, glatt. Mit Kronschaft
Blätter: Blattstiele nicht dornig, fiederig zerteilt. Fiedern ∧-förmig gefaltet, einspitzig
Blütenstand: unter den Blättern, mit 2 Spathen. Blüten in Triaden
Blüten: einhäusig, radiär. 3 Kelch- und 3 Kronblättern. Kronblätter in männlichen Blüten verwachsen, klappig in der Knospe. Staubblätter 6–12, ± frei. Fruchtblätter 3, verwachsen, mit 1 Fach
Frucht: Beere, 1-samig. Griffelrest an der Frucht nahe dem Grund. Embryo basal. Nährgewebe nicht ruminiert
Kennzeichen: Fiederpalmen. Stamm nicht bestachelt, meist bauchig, glatt. Mit Kronschaft. Blattabschnitt ∧-förmig gefaltet. Blütenstand mit 2 Spathen. Blüten in Triaden. Kronblätter in männlichen Blüten verwachsen. Beeren

Roystonea regia

Sabal Adans.

Ableitung: Herleitung unbekannt
Vulgärnamen: D:Palmettopalme, Sabalpalme; E:Palmetto; F:Palmette, Sabal
Arten: 15
Lebensform: Strauch oder Baum. Stamm nicht bestachelt. Ohne Kronschaft
Blätter: Blattstiele nicht dornig, costapalmat. Fiedern ∧-förmig gefaltet, 2-spitzig, selten einspitzig
Blütenstand: zwischen den Blättern, mit mehreren Spathen. Blüten nicht in Triaden

Sabal palmetto

Blüten: zwittrig, radiär. 3 Kelch- und 3 Kronblättern. Kronblätter verwachsen. Staubblätter 6, am Grund verwachsen. Fruchtblätter 3, verwachsen, mit 3 Fächern
Frucht: Beere, 1- bis 3-samig. Griffelrest an der Frucht nahe dem Grund. Embryo basal. Nährgewebe nicht ruminiert
Kennzeichen: Fächerpalme. Blattabschnitte v-förmig gefaltet. Blüten zwittrig. Fruchtblätter 3, verwachsen

Salacca Reinw.

Ableitung: Pflanzenname in Indonesien
Vulgärnamen: D:Salakpalme; E:Salak Palm; F:Salacca
Arten: 20
Lebensform: Stammlos. Ohne Kronschaft
Blätter: Blattstiele dornig oder nicht, fiederig zerteilt. Fiedern ʌ-förmig gefaltet, einspitzig oder 2-spitzig
Blütenstand: zwischen den Blättern, mit mehreren Spathen, aus einer Grube der Spathascheiden entspringend. Blüten in 2-er Gruppen
Blüten: zweihäusig, radiär. 3 Kelch- und 3 Kronblättern. Kronblätter am Grund verwachsen. Staubblätter 6, verwachsen. Fruchtblätter 3, verwachsen, mit 3 Fächern
Frucht: Panzerfrucht, 1- bis 3-samig. Griffelrest an der Frucht endständig. Embryo apical. Nährgewebe nicht ruminiert
Kennzeichen: Fiederpalmen, stammlos. Blattabschnitte ʌ-förmig gefaltet. Blütenstand aus einer Grube der Spathascheiden entspringend. Blüten in 2-er Gruppen. Blüten zweihäusig. Panzerfrucht

Serenoa Hook. f.

Ableitung: Gattung zu Ehren von Sereno Watson (1826–1892), einem nordamerikanischen Botaniker benannt
Vulgärnamen: D:Strauchpalmettopalme; E:Shrub Palmetto
Arten: 1
Lebensform: Strauch. Stamm nicht bestachelt, niederliegend. Ohne Kronschaft
Blätter: Blattstiele dornig, costapalmat. Fiedern v-förmig gefaltet, 2-spitzig
Blütenstand: zwischen den Blättern, mit 1–2 Spathen. Blüten nicht in Triaden
Blüten: zwittrig, radiär. 3 Kelch- und 3 Kronblättern. Kronblätter verwachsen, klappig in der Knospe. Staubblätter 6. Fruchtblätter 3, nur durch den Griffel verwachsen, mit 3 Fächern
Frucht: Beere, 1-samig. Griffelrest an der Frucht endständig. Embryo apical. Nährgewebe nicht ruminiert
Kennzeichen: Fächerpalme. Stamm niederliegend. Blattabschnitte v-förmig gefaltet. Blüten zwittrig. Fruchtblätter 3, nur durch den Griffel verwachsen. Griffelrest an der Frucht endständig

Syagrus Mart.

Ableitung: antiker Pflanzenname
Arten: 33
Lebensform: Strauch oder Baum. Stamm nicht bestachelt. Ohne Kronschaft
Blätter: Blattstiele selten dornig, fiederig zerteilt. Fiedern ʌ-förmig gefaltet, einspitzig, fast immer Fiedern nicht nur nach 2 Richtungen abstehend
Blütenstand: Ähren zwischen den Blättern, mit 2 Spathen. Blüten in Triaden, nicht eingesenkt in die Achse
Blüten: einhäusig, radiär. 3 Kelch- und 3 Kronblättern. Kronblätter frei. Staubblätter 6. Fruchtblätter 3, verwachsen, mit 3 Fächern
Frucht: Steinfrucht, 1-samig. Embryo basal. Nährgewebe ruminiert oder nicht
Kennzeichen: Fiederpalmen. Stamm nicht bestachelt. Blattabschnitte ʌ-förmig gefaltet, fast immer Fiedern nicht nur nach 2 Richtungen abstehend. Blüten nicht eingesenkt in die Achse. Staubblätter 6. Steinfrucht aus verwachsenen Fruchtblättern

Synechanthus H. Wendl.

Ableitung: zusammenhängende Blüten
Arten: 2
Lebensform: Baum oder Strauch. Ohne Kronschaft
Blätter: Blattstiele nicht dornig zerteilt. Fiedern ʌ-förmig gefaltet, einspitzig oder 2-spitzig
Blütenstand: mit 3–5 Spathen. Blüten nicht in Triaden
Blüten: einhäusig, radiär. 3 Kelch- und 3 Kronblättern. Kronblätter frei. Staubblätter 6, verwachsen. Fruchtblätter 3, verwachsen, mit 3 Fächern
Frucht: Beere, 1-samig. Griffelrest an der Frucht am Grund. Embryo seitlich oder nahe dem Ende. Nährgewebe ruminiert oder nicht
Kennzeichen: Fiederpalme. Blattabschnitte ʌ-förmig gefaltet. Beere. Blüten kurz gestielt, einhäusig. Griffelrest an der Frucht am Grund

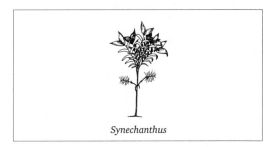

Synechanthus

Thrinax Sw.

Ableitung: Dreizack
Vulgärnamen: D:Schilfpalme; E:Key Palm, Thatch Plam; F:Pamier nain royal, Thrinax
Arten: 5
Lebensform: Baum oder Strauch. Stamm nicht bestachelt. Ohne Kronschaft
Blätter: Blattstiele nicht dornig, costapalmat. Fiedern v-förmig gefaltet, 2-spitzig
Blütenstand: zwischen den Blättern, mit mehreren Spathen. Blüten nicht in Triaden
Blüten: zwittrig, einhäusig, radiär. 3 Kelch- und 3 Kronblättern. Kronblätter verwachsen. Staubblätter 6–12, selten 1–5, frei oder verwachsen. Fruchtblatt 1

Frucht: Beere, weiß, 1-samig. Griffelrest an der Frucht endständig. Embryo apical. Samen nicht gefurcht. Nährgewebe nicht ruminiert
Kennzeichen: Fächerpalme. Stamm nicht bestachelt. Blattabschnitte v-förmig gefaltet. Blüten zwittrig. Fruchtblatt 1. Frucht weiß. Samen nicht gefurcht

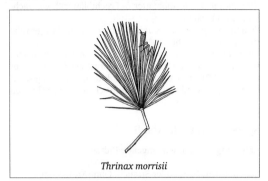

Thrinax morrisii

Trachycarpus H. Wendl.

Ableitung: raue Frucht
Vulgärnamen: D:Hanfpalme; E:Chinese Windmill Palm, Fan Palm; F:Palmier-chanvre
Arten: 8
Lebensform: Baum. Stamm nicht bestachelt. Ohne Kronschaft
Blätter: Blattstiele selten dornig, costapalmat. Fiedern v-förmig gefaltet, 2-spitzig
Blütenstand: zwischen den Blättern, mit 1–4 Spathen. Blüten nicht in Triaden
Blüten: zweihäusig oder einhäusig, radiär. 3 Kelch- und 3 Kronblättern. Kronblätter frei. Staubblätter 6, frei. Fruchtblätter 3, verwachsen, mit 3 Fächern
Frucht: Beere, 1-samig. Griffelrest an der Frucht seitlich bis fast endständig. Nährgewebe nicht ruminiert
Kennzeichen: Fächerpalme. Stamm nicht bestachelt. Blattabschnitte v-förmig gefaltet. Blüten zwittrig. Fruchtblätter 3, verwachsen. Nährgewebe nicht ruminiert

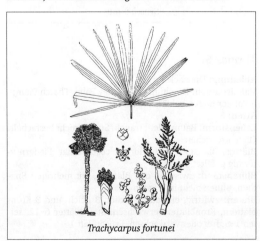

Trachycarpus fortunei

Trithrinax Mart.

Ableitung: dreifacher Dreizack
Arten: 3
Lebensform: Baum oder Strauch. Stamm bestachelt oder nicht. Ohne Kronschaft
Blätter: Blattstiele nicht dornig, costapalmat. Fiedern v-förmig gefaltet, 2-spitzig
Blütenstand: zwischen den Blättern, mit 4 Spathen. Blüten nicht in Triaden
Blüten: zwittrig, radiär. 3 Kelch- und 3 Kronblättern. Kronblätter verwachsen. Staubblätter 6, frei. Fruchtblätter 3, verwachsen, mit 3 Fächern
Frucht: Beere, 1-samig. Griffelrest an der Frucht endständig. Embryo apical. Nährgewebe nicht ruminiert
Kennzeichen: Fächerpalme. Stamm bestachelt oder nicht. Blattabschnitte v-förmig gefaltet. Blüten zwittrig. Fruchtblätter 3, verwachsen

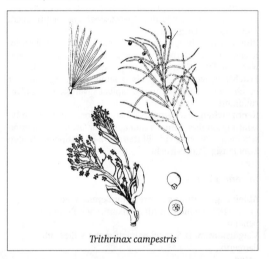

Trithrinax campestris

Veitchia H. Wendl.

Ableitung: Gattung zu Ehren von James Veitch jun. (1815–1869), einem Gärtner aus der englischen Gartenfirma Veitch benannt
Vulgärnamen: D:Manilapalme; E:Christmas Palm; F:Palmier de manille
Arten: 8
Lebensform: Baum. Stamm nicht bestachelt. Mit Kronschaft
Blätter: Blattstiele nicht dornig, fiederig zerteilt. Fiedern ʌ-förmig gefaltet, einspitzig, am Rand gezähnt
Blütenstand: unter den Blättern, mit 2 Spathen. Blüten in Triaden
Blüten: einhäusig, radiär. 3 Kelch- und 3 Kronblättern. Kronblätter in männlichen Blüten frei, in der Knospe klappig. Staubblätter bis etwa 100, am Grund verwachsen. Fruchtblätter 3, verwachsen, mit 1 Fach
Frucht: Beere, 1-samig. Griffelrest an der Frucht endständig. Embryo basal. Samen rund. Nährgewebe ruminiert oder nicht
Kennzeichen: Fiederpalmen. Stamm nicht bestachelt. Mit Kronschaft. Blattabschnitt ʌ-förmig gefaltet. Blütenstand

Veitchia merrillii

mit 2 Spathen. Blüten in Triaden. Kronblätter in männlichen Blüten frei, in der Knospe klappig. Beeren. Griffelrest an der Frucht endständig. Samen rund

Verschaffeltia H. Wendl.

Ableitung: Gattung zu Ehren von Ambroise Colette Alexandre Verschaffelt (1825–1886), einem belgischen Gärtner benannt

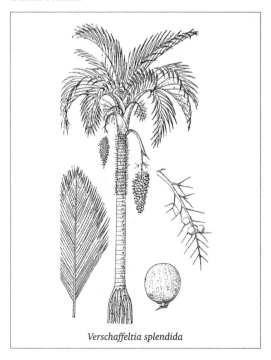

Verschaffeltia splendida

Arten: 1
Lebensform: Baum. Stamm bestachelt. Ohne Kronschaft
Blätter: Blattstiele dornig, fiederig zerteilt. Fiedern ʌ-förmig gefaltet
Blütenstand: zwischen den Blättern, mit 3, selten 2 Spathen. Blüten in Triaden
Blüten: einhäusig, radiär. 3 Kelch- und 3 Kronblättern. Kronblätter frei. Staubblätter 6, frei. Fruchtblätter 3, verwachsen, mit 1 Fach
Frucht: Beere, 1-samig. Griffelrest an der Frucht seitlich. Embryo basal. Nährgewebe ruminiert
Kennzeichen: Fiederpalmen. Stamm bestachelt. Ohne Kronschaft. Blattabschnitt ʌ-förmig gefaltet. Blütenstand zwischen den Blättern. Blüten in Triaden. Beeren

Wallichia Roxb.

Ableitung: Gattung zu Ehren von Nathaniel Wallich (1786–1854), einem dänischen Arzt und Botaniker benannt
Arten: 10
Lebensform: Strauch oder Baum, nach dem Fruchten absterbend. Stamm nicht bestachelt. Ohne Kronschaft
Blätter: Blattstiele nicht dornig, fiederig zerteilt. Fiedern v-förmig gefaltet
Blütenstand: endständig. Blüten in Triaden oder nicht
Blüten: einhäusig oder zweihäusig, radiär. 3 Kelch- und 3 Kronblättern. Kronblätter der männlichen Blüten am Grund verwachsen. Staubblätter 3–6, selten 15. Fruchtblätter 3, verwachsen, mit 3 Fächern
Frucht: Beere, 1- bis 2-samig, selten 3-samig. Griffelrest an der Frucht endständig. Nährgewebe nicht ruminiert
Kennzeichen: Fiederpalme, nach dem Fruchten absterbend. Blätter untere Fiedern nicht verdornt. Blattabschnitte v-förmige gefaltet. Spathen 2 bis mehr. Kronblätter der männlichen Blüten am Grund verwachsen. Nährgewebe nicht ruminiert

Wallichia chinensis

Washingtonia H. Wendl.

Ableitung: Gattung zu Ehren von George Washington (1732–1799), dem Präsidenten der Vereinigten Staaten von Amerika benannt
Vulgärnamen: D:Priesterpalme, Washingtonpalme; E:Washingtonia; F:Palmier éventail, Washingtonia
Arten: 2

Lebensform: Baum. Stamm nicht bestachelt. Ohne Kronschaft
Blätter: Blattstiele gezähnt, costapalmat. Fiedern v-förmig gefaltet, 2-spitzig
Blütenstand: zwischen den Blättern, mit 2 Spathen. Blüten nicht in Triaden
Blüten: einhäusig, radiär. 3 Kelch- und 3 Kronblättern. Kronblätter verwachsen, klappig in der Knospe, flach und trocken. Staubblätter 6. Fruchtblätter 3, nur durch den Griffel verwachsen, mit 3 Fächern
Frucht: Beere, mit bleibendem trockenem Kelch, 1-samig. Griffelrest an der Frucht endständig. Nährgewebe nicht ruminiert
Kennzeichen: Fächerpalme. Blattabschnitte v-förmig gefaltet. Blüten zwittrig. Kronblätter flach und trocken. Fruchtblätter 3, nur durch den Griffel verwachsen. Beere, mit bleibendem trockenem Kelch

Washingtonia filifera

Welfia H. Wendl.

Ableitung: Gattung zu Ehren der englischen Königsfamilie benannt, die sich vom fränkischen Adelsgeschlecht der Welfen ableitet
Arten: 1
Lebensform: Baum. Stamm nicht bestachelt. Ohne Kronschaft
Blätter: Blattstiele nicht dornig, fiederig zerteilt. Fiedern ʌ-förmig gefaltet, einspitzig
Blütenstand: zwischen den Blättern, mit 2 Spathen. Blüten in Triaden
Blüten: einhäusig, radiär, eingesenkt in die Achse. 3 Kelch- und 3 Kronblättern. Kronblätter am Grund verwachsen. Staubblätter 27–42. Fruchtblätter 3, verwachsen, mit 3 Fächern
Frucht: Steinfrucht. Griffelrest an der Frucht am Grund. Embryo basal. Nährgewebe nicht ruminiert
Kennzeichen: Fiederpalmen. Stamm nicht bestachelt. Blattabschnitte ʌ-förmig gefaltet. Blüten eingesenkt in die Achse. Staubblätter 27–42. Steinfrucht aus verwachsenen Fruchtblättern

Wodyetia A.K. Irvine

Ableitung: Gattung zu Ehren von Wodyeti, einem Ureinwohner Australiens im 20. Jahrhundert benannt
Arten: 1
Lebensform: Baum. Stamm nicht bestachelt. Mit Kronschaft
Blätter: Blattstiele nicht dornig, fiederig zerteilt. Fiedern ʌ-förmig gefaltet, nach allen Richtungen abstehend
Blütenstand: unter den Blättern, mit 2 Spathen. Blüten in Triaden
Blüten: einhäusig, radiär. 3 Kelch- und 3 Kronblättern. Kronblätter frei. Staubblätter 60–71. Fruchtblätter 3, verwachsen, mit 1 Fach
Frucht: Beere, 1-samig. Griffelrest an der Frucht endständig. Embryo basal. Nährgewebe nicht ruminiert
Kennzeichen: Fiederpalmen. Mit Kronschaft. Stamm nicht bestachelt. Blattabschnitt ʌ-förmig gefaltet, nach allen Richtungen abstehend. Blüten in Triaden

Zombia L.H. Bailey

Ableitung: nach einem Pflanzennamen in Westindien
Arten: 1
Lebensform: Stamm bestachelt. Ohne Kronschaft
Blätter: Blattstiele dornig, costapalmat. Fiedern v-förmig gefaltet, 2-spitzig
Blütenstand: zwischen den Blättern, mit 1 bis mehreren Spathen. Blüten nicht in Triaden
Blüten: zwittrig, radiär. 3 Kelch- und 3 Kronblättern. Kronblätter verwachsen, klappig in der Knospe. Staubblätter 9–12, frei. Fruchtblätter 1, mit 1 Fach
Frucht: Beere, 1-samig. Griffelrest an der Frucht endständig. Embryo zentral. Nährgewebe nicht ruminiert
Kennzeichen: Fächerpalme. Stamm bestachelt. Blattabschnitte v-förmig gefaltet. Blüten zwittrig. Fruchtblatt 1. Samen 2-lappig

Asparagaceae

Asparagus L.

Ableitung: antiker Pflanzenname
Vulgärnamen: D:Spargel; E:Asparagus; F:Asperge

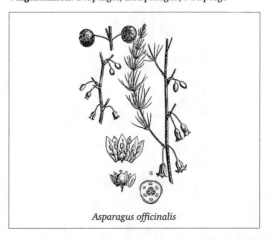

Asparagus officinalis

Arten: 212
Lebensform: Staude, Liane, Strauch, mit Flachtrieben verschiedenster Form (Phyllokladien)
Blätter: wechselständig
Blütenstand: einzeln, Dolde, Traube, Büschel
Blüten: eingeschlechtig, zwittrig, radiär. Perigonblätter 6, frei oder verwachsen, weiß, gelb, grün. Staubblätter 6, verwachsen, mit dem Perigon verwachsen. Fruchtblätter 3, verwachsen, oberständig. Plazentation zentralwinkelständig
Frucht: Beere, Nuss
Kennzeichen: Staude, Liane, Strauch, mit Flachtrieben verschiedenster Form (Phyllokladien)Blüten radiär. Perigonblätter 6. Staubblätter 6. Fruchtblätter 3, verwachsen, oberständig. Beere, Nuss

Asphodelaceae

```
1  Perigon lang röhrig verwachsen . . . . . Kniphofia
1  Perigon höchstens am Grund verwachsen,
   spreizend
  2  Antheren basifix . . . . . . . . . . . . Eremurus
  2  Antheren dorsifix
    3  Staubfäden lang behaart. 4-mehr Samen je Fach
       . . . . . . . . . . . . . . . . . . . Bulbine
    3  Staubfäden nicht lang behaart. 2 Samen je Fach
      4  Stängel dicht beblättert . . . . . Asphodeline
      4  Stängel nur am Grund beblättert
        5  Staubfäden am Grund verbreitert . . . . .
           . . . . . . . . . . . . . . . . . Asphodelus
        5  Staubfäden vom Grund an dünn . Bulbinella
```

Asphodeline Rchb.

Ableitung: Asphodelus-artig
Vulgärnamen: D:Junkerlilie; E:Jacob's Rod; F:Asphodéline

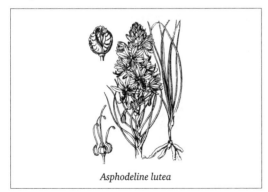

Asphodeline lutea

Arten: 17
Lebensform: Staude
Blätter: wechselständig, Stängel dicht beblättert
Blütenstand: Traube
Blüten: zwittrig, radiär. Perigonblätter 6, verwachsen, gelb, weiß. Staubblätter 6, frei, mit dem Perigon verwachsen. Antheren dorsifix. Fruchtblätter 3, verwachsen, oberständig. Plazentation zentralwinkelständig mit 2 Samen je Fach

Frucht: Kapsel, fachspaltig
Kennzeichen: Staude. Blätter wechselständig, Stängel dicht beblättert. Blütenstand eine Traube. Blüten radiär. Perigonblätter 6, verwachsen. Staubblätter 6. Antheren dorsifix. Fruchtblätter 3, verwachsen, oberständig, mit 2 Samen je Fach. Kapsel, fachspaltig

Asphodelus L.

Ableitung: antiker Pflanzenname
Vulgärnamen: D:Affodill; E:Asphodel; F:Asphodèle
Arten: 17
Lebensform: Staude, Einjährige
Blätter: grundständig
Blütenstand: Traube, Rispe
Blüten: zwittrig, radiär. Perigonblätter 6, verwachsen oder frei, weiß, rosa. Staubblätter 6, frei, frei von dem Perigon, Staubfäden am Grund verbreitert. Fruchtblätter 3, verwachsen, oberständig. Plazentation zentralwinkelständig, 2 Samen je Fach
Frucht: Kapsel, fachspaltig
Kennzeichen: Staude, Einjährige. Blätter grundständig. Blüten in Trauben oder Rispen, radiär. Perigonblätter 6. Staubblätter 6, Staubfäden am Grund verbreitert. Fruchtblätter 3, verwachsen, oberständig, 2 Samen je Fach. Kapsel fachspaltig

Asphodelus albus

Bulbine Wolf

Ableitung: antiker Pflanzenname
Arten: 71
Lebensform: Staude, Einjährige
Blätter: wechselständig, grundständig
Blütenstand: Traube
Blüten: zwittrig, radiär. Perigonblätter 6, frei, gelb, braun, orange. Staubblätter 6, frei, frei von dem Perigon. Antheren dorsifix. Staubfäden lang behaart. Fruchtblätter 3, ver-

wachsen, oberständig. Plazentation zentralwinkelständig, 4 bis mehr Samen je Fach
Frucht: Kapsel, fachspaltig
Kennzeichen: Staude, Einjährige. Blüten in Trauben, radiär. Perigonblätter 6, frei. Staubblätter 6. Antheren dorsifix. Staubfäden lang behaart. Fruchtblätter 3, verwachsen, oberständig, 4 bis mehr Samen je Fach. Kapsel fachspaltig

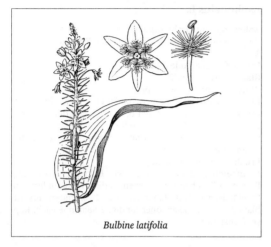

Bulbine latifolia

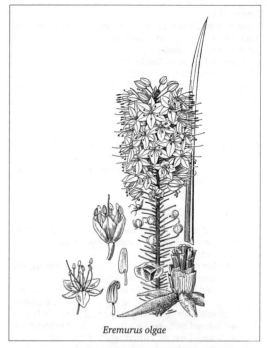

Eremurus olgae

Bulbinella Kunth

Ableitung: kleine Bulbine
Arten: 24
Lebensform: Staude
Blätter: grundständig
Blütenstand: Traube
Blüten: zwittrig, eingeschlechtig, radiär. Perigonblätter 6, frei, gelb, orange, weiß. Staubblätter 6, frei, frei von dem Perigon. Staubfäden am Grund dünn. Fruchtblätter 3, verwachsen, oberständig. Plazentation zentralwinkelständig mit 2 Samen je Fach
Frucht: Kapsel, fachspaltig
Kennzeichen: Staude. Blüten in Trauben, radiär. Perigonblätter 6, frei. Staubblätter 6. Staubfäden am Grund dünn. Fruchtblätter 3, verwachsen, oberständig, mit 2 Samen je Fach. Kapsel fachspaltig

Eremurus M. Bieb.

Ableitung: Wüsten-Schwanz
Vulgärnamen: D:Kleopatranadel, Lilienschweif, Steppenkerze; E:Desert Candle, Foxtail Lily; F:Aiguille de Cléopâtre
Arten: 58
Lebensform: Staude
Blätter: grundständig
Blütenstand: Traube
Blüten: zwittrig, radiär. Perigonblätter 6, frei, weiß, gelb. Staubblätter 6, frei, frei von dem Perigon. Antheren basifix. Fruchtblätter 3, verwachsen, oberständig. Plazentation zentralwinkelständig
Frucht: Kapsel, fachspaltig

Kennzeichen: Staude. Blüten in Trauben, radiär. Perigonblätter 6, frei. Staubblätter 6. Antheren basifix. Fruchtblätter 3, verwachsen, oberständig. Kapsel fachspaltig

Kniphofia Moench

Ableitung: Gattung zu Ehren von Johannes Hieronymus Kniphof (1704–1763), einem deutschen Botaniker benannt
Vulgärnamen: D:Fackellilie, Tritome; E:Red Hot Poker, Torch Lily; F:Tritome
Arten: 71
Lebensform: Staude

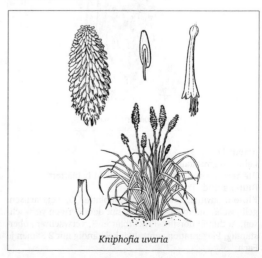

Kniphofia uvaria

Blätter: grundständig
Blütenstand: Traube
Blüten: zwittrig, radiär. Perigonblätter 6, lang röhrig verwachsen, gelb, orange, rot, weiß. Staubblätter 6, frei, mit dem Perigon verwachsen. Fruchtblätter 3, verwachsen, oberständig. Plazentation zentralwinkelständig
Frucht: Kapsel, fachspaltig
Kennzeichen: Staude. Blüten in Trauben, radiär. Perigonblätter 6, lang röhrig verwachsen. Staubblätter 6. Fruchtblätter 3, verwachsen, oberständig. Kapsel fachspaltig

Asteliaceae

Astelia Banks et Sol. ex R. Br.

Ableitung: ohne Säule, ohne Griffel
Arten: 26
Lebensform: Staude
Blätter: wechselständig
Blütenstand: Traube, Rispe
Blüten: eingeschlechtig, radiär. Perigonblätter 6, verwachsen, gelb, grün, braun, weiß, rosa, rot. Staubblätter 6, frei, frei von dem Perigon verwachsen. Fruchtblätter 3-4, verwachsen, oberständig. Plazentation zentralwinkelständig oder parietal
Frucht: Beere
Kennzeichen: Staude. Blüten radiär. Perigonblätter 6, verwachsen. Staubblätter 6. Fruchtblätter 3-4, verwachsen, oberständig. Beere

Blandfordiaceae

Blandfordia Sm.

Ableitung: Gattung zu Ehren von George Spencer-Churchill Marquis of Blandford (1766-1840), einem englischen Amateurbotaniker benannt
Vulgärnamen: D:Lilientrichter, Weihnachtsglöckchen; E:Christmas Bells; F:Blandfordia
Arten: 4
Lebensform: Staude
Blätter: wechselständig

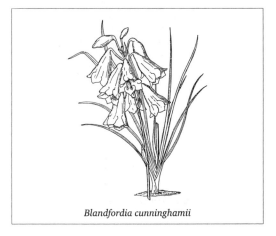

Blandfordia cunninghamii

Blütenstand: Traube
Blüten: eingeschlechtig, radiär. Perigonblätter 6, verwachsen, rot, orange, gelb. Staubblätter 6, frei, mit dem Perigon verwachsen. Fruchtblätter 3, verwachsen, oberständig. Plazentation zentralwinkelständig
Frucht: Kapsel
Kennzeichen: Staude. Blüten in Trauben, eingeschlechtig, radiär. Perigonblätter 6, verwachsen. Staubblätter 6. Fruchtblätter 3, verwachsen, oberständig. Kapsel

Bromeliaceae Bromeliengewächse

1 Frucht eine Kapsel
2 Samen ± geflügelt (Pflanzen fast immer im Boden wurzelnd. Blätter gezähnt, selten ganzrandig. Fruchtknoten ober- bis unterständig)
3 Pflanzen zweihäusig
4 Blätter ganzrandig, lang grasartig . . . .
. . . . **Cottendorfia**
4 Blätter gezähnt, selten ganzrandig. . . **Hechtia**
3 Pflanzen mit Zwitterblüten, sehr selten eingeschlechtig
5 Staubblätter verwachsen zu einer Röhre **Dyckia**
5 Staubblätter frei
6 Kronblätter nach der Blüte zusammengedreht
. . . .**Puya**
6 Kronblätter nicht zusammengedreht
7 Fruchtknoten unterständig oder wenn oberständig, Kronblätter zygomorph
8 Blüten ± zygomorph, groß . . . . **Pitcairnia**
8 Blüten radiär, sehr klein . . . . **Brocchinia**
7 Fruchtknoten oberständig. (Blätter ± ganzrandig)
9 Krone zygomorph . . . . **Pitcairnia**
9 Krone radiär. (Samen 2-schwänzig)
10 Kronblätter mit einem Schüppchen . . .
. . . . **Deuterocohnia**
10 Kronblätter ohne Schüppchen . **Fosterella**
2 Samen mit Haaren
11 Blüten zweihäusig. . . . . **Catopsis**
11 Blüten zwittrig
12 Kronblätter mit 2 Schüppchen . . . . **Vriesea**
12 Kronblätter ohne Schüppchen
13 Kronblätter frei. Staubblätter frei von der Krone
14 Samen mit endständigen Haaren. . . . . .
. . . . **Catopsis**
14 Samen mit Haaren am Grund . . **Tillandsia**
13 Kronblätter verwachsen. Staubblätter mit der Krone verwachsen . . . . **Guzmania**
1 Frucht eine Beere. (Blätter nur ausnahmsweise gezähnt. Fruchtknoten immer unterständig)
15 Frucht aus verschmolzenen Beeren (Synkarpium)
16 Ähre trocken. Blüten orange oder rot. (Kronblätter mit 2 Schuppen. Staubblätter frei von der Krone) . . . . **Acanthostachys**
16 Ähre fleischig, zapfenartig. Blüten nicht orange oder rot
17 Kronblätter mit 2 Schuppen. Staubblätter verwachsen mit der Krone. . . . . . . **Ananas**
17 Kronblätter ohne Schuppen. Staubblätter frei von der Krone . . . . **Pseudananas**

15 Frucht getrennte Beeren
18 Blüten in der Blattrosette
19 Staubblätter mit der Krone verwachsen
20 Kronblätter mit Schüppchen . . . . **Wittrockia**
20 Kronblätter ohne Schüppchen
21 Pflanzen mit kleiner Rosette ohne gefärbte Herzblätter . . . . **Cryptanthus**
21 Pflanzen mit großer Rosette und gefärbten Herzblättern
22 Kelchblätter radiär . . . . **Nidularium**
22 Kelchblätter unsymmetrisch . . **Neoregelia**
19 Staubblätter frei von der Krone. Kronblätter frei
23 Kronblätter mit 2 Schüppchen . . . . **Fascicularia**
23 Kronblätter ohne Schüppchen . . . . **Ochagavia**
18 Blüten nicht in der Rosette
24 Kronblätter verwachsen
25 Blattrosetten klein. Ohne gestielte Teilblütenstände . . . . **Cyrtanthus**
25 Blattrosetten sehr groß. Blütenstand eine gestielte Ähre . . . . **Greigia**
24 Kronblätter frei
26 Kronblätter ohne seitliche Schüppchen
27 Blütenstand kurz gestielt, zapfenförmig . . . . **Aechmea**
27 Blütenstand anders
28 Staubblätter am Grund verwachsen, häufig gefärbte Rosetten . . . . **Bromelia**
28 Staubblätter nicht verwachsen
29 Blüten sitzend mit einfachen Ähren . . . . **Ronnbergia**
29 Blüten rispig
30 Blüten sehr klein. Hochblätter nicht gefärbt . . . . **Araeococcus**
30 Blüten mit gefärbten Hochblättern . . . . **Aechmea**
26 Kronblätter mit seitlichen Schüppchen
31 Kronschüppchen fransig . . . . **Portea**
31 Kronschüppchen nicht fransig
32 Blütenstand kompakt, fast völlig in Hochblätter eingeschlossen
33 Hochblätter gefärbt . . . . . . **Canistrum**
33 Hochblätter grün . . . . . **Orthophytum**
32 Blütenstand anders
34 Blütenstand einfach
35 Kelchblätter mit Stachelspitze . . . . **Aechmea**
35 Kelchblätter ohne Stachelspitze
36 Blütenstand hängend mit auffälligen Hochblättern. Kronblätter zurückgeschlagen . . . . . **Billbergia**
36 Blütenstand höchstens übergebogen. Kronblätter aufrecht
37 Blüten in Trauben . . . **Neoglaziovia**
37 Blüten in Ähren . . . . **Quesnelia**
34 Blütenstand zusammengesetzt
38 Blüten in zapfenartigen Ähren . . . . **Hohenbergia**
38 Blüten nicht in zapfenartigen Ähren
39 Kelchblätter fast immer mit Stachelspitze. Blütenstandsachse durch die Deckblätter verdeckt . . . **Aechmea**
39 Kelchblätter nicht bespitzt. Blütenstandsachse sichtbar. Blütenstand meist hängend und mit gefärbten Hochblättern . . . **Billbergia**

Die Bromeliaceae sind eine sehr einheitliche und meist allein an ihrer Wuchsform leicht erkennbare Familie. Die meist riemenförmigen, ungestielten Blätter bilden sehr oft eine ± große trichterförmige Rosette, in der sich Regenwasser sammeln kann. Das Wasser wird durch besondere Saugschuppen auf den Blättern aufgenommen. Das ermöglicht den meisten Bromelien eine epiphytische Lebensweise.

Die Blüten haben den üblichen Bau der meisten Monokotylen aus 3-er Wirteln, 3 Kelchblätter, 3 Kronblätter, 3 und 3 Staubblätter und ein aus 3 Fruchtblättern verwachsener Fruchtknoten mit zentralwinkelständiger Plazentation. Diese Merkmale werden bei den Gattungsbeschreibungen nur bei Abweichungen aufgeführt.

Acanthostachys Klotzsch

Ableitung: dornige Ähre
Vulgärnamen: D:Stachelähre; E:Prickly Ear; F:Acantostachys
Arten: 2
Lebensform: Staude, meist epiphytisch
Blätter: grundständig, einfach, meist gezähnt
Blütenstand: Ähre, trocken
Blüten: zwittrig, radiär. Kelchblätter frei. Kronblätter frei, mit 2 Schüppchen, orange, rot. Staubblätter frei und frei von den Kronblättern. Fruchtknoten unterständig
Frucht: Beeren zu einer Scheinfrucht vereint. Samen mit langem Anhängsel an der Spitze
Kennzeichen: Staude, meist epiphytisch, mit trockenen Ähren. Kronblätter orange oder rot, mit 2 Schüppchen. Staubblätter frei von den Kronblättern. Beeren zu einer Scheinfrucht vereint

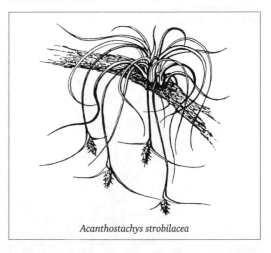

Acanthostachys strobilacea

Aechmea Ruiz et Pav.

Ableitung: Lanzenspitzen-Pflanze
Vulgärnamen: D:Lanzenrosette; F:Aechméa
Arten: 253
Lebensform: Staude, epiphytisch
Blätter: grundständig, einfach, gezähnt
Blütenstand: Ähre, Rispe, Traube, Kolben
Blüten: zwittrig, radiär. Kelchblätter frei oder verwachsen, mit Stachelspitze. Kronblätter frei, mit 2 Schüppchen, gelb, rot, blau. Staubblätter frei und frei oder verwachsen mit den Kronblättern. Fruchtknoten unterständig
Frucht: Beere. Samen viele bis wenige, ungeflügelt
Kennzeichen: Staude, epiphytisch. Blüten in Ähre, Rispe, Traube oder Kolben. Kelchblätter mit Stachelspitze. Kronblätter frei, mit 2 Schüppchen. Beere

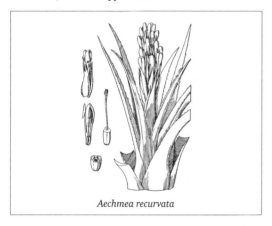

Aechmea recurvata

Ananas Mill.

Ableitung: nach einem brasilianischen Pflanzennamen
Vulgärnamen: D:Ananas; E:Pineapple; F:Ananas
Arten: 8
Lebensform: Staude, nicht epiphytisch
Blätter: grundständig, einfach, gezähnt
Blütenstand: Ähre, zapfenförmig
Blüten: zwittrig, radiär. Kelchblätter frei. Kronblätter frei, mit 2 Schüppchen, weiß, violett, purpurn. Staubblätter frei, verwachsen mit den Kronblättern. Fruchtknoten unterständig
Frucht: Beeren zu einer Scheinfrucht verwachsen. Samen ungeflügelt

Ananas comosus

Kennzeichen: Staude, nicht epiphytisch. Kronblätter mit 2 Schüppchen. Staubblätter verwachsen mit den Kronblättern. Beeren zu einer Scheinfrucht verwachsen

Araeococcus Brongn.

Ableitung: dünne Beere
Arten: 7
Lebensform: Staude, epiphytisch
Blätter: grundständig, einfach, gezähnt
Blütenstand: Rispe mit sehr kleinen Blüten, Hochblätter nicht gefärbt
Blüten: zwittrig, radiär. Kelchblätter frei oder verwachsen. Kronblätter frei, ohne Schüppchen, grün, violett. Staubblätter frei und frei von den Kronblättern. Fruchtknoten unterständig
Frucht: Beere. Samen bis 10, ungeflügelt
Kennzeichen: Staude, epiphytisch. Blütenstand Rispen mit sehr kleinen Blüten, Hochblätter nicht gefärbt. Beere

Araeococcus parviflorus

Billbergia Thunb.

Ableitung: Gattung zu Ehren von J.G. Billberg (1772–1844), einem schwedischen Botaniker benannt
Vulgärnamen: D:Zimmerhafer; E:Billbergia; F:Billbergia
Arten: 66
Lebensform: Staude, epiphytisch
Blätter: grundständig, einfach, gezähnt, selten ganzrandig
Blütenstand: Ähre, Rispe, Traube, hängend, mit auffälligen Hochblättern
Blüten: zwittrig, radiär oder zygomorph. Kelchblätter frei. Kronblätter frei, zurückgeschlagen, mit 2 Schüppchen, grün, blau. Staubblätter frei, frei oder verwachsen mit den Kronblättern. Fruchtknoten unterständig
Frucht: Beere. Samen ungeflügelt

970 Bromeliaceae Bromeliengewächse

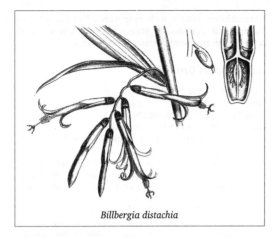
Billbergia distachia

Kennzeichen: Staude, epiphytisch. Blüten in Ähre, Rispe, Traube, hängend, mit auffälligen Hochblättern. Kronblätter frei, zurückgeschlagen, mit 2 Schüppchen. Beeren

Brocchinia Schult. f.

Ableitung: Gattung zu Ehren von Giovanni Battista Brocchi (1772–1826), einem italienischen Botaniker benannt
Arten: 20
Lebensform: Staude, selten epiphytisch
Blätter: grundständig oder wechselständig, einfach, meist ganzrandig
Blütenstand: Rispe
Blüten: zwittrig, radiär. Kelchblätter frei. Kronblätter frei, ohne Schüppchen, weiß, grün. Staubblätter frei, verwachsen mit den Kronblättern. Fruchtknoten unterständig oder halbunterständig
Frucht: Kapsel, meist wandspaltig. Samen wenige, lang geflügelt

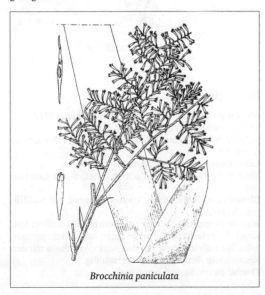
Brocchinia paniculata

Kennzeichen: Staude, selten epiphytisch. Blüten zwittrig, radiär. Staubblätter frei. Fruchtknoten unterständig oder halbunterständig. Kapsel mit lang geflügelten Samen

Bromelia L.

Ableitung: Gattung zu Ehren von Olof Bromel (1639–1705), einem schwedischen Botaniker benannt

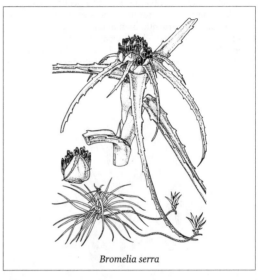
Bromelia serra

Vulgärnamen: E:Bromelia
Arten: 57
Lebensform: Staude, selten epiphytisch
Blätter: grundständig, einfach, gezähnt, häufig gefärbte Rosetten
Blütenstand: Köpfchen, Rispe
Blüten: zwittrig, radiär. Kelchblätter frei oder verwachsen. Kronblätter frei, ohne Schüppchen, weiß, rötlich, violett. Staubblätter am Grund verwachsen, mit den Kronblättern verwachsen. Fruchtknoten unterständig
Frucht: Beere. Samen wenige, ungeflügelt
Kennzeichen: Staude, selten epiphytisch. Kronblätter frei, ohne Schüppchen. Staubblätter am Grund verwachsen. Beere

Canistrum E. Morren

Ableitung: Blumenkorb
Arten: 14
Lebensform: Staude, meist epiphytisch
Blätter: grundständig, einfach, gezähnt
Blütenstand: Schirmrispe in farbigen Hochblättern fast völlig eingeschlossen
Blüten: zwittrig, radiär. Kelchblätter frei oder nahezu frei. Kronblätter frei, mit Schüppchen, grün, gelb, blau. Staubblätter frei und frei von den Kronblättern. Fruchtknoten unterständig
Frucht: Beere. Samen ungeflügelt
Kennzeichen: Staude, meist epiphytisch. Schirmrispe in farbigen Hochblättern fast völlig eingeschlossen. Kronblätter mit Schüppchen. Beere

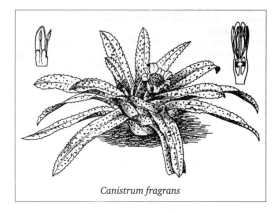
Canistrum fragrans

Catopsis Griseb.

Ableitung: nach griechisch: sichtbar
Vulgärnamen: D:Riementillandsie; E:Strap Air Plant
Arten: 20
Lebensform: Staude, epiphytisch
Blätter: grundständig, einfach, ± ganzrandig
Blütenstand: Rispe, Traube
Blüten: zwittrig oder zweihäusig, zygomorph. Kelchblätter frei. Kronblätter frei, ohne Schüppchen, gelb, gelbgrün, weiß. Staubblätter frei, frei oder verwachsen mit den Kronblättern. Fruchtknoten oberständig

Catopsis berteroniana

Frucht: Kapsel. Samen wenige, mit Haaren
Kennzeichen: Staude, epiphytisch. Blüten: zwittrig oder zweihäusig. Kapsel. Samen mit Haaren an der Spitze

Cottendorfia Schult. f.

Ableitung: Gattung zu Ehren von Baron Cotta von Cottendorf (1796-1863), einem deutschen Botaniker benannt
Arten: 1
Lebensform: Staude, nicht epiphytisch
Blätter: grundständig, einfach, ± ganzrandig, grasartig
Blütenstand: Rispe
Blüten: zweihäusig, radiär. Kelchblätter frei. Kronblätter frei, ohne Schüppchen, weißlichgrün. Staubblätter frei und frei von den Kronblättern. Fruchtknoten oberständig
Frucht: Kapsel. Samen wenige, ± geflügelt
Kennzeichen: Staude, nicht epiphytisch. Blätter ± ganzrandig, grasartig. Blüten zweihäusig. Kapsel mit ± geflügelten Samen

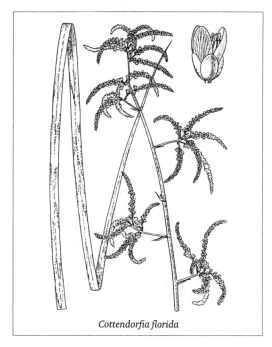
Cottendorfia florida

Cryptanthus Otto et A. Dietr.

Ableitung: mit verborgener Blüte
Vulgärnamen: D:Erdstern, Versteckblume; E:Earth Star; F:Cryptanthus
Arten: 50
Lebensform: Staude, epiphytisch
Blätter: grundständig oder wechselständig, einfach, gezähnt in kleinen Rosetten
Blütenstand: Köpfchen, zum Teil in der Blattrosette sitzend ohne gefärbte Herzblätter
Blüten: zwittrig oder eingeschlechtig, radiär. Kelchblätter verwachsen. Kronblätter verwachsen, ohne Schüppchen,

weiß, grünlich weiß, gelb. Staubblätter frei, verwachsen mit den Kronblättern. Fruchtknoten unterständig
Frucht: Beere. Samen ungeflügelt
Kennzeichen: Staude, epiphytisch. Blätter in kleinen Rosetten. Blüten in Köpfchen, zum Teil in der Blattrosette sitzend ohne gefärbte Herzblätter. Kronblätter verwachsen, ohne Schüppchen. Staubblätter verwachsen mit den Kronblättern. Beere

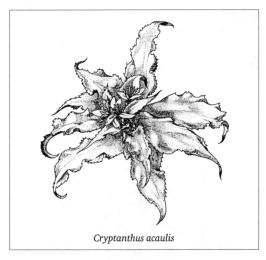

Cryptanthus acaulis

Deuterocohnia Mez

Ableitung: die zweite, nach Ferdinand Julius Cohn (1828–1898), einem deutschen Biologen, benannte Gattung
Arten: 17
Lebensform: Staude, nicht epiphytisch

Deuterocohnia longipetala

Blätter: grundständig, einfach, gezähnt
Blütenstand: Rispe
Blüten: zwittrig, radiär. Kelchblätter frei. Kronblätter frei, mit 1 Schüppchen, gelb, gelbgrün. Staubblätter frei und frei von den Kronblättern. Fruchtknoten oberständig
Frucht: Kapsel. Samen 2-schwänzig
Kennzeichen: Staude, nicht epiphytisch. Blüten zwittrig, radiär. Kronblätter mit 1 Schüppchen. Staubblätter frei. Fruchtknoten oberständig. Kapsel. Samen 2-schwänzig

Dyckia Schult. f.

Ableitung: Gattung zu Ehren von Joseph Franz Maria Anton Hubert Ignatz Fürst von Salm-Reifferscheidt-Dyck (1773–1861), einem deutschen Botaniker benannt
Arten: 129
Lebensform: Staude, nicht epiphytisch
Blätter: grundständig, einfach, gezähnt
Blütenstand: Ähre, Traube, Rispe, seitlich
Blüten: zwittrig, selten eingeschlechtig, radiär. Kelchblätter frei. Kronblätter frei, ohne Schüppchen, gelb, orange, rot. Staubblätter am Grund verwachsen, frei oder verwachsen mit den Kronblättern. Fruchtknoten oberständig
Frucht: Kapsel, wandspaltig. Samen viele, geflügelt
Kennzeichen: Staude, nicht epiphytisch. Blüten zwittrig, selten eingeschlechtig. Staubblätter am Grund verwachsen. Kapsel mit geflügelten Samen

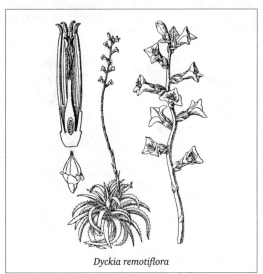

Dyckia remotiflora

Fascicularia Mez

Ableitung: Bündel-Pflanze
Arten: 2
Lebensform: Staude, nicht epiphytisch
Blätter: grundständig oder wechselständig, einfach, gezähnt
Blütenstand: Blüten in der Blattrosette sitzend
Blüten: zwittrig, radiär. Kelchblätter frei. Kronblätter frei, mit 2 Schüppchen, blau, blauviolett. Staubblätter frei und frei von den Kronblättern. Fruchtknoten unterständig

Frucht: Beere. Samen wenige, ungeflügelt
Kennzeichen: Staude, nicht epiphytisch. Blüten in der Blattrosette sitzend. Kronblätter frei, mit 2 Schüppchen. Staubblätter frei von den Kronblättern. Beere

Fosterella L.B. Sm.

Ableitung: Gattung zu Ehren von Mulford Bateman Foster (1888–1978), einem nordamerikanischen Bromelienspezialisten benannt
Arten: 30
Lebensform: Staude, nicht epiphytisch
Blätter: grundständig, einfach, ± ganzrandig oder gezähnt
Blütenstand: Rispe
Blüten: zwittrig, radiär. Kelchblätter frei. Kronblätter frei, ohne Schüppchen, weißlich, grünlich. Staubblätter frei, verwachsen mit den Kronblättern. Fruchtknoten oberständig
Frucht: Kapsel. Samen 2-schwänzig
Kennzeichen: Staude, nicht epiphytisch. Blüten: zwittrig, radiär. Kronblätter ohne Schüppchen. Staubblätter frei. Fruchtknoten oberständig. Kapsel. Samen 2-schwänzig

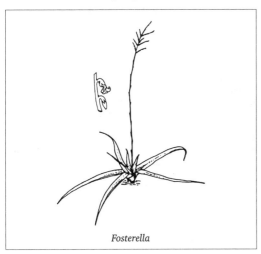
Fosterella

Greigia sphacelata

Greigia Regel

Ableitung: Gattung zu Ehren von Samuel Alexeevich Greig (1827–1887), einem russischen General und Präsidenten der Gartenbaugesellschaft benannt
Arten: 32
Lebensform: Staude, nicht epiphytisch
Blätter: grundständig, einfach, gezähnt
Blütenstand: Köpfchen, kurze Ähre, seitlich, gestielt
Blüten: zwittrig, radiär. Kelchblätter frei oder verwachsen. Kronblätter verwachsen, fleischfarben, rötlich, weißlich. Staubblätter frei, verwachsen mit den Kronblättern. Fruchtknoten unterständig
Frucht: Beere. Samen ungeflügelt
Kennzeichen: Staude, nicht epiphytisch. Blätter in großen Rosetten. Blüten in seitlichen Köpfchen oder kurzen Ähren. Kronblätter verwachsen. Beere

Guzmania Ruiz et Pav.

Ableitung: Gattung zu Ehren von Anastasio Guzmán, einem spanischen Pflanzensammler des 19. Jahrhunderts benannt
Vulgärnamen: D:Guzmanie; F:Guzmania
Arten: 202
Lebensform: Staude, epiphytisch
Blätter: grundständig, selten wechselständig, einfach, ± ganzrandig
Blütenstand: Traube, Rispe, Ähre, Köpfchen
Blüten: zwittrig, radiär. Kelchblätter frei oder verwachsen. Kronblätter verwachsen, ohne Schüppchen, gelb, weiß. Staubblätter frei, verwachsen mit den Kronblättern. Fruchtknoten oberständig
Frucht: Kapsel. Samen viele, mit Haaren
Kennzeichen: Staude, epiphytisch. Blüten zwittrig. Kronblätter verwachsen, ohne Schüppchen. Staubblätter verwachsen mit den Kronblättern. Kapsel. Samen mit Haaren

Guzmania musaica

Hechtia Klotzsch

Ableitung: Gattung zu Ehren von Julius Gottfried Conrad Hecht (1771–1837), einem deutschen Botaniker benannt
Arten: 49
Lebensform: Staude, nicht epiphytisch
Blätter: grundständig, einfach, meist gezähnt, selten ganzrandig
Blütenstand: Rispe
Blüten: zweihäusig, radiär. Kelchblätter frei. Kronblätter frei, selten verwachsen, ohne Schüppchen, grün, gelb, grüngelb, selten rosa. Staubblätter frei, frei oder verwachsen mit den Kronblättern. Fruchtknoten oberständig oder halbunterständig
Frucht: Kapsel. Samen viele, geflügelt
Kennzeichen: Staude, nicht epiphytisch. Blätter meist gezähnt, selten ganzrandig. Blüten zweihäusig. Kapsel. Samen geflügelt

Hechtia tillandsioides

Hohenbergia Schult. et Schult. f.

Ableitung: Gattung zu Ehren von Wilhelm König von Württemberg, Graf zu Hohenberg (1781–1864) benannt
Arten: 53
Lebensform: Staude, epiphytisch oder nicht
Blätter: grundständig, einfach, gezähnt
Blütenstand: Ähren, mehrere, mit farbigen Hochblättern
Blüten: zwittrig, radiär. Kelchblätter ± verwachsen. Kronblätter frei, mit 2 Schüppchen, blau, weiß, gelb. Staubblätter frei, innere verwachsen mit den Kronblättern. Fruchtknoten unterständig
Frucht: Beere. Samen ungeflügelt
Kennzeichen: Staude, epiphytisch oder nicht. Blütenstand aus mehreren zapfenartigen Ähren. Kronblätter frei, mit 2 Schüppchen. Beere

Hohenbergia stellata

Neoglaziovia Mez

Ableitung: neue Glaziovia
Arten: 3
Lebensform: Staude, nicht epiphytisch
Blätter: grundständig, einfach, gezähnt
Blütenstand: Traube
Blüten: zwittrig, radiär. Kelchblätter frei. Kronblätter frei, aufrecht, mit 2 Schüppchen, violett. Staubblätter frei und frei von den Kronblättern. Fruchtknoten unterständig
Frucht: Beere. Samen wenige, ungeflügelt
Kennzeichen: Staude, nicht epiphytisch. Blüten in Trauben. Kronblätter frei, aufrecht, mit 2 Schüppchen. Beere

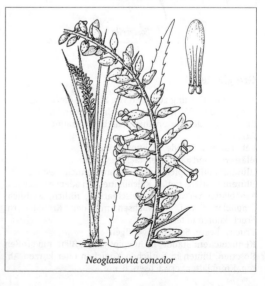

Neoglaziovia concolor

Neoregelia L.B. Sm.
Ableitung: neue Regelia
Arten: 113
Lebensform: Staude, meist epiphytisch
Blätter: grundständig oder wechselständig, einfach, ± gezähnt
Blütenstand: in der Rosette mit gefärbten Herzblättern sitzendes Köpfchen, Schirmtraube, Dolde
Blüten: zwittrig, radiär. Kelchblätter verwachsen, asymmetrisch. Kronblätter verwachsen, selten frei, ohne Schüppchen, violett, blau, weiß, rot. Staubblätter frei, verwachsen mit den Kronblättern. Fruchtknoten unterständig
Frucht: Beere. Samen ungeflügelt
Kennzeichen: Staude, meist epiphytisch. Blütenstand in der Rosette mit gefärbten Herzblättern sitzendes Köpfchen. Kelchblätter asymmetrisch. Staubblätter verwachsen mit den Kronblättern. Beere

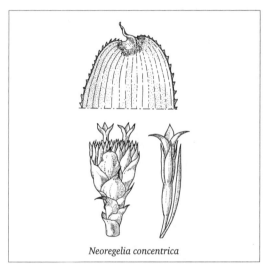
Neoregelia concentrica

Ochagavia Phil.
Ableitung: Gattung zu Ehren von Sylvestris Ochagavia, einem Schullehrer in Chile im 19. Jahrhundert benannt
Arten: 4
Lebensform: Strauch, nicht epiphytisch
Blätter: wechselständig, einfach, gezähnt
Blütenstand: in der Blattrosette sitzendes Köpfchen oder Ähren
Blüten: zwittrig, radiär. Kelchblätter frei. Kronblätter frei, ohne Schüppchen, rosa, gelb. Staubblätter frei und frei von den Kronblättern. Fruchtknoten unterständig
Frucht: Beere. Samen ungeflügelt
Kennzeichen: Strauch, nicht epiphytisch. Blütenstand in der Blattrosette sitzendes Köpfchen oder Ähren. Kronblätter frei, ohne Schüppchen. Staubblätter frei von den Kronblättern. Beere

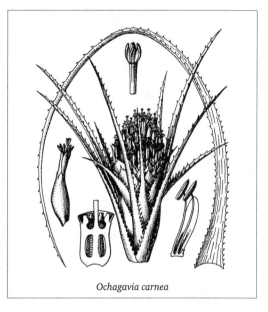
Ochagavia carnea

Nidularium Lem.
Ableitung: Nestpflanze
Vulgärnamen: D:Nestbromelie, Trichterbromelie; E:Bird's-Nest Bromeliad; F:Nidularium
Arten: 45
Lebensform: Staude, epiphytisch
Blätter: grundständig, einfach, gezähnt
Blütenstand: in der Blattrosette mit gefärbten Herzblättern sitzendes Köpfchen
Blüten: zwittrig, radiär oder zygomorph. Kelchblätter verwachsen, radiär. Kronblätter verwachsen, ohne Schüppchen, rot, rosa, weiß, blau. Staubblätter frei, verwachsen mit den Kronblättern. Fruchtknoten unterständig
Frucht: Beere. Samen viele, ungeflügelt
Kennzeichen: Staude, epiphytisch. Blütenstand in der Blattrosette mit gefärbten Herzblättern sitzendes Köpfchen. Kelchblätter radiär. Beere

Orthophytum Beer
Ableitung: aufrechte Pflanze
Arten: 38
Lebensform: Staude, nicht epiphytisch
Blätter: grundständig oder wechselständig, einfach, gezähnt
Blütenstand: Köpfchen fast vollständig in grüne Hochblätter eingeschlossen
Blüten: zwittrig, radiär. Kelchblätter frei. Kronblätter frei, mit 2 Schüppchen, weiß. Staubblätter frei, verwachsen mit den Kronblättern. Fruchtknoten unterständig
Frucht: Beere. Samen ungeflügelt
Kennzeichen: Staude, nicht epiphytisch. Blütenstand ein Köpfchen fast vollständig in grüne Hochblätter eingeschlossen. Kronblätter mit 2 Schüppchen. Beere

Orthophytum glabrum

Pitcairnia L'Hér.

Ableitung: Gattung zu Ehren von William Pitcairne (1711–1791), einem schottischen Arzt benannt
Arten: 368
Lebensform: Staude, Strauch, epiphytisch oder nicht
Blätter: grundständig oder wechselständig, einfach, ± gezähnt
Blütenstand: Traube, Rispe, Ähre, Köpfchen

Pitcairnia feliciana

Blüten: zwittrig, zygomorph. Kelchblätter frei. Kronblätter frei, ohne oder mit 1 Schüppchen, rot, gelb, grünlich. Staubblätter frei und frei von den Kronblättern. Fruchtknoten oberständig, halbunterständig, unterständig
Frucht: Kapsel, wandspaltig. Samen viele, geflügelt bis selten ungeflügelt
Kennzeichen: Staude, Strauch, epiphytisch oder nicht. Blüten zwittrig, zygomorph. Kapsel. Samen geflügelt bis selten ungeflügelt

Portea Brongn. ex K. Koch

Ableitung: Gattung zu Ehren von Marius Porte (?–1866), einem französischen Pflanzensammler benannt
Arten: 9
Lebensform: Staude, epiphytisch oder nicht
Blätter: grundständig, einfach, gezähnt
Blütenstand: Rispe
Blüten: zwittrig, radiär. Kelchblätter verwachsen. Kronblätter frei, mit 2 gefransten Schüppchen, violett, blau. Staubblätter frei, verwachsen mit den Kronblättern. Fruchtknoten unterständig
Frucht: Beere. Samen viele, ungeflügelt
Kennzeichen: Staude, epiphytisch oder nicht. Kronblätter frei, mit 2 gefransten Schüppchen. Beere

Portea kermesina

Pseudananas Hassl. ex Harms

Ableitung: Schein-Ananas
Vulgärnamen: D:Scheinananas; F:Faux-ananas
Arten: 1
Lebensform: Staude, nicht epiphytisch
Blätter: grundständig, einfach, gezähnt
Blütenstand: zapfenförmig
Blüten: zwittrig, radiär. Kelchblätter frei. Kronblätter frei, ohne Schüppchen, purpurviolett. Staubblätter frei und frei von den Kronblättern. Fruchtknoten unterständig
Frucht: Beeren zu einer Scheinfrucht verwachsen. Samen ungeflügelt
Kennzeichen: Staude, nicht epiphytisch. Kronblätter ohne Schüppchen. Staubblätter frei von den Kronblättern. Beeren zu einer Scheinfrucht verwachsen

Puya Molina

Ableitung: nach einem Pflanzennamen in Chile
Arten: 206
Lebensform: Staude, nicht epiphytisch
Blätter: grundständig oder wechselständig, einfach, gezähnt
Blütenstand: Ähre, Traube, Rispe
Blüten: zwittrig, radiär. Kelchblätter frei. Kronblätter frei, nach der Blüte zusammengedreht, ohne Schüppchen, blau, purpurn, gelb, weiß, grüngelb. Staubblätter frei und frei von den Kronblättern. Fruchtknoten oberständig oder halbunterständig
Frucht: Kapselwand- und fachspaltig. Samen viele, geflügelt
Kennzeichen: Staude, nicht epiphytisch. Blüten zwittrig. Kronblätter nach der Blüte zusammengedreht. Kapsel mit geflügelten Samen.

Puya chilensis

Quesnelia Gaudich.

Ableitung: Gattung zu Ehren von M. Quesnel, einem französischen Konsul in Cayenne benannt
Arten: 17
Lebensform: Staude, epiphytisch

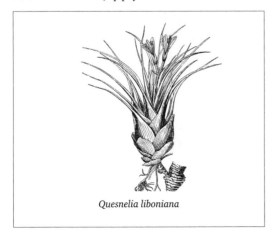
Quesnelia liboniana

Blätter: grundständig oder wechselständig, einfach, gezähnt
Blütenstand: Ähre, aufrecht
Blüten: zwittrig, radiär. Kelchblätter frei oder verwachsen. Kronblätter frei, aufrecht, mit 2 Schüppchen, blau, rötlich. Staubblätter frei, innere mit verwachsen mit den Kronblättern. Fruchtknoten unterständig
Frucht: Beere. Samen viele, ungeflügelt
Kennzeichen: Staude, epiphytisch. Blüten in aufrechten Ähren. Kronblätter frei, aufrecht, mit 2 Schüppchen. Beeren

Ronnbergia E. Morren et André

Arten: 12
Lebensform: Staude, epiphytisch

Ronnbergia morreniana

Blätter: grundständig, einfach, ± gezähnt
Blütenstand: Ähre einfach
Blüten: zwittrig, radiär. Kelchblätter verwachsen. Kronblätter frei, blau. Staubblätter frei, frei oder verwachsen mit den Kronblättern. Fruchtknoten unterständig
Frucht: Beere. Samen ungeflügelt
Kennzeichen: Staude, epiphytisch. Blüten in einfachen Ähren. Kronblätter frei. Staubblätter frei. Beere

Tillandsia L.

Ableitung: Gattung zu Ehren von Elias Erici Tillandz (1640–1693), einem schwedischen Arzt und Botaniker in Fnnland benannt
Vulgärnamen: D:Greisenbart, Luftnelke, Tillandsie; E:Air Plant; F:Mousse espagnole, Tillandsia
Arten: 556
Lebensform: Staude, epiphytisch
Blätter: grundständig oder wechselständig, einfach, ± ganzrandig
Blütenstand: Ähre, Köpfchen, Rispe, einzeln
Blüten: zwittrig, radiär. Kelchblätter frei oder verwachsen. Kronblätter frei, ohne Schüppchen, blau, grün, purpurn, grün, rot, orange, weiß. Staubblätter frei und frei von den Kronblättern. Fruchtknoten oberständig

Frucht: Kapsel, wandspaltig. Samen viele, mit Haaren
Kennzeichen: Staude, epiphytisch. Blüten zwittrig. Kronblätter frei, ohne Schüppchen. Staubblätter frei von den Kronblättern. Kapsel. Samen mit Haaren am Grund

Tillandsia aeranthos

Vriesea Lindl.

Ableitung: Gattung zu Ehren von Willem Hendrik de Vriese (1806–1862), einem niederländischen Botaniker benannt
Arten: 262

Lebensform: Staude, epiphytisch
Blätter: grundständig, einfach, ± ganzrandig
Blütenstand: Ähre, ± 2-seitig, selten Rispe
Blüten: zwittrig, radiär. Kelchblätter ± frei. Kronblätter frei oder verwachsen, mit 2 Schüppchen, gelb, grün, weiß. Staubblätter frei, innere verwachsen mit den Kronblättern. Fruchtknoten ± oberständig
Frucht: Kapsel. Samen viele, mit Haaren
Kennzeichen: Staude, epiphytisch. Blüten zwittrig. Kronblätter mit 2 Schüppchen. Kapsel. Samen mit Haaren

Wittrockia Lindm.

Ableitung: Gattung zu Ehren von Veit Brecher Wittrock (1839–1914), einem schwedischen Botaniker benannt
Arten: 6
Lebensform: Staude, epiphytisch oder nicht
Blätter: grundständig, einfach, gezähnt
Blütenstand: in der Blattrosette sitzend, ± Ähre
Blüten: zwittrig, radiär. Kelchblätter frei oder verwachsen. Kronblätter verwachsen, mit Schüppchen, grünlich weiß, blau. Staubblätter frei, verwachsen mit den Kronblättern. Fruchtknoten unterständig
Frucht: Beere. Samen ungeflügelt
Kennzeichen: Staude, epiphytisch oder nicht. Blütenstand in der Blattrosette sitzend. Kronblätter mit Schüppchen. Staubblätter verwachsen mit den Kronblättern. Beere

Butomaceae Schwanenblumengewächse

Butomus L.

Ableitung: antiker Pflanzenname
Vulgärnamen: D:Blumenbinse; E:Flowering Rush; F:Butome, Jonc fleuri
Arten: 1
Lebensform: Staude. Wasserpflanze
Blätter: grundständig, einfach

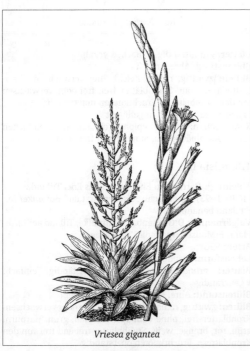

Vriesea gigantea

Butomus umbellatus

Blütenstand: doldenartig
Blüten: zwittrig, radiär. Perigonblätter 6, frei, weiß, rosa. Staubblätter 9, frei. Fruchtblätter 6, nur am Grund verwachsen, oberständig. Plazentation laminal
Frucht: Bälge
Kennzeichen: Staude. Wasserpflanze. Blätter grundständig. Blütenstand doldenartig. Blüten zwittrig, radiär. Perigonblätter 6, frei. Staubblätter 9. Fruchtblätter 6, nur am Grund verwachsen, oberständig. Plazentation laminal. Bälge

Cannaceae Blumenrohrgewächse

Canna L.

Ableitung: antiker Name für Rohr
Vulgärnamen: D:Blumenrohr; E:Canna Lily; F:Balisier
Arten: 23
Lebensform: Staude
Blätter: wechselständig
Blütenstand: Ähre, Traube, Rispe
Blüten: zwittrig, zygomorph. Kelchblätter 3, frei. Kronblätter 3, verwachsen, rot, orange, gelb, orange, rosa, weiß. Staubblätter 1 und 1–5 Staminodien, frei, mit dem Perigon verwachsen. Fruchtblätter 3, verwachsen, unterständig. Plazentation zentralwinkelständig
Frucht: Kapsel
Kennzeichen: Staude. Blüten zygomorph. Kelchblätter 3, frei. Kronblätter 3, verwachsen. Staubblätter 1 und 1–5 Staminodien mit dem Perigon verwachsen. Fruchtblätter 3, verwachsen, unterständig. Kapsel

Canna indica

Colchicaceae Zeitlosengewächse

1 Blätter grundständig. Antheren nach innen sich öffnend (intrors). (Pflanzen mit Knolle. Kapsel wandspaltig)
 2 Griffel 3 getrennte
  3 Perigonblätter frei . . . . **Merendera**
  3 Perigonblätter verwachsen. . . . . . **Colchicum**
 2 Griffel 3-spaltig. (Perigonblätter frei) . . . . . .
   . . . .**Bulbocodium**
1 Blätter am Stängel verteilt
 4 Perigonblätter frei, zurückgeschlagen. Kapsel fachspaltig. (Pflanze meist mit den Blattspitzen kletternd) . . . . **Gloriosa**
 4 Perigonblätter verwachsen. Kapsel wandspaltig
  5 Blüten einzeln, seitlich
   6 Perigon nur am Grund verwachsen, glockig. . . . . **Littonia**
   6 Perigon hoch verwachsen, krugförmig. . . . . **Sandersonia**
  5 Blüten in Ähren. . . . . **Wurmbea**

Bulbocodium L.

Ableitung: Zwiebel mit Fell
Vulgärnamen: D:Lichtblume; F:Bulbocode
Arten: 2
Lebensform: Staude mit Knolle
Blätter: grundständig
Blütenstand: einzeln
Blüten: zwittrig, radiär. Perigonblätter 6, frei, lila, weiß. Staubblätter 6, frei, mit dem Perigon verwachsen. Antheren nach innen sich öffnend. Fruchtblätter 3, verwachsen, oberständig. Griffel 3-spaltig. Plazentation zentralwinkelständig
Frucht: Kapsel, wandspaltig
Kennzeichen: Staude mit Knolle. Blätter grundständig. Blüten einzeln, radiär. Perigonblätter 6, frei. Staubblätter 6. Antheren nach innen sich öffnend. Fruchtblätter 3, verwachsen, oberständig. Griffel 3-spaltig. Kapsel wandspaltig

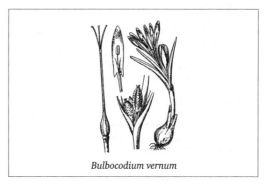

Bulbocodium vernum

Colchicum L.

Ableitung: antiker Pflanzenname
Vulgärnamen: D:Zeitlose; E:Autumn Crocus, Naked Ladies; F:Colchique
Arten: 89
Lebensform: Staude mit Knolle
Blätter: grundständig
Blütenstand: einzeln
Blüten: zwittrig, radiär. Perigonblätter 6, verwachsen, purpurn, rosa, weiß. Staubblätter 6, frei, mit dem Perigon verwachsen. Antheren nach innen sich öffnend. Fruchtblätter 3, verwachsen, oberständig. Griffel 3 getrennt. Plazentation zentralwinkelständig

980 Colchicaceae Zeitlosengewächse

Colchicum autumnale

Frucht: Kapsel, wandspaltig
Kennzeichen: Staude mit Knolle. Blätter grundständig. Blüten einzeln, radiär. Perigonblätter 6, verwachsen. Staubblätter 6. Antheren nach innen sich öffnend. Fruchtblätter 3, verwachsen, oberständig. Griffel 3 getrennt. Kapsel, wandspaltig

Gloriosa L.

Ableitung: ruhmreiche Pflanze
Vulgärnamen: D:Ruhmeskrone; E:Climbing Lily, Glory Lily; F:Gloriosa, Superbe de Malabar
Arten: 4
Lebensform: Staude, kletternd mit lang ausgezogenen Blattspitzen
Blätter: wechselständig, gegenständig, quirlständig
Blütenstand: einzeln, seitlich
Blüten: zwittrig, radiär. Perigonblätter 6, frei, zurückgeschlagen, gelb, rot, purpurn. Staubblätter 6, frei, frei von dem Perigon. Fruchtblätter 3, verwachsen, oberständig. Plazentation zentralwinkelständig
Frucht: Kapsel, fachspaltig
Kennzeichen: Staude, kletternd mit lang ausgezogenen Blattspitzen. Blüten radiär. Perigonblätter 6, frei, zurückgeschlagen. Staubblätter 6. Fruchtblätter 3, verwachsen, oberständig. Kapsel fachspaltig

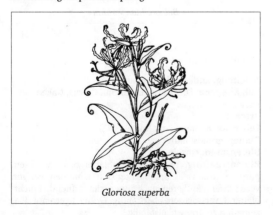

Gloriosa superba

Littonia Hook.

Ableitung: Gattung zu Ehren von Samuel Litton (1781–1847), einem irischen Botaniker benannt
Vulgärnamen: D:Kletterlilie; E:Climbing Lily
Arten: 7
Lebensform: Staude, kletternd
Blätter: wechselständig, gegenständig, quirlständig
Blütenstand: einzeln, seitlich
Blüten: zwittrig, radiär. Perigonblätter 6, glockig, am Grund verwachsen, orange bis gelb. Staubblätter 6, frei. Fruchtblätter 3, verwachsen, oberständig. Plazentation zentralwinkelständig
Frucht: Kapsel, wandspaltig
Kennzeichen: Staude, kletternd. Blüten einzeln, seitlich, radiär. Perigonblätter 6, glockig, am Grund verwachsen. Staubblätter 6. Fruchtblätter 3, verwachsen, oberständig. Kapsel wandspaltig

Littonia modesta

Merendera Ramond

Ableitung: nach einem antiken Pflanzennamen
Arten: 16

Merendera bulbocodium

Lebensform: Staude mit Knolle
Blätter: grundständig
Blütenstand: einzeln
Blüten: zwittrig, radiär. Perigonblätter 6, frei, rosa, purpurn. Staubblätter 6, frei, mit dem Perigon verwachsen. Antheren nach innen sich öffnend. Fruchtblätter 3, verwachsen, oberständig. Griffel 3 getrennt. Plazentation zentralwinkelständig
Frucht: Kapsel, wandspaltig
Kennzeichen: Staude mit Knolle. Blätter grundständig. Blüten einzeln, radiär. Perigonblätter 6, frei. Staubblätter 6, frei. Antheren nach innen sich öffnend. Fruchtblätter 3, verwachsen, oberständig. Griffel 3 getrennt. Kapsel wandspaltig

Sandersonia Hook.

Ableitung: Gattung zu Ehren von John Sanderson (1820/21–1881), einem schottischen Pflanzensammler, dem Entdecker der Pflanze, benannt
Vulgärnamen: D:Laternenlilie; E:Chinese Lantern Lily; F:Cloche de Noël, Lanterne chinoise
Arten: 1
Lebensform: Staude
Blätter: wechselständig
Blütenstand: einzeln
Blüten: zwittrig, radiär. Perigonblätter 6, krugförmig, hoch verwachsen, orange. Staubblätter 6, frei, mit dem Perigon verwachsen. Fruchtblätter 3, verwachsen, oberständig. Plazentation zentralwinkelständig
Frucht: Kapsel, wandspaltig
Kennzeichen: Staude. Blütenstand einzeln, radiär. Perigonblätter 6, krugförmig, hoch verwachsen. Staubblätter 6. Fruchtblätter 3, verwachsen, oberständig. Kapsel wandspaltig

Wurmbea Thunb.

Ableitung: Gattung zu Ehren von Friedrich Baron van Wurmb (?–1781), einem niederländischen Botaniker benannt
Arten: 42
Lebensform: Staude
Blätter: wechselständig
Blütenstand: Ähre
Blüten: zwittrig, radiär. Perigonblätter 6, verwachsen. Staubblätter 6, frei, mit dem Perigon verwachsen. Fruchtblätter 3, verwachsen, oberständig. Plazentation zentralwinkelständig
Frucht: Kapsel, wandspaltig
Kennzeichen: Staude. Blüten in Ähren, radiär. Perigonblätter 6, verwachsen. Staubblätter 6. Fruchtblätter 3, verwachsen, oberständig. Kapsel wandspaltig

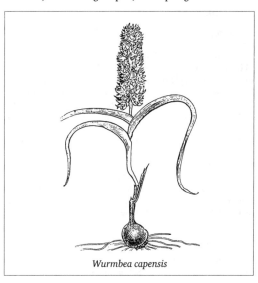

Wurmbea capensis

Sandersonia aurantiaca

Commelinaceae Commelinengewächse

1 Frucht eine Beere. (Staubblätter 3 oder 2) **Palisota**
1 Frucht eine Kapsel
  2 Blütenstand eine Rispe
    3 Staubblätter 5–6 . . . . **Dichorisandra**
    3 Staublätter 3 und 2–3 Staminodien . . **Aneilema**
  2 Blütenstand cymös
    4 Kronblätter verwachsen
      5 Blüten gestielt. Staubblätter frei von der Krone
        . . . . **Cyanotis**
      5 Blüten sitzend in Köpfchen. Staubblätter verwachsen mit der Krone
        6 Blätter wechselständig. Samen 1–2 je Fach . . . . **Coleotrype**
        6 Blätter ± grundständig. Samen mehrere je Fach . . . . **Weldenia**
    4 Kronblätter frei
      7 Blätter ± grundständig . . . . **Siderasis**
      7 Blätter wechselständig

8   Blütenstand grundständig. . . **Geogenanthus**
8   Blütenstand seitlich oder endständig
  9   Blütenstand in spathaartigen Deckblättern
    10   Staubblätter 6 fruchtbare. Blüten ± radiär
        . . . . **Tradescantia**
    10   Staubblätter 3 fertile. Blüten zygomorph .
        . . . . **Commelina**
  9   Blütenstand mit kleinen Deckblättern
    11   Blüten radiär. (Staubblätter 6 oder 3 mit
         breitem Konnektiv) . . . . **Callisia**
    11   Blüten zygomorph
      12   Blütenstände zu 2 vereint. Samenanlagen
           1-2 je Fach . . . . **Tripogandra**
      12   Blütenstände nicht zu 2 vereint.
           Samenanlagen 2-5 je Fach . . . **Tinantia**

Aneilema R. Br.

Ableitung: ohne Hülle
Arten: 62
Lebensform: Staude, Einjährige
Blätter: wechselständig, einfach
Blütenstand: rispig mit Wickeln. endständig, seitlich
Blüten: zwittrig, zygomorph. Kelchblätter frei. Kronblätter 3, frei, weiß, lila, blau, gelb, orange. Staubblätter 3 und 2-3 Staminodien, frei oder am Grund verwachsen. Staubfäden behaart oder kahl. Fruchtblätter 2-3, selten 1, verwachsen, oberständig. Plazentation zentralwinkelständig, mit 1-6 Samen je Fach
Frucht: Kapsel
Kennzeichen: Staude oder Einjährige. Blütenstand rispig mit Wickeln. Blüten zygomorph. Kelchblätter frei. Kronblätter 3, frei. Staubblätter 3 und 2-3 Staminodien. Fruchtblätter 2-3, selten 1, verwachsen, oberständig. Kapsel

Callisia Loefl.

Ableitung: Schönheit
Vulgärnamen: D:Callisie, Schönpolster; F:Callisia
Arten: 20
Lebensform: Staude, Einjährige, Staude
Blätter: wechselständig, einfach
Blütenstand: cymös mit kleinen Deckblättern

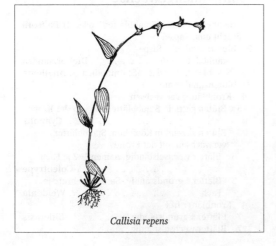
Callisia repens

Blüten: zwittrig oder eingeschlechtig, radiär. Kelchblätter 3-2, frei. Kronblätter 3, frei, weiß, rosa, blau. Staubblätter 3 oder 6, frei und frei von der Krone. Staubfäden behaart oder kahl. Konnektiv breit. Fruchtblätter 2-3, verwachsen, oberständig. Plazentation zentralwinkelständig, mit 1-2 Samen je Fach
Frucht: Kapsel
Kennzeichen: Staude, Einjährige, Staude. Blätter wechselständig. Blütenstand cymös mit kleinen Deckblättern. Blüten radiär. Kelchblätter 3-2, frei. Kronblätter 3, frei. Staubblätter 3 oder 6. Fruchtblätter 2-3, verwachsen, oberständig. Kapsel mit 1-2 Samen je Fach

Coleotrype C.B. Clarke

Ableitung: gebohrte Scheide
Arten: 9
Lebensform: Staude
Blätter: wechselständig, einfach
Blütenstand: Köpfchen
Blüten: zwittrig, radiär oder zygomorph. Kelchblätter 3, frei. Kronblätter 3, verwachsen. Staubblätter 6, frei, verwachsen mit der Krone. Staubfäden behaart oder kahl. Antheren mit Schlitzen oder Poren. Fruchtblätter 3, verwachsen, oberständig. Plazentation zentralwinkelständig, mit 1-2 Samen je Fach
Frucht: Kapsel
Kennzeichen: Staude. Blätter wechselständig. Blüten in Köpfchen. Kelchblätter 3, frei. Kronblätter 3, verwachsen. Staubblätter 6. Fruchtblätter 3, verwachsen, oberständig. Kapsel mit 1-2 Samen je Fach

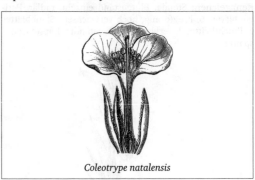
Coleotrype natalensis

Commelina L.

Ableitung: Gattung zu Ehren von Johan Commelyn (1629-1692) und Caspar Commelyn (1667-1731), beides niederländische Botaniker (Onkel und Neffe) benannt
Vulgärnamen: D:Commeline, Tagblume; E:Dayflower; F:Comméline, Ephémère
Arten: 209
Lebensform: Staude, Einjährige
Blätter: wechselständig, einfach
Blütenstand: cymös in spathaartigen Deckblättern
Blüten: zwittrig, selten eingeschlechtig, zygomorph. Kelchblätter 3 frei oder 2 verwachsen. Kronblätter 3, frei, weiß, blau, gelb. Staubblätter 3 fertil, frei und frei von der Krone. Staubfäden kahl. Konnektiv schmal. Fruchtblätter

3, verwachsen, oberständig, 2–3, selten 1-fächerig. Plazentation zentralwinkelständig, mit 2 Samen je Fach
Frucht: Kapsel
Kennzeichen: Staude, Einjährige. Blütenstand cymös in spathaartigen Deckblättern. Blüten zygomorph. Kelchblätter 3 frei oder 2 verwachsen. Kronblätter 3, frei. Staubblätter 3 fertil. Staubfäden kahl. Fruchtblätter 3, verwachsen, oberständig. Kapsel

Commelina communis

Cyanotis D. Don

Ableitung: blaues Ohr
Vulgärnamen: D:Teddybärpflanze; E:Teddy Bear Vine
Arten: 49
Lebensform: Staude, Einjährige
Blätter: wechselständig, einfach

Cyanotis somaliensis

Blütenstand: cymös in spathaartigen Deckblättern oder einzeln gestielt
Blüten: zwittrig, ± radiär. Kelchblätter 3, frei oder verwachsen. Kronblätter 3, frei oder am Grund verwachsen, blau, rötlich. Staubblätter 6, frei und frei von der Krone. Staubfäden behaart, selten kahl. Konnektiv schmal. Fruchtblätter 3, verwachsen, oberständig. Plazentation zentralwinkelständig, mit 2 Samen je Fach
Frucht: Kapsel. Samen mit Anhängsel
Kennzeichen: Staude, Einjährige. Blütenstand cymös in spathaartigen Deckblättern oder einzeln gestielt. Kelchblätter 3. Kronblätter 3, frei oder am Grund verwachsen. Staubblätter 6, frei. Fruchtblätter 3, verwachsen, oberständig. Kapsel. Samen 2 je Fach, mit Anhängsel

Dichorisandra J.C. Mikan

Ableitung: zwei getrennte Staubblattgruppen
Arten: 37
Lebensform: Staude, zum Teil kletternd
Blätter: wechselständig, einfach
Blütenstand: Rispe
Blüten: zwittrig oder eingeschlechig, ± zygomorph. Kelchblätter3, frei. Kronblätter 3, frei oder verwachsen, violett, blau, weiß. Staubblätter 5–6, frei und frei von der Krone. Staubfäden kahl. Konnektiv schmal. Antheren mit Poren, selten mit Schlitzen. Fruchtblätter 3, verwachsen, oberständig. Plazentation zentralwinkelständig, mit mehrere Samen je Fach
Frucht: Kapsel. Samen mit Anhängsel
Kennzeichen: Staude, zum Teil kletternd. Blüten in Rispen. Kelchblätter 3. Kronblätter 3, frei oder verwachsen. Staubblätter 5–6. Antheren mit Poren, selten mit Schlitzen. Fruchtblätter 3, verwachsen, oberständig. Kapsel. Samen mit Anhängsel

Dichorisandra penduliflora

Geogenanthus Ule

Ableitung: aus der Erde gewachsene Blüte
Arten: 3
Lebensform: Staude
Blätter: wechselständig, einfach
Blütenstand: grundständig, cymös
Blüten: zwittrig, ± zygomorph. Kelchblätter 3, frei. Kronblätter 3, frei, gelb, violett, purpurn, rosa, rot. Staubblätter 5–6, frei und frei von der Krone. Staubfäden 3 behaart. Konnektiv schmal. Fruchtblätter 3, verwachsen, oberständig. Plazentation zentralwinkelständig, mit 4–6 Samen je Fach
Frucht: Kapsel
Kennzeichen: Staude. Blätter wechselständig. Blütenstand grundständig, cymös. Kelchblätter 3, frei. Kronblätter 3, frei. Staubblätter 5–6. Staubfäden 3 behaart. Fruchtblätter 3, verwachsen, oberständig. Kapsel

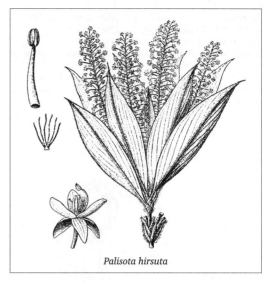
Palisota hirsuta

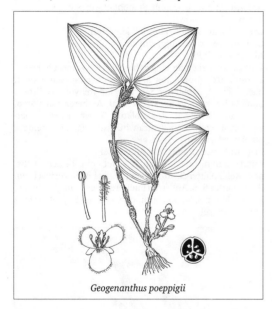
Geogenanthus poeppigii

Palisota Rchb. ex Endl.

Ableitung: Gattung zu Ehren von Ambroise Marie François Joseph Palisot de Beauvois (1752–1820), einem französischen Botaniker benannt
Arten: 25
Lebensform: Staude
Blätter: wechselständig oder ± grundständig, einfach
Blütenstand: Rispe, cymös
Blüten: zwittrig oder eingeschlechtig, ± zygomorph. Kelchblätter 3. Kronblätter 3, frei, weiß, rosa, blau. Staubblätter 3, frei und frei von der Krone. Staubfäden behaart. Fruchtblätter 3, verwachsen, oberständig. Plazentation zentralwinkelständig, mit 1–6 Samen je Fach
Frucht: Beere
Kennzeichen: Staude. Kelchblätter 3. Kronblätter 3, frei. Staubblätter 3. Staubfäden behaart. Fruchtblätter 3, verwachsen, oberständig. Beere

Siderasis Raf.

Ableitung: rostige Pflanze
Arten: 2
Lebensform: Staude
Blätter: ± grundständig, einfach
Blütenstand: cymös zu 1–4
Blüten: zwittrig, radiär. Kelchblätter 3, frei. Kronblätter 3, frei, violett, lila. Staubblätter 6, frei und frei von der Krone. Staubfäden kahl. Konnektiv schmal. Fruchtblätter 3, verwachsen, oberständig. Plazentation zentralwinkelständig, mit 4–5 Samen je Fach
Frucht: Kapsel
Kennzeichen: Staude. Blätter ± grundständig. Blüten radiär. Kelchblätter 3, frei. Kronblätter 3, frei. Staubblätter 6. Fruchtblätter 3, verwachsen, oberständig. Kapsel

Tinantia Scheidw.

Ableitung: Gattung zu Ehren von François August Tinant (1803–1853), einem luxemburgischen Botaniker benannt
Vulgärnamen: E:False Dayflower, Widow's Tears
Arten: 13
Lebensform: Einjährige
Blätter: wechselständig, einfach
Blütenstand: cymös mit kleinen Deckblättern
Blüten: zwittrig, selten eingeschlechtig, zygomorph. Kelchblätter 3, frei. Kronblätter 3, frei, blau, purpurn, rosa, weiß. Staubblätter 6, verwachsen oder frei und frei von der Krone. Staubfäden behaart. Konnektiv schmal. Fruchtblätter 3, verwachsen, oberständig. Plazentation zentralwinkelständig, mit 2–5 Samen je Fach
Frucht: Kapsel
Kennzeichen: Einjährige. Blätter wechselständig. Blütenstand cymös mit kleinen Deckblättern. Blüten zygomorph. Kelchblätter 3. Kronblätter 3, frei. Staubblätter 6. Staubfäden behaart. Fruchtblätter 3, verwachsen, oberständig. Kapsel mit 2–5 Samen je Fach

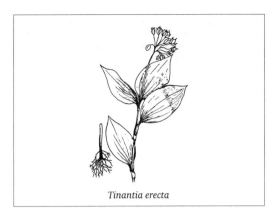
Tinantia erecta

Tradescantia L.

Ableitung: Gattung zu Ehren von John Tradescant (1608–1662), einem englischen Naturforscher benannt
Vulgärnamen: D:Dreimasterblume, Tradeskantie; E:Spiderwort; F:Ephémère
Arten: 73
Lebensform: Staude, Einjährige
Blätter: wechselständig, einfach
Blütenstand: in spathaartigen Deckblättern
Blüten: zwittrig, radiär. Kelchblätter 3, ± frei. Kronblätter 3, frei, blau, rosa, weiß, lila, purpurn. Staubblätter 6, frei von der Krone. Staubfäden behaart oder kahl. Konnektiv breit. Fruchtblätter 3, verwachsen, oberständig. Plazentation zentralwinkelständig, mit 2, selten 1 Samen je Fach
Frucht: Kapsel
Kennzeichen: Staude, Einjährige. Blätter wechselständig. Blütenstand in spathaartigen Deckblättern. Blüten radiär. Kelchblätter 3. Kronblätter 3. Staubblätter 6. Fruchtblätter 3, verwachsen, oberständig. Kapsel

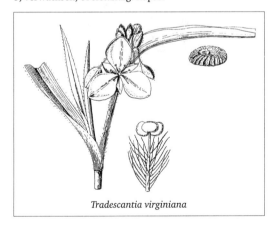
Tradescantia virginiana

Tripogandra Raf.

Ableitung: drei Staubblätter mit Bärten
Arten: 22
Lebensform: Staude, Einjährige
Blätter: wechselständig, einfach
Blütenstand: cymös, zu 2 vereint, mit kleinen Deckblättern
Blüten: zwittrig, ± zygomorph. Kelchblätter 3, frei. Kronblätter 3, frei, weiß, rosa. Staubblätter 6, 3 kurze und 3 lange, frei und frei von der Krone. Staubfäden behaart, selten kahl. Fruchtblätter 3, verwachsen, oberständig. Plazentation zentralwinkelständig, mit 1–2 Samen je Fach
Frucht: Kapsel
Kennzeichen: Staude, Einjährige. Blätter wechselständig. Blütenstand: cymös, zu 2 vereint, mit kleinen Deckblättern. Blüten ± zygomorph. Kelchblätter 3, frei. Kronblätter 3, frei. Staubblätter 6, 3 kurze und 3 lange. Fruchtblätter 3, verwachsen, oberständig. Kapsel mit 1–2 Samen je Fach

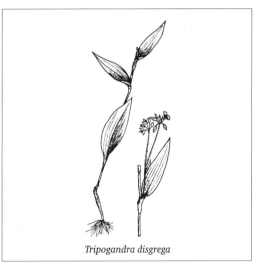
Tripogandra disgrega

Weldenia Schult. f.

Ableitung: Gattung zu Ehren von Ludwig Freiherr von Welden (1780–1853), einem deutschen Alpenforscher benannt
Vulgärnamen: D:Weldenie
Arten: 1
Lebensform: Staude
Blätter: wechselständig oder grundständig, einfach
Blütenstand: köpfchenartig
Blüten: zwittrig, radiär. Kelchblätter 3, verwachsen. Kronblätter 3, verwachsen, weiß, selten blau. Staubblätter 6, frei, verwachsen mit der Krone. Staubfäden kahl. Fruchtblätter 3, verwachsen, oberständig. Plazentation zentralwinkelständig, mit mehreren Samen je Fach
Frucht: Kapsel
Kennzeichen: Staude. Blätter wechselständig oder grundständig. Blütenstand: köpfchenartig. Blüten radiär. Kelchblätter 3, verwachsen. Kronblätter 3, verwachsen. Staubblätter 6. Fruchtblätter 3, verwachsen, oberständig. Kapsel mit mehreren Samen je Fach

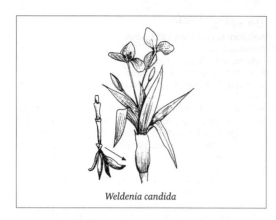
Weldenia candida

Convallariaceae Maiglöckchengewäche

1 Fruchtknoten halbunterständig oder unterständig
  2 Frucht eine Kapsel. . . . . **Peliosanthes**
  2 Frucht beerenertig. . . . . **Ophiopogon**
1 Fruchtknoten oberständig
  3 Perigonblätter frei
    4 Perigonblätter 4 . . . . **Maianthemum**
    4 Perigonblätter 6
      5 Blätter grundständig
        6 Frucht eine Kapsel. . . . . **Liriope**
        6 Frucht eine Beere
          7 Perigon außen behaart. . . . . . . **Clintonia**
          7 Perigon außen kahl. . . . . **Speirantha**
      5 Blätter wechselständig
        8 Blüten nickend
          9 Blätter 2-zeilig. (Frucht eine Beere) . . . . .
          . . . .**Disporum**
          9 Blätter wechselständig schraubig
            10 Frucht eine Kapsel
              11 äußere Perigonblätter ausgebreitet, mit Nektarien, oft bauchig . . . . . **Tricyrtis**
              11 äußere Perigonblätter ohne Nektarien, ± röhrig . . . . **Uvularia**
            10 Frucht eine Beere. (Blütenstiele geknickt)
            . . . . **Streptopus**
        8 Blüten nicht nickend, in aufrechter Traube oder Rispe . . . .**Smilacina**
  3 Perigonblätter verwachsen. (Frucht eine Beere)
    12 Blütenstand eine Ähre. (Blätter grundständig)
      13 Blüten rosa bis fleischfarben. Narbe klein . .
      . . . . **Reineckea**
      13 Blüten gelblich. Breite Narbenlappen. . . . .
      . . . . **Rohdea**
    12 Blütenstand mit gestielten Blüten
      14 Blüten nickend
        15 Blütenstand eine endständige, einseitige Traube mit unscheinbaren Deckblättern. (Blätter ± grundständig) . . . . **Convallaria**
        15 Blütenstand mit einzelnen blattachselständigen Blüten oder Trauben oder Dolden . . . .**Polygonatum**
      14 Blüten nicht nickend

16 Blüten in Trauben oder Rispen, weiß oder grünlich weiß. . . . .**Smilacina**
16 Blüten einzeln seitenständig, braun, purpurn oder grün . . . .**Aspidistra**

Die systematische Stellung einiger Gattungen ist unklar.

Aspidistra Ker-Gawl.

Ableitung: Schild-Pflanze
Vulgärnamen: D:Schildnarbe, Schusterpalme; E:Bar-Room Plant; F:Aspidistra, Plante des concierges
Arten: 62
Lebensform: Staude
Blätter: grundständig, einfach
Blütenstand: einzeln, seitlich
Blüten: zwittrig, radiär. Perigonblätter 6-8, verwachsen, braun, purpurn, grün. Staubblätter 4-12, mit dem Perigon verwachsen. Fruchtblätter 3-5, verwachsen, oberständig. Plazentation zentralwinkelständig, Samen 1 bis viele je Fach
Frucht: Beere
Kennzeichen: Staude. Blätter grundständig. Blüten einzeln, seitlich, radiär. Perigonblätter 6-8, verwachsen. Staubblätter 4-12. Fruchtblätter 3-5, verwachsen, oberständig. Beere

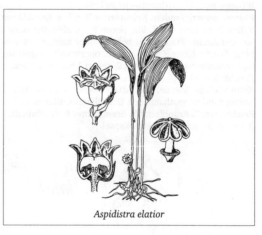
Aspidistra elatior

Clintonia Raf.

Ableitung: Gattung zu Ehren von De Witt Clinton (1769-1828), einem Gouverneur von New York benannt
Vulgärnamen: D:Clintonie
Arten: 5
Lebensform: Staude
Blätter: grundständig, einfach
Blütenstand: Dolde, Traube, einzeln
Blüten: zwittrig, radiär. Perigonblätter 6, frei, außen behaart, weiß. Staubblätter 6, mit dem Perigon verwachsen. Fruchtblätter 2-3, verwachsen, oberständig. Plazentation zentralwinkelständig, Samen 2-12 je Fach
Frucht: Beere
Kennzeichen: Staude. Blätter grundständig.

Convallariaceae Maiglöckchengewächse

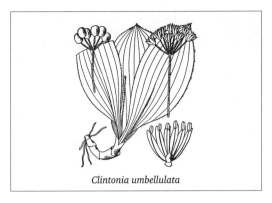
Clintonia umbellulata

Blüten: zwittrig, radiär. Perigonblätter 6, frei, außen behaart. Staubblätter 6. Fruchtblätter 2–3, verwachsen, oberständig. Beere

Convallaria L.

Ableitung: Täler-Pflanze
Vulgärnamen: D:Maiglöckchen; E:Lily of the Valley; F:Muguet
Arten: 3
Lebensform: Staude
Blätter: ± grundständig, 2-zeilig, einfach
Blütenstand: Traube einseitswendig, Blüten nickend
Blüten: zwittrig, radiär. Perigonblätter 6, verwachsen, weiß, rosa. Staubblätter 6, mit dem Perigon verwachsen. Fruchtblätter 3, verwachsen, oberständig. Plazentation zentralwinkelständig, Samen 4–8 je Fach
Frucht: Beere
Kennzeichen: Staude. Blätter ± grundständig, 2-zeilig. Blüten in einseitswendigen Trauben, nickend, radiär. Perigonblätter 6, verwachsen. Staubblätter 6. Fruchtblätter 3, verwachsen, oberständig. Beere

Convallaria majalis

Disporum Salisb. ex G. Don

Ableitung: zwei Samen
Vulgärnamen: D:Feenglöckchen; E:Fairy Bells; F:Clochette des fées
Arten: 20

Lebensform: Staude
Blätter: wechselständig, 2-zeilig, einfach
Blütenstand: einzeln, zu 2–3, Dolde, Blüten nickend
Blüten: zwittrig, radiär. Perigonblätter 6, frei, weiß, gelb, grün. Staubblätter 6, mit dem Perigon verwachsen. Fruchtblätter 3, verwachsen, oberständig. Plazentation zentralwinkelständig, Samen 2(6–2) je Fach
Frucht: Beere
Kennzeichen: Staude. Blätter wechselständig, 2-zeilig. Blüten nickend, radiär. Perigonblätter 6, frei. Staubblätter 6. Fruchtblätter 3, verwachsen, oberständig. Beere

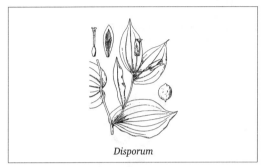
Disporum

Liriope Lour.

Ableitung: nach einer Gestalt der griechischen Mythologie
Vulgärnamen: D:Liriope; E:Lily Turf; F:Liriope
Arten: 6
Lebensform: Staude mit Rhizom
Blätter: grundständig, einfach
Blütenstand: Traube, Rispe, endständig
Blüten: zwittrig, radiär. Perigonblätter 6, frei, weiß, purpurn, lila, violett. Staubblätter 6, mit dem Perigon verwachsen. Fruchtblätter 3, verwachsen, oberständig. Plazentation zentralwinkelständig, Samen 2 je Fach
Frucht: Kapsel, 1-samig
Kennzeichen: Staude mit Rhizom. Blätter grundständig. Blüten radiär. Perigonblätter 6, frei. Staubblätter 6, mit dem Perigon verwachsen. Fruchtblätter 3, verwachsen, oberständig. Kapsel, 1-samig

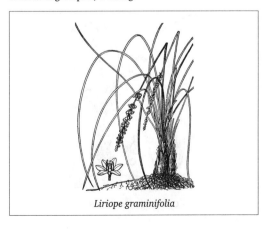
Liriope graminifolia

Maianthemum Weber

Ableitung: Mai-Blume
Vulgärnamen: D:Schattenblümchen; E:May Lily; F:Maïanthème
Arten: 3
Lebensform: Staude
Blätter: wechselständig, 2-zeilig, einfach
Blütenstand: Traube, endständig
Blüten: zwittrig, radiär. Perigonblätter 4, frei, weiß. Staubblätter 4, frei von dem Perigon. Fruchtblätter 2, verwachsen, oberständig. Plazentation zentralwinkelständig, Samen 2 je Fach
Frucht: Beere
Kennzeichen: Staude. Blüten radiär. Perigonblätter 4, frei. Staubblätter 4. Fruchtblätter 2, verwachsen, oberständig. Beere

Maianthemum bifolium

Ophiopogon Ker-Gawl.

Ableitung: Übersetzung des japanischen Pflanzennamens: Schlangen-Bart
Vulgärnamen: D:Schlangenbart; E:Lilyturf; F:Barbe de serpent, Herbe aux turquoises
Arten: 65
Lebensform: Staude

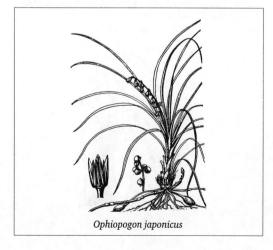

Ophiopogon japonicus

Blätter: grundständig, wechselständig, einfach
Blütenstand: Traube, Ähre, endständig
Blüten: zwittrig, radiär. Perigonblätter 6, frei oder verwachsen, weiß, lila, blau. Staubblätter 6, mit dem Perigon verwachsen. Fruchtblätter 3, verwachsen, halbunterständig. Plazentation zentralwinkelständig, Samen 2-6 je Fach
Frucht: ± Beere
Kennzeichen: Staude. Blüten in Trauben oder Ähren, radiär. Perigonblätter 6. Staubblätter 6. Fruchtblätter 3, verwachsen, halbunterständig. Frucht ± eine Beere

Peliosanthes Andrews

Ableitung: dunkelblaue Blüte
Arten: 16
Lebensform: Staude
Blätter: grundständig, wechselständig, einfach
Blütenstand: Traube, endständig
Blüten: zwittrig, radiär. Perigonblätter 6, verwachsen, grün, blau, violett, purpurn. Staubblätter 6, mit dem Perigon verwachsen. Fruchtblätter 3, verwachsen, zumindest halbunterständig. Plazentation zentralwinkelständig, Samen 1-5 je Fach
Frucht: Kapsel
Kennzeichen: Staude. Blüten radiär. Perigonblätter 6. Staubblätter 6. Fruchtblätter 3, verwachsen, zumindest halbunterständig. Kapsel

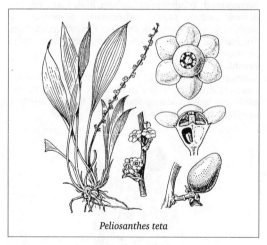

Peliosanthes teta

Polygonatum Mill.

Ableitung: antiker Pflanzenname
Vulgärnamen: D:Salomonssiegel, Weißwurz; E:Solomon's Seal; F:Sceau de Salomon
Arten: 71
Lebensform: Staude
Blätter: wechselständig, quirlständig, gegenständig, einfach
Blütenstand: einzeln, Traube, Dolde, seitlich, Blüten nickend
Blüten: zwittrig, radiär. Perigonblätter 6, verwachsen, weiß, grün, gelblich. Staubblätter 6, mit dem Perigon ver-

wachsen. Fruchtblätter 3, verwachsen, oberständig. Plazentation zentralwinkelständig, Samen 4–6 je Fach
Frucht: Beere
Kennzeichen: Staude. Blüten nickend, radiär. Perigonblätter 6, verwachsen. Staubblätter 6. Fruchtblätter 3, verwachsen, oberständig. Beere

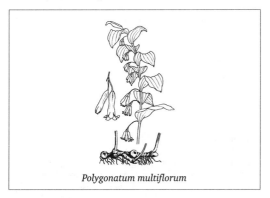

Polygonatum multiflorum

Reineckea Kunth

Ableitung: Gattung zu Ehren von Johann Heinrich Julius Reinecke (ca. 1799–1871), einem deutschen Gärtner benannt
Vulgärnamen: D:Reineckie; E:Reineckea; F:Reinecéa
Arten: 1
Lebensform: Staude
Blätter: grundständig, 2-zeilig, einfach
Blütenstand: Ähre, seitlich
Blüten: zwittrig, radiär. Perigonblätter 6, verwachsen, rosa, fleischfarben. Staubblätter 6, mit dem Perigon verwachsen. Fruchtblätter 3, verwachsen, oberständig. Narbe klein. Plazentation zentralwinkelständig, Samen 2 je Fach
Frucht: Beere
Kennzeichen: Staude. Blätter grundständig. Blüten in seitlichen Ähren, radiär. Perigonblätter 6, verwachsen. Staubblätter 6. Fruchtblätter 3, verwachsen, oberständig. Narbe klein. Beere

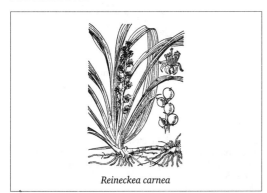

Reineckea carnea

Rohdea Roth

Ableitung: Gattung zu Ehren von Michael Rohde (1782–1812), einem deutschen Arzt und Botaniker benannt
Arten: 1
Lebensform: Staude
Blätter: grundständig, einfach
Blütenstand: Ähre
Blüten: zwittrig, radiär. Perigonblätter 6, verwachsen, gelblich. Staubblätter 6, mit dem Perigon verwachsen. Fruchtblätter 3, verwachsen, oberständig. Breite Narbenlappen. Plazentation zentralwinkelständig, Samen 1 bis selten 2 je Fach
Frucht: Beere
Kennzeichen: Staude. Blätter grundständig. Blüten in Ähren. Blüten radiär. Perigonblätter 6, verwachsen, gelblich. Staubblätter 6. Fruchtblätter 3, verwachsen, oberständig. Breite Narbenlappen. Beere

Rohdea japonica

Smilacina Desf.

Ableitung: Smilax-Pflanze
Vulgärnamen: D:Duftsiegel; E:False Salomon's Seal; F:Petit smilax
Arten: 25
Lebensform: Staude
Blätter: wechselständig, einfach
Blütenstand: Traube, Rispe mit aufrechten Blüten
Blüten: zwittrig, radiär. Perigonblätter 6, frei oder verwachsen, weiß, grünlich weiß. Staubblätter 6, mit dem Perigon verwachsen. Fruchtblätter 3, verwachsen, oberständig. Plazentation zentralwinkelständig, Samen wenige je Fach

Smilacina racemosa

Frucht: Beere
Kennzeichen: Staude. Blätter wechselständig. Blüten in Trauben oder Rispen mit aufrechten Blüten, radiär. Perigonblätter 6, frei oder verwachsen. Staubblätter 6. Fruchtblätter 3, verwachsen, oberständig. Beere

Speirantha Baker

Ableitung: Kranz-Blüte
Arten: 1
Lebensform: Staude
Blätter: grundständig, einfach
Blütenstand: Traube
Blüten: zwittrig, radiär. Perigonblätter 6, frei, außen kahl, weiß. Staubblätter 6, mit dem Perigon verwachsen. Fruchtblätter 3, verwachsen, oberständig. Plazentation zentralwinkelständig, Samen 3–4 je Fach
Frucht: Beere
Kennzeichen: Staude. Blätter grundständig. Blüten radiär. Perigonblätter 6, frei, außen kahl. Staubblätter 6. Fruchtblätter 3, verwachsen, oberständig. Beere

Speirantha gardenii

Streptopus Michx.

Ableitung: gedrehter Fuß
Vulgärnamen: D:Knotenfuß; E:Twisted Stalk; F:Streptope
Arten: 8
Lebensform: Staude
Blätter: wechselständig, einfach
Blütenstand: einzeln, zu 2, seitlich, Blüten nickend mit geknickten Blütenstielen

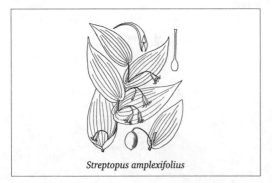

Streptopus amplexifolius

Blüten: zwittrig, radiär. Perigonblätter 6, frei, weiß, rosa, braun. Staubblätter 6, mit dem Perigon verwachsen. Fruchtblätter 3, verwachsen, oberständig. Plazentation zentralwinkelständig, Samen 6–8 je Fach
Frucht: Beere
Kennzeichen: Staude. Blätter wechselständig. Blüten nickend mit geknickten Blütenstielen, radiär. Perigonblätter 6, frei. Staubblätter 6. Fruchtblätter 3, verwachsen, oberständig. Beere

Tricyrtis Wall.

Ableitung: dreimal krumm
Vulgärnamen: D:Höckerblume, Krötenlilie; E:Toad Lily; F:Lis des crapauds
Arten: 22
Lebensform: Staude
Blätter: wechselständig, schraubig, einfach
Blütenstand: cymös, selten Traube, nickend
Blüten: zwittrig, radiär. Perigonblätter 6, frei, äußere mit Nektarien, weiß, gelb, purpurn. Staubblätter 6, mit dem Perigon frei. Fruchtblätter 3, verwachsen, oberständig. Plazentation zentralwinkelständig, Samen viele je Fach
Frucht: Kapsel, wandspaltig
Kennzeichen: Staude. Blätter wechselständig, schraubig. Blüten nickend, radiär. Perigonblätter 6, frei, äußere mit Nektarien. Staubblätter 6. Fruchtblätter 3, verwachsen, oberständig. Kapsel wandspaltig

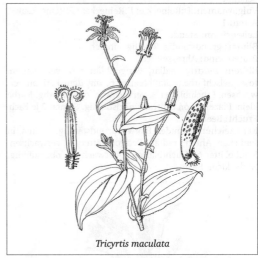

Tricyrtis maculata

Uvularia L.

Ableitung: Pflanze mit kleinen Trauben
Vulgärnamen: D:Goldglocke, Goldsiegel, Trauerglocke; E:Bellwort, Merry-Bells, Wild Oats; F:Uvulaire
Arten: 5
Lebensform: Staude
Blätter: wechselständig, schraubig, einfach
Blütenstand: einzeln, zu 2, Blüten nickend
Blüten: zwittrig, radiär. Perigonblätter 6, frei, röhrig zusammenneigend, ohne Nektarien, gelb, grün. Staubblätter

6, mit dem Perigon verwachsen. Fruchtblätter 3, verwachsen, oberständig. Plazentation zentralwinkelständig
Frucht: Kapsel, wandspaltig
Kennzeichen: Staude. Blätter wechselständig, schraubig. Blüten einzeln oder zu 2, Blüten nickend, radiär. Perigonblätter 6, frei, röhrig zusammenneigend, ohne Nektarien. Staubblätter 6. Fruchtblätter 3, verwachsen, oberständig. Kapsel wandspaltig

Uvularia grandiflora

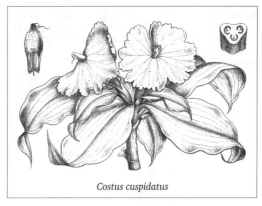
Costus cuspidatus

groß. Staubblätter 1. Fruchtblätter 3, verwachsen, unterständig. Kapsel

Tapeinochilos Miq.

Ableitung: kleine Lippe
Arten: 18
Lebensform: Staude
Blätter: wechselständig
Blütenstand: Köpfchen
Blüten: zwittrig, zygomorph. Kelchblätter 3, verwachsen. Kronblätter 3, verwachsen, Lippe klein, gelb, braun. Staubblätter 1, frei, mit dem Perigon verwachsen. Fruchtknoten 2-fächerig, verwachsen, unterständig. Plazentation zentralwinkelständig
Frucht: Kapsel, fachspaltig
Kennzeichen: Staude. Blüten in Köpfchen, zygomorph. Kelchblätter 3. Kronblätter 3, verwachsen, Lippe klein. Staubblätter 1. Fruchtknoten 2-fächerig, verwachsen, unterständig. Kapsel fachspaltig

Costaceae

| 1 | Fruchtknoten 3-fächrig. Lippe groß . . . . . **Costus** |
| 1 | Fruchtknoten 2-fächrig. Lippe klein . . . . **Tapeinochilos** |

Costus L.

Ableitung: antiker indischer Pflanzenname
Vulgärnamen: D:Kostwurz; E:Spiral Flag, Spiral Ginger; F:Costus
Arten: 112
Lebensform: Staude
Blätter: wechselständig
Blütenstand: Köpfchen
Blüten: zwittrig, zygomorph. Kelchblätter 3, verwachsen. Kronblätter 3, verwachsen, Lippe groß, gelb, rot, weiß. Staubblätter 1, frei, mit dem Perigon verwachsen. Fruchtblätter 3, verwachsen, unterständig. Plazentation zentralwinkelständig
Frucht: Kapsel
Kennzeichen: Staude. Blütenstand in Köpfchen, zygomorph. Kelchblätter 3. Kronblätter 3, verwachsen, Lippe

Cyclanthaceae

1	Blüten männliche und weibliche in getrennten Wirteln. (Blätter 2-teilig bis zum Grund) . . . . **Cyclanthus**
1	Blüten in Gruppen aus 1 weiblichen und 4 umgebenden männlichen
2	Blätter fächerförmig 3–5teilig. . . . **Carludovica**
2	Blätter 2-lappig oder ganzrandig, später ± einreißend
3	Blätter 2-lappig . . . . **Dicranopygium**
3	Blätter einfach . . . . **Ludovia**

Carludovica Ruiz et Pav.

Ableitung: Gattung zu Ehren von König Karl IV. von Spanien (1748–1819) und seiner Gattin Maria Luise (1751–1819) benannt
Vulgärnamen: D:Carludovike, Panamapalme; F:Palmier du Panama
Arten: 4
Lebensform: Strauch, Liane
Blätter: wechselständig, fächerförmig 3- bis 5-teilig
Blütenstand: Kolben mit Gruppen aus 1 weiblichen und 4 umgebenden männlichen Blüten

Blüten: eingeschlechtig, radiär. Perigonblätter 15–20, verwachsen. Staubblätter viele, verwachsen, frei von dem Perigon. Fruchtblätter 4, verwachsen, unterständig. Plazentation parietal
Frucht: Beere
Kennzeichen: Strauch, Liane. Blätter fächerförmig 3- bis 5-teilig. Blüten in Kolben mit Gruppen aus 1 weiblichen und 4 umgebenden männlichen Blüten, eingeschlechtig, radiär. Perigonblätter 15–20, verwachsen. Staubblätter viele, verwachsen. Fruchtblätter 4, verwachsen, unterständig. Plazentation parietal. Beere

Carludovica palmata

Cyclanthus Poit.

Ableitung: Scheiben-Blume
Vulgärnamen: D:Scheibenblume; F:Cyclanthus

Cyclanthus bipartitus

Arten: 2
Lebensform: Staude
Blätter: grundständig, 2-teilig bis zum Grund
Blütenstand: Kolben, männliche und weibliche Blüten in getrennten Wirteln
Blüten: eingeschlechtig, radiär. Perigonblätter fehlend. Staubblätter viele, verwachsen. Fruchtblätter verwachsen, unterständig. Plazentation parietal
Frucht: Beere
Kennzeichen: Staude. Blätter 2-teilig bis zum Grund. Blüten in Kolben, männliche und weibliche Blüten in getrennten Wirteln, eingeschlechtig, radiär. Perigonblätter fehlend. Staubblätter viele, verwachsen. Fruchtknoten unterständig. Plazentation parietal. Beere

Dicranopygium Harling

Ableitung: zweigabeliger Steiß
Arten: 54
Lebensform: Staude
Blätter: wechselständig, 2-lappig
Blütenstand: Kolben mit Gruppen aus 1 weiblichen und 4 umgebenden männlichen Blüten
Blüten: eingeschlechtig, radiär. Perigonblätter verwachsen, rot. Staubblätter viele, verwachsen. Fruchtblätter 4, verwachsen, unterständig. Plazentation parietal
Frucht: Beere
Kennzeichen: Staude. Blätter 2-lappig. Blüten in Kolben mit Gruppen aus 1 weiblichen und 4 umgebenden männlichen Blüten, eingeschlechtig, radiär. Perigonblätter verwachsen. Staubblätter viele, verwachsen. Fruchtblätter 4, verwachsen, unterständig. Plazentation parietal. Beere

Ludovia Brongn.

Ableitung: Gattung zu Ehren von König Karl IV. von Spanien (1748–1819) benannt
Arten: 3
Lebensform: Liane, Staude
Blätter: wechselständig, einfach
Blütenstand: Kolben mit Gruppen aus 1 weiblichen und 4 umgebenden männlichen Blüten
Blüten: eingeschlechtig, radiär. Perigonblätter 20–30, verwachsen. Staubblätter viele, verwachsen. Fruchtblätter 4, verwachsen, unterständig. Plazentation parietal
Frucht: Beere

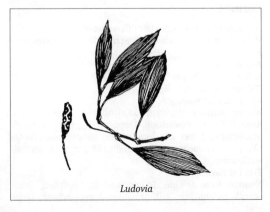
Ludovia

Cyperaceae

Kennzeichen: Liane, Staude. Blätter einfach. Blüten in Kolben mit Gruppen aus 1 weiblichen und 4 umgebenden männlichen Blüten, eingeschlechtig, radiär. Perigonblätter 20–30, verwachsen. Staubblätter viele, verwachsen. Fruchtblätter 4, verwachsen, unterständig. Plazentation parietal. Beere

Cyperaceae

1 Frucht umgeben vom Schlauch
1 a Frucht völlig in Schlauch eingeschlossen (1 bis mehrere Ährchen mit eingeschlechtigen Blüten) . . . . **Carex**
1 a Frucht in offenem Schlauch . . . . . . **Kobresia**
1 Frucht nicht vollkommen vom Schlauch eingehüllt
2 Blüten eingeschlechtig in 1- bis 2-blütigen Ährchen . . . . **Lagenocarpus**
2 Blüten zwittrig in mehrblütigen Ähren (z.T. auch eingeschlechtige Blüten in Ähren)
2a Blüten in 2 gekielten, seitlichen Schuppenblättern
2b Blütenstand mit 1 Ähre . . . . **Lepironia**
2b Blütenstand zusammengesetzt . . . . **Mapania**
2a Blüten ohne 2 gekielte, seitliche Schuppenblättern
3 Ähren 1, endständig, nicht von einem Blatt überragend
4 Borsten der Blüten kurz und unscheinbar bleibend
5 obere Blattscheide ohne Spreite . . . . **Eleocharis**
5 obere Blattscheide mit kurzer Spreite . . . . **Trichophorum**
4 Borsten der Blüten nach der Blütezeit lang und auffallend
6 Borsten gekräuselt . . . . **Trichophorum**
6 Borsten glatt . . . . **Eriophorum**
3 Ährchen mehrere oder 1, von dem Tragblatt überragt
7 Ährchen in einer 2-zeiligen Ähre . . . **Blysmus**
7 Ährchen anders angeordnet
8 Ährchen in kugeligen Köpfen . . . **Scirpoides**
8 Ährchen anders angeordnet
9 Blüten in Ährchen 2-zeilig, selten 3-zeilig
9 a Stängel unbeblättert, Blütenstand mit 1 Ährchen . . . . **Schoenus**
9 a Stängel ± beblättert. Blütenstand fast immer mit mehren Ährchen
10 Blüten ohne Borsten . . . . **Cyperus**
10 Blüten mit Borsten . . . . . . **Dulichium**
9 Blüten in Ährchen schraubig stehend
11 Blätter am Rand schneidend scharf scharfzähnig. (Blüten in nur 2- bis 3-blütigen Ährchen in lockeren Spirren) . . . . **Cladium**
11 Blätter höchstens rauh am Rand
12 Ährchen 2- bis 3-blütig. (Stängel beblättert) . . . . . . **Rhynchospora**
12 Ährchen vielblütig
14 Borsten nach der Blüte lang . . . . **Eriophorum**
14 Borsten unscheinbar, wenn vorhanden
15 Blätter wechselständig, gut ausgebildet
15 a Griffelgrund verdickt, abfallend . . . . **Fimbristylis**
15 a Griffelgrund anders
16 Deckblätter viel länger als die gedrängten Ährchen. Spelzen mit kurzer Granne in der Ausrandung. Pflanze mit Ausläufern mit Knöllchen am Ende . . . . **Bolboschoenus**
16 Deckblätter kaum länger als die sehr locker stehenden Ährchen. Spelzen ohne Ausrandung . . . . **Scirpus**
15 Blätter grundständig oder höchstens mit 2–3 Stängelblättern
17 Pflanzen meist kräftige Stauden. Stängel rund oder 3-kantig. Spelzen ± ausgerandet . . . . **Schoenoplectus**
17 Pflanzen meist niedrige Einjährige. Stängel rund und längsstreifig. Spelzen spitz . . . . **Isolepis**

Blysmus Panz. ex Schult.

Ableitung: hervorquellende Pflanze
Vulgärnamen: D:Quellbinse, Quellried; E:Flat Sedge
Arten: 3
Lebensform: Staude, Stängel rund bis 3-kantig
Blätter: wechselständig, einfach
Blütenstand: Ähren, endständig mit vielen bis wenigen 2-zeiligen Ährchen, von Tragblättern überragt
Blüten: zwittrig, Blütenhülle fehlend oder aus 1–15 Borsten. Staubblätter 3, frei. Fruchtblätter 3, verwachsen, oberständig. Narben 2. Plazentation basal
Frucht: Nuss, Griffelbasis bleibend
Kennzeichen: Staude, Stängel rund bis 3-kantig. Ähren, endständig mit vielen bis wenigen 2-zeiligen Ährchen, von Tragblättern überragt. Blütenhülle fehlend oder aus 1–15 Borsten. Staubblätter 3. Fruchtblätter 3, verwachsen, oberständig. Narben 2. Nuss

Bolboschoenus (Asch.) Palla

Ableitung: Zwiebel-Schoenus
Vulgärnamen: D:Strandsimse; E:Sea Club Rush
Arten: 12

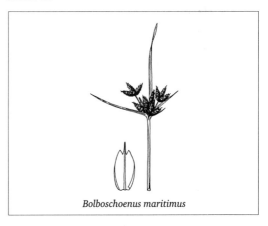

Bolboschoenus maritimus

Lebensform: Staude, Stängel 3-kantig
Blätter: wechselständig
Blütenstand: Ährchen, endständig, mit vielen schraubig stehenden Blüten, Deckblätter viel länger als die dicht stehenden Ährchen
Blüten: zwittrig, Blütenhülle aus 3–6 Borsten. Staublätter 3, frei. Fruchtblätter 2–3, verwachsen, oberständig. Narben 2–3. Plazentation basal
Frucht: Nuss
Kennzeichen: Staude, Stängel 3-kantig. Blätter wechselständig. Ährchen, endständig, mit vielen schraubig stehenden Blüten, Deckblätter viel länger als die dicht stehenden Ährchen. Blütenhülle aus 3–6 Borsten. Staublätter 3. Fruchtblätter 2–3, verwachsen, oberständig. Nuss

Carex L.

Ableitung: antike Pflanzenbezeichnung
Vulgärnamen: D:Segge; E:Sedge; F:Laîche
Arten: 1770
Lebensform: Staude, Stängel oft 3-kantig
Blätter: ± wechselständig
Blütenstand: Ähren 1 bis mehrere, mit wenigen bis vielen schraubig stehenden Blüten
Blüten: eingeschlechtig bis zweihäusig, Blütenhülle fehlend. Staublätter 2–3, frei. Fruchtblätter 2–3, verwachsen, oberständig. Narben 2–3. Plazentation basal
Frucht: Nuss, in einem Schlauch eingeschlossen
Kennzeichen: Staude, Stängel oft 3-kantig. Ähren 1 bis mehrere, mit wenigen bis vielen schraubig stehenden Blüten. Blüten eingeschlechtig bis zweihäusig, Blütenhülle fehlend. Staublätter 2–3. Fruchtblätter 2–3, verwachsen, oberständig. Narben 2–3. Nuss, in einem Schlauch (schlauchartige Hülle) eingeschlossen

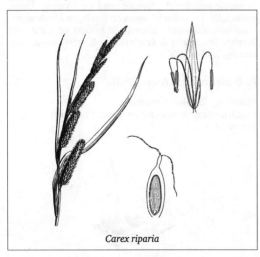

Carex riparia

Cladium P. Browne

Ableitung: kleiner Zweig
Vulgärnamen: D:Schneide; E:Great Fen Sedge; F:Marisque
Arten: 3
Lebensform: Staude, Stängel rund
Blätter: wechselständig, am Rand schneidend scharf feinzähnig
Blütenstand: Ähren in Rispen, mit vielen bis 2, schraubig stehenden Blüten
Blüten: zwittrig, selten eingeschlechtig. Blütenhülle fehlend. Staublätter 2, selten 3, frei. Fruchtblätter 2, selten 3, verwachsen, oberständig. Narben 2–3. Plazentation basal
Frucht: Nuss
Kennzeichen: Staude, Stängel rund. Blätter am Rand schneidend scharf feinzähnig. Ähren in Rispen, mit vielen bis 2, schraubig stehenden Blüten. Blütenhülle fehlend. Staublätter 2, selten 3. Fruchtblätter 2, selten 3, verwachsen, oberständig. Nuss

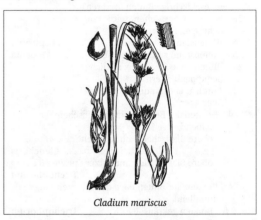

Cladium mariscus

Cyperus L.

Ableitung: antiker Pflanzenname
Vulgärnamen: D:Zypergras; E:Galingale; F:Souchet
Arten: 682
Lebensform: Staude, Zweijährige, Einjährige, Stängel rund oder 3-kantig
Blätter: wechselständig
Blütenstand: Spirre bis kopfig bis ein einzelnes Ährchen. Ährchen mit zweizeilig, selten schraubig stehenden Blüten
Blüten: zwittrig, Blütenhülle fehlend. Staublätter 1–3, frei. Fruchtblätter 2–3, verwachsen, oberständig. Narben 2–3. Plazentation basal
Frucht: Nuss, ohne bleibende Griffelbasis
Kennzeichen: Staude, Zweijährige, Einjährige, Stängel rund oder 3-kantig. Blütenstand eine Spirre bis kopfig bis ein einzelnes Ährchen. Ährchen mit zweizeilig, selten schraubig stehenden Blüten. Blüten zwittrig, Blütenhülle fehlend. Staublätter 1–3. Fruchtblätter 2–3, verwachsen, oberständig. Nuss

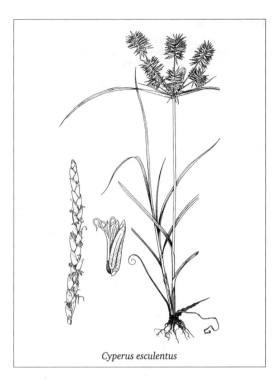

Cyperus esculentus

Dulichium Pers.

Ableitung: alter lateinischer Pflanzenname
Arten: 1
Lebensform: Staude
Blätter: wechselständig
Blütenstand: Ährchen in Rispen, mit 4–8 zweizeilig stehenden Blüten
Blüten: zwittrig, Blütenhülle aus 6–9 Borsten. Staublätter 3, frei. Fruchtblätter 2, verwachsen, oberständig. Narben 2. Plazentation basal
Frucht: Nuss

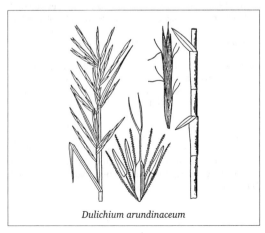

Dulichium arundinaceum

Kennzeichen: Staude. Ährchen in Rispen, mit 4–8 zweizeilig stehenden Blüten. Blütenhülle aus 6–9 Borsten. Staublätter 3. Fruchtblätter 2, verwachsen, oberständig. Nuss

Eleocharis R. Br.

Ableitung: Zierde des Sumpfes
Vulgärnamen: D:Sumpfbinse; E:Spike Rush; F:Eleocharis
Arten: 253
Lebensform: Staude, selten Einjährige, Stängel 3- bis 4-kantig oder rund
Blätter: grundständig, obere Blattscheiden ohne Spreite
Blütenstand: Ähren einzeln, endständig, mit 2 bis vielen schraubig stehenden Blüten
Blüten: zwittrig, Blütenhülle fehlend oder aus 3–12 Borsten. Staublätter 1–3, frei. Fruchtblätter 2–3, verwachsen, oberständig. Narben 2–3. Plazentation basal
Frucht: Nuss, mit Griffelpolster
Kennzeichen: Staude, selten Einjährige, Stängel 3- bis 4-kantig oder rund. Blätter obere Blattscheiden ohne Spreite. Ähren einzeln, endständig. Blüten zwittrig, Blütenhülle fehlend oder aus 3–12 Borsten. Fruchtblätter 2–3, verwachsen, oberständig. Nuss, mit Griffelpolster

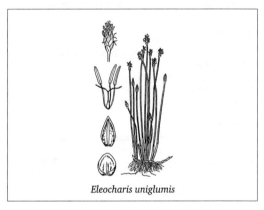

Eleocharis uniglumis

Eriophorum L.

Ableitung: antiker Pflanzenname
Vulgärnamen: D:Wollgras; E:Cotton Grass; F:Linaigrette
Arten: 18
Lebensform: Staude, Stängel rund oder 3-kantig
Blätter: wechselständig
Blütenstand: Ähren einzeln bis doldig, mit wenigen bis vielen schraubig stehenden Blüten
Blüten: zwittrig, Blütenhülle aus 10 bis vielen glatten Borsten, später lang auswachsend. Staublätter 1–3, frei. Fruchtblätter 3, verwachsen, oberständig. Narben 3. Plazentation basal
Frucht: Nuss, bleibende Griffelbasis
Kennzeichen: Staude, Stängel rund oder 3-kantig. Ähren einzeln bis doldig. Blüten zwittrig, Blütenhülle aus 10 bis vielen glatten Borsten, später lang auswachsend. Fruchtblätter 3, verwachsen, oberständig. Nuss, bleibende Griffelbasis

Eriophorum latifolium

Fimbristylis Vahl

Ableitung: Fransen-Griffel
Vulgärnamen: D:Fransenbinse; F:Fimbristylis
Arten: 304
Lebensform: Einjährige, selten Staude, Stängel meist 3-kantig
Blätter: wechselständig
Blütenstand: Ähren einzeln oder in einer Dolde, selten kopfig, mit wenigen bis vielen, schraubig, selten zweizeilig stehenden Blüten
Blüten: zwittrig, selten eingeschlechtig. Blütenhülle fehlend. Staublätter 1-3, frei. Fruchtblätter 2-3, verwachsen, oberständig. Griffelbasis verdickt, abfallend. Narben 2, selten 3. Plazentation basal
Frucht: Nuss
Kennzeichen: Einjährige, selten Staude, Stängel meist 3-kantig. Blüten in einzelnen Ähren oder in einer Dolde, selten kopfig, zwittrig, selten eingeschlechtig. Blütenhülle fehlend. Staublätter 1-3, frei. Fruchtblätter 2-3, verwachsen, oberständig. Griffelbasis verdickt, abfallend. Nuss

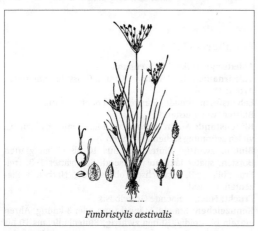
Fimbristylis aestivalis

Isolepis R. Br.

Ableitung: mit gleichförmigen Schuppen
Vulgärnamen: D:Moorbinse, Schuppensimse, Tauchsimse; E:Club Rush; F:Scirpe
Arten: 74
Lebensform: Einjährige, selten Staude, Stängel rund und längsstreifig
Blätter: ± grundständig
Blütenstand: Ährchen mit wenigen bis vielen, schraubig stehenden Blüten
Blüten: zwittrig, Blütenhülle fehlend. Staublätter 1-3, frei. Fruchtblätter 2-3, verwachsen, oberständig. Narben 2-3. Plazentation basal
Frucht: Nuss, 3-kantig
Kennzeichen: Einjährige, selten Staude, Stängel rund und längsstreifig. Blätter ± grundständig. Ährchen mit wenigen bis vielen, schraubig stehenden Blüten. Blütenhülle fehlend. Staublätter 1-3. Fruchtblätter 2-3, verwachsen, oberständig. Nuss

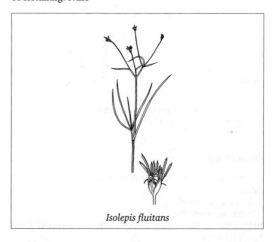
Isolepis fluitans

Kobresia Willd.

Ableitung: Gattung zu Ehren von Joseph Paul von Cobres (1747-1823), einem deutschen Pflanzensammler benannt
Vulgärnamen: D:Nacktried, Schuppenried; E:False Sedge
Arten: 73
Lebensform: Staude, Stängel rund bis ± 3-kantig
Blätter: wechselständig
Blütenstand: Ährchen in einer Rispe, mit 1-2 Blüten
Blüten: eingeschlechtig, Blütenhülle fehlend. Staublätter 3, frei. Fruchtblätter 3, selten 2, verwachsen, oberständig, in offenem Schlauch. Narben 3, selten 2. Plazentation basal
Frucht: Nuss, 3-kantig, ± mit bleibender Griffelbasis
Kennzeichen: Staude, Stängel rund bis ± 3-kantig. Ährchen in einer Rispe, mit 1-2 Blüten. Blüten eingeschlechtig, Blütenhülle fehlend. Staublätter 3. Fruchtblätter 3, selten 2, verwachsen, oberständig. Nuss in offenem Schlauch

Kobresia simpliciuscula

Lagenocarpus Nees

Ableitung: Flaschen-Frucht
Arten: 31
Lebensform: Staude
Blätter: wechselständig
Blütenstand: Rispe, Köpfchen, mit vielen in Ährchen schraubig stehenden Blüten
Blüten: eingeschlechtig, Blütenhülle aus 3 Borsten. Staublätter 1–6, frei. Fruchtblätter 3, verwachsen, oberständig. Narben 3. Plazentation basal
Frucht: Nuss
Kennzeichen: Staude. Rispen oder Köpfchen, mit vielen in Ährchen schraubig stehenden Blüten. Blüten eingeschlechtig, Blütenhülle aus 3 Borsten. Staublätter 1–6. Fruchtblätter 3, verwachsen, oberständig. Nuss

Lepironia Rich.

Ableitung: mit Schuppen-Reihen
Arten: 1
Lebensform: Staude
Blätter: wechselständig
Blütenstand: Ähren einzeln, mit vielen schraubig stehenden Blüten mit 2 gekielten, seitlichen Schuppenblättern
Blüten: zwittrig, Blütenhülle aus vielen Schuppen. Fruchtblätter 2, verwachsen, oberständig. Narben 2. Plazentation basal
Frucht: Nuss

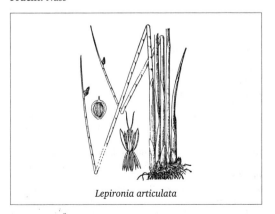
Lepironia articulata

Kennzeichen: Staude. Blütenstand eine einzelne Ähre mit vielen schraubig stehenden Blüten mit 2 gekielten, seitlichen Schuppenblättern, zwittrig. Blütenhülle aus vielen Schuppen. Fruchtblätter 2, verwachsen, oberständig. Nuss

Mapania Aubl.

Ableitung: möglicherweise nach einem Pflanzennamen in Guayana
Arten: 84
Lebensform: Staude
Blätter: wechselständig
Blütenstand: Köpfchen, Schirmrispe, Rispe, mit wenigen bis vielen, schraubig stehenden Blüten mit 2 gekielten, seitlichen Schuppenblättern
Blüten: zwittrig, Blütenhülle aus 4–6 Schuppen. Fruchtblätter 2–3, verwachsen, oberständig. Narben 2–3. Plazentation basal
Frucht: Nuss, Steinfucht
Kennzeichen: Staude. Blüten in Köpfchen, Schirmrispen, Rispen, mit 2 gekielten, seitlichen Schuppenblättern, zwittrig, Blütenhülle aus 4–6 Schuppen.. Fruchtblätter 2–3, verwachsen, oberständig. Nuss oder Steinfucht

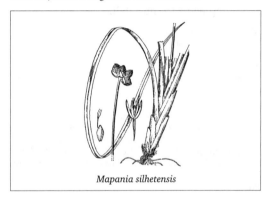
Mapania silhetensis

Rhynchospora Vahl

Ableitung: Schnabel-Same
Vulgärnamen: D:Schnabelried; E:Beak Sedge; F:Rhynchospore
Arten: 348
Lebensform: Staude, Einjährige, Stängel rund oder 3-kantig
Blätter: wechselständig
Blütenstand: Ährchen in einer Rispe oder Schirmrispe, mit 2–3, schraubig oder 2-zeilig stehenden Blüten
Blüten: zwittrig, Blütenhülle fehlend oder aus bis 20 Borsten. Staublätter 1–3, selten 6–12, frei. Fruchtblätter 2, verwachsen, oberständig. Narben 2 oder 1. Plazentation basal
Frucht: Nuss, Griffelbasis bleibend
Kennzeichen: Staude, Einjährige, Stängel rund oder 3-kantig. Blätter wechselständig. Ährchen in einer Rispe oder Schirmrispe, mit 2–3 zwittrigen Blüten. Fruchtblätter 2, verwachsen, oberständig. Nuss

Rhynchospora alba

Schoenoplectus (Rchb.) Palla

Ableitung: Binsen-Geflecht
Vulgärnamen: D:Seebinse, Teichsimse; E:Club Rush; F:Jonc des tonneliers
Arten: 39
Lebensform: Staude, selten Einjährige. Stängel 3-kantig oder rund
Blätter: grundständig
Blütenstand: scheinbar seitlich, von Deckblatt überragt, Ährchen mit vielen, schraubig stehenden Blüten
Blüten: zwittrig, Blütenhülle fehlend oder aus bis 6 unscheinbaren Borsten. Staublätter 1–3, frei. Fruchtblätter 2–3, verwachsen, oberständig. Narben 2–3. Plazentation basal
Frucht: Nuss

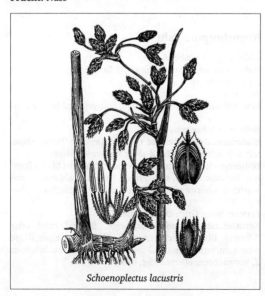

Schoenoplectus lacustris

Kennzeichen: Staude, selten Einjährige. Stängel 3-kantig oder rund. Blütenstand scheinbar seitlich, von Deckblatt überragt, Ährchen mit vielen, schraubig stehenden zwittrigen Blüten. Blütenhülle fehlend oder aus bis 6 unscheinbaren Borsten. Fruchtblätter 2–3, verwachsen, oberständig. Nuss

Schoenus L.

Ableitung: antiker Pflanzenname
Vulgärnamen: D:Kopfried; E:Bog Rush; F:Choin
Arten: 108
Lebensform: Staude, Einjährige. Stängel rund
Blätter: grundständig
Blütenstand: Ährchen mit 2–3 zweizeilig stehenden Blüten in Köpfchen, Schirmrispe, Rispe
Blüten: zwittrig oder eingeschlechtig, Blütenhülle fehlend oder bis 6 Borsten. Staublätter 1–6, frei. Fruchtblätter 3, selten 2, verwachsen, oberständig. Narben 2–3. Plazentation basal
Frucht: Nuss, 3-kantig, ohne bleibende Griffelbasis
Kennzeichen: Staude, Einjährige. Stängel rund. Blätter grundständig. Ährchen mit 2–3 zweizeilig stehenden Blüten in Köpfchen, Schirmrispe, Rispe. Blüten zwittrig oder eingeschlechtig, Blütenhülle fehlend oder bis 6 Borsten. Fruchtblätter 3, selten 2, verwachsen, oberständig. Nuss, 3-kantig

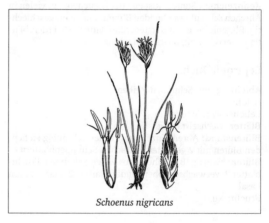

Schoenus nigricans

Scirpodendron Zipp. ex Kurz

Ableitung: Binsen-Baum
Arten: 2
Lebensform: Staude
Blätter: wechselständig
Blütenstand: Rispe, Köpfchen, mit vielen, schraubig stehenden Blüten mit 2 gekielten, seitlichen Schuppenblättern
Blüten: zwittrig, Blütenhülle fehlend. Fruchtblätter 2–3, verwachsen, oberständig. Narben 2–3. Plazentation basal
Frucht: Nuss
Kennzeichen: Staude. Blüten in Rispen oder Köpfchen, mit 2 gekielten, seitlichen Schuppenblättern, zwittrig. Blütenhülle fehlend. Fruchtblätter 2–3, verwachsen, oberständig. Nuss

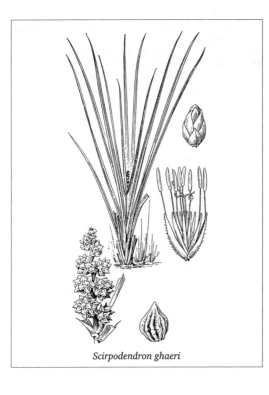

Scirpodendron ghaeri

Scirpoides Ség.

Ableitung: Binsen-ähnlich
Vulgärnamen: D:Glanzbinse, Kopfsimse, Kugelbinse; E:Round-headed Club Rush; F:Faux-scirpe
Arten: 3
Lebensform: Staude, Stängel rund
Blätter: wechselständig
Blütenstand: Ähren in kugeligen Köpfchen, mit vielen, schraubig stehenden Blüten
Blüten: zwittrig, Blütenhülle fehlend. Staublätter 2-3, frei. Fruchtblätter 3, verwachsen, oberständig. Narben 3. Plazentation basal
Frucht: Nuss

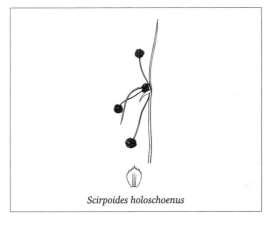

Scirpoides holoschoenus

Kennzeichen: Staude, Stängel rund. Ähren in kugeligen Köpfchen, mit vielen, schraubig stehenden Blüten. Blütenhülle fehlend. Fruchtblätter 3, verwachsen, oberständig. Nuss

Scirpus L.

Ableitung: antiker Pflanzenname
Vulgärnamen: D:Simse; E:Wood Club Rush; F:Jonc des tonneliers, Scirpe
Arten: 66
Lebensform: Staude, Stängel 3-kantig
Blätter: wechselständig
Blütenstand: Ährchen, mit vielen schraubig stehenden Blüten. Deckblätter kaum länger als die sehr locker stehenden Ährchen
Blüten: zwittrig, Blütenhülle aus 3-6 unscheinbaren Borsten oder selten fehlend. Staublätter 1-3, frei. Fruchtblätter 3, selten 2, verwachsen, oberständig. Narben 2-3. Plazentation basal
Frucht: Nuss, kantig
Kennzeichen: Staude, Stängel 3-kantig. Blätter wechselständig. Ährchen, mit vielen schraubig stehenden Blüten. Deckblätter kaum länger als die sehr locker stehenden Ährchen. Blütenhülle aus 3-6 unscheinbaren Borsten oder selten fehlend. Fruchtblätter 3, selten 2, verwachsen, oberständig. Nuss

Scirpus sylvaticus

Trichophorum Pers.

Ableitung: Haar-Träger
Vulgärnamen: D:Haarbinse, Haarsimse, Rasenbinse; E:Deergrass; F:Scirpe gazonnant
Arten: 10
Lebensform: Staude, Stängel 3-kantig oder rund
Blätter: wechselständig, obere Blattscheide mit kurzer Spreite
Blütenstand: Ähren einzeln, endständig, mit mehreren schraubig stehenden Blüten
Blüten: zwittrig, Blütenhülle fehlend oder aus bis 6 kurzen oder lang auswachsenden, gekräuselten Borsten. Staublät-

ter 3, frei. Fruchtblätter 3, verwachsen, oberständig. Narben 3. Plazentation basal
Frucht: Nuss, 3-kantig
Kennzeichen: Staude, Stängel 3-kantig oder rund. Obere Blattscheide mit kurzer Spreite. Ähren einzeln, endständig. Blüten: zwittrig, Blütenhülle fehlend oder aus bis 6 kurzen oder lang auswachsenden, gekräuselten Borsten. Fruchtblätter 3, verwachsen, oberständig. Nuss

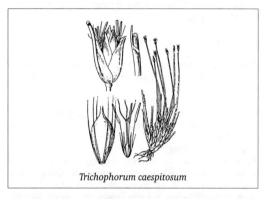

Trichophorum caespitosum

Dioscoreaceae Yamswurzelgewächse

1 Frucht eine 3-flügelige Kapsel. Samen geflügelt. . . . . .Dioscorea
1 Frucht beerenartig. Samen kugelig, ungeflügelt. . . . . .Tamus

Dioscorea L.

Ableitung: Gattung zu Ehren von Pedanios Dioskurides, einem griechischen Arzt und Botaniker des 1. Jahrhunderts n. Chr. benannt

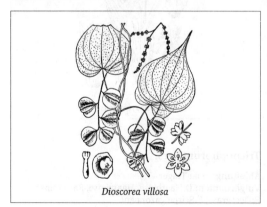

Dioscorea villosa

Vulgärnamen: D:Yamswurzel; E:Yam; F:Igname
Arten: 606
Lebensform: Staude
Blätter: wechselständig, gegenständig
Blütenstand: Ähre, Traube, Rispe
Blüten: eingeschlechtig, radiär. Perigonblätter 6, frei oder verwachsen. Staubblätter 6, mit dem Perigon verwachsen. Fruchtblätter 3, verwachsen, oberständig. Plazentation zentralwinkelständig
Frucht: Kapsel 3-flügelig. Samen geflügelt
Kennzeichen: Staude. Blüten: eingeschlechtig, radiär. Perigonblätter 6. Staubblätter 6. Fruchtblätter 3, verwachsen, oberständig. Kapsel 3-flügelig. Samen geflügelt

Tamus L.

Ableitung: nach einem antiken Pflanzennamen
Vulgärnamen: D:Schmerwurz; E:Black Bryony; F:Herbe aux femmes battues, Tamier
Arten: 4–5
Lebensform: Staude
Blätter: wechselständig
Blütenstand: Traube
Blüten: eingeschlechtig, radiär. Perigonblätter 6, frei, grünlich. Staubblätter 6, mit dem Perigon verwachsen. Fruchtblätter 3, verwachsen, oberständig. Plazentation zentralwinkelständig
Frucht: Beere. Samen kugelig, ungeflügelt
Kennzeichen: Staude. Blüten eingeschlechtig, radiär. Perigonblätter 6, frei. Staubblätter 6. Fruchtblätter 3, verwachsen, oberständig. Beere. Samen kugelig, ungeflügelt

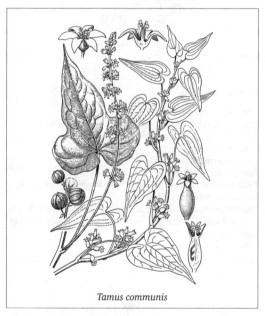

Tamus communis

Doryanthaceae

Doryanthes Corrêa

Ableitung: Speer-Blüte
Vulgärnamen: D:Speerblume; E:Spear Lily; F:Lis-javelot
Arten: 2
Lebensform: Staude, sukkulent
Blätter: grundständig
Blütenstand: Rispe

Blüten: zwittrig, radiär. Perigonblätter 6, verwachsen, rot. Staubblätter 6, frei, mit dem Perigon verwachsen. Fruchtblätter 3, verwachsen, unterständig. Plazentation zentralwinkelständig
Frucht: Kapsel, fachspaltig
Kennzeichen: Staude, sukkulent. Blätter grundständig. Blüten in Rispen, radiär. Perigonblätter 6, verwachsen. Staubblätter 6. Fruchtblätter 3, verwachsen, unterständig. Kapsel, fachspaltig

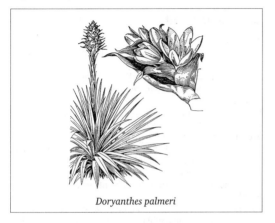
Doryanthes palmeri

Dracaenaceae Drachenbaumgewächse

1 Frucht eine Beere
  2 Pflanze mit Stamm . . . . **Dracaena**
  2 Pflanze ohne Stamm . . . . **Sansevieria**
1 Frucht eine Schließfrucht
  3 Blätter am Rand stachelig. (Frucht eine 3-flügelige Nuss) . . . . **Dasylirion**
  3 Blätter am Rand nicht stachelig
    4 Stamm am Grund stark verdickt. Fruchtknoten 1-fächrig. Frucht 3-flügelig . . . . . **Beaucarnea**
    4 Stamm am Grund nicht verdickt. Fruchtknoten 3-fächrig. Frucht 3-lappig . . . . **Nolina**

Beaucarnea Lem.

Ableitung: Gattung zu Ehren von Beaucarne, einem Rechtsanwalt aus Flandern benannt
Vulgärnamen: D:Klumpstamm; F:Arbre-bouteille, Pied-d'éléphant
Arten: 9
Lebensform: Baum, Stamm am Grund verdickt
Blätter: wechselständig
Blütenstand: Rispe
Blüten: eingeschlechtig, zwittrig, radiär. Perigonblätter 6, verwachsen, weiß. Staubblätter 6, frei, mit dem Perigon verwachsen. Fruchtblätter 3, verwachsen, oberständig
Frucht: Schließfrucht, 3-flügelig
Kennzeichen: Baum, Stamm am Grund verdickt. Blüten eingeschlechtig, radiär. Perigonblätter 6, verwachsen. Staubblätter 6. Fruchtblätter 3, verwachsen, oberständig. Schließfrucht, 3-flügelig

Dasylirion Zucc.

Ableitung: raue Lilie
Vulgärnamen: D:Rauschopf; E:Bear Grass; F:Dasylirion
Arten: 20
Lebensform: Baum, Strauch, immergrün
Blätter: grundständig, am Rand stachelig
Blütenstand: Rispe
Blüten: eingeschlechtig, radiär. Perigonblätter 6, verwachsen, weiß. Staubblätter 6, frei, mit dem Perigon verwachsen. Fruchtblätter 3, verwachsen, oberständig. Plazentation zentralwinkelständig
Frucht: Nuss, 3-flügelig
Kennzeichen: Baum, Strauch. Blätter grundständig, am Rand stachelig. Blüten: eingeschlechtig, radiär. Perigonblätter 6, verwachsen, weiß. Staubblätter 6. Fruchtblätter 3, verwachsen, oberständig. Nuss, 3-flügelig

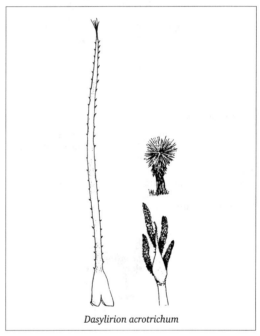
Dasylirion acrotrichum

Dracaena Vand. ex L.

Ableitung: Drache
Vulgärnamen: D:Drachenbaum, Schlangenlilie; E:Dragon Tree; F:Dragonnier, Pléomèle
Arten: 108
Lebensform: Baum, Strauch
Blätter: wechselständig
Blütenstand: Rispe
Blüten: zwittrig, radiär. Perigonblätter 6, verwachsen, weiß, grün. Staubblätter 6, frei, verwachsen mit dem Perigon. Fruchtblätter 3, verwachsen, oberständig. Plazentation zentralwinkelständig
Frucht: Beere, 1 Samen je Fach
Kennzeichen: Baum, Strauch. Blüten radiär. Perigonblätter 6, verwachsen. Staubblätter 6. Fruchtblätter 3, verwachsen, oberständig. Beere, 1 Samen je Fach

1002 Eriocaulaceae

Dracaena

Nolina Michx.

Ableitung: Gattung zu Ehren von P.C. Nolin, einem französischen Mönch und Gartenbauschriftsteller des 18. Jahrhunderts in Paris benannt
Arten: 27
Lebensform: Baum, Stamm am Grund nicht verdickt
Blätter: wechselständig, immergrün
Blütenstand: Rispe

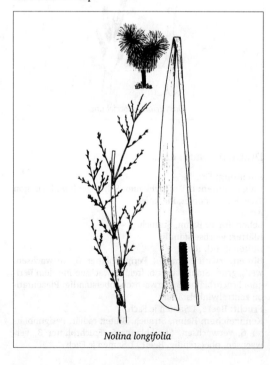

Nolina longifolia

Blüten: eingeschlechtig, zwittrig, radiär. Perigonblätter 6, verwachsen, weiß, rosa. Staubblätter 6, frei, mit dem Perigon verwachsen. Fruchtblätter 3, verwachsen, oberständig. Plazentation zentralwinkelständig
Frucht: Schließfrucht, 3-lappig
Kennzeichen: Baum, Stamm am Grund nicht verdickt. Blüten eingeschlechtig, radiär. Perigonblätter 6, verwachsen. Staubblätter 6. Fruchtblätter 3, verwachsen, oberständig. Schließfrucht, 3-lappig

Sansevieria Thunb.

Ableitung: Gattung zu Ehren von Raimondo di Sangro, Fürst von Sanseviero (1710–1771), einem italienischen Gelehrten benannt
Vulgärnamen: D:Bogenhanf; E:Bowstring Hemp, Snake Plant; F:Langue de Belle-mère, Sansévière
Arten: 70
Lebensform: Staude, sukkulent, ohne Stamm
Blätter: grundständig, wechselständig
Blütenstand: Rispe, Traube, Ähre
Blüten: zwittrig, radiär. Perigonblätter 6, verwachsen, weißlich, gelblich, lila, grünlich. Staubblätter 6, frei, mit dem Perigon verwachsen. Fruchtblätter 3, verwachsen, oberständig. Plazentation zentralwinkelständig
Frucht: Beere
Kennzeichen: Staude, sukkulent, ohne Stamm. Blüten zwittrig, radiär. Perigonblätter 6, verwachsen. Staubblätter 6. Fruchtblätter 3, verwachsen, oberständig. Beere

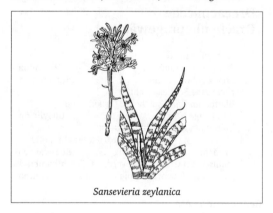

Sansevieria zeylanica

Eriocaulaceae

1 Staubblätter 6 oder 4 . . . . **Eriocaulon**
1 Staubblätter 3, 2 oder 1
  2 innere Perigonblätter frei . . . . . **Paepalanthus**
  2 innere Perigonblätter verwachsen **Syngonanthus**

Eriocaulon L.

Ableitung: wolliger Stängel
Vulgärnamen: D:Wollstängel; E:Pipewort; F:Eriocaulon
Arten: 478
Lebensform: Staude, Einjährige
Blätter: grundständig
Blütenstand: Köpfchen

Blüten: eingeschlechtig, radiär. Kelchblätter 3, frei oder verwachsen. Kronblätter 3, frei. Staubblätter 4–6, frei, mit dem Perigon verwachsen oder frei. Fruchtblätter 2–3, verwachsen, oberständig. Plazentation zentralwinkelständig, Samen 1 bis selten 2 je Fach
Frucht: Kapsel, fachspaltig
Kennzeichen: Lebensform: Staude, Einjährige. Blätter grundständig. Blüten in Köpfchen, eingeschlechtig, radiär. Kelchblätter 3. Kronblätter 3, frei. Staubblätter 4–6. Fruchtblätter 2–3, verwachsen, oberständig. Kapsel, fachspaltig

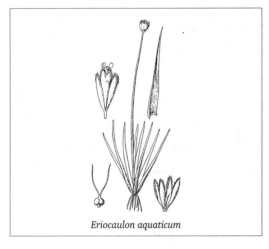

Eriocaulon aquaticum

Paepalanthus Kunth

Ableitung: raue Blüte
Arten: 420

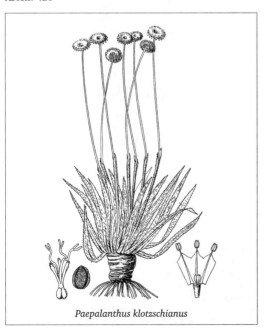

Paepalanthus klotzschianus

Lebensform: Kräuter
Blätter: grundständig
Blütenstand: Köpfchen
Blüten: eingeschlechtig, radiär. Kelchblätter 3. Kronblätter 3, frei. Staubblätter 2–3, frei, frei von dem Perigon. Fruchtblätter verwachsen, oberständig. Plazentation zentralwinkelständig
Frucht: Kapsel, fachspaltig
Kennzeichen: Kräuter. Blätter grundständig. Blüten in Köpfchen, eingeschlechtig, radiär. Kelchblätter 3. Kronblätter 3, frei. Staubblätter 2–3. Fruchtblätter verwachsen, oberständig. Kapsel fachspaltig

Syngonanthus Ruhland

Ableitung: mit verwachsenen weiblichen Blüten
Arten: 200
Lebensform: Kräuter
Blätter: grundständig, wechselständig
Blütenstand: Köpfchen
Blüten: eingeschlechtig, zwittrig, radiär. Kelchblätter 3. Kronblätter 3, verwachsen, gelb. Staubblätter 1–3, frei. Fruchtblätter 3, verwachsen, oberständig. Plazentation zentralwinkelständig
Frucht: Kapsel, fachspaltig
Kennzeichen: Kräuter. Blüten in Köpfchen, radiär. Kelchblätter 3. Kronblätter 3, verwachsen. Staubblätter 1–3. Fruchtblätter 3, verwachsen, oberständig. Kapsel fachspaltig

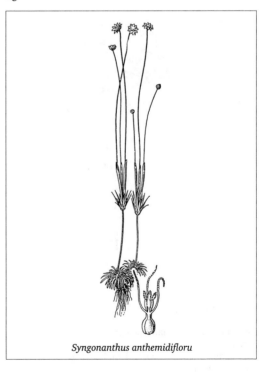

Syngonanthus anthemidifloru

Haemodoraceae

1 Blüten radiär. Staubblätter 3
  2 Fruchtknoten oberständig
    3 Perigonblätter frei. Frucht eine Beere **Xiphidium**
    3 Perigonblätter verwachsen. Frucht eine Kapsel.
      . . . . **Wachendorfia**
  2 Fruchtknoten unterständig . . . . **Haemodorum**
1 Blüten ± zygomorph, gebogen. Staubblätter 6.
  (Blüten filzig bis wollig) . . . . . . **Anigozanthos**

Anigozanthos Labill.

Ableitung: enthüllte Blüte
Vulgärnamen: D:Kängurublume, Kängurupfote, Spaltlilie; E:Kangaroo Paw; F:Fleur-de-kangourou
Arten: 11
Lebensform: Staude
Blätter: grundständig
Blütenstand: Traube, Ähre, Rispe
Blüten: zwittrig, ± zygomorph. Perigonblätter 6, verwachsen, rot, purpurn, grün, gelb. Staubblätter 6, frei, mit dem Perigon verwachsen. Fruchtblätter 3, verwachsen, unterständig. Plazentation zentralwinkelständig
Frucht: Kapsel. Samen 1–2 je Fach
Kennzeichen: Staude. Blüten ± zygomorph. Perigonblätter 6, verwachsen. Staubblätter 6. Fruchtblätter 3, verwachsen, unterständig. Kapsel. Samen 1–2 je Fach

Perigon. Fruchtblätter 3, verwachsen, unterständig. Plazentation zentralwinkelständig
Frucht: Kapsel
Kennzeichen: Staude, zum Teil mit Zwiebel. Blätter grundständig. Blüten radiär. Perigonblätter 6, frei. Staubblätter 3. Fruchtblätter 3, verwachsen, unterständig. Kapsel

Wachendorfia Burm.

Ableitung: Gattung zu Ehren von Evert Jacob van Wachendorff (1702–1758), einem niederländischen Arzt und Botaniker benannt
Arten: 5
Lebensform: Staude
Blätter: grundständig
Blütenstand: Rispe
Blüten: zwittrig, radiär. Perigonblätter 6, verwachsen, gelb. Staubblätter 3, frei, mit dem Perigon verwachsen. Fruchtblätter 3, verwachsen, oberständig. Plazentation zentralwinkelständig
Frucht: Kapsel
Kennzeichen: Staude. Blätter grundständig. Blüten radiär. Perigonblätter 6, verwachsen. Staubblätter 3. Fruchtblätter 3, verwachsen, oberständig. Kapsel

Anigozanthos flavidus

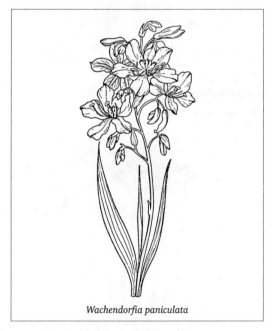
Wachendorfia paniculata

Haemodorum Sm.

Ableitung: antiker Pflanzenname
Arten: 20
Lebensform: Staude, zum Teil mit Zwiebel
Blätter: grundständig
Blütenstand: Rispe, Traube, Ähre
Blüten: zwittrig, radiär. Perigonblätter 6, frei, kastanienbraun, rot, gelb, grünlich. Staubblätter 3, frei, frei von dem

Xiphidium Aubl.

Ableitung: kleines Schwert
Arten: 1
Lebensform: Staude
Blätter: grundständig
Blütenstand: Rispe
Blüten: zwittrig, radiär. Perigonblätter 6, frei, weiß. Staubblätter 3, frei, mit dem Perigon verwachsen. Fruchtblätter

3, verwachsen, oberständig. Plazentation zentralwinkelständig
Frucht: Beere
Kennzeichen: Staude. Blätter grundständig. Blüten radiär. Perigonblätter 6, frei. Staubblätter 3. Fruchtblätter 3, verwachsen, oberständig. Beere

Heliconiaceae Heliconiengewächse

Heliconia L.

Ableitung: Pfrlanze vom Berg Helikon in Griechenland (Sitz der Musen)
Vulgärnamen: D:Falsche Paradiesvogelblume, Heliconie, Hummerschere; E:Wild Plantain; F:Balisier
Arten: 197
Lebensform: Staude
Blätter: grundständig
Blütenstand: Wickel in spathaartigen Deckblättern
Blüten: zwittrig, zygomorph. Kelchblätter 3, verwachsen. Kronblätter 3, verwachsen, gelblich. Staubblätter 5 und 1 Staminodium, frei, mit dem Perigon verwachsen. Fruchtblätter 3, verwachsen, unterständig. Plazentation zentralwinkelständig
Frucht: Kapsel
Kennzeichen: Staude. Blätter grundständig. Blüten in Wickeln in spathaartigen Deckblättern, zygomorph. Kelchblätter 3, verwachsen. Kronblätter 3, verwachsen. Staubblätter 5 und 1 Staminodium, frei. Fruchtblätter 3, verwachsen, unterständig. Kapsel

Heliconia bihai

Hemerocallidaceae Tagliliengewächse

Hemerocallis L.

Ableitung: antiker Pflanzenname
Vulgärnamen: D:Taglilie; E:Day Lily; F:Hémérocalle, Lis d'un jour
Arten: 19
Lebensform: Staude mit Rhizom
Blätter: grundständig
Blütenstand: cymös bis einzeln
Blüten: zwittrig, radiär. Perigonblätter 6, verwachsen, gelb, braunrot. Staubblätter 6, frei, mit dem Perigon verwachsen. Antheren dorsifix. Fruchtblätter 3, verwachsen, oberständig. Plazentation zentralwinkelständig
Frucht: Kapsel
Kennzeichen: Staude mit Rhizom. Blätter grundständig. Blüten radiär. Perigonblätter 6, verwachsen. Staubblätter 6. Antheren dorsifix. Fruchtblätter 3, verwachsen, oberständig. Plazentation zentralwinkelständig. Kapsel

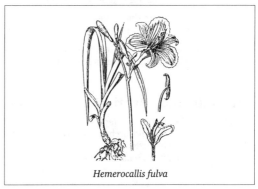

Hemerocallis fulva

Hostaceae Funkiengewächse

Hosta Tratt.

Ableitung: Gattung zu Ehren von Nicolaus Thomas Host (1761–1834), einem österreichischen Arzt und Botaniker benannt
Vulgärnamen: D:Funkie; E:Giboshi, Plantain Lily; F:Funkia
Arten: 48
Lebensform: Staude mit Rhizom
Blätter: grundständig, oft gestielt
Blütenstand: Traube, ± einseitswendig
Blüten: zwittrig, radiär. Perigonblätter 6, verwachsen, weiß, blau, lila. Staubblätter 6, frei, mit dem Perigon verwachsen oder frei. Antheren dorsifix. Fruchtblätter 3, verwachsen, oberständig. Plazentation zentralwinkelständig mit vielen Samen je Fach
Frucht: Kapsel
Kennzeichen: Staude mit Rhizom. Blätter grundständig, oft gestielt. Blüten in ± einseitswendigen Trauben, radiär. Perigonblätter 6, verwachsen. Staubblätter 6. Antheren

Hosta sieboldiana

dorsifix. Fruchtblätter 3, verwachsen, oberständig. Plazentation zentralwinkelständig mit vielen Samen je Fach. Kapsel

Hyacinthaceae Hyazinthengewächse

1 Blütenstand kletternd mit sterilen unteren Zweigen. (große, oberirdische Zwiebel) . . **Bowiea**
1 Blütenstand nicht kletternd
  2 Blütenstand mit großem, grünem Blattschopf am Ende . . . . **Eucomis**
  2 Blütenstand ohne großem Blattschopf am Ende
    3 Perigonblätter frei
      4 Perigonblätter sehr ungleich 3 und 3 (bleibend an der Frucht). . . . . **Albuca**
      4 Perigonblätter ± gleich
        5 Perigonblätter 3- bis mehrnervig . . **Camassia**
        5 Perigonblätter 1-nervig
          6 Samen 2 je Fach. (Blütenstand blattachselständig)
            7 Perigon glockig. Fruchtknoten sitzend . . . . **Drimiopsis**
            7 Perigon zuückgeschlagen. Fruchtknoten gestielt. . . . . **Ledebouria**
          6 Samen mehrere je Fach
            8 Staubblätter abgeflacht, gewöhnlich am Grund am breitesten. Blüten nicht blau . . . . **Ornithogalum**
            8 Staubblätter dünn am Grund. Blüten oft blau . . . . **Scilla**
    3 Perigonblätter wenigstens am Grund verwachsen
      9 Perigonblätter zu weniger als 1/5 verwachsen
        10 Samen flach, geflügelt . . . . **Urginea**
        10 Samen nicht geflügelt
          11 Perigon unter 1/10 der Länge verwachsen . . . . **Hyacinthoides**
          11 Perigon über 1/10 der Länge verwachsen
            12 Perigonzipfel äußere kürzer als innere . . . . **Lachenalia**
            12 Pergonzipfel gleich lang . . . **Chionodoxa**
      9 Perigonblätter wenigstens 1/5 verwachsen
        13 Perigonröhre länger als die Zipfel
          14 Deckblätter so lang wie die Blütenstiele
            15 Samen zusammengedrückt . . . . **Dipcadi**
            15 Samen kugelig . . . . **Brimeura**
          14 Deckblätter klein bis fehlend
            16 Perigon am Ende verengt, Zipfel unter ¼ der Röhre. . . . . **Muscari**
            16 Perigon nicht verengt, Zipfel länger
              17 Kapsel 3-kantig . . . . **Bellevalia**
              17 Kapsel kugelig
                18 Perigon 4–5 mm lang, Perigonzipfel aufrecht . . . . **Hyacinthella**
                18 Perigon 10–25 mm lang. Perigonzipfel zurückgeschlagen . . . . . . **Hyacinthus**
        13 Perigonröhre kürzer oder so lang wie die Perigonzipfel
          19 Perigonröhre deutlich. Blüten 2,5 cm lang oder mehr . . . . **Galtonia**
          19 Perigonröhre kurz mit spreizenden Zipfeln . . . . **Puschkinia**

Albuca L.

Ableitung: nach dem lateinischen Namen für Asphodelus
Vulgärnamen: D:Stiftblume
Arten: 94
Lebensform: Staude mit Zwiebel
Blätter: grundständig, einfach
Blütenstand: Traube mit großen Deckblättern
Blüten: zwittrig, radiär. Perigonblätter 6, frei, Kreise sehr ungleich, gelb, weiß, grünlich. Staubblätter 6 oder 3, frei von dem Perigon. Fruchtblätter 3, verwachsen, oberständig. Plazentation zentralwinkelständig, mit vielen Samen je Fach
Frucht: Kapsel. Samen flach D-förmig, schwarz
Kennzeichen: Staude mit Zwiebel. Blätter grundständig. Blüten in Trauben mit großen Deckblättern, radiär. Perigonblätter 6, frei, Kreise sehr ungleich. Staubblätter 6 oder 3. Fruchtblätter 3, verwachsen, oberständig. Kapsel

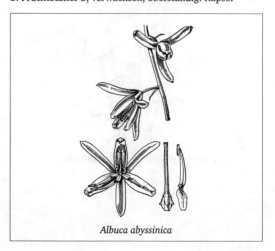
Albuca abyssinica

Bellevalia Lapeyr.

Ableitung: Gattung zu Ehren von Pierre Richer de Belleval (1564-1632), einem französischen Botaniker benannt
Arten: 62
Lebensform: Staude mit Zwiebel
Blätter: grundständig, einfach, 2 bis mehr
Blütenstand: Traube mit kleinen Deckblättern
Blüten: zwittrig, radiär. Perigonblätter 6, verwachsen, Röhre länger als Zipfel, weiß, blau, violett, gelb, braun, purpurn. Staubblätter 6, mit dem Perigon verwachsen. Fruchtblätter 3, verwachsen, oberständig. Plazentation zentralwinkelständig, mit 2-4 Samen je Fach
Frucht: Kapsel, 3-kantig. Samen kugelig, schwarz
Kennzeichen: Staude mit Zwiebel. Blätter grundständig. Blüten in Trauben mit kleinen Deckblättern, radiär. Perigonblätter 6, verwachsen, Röhre länger als Zipfel. Staubblätter 6. Fruchtblätter 3, verwachsen, oberständig. Kapsel, 3-kantig

Bellevalia romana

Bowiea Harv. ex Hook. f.

Ableitung: Gattung zu Ehren von James Bowie (ca. 1789-1869), einem englischen Gärtner benannt
Vulgärnamen: D:Zulukartoffel; E:Climbing Onion
Arten: 1
Lebensform: Staude mit oberirdischer Zwiebel, Blütenstand kletternd mit sterilen unteren Zweigen
Blätter: grundständig, einfach, 1-2
Blütenstand: Traube ohne Deckblätter

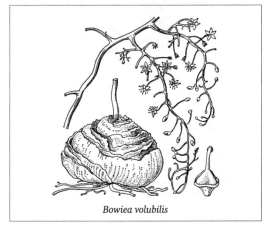
Bowiea volubilis

Blüten: eingeschlechtig, radiär. Perigonblätter 6, verwachsen, grün, weißlich. Staubblätter 6, frei von dem Perigon. Fruchtblätter 3, verwachsen, oberständig. Plazentation zentralwinkelständig, mit mehreren Samen je Fach
Frucht: Kapsel. Samen länglich, schwarz
Kennzeichen: Staude mit oberirdischer Zwiebel, Blütenstand kletternd mit sterilen unteren Zweigen. Blätter grundständig. Blüten in Trauben, radiär. Perigonblätter 6, verwachsen. Staubblätter 6. Fruchtblätter 3, verwachsen, oberständig. Kapsel

Brimeura Salisb.

Ableitung: Gattung zu Ehren von Maria de Brimeur, einer adligen Niederländerin des 16. Jahrhunderts benannt
Vulgärnamen: D:Scheinhyazinthe; F:Brimeura, Chouard
Arten: 3
Lebensform: Staude mit Zwiebel
Blätter: grundständig, einfach
Blütenstand: Traube oder einzeln. Deckblätter so lang wie die Blütenstiele
Blüten: zwittrig, radiär. Perigonblätter 6, verwachsen, Perigonröhre länger als die Zipfel, blau, rosa, weiß. Staubblätter 6, mit dem Perigon verwachsen. Fruchtblätter 3, verwachsen, oberständig. Plazentation zentralwinkelständig, mit mehreren Samen je Fach
Frucht: Kapsel. Samen kugelig, schwarz
Kennzeichen: Staude mit Zwiebel. Blätter grundständig. Blüten in Trauben oder einzeln. Deckblätter so lang wie die Blütenstiele. Blüten radiär. Perigonblätter 6, verwachsen, Perigonröhre länger als die Zipfel. Staubblätter 6. Fruchtblätter 3, verwachsen, oberständig. Kapsel

Camassia Lindl.

Ableitung: nach dem indianischen Namen der Pflanze
Vulgärnamen: D:Camassie, Prärielilie; E:Camass, Quamash; F:Camassia, Lis de la prairie
Arten: 6
Lebensform: Staude mit Zwiebel
Blätter: grundständig, einfach
Blütenstand: Traube, Rispe, mit großen Deckblättern
Blüten: zwittrig, radiär. Perigonblätter 6, frei, 3- bis mehrnervig, weiß, blau, violett. Staubblätter 6, mit dem Perigon verwachsen. Fruchtblätter 3, verwachsen, oberständig. Plazentation zentralwinkelständig, mit bis 12 Samen je Fach

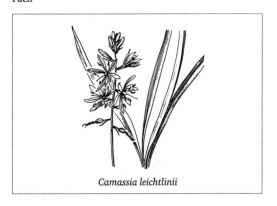
Camassia leichtlinii

Frucht: Kapsel. Samen eiförmig, schwarz
Kennzeichen: Staude mit Zwiebel. Blätter grundständig. Blüten in Traube, Rispe, mit großen Deckblättern, radiär. Perigonblätter 6, frei, 3- bis mehrnervig. Staubblätter 6. Fruchtblätter 3, verwachsen, oberständig. Kapsel

Chionodoxa Boiss.

Ableitung: Schnee-Ruhm
Vulgärnamen: D:Schneeglanz, Schneestolz, Sternhyazinthe; E:Glory of the Snow; F:Gloire des neiges
Arten: 8
Lebensform: Staude mit Zwiebel
Blätter: grundständig, einfach, meist 2
Blütenstand: Traube mit Deckblättern oder einzeln
Blüten: zwittrig, radiär. Perigonblätter 6, am Grund verwachsen, blau, weiß. Staubblätter 6, mit dem Perigon verwachsen. Fruchtblätter 3, verwachsen, oberständig. Plazentation zentralwinkelständig, mit 4–6 Samen je Fach
Frucht: Kapsel. Samen kugelig
Kennzeichen: Staude mit Zwiebel. Blüten radiär. Perigonblätter 6, am Grund verwachsen, gleich lang. Staubblätter 6. Fruchtblätter 3, verwachsen, oberständig. Kapsel. Samen kugelig

Dipcadi Medik.

Ableitung: nach einem orientalischen Pflanzennamen
Arten: c. 55
Lebensform: Staude mit Zwiebel
Blätter: grundständig, einfach
Blütenstand: Traube
Blüten: zwittrig, radiär. Perigonblätter 6, verwachsen, grün, braun, gelb, rotbraun. Staubblätter 6, frei, mit dem Perigon verwachsen. Fruchtblätter 3, verwachsen, oberständig. Plazentation zentralwinkelständig
Frucht: Kapsel. Samen zusammengedrückt
Kennzeichen: Staude mit Zwiebel. Blüten in Trauben, radiär. Perigonblätter 6, verwachsen. Staubblätter 6. Fruchtblätter 3, verwachsen, oberständig. Kapsel. Samen zusammengedrückt

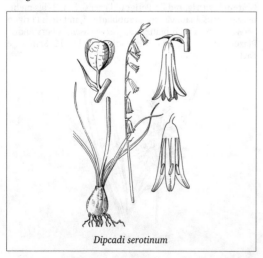
Dipcadi serotinum

Drimiopsis Lindl. et Paxton

Ableitung: vom Aussehen einer Drimia
Arten: 12
Lebensform: Staude mit Zwiebel
Blätter: grundständig, einfach, 2–4
Blütenstand: Traube oder Ähre ohne Deckblättern
Blüten: zwittrig, radiär. Perigonblätter 6, frei, gelbgrün, weiß. Staubblätter 6, mit dem Perigon verwachsen. Fruchtblätter 3, verwachsen, oberständig. Plazentation zentralwinkelständig, mit 2 Samen je Fach
Frucht: Kapsel. Samen kugelig
Kennzeichen: Staude mit Zwiebel. Blüten in Trauben oder Ähren ohne Deckblättern, radiär. Perigonblätter 6, frei. Staubblätter 6. Fruchtblätter 3, verwachsen, oberständig. Kapsel mit 2 Samen je Fach

Eucomis L'Hér.

Ableitung: schöner Schopf
Vulgärnamen: D:Schopflilie; E:Pineapple Flower; F:Eucomis
Arten: 10
Lebensform: Staude mit Zwiebel
Blätter: grundständig, einfach
Blütenstand: Traube mit endständigem Blattschopf
Blüten: zwittrig, radiär. Perigonblätter 6, am Grund verwachsen, weiß, grün, purpurn. Staubblätter 6, mit dem Perigon verwachsen. Fruchtblätter 3, verwachsen, oberständig. Plazentation zentralwinkelständig, mit 6–7 Samen je Fach
Frucht: Kapsel. Samen eiförmig, schwarz oder braun
Kennzeichen: Staude mit Zwiebel. Blätter grundständig. Blütenstand eine Traube mit endständigem Blattschopf. Blüten radiär. Perigonblätter 6. Staubblätter 6. Fruchtblätter 3, verwachsen, oberständig. Kapsel

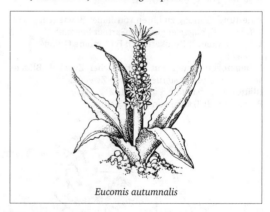
Eucomis autumnalis

Galtonia Decne.

Ableitung: Gattung zu Ehren von Sir Francis Galton (1822–1911), einem englischen Naturforscher, einem Vetter von Charles Darwin benannt
Vulgärnamen: D:Galtonie, Sommerhyazinthe; E:Summer Hyacinth; F:Galtonia, Jacinthe du Cap
Arten: 4
Lebensform: Staude mit Zwiebel

Blätter: grundständig, einfach, meist 3–6
Blütenstand: Traube mit großen Deckblättern, Blüten hängend
Blüten: zwittrig, radiär. Perigonblätter 6, verwachsen, Perigonröhre länger als die Zipfel, weiß, grün, gelbgrün. Blüten 2,5 cm lang oder mehr. Staubblätter 6, mit dem Perigon verwachsen. Fruchtblätter 3, verwachsen, oberständig. Plazentation zentralwinkelständig, mit über 20 Samen je Fach
Frucht: Kapsel. Samen flach D-förmig, schwarz
Kennzeichen: Staude mit Zwiebel. Traube mit großen Deckblättern, Blüten hängend, radiär. Perigonblätter 6, verwachsen, Perigonröhre länger als die Zipfel. Blüten 2,5 cm lang oder mehr. Staubblätter 6. Fruchtblätter 3, verwachsen, oberständig. Kapsel

Galtonia candicans

Hyacinthella Schur

Ableitung: kleine Hyazinthe
Arten: 19
Lebensform: Staude mit Zwiebel
Blätter: grundständig, einfach, 2–3
Blütenstand: Traube mit kleinen Deckblättern
Blüten: zwittrig, radiär. Perigonblätter 6, verwachsen, 4–5 mm lang, Röhre länger als die Zipfel, blau, weiß, violett. Staubblätter 6, mit dem Perigon verwachsen. Fruchtblätter 3, verwachsen, oberständig. Plazentation zentralwinkelständig, mit 2, selten 3–4 Samen je Fach
Frucht: Kapsel kugelig. Samen länglich, schwarz
Kennzeichen: Staude mit Zwiebel. Blätter grundständig. Blüten in Trauben mit kleinen Deckblättern, radiär. Perigonblätter 6, verwachsen, 4–5 mm lang, Röhre länger als die Zipfel. Staubblätter 6. Fruchtblätter 3, verwachsen, oberständig. Kapsel kugelig

Hyacinthoides Heist. ex Fabr.

Ableitung: Hyacinthus-ähnlich
Vulgärnamen: D:Hasenglöckchen; E:Bluebell; F:Jacinthe sauvage

Arten: 8
Lebensform: Staude mit Zwiebel
Blätter: grundständig, einfach
Blütenstand: Traube, Blüten mit 2 Deckblättern
Blüten: zwittrig, radiär. Perigonblätter 6, am Grund verwachsen, blau, violett, weiß. Staubblätter 6, mit dem Perigon verwachsen. Fruchtblätter 3, verwachsen, oberständig. Plazentation zentralwinkelständig, mit 2–6 Samen je Fach
Frucht: Kapsel. Samen kugelig oder eiförmig, schwarz
Kennzeichen: Staude mit Zwiebel. Blätter grundständig. Blüten in Trauben, radiär. Perigonblätter 6, am Grund verwachsen. Staubblätter 6. Fruchtblätter 3, verwachsen, oberständig. Kapsel. Samen kugelig oder eiförmig

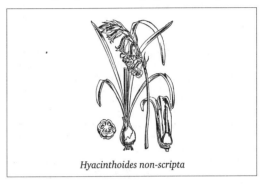
Hyacinthoides non-scripta

Hyacinthus L.

Ableitung: antiker Pflanzenname
Vulgärnamen: D:Hyazinthe; E:Hyacinth; F:Jacinthe

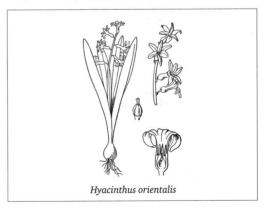
Hyacinthus orientalis

Arten: 1
Lebensform: Staude mit Zwiebel
Blätter: grundständig, einfach, 2 bis mehr
Blütenstand: Traube mit kleinen Deckblättern
Blüten: zwittrig, radiär. Perigonblätter 6, verwachsen, 10–25 mm lang, Röhre länger als die Zipfel, blau, rosa, purpurn, weiß. Staubblätter 6, mit dem Perigon verwachsen. Fruchtblätter 3, verwachsen, oberständig. Plazentation zentralwinkelständig, mit 6–8 Samen je Fach
Frucht: Kapsel kugelig. Samen kugelig, schwarz

Kennzeichen: Staude mit Zwiebel. Blätter grundständig. Blüten in Trauben mit kleinen Deckblättern, radiär. Perigonblätter 6, verwachsen, 10-25 mm lang, Röhre länger als die Zipfel. Staubblätter 6. Fruchtblätter 3, verwachsen, oberständig. Kapsel kugelig

Lachenalia J. Jacq. ex Murray

Ableitung: Gattung zu Ehren von Werner de Lachenal (1736-1800), einem schweizerischen Botaniker benannt
Vulgärnamen: D:Kaphyazinthe, Lachenalie; E:Cape Cowslip; F:Jacinthe du Cap
Arten: 111
Lebensform: Staude mit Zwiebel
Blätter: grundständig, einfach, 1-5
Blütenstand: Traube oder Ähre, mit mittelgroßen Deckblättern
Blüten: zwittrig, radiär bis zygomorph. Perigonblätter 6, am Grund 1/10 der Länge verwachsen, äußere kürzer als innere, weiß, gelb, rot, orange, blau, purpurn, grün. Staubblätter 6, mit dem Perigon verwachsen. Fruchtblätter 3, verwachsen, oberständig. Plazentation zentralwinkelständig, mit wenigen bis vielen Samen je Fach
Frucht: Kapsel. Samen ± kugelig, schwarz
Kennzeichen: Staude mit Zwiebel. Blätter grundständig. Blüten in Trauben oder Ähren, mit mittelgroßen Deckblättern, radiär bis zygomorph. Perigonblätter 6, am Grund 1/10 der Länge verwachsen, äußere kürzer als innere. Staubblätter 6. Fruchtblätter 3, verwachsen, oberständig. Kapsel

Lachenalia bulbifera

Ledebouria Roth

Ableitung: Gattung zu Ehren von Carl Friedrich von Ledebour (1785-1851), einem deutschen Botaniker in Dorpat benannt
Arten: 41
Lebensform: Staude mit Zwiebel
Blätter: grundständig, einfach
Blütenstand: Traube
Blüten: zwittrig, radiär. Perigonblätter 6, frei, 1-nervig, zurückgeschlagen, rosa, rot, blau, weiß, grün, purpurn. Staubblätter 6, mit dem Perigon verwachsen. Fruchtblätter 3, verwachsen, oberständig. Fruchtknoten gestielt. Plazentation zentralwinkelständig, mit 2 Samen je Fach

Frucht: Kapsel. Samen tropfenförmig, schwarz
Kennzeichen: Staude mit Zwiebel. Blätter grundständig. Blüten in Trauben, radiär. Perigonblätter 6, frei, 1-nervig, zurückgeschlagen. Staubblätter 6. Fruchtblätter 3, verwachsen, oberständig. Fruchtknoten gestielt. Kapsel mit 2 Samen je Fach

Muscari Mill.

Ableitung: nach einem arabischen Pflanzennamen
Vulgärnamen: D:Träubel, Traubenhyazinthe; E:Grape Hyacinth; F:Muscari
Arten: 55
Lebensform: Staude mit Zwiebel
Blätter: grundständig, einfach, 1-8
Blütenstand: Traube oder Ähre, mit kleinen bis fehlenden Deckblättern
Blüten: zwittrig, radiär. Perigonblätter 6, krugförmig verwachsen, Zipfel unter ¼ der Röhrenlänge, blau, violett, gelb, grün, braun. Staubblätter 6, mit dem Perigon verwachsen. Fruchtblätter 3, verwachsen, oberständig. Plazentation zentralwinkelständig, mit 2 Samen je Fach
Frucht: Kapsel. Samen kugelig, schwarz
Kennzeichen: Staude mit Zwiebel. Blätter grundständig. Blüten in Trauben oder Ähren, mit kleinen bis fehlenden Deckblättern, radiär. Perigonblätter 6, krugförmig verwachsen, Zipfel unter ¼ der Röhrenlänge. Staubblätter 6. Fruchtblätter 3, verwachsen, oberständig. Kapsel

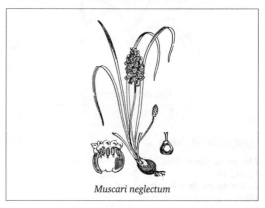

Muscari neglectum

Ornithogalum L.

Ableitung: antiker Pflanzenname
Vulgärnamen: D:Stern von Bethlehem, Milchstern, Vogelmilch; E:Star of Bethlehem; F:Etoile de Bethléem, Ornithogale
Arten: 211
Lebensform: Staude mit Zwiebel
Blätter: grundständig, einfach
Blütenstand: Traube oder Schirmtraube mit großen Deckblättern
Blüten: zwittrig, radiär. Perigonblätter 6, frei, 1-nervig, weiß, selten gelb, orange, grünlich, rot. Staubblätter 6, abgeflacht, mit dem Perigon verwachsen. Fruchtblätter 3, verwachsen, oberständig. Plazentation zentralwinkelständig, mit vielen Samen je Fach

Frucht: Kapsel. Samen ± kugelig, schwarz bis braun
Kennzeichen: Staude mit Zwiebel. Blätter grundständig. Blüten in Trauben oder Schirmtrauben mit großen Deckblättern, radiär. Perigonblätter 6, frei, 1-nervig. Staubblätter 6, abgeflacht. Fruchtblätter 3, verwachsen, oberständig. Kapsel mit vielen Samen je Fach

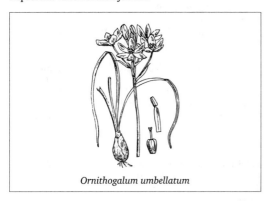
Ornithogalum umbellatum

Puschkinia Adams

Ableitung: Gattung zu Ehren von Apollos Apollosowitsch Graf Mussin-Puschkin (1760–1805), einem russischen Chemiker benannt
Vulgärnamen: D:Kegelblume, Puschkinie; E:Puschkinia; F:Puschkinia, Scille
Arten: 1
Lebensform: Staude mit Zwiebel
Blätter: grundständig, einfach, wenige
Blütenstand: Traube mit kleinen Deckblättern
Blüten: zwittrig, radiär. Perigonblätter 6, verwachsen, Röhre kürzer als die spreizenden Zipfel, blau, weiß, grünlich. Staubblätter 6, verwachsen und mit dem Perigon verwachsen. Fruchtblätter 3, verwachsen, oberständig. Plazentation zentralwinkelständig, mit mehreren Samen je Fach
Frucht: Kapsel. Samen kugelig bis eiförmig, gelb
Kennzeichen: Staude mit Zwiebel. Blätter grundständig. Blüten in Trauben mit kleinen Deckblättern, radiär. Perigonblätter 6, verwachsen, Röhre kürzer als die spreizenden Zipfel. Staubblätter 6. Fruchtblätter 3, verwachsen, oberständig. Kapsel

Scilla L.

Ableitung: antiker Pflanzenname
Vulgärnamen: D:Blaustern, Scilla; E:Squill; F:Scille
Arten: 87
Lebensform: Staude mit Zwiebel
Blätter: grundständig, einfach
Blütenstand: Traube oder einzeln, Blüten mit kleinen Deckblättern oder ohne
Blüten: zwittrig, radiär. Perigonblätter 6, frei, blau, purpurn, weiß, rosa. Staubblätter 6, mit dem Perigon verwachsen. Staubfäden dünn am Grund. Fruchtblätter 3, verwachsen, oberständig. Plazentation zentralwinkelständig, mit mehreren Samen je Fach
Frucht: Kapsel. Samen kugelig, schwarz, braun, gelb

Kennzeichen: Staude mit Zwiebel. Blätter grundständig. Blüten in Trauben oder einzeln, radiär. Perigonblätter 6, frei. Staubblätter 6. Staubfäden dünn am Grund. Fruchtblätter 3, verwachsen, oberständig. Kapsel.

Scilla bifolia

Urginea Steinh.

Ableitung: Pflanze von Beni Urgin in Algerien
Vulgärnamen: D:Meerzwiebel; E:Sea Onion; F:Scille maritime
Arten: c. 40
Lebensform: Staude mit Zwiebel
Blätter: grundständig, einfach
Blütenstand: Traube mit ± gespornten Deckblättern
Blüten: zwittrig, radiär. Perigonblätter 6, am Grund verwachsen, weiß, rosa, gelblich, rot, lila, braun, grün. Staubblätter 6, mit dem Perigon verwachsen. Fruchtblätter 3, verwachsen, oberständig. Plazentation zentralwinkelständig, mit wenigen bis vielen Samen je Fach

Urginea maritima

1012 Hydrocharitaceae Froschbissgewächse

Frucht: Kapsel. Samen geflügelt, schwarz
Kennzeichen: Staude mit Zwiebel. Blätter grundständig. Blüten in Trauben, radiär. Perigonblätter 6, am Grund verwachsen. Staubblätter 6. Fruchtblätter 3, verwachsen, oberständig. Kapsel. Samen geflügelt

Veltheimia Gled.

Ableitung: Gattung zu Ehren von August Ferdinand Graf von Veltheim (1741-1801), einem dutschen Förderer der Wissenschaften benannt
Vulgärnamen: D:Veltheimie; E:Veltheimia; F:Veltheimia
Arten: 2
Lebensform: Staude mit Zwiebel
Blätter: grundständig, einfach, mehrere
Blütenstand: Traube oder Ähre, mit Deckblättern so lang wie die Blüten, Blüten hängend
Blüten: zwittrig, radiär. Perigonblätter 6, verwachsen, Röhre länger als die Zipfel, rosa, rot, purpurn. Staubblätter 6, mit dem Perigon verwachsen. Fruchtblätter 3, verwachsen, oberständig. Plazentation zentralwinkelständig, mit 2 Samen je Fach
Frucht: Kapsel. Samen ± kugelig, schwarz
Kennzeichen: Staude mit Zwiebel. Blätter grundständig. Blüten in Trauben oder Ähre, mit Deckblättern so lang wie die Blüten, Blüten hängend, radiär. Perigonblätter 6, verwachsen, Röhre länger als die Zipfel. Staubblätter 6. Fruchtblätter 3, verwachsen, oberständig. Kapsel

Veltheimia bracteata

Hydrocharitaceae Froschbissgewächse

1 Blätter am Stängel verteilt. (Fruchtblätter 3)
  2 männliche Spatha mit 2 bis mehr Blüten
    3 Staubblätter 9 . . . . **Egeria**
    3 Staubblätter 3 . . . . **Lagarosiphon**
  2 männliche Spatha 1-blütig
    4 Staubblätter 9-3. Intravaginalschuppen (Schüppchen innerhalb der Blattscheide) ganzrandig . . . . **Elodea**
    4 Staubblätter 3. Intravaginalschuppen zerschlitzt . . . . **Hydrilla**
1 Blätter ± grundständig
  5 Staubblätter 6-18
    6 Blätter gestielt
      7 Spatha mit 1 oder 2 freien Deckblättern
        8 Kronblätter größer als Kelchblätter . . . . **Hydrocharis**
        8 Kronblätter klein . . . . **Limnobium**
      7 Spatha röhrig . . . . **Ottelia**
    6 Blätter sitzend . . . . **Stratiotes**
  5 Staubblätter 1-3. Fruchtblätter 3 oder 2. (Blätter grasartig) . . . . **Vallisneria**

Egeria Planch.

Ableitung: nach einer Gestalt der römischen Mythologie
Vulgärnamen: D:Wasserpest; E:Waterweed; F:Peste d'eau
Arten: 2
Lebensform: Staude. Wasserpflanze
Blätter: quirlständig
Blütenstand: weibliche Blüten einzeln, männliche zu 2-4 in der Spatha
Blüten: eingeschlechtig, radiär. Kelchblätter 3. Kronblätter 3, frei, weiß, gelb. Staubblätter 9, frei, frei von der Krone. Fruchtblätter 3, verwachsen, unterständig. Plazentation parietal
Frucht: kapselartig
Kennzeichen: Staude. Wasserpflanze. Blätter quirlständig. Weibliche Blüten einzeln, männliche zu 2-4 in der Spatha. Kelchblätter 3. Kronblätter 3, frei. Staubblätter 9. Fruchtblätter 3, verwachsen, unterständig. Plazentation parietal

Egeria densa

Elodea Michx.

Ableitung: Sumpf-Pflanze
Vulgärnamen: D:Wasserpest; E:Waterweed; F:Elodée, Peste d'eau
Arten: 6
Lebensform: Staude. Einjährige. Wasserpflanze
Blätter: quirlständig, gegenständig. Intravaginalschuppen ganzrandig
Blütenstand: Blüten einzeln

Blüten: eingeschlechtig, zwittrig, radiär. Kelchblätter 3. Kronblätter 3, frei, weiß. Staubblätter 9–3, frei, frei von der Krone. Fruchtblätter 3, verwachsen, unterständig. Plazentation parietal
Frucht: kapselartig
Kennzeichen: Staude. Einjährige. Wasserpflanze. Blätter quirlständig, gegenständig. Intravaginalschuppen ganzrandig. Blüten einzeln, radiär. Kelchblätter 3. Kronblätter 3, frei. Staubblätter 9–3. Fruchtblätter 3, verwachsen, unterständig. Plazentation parietal

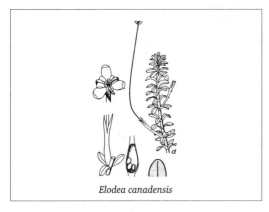

Elodea canadensis

Hydrilla Rich.

Ableitung: Wasser-Quirl
Vulgärnamen: D:Grundnessel, Wasserquirl; E:Esthwaite Waterweed
Arten: 1
Lebensform: Einjährige, Staude. Wasserpflanze
Blätter: gegenständig, quirlständig. Intravaginalschuppen zerschlitzt
Blütenstand: Blüten einzeln
Blüten: eingeschlechtig. Kelchblätter 3. Kronblätter 3, frei, rot, braun. Staubblätter 3, frei, frei von der Krone. Fruchtblätter 3, verwachsen, unterständig. Plazentation laminal
Frucht: Schließfrucht

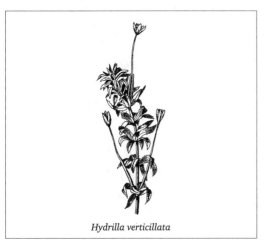

Hydrilla verticillata

Kennzeichen: Einjährige, Staude. Wasserpflanze. Blätter gegenständig, quirlständig. Intravaginalschuppen zerschlitzt. Blüten einzeln, eingeschlechtig. Kelchblätter 3. Kronblätter 3. Staubblätter 3. Fruchtblätter 3, verwachsen, unterständig. Plazentation laminal. Schließfrucht

Hydrocharis L.

Ableitung: Wasserzierde
Vulgärnamen: D:Froschbiss; E:Frogbit; F:Morène, Mors-de-grenouille
Arten: 3
Lebensform: Staude. Wasserpflanze
Blätter: grundständig, gestielt
Blütenstand: Blüten einzeln oder zu 2–3. Spatha mit 1 oder 2 freien Deckblättern
Blüten: eingeschlechtig, radiär. Kelchblätter 3. Kronblätter 3, frei, größer als die Kelchblätter, weiß. Staubblätter 6–18, frei, frei von der Krone. Fruchtblätter 6, verwachsen, unterständig. Plazentation parietal
Frucht: kapsel- bis beerenartig
Kennzeichen: Staude. Wasserpflanze. Blätter grundständig, gestielt. Blüten einzeln oder zu 2–3, radiär, eingeschlechtig. Spatha mit 1 oder 2 freien Deckblättern. Kelchblätter 3. Kronblätter 3, frei, größer als die Kelchblätter. Staubblätter 6–18. Fruchtblätter 6, verwachsen, unterständig. Plazentation parietal

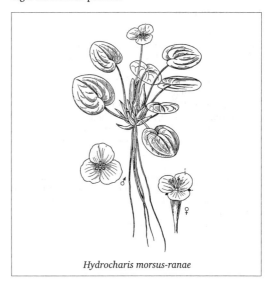

Hydrocharis morsus-ranae

Lagarosiphon Harv.

Ableitung: dünne Röhre
Vulgärnamen: D:Scheinwasserpest, Wassergirlande; E:Curly Water Thyme; F:Fausse-élodée
Arten: 9
Lebensform: Staude. Wasserpflanze
Blätter: wechselständig, quirlständig
Blütenstand: Weibliche Blüten einzeln, männliche in Spatha mit 2 bis mehr Blüten

Blüten: zweihäusig, radiär. Kelchblätter 3. Kronblätter 3, frei. Staubblätter 3, frei, frei von der Krone Fruchtblätter 3, verwachsen, unterständig. Plazentation parietal
Frucht: kapselartig
Kennzeichen: Staude. Wasserpflanze. Blätter wechselständig, quirlständig. Blüten zweihäusig, weibliche Blüten einzeln, männliche in Spatha mit 2 bis mehr Blüten. Kelchblätter 3. Kronblätter 3, frei. Staubblätter 3. Fruchtblätter 3, verwachsen, unterständig. Plazentation parietal

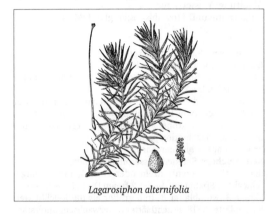
Lagarosiphon alternifolia

Limnobium Rich.

Ableitung: im Sumpf lebend
Vulgärnamen: D:Amerikanischer Froschlöffel; F:Grenouillette d'Amérique
Arten: 2
Lebensform: Staude. Wasserpflanze
Blätter: grundständig, gestielt
Blütenstand: Blüten einzeln oder cymös
Blüten: eingeschlechtig, radiär. Kelchblätter 3. Kronblätter 3, kleiner als die Kelchblätter, frei, weiß. Staubblätter 6-12, frei und frei von der Krone. Fruchtblätter 6-9, verwachsen, unterständig. Plazentation laminal
Frucht: Beere
Kennzeichen: Staude. Wasserpflanze. Blätter grundständig, gestielt. Blüten einzeln oder cymös, eingeschlechtig, radiär. Kelchblätter 3. Kronblätter 3, kleiner als die Kelchblätter, frei. Staubblätter 6-12. Fruchtblätter 6-9, verwachsen, unterständig. Plazentation laminal. Beere

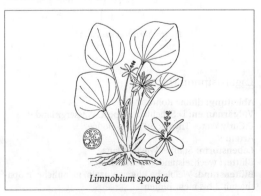
Limnobium spongia

Ottelia Pers.

Ableitung: nach einem Pflanzennamen in Indien
Arten: 20
Lebensform: Einjährige, Staude. Wasserpflanze
Blätter: grundständig, gestielt
Blütenstand: Blüten einzeln. Spatha röhrig
Blüten: eingeschlechtig, zwittrig, radiär. Kelchblätter 3. Kronblätter 3, frei, weiß, gelb. Staubblätter 6-15, frei und frei von der Krone. Fruchtblätter 6, verwachsen, unterständig. Plazentation laminal
Frucht: Kapsel
Kennzeichen: Einjährige, Staude. Wasserpflanze. Blätter grundständig, gestielt. Blüten einzeln, radiär. Spatha röhrig. Kelchblätter 3. Kronblätter 3, frei. Staubblätter 6-15. Fruchtblätter 6, verwachsen, unterständig. Plazentation laminal. Kapsel

Ottelia alismoides

Stratiotes L.

Ableitung: antiker Pflanzenname
Vulgärnamen: D:Krebsschere, Wasseraloe; E:Water Soldier; F:Aloès d'eau, Macle
Arten: 1
Lebensform: Staude. Wasserpflanze

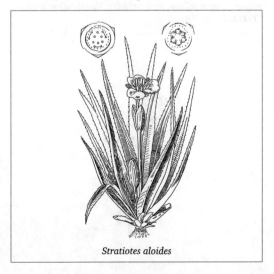
Stratiotes aloides

Blätter: grundständig, sitzend, am Rand dornig gezähnt
Blütenstand: Blüten einzeln, cymös
Blüten: eingeschlechtig, radiär. Kelchblätter 3. Kronblätter 3, frei, weiß. Staubblätter 12, frei und frei von der Krone. Fruchtblätter 6, verwachsen, unterständig. Plazentation parietal
Frucht: kapselartig
Kennzeichen: Staude. Wasserpflanze. Blätter grundständig, sitzend, am Rand dornig gezähnt. Blüten einzeln, cymös, eingeschlechtig, radiär. Kelchblätter 3. Kronblätter 3, frei. Staubblätter 12. Fruchtblätter 6, verwachsen, unterständig. Plazentation parietal

Vallisneria L.

Ableitung: Gattung zu Ehren von Antonio Vallisniero de Vallisnera (1661-1730), einem italienischen Naturforscher benannt
Vulgärnamen: D:Sumpfschraube, Vallisnerie, Wasserschraube; E:Eel Grass, Vallis; F:Vallisnérie
Arten: 9
Lebensform: Staude. Wasserpflanze
Blätter: grundständig, grasartig
Blütenstand: männliche Blüten in Köpfchen, weibliche einzeln
Blüten: eingeschlechtig, radiär. Kelchblätter 2-3. Kronblätter 3, 1 oder fehlend, frei, weiß, purrpurn. Staubblätter 1-3, frei und frei von der Krone. Fruchtblätter 2-3, verwachsen, unterständig. Plazentation laminal
Frucht: unregelmäßig aufreißend
Kennzeichen: Staude. Wasserpflanze. Blätter grundständig, grasartig. Männliche Blüten in Köpfchen, weibliche einzeln. Kelchblätter 2-3. Kronblätter 3, 1 oder fehlend, frei. Staubblätter 1-3. Fruchtblätter 2-3, verwachsen, unterständig. Plazentation laminal

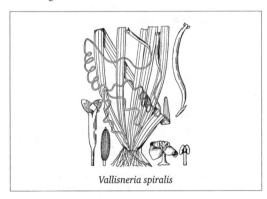

Vallisneria spiralis

Hypoxidaceae

1 Blätter fächerförmig gefaltet. Frucht eine Beere mit langem Schnabel . . . . **Curculigo**
1 Blätter höchstens gekielt. Frucht eine Kapsel (oder Schließfrucht)
2 Perigonblätter frei, gelb oder grün . . . . **Hypoxis**
2 Perigonblätter verwachsen, weiß oder lila . . . .
. . . . **Rhodohypoxis**

Curculigo Gaertn.

Ableitung: Rüsselkäfer-Pflanze
Vulgärnamen: D:Rüssellilie; E:Palm Grass
Arten: 14
Lebensform: Staude
Blätter: grundständig, fächerartig gefaltet
Blütenstand: Ähre, Traube
Blüten: zwittrig, radiär. Perigonblätter 6, verwachsen, gelb. Staubblätter 6, frei, mit dem Perigon verwachsen. Fruchtblätter 3, verwachsen, unterständig. Plazentation zentralwinkelständig
Frucht: Beere mit langem Schnabel
Kennzeichen: Staude. Blätter grundständig, fächerartig gefaltet. Blüten radiär. Perigonblätter 6, verwachsen. Staubblätter 6. Fruchtblätter 3, verwachsen, unterständig. Plazentation zentralwinkelständig. Beere mit langem Schnabel

Curculigo latifolia

Hypoxis L.

Ableitung: etwas spitz
Vulgärnamen: D:Härtling, Sterngras; E:Star Grass
Arten: c. 150
Lebensform: Staude
Blätter: grundständig, gekielt
Blütenstand: Blüten einzeln, doldenartig, Traube
Blüten: zwittrig, radiär. Perigonblätter 6, frei, gelb, grün. Staubblätter 6, frei, mit dem Perigon verwachsen. Fruchtblätter 3, verwachsen, unterständig. Plazentation zentralwinkelständig
Frucht: Kapsel, Schließfrucht
Kennzeichen: Staude. Blätter grundständig, gekielt. Blüten einzeln, in doldenartigen Blütenständen oder Trauben, radiär. Perigonblätter 6, frei. Staubblätter 6. Fruchtblätter 3, verwachsen, unterständig. Kapsel oder Schließfrucht

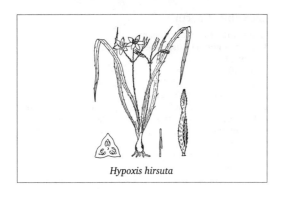
Hypoxis hirsuta

Rhodohypoxis Nel

Ableitung: rote Hypoxis
Arten: 6
Lebensform: Staude
Blätter: grundständig
Blütenstand: Blüten einzeln oder zu 2
Blüten: zwittrig, radiär. Perigonblätter 6, verwachsen, rot, rosa, weiß. Staubblätter 6, frei, mit dem Perigon verwachsen. Fruchtblätter 3, verwachsen, unterständig. Plazentation zentralwinkelständig
Frucht: Kapsel
Kennzeichen: Staude. Blätter grundständig. Blüten einzeln oder zu 2, radiär. Perigonblätter 6, verwachsen. Staubblätter 6. Fruchtblätter 3, verwachsen, unterständig. Kapsel

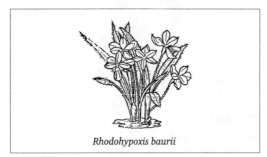
Rhodohypoxis baurii

Iridaceae Schwertliliengewächse

```
 1  Griffeläste flach, kronblattartig
 2   Pflanze mit Knolle
 3    Knolle am Scheitel wurzelnd
 4     Blüten einzeln. Perigonblätter verwachsen . .
           . . . . . . . . . . . . . . . . . . Galaxia
 4     Blüten zu mehreren. Perigonblätter frei
 5      Blüten gestielt . . . . . . . . . . . . Moraea
 5      Blüten fast sitzend, mit langer Perigonröhre .
           . . . . . . . . . . . . . . . . Gynandriris
 3    Knolle eine Wurzelknolle. (Staubblätter frei) . .
           . . . . . . . . . . . . . . . Hermodactylus
 2   Pflanzen mit Rhizom oder Zwiebel
 6    Perigon verwachsen . . . . . . . . . . . . . Iris
 6    Perigon frei . . . . . . . . . . . . . . . Dietes
 1  Griffeläste nicht kronblattartig
 7   Pflanze strauchförmig . . . . . . . . . . . Nivenia
 7   Pflanze krautig
 8    Pflanze mit Rhizom. (Einzelblüten meist
          gestielt)
 9     Perigonblätter ungleich. (Staubblätter 3)
 10     Staubblätter am Grund verwachsen . . . . .
           . . . . . . . . . . . . . . . . . . Libertia
 10     Staubblätter frei
 11      Staubblätter 3. Blüten radiär . . Neomarica
 11      Staubblätter 2. Blüten zygomorph . . . . .
           . . . . . . . . . . . . . . . . Diplarrhena
 9     Perigonblätter gleich
 13     Staubblätter verwachsen
 14      Perigonröhre fehlend oder sehr kurz
 15       Stängel zusammengedrückt . . . . . . . .
           . . . . . . . . . . . . . . . . Sisyrinchium
 15       Stängel rund im Querschnitt
 16        Blätter am Stängel verteilt. Staubblätter
             nur am Grund verwachsen . . . Olsynium
 14      Perigonröhre vorhanden. Staubfäden zu
             einer Röhre verwachsen . . . Solenomelus
 13     Staubblätter frei
 16      Perigon nach der Blüte zusammengedreht.
           . . . . . . . . . . . . . . . . . . . Aristea
 16      Perigon nach der Blüte nicht
             zusammengedreht nach der Blüte
 17       Griffeläste verbreitert . . . . Belamcanda
 17       Griffeläste pfriemlich
 18        Perigonröhre fehlend. Blüten hellblau. .
           . . . . . . . . . . . . . . . . Orthrosanthus
 18        Perigonröhre lang. Blüten scharlachrot
             oder rot . . . . . . . . . . . Schizostylis
 8    Pflanze mit Zwiebel oder Knolle
 19     Pflanze mit Zwiebel. (Einzelblüten meist
          gestielt. Perigonblätter ungleich)
 20      Staubblätter frei . . . . . . . . . . Cypella
 20      Staubblätter verwachsen
 21       Narben vor den Staubblättern stehend. . .
           . . . . . . . . . . . . . . . . . . Herbertia
 21       Narben zwischen den Staubblättern stehend
           . . . . . . . . . . . . . . . . . . Tigridia
 19     Pflanze mit Knollen
 22      Knolle am Scheitel wurzelnd. (Einzelblüten
          gestielt)
 23       Blätter reitend. Knolle mehrjährig . . . . .
           . . . . . . . . . . . . . . . . . . Ferraria
 23       Blätter nicht reitend. Knolle einjährig . . .
           . . . . . . . . . . . . . . Moraea (Homeria)
 22      Knolle unten wurzelnd. (Einzelblüten
          sitzend. Perigonblätter verwachsen)
 24       Blätter nicht zweizeilig. Blüten einzeln
 25        Blätter oberseits mit 2 weißen Streifen . . .
           . . . . . . . . . . . . . . . . . . . Crocus
 25        Blätter oberseits ohne weiße Streifen. . .
           . . . . . . . . . . . . . . . . . . Romulea
 24       Blätter zweizeilig. Blüten nicht einzeln
 26        Staubblätter frei vom Perigon
 27         Ähren hängend in einer Rispe . . . . . .
           . . . . . . . . . . . . . . . . . . Dierama
 27         Ähren nicht hängend
 28          Kapsel dünnwandig, Samen von außen
             sichtbar . . . . . . . . . . . . . . . Ixia
```

28 Kapsel dickwandig, Samen nicht von
    außen sichtbar . . . . **Sparaxis**
26 Staubblätter mit dem Perigon verwachsen
29 Griffeläste geteilt
30 Blütenstand eine einseitswendige Ähre
31 Perigonröhre im oberen Teil abrupt
    erweitert . . . . **Freesia**
31 Perigonröhre allmählich erweitert . .
    . . . . **Anomatheca**
30 Blütenstand keine einseitswendige Ähre
32 Blütenstand eine Rispe oder Ähre. . .
    . . . .**Lapeirousia**
32 Blütenstand eine 2-zeilige Ähre. . . .
    . . . . **Watsonia**
29 Griffeläste ganz
33 Blätter gefältelt
34 Blätter und Stängel kahl. . **Crocosmia**
34 Blätter und Stängel ± behaart .**Babiana**
33 Blätter nicht gefältelt
35 Perigonröhre sehr dünn . **Chasmanthe**
35 Perigonröhre kurz oder trichterig
36 Blütenstängel unterirdisch. Griffeläste
    in oder am Ende der Perigonröhre
    lang spreizend . . . . . **Hesperantha**
36 Blütenständer oberirdisch. Griffeläste
    kurz
37 Samen ringsum geflügelt. Griffeläste
    in der Perigonröhre . . . . **Gladiolus**
37 Samen kantig oder kugelig
38 Griffeläste über der Perigonröhre .
    . . . . **Tritonia**
38 Griffeläste meist in der
    Perigonröhre . . . . . .**Geissorhiza**

Blüten: zwittrig, radiär. Perigonblätter 6, verwachsen, blau, lila, weiß. Staubblätter 3, verwachsen mit dem Perigon. Fruchtblätter 3, verwachsen, unterständig. Griffeläste ganz. Plazentation zentralwinkelständig mit 1 bis vielen Samen je Fach
Frucht: Kapsel
Kennzeichen: Iridacee. Staude mit Rhizom, jährlich einziehend oder mit bleibendem Laub. Perigonblätter äußere und innere gleich, nach der Blüte zusammengedreht. Staubblätter frei. Griffeläste ganz

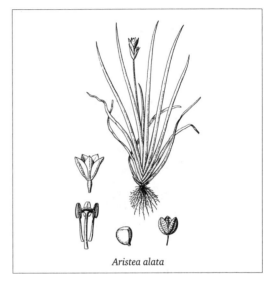

Aristea alata

Anomatheca Ker-Gawl.

Ableitung: mit ungewöhnlicher Kapsel
Arten: 6
Lebensform: Staude mit Knolle, jährlich einziehend
Blätter: wechselständig, 2-zeilig
Blütenstand: Ähre, Traube, einseitwendig
Blüten: zwittrig, zygomorph. Perigonblätter 6, verwachsen. Perigonröhre allmählich erweitert. Staubblätter 3, verwachsen mit dem Perigon. Fruchtblätter 3, verwachsen, unterständig. Griffeläste gabelig. Plazentation zentralwinkelständig
Frucht: Kapsel
Kennzeichen: Iridacee. Staude mit Knolle. Ähre, Traube, einseitwendig. Perigonröhre allmählich erweitert. Griffeläste gabelig

Aristea Aiton

Ableitung: Grannenpflanze
Vulgärnamen: D:Grannenlilie; E:Blue Corn Lily; F:Aristéa
Arten: 55
Lebensform: Staude mit Rhizom, jährlich einziehend oder mit bleibendem Laub
Blätter: wechselständig oder grundständig, 2-zeilig
Blütenstand: Ähre, Traube, Schirmrispe

Babiana Ker-Gawl. ex Sims

Ableitung: Pavian-Pflanze
Vulgärnamen: D:Pavianblume; E:Baboon Flower; F:Fleur des babouins
Arten: 64
Lebensform: Staude mit Knolle unten wurzelnd und jährlich einziehend
Blätter: wechselständig, 2-zeilig, gefältelt, behaart
Blütenstand: Ähre einseitig bis Rispe
Blüten: zwittrig, radiär oder zygomorph. Perigonblätter 6, verwachsen, innere und äußere zum Teil ungleich, weiß, gelb, lila, purpurn, rosa, rot, blau. Staubblätter 3, verwachsen mit dem Perigon. Fruchtblätter 3, verwachsen, unterständig. Griffeläste einfach. Plazentation zentralwinkelständig
Frucht: Kapsel
Kennzeichen: Iridacee. Staude mit Knolle unten wurzelnd und jährlich einziehend. Blätter 2-zeilig, gefältelt und behaart. Staubblätter verwachsen mit dem Perigon. Griffeläste ganz

Belamcanda Adans.

Ableitung: nach einem Pflanzennamen an der Malabarküste

Vulgärnamen: D:Leopardenblume, Pantherblume; E:Leopard Lily; F:Fleur-léopard, Iris tigré
Arten: 2
Lebensform: Staude mit Rhizom, jährlich einziehend
Blätter: wechselständig, 2-zeilig
Blütenstand: Rispe
Blüten: zwittrig, radiär. Perigonblätter 6, frei, innere und äußere gleich, orange, gelb. Staubblätter 3, frei, verwachsen mit dem Perigon. Fruchtblätter 3, verwachsen, unterständig. Griffeläste kurz. Plazentation zentralwinkelständig
Frucht: Kapsel
Kennzeichen: Iridacee. Staude mit Rhizom, jährlich einziehend. Perigonblätter innere und äußere gleich. Staubblätter frei. Griffeläste verbreitert

Belamcanda chinensis

Blüten: zwittrig, radiär bis zygomorph. Perigonblätter 6, verwachsen, gelb, orange, rötlich. Staubblätter 3, verwachsen mit dem Perigon. Fruchtblätter 3, verwachsen, unterständig. Griffeläste kurz, ganz. Plazentation zentralwinkelständig mit 2(4–2) Samen je Fach
Frucht: Kapsel
Kennzeichen: Iridacee. Staude mit Knolle, unten wurzelnd, jährlich einziehend. Blätter 2-zeilig, gefältelt, kahl. Staubblätter verwachsen mit dem Perigon. Griffeläste kurz, ganz

Crocosmia aurea

Chasmanthe N.E. Br.

Ableitung: Spalt-Blüte
Vulgärnamen: D:Rachenlilie; E:Cobra Lily; F:Chasmanthe
Arten: 3
Lebensform: Staude mit Knolle, unten wurzelnd, jährlich einziehend
Blätter: wechselständig, 2-zeilig, nicht gefältelt
Blütenstand: Ähre
Blüten: zwittrig, zygomorph. Perigonblätter 6, verwachsen mit dünner Röhre, innere und äußere ungleich, gelb, orange, rot. Staubblätter 3, verwachsen mit dem Perigon. Fruchtblätter 3, verwachsen, unterständig. Griffeläste einfach. Plazentation zentralwinkelständig mit wenigen Samen je Fach
Frucht: Kapsel
Kennzeichen: Iridacee. Staude mit Knolle, unten wurzelnd, jährlich einziehend. Blätter 2-zeilig, nicht gefältelt. Blüten in Ähren. Staubblätter verwachsen mit dem Perigon. Griffeläste einfach

Crocosmia Planch.

Ableitung: Pflanze mit Safran-Duft
Vulgärnamen: D:Montbretie; E:Montbretia; F:Montbretia
Arten: 9
Lebensform: Staude mit Knolle, unten wurzelnd, jährlich einziehend
Blätter: wechselständig, 2-zeilig, gefältelt, kahl
Blütenstand: Ähre

Crocus L.

Ableitung: antiker Pflanzenname für Safran
Vulgärnamen: D:Krokus; E:Crocus; F:Crocus
Arten: 88
Lebensform: Staude mit Knolle, unten wurzelnd, jährlich einziehend
Blätter: grundständig, nicht 2-zeilig, oberseits mit 2 weißen Streifen
Blütenstand: einzeln, ohne oberirdischen Stiel

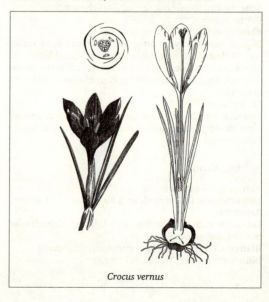
Crocus vernus

Blüten: zwittrig, radiär. Perigonblätter 6, verwachsen, weiß, gelb, lila, purpurn, blau. Staubblätter 3, verwachsen mit dem Perigon. Fruchtblätter 3, verwachsen, unterständig. Griffeläste sehr variabel. Plazentation zentralwinkelständig
Frucht: Kapsel
Kennzeichen: Iridacee. Staude mit Knolle, unten wurzelnd, jährlich einziehend. Blätter grundständig, nicht 2-zeilig, oberseits mit 2 weißen Streifen. Blüten ohne oberirdischen Stiel

Cypella Herb.

Ableitung: kleine Tonne
Vulgärnamen: D:Becherschwertel; F:Cypella
Arten: 20
Lebensform: Staude mit Zwiebel, jährlich einziehend
Blätter: nahezu grundständig, 2-zeilig
Blütenstand: einzeln, Schirmtraube
Blüten: zwittrig, radiär. Perigonblätter 6, frei, innere und äußere verschieden, gelb, blau, purpurn. Staubblätter 3, frei und frei von dem Perigon. Fruchtblätter 3, verwachsen, unterständig. Griffeläste 2- bis 3-teilig. Plazentation zentralwinkelständig
Frucht: Kapsel
Kennzeichen: Iridacee. Staude mit Zwiebel, jährlich einziehend. Perigonblätter innere und äußere verschieden. Staubblätter frei

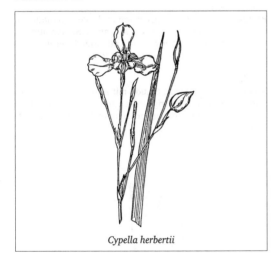

Cypella herbertii

Dierama K. Koch

Ableitung: Trichter
Vulgärnamen: D:Trichterschwertel; E:African Hairbell, Wand Flower; F:Canne à pêche des anges
Arten: 44
Lebensform: Staude mit Knolle, unten wurzelnd. Blätter nicht jahreszeitlich einziehend
Blätter: wechselständig bis grundständig, 2-zeilig

Blütenstand: hängende Ähren in Rispen
Blüten: zwittrig, radiär. Perigonblätter 6, verwachsen, rot, purpurn, weiß. Staubblätter 3, frei von dem Perigon. Fruchtblätter 3, verwachsen, unterständig. Griffeläste flach. Plazentation zentralwinkelständig
Frucht: Kapsel
Kennzeichen: Iridacee. Staude mit Knolle, unten wurzelnd. Blätter nicht jahreszeitlich einziehend
Blätter 2-zeilig. Blüten in hängenden Ähren in Rispen. Staubblätter frei von dem Perigon

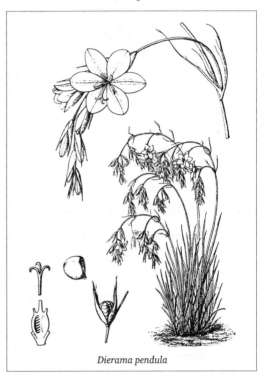

Dierama pendula

Dietes Salisb. ex Klatt

Ableitung: zweijährig
Arten: 6
Lebensform: Staude mit Rhizom, Blätter nicht jahreszeitlich einziehend
Blätter: wechselständig, 2-zeilig
Blütenstand: Schirmrispe
Blüten: zwittrig, radiär. Perigonblätter 6, frei, innere und äußere ungleich, weiß, gelb. Staubblätter 3, frei oder verwachsen, verwachsen mit dem Perigon. Fruchtblätter 3, verwachsen, unterständig. Griffeläste kronblattartig. Plazentation zentralwinkelständig
Frucht: Kapsel oder Schließfrucht
Kennzeichen: Iridacee. Staude mit Rhizom, Blätter nicht jahreszeitlich einziehend. Perigonblätter frei. Griffeläste kronblattartig

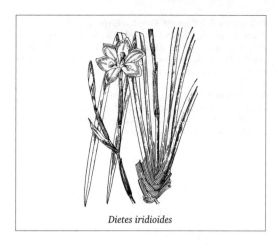
Dietes iridioides

Diplarrhena Labill.

Ableitung: zwei Staubblätter
Vulgärnamen: D:Tasmanische Iris
Arten: 2
Lebensform: Staude mit Rhizom, nicht jahreszeitlich einziehend
Blätter: wechselständig oder grundständig, 2-zeilig reitend
Blütenstand: Fächel. Blüten zu 2 bis mehreren in Deckblättern, gestielt
Blüten: zwittrig, zygomorph. Perigonblätter 6, frei, äußere und innere ungleich, weiß. Staubblätter nur 2 mit Antheren, frei von dem Perigon. Fruchtblätter 3, verwachsen, unterständig. Griffeläste ganz. Plazentation zentralwinkelständig
Frucht: Kapsel
Kennzeichen: Iridacee. Staude mit Rhizom, nicht jahreszeitlich einziehend. Blätter reitend. Blüten gestielt. Perigonblätter äußere und innere ungleich. Staubblätter 2

Ferraria Burm. ex Mill.

Ableitung: Gattung zu Ehren von Giovanni Battista Ferrari (1584–1655), einem italienischen Botaniker benannt
Arten: 11
Lebensform: Staude mit Knolle, am Scheitel wurzelnd, jährlich einziehend
Blätter: wechselständig, 2-zeilig oder schraubig
Blütenstand: cymös
Blüten: zwittrig, radiär. Perigonblätter 6, frei, gelb, rotbraun, grün, purpurn, blau. Staubblätter 3, verwachsen und verwachsen mit dem Perigon. Fruchtblätter 3, verwachsen, unterständig. Griffeläste oft 2-lappiggabelig. Plazentation zentralwinkelständig
Frucht: Kapsel
Kennzeichen: Iridacee. Staude mit Knolle, am Scheitel wurzelnd, jährlich einziehend. Blätter reitend

Freesia Eckl. ex Klatt

Ableitung: Gattung zu Ehren von Friedrich Heinrich Theodor Freese (?1–2876), einem deutschen Arzt benannt
Vulgärnamen: D:Freesie; E:Freesia; F:Freesia
Arten: 16
Lebensform: Staude mit Knolle, jährlich einziehend
Blätter: wechselständig, 2-zeilig
Blütenstand: Ähre, einseitswendig. Blüten einzeln in Deckblättern
Blüten: zwittrig, radiär bis zygomorph. Perigonblätter 6, verwachsen, weiß, gelb, rosa, rot, grün. Staubblätter 3, verwachsen mit dem Perigon. Fruchtblätter 3, verwachsen, unterständig. Griffeläste 2-spaltig. Plazentation zentralwinkelständig
Frucht: Kapsel
Kennzeichen: Iridacee. Staude mit Knolle. Blüten in einseitswendiger Ähre. Perigonröhre im oberen Teil abrupt erweitert. Staubblätter verwachsen mit dem Perigon. Griffeläste 2-spaltig

Diplarrhena moraea

Freesia refracta

Galaxia Thunb.

Ableitung: Milchstraße
Arten: 12
Lebensform: Staude mit Knolle
Blätter: wechselständig, nicht 2-zeilig
Blütenstand: einzeln
Blüten: zwittrig, radiär. Perigonblätter 6, verwachsen. Staubblätter 3, verwachsen und verwachsen mit dem Perigon. Fruchtblätter 3, verwachsen, unterständig. Griffeläste kronblattartig. Plazentation zentralwinkelständig
Frucht: Kapsel
Kennzeichen: Iridacee. Staude mit Knolle. Blüten einzeln. Perigonblätter verwachsen. Griffeläste kronblattartig

Geissorhiza Ker-Gawl.

Ableitung: Dach-Wurzel
Arten: 85
Lebensform: Staude mit Knolle, unten wurzelnd, jährlich einziehend
Blätter: wechselständig, 2-zeilig, nicht gefältelt
Blütenstand: Ähre, ein- oder zweiseitig, einzeln
Blüten: zwittrig, radiär. Perigonblätter 6, verwachsen kurz oder trichterig. Staubblätter 3, verwachsen mit dem Perigon. Fruchtblätter 3, verwachsen, unterständig. Griffeläste pfriemlich. Plazentation zentralwinkelständig
Frucht: Kapsel
Kennzeichen: Iridacee. Staude mit Knolle, unten wurzelnd, jährlich einziehend. Blätter 2-zeilig, nicht gefältelt. Blüten in Ähren oder einzeln, radiär. Perigonblätter verwachsen kurz oder trichterig. Staubblätter verwachsen mit dem Perigon. Griffeläste kurz pfriemlich

Gladiolus L.

Ableitung: kleines Schwert
Vulgärnamen: D:Gladiole, Siegwurz; E:Gladiolus; F:Glaïeul
Arten: 268
Lebensform: Staude mit Knolle, unten wurzelnd, jährlich einziehend oder nicht
Blätter: wechselständig, 2-zeilig, nicht gefältelt
Blütenstand: Ähren ± einseitig
Blüten: zwittrig, zygomorph. Perigonblätter 6, verwachsen zu einer gebogenen Röhre, innere und äußere ungleich, weiß, gelb, orange, rot, rosa, lila, purpurn, grün. Staubblätter 3, verwachsen mit dem Perigon, nach oben gebogen. Fruchtblätter 3, verwachsen, unterständig. Griffeläste einfach. Plazentation zentralwinkelständig
Frucht: Kapsel
Kennzeichen: Iridacee. Staude mit Knolle, unten wurzelnd, jährlich einziehend oder nicht. Blätter 2-zeilig, nicht gefältelt. Perigonblätter verwachsen zu einer gebogenen Röhre. Staubblätter verwachsen mit dem Perigon, nach oben gebogen. Griffeläste einfach

Gynandriris Parl.

Ableitung: zwittrige Iris
Arten: 9
Lebensform: Staude mit Knolle, jährlich einziehend
Blätter: wechselständig, 2-zeilig
Blütenstand: cymös, Blüten fast sitzend
Blüten: zwittrig, radiär. Perigonblätter 6, frei, äußere und innere ungleich, weiß, rosa, gelb, blau. Staubblätter 3, verwachsen und verwachsen mit dem Perigon. Fruchtblätter 3, verwachsen, unterständig. Griffeläste kronblattartig. Plazentation zentralwinkelständig
Frucht: Kapsel
Kennzeichen: Iridacee. Staude mit Knolle, jährlich einziehend. Blüten fast sitzend. Perigonblätter frei. Griffeläste kronblattartig

Gladiolus tristis

Gynandriris sisyrinchium

Herbertia Sweet

Ableitung: Gattung zu Ehren von William Herbert (1778–1847), einem englischen Botaniker benannt
Arten: 5
Lebensform: Staude mit Zwiebel, jährlich einziehend
Blätter: wechselständig, 2-zeilig
Blütenstand: Blüten einzeln
Blüten: zwittrig, radiär. Perigonblätter 6, frei, blau, purpurn. Staubblätter 3, verwachsen. Fruchtblätter 3, verwachsen, unterständig. Griffeläste 3-teilig, vor den Staubblättern stehend. Plazentation zentralwinkelständig
Frucht: Kapsel
Kennzeichen: Iridacee. Staude mit Zwiebel, jährlich einziehend. Staubblätter verwachsen. Griffeläste vor den Staubblättern stehend

Hermodactylus Mill.

Ableitung: nach einem griechischen Pflanzennamen, Hermes-Finger
Vulgärnamen: D:Wolfsschwertel; E:Snake's Head Iris; F:Iris tête-de-serpent
Arten: 1
Lebensform: Staude mit Wurzelknolle, jährlich einziehend
Blätter: wechselständig, 2-zeilig
Blütenstand: Blüten einzeln
Blüten: zwittrig, radiär. Perigonblätter 6, verwachsen, äußere und innere ungleich, grün, bronzegelb. Staubblätter 3, frei und frei von dem Perigon. Fruchtblätter 3, verwachsen, unterständig. Griffeläste kronblattartig. Plazentation parietal
Frucht: Kapsel
Kennzeichen: Iridacee. Staude mit Wurzelknolle, jährlich einziehend. Staubblätter frei. Griffeläste kronblattartig

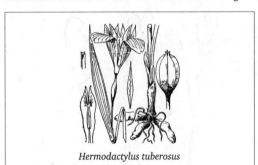

Hermodactylus tuberosus

Hesperantha Ker-Gawl.

Ableitung: Abend-Blüte
Vulgärnamen: D:Abendblüte; F:Fleur du soir
Arten: 81
Lebensform: Staude mit Knolle, unten wurzelnd, jährlich einziehend
Blätter: wechselständig, 2-zeilig, nicht gefältelt
Blütenstand: Ähre, ein oder 2-seitig oder Blüten einzeln
Blüten: zwittrig, radiär oder zygomorph. Perigonblätter 6, kurz verwachsen, weiß, lila, rot, purpurn, blau, gelb, rosa. Staubblätter 3, verwachsen mit dem Perigon, nicht nach oben gebogen. Fruchtblätter 3, verwachsen, unterständig. Griffeläste lang pfriemlich. Plazentation zentralwinkelständig
Frucht: Kapsel
Kennzeichen: Iridacee. Staude mit Knolle, unten wurzelnd, jährlich einziehend. Blätter 2-zeilig, nicht gefältelt. Perigonblätter kurz verwachsen. Staubblätter verwachsen mit dem Perigon, nicht nach oben gebogen. Griffeläste lang pfriemlich

Hesperantha petitiana

Iris L.

Ableitung: antiker Pflanzenname
Vulgärnamen: D:Iris, Schwertlilie; E:Flag, Sword Lily; F:Iris
Arten: 239
Lebensform: Staude mit Rhizom, Zwiebel oder Knolle
Blätter: wechselständig oder grundständig, 2-zeilig oder schraubig

Iris pseudacorus

Blütenstand: Traube, Rispe, einzeln
Blüten: zwittrig, radiär. Perigonblätter 6, verwachsen, innere und äußere ungleich, gelb, violett, purpurn, weiß, rosa, rot. Staubblätter 3, verwachsen mit dem Perigon. Fruchtblätter 3, verwachsen, unterständig. Griffeläste kronblattartig. Plazentation zentralwinkelständig
Frucht: Kapsel
Kennzeichen: Iridacee. Lebensform: Staude mit Rhizom, Zwiebel oder Knolle. Perigonblätter verwachsen. Griffeläste kronblattartig

Ixia L.

Ableitung: antiker Pflanzenname
Vulgärnamen: D:Klebschwertel; E:Corn Lily; F:Fleur du soir, Ixia
Arten: 51
Lebensform: Staude mit Knolle, unten wurzelnd, jährlich einziehend
Blätter: wechselständig, 2-zeilig
Blütenstand: Ähre, Rispe, oft einseitswendig, Blüten nicht hängend
Blüten: zwittrig, radiär. Perigonblätter 6, verwachsen. Staubblätter 3, frei oder am Grund verwachsen. Fruchtblätter 3, verwachsen, unterständig. Griffeläste blattartig verbreitert. Plazentation zentralwinkelständig
Frucht: Kapsel dünnwandig, Samen von außen sichtbar
Kennzeichen: Iridacee. Staude mit Knolle, unten wurzelnd, jährlich einziehend. Blätter 2-zeilig. Blüten in Ähre, Rispe, oft einseitswendig, nicht hängend. Kapsel dünnwandig, Samen von außen sichtbar

Ixia maculata

Lapeirousia Pourr.

Ableitung: Gattung zu Ehren von Philippe Picot Baron de Lapeyrouse (1744–1818), einem französischen Naturwissenschaftler benannt
Vulgärnamen: D:Lapeirousie; F:Lapeirousia
Arten: 39
Lebensform: Staude mit Knolle, jährlich einziehend
Blätter: wechselständig, 2-zeilig
Blütenstand: Schirmrispe, Rispe, Ähre, Büschel
Blüten: zwittrig, radiär bis zygomorph. Perigonblätter 6, verwachsen, blau, weiß, gelb, rosa, violett. Staubblätter 3, verwachsen mit dem Perigon. Fruchtblätter 3, verwachsen, unterständig. Griffeläste tief geteilt. Plazentation zentralwinkelständig
Frucht: Kapsel
Kennzeichen: Iridacee. Staude mit Knolle, jährlich einziehend. Blüten gestielt. Staubblätter verwachsen mit dem Perigon. Griffeläste tief geteilt.

Libertia Spreng.

Ableitung: Gattung zu Ehren von Marie-Anne Libert (1782–1865), einer belgischen Botanikerin benannt
Vulgärnamen: D:Andeniris, Schwertglocke; E:Chilean Iris; F:Libertia
Arten: 11
Lebensform: Staude mit Rhizom, nicht jahreszeitlich einziehend
Blätter: wechselständig oder grundständig, 2-zeilig
Blütenstand: Rispe, doldenartig, Schirmtraube
Blüten: zwittrig, radiär. Perigonblätter 6, frei, innere und äußere gleich, weiß, blau. Staubblätter 3, verwachsen am Grund und mit dem Perigon. Fruchtblätter 3, verwachsen, unterständig. Griffeläste ganz. Plazentation zentralwinkelständig
Frucht: Kapsel, Schließfrucht
Kennzeichen: Iridacee. Staude mit Rhizom, nicht jahreszeitlich einziehend. Perigonblätter innere und äußere gleich, weiß, blau. Staubblätter verwachsen am Grund und mit dem Perigon

Libertia paniculata

Moraea Mill.

Ableitung: Gattung zu Ehren von Robert More (1703–1780), einem englischer Botaniker und Freund Linnés benannt
Arten: 169
Lebensform: Staude mit Knolle, jährlich einziehend
Blätter: wechselständig oder grundständig, 2-zeilig
Blütenstand: Schirmrispe
Blüten: zwittrig, radiär. Perigonblätter 6, frei, innere und äußere ungleich, gelb, blau, weiß, rosa, orange, rot. Staubblätter 3, frei oder verwachsen, verwachsen mit dem Perigon. Fruchtblätter 3, verwachsen, unterständig. Griffeläste flach kronblattartig. Plazentation zentralwinkelständig
Frucht: Kapsel
Kennzeichen: Iridacee. Staude mit Knolle, jährlich einziehend. Blüten in Schirmrispen. Perigonblätter frei. Griffeläste kronblattartig

Moraea tulbahensis

Neomarica Sprague

Ableitung: neue Marica
Arten: 16
Lebensform: Staude mit Rhizom, nicht jahreszeitlich einziehend
Blätter: wechselständig, 2-zeilig
Blütenstand: Fächel
Blüten: zwittrig, radiär. Perigonblätter 6, frei, innere und äußere ungleich, blau, gelb, cremefarben. Staubblätter 3, frei und frei von dem Perigon. Fruchtblätter 3, verwachsen, unterständig. Griffeläste 2- bis 3-spaltig. Plazentation zentralwinkelständig
Frucht: Kapsel
Kennzeichen: Iridacee. Staude mit Rhizom, nicht jahreszeitlich einziehend. Perigonblätter 6, frei, innere und äußere ungleich. Staubblätter frei

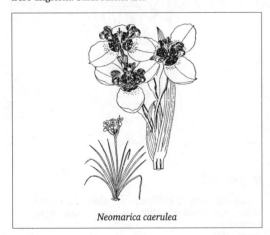
Neomarica caerulea

Nivenia Vent.

Ableitung: Gattung zu Ehren von James Niven (1774–1827), einem schottischen Gärtner benannt
Arten: 10
Lebensform: Strauch mit Rhizom, nicht jahreszeitlich einziehend
Blätter: wechselständig, 2-zeilig
Blütenstand: Rispe, einzeln
Blüten: zwittrig, radiär. Perigonblätter 6, verwachsen, blau. Staubblätter 3, verwachsen mit dem Perigon. Fruchtblätter 3, verwachsen, unterständig. Griffeläste ganz. Plazentation zentralwinkelständig, mit 1–4 Samen je Fach
Frucht: Kapsel
Kennzeichen: Iridacee. Strauch mit Rhizom, nicht jahreszeitlich einziehend. Griffeläste ganz

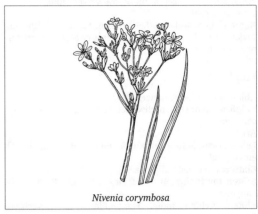
Nivenia corymbosa

Olsynium Raf.

Ableitung: vermutlich: kaum vereinigt (Staubblätter)
Vulgärnamen: D:Purpuraugengras; E:Grass Widow
Arten: 8
Lebensform: Staude mit Rhizom, jährlich einziehend oder nicht
Blätter: wechselständig bis grundständig, 2-zeilig
Blütenstand: zu 1–2 in einer Spatha
Blüten: zwittrig, ± radiär. Perigonblätter 6, frei oder verwachsen, äußere und innere gleich, rosa, rot, orange, weiß, gelb. Staubblätter 3, am Grund verwachsen. Fruchtblätter 3, verwachsen, unterständig. Griffeläste kurz. Plazentation zentralwinkelständig
Frucht: Kapsel in Scheide
Kennzeichen: Iridacee. Staude mit Rhizom, jährlich einziehend oder nicht. Stängel rund im Querschnitt. Perigonblätter äußere und innere gleich. Staubblätter am Grund verwachsen

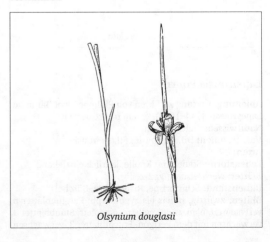
Olsynium douglasii

Orthrosanthus Sweet

Ableitung: Morgen-Blüte
Vulgärnamen: D:Morgenblüte; E:Mornig Flag
Arten: 9
Lebensform: Staude mit Rhizom, nicht jahreszeitlich einziehend
Blätter: wechselständig, 2-zeilig
Blütenstand: Blüten kurz gestielt
Blüten: zwittrig, radiär. Perigonblätter 6, frei oder verwachsen, innere und äußere gleich, nach der Blüte nicht zusammengedreht, blau weiß. Staubblätter 3, verwachsen am Grund und verwachsen mit dem Perigon. Fruchtblätter 3, verwachsen, unterständig. Griffeläste einfach. Plazentation zentralwinkelständig
Frucht: Kapsel
Kennzeichen: Iridacee. Staude mit Rhizom, nicht jahreszeitlich einziehend. Perigonblätter innere und äußere gleich, nach der Blüte nicht zusammengedreht. Staubblätter verwachsen am Grund

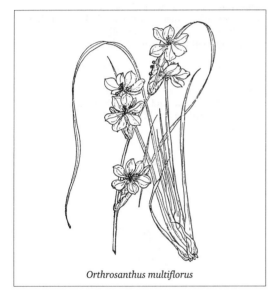
Orthrosanthus multiflorus

× Pardancanda L.W. Lenz

Ableitung: Hybride aus Belamcanda und Pardanthopsis
Blüten: orange

Romulea Maratti

Ableitung: Gattung zu Ehren von Romulus, dem Gründer Roms und ersten König in Rom des 8. Jahrhunderts v. Chr. benannt
Vulgärnamen: D:Sandkrokus, Scheinkrokus; E:Sand Crocus; F:Faux-crocus, Romulée
Arten: 101
Lebensform: Staude mit Knolle, am Scheitel wurzelnd, jährlich einziehend
Blätter: wechselständig, nicht 2-zeilig, oben ohne weiße Streifen
Blütenstand: ± einzeln
Blüten: zwittrig, radiär. Perigonblätter 6, verwachsen, lila, gelb, orange. Staubblätter 3, verwachsen mit dem Perigon. Fruchtblätter 3, verwachsen, unterständig. Griffeläste 2-spaltig. Plazentation zentralwinkelständig
Frucht: Kapsel
Kennzeichen: Iridacee. Staude mit Knolle, am Scheitel wurzelnd, jährlich einziehend. Blätter nicht 2-zeilig, oben ohne weiße Streifen

Romulea bulbocodium

Schizostylis Backh. et Harv.

Ableitung: gespaltener Griffel
Vulgärnamen: D:Kaffernlilie, Spaltgriffel; E:Kaffir Lily; F:Lis des Cafres

Schizostylis coccinea

Arten: 1
Lebensform: Staude mit Rhizom, jährlich einziehend
Blätter: wechselständig, 2-zeilig
Blütenstand: Ähre
Blüten: zwittrig, radiär. Perigonblätter 6, innere und äußere gleich, verwachsen, nach der Blüte nicht zusammengedreht, rot. Staubblätter 3, frei und verwachsen mit dem Perigon. Fruchtblätter 3, verwachsen, unterständig. Griffeläste 3, pfriemlich. Plazentation zentralwinkelständig mit vielen Samen je Fach
Frucht: Kapsel
Kennzeichen: Iridacee. Staude mit Rhizom, jährlich einziehend. Perigonblätter innere und äußere gleich, verwachsen, nach der Blüte nicht zusammengedreht, rot. Staubblätter frei

Sisyrinchium L.

Ableitung: antiker Pflanzenname
Vulgärnamen: D:Grasschwertel; E:Blue-eyed Grass; F:Bermudienne
Arten: 138
Lebensform: Staude mit Rhizom oder Einjährige, jährlich einziehend
Blätter: wechselständig bis grundständig, 2-zeilig
Blütenstand: doldenartig, mehrere Blüten in dem Deckblatt
Blüten: zwittrig, radiär. Perigonblätter 6, frei, äußere und innere gleich, blau, gelb, weiß-purpurn. Staubblätter 3, zum größten Teil verwachsen. Fruchtblätter 3, verwachsen, unterständig. Plazentation zentralwinkelständig
Frucht: Kapsel
Kennzeichen: Iridacee. Staude mit Rhizom oder Einjährige, jährlich einziehend. Perigonblätter frei, äußere und innere gleich. Staubblätter zum größten Teil verwachsen

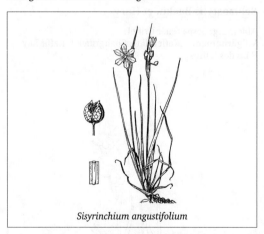

Sisyrinchium angustifolium

Solenomelus Miers

Ableitung: wollige Röhre
Arten: 2
Lebensform: Staude mit Rhizom, jährlich einziehend
Blätter: wechselständig, 2-zeilig
Blütenstand: zu vielen in 2 spathaartigen Blättern

Blüten: zwittrig, radiär. Perigonblätter 6, verwachsen, innere und äußere gleich, gelb, blau. Staubblätter 3, verwachsen und verwachsen mit dem Perigon. Fruchtblätter 3, verwachsen, unterständig. Griffeläste ungeteilt. Plazentation zentralwinkelständig
Frucht: Kapsel
Kennzeichen: Iridacee. Staude mit Rhizom, jährlich einziehend. Perigonblätter 6, verwachsen, innere und äußere gleich. Staubblätter verwachsen

Sparaxis Ker-Gawl.

Ableitung: abgerissen
Vulgärnamen: D:Fransenschwertel; E:Harlequinflower; F:Fleur arlequin, Sparaxis
Arten: 15
Lebensform: Staude mit Knolle, unten wurzelnd, jährlich einziehend
Blätter: wechselständig bis grundständig, 2-zeilig
Blütenstand: Ähre, Blüten nicht hängend
Blüten: zwittrig, radiär bis zygomorph. Perigonblätter 6, verwachsen. Staubblätter 3. Fruchtblätter 3, verwachsen, unterständig. Griffeläste einfach. Plazentation zentralwinkelständig
Frucht: Kapsel dickwandig, Samen von außen nicht sichtbar
Kennzeichen: Iridacee. Staude mit Knolle, unten wurzelnd, jährlich einziehend. Blätter 2-zeilig. Blüten in Ähren, nicht hängend. Kapsel dickwandig, Samen von außen nicht sichtbar

Sparaxis grandiflora

Tigridia Juss.

Ableitung: Tiger-Pflanze
Vulgärnamen: D:Pfauenblume, Tigerblume; E:Peacock Flower, Tiger Flower; F:Lis de tigre
Arten: 40
Lebensform: Staude mit Zwiebel, jährlich einziehend
Blätter: wechselständig bis grundständig, 2-zeilig
Blütenstand: Blüten einzeln bis zu wenigen
Blüten: zwittrig, radiär. Perigonblätter 6, frei, innere und äußere ungleich, gelb, purpurn, rot. Staubblätter 3, ver-

wachsen und verwachsen mit dem Perigon. Fruchtblätter 3, verwachsen, unterständig. Griffeläste 2-spaltig. Narben zwischen den Staubblättern stehend. Plazentation zentralwinkelständig
Frucht: Kapsel
Kennzeichen: Iridacee. Staude mit Zwiebel, jährlich einziehend. Staubblätter verwachsen mit dem Perigon. Narben zwischen den Staubblättern stehend

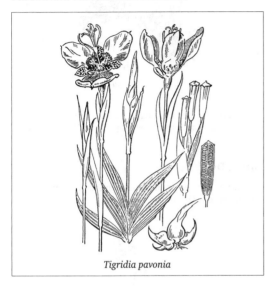

Tigridia pavonia

Tritonia Ker-Gawl.

Ableitung: nach einer Gestalt der griechischen Mythologie
Vulgärnamen: D:Tritonie; E:Tritonia; F:Tritonia
Arten: 25
Lebensform: Staude mit Knolle, unten wurzelnd, jährlich einziehend

Blätter: ± grundständig, 2-zeilig, nicht gefältelt
Blütenstand: Ähre
Blüten: zwittrig, radiär bis zygomorph. Perigonblätter 6, verwachsen mit nahezu gerader Röhre, rot, weiß, gelb, orange, rosa, purpurn. Staubblätter 3, verwachsen mit dem Perigon, nach oben gebogen. Fruchtblätter 3, verwachsen, unterständig. Griffeläste einfach, die Staubblätter überragend. Plazentation zentralwinkelständig mit 1–2 Samen je Fach
Frucht: Kapsel
Kennzeichen: Iridacee. Staude mit Knolle, unten wurzelnd, jährlich einziehend. Blätter 2-zeilig, nicht gefältelt. Perigonblätter mit nahezu gerader Röhre. Staubblätter verwachsen mit dem Perigon, nach oben gebogen. Griffeläste einfach, die Staubblätter überragend

Watsonia Mill.

Ableitung: Gattung zu Ehren von Sir William Watson (1715–1787), einem englischen Arzt und Botaniker benannt
Vulgärnamen: D:Watsonie; E:Bugle Iris; F:Watsonia
Arten: 51
Lebensform: Staude mit Knolle, jährlich einziehend oder nicht
Blätter: wechselständig, 2-zeilig
Blütenstand: Ähre, 2-seitig
Blüten: zwittrig, radiär bis zygomorph. Perigonblätter 6, verwachsen, innere und äußere gleich oder ungleich. Staubblätter 3, verwachsen mit dem Perigon. Fruchtblätter 3, verwachsen, unterständig. Griffeläste 2-teilig. Plazentation zentralwinkelständig
Frucht: Kapsel
Kennzeichen: Iridacee. Staude mit Knolle. Blüten in Ähren, 2-seitig. Staubblätter verwachsen mit dem Perigon. Griffeläste 2-teilig

Tritonia crocata

Watsonia pillansii

Ixioliriaceae

Ixiolirion Herb.

Ableitung: Ixia-Lilie
Vulgärnamen: D:Ixlilie; F:Ixiolirion
Arten: 4
Lebensform: Staude mit Zwiebel
Blätter: wechselständig
Blütenstand: Traube, Dolde
Blüten: zwittrig, radiär. Perigonblätter 6, frei, blau, violett. Staubblätter 6, frei, mit dem Perigon verwachsen. Fruchtblätter 3, verwachsen, unterständig. Plazentation zentralwinkelständig
Frucht: Kapsel, fachspaltig
Kennzeichen: Staude mit Zwiebel. Blüten radiär. Perigonblätter 6, frei. Staubblätter 6. Fruchtblätter 3, verwachsen, unterständig. Kapsel

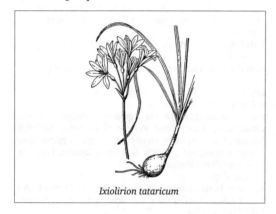
Ixiolirion tataricum

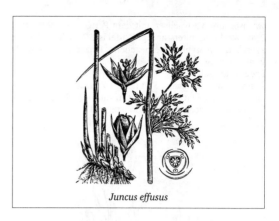
Juncus effusus

Juncaceae Binsengewächse

1 Pflanze strauchig mit endständigem Blattschopf. (Kapsel 3-fächrig, Fächer 2- bis mehrsamig) . . . . **Prionium**
1 Pflanze krautig
2 Blattscheiden fast immer offen. Blätter kahl. Kapsel mit 15 bis vielen Samen . . . . . . **Juncus**
2 Blattscheiden geschlossen. Blätter ± am Rand gewimpert. Kapsel 3-samig . . . . **Luzula**

Juncus L.

Ableitung: antiker Pflanzenname
Vulgärnamen: D:Binse; E:Rush; F:Jonc
Arten: 316
Lebensform: Staude, Einjährige
Blätter: grundständig, wechselständig, kahl, Blattscheiden fast immer offen
Blütenstand: Ähre, Köpfchen, Rispe
Blüten: zwittrig, radiär. Perigonblätter 6, frei, braun, grün. Staubblätter 3, 6, frei und frei von dem Perigon. Fruchtblätter 3, verwachsen, oberständig. Plazentation parietal
Frucht: Kapsel mit 15 bis vielen Samen
Kennzeichen: Staude, Einjährige. Blätter kahl, Blattscheiden fast immer offen. Blüten radiär. Perigonblätter 6, frei. Staubblätter 3 oder 6. Fruchtblätter 3, verwachsen, oberständig. Plazentation parietal. Kapsel mit 15 bis vielen Samen

Luzula DC.

Ableitung: nach einem italienischen Pflanzennamen
Vulgärnamen: D:Hainsimse, Marbel; E:Wood-Rush; F:Luzule

Luzula alpinopilosa

Arten: 117
Lebensform: Staude, Einjährige
Blätter: wechselständig, am Rand ± gewimpert, Blattscheiden geschlossen
Blütenstand: Dolde, Schirmtraube, Rispe, Köpfchen, Ähre
Blüten: zwittrig, radiär. Perigonblätter 6, frei, braun, weiß, gelb. Staubblätter 6, frei, frei von dem Perigon. Fruchtblätter 3, verwachsen, oberständig. Plazentation basal
Frucht: Kapsel, 3-samig

Kennzeichen: Staude, Einjährige. Blätter am Rand ± gewimpert, Blattscheiden geschlossen. Perigonblätter 6, frei. Staubblätter 6. Fruchtblätter 3, verwachsen, oberständig. Plazentation basal. Kapsel, 3-samig

Prionium E. Mey.

Ableitung: kleine Säge
Vulgärnamen: D:Palmenschilf; F:Jonc palmier
Arten: 1
Lebensform: Strauch, mit endständigem Blattschopf
Blätter: wechselständig
Blütenstand: Rispe
Blüten: zwittrig, radiär. Perigonblätter 6, frei. Staubblätter 6, frei und frei von dem Perigon. Fruchtblätter 3, verwachsen, oberständig. Plazentation zentralwinkelständig, Fächer mit 2 bis mehr Samen
Frucht: Kapsel, 3-fächrig
Kennzeichen: Strauch, mit endständigem Blattschopf. Blüten radiär. Perigonblätter 6, frei. Staubblätter 6. Fruchtblätter 3, verwachsen, oberständig. Plazentation zentralwinkelständig, Fächer mit 2 bis mehr Samen. Kapsel, 3-fächrig

Prionium serratum

Juncaginaceae Dreizackgewächse

Triglochin L.

Ableitung: dreizackig
Vulgärnamen: D:Dreizack; E:Arrowgrass; F:Troscart
Arten: 17
Lebensform: Staude
Blätter: grundständig
Blütenstand: Traube, Ähre
Blüten: zwittrig, radiär. Perigonblätter 6-3, frei, grün. Staubblätter 6 oder 3, frei, mit dem Perigon verwachsen. Fruchtblätter 3-6, verwachsen, oberständig. Plazentation basal
Frucht: Spaltfrucht
Kennzeichen: Lebensform: Staude. Blätter grundständig. Blüten in Trauben oder Ähren, radiär. Perigonblätter 6-3, frei. Staubblätter 6 oder 3. Fruchtblätter 3-6, verwachsen, oberständig. Plazentation basal. Spaltfrucht

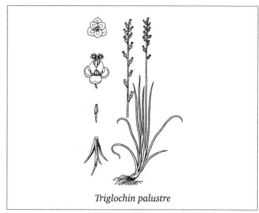

Triglochin palustre

Lemnaceae Wasserlinsengewächse

1 Glieder mit Wurzeln	
2 Wurzeln mehrere je Glied	**Spirodela**
2 Wurzeln 1 je Glied	**Lemna**
1 Glieder ohne Wurzeln	**Wolffia**

Lemna L.

Ableitung: antiker Pflanzenname
Vulgärnamen: D:Entengrütze, Wasserlinse; E:Duckweed; F:Lenticule, Lentille d'eau

Lemna trisulca

Arten: 13
Lebensform: Wasserpflanze, frei schwimmend. Statt Blättern sprossende Glieder mit 1 Wurzel je Glied
Blüten: zwittrig, Blütenhülle fehlend. Staubblätter 2, frei. Fruchtblatt 1. Plazentation basal
Frucht: Schließfrucht
Kennzeichen: Wasserpflanze, frei schwimmend. Statt Blättern sprossende Glieder mit 1 Wurzel je Glied

Spirodela Schleid.

Ableitung: deutliche Spirale
Vulgärnamen: D:Teichlinse; E:Greater Duckweed; F:Spirodèle
Arten: 3
Lebensform: Wasserpflanze, frei schwimmend. Statt Blättern sprossende Glieder mit mehreren Wurzel je Glied
Blüten: zwittrig. Blütenhülle fehlend. Staubblätter 1. Fruchtblatt 1. Plazentation basal
Frucht: Schließfrucht
Kennzeichen: Wasserpflanze, frei schwimmend. Statt Blättern sprossende Glieder mit mehreren Wurzel je Glied

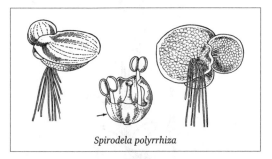

Spirodela polyrrhiza

Wolffia Horkel ex Schleid.

Ableitung: Gattung zu Ehren von Johann Friedrich Wolff (1778–1806), einem deutschen Arzt und Botaniker in Schweinfurt benannt
Vulgärnamen: D:Zwergwasserlinse; E:Watermeal; F:Petite lentille, Wolffia
Arten: 11
Lebensform: Wasserpflanze, frei schwimmend. Statt Blättern sprossende Glieder ohne Wurzeln
Blüten: zwittrig, radiär. Blütenhülle fehlend. Staubblätter 1. Fruchtblatt 1. Plazentation basal
Frucht: Schließfrucht
Kennzeichen: Wasserpflanze, frei schwimmend. Statt Blättern sprossende Glieder ohne Wurzeln

Wolffia arrhiza

Liliaceae Liliengewächse

```
1 Antheren dorsifix
  2 Perigonblätter mit Honiggruben oder flach . . .
    . . . . . . . . . . . . . . . . . . . . . . . . Fritillaria
  2 Perigonblätter mit Honigfurchen am Grund
    3 Blätter gestielt, herzförmig . . . Cardiocrinum
    3 Blätter sitzend, nicht herzförmig
      4 Nektarium fächerförmig. Staubfäden am Grund
        geschwollen . . . . . . . . . . . . Nomocharis
      4 Nektarium nicht fächerförmig. Staubfäden am
        Grund nicht geschwollen
        5 Zwiebel mit Schuppen, ausdauernd. Narbe
          3-lappig bis kopfig . . . . . . . . . . . . Lilium
        5 Zwiebel ± häutig, nicht ausdauernd. Narbe
          3-spaltig . . . . . . . . . . . . Notholirion
1 Antheren basifix
  6 Perigonblätter äußere oft schmal und kelchartig.
    Kapsel wandspaltig . . . . . . . . Calochortus
  6 Perigonblätter gleich. Kapsel fachspaltig
    7 Blüten nickend
      8 Perigonblätter zurückgeschlagen. Erythronium
      8 Perigonblätter nicht zurückgeschlagen . . . .
        . . . . . . . . . . . . . . . . . . . . Fritillaria
    7 Blüten aufrecht
      9 Antheren oval. Staubblätter am Grund mit
        Perigon verwachsen
        10 Perigonblätter sternförmig spreizend, spitz
          am Ende . . . . . . . . . . . . . . . . . Gagea
        10 Perigonblätter trichterförmig, am Ende
          abgerundet . . . . . . . . . . . . Lloydia
      9 Antheren lineal. Staubblätter frei vom Perigon
        . . . . . . . . . . . . . . . . . . . . . . Tulipa
```

Calochortus Pursh

Ableitung: schönes Grünfutter
Vulgärnamen: D:Mormonentulpe; E:Globe Tulip, Mariposa Tulip; F:Tulipe de la Prairie

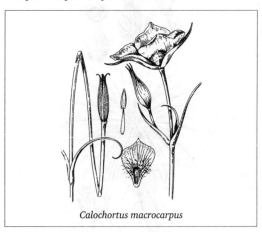

Calochortus macrocarpus

Arten: 73
Lebensform: Staude mit Zwiebel, Zwiebelblätter geschlossen
Blätter: wechselständig, einfach
Blütenstand: einzeln, ± doldig
Blüten: zwittrig, radiär. Perigonblätter 6, frei, äußere oft schmal und kelchartig, mit Honiggruben oder -flecken, weiß, gelb, purpurn, blau, rot. Staubblätter 6, verwachsen mit dem Perigon. Antheren basifix, langgestreckt oder oval. Fruchtblätter 3, verwachsen, oberständig
Frucht: Kapsel, wandspaltig
Kennzeichen: Staude mit Zwiebel, Zwiebelblätter geschlossen. Blüten radiär. Perigonblätter 6, frei, äußere oft schmal und kelchartig, mit Honiggruben oder -flecken,

weiß, gelb, purpurn, blau, rot. Staubblätter 6. Antheren basifix. Fruchtblätter 3, verwachsen, oberständig. Kapsel, wandspaltig

Cardiocrinum (Endl.) Lindl.

Ableitung: Herz-Lilie
Vulgärnamen: D:Riesenlilie; E:Giant Lily; F:Lis géant
Arten: 3
Lebensform: Staude mit Zwiebel, Zwiebelblätter geschlossen
Blätter: wechselständig, einfach herzförmig und gestielt
Blütenstand: Traube
Blüten: zwittrig, radiär. Perigonblätter 6, frei, mit Honigfurchen, weiß, grünlich. Staubblätter 6. Antheren dorsifix, oval. Fruchtblätter 3, verwachsen, oberständig
Frucht: Kapsel, fachspaltig
Kennzeichen: Staude mit Zwiebel, Zwiebelblätter geschlossen. Blätter einfach herzförmig und gestielt. Blüten radiär. Perigonblätter 6, frei, mit Honigfurchen. Staubblätter 6. Antheren dorsifix. Fruchtblätter 3, verwachsen, oberständig. Kapsel, fachspaltig

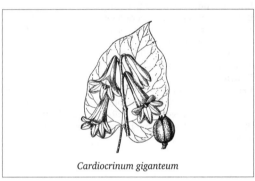

Cardiocrinum giganteum

Erythronium L.

Ableitung: antiker Pflanzenname
Vulgärnamen: D:Hundszahn, Zahnlilie; E:Dog's Tooth Violet; F:Dent-de-chien, Erythrone
Arten: 27
Lebensform: Staude mit Zwiebel, Zwiebelblätter geschlossen

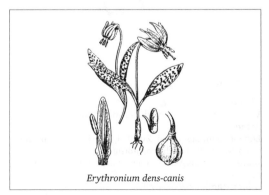

Erythronium dens-canis

Blätter: wechselständig, einfach
Blütenstand: einzeln, Traube, Blüten nickend
Blüten: zwittrig, radiär. Perigonblätter 6, frei, zurückgeschlagen, mit Nektardrüsen, weiß, gelb, weiß, gelb, rosa, lila, purpurn. Staubblätter 6, frei von dem Perigon. Antheren basifix, langgestreckt oder oval. Fruchtblätter 3, verwachsen, oberständig
Frucht: Kapsel, fachspaltig
Kennzeichen: Staude mit Zwiebel, Zwiebelblätter geschlossen. Blüten nickend, radiär. Perigonblätter 6, frei, zurückgeschlagen. Staubblätter 6. Antheren basifix. Fruchtblätter 3, verwachsen, oberständig. Kapsel, fachspaltig

Fritillaria L.

Ableitung: Würfelbecher-Blume
Vulgärnamen: D:Kaiserkrone, Schachblume; E:Fritillary; F:Couronne impériale, Fritillaire
Arten: 134
Lebensform: Staude mit Zwiebel, Zwiebelblätter geschlossen oder nicht
Blätter: wechselständig, einfach
Blütenstand: einzeln, Traube, Dolde. Blüten nickend
Blüten: zwittrig, radiär. Perigonblätter 6, frei, mit Honiggruben oder -flecken, weiß, gelb, grün, purpurn, rötlich. Staubblätter 6, verwachsen mit dem Perigon. Antheren dorsifix oder basifix, langgestreckt, oval. Fruchtblätter 3, verwachsen, oberständig
Frucht: Kapsel, fachspaltig
Kennzeichen: Staude mit Zwiebel, Zwiebelblätter geschlossen oder nicht. Blüten radiär. Perigonblätter 6, frei, mit Honiggruben oder -flecken. Staubblätter 6. Antheren dorsifix oder basifix, langgestreckt, oval. Fruchtblätter 3, verwachsen, oberständig. Kapsel, fachspaltig

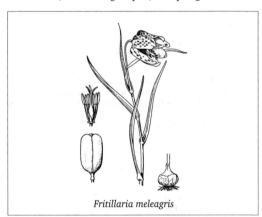

Fritillaria meleagris

Gagea Salisb.

Ableitung: Gattung zu Ehren von Sir Thomas Gage (1781–1820), einem englischen Adligen und Amateur-Botaniker benannt
Vulgärnamen: D:Gelbstern; E:Star of Bethlehem; F:Gagéa
Arten: 162

Lebensform: Staude mit Zwiebel, Zwiebelblätter geschlossen
Blätter: grundständig, einfach
Blütenstand: einzeln, Dolde, Traube
Blüten: zwittrig, radiär. Perigonblätter 6, frei, sternförmig spreizend, spitz am Ende, ohne Nektardrüsen, weiß, gelb, grünlich. Staubblätter 6, verwachsen mit dem Perigon. Antheren basifix, oval. Fruchtblätter 3, verwachsen, oberständig
Frucht: Kapsel, fachspaltig
Kennzeichen: Staude mit Zwiebel, Zwiebelblätter geschlossen. Blätter grundständig. Blüten radiär. Perigonblätter 6, frei, sternförmig spreizend, spitz am Ende. Staubblätter 6, verwachsen mit dem Perigon. Antheren basifix. Fruchtblätter 3, verwachsen, oberständig. Kapsel, fachspaltig

Gagea villosa

Lilium L.

Ableitung: antiker Pflanzenname
Vulgärnamen: D:Lilie; E:Lily; F:Lis
Arten: 103
Lebensform: Staude mit schuppiger Zwiebel, Zwiebelblätter nicht geschlossen, sondern schuppenförmig
Blätter: wechselständig oder quirlständig, einfach, sitzend
Blütenstand: einzeln, Traube

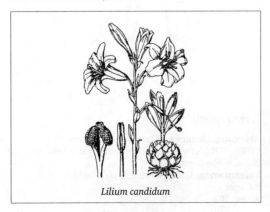

Lilium candidum

Blüten: zwittrig, radiär. Perigonblätter 6, frei, mit Honigfurchen, gelb, rosa, weiß, rot, orange, purpurn, grünlich. Staubblätter 6, verwachsen am Grund mit dem Perigon. Antheren dorsifix, langgestreckt. Fruchtblätter 3, verwachsen, oberständig
Frucht: Kapsel, fachspaltig
Kennzeichen: Staude mit schuppiger Zwiebel, Zwiebelblätter nicht geschlossen, sondern schuppenförmig. Blätter sitzend. Blüten radiär. Perigonblätter 6, frei, mit Honigfurchen. Staubblätter 6. Antheren dorsifix. Fruchtblätter 3, verwachsen, oberständig. Kapsel, fachspaltig

Lloydia Salisb. ex Rchb.

Ableitung: Gattung zu Ehren von Edward Lloyd (1660–1709), einem walisischen Botaniker und Entdecker der Pflanze benannt
Vulgärnamen: D:Faltenlilie; E:Snowdon Lily; F:Loïdie
Arten: 12
Lebensform: Staude mit Zwiebel, Zwiebelblätter geschlossen
Blätter: wechselständig, einfach
Blütenstand: einzeln, zu 2, Dolde
Blüten: zwittrig, radiär. Perigonblätter 6, frei, trichterförmig, am Ende abgerundet, bleibend, mit Nektardrüsen oder ohne, weiß, gelb, grünlich. Staubblätter 6, verwachsen mit dem Perigon. Antheren basifix, oval. Fruchtblätter 3, verwachsen, oberständig
Frucht: Kapsel, fachspaltig
Kennzeichen: Staude mit Zwiebel, Zwiebelblätter geschlossen. Blüten radiär. Perigonblätter 6, frei, trichterförmig, am Ende abgerundet, bleibend. Staubblätter 6. Antheren basifix. Fruchtblätter 3, verwachsen, oberständig. Kapsel, fachspaltig

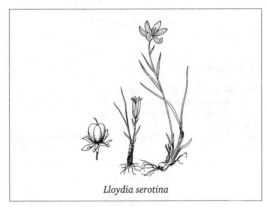

Lloydia serotina

Nomocharis Franch.

Ableitung: Weide-Zier
Vulgärnamen: D:Prachtlilie; F:Nomocharis
Arten: 9
Lebensform: Staude mit Zwiebel, Zwiebelblätter nicht geschlossen, sondern schuppenförmig
Blätter: wechselständig oder quirlständig, einfach, sitzend
Blütenstand: einzeln, Traube

Blüten: zwittrig, radiär. Perigonblätter 6, frei, mit Honigfurchen, weiß, gelb, rosa, rot. Staubblätter 6. Staubfäden am Grund verdickt. Antheren dorsifix, oval. Fruchtblätter 3, verwachsen, oberständig
Frucht: Kapsel, fachspaltig
Kennzeichen: Staude mit Zwiebel, Zwiebelblätter nicht geschlossen, sondern schuppenförmig. Blätter sitzend. Blüten radiär. Perigonblätter 6, frei, mit Honigfurchen. Staubblätter 6. Staubfäden am Grund verdickt. Antheren dorsifix. Fruchtblätter 3, verwachsen, oberständig. Kapsel, fachspaltig

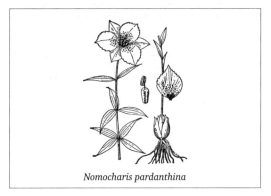

Nomocharis pardanthina

Notholirion Wall. ex Boiss.

Ableitung: unechte Lilie
Arten: 5
Lebensform: Staude mit nicht ausdauernder Zwiebel, Zwiebelblätter geschlossen
Blätter: wechselständig, einfach, sitzend
Blütenstand: Traube
Blüten: zwittrig, radiär. Perigonblätter 6, frei, mit Honigdrüsen, rosa, rot, lila. Staubblätter 6, verwachsen mit dem Perigon. Antheren dorsifix, langgestreckt oder oval. Fruchtblätter 3, verwachsen, oberständig. Narbe 3-spaltig
Frucht: Kapsel, fachspaltig

Notholirion macrophyllum

Kennzeichen: Staude mit nicht ausdauernder Zwiebel, Zwiebelblätter geschlossen. Blätter sitzend. Blüten radiär. Perigonblätter 6, frei, mit Honigdrüsen. Staubblätter 6. Antheren dorsifix. Fruchtblätter 3, verwachsen, oberständig. Narbe 3-spaltig. Kapsel, fachspaltig

Tulipa L.

Ableitung: nach einem persischen Pflanzennamen
Vulgärnamen: D:Tulpe; E:Tulip; F:Tulipe
Arten: 109
Lebensform: Staude mit Zwiebel, Zwiebelblätter geschlossen
Blätter: wechselständig, einfach
Blütenstand: einzeln, Traube
Blüten: zwittrig, radiär. Perigonblätter 6, frei, ohne Honiggruben, weiß, gelb, rot, rosa bis violett. Staubblätter 6, frei von dem Perigon. Antheren basifix, langgestreckt. Fruchtblätter 3, verwachsen, oberständig
Frucht: Kapsel, fachspaltig
Kennzeichen: Staude mit Zwiebel, Zwiebelblätter geschlossen. Blüten radiär. Perigonblätter 6, frei, ohne Honiggruben. Staubblätter 6. Antheren basifix. Fruchtblätter 3, verwachsen, oberständig. Kapsel, fachspaltig

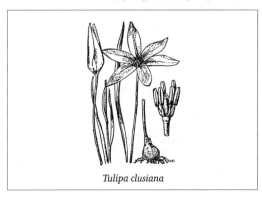

Tulipa clusiana

Limnocharitaceae Wassermohngewächse

1 Fruchtknoten aus 3–8 Fruchtblättern . **Hydrocleys**
1 Fruchtknoten aus 15–20 Fruchtblättern . . . . . .
. . . . **Limnocharis**

Hydrocleys Rich.

Ableitung: Wasser-Mohn
Vulgärnamen: D:Wassermohn; E:Water Poppy; F:Pavot d'eau
Arten: 5
Lebensform: Staude, Einjährige. Wasserpflanze
Blätter: wechselständig
Blütenstand: einzeln, Büschel, Dolde
Blüten: zwittrig, radiär. Kelchblätter 3. Kronblätter 3, frei, weiß, gelb. Staubblätter 6 bis viele, frei und frei von dem Perigon. Fruchtblätter 3–8, ± frei, oberständig. Plazentation laminal

Frucht: Balgfrüchte
Kennzeichen: Staude, Einjährige. Wasserpflanze. Blüten radiär. Kelchblätter 3. Kronblätter 3, frei. Staubblätter 6 bis viele. Fruchtblätter 3–8, ± frei, oberständig. Plazentation laminal. Balgfrüchte

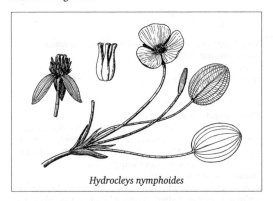
Hydrocleys nymphoides

Limnocharis Humb. et Bonpl.

Ableitung: Anmut im Sunpf
Vulgärnamen: D:Sumpflieb
Arten: 2
Lebensform: Staude. Wasserpflanze
Blätter: wechselständig
Blütenstand: Dolde
Blüten: zwittrig, radiär. Kelchblätter 3. Kronblätter 3, gelb. Staubblätter viele, frei von der Krone. Fruchtblätter 15–20, frei, oberständig. Plazentation laminal
Frucht: Balgfrüchte
Kennzeichen: Staude. Wasserpflanze. Blüten in Dolden, radiär. Kelchblätter 3. Kronblätter 3. Staubblätter viele. Fruchtblätter 15–20, frei, oberständig. Plazentation laminal. Balgfrüchte

Limnocharis flava

Lowiaceae

Orchidantha N.E. Br.

Ableitung: Orchis-Blüte
Arten: 16
Lebensform: Staude mit Rhizom
Blätter: 2-zeilig, fiedernervig
Blütenstand: endständig
Blüten: zwittrig, zygomorph. Kelchblätter 3, verwachsen. Kronblätter 3, eines vergrößert lippenartig. Staubblätter 5, frei, mit der Krone verwachsen. Fruchtblätter 3, verwachsen, unterständig. 3 große Narbenlappen. Plazentation zentralwinkelständig
Frucht: Kapsel, fachspaltig
Kennzeichen: Staude mit Rhizom. Blätter 2-zeilig, fiedernervig. Blüten zygomorph. Kelchblätter 3. Kronblätter 3, eines vergrößert lippenartig. Staubblätter 5. Fruchtblätter 3, verwachsen, unterständig. Plazentation zentralwinkelständig. Kapsel

Orchidantha longiflora

Marantaceae Pfeilwurzgewächse

1 Fruchtknoten 3-fächrig, 3-samig
  2 äußere Staminodien fehlend . .**Thaumatococcus**
  2 äußere Staminodien 2 oder 1
    3 äußere Staminodien 2
      4 Blütenpaare einzeln. . . . . .**Stachyphrynium**
      4 Blütenpaare 2 bis mehr zusammen . **Ataenidia**
    3 äußere Staminodien 1 . . . . **Calathea**
1 Fruchtknoten 1-fächerig, 1-samig
  5 Deckblätter bleibend . . . . **Ctenanthe**
  5 Deckblätter abfallend
    6 äußere Staminodien 2
      7 Deckblätter 2-zeilig, grün und bleibend . . . .
      . . . . **Maranta**
      7 Deckblätter gefärbt, später abfallend . . . . .
      . . . . **Stromanthe**
    6 äußere Staminodien 1 . . . . **Thalia**

Ataenidia Gagnep.

Ableitung: ohne Bänderung (Blätter)
Arten: 1
Lebensform: Staude
Blätter. wechselständig
Blütenstand: Köpfchen, ohne Deckblätter
Blüten: zwittrig, zygomorph. Kelchblätter 3. Kronblätter 3, verwachsen, weiß bis rosenrot. Staubblätter 1, frei, mit der Krone verwachsen und 2 äußere Staminodien. Fruchtblätter 3, verwachsen, unterständig. Plazentation zentralwinkelständig
Frucht: Kapsel, 3-samig
Kennzeichen: Staude. Blüten in Köpfchen ohne Deckblätter, zygomorph. Kelchblätter 3. Kronblätter 3, verwachsen. Staubblätter 1 und 2 äußere Staminodien. Fruchtblätter 3, verwachsen, unterständig. Plazentation zentralwinkelständig. Kapsel, 3-samig

Calathea G. Mey.

Ableitung: Korb
Vulgärnamen: D:Korbmaranthe; F:Galanga
Arten: 270
Lebensform: Staude
Blätter. Wechselständig oder grundständig
Blütenstand: Ähre, Köpfchen
Blüten: zwittrig, zygomorph. Kelchblätter 3. Kronblätter 3, verwachsen. Staubblätter 1, frei, mit der Krone verwachsen und 1 äußeres Staminodium. Fruchtblätter 3, verwachsen, unterständig. Plazentation zentralwinkelständig
Frucht: Kapsel, 3-samig
Kennzeichen: Staude. Blüten zygomorph. Kelchblätter 3. Kronblätter 3, verwachsen. Staubblätter 1 und 1 äußeres Staminodium. Fruchtblätter 3, verwachsen, unterständig. Plazentation zentralwinkelständig. Kapsel, 3-samig

Calathea bachemiana

Ctenanthe Eichler

Ableitung: Kamm-Blüte
Vulgärnamen: D:Kammmaranthe; F:Ctenanthe
Arten: 15
Lebensform: Staude
Blätter. wechselständig
Blütenstand: Ähre, Traube. Deckblätter bleibend
Blüten: zwittrig, zygomorph. Kelchblätter 3. Kronblätter 3, verwachsen, weiß bis rosenrot. Staubblätter 1, frei, mit der Krone verwachsen. äußere Staminodien 2. Fruchtblätter 3, verwachsen, unterständig. Plazentation basal
Frucht: Kapsel, 1-samig
Kennzeichen: Staude. Deckblätter bleibend. Blüten zygomorph. Kelchblätter 3. Kronblätter 3, verwachsen. Staubblätter 1. Äußere Staminodien 2. Fruchtblätter 3, verwachsen, unterständig. Plazentation basal. Kapsel, 1-samig

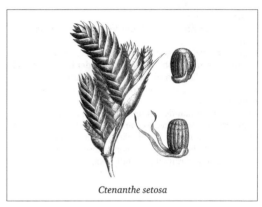

Ctenanthe setosa

Maranta L.

Ableitung: Gattung zu Ehren von Bartolommeo Maranti, einem italienischen Botaniker des 16. Jahrhunderts benannt
Vulgärnamen: D:Pfeilwurz; E:Maranta; F:Dictame barbade, Maranta
Arten: 37
Lebensform: Staude
Blätter. wechselständig
Blütenstand: Traube, Rispe. Deckblätter des Blütenstands 2-zeilig, grün bleibend, abfallend
Blüten: zwittrig, zygomorph. Kelchblätter 3. Kronblätter 3, verwachsen. Staubblätter 1, frei, mit der Krone verwachsen und 2 äußere Staminodien. Fruchtblätter 3, verwachsen, unterständig. Plazentation zentralwinkelständig
Frucht: Kapsel
Kennzeichen: Staude. Deckblätter des Blütenstands 2-zeilig, grün bleibend, abfallend. Blüten zygomorph. Kelchblätter 3. Kronblätter 3, verwachsen. Staubblätter 1 und 2 äußere Staminodien. Fruchtblätter 3, verwachsen, unterständig. Plazentation zentralwinkelständig. Kapsel

Maranta cristata

Stachyphrynium K. Schum.

Ableitung: Ähren-Phrynium
Arten: 16
Lebensform: Staude
Blätter. wechselständig
Blütenstand: Ähre. Deckblätter fehlend. Blütenpaare einzeln
Blüten: zwittrig, zygomorph. Kelchblätter 3. Kronblätter 3, verwachsen. Staubblätter 1, frei, mit der Krone verwachsen und 2 äußere Staminodien. Fruchtblätter 3, verwachsen, unterständig. Plazentation zentralwinkelständig
Frucht: Kapsel
Kennzeichen: Staude. Blütenstand ohne Deckblätter. Blütenpaare einzeln. Blüten zygomorph. Kelchblätter 3. Kronblätter 3, verwachsen. Staubblätter 1 und 2 äußere Staminodien. Fruchtblätter 3, verwachsen, unterständig. Plazentation zentralwinkelständig. Kapsel

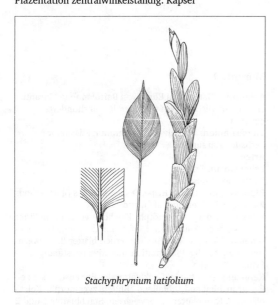

Stachyphrynium latifolium

Stromanthe Sond.

Ableitung: Blüten im Bett
Vulgärnamen: D:Blumenmaranthe; F:Stromanthe
Arten: 19
Lebensform: Staude
Blätter. wechselständig
Blütenstand: Traube, Rispe. Deckblätter gefärbt, abfallend
Blüten: zwittrig, zygomorph. Kelchblätter 3. Kronblätter 3, verwachsen. Staubblätter 1, frei, mit der Krone verwachsen und 2 äußere Staminodien. Fruchtblätter 3, verwachsen, unterständig. Plazentation basal
Frucht: Kapsel, 1-samig
Kennzeichen: Staude. Blütenstand mit gefärbten, abfallenden Deckblättern. Blüten zygomorph. Kelchblätter 3. Kronblätter 3, verwachsen. Staubblätter 1 und 2 äußere Staminodien. Fruchtblätter 3, verwachsen, unterständig. Plazentation basal. Kapsel, 1-samig

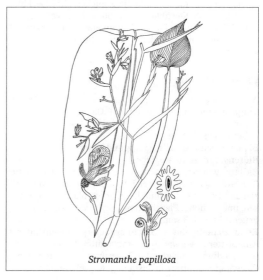

Stromanthe papillosa

Thalia L.

Ableitung: Gattung zu Ehren von Johann Thal (1542–1583), einem deutschen Arzt und Botaniker benannt
Arten: 6
Lebensform: Staude
Blätter. wechselständig
Blütenstand: Ähre, Rispe. Deckblätter abfallend

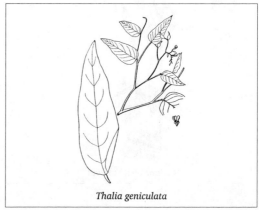

Thalia geniculata

Blüten: zwittrig, zygomorph. Kelchblätter 3. Kronblätter 3, verwachsen, rosa. Staubblätter 1, frei, mit der Krone verwachsen und 1 Staminodium. Fruchtblätter 3, verwachsen, unterständig. Plazentation zentralwinkelständig
Frucht: Kapsel
Kennzeichen: Staude. Blütenstand mit abfallenden Deckblättern. Blüten zygomorph. Kelchblätter 3. Kronblätter 3, verwachsen. Staubblätter 1 und 1 Staminodium. Fruchtblätter 3, verwachsen, unterständig. Plazentation zentralwinkelständig. Kapsel

Thaumatococcus Benth.
Ableitung: Wunder-Same
Arten: 1

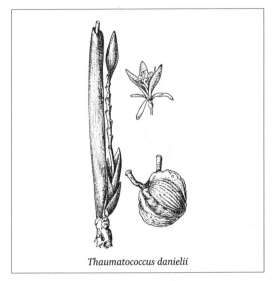

Thaumatococcus danielii

Lebensform: Staude
Blätter. wechselständig
Blütenstand: Ähre mit kleinen, drüsigen Deckblättern
Blüten: zwittrig, zygomorph. Kelchblätter 3. Kronblätter 3, verwachsen. Staubblätter 1, frei, mit der Krone verwachsen. Äußere Staminodien fehlend. Fruchtblätter 3, verwachsen, unterständig. Plazentation zentralwinkelständig
Frucht: Kapsel, 3-samig
Kennzeichen: Staude. Blütenstand eine Ähre mit kleinen, drüsigen Deckblättern. Blüten zygomorph. Kelchblätter 3. Kronblätter 3, verwachsen. Staubblätter 1 und 2 äußere Staminodien. Fruchtblätter 3, verwachsen, unterständig. Plazentation zentralwinkelständig. Kapsel, 3-samig

Mayacaceae

Mayaca Aubl.
Ableitung: nach einem Pflanzennamen in Guayana
Arten: 5
Lebensform: Staude. Wasserpflanze
Blätter. wechselständig
Blütenstand: Blüten einzeln

Blüten: zwittrig, radiär. Kelchblätter 3. Kronblätter 3, verwachsen, weiß, violett, rosa. Staubblätter 3, frei und frei von der Krone. Fruchtblätter 3, verwachsen, oberständig. Plazentation parietal
Frucht: Kapsel
Kennzeichen: Staude. Wasserpflanze. Blüten einzeln, radiär. Kelchblätter 3. Kronblätter 3, verwachsen. Staubblätter 3. Fruchtblätter 3, verwachsen, oberständig. Plazentation parietal. Kapsel

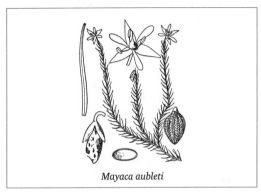

Mayaca aubleti

Melanthaceae Germergewächse

1 Kapsel fachspaltig
  2 Blüten gelb. . . . . **Narthecium**
  2 Blüten nicht gelb, höchstens grünlich
    3 Griffel 3 oder höchstens am Grund verwachsen
      4 Staubblätter frei vom Perigon. Samen zahlreich
        . . . . **Helonias**
      4 Staubblätter mit dem Perigon verwachsen. Samen 2 oder 4 je Fach . . . . . . **Xerophyllum**
    3 Griffel 1
      5 Deckblätter fehlend oder fast völlig reduziert .
        . . . . **Heloniopsis**
      5 Deckblätter vorhanden. (Staubblätter mit dem Perigon verwachsen) . . . . **Aletris**
1 Kapsel wandspaltig
  6 Blätter zweireihig . . . . **Tofieldia**
  6 Blätter nicht deutlich zweireihig
    7 Perigonblätter drüsig am Grund
      8 Perigonblätter genagelt. . . . . . **Melanthium**
      8 Perigonblätter nicht genagelt. . . . **Zigadenus**
    7 Perigonblätter nicht drüsig am Grund
      9 Pflanzen zweihäusig. (Blüten in Tauben) . . .
        . . . . **Chamaelirium**
      9 Pflanzen mit Zwitterblüten oder einhäusig
        10 Blüten in Ähren oder Trauben . . . .
        . . . . **Schoenocaulon**
        10 Blüten in Rispen. (Pflanzen mit Scheinstamm aus den Blattscheiden) . . . . **Veratrum**

Aletris L.
Ableitung: Mehl-Pflanze
Vulgärnamen: D:Sternwurzel; E:Colic Root, Star Grass
Arten: 23
Lebensform: Staude mit Rhizom oder Knolle

1038 Melanthaceae Germergewächse

Blätter: ± grundständig, einfach
Blütenstand: Traube, Ähre. Deckblätter vorhanden
Blüten: zwittrig, radiär. Perigonblätter 6, verwachsen, weiß, grün. Staubblätter 6, verwachsen mit dem Perigon. Fruchtblätter 3, verwachsen, oberständig oder halbunterständig. Griffel 1, 3-lappig. Plazentation zentralwinkelständig, Samen viele je Fach
Frucht: Kapsel, fachspaltig
Kennzeichen: Staude mit Rhizom oder Knolle. Blütenstand mit Deckblättern. Blüten radiär. Perigonblätter 6, verwachsen, weiß, grün. Staubblätter 6. Fruchtblätter 3, verwachsen, oberständig oder halbunterständig. Griffel 1. Plazentation zentralwinkelständig. Kapsel, fachspaltig

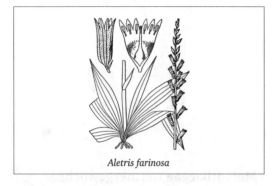
Aletris farinosa

Chamaelirium Willd.

Ableitung: Zwerg-Lilie
Vulgärnamen: D:Funkelstern; E:Blazing Star
Arten: 1
Lebensform: Staude mit Rhizom oder Knolle
Blätter: wechselständig, einfach
Blütenstand: Traube, endständig
Blüten: zweihäusig, radiär. Perigonblätter 6, frei, nicht drüsig am Grund, weiß. Staubblätter 6, frei von dem Perigon. Fruchtblätter 3, verwachsen, oberständig. Griffel 3. Plazentation zentralwinkelständig, Samen 6–12 je Fach
Frucht: Kapsel, wandspaltig
Kennzeichen: Staude mit Rhizom oder Knolle. Blüten: zweihäusig. Perigonblätter 6, frei, nicht drüsig am Grund. Staubblätter 6. Fruchtblätter 3, verwachsen, oberständig. Griffel 3. Plazentation zentralwinkelständig. Kapsel, wandspaltig

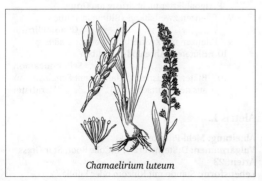
Chamaelirium luteum

Helonias L.

Ableitung: Sumpfpflanze
Vulgärnamen: D:Sumpfnelke; E:Swamp Pink
Arten: 1
Lebensform: Staude mit Rhizom
Blätter: grundständig, einfach
Blütenstand: Traube, endständig
Blüten: zwittrig, radiär. Perigonblätter 6, frei, rosa. Staubblätter 6, frei von dem Perigon. Fruchtblätter 3, verwachsen, oberständig. Griffel 3. Plazentation zentralwinkelständig, Samen 16 je Fach
Frucht: Kapsel, fachspaltig. Samen zahlreich
Kennzeichen: Staude mit Rhizom. Blätter grundständig. Blüten radiär. Perigonblätter 6, frei. Staubblätter 6, frei von dem Perigon. Fruchtblätter 3, verwachsen, oberständig. Griffel 3. Plazentation zentralwinkelständig. Kapsel, fachspaltig. Samen zahlreich

Helonias bullata

Heloniopsis A. Gray

Ableitung: vom Aussehen einer Helonias
Arten: 4
Lebensform: Staude mit Rhizom
Blätter: grundständig, einfach
Blütenstand: Traube. Deckblätter fehlend oder fast völlig reduziert
Blüten: zwittrig, radiär. Perigonblätter 6, frei oder verwachsen, rosa, lila, weiß. Staubblätter 6, verwachsen oder frei von dem Perigon. Fruchtblätter 3, verwachsen, oberständig. Griffel 1, kopfig. Plazentation zentralwinkelständig, Samen 60–80 je Fach

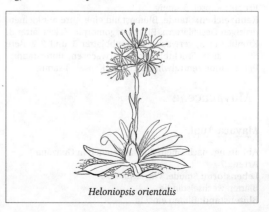
Heloniopsis orientalis

Frucht: Kapsel, fachspaltig
Kennzeichen: Staude mit Rhizom. Deckblätter fehlend oder fast völlig reduziert. Blüten radiär. Perigonblätter 6, frei oder verwachsen. Staubblätter 6. Fruchtblätter 3, verwachsen, oberständig. Griffel 1. Plazentation zentralwinkelständig. Kapsel, fachspaltig

Melanthium L.

Ableitung: antiker Pflanzenname
Vulgärnamen: D:Büschelgermer; E:Bunchflower
Arten: 4
Lebensform: Staude mit Rhizom oder Zwiebel
Blätter: wechselständig, einfach
Blütenstand: Rispe, endständig
Blüten: zwittrig oder eingeschlechtig, radiär. Perigonblätter 6, frei, genagelt, drüsig am Grund, grün, cremefarben. Staubblätter 6, verwachsen mit dem Perigon. Fruchtblätter 3, verwachsen, oberständig. Griffel 3. Plazentation zentralwinkelständig, Samen 20–22 je Fach
Frucht: Kapsel, wandspaltig
Kennzeichen: Staude mit Rhizom oder Zwiebel. Blüten in Rispen, radiär. Perigonblätter 6, frei, genagelt, drüsig am Grund. Staubblätter 6. Fruchtblätter 3, verwachsen, oberständig. Griffel 3. Kapsel, wandspaltig

Melanthium virginicum

Narthecium Huds.

Ableitung: Schminkkästchen
Vulgärnamen: D:Ährenlilie, Beinbrech; E:Bog Asphodel; F:Narthécie
Arten: 7
Lebensform: Staude mit Rhizom
Blätter: grundständig, einfach
Blütenstand: Traube
Blüten: zwittrig, radiär. Perigonblätter 6, verwachsen, gelb. Staubblätter 6, verwachsen mit dem Perigon. Fruchtblätter 3, verwachsen, oberständig oder halbunterständig. Griffel 1 mit 3 Narben. Plazentation zentralwinkelständig, Samen etwa 35 je Fach
Frucht: Kapsel, fachspaltig
Kennzeichen: Staude mit Rhizom. Blüten radiär. Perigonblätter 6, gelb. Staubblätter 6. Fruchtblätter 3, verwachsen, oberständig oder halbunterständig. Griffel 1. Plazentation zentralwinkelständig, Samen etwa 35 je Fach. Kapsel, fachspaltig

Narthecium ossifragum

Schoenocaulon A. Gray

Ableitung: Binsen-Stängel
Arten: 10
Lebensform: Staude mit Rhizom oder Knolle
Blätter: grundständig, einfach
Blütenstand: Ähre, Traube, endständig
Blüten: zwittrig, radiär. Perigonblätter 6, frei, nicht drüsig am Grund. Staubblätter 6. Fruchtblätter 3, verwachsen, oberständig. Griffel 3. Plazentation zentralwinkelständig, Samen 2–12 je Fach
Frucht: Kapsel, wandspaltig

Schoenocaulon officinale

Kennzeichen: Staude mit Rhizom oder Knolle. Blätter grundständig. Blüten in Ähren oder Trauben, radiär. Perigonblätter 6, frei, nicht drüsig am Grund. Staubblätter 6. Fruchtblätter 3, verwachsen, oberständig. Griffel 3. Plazentation zentralwinkelständig. Kapsel, wandspaltig

Tofieldia Huds.

Ableitung: Gattung zu Ehren von Thomas Tofield (1730–1779), einem englischen Botaniker benannt
Vulgärnamen: D:Simsenlilie; E:False Asphodel; F:Tofieldia
Arten: 10
Lebensform: Staude mit Rhizom
Blätter: zweireihig, einfach
Blütenstand: Traube, Ähre, Köpfchen, endständig
Blüten: zwittrig, radiär. Perigonblätter 6, frei oder verwachsen, weiß, grün, gelblich. Staubblätter 6, frei, selten verwachsen mit dem Perigon. Fruchtblätter 3, verwachsen, oberständig. Griffel 3. Plazentation zentralwinkelständig, Samen 5–15 je Fach
Frucht: Kapsel, wandspaltig
Kennzeichen: Staude mit Rhizom. Blätter zweireihig. Blüten radiär. Perigonblätter 6, frei oder verwachsen. Staubblätter 6. Fruchtblätter 3, verwachsen, oberständig. Griffel 3. Plazentation zentralwinkelständig. Kapsel, wandspaltig

Tofieldia calyculata

Veratrum L.

Ableitung: antiker Pflanzenname
Vulgärnamen: D:Germer; F:Vérâtre
Arten: 27
Lebensform: Staude mit Rhizom. Scheinstamm aus den Blattscheiden
Blätter: wechselständig, einfach
Blütenstand: Rispe, endständig

Veratrum album

Blüten: zwittrig oder eingeschlechtig, radiär. Perigonblätter 6, frei oder verwachsen, grün, weiß, gelb, purpurn. Staubblätter 6, verwachsen mit dem Perigon. Fruchtblätter 3, verwachsen, oberständig oder unterständig. Griffel 3. Plazentation zentralwinkelständig, Samen 16–85 je Fach
Frucht: Kapsel, wandspaltig
Kennzeichen: Staude mit Rhizom. Scheinstamm aus den Blattscheiden. Blüten in Rispen, radiär. Perigonblätter 6. Staubblätter 6. Fruchtblätter 3, verwachsen, oberständig oder unterständig. Griffel 3. Plazentation zentralwinkelständig. Kapsel, wandspaltig

Xerophyllum Michx.

Ableitung: trockenes Blatt
Vulgärnamen: D:Bärengras, Truthahnbart; E:Bear Grass, Elk Grass; F:Xérophylle
Arten: 2
Lebensform: Staude mit Zwiebel
Blätter: grundständig, einfach
Blütenstand: Traube, endständig
Blüten: zwittrig, radiär. Perigonblätter 6, frei, weiß. Staubblätter 6, verwachsen mit dem Perigon. Fruchtblätter 3, verwachsen, oberständig. Griffel 3. Plazentation zentralwinkelständig, Samen 2 oder 4 je Fach
Frucht: Kapsel, fachspaltig
Kennzeichen: Staude mit Zwiebel. Blätter grundständig. Blüten radiär. Perigonblätter 6, frei. Staubblätter 6, verwachsen mit dem Perigon. Fruchtblätter 3, verwachsen, oberständig. Griffel 3. Plazentation zentralwinkelständig, Samen 2 oder 4 je Fach. Kapsel, fachspaltig

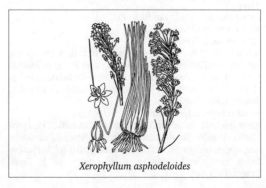

Xerophyllum asphodeloides

Zigadenus Michx.

Ableitung: Joch-Drüse
Vulgärnamen: D:Jochlilie; E:Death Camas; F:Zigadénus
Arten: 21
Lebensform: Staude mit Rhizom oder Zwiebel
Blätter: wechselständig, einfach
Blütenstand: Traube, Rispe, endständig
Blüten: zwittrig oder eingeschlechtig, radiär. Perigonblätter 6, frei, nicht genagelt, drüsig am Grund, weiß, gelblich, grün, purpurn. Staubblätter 6, verwachsen mit dem Perigon. Fruchtblätter 3, verwachsen, oberständig oder halbunterständig. Griffel 3. Plazentation zentralwinkelständig, Samen viele je Fach
Frucht: Kapsel, wandspaltig
Kennzeichen: Staude mit Rhizom oder Zwiebel. Blüten radiär. Perigonblätter 6, frei, nicht genagelt, drüsig am Grund. Staubblätter 6. Fruchtblätter 3, verwachsen, oberständig oder halbunterständig. Griffel 3. Plazentation zentralwinkelständig. Kapsel, wandspaltig

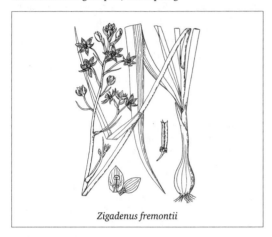

Zigadenus fremontii

Musaceae Bananengewächse

1 Blütenhülle aus 5 fast freien Perigonblättern. Spathen bleibend . . . . **Ensete**
1 Blütenhülle 5-zähnig. Spathen abfallend . . **Musa**

Ensete Bruce ex Horan.

Ableitung: nach einem Pflanzennamen in Äthiopien
Vulgärnamen: D:Zierbanane; F:Bananier d'Abyssinie
Arten: 8
Lebensform: Staude, mit Scheinstamm aus den Blattscheiden
Blätter. wechselständig
Blütenstand: Ähre. Spathen bleibend
Blüten: zwittrig, eingeschlechtig, zygomorph. Perigon 5-zipflig. Staubblätter 5, frei. Fruchtblätter 3, verwachsen, unterständig. Plazentation zentralwinkelständig
Frucht: Beere
Kennzeichen: Staude, mit Scheinstamm aus den Blattscheiden. Blüten in Ähren mit bleibenden Spathen, zygomorph. Perigonblätter 5-zipflig. Staubblätter 5, frei. Fruchtblätter 3, verwachsen, unterständig. Beere

Ensete

Musa L.

Ableitung: nach einem arabischen Pflanzennamen
Vulgärnamen: D:Banane; E:Banana, Plantain; F:Bananier
Arten: 68
Lebensform: Staude, mit Scheinstamm aus den Blattscheiden
Blätter. wechselständig
Blütenstand: Ähre. Spathen abfallend
Blüten: eingeschlechtig, zygomorph. Perigonblätter 5-zipflig, verwachsen. Staubblätter 5, frei. Fruchtblätter 3, verwachsen, unterständig. Plazentation zentralwinkelständig
Frucht: Beere
Kennzeichen: Staude. mit Scheinstamm aus den Blattscheiden Blütenstand Ähren mit abfallenden Spathen. Blüten zygomorph. Perigon 5-zipflig. Staubblätter 5. Fruchtblätter 3, verwachsen, unterständig. Beere

Musa

Najadaceae Nixkrautgewächse

Najas L.

Ableitung: Wassernymphe
Vulgärnamen: D:Nixkraut; E:Naiad, Water Nymph; F:Naïade
Arten: 39
Lebensform: Einjährige. Wasserpflanze untergetaucht
Blätter: gegenständig
Blütenstand: einzeln
Blüten: eingeschlechtig. Kelchblätter 2. Staubblätter 1. Fruchtblätter 1, oberständig. Plazentation apical
Frucht: Nüsschen
Kennzeichen: Einjährige. Wasserpflanze, untergetaucht. Kelchblätter 2. Staubblätter 1. Fruchtblätter 1, oberständig. Plazentation apical. Nüsschen

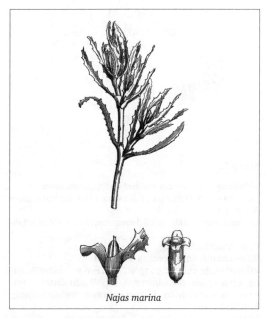

Najas marina

Orchidaceae Orchideen

1 Blüten mit 2 Staubblättern . . **Gruppe A** (S. 1043)
1 Blüten mit 1 Staubblatt
  2 Wuchs sympodial
    3 Blütenstand endständig
      4 Blätter jung gerollt
        5 Pseudobulben fehlend . . **Gruppe B** (S. 1043)
        5 Pseudobulben vorhanden . . . .
        . . . . **Gruppe C** (S. 1044)
      4 Blätter jung gefaltet
        6 Pseudobulben fehlend . . **Gruppe D** (S. 1044)
        6 Pseudobulben vorhanden . . . .
        . . . . **Gruppe E** (S. 1044)
    3 Blütenstand seitlich
      7 Blätter jung gerollt
        8 Pseudobulben mehrgliedrig oder fehlend . .
        . . . . **Gruppe F** (S. 1045)
        8 Pseudobulben 1-gliedrig. . . . .
        . . . . **Gruppe G** (S. 1045)
      7 Blätter jung gefaltet. . . . **Gruppe H** (S. 1046)
  2 Wuchs monopdial . . . . **Gruppe I** (S. 1047)

Die Orchideen sind mit etwa 22500 Arten fast so artenreich wie Korbblütler, aber stark auf die Tropen konzentriert. Bei den Orchideen werden besonders viele Fachausdrücke verwendet. Hier sollen aber nur die wichtigsten kurz erläutert werden.

Orchideen sind ursprünglich im Boden wurzelnde Pflanzen - Erdorchideen. Manche davon besitzen kein Chlorophyll und leben saprophytisch besonders eng mit symbiontischen Pilzen zusammen. In Jahreszeitenklimaten bilden sie oft Knollen zur Speicherung aus. Der größte Teil der Orchideenarten aber lebt epiphytisch, das heißt als Aufsitzer auf Bäumen in den Tropen und Subtropen. Das Wasser nehmen sie mit besonderen Luftwurzeln unmittelbar aus dem Regen auf und können es sehr häufig im Spross speichern, der dazu keulenförmig verdickt ist zu mehrgliedrigen Pseudobulben, noch öfters aber zu eingliedrigen Pseudobulben, die nur aus einem Nodium bestehen und an der Spitze Blätter tragen. Die meisten Orchideen bilden in ihrem Wuchs ein sogenanntes Sympodium, das heißt die Hauptachse stellt ihr Wachstum immer wieder ein und das weitere Wachstum erfolgt durch einen Seitenspross. Bei einem Monopodium wächst dagegen die Hauptachse fortgesetzt weiter.

Bei Erdorchideen stehen die Blätter meist wechselständig, genauer gesagt schraubig in verschiedene Richtungen und ihre Spreite geht in die Blattscheide über. Bei epiphytischen Orchideen sind die Blätter meist zweizeilig angeordnet und nicht deutlich abgegliedert. Die Blätter sind jung gefaltet oder gerollt, ein sehr wichtiges Bestimmungsmerkmal.

Der Blütenstand besteht meist aus Trauben, seltener Rispen, Ähren oder die Blüten stehen einzeln. Der Blütenstand entspringt basal, seitlich oder endständig an der Achse. Die Blüten der Orchideen folgen trotz ihrer unglaublichen Vielfalt einem Grundbauplan. Die zwei Kreise von je drei Blütenhüllblättern werden hier durchgehend als Kelch- und Kronblätter bezeichnet, auch wenn sie oft fast gleich gestaltet sind und dann eigentlich Perigonblätter genannt werden müssten. Die seitlichen Kelchblätter sind oft am Grund verwachsen und können ein „Kinn" bilden, in dem sich meist Nektar findet. Von den Kronblättern ist eines abweichend geformt, die sogenannte Lippe, und macht die Orchideenblüte zygomorph. Die Lippe zeigt unerschöpflich verschiedene Formen an. Durch eine Verdrehung des unterständigen Fruchtknotens oder des Blütenstiels befindet sich die Lippe meist unten, die Blüte wird dann als resupinat bezeichnet. Am Grund ist die Lippe oft ausgesackt oder gespornt und enthält dort gewöhnlich den Nektar für die bestäubenden Insekten. Auf der Lippe finden sich oft vielfältige Rippen, Lamellen, Kämme, Schwielen oder Warzen. Manchmal ist die Lippe leicht beweglich und gibt nach, wenn sich ein Insekt darauf setzt. Bei fünf Gattungen sind noch zwei Staubblätter vorhanden, bei allen übrigen aber nur noch ein einziges Staubblatt, das aber vollständig mit dem Griffel zu der sogenannten Säule verschmolzen ist. Für die Untergliederung der Orchideen und für die Abgrenzung der Gattungen wird sehr stark der Feinbau der Säule herangezogen. An der Spitze der Säule befindet sich die Anthere, die sogenannte Pollinien enthält, zusammenhängende Pollenmassen, die als Ganzes übertragen werden. Die Pollinien lassen sich mit einem feinen Gegenstand, zum Beispiel einem spitzen Bleistift, leicht herauslösen. Berührt man mit der Bleistiftspitze das Säulenende, treten die Pollinien hervor und haften meist an dem Bleistift. Entsprechend übertragen Insekten die Pollinien auf die Narbe am Säulenende einer anderen Blüte. Ob zwei, vier, sechs oder acht Pollinien im Staubblatt vorhanden sind, ist eines der wichtigsten Bestimmungsmerkmale. Die Pollinien sitzen oft auf einem oder zwei Stielchen, den Stipes, die oft in einer verbreiterten Klebscheibe enden. Andere Merkmale der Säule lassen sich meist nur mit guter optischer Ausrüstung und entsprechendem Geschick untersuchen.

Die Samen der Orchideen entwickeln sich in riesiger Anzahl im Fruchtknoten in fast immer parietaler Plazentation. Sie sind fast immer mikroskopisch klein und enthalten kein Nährgewebe. Dementsprechend brauchen sie schon zur Keimung symbiontische Mykorrhizapilze. Nur wenige Orchideengattungen sind leicht anhand von wenigen, ins Auge fallenden Kennmerkmalen sofort zu erkennen, weshalb auf Kennmerkmale verzichtet wurde. Auch der Schlüssel kann oft nur einen ersten Hinweis geben, da noch bedeutend mehr als hier aufgeführte Orchideengattungen und eine große Zahl von Gattungshybriden in Kultur sind.

Gruppe A

1 Triebe jährlich absterbend. Blätter jung gerollt. (Fruchtknoten 1-fächrig) . . . . . . **Cypripedium**
1 Triebe immergrün. Blätter jung gefaltet
  2 Fruchtknoten 3-fächrig . . . . . **Paphiopedilum**
  2 Fruchtknoten 1-fächrig . . . . . **Phragmipedium**

Gruppe B

1 Pflanzen saprophytisch, ohne grüne Blätter
  2 Lippe nur ausgesackt am Grund . . . . . **Neottia**
  2 Lippe gespornt
    3 Sporn dünn. Lippe nach unten gerichtet . . . . **Limodorum**
    3 Sporn aufgeblasen. Lippe nach oben gerichtet . . . . **Epipogium**
1 Pflanze mit grünen Blättern
  4 Blätter 2-zeilig, mit abgegliederter Spreite. Pollinien 8 . . . . **Sobralia**
  4 Blätter schraubig stehend, nur 2 gegenüberstehende oder nur 1, ohne abgegliederte Spreite. Pollinien 2 oder 4
    5 Blätter nur 1. Lippe schuhförmig . . . . **Calypso**
    5 Blätter 2 bis mehr
      6 Blätter nur 2 fast auf gleicher Höhe gegenüberstehende . . . . **Listera**
      6 Blätter schraubig angeordnet
        7 Blüten gespornt
          8 Pollinien wachsig. Keine Knolle. Blätter netzig genervt . . . . **Anoectochilus**
          8 Pollinien körnig. Pflanze mit Knolle
            9 Sporn vom oberen Kelchblatt gebildet . . . . **Disa**
            9 Sporn von der Lippe gebildet
              10 Narben 2, gestielt. . . . . . . **Habenaria**
              10 Narben 1, ungestielt
                11 Lippe ganzrandig
                  12 Blüten nicht resupinat . . . . **Nigritella**
                  12 Blüten resupinat . . . . . . **Platanthera**
                11 Lippe nicht ganzrandig, ± gelappt oder gezähnt
                  13 Lippe mehrmals länger als übrige Blütenhüllblätter, Zipfel bandförmig und verdreht . . . . **Himantoglossum**
                  13 Lippe höchstens doppelt so lang wie die übrigen Blütenhüllblätter
                    14 Sporn länger als der Fruchtknoten, fadenförmig
                      15 Blütenstand mit wenigen Blüten. Seitenlappen der Lippe gefranst. (Knolle einfach) . . . . **Pecteilis**
                      15 Blütenstand vielblütig. Seitenlappen der Lippe nicht gefranst
                        16 Blütenstand kurz pyramidal. Lippe ohne Höcker am Grund. Knolle einfach . . . . **Anacamptis**
                        16 Blütenstand eine lange Ähre. Lippe mit 2 Höckern am Grund. Knolle handförmig geteilt . . . . **Gymnadenia**
                    14 Sporn höchstens so lang wie der Fruchtknoten
                    17 Sporn dünn fadenförmig . . . . **Gymnadenia**
                    17 Sporn dick walzenförmig
                      18 Blüten grün bis bäulichgrün. Lippe nur vorn 3-zähnig . . . . **Coeloglossum**
                      18 Blüten weiß, rot oder gelb. Lippe 3-lappig
                        19 Lippe Mittellappen mit kleinem Spitzchen, übrige Blütenhüllblätter am Ende spatelartig verbreitert . . . . **Traunsteinera**
                        19 Lippe und andere Blütenhüllblätter anders
                          20 Blütenhülle über 5 mm lang
                            21 Deckblätter kaum länger als der Fruchtknoten, häutig. Knolle einfach . . . . **Orchis**
                            21 Deckblätter meist länger als der Fruchtknoten, laubig. Knolle meist fingerförmig gelappt . . . . **Dactylorhiza**
                        20 Blütenhülle bis 5 mm lang . . . . **Pseudorchis**
      7 Blüten nicht gespornt, aber oft ausgesackt am Grund
        22 Blätter netznervig mit hellen Nerven
          23 Blätter samtig . . . . **Ludisia**
          23 Blätter glatt
            24 Ähre einseitwendig . . . . . . **Goodyera**
            24 Ähre nicht einseitswendig

25 Blütenhüllblätter helmförmig
zusammenneigend . . . . . **Dossinia**
25 Blütenhüllblätter abstehend . .
. . . . **Macodes**
22 Blätter nicht auffallend netznervig
26 Pollinien 4
27 Blüten mit Kinn. Pflanze ohne Knolle . .
. . . . **Stenorrhynchos**
27 Blüten ohne Kinn. Pflanze mit
knollenartigen Gebilden . . . **Pterostylis**
26 Pollinien 2
28 Kronblätter kurz, die Säule
umschließend. Kelchblätter abstehend .
. . . . **Stenoglottis**
28 Kronblätter anders
29 Lippe mit 4 linealen Lappen . . . **Orchis**
(**Aceras**)
29 Lippe nicht mit linealen Lappen
30 Lippe samtig behaart, wenn kahl, dann
wenigstens mit „Spiegel" . . . **Ophrys**
30 Lippe kahl
31 Lippe quer eingeschnürt, 2 gliedrig
32 Blüten mit zusammen neigenden
Perigonblättern, einfarbig rot, gelb
oder weiß. Fruchtknoten gedreht. .
. . . . **Cephalanthera**
32 Blüten mit abstehenden
Perigonblättern, meist braun bis
grün. Blütenstiel gedreht . . . . . .
. . . . **Epipactis**
31 Lippe nicht quer eingeschnürt
33 Blütenstand drüsig behaart, Ähre
schraubig gedreht . . . . **Spiranthes**
33 Blütenstand nicht drüsig behaart
34 Blätter schmal lineal, ± so lang wie
der Blütenstand . . . **Chamorchis**
34 Blätter nicht schmal lineal, kürzer
als der Blütenstand
35 Kronblätter alle 3 3-zipfelig . . .
. . . . **Herminium**
35 Kronblätter nicht alle 3-zipfig.
Blüten groß, braunrot . . . . . .
. . . . **Serapias**

Gruppe C

1 Pseudobulben mehrgliedrig
2 Blüten mit Sporn. Pollinien 2, wachsig . . . . . .
. . . . **Galeandra**
2 Blüten ungespornt. Pollinien 8, körnig . . . . . .
. . . . **Bletilla**
1 Pseudobulben 1-gliedrig. (Pollinien 4)
3 Blüten ausgebuchtet am Grund
4 Säule schlank, Kelchblätter am Grund konkav.
Deckblätter groß, olivebraun . . . . . **Neogyna**
4 Säule kurz. Kelchblätter am Grund flach . . . .
. . . . **Pholidota**
3 Blüten nicht ausgesackt am Grund.
5 Blüten einzeln (zu 2-3). Stipes vorhanden . . .
. . . . **Pleione**
5 Blüten in Trauben. Stipes fehlend
6 Blüten mit Kinn. Seitliche Kelchblätter mit der
Säule verwachsen . . . . **Dendrochilum**

6 Blüten ohne Kinn. Seitliche Kelchblätter fast
immer frei von der Säule
7 Lippe mit Kämmen oder Lamellen . . . . . .
. . . . **Coelogyne**
7 Lippe ohne Kämme oder Lamellen . . **Liparis**

Gruppe D

1 Pollinien 8
2 Pflanze mit Knolle und 1 Blatt. Seitliche
Kelchblätter verwachsen. (Blüten nicht resupinat)
. . . . **Arpophyllum**
2 Pflanze anders
3 Seitliche Kelchblätter bilden ein Kinn . . . . **Eria**
3 Seitliche Kelchblätter bilden kein Kinn
4 Blüten ansehnlich, mit langen schmalen
Kelchblättern . . . . **Brassavola**
4 Blüten klein ohne auffallende Kelchblätter . .
. . . . **Elleanthus**
1 Pollinien 4 oder 2
5 Pollinien 4
6 Blüten ohne Kinn
7 Säule fast ganz mit der Lippe verwachsen.
Blätter nicht zweireihig . . . . . . **Epidendrum**
7 Säule höchstens zur Hälfte mit der Lippe
verwachsen. Blätter 2-reihig . . . . . **Barkeria**
6 Blüten mit Kinn
8 Pollinien mit Stipes und Klebscheibe. **Isochilus**
8 Pollinien ohne Stipes und Klebscheibe . . . .
. . . . **Dendrobium**
5 Pollinien 2
9 Blüten ohne Kinn . . . . **Lockhartia**
9 Blüten mit Kinn
10 Oberes Kelchblatt frei von den verwachsenen
seitlichen . . . . **Pleurothallis**
10 Oberes Kelchblatt am Grund mit den
seitlichen verwachsen
11 Kelchblätter am Grund und an der Spitze
verwachsen . . . . **Pleurothallis**
11 Kelchblätter nur am Grund verwachsen . . .
. . . . **Masdevallia**

Gruppe E

1 Pollinien 2 oder 4
2 Pollinien 2
3 Pseudobulben mehrgliedrig . . . . **Ansellia**
3 Pseudobulben 1-gliedrig . . . . . . **Polystachya**
2 Pollinien 4
4 Pseudobulben mehrgliedrig
5 Blüten mit Kinn
6 Pseudobulben Ketten bildend . . . . . **Hexisea**
6 Pseudobulben keulenförmig
7 Blüten sich nicht voll öffnend . . . **Nageliella**
7 Blüten sich voll öffnend . . . . **Dendrobium**
5 Blüten ohne Kinn
8 Pflanze mit Knollen . . . . **Malaxis**
8 Pflanze ohne Knollen
9 Lippe mit der Säule verwachsen . . . . . .
. . . . **Epidendrum**
9 Lippe frei von der Säule
10 Blütenstand mit Scheide am Grund . . . .
. . . . **Cattleya**

      10 Blütenstand ohne Scheide. Lippe am
         Grund mit 2 Schwielen . . . **Caularthron**
   4 Pseudobulben eingliedrig
      11 Blüten ohne Kinn
         12 Lippe frei
            13 Blätter scharf gezähnt. Lippe um die Säule
               gerollt . . . . **Broughtonia**
            13 Blätter nicht gezähnt und Lippe nicht um
               die Säule gerollt. . . . . **Liparis**
         12 Lippe mit der Säule verwachsen
            14 Säule fast ganz mit der Lippe verwachsen .
               . . . . **Epidendrum**
            14 Säule höchstens bis zur Hälfte mit der Lippe
               verwachsen . . . . **Encyclia**
      11 Blüten mit Kinn oder Sporn
         15 Blüten gespornt. . . . . **Broughtonia**
         15 Blüten nur mit Kinn
            16 Pseudobulben kettenartig. . . **Scaphyglottis**
            16 Pseudobulben nicht kettenartig
               17 Blütenstandsachse flaumig behaart. Blüten
                  nicht resupinat. . . . . **Polystachya**
               17 Blütenstandsachse kahl. Blüten resupinat
                  . . . . **Epigeneium**
 1 Pollinien 6 oder 8
   18 Pollinien 6
      19 Pseudobulben mehrgliedrig . . . . . . **Hexisea**
      19 Pseudobulben 1-gliedrig. Sporn in der
         Blütenachse. . . . . **Leptodes**
   18 Pollinien 8
      20 Pseudobulben mehrgliedrig (Blüten ohne Kinn)
         21 Pseudobulben mit 3-4 Blättern . . . .
            . . . . **Schomburgkia**
         21 Pseudobulben 1-blättrig. . . . . . **Sophronitis**
      20 Pseudobulben 1-gliedrig
         22 Kelchblätter bilden eine Röhre . . . .
            . . . . **Cryptochilus**
         22 Kelchblätter bilden keine Röhre
            23 Blüten mit Sporn oder Kinn
               24 Blüten mit Sporn . . . . **Isabelia**
               24 Blüten mit Kinn
                  25 Pflanze mit 1 Blatt, kriechend. . . . . . .
                     . . . . **Meiracyllium**
                  25 Pflanze mit mehreren Blättern . . . . **Eria**
            23 Blüten ohne Sporn oder Kinn.
               26 Lippe frei von der Säule.
                  27 Säule mit einem Zahn, der die Anthere
                     überragt . . . . **Brassavola**
                  27 Säule mit einem Zahn, der an der Anthere
                     anliegt. Lippe meist mit Kiel oder Rippe .
                     . . . . **Laelia**
               26 Lippe am Grund mit der Säule verwachsen.
                  Sehr kleiner Sporn in der Achse . . **Isabelia**

Gruppe F

1 Pollinien 8
2 Pseudobulben nicht ausgebildet . . . . . **Sobralia**
2 Pseudobulben ausgebildet
   3 Seitliche Kelchblätter weit verwachsen . . . . .
      . . . . **Acanthephippium**
   3 Seitliche Kelchblätter ± frei
      4 Blüte mit Kinn aus den seitlichen Kelchblättern.
         (Säule mit 2 Flügeln) . . . . **Chysis**

      4 Blüte ohne Kinn
         5 Lippe mit Sporn
            6 Lippe am Grund an den Rändern
               röhrenförmig verwachsen . . . . . **Calanthe**
            6 Lippe an den Rändern frei . . . . **Phaius**
         5 Lippe ohne Sporn
            7 Lippe lang genagelt. . . . . . **Spathoglottis**
            7 Lippe nicht lang genagelt, mit 3-7
               Längslamellen . . . . **Bletia**
1 Pollinien 4 oder 2
   8 Pollinien 4
      9 Lippe mit 3 Kämmen und davor Warzenreihen.
         . . . . **Warrea**
      9 Lippe mit Querschwiele . . . . . **Zygopetalum**
   8 Pollinien 2
      10 Blüten asymmetrisch . . . . **Mormodes**
      10 Blüten symmetrisch
         11 Blüten nicht resupinat
            12 Blüten im Blütenstand eingeschlechtig in 2-3
               Typen
               13 Säule bis zum Ende gleich breit, mit zwei
                  rückwärts gerichteten dünnen Fortsätzen
                  („Antennen") . . . . **Catasetum**
               13 Säule gegen das Ende zu verbreitert, ohne
                  „Antennen" . . . . **Cycnoches**
            12 Blüten gleich, zwittrig . . . . **Clowesia**
         11 Blüten resupinat (Lippe unten)
            14 Blüten mit Sporn . . . . **Eulophia**
            14 Blüten ohne Sporn
               15 Pollinien mit 2 Stipes. Pseudobulben mit
                  Blattscheiden . . . . . **Grammatophyllum**
               15 Pollinien mit 1 Stipes
                  16 Lippe genagelt (mit schmalem
                     langgezogenem Grund) . . . **Cyrtopodium**
                  16 Lippe nicht genagelt . . . . . . **Eulophiella**

Gruppe G

1 Pollinien 2
2 Blüten mit Kinn aus den seitlichen Kelchblättern.
   Blüten nicht resupinat (Lippe nicht beweglich)
   3 Lippe am Ende mit keuligen Anhängseln . . . .
      . . . . **Paphinia**
   3 Lippe ohne keulige Anhängsel
      4 Blüten glockig. . . . . **Acineta**
      4 Blüten mit ausgebreiteten Kelch- und
         Kronblättern. . . . . **Eriopsis**
2 Blüten ohne Kinn
   5 Blüten schalenförmig. Vorderer Teil der Lippe
      beweglich . . . . **Peristeria**
   5 Blüten nicht schalenförmig
      6 Blüten resupinat
         7 Lippe mit 2 seitlichen „Wassersäcken" . . . .
            . . . . **Coryanthes**
         7 Lippe ohne seitliche „Wassersäcke"
            8 Oberes Kelchblatt verwachsen mit der Säule
               . . . . **Gongora**
            8 Oberes Kelchblatt frei von der Säule
               9 Kelchblätter und Kronblätter sehr klein
                  gegenüber der Lippe . . . . **Erycina**
               9 Kelch- und Kronblätter nicht stark reduziert
                  . . . . **Cirrhaea**
      6 Blüten nicht resupinat

10 Blüten glockig mit nach vorn gerichteten
    Kelch- und Kronblättern
 11 Mittellappen der Lippe nicht behaart.
    Pseudobulben mit 1–2 Blättern. . . **Lacaena**
 11 Mittellappen der Lippe kahl. Pseudobulben
    mit 3–5 Blättern. . . . . . . **Lueddemannia**
 10 Blüten nicht glockig mit ausgebreiteten
    Kelch- und Kronblättern
 12 Lippe sackförmig am Grund . . **Stanhopea**
 12 Lippe nicht sackförmig am Grund
    13 Seitliche Lappen der Lippe lineal.
       Blütenstandsachse kahl . . . . . **Houlletia**
    13 Seitliche Lappen der Lippe breit.
       Blütenstandsachse behaart . . . .
       . . . . **Polycycnis**
1 Pollinien 4 oder 8
 14 Pollinien 4
  15 Blüten ohne Kinn . . . . **Pabstia**
  15 Blüten mit Kinn
   16 Stipes 2 getrennte. (Säule geflügelt)
    17 Blüten mit dunkleren Flecken . . **Rudolfiella**
    17 Blüten nicht gefleckt . . . . **Bifrenaria**
   16 Stipes 1
    18 Blüten einzeln
     19 Blüten schalenförmig. Lippe aufwärts
        gekrümmt, beweglich. . . . . . . **Anguloa**
     19 Blüten nicht schalenförmig. . . . . **Lycaste**
    18 Blüten in Trauben
     20 Stipes 2. (Lippe mit Rippe) . . . **Galeottia**
     20 Stipes 1
      21 Blüten resupinat. Blätter nicht 2-reihig. .
         . . . . **Xylobium**
      21 Blüten nicht resupinat. Blätter 2-zeilig . .
         . . . . **Eriopsis**
 14 Pollinien 8
  22 Blüten mit Kinn . . . . **Bothriochilus**
  22 Blüten ohne Kinn. Lippe gespornt mit Warzen
     oder Rippen . . . . **Calanthe**

Gruppe H

1 Pseudobulben fehlend
 2 Pollinien 8 oder 4
  3 Pollinien 8 . . . . **Octomeria**
  3 Pollinien 4
   4 Blüten in Trauben, ohne Kinn. (Blüten nicht
     resupinat) . . . . **Ornithocephalus**
   4 Blüten einzeln, ohne Kinn
    5 Lippe mit quer stehender Fransenreihe. . . .
      . . . . **Huntleya**
    5 Lippe ohne quer stehende Fransenreihe
     6 Lippe fransig oder gezähnt. . . . .
       . . . . **Chondrorhyncha**
     6 Lippe ganzrandig
      7 Säule kurz schildförmig. Lippe beweglich .
        . . . . **Bollea**
      7 Säule nicht schildförmig
       8 Säule zylindrisch. Lippe kurz genagelt, mit
         Kamm . . . . **Cochleanthes**
       8 Säule kurz gebogen. Lippe mit Rippen . .
         . . . . **Pescatoria**
 2 Pollinien 2
  9 Blüten mit Kinn

 10 Blätter papillös auf der Oberseite.
    Blütenstängel dicht behaart . . . **Poroglossum**
 10 Blätter nicht papillös. Stängel nicht dicht
    behaart . . . . **Dracula**
 9 Blüten ohne Kinn
  11 Lippe klein, 1-lappig, kürzer als andere
     Blütenhüllblätter. . . . . . . **Scaphosepalum**
  11 Lippe groß, 4-lappig. Säule geflügelt . . . . .
     . . . . **Erycina**
1 Pseudobulben vorhanden
 12 Pseudobulben mehrgliedrig
  13 seitliche Kelchblätter frei . . . . . . **Cymbidium**
  13 seitliche Kelchblätter mit der Säule verwachsen
   14 Pollinien mit Stipes und Klebscheibe . . . . .
      . . . . **Grobya**
   14 Pollinien ohne Stipes und Klebscheibe . . .
      . . . . **Dendrobium**
 12 Pseudobulben 1-gliedrig
  15 Pollinien 8. . . . . **Coelia**
  15 Pollinien 4 oder 2
   16 Pollinien 4
    17 Blüten ohne Kinn. Blüten einzeln . . . . . .
       . . . . **Mormolyca**
    17 Blüten mit Kinn
     18 Kelchblätter am Grund röhrig verwachsen.
        Kronblattspitzen dunkelbraun oder blau. .
        . . . . **Trigonidium**
     19 seitliche Kelchblätter frei. (Stipes fehlend)
        . . . . **Promenaea**
     19 seitliche Kelchblätter mit der Säule
        verwachsen
      20 Pollinien ohne Stipes und Klebscheibe .
         . . . . **Bulbophyllum**
      20 Pollinien mit Stipes und Klebscheibe . . .
         . . . . **Maxillaria**
   16 Pollinien 2
    21 Blüten mit Kinn oder Sporn
     22 Blätter stielrund mit einer Furche . . . . .
        . . . . **Scuticaria**
     22 Blätter nicht stielrund
      23 Säule mit Fuß. Lippe beweglich. . . . . .
         . . . . **Bulbophyllum**
      23 Säule ohne Fuß
       24 Sporn von der Lippe gebildet . . . .
          . . . . **Trichocentrum**
       24 Sporn von den Kelchblättern gebildet
        25 Lippe ohne in den Sporn gerichtete
           Anhängsel . . . . **Ionopsis**
        25 Lippe mit in den Sporn gerichtete
           Anhängsel
         26 Anhängsel 1 . . . . **Rodriguezia**
         26 Anhängsel 2 . . . . . . **Comparettia**
    21 Blüten ohne Kinn oder Sporn
     27 Kelchblätter und Kronblätter alle aufrecht
        nach vorn gerichtet . . . . **Ada**
     27 Kelchblätter und Kronblätter ± abstehend
      28 Lippe um die Säule gerollt . . . .
         . . . . **Trichopilia**
      28 Lippe höchstens wenig umfassend
       29 Säule zerschlitzt am Ende. (Blüten
          einzeln. Lippe ohne Kiele) . . . . **Helcia**
       29 Säule nicht zerschlitzt am Ende
        30 Lippe der Säule angewachsen

31 Blütenstand kürzer als die Blätter.
   Narben einfach . . . . **Aspasia**
31 Blütenstand länger als die Blätter.
   Narbenfläche gekielt
   32 seitliche Kelchblätter frei. . . . . . .
      . . . . **Cochlioda**
   32 seitliche Kelchblätter verwachsen . .
      . . . . **Symphyglossum**
30 Lippe frei von der Säule
   33 Lippe und Säule am Grund parallel
      34 Lippe die geflügelte Säule nicht
         umfassend . . . . . **Odontoglossum**
      34 Lippe die Säule am Grund mit 2
         Schwielen umfassend . . . . **Gomesa**
   33 Lippe und Säule vom Grund an
      abstehend
      35 Kelchblätter und Kronblätter
         mindestens 6-mal länger als breit . .
         . . . . **Brassia**
      35 Kelchblätter und Kronblätter breiter
         36 Säule mit schmalen Flügeln. . . . .
            . . . . **Miltonia**
         36 Säule höchstens mit Öhrchen am
            Grund
            37 Säule mit Öhrchen am Grund.
               Lippe sitzend . . . . . . **Oncidium**
            37 Säule ohne Öhrchen und Flügel.
               Lippe genagelt . . . **Sigmatostalix**

Gruppe I

1 Pseudobulben vorhanden
  2 Lippe 1-lappig. Sporn meist sehr lang . . . . . .
    . . . . **Aerangis**
  2 Lippe 3-lappig. Sporn mäßig lang . . . .
    . . . . **Oeceoclades**
1 Pseudobulben nicht ausgebildet
  3 Blüten ohne Sporn oder Kinn
    4 Blätter rund im Querschnitt . . . . **Luisia**
    4 Blätter flach. . . . . **Phalaenopsis**
  3 Blüten mit Sporn oder Kinn
    5 Pollinien 4
      6 Blüten im Blütenstand untere verschieden von
        den oberen . . . . **Dimorphorchis**
      6 Blüten im Blütenstand gleich
        7 Lippe gespornt oder sackartig ausgebuchtet
          8 Lippe ausgesackt mit kleinem Endlappen
            9 Sporn ohne Schwiele im Inneren. . . . . .
              . . . . **Pteroceras**
            9 Sporn mit Schwielen im Inneren
              10 Blätter in 2 Reihen . . . . . **Sarcochilus**
              10 Blätter nicht in 2 Reihen
                 . . . . **Cleisostoma**
          8 Lippe mit großem Endlappen
            11 Blüte mit Sporn
               12 Säule ohne Fuß. Blüten nur bis 5 mm
                  lang . . . . **Schoenorchis**
               12 Säule mit Fuß. Blüten über 10 mm lang.
                  Blätter an der Spitze ungleich 2-lappig .
                  . . . . **Renanthera**
            11 Blüte ohne deutlichen Sporn
               13 Lippe beweglich gegen die Säule . . . .
                  . . . . **Esmeralda**
               13 Lippe nicht beweglich . . . . **Vandopsis**
            7 Kelchblätter ein Kinn bildend
               14 Blüten einzeln. Kelchblätter frei . . **Dichaea**
               14 Blüten in Rispen oder Trauben. Kelchblätter
                  verwachsen . . . . **Doritis**
    5 Pollinien 2 (zum Teil gefurcht)
      15 Lippe nur kurz ausgesackt. Lippe zum Teil
         sehr klein
         16 Lippe mit fadenförmigem Sporn. (Seitliche
            Kelchblätter mit der Säule verwachsen.
            Blätter 2-lappig an der Spitze). . . . .
            . . . . **Rhynchostylis**
         16 Lippe mit schüsselförmiger Vertiefung
            17 Blütenstand dicht, fast doldig . . . .
               . . . . **Gastrochilus**
            17 Blütenstand eine lockere Traube
               18 Kelch- und Kronblätter genagelt . . **Vanda**
               18 Kelch und Kronblätter nicht genagelt. . .
                  . . . . **Euanthe**
      15 Lippe gespornt
         19 Pflanze kletternd . . . . **Acampe**
         19 Pflanze nicht kletternd
            20 Säule mit Fuß und 2 seitliche Kelchblätter
               verwachsen mit der Säule
               21 Lippe 1-lappig. (Blätter an der Spitze
                  2-lappig) . . . . **Rhynchostylis**
               21 Lippe 3-lappig, beweglich . . . . . **Sedirea**
            20 Säule ohne Fuß
               22 Lippe viel breiter als die übrigen
                  Blütenhüllblätter. . . . . . **Diaphananthe**
               22 Lippe schmal
                  23 Lippe 1-lappig, ähnlich den Kelchblättern.
                     Stipes 2 getrennt. (Blätter ungleich
                     2-lappig an der Spitze). . . . **Cyrtorchis**
                  23 Lippe 3-lappig. Stipes 1 . . . **Neofinetia**

Acampe Lindl.

Ableitung: nach griech.: unbeugsame Pflanze
Arten: 7
Lebensform: meist epiphytisch. Monopodium. Pseudobulben fehlend
Blätter: 2-zeilig, jung gefaltet
Blütenstand: Traube, selten Rispe, seitlich
Blüten: gelb mit braunen Bändern, mit Sporn oder ausgesackt. Kelchblätter 2 seitliche verwachsen. Lippe 3-lappig, mit oder ohne Rippen. Staubblatt 1, mit 2 Pollinien, Stipes und Klebscheibe

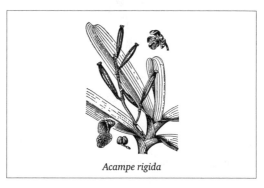

Acampe rigida

Acanthephippium Blume

Ableitung: mit dornigem Sattel
Arten: 12
Lebensform: Erdorchidee. Pseudobulben mehrgliedrig
Blätter: 2-zeilig. Spreite abgegliedert, jung gerollt
Blütenstand: Traube, Rispe, nahezu basal
Blüten: gelb bis rot, krugförmig, mit Sporn oder ohne. Kelchblätter 2 seitliche verwachsen. Lippe 3-lappig. Staubblatt 1, mit 8 Pollinien

Acanthephippium javanicum

Acianthera Scheidw.

Ableitung: verborgene Blüten tragend
Arten: 179
Lebensform: epiphytisch, selten Erdorchidee ohne Knolle. Pseudobulben fehlend
Blätter: Spreite jung gefaltet
Blütenstand: Blüten zu 1 bis vielen, Büschel, endständig
Blüten: mit Kinn. Kelchblätter alle verwachsen. Lippe frei von der Säule, 3-lappig. Staubblatt 1, mit 2 Pollinien

Acianthera dayanus

Acineta Lindl.

Ableitung: unbewegliche Pflanze
Arten: 18
Lebensform: epiphytisch. Pseudobulben eingliedrig
Blätter: 2-zeilig. Spreite abgegliedert, jung gerollt
Blütenstand: Traube, basal
Blüten: nicht resupinat, elfenbeinfarben bis gelb, kastanienbraun, mit Kinn. Seitliche Kelchblätter mit der Säule verwachsen. Lippe verwachsen mit der Säule, 3-lappig. Staubblatt 1, mit 2 Pollinien, Stipes und Klebscheibe

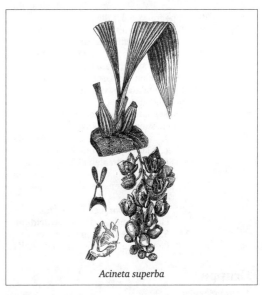
Acineta superba

Ada Lindl.

Ableitung: nach einem griechischen Frauennamen
Arten: 16
Lebensform: epiphytisch. Sympodium. Pseudobulben eingliedrig
Blätter: 2-zeilig. Spreite abgegliedert, jung gefaltet
Blütenstand: Traube, endständig
Blüten: orange, rot, ohne Kinn. Kelchblätter frei. Lippe 1-lappig, mit 1–2 Kielen. Staubblatt 1, mit 2 Pollinien, Stipes und Klebscheibe

Ada aurantiaca

Aerangis Rchb. f.

Ableitung: Gefäß in der Luft
Arten: 48
Lebensform: meist epiphytisch. Monopodium. Pseudobulben fehlend
Blätter: 2-zeilig. Spreite abgegliedert, jung gefaltet
Blütenstand: Traube, endständig
Blüten: weiß, grünlich, gelblich, lachsfarben, mit Sporn. Kelchblätter frei. Lippe 1-lappig. Staubblatt 1, mit 2 Pollinien, Stipes und Klebscheibe

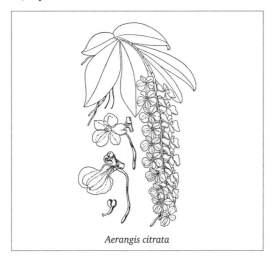
Aerangis citrata

Aerides Lour.

Ableitung: Luftpflanze
Arten: 26
Lebensform: meist epiphytisch. Monopodium. Pseudobulben fehlend
Blätter: 2-zeilig. Spreite abgegliedert, jung gefaltet
Blütenstand: Traube, selten Rispe, endständig
Blüten: weiß, rosa, purpurn, selten gelb, Lippe gespornt. Kelchblätter 2 seitliche und Säule verwachsen. Lippe verwachsen mit der Säule, 1- oder 3-lappig. Staubblatt 1, mit 2 Pollinien, Stipes und Klebscheibe

Aerides multiflora

Aganisia Lindl.

Ableitung: wohlgefällige Pflanze
Arten: 3
Lebensform: epiphytisch. Pseudobulben eingliedrig
Blätter: 2-zeilig. Spreite abgegliedert, jung gerollt
Blütenstand: Traube, endständig
Blüten: mit Kinn. Kelchblätter 2 seitliche. Lippe verwachsen mit der Säule, 3-lappig. Staubblatt 1, mit 2 Pollinien, Stipes und Klebscheibe

Anacamptis Rich.

Ableitung: zurückgebogen (Hochblätter)
Vulgärnamen: D:Hundswurz; E:Pyramid Orchid; F:Anacamptis, Orchis
Arten: 13
Lebensform: Erdorchidee mit Knolle. Pseudobulben fehlend
Blätter: schraubig. Spreite nicht abgegliedert, jung gerollt
Blütenstand: Ähre, endständig
Blüten: rosa, purpurn, rot, selten weiß, gespornt. Lippe 3-lappig. Staubblatt 1, mit 2 Pollinien, Stipes und Klebscheibe

Anacamptis pyramidalis

Angraecum Bory

Ableitung: nach einem malaiischen Pflanzennamen
Arten: 222
Lebensform: epiphytisch. Monopodium. Pseudobulben fehlend
Blätter: 2-zeilig. Spreite abgegliedert, jung gefaltet
Blütenstand: Traube, selten einzeln, seitlich
Blüten: weiß, grün, gelbgrün, gespornt. Kelchblätter frei. Lippe verwachsen mit der Säule, 1- oder 2-lappig. Staubblatt 1, mit 2 Pollinien, Stipes und Klebscheibe

Angraecum eburneum

Anoectochilus Blume

Ableitung: offene Lippe
Arten: 48
Lebensform: meist Erdorchideen. Pseudobulben fehlend
Blätter: schraubig. Spreite nicht abgegliedert, jung gerollt
Blütenstand: Ähre, endständig
Blüten: weiß, gespornt. Lippe 3-lappig. Staubblatt 1, mit 2 Pollinien, Stipes

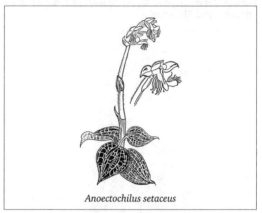
Anoectochilus setaceus

Anguloa Ruiz et Pav.

Ableitung: Gattung zu Ehren von Don Francisco de Angulo, einem spanischen Naturforscher des 18. Jahrhunderts in Peru, benannt
Vulgärnamen: D:Nussmaul, Tulpenorchidee; E:Cradle Orchid, Tulip Orchid; F:Anguloa
Arten: 11
Lebensform: epiphytisch oder Erdorchidee. Pseudobulben eingliedrig
Blätter: 2-zeilig. Spreite abgegliedert, gefältelt, jung gerollt
Blütenstand: einzeln, basal
Blüten: mit Kinn. Lippe beweglich, verwachsen mit der Säule, 3-lappig, mit Schwielen. Staubblatt 1, mit 4 Pollinien, Stipes und Klebscheibe

Ansellia Lindl.

Ableitung: Gattung zu Ehren von John Ansell (?1–2847), einem englischen Afrikaforscher benannt
Arten: 1
Lebensform: epiphytisch. Pseudobulben mehrgliedrig
Blätter: 2-zeilig. Spreite abgegliedert, jung gefaltet
Blütenstand: Rispe, endständig
Blüten: gelb mit braunen Flecken, mit Kinn. Kelchblätter 2 seitliche mit der Säule verwachsen. Lippe 3-lappig, mit 2–3 Kielen. Staubblatt 1, mit 2 Pollinien, kurzen Stipes oder ohne und Klebscheibe

Arpophyllum Lex.

Ableitung: Sichel-Blatt
Vulgärnamen: D:Sichelblattorchidee; E:Bottlebrush Orchid; F:Orchidée
Arten: 4

Anguloa clowesii

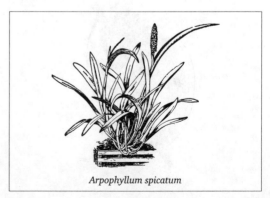
Arpophyllum spicatum

Lebensform: epiphytisch, mit Knolle
Blätter: 2-zeilig. Spreite abgegliedert, jung gefaltet
Blütenstand: Traube, endständig
Blüten: nicht resupinat, mit Kinn. Kelchblätter 2 seitliche mit der Säule verwachsen. Lippe mit Aussackung, verwachsen mit der Säule, 1-lappig. Staubblatt 1, mit 8 Pollinien, Stipes und Klebscheibe

Arundina Blume

Ableitung: Arundo-artig
Vulgärnamen: D:Schilforchidee; F:Orchidée-roseau
Arten: 1
Lebensform: Erdorchidee. Pseudobulben fehlend
Blätter: 2-zeilig. Spreite abgegliedert, jung gefaltet
Blütenstand: Traube, Rispe, endständig
Blüten: purpurn, weiß, ohne Kinn. Lippe 3-lappig, mit 3 Kielen. Staubblatt 1, mit 8 Pollinien

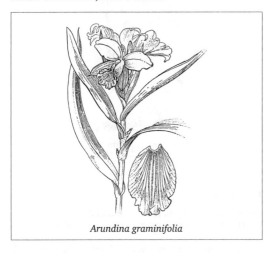
Arundina graminifolia

Ascocentrum Schltr.

Ableitung: Schlauch-Sporn
Arten: 13
Lebensform: epiphytisch. Monopodium. Pseudobulben fehlend

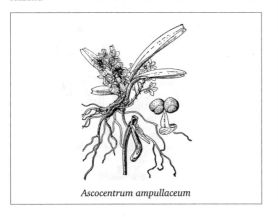
Ascocentrum ampullaceum

Blätter: 2-zeilig. Spreite abgegliedert, jung gefaltet
Blütenstand: Traube, seitlich
Blüten: gelb, orange, rot, gespornt. Lippe verwachsen mit der Säule, 3-lappig. Staubblatt 1, mit 2 gefurchten Pollinien, Stipes und kleiner Klebscheibe

Aspasia Lindl.

Ableitung: Herleitung unsicher
Arten: 8
Lebensform: epiphytisch. Sympodium. Pseudobulben eingliedrig
Blätter: 2-zeilig. Spreite jung gefaltet
Blütenstand: Traube, basal
Blüten: weiß bis olivefarben, ohne Kinn. Lippe verwachsen mit der Säule, 1- oder 3-lappig, mit 2 Kielen. Staubblatt 1, mit 2 Pollinien, Stipes und Klebscheibe

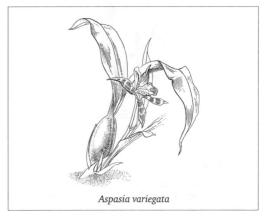
Aspasia variegata

Barkeria Knowles et Westc.

Ableitung: Gattung zu Ehren von Philip Barker Webb (1793–1854), einem englischen Botaniker benannt
Arten: 15
Lebensform: epiphytisch oder nicht. Pseudobulben ein- oder mehrgliedrig, mit Blattscheiden
Blätter: 2-zeilig. Spreite abgegliedert, jung gefaltet
Blütenstand: Traube, selten Rispe, endständig
Blüten: weiß bis rot, purpurn, ohne Kinn. Kelchblätter frei. Lippe verwachsen mit der Säule oder frei von ihr. Staubblatt 1, mit 4 Pollinien, ohne Stipes

Barkeria uniflora

Bifrenaria Lindl.

Ableitung: mit zwei Zaum-Teilen (Schwänzchen)
Arten: 21
Lebensform: epiphytisch oder nicht. Pseudobulben eingliedrig
Blätter: Spreite abgegliedert, jung gerollt
Blütenstand: Traube oder einzeln, basal
Blüten: mit Kinn. Kelchblätter 2 seitliche verwachsen mit der geflügelten Säule. Lippe verwachsen mit der Säule, 1- oder 3-lappig, mit Schwiele. Staubblatt 1, mit 4 Pollinien, Stipes und Klebscheibe

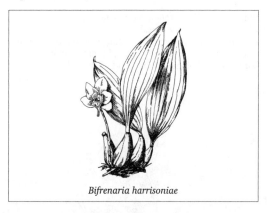
Bifrenaria harrisoniae

Bletia Ruiz et Pav.

Ableitung: Gattung zu Ehren von Luis Blet, einem spanischen Apotheker und Botaniker des 18. Jahrhunderts benannt
Arten: 35
Lebensform: Erdorchidee. Pseudobulben mehrgliedrig
Blätter: 2-zeilig. Spreite gefältelt, jung gerollt
Blütenstand: Traube, Rispe, seitlich
Blüten: purpurn, rot, gelb, braun, grün, ohne Kinn. Kelchblätter frei. Lippe frei von der Säule, 1- bis 3-lappig, mit 3–7 Lamellen. Staubblatt 1, mit 8 Pollinien, ohne Stipes

Bletia reflexa

Bletilla Rchb. f.

Ableitung: Gattung zu Ehren von Luis Blet, einem spanischen Apotheker und Botaniker des 18. Jahrhunderts benannt
Vulgärnamen: D:Chinaorchidee; E:Chinese Ground Orchid; F:Jacinthe blétille
Arten: 5
Lebensform: Erdorchidee. Pseudobulben mehrgliedrig
Blätter: 2-zeilig. Spreite abgegliedert, jung gerollt
Blütenstand: Traube, endständig
Blüten: lila, weiß, ohne Kinn. Kelchblätter frei. Lippe frei von der Säule, 3-lappig, mit Lamellen. Staubblatt 1, mit 8 Pollinien, ohne Stipes

Bletilla striata

Bollea Rchb. f.

Ableitung: Gattung zu Ehren von Carl August Bolle (1821–1909), einem deutschen Botaniker benannt
Arten: 11
Lebensform: epiphytisch und Erdorchideen. Pseudobulben fehlend
Blätter: 2-zeilig. Spreite abgegliedert, jung gefaltet
Blütenstand: einzeln, seitlich
Blüten: mit Kinn. Kelchblätter 2 seitliche verwachsen mit der Säule. Lippe beweglich, verwachsen mit der kurz schildförmigen Säule, 1-lappig, mit Rippen. Staubblatt 1, mit 4 Pollinien, Stipes und Klebscheibe

Bollea coelestis

Bothriochilus Lem.

Ableitung: Lippe mit Grübchen
Arten: 3
Lebensform: epiphytisch, Erdorchideen, kletternd. Pseudobulben eingliedrig
Blätter: 2-zeilig. Spreite abgegliedert, jung gerollt
Blütenstand: Traube, Ähre, seitlich
Blüten: mit Kinn. Kelchblätter 2 seitliche verwachsen mit der Säule. Lippe verwachsen mit der Säule, 3-lappig. Staubblatt 1, mit 8 Pollinien

Brassavola R. Br.

Ableitung: Gattung zu Ehren von Antonio Musa Brassavola (1500–1555), einem italienischen Arzt und Naturforscher benannt
Arten: 20
Lebensform: epiphytisch, kletternd. Pseudobulben eingliedrig oder fehlend
Blätter: Spreite abgegliedert, jung gefaltet
Blütenstand: Traube, einzeln, endständig, selten seitlich
Blüten: weißgrün, gelb, grün, ohne Kinn. Kelchblätter frei. Lippe frei von der Säule, 3-lappig. Staubblatt 1, mit 8 Pollinien

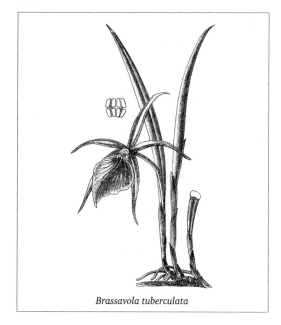

Brassavola tuberculata

Brassia R. Br.

Ableitung: Gattung zu Ehren von William Brass (?–1783), einem englischen Pflanzensammler benannt
Arten: 33
Lebensform: fast immer epiphytisch. Sympodium. Pseudobulben eingliedrig
Blätter: 2-zeilig. Spreite abgegliedert, jung gefaltet

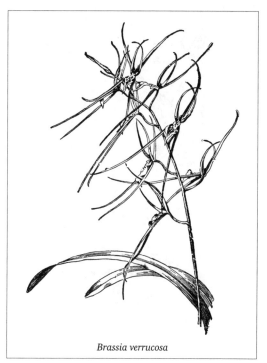

Brassia verrucosa

Blütenstand: Traube, basal
Blüten: gelb, grün, ohne Kinn. Kelchblätter frei. Lippe verwachsen mit der Säule, 1- oder 3-lappig. Staubblatt 1, mit 2 Pollinien, Stipes und Klebscheibe

Broughtonia R. Br.

Ableitung: Gattung zu Ehren von Arthur Broughton (?–1796), einem englischen Botaniker benannt
Arten: 3
Lebensform: epiphytisch. Pseudobulben eingliedrig
Blätter: Spreite abgegliedert, jung gefaltet
Blütenstand: Traube, endständig
Blüten: lila, rot, selten weiß oder gelb, Sporn aus Kelchblättern. Lippe frei, 3-lappig. Staubblatt 1, mit 4 Pollinien, ohne Stipes

Bulbophyllum Thouars

Ableitung: Zwiebel mit Blatt
Vulgärnamen: D:Zwiebelblatt; F:Bulbophyllum
Arten: 1837
Lebensform: epiphytisch. Sympodium. Pseudobulben eingliedrig
Blätter: Spreite abgegliedert, jung gefaltet
Blütenstand: Traube, einzeln, Ähre oder Dolde, basal
Blüten: mit Kinn. Kelchblätter 2 seitliche verwachsen mit der Säule. Lippe verwachsen mit der Säule, 1- oder 3-lappig. Staubblatt 1, mit 4 oder 2 Pollinien, ohne Stipes und Klebscheibe

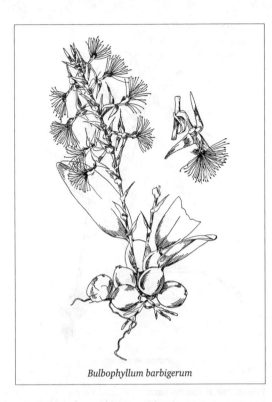

Bulbophyllum barbigerum

Calanthe Ker-Gawl.

Ableitung: schöne Blüte
Vulgärnamen: D:Schönorchis; F:Calanthe

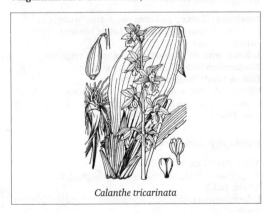

Calanthe tricarinata

Arten: 185
Lebensform: meist Erdorchideen. Pseudobulben eingliedrig oder mehrgliedrig
Blätter: 2-zeilig. Spreite nicht abgegliedert, jung gerollt
Blütenstand: Traube, basal
Blüten: weiß, rot, gelb, meist gespornt. Lippe unten röhrenförmig, verwachsen mit der Säule, 1- oder 3-lappig, ± mit Warzen oder Rippen. Staubblatt 1, mit 8 Pollinien, ohne Stipes, mit Klebscheibe

Calopogon R. Br.

Ableitung: schöner Bart
Arten: 5
Lebensform: Erdorchidee mit Knolle. Pseudobulben fehlend
Blätter: schraubig. Spreite nicht abgegliedert, jung gerollt
Blütenstand: Traube, endständig
Blüten: weiß, rot. Kelchblätter frei. Lippe frei von der Säule, 3-lappig, bärtig. Staubblatt 1, mit 4 Pollinien

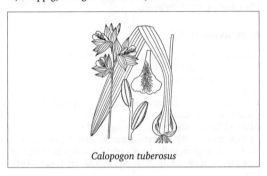

Calopogon tuberosus

Calypso Salisb.

Ableitung: nach dem Namen einer Nymphe der griechischen Mythologie
Vulgärnamen: D:Kappenständel; E:Calypso; F:Calypso
Arten: 1
Lebensform: Erdorchidee mit Knolle. Pseudobulben fehlend
Blätter: 1 grundständig. Spreite nicht abgegliedert, jung gerollt
Blütenstand: einzeln, endständig
Blüten: purpurn, rosa. Lippe schuhförmig, mit 2 kleinen Hörnchen. Staubblatt 1, mit 4 Pollinien, Stipes fehlend, Klebscheibe vorhanden

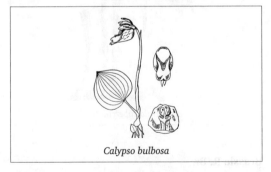

Calypso bulbosa

Catasetum Rich. ex Kunth

Ableitung: abwärts mit Borsten besetzt
Arten: 163
Lebensform: epiphytisch und Erdorchideen. Pseudobulben mehrgliedrig
Blätter: 2-zeilig. Spreite abgegliedert, jung gerollt
Blütenstand: Traube, basal

Blüten: nicht resupinat, 2-3 verschiedene Blütentypen, eingeschlechtig, zum Teil sackförmig. Kelchblätter 2 seitliche frei. Lippe verwachsen mit der Säule. Staubblatt 1, mit 2 Pollinien, Stipes und Klebscheibe

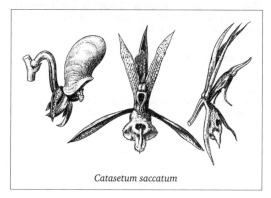

Catasetum saccatum

Cattleya Lindl.

Ableitung: Gattung zu Ehren von William Cattley (1787-1835), einem englischen Botaniker benannt

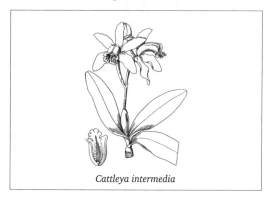

Cattleya intermedia

Arten: 46
Lebensform: epiphytisch und Erdorchidee. Pseudobulben mehrgliedrig
Blätter: Spreite abgegliedert, jung gefaltet
Blütenstand: Traube, selten einzeln, endständig, mit Scheide am Grund
Blüten: ungespornt. Kelchblätter 2 seitliche frei. Lippe frei von der Säule, 1- bis 3-lappig. Staubblatt 1, mit meist 4 Pollinien, ohne Stipes

Caularthron Raf.

Ableitung: Stängel-Gelenk
Arten: 4
Lebensform: epiphytisch. Pseudobulben mehrgliedrig
Blätter: Spreite jung gefaltet
Blütenstand: Traube, endständig, ohne Scheide am Grund
Blüten: weiß, rosa. Lippe frei von der Säule, 3-lappig, mit Schwiele am Grund. Staubblatt 1, mit 4 Pollinien

Cephalanthera Rich.

Ableitung: Kopf-Staubbeutel
Vulgärnamen: D:Waldvögelein; E:Helleborine; F:Céphalanthère
Arten: 21
Lebensform: Erdorchidee ohne Knolle und Pseudobulben
Blätter: schraubig. Spreite nicht abgegliedert, jung gerollt
Blütenstand: Ähre, endständig
Blüten: weiß, gelb, mit Kinn oder ohne. Lippe mit Rippen. Staubblatt 1, mit 2 Pollinien

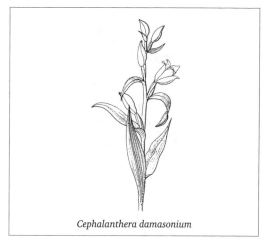

Cephalanthera damasonium

Chamorchis Rich.

Ableitung: Zwerg-Orchis
Vulgärnamen: D:Zwergorchis, Zwergständel; F:Chamorchis, Orchis
Arten: 1
Lebensform: Erdorchidee mit Knolle. Pseudobulben fehlend
Blätter: schraubig. Spreite nicht abgegliedert, jung gerollt
Blütenstand: endständig
Blüten: ungespornt. Staubblatt 1, mit 2 Pollinien

Chamorchis alpina

Chiloschista Lindl.

Ableitung: gespaltene Lippe
Arten: 19
Lebensform: epiphytisch. Monopodium. Pseudobulben fehlend
Blätter: Spreite abgegliedert, jung gefaltet
Blütenstand: Traube, seitlich. Blüten nicht resupinat
Blüten: nicht resupinat, kurz gespornt. Lippe verwachsen mit der Säule, mit 2 lappigen, haarigen Verdickungen. Staubblatt 1, mit 2 Pollinien, Stipes und Klebscheibe

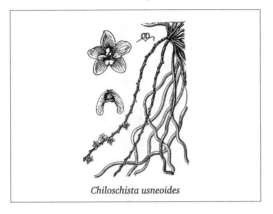
Chiloschista usneoides

Chondrorhyncha Lindl.

Ableitung: Knorpel-Wurzel
Arten: 26
Lebensform: epiphytisch. Sympodium. Pseudobulben fehlend
Blätter: 2-zeilig. Spreite abgegliedert, jung gefaltet
Blütenstand: einzeln, seitlich
Blüten: mit Kinn. Kelchblätter verwachsen mit der Säule. Lippe 1-lappig, mit 3 Schwielen. Staubblatt 1, mit 4 Pollinien, Stipes und Klebscheibe

Chysis Lindl.

Ableitung: Geschmolzenes
Arten: 9

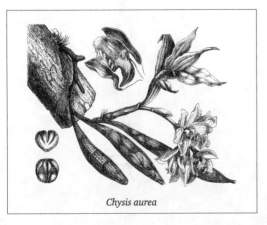
Chysis aurea

Lebensform: epiphytisch, kletternd. Pseudobulben mehrgliedrig
Blätter: 2-zeilig. Spreite abgegliedert, jung gerollt
Blütenstand: Traube, seitlich
Blüten: mit Kinn. Kelchblätter 2 seitliche frei. Lippe verwachsen mit der 2-flügeligen Säule, mit Kielen. Staubblatt 1, mit 8 Pollinien, Stipes fehlend

Cirrhaea Lindl.

Ableitung: Rankenpflanze
Arten: 7
Lebensform: epiphytisch. Pseudobulben eingliedrig
Blätter: Spreite abgegliedert, jung gerollt
Blütenstand: Traube, basal
Blüten: ohne Kinn. Kelchblätter frei. Lippe 3-lappig. Staubblatt 1, mit 2 Pollinien, Stipes und Klebscheibe

Cirrhaea dependens

Cleisostoma Blume

Ableitung: verschlossener Mund
Arten: 88
Lebensform: epiphytisch. Monopodium. Pseudobulben fehlend
Blätter: nicht 2-zeilig, Spreite abgegliedert, jung gefaltet
Blütenstand: Traube, selten Rispe, seitlich

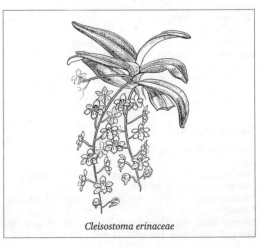
Cleisostoma erinaceae

Blüten: Lippe gespornt, verwachsen mit der Säule, 3-lappig, mit Schwiele quer. Kelchblätter frei. Staubblatt 1, mit 4 Pollinien, Stipes und Klebscheibe

Clowesia Lindl.

Ableitung: Gattung zu Ehren von John Clowes (1777–1846), einem englischen Geistlichen und Orchideenzüchter benannt
Arten: 7
Lebensform: epiphytisch. Pseudobulben mehrgliedrig
Blätter: 2-zeilig. Spreite abgegliedert, jung gerollt
Blütenstand: Traube, basal. Blüten nicht resupinat
Blüten: eingeschlechtig, ausgesackt. Kelchblätter 2 seitliche mit der Säule verwachsen. Lippe frei von der Säule, 3-lappig. Staubblatt 1, mit 2 Pollinien, Stipes und Klebscheibe

Cochleanthes Raf.

Ableitung: Schnecken-Blüte
Arten: 13
Lebensform: epiphytisch oder Erdorchidee. Pseudobulben fehlend
Blätter: 2-zeilig. Spreite jung gefaltet
Blütenstand: Blüten einzeln, basal
Blüten: ± gespornt. Kelchblätter 2 seitliche verwachsen mit der zylindrischen Säule. Lippe kurz genagelt, 1- oder 3-lappig, mit der Säule verwachsen, mit Kamm. Staubblatt 1, mit 4 Pollinien, Stipes und Klebscheibe

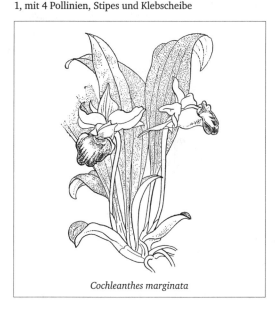

Cochleanthes marginata

Cochlioda Lindl.

Ableitung: kleine Schnecke
Arten: 8
Lebensform: epiphytisch, selten Erdorchidee. Sympodium. Pseudobulben eingliedrig
Blätter: 2-zeilig. Spreite jung gefaltet

Blütenstand: Traube, selten Rispe, seitlich
Blüten: ohne Kinn. Lippe verwachsen mit der Säule, 3-lappig. Seitliche Kelchblätter frei. Staubblatt 1, mit 2 Pollinien, Stipes und Klebscheibe

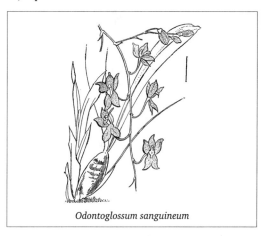

Odontoglossum sanguineum

Coelia Lindl.

Ableitung: hohle Pflanze
Arten: 2
Lebensform: epiphytisch oder nicht. Pseudobulben eingliedrig
Blätter: 2-zeilig. Spreite abgegliedert, jung gefaltet
Blütenstand: Traube, basal
Blüten: weiß, cremefarben, rot, mit Kinn. Lippe frei von der Säule. Staubblatt 1, mit 8 Pollinien, ohne Stipes

Coelia triptera

Coeloglossum Hartm.

Ableitung: hohle Zunge
Vulgärnamen: D:Hohlzunge; E:Frog Orchid; F:Cœloglosse, Habénaire
Arten: 1
Lebensform: Erdorchidee mit Knolle. Pseudobulben fehlend
Blätter: schraubig. Spreite jung gerollt
Blütenstand: Ähre, endständig
Blüten: grünlich, gelbgrün, gespornt. Lippe 2- bis 3-lappig. Staubblatt 1, mit 2 Pollinien und Klebscheiben

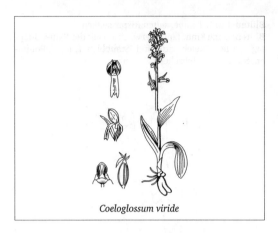
Coeloglossum viride

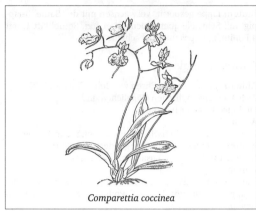
Comparettia coccinea

Coelogyne Lindl.

Ableitung: hohle Narbe
Arten: 188
Lebensform: epiphytisch, selten Erdorchidee. Sympodium. Pseudobulben eingliedrig
Blätter: Spreite abgegliedert, jung gerollt
Blütenstand: Traube, endständig
Blüten: ohne Kinn. Kelchblätter frei. Lippe ± frei von der Säule, 3-lappig, mit Kielen oder Lamellen. Staubblatt 1, mit 4 Pollinien ohne Stipes

Corallorhiza Gagnebin

Ableitung: Korallen-Wurzel
Vulgärnamen: D:Korallenwurz; E:Coralroot Orchid; F:Racine corail
Arten: 11
Lebensform: Erdorchidee, saprophytisch. Pseudobulben fehlend
Blätter: fehlend
Blütenstand: Traube, endständig
Blüten: mit Kinn. Lippe verwachsen mit der Säule, 1- oder 3-lappig. Staubblatt 1, mit 4 Pollinien, ohne Klebscheibe

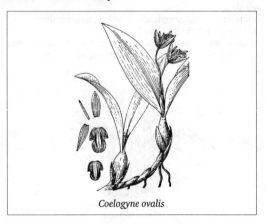
Coelogyne ovalis

Corallorhiza trifida

Comparettia Poepp. et Endl.

Ableitung: Gattung zu Ehren von Andrea Comparetti (1746–1801), einem italienischen Botaniker benannt
Arten: 7
Lebensform: epiphytisch. Sympodium. Pseudobulben eingliedrig
Blätter: 2-zeilig. Spreite jung gefaltet
Blütenstand: Traube, basal
Blüten: Kelchblätter 2 seitliche mit der Säule verwachsen, spornbildend. Lippe 3-lappig, mit Rippen und Anhängsel in den Sporn. Staubblatt 1, mit 2 Pollinien, Stipes und Klebscheibe

Coryanthes Hook.

Ableitung: Helm-Blüte
Vulgärnamen: D:Maskenorchidee; E:Helmet Orchid; F:Orchidée-casque
Arten: 43
Lebensform: epiphytisch, selten Erdorchidee. Pseudobulben eingliedrig
Blätter: 2-zeilig. Spreite abgegliedert, jung gerollt
Blütenstand: Blüten zu 1–3, basal
Blüten: ohne Kinn. Kelchblätter 2 seitliche frei. Lippe verwachsen mit der Säule, mit 2 „Wassersäcken", 3-lappig. Staubblatt 1, mit 2 Pollinien, Stipes und Klebscheibe

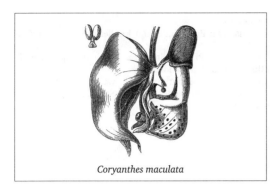

Coryanthes maculata

Cryptochilus Wall.

Ableitung: verborgene Lippe
Arten: 4
Lebensform: epiphytisch. Pseudobulben eingliedrig
Blätter: Spreite abgegliedert, jung gefaltet
Blütenstand: Ähre, endständig
Blüten: röhrenförmig. Kelchblätter 2 seitliche verwachsen. Lippe mit der Säule verwachsen. Staubblatt 1, mit 8 Pollinien

Cryptochilus luteus

Cycnoches Lindl.

Ableitung: Schwanen-Orchis
Vulgärnamen: D:Schwanenorchis; E:Swan Orchid; F:Cycnoches
Arten: 31
Lebensform: epiphytisch. Pseudobulben mehrgliedrig

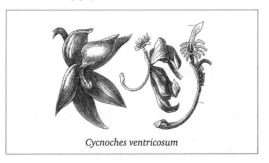

Cycnoches ventricosum

Blätter: 2-zeilig. Spreite abgegliedert, jung gerollt
Blütenstand: Traube, endständig
Blüten: 2–3 Blütentypen. Kelchblätter frei. Staubblatt 1, mit 2 Pollinien, Stipes und Klebscheibe

Cymbidium Sw.

Ableitung: Kahn-Pflanze
Vulgärnamen: D:Kahnorchis; F:Cymbidium
Arten: 59
Lebensform: epiphytisch, selten Erdorchidee. Sympodium. Pseudobulben mehrgliedrig mit Scheiden
Blätter: 2-zeilig. Spreite abgegliedert, jung gefaltet
Blütenstand: Traube, basal
Blüten: ohne Kinn. Kelchblätter frei. Lippe frei oder ± verwachsen mit der Säule, 3-lappig, mit 2 Kielen. Staubblatt 1, mit 2 gefurchten Pollinien, Stipes und Klebscheibe

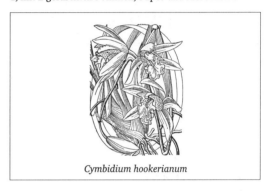

Cymbidium hookerianum

Cypripedium L.

Ableitung: Schuh der Aphrodite
Vulgärnamen: D:Frauenschuh; E:Lady's Slipper; F:Sabot-de-Vénus
Arten: 54
Lebensform: Erdorchidee. Pseudobulben fehlend
Blätter: schraubig. Spreite nicht abgegliedert, jung gerollt

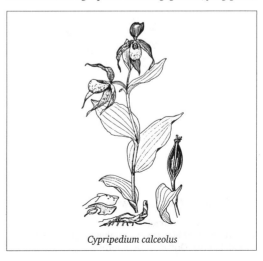

Cypripedium calceolus

Blütenstand: Blüten einzeln, selten in Traube, endständig
Blüten: Lippe schuhförmig. Kelchblätter 2 seitliche verwachsen. Staubblätter 2

Cyrtopodium R. Br.

Ableitung: mit krummem Fuß
Vulgärnamen: D:Krummfuß; F:Orchidée
Arten: 43
Lebensform: Erdorchidee oder epiphytisch. Pseudobulben mehrgliedrig
Blätter: 2-zeilig. Spreite abgegliedert, jung gerollt
Blütenstand: Traube, Rispe, basal
Blüten: gelb, ohne Kinn. Kelchblätter 2 seitliche mit der Säule verwachsen. Lippe verwachsen mit der Säule, 3-lappig. Staubblatt 1, mit 2 Pollinien, Stipes und Klebscheibe

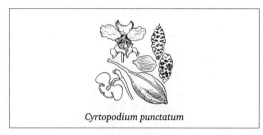

Cyrtopodium punctatum

Cyrtorchis Schltr.

Ableitung: krumme Orchis
Arten: 16
Lebensform: epiphytisch. Monopodium. Pseudobulben fehlend
Blätter: 2-zeilig. Spreite abgegliedert, jung gefaltet, ungleich 2-lappig am Ende
Blütenstand: Traube, endständig
Blüten: elfenbeinfarben. Lippe gesporrnt. Kelchblätter frei. Staubblatt 1, mit 2 Pollinien, 2 Stipes und Klebscheibe

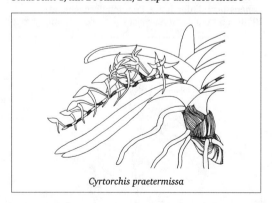

Cyrtorchis praetermissa

Dactylorhiza Neck. ex Nevski

Ableitung: Finger-Wurzel
Vulgärnamen: D:Fingerwurz, Knabenkraut; E:Marsh Orchid, Spotted Orchid; F:Dactylorhize
Arten: 30
Lebensform: Erdorchidee mit Knolle. Pseudobulben fehlend
Blätter: schraubig. Spreite nicht abgegliedert, jung gerollt
Blütenstand: Ähre, endständig
Blüten: rosa, lila, purpurn, gelb, weiß, gespornt. Kelchblätter frei. Lippe 1- oder 3-lappig. Staubblatt 1, mit 2 Pollinien, Stipes

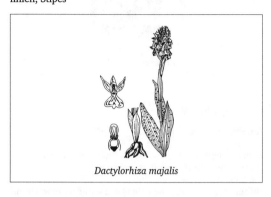

Dactylorhiza majalis

Dendrobium Sw.

Ableitung: auf Bäumen lebend
Arten: 1197
Lebensform: meist epiphytisch. Sympodium. Pseudobulben mehrgliedrig, selten fehlend
Blätter: 2-zeilig. Spreite meist abgegliedert, jung gefaltet
Blütenstand: Traube, einzeln, seitlich oder fast endständig
Blüten: in allen Farben, mit Kinn. Kelchblätter 2 seitliche mit der Säule verwachsen. Lippe verwachsen mit der Säule, 1- oder 3-lappig, meist mit Rippen. Staubblatt 1, mit 4 Pollinien, ohne Stipes und Klebscheibe

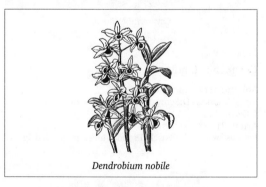

Dendrobium nobile

Dendrochilum Blume

Ableitung: Lippe auf dem Baum
Arten: 268
Lebensform: meist epiphytisch. Sympodium. Pseudobulben eingliedrig
Blätter: 2-zeilig. Spreite abgegliedert, jung gerollt
Blütenstand: Traube, 2-zeilig, endständig

Blüten: gelb, mit Kinn. Kelchblätter 2 seitliche mit der Säule verwachsen. Lippe 1- oder 3-lappig, oft mit 2–3 Kielen. Staubblatt 1, mit 4 Pollinien ohne Stipes

Diaphananthe Schltr.

Ableitung: durchscheinende Blüte
Arten: 24
Lebensform: epiphytisch. Monopodium. Pseudobulben fehlend
Blätter: 2-zeilig. Spreite abgegliedert, jung gefaltet
Blütenstand: Traube, seitlich
Blüten: weiß, cremefarben, gelb, orange, grün. Lippe gespornt, 1-, selten 3-lappig, beweglich. Staubblatt 1, mit 2 Pollinien, Stipes und Klebscheibe

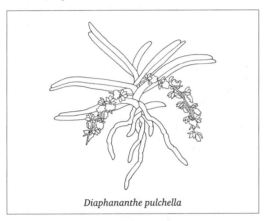
Diaphananthe pulchella

Dichaea Lindl.

Ableitung: in zwei Teilen
Arten: 133
Lebensform: epiphytisch oder nicht. Monopodium. Pseudobulben fehlend
Blätter: 2-zeilig. Spreite nicht abgegliedert, jung gefaltet
Blütenstand: Blüten einzeln, seitlich
Blüten: gelb, ockerfarben, mit Kinn. Kelchblätter frei. Lippe verwachsen mit der Säule, 3-lappig. Staubblatt 1, mit 4 Pollinien, Stipes und Klebscheibe

Dichaea vaginata

Dimorphorchis Rolfe

Ableitung: Orchis mit Blüten von zweierlei Gestalt
Arten: 2
Lebensform: epiphytisch. Monopodium. Pseudobulben eingliedrig
Blätter: 2-zeilig, jung gefaltet
Blütenstand: Traube, seitlich. Blüten untere und obere in der Traube verschieden
Blüten: mit Aussackung. Lippe mit Rippe. Staubblatt 1, mit 4 Pollinien, Stipes und Klebscheibe

Dimorphorchis lowii

Disa P.J. Bergius

Ableitung: nach einer Gestalt der schwedischen Mythologie
Arten: 170
Lebensform: Erdorchidee mit Knolle. Pseudobulben fehlend
Blätter: 2 schraubig. Spreite nicht abgegliedert, jung gerollt
Blütenstand: Traube, Schirmrispe, selten Blüten einzeln oder in Ähren, endständig
Blüten: gespornt. Kelchblätter frei. Lippe verwachsen mit der Säule, 1- oder 3-lappig, fransig. Staubblatt 1, mit 2 Pollinien, ohne Stipes, mit 2 Klebscheiben

1062 Orchidaceae Orchideen

Disa uniflora

Lebensform: Erdorchidee ohne Knolle und Pseudobulben
Blätter: schraubig. Spreite nicht abgegliedert, jung gerollt
Blütenstand: endständig
Blüten: ohne Kinn. Kelchblätter 2 seitliche verwachsen. Staubblatt 1, mit Pollinien ohne Stipes

Dracula Luer

Ableitung: kleiner Drachen (Blüte)
Vulgärnamen: D:Draculaorchidee; F:Dracula
Arten: 120
Lebensform: epiphytisch oder Erdorchidee ohne Knolle. Pseudobulben fehlend
Blätter: nur 1 Blatt. Spreite jung gefaltet
Blütenstand: Traube, einzeln, seitlich
Blüten: mit Kinn. Kelchblätter 2 seitliche verwachsen mit der Säule. Lippe mit 3 Kielen. Staubblatt 1, mit 2 Pollinien

Elleanthus C. Presl

Ableitung: zusammengerollte Blüte
Arten: 111
Lebensform: epiphytisch oder Erdorchidee ohne Knolle. Pseudobulben fehlend
Blätter: 2-zeilig. Spreite abgegliedert, jung gefaltet
Blütenstand: kopfig, Traube, endständig
Blüten: Kelchblätter frei. Lippe 1- oder 3-lappig, mit Schwiele. Staubblatt 1, mit 8 Pollinien

Doritis Lindl.

Ableitung: Lanzenpflanze
Arten: 2
Lebensform: Erdorchidee ohne Knolle. Monopodium. Pseudobulben fehlend
Blätter: 2-zeilig. Spreite abgegliedert, jung gefaltet
Blütenstand: Rispe, Traube, seitlich
Blüten: mit Kinn. Kelchblätter 2 seitliche verwachsen. Lippe verwachsen mit der Säule, mit Schwielen, Lippennagel mit 2 linealen Anhängseln. Staubblatt 1, mit 4 Pollinien, Stipes und Klebscheibe

Dossinia C. Morren

Ableitung: Gattung zu Ehren von Pierre Étienne Dossin (1777–1853), einem belgischen Apotheker benannt
Arten: 1

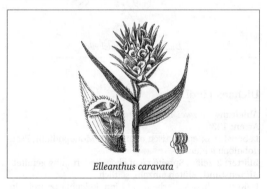
Elleanthus caravata

Encyclia Hook.

Ableitung: Kreispflanze
Arten: 150
Lebensform: epiphytisch oder Erdorchidee ohne Knolle. Pseudobulben eingliedrig
Blätter: Spreite jung gefaltet
Blütenstand: Traube, Rispe, endständig
Blüten: Kelchblätter frei. Lippe frei oder verwachsen mit der Säule, 1- oder 3-lappig. Staubblatt 1, mit 4 Pollinien

Dossinia marmorata

Encyclia adenocaule

Epidendrum L.

Ableitung: auf dem Baum
Arten: 1137
Lebensform: epiphytisch oder Erdorchidee ohne Knolle. Zum Teil mit Pseudobulben, eingliedrig oder mehrgliedrig
Blätter: nicht 2-zeilig. Spreite abgegliedert, jung gefaltet
Blütenstand: Traube, Rispe, ± endständig
Blüten: ohne Kinn. Kelchblätter frei. Lippe ± verwachsen mit der Säule, 1- oder 3-lappig. Staubblatt 1, mit 4 Pollinien, ohne Stipes

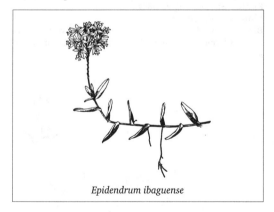
Epidendrum ibaguense

Epigeneium Gagnep.

Ableitung: bis ans Kinn reichend
Arten: 41
Lebensform: epiphytisch. Pseudobulben eingliedrig
Blätter: 2-zeilig. Spreite jung gefaltet
Blütenstand: Traube, einzeln, endständig
Blüten: mit Kinn. Kelchblätter 2 seitliche mit der Säule verwachsen. Lippe 3-lappig. Staubblatt 1, mit 4 Pollinien, ohne Klebscheibe

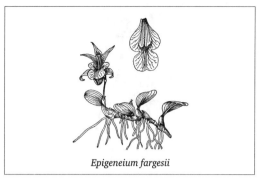
Epigeneium fargesii

Epipactis Zinn

Ableitung: antiker Pflanzenname
Vulgärnamen: D:Ständelwurz, Stendelwurz, Sumpfwurz; E:Helleborine; F:Epipactis
Arten: 38
Lebensform: Erdorchidee ohne Knolle. Pseudobulben fehlend
Blätter: schraubig. Spreite nicht abgegliedert, jung gerollt
Blütenstand: Ähre, endständig
Blüten: grün, gelb, purpurn, ungespornt. Lippe 3-lappig. Staubblatt 1, mit 2 Pollinien

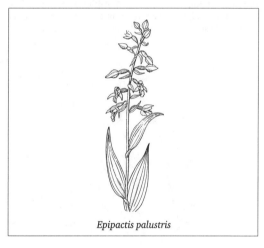
Epipactis palustris

Epipogium Borkh.

Ableitung: Bart nach oben
Vulgärnamen: D:Widerbart; E:Ghost Orchid; F:Epipogium
Arten: 2
Lebensform: Erdorchidee, saprophytisch mit Rhizom, das zur Knolle wird. Pseudobulben fehlend
Blätter: ± schraubig. Spreite nicht abgegliedert, jung gerollt
Blütenstand: Traube, endständig
Blüten: gespornt. Lippe mit Schwiele. Staubblatt 1, mit 2 Pollinien, Stipes und Klebscheibe

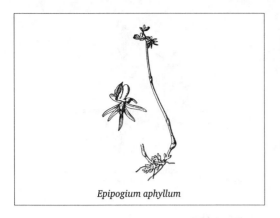
Epipogium aphyllum

Blätter: 2-zeilig. Spreite abgegliedert, jung gerollt
Blütenstand: Traube, basal
Blüten: nicht resupinat, gelb, braungelb. Kelchblätter frei oder 2 seitliche mit der Säule verwachsen und ein Kinn bildend. Lippe verwachsen mit der Säule, 3-lappig, mit Querlamelle. Staubblatt 1, mit 2 Pollinien, mit oder ohne Stipes, mit Klebscheibe

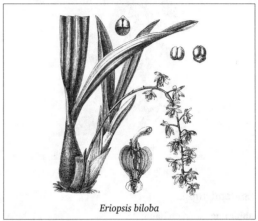
Eriopsis biloba

Eria Lindl.

Ableitung: nach einem Pflanzennamen in Indien
Arten: 405
Lebensform: meist epiphytisch. Sympodium. Pseudobulben meist vorhanden, eingliedrig oder mehrgliedrig
Blätter: nicht 2-zeilig, Spreite abgegliedert, jung gefaltet, selten gerollt
Blütenstand: Traube, Rispe, einzeln, seitlich oder scheinbar endständig
Blüten: mit Kinn. Kelchblätter 2 seitliche mit der Säule verwachsen. Lippe verwachsen mit der Säule, 1- oder 3-lappig. Staubblatt 1, mit 8 Pollinien, ohne Stipes

Erycina Lindl.

Ableitung: nach einer Gestalt der römischen Mythologie
Arten: 7
Lebensform: epiphytisch. Sympodium. Pseudobulben eingliedrig
Blätter: Spreite jung gefaltet
Blütenstand: seitlich
Blüten: ohne Kinn. Kelchblätter 2 seitliche verwachsen. Lippe 3-lappig. Staubblatt 1, mit 2 Pollinien, Stipes und Klebscheibe

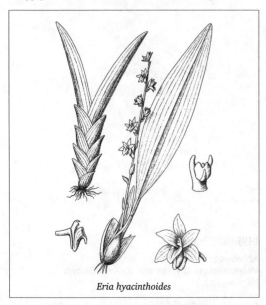
Eria hyacinthoides

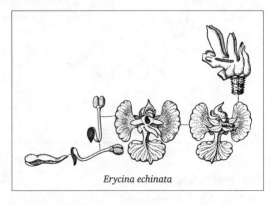
Erycina echinata

Eriopsis Lindl.

Ableitung: vom Aussehen einer Eria
Arten: 5
Lebensform: meist epiphytisch. Pseudobulben eingliedrig

Esmeralda Rchb. f.

Ableitung: nach dem spanischen Frauennamen
Arten: 2
Lebensform: epiphytisch. Monopodium. Pseudobulben fehlend

Blätter: 2-zeilig. Spreite abgegliedert, jung gefaltet, am Ende 2-lappig
Blütenstand: Traube, seitlich
Blüten: gelb mit braunen Bändern, mit Aussackung. Lippe beweglich, 3-lappig, mit 3–5 Schwielen. Staubblatt 1, mit 4 Pollinien, Stipes und Klebscheibe

Esmeralda cathcartii

Euanthe Schltr.

Ableitung: schöne Blüte
Arten: 1
Lebensform: epiphytisch. Monopodium. Pseudobulben fehlend
Blätter: 2-zeilig. jung gefaltet
Blütenstand: Traube
Blüten: mit Aussackung. Lippe mit Aussackung, mit der Säule verwachsen. Staubblatt 1, mit 2 Pollinien mit Stipes und Klebscheibe

Eulophia R. Br. ex Lindl.

Ableitung: mit schönem Helm
Arten: 204
Lebensform: meist Erdorchideen. Pseudobulben mehrgliedrig oder fehlend
Blätter: Spreite abgegliedert, jung gerollt
Blütenstand: Traube, selten Rispe, seitlich

Eulophia streptopetala

Blüten: kurz gespornt. Lippe verwachsen mit der Säule, 1- oder 3-lappig, mit Lamellen. Staubblatt 1, mit 2 Pollinien, Stipes und Klebscheibe

Eulophiella Rolfe

Ableitung: kleine Eulophia
Arten: 5
Lebensform: epiphytisch. Pseudobulben eingliedrig
Blätter: 2-zeilig. Spreite abgegliedert, jung gerollt
Blütenstand: Traube, seitlich oder basal
Blüten: ohne Kinn. Seitliche Kelchblätter verwachsen. Lippe verwachsen mit der Säule, 3-lappig, mit Lamellen. Staubblatt 1, mit 2 Pollinien, Stipes und Klebscheibe

Galeandra Lindl.

Ableitung: Helm-Staubblatt
Arten: 37
Lebensform: epiphytisch. Pseudobulben eingliedrig
Blätter: 2-zeilig. Spreite abgegliedert, jung gerollt
Blütenstand: Traube, selten Rispe, endständig
Blüten: gespornt. Kelchblätter frei. Lippe verwachsen mit der Säule, mit Lamellen. Staubblatt 1, mit 2 Pollinien, Stipes und Klebscheibe

Galeandra devoniana

Galeottia A. Rich.

Ableitung: Gattung zu Ehren von Henri Guillaume Galeotti (1814–1858), einem belgischen Botaniker benannt
Arten: 12
Lebensform: epiphytisch oder Erdorchidee ohne Knolle. Pseudobulben eingliedrig
Blätter: Spreite abgegliedert, gefältelt, jung gerollt
Blütenstand: Traube, basal
Blüten: mit Kinn. Kelchblätter 2 seitliche mit der geflügelten Säule verwachsen. Lippe 3-lappig, mit Rippen. Staubblatt 1, mit 4 Pollinien, Stipes und Klebscheibe

Gastrochilus D. Don

Ableitung: Bauch-Lippe
Arten: 52
Lebensform: epiphytisch. Pseudobulben fehlend
Blätter: 2-zeilig. Spreite abgegliedert, jung gefaltet
Blütenstand: Traube kurz, doldenartig, seitlich
Blüten: mit Aussackung. Kelchblätter frei. Lippe verwachsen mit der Säule, 3-lappig. Staubblatt 1, mit 2 Pollinien, Stipes und Klebscheibe

Gastrochilus bellinus

Gomesa R. Br.

Ableitung: Gattung zu Ehren von Bernardino Antonio Gomes (Gómez, 1769–1824), einem portugiesischen Botaniker und Arzt benannt
Arten: 12
Lebensform: epiphytisch oder Erdorchidee. Pseudobulben eingliedrig
Blätter: 2-zeilig. Spreite abgegliedert, jung gefaltet
Blütenstand: Traube, basal
Blüten: gelb, grün, weiß, ohne Kinn. Kelchblätter 2 seitliche frei oder verwachsen. Lippe 1- oder 3-lappig, mit 2 Rippen. Staubblatt 1, mit 2 Pollinien, Stipes und Klebscheibe

Gomesa planifolia

Gongora Ruiz et Pav.

Ableitung: Gattung zu Ehren von Don Antonio Caballero y Góngora (1740–1818), einem spanischen Vizekönig in Kolumbien benannt
Arten: 66
Lebensform: epiphytisch. Pseudobulben eingliedrig
Blätter: 2-zeilig. Spreite abgegliedert, jung gerollt
Blütenstand: Traube, basal
Blüten: nicht resupinat, ohne Kinn. Kelchblätter 2 seitliche verwachsen mit der Säule. Lippe oben mit 2 Hörnchen, verwachsen mit der Säule, 3-lappig. Staubblatt 1, mit 2 Pollinien, Stipes und Klebscheibe

Gongora galeata

Goodyera R. Br.

Ableitung: Gattung zu Ehren von John Goodyer (1592–1664), einem englischen Pflanzensammler benannt
Vulgärnamen: D:Netzblatt; E:Creeping Lady's Tresses, Jewel Orchid; F:Goodyera

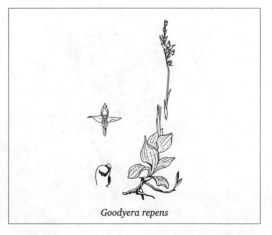
Goodyera repens

Arten: 95
Lebensform: Erdorchideen ohne Knollen, selten epiphytisch. Pseudobulben fehlend
Blätter: schraubig. Spreite nicht abgegliedert, jung gerollt
Blütenstand: Ähre, Traube, endständig
Blüten: weiß, grün, mit Aussackung. Kelchblätter frei. Lippe 1-lappig. Staubblatt 1, mit 2 gefurchten Pollinien, ohne Stipes und Klebscheibe

Grammatophyllum Blume

Ableitung: beschriebenes Blatt
Arten: 11
Lebensform: epiphytisch oder Erdorchidee. Sympodium. Pseudobulben mehrgliedrig mit Scheiden
Blätter: 2-zeilig. Spreite abgegliedert, jung gerollt
Blütenstand: Traube, Rispe, basal
Blüten: resupinat, grün, braun, gelb, ohne Kinn. Kelchblätter frei. Lippe verwachsen mit der Säule, 3-lappig, mit 3 Rippen. Staubblatt 1, mit 2 gefurchten Pollinien, 2 Stipes und Klebscheibe

Grammatophyllum speciosum

Grobya Lindl.

Ableitung: Gattung zu Ehren von Lord Grey of Groby, einem englischen Orchideengärtner benannt
Arten: 5
Lebensform: epiphytisch. Sympodium. Pseudobulben mehrgliedrig, mit Scheiden
Blätter: Spreite abgegliedert, jung gefaltet
Blütenstand: Traube, basal
Blüten: gelb, (rote Kelchblätter), ohne Kinn. Kelchblätter 2 seitliche mit Säule verwachsen. Lippe 3-lappig, mit Schwielen. Staubblatt 1, mit 2 Pollinien, Stipes und Klebscheibe

Gymnadenia R. Br.

Ableitung: mit nackten Drüsen
Vulgärnamen: D:Händelwurz; E:Fragrant Orchid; F:Orchis moucheron

Arten: 10
Lebensform: Erdorchidee mit Knolle. Pseudobulben fehlend
Blätter: schraubig. Spreite nicht abgegliedert, jung gerollt
Blütenstand: Ähre, endständig
Blüten: lila, rosa, gespornt. Lippe 3-lappig. Staubblatt 1, mit 2 Pollinien

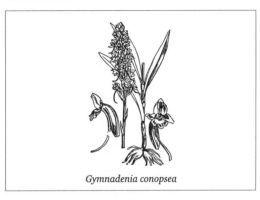

Gymnadenia conopsea

Habenaria Willd.

Ableitung: Riemen-Pflanze
Vulgärnamen: D:Riemenlippe, Zügelständel; F:Habénaire
Arten: 819
Lebensform: Erdorchideen mit Knolle oder Rhizom, selten epiphytisch. Pseudobulben fehlend
Blätter: schraubig. Spreite nicht abgegliedert, jung gerollt
Blütenstand: Ähre, Traube, endständig
Blüten: grün, weiß, gelb, orange, rot, rosa, gespornt. Lippe 1- oder 3-lappig. Staubblatt 1, mit 2 Pollinien, ohne Stipes, mit Klebscheibe

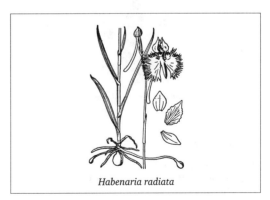

Habenaria radiata

Hammarbya Kuntze

Ableitung: Nach Hammarby, dem Gutshof Linnés bei Uppsala in Schweden
Vulgärnamen: D:Weichwurz; E:Bog Orchid
Arten: 1

Lebensform: Erdorchidee ohne Knolle. Pseudobulben eingliedrig
Blätter: 2-zeilig
Blütenstand: endständig
Blüten: nicht resupinat, ohne Kinn. Staubblatt 1, mit 4 Pollinien

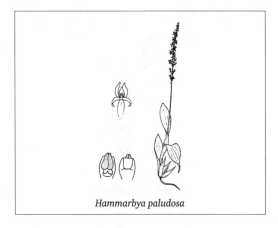
Hammarbya paludosa

Helcia Lindl.

Ableitung: Jochpflanze (Lippe jochartig)
Arten: 4
Lebensform: epiphytisch. Sympodium. Pseudobulben eingliedrig
Blätter: Spreite jung gefaltet
Blütenstand: Traube, seitlich
Blüten: ohne Kinn. Lippe verwachsen mit der Säule, 3-lappig. Staubblatt 1, mit 2 Pollinien, Stipes und Klebscheibe

Helcia sanguinolenta

Herminium L.

Ableitung: Pfostenpflanze
Vulgärnamen: D:Honigorchis; E:Musk Orchid; F:Herminium
Arten: 29
Lebensform: Erdorchidee mit Knolle. Pseudobulben fehlend
Blätter: schraubig. Spreite nicht abgegliedert, jung gerollt
Blütenstand: Ähre, endständig

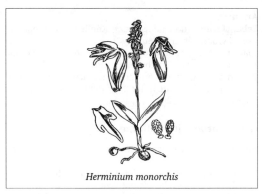
Herminium monorchis

Blüten: mit Aussackung. Lippe mit der Säule verwachsen, 3-lappig. Staubblatt 1, mit 2 Pollinien, Stipes und Klebscheibe

Hexisea Lindl.

Ableitung: sechs gleiche Blütenblätter
Arten: 6
Lebensform: epiphytisch. Pseudobulben mehrgliedrig, kettenbildend
Blätter: Spreite abgegliedert, jung gefaltet
Blütenstand: Traube dicht, endständig
Blüten: rot, orange, weiß. Kelchblätter 2 seitliche mit der Säule verwachsen, ein Kinn bildend. Lippe verwachsen mit der Säule. Staubblatt 1, mit 4 Pollinien

Himantoglossum Spreng.

Ableitung: Riemen-Zunge
Vulgärnamen: D:Riemenzunge; E:Lizard Orchid; F:Orchis bouc
Arten: 7
Lebensform: Erdorchidee mit Knolle. Pseudobulben fehlend
Blätter: schraubig. Spreite nicht abgegliedert, jung gerollt
Blütenstand: Ähre, endständig
Blüten: mit kurzem Sporn. Kelchblätter frei. Lippe 3-lappig. Staubblatt 1, mit 2 Pollinien und Klebscheibe

Himantoglossum hircinum

Houlletia Brongn.

Ableitung: Gattung zu Ehren von R. J. B. Houllet (1811–1890), einem französischen Gärtner und Pflanzensammler benannt
Arten: 7
Lebensform: epiphytisch, selten Erdorchidee. Pseudobulben eingliedrig
Blätter: 2-zeilig. Spreite abgegliedert, jung gerollt
Blütenstand: Traube, einzeln, basal
Blüten: nicht resupinat, ohne Kinn. Kelchblätter frei. Lippe verwachsen mit der Säule. Staubblatt 1, mit 2 Pollinien, Stipes und Klebscheibe

Houlletia brocklehurstiana

Huntleya Bateman ex Lindl.

Ableitung: Gattung zu Ehren von J. T. Huntley, einem englischen Orchideenzüchter des 19. Jahrhunderts benannt
Arten: 14
Lebensform: epiphytisch oder Erdorchidee ohne Knolle. Sympodium. Pseudobulben fehlend
Blätter: 2-zeilig. Spreite abgegliedert, jung gefaltet
Blütenstand: einzeln, seitlich
Blüten: mit Kinn. Kelchblätter 2 seitliche verwachsen. Lippe verwachsen mit der Säule, mit Querschwiele. Staubblatt 1, mit 4 Pollinien, Stipes und Klebscheibe

Huntleya meleagris

Ionopsis Kunth

Ableitung: vom Aussehen eines Veilchens
Vulgärnamen: D:Veilchenständel; E:Violet Orchid; F:Ionopsis

Ionopsis utricularioides

Arten: 6
Lebensform: meist epiphytisch. Sympodium. Pseudobulben eingliedrig
Blätter: 2-zeilig. Spreite abgegliedert, jung gefaltet
Blütenstand: Traube, Rispe, seitlich
Blüten: Kelchblätter 2 seitliche verwachsen, einen Sporn bildend. Lippe verwachsen mit der Säule, mit 2 Rippen. Staubblatt 1, mit 2 Pollinien, Stipes und Klebscheibe

Isabelia Barb. Rodr.

Ableitung: Gattung zu Ehren von Doña Isabel Cristina Leopoldina Augusta Michaela Gabriela Raphaela Gonzaga (1846–1921), der kaiserlichen Prinzessin und Tochter des Kaisers Pedro II. von Brasilien benannt
Arten: 3
Lebensform: epiphytisch. Pseudobulben eingliedrig
Blätter: Spreite jung gefaltet
Blütenstand: einzeln, selten zu 2 oder Traube, endständig
Blüten: weiß, gespornt. Kelchblätter 2 seitliche verwachsen. Staubblatt 1, mit 8 Pollinien

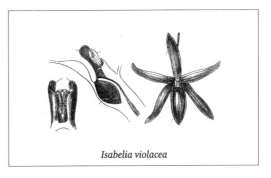

Isabelia violacea

Isochilus R. Br.

Ableitung: mit gleichen Lippen
Arten: 12
Lebensform: epiphytisch oder Erdorchidee. Pseudobulben fehlend
Blätter: 2-zeilig. Spreite abgegliedert, jung gefaltet
Blütenstand: Traube, selten einzeln, endständig
Blüten: weiß, rötlich, rot, purpurn, orange, mit Kinn. Kelchblätter 2 seitliche verwachsen. Staubblatt 1, mit 4 Pollinien, Stipes und Klebscheibe

Isochilus linearis

Lacaena Lindl.

Ableitung: Herleitung unsicher
Arten: 2
Lebensform: epiphytisch. Pseudobulben eingliedrig
Blätter: 2-zeilig. Spreite abgegliedert, jung gerollt
Blütenstand: Traube, basal. Blüten nicht resupinat
Blüten: weiß, gelb, ohne Kinn. Lippe verwachsen mit der Säule, 3-lappig. Staubblatt 1, mit 2 gefurchten Pollinien, Stipes und Klebscheibe

Lacaena bicolor

Laelia Lindl.

Ableitung: Herkunft umstritten
Vulgärnamen: D:Laelie; E:Laelia; F:Laelia
Arten: 10
Lebensform: epiphytisch, selten Erdorchidee. Pseudobulben eingliedrig
Blätter: Spreite abgegliedert, jung gefaltet

Laelia furfuracea

Blütenstand: Traube, selten Rispe oder einzeln, endständig
Blüten: weiß, lila, rosa, rot, orange, gelb, ohne Kinn. Kelchblätter frei. Lippe frei, seltener verwachsen mit der Säule, 1- oder 3-lappig, mit Kielen, Rippen oder ohne solche. Staubblatt 1, mit 8 Pollinien, Stipes fehlend

Leptotes Lindl.

Ableitung: Zartheit
Arten: 7
Lebensform: epiphytisch. Pseudobulben eingliedrig
Blätter: Spreite abgegliedert, jung gefaltet
Blütenstand: Traube, einzeln, endständig
Blüten: mit Achsensporn. Kelchblätter frei. Lippe verwachsen mit der Säule, 3-lappig. Staubblatt 1, mit 6 Pollinien, ohne Stipes

Limodorum Boehm.

Ableitung: antiker Pflanzenname
Vulgärnamen: D:Dingel; F:Limodore

Limodorum abortivum

Arten: 2
Lebensform: Erdorchidee, saprophytisch, ohne Knolle. Pseudobulben fehlend
Blätter: schraubig. Spreite nicht abgegliedert, jung gerollt
Blütenstand: Traube, endständig
Blüten: violett, gespornt. Lippe 1- oder 3-lappig. Staubblatt 1, mit 2 Pollinien

Liparis Rich.

Ableitung: glänzende Pflanze
Vulgärnamen: D:Glanzständel; E:Fen Orchid; F:Liparis
Arten: 428
Lebensform: Erdorchidee, zum Teil mit Knolle, selten epiphytisch mit Pseudobulben eingliedrig oder mehrgliedrig
Blätter: schraubig. Spreite abgegliedert oder nicht, jung gerollt oder gefaltet
Blütenstand: Traube, endständig
Blüten: weiß, purpurn, bräunlich, grün, orange, purpurn, ungespornt. Kelchblätter 2 seitliche frei, seltener verwachsen. Lippe 1-, 2- oder 3-lappig. Staubblatt 1, mit 4 Pollinien, ohne Stipes und Klebscheibe

Liparis loeselii

Listera R. Br.

Ableitung: Gattung zu Ehren von Martin Lister (ca. 1638–1712), einem englischen Arzt und Zoologen benannt
Vulgärnamen: D:Zweiblatt; E:Twayblade; F:Listère
Arten: 47
Lebensform: Erdorchidee ohne Knolle. Pseudobulben fehlend

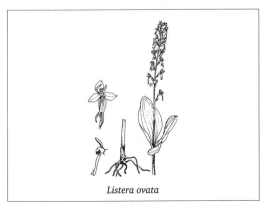
Listera ovata

Blätter: ± gegenständig, nur 2(3,4). Spreite nicht abgegliedert, jung gerollt
Blütenstand: Traube, endständig
Blüten: grünlich, purpurn, ungespornt. Kelchblätter frei. Lippe 2- oder 1-lappig. Staubblatt 1, mit 2 Pollinien

Lockhartia Hook.

Ableitung: Gattung zu Ehren von David Lockhart (?–1846), einem englischen Gärtner auf Trinidad benannt
Arten: 26
Lebensform: epiphytisch. Sympodium. Pseudobulben fehlend
Blätter: 2-zeilig. Spreite abgegliedert, jung gefaltet
Blütenstand: Traube, Rispe, ± endständig
Blüten: gelb, weiß, ohne Kinn. Kelchblätter frei. Lippe 1- bis 5-lappig, mit Wülsten. Staubblatt 1, mit 2 Pollinien, Stipes und Klebscheibe

Lockhartia lunifera

Ludisia A. Rich.

Ableitung: Herleitung unbekannt
Vulgärnamen: D:Blutständel; F:Ludisia
Arten: 1

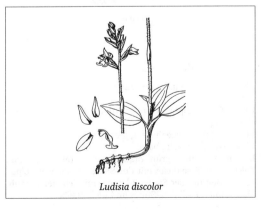
Ludisia discolor

Lebensform: Erdorchidee ohne Knolle. Pseudobulben fehlend
Blätter: schraubig. Spreite abgegliedert, jung gefaltet
Blütenstand: Traube, endständig
Blüten: weiß, mit Aussackung. Lippe verwachsen mit der Säule. Staubblatt 1, mit Pollinien mit Stipes

Lueddemannia Rchb. f.

Ableitung: Gattung zu Ehren von Gustav Adolph Lueddemann (1821–1884), einem deutschen Gärtner in Paris benannt
Arten: 1
Lebensform: epiphytisch. Pseudobulben eingliedrig
Blätter: 2-zeilig. Spreite abgegliedert, jung gerollt
Blütenstand: Traube, basal
Blüten: nicht resupinat, ohne Kinn. Kelchblätter frei. Lippe 3-lappig, mit behaarter Schwiele. Staubblatt 1, mit 2 Pollinien, Stipes und Klebscheibe

Luisia Gaudich.

Ableitung: Gattung zu Ehren von Don Luis de Torres, einem spanischen Botaniker des 19. Jahrhunderts von den Marianen, benannt
Arten: 39
Lebensform: epiphytisch. Monopodium. Pseudobulben fehlend
Blätter: 2-zeilig. Spreite abgegliedert, jung gefaltet, ± rund im Querschnitt
Blütenstand: Traube, seitlich
Blüten: weiß bis grün, ohne Kinn. Kelchblätter frei. Lippe verwachsen mit der Säule, 3- bis 4-lappig. Staubblatt 1, mit 2 zum Teil tief gefurchten Pollinien, Stipes und Klebscheibe

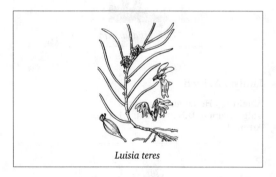
Luisia teres

Lycaste Lindl.

Ableitung: nach einem griechischen Frauennamen
Arten: 31
Lebensform: epiphytisch oder Erdorchidee. Pseudobulben eingliedrig
Blätter: Spreite abgegliedert, jung gerollt
Blütenstand: einzeln, basal
Blüten: gelb, rosa, grün, orange, weiß, braun, mit Kinn. Kelchblätter 2 seitliche mit der Säule verwachsen. Lippe verwachsen mit der Säule, 3-lappig, mit Schwiele. Staubblatt 1, mit 4 Pollinien, Stipes und Klebscheibe

Lycaste macrophylla

Macodes (Blume) Lindl.

Ableitung: lange Blüte
Vulgärnamen: D:Goldblatt; F:Macodes
Arten: 11
Lebensform: Erdorchidee. Pseudobulben fehlend
Blätter: schraubig. Spreite nicht abgegliedert, jung gerollt
Blütenstand: Traube, endständig, Blüten meist nicht resupinat
Blüten: braun, mit sackartigem Sporn, ohne Kinn. Lippe 3-lappig, mit 2 Lamellen. Staubblatt 1, mit 2 tief gefurchten Pollinien

Macodes petola

Malaxis Sol. ex Sw.

Ableitung: weiche Pflanze
Vulgärnamen: D:Einblatt, Weichorchis; F:Malaxis
Arten: 415
Lebensform: Erdorchidee mit Knolle, selten epiphytisch. Pseudobulben mehrgliedrig
Blätter: 2-zeilig. Spreite nicht abgegliedert, jung gefaltet
Blütenstand: Traube, Schirmrispe, endständig
Blüten: grün, braun, orange, purpurn, ungespornt. Kelchblätter frei. Lippe verwachsen mit der Säule, 1-lappig. Staubblatt 1, mit 42 Pollinien, ohne Klebscheibe

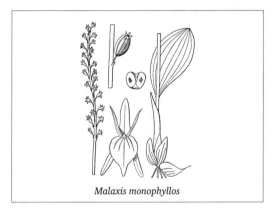
Malaxis monophyllos

Masdevallia Ruiz et Pav.

Ableitung: Gattung zu Ehren von José Masdevall (?–1801), einem spanischen Arzt und Botaniker benannt
Arten: 552
Lebensform: epiphytisch, selten Erdorchidee. Pseudobulben fehlend
Blätter: Spreite abgegliedert, jung gefaltet
Blütenstand: Traube, einzeln, endständig
Blüten: mit Kinn. Kelchblätter alle verwachsen. Lippe verwachsen mit der Säule, 1- oder 3-lappig. Staubblatt 1, mit 2 Pollinien, ohne Stipes

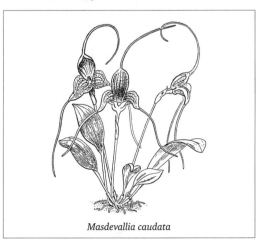
Masdevallia caudata

Maxillaria Ruiz et Pav.

Ableitung: Pflanze mit Kinn
Arten: 559
Lebensform: epiphytisch, selten Erdorchidee. Sympodium. Pseudobulben eingliedrig
Blätter: 2-zeilig. Spreite abgegliedert, jung gefaltet
Blütenstand: einzeln, basal, seitlich
Blüten: rot, braun, gelb, weiß, mit Kinn. Kelchblätter 2 seitliche verwachsen mit der Säule. Lippe verwachsen mit der Säule, 1- oder 3-lappig, mit Schwielen. Staubblatt 1, mit 4 Pollinien, Stipes und Klebscheibe

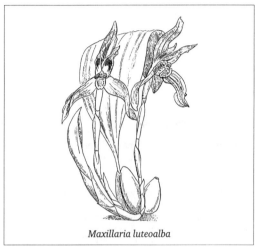
Maxillaria luteoalba

Meiracyllium Rchb. f.

Ableitung: kleiner Bursche
Arten: 2
Lebensform: epiphytisch oder auf Felsen. Pseudobulben eingliedrig
Blätter: Spreite abgegliedert, jung gefaltet
Blütenstand: einzeln, kurze dichte Traube, endständig
Blüten: rot, rosaviolett, mit Kinn. Kelchblätter 2 seitliche mit der Säule verwachsen. Lippe verwachsen mit der Säule, 1- oder 3-lappig. Staubblatt 1, mit 8 Pollinien, Stipes und Klebscheibe

Miltonia Lindl.

Ableitung: Gattung zu Ehren von Charles William Wentworth Fitzwilliam, Lord Viscount Milton (1786–1857), einem englischen Orchideenliebhaber und Staatsmann benannt
Vulgärnamen: D:Miltonie; E:Pansy Orchid; F:Miltonia
Arten: 11
Lebensform: epiphytisch. Sympodium. Pseudobulben eingliedrig
Blätter: 2-zeilig. Spreite abgegliedert, jung gefaltet
Blütenstand: Traube, einzeln, Rispe, basal
Blüten: ohne Kinn. Kelchblätter 2 seitliche verwachsen oder frei. Lippe frei von Säule, 1-lappig, mit Rippen. Staubblatt 1, mit 2 Pollinien, Stipes und Klebscheibe

Miltonia spectabilis

Miltoniopsis God.-Leb.

Ableitung: vom Aussehen einer Miltonia
Vulgärnamen: D:Stiefmütterchenorchidee; E:Pansy Orchid; F:Miltoniopsis
Arten: 5
Lebensform: epiphytisch. Sympodium. Pseudobulben eingliedrig
Blätter: 2-zeilig. Spreite abgegliedert, jung gefaltet
Blütenstand: Traube, einzeln, seitlich
Blüten: ohne Kinn. Lippe verwachsen mit der Säule. Staubblatt 1, mit 2 Pollinien, Stipes und Klebscheibe

Mormodes Lindl.

Ableitung: Gespenst-ähnlich
Vulgärnamen: D:Gespensterorchidee; F:Mormodes
Arten: 76
Lebensform: epiphytisch. Pseudobulben mehrgliedrig
Blätter: 2-zeilig. Spreite abgegliedert, jung gerollt
Blütenstand: Traube, seitlich
Blüten: ohne Kinn. Kelchblätter frei. Lippe verwachsen mit der Säule, 1- oder 3-lappig. Staubblatt 1, mit 2 Pollinien, Stipes und Klebscheibe

Mormodes ocannae

Mormolyca Fenzl

Ableitung: Gespenst
Arten: 8
Lebensform: epiphytisch. Sympodium. Pseudobulben eingliedrig
Blätter: 2-zeilig. Spreite abgegliedert, jung gerollt
Blütenstand: einzeln, basal
Blüten: gelb, gelbbraun, ohne Kinn. Kelchblätter frei. Lippe 1- oder 3-lappig, mit 3-zähnigen Schwielen. Staubblatt 1, mit 4 Pollinien, Stipes und Klebscheibe

Nageliella L.O. Williams

Ableitung: Gattung zu Ehren von Otto Nagel (1894–1972), einem Pflanzensammler in Mexiko benannt
Arten: 2
Lebensform: epiphytisch oder Erdorchidee ohne Knolle. Pseudobulben mehrgliedrig
Blätter: Spreite jung gefaltet
Blütenstand: Traube, Rispe, doldig, endständig
Blüten: sich nicht vollständig öffnend, lila, rosa, rot, mit Kinn. Kelchblätter 2 seitliche verwachsen mit der Säule. Lippe verwachsen mit der Säule, 1-, selten 3-lappig. Staubblatt 1, mit 4 Pollinien

Neofinetia Hu

Ableitung: neue Finetia
Arten: 3
Lebensform: epiphytisch. Monopodium. Pseudobulben fehlend
Blätter: 2-zeilig. Spreite jung gefaltet
Blütenstand: Traube, seitlich
Blüten: weiß, gespornt. Lippe 3-lappig. Staubblatt 1, mit 2 Pollinien, Stipes und Klebscheibe

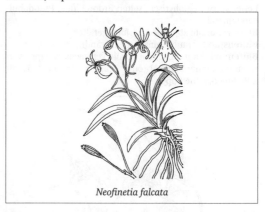
Neofinetia falcata

Neogyna Rchb. f.

Ableitung: neue Coelogyne
Arten: 1
Lebensform: epiphytisch. Pseudobulben eingliedrig
Blätter: Spreite abgegliedert, jung gerollt
Blütenstand: endständig
Blüten: Aussackung. Lippe 3-lappig. Staubblatt 1, mit 4 Pollinien mit Stipes

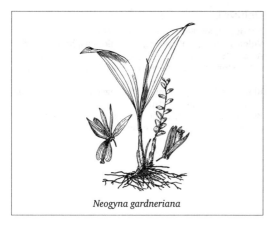
Neogyna gardneriana

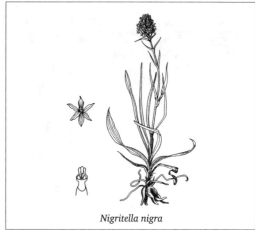
Nigritella nigra

Neottia Guett.

Ableitung: Nest
Vulgärnamen: D:Nestwurz; E:Bird's Nest Orchid; F:Néottie
Arten: 19
Lebensform: Erdorchidee, saprophytisch, ohne Knolle. Pseudobulben fehlend
Blätter: schraubig. Spreite nicht abgegliedert, jung gerollt
Blütenstand: Traube, endständig
Blüten: mit Aussackung. Kelchblätter frei. Lippe verwachsen mit der Säule, 2-lappig. Staubblatt 1, mit 2 Pollinien

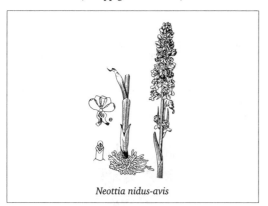
Neottia nidus-avis

Nigritella Rich.

Ableitung: kleine schwarz blühende Pflanze
Vulgärnamen: D:Kohlröschen; E:Vanilla Orchid; F:Nigritelle
Arten: 13
Lebensform: Erdorchidee mit Knolle. Pseudobulben fehlend
Blätter: schraubig. Spreite nicht abgegliedert, jung gerollt
Blütenstand: Ähre, endständig. Blüten nicht resupinat, Lippe nach oben
Blüten: schwarz bis rot, gespornt. Lippe 1-lappig. Staubblatt 1, mit 2 Pollinien mit Klebscheibe

Octomeria R. Br.

Ableitung: acht Teile
Arten: 149
Lebensform: epiphytisch, selten Erdorchidee. Pseudobulben fehlend
Blätter: Spreite abgegliedert, jung gefaltet
Blütenstand: büschelig oder kopfig, seitlich
Blüten: weiß, gelblich, ohne Kinn. Kelchblätter frei oder verwachsen. Lippe 1- oder 3-lappig, meist mit 2 Lamellen. Staubblatt 1, mit 8 Pollinien

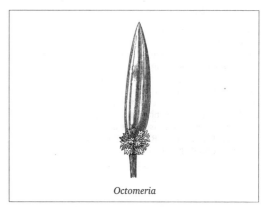
Octomeria

Odontoglossum Kunth

Ableitung: Zahn-Zunge
Arten: 67
Lebensform: epiphytisch, selten auf Felsen. Sympodium. Pseudobulben eingliedrig mit Blattscheiden
Blätter: 2-zeilig. Spreite abgegliedert, jung gefaltet
Blütenstand: Traube, Rispe, basal
Blüten: ohne Kinn. Kelchblätter frei oder 2 seitliche verwachsen. Lippe frei oder verwachsen mit der Säule, 1- oder 3-lappig, ± mit Längsschwielen. Staubblatt 1, mit 2 Pollinien, Stipes und Klebscheibe

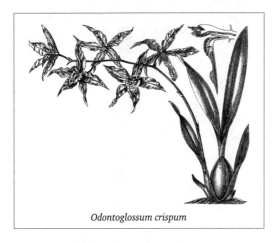
Odontoglossum crispum

Oeceoclades Lindl.
Ableitung: verwandte Pflanze
Arten: 38
Lebensform: Erdorchidee, selten epiphytisch. Monopodium. Pseudobulben eingliedrig
Blätter: Spreite abgegliedert, jung gefaltet
Blütenstand: Traube, Rispe, basal
Blüten: gespornt. Kelchblätter frei. Lippe 3- bis 4-lappig. Staubblatt 1, mit 2 Pollinien, mit oder ohne Stipes, mit Klebscheibe

Oncidium Sw.
Ableitung: kleiner Haken
Arten: 305
Lebensform: epiphytisch oder Erdorchidee. Sympodium. Pseudobulben eingliedrig
Blätter: 2-zeilig. Spreite abgegliedert, jung gefaltet
Blütenstand: Traube, Rispe, seitlich
Blüten: meist gelb oder braun, selten braunrot, violett, weiß, ohne Kinn. Kelchblätter 2 seitliche frei oder verwachsen. Lippe verwachsen mit der Säule, 1- oder 3-lappig, mit Schwielen oder Rippen. Staubblatt 1, mit 2 Pollinien, Stipes und Klebscheibe

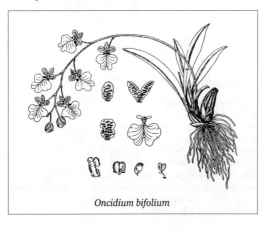
Oncidium bifolium

Ophrys L.
Ableitung: antiker Pflanzenname: Augenbraue
Vulgärnamen: D:Ragwurz; E:Orchid; F:Ophrys, Orchidée
Arten: 25
Lebensform: Erdorchidee mit 2–3 Knollen. Pseudobulben fehlend
Blätter: schraubig. Spreite nicht abgegliedert, jung gerollt
Blütenstand: Ähre, endständig
Blüten: ungespornt. Lippe 1- oder 3-lappig oft samtig behaart. Staubblatt 1, mit 2 Pollinien und 2 Klebscheiben

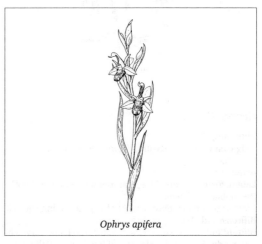
Ophrys apifera

Orchis L.
Ableitung: antiker Pflanzenname
Vulgärnamen: D:Knabenkraut; E:Orchid; F:Orchidée, Orchis
Arten: 35
Lebensform: Erdorchidee mit Knolle. Pseudobulben fehlend
Blätter: schraubig. Spreite nicht abgegliedert, jung gerollt

Orchis militaris

Blütenstand: Ähre, endständig
Blüten: purpurn, rot, gelb, weiß, gespornt. Kelchblätter frei. Lippe verwachsen mit der Säule, 3-, selten 1-lappig. Staubblatt 1, mit 2 Pollinien und 2 Klebscheiben

Ornithocephalus Hook.

Ableitung: Vogel-Kopf
Arten: 47
Lebensform: epiphytisch. Sympodium. Pseudobulben fehlend
Blätter: Spreite abgegliedert, jung gefaltet
Blütenstand: Traube, seitlich
Blüten: nicht resupinat, ohne Kinn. Kelchblätter frei. Lippe verwachsen mit der Säule, 1- oder 3-lappig. Staubblatt 1, mit 4 Pollinien, Stipes und Klebscheibe

Otoglossum (Schltr.) Garay et Dunst.

Ableitung: mit ohrenförmiger Lippe
Arten: 14
Lebensform: epiphytisch oder nicht. Sympodium. Pseudobulben eingliedrig
Blätter: Spreite abgegliedert, jung gefaltet
Blütenstand: Traube, seitlich
Blüten: ohne Kinn. Lippe verwachsen mit der Säule, 3-lappig. Staubblatt 1, mit 2 Pollinien, Stipes und Klebscheibe

Pabstia Garay

Ableitung: Gattung zu Ehren von Guido João Frederico Pabst (1914–1980), einem brasilianischen Botaniker benannt
Arten: 5
Lebensform: epiphytisch. Pseudobulben eingliedrig
Blätter: 2-zeilig. Spreite abgegliedert, jung gerollt
Blütenstand: Traube, basal
Blüten: ohne Kinn. Staubblatt 1, mit 4 Pollinien und Klebscheibe

Paphinia Lindl.

Ableitung: Venuspflanze
Arten: 16

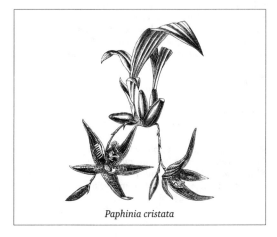
Paphinia cristata

Lebensform: epiphytisch. Pseudobulben eingliedrig
Blätter: 2-zeilig. Spreite abgegliedert, jung gerollt
Blütenstand: Traube, einzeln, basal
Blüten: mit Kinn. Kelchblätter frei. Lippe am Ende mit keulenförmigen Anhängseln, verwachsen mit der Säule, 3-lappig, mit Rippen. Staubblatt 1, mit 2 Pollinien, Stipes und Klebscheibe

Paphiopedilum Pfitzer

Ableitung: Venus-Schuh
Vulgärnamen: D:Venusschuh; E:Slipper Orchid, Venus' Slipper; F:Sabot de Vénus
Arten: 77
Lebensform: Erdorchidee, selten epiphytisch. Sympodium. Pseudobulben fehlend
Blätter: 2-zeilig. Spreite nicht abgegliedert, jung gefaltet
Blütenstand: einzeln, selten Traube, endständig
Blüten: Lippe schuhförmig. Kelchblätter 2 seitliche verwachsen. Staubblätter 2. Fruchtknoten 1-fächrig

Paphiopedilum charlesworthii

Pecteilis Raf.

Ableitung: nach einem antiken Pflanzennamen
Arten: 5
Lebensform: Erdorchidee mit Knolle. Pseudobulben fehlend
Blätter: schraubig. Spreite nicht abgegliedert, jung gerollt
Blütenstand: einzeln, Traube, endständig
Blüten: weiß, gelb, gespornt. Kelchblätter frei. Lippe 3-lappig. Staubblatt 1, mit 2 Pollinien

Peristeria Hook.

Ableitung: antiker Pflanzenname
Vulgärnamen: D:Taubenorchis; E:Dove Orchid; F:Peristeria
Arten: 11
Lebensform: epiphytisch. Pseudobulben mehrgliedrig

Blätter: 2-zeilig. Spreite abgegliedert, gefältelt, jung gerollt
Blütenstand: Traube, basal
Blüten: Kelchblätter 2 seitliche verwachsen. Lippe verwachsen mit der Säule, 3-lappig. Staubblatt 1, mit 2 gefurchten Pollinien, Stipes ± fehlend, mit Klebscheibe

Peristeria pendula

Pescatoria Rchb. f.

Ableitung: Gattung zu Ehren von J. P. Pescatore (1793–1865), einem französischen Orchideengärtner von St. Cloud benannt
Arten: 16
Lebensform: epiphytisch oder Erdorchideen. Sympodium. Pseudobulben fehlend
Blätter: 2-zeilig. Spreite abgegliedert, jung gefaltet
Blütenstand: einzeln, seitlich
Blüten: mit Kinn. Kelchblätter 2 seitliche verwachsen mit der Säule. Lippe 3-lappig, mit Querschwiele. Staubblatt 1, mit 4 Pollinien, Stipes und Klebscheibe

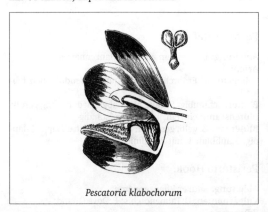

Pescatoria klabochorum

Phaius Lour.

Ableitung: dunkel
Arten: 48
Lebensform: Erdorchidee, selten epiphytisch. Pseudobulben mehrgliedrig, selten fehlend
Blätter: 2-zeilig. Spreite nicht abgegliedert, gefältelt, jung gerollt
Blütenstand: Traube, seitlich
Blüten: ± gespornt. Kelchblätter frei. Lippe frei von der Säule, 1- oder 3-lappig, mit Rippen. Staubblatt 1, mit 8 Pollinien

Phaius tankervilleae

Phalaenopsis Blume

Ableitung: vom Aussehen eines Nachtfalters
Vulgärnamen: D:Malayenblume, Schmetterlingsorchidee; E:Moth Orchid; F:Orchidée-papillon
Arten: 62
Lebensform: epiphytisch, selten auf Felsen. Monopodium. Pseudobulben fehlend
Blätter: 2-zeilig. Spreite abgegliedert, jung gefaltet
Blütenstand: Traube, Rispe, einzeln, seitlich
Blüten: ungespornt. Kelchblätter frei. Lippe verwachsen mit der Säule, 3-lappig, mit Schwielen. Staubblatt 1, mit 2 tief gefurchte Pollinien, Stipes und Klebscheibe

Pholidota Lindl.

Ableitung: beschuppt
Arten: 42
Lebensform: epiphytisch oder auf Felsen. Pseudobulben eingliedrig
Blätter: 2-zeilig. Spreite abgegliedert, jung gerollt
Blütenstand: Traube 2-reihig, endständig
Blüten: weiß bis braun, mit Aussackung. Lippe verwachsen mit der Säule. Staubblatt 1, mit 4 Pollinien

Pholidota chinensis

Arten: 129
Lebensform: Erdorchidee mit Knolle. Pseudobulben fehlend
Blätter: schraubig. Spreite nicht abgegliedert, jung gerollt
Blütenstand: Traube, endständig
Blüten: weiß, grün, gespornt. Lippe 1- oder 3-lappig. Staubblatt 1, mit 2 Pollinien, mit Stipes

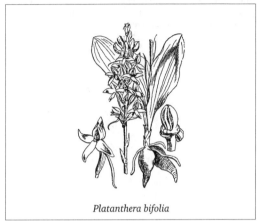
Platanthera bifolia

Phragmipedium Rolfe

Ableitung: Schuh mit Scheidewand
Arten: 22
Lebensform: Erdorchidee, selten epiphytisch. Pseudobulben fehlend
Blätter: 2-zeilig. Spreite jung gefaltet
Blütenstand: Traube, Rispe, endständig
Blüten: Kelchblätter 2 seitliche vollkommen verwachsen. Lippe pantoffelförmig. Staubblätter 2. Fruchtknoten 3-fächrig

Pleione D. Don

Ableitung: nach einer Gestalt der griechischen Mythologie
Vulgärnamen: D:Tibetorchidee; E:Indian Crocus; F:Orchidée du Tibet, Pléione
Arten: 21
Lebensform: epiphytisch oder Erdorchidee. Pseudobulben eingliedrig
Blätter: Spreite abgegliedert, jung gerollt
Blütenstand: einzeln oder zu 2–3, basal
Blüten: weiß, rosa, rot, gelb, ungespornt. Kelchblätter frei. Lippe frei oder verwachsen mit der Säule, 1- oder 3-lappig. Staubblatt 1, mit 4 Pollinien, mit Stipes

Phragmipedium schlimii

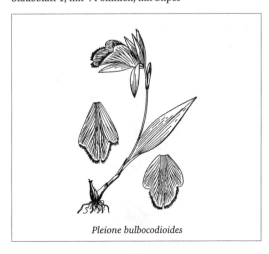
Pleione bulbocodioides

Platanthera Rich.

Ableitung: mit breiter Anthere
Vulgärnamen: D:Waldhyazinthe; E:Butterfly Orchid; F:Platanthère

Pleurothallis R. Br.

Ableitung: Sproß auf der Seite
Arten: 710
Lebensform: epiphytisch, selten auf Felsen. Pseudobulben fehlend
Blätter: Spreite abgegliedert, jung gefaltet
Blütenstand: Traube, einzeln, endständig
Blüten: mit Kinn. Kelchblätter 2 seitliche verwachsen. Lippe verwachsen mit der Säule, 1- oder 3-lappig. Staubblatt 1, mit 2 Pollinien, ohne Stipes

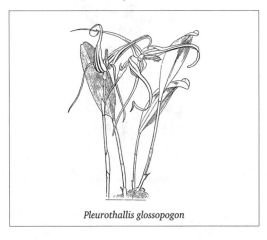

Pleurothallis glossopogon

Polycycnis Rchb. f.

Ableitung: viele Schwäne
Vulgärnamen: D:Schlankschwänchen; F:Orchidée
Arten: 18
Lebensform: epiphytisch. Pseudobulben eingliedrig
Blätter: Spreite abgegliedert, jung gerollt
Blütenstand: Traube, basal
Blüten: ungespornt. Kelchblätter frei. Lippe verwachsen mit der Säule. Staubblatt 1, mit 2 Pollinien, Stipes und Klebscheibe

Polystachya Hook.

Ableitung: viele Ähren
Arten: 228

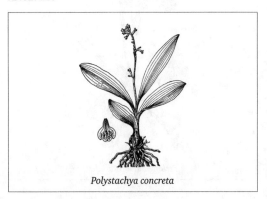

Polystachya concreta

Lebensform: epiphytisch, selten Erdorchidee. Pseudobulben eingliedrig
Blätter: 2-zeilig. Spreite abgegliedert, jung gefaltet
Blütenstand: Traube, Rispe, endständig. Blüten nicht resupinat
Blüten: weiß, grün, braun, gelb, orange, rosa, purpurn, mit Kinn. Kelchblätter frei. Lippe 1- oder 3-lappig, mit Rippe. Staubblatt 1, mit 2 tief gefurchten Pollinien, Stipes und Klebscheibe

Porroglossum Schltr.

Ableitung: mit vorgestreckter Zunge
Arten: 35
Lebensform: epiphytisch oder Erdorchidee. Pseudobulben fehlend
Blätter: Spreite jung gefaltet
Blütenstand: Traube, einzeln, seitlich
Blüten: mit Kinn. Lippe verwachsen mit der Säule. Staubblatt 1, mit 2 Pollinien

Promenaea Lindl.

Ableitung: nach einer Orakel-Priesterin in Griechenland
Arten: 18
Lebensform: epiphytisch. Sympodium. Pseudobulben vorhanden
Blätter: 2-zeilig. Spreite abgegliedert, jung gefaltet
Blütenstand: einzeln, selten zu 2, basal
Blüten: mit Kinn. Kelchblätter frei. Lippe verwachsen mit der Säule, 3-lappig, mit Schwielen. Staubblatt 1, mit 4 Pollinien, Stipes und Klebscheibe

Pseudorchis Ség.

Ableitung: Schein-Orchis
Vulgärnamen: D:Weißzüngel; F:Faux-orchis
Arten: 3
Lebensform: Erdorchidee mit Knolle. Pseudobulben fehlend
Blätter: schraubig. Spreite jung gerollt
Blütenstand: endständig
Blüten: gespornt. Staubblatt 1, mit Pollinien

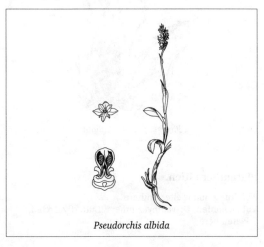

Pseudorchis albida

Pteroceras Hasselt ex Hassk.

Ableitung: Flügel-Horn
Arten: 24
Lebensform: epiphytisch. Monopodium. Pseudobulben fehlend
Blätter: Spreite abgegliedert, jung gefaltet
Blütenstand: Traube, seitlich
Blüten: gespornt. Lippe 4-lappig. Staubblatt 1, mit 2 Pollinien, Stipes und Klebscheibe

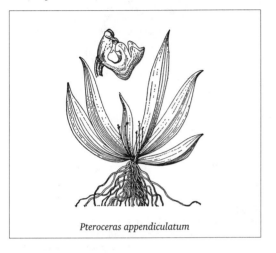

Pteroceras appendiculatum

Renanthera Lour.

Ableitung: Nieren-Staubblatt
Arten: 21
Lebensform: epiphytisch. Monopodium. Pseudobulben fehlend
Blätter: 2-zeilig, schraubig. Spreite abgegliedert, jung gefaltet
Blütenstand: Traube, Rispe, seitlich
Blüten: rot, gelb, orange, Sporn sackartig. Lippe 3-lappig, mit 2 Schwielen. Staubblatt 1, mit 2 tief gefurchten Pollinien, Stipes und Klebscheibe

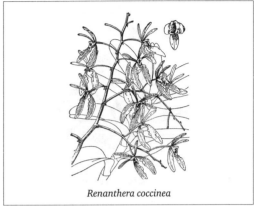

Renanthera coccinea

Pterostylis R. Br.

Ableitung: Flügel-Griffel
Vulgärnamen: D:Grünkappe; E:Greenhood; F:Orchidée
Arten: 157
Lebensform: Erdorchidee mit Knolle. Pseudobulben fehlend
Blätter: schraubig. Spreite nicht abgegliedert, jung gerollt
Blütenstand: Traube, einzeln, endständig
Blüten: grün, ungespornt. Kelchblätter 2 seitliche verwachsen. Lippe verwachsen mit der Säule. Staubblatt 1, mit 4 Pollinien, ohne Klebscheibe

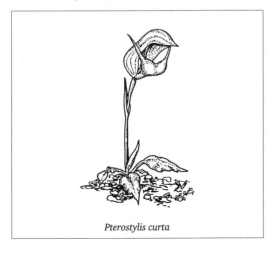

Pterostylis curta

Rhynchostylis Blume

Ableitung: Schnabel-Griffel
Vulgärnamen: D:Fuchsschwanzorchidee; E:Foxtail Orchid; F:Rhynchostylis
Arten: 4
Lebensform: epiphytisch. Monopodium. Pseudobulben fehlend
Blätter: 2-zeilig. Spreite abgegliedert, jung gefaltet
Blütenstand: Traube, seitlich
Blüten: gespornt oder mit Aussackung. Kelchblätter 2 seitliche verwachsen mit der Säule. Lippe mit der Säule verwachsen, 1- oder 3-lappig. Staubblatt 1, mit 2 gefurchten Pollinien, Stipes und Klebscheibe

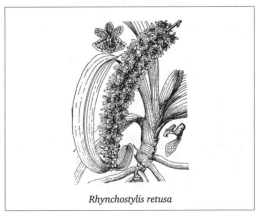

Rhynchostylis retusa

Rodriguezia Ruiz et Pav.

Ableitung: Gattung zu Ehren von José Demetrio Rodríguez (1780–1846) oder von Manuel Rodríguez, beides spanische Botaniker benannt
Arten: 48
Lebensform: epiphytisch. Sympodium. Pseudobulben eingliedrig
Blätter: 2-zeilig. Spreite jung gefaltet
Blütenstand: Traube, basal
Blüten: weiß, gelb, rot, mit kurzem Sporn. Kelchblätter 2 seitliche verwachsen. Lippe mit 2 Rippen. Staubblatt 1, mit 2 Pollinien, Stipes und Klebscheibe

Rodriguezia lanceolata

Rossioglossum (Schltr.) Garay et G.C. Kenn.

Ableitung: Gattung zu Ehren von J. Ross, einem Orchideensammler in Mexiko im 19. Jahrhundert benannt
Arten: 6
Lebensform: epiphytisch. Pseudobulben eingliedrig
Blätter: Spreite jung gefaltet
Blütenstand: Traube, basal
Blüten: ungespornt. Staubblatt 1, mit 2 Pollinien, Stipes und Klebscheibe

Rudolfiella Hoehne

Ableitung: Gattung zu Ehren von Friedrich Richard Rudolf Schlechter (1872–1925), einem deutschen Botaniker und Orchideenkenner benannt
Arten: 6
Lebensform: epiphytisch. Pseudobulben eingliedrig
Blätter: Spreite jung gerollt
Blütenstand: endständig
Blüten: mit Kinn. Lippe 1-, selten 3-lappig. Staubblatt 1, mit 4 Pollinien, mit Klebscheibe

Sarcochilus R. Br.

Ableitung: fleischige Lippe
Arten: 25
Lebensform: epiphytisch, selten auf Felsen. Monopodium. Pseudobulben fehlend
Blätter: 2-zeilig. Spreite abgegliedert, jung gefaltet
Blütenstand: Traube, Rispe, seitlich
Blüten: mit Aussackung. Kelchblätter 2 seitliche verwachsen. Lippe 3-lappig. Staubblatt 1, mit 2 Pollinien, Stipes und Klebscheibe

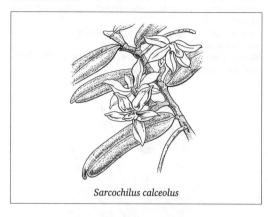
Sarcochilus calceolus

Scaphoglottis

Arten: 85
Lebensform: epiphytisch oder auf Felsen. Pseudobulben eingliedrig
Blätter: Spreite abgegliedert, jung gefaltet
Blütenstand: Traube, Büschel, endständig oder seitlich
Blüten: weiß, blau, grün, gelb, purpurn, mit Kinn. Staubblatt 1, mit 4 Pollinien mit Stipes

Scaphosepalum Pfitzer

Ableitung: Schiffchen-Kelch
Arten: 44
Lebensform: epiphytisch oder Erdorchidee. Pseudobulben fehlend
Blätter: Spreite abgegliedert, jung gefaltet
Blütenstand: Traube, seitlich. Blüten nicht resupinat
Blüten: ungespornt. Kelchblätter 2 seitliche verwachsen. Staubblatt 1, mit 2 Pollinien

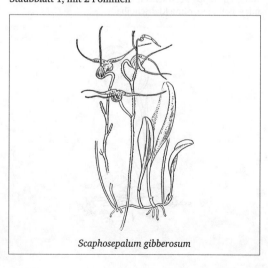
Scaphosepalum gibberosum

Schoenorchis Blume

Ableitung: Binsen-Orchis
Vulgärnamen: D:Binsenorchidee; F:Orchidée-jonc
Arten: 26
Lebensform: epiphytisch, selten auf Felsen. Monopodium. Pseudobulben fehlend
Blätter: 2-zeilig. Spreite abgegliedert, jung gefaltet
Blütenstand: Traube, Rispe, seitlich
Blüten: gespornt. Kelchblätter frei. Lippe 3-lappig. Staubblatt 1, mit 2 gefurchten Pollinien, Stipes und Klebscheibe

Schoenorchis hainanensis

Schomburgkia Lindl.

Ableitung: Gattung zu Ehren von Sir Robert Hermann Schomburgk (1804–1865), einem deutsch-englischen Forschungsreisenden benannt
Arten: 14
Lebensform: epiphytisch oder auf Felsen. Pseudobulben mehrgliedrig
Blätter: Spreite abgegliedert, jung gefaltet
Blütenstand: Traube, Rispe, endständig
Blüten: ungespornt. Kelchblätter frei. Lippe verwachsen mit der Säule, 3-lappig, zum Teil mit Kielen oder Rippen. Staubblatt 1, mit 8 Pollinien, mit Klebscheibe

Schomburgkia tibicinis

Scuticaria Lindl.

Ableitung: Peitschen-Pflanze
Vulgärnamen: D:Peitschenorchidee; F:Scuticaire
Arten: 9
Lebensform: epiphytisch oder auf Felsen. Sympodium. Pseudobulben eingliedrig
Blätter: 2-zeilig. Spreite abgegliedert, jung gefaltet
Blütenstand: Traube, zu 2, einzeln, basal
Blüten: mit Kinn. Kelchblätter 2 seitliche verwachsen mit der Säule. Lippe verwachsen mit der Säule, 3-lappig, mit Schwielen. Staubblatt 1, mit 4 Pollinien, Stipes und Klebscheibe

Scuticaria steelii

Sedirea Garay et H.R. Sweet

Ableitung: Name ist Umstellung (Anagramm) von Aerides
Arten: 2
Lebensform: epiphytisch. Monopodium. Pseudobulben fehlend
Blätter: 2-zeilig. Spreite jung gefaltet
Blütenstand: Traube, seitlich
Blüten: weiß, cremefarben, grünlich, gespornt. Kelchblätter 2 seitliche verwachsen. Lippe 3-lappig, mit Rippen. Staubblatt 1, mit 2 Pollinien, mit Klebscheibe

Sedirea japonica

Serapias L.

Ableitung: antiker Pflanzenname
Vulgärnamen: D:Zungenständel; E:Tongue Orchid; F:Sérapias
Arten: 12
Lebensform: Erdorchidee mit Knolle. Pseudobulben fehlend
Blätter: schraubig. Spreite nicht abgegliedert, jung gerollt
Blütenstand: Ähre, endständig
Blüten: ungespornt. Lippe verwachsen mit der Säule, 3-lappig, mit Schwielen. Staubblatt 1, mit 2 Pollinien, mit Klebscheibe

Serapias vomeracea

Sigmatostalix Rchb. f.

Ableitung: Pfahl in C-Form
Arten: 51

Sigmatostalix picta

Lebensform: epiphytisch. Sympodium. Pseudobulben eingliedrig
Blätter: 2-zeilig. Spreite abgegliedert oder nicht, jung gefaltet
Blütenstand: Traube, selten Rispe, basal
Blüten: ungespornt. Kelchblätter frei. Lippe mit kleinen Schwielen. Staubblatt 1, mit 2 Pollinien, Stipes und Klebscheibe

Sobralia Ruiz et Pav.

Ableitung: Gattung zu Ehren von Francisco Martínez Sobral, einem spanischen Botaniker des 18. Jahrhunderts benannt
Arten: 121
Lebensform: epiphytisch, selten Erdorchidee. Pseudobulben fehlend
Blätter: 2-zeilig. Spreite abgegliedert, jung gerollt
Blütenstand: Traube, einzeln, endständig, selten seitlich
Blüten: Kelchblätter 2 seitliche verwachsen. Lippe verwachsen mit der Säule, 3-lappig, oft mit Schwielen oder Rippen. Staubblatt 1, mit 8 Pollinien

Sobralia macrantha

Sophronitis Lindl.

Ableitung: züchtige Pflanze
Arten: 58
Lebensform: epiphytisch oder auf Felsen. Pseudobulben eingliedrig
Blätter: Spreite abgegliedert, jung gefaltet
Blütenstand: Traube, einzeln, endständig
Blüten: rot, violett, ohne Kinn und Sporn. Kelchblätter frei. Lippe verwachsen mit der Säule, 1- oder 3-lappig. Staubblatt 1, mit 8 Pollinien

Sophronitis cernua

Spathoglottis Blume

Ableitung: Scheiden.Lippe
Arten: 46
Lebensform: Erdorchidee. Pseudobulben mehrgliedrig
Blätter: 2-zeilig. Spreite abgegliedert oder nicht, gefältelt, jung gerollt
Blütenstand: Traube, seitlich
Blüten: gelb, purpurn, ungespornt. Kelchblätter frei. Lippe 3-lappig, mit lappigen Schwielen. Staubblatt 1, mit 8 Pollinien, ohne Stipes

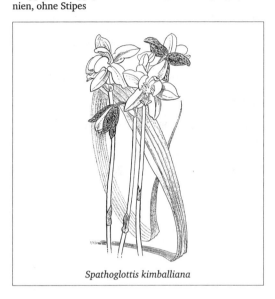

Spathoglottis kimballiana

Spiranthes Rich.

Ableitung: Schrauben-Blüte
Vulgärnamen: D:Drehwurz, Wendelähre; E:Lady's Tresses; F:Spiranthe
Arten: 30
Lebensform: Erdorchidee ohne Knolle. Pseudobulben fehlend
Blätter: schraubig. Spreite abgegliedert, jung gerollt
Blütenstand: Ähre, einseitswendig verdreht, endständig
Blüten: weiß, rot, ungespornt. Kelchblätter frei. Lippe ± verwachsen mit der Säule, 1- oder 3-lappig. Staubblatt 1, mit 2 Pollinien, mit Klebscheibe

Stanhopea Frost ex Hook.

Ableitung: Gattung zu Ehren von Philip Henry 4th Earl of Stanhope (1781–1855), einem englischen Gelehrten benannt
Arten: 57
Lebensform: epiphytisch. Pseudobulben eingliedrig
Blätter: 2-zeilig. Spreite abgegliedert, gefältelt, jung gerollt
Blütenstand: Traube, einzeln, basal. Blüten nicht resupinat
Blüten: ungespornt. Kelchblätter 2 seitliche verwachsen. Lippe verwachsen mit der Säule, 3-lappig. Staubblatt 1, mit 2 Pollinien, Stipes und Klebscheibe

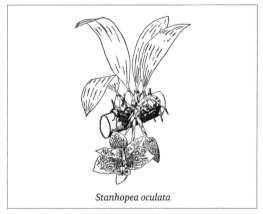

Stanhopea oculata

Stenoglottis Lindl.

Ableitung: schmale Zunge
Arten: 4
Lebensform: Erdorchidee mit Knolle, selten epiphytisch mit Knolle. Pseudobulben fehlend
Blätter: schraubig. Spreite nicht abgegliedert, jung gerollt
Blütenstand: Traube, endständig
Blüten: rosa bis Lila, weiß, ungespornt. Kelchblätter 2 seitliche mit der Säule verwachsen. Lippe verwachsen mit der Säule, 3- bis 5(7–2-lappig. Staubblatt 1, mit 2 Pollinien

Stenorrhynchos Rich. ex Spreng.

Ableitung: schmaler Schnabel
Arten: 2
Lebensform: Erdorchidee ohne Knolle. Pseudobulben fehlend

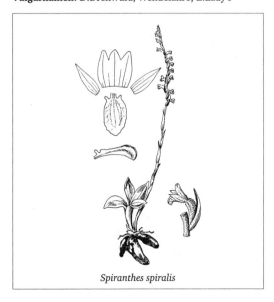

Spiranthes spiralis

Blätter: schraubig. Spreite nicht abgegliedert, jung gerollt
Blütenstand: Traube, endständig
Blüten: mit Kinn. Kelchblätter frei. Lippe verwachsen mit der Säule, 1- bis 3-lappig. Staubblatt 1, mit 4 Pollinien, mit Klebscheibe

Symphyglossum Schltr.

Ableitung: verwachsenen Lippe (mit Säule)
Arten: 2
Lebensform: epiphytisch. Pseudobulben eingliedrig
Blätter: 2-zeilig. Spreite jung gefaltet
Blütenstand: Traube, 2-seitig, Rispe, seitlich
Blüten: ungespornt. Kelchblätter 2 seitliche verwachsen. Lippe verwachsen mit der Säule, 1-lappig. Staubblatt 1, mit 2 Pollinien, Stipes und Klebscheibe

Symphyglossum sanguineum

Thunia Rchb. f.

Ableitung: Gattung zu Ehren von Franz Anton Graf von Thun und Hohenstein (1786–1873), einem böhmischen Orchideenkenner benannt
Arten: 5

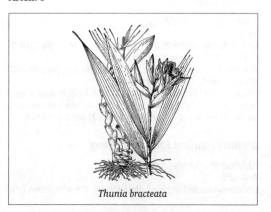
Thunia bracteata

Lebensform: Erdorchidee, selten epiphytisch. Pseudobulben mehrgliedrig, mit Blattscheiden
Blätter: 2-zeilig. Spreite abgegliedert, jung gerollt
Blütenstand: Traube, endständig
Blüten: weiß, rot, meist gespornt. Kelchblätter frei. Lippe 1-lappig, mit 5–7 fransigen Kielen. Staubblatt 1, mit 8 Pollinien, mit Stipes

Traunsteinera Rchb.

Ableitung: Gattung zu Ehren von Joseph Traunsteiner (1798–1850), einem österreichischen Botaniker benannt
Vulgärnamen: D:Kugelknabenkraut, Kugelorchis; F:Orchis globuleux
Arten: 2
Lebensform: Erdorchidee mit Knolle. Pseudobulben fehlend
Blätter: schraubig. Spreite nicht abgegliedert, jung gerollt
Blütenstand: Ähre, endständig
Blüten: gespornt. Kelchblätter frei. Staubblatt 1, mit Pollinien, mit Klebscheibe

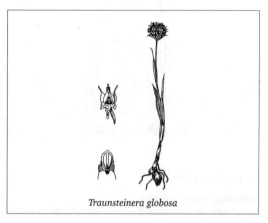
Traunsteinera globosa

Trichocentrum Poepp. et Endl.

Ableitung: Haar-Sporn
Arten: 69
Lebensform: epiphytisch. Sympodium. Pseudobulben eingliedrig

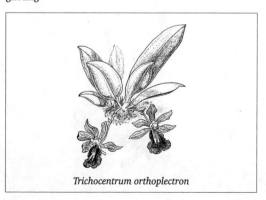
Trichocentrum orthoplectron

Blätter: 2-zeilig. Spreite jung gefaltet
Blütenstand: wenige bis einzeln, basal
Blüten: gespornt. Kelchblätter frei. Lippe verwachsen mit der Säule, 1-, selten 3-lappig. Staubblatt 1, mit 2 Pollinien, Stipes und Klebscheibe

Trichopilia Lindl.

Ableitung: Haar-Filz
Vulgärnamen: D:Haarhütchen; F:Trichopilia
Arten: 32
Lebensform: epiphytisch. Sympodium. Pseudobulben eingliedrig
Blätter: 2-zeilig. Spreite abgegliedert, jung gefaltet
Blütenstand: Traube, einzeln, basal
Blüten: ungespornt. Lippe verwachsen mit der Säule, 1- oder 3-lappig. Staubblatt 1, mit 2 Pollinien, Stipes und Klebscheibe

Trichopilia marginata

Trigonidium Lindl.

Ableitung: kleine Dreieckspflanze
Arten: 14

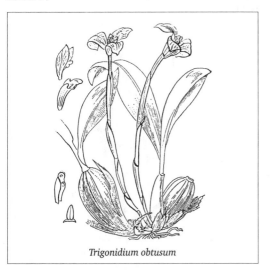

Trigonidium obtusum

Lebensform: epiphytisch oder auf Felsen. Pseudobulben eingliedrig
Blätter: Spreite abgegliedert, jung gefaltet
Blütenstand: meist einzeln, basal
Blüten: Kelchblätter oft verwachsen, eine Röhre formend. Lippe verwachsen mit der Säule, 3-lappig, mit Schwielen. Staubblatt 1, mit 4 Pollinien, Stipes und Klebscheibe

Vanda Jones ex R. Br.

Ableitung: nach einem Pflanzennamen in Indien
Arten: 50
Lebensform: epiphytisch oder Erdorchidee. Monopodium. Pseudobulben fehlend
Blätter: 2-zeilig. Spreite abgegliedert, jung gefaltet
Blütenstand: Traube, seitlich
Blüten: mit Aussackung. Kelchblätter frei. Lippe verwachsen mit der Säule, 3-lappig, mit 2 Rippen. Staubblatt 1, mit 2 tief gefurchten Pollinien, Stipes und Klebscheibe

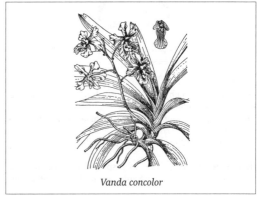

Vanda concolor

Vandopsis Pfitzer

Ableitung: vom Aussehen einer Vanda
Arten: 4
Lebensform: epiphytisch oder Erdorchidee. Monopodium. Pseudobulben fehlend
Blätter: 2-zeilig. Spreite abgegliedert, jung gefaltet
Blütenstand: Traube, seitlich

Vandopsis gigantea

Blüten: Sporn sackförmig oder fehlend. Kelchblätter frei. Lippe verwachsen mit der Säule, 3-lappig, mit 1 bis mehr Kielen. Staubblatt 1, mit 2 gefurchten Pollinien, Stipes und Klebscheibe

Vanilla Plum. ex Mill.

Ableitung: nach einem spanischen Pflanzennamen
Vulgärnamen: D:Vanille; E:Vanilla; F:Vanillier

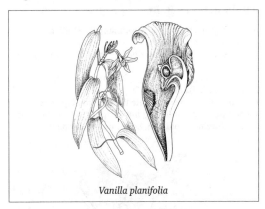
Vanilla planifolia

Arten: 110
Lebensform: epiphytisch oder Erdorchidee, kletternd. Pseudobulben fehlend
Blätter: wechselständig. Spreite nicht abgegliedert, jung gefaltet
Blütenstand: Traube, Ähre, Rispe, endständig, scheinbar seitlich
Blüten: weiß, gelb, grün, ungespornt. Kelchblätter frei. Lippe verwachsen mit der Säule. Staubblatt 1, mit 2 Pollinien

Warrea Lindl.

Ableitung: Gattung zu Ehren von Frederick Warre, einem englischen Pflanzensammler des 19. Jahrhunderts in Südamerika benannt
Arten: 4
Lebensform: Erdorchidee ohne Knolle. Pseudobulben mehrgliedrig
Blätter: 2-zeilig. Spreite abgegliedert, jung gerollt

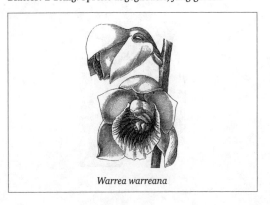
Warrea warreana

Blütenstand: Traube, basal
Blüten: mit Kinn. Kelchblätter 2 seitliche verwachsen. Lippe verwachsen mit der Säule, 1- oder 3-lappig, mit 3–4 Kämmen. Staubblatt 1, mit 4 Pollinien, Stipes und Klebscheibe

Xylobium Lindl.

Ableitung: Leben auf Holz
Arten: 31

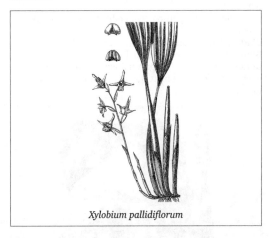
Xylobium pallidiflorum

Lebensform: epiphytisch, selten Erdorchidee ohne Knolle. Pseudobulben eingliedrig
Blätter: 2-zeilig. Spreite jung gerollt
Blütenstand: Traube, basal
Blüten: cremefarben bis lila, mit Kinn. Kelchblätter 2 seitliche verwachsen mit der Säule. Lippe 3-lappig. Staubblatt 1, mit 4 Pollinien, Stipes und Klebscheibe

Zygopetalum Hook.

Ableitung: Blütenblatt-Paar
Arten: 15

Zygopetalum maculatum

Lebensform: epiphytisch oder Erdorchidee, ohne Knolle. Pseudobulben eingliedrig
Blätter: 2-zeilig. Spreite jung gerollt
Blütenstand: Traube, endständig, basal
Blüten: weiß, gelb, grün, mit Kinn. Kelchblätter 2 seitliche verwachsen mit der Säule. Lippe verwachsen mit der Säule, 3-lappig, mit Querschwiele. Staubblatt 1, mit 4 Pollinien, Stipes und Klebscheibe

Zygostates Lindl.

Ableitung: Wagebalken (Griffelsäule)
Arten: 20
Lebensform: epiphytisch. Pseudobulben eingliedrig oder fehlend
Blätter: 2-zeilig und reitend
Blütenstand: Traube, endständig
Blüten: Lippe frei von der Säule. Staubblatt 1, mit 4 Pollinien, Stipes und Klebscheibe vorhanden

Zygostates grandiflora

Pandanaceae
Schraubenbaumgewächse

1 Blätter stängelumfassend. Frucht eine Beere. Samenanlagen viele je Fach ...... **Freycinetia**
1 Blätter nicht stängelumfassend. Frucht eine Sammelsteinfrucht oder holzig. Samenanlagen 1 je Fruchtblatt .... **Pandanus**

Freycinetia Gaudich.

Ableitung: Gattung zu Ehren von Louis Claude de Saulses de Freycinet (1779–1842), einem französischen Admiral und Entdeckungsreisenden benannt
Vulgärnamen: D:Kletterschraubenpalme
Arten: 305
Lebensform: Liane, Strauch
Blätter: wechselständig, stängelumfassend
Blütenstand: Ähren in doldenartigen Blütenständen
Blüten: eingeschlechtig, radiär. Blütenhülle fehlend. Staubblätter viele. Fruchtblätter viele, frei. Plazentation parietal, mit vielen Samenanlagen
Frucht: Beere
Kennzeichen: Liane, Strauch. Blätter stängelumfassend. Blüten eingeschlechtig, radiär. Blütenhülle fehlend. Staubblätter viele. Fruchtblätter viele, frei. Plazentation parietal, mit vielen Samenanlagen. Beere

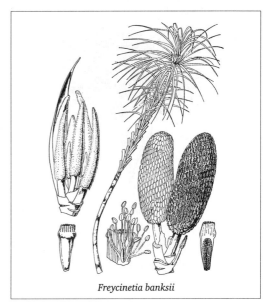
Freycinetia banksii

Pandanus Parkinson

Ableitung: nach einem malaiischen Pflanzennamen
Vulgärnamen: D:Schraubenbaum; E:Screw Pine; F:Arbre au parasol, Pandanus
Arten: 791
Lebensform: Baum, Strauch, Liane
Blätter: wechselständig, nicht stängelumfassend
Blütenstand: Ähren, Köpfchen
Blüten: eingeschlechtig, radiär. Blütenhülle fehlend. Staubblätter viele. Fruchtblätter 1 bis viele, frei, mit je 1 Samenanlage
Frucht: Steinfrüchte, Sammelfrucht
Kennzeichen: Baum, Strauch, Liane. Blätter nicht stängelumfassend. Blüten in Ähren oder Köpfchen, eingeschlechtig, radiär, ohne Blütenhülle. Staubblätter viele. Fruchtblätter 1 bis viele, frei, mit je 1 Samenanlage. Steinfrüchte, Sammelfrucht

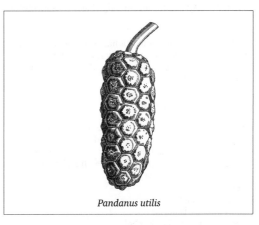
Pandanus utilis

Pandanus candelabrum

Philesiaceae

1 Pflanzen kletternd
2 Perigon spreizend. Fruchtknoten 3-fächrig. . .
. . . . **Geitonoplesium**
2 Perigon aufrecht. Fruchtknoten 1-fächrig . . . .
. . . . **Lapageria**
1 Pflanzen aufrecht. (Blätter 1-nervig. Innere Perigonblätter viel länger als die äußeren) . . . .
. . . . **Philesia**

Geitonoplesium A. Cunn. ex R. Br.

Ableitung: nah benachbart
Arten: 1
Lebensform: Liane
Blätter: wechselständig
Blütenstand: cymös, Rispe
Blüten: zwittrig, radiär. Perigonblätter 6, frei, spreizend, weiß, lila. Staubblätter 6. Antheren mit 2 Poren. Fruchtblätter 3, verwachsen, oberständig. Plazentation zentralwinkelständig
Frucht: Beere
Kennzeichen: Liane. Blüten radiär. Perigonblätter 6, frei, spreizend. Staubblätter 6. Antheren mit 2 Poren. Fruchtblätter 3, verwachsen, oberständig. Plazentation zentralwinkelständig. Beere

Lapageria Ruiz et Pav.

Ableitung: Gattung zu Ehren von Marie Joséphine Tascher de La Pagerie (1763−1814), der Frau von Napoleon Bonaparte und Kaiserin der Franzosen benannt
Vulgärnamen: D:Chileglöckchen, Copihue, Lagerie; E:Chile Bells; F:Lapageria
Arten: 1
Lebensform: Liane
Blätter: wechselständig
Blütenstand: einzeln, Büschel
Blüten: zwittrig, radiär. Perigonblätter 6, frei, aufrecht, rosa. Staubblätter 6, frei. Fruchtblätter 3, verwachsen, oberständig. Plazentation parietal
Frucht: Beere
Kennzeichen: Liane. Blüten radiär. Perigonblätter 6, frei, aufrecht. Staubblätter 6. Fruchtblätter 3, verwachsen, oberständig. Plazentation parietal. Beere

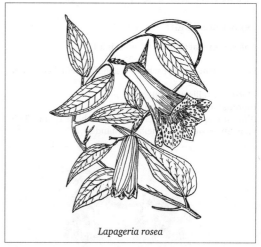
Lapageria rosea

Philesia Comm. ex Juss.

Ableitung: nach einem Namen der griechischen Mythologie
Vulgärnamen: D:Kussblume; F:Philésia
Arten: 1
Lebensform: Strauch
Blätter: wechselständig, 1-nervig
Blütenstand: Blüten einzeln oder zu wenigen
Blüten: zwittrig, radiär. Perigonblätter 6, frei, innere viel länger als äußere, weiß, grün, rosa. Staubblätter 6, verwachsen. Fruchtblätter 3, verwachsen, oberständig. Plazentation parietal

Philesia magellanica

Frucht: Beere
Kennzeichen: Strauch. Blätter 1-nervig. Blüten radiär. Perigonblätter 6, frei, innere viel länger als äußere. Staubblätter 6, verwachsen. Fruchtblätter 3, verwachsen, oberständig. Plazentation parietal. Beere

Philydraceae

Philydrum Banks ex Gaertn.

Ableitung: wasserliebend
Arten: 1
Lebensform: Staude, Sumpfpflanze
Blätter: wechselständig
Blütenstand: Ähre
Blüten: zwittrig, zygomorph. Perigonblätter 2 größere äußere und 2 innere kleinere, frei, gelb. Staubblätter 1. Fruchtblätter 3, verwachsen, oberständig. Plazentation parietal
Frucht: Kapsel, fachspaltig
Kennzeichen: Staude, Sumpfpflanze. Blüten in Ähren, zygomorph. Perigonblätter 2 größere äußere und 2 innere kleinere, frei. Staubblätter 1. Fruchtblätter 3, verwachsen, oberständig. Plazentation parietal. Kapsel fachspaltig

Philydrum lanuginosum

Phormiaceae

1 Perigonblätter frei. Frucht eine Beere . . . .
. . . .**Dianella**
1 Perigonblätter verwachsen. Frucht eine Kapsel . .
. . . . **Phormium**

Dianella Lam.

Ableitung: kleine Diana
Vulgärnamen: D:Flachslilie; E:Flax Lily; F:Dianella
Arten: 38
Lebensform: Staude, Strauch
Blätter: wechselständig
Blütenstand: Rispe
Blüten: zwittrig, radiär. Perigonblätter 6, frei, blau, weiß, rosa. Staubblätter 6. Antheren mit Poren. Fruchtblätter 3, verwachsen, oberständig. Plazentation zentralwinkelständig
Frucht: Beere
Kennzeichen: Staude, Strauch. Blüten radiär. Perigonblätter 6, frei. Staubblätter 6. Antheren mit Poren. Fruchtblätter 3, verwachsen, oberständig. Plazentation zentralwinkelständig. Beere

Dianella ensifolia

Phormium J.R. Forst. et G. Forst.

Ableitung: Flechtwerk
Vulgärnamen: D:Neuseelandflachs; E:New Zealand Flax; F:Lin de Nouvelle-Zélande
Arten: 2
Lebensform: Staude
Blätter: wechselständig
Blütenstand: cymös, Rispe
Blüten: zwittrig, zygomorph. Perigonblätter 6, verwachsen, grün, rot. Staubblätter 6, frei.

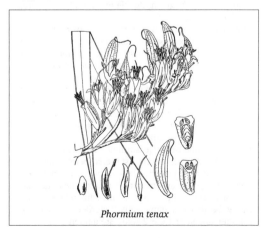

Phormium tenax

Fruchtblätter 3, verwachsen, oberständig. Plazentation zentralwinkelständig
Frucht: Kapsel
Kennzeichen: Staude. Blüten zygomorph. Perigonblätter 6, verwachsen. Staubblätter 6.
Fruchtblätter 3, verwachsen, oberständig. Plazentation zentralwinkelständig. Kapsel

Poaceae Gräser

1 Gräser mit mehrjährigen, meist verzweigten und verholzten Halmen . . . . . . **Gruppe 1** (S. 1092)
1 Gräser nicht mit ausdauernden Halmen
  2 Ährchen meist in Paaren, ein sitzendes mit . . . Zwitterblüte und ein gestieltes mit männlicher Blüte, das auch bis zu einem Stielchen reduziert sein kann. . . . . **Gruppe 2** (S. 1093)
  2 Ährchen nicht in solchen Paaren
    3 Ährchen mit Hüllspelzen und steriler Deckspelze ähnlich einer Hüllspelze. Ährchen als Ganzes abfallend . . . . **Gruppe 3** (S. 1093)
    3 Ährchen anders
      4 Ährchen eingeschlechtig . . **Gruppe 4** (S. 1093)
      4 Ährchen zwittrig
        5 Ährchen in Ähren oder einer einzigen Ähre
          6 Ährchen einseitswendig in meist mehreren Ähren . . . . **Gruppe 5** (S. 1094)
          6 Ährchen in einer einzigen 2-seitigen Ähre oder ein einziges Ährchen . . . . **Gruppe 6** (S. 1094)
        5 Gesamtblütenstand rispenartig, oft sehr dicht
          7 Ährchen 1-blütig . . . . **Gruppe 7** (S. 1094)
          7 Ährchen mehrblütig
            8 Hüllspelzen so lang wie die unterste Blüte des Ährchens. Deckspelzen mit Rückengranne . . . . . **Gruppe 8** (S. 1095)
            8 Hüllspelzen kürzer als die unterste Blüte des Ährchens. Deckspelzen höchstens mit endständiger Granne . . . . **Gruppe 9** (S. 1095)

Die Gräser sind mit etwa 11000 Arten nach den Korbblütlern und Orchideen die drittgrößte Pflanzenfamilie. Trotz ihres Artenreichtums sind sie sehr einheitlich in ihrem Grundbauplan, der sie gut von allen anderen Familien unterscheidet.
Ihre meist hohlen Stängel mit Knoten werden Halme genannt. Die Gräser sind in der überwiegenden Mehrzahl Kräuter, aber ± verkieselt. Bei den Bambuseae sind die Halme zudem verholzt und ausdauernd und meist ± verzweigt. Die Blätter der Gräser sind 2-zeilig angeordnet und in eine lange, den Halm umschließende, aber meist nicht verwachsene Blattscheide gegliedert und eine lineale bis lanzettliche Spreite. Am Ende der Blattscheide ist eine Ligula ausgebildet als zartes Häutchen oder als Haarkranz.
Der Blütenstand ist als Gesamtheit eine Rispe, eine sehr dichte Ährenrispe, deren Äste erst beim Umbiegen deutlich sichtbar werden, oder aus einer oder mehreren Ähren (Fingergräser) zusammengesetzt. Die Grundeinheit ist aber das die Gräser kennzeichnende Ährchen. Dieses besteht fast immer aus 2 sterilen Hüllspelzen. Darüber folgen erst die 2-zeilig stehenden Blüten, die aus einer derben Deckspelze und einer zarten, 2-kieligen Vorspelze bestehen. Zur Blütezeit werden diese durch meist 2 Schwellkörperchen (Lodiculae) auseinander gedrückt und die meist 3 Staubblätter sowie die meist 2 federigen Narben des Fruchtknotens werden sichtbar. Bei der 1-samigen Grasfrucht (Caryopse) ist die Fruchtwand und die Samenschale verwachsen. In dem großen stärkereichen Nährgewebe liegt die sehr charakteristische Grasembryo mit Koleoptile (Keimscheide) und Koleorhiza (Wurzelscheide). Von diesem Grundbauplan gibt es zwar manche Abweichungen, doch sind Gräser immer eindeutig als solche zu erkennen.
Beim Bestimmen ist allerdings sehr sorgfältig vorzugehen. Für praktische Zwecke sind zunächst die verholzten strauchigen bis baumförmigen Bambusarten auszuscheiden. Leicht ist auch noch die rein praktische Einteilung in Rispen-, Ährenrispen-, Ähren- und Fingergräser. Danach aber ist fast immer eine genaue Betrachtung eines Ährchens mit der Lupe notwendig, um die Hüllspelzen, die Zahl der Deckspelzen oder Blüten je Ährchen und Vorkommen und Stellung von Grannen festzustellen. Die große tropische Unterfamilie der Panicoideae weicht stärker ab, indem bei den Andropogoneae in den Ähren die kleinen Ährchen in Paaren angeordnet sind, einer sitzenden Zwitterblüte und einer kurz gestielten männlichen Blüten, von der manchmal nur das Stielchen übrig bleibt. Bei den Paniceae sind die Ährchen vom Rücken her zusammengedrückt und weisen außer den 2 Hüllspelzen, noch eine männliche Blüte oder nur eine sterile Deckspelze unter der Zwitterblüte auf. Die Zahl der Nerven der Hüll- und Deckspelzen oft in getrocknetem Zustand besser zu erkennen. Außerdem ist meist die Form der Ligula wichtig.
Die Gräser werden heute in etliche Unterfamilien und zahlreiche Triben eingeteilt. Für eine Bestimmung werden leichter erkennbare, praktische Gruppen verwendet. Die Kennzeichen der Gattungen gelten nur innerhalb der Familie der Gräser.

Gruppe 1
Bambuseae. Mehrjährige, verholzte Halme

Bambusarten blühen nur sehr selten. Ein Schlüssel nach den Blüten hilft deshalb wenig beim Bestimmen. Nach vegetativen Merkmalen müsste ein Schlüssel direkt zu den Arten führen. Einige Merkmale sind aber für die kultivierten Arten der verschiedenen Gattungen charakteristisch.
Lianen: Bambusa, Chusquea
Halm im Querschnitt ± gekerbt: Phyllostachys, Otatea
Halm abgeflacht: Shibatea, Otatea
Halm nicht röhrig und hohl: Chusquea, Shibatea
Scheiden bleibend: Chusquea, Indocalamus, Pseudosasa, Sasa
Scheiden über die Knoten reichend: Pseudosasa
Zweige zahlreich je Knoten: Bambusa, Chusquea, Semiarundinaria, Sinarundinaria, Shibatea
Zweige 2 ± 1 je Knoten: Phyllostachys, Chimonobambusa
Zweige 1 je Knoten: Indocalamus, Pseudosasa, Sasa
Blattscheiden mit Borsten: Phyllostachys, Semiarundinaria

Blätter mit schachbrettartiger Nervatur, das heißt mit deutlichen Quernerven: Chimonobambusa, Phyllostachys, Pleioblastus, Pseudosasa, Sasa, Semiarundinaria, Shibatea, Sinarundinaria, Thamnocalamus

Gruppe 2
Andropogoneae. Ährchenpaare aus einem sitzenden und einem gestielten, oft sehr stark reduzierten Ährchen

1 Blütenstand eine lockere Rispe oder Ährenrispe
2 Ährchen lang behaart
3 Blütenstand eine Rispe. Hüllspelzen mit 2 Kielen, nerven undeutlich . . . . . . **Saccharum**
3 Blütenstand eine Ährenrispe. Hüllspelzen 3- bis 9-nervig. . . . . **Imperata**
2 Ährchen nicht lang behaart
4 Ährchen mit gekniter Granne (Ährchen 2-blütig)
5 Ligula als Haarring . . . . **Chrysopogon**
5 Ligula häutig
6 Ährchen einzeln, gestieltes reduziert zu einem Stielchen. . . . . **Sorghastrum**
6 Ährchen in Paaren, jeweils 1 sitzendes und 1 gestieltes . . . . **Sorghum**
4 Ährchen ohne gekniete Granne
7 Ährchen 1-blütig. Blüten eingeschlechtig . . . . **Pharus**
7 Ährchen 2- bis mehrblütig
8 Ährchen 2-blütig
9 Ährchen vom Rücken her zusammengedrückt . . . . **Sorghum**
9 Ährchen nicht vom Rücken her zusammengedrückt . . . . **Vetiveria**
8 Ährchen 3- bis 10-blütig. Ligula als Haarkranz . . . . **Hakonechloa**
1 Blütenstand mit mehreren Ähren (Fingergräser) oder 1 Ähre
10 Ährchen mit vielen langen Haaren
11 Haare am Grund des Ährchens. . . . . **Miscanthus**
11 Haare an den Achsen und Ährchenstielen . . . . **Andropogon**
10 Ährchen höchstens mit Haaren kürzer als Spelzen
12 Ährchen ohne Grannen. (Ligula als Haarkranz) . . . . **Acroceras**
12 Ährchen mit Grannen
13 Ährchen mit 2 gleichen Grannen (1 Ähre) . . . . **Pogonatherum**
13 Ährchen mit 1 Granne oder grannenlos
14 Blütenstandsäste mit wenigen, fast fächerförmig stehenden Ähren . . **Themeda**
14 Blütenstandsäste ährenartig mit etlichen Ährchen
15 Ährchen nicht bärtig langhaarig
16 Blätter zitronenartig riechend. . . . . **Cymbopogon**
16 Blätter nicht zitronenartig riechend
17 Ährchen alle gleich . . . . . . **Ischaemum**
17 Ährchen untere verschieden (unbegrannt) . . . . **Heteropogon**
15 Ährchen lang bärtig
18 Gestielte Blüte fertil . . . . . **Spodiopogon**
18 Gestielte Blüte der Ährchen männlich oder steril
19 Gras mit mehreren ährenartigen Ästen (Fingergras). . . . . **Bothriochloa**
19 Gras mit ährenartigen Teilblütenständen zu je zwei und ± gestielt
20 Ährcheneinheiten unterste eingeschlechtig . . . . . . **Hyparrhenia**
20 Ährcheneinheiten alle zwittrig . . . . **Schizachyrium**

Gruppe 3
Paniceae. Ährchen mit Hüllspelzen und steriler hüllblattartiger Deckspelze. Ährchen als Ganzes abfallend

1 Blütenstand Rispen oder Ährenrispen
2 Blütenstände Rispen
3 Spelzen lang behaart. . . . . **Melinis**
3 Spelzen nicht lang behaart. . . . . . **Panicum**
2 Blütenstände Ährenrispen
4 Ähren allseitswendig, mit sterilen Borsten am Grund. . . . . **Setaria**
4 Ähren einseitswendig, ohne sterile Borsten . . . . **Stenotaphrum**
1 Blütenstand 1 Ähre oder mehrere fingerartig
5 Ährchen mit bleibender stacheliger Hülle . . . . **Cenchrus**
5 Ährchen ohne stachelige Hülle
6 Ährchen einseitswendig in 2 Reihen
7 Rispenäste zusammengedrückt. . . . **Paspalum**
7 Rispenäste 3-kantig . . . . **Axonopus**
6 Ähren nicht einseitswendig
8 Blütenstand 1 Ähre
9 sterile Borsten um die Ährchen . . . . **Pennisetum**
9 sterile Borsten um die Ährchen fehlend
10 untere Hüllspelze höchstens so lang wie das Ährchen . . . . **Brachiaria**
10 untere Hüllspelze viel länger als das Ährchen . . . . **Oplismenus**
8 Blütenstand mehre fingerartig stehende Ähren
11 Obere Deckspelze am Rand häutig durchscheinend. Hüllspelzen ohne Grannen. Ligula häutig . . . . **Digitaria**
11 Obere Deckspelze derb. Hüllspelzen mit oder ohne Grannen. Ligula fehlend oder ein Haarkranz. . . . . **Echinochloa**

Gruppe 4
Ährchen eingeschlechtig

1 Blütenstände männliche und weibliche getrennt, männliche endständige Rispe und seitliche weibliche Blütenstände in Scheiden, nur die Narben heraushängend
2 Weibliche Blüten in Ähren . . . . **Zea**
2 Weibliche Blüten mehrreihig in einem dicken Kolben . . . . **Zea**

1   Blütenstände nicht getrennt
3   Ährchen in mehreren Ähren
  4   Ährchen untere weiblich, obere männlich . . .
      . . . . **Tripsacum**
  4   Ährchen untere mit 1–2 perlartigen weiblichen
      Blüten in einer Scheide, obere männlich . . **Coix**
3   Ährchen in Rispen, untere Äste mit männlichen
    Blüten, obere mit weiblichen . . . . . . **Zizania**

Gruppe 5
meist mehrere Ähren. Ährchen einseitswendig

1   Pflanze zweihäusig . . . . **Buchloe**
1   Pflanze mit Zwitterblüten
  2   Ährchen in einer Rispe. Hüllspelzen aufgeblasen,
      breit . . . . **Beckmannia**
  2   Ährchen einzeln oder in einer Traube.
      Hüllspelzen nicht breit und aufgeblasen
    3   Ähren fingerartig genähert
      4   Ährchen 2- bis 10-blütig . . . . . . **Eleusine**
      4   Ährchen 1-blütig
        5   Deckspelzen ± begrannt zwischen 2 Zähnen.
            Ährchen mit sterilem Blütenrest . . . **Chloris**
        5   Deckspelzen unbegrannt. Ährchen ohne
            sterilen Blütenrest . . . . **Cynodon**
    3   Ähren nicht fingerartig genähert
      6   Ährchen als Ganzes abfallend, nicht begrannt.
          . . . . **Spartina**
      6   Ährchen eist über den Hüllspelzen abfallend.
          Deckspelze meist mit 3 Grannen . . **Bouteloua**

Gruppe 6
Ährengräser oder ein einziges Ährchen

1   Ährchen einzeln, zuerst in ein großes
    scheidenförmiges Blatt eingeschlossen . . **Lygeum**
1   Ährchen in einer Ähre, nicht in einem
    scheidendörmigen Blatt
  2   Ährchen einseitswendig.
    3   Pflanze eine Staude. Ährchen 1-blütig.
        Hüllspelze 1, sehr klein. Blattscheiden bleibend
        . . . . **Nardus**
    3   Pflanze einjährig. Ährchen 2–7-blütig.
        Hüllspelzen 2 . . . . **Sclerochloa**
  2   Ährchen 2- oder mehrseitswendig
    4   Ährchen einzeln an den Knoten
      5   Ährchen in die Achse eingesenkt oder
          Ährenachse um die Ährchen geschlängelt
        6   Ährenachse um die Ährchen geschlängelt . .
            . . . . **Mibora**
        6   Ährenachse mit eingesenkten Ährchen
          7   Hüllspelzen 2
            8   Ährchen 1-blütig. Ährenachse zerfallend .
                . . . . **Parapholis**
            8   Ährchen 2-blütig. Ährenachse nicht
                zerfallend . . . . **Pholiurus**
          7   Hüllspelzen 1 . . . . **Psilurus**
      5   Ährchen nicht eingesenkt in die Achse
        9   Hüllspelze 1 . . . . **Lolium**

        9   Hüllspelzen 2
          10 Ährchen längs zur Achse stehend
            11 Granne endständig oder fehlend
              12 Pflanze ausdauernd oder einjährig.
                  Ährchen sehr kurz gestielt . . . .
                  . . . . **Brachypodium**
              12 Pflanze einjährig. Ährchen deutlich
                  gestielt . . . . **Desmazeria**
            11 Granne rückenständig . . . . . . **Gaudinia**
          10 Ährchen quer zur Achse stehend
            13 Hüllspelzen grannenartig
              14 Ährchen 5- bis 7-blütig . . . . . . **Leymus**
              14 Ährchen 2-blütig . . . . **Secale**
            13 Hüllspelzen nicht grannenartig
              15 Hüllspelzen 1- bis 3-nervig . . . .
                  . . . . **Micropyrum**
              15 Hüllspelzen mehrnervig
                16 Hüllspelzen 2-kielig, lang behaart . . .
                    . . . . **Dasypyrum**
                16 Hüllspelzen nicht so
                  17 Hüllspelzen am Rücken gerundet, mit
                      ± 2–4 Grannen . . . . **Aegilops**
                  17 Hüllspelzen gekielt am Rücken
                    18 Grannen kurz . . . . . . **Agropyron**
                    18 Grannen lang oder Hüllspelzen
                        gestutzt . . . . **Triticum**
    4   Ährchen mehr als 1 an den Knoten
        nebeneinander
      19 Ährchen 1(2–2)-blütig
        20 Ährchen zu 3, zentrales sitzend, seitliche
            gestielt
          21 Ährchen alle zwittrig . . . . . **Hordelymus**
          21 Ährchen seitliche männlich oder steril . . .
              . . . . **Hordeum**
        20 Ährchen 2, sitzend, zwittrig . **Taeniatherum**
      19 Ährchen mehrblütig
        22 Ährchen sehr locker stehend, abstehend.
            Hüllspelzen granenartig bis fehlend. . . . .
            . . . . **Hystrix**
        22 Ährchen dicht stehend. Hüllspelzen
            spelzenartig . . . . **Elymus**

Gruppe 7
Rispen oder Ährenrispen, Ährchen 1-blütig

1   Ährchen in kleinen Gruppen in einem 8- bis
    10-zähnigen Becher aus verwachsenen Hüllspelzen
    . . . . **Cornucopiae**
1   Ährchen nicht in einem Becher aus verwachsenen
    Hüllspelzen
  2   Gras mit lockerer Rispe
    3   Hüllspelzen fehlend, aber zum Teil kleine sterile
        Blüten unter der Blüte
      4   Gras zwergig bis 8 cm hoch, mit schmaler
          Rispe. Spelzen die Frucht nicht bedeckend . .
          . . . . **Coleanthus**
      4   Gras nicht zwergig, mit lockerer Rispe
        5   Sterile Blüten unter der Blüte fehlend . . . .
            . . . . **Leersia**
        5   Sterile kleine Blüten unter der Blüte . . . . .
            . . . . **Oryza**

3   Hüllspelzen vorhanden
  6   Hüllspelzen scheinbar mehr als 2 . . . **Phalaris**
  6   Hüllspelzen 2
    7   Frucht verhärtend, mit großer behaarter schräger Ansatzstelle der Frucht
      8   Granne 3-spaltig . . . . **Aristida**
      8   Granne einfach
        9   Blütenachse unter der Deckspelze mit Haarbüschel . . . . **Calamagrostis**
        9   Blütenachse unter der Deckspelze ohne auffallendes Haarbüschel
          10   Ansatzstelle der Frucht 1,5–6 mm lang . . . . **Stipa**
          10   Ansatzstelle der Frucht 0,1–2 mm lang . . . . **Piptatherum**
    7   Frucht nicht verhärtend. Ansatzstelle der Frucht nicht auffällig entwickelt
      11   Ährchen als Ganzes abfallend . . . . **Cinna**
      11   Ährchen über den Hüllspelzen abfallend
        12   Frucht vom Rücken her zusammengedrückt (ohne Grannen) . . . . **Milium**
        12   Frucht seitlich zusammengedrückt
          13   Ligula als Haarbüschel . . . . **Sporobolus**
          13   Ligula höchsten mit kurzen Haaren
            14   Ligula ganzrandig.
              15   Grannen rückenständig oder fehlend . . . . **Agrostis**
              15   Grannen endständig . . . . **Muhlenbergia**
            14   Ligula zerschlitzt. Grannen vorhanden . . . . **Apera**
2   Gras mit dichter Rispe (Ährenrispe)
  16   Blütenstand kopfig mit breiten Deckblättern . . . . **Crypsis**
  16   Blütenstand anders
    17   Hüllspelze mit 5–7 Längsreihen von Stacheln . . . . **Tragus**
    17   Hüllspelze ohne Stacheln
      18   Ährchen in Gruppen, untere steril . . . . **Lamarckia**
      18   Ährchen alle fertil
        19   Hüllspelzen scheinbar mehr als 2 durch 1–2 sterile Ährchen
          20   Hüllspelzen breit weiß geflügelt . . . . **Phalaris**
          20   Hüllspelzen nicht geflügelt . . . . **Anthoxanthum**
        19   Hüllspelzen 2
          21   Ährchen mit Haarbüschel am Grund
            22   Blütenstand spindelförmig. Deckspelzenhaare bis 1/3 der Deckspelze . . . . **Ammophila**
            22   Blütenstand locker gelappt. Deckspelzenhaare ½ so lang wie die Deckspelze. Staubblätter steril . . . . × **Calammophila**
          21   Ährchen ohne Haarbüschel am Grund
            23   Ährchen als Ganzes abfallend
              24   Hüllspelzen unbegrannt, ± verwachsen . . . . **Alopecurus**
              24   Hüllspelzen begrannt . . . . **Polypogon**
            23   Ährchen über Hüllspelzen abfallend
              25   Hüllspelze nicht länger als Deckspelze. Ährchen zusammengedrückt und gekielt . . . . **Muhlenbergia**
              25   Hüllspelze länger als Deckspelze
                26   Ährchen ± rund, wollig. Hüll- und Deckspelzen mit Grannen . . . **Lagurus**
                26   Ährchen anders
                  27   Ährchen gekielt und an den Kielen bewimpert. Grannen fehlend . . . . **Phleum**
                  27   Ährchen mit Granne . . . **Gastridium**

Gruppe 8
Rispengräser. Ährchen mehrblütig, mit langen Hüllspelzen und meist rückenständige Grannen

1   Deckspelzen lang 2-spitzig
  2   Deckspelze zwischen den Spitzen stachelspitzig oder lang begrannt . . . . **Danthonia**
  2   Deckspelze mit rückenständiger Granne **Trisetaria**
1   Deckspelzen nicht lang 2-spitzig
  3   Deckspelzen unbegrannt . . . . **Koeleria**
  3   Deckspelzen am Rücken begrannt
    4   Grannen mit Haarkranz in der Mitte, darüber keulig . . . . **Corynephorus**
    4   Grannen nicht keulig, ohne Haarkranz in der Mitte
      5   Ährchen als Ganzes abfallend . . . . . **Holcus**
      5   Ährchen über den Hüllspelzen abfallend
        6   Ährchen 3-blütig, untere 2 männlich . . . . **Hierochloe**
        6   Ährchen ohne männlichen unteren Blüten
          7   Ährchen (ohne Grannen) 18–30 mm lang. Hüllspelzen 3- bis 11-nervig . . . . **Avena**
          7   Ährchen bis 15 mm lang. Hüllspelzen bis 5-nervig
            8   Ährchen bis 3 mm lang (Gras einjährig) . . . . **Aira**
            8   Ährchen über 3 mm lang
              9   Ährchen mit 1 langen Granne und einer sehr kurzen . . . . **Arrhenatherum**
              9   Ährchen mit 2–3 etwa gleichen Grannen
                10   Grannen in der Mitte der Deckspelze oder darüber abgehend, meist 3 Grannen je Ährchen
                  11   Ährchen 11–20 mm lang . . . . **Helictotrichon**
                  11   Ährchen 5–8 mm lang (Ligula kurz) . . . . **Trisetum**
                10   Grannen am Grund eingelenkt (Ligula lang). Ährchen 2–8 mm lang, mit 2 Grannen . . . . **Deschampsia**

Gruppe 9
Rispen- oder Ährenrispengräser. Ährchen mehrblütig. Hüllspelzen kürzer als die unterste Deckspelze

1   Blütenstand eine dichte Rispe bis fast kopfig erscheinend (Ährenrispengräser)

2 Ährchen mit sterilem Kamm aus Spelzen . . . .
. . . . **Cynosurus**
2 Ährchen alle fertil
3 Deckspelzen in 5 dornige Grannen ausgezogen.
  Einjährige Pflanze
  4 Pflanze einjährig . . . . **Echinaria**
  4 Pflanze eine Staude . . . . **Sesleria**
3 Deckspelzen anders
  5 Pflanze einjährig. Blütenstand zylindrisch. . .
  . . . . **Rostraria**
  5 Pflanze ausdauernd. Blütenstand ± kopfig
    erscheinend
    6 Blütenstand deutlich 2-zeilig . . . **Oreochloa**
    6 Blütenstand ± allseitswendig . . . . . **Sesleria**
1 Blütenstand eine lockere Rispe (Rispengräser)
  7 Ligula als Haarkranz oder fein zerschlitzt
    8 Ährchenachse lang behaart. Pflanze mit
      Horstwuchs. Meist zweihäusig. . . . **Cortaderia**
    8 Ährchenachse nicht lang behaart
      9 Knoten am Grund der Halme konzentriert . .
        . . . . **Molinia**
      9 Knoten nicht am Grund genähert
       10 Hüllspelzen 3–7nervig. Deckspelzen
          5-vielnervig
          11 Rispenäste überhängend . . . .
             . . . . **Chasmanthium**
          11 Rispenäste kurz gestielt, aufrecht . . . . .
             . . . .**Uniola**
       10 Hüllspelzen 1-nervig, Deckspelzen
          3–5(7)-nervig
          12 Ährchen fast rund. . . . . . . **Cleistogenes**
          12 Ährchen zusammengedrückt . . . .
             . . . . **Eragrostis**
  7 Ligula häutig
    13 Ährchenachse oder Deckspelzen lang behaart
      14 Ährchenachse lang behaart. Hüllspelzen
         ungleich lang. . . . . **Phragmites**
      14 Deckspelzen lang behaart. Hüllspelzen
         ± gleich lang . . . . **Arundo**
    13 Ährchenachse oder Deckspelzen nicht lang
       behaart
       15 Deckspelzen 1- bis 3-nervig
          16 Unterste Blüte des Ährchens steril, aber
             Spelzen gut ausgebildet . . . **Thysanolaena**
          16 Unterste Blüte des Ährchens fertil
             17 Ährchen 2-blütig. Obere Hüllspelze 1-nervig
                oder nervenlos. . . . .**Catabrosa**
             17 Ährchen meist 4-blütig. Obere Hüllspelze
                (3-)5-nervig . . . . **Diarrhena**
       15 Deckspelzen 5- bis mehrnervig
          18 Deckspelzen am Grund herzförmig . . . . .
             . . . . **Briza**
          18 Deckspelzen nicht herzförmig am Grund
             19 Deckspelzen gekielt
                20 Ährchen zu Knäueln genähert. . . **Dactylis**
                20 Ährchen einzeln
                   21 Deckspelzen 3-spitzig, am Grund mit
                      Haarbüschel . . . . **Scolochloa**
                   21 Deckspelzen anders . . . . **Poa**
             19 Deckspelzen abgerundet auf dem Rücken
                22 Deckspelzen parallelnervig, seitliche
                   Nerven nicht in den Hauptnerv mündend

23 Hüllspelzen etwa so lang wie die unterste
   Deckspelze. Ährchenachse am Ende
   keulig . . . .
   . . . . **Melica**
23 Hüllspelzen viel kürzer als Deckspelzen
   24 Blattscheiden ± geschlossen . . . . . .
      . . . .**Glyceria**
   24 Blattscheiden bis unten offen. . . . . .
      . . . . **Puccinellia**
22 Deckspelzen mit bogenförmig zusammen
   fließenden Nerven
   25 Ährchen auffallend starr . . . .
      . . . .**Catapodium**
   25 Ährchen nicht auffallend starr
      26 Deckspelze in 2 Grannen auslaufend
         und lange rückenständige Granne . . .
         . . . .**Ventenata**
      26 Deckspelze anders
         27 Rispenäste zweiseitswendig in die
            4-kantige Rispenachse eingefügt, meist
            2 bis mehr Äste an einem Knoten.
            Ährchen 1–4 cm lang. Narbe unter dem
            Scheitel des Fruchtknotens sitzend.
            Blattscheiden meist fast ganz
            geschlossen. . . . . **Bromus**
         27 Rispenäste ± einseitswendig der meist
            3-kantigen Achse eingefügt, unten
            meist nur 1 Ast. Ährchen 0,4–1,2 cm
            lang. Narben auf der Spitze des
            Fruchtknotens. Blattscheiden meist
            offen, nur bei Arten mit borstlichen
            Blättern gelegentlich geschlossen
            28 Pflanze einjährig. Grannen über 1 ½
               mal so lang wie die Deckspelze.
               Blattspreite ohne Öhrchen . . . **Vulpia**
            28 Pflanze ausdauernd. Grannen kürzer,
               wenn länger Blattspreite mit Öhrchen
               . . . . **Festuca**

Acroceras Stapf

Ableitung: an der Spitze mit Horn
Arten: c. 20
Lebensform: Staude, Einjährige
Ligula: Haarkranz

Acroceras munroanum

Blütenstand: Andropogoneae. Fingergras,
Ährchen und Blüten: 1- bis 2-blütig. Hüllspelzen mit 3-7(9-2) Nerven. Granne fehlend
Kennzeichen: Staude. Einjährige. Ligula als Haarkranz. Andropogoneae. Fingergras,

Aegilops L.

Ableitung: griechischer Name eines Grases
Vulgärnamen: D:Walch; E:Goat Grass; F:Egylops
Arten: 21-25
Lebensform: Einjährige
Ligula: häutig
Blütenstand: Ähre, 2-reihig, einzeln quer zur Achse stehend
Ährchen und Blüten: 2- bis 8-blütig, als Ganzes abfallend oder über den Hüllspelzen. Hüllspelzen 2, am Rücken gerundet, mit mehreren Nerven und 2-4 Grannen. Hüllspelzen und Deckspelzen mit Grannen. Fruchtknoten behaart
Kennzeichen: Einjährige. Blütenstand eine Ähre, 2-reihig, Ährchen einzeln quer zur Achse stehend Hüllspelzen am Rücken gerundet und mit 2-4 Grannen

Deckspelze, mit 1-5 Nerven. Deckspelzen mit 5-7 Nerven. Deckspelze 2-spitzig. Grannen kurz
Kennzeichen: Staude, selten Einjährige. Blütenstand eine Ähre, 2-reihig, Ährchen einzeln quer zur Achse stehend. Grannen kurz

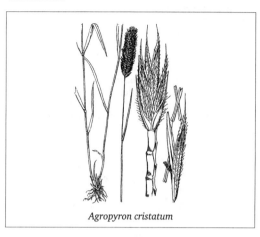

Agropyron cristatum

Aegilops crassa

Agropyron Gaertn.

Ableitung: Acker-Weizen
Vulgärnamen: D:Kammquecke; E:Dog Grass, Wheatgrass; F:Chiendent
Arten: 15
Lebensform: Staude, selten Einjährige
Ligula: häutig oder fehlend
Blütenstand: Ähre, 2-reihig, Ährchen einzeln quer zur Achse stehend
Ährchen und Blüten: 3- bis 16-blütig, als Ganzes abfallend. Hüllspelzen 2, am Rücken gekielt, kürzer als unterste

Agrostis L.

Ableitung: griechischer Name eines Grases
Vulgärnamen: D:Straußgras; E:Bent Grass; F:Agrostis
Arten: 220
Lebensform: Staude, selten Einjährige
Ligula: häutig
Blütenstand: Rispe
Ährchen und Blüten: 1-, selten 2-blütig, über den Hüllspelzen abfallend. Hüllspelzen 2, mit 1(3) Nerven. Deckspelzen mit 3-5 Nerven. Deckspelze mit oder ohne Granne. Fruchtknoten kahl
Kennzeichen: Staude, selten Einjährige. Ligula häutig. Blütenstand eine Rispe. Ährchen 1-, selten 2-blütig, über den Hüllspelzen abfallend

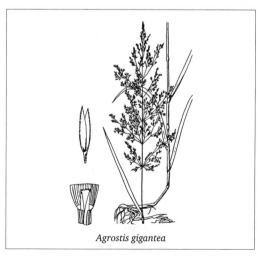

Agrostis gigantea

Aira L.

Ableitung: griech. Pflanzenname
Vulgärnamen: D:Haferschmiele, Schmielenhafer; E:Hair Grass; F:Aira
Arten: c. 10
Lebensform: Einjährige
Ligula: häutig
Blütenstand: Rispe
Ährchen und Blüten: 2-blütig, über den Hüllspelzen abfallend, nur bis 3 mm lang. Hüllspelzen 2, länger als die unterste Deckspelze, mit 5 Nerven. Deckspelzen mit 1-3 Nerven. Deckspelze mit Granne oder nicht. Fruchtknoten kahl
Kennzeichen: Einjährige. Blütenstand eine Rispe. Ährchen 2-blütig, über den Hüllspelzen abfallend, nur bis 3 mm lang. Hüllspelzen länger als die unterste Deckspelze

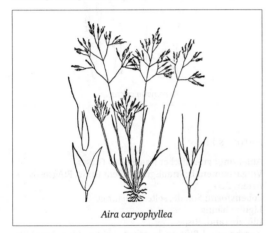

Aira caryophyllea

Alopecurus L.

Ableitung: Fuchs-Schwanz
Vulgärnamen: D:Fuchsschwanzgras; E:Foxtail Grass; F:Queue-de-renard, Vulpin

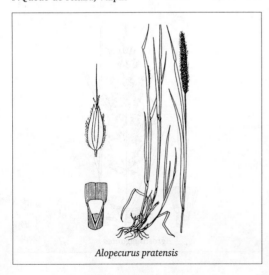

Alopecurus pratensis

Arten: 36
Lebensform: Staude, Einjährige
Ligula: häutig
Blütenstand: Ährenrispengras
Ährchen und Blüten: 1-blütig, als Ganzes abfallend. Hüllspelzen 2, ± verwachsen, unbegrannt, mit 3 Nerven. Deckspelzen mit 3-5 Nerven. Deckspelze mit Granne. Fruchtknoten kahl
Kennzeichen: Staude, Einjährige. Blütenstand eine Ährenrispengras. Ährchen 1-blütig, als Ganzes abfallend. Hüllspelzen 2, ± verwachsen, unbegrannt

Ammophila Host

Ableitung: Sand-Freund
Vulgärnamen: D:Helmgras, Strandhafer; E:Beach Grass; F:Oyat
Arten: 3
Lebensform: Staude
Ligula: häutig
Blütenstand: Ährenrispengras
Ährchen und Blüten: 1-blütig, über den Hüllspelzen abfallend, am Grund mit Haarbüscheln. Hüllspelzen 2, mit 1 und 3 Nerven. Deckspelzen mit 3-5 Nerven. Deckspelze mit Granne oder ohne. Fruchtknoten kahl
Kennzeichen: Staude. Blütenstand eine Ährenrispengras. Ährchen 1-blütig, am Grund mit Haarbüscheln. Hüllspelzen 2

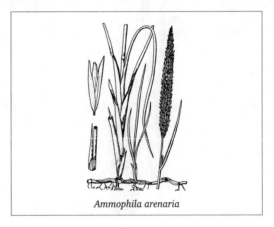

Ammophila arenaria

Andropogon L.

Ableitung: Männer-Bart
Vulgärnamen: D:Blauhalm, Gambagras; E:Beard Grass, Blue Stem; F:Andropogon, Barbon
Arten: c. 100
Lebensform: Staude, Einjährige
Ligula: häutig
Blütenstand: Andropogoneae. Fingergras, Ähre
Ährchen und Blüten: 1-blütig, als Ganzes abfallend. Gestieltes Ährchen oft reduziert zu einem Stielchen. Hüllspelzen 2, mit 2-9 Nerven. Grannen vorhanden
Kennzeichen: Staude, Einjährige. Andropogoneae. Blütenstand ein Fingergras oder eine Ähre. Gestieltes Ährchen oft reduziert zu einem Stielchen

Poaceae Gräser 1099

Andropogon gerardi

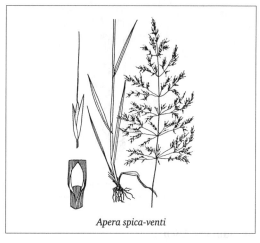
Apera spica-venti

Anthoxanthum L.

Ableitung: mit gelben Blüten
Vulgärnamen: D:Ruchgras; E:Vernal Grass; F:Flouve
Arten: 15–20
Lebensform: Staude
Ligula: häutig
Blütenstand: Ährenrispengras
Ährchen und Blüten: 1-blütig und 2 sterile Blüten darunter als Hüllspelzen erscheinend, über den Hüllspelzen abfallend. Hüllspelzen 2, länger als die unterste Deckspelze, mit 1 und 3 Nerven. Deckspelzen mit 3–7 Nerven. Grannen fehlend. Fruchtknoten kahl
Kennzeichen: Staude. Blütenstand eine Ährenrispengras. Ährchen 1-blütig und 2 sterile Blüten darunter als Hüllspelzen erscheinend

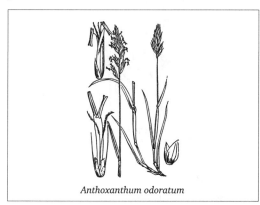
Anthoxanthum odoratum

Apera Adans.

Ableitung: unversehrt (Blüte mit vollständiger langer Granne)
Vulgärnamen: D:Windhalm; E:Silky Bent
Arten: 3
Lebensform: Einjährige
Ligula: häutig zerschlitzt
Blütenstand: Rispe
Ährchen und Blüten: 1-blütig, über den Hüllspelzen abfallend. Hüllspelzen 2, länger als die unterste Deckspelze, mit 1 und 3 Nerven. Deckspelzen mit etwa 5 Nerven. Deckspelze begrannt. Fruchtknoten kahl
Kennzeichen: Einjährige. Blütenstand eine Rispe. Ährchen 1-blütig, über den Hüllspelzen abfallend. Deckspelze begrannt

Aristida L.

Ableitung: antiker Pflanzenname
Arten: c. 320
Lebensform: Einjährige, Staude
Ligula: Haarkranz
Blütenstand: Rispe
Ährchen und Blüten: 1-blütig, über den Hüllspelzen abfallend. Hüllspelzen 2, mit 1–3 Nerven. Deckspelzen mit 3 Nerven. Granne 3-spaltig
Kennzeichen: Einjährige, Staude. Blütenstand eine Rispe. Ährchen 1-blütig. Granne 3-spaltig

Arrhenatherum P. Beauv.

Ableitung: männliche Blüte mit Granne
Vulgärnamen: D:Glatthafer; E:False Oat Grass; F:Avoine en chapelet
Arten: 6
Lebensform: Staude
Ligula: häutig
Blütenstand: Rispe
Ährchen und Blüten: 2-blütig, über den Hüllspelzen abfallend, mit 1 langen rückenständigen und einer sehr kurzen Granne. Hüllspelzen 2, länger als unterste Deckspelze, mit 1oder 3 und 3 Nerven. Deckspelzen mit 3–7 Nerven. Fruchtknoten behaart
Kennzeichen: Staude. Blütenstand eine Rispe. Ährchen 2-blütig, über den Hüllspelzen abfallend, mit 1 langen rückenständigen und einer sehr kurzen Granne. Hüllspelzen 2, länger als unterste Deckspelze

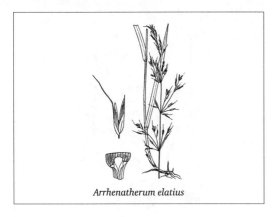

Arrhenatherum elatius

Arundo donax

Arundinaria Michx.

Ableitung: Rohr-Pflanze
Vulgärnamen: E:Cane Reed
Arten: c. 50
Lebensform: Bambus, strauch- oder baumartig. Halme hohl
Ährchen und Blüten: 8- bis 12-blütig, über den Hüllspelzen abfallend. Hüllspelzen 2(1,3), kürzer als die unterste Deckspelze. Deckspelzen mit etwa 11 Nerven.

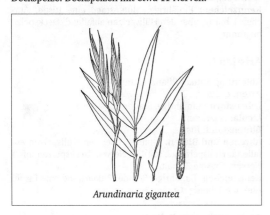

Arundinaria gigantea

Arundo L.

Ableitung: antiker Pflanzenname: Rohr, Schilf
Vulgärnamen: D:Pfahlrohr; E:Giant Reed; F:Canne de Provence
Arten: 3
Lebensform: Staude
Ligula: häutig
Blütenstand: Rispe
Ährchen und Blüten: 2- bis 5-blütig, über den Hüllspelzen abfallend. Hüllspelzen 2, ± gleich lang, länger als die unterste Deckspelze, mit 3-5 Nerven. Deckspelzen lang behaart, mit 3-7 Nerven. Fruchtknoten kahl
Kennzeichen: Staude. Ligula häutig. Blütenstand eine Rispe. Ährchen 2- bis 5-blütig. Hüllspelzen 2, ± gleich lang. Deckspelzen lang behaart

Avena L.

Ableitung: antiker Pflanzenname
Vulgärnamen: D:Hafer; E:Oat; F:Avoine
Arten: 25
Lebensform: Einjährige, selten Staude
Ligula: häutig
Blütenstand: Rispe
Ährchen und Blüten: (1)2-5(7)-blütig, 18-30 mm lang, über den Hüllspelzen abfallend. Hüllspelzen 2, länger als die unterste Deckspelze, mit 3-11 Nerven. Deckspelzen mit 5-9 Nerven. Deckspelze meist mit rückenständiger Granne. Fruchtknoten behaart
Kennzeichen: Einjährige, selten Staude. Blütenstand eine Rispe. Ährchen 2- bis 5-blütig, 18-30 mm lang. Hüllspelzen 2, länger als die unterste Deckspelze. Deckspelze meist mit rückenständiger Granne.

Avena fatua

Axonopus P. Beauv.

Ableitung: Achsenstiel (gemeinsam)
Arten: c. 35 (1-210)
Lebensform: Staude, selten Einjährige
Ligula: häutig
Blütenstand: Paniceae. Fingergras. Ährchen einseitswendig in den Ähren. Rispenäste 3-kantig
Ährchen und Blüten: 2-blütig, vom Rücken zusammengedrückt, als Ganzes abfallend. Hüllspelzen 1, mit 2-7 Nerven

Kennzeichen: Staude, selten Einjährige. Ligula häutig. Paniceae. Fingergras. Ährchen einseitswendig in den Ähren. Rispenäste 3-kantig. Ährchen 2-blütig

Bambusa Schreb.

Ableitung: nach einem malaiischen Pflanzennamen
Vulgärnamen: D:Bambus; E:Bamboo
Arten: 120
Lebensform: Bambus, Baum, Stauch oder Liane. Halme hohl. Zweige viele je Knoten

Bambusa tuldoides

Beckmannia Host

Ableitung: Gattung zu Ehren von Johann Beckmann (1739–1811), einem Professor der Philosophie benannt
Vulgärnamen: D:Doppelährengras, Fischgras, Raupenähre; E:Slough Grass; F:Beckmannia
Arten: 2
Lebensform: Einjährige, Staude
Ligula häutig
Blütenstand: Ährenrispengras. Ähren einseitswendig in 2 Reihen
Ährchen und Blüten: 1 fertile Blüte, als Ganzes abfallend. Hüllspelzen 2, aufgeblasen und breit, kürzer als die unterste Deckspelze, mit 3 Nerven. Deckspelzen mit 5 Nerven. Grannen fehlend. Fruchtknoten kahl
Kennzeichen: Einjährige, Staude. Ährenrispengras. Ähren einseitswendig in 2 Reihen. Hüllspelzen 2, aufgeblasen und breit

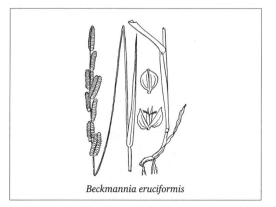
Beckmannia eruciformis

Bothriochloa Kuntze

Ableitung: Grübchen-Gras (Hüllspelzen)
Vulgärnamen: D:Bartgras; E:Beard Grass
Arten: 28
Lebensform: Einjährige, Staude
Ligula: häutig oder Haarkranz
Blütenstand: Andropogoneae. Fingergras
Ährchen und Blüten: 2-blütig, vom Rücken her zusammengedrückt, lang bärtig, als Ganzes abfallend. Hüllspelzen 2, länger als die unterste Deckspelze, mit mehreren und 3 Nerven. Grannen selten
Kennzeichen: Einjährige, Staude. Andropogoneae. Fingergras. Ährchen lang bärtig+

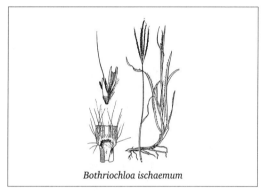
Bothriochloa ischaemum

Bouteloua Lag.

Ableitung: Gattung zu Ehren von Cl. Boutelou (1774–1842), einem spanischen Botaniker benannt
Vulgärnamen: D:Haarschotengras, Moskitogras; E:Grama Grass; F:Herbe-à-moustiques
Arten: 39
Lebensform: Einjährige, Staude
Ligula: Haarkranz, häutig
Blütenstand: Ähren. Ähren einseitswendig in 2 Reihen
Ährchen und Blüten: 1- bis 2-blütig, meist über den Hüllspelzen oder als Ganzes abfallend. Ährchen mit sterilem Blütenrest. Hüllspelzen 2, mit 1 Nerven. Deckspelzen mit 3 Nerven und meist 3 Grannen
Kennzeichen: Einjährige, Staude. Blütenstand Ähren. Ähren einseitswendig in 2 Reihen, meist über den Hüllspelzen oder als Ganzes abfallend

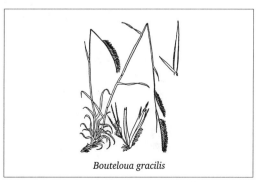
Bouteloua gracilis

Brachiaria (Trin.) Griseb.

Ableitung: Arm-Pflanze
Vulgärnamen: D:Palisadengras, Signalgras; E:Signal Grass
Arten: c. 100
Lebensform: Einjährige, Staude
Ligula: Haarkranz
Blütenstand: Paniceae. Ähre
Ährchen und Blüten: 2-blütig, als Ganzes abfallend. Hüllspelzen 2 und 1 sterile Deckspelze. Deckspelzen mit 5–7 Nerven. Grannen fehlend
Kennzeichen: Einjährige, Staude. Paniceae. Blütenstand eine Ähre. Nicht kurz zu charakterisierende Gattung

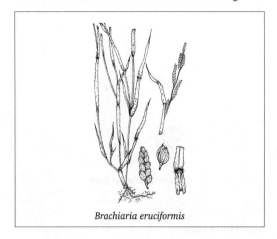

Brachiaria eruciformis

Brachypodium P. Beauv.

Ableitung: kurzes Füßchen
Vulgärnamen: D:Zwenke; E:False Brome; F:Brachypode
Arten: 17
Lebensform: Staude, Einjährige
Ligula: häutig
Blütenstand: Ähre, 2-reihig. Ährchen einzeln längs zur Achse stehend, sehr kurz gestielt
Ährchen und Blüten: 5- bis vielblütig, über den Hüllspelzen abfallend. Hüllspelzen 2, mit 3–7 und 5–9 Nerven. Deckspelzen mit 5–9 Nerven. Deckspelzen zum Teil mit Grannen. Fruchtknoten am Scheitel behaart

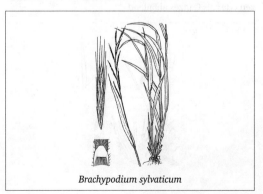

Brachypodium sylvaticum

Kennzeichen: Staude, Einjährige. Blütenstand: Ähre, 2-reihig. Ährchen einzeln längs zur Achse stehend, sehr kurz gestielt. Hüllspelzen 2

Briza L.

Ableitung: antiker Pflanzenname
Vulgärnamen: D:Zittergras; E:Quaking Grass; F:Amourette, Hochet du vent
Arten: 20
Lebensform: Staude, Einjährige
Ligula: häutig
Blütenstand: Rispe
Ährchen und Blüten: 4- bis 20-blütig, über den Hüllspelzen abfallend. Hüllspelzen 2, mit 3–7 Nerven. Deckspelzen mit 7–9 Nerven, am Grund herzförmig. Granne fehlend
Kennzeichen: Staude, Einjährige. Ligula häutig. Blütenstand eine Rispe. Deckspelzen mit 7–9 Nerven, am Grund herzförmig

Briza media

Bromus L.

Ableitung: antiker Pflanzenname
Vulgärnamen: D:Trespe; E:Brome; F:Brome
Arten: c. 100
Lebensform: Staude, Zweijährige, Einjährige
Ligula: häutig
Blütenstand: Rispe. Rispenäste zweiseitswendig in die 4-kantige Rispenachse eingefügt, meist 2 bis mehr Äste an einem Knoten

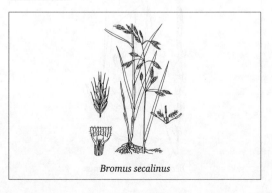

Bromus secalinus

Ährchen und Blüten: 3- bis vielblütig, über den Hüllspelzen abfallend. Hüllspelzen 2, kürzer als die unterste Deckspelze, mit 1–7(9) und 3–9(11) Nerven. Deckspelzen mit 5–13 Nerven. Granne oft vorhanden. Fruchtknoten am Scheitel behaart
Kennzeichen: Staude, Zweijährige, Einjährige. Ligula häutig. Blütenstand eine Rispe. Rispenäste zweiseitswendig in die 4-kantige Rispenachse eingefügt, meist 2 bis mehr Äste an einem Knoten. Ährchen 3- bis vielblütig

Buchloe Engelm.

Ableitung: Büffel-Gras
Vulgärnamen: D:Büffelgras; E:Buffalo Gras; F:Herbe-aux-bisons
Arten: 1
Lebensform: Staude
Ligula: häutig oder Haarkranz
Blütenstand: Fingergras. Ähren männliche einseitsweng mit 2 Reihen von Ährchen
Ährchen und Blüten: zweihäusig, 2- bis 3-blütig, über den Hüllspelzen abfallend. Hüllspelzen 2, mit 1–2 Nerven, obere in weiblichen Blüten mit 3 grannenartigen Zähnen, mit 3 Nerven
Kennzeichen: Staude. Fingergras, zweihäusig. Ähren männliche einseitswendig mit 2 Reihen von Ährchen. Obere Hüllspelze in weiblichen Blüten mit 3 grannenartigen Zähnen

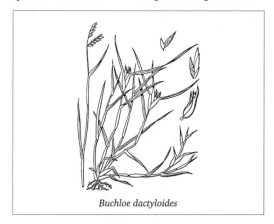

Buchloe dactyloides

Calamagrostis Adans.

Ableitung: Rohr-Gras
Vulgärnamen: D:Reitgras; E:Small Reed; F:Calamagrostis
Arten: c. 230
Lebensform: Staude
Ligula: häutig
Blütenstand: Rispe, Ährenrispe
Ährchen und Blüten: 1-blütig, über den Hüllspelzen abfallend. Blütenachse unter der Deckspelze mit Haarbüschel. Hüllspelzen 2, länger als die unterste Deckspelze, mit 1(3) und 3 Nerven. Deckspelzen mit 3(5) Nerven. Deckspelzen mit rückenständiger Granne
Kennzeichen: Staude. Blütenstand eine Rispe oder Ährenrispe. Ährchen 1-blütig. Blütenachse unter der Deckspelze mit Haarbüschel

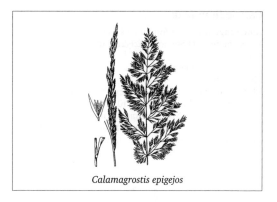

Calamagrostis epigejos

× Calammophila Brand

Ableitung: Hybride aus Calamagrostis und Ammophila
Vulgärnamen: D:Bastardstrandhafer; F:Oyat bâtard
Arten: 2
Lebensform: Staude
Ligula. häutig
Blütenstand: Ährenrispe
Ährchen und Blüten: 1-blütig, über den Hüllspelzen abfallend. Ährchen mit Haarbüschel. Hüllspelzen 2. Staubblätter steril
Kennzeichen: Staude. Blütenstand eine Ährenrispe. Ährchen 1-blütig, mit Haarbüschel. Staubblätter steril

Catabrosa P. Beauv.

Ableitung: das Verzehren (Spelzen wirken angefressen)
Vulgärnamen: D:Quellgras; E:Whorl Grass; F:Catabrosa
Arten: 2
Lebensform: Staude
Ligula: häutig
Blütenstand: Rispe
Ährchen und Blüten: (1)2(3)-blütig, über den Hüllspelzen abfallend. Hüllspelzen 2, kürzer als unterste Deckspelze, ohne oder mit 1 Nerv. Fruchtknoten kahl
Kennzeichen: Staude. Ligula häutig. Blütenstand eine Rispe. Ährchen (1)2(3)-blütig. Hüllspelzen 2, ohne oder mit 1 Nerv

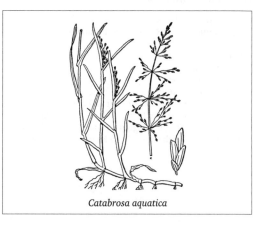

Catabrosa aquatica

Catapodium Link

Ableitung: unten mit festem Fuß (Ährchen)
Vulgärnamen: D:Steifgras; E:Fern Grass
Arten: 2
Lebensform: Einjährige
Ligula: häutig
Blütenstand: Ährenrispe. Ährchen auffallend starr
Ährchen und Blüten: (2)3–10-blütig. Hüllspelzen 2. Deckspelzen mit 5 Nerven. Grannen fehlend
Kennzeichen: Einjährige. Ligula häutig. Blütenstand eine Ährenrispe. Ährchen auffallend starr

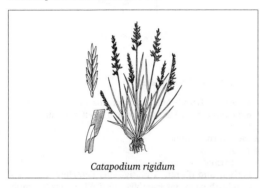
Catapodium rigidum

Chasmanthium latifolium

Cenchrus L.

Ableitung: antiker Pflanzenname
Vulgärnamen: D:Klebgras, Stachelgras; E:Sandbur
Arten: 25
Lebensform: Einjährige. Staude
Ligula: Haarkranz
Blütenstand: Paniceae. Ähre
Ährchen und Blüten: 2-blütig, als Ganzes abfallend, mit bleibender stacheliger Hülle. Hüllspelzen 2 oder 1, länger als die unterste Deckspelze, mit 1 und 3–9 Nerven. Deckspelzen mit 5–7 Nerven. Grannen fehlend
Kennzeichen: Einjährige oder Staude. Paniceae. Blütenstand eine Ähre. Ährchen 2-blütig, mit bleibender stacheliger Hülle

Chasmanthium Link

Ableitung: Spalt-Blüte
Vulgärnamen: D:Plattährengras; E:Bamboo Grass
Arten: 6
Lebensform: Staude
Ligula: Haarkranz
Blütenstand: Rispe
Ährchen und Blüten: 2- bis vielblütig, über den Hüllspelzen abfallend. Hüllspelzen 2, mit (2)3–9 Nerven. Deckspelzen mit 3–15 Nerven. Grannen fehlend. Staubblätter 1
Kennzeichen: Staude. Ligula: Haarkranz. Blütenstand eine Rispe. Deckspelzen mit 3–15 Nerven. Staubblätter 1

Chimonobambusa Makino

Ableitung: Winter-Bambus
Arten: 10
Lebensform: Bambus, strauchartig. Zweige gewöhnlich 3 je Knoten. Blätter mit schachbrettartiger Nervatur

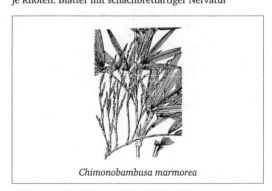
Chimonobambusa marmorea

Chloris Sw.

Ableitung: nach einer Gestalt der griechischen Mythologie
Vulgärnamen: D:Gilbgras; E:Finger Grass
Arten: 40
Lebensform: Staude, selten Einjährige
Ligula: Haarkranz
Blütenstand: Fingergras. Ähren einseitswendig mit 2 Reihen
Ährchen und Blüten: 1 Zwitterblüte, mit sterilem Blütenrest, über den Hüllspelzen abfallend. Hüllspelzen 2, kürzer

als die unterste Deckspelze, mit 3 Nerven. Deckspelzen mit 3 Nerven. Granne zwischen 2 Zähnen. Fruchtknoten kahl
Kennzeichen: Staude, selten Einjährige. Fingergras. Ähren einseitswendig mit 2 Reihen von Ährchen. Ährchen mit 1 Zwitterblüte mit sterilem Blütenrest. Deckspelzen mit Granne zwischen 2 Zähnen

Chloris gayana

Chrysopogon Trin.

Ableitung: Gold-Bart
Vulgärnamen: D:Goldbart; E:Love Grass; F:Barbon, Chrysopogon
Arten: 26
Lebensform: Staude, Einjährige
Ligula: Haarkranz
Blütenstand: Andropogoneae. Rispe
Ährchen und Blüten: 2-blütig, als Ganzes abfallend. Hüllspelzen 2 und 1 sterile Deckspelze. Grannen vorhanden oder fehlend. Fruchtknoten kahl
Kennzeichen: Staude, Einjährige. Andropogoneae. Blütenstand eine Rispe. Ligula ein Haarkranz

Chrysopogon gryllus

Chusquea Kunth

Ableitung: nach einem südamerikanischen Pflanzennamen
Arten: c. 195
Lebensform: Bambus. Strauch, Baum, Liane. Halm nicht röhrig und hohl. Scheiden bleibend. Zweige zahlreich je Knoten

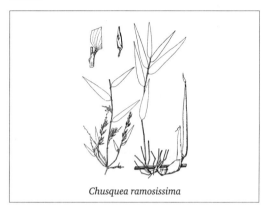

Chusquea ramosissima

Cinna L.

Ableitung: antiker Pflanzenname
Arten: 4
Lebensform: Staude
Ligula: häutig
Blütenstand: Rispe
Ährchen und Blüten: 1-blütig, als Ganzes abfallend. Hüllspelzen 2, mit 1–3 Nerven. Deckspelzen mit 3–5 Nerven. Granne rückenständig oder fehlend
Kennzeichen: Staude. Blütenstand eine Rispe. Ährchen 1-blütig, als Ganzes abfallend

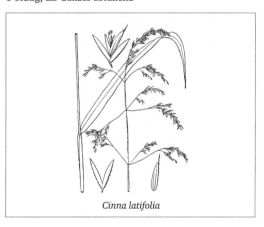

Cinna latifolia

Cleistogenes Keng

Ableitung: verschlosen entstanden
Vulgärnamen: D:Steifhalm
Arten: 20

Lebensform: Staude
Ligula: Haarkranz
Blütenstand: Rispe
Ährchen und Blüten: (1)2–58–2-blütig, fast rund, über den Hüllspelzen abfallend. Hüllspelzen 2, kürzer als die unterste Deckspelze, mit 1 Nerv. Deckspelzen mit 3–5(7) Nerven
Kennzeichen: Staude. Ligula ein Haarkranz. Blütenstand eine Rispe. Ährchen 2–58–2-blütig, fast rund. Deckspelzen mit 3–5(7) Nerven

Cleistogenes serotina

Coix L.

Ableitung: antiker Pflanzenname
Vulgärnamen: D:Hiobsträne, Jupitertränen, Tränengras; E:Job's Tears; F:Larme-de-Job, Larme-de-Jupiter
Arten: 6
Lebensform: Einjährige, Staude
Ligula: häutig
Blütenstand: Rispe
Ährchen und Blüten: Ährchen eingeschlechtig, untere Ährchen mit 1–2 perlartigen weiblichen Blüten in einer Scheide, obere männlich, als Ganzes abfallend. Hüllspelzen 2, mit 15 bis mehr Nerven
Kennzeichen: Einjährige, Staude. Blütenstand eine Rispe. Ährchen eingeschlechtig, untere Ährchen mit 1–2 perlartigen weiblichen Blüten in einer Scheide, obere männlich

Coix lacryma-jobi

Coleanthus Seidl

Ableitung: Scheiden-Blüte
Vulgärnamen: D:Scheidenblütgras
Arten: 1
Lebensform: Einjährige
Ligula: häutig
Blütenstand: Rispe
Ährchen und Blüten: 1-blütig. Hüllspelzen fehlend. Deckspelzen mit 1 Nerv. Granne endständig. Fruchtknoten kahl. Spelzen die Frucht nicht bedeckend
Kennzeichen: Einjährige. Blütenstand eine Rispe. Ährchen 1-blütig. Hüllspelzen fehlend. Spelzen die Frucht nicht bedeckend

Coleanthus subtilis

Cornucopiae L.

Arten: 2
Lebensform: Einjährige
Blütenstand: Rispe
Ährchen und Blüten: Ährchen in kleinen Gruppen in einem 8- bis 10-zähnigen Becher aus verwachsenen Hüllspelzen, 1-blütig. Deckspelzen mit 5 Nerven. Granne rückenständig oder fehlend
Kennzeichen: Einjährige. Ährchen in kleinen Gruppen in einem 8- bis 10-zähnigen Becher aus verwachsenen Hüllspelzen

Cortaderia Stapf

Ableitung: nach einem spanischen Pflanzennamen
Vulgärnamen: D:Pampasgras; E:Pampas Grass; F:Herbe de la pampa
Arten: 24
Lebensform: Staude
Ligula: Haarkranz
Blütenstand: Rispe
Ährchen und Blüten: zweihäusig bis zwittrig, (1)2–7-blütig, über den Hüllspelzen abfallend. Ährchenachse lang behaart. Hüllspelzen 2, mit 1 Nerv. Deckspelzen mit 5 Nerven
Kennzeichen: Staude. Ligula ein Haarkranz. Blütenstand eine Rispe. Ährchenachse lang behaart. Hüllspelzen 2, mit 1 Nerv

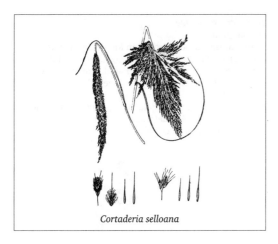
Cortaderia selloana

Corynephorus P. Beauv.

Ableitung: Kolben tragende Pflanze
Vulgärnamen: D:Silbergras; E:Grey Hair Grass
Arten: 5
Lebensform: Staude, Einjährige
Ligula: häutig
Blütenstand: Rispe
Ährchen und Blüten: 2-blütig, über den Hüllspelzen abfallend. Hüllspelzen 2, mit 1 und 3 Nerven, länger als die Deckspelzen. Deckspelzen mit 1 Nerv. Grannen rückenständig auf der Deckspelze, mit Haarkranz in der Mitte, darüber keulig
Kennzeichen: Staude, Einjährige. Blütenstand eine Rispe. Ährchen 2-blütig. Hüllspelzen länger als die Deckspelzen. Grannen rückenständig auf der Deckspelze, mit Haarkranz in der Mitte, darüber keulig

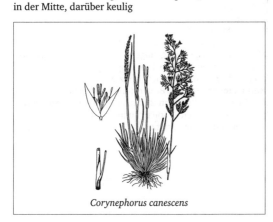
Corynephorus canescens

Crypsis Aiton

Ableitung: Verberge-Pflanze
Vulgärnamen: D:Dorngras; F:Crypsis piquant
Arten: 8
Lebensform: Einjährige
Ligula: Haarkranz
Blütenstand: Ährenrispe kopfig, mit breiten Deckblättern
Ährchen und Blüten: 1-blütig, als Ganzes oder über den Hüllspelzen abfallend. Hüllspelzen 2, mit 1 Nerv. Deckspelzen mit 1 Nerv. Grannen fehlend
Kennzeichen: Einjährige. Blütenstand eine kopfige Ährenrispe mit breiten Deckblättern. Ährchen 1-blütig

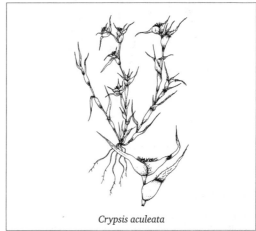
Crypsis aculeata

Cymbopogon Spreng.

Ableitung: Schalen-Bart
Vulgärnamen: D:Zitronellagras, Zitronengras; E:Lemongrass; F:Citronnelle, Verveine de Ceylan
Arten: 56
Lebensform: Staude
Ligula: häutig. Blätter zitronenartig riechend
Blütenstand: Andropogoneae. Rispe
Ährchen und Blüten: -blütig, als Ganzes abfallend. Hüllspelzen 2
Kennzeichen: Staude. Ligula häutig. Blätter zitronenartig riechend. Andropogoneae. Blütenstand eine Rispe

Cynodon Rich.

Ableitung: Hunde-Zahn
Vulgärnamen: D:Bermudagras, Hundszahngras; E:Bermuda Grass; F:Chiendent, Pied-de-poule
Arten: 8
Lebensform: Staude
Ligula: häutig oder Haarkranz
Blütenstand: Fingergras. Ähren einseitswendig mit 2 Reihen von Ährchen
Ährchen und Blüten: 1(3-2)-blütig, ohne sterilen Blütenrest, über den Hüllspelzen abfallend. Hüllspelzen 2, kürzer als die unterste Deckspelze, mit 1 und 1-3 Nerven. Deckspelzen mit 3 Nerven. Grannen fehlend
Kennzeichen: Staude. Fingergras. Ähren einseitswendig mit 2 Reihen von Ährchen. Ährchen 1(3-2)-blütig, ohne sterilen Blütenrest. Grannen fehlend

Cynodon dactylon

Lebensform: Staude
Ligula: häutig
Blütenstand: Rispe, Ährchen zu Knäueln genähert
Ährchen und Blüten: 2- bis 6-blütig, über den Hüllspelzen abfallend.. Hüllspelzen 2, kürzer als die unterste Deckspelze, mit 1-3 Nerven. Deckspelzen gekielt, mit 5 Nerven. Grannen fehlend
Kennzeichen: Staude. Ligula häutig. Blütenstand eine Rispe, Ährchen zu Knäueln genähert. Ährchen 2- bis 6-blütig. Deckspelzen gekielt

Dactylis glomerata

Cynosurus L.

Ableitung: Hunde-Schwanz
Vulgärnamen: D:Kammgras; E:Dog's Tail; F:Crételle, Cynosure
Arten: 7
Lebensform: Staude, Einjährige
Ligula: häutig
Blütenstand: Ährenrispengras
Ährchen und Blüten: 1- bis 5-blütig, über den Hüllspelzen abfallend. Ährchen mit sterilem Kamm aus Spelzen Hüllspelzen 2, mit 1 Nerv. Deckspelzen mit 5 Nerven. Grannen fehlend oder vorhanden
Kennzeichen: Staude, Einjährige. Ährenrispengras. Ährchen mit sterilem Kamm aus Spelzen

Danthonia DC.

Ableitung: Gattung zu Ehren von Étienne Danthoine, einem französischen Botaniker des 19. Jahrhunderts benannt
Vulgärnamen: D:Dreizahn, Kelchgras, Traubenhafer; E:Heath Grass; F:Danthonia
Arten: 20
Lebensform: Staude
Ligula: Haarkranz
Blütenstand: Rispe
Ährchen und Blüten: 2- bis 5-blütig, über den Hüllspelzen abfallend. Hüllspelzen 2, länger als die unterste Deckspelze, mit 1-7 Nerven. Deckspelzen 2-spitzig und zwischen den Spitzen begrannt oder stachelspitzig, mit (5)7-11 Nerven
Kennzeichen: Staude. Blütenstand eine Rispe. Ährchen 2- bis 5-blütig. Hüllspelzen 2, länger als die unterste Deckspelze. Deckspelzen 2-spitzig und zwischen den Spitzen begrannt oder stachelspitzig

Cynosurus cristatus

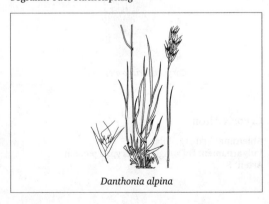
Danthonia alpina

Dactylis L.

Ableitung: antiker Pflanzenname
Vulgärnamen: D:Knäuelgras; E:Cock's Foot; F:Dactyle
Arten: 1-5

Dasypyrum (Coss. et Durieu) T. Durand

Ableitung: rauer Weizen
Arten: 2
Lebensform: Einjährige, Staude
Ligula: häutig
Blütenstand: Ähre, 2-reihig, Ährchen einzeln quer zur Achse stehend
Ährchen und Blüten: 2- bis 4-blütig, als Ganzes abfallend. Hüllspelzen 2-kielig, lang behaart, mit 5 Nerven. Deckspelzen mit 5 Nerven. Grannen lang
Kennzeichen: Einjährige, Staude. Blütenstand eine Ähre, 2-reihig, Ährchen einzeln quer zur Achse stehend. Hüllspelzen 2-kielig, lang behaart

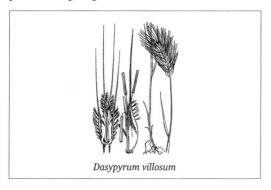

Dasypyrum villosum

Dendrocalamus Nees

Ableitung: Baum-Calamus
Arten: c. 30
Lebensform: Bambus, baumartig
Ährchen und Blüten: 1- bis 6-blütig. Hüllspelzen 2-3. Deckspelzen mit vielen Nerven. Staubblätter 6. 1 Narbe

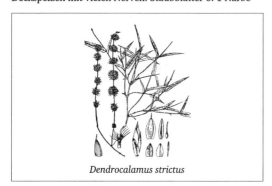

Dendrocalamus strictus

Deschampsia P. Beauv.

Ableitung: Gattung zu Ehren von Louis Auguste Deschamps (1765-1842), einem französischen Arzt und Botaniker benannt
Vulgärnamen: D:Schmiele; E:Hair Grass; F:Canche
Arten: c. 40
Lebensform: Staude, Einjährige
Ligula: häutig, lang
Blütenstand: Rispe
Ährchen und Blüten: 2(3-2)-blütig, über den Hüllblättern abfallend. Hüllspelzen 2, länger als die unterste Deckspelze, mit 1-3 Nerven. Deckspelzen mit (3-)5-7 Nerven. Granne am Grund eingefügt und gekniet
Kennzeichen: Staude, Einjährige. Ligula lang häutig. Blütenstand eine Rispe. Ährchen 2(3-2)-blütig, über den Hüllblättern abfallend. Granne am Grund eingefügt und gekniet

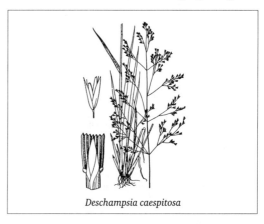

Deschampsia caespitosa

Desmazeria Dumort.

Ableitung: Gattung zu Ehren von Jean baptiste Henri Joseph Desmazières (1786-1862), einem französischen Kaufmann und Amateurbotaniker benannt
Arten: 1
Lebensform: Einjährige
Ligula: häutig
Blütenstand: Ähre. Ährchen einzeln längs zur Achse stehend, gestielt, daher Blütenstand eigentlich traubenförmig
Ährchen und Blüten: 4- bis 25-blütig, über den Hüllspelzen abfallend. Hüllspelzen 2, kürzer als die unterste Deckspelze, mit 1-5 Nerven. Deckspelzen mit 5 Nerven. Grannen fehlend
Kennzeichen: Einjährige. Blütenstand mit Ährchen einzeln längs zur Achse stehend, gestielt, daher Blütenstand eigentlich traubenförmig. Grannen fehlend

Diarrhena P. Beauv.

Ableitung: mit 2 Staubblättern
Arten: 4
Lebensform: Staude
Ligula: häutig
Blütenstand: Rispe
Ährchen und Blüten: (2-)4(7-2)-blütig, über den Hüllblättern abfallend. Hüllspelzen 2, kürzer als die unterste Deckspelze, mit 1-3(5-2) und (3-)5 Nerven. Deckspelzen mit 3 Nerven. Grannen fehlend
Kennzeichen: Staude. Ligula häutig. Blütenstand eine Rispe. Ährchen meist 4-blütig. Deckspelzen mit 3 Nerven

1110 Poaceae Gräser

Diarrhena americana

Dichanthium P. Willemet

Ableitung: mit zwei verschiedenen Blüten
Vulgärnamen: D:Blaustängel; E:Blue Stem
Arten: 20
Lebensform: Einjährige, Staude
Ligula: häutig
Blütenstand: Andropogoneae. Fingergras
Ährchen und Blüten: 2-blütig, lang bärtig, als Ganzes abfallend. Hüllspelzen 2, mit vielen Nerven. Grannen gekniet
Kennzeichen: Einjährige, Staude. Andropogoneae. Fingergras. Ährchen lang bärtig. Grannen gekniet

Digitaria Haller

Ableitung: Finger-Pflanze
Vulgärnamen: D:Fingerhirse; E:Finger Grass; F:Digitaire
Arten: c. 220
Lebensform: Einjährige, Staude
Ligula: häutig
Blütenstand: Paniceae. Meist Fingergras mit einseitswendigen Ähren mit 2 Reihen von Ährchen
Ährchen und Blüten: vom Rücken her zusammengedrückt, 2-blütig, als Ganzes abfallend. Hüllspelzen 1–2, mit bis 5 Nerven. Deckspelzen mit (3-)5-7(1-23) Nerven, obere Deckspelze am Rand häutig. Grannen fehlend
Kennzeichen: Einjährige, Staude. Ligula häutig. Paniceae. Meist Fingergras. Ähren einseitswendig mit 2 Reihen von Ährchen. Obere Deckspelze am Rand häutig

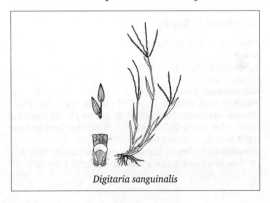
Digitaria sanguinalis

Dinochloa Buse

Ableitung: großes Gras
Arten: c. 25
Lebensform: Bambus, kletternd
Ährchen und Blüten: 1-blütig, als Ganzes abfallend. Hüllspelzen 1, 2. Staubblätter 6. Narben 3

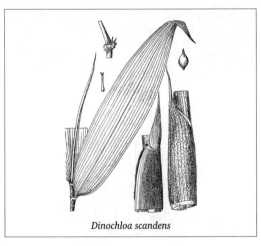
Dinochloa scandens

Echinaria Desf.

Ableitung: Igel-Pflanze
Arten: 2
Lebensform: Einjährige
Ligula: häutig
Blütenstand: kopfige Ährenrispe
Ährchen und Blüten: (1)2–4-blütig. Hüllspelzen 2, mit 1 Nerv. Deckspelzen mit 5(7-2) Nerven in Grannen ausgezogen

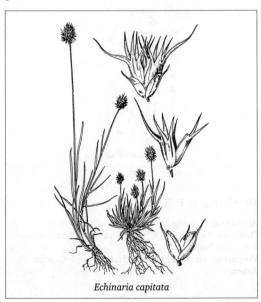
Echinaria capitata

Kennzeichen: Einjährige. Blütenstand eine kopfige Ährenrispe. Ährchen (1)2–4-blütig. Deckspelzen mit 5(7-2) in Grannen ausgezogene Nerven

Echinochloa P. Beauv.

Ableitung: Igel-Gras
Vulgärnamen: D:Hühnerhirse; E:Cockspur; F:Panic
Arten: c. 35
Lebensform: Einjährige, Staude
Ligula: fehlend, selten Haarkranz
Blütenstand: Paniceae. Fingergräser
Ährchen und Blüten: 2-blütig, als Ganzes abfallend. Hüllspelzen 2 und 1 sterile Deckspelze, länger als die unterste Deckspelze, mit 3 Nerven. Deckspelzen mit 5–7 Nerven, obere derb. Granne selten vorhanden
Kennzeichen: Einjährige, Staude. Ligula fehlend, selten als Haarkranz. Paniceae. Fingergräser. Obere Deckspelzen derb

Echinochloa crus-galli

Eleusine Gaertn.

Ableitung: nach Elefsis, einer Stadt in Griechenland benannt
Vulgärnamen: D:Fingerhirse; E:Yard Grass; F:Eleusine, panic digité
Arten: 9
Lebensform: Einjährige, Staude
Ligula: häutig
Blütenstand: Fingergras. Ähren einseitswendig mit 2 Reihen von Ährchen

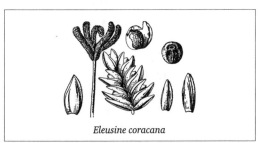
Eleusine coracana

Ährchen und Blüten: 2- bis 15-blütig, über den Hüllspelzen abfallend. Hüllspelzen 2, kürzer als die unterste Deckspelze, mit 1–3 und 3–5(7) Nerven. Deckspelzen mit 3 Nerven. Grannen fehlend
Kennzeichen: Einjährige, Staude. Fingergras. Ähren einseitswendig mit 2 Reihen von Ährchen. Ährchen 2- bis 15-blütig

Elymus L.

Ableitung: antiker Pflanzenname
Vulgärnamen: D:Haargerste, Quecke; E:Couch; F:Blé d'azur, Chiendent des sables, Elyme
Arten: c. 150
Lebensform: Staude, selten Einjährige
Ligula: häutig
Blütenstand: Ähre, 2-reihig. Ährchen zu 1–3(5) nebeneinander an den Knoten stehend, sehr dicht
Ährchen und Blüten: 1- bis 11-blütig, als Ganzes abfallend oder über den Hüllspelzen. Hüllspelzen 2 bis fehlend, mit (0)1–7 Nerven. Deckspelzen mit 5(7-2) Nerven. Grannen vorhanden
Kennzeichen: Staude, selten Einjährige. Blütenstand eine Ähre, 2-reihig. Ährchen zu 1–3(5-2) nebeneinander an den Knoten stehend, sehr dicht. Gegen Leymus schwer klar abzugrenzen

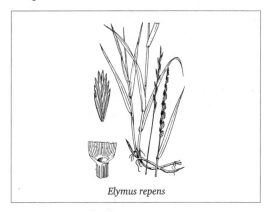
Elymus repens

Eragrostis Wolf

Ableitung: Liebes-Gras
Vulgärnamen: D:Liebesgras, Teffgras; E:Love Grass; F:Amourette, Eragrostis
Arten: c. 300
Lebensform: Einjährige, Staude
Ligula: Haarkranz, selten häutig
Blütenstand: Rispe
Ährchen und Blüten: 2- bis 60-blütig, seitlich zusammengedrückt, über den Hüllspelzen, selten als Ganzes abfallend. Hüllspelzen 2, kürzer als die unterste Deckspelze, mit 1(3) Nerven. Deckspelzen mit (1-)3(5-2) Nerven. Grannen fehlend
Kennzeichen: Einjährige, Staude. Ligula als Haarkranz, selten häutig. Blütenstand eine Rispe. Ährchen 2- bis 60-blütig, seitlich zusammengedrückt. Hüllspelzen 2, mit 1(3) Nerven

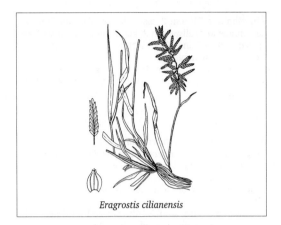
Eragrostis cilianensis

Festuca L.

Ableitung: antiker Pflanzenname
Vulgärnamen: D:Schwingel; E:Fescue; F:Fétuque
Arten: 450
Lebensform: Staude
Ligula: häutig
Blütenstand: Rispe. Rispenäste ± einseitswendig der meist 3-kantigen Achse eingefügt, unten meist nur 1 Ast in der Rispe
Ährchen und Blüten: 2- bis 10-blütig, über den Hüllspelzen abfallend. Hüllspelzen 2, mit 1(3) und 3(5) Nerven. Deckspelzen mit 5(7–2) Nerven. Granne fehlend oder vorhanden
Kennzeichen: Staude. Ligula häutig. Blütenstand eine Rispe. Rispenäste ± einseitswendig der meist 3-kantigen Achse eingefügt, unten meist nur 1 Ast in der Rispe. Ährchen 2- bis 10-blütig

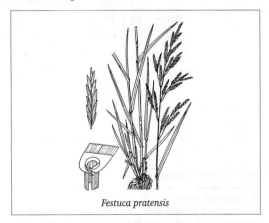
Festuca pratensis

Gastridium P. Beauv.

Ableitung: Pflanze mit kleinen Bäuchen
Vulgärnamen: D:Nissegras; E:Nit Grass; F:Gastridium
Arten: 3
Lebensform: Einjährige
Ligula: häutig
Blütenstand: Ährenrispengras
Ährchen und Blüten: 1-blütig, über den Hüllspelzen abfallend. Hüllspelzen 2, mit 1 Nerven. Deckspelzen mit 5 Nerven. Granne vorhanden
Kennzeichen: Einjährige. Ährenrispengras. Ährchen 1-blütig, über den Hüllspelzen abfallend. Granne vorhanden

Gastridium ventricosum

Gaudinia P. Beauv.

Ableitung: Gattung zu Ehren von Jean François Aimé Philippe Gaudin (1766–1833), einem schweizerischen Pfarrer in Nyon und Botaniker benannt
Vulgärnamen: D:Ährenhafer; E:French Oat Grass; F:Gaudinie
Arten: 4
Lebensform: Einjährige, Staude
Ligula: häutig
Blütenstand: Ähre. Ährchen einzeln längs zur Achse stehend
Ährchen und Blüten: 3- bis 11-blütig, als Ganzes abfallend. Hüllspelzen 2, mit 3(5) und 5–7(11) Nerven. Deckspelzen mit 7–9 Nerven. Granne rückenständig oder fehlend
Kennzeichen: Einjährige, Staude. Blütenstand: Ähre. Ährchen einzeln längs zur Achse stehend. Hüllspelzen 2. Granne rückenständig oder fehlend

Gaudinia fragilis

Gigantochloa Kurz ex Munro

Ableitung: Riesen-Gras
Vulgärnamen: D:Riesenbambus; F:Bambou géant
Arten: 18
Lebensform: Bambus, baumförmig
Ährchen und Blüten: 2- bis 5-blütig. Staubblätter 6, mit verwachsenen Staubfäden

Gigantochloa levis

Glyceria R. Br.

Ableitung: süße Pflanze
Vulgärnamen: D:Schwaden; E:Sweet Grass; F:Glycérie
Arten: 40
Lebensform: Staude, selten Einjährige
Ligula: häutig. Blattscheiden ± geschlossen
Blütenstand: Rispe
Ährchen und Blüten: 2- bis 16-blütig, über den Hüllspelzen abfallend. Hüllspelzen 2, kürzer als die unterste Deckspelze, mit 1 Nerv. Deckspelzen parallelnervig mit 5–11 Nerven. Grannen fehlend
Kennzeichen: Staude, selten Einjährige. Ligula häutig. Blattscheiden ± geschlossen. Blütenstand eine Rispe. Ährchen 2- bis 16-blütig. Grannen fehlend

Glyceria maxima

Guadua Kunth

Ableitung: nach eine Pflanzennamen in Südamerika
Arten: c. 30
Lebensform: Bambus

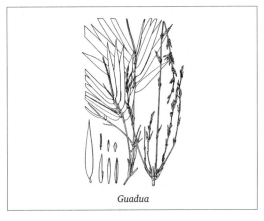
Guadua

Hakonechloa Makino ex Honda

Ableitung: Gras von Hakone (Japan)
Vulgärnamen: D:Japangras; E:Hakone Grass
Arten: 1
Lebensform: Staude, Einjährige
Ligula: Haarkranz
Blütenstand: Andropogoneae. Rispe
Ährchen und Blüten: 5- bis 10-blütig, als Ganzes abfallend. Hüllspelzen 2, kürzer als die unterste Deckspelze, mit 3–5 Nerven. Deckspelzen mit 3 Nerven und Granne
Kennzeichen: Staude, Einjährige. Ligula als Haarkranz. Andropogoneae. Blütenstand eine Rispe. Ährchen 5- bis 10-blütig

Hakonechloa macra

Helictotrichon Besser

Ableitung: gewundenes Haar
Vulgärnamen: D:Flaumhafer, Wiesenhafer; E:Oat Grass; F:Avoine des prés
Arten: 50–60
Lebensform: Staude
Ligula: häutig
Blütenstand: Rispe

Ährchen und Blüten: 2-4 fertile Blüten, über den Hüllspelzen abfallend. Ährchen 11-20 mm lang. Hüllspelzen 2, länger als die unterste Deckspelze, mit 1-3(5) Nerven. Deckspelzen mit 5-11 Nerven. Grannen auf der Deckspelze rückenständig und gekniet
Kennzeichen: Staude. Blütenstand eine Rispe. Ährchen mit 2-4 fertilen Blüten, über den Hüllspelzen abfallend. Ährchen 11-20 mm lang. Hüllspelzen 2, länger als die unterste Deckspelze. Grannen auf der Deckspelze rückenständig und gekniet

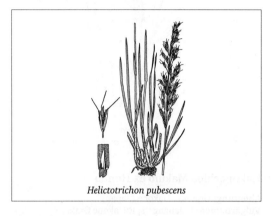
Helictotrichon pubescens

Heteropogon Pers.

Ableitung: mit verschiedenen Bärten (mit und ohne Granne)
Vulgärnamen: E:Spear Grass
Arten: 6
Lebensform: Staude, Einjährige
Ligula: häutig, Haarkranz
Blütenstand: Andropogoneae. 1 oder mehrere Ähren
Ährchen und Blüten: 2-blütig, als Ganzes abfallend, untere Ährchen unbegrannt, obere begrannt. Hüllspelzen 2 und 1 sterile Deckspelze, mit 5-9 und 3 Nerven. Granne rückenständig und gekniet
Kennzeichen: Staude, Einjährige. Andropogoneae. Blütenstand aus 1 oder mehreren Ähren. Untere Ährchen unbegrannt, obere begrannt

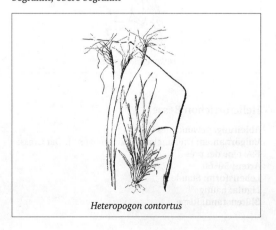
Heteropogon contortus

Hierochloe R. Br.

Ableitung: heiliges Gras
Vulgärnamen: D:Mariengras; E:Holy Grass; F:Hierochloa, Houque
Arten: 20
Lebensform: Staude
Ligula: häutig
Blütenstand: Rispe
Ährchen und Blüten: 3-blütig, 2 männliche untere und 1 zwittrige Blüte darüber, über den Hüllspelzen abfallend. Hüllspelzen 2, länger als die Deckspelze, mit 1-3 Nerven. Deckspelzen mit 3-5 Nerven. Granne rückenständig oder fehlend
Kennzeichen: Staude. Blütenstand eine Rispe. Ährchen 3-blütig, 2 männliche untere und 1 zwittrige Blüte darüber, über den Hüllspelzen abfallend. Hüllspelzen länger als die Deckspelzen. Granne rückenständig oder fehlend

Hierochloe odorata

Holcus L.

Ableitung: antiker Pflanzenname
Vulgärnamen: D:Honiggras; E:Soft Grass; F:Houque
Arten: 8
Lebensform: Staude, selten Einjährige
Ligula: häutig
Blütenstand: Rispe
Ährchen und Blüten: 2- bis 3-blütig, als Ganzes abfallend. Hüllspelzen 2, länger als die unterste Deckspelze, mit 1 und 3 Nerven. Deckspelzen mit 3-5 Nerven. Granne rückenständig

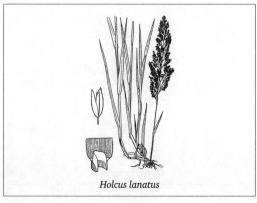
Holcus lanatus

Kennzeichen: Staude, selten Einjährige. Ährchen 2- bis 3-blütig, als Ganzes abfallend. Hüllspelzen länger als die unterste Deckspelze. Granne rückenständig

Hordelymus (Jess.) Jess. ex Harz

Ableitung: aus Hordeum und Elymus entstanden
Vulgärnamen: D:Waldgerste; E:Wood Barley; F:Orge des bois
Arten: 1
Lebensform: Staude
Ligula: häutig
Blütenstand: Ähre, 2-reihig. Ährchen zu 3 nebeneinander an einem Knoten, seitliche gestielt, alle 3 zwittrig.
Ährchen und Blüten: 1-blütig, über den Hüllspelzen abfallend. Hüllspelzen 2, mit 3 Nerven. Deckspelzen mit 5 Nerven. Grannen vorhanden
Kennzeichen: Staude. Blütenstand eine Ähre, 2-reihig. Ährchen zu 3 nebeneinander an einem Knoten, seitliche gestielt, alle 3 zwittrig. Ährchen 1-blütig

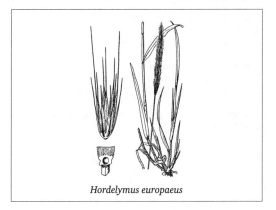
Hordelymus europaeus

Hordeum L.

Ableitung: antiker Pflanzenname
Vulgärnamen: D:Gerste; E:Barley; F:Orge
Arten: c. 20
Lebensform: Einjährige, Staude
Ligula: häutig

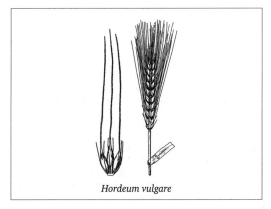
Hordeum vulgare

Blütenstand: Ähre, 2-reihig. Ährchen zu 3 nebeneinander an einem Knoten, seitliche gestielt und männlich oder steril
Ährchen und Blüten: 1(2)-blütig, über den Hüllspelzen abfallend. Hüllspelzen 2, grannenartig. Deckspelzen mit 5 Nerven. Granne vorhanden oder fehlend
Kennzeichen: Einjährige, Staude. Blütenstand eine Ähre, 2-reihig. Ährchen zu 3 nebeneinander an einem Knoten, seitliche gestielt und männlich oder steril. Ährchen 1(2)-blütig

Hyparrhenia E. Fourn.

Ableitung: unten mit Staubblatt
Vulgärnamen: D:Kahngras
Arten: c. 55
Lebensform: Staude, Einjährige
Ligula: häutig
Blütenstand: Andropogoneae. Fingergras. Teilblütenstände zu je 2 und gestielt. Untere Ährcheneinheit eingeschlechtig
Ährchen und Blüten: Ährchen vom Rücken her zusammengedrückt oder rund im Querschnitt, 2-blütig, als Ganzes abfallend. Hüllspelzen 2. Granne gekniet
Kennzeichen: Staude, Einjährige. Andropogoneae. Fingergras. Teilblütenstände zu je 2 und gestielt. Untere Ährcheneinheit eingeschlechtig

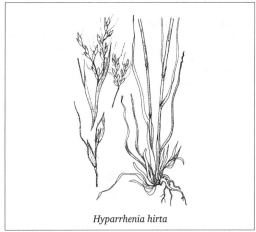
Hyparrhenia hirta

Hystrix Moench

Ableitung: Stachelschwein
Vulgärnamen: D:Flaschenbürstengras; E:Bottle-Brush Grass; F:Hystrix
Arten: 9
Lebensform: Staude
Ligula: häutig
Blütenstand: Ähre, 2-reihig. Ährchen 2 nebeneinander an einem Knoten. Ährchenachse zwischen den Knoten gut sichtbar
Ährchen und Blüten: 2- bis 4-blütig, über den Hüllspelzen abfallend. Hüllspelzen grannenartig, 2, 1 oder fehlend. Deckspelzen mit 5 Nerven. Granne endständig

Kennzeichen: Staude. Blütenstand eine Ähre, 2-reihig. Ährchen 2 nebeneinander an einem Knoten. Ährchenachse zwischen den Knoten gut sichtbar. Hüllspelzen grannenartig, 2, 1 oder fehlend

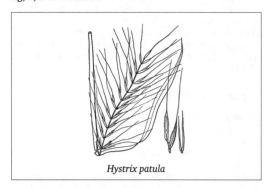
Hystrix patula

Imperata Cirillo

Ableitung: Gattung zu Ehren von Ferrante Imperato (1550–1625), einem italienischen Botaniker benannt
Vulgärnamen: E:Chigaya
Arten: 8
Lebensform: Staude
Ligula: häutig
Blütenstand: Andropogoneae. Ährenrispe
Ährchen und Blüten: 2-blütig, als Ganzes abfallend. Ährchen lang behaart. Hüllspelzen 2, mit 3–9 Nerven. Grannen fehlend. Staubblätter 1–2
Kennzeichen: Staude. Andropogoneae. Ährenrispe. Ährchen lang behaart

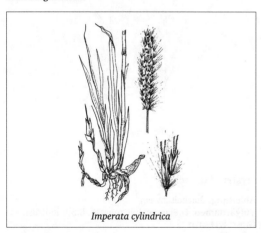
Imperata cylindrica

Indocalamus Nakai

Ableitung: indischer Calamus
Arten: 35
Lebensform: Bambus, strauchförmig. Zweige 1 je Knoten. Scheiden bleibend
Staubblätter 3

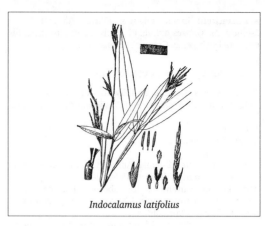
Indocalamus latifolius

Ischaemum L.

Ableitung: antiker Pflanzenname
Arten: c. 65
Lebensform: Einjährige, Staude
Ligula: häutig
Blütenstand: Andropogoneae. Ähren
Ährchen und Blüten: 2(1–20)-blütig, nicht bärtig, als Ganzes abfallend. Hüllspelzen 2, mit 2 Kielen. Granne zwischen 2 Zähnen
Kennzeichen: Einjährige, Staude. Andropogoneae. Blüten in Ähren, nicht bärtig

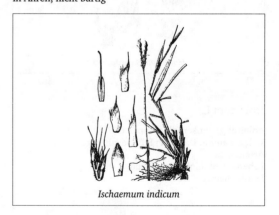
Ischaemum indicum

Koeleria Pers.

Ableitung: Gattung zu Ehren von Georg Ludwig Koeler (1765–1807), einem deutschen Botaniker benannt
Vulgärnamen: D:Schillergras; E:Hair Grass; F:Keulérie
Arten: c. 35
Lebensform: Staude, Einjährige
Ligula: häutig
Blütenstand: Ährenrispe, Rispe
Ährchen und Blüten: (1-)2–5(8-2)-blütig, über den Hüllspelzen abfallend. Hüllspelzen 2, meist länger als die unterste Deckspelze, mit 1 und 3(5) Nerven. Deckspelzen mit 3–5 Nerven. Grannen fehlend

Kennzeichen: Staude, Einjährige. Blütenstand eine Ährenrispe oder Rispe. Ährchen 2–5(8–2)-blütig. Hüllspelzen 2, meist länger als die unterste Deckspelze. Grannen fehlend

Koeleria pyramidata

Lagurus L.

Ableitung: Hasen-Schwanz
Vulgärnamen: D:Hasenschwanzgras, Samtgras; E:Hare's Tail; F:Lagurier, Queue-de-lièvre
Arten: 1
Lebensform: Einjährige
Ligula: häutig
Blütenstand: Ährenrispengras
Ährchen und Blüten: 1-blütig, über den Hüllspelzen abfallend. Ährchen wollig-samtig. Hüllspelzen 2, mit 1 Nerven. Deckspelzen mit 3 Nerven. Hüll- und Deckspelze mit 3spitziger Granne
Kennzeichen: Einjährige. Ährenrispengras. Ährchen 1-blütig. Ährchen wollig-samtig

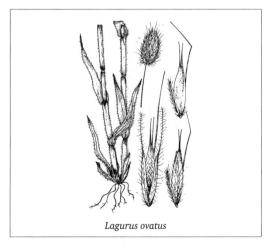
Lagurus ovatus

Lamarckia Moench

Ableitung: Gattung zu Ehren von Jean Baptiste Pierre Antoine de Monnet de Lamarck (1774–1829), einem berühmten französischen Naturforscher benannt
Vulgärnamen: D:Goldschwanzgras, Goldspitzengras, Lamarkie; E:Golden Dog's Tail; F:Lamarckia
Arten: 1
Lebensform: Einjährige
Ligula: häutig
Blütenstand: Ährenrispengras. Ährchen in Gruppen, untere steril
Ährchen und Blüten: 1 fertile Blüte je Ährchen, als Ganzes abfallend. Hüllspelzen 2, mit 1 Nerv. Deckspelzen mit kaum ausgeprägten Nerven. Grannen vorhanden
Kennzeichen: Einjährige. Ährenrispengras. Ährchen in Gruppen, untere steril. Ährchen mit 1 fertilen Blüte

Lamarckia aurea

Leersia Sw.

Ableitung: Gattung zu Ehren von Johann Daniel Leers (1727–1794), einem deutschen Apotheker und Botaniker benannt
Vulgärnamen: D:Reisquecke; E:Cut Grass; F:Faux-riz, Léersia, Riz sauvage
Arten: 17
Lebensform: Staude, selten Einjährige
Ligula: häutig
Blütenstand: Rispe
Ährchen und Blüten: 1-blütig, als Ganzes abfallend. Hüllspelzen fehlend und sterile kleine Blüte. Deckspelzen mit 5 Nerven. Grannen fehlend. Staubblätter 6, 2 oder 1
Kennzeichen: Staude, selten Einjährige. Blütenstand eine Rispe. Ährchen 1-blütig, als Ganzes abfallend. Hüllspelzen fehlend und sterile kleine Blüte

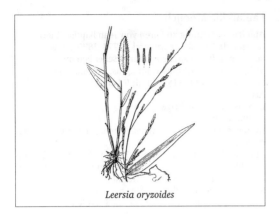
Leersia oryzoides

Leymus Hochst.

Ableitung: veränderte Elymus
Vulgärnamen: D:Strandroggen; E:Lyme Grass; F:Elyme
Arten: 40
Lebensform: Staude
Ligula: häutig
Blütenstand: Ähre, 2-reihig. Ährchen einzeln oder nebeneinander quer zur Achse stehend
Ährchen und Blüten: 2- bis 5(1–22)-blütig, über den Hüllspelzen abfallend. Hüllspelzen 2 spelzenartig, grannenartig bis fehlend, mit 3(7) 5–7 Nerven. Deckspelzen mit 5–7 Nerven. Granne vorhanden oder fehlend
Kennzeichen: Staude. Blütenstand eine Ähre, 2-reihig. Ährchen einzeln oder nebeneinander quer zur Achse stehend. Ährchen 2- bis 5(1–22)-blütig. Hüllspelzen 2 spelzenartig, grannenartig bis fehlend. Kaum kurz zu charakterisieren

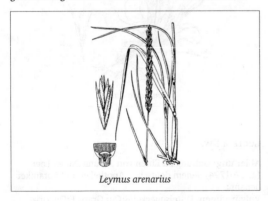
Leymus arenarius

Lolium L.

Ableitung: antiker Pflanzenname
Vulgärnamen: D:Lolch, Raigras, Raygras, Weidelgras; E:Rye Grass; F:Raygras
Arten: 8
Lebensform: Einjährige, Zweijährige, Staude
Ligula: häutig
Blütenstand: Ähre, 2-reihig. Ährchen einzeln längs zur Achse stehend

Ährchen und Blüten: 2- bis 22-blütig, über den Hüllspelzen abfallend. Hüllspelzen 1, selten 2, mit 3–9 Nerven. Deckspelzen mit 3–7 Nerven. Granne vorhanden oder fehlend
Kennzeichen: Einjährige, Zweijährige, Staude. Blütenstand eine Ähre, 2-reihig. Ährchen einzeln längs zur Achse stehend. Hüllspelzen 1, selten 2

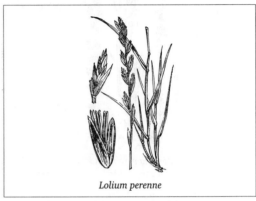
Lolium perenne

Lygeum L.

Ableitung: nach einem antiken Pflanzennamen
Arten: 1
Lebensform: Staude
Ligula: häutig
Blütenstand: Ähre, zuerst in scheidenförmigem Blatt mit 1 Ährchen
Ährchen und Blüten: 2- bis 3-blütig, als Ganzes abfallend. Hüllspelzen fehlend. Grannen fehlend
Kennzeichen: Staude. Blütenstand eine Ähre, zuerst in einem scheidenförmigen Blatt, mit 1 Ährchen. Ährchen 2- bis 3-blütig

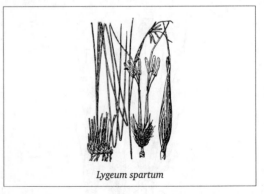
Lygeum spartum

Melica L.

Ableitung: nach einem mittelalterlichen Pflanzennamen in Italien
Vulgärnamen: D:Perlgras; E:Melick; F:Mélique
Arten: 80

Lebensform: Staude
Ligula: häutig
Blütenstand: Rispe
Ährchen und Blüten: 1- bis 7-blütig, als Ganzes abfallend oder über den Hüllspelzen. Hüllspelzen 2, mit 1-9 und 1-11 Nerven. Deckspelzen parallelnervig, mit (4)5-9(15) Nerven. Ährchenachse am Ende keulig. Granne selten
Kennzeichen: Staude. Ligula häutig. Blütenstand eine Rispe. Ährchen 1- bis 7-blütig. Deckspelzen parallelnervig. Ährchenachse am Ende keulig

Melica nutans

Melinis P. Beauv.

Ableitung: Gerstenpflanze
Arten: 22
Lebensform: Einjährige, Staude
Ligula: Haarkranz
Blütenstand: Paniceae. Rispe
Ährchen und Blüten: 2-blütig, als Ganzes abfallend. Spelzen sehr lang behaart. Hüllspelzen 2 und 1 sterile Deckspelze, mit 5 Nerven
Kennzeichen: Einjährige, Staude. Paniceae. Blütenstand eine Rispe. Spelzen sehr lang behaart

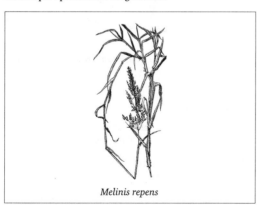

Melinis repens

Melocanna Trin.

Ableitung: Apfel-Canna
Arten: 2
Lebensform: Bambus

Melocanna humilis

Mibora Adans.

Ableitung: Herleitung unbekannt
Vulgärnamen: D:Zwerggras; E:Sand Grass; F:Mibora
Arten: 2
Lebensform: Einjährige
Ligula: häutig
Blütenstand: Ähre, 2-reihig, Ährenachse um die Ährchen geschlängelt
Ährchen und Blüten: 1-blütig, als Ganzes abfallend. Hüllspelzen 2, mit 1 Nerv. Deckspelzen mit 5 Nerven. Grannen fehlend
Kennzeichen: Einjährige. Blütenstand eine Ähre, 2-reihig, Ährenachse um die Ährchen geschlängelt. Ährchen 1-blütig

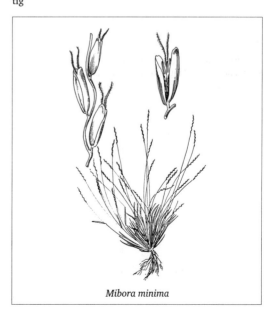

Mibora minima

Micropyrum (Gaudin) Link

Ableitung: kleiner Weizen
Vulgärnamen: D:Dünnschwingel; F:Fétuque du gravier
Arten: 3
Lebensform: Staude, Einjährige
Ligula: häutig
Blütenstand: Ähre. Ährchen quer zur Achse stehend
Ährchen und Blüten: 3–9(16)-blütig. Hüllspelzen 2, kürzer als die unterste Deckspelze, mit 1–3 Nerven. Deckspelzen mit 5 Nerven. Fruchtknoten kahl
Kennzeichen: Staude, Einjährige. Blütenstand eine Ähre. Ährchen quer zur Achse stehend. Hüllspelzen 2, kürzer als die unterste Deckspelze, mit 1–3 Nerven. Fruchtknoten kahl

Micropyrum tenellum

Milium L.

Ableitung: antiker Pflanzenname
Vulgärnamen: D:Flattergras; E:Millet; F:Millet
Arten: 4
Lebensform: Einjährige, Staude

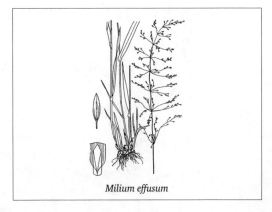
Milium effusum

Ligula: häutig
Blütenstand: Rispe
Ährchen und Blüten: Ährchen vom Rücken her zusammengedrückt, 1-blütig, über den Hüllspelzen abfallend. Hüllspelzen 2, länger als die unterste Deckspelze, mit 3 Nerven. Deckspelzen mit 5 undeutlichen Nerven. Grannen fehlend
Kennzeichen: Einjährige, Staude. Blütenstand eine Rispe. Ährchen vom Rücken her zusammengedrückt, 1-blütig. Grannen fehlend

Miscanthus Andersson

Ableitung: Stiel-Blüte
Vulgärnamen: D:Chinaschilf; E:Silver Grass; F:Roseau de Chine
Arten: 15–20
Lebensform: Staude
Ligula: häutig
Blütenstand: Andropogoneae. Mehrere bis viele Ähren
Ährchen und Blüten: 2-blütig, als Ganzes abfallend. Ährchen mit vielen langen Haaren am Grund. Hüllspelzen 2 und 1 sterile Deckspelze, kürzer als die unterste Deckspelze, ohne Nerven. Grannen vorhanden
Kennzeichen: Staude. Andropogoneae. Blütenstand mehrere bis viele Ähren. Ährchen mit vielen langen Haaren am Grund

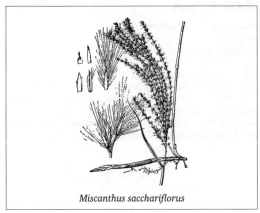
Miscanthus sacchariflorus

Molinia Schrank

Ableitung: Gattung zu Ehren von Giovanni Ignazio Molina (1740–1829), einem italienischen Botaniker benannt
Vulgärnamen: D:Besenried, Pfeifengras; E:Moor Grass; F:Herbe-aux-pipes, Molinie
Arten: 2–4
Lebensform: Staude. Knoten am Grund des Halms konzentriert
Ligula: Haarkranz
Blütenstand: Rispe
Ährchen und Blüten: 1- bis 4-blütig, über den Hüllspelzen abfallend. Hüllspelzen 2, kürzer als die unterste Deckspelze, mit 1 oder 3 Nerven. Deckspelzen mit 3(5) Nerven. Grannen fehlend

Kennzeichen: Lebensform: Staude. Knoten am Grund des Halms konzentriert. Ligula als Haarkranz. Blütenstand eine Rispe

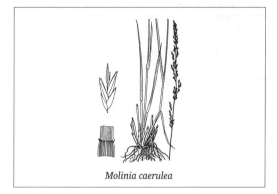
Molinia caerulea

Muhlenbergia Schreb.

Ableitung: Gattung zu Ehren von Gotthilf Henry Ernest Muhlenberg (1753–1815), einem nordamerikanischen Geistlichen und Botaniker benannt
Arten: c. 160
Lebensform: Staude, selten Einjährige
Ligula: häutig
Blütenstand: Rispe, Ährenrispe
Ährchen und Blüten: 1(3–2)-blütig. Ährchen zusammengedrückt und gekielt, über den Hüllspelzen abfallend, selten als Ganzes abfallend. Hüllspelzen 2, keine oder 1(3–2) Nerven. Deckspelzen mit 3(5) Nerven. Grannen endständig oder fehlend
Kennzeichen: Staude, selten Einjährige. Blütenstand eine Rispe oder Ährenrispe. Ährchen 1(3–2)-blütig. Ährchen zusammengedrückt und gekielt, über den Hüllspelzen abfallend, selten als Ganzes abfallend. Hüllspelzen 2

Muhlenbergia mexicana

Nardus L.

Ableitung: antiker Pflanzenname
Vulgärnamen: D:Borstgras; E:Mat Grass; F:Nard
Arten: 1

Lebensform: Staude
Ligula: häutig
Blütenstand: Ähre, einseitswendig mit 2 Reihen von Ährchen
Ährchen und Blüten: 1-blütig, über den Hüllspelzen abfallend. Hüllspelze ringförmig. Deckspelzen mit 3 Nerven. Granne endständig. Narbe 1
Kennzeichen: Staude. Blütenstand eine Ähre, einseitswendig mit 2 Reihen von Ährchen. Hüllspelze ringförmig. Granne endständig. Narbe 1

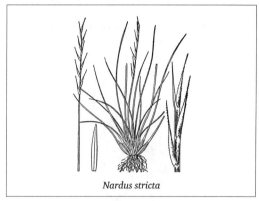
Nardus stricta

Oplismenus P. Beauv.

Ableitung: bewaffnet (mit Grannen versehen)
Vulgärnamen: D:Stachelspelze; E:Basket Gras; F:Herbe-à-panier, Oplismène
Arten: 7
Lebensform: Einjährige, Staude
Ligula: Haarkranz oder häutig
Blütenstand: Paniceae. Ähre
Ährchen und Blüten: Ähchen vom Rücken her zusammengedrückt, 2-blütig, als Ganzes abfallend. Hüllspelzen 2, untere viel länger als das Ährchen und 1 sterile Deckspelze, mit 3–5 Nerven. Deckspelzen mit 5–7 Nerven. Grannen vorhanden
Kennzeichen: Einjährige, Staude. Paniceae. Blütenstand eine Ähre. Hüllspelzen 2, untere viel länger als das Ährchen

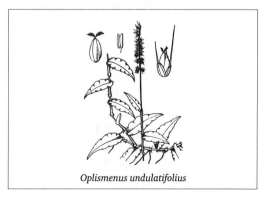
Oplismenus undulatifolius

Oreochloa Link

Ableitung: Berg-Gras
Vulgärnamen: D:Kopfgras; F:Oréochloa
Arten: 4
Lebensform: Staude
Ligula: häutig
Blütenstand: Ährenrispengras. Blütenstand deutlich 2-zeilig
Ährchen und Blüten: 3- bis 7-blütig, über den Hüllspelzen abfallend. Hüllspelzen 2, kürzer als die unterste Deckspelze, mit 1–3 Nerven. Deckspelzen mit 5–7 Nerven. Grannen fehlend
Kennzeichen: Staude. Ährenrispengras. Blütenstand deutlich 2-zeilig. Ährchen 3- bis 7-blütig

Oreochloa disticha

Oryza L.

Ableitung: antiker Pflanzenname
Vulgärnamen: D:Reis; E:Rice; F:Riz
Arten: c. 19
Lebensform: Einjährige, Staude
Ligula häutig
Blütenstand: Rispe
Ährchen und Blüten: Ährchen mit 1 fertilen und 2 sterilen kleinen Blüten darunter, als Ganzes bei kultivierten Arten abfallend. Hüllspelzen fehlend. Deckspelzen mit 5 Nerven. Grannen fehlend oder endständig
Kennzeichen: Einjährige, Staude. Blütenstand eine Rispe. Ährchen mit 1 fertilen und 2 sterilen kleinen Blüten darunter. Hüllspelzen fehlend

Oryza sativa

Otatea (McClure et E.W. Sm.) C.E. Calderón et Soderstr.

Ableitung: nach einem Pflanzennamen der Azteken
Vulgärnamen: D:Trauerbambus; E:Weeping Bamboo; F:Bambou
Arten: 2
Lebensform: Bambus. Halme nicht hohl, gekerbt

Oxytenanthera Munro

Ableitung: lange spitzige Staubblätter
Arten: 1
Lebensform: Bambus

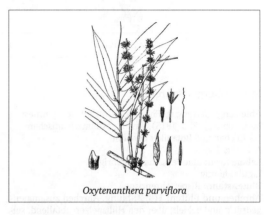

Oxytenanthera parviflora

Panicum L.

Ableitung: antiker Pflanzenname
Vulgärnamen: D:Hirse, Rispenhirse; E:Crab Grass, Panic Grass; F:Panic
Arten: 500+
Lebensform: Einjährige, Staude
Ligula: häutig
Blütenstand: Paniceae. Rispe
Ährchen und Blüten: Ährchen meist vom Rücken her zusammengedrückt, 2-blütig, als Ganzes abfallend. Spelzen nicht lang behaart. Hüllspelzen 2 und 1 sterile Deckspelze, kürzer als die Deckspelze, mit 1–9 Nerven. Deckspelzen mit 3–9 Nerven. Grannen fehlend

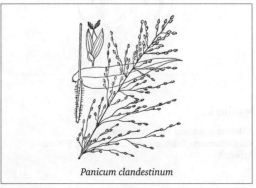

Panicum clandestinum

Kennzeichen: Einjährige, Staude. Paniceae. Blütenstand eine Rispe. Ährchen meist vom Rücken her zusammengedrückt. Spelzen nicht lang behaart

Parapholis C.E. Hubb.

Ableitung: Gattung Pholiurus nahestehend
Vulgärnamen: D:Dünnschwanz; E:Hard Grass
Arten: 6
Lebensform: Einjährige
Ligula: häutig
Blütenstand: Ähre. Ährchen in die Achse eingesenkt. Ährenachse zerfallend
Ährchen und Blüten: 1-blütig, als Ganzes abfallend. Hüllspelzen 2, meist länger als die Deckspelze, mit 5 Nerven. Deckspelzen mit 1-3 Nerven. Grannen fehlend
Kennzeichen: Einjährige. Blütenstand eine Ähre. Ährchen in die Achse eingesenkt. Ährenachse zerfallend. Ährchen 1-blütig. Hüllspelzen 2

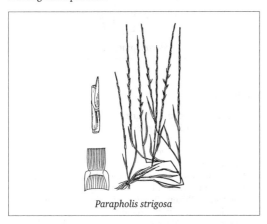
Parapholis strigosa

Paspalum L.

Ableitung: nach einem griechischen Pflanzennamen
Vulgärnamen: D:Pfannengras; E:Finger Grass; F:Digitaire, Paspalum
Arten: c. 330
Lebensform: Einjährige, Staude
Ligula häutig

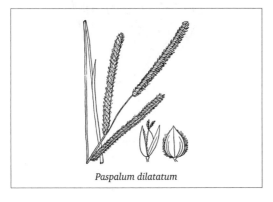
Paspalum dilatatum

Blütenstand: Paniceae. Fingergras, Ähre. Ährchen einseitswendig in 2 Reihen. Rispenäste zusammengedrückt
Ährchen und Blüten: 2-blütig, als Ganzes abfallend. Hüllspelzen meist 1, mit 1 Nerv. Grannen fehlend
Kennzeichen: Einjährige, Staude. Paniceae. Fingergras, Ähre. Ährchen einseitswendig in 2 Reihen. Rispenäste zusammengedrückt

Pennisetum Rich.

Ableitung: Feder-Borste
Vulgärnamen: D:Federborstengras, Lampenputzergras; E:Fountain Grass; F:Herbe-aux-écouvillons
Arten: 130
Lebensform: Einjährige, Staude
Ligula: Haarkranz, häutig
Blütenstand: Paniceae. Ähre
Ährchen und Blüten: 2-blütig, als Ganzes abfallend, mit sterilen Borsten um das Ährchen. Hüllspelzen 2 und 1 sterile Deckspelze, mit 0-5 Nerven. Deckspelzen mit 3-15 Nerven. Grannen fehlend
Kennzeichen: Einjährige, Staude. Paniceae. Blütenstand eine Ähre. Sterile Borsten um das Ährchen

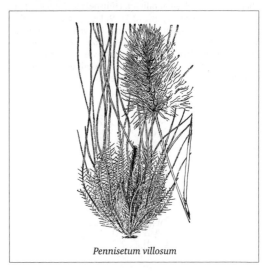
Pennisetum villosum

Phalaris L.

Ableitung: antiker Pflanzenname
Vulgärnamen: D:Glanzgras; E:Canary Grass; F:Alpiste, Baldingère
Arten: c. 20
Lebensform: Einjährige, Staude
Ligula: häutig
Blütenstand: Ährenrispengras, Rispe
Ährchen und Blüten: 1 fertile und 2 sterile Blüten als Hüllspelzen erscheinend, über den Hüllspelzen oder als Ganzes abfallend. Hüllspelzen 2, mit 1-5 Nerven. Deckspelzen mit 5 Nerven. Grannen fehlend
Kennzeichen: Einjährige, Staude. Blütenstand eine Ährenrispe oder Rispe. Ährchen mit 1 fertilen und 2 sterilen Blüten, die als Hüllspelzen erscheinen

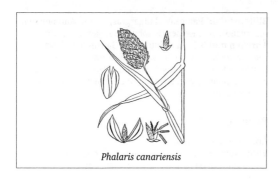
Phalaris canariensis

Pharus P. Browne

Ableitung: Mantel
Arten: 8
Lebensform: Staude
Ligula: häutig
Blütenstand: wie bei Andropogoneae. Rispe
Ährchen und Blüten: Blüten eingeschlechtig, 1-blütig, über den Hüllspelzen abfallend. Hüllspelzen 2 oder 1, kürzer als die Deckspelze, mit (3-)5-9(1-21) Nerven. Deckspelzen der männlichen Blüten mit 3 Nerven, die der weiblichen mit 7. Grannen fehlend. Staubblätter 6. Griffel 3
Kennzeichen: Staude. Blütenstand wie bei Andropogoneae. Blütenstand eine Rispe. Ährchen mit eingeschlechtigen Blüten, 1-blütig. Grannen fehlend

Pharus lappulaceus

Phleum L.

Ableitung: antiker Pflanzenname
Vulgärnamen: D:Lieschgras; E:Cat's Tail, Timothy; F:Fléole
Arten: 15
Lebensform: Einjährige, Staude
Ligula: häutig

Blütenstand: Ährenrispengras
Ährchen und Blüten: 1-blütig, über den Hüllspelzen abfallend. Ährchen zusammengedrückt und gekielt, an den Kielen bewimpert. Hüllspelzen 2, länger als die Deckspelze, mit 3 Nerven. Deckspelzen mit 5-7 Nerven. Grannen fehlend
Kennzeichen: Einjährige, Staude. Ährchen 1-blütig, über den Hüllspelzen abfallend. Ährchen zusammengedrückt und gekielt, an den Kielen bewimpert. Hüllspelzen 2. Grannen fehlend

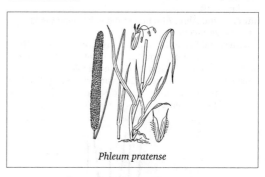
Phleum pratense

Pholiurus Trin.

Ableitung: Schuppen-Schwanz
Vulgärnamen: D:Schuppenschwanz
Arten: 1
Lebensform: Einjährige
Ligula: häutig
Blütenstand: Ähre, Ährchen in die Achse eingesenkt. Ährenachse nicht zerfallend
Ährchen und Blüten: 2- oder 1-blütig, als Ganzes abfallend. Hüllspelzen 2, mit 5 Nerven
Kennzeichen: Einjährige. Blütenstand eine Ähre, Ährchen in die Achse eingesenkt. Ährenachse nicht zerfallend. Ährchen 2- oder 1-blütig. Hüllspelzen 2

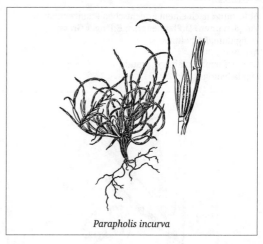
Parapholis incurva

Phragmites Adans.
Ableitung: antiker Pflanzenname
Vulgärnamen: D:Rohr, Schilf; E:Reed; F:Roseau
Arten: 4
Lebensform: Staude
Ligula: häutig
Blütenstand: Rispe
Ährchen und Blüten: 2- bis 8-blütig, über den Hüllspelzen abfallend. Ährchenachse lang behaart. Hüllspelzen 2, ungleich lang, kürzer als die unterste Deckspelze, mit 3–5 Nerven. Deckspelzen mit 3 Nerven
Kennzeichen: Staude. Ligula häutig. Blütenstand eine Rispe. Blüten 2- bis 8-blütig. Ährchenachse lang behaart. Hüllspelzen 2, ungleich lang.

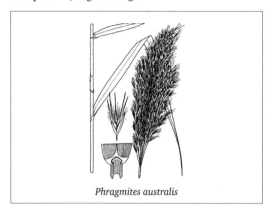

Phragmites australis

Piptatherum P. Beauv.
Ableitung: mit abfallenden Grannen
Vulgärnamen: D:Grannenreis
Arten: c. 50
Lebensform: Staude
Ligula: häutig
Blütenstand: Rispe
Ährchen und Blüten: 1-blütig, über den Hüllspelzen abfallend. Hüllspelzen 2, meist länger als die Deckspelze, mit 1–9 Nerven. Deckspelzen mit 3–7 Nerven. Grannen endständig. Ansatzstelle der Frucht 0,1 - 2 mm lang. Frucht verhärtend
Kennzeichen: Staude. Blütenstand eine Rispe. Ährchen 1-blütig. Hüllspelzen 2. Grannen endständig. Ansatzstelle der Frucht 0,1 - 2 mm lang. Frucht verhärtend

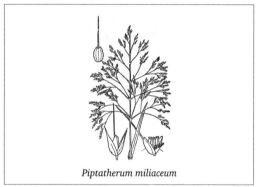

Piptatherum miliaceum

Phyllorhachis
Arten: 1
Lebensform: Bambus

Phyllostachys Siebold et Zucc.
Ableitung: Blatt-Ähre
Arten: 76
Lebensform: Bambus, strauch- oder baumartig. Halme hohl, im Querschnitt ± eingekerbt. Zweige 2 seitliche und 1 mittlerer schwacher je Knote. Blattscheiden mit Borsten. Blätter mit schachbrettartiger Nervatur
Ährchen und Blüten: 2- bis 13-blütig. Hüllspelzen fehlend, 1 oder 2

Phyllostachys bambusoides

Pleioblastus Nakai
Ableitung: voller Knospen
Arten: c. 45
Lebensform: Bambus, meist 3–7 Äste je Knoten. Blätter mit schachbrettartiger Nervatur

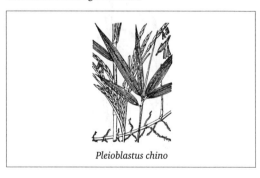

Pleioblastus chino

Poa L.
Ableitung: antiker Pflanzenname
Vulgärnamen: D:Rispengras; E:Meadow Grass; F:Pâturin
Arten: c. 500
Lebensform: Staude, Einjährige
Ligula: häutig
Blütenstand: Rispe

Ährchen und Blüten: (1-)2–6(1–23)-blütig, über den Hüllspelzen abfallend, kürzer als die unterste Deckspelze. Hüllspelzen 2, mit 1–3(5–2) Nerven. Deckspelzen gekielt, mit 5(1–21) Nerven. Grannen fehlend
Kennzeichen: Staude, Einjährige. Ligula häutig. Blütenstand eine Rispe. Ährchen 2- bis 6-blütig. Deckspelzen gekielt

Ährchen und Blüten: 1-blütig, als Ganzes abfallend. Hüllspelzen 2, länger als die Deckspelze, mit 1 Nerv, begrannt. Deckspelzen mit 1–3(5–2) Nerven
Kennzeichen: Einjährige, Staude. Ährenrispengras. Ährchen 1-blütig, als Ganzes abfallend. Hüllspelzen 2, begrannt

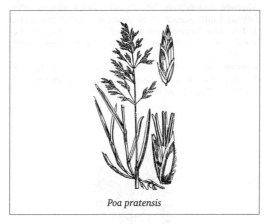
Poa pratensis

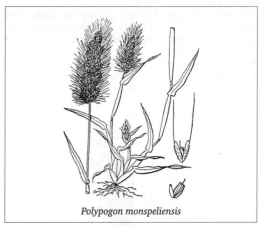
Polypogon monspeliensis

Pogonatherum P. Beauv.

Ableitung: Bart-Granne
Arten: 3
Lebensform: Staude
Blütenstand: Andropogoneae. Ähre
Ährchen und Blüten: 2-blütig, als Ganzes abfallend. Hüllspelzen 2. 2 Grannen je Ährchen
Kennzeichen: Staude. Andropogoneae. Blütenstand eine Ähre. 2 Grannen je Ährchen

Pseudosasa Makino ex Nakai

Ableitung: Schein-Sasa
Arten: 4
Lebensform: Bambus, strauchartig. Zweige 1 je Knoten. Scheiden bleibend und über die Knoten reichend. Blätter mit schachbrettartiger Nervatur
Ährchen und Blüten: 3-bis 30-blütig, über den Hüllspelzen abfallend. Hüllspelzen 2, 1-nervig

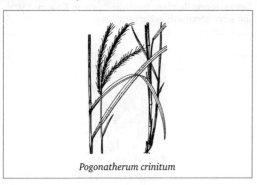
Pogonatherum crinitum

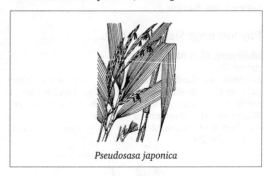
Pseudosasa japonica

Psilurus Trin.

Ableitung: nackter Schwanz
Vulgärnamen: D:Borstenschwanzgras
Arten: 1
Lebensform: Einjährige
Ligula: häutig
Blütenstand: Ähre. Ährchen in die Achse eingesenkt
Ährchen und Blüten: 1-blütig. Hüllspelzen 1. Staublätter 1
Kennzeichen: Einjährige. Blütenstand eine Ähre. Ährchen in die Achse eingesenkt. Hüllspelze 1

Polypogon Desf.

Ableitung: mit starkem Bart
Vulgärnamen: D:Bürstengras; E:Beard Grass; F:Polypogon
Arten: 18
Lebensform: Einjährige, Staude
Ligula: häutig
Blütenstand: Ährenrispengras

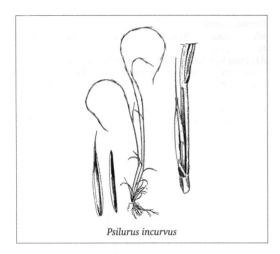
Psilurus incurvus

Puccinellia Parl.

Ableitung: Gattung zu Ehren von Benedetto Luigi Puccinelli (1808–1850), einem italienischen Botaniker benannt
Vulgärnamen: D:Salzschwaden; E:Alkali Grass, Saltmarsh Grass
Arten: 25
Lebensform: Einjährige, Staude, Zweijährige
Ligula: häutig. Blattscheiden bis unten offen
Blütenstand: Rispe
Ährchen und Blüten: Ährchen ± rund im Querschnitt, (2)3–10-blütig, über den Hüllspelzen abfallend. Hüllspelzen 2, kürzer als die unterste Deckspelze, mit 1(3) und (1)3(5) Nerven. Deckspelzen parallelnervig, mit (3)5(7) Nerven. Grannen fehlend
Kennzeichen: Einjährige, Staude, Zweijährige. Ligula häutig. Blattscheiden bis unten offen. Blütenstand eine Rispe. Ährchen und Blüten: Ährchen (2)3–10-blütig. Deckspelzen parallelnervig

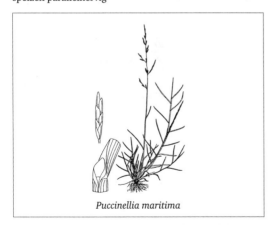
Puccinellia maritima

Rostraria Trin.

Ableitung: Schnabelpflanze (Spelzen)
Vulgärnamen: D:Büschelgras; E:Mediterranean Hair Grass
Arten: c. 10
Lebensform: Einjährige
Ligula: häutig
Blütenstand: Ährenrispe von zylindrischem Umriss
Ährchen und Blüten: (1)2–7(8)-blütig, über den Hüllspelzen abfallend. Hüllspelzen 2, mit 1 und 3 Nerven. Deckspelzen mit 5 Nerven. Granne vorhanden oder fehlend
Kennzeichen: Einjährige. Blütenstand eine Ährenrispe von zylindrischem Umriss

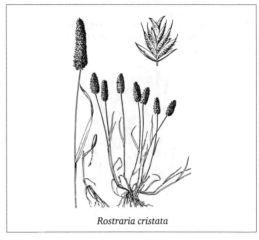
Rostraria cristata

Saccharum L.

Ableitung: antiker Pflanzenname
Vulgärnamen: D:Ravennagras, Zuckerrohr; E:Plume Grass; F:Canne à sucre
Arten: 35–40
Lebensform: Staude
Ligula: häutig
Blütenstand: Andropogoneae. Rispe

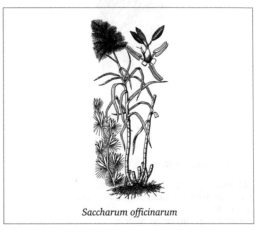
Saccharum officinarum

Ährchen und Blüten: Ährchen vom Rücken her zusammengedrückt, lang behaart, 2-blütig, als Ganzes abfallend. Hüllspelzen 2 und 1 sterile Deckspelze, länger als die Deckspelze, mit 2 Kielen. Granne vorhanden oder fehlend
Kennzeichen: Staude. Andropogoneae. Blütenstand eine Rispe. Ährchen lang behaart

Sasa Makino et Shibata

Ableitung: japanischer Name für kleine Bambus-Arten
Vulgärnamen: D:Zwergbambus; F:Bambou nain
Arten: 40
Lebensform: Bambus, strauchartig oder halbstrauchig. Zweige 1 je Knoten. Scheiden bleibend. Blätter mit schachbrettartiger Nervatur
Ährchen und Blüten: 4- bis 10-blütig. Hüllspelzen 2, 1 oder fehlend. Staubblätter 6(3, 5). Narben 3

Sasa borealis

Sasaella Makino

Ableitung: kleine Sasa
Arten: 12
Lebensform: Bambus

Sasaella ramosa

Schizachyrium Nees

Ableitung: gespaltene Spreu (Spelze)
Vulgärnamen: D:Präriegras; E:Blue Stem
Arten: 60+
Lebensform: Einjährige, Staude

Ligula: häutig
Blütenstand: Andropogoneae. Rispe. Teilblütenstände zu je 2 und gestielt.
Ährchen und Blüten: Ährcheneinheiten alle zwittrig. Ährchen vom Rücken her zusammengedrückt, 2-blütig, als Ganzes abfallend. Hüllspelzen 2, mit 2 Kielen. Deckspelzen begrannt
Kennzeichen: Einjährige oder Staude. Andropogoneae. Blütenstand eine Rispe. Teilblütenstände zu je 2 und gestielt. Ährcheneinheiten alle zwittrig

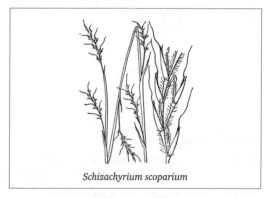
Schizachyrium scoparium

Sclerochloa P. Beauv.

Ableitung: hartes Gras
Vulgärnamen: D:Hartgras; F:Sclérochloa
Arten: 1
Lebensform: Einjährige
Ligula: häutig
Blütenstand: Ähre, Ährchen einseitswendig
Ährchen und Blüten: 2- bis 7-blütig, über den Hüllblättern abfallend. Hüllspelzen 2, mit (1)3–5 und (3)5–9 Nerven. Deckspelzen mit (5-)7–9 Nerven. Grannen fehlend
Kennzeichen: Einjährige. Blütenstand eine Ähre, Ährchen einseitswendig. Ährchen 2- bis 7-blütig. Hüllspelzen 2

Sclerochloa dura

Scolochloa Link

Ableitung: Pfahl-Gras
Vulgärnamen: D:Schwingelschilf; F:Herbe des marais

Arten: 1
Lebensform: Staude
Ligula: häutig
Blütenstand: Rispe
Ährchen und Blüten: 3- bis 5-blütig, über den Hüllspelzen abfallend. Hüllspelzen 2, mit 1–5 und 3–7 Nerven. Deckspelzen gekielt, 3-spitzig, am Grund mit Haarbüscheln, mit 3–9 Nerven. Grannen fehlend
Kennzeichen: Staude. Ligula häutig. Blütenstand eine Rispe. Deckspelzen gekielt, 3-spitzig, am Grund mit Haarbüscheln

Scolochloa festucacea

Semiarundinaria Makino ex Nakai
Ableitung: halb Arundinaria
Vulgärnamen: D:Narihirabambus; E:Narihira Bamboo; F:Bambou
Arten: 7
Lebensform: Bambus, strauchartig. 3–7 Zweige je Knoten. Blattscheiden borstig. Blätter mit schachbrettartiger Nervatur
Ährchen und Blüten: 2- bis 6-blütig. Hüllspelzen fehlend oder 1. Narben 3

Semiarundinaria fastuosa

Secale L.
Ableitung: antiker Pflanzenname
Vulgärnamen: D:Roggen; E:Rye; F:Seigle
Arten: 8
Lebensform: Einjährige, Staude, Zweijährige
Ligula häutig
Blütenstand: Ähre. Ährchen einzeln quer zur Achse stehend
Ährchen und Blüten: 2(3–2)-blütig. Hüllspelzen 2, kürzer als die unterste Deckspelze, mit 1 Nerv, grannenartig. Deckspelzen mit 5 Nerven. Grannen vorhanden
Kennzeichen: Einjährige, Staude, Zweijährige. Blütenstand eine Ähre. Ährchen einzeln quer zur Achse stehend Ährchen 2(3–2)-blütig. Hüllspelzen 2, kürzer als die unterste Deckspelze, mit 1 Nerv, grannenartig

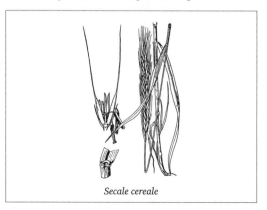

Secale cereale

Sesleria Scop.
Ableitung: Gattung zu Ehren von Leonardo Sesler (?–1785), einem italienischen Arzt und Botaniker benannt
Vulgärnamen: D:Blaugras, Kopfgras; E:Moor Grass; F:Sesléria
Arten: 33
Lebensform: Staude
Ligula: häutig
Blütenstand: Ährenrispengras, ± allseitswendig
Ährchen und Blüten: 2- bis 5-blütig, über den Hüllspelzen abfallend. Hüllspelzen 2, kürzer als die unterste Deckspelze, mit 1–3 Nerven. Deckspelzen mit 5(7–2) Nerven. Grannen vorhanden
Kennzeichen: Staude. Blütenstand eine Ährenrispe, ± allseitswendig. Ährchen 2- bis 5-blütig

Sesleria albicans

Setaria P. Beauv.

Ableitung: Borstenpflanze
Vulgärnamen: D:Borstenhirse, Kolbenhirse; E:Bristle Grass; F:Millet à grappes, Sétaire
Arten: 100–150
Lebensform: Einjährige, Staude
Ligula: Haarkranz, häutig
Blütenstand: Paniceae. Ährenrispe. Ährchen allseitswendig mit sterilen Borsten am Grund
Ährchen und Blüten: 2- bis 5-blütig, als Ganzes abfallend. Hüllspelzen 2 und 1 sterile Deckspelze, mit 1–7 und 3–9 Nerven. Deckspelzen mit 5–7 Nerven. Grannen fehlend
Kennzeichen: Einjährige, Staude. Paniceae. Blütenstand eine Ährenrispe. Ährchen allseitswendig mit sterilen Borsten am Grund

Setaria pumila

Shibataea Makino ex Nakai

Ableitung: Gattung zu Ehren von Keita Shibata (1877–1949), einem japanischen Botaniker und Biochemiker benannt
Arten: 8
Lebensform: Bambus, strauchartig. Halm abgeflacht an einer Seite, nicht röhrig hohl. Zweige 3–5 je Knoten. Blätter mit schachbrettartiger Nervatur
Ährchen und Blüten: 1- bis 4-blütig. Hüllspelzen 2–3, kürzer als die unterste Deckspelze, mit 9–13 Nerven. Deckspelzen mit etwa 11 Nerven. Narben 3

Shibataea kumasasa

Sinarundinaria Nakai

Ableitung: chinesische Arundinaria
Arten: 1?
Lebensform: Bambus, strauchartig. Zweige zahlreich je Knoten. Blätter mit schachbrettartiger Nervatur
Ährchen und Blüten: 2- bis 4-blütig

Sorghastrum Nash

Ableitung: unechtes Sorghum
Vulgärnamen: D:Indianergras; E:Indian Grass; F:Fauxsorgho
Arten: 17
Lebensform: Staude, Einjährige
Ligula: häutig
Blütenstand: Andropogoneae. Rispe
Ährchen und Blüten: 2-blütig, als Ganzes abfallend. Gestielte Ährchen zu Stielchen reduziert. Hüllspelzen 2 und sterile Deckspelze, mit 5–9 und 5 Nerven. Grannen vorhanden
Kennzeichen: Staude, Einjährige. Ligula häutig. Andropogoneae. Blütenstand eine Rispe. Gestielte Ährchen zu Stielchen reduziert

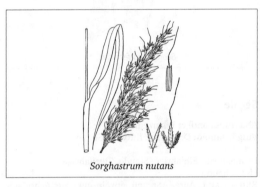
Sorghastrum nutans

Sorghum Moench

Ableitung: nach einem italienischen Pflanzennamen
Vulgärnamen: D:Mohrenhirse, Sorghumhirse; E:Millet; F:Gros millet, Sorgho

Sorghum halepense

Arten: 24
Lebensform: Einjährige, Staude
Ligula: häutig, Haarkranz
Blütenstand: Andropogoneae. Rispe
Ährchen und Blüten: Ährchen vom Rücken her zusammengedrückt, 2-blütig, als Ganzes abfallend. Hüllspelzen 2, mit 5–15 Nerven. Granne wenn vorhanden gekniet
Kennzeichen: Einjährige, Staude. Ligula häutig oder als Haarkranz. Andropogoneae. Blütenstand als Rispe. Ährchen vom Rücken her zusammengedrückt, 2-blütig. Granne wenn vorhanden gekniet

Spartina Schreb.

Ableitung: nach einem antiken Pflanzennamen
Vulgärnamen: D:Schlickgras; E:Cord Grass, Marsh Grass; F:Spartina
Arten: 17
Lebensform: Staude
Ligula: Haarkranz
Blütenstand: Ähren, einseitswendig mit 2 Reihen von Ährchen
Ährchen und Blüten: 1(2–2)-blütig, als Ganzes abfallend. Hüllspelzen 2, länger als die unterste Deckspelze, mit 1 und 1–6 Nerven. Deckspelzen mit 1–3 Nerven. Grannen fehlend
Kennzeichen: Staude. Blütenstand: Ähren, einseitswendig mit 2 Reihen von Ährchen. Ährchen als Ganzes abfallend

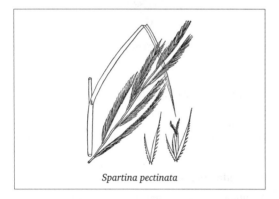

Spartina pectinata

Spodiopogon Trin.

Ableitung: aschgrauer Bart
Vulgärnamen: D:Graubartgras; F:Spodiopogon
Arten: 9
Lebensform: Staude, Einjährige
Ligula: häutig
Blütenstand: Andropogoneae. Ähren 1–3
Ährchen und Blüten: 2-blütig, als Ganzes abfallend, lang bärtig. Gestielte Blüte fertil. Hüllspelzen 2. Grannen vorhanden
Kennzeichen: Staude, Einjährige. Andropogoneae. Blütenstand 1–3 Ähren. Ährchen lang bärtig. Gestielte Blüte fertil

Spodiopogon sibiricus

Sporobolus R. Br.

Ableitung: Samen werfend
Vulgärnamen: D:Fallsamengras, Vilfagras; E:Dropseed; F:Sporobole
Arten: 160
Lebensform: Staude, Einjährige
Ligula: Haarkranz
Blütenstand: Rispe
Ährchen und Blüten: 1(3–2)-blütig, über den Hüllspelzen abfallend. Hüllspelzen 2, länger als die Deckspelze, mit 1 oder ohne Nerv. Deckspelzen mit 1(3–2) Nerven. Grannen fehlend
Kennzeichen: Staude, Einjährige. Ligula als Haarkranz. Blütenstand eine Rispe. Ährchen über den Hüllspelzen abfallend. Grannen fehlend

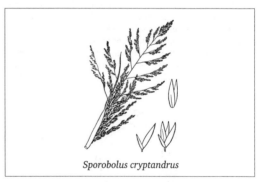

Sporobolus cryptandrus

Stenotaphrum Trin.

Ableitung: schmale Grube
Vulgärnamen: D:Hohlspelze; E:Buffalo Grass; F:Herbe de St-Augustin
Arten: 7
Lebensform: Einjährige, Staude
Ligula: Haarkranz, häutig
Blütenstand: Paniceae. Ährenrispengras
Ährchen und Blüten: 1-blütig, als Ganzes abfallend, Ährchen einseitswendig. Hüllspelzen 2 und 1 sterilen Deckspelzen, ohne und mit 5–7 Nerven. Deckspelzen mit 3–9 Nerven. Grannen fehlend

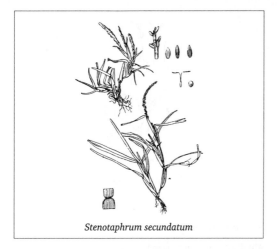
Stenotaphrum secundatum

Kennzeichen: Einjährige, Staude. Paniceae. Ährenrispengras. Ährchen einseitswendig

Stipa L.

Ableitung: Stützstab
Vulgärnamen: D:Espartogras, Federgras, Pfriemengras, Raugras; E:Feather Grass, Needle Grass, Spear Grass; F:Esparsette, Stipa
Arten: c. 300
Lebensform: Staude, selten Einjährige
Ligula: häutig
Blütenstand: Rispe
Ährchen und Blüten: 1-blütig, über den Hüllspelzen abfallend. Hüllspelzen 2, länger als die Deckspelze, mit 1–3 Nerven. Granne endständig, gekniet. Ansatzstelle der Frucht 1,5–6 mm lang. Frucht verhärtend
Kennzeichen: Staude, selten Einjährige. Blütenstand eine Rispe. Ährchen 1-blütig. Granne endständig, gekniet. Ansatzstelle der Frucht 1,5–6 mm lang. Frucht verhärtend

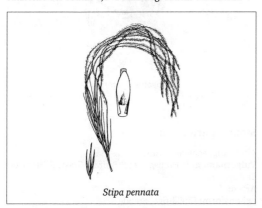
Stipa pennata

Taeniatherum Nevski

Ableitung: mit bandförmiger Granne
Arten: 1

Lebensform: Einjährige
Ligula: häutig
Blütenstand: Ähre, 2-reihig. Ährchen zu 2 nebeneinander am Knoten
Ährchen und Blüten: 2(3–2)-blütig mit 1 fertilen Blüte, über den Hüllspelzen abfallend. Hüllspelzen 2, länger als die Deckspelzen, grannenartig. Deckspelzen mit 5 Nerven. Grannen vorhanden
Kennzeichen: Einjährige. Blütenstand eine Ähre, 2-reihig. Ährchen zu 2 nebeneinander am Knoten. Ährchen 2(3–2)-blütig mit 1 fertilen Blüte

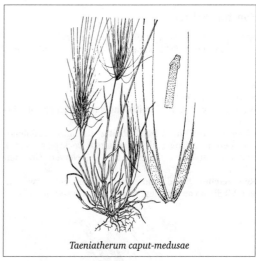
Taeniatherum caput-medusae

Thamnocalamus Munro

Ableitung: Strauch-Calamus
Arten: 6
Lebensform: Bambus, baumförmig. Blätter mit schachbrettartiger Nervatur

Themeda Forssk.

Ableitung: nach einem arabischen Pflanzennamen
Vulgärnamen: D:Rotschopfgras; F:Herbe aux kangourous
Arten: 18
Lebensform: Einjährige, Staude

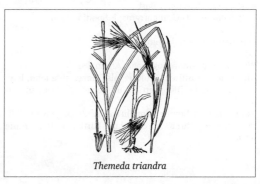
Themeda triandra

Ligula: häutig
Blütenstand: Andropogoneae. Ähren fast fächerförmig stehend
Ährchen und Blüten: 1 zwittrige und 1 sterile Blüte, als Ganzes abfallend. Hüllspelzen mit 2 Kielen. Deckspelzen mit 3 Nerven. Grannen 1 je Ährchen
Kennzeichen: Einjährige, Staude. Andropogoneae. Blütenstand mit fast fächerförmig stehenden Ähren. Grannen 1 je Ährchen

Thysanolaena Nees

Ableitung: Fransen-Mantel
Vulgärnamen: D:Tigergras; E:Tiger Grass; F:Herbe du tigre
Arten: 1
Lebensform: Staude
Ligula: häutig
Blütenstand: Rispe
Ährchen und Blüten: 2(4-2)-blütig, unterste Blüte steril, als Ganzes abfallend. Hüllspelzen 2, 1-nervig oder nervenlos. Deckspelzen mit 3 Nerven. Grannen fehlend
Kennzeichen: Staude. Blütenstand eine Rispe. Ährchen 2(4-2)-blütig, unterste Blüte steril. Hüllspelzen 2, 1-nervig oder nervenlos

Thysanolaena maxima

Tragus Haller

Ableitung: nach einem antiken Pflanzennamen
Vulgärnamen: D:Klettengras; E:Bur Grass; F:Bardanette
Arten: 6

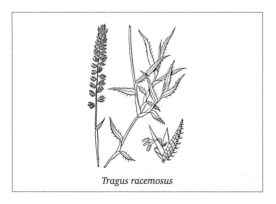

Tragus racemosus

Lebensform: Einjährige, Staude
Ligula: häutig
Blütenstand: Ährenrispe
Ährchen und Blüten: Ährchen vom Rücken her zusammengedrückt, 1-blütig, als Ganzes abfallend. Hüllspelzen 2, mit fehlenden und 5-7 Nerven. Obere Hüllspelze mit 5-7 Längsreihen von Stacheln. Deckspelzen mit 3 Nerven
Kennzeichen: Einjährige, Staude. Blütenstand eine Ährenrispe. Obere Hüllspelze mit 5-7 Längsreihen von Stacheln

Tripsacum L.

Ableitung: drei Körnchen
Vulgärnamen: D:Gamagras, Guatemalagras
Arten: 13
Lebensform: Staude
Ligula: häutig, Haarkranz
Blütenstand: mehrere Ähren (oder 1 Ähre), Ähren unten mit weiblichen, oben mit männlichen Blüten
Ährchen und Blüten: Blüten eingeschlechtig, als Ganzes abfallend. Hüllspelzen 2 und 1 sterile Deckspelze. Grannen fehlend
Kennzeichen: Staude. Blütenstand: mehrere Ähren (oder 1 Ähre), Ähren unten mit weiblichen, oben mit männlichen Blüten

Tripsacum dactyloides

Trisetaria Forssk.

Ableitung: Dreiborsten-Pflanze
Vulgärnamen: D:Grannenhafer; F:Avoine barbue
Arten: 15
Lebensform: Einjährige
Ligula: häutig

1134 Poaceae Gräser

Blütenstand: Rispe, Ährenrispe
Ährchen und Blüten: 1- bis 5-blütig. Hüllspelzen 2, mit 3 Nerven. Deckspelzen 2-spitzig, mit 5 Nerven und meist vorhandener rückenständiger Granne
Kennzeichen: Einjährige. Blütenstand eine Rispe oder Ährenrispe. Deckspelzen 2-spitzig und mit meist vorhandener rückenständiger Granne

Trisetaria panicea

Trisetum Pers.

Ableitung: drei Borsten
Vulgärnamen: D:Goldhafer; E:Yellow Oat Gras; F:Avoine jaunâtre, Trisète
Arten: c. 70
Lebensform: Einjährige, Staude
Ligula häutig
Blütenstand: Rispe, Ährenrispengras
Ährchen und Blüten: 2- bis 5-blütig, 5–8 mm lang, über den Hüllspelzen abfallend, selten als Ganzes abfallend. Hüllspelzen 2, mit 1(3) Nerven und 3(5) Nerven. Deckspelzen mit 3–7 Nerven. Granne rückenständig
Kennzeichen: Einjährige, Staude. Blütenstand eine Rispe oder Ährenrispe. Ährchen 2- bis 5-blütig, 5–8 mm lang. Granne rückenständig

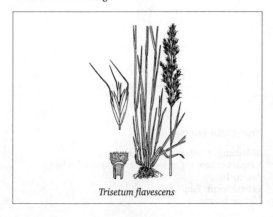
Trisetum flavescens

Triticum L.

Ableitung: antiker Pflanzenname
Vulgärnamen: D:Weizen; E:Wheat; F:Blé
Arten: c. 25
Lebensform: Einjährige
Ligula: häutig
Blütenstand: Ähre, 2-reihig. Ährchen einzeln quer zur Achse stehend
Ährchen und Blüten: 2–6(9–2)-blütig, über den Hüllspelzen abfallend. Hüllspelzen 2, gekielt am Rücken, zum Teil gestutzt, mit 3 bis mehr Nerven. Deckspelzen mit vielen Nerven. Grannen zum Teil lang
Kennzeichen: Einjährige. Blütenstand eine Ähre, 2-reihig. Ährchen einzeln quer zur Achse stehend. Hüllspelzen 2, gekielt am Rücken, zum Teil gestutzt. Grannen zum Teil lang

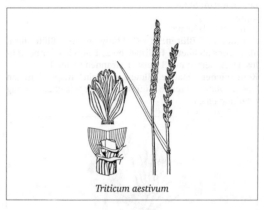
Triticum aestivum

Uniola L.

Ableitung: antiker Pflanzenname
Vulgärnamen: E:Spangle Grass, Spike Grass
Arten: 4
Lebensform: Staude
Ligula: Haarkranz
Blütenstand: Rispe
Ährchen und Blüten: 3- bis 34-blütig, als Ganzes abfallend. Hüllspelzen 2, mit 3–7 Nerven. Deckspelzen mit 3–9 Nerven. Grannen fehlend
Kennzeichen: Staude. Ligula als Haarkranz. Blütenstand eine Rispe. Ährchen 3- bis vielblütig Hüllspelzen 2, mit 3–7 Nerven

Ventenata Koeler

Ableitung: Gattung zu Ehren von Étienne Pierre Ventenat (1757–1808), einem französischen Botaniker und Bibliothekar benannt
Vulgärnamen: D:Grannenhafer, Schmielenhafer; F:Fausse-avoine
Arten: 5
Lebensform: Einjährige
Ligula: häutig
Blütenstand: Rispe
Ährchen und Blüten: 2–3(1–20)-blütig, über den Hüllspelzen abfallend. Hüllspelzen 2, kürzer als die unterste

Deckspelze, mit 3–7 und 3–9 Nerven. Deckspelzen mit 5 Nerven, in 2 Grannen auslaufend und mit rückenständiger und geknieter Granne
Kennzeichen: Einjährige. Ligula häutig. Blütenstand eine Rispe. Ährchen 2–3(1–20)-blütig. Deckspelzen mit 5 Nerven, in 2 Grannen auslaufend und mit rückenständiger und geknieter Granne

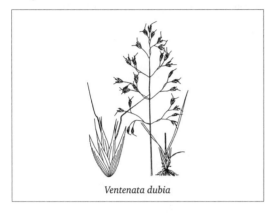
Ventenata dubia

Vetiveria Bory

Ableitung: nach einem Pflanzennamen in Indien
Vulgärnamen: D:Vetivergras; E:Vetiver; F:Vétiver
Arten: 10
Lebensform: Staude
Ligula: häutig
Blütenstand: Andropogoneae. Ährenrispengras
Ährchen und Blüten: 2-blütig, als Ganzes abfallend. Ährchen nicht vom Rücken zusammengedrückt. Hüllspelzen 2. Grannen fehlend
Kennzeichen: Staude. Andropogoneae. Ährenrispengras. Ährchen 2-blütig, nicht vom Rücken zusammengedrückt

Vetiveria zizanioides

Vulpia C.C. Gmel.

Ableitung: Gattung zu Ehren von Johann Samuel Vulpius (1760–1846), einem deutschen Apotheker und Botaniker benannt
Vulgärnamen: D:Federschwingel, Fuchsschwingel; E:Fescue; F:Queue-de-renard, Vulpin
Arten: 22
Lebensform: Einjährige, selten Staude
Ligula: häutig
Blütenstand: Rispe, Ährenrispe
Ährchen und Blüten: 3- bis 15-blütig, über den Hüllspelzen abfallend. Hüllspelzen 2, kürzer als die unterste Deckspelze, mit 1 und 3 Nerven. Deckspelzen mit (3–)5 Nerven. Granne meist über 1 ½ mal so lang wie die Deckspelze oder fehlend
Kennzeichen: Einjährige, selten Staude. Ligula häutig. Blütenstand eine Rispe oder Ährenrispe. Ährchen 3- bis 15-blütig. Granne meist über 1 ½ mal so lang wie die Deckspelze oder fehlend

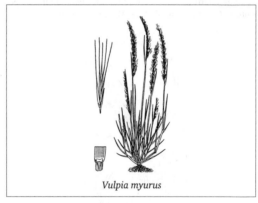
Vulpia myurus

Zea L.

Ableitung: antiker Pflanzenname
Vulgärnamen: D:Mais; E:Maize; F:Maïs
Arten: 4
Lebensform: Einjährige, Staude
Ligula: häutig

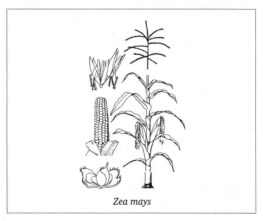
Zea mays

Blütenstand: männliche Blüten in einer Rispe, weibliche in Kolben
Ährchen und Blüten: 2-blütig, als Ganzes abfallend
Kennzeichen: Einjährige, Staude. Männliche Blüten in einer Rispe, weibliche in Kolben

Zizania L.

Ableitung: antiker Pfanzenname
Vulgärnamen: D:Wasserreis, Wildreis; E:Water Oats, Wild Rice; F:Riz sauvage
Arten: 3
Lebensform: Einjährige, Staude
Ligula: häutig
Blütenstand: Rispe, untere Äste mit männlichen Ährchen, obere mit weiblichen
Ährchen und Blüten: Ährchen männlich oder weiblich, 1-blütig, als Ganzes abfallend. Hüllspelzen fehlend. Deckspelzen mit endständiger Granne
Kennzeichen: Einjährige, Staude. Blütenstand eine Rispe, untere Äste mit männlichen Ährchen, obere mit weiblichen

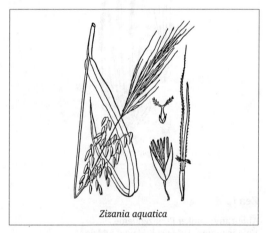

Zizania aquatica

Pontederiaceae Hechtkrautgewächse

1 Staubblätter 6
2 Fruchtknoten 3-fächrig, vielsamig. Kapsel fachspaltig . . . . **Eichhornia**
2 Fruchtknoten 1-fächrig, 1-samig. Schließfrucht . . . . **Pontederia**
1 Staubblätter 3 . . . . **Heteranthera**

Eichhornia Kunth

Ableitung: Gattung zu Ehren von Johann Albert Friedrich Eichhorn (1779–1856), einem preußischen Kultusminister benannt
Vulgärnamen: D:Wasserhyazinthe; E:Water Hyacinth; F:Jacynthe d'eau
Arten: 6
Lebensform: Staude, Einjährige, Wasserpflanze
Blätter: wechselständig, grundständig
Blütenstand: Ähre, Rispe

Blüten: zwittrig, zygomorph. Perigonblätter 6, verwachsen, blau, violett. Staubblätter 6, frei. Fruchtblätter 3, verwachsen, oberständig. Plazentation zentralwinkelständig
Frucht: Kapsel fachspaltig, vielsamig
Kennzeichen: Staude, Einjährige, Wasserpflanze. Blüten zygomorph. Perigonblätter 6, verwachsen. Staubblätter 6, frei. Fruchtblätter 3, verwachsen, oberständig. Plazentation zentralwinkelständig. Kapsel fachspaltig, vielsamig

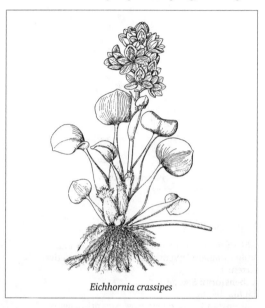

Eichhornia crassipes

Heteranthera Ruiz et Pav.

Ableitung: verschiedene Antheren
Vulgärnamen: D:Heteranthere, Trugkölbchen; E:Mud Plantain; F:Hétéranthère
Arten: 12
Lebensform: Einjährige, Staude, Wasserpflanze
Blätter: wechselständig. Nebenblätter fehlend oder vorhanden
Blütenstand: Ähre, zu 2 oder einzeln

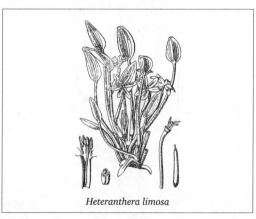

Heteranthera limosa

Blüten: zwittrig, radiär. Perigonblätter 6, verwachsen, blau, weiß, violett. Staubblätter 3. Fruchtblätter 3, verwachsen, oberständig. Plazentation parietal
Frucht: Kapsel fachspaltig
Kennzeichen: Einjährige, Staude, Wasserpflanze. Blüten radiär. Perigonblätter 6, verwachsen. Staubblätter 3. Fruchtblätter 3, verwachsen, oberständig. Plazentation parietal. Kapsel fachspaltig

Pontederia L.

Ableitung: Gattung zu Ehren von Giulio Pontedera (1688–1757), einem italienischen Botaniker benannt
Vulgärnamen: D:Hechtkraut; E:Pickerel Weed; F:Herbe-à-brochet
Arten: 6
Lebensform: Staude. Wasserpflanze
Blätter: wechselständig
Blütenstand: Ähre
Blüten: zwittrig, zygomorph. Perigonblätter 6, verwachsen oder frei, weiß, lila. Staubblätter 6. Fruchtblätter 3, verwachsen, oberständig. Plazentation parietal
Frucht: Schließfrucht 1-samig
Kennzeichen: Staude. Wasserpflanze. Blüten zygomorph. Perigonblätter 6. Staubblätter 6. Fruchtblätter 3, verwachsen, oberständig. Plazentation parietal. Schließfrucht 1-samig

Pontederia cordata

Posidoniaceae

Posidonia K.D. Koenig

Ableitung: nach Poseidon, dem griechischen Gott des Meeres benannt
Arten: c. 5
Lebensform: Staude. Meerespflanze
Blätter: wechselständig. Nebenblätter vorhanden
Blütenstand: cymös, Rispe

Blüten: zwittrig, zygomorph. Blütenhülle fehlend. Staubblätter 3. Fruchtblätter 1. Plazentation marginal
Frucht: Steinfrucht
Kennzeichen: Staude. Meerespflanze. Blüten zygomorph ohne Blütenhülle. Staubblätter 3. Fruchtblätter 1. Steinfrucht

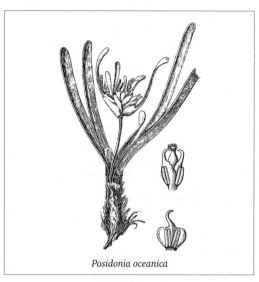
Posidonia oceanica

Potamogetonaceae
Laichkrautgewächse

1 Blätter wechselständig. Steinfrüchtchen. . . . . .
 . . . .**Potamogeton**
1 Blätter gegen- oder quirlständig. Nüsschen . . . .
 . . . . **Groenlandia**

Groenlandia J. Gay

Ableitung: Gattung zu Ehren von Johannes Groenland (1824–1891), einem deutschen Lehrer und Botaniker benannt
Vulgärnamen: D:Fischkraut; E:Frog's Lettuce
Arten: 1

Groenlandia densa

Lebensform: Staude. Wasserpflanze, untergetaucht oder mit Schwimmblättern
Blätter: gegenständig, selten quirlständig. Intravaginalschuppen vorhanden
Blütenstand: Ähre
Blüten: zwittrig, radiär. Perigonblätter 4, grün. Staubblätter 4. Fruchtblätter 4, frei, oberständig. Plazentation marginal
Frucht: Nüsschen
Kennzeichen: Staude. Wasserpflanze, untergetaucht oder mit Schwimmblättern. Blätter gegenständig, selten quirlständig. Blüten in Ähren, radiär. Perigonblätter 4. Staubblätter 4. Fruchtblätter 4, frei, oberständig. Nüsschen

Potamogeton L.

Ableitung: antiker Pflanzenname
Vulgärnamen: D:Laichkraut; E:Pondweed; F:Potamot
Arten: 99
Lebensform: Staude. Staude selten Einjährige. Wasserpflanze, untergetaucht oder mit Schwimmblättern
Blätter: wechselständig bis fast gegenständig. Intravaginalschuppen vorhanden
Blütenstand: Ähre, Köpfchen
Blüten: zwittrig, radiär. Perigonblätter 4, frei, grün. Staubblätter 4, frei. Fruchtblätter 4, frei, oberständig. Plazentation marginal
Frucht: Steinfrüchtchen
Kennzeichen: Staude, selten Einjährige. Wasserpflanze, untergetaucht oder mit Schwimmblättern. Blätter wechselständig bis fast gegenständig. Blüten in Ähren oder Köpfchen, radiär. Perigonblätter 4, frei. Staubblätter 4. Fruchtblätter 4, frei, oberständig. Steinfrüchtchen

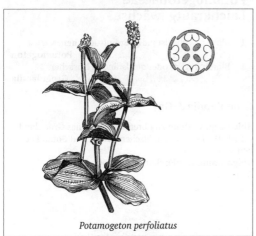

Potamogeton perfoliatus

Restionaceae

Elegia L.

Ableitung: vermutlich von: die Klage (Zusammenhang unbekannt)
Arten: 35
Lebensform: Staude

Blätter: wechselständig, stark reduziert
Blütenstand: Ährchen cymös
Blüten: eingeschlechtig, radiär. Perigonblätter 6, frei. Staubblätter 3, frei. Fruchtblätter 2–3, verwachsen, oberständig. Plazentation zentralwinkelständig
Frucht: Nuss
Kennzeichen: Staude. Blüten in Ährchen, eingeschlechtig, radiär. Perigonblätter 6, frei. Staubblätter 3. Fruchtblätter 2–3, verwachsen, oberständig. Plazentation zentralwinkelständig. Nuss

Ruppiaceae

Ruppia L.

Ableitung: Gattung zu Ehren von Heinrich Bernhard Ruppius (1688-1719), einem deutschen Botaniker benannt
Vulgärnamen: D:Salde; E:Tasselweed; F:Ruppia
Arten: 7
Lebensform: Staude. Wasserpflanze
Blätter: wechselständig
Blütenstand: Ähre
Blüten: zwittrig. Blütenhülle fehlend. Staubblätter 2, frei. Fruchtblätter 4, frei. Plazentation apical
Frucht: Steinfrucht
Kennzeichen: Staude. Wasserpflanze. Blüten in Ähren, ohne Blütenhülle. Staubblätter 2. Fruchtblätter 4, frei. Steinfrucht

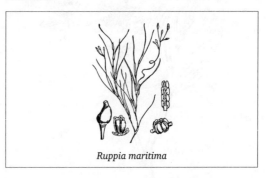

Ruppia maritima

Ruscaceae Stechwindengewächse

1 Blüten in endständigen Trauben, zwittrig . . . . **Danae**
1 Blüten in Büscheln
2 Pflanze kletternd. Blüten am Rand der Flachtriebe (Phyllokladien), zwittrig. Staubblätter 6 . . . . **Semele**
2 Pflanze aufrecht. Blüten auf der Mitte der Flachtriebe, zweihäusig. Staubblätter 3 . . . . **Ruscus**

Danae Medik.

Ableitung: Gestalt der griechischen Mythologie
Vulgärnamen: D:Alexandrinischer Lorbeer, Traubendorn; E:Alexandrian Laurel; F:Laurier d'Alexandrie

Arten: 1
Lebensform: Strauch, immergrün, mit Flachtrieben
Blätter: wechselständig
Blütenstand: Traube, endständig
Blüten: zwittrig, radiär. Perigonblätter 6, frei, weiß. Staubblätter 6, verwachsen, verwachsen mit dem Perigon. Fruchtblätter 3, verwachsen, oberständig. Plazentation zentralwinkelständig
Frucht: Beere
Kennzeichen: Strauch, immergrün, mit Flachtrieben. Blüten in Trauben, radiär. Perigonblätter 6, frei. Staubblätter 6. Fruchtblätter 3, verwachsen, oberständig. Beere

Ruscus L.

Ableitung: antiker Pflanzenname
Vulgärnamen: D:Mäusedorn; E:Butcher's Broom; F:Epine de rat, Fragon, Petit houx
Arten: 6
Lebensform: Strauch, Halbstrauch, immergrün, mit Flachtrieben
Blätter: wechselständig
Blütenstand: Büschel, auf der Mitte der Flachtriebe
Blüten: zweihäusig, radiär. Perigonblätter 6, frei, grün. Staubblätter 3, verwachsen, mit dem Perigon verwachsen. Fruchtblätter 3, verwachsen, oberständig. Plazentation 1-fächrig
Frucht: Beere
Kennzeichen: Strauch, Halbstrauch, immergrün, mit Flachtrieben. Blüten in Büscheln auf der Mitte der Flachtriebe, zweihäusig, radiär. Perigonblätter 6, frei. Staubblätter 3. Fruchtblätter 3, verwachsen, oberständig. Plazentation 1-fächrig. Beere

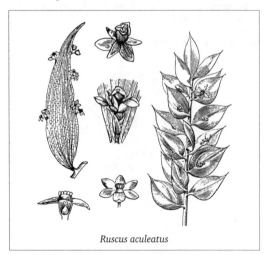

Ruscus aculeatus

Semele Kunth

Ableitung: nach einer Gestalt der griechischen Mythologie
Vulgärnamen: D:Klettermäusedorn; E:Climbing Butcher's Broom; F:Epine des rats grimpante
Arten: 1

Lebensform: Liane, immergrün, mit Flachtrieben
Blätter: wechselständig
Blütenstand: Büschel, am Rand der Flachtriebe
Blüten: zwittrig, radiär. Perigonblätter 6, frei, weiß. Staubblätter 6, verwachsen, mit dem Perigon verwachsen. Fruchtblätter 3, verwachsen, oberständig. Plazentation zentralwinkelständig
Frucht: Beere
Kennzeichen: Liane, immergrün, mit Flachtrieben. Blüten in Büscheln am Rand der Flachtriebe, zwittrig, radiär. Perigonblätter 6, frei. Staubblätter 6. Fruchtblätter 3, verwachsen, oberständig. Beere

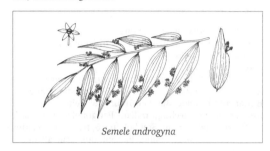

Semele androgyna

Scheuchzeriaceae Blasenbinsengewächse

Scheuchzeria L.

Ableitung: Gattung zu Ehren von Johannes Scheuchzer (1684–1738), einem schweizerischen Botaniker benannt
Vulgärnamen: D:Blasenbinse, Blumenbinse; E:Rannoch Rush; F:Scheuchzérie
Arten: 1
Lebensform: Staude
Blätter: wechselständig
Blütenstand: Traube

Scheuchzeria palustris

Blüten: zwittrig, radiär. Perigonblätter 6, frei, grünlich. Staubblätter 6, frei. Fruchtblätter 3–6, nur am Grund verwachsen, oberständig. Plazentation basal
Frucht: Beere
Kennzeichen: Staude. Sumpfpflanze. Blüten radiär. Perigonblätter 6, frei. Staubblätter 6. Fruchtblätter 3–6, nur am Grund verwachsen, oberständig. Plazentation basal. Beere

Smilacaceae Stechwindengewächse

Smilax L.

Ableitung: antiker Pflanzenname
Vulgärnamen: D:Stechwinde; F:Liseron épineux, Salsepareille, Smilax
Arten: 259
Lebensform: Staude, Liane, immergrün, laubwerfend
Blätter: wechselständig. Meist Rankenpaare vorhanden
Blütenstand: Dolde, Büschel, Traube, einzeln
Blüten: eingeschlechtig, radiär. Perigonblätter 6, frei, weiß, grün, gelb, braun. Staubblätter 6, frei. Fruchtblätter 3, verwachsen, oberständig. Plazentation zentralwinkelständig
Frucht: Beere
Kennzeichen: Staude, Liane, immergrün oder laubwerfend. Blüten eingeschlechtig, radiär. Perigonblätter 6, frei. Staubblätter 6. Fruchtblätter 3, verwachsen, oberständig. Plazentation zentralwinkelständig. Beere

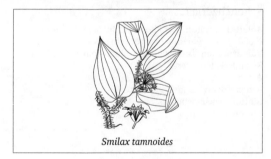
Smilax tamnoides

Sparganiaceae Igelkolbengewächse

Sparganium L.

Ableitung: antiker Pflanzenname
Vulgärnamen: D:Igelkolben; E:Burr Reed; F:Rubanier, Sparganier
Arten: 21
Lebensform: Staude. Sumpf- oder Wasserpflanze
Blätter: wechselständig
Blütenstand: Köpfchen
Blüten: eingeschlechtig, radiär. Perigonblätter 3–6, frei, grün. Staubblätter 1–8, frei. Fruchtblätter 1, selten 2–3, frei, oberständig. Plazentation marginal
Frucht: Nuss
Kennzeichen: Staude. Sumpf- oder Wasserpflanze. Blüten in Köpfchen, eingeschlechtig, radiär. Perigonblätter 3–6,

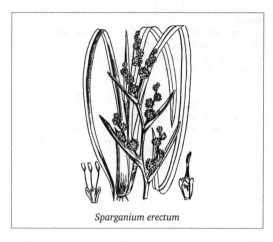
Sparganium erectum

frei. Staubblätter 1–8. Fruchtblätter 1, selten 2–3, frei, oberständig. Nuss

Strelitziaceae Strelitziengewächse

1	Blüten ± radiär. Kelchblätter gleich. Staubblätter 6 .... **Ravenala**
1	Blüten zygomorph. Kelchblätter ungleich. Staubblätter 5 .... **Strelitzia**

Ravenala Adans.

Ableitung: Pflanzenname auf Madagaskar
Vulgärnamen: D:Baum der Reisenden; E:Traveller's Tree; F:Arbre du voyageur
Arten: 1
Lebensform: Baum, immergrün

Ravenala madagascariensis

Blätter: wechselständig, zweizeilig
Blütenstand: cymös
Blüten: zwittrig, ± radiär. Kelchblätter 3, frei. Kronblätter 3, verwachsen, weiß. Staubblätter 6, frei. Fruchtblätter 3, verwachsen, unterständig. Plazentation zentralwinkelständig
Frucht: Kapsel
Kennzeichen: Baum, immergrün. Blätter 2-zeilig. Blüten ± radiär. Kelchblätter 3, frei. Kronblätter 3, verwachsen, weiß. Staubblätter 6. Fruchtblätter 3, verwachsen, unterständig. Kapsel

Strelitzia Aiton

Ableitung: Gattung zu Ehren von Charlotte Sophia von Mecklenburg-Strelitz (1744–1818), Gattin des englischen Königs Georg III. benannt
Vulgärnamen: D:Paradiesvogelblume, Strelitzie; E:Bird of Paradise; F:Oiseau de paradis
Arten: 5
Lebensform: Baum, Staude
Blätter: wechselständig
Blütenstand: wickelartig

Strelitzia reginae

Blüten: zwittrig, zygomorph. Kelchblätter 3. Kronblätter 3, innere 2 verwachsen, weiß, orange. Staubblätter 5, frei. Fruchtblätter 3, verwachsen, unterständig. Plazentation zentralwinkelständig
Frucht: Kapsel
Kennzeichen: Baum, Staude. Blüten zygomorph. Kelchblätter 3. Kronblätter 3, innere 2 verwachsen. Staubblätter 5. Fruchtblätter 3, verwachsen, unterständig. Kapsel

Taccaceae

Tacca J.R. Forst. et G. Forst.

Ableitung: nach einem malaiischen Pflanzennamen
Vulgärnamen: D:Tacca, Teufelsblüte; E:Bat Flower; F:Tacca
Arten: 10
Lebensform: Staude
Blätter: grundständig
Blütenstand: Dolde
Blüten: zwittrig, radiär. Perigonblätter 6, verwachsen, weiß, grün, purpurn, schwarz. Staubblätter 6. Fruchtblätter 3, verwachsen, unterständig. Plazentation parietal
Frucht: Beere
Kennzeichen: Staude. Blätter grundständig. Blüten in Dolden, radiär. Perigonblätter 6, verwachsen. Staubblätter 6. Fruchtblätter 3, verwachsen, unterständig. Plazentation parietal. Beere

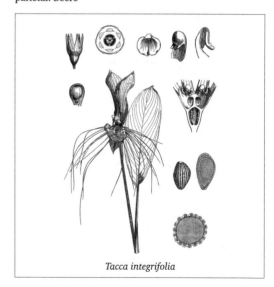

Tacca integrifolia

Tecophilaeaceae

1 Staubblätter 6 . . . . **Cyanastrum**
1 Staubblätter 3 . . . . **Tecophilaea**

Cyanastrum Oliv.

Ableitung: unechte Kornblume
Arten: 7

Lebensform: Staude
Blätter: grundständig
Blütenstand: Traube
Blüten: zwittrig, radiär. Perigonblätter 6, verwachsen, blau. Staubblätter 6, frei, mit dem Perigon verwachsen. Antheren mit Poren. Fruchtblätter 3, verwachsen, halbunterständig. Plazentation zentralwinkelständig
Frucht: Kapsel
Kennzeichen: Staude. Blätter grundständig. Blüten in Trauben, radiär. Perigonblätter 6, verwachsen. Staubblätter 6. Antheren mit Poren. Fruchtblätter 3, verwachsen, halbunterständig. Kapsel

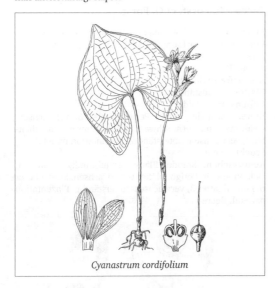

Cyanastrum cordifolium

Tecophilaea Bertero ex Colla

Ableitung: Gattung zu Ehren von Tecofila Billotti geb. Colla, einer italienischen Pflanzenmalerin, der Tochter des Botanikers Luigi Colla (1766–1848) benannt
Vulgärnamen: D:Chilekrokus; E:Chilean Crocus; F:Crocus du Chili
Arten: 2
Lebensform: Staude, mit Knollen
Blätter: grundständig
Blütenstand: einzeln oder 3- 3-blütige Traube
Blüten: zwittrig, radiär. Perigonblätter 6, verwachsen, purpurn, blau. Staubblätter 3, frei. Fruchtblätter 3, verwachsen, halbunterständig. Plazentation zentralwinkelständig
Frucht: Kapsel
Kennzeichen: Staude, mit Knollen. Blätter grundständig. Blüten radiär. Perigonblätter 6, verwachsen. Staubblätter 3, frei. Fruchtblätter 3, verwachsen, halbunterständig. Plazentation zentralwinkelständig. Kapsel

Trilliaceae Einbeerengewächse

1   Blätter zu 4 bis mehr quirlig. Fruchtblätter 4–5 . . . . **Paris**
1   Blätter zu 3 quirlig. Fruchtblätter 3 . . . . **Trillium**

Paris L.

Ableitung: nach Paris, dem Sohn des Priamos von Troja benannt
Vulgärnamen: D:Einbeere; E:Herb Paris; F:Parisette
Arten: 25
Lebensform: Staude
Blätter: quirlständig zu 4 bis mehr
Blütenstand: einzeln
Blüten: zwittrig, radiär. Kelchblätter 3–5. Kronblätter 3–5, frei, grün, weiß, selten fehlend. Staubblätter 6–10, frei. Fruchtblätter 4–5, verwachsen, oberständig. Plazentation zentralwinkelständig
Frucht: Beere
Kennzeichen: Staude. Blätter quirlständig zu 4 bis mehr. Blüten einzeln, radiär. Kelchblätter 3–5. Kronblätter 3–5, frei, selten fehlend. Staubblätter 6–10. Fruchtblätter 4–5, verwachsen, oberständig. Plazentation zentralwinkelständig. Beere

Paris quadrifolia

Trillium L.

Ableitung: Dreiblatt
Vulgärnamen: D:Dreiblatt, Dreizipfellilie; E:Trinity Flower, Wake Robin, Wood Lily; F:Trillium
Arten: 45

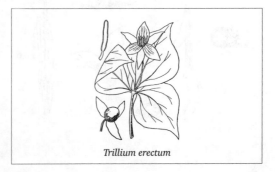

Trillium erectum

Lebensform: Staude
Blätter: quirlständig zu 3
Blütenstand: einzeln
Blüten: zwittrig, radiär. Gewöhnlich 3Kelchblätter und 3 Kronblätter, frei, weiß, rosa, purpurn, grün. Staubblätter meist 6, frei. Fruchtblätter 3, verwachsen, oberständig. Plazentation zentralwinkelständig
Frucht: Beere
Kennzeichen: Staude. Blätter quirlständig zu 3. Blüten einzeln, radiär, gewöhnlich mit 3Kelchblättern und 3 Kronblättern, frei. Staubblätter meist 6. Fruchtblätter 3, verwachsen, oberständig. Plazentation zentralwinkelständig. Beere

Typhaceae Rohrkolbengewächse

Typha L.

Ableitung: antiker Pflanzenname
Vulgärnamen: D:Rohrkolben; E:Bulrush, Reedmace; F:Massette
Arten: 27
Lebensform: Staude
Blätter: wechselständig
Blütenstand: Kolben, weibliche und männliche in Zonen
Blüten: eingeschlechtig, radiär. Zahlreiche Haare am Gynophor, grün, braun, schwarzbraun. Staubblätter 1-3(8-2), verwachsen. Fruchtblätter 1. Plazentation apical
Frucht: Nuss mit Flughaaren
Kennzeichen: Staude. Blüten in Kolben, weibliche und männliche in Zonen. Haare am Gynophor. Staubblätter 1-3(8-2). Fruchtblätter 1. Nuss mit Flughaaren

Typha latifolia

Velloziaceae

1 Pflanze strauchig. Staubblätter 12(6-2) . . **Vellozia**
1 Pflanze krautig. Staubblätter 6
  2 Blüten ohne Nebenkrone, mit freien Perigonblättern . . . . **Talbotia**
  2 Blüten mit Nebenkrone und verwachsenen Perigonblättern . . . . **Barbacenia**

Barbacenia Vand.

Ableitung: Gattung zu Ehren von Marquis de Barbacena, einem Gouverneur des 18.1-29. Jahrhunderts von Minas Geraes in Brasilien benannt
Arten: 104
Lebensform: Staude
Blätter: wechselständig
Blütenstand: mit 1 bis vielen Blüten
Blüten: zwittrig, radiär. Perigonblätter 6, verwachsen, mit Nebenkrone. Staubblätter 6. Fruchtblätter 3, verwachsen, unterständig. Plazentation zentralwinkelständig
Frucht: Kapsel, fachspaltig
Kennzeichen: Staude. Blüten radiär. Perigonblätter 6, verwachsen, mit Nebenkrone. Staubblätter 6. Fruchtblätter 3, verwachsen, unterständig. Plazentation zentralwinkelständig. Kapsel

Talbotia Balf.

Ableitung: Gattung zu Ehren von P. Amaury Talbot (1877-1945) und seiner Frau Dorothy A. Talbot (1871-19169, die zusammen Pflanzen in Nigeria sammelten, benannt
Arten: 1
Lebensform: Staude
Blätter: wechselständig
Blütenstand: Traube
Blüten: zwittrig, radiär. Perigonblätter 6, frei, lila, weiß. Staubblätter 6, frei. Fruchtblätter 3, verwachsen, unterständig. Plazentation zentralwinkelständig
Frucht: Kapsel
Kennzeichen: Staude. Blüten in Trauben, radiär. Perigonblätter 6, frei. Staubblätter 6. Fruchtblätter 3, verwachsen, unterständig. Plazentation zentralwinkelständig. Kapsel, fachspaltig

Talbotia elegans

Vellozia Vand.

Ableitung: Gattung zu Ehren von José Mariano da Conceição Vellozo (1742–1811), einem brasilianischen Botaniker benannt
Arten: 144
Lebensform: Strauch
Blätter: wechselständig
Blütenstand: einzeln, zu 2
Blüten: zwittrig, radiär. Perigonblätter 6, verwachsen oder frei. Staubblätter 6–12, frei. Fruchtblätter 3, verwachsen, unterständig oder halbunterständig. Plazentation zentralwinkelständig
Frucht: Kapsel, fachspaltig
Kennzeichen: Strauch. Blüten einzeln oder zu 2, radiär. Perigonblätter 6, verwachsen. Staubblätter 6–12. Fruchtblätter 3, verwachsen, unterständig oder halbunterständig. Plazentation zentralwinkelständig. Kapsel

Xanthorrhoea hastilis

Vellozia brevifolia

Xanthorrhoeaceae Grasbaumgewächse

Xanthorrhoea Sm.

Ableitung: mit gelbem Saft
Vulgärnamen: D:Grasbaum; F:Black boy
Arten: 28
Lebensform: Staude mit verholztem Grund, baumartig
Blätter: wechselständig
Blütenstand: Ähre
Blüten: zwittrig, radiär. Perigonblätter 6, frei, weiß, gelb. Staubblätter 6, frei. Fruchtblätter 3, verwachsen, oberständig. Plazentation zentralwinkelständig
Frucht: Kapsel, fachspaltig
Kennzeichen: Staude mit verholztem Grund, baumartig. Blüten in Ähren, radiär. Perigonblätter 6, frei. Staubblätter 6. Fruchtblätter 3, verwachsen, oberständig. Plazentation zentralwinkelständig. Kapsel

Xyridaceae

Xyris L.

Ableitung: antiker Pflanzenname
Vulgärnamen: D:Degenbinse; E:Yellow-eyed Grass; F:Jonc-sabre
Arten: 352
Lebensform: Staude, Einjährige
Blätter: grundständig
Blütenstand: Köpfchen
Blüten: zwittrig, radiär. Kelchblätter 3. Kronblätter 3, frei, gelb, selten weiß. Staubblätter 3, frei. Fruchtblätter 3, verwachsen, oberständig. Plazentation parietal
Frucht: Kapsel
Kennzeichen: Staude, Einjährige. Blüten in Köpfchen, radiär. Kelchblätter 3. Kronblätter 3, frei. Staubblätter 3. Fruchtblätter 3, verwachsen, oberständig. Plazentation parietal. Kapsel

Xyris indica

Zannichelliaceae Teichfadengewächse

Zannichellia L.

Ableitung: Gattung zu Ehren von Giovanni Gerolamo Zannichelli (1662-1729), einem italienischen Apotheker benannt
Vulgärnamen: D:Teichfaden; E:Horned Pondweed; F:Zannichellia
Arten: 3
Lebensform: Staude. Wasserpflanze
Blätter: gegenständig, wechselständig
Blütenstand: einzeln
Blüten: eingeschlechtig, radiär. Perigonblätter 3, verwachsen, grün. Staubblätter 1, frei. Fruchtblätter 2-4 oder 9, frei. Plazentation apical
Frucht: Nüsschen
Kennzeichen: Staude. Wasserpflanze. Blüten einzeln, eingeschlechtig, radiär. Perigonblätter 3, verwachsen. Staubblätter 1. Fruchtblätter 2-4 oder 9, frei. Nüsschen

Zannichellia palustris

Zingiberaceae Ingwergewächse

1 Staminodien groß, kronblattartig
2 Fruchtknoten einfächerig mit parietaler Plazentation . . . . **Globba**
2 Fruchtknoten zentralwinkelständig
3 Blütenstand zapfenartig, Blüten zu 2 bis mehr je Deckblatt . . . . **Curcuma**
3 Blütenstand Ähren oder Köpfchen
4 Konnektiv unten gespornt
5 hinteres Kronblatt wenig verbreitert. Blüten gelb. . . . . **Cautleya**
5 hinteres Kronblatt stark verbreitert. Blüten nicht gelb. . . . . **Roscoea**
4 Konnektiv unten nicht gespornt
6 Konnektiv oben mit Anhängsel
7 Lippe nicht ausgehöhlt . . . . . **Kaempferia**
7 Lippe sackförmig ausgehöhlt . . . . **Boesenbergia**
6 Konnektiv oben ohne Anhängsel
8 Lippe fast eingeschlossen . . . . **Hedychium**
8 Lippe lang vorgestreckt . . . . . **Hedychium**
1 Staminodien klein oder fehlend
9 Blütenstand zapfenartig
10 Antheren mit röhrenförmigem Anhängsel an der Spitze . . . . **Zingiber**
10 Antheren nicht so
11 Konnektivfortsatz vorhanden, ganz oder 3-lappig . . . . **Amomum**
11 Konnektivfortsatz fehlend oder unbedeutend . . . . **Etlingera**
9 Blütenstand nicht zapfenartig
12 Blütenstand gesondert von Blattsprossen
13 Blütenstand eine Rispe . . . . . . **Elettaria**
13 Blütenstand eine Ähre. . . . . . **Aframomum**
12 Blütenstand nicht gesondert
14 Konnektivfortsatz blattartig. . . . **Burbidgea**
14 Konnektivfortsatz fehlend oder klein . . . . **Alpinia**

Aframomum K. Schum.

Ableitung: afrikanisches Amomum
Vulgärnamen: D:Malaguetapfeffer; E:Melagueta Pepper; F:Malaguette, Maniguette
Arten: 53
Lebensform: Staude
Blätter: wechselständig, ohne Nebenblätter
Blütenstand: gesonderte Ähren von den Laubtrieben
Blüten: zwittrig, zygomorph. Kelchblätter 3. Kronblätter 3, verwachsen, violett, rot, gelb, weiß. Staubblätter 1. Staminodien klein. Antheren mit 3-lappigem. Fruchtblätter 3, verwachsen, unterständig. Plazentation zentralwinkelständig
Frucht: Beere
Kennzeichen: Blütenstand von den Laubtrieben gesonderte Ähren. Blüten zygomorph. Kelchblätter 3. Kronblätter 3, verwachsen. Staubblätter 1. Staminodien klein. Antheren mit 3-lappigem Anhängsel. Fruchtblätter 3, verwachsen, unterständig. Beere

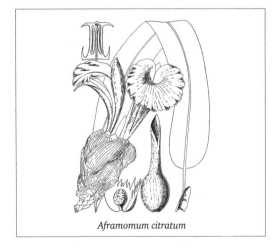

Aframomum citratum

Alpinia Roxb.

Ableitung: Gattung zu Ehren von Prospero Alpini (1553-1616), einem italienischen Botaniker benannt
Vulgärnamen: D:Alpinie, Ingwerlilie; E:Ginger Lily; F:Alpinie

Arten: 237
Lebensform: Staude
Blätter: wechselständig, ohne Nebenblätter
Blütenstand: Traube, Ähre, Rispe
Blüten: zwittrig, zygomorph. Kelchblätter 3. Kronblätter 3, verwachsen, rot, gelb, weiß, grünlich. Staubblätter 1. Staminodien klein oder fehlend. Konnektiv ohne Anhängsel. Fruchtblätter 3, verwachsen, unterständig. Plazentation zentralwinkelständig
Frucht: Kapsel, Schließfrucht
Kennzeichen: Blüten in Traube, Ähre, Rispe, zygomorph. Kelchblätter 3. Kronblätter 3, verwachsen. Staubblätter 1. Staminodien klein oder fehlend. Konnektiv ohne Anhängsel. Fruchtblätter 3, verwachsen, unterständig. Kapsel, Schließfrucht

Alpinia zerumbet

Amomum Roxb.

Ableitung: antiker Pflanzenname
Vulgärnamen: D:Kardamom; E:Cardamom; F:Cardamome
Arten: 175
Lebensform: Staude
Blätter: wechselständig, ohne Nebenblätter
Blütenstand: Ähre, zapfenartig
Blüten: zwittrig, zygomorph. Kelchblätter 3. Kronblätter 3, verwachsen, weiß, gelb, orange, rot. Staubblätter 1. Staminodien klein oder fehlend. Konnektivfortsatz ganz oder 3-lappig. Fruchtblätter 3, verwachsen, unterständig. Plazentation zentralwinkelständig
Frucht: Kapsel, ± fleischig
Kennzeichen: Blüten in Ähre, zapfenartig, zygomorph. Kelchblätter 3. Kronblätter 3, verwachsen. Staubblätter 1. Staminodien klein oder fehlend. Konnektivfortsatz ganz oder 3-lappig. Fruchtblätter 3, verwachsen, unterständig. Kapsel, ± fleischig

Boesenbergia Kuntze

Ableitung: Gattung zu Ehren von Walter Boesenberg, einer Person des 19. Jahrhunderts benannt
Arten: 61
Lebensform: Staude
Blätter: wechselständig, ohne Nebenblätter
Blütenstand: Ähre
Blüten: zwittrig, zygomorph. Kelchblätter 3. Kronblätter 3, verwachsen, weiß, gelb, rot. Staubblätter 1. Konnektiv unten nicht gespornt, oben mit Anhängsel. Lippe sackförmig ausgehöhlt. Staminodien kronblattartig. Fruchtblätter 3, verwachsen, unterständig. Plazentation zentralwinkelständig
Frucht: Kapsel
Kennzeichen: Blüten in Ähren, zygomorph. Kelchblätter 3. Kronblätter 3, verwachsen. Staubblätter 1. Konnektiv unten nicht gespornt, oben mit Anhängsel. Lippe sackförmig ausgehöhlt. Staminodien kronblattartig. Fruchtblätter 3, verwachsen, unterständig. Kapsel

Burbidgea Hook. f.

Ableitung: Gattung zu Ehren von Frederick William Thomas Burbidge (1847–1905), einem englischen Botaniker benannt
Arten: 5
Lebensform: Staude
Blätter: wechselständig, ohne Nebenblätter
Blütenstand: Traube
Blüten: zwittrig, zygomorph. Kelchblätter 3. Kronblätter 3, verwachsen, orange, gelb, rosa. Staubblätter 1. Staminodien fehlend. Konnektiv groß, blattartig. Fruchtblätter 3, verwachsen, unterständig. Plazentation zentralwinkelständig
Frucht: Kapsel
Kennzeichen: Blüten in Trauben, zygomorph. Kelchblätter 3. Kronblätter 3, verwachsen. Staubblätter 1. Staminodien fehlend. Konnektiv groß, blattartig. Fruchtblätter 3, verwachsen, unterständig. Kapsel

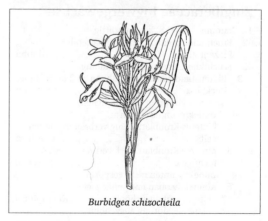

Burbidgea schizocheila

Cautleya (Benth.) Hook. f.

Ableitung: Gattung zu Ehren von Sir Proby Thomas Cautley (1802–1871), einem englischen Paläontologen benannt
Arten: 4
Lebensform: Staude
Blätter: wechselständig, ohne Nebenblätter
Blütenstand: Ähre
Blüten: zwittrig, zygomorph. Kelchblätter 3. Kronblätter 3, verwachsen, hinteres Kronblatt wenig verbreitert, gelb. Staubblätter 1. Staminodien kronblattartig. Konnektiv spornartig. Fruchtblätter 3, verwachsen, unterständig. Plazentation zentralwinkelständig
Frucht: Kapsel
Kennzeichen: Blüten in Ähren, zygomorph. Kelchblätter 3. Kronblätter 3, verwachsen, hinteres Kronblatt wenig verbreitert. Staubblätter 1. Staminodien kronblattartig. Konnektiv spornartig. Fruchtblätter 3, verwachsen, unterständig. Kapsel

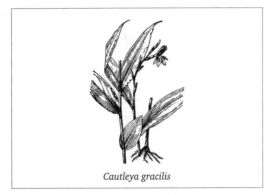
Cautleya gracilis

Curcuma L.

Ableitung: nach einem arabischen Pflanzennamen
Vulgärnamen: D:Safranwurz; F:Curcuma, Turmeric
Arten: 83
Lebensform: Staude
Blätter: wechselständig, ohne Nebenblätter
Blütenstand: Ähre, zapfenartig. Blüten zu 2 bis mehr je Deckblatt

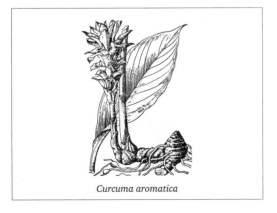
Curcuma aromatica

Blüten: zwittrig, zygomorph. Kelchblätter 3. Kronblätter 3, verwachsen, weiß, gelb, rot, violett. Staubblätter 1. Staminodien kronblattartig. Konnektiv spornartig. Fruchtblätter 3, verwachsen, unterständig. Plazentation zentralwinkelständig
Frucht: Kapsel
Kennzeichen: Blüten in Ähre, zapfenartig. Blüten zu 2 bis mehr je Deckblatt, zygomorph. Kelchblätter 3. Kronblätter 3, verwachsen. Staubblätter 1. Staminodien kronblattartig. Konnektiv spornartig. Fruchtblätter 3, verwachsen, unterständig. Plazentation zentralwinkelständig. Kapsel

Elettaria Maton

Ableitung: nach einem Pflanzennamen aus Indien
Vulgärnamen: D:Kardamom; E:Cardamom; F:Cardamome
Arten: 11
Lebensform: Staude
Blätter: wechselständig, ohne Nebenblätter
Blütenstand: von den Laubtrieben gesonderte Rispe
Blüten: zwittrig, zygomorph. Kelchblätter 3. Kronblätter 3, verwachsen, weiß, gelb, orange. Staubblätter 1. Staminodien klein oder fehlend. Fruchtblätter 3, verwachsen, unterständig. Plazentation zentralwinkelständig
Frucht: Kapsel
Kennzeichen: Blüten in von den Laubtrieben gesonderten Rispen, zygomorph. Kelchblätter 3. Kronblätter 3, verwachsen. Staubblätter 1. Staminodien klein oder fehlend. Fruchtblätter 3, verwachsen, unterständig. Plazentation zentralwinkelständig. Kapsel

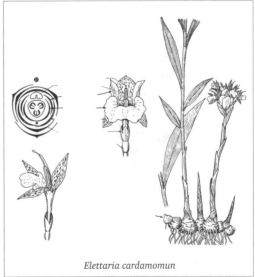
Elettaria cardamomun

Etlingera Giseke

Ableitung: Gattung zu Ehren von Andreas Ernst Etlinger, einem deutschen Botaniker des 18. Jahrhunderts benannt
Vulgärnamen: D:Fackelingwer; E:Torch Ginger; F:Sceptre de l'Empereur

Arten: 81
Lebensform: Staude
Blätter: wechselständig, ohne Nebenblätter
Blütenstand: Ähre, zapfenförmig
Blüten: zwittrig, zygomorph. Kelchblätter 3. Kronblätter 3, verwachsen, rot, gelb. Staubblätter 1. Staminodien klein oder fehlend. Ohne oder sehr kleines Konnektivanhängsel. Fruchtblätter 3, verwachsen, unterständig. Plazentation zentralwinkelständig
Frucht: Scheinfrucht aus verschmolzenen Früchten
Kennzeichen: Blüten in zapfenförmigen Ähren, zygomorph. Kelchblätter 3. Kronblätter 3, verwachsen. Staubblätter 1. Staminodien klein oder fehlend. Ohne oder sehr kleines Konnektivanhängsel. Fruchtblätter 3, verwachsen, unterständig. Scheinfrucht aus verschmolzenen Früchten

Globba L.

Ableitung: nach einem malaiischen Pflanzennamen
Arten: 99
Lebensform: Staude
Blätter: wechselständig, ohne Nebenblätter
Blütenstand: Rispe
Blüten: zwittrig, zygomorph. Kelchblätter 3. Kronblätter 3, verwachsen, weiß, gelb, rosa, orange, purpurn. Staubblätter 1. Staminodien kronblattartig. Fruchtblätter 3, verwachsen, unterständig. Plazentation parietal
Frucht: Kapsel
Kennzeichen: Blüten in Rispen, zygomorph. Kelchblätter 3. Kronblätter 3, verwachsen. Staubblätter 1. Staminodien kronblattartig. Fruchtblätter 3, verwachsen, unterständig. Plazentation parietal. Kapsel

Globba bulbosa

Hedychium J. König

Ableitung: süße Pflanze
Vulgärnamen: D:Kranzblume, Schmetterlingsingwer; E:Garland Lily, Ginger Lily; F:Hédychium
Arten: 85
Lebensform: Staude
Blätter: wechselständig, ohne Nebenblätter
Blütenstand: Ähre, Rispe
Blüten: zwittrig, zygomorph. Kelchblätter 3. Kronblätter 3, verwachsen, weiß, gelb, rot. Staubblätter 1. Staminodien kronblattartig. Konnektiv unten nicht gespornt, oben ohne Anhängsel. Antheren ungespornt am Grund. Fruchtblätter 3, verwachsen, unterständig. Plazentation zentralwinkelständig
Frucht: Kapsel
Kennzeichen: Blüten in Ähren, Rispen, zygomorph. Kelchblätter 3. Kronblätter 3, verwachsen. Staubblätter 1. Staminodien kronblattartig. Konnektiv unten nicht gespornt, oben ohne Anhängsel. Antheren ungespornt am Grund. Fruchtblätter 3, verwachsen, unterständig. Plazentation zentralwinkelständig. Kapsel

Hedychium coronarium

Kaempferia L.

Ableitung: Gattung zu Ehren von Engelbert Kaempfer (1651–1716), einem deutschen Arzt und Erforscher Japans benannt
Vulgärnamen: D:Gewürzlilie; F:Kaempferia
Arten: 29
Lebensform: Staude
Blätter: wechselständig, ohne Nebenblätter
Blütenstand: Ähre, Köpfchen
Blüten: zwittrig, zygomorph. Kelchblätter 3. Kronblätter 3, verwachsen, weiß, gelb, violett, purpurn. Lippe nicht ausgehöhlt. Staubblätter 1. Staminodien kronblattartig. Konnektiv unten nicht gespornt, oben mit Anhängsel. Fruchtblätter 3, verwachsen, unterständig. Plazentation zentralwinkelständig

Kaempferia rotunda

Frucht: Kapsel
Kennzeichen: Blüten in Ähren oder Köpfchen, zygomorph. Kelchblätter 3. Kronblätter 3, verwachsen. Lippe nicht ausgehöhlt. Staubblätter 1. Staminodien kronblattartig. Konnektiv unten nicht gespornt, oben mit Anhängsel. Fruchtblätter 3, verwachsen, unterständig. Kapsel

Roscoea Sm.

Ableitung: Gattung zu Ehren von William Roscoe (1753–1831), einem englischen Botaniker und Bankier benannt
Vulgärnamen: D:Ingwerorchidee, Scheinorchis; F:Fausseorchidée
Arten: 20
Lebensform: Staude
Blätter: wechselständig, ohne Nebenblätter
Blütenstand: Ähre
Blüten: zwittrig, zygomorph. Kelchblätter 3. Kronblätter 3, verwachsen, hinteres Kronblatt stark verbreitert, rosa, weiß, blau, lila. Staubblätter 1. Staminodien kronblattartig. Konnektiv mit Sporn. Fruchtblätter 3, verwachsen, unterständig. Plazentation zentralwinkelständig
Frucht: Kapsel
Kennzeichen: Blüten in Ähren, zygomorph. Kelchblätter 3. Kronblätter 3, verwachsen, hinteres Kronblatt stark verbreitert. Staubblätter 1. Staminodien kronblattartig. Konnektiv mit Sporn. Fruchtblätter 3, verwachsen, unterständig. Plazentation zentralwinkelständig. Kapsel

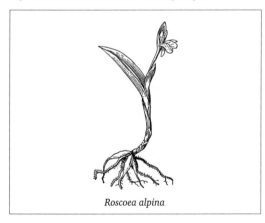
Roscoea alpina

Zingiber Boehm.

Ableitung: antiker Pflanzenname
Vulgärnamen: D:Ingwer; E:Ginger; F:Gingembre
Arten: 145
Lebensform: Staude
Blätter: wechselständig, ohne Nebenblätter
Blütenstand: Ähre, zapfenartig
Blüten: zwittrig, zygomorph. Kelchblätter 3. Kronblätter 3, verwachsen, weiß, gelb. Staubblätter 1. Staminodien klein oder fehlend. Konnektivanhängsel röhrenförmig. Fruchtblätter 3, verwachsen, unterständig. Plazentation zentralwinkelständig

Frucht: Kapsel, ± fleischig. Samen mit Arillus
Kennzeichen: Blüten in zapfenartigen Ähren, zygomorph. Kelchblätter 3. Kronblätter 3, verwachsen. Staubblätter 1. Staminodien klein oder fehlend. Konnektivanhängsel röhrenförmig. Fruchtblätter 3, verwachsen, unterständig. Kapsel, ± fleischig. Samen mit Arillus

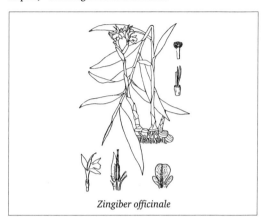
Zingiber officinale

Zosteraceae Seegrasgewächse

Zostera L.

Ableitung: antiker Pflanzenname
Vulgärnamen: D:Seegras; E:Eelgrass; F:Zostère
Arten: 16
Lebensform: Staude. Meerespflanze
Blätter: wechselständig
Blütenstand: Ähre
Blüten: eingeschlechtig. Blütenhülle fehlend. Staubblätter 1. Fruchtblätter 2, verwachsen. Plazentation apical
Frucht: Nuss
Kennzeichen: Staude. Meerespflanze. Blüten in Ähren, eingeschlechtig, ohne Blütenhülle. Staubblätter 1. Fruchtblätter 2, verwachsen. Nuss

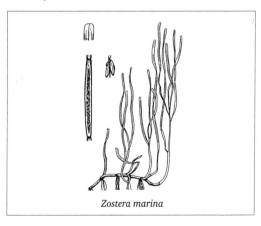
Zostera marina